本报告的出版得到
国家重点文物保护专项补助经费资助

鲁东南沿海地区系统考古调查报告

（上）

中 美 日 照 地 区 联 合 考 古 队

方辉　文德安　加里·费曼　琳达·尼古拉斯

栾丰实　于海广　蔡凤书

文物出版社

责任印制　王少华
　　　　　张　丽
责任编辑　秦　彧

图书在版编目（CIP）数据

鲁东南沿海地区系统考古调查报告 ／ 方辉，（美）文德安，
（美）费曼等著．-- 北京：文物出版社，2012.5
　　ISBN 978-7-5010-3427-7

　　Ⅰ．①鲁… Ⅱ．①方… ②文… ③费… Ⅲ．①文物-
考古调查-调查报告-山东省 Ⅳ．①K872.52

　　中国版本图书馆CIP数据核字（2012）第053307号

鲁东南沿海地区系统考古调查报告

中 美 日 照 地 区 联 合 考 古 队
方辉　文德安　加里·费曼　琳达·尼古拉斯
栾丰实　于海广　蔡凤书　著
*
文 物 出 版 社 出 版 发 行
北京市东直门内北小街2号楼
邮政编码：100007
http://www.wenwu.com
E-mail: web@wenwu.com
北京杰诚雅创文化传播有限公司制版
北京市雅迪彩色印刷有限公司印刷
新 华 书 店 经 销
889×1194　1/16　印张：60.25
2012年5月第1版　　2012年5月第1次印刷
ISBN　978-7-5010-3427-7　定价：600.00元（全二册）

Archaeological Report of Regional Systematic Survey in the Southeast Shandong

(I)

China-U.S. Cooperative Archaeological Team in Rizhao Area

Fang Hui   Anne Underhill   Gary Feinman   Linda Nicholas

Luan Fengshi   Yu Haiguang   Cai Fengshu

Cultural Relics Press

上册目录

插图目录

彩版目录

前 言

本报告是鲁东南沿海地区系统考古调查前 13 个季度的报告。该调查项目覆盖面积约 1400 余平方公里，主要是在日照、青岛两个地级市辖域进行的，并涉及诸城（属潍坊市）的小部分。

该区域东临黄海，西接五莲山脉，南与苏北平原相接，北与铁橛山等山系毗连。区域内以丘陵为主，地势西高东低。境内没有高山大川，最高的山是马耳山，海拔 706 米，其次是五莲山和河山，分别为 674 米和 629 米。比较大的河有 12 条，总长度为 461 多公里。境内河系纵横，其中最长的是傅疃河，长度 71 公里，此外有潮河、吉利河与白马河等。除了这些比较大的河流之外，其余皆为支流或小河，有的就是一些季节河，无法通航。

该地区属于典型的海洋性季风气候。气候潮润，雨量充沛，年平均降水量 841 毫米，超过山东省的平均值。冬无严寒，夏无酷暑，年平均气温为 12.7°C。

境内的矿藏及能源储存量虽然并不是很丰富，但是农业和渔业十分发达。盛产小麦、玉米、稻米、大豆、花生，近十几年开发了茶叶的种植，目前是国内北方最大的茶叶生产基地。渔业主要是捕捞各种鱼虾和养殖海参以及各种贝类。

该区域交通条件十分优越。兖州至石臼所的铁路贯穿东西。这条铁路从日照向西伸延，经过临沂、平邑、费县、泗水、曲阜、济宁和菏泽等地到河南省的商丘与号称中国东西交通大动脉的陇海铁路接轨。因此，日照市被称为东西交通的东方起点。最近十几年又新建了日照到东明的高速公路，这条公路与兖州至石臼所的铁路并行，出行堪称便利。与兖州石臼所铁路交叉的 204 号国道纵贯南北，新修建的同三高速公路几乎与之平行，南北交通条件大为改善。日照市的海上运输也比较发达。石臼港是中国北方的良港之一，水深、域阔，长年不封冻，从石臼港不仅可以北上青岛、烟台和大连，南下连云港和上海，而且可以直通外洋。

调查是以著名的两城镇遗址为中心展开的。两城镇是日照市东港区的一个镇，位于市区的最北端。此地与青岛市的胶南县（中华人民共和国成立之前归属胶县）直接相连接。据称，两城镇曾经有过一段时期一部分归属胶南县管辖，另外一部分归日照，所以有"两城"之称。

这一地区在传说的唐尧虞舜时代属于东夷人聚居的地区。夏、商之际，仍为东夷人所占据。到了周代，先属于莒国，后成为鲁国的莒地，此后又分别属于越、楚和秦，变动极大。日照正式有了建制是在西汉时代，当时是琅琊郡的海曲县。根据《汉书·地理志》唐人颜师古的注释，西汉之后的新莽海曲被称为海亭。东汉时代改海曲县为西海县，仍属于琅琊郡。三国时期魏废西海县，将之并入莒，属青州城阳郡。一直到了金代才设立日照县，并且延续到清代。清代的日照县属于沂州府。民国时期虽然也叫日照县，但是属于胶州管辖。新中国建立之后日照县曾经属于临沂地区。1989 年撤县建市，目前是地级市。

区域内古代遗址非常多。尤其是新石器时代遗址不仅数量众多，而且文化内涵丰富。如两城镇、丹土村、东海峪、尧王城等，都经过正式调查发掘，均有报告发表。

　　该区域考古调查与发掘以两城镇开展得最早。1934 年原中央研究院历史语言研究所下属的考古组派出人员在山东省沿海地区进行考古调查，在三个月的调查期间，发现了包括两城镇在内的许多处史前时代遗址。1936 年历史语言研究所派著名的学者梁思永、刘燿（即尹达）和祁延霈等人在两城镇进行了正式考古发掘。发现并清理了龙山文化的墓葬 51 座，获得了大批珍贵的陶器、玉器和石器。两城镇发掘的资料虽然在发掘完毕之后立即运送到南京，但是这批资料运到南京后还没有来得及整理，就爆发了全面的抗日战争，而南京又是首当其冲，受到的损失也最大。这场旷日持久的战争，以中国人民的胜利而结束。抗日战争取得胜利后不久又爆发了四年的解放战争，两城镇发掘的一部分文物和发掘的文字记录被辗转运送到台湾。这么一大批珍贵的文物资料一直没有公之于世，国人无不为之扼腕！20 世纪 80 年代由南京博物院整理并出版了部分 1936 年两城镇考古发掘资料，公布的资料虽然只是限于一部分陶器，但是由此我们得以窥见两城镇遗址丰富的文化内涵，聊补缺失之憾。

　　新中国成立以后，山东省文物管理处、山东大学历史系、临沂地区文化局和日照市文化局都曾经组织人力多次在两城镇遗址进行考古调查和地面勘察。调查和勘察的报告在《文物参考资料》、《考古》以及《考古学报》等国家级刊物上发表。尤其是山东大学 1957 到 1963 年在日照的调查，可以说收获是巨大的，调查报告的发表引起了国内外学者的重视。两城镇遗址在 1977 年被山东省人民政府确定为山东省重点文物保护单位。

　　20 世纪 80 年代初，山东大学历史系考古专业（即现在的历史文化学院考古学系）为了配合教学实习曾经向国家文物局提出申请，拟对两城镇实施考古发掘。但是由于该遗址内涵丰富，而且遗址的具体范围有待最后确认，国家文物局向山东大学建议暂缓对两城镇的发掘。

　　1994 年山东大学历史系考古专业和美国学者文德安（Anne Underhill）博士达成协议，准备对以两城镇为中心的鲁东南沿海地区进行一次全面的考古调查。不久，这一协议便得到国家文物局的批准。

　　按照这个协议，此次调查采取"长计划、短安排"的方式，即：中美学者组成联合考古队，在日照两城镇遗址及其周边地区首先进行 3 年左右的调查，俟条件成熟，一方面做一些试掘工作，另外一方面抽调部分队员继续在日照及其周边地区进行调查。这个调查当时估计需要十年左右的时间，发掘则视情况而定。如果有大规模发掘的可能，就需要三年的时间。这个考古调查和发掘计划受到山东大学的支持和美国国家自然科学基金会的资助。

　　依照协议规定，中美日照地区联合考古队从 1995 年 12 月到 1996 年 1 月实行了第一次调查。首次参加调查的人员共九人。美国方面四人：文德安（Anne Underhill 耶鲁大学）、费曼（Gary Feinman 威斯康星大学）、琳达（Linda Nicholas 威斯康星大学）、关玉琳（Gwen Bennett 加利福尼亚大学洛杉矶分校博士研究生）。中国方面五人：蔡凤书、于海广、栾丰实、方辉（均山东大学历史文化学院考古系）和孙成甫（日照市博物馆）。联合考古队的队长和副队长分别由蔡凤书和文德安担任。

　　第一次调查虽然只有短短的 20 天，但收获却是巨大的。这次调查采用的是目前国际上比较常用的"区域系统调查法"（Systematic Regional Survey）。这种调查方法虽然对我们来说是第一次，但是成绩巨大，出乎意料。我们在 38 平方公里的范围内新发现的古代遗址 50 多处，仅龙山文化遗址就有 30 多处。根据初步观察，这些龙山文化遗址的分布有一定的规律性，即大、中、小三个类型的遗址有机结合，呈等级状。这对于我们进一步探讨中国史前时代的聚落存在状态和中国文明起源的问题提供了珍贵的资料。

　　1996 年至 2000 年的五年期间，中美日照地区联合考古队继续扩大区域系统调查的范围。调查的面积累计 400 平方公里，调查的地区不仅局限于日照市，而且包括了邻近青岛市的部分地区，新发现的古代遗址累计达 750 多处，其中大部分是龙山文化时期的。龙山文化时期的遗址面积最大者是两城镇，其面积超过原先所估计的 100 万平方米。龙山文化遗址小的只有 1 万平方米左右，大部分在 5 万到 10 万平方米之间。这一期间我们还在美国学者的协助下对两城镇遗址的周围进行了地磁探测，还在两城镇遗址的周边地区进行了土壤标本的采集并且做了分析。这些工作都为大规模的发掘创造了有利的条件。

　　1999 年到 2007 年，中美日照地区联合考古队在两城镇发掘、整理工作的同时，仍然坚持由部分队员进行调查，收获甚丰。

　　在《鲁东南沿海地区系统考古调查报告》出版之际，我们想借此机会向日照市人民政府、美国国家自然科学基金会、国家地理学会、鲁斯基金会等表示感谢！对参与历次调查活动的所有人士致以衷心的感谢！

壹 调查区域与方法

一 概况

（一）调查区域与自然概况

本报告所说的"鲁东南沿海地区"，是指以日照市东港区为中心，北起胶南市南部，南至鲁、苏交界处的岚山区南境，西临五莲山及其余脉，东濒黄海海州湾、黄家塘湾海域、南北狭长、东西短促的广大区域，最北 35°45′，最南 35°04′，最东 119°44′，最西 119°06′。外围的五莲山脉作东北－西南走向，略呈弧形将这一区域环绕起来，与北、西、南三面相对隔离。在本区域的中部，恰有五莲山脉向东延伸的余脉——河山与丝山，将区域分成面积大致相当的南、北两个部分。南、北区域均有若干条主要河流及其支流分布，从而形成面向海洋的两个冲积扇形盆地。其中南部区域主要水系是傅疃河、竹子河，北部区域则有潮河、吉利河与白马河（图一）。

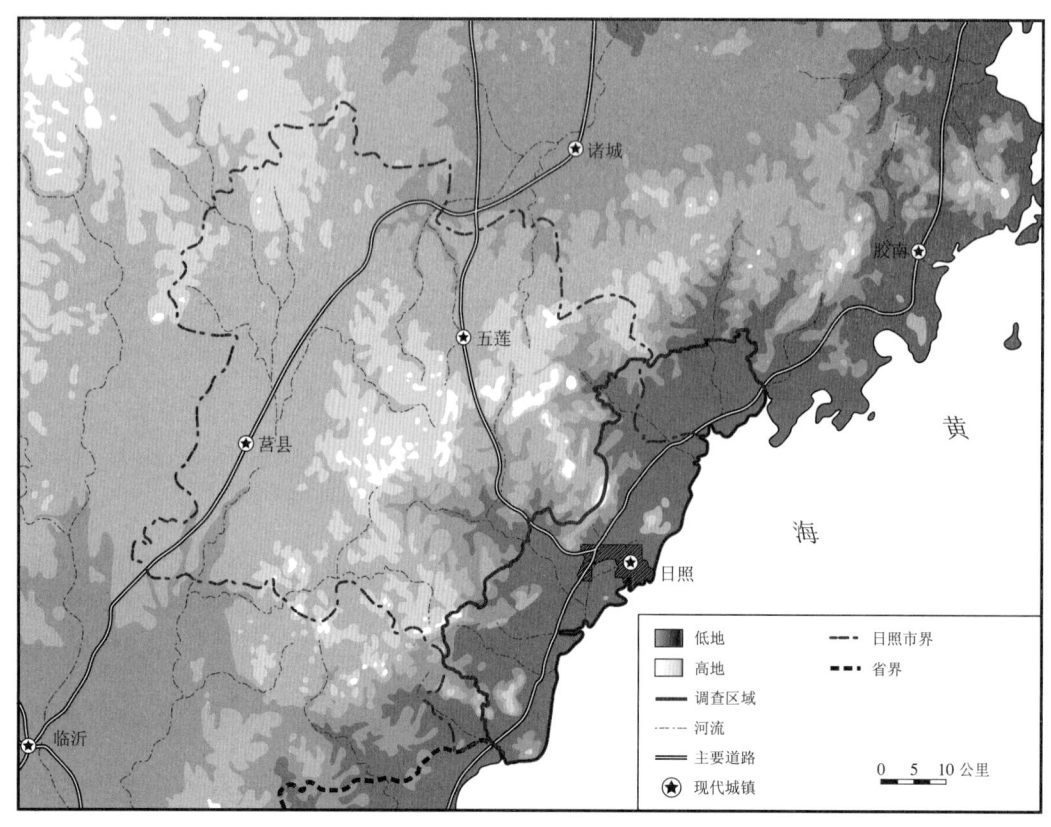

图一 调查区域位置及地形图

本区域属鲁东丘陵区，整个地形西部、西北部较高，东部和南部较低，自西北向东南部倾斜。区域内以低山丘陵为主，地形高低相间，多河谷、山前及滨海平地。

本区属暖温带湿润季风区大陆性气候，年平均气温 12～13°C。四季分明，雨热同季。年平均降水量 800～900 毫米，平均无霜期 213 天。境内土壤类型丰富，棕壤土类占 70% 以上，潮土类、褐土类各占 10% 左右。植被属暖温带落叶阔叶林区，主要是以松类、麻栎混交林、矮林和阔叶杂木林构成的天然次生林植被。由于南北跨度较大，加之地貌、土壤及局部气候等环境因素较为丰富多变，因此从南至北植被种类也呈现出多样化特点。现在的主要农作物为小麦、玉米、水稻和花生等。

境内主要矿产资源有梭罗树大型蛇纹岩矿、石臼大型花岗岩矿，片麻岩、钾长石、石英岩等分布广泛，金、铜、铁矿有少量蕴藏，绿帘石、角闪石、水晶石、滑石等也有若干分布地点。

（二）历史沿革与古代道路

鲁东南沿海地区调查持续了十三个调查季度，总的覆盖面积为 1440 平方公里，所涉及的地级市有日照、青岛和潍坊三市，区县市则有日照市的东港区、岚山区、五莲县，青岛市的胶南市和潍坊市的诸城市。这一区域大约相当于旧时日照县的东境，只是向北略有超出。据地方志记载，日照夏代为禹贡徐州东北境。周为莒地，后入楚。秦属琅琊郡。汉属徐州琅琊郡，为海曲县。曹魏属城阳郡，省入莒县。晋初属青州城阳郡，改属徐州东莞郡。北魏时属南青州东莞郡，永安二年（公元 529 年）置梁乡县，属胶州东武郡。北齐属南青州义塘郡，北周属莒州义塘郡。隋代属沂州琅琊郡。唐属河南道密州高密郡。五代因之。宋属京东东路密州，仍并于莒县。元祐二年（公元 1087 年）置日照镇，仍属莒县，次年入胶西县。金大定二十四年（公元 1184 年）改为日照县，属山东东路莒州。元属山东益州路莒州。明属山东布政使司青州府莒州。清初沿明制。雍正八年（公元 1730 年）属莒州直隶州，后改属沂州府。[①] 1913 年，日照属胶东道。1925 年改属琅琊道。1928 年撤道制直属于山东省政府。1940 年，中共日照县抗日民主政府成立。新中国成立后，日照县先后隶属沂水专署、胶州专署和临沂专署。1984 年，临沂行署石臼港办事处建立。1985 年，撤销日照县和石臼港办事处改为日照市，仍隶属临沂行署。1989 年，日照市升格为地级市。[②]

鲁东南沿海地区自古以来交通方便。据日照地方志记载，明、清年间，以县城为中心通往各地的道路主要有两条，名曰官道。其一，北起诸城县界，南至赣榆县界，连通日照县城及南北各铺。时称"通往南北二京之大路"，为交通要道。其二，东自石臼所，西至石沟崖入莒州，中经县城以西各铺。此路西北通省府，西南达临（临沂）兖（兖州）。另外，还有两条乡间大道：一是涛雒海口至坪上（今莒南县）。二是岚山海口至坪上。沿海鱼盐，进口洋货，内陆土、特产等，多经此路内外运销。20 世纪 20 年代，省内公路通往日照的有 4 条。其一，由胶县至岚山头的公路，境内经两城、县城、涛雒、安东卫。其二，由临沂至涛雒，境内经过巨峰。其三，由诸城至日照，境内经两城至县城。其四，由莒县至日照，中经竖旗、三庄、沈疃至县城。[③]

335 省道和日东高速公路沿傅疃河河谷，而 334 省道则是顺潮河河谷上行。与海岸线平行，有一条贯穿南北的陆路通道将两个盆地连为一体，现在的 204 国道和同三高速公路所沿用。

① （清）陈懋修，张庭诗、李塇纂：《光绪日照县志·沿革》，见《中国地方志集成·山东府县志辑》第 58 卷，第 359 页，凤凰出版社，2004 年。
② 日照市地方志编纂委员会编：《日照市志》第 44 页，齐鲁书社，1994 年。
③ 日照市地方志编纂委员会编：《日照市志》第 205、206 页，齐鲁书社，1994 年。

二　考古简史

以日照为中心的鲁东南沿海地区虽偏处东隅，但因陆路、水陆交通均称便利，自古便是文化昌达之地。晚清民初著名金石学家许瀚就是日照人士，[①]对同为日照籍、后来成为国学大师的王献唐产生很大影响。[②]这一地区现代意义上的考古调查活动就是在王献唐、傅斯年两位学术大师的安排下于1934年春进行的。[③]

1930年济南历城龙山镇城子崖遗址发掘之初，时任山东古迹研究会秘书的王献唐与中研院史语所所长傅斯年就在酝酿鲁东南沿海地区的考古工作。1934年春的鲁东南地区调查就是两位前辈直接商讨的结果。这次调查是在李济、董作宾和王献唐安排下，由中研院史语所考古组的王湘、祁延霈完成的。据两人合写的记录，这次调查于5月23日结束，共持续了"两个月又两天"。[④]以此推算，调查应该开始于3月20日前后。不过，据新发现的书信，王湘、祁延霈两人到达日照的时间始于1934年4月22日，至5月5日完成了在日照县的调查。可能如上引文所说，此后两人沿海岸北行，调查胶县、诸城县，于5月23日由青岛返回济南。这样算来，调查持续了一个月零两天的时间，调查记录说两个月又两天，或许为笔误？不过也存在另一种可能，即两人调查先是从青岛开始，自北而南，调查完日照后又自南而北。其详情要等调查报告发表后才能获知。但无论如何，此次考古调查的发现还是非常重要的，记录在案的遗址有即墨城子村、大洼、两城镇、丹土村、台庄、小挪庄、林子头、臭杞园、尧王城、秦官庄、刘家楼、安家岭、琅琊台等。此次有组织的考古调查在全国来说也是较早的，而且，调查的直接结果促成了1936年日照两城镇遗址的考古发掘。因此，此次调查在我国考古学史上占有重要地位。

两城镇的发掘始于1936年5月初，是在梁思永先生亲自领导下，由祁延霈、刘燿两人负责执行的。田野工作自5月17日至7月22日，主要工作地点先是在瓦屋村北，其间又在大孤堆东进行。此次发掘除了发现零星的建筑遗存之外，最为重要的收获是发现了龙山文化59座墓葬，意义十分重大。次年，瓦屋村、大孤堆的发掘报告已完成大部分。[⑤]遗憾的是，由于1937年7月7日日军大举入侵华北，这批发掘资料未能及时公布，有的毁于战乱，有的保存于南京博物院，有的随史语所一同迁台。在很长的时间里，学者们只能通过尹达（即刘燿）、[⑥]梁思永[⑦]等学者的综合性论述而对那次发掘情况加以了解。留在南京博物院的部分实物资料，在20世纪80年代曾出版一册陶器图录。[⑧]运抵台北的部分实物及资料，包括发掘报告未刊稿，也因两岸隔阂，物是人非，长期未能公布于世。2009年，山东大学东方考古研究中心编辑《两城镇遗址研究》文集，征得史语所同意，特将刘燿1937年冬完成的《山东日照两城镇附近史前遗址》一文收录其中，时隔70多年之后，为学界提供了

---

① 袁行云：《许瀚年谱》，齐鲁书社，1981年。
② 王绍曾：《日照王献唐先生事略》，《山东省立图书馆季刊》1991年第1期。
③ 方辉：《从新发现的几封书信说及两城镇等遗址发现缘起》，栾丰实主编：《两城镇遗址研究》第358～368页，文物出版社，2009年。
④ 王湘、祁延霈：《山东日照县考古调查记》，转引自李永迪：《1930年代中研院史语所山东地区龙山文化的发掘与调查工作》，《东方考古研究通讯》2002年12月总第5期。
⑤ 李永迪：《刘燿〈山东日照两城镇附近史前遗址〉整理后记》，栾丰实主编：《两城镇遗址研究》第20～24页，文物出版社，2009年。
⑥ 尹达：《新石器时代》，三联书店，1955年。
⑦ 梁思永：《龙山文化——中国文明的史前期之一》，《考古学报》1954年第7册。又收入《梁思永考古论文集》，科学出版社，1959年。
⑧ 南京博物院：《日照两城镇陶器》，文物出版社，1985年。

当年发掘的部分第一手资料。①

1954 年春、夏，山东省文物管理处两次派人赴日照调查两城镇遗址保护的情况，还就近勘查了多处遗址，并对其中两城镇、刘家楼、大洼村、田家园、安尧王城、大桃园和五莲县丹土等 7 处遗址调查情况做了报道。②后来我们知道，这次调查是在山东省古代文物管理委员会筹备处主任张静斋、副主任王献唐安排下进行的。③1958 年，山东省文物管理处还对两城镇遗址进行了较全面的钻探和试掘。④

20 世纪 50 年代，山东大学位处青岛，得地利之便，历史系师生刘敦愿、张知寒等经常利用假期前往日照做考古调查。1955、1957 年春假对两城镇遗址的两次调查收获甚丰。⑤50 年代之后，刘敦愿先生仍与两城镇当地保持密切联系，他于 70 年代初报道的两件玉器，尤其是兽面纹玉锛，在学术界产生广泛影响。⑥他还根据自己的调查见闻，对早年两城镇遗址发现玉坑玉器的情况做了回顾，进一步丰富了龙山文化玉器的资料。⑦另外，五莲丹土遗址在 50 年代的文物普查中也发现一组龙山文化玉器，有的或可早到大汶口文化晚期。⑧这组玉器部分保存在山东省博物馆，后来做过专门介绍。⑨

文化大革命后期，对考古等学术活动的禁锢稍有松动。山东省博物馆分别于 1973 年春、秋两季和 1975 年秋对日照东海峪遗址进行了发掘，山东大学考古专业参加了 1975 年秋的发掘。发掘者对后一次发掘作了报道。从报道获知，这次发掘面积约 800 平方米，主要的收获，一是发现了从大汶口文化向龙山文化过渡的"三叠层"，从地层学和类型学上证明了二者相对年代关系。二是发现了一组龙山文化台基式建筑基址，这在山东史前文化中是首次，在我国建筑史上具有重要意义。⑩

1978 年冬至 1979 年春，临沂地区文管会对尧王城遗址进行试掘，揭露面积 200 余平方米，发现了一组龙山文化建筑基址和小型墓葬群，其中房基与东海峪发现的台基式建筑基址相似，不过其建筑材料多为土坯，这也是我国建筑史上的重要发现。墓地由 49 座小型墓葬组成，出土一批陶器。铜渣的出土是此次发掘的另一重要收获，为龙山时代铜器冶炼增加了新的地点。⑪

当地文物部门还多次对日照境内龙山文化遗址做了专题调查，并对其中的 9 处遗址做了报道。⑫不过，在调查者列为新发现的 2 处龙山文化遗址中，西林子头早在 1934 年就已被记录在案。

与史前考古相比，鲁东南沿海地区龙山时代之后的遗址发现很少，经过发掘的遗址更为有限，因此，龙山文化之后青铜时代当地考古学文化的面貌一直是模糊不清的，尤其是夏商时期，本地区考古遗址几乎是空白。关于当地缺少商代遗址的现象，早在 1934 年那次调查中刘燿先生就已经觉察到，并认为"此一带若果未有该种遗存之存在，当可注意，以后再继续考察之，或可略得一结果"。⑬不唯商代如此，在我们的调查工作之前，当地只有松竹村一处岳石文化遗址，相对而言，调查发现

① 刘燿：《山东日照两城镇附近史前遗址》，栾丰实主编：《两城镇遗址研究》第 1～19 页，文物出版社，2009 年。
② 山东省文物管理处：《日照县两城镇等七个遗址初步勘查》，《文物参考资料》1955 年第 12 期。
③ 方辉：《从新发现的几封书信说及两城镇等遗址发现缘起》，栾丰实主编：《两城镇遗址研究》第 358～368 页，文物出版社，2009 年。
④ 山东省文物管理处：《时代日照两城镇遗址勘察纪要》，《考古》1960 年第 9 期。
⑤ 刘敦愿：《日照两城镇龙山文化遗址调查》，《考古学报》1958 年第 1 期。
⑥ 刘敦愿：《记两城镇遗址发现的两件石器》，《考古》1972 年第 4 期。
⑦ 刘敦愿：《有关日照两城镇玉坑玉器的资料》，《考古》1988 年第 2 期。
⑧ 山东省文物管理处、山东省博物馆：《山东文物选集（普查部分）》，文物出版社，1959 年。
⑨ 杨波：《五莲县丹土遗址出土玉器》，《故宫文物月刊》第十四卷第二期，1996 年。
⑩ 山东省博物馆、日照县文化馆东海峪发掘小组：《1975 年东海峪遗址的发掘》，《考古》1976 年第 6 期。
⑪ 临沂地区文管会：《日照尧王城龙山文化遗址试掘简报》，《史前研究》1985 年第 4 期。
⑫ 日照市图书馆、临沂地区文管会：《山东日照龙山文化遗址调查》，《考古》1986 年第 8 期。
⑬ 方辉：《从新发现的几封书信说及两城镇等遗址发现缘起》，栾丰实主编：《两城镇遗址研究》第 358～368 页，文物出版社，2009 年。

的两周时期的遗址数量要多些，[①]但经过发掘的也是少数。1976 年和 1983 年，东港区崮河崖遗址发现两座墓葬，当地文物部门派人做了清理，其中的一号墓带有一条墓道，出土青铜器一组 14 件，组合为鼎、鬲、壶、盆、盘、匜，4 件铜鬲口沿有铭文一周 8 字，文曰"釐伯□女子乍宝鬲"，与莱国有关，发掘者推测年代当为西周晚期至春秋早期。[②]

调查区域内从新石器时代到汉代还有一些遗址为地方文物部门所知，尤其是全国第二次文物普查就有不少新发现，不过，这些遗址大多未见诸报端，直到近年《中国文物地图集·山东分册》出版，学术界才有了文献依据。[③]据统计，分布于鲁东南沿海地区考古调查区域之内、为本书记录在案的新石器时代至汉代遗址，东港区、岚山区有 70 处，五莲县有 8 处，胶南市有 7 处，总数为 85 处。总的说来，上述文物普查或偶然发现的遗址都是具有一定规模的大中型遗址。

三　调查方法

从 1995 年至 2007 年在鲁东南沿海地区所开展的 13 个季度考古调查采用的是区域系统调查方法（Regional Systematic Survey），或称之为全覆盖式调查方法（Full-coverage Survey），国内同行或称之为拉网式调查。调查取得了丰硕成果，其中最为直接的收获在于遗址数量大为增加，远远超出此前已掌握的数量。这种方法在墨西哥瓦哈卡谷地的调查中有长期实践的经验并取得很好的成果。[④]此次在鲁东南的这项调查，我们只是根据调查区域的地形和景观条件做了适当调整与改进。此前我们曾对这种方法做过简要介绍。[⑤]

调查使用的地图是比例尺为 1：10000 的地形图，这种地图比较精细，能够对所发现的遗址进行准确定位。有少量的地图表现的是地势平坦地形，其等高距为 1 米，大多数地图等高距则为 2.5 米，而以山区为主的地图则为 5 米。这些地形图的制作时间为 20 世纪 80 年代中后期，有些地方的地形地貌发生某些变化，如村镇规模有所扩展、新增添了道路乃至高速公路等，这需要持图者将新增部分补充在地图上。一般来说，这样的地形变化不会对调查产生大的影响。但在某些经济发展较快的地区，如日照新区和岚山区以及沿海风景区，一批批新的建筑如雨后春笋般拔地而起，而且往往占据大片面积。在这种情况下，持图者只能在地图上用斜线对此加以标注，以表明这些区域当前已不能做全覆盖式调查。去除这些变化因素，这种大比例尺地形图还是非常实用的。

调查工作一般选择在深秋或初冬季节。在我国北方，这个季节田野植被最为稀疏，大田里的主要农作物是冬小麦和菜地，以及大面积的备耕地，非常适合做这种全覆盖式调查。所谓全覆盖式调查，顾名思义，就是对所有不同的地形进行实地踏查，而不仅仅局限于沿河区域。在我们的调查区内，这些地形包括备耕地、旱田、水田、菜地、果园、鱼塘、丘陵、山麓和冲积平地等。调查所发现的遗址在上述各种地形均有分布。调查中发现，本地区较大的河流两岸都修建有堤坝，堤坝之内的区域多为后期形成的冲积区，一般没必要进行调查。地势陡峭的山顶和山坡，一般也只需调查

---

① 杨深富、胡鹰、徐淑彬：《山东日照市周代文化遗存》，《文物》1990 年第 6 期。

② 杨深富：《山东日照崮河崖出土一批青铜器》，《考古》1984 年第 7 期。

③ 国家文物局主编：《中国文物地图集·山东分册》，中国地图出版社，2007 年。

④ Feinman, Gary M., Linda M. Nicholas. 1990. *At the Margins of the Monte Alban State: Settlement Patterns in the Ejutla Valley, Oaxaca, Mexico. Latin American Antiquity* 1:216-246; Kowalewski, Stephen A., Gary M. Feinman, Laura Finsten, Richard E. Blanton, and Linda M. Nicholas. 1989. *Monte Albán's Hinterland, Part II: The Prehispanic Settlement Patterns in Tlacolula, Etla, and Ocotlán, the Valley of Oaxaca, Mexico.* Memoirs No. 23. Museum of Anthropology, University of Michigan, Ann Arbor.

⑤ 方辉：《关于区域系统调查法的几点认识与思考》，《考古》2002 年第 5 期。

到陡坡即可，由此往上，已不适宜人类居住。因此，我们调查区域的边线大致是以这些陡峭的山岭为界的。调查中我们曾对区域内某些山头岭顶进行过调查，对那些看似非自然的立石等标志加以考察，但从未发现过任何古代遗址。

由于种种原因，有些地段不易顺利进入，如被针刺篱笆环绕封闭的果园、松林丛生的山麓、密布茶林的坡地、陡峭山坡上的采石场、注水的鱼塘及盐池、被高墙隔绝的厂区，等等。在这种情况下，适宜的做法是沿着边缘，并尽可能对敞露的区域进行调查。鱼塘或盐池的周遭也是不能忽略的地方。

调查队一般由 5～6 人组成，队员间距保持在 50 米以内为宜。有时 3～4 人也完全可行，但超过 7 人时就显得调动不利（除非是为了训练新人的需要而让其靠近熟练队员）。队员间距可根据地形和遗物密度而定。行进中，队员除了检视自己所属的线路外，还应关注两侧其他队员，以确定自己的行进路线和调查范围。持图者居中，需时常关注其他队员，尤其是左右最外侧两名队员的行进路线。最外侧的两名队员需格外注意自己的行进路线：记住行进中遇到的标志物，以便返回时确定自己的相对位置。为便于辨识和记忆，开始调查之前应将地图上和现场所看到的地标（如河渠、道路、电线杆、村庄等）相对应，并向队员，尤其是外侧队员交代清楚（彩版一，1）。

为了保证不遗漏每块土地，在接近地图的边缘时，应把地图折叠，与下一张地图拼接起来使用。

与村民简单的交谈有时有助于遗址的发现。不过，村民们所知道的遗址往往是面积较大者，这类遗址中有些已为当地文物部门记录在案，但也常常会有新的遗址发现。如果村民对"考古"和"遗址"没什么概念，一般说来发现大型遗址的可能性便不大，不过即使如此，发现小型遗址仍然是常事。

队员通过村镇、果园、植被浓密的山坡、冲沟或其他较大的障碍物时，一般看不到伙伴。一旦走出这些障碍物，要立刻寻找自己相邻的队友，并站在易于被发现的显眼的位置上，如高坡、道路或开阔地等。为便于工作，每位队员都要配备哨子。哨子在雾天和有风的时候很有用。

当然，"全覆盖"不是对每一寸土地都覆盖到，调查仍然是解剖式的，队员们走过的路线实际上就是一个个横切面。这就要求他们始终注意一些可疑之处，如灰土、平地上的隆起、小溪岸边的台地等。一般说来，最容易发现陶片和其他遗存的地方是备耕地、菜窖、水井、路沟剖面、村头地角和河岸断崖等。

陶片的采集也并非越多越好。采集陶片的目的是为了搞清大中型遗址的分布范围，并尽可能不遗漏任何小型遗址。

（一）发现遗址

每一天调查之前首先需要在地图上确定下调查区域，这个工作显然只能在头天晚上进行。虽然实施中会根据具体发现对既定方案做出调整，但提前划定调查范围还是必要的。范围确定后，应将地图夹固在绘图板上。为便于携带，绘图板以 50×60 厘米的尺寸最佳，这也是国内测绘市场上通行的尺寸。经验告诉我们，每一趟的行进长度以 3 公里左右最为合适，尤其是当左右两侧的队员没有明晰的地标去沿循的情况下，过长的距离不便于把握方向。每一趟调查开始之前，持图者要向队员们指出预设的路径，尤其是两头的队员要明确各自的路径及地标特点。队员们首先要看地图，在脑子里记住下一趟路径要遇到的特殊地形和村庄等。每当一趟到头，队员们掉头转向相反的方向，位于一端的队员沿循来时的路径，以此类推。

一旦队员发现陶片（史前至汉代），便要向持图人挥手、吹哨或呐喊，持图人则会判断其所在位置并在地图上加以标注。此时与该队员临近的其他队员要向其靠拢，以搞清陶片的分布范围亦即遗址面积。能够据以断代或分期的陶片是采集的主要对象。如果陶片很少或遗址很小，其他队员一般可待在既定位置附近。待队员确认遗址范围已经搞清后，队伍方可继续前行。此时队员们要记着归位。如果遗址面积较大，就会有不止一位队员发现陶片，或者事先知道遗址的大致方位，此时队员们要集中起来，由持图者重新分配每位或几位队员的采集及标注区域。

在我国北方，因为农田历经数千年的耕作，大多数遗址暴露在地表的陶片数量并不算多，至少与墨西哥瓦哈卡谷地相比是如此。当然也有例外，如人为动土扰动了地下堆积，或有文化层的遗址剖面，会有较多的陶片等遗物暴露。我们常常会遇到这种现象：有些地理位置非常好的遗址，地表能够发现的陶片只有区区数片，但在动土的地方（如取土坑、刚刚挖成的菜窖附近等），则会发现数十或数以百计的陶片等遗物。如果发现剖面，还经常会发现房基、灰坑和墓葬等遗迹（彩版一，2）。

只要有一片可以断代的陶片，我们就给予一个遗址编号（实际上，这样的遗址数量十分有限）。为保证资料获取和记录的系统性，我们采用的是"100米规则"，即陶片分布区或分布点之间的距离如果超过100米，就要考虑它们可能不属于同一遗址，需要给其一个独立的田野遗址名称编号。当然，陶片的分布也可能是人为和自然原因（如扰动搬运和侵蚀等），这一点在判定遗址时也要予以注意。这些最小限度的遗址单位在经过室内分期断代和研究后可能被合并为一个较大的社区或聚落群。在调查中我们越来越认识到，有些遗址被现在村庄所压，或因河流泛滥而被掩埋在深处，这些被占压或掩埋的区域一般不会发现陶片。我们在最初几个季度调查中对于这类遗址面积的界定有些保守，把本属于同一个遗址的不同区域分割为两个甚至更多遗址来处理。有鉴于此，后来对于所谓"100米规则"并不加强求，尤其是对于上述情况所导致的遗址分割，一般会做合并处理。例如，如果发现属于同一时期的陶片在现代村庄四周均有分布，而村子里由于房屋和道路占压不可能采集到任何同时期遗物时，正确的方法是将其作为一处大遗址而非四处小遗址来处理。不过，尽管意识到它们属于同一处大遗址，在野外仍应把每一个区域作为不同的采集区来对待。我们曾对早年调查过的几处大遗址进行复查，当时在地图上被分为两处独立的、聚落等级为三级的遗址，合并后则晋升为独立的二级或一级聚落。

遗物的采集要根据实际情况而定。在那些陶片比较稀疏的小遗址上，我们尽量采集所有的时代特征明确的陶片。而对于那些陶片分布较为密集的遗址，则只采集时代明确的标本。但对于石制品则要求统统采集。

对于面积较大的遗址，应作分区采集并在地图上标注清楚。经验告诉我们，从解析的目的出发，将采集区划定在10000平方米左右最为合适。当然，实际操作中，采集区的大小和多少实取决于遗址的规模、陶片的密度和遗址所包含的时代等因素。如果陶片显示该遗址面积虽然较大但时代单一，将采集区划定的大些也无妨。持图者密切观察队员们所采集陶片的区域并将之标注在地图上。队员也要告知持图者陶片分布到何处为止，持图者便可在地图上标注出遗址的边界。对于那些陶片丰富而又包含有若干个时期的遗址而言，则宜将采集区划定得小些，这有助于搞清遗址上不同时期遗存历时变化的情况。

对于大遗址陶片采集区的划分，最好利用地形特点在地图上预先设定。有特点的地形包括诸如两条小路之间、村边菜园、紧邻小河的地块等等。采集区划定并以之采集遗物后，按英文大写字母A、B等的顺序予以编号。这样，所有采集物均可找到确切的出处。发现文化层或遗迹的地方也在地图上加以标注，并尽可能将其中采集的遗物单独存放、记录（图二）。

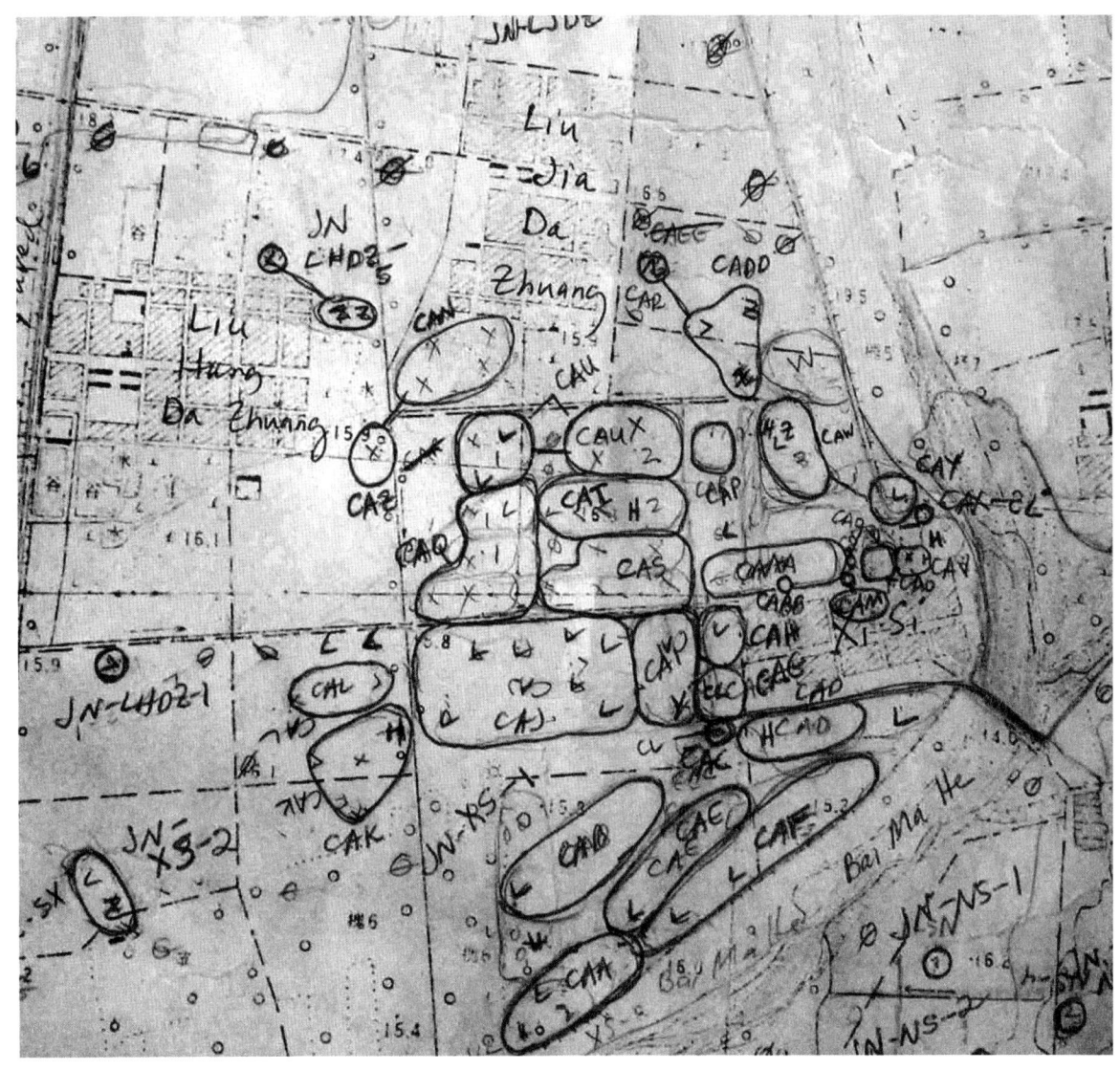

图二　采集区示例

　　遗址命名系统与国内传统的命名方法大同小异，通常包括遗址所在村庄及所属县市的拼音声母。如果村庄附近发现的遗址不止一处，一般以阿拉伯数字为之排序，例如，DG-LCZ-1、DG-LCZ-2 等。DG 指东港区，LCZ 指两城镇，1、2 指遗址序号。

　　小型遗址的编号一般会在每一趟走完之后统一定名并写在标签上。如果队员在行进中发现若干处遗址，为便于记忆，最好在采集袋上注明 1、2、3 这类临时编号，而持图者要在地图上标上每一个地点相应的数字，到达终点后一一核实并给予野外编号。在采集袋标签上要记录遗址名称及编号、采集区号（如果划分采集区的话）、所属文化或时代、调查日期和采集者（们）姓名。在有些面积较大的遗址上，可能有若干位队员分别采集到几袋遗物。到达终点时，首先需要判断它们是否属于同一时期，其间的距离是否超过 100 米，并决定是否加以合并。如果分散采集的几个袋子包含有不同时期的标本，最好在同一遗址编号之下给予它们不同的采集区号。在大型遗址上，最好集中一起统一编号，包括对前趟所给予编号的遗址也要做统筹考虑。在超长距离而遗址发现数量又多的情况下，最好随时给予遗址编号而不必等到终点。

　　需要说明的是，鉴于我们的目标是在尽可能短的时间里最大限度地扩大调查面积，而且，为了从迅速发展的大规模经济建设活动中抢得宝贵时间，我们并未对发现的遗址作钻探工作，甚至也没有对遗址进行 GPS 定位，这是一个缺憾，但事实证明，这一策略有其合理性，因为我们经常看到，几年前做过调查的农田已被新兴的工业厂房所占压。此外，究竟几块陶片才能够界定为一处遗址，我们对此也没有给出一个最低限度。因为我们发现，地表上的一块陶片，代表的可以是地下的一座墓葬或其他遗迹。因此，即使是一块陶片，只要可以断定其所属年代，我们都采集并作文字和地图记录，以便未来有兴趣的研究者按图索骥，对这些遗址予以进一步核实、研究。

（二）遗址的登记

遗址的登记要在当天完成。首先核实当天发现的遗址采集袋是否够数（有时会遗忘在队员的包里）。持图者还要和地图上标注的遗址数量进行核对并在电脑上列出清单，记录下有待洗刷及分析的采集袋信息。为便于管理，最好把它们按区县和地图编号加以分类。遗址记录的要点如下：

遗址名称，村（庄）镇名称，日期，所属文化或年代，地理环境（平原、丘陵、山地等），遗址位置特征（如，冲积平原隆起处、村边菜园、丘陵缓坡等），土壤信息（土壤类型、土色、大致深度等），当下土地用途（村镇、果园、农作物、休耕地等）。从地图上查找最近水源地（河流、支流、小溪等）并测算距离。遗址文化内涵，包括陶片密度、遗址大约面积、石器和其他重要遗物、遗迹类型如文化层、灰坑和墓葬等。特殊采集物，如村民新挖出的遗物、从河岸台地冲出的采集物等。从地图上查找遗址的海拔高度。

用于野外的地图是复印件，几天下来会受到污染和损伤。为便于电脑制图，需将 1∶10000 地形图及遗址拷贝到硫酸纸图上，一般在灯箱上描摹即可。为掌控调查进度情况，每天应在比例尺为 1∶50000 的地形图上标示出调查所覆盖的面积。当所有区域全部覆盖后，在灯箱上把覆盖区域的边界和所有遗址（包括采集区）描绘到大幅硫酸纸图上。遗址和采集区范围及名称要准确。待陶片分析之后，每一时期的遗址边界将被绘制在这些图上。

（三）采集物分析

将采集物分袋洗刷、晾干、存放，等待分析。分析采集物时，首先记录下遗址名称和采集区编号，然后分析判断陶片等所属文化及期段，并记录以下基本信息：器形（如果可加判定）、部位（口沿、颈部、底部、足部、把手和腹片等）、陶质和纹饰等。

将共时的每处采集区遗物的信息落在硫酸纸图上，以不同颜色代表不同文化或期段。对于单一时期的遗址而言，只需用彩色铅笔在图上画出边界即可。对于包含有多个时期的遗址而言，就需以点画线在采集区内区分出每一时期标本的分布区，然后分别用各色铅笔勾画出各时期陶片分布区（每个采集区之内不必单独画线，只需将每个时期陶片分布区连接起来即可）。如然，从这些地图上即可测算出每一时期遗址的面积。我们使用一种叫测面仪（planimeter）①的工具，对遗址上各时期所占面积分别加以测算。

从田野日记所获得的遗址基本信息将被输入到 excel 表格文档，其中一列为遗址各时期的面积。也包括遗址面积列（不同于同一遗址上各时期面积）。同时，该文档还应包括地图名称及其所

---

① 又名计积器，是一种仪器，当机械连接的探针扫过平面图形的周线时能测出图形的面积。

属行政区划。

从陶片分析所获得的基本信息同时被输入另一文档。该文档中的每一行代表的是最小细目，因此，每一采集区的行数是不一样的。例如，如果某一采集区的陶片包括 5 件龙山文化腹片（器形不明）、1 件龙山文化早期鬶足、2 件周代（1 件西周，1 件东周）腹片和 1 件汉代瓦片，那么该采集区在该文档中将有 5 行（西周与东周的腹片将分作两行）。再如，如果另一采集区有 5 件不明期别的龙山文化腹片（其中 1 件为泥质磨光，另 1 件为夹砂附加堆纹），那么该文档中该采集区就会有 3 行——3 件龙山文化腹片为 1 行，泥质磨光陶为另 1 行，夹砂附加堆纹陶则为第 3 行。这一记录系统有助于最大限度地复原不同尺度的信息。数据透视表的功能为不同尺度数据的总结提供了可能。

（四）制图

首先，将描绘的地图缩小 50% 以便易于处理，将缩小后的图纸拼接在一起，分别把所有同期遗址描绘在一张单独的大型硫酸纸上面。核对无误后，将这些合成的地图缩小到适当大小，以能够扫描到电脑为原则。

合成后的地图上所有遗址均标注有名称。为便于分析，我们还按期别给予遗址特殊编号（从 1 开始，每一文化或时代独立编号）。在遗址文档和陶片文档中分别输入这一编号。

需要注意的是，最初描图时要将 1∶10000 地图上的主要地形特征描绘下来，其中最为重要的是主要的等高线和所有河流。这张地图也要同步缩小至适宜扫描的尺寸。

至此，绘图员即可使用 Adobe Illustrator 制图软件和绘图板工具将所有扫描的地图描绘成同一文档（地形图为一层面，每一时期遗址分布图也单独分层，等等）。

四　调查经过

1991 年 2 月 22 日国家文物局发布实施了《中华人民共和国考古涉外工作管理办法》，为中外考古合作奠定了基础。1992 年暑期，当时正在哈佛大学做博士后的文德安女士应邀到山东临淄参加由国家博物馆组织的“中美陶器研究研讨班”，会后访问山东大学，向蔡凤书教授表达了希望在山东进行考古调查的意愿。1994 年夏，文德安到贵州省做现代制陶调查，期间她专程访问山东大学，表达了她自己的一个愿望：希望和山东大学开展合作考古研究，近期能够在山东某个地区进行区域系统调查，然后在调查成果的基础上向国家文物局申请合作开展田野考古发掘。经协商，双方同意在当时所知面积最大、并且已经在国内外有广泛影响的日照两城镇遗址一带进行合作调查。1995 年 12 月 4 日，经国家文物局批准，山东大学和耶鲁大学（后来因为文德安博士工作调动的原因，美方合作单位改为芝加哥菲尔德自然历史博物馆）合作，在山东日照沿海以两城镇为中心的区域正式启动区域系统调查工作。联合调查队的队长为山东大学蔡凤书教授，文德安博士为美方负责人。自此到 2007 年冬，双方开展了长达 13 年的区域系统调查工作（图三、四）。

第一季度田野调查的时间为 1995 年 12 月 28 日至 1996 年 1 月 12 日，覆盖面积约 36 平方公里。调查区域主要是在东港区两城镇境内，并小范围涉及东港区与五莲县及胶南市交界地区，涉及的水系主要是两城镇河及其支流北小河、金银河等。此次调查最主要的收获是证实了区域系统调查方法的有效性。对已知的两城镇遗址及丹土遗址进行了系统踏查，并新发现了安家岭 -1（DG-

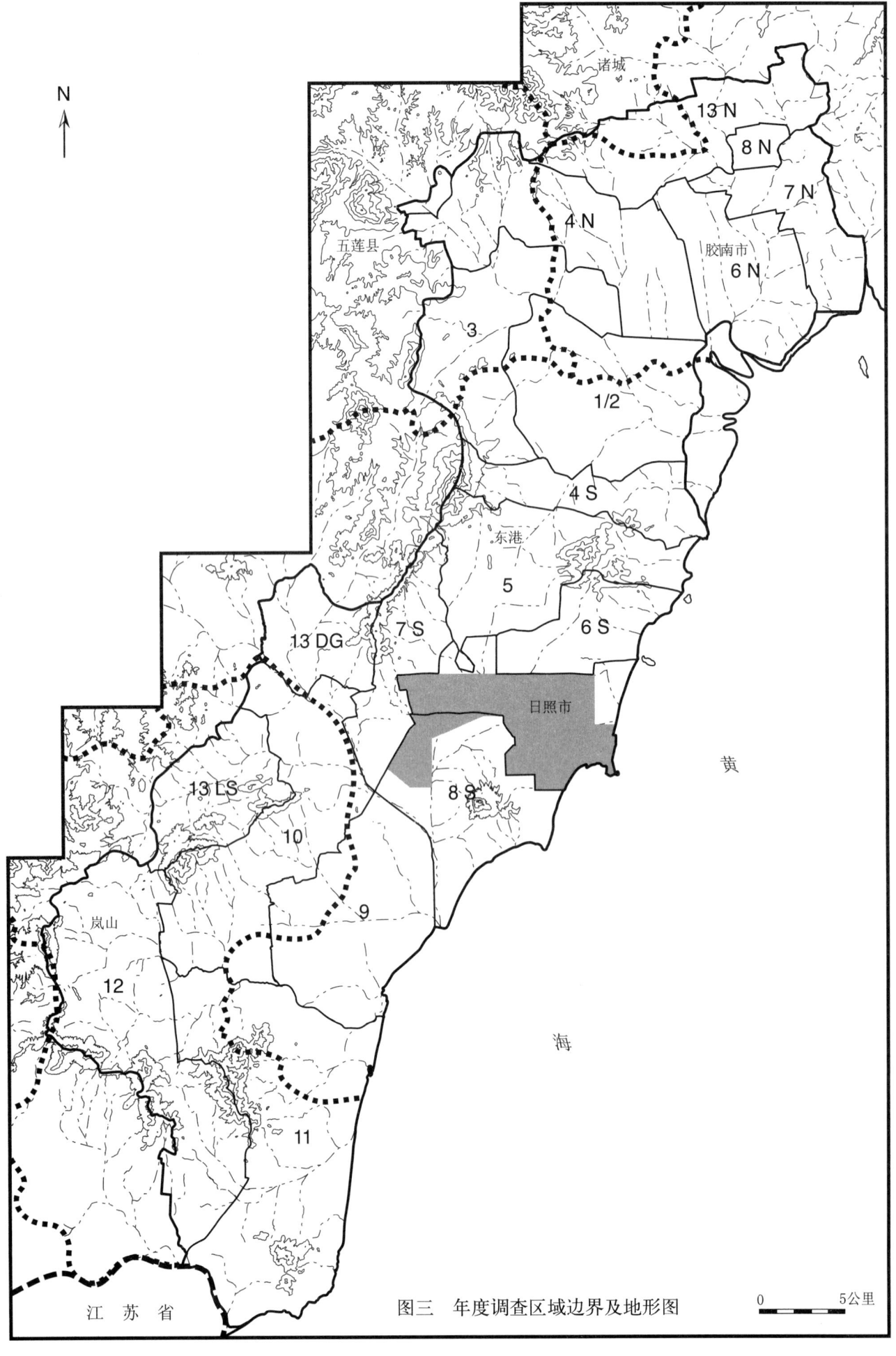

N

五莲县

诸城

13 N

8 N

7 N

4 N

胶南市

6 N

3

1/2

4 S

东港

5

6 S

13 DG

7 S

日照市

黄

13 LS

8 9

10

岚山

9

12

海

11

江苏省

图三　年度调查区域边界及地形图

0 ____ 5公里

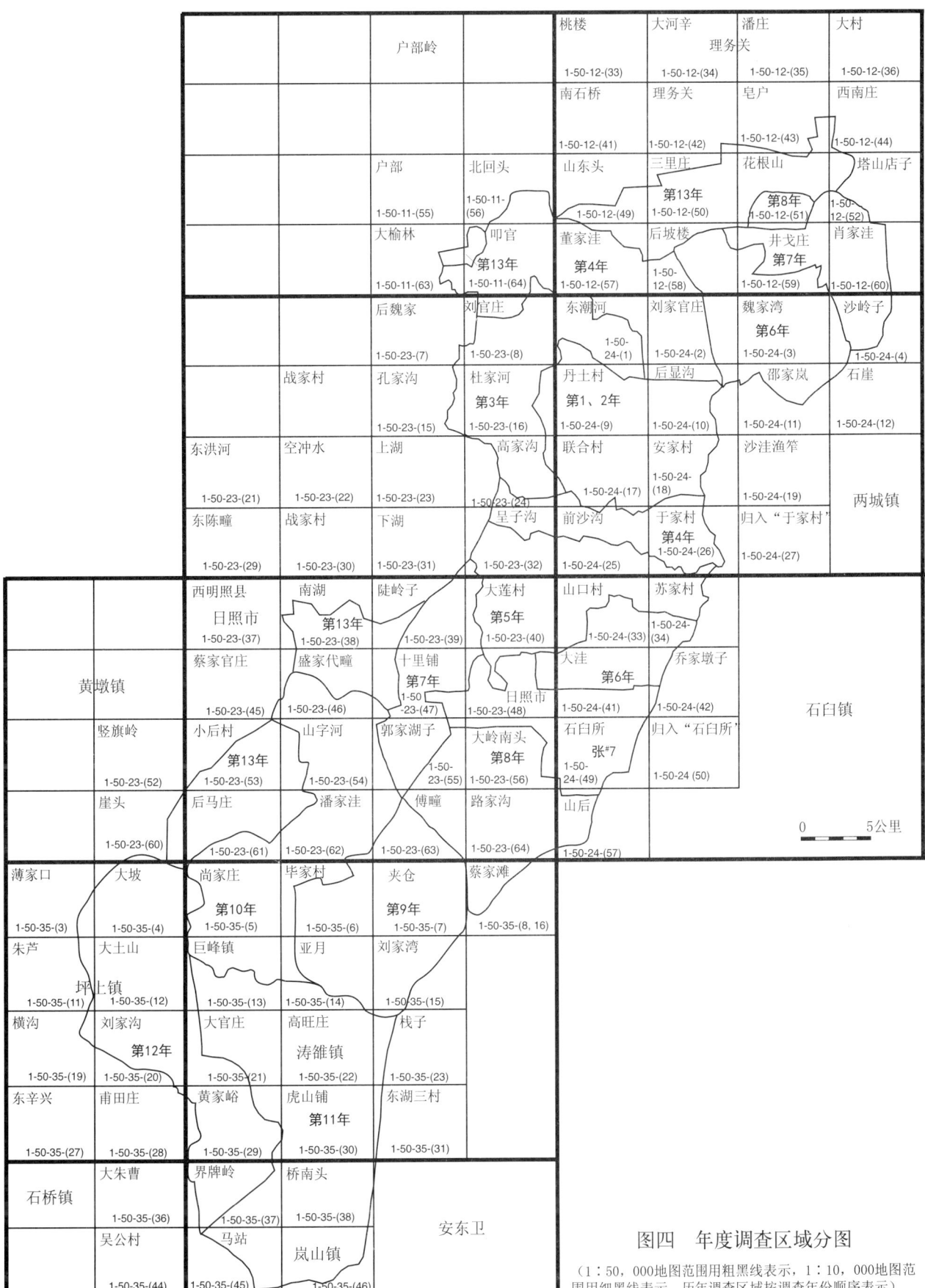

		户部岭		桃楼 1-50-12-(33)	大河辛 1-50-12-(34)	潘庄 理务关 1-50-12-(35)	大村 1-50-12-(36)
				南石桥 1-50-12-(41)	理务关 1-50-12-(42)	皂户 1-50-12-(43)	西南庄 1-50-12-(44)
		户部 1-50-11-(55)	北回头 1-50-11-(56)	山东头 1-50-12-(49)	三里庄 第13年 1-50-12-(50)	花根山 第8年 1-50-12-(51)	塔山店子 1-50-12-(52)
		大榆林 1-50-11-(63)	叩官 第13年 1-50-11-(64)	董家洼 第4年 1-50-12-(57)	后坡楼 1-50-12-(58)	井戈庄 第7年 1-50-12-(59)	肖家洼 1-50-12-(60)
		后魏家 1-50-23-(7)	刘官庄 1-50-23-(8)	东潮河 1-50-24-(1)	刘家官庄 1-50-24-(2)	魏家湾 第6年 1-50-24-(3)	沙岭子 1-50-24-(4)
	战家村	孔家沟 1-50-23-(15)	杜家河 第3年 1-50-23-(16)	丹土村 第1、2年 1-50-24-(9)	后显沟 1-50-24-(10)	邵家岚 1-50-24-(11)	石崖 1-50-24-(12)
东洪河 1-50-23-(21)	空冲水 1-50-23-(22)	上湖 1-50-23-(23)	高家沟 1-50-23-(24)	联合村 1-50-24-(17)	安家村 1-50-24-(18)	沙洼渔竿 1-50-24-(19)	两城镇
东陈疃 1-50-23-(29)	战家村 1-50-23-(30)	下湖 1-50-23-(31)	呈子沟 1-50-23-(32)	前沙沟 1-50-24-(25)	于家村 第4年 1-50-24-(26)	归入"于家村" 1-50-24-(27)	
	西明照县 日照市 1-50-23-(37)	南湖 第13年 1-50-23-(38)	陡岭子 1-50-23-(39)	大莲村 第5年 1-50-23-(40)	山口村 1-50-24-(33)	苏家村 1-50-24-(34)	
黄墩镇	蔡家官庄 1-50-23-(45)	盛家代疃 1-50-23-(46)	十里铺 第7年 1-50-23-(47)	日照市 1-50-23-(48)	人洼 1-50-24-(41)	乔家墩子 第6年 1-50-24-(42)	石臼镇
	竖旗岭 第13年 1-50-23-(52)	小后村 1-50-23-(53)	山字河 1-50-23-(54)	郭家湖子 1-50-23-(55)	大岭南头 第8年 1-50-23-(56)	石臼所 张#7 1-50-24-(49)	归入"石臼所" 1-50-24-(50)
	崖头 1-50-23-(60)	后马庄 1-50-23-(61)	潘家洼 1-50-23-(62)	傅疃 1-50-23-(63)	路家沟 1-50-23-(64)	山后 1-50-24-(57)	
薄家口 1-50-35-(3)	大坡 1-50-35-(4)	尚家庄 第10年 1-50-35-(5)	毕家村 1-50-35-(6)	夹仓 第9年 1-50-35-(7)	蔡家滩 1-50-35-(8, 16)		
朱芦 1-50-35-(11)	大土山 坪上镇 1-50-35-(12)	巨峰镇 1-50-35-(13)	亚月 1-50-35-(14)	刘家湾 1-50-35-(15)			
横沟 1-50-35-(19)	刘家沟 第12年 1-50-35-(20)	大官庄 1-50-35-(21)	高旺庄 涛雒镇 1-50-35-(22)	栈子 1-50-35-(23)			
东辛兴 1-50-35-(27)	甫田庄 1-50-35-(28)	黄家峪 1-50-35-(29)	虎山铺 第11年 1-50-35-(30)	东湖三村 1-50-35-(31)			
石桥镇	大朱曹 1-50-35-(36)	界牌岭 1-50-35-(37)	桥南头 1-50-35-(38)	安东卫			
	吴公村 1-50-35-(44)	马站 1-50-35-(45)	岚山镇 1-50-35-(46)				

0　　　5公里

图四　年度调查区域分图

（1：50,000地图范围用粗黑线表示，1：10,000地图范围用细黑线表示，历年调查区域按调查年份顺序表示）

ANJ-1)、项家沟（DG-XJG-1）等龙山文化遗址。①调查期间，还曾于 1995 年 12 月 29 日对尧王城遗址进行复查，在尧王城村西北一"L"形坑壁上观察到属于龙山时期的夯土遗迹，初步判断应为城墙。参加此次调查的中方有蔡凤书、于海广、栾丰实、方辉、孙成甫，美方人员有文德安、费曼、琳达、关玉琳。

　　第二季度田野调查的时间为 1996 年 12 月 26 日至 1997 年 1 月 14 日，覆盖面积约 60 平方公里，调查区域主要在东港区两城镇、五莲潮镇河和胶南海青镇，涉及的水系与上个季度相同，但集中在潮河以南区域。②发现的重要遗址有龙山时代的隋家官庄 -1（DG-SJGZ-1）、王家窑 -10（WL-WJYa-10）、王家窑 -6/7（WL-WJYa-6/7），周代至汉代的安家岭 -4（DG-ANJ-4）、前卞庄 -2（DG-QBZ-2）、石庙子村 -3（JN-SMZC-3）和修齐园 -4（JN-XQY-4）等，另外在石庙子村 -3 发现有零星岳石陶片。参加此次调查的中方有蔡凤书、于海广、栾丰实、方辉、孙成甫，美方人员有文德安、费曼、琳达、关玉琳。

　　前两季度调查区域及遗址分布请参考图（图五～七）。

　　第三季度田野调查的时间为 1997 年 12 月 21 日至 1998 年 1 月 15 日。本季度调查是在前两个季度调查范围基础上向西北方向扩展，主要调查区域在潮河及其支流领域，涉及五莲县潮河镇，另外少量涉及东港区两城镇和胶南市海青镇。覆盖面积约 60 平方公里。发现的重要遗址有，龙山时代的东花崖 -1（WL-DHY-1）、潮河镇 -12（WL-CHZ-12）、高家沟 -2（DG-GJG-2）、萝花前 -4（DG-LHQ-4）和徐家洼 -4（JN-XJW-4）等。周代至汉代遗址有菜园 -1（WL-CY-1）、潮河镇 -14/8/9（WL-CHZ-14/8/9）、尧沟 -1（WL-YG-1）和林泉 -6/2（WL-LQ-6/2）等。参加调查的中方有蔡凤书、于海广、栾丰实、方辉、刘红军，美方人员有文德安、费曼、琳达、关玉琳。

　　第三季度调查区域及遗址分布请参考图（图八～一〇）。

　　第四季度田野调查的时间为 1998 年 11 月 11 日至 12 月 28 日。本季度调查是在前两个季度调查范围的基础上向南、北两个方向扩展，因此分作南、北两个调查区。南部调查区主要在金银河流域，涉及东港区的两城镇与河山镇，覆盖面积约为 40 平方公里。北部调查区主要在潮河与白马河流域，涉及胶南市海青镇、大场镇、五莲县叩官镇、潮河镇等，覆盖面积约 90 平方公里。南、北两区合计约 130 平方公里。北部调查区发现的重要遗址有：龙山时代的贾王墩 -2（JN-JWD-2）、董家洼 -4（JN-DJW-4）、夏家庄 -1～8（WL-XJZ-1～8）、崖头 -1（WL-YT-1）和王石头 -1（WL-WST-1）等，并首次在王石头遗址发现岳石文化文化层堆积。周代至汉代有后老窝 -2（JN-HLW-2）、京庄 -6（WL-JZ-6）、夏家庄 -1（WL-XJZ-1）和前坡楼 -1（JN-QPL-1）等。南部调查区发现的重要遗址有：龙山时代的河山店 -10（DG-HSD-10）等，商周至汉代的程子沟 -1/2（DG-CZG-1/2）、河山店 -6（DG-HSD-6）、吴家台 -1（DG-WJT-1）和马家庄 -3（DG-MJZ-3）等。参加调查的中方有蔡凤书、于海广、栾丰实、方辉、刘红军，美方人员有文德安、费曼、琳达、关玉琳、柯棣安（Christanne Cunnar），来自日本国学院大学的博士生加藤里美和加拿大不列颠哥伦比亚大学的硕士生李旻参加了调查。

　　第四季度调查区域及遗址分布请参考图（图一一～一六）。

　　第五季度田野调查的时间为 1999 年 12 月 14 日至 2000 年 1 月 4 日。本季度调查区域是在第四季度南区继续向南扩展，主要在东港区的河山镇和秦家楼乡进行，跨越河山、丝山分水岭，涉及潮河支流金银河和傅疃河支流崮子河等流域，覆盖面积约 90 平方公里。发现的重要遗址有：龙山时代

① 中美两城地区联合考古队：《山东日照市两城地区的考古调查》，《考古》1997 年第 4 期。
② Anne P. Underhill, et al. *Systematic, Regional Survey in SE Shandong Province, China. Journal of Field Archaeology,* Volume 25, Number 4, 1998.

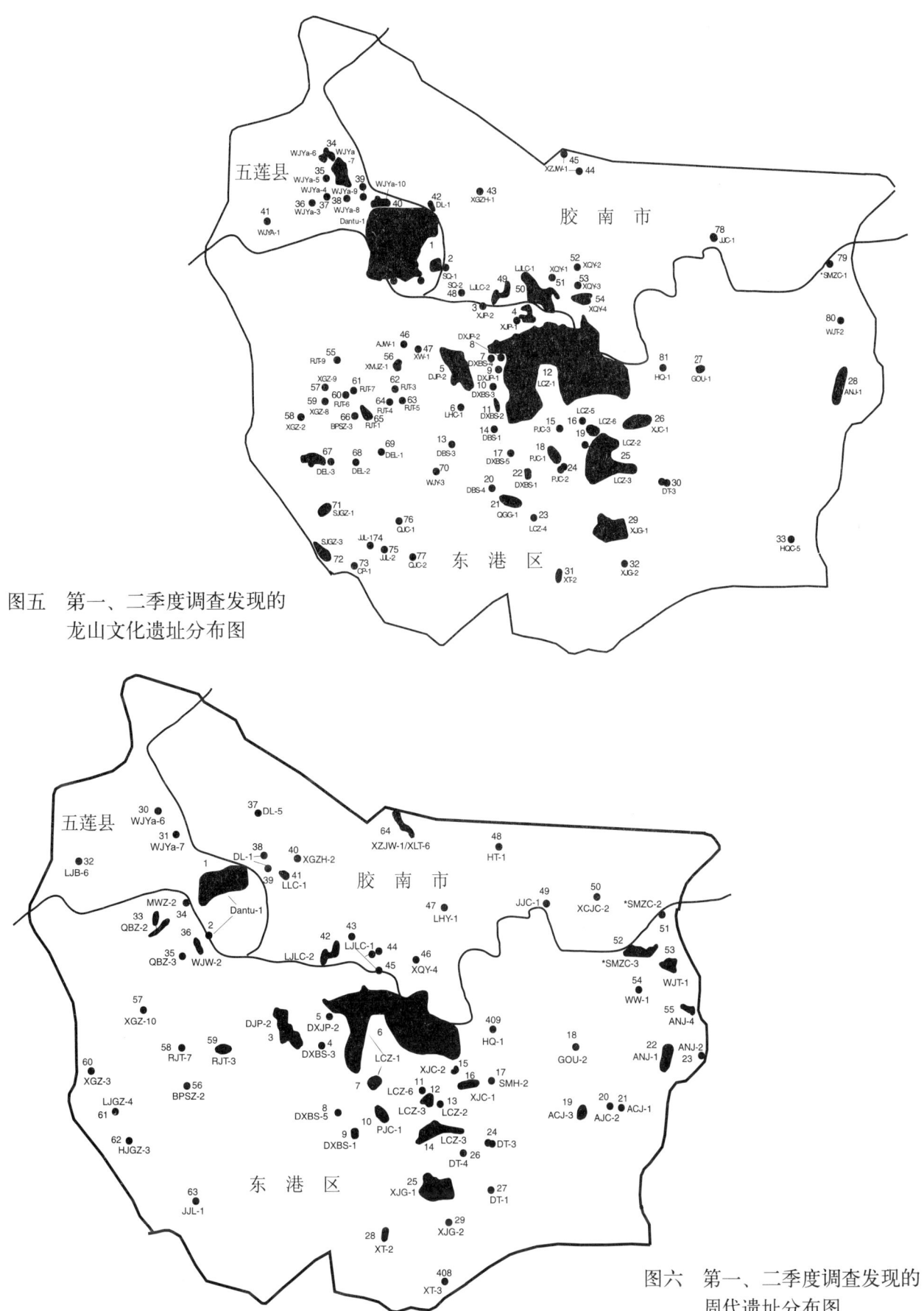

图五　第一、二季度调查发现的
　　　龙山文化遗址分布图

图六　第一、二季度调查发现的
　　　周代遗址分布图

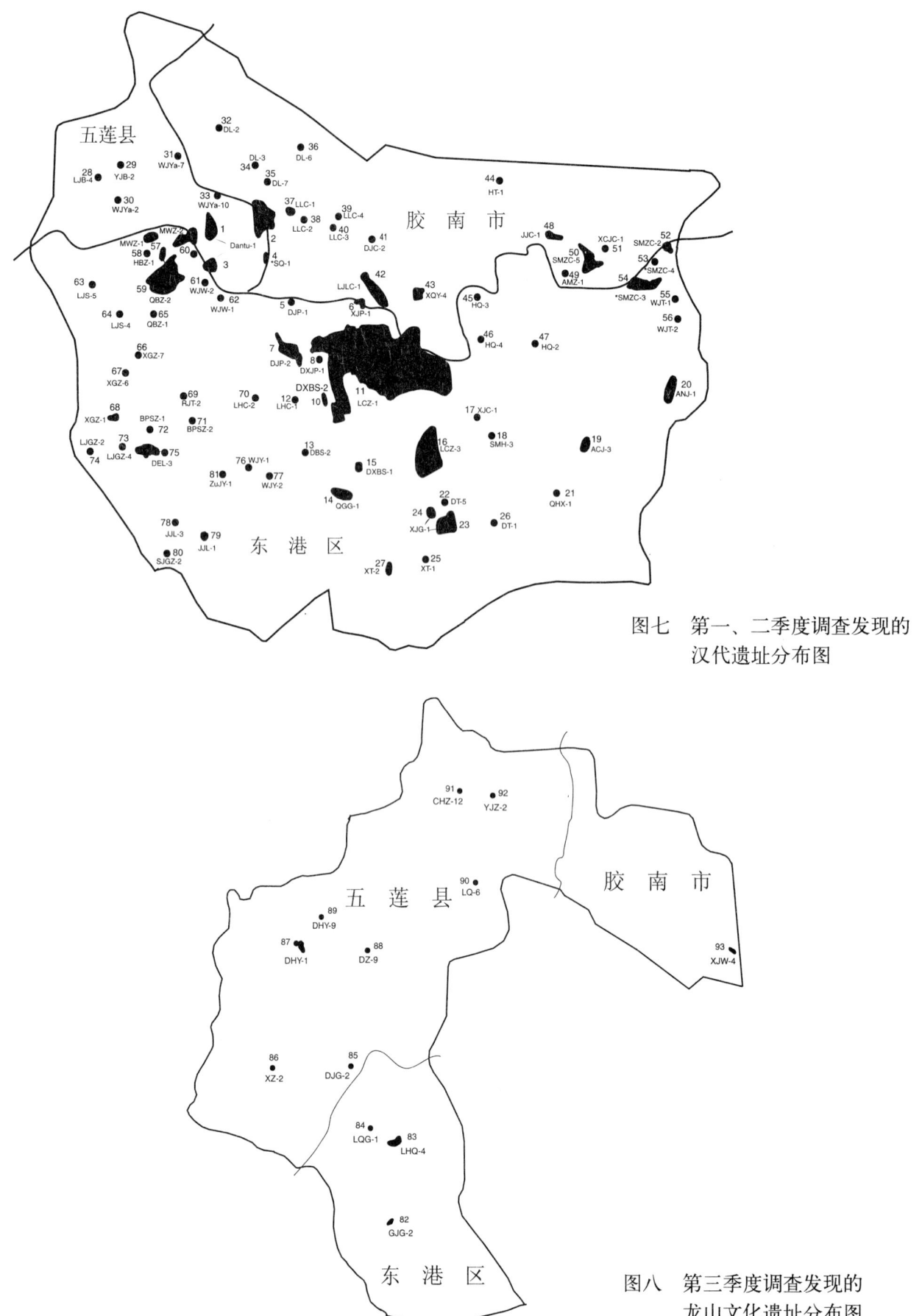

图七　第一、二季度调查发现的
　　　汉代遗址分布图

图八　第三季度调查发现的
　　　龙山文化遗址分布图

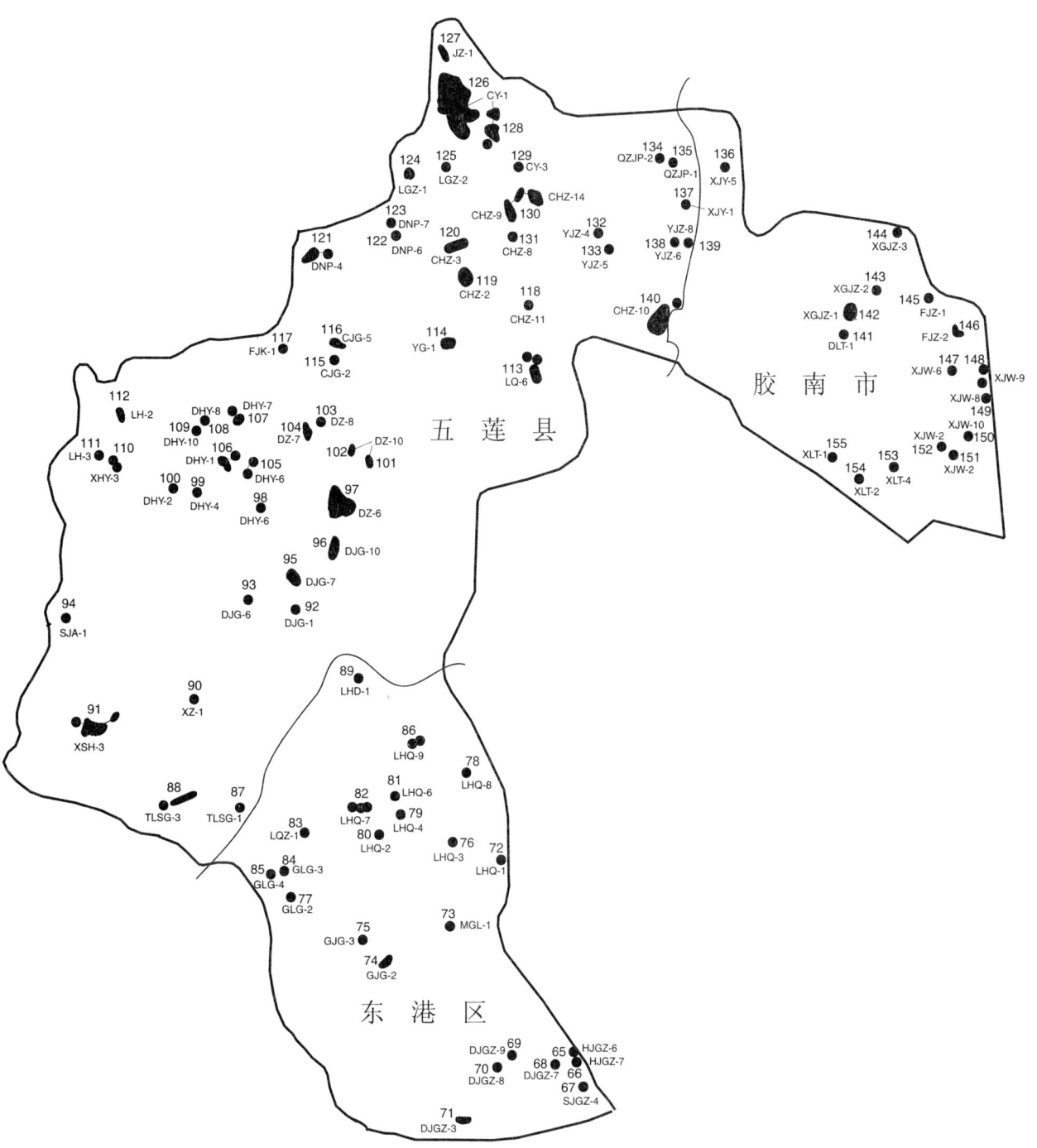

图九　第三季度调查发现的周代遗址分布图

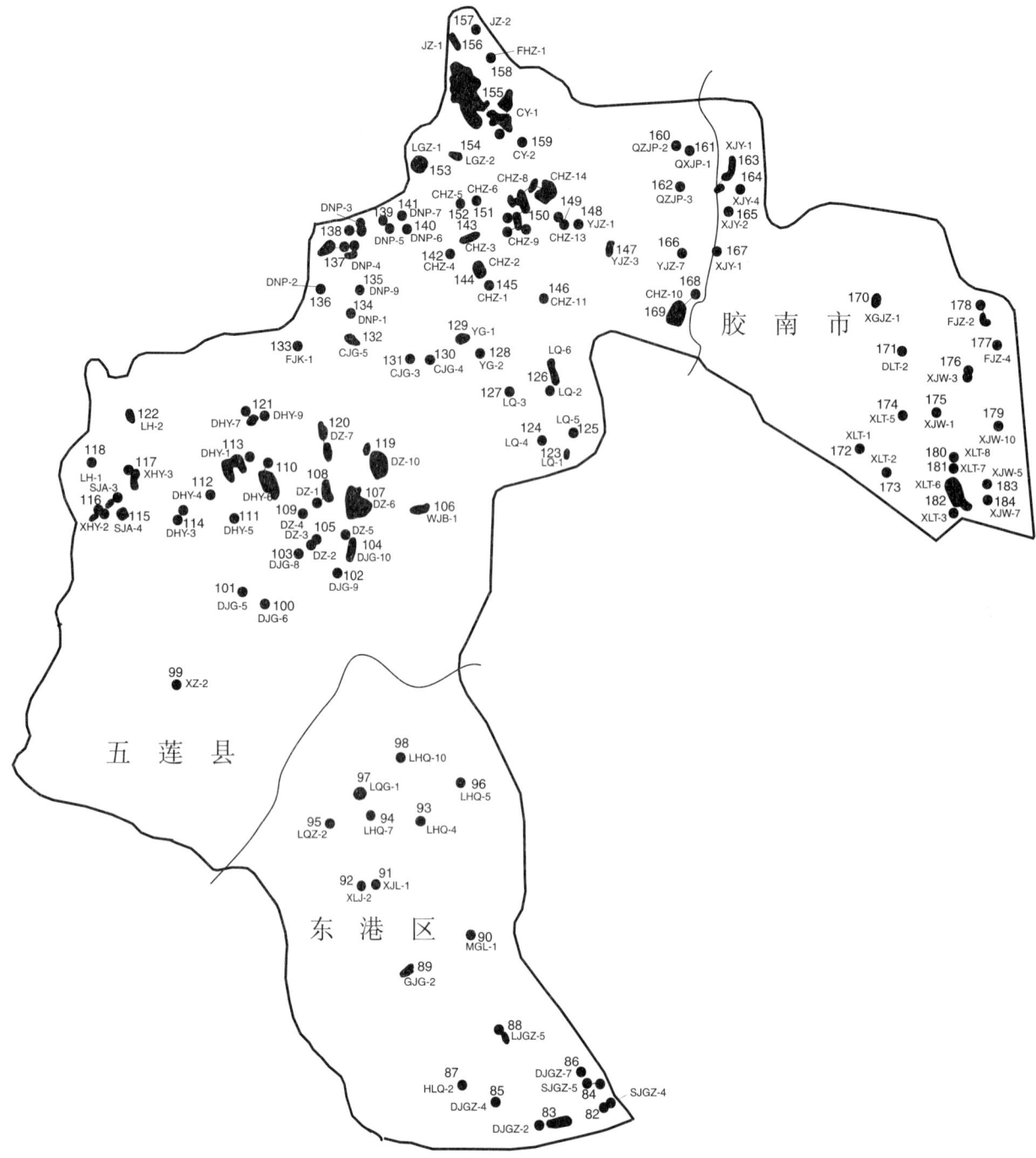

图一〇　第三季度调查发现的汉代遗址分布图

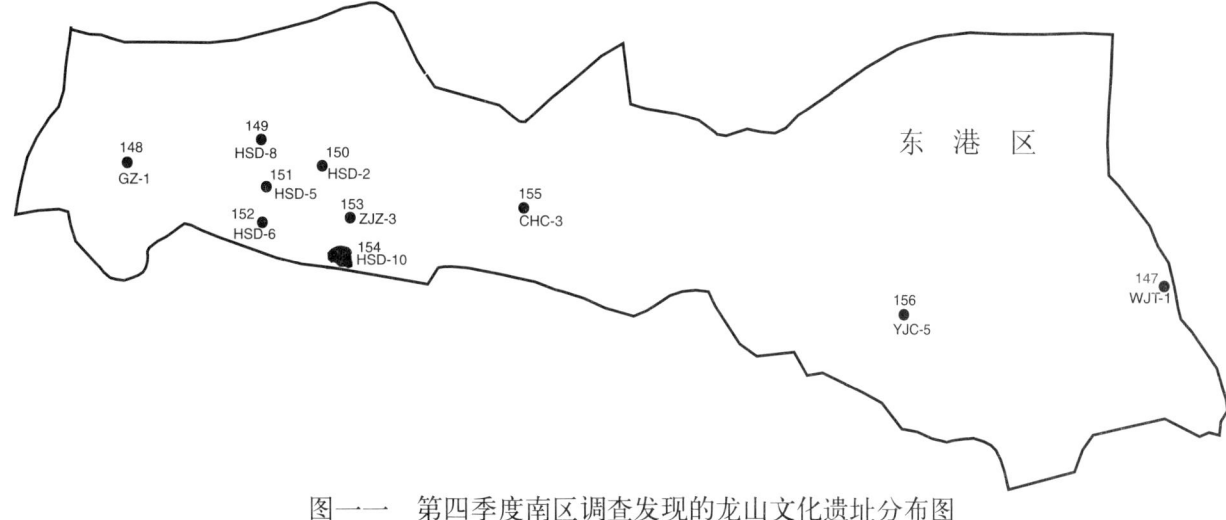

图一一 第四季度南区调查发现的龙山文化遗址分布图

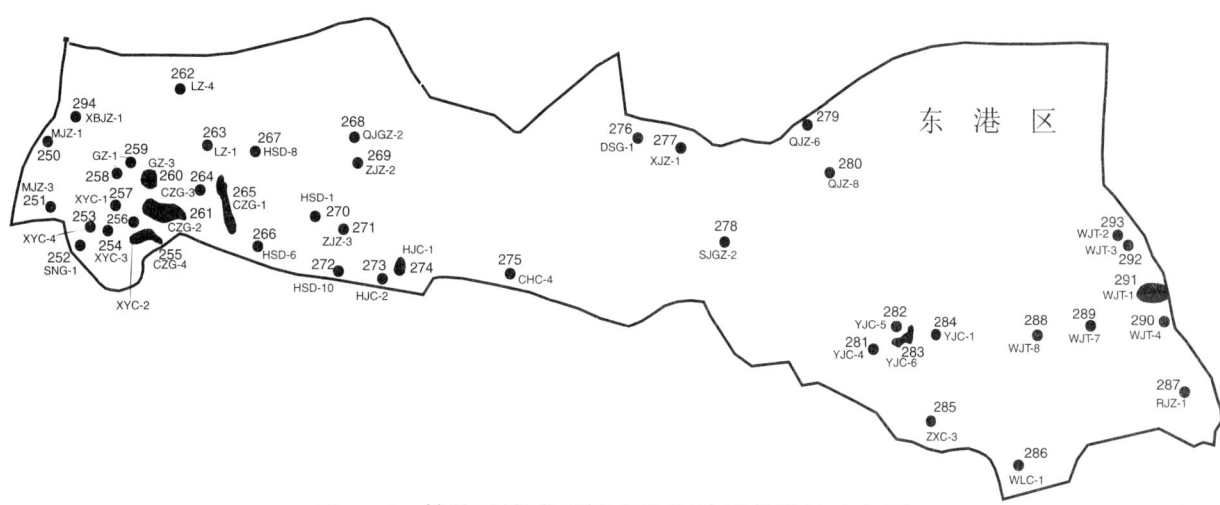

图一二 第四季度南区调查发现的周代遗址分布图

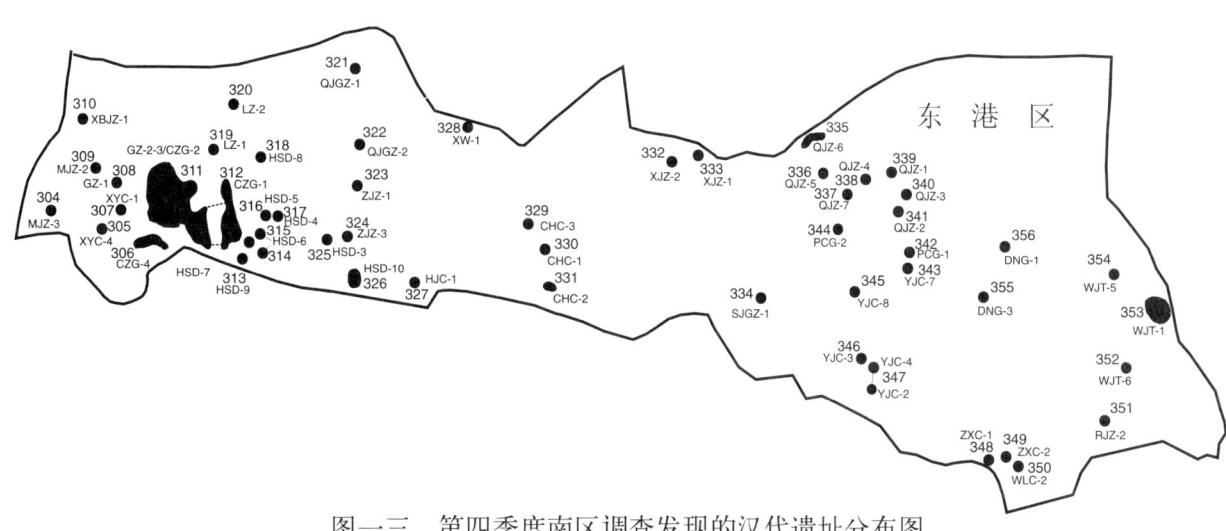

图一三 第四季度南区调查发现的汉代遗址分布图

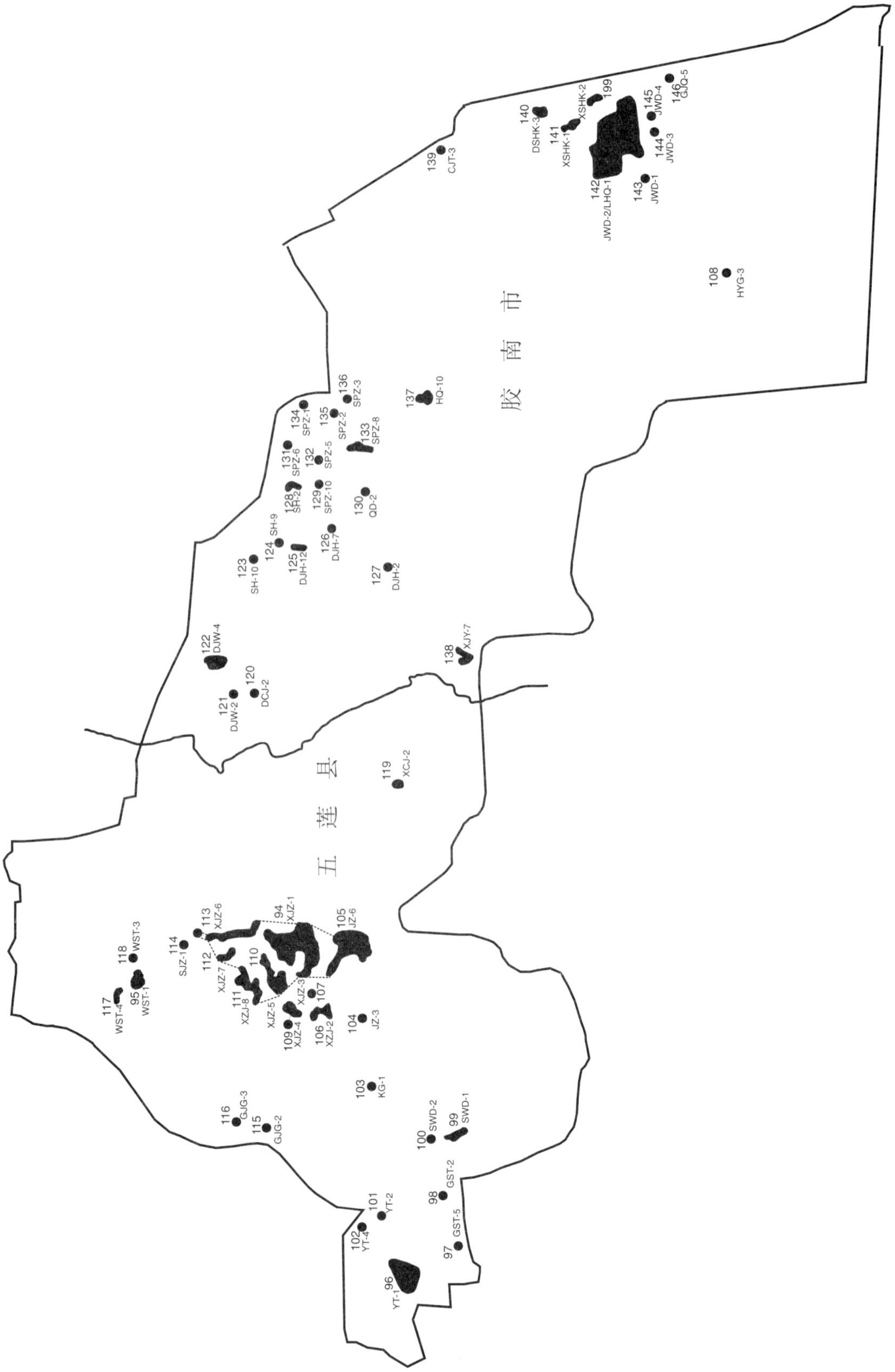

图一四　第四季度北区调查发现的龙山文化遗址分布图

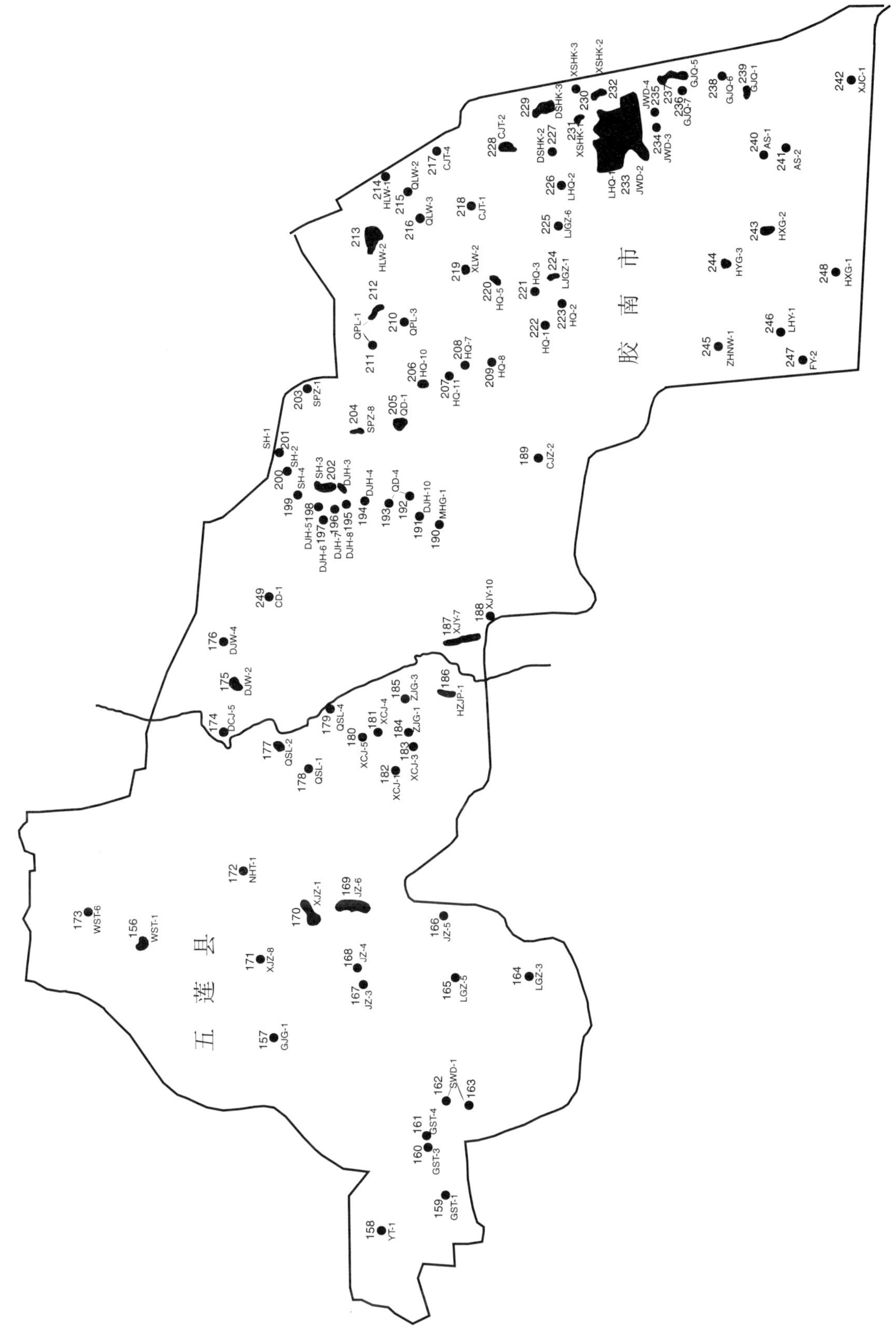

图一五 第四季度北区调查发现的周代遗址分布图

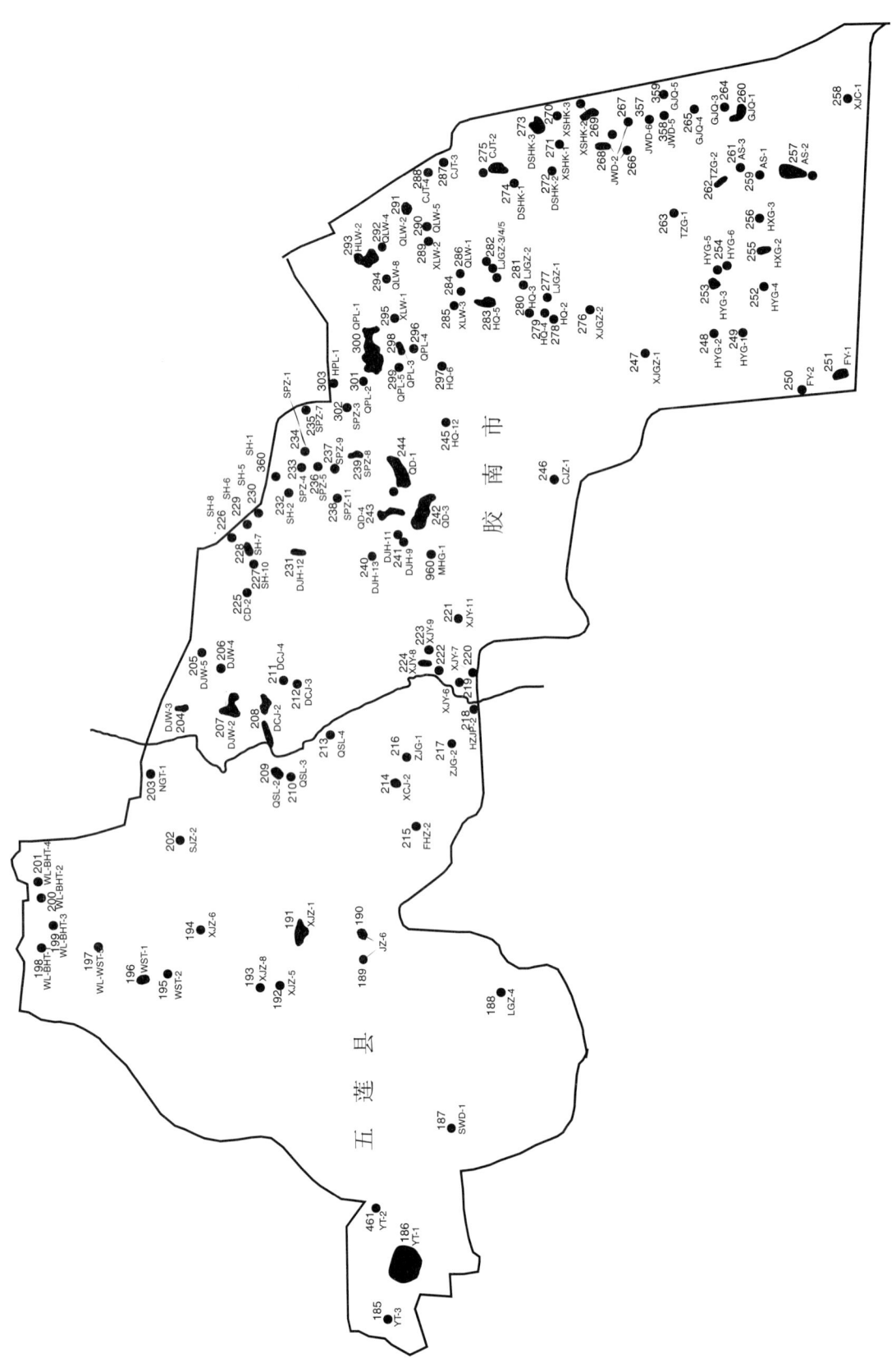

图一六　第四季度北区调查发现的汉代遗址分布图

的苏家村（DG-SJC-1/2）、大桃园-1（DG-DTY-1）、营子-1（DG-YZ-1）和黄家河-2（DG-HJH-2）等。岳石、商周的秦家官庄（DG-QJGZ-1）、辛庄子-1（DG-XZZ-1）等。周代的前竹村-1（DG-QZC-1）、前两河-1（DG-QLH-1）、丁家庄-1（DG-DJZ-1）等。汉代的范家官庄-2（DG-FJGZ-2）等。参加调查的中方有栾丰实、方辉、高继习、曹艳芳，美方人员有文德安、费曼、琳达、柯棣安、倪刚（Christopher Needs）等。

第五季度调查区域及遗址分布请参考图（图一七～一九）。

前五个季度的调查覆盖面积近400平方公里，发现的遗址数量达750余处，为在更大的空间范围内考察史前至汉代时期的聚落形态增添了新的资料。为了使学术界了解前期工作成果，我们以《山东日照地区系统区域调查的新收获》为题对这段工作做了一次小结。[①]

第六季度田野调查的时间为2000年12月10日至2001年1月15日。本季度调查也分为南、北两区。南区是在第五季度调查范围继续向南，主要在日照城区北郊及秦家楼乡展开，覆盖面积约30平方公里，涉及崮子河等流域。北区是在第四季度调查范围向东扩展，主要在胶南市大场镇和信阳镇，涉及白马河和吉利河及其支流流域，覆盖面积约40平方公里。南、北两区合计面积约70平方公里。另外，根据两城镇遗址发掘及钻探情况，对两城镇遗址城壕以西有陶片分布的区域进行了复查。本季度发现的重要遗址有：南区龙山遗址东王家村-1（DG-DWJC-1）、冯家沟-2（DG-FJG-2）等。周代至汉代遗址有苗家村-1（DG-MJC-1）、田家村-1（DG-TiJC-1）和陶家村-1（DG-TJC-1）等。北区发现的重要遗址有：龙山遗址凤墩村（JN-FDC-1）、菜园-1（JN-CY-1）、周家村-4（JN-ZJC-4）等。周代至汉代遗址有鼋泉庙-1（JN-BQM-1）、后岚-1（JN-HL-1）、大岚-1（JN-DL-1）、邵家岚-1（JN-SJL-1）和高家岭-1（DG-GJL-1）等。参加调查的中方人员有方辉教授、博士生王建华和技工张治波，美方人员有文德安、费曼、琳达。

第六季度调查区域及遗址分布请参考图（图二〇～二五）。

第六季度调查结束后，向南已抵达日照城区边缘。日照是一座新兴的沿海城市，城市建设发展迅速，但城区内仍然留有不少空白区，不过如果在城区内采用全覆盖式调查显然不现实。鉴于这种情况，在第六季度调查结束之后，我们安排已经接受过培训的技工张治波于2001年1月31日至3月1日对日照市区空地进行了调查。事实证明，这一安排是正确的，城区的确发现了一些遗址，为我们后来的复查提供了重要线索。其中比较重要的遗址有，龙山时代的前五里河-1（DG-QWLH-1）、大香店-1（DG-DXD-1）等，周代的高家岭-1（DG-GaoJL-1）、厉家庄子-1（DG-LJZZ-1）、苗家村-1（DG-MJC-1），汉代的董家滩-1（DG-DJT-1）、大石桥村-5（DG-DSQC-5）和大石桥村-5（DG-DSQC-5）等。

第七季度田野调查的时间为2001年12月10日至2002年1月5日，分为南、北两个调查区域。南区是在第五季度调查范围基础上向西南方向扩展，主要在日照城区的以北及以西进行，涉及傅疃河支流流域，覆盖面积约50平方公里。北区是在第六季度北区范围基础上向东北方向推进，主要在胶南市大场镇、信阳镇和塔山乡，向东至海边，覆盖面积约50平方公里，涉及吉利河流域。南、北两区合计约100平方公里。南区发现的重要遗址有：龙山遗址郑家顶子-1（DG-ZJDZ-1）、北大村-4（DG-BDC-4）等，周代遗址后山前-1（DG-HSQ-1）、西十里堡-2（DG-XSLP-2）等，汉代遗址大古城-1（DG-DGC-1）、徐家楼-2（DG-XuJL-2）等。北区发现的重要遗址有：大汶口－龙山遗址张家大庄-1（JN-ZJDZ-1）、塔山-4（JN-TS-4），龙山遗址大沟-1/4（JN-DG-1/4）、西庄-1（JN-

① 中美两城地区联合考古队：《山东日照地区系统区域调查的新收获》，《考古》2002年第5期。

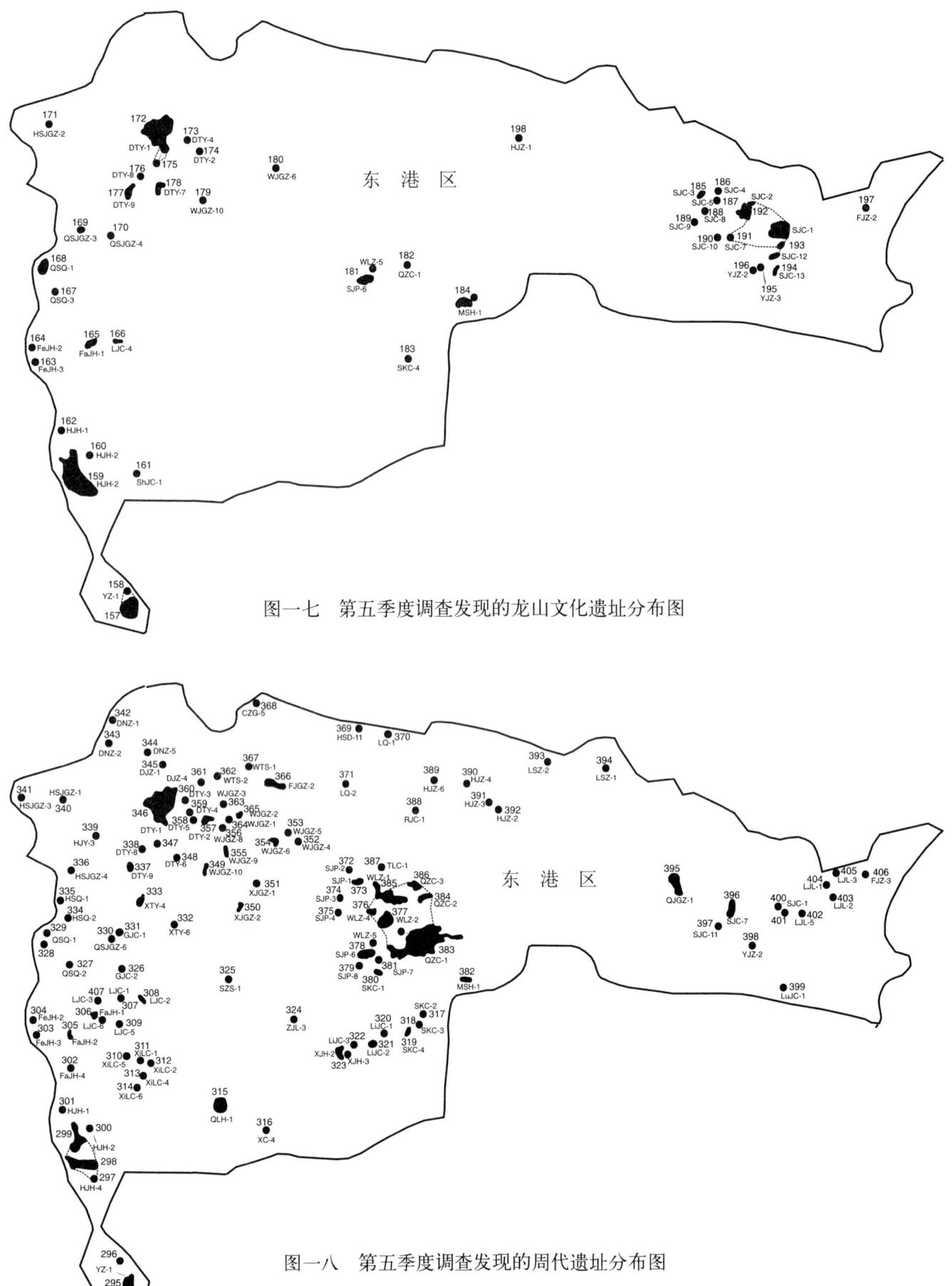

图一七　第五季度调查发现的龙山文化遗址分布图

图一八　第五季度调查发现的周代遗址分布图

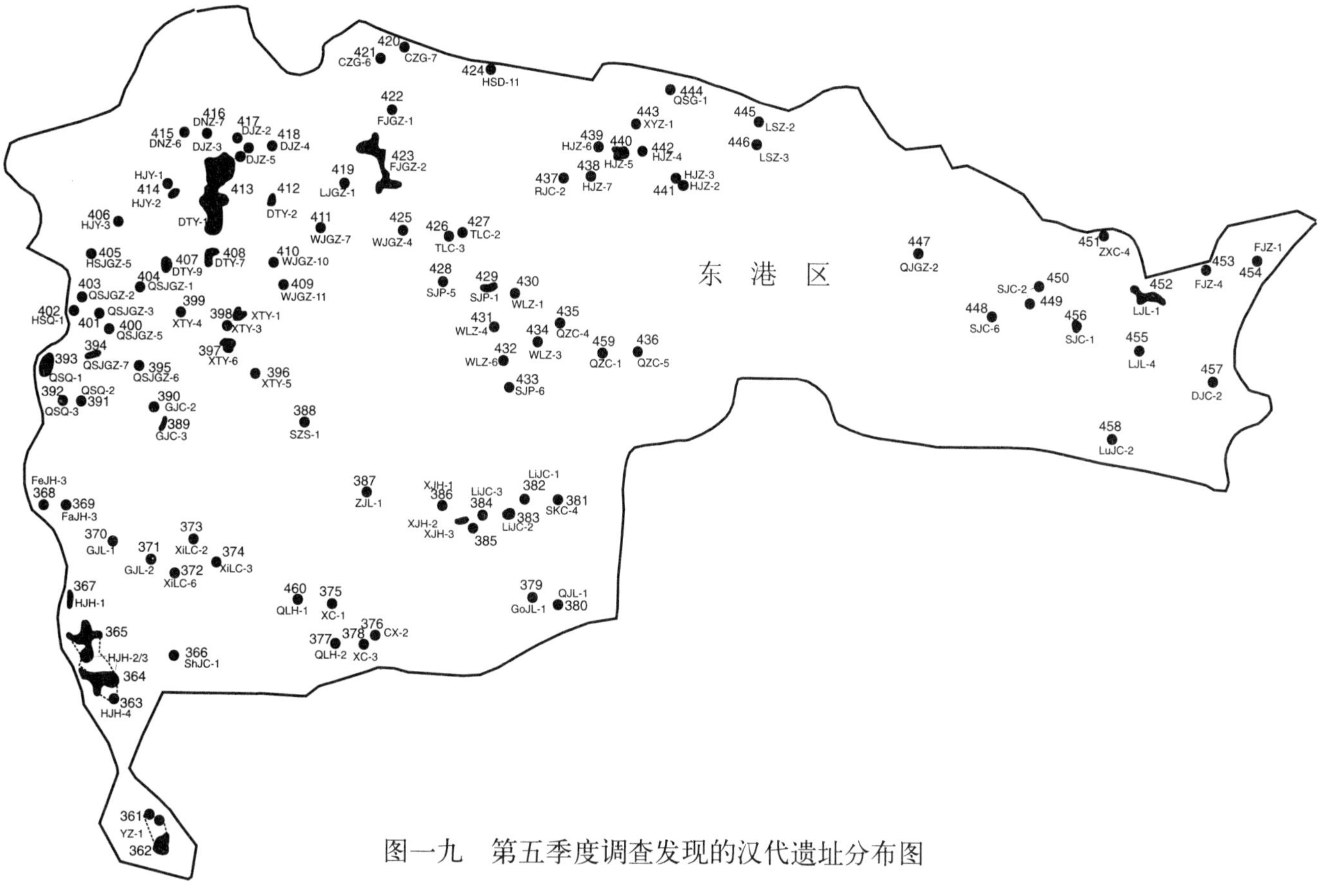

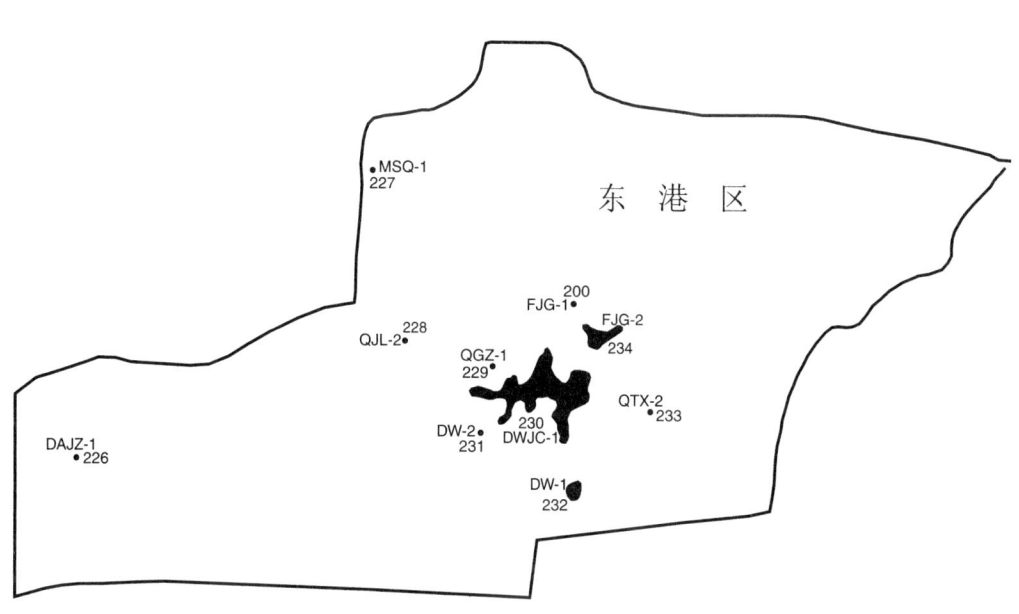

图一九 第五季度调查发现的汉代遗址分布图

图二〇 第六季度南区调查发现的龙山文化遗址分布图

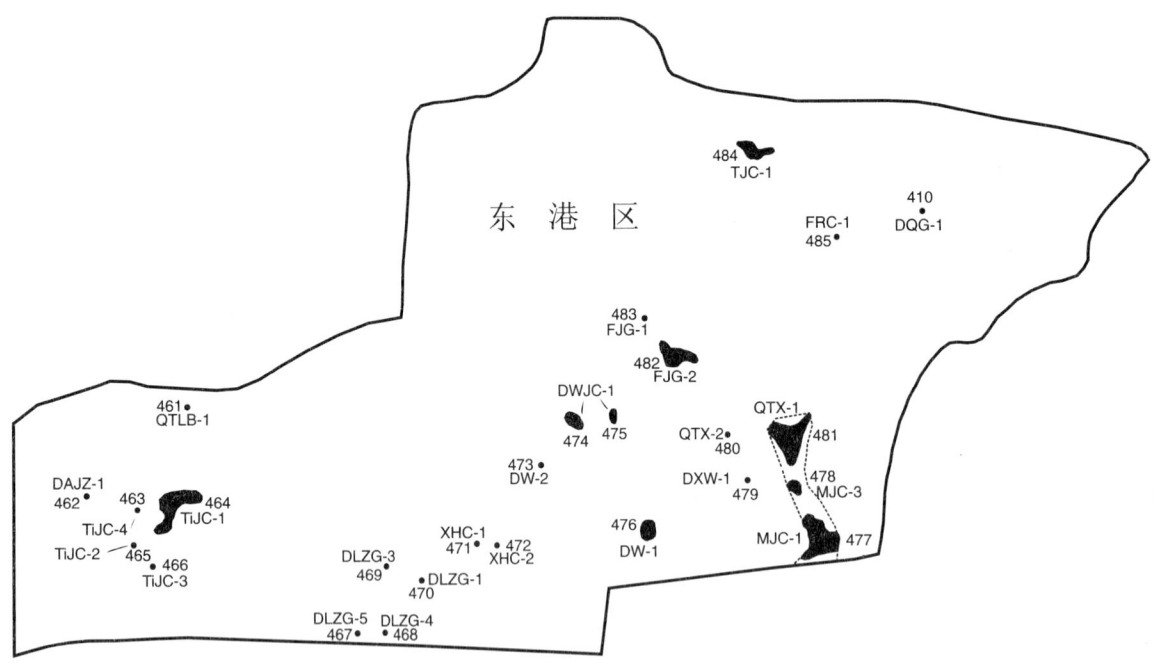

图二一　第六季度南区调查发现的周代遗址分布图

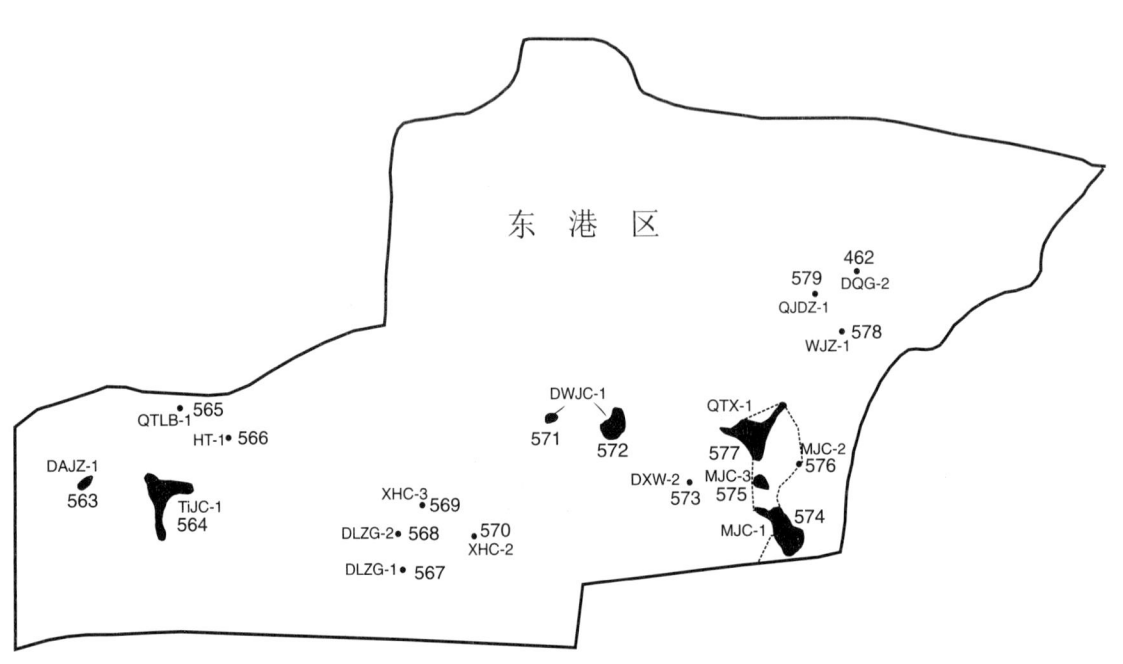

图二二　第六季度南区调查发现的汉代遗址分布图

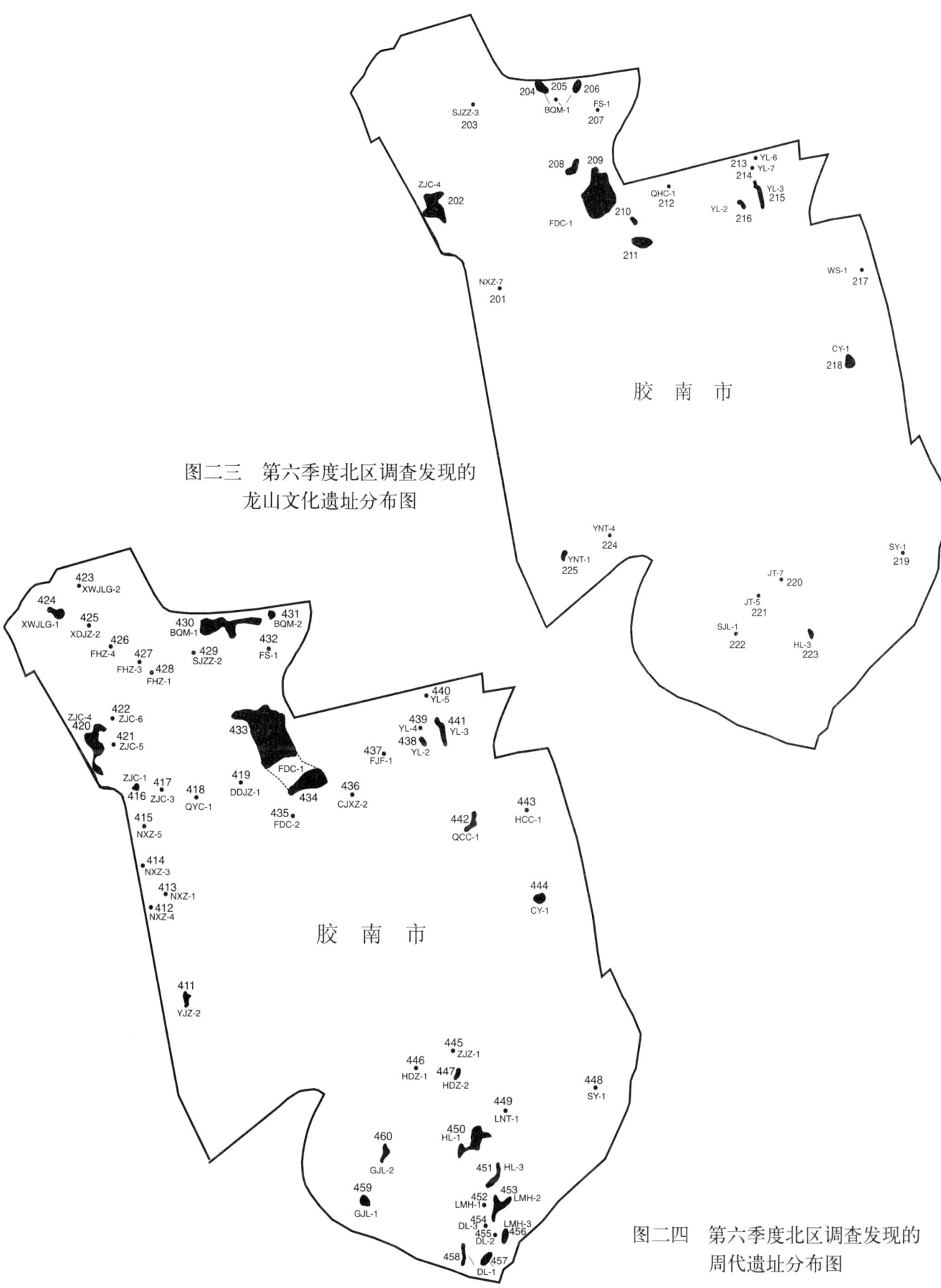

图二三　第六季度北区调查发现的
龙山文化遗址分布图

图二四　第六季度北区调查发现的
周代遗址分布图

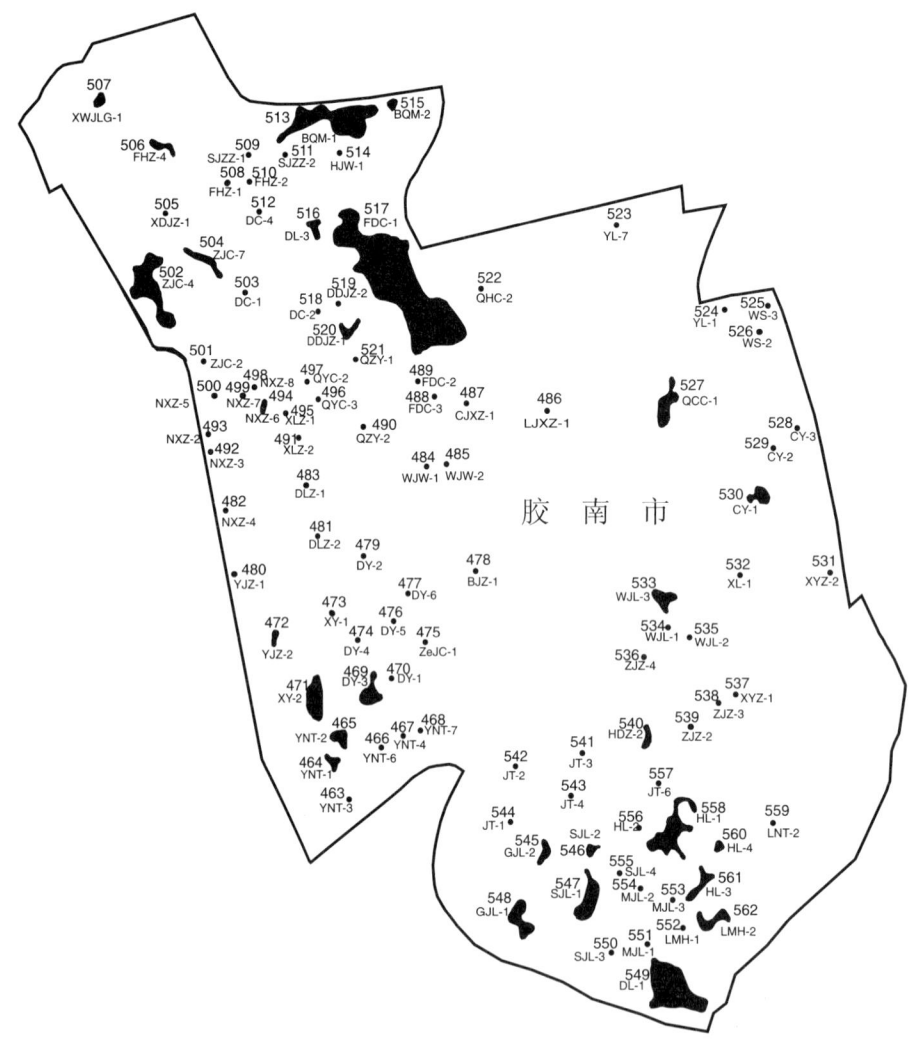

图二五　第六季度北区调查发现的汉代遗址分布图

XZ-1）等。周代遗址南寺（JN-NS-5）、保子埠-1（JN-BZB-1）、菜家村-4（JN-CJC-4）和西庄-1（JN-XZ-1）等。汉代遗址庙后-1（JN-MH-1）、肖家洼-14(JN-XJWa-14）等。参加调查的中方人员有方辉、王芬、钱益汇，美方人员文德安、费曼、琳达。

第七季度调查区域及遗址分布请参考图（图二六～三一）。

第八季度田野调查的时间为 2002 年 11 月 25 日至 12 月 18 日，也分为南、北两个区域进行。南区是在日照城区以南，以奎山为中心，涉及新技术开发区和奎山镇，涉及水系主要是傅疃河支流崮子河流域，调查面积约 70 平方公里。北区是在第七季度北区范围向北推进，主要是旧塔山乡及周边进行，涉及水系为吉利河、白马河及其支流流域，调查面积约 10 平方公里。南、北两区合计面积约80 平方公里。南区调查的重要遗址有：北辛至大汶口早期的南屯岭-4（DG-NTL-4）、东两河-1（DG-DLH-1）。龙山遗址东海峪（DG-DHY-1）、管家村（DG-GJC-1）、大岭南头-1(DG-DLNT-1)、后崮子-1（DG-HGZ-1）和南张家村-1（DG-NZJC-1）等。周代遗址崮河崖-2（DG-GHA-2）等。汉代遗址焦柯庄-8（DG-JKZ-8/9）等。北区发现的重要遗址有：龙山时代和周代的西寺-1（JN-XS-1）、柳行大

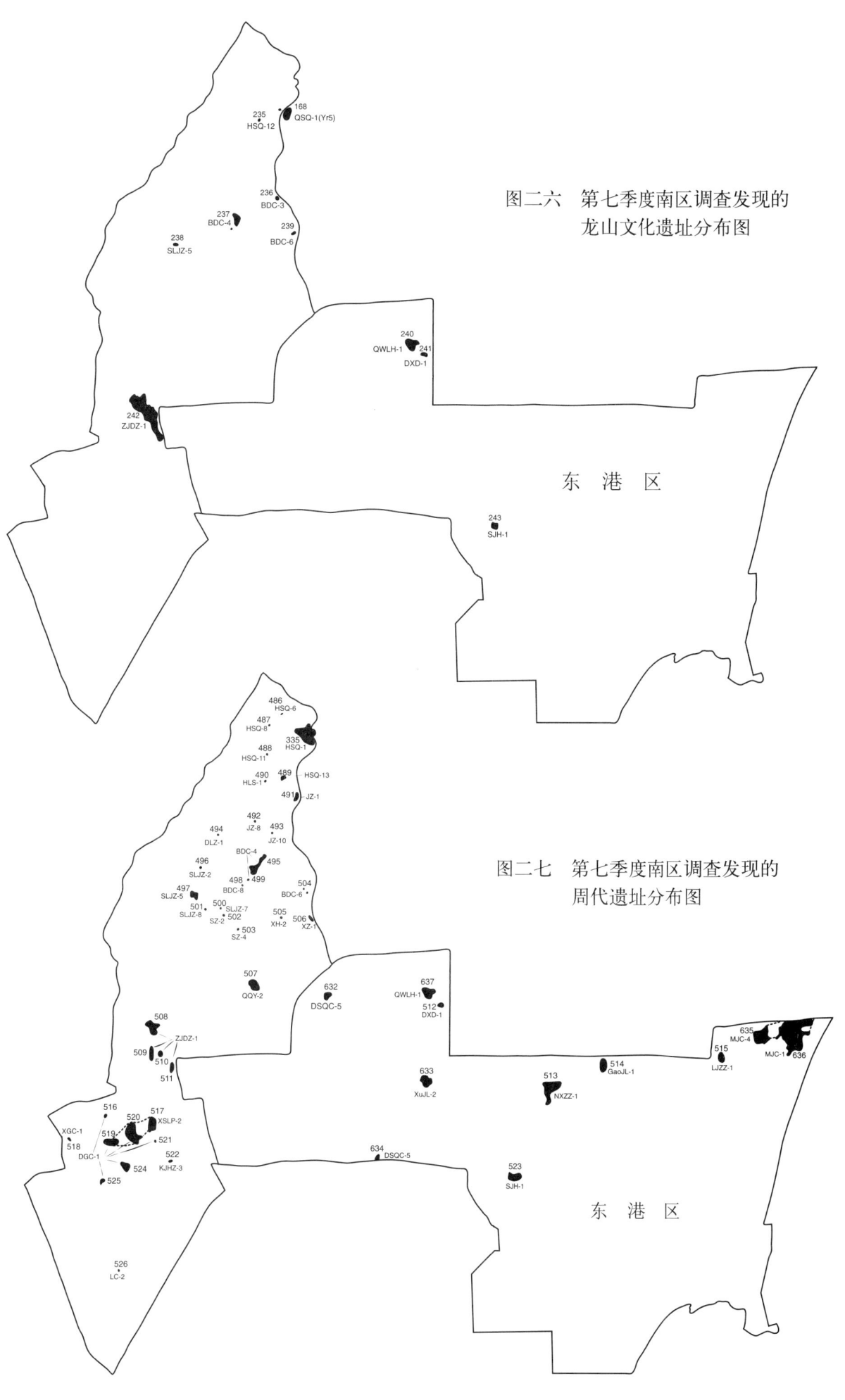

图二六　第七季度南区调查发现的
　　　　龙山文化遗址分布图

235
HSQ-12

168
QSQ-1(Yr5)

236
BDC-3

237
BDC-4

239
BDC-6

238
SLJZ-5

240
QWLH-1

241
DXD-1

242
ZJDZ-1

东　港　区

243
SJH-1

486
HSQ-6

487
HSQ-8

335
HSQ-1

488
HSQ-11

490
HLS-1

489
HSQ-13

491
JZ-1

492
JZ-8

493
JZ-10

494
DLZ-1

496
SLJZ-2

BDC-4

495

498
BDC-8

499

504
BDC-6

497
SLJZ-5

501
SLJZ-8

500
SZ-2

SLJZ-7

502

505
XH-2

506
XZ-1

503
SZ-4

507
QQY-2

图二七　第七季度南区调查发现的
　　　　周代遗址分布图

632
DSQC-5

637
QWLH-1

512
DXD-1

635
MJC-4

508

ZJDZ-1

515
LJZZ-1

MJC-1

636

509

510

511

514
GaoJL-1

633
XuJL-2

513
NXZZ-1

516

520

517
XSLP-2

XGC-1

519

518

521

DGC-1

522
KJHZ-3

524

525

634
DSQC-5

523
SJH-1

东　港　区

526
LC-2

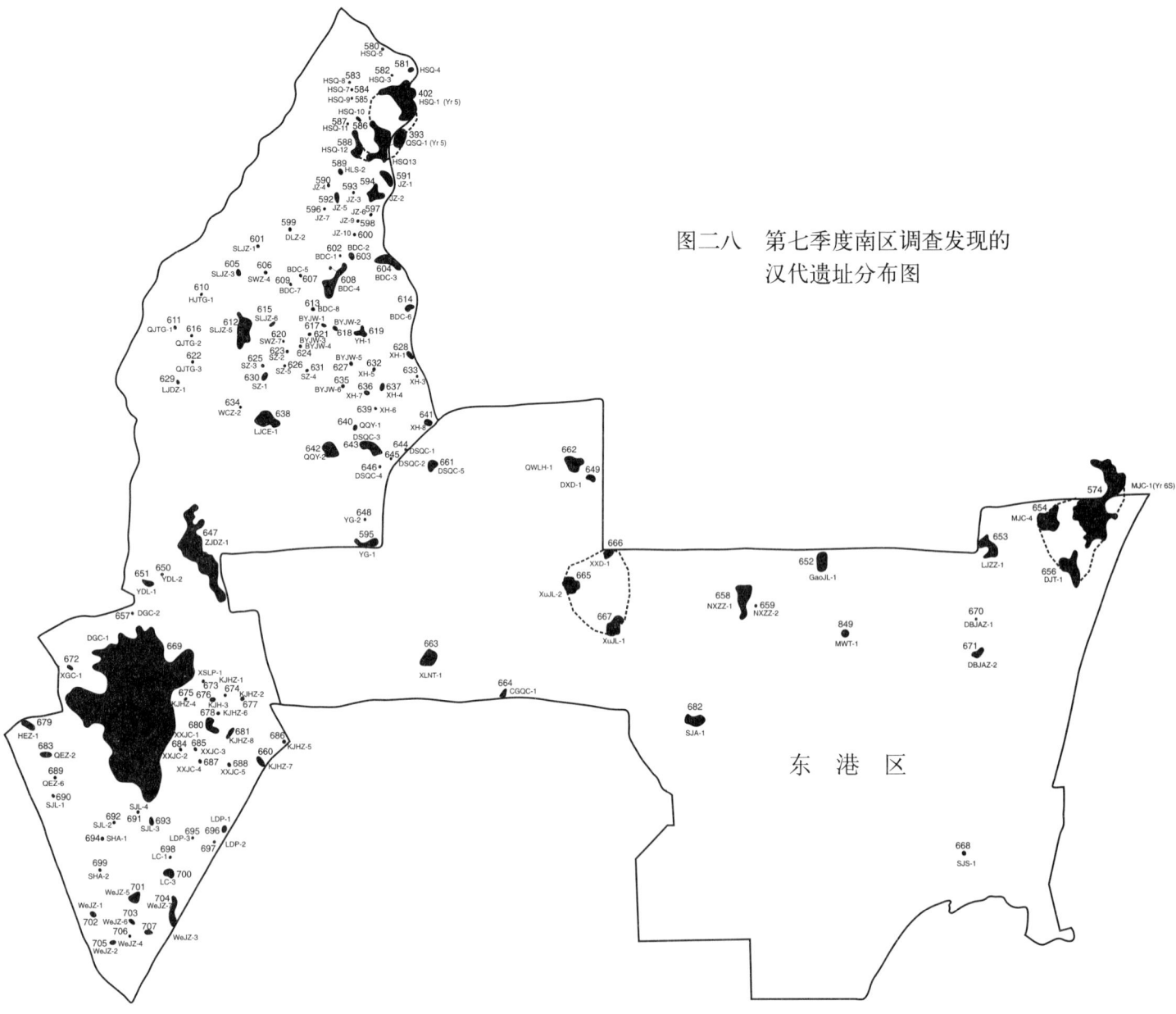

图二八　第七季度南区调查发现的
汉代遗址分布图

庄 -3（JN-LHDZ-3）等。汉代遗址王庄 -3（JN-WZ-3）等。参加调查的中方人员有方辉、栾丰实、陈雪香、兰玉富、翟少冬等，美方人员有文德安、费曼、琳达。

第八季度调查区域及遗址分布请参考图（图三二～三七）。

第九季度田野调查时间为 2003 年 11 月 27 日至 12 月 21 日。此次调查是在前一季度调查的南区继续沿海边向南推进，主要集中在傅疃河南岸支流及南辛河、竹子河流域，覆盖了日照市东港区涛雒镇和岚山区高兴镇的大部分地块，面积约 70 平方公里。调查的重要收获之一，是对著名的尧王城遗址进行系统踏查，根据地表采集的陶片和石器等遗物来看，尧王城遗址龙山陶片分布面积接近 300 万平方米，远远超过先前调查时所确定的 52 万平方米的范围。调查中新发现一批龙山文化至汉代时期的遗址，重要者有：龙山时代的傅疃 -1（DG-FT-1）、张家庄子 -1（ZJZZ-1）等。周代的青墩 -5（DG-QD-5）、川子 -2（DG-CZ-2）和田家园 -1/ 宅科 -1（DG-TJY-1/ZK-1）等。汉代的牟家小庄 -1（DG-MJXZ-1）、马家村 -1（DG-MaJC-1）等。本次调查之后，总的覆盖区域超过 800 平方公里。参

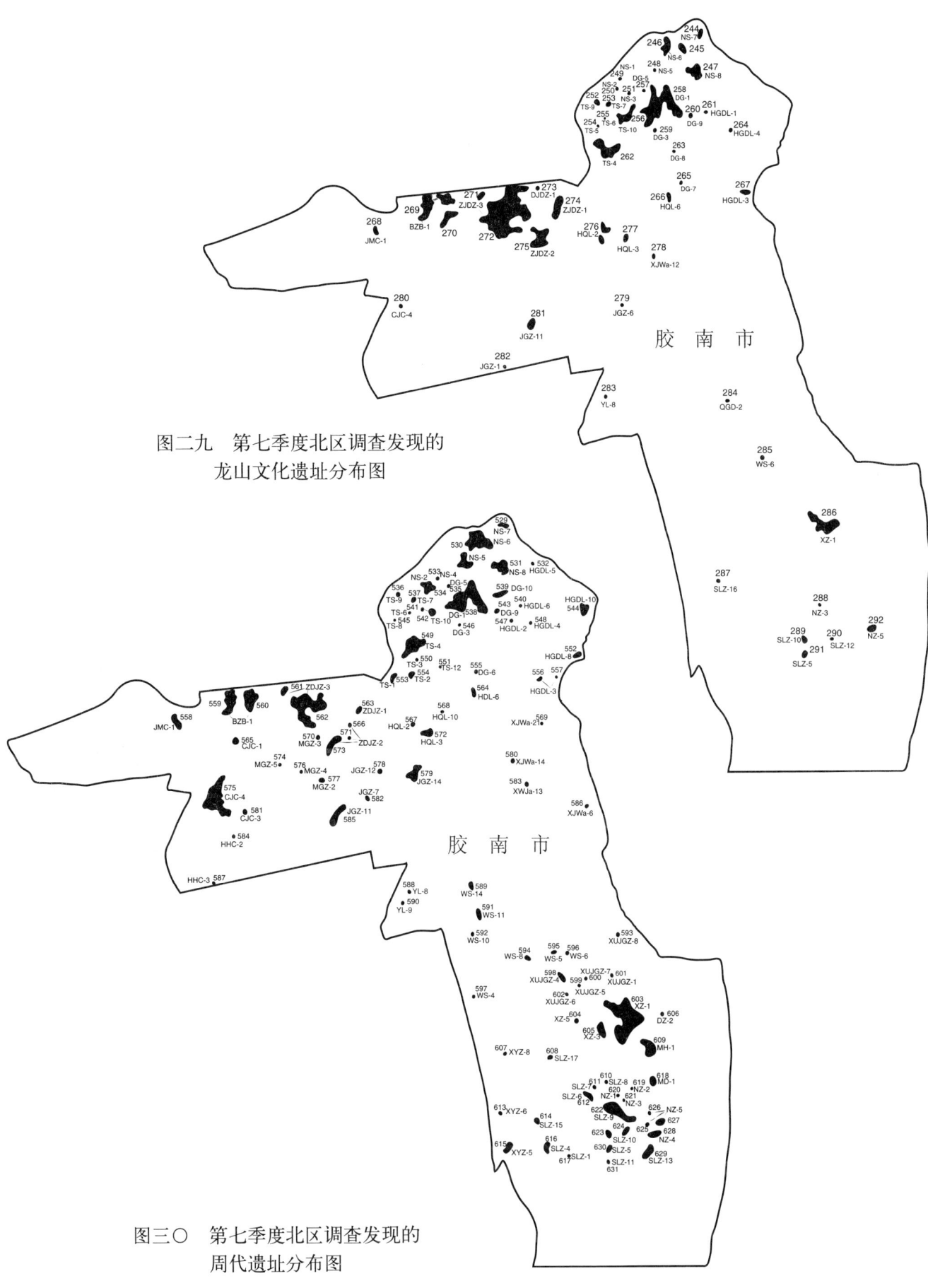

图二九　第七季度北区调查发现的
龙山文化遗址分布图

图三〇　第七季度北区调查发现的
周代遗址分布图

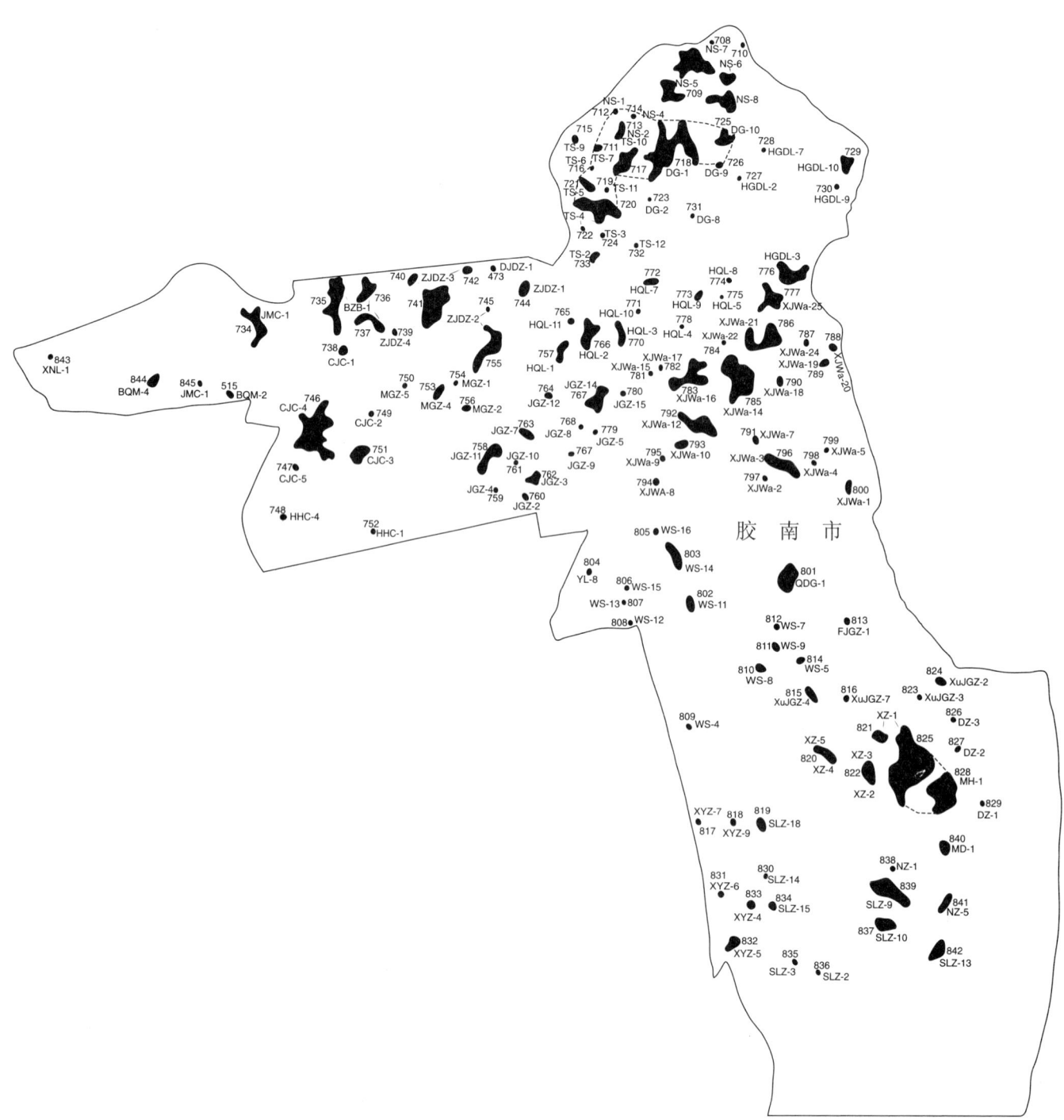

图三一　第七季度北区调查发现的汉代遗址分布图

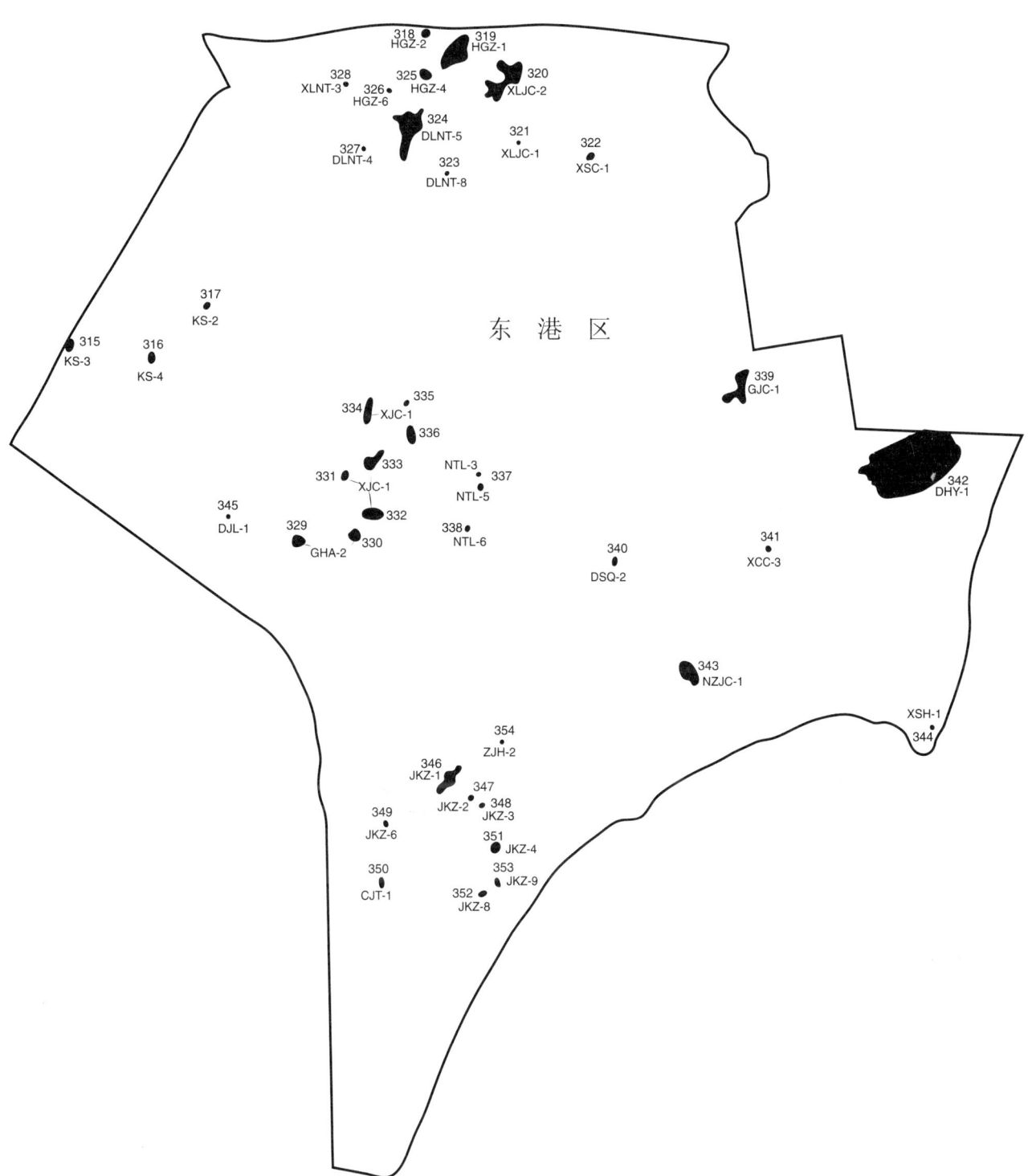

图三二　第八季度南区调查发现的龙山文化遗址分布图

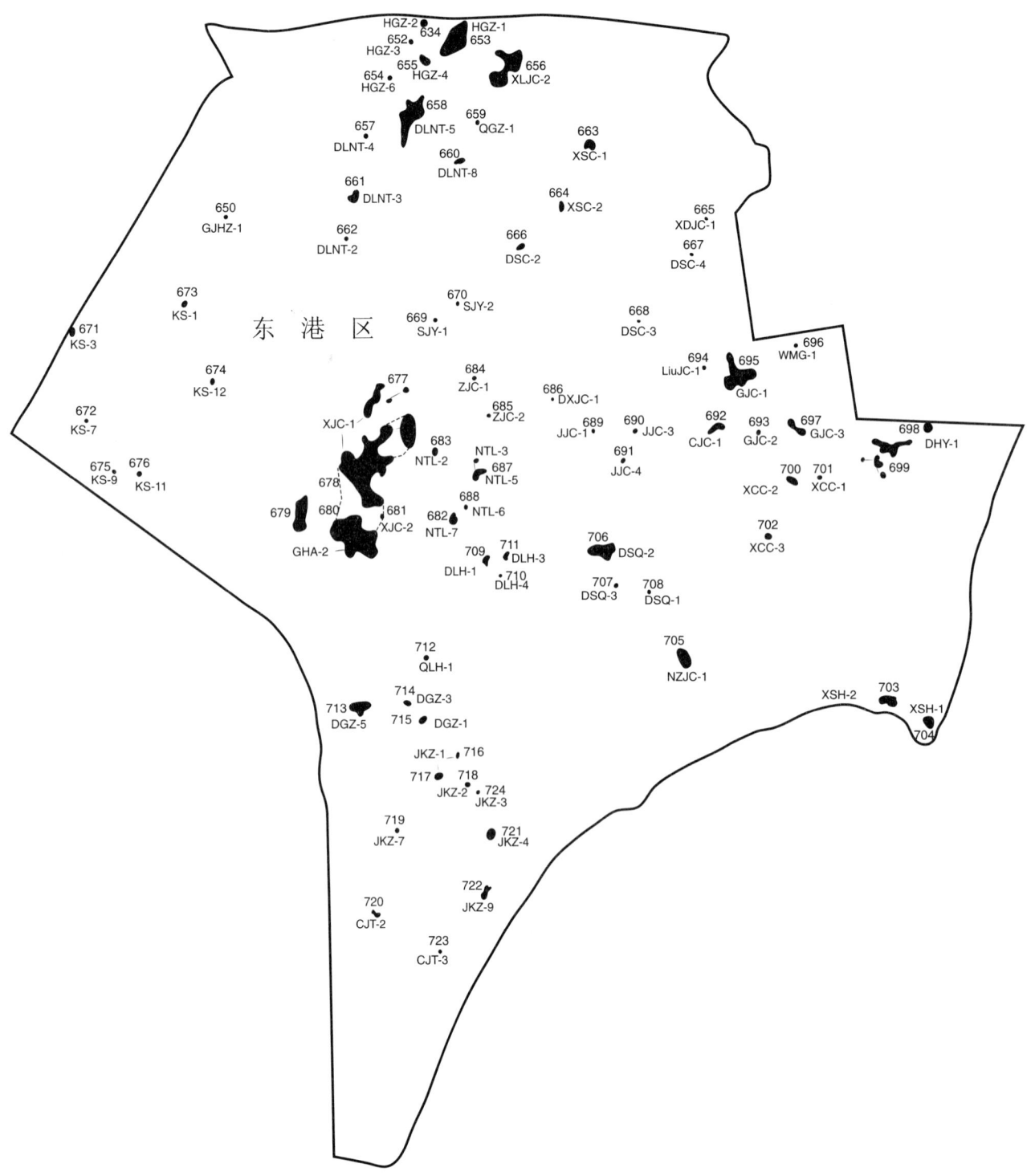

图三三　第八季度南区调查发现的周代遗址分布图

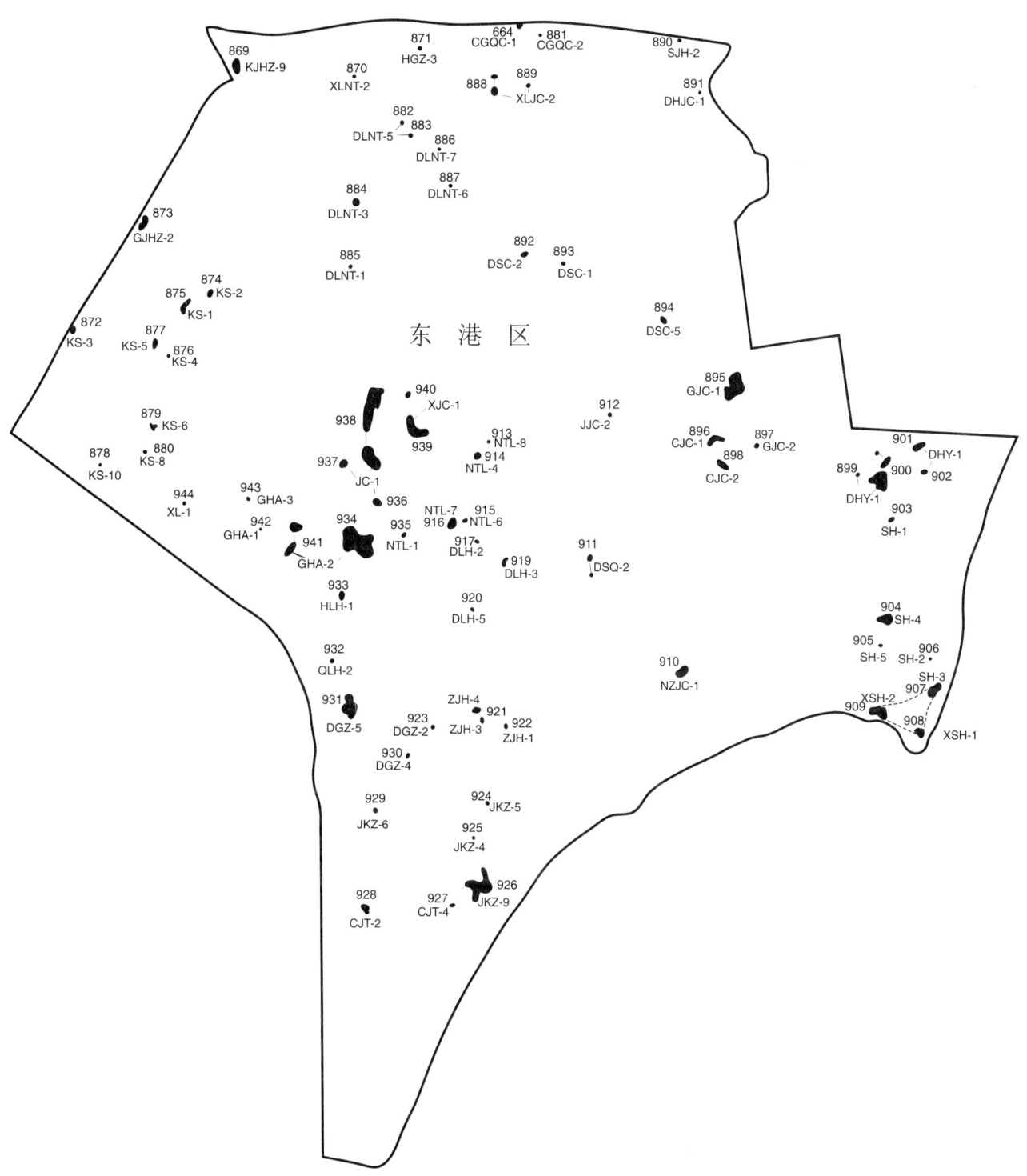

图三四　第八季度南区调查发现的汉代遗址分布图

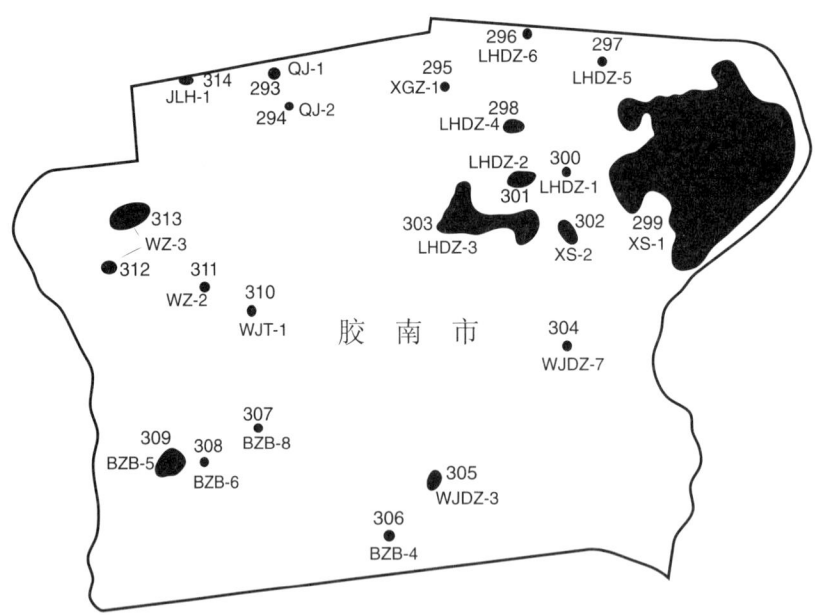

图三五　第八季度北区调查发现的龙山文化遗址分布图

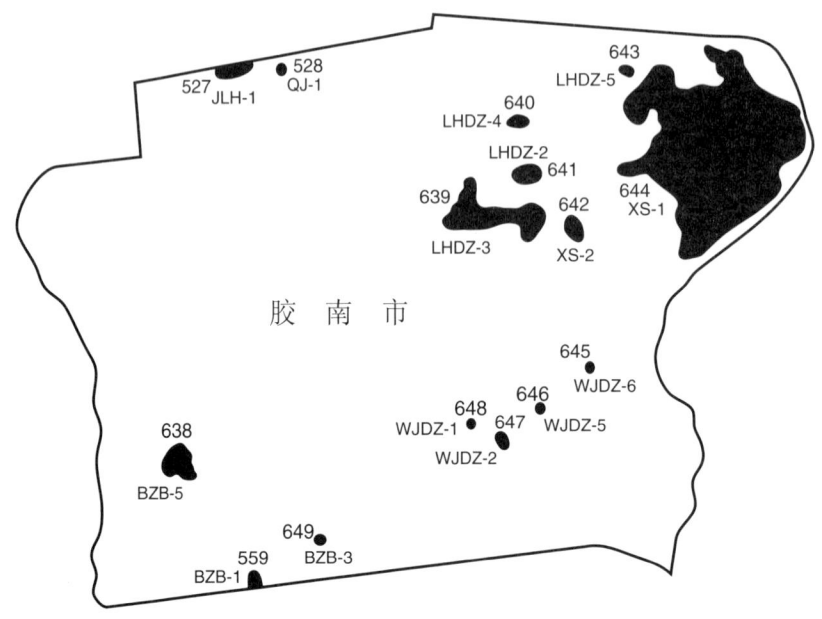

图三六　第八季度北区调查发现的周代遗址分布图

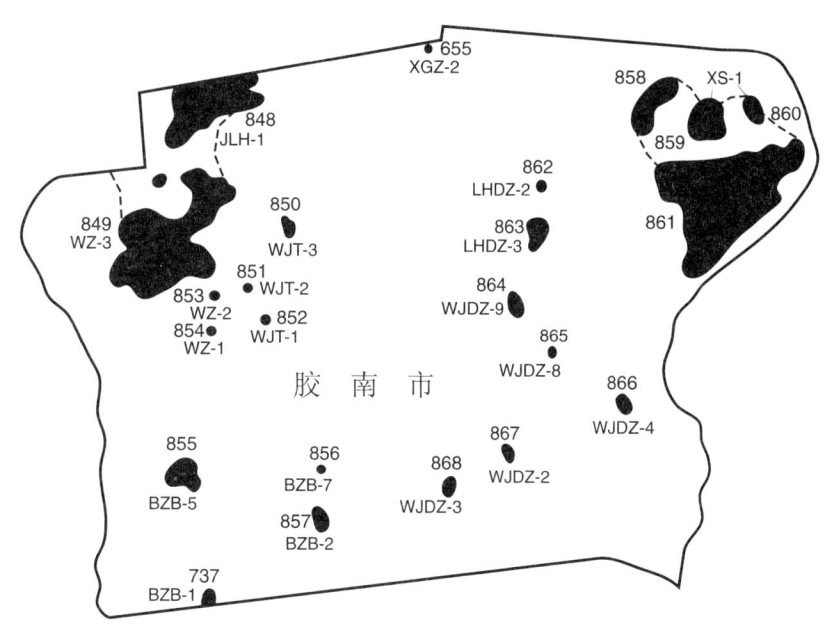

图三七　第八季度北区调查发现的汉代遗址分布图

加此次调查的中方人员有方辉、宋爱平，王华、钱益汇、陈雪香、金汉波，美方人员有文德安、费曼、琳达。日本九州大学留学生丹羽崇史也参加了调查。

第九季度调查区域及遗址分布请参考图（图三八～四〇）。

第十季度田野调查时间为 2004 年 11 月 25 日至 12 月 25 日，在第九季度调查范围向西推进，主要覆盖了日照市岚山区境内的竹子河、川子河和傅疃河流域，涉及巨峰、高兴和后村等 3 个乡镇，调查面积超过 100 平方公里。上述区域主要集中在尧王城遗址的西部，以前记录在案的龙山文化遗址如井沟（LS-JG-3）和小代疃（LS-XDT-3）等就位于该地区。此次调查对其进行了复查并首次在地形图上表示出它们的精确位置和陶片分布面积。更为重要的是新发现了近百处史前至汉代的遗址，其中面积较大的大汶口文化晚期至龙山文化时期的遗址有：马疃（LS-MT-7）、郭家庄（LS-GJZ-3）和大曲河（LS-DQH-5）等。商周遗址有后鹅庄 -1（DG-HEZ-1）、前浆水沟 -1（DG-QJSG-1）、郭家庄 -1（LS-GJZ-1）、白云（LS-BY-4）和曲岭南头等。汉代遗址有郑家顶子 -1（DG-ZJDZ-1）和杏坊 -2/4（LS-XF-2/4）等。参加本季度调查的中方成员有山东大学方辉教授和在校研究生卢建英、王华和刘红军，美方成员有文德安、费曼、琳达。

第十季度调查区域及遗址分布请参考附图（图四一～四三）。

本季度调查结束后，总的覆盖面积达到了近千平方公里。我们以《鲁东南沿海地区聚落形态变迁与社会复杂化进程研究》为题发表了阶段性成果。[①] 该文对于揭示我国史前至历史时代早期社会复杂化进程的研究提供了区域案例，推动了相关理论问题的研究。

第十一季度田野调查时间为 2005 年 10 月 28 日至 12 月 2 日。调查区域是从第九、第十季度调查范围向南扩展，涉及的县区乡镇有东港区涛雒镇、岚山区巨峰镇、虎山镇和汾水镇。以往的调查

---

① 方辉、文德安、加里·费曼、琳达·尼古拉斯、栾丰实、于海广：《鲁东南沿海地区聚落形态变迁与社会复杂化进程研究》，山东大学东方考古研究中心编：《东方考古》第 4 集，第 253 ～ 287 页，科学出版社，2008 年。

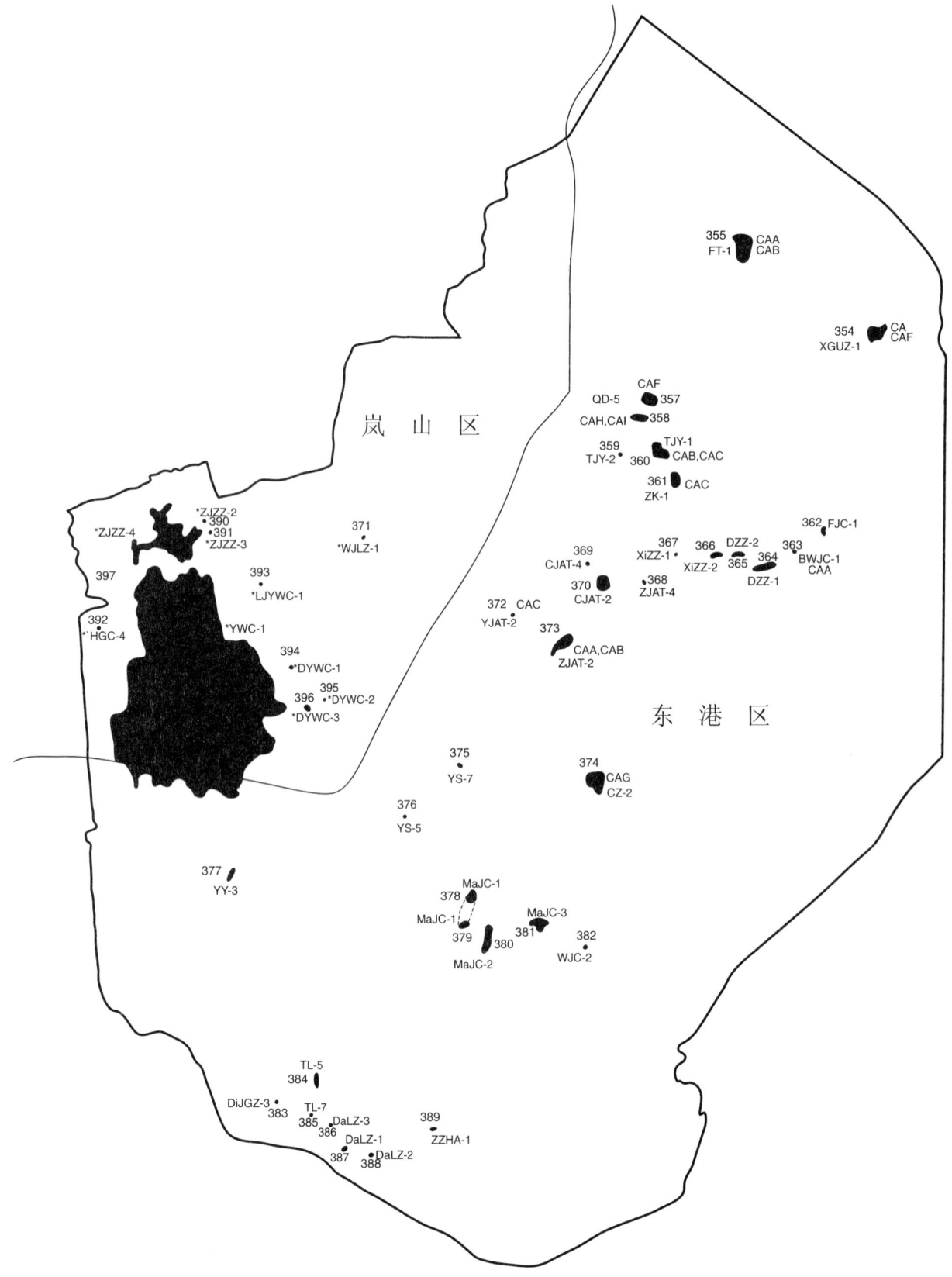

图三八　第九季度调查发现的龙山文化遗址分布图

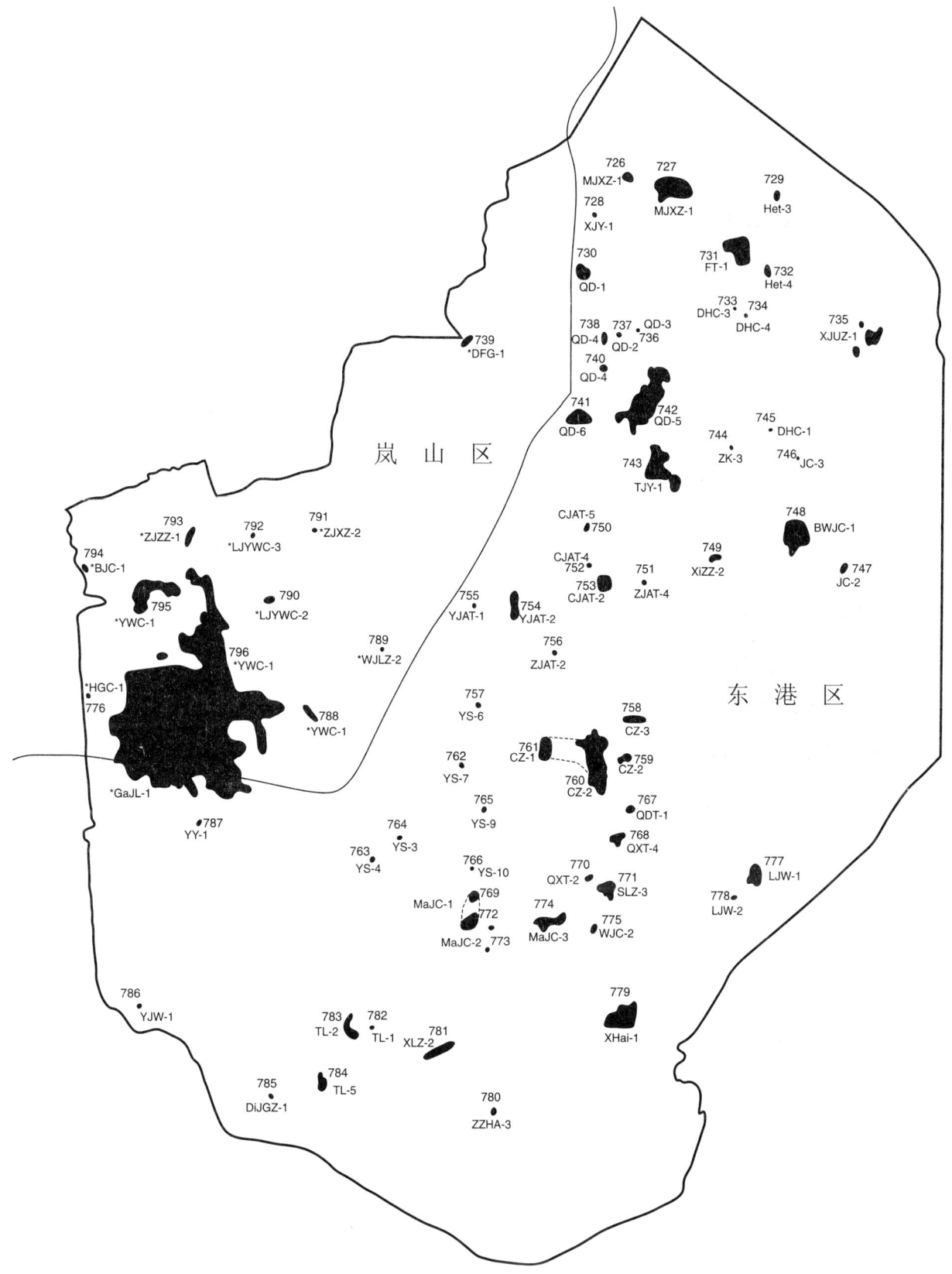

图三九　第九季度调查发现的周代遗址分布图

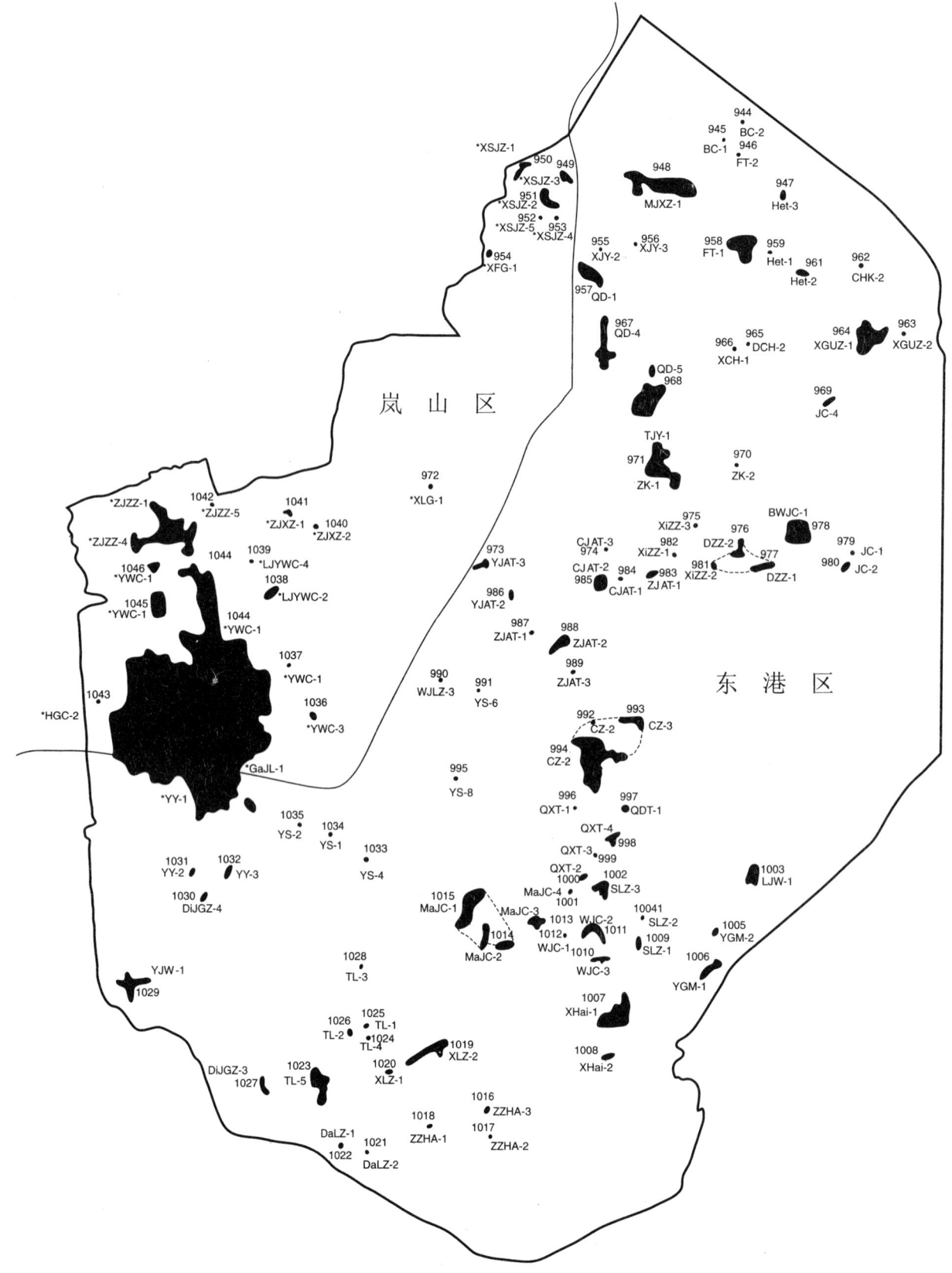

图四〇　第九季度调查发现的汉代遗址分布图

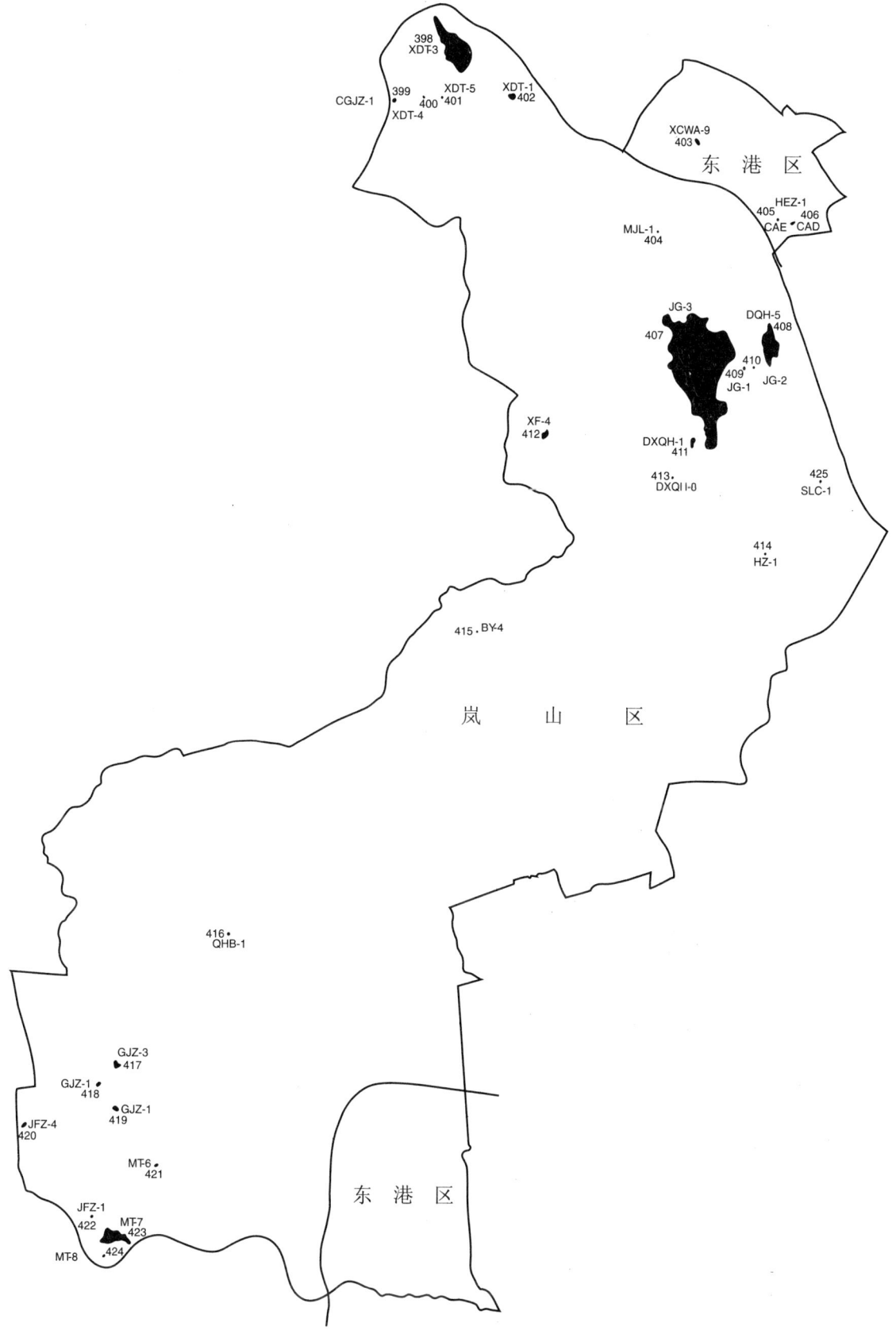

图四一　第十季度调查发现的龙山文化遗址分布图

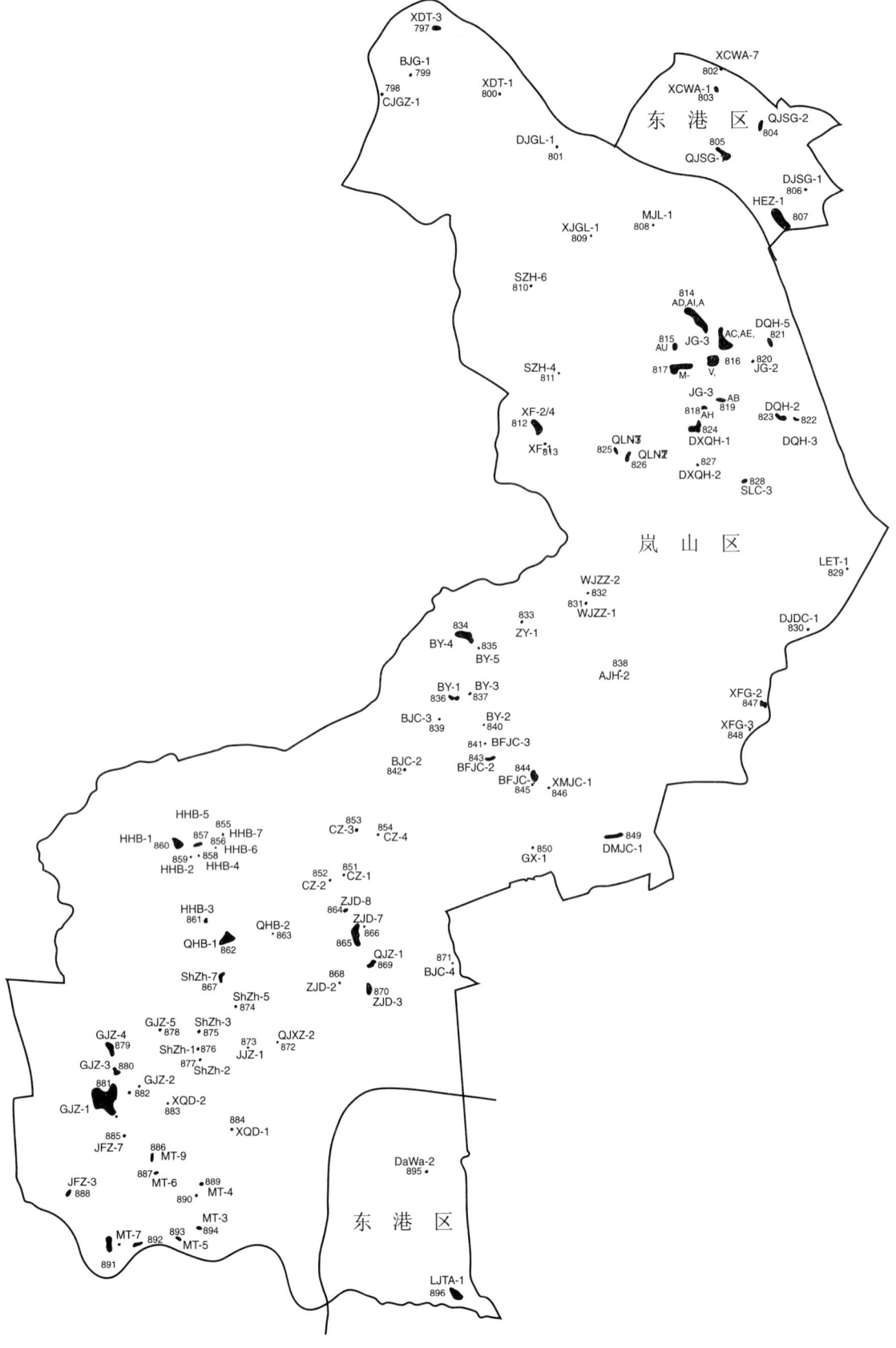

图四二　第十季度调查发现的周代遗址分布图

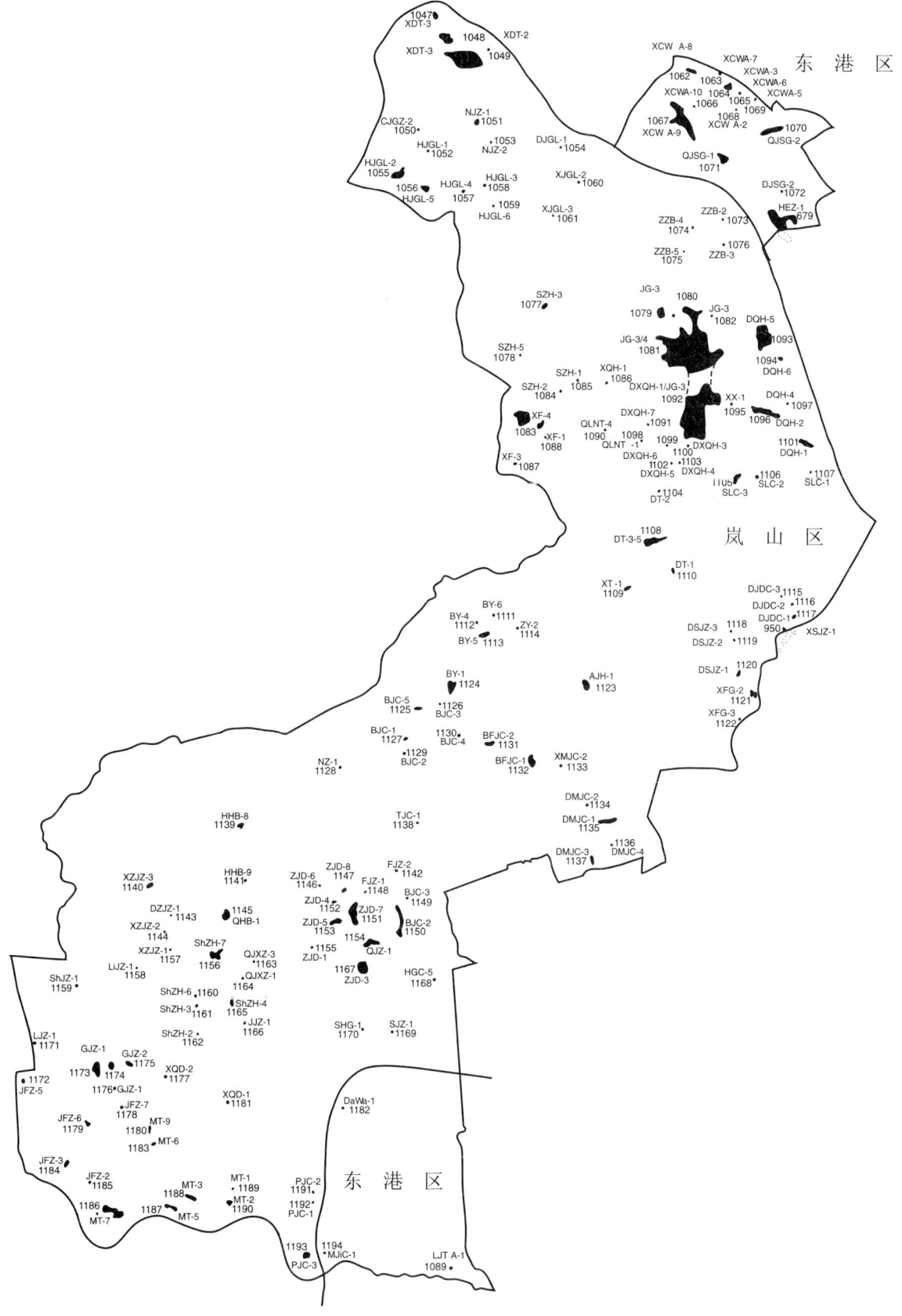

图四三　第十季度调查发现的汉代遗址分布图

已经查明，尧王城遗址从大汶口晚期直至汉代时期一直是该地区的中心性聚落，但其南部遗址的分布情况尚不明了。此次调查查明了傅疃河盆地南部地区遗址的分布情况。此次调查覆盖面积约150万平方公里，是历年来调查面积最大的年份之一，发现并系统记录了史前至汉代时期的遗址和遗物分布点二百余处。最为重要的发现，一是记录并界定了尧王城遗址西南和东南部约8～12公里范围内的两处重要遗址六甲庄-1/孟家官庄-3（LS-LiuJZ-1/MJGZ-3）和西林子头-1（DG-XLZT-1），以及围绕它们的更低级别的聚落群。二是在岚山区徐家村-2/3（LS-XJC-2/XJC-3）发现一处大汶口文化早期遗址。因为该遗址大部分压在村下，实际面积较难确定，估计至少在数万平方米。其他重要遗址有周代的东林子头-8（DG-DLZT-8）、郑家结庄-4（LS-ZJJZ-4）和汾水镇-1（LS-FSZ-1）等，汉代的小山前-1（LS-XSQ-1）、零口-3（LS-LK-3）等。截至此次调查工作结束，考古队调查总面积达到1100平方公里。参加今年调查工作的主要人员，中方有方辉教授和研究生金汉波、崔英杰、惠夕平等，美方有费曼、琳达、文德安。

第十一季度调查区域及遗址分布可参考图（图四四～四六）。

第十二季度田野调查时间为2006年11月10日至12月13日，调查主要集中在日照市岚山区的西部，包括汾水、碑廓、虎山和巨峰等四个乡镇，所涉及的水系主要有绣针河、龙王河、竹子河及其支流，调查面积约150平方公里，使调查总面积超过1200平方公里。此次调查对已经记录在案的遗址作了密集调查，包括前水车沟-1（LS-QSCG-1）、辛留和大土山等三处分属于龙山、商周和汉代的大型遗址，而新发现的大汶口文化至汉代的遗址和地点超过百余处，能够见到明显文化层堆积的遗址有十余处，包括龙山文化的刘家沟-4（LS-LJG-4）和沟洼-1（LS-GW-1），其中沟洼还见到岳石文化遗存。两周时期遗址有车沟-9（LS-CG-9）、后稍坡-3（LS-HSP-3）、纪家沟-3（LS-JJG-3）、大坡-1（LS-DP-1）、大卜萝（LS-DBL-1）和杨家庄-1（LS-YJZ-1）等。汉代时期遗址大土山-5/车沟-9（LS-DTS-5/CG-9）等。新的发现为我们考察日照南部地区史前至汉代时期聚落形态的演变提供了新资料。就龙山时代而言，这里属于尧王城这一区域中心的西南部，著名的梭罗树蛇纹岩矿就在此范围内。调查中确实发现有丰富的这类彩石矿，而且距离前水车沟大汶口—龙山遗址只有数里之遥，二者之间可能存在着某种联系。调查区域内岳石文化遗址数量较之北部地区有所增加。新发现的沟洼遗址与去年发现的罗川沟遗址都包含有石文化遗存，且共处于同一条河流的南岸，关系密切。辛留遗址以两周遗存为主，规模庞大，超过200万平方米，可能与《春秋左传》所记莒国渠丘邑有关。大土山汉代遗址遗存极为丰富，遗物分布面积近300万平方米，与已经调查过的海曲故城规模相当，不排除是汉代琅琊郡治下某一县治所在地。随着调查覆盖面积的加大，这种区域系统调查在结合历史文献解读历史时期聚落形态方面，益发显示出不可替代的作用。参加调查工作的中方队员有方辉教授和研究生惠夕平、夏火根、赵光国等，美方队员有芝加哥自然历史博物馆研究员文德安、费曼、琳达，芝加哥大学博士研究生亚当也参加了调查。

第十二季度调查区域及遗址分布可参考图（图四七～四九）。

第十三季度田野调查时间为2007年11月1日至12月4日。调查分为岚山区、东港区、胶南与诸城区和五莲区五个调查区。前两个区可称为南区，主要包括东港区和岚山区境内的傅疃河及其支流流域，涉及巨峰、后村、南湖3个乡镇，覆盖面积约70平方公里。后两个区可称为北区，主要包括胶南市的吉利河及其支流以及白马河流域，涉及胶南市的海青、大场、理务关、大村4个乡镇以及诸城市东南一隅，覆盖面积约80平方公里。南、北两区合计约150平方公里。南区所在地理区域位于傅疃河上游，地貌以山地丘陵为主，新发现遗址数量不多。后马庄-1（LS-HMZ-1））是一处记录在案的龙山文化遗址，此次对其作了系统调查与记录。新发现的大后村-2（LS-DHC-2）也有龙山

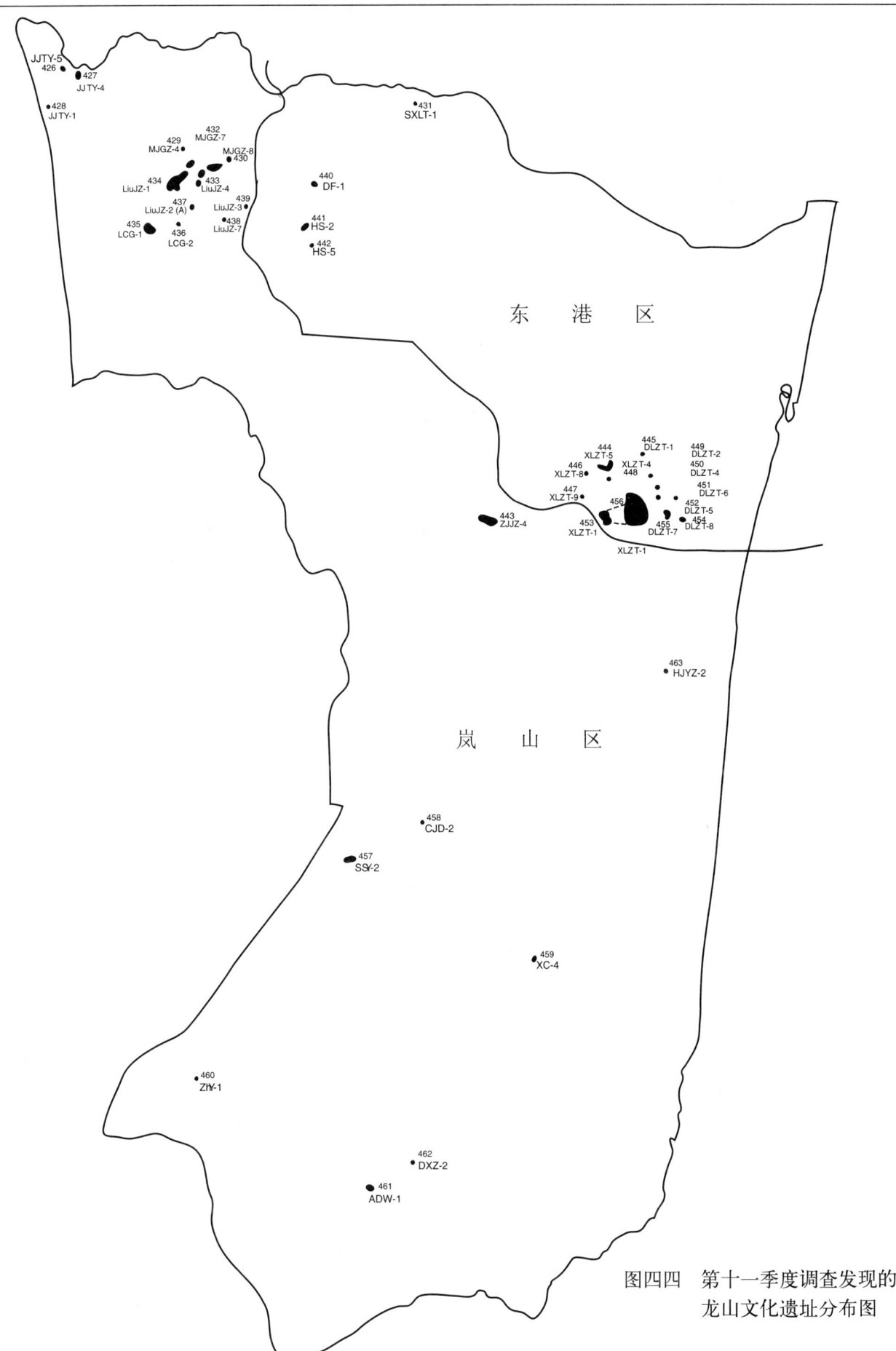

图四四　第十一季度调查发现的
龙山文化遗址分布图

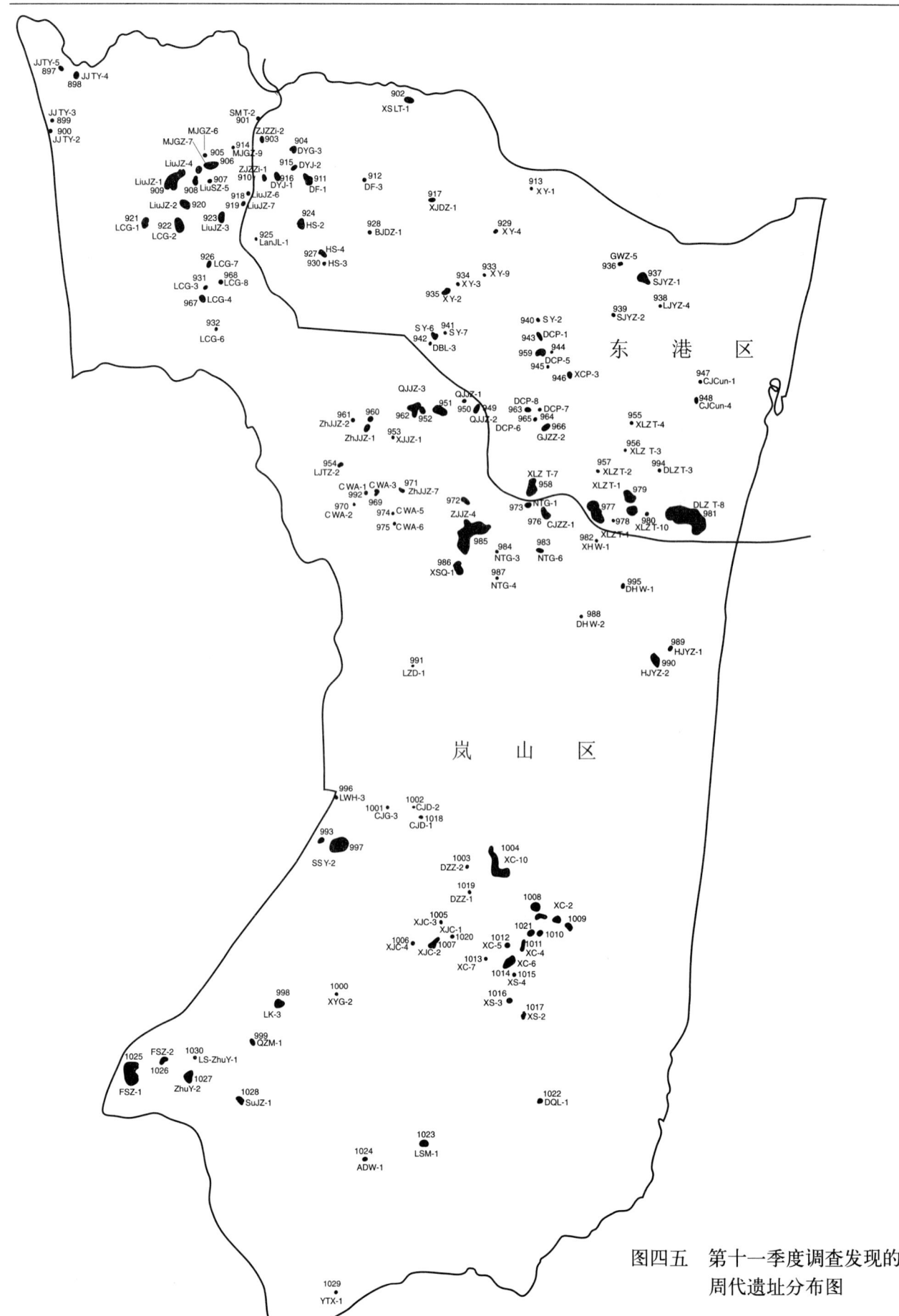

图四五　第十一季度调查发现的
周代遗址分布图

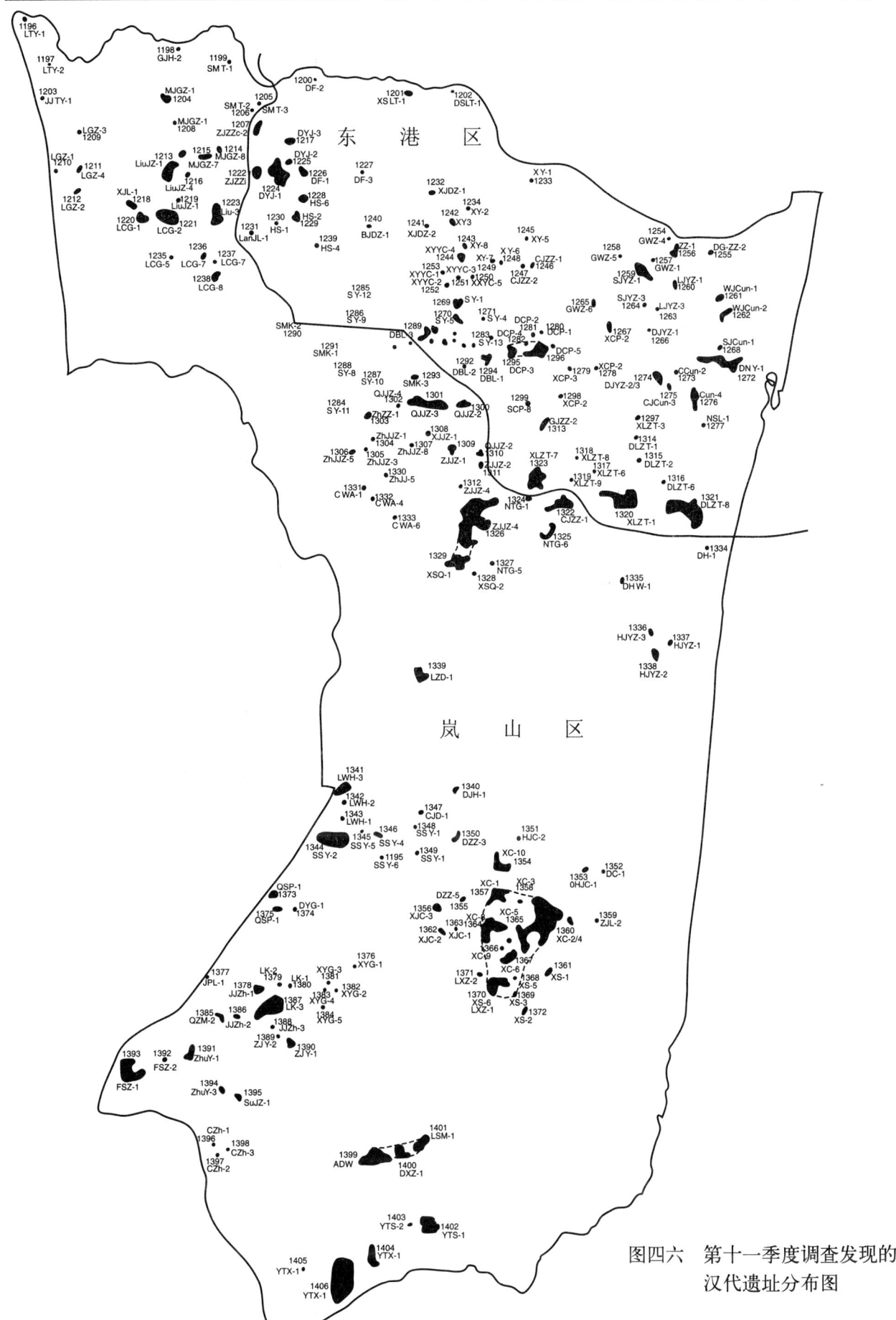

图四六 第十一季度调查发现的
汉代遗址分布图

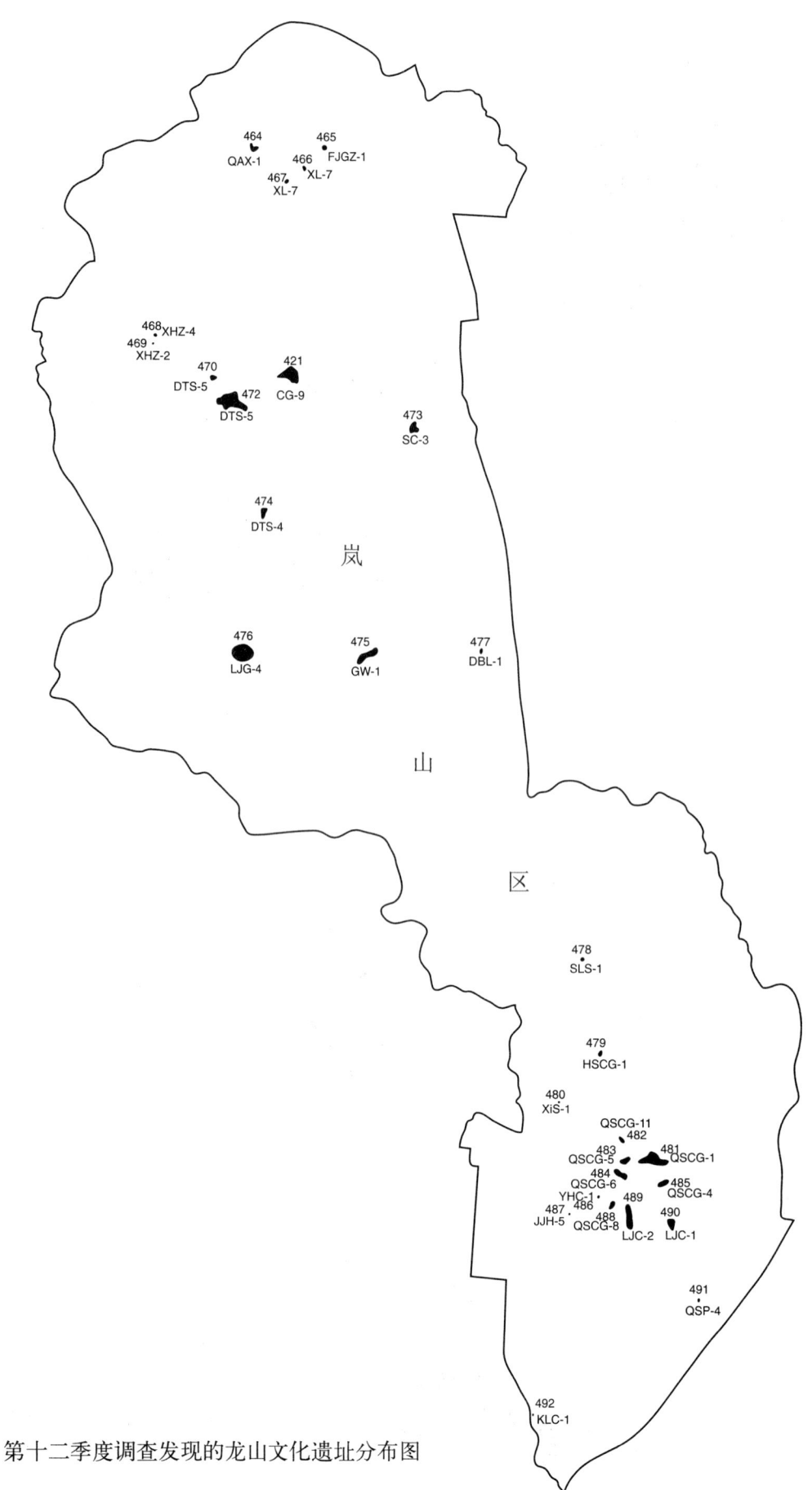

图四七　第十二季度调查发现的龙山文化遗址分布图

图四八　第十二季度调查发现的周代遗址分布图

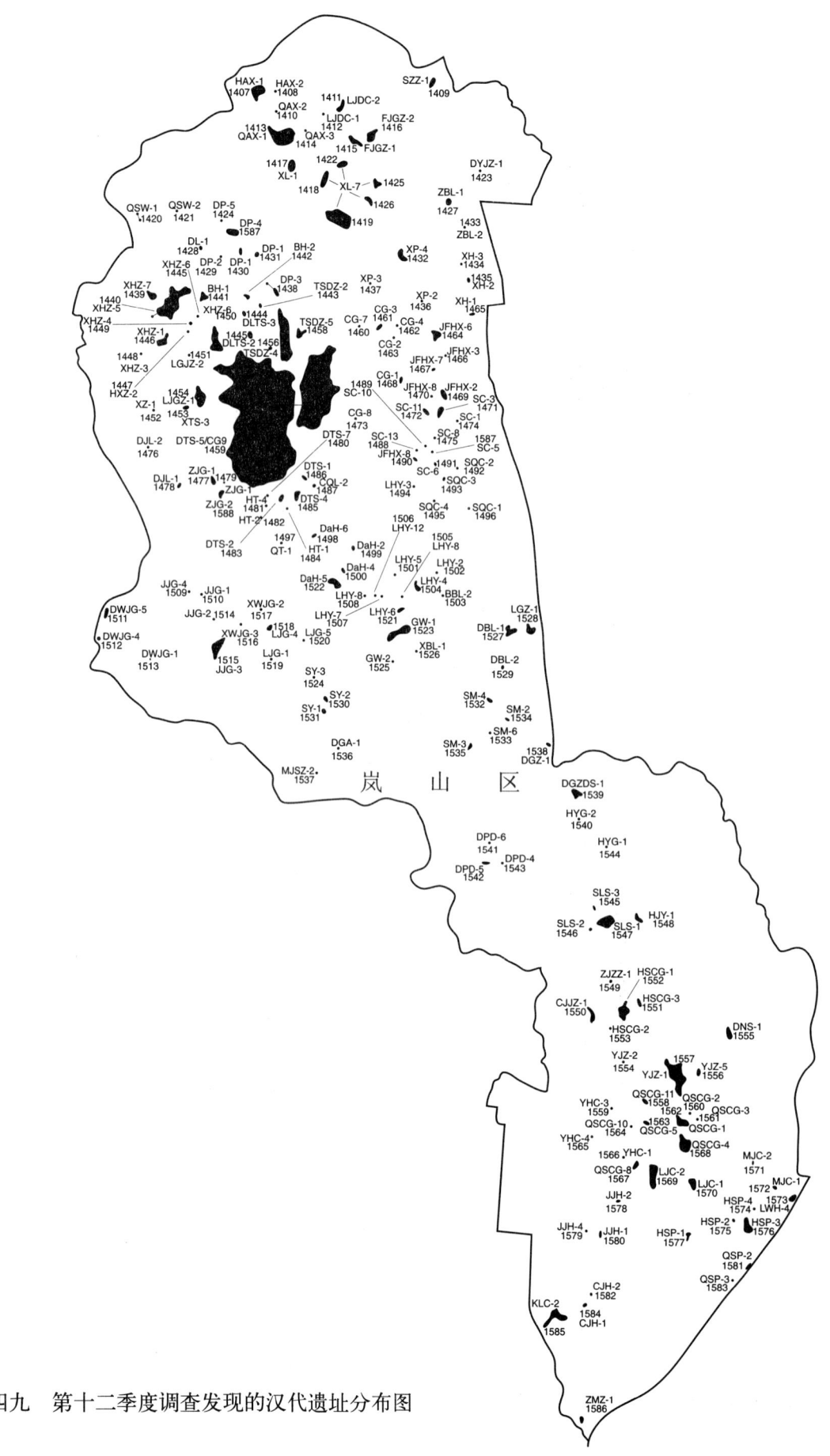

图四九　第十二季度调查发现的汉代遗址分布图

遗存分布。其他较重要遗址有周代的李家洼-3（LS-LJW-3）、卫星营-1（LS-WXY-1）和汉代的西黄山前-3（DG-XHSQ-3）等。北区所调查的地理区域属于吉利河、白马河的冲积平原，地势平坦，土地肥沃，新发现遗址数量较多。比较重要的遗址有：龙山遗址丁家柳沟-3（JN-DJLG-3）、丁石桥-1/2（JN-DSQ-1/2）、双河-11（JN-SH-11）、驼沟-4（JN-TG-4）、解家庄子-1（ZC-XJZZ-1）、南张家庄-1（ZC-ZNZJ-1）等。解家庄子-1、南张家庄-1也包含丰富的商周时期遗存。汉代遗址吉利河（JN-JLH-2）、小曹家庄-2（ZC-XCJZ-2）等。另在现在胶南与诸城两市分界线一线，发现了属于界碑的石刻及立石遗迹，年代可能上溯至汉代时期。参加本季度调查的中方人员有方辉、王迪、徐波、郭明建、乔卓俊、惠夕平、尹凤超，美方人员文德安、费曼、琳达。

　　第十三季度调查区域及遗址分布可参考图（图五〇～五九）。

　　截止到2007年底，鲁东南沿海地区考古调查项目共历时13年。十三个季度调查覆盖面积为1440平方公里，发现并记录史前至汉代时期的各类遗址2000余处，其中史前遗址（主要是龙山遗址）近600处。

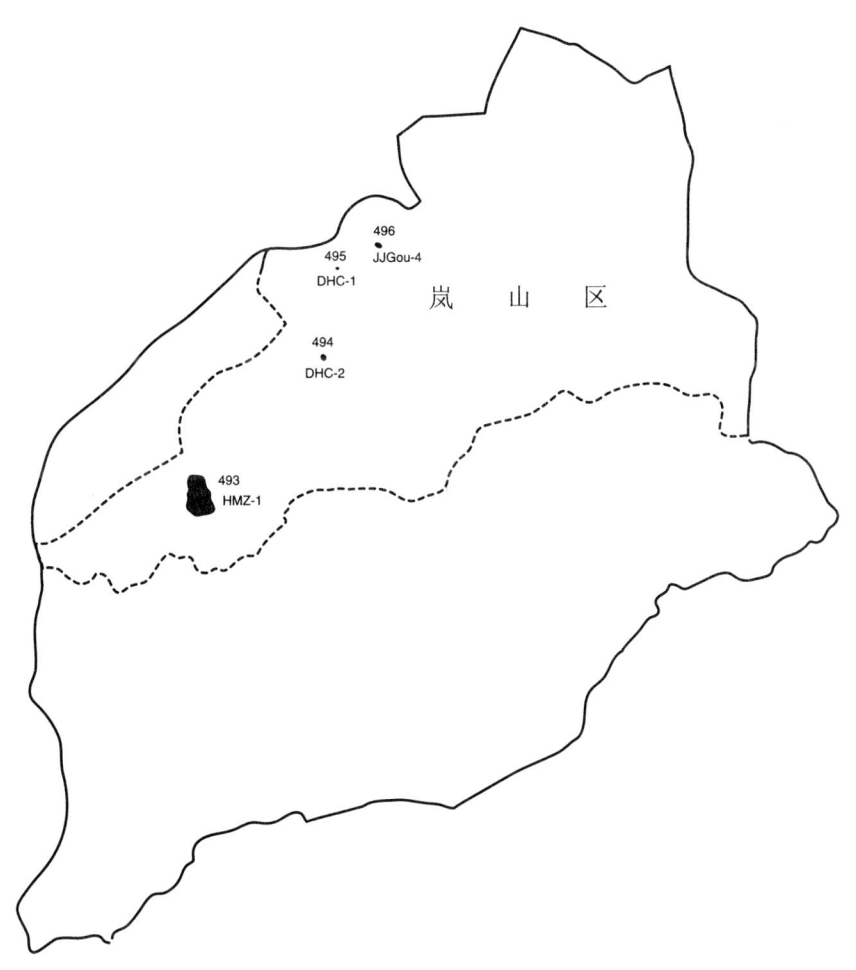

图五〇　第十三季度岚山区发现的龙山文化遗址分布图

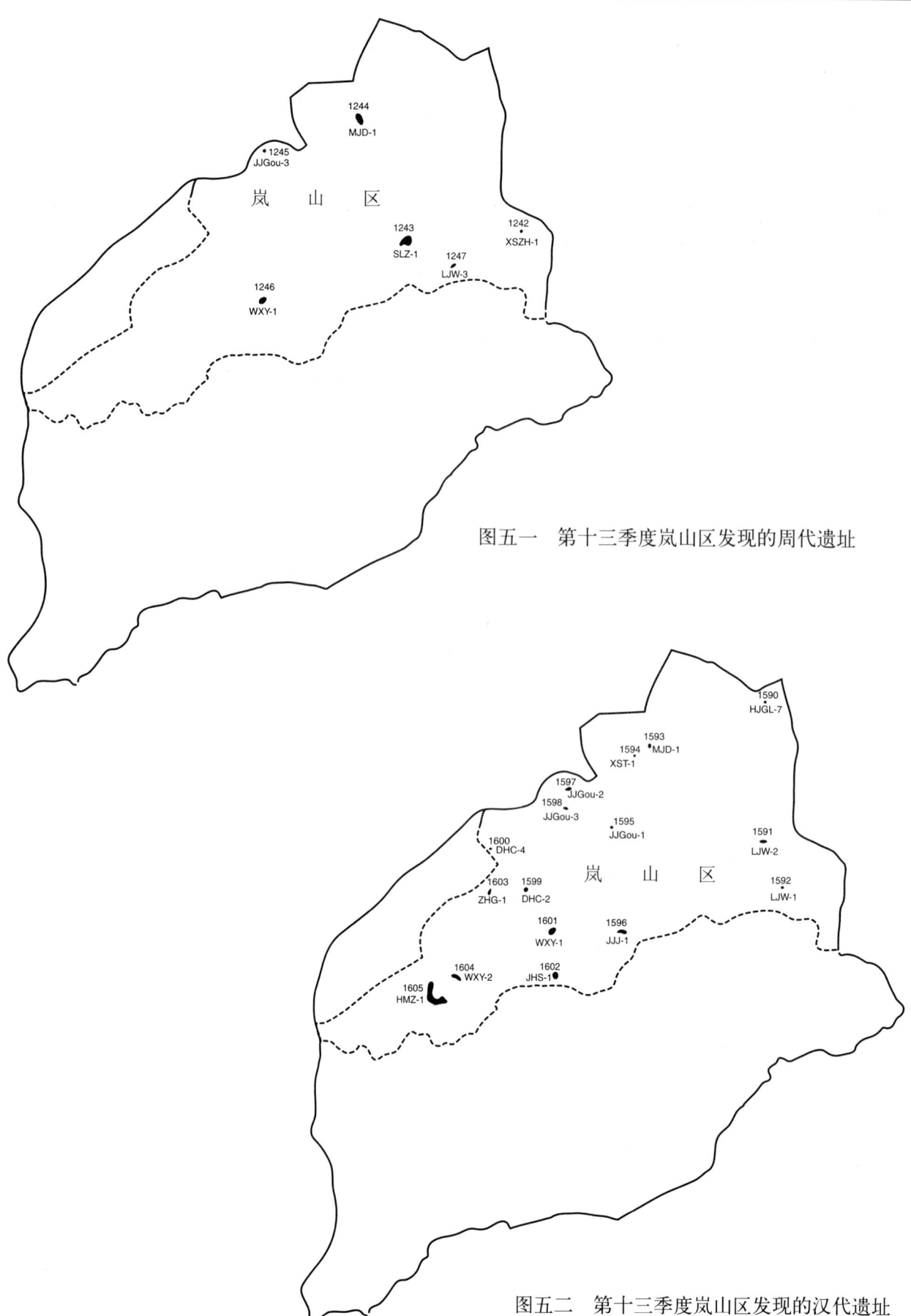

图五一　第十三季度岚山区发现的周代遗址

图五二　第十三季度岚山区发现的汉代遗址

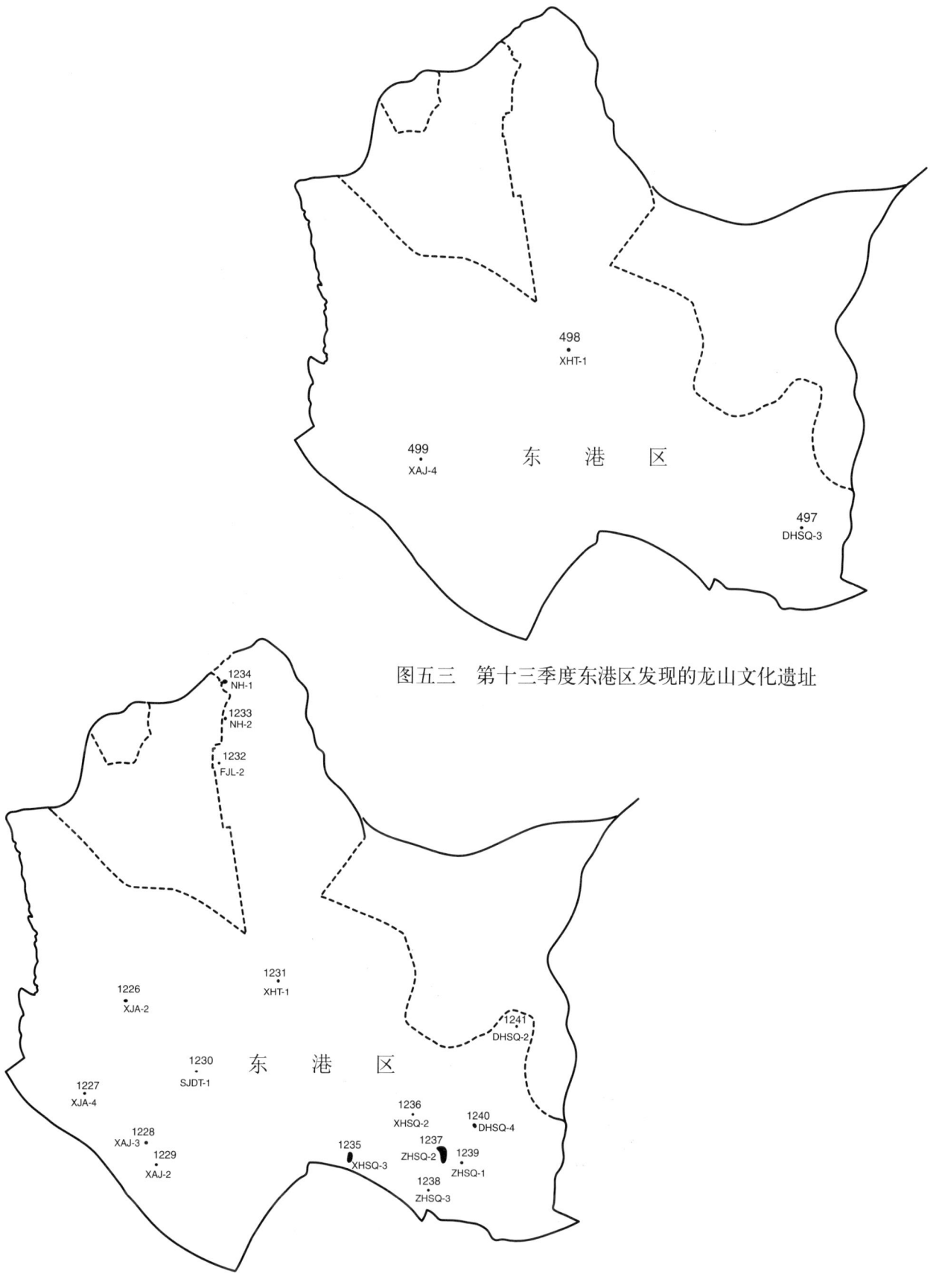

图五三　第十三季度东港区发现的龙山文化遗址

图五四　第十三季度东港区发现的周代遗址

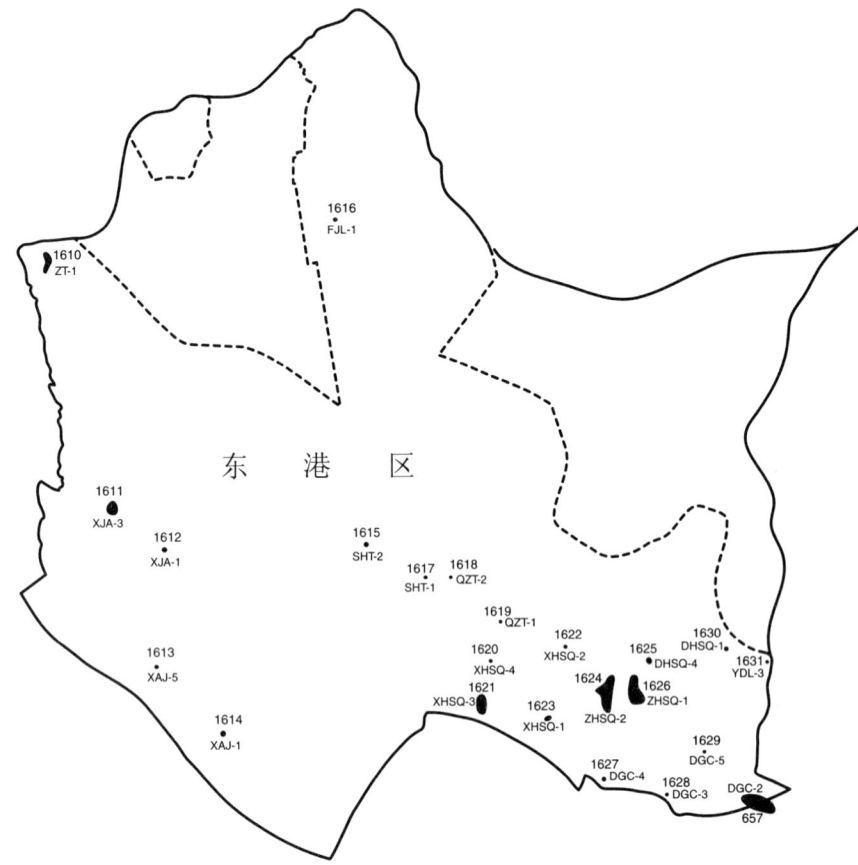

图五五　第十三季度东港区发现的汉代遗址

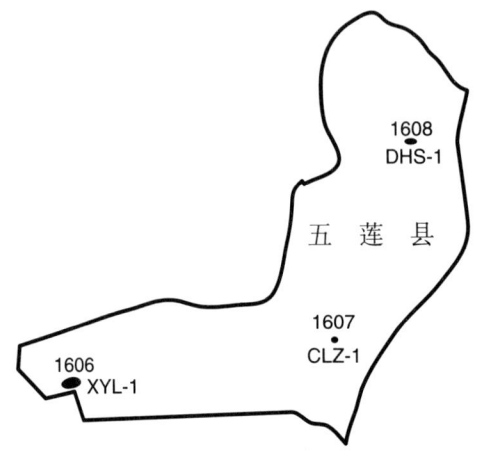

图五六　第十三季度五莲区发现的汉代遗址

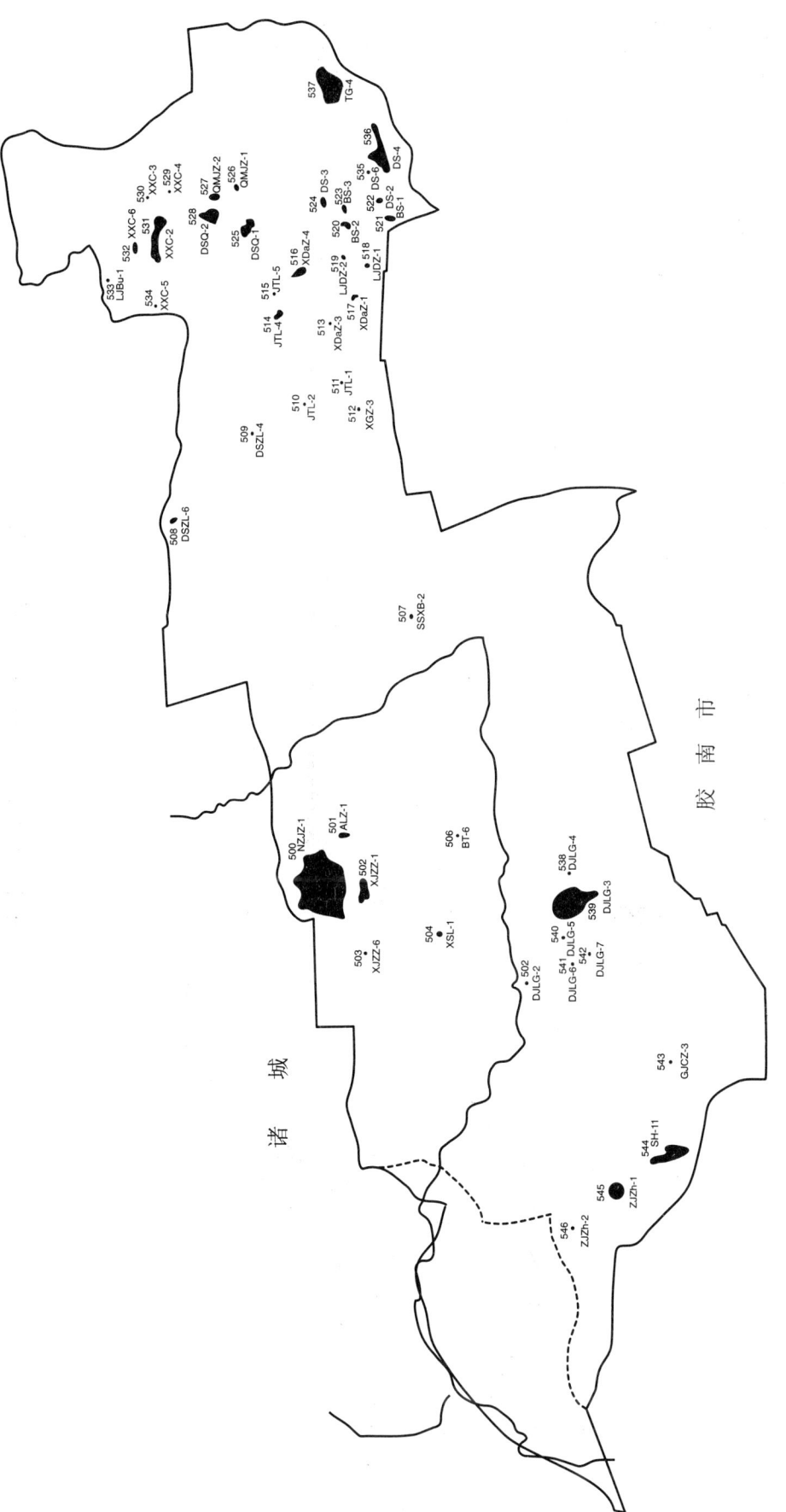

图五七　第十三季度胶南与诸城区发现的龙山文化遗址

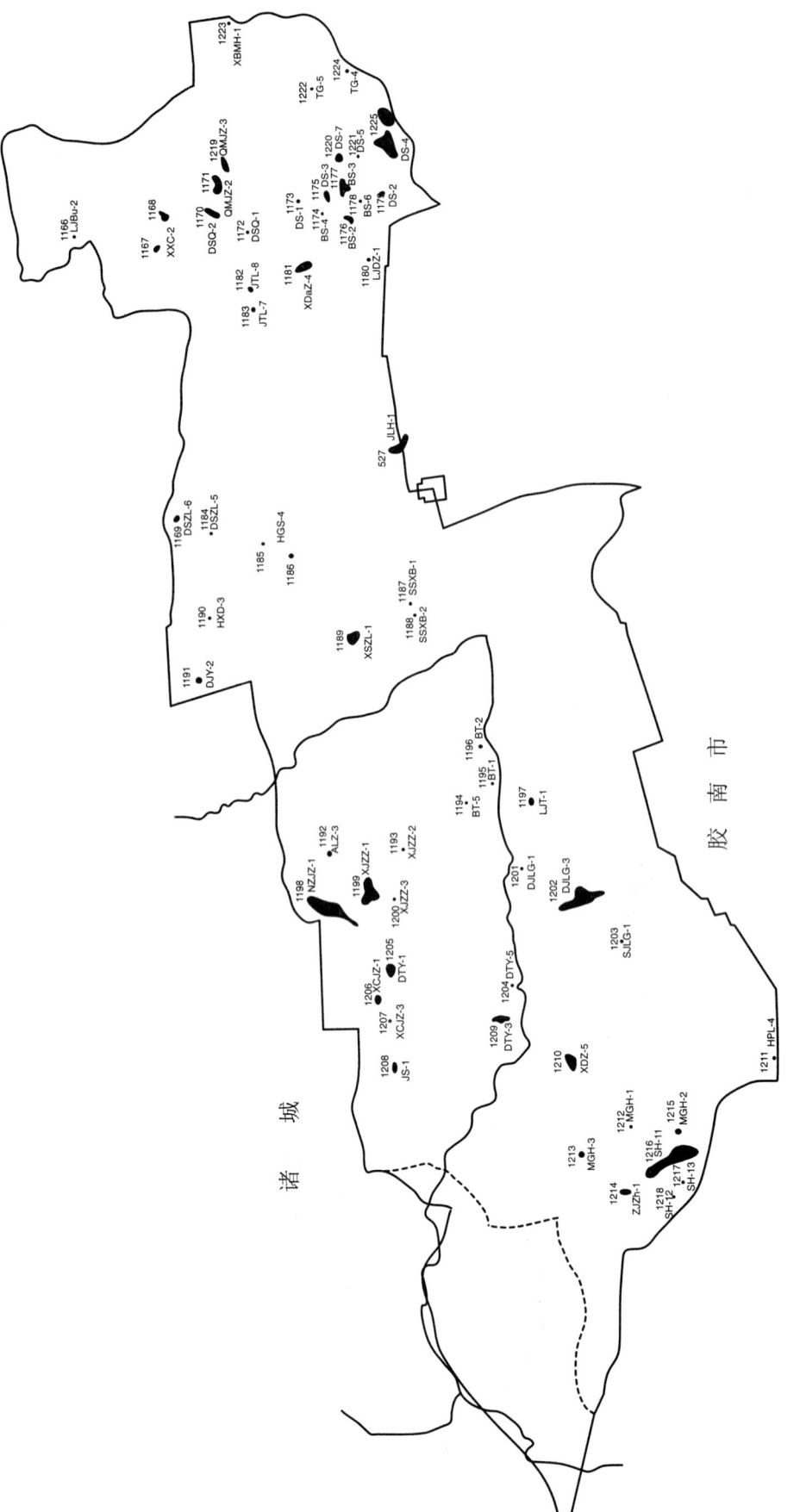

图五八　第十三季度胶南与诸城区发现的周代遗址

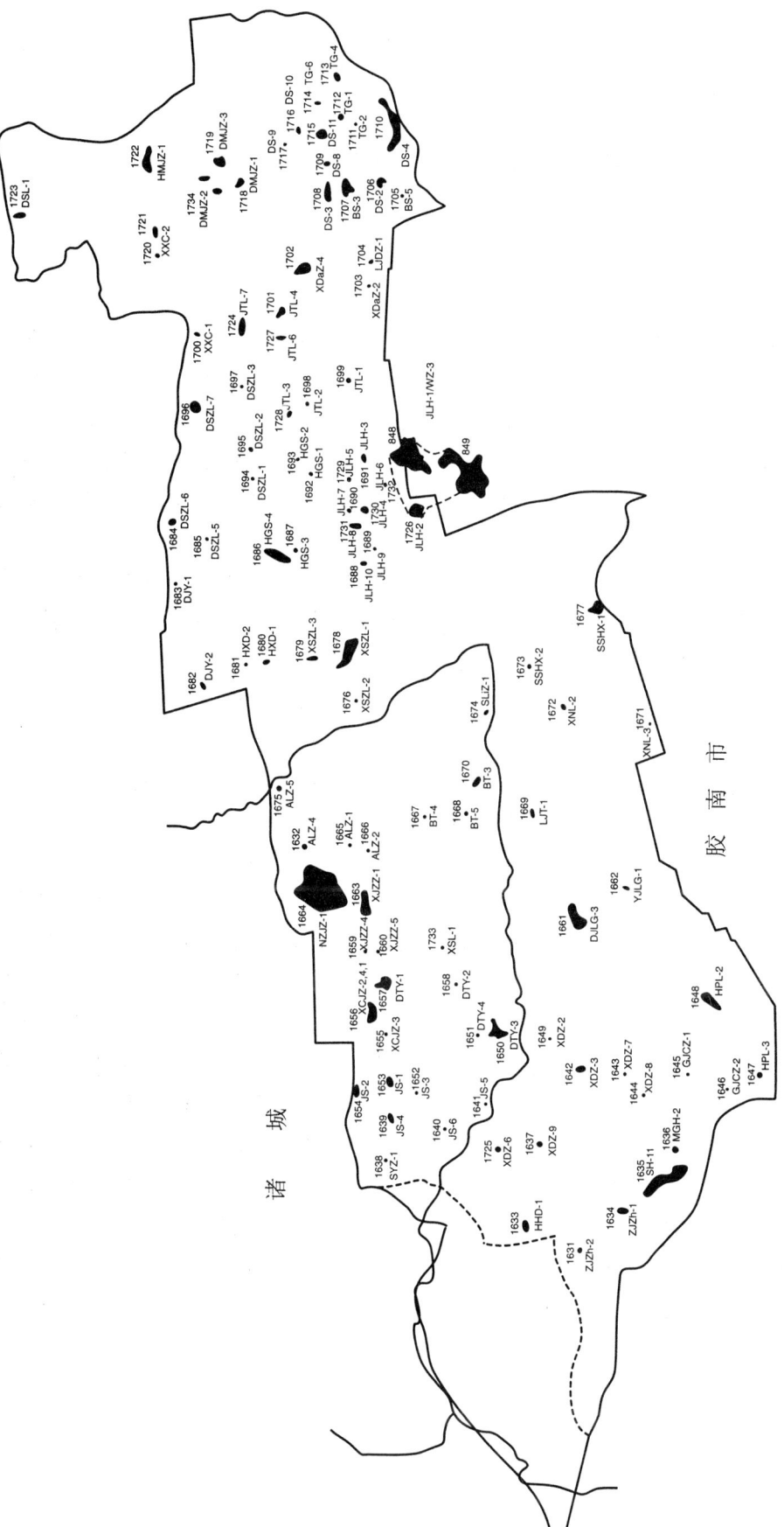

图五九 第十三季度胶南与诸城区发现的汉代遗址

贰 重要遗址

本章所介绍的遗址是从 13 个调查季度当中选出的，年代范围为大汶口文化晚期至汉代时期。其入选标准是，无论是属于上述年代范围的那个阶段，其面积至少在 10 万平方米。或发现有确切的文化层堆积。或在地表上发现有明确的遗迹。此外，还包括了某些面积虽小，但地表或断面上陶片分布密度较大的遗址（采集陶片的数量一般在 50 块以上），以及那些采集到石器制品的遗址（有几个只在地表采集到石器的例子，其所属具体年代因此不易确定）。本附录还包括了所发现的 2 处北辛文化和大汶口文化早期遗址。

遗址的定名方法是：首先是所属区、县（或县级市）汉语拼音名称缩写，共涉及东港区（DG）、胶南市（JN）、岚山区（LS）、五莲县（WL）和诸城市（ZC）等 5 个区县（市）。其次是遗址所在村镇名称的汉语拼音名称缩写。再次是遗址编号。属于第一年发现的遗址，统一冠以 96R 字样，表示是于 1996 年发现于日照境内。在此后的若干年中，由于调查区域扩及其他区、县（市），定名方法便不再以年份开头，而代之以遗址所在区、县（市）汉语拼音名称的大写字母缩写形式（第二年发现的遗址，标签上没有注明区、县名称缩写，因此资料中的区、县名称置于括号内表示）。2004 年，因日照市行政区划变更，东港区的部分乡镇被划归岚山区。由于此时我们已完成了对这些乡镇的调查工作，因此，发现于这些乡镇的遗址仍保留了 DG（即东港区）的前缀，不过本报告已把它们的行政隶属关系置于 LS（即岚山区）名下。总之，绝大多数遗址都是按照区、县（市）名称缩写在先，继之以所在村镇的名称缩写。在野外，我们虽然尽可能地确定遗址所隶属的村镇，但地图本身并未标明这方面的信息，而调查时并不总是能够找到当地村民加以询问。还有的遗址实际上跨越了村镇乃至区县行政区域的分界线。在上述情况下，遗址就以距离最近村庄和乡镇的名称而定名。有时会遇到在同一县区内遗址出现同名现象。为了分析时的需要，我们的处理办法一般是在大写字母之间夹以小写字母的方式将其区分开来。还有几个例子，在最初调查时是作为两个甚至三个独立的遗址予以记录的，但当完成对该地点全部调查或复查之后，发现它们实际上可以合并为一处较大的遗址。对于这些遗址，我们仍然保留下那些旧有名称。以粗体字形式出现的期段名称和序号，表示的是在这一文化阶段或时期时，该遗址在空间上分布最广或者遗物分布密度最大。

本章意在对调查中所发现的那些最为重要的遗址进行更为详细的描述，并弥补遗址采集物列表所不能涵盖的内容。那些表格涉及的是采集物的数量和种类以及所处特定环境等方面的详细情况。

以下是调查年度与具体年份的关系：

第 1 年：1995～1996 年冬季。

第 2 年：1996～1997 年冬季。

第 3 年：1997～1998 年冬季。

第 4 年：1998 年秋季。

第 5 年： 1999 年秋季。

第 6 年：2000 年秋季。

第 7 年：2001 年秋季。

第 8 年：2002 年秋季。

第 9 年：2003 年秋季。

第 10 年：2004 年秋季。

第 11 年：2005 年秋季。

第 12 年：2006 年秋季。

第 13 年：2007 年秋季。

一　东港区

1. 遗址名称: 安家岭 -1（96R-ANJ-1）（第 1、2 年）

区县: 东港区　　**村镇:** 安家岭

所在地图: 安家村 [1-50-24-（18）] *

时代与序号: 龙山 28，**汉代** 20，**周代** 22

文化层: 无

描述: 遗址位于安家岭村西，地势平坦，属冲积层，现为农田和菜地。海拔高度为 5 米。遗址被潮河的一条支流分割为南北两块。第 1 年调查时分作 3 个遗物采集区，第 2 年另作一采集区。遗址在龙山时期面积最大，龙山早期和中期的陶片分布面积大约为 10 万平方米。尽管属于西周和东周的陶片分布密度更大些，但其分布面积却较小，约为 7 万平方米。汉代陶片数量较少，分布面积大约也是 7 万平方米。采集到属于龙山文化的石刀 1 件。

2. 遗址名称: 安家岭 -4（DG-ANJ-4）（第 2 年）

区县: 东港区　**村镇:** 安家岭

所在地图: 后显沟 [1-50-24-（10）]

时代与序号: 周代 55

文化层: 无

描述: 遗址位于安家岭村北 300 米，南距潮河支流约 800 米。地势平坦，属冲积层，现为农田。海拔 7 米。附近有鱼塘，鱼塘东 200 米可能是一古河道。周代陶片分布在大约 21000 平方米范围内。采集磨光石器 1 件。

3. 遗址名称: 北大村 -4（DG-BDC-4）（第 7 年）

区县: 东港区　**村镇:** 北大村

所在地图: 陡岭子 [1-50-23-（39）]

时代与序号: 龙山 237，**周代** 495、499，**汉代** 608

文化层: 无

描述: 遗址位于北大村西、村南和村北，略微隆起，属于山麓地带，海拔高度 40 米。现为农

---

* 指比例尺为 1∶10000 地形图。"安家村"为地图名，后面的数字为地图号。下同，不注。

田、菜地，间或有备耕春地。遗址南缘有一条小河流过，另有一条从村西穿过的现代水渠将遗址一分为二。遗址在汉代时期面积最大，面积约为6.6万平方米。周代陶片分布稀疏，分布面积约为5.2万平方米（周代495）。其中西周陶片主要集中分布于遗址南部，东周则集中在北部。龙山陶片（早期多于中期）主要发现于遗址南部，现代房舍之间，分布面积约为3.4万平方米。遗址南部为现代房舍所占压。尽管没有发现暴露的文化层，但龙山陶片分布密度却是相当高的。

4. 遗址名称: 北大村-6（DG-BDC-6）（第7年）
区县: 东港区　**村镇:** 北大村
所在地图: 大连村 [1-50-23-（40）]
时代与序号: 龙山239，周代504，汉代614
文化层: 周代
描述: 遗址位于后漏河村西50米，向东400米为北大村，向南300米为林家河和费家河交汇处。遗址所在地点地势平坦，属于冲击层。海拔高度为27米。调查期间遗址为备耕春地。遗址历经几个时代，但面积都较小，不足1万平方米。调查时从正在修建的道路路沟断面上观察到一处属于东周时期的文化层堆积。

5. 遗址名称: 北王家村-1（DG-BWJC-1）（第9年）
区县: 东港区　**村镇:** 北王家村
所在地图: 夹仓 [1-50-35-（7）]
时代与序号: 龙山363，**周代748，汉代978**
文化层: 无
描述: 遗址位于北王家村村东南100米，费家村村南150米，地势平坦，属冲积层，海拔3米。遗址以西200米有一条小河，向北注入南辛河。遗址现为麦田，部分为果园。东周时期遗址面积为7.8万平方米，汉代时期面积为6.8万平方米。在遗址南部靠近鱼塘附近的地方发现有少量龙山陶片（属于龙山中期），分布面积不足5000平方米。

6. 遗址名称: 川子-1（DG-CZ-1）（第9年）
区县: 东港区　**村镇:** 川子
所在地图: 夹仓 [1-50-35-（7）]
时代与序号: 周代761
文化层: 不确定
描述: 遗址位于川子村以东约500米处，向南500米为南辛河。遗址所在地现为鱼塘，海拔3米。陶片主要采集于鱼塘断面及其附近，年代为西周和东周，面积约为3.1万平方米。该遗址可能属于在鱼塘以东发现的另外两处较大型周代遗址（DG-CZ-2和CZ-3）所组成的同一社区的一部分。

7. 遗址名称: 川子-2（DG-CZ-2）（第9年）
区县: 东港区　**村镇:** 川子
所在地图: 夹仓 [1-50-35-（7）]
时代与序号: 龙山374，周代759、760，汉代992、994

文化层: 无

描述: 遗址位于川子村东约 1500 米，李家村以北约 100 米，地势平坦，为冲积层，海拔高度只有 2～3 米。调查时遗址所在地点为备耕春地，周围为鱼塘所环绕，并被数条小型水渠所贯穿。汉代和周代陶片遍布遗址。遗址在汉代时期面积最大（#994），分布面积约 17 万平方米，周代（#760，东周时期是西周时期面积的两倍）约 14.4 万平方米。龙山时期（只有龙山中期）只在遗址南端有小范围分布。考虑到鱼塘破坏的部分，该遗址原有的周代和汉代遗存可能更大些，并可能属于由 DG-CZ-1 和 DG-CZ-3 等所组成的社区的一部分，后两者也都存在于鱼塘周围。

8. 遗址名称: 川子 -3（DG-CZ-3）（第 9 年）

区县: 东港区　**村镇:** 川子

所在地图: 夹仓 [1-50-35-（7）]

时代与序号: 周代 758，汉代 993

文化层: 有

描述: 遗址位于川子村以东 500 米，南辛河村南 400 米，向东 350 米为一大型盐池。遗址所在地点为鱼塘，海拔高度为 3 米。陶片主要采集于鱼塘断面及其附近，在其中一个鱼塘断面观察到文化层堆积。遗址包括汉代和东周两个时期遗存。遗址被鱼塘所阻断，总的面积不易估算，但能够调查到的范围大致在 1.5 万～2.5 万平方米。该遗址可能属于其他周代遗址所组成的社区的一部分，这些遗址在分布上更靠近细部的内陆，而且也多位于鱼塘附近，例如（DG-CZ-2 和 CZ-1）。

9. 遗址名称: 程子沟 -1（DG-CZG-1/HSD-7）（第 4 年）

区县: 东港区　**村镇:** 程子沟 / 河山店

所在地图: 程子沟 [1-50-23-（32）]

时代与序号: 商代 13，周代 265，**汉代** 312

文化层: 有商周及汉代文化层

描述: 遗址位于程子沟村东约 200 米、河山店镇西约 250 米一块微微隆起的高地上，地形为山麓地带，遗址东部有一条小溪流经，海拔 35 米。调查时遗址所在地点大多为备耕春地，间以小块麦田和桑地。遗址在汉代时期面积最大。共分为 6 个遗物采集区，其中 5 个采集区发现汉代陶片，分布面积约为 11 万平方米。东周陶片发现于 4 个采集区，分布较为稀疏，分布面积 5.7 万平方米，集中于遗址东部。西周和商代陶片只发现于遗址北端两处较小的采集区，分布面积不足 5000 平方米。在遗址北端一处取土沟的断面上发现有暴露的文化层，包括商、周和汉代等不同时期。商周文化层呈深灰色，汉代文化层呈黄色或灰色（彩版二，1）。该遗址与在汉代可能与程子沟 -2（DG-CZG-2/GZ-2）和程子沟 -4（DG-CZG-4）属于同一大的社区。

10. 遗址名称: 程子沟 -2（DG-CZG-2/GZ-2/3）（第 4 年）

区县: 东港区　**村镇:** 程子沟 / 郭庄

所在地图: 程子沟 [1-50-23-（32）]

时代与序号: 周代 260、261，**汉代** 311

文化层: 有

描述: 遗址位于程子沟村北，并一直延伸到郭庄村北和向阳村东。地势平坦，属于山麓地带，海拔 35 米。遗址南、北两侧均有小溪流过。调查时遗址所在地点多为麦田，间有少量备耕春地。遗址很可能延伸至程子沟和郭庄村中。该遗址在汉代时期面积最大，属于汉代的陶片在全部 10 各采集区中都有发现，分布面积大约为 40.4 万平方米（包括两个村子占压部分），是调查区域内面积较大的汉代遗址之一。在遗址南端的河岸边采集到两件大型板瓦，应该属于汉代大型建筑遗存。遗址在周代时期面积较小，大约为 9 万平方米，集中在程子沟村北（#261），尤以郭庄村南陶片分布最为密集（#260）。文化层就发现于程子沟村北，因村民取土而暴露在外。文化层厚约 20～40 厘米，土色灰黑，并发现有可能属于灰坑一类的遗迹。同一地点还发现一处晚于汉代的棺板遗迹。该遗址在汉代应该是包括程子沟 -1（DG-CZG-1）和程子沟 -4（DG-CZG-4）等在内的大型社区的一部分。

11. 遗址名称： 大草坡 -3（DG-DCP-3）（第 11 年）

区县： 东港区　**村镇：** 大草坡

所在地图： 高王庄 ［1-50-35-（22）］

时代与序号： 汉代 1295

文化层： 有

描述： 遗址位于大草坡村西北约 150 米一处微微隆起的坡地上，遗址西部和南部各约 50 米处为一条小溪所环绕。地形属于冲积层，海拔约 19 米。遗址所在地现为麦田，局部为梯田。因耕地暴露出一处文化层，土色灰黑，间有少许陶片。遗址属于单纯的汉代遗存，面积约为 2.1 万平方米。该遗址极有可能属于包括大草坡 -4（DG-DCP-4）和大草坡 -5（DG-DCP-5）等所组成的汉代大型社区的一部分，后两者在此以东约 150 米处，其中大草坡 -4（DG-DCP-4）与该遗址位于同一条水系上。

12. 遗址名称： 大草坡 -5（DG-DCP-5）（第 11 年）

区县： 东港区　**村镇：** 大草坡

所在地图： 高王庄 ［1-50-35-（22）］

时代与序号： 周代 944、945、959，汉代 1296

文化层： 汉代

描述： 遗址位于大草坡村北约 100 米一处缓坡上，海拔 14.3 米。遗址南距凤凰山约 700 米，缓坡为凤凰山山嘴地带的延伸部分。遗址大部分为麦田。遗址陶片分布最丰富的部分位于村北两条小河之间。调查时在地表发现有陶片分布密集区，土色灰黑，应为文化层或其他遗迹所在。从陶片分布范围判断，遗址面积大约为 5 万平方米。不过，该遗址被多处水塘和水库所破坏，其实际面积不易确定。鉴于遗址上遗物的丰富程度，其原有面积很可能要大些。汉代时期可能与大草坡 -3（DG-DCP-3）和大草坡 -4（DG-DCP-4）等组成了同一大的社区。

13. 遗址名称： 大古城 -1（DG-DGC-1/XSLP-2/QEZ-1、3-5）（第 7 年）

区县： 东港区　**村镇：** 大古城 / 西十里铺 / 前鹅庄

所在地图： 十里铺 ［1-50-23-（47）］ / 郭家湖子 ［91-50-23-（55）］

时代与序号： 商代 22，周代 516、517、519～521、524、525，**汉代 669**

文化层： 汉代文化层，间有炼渣

描述： 遗址紧靠小古城村北，向北 250 米左右为大古城村，向东约 100 米为西十里铺。遗址向南一直延续到石家岭村，与后鹅庄和前鹅庄相邻。遗址向西约 1000 米为傅疃河，几条支流从遗址上穿过。地势起伏较大，海拔为 20～50 米。汉代遗存的分布面积约为 265 万平方米。调查时遗址大部分为备耕春地，有些地方为麦田，靠近西十里铺附近的遗址上有几处蔬菜大棚。据文献记载，该地为汉代海曲县城所在地，遗址北端和东部至今仍可见到隆起的城墙遗迹。

遗址中部有一条南北向的山梁，最高处在日东高速公路以北，梁上有 6 座土丘，应为汉墓，其中两座被称作大王坟和二王坟（彩版二，2）。由此向南大约 1000 米，在同一山梁上分布有另外的 3 座土丘，也应为汉墓或台基（调查时的最初编号为 DG-QEZ-5）。汉墓或台基以南为一大型建筑台基，应该同属于汉代。汉墓和台基附近的地表上有许多带有菱形纹的汉砖。台基附近还见到石质的门枢。汉墓或台基的最南端发现有部分墙体，或许是与汉墓和台基有关的陵园围墙遗迹。据村民讲，过去曾经还有大门遗迹。这段墙体位于遗址的东部，不排除原属海曲城墙一部分的可能。

遗址上陶片分布最为密集的部分是在北部，位于日东高速公路以北，两条南北向城墙之间。采集的大部分陶片属于汉代，但在西十里铺以西的几个地点，也发现几处东周陶片分布区，面积分别为 0.99 万平方米（周代 520）、0.48 万平方米（周代 517）和 0.42 万平方米（周代 519）。其中紧邻西十里铺村西的一处遗址（周代 517）还发现有西周和商代土著遗存，面积不足 1 万平方米。位于日东高速公路以南的大王坟、二王坟周围也发现有少量东周陶片（周代 524）。其他周代陶片分布区面积均不足 1 万平方米。

日东高速公路以南陶片分布相对稀疏，只在高速公路以南约 100 米、大王坟以西约 300 米处发现一处文化层堆积，土色浅灰，内有大量铁渣遗存，可能与冶铁有关。

20 世纪 70 年代古城西南部曾发现铁器、冶铁作坊遗址以及数以吨计的铁渣块。[1] 1987 年 5 月，日照市博物馆曾在大古城村东发掘汉墓 3 座，出土一批精美铜器、铁器、釉陶和漆木器等，发掘者认为属于"西汉晚期王氏家族墓地"。[2] 2002 年春，为配合同三高速公路建设，山东省文物考古研究所对"王坟"周围 90 多座汉墓进行了发掘，出土重要实物资料，并入选当年十大考古新发现。[3]

14. 遗址名称: 大古镇 -5（DG-DGZ-5）（第 8 年）
区县: 东港　**村镇:** 大古镇
所在地图: 路家沟 [1-50-23-（64）]
时代与序号: 岳石 14，**周代** 713，**汉代** 931
文化层: 无
描述: 遗址位于大古镇西北约 100 米、傅疃河河堤以东约 50 米的冲积平地上，地势稍稍隆起，海拔高度 5 米左右。一条现代水渠和小路从遗址北部穿过。调查时遗址所在地为备耕春地，间以麦田和菜地。西周时期遗址面积最大，约为 3.2 万平方米。汉代时期为 2.8 万平方米。岳石文化的陶片只发现于遗址中部，分布面积约为 1.4 万平方米（彩版三，1）。

15. 遗址名称: 东海峪 -1（DG-DHY-1）（第 8 年）
区县: 东港　**村镇:** 东海峪
所在地图: 山后 [1-50-24-（57）]

---

① 杨深富、王仕安:《山东日照海曲史考略》,《东南文化》2005 年第 6 期。
② 日照市博物馆:《山东日照市大古城汉墓发掘简报》,《东南文化》2006 年第 4 期。
③ 郑同修、崔圣宽:《北方最精美的 500 件漆器——山东日照海曲汉墓》,《文物天地》2003 年第 3 期。何德亮、郑同修、崔圣宽:《日照海曲汉代墓地的主要收获》,《文物世界》2003 年第 5 期。

时代与序号: 大汶口 11～13，**龙山** 342，周代 698、699，汉代 899～902

文化层: 大汶口文化和龙山文化堆积

描述: 遗址位于东海峪村庄之下及其周围，所在地形为冲积平地，地势低平，海拔约 5 米。遗址文化堆积最丰富的地点在村子以西、铁路以东的隆起高地上，但陶片分布面积很广，包括村内可以查看到的区域，以及铁路以西八里庄村东南，都有发现。就南北界限而言，基本没有超出东海峪村北和村南的两条小河河道。遗址大部分为东海峪村子所占压，东部边缘距离海岸的距离不超过 500 米。调查时遗址多为备耕春地，间以麦田，西北部一果园内也出土一些陶片，应属遗址的一部分。调查中共分为 12 个采集区，其中龙山文化遗存分布最广，覆盖面积至少在 50 万平方米左右。这只是一个最保守的估计，其实际上的分布面积可能还会有所扩大，甚至会达到 75 万平方米（彩版三，2）。遗址西部有几处可观察到文化层堆积（彩版四，1），可识别出大汶口文化晚期和龙山早中期的堆积（早期多于中期）。大汶口晚期在西部隆起的高地上分布普遍，至少在 4.2 万平方米（#11）。周代（西周大于东周）和汉代陶片在几个地点有分布，最大的两个分布区各自面积都在 4 万平方米左右，其中汉代陶片只有 25 块。采集到 5 件石器，均应属大汶口晚期或龙山文化。

20 世纪 70 年代，山东省博物馆和山东大学考古专业曾在此做过发掘工作，发现一批属于大汶口文化晚期和龙山文化早期的房基和墓葬。[1]

16. **遗址名称:** 大界牌 -2（96R-DJP-2）（第 1 年）

区县: 东港　**村镇:** 大界牌

所在地图: 联合村 [1-50-24-（17）]

时代和序号: **龙山** 5，汉代 7，周代 3

文化层: 无

描述: 遗址位于大界牌村西南一片隆起的高地和缓坡上（彩版四，2），海拔 25～40 米。遗址的西侧有一条小河穿过。北小河的一条支流在距离遗址西部边缘约 350 米处流过，村西约 300 米处恰有一座汉墓。调查时遗址上种植小麦，间以小部备耕春地。龙山时代面积最大，陶片分布范围约为 23.5 万平方米。采集陶片以龙山中期为主，也发现有少量龙山早期和晚期陶片。周代陶片主要见于遗址东侧，分布面积约为 9.8 万平方米，均为东周。汉代陶片主要分布于遗址北侧，面积约为 16.5 万平方米。共采集到 5 件石器，4 件石斧，1 件磨石，均应属龙山文化。

17. **遗址名称:** 董家滩 -1（DG-DJT-1）（第 7 年）

区县: 东港　**村镇:** 董家滩

所在地图: 大洼 [1-50-24-（41）]

时代及序号: 汉代 656

文化层: 无

描述: 遗址位于董家滩村西南，向东约 150 米处为鱼塘。地势低平，属冲积层，海拔约 4 米。现为农田。采集陶片均属汉代，分布面积约为 7.7 万平方米。遗址最初是技工发现的（遗址编号张 #4），我们后来作了复查。陶片分布区一直蔓延到村子南端，村北也有汉代陶片发现，编号为 DG-MJC-4。据此判断，村庄之下也应属遗址分布区，它与其他汉代遗址如苗家村 -1、3、4(DG-MJC-1、

3、4）和前滩西 -1（DG-QTX-1）等共同组成了一个大的社区。

该遗址曾出土鬲、匜等青铜礼器，[①]年代为春秋早中期。此次调查中没有发现相关遗存，其周代遗存或许已被村子所占压。

18.遗址名称：丁家庄 -1（DG-DJZ-1）（第 5 年）

区县：东港　**村镇：**丁家庄

所在地图：程子沟　[1-50-23-（32）]

年代及序号：周代 345

文化层：无

描述：遗址位于丁家庄村西约 350 米处，遗址东侧约 100 米处有一条小河流过。遗址就分布在一处隆起的高地上，海拔约 80 米。仅采集到周代陶片十余片，但发现石器 1 件，面积约为 0.5 万平方米。

19.遗址名称：东两河 -1（DG-DLH-1）（第 8、11 年）

区县：东港　**村镇：**东两河

所在地图：路家沟　[1-50-23-（64）]

时代及序号：北辛 1，周代 709

文化层：北辛文化层

描述：遗址位于东两河村东北约 200 米处，其东部紧靠一座水库。地形为奎山西麓，地势较平，海拔 34 米。调查时遗址为备耕春地和果园（彩版五，1）。第 11 年调查时曾做复查，发现田埂断面有几处文化层堆积，并采集了浮选土样，经分析发现有粟类遗存。[②]该遗址面积尽管只有 0.5 万平方米左右，但陶片分布密集，年代属于北辛中晚期。这是调查中发现的为数不多的新石器时代早期遗址之一，另一处早期遗址发现于南屯岭（DG-NTL-4），在此以北约 1150 米处，同处于奎山西麓。调查中在同一区域还发现有东周陶片分布。

20.遗址名称：大岭南头 -1（DG-DLNT-1）（第 8 年）

区县：东港　**村镇：**大岭南头

所在地图：大岭南头　[1-50-23-（56）]

时代及序号：龙山 324，周代 658，汉代 882、883

文化层：无

描述：遗址位于崮子河村东南 150 米处，南距大岭南头村约 400 米。遗址所在为一低岭顶部以及北坡之上，海拔为 15 ～ 22 米。岭顶有铁路穿过，并破坏了部分遗址。遗址堆积以龙山早期（8.8 万平方米）和东周（6.6 万平方米）为主，实际面积比陶片分布区可能更大些。汉代陶片只在两个地点有少量发现，面积均不足 0.5 万平方米。

21.遗址名称：东林子头 -8（DG-DLZT-8）（第 11 年）

区县：东港　**村镇：**东林子头

① 杨深富、胡膺、徐淑彬：《山东日照市周代文化遗存》，《文物》1990 年第 6 期。
② 陈雪香：《山东日照两处新石器时代遗址浮选土样结果分析》，《南方文物》2007 年第 1 期。

所在地图: 东湖三村 [1-50-35-（31）]

时代及序号: 龙山 454，周代 981，汉代 1321

文化层: 周代及汉代文化层

描述: 遗址位于东湖村西北 350 米、东林子头村南 200 米、东湖三村以北 300 米的平地上，海拔 5.5 米。公路和鱼塘以西是遗址西半部分所在，调查时为麦田和备耕地。遗址东半部分为沙丘地形，位于新建沿海公路以西 200 米处，东距海岸线约 600 米许。遗址上间以松树，并有现代墓葬若干，东西两侧均有鱼塘分布。因一条东西向人工河渠取土，岸上暴露出丰富的文化层堆积，遗物多为汉代的陶片。在这条水渠以南一处新建房屋附近也发现有文化层堆积。遗址主要堆积为周代（包括西周和东周）与汉代，面积约 15 万平方米，只是在遗址西北角一隅，紧靠公路的西侧，发现有少量龙山文化陶片。

22．遗址名称: 东南营 -1（DG-DNY-1）（第 11 年）

区县: 东港　**村镇:** 东南营

所在地图: 栈子 [1-50-35-（23）]

时代及序号: 汉代 1272

文化层: 无

描述: 遗址位于东南营村北，其北侧是一条较宽的水渠。遗址地形为冲积形成的平地，海拔约 4 米，调查时为麦田，间以鱼塘若干。在东距沿海公路约 50 米处时采集到陶片，全属汉代。据估测，遗址面积在 7.1 万平方米左右，但考虑到被鱼塘所占压的部分，遗址面积或许要两倍于此。

23．遗址名称: 大暖嶂 -2（DG-DNZ-2）（第 5 年）

区县: 东港　**村镇:** 大暖嶂

所在地图: 程子沟 [1-50-23-（32）]

时代及序号: 周代 343

文化层: 无

描述: 遗址地处大暖嶂村西南约 400 米处，位于山麓地带一处台地上，东侧紧靠一水库，海拔约为 125 米，现已被辟为梯田。台地顶部平坦，调查时为备耕地（彩版五，2）。周代（包括西周和东周）陶片分布密集，并采集到石器一件。遗址面积不足 1 万平方米。该遗址处于海拔较高的偏僻处，属于典型的周代防御性遗址。

24．遗址名称: 大暖嶂 -5（DG-DNZ-5）（第 5 年）

区县: 东港　**村镇:** 大暖嶂

所在地图: 程子沟 [1-50-23-（32）]

时代及序号: 周代 344

文化层: 无

描述: 遗址位于大暖嶂村学校以南 50 米，东部紧邻大路。遗址所在地地势隆起，海拔约为 90 米，调查时为麦田。最近的水源为一条靠近村子南端的小溪，距遗址约 150 米。遗址面积不足 0.5 万平方米，只发现东周遗存，但采集到石器 1 件。

25. 遗址名称: 东山前 -2 (DG-DSQ-2) (第 8 年)

区县: 东港 **村镇:** 东山前

所在地图: 路家沟 [1-50-23- (64)]

时代及序号: 龙山 340，**周代** 706，汉代 911

文化层: 周代

描述: 遗址地处奎山南麓一处陡坡坡底处，海拔为 65 米。遗址西南距西山前村约 300 米，南距东山前约 550 米，大部分坐落于两条岭脊之间，其西侧和南侧为一小型水库（彩版六，1）。遗址的东南部边缘部分建有几处新的房舍。调查时遗址大部分为备耕地，但在一处果园内和场院内也有陶片分布。遗址在周代（包括西周和东周）时期面积最大，约为 3.5 万平方米。在位于水库西北部的一个采集区发现一处属于周代的文化层堆积，内含陶片较多。汉代陶片仅发现于水库北侧，且仅存在于水库岸边，可能暗示着汉代部分大多已为该水库所占压。推测汉代遗址面积在 2 万平方米左右。

26. 遗址名称: 大石桥村 -5 (DG-DSQC-5) (第 7 年)

区县: 东港 **村镇:** 大石桥村

所在地图: 日照市 [1-50-23- (48)]

时代及序号: 周代 632，**汉代** 661

文化层: 无

描述: 遗址位于被大石桥村所环绕的一处桃园内，地势平坦，海拔为 24 米，东北距后漏河约 350 米。遗址大部分为房舍和街道所占压，因此，其实际面积难以确定。所观测的面积大约为 2.2 万平方米，但实际面积肯定要大得多，因为在几乎所有现代房舍的地基上都能采集到陶片。汉代陶片的分布密度要大于两周时期。遗址是由技工发现的（编号张 #6），我们做了复查。

27. 遗址名称: 大桃园 -1 (DG-DTY-1/DJZ-3/5) (第 5 年)

区县: 东港 **村镇:** 大桃园 / 丁家庄

所在地图: 程子沟 [1-50-23- (32)]

时代及序号: 龙山 172、175，周代 346、347，汉代 413

文化层: 有

描述: 遗址位于大桃园村北和村西，地形稍稍隆起，海拔约 65 米，东部有一条名为林家河（后漏河支流）的小河流过（彩版六，2）。遗址很可能部分为现在村庄所占压。调查时遗址多为备耕地，间有小麦。遗址内含龙山、周代和汉代堆积，面积在 20 万～27 万平方米之间。其中，龙山中期面积约为 20 万平方米，较之龙山早期的 8.1 万平方米大出许多。龙山晚期的面积在 3.4 万平方米左右。遗址在西周时期面积进一步加大，约为 21 万平方米，比东周时期的 16.8 万平方米还要大些。调查时在遗址北部、林家河西岸堆积最为丰富的区域发现一座暴露的石棺墓，石棺由两排竖直的石板垒成，周围的灰黑色文化层厚达半米以上（彩版七，1）。调查中还采集到石器 4 件。另外，在遗址南端、紧靠村庄西侧，在狭小的区域内发现一处汉代陶片密集分布区，间有龙山中期堆积 (#175) 和西周堆积 (#347)，面积均不足 1 万平方米。

文物部门曾调查过该遗址，当时确定的龙山遗存面积为 3.5 万平方米。现为县区级文物保护单位。[①]

---

① 日照市图书馆、临沂地区文管会:《山东日照龙山文化遗址调查》,《考古》1986 年第 8 期。国家文物局主编:《中国文物地图集·山东分册》, 上册第 272、273 页, 下册第 619 页, 中国地图出版社, 2007 年。

28．遗址名称：东王家村 -1（DG-DWJC-1）（第 6 年）

区县：东港　**村镇：**东王家村

所在地图：大洼 ［1-50-24-（41）］

时代及序号：龙山 230，周代 474、475，汉代 571、572

文化层：无

描述：遗址位于东王家村和大洼村北一处隆起的高地上，海拔在 30 ～ 42 米之间。遗址向西一直延伸到一处坡地、西距崮子河支流约 100 米的地方。遗址的西部地势较低的地方有一条现代水渠穿过。遗址大部分位于公路以西，尽管我们也在村子以北和以西靠近房舍的地方也采集到少量陶片。调查时遗址多为春地、麦田和一处果园，村子的西北部应该也属于遗址的一部分。遗址以北有一处现代采石场。整个遗址都有龙山文化遗存分布，面积超过 46 万平方米（龙山中期比龙山早期面积要大些），这是调查中发现的较大的龙山遗址之一。调查中采集到 12 件石器，绝大多数应属于龙山时代。两周和汉代陶片在几个区域做不连贯分布，多分布于坡地之上。考虑到因两个村子扩展而占压的因素，遗址的实际面积可能比地图上标注的面积要大些，甚至可能与冯家沟 -2（DG-FJG-2）遗址同属于一个较大的社区，后者就分布于采石场以北的缓坡上。

29．遗址名称：大香店 -1（DG-DXD-1）（第 7 年）

区县：东港　**村镇：**大石桥村

所在地图：日照市 ［1-50-23-（48）］

时代与序号：龙山 214，周代 512，汉代 649

文化层：无

描述：遗址位于大香店村西、香店河以东 450 米一处隆起的高地上，海拔约 18 米。调查时遗址为备耕春地。从陶片分布来看，遗址面积不足 1 万平方米，但向东或许延伸到现代村落之下。采集物以东周和汉代为主，也有少量龙山和西周时代堆积。遗址最初是由技工发现的（张 #11），我们做了复查。鉴于该处有大量现代房舍，遗址也许会与西北方相距 150 米处较大遗址前五里河 -1（DG-QWLH-1）连为一体。

30．遗址名称：大羊圈 -1（DG-DYJ-1）（第 11 年）

区县：东港　**村镇：**大羊圈

所在地图：巨峰镇 ［1-50-35-（13）］

时代与序号：周代 916，汉代 1224

文化层：有

描述：遗址位于大羊圈村南一处微微隆起的缓坡上，向南延伸至通往六甲庄的小路附近。两条小溪从遗址上穿过。海拔约 15 米。调查时遗址上为麦田和桑园。汉代陶片分布较为普遍，面积约为 7.8 万平方米。西周时期遗存主要分布于遗址西部。汉代遗存可能与位于西部 100 米左右的赵家庄子（DG-ZJZZi）共同组成一个更大的聚落。

31．遗址名称：东灶子 -1（DG-DZZ-1）（第 9 年）

区县：东港　**村镇：**东灶子

所在地图：夹仓 ［1-50-35-（7）］

时代与序号: 龙山 364，汉代 977

文化层: 多处

描述: 遗址位于东灶子村南约 350 米处的几个鱼塘附近。地势平坦，海拔约 2 米。调查中采集到龙山（只有中期）和汉代陶片，并在鱼塘剖面上发现几处文化层堆积。两个时期遗址的面积大约均为 1.4 万平方米，不过这只是一个粗略估计。它们很有可能与西部的另外两处遗址东灶子 -2（DG-DZZ-2）和西灶子 -2(DG-XiZZ-2）连为一体。在后两处遗址的鱼塘剖面上也采集到汉代和龙山陶片。

32. 遗址名称: 范家河 -1（DG-FaJH-1/LJC-6）（第 5 年）

区县: 东港　**村镇**: 范家河 / 林家村

所在地图: 大莲村 [1-50-23-（40）]

时代与序号: **龙山** 165，**周代** 306

文化层: 有

描述: 遗址位于范家河村东北，林家河的支流后漏河西北约 50 米处。遗址所在地势平坦，较周边略高，海拔 35 米。调查时遗址上为冬小麦，间以备耕地（彩版七，2）。遗址面积不大，龙山时代（期段不明）大约为 1.9 万平方米，但在一处断面上发现有文化层。周代（西周和东周）面积更小，只有约 1.2 万平方米。此遗址当为本区域一处小型周代遗址群的一个组成部分。

33. 遗址名称: 冯家沟 -2（DG-FJG-2）（第 6 年）

区县: 东港　**村镇**: 冯家沟

所在地图: 大洼 [1-50-24-（41）]

时代与序号: 大汶口 5、7，**龙山** 234，**周代** 482

文化层: 有

描述: 遗址位于冯家沟村南，大部分坐落在一处隆起的高地上，并延伸至东北部的平地。海拔 20～25 米。遗址的北界大约为村南一条东西向的小河，调查时遗址上种植冬小麦或菜地，少处为休耕地。龙山遗存保存较好，面积大约为 6.5 万平方米，其中龙山早期时代的面积大约为中期的两倍。周代（包括西周和东周）面积为 5.5 万平方米。另在两处较小的区域内采集到大汶口文化晚期陶片，面积均不足 0.5 万平方米。在遗址西端的河岸断面发现一处文化层暴露，内有火烧痕迹，而这一区域恰有大汶口晚期、龙山和周代陶片的分布。

该遗址为当地文物部门发现，现为区级文物保护单位。[①]

34. 遗址名称: 范家官庄 -2（DG-FJGZ-2）（第 5 年）

区县: 东港　**村镇**: 范家官庄

所在地图: 程子沟 [1-50-23-（32）]

时代与序号: 周代 366，**汉代** 423

文化层: 无

描述: 遗址从范家官庄村东南一直延续到费家官庄的村东和茶庵的村北。遗址高出地表，海拔为 35 米。几条灌溉水渠从遗址上穿过。遗址所在主要是农田，调查时种植有小麦、果树和蔬菜，间

---

① 国家文物局主编：《中国文物地图集·山东分册》，上册第 272、273 页，下册第 619 页，中国地图出版社，2007 年。日照市图书馆、临沂地区文管会：《山东日照龙山文化遗址调查》，《考古》1986 年第 8 期。

以几处休耕地。遗址以汉代遗存为主，面积略小于 10 万平方米。周代（只有东周）陶片的分布约为 3.6 万平方米，主要发现于遗址的北端、范家官庄的村南。

35. 遗址名称: 傅疃 -1（DG-FT-1）（第 9 年）

区县: 东港　**村镇:** 傅疃

所在地图: 傅疃 [1-50-23-（63）]

时代与序号: 龙山 355，岳石 15，周代 731，汉代 958

文化层: 无

描述: 遗址位于傅疃村东南约 50 米、河套村西约 100 米处。遗址所在地势低平，海拔约 7 米。遗址主要分布于连接两个村子东西向道路以南区域，调查时遗址上为菜地和果树。遗址西南方向有一条小溪，大约是遗址的主要水源地。地表采集到的陶片以汉代和周代为主。汉代陶片分布面积为 7 万平方米，周代（东周略大约西周）约 6.1 万平方米。另外采集到零星的龙山陶片和岳石陶片。龙山陶片均为中期，分布面积约 4.6 万平方米，岳石面积更小，只有约 2.3 万平方米。日照市博物馆此前曾调查过该遗址。

36. 遗址名称: 高家岭 -1（DG-GaoJL-1）（第 7 年）

区县: 东港　**村镇:** 高家岭

所在地图: 大洼 [1-50-24-（41）]

时代与序号: 周代 514，汉代 652

文化层: 可能存在

描述: 遗址位于日照市区的边缘，北京路以东、山东路以南的岭脊上，海拔约 35 米，向西约 1000 米为崮子河。遗址的西北部有一水塘，向南约 100 米处有一条小溪。调查时遗址所在为空地。地表采集的陶片主要属于汉代和东周，分布面积为 4 万平方米左右。在遗址东北边缘发现疑似文化层一处，堆积甚薄。少量属于西周时期的陶片也发现于这一区域，面积不足 5000 平方米。该遗址最初为技工发现（张#5），我们做了复查。

37. 遗址名称: 崮河崖 -2（DG-GHA-2）（第 8 年）

区县: 东港　**村镇:** 崮河崖

所在地图: 傅疃 [1-50-23-（63）]，路家沟 [1-50-23-（64）]

时代与序号: 龙山 329、330，**周代** 679、680，**汉代** 934、941

文化层: 无

描述: 遗址位于后两河村北 200 米、徐家村南 250 米处，东距连接两个村庄的道路约 200 米的距离。遗址坐落于山脊的顶部及北坡，海拔高度约 10～20 米。遗址的北端有一条小河穿过。坡地现为梯田，调查时多为休耕地，间以少量麦田。傅疃河的一条支流崮子河自北向南从遗址西部穿过，我们将该河道东西两岸编为同一个遗址，遗址为冲积平地，地表稍微隆起。遗址的这一部分实际面积或许更大些。采集到的陶片主要分布于备耕地，但也有少量麦田、桑园和菜地。遗址被冲沟分为两部分，至今不清楚这两部分在古代是否连为一体。在河的东侧，汉代（#934）和周代（#680）遗存面积相对较大，周代（东周大于西周）面积大约为 15.8 万平方米，汉代遗存约 8.4 万平方米。在河的东西两侧都发现小范围的龙山遗存，面积均为 1.4 万平方米。这里的周代遗存应该与北部不足

150 米的徐家村 -1（DG-XJC-1）属于同一个大的遗址。

日照市博物馆早年曾在此清理周代墓葬，因出土两周之际的莱伯青铜器而知名。[①]

38. 遗址名称: 管家村 -1（DG-GJC-1）（第 8 年）
区县: 东港　**村镇:** 管家村
所在地图: 路家沟〔1-50-23-（64）〕，大岭南头〔1-50-23（56）〕
时代与序号: 龙山 339，周代 695，汉代 895
文化层: 发现龙山、周代文化层和龙山灰坑 2 座
描述: 遗址位于管家村北一处隆起的高地上，向北延伸至铁路附近，海拔约 35 米。最近的水源地为遗址西南约 150 米左右的一条小溪。调查时遗址为备耕地，但在果园内也采集到少量陶片（彩版八，1）。在村子的北部，因村民取土形成的长达 50 米的断崖上，发现若干处周代遗存叠压龙山遗存的文化层堆积。文化层破坏严重，并延伸到现代民房之下。就是说，遗址向南一直延伸到村庄之下，尤其是龙山时代遗存，这一点从调查时清理的两个龙山灰坑可以说明。据观察，龙山遗存的面积大约在 5.7 万平方米，龙山中期大于龙山早期。周代陶片的分布超过 4.8 万平方米，东周遗存大于西周。汉代遗存面积在 4.9 万平方米左右。

39. 遗址名称: 高家沟 -2（DG-GJG-2）（第 3 年）
区县: 东港　**村镇:** 高家沟
所在地图: 高家沟〔1-50-23-（24）〕
时代及序号: 龙山 82，周代 74，汉代 89
文化层: 无
描述: 遗址位于高家沟村东南的山麓坡地上，海拔 65 米。山坡的南、北两侧不足 50 米的地方，各有一条小溪流过，遗址西南约 100 米处有一个较大的水库。调查时遗址多为麦田（彩版八，2）。龙山陶片分布较为密集，面积为 1.2 万平方米，且只有龙山中期遗存。汉代和周代（只发现东周）陶片分布密度小得多。

40. 遗址名称: 高家岭 -1（DG-GJL-1）（第 5 年）
区县: 东港　**村镇:** 高家岭
所在地图: 大莲村〔1-50-23-（40）〕
时代及序号: 汉代 370
文化层: 无
描述: 遗址位于高家岭村西北 250 米一处相对平坦的山脊顶部，西北 350 米处为后漏河的支流林家河，海拔约 41 米。调查时遗址上为果园和麦田。汉代陶片分布密集，面积不足 1 万平方米。

41. 遗址名称: 高王庄 -5（DG-GWZ-5）（第 11 年）
区县: 东港　**村镇:** 高王庄
所在地图: 高王庄〔1-50-35-（22）〕

---

① 杨深富：《山东日照崮河崖出土一批青铜器》，《考古》1984 年第 7 期。

时代及序号：周代 936，汉代 1258

文化层：可能存在

描述：遗址位于高王庄村东 250 米处，向北约 200 米为一条大型水渠。地势平坦，海拔 6 米。调查时遗址为麦田。陶片大多发现于暴露的断崖上，面积不足 0.5 万平方米。陶片多为东周和西周，也有少量汉代陶片。推测遗址被冲积掩埋，可能与东部距此约 250 米处的孙家营子 -1（DG-SJYZ-1）为同一处遗址。

42．遗址名称：郭庄 -1（DG-GZ-1）（第 4 年）

区县：东港　**村镇：**郭庄

所在地图：程子沟 [1-50-23-（32）]

时代及序号：龙山 148，周代 258、259，汉代 308

文化层：龙山文化层

描述：遗址位于郭庄村西 200 米一处隆起的高地上，南部紧邻一条小河。海拔约 50 米。调查时遗址为休耕地和麦田。遗址以龙山堆积为主，面积超过 1 万平方米。龙山遗存主要分布在高地向河道的过渡地带上，在河道断面上发现一处厚约 20 厘米的文化层堆积。周代和汉代陶片分布稀疏，分布面积均不足 5000 平方米。

43．遗址名称：后鹅庄 -1（DG-HEZ-1）（第 7、10 年）

区县：东港　**村镇：**后鹅庄

所在地图：郭家湖子 [1-50-23-（55）]

时代及序号：龙山 405、406，周代 807，汉代 679

文化层：龙山文化层

描述：遗址位于后鹅庄村东约 700 米一处冲积形成的平地上，西距傅疃河约 200 米。地势平坦，海拔 12.4 米。遗址的第一个采集区是第 7 年调查的，另外五个采集区则是在第 10 年完成的。采集区分布有稻田、休耕地、麦田、菜园、杨树林和塑料大棚等。汉代陶片遍布遗址，面积为 9.3 万平方米。周代（均为东周）主要分布于遗址的西部，面积为 5 万平方米。龙山陶片主要分布于两个相对狭小的区域内，其中最东部的一处（#406，龙山早期）在稻田耕土层下发现有厚约 5 厘米的文化层。

44．遗址名称：后崮子 -1（DG-HGZ-1）（第 8 年）

区县：东港　**村镇：**后崮子

所在地图：大岭南头 [1-50-23-（56）]

时代及序号：龙山 319，周代 653

文化层：龙山及周代文化层

描述：遗址大部分位于后崮子村之下。所在地形为冲积平地，海拔约 10 米。调查时在崮子河以北到村南的菜园内采集到陶片，并在村子以北至铁路以南发现文化层堆积一处，推测遗址在修建铁路时曾遭到破坏。村子的西部有一高起的被称作崮子的土台，采集较多龙山陶片，甚至在旧屋的土坯墙上也可见到龙山陶片。另在一家农舍院内发现一块斜立于地上的扁平巨石（彩版九，1）。据村民讲，巨石地下掩埋深不可测，附近曾挖出过黑陶和人骨等物。推测与巨石崇拜有关，时代应属于龙山文化。龙山（只有龙山中期）和周代（东周大于西周）遗存的面积大约为 6.6 万平方米。鉴于该遗址位于崮子河的转弯处，遗址大部分被现代村庄所占压，并且与河对岸的另一处遗址小李家村 -2（DG-XLJC-2）遥相对应。该遗址的实际面积应该比陶片分布面积大得多。

45．遗址名称： 黄家河 -2（DG-HJH-2、3）（第 5 年）

区县： 东港　**村镇：** 黄家河

所在地图： 日照市 ［1-50-23-（48）］，大莲村 ［1-50-23-（40）］

时代及序号：龙山 159、160，周代 298 ～ 300，汉代 364、365

文化层： 龙山及周文化层

描述： 遗址位于黄家河村南和村西，向村北延伸数百米，西部紧邻后漏河。遗址所在地形为冲积平原，但地表明显隆起，海拔为 25 ～ 35 米。调查时遗址为休耕地、麦田、果园和菜园等（彩版九，2）。遗址在龙山时期（#159）陶片分布最为密集，面积也最大（龙山早期大于中期），超过 21 万平方米。在遗址的西端、紧靠河岸的断崖上发现一处厚达 1 米左右的文化层堆积。周代（东周和西周）、汉代陶片分布相对稀疏，只是在北部（周代 299，汉代 365）和南部（周代 298，汉代 364）发现两处集中分布点，推测面积大约为 6 万～ 8 万平方米。在南部的周代遗存分布区边缘的断崖上采集到 1 件近乎完整的陶罐。此外，在遗址上共采集到石器 6 件。调查时遗址的西部正在修筑一条较宽的道路。另在村子东南部一处院子内（即黄家河 -4，DG-HJH-4）也采集到少量汉代和周代陶片，不难判断遗址一直延伸到黄家河村子以下。就是说，遗址的实际面积要大些，估计汉代面积在 30 万平方米左右，周代遗存面积约为 20 万平方米。

46．遗址名称： 黄家河 -4（DG-HJH-4）（第 5 年）

区县： 东港　**村镇：** 黄家河

所在地图： 日照市 ［1-50-23-（48）］

年代及序号： 周代 297，汉代 363

文化层： 无

描述： 位于黄家河村南、铁路以北的一处院落内，西距后漏河约 350 米。主要有西周和汉代陶片分布，海拔约 30 米。可判断的遗址面积不足 5000 平方米。该遗址应属于黄家河 -2/3（DG-HJH-2/3）的一部分。

47．遗址名称： 黑七村 -5（96R-DG-HQC-5）（第 1 年）

区县： 东港　**村镇：** 黑七村

所在地图： 安家村 ［1-50-24-（18）］

时代及序号： 龙山 33

文化层： 无

描述： 遗址位于黑七村与泉子沟之间的一处缓坡上，西距泉子沟约 300 米，海拔约 15 米。遗址以北 50 米处有一条小溪，北向流入潮河。调查时遗址多为备耕地，部分位于果园内（彩版一〇，1）。遗址为单纯的龙山堆积，面积不足 5000 平方米。采集到石铲 1 件。

48. 遗址名称: 华山 -2 (DG-HS-2)（第 11 年）

区县: 东港　**村镇:** 华山

所在地图: 大官庄 [1-50-35- (21)]

时代及序号: 龙山 441，周代 924，汉代 1229

文化层: 红烧土堆积

描述: 遗址位于华山村东北、一条小型水渠的西岸，所在地形为山麓岭脊顶部，其下为冲积平地，海拔约 27 米。调查时遗址所在为菜园和麦田。周代（东周和西周）、汉代遗存的面积约为 1.2 万平方米，但实际面积可能会大些。龙山遗存只发现于北部较高的地方。当地村民讲，前几年这里曾挖出过完整陶器，或许为墓葬遗迹，但未见实物，时代不明。另外采集到红烧土若干块，与一般居址出土者相似。

49. 遗址名称: 河山店 -5 (DG-HSD-5)（第 4 年）

区县: 东港　**村镇:** 河山店

所在地图: 程子沟 [1-50-23- (32)]

时代及序号: 龙山 151，汉代 316

文化层: 无

描述: 遗址位于河山店镇西北约 300 米，西距一条无名小河约 300 米。遗址所在为一处缓坡，海拔 42 米。调查时遗址为休耕地。遗址包括龙山和汉代两个时期的遗存，面积均不足 5000 平方米。采集石器 1 件。遗址附近有几处现代采石场。

50. 遗址名称: 河山店 -10 (DG-HSD-10)（第 4 年）

区县: 东港　**村镇:** 河山店

所在地图: 前沙沟 [1-50-24- (25)]

时代及序号: 龙山 154，周代 272，汉代 326

文化层: 龙山文化层

描述: 遗址位于河山店以东（204 国道东侧），地势平坦，海拔 26 米。一条从金银河引出的人工水渠从遗址南端穿过。调查时遗址为菜园和麦田，但正在被现代建筑物所环绕。遗址以龙山遗存为主，面积大约为 4 万平方米，在一处取土沟断面上发现文化层一处。采集到 3 件石器。汉代陶片主要分布在遗址西部，面积大约 2.4 万平方米。周代（只有西周）遗存面积更小，不足 5000 平方米。

51. 遗址名称: 后山前 -1 (DG-HSQ-1)（第 5、7 年）

区县: 东港　**村镇:** 后山前

所在地图: 大莲村 [1-50-23- (40)]

时代及序号: 周代 335，**汉代 402**

文化层: 无

描述: 遗址位于后山前村东的台地上，并延伸至周围的平地，海拔 45～55 米。费家河在此稍作弯曲，遗址就位于河湾的西侧。陶片分布最密集处在村东的两条小河之间，遗址地理位置非常典型。调查时遗址上为果园和麦田，也有少量休耕地。遗址以汉代遗存为主，面积大约为 16.3 万平方米。周代面积稍小，为 12 万平方米，其中东周约是西周的两倍。汉代遗存向西、向南方向延伸，部分可能被村子所占压。后来在村南发现另外一处汉代陶片密集区，即后山前 -13（DG-HSQ-13/QSQ-1）和后山前 -12（DG-HSQ-12），它们应同属于一处较大社区。

52. 遗址名称： 后山前 -12（DG-HSQ-12）（第 7 年）

区县： 东港　**村镇：** 后山前

所在地图： 大莲村 [1-50-23-（40）]

时代及序号： 龙山 235，**汉代** 588

文化层： 无

描述： 遗址位于后山前村西南 400 米、费家河以西 400 米处，所在地形为山麓地带，一条小溪从遗址南端穿过，海拔 50 米。调查时遗址为梯田，种植有小麦，或为休耕地。遗址以汉代遗存为主，面积 3.6 万平方米。龙山陶片分布在非常狭小的范围内，面积不足 5000 平方米。此处汉代遗址应属于包括后山前 -1（DG-HSQ-1）和后山前 -13（DG-HSQ-13/QSQ-1）在内的大型汉代社区的一部分。

53. 遗址名称： 后山前 -13（DG-HSQ-13/QSQ-1）（第 7 年）

区县： 东港　**村镇：** 后山前

所在地图： 大莲村 [1-50-23-（40）]

时代及序号： 周代 489，**汉代** 393

文化层： 无

描述： 遗址位于后山前村南的缓坡上，并一直延伸到山麓及冲积平地上。费家河在此转弯，遗址恰位在河湾的西侧。海拔 40 ～ 50 米。遗址所在的汉代社区还应包括第 5 年调查发现的费家河以东、前山前以西的前山前 -1（DG-QSQ-1）遗址。调查时遗址上为麦田和休耕地，有些地块为梯田。遗址的北部可能为村庄所占压。如果加上费家河以东的部分，汉代遗存的面积大约为 14 万平方米。遗址南端发现有东周陶片分布区，面积不足 1 万平方米。汉代时，该遗址应该与西部的后山前 -12（DG-HSQ-12）和村北的后山前 -1（DG-HSQ-1）等遗址属于同一较大的社区，面积至少在 50 万平方米以上。

54. 遗址名称： 焦柯庄 -8（DG-JKZ-8/9）（第 8 年）

区县： 东港　**村镇：** 焦柯庄

所在地图： 蔡家滩 [1-50-35-（8,16）]

时代及序号： 龙山 352、353，周代 726，**汉代** 926

文化层： 无

描述： 遗址位于焦柯庄东南 500 米，东南距海岸线约 350 米，沿海高速公路的西侧，所在地形为冲积平地，地表隆起，海拔约 5 米。遗址最近的水源地向东 700 米左右的一条小溪。陶片分布于休耕地、麦田和葡萄园内。以汉代遗存为主，面积 4.9 万平方米。东周和龙山陶片分布较为集中，面积均不足 1 万平方米。

55. 遗址名称： 两城镇 -1（96R-DG-LCZ-1）（第 1、6 年）

区县： 东港　**村镇：** 两城镇

所在地图： 联合村 [1-50-24-（17）]，并见安家村、后显沟和丹土村

时代及序号：龙山 12，岳石 6，商代 1、2，周代 6、7，汉代 11

文化层： 多处

描述： 该遗址发现于 1934 年春，[①]两年后曾做过考古发掘，是较早进行发掘的龙山文化遗址之一。遗址大部分为两城镇所占压，北部和西部延伸至农田。遗址北起潮河与北小河交汇处的冲积平地向西、向南延伸，海拔 7 ～ 30 米。调查时遗址上多为麦田和休耕地，间以苹果园和菜园等。为了确定遗址的边界，我们于第 6 年做了复查。

为了准确划定不同时期遗址的大小面积，我们划分了数十个陶片（石器等）采集区。遗址从龙山延续到汉代。龙山时代面积最大，大约为 272 万平方米，采集到的陶片和石器大都属于这个时期（共采集 31 件石器，器形包括斧、锛、凿、刀、锤、镰和镞等）。龙山时代的繁盛期为龙山早期和中期，尤以早期为盛，龙山晚期遗存极为有限。尽管周代（包括西周和东周）与汉代遗存的分布明显缩小，遗物也相对稀疏，但面积仍然有一定规模。周代约 241 万平方米（尤其是东周），汉代约 236 万平方米。遗址北部的岭地上，至今仍有 5 处汉墓清晰可见。调查时在遗址西南角（采集区 CAAA）发现汉墓一座，夯筑的封土清晰可见（彩版一〇，2）。遗址断面可见多处文化层堆积，尤以龙山文化层为主，最厚的文化层堆积往往在地势较低的地方，比如村镇边缘附近。岳石文化陶片只发现于遗址西北部一处采集区内（第 6 年），而商代陶片也只在两个采集区有所发现，一处在遗址西北部的汉墓附近，另一处在两城镇的西南部。

作为一处重要的龙山文化遗址，两城镇曾经多次调查，并经过两次发掘，最近的一次发掘为1998 ～ 2001 年。[②]除此之外，该遗址也出土过周代青铜戈、矛和镞等，时代为战国。[③]现为国家级重点文物保护单位。

56. 遗址名称： 两城镇 -2（96R-DG-LCZ-2、3）（第 1 年）

区县： 东港　**村镇：** 两城镇

所在地图： 安家村 [1-50-24-（18）]

时代及序号： 大汶口 1，**龙山** 25，周代 12 ～ 14，汉代 16

文化层： 有

描述： 遗址位于两城镇南部边缘与金银河之间的冲积平地上，地势平坦，海拔 8 米。调查时遗址为农田，种植有小麦和果园，也有休耕地。遗址上陶片分布稀疏，共分为 7 个采集区，大多属于龙山，面积约 43 万平方米。以龙山中期为主，龙山早期少许，龙山晚期极少。汉代陶片分布面积为 30万平方米。周代（只有东周）陶片稀疏，面积为 15 万平方米，其中最大一个采集区（周代 14）面积为 12.2 万平方米。大汶口陶片只在靠近河北岸的一个采集区内发现，面积约为 3.8 万平方米。采集石器若干，应该主要属于龙山，器形包括刀、锛和斧等。发现文化层一处，内含陶片和草木灰等（陶片包括大汶口、龙山、周代和汉代等），另在河的北岸断面上发现红烧土痕迹。

57. 遗址名称： 两城镇 -6（96R-DG-LCZ-6）（第 1 年）

区县： 东港　**村镇：** 两城镇

所在地图： 安家村 [1-50-24-（18）]

---

① 方辉：《从新发现的几封书信说及两城镇等遗址的发现缘起》，《两城镇遗址研究》第 358 ～ 368 页，文物出版社，2009 年。
② 中美两城地区联合考古队：《山东日照市两城镇遗址 1998 ～ 2001 年发掘简报》，《考古》2004 年第 9 期。
③ 杨深富、胡膺、徐淑彬：《山东日照市周代文化遗存》，《文物》1990 年第 6 期。

时代及序号: **龙山** 19，周代 11

文化层: 无

描述: 遗址位于两城镇南部边缘，靠近 204 国道，地势低平，海拔约 7.4 米，现为农田。遗址邻近 LCZ-2/3 遗址，但因为现代房舍占压，难以判断二者是否属于同一遗址。遗址南距金银河约 800 米，调查时为麦田。陶片均属龙山中期，面积为 3.2 万平方米。周代（只发现东周）遗存面积小得多，不足 1 万平方米。采集石铲 1 件，应属于龙山。

58. 遗址名称: 萝花前 -4（DG-LHQ-4）（第 3 年）

区县: 东港　**村镇:** 萝花前

所在地图: 高家沟 ［1-50-23-（24）］

时代及序号: **龙山** 83，周代 79，汉代 93

文化层: 无

描述: 遗址位于萝花前村西约 250 米，南距北小河支流约 50 米，所在地形为冲积平地。遗址较地面明显隆起，海拔约 40 米。调查时遗址上为麦田和休耕地。龙山（早期和中期）陶片集中分布于约 4.3 万平方米的范围内。周代（只见东周）和汉代陶片分布稀疏，面积大约为 0.5 万平方米。

59. 遗址名称: 萝花前 -10（DG-LHQ-10）（第 3 年）

区县: 东港　**村镇:** 萝花前

所在地图: 杜家河 ［1-50-23-（16）］

时代及序号: 汉代 98

文化层: 墓葬

描述: 遗址位于萝花前村西北约 750 米，所在地形为山麓的东坡，其下有一小型冲沟。海拔 68 米。调查时遗址上为一处果园。向东 100 米处有一冲沟，有积水。从坡地的断面上观察，这是一座汉墓。长约 2.4、宽约 1.2 米，未见包含物。从周围堆积的瓦片判断，该墓属于汉代。

60. 遗址名称: 李家潭崖 -1（DG-LJTA-1）（第 10 年）

区县: 东港　**村镇:** 李家潭崖

所在地图: 亚月 ［1-50-35-（14）］

时代及序号: **周代** 896，汉代 1098

文化层: 周代文化层

描述: 遗址位于李家潭崖村东 250 米，竹子河以北 100 米处。所在地形为冲积平地，遗址较周围隆起，海拔 7.8 米。调查时遗址上为麦田和稻田。陶片分布稀疏，但从村民挖掘的白菜窖坑壁上可清晰地观察到灰土层和陶片，陶片属于东周。遗址面积约 2.5 万平方米。另外采集到少量汉代陶片，分布面积不足 0.5 万平方米。遗址地势较低，很可能已为河流冲积所掩埋地下，其实际面积应更大些。

61. 遗址名称: 厉家庄子 -1（DG-LJZZ-1）（第 7 年）

区县: 东港　**村镇:** 厉家庄子

所在地图: 大洼 ［1-50-24-（41）］

时代及序号: 周代 515，汉代 653

文化层: 无

描述: 遗址位于厉家庄子村东,向西约 350 米处为一组鱼塘。遗址所在地形为山麓与冲积平地交汇处,地表隆起,海拔 10 米左右。遗址两侧有两条小溪注入鱼塘。调查时遗址为树林和休耕地。陶片以汉代为主,面积约 5.4 万平方米。西周时期面积小得多,只有前者的一半。不过,遗址向西可能延伸到村庄之下。遗址最初为技工发现(张 #12),后作复查。

62.遗址名称: 凉水汪 -1(DG-LSZ-1)(第 5 年)

区县: 东港 **村镇:** 凉水汪

所在地图: 前沙沟 [1-50-24-(25)]

时代及序号: 周代 394

文化层: 无

描述: 这是一处小型遗址,位于凉水汪村东南约 500 米处,北面紧邻一处废弃的村舍。所在地形为岭脊的顶部,海拔约 55 米。遗址西南部约 10 米处有一条小溪注入一个小型水塘。调查时遗址为休耕地。采集到石器 1 件和少量周代陶片。面积不足 5000 平方米。

63.遗址名称: 马家村 -1(DG-MaJC-1)(第 9 年)

区县: 东港 **村镇:** 马家村

所在地图: 刘家湾 [1-50-35-(15)]

时代及序号: 龙山 378、379,岳石 16,商代 128,周代 769、772,**汉代** 1015

文化层: 若干处

描述: 遗址位于马家村西北约 300 米,遗址南端紧靠一条向南注入南辛河的水渠,附近有几处鱼塘。地势平坦,海拔只有 2 米(彩版一一,1)。文化遗存丰富,陶片包括龙山、岳石、商代、周代和汉代等不同时期,多出自鱼塘的引水渠道断面。汉代、周代和龙山陶片也广泛见诸于地表。因遗址埋藏的原因,很难判断每个时期遗址的实际大小。岳石与商代遗存大约不足 1 万平方米,汉代陶片分布面积约为 7.6 万平方米,周代和龙山陶片各有两处集中分布区,属于龙山的两处(龙山早期和中期)大约 1.4 万平方米,属于周代的两处(东周和西周)大约在 1.7 万~2.8 万平方米之间。龙山、周代和汉代,该遗址与东部 150 米处的马家村 -2(DG-MaJC-2)应属同一大的社区,后者位于马家村西的鱼塘附近。这两处遗址之间都是鱼塘。我们在村南也采集到少量汉代陶片,表明汉代堆积可能向东延伸到村舍以下。考虑到遗址大多为鱼塘所占压,即使把这些分散的陶片分布区的面积累加起来,可能仍然不足以代表整个遗址的实际面积。遗址面积最大的时期应在汉代。

64.遗址名称: 苗家村 -1(DG-MJC-1)(第 6、7 年)

区县: 东港 **村镇:** 苗家村

所在地图: 乔家墩子 [1-50-24-(42)]

时代及序号: 周代 477、636,汉代 574

文化层: 有文化层和汉墓

描述: 遗址位于苗家村村东,向东延伸约 600~700 米直到沿海公路西侧,向北则延续到一处隆起的高地(海拔约 10 米)。遗址地势平坦,大部分海拔 4 米左右。遗址中部有一条现代水渠穿过。调查时遗址上为麦田和休耕地。遗址包括汉代和周代(西周和东周)遗存。汉代面积为 40.5 万平方米，两周时代面积有所不同。遗址南部区域（周代 636，面积 31.2 万平方米）包括东周与西周两个时期，但东周遗存面积较大，而北部区域（周代 477，面积 10.8 万平方米）只有东周时期的遗存。就是说，东周遗存的面积约与汉代相当。调查时，位于北部隆起处的地点正在建房，村民取土时暴露出一处文化层堆积，内含汉代陶片若干。此处还发现有 2 座汉墓。东部的一座东距沿海公路约 100 米，破坏严重。另一座位于西北方 300 米处，坐落在地势最高处，呈台基状。汉墓顶部有地理标志。发现盗洞一处。技工调查时发现（编号张 #2），后做复查。该遗址在周代和汉代应包括苗家村 -3 和 4（DG-MJC-3、4），与前滩西 -1（DG-QTX-1）也应属于同一大的社区。汉代时这一社区还应包括董家滩 -1（DG-DJT-1）遗址。该遗址在周代应属于二级中心，在汉代则可能为一级中心。遗址所在的沿海地区近年来发展迅速，局部已遭到严重破坏。鉴于以上情况并考虑到遗址所在位置，汉代时期遗址的实际面积可能更大些。

65．遗址名称：苗家村 -4（DG-MJC-4）（第 7 年）

区县：东港　**村镇：**苗家村

所在地图：大洼［1-50-24-（41）］

时代及序号：周代 635，汉代 654

文化层：无

描述：遗址位于苗家村和董家滩之间，所在地形为冲积平地，较周围略微隆起，海拔 5 米。遗址范围西起一处较大的水体，向东一直延续到一条南北向公路。调查时遗址为麦田或休耕地。遗址包含汉代和周代（东周和西周）两个时期的遗存，面积 9.9 万平方米。考虑到遗址周围的房舍、水体和道路等因素，该遗址的实际面积显然要大于这个数字。在周代和汉代，该遗址应与包括苗家村 -1/3（DG-MJC-1/3），以及前滩西 -1（DG-QTX-1）在内的遗址属于同一大的社区。汉代时这一社区还应该包括更南部的董家滩 -1（DG-DJT-1）遗址。

66．遗址名称：牟家小庄 -1（DG-MJXZ-1）（第 9 年）

区县：东港　**村镇：**牟家小庄

所在地图：傅疃［1-50-23-（63）］

时代及序号：周代 726、727，汉代 948

文化层：无

描述：遗址位于牟家小庄村南约 100 米，所在地形为冲积平地，遗址较周围地势略高，海拔约 9 米。南辛河的一条支流从遗址东侧和北侧蜿蜒流过。调查时遗址上地势较高处为果园。遗址主要堆积为汉代，面积 13.9 万平方米。周代陶片主要分布在两个小区域，较大的一处（#727）位于果园内，面积 8.3 万平方米。较小的一处在公路西侧。

67．遗址名称：马家庄 -3（DG-MJZ-3）（第 4 年）

区县：东港　**村镇：**马家庄

所在地图：程子沟［1-50-23-（32）］

时代及序号：周代 251，汉代 304

文化层：周代文化层

描述：遗址位于马家庄村西南约 200 米处，所在地形为山间台地，遗址就处在地势高平且突出的山嘴上，其下为一条自然河流。水流注入一人工的小型水库。海拔 68 米。遗址位置地势险要，具有明显的防御色彩。山岭顶部显然经过人工整平，调查时遗址上为麦田（彩版一一，2）。遗址以周代（东周和西周）遗存为主，面积约 5000 平方米。在遗址的北缘观察到一处厚达 2 米的文化层堆积，内含红烧土堆积。汉代陶片仅发现于遗址西部，面积更小。与此类似带有明显防御色彩的周代遗址在附近也有发现，如撒牛沟 -1（DG-SNG-1）遗址等。

68．遗址名称： 庙山后 -1（DG-MSH-1）（第 5 年）
区县： 东港　**村镇：** 庙山后
所在地图： 山口村 ［1-50-24-（33）］
时代及序号：龙山 184，周代 382
文化层： 无
描述： 遗址位于庙山后村南约 100 米处，所在地形为一处山麓缓坡，海拔 85 米。遗址北边紧邻一座水库和小溪。调查时遗址为菜园、果园和麦田（彩版一二，1）。采集陶片以龙山（早期和中期）为主，分布面积 4 万平方米。西周陶片主要分布在遗址南部边缘地势较高处，面积约 1.2 万平方米。采集石器 2 件。

69．遗址名称： 明王台 -1（DG-MWT-1）（第 6 年）
区县： 东港　**村镇：** 明王台
所在地图： 大洼 ［1-50-24-（41）］
时代及序号： 汉代 847
文化层： 墓葬
描述： 该遗址为一汉代墓葬，地点位于山脊顶部，公安派出所所址以北，紧靠一现代采石场，海拔 55 米。调查时墓葬已遭到严重破坏。从断崖剖面可看到墓壁，墓内填满淤土。从附近采集到的陶片判断，墓葬应属于东汉时期。

70．遗址名称： 南屯岭 -4（DG-NTL-4）（第 8、11 年）
区县： 东港　**村镇：** 南屯岭
所在地图： 路家沟 ［1-50-23-（64）］
时代及序号： 北辛 2，大汶口 14，汉代 914
文化层： 北辛、大汶口文化层
描述： 遗址位于南屯岭村东北约 600 米，地处奎山西侧山麓一条岭脊的顶部，南部紧靠一座中型水库。海拔 34 米。调查时遗址为休耕地和麦田（彩版一二，2）。第 11 年复查时，遗址所在的岭脊因城市建设需要而成为取土场。我们及时向日照市文化局做了汇报，取土行为得到制止。不过，深达数米的取土坑已经接近遗址的西部边缘。遗址采集到的陶片比较丰富，分属于北辛文化和大汶口文化早期。遗址面积不大，不足 1 万平方米。从一处路边断面上可观察到文化层堆积。我们对文化层堆积取了土样，并已获得了浮选鉴定结果。[①]遗址上还发现少量汉代陶片。

---

① 陈雪香：《山东日照两处新石器时代遗址浮选土样结果分析》，《南方文物》2007 年第 1 期。

71. 遗址名称: 南小庄子 -1（DG-NXZZ-1）（第 7 年）

区县: 东港　**村镇:** 南小庄子

所在地图: 大洼 [1-50-24-（41）]

时代及序号: 周代 513，汉代 658

文化层: 无

描述: 遗址位于日照中学（南小庄子）校区两侧，西距崮子河支流约 300 米。所在地形为山麓与冲积平地的过渡地带，海拔约 18 米。调查时遗址为休耕地。遗址南部有一条小型水渠穿过。遗址包括汉代及周代遗存。汉代陶片分布面积为 7.6 万平方米。东周为 4.7 万平方米，仅发现于校区西侧。西周陶片则在校区两侧都有发现。

72. 遗址名称: 南张家村 -1（DG-NZJC-1）（第 8 年）

区县: 东港　**村镇:** 南张家村

所在地图: 路家沟 [1-50-23-（64）]

时代及序号: 龙山 343，岳石 13，周代 705，汉代 910

文化层: 无

描述: 遗址位于南张家村村北约 300 米处，通往东山前村的道路西侧。所在地形为山麓缓坡地带，海拔约 20 米。遗址东侧约 50 米有一条小溪，应是遗址的水源地。调查时遗址多为休耕地，间有少量麦田。龙山陶片分布面积只有 3.7 万平方米（龙山早期大于中期），但陶片分布密度却很高（共采集到 136 块）。另采集到少量岳石、东周和汉代陶片。共采集石器 5 件，其中 2 件为岳石文化的方孔石锄。

73. 遗址名称: 前卞庄 -2（DG-QBZ-2）（第 2 年）

区县: 东港　**村镇:** 前卞庄

所在地图: 丹土村 [1-50-24-（9）]

时代及序号: 周代 33，**汉代** 59

文化层: 无

描述: 遗址位于后卞庄、前卞庄和苗王庄三个村子之间的一处冲积平地上，东南距北小河拐弯处约 100 米。地势平坦，海拔 25 米。北小河的一条支流蜿蜒从遗址北部穿过。调查时遗址为麦田，或为休耕地。遗址以汉代遗存为主，面积超过 26 万平方米。周代陶分布面积较小，只有 4.1 万平方米。

74. 遗址名称: 青墩 -1（DG-QD-1）（第 9 年）

区县: 东港　**村镇:** 青墩

所在地图: 傅疃 [1-50-23-（63）]

时代及序号: 周代 730，汉代 957

文化层: 无

描述: 遗址位于青墩村西北约 600 米、徐家园村西南约 350 米处的冲积平地上，地势比周围略高，海拔约 11 米。遗址最高处有几座房舍，向西约 200 米处有一条水渠。调查时遗址为休耕地，间以小块麦田。遗址以汉代遗存为主，面积 5 万平方米。东周遗存面积稍小，陶片仅分布于遗址西部。

75．遗址名称: 青墩 -4（DG-QD-4）（第 9 年）

区县: 东港　**村镇:** 青墩

所在地图: 傅疃 [1-50-23-（63）]

时代及序号: 周代 738、740，**汉代** 967

文化层: 无

描述: 遗址位于青墩村西一处略微隆起的冲积平地上，海拔 7 米。这处高地向北延伸约 300 米，与青墩 -1（DG-QD-1）遗址所在的高地连为一体。遗址在公路两侧都有分布。与此最近的自然水源为西侧 450 米处的一条小河。调查时遗址为麦田，间以少量休耕地和果树。陶片以汉代为主，分布面积 6 万平方米。另在道路的南北两侧各有一处东周陶片分布区。

76．遗址名称: 青墩 -5（DG-QD-5）（第 9 年）

区县: 东港　**村镇:** 青墩

所在地图: 夹仓 [1-50-35-（7）]

时代及序号: 龙山 357、358，**周代** 742，汉代 968

文化层: 无

描述: 遗址位于青墩村东南约 100 米，东面紧邻公路，向西约 600 米有一条小溪。所在地形为冲积平地，地势较周围略高，海拔 5 米。遗址向南延伸几乎到田家园村。调查时遗址北部有一苗圃，其他部分为麦田或休耕地。遗址以周代遗存为主，面积约 18.6 万平方米（东周稍大于西周）。龙山陶片数量较少，分布面积为 6 万平方米，分处两个地点，龙山早期和中期各一。汉代陶片数量不多，但分布稀疏，主要集中在遗址中部，面积约 10.5 万平方米。另据村民告知，几年前取土时曾在地表 1 米左右发现过带有圈足的陶碗（疑即陶簋），并发现有青铜刀币等。

77．遗址名称: 桥东头 -9（DG-QDT-1）（第 9 年）

区县: 东港　**村镇:** 桥东头

所在地图: 刘家湾 [1-50-35-（15）]

时代及序号: 周代 762，汉代 997

文化层: 周代文化层

描述: 遗址位于桥东头村东北 150 米、李家村村东 150 米处，所在地形为冲积平地，地势平坦，海拔 2 米。陶片主要出自沟渠和鱼塘坑壁上，并见有文化层堆积。文化层采集陶片多属于西周和东周，也有少量汉代陶片。从暴露的文化层分布来看，遗址面积大约为 5000 平方米，但实际面积可能要大得多，因鱼塘密度大，堆积埋藏较深，遗址整个面积不易确定。

78．遗址名称: 青岗沟 -1（96R-DG-QGG-1）（第 1 年）

区县: 东港　**村镇:** 青岗沟

所在地图: 联合村 [1-50-24-（17）]

时代及序号: 龙山 21，汉代 1

文化层: 无

描述: 遗址位于青岗沟村东北约 700 米、204 国道以西 150 米处的岭脊上，海拔 20 米。遗址东南距金银河约 550 米，金银河的一条支流从遗址以南 300 米处流过。调查时遗址为麦田和休耕地。

龙山遗存面积约 5.7 万平方米，均为中期。汉代陶片较少，面积约 5.4 万平方米。采集到石器 1 件，器形为磨石，应属于龙山文化。

79. 遗址名称: 秦家官庄 -1（DG-QJGZ-1）（第 5 年）
区县: 东港　**村镇:** 秦家官庄
所在地图: 苏家村 [1-50-24-（34）]
时代及序号: 岳石 4，商代 17，**周代** 395
文化层: 有
描述: 遗址位于秦家官庄村东南约 300 米的两河交汇处，所在地形为山麓向冲积平地过渡地带的延伸部分，海拔 25 米。调查时遗址上局部为麦田，但大部分被一处砖瓦窑所破坏（彩版一三，1）。因取土暴露出几处文化层，主要属于周代堆积，面积 4.6 万平方米，其中尤以西周遗存最为丰富，东周遗存仅见于遗址南部边缘。另外，文化层中还发现少量岳石文化和商代陶片，面积均不足 1.5 万平方米。共采集石器 8 件。

80. 遗址名称: 前浆水沟 -1（DG-QJSG-1）（第 10 年）
区县: 东港　**村镇:** 前浆水沟
所在地图: 盛家代疃 [1-50-23-（46）]
时代及序号: 周代 805，汉代 1071
文化层: 无
描述: 遗址位于前浆水沟村西 120 米、傅疃河北岸竹林的北侧，所在地形为冲积平地，海拔 17.6 米。遗址南距傅疃河约 300 米，最近的水源为一条纵贯遗址西部的小河。调查时遗址大部分为休耕地，间以小块菜园。遗址陶片以东周和西周为主，分布面积约 2 万平方米。另有少量汉代陶片，并发现汉砖 1 块，面积约 1.4 万平方米。

81. 遗址名称: 前两河 -1（DG-QLH-1）（第 5 年）
区县: 东港　**村镇:** 前两河
所在地图: 大莲村 [1-50-23-（40）]
时代及序号: 周代 315，汉代 460
文化层: 有
描述: 遗址位于前两河村东北约 250 米，西侧紧邻香店河。所在地形为岭地边缘的冲积平地，地势较周围隆起，海拔 20 米。调查时遗址为休耕地或麦田。遗存以西周为主，面积约 4.5 万平方米，东周时代面积缩小为一半。因修路，遗址中部暴露出文化层堆积，土色黑灰，包含有红烧土块等遗物（彩版一三，2）。汉代陶片很少，面积不足 0.5 万平方米。

82. 遗址名称: 前山前 -1（DG-QSQ-1）（第 5 年）
区县: 东港　**村镇:** 前山前
所在地图: 大莲村 [1-50-23-（40）]
时代及序号: **龙山** 168，周代 328、329，汉代 393
文化层: 龙山文化层

描述: 遗址位于前山前村西、费家河转弯处东侧，所在地形为冲积平地，但遗址所在位置较周围地面略高，海拔约 45 米。遗址的东部为前山前村所占压。调查时遗址大部分为菜园、麦田和休耕地，少部分为梯田和果园。遗址以龙山遗存为主（龙山中期略大于龙山早期），面积为 4 万平方米。从梯田断面观察到一处宽约 1 米的龙山文化层堆积。周代陶片集中分布于两个较小的区域，均属西周，分处北部（周代 329）和南部（周代 328），面积均不足 1 万平方米。上述区域也发现少量汉代陶片。当第 7 年调查到费家河西岸时发现一处大型汉代遗址（参见 DG-HSQ-13/QSQ-1 遗址有关汉代部分的描述），而该遗址应属于后者的一部分。另外，第 7 年调查时在河的西岸也发现有小型龙山遗址（属于后山前即 DG-HQS-13 的一部分）。

83. 遗址名称: 前滩西 -1（DG-QTX-1）（第 6 年）
区县: 东港　**村镇**: 前滩西
所在地图: 乔家墩子 [1-50-24-（42）]
时代及序号: 周代 481，汉代 577
文化层: 无
描述: 遗址位于前滩西村西南约 200 米，所在地形为冲积平地，地势略高于周围地面，海拔 5 米。遗址为鱼塘所破坏。调查时遗址多为休耕地和麦田。以汉代遗存为主，面积约为 13.6 万平方米，而周代（只有东周）陶片的分布面积也达 10.4 万平方米。该遗址在周代和汉代时应与苗家村 -1/4（DG-MJC-1/4）遗址同属于一个靠近海岸线的社区。若是，汉代时其聚落等级应属于第一级。

84. 遗址名称: 前五里河 -1（DG-QWLH-1）（第 7 年）
区县: 东港　**村镇**: 前五里河
所在地图: 日照市 [1-50-23-（48）]
时代及序号: 龙山 240，周代 637，汉代 662
文化层: 有
描述: 遗址位于前五里河村西（公路以南、精神病院以北）、香店河西侧。所在地形为冲积平地，地势较周围略高，海拔 15 米。调查时遗址多为休耕地。在 5 万平方米的范围内发现有汉代、周代和龙山（早期）陶片分布。在靠近路沟的一处断面上发现若干处文化层堆积和一处龙山灰坑遗迹（彩版一四，1）。据当地村民告知，两年前建房取土时曾在此挖出完整陶器。遗址为现代村舍占压，其实际面积显然较大。该遗址最早为技工发现（张 #11）的，后经复查。该遗址的东南 150 米处为大香店 -1（DG-DXD-1）遗址，后者也包括龙山、周代和汉代遗存。考虑到遗址向东可能延伸到大香店村子下，整个遗址的面积至少在 10 万平方米以上。

85. 遗址名称: 前竹村 -1/ 窝落子 -2（DG-QZC-1/WLZ-2）（第 5 年）
区县: 东港　**村镇**: 前竹村 / 窝落子
所在地图: 山口村 [1-50-24-（33）]
时代及序号: 龙山 182，商代 15、16，岳石 3，**周代 383**，汉代 459
文化层: 周代文化层
描述: 遗址位于前竹村村南、金银河支流的两岸。遗址所在地形为山麓向冲积平地的过渡地带，海拔高度在 50～70 米之间。调查时遗址为麦田、休耕地、果园和准备搭建的塑料大棚等。遗址以周代遗存为主（尤其是西周遗存），面积为 32.6 万平方米（东周遗存面积为 13.3 万平方米）。发现周代文化层堆积若干处，其中一处位于河的北岸，因修梯田暴露出红烧土堆积等。其他时期的堆积面积小得多，其中岳石遗存面积为 2.6 万平方米。周代遗存应属于西周时期更大社区的一部分，这一大型社区应包括前竹村 -1/3（DG-QZC-1/3）、窝落子 -1/5（DG-WLZ-1/5）和申家坡 -1/8（DG-SJP 1/8），它们均位于一系列山前岭地上，被若干个村庄所分割开来。合并后的总面积至少在 100 万平方米左右，是调查区域内两个面积最大的西周遗址之一（彩版一四，2）。

该遗址在先前报道中称为松竹村，曾发现春秋时期墓葬，并出土陶器和青铜兵器等多件。[①]

86. 遗址名称: 三合疃 -1（DG-SHT-1）（第 13 年）

区县: 东港　**村镇:** 三合疃

所在地图: 盛家代疃 [1-50-23-（46）]

时代及序号: 汉代 1617

文化层: 汉代文化层

描述: 遗址位于三合疃村东约 250 米的一处缓坡上，海拔约 35 米。遗址最近水源地为其东侧 200 米左右的一条小溪。调查时遗址为休耕地。在一处梯田的剖面上，在地表 25 ～ 30 厘米以下发现汉代文化层堆积，内含大量汉瓦残片。文化层断面虽然面积很小，只有 2500 平方米，但遗址实际面积可能要大得多。

87. 遗址名称: 苏家村 -1/12（DG-SJC-1/12）（第 5 年）

区县: 东港　**村镇:** 苏家村

所在地图: 苏家村 [1-50-24-（33）]

时代及序号: 龙山 193，周代 400、401，汉代 456

文化层: 无

描述: 遗址位于苏家村东一条小河的南北两侧，所在地形为冲积平地，海拔 10 米。小河直接向东注入大海。调查时遗址为休耕地或麦田，另有几处正在搭建的塑料大棚。遗址以龙山遗存为主，面积约 11 万平方米，向西可能延伸至村庄之下。陶片以龙山早期者为多，龙山中期陶片只在遗址西部有所发现。采集 7 件石器。另外，在很小的范围内发现有东周和汉代陶片分布区，面积均不足 1 万平方米。这里的龙山遗存应该与苏家村西北部的苏家村 -2（DG-SJC-2）遗址同为一体，与村西部分也应属于同一社区。

该遗址为当地文物部门发现，现为省级文物保护单位。[②]

88. 遗址名称: 苏家村 -2（DG-SJC-2）（第 5 年）

区县: 东港　**村镇:** 苏家村

所在地图: 苏家村 [1-50-24-（33）]

时代及序号: 龙山 192，汉代 449、450

文化层: 龙山文化层

① 杨深富、胡膺、徐淑彬：《山东日照市周代文化遗存》，《文物》1990 年第 6 期。

② 日照市图书馆、临沂地区文管会：《山东日照龙山文化遗址调查》，《考古》1986 年第 8 期。国家文物局主编：《中国文物地图集·山东分册》，上册第 272、273 页，下册第 619 页，中国地图出版社，2007 年。

描述: 遗址位于苏家村西北,向南约 450 米有一条直接入海的小河。所在地形为冲积平地,但较周围明显隆起,海拔约 25 米。调查时遗址为休耕地或麦田。遗址主要堆积为龙山(且为早期),面积约 5.4 万平方米。遗址北部边缘的断面上暴露大量陶片。汉代陶片只发现于两处较小的区域内,面积均不足 0.5 万平方米。该遗址龙山遗存应为更大社区的一部分,这个大的社区至少应包括苏家村村东的苏家村 -1(DG-SJC-1)和村西的苏家村 -7(DG-SJC-7)以及苏家村 -10(DG-SJC-10)遗址等。上述遗址被现代村落和砖瓦厂所割断,局部遭严重破坏。

89. 遗址名称: 苏家村 -7(DG-SJC-7)(第 5 年)
区县: 东港　**村镇:** 苏家村
所在地图: 苏家村 [1-50-24-(33)]
时代及序号: 龙山 161,**周代** 396
文化层: 东周墓葬
描述: 遗址位于苏家村村西,南侧紧临一条直接入海的小河。所在地形为冲积平地,海拔 20 米。调查时遗址为休耕地和果园。遗存以周代(只有东周)为主,面积为 3 万平方米。发现东周残墓 1 座,村民交送陶碗 1 件,据说出自该墓之内。另外,还在遗址南部发现少量龙山遗存。而河的对岸,就是另外一处龙山遗址苏家村 -10(DG-SJC-10)。该遗址应属于更大社区的一部分,该社区应包括苏家村村东的苏家村 -1(DG-SJC-1)和村西北的苏家村 -2(DG-SJC-2)以及河南岸的苏家村 -10(DG-SJC-10)。上述遗址被现代村落和砖瓦厂所割断,局部遭严重破坏。

当地文物部门早年征集的春秋时期带"左"字铭铜戈[①],或许出自此处。

90. 遗址名称: 隋家官庄 -1(DG-SJGZ-1)(第 2 年)
区县: 东港　**村镇:** 隋家官庄
所在地图: 联合村 [1-50-24-(17)]
时代及序号: 龙山 71
文化层: 无
描述: 遗址位于隋家官庄村北约 200 米的岭脊之上,海拔约 45 米,向西约 350 米为金银河的支流。调查时遗址为麦田和休耕地(彩版一五,1)。遗址只包含龙山早期的遗存,面积约 3.4 万平方米。采集石刀 1 件。

91. 遗址名称: 申家坡 -6/ 窝落子 -5(DG-SJP-6/WLZ-5)(第 5 年)
区县: 东港　**村镇:** 申家坡 / 窝落子
所在地图: 山口村 [1-50-24-(33)]
时代及序号: **龙山** 181,周代 378,汉代 433
文化层: 有
描述: 遗址位于申家坡村约东南 850 米、窝落子村西南约 500 米处,所在地形为低矮的丘陵,海拔约 45 米,遗址南侧紧邻一连串小型水库。调查时遗址大部分为果园,少部分为休耕地(彩版一五,2)。遗存以龙山(早、中期)和周代(东周大于西周)为主,陶片分布面积为 3.8 万平方米。

---

① 杨深富、胡膺、徐淑彬:《山东日照市周代文化遗存》,《文物》1990 年第 6 期。

从果园内的一条深沟剖面观察到若干处龙山文化层和灰层堆积（彩版一六，1），并采集到 1 件石器。汉代陶片数量很少，面积不足 5000 平方米。该遗址的周代遗存应属于周代更大社区的一部分，该社区应包括前竹村 -1/3（DG-QZC-1/3）、窝落子 -1/5（DG-SJC-7WLZ-1/5）和申家坡 -1/8（DG-SJP-1/8），至少在西周时期是如此。这些遗址整合后的面积可达 125 万～150 万平方米，从而成为调查区域内在面积上居于第三或第四位的西周遗址。

92．遗址名称： 孙家营子 -3（DG-SJYZ-3）（第 11 年）
区县： 东港 **村镇：** 孙家营子
所在地图： 高王庄 [1-50-35-（22）]
时代及序号： 汉代 1264
文化层： 疑似汉墓
描述： 遗址位于孙家营子村东南约 150 米，所在地形为冲积平原，海拔 5 米。调查时遗址为麦田和休耕地。遗址周围有水塘若干。遗址上有一明显隆起的高地，附近发现汉砖残块，或为汉墓所在。

93．遗址名称： 山口村 -1（DG-SKC-1）（第 5 年）
区县： 东港 **村镇：** 山口村
所在地图： 山口村 [1-50-24-（33）]
时代及序号： 周代 380
文化层： 有
描述： 遗址位于山口村西北约 400 米一条小河的东侧，所在地形为丘陵，海拔约 45 米。调查时遗址上为果园（彩版一六，2）。尽管周代（只有东周）陶片分布面积不足 1 万平方米，但我们在果园内的一条沟的剖面上发现一处灰黑色文化层堆积。

94．遗址名称： 山口村 -4（DG-SKC-4）（第 5 年）
区县： 东港 **村镇：** 山口村
所在地图： 山口村 [1-50-24-（33）]
时代及序号： 龙山 183，**周代** 319，汉代 381
文化层： 无
描述： 遗址位于山口村东南角一条小河的东岸，所在地形为丘陵，海拔约 50 米。调查时遗址全部位于处在坡地上的果园之内。遗址面积虽然只有 1 万平方米左右，但周代陶片（只有西周）分布却相当密集。另采集到少量龙山和汉代陶片。该遗址可能是丘陵上部另外一处较大型西周遗址即山口村 -2/3（DG-SKC-2/3）的一部分。

95．遗址名称： 上李家村 -5（DG-SLJZ-5）（第 7 年）
区县： 东港 **村镇：** 上李家村
所在地图： 陡岭子 [1-50-23-（39）]
时代及序号： 龙山 238，周代 497，**汉代** 612
文化层： 无
描述： 遗址位于上李家庄村南约 50 米、谢家岭村东约 250 米。所在地形为低山丘陵，海拔 50～

60 米。岭地缓坡之下为一条小河，为崮子河的支流。遗址的东部边缘就是这条小河，西部则紧靠一条道路，南北两侧为小溪。调查时遗址大部分为麦田，也有休耕地和茶园。遗址共分为 4 个采集区（CAA～D）。汉代遗存面积最大，约 7.9 万平方米。周代及龙山陶片主要分布于遗址的北部。周代遗存（只有西周）面积为 2.4 万平方米。龙山遗存面积虽然不足 1 万平方米，但遗址西部路边一条冲沟的剖面上，龙山陶片的分布却颇为密集。

96．遗址名称： 撒牛沟 -1（DG-SNG-1）（第 4 年）

区县： 东港　**村镇：** 撒牛沟

所在地图： 程子沟 [1-50-23-（32）]

时代及序号： 周代 252

文化层： 无

描述： 遗址位于撒牛沟村西北约 200 米处丘陵顶部的山嘴之上，向下俯视可看到两条自然河道。海拔约 75 米。这是一处单纯的西周遗址，地理位置的选择具有明显的防御色彩。调查时遗址为麦田或休耕地（彩版一七，1）。面积不足 1 万平方米。附近还有几处与此类似的具有防御功能的西周遗址如马家庄 -3 遗址（DG-MJZ-3）。

97．遗址名称： 田家村 -1（DG-TiJC-1）（第 6 年）

区县： 东港　**村镇：** 田家村

所在地图： 日照市 [1-50-23-（48）]

时代及序号： 周代 464，汉代 564

文化层： 无

描述： 遗址位于田家村村西和西北约 100～150 米，所在地形为丘陵东坡，地表稍微隆起，海拔约 35 米。位于遗址东北部 375 米的一条小河是其最近的自然水源。调查时遗址为休耕地，遗址以北约 300 米的地方有几处采石场。遗址以汉代遗存为主，面积 12.5 万平方米，其次为周代遗存（包括西周和东周），面积为 9.4 万平方米。

98．遗址名称： 陶家村 -1（DG-TJC-1）（第 6 年）

区县： 东港　**村镇：** 陶家村

所在地图： 苏家村 [1-50-24-（34）]

时代及序号： 周代 484

文化层： 无

描述： 遗址位于陶家村以北约 400 米，所在地形为丘陵，遗址就位于两处隆起的高地上，海拔约为 50 米。两处高地均经人为整平（彩版一七，2）。遗址南缘紧靠一条小溪。调查时遗址为休耕地，附近有几处现代采石场。这是一处单纯的周代遗址，其中西周时期遗存面积为 3.1 万平方米，东周为 1.3 万平方米。采集石器 4 件。

该遗址曾出土鼎、鬲、壶等青铜礼器和铜锛等生产工具，[①] 年代为春秋早期。

---

① 杨深富、胡膺、徐淑彬：《山东日照市周代文化遗存》，《文物》1990 年第 6 期。

99．遗址名称: 田家园 -1/ 宅科 -1（DG-TJY-1/ZK-1）（第 9 年）

区县: 东港　**村镇:** 田家园 / 宅科

所在地图: 夹仓 [1-50-35（7）]

时代及序号: 龙山 360，**周代** 743，**汉代** 971

文化层: 无

描述: 遗址位于宅科与田家园两村之间，所在地形为冲积平原，地势稍隆起，海拔 5 米。遗址南部有一条水渠穿过。调查时，遗址南部（宅科村西北）为麦田和菜园，间以小块休耕地。遗址北部（田家园东南）为果园。遗址以东周和汉代遗存为主，面积为 9.5 万平方米。西周和龙山（早、中期）遗存呈断续分布，分处于遗址南、北两部分，每处面积约为 2 万平方米。

100．遗址名称: 涛雒 -5（DG-TL-5）（第 9 年）

区县: 东港　**村镇:** 涛雒

所在地图: 亚月 [1-50-35-（14）]

时代及序号: 龙山 384，周代 784，**汉代** 1023

文化层: 汉代文化层

描述: 遗址位于涛雒镇西南约 900 米，竹子河支流的北岸。所在地形为冲积平原，遗址高出地表，海拔约 4.5 米。附近有废弃鱼塘若干。陶片大多分布于鱼塘坑壁上。在鱼塘的南侧、一条水渠剖面上发现汉代文化层堆积，延续长约 5 米，土色深灰，厚约 0.5 米。汉代遗存面积约 5.6 万平方米。大量周代（东周和西周）陶片出自鱼塘内，分布面积约为 1.6 万平方米。少量龙山陶片采自鱼塘西侧。陶片分布如此之密，应为开挖鱼塘破坏地下文化层堆积所致。这也显示，该遗址文化堆积埋藏较深，其实际面积可能比上述数字要大得多（彩版一八，1）。

101．遗址名称: 吴家台 -1（DG-WJT-1）（第 4 年）

区县: 东港　**村镇:** 吴家台

所在地图: 于家村 [1-50-24-（26）]

时代及序号: 龙山 147，**周代** 291，**汉代** 353

文化层: 有

描述: 遗址位于吴家台村东，东距海岸线只有数百米的距离，所在地形为一级台地的缓坡，海拔 8 米。遗址南约 100 米处有几座因地势低洼形成的水塘。调查时遗址为麦田或休耕地（彩版一八，2）。遗址以周代（尤其是东周）遗存为主，面积为 6 万平方米。汉代陶片发现较少，面积为 3.9 万平方米，并发现已被破坏的汉墓 1 座。龙山陶片发现于遗址东南部，数量极少，分布面积不足 5000 平方米，但却发现厚约 0.2 米的文化层堆积。

102．遗址名称: 窝落子 -1（DG-WLZ-1）（第 5 年）

区县: 东港　**村镇:** 窝落子

所在地图: 山口村 [1-50-24-（33）]

时代及序号: **周代** 385，汉代 430

文化层: 无

描述: 遗址位于窝落子村北约 150 米处的丘陵岭脊之上，海拔 40～60 米。南部紧靠几座小型水库。一条公路从遗址东部穿过。调查时遗址为休耕地或麦田。遗址以周代遗存为主，面积为 8.83 万平方米。西周时期遗存分布于遗址东部，大约是分布于遗址西部东周遗存面积的 3 倍。汉代遗存面积不足 1 万平方米，主要分布于遗址的西北部。该遗址的周代遗存（尤其是西周时期）应为更大的周代社区的一部分，该社区应该包括前竹村 -1/3（DG-QZC-1/3）、窝落子 -1/5（DG-WLZ-1/5）和申家坡 -1/8（DG-SJP-1/8）。上述遗址整合后的面积可达 125 万～150 万平方米，使之成为调查区域内面积位列第三或第四位的大型周代遗址。

103．遗址名称: 窝落子 -3（DG-WLZ-3）（第 5 年）

区县: 东港　**村镇:** 窝落子

所在地图: 山口村 [1-50-24-（33）]

时代及序号: 周代 377，汉代 433

文化层: 无

描述: 遗址位于窝落子和公路以西，所在地形为丘陵，地势稍高，海拔约 45 米。遗址南北两侧均为小溪。调查时遗址多为休耕地和麦田，部分在一果园内。遗址以周代（东周和西周）遗存为主，面积 5.2 万平方米。采集石器 2 件。在靠近村子的地方采集到少量汉代陶片，面积不足 1 万平方米。该遗址的周代遗存（尤其是西周时期）应为更大的周代社区的一部分，该社区应该包括前竹村 -1/3（DG-QZC-1/3）、窝落子 -1/5（DG-WLZ-1/5）和申家坡 -1/8（DG-SJP-1/8）。上述遗址整合后的面积可达 125～150 万平方米，使之成为调查区域内面积位列第三或第四位的大型周代遗址。

104．遗址名称: 小卞家庄 -1（DG-XBJZ-1）（第 4 年）

区县: 东港　**村镇:** 小卞家庄

所在地图: 程子沟 [1-50-23-（32）]

时代及序号: 周代 294，**汉代** 310

文化层: 疑似汉墓

描述: 遗址位于小卞家庄村西约 400 米处的丘陵之上，地势隆起，海拔约 69 米。遗址以南 25 米有一条小溪。现为农田。据村民讲，耕地时曾出土过陶盆。采集陶片多属于汉代，面积不足 5000 平方米。遗址上可能有汉代墓葬分布。另外发现有极少量西周陶片，面积同样在 5000 平方米以下。

105．遗址名称: 大草坡 -3（DG-XCP-3）（第 11 年）

区县: 东港　**村镇:** 大草坡

所在地图: 高旺庄 [1-50-35-（22）]

时代及序号: 周代 946，汉代 1279

文化层: 可能

描述: 遗址位于大草坡村东约 400 米，所在地形为冲积平原，海拔 9 米。遗址西侧有一条小河。调查时遗址为休耕地和干涸的池塘。采集陶片包括周代（西周和东周）和汉代，分布面积不足 5000 平方米。不过，遗址的实际面积可能要大些，只是因为淤积而暴露较小而已。就在该遗址东南部约 300 米的地方，存在有一处遗存丰富的遗址，即 DG-DCP-5 遗址。

106. 遗址名称: 小长汪崖 -9 （DG-XCWA-9）（第 10 年）

区县: 东港　**村镇:** 小长汪崖

所在地图: 盛家代疃 [1-50-23-（46）]

时代及序号: 龙山 403，**汉代** 1067

文化层: 无

描述: 遗址位于小长汪崖村西南 250 米、大长汪崖村南约 300 处，所在地形为冲积平地，遗址较周围隆起，海拔约 18 米。遗址南距傅疃河约 500 米，一条小河从遗址上穿过（彩版一九，1）。调查时遗址为麦田，局部正在建房施工。遗址以汉代遗存为主，采集到因取土挖出的大块陶片。汉代遗存面积约为 8.5 万平方米。龙山陶片数量极少，且只发现于遗址南缘。

107. 遗址名称: 小古镇 -1 （DG-XGuZ-1）（第 9 年）

区县: 东港　**村镇:** 小古镇

所在地图: 傅疃 [1-50-23-（63）]

时代及序号: 龙山 356，周代 735，**汉代** 964

文化层: 无

描述: 遗址位于小古镇村西以及村北的公路南侧，所在地形为冲积平地，地势平坦，海拔 3.5 米。调查时遗址上为果园、菜地和松林。遗址以汉代遗存为主，面积约 8.8 万平方米。周代（东周大于西周）遗存多发现于遗址东部和南部，面积约为 4.4 万平方米。

108. 遗址名称: 小海 -1 （DG-XHai-1）（第 9 年）

区县: 东港　**村镇:** 小海

所在地图: 刘家湾 [1-50-35-（15）]

时代及序号: 周代 779，汉代 1007

文化层: 无

描述: 遗址位于小海村北、小海码头以西，西北距王家村约 100 米。所在地形为冲积形成的沙地，海拔 3 米。遗址西南约 400 米为竹子河。调查时遗址大部分为麦田，间以小块休耕地。陶片以汉代和东周时代为主，分布面积约 9 万平方米。不过，因为遗址可能延伸到小海和小海码头之下，这个数字只是最低限度，遗址实际面积应更大些。

109. 遗址名称: 徐家村 -1 （DG-XJC-1）（第 8 年）

区县: 东港　**村镇:** 徐家村

所在地图: 路家沟 [1-50-23-（64）]

时代及序号: 岳石 12，龙山 331～336，**周代** 677、678，汉代 936～940

文化层: 无

描述: 遗址位于徐家村和南屯岭村北丘陵岭顶和西坡，海拔 10～25 米。岭顶被采石场破坏严重，遗址几乎无存。遗址向南延伸到徐家村房舍之下，我们甚至在村东南角也采集到陶片。遗址最南部向南约 50 米就是崗子河的一条支流。调查时遗址大部分为休耕地，不过在菜园、麦田、桑林和村子边缘也采集到少量陶片。遗址以周代遗存为主（#678），东周大于西周，面积至少在 30 万平方米左右。汉代陶片在几个区域都有分布，最大的一处（#938）面积为 9.4 万平方米，位于遗址的西北部边缘。龙山遗存面积约为 2.5 万平方米。岳石陶片只在西北部的一个采集区发现，面积不足 5000 平方米。该遗址的周代遗存与更南部的崮河崖 -2（DG-GHA-2）属于同一社区，后者东周遗存的面积在 60 万平方米左右，西周遗存约为 30 万平方米。

110. 遗址名称：相家沟 -1（96R-DG-XJG-1）（第 1 年）
区县：东港　**村镇：**相家沟（废弃）
所在地图：安家村 [1-50-24-（18）]
时代及序号：龙山 29，周代 25，汉代 23、24
文化层：无
描述：遗址位于废弃的相家沟村北，整个村子和遗址都处在名为驻足岭的丘陵北侧的缓坡上。尽管调查时遗址上几处冲沟内偶尔存水，但其最近的水源地却是向北约 400 米的金银河。海拔幅度为 10～40 米。调查时遗址为麦田和休耕地（彩版一九，2）。龙山（大多为中期，也有少量早期和晚期）和周代（东周大于西周）陶片在 4 个采集区都有发现，分布面积均为 21.3 万平方米。汉代陶片分布面积较小，不足 10 万平方米，只在 2 个采集区有发现。

111. 遗址名称：小李家村 -2（DG-XLJC-2）（第 8 年）
区县：东港　**村镇：**小李家村
所在地图：大岭南头 [1-50-23-（56）]
时代及序号：龙山 320，周代 656，汉代 888、889
文化层：无
描述：遗址位于别家村村西北角，南距小李家村约 200 米，西南距前崮子约 100 米。遗址坐落于丘陵的顶部和坡地上，海拔约 20 米。遗址延伸到崮子河的拐弯处，在河湾内外都有分布。调查时遗址为麦田或休耕地。遗址以龙山遗存为主（早期大于中期），面积为 8.1 万平方米。周代遗存（东周大于西周）面积为 8.4 万平方米。汉代陶片分布区均较小，面积不足 1 万平方米。因崮子河以西的河湾处为后崮子村所在，我们不能确知那里是否有遗址分布，但考虑到后崮子 -1（DG-HGZ-1）遗址就位于该村的西侧，这两处遗址在龙山和周代可能属于同一个较大的社区。

112. 遗址名称：小岭南头 -1（DG-XLNT-1）（第 7 年）
区县：东港　**村镇：**小岭南头
所在地图：日照市 [1-50-23-（48）]
时代及序号：汉代 663
文化层：无
描述：遗址位于崮子河以西约 1300 米处的一处苗圃内，所在地形为丘陵东坡，坡底为冲积层，海拔约 20 米。遗址为单纯的汉代遗存，面积为 5.3 万平方米，但实际面积应该要大些。该遗址为技工发现（张 #15）。

113. 遗址名称：小刘庄 -2（DG-XLZ-2）（第 9 年）
区县：东港　**村镇：**小刘庄
所在地图：亚月 [1-50-35-（14）]

时代及序号: 周代 781,**汉代** 1019

文化层: 汉墓

描述: 遗址位于小刘庄村北、竹子河以南 25 ～ 150 米处,所在地形为冲积层,海拔约 3 米。调查时遗址上几乎全为麦田。遗址以汉代遗存为主,面积 4.5 万平方米。遗址上有一处方形台基式土丘,可能为汉墓。土丘附近有一处文化层堆积,内含灰土和红烧土,并发现一汉砖残块。另外在遗址的近河处发现极少的东周陶片,面积不足 2 万平方米。遗址也许为冲积淤土层所压而不易发现。

114.遗址名称: 西林子头 -1(DG-XLZT-1)(第 11 年)

区县: 东港 **村镇:** 西林子头

所在地图: 虎山铺 [1-50-35-(30)]

时代及序号: 大汶口 26,**龙山** 453、456,周代 977 ～ 979,汉代 1320

文化层: 多处

描述: 遗址位于西林子头村南约 100 米处,北侧紧靠一座水塔和几个水塘。所在地形为冲积层,地势较周围明显隆起,海拔 5 米。陶片分布最为密集处位于南北向两条小路之间,西南距龙王河支流约 250 米(该河流从丘陵山麓折而南流)。遗址的西部(道路以西部分)地势骤然低平,疑为人为取土所致。而且,由此向西约 500 米、大约在陈家庄村东北角不足 50 米的地方采集到分布稀疏的陶片,显示这里可能仍然属于该遗址龙山遗存的一部分。向北约 650 米是竹子河一条较大的支流。因此,遗址的地理位置比较优越。调查时遗址上多为麦田,间以少量休耕地(彩版二〇,1)。遗址中心区土壤呈灰色,多处暴露出文化层或遗迹。遗址以龙山堆积为主(#456,包括早、中期),面积为 17.9 万平方米。在遗址西侧约 250 米处发现一处单纯属于龙山早期的陶片集中分布区。鉴于这两处分布区之间可能为后代堆积所覆盖,该遗址的实际面积估计至少可扩大 50% 左右,即面积达25 万平方米。遗址密集区还发现不少大汶口晚期陶片,多集中在北部,分布面积为 4.6 万平方米。东周和西周遗存主要分布于遗址南部的三个采集区,其中最大的两处(#977、979)面积均为 5 万平方米左右。汉代陶片也主要分布于遗址南部,面积为 11.4 万平方米。调查中共采集石器 10 余件,其中有半成品,预示着该遗址是加工石器的地点。另外采集 1 件磨制精细的玉质装饰品,已残。该遗址为 20 世纪 30 年代中央研究院历史语言研究所的学者们所发现。

该遗址为 1934 年春王湘、祁延霈调查发现的 9 处龙山文化遗址之一,[①]当地文物部门后又曾做过调查。[②]

115.遗址名称: 西林子头 -7(DG-XLZT-7)(第 11 年)

区县: 东港 **村镇:** 西林子头

所在地图: 虎山铺 [1-50-35-(30)]

时代及序号: 周代 958,**汉代** 1323

文化层: 有

描述: 遗址位于泥田沟村北约 400 米、204 国道以东约 50 米处,东南部靠近竹子河的一条支流。所在地形为冲积层,地势稍稍隆起,海拔 12 米。东距西林子头遗址约 900 米。调查时遗址为休耕地、麦田、菜园和果园等。从遗址北部一条新修的路沟上发现有文化层堆积,包含有大量陶片。

---

① 梁思永:《龙山文化——中国文明的史前期之一》,《梁思永考古论文集》,科学出版社,1959 年。
② 日照市图书馆、临沂地区文管会:《山东日照龙山文化遗址调查》,《考古》1986 年第 8 期。

遗址以汉代遗存为主，面积为 6.2 万平方米。周代（东周和西周）主要分布于遗址西部，面积约 2.5 万平方米。

116. 遗址名称: 小山后 -1（DG-XSH-1）（第 8 年）

区县: 东港　**村镇:** 小山后

所在地图: 山后 [1-50-24-（57）]

时代及序号: 龙山 344，周代 704，**汉代** 908

文化层: 汉代文化层

描述: 遗址位于小山后村和公路以南，恰处于丘陵向低处的海岸延伸的山嘴上，海拔约 10 米。最近的自然水源为西侧约 400 米的一条小河。调查时遗址为休耕地，遗址东侧就是现代建筑物。遗址以汉代遗存为主，陶片密集区面积约 1 万平方米，在遗址最南部山嘴的顶部发现有较薄的文化层堆积，内含汉代陶片。另外采集到少量东周和龙山陶片。该遗址实际面积可能要大些，尤其是汉代时，不排除其与位于公路和村子西南侧的小山后 -2（DG-XSH-2）遗址以及村东的山后 -2/3（DG-SH-2/3）等遗址连为一体的可能。

117. 遗址名称: 徐家楼 -2（DG-XuJL-2）（第 7 年）

区县: 东港　**村镇:** 徐家楼

所在地图: 日照市 [1-50-23-（48）]

时代及序号: 周代 633，汉代 665

文化层: 有

描述: 遗址位于徐家楼村西的一片开阔地上，遗址的东部为村子所占压。所在地形为丘陵，海拔 21 米。遗址西侧紧邻崮子河，向北大约 300 米为后漏河与香店河的交汇处。调查时遗址为休耕地，附近有一处采石场，与凯莱大酒店为邻。陶片以汉代和周代（只是东周）为主，分布面积 4.5 万平方米。从一处断面上观察到文化层堆积，可能属于汉代或稍晚。鉴于该遗址位于近河高亢之处，且同一岭脊上分布有另外两处汉代陶片集中地（惜大多已为现代建筑物所压），可以推测它们均为大型汉代遗址徐家楼 -1（DG-XuJL-1/2）和小香店 -1（DG-XXD-1）的组成部分。

118. 遗址名称: 小香店 -1（DG-XXD-1）（第 7 年）

区县: 东港　**村镇:** 小香店

所在地图: 日照市 [1-50-23-（48）]

时代及序号: 汉代 666

文化层: 有

描述: 遗址位于后漏河与香店河交汇处以东约 600 米处。所在地形为丘陵岭脊，海拔约 38 米。遗址已为现代建筑物所包围。因大型推土机取土，暴露出大量汉代陶片，多为板瓦、筒瓦，并发现 1 件瓦当。从残留大量瓦砾来判断，该遗址曾经有汉代大型建筑。在推土机破坏过的另一处地点发现一薄层文化层堆积，土色浅灰，内含大量陶片等。能够落在地图上的面积不足 2 万平方米，但因现代房舍占压，遗址的实际面积已很难判断。从分布趋势看，遗址至少向南、向西两个方向延伸。遗址位于岭脊之上，且濒临河道，地理位置优越。该遗址与徐家楼 -1/2（DG-XuJL-1/2）等同处于同一岭脊，应该同为汉代大型社区的一部分。具体推断这些遗址的整合面积并非易事，但考虑到它们均沿河分布于同一岭脊的状况，这一汉代社区的面积可能会达到 60 万平方米左右。

119. 遗址名称： 辛庄子 -1（DG-XZZ-1）（第 5 年）
区县： 东港 **村镇：** 辛庄子
所在地图： 大连村 [1-50-23-（40）]
时代及序号： 岳石 2，商代 14
文化层： 无
描述： 遗址位于辛庄子村北，西侧紧靠林家河。所在地形为冲积层，地势平坦，海拔约 45 米。调查时遗址为麦田和菜园。地理位置较好。遗址面积只有 1.7 万平方米，但岳石和商代陶片分布相对较为丰富。不过，采集陶片中并未见岳石文化和商代的典型器物，从其厚胎夹砂红褐陶来看，不排除其为新石器时代早期遗存的可能。录此备考。

120. 遗址名称： 尹家鳌头 -2（DG-YJAT-2）（第 9 年）
区县： 东港 **村镇：** 尹家鳌头
所在地图： 夹仓 [1-50-35-（7）]
时代及序号： 龙山 372，周代 754，汉代 986
文化层： 龙山及周代文化层
描述： 遗址位于尹家鳌头以南约 100 米、川子河以北 80 米处。所在地形为冲积层，地势稍微隆起，海拔约 4 米（彩版二〇，2）。陶片主要分布在路西，调查时遗址为麦田和菜园，间以少量休耕地。因耕地，遗址南端暴露出灰黑色文化遗迹或文化层堆积。以周代遗存（西周大于东周）为主，面积 1.8 万平方米。汉代陶片仅分布于遗址北部，面积不足 1 万平方米。另有少量龙山（早、中期）遗存，面积不足 5000 平方米。尹家鳌头为盐场现代所在地。古代遗址分布于此，或许与制盐有关。

121. 遗址名称： 于家村 -6（DG-YJC-6）（第 4 年）
区县： 东港 **村镇：** 于家村
所在地图： 于家村 [1-50-24-（26）]
时代及序号： 周代 283
文化层： 墓葬
描述： 遗址位于于家村村南约 400 米处一座小型水库的北侧，所在地形为丘陵，海拔约 30 米。调查时遗址为果园。以西周和东周遗存为主，面积 2.3 万平方米。一村民家中保存有一柄春秋时期青铜剑（彩版二一，1），据说就出自该遗址北缘的一座墓葬中。

122. 遗址名称： 右所 -6（DG-YS-6）（第 9 年）
区县： 东港 **村镇：** 右所
所在地图： 夹仓 [1-50-35-（7）]
时代及序号： 周代 757，汉代 991
文化层： 周代文化层
描述： 遗址位于川子村北约 300 米，南辛河的两岸，公路西侧约 100 米，西南距右所约 1100 米。所在地形为冲积层，海拔约 3 米，遗址上为鱼塘。汉代陶片分布于河的北岸，面积不足 5000 平方米。在河的南岸、鱼塘以北约 10 米处，暴露出厚约 1 米的灰黑色文化层，内含大量东周和西周时期的陶片等。文化层埋藏较深，只是挖鱼塘时才将陶片等遗物扰动到地表。周代陶片分布面积虽然只有 5000 平方米，但遗址实际面积要大些。

123. 遗址名称: 营子 -1（DG-YZ-1）（第 5 年）

区县: 东港　**村镇:** 营子

所在地图: 日照市　[1-50-23-（48）]

时代及序号: 龙山 157、158，周代 295、296，汉代 361、362

文化层: 有

描述: 遗址位于营子村北、后漏河以南、日照中学以西一处开阔的空地上，所在地形为冲积层，地势平坦，海拔 18 米。据日照市博物馆杨深富研究员介绍，该遗址过去面积要大些，但现在多为房舍占压，尤其是其南部。在靠近村庄的一处断崖上发现有文化层堆积。调查时遗址为空地或麦田，间以菜园等。遗址以西周和龙山陶片较多，汉代陶片分布较稀疏。陶片大多采自房舍之间区域内，三个时代陶片分布面积相当，均为 4.3 万平方米（龙山 157，周代 295，汉代 362）。此外，在遗址的北部靠近河道处，有一处密度较大的陶片分布区，我们当时分作不同遗址予以单独编号。不过，考虑到这一区域现代房舍密集，且部分遗址已知在村庄之下，我们估计每一个时代遗址的面积至少在 7.5 万～10 万平方米之间。

该遗址为当地文物部门发现，现为区级文物保护单位。[①]

124. 遗址名称: 尹家鳌头 -2（DG-ZJAT-2）（第 9 年）

区县: 东港　**村镇:** 尹家鳌头

所在地图: 夹仓　[1-50-35-（7）]

时代及序号: 龙山 373，周代 756，汉代 988

文化层: 无

描述: 遗址位于张家鳌头西南约 500 米、川子河与一条小河之间。所在地形为冲积层，地势平坦，海拔 3.5 米。遗址现为鱼塘。陶片多采自鱼塘壁上，多属于龙山和汉代，面积约为 2.3 万平方米。另在河堤有限范围内采集到少量东周陶片。

125. 遗址名称: 郑家顶子 -1（DG-ZJDZ-1）（第 7 年）

区县: 东港　**村镇:** 郑家顶子

所在地图: 十里铺　[1-50-23-（47）]

时代及序号: 龙山 242，周代 508 ～ 511，**汉代** 647

文化层: 有

描述: 遗址位于郑家顶子和相家庄以西一条小河的西侧，所在地形为丘陵向冲积层过渡地带。遗址大多处于坡地上，海拔 40 ～ 75 米。调查时遗址上较为低平处为菜园或休耕地，并有几处废弃的塑料大棚，坡地上则多为麦田或休耕地（彩版二一，2）。遗址以汉代遗存面积最大，约为 33.5 万平方米，覆盖了最高处以外遗址其他区域。这里南距大古城遗址不足 1000 米。从地理位置分析，应该

[①] 国家文物局主编：《中国文物地图集·山东分册》，上册第 272、273 页，下册第 620 页，中国地图出版社，2007 年。

具有协同大古城共同拱卫进入本地区东西交通要道的功能。

龙山遗存的面积为 27.5 万平方米，主要位于冲积层和坡地的下部。其中龙山中期的面积是早期的两倍。西周陶片发现于 4 个不相连贯的区域，其中的一处（周代 511，面积 1.5 万平方米）位于冲积层上（与龙山和汉代共存），在相家沟村西北角小河西侧的断面上发现有灰黑色土堆积的文化层。另外三个区域均位于坡地上。其中面积最大的一处（周代 508，约 5.1 万平方米）位于遗址海拔最高处，坐落在一处显然是人为加工而成的台地之上，其下为一座现代小型水库。这种地形是本地区西周遗址的典型位置特征。另外，该遗址唯一发现东周陶片的地方也在这里，覆盖面积约 2 万平方米。

该遗址曾出土春秋时期青铜剑等兵器。[①]

126. 遗址名称: 朱家窑 -1（96R-ZuJY-1）（第 1 年）

区县: 东港　**村镇:** 朱家窑

所在地图: 联合村 [1-50-24-（17）]

时代及序号: 汉代 81

文化层: 无

描述: 遗址位于朱家窑以北约 200 米处的岭脊之上，海拔 56.6 米。遗址的北、东、西三面约 300 米，各有一座水库。遗址为一座汉代墓葬，已遭到严重破坏，其上挖有现代窖穴。在其东北约 100 米处有一座也已遭到破坏的明代墓葬。

二　胶南市

1. 遗址名称: 雹泉庙 -1（JN-BQM-1）（第 6 年）

区县: 胶南　**村镇:** 雹泉庙

所在地图: 井戈庄 [1-50-12-（59）]

时代及序号: 龙山 204 ～ 206，周代 430，**汉代** 513

文化层: 无

描述: 遗址位于雹泉庙村南，所在地形为丘陵，遗址位于岭顶及南向岭坡之上，海拔 20 ～ 25 米。遗址东距吉利河约 800 米。或许是因为附近多泉水的缘故，遗址有积水现象。调查时多为休耕地，也有麦田和大白菜地，并见一处小型采石场。遗址以汉代遗存为主，面积约 26.2 万平方米。东周遗存稍小，约为 16.2 万平方米，主要分布于北部并向西侧延伸。龙山陶片见于三处小的区域，其中位于西侧的两处为龙山早期，最大的一处面积为 3.1 万平方米。位于村南的一处为龙山中期，面积为 2.2 万平方米。

2. 遗址名称: 保子埠 -1（JN-BZB-1）（第 7 年）

区县: 胶南　**村镇:** 保子埠

所在地图: 井戈庄 [1-50-12-（59）]

时代及序号: 龙山 269、270，周代 559、560，汉代 735 ～ 737

文化层: 周代文化层

① 杨深富、胡膺、徐淑彬:《山东日照市周代文化遗存》,《文物》1990 年第 6 期。

描述： 遗址位于保子埠村南、吉利河以东约 200 米，所在地形为冲积层，地势平坦，海拔约 10 米。调查时遗址多为休耕地，遗址西部为桑园。陶片主要分布于道路两侧，向西一直延续到吉利河河堤，向南延续到距离蔡家村约 400 米处。陶片分为汉代、周代和龙山三个时代。尽管在东西约 700 米、南北约 600 米的范围内采集到陶片，但每个时代陶片在分布上却颇为稀疏，以至于单个时期陶片分布面积没有超过 8 万平方米者（龙山 269）。最大一处汉代陶片分布区面积为 6.8 万平方米，而两处周代陶片分布区大约均为 5 万平方米（都是西周大于东周）。在遗址东北部刚刚耕耘处发现周代文化层堆积一处（周代 560）。这些陶片分布区之间的距离大多在 100 米上下，因此，每个分区都是它们所在时期大型社区的一个组成部分。

3．遗址名称： 保子埠 -5（JN-BZB-5）（第 8 年）

区县： 胶南　**村镇：** 保子埠

所在地图： 井戈庄 [1-50-12-（59）]

时代及序号： 龙山 309，周代 638，汉代 855

文化层： 有

描述： 遗址位于保子埠村西北约 350 米，所在地形为冲积平地，地势平坦，海拔约 14 米。遗址西距吉利河河道约 250 米。调查时遗址多为休耕地，采集到龙山、周代（东周和西周）和汉代陶片。汉代和周代陶片分布面积为 1.7 万平方米，龙山时期稍小，约为 1.2 万平方米。另在村民新挖白菜窖的地方发现一处文化层堆积，土色浅灰。

4．遗址名称： 菜园 -4（JN-CJC-4）（第 7 年）

区县： 胶南　**村镇：** 蔡家村

所在地图： 井戈庄 [1-50-12-（59）]

时代及序号： 龙山 280，**周代 575，汉代 746**

文化层： 无

描述： 遗址位于蔡家村村南，西距吉利河约 100 米，所在地形为冲积平地，地势平坦，海拔约 12 米。调查时遗址为桑园、休耕地和小杨树林。陶片分布从村东南角一直延伸到河堤。遗存以汉代为主，面积 12.9 万平方米。周代遗存略小，为 11.2 万平方米，东周明显大于西周。龙山陶片只在遗址西部近河道处有极少发现，面积小于 5000 平方米。

5．遗址名称： 菜园 -1（JN-CY-1）（第 6 年）

区县： 胶南　**村镇：** 菜园

所在地图： 魏家湾 [1-50-24-（3）]

时代及序号： **汉代 530，**龙山 218，周代 444

文化层： 有

描述： 遗址位于菜园村南约 150 米，南部紧邻白马河一条西向的支流。所在地形为丘陵向平原过渡地带。遗址位于一处缓坡之上，地势稍稍隆起，海拔约 8 米。调查时遗址大多位于地势较高的苹果园内，但小部分向西延伸到路的另一侧。因果园内施肥挖沟，从沟的剖面上发现一处文化层堆积。该遗址虽然面积不大，但陶片分布密度较高。其中汉代遗存最为丰富，面积为 4 万平方米左右。其次为龙山，面积 3.2 万平方米。周代陶片数量较少。另外采集到石器 2 件。

6．遗址名称： 大沟 -1/4（JN-DG-1/4）（第 7 年）

区县： 胶南　**村镇：** 大沟

所在地图： 塔山店子 [1-50-12-（52）]

时代及序号： 龙山 258，周代 538，汉代 718

文化层： 汉代台基及墓葬

描述： 遗址位于大沟村北约 400 米，西北距白马河与一条支流汇合处（在西寺村）约 650 米。所在地形为丘陵向冲积层过渡地带上。遗址位于岭顶及缓坡上，最高处海拔约 61 米。调查时遗址为麦田或休耕地。龙山（早期和中期）、周代（西周大于东周）和汉代陶片在遗址上都有发现，分布面积也大致相当，大约在 13 万～16 万平方米。采集到龙山石器 1 件。该遗址最为重要的时期显然是在汉代。遗址上共发现 10 座土丘，高度在 1～3 米之间。其中位于东部地势高亢处的 3 座土丘，周围都有稀疏汉代陶片分布。另外 7 座成组分布于遗址南部的岭脊之上。因农耕等活动，土丘遭到不同程度的削减。从暴露出的断面上可以观察到夯土痕迹，并有少量汉代或周代陶片包含其中。这些土丘看来并非全属汉墓，也有可能为某种特殊功能的台基，而且时代上或要早于汉代（彩版二二，1）。

这条地处白马河拐弯处的岭脊上也有许多其他龙山、周代和汉代遗址分布，尤其以汉代遗址分布最为集中，至少有十余处，包括大沟 -9（JN-DG-9/10）、南寺 -1/2/4（JN-NS-1/2/4）、塔山 -5/6/7（JN-TS-5/6/7/10/11），以及西南方约 450 米处的汉墓遗址塔山 -4（JN-TS-4）成群分布，将这些汉代遗址面积整合计算，面积至少在 95 万平方米。汉代遗址之外，这条岭脊上也发现有许多龙山和周代遗址。显然，从龙山到汉代，此地一直是人看稠密地区，到汉代成为高峰。即使仅仅把大沟 -1/4（JN-DG-1/4）和西寺 -1（JN-XS-1）等遗址的汉代面积作一统计，就几乎达到 150 万平方米，显然是调查区域内主要汉代中心。

7．遗址名称： 丁家柳沟 -3（JN-DJLG-3）（第 13 年）

区县： 胶南　**村镇：** 丁家柳沟

所在地图： 后坡楼 [1-50-12-（58）]

时代及序号： 龙山 539，周代 1202，汉代 1661

文化层： 多处龙山层堆积

描述： 遗址位于丁家柳沟村东南，所在地形为冲积层，地表稍微隆起，海拔约 35 米。遗址从村子南缘向外延伸大约 500 米，分处于柏油路东西两侧。调查时遗址上可见白菜地、麦田、休耕地和杨树林。遗址的最近水源为横跨遗址南部的一条小河。从柏油路路沟上观察到一处龙山文化层堆积，剖面上可看到包含有龙山陶片的灰坑和平整的活动面遗迹（彩版二二，2），并采集磨制石器 1 件。遗址地表上龙山陶片分布密集，并采集到多件石器，包括镞 2 件、刀 1 件、磨石 2 件等。从地表遗物观察，遗存最丰富的地方在柏油路以东，柏油路以西遗物相对较少。龙山遗存总的分布面积为 13.9 万平方米（早期大于中期），但遗址向北可能已为村子所压。另外，在路东采集到周代陶片（东周多于西周），面积约为 8.1 万平方米。少量汉代陶片主要分布于遗址中部，跨越柏油路两侧。

8.遗址名称: 董家洼 -4（JN-DJW-4）（第 4 年）

区县: 胶南　**村镇:** 董家洼

所在地图: 董家洼 [1-50-12-（57）]

时代及序号: **龙山** 122，**周代** 176，**汉代** 206

文化层: 龙山文化层

描述: 遗址位于董家洼村南，地处两条小河之间（小河均南向流入狄家河水库）。所在地形为丘陵，海拔约 69 米（彩版二三，1）。遗址跨越若干块梯田，调查时种植小麦，或为休耕地。遗址平坦处有一座养鸡场。遗址以龙山遗存（早、中期）为主，面积约为 3.9 万平方米。在菜窖剖面和梯田剖面上观察到若干处龙山文化层堆积，内含红烧土块等，并采集到 1 件石器。在遗址西部发现有东周和汉代遗存，分布面积不足 1 万平方米。

9.遗址名称: 大岚 -1（JN-DL-1）（第 6 年）

区县: 胶南　**村镇:** 大岚

所在地图: 邵家岚 [1-50-24-（11）]

时代及序号: **周代** 457、458，**汉代** 549

文化层: 无

描述: 遗址位于大岚村西和村南，向南延伸至海边的鱼塘。所在地形为丘陵向冲积层过渡地带，海拔 6～10 米，东距海岸线约 500 米。遗址局部为村庄所占压。遗址及周围为农田，也有几处采石场。向西约 300 米有一条小河，是遗址最近的水源。汉代遗存面积为 26 万平方米，东周陶片分布于两个小的区域，面积均在 2 万平方米左右。

10.遗址名称: 大芦疃 -2（JN-DLT-2）（第 4 年）

区县: 胶南　**村镇:** 大芦疃

所在地图: 东潮河 [1-50-24-（1）]

时代及序号: **汉代** 1171

文化层: 汉墓

描述: 遗址位于大芦疃村西约 1100 米（在大芦疃、徐家洼和范家庄之间），所在地形为丘陵，海拔约 53 米。自然水源为向西约 400 米的一条小河。调查时遗址为休耕地。发现汉墓一座，已遭破坏，周围有少量陶片分布，面积不足 5000 平方米。

11.遗址名称: 东寺 -4（JN-DS-4）（第 13 年）

区县: 胶南　**村镇:** 东寺

所在地图: 塔山店子 [1-50-12-（52）]

时代及序号: **龙山** 536，**周代** 1225，**汉代** 1710

文化层: 无

描述: 遗址位于东寺村与驼沟村之间的一处缓坡地带上，延续约 700 米，海拔 19～24 米。遗址向南约 40 米有一条小河，向西约 700 米注入白马河。调查时遗址多为休耕地，并有少量白菜地和树木（彩版二三，2）。遗址发现有龙山、周代（东周和西周）和汉代等不同时期的遗存。汉代陶片多集中在遗址南部，面积为 5.7 万平方米。东周时期遗存集中在东部，面积约 3.9 万平方米。西周遗存则发现于遗址西部，面积为 3.6 万平方米。龙山陶片多发现于北部，面积 6.1 万平方米，因陶片细碎，所属期段不明。

驼沟遗址为当地文物部门发现，界定面积为 6 万平方米，与此次调查所得数据基本相符。现为胶南市文物保护单位。[①]

12.　遗址名称: 东寺 -11（JN-DS-11）（第 13 年）

区县: 胶南 **村镇:** 东寺

所在地图: 塔山店子［1-50-12-（52）］

时代及序号: 汉代 1715

文化层: 汉墓

描述: 遗址位于东寺村东北约 900 米，驼沟村西北 650 米，白马河以南 450 米。遗址处在丘陵岭顶的西北方，海拔 33 米。调查时遗址为休耕地。遗址由 2 座汉墓组成，因常年耕种，土丘面积和高度已大为缩小（彩版二四，1）。这些夯土土丘应为驼沟 -1（JN-TG-1）和驼沟 -6（JN-TG-6）两处汉墓群的组成部分。三处墓群均位于同一丘陵的缓坡上，在分布上呈三角形，其间距离均约350 米。

13.　遗址名称: 大石河口 -3（JN-DSHK-3）（第 4 年）

区县: 胶南 **村镇:** 大石河口

所在地图: 卢家官庄［1-50-24-（2）］

时代及序号: 大汶口 2，龙山 140，**周代 229**，汉代 273

文化层: 无

描述: 遗址位于大石河口村南水库东北角，所在地形为冲积层，地势稍稍隆起，海拔约 29 米。遗址向北延伸至距离村庄东南角约 150 米，向南延伸至水库东侧的一条小河处。调查时遗址多为麦田或休耕地。遗址以周代遗存为主。东周时期面积为 3.5 万平方米，西周时期为 3.1 万平方米。龙山和汉代遗存面积稍小，分别为 2.3 万平方米和 2.7 万平方米。另外采集到少量大汶口文化陶片，面积不足 5000 平方米。因耕地暴露出几块红烧土和炼渣，时代未明。

14.　遗址名称: 丁石桥 -2（JN-DSQ-2）（第 13 年）

区县: 胶南 **村镇:** 丁石桥

所在地图: 花根山［1-50-12-（51）］

时代及序号: 龙山 528，周代 1170

文化层: 龙山文化层堆积

描述: 遗址位于丁石桥村东南，南距白马河约 650 米，所在地形为冲积平地，地势平坦，海拔20 米左右。陶片分布直至村东头房舍，因此可以肯定遗址延伸到村庄之下。陶片分布区域从村头向东南和正东各约 200 米，延伸至一条现代水渠为止。调查时遗址为休耕地或麦田。因耕地，局部暴露出深灰色文化层，内含龙山陶片，并采集到石器 1 件。龙山陶片遍布遗址（早、中期），分布面积约 3.1 万平方米。遗址西部靠近村庄的部分发现有西周陶片分布，面积为 1.4 万平方米。

----

① 国家文物局主编:《中国文物地图集·山东分册》，上册第 150、151 页，下册第 109 页，中国地图出版社，2007 年。

15．遗址名称： 东十字路 -7（JN-DSZL-7）（第 13 年）

区县： 胶南　**村镇：** 东十字路

所在地图： 花根山 ［1-50-12-（51）］

时代及序号： 汉代 1696

文化层： 汉墓

描述： 遗址位于东十字路村东北约 400 米，南距公路大约也是 400 米的距离。所在地形为丘陵岭脊，海拔 72 米。遗址由 4 座汉墓组成，面积约为 75×75 平方米。尽管没有采集到陶片，但从土丘形状和它们所处位置判断，仍可判断为汉墓。在同一岭脊之上分布有与此类似的汉墓遗迹，其中的一座大型汉墓金头岭 -7（JN-JTL-7）分布位置靠近地势较低的位置。4 座汉墓中有 1 座因耕地削减已不明显，另外 3 座也已有不同程度破坏，其目前的高度均在 2 米以下。

16．遗址名称： 凤墩村 -1（JN-FDC-1）（第 6 年）

区县： 胶南　**村镇：** 凤墩村

所在地图： 井戈庄 ［1-50-12-（59）］

时代及序号： 龙山 208～211，周代 433、434，**汉代** 517

文化层： 汉代文化层

描述： 遗址位于凤墩村的北、东、南侧，并为村子所压，东临吉利河。所在地形为冲积平地，海拔约 8～9 米。遗址向北延伸至侯家洼，向西延伸至东丁家庄。因水位较高，遗址上多有积水。调查时遗址为菜园、果园和麦田等，间有少量休耕地（彩版二四，2）。遗址以汉代遗存为主，面积达 94.5 万平方米。在村子以东、遗址的南缘，有一处高约 1 米的台基，可能与凤墩村村名有关。再向南，大约在王董村以北 100 米处，发现文化层堆积一处，距地表大约 0.3 米。东周时期遗存面积有所减小，陶片分布相对稀疏。我们将其分为两个区域，村北的一处（周代 433）稍大，面积为 54.2 万平方米。村南的一处（周代 434）较小，面积为 15.4 万平方米。东周时它们应属同一社区。西周遗存范围则要小得多。龙山遗存范围也不大，其中村北一处（龙山 209）面积 32.6 万平方米，龙山早期大于中期。村南一处则只有 5 万平方米。另外在遗址最北部也有一处小的分布，面积不足 5 万平方米。

17．遗址名称： 耿家岚 -1（JN-GJL-1）（第 6 年）

区县： 胶南　**村镇：** 耿家岚

所在地图： 邵家岚 ［1-50-24-（11）］

时代及序号： 周代 459，**汉代** 548

文化层： 无

描述： 遗址位于耿家岚村西，白马河东北约 300 米处。所在地形为冲积平地，地势明显隆起，海拔约 10 米。遗址上有的地方裸露出岩层，土壤沙性较大。调查时遗址附近有一处养鸡场，其他部分都是农田。遗址向西、向南延伸至鱼塘。汉代遗存为主（东汉稍大于西汉），面积 7.4 万平方米。东周遗存位于遗址中部，面积则只有不足 2 万平方米。

18．遗址名称： 郭家桥 -5（JN-GJQ-5）（第 4 年）

区县： 胶南　**村镇：** 郭家桥

所在地图: 卢家官庄　[1-50-24-（2）]

时代及序号: 龙山 146，**周代 237，汉代 359**

文化层: 汉墓

描述: 遗址位于郭家桥村东北约 500 米、贾王墩村东南约 400 米处。所在地形为冲积层，地势稍微隆起，海拔 9 米。向东约 150 米有一条现代水渠。现为农田。遗址以东周遗存为主，面积 3.8 万平方米。在遗址中部地势最高处有 1 座汉墓，在汉墓周围采集到汉代和龙山陶片。龙山和汉代遗存面积均不足 1 万平方米。

19．遗址名称: 皇姑墩岭 -3（JN-HGDL-3）（第 7 年）

区县: 胶南　**村镇:** 皇姑墩岭

所在地图: 萧家洼　[1-50-12（60）]

时代及序号: 龙山 267，周代 556、557，汉代 776

文化层: 龙山和汉代文化层

描述: 遗址位于皇姑墩岭村南约 350 米，南侧紧靠一座现代水库。所在地形为丘陵缓坡和冲积层，海拔约 40 米。遗址上有几条冲沟通向水库。调查时遗址为麦田或休耕地（彩版二五，1）。从冲沟断面可观察到几处文化层堆积，包括两处龙山文化层堆积（早期多于中期）。尽管采集到的陶片分布面积有限，但考虑到遗址多被水库所破坏或覆盖在水面之下，遗址实际面积要大些。龙山陶片覆盖面积不超过 1 万平方米。汉代文化层堆积发现于水库附近，陶片覆盖面积为 5 万平方米。周代遗存发现于两个小的范围内，均位于遗址北缘，面积均不足 5000 平方米。

20．遗址名称: 后岚 -1（JN-HL-1）（第 6 年）

区县: 胶南　**村镇:** 后岚

所在地图: 邵家岚　[1-50-24-（11）]

时代及序号: 周代 450，**汉代 558**

文化层: 无

描述: 遗址位于后岚村北 50 米处，所在地形为丘陵缓坡向沿海冲积层过渡地带上，海拔约 45 米。遗址东侧有一条小溪流过。遗址现为农田，调查时多种植小麦。遗址以汉代遗存为主，面积 15.6 万平方米。东周陶片分布稀疏，面积约为 9.9 万平方米。

21．遗址名称: 后老窝 -2（JN-HLW-2）（第 4 年）

区县: 胶南　**村镇:** 后老窝

所在地图: 后坡楼　[1-50-12-（58）]

时代及序号: 周代 213，汉代 293

文化层: 无

描述: 遗址位于后老窝村西，所在地形为丘陵，海拔约 50 米。遗址西北侧有一条小溪流过。调查时遗址为休耕地或麦田。共发现周代（东周和西周）和汉代两个时期的遗存。东周遗存的面积为 6.2 万平方米，汉代遗存为 4.9 万平方米。西周遗存面积甚小，不足 1 万平方米，位于村子的东北角处。

22. 遗址名称: 海青 -3（JN-HQ-3）（第 4 年）

区县: 胶南 　**村镇:** 海青

所在地图: 卢家官庄 [1-50-24-（2）]

时代及序号: 周代 221，**汉代** 280

文化层: 汉墓

描述: 遗址位于海青镇东南约 700 米处一条小河的东岸，向北约 300 米有一座水库。所在地形为冲积平地，地势稍稍隆起，海拔约 31 米。调查时遗址为麦田。汉代陶片分布密集，集中在约 3200平方米的范围内，可能为汉墓所在。另外采集到少量东周时期陶片。

23. 遗址名称: 海青 -10（JN-HQ-10）（第 4 年）

区县: 胶南 　**村镇:** 海青

所在地图: 后坡楼 [1-50-12-（58）]

时代及序号: **龙山** 137，周代 206

文化层: 龙山文化层堆积

描述: 遗址位于海青镇以东约 800 米处，东侧紧邻一条现代水渠（向南流入潮河）。所在地形为冲积层，地势稍稍隆起，海拔 25 米。调查时遗址上为苹果园（彩版二五，2）。龙山陶片较多，包括龙山早期和中期，覆盖面积为 2.8 万平方米。在菜窖的剖面发现几处龙山文化层堆积，土色灰黑，采集磨光石器 1 件。东周遗存面积较小，只有 1.4 万平方米。另外从地表采集到冶炼铁渣，时代未明。

24. 遗址名称: 井戈庄 -11（JN-JGZ-11）（第 7 年）

区县: 胶南 　**村镇:** 井戈庄

所在地图: 井戈庄 [1-50-12-（59）]

时代及序号: **龙山** 281，周代 585，汉代 758

文化层: 无

描述: 遗址位于荆各庄以西约 100 米，靠近白马河东岸河堤。所在地形为冲积平地，地势平坦，海拔约 10 米。调查时遗址多为休耕地，间以麦田和养鸡场（彩版二六，1）。遗址面积不大，但陶片分布密度却较高，主要包括汉代、周代（东周和西周）和龙山（早期和中期）等不同时期的遗存。三者的面积分别为 3.5 万平方米、3 万平方米和 1.5 万平方米。采集到龙山石器 1 件。

该遗址为当地文物部门发现，但界定面积仅为 2500 平方米，[①]与这次调查数据差别较大。

25. 遗址名称: 姜家村 -1（JN-JJC-1）（第 2 年）

区县: 胶南 　**村镇:** 姜家村

所在地图: 后显沟 [1-50-24-（20）]

时代及序号: 龙山 78，周代 49，**汉代** 48

文化层: 无

描述: 遗址位于姜家村村东南约 400 米，西南方约 1400 米为潮河的一条支流。所在地形为冲积层，地势隆起，海拔约 20 米。调查时遗址为休耕地和麦田（彩版二六，2）。遗址以汉代遗存为主，

① 国家文物局主编:《中国文物地图集・山东分册》，上册第 150、151 页，下册第 109 页，中国地图出版社，2007 年。

面积为 2.3 万平方米。遗址东部有汉墓 1 座（村民称之为灰古堆）。另在遗址西部发现稀疏的龙山和周代陶片，面积分布为 1.2 万平方米和 5000 平方米。

26. 遗址名称: 吉利河 -1（JN-JLH-1）（第 8、13 年）
区县: 胶南　**村镇:** 吉利河
所在地图: 花根山　[1-50-12-（51）]
时代及序号: 龙山 314，周代 527，**汉代 848**
文化层: 无
描述: 遗址位于吉利河村东约 100 米，向北延伸到柏油路之下，向西约 800 米处为吉利河主河道。所在地形为吉利河与白马河之间的丘陵缓坡和冲积层交汇地带，海拔 20～25 米。调查时遗址为休耕地、麦田、桑林、杨树林等。遗址以汉代遗存为主，面积 12.8 万平方米。东周陶片分布于遗址北缘，面积 4.5 万平方米。龙山陶片发现于遗址东部，面积不足 5000 平方米。

该遗址的汉代遗存应属于包括王庄 -3（JN-WZ-3）在内的汉代较大型社区的一部分，后者位于吉利河村东南缘，距此向南只有 100 余米。遗址或为村庄所压，因为在第 13 年的调查时在吉利河村的西北部也发现有汉代陶片。就在遗址北部的岭脊上，分布有一系列的汉墓遗存如吉利河 -4/5/6/8（JN-JLH-4/5/6/8），它们应与本遗址有关。

27. 遗址名称: 吉利河 -4/5/6/8（JN-JLH-4/5/6/8）（第 13 年）
区县: 胶南　**村镇:** 吉利河
所在地图: 花根山　[1-50-12-（51）]
时代及序号: 汉代 1730、1729、1732、1731
文化层: 汉墓
描述: 在第 13 年的调查中，我们共发现并记录了 5 处汉墓遗存，它们均处在吉利河遗址以北丘陵缓坡之上，海拔高度为 30～35 米。其中，3 处位于吉利河 -4/5/6（JN-JLH-4/5/6）遗址群以南，2 处在吉利河 -8（JN-JLH-8）遗址以北。据村民告知，这种坟丘过去共有 9 座，因常年耕种和剥蚀，有些在地表上已经不显（彩版二七，1）。即使目前可以观察得到，其高度也已大为降低。编号为吉利河 -5（JN-JLH-5）的一座墓葬属于胶南市文物保护单位，墓前立有保护标志。这些墓的周围有时会发现汉砖。在吉利河村南一座小桥附近看到两通石刻，上面刻有菱形网状纹，据说来自附近的土丘。从石刻形制和纹饰判断，时代为汉代。这些墓葬看来与吉利河 -1（JN-JLH-1）这一大型汉代遗址有关。这些汉墓分布于同一条岭脊之上，它们包括东十字路西北岭脊上的 4 座（JN-DSZL-7），以及编号为金头岭 -3/6/7（JN-JTL-3/6/7）的 4 座。

28. 遗址名称: 吉湄村 -1（JN-JMC-1）（第 7 年）
区县: 胶南　**村镇:** 吉湄村
所在地图: 井戈庄　[1-50-12-（59）]
时代及序号: 龙山 268，周代 558，汉代 734
文化层: 无
描述: 遗址位于吉湄村村南、村东和村北，盛水河以南约 150 米，所在地形为冲积层，地表隆起，海拔约 15 米。遗址东北约 400 米处为盛水河与吉利河的交汇处。调查时遗址为休耕地，局部为村子所压。遗址以汉代遗存为主，面积为 4.2 万平方米。周代（东周大于西周）遗存分布面积为 1.8 万平方米。龙山陶片发现较少，面积不足 1 万平方米，但却采集石器 2 件，推测为龙山时代。

29．遗址名称： 金头岭 -3/6/7（JN-JTL-3/6/7）（第 13 年）
区县： 胶南　**村镇：** 金头岭
所在地图： 花根山 [1-50-12-（51）]
时代及序号： 汉代 1728、1727、1724
文化层： 汉墓
描述： 遗址位于金头岭村北和东北，所在地形为丘陵，海拔 35～50 米。最大的一座墓葬为 JTL-7，紧靠新修公路的南侧，向东约 600 米是一条现代水渠。据测量，该墓葬底部长宽为 25×25 平方米。向东距此约 200 米缓坡的下方，可能为另一座墓葬。在 JN-JTL-3 遗址，还有另一座保存较好的汉墓，地点位于金头岭村西北约 500 米处的岭顶上。在金头岭 -6（JN-JTL-6）遗址，另外还有两座汉墓位于金头岭东北部，但性质并不十分肯定。在这些墓葬附近往往可以采集到零星汉代陶片。看来，这些墓葬应该属于本区大型汉代遗址群的组成部分，它们包括北部的东十字路墓群（JN-DSZL-1）、西部的吉利河墓群（JN-JLH-4/5/6/8）和东部的驼沟墓群（JN-TG-1/6）等。它们都是第 13 年调查所获。另外，在第 7 年的调查中，在白马河另一侧的丘陵上还发现了大沟 -1/4（JN-DG-1/4）和七古墩 -1（JN-QGD-1）等墓葬群。

30．遗址名称： 贾王墩 -2/ 莲花前 -1（JN-JWD-2/LHQ-1）（第 4 年）
区县： 胶南　**村镇：** 贾王墩 / 莲花前
所在地图： 卢家官庄 [1-50-24-（2）]
时代及序号： **龙山** 142，**周代** 233，汉代 266～268
文化层： 龙山和周代文化层
描述： 遗址从贾王墩村北开始，向北延伸约 150 米至小石河口村，向西北延伸 350 米至莲花前村。所在地形为冲积平地，地表稍稍隆起，海拔约 25 米。一条自北向南流的小河纵贯遗址中部。调查时遗址为休耕地或麦田。遗址以龙山遗存为主（尤以龙山早期为主，龙山中期面积已很小），面积为 52 万平方米。周代（西周及东周）遗存面积为 56 万平方米。遗址上有汉墓 2 座（[#]267 及 [#]268，彩版二七，2），但汉代陶片稀少。其中一座（[#]268）有台基，因耕地暴露出夯土堆积。汉代居址应该位于该遗址的东部，与其他几处遗址如郭家桥 -5（JN-GJQ-5）、贾王墩 -5/6（JN-JWD-5/6）以及小石河口 -2（JN-XSHK-2）等属于同一社区。

　　该遗址为当地文物部门发现。[①]

31．遗址名称： 贾王墩 -5（JN-JWD-5）（第 4 年）
区县： 胶南　**村镇：** 贾王墩
所在地图： 卢家官庄 [1-50-24-（2）]
时代及序号： 汉代 358
文化层： 汉墓

---

① 国家文物局主编：《中国文物地图集·山东分册》，上册第 150、151 页，下册第 109 页，中国地图出版社，2007 年。

描述：遗址位于贾王墩村东南约 400 米两条南北向河流之间的区域。遗址所在地形为冲积层，地势稍隆起，海拔 11 米。调查时遗址为麦田或休耕地。遗址性质为汉墓，规模较小。向北约 200 米为另一座汉墓即贾王墩 -6（JN-JWD-6）遗址。它应与贾王墩 -2（JN-JWD-2）、郭家桥 -5（JN-GJQ-5）、贾王墩 -5（JN-JWD-5/6）以及小石河口 -2（JN-XSHK-2）等汉墓组成同一大的汉墓群。

32．遗址名称：贾王墩 -6（JN-JWD-6）（第 4 年）

区县：胶南　**村镇：**贾王墩 / 莲花前

所在地图：卢家官庄 ［1-50-24-（2）］

时代及序号：汉代 357

文化层：汉墓

描述：遗址位于贾王墩村东南约 150 米两条南北向河流之间的区域。遗址所在地形为冲积平地，地势稍隆起，海拔约 16 米。调查时遗址为休耕地。遗址性质为汉墓，破坏严重。向北约 200 米为另一座汉墓即贾王墩 -5（JN-JWD-5）遗址。它应与贾王墩 -2（JN-JWD-2）、郭家桥 -5（JN-GJQ-5）、贾王墩 -5/6（JN-JWD-5/6）以及小石河口 -2（JN-XSHK-2）等汉墓组成同一大的汉墓群。

33．遗址名称：柳行大庄 -3（JN-LHDZ-3）（第 8 年）

区县：胶南　**村镇：**柳行大庄

所在地图：花根山 ［1-50-12-（51）］

时代及序号：龙山 303，岳石 7，**周代** 639，汉代 863

文化层：无

描述：遗址位于柳行大庄村南约 500 米道路的西侧。所在地形为冲积平地，海拔约 15 米。东南距白马河转弯处约 700 米。调查时遗址为麦田、白菜地和休耕地。遗址以龙山遗存（龙山早期大于中期）和周代遗存（东周和西周）为主，面积均为 5.7 万平方米。岳石文化陶片仅发现于遗址西部，汉代陶片则发现于东部。该遗址东距另一处大型龙山遗址西寺只有 400 米左右，二者应同属于一个大型社区。

34．遗址名称：梁家罗川 -1（JN-LJLC-1）（第 2 年）

区县：胶南　**村镇：**梁家罗川

所在地图：丹土村 ［1-50-24-（9）］

时代及序号：龙山 50，周代 43～45，汉代 42

文化层：无

描述：遗址位于梁家罗川村南 100 米、两城镇遗址（JN-LCZ-1）以北 200 米处，东部紧邻北小河。所在地形为冲积层，海拔约 15 米。遗址及周围为麦田。遗址以龙山（早期和中期）遗存为主，面积 21 万平方米。汉代遗存面积约为前者的一半（9.7 万平方米）。周代（只有西周）陶片分布稀疏，面积不足 5000 平方米。

35．遗址名称：庙后 -1（JN-MH-1）（第 7 年）

区县：胶南　**村镇：**庙后

所在地图：沙岭子 ［1-50-24-（4）］

时代及序号: 周代 609,汉代 828

文化层: 无

描述: 遗址位于庙后村西和村北、崖下上庄村南、村西和村北。所在地形为冲积平地,地势平坦,海拔约 8 米。遗址以南不足 100 米为一条小河。调查时遗址为麦田或休耕地。汉代遗存可能延伸到两个村庄之下,面积至少为 8.5 万平方米。周代遗存(东周及西周)面积较小,约为 3.5 万平方米,主要分布于庙后村以西。该遗址在汉代应与公路以北的西庄 -1(JN-XZ-1)遗址属于同一大的社区。

36.遗址名称: 玛琥沟 -1(JN-MHG-1)(第 4 年)

区县: 胶南　**村镇:** 玛琥沟

所在地图: 董家洼 [1-50-12-(57)]

时代及序号: 周代 190,汉代 960

文化层: 无

描述: 遗址位于玛琥沟村北约 100 米,东北距潮河河道上的狄家河水库约 200 米。所在地形为冲积平地,地势稍稍隆起,海拔约 41 米。调查时遗址为麦田,一条小河将遗址分为两部分。遗址以西周遗存为主,陶片主要分布在村北,面积约 5000 平方米。

37.遗址名称: 南寺 -5/6/8(JN-NS-5/6/8)(第 7 年)

区县: 胶南　**村镇:** 南寺

所在地图: 塔山店子 [1-50-12-(52)]

时代及序号: 龙山 245～248,周代 530、531,**汉代** 709

文化层: 汉代文化层

描述: 遗址位于白马河支流以南 20 米,遗址南缘紧邻一条很深的冲沟。所在地形为丘陵向冲积层的过渡地带,海拔 25～45 米。调查时遗址大多为休耕地或麦田,近河处则为白菜地。最初我们将陶片采集区编为三个遗址,但在分析陶片后发现,至少在汉代时期,三个陶片分布区实际上为同一处遗址。汉代遗存面积大约为 16.4 万平方米。在遗址北部近河处的菜地里,观察到一处汉代文化层,内含汉代陶片和砖块等遗物。周代陶片分布稀疏,分为两个采集区,其中北部的一处稍大,面积为 10.5 万平方米(共采集 34 件陶片。以东周为主,西周陶片非常少)。龙山陶片则更少,可分为4 个采集区,其中最大的一处为 3.2 万平方米。

38.遗址名称: 南辛庄 -2(JN-NXZ-2)(第 6 年)

区县: 胶南　**村镇:** 南辛庄

所在地图: 卢家官庄 [1-50-24-(2)]

时代及序号: 汉代 493

文化层: 汉墓

描述: 遗址位于南辛庄村西约 300 米,西侧紧邻一条南向流入海湾的现代水渠。所在地形为丘陵与冲积层交汇处,海拔约 14 米。调查时遗址为麦田。遗址为汉墓,因常年耕地,地表已不显。

39.遗址名称: 南辛庄 -4(JN-NXZ-4)(第 6 年)

区县: 胶南　**村镇:** 南辛庄

所在地图: 卢家官庄 [1-50-24-（2）]

时代及序号: 汉代 482

文化层: 汉墓

描述: 遗址位于南辛庄西南约 700 米，西侧紧邻一条南向流入海湾的现代水渠。所在地形为丘陵低处一处山嘴，其下即为冲积层。海拔 14 米。调查时遗址为休耕地。遗址为汉墓，因常年耕地，地表已不显。另外采集到少量东周陶片。

40.　遗址名称: 前曹场 -1（JN-QCC-1）（第 6 年）

区县: 胶南　**村镇:** 前曹场

所在地图: 魏家湾 [1-50-24-（3）]

时代及序号: 周代 442，**汉代** 527

文化层: 无

描述: 遗址位于前曹场村西约 300 米，西距白马河约 150 米，所在地形为冲积层，地势隆起，海拔 12 米。调查时遗址为休耕地。以汉代遗存为主，面积为 7.4 万平方米。东周陶片仅发现于遗址北部，面积为 3 万平方米。

41.　遗址名称: 青墩 -1（JN-QD-1）（第 4 年）

区县: 胶南　**村镇:** 青墩

所在地图: 董家洼 [1-50-12-（57）]

时代及序号: 周代 205，**汉代** 244

文化层: 无

描述: 遗址位于青墩村北约 300 米，所在地形为丘陵岭顶及坡地，海拔约 50 米。地处两条小溪之间。调查时遗址多为休耕地，间以麦田。以汉代遗存为主，面积约 6.45 万平方米。东周时期遗存较小，面积为 1.8 万平方米，主要位于遗址东部。该遗址的汉代遗存可能属于青墩 -3/4（JN-QD-3/4）所组成的社区的一部分。

42.　遗址名称: 青墩 -3（JN-QD-3）（第 4 年）

区县: 胶南　**村镇:** 青墩

所在地图: 董家洼 [1-50-12-（57）]

时代及序号: 汉代 242

文化层: 无

描述: 遗址位于青墩村西北部，所在地形为丘陵，海拔约 36 米。遗址东部被一砖厂所占压，且已遭破坏。遗址以西约 400 米，有一条小河。向北约 125 米有另一条小溪（注入狄家河水库），它们均应为遗址的自然水源。调查时遗址为休耕地或麦田。汉代陶片分布面积约为 7.7 万平方米。遗址实际面积应大些，可能与青墩 -1/4（JN-QD-1/4）遗址组成了较大的汉代社区的一部分。

43.　遗址名称: 七古墩 -1（JN-QGD-1）（第 7 年）

区县: 胶南　**村镇:** 七古墩

所在地图: 肖家洼 [1-50-12（60）]

时代及序号: 汉代 801

文化层: 汉代文化层及汉墓

描述: 遗址位于一条被当地人称之为"七古墩"的丘陵岭脊的顶部,海拔约68米。岭顶位于肖家洼村南约1100米、冯家官庄村西约1150米、汪山东北约1200米处。遗址由岭顶上的7座汉墓组成(彩版二八,1)。其中较大的一座遭到严重破坏,另外几座也遭到不同程度的破坏。破坏主要是盗掘(有盗洞为证),也有的是村民取土所致。有几座汉墓高度至今仍在3米以上。在墓群以北的一处果园里,因取土暴露出一处文化层堆积,土色浅灰,内含大量汉代陶片。遗址本身面积不大,只有4.5万平方米。另外,在七姑墩所在岭脊的缓坡上,我们发现另一处具有文化层堆积的遗址汪山-7(JN-WS-7),后者无疑应与这组墓葬有关。不过,因坡地地表剥蚀过甚,除了文化层之外,陶片已难觅踪影。

44. 遗址名称: 前老窝-2(JN-QLW-2)(第4年)

区县: 胶南 **村镇:** 前老窝

所在地图: 后坡楼 [1-50-12-(58)]

时代及序号: 周代215,**汉代**291

文化层: 无

描述: 遗址位于前老窝村东约400米,所在地形为丘陵,海拔约69米。遗址上有采石场。向西约350米有一条小河,应是遗址最近的水源。调查时遗址为休耕地。汉代陶片分布较密集,面积为1.4万平方米,可能因为采石才被扰动到地表。东周遗存面积很小,不足5000平方米。

45. 遗址名称: 前老窝-5(JN-QLW-5)(第4年)

区县: 胶南 **村镇:** 前老窝

所在地图: 后坡楼 [1-50-12-(58)]

时代及序号: 汉代290

文化层: 汉墓

描述: 遗址位于前老窝村南约800米,所在地形为丘陵,海拔约76米。最近水源为西南方400米左右的一座小型水库。遗址仅有小型汉墓1座,可能与前老窝-2/3/6(JN-QLW-2/3/6)等遗址有关。

46. 遗址名称: 前毛家庄-3(JN-QMJZ-3)(第13年)

区县: 胶南 **村镇:** 前毛家庄

所在地图: 塔山店子 [1-50-12 (52)]

时代及序号: 周代1219,汉代1719

文化层: 有

描述: 遗址位于前毛家庄村西约50米,所在地形为冲积平地,海拔约20米。南距白马河约600米。调查时遗址为休耕地、麦田和白菜地。从菜窖断面上观察到汉代文化层。汉代陶片分布密集,但面积较小,仅为1.4万平方米。东周遗存只发现于遗址南部,面积约1.2万平方米。

47. 遗址名称: 前坡楼-1(JN-QPL-1)(第4年)

区县: 胶南 **村镇:** 前坡楼

所在地图： 后坡楼 [1-50-12-（58）]

时代及序号： 周代 211、212，**汉代** 300

文化层： 无

描述： 遗址位于前坡楼村南约 100 米，所在地形为冲积平地，地表稍隆起，海拔 31 米。遗址有两条小溪穿过，其中一条部分地构成遗址的南缘。遗址西侧约 350 米有一条潮河的支流，水流较大。调查时遗址为菜园、麦田和休耕地。遗址局部为梯田。以汉代遗存为主，面积为 12.6 万平方米。另有两处东周陶片分布区，分别位于遗址的东缘与西缘，面积均在 1 万平方米以下。

48. **遗址名称：** 双河 -2（JN-SH-2）（第 4 年）

区县： 胶南　**村镇：** 双河

所在地图： 董家洼 [1-50-12-（57）]

时代及序号： 龙山 128，周代 200，汉代 232

文化层： 汉墓

描述： 遗址位于双河村西南约 350 米，向北约 300 米有一条现代水渠。所在地形为丘陵及冲积层交汇处，海拔约 44 米。遗址上为梯田，但调查时为休耕地。几条小溪从遗址上穿过。遗址包括龙山早期、西周和汉代等不同时期的堆积，但每个时代的面积都不大，只有 1 万平方米左右，但在坡地汉代陶片分布较多的地方，存在有汉墓的迹象。

49. **遗址名称：** 双河 -11（JN-SH-11）（第 13 年）

区县： 胶南　**村镇：** 双河

所在地图： 董家洼 [1-50-12（57）]

时代及序号： 龙山 544，周代 1216，汉代 1635

文化层： 有

描述： 遗址位于双河村东和村北，所在地形为冲积层，地表稍稍隆起，海拔 40 米。遗址东部有一条小河，为马沟河的支流。遗址以北约 100 米有一条稍大的河道。遗址从村北向北方延伸约 400 米。调查时遗址为麦田或休耕地（彩版二八，2）。最为丰富的区域位于村北，我们在地表隆起处的一处断面上发现有文化层堆积，内含龙山及周代陶片。在地势稍低的西部，几乎没有发现陶片。据说此地经过取土，遗址可能已被破坏殆尽。遗址以前面积应该更大些，至少向西部是这样。遗址以周代遗存为主，东周面积稍大于西周，面积至少达 9.6 万平方米。龙山遗存（早期和中期）面积至少在 6.5 万平方米。汉代陶片分布稀疏，面积为 7.8 万平方米。采集到龙山石器 2 件。

50. **遗址名称：** 邵家岚 -1（JN-SJL-1）（第 6 年）

区县： 胶南　**村镇：** 邵家岚

所在地图： 邵家岚 [1-50-24-（11）]

时代及序号： 龙山 222，**汉代** 547

文化层： 汉墓

描述： 遗址位于邵家岚村西和村北，西南距白马河约 800 米。所在地形为丘陵向冲积层过渡地带，海拔 5～15 米。调查时遗址为麦田或休耕地。遗址东部被村庄所压。遗存以汉代为主，面积为 9.9 万平方米。村北地势较高处可能存在着已被破坏的汉墓，盗洞清晰可见。汉墓以北约 100 米处，有少量龙山陶片分布，面积不足 5000 平方米。

51.遗址名称: 石庙子村 -3（JN-SMZC-3）（第 2 年）

区县: 胶南 / 东港　**村镇:** 石庙子村

所在地图: 后显沟 ［1-50-24-（10）］

时代及序号: 岳石 5，**周代** 52，**汉代** 54

文化层: 无

描述: 遗址位于石庙子村东南约 100 米，所在地形为冲积平地，地势稍微隆起，海拔约 9 米。遗址恰处在公路南北两侧（主要在路南一侧。这条公路为胶南和东港的分界线。遗址以最近的胶南市村庄命名，尽管遗址的大部分处在东港境内）。遗址的北界为一条小溪。调查时遗址为麦田或休耕地。遗存以东周和汉代为主，面积为 8 万平方米。另采集到极少的岳石文化陶片，面积不足 5000 平方米。

52.遗址名称: 水泊子 -1（JN-SPZ-1）（第 4 年）

区县: 胶南　**村镇:** 水泊子

所在地图: 后坡楼 ［1-50-12-（58）］

时代及序号: 龙山 134，**周代** 203，汉代 235

文化层: 有

描述: 遗址位于水泊子村东约 100 米，靠近一条现代水渠的转弯处。所在地形为冲积平地，地势平坦，海拔约 33 米。调查时遗址为休耕地或麦田，局部为菜园。遗址包含有龙山、周代和汉代三个时期的遗存，但每个时期遗存面积都不足 1 万平方米。就陶片分布密度而言，以周代（东周多于西周）最为丰富。在一处菜窖断面上发现一处灰色文化层堆积，内含龙山和周代陶片。

53.遗址名称: 驼沟 -1/6（JN-TG-1/6）（第 13 年）

区县: 胶南　**村镇:** 驼沟

所在地图: 塔山店子 ［1-50-12（52）］

时代及序号: 汉代 1712、1714

文化层: 墓葬

描述: 这两处遗址位于驼沟村北一处丘陵的坡地上。其中驼沟 -6（JN-TG-6）处在东坡，驼沟 -1（JN-TG-1）位在南坡。每个遗址都由一座汉墓所组成。不过，我们判断其为汉墓，并非因为周围有汉代陶片分布，而是基于其形制和所处地理位置。这两座汉墓相距约 350 米，而且与其他处在西北方同一岭地上的两座汉墓东寺 -11(JN-DS-11) 相距也是约 350 米的距离。不过这一判断尚有待验证。

54.遗址名称: 驼沟 -4（JN-TG-4）（第 13 年）

区县: 胶南　**村镇:** 驼沟

所在地图: 塔山店子 ［1-50-12-（52）］

时代及序号: 龙山 537，周代 1224

文化层: 有

描述: 遗址位于驼沟村东北约 100 米，所在地形为丘陵坡地向冲积层的过渡地带，海拔约 32

米。遗址南侧靠近白马河的一条支流。处在冲积层的部分遗址高出河床，地表稍隆起，调查时为白菜地。处在山麓缓坡上的部分遗址为休耕地或麦田。在近河处的一处菜窖断面上发现有文化层堆积，土色黑灰。整个遗址都有龙山陶片分布，在分布面积上龙山早期略大于龙山中期，面积为 11 万平方米。周代和汉代遗存分布于遗址的西部。西周遗存位于冲积层，汉代遗存位于坡地之上。该遗址的龙山遗存看来与西部的东寺 -4（JN-DS-4）属于同一社区，是驼沟村将二者分割开来。

55. 遗址名称: 塔山 -4（JN-TS-4）（第 7 年）

区县: 胶南　**村镇:** 塔山

所在地图: 井戈庄［1-50-12-（59）］

时代及序号: 大汶口 9，龙山 262，周代 549，汉代 720、722

文化层: 龙山文化层、汉墓

描述: 遗址位于塔山镇北约 250 米，西距白马河不足 50 米。所在地形为冲积层，地表隆起，海拔 12～17 米。遗址的大部分处在两条小河之间，河水西向注入白马河。调查时遗址为麦田或休耕地。共分为 8 个采集区，均有较多的龙山、周代和汉代陶片分布。龙山遗存（早、中期）分布面积为 7.3 万平方米，因耕地在遗址北部暴露出含有龙山陶片的文化层或遗迹现象。此外还采集到龙山石器 1 件。周代遗存（东周略大于西周）分布面积为 7 万平方米。汉代遗存的分布面积为 6.5 万平方米。另外，在遗址北部近河处发现一座遭到严重破坏的汉墓遗迹，附近散落有汉砖和陶片等遗物。大汶口文化陶片只在 1 个采集区内发现。

56. 遗址名称: 汪山 -7（JN-WS-7）（第 7 年）

区县: 胶南　**村镇:** 汪山

所在地图: 肖家洼［1-50-12（60）］

时代及序号: 汉代 812

文化层: 有

描述: 遗址位于汪山村东北约 950 米，东侧紧靠一处流入水库的小河。所在地形为丘陵坡地，与七古墩处于同一丘陵之上，海拔约 45 米。小河河岸上有深灰色文化层暴露，内含汉代陶片。调查时遗址为休耕地。有陶片分布的遗址面积不足 5000 平方米。文化层堆积所在地距离另一处汉墓遗址七古墩 -1（JN-QGD-1）只有大约 400 米，显示出它们可能属于同一汉代大型社区。因坡地地表剥蚀严重，陶片已很难发现。在邻近的汪山 -7（JN-WS-7）遗址，也有几处很小的汉代陶片分布区。

57. 遗址名称: 王庄 -3（JN-WZ-3）（第 8 年）

区县: 胶南　**村镇:** 王庄

所在地图: 花根山［1-50-12-（51）］

时代及序号: 龙山 312、313，**汉代** 849

文化层: 无

描述: 遗址处在王庄和吉利河两个村子之间，具体说来，位于王庄村北约 100 米、吉利河村东南角以南的区域。遗址所在地形为丘陵坡地向冲积层过渡地带，海拔约 22 米。遗址向西约 250 米即为吉利河河道。陶片主要发现于休耕地、麦田和白菜地内。以汉代遗存为主，面积为 18 万平方米，陶片分布较为密集。在遗址西部近河处发现 2 个龙山陶片分布区。该遗址在汉代应与吉利河 -1

（JLH-1）遗址同属一个社区，后者在此以北约 100 米处。

58. **遗址名称：** 小店子 -3/5（JN-XDZ-3/5）（第 13 年）

区县： 胶南　**村镇：** 小店子

所在地图： 后坡楼 [1-50-12-（58）]

时代及序号： 周代 1210，汉代 1642

文化层： 界碑石

描述： 遗址位于小店子东北约 150 米，所在地形为丘陵底部的冲积层，海拔约 44 米。陶片多分布于一条现代水渠北侧，水渠以南有一经过雕琢的立石（彩版二九，1）（周围有汉代陶片分布），初步断定为汉代界碑石刻（此类立石在附近还有发现，如小店子 -6（JN-XDZ-6）和东桃园 -3（ZC-DTY-3）等）。诸城市和胶南市的现在分界线恰也在此附近，估计这一界限可以追溯至秦汉郡县制实行的时代，距今至少已有 2200 年的历史。该遗址汉代陶片分布面积很小，不足 1 万平方米。立石西北部发现较多周代（东周和西周）陶片，面积稍大于此。

59. **遗址名称：** 小店子 -6（JN-XDZ-6）（第 13 年）

区县： 胶南　**村镇：** 小店子

所在地图： 山东头 [1-50-12（49）]

时代及序号： 汉代 1725

文化层： 界碑石

描述： 遗址位于小店子村西北约 1000 米、后河东村东约 1100 米、日 - 诸公路以西约 500 米处。遗址地处丘陵岭顶，海拔约 31 米。遗址由一系列立石组成，有的有明显人工雕琢痕迹，非自然石可知。其中有两座立石较高，一座像侧视的马头形（彩版二九，2），其他三座稍矮。这些立石在岭顶上成排分布，周围多为休耕地。立石周围常见汉代陶片。它们应与附近的小店子 -3/5（JN-XDZ-3/5）和东桃园 -3（ZC-DTY-3）一样，属于汉代的界碑遗存。

60. **遗址名称：** 徐家官庄 -2（JN-XJGZ-2）（第 4 年）

区县： 胶南　**村镇：** 徐家官庄

所在地图： 卢家官庄 [1-50-24-（2）]

时代及序号： 汉代 276

文化层： 汉墓

描述： 遗址位于徐家官庄村西北约 300 米，向东约 400 米为山麓下的一条小河。所在地形为丘陵岭顶，海拔约 46 米。调查时遗址为休耕地。遗址由 2 座小型汉墓组成。

61. **遗址名称：** 徐家洼 -1（JN-XJW-1）（第 3 年）

区县： 胶南　**村镇：** 徐家洼

所在地图： 东潮河 [1-50-24-（1）]

时代及序号： 汉代 175

文化层： 汉墓

描述： 遗址位于徐家洼村西约 500 米，向西约 100 米有一条现代水渠。所在地形为丘陵坡地，海拔 28 米。遗址为 1 座汉墓，西距另 1 座汉墓遗址小芦疃 -5（JN-XLT-5）约 400 米。

62．遗址名称： 徐家洼 -4（JN-XJW-4）（第 3 年）

区县： 胶南 **村镇：** 徐家洼

所在地图： 后显沟 [1-50-24-（10）]

时代及序号： 龙山 93

文化层： 有

描述： 遗址位于徐家洼村东南约 650 米，西距一条大型现代水渠不足 50 米。所在地形为冲积平地，地表稍稍隆起，海拔约 10 米。据村民讲，遗址所在位置过去要高得多，因整平土地才成现在这样。调查时遗址为麦田和松树林。龙山陶片（只有中期）集中分布于 1.1 万平方米的范围内。灰黑色文化层或遗迹堆积在地表清晰可见，陶片也主要采自这些区域。

63．遗址名称： 肖家洼 -12（JN-XJWa-12）（第 7 年）

区县： 胶南 **村镇：** 肖家洼

所在地图： 肖家洼 [1-50-12（60）]

时代及序号： 汉代 792

文化层： 无

描述： 遗址位于肖家洼村西侧，南距白马河的一条支流不足 100 米，处在河道的转弯处。所在地形为冲积平地，地表隆起，海拔约 19 米。调查时遗址为休耕地。汉代陶片分布密集，面积为 4.6 万平方米。遗址向东延伸到村子之下。其他时代的陶片在村内及周围也有发现。该遗址汉代遗存应该属于更大社区的一部分，其他遗址还应包括肖家洼 -14（JN-XJWa-14，汉墓）和肖家洼 -16（JN-XJWa-16）等。

64．遗址名称： 肖家洼 -14（JN-XJWa-14）（第 7 年）

区县： 胶南 **村镇：** 肖家洼

所在地图： 肖家洼 [1-50-12（60）]

时代及序号： 周代 580，**汉代** 785

文化层： 汉墓

描述： 遗址位于肖家洼村北，大部分处在冲积层之上，地势平坦，海拔约 25 米。遗址东侧紧邻白马河的一条支流。调查时遗址为休耕地或麦田。遗存以汉代为主，面积为 9.4 万平方米。在遗址西北部最高处的缓坡上发现汉墓一座，墓葬南端紧靠一现代水渠。周代陶片（只是东周）分布于很小的区域内，面积不足 0.5 万平方米。遗址向南可能延伸到村子之下。遗址的汉代遗存推测与其他汉代遗址组成一更大的社区，这些遗址包括肖家洼 -12（JN-XWJa-12），也可能包括肖家洼 -16/21（JN-XJWa-16/21）等。

65．遗址名称： 徐家窑 -7（JN-XJY-7）（第 4 年）

区县： 胶南 **区县：** 徐家窑

所在地图： 东潮河 [1-50-24-（1）]

时代及序号： 龙山 138，**周代** 187，汉代 220、222

文化层: 龙山及周代文化层

描述: 遗址位于徐家要以北约 100 米,所在地形为丘陵坡地,海拔约 38 米。遗址北侧有一条小河穿过。调查时遗址为麦田,间以少部分休耕地和菜园(彩版三〇,1)。遗址以周代(东周与西周)遗存为主,面积为 3.7 万平方米。龙山(只有早期)陶片数量较少,分布面积为 2.7 万平方米。在遗址梯田断面观察到一处较薄的文化层堆积。汉代陶片集中发现于两个区域,均位于遗址最西侧坡地上端,面积均在 1 万平方米以下。

66. 遗址名称: 小芦疃 -5(JN-XLT-5)(第 3 年)

区县: 胶南　**村镇:** 小芦疃

所在地图: 东潮河 [1-50-24-(1)]

时代及序号: 汉代 174

文化层: 汉墓

描述: 遗址位于小芦疃村北约 400 米,所在地形为丘陵缓坡,海拔约 30 米。距遗址最近的自然水源是向西 200 米处在丘陵脚下的小河。遗存是一座汉墓,东距徐家洼 -1(JN-XJW-1)汉墓约 400 米。

67. 遗址名称: 修齐园 -4(JN-XQY-4)(第 2 年)

区县: 胶南　**村镇:** 修齐园

所在地图: 丹土村 [1-50-24-(9)]

时代及序号: **龙山** 54,周代 46,汉代 43

文化层: 无

描述: 遗址位于修齐园村北约 150 米,南距北小河不足 50 米。所在地形为冲积平地,地势平坦,海拔约 10 米。调查时遗址为休耕地和麦田,局部有塑料大棚。龙山早期和中期陶片分布相对集中,面积约为 5.2 万平方米。汉代陶片主要发现于遗址东部,面积 3.4 万平方米。周代遗存面积很小,不足 5000 平方米。

68. 遗址名称: 西寺 -1(JN-XS-1)(第 8 年)

区县: 胶南　**村镇:** 西寺

所在地图: 花根山 [1-50-12-(51)]

时代及序号: 大汶口 10,**龙山** 299,岳石 8～10,周代 644,汉代 858～861

文化层: 若干处

描述: 遗址面积很大,地点位于西寺村下,向南、向东延伸至刘家大庄。白马河在此拐弯并与一条东来的支流相交汇,遗址就位于白马河河湾内侧即河的西岸。所在地形为冲积层,地势明显隆起,海拔为 15 米。除了被西寺村占压之外,调查时遗址为休耕地、麦田、果园和菜地等。遗址延续的时间很长,从大汶口文化一直到汉代都有人居住。大汶口陶片只在遗址西北部较小的区域内有发现。龙山遗存面积最大,至少为 52 万平方米,龙山早期的面积可能还更大些。周代遗存为 50 万平方米。汉代陶片分布较为分散,其中最大的一处为 25 万平方米,不过若把整个采集区的面积相加,大约与周代遗存面积不相上下。除了陶片之外,还在两个采集区发现菱形纹饰的汉砖,显示遗址存在着汉代墓葬。岳石文化陶片分布也很零散,最大一处面积为 9 万平方米。陶片分布最丰富的区域在西寺村之下的高地上,大部分文化层也多存在于村子附近,比如村北和村西等(彩版三〇,2)。

发现文化层的采集区有 CAC、CAG、CAX、CABB 和 CACC。有的文化层厚度可达 1.5 米。CAC 和 CAG 采集区的文化层发现于白菜窖的断面上。CAX、CABB 和 CABB 采集区内的文化层邻近村子。村子里用土坯垒成的老房子，墙壁上的陶片和灰土清晰可见。村民还出示了几件龙山陶器，器形有陶碗和陶杯等，可能为墓葬出土（彩版三一，1）。

该遗址汉代遗存显然与河对岸东南方向丘陵上的土丘汉墓大沟 -1/4（JN-DG-1/4）关系密切。遗址无疑是本地区汉代区域中心所在。

该遗址为当地文物部门发现，现为青岛市文物保护单位。[①]

69. 遗址名称: 小石河口 -2（JN-XSHK-2）（第 4 年）

区县: 胶南　**村镇:** 小石河口

所在地图: 卢家官庄 [1-50-24-（2）]

时代及序号: 龙山 199，周代 232，汉代 269

文化层: 墓葬

描述: 遗址位于小石河口村东南约 550 米、贾王墩村东北 500 米处，东距一条现代水渠约 100 米。所在地形为冲积平地，海拔约 20 米。调查时遗址为休耕地或麦田。主要堆积为龙山、东周和汉代，面积约 1.8 万平方米。在遗址东部还发现汉墓一座，应与其他几处汉墓遗址如贾王墩 -2（JN-JWD-2）、郭家桥 -5（JN-GJQ-5）、贾王墩 -5/6（JN-JWD-5/6）等存在内在联系。

70. 遗址名称: 西王家柳沟 -1（JN-XWJLG-1）（第 6 年）

区县: 胶南　**村镇:** 西王家柳沟

所在地图: 后坡楼 [1-50-12-（58）]

时代及序号: 周代 424，汉代 507

文化层: 无

描述: 遗址位于西王家柳沟村东南约 400 米，向北约 300 米为盛水河上游河道。所在地形为丘陵，海拔约 45 米。调查时遗址及其周围为休耕地。遗址近旁高处有一小型采石场。遗址以周代（包括东周和西周）遗存为主，面积为 3.3 万平方米。汉代陶片仅在遗址西部有所发现。

71. 遗址名称: 西庄 -1（JN-XZ-1）（第 7 年）

区县: 胶南　**村镇:** 西庄

所在地图: 沙岭子 [1-50-24-（4）]

时代及序号: 龙山 286，**周代** 603，**汉代** 825、821

文化层: 无

描述: 遗址位于西庄和庙后村北一条公路的北侧，所在地形为丘陵向冲积层过渡地带的缓坡上，海拔在 20～25 米。遗址的西侧紧邻一条小溪。调查时遗址为休耕地或麦田。遗址以汉代和周代（东周略大于西周）遗存为主，面积分别为 19 和 18.5 万平方米。龙山陶片（只是早期）分布面积小得多，大约为 5.4 万平方米，主要位于遗址中部。汉代或东周遗存可能与公路以南的庙后（JN-MH-1）遗址属于同一社区，两个遗址为公路和两个村庄所割断。

---

① 国家文物局主编：《中国文物地图集·山东分册》，上册第 150、151 页，下册第 109 页，中国地图出版社，2007 年。

72. **遗址名称:** 殷家庄 -2（JN-YJZ-2）（第 6 年）

区县: 胶南　**村镇:** 殷家庄

所在地图: 卢家官庄 [1-50-24-（2）]

时代及序号: 商代 21，周代 411，汉代 472

文化层: 有

描述: 遗址位于殷家庄村南约 100 米，所在地形为冲积层，地表稍隆起，海拔 3 米。遗址西侧紧邻一条小溪。调查时遗址为麦田，近处有稻田。在地表 0.30～0.50 米之下发现文化层。遗址在汉代、周代（包括东周和西周）和商代面积一致，大约均为 2.4 万平方米。

73. **遗址名称:** 周家村 -4（JN-ZJC-4）（第 6 年）

区县: 胶南　**村镇:** 周家村

所在地图: 后坡楼 [1-50-12-（58）]

时代及序号: 大汶口 6，龙山 202，周代 420，**汉代** 502

文化层: 汉代文化层

描述: 该遗址面积较大。地点位于周家村村西约 500 米，有一条现代公路自东向西从遗址中部穿过。所在地形为丘陵，遗址就处在山坡与山麓交界地带，海拔在 30～55 米之间。遗址南侧紧邻一块冲积形成的平地，东部高处为几座水库。调查时遗址大部分为休耕地，局部种植小麦。遗址以汉代遗存为主，面积为 19.9 万平方米。在遗址最东北角一处河岸断面上发现有暴露的汉代文化层堆积。大部分周代（东周和西周）遗存位于公路以北，东周遗存在公路以南也有少量发现。周代遗存总的面积为 13.2 万平方米。龙山遗存（早期大于中期）的面积为 12.4 万平方米，也主要处在公路以北。另在公路以北大约 1.5 万平方米的范围内发现大汶口晚期的陶片，面积只有约 1.5 万平方米。

74. **遗址名称:** 张家大庄 -3（JN-ZJDZ-3）（第 7 年）

区县: 胶南　**村镇:** 张家大庄

所在地图: 井戈庄 [1-50-12-（59）]

时代及序号: 大汶口 8，**龙山** 272、271，周代 561、562，汉代 740～742、745

文化层: 龙山文化层堆积

描述: 遗址位于张家大庄村西、塔山通往雹子堡的公路以南的冲积平地上。遗址局部地势隆起，海拔 12 米。遗址东距白马河河堤约 400 米，大部分处在两条南北走向的现代水渠之间。调查时遗址为麦田、白菜地或休耕地。据村民告知，遗址原来要高得多，因 20 世纪 70 年代平整土地，遗址大部分已落下去不少，不过遗址的核心部位至今仍明显高出周围，暴露的灰黑色文化层和遗迹堆积随处可见（彩版三一，2）。遗址以龙山遗存（龙山中期大于龙山早期），面积约为 30.3 万平方米。周代遗存（东周远远大于西周）发现于面积为 13 万平方米的范围内。汉代陶片分布较为分散，发现于 4 个采集区，其中最大的一处面积为 8.8 万平方米。采集石刀 2 件、石凿 1 件，应属龙山文化。只在遗址西北角发现极少数属于大汶口文化的陶片，分布面积不足 5000 平方米。

该遗址为当地文物部门发现，现为胶南市文物保护单位。[①]

---

① 国家文物局主编：《中国文物地图集·山东分册》，上册第 150、151 页，下册第 109 页，中国地图出版社，2007 年。

75．遗址名称: 臧家庄 -1（JN-ZJZh-1）（第 13 年）

区县: 胶南　**村镇:** 臧家庄

所在地图: 董家洼 [1-50-12-（59）]

时代及序号: 龙山 545，周代 1214，汉代 1634

文化层: 龙山文化层

描述: 遗址位于臧家庄村东、公路的南侧，附近为一茶厂。所在地形为丘陵，南侧为冲积平地，海拔 50 米。调查时遗址大部分为休耕地，局部种植小麦和桑树。在遗址东部一条现代水渠岸边发现一处龙山文化层堆积，内含较多陶片，时代为龙山早期。在丘陵顶部发现分布稀疏的龙山、东周和汉代陶片。遗址以龙山早期遗存为主，面积为 3.2 万平方米。东周和汉代陶片集中于遗址中部，面积均不足 1 万平方米。

三　岚山区

1．遗址名称: 安东卫 -1（LS-ADW-1）（第 11 年）

区县: 岚山　**村镇:** 安东卫

所在地图: 岚山镇 [1-50-35-（46）]

时代及序号: 龙山 461，周代 1024，汉代 1399

文化层: 无

描述: 遗址位于史家庄村北和东小庄以南的空地上，因村子人口增加较快，所剩面积有限。遗址所在地形为冲积层，海拔约 10 米。陶片采集于一条小河的两岸，并延伸到村子下面。调查时遗址多为菜园。可以推测的汉代遗存面积约为 9.2 万平方米。龙山陶片主要分布在史家庄村北面积较小的范围内，东周陶片则集中在遗址西北部，现多为房子所占压。

该遗址早已为当地文物部门记录在案。因城镇扩展，遗址现大多已在房舍以下，确切面积已无从知晓。该遗址的汉代遗存应是包括东小庄 -1（LS-DXZ-1）和岚山孟 -1（LS-LSM-1）等遗址在内的更大社区的一部分，后二者位于更东部山岭的坡地上。

2．遗址名称: 安家湖 -1（LS-AJH-1）（第 10 年）

区县: 岚山　**村镇:** 安家湖

所在地图: 潘家洼 [1-50-35-（62）]

时代及序号: 汉代 1123

文化层: 无

描述: 遗址位于安家湖村西约 90 米一条道路的南侧，所在地形为丘陵坡地，海拔约 33 米。在这条南北向岭地的东西两侧各有一条小河流过，与遗址相距均为 250 米左右。调查时遗址为休耕地或麦田，局部为场院。汉代陶片较为丰富，分布面积为 1.5 万平方米。

3．遗址名称: 北范家村 -2（LS-BFJC-2）（第 10 年）

区县: 岚山　**村镇:** 北范家村（高兴镇）

所在地图: 潘家洼 [1-50-35-（62）]

时代及序号: 周代 843，汉代 1131

文化层: 可能存在

描述: 遗址位于北范家村（今称高兴）西北角铁路以北，向南约 150 米为一条小河。所在地形为冲积平原，地势平坦，海拔约 25.5 米。调查时遗址为菜园、麦田和休耕地。遗址上有的区域土色呈浅灰色，似为农耕翻动上来的文化层堆积。遗址以汉代遗存为主，偶见汉代陶片，分布面积 11 万平方米。村东另有一处周、汉时期的遗址北范家村 -1（LS-BFJC-1），它们有可能属于同一座遗址，只是被村子和铁路所割断而已。

4. 遗址名称: 白云 -1（LS-BY-1）（第 10 年）

区县: 岚山　**村镇:** 白云

所在地图: 潘家洼 [1-50-35-（62）]

时代及序号: 周代 836，汉代 1124

文化层: 无

描述: 遗址位于白云村（以前称为炕头）南约 250 米一条小河的北岸。所在地形为丘陵，遗址处在山麓坡地上，海拔约 40 米。遗址的东部和西部两面稍微隆起，两侧各有小溪流入一座水库。陶片主要分布在水库北侧以及水库断面。在水库的南侧、小路以东，汉代陶片分布较为集中。推测汉代遗存面积约为 21 万平方米，东周遗存面积为 1.2 万平方米。遗址原来面积或许大些，因修水库局部遭到破坏。周代遗存与东部约 150 米处的另一处东周遗址 LS-BY-3 相连接。

5. 遗址名称: 白云 -4（LS-BY-4）（第 10 年）

区县: 岚山　**村镇:** 白云

所在地图: 潘家洼 [1-50-35-（62）]

时代及序号: 龙山 415，商代 27，**周代** 834，汉代 1112

文化层: 龙山文化层

描述: 遗址位于白云（以前称为炕头）村东北约 100 米一组水塘的西侧，所在地形为丘陵。遗址坐落在山麓坡地上，海拔约 70～85 米（彩版三二，1），同时在小河和水塘东侧也采集到少量陶片。调查时遗址最高处种植有茶树，其他部分为休耕地。遗址以周代遗存为主，尤以西周面积最大，约 3.2 万平方米，主要分布在水塘西侧，东周陶片只在很小的范围内采集到。同一区域也有商代陶片发现，面积只有约 1.7 万平方米。在调查区域内，类似这种易于防守的地形多为商和西周遗址所分布。遗址隆起处或许经过人工搬运。因新近取土，调查时发现分布密集的西周陶片。小河以东采集到少量龙山和汉代陶片，并在小河东岸的断面上发现一处包含有龙山中期陶片的、厚约 0.40 米的灰黑色文化层堆积。由此向南约 100 米（水塘以南），发现另外一处小型遗址 LS-BY-5，分布于小河两侧。因此推测，西周和汉代或与该遗址属于同一社区。

6. 遗址名称: 陈家湖 -1（LS-CJH-1）（第 12 年）

区县: 岚山　**村镇:** 陈家湖

所在地图: 界牌岭 [1-50-35-（37）]

时代及序号: 汉代 1584

文化层: 墓葬

描述: 遗址位于陈家湖村东南约 75 米，铁路以南约 200 米，向东约 550 米为绣针河的一条支流。遗址所在地形为丘陵顶部，海拔约 20 米。调查时遗址为麦田或休耕地。遗址以汉代遗存为主，发现汉墓一座，附近采集到少量汉代陶片。汉墓所占面积约为 20×20 平方米，高 2 米。

7．遗址名称： 大官庄东山 -1（LS-DGZDS-1）（第 12 年）

区县： 岚山　**村镇：** 大官庄东山

所在地图： 大官庄 [1-50-35-（21）]

时代及序号： 周代 1108，汉代 1539

文化层： 无

描述： 遗址位于大官庄东山村西南约 250 米，东距一座小型水库约 100 米。遗址坐落在一条岭脊的顶部，海拔约 54 米。调查时遗址为麦田和休耕地。采集到周代（西周和东周）、汉代陶片若干，面积约 2 万平方米。遗址为一座现代砖瓦窑所破坏。采集石器 1 件，时代应为西周时期。

8．遗址名称： 东牟家村 -1（LS-DMJC-1）（第 10 年）

区县： 岚山　**村镇：** 东牟家村

所在地图： 毕家村 [1-50-35-（6）]

时代及序号： 周代 849，汉代 1135

文化层： 有

描述： 遗址位于东牟家村村北、牟家村河（川子河的支流）以南。所在地形为冲积平地，地势稍稍隆起，海拔 12.5 米。调查时整个遗址为白菜地。因挖菜窖翻动地下的文化层，遗址上陶片分布密度较高，菜窖断面还观察到文化层堆积。遗址向南可能延伸至村舍之下。遗址以西周和汉代遗存为主，陶片分布面积为 1.5 万平方米，但实际面积可能要大得多。

9．遗址名称： 东南山 -1（LS-DNS-1）（第 12 年）

区县： 岚山　**村镇：** 东南山

所在地图： 黄家峪 [1-50-35-（29）]

时代及序号： 周代 1039，汉代 1555

文化层： 无

描述： 遗址位于东南山村西约 200 米，崔景阳村南约 300 米。所在地形为丘陵，海拔约 31.5 米。遗址的南部和北部各以小河为界。调查时遗址为茶园。遗址以周代（东周和西周）、汉代陶片为主，分布面积为 1.5 万平方米。

10．遗址名称： 大坡 -1（LS-DP-1）（第 12 年）

区县： 岚山　**村镇：** 大坡

所在地图： 大坡 [1-50-35-（4）]

时代及序号： 周代 1039，汉代 1430、1431

文化层： 无

描述： 遗址位于大坡村西北一座小学的南侧。所在地形为丘陵，海拔约 42 米。最近水源为东北部约 200 米的一条小河，遗址西部有一条现代水渠穿过。调查时遗址大部分为休耕地。尽管面积不大，但周代陶片分布较为密集（东周多于西周），主要分布区在学校南侧。遗址面积为 3.1 万平方米，以东周遗存为主，西周次之，汉代陶片仅在水渠东西两侧有少量发现。

11. 遗址名称: 大坡 -4 （LS-DP-4）（第 12 年）

区县: 岚山　**村镇:** 大坡

所在地图: 大坡 ［1-50-35-（4）］

时代及序号: 周代 1038，汉代 1587

文化层: 有

描述: 遗址位于大坡村西北约 350 米，东南距铁路不足 50 米。所在地形为丘陵，海拔约 56 米。遗址北部和西部分别以小河和小路为界。调查时遗址为茶园和休耕地。遗址以东周遗存为主，西周和汉代遗存较少。因耕地翻土，遗址有的地方暴露出内含大量陶片的文化层堆积。总的面积为 2.1 万平方米。采集石器 1 件。

12. 遗址名称: 大棚顶 -2 （LS-DPD-2）（第 12 年）

区县: 岚山　**村镇:** 大棚顶

所在地图: 大官庄 ［1-50-35-（21）］

时代及序号: 周代 1158

文化层: 有

描述: 遗址位于大棚顶村南约 50 米，西距蛇纹岩采石场 20 ～ 30 米。所在地形为丘陵岭脊，海拔约 51 米。调查时遗址为麦田、菜园和休耕地（彩版三二，2）。遗址以西周遗存为主，在一处梯田断面观察到文化层堆积，陶片大多采自此处，面积不足 5000 万平方米，但其实际面积也许更大些。该遗址附近有一现代蛇纹岩矿（彩版三三，1），该遗址也许与蛇纹岩的开采有关。

13. 遗址名称: 大曲河 -5 （LS-DQH-5）（第 10 年）

区县: 岚山　**村镇:** 大曲河

所在地图: 郭家湖子 ［1-50-23-（55）］

时代及序号: 龙山 408，周代 821，**汉代** 1093

文化层: 无

描述: 遗址位于大曲河村北约 200 米，东距傅疃河河堤约 150 米。所在地形为冲积平地，地势平坦，海拔 12.4 米。调查时因为为麦田、桑园和休耕地。遗址以龙山遗存为主（早期大于中期），面积约 10.1 万平方米。汉代遗存面积稍小，约 7.1 万平方米。西周遗存仅在遗址南部有少量发现。

14. 遗址名称: 大阡里 -1 （LS-DQL-1）（第 11 年）

区县: 岚山　**村镇:** 大阡里

所在地图: 岚山镇 ［1-50-35-（46）］

时代及序号: 商代 29，周代 1022

文化层: 无

描述: 遗址位于岚山港口新建筑群以南约 100 米，遗址以南约 30 米有一小河，为遗址最近自然水源。所在地形为丘陵岭脊顶部，海拔约 61 米。遗址所在的岚山南坡开阔平地不多，遗址所在位置是其中之一。新修的一条公路自西向东穿过山凹通往海边。这种靠近水源而又位处岭脊的地理位置是本地区商代和西周时期典型特征。调查时遗址为麦田和休耕地（彩版三三，2）。陶片大多属于西周和东周，另有少量类似晚商时期的陶片。遗址面积很小，不足 5000 平方米。

15．遗址名称: 大土山 -5/ 车沟 -9 （LS-DTS-5/CG-9）（第 12 年）

区县: 岚山　**村镇:** 大土山、车沟

所在地图: 大土山 [1-50-35-（12）]

时代及序号: 龙山 470～472，周代 1046～1048、1062、1086，**汉代** 1459

文化层: 多处

描述: 这是一处以汉代遗存为主的大型遗址，地点位于大土山村北和村庄之下。遗址大部分处在冲积平地上，海拔约 30 米。小部分位于岭脊之上，海拔 50～60 米。本区域最大的河流竹子河在此分作南、北两个分支，地理位置优越。遗址向北延伸到竹子河的支流南岸，这条支流经过丁碌碡山之南向东折而南流（在大土山村东），西距车沟约 400 米。在这条河的东侧，遗址从北边的河堤向南一直延伸到丘陵北坡之上。河流以西，遗址从村子之下一直延伸到村南一处山嘴之上。再向西，遗址延续到刘家官庄村东约 200 米处的山坡上，与刘家官庄 -1 （LS-LJGZ-1）几乎连为一体，后者是一处汉代墓地遗址。

调查时我们先是在河的东侧发现该遗址，定名为车沟 -9 （LS-CG-9）遗址。此地为冲积平地，调查时地里为休耕地和麦田，只发现有汉代陶片。在这片冲积层的北部近河堤处，发现龙山、周代（东周大于西周）和汉代陶片共存，并观察到明显的文化层堆积。调查时这片区域为苗圃，龙山陶片全部分布于苗圃之内，面积约 5.9 万平方米。从文化层堆积采集到的陶片全为龙山早期。

河的西侧是遗址的主体部分，定名为大土山 -5 （LS-DTS-5）（彩版三四，1）。调查时，无论是冲积层还是坡地都以休耕地为主，并有少量麦田，陶片主要采自此处（尽管大土山村北、河道西侧的菜园和果园内也有少量汉代陶片）。汉代陶片分布密集，几乎遍布所有采集区。在西部的岭脊上也有少量汉代陶片分布 （LS-DTS-3/6/8-11），并向东、向南断续与遗址主体连为一体。在地势较低的大土山村西和西土山村东，陶片分布极为稀疏，但仍可发现零星的汉代遗存 （LS-DTS-9-1、LS-XTS-1/2）。如果把大土山村也计算在内，该遗址在汉代时期的总面积达到 286.6 万平方米。实际上，如果把大土山村南坡地上那些小的分布区 （LS-DTS-2/4/7、LS-HT-1/2/4）也计算在内的话，遗址面积将更大。

大土山村北约 850 米、南北向公路以东约 50 米处，地势明显高出地表，略呈正方形区域，是遗址的核心区，其边长大约为 250 米，当地村民称之为"北城子"，旧时可能存在城墙。这处高出地面的土台看来正是大土山村庄得名的由来。在田间沟坎断面乃至农田平地上，观察到若干处由灰黑色土组成的文化层堆积。在这处高地的南端，调查时采集到精致的釉陶壶和器盖残片。另外，在台地上还采集到东周（局部有零星西周）陶片，若把该地点的周代遗存 （#1046）与河道东侧的车沟 -9 （LS-CG-9）遗址连在一起，面积将达到 75.4 万平方米。遗址上其他零散分布的周代遗存面积大都很小。

在核心区高地的西部 （#472）还发现有龙山文化层遗存，附近也有龙山陶片分布。陶片多为龙山早期，属于中期者只是零星几片。另在公路以西直至也发现龙山陶片。龙山遗存总的面积大约为 9.2 万平方米。此外，在丁碌碡山村南约 350 米处也有龙山早期遗存发现 （路西）。调查中还采集到一组石器，器形有磨石 2 件、石刀 1 件、石斧 1 件、石凿 1 件，并采集到 1 件纺轮。

该遗址为当地文物部门发现，现为区级文物保护单位。[①]

---

① 国家文物局主编:《中国文物地图集·山东分册》，上册第 272、273 页，下册第 620 页，中国地图出版社，2007 年。

遗址的规模与大古城遗址相当，后者为海曲县城所在地，大土山遗址亦应为同一级别的遗址。据研究，秦汉琅琊郡领县、国总数达 51，其中近 20 处治所地望尚未究明。[1]大土山遗址应属其中之一，或与高广县有关。[2]

清叶圭绶著《续山东考古录》"徐州琅琊郡姑幕县、灵门县、箕县、椑县、析泉县、高乡县、高广县、新山县、高阳县。"高广县注：高广县故城遗址，待考。高阳县注：高阳县故城遗址在今莒南县十字路镇东北 30 公里朱芦乡横沟村一带。

16. 遗址名称: 大庄子 -5（LS-DZZ-5）（第 11 年）

区县: 岚山　**村镇:** 大庄子

所在地图: 桥南头 [1-50-35-（38）]

时代及序号: 汉代 1355

文化层: 汉墓

描述: 遗址位于大庄子村东南约 100 米铁路的北侧，东侧紧邻一现代采石坑。所在地形为丘陵向冲积层的过渡地带上，海拔约 61 米。最近水源为遗址西北部约 60 米的一条小河。据村民介绍，五、六年前这里曾出土过墓葬和陶器，这一说法并得到日照市博物馆业务人员的证实。调查时我们从一处断崖上也发现了较大的陶片（彩版三四，2），并在附近采集到零星汉代陶片。汉墓的另一处可能分布地是在遗址东部、铁路以北约 100 米左右的地方，据村民讲当年修建铁路时曾有墓葬暴露。

17. 遗址名称: 费家官庄 -1（LS-FJGZ-1）（第 12 年）

区县: 岚山　**村镇:** 费家官庄

所在地图: 大坡 [1-50-35-（4）]

时代及序号: 龙山 465，周代 1034，汉代 1415

文化层: 汉墓（汉砖）

描述: 遗址位于费家官庄村西南约 400 米，西南距竹子河支流不足 50 米。所在地形为丘陵，遗址处在丘陵缓坡上，海拔约 40 米。调查时遗址为休耕地和麦田。遗址以汉代遗存为主，面积约 2.3 万平方米。采集到几块汉砖，说明该遗址有汉墓分布。此外还采集到一块瓦当，暗示该地有汉代建筑遗存，但陶片分布密度较低。龙山和东周陶片极为零星。

18. 遗址名称: 汾水镇 -1（LS-FSZ-1）（第 11 年）

区县: 岚山　**村镇:** 汾水镇

所在地图: 马站 [1-50-35-（45）]

时代及序号: 周代 1025，汉代 1393

文化层: 无

描述: 遗址位于汾水镇南约 150 米，公路以东约 100 米。所在地形为冲积平地，地势平坦，海拔

---

① 安作璋主编：《山东通史·秦汉卷》第 121 ～ 123 页，山东人民出版社，1993 年。周振鹤编著：《汉书·地理志汇释》第 238 ～ 247 页，安徽教育出版社，2006 年。
② 据清代叶圭绶著、近人王汝涛、唐敏、丁余善点校的《续山东考古录》（山东文艺出版社，1997 年）第 566 页记载："徐州琅琊郡姑幕县、灵门县、箕县、椑县、析泉县、高乡县、高广县、新山县、高阳县。"

约 8 米。遗址东西两侧各有一座水库，南侧紧邻一条公路。向南约 450 米为水流较大的绣针河，向东约 100 米则为绣针河的一条支流。调查时遗址为休耕地和麦田。汉代遗存覆盖整个遗址，面积为 8.3 万平方米。局部有东周和西周遗存分布，面积约 6.7 万平方米。遗址实际面积或许更大些，因为在北部村子的边缘也有少量陶片分布。

19.　遗址名称: 郭家庄 -1（LS-GJZ-1）（第 10 年）

区县: 岚山　**村镇:** 郭家庄

所在地图: 郭家庄 [1-50-23-（55）]

时代及序号: 龙山 418、419，商代 28，**周代** 881，汉代 1173、1174、1176

文化层: 可能存在

描述: 遗址位于郭家庄村西南约 300 米的公路南侧，所在地形为冲积层，但东部有一岩层裸露、高度不显的山嘴，海拔约 21 米。竹子河的一条支流从遗址上穿过。调查时遗址大多为休耕地和麦田，局部为松树苗圃。遗址以周代遗存（东周和西周）为主，共分 10 个采集区，面积为 12.4 万平方米。位于公路南侧岩石裸露的岭丘明显高出周围其他遗址，且也有较多陶片和红烧土块分布，或许具有特殊功能。

龙山陶片只发现于两处小的区域，其中之一就在上文提到的岭丘附近（#419），另一处则在遗址的东南部边缘。绝大多数龙山陶片过于细碎，期段难以判断，但在灵丘上采集的陶片中有属于龙山晚期者。另在岭丘南侧采集到商代陶片。汉代陶片分布相对分散，见于 3 个采集区内，其中最大的一处（#1173）面积为 2.5 万平方米，包括岭丘在内。该遗址在周代可能与两处较大的遗址郭家庄 -3（LS-GJZ-3）和郭家庄 -4（LS-GJZ-4）属于同一社区，后两者在此以西公路的北侧。

20.　遗址名称: 沟洼 -1（LS-GW-1）（第 12 年）

所在区县: 岚山　**村镇:** 沟洼

所在地图: 刘家沟 [1-50-35-（20）]

时代及序号: 龙山 475，岳石 19，周代 1089，汉代 1523

文化层: 较厚

描述: 遗址位于沟洼村北约 500 米，东距公路约 120 米。遗址所在地形为冲积平地，地势较周围隆起，海拔约 30 米。竹子河的一条支流从遗址上穿过。调查时遗址为休耕地和菜园（彩版三五，1）。遗址所在地理位置较佳。陶片分布最丰富的区域为河的东岸，恰在河道的转弯处。我们在遗址中部的河岸断面上观察到较厚的文化层堆积，厚度可达 2 米。从采集陶片分析，底层堆积属于龙山早期和岳石，上层堆积为周代（多为西周）和汉代。采集龙山文化石凿和石镰各一件。遗址总的面积不大。龙山早期和中期约为 4 万平方米，周代（东周大于西周）和汉代为 4.9 万平方米。岳石遗存主要分布于遗址中部，面积不足 5000 平方米。

21.　遗址名称: 后黄埠 -1（LS-HHB-1）（第 10 年）

区县: 岚山　**村镇:** 后黄埠

所在地图: 尚家庄 [1-50-35-（5）]

时代及序号: 周代 860

文化层: 无

描述: 遗址位于后黄埠村西北约 650 米一条小河的西侧, 附近有两个小型水库, 东北方约 200 米处为一茶厂。所在地形为丘陵岭顶, 海拔为 80.8 米。遗址为梯田, 调查时种植茶树。这是一处单纯的周代遗址, 包括东周和西周两个阶段的遗存, 陶片分布较丰富, 面积为 1.4 万平方米。遗址原生地层可能因修造梯田而受到某种程度破坏。地形险要, 靠近水源, 遗址所在的这些地理景观非常符合本地区周代遗址的特点。该遗址在周代 (尤其是西周) 可能与后黄埠 -4 (LS-HHB-4) 和后黄埠 -5 (LS-HHB-5) 属于同一社区。其中后黄埠 -4 与该遗址处于同一岭脊上, 分布更加靠南。后黄埠 -5 则在此以东, 位于另一处丘陵的坡地上。

22. 遗址名称: 后黄埠 -5 (LS-HHB-5) (第 10 年)

区县: 岚山 **村镇:** 后黄埠

所在地图: 尚家庄 [1-50-35- (5)]

时代及序号: 周代 857

文化层: 有

描述: 遗址位于后黄埠村北约 550 米, 向北约 110 米为天润茶厂。所在地形丘陵, 处在一处开阔的丘陵岭脊之上, 海拔为 75 米。最近的自然水源为遗址西侧约 60 米的小溪。调查时遗址为茶园。在遗址西侧一处断面上观察到一处厚约 4 厘米的文化层堆积。这是一处单纯的西周文化遗址, 面积不足 1 万平方米。该遗址可能与两外几处包含西周遗存的周代遗址如后黄埠 -4 (LS-HHB-4) 后黄埠 -1 (LS-HHB-1) 和后黄埠 -2 (LS-HHB-2) 等组成一个大的社区, 后者都分布在西部邻近的岭脊或坡地之上。

23. 遗址名称: 后稍坡 -3 (LS-HSP-3) (第 12 年)

区县: 岚山 **村镇:** 后稍坡

所在地图: 界牌岭 [1-50-35- (37)]

时代及序号: 周代 1133, 汉代 1576

文化层: 多处

描述: 遗址位于后稍坡村东和村东北、龙王河两条支流的交汇处。所在地形为冲积层, 地势平坦, 海拔约 10 米。遗址沿河流分布, 南端为公路, 北部是一条新修的高速公路。调查时遗址上多为麦田, 局部为休耕地和杨树林。我们在村东北两条河流交汇处的河堤上发现灰黑色文化层堆积。据村民告知, 文化层附近和杨树林曾经出土过完整陶器。据陶片分布情况推测, 周代遗存大约为 3.5 万平方米, 汉代为 2.8 万平方米。不过, 遗址实际面积可能更大些, 或许延伸到村子西侧以下, 现在这一区域破坏严重。

24. 遗址名称: 后马庄 -1 (LS-HMZ-1) (第 13 年)

区县: 岚山 **村镇:** 后马庄

所在地图: 后马庄 [1-50-23- (61)]

时代及序号: 龙山 493, 汉代 1605

文化层: 龙山文化层

描述: 遗址位于后马庄村东约 400 米, 北距公路约 250 米, 向南约 100 米为大曲河, 向西不足

500 米为大曲河的一条支流。遗址大部分位于一条小路的西侧，所在地形为丘陵山嘴向冲积层延伸地带上，海拔 40 ～ 50 米。遗址地势较高，又位于主河道与一支流的交汇处，所在地理位置极佳。调查时遗址上多为休耕地，局部为麦田。我们在遗址东端发现两处文化层堆积。遗址以龙山遗存为主（早期大于中期），面积为 10.2 万平方米。汉代遗存主要分布于遗址南侧与西端，面积约为 4 万平方米。

25.　遗址名称: 井沟 -3 （LS-JG-3/DXQH-1）（第 10 年）
区县: 岚山　**村镇:** 井沟
所在地图: 山字河 [1-50-23- （54）]
时代及序号: 大汶口 21、22，**龙山** 407、411，商代 25，周代 814 ～ 819、824，汉代 1081、1092
文化层: 发现不同时期的文化层多处

描述: 这是一处以龙山遗存为主、涵盖多个时代的大型遗址。遗址以井沟村为中心，覆盖周围的冲积层和村北的丘陵高地，海拔在 13 ～ 50 米。遗址东部起于东小曲河村东的冲积平地，向北约 450 米处为大曲河河道，我们将此一区域命名为东小曲河 -1 （LS-DXQH-1），大曲河以北部分则为井沟 -3 （LS-JG-3）。遗址向北延伸到大曲河北岸和井沟村南，直到新兴村以西约 200 米处。从井沟村向西则延伸约 500 米左右，直到小曲河以东约 350 米的地方。向北，从井沟村一直延伸到丘陵坡地之上。

遗址分为 46 个采集区。调查时，位于冲积层的部分多为麦田、桑林、杨树林、菜园和休耕地等，位于岭坡的部分则多为麦田、休耕地和果园等。

遗址以龙山遗存为主，大曲河南北陶片覆盖面积约为 121 万平方米。大汶口文化遗存则只在两个有限的范围内有发现，其中一处在井沟村北，可能是因修建水渠而使下层堆积扰动到地表的缘故（#21）。由此向南在井沟村子边缘有一条东西向断崖上，可看到长约 100 米的文化层，厚度在 1.5 米以上，其中可以发现平整的烧土层等遗迹现象（彩版三五，2）。在此区域内共采集到石器 7 件，包括残断石器 2 件、不知名石器 1 件、石锤 1 件、石锛 1 件、石刀 1 件和石斧 1 件。调查中村民所展示的陶器和石器，包括大汶口文化晚期的觯形陶杯（彩版三六，1）、龙山早期的单把陶杯以及石器 8 件，石器器形包括斧 1、锛 3、凿 1、刀 1、铲 1、镞 1（彩版三六，2）。从村内出土的遗物判断，该遗址无疑被村庄所压，而且村庄所在位置就是遗址的核心区域。大汶口文化遗存的另一处分布地点位于井沟村南、大曲河以北的冲积层（#22）。另外，在同一区域采集到个别商代陶片。东周和西周时期的遗存也分布于这一冲积层区域之内，见于河道的两岸。同时在井沟村北的坡地上也有少量东周陶片分布。

汉代遗存在大曲河南北两岸都有发现，在井沟村北的坡地上也有分布。在大曲河河道以南约 250 ～ 275 米处，发现比较丰富的汉代陶片，并可观察到因耕地而暴露出来的灰黑色文化层堆积。因村庄分割，调查时把村子南北的汉代遗存编为两个地点，实际上它们可能属于同一个规模较大的遗址。

此遗址为当地博物馆发现，现为区级文物保护单位。①

26.　遗址名称: 纪家沟 -4 （LS-JJG-4）（第 12 年）
区县: 岚山　**村镇:** 纪家沟
所在地图: 大土山 [1-50-35- （12）]

---

① 国家文物局主编:《中国文物地图集·山东分册》，上册第 272、273 页，下册第 618 页，中国地图出版社，2007 年。

时代及序号: 周代 1081，**汉代** 1509

文化层: 周代

描述: 遗址位于纪家沟村北 50 米，所在地形为丘陵台地，海拔约 62 米。台地北侧有一条小河流过。调查时遗址为麦田和休耕地（彩版三七，1）。在坡地的北侧、小河南岸台地的断崖上，我们观察到一处文化层堆积，内含较多的西周陶片和红烧土块以及木炭等。在台地的地表上采集到较多东周及西周陶片，另发现石器 1 件。遗址面积不大，不足 1 万平方米。另在小河以北坡地上发现极少汉代陶片。调查时曾采集浮选土样并已有分析结果发表。[①]

27. 遗址名称: 贾家湖 -2（LS-JJH-2）（第 12 年）

区县: 岚山　**村镇:** 贾家湖

所在地图: 界牌岭 ［1-50-35-（37）］

时代及序号: 周代 1129，**汉代** 1578

文化层: 无

描述: 遗址位于贾家湖村东约 750 米，西南约 450 米处为一较大的工厂。所在地形为丘陵台地，海拔为 47.8 米。台地为一突出的圆形，具有浓厚的防卫色彩。最近的自然水源为西侧约 900 米的一条河流，为龙王河的一条支流。调查时台地之上为树林，树林以南的休耕地里汉代陶片分布较多。树林以北有少量东周陶片分布。遗址面积很小，不足 5000 平方米。

28. 遗址名称: 罗川沟 -1（LS-LCG-1）（第 11 年）

区县: 岚山　**村镇:** 罗川沟

所在地图: 大官庄 ［1-50-35-（21）］

时代及序号: 龙山 435，**岳石** 17，**周代** 921，**汉代** 1220

文化层: 多处

描述: 遗址位于罗川沟村西北约 150 米，所在地形为冲积层，地势隆起，海拔 28 米。遗址西北侧紧邻竹子河的一条支流。调查时遗址为休耕地和麦田（彩版三七，2）。因耕地暴露出的灰黑色文化层遗迹随处可见，另在河岸断面上也发现有文化层堆积，陶片分布密度较大，并不乏大片者。共采集到龙山早期、岳石、西周、东周和汉代等不同时期的陶片，分布面积不足 1 万平方米。岳石和龙山陶片尤其丰富。遗址东侧也发现较多龙山和汉代陶片，面积约 2.6 万平方米。采集石器 2 件。这里的汉代遗存可能与以东约 150 米左右的 LS-LCG-2 属于同一社区，后者位于罗川沟村东和村北。

经国家文物局批准，2007 年 7 月对该遗址进行了发掘。发掘表明，调查所确定的遗存属性与地下遗存完全吻合。鉴于该遗址所在地块属于六甲庄村所有，因此在发掘报告中已改称为六甲庄遗址。

29. 遗址名称: 六甲庄 -1/ 孟家官庄 -3（LS-LiuJZ-1/MJGZ-3）（第 11 年）

区县: 岚山　**村镇:** 六甲庄 / 孟家官庄

所在地图: 巨峰镇 ［1-50-35-（13）］

时代及序号: 龙山 434，**周代** 909，**汉代** 1213

---

① 陈雪香、方辉、Gary Feinman、Linda Nicholas、Anne Underhill:《鲁东南几处先秦遗址调查采样浮选结果分析》,《东方考古》第 6 集，科学出版社，2009 年。

文化层: 龙山

描述: 遗址位于六甲庄村西北约 300 米、相家楼河转折处。所在地形为冲积层,地势平坦,海拔约 15 米。遗址大部分处在河流转折的南岸,南距砖瓦窑约 50 米、六甲庄村西侧。调查时遗址为麦田、休耕地和桑林。遗址包括龙山早期、东周和汉代等不同时期的遗存。在相家楼河以北、孟家官庄村南约 250 米的一处隆起高地上,采集到更多汉代和龙山时期的陶片,分布在一条现代水渠的两侧。河岸断崖上可见龙山文化层堆积,内含较丰富的陶片,并采集到石凿 1 件。遗址总面积为 5 万～6 万平方米。

遗址早年曾出土青铜壶一件,[①]年代为春秋早期。

30. 遗址名称: 六甲庄 -2 (LS-LiuJZ-2)(第 11 年)

区县: 岚山 **村镇:** 六甲庄

所在地图: 巨峰镇 [1-50-35-(13)]

时代及序号: 龙山 437,周代 920,汉代 1219

文化层: 汉代墓葬

描述: 遗址位于六甲庄村西、一座小学校区的南北两侧。所在地形为冲积层,海拔约 14 米。遗址和村子之间有一条南北流向的小河。调查时遗址为麦田。东周陶片主要分布于校园东西两侧,面积约 1.4 万平方米。校园东侧采集到少量龙山早期陶片。在校园西南角处发现有若干块饰有菱形纹的汉砖,应该出自墓葬。村民也讲到此地屡有此类砖出土。

31. 遗址名称: 刘家沟 -4 (LS-LJG-4)(第 12 年)

区县: 岚山 **村镇:** 刘家沟

所在地图: 刘家沟 [1-50-35-(20)]

时代及序号: 龙山 476

文化层: 多处

描述: 遗址位于刘家沟村北,所在地形为冲积平地,地势隆起,海拔约 44 米。竹子河的一条支流从遗址北侧流过,地理位置优越(彩版三八,1)。陶片分布一直延续到村头,显示该遗址为村庄所占压,其实际面积至少两倍于目前所能够调查的区域。调查时遗址上多为麦田,少量休耕地。在遗址隆起处,从梯田断面上可观察到多处文化层堆积,其中一处是因耕地而暴露在外的,文化层堆积土色灰黑,延续长达 15 米左右,附近龙山陶片分布密集。另一处文化层在遗址最东部,也是因为耕地而新近暴露出来的。该遗址主要堆积为龙山,从陶片分布判断,面积大约为 8.3 万平方米,早期大于中期,属于龙山晚期的陶片只在小范围内分布。另外,还发现少量的东周和西周遗存,面积约为 3.1 万平方米,主要位于遗址东部。汉代陶片分布面积不足 1 万平方米,位于遗址西侧。

32. 遗址名称: 刘家官庄 -1 (LS-LJGZ-1)(第 12 年)

区县: 岚山 **村镇:** 刘家官庄

所在地图: 大土山 [1-50-35-(12)]

时代及序号: 周代 1049,汉代 1454

---

① 杨深富、胡膺、徐淑彬:《山东日照市周代文化遗存》,《文物》1990 年第 6 期。

文化层: 汉代墓地

描述: 遗址位于刘家官庄村南约 100 米、去西土山道路的西侧。所在地形为丘陵，海拔约 61 米。最近自然水源为村南的一条小河，距遗址约 100 米。调查时遗址多为休耕地，少部分为麦田。地表陶片分布稀疏，多数为汉代，东周时期的陶片非常少，面积约为 4.8 万平方米。据村民讲，不久前因平整土地，曾发现有古代墓葬。考虑到遗址的内含，墓葬最大可能性是属于汉代，并可能与 LS-DTS-5 有关。后者位于此地以东，是一处大型汉代遗址。另据村民讲，20 世纪 70 年代这里有好几处封土堆，因平整土地而夷为平地。

33. 遗址名称: 零口 -3 （LS-LK-3）（第 11 年）

区县: 岚山　**村镇:** 零口

所在地图: 界牌岭　[1-50-35-（37）]

时代及序号: 周代 998，**汉代 1387**

文化层: 无

描述: 遗址位于零口村南、蒋家庄村东，所在地形为丘陵向冲积层过渡地带，海拔 32 米。遗址附近有几条小的水源。调查时遗址多为休耕地，也有麦田等作物。采集陶片多属于汉代，面积约 11.2 万平方米。在零口村南附近采集到少量东周陶片，分布面积非常小。

34. 遗址名称: 六甲庄 -1 （LS-LJZ-1）（第 10 年）

区县: 岚山　**村镇:** 六甲庄

所在地图: 尚家庄　[1-50-35-（5）]

时代及序号: 汉代 1171

文化层: 可能存在

描述: 遗址位于六甲庄村北、公路东侧，东距竹子河约 250 米。所在地形为冲积层，海拔约 24 米。调查时遗址为果园和休耕地。汉代陶片分布密集，但面积不足 1 万平方米。不过，遗址向南可能延伸到村子以下。

35. 遗址名称: 楼子底 -1 （LS-LZD-1）（第 11 年）

区县: 岚山　**村镇:** 楼子底

所在地图: 虎山铺　[1-50-35-（30）]

时代及序号: 周代 991，汉代 1339

文化层: 可能存在

描述: 遗址大部分位于楼子底村南、同三高速公路西北约 50 米。所在地形为低山丘陵向冲积层的过渡地带，海拔约 15 米（彩版三八，2）。遗址西侧有一条小河，南侧有一条现代水渠。村南部分采集陶片均属汉代，面积约 2.4 万平方米。此区域现多为塑料大棚，在一处取土坑断面上有文化层存在的迹象。在村子以西的菜园内采集到东周陶片，分布面积很小。

36. 遗址名称: 马疃 -7 （LS-MT-7）（第 10 年）

区县: 岚山　**村镇:** 马疃

所在地图: 巨峰镇　[1-50-35-（13）]

时代及序号: 大汶口 23，**龙山** 423，周代 891、892，汉代 1186

文化层: 大汶口、龙山和西周

描述: 遗址位于马疃村西南约 600 米，西距竹子河的一条支流约 200 米，南距竹子河转折处约 300 米。所在地形为冲积层，地势较四周隆起，海拔约 16 米，为理想的遗址分布位置。调查时遗址为麦田和休耕地（彩版三九，1）。在遗址高处的一条断面上，观察到灰黑色文化层堆积，并采集到大量龙山文化陶片和少量大汶口文化晚期陶片。龙山陶片以早期和中期为主，分布面积为 7 万平方米。另在地表采集到 5 件石器和多件石块，显示出该遗址曾经作为石器加工地点的可能。在遗址北端发现较多汉代陶片，面积约 3 万平方米。周代陶片也有发现，不过分布较为零散，东周陶片集中在遗址西部（#891），面积 3.2 万平方米。西周陶片则分布于东部（#892），面积 1 万平方米，并在地表 10～30 厘米之下发现有文化层堆积，延续长度达 10 余米。

37. 遗址名称: 前崖下 -1（LS-QAX-1）（第 12 年）

区县: 岚山　**村镇:** 前崖下

所在地图: 大坡 ［1-50-35-（4）］

时代及序号: 龙山 464，周代 1032，**汉代** 1413

文化层: 无

描述: 遗址位于前崖下村东和村东南约 350 米，西侧紧邻一条小水渠。遗址所在地形为冲积层，恰处在河边第一层高地的缓坡之上，海拔 31 米。遗址向东延伸约 400 米，越过第二条小水渠，直到竹子河一条支流的北岸。调查时遗址为休耕地和麦田。遗址以汉代遗存为主，面积为 10.4 万平方米。东周陶片分布于遗址东部，面积较小。另在河道以北的遗址中部发现小范围的龙山陶片。

38. 遗址名称: 秦家结庄 -3（LS-QJJZ-3）（第 11 年）

区县: 岚山　**村镇:** 秦家结庄

所在地图: 高王庄 ［1-50-35-（22）］

时代及序号: 周代 951、952、962，**汉代** 1301

文化层: 周代文化层

描述: 遗址位于秦家结庄以北与石门口村东南之间、一条小河的两岸。所在地形为冲积层的坡地，海拔约 28 米。调查时遗址为麦田、休耕地和菜园（彩版三九，2）。汉代陶片分布普遍，面积为 7.3 万平方米。周代陶片（包括东周和西周）分布较为稀疏，但在村子以东约 100 米、小河的北岸断面上，我们发现一处灰黑色文化层堆积，附近东周和西周陶片分布密集（#951），面积约 2 万平方米。我们在村边也采集到陶片，估计遗址的一部分为村庄所占压。采集石器 2 件，推测其年代属于西周。

39. 遗址名称: 曲岭南头 -2（LS-QLNT-2）（第 10 年）

区县: 岚山　**村镇:** 曲岭南头

所在地图: 山字河 ［1-50-23-（54）］

时代及序号: 商代 26，周代 826

文化层: 是

描述: 遗址位于曲岭南头村东南一条水渠的东侧，所在地形为丘陵山麓地带，海拔约 24 米。遗址以北约 200 米，有一条注入大曲河的支流。调查时遗址为休耕地、麦田和菜园等。遗址以西周遗存为主，另在很小范围内采集到少量商代陶片。在靠近水渠的地方，因修筑水渠而暴露出灰黑色文化层堆积。陶片分布面积为 1.6 万平方米，主要分布于邻近水渠的地方，只是由于遭到扰动才采集到陶片，说明遗存埋藏较甚，而其实际面积要大些。我们后来在遗址以西约 100 米的高地、小河的另一侧发现另一处西周和东周遗址曲岭南头 -3（LS-QLNT-3），地点就在村南约 25 米处。实际上，这两个遗址可能为同一遗址，只是为村庄所分割开来。若然，东周和西周遗存合并后的面积应在 5 万～ 6 万平方米之间。

40. 遗址名称： 前水车沟 -1（LS-QSCG-1）（第 12 年）

区县： 岚山　**村镇：** 前水车沟

所在地图： 黄家峪 [1-50-35-（29）]

时代及序号： 大汶口 28，龙山 481，周代 1123，汉代 1562

文化层： 龙山及大汶口文化层数处

描述： 遗址位于前水车沟村北及村东北，所在地形为冲积层，地势隆起，海拔为 19 米。遗址在龙王河西岸，向西延伸至巨（峰）汾（水）公路，宽约 120 ～ 200 米的范围内，向南延伸到村北。调查时遗址为休耕地和麦田（彩版四〇，1）。遗址隆起部分应是遗址中心，我们在村东北发现若干处断崖，上有明显文化层堆积，其中一处延续长达 30 余米。在此区域内采集到大汶口文化陶片，分布面积约为 2.2 万平方米。龙山早中期遗存分布面积更大，主要位于村子以北，面积为 5.7 万平方米。龙山晚期陶片只在遗址中部有少量发现。采集到龙山石器 2 件、纺轮 1 件。东周及西周陶片主要分布于遗址西部，面积约 5.7 万平方米。汉代遗存也主要在这一区域，面积 3.5 万平方米。遗址北部被河流冲毁。遗址实际面积应该大些。汉代遗存与南部约 120 米的另一遗址前水车沟 -4（LS-QSCG-4）属于同一社区。

遗址为当地博物馆调查发现，界定面积为 4 万平方米。[①]

41. 遗址名称： 前哨坡 -1（LS-QSP-1）（第 11 年）

区县： 岚山　**村镇：** 前哨坡

所在地图： 界牌岭 [1-50-35-（37）]

时代及序号： 汉代 1373

文化层： 无

描述： 遗址位于前哨坡村西南约 200 米、公路西侧 50 米。所在地形为丘陵向冲积层过渡地带，地表隆起，海拔为 12 米。调查时遗址为麦田和休耕地。汉代陶片分布密度较大，覆盖面积为 1.3 万平方米，主要分布于遗址中部隆起部分。

42. 遗址名称： 松树园 -2（LS-SSY-2）（第 11 年）

区县： 岚山　**村镇：** 松树园

所在地图： 界牌岭 [1-50-35-（37）]

时代及序号： 龙山 457，周代 993、997，汉代 1344

---

① 国家文物局主编：《中国文物地图集·山东分册》，上册第 272、273 页，下册第 620 页，中国地图出版社，2007 年。

文化层：无

描述：遗址位于松树园村西约 200 米、龙王河河道以南约 50～100 米，西距公路亦约 200 米。所在地形为冲积层，地势平坦，海拔 9 米。调查时遗址大部分为果园和麦田。遗址以汉代遗存为主，面积约 8.8 万平方米。东周遗存（[#997]）主要分布于遗址东部，面积 5.6 万平方米。西周遗存面积很小，位于遗址西端。另在遗址东部采集到极少量的龙山中期陶片。

43.遗址名称：山峪 -1（LS-SY-1）（第 12 年）

区县：岚山　**村镇**：山峪

所在地图：刘家沟 [1-50-35-（20）]

时代及序号：周代 1098，汉代 1531

文化层：有

描述：遗址位于山峪村西 75 米，所在地形为丘陵，地势隆起，海拔 51 米。最近水源为遗址以北约 100 米的一条小河。调查时遗址为麦田和休耕地。因耕地，可看到一处明显的文化层堆积，内含丰富的西周和东周陶片，尤以西周陶片为多。另外采集到少量汉代陶片。遗址总的面积不足 1 万平方米。由此向北约 120 米为另一处周代遗址山峪 -2（LS-SY-2），文化性质和面积与此相当。

44.遗址名称：山峪 -2（LS-SY-2）（第 12 年）

区县：岚山　**村镇**：山峪

所在地图：刘家沟 [1-50-35-（20）]

时代及序号：周代 1096，汉代 1530

文化层：可能

描述：遗址位于山峪村西 30 米，所在地形为丘陵，海拔 48 米。遗址处在一处岭嘴顶部，地势较平。最近自然水源为遗址以东约 80 米的一条小河。遗址以周代（西周与东周）遗存为主，在一处刚刚耕翻过的地里采集到少量汉代陶片，其下可能有文化层堆积。遗址面积很小，不足 1 万平方米。无论是文化内含还是面积大小，都与南部约 120 米的另一处遗址山峪 -1（LS-SY-1）相似。

45.遗址名称：土山东庄 -1（LS-TSDZ-1）（第 12 年）

区县：岚山　**村镇**：土山东庄

所在地图：大土山 [1-50-35-（12）]

时代及序号：汉代 1457

文化层：无

描述：遗址位于土山东庄村东 75 米，所在地形为冲积层，地势平坦，海拔约 33 米，南距竹子河上游河道约 30 米。调查时遗址为休耕地、麦田、桑园和茶园，附近有塑料大棚。在一处长条形区域内（东西约 200 米、南北约 750 米）发现稀疏的汉代陶片，面积约 14.6 万平方米。遗址与竹子河南岸另一处大型汉代遗址大土山 -5（LS-DTS-5）应属于同一社区。

46.遗址名称：小村 -2/4（LS-XC-2/XC-4）（第 11 年）

区县：岚山　**村镇**：小村

所在地图：桥南头 [1-50-35-（38）]

时代及序号：龙山 459，周代 1008 ～ 1011、1021，**汉代** 1360

文化层：龙山文化层

描述：这是一处大型遗址，地点位于小村村南和村东、韩家村和大村村南，所在地形为丘陵向冲积层过渡地带，海拔 10 ～ 20 米不等。陶片主要采集自小村和大村之间的空地处，分处铁路的南北两侧，遗址显然为村庄所占压，并被砖瓦厂等厂房所破坏（彩版四○，2）。另外，由于遗址地处山麓，自北而南的多条冲沟和小溪也对遗址形成破坏。陶片主要分布于窑厂和厂房以外的原生地面上，调查时种植小麦等。汉代陶片占绝对多数，见于每个采集区。其面积，保守地说也应在 28.6 万平方米，这还不包括被村庄占压的部分。周代（东周与西周）陶片只在几个较小的采集区有所发现，面积约为 2 万平方米。龙山陶片发现于小村村南约 150 米，均采集自路沟断面的文化层内。文化层土色灰黑，延续约 10 余米，面积不足 5000 平方米。

　　该遗址的汉代遗存应该与包括小村 -1/9（LS-XC-1/9）和下寺 -6（LS-XS-6）在内的其他遗址属于同一大的社区，它们均位于岚山北麓的缓坡上。这些遗址被村庄、砖瓦窑厂、水库和冲沟等所分割开来，如果将这些地点也算作遗址范围的话，其面积将超过 150 万平方米，属于汉代聚落的第一层级。从遗址所在山坡的高处，山坡以北的冲积平原尽收眼底。

47．遗址名称：小村 -8（LS-XC-8）（第 11 年）

区县：岚山　**村镇：**小村

所在地图：桥南头 [1-50-35-（38）]

时代及序号：汉代 1364

文化层：无

描述：遗址位于小村村东、砖瓦厂的北部与西部。所在地形为丘陵，海拔约 20 米。最近水源为遗址西南约 100 米的一条小河。调查时遗址为麦田和菜园。这是一处单纯的汉代遗址，能够确定的面积大约为 7.7 万平方米。不过，遗址的南半部分已为砖瓦厂取土所破坏。另外，在村子边缘的新建房屋附近也采集到陶片，说明遗址可能延续到村子之下。该遗址应该属于小村 -2/4（LS-XC-2/4）大型汉代遗址的一部分，只是被砖瓦厂所分割开来而已。该遗址为当地文物部门发现，发现有汉代墓葬等遗存。[①]

48．遗址名称：小村 -10（LS-XC-10）（第 11 年）

区县：岚山　**村镇：**小村

所在地图：桥南头 [1-50-35-（38）]

时代及序号：周代 1004，汉代 1354

文化层：可能有汉代文化层

描述：遗址位于大庄子和韩家村之间新建屋舍以北约 100 米处，所在地形为冲积层，地势平坦，海拔 6 米。调查时遗址大部分为休耕地，局部为麦田。最近水源为遗址西侧的水渠。在遗址上采集到一块汉代墓砖，推测应该有汉墓遗存。遗址有东周和汉代两个时期的遗存，前者面积为 5 万平方米，后者为 2.8 万平方米。

49．遗址名称：小代疃 -3（LS-XDT-3）（第 10 年）

区县：岚山　**村镇：**小代疃

[①] 国家文物局主编：《中国文物地图集·山东分册》，上册第 272、273 页，下册第 623 页，中国地图出版社，2007 年。

所在地图: 盛家代疃 [1-50-23-（46）]

时代及序号: 大汶口 20，**龙山** 398，周代 797，汉代 1047、1048

文化层: 龙山文化层

描述: 遗址面积较大，一部分位于小代疃村西隆起的岗地之上，海拔 30 米。其他部分则位于冲积层之上，为小代疃村子所压。遗址坐落于傅疃河南侧支流的南岸。调查时遗址为菜园和种植小麦的梯田，局部为休耕地（彩版四一，1）。村西若干地方有文化层和遗迹暴露，农田里也可观察到清楚的灰黑色文化层和遗迹堆积。文化层、遗迹和地表采集的陶片大多属于龙山时代，面积推测在 21.5 万平方米。大汶口晚期的陶片主要分布于村子的西北角，面积约 2.8 万平方米。周代遗存不见于岗地部分，但在遗址北部地势较低的冲积层部分发现部分东周陶片。汉代陶片则采集自村东和村西，另在遗址西部的高坡上也有分布，面积大约在 13.9 万平方米。共采集 5 件石器。

当地文物部门发现该遗址，现为省级文物保护单位。[①]

50. **遗址名称:** 杏坊 -2/4（LS-XF-2/4）（第 10 年）

区县: 岚山　**村镇:** 杏坊

所在地图: 山字河 [1-50-23-（54）]

时代及序号: 龙山 412，周代 812，汉代 1083

文化层: 周代文化层

描述: 遗址位于杏坊村北和村西北，北距大曲河河道不足 100 米。所在地形为冲积层，地势隆起，海拔约 19 米。调查时遗址为麦田和休耕地。汉代陶片分布于村子北部边缘和村西的高地，面积 5.6 万平方米。周代（只有东周）陶片大多发现于村子东北角，大多采集自一处因取土而形成的断崖及其附近。这里地势较高，可能是遗址的主要居住区。周代陶片在村北的高地也有分布，总的面积为 2.3 万平方米。龙山陶片只分布于村子东北角的一处高地，面积不足 1 万平方米。

当地文物部门发现该遗址，现为区级文物保护单位。[②]

51. **遗址名称:** 西合庄 -5（LS-XHZ-5）（第 12 年）

区县: 岚山　**村镇:** 西合庄

所在地图: 大坡 [1-50-35-（4）]

时代及序号: 汉代 1440

文化层: 无

描述: 遗址位于西合庄村东，地形为丘陵缓坡，海拔为 63 米。遗址处在一条道路的两侧，向南延伸到水库，向北跨越一条小河，向东一直延续到铁路。村东北另有一条水渠穿过遗址。这些小河和水渠均流入竹了河的支流。调查时遗址为麦田和休耕地。遗址上陶片分布稀疏，但面积达 14.8 万平方米。

52. **遗址名称:** 徐家村 -1（LS-XJC-1）（第 11 年）

区县: 岚山　**村镇:** 徐家村

所在地图: 桥南头 [1-50-35-（38）]

① 国家文物局主编:《中国文物地图集·山东分册》，上册第 272、273 页，下册第 620 页，中国地图出版社，2007 年。
② 国家文物局主编:《中国文物地图集·山东分册》，上册第 272、273 页，下册第 620 页，中国地图出版社，2007 年。

时代及序号: 周代 1020，汉代 1363

文化层: 有

描述: 遗址位于徐家村村东 250 米、小村西侧新建房舍西南 50 米，所在地形为丘陵，地势隆起，海拔 17 米。遗址处在两条水渠之间。调查时遗址为麦田。我们在一处新建房舍附近的取土坑断面上发现西周文化层堆积，内含丰富的西周陶片，面积不足 5000 平方米。另外采集到极少量的汉代陶片。

53. 遗址名称: 徐家村 -2/3（LS-XJC-2/XJC-3）（第 11 年）

区县: 岚山　**村镇:** 徐家村

所在地图: 桥南头 [1-50-35-（38）]

时代及序号: 大汶口 27，周代 1005、1007，汉代 1356、1362

文化层: 大汶口文化层

描述: 遗址位于徐家村村东，大部分为村子所占压，所在地形为丘陵向冲积层过渡地带，地势较平，海拔约 20 米。一条自南而北流向的小河穿过遗址，流入龙王河。调查时遗址为菜园、麦田和树林（彩版四一，2）。文化层堆积发现于村东、小河西岸，土色灰黑，内含较多的红烧土、碎石、动物骨骼和陶片等，陶片均属大汶口文化早期。在此采集到 15 件石器，包括磨石 3 件、石凿 1 件、石铲 1 件和石斧 1 件等。此外，采集陶纺轮 1 件，上有复杂精美的纹样。文化层所覆盖的区域面积约 1 万平方米，但从地势分析，这绝非遗址的全部。据村民告知，村子之下也有丰富的文化遗迹，并可能存在墓地。遗址所处位置为岚山之北，东部滨海，与先前发现的另外两处新石器时代早期遗址南屯岭 -4（DG-NTL-4）和东两河 -1（DG-DLH-1）位置相似。

另在村南和村北的菜园和麦田内采集到少量周代、汉代陶片，面积均不足 1 万平方米。

54. 遗址名称: 辛留 -1-7（LS-XL-1-7）（第 12 年）

区县: 岚山　**村镇:** 辛留

所在地图: 大坡 [1-50-35-（4）]

时代及序号: 龙山 466、467，周代 1033，汉代 1417～1419、1422、1425、1426

文化层: 多处

描述: 遗址位于辛留村周围，并被村子所压。所在地形为冲积层，但在两处低山丘陵顶部（二者间距约 1000 米）也有分布。遗址就坐落于竹子河支流转折处的南岸，海拔在 36 米（冲积层）到 58 米（丘陵岭顶）之间。从陶片分布来看，遗址最为丰富的部分在辛留村南和村东南，调查时这一区域为麦田、菜园和茶园等。遗址向东一直延伸到河道西岸。向南则蔓延至另一处丘陵顶部、铁路以南约 400 米处，调查时此区域为休耕地、麦田和茶园等。村子西北部有一高地，北缘陡峭，东南与村庄相连接，高地之上陶片分布亦较丰富。该区域易守难攻，极具军事色彩。调查时为麦田、休耕地和果园等（彩版四二，1）。

遗址以周代（东周和西周）遗存为主，覆盖面积约为 138.7 万平方米。在村东南发现两处因村民挖菜窖而暴露出的文化层堆积，文化层在地表 10 厘米之下，土色灰黑，内含陶鬲、陶罐等绳纹陶片。另外，还发现小范围的龙山陶片分布区，一处为龙山中期（#467），位于村南。另一处为龙山早期（#466），位于村东 150 米一条水渠的南侧。汉代陶片分布稀疏，但见于多个采集区，其中两处面积稍大，均位于易于防守的岭顶之上，一处在北部岭顶（#1417），面积 2.5 万平方米。另一处在南部岭顶，（#1418），面积 9.6 万平方米。

该遗址为当地文物部门发现，现为区级文物保护单位。[1]根据其位置及规模，很可能即《春秋左传》成公八年和九年所记载的"渠丘城"。录此备考。

55．遗址名称: 下寺 -2（LS-XS-2）（第 11 年）

区县: 岚山　**村镇:** 下寺

所在地图: 桥南头 [1-50-35-（38）]

时代及序号: 周代 1017，汉代 1370

文化层: 遗址附近有明清墓葬

描述: 遗址位于下寺村南约 200 米、一座废弃的明清时代寺庙的南侧。所在地形为岚山北缘山麓靠近山腰的部位，处在两条冲沟之间的高地之上，海拔 64 米。站在遗址之上，北部景色一览无余。遗址现为梯田，调查时遗址多为休耕地，少部分种植小麦。采集陶片分别属于西周、东周和汉代，面积大约 5000 平方米。

56．遗址名称: 下寺 -6/ 刘小庄 -1（LS-XS-6/LXZ-1）（第 11 年）

区县: 岚山　**村镇:** 下寺 / 刘小庄

所在地图: 桥南头 [1-50-35-（38）]

时代及序号: 汉代 1370

文化层: 有

描述: 遗址位于刘小庄村东北、下寺村西约 200 米。所在地形为山麓坡地、两条南北向冲沟之间，海拔 55 米。遗址南部紧靠一处砖瓦厂。因砖瓦厂取土，遗址南部已遭破坏。一条小河从遗址上穿过。调查时遗址为休耕地和麦田。我们共发现两处文化层堆积，其中一处在砖瓦厂取土形成的断崖上。文化层为灰黑色土层堆积，内含较多陶片。这是一处单纯的汉代遗址，面积约 7.8 万平方米。在遗址的北部有另一处汉代遗址，之所以分开编号，是因为两遗址之间有一处砖瓦厂厂房相隔。不过，这些汉代遗址很可能属于同一大型社区，它们均位于岚山北缘，处于山麓地带。因几处砖瓦厂和冲沟的分割，遗址之间形成一定的距离。

57．遗址名称: 小山前 -1（LS-XSQ-1）（第 11 年）

区县: 岚山　**村镇:** 小山前

所在地图: 虎山铺 [1-50-35-（30）]

时代及序号: 周代 986，**汉代** 1329

文化层: 无

描述: 遗址位于小山前村东南约 100 米、同三高速公路以西约 150 米。所在地形为冲积层，地势平坦，海拔 24 米。遗址大部分位于两条小河（或废弃的水渠）之间。遗址以汉代遗存为主，面积 5.1 万平方米。东周和西周遗存只发现于遗址中部。遗址以北约 150 米为一较大的周代和汉代遗址郑家结庄 -4（LS-ZJJZ-4），二者应属于同一社区，尤其是在汉代。

58．遗址名称: 杨家庄 -1（LS-YJZ-1）（第 12 年）

区县: 岚山　**村镇:** 杨家庄

所在地图: 黄家峪 [1-50-35-（29）]

---

[1] 国家文物局主编:《中国文物地图集·山东分册》，上册第 272、273 页，下册第 621 页，中国地图出版社，2007 年。

时代及序号: 商代 30，周代 1119、1120，汉代 1557

文化层: 西周文化层

描述: 遗址位于杨家村村南约 130 米，所在地形为冲积层，地势平坦，海拔 20.5 米。遗址向南延伸约 700 米直到龙王河及其支流的交汇处。一条东西向公路从遗址南端穿过。调查时公路以南为休耕地，公路以北遗址上为杨树林和麦田（彩版四二，2）。遗址以汉代遗存为主，面积为 10.9 万平方米。周代（东周和西周）遗存有两处分布集中点，一处在公路以北，面积约 4 万平方米。另一处在公路以南近河道处，面积 1.4 万平方米。在河流交汇处的河道断崖上，发现比较丰富的西周文化层堆积（#1120）。晚商遗存也发现于该地点，并采集石器 2 件。

59. 遗址名称: 烟台山 -1（LS-YTS-1）（第 11 年）

区县: 岚山 **村镇:** 烟台山

所在地图: 岚山镇 [1-50-35-（46）]

时代及序号: 汉代 1402

文化层: 有

描述: 遗址位于岚山南侧一处被称为烟台山的山嘴之上，海拔约 30 米。遗址几乎已被王家庄和烟台西两个村子的房舍所包围。遗址最近的自然水源位于遗址以东约 200 米。该山嘴曾经是采石场，现在已被填平。山丘上汉代陶片分布密集，并在顶部发现一处内含大量汉代陶片和瓦片的汉代文化层堆积。根据所采集的大量建筑遗存，我们推测山嘴之上曾经存在大型的汉代建筑。考虑到独特的地理位置，其作为瞭望或监视海上活动的地点是十分理想的。调查时遗址上为休耕地、麦田、采石场、树林、菜园和村落房舍等。

60. 遗址名称: 烟台西 -1（LS-YTX-1）（第 11 年）

区县: 岚山 **村镇:** 烟台西

所在地图: 马栈 [1-50-35-（45）]

时代及序号: 周代 1029，汉代 1404 ～ 1406

文化层: 无

描述: 遗址位于绣针河注入大海的东侧、岚山镇向南延伸处，全部处在现代盐场之内。陶片分布稀疏，大多采集自盐池岸上，多属于汉代。我们虽然把这些采集点给予同一个编号，但因盐池分割，遗址的确切面积却难以推算。东周陶片只发现于个别地点。汉代陶片中有极厚者，或许与制盐有关。在有些地点分布有瓷器和釉陶，时代或晚至近现代，多是与制盐有关的器物。

61. 遗址名称: 尧王城 -1/ 高家岭 -1（DG*-YWC-1/GaJL-1）（第 9 年）

区县: 岚山 **村镇:** 尧王城 / 高家岭

所在地图: 毕家村 [1-50-35-（6）]

时代及序号: 大汶口 15 ～ 19，**龙山** 397，周代 787、795、796，汉代 1044 ～ 1046

文化层: 多处文化层，多属于龙山，另有 2 座汉墓

描述: 这是一处跨越多个时代的大型遗址，位于安家尧王城、南辛庄和张家庄子等村子之下及其周围。遗址处在南辛河转折处，地理位置极佳。遗址从地势较低的近河冲积层（海拔约 10 米）向

---

* 调查时该区域属于东港区，报告按当地新的行政区划将其置于"岚山"之下，但为与采集物标签相吻合，仍保留原先前缀 DG。

南、向北一直延伸到丘岭坡地（海拔约 30 米）。陶片分布最为密集的地点位于南辛河转折处，处在南辛庄村北和安家尧王城之间。不过，文化遗物的分布区则要大得多。遗址向东延伸到大尧王城村子西缘，向北几乎到达南辛庄村北约 2 公里的矮丘顶部。龙山和汉代陶片的分布区向北最远可达水渠北侧约 900 米处。向西则可达河道西侧 750 米处的一条南北向沟渠。向南，在南辛河河道以南约 900 米处还可见到龙山和周代文化层，1500 米处可见汉代陶片分布，一直陆续延伸到亚月村东北的两座汉墓所在位置。向西南方向，遗址延伸到高家岭东北约 250 米左右的地方。

遗址大部分为农田，如麦田、休耕地、菜园、果园等（彩版四三，1）。文化层和其他遗迹堆积分布普遍。除了在南辛庄村北见到丰富的文化层堆积之外，我们在南辛河以南也发现几处文化层堆积。

因为调查之前对于遗址的大小并没有清楚的认识，因此最初在野外时对于遗址的不同部分分别给予编号。其中最大的两个部分是尧王城 -1（YWC-1，南辛河以北）和高家岭 -1（GaJL-1，南辛河以南），但也包括南部的亚月 -1（YY-1）、北部的张家庄子 -1（ZJZZ-1）和张家庄子 -4（ZJZZ-4）。尽管遗址的大部分现在属于岚山区，但在调查时当地行政区划尚未做出调整，上述区域当时尚隶属于东港区，因此遗址的前缀为 DG 而非 LS。本报告把它们置于“岚山”之下，但仍保留了前缀 DG，以便与采集物标签相吻合。

遗址年代上起大汶口晚期，下至汉代。大汶口遗存共见于 5 个采集区，其中 2 处位于南辛河以南，1 处在南辛庄以西，另外 2 处在南辛庄村北和东北。村西大汶口遗存面积约 5.8 万平方米。有的采集区可观察到文化层堆积。这几个大汶口遗物采集点也许可以连为一体，只是被村庄将其分割开来而已。

陶片分布密度最高的是龙山文化，覆盖面积达 367.5 万平方米，大多数文化层也是龙山文化堆积为主。许多地点文化层堆积厚度至少在 0.5 米以上。文化层尤其以南辛庄村北最为集中，堆积也最厚，地势明显高于其他区域，由于取土部分已遭到严重破坏。在采集区 CA-AA 的一处断崖剖面上，可清楚地看到由黄、灰相间土层形成的建筑堆积（彩版四三，2）。在采集区 CA-UU，发现一处埋有四条狗骨架的祭祀坑。就在其以东，CA-BB 采集区，文化层厚度达 1.5～2 米。在稍微靠南些的采集区 CA-EE，文化层内包含大量大块陶片。另外，在南辛庄村北和村西的采集区 CA-TT、VV、WW、YY 和 ZZ 等，均有文化层堆积存在。在主要道路以西（采集区 CA-PP、QQ、RR 和 SS）的高地，也有文化层分布。在安家尧王城村南发现的一条文化层堆积，延续长达 32 米（在采集区 CA-II），而这只不过是调查时所能暴露出的遗迹现象。在采集区 CA-RR，即安家尧王城村北道路西侧的文化层断面，看似存在一条壕沟。共采集石器 21 件，其中 15 件属于龙山文化典型石器。

周代和汉代陶片数量要少得多，但分布范围却几乎遍及整个遗址。推测周代陶片的分布面积为 226.6 万平方米，汉代为 309 万平方米。汉代遗存向南延伸，几乎与亚月的两座汉墓连为一体。

该遗址以往经多次调查并经发掘。曾出土周代青铜兵器。①

62. 遗址名称: 竹园 -1（LS-ZhuY-1）（第 11 年）

区县: 岚山 **村镇:** 竹园

所在地图: 马站 ［1-50-35-（45）］

时代及序号: 龙山 460，周代 1030，汉代 1391

文化层: 龙山文化层

描述: 遗址位于竹园村西北不足 50 米，所在地形为冲积层，地势平坦，海拔 7.8 米。遗址处在

① 杨深富、胡膺、徐淑彬：《山东日照市周代文化遗存》，《文物》1990 年第 6 期。

公路南侧，一条小路的西侧，南距绣针河约 900 米。遗址以汉代陶片为主，面积约 1.4 万平方米。共分三个采集区。前不久岚山文化局工作人员在该遗址采集的陶片，可分为汉代和龙山中期两个时期，另有极为少量的周代陶片。

63. 遗址名称: 郑家结庄 -4（LS-ZJJZ-4）（第 11 年）

区县: 岚山　**村镇:** 郑家结庄

所在地图: 虎山铺［1-50-35-（30）］

时代及序号: 龙山 443、周代 985、972，**汉代** 1312、1326

文化层: 多处

描述: 遗址从郑家结庄村东南缘开始，跨越一条较大的河流，延续 1000 米左右，一直延伸到前往小山前村的东西向道路以北。遗址所在地形为山麓缓坡向冲积层过渡地带，海拔高度 15 ～ 25 米。遗址大部分位于高速公路以西，向西延伸至南大庄村西约 150 米、小山前村北约 100 米。遗址沿河流南北向东延续数百米，直至高速公路附近。河流以北和郑家结庄以南是一片隆起的高地，陶片分布密集，调查时这里为茶园、麦田和休耕地。龙山陶片只分布于这一区域。高地的南部、靠近河道的地方过去曾被整平，这一区域所暴露的遗物也较多。据估算，这一区域龙山遗存的面积大约为 3.2 万平方米。但考虑到高地北部较少扰动，龙山遗存的实际面积或许要大出一倍左右。据村民讲，修建高速公路时曾出土大量陶片。河道以南地势渐高，直到山麓。此区域多为麦田或休耕地（彩版四四，1）。

在通往南大庄村道路以南的桑园内，调查时观察到灰黑色文化层或其他遗迹现象，附近采集到大量深灰色陶片，陶片较厚，有的饰有暗纹，可能为墓葬出土的明器，年代应该为春秋时期，具有浓厚的莒文化风格，可能为东周墓地所在。

由此往南约 250 米，在小山前村东约 250 米一条小河附近，发现一处厚约 2 米的文化层堆积，内含陶片属于周代。另在遗址南部采集到较多周代和汉代陶片。另有几件石器，有石杵、石刀和磨石等。

遗址大部分有汉代陶片分布，面积约 23.7 万平方米。最大的周代遗存分布区（#985）在河道以南，面积为 12.3 万平方米。河道以北周代遗存分布面积较小。周代和汉代，尤其是汉代，该遗址可能是向南约 150 米的另一处大型遗址小山前 -1（LS-XSQ-1）的一部分。

四　五莲县

1. 遗址名称: 丹土 -1（96R-WL-Dantu-1）（第 1 年）

区县: 五莲　**村镇:** 丹土村

所在地图: 丹土村［1-50-24-（9）］

时代及序号: 大汶口 24，**龙山** 1，周代 1、2，汉代 1 ～ 3

文化层: 无

描述: 遗址大部分位于丹土村之下及其周围，西边和北边紧邻北小河河道，地貌属于冲积层，地势隆起，并延伸到村南岭地之上。海拔在 19 ～ 35 米之间。遗址上多处为塑料大棚，在遗址范围之内可见几处采石场。有迹象表明，遗址已越过河道。遗址以龙山遗存为主，包括龙山早期、中期和晚期堆积，尤其是龙山中期遗存的分布面积达到 131 万平方米。遗址共分 8 个采集区，每个区均采集到龙山文化遗物，包括 20 余件石器，多为石铲和石斧。周代遗存发现于 4 个采集区，其中又以东周为主，覆盖面积为 37 万平方米，西周遗存分布区域较小。大汶口晚期遗存主要发现于北部和中部，陶片分布面积约为 13.4 万平方米。汉代遗存在 3 个采集区内有零星分布，且分布不连贯，主要见于遗址东北部，总的覆盖面积为 17.5 万平方米。调查时在村子东北角、大致位于遗址东北部的位置发现一文化层剖面，内含较多红烧土遗存。

该遗址经多次调查与发掘，现为全国重点文物保护单位。[①]

2. 遗址名称: 陈家沟 -4（WL-CJG-4）（第 3 年）

区县: 五莲　**村镇:** 陈家沟

所在地图: 刘官庄 ［1-50-23-（8）］

时代及序号: 汉代 130

文化层: 无

描述: 遗址位于陈家沟村东南角以东约 300 米处，分布在丘陵岭脊的坡地上，遗址以南约 75 米有一条小溪和水塘，海拔为 42 米。坡地现为梯田，调查时种植小麦。发现汉墓一座，应为陈家沟 -3（WL-CJG-3）遗址的组成部分，后者在此西侧约 200 米靠近村东南角处，为一小型汉代遗址。

3. 遗址名称: 潮河镇 -12（WL-CHZ-12）（第 3 年）

区县: 五莲　**村镇:** 潮河镇

所在地图: 刘官庄 ［1-50-23-（8）］

时代及序号: 龙山 91

文化层: 无

描述: 遗址位于潮河镇以北 600 米、菜园村西南 450 米的冲积平地上，西距刘官河（潮河支流）约 1000 米。遗址靠近一条现代沟渠。海拔为 38 米。调查时遗址为备耕地。龙山遗存分布在一处约 5000 平方米大小的范围内，陶片密度较高，应为近期农耕活动扰动地下文化堆积所致。

4. 遗址名称: 潮河镇 -14/8/9（WL-CHZ-14/8/9）（第 3 年）

区县: 五莲　**村镇:** 潮河镇

所在地图: 刘官庄 ［1-50-23-（8）］

时代及序号: 周代 130，**汉代** 150

文化层: 无

描述: 遗址位于潮河镇北部边缘，向西约 1000 米为潮河的两条支流——刘官河与潮白河交汇处，所在地形为冲积平地。遗址之上有几条现代沟渠穿过。遗址海拔为 30～35 米。调查时遗址为备耕地和麦田。遗址以汉代遗存为主，面积为 11 万平方米。周代遗存（主要为东周）面积较小，陶片分布稀疏，面积大约为 6.5 万平方米。

5. 遗址名称: 菜园 -1（WL-CY-1）（第 3 年）

区县: 五莲　**村镇:** 菜园

所在地图: 刘官庄 ［1-50-23-（8）］

时代及序号: 汉代 155，周代 126、128

---

① 国家文物局主编:《中国文物地图集·山东分册》，上册第 274、275 页，下册第 625 页，中国地图出版社，2007 年。

文化层: 无

描述: 遗址位于菜园村西北约 300 米处,向西延伸约 1000 米,直到距离刘官河(潮河支流)河道约 100 的地方。遗址大部分处在低岭顶部和坡地之上,海拔在 35～55 米。一条小河从遗址上穿过。调查时遗址多为麦田,只在最东南部为苹果园。遗址以汉代遗存为主,面积约为 27.2 万平方米。周代遗存分布稀疏,但有两处密集区。其中较大的一处面积为 21.5 万平方米(周代 126),包括西周和东周遗存。较小的一处分布区面积为 4.2 万平方米,只采集到属于东周时期的陶片。

6. 遗址名称: 东花崖 -1(WL-DHY-1)(第 3 年)

区县: 五莲　**村镇:** 东花崖

所在地图: 杜家河 [1-50-23-(16)]

时代及序号: 龙山 87,周代 106,**汉代** 113

文化层: 无

描述: 遗址位于东花崖村南的冲积平地上,向南延伸至距杜家河支流转折处不足 50 米区域。海拔约 45 米。遗址上多为菜地。遗址以汉代遗存为主,面积至少为 5.5 万平方米。遗址的实际面积应该更大些,其中一部分为村庄所占压。该遗址很可能与支流河道以南的汉代遗址东花崖 -6(WL-DHY-6)组成同一社区。龙山(只有龙山早期)和周代(只有东周)遗存面积小些,均约 2.7 万平方米。

7. 遗址名称: 东花崖 -6(WL-DHY-6)(第 3 年)

区县: 五莲　**村镇:** 东花崖

所在地图: 杜家河 [1-50-23-(16)]

时代及序号: 周代 98、105,**汉代** 110

文化层: 无

描述: 遗址位于杜家河支流转折处的南岸,东花崖村东南约 400 米处,所在地形为冲积平地。海拔约 45 米。遗址大部分为备耕地和麦田(彩版四五,1)。遗址以汉代遗存为主,面积约为 5 万平方米。该遗址可能与河道以北的另一处汉代遗址东花崖 -1(WL-DHY-1)属于同一社区。周代(只有东周)遗存面积小得多,陶片有两处集中分布区,每处面积均不足 1 万平方米。

8. 遗址名称: 东南坡 -9(WL-DNP-9)(第 3 年)

区县: 五莲　**村镇:** 东南坡

所在地图: 刘官庄 [1-50-23-(8)]

时代及序号: 汉代 135

文化层: 无

描述: 遗址位于东南坡村南约 100 米,向东约 350 米为一条小河,所在地形为丘陵。海拔约 45 米。调查时遗址为麦田。发现汉墓一座。该遗址以南的岭脊之上分布有若干个小型汉代遗址,而村北和村东分布有几处较大的汉代遗址。

9. 遗址名称: 大庄 -6(WL-DZ-6)(第 3 年)

区县: 五莲　**村镇:** 大庄

所在地图: 杜家河 [1-50-23-(16)]

时代及序号: 周代 97，汉代 107

文化层: 无

描述: 遗址位于大庄村东，南距杜家河支流不足 100 米，遗址东南约 500 米为杜家河及其支流的交汇之处。所在地形为冲积平地，地势稍隆起，海拔约 40 米。遗址西部为村庄占压，暴露部分多为农田，局部被采石场所破坏。遗址以周代（东周）与汉代遗存为主，面积约 8.5 万平方米。汉代遗存可能与村西的大庄 -1（WL-DZ-1）组成同一社区。

10. 遗址名称: 大庄 -10（WL-DZ-10）（第 3 年）

区县: 五莲　**村镇:** 大庄

所在地图: 杜家河 [1-50-23-（16）]

时代及序号: 周代 101、102，**汉代** 119

文化层: 无

描述: 遗址位于大庄村东北约 350 米、王家埠村西约 150 米处，所在地形为冲积平地，地势隆起。海拔约 40 米。南距杜家河及其支流交汇处约 750 米。遗址以东约 100 米有一条季节性小河。调查时遗址为备耕地和麦田。遗址以汉代遗存为主，面积约 6.2 万平方米。周代（包括西周和东周）遗存分处两个区域，每个区域面积均约为 1.7 万平方米。

11. 遗址名称: 崮寺头 -1（WL-GST-1）（第 4 年）

区县: 五莲　**村镇:** 崮寺头

所在地图: 大榆林 [1-50-11-（63）]

时代及序号: 周代 159

文化层: 有

描述: 遗址位于易守难攻的丘陵岭脊之上，俯瞰崖头河冲积平地，海拔 54.5 米。崖头河的一条支流将崮寺头村与遗址分割开来，向东不足 100 米就是崮寺头村。调查时遗址多为备耕地，局部种植小麦。遗址现为梯田，我们在一处断崖上发现有厚达 2 米的文化层。遗址地形为台地，顶部平整（彩版四五，2）。在调查区域之内靠近西部的山区，常可发现此类具有浓厚防御色彩的商周遗址。

12. 遗址名称: 京庄 -6（WL-JZ-6）（第 4 年）

区县: 五莲　**村镇:** 京庄

所在地图: 叩官 [1-50-11-（64）]

时代及序号: **龙山** 105，商代 18，周代 169，汉代 189、190

文化层: 无

描述: 遗址位于京庄村北 200 米，刘官河以西约 100 米处。所在地形为冲积平地，向西延伸至丘陵缓坡之处，海拔 45 ～ 55 米。遗址在小河两岸均有分布，并有几处小型水塘。调查时遗址多为备耕地，局部种植小麦。遗址以龙山（只有早期）遗存为主，面积约为 18.3 万平方米。周代遗存发现于遗址东部近河道处，面积为 6 万平方米。商代陶片只在遗址东南角有少量发现，面积不足 1 万平方米。汉代陶片分布面积亦较小（#190），约为 1.4 万平方米。另一处汉代陶片分布区（#189）位于遗址西部边缘靠近坡地处。采集到石器 1 件。遗址在龙山时代是包括夏家庄 -1 至 8（WL-XJZ-1 至 8）在内的大型社区的一部分，该社区在龙山早期面积可达 200 万平方米，龙山中期也有 120 万平方米的面积。

13. 遗址名称: 林泉 -6/2（WL-LQ-6/2）（第 3 年）

区县: 五莲　**村镇:** 林泉

所在地图: 刘官庄 [1-50-23-（8）]

时代及序号: 龙山 90，商代 7，**周代 113，汉代 126**

文化层: 无

描述: 遗址位于林泉村北约 200 米、潮河以南约 50 米，所在地形为山麓坡地，并一直延伸至坡顶。海拔约 40 米（彩版四六，1）。从坡顶可俯视北、东、南三面，地理位置易于防守。调查时遗址顶部为松树林，南部为茶园。汉代遗存面积为 2.1 万平方米，周代（包括西周和东周）遗存面积为 1.9 万平方米。遗址高处发现汉墓一座，上有盗洞 3 处。另采集到少量商代和龙山陶片，面积均不足 1 万平方米。采集石器 2 件，其中一件为磨光石钺残片，磨制精细，时代应属龙山。

14. 遗址名称: 王家窑 -6/7（WL-WJYa-6/7）（第 2 年）

区县: 五莲　**村镇:** 王家窑

所在地图: 丹土村 [1-50-24-（9）]

时代及序号: **龙山 34，**周代 30、31，汉代 31

文化层: 有

描述: 遗址位于王家窑村北约 350 米，东南距北小河约 600 米，所在地形为一缓坡，靠近一现代水库。海拔 25～40 米。调查时遗址为备耕地，局部为一梨园，其他地方多为麦田。遗址以龙山（中期）遗存为主，面积为 13.7 万平方米。从遗址边缘的一处浅沟断面上，观察到地表以下约 30 厘米处有较薄的龙山文化层。另采集到少量周代和汉代陶片，分布断续，面积均不足 1 万平方米。

15. 遗址名称: 王家窑 -10（WL-WJYa-10）（第 2 年）

区县: 五莲　**村镇:** 王家窑

所在地图: 丹土村 [1-50-24-（9）]

时代及序号: **龙山 40，**汉代 33

文化层: 无

描述: 遗址位于丹土村及北小河以北，西距王家窑村约 600 米。所在地形为冲积平地，海拔约 20 米。调查时遗址为备耕地和麦田。龙山（龙山早期和中期）陶片分布比较密集，面积为 4.2 万平方米。汉代陶片较少，面积不足 5000 平方米。

16. 遗址名称: 王石头 -1（WL-WST-1）（第 4 年）

区县: 五莲　**村镇:** 王石头

所在地图: 叩官 [1-50-11-（64）]

时代及序号: **龙山 95，**岳石 1，商代 12，周代 156，汉代 196

文化层: 龙山、岳石、商代（？）和周代文化层

描述: 遗址位于王石头村北，所在地形为河谷台地，海拔 70 米左右。最近的自然水源为刘官河，东距遗址约 100 米。调查时遗址大部分为菜园。在村北台地的断崖上暴露出厚约半米的文化层堆积，陶片包括龙山、岳石和周代，内含较多草木灰颗粒，并可观察到灰坑打破文化层的层位关系（彩版四六，2）。遗址以龙山（包括早期和中期）遗存为主，面积 3.4 万平方米。周代（只有西周）

遗存稍小，面积为 2.1 万平方米。另外采集到少量的岳石、商代和汉代陶片。岳石与商代陶片分布面积不足 5000 平方米，只发现于断崖处。汉代陶片只发现于遗址西部，面积约为 1.1 万平方米。

该遗址为当地文物部门发现，界定面积仅为 1.5 万平方公里，且仅记录有龙山遗存。[①]

17. 遗址名称: 夏家庄 -1（WL-XJZ-1）（第 4 年）

区县: 五莲　**村镇:** 夏家庄

所在地图: 叩官

时代及序号: 龙山 94，周代 170，汉代 191

文化层: 龙山文化层

描述: 遗址位于夏家庄村下及村南、北、西三面，所在地形为冲积平地，东邻刘官河，向西一直延伸到丘陵边缘。海拔约 50 米。调查时遗址上多为桑田和麦田，局部为备耕地（彩版四七，1）。在村内农舍之下也观察到清晰可辨的文化层堆积，土层堆积均匀，或为龙山房基垫土（彩版四七，2）。遗址以龙山（早期和中期）遗存为主，面积为 30 余万平方米。周代（西周略大于东周）和汉代遗存仅发现于村南，面积分别为 4.8 万平方米和 3.9 万平方米。该遗址应为一大型龙山社区的核心，包括夏家庄 -5 至 8（WL-XJZ-5 至 8）和京庄 -6（WL-JZ-6），如然，其面积在龙山早期可达 125 万平方米，龙山中期为 100 万平方米。

18. 遗址名称: 夏家庄 -5（WL-XJZ-5）（第 4 年）

区县: 五莲　**村镇:** 夏家庄

所在地图: 叩官

时代及序号: 龙山 110，汉代 192

文化层: 无

描述: 遗址位于夏家庄西北约 150 米处，遗址南部紧邻两处水塘。所在地形为丘陵坡地，海拔 60 ～ 80 米。调查时遗址为梯田，大部分为备耕地或麦田。遗址以龙山（只有早期）遗存为主，面积为 8.3 万平方米。另在遗址西部发现少量汉代遗存，面积不足 1 万平方米。该遗址与夏家庄 -1 至 8（WL-XJZ-1 至 8）和京庄 -6（WL-JZ-6）应为一大型龙山社区的组成部分。如然，该社区在龙山早期面积可达 200 万平方米，龙山中期时面积也有 120 万平方米。

19. 遗址名称: 夏家庄 -6（WL-XJZ-6）（第 4 年）

区县: 五莲　**村镇:** 夏家庄

所在地图: 叩官

时代及序号: 龙山 113，汉代 194

文化层: 无

描述: 遗址位于夏家庄村北约 300 米处，刘官河的西岸。所在地形为冲积平地，海拔约 55 米。调查时遗址为备耕地。遗址以龙山（早期和中期）遗存为主，面积为 7.4 万平方米。另在河的东侧遗址北部边缘位置采集到少量汉代陶片，分布面积不足 1 万平方米。该遗址与夏家庄 -1 至 8（WL-XJZ-1 至 8）和京庄 -6（WL-JZ-6）应为一大型龙山社区的组成部分。如然，该社区在龙山早期面积可达 200 万平方米，龙山中期时面积也有 120 万平方米。

① 国家文物局主编:《中国文物地图集·山东分册》，上册第 274、275 页，下册第 626 页，中国地图出版社，2007 年。

20. 遗址名称: 夏家庄 -8 (WL-XJZ-8) (第 4 年)

区县: 五莲　**村镇:** 夏家庄

所在地图: 叩官

时代及序号: 龙山 111, **周代** 171, 汉代 193

文化层: 无

描述: 遗址位于夏家庄村西北约 450 米处、两条小河之间的区域。所在地形为丘陵坡地,海拔 75～90 米。调查时遗址为梯田,种植小麦或备耕地。遗址以龙山遗存为主(中期大于早期),面积为 7 万平方米。另有少量周代(只有东周)和汉代遗存,主要分布于遗址南部,面积不足 1 万平方米。该遗址与夏家庄 -1 至 8 (WL-XJZ-1 至 8) 和京庄 -6 (WL-JZ-6) 应为一大型龙山社区的组成部分。如然,该社区在龙山早期面积可达 200 万平方米,龙山中期时面积也有 120 万平方米。

21. 遗址名称: 尧沟 -1 (WL-YG-1) (第 3 年)

区县: 五莲　**村镇:** 尧沟

所在地图: 刘官庄 [1-50-23-(8)]

时代及序号: 商代 6, **周代** 114, 汉代 129

文化层: 有

描述: 遗址位于尧沟村西约 250 米、潮河以南约 350 米。所在地形为丘陵顶部一突出的山嘴上,海拔约 40 米。从遗址向北瞭望,视野极佳。调查时遗址为梯田,大部分是备耕地,局部种植小麦(彩版四八,1)。遗址面积约为 1.6 万平方米,陶片以周代(西周和东周兼有)为主,商代和汉代陶片稀少。遗址南部发现文化层堆积一处,厚约 1 米,包含有上述三个阶段的陶片(彩版四八,2)。

22. 遗址名称: 崖头 -1 (WL-YT-1) (第 4 年)

区县: 五莲　**村镇:** 崖头

所在地图: 大榆林 [1-50-11-(63)]

时代及序号: 龙山 96, 周代 158, **汉代** 186

文化层: 无

描述: 遗址被崖头村所占压并延及四周,南距崖头河 50 米。所在地形为冲积平地,海拔约 41 米。遗址在村外部分种植小麦或蔬菜。遗址以汉代遗存为主,面积约为 19.6 万平方米,其次为龙山(早期大于中期)遗存,面积 14.4 万平方米。村北发现少量东周遗存,面积不足 1 万平方米。

23. 遗址名称: 朱家沟 -1 (WL-ZJG-1) (第 4 年)

区县: 五莲　**村镇:** 朱家沟

所在地图: 董家洼 [1-50-12-(57)]

时代及序号: 周代 189, 汉代 216

文化层: 汉墓?

描述: 遗址位于朱家沟村东北 50 米,延续至西蔡家村东南约 100 米,向西约 75 米处有一条小河。所在地形为丘陵坡地。海拔约 55 米。采集到少量东周及汉代陶片,面积均不足 1 万平方米。在朱家沟村东北角发现疑似汉墓一座,由甬道及耳室组成,但其中未见任何同时期遗物。录此备考。

五　诸城市

1. 遗址名称: 东桃园 -3（ZC-DTY-3）（第 13 年）

区县: 诸城　**村镇:** 东桃园

所在地图: 三里庄 [1-50-12-（50）]

时代及序号: 周代 1209，汉代 1650

文化层: 汉代界碑

描述: 遗址位于东桃园镇南约 750 米，所在地形为丘陵岭脊之上，海拔约 58 米。遗址以北约 200 米为诸城与胶南两市边界，亦即潍坊市与青岛市的边界。遗址东部有一隆起高地，似为人工建造的台基。尽管因农耕等活动扰乱严重，但我们仍在附近采集到少量汉代陶片。向西南方约 175 米，在同一岭脊之上，发现 3 处看似自然形成的石块裸露于地表，每处石块附近皆分布有汉代陶片。石块皆经人为加工成棱角分明的形状（彩版四九，1）。其中靠西的一处南侧石头被凿平，且凿出边框。细查似有碑文痕，但因常年风化剥蚀，碑文已漫漶不清（彩版四九，2）。其东十余米有一台阶状卧石。清理其上土层，发现有汉代陶片。另两处较小的石块相距约 20 米，可能是建造瞭望塔的地基。遗址总的面积约为 2.8 万平方米。另外还采集到少量东周陶片，面积约 1.6 万平方米。考虑到遗址所处特殊的地理位置，我们推测，上述卧石，连同另外两处遗址小店子 -3/5（JN-XDZ-3/5）和小店子 -6（JN-XDZ-6）可能为汉代的界碑和瞭望塔台基。诸城与胶南两个县市现在的边界线，据此可能上溯到 2000 多年前的秦汉时期，抑或更早。

连云港市曾发现汉代东海郡朐县与琅琊郡柜县之间的界域刻石，形制与此颇为相似。[①]属于汉代同郡的县域之间的界碑似乎从未有报道。因此，此一发现颇值得注意。

2. 遗址名称: 南张家庄 -1（ZC-NZJZ-1）（第 13 年）

区县: 诸城　**村镇:** 南张家庄

所在地图: 三里庄 [1-50-12-（50）]

时代及序号: 大汶口 29，**龙山** 500，周代 1198，汉代 1664

文化层: 多处文化层堆积

描述: 遗址位于南张家庄村下及村子的北、东、西三面，蟠池河北岸，所在地形为低山丘陵向冲积平地过渡地带，地势平坦。海拔约 31 米。遗址范围从蟠池河河堤向北约 100 米开始，陶片分布开始密集，一直跨过村子，继续向北延伸约 250 米。东界则是南张家庄和窝洛子村之间的一条小河（蟠池河支流）。河流交汇处一般会有遗址分布，该遗址所在地理位置非常典型。调查时遗址上多为麦田或备耕地，兼以菜地和桑林，局部为场院。遗存最为丰富的区域当在村北和村西，共发现 4 处文化层分布的地点，陶片分布极为密集。龙山陶片几乎在每个采集区都有分布，尤以早期为主，中期陶片分布面积远远缩小。在村子西北部公路南北两侧还采集到少量晚期大汶口文化陶片，面积大约为 4.4 万平方米。另在遗址东部发现少量汉代遗存，包括汉墓墓砖，面积约 22.9 万平方米。东周遗存发现于遗址西北和村西，面积 8.5 万平方米。采集石器 9 件，皆为龙山文化典型器形。

---

① 刘凤桂、丁义珍:《连云港市西汉界域刻石的发现》,《东南文化》1991 年第 1 期。连云港市文管会办公室、连云港市博物馆:《连云港市东连岛东海琅琊郡界域刻石调查报告》,《文物》2001 年第 8 期。

3. 遗址名称: 小曹家庄 -1/2/4（ZC-XCJZ-1/2/4）（第 13 年）

区县: 诸城　**村镇:** 小曹家庄

所在地图: 三里庄 [1-50-12-（50)]

时代及序号: 周代 1206，汉代 1656

文化层: 周代文化层堆积

描述: 遗址位于小曹家庄村东，所在地形为蟠池河南岸的一级台地，海拔约 30 米。遗址在河堤南岸约 150 米处开始隆起，陶片分布最密集处在梯田边缘部，调查时为杨树林，但在茶园内也采集到较多周代陶片。遗址所处位置十分典型（彩版五〇，1）。陶片分布面积虽然只有 0.75 万平方米，但从陶片（西周与东周）分布密度和地形判断，小曹家庄村下当亦有分布。在同一位置还发现少量汉代陶片，面积约为 2.6 万平方米。

4. 遗址名称: 解家庄子 -1（ZC-XJZZ-1）（第 13 年）

区县: 诸城　**村镇:** 解家庄子

所在地图: 三里庄 [1-50-12-（50]

时代及序号: 龙山 502，商代 31，周代 1199，汉代 1663

文化层堆积: 有

描述: 遗址位于解家庄子村北，恰位在蟠池河由东向南转弯处的南岸。所在地形为冲积平地，地势隆起，海拔约 27 米。遗址估计延伸到村子之下。调查时遗址上多为麦田，兼以少量菜地和备耕地。陶片分布密集区在村北一条南北向道路的两侧，并发现有文化层分布。龙山（早期和中期）、商代（土著风格）、西周和东周以及汉代陶片皆有发现。周代遗存面积约为 4.8 万平方米，商代遗存约为 1.6 万平方米。该遗址与蟠池河以北的南张家庄有联系，并属于同一社区。

5. 遗址名称: 小石岭 -1（ZC-XSL-1）（第 13 年）

区县: 诸城　**村镇:** 小石岭

所在地图: 三里庄 [1-50-12-（50)]

时代及序号: 龙山 1504，汉代 1733

文化层: 土丘

描述: 遗址位于小石岭村西南约 400 米，所在地形为岭脊顶部，西南距岭顶约 130 米，海拔约 38 米。遗址所在为荒地，外观为一土丘，似汉墓。因常年农耕活动，土丘已被剥蚀得较矮，侧面发现盗洞一处。土丘由纯洁的黄土夯筑而成，在土丘底部发现少量龙山（早期和中期）陶片，但在土层内及顶部未见任何陶片。因此，该土丘也许建在一处小型龙山遗址之上，面积不足 5000 平方米。

土丘附近没有采集到任何汉代遗物，但此地距位于同一岭脊上的大桃园 -3（DG-DTY-3）约 1050 米，后者也发现有疑似汉墓的土丘和汉代界碑。因此推测该土丘亦应为汉代遗存。录此备考。

叁　重要遗物

一

1. 大白石（96R-DBS-1，龙山）（第2年）

96R-DBS-1　陶器1件，龙山文化。标本96R-DBS-1：1，陶罐底片。夹砂黑陶。平底略内凹。素面。底径5.9、残高1.8厘米（图六〇，1）。

2. 青岗沟（96R-QGG-1，龙山、汉）（第2年）

96R-QGG-1　陶器1件，龙山文化。标本96R-QGG-1：1，陶盆。夹砂黄褐陶。方唇，沿面内凹，唇面有一周凹槽，盘口状。口径34.0、残高2.7厘米（图六〇，2）。

96-DG-QGG-1-CAA　石器1件，龙山文化。标本96-DG-QGG-1-CAA：1，磨石。平面椭圆形，横断面近椭圆。长7、宽4.45、厚2.97厘米（图六〇，3）。

3. 潘家村（96R-PJC-1，龙山）（第2年）

96R-PJC-1　陶器1件，龙山文化。标本96R-PJC-1：1，陶盆。泥质灰黑陶。圆唇，折沿，敞口，束颈。素面。口径30、残高3.6厘米（图六〇，4）。

96R-PJC-2　陶器3件，龙山文化。标本96R-PJC-2：1，鼎口沿。夹砂黑陶。尖唇，宽折沿，敛口。唇面按压齿状纹，沿面饰两周凹弦纹，颈部多条凸弦纹。口径24.0、残高3.6厘米（图六〇，5）。标本96R-PJC-2：2，凿形鼎足。夹砂灰陶。素面。足高6.7厘米（图六〇，6）。标本96R-PJC-2：3，鼎足。夹砂褐陶。侧三角形。鼎足近器腹部按压一窝纹。残高6.8厘米（图六〇，7）。

96-DG-PJC-2　石器1件，龙山文化。标本96-DG-PJC-2：1，石斧。平面梯形，横断面长方形，斜刃较钝。通体磨制较好。长12.7、宽4.02、厚1.97～2.3厘米（图六〇，8）。

4. 大小白石（96R-DXBS，龙山）（第2年）

96R-DXBS　陶器3件，龙山文化。标本96R-DXBS：1，陶鬶把手。夹砂褐陶。绳索状。残长7.6厘米（图六一，1）。标本96R-DXBS：2，陶盆。泥质黑陶。圆唇，折沿，敞口，斜壁。素面，磨光。口径34.0、残高2.5厘米（图六一，2）。标本96R-DXBS：3，陶罐。夹砂灰褐陶。方唇，卷沿，束颈。口径22.0、残高4.1厘米（图六一，3）。

96R-DXBS-3-1　陶器1件，龙山文化。标本96R-DXBS-3-1：1，覆碗形器盖。夹砂灰陶。素面，捉手边缘装饰斜线纹。捉手直径12.0、器盖残高4.0厘米（图六一，10）。

96-DG-DXBS-5　石器1件，龙山文化。标本96-DG-DXBS-5：1，石坯。断面三角形。长4.8、宽2.08、厚1厘米（图六一，4）。

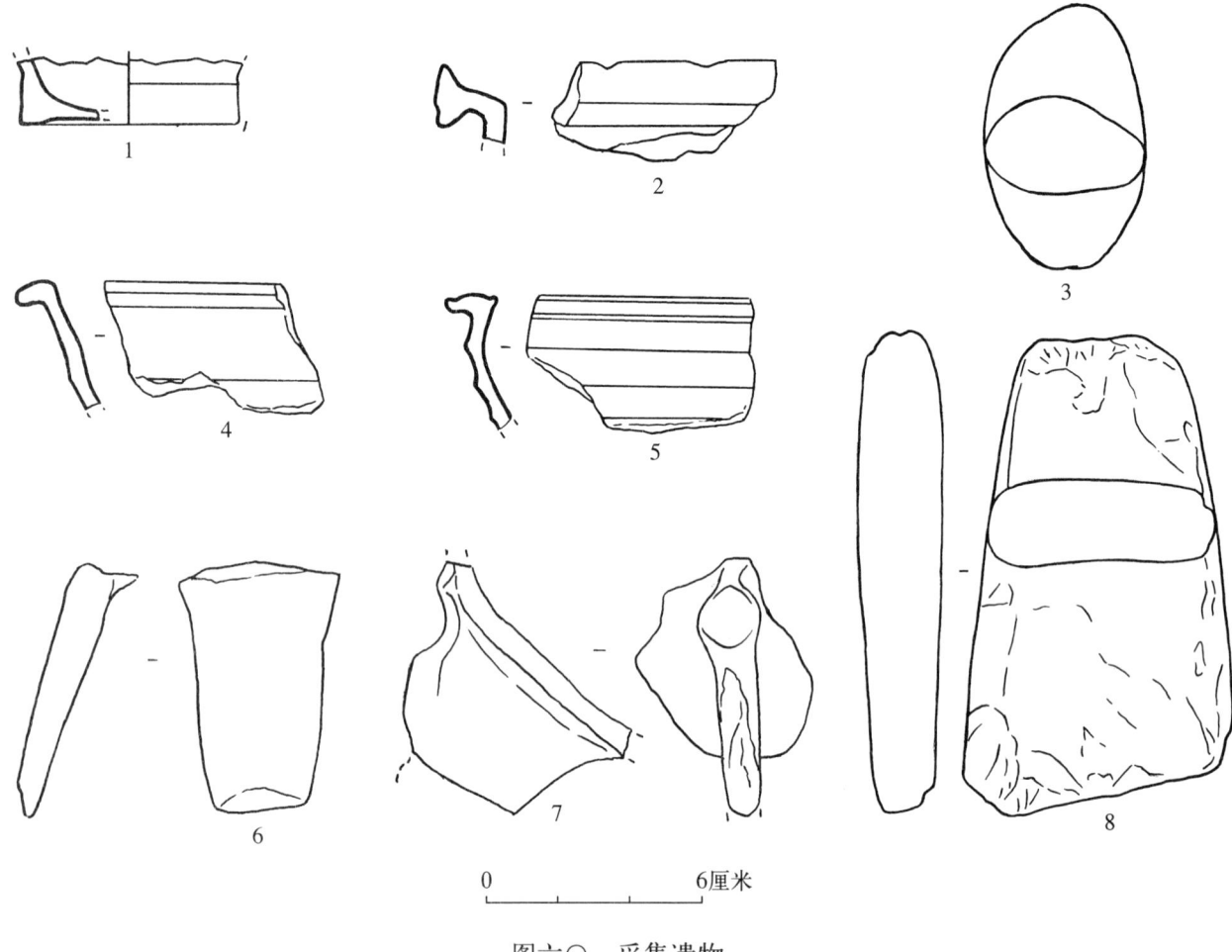

图六〇　采集遗物

1. 陶罐 96R-DBS-1：1　2. 陶盆 96R-QGG-1：1　3. 磨石 96-DG-QGG-1-CAA：1　4. 陶盆 96R-PJC-1：1　5. 陶鼎口沿 96R-
PJC-2：1　6. 凿形陶鼎足 96R-PJC-2：2　7. 陶鼎足 6R-PJC-2：3　8. 石斧 96-DG-PJC-2：1

5. 石桥（96-JN-SQ，龙山）（第 2 年）

96-JN-SQ-1 陶器 5 件，龙山文化。标本 96-JN-SQ-1：1，陶盆底部。泥质黑陶。器身近底部有一周凹弦纹。残高 3.3 厘米（图六一，5）。标本 96-JN-SQ-1：2，陶鼎口沿。夹砂黑陶。尖唇，折沿。素面。残高 2.6 厘米（图六一，6）。标本 96-JN-SQ-1：3，圈足。泥质黑陶。素面。残高 3.0 厘米（图六一，7）。标本 96-JN-SQ-1：4，器底。泥质灰陶。饰有两孔。残高 2.1 厘米（图六一，8）。标本 96-JN-SQ-1：5，陶鼎口沿。夹砂褐陶。尖唇，折沿。残高 1.8 厘米（图六一，9）。

6. 小界牌（96R-DG-XJP，龙山）（第 2 年）

96R-DG-XJP-1 陶器 4 件，龙山文化。标本 96R-DG-XJP-1：1，陶鼎。夹砂灰陶。圆唇，折沿，侈口。沿面饰一周凹弦纹，肩部饰两周凹弦纹。口径 10.9、残高 4.0 厘米（图六二，1）。标本 96R-DG-XJP-1：2，陶匜。夹砂褐陶。尖唇，敛口。素面，肩部隆起成一周凸棱。残高 3.3 厘米（图六二，2）。标本 96R-DG-XJP-1：3，鬶足。夹砂褐陶。锥状足。素面。足高 5.6 厘米（图六二，3）。标本 96R-DG-XJP-1：4，甗足。夹砂褐陶。残高 4.6 厘米（图六二，5）。

96-DG-XJP-2 陶器 1 件，龙山文化。标本 96-DG-XJP-2：1，鸟首形鼎足。夹砂褐陶。足高 6.3 厘米（图六二，4）。

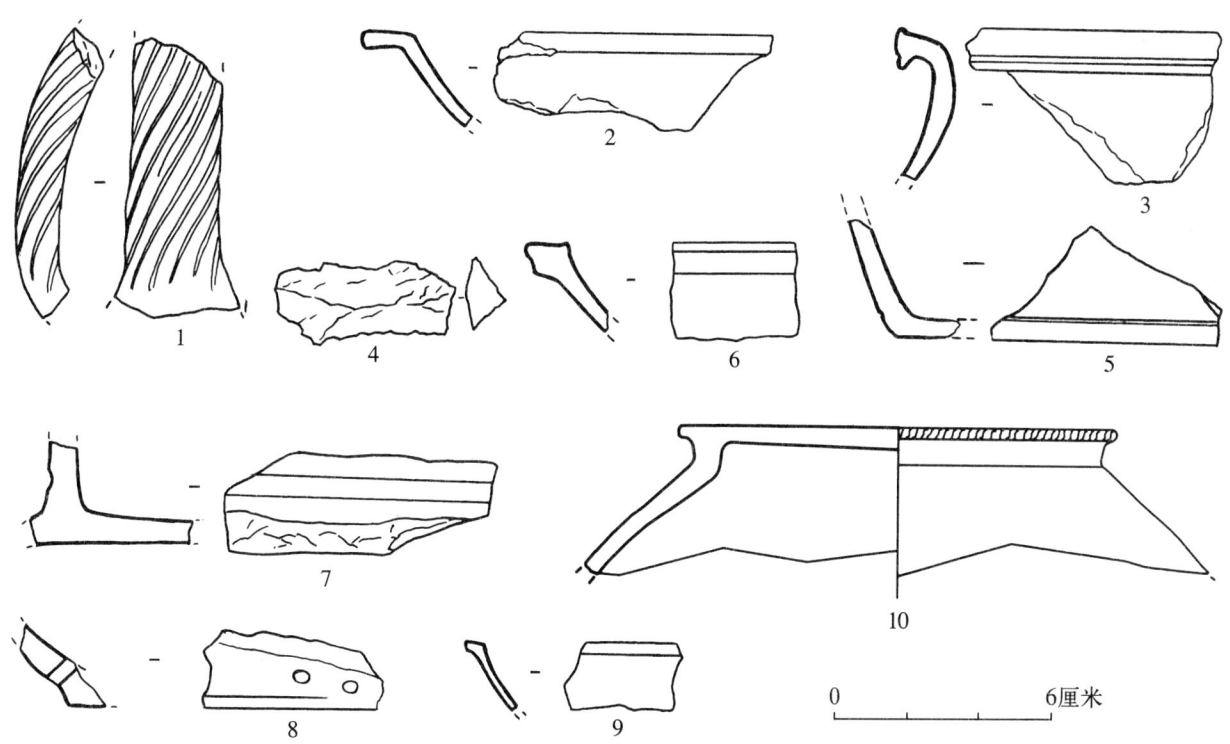

图六一　采集遗物

1.陶鬶把手96R-DXBS：1　2.陶盆96R-DXBS：2　3.陶罐96R-DXBS：3　4.石坯96-DG-DXBS-5：1　5.陶盆96-JN-SQ-1：1　6.陶鼎口沿96-JN-SQ-1：2　7.陶圈足96-JN-SQ-1：3　8.陶器底96-JN-SQ-1：4　9.陶鼎口沿96-JN-SQ-1：5　10.陶器盖96R-DXBS-3-1：1

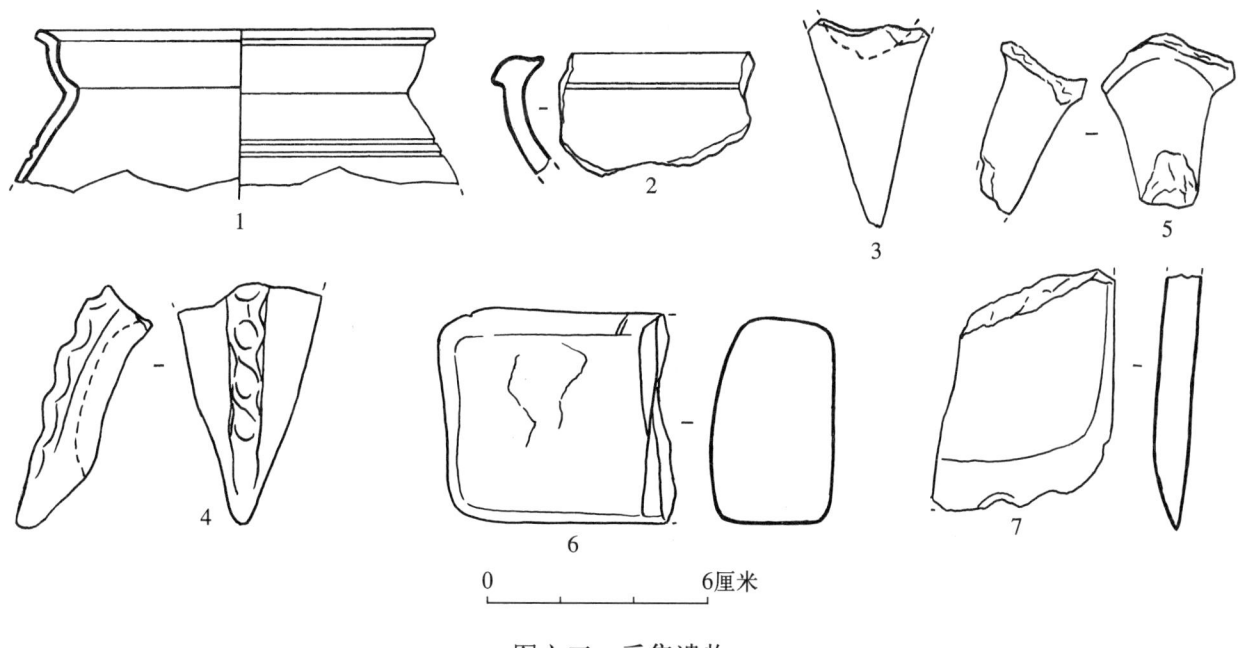

图六二　采集遗物

1.陶鼎96R-DG-XJP-1：1　2.陶匜96R-DG-XJP-1：2　3.陶鬶足96R-DG-XJP-1：3　4.陶鼎足96-DG-XJP-2：1　5.陶甗足96R-DG-XJP-1：4　6.石锤96-DG-ANJ-3：1　7.石铲96-DG-HQC-5：1

7. 安家岭（96R-DG-ANJ，龙山、周、汉）（第2年）

96R-DG-ANJ-3 石器1件。标本96R-DG-ANJ-3∶1，石锤。残余下端，平面和断面方形，使用面近梯形。通体磨制。残长6.6、宽5.8、厚3.4厘米（图六二，6）。

8. 黑七门（96R-DG-HQC-5，龙山）（第2年）

96R-DG-HQC-5 石器1件，龙山文化。标本96R-DG-HQC-5∶1，石铲。残余下部，平面梯形，单面刃加工精细，且使用痕迹明显，通体磨制。残长6.7、宽4.9、厚1.1厘米（图六二，7）。

9. 东屯（96-WL-DT-1，龙山）（第2年）

96-WL-DT-1-CAD 石器10件，龙山文化。标本96-WL-DT-1-CAD∶1，石刀。残，横断面椭圆形，单面刃磨制而成且有使用痕迹。通体磨制。残长6、宽5.7、厚1.3厘米（图六三，1）。标本96-WL-DT-1-CAD∶2，石杵。残存下部，平面梯形，横断面椭圆形，使用面椭圆形。通体琢制而成。残长5.8、宽6、厚4.4厘米（图六三，2）。标本96-WL-DT-1-CAD∶3，石铲。残，原平面应为梯形，断面近梯形，双面刃加工精细且使用痕迹明显，通体磨制，非常精美。残长6.2、宽4.5、厚1厘米（图六三，3）。标本96-WL-DT-1-CAD∶4，半成品。平面梯形，横断面椭圆形，刃部未进一步加工，通体琢制。长8.8、宽4.9、厚2.2厘米（图六三，4）。标本96-WL-DT-1-CAD∶5，半成品。平面不规则，横断面梯形，有琢制痕迹。长5.4、宽4.8、厚2.6厘米（图六三，5）。标本96-WL-DT-1-CAD∶6，石锛。残，平面和横断面皆梯形，通体磨制。残长7.6、宽3.4、厚2.8厘米（图六四，1）。标本96-WL-DT-1-CAD∶7，石铲。残，横断面椭圆形，双面刃。通体磨制精细。残长5.5、宽3.7、厚0.8厘米（图六四，2）。标本96-WL-DT-1-CAD∶8，石锤。平面和横断面近梯形，器身磨制痕迹明显。长12.3、宽4.25～5.55、厚4.3厘米（图六四，3）。标本96-WL-DT-1-CAD∶9，石坯。石质夹云母且呈层理状，平面呈圆角梯形，横断面近梯形。长13.6、宽8.2、厚3.6厘米（图六四，4）。标本96-WL-DT-1-CAD∶10，石器。平面心形，横断面近三角形，器身打制和磨制痕迹明显。长4.4、宽4.9、厚2.25厘米（图六四，5）。

96-WL-DT-1-CAH 石器2件，龙山文化。标本96-WL-DT-1-CAH∶1，石斧。残，平面近梯形，单面刃使用痕迹明显。通体琢磨而成。残长4.7、宽5.6、厚2.3厘米（图六三，6）。标本96-WL-DT-1-CAH∶2，石斧。平面呈圆角梯形，横断面椭圆形，刃部使用痕迹明显。通体琢制，有磨制痕迹。长9、宽6.65、厚3.85厘米（图六三，7）。

96-WL-DT-1-CAB 石器2件，龙山文化。标本96-WL-DT-1-CAB∶1，石铲。残，平面扇形，横断面长方形，单面刃加工较好且使用崩疤明显。通体磨制，器体较薄。残长5.7、宽5、厚0.7厘米（图六三，8）。标本96-WL-DT-1-CAB∶2，石斧。残，平面梯形，横断面半月形，斜刃且有使用崩疤。通体磨制。残长7.6、宽7、厚2.2厘米（图六三，9）。

96-WL-DT-1 石器3件，龙山文化。标本96-WL-DT-1∶1，石铲。残，平面长方形，横断面椭圆形，单面刃加工较好且崩疤明显。通体磨制。残长6.8、宽7.2、厚1.36厘米（图六四，6）。标本96-WL-DT-1∶2，石凿。平面梯形，横断面近梯形，单面刃加工锋利。通体磨制，器形规整。长6.7、宽2.38、厚1.5厘米（图六五，1）。标本96-WL-DT-1∶3，石锛。平面和横断面皆近长方形，单面斜刃。通体磨制，打制片疤明显。长9.7、宽3.7、厚2.42厘米（图六五，2）。

96-WL-DT-1-CAF 石器2件，龙山文化。标本96-WL-DT-1-CAF∶1，石刀。残，刃部残损严重。器身磨制而成，打制片疤较多。残长9.6、宽4.6、厚1.1厘米（图六五，3）。标本96-WL-DT-

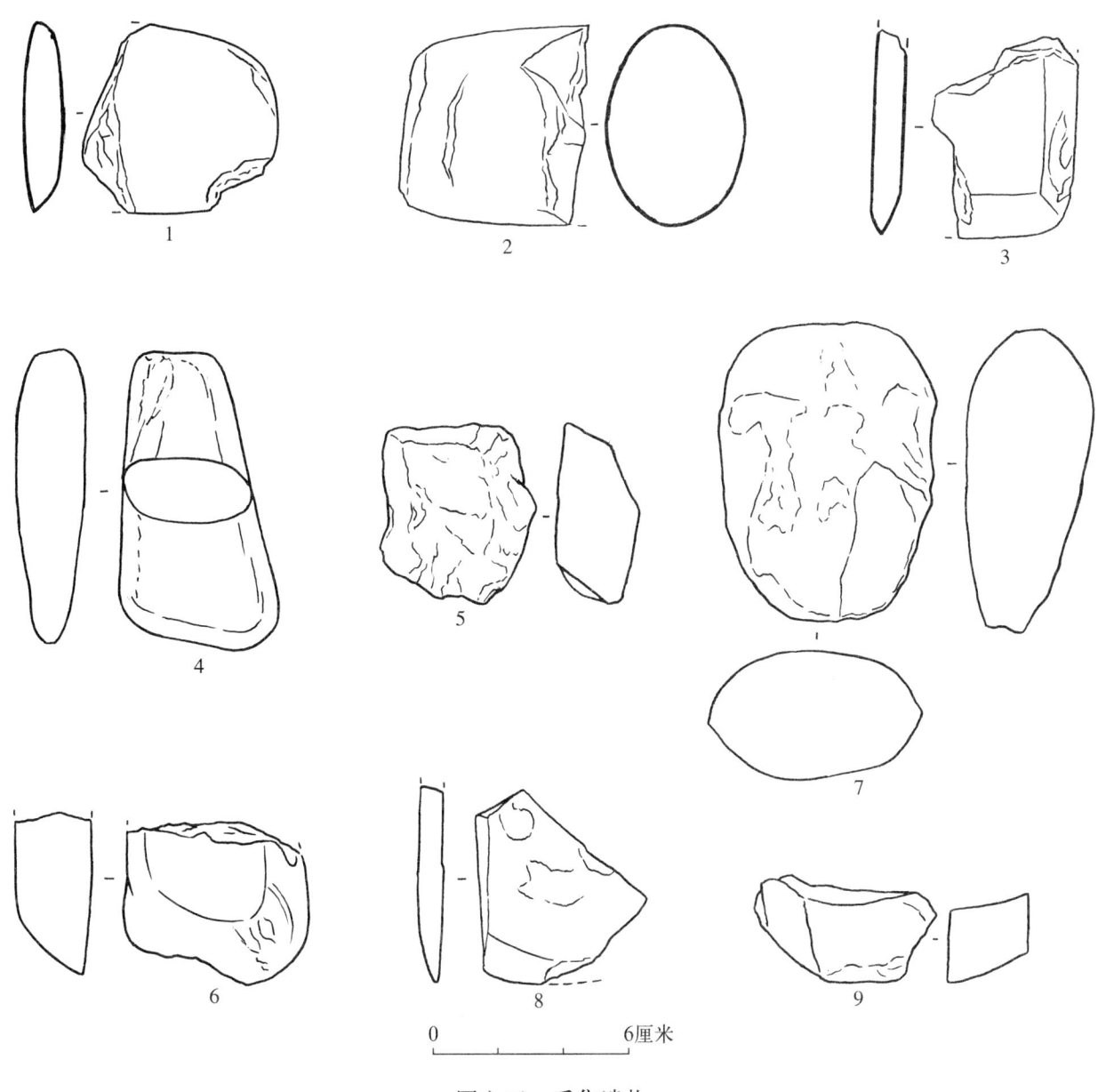

图六三　采集遗物

1. 石刀96-WL-DT-1-CAD：1　2. 石杵96-WL-DT-1-CAD：2　3. 石铲96-WL-DT-1-CAD：3　4. 石器半成品96-WL-DT-1-
CAD：4　5. 石器半成品96-WL-DT-1-CAD：5　6. 石斧96-WL-DT-1-CAH：1　7. 石斧96-WL-DT-1-CAH：2　8. 石铲96-WL-
DT-1-CAB：1　9. 石斧96-WL-DT-1-CAB：2

1-CAF：2，石镰。横断面三角形，单面直刃直达尖端，有崩疤痕迹，末端明显且比其他部位厚。通体
磨制。长10.5、宽4.4、厚1.5厘米（图六五，6）。

96-WL-DT-1-CAA　石器2件，龙山文化。标本96-WL-DT-1-CAA：1，鹅卵石。近圆形。长
2.42、宽2.6、厚2.4厘米（图六五，4）。标本96-WL-DT-1-CAA：2，石铲。残，双面刃有使用痕
迹，器身磨制。残长6.7、宽5.2、厚1.22厘米（图六五，5）。

96-WL-DT-1-CAE　石器1件，龙山文化。标本96-WL-DT-1-CAE：1，石斧。残余下部，并
从中间劈裂，平面和断面近梯形，通体琢磨而成，刃部使用痕迹明显。残长7.4、宽7.2、厚1.9厘米
（图六五，8）。

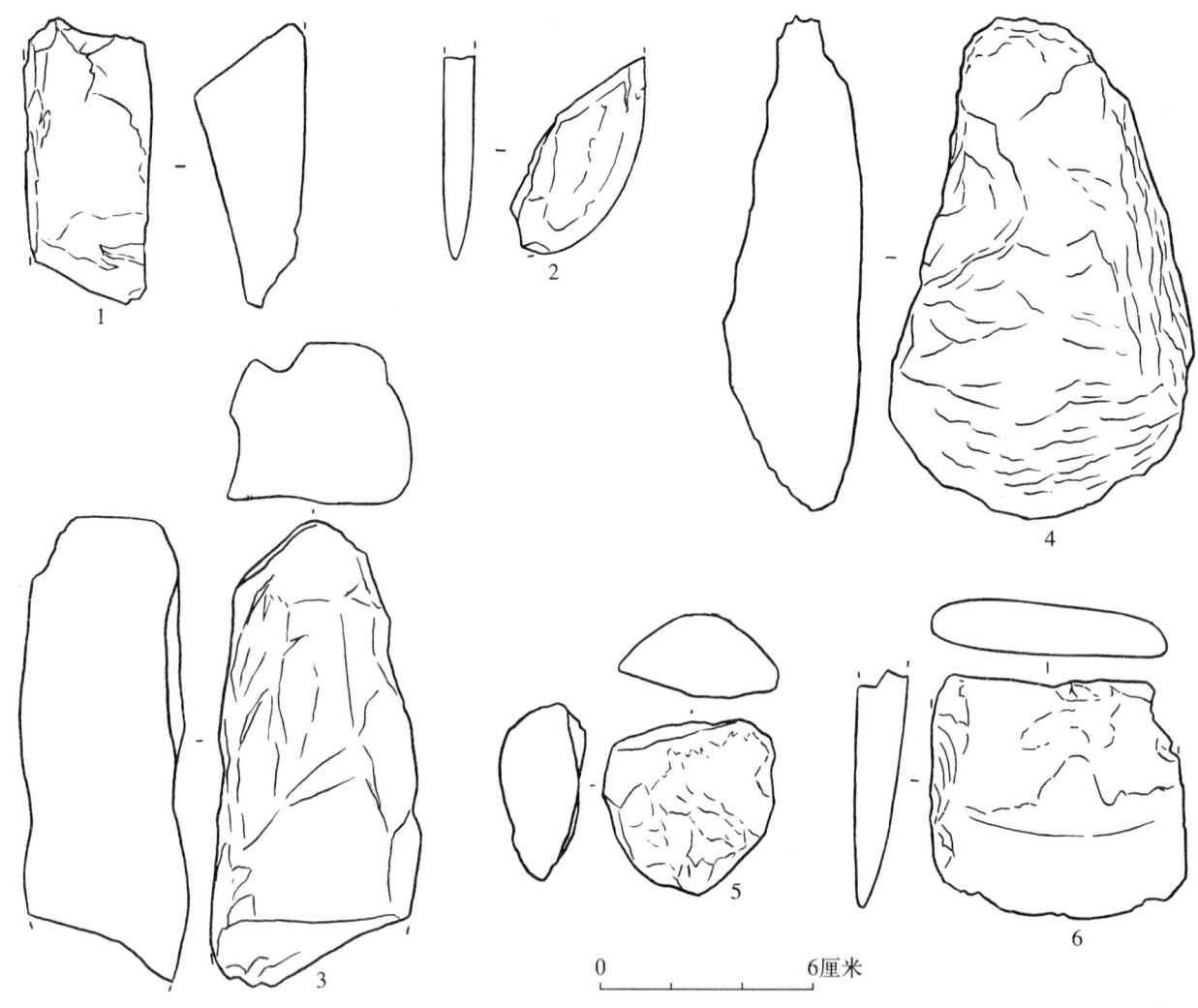

图六四　采集遗物

1. 石锛96-WL-DT-1-CAD：6　2. 石铲96-WL-DT-1-CAD：7　3. 石锤96-WL-DT-1-CAD：8　4. 石坯96-WL-DT-1-CAD：9　5.
石器96-WL-DT-1-CAD：10　6. 石铲96-WL-DT-1：1

10. 大界牌（96R-DG-DJP-2，龙山、周、汉）（第2年）

96R-DG-DJP-2-CAA　石器1件，龙山文化。标本96R-DG-DJP-2-CAA：1，石斧。残存上端，平面近梯形，横断面椭圆形，通体琢制，器形规整。残长3.6、宽4.4、厚2.8厘米（图六五，7）。

11. 两城镇（96R-DG-LCZ-3，大汶口、龙山、周、汉）（第2年）

96R-DG-LCZ-3-2　陶器1件，龙山文化。标本96R-DG-LCZ-3-2：1，圈足杯。夹砂黑陶。尖唇，平折沿，沿面内侧饰一周凹弦纹，敛口，束腰，口沿下泥条状横耳。外壁略经磨光。口径18.0、残高3.5厘米（图六六，10）。

96R-DG-LCZ-3-6　陶器1件，龙山文化。标本96R-DG-LCZ-3-6：1，侧三角形鼎足。夹砂褐陶。素面。残长8.3厘米（图六六，2）。

96R-DG-LCZ-3-5　陶器1件，龙山文化。标本96R-DG-LCZ-3-5：1，鸟首形鼎足。夹砂褐陶。残长5.7厘米（图六六，3）。

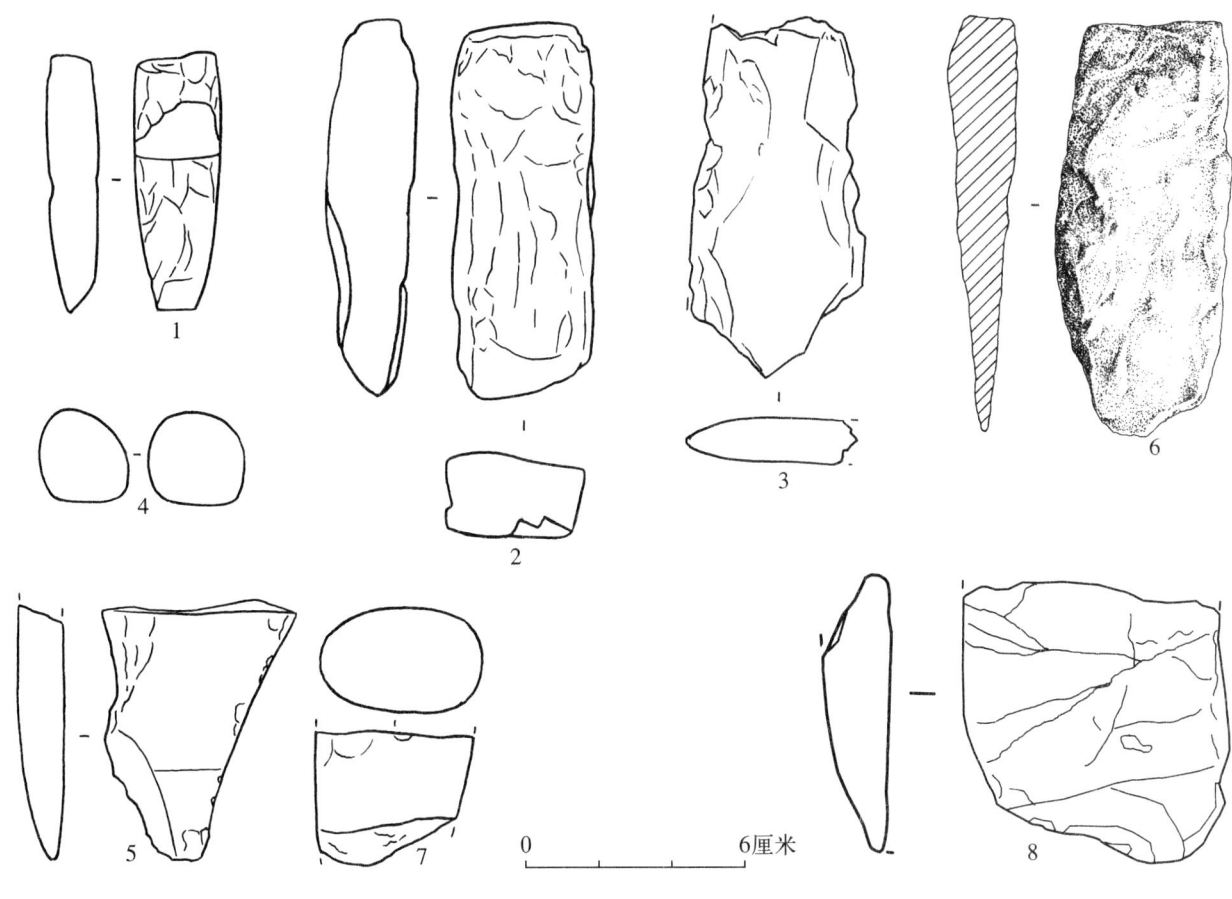

图六五　采集遗物

1. 石凿96-WL-DT-1：2　2. 石锛96-WL-DT-1：3　3. 石刀96-WL-DT-1-CAF：1　4. 鹅卵石96-WL-DT-1-CAA：1　5. 石铲
96-WL-DT-1-CAA：2　6. 石镰96-WL-DT-1-CAF：2　7. 石斧96-DG-DJP-2-CAA：1　8. 石斧96-WL-DT-1-CAE：1

96R-DG-LCZ-3-4　陶器 1 件，龙山文化。标本 96R-DG-LCZ-3-4：1，鸟首形鼎足。夹砂褐陶。长 7.8 厘米（图六六，4）。

96R-DG-LCZ-3-3　陶器 1 件，龙山文化。标本 96R-DG-LCZ-3-3：1，凿形鼎足。夹砂褐陶。足高 7.0 厘米（图六六，5）。

96R-DG-LCZ-3-7　陶器 1 件，龙山文化。标本 96R-DG-LCZ-3-7：1，陶纺轮。夹砂灰黑陶。纺轮一面较平，另一面呈凸面，近边缘处饰一周凹弦纹。中心部分较厚，向边缘变薄。直径 5.6、孔径 0.5 厘米（图六六，6）。

96R-DG-LCZ-3　陶器 4 件，龙山文化。标本 96R-DG-LCZ-3：1，陶匜。夹砂灰黑陶。圆唇，敛口，弧腹。口沿外侧装饰凸棱一周，上面按压锯齿纹，腹部饰一周凹弦纹。残高 4.8 厘米（图六六，7）。标本 96R-DG-LCZ-3：2，陶鼎。夹砂陶。外壁黑色，内壁灰色。方唇，折沿，沿面内侧饰一周凹弦纹，敞口，束颈，鼓腹。素面。口径 15.0、残高 4.0 厘米（图六六，1）。标本 96R-DG-LCZ-3：3，凿形鼎足。夹砂褐陶。足高 6.6 厘米（图六六，8）。标本 96R-DG-LCZ-3：4，陶罐。夹细砂黑陶。斜壁，平底。素面。底径 7.0、残高 4.0 厘米（图六六，9）。

96-DG-LCZ-3-CAC　石器 2 件，龙山文化。标本 96-DG-LCZ-3-CAC：1，石刀。残，横断面枣核形，双面刃且有两面分布的崩疤痕迹，通体磨制精细。残长 5.9、宽 5、厚 0.6 厘米（图六七，

1)。标本 96-DG-LCZ-3-CAC：2，石锛。平面长方形，横断面梯形，一面平直，一面微弧，双面刃磨制精细，正锋且使用痕迹明显。通体磨制，器体规整。长 13.1、宽 3.9、厚 4 厘米（图六七，2）。

96-DG-LCZ-3-CAF 石器 2 件，龙山文化。标本 96-DG-LCZ-3-CAF：1，石钺。原横断面椭圆形，单面刃加工精细。通体磨制，器形规整。残长 3、宽 2.6、厚 1.1 厘米（图六七，3）。标本 96-DG-LCZ-3-CAF：2，石坯。平面和断面近三角形。长 5.3、宽 1.9、厚 1.5 厘米（图六七，4）。

96-DG-LCZ-3-CAE 石器 2 件，龙山文化。标本 96-DG-LCZ-3-CAE：1，形状不规则，通体磨制。长 7.3、宽 5.3、厚 3.9 厘米（图六七，5）。标本 96-DG-LCZ-3-CAE：2，石坯。平面和横断面近四棱形。长 5.5、宽 2.95、厚 1.35 厘米（图六七，6）。

96-DG-LCZ-3 石器 1 件，龙山文化。标本 96-DG-LCZ-3：1，石铲。残，双面刃磨制较好且有使用痕迹。器身磨制而成。残长 4.6、宽 4.3、厚 1.03 厘米（图六七，7）。

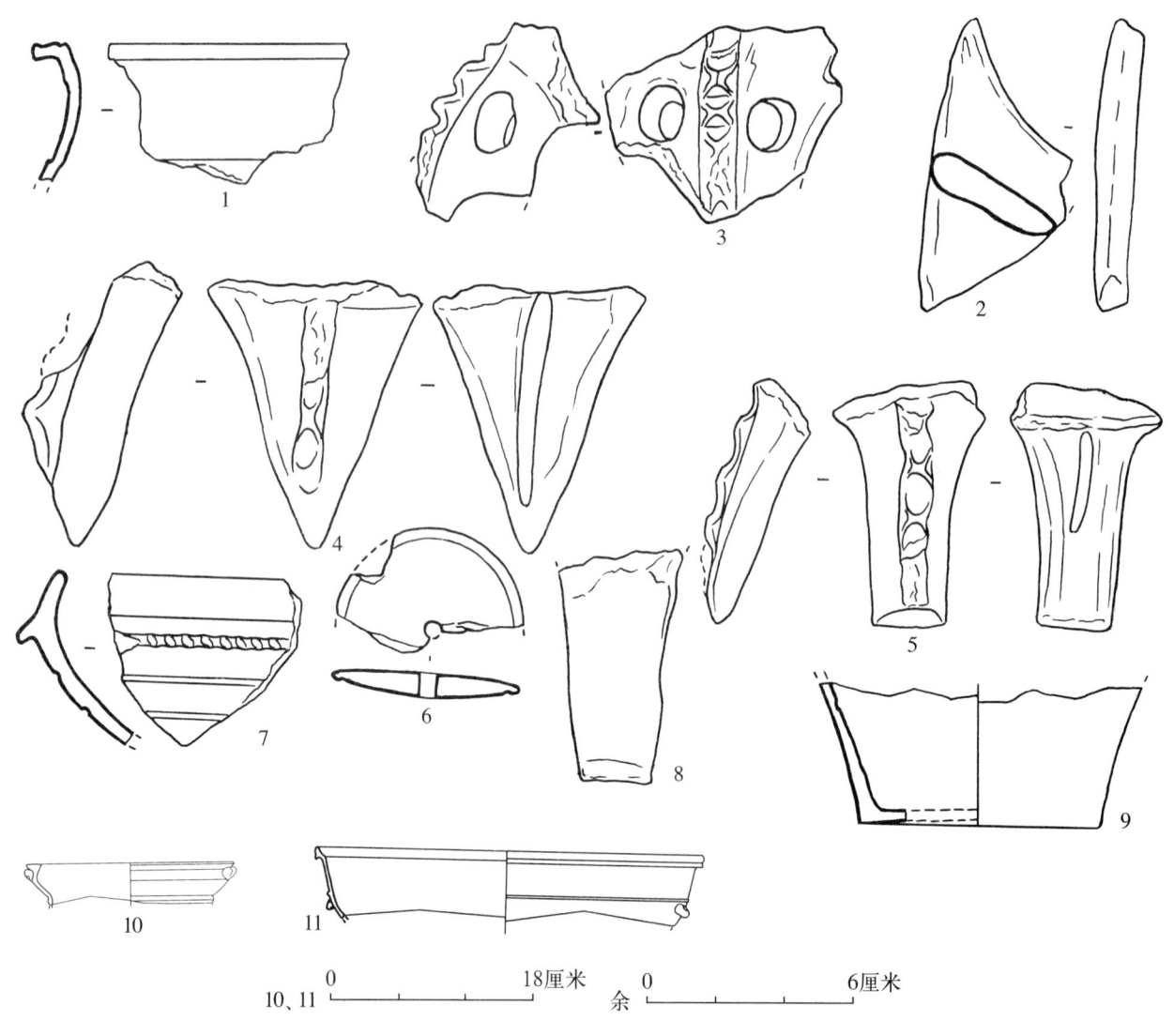

图六六　采集遗物

1. 陶鼎96R-DG-LCZ-3：2　2. 陶鼎足96R-DG-LCZ-3-6：1　3. 鸟首形陶鼎足96R-DG-LCZ-3-5：1　4. 鸟首形陶鼎足96R-DG-LCZ-3-4：1　5. 凿形陶鼎足96R-DG-LCZ-3-3：1　6. 陶纺轮96R-DG-LCZ-3-7：1　7. 陶甗96R-DG-LCZ-3：1　8. 凿形陶鼎足96R-DG-LCZ-3：3　9. 陶罐足96R-DG-LCZ-3：4　10. 陶圈足杯96R-DG-LCZ-3-2：1　11. 陶盆96R-DG-LCZ-6：2

12. 两城镇（96R-DG-LCZ-6，龙山、周）（第 2 年）

96R-DG-LCZ-6　陶器 4 件，龙山文化。标本 96R-DG-LCZ-6：1，陶鼎。夹砂黑陶。方唇，折沿，沿面内凹，敞口，肩部饰两个盲鼻。素面。口径 34.0、残高 6 厘米（图六七，8）。标本 96R-DG-LCZ-6：2，陶盆。夹砂灰陶。方唇，斜折沿，敞口。腹部饰一周凸弦纹，饰盲鼻。口径 34.0、残高 6.0 厘米（图六六，11）。标本 96R-DG-LCZ-6：3，陶盆。夹砂褐陶。尖唇，卷沿，略束颈，鼓腹。颈腹交界处饰一周凸弦纹。口径 32.0、残高 6.0 厘米（图六七，10）。标本 96R-DG-LCZ-6：4，陶鼎。夹砂黑陶。方唇，唇面略凹，折沿，直口，略束颈。沿面饰两周凹弦纹，颈部饰凸弦纹且按压泥饼。口径 23.0、残高 5.6 厘米（图六七，9）。

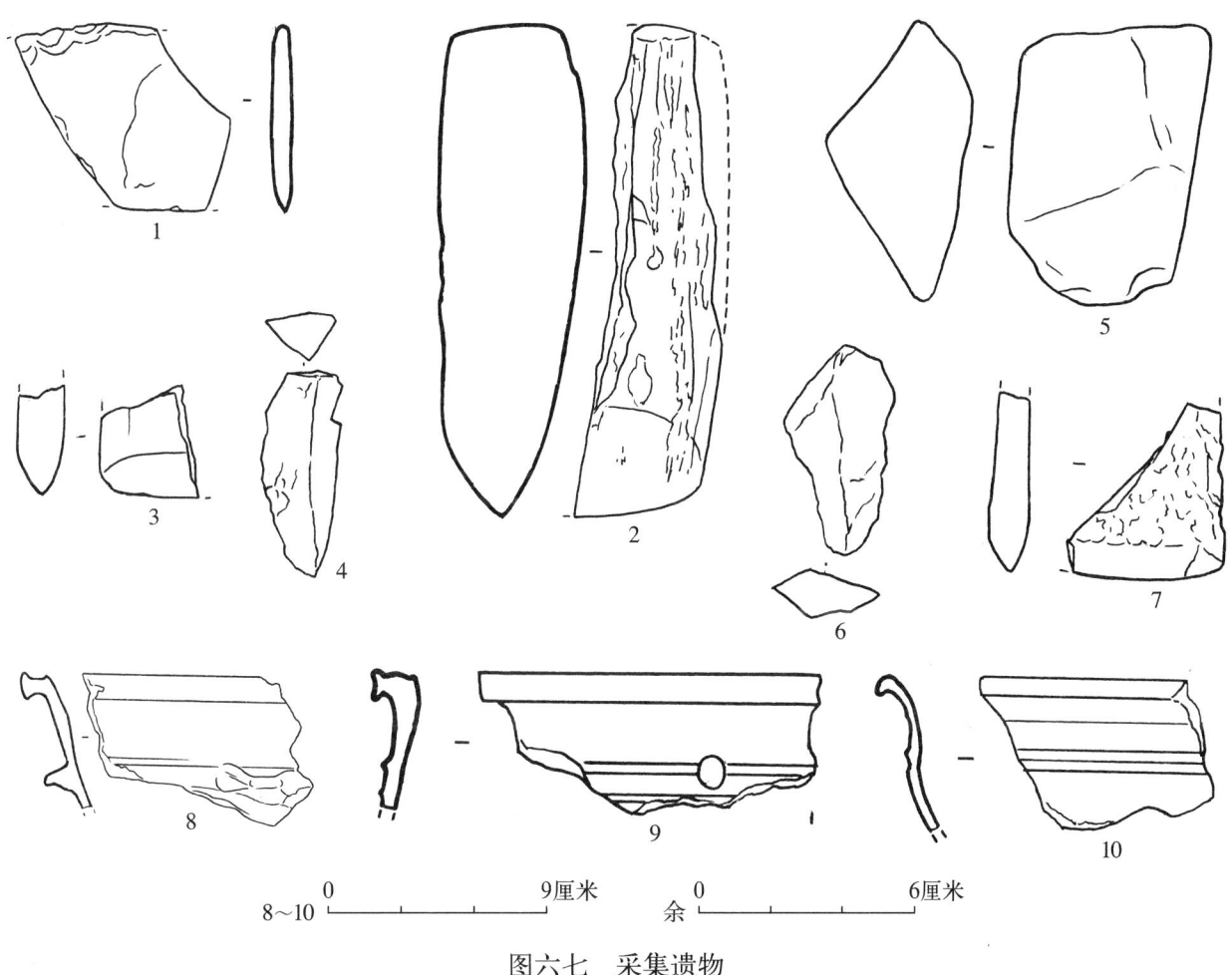

图六七　采集遗物

1. 石刀96-DG-LCZ-3-CAC：1　2. 石锛96-DG-LCZ-3-CAC：2　3. 石钺96-DG-LCZ-3-CAF：1　4. 石坯96-DG-LCZ-3-CAF：2
5. 石器96-DG-LCZ-3-CAE：1　6. 石坯96R-DG-LCZ-3-CAE：2　7. 石铲96-DG-LCZ-3：1　8. 陶鼎96R-DG-LCZ-6：1　9.
陶鼎96R-DG-LCZ-6：4　10. 陶盆96R-DG-LCZ-6：3

13. 两城镇（96R-DG-LCZ-1，龙山、岳石、商、周、汉）（第 2 年）

96R-DG-LCZ-1　陶器 7 件，龙山文化。标本 96R-DG-LCZ-1：1，陶罐。夹砂黑陶。方唇，斜折沿，沿面内凹，侈口，束颈，口沿外侧饰桥形横耳，耳上有凹槽，颈部饰三条凸弦纹。口径 26.0、残高 6.0 厘米（图六八，1）。标本 96R-DG-LCZ-1：2，陶甗，腹片。夹砂灰褐陶。素面（彩版五一，1，下左 1）。标本 96R-DG-LCZ-1：3，陶罐口沿。泥质黑陶。圆唇，卷沿，素面（彩

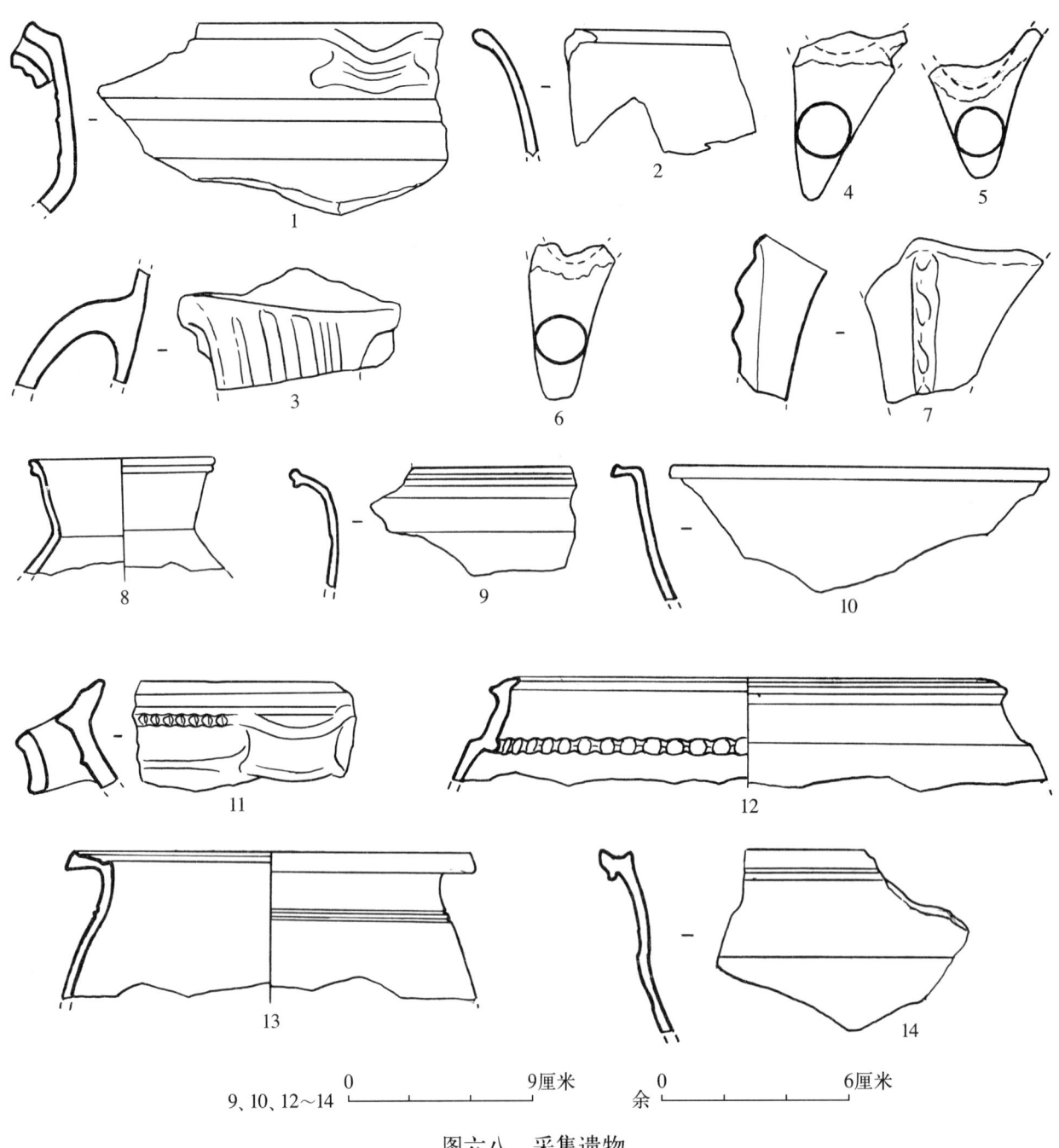

图六八　采集遗物

1. 陶罐96R-LCZ-1：1　2. 陶盆96R-LCZ-1-57：1　3. 陶罐把手96R-DG-LCZ-1-CAV：1　4. 陶甗足96R-LCZ-1-CAV：1　5. 陶甗足96R-LCZ-1-CAV：2　6. 陶甗足96R-LCZ-1-CAV：3　7. 鸟首形陶足96R-LCZ-1-CAV：4　8. 陶壶96R-DG-LCZ-1-CAV-50：1　9. 陶盆96R-DG-LCZ-1-CAF-45：1　10. 陶罐96R-DG-LCZ-1-CAV-55：1　11. 陶鼎96R-DG-LCZ-1-60：1　12. 陶瓮96R-DG-LCZ-1-54：1　13. 陶罐96R-DG-LCZ-1-43：1　14. 陶鼎96R-DG-LCZ-1-53：1

版五一，1，上左1)。标本 96R-DG-LCZ-1：4，陶罐口沿。夹细砂灰褐陶。圆方唇，素面（彩版五一，1，上左2)。标本 96R-DG-LCZ-1：5，陶鼎鋬手。夹砂褐陶。素面（彩版五一，1，上左3)。标本 96R-DG-LCZ-1：6，陶器盖。泥质黑陶。捉手边缘饰斜线纹（彩版五一，1，上右1)。标本 96R-DG-LCZ-1：7，陶纺轮。夹砂红褐陶。中部出脊，呈圆形，脊上饰花瓣状纹饰，四周边缘饰规则弦纹。从农民手中收集（彩版六五，3)。

96R-DG-LCZ-1-57 陶器 1 件，龙山文化。标本 96R-DG-LCZ-1-57：1，陶盆。泥质黑陶。圆唇，敞口。素面，磨光。口径 32.0、残高 3.8 厘米（图六八，2）。

96R-DG-LCZ-1-CAV 陶器 1 件，龙山文化。标本 96R-DG-LCZ-1-CAV：1，陶罐把手。夹砂黑陶。饰多条粗大弦纹。残高 3.6 厘米（图六八，3）。

96R-DG-LCZ-1-CAV 陶器 4 件，龙山文化。标本 96R-LCZ-1-CAV：1，甗足。夹砂褐陶。锥状足。素面。足高 5.6 厘米（图六八，4）。标本 96R-LCZ-1-CAV：2，甗足。夹砂褐陶。锥状足。素面。足高 4.6 厘米（图六八，5）。标本 96R-LCZ-1-CAV：3，甗足。夹砂褐陶。锥状足。素面。足高 4.8 厘米（图六八，6）。标本 96R-LCZ-1-CAV：4，鸟首形鼎足。夹砂褐陶。残高 5.0 厘米（图六八，7）。

96R-DG-LCZ-1-CAV-50 陶器 1 件，龙山文化。标本 96R-DG-LCZ-1-CAV-50：1，陶壶。夹砂灰陶。圆唇外折，唇面饰一周凹弦纹，高领，鼓腹。素面。口径 5.8、残高 3.5 厘米（图六八，8）。

96R-DG-LCZ-1-CAF-45 陶器 1 件，龙山文化。标本 96R-DG-LCZ-1-CAF-45：1，陶盆。圆唇，卷沿，敞口。颈部饰两周凸弦纹。口径 38.0、残高 5.2 厘米（图六八，9）。

96R-DG-LCZ-1-CAV-55 陶器 1 件，龙山文化。标本 96R-DG-LCZ-1-CAV-55：1，陶罐。夹砂褐陶。圆唇，折沿，沿面内凹，饰一周凹弦纹，鼓腹。素面。口径 24.0、残高 5.8 厘米（图六八，10）。

96R-DG-LCZ-1-60 陶器 1 件，龙山文化。标本 96R-DG-LCZ-1-60：1，陶鼎。夹砂黑陶。尖唇，沿面内折，敛口，口沿外侧按压呈齿状纹，扁平宽带形贯耳。口径 28.0、残高 3.4 厘米（图六八，11）。

96R-DG-LCZ-1-54 陶器 2 件，龙山文化。标本 96R-DG-LCZ-1-54：1，陶瓮。夹砂灰陶。圆唇，敛口，束颈，鼓腹。素面，内壁有附加堆纹，堆纹上按压指窝纹。口径 22.4、残高 5.2 厘米（图六八，12）。标本 96R-DG-LCZ-1-54：2，陶盆。夹砂黑陶。圆唇外折，敞口，略束颈，深腹。素面。口径 42.0、残高 5.8 厘米（图六九，1）。

96R-DG-LCZ-1-43 陶器 1 件，龙山文化。标本 96R-DG-LCZ-1-43：1，陶罐。泥质褐陶。方唇，宽卷沿，沿面内侧饰一周凹弦纹，侈口，鼓腹。颈部饰两周凹弦纹。口径 19.0、残高 7.0 厘米（图六八，13）。

96R-DG-LCZ-1-53 陶器 1 件，龙山文化。标本 96R-DG-LCZ-1-53：1，陶鼎。夹砂黑陶。方唇，唇面饰一周凹弦纹，窄折沿，沿面明显内凹，直口，束颈不明显。素面。口径 30.0、残高 8.6 厘米（图六八，14）。

96R-DG-LCZ-1-59 陶器 1 件，龙山文化。标本 96R-DG-LCZ-1-59：1，陶盒。泥质褐陶。外壁施橘红色陶衣。子母口，圆唇，敛口，直壁。素面。口径 16.0、残高 3.7 厘米（图六九，2）。

96R-DG-LCZ-1-46 陶器 1 件，龙山文化。标本 96R-DG-LCZ-1-46：1，陶罐。夹细砂灰褐陶。方唇，唇面饰一周凹弦纹，平折沿，沿面内凹。颈肩饰两周凹弦纹。口径 26.0、残高 5.8 厘米（图六九，3）。

96R-DG-LCZ-1-49 陶器 1 件，龙山文化。标本 96R-DG-LCZ-1-49：1，陶罐。夹砂黑陶。斜方唇，折沿，沿面内凹，敞口，束颈，鼓腹。颈部饰一周凸弦纹。口径 31.0、残高 5.0 厘米（图六九，4）。

96R-DG-LCZ-1-48 陶器 1 件，龙山文化。标本 96R-DG-LCZ-1-48：1，陶罐。夹砂黑陶。近

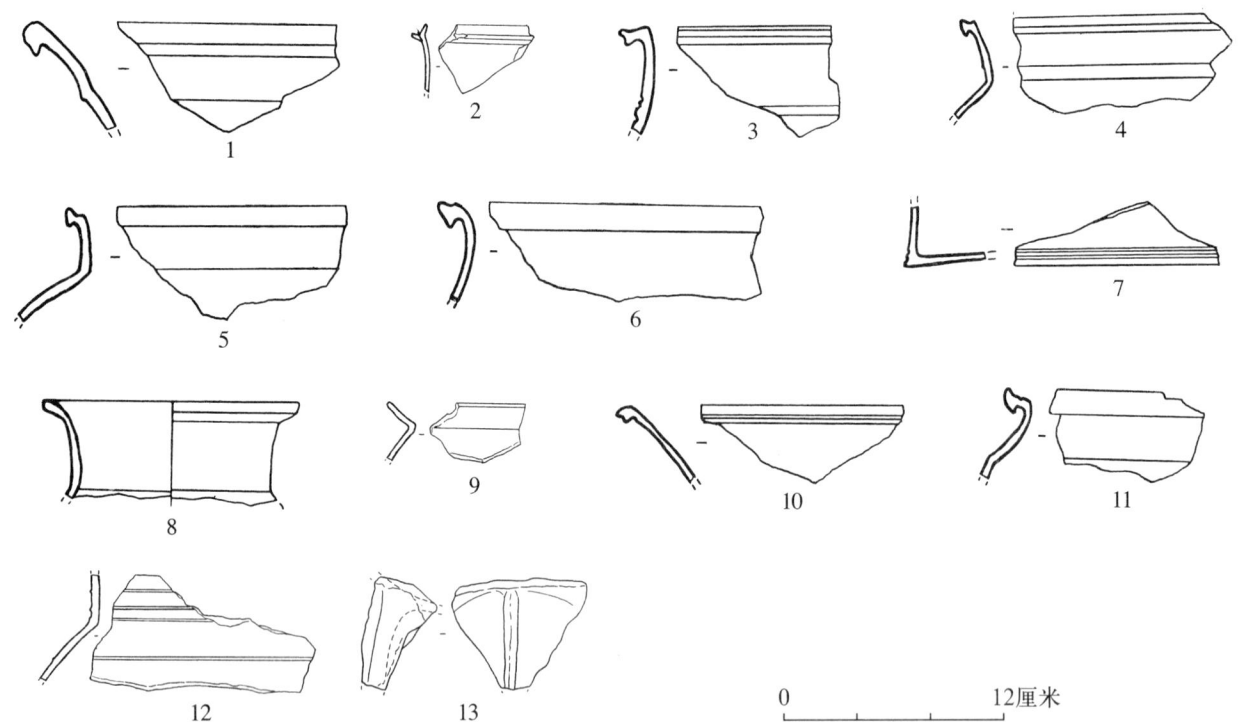

图六九 采集遗物

1. 陶盆96R-DG-LCZ-1-54：2 2. 陶盒96R-DG-LCZ-1-59：1 3. 陶罐96R-DG-LCZ-1-46：1 4. 陶罐96R-DG-LCZ-1-49：1
5. 陶罐96R-DG-LCZ-1-48：1 6. 陶罐96R-DG-LCZ-1-44：1 7. 陶盆96R-DG-LCZ-1-58：1 8. 高领陶罐96R-DG-LCZ-1-
51：1 9. 陶鼎96R-DG-LCZ-1-40：1 10. 陶盆96R-DG-LCZ-1-30：1 11. 陶罐96R-DG-LCZ-1-24：1 12. 陶鼎96R-DG-
LCZ-1-47：1 13. 鸟首形陶鼎足96R-DG-LCZ-1-CAV-23：1

方唇，折沿，沿面内凹明显，束颈，鼓腹。肩部饰凸弦纹。口径41.0、残高6.0厘米（图六九，5）。

96R-DG-LCZ-1-44 陶器1件，龙山文化。标本96R-DG-LCZ-1-44：1，陶罐。夹砂灰褐陶。斜方唇，卷沿，沿面内凹，敞口，鼓腹。素面。口径32.0、残高5.2厘米（图六九，6）。

96R-DG-LCZ-1-58 陶器1件，龙山文化。标本96R-DG-LCZ-1-58：1，陶盆。泥质黑陶。弧壁，平底。器壁近底部饰两周凹弦纹。底径28.0、残高3.4厘米（图六九，7）。

96R-DG-LCZ-1-51 陶器1件，龙山文化。标本96R-DG-LCZ-1-51：1，高领罐。泥质灰陶。尖唇，卷沿，敞口，束颈，鼓腹。素面。口径14.0、残高5.4厘米（图六九，8）。

96R-DG-LCZ-1-40 陶器1件，龙山文化。标本96R-DG-LCZ-1-40：1，陶鼎。夹砂黑陶。圆唇，折沿，侈口，鼓腹。素面。口径12.0、残高3.2厘米（图六九，9）。

96R-DG-LCZ-1-30 陶器3件，龙山文化。标本96R-DG-LCZ-1-30：1，陶盆。泥质灰陶。圆唇，唇面饰一周凹弦纹，大敞口。素面。口径32.0、残高4.4厘米（图六九，10）。标本96R-DG-LCZ-1-30：2，高领罐。夹细砂褐陶。斜方唇，折沿，沿面内凹，直口。领部有錾，两侧各饰一圆形泥饼。口径16.0、高5.6厘米（图七一，4）。标本96R-DG-LCZ-1-30：3，高领罐。夹砂褐陶。斜方唇，折沿，沿面内凹，直口。领部饰一盲鼻和一周凸弦纹。口径10.0、残高7.2厘米（图七一，5）。

96R-DG-LCZ-1-24 陶器2件，龙山文化。标本96R-DG-LCZ-1-24：1，陶罐。夹砂褐陶。圆唇，折沿，沿面内凹且饰一周凹弦纹，侈口，鼓腹。素面。口径28、残高4.8厘米（图六九，11）。标本96R-DG-LCZ-1-24：2，鸟首形鼎足。夹砂褐陶。足高7.5厘米（图七〇，6）。

96R-DG-LCZ-1-47 陶器1件，龙山文化。标本96R-DG-LCZ-1-47：1，陶鼎。夹砂黑陶。折

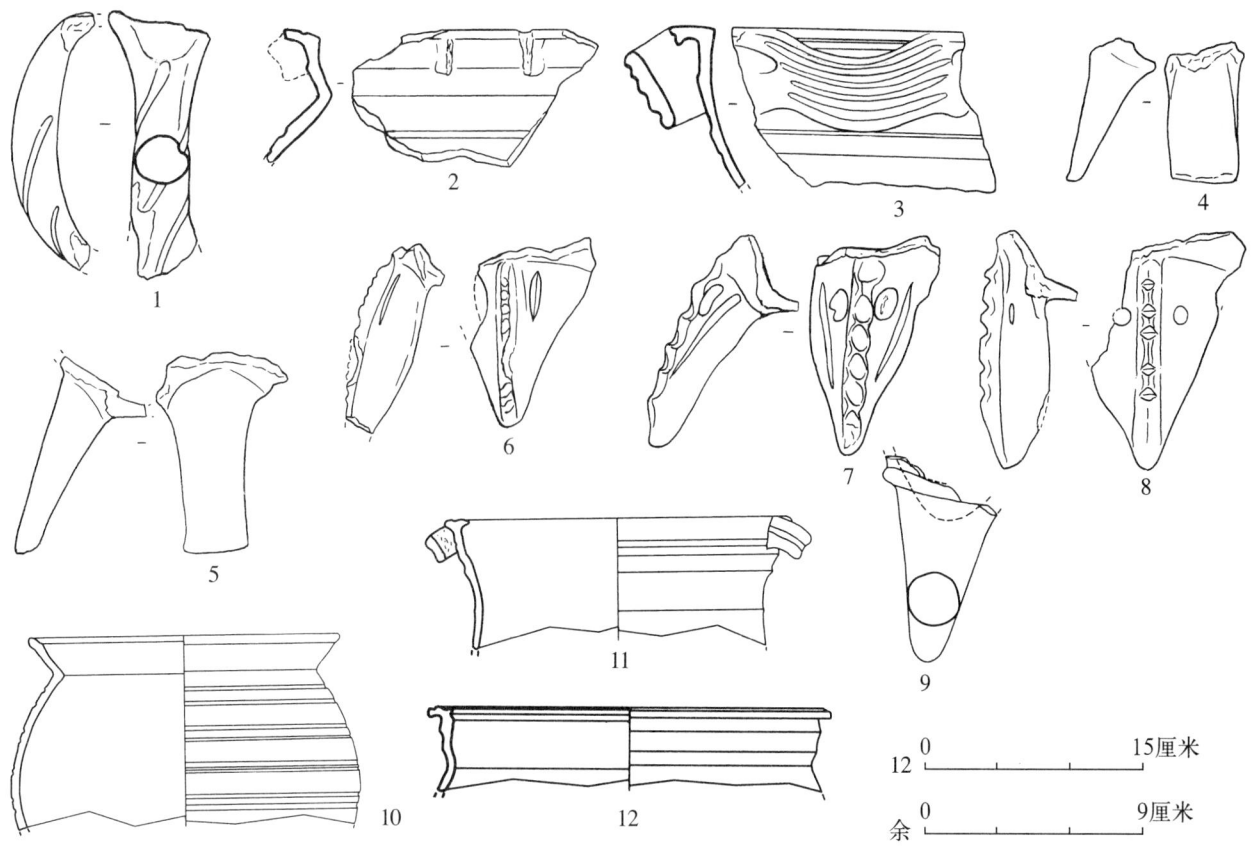

图七〇　采集遗物

1. 陶鬶把手96R-DG-LCZ-1-CAV-32：1　　2. 罐形陶鼎96R-DG-LCZ-1-16：1　　3. 陶鼎96R-DG-LCZ-1-17：1　　4. 凿形陶鼎足
96R-DG-LCZ-1-20：1　　5. 凿形陶鼎足96R-DG-LCZ-1-21：19　　6. 鸟首形陶鼎足96R-DG-LCZ-1-24：2　　7. 鸟首形陶鼎足
96R-DG-LCZ-1-25：1　　8. 鸟首形陶鼎足96R-DG-LCZ-1-26：1　　9. 陶鬶足96R-DG-LCZ-1-CAF：1　　10. 陶鼎96R-DG-LCZ-1-
15：1　　11. 陶罐96R-DG-LCZ-1-19：1　　12. 陶鼎96R-DG-LCZ-1-18：1

沿，鼓腹。沿面外侧饰三周凸棱纹，腹部饰一周凸棱纹。残高6.2厘米（图六九，12）。

96R-DG-LCZ-1-CAF-31　陶器1件，龙山文化。标本96R-DG-LCZ-1-CAF-31：1，陶鬶足。泥质褐陶。锥状足，腹部饰凸棱纹。足高8.2厘米（图七〇，9）。

96R-DG-LCZ-1-CAV-23　陶器1件，龙山文化。标本96R-DG-LCZ-1-CAV-23：1，鸟首形鼎足。夹砂红褐陶。长5.8厘米（图六九，13）。

96R-DG-LCZ-1-CAV-32　陶器1件，龙山文化。标本96R-DG-LCZ-1-CAV-32：1，陶鬶把手。夹砂褐陶。绚索状。长10.8厘米（图七〇，1）。

96R-DG-LCZ-1-15　陶器1件，龙山文化。标本96R-DG-LCZ-1-15：1，陶鼎。夹砂黑褐陶。圆唇，折沿，沿面内凹，侈口，鼓腹。腹部饰多组双线凹弦纹。口径16.8、残高10.2厘米（图七〇，10）。

96R-DG-LCZ-1-16　陶器1件，龙山文化。标本96R-DG-LCZ-1-16：1，罐形鼎。夹砂褐陶。尖唇，折沿，侈口，沿面饰一周凹弦纹，束颈，颈部饰一周凸弦纹，鼓腹，颈部横耳，已残。口径18.0、残高5.4厘米（图七〇，2）。

96R-DG-LCZ-1-17　陶器1件，龙山文化。标本96R-DG-LCZ-1-17：1，陶鼎。夹砂黑陶。方唇，唇面饰一周凹弦纹，宽折沿，侈口，口沿外侧饰两横耳，耳部饰4条凹弦纹，鼓腹。口径

46.0、残高 6.4 厘米（图七〇，3）。

96R-DG-LCZ-1-18 陶器 1 件，龙山文化。标本 96R-DG-LCZ-1-18∶1，罐形鼎。夹砂黑褐陶。方唇，折沿，直口，束颈，鼓腹。沿面饰两周凹弦纹，颈部饰两周凸弦纹。口径 24.0、残高 5.0 厘米（图七〇，12）。

96R-DG-LCZ-1-19 陶器 1 件，龙山文化。标本 96R-DG-LCZ-1-19∶1，陶罐。泥质黑陶。尖唇，折沿，侈口，口沿外侧饰横耳，沿面凹弦纹，弧腹。颈、腹部多条凸弦纹。口径 14.0、残高 5.2 厘米（图七〇，11）。

96R-DG-LCZ-1-20 陶器 1 件，龙山文化。标本 96R-DG-LCZ-1-20∶1，凿形鼎足。夹砂褐陶。足高 5.6 厘米（图七〇，4）。

96R-DG-LCZ-1-21 陶器 1 件，龙山文化。标本 96R-DG-LCZ-1-21∶19，凿形鼎足。夹砂褐陶。足高 7.8 厘米（图七〇，5）。

96R-DG-LCZ-1-25 陶器 1 件，龙山文化。标本 96R-DG-LCZ-1-25∶1，鸟首形鼎足。夹砂褐陶。足高 8.8 厘米（图七〇，7；彩版五一，1，下右 1）。

96R-DG-LCZ-1-26 陶器 1 件，龙山文化。标本 96R-DG-LCZ-1-26∶1，鸟首形鼎足。夹砂褐陶。高 9.4 厘米（图七〇，8）。

96R-DG-LCZ-1-27 陶器 1 件，龙山文化。标本 96R-DG-LCZ-1-27∶1，鸟首形鼎足。夹砂红褐陶。残高 6.2 厘米（图七一，1）。

96R-DG-LCZ-1-28 陶器 1 件，龙山文化。标本 96R-DG-LCZ-1-28∶1，鸟首形鼎足。夹砂褐陶。足高 8.0 厘米（图七一，2；彩版五一，1，下右 2）。

96R-DG-LCZ-1-29 陶器 1 件，龙山文化。标本 96R-DG-LCZ-1-29∶1，陶鬶。夹砂陶。外壁白色，内壁红褐色。锥状足。下腹部饰两周凸棱，余素面磨光。残高 12.0 厘米（图七一，3）。

96R-DG-LCZ-1-33 陶器 1 件，龙山文化。标本 96R-DG-LCZ-1-33∶1，陶鬶把手。夹砂褐陶。绹索状。残长 6.2 厘米（图七一，6）。

96R-DG-LCZ-1-34 陶器 1 件，龙山文化。标本 96R-DG-LCZ-1-34∶1，陶鬶把手。夹砂褐陶。把手略呈绹索状，上端两侧各有一个按压窝纹。残长 8.1 厘米（图七一，7）。

96R-DG-LCZ-1-35 陶器 1 件，龙山文化。标本 96R-DG-LCZ-1-35∶1，陶鬶把手。夹细砂褐陶。绹索状，把手与器身结合处饰一小泥饼。残长 10.6 厘米（图七一，8）。

96R-DG-LCZ-1-36 陶器 2 件，龙山文化。标本 96R-DG-LCZ-1-36∶1，陶鬶把手。夹细砂白陶。把手外卷，沿面有凹槽。残长 7.1 厘米（图七一，9）。标本 96R-DG-LCZ-1-36∶2，陶鬶把手。夹细砂白陶。把手外卷，沿面有凹槽。残长 3.2 厘米（图七二，1）。

96R-DG-LCZ-1-37 陶器 1 件，龙山文化。标本 96R-DG-LCZ-1-37∶1，陶鬶把手。夹砂白陶。把手外卷，顶端饰两个小泥饼。残长 4.3 厘米（图七二，2）。

96R-DG-LCZ-1-39 陶器 1 件，龙山文化。标本 96R-DG-LCZ-1-39∶1，鬶足。夹砂褐陶。整体柱状，根部略呈凿形。足高 8.0 厘米（图七二，3）。

96R-DG-LCZ-1-61 陶器 1 件，龙山文化。标本 96R-DG-LCZ-1-61∶1，陶匜。夹砂灰黑陶。尖唇，敛口，斜腹。口径 30、残高 3.6 厘米（图七二，13）。

96R-LCZ-1-8 陶器 1 件，龙山文化。标本 96R-LCZ-1-8∶1，陶纺轮。泥质黑陶。纺轮一面较平，另一面呈凸面，近边缘处饰一周凹弦纹。中心部分较厚，向边缘变薄，穿孔两面对钻。直径 6.0、孔径 0.4～0.6、中心部位厚 0.8、边缘厚 0.2 厘米（图七二，4）。

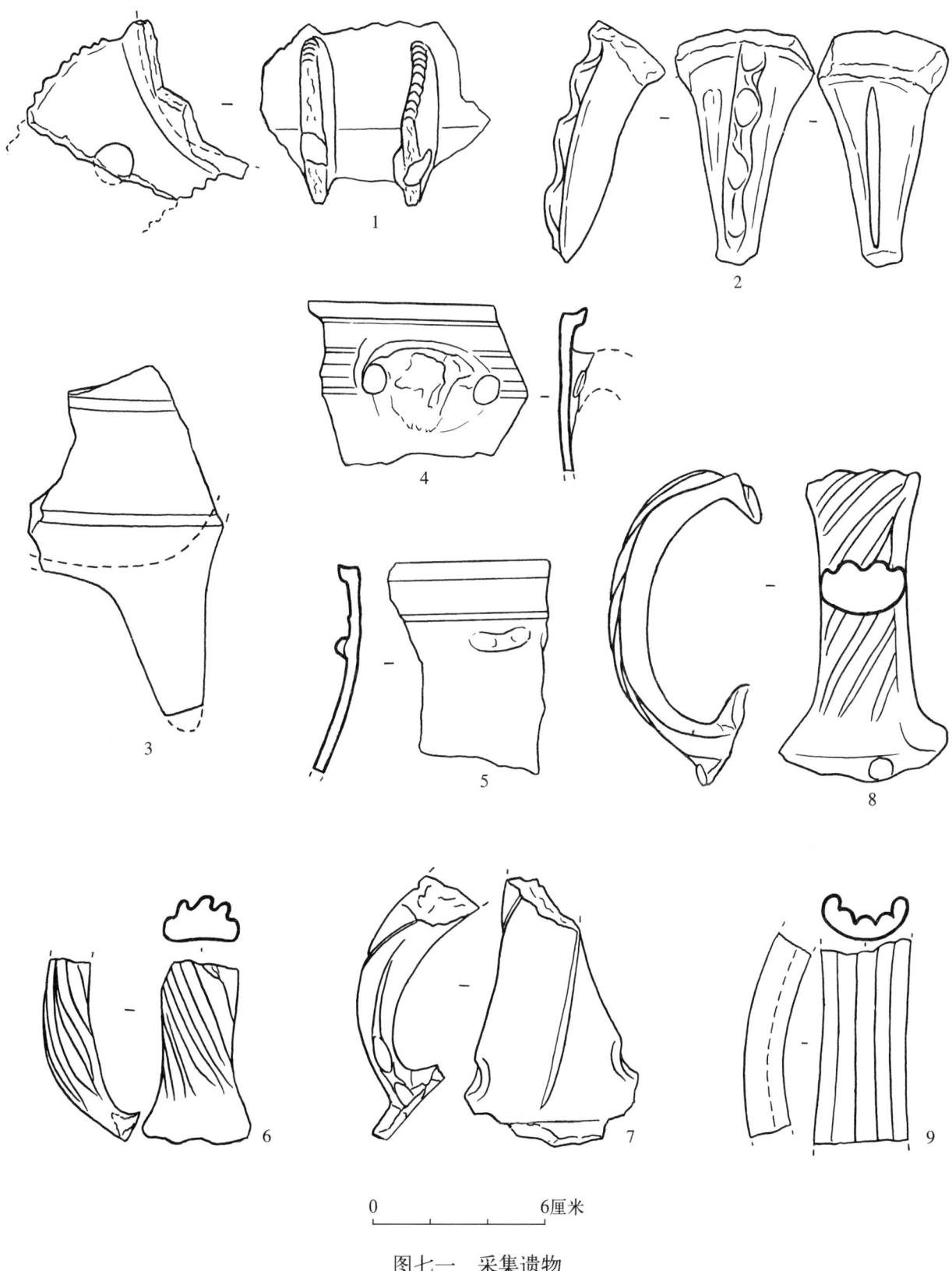

0　　　　　　　6厘米

图七一　采集遗物

1. 鸟首形陶鼎足96R-DG-LCZ-1-27：1　2. 鸟首形陶鼎足96R-DG-LCZ-1-28：1　3. 陶鬶96R-DG-LCZ-1-29：1　4. 高领陶罐96R-DG-LCZ-1-30：2　5. 高领陶罐96R-DG-LCZ-1-30：3　6. 陶鬶把手96R-DG-LCZ-1-33：1　7. 陶鬶把手96R-DG-LCZ-1-34：1　8. 陶鬶把手96R-DG-LCZ-1-35：1　9. 陶鬶把手96R-DG-LCZ-1-36：1

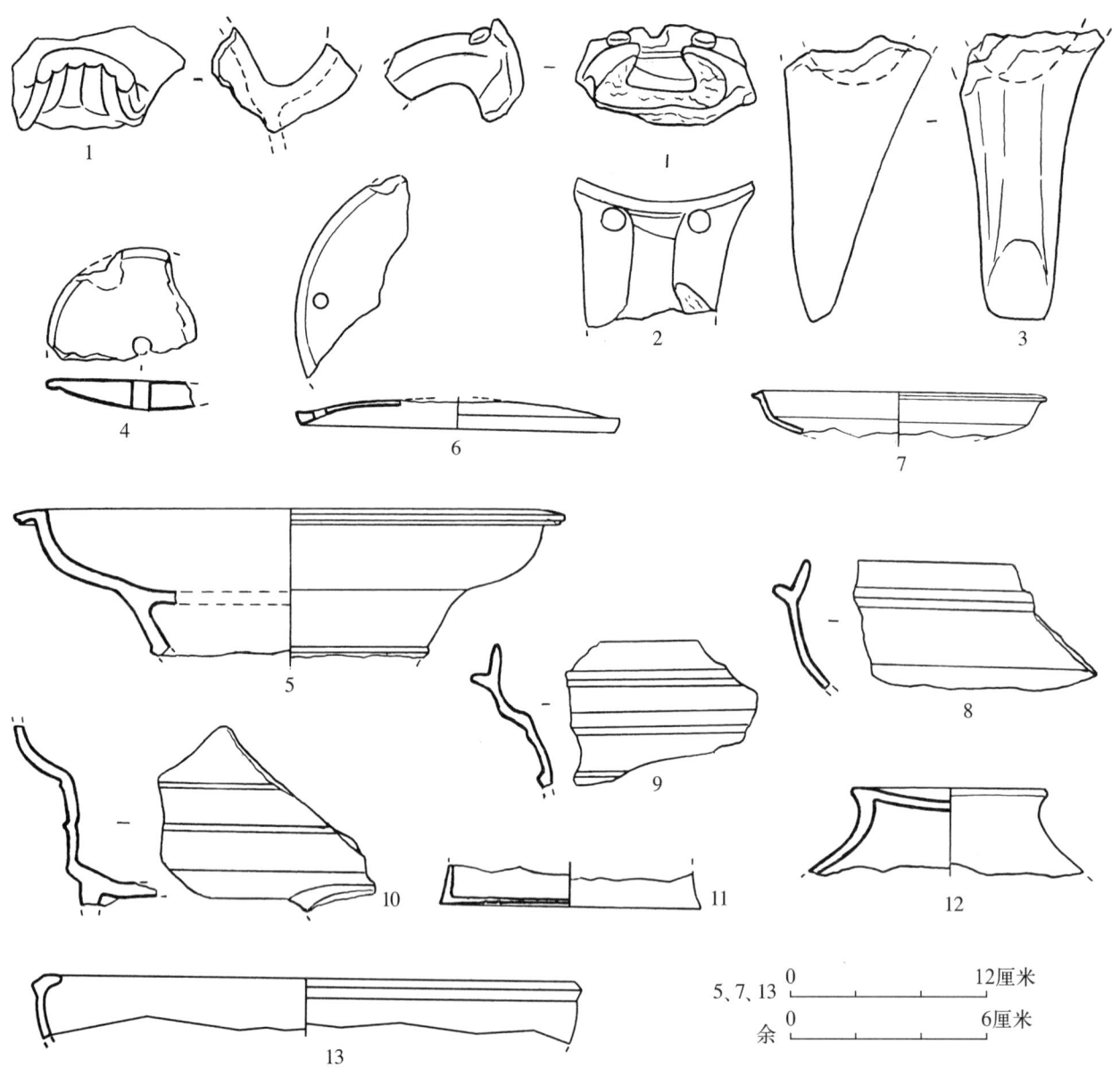

图七二　采集遗物

1. 陶鬶把手96R-DG-LCZ-1-36∶2　　2. 陶鬶把手96R-DG-LCZ-1-37∶1　　3. 陶鬶足96R-DG-LCZ-1-39∶1　　4. 陶纺轮96R-LCZ-1-8∶1　　5. 陶圈足盘96R-LCZ-1-62∶1　　6. 陶鬶器盖96R-LCZ-1-CAV-73∶1　　7. 陶圈足盘96R-LCZ-1-63∶1　　8. 陶盒96R-LCZ-1-64∶1　　9. 陶盒96R-LCZ-1-65∶1　　10. 陶三足罐96R-LCZ-1-66∶1　　11. 陶杯96R-LCZ-1-67∶1　　12. 覆碗形陶器盖96R-LCZ-1-68∶1　　13. 陶匜96R-DG-LCZ-1-61∶1

96R-LCZ-1-62　陶器1件，龙山文化。标本96R-LCZ-1-62∶1，圈足盘。泥质黑陶。方唇，宽折沿，唇面上饰一周凹弦纹，斜壁内收略呈平底。素面，磨光。盘直径30.0、残高8.8厘米（图七二，5）。

96R-LCZ-1-CAV-73　陶器1件，龙山文化。标本96R-LCZ-1-CAV-73∶1，陶鬶器盖。夹砂褐陶。方唇较厚，凸面，近边缘处有一圆穿孔。素面。盖直径9.0、孔径0.4厘米（图七二，6）。

96R-LCZ-1-63　陶器1件，龙山文化。标本96R-LCZ-1-63∶1，圈足盘。泥质黑陶。尖唇，窄折沿，沿面饰一周凹弦纹，斜壁内折。表面磨光，素面。直径16.6、残高2.6厘米（图七二，7）。

96R-LCZ-1-64　陶器1件，龙山文化。标本96R-LCZ-1-64∶1，陶盒。泥质黑陶。子母口，

弧腹内收。素面，磨光。口径22、残高3.8厘米（图七二，8）。

96R-LCZ-1-65　陶器1件，龙山文化。标本96R-LCZ-1-65：1，陶盒。泥质黑陶。子母口，斜折腹内收。素面，磨光，下腹部装饰两条凸弦纹。残高4.3厘米（图七二，9）。

96R-LCZ-1-66　陶器1件，龙山文化。标本96R-LCZ-1-66：1，三足罐。泥质黑陶。折腹。素面磨光，下腹部饰一周凸弦纹，器内外壁有轮制痕迹。盘径18、残高5.4厘米（图七二，10）。

96R-LCZ-1-67　陶器1件，龙山文化。标本96R-LCZ-1-67：1，陶杯。泥质黑陶。素面。底径8.0、残高1.2厘米（图七二，11）。

96R-LCZ-1-68　陶器1件，龙山文化。标本96R-LCZ-1-68：1，覆碗形器盖。泥质黑陶。素面。捉手直径5.9、器盖残高2.6厘米（图七二，12）。

96R-LCZ-1-69　陶器1件，龙山文化。标本96R-LCZ-1-69：1，覆碗形器盖。泥质灰陶。器壁上装饰多条凸弦纹。捉手直径5.8、残高5.0厘米（图七三，1）。

96R-LCZ-1-70　陶器1件，龙山文化。标本96R-LCZ-1-70：1，覆碗形器盖。夹砂褐陶。方唇折沿，沿面装饰二周凹弦纹。整体素面。器盖残高3.8厘米（图七三，2）。

96R-LCZ-1-71　陶器1件，龙山文化。标本96R-LCZ-1-71：1，陶罐。夹砂褐陶。斜壁，圈足。素面。残高4.5、圈足直径11.0厘米（图七三，3）。

96R-LCZ-1-72　陶器1件，龙山文化。标本96R-LCZ-1-72：1，覆盘形器盖。泥质灰陶。仅存捉手，素面。捉手直径3.2、高1.3厘米（图七三，4）。

96R-LCZ-1-74　陶器1件，龙山文化。标本96R-LCZ-1-74：1，陶纺轮。夹砂陶。纺轮中心部分较厚，向边缘变薄。褐色面较平且近边缘处饰一周凹弦纹。另一面微鼓且弦纹浅细、模糊，另刻划两道平行短线。直径4.2、孔径0.4、中心部位厚0.4、边缘厚0.2厘米（图七三，5）。

96R-LCZ-1-75　陶器1件，龙山文化。标本96R-LCZ-1-75：1，陶纺轮。泥质黑陶。纺轮一面较平，另一面呈凸面且近边缘处饰一周凹弦纹。中心部分较厚，向边缘变薄。直径5.6、孔径0.6、中心部位厚0.65、边缘厚0.3厘米（图七三，6）。

96R-LCZ-1-76　陶器1件，龙山文化。标本96R-LCZ-1-76：1，陶纺轮。泥质黑陶。陶片改制而成，边缘磨制不十分规整，穿孔两面对钻。素面。直径3.8～4.2、孔径0.4～0.8、厚0.6厘米（图七三，7）。

96R-DG-LCZ-1-41　陶器1件，龙山文化。标本96R-DG-LCZ-1-41：1，陶鼎。夹砂黑陶。圆唇，折沿，沿面饰一周凹弦纹，侈口，鼓腹。素面。口径13.0、残高3.5厘米（图七三，8）。

96R-DG-LCZ-1-CAF　陶器3件，龙山文化。标本96R-DG-LCZ-1-CAF：1，覆碗形器盖。夹砂灰陶。捉手底径4.3、残高2.0厘米（图七三，9）。标本96R-DG-LCZ-1-CAF：2，陶匜。夹砂黑陶。尖唇，敛口，弧腹。口沿外侧装饰凸棱一周，上面按压锯齿纹，唇边饰凹弦纹一周，腹部饰一周凸弦纹。残高3.7厘米（图七三，10）。标本96R-DG-LCZ-1-CAF：3，陶盆。泥质黑陶。圆唇，敞口。表面磨光，颈部饰凸弦纹。口径20.0、残高2.9厘米（图七三，11）。

96R-DG-LCZ-1-62　陶器1件，龙山文化。标本96R-DG-LCZ-1-62：1，凿形鼎足。夹砂褐陶。残高4.7厘米（图七三，12）。

96R-DG-LCZ-1-63　陶器3件，龙山文化。标本96R-DG-LCZ-1-63：1，陶鼎。夹砂灰褐陶。圆唇，折沿，侈口，鼓腹。沿面装饰两周凹弦纹，余皆素面。口径10.0、残高3.2厘米（图七三，13）。标本96R-DG-LCZ-1-63：2，陶鼎。夹砂黑陶。尖唇，宽沿内折，沿面内凹，饰两周凹弦纹。口部外侧装饰两横耳，耳部饰两周凹弦纹。口径30.0、残高3.4厘米（图七三，14）。标本96R-DG-

LCZ-1-63：3，凿形鼎足。夹砂褐陶。残高5.2厘米（图七三，15）。

96R-DG-LCZ-1-64 陶器1件，龙山文化。标本96R-DG-LCZ-1-64：1，覆盘形器盖。夹细砂黑陶。捉手底径4.3、高3.2厘米（图七四，1）。

96R-DG-LCZ-1-65 陶器1件，龙山文化。标本96R-DG-LCZ-1-65：1，高领罐。泥质黑陶。方唇，折沿，沿面内凹，敞口。磨光，颈部饰凸弦纹。口径15.0、残高5.0厘米（图七四，2）。

96R-DG-LCZ-1-66 陶器1件，龙山文化。标本96R-DG-LCZ-1-66：1，陶盆。泥质黑陶。方唇，宽折沿，鼓腹。素面，磨光。口径34、残高4.0厘米（图七四，3；彩版五一，4，下右3）。

96R-DG-LCZ-1-67 陶器2件，龙山文化。标本96R-DG-LCZ-1-67：1，鬹足。夹砂褐陶。锥状足。素面。高约5.4厘米（图七四，4）。标本96R-DG-LCZ-1-67：2，覆碗形器盖。泥质陶。内壁

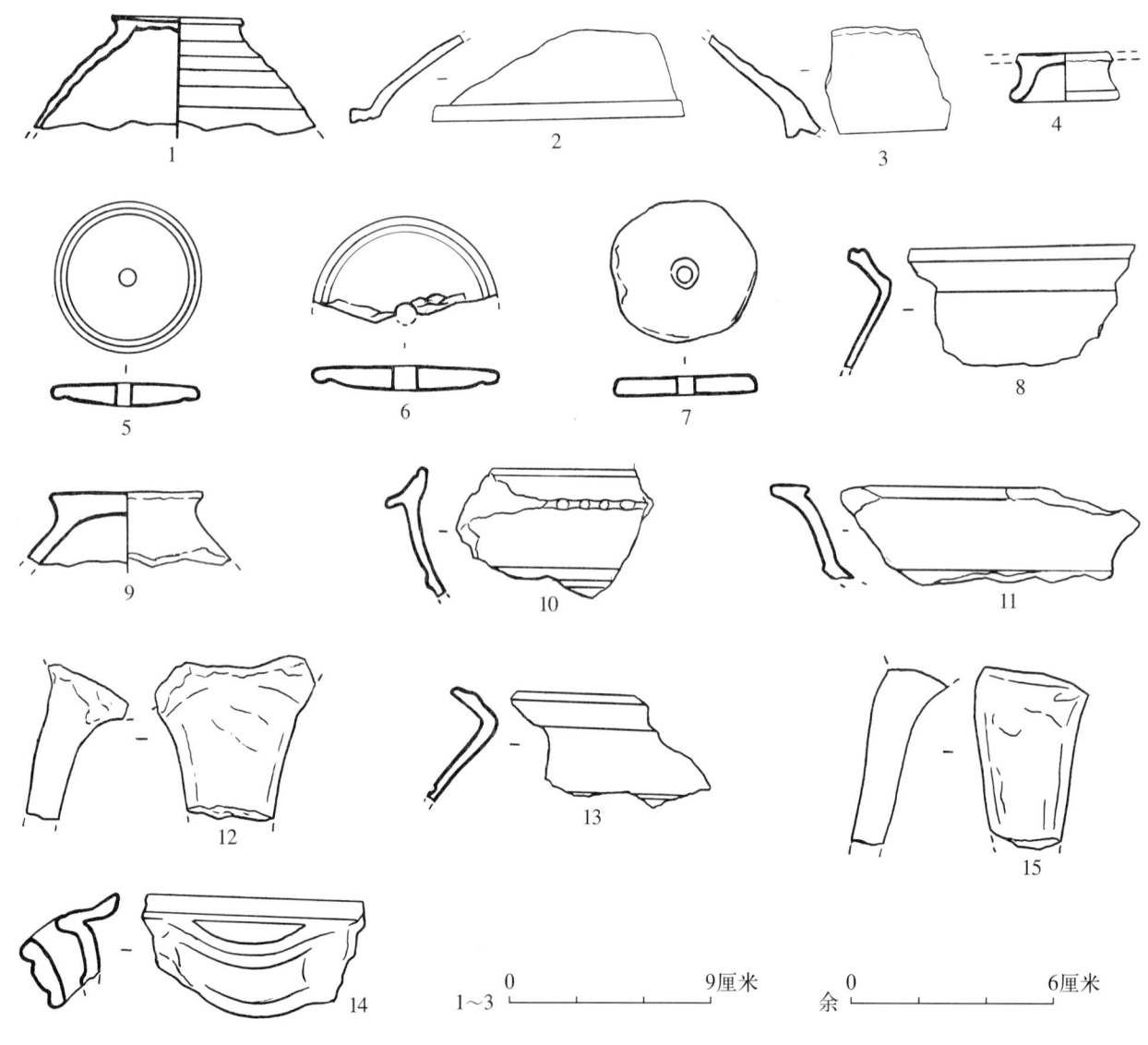

图七三　采集遗物

1. 覆碗形陶器盖96R-LCZ-1-69：1　2. 覆碗形陶器盖96R-LCZ-1-70：1　3. 陶罐96R-LCZ-1-71：1　4. 覆盘形陶器盖96R-LCZ-1-72：1　5. 陶纺轮96R-LCZ-1-74：1　6. 陶纺轮96R-LCZ-1-75：1　7. 陶纺轮96R-LCZ-1-76：1　8. 陶鼎96R-DG-LCZ-1-41：1　9. 覆碗形陶器盖96R-DG-LCZ-1-CAF：1　10. 陶匜96R-DG-LCZ-1-CAF：2　11. 陶盆96R-DG-LCZ-1-CAF：3　12. 凿形陶鼎足96R-DG-LCZ-1-62：1　13. 陶鼎96R-DG-LCZ-1-63：1　14. 陶鼎96R-DG-LCZ-1-63：2　15. 凿形陶鼎足96R-DG-LCZ-1-63：3

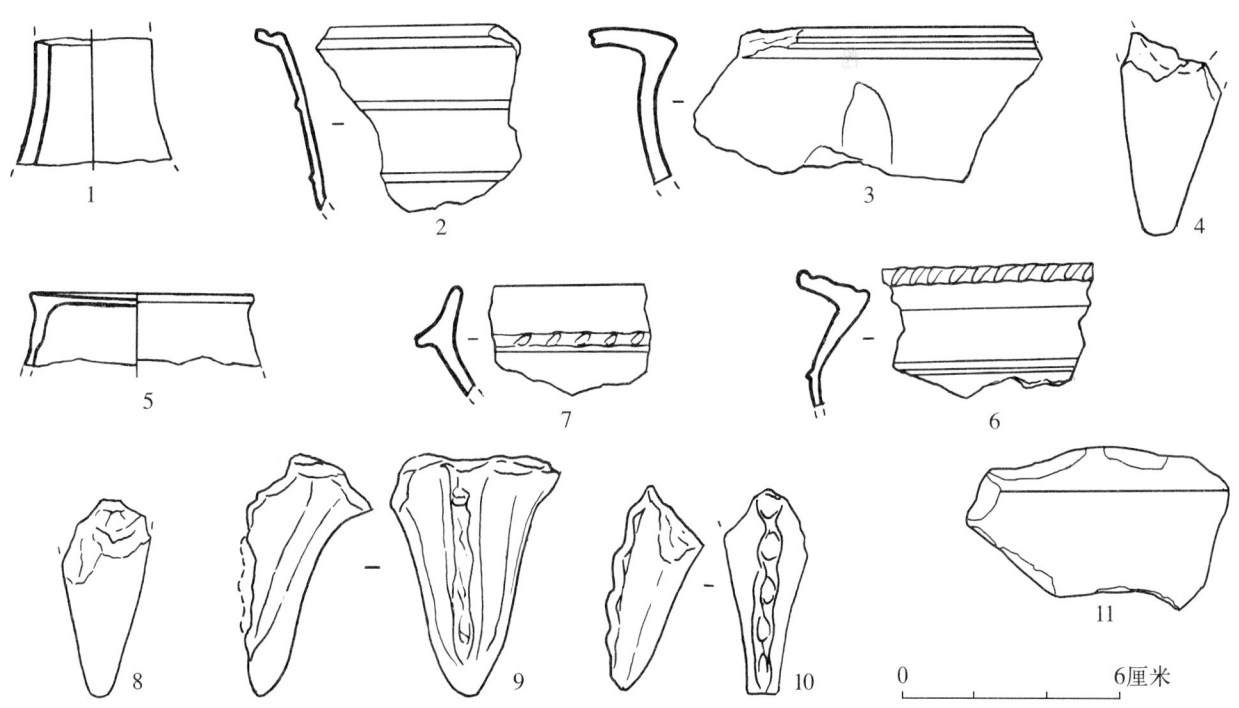

图七四　采集遗物

1. 覆盘形陶器盖96R-DG-LCZ-1-64：1　2. 高领陶罐96R-DG-LCZ-1-65：1　3. 陶盆96R-DG-LCZ-1-66：1　4. 陶甗足96R-
DG-LCZ-1-67：1　5. 覆碗形陶器盖96R-DG-LCZ-1-67：2　6. 陶鼎96R-DG-LCZ-1-68：1　7. 陶匜96R-DG-LCZ-1-68：2
8. 陶甗足96R-DG-LCZ-1-69：1　9. 鸟首形陶鼎足96R-DG-LCZ-1-69：2　10. 陶甗足96R-DG-LCZ-1-70：1　11. 陶圈足盘
96R-DG-LCZ-1-CAV-37：1

灰色，外壁黑色。捉手残高2.0厘米（图七四，5）。

　　96R-DG-LCZ-1-68　陶器2件，龙山文化。标本96R-DG-LCZ-1-68：1，陶鼎。夹砂陶。外
壁褐色，内壁黑色。圆唇，宽折沿，敛口，鼓腹。唇边饰压印纹，沿面饰两道凹弦纹，颈部饰一周
凸弦纹。口径24.0、残高3.5厘米（图七四，6）。标本96R-DG-LCZ-1-68：2，陶匜。夹砂褐陶。尖
唇，敛口，弧腹。口沿外侧装饰凸棱一周，上面按锯齿纹。残高2.5厘米（图七四，7）。

　　96R-DG-LCZ-1-69　陶器2件，龙山文化。标本96R-DG-LCZ-1-69：1，甗足。夹砂褐陶。锥
状足。素面。残高5.2厘米（图七四，8）。标本96R-DG-LCZ-1-69：2，鸟首形鼎足。夹细砂褐陶。
足高6.4厘米（图七四，9）。

　　96R-DG-LCZ-1-70　陶器1件，龙山文化。标本96R-DG-LCZ-1-70：1，甗足。夹砂褐陶。凿
形足。中部饰坑窝状附加堆纹。足高5.4厘米（图七四，10）。

　　96R-LCZ-1-CAV-37　陶器1件，龙山文化。标本96R-LCZ-1-CAV-37：1，圈足盘。夹砂黑
陶。素面磨光。圈足残高3.4厘米（图七四，11）。

　　96-DG-LCZ-1-10　陶器7件，龙山文化。标本96-DG-LCZ-1-10：1，陶器把手。夹砂褐陶。
把手外卷，沿面有凹槽（彩版五九，2，左1）。标本96-DG-LCZ-1-10：2，鬶足。夹砂白陶。圆锥
形，素面（彩版五九，2，右1）。标本96-DG-LCZ-1-10：3，器盖。残。泥质灰陶。素面（彩版
五九，3，左1）。标本96-DG-LCZ-1-10：4，器足。夹砂褐陶。锥形，素面（彩版五九，3，右1）。
标本96-DG-LCZ-1-10：5，陶匜口沿。夹砂灰黑陶。圆唇。敛口，素面（彩版五九，5，左上1）。标
本96-DG-LCZ-1-10：6，器盖。残。夹砂灰黑陶。素面（彩版五九，5，左下1）。标本96-DG-LCZ-1-

10∶7，陶鬶把手。夹砂褐陶。半环形，沿面有凹槽（彩版五九，5，右1）。

96-DG-LCZ-1-CAA 陶器6件，龙山文化。标本96-DG-LCZ-1-CAA∶1，陶器把手。夹砂白陶。素面。标本96-DG-LCZ-1-CAA∶2，罐口沿。夹砂灰黑陶。圆唇，卷沿，侈口，肩部饰数道凹弦纹。标本96-DG-LCZ-1-CAA∶3，陶瓮口沿。泥质灰陶。圆唇，近直口，素面（彩版五九，6）。标本96-DG-LCZ-1-CAA∶4，鬲足。残。夹砂褐陶。圆锥形，素面（彩版六〇，2，左1）。标本96-DG-LCZ-1-CAA∶5，鸟喙形鼎足，底端残。夹砂褐陶。素面（彩版六〇，2，右1）。标本96-DG-LCZ-1-CAA∶6，陶盆口沿。夹砂黑陶。圆唇，卷沿，微扁腹，素面（彩版六〇，6，下）。标本96-DG-LCZ-1-CAA∶7，陶罐口沿。夹砂黑陶。方唇，卷沿，颈饰两道凸弦纹（彩版六〇，6，上）。

96-DG-LCZ-1-10 石器1件，龙山文化。标本96-DG-LCZ-1-10∶1，石器。平面呈长方形，通体磨制精细，背部有一道凹槽（彩版五九，4）。

96-DG-LCZ-1-CAU 石器2件，龙山文化。标本96-DG-LCZ-1-CAU∶1，石坯。鹅卵石制成，无加工痕迹。长6.7、宽6.8、厚3厘米（图七五，1）。标本96-DG-LCZ-1-CAU∶2，研磨器。水晶制成，较精美。不规则形，有两紧挨着的使用面，磨制而成，且留有竖向条纹。长6.1、宽3.1、厚2.4厘米（图七九，4）。

96-DG-LCZ-1-CAC 石器4件，龙山文化。标本96-DG-LCZ-1-CAC∶1，石器。平面和断面皆梯形，左右两侧磨制规整，刃部位于下端且有火烧痕迹。长12.2、宽5.2、厚3.3厘米（图七六，11）。标本96-DG-LCZ-1-CAC∶2，半成品。平面梯形，通体磨制，未加工刃部。长7.2、宽4、厚1.4厘米（图七六，12）。标本96-DG-LCZ-1-CAC∶3，石坯。鹅卵石打制，未见进一步加工。长5.7、宽4.9、厚3.1厘米（图七六，9）。标本96-DG-LCZ-1-CAC∶4，石斧。残余下部，横断面椭圆形，单面弧刃且使用痕迹明显。通体磨制。残长6.3、宽5.4、厚2.8厘米（图七六，4）。

96-DG-LCZ-1-CAB 石器2件，龙山文化。标本96-DG-LCZ-1-CAB∶1，石坯。鹅卵石。长6.2、宽3.7、厚2.3厘米（图七五，2）。标本96-DG-LCZ-1-CAB∶2，石刀。云母石，平面和断面呈椭圆，刃部较钝。通体琢制。长6.5、宽3.2、厚1.6厘米（图七五，3）。

96-DG-LCZ-1-CAK 石器3件，龙山文化。标本96-DG-LCZ-1-CAK∶1，石坯。平面和横断面梯形，打制片疤明显。长8.2、宽5.9、厚1.6厘米（图七五，4）。标本96-DG-LCZ-1-CAK∶2，石斧。鹅卵石制成，平面圆角梯形，横断面多边形，其中一面和刃部有琢磨痕迹，双面刃且有使用崩疤。长8.3、宽5.2、厚4厘米（图七五，5）。标本96-DG-LCZ-1-CAK∶3，石刀。残，平面方形，横断面椭圆形，单面刃较钝。通体磨制，器形较规整。残长4.6、宽4.7、厚1.1厘米（图七六，5）。

96-DG-LCZ-1-CAAA 石器1件，龙山文化。标本96-DG-LCZ-1-CAAA∶1，石器。残存上半部，通体磨制规整。残长5.9、宽4.2、厚2厘米（图七五，6）。

96-DG-LCZ-1-CAP 石器3件，龙山文化。标本96-LCZ-1-CAP∶1，石刀。半成品，平面和断面近梯形，背部平直。刃部微弧，但未进一步加工。通体琢磨，已基本成型。长6、宽4.1、厚1.6厘米（图七六，10）。标本96-DG-LCZ-1-CAP∶2，石镰。残余下半部，双面刃且有明显的锯齿状崩疤痕迹，通体磨制。残长8.5、宽3.5、厚1.2厘米（图七五，7）。标本96-DG-LCZ-1-CAP∶3，石铲。残存下部，横断面近方形，双面刃和背部使用痕迹明显，通体磨制。残长3.6、宽7.1、厚1.2厘米（图七五，8）。

96-DG-LCZ-1-CAF 石器4件，龙山文化。标本96-DG-LCZ-1-CAF∶1，石锤。鹅卵石制成，平面椭圆形，刃部打制而成。长6.8、宽3.8、厚2厘米（图七五，9）。标本96-DG-LCZ-1-CAF∶2，石锛。残余下部，平面长方形，横断面梯形，一面平直，一面弧形，双面刃且使用痕迹明

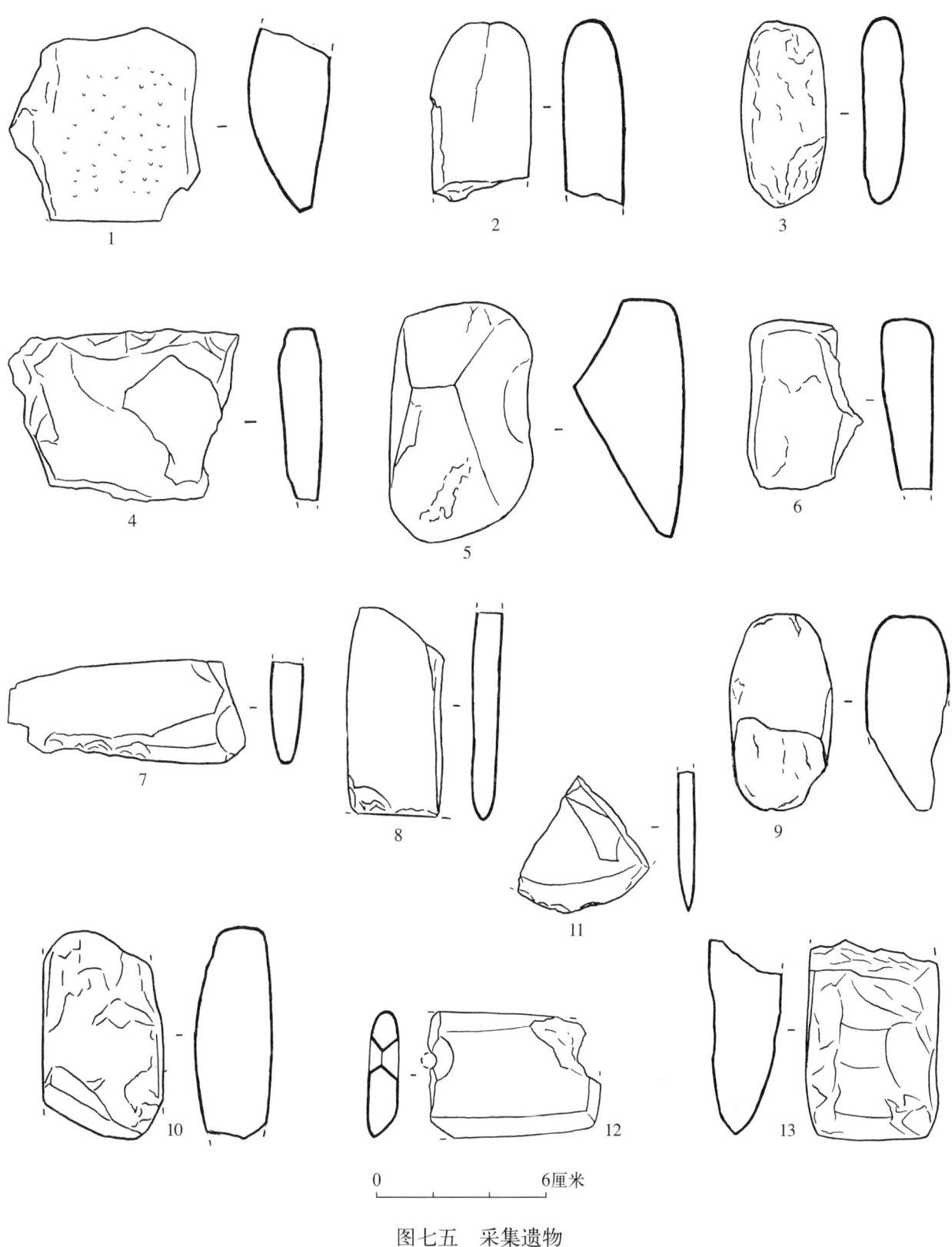

图七五　采集遗物

1. 石坯96-DG-LCZ-1-CAU：1　2. 石坯96-DG-LCZ-1-CAB：1　3. 石刀96-DG-LCZ-1-CAB：2　4. 石坯96-DG-LCZ-1-CAK：1
5. 石斧96-DG-LCZ-1-CAK：2　6. 石器96-DG-LCZ-1-CAAA：1　7. 石镰96-DG-LCZ-1-CAP：2　8. 石铲96-DG-LCZ-1-CAP：3
9. 石锤96-DG-LCZ-1-CAF：1　10. 石锤96-DG-LCZ-1-CAT：1　11. 石铲96-DG-LCZ-1-CAS：1　12. 石刀96-DG-LCZ-1-1：1
13. 石锛96-DG-LCZ-1-CAF：2

图七六　采集遗物

1. 石刀96-DG-LCZ-1-CAH：1　2. 石刀96-DG-LCZ-1-CAE：1　3. 石铲96-DG-LCZ-1-CAG：1　4. 石斧96-DG-LCZ-1-CAC：4　5. 石刀96-DG-LCZ-1-CAK：3　6. 石斧96-DG-LCZ-1-CAL：1　7. 石器半成品96-DG-LCZ-1-CAX：1　8. 石锤96-DG-LCZ-1-CAAB：1　9. 石坯96-DG-LCZ-1-CAC：3　10. 石刀96-DG-LCZ-1-CAP：1　10. 石器96-DG-LCZ-1-CAC：1　11. 石器半成品96R-DG-LCZ-1-CAC：2

显。通体可见打制时形成的片疤和磨制痕迹，器体规整。残长 7、宽 2.8、厚 2.6 厘米（图七五，13）。标本 96-DG-LCZ-1-CAF：3，石刀。残，平面和横断面近梯形，单面刃加工好且使用痕迹明显。通体磨制精细，器形规整，对钻一孔。残长 6、宽 4.5、厚 1.31 厘米（图七八，8）。标本 96-DG-LCZ-1-CAF：4，石器。平面长方形，横断面近椭圆，器身磨制痕迹明显。残长 3.2、宽 4.4、厚 1.5 厘米（图七九，2）。

96-DG-LCZ-1-CAT 石器 1 件，龙山文化。标本 96-DG-LCZ-1-CAT：1，石锤。平面和横断面皆近椭圆形，两侧琢制明显，通体磨制。长 7.2、宽 4.4、厚 2.8 厘米（图七五，10）。

96-DG-LCZ-1-CAS 石器 1 件，龙山文化。标本 96-DG-LCZ-1-CAS：1，石铲。残，平面扇形，双面刃磨制精细，且有明显的使用痕迹，通体磨制。残长 4.7、宽 4.7、厚 0.7 厘米（图七五，11）。

96-DG-LCZ-1-1 石器 1 件，龙山文化。标本 96-DG-LCZ-1-1：1，石刀。残，平面梯形，断面近椭圆形，上部穿孔，单面斜刃。通体磨制精细。残长 6.2、宽 4.4、厚 1.1 厘米（图七五，12）。

96-DG-LCZ-1-CAH 石器 1 件，龙山文化。标本 96-DG-LCZ-1-CAH：1，石刀。残，横断面近梯形，上部穿孔，单面直刃且磨制精细。通体磨制，器形规整。长 5.1、宽 5.4、厚 1.1 厘米（图七六，1）。

96-DG-LCZ-1-CAE 石器 1 件，龙山文化。标本 96-DG-LCZ-1-CAE：1，石刀。刃部残，横断面呈椭圆，通体磨制。残长 5.9、宽 4.8、厚 1.1 厘米（图七六，2）。标本 96-DG-LCZ-1-CAE：2，石刀。残，横断面梯形，单面刃加工好且使用痕迹明显。通体磨制而成。残长 6.5、宽 4、厚 0.7 厘米（图七九，1）。

96-DG-LCZ-1-CAG 石器 1 件，龙山文化。标本 96-DG-LCZ-1-CAG：1，石铲。残，横断面近方形，双面刃磨制精细，使用痕迹明显。通体磨制，器体较薄。残长 6.0、宽 4.6、厚 0.5 厘米（图七六，3）。

96-DG-LCZ-1-CAL 石器 1 件，龙山文化。标本 96-DG-LCZ-1-CAL：1，石斧。平面近梯形，横断面近长方形，刃部使用痕迹明显。通体磨制。长 7.8、宽 6.6、厚 2 厘米（图七六，6）。

96-DG-LCZ-1-CAX 石器 1 件，龙山文化。标本 96-DG-LCZ-1-CAX：1，半成品。平面近梯形，横断面近长方形，有磨制痕迹。长 7.6、宽 3.7、厚 1.3 厘米（图七六，7）。

96-DG-LCZ-1-CAAB 石器 1 件，龙山文化。标本 96-DG-LCZ-1-CAAB：1，石锤。平面梯形，横断面长方形，使用端磨制和打制痕迹明显。通体磨制，器形较为规整。长 10.2、宽 5、厚 2.95 厘米（图七六，8）。

96-DG-LCZ-1-2 石器 7 件，龙山文化。标本 96-DG-LCZ-1-2：1，鹅卵石。横断面椭圆形。长 8.7、宽 6.8、厚 4.9 厘米（图七七，1）。标本 96-DG-LCZ-1-2：2，鹅卵石。断面椭圆形。长 4.7、宽 6.2、厚 3.8 厘米（图七七，2）。标本 96-DG-LCZ-1-2：3，石斧。刃部残，横断面近长方形，琢制和磨制痕迹明显。残长 9、宽 5.6、厚 2.62 厘米（图七七，3）。标本 96-DG-LCZ-1-2：4，石斧。残，似双面刃，琢制和磨制痕迹明显。残长 10.5、宽 6.1、厚 4.6 厘米（图七七，4）。标本 96-DG-LCZ-1-2：5，半成品。平面三角形，横断面长方形，有磨制痕迹。长 7.9、宽 6.6、厚 0.9 厘米（图七七，5）。标本 96-DG-LCZ-1-2：6，石器。残，有两面磨制较好。残长 6.15、宽 4.5、厚 0.93 厘米（图七七，6）。标本 96-DG-LCZ-1-2：7，石斧。材质夹云母，平面近圆形，横断面近椭圆形，双面刃崩疤明显，磨制而成。长 7.9、宽 8.3、厚 2.72 厘米（图七七，7）。

96-DG-LCZ-3 石器 2 件，龙山文化。标本 96-DG-LCZ-3：1，石器。平面近梯形，横断面长方形，通体磨制精细。长 4.1、宽 1.18、厚 0.25 厘米（图七七，8）。标本 96-DG-LCZ-3：2，石铲。

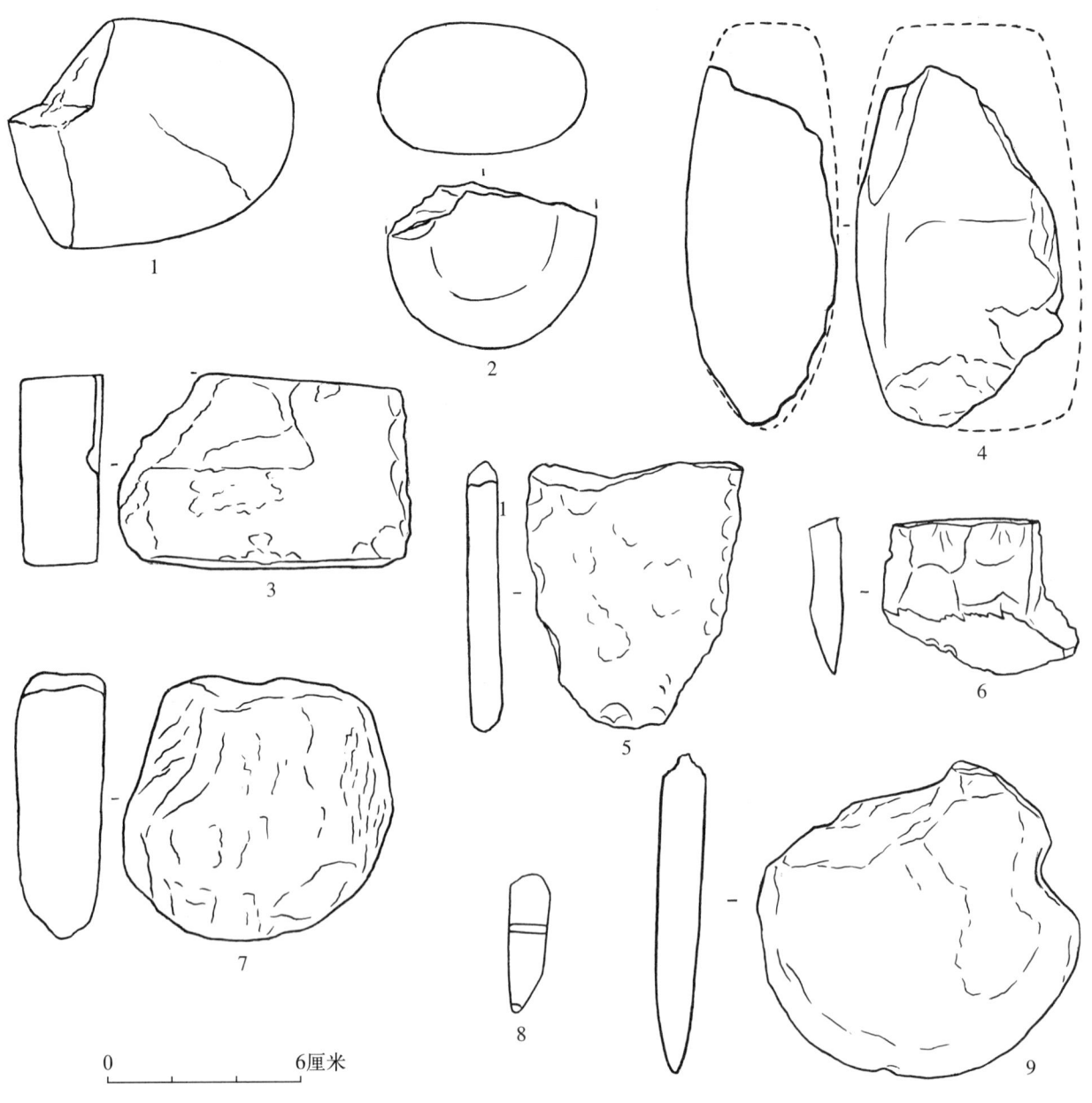

图七七　采集遗物

1. 鹅卵石96-DG-LCZ-1-2：1　2. 鹅卵石96-DG-LCZ-1-2：2　3. 石斧96-DG-LCZ-1-2：3　4. 石斧96-DG-LCZ-1-2：4　5. 石器半成品96-DG-LCZ-1-2：5　6. 石器96-DG-LCZ-1-2：6　7. 石斧96-DG-LCZ-1-2：7　8. 石器96-DG-LCZ-3：1　9. 石铲96-DG-LCZ-3：2

残，平面扇形，横断面椭圆形，刃部较钝，通体磨制。残长9.7、宽9.9、厚1.3厘米（图七七，9）。

96-DG-LCZ-1-4 石器7件，龙山文化。标本96-DG-LCZ-1-4：1，石斧。平面梯形，横断面椭圆形，双面刃残缺一角且使用痕迹明显。通体磨制精细，器形规整。长8.7、宽4.6、厚2.8厘米（图七八，1）。标本96-DG-LCZ-1-4：2，石锤。平面近梯形，横断面水滴状，使用端琢制而成。器身琢磨。长8、宽4.65、厚4厘米（图七八，2）。标本96-DG-LCZ-1-4：3，石斧。残，平面和横断面皆长方形，双面刃有使用痕迹。通体磨制较好，器形规整。残长5.5、宽6.2、厚3.3厘米（图七八，3）。标本96-DG-LCZ-1-4：4，石锛。平面和横断面皆长方形，单面刃磨制好且使用痕迹明显。通体磨制精细，器形规整。长5.6、宽3.3、厚1.5厘米（图七八，4）。标本96-DG-LCZ-1-

4：5，石刀。平面和横断面皆近梯形，弧刃较钝，通体磨制较好。长 8.3、宽 3.8、厚 0.68 厘米（图七八，5）。标本 96-DG-LCZ-1-4：6，石铲。残，平面扇形，横断面椭圆形，刃部使用痕迹明显。通体磨制较好。残长 4.9、宽 7.9、厚 0.9 厘米（图七八，6）。标本 96-DG-LCZ-1-4：7，石刀。残，平面和断面皆近梯形，单面刃磨制较好且使用痕迹明显。通体磨制，对钻一孔。残长 6.8、宽 4.7、厚 0.8 厘米（图七八，7）。

96-DG-LCZ-1-CAV 石器 1 件，龙山文化。标本 96-DG-LCZ-1-CAV：1，石刀。残，平面近三角形，横断面近梯形，单面刃。通体磨制较好，对钻一孔。残长 6.3、宽 4.7、厚 1.35 厘米（图七八，9）。

96-DG-LCZ-1-CAQ 石器 1 件，龙山文化。标本 96-DG-LCZ-1-CAQ：1，石器。平面梯形，横断面椭圆形，器身磨制。长 4.5、宽 4.1、厚 0.3～0.8 厘米（图七九，3）。

96-DG-LCZ-1-CAJ 石器 2 件，龙山文化。标本 96-DG-LCZ-1-CAJ：1，石坯。平面四棱形，断面三角形。长 8.7、宽 4.1、厚 3.74 厘米（图七九，5）。标本 96-DG-LCZ-1-CAJ：2，石坯。平面近梯形，横断面四棱形。长 5、宽 1.5～2.5、厚 1 厘米（图七九，6）。

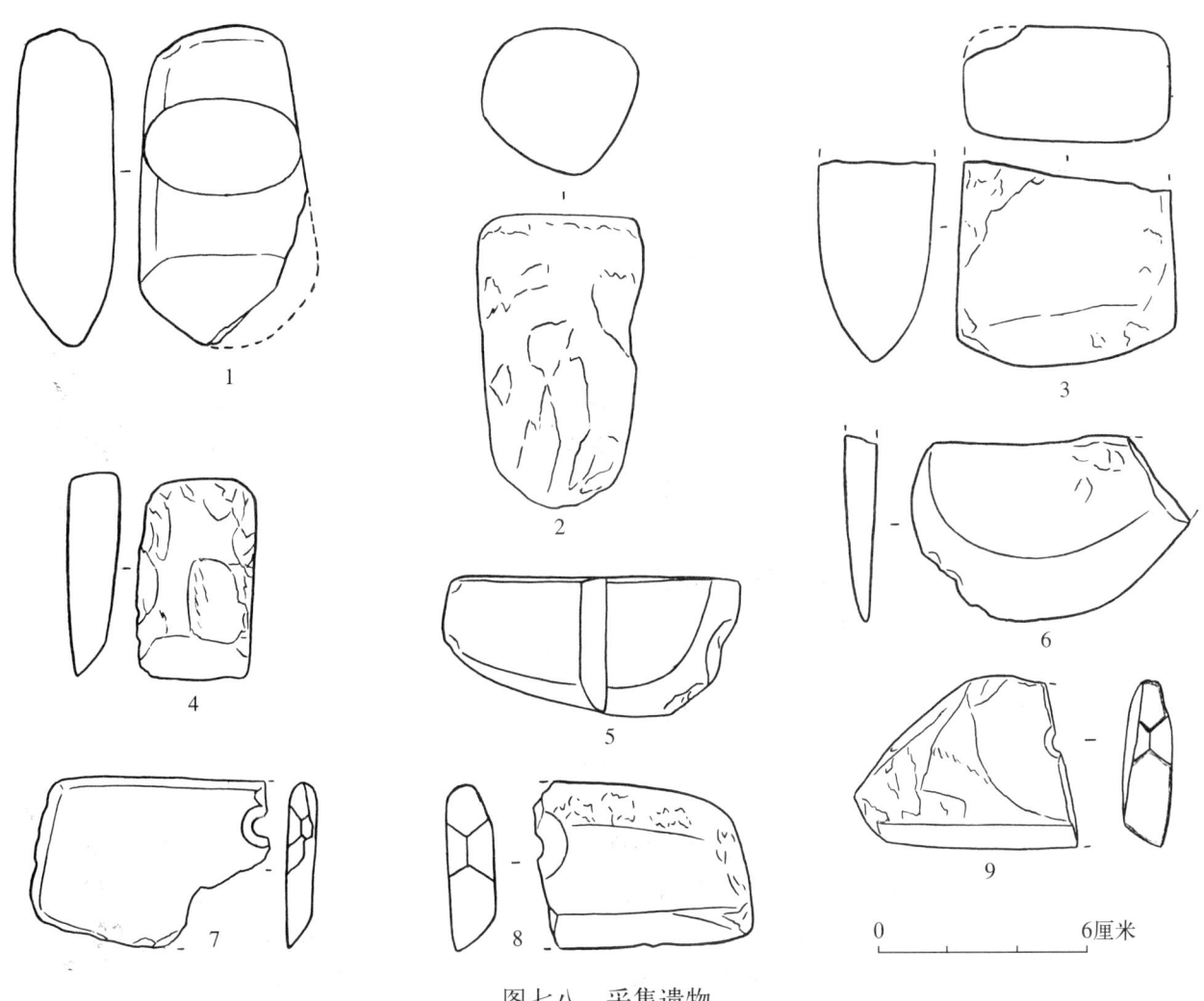

图七八 采集遗物

1. 石斧96-DG-LCZ-1-4：1 2. 石锤96-DG-LCZ-1-4：2 3. 石斧96-DG-LCZ-1-4：3 4. 石锛96-DG-LCZ-1-4：4 5. 石刀96-DG-LCZ-1-4：5 6. 石铲96-DG-LCZ-1-4：6 7. 石刀96-DG-LCZ-1-4：7 8. 石刀96-DG-LCZ-1-CAF：3 9. 石刀96-DG-LCZ-1-CAV：1

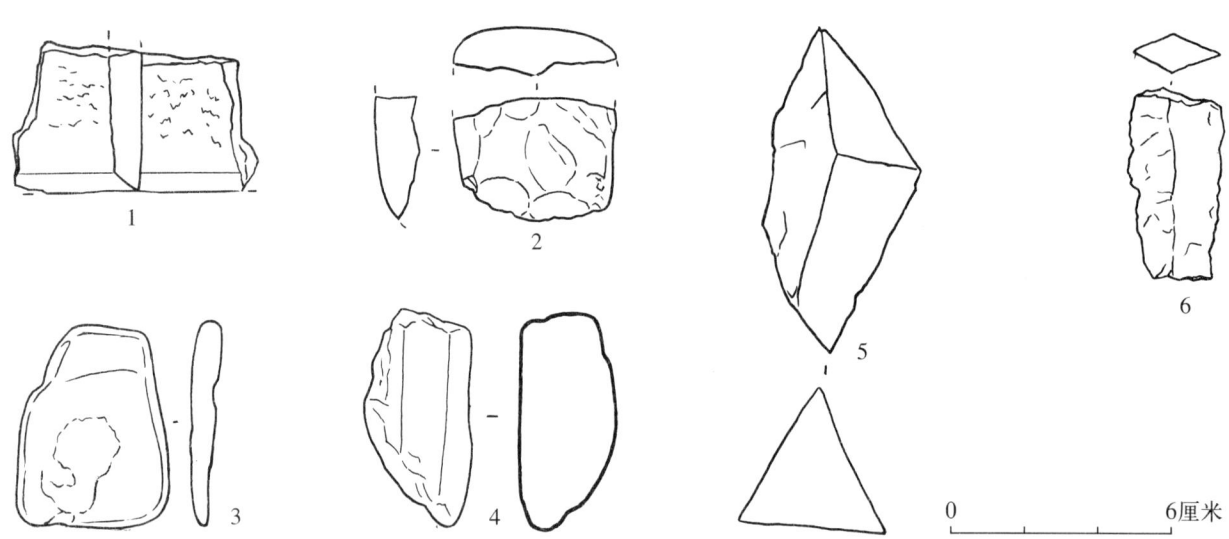

图七九　采集遗物

1. 石刀96-DG-LCZ-1-CAE：2　2. 石器96-DG-LCZ-1-CAF：4　3. 石器96-DG-LCZ-1-CAQ：1　4. 研磨器96-DG-LCZ-1-CAU：2　5. 石坯96-DG-LCZ-1-CAJ：1　6. 石坯96-DG-LCZ-1-CAJ：2

14. 侯家官庄（96-DG-HJGZ，周）（第2年）

96-DG-HJGZ-3 陶器1件，周代。标本96-DG-HJGZ-3：1，陶纺轮。夹砂黑皮陶。穿孔两面对钻。素面。直径6.2、孔径1.0～1.2厘米（图八〇，1；彩版五二，2）。

96-DG-HJGZ-4 陶器1件，周代。标本96-DG-HJGZ-4：1，足跟内模。泥质灰陶。素面。残高2.5厘米（图八〇，2）。

96-DG-HJGZ-5 陶器3件，西周。标本96-DG-HJGZ-5：1，陶盆底片。夹细砂褐陶。平底，斜壁。残高1.4厘米（图八〇，3）。标本96-DG-HJGZ-5：2，陶盆底片。泥质灰陶。平底，斜壁。残高1.5厘米（图八〇，4）。标本96-DG-HJGZ-5：3，陶盆口沿。泥质灰陶。方唇，斜折沿。残高1.1厘米（图八〇，5）。

96-DG-HJGZ-1 陶器1件，西周。标本96-DG-HJGZ-1：1，陶盆。夹砂褐陶。尖唇，卷沿。素面。残高1.2厘米（图八〇，6）。

15. 荆家林（96-DG-JJL，汉）（第2年）

96-DG-JJL-3 陶器1件，汉代。标本96-DG-JJL-3：1，陶罐。夹砂灰褐陶。方唇。素面。残高2.0厘米（图八〇，7）。

96-DG-JJL-1 陶器5件，汉代。标本96-DG-JJL-1：1，纺轮。泥质灰陶。素面。直径4.8、厚1.2～1.5、孔径0.8厘米（图八〇，8；彩版五二，1，中）。标本96-DG-JJL-1：2，陶片。夹砂黄褐陶。陶质疏松，素面。长6.6、宽4.1、厚1～1.6厘米（图八〇，20）。标本96-DG-JJL-1：3，陶片。夹砂黄褐陶。陶质疏松，表面饰瓦棱纹。长5.1、宽5、厚0.9～1.1厘米（图八〇，21）。标本96-DG-JJL-1：4，陶瓦残片。夹砂灰陶。饰瓦棱纹。残长5.8、宽6.1、厚1.2厘米（图八〇，22；彩版五二，1，右）。标本96-DG-JJL-1：5，陶片。夹砂灰陶。表面饰稀疏绳纹。残长4.6、宽4、厚1厘米（图八〇，23；彩版五二，1，左）。

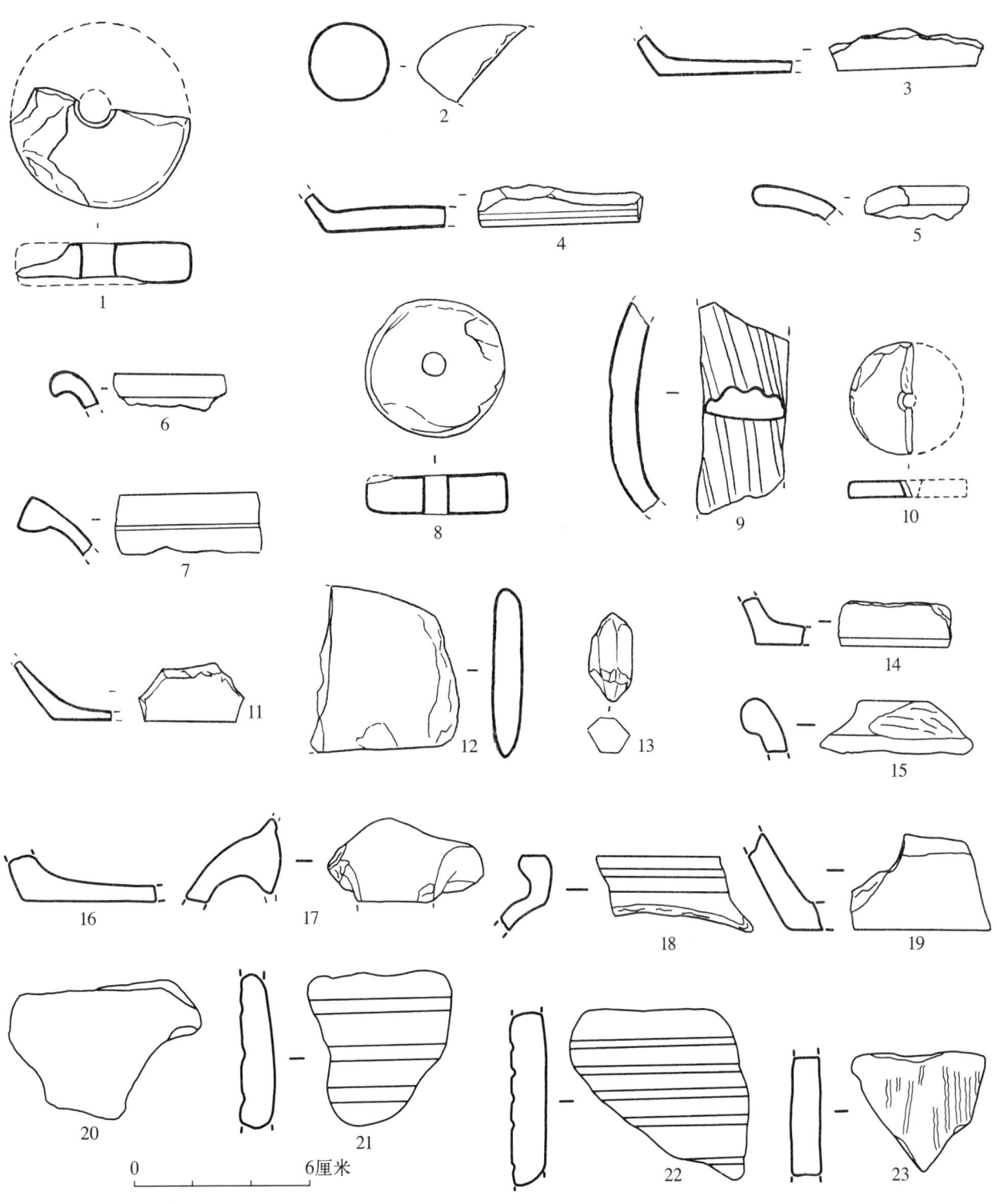

图八○　采集遗物

1. 陶纺纶96-DG-HJGZ-3：1　2. 陶足跟内模96-DG-HJGZ-4：1　3. 陶盆底片96-DG-HJGZ-5：1　4. 陶盆底片96-DG-HJGZ-5：2　5. 陶盆口沿96-DG-HJGZ-5：3　6. 陶盆96-DG-HJGZ-1：1　7. 陶罐96-DG-JJL-3：1　8. 陶纺轮96-DG-JJL-1：1　9. 陶鬶把手96-SJGZ-3：1　10. 陶纺轮96-SJGZ-3：2　11. 陶盆96-DG-SJGZ-2：1　12. 石刀96-DG-SJGZ-1：1　13. 石器96-DG-SJGZ-1：2　14. 陶盆96-DG-SJGZ-3：7　15. 陶盆96-DG-SJGZ-3：8　16. 陶盆96-DG-SJGZ-3：3　17. 陶鋬手96-DG-SJGZ-3：4　18. 陶罐96-DG-SJGZ-3：5　19. 陶盆96-DG-SJGZ-3：6　20. 陶片96-DG-JJL-1：2　21. 陶片96-DG-JJL-1：3　22. 陶片96-DG-JJL-1：4　23. 陶片96-DG-JJL-1：5

16. 隋家官庄（96-DG-SJGZ-1，龙山、汉）（第2年）

96-DG-SJGZ-3　陶器8件，龙山文化。标本96-DG-SJGZ-3：1，陶鬶把手。夹砂褐陶。绳索状。残长7.0、宽3.0厘米（图八〇，9；彩版五四，2，左）。标本96-SJGZ-3：2，陶纺轮。泥质灰陶。素面。直径3.8、孔径0.3～0.5厘米（图八〇，10；彩版五四，2，右）。标本96-DG-SJGZ-3：3，陶盆底部。夹砂灰陶。素面。残长5.5、残高1.5厘米（图八〇，16）。标本96-DG-SJGZ-3：4，陶鋬手。夹砂灰陶。素面。残高2.7厘米（图八〇，17）。标本96-DG-SJGZ-3：5，陶罐。夹细砂灰陶。近圆唇，平沿，鼓腹，素面。残高2.5厘米（图八〇，18）。标本96-DG-SJGZ-3：6，陶盆。夹细砂灰陶。斜直壁平底，素面。残高3.2厘米（图八〇，19）。标本96-DG-SJGZ-3：7，陶盆。夹砂灰陶。斜弧壁平底，素面。残高1.5厘米（图八〇，14）。标本96-DG-SJGZ-3：8，陶盆。夹砂灰陶。圆唇，卷沿，素面。残高1.7厘米（图八〇，15）。

96-DG-SJGZ-2　陶器1件，汉代。标本96-DG-SJGZ-2：1，陶盆。夹细砂灰陶。斜腹，平底。残高2.0厘米（图八〇，11）。

96-DG-SJGZ-1　陶器3件，龙山文化。标本96-DG-SJGZ-1：1，陶鬶足。夹砂白陶。锥状足，上部露出榫头，素面（彩版五四，1，上左1）。标本96-DG-SJGZ-1：2，陶器腹片。夹砂白陶。素面（彩版五四，1，下左1）。标本96-DG-SJGZ-1：3，陶罐底部。夹砂黑陶。腹壁斜直，素面（彩版五四，1，下右1）。

96-DG-SJGZ-1　石器2件，龙山文化。标本96-DG-SJGZ-1：1，石刀。残，平面梯形，横断面椭圆形，双面刃较钝，通体磨制较好。残长5.4、宽5.1、厚1.2厘米（图八〇，12；彩版五四，1，上右1）。标本96-DG-SJGZ-1：2，石器。透明石质，平面枣核形，横断面六边形，磨制而成。长2.9、宽1.5、厚1.1厘米（图八〇，13；彩版五四，1，下中1）。

17. 草坡（96-DG-CP-1，龙山）（第2年）

96-DG-CP-1　陶器1件，龙山文化。标本96-DG-CP-1：1，器底。夹砂褐陶。平底，斜壁。素面。底径18.4、残高1.4厘米（图八一，1）。

18. 刘家官庄（96-DG-LJGZ，龙山、周）（第2年）

96-DG-LJGZ-4　陶器2件，周代。标本96-DG-LJGZ-4：1，纺轮。泥质灰褐陶。边缘参差，未经磨光，系陶片改制而成，穿孔两面对钻而成。直径4.7、孔径0.4～0.7厘米（图八一，2）。标本96-DG-LJGZ-4：2，陶片。泥质红陶。素面。残高3.1厘米（图八一，3）。

96-DG-LJGZ-1　陶器2件，龙山文化。标本96-DG-LJGZ-1：1，陶盆。夹砂褐胎黑皮陶。一圆形穿孔，孔径0.5厘米（图八一，4）。标本96-DG-LJGZ-1：2，陶罐。夹细砂灰胎黑皮陶。小口，鼓腹。压印弦纹、方格纹（图八一，5）。

96-DG-LJGZ-5-CAB　陶器1件，汉代。标本96-DG-LJGZ-5-CAB：1，陶钱币。泥质灰陶。平面圆形，有一圆形穿孔（彩版五七，4）。

19. 大二岭（96-DG-DEL-3，汉）（第2年）

96-DG-DEL-3　陶器4件，汉代。标本96-DG-DEL-3：1，板瓦。夹砂褐陶。饰瓦棱纹。残片长4.2、宽3.0厘米（图八一，6）。标本96-DG-DEL-3：2，陶罐。泥质灰陶。鼓腹。纹饰模糊不清。残高3.9厘米（图八一，7）。标本96-DG-DEL-3：3，器耳。泥质褐胎黑皮陶。素面。残高2.6厘米（图八一，

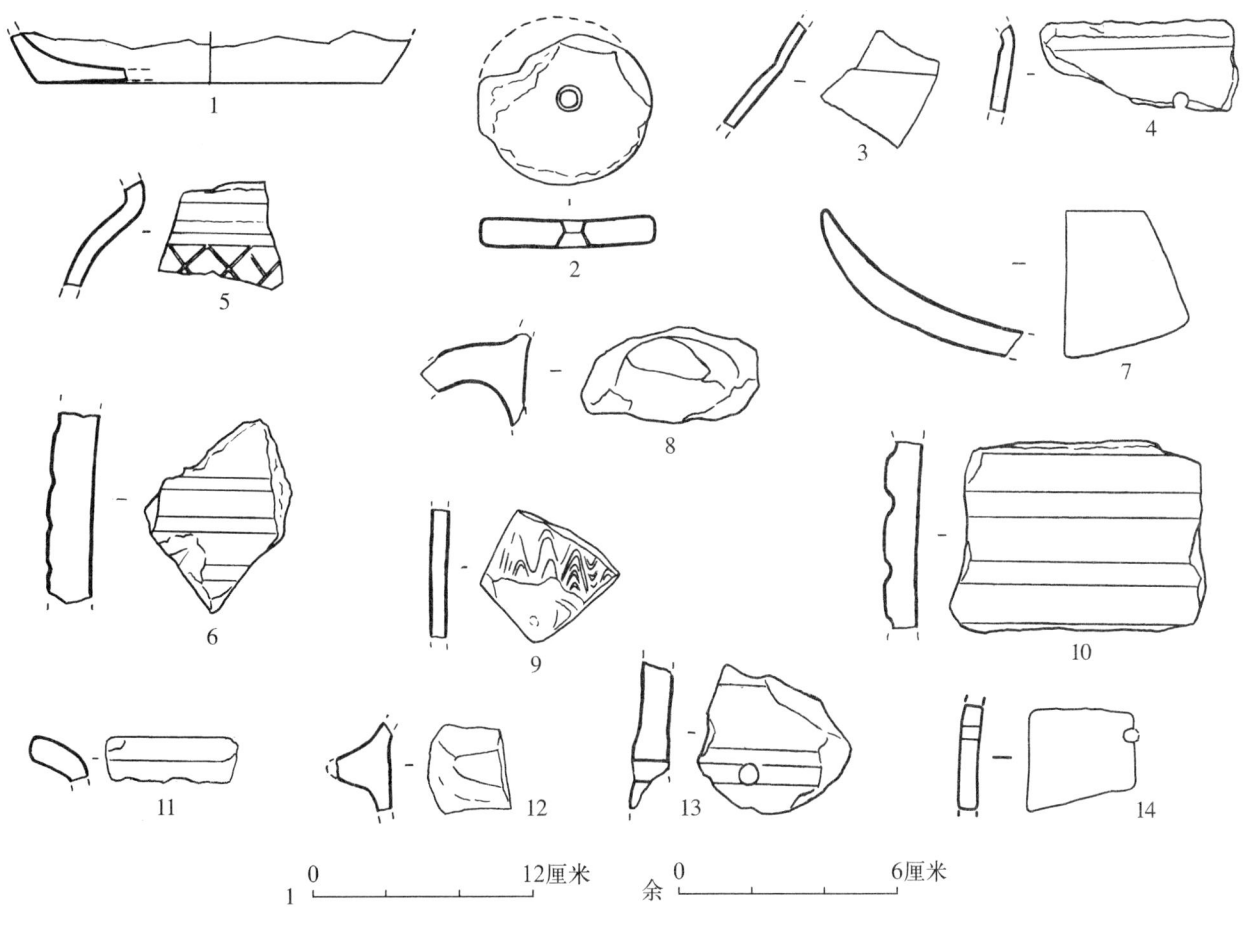

图八一　采集遗物

1. 陶器底96-DG-CP-1：1　2. 陶纺轮96-DG-LJGZ-4：1　3. 陶片96-DG-LJGZ-4：2　4. 陶盆口沿96-DG-LJGZ-1：1　5. 陶罐96-DG-LJGZ-1：2　6. 板瓦96-DG-DEL-3：1　7. 陶罐96-DG-DEL-3：2　8. 陶器耳96-DG-DEL-3：3　9. 陶片96-DG-DEL-3：4　10. 板瓦96-DG-WJY -2：1　11. 陶盆口沿96-DG-WJY-3：3　12. 陶鋬手96-DG-WJY-3：1　13. 穿孔陶片96-DG-AJW-3：1　14. 陶片96-DG-WJY-3：2

8）。标本96-DG-DEL-3：4，陶片。泥质褐胎黑皮陶。饰水波纹。残长3.8、宽3.5厘米（图八一，9）。

20.（东港）王家窑（96-DG-WJY，龙山、汉）（第2年）

96-DG-WJY-2　陶器1件，汉代。标本96-DG-WJY -2：1，板瓦。夹砂褐陶。饰瓦棱纹。残片长6.5、宽4.9厘米（图八一，10）。

96-DG-WJY-3　陶器3件。标本96-DG-WJY-3：1，鋬手，龙山文化。夹砂黑陶。形制不明。残片近方形，边长2.0厘米（图八一，12）。96-DG-WJY-3：2，陶片，汉代。泥质褐陶。素面，有明显的轮制痕迹，饰一穿孔。长3、宽2.7、厚0.5厘米（图八一，14）。标本96-DG-WJY-3：3，陶盆口沿，汉代。夹细砂灰陶。圆唇，斜折沿。素面。口沿残片长3.6、宽1.6厘米（图八一，11）。

21. 安家洼（96-DG-AJW-3，汉）（第2年）

96-DG-AJW-3　陶器1件，汉代。标本96-DG-AJW-3：1，穿孔陶片。泥质灰陶。边缘有一圆形穿孔，已残。孔径0.4、残片长2.9、宽2.0～2.5厘米（图八一，13）。

22.（五莲）王家窑（97-WL-WJYA，龙山）（第2、3年）

96-JN-WJYA-8 陶器1件，龙山文化。标本96-JN-WJYA-8：1，凿形鼎足。夹砂褐陶。残高3.5厘米（图八二，1）。

97-WL-WJYA-7-CAB 陶器6件。标本97-WL-WJYA-7-CAB：1，器盖，龙山文化。泥质灰黑陶。方唇直口。残高5.6厘米（图八二，2）。标本97-WL-WJYA-7-CAB：2，陶盆口沿，龙山文化。泥质灰陶。圆唇宽折沿。素面。残高3.8厘米（图八二，3；彩版五五，4，上右1）。标本97-WL-WJYA-7-CAB：3，陶罐口沿，龙山文化。泥质灰陶。方唇折沿。颈部饰凹弦纹一周。残高3.1厘米（图八二，4）。标本97-WL-WJYA-7-CAB：4，陶壶腹片，龙山早期。泥质黑陶。表面饰三道凹弦纹（彩版五五，4，上左1）。标本97-WL-WJYA-7-CAB：5，陶片，龙山文化。泥质黑陶。素面，有轮制痕迹（彩版五五，4，下左1）。标本97-WL-WJYA-7-CAB：6，盆口沿，龙山文化。泥质黑陶。方唇折沿，素面（彩版五五，4，下右1）。

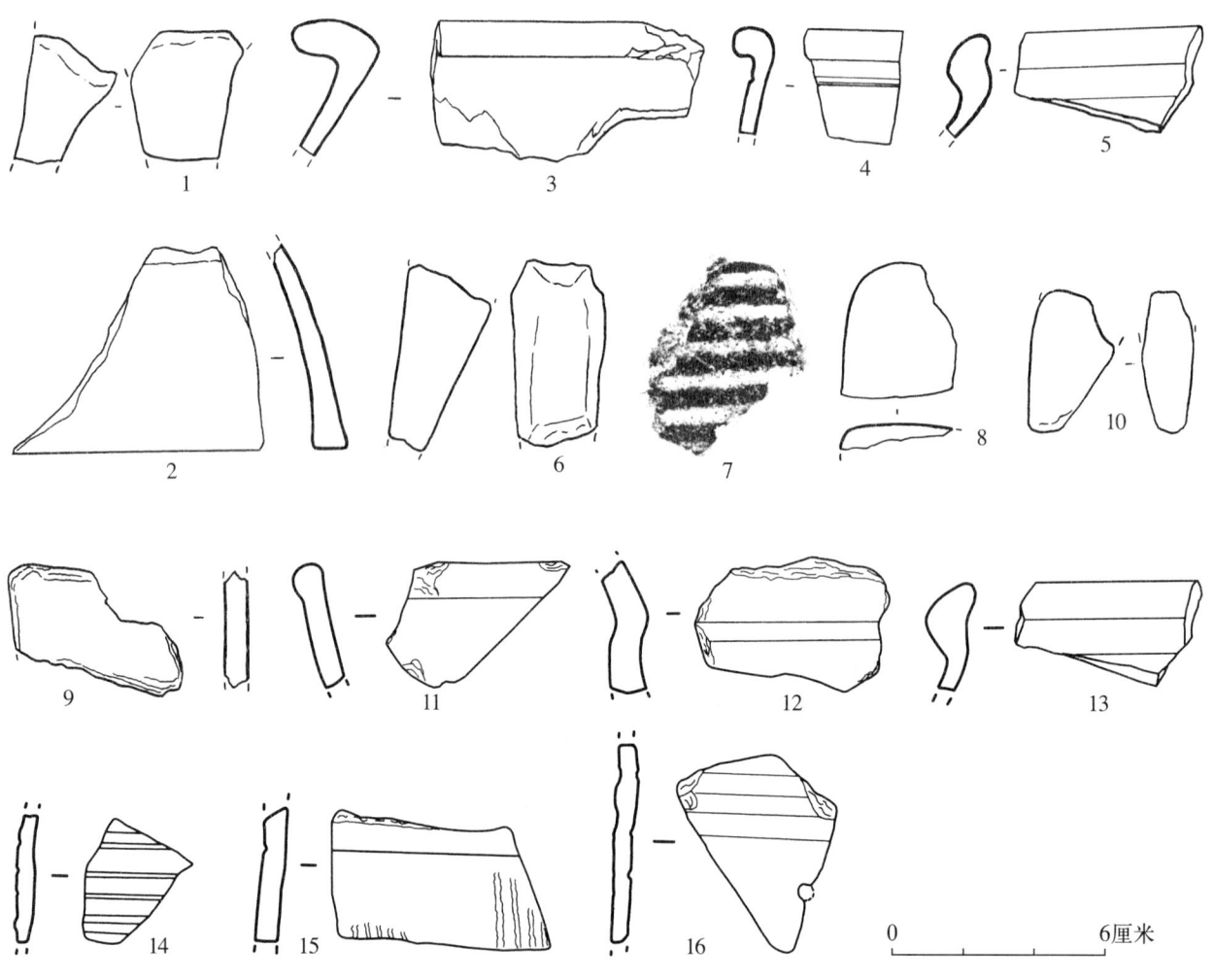

0 ⊢————————————⊣ 6厘米

图八二　采集遗物

1. 凿形陶鼎足96-JN-WJYA-8：1　2. 陶器盖97-WL-WJYA-7-CAB：1　3. 陶盆口沿97-WL-WJYA-7-CAB：2　4. 陶罐口沿97-WL-WJYA-7-CAB：3　5. 陶匜97-WL-WJYA-6：1　6. 凿形陶鼎足96-JN-SMZC-1：1　7. 陶片96-JN-SMZC-4：1　8. 石器97-JN-SMZC-3-CAB：1　9. 石器96-DG-RJT-2：1　10. 陶鼎足96-DG-WW-1：1　11. 陶片97-WL-WJYA-7-CAD：1　12. 陶盆97-WL-WJYA-7-CAD：2　13. 陶罐97-WL-WJYA-6：2　14. 陶片96-DG-RJT-6：1　15. 陶片96-DG-RJT-10：1　16. 陶片96-DG-RJT-11：1

97-WL-WJYA-6　陶器7件，龙山文化。标本97-WL-WJYA-6：1，陶匜。泥质灰陶。凸唇。素面。残高2.8厘米（图八二，5）。标本97-WL-WJYA-6：2，陶罐口沿。泥质灰陶。尖圆唇，为敛口，高约2.9厘米（图八二，13）。标本97-WL-WJYA-6：3，匜口沿。夹砂黑陶。尖圆唇，敛口，素面（彩版五五，1，上左1）。标本97-WL-WJYA-6：4，陶片。夹砂黑陶。表面饰篮纹（彩版五五，1，上右1）。标本97-WL-WJYA-6：5，甗足。夹砂灰陶。扁圆足，素面（彩版五五，1，上中）。标本97-WL-WJYA-6：6，陶片。夹砂黑陶。表面饰篮纹（彩版五五，1，下右1）。标本97-WL-WJYA-6：7，陶匜。夹砂黑陶。尖圆唇，敛口，素面（彩版五五，1，下左1）。

97-WL-WJYA-5　陶器2件，龙山文化。标本97-WL-WJYA-5：1，凿形鼎足。夹砂灰陶。素面（彩版五五，2，左1）。标本97-WL-WJYA-5：2，陶壶口沿。泥质黑陶。圆唇，卷沿，素面（彩版五五，2，右1）。

97-WL-WJYA-7-CAA　陶器5件，龙山文化。标本97-WL-WJYA-7-CAA：1，鬶把手。残。泥质褐陶。表面饰小乳丁（彩版五五，3，上左1）。标本97-WL-WJYA-7-CAA：2，陶匜口沿。夹砂灰黑陶。圆唇，敛口，素面（彩版五五，3，上右1）。标本97-WL-WJYA-7-CAA：3，陶盆底部。夹砂褐陶。斜直壁，平底，表面饰稀疏绳纹（彩版五五，3，上中）。标本97-WL-WJYA-7-CAA：4，陶器把手。泥质黑陶。素面（彩版五五，3，下左1）。标本97-WL-WJYA-7-CAA：5，豆盘，残。泥质黑陶。圆唇，斜口，素面（彩版五五，3，下右1）。

97-WL-WJYA-10　陶器10件，龙山文化。标本97-WL-WJYA-10：1，陶罐，残片。夹砂黑陶。饰横桥耳，素面（彩版五六，1，上左1）。标本97-WL-WJYA-10：2，红烧土块（彩版五六，1，上右1）。标本97-WL-WJYA-10：3，甗足。夹砂褐陶。近锥形，素面（彩版五六，1，下左1）。标本97-WL-WJYA-10：4，陶杯把手，残。泥质黑陶。半环状（彩版五六，1，下中）。标本97-WL-WJYA-10：5，器盖，残，剩捉手部分。夹砂黑陶。素面，捉手呈蘑菇形（彩版五六，1，下右1）。标本97-WL-WJYA-10：6，凿形鼎足，残。夹砂灰陶。素面（彩版五六，2，上左1）。标本97-WL-WJYA-10：7，陶器口沿。夹砂灰黑陶。圆唇，卷沿，素面（彩版五六，2，上右1）。标本97-WL-WJYA-10：8，鸟喙形鼎足。夹砂褐陶（彩版五六，2，上中）。标本97-WL-WJYA-10：9，凿形鼎足。夹砂褐陶。素面（彩版五六，2，下左1）。标本97-WL-WJYA-10：10，陶器口沿。夹砂黑陶。方唇，素面（彩版五六，2，下右1）。

97-WL-WJYA-7-CAD　陶器6件。标本97-WL-WJYA-7-CAD：1，陶盆，周代。泥质灰陶。圆唇，小平沿，弧腹，素面。残高3.4厘米（图八二，11）。标本97-WL-WJYA-7-CAD：2，陶盆残片，周代。夹砂灰陶。折沿，外壁饰一周凸弦纹，素面。残长5.4、宽3.7、厚0.8～0.9厘米（图八二，12）。标本97-WL-WJYA-7-CAD：3，罐底，龙山文化。夹砂黑陶。腹壁斜直，底部较平，素面（彩版五六，3，上）。标本97-WL-WJYA-7-CAD：4，陶匜口沿，龙山文化。夹砂黑陶。圆唇，敛口，素面（彩版五六，3，下）。标本97-WL-WJYA-7-CAD：5，陶匜口沿，龙山文化。夹砂黑陶。方唇，敛口，素面（彩版五六，4，左1）。标本97-WL-WJYA-7-CAD：6，陶匜口沿，龙山文化。夹砂黑陶。尖唇，敛口，素面（彩版五六，4，右1）。

23. 石庙子村（96-JN-SMZC，龙山、岳石、周、汉）（第2、3年）

96-JN-SMZC-1　陶器1件，龙山文化。标本96-JN-SMZC-1：1，凿形鼎足。夹砂褐陶。残高5.1厘米（图八二，6）。

96-JN-SMZC-4　陶器1件，汉代。标本96-JN-SMZC-4：1，腹片。夹砂灰陶。饰凹弦纹。残

长 6.5 厘米（图八二，7；彩版五四，3，上左 1）。

97-JN-SMZC-3-CAA 陶器 4 件。标本 97-JN-SMZC-3-CAA：1，陶盆，汉代。泥质灰陶。圆唇，卷沿，侈口，弧腹下收，器表饰水波纹（彩版五三，3）。标本 97-JN-SMZC-3-CAA：2，陶片，汉代。夹砂灰陶。素面（彩版五四，3，上右 1）。标本 97-JN-SMZC-3-CAA：3，陶器口沿，岳石文化。泥质褐陶。斜方唇，素面（彩版五四，3，下左 1）。标本 97-JN-SMZC-3-CAA：4，尊口沿，东周晚期。泥质褐陶。圆唇直口，口沿下部饰一道凸棱，凸棱下饰数道密集弦纹（彩版五四，3，下右 1）。

97-JN-SMZC-3-CAB 陶器 5 件。标本 97-JN-SMZC-3-CAB：1，陶片，周代。夹砂灰陶。表面饰一周戳印圆圈纹（彩版五四，4，上左 1）。标本 97-JN-SMZC-3-CAB：2，陶片，汉代。泥质灰陶。表面饰瓦棱纹（彩版五四，4，上右 1）。标本 97-JN-SMZC-3-CAB：3，陶片，汉代。夹砂灰陶。表面饰瓦棱纹（彩版五四，4，上中）。标本 97-JN-SMZC-3-CAB：4，陶瓮腹片，周代。夹砂灰陶。表面饰绳纹（彩版五四，4，下左 1）。标本 97-JN-SMZC-3-CAB：5，陶片，汉代。夹砂灰陶。表面饰瓦棱纹（彩版五四，4，下右 1）。

97-JN-SMZC-3-CAB 石器 1 件，岳石文化。标本 97-JN-SMZC-3-CAB：1，石器。残，通体磨制精细。残长 3.7、宽 3.3、厚 0.7 厘米（图八二，8）。

24. 任家屯（96-DG-RJT，龙山、周、汉）（第 2 年）

96-DG-RJT-6 陶器 1 件，汉代。标本 96-DG-RJT-6：1，陶片。泥质灰陶。表面饰瓦棱纹。残长 3、宽 3.5、厚 0.4 厘米（图八二，14）。

96-DG-RJT-10 陶器 1 件，汉代。标本 96-DG-RJT-10：1，陶片。泥质灰陶。表面饰稀疏细绳纹和一道凹弦纹。长 5.7、宽 3.7、厚 0.6 厘米（图八二，15）。

96-DG-RJT-11 陶器 1 件，汉代。标本 96-DG-RJT-11：1，陶片。泥质灰黑陶。表面饰两道粗凹弦纹和一穿孔，内壁饰三道凹弦纹，轮制痕迹明显。残长 4.5、宽 5.4、厚 0.4～0.5 厘米（图八二，16）。

96-DG-RJT-3 陶器 2 件，西周。标本 96-DG-RJT-3：1，鬲足。夹砂灰褐陶。实足尖不明显，素面（彩版五三，1，左 1）。标本 96-DG-RJT-3：2，陶片。夹细砂灰白陶。素面（彩版五三，1，右 1）。

96-DG-RJT-4 陶器 2 件，龙山文化。标本 96-DG-RJT-4：1，盆或罐把手。泥质黑陶。把手外卷，沿面有凹槽（彩版五三，2，左 1）。标本 96-DG-RJT-4：2，陶片。夹砂黑陶。素面（彩版五三，2，右 1）。

96-DG-RJT-2 石器 1 件，汉代。标本 96-DG-RJT-2：1，石器。残，横断面方形，材质黑色且呈层理状，磨制较好。残长 5、宽 3.7、厚 0.7 厘米（图八二，9）。

25. 瓦屋瓦屋（96-DG-WW-1，龙山）（第 2 年）

96-DG-WW-1 陶器 1 件，龙山文化。标本 96-DG-WW-1：1，鼎足。夹砂褐陶。侧三角。残高 4 厘米（图八二，10）。

26. 梁家罗川（97-JN-LJLC-1，龙山、西周、汉）（第 3 年）

97-JN-LJLC-2 陶器 6 件。标本 97-JN-LJLC-2：1，陶盆口沿，周代。泥质灰陶。圆唇，斜折沿。残高 1.1 厘米（图八三，1）。标本 97-JN-LJLC-2：2，器底，周代。泥质灰陶。斜壁，平底。素

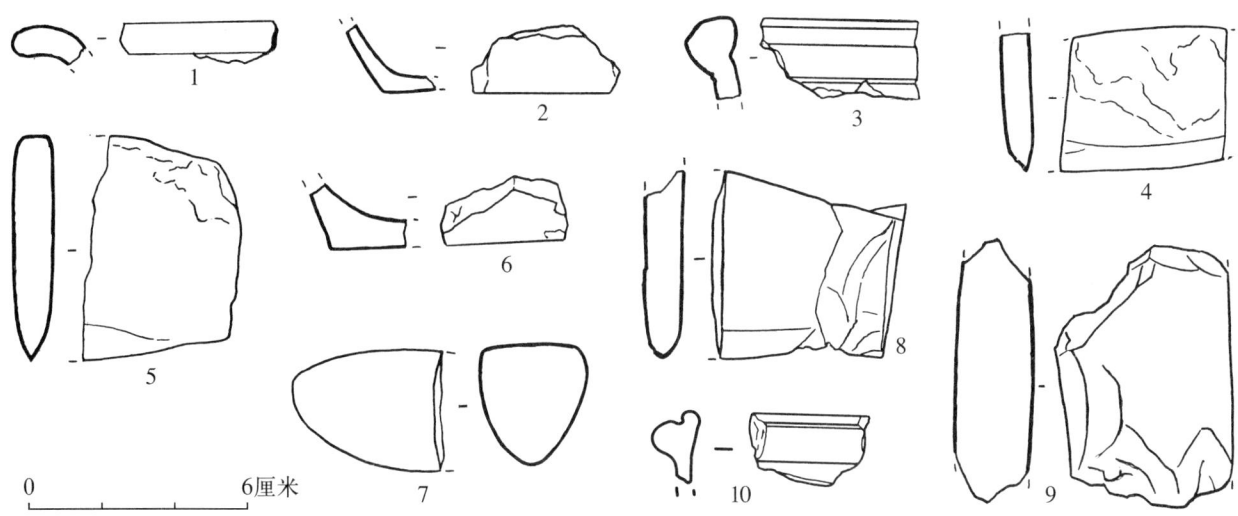

图八三　采集遗物

1. 陶盆口沿97-JN-LJLC-2：1　2. 陶器底97-JN-LJLC-2：2　3. 陶瓮口沿96-JN-LJLC-1-CAB：1　4. 石刀97-JN-LJLC-1-CAA：1　5. 石刀97-JN-LJLC-1-CAA：2　6. 陶器底97-DG-QBZ-2：1　7. 研磨器97-DG-ANJ-4：1　8. 石器半成品97-DG-WJW-2：1　9. 石锛97-JN-DL-1-CAA：1　10. 陶罐口沿96-ZJY-1：1

面。残高 1.8 厘米（图八三，2；彩版五一，3，上中）。标本 97-JN-LJLC-2：3，陶片，龙山文化。夹砂黑陶。表面饰有篮纹（彩版五三，4，上左1）。标本 97-JN-LJLC-2：4，陶片，西周。夹砂灰陶。表面饰有绳纹（彩版五三，4，上右1）。标本 97-JN-LJLC-2：5，陶片，龙山文化。夹砂黑陶。素面（彩版五三，4，下左1）。标本 97-JN-LJLC-2：6，鬲足，西周。袋足尖矮小，夹砂褐陶。表面饰绳纹（彩版五三，4，下右1）。

96-JN-LJLC-1-CAB 陶器 1 件，汉代。标本 96-JN-LJLC-1-CAB：1，瓮口沿。泥质灰陶。圆唇，敛口，断面呈 T 字形。素面。残高 2.1 厘米（图八三，3）。

97-JN-LJLC-1-CAA 陶器 6 件，龙山文化。标本 97-JN-LJLC-1-CAA：1，凿形鼎足。夹砂褐陶。素面（彩版五一，3，上右1）。标本 97-JN-LJLC-1-CAA：2，陶器腹片。夹砂灰陶。素面（彩版五一，3，中右3）。标本 97-JN-LJLC-1-CAA：3，陶器腹片。夹砂灰陶。素面（彩版五一，3，中右2）。标本 97-JN-LJLC-1-CAA：4，鸟首形鼎足，残。夹砂灰陶（彩版五一，3，中右1）。标本 97-JN-LJLC-1-CAA：5，陶器腹片。夹砂灰陶。素面（彩版五一，3，下右1）。标本 97-JN-LJLC-1-CAA：6，陶器腹片。夹砂灰陶。素面（彩版五一，3，下右2）。

97-JN-LJLC-1-CAA 石器 2 件，龙山文化。标本 97-JN-LJLC-1-CAA：1，石刀。残，平面近长方形，横断面近梯形，双面刃磨制而成，且有较大使用片疤。通体磨制，器形规整。残长 4.8、宽 3.8、厚 0.9 厘米（图八三，4；彩版五一，3，下左1）。标本 97-JN-LJLC-1-CAA：2，石刀。残，平面梯形，横断面近三角形，刃部残留一点，单面刃磨制而成。通体磨制，器形规整。残长 4.4、宽 6、厚 1.2 厘米（图八三，5；彩版五一，3，上左1）。

97-JN-LJLC-1-CAC 陶器 4 件。标本 97-JN-LJLC-1-CAC：1，罐把手，龙山文化。夹砂灰陶。呈桥形，边缘略外卷，沿面有凹槽（彩版五一，4，上左1）。标本 97-JN-LJLC-1-CAC：2，鬲足，周代。夹砂红褐陶。实足尖较短，残，素面（彩版五一，4，上右1）。标本 97-JN-LJLC-1-CAC：3，陶器口沿，龙山文化。泥质黑陶。圆唇，卷沿，素面（彩版五一，4，下左1）。标本 97-JN-LJLC-1-CAC：4，鸟首形鼎足，残，龙山文化。夹砂灰陶（彩版五一，4，下右1）。

27. 前卞庄（97-DG-QBZ-2，周、汉）（第3年）

97-DG-QBZ-2　陶器1件，汉代。标本97-DG-QBZ-2：1，器底。泥质灰陶。斜壁，平底。素面。残高2.0厘米（图八三，6）。

28. 安家岭（97-DG-ANJ-4，周）（第3年）

97-DG-ANJ-4　陶器1件，周代。标本97-DG-ANJ-4：1，腹片。泥质灰陶。表面饰稀疏绳纹（彩版五一，2，右1）。

97-DG-ANJ-4　石器1件，周代。标本97-DG-ANJ-4：1，研磨器，周代。鹅卵石制成，使用面呈外弧三角形，磨制较好。长4.4、宽3.5、厚3.5厘米（图八三，7；彩版五一，2，左1）。

29. 王家洼（97-DG-WJW-2，周、汉）（第3年）

97-DG-WJW-2　石器1件，汉代。标本97-DG-WJW-2：1，半成品。平面近梯形，打制片疤明显，正反面磨制。残长5.3、宽5、厚1.1厘米（图八三，8）。

30. 大岭（97-JN-DL-1，龙山、汉）（第3年）

97-JN-DL-1　陶器1件，龙山文化。标本97-JN-DL-1：1，厚陶片，可能为甑箅。夹砂红褐陶。平面近半圆形饼状，素面（彩版五二，3，右1）。

97-JN-DL-1-CAA　石器1件，龙山文化。标本97-JN-DL-1-CAA：1，石锛。残，原平面应为长方形，横断面方形，通体磨制，器体规整，根据其残余形态判断其为石锛。残长7、宽5、厚2.2厘米（图八三，9；彩版五二，3，左1）。

31. 臧家窑（96-ZJY-1，龙山）（第2年）

96-ZJY-1　陶器1件，龙山文化。标本96-ZJY-1：1，陶罐口沿，夹砂黑陶。圆唇，敛口，口沿外侧饰一周凸棱。素面。残高1.8厘米（图八三，10）。

32. 刘家顺（96-DG-LJS-4，汉）（第2年）

96-DG-LJS-4　陶器3件，汉代。标本96-DG-LJS-4：1，陶纺轮。泥质褐陶。器形规整，素面（彩版五二，4，上左1）。标本96-DG-LJS-4：2，陶罐口沿。泥质灰陶。厚圆唇，卷沿，素面（彩版五二，4，上右1）。标本96-DG-LJS-4：3，陶片。夹砂灰陶。平面近半圆形，素面（彩版五二，4，下）。

33. 小苗家庄（96-DG-XMJZ-1，龙山）（第2年）

96-DG-XMJZ-1　陶器3件，龙山文化中期。标本96-DG-XMJZ-1：1，陶器把手。泥质黑陶。呈桥形，沿面有一凸棱（彩版五六，5，左1）。标本96-DG-XMJZ-1：2，凿形鼎足。夹砂灰陶。素面（彩版五六，5，中）。标本96-DG-XMJZ-1：3，鸟喙形鼎足。泥质褐陶（彩版五六，5，右1）。

34. 修齐园（96-JN-XQY-4，龙山）（第2年）

96-JN-XQY-4　陶器6件，龙山文化。标本96-JN-XQY-4：1，凿形鼎足。夹砂褐陶。素面（彩版五六，6，上左1）。标本96-JN-XQY-4：2，陶甗口沿。夹砂灰陶。圆唇，敛口，唇外侧有一凸棱，素面（彩版五六，6，上中）。标本 96-JN-XQY-4：3，陶罐。夹砂黑陶。圆唇，近直口，微垂腹，唇下饰一圆形乳丁和一道凸棱，素面（彩版五六，6，上右1）。标本 96-JN-XQY-4：4，陶片。泥质黑陶。表面饰一道凹弦纹（彩版五六，6，下左1）。标本 96-JN-XQY-4：5，陶盆口沿。夹砂褐陶。圆唇，微敛口，口沿下方饰一道凸棱（彩版五六，6，下中）。标本 96-JN-XQY-4：6，陶罐口沿。夹砂黑陶。圆唇，素面（彩版五六，6，下右1）。

35. 高家沟（97-DG-GJG-2，龙山）（第3年）

97-DG-GJG-2-CAA　陶器6件，龙山文化。标本 96-DG-GJG-2-CAA：1，陶杯底部。泥质黑陶。素面（彩版五七，1，上左1）。标本 96-DG-GJG-2-CAA：2，陶片。夹砂灰黑陶。表面饰乳丁（彩版五七，1，上中）。标本 96-DG-GJG-2-CAA：3，鬹足。夹砂褐陶。锥形足，素面（彩版五七，1，上右1）。标本 96-DG-GJG-2-CAA：4，陶盆腹片。泥质黑陶。表面饰一周凸弦纹（彩版五七，1，下左1）。标本 96-DG-GJG-2-CAA：5，陶杯把手。夹砂黑陶。半环形，素面（彩版五七，1，下中）。标本 96-DG-GJG-2-CAA：6，陶罐口沿。夹砂褐陶。圆唇，卷沿，素面（彩版五七，1，下右1）。

36. 郭老沟（97-DG-GLG-3，商周）（第3年）

97-DG-GLG-3　陶器3件，商或周。标本 97-DG-GLG-3：1，陶片。夹砂褐陶。表面饰绳纹（彩版五七，2，左1）。标本 97-DG-GLG-3：2，陶片。夹砂褐陶。素面（彩版五七，2，中）。标本 97-DG-GLG-3：3，陶片。夹砂褐陶。表面饰绳纹（彩版五七，2，右1）。

37. 徐家洼（97-JN-XJW，龙山、周、汉）（第3年）

97-JN-XJW-3-CAB　陶器2件，汉代。标本 97-JN-XJW-3-CAB：1，陶釜。夹砂褐陶。方唇，微侈口，素面（彩版五八，1）。标本 97-JN-XJW-3-CAB：2，陶盆。夹砂灰陶。方唇，折沿，素面（彩版五八，5）。

97-JN-XJW-4　陶器6件，龙山文化。标本 97-JN-XJW-4：1，鼎口沿。夹砂灰陶。圆唇，素面（彩版五八，2，中）。标本 97-JN-XJW-4：2，鼎鋬手。夹砂褐陶。鋬手呈鸡冠状（彩版五八，2，下左1）。标本 97-JN-XJW-4：3，陶鼎腹片。夹砂灰黑陶。残留一鋬手，素面（彩版五八，2，下右1）。标本 97-JN-XJW-4：4，鸟喙形鼎足，残。夹砂褐陶（彩版五八，3，左1）。标本 97-JN-XJW-4：5，鸟喙形鼎足，残。夹砂褐陶（彩版五八，3，中）。标本 97-JN-XJW-4：6，凿形鼎足。夹砂褐陶。素面（彩版五八，3，右1）。

38. 殷家庄（97-WL-YJZ-7，汉）（第3年）

97-WL-YJZ-7　陶器1件，汉代。标本 97-WL-YJZ-7：1，陶纺轮。泥质褐陶。系陶片磨制而成，中间有一穿孔，未钻透。

39. 龙河（97-WL-LH-3，周）（第3年）

97-WL-LH-3　陶器1件，周代。标本 97-WL-LH-3：1，陶片。夹砂褐陶。形状不规则，为生产废料（彩版六〇，1）。

40. 东花崖（97-WL-DHY，龙山）（第 3 年）

97-WL-DHY-1-CAA　陶器 2 件，龙山文化。标本 97-WL-DHY-1-CAA：1，鼎足，残。夹砂褐陶。似铲形，素面（彩版六〇，3，左 1）。标本 97-WL-DHY-1-CAA：2，凿形鼎足，底部残。夹砂褐陶。素面（彩版六〇，3，右 1）。

97-WL-DHY-6-CAA　陶器 2 件，周代。标本 97-WL-DHY-6-CAA：1，器足。夹砂褐陶。锥形，素面（彩版六〇，5，左 1）。标本 97-WL-DHY-6-CAA：2，炉渣。灰褐色，质疏松（彩版六〇，5，右 1）。

41. 小庄（97-WL-XZ-2，龙山）（第 3 年）

97-WL-XZ-2-CAA　陶器 2 件，龙山文化早期。标本 97-WL-XZ-2-CAA：1，陶片。夹砂灰陶。表面饰有凸弦纹（彩版六二，5，左 1）。标本 97-WL-XZ-2-CAA：2，陶片。夹砂褐陶。表面饰有一道凹弦纹（彩版六二，5，右 1）。

二

1. 下石河（97-WL-XSH-3，汉）（第 3 年）

97-WL-XSH-3　陶器 1 件，汉代。标本 97-WL-XSH-3：1，纺轮。夹细砂灰胎黑皮陶。孔未钻透。素面。直径 4.6、孔径 0.9 厘米（图八四，1；彩版五九，1）。

2. 萝花前（97-DG-LHQ-4，龙山、汉）（第 3 年）

97-DG-LHQ-4　陶器 7 件。标本 97-DG-LHQ-4：1，陶匜，龙山文化。夹砂灰褐陶。圆唇，敛口。残高 2.7 厘米（图八四，2；彩版五七，3，上中）。标本 97-DG-LHQ-4：2，板瓦，汉代。夹砂褐陶。饰瓦棱纹。残片长 3.5、宽 2.6～4.5 厘米（图八四，3）。标本 97-DG-LHQ-4：3，陶匜，龙山文化。夹砂灰黑陶。尖圆唇，敛口，素面（彩版五七，3，上左 1）。标本 97-DG-LHQ-4：4，陶器口沿，龙山文化。夹砂灰陶。尖圆唇，微敛口，素面（彩版五七，3，上右 1）。标本 97-DG-LHQ-4：5，鼎底部，龙山文化早期。夹砂灰黑陶。近斜壁平底，素面，底部可见鼎足脱落痕迹（彩版五七，3，下左 1）。标本 97-DG-LHQ-4：6，圈足盆圈足，残，龙山文化。泥质褐陶（彩版五七，3，下中）。标本 97-DG-LHQ-4：7，鼎把手，龙山文化早期。夹砂灰陶（彩版五七，3，下右 1）。

3. 堂梨树沟（97-WL-TLSG-3-CAA，商周）（第 3 年）

97-WL-TLSG-1　陶器 1 件，商或周。标本 97-WL-TLSG-3-1：1，陶片，残。夹砂褐陶。表面饰浅绳纹（彩版六一，1）。

97-WL-TLSG-3-CAB　陶器 1 件，周代。标本 97-WL-TLSG-3-CAB：1，陶球。夹砂褐陶。表面凹凸不平（彩版六一，2）。

97-WL-TLSG-3-CAA　石器 1 件，周代。标本 97-WL-TLSG-3-CAA：1，石坯。形状不规则。长 6.2、宽 3.8、厚 1.9 厘米（图八四，4）。

4. 尧沟（98-WL-YG-1，商、周、汉）（第 4 年）

98-WL-YG-1-CAA　陶器 10 件。标本 98-WL-YG-1-CAA：1，豆柄，残，东周。泥质灰陶。

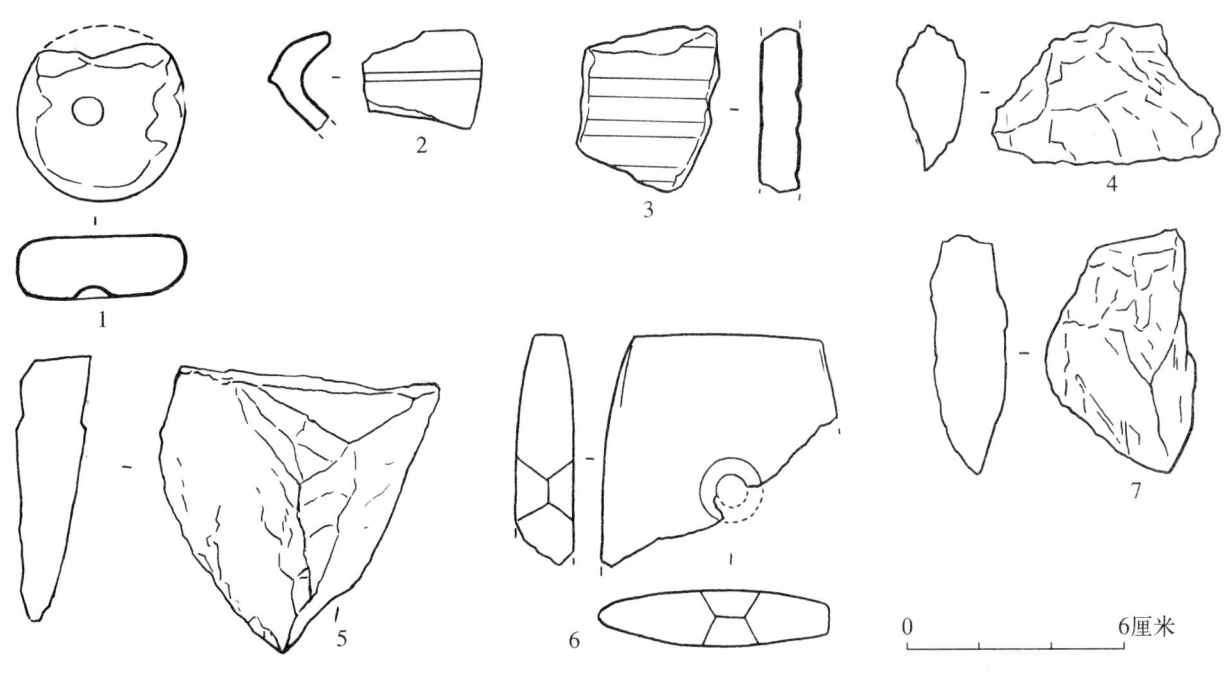

图八四　采集遗物

1. 陶纺轮97-WL-XSH-3：1　2. 陶匜97-DG-LHQ-4：1　3. 板瓦97-DG-LHQ-4：2　4. 石坯97-WL-TLSG-3-CAA：1　5. 石器
98-WL-YG-1-CAA：1　6. 石钺98-WL-LQ-6-CAB：1　7. 石锛98-WL-LQ-6-CAB：2

素面（彩版六三，2，左1）。标本98-WL-YG-1-CAA：2，豆柄上部，残，东周。泥质灰陶。素面
（彩版六三，2，右1）。标本98-WL-YG-1-CAA：3，鬲足，实足尖脱落，商代。夹砂灰褐陶。表面
饰绳纹（彩版六三，3，左1）。标本98-WL-YG-1-CAA：4，鬲足，实足尖脱落，商代。夹砂灰褐
陶。表面饰绳纹（彩版六三，3，右1）。标本98-WL-YG-1-CAA：5，陶片，西周。泥质灰陶。表面
饰绳纹（彩版六三，4，上1）。标本98-WL-YG-1-CAA：6，鬲足，足尖残，西周。夹砂灰陶。表面
饰绳纹（彩版六三，4，下左1）。标本98-WL-YG-1-CAA：7，鬲足，西周。夹砂灰陶。表面饰绳纹
（彩版六三，4，下左2）。标本98-WL-YG-1-CAA：8，鬲足，残，西周。夹砂灰褐陶。表面饰绳纹
（彩版六三，4，下右1）。标本98-WL-YG-1-CAA：9，陶片，周代。泥质灰陶。素面。器表有许多
烧制时产生的气泡痕迹（彩版六三，1，左1）。标本98-WL-YG-1-CAA：10，红烧土块，共13件，
形状不规则（彩版六三，1，右）。

98-WL-YG-1-CAA　石器1件，汉代。标本98-WL-YG-1-CAA：1，石器。平面和横断面皆三
角形，刃部使用痕迹明显，器身磨制。长7.4、宽7.2、厚1.7厘米（图八四，5）。

5. 林泉（98-WL-LQ-6/2，龙山、商、周、汉）（第4年）

98-WL-LQ-6-CAB　石器2件，龙山文化。标本98-WL-LQ-6-CAB：1，石钺。残，平面和横
断面皆梯形，对钻一孔，器身磨制光滑。残长6.15、宽6.24、厚1.54厘米（图八四，6；彩版六〇，
4）。标本98-WL-LQ-6-CAB：2，石锛。残，单面斜刃磨制而成，器身打制片疤明显。残长6.5、宽
4、厚1.9厘米（图八四，7）。

6. 西窑沟（98-WL-XYG-1-CAA，龙山、周）（第4年）

98-WL-XYG-1-CAA　陶器8件。标本98-WL-XYG-1-CAA：1，陶豆盘，东周。泥质灰陶。

尖唇，斜腹较浅，平底。沿外饰两周凹弦纹。口径13.7、残高4.4、厚0.5～0.85厘米（图八五，1）。标本98-WL-XYG-1-CAA：2，陶簋，东周。泥质灰陶。尖唇，斜折沿，高折腹，圈足残。沿内壁饰一周凹槽，腹饰两周凹弦纹。口径23.8、残高8、厚0.58～1.28厘米（图八五，2）。标本98-WL-XYG-1-CAA：3，铲形鼎足，龙山文化。夹砂褐陶。外侧有一坑窝。残高5.1厘米（图八五，3；彩版六五，5，上中）。标本98-WL-XYG-1-CAA：4，陶罐，东周。夹粗砂灰陶。方唇，窄折沿。残高2.1、厚1.1～1.25厘米（图八五，4）。标本98-WL-XYG-1-CAA：5，鼎足，龙山文化。夹砂褐陶。残高3.2厘米（图八五，5；彩版六五，5，上左1）。标本98-WL-XYG-1-CAA：6，凿形鼎足，底端残，龙山文化早期。夹砂红褐陶。素面（彩版六五，5，上右1）。标本98-WL-XYG-1-CAA：7，凿形鼎足，底端残，龙山文化早期。夹砂红褐陶。素面（彩版六五，5，下左1）。标本98-WL-XYG-1-CAA：8，红烧土块，形状不规则（彩版六五，5，下右1）。

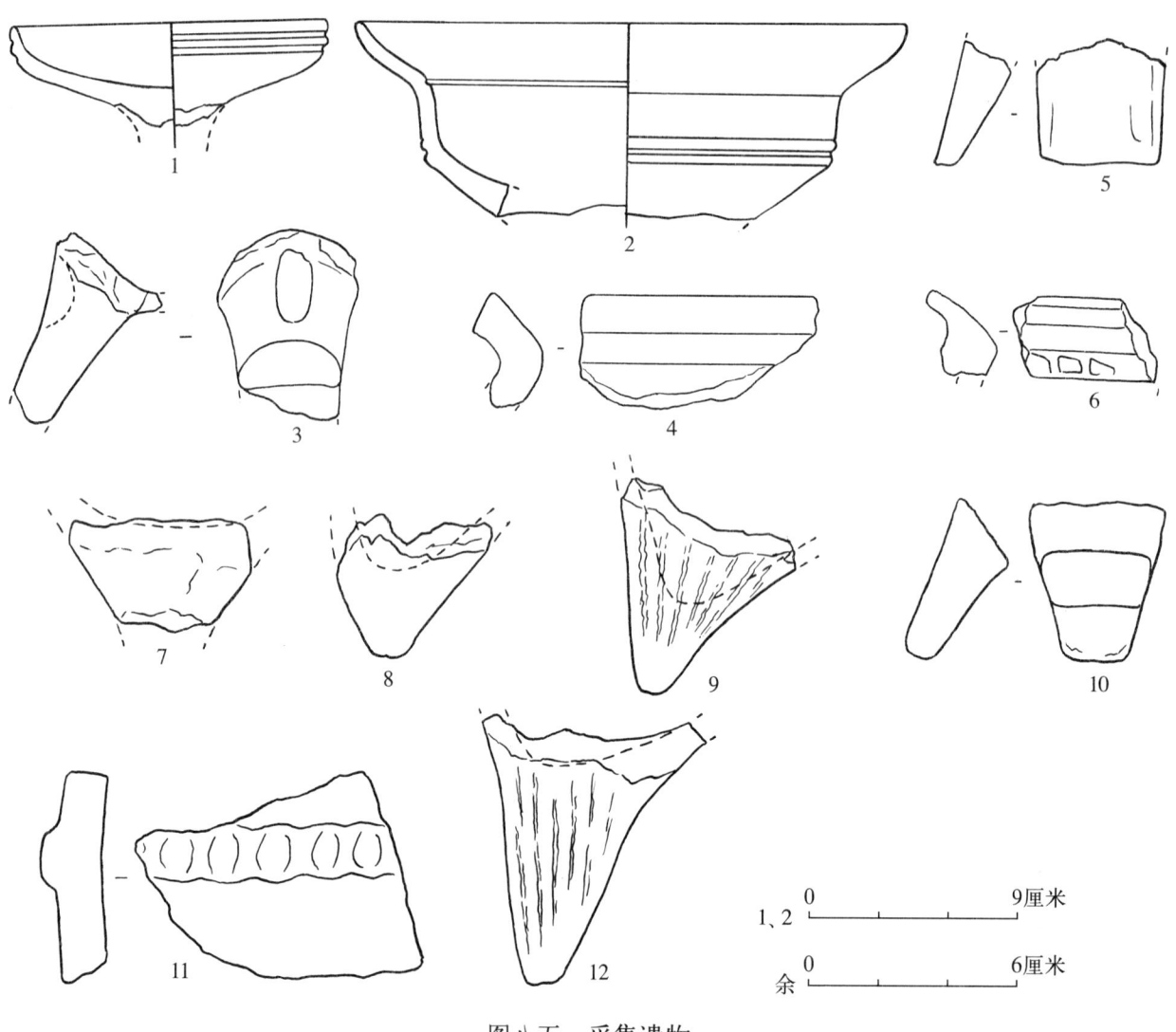

图八五　采集遗物

1. 陶豆盘98-WL-XYG-1-CAA：1　2. 陶簋98-WL-XYG-1-CAA：2　3. 铲形陶鼎足98-WL-XYG-1-CAA：3　4. 陶罐98-WL-XYG-1-CAA：4　5. 陶鼎足98-WL-XYG-1-CAA：5　6. 陶鬲口沿98-DG-CZG-1-CAB：1　7. 陶鬲足98-DG-CZG-1-CAB：2　8. 陶鬲足98-DG-CZG-1-CAB：3　9. 陶鬲足98-DG-CZG-1-CAB：4　10. 铲形陶鼎足98-DG-CZG-1-CAB：5　11. 陶片98-DG-CZG-1-CAB：6　12. 陶鬲足98-DG-CZG-1-CAB：7

7. 程子沟（98-DG-CZG-1/HSD-7，商、周、汉）（第4年）

98-DG-CZG-1-CAB　陶器7件。标本98-DG-CZG-1-CAB：1，陶鬲口沿，商代。夹砂灰陶。圆唇，窄斜沿。颈部饰一周附加堆纹。残高2.3、宽0.55～1.6厘米（图八五，6）。标本98-DG-CZG-1-CAB：2，鬲足，商代。夹粗砂红陶。足尖残。残高2.6厘米（图八五，7）。标本98-DG-CZG-1-CAB：3，鬲足，西周。夹砂红陶。锥状。纹饰不清。残高3.9厘米（图八五，8）。标本98-DG-CZG-1-CAB：4，鬲足，西周。夹云母灰皮褐胎陶。锥状。饰绳纹。残高6厘米（图八五，9）。标本98-DG-CZG-1-CAB：5，铲形鼎足，商代。夹粗砂红陶。素面。高4.41厘米（图八五，10）。标本98-DG-CZG-1-CAB：6，陶片，西周。夹粗砂黄褐陶。饰按窝状附加堆纹。残高5.5、宽8.2、厚1.2厘米（图八五，11）。标本98-DG-CZG-1-CAB：7，鬲足，商代。夹砂灰褐陶。锥状。饰绳纹。高7.3厘米（图八五，12）。

8. 程子沟（98-DG-CZG-2/GZ-2/3，周、汉）（第4年）

98-DG-CZG-2-CAB　石器1件，汉代。标本98-DG-CZG-2-CAB：1，石器。平面近圆角梯形，横断面近椭圆，有火烧痕迹。长8.4、宽7.96、厚5.4厘米（图八六，1）。

9. 马家庄（98-DG-MJZ-3，周、汉）（第4年）

98-DG-MJZ-3-CAA　陶器4件，西周。标本98-DG-MJZ-3-CAA：1，陶盆，西周。夹砂红陶。尖唇，宽折沿，直腹微斜。腹饰两周凹弦纹。残高6.7、厚0.8厘米（图八六，2）。标本98-DG-MJZ-3-CAA：2，陶鬲，西周。泥质黑陶。方唇，卷沿，唇面内凹。沿内饰一周凹弦纹，腹饰竖向绳纹。残高10.7、厚0.72～1.02厘米（图八六，3）。标本98-DG-MJZ-3-CAA：3，陶罐，西周。泥质褐陶。折沿，鼓腹。腹饰竖向绳纹和一周指抹横弦纹。残高8.6、厚0.62～1.23厘米（图八六，4）。标本98-DG-MJZ-3-CAA：4，鬲足，西周。夹砂红陶。饰绳纹。残高3.45厘米（图八六，5）。

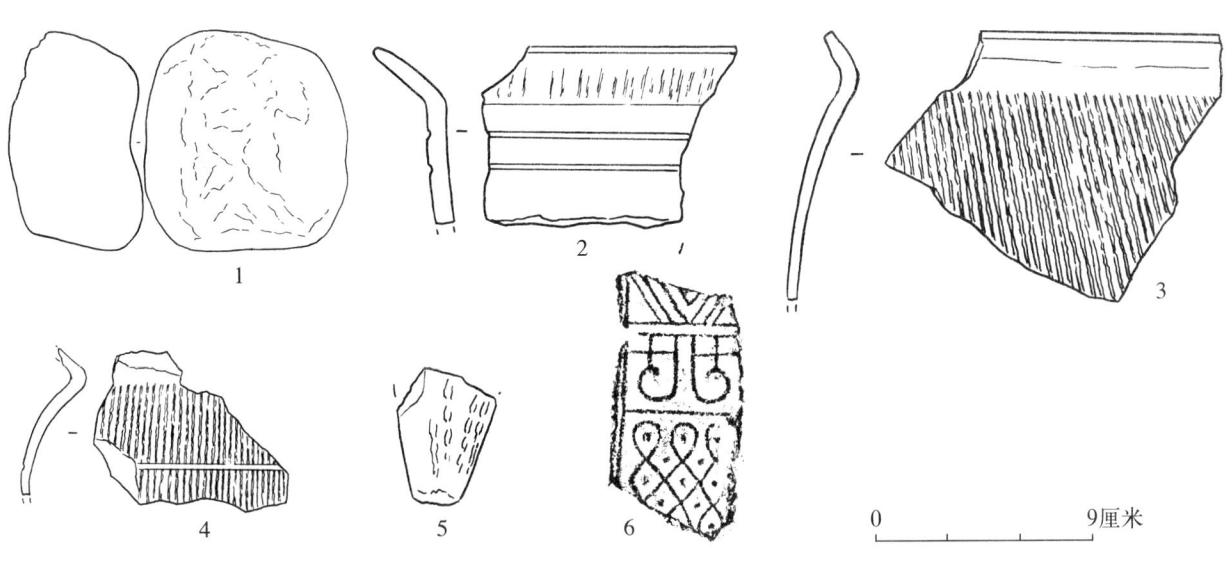

图八六　采集遗物

1. 石器98-DG-CZG-2-CAB：1　2. 陶盆98-DG-MJZ-3-CAA：1　3. 陶鬲98-DG-MJZ-3-CAA：2　4. 陶罐98-DG-MJZ-3-CAA：3
5. 陶鬲足98-DG-MJZ-3-CAA：4　6. 陶砖98-DG-CHC-3-CAB：1

10. 常郝村（98-DG-CHC-3-CAB，汉）（第4年）

98-DG-CHC-3-CAB 陶砖1块，汉代。标本98-DG-CHC-3-CAB：1，泥质灰陶。饰几何纹。残长10.5、宽3.7、厚5.3厘米（图八六，6）。

11. 崮寺头（98-WL-GST-1，龙山、岳石、周）（第4年）

98-WL-GST-1-CAC 陶器4件。标本98-WL-GST-1-CAC：1，陶罐，西周。夹粗砂黄褐陶。方唇，折沿。残高2.3、厚1～1.25厘米（图八七，1）。标本98-WL-GST-1-CAC：2，鬲足，西周。夹砂灰陶。锥状。饰绳纹。残高6厘米（图八七，2；彩版六五，2，左1）。标本98-WL-GST-1-CAC：3，鬲足，西周。夹砂灰陶。足尖残。饰绳纹。残高4.2厘米（图八七，3；彩版六五，2，右1）。标本98-WL-GST-1-CAC：4，甗足，岳石。夹粗砂褐陶。锥状。素面。残高5.4厘米（图八七，4）。

98-WL-GST-1-CAA 石器3件，龙山晚期。标本98-WL-GST-1-CAA：1，石斧。残，磨制而成。残长6.15、宽4、厚2厘米（图八七，5）。标本98-WL-GST-1-CAA：2，石铲。残，双面刃较钝且有使用痕迹，磨制而成。残长6.0、宽5.4、厚0.67厘米（图八七，6）。标本98-WL-GST-1-CAA：3，石刀。残，平面近长方形，横断面近梯形，单面刃加工好且使用痕迹明显。通体磨制精细，器形规整，对钻有一孔。残长5.5、宽5.4、厚0.67厘米（图八七，7）。标本98-WL-GST-1-CAA：4，石器。平面近方形，横断面近梯形，通体磨制，器体厚重。长12.1、宽11.4、厚4.2厘米（图八七，8）。

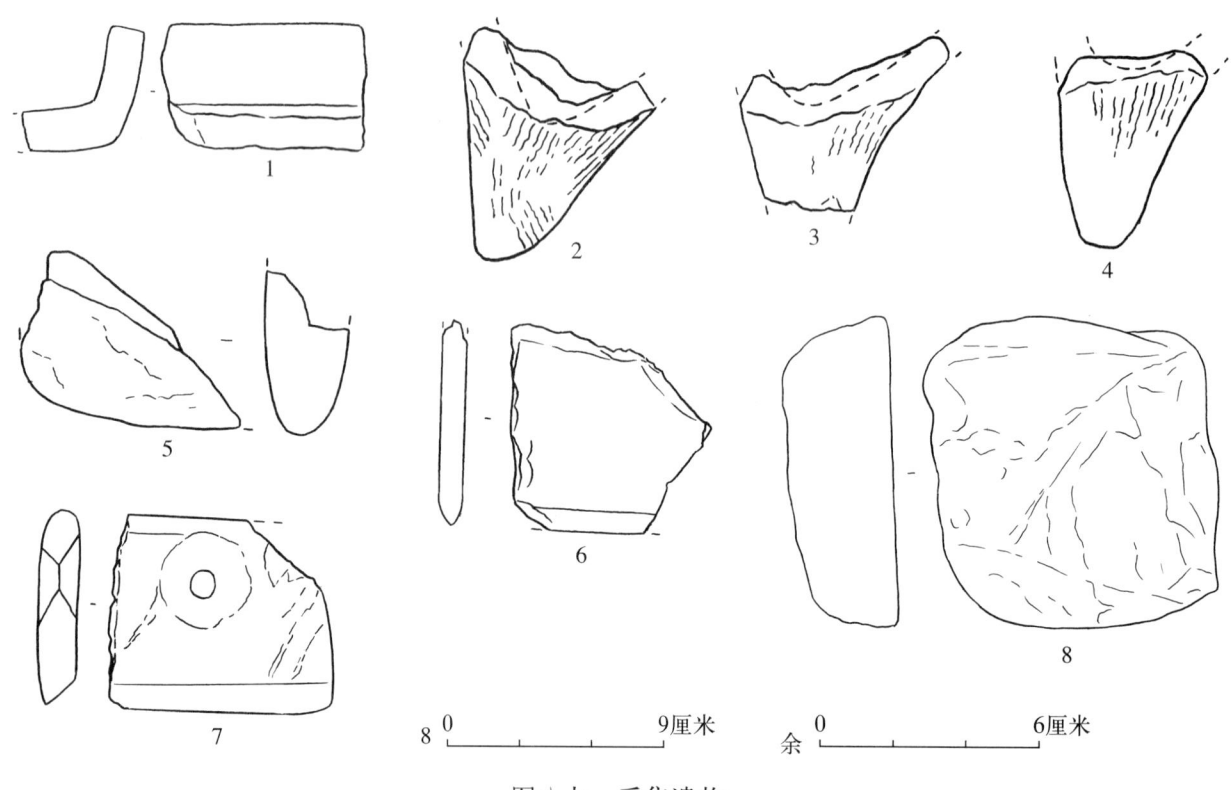

图八七 采集遗物

1. 陶罐98-WL-GST-1-CAC：1 2. 陶鬲足98-WL-GST-1-CAC：2 3. 陶鬲足98-WL-GST-1-CAC：3 4. 陶甗足98-WL-GST-1-CAC：4 5. 石斧98-WL-GST-1-CAA：1 6. 石铲98-WL-GST-1-CAA：2 7. 石刀98-WL-GST-1-CAA：3 8. 石器98-WL-GST-1-CAA：4

12. 王石头（98-WL-WST-1，龙山、岳石、商、周、汉）（第4年）

98-WL-WST-CAB　陶器6件，龙山文化。标本98-WL-WST-CAB：1，鸟首形器足。夹砂褐陶。背部有按压坑窝。残高6.7厘米（图八八，1）。标本98-WL-WST-CAB：2，陶鼎。夹砂黑陶。尖唇敛口，沿面凸起。饰鸡冠形附加堆纹。残高3.1厘米（图八八，2）。标本98-WL-WST-CAB：3，罐底。泥质黑陶。杯底较粗。残高4.2厘米（图八八，3）。标本98-WL-WST-CAB：4，鼎足。夹砂褐陶。凿形。残高4.4厘米（图八八，4）。标本98-WL-WST-CAB：5，器盖残片。夹砂褐陶。尖缘唇。残高3.9厘米（图八八，5）。标本98-WL-WST-CAB：6，陶饼。夹砂褐陶。缘部尖圆。残长6.9、宽5.6厘米（图八八，6）。

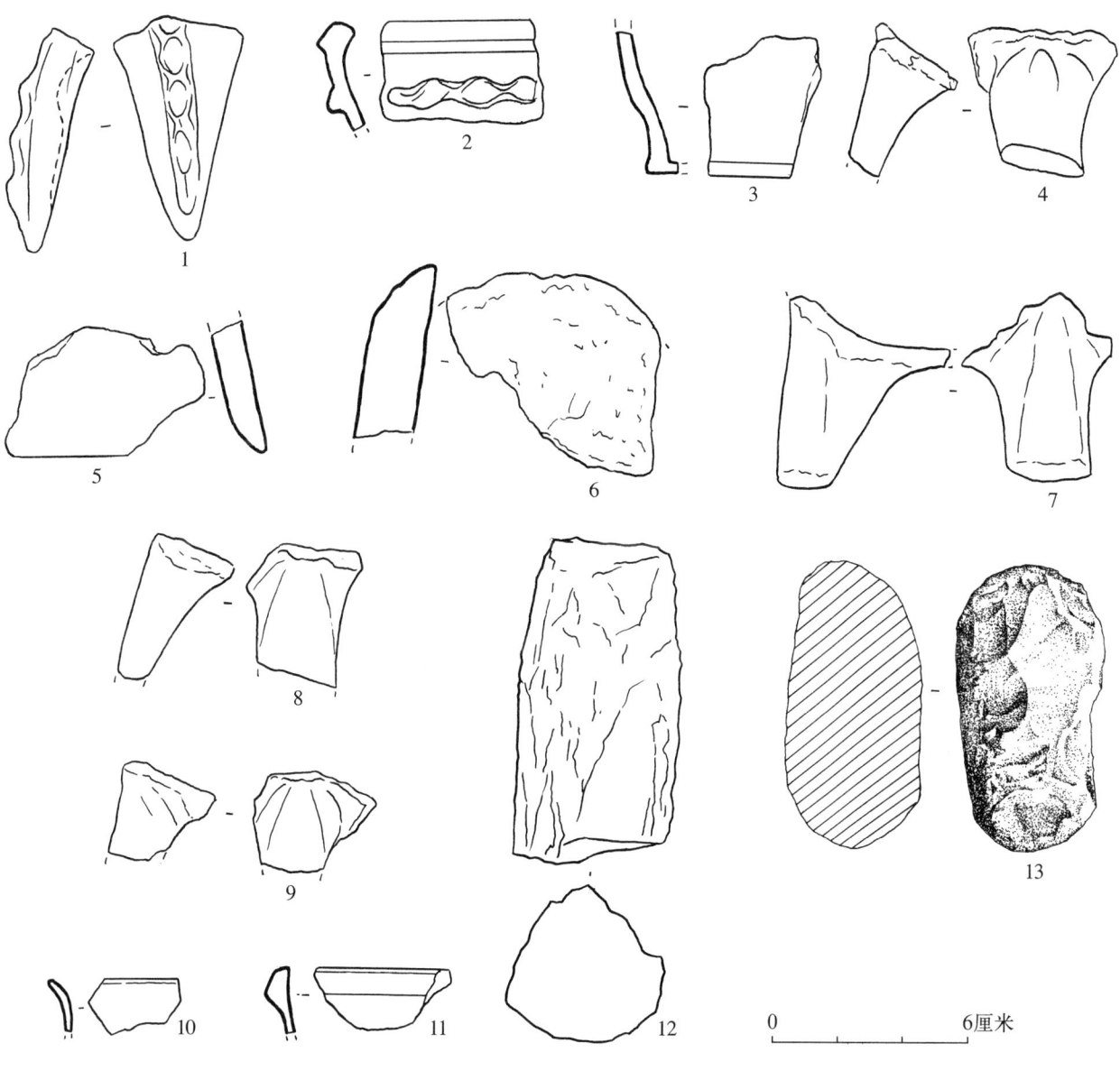

图八八　采集遗物

1. 鸟首形陶器足98-WL-WST-CAB：1　2. 陶鼎98-WL-WST-CAB：2　3. 陶罐底98-WL-WST-CAB：3　4. 陶鼎足98-WL-WST-CAB：4　5. 陶器盖98-WL-WST-CAB：5　6. 陶饼98-WL-WST-CAB：6　7. 凿形陶鼎足98-WL-WST：1　8. 凿形陶鼎足98-WL-WST：2　9. 凿形陶鼎足98-WL-WST：3　10. 陶罐98-WL-WST：4　11. 陶匜口沿98-WL-WST：5　12. 石坯98-WL-WST-1-CAA：1　13. 石杵98-WL-WST-1-CAA：2

98-WL-WST 陶器5件。标本98-WL-WST：1，凿形鼎足，龙山文化。夹砂褐陶。素面。残高5.5厘米（图八八，7）。标本98-WL-WST：2，凿形鼎足。夹砂褐陶。素面。残高4.1厘米（图八八，8）。标本98-WL-WST：3，凿形鼎足。夹砂灰陶。素面。残高3.0厘米（图八八，9）。标本98-WL-WST：4，陶罐，龙山文化。泥质红陶。尖唇。素面。残高1.7厘米（图八八，10）。标本98-WL-WST：5，陶匜口沿，龙山文化。夹砂灰陶。敛口。素面。残高1.8厘米（图八八，11）。

98-WL-WST-1 陶器10件。标本98-WL-WST-1：1，凿形鼎足，底部残，龙山文化早期。夹砂灰褐陶。表面有一较深凹槽（彩版六一，5，左1）。标本98-WL-WST-1：2，凿形鼎足，底部残，龙山文化早期。夹砂灰褐陶。根部有一圆形按窝，素面（彩版六一，5，右1）。标本98-WL-WST-1：3，陶片，龙山文化早期。夹砂黑陶。表面饰有凹弦纹（彩版六一，6，左1）。标本98-WL-WST-1：4，器盖，残，龙山文化早期。夹砂黑陶。捉手边缘突出，素面（彩版六一，6，右1）。标本98-WL-WST-1：5，陶器口沿，西周。夹砂灰褐陶。圆唇，卷沿，侈口，腹部饰绳纹（彩版六二，1，左1）。标本98-WL-WST-1：6，陶片，肩部，残，西周。泥质灰陶。肩部素面，腹部饰有绳纹（彩版六二，1，右1）。标本98-WL-WST-1：7，鬲足，残，西周。夹砂灰褐陶。表面饰有绳纹（彩版六二，2，左1）。标本98-WL-WST-1：8，鬲足，残，西周。夹砂灰褐陶。表面饰有绳纹（彩版六二，2，右1）。标本98-WL-WST-1：9，红烧土块，2件。形状不规则（彩版六一，3）。

98-WL-WST-1-CAA 石器2件，龙山文化。标本98-WL-WST-1-CAA：1，石坯。平面近梯形，只见打制片疤。长9.5、宽4.8、厚4.6厘米（图八八，12；彩版六一，4，右1）。标本98-WL-WST-1-CAA：2，石杵。平面和断面近椭圆形，上下端部均呈外弧形，使用端在下方。器身通体琢制，可见大量小窝，部分磨制。长8.4、宽4.6、厚4.2厘米（图八八，13；彩版六一，4，左1）。

13. 水泊子（JN-SPZ-1，龙山、周、汉）（第4年）

98-JN-SPZ-1 陶器1件，西周。标本98-JN-SPZ-1：1，陶罐。夹砂灰陶。圆唇折沿。饰绳纹。残高2.6厘米（图八九，1；彩版六五，1）。

14. 夏家庄（98-WL-XJZ-1，龙山、周、汉）（第4年）

98-WL-XJZ-1-CAA 陶器5件，龙山文化。标本98-WL-XJZ-1-CAA：1，陶鼎。夹砂褐陶。圆唇，宽折沿，沿面内凹。素面。残高2.7厘米（图八九，16；彩版六二，3，下右1）。标本98-WL-XJZ-1-CAA：2，陶盆。夹砂黑陶。圆唇卷沿，斜壁。素面。残高3.2厘米（图八九，2；彩版六二，3，上右1）。标本98-WL-XJZ-1-CAA：3，陶盆。泥质灰陶。斜壁平底。素面。残高1.4厘米（图八九，17）。标本98-WL-XJZ-1-CAA：4，陶鼎。夹砂灰褐陶。鼎足脱落，平底。残高2.5厘米（图八九，18；彩版六二，3，下左1）。标本98-WL-XJZ-1-CAA：5，陶器口沿，龙山文化。夹砂黑陶。方唇，卷沿，侈口，肩部有两道凹弦纹（彩版六二，3，上左1）。

98-WL-XJZ-1-CAG 陶器3件，龙山文化。标本98-WL-XJZ-1-CAG：1，陶鼎足。夹砂红陶。凿形，断面近长方形，素面。残高5.4厘米（图八九，19；彩版六五，4，左1）。标本98-WL-XJZ-1-CAG：2，鸟喙形鼎足，残。夹砂红褐陶（彩版六五，4，中）。标本98-WL-XJZ-1-CAG：3，鸟喙形鼎足。夹砂红褐陶（彩版六五，4，右1）。

98-WL-XJZ-1-CAA 石器2件，龙山文化。标本98-WL-XJZ-1-CAA：1，石铲。残，单面刃磨制较好。通体磨光，器身平整。残长6.2、宽6.5、厚0.9厘米（图八九，3；彩版六二，4，右1）。标本98-WL-XJZ-1-CAA：2，石凿。长条形，横断面梯形，单面刃近平且磨制好。通体磨光，器形

图八九　采集遗物

1. 陶罐98-JN-SPZ-1：1　2. 陶盆98-WL-XJZ-1-CAA：2　3. 石铲98-WL-XJZ-1-CAA：1　4. 石凿98-WL-XJZ-1-CAA：2　5. 石器半成品98-JN-DJW-4：1　6. 石器半成品98-JN-DJW-4：2　7. 石器98-JN-DJW-4：3　8. 石片98-JN-DJW-2-CAB：1　9. 石刀98-JN-HLW-2-CAD：1　10. 石镰98-DG-LJL-1：1　11. 石器98-JN-GJQ-5-CAB：1　12. 石坯98-WL-JZ-6：1　13. 石刀98-DG-HSD-5-CAB：1　14. 石刀98-DG-WJT-1-CAC：1　15. 刮削器98-WL-XCJ-2：1　16. 陶鼎98-WL-XJZ-1-CAA：1　17. 陶盆98-WL-XJZ-1-CAA：3　18. 陶鼎98-WL-XJZ-1-CAA：4　19. 陶鼎足98-WL-XJZ-1-CAG：1

规整。长 7.5、宽 2.2、厚 1.1 厘米（图八九，4；彩版六二，4，左1）。

15. 董家洼（98-JN-DJW-4，龙山、周、汉）（第4年）

98-JN-DJW-4 石器3件，汉代。标本 98-JN-DJW-4：1，半成品。平面三角形，横断面长方形，通体磨制，但未见刃部。长 4.5、宽 5.6、厚 0.6 厘米（图八九，5）。标本 98-JN-DJW-4：2，半成品。平面五边形，横断面长方形，通体磨制，但无刃部。长 4.3、宽 6、厚 0.6 厘米（图八九，6）。标本 98-JN-DJW-4：3，石器。残，平面近长方形，横断面三角形，刃部位于下端，通体磨制，器身很薄。残长 4.1、宽 2.5、厚 0.3 厘米（图八九，7）。

98-JN-DJW-2-CAB 石器1件，汉代。标本 98-JN-DJW-2-CAB：1，石片。长 4.45、宽 3.2、厚 1.65 厘米（图八九，8）。

16. 后老窝（98-JN-HLW-2，周、汉）（第4年）

98-JN-HLW-2-CAD 石器1件，周代。标本 98-JN-HLW-2-CAD：1，石刀。平面椭圆形，横断面近梯形，刃部使用崩疤明显，通体磨制。长 8.8、宽 5、厚 1 厘米（图八九，9；彩版六三，6）。

17. 梁家林（98-DG-LJL-1，周、汉）（第4年）

98-DG-LJL-1 石器1件，周代。标本 98-DG-LJL-1：1，石镰。平面呈弧背三角形，横断面近梯形，单面刃加工好且有使用痕迹。通体磨制，器形规整，十分精美。长 8.9、宽 5.3、厚 1 厘米（图八九，10）。

18. 郭家桥（98-JN-GJQ-5，龙山、周、汉）（第4年）

98-JN-GJQ-5-CAB 石器1件，龙山文化。标本 98-JN-GJQ-5-CAB：1，石器。残存上端，平面和横断面不规则，琢制而成。残长 6.5、宽 6.1、厚 5.2 厘米（图八九，11）。

19. 贾庄（98-WL-JZ-6，龙山、商周、汉）（第4年）

98-WL-JZ-6 石器1件，汉代。标本 98-WL-JZ-6：1，石坯。平面心形，横断面近梯形，上下两面磨制。长 6.4、宽 6.2、厚 1.1 厘米（图八九，12）。

20. 河山店（98-DG-HSD，大汶口、龙山、汉）（第4年）

98-DG-HSD-6-CAA 陶器4件，大汶口文化。标本 98-DG-HSD-6-CAA：1，陶盆口沿，残。夹砂灰褐陶。圆唇，折沿，素面（彩版六四，5，上左1）。标本 98-DG-HSD-6-CAA：2，陶片。夹砂灰褐陶。素面（彩版六四，5，上右1）。标本 98-DG-HSD-6-CAA：3，陶片。夹砂灰褐陶。素面（彩版六四，5，下左1）。标本 98-DG-HSD-6-CAA：4，陶片。夹砂灰褐陶。素面（彩版六四，5，下右1）。

98-DG-HSD-5-CAB 石器1件，汉代。标本 98-DG-HSD-5-CAB：1，石刀。残，单面刃有使用痕迹，通体磨制。残长 3.5、宽 2、厚 0.64 厘米（图八九，13）。

21. 吴家台（98-DG-WJT-1，龙山、周、汉）（第4年）

98-DG-WJT-1-CAC 石器1件，汉代。标本 98-DG-WJT-1-CAC：1，石刀。残，双面刃较

钝。通体磨制。残长 5.1、宽 4.3、厚 0.8 厘米（图八九，14）。

22. 徐家窑（98-JN-XJY，龙山、周、汉）（第 4 年）

98-JN-XJY-4　石器 1 件，汉代。标本 98-JN-XJY-4：1，石斧。平面梯形，横断面椭圆形，刃部使用痕迹明显。通体琢制，器形厚重。长 14.6、宽 7.4、厚 5.7 厘米（图九〇，1；彩版五八，4）。

23. 西蔡家（98-WL-XCJ-2，龙山、汉）（第 4 年）

98-WL-XCJ-2　石器 1 件，汉代。标本 98-WL-XCJ-2：1，刮削器。平面长方形，两端皆单面刃、微弧。系用蛇纹岩采取间接打击法制成。长 3.1、宽 2.1、厚 0.7 厘米（图八九，15）。

24. 丁家柳沟（98-JN-DJLG，龙山、周、汉）（第 4 年）

98-JN-DJLG-3-CAG　石器 1 件，汉代。标本 98-JN-DJLG-3-CAG：1，石斧。平面和横断面皆长方形，似有亚腰，双面刃，刃部有崩疤痕迹。器体厚重，有琢制痕迹。长 15.7、宽 8.8、厚 3.2 厘米（图九〇，2）。

25. 后显沟（98-JN-HXG-2，周、汉）（第 4 年）

98-JN-HXG-2　石器 1 件，汉代。标本 98-JN-HXG-2：1，石凿。平面长方形，横断面方形，单面刃残缺一角。器身正面磨制较好。长 8.6、宽 3.2、厚 2.5～2.7 厘米（图九〇，3；彩版六四，3）。

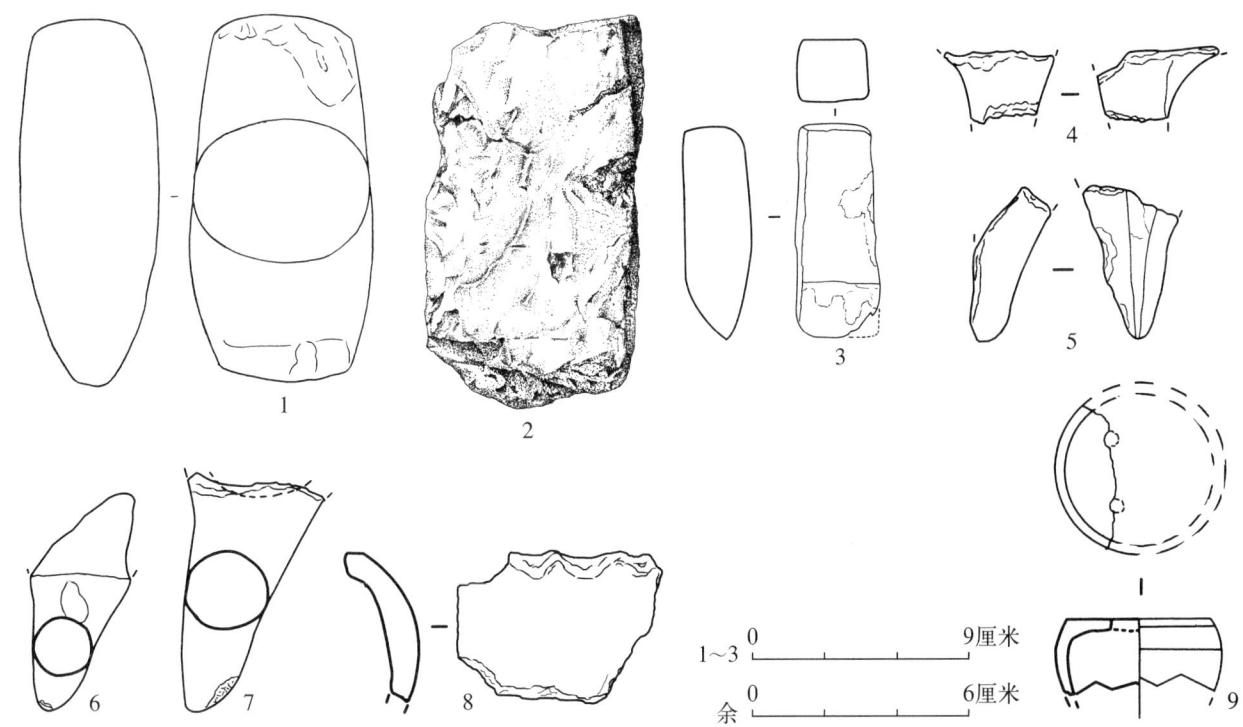

图九〇　采集遗物

1. 石斧 98-JN-XJY-4：1　2. 石斧 98-JN-DJLG-3-CAG：1　3. 石凿 98-JN-HXG-2：1　4. 陶鼎足 98-DG-GZ-1-CAC：1　5. 陶鼎足 98-DG-GZ-1-CAC：2　6. 陶鬶足 98-DG-GZ-1-CAC：3　7. 陶鬶足 98-DG-GZ-1-CAC：4　8. 陶罐 98-JN-LHQ-1：1　9. 陶器盖纽 98-JN-LHQ-1：2

26. 郭庄（98-DG-GZ-1-CAC，龙山）（第4年）

98-DG-GZ-1-CAC　陶器4件，龙山文化。标本98-DG-GZ-1-CAC：1，陶鼎足。夹砂褐陶。残，应是凿形。残高2厘米（图九○，4）。标本98-DG-GZ-1-CAC：2，鸟首形鼎足。夹砂红褐陶。残高4.1厘米（图九○，5；彩版六四，3，右1）。标本98-DG-GZ-1-CAC：3，陶甗足。夹砂褐陶。锥形，断面近圆形，素面。残高5.7厘米（图九○，6；彩版六四，3，中）。标本98-DG-GZ-1-CAC：4，陶甗足。夹砂黑皮陶。锥形，断面圆形，素面。残高6.3厘米（图九○，7；彩版六四，3，左1）。

27. 甲旺墩（98-JN-JWD-2/LHQ-1，龙山、周、汉）（第4年）

98-JN-LHQ-1　陶器2件，龙山文化。标本98-JN-LHQ-1：1，陶罐口沿。夹砂灰黑陶。口沿饰手指压印痕，残高4、壁厚0.5～0.9厘米（图九○，8）。标本98-JN-LHQ-1：2，陶器盖纽。夹砂黑陶。顶部饰两穿孔。直径4、最大径4.6、残高2、壁厚0.4厘米（图九○，9）。

28. 徐家官庄（98-JN-XJGZ-1，商周、汉）（第4年）

98-JN-XJGZ-1　陶器1件，商周。标本98-JN-XJGZ-1：1，鬲足。夹砂红褐陶。锥状，素面。

98-JN-XJGZ-2　陶器1件，汉代。标本98-JN-XJGZ-2：1，陶纺轮。泥质灰陶。器形较规则，素面（彩版五七，5）。

29. 大石河口（98-JN-DSHK-3-CAA，大汶口、龙山）（第4年）

98-JN-DSHK-3-CAA　陶器5件。标本98-JN-DSHK-3-CAA：1，凿形鼎足，底端残，大汶口文化。夹砂褐陶。素面（彩版六三，5，上左1）。标本98-JN-DSHK-3-CAA：2，陶器口沿，大汶口文化。泥质红陶。圆唇，素面（彩版六三，5，下左1）。标本98-JN-DSHK-3-CAA：3，陶器口沿，龙山文化。泥质灰陶。圆唇，折沿，敛口，素面（彩版六三，5，下中）。标本98-JN-DSHK-3-CAA：4，铲形鼎足，残，大汶口文化。夹砂红陶。素面（彩版六三，5，上右1）。标本98-JN-DSHK-3-CAA：5，鼎足，残，龙山文化。夹砂灰褐陶。素面（彩版六三，5，下右1）。

30. 海青（98-JN-HQ-10，汉）（第4年）

98-JN-HQ-10　铁器1件，汉代。标本98-JN-HQ-10：1，铁渣，灰褐色，形状不规则（彩版六四，2，左1）。

98-JN-HQ-10　石器1件，汉代。标本98-JN-HQ-10：2，石刀，残。平面呈长方形，单面刃磨制较好，背部残留一穿孔痕迹（彩版六四，2，右1）。

31. 崖头（98-WL-YT-1-CAA，龙山）（第4年）

98-WL-YT-1-CAA　陶器4件，龙山文化。标本98-WL-YT-1-CAA：1，陶盆口沿。夹砂黑陶。圆唇，侈口，小卷沿，素面（彩版六五，3，上左1）。标本98-WL-YT-1-CAA：2，陶器口沿。夹砂黑陶。方唇，卷沿，素面（彩版六五，3，上右1）。标本98-WL-YT-1-CAA：3，凿形鼎足，上部残。夹砂褐陶。表面饰有绳纹（彩版六五，3，下左1）。标本98-WL-YT-1-CAA：4，铲形鼎足。夹砂红褐陶。素面（彩版六五，3，下左2）。

98-WL-YT-1-CAA　石器1件，龙山文化。标本98-WL-YT-1-CAA：1，石器，残。平面呈三角形，通体磨制（彩版六五，3，下右1）。

三

1．大桃园（DG-DTY-1/DJZ-3/5，龙山、周、汉）（第5年）

99-DG-DTY-1-CAF　陶器1件，龙山文化中期。标本99-DG-DTY-1-CAF：1，鼎足。夹砂灰陶。侧三角形，足外侧中间饰一周附加堆纹，残高5.8厘米（图九五，2）。

99-DG-DTY-1-CAH　陶器6件，龙山文化。标本99-DG-DTY-1-CAH：1，鬶足。夹砂褐陶。圆锥形，残高4.5厘米（图九一，2）。标本99-DG-DTY-1-CAH：2，器盖。夹砂灰陶。里侧有一蘑菇状纽，残高2、直径4.2、厚0.5厘米（图九一，3）。标本99-DG-DTY-1-CAH：3，罐口沿。夹砂灰陶。尖唇，侈口，沿内侧有一凹槽，素面，厚0.4～1.2厘米（图九一，4）。标本99-DG-DTY-1-CAH：4，罐把手。夹砂黑陶。两侧高中间低，拱形，残高5、厚0.6～1.2厘米（图九一，5）。标本99-DG-DTY-1-CAH：5，鬶足。夹砂灰黑陶。凿形，断面椭圆形，残高6.4厘米（图九一，6）。标本99-DG-DTY-1-CAH：6，陶罐。夹砂黑陶。尖唇，侈口，素面，口径10、残高5.5、厚0.2～0.5厘米（图九一，7）。

98-DG-DTY-1-CAJ　陶器1件，龙山文化。标本99-DG-DTY-1-CAJ：1，陶片。夹砂灰黑陶。表面饰三道凸弦纹，并在其上压饰一圆形泥饼。残长3.1、宽4、厚0.3～0.5厘米（图九一，15）。

98-DG-DTY-1-CAA　陶器4件，龙山文化。标本98-DG-DTY-1-CAA：1，陶片。夹砂白陶。素面（彩版六四，6，左1）。标本98-DG-DTY-1-CAA：2，陶罐（或瓮）把手，残。夹砂灰陶。沿面略外卷，表面饰有凹弦纹（彩版六四，4，上右1）。标本98-DG-DTY-1-CAA：3，陶片。夹砂白陶。素面（彩版六四，6，右1）。标本98-DG-DTY-1-CAA：4，陶鬶足，残。夹砂白陶。素面（彩版六四，4，下右1）。

98-DG-DTY-1-CAA　石器1件，龙山文化。标本98-DG-DTY-1-CAA：1，石器。残，平面和横断面皆长方形，有一单面边缘刃，通体磨制而成。残长6、宽9、厚0.7～2.0厘米（图九一，14；彩版六四，4，下左1）。

99-DG-DTY-1-CAC　石器3件，龙山文化。标本99-DG-DTY-1-CAC：1，石杵。平面和断面近梯形，刃部有明显的使用痕迹，琢制而成。长7.6、宽3.9、厚2.7厘米（图九一，8）。标本99-DG-DTY-1-CAC：2，石锛。平面和横断面长方形，单面刃较为锋利，通体磨制。长6.6、宽4.3、厚2厘米（图九一，9）。标本99-DG-DTY-1-CAC：3，石锛。残，横断面梯形，单面刃，正锋且磨制精细。通体磨制，器形规整。残长8.9、宽3.1、厚3.1厘米（图九一，10）。

99-DG-DTY-1-CAH　石器2件，龙山文化。标本99-DG-DTY-1-CAH：1，石坯。平面和横断面不规则。长8.1、宽5.7、厚1.3厘米（图九一，11）。标本99-DG-DTY-1-CAH：2，石片。平面和断面不规则。长10.8、宽8、厚1.6厘米（图九一，12）。

99-DG-DTY-1-CAJ　石器1件，龙山文化。标本99-DG-DTY-1-CAJ：1，石镰。残，平面近三角形，横断面近椭圆形，单面刃磨制精细，且有锯齿状使用痕迹。通体磨制精美。残长5、宽2.4、厚0.7厘米（图九一，13）。

2．七里河（99-DG-QLH-1，龙山、周）（第5年）

99-DG-QLH-1　陶器11件。标本99-DG-QLH-1：1，陶片，西周。夹砂褐陶。饰中绳纹。残长6.0、宽4.0、厚1厘米（图九二，13）。标本99-DG-QLH-1：2，陶片，西周。夹砂褐陶。饰中绳

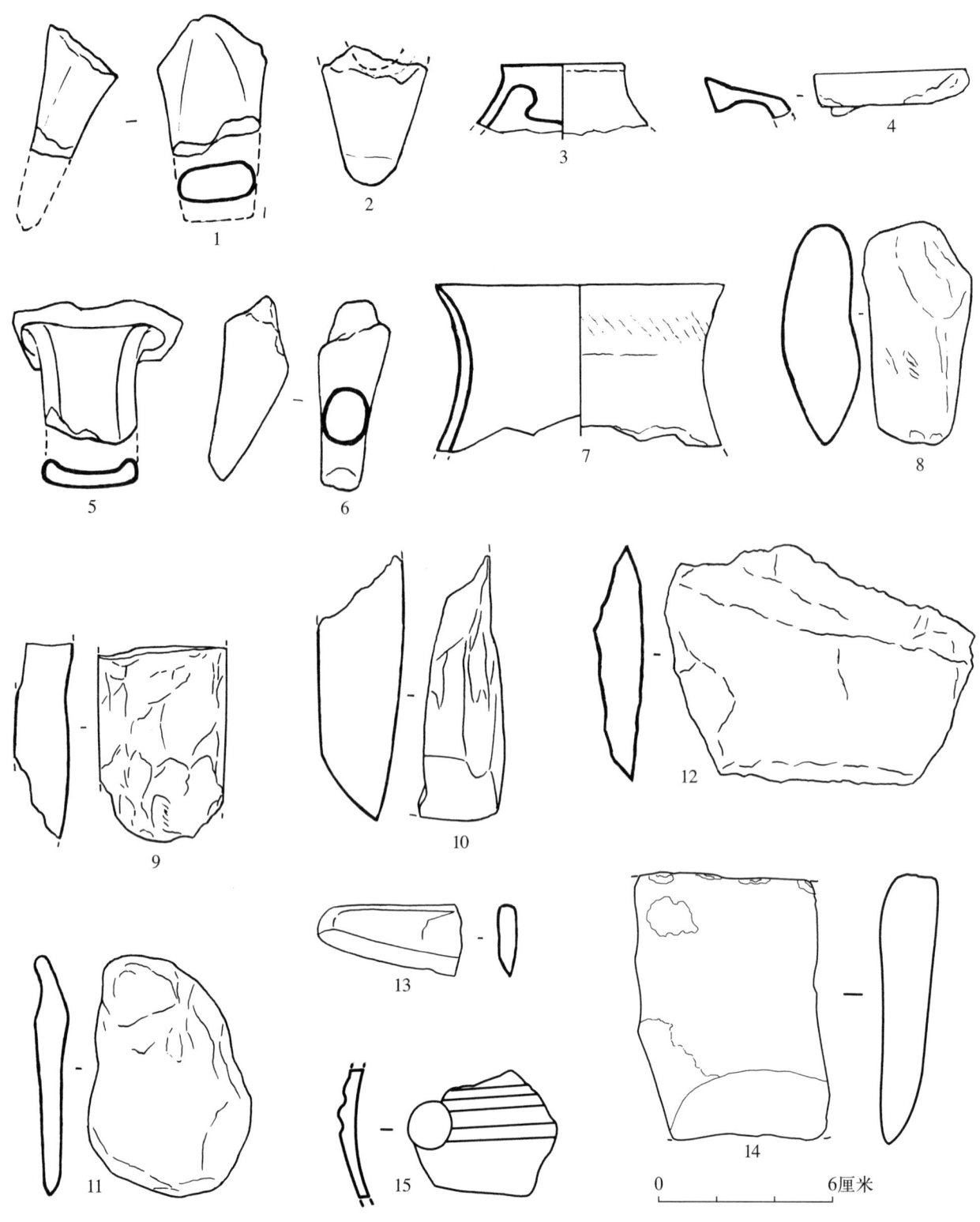

图九一　采集遗物

1. 陶鼎足99-DG-HJH-2-CAJ：1　2. 陶甗足99-DG-DTY-1-CAH：1　3. 陶器盖99-DG-DTY-1-CAH：2　4. 陶罐口沿99-DG-DTY-1-CAH：3　5. 陶罐把手99-DG-DTY-1-CAH：4　6. 陶甗足99-DG-DTY-1-CAH：5　7. 陶罐99-DG-DTY-1-CAH：6　8. 石杵99-DG-DTY-1-CAC：1　9. 石锛99-DG-DTY-1-CAC：2　10. 石锛99-DG-DTY-1-CAC：3　11. 石坯99-DG-DTY-1-CAH：1　12. 石片99-DG-DTY-1-CAH：2　13. 石镰99-DG-DTY-1-CAJ：1　14. 石器99-DG-DTY-1-CAA：1　15. 陶片99-DG-DTY-1-CAJ：1

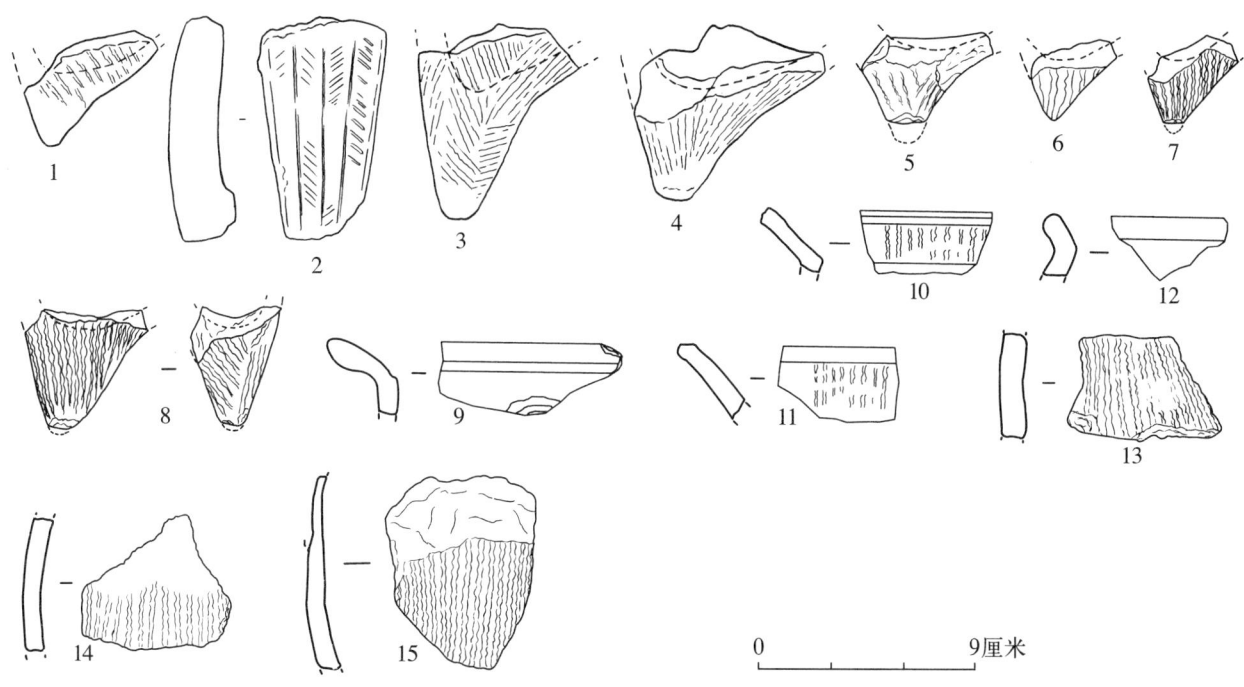

图九二　采集遗物

1. 陶鬲足00-DG-QLH-1-CAB：1　2. 陶拍00-DG-QLH-1-CAB：2　3. 陶甗足00-DG-QLH-1-CAF：1　4. 陶鬲足00-DG-QLH-1-CAF：2　5. 陶鬲足99-DG-QLH-1：4　6. 陶鬲足99-DG-QLH-1：5　7. 陶鬲足99-DG-QLH-1：6　8. 陶鬲足99-DG-QLH-1：7　9. 陶罐99-DG-QLH-1：8　10. 陶盆口沿99-DG-QLH-1：9　11. 陶盆口沿99-DG-QLH-1：10　12. 陶罐口沿99-DG-QLH-1：11　13. 陶片99-DG-QLH-1：1　14. 陶片99-DG-QLH-1：2　15. 陶片99-DG-QLH-1：3

纹。残长 5.9、宽 1.9～5.2、厚 0.8 厘米（图九二，14）。标本 99-DG-QLH-1：3，陶片，西周。夹细砂灰褐陶。饰麦粒状绳纹。残长 7.2、宽 6.0、厚 0.3～0.9 厘米（图九二，15）。标本 99-DG-QLH-1：4，鬲足，西周。夹砂褐陶。足跟已残断。饰较浅的中绳纹。残高 3.7 厘米（图九二，5）。标本 99-DG-QLH-1：5，鬲足，西周。夹砂灰陶。饰中绳纹。残高 3.2 厘米（图九二，6）。标本 99-DG-QLH-1：6，鬲足，西周。夹砂褐陶。饰中绳纹。残高 3.5 厘米（图九二，7）。标本 99-DG-QLH-1：7，鬲足，西周。夹砂褐陶。饰中绳纹。残高 4.8 厘米（图九二，8）。标本 99-DG-QLH-1：8，陶罐口沿，东周。夹砂褐陶。尖圆唇，折沿较宽，靠近内侧有一周凹弦纹。残高 3.0 厘米（图九二，9）。标本 99-DG-QLH-1：9，陶盆口沿，龙山文化。夹细砂灰胎黑皮陶。方唇，面中凸起呈弦纹，折沿。中绳纹抹平。残高 2.6 厘米（图九二，10）。标本 99-DG-QLH-1：10，陶盆口沿，周代。夹砂褐陶。圆唇，中绳纹磨平，残高 3.0 厘米（图九二，11）。标本 99-DG-QLH-1：11，陶罐口沿，周代。夹砂灰陶。圆唇，卷沿。素面。残高 2.5 厘米（图九二，12）。

3. 七里河（00-DG-QLH-1，周）（第 6 年）

00-DG-QLH-1-CAB　陶器 2 件，西周。标本 00-DG-QLH-1-CAB：1，鬲足。夹砂红陶。残高 4.8 厘米（图九二，1）。标本 00-DG-QLH-1-CAB：2，陶拍。夹砂褐陶。平面梯形，背面可见把手两端连接处。纹饰呈叶脉状对称辐射。长 8.7、宽 2.8～5.1、厚 2 厘米（图九二，2）。

00-DG-QLH-1-CAF　陶器 2 件，西周。标本 00-DG-QLH-1-CAF：1，甗足。夹砂灰褐陶。锥形。饰绳纹。高 7.6 厘米（图九二，3）。标本 00-DG-QLH-1-CAF：2，鬲足。夹砂褐陶。饰绳纹。高 6.0 厘米（图九二，4）。

4. 苏家村（99-DG-SJC-1～12，龙山、周、汉）（第5年）

99-DG-SJC-CAA 陶器6件，龙山文化。标本99-DG-SJC-CAA：1，口沿。夹砂黑陶。残高3.3厘米（图九三，1）。标本99-DG-SJC-CAA：2，器盖。泥质灰陶。残高2.2～3.4厘米（图九三，2）。标本99-DG-SJC-CAA：3，陶鼎口沿。夹砂褐陶。方唇折沿，沿面内凹，唇面饰一周凹弦纹。残高3.1厘米（图九三，3）。标本99-DG-SJC-CAA：4，凿形鼎足。夹砂褐陶。残高5.3厘米（图九三，4）。标本99-DG-SJC-CAA：5，凿形鼎足。夹砂褐陶。高6.0厘米（图九三，5）。标本99-DG-SJC-CAA：6，凿形鼎足。夹砂褐陶。残高6.0厘米（图九三，6）。

99-DG-SJC-7 陶器1件，东周。标本99-DG-SJC-7：1，陶豆。夹细砂灰陶。圆唇，直口，直壁，折腹，高柄。素面。口径15.8、残高7.2厘米（图九三，7）。

99-DG-SJC-1-CAE 陶器1件，龙山文化。标本99-DG-SJC-1-CAE：1，陶鼎。夹砂黑陶。圆唇，折沿，侈口。沿内侧饰一周凹弦纹。残高1.8厘米（图九三，8）。

98-DG-SJC-1-CAA 石器1件，龙山文化。标本98-DG-SJC-1-CAA：1，石磨棒。残，平面近长条形，横断面椭圆形，琢制和磨制痕迹明显，器形规整。残长7.7、宽5.1、厚3.8厘米（图九三，9）。

99-DG-SJC-1-CAC 石器2件，龙山文化。标本99-DG-SJC-1-CAC：1，石器。平面梯形，横断面呈平行四边形，上下两端皆有单面斜刃，且都有崩损痕迹。通体磨制。长7.1、宽9、厚1.6厘米（图九三，10）。标本99-DG-SJC-1-CAC：2，石铲。残，平面扇形，横断面方形，双面刃磨制精细且有明显的使用痕迹。通体磨制，器体薄。残长6、宽5.9、厚0.6厘米（图九三，11）。

99-DG-SJC-2-CAA 石器1件，龙山文化。标本99-DG-SJC-2-CAA：1，石铲。残，横断面方形，通体磨制，器体较薄。残长5.6、宽5.8、厚0.6厘米（图九三，12）。

99-DG-SJC-1-CAB 石器1件，龙山文化。标本99-DG-SJC-1-CAB：1，石铲。平面近梯形，横断面不规则，单面刃打制而成。长9.2、宽6.1、厚1.7厘米（图九三，13）。

99-DG-SJC-1-CAE 石器4件，龙山文化。标本99-DG-SJC-1-CAE：1，石料。红色，夹云母。长10.1、宽7.8、厚1.8厘米（图九三，14）。标本99-DG-SJC-1-CAE：2，石料。红色，平面近梯形。长6.4、宽5.8、厚1.4厘米（图九三，15）。标本99-DG-SJC-1-CAE：3，石器。残，平面和横断面近梯形，磨制而成。残长4.6、宽2.9、厚0.3厘米（图九三，16）。标本99-DG-SJC-1-CAE：4，石铲。平面梯形，横断面长方形，单面刃残缺一角且使用痕迹明显。石质精美，通体磨光。长7.1、宽4.8、厚0.6厘米（图九三，18）。

99-DG-SJC-1-CAD 石器1件，龙山文化。标本99-DG-SJC-1-CAD：1，石斧。平面梯形，横断面椭圆形，双面刃磨制而成，且使用痕迹明显。通体琢制，器形厚重精美。长11.8、宽7.3、厚4.8厘米（图九三，17）。

5. 前竹村（99-DG-QZC-1/WLZ-2，龙山、岳石、商、周、汉）（第5年）

99-DG-QZC-1-CAE 陶器4件。标本99-DG-QZC-1-CAE：1，陶罐，龙山文化。夹砂灰陶。方唇，折沿，敞口。素面。残高2、厚0.5～0.9厘米（图九四，1）。标本99-DG-QZC-1-CAE：2，陶罐，西周。泥质灰陶。尖唇，卷沿，侈口。素面。口径18、厚0.55～1.2厘米（图九四，2）。标本99-DG-QZC-1-CAE：3，甗足，龙山文化。夹砂褐陶。锥形足。素面。残高4.6厘米（图九四，3）。标本99-DG-QZC-1-CAE：4，鬲口沿，西周。夹砂灰陶。方唇，折沿。饰绳纹。残高5.3、厚0.5～0.72厘米（图九四，4）。

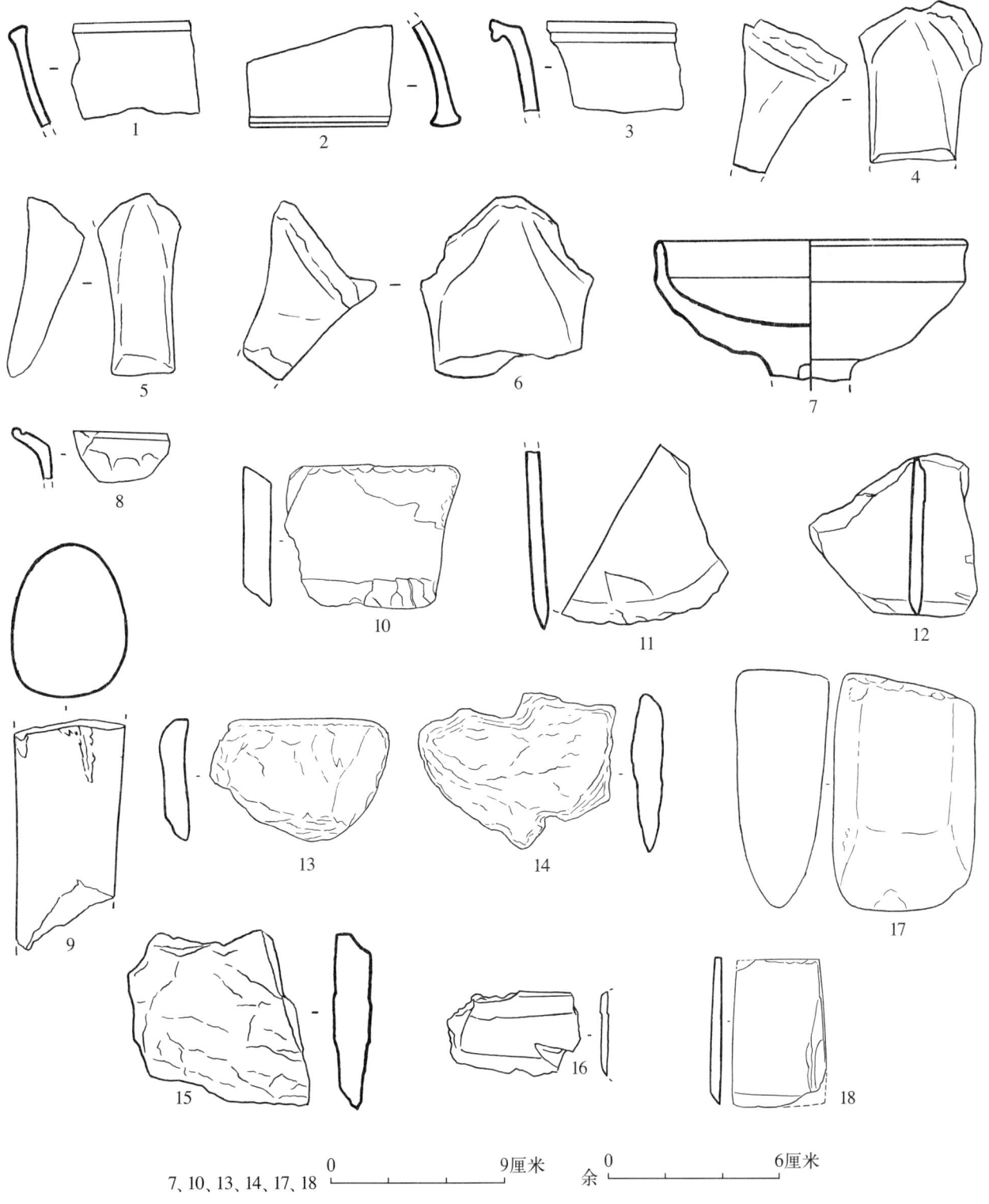

图九三　采集遗物

1. 陶器口沿99-DG-SJC-CAA：1　2. 陶器盖99-DG-SJC-CAA：2　3. 陶鼎口沿99-DG-SJC-CAA：3　4. 凿形陶鼎足99-DG-SJC-CAA：4　5. 凿形陶鼎足99-DG-SJC-CAA：5　6. 凿形陶鼎足99-DG-SJC-CAA：6　7. 陶豆99-DG-SJC-7：1　8. 陶鼎足99-DG-SJC-1-CAE：1　9. 石磨棒98-DG-SJC-1-CAA：1　10. 石器99-DG-SJC-1-CAC：1　11. 石铲99-DG-SJC-1-CAC：2　12. 石铲99-DG-SJC-2-CAA：1　13. 石铲99-DG-SJC-1-CAB：1　14. 石料99-DG-SJC-1-CAE：1　15. 石料99-DG-SJC-1-CAE：2　16. 石器99-DG-SJC-1-CAE：3　17. 石斧99-DG-SJC-1-CAD：1　18. 石铲99-DG-SJC-1-CAE：4

99-DG-QZC-1-CAF 石器1件，周代。标本99-DG-QZC-1-CAF：1，鹅卵石。平面半圆，断面椭圆形，器体扁平。长3.7、宽3.6、厚1.2厘米（图九四，5）。

6. 秦家官庄（99-DG-QJGZ-1，岳石、商、周）（第5年）

99-DG-QJGZ-1-CAA 陶器2件，西周。标本99-DG-QJGZ-1-CAA：1，鬲足。夹砂灰陶。袋状足。遍饰绳纹。残高4.0厘米（图九四，6）。标本99-DG-QJGZ-1-CAA：2，鬲足。夹砂灰陶。

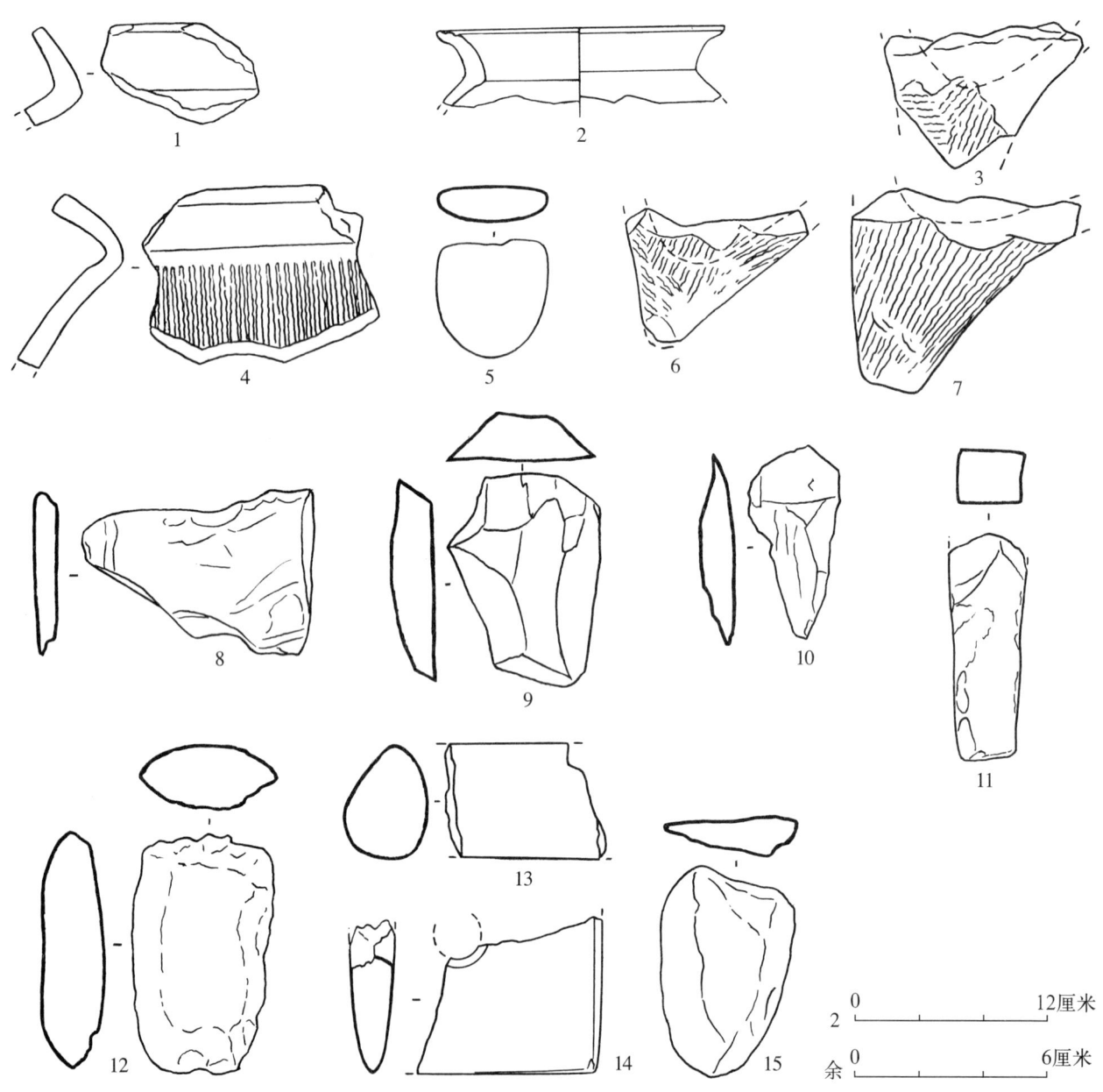

图九四　采集遗物

1. 陶罐99-DG-QZC-1-CAE：1　2. 陶罐99-DG-QZC-1-CAE：2　3. 陶甗足99-DG-QZC-1-CAE：3　4. 陶鬲口沿99-DG-QZC-1-CAE：4　5. 鹅卵石99-DG-QZC-1-CAF：1　6. 陶鬲足99-DG-QJGZ-1-CAA：1　7. 陶鬲足99-DG-QJGZ-1-CAA：2　8. 石铲99-DG-QJGZ-1-CAD：1　9. 石片99-DG-QJGZ-1-CAC：1　10. 石片99-DG-QJGZ-1-CAC：2　11. 石凿99-DG-QJGZ-1-CAC：3　12. 石刀99-DG-QJGZ-1-CAC：4　13. 石磨棒99-DG-QJGZ-1-CAC：5　14. 石钺99-DG-QJGZ-1-CAC：6　15. 石片99-DG-QJGZ-1-CAC：7

柱状足根。遍饰绳纹。足高6.7厘米（图九四，7）。

99-DG-QJGZ-1-CAD 石器1件，周代。标本99-DG-QJGZ-1-CAD：1，石铲。残，横断面近梯形，通体磨制，使用痕迹明显。残长7.3、宽5、厚0.8厘米（图九四，8）。

99-DG-QJGZ-1-CAC 石器7件，岳石文化。标本99-DG-QJGZ-1-CAC：1，石片。黑色材质，依稀可见打击点和打击面。长6.5、宽4.9、厚1.2厘米（图九四，9）。标本99-DG-QJGZ-1-CAC：2，石片。黑色材质。长5.9、宽2.9、厚1.1厘米（图九四，10）。标本99-DG-QJGZ-1-CAC：3，石凿。平面梯形，断面方形，刃部形状不规整，器身磨制痕迹明显。长6.9、宽2.4、厚1.7厘米（图九四，11）。标本99-DG-QJGZ-1-CAC：4，石刀。平面近梯形，横断面枣核形，刃部有磨制和使用痕迹。通体琢制。长7.3、宽4.5、厚2厘米（图九四，12）。标本99-DG-QJGZ-1-CAC：5，磨棒。残，平面长条形，横断面水滴形，磨制精细。残长5.1、宽3.6、厚2.7厘米（图九四，13）。标本99-DG-QJGZ-1-CAC：6，石铖。残，绿色材质，平面长方形，横断面梯形，双面刃规整且少使用痕迹，可见一孔。通体磨光，非常精美。残长4.7、宽6、厚1.5厘米（图九四，14）。标本99-DG-QJGZ-1-CAC：7，石片。绿色材质。长6.4、宽4.2、厚1.3厘米（图九四，15）。

7. 黄家河（99-DG-HJH，龙山、周）（第5、6年）

99-DG-HJH-2-CAL 陶器1件，西周。标本99-DG-HJH-2-CAL：1，双耳罐。夹砂褐胎黑皮陶。尖唇，敛口，鼓腹，平底，上腹饰双耳。器身饰绳纹。口径8.6、高18、厚0.7～1厘米（图九五，1）。

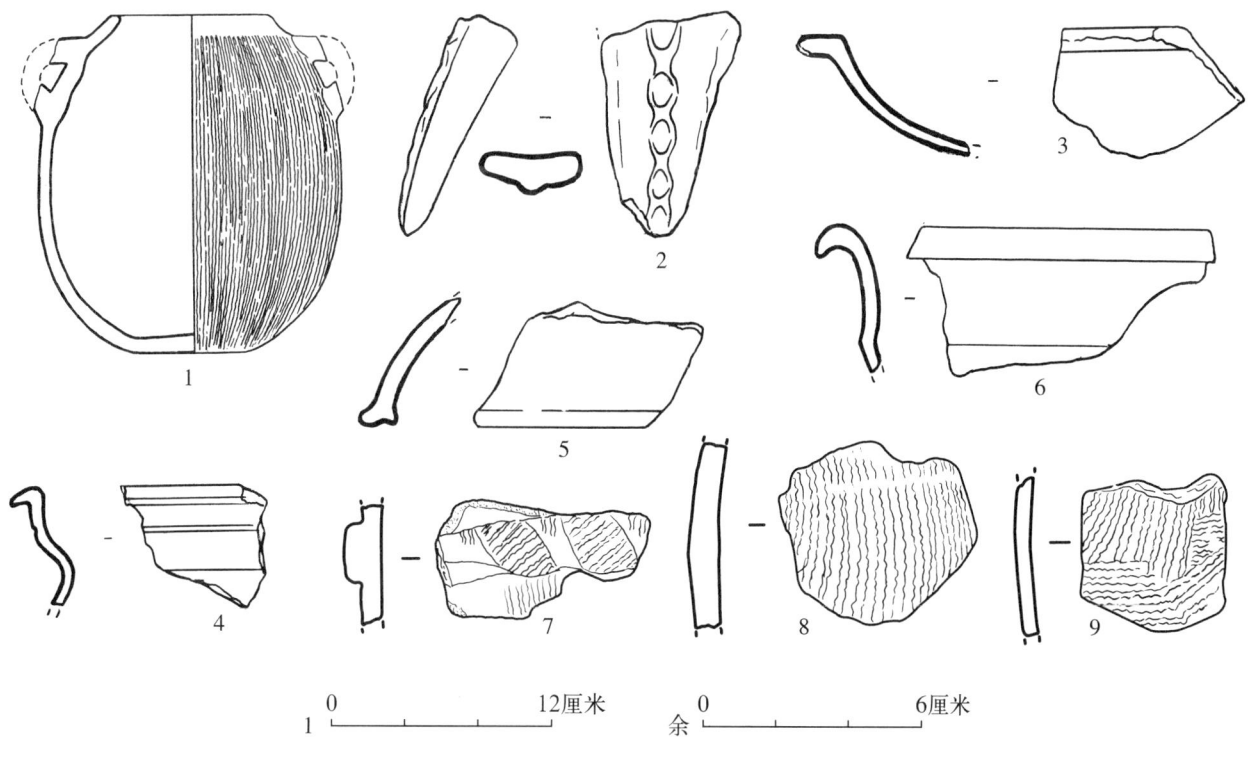

图九五　采集遗物

1. 双耳罐99-DG-HJH-2-CAL：1　2. 陶鼎足99-DG-DTY-1-CAF：1　3. 陶盘99-DG-HJH-2-CAI：1　4. 陶鼎99-DG-HJH-2-CAI：2　5. 陶器盖99-DG-HJH-2-CAI：3　6. 陶盆99-DG-HJH-2-CAI：4　7. 陶片99-DG-HJH-4：1　8. 陶片99-DG-HJH-4：2　9. 陶片99-DG-HJH-4：3

99-DG-HJH-2-CAJ 陶器1件，龙山文化。标本99-DG-HJH-2-CAJ：1，鼎足。夹砂灰褐陶。凿形，残高4.5厘米（图九一，1）。

99-DG-HJH-4 陶器3件，西周。标本99-DG-HJH-4：1，腹片。夹砂灰褐陶。饰绳纹和一周附加堆纹。残长5.8、宽3.2、厚0.7厘米（图九五，7）。标本99-DG-HJH-4：2，腹片。夹砂灰陶。饰竖向中绳纹。残长5.5、宽5.0、厚0.8厘米（图九五，8）。标本99-DG-HJH-4：3，腹片。泥质灰陶。饰不规则绳纹。残长4.2、宽4、厚0.4厘米（图九五，9）。

99-DG-HJH-2-CAI 陶器4件，龙山文化中期。标本99-DG-HJH-2-CAI：1，陶盘。泥质灰胎黑皮陶。圆唇，折沿，敞口，浅腹，素面，残高3.4、厚0.5厘米（图九五，3）。标本99-DG-HJH-2-CAI：2，陶鼎。夹砂黑陶。尖唇，小平沿，折腹，素面，残高3.3、厚0.3厘米（图九五，4）。标本99-DG-HJH-2-CAI：3，器盖。泥质黑陶。素面，残高3.4、厚0.4～0.5厘米（图九五，5）。标本99-DG-HJH-2-CAI：4，陶盆。夹砂黄褐陶。尖唇，卷沿，折腹，素面，残高3.8、厚0.4～0.6厘米（图九五，6）。

99-DG-HJH-2-CAD 石器1件，龙山文化。标本99-DG-HJH-2-CAD：1，石刀。残，横断面长方形，对钻有一孔，通体磨制。残长2.8、宽2.4、厚0.9厘米（图九六，1）。

99-DG-HJH-2-CAI 石器1件，龙山文化。标本99-DG-HJH-2-CAI：1，石斧。残，石质精美，平面不规则，通体磨制，刃部残缺大部分，根据残余形态判断其为石斧。残长6.2、宽4.2、厚1.6厘米（图九六，2）。

00-DG-HJH-2-CAG 石器2件，龙山文化。标本00-DG-HJH-2-CAG：1，石刀。残，横断面

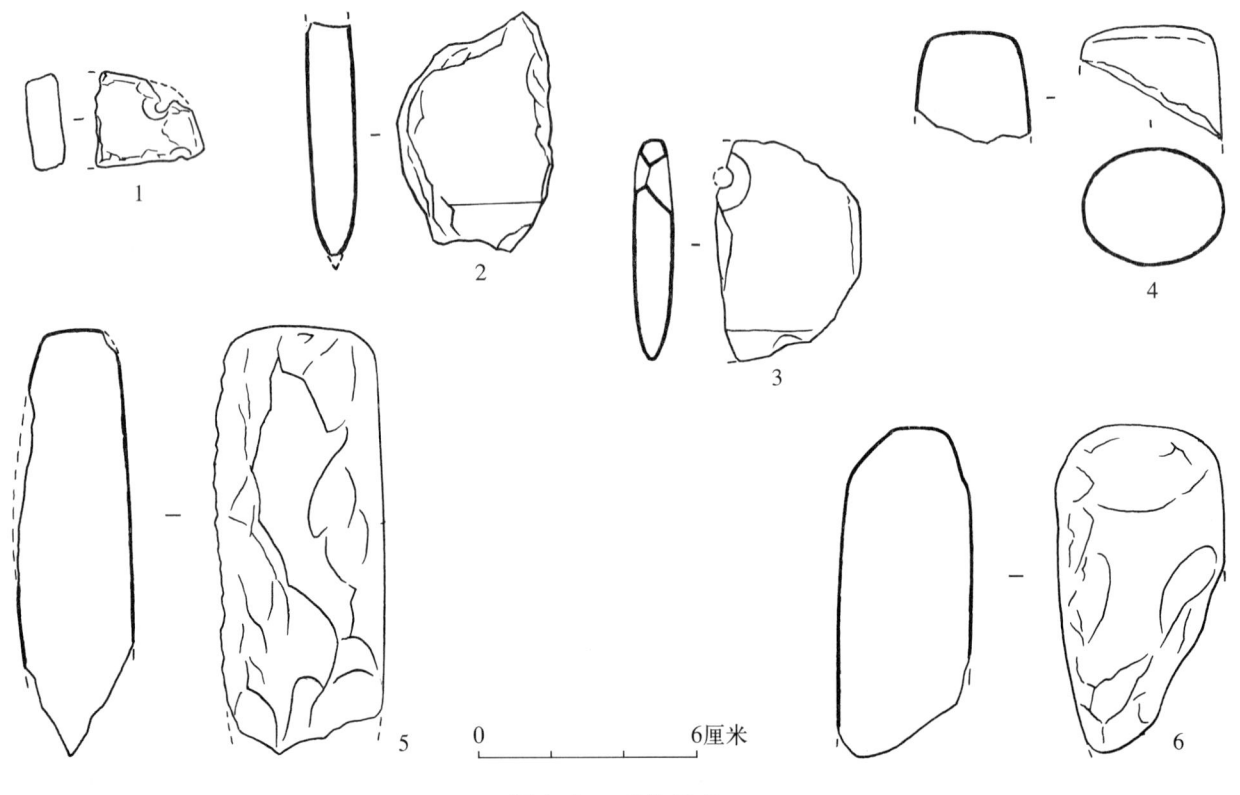

图九六　采集遗物

1. 石刀99-DG-HJH-2-CAD：1　2. 石斧99-DG-HJH-2-CAI：1　3. 石刀00-DG-HJH-2-CAG：1　4. 石钺00-DG-HJH-2-CAG：2
5. 石斧00-DG-HJH-2-CAH：1　6. 石锤01-DG-HJH-2-CAH：1

近椭圆形，上部残存一孔，对钻。刃部残，通体磨制。残长 4、厚 5.8、厚 1.1 厘米（图九六，3）。标本 00-DG-HJH-2-CAG：2，石钺。残存顶端，横断面椭圆形，石质精美，通体磨制。残长 3、宽 3.8、厚 3.2 厘米（图九六，4）。

00-DG-HJH-2-CAH　石器 1 件，龙山文化。标本 00-DG-HJH-2-CAH：1，石斧。平面长方形，横断面近方形，刃部打制而成，似残损严重。通体打磨而成。长 11.3、宽 4.8、厚 2.6 厘米（图九六，5）。

00-DG-HJH-2-CAH　石器 1 件，龙山文化。标本 00-DG-HJH-2-CAH：1，石锤。平面呈圆角梯形，断面呈方形，在下端有突出的一使用面，有明显的使用痕迹，通体磨制。长 8.9、宽 4.9、厚 3.9 厘米（图九六，6）。

8. 庙山后（99-DG-MSH-1，龙山、周）（第 5 年）

99-DG-MSH-1-CAB　陶器 5 件。标本 99-DG-MSH-1-CAB：1，鼎足，龙山文化中期。夹砂黑陶。铲形，中间饰一周窝状堆纹，残高 6.2 厘米（图九七，1）。标本 99-DG-MSH-1-CAB：2，豆盘，龙山文化中期。夹砂黑陶。素面，残高 2.2、残径 5.7 厘米（图九七，2）。标本 99-DG-MSH-1-CAB：3，陶鼎，龙山文化早期。夹砂褐陶。圆唇，折沿，沿面内凹，素面，口径 17、残高 3.6、壁厚 0.38～0.74 厘米（图九七，3）。标本 99-DG-MSH-1-CAB：4，陶罐，龙山文化中期。夹砂灰褐陶。圆唇，沿外侧饰一周凸棱，残高 2.5、厚 0.81～0.94 厘米（图九七，4）。标本 99-DG-MSH-1-CAB：5，鼎足，龙山文化早期。夹砂褐陶。凿形。足外侧中间内凹，残高 6.3 厘米（图九七，5）。

99-DG-MSH-1-CAC　石器 2 件，龙山文化。标本 99-DG-MSH-1-CAC：1，石锛。残余上端，平面和横断面皆梯形，通体磨制，器形较为规整。残长 5、宽 4.5、厚 1.8 厘米（图九七，6）。标本 99-DG-MSH-1-CAC：2，石铲。残余下半部，平面和横断面长方形，单面刃，刃部有两面分布的崩损痕迹。通体琢制，背面使用痕迹明显。残长 6.9、宽 9.2、厚 1.6 厘米（图九七，7）。

9. 申家坡（99-DG-SJP-6/WLZ-5，龙山、周、汉）（第 5 年）

99-DG-SJP-6　石器 1 件，汉代。标本 99-DG-SJP-6：1，石锛或石凿。残存上部，平面长方形，横断面方形，通体磨制，器体厚重。残长 7.9、宽 3.4、厚 2.8 厘米（图九七，8）。

10. 屯岭村（99-DG-TLC-1，西周）（第 5 年）

99-DG-TLC-1　石器 1 件，西周。标本 99-DG-TLC-1：1，石钺。残余上端，穿有一孔，平面梯形，横断面椭圆形。通体磨制，器形规整。残长 4.1、宽 7、厚 1.2 厘米（图九七，9）。

11. 凉水汪（99-DG-LSZ，周）（第 5 年）

99-DG-LSZ-2　陶器 2 件，东周。标本 99-DG-LSZ-2：1，罐底。夹砂灰胎褐皮陶。小平底，底部和腹部均饰篮纹，底径 4.6、残高 3.5、厚 0.5～0.9 厘米（图九七，10）。标本 99-DG-LSZ-2：2，罐口沿。尖唇，直口束颈，素面，口径 12、残高 5.8、壁厚 0.9～1.2 厘米（图九七，11）。

99-DG-LSZ-1　石器 1 件，周代。标本 99-DG-LSZ-1：1，石锛。平面梯形，横断面呈内凹梯形，单面刃加工好且使用痕迹明显。通体磨制精细，器形规整。长 6.35、宽 3.45～4.44、厚 1.05 厘米（图九七，12）。

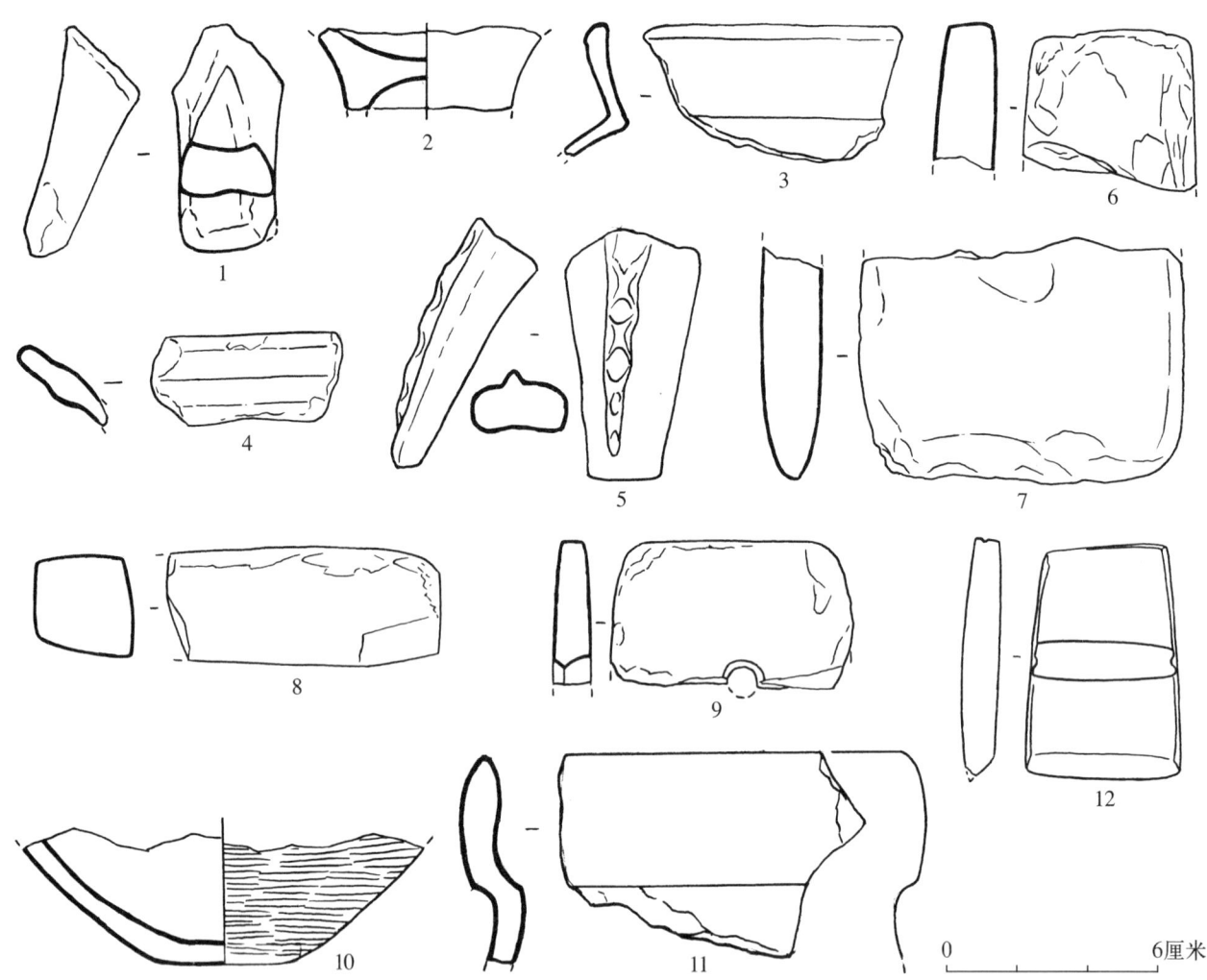

图九七　采集遗物

1. 陶鼎足99-DG-MSH-1-CAB：1　2. 陶豆盘99-DG-MSH-1-CAB：2　3. 陶鼎99-DG-MSH-1-CAB：3　4. 陶罐99-DG-MSH-1-CAB：4　5. 陶鼎足99-DG-MSH-1-CAB：5　6. 石锛99-DG-MSH-1-CAC：1　7. 石铲99-DG-MSH-1-CAC：2　8. 石锛或石凿99-DG-SJP-6：1　9. 石钺99-DG-TLC-1：1　10. 陶罐底99-DG-LSZ-2：1　11. 罐口沿99-DG-LSZ-2：2　12. 石锛99-DG-LSZ-1：1

12. 大暖嶂（99-DG-DNZ，周）（第5年）

99-DG-DNZ-5 石器1件，东周。标本99-DG-DNZ-5：1，石器。残，平面半月形，断面梯形。残长4.4、宽2.3、厚1.2厘米（图九八，1）。

99-DG-DNZ-2-CAB 石器1件，周代。标本99-DG-DNZ-2-CAB：1，石器。残，纵切面三角形，双面刃有磨制痕迹。残长3.05、宽3.35、厚2.07厘米（图九八，2）。

13. 丁家庄（99-DG-DJZ-1，周）（第5年）

99-DG-DJZ-1 石器1件，周代。标本99-DG-DJZ-1：1，石刀。残，纵切面三角形，双面刃较钝。通体磨制。残长4.9、宽3.6、厚1.2厘米（图九八，3）。

14. 窝落子（99-DG-WLZ，岳石、周）（第5年）

99-DG-WLZ-1-CAA 陶器1件，西周。标本99-DG-WLZ-1-CAA：1，陶鬲口沿。泥质灰

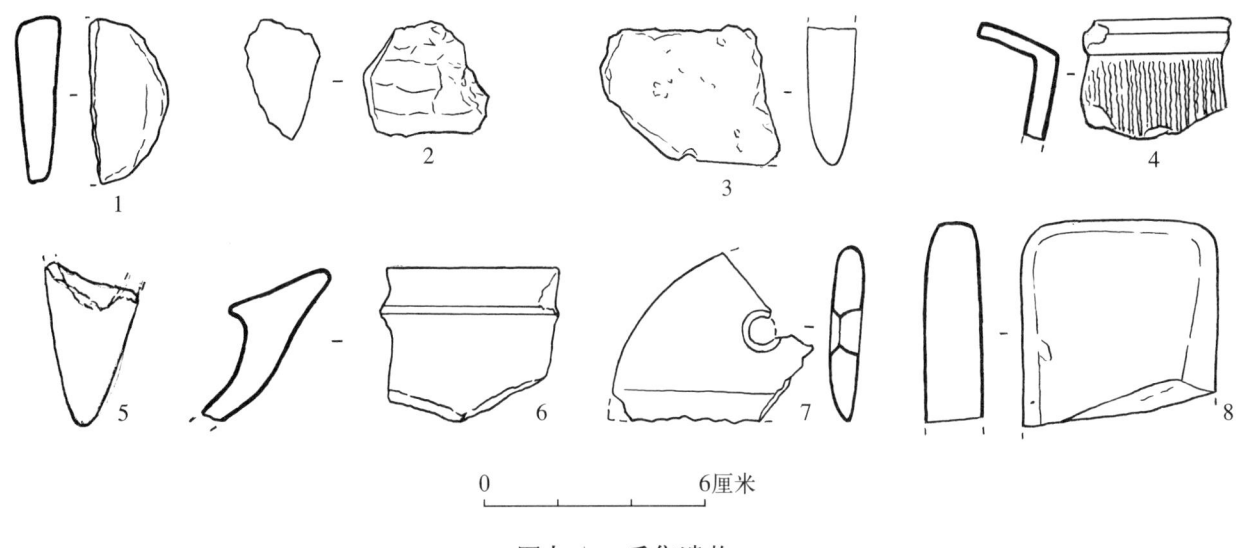

0　　　　　　　　6厘米

图九八　采集遗物

1. 石器99-DG-DNZ-5：1　2. 石器99-DG-DNZ-2-CAB：1　3. 石刀99-DG-DJZ-1：1　4. 陶鬲口沿99-DG-WLZ-1-CAA：1　5.
陶甗足99-DG-WLZ-5：1　6. 陶罐99-DG-WLZ-1-CAB：1　7. 石刀99-DG-WLZ-3-CAB：1　8. 石器99-DG-WLZ-3-CAB：2

陶。方唇，折沿，腹饰绳纹，残高2.9、厚0.6厘米（图九八，4）。

99-DG-WLZ-5　陶器1件，龙山文化。标本99-DG-WLZ-5：1，甗足。夹砂黑陶。素面，残
高4.1厘米（图九八，5）。

99-DG-WLZ-1-CAB　陶器1件，西周。标本99-DG-WLZ-1-CAB：1，陶罐。夹砂灰褐陶。
尖唇，敛口，素面，残高4、厚0.6厘米（图九八，6）。

99-DG-WLZ-3-CAB　石器2件，岳石文化。标本99-DG-WLZ-3-CAB：1，石刀。残，原平
面应为半月形，断面椭圆形，刃部使用痕迹明显。通体磨制精细，仍可见一孔，管钻。残长5.5、宽
4.5、厚1厘米（图九八，7）。标本99-DG-WLZ-3-CAB：2，石器。残，平面梯形，横断面平行四边
形，通体磨制规整。残长5.5、宽5.4、厚1.7厘米（图九八，8）。

15. 周家村（00-JN-ZJC，大汶口、龙山、周、汉）（第6年）

00-JN-ZJC-1　陶器3件，晚商。标本00-JN-ZJC-1：1，腹片。夹砂灰陶。通体饰竖绳纹和一
周附加堆纹，残厚0.6～0.7厘米（图九九，1）。标本00-JN-ZJC-1：2，陶罐口沿。夹砂褐陶。方
唇折沿，口径17、残高2.7厘米（图九九，2）。标本00-JN-ZJC-1：3，鬲足。夹砂红陶。通体饰绳
纹，残高4.5厘米（图九九，3）。

00-JN-ZJC-4-CAD　陶器9件。标本00-JN-ZJC-4-CAD：1，甗足，大汶口文化晚期。夹
砂灰褐陶。凿形，素面，残高4.4厘米（图九九，4；彩版六七，1，下右2）。标本00-JN-ZJC-4-
CAD：2，鼎足，大汶口文化晚期。夹砂褐陶。凿形，素面，残高4.2厘米（图九九，5；彩版六七，
1，下右1）。标本00-JN-ZJC-4-CAD：3，甗足，龙山文化。夹砂红陶。素面。残高4.3厘米（图
九九，12；彩版六七，1，下左1）。标本00-JN-ZJC-4-CAD：4，陶盆口沿，大汶口文化。夹砂灰
黑陶。圆唇，平沿，敞口，素面。残高1.7、厚0.3～0.7厘米（图九九，13；彩版六七，1，中右
1）。标本00-JN-ZJC-4-CAD：5，陶器口沿，龙山文化。夹砂褐陶。敛口，素面（彩版六七，1，上
左1）。标本00-JN-ZJC-4-CAD：6，陶器口沿，龙山文化。夹砂褐陶。素面（彩版六七，1，上左
2）。标本00-JN-ZJC-4-CAD：7，陶器口沿，龙山文化。夹砂灰褐陶。尖圆唇，敛口，素面（彩版

六七，1，中左1）。标本00-JN-ZJC-4-CAD：8，铲形鼎足，残，龙山文化。夹砂灰褐陶。素面（彩版六七，1，下左2）。标本00-JN-ZJC-4-CAD：9，陶器口沿，残，大汶口文化晚期。夹砂褐陶。圆唇，素面（彩版六七，1，上右1）。

00-JN-ZJC-4-CAE　陶器3件。标本00-JN-ZJC-4-CAE：1，陶盆口沿，西周。泥质黄褐陶。方唇，敞口，唇部饰两周凹槽，残高1.9、厚0.7厘米（图九九，6）。标本00-JN-ZJC-4-CAE：2，鬶足，龙山文化早期。夹砂褐陶。凿形，素面，残高4.1厘米（图九九，7；彩版六七，1，上左3）。标本00-JN-ZJC-4-CAE：3，陶罐，龙山文化早期。夹砂黑陶。圆唇，小平沿，直口，有领，肩部饰数周凹弦纹，残高4.2、厚0.3～0.5厘米（图九九，8）。

00-JN-ZJC-4-CAF　陶器3件，龙山文化早期。标本00-JN-ZJC-4-CAF：1，鬶足。夹砂褐陶。足跟残，似圆锥形，残高4.5厘米（图九九，9；彩版六七，1，中左2）。标本00-JN-ZJC-4-CAF：2，陶盆。夹砂黑陶。方唇，折沿，直腹，腹部可见一周凹弦纹，口径24、残高4.8、厚0.8厘米（图九九，10）。标本00-JN-ZJC-4-CAF：3，鼎足。夹砂黑陶。马蹄形，残高5.5、宽1.6～2.9厘米（图九九，11）。

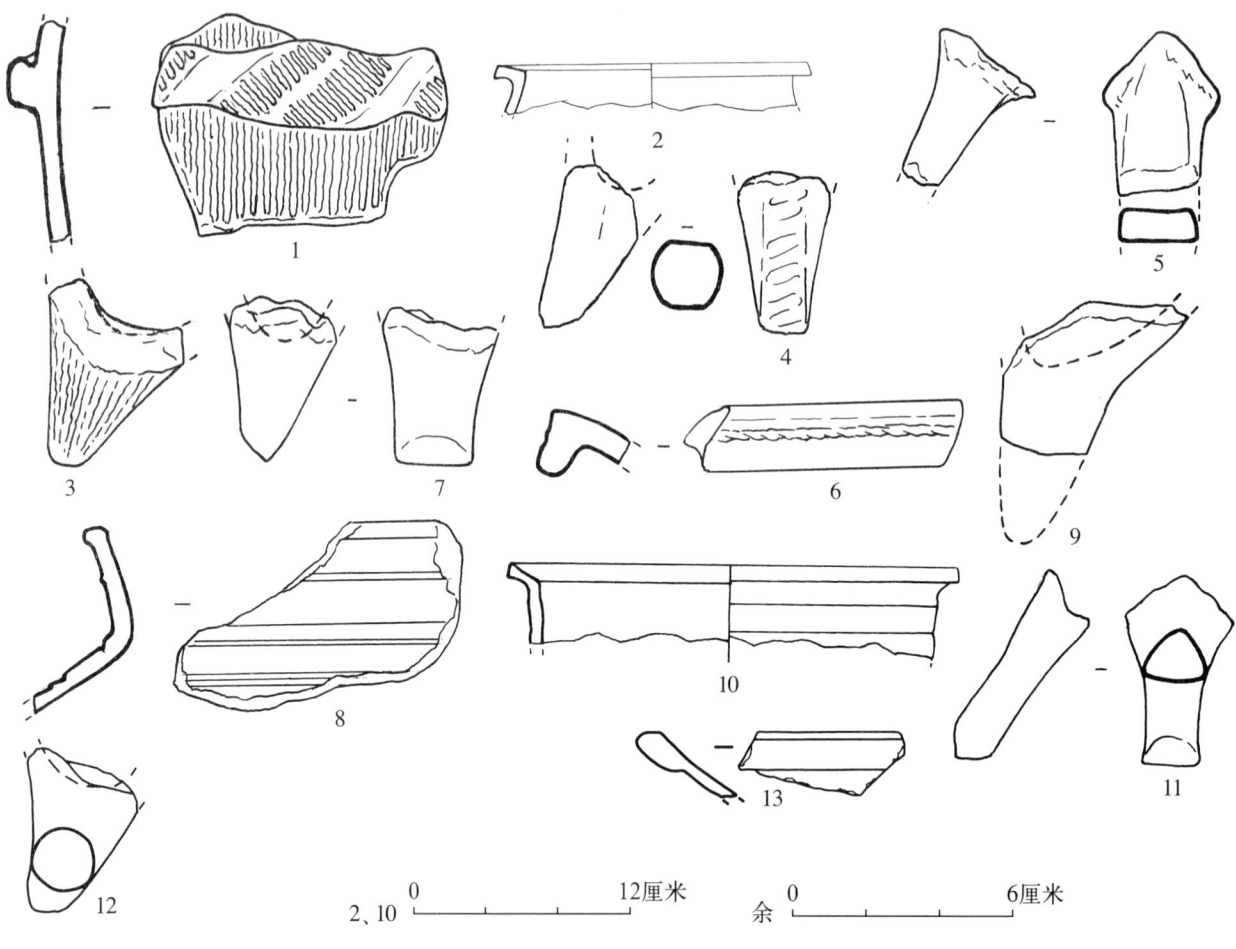

图九九　采集遗物

1. 陶片00-JN-ZJC-1：1　2. 陶罐口沿00-JN-ZJC-1：2　3. 陶鬲足00-JN-ZJC-1：3　4. 陶鬶足00-JN-ZJC-4-CAD：1　5. 陶鼎足00-JN-ZJC-4-CAD：2　6. 陶盆口沿00-JN-ZJC-4-CAE：1　7. 陶鬶足00-JN-ZJC-4-CAE：2　8. 陶罐00-JN-ZJC-4-CAE：3　9. 陶鬶足00-JN-ZJC-4-CAF：1　10. 陶盆00-JN-ZJC-4-CAF：2　11. 陶鼎足00-JN-ZJC-4-CAF：3　12. 陶鬶足00-JN-ZJC-4-CAD：3　13. 陶盆口沿00-JN-ZJC-4-CAD：4

99-JN-ZJC-4-CAG　石器1件，龙山文化。标本99-DG-ZJC-4-CAG：1，石器。平面不规则，横断面近梯形，磨制而成。长6.2、宽3.2、厚2厘米（图一〇〇，1）。

00-JN-ZJC-4-CAE　石器1件，龙山文化。标本00-JN-ZJC-4-CAE：1，石镰。残，横断面拍子状，刃部使用痕迹明显，磨制而成。残长5.9、宽2.64～3.22、厚0.25～0.82厘米（图一〇〇，2）。

00-JN-ZJC-4-CAG　石器2件，龙山文化。标本00-JN-ZJC-4-CAG：1，石锛。平面长方形，横断面梯形，单面刃使用痕迹明显。通体磨制，器形规整。长8.5、宽3.5、厚2.8厘米（图一〇〇，3）。标本00-JN-ZJC-4-CAG：2，石刀。残，平面和横断面近梯形，单面刃加工较好且使用痕迹明显。磨制而成。残长7.1、宽3.5、厚0.55～0.82厘米（图一〇〇，4）。

01-JN-ZJC-4-CAD　石器3件，龙山文化。标本01-JN-ZJC-4-CAD：1，鹅卵石。平面椭圆形。长4、宽3.7、厚1.8厘米（图一〇〇，5）。标本01-JN-ZJC-4-CAD：2，鹅卵石。平面椭圆形。长7、宽3.2、厚1～1.57厘米（图一〇〇，6）。标本01-JN-ZJC-4-CAD：3，石刀，残。平面略呈长方形，弧背直刃，背部残留一穿孔痕迹，两面对钻而成，通体磨光（彩版六七，6）。

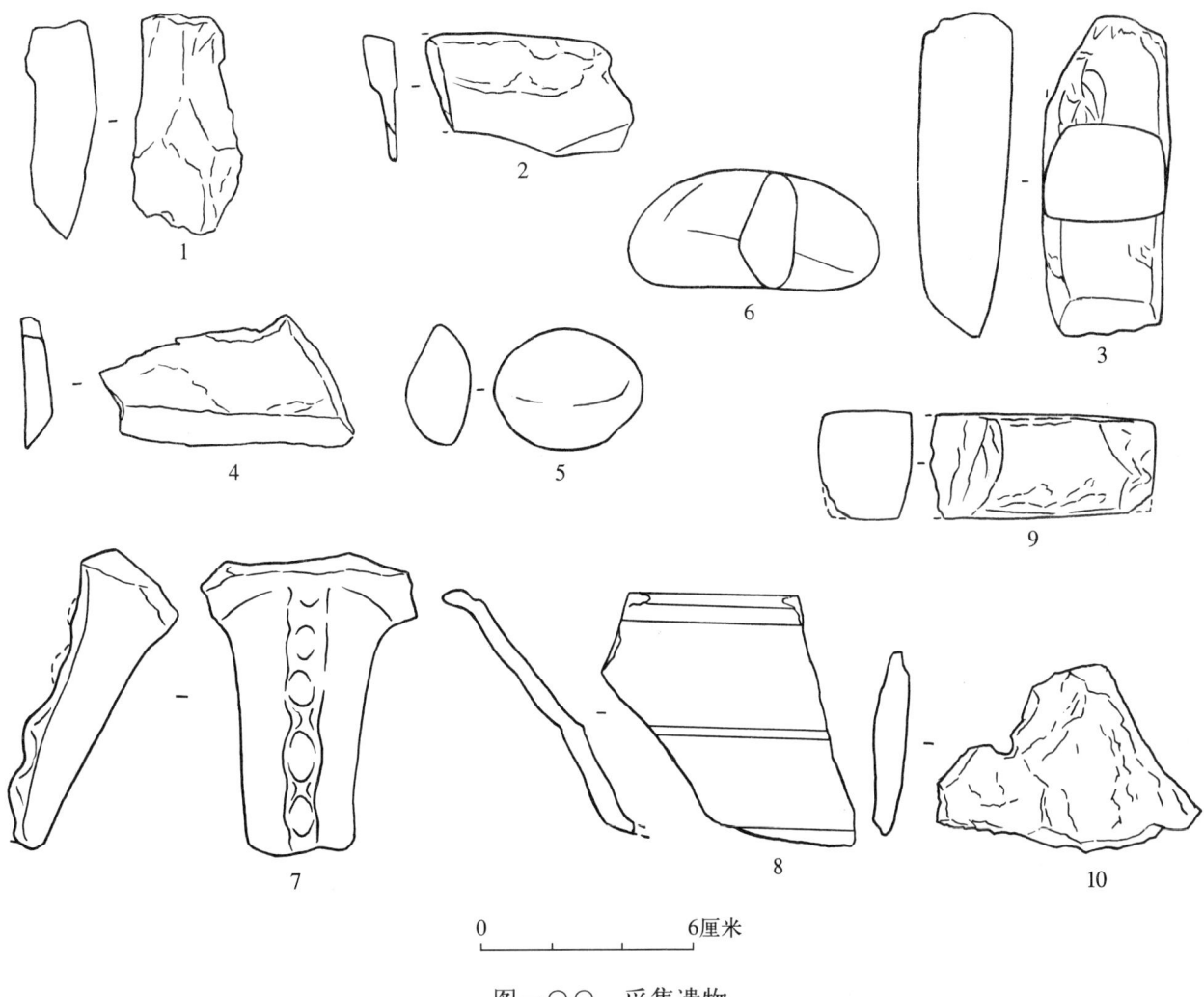

0 —————— 6厘米

图一〇〇　采集遗物

1. 石器99-DG-ZJC-4-CAG：1　2. 石镰00-JN-ZJC-4-CAE：1　3. 石锛00-JN-ZJC-4-CAG：1　4. 石刀00-JN-ZJC-4-CAG：2
5. 鹅卵石01-JN-ZJC-4-CAD：1　6. 鹅卵石01-JN-ZJC-4-CAD：2　7. 凿形陶鼎足00-JN-CY-1-CAE：1　8. 陶盆00-JN-CY-1-CAE：2　9. 石锛00-JN-CY-1-CAA：1　10. 石坯00-JN-CY-1-CAE：1

16. 菜园（00-JN-CY-1，龙山、周、汉）（第6年）

00-JN-CY-1-CAE　陶器16件，龙山文化。标本00-JN-CY-1-CAE：1，凿形鼎足。夹砂褐陶。中间有窝状泥条。残高8.4厘米（图一〇〇，7；彩版六七，5，下右3）。标本00-JN-CY-1-CAE：2，陶盆。泥质黑陶。圆唇，沿微外卷，沿内一周凹槽，敞口，斜腹较浅，腹壁饰一周突棱。素面。残高6.4、厚0.34～0.8厘米（图一〇〇，8；彩版六七，5，上右2）。标本00-JN-CY-1-CAE：3，陶器腹片。泥质灰褐陶。表面饰有篮纹（彩版六七，5，上左1）。标本00-JN-CY-1-CAE：4，铲形鼎足，残。夹砂红褐陶。素面（彩版六七，5，中左1）。标本00-JN-CY-1-CAE：5，铲形鼎足。夹砂红褐陶。根部有一按窝（彩版六七，5，下左1）。标本00-JN-CY-1-CAE：6，陶器腹片。夹砂褐陶。表面饰有篮纹（彩版六七，5，上左2）。标本00-JN-CY-1-CAE：7，凿形鼎足。夹砂灰褐陶。表面有一竖条凸棱（彩版六七，5，下左2）。标本00-JN-CY-1-CAE：8，陶器口沿。夹砂灰陶。圆唇，卷沿，侈口，素面（彩版六七，5，上左3）。标本00-JN-CY-1-CAE：9，铲形鼎足，残。夹砂红褐陶。素面（彩版六七，5，中左2）。标本00-JN-CY-1-CAE：10，凿形鼎足。夹砂黑陶。素面（彩版六七，5，下左3）。标本00-JN-CY-1-CAE：11，陶器口沿。夹砂黑陶。口沿部饰附加堆纹，侈口，素面（彩版六七，5，上左4）。标本00-JN-CY-1-CAE：12，陶盆口沿。夹砂红褐陶。方唇，侈口，素面（彩版六七，5，中左3）。标本00-JN-CY-1-CAE：13，陶匜。夹砂黑陶。尖圆唇，微敛口，器表饰凹弦纹（彩版六七，5，下右2）。标本00-JN-CY-1-CAE：14，陶器口沿。夹砂灰褐陶。圆唇，卷沿，侈口，素面（彩版六七，5，上右1）。标本00-JN-CY-1-CAE：15，陶器口沿。夹砂褐陶。素面（彩版六七，5，中右1）。标本00-JN-CY-1-CAE：16，覆碗形器盖。夹砂黑陶。小平顶，捉手顶部微内凹，素面（彩版六七，5，下右1）。

00-JN-CY-1-CAA　陶器13件。标本00-JN-CY-1-CAA：1，陶器口沿，残，西周。泥质灰陶。圆唇，折沿，素面（彩版六六，4，上）。标本00-JN-CY-1-CAA：2，陶器肩部残片，西周。泥质灰陶。表面饰一横条附加堆纹（彩版六六，4，下）。标本00-JN-CY-1-CAA：3，陶器腹片，龙山文化。泥质黑陶。表面饰有篮纹（彩版六七，3，上左1）。标本00-JN-CY-1-CAA：4，铲形鼎足，龙山文化。夹砂灰褐陶。素面（彩版六七，3，下左1）。标本00-JN-CY-1-CAA：5，铲形鼎足，龙山文化。夹砂红陶。素面（彩版六七，3，下左2）。标本00-JN-CY-1-CAA：6，鼎足，下部残，龙山文化。夹砂褐陶。素面（彩版六七，3，下左3）。标本00-JN-CY-1-CAA：7，陶盆口沿，残，龙山文化。夹砂灰陶。方唇，卷沿，侈口，素面（彩版六七，3，上左3）。标本00-JN-CY-1-CAA：8，陶罐口沿，龙山文化。泥质黑陶。尖圆唇，卷沿，侈口，素面（彩版六七，3，上左4）。标本00-JN-CY-1-CAA：9，鼎足，残，龙山文化。夹砂褐陶（彩版六七，3，上左2）。标本00-JN-CY-1-CAA：10，鼎足，龙山文化。夹砂褐陶。呈锥状，素面（彩版六七，3，下左4）。标本00-JN-CY-1-CAA：11，覆碗形器盖，残，龙山文化。夹砂黑陶。小平顶，平顶上有偏形圆割痕，斜壁，素面（彩版六七，3，下右2）。标本00-JN-CY-1-CAA：12，陶器口沿，龙山文化。夹砂黑陶。方唇，卷沿，侈口，颈部饰有弦纹（彩版六七，3，上右1）。标本00-JN-CY-1-CAA：13，铲形鼎足，龙山文化。夹砂黑陶。足面中央饰竖条附加堆纹（彩版六七，3，下右1）。

00-JN-CY-1-CAA　石器1件，龙山文化。标本00-JN-CY-1-CAA：1，石锛。残，平面和横断面梯形，刃部残，通体磨制而成。残长6.3、宽2.97、厚2.8厘米（图一〇〇，9；彩版六六，5）。

00-JN-CY-1-CAE　石器1件，龙山文化。标本00-JN-CY-1-CAE：1，石坯。石质夹云母，形状不规则。长7.4、宽5.07、厚0.37～0.9厘米（图一〇〇，10）。

17. 冯家沟（00-DG-FJG-2，大汶口、龙山、周）（第6年）

00-DG-FJG-2-CAB　陶器2件，西周。标本00-DG-FJG-2-CAB：1，陶罐。泥质灰陶。圆唇，平沿，束颈，鼓腹。残高10.2、厚0.65～1厘米（图一○一，1）。标本00-DG-FJG-2-CAB：2，陶豆。泥质褐陶。鼓腹，平底。残高5.3厘米（图一○一，2）。

00-DG-FJG-2-CAD　陶器18件。标本00-DG-FJG-2-CAD：1，陶器口沿，龙山文化二期。泥质黑陶。扁圆唇，微敛口，素面。标本00-DG-FJG-2-CAD：2，凿形鼎足，残，龙山二文化期。夹砂灰褐陶。素面。标本00-DG-FJG-2-CAD：3，凿形鼎足，残，龙山二文化期。夹砂褐陶。素面。标本00-DG-FJG-2-CAD：4，陶器口沿，龙山文化一期。泥质黑陶。扁圆唇，素面。标本00-DG-FJG-2-CAD：5，陶器口沿，龙山文化一期。泥质褐陶。圆唇，素面。标本00-DG-FJG-2-CAD：6，陶器口沿，龙山文化一期。泥质褐陶。方圆唇，素面。标本00-DG-FJG-2-CAD：7，陶罐口沿，龙山文化一期。泥质黑陶。方唇，卷沿，侈口，素面。标本00-DG-FJG-2-CAD：8，鼎足，残，龙山文化一期。夹砂灰陶。素面。标本00-DG-FJG-2-CAD：9，铲形鼎足，龙山文化一期。夹砂褐陶。素面。标本00-DG-FJG-2-CAD：10，铲形鼎足，龙山文化一期。夹砂褐陶。素面。标本00-DG-FJG-2-CAD：11，铲形鼎足，龙山文化一期。夹砂灰陶。素面，表面有火烧痕迹。标本00-DG-FJG-2-CAD：12，铲形鼎足，龙山文化一期。夹砂红褐陶。素面。标本00-DG-FJG-2-CAD：13，陶器腹片，大汶口文化晚期。夹砂灰褐陶。表面饰有篮纹（彩版六六，3，上左1）。标本00-DG-FJG-2-CAD：14，陶器腹片，大汶口文化晚期。夹砂灰陶。表面饰有篮纹（彩版六六，3，上中）。标本00-DG-FJG-2-CAD：15，陶器腹片，大汶口文化晚期。夹砂灰陶。表面饰有篮纹（彩版六六，3，上右1）。标本00-DG-FJG-2-CAD：16，铲形鼎足，大汶口文化晚期。夹砂红褐陶。素面（彩版六六，3，下左1）。标本00-DG-FJG-2-CAD：17，铲形鼎足，底部残，大汶口文化晚期。夹砂红褐陶。素面（彩版六六，3，下左2）。标本00-DG-FJG-2-CAD：18，铲形鼎足，顶部残，大汶口文化晚期。夹砂红褐陶。素面（彩版六六，3，下右1）。

18. 东王家村（00-DG-DWJC-1，龙山、周、汉）（第6年）

00-DG-DWJC-1-CAA　陶器9件，龙山文化。标本00-DG-DWJC-1-CAA：1，鸟喙形鼎足。夹砂褐陶。高9厘米（图一○一，3；彩版六六，1，下左2）。标本00-DG-DWJC-1-CAA：2，鸟喙形鼎足。夹砂褐陶。足跟残。残高5.2厘米（图一○一，4；彩版六六，1，下右2）。标本00-DG-DWJC-1-CAA：3，铲形鼎足。夹砂褐陶。素面。高8.2厘米（图一○一，5；彩版六六，1，下右1）。标本00-DG-DWJC-1-CAA：4，陶器口沿，残。夹砂灰陶。方圆唇，折沿，颈部饰有凸弦纹（彩版六六，1，上左1）。标本00-DG-DWJC-1-CAA：5，陶盆口沿。夹砂黑陶。方圆唇，侈口，颈部饰有凹弦纹（彩版六六，1，上左2）。标本00-DG-DWJC-1-CAA：6，鸟喙形鼎足，残。夹砂红褐陶（彩版六六，1，下左1）。标本00-DG-DWJC-1-CAA：7，圆锥形鼎足。夹砂红褐陶。素面（彩版六六，1，下左3）。标本00-DG-DWJC-1-CAA：8，鸟喙形鼎足。夹砂红褐陶（彩版六六，1，上左3）。标本00-DG-DWJC-1-CAA：9，铲形鼎足，残。夹砂褐陶。素面（彩版六六，1，上右1）。

00-DG-DWJC-1-CAB　陶器5件。标本00-DG-DWJC-1-CAF：1，陶盆口沿，汉代。泥质灰陶。厚方圆唇，素面（彩版六六，2，上左1）。标本00-DG-DWJC-1-CAF：2，陶盆口沿，汉代。泥质灰陶。方圆唇，素面（彩版六六，2，下左1）。标本00-DG-DWJC-1-CAF：3，陶罐口沿，龙山文化。夹砂红褐陶。方唇，折沿，素面（彩版六六，2，上左2）。标本00-DG-DWJC-1-CAF：4，陶盆口沿，龙山文化。夹砂黑陶。方唇，折沿，束颈，腹略扁，素面，唇面上有一周凹弦纹（彩版

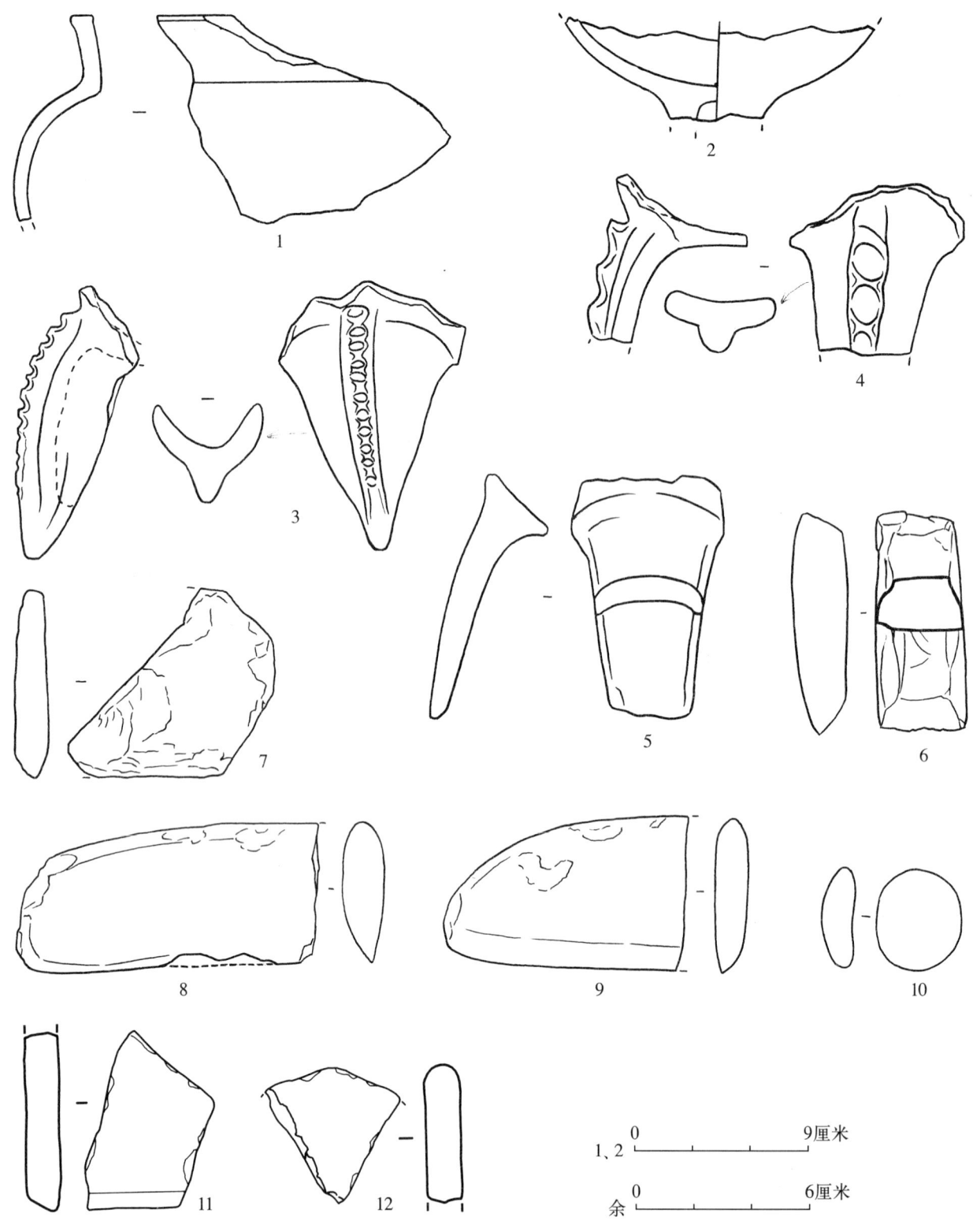

图一〇一　采集遗物

1. 陶罐00-DG-FJG-2-CAB：1　2. 陶豆00-DG-FJG-2-CAB：2　3. 鸟喙形陶鼎足00-DG-DWJC-1-CAA：1　4. 鸟喙形陶鼎足00-DG-DWJC-1-CAA：2　5. 铲形陶鼎足00-DG-DWJC-1-CAA：3　6. 石凿00-DG-DWJC-1-CAF：1　7. 石刀00-DG-DWJC-1-CAE：1　8. 石镰00-DG-DWJC-1-CAI：1　9. 石镰00-DG-DWJC-1-CAI：2　10. 鹅卵石00-DG-DWJC-1-CAI：3　11. 石刀00-DG-DWJC-1-CAE：2　12. 石器00-DG-DWJC-1-CAE：3

六六，2，下左2）。标本00-DG-DWJC-1-CAF：5，铲形鼎足，残，龙山文化。夹砂红陶。素面（彩版六六，2，下左3）。

　　00-DG-DWJC-1-CAF　石器1件，龙山文化。标本00-DG-DWJC-1-CAF：1，石凿。平面长方形，横断面梯形，单面刃加工好且有使用痕迹。通体磨制，器形规整。长7.2、宽3、厚1.26厘米（图一〇一，6）。

　　00-DG-DWJC-1-CAE　石器3件，龙山文化。标本00-DG-DWJC-1-CAE：1，石刀。残，刃部崩疤明显。通体磨制。残长7.1、宽6.2、厚0.78～1.2厘米（图一〇一，7）。标本00-DG-DWJC-1-CAE：2，石刀，残。平面近梯形，横断面近长方形，通体磨制。残长4.5、宽6、厚1.2厘米（图一〇一，11）。标本00-DG-DWJC-1-CAE：3，石器，残。平面近三角形，通体磨制。残长4.6、宽4.7、厚1.2厘米（图一〇一，12）。

　　00-DG-DWJC-1-CAI　石器3件，龙山文化。标本00-DG-DWJC-1-CAI：1，石镰。残，平面弧背梯形，横断面枣核形，刃部残损严重。通体磨制，器形规整。残长10.6、宽4.7、厚1.55厘米（图一〇一，8）。标本00-DG-DWJC-1-CAI：2，石镰。残，平面弧背三角形，横断面枣核形，单面刃加工好且使用痕迹不明显。通体磨制精细，器形规整。残长8.3、宽5.12、厚1.08厘米（图一〇一，9）。标本00-DG-DWJC-1-CAI：3，鹅卵石。平面圆形，横断面半月形。长3.24、宽2.9、厚1.15厘米（图一〇一，10）。

　　00-DG-DWJC-1-CAA　石器2件，龙山文化。标本00-DG-DWJC-1-CAA：1，石斧。石质夹云母，平面圆角梯形，横断面圆形，双面刃加工好且使用痕迹明显。通体磨制，器形精美。长11.5、宽5.2、厚4.2厘米（图一〇二，1；彩版六六，6，右）。标本00-DG-DWJC-1-CAA：2，石锛。平面和横断面皆梯形，刃部残损严重。通体磨光精细，器形规整。长13.5、宽3.2～4.4、厚3.1厘米（图一〇二，2；彩版六六，6，左）。

　　00-DG-DWJC-1-CAG　石器2件，龙山文化。标本00-DG-DWJC-1-CAG：1，石刀。残，平面长方形，横断面近椭圆形，双面刃加工好且有使用痕迹。通体磨制精细，器形规整，对钻一孔。残长5.63、宽4.98、厚0.78厘米（图一〇二，3）。标本00-DG-DWJC-1-CAG：2，石凿。平面和横断面皆梯形，刃部崩疤明显。通体磨制，器形规整。长7.4、宽3.4、厚2.34厘米（图一〇二，4）。

19. 大岚（00-JN-DL-1-CAC，周、汉）（第6年）

　　00-JN-DL-1-CAC　石器1件，周代。标本00-JN-DL-1-CAC：1，石刀。残，横断面近椭圆形，单面刃加工较好且有使用痕迹。通体磨制精细，器形规整，对钻有一孔。残长4.2、宽3.47、厚0.72厘米（图一〇二，5）。

20. 凤墩村（00-JN-FDC-1，龙山、周、汉）（第6年）

　　00-JN-FDC-1-CAH　石器1件，龙山文化。标本00-JN-FDC-1-CAH：1，石刀。残，平面三角形，横断面近梯形，单面刃使用痕迹明显。通体磨制而成，器形规整。残长4.6、宽4.78、厚1.15厘米（图一〇二，6）。

　　00-JN-FDC-1-CAN　石器1件，龙山文化。标本00-JN-FDC-1-CAN：1，石铲。残存下端，平面长方形，横断面椭圆形，刃部崩疤明显。通体磨制，器形规整。残长5.82、宽7.9、厚1.25厘米（图一〇二，7）。

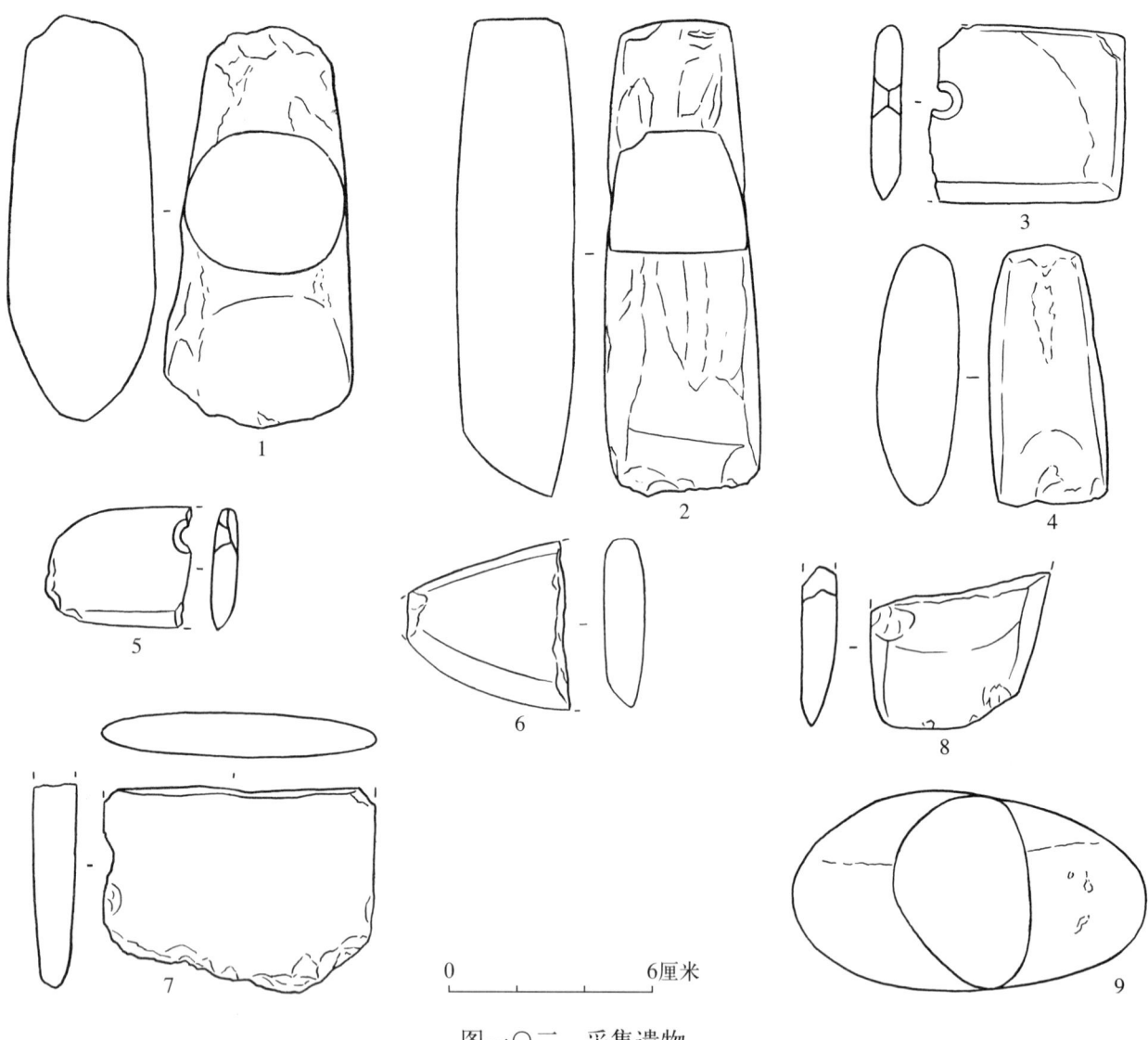

图一○二　采集遗物

1. 石斧 00-DG-DWJC-1-CAA：1　2. 石锛 00-DG-DWJC-1-CAA：2　3. 石刀 00-DG-DWJC-1-CAG：1　4. 石凿 00-DG-DWJC-1-CAG：2　5. 石刀 00-JN-DL-1-CAC：1　6. 石刀 00-JN-FDC-1-CAH：1　7. 石铲 00-JN-FDC-1-CAN：1　8. 石铲 00-DG-DW-2：1　9. 鹅卵石 00-DG-DW-2：2

21. 大洼（00-DG-DW-2，龙山、周）（第6年）

00-DG-DW-2 石器 2 件，周代。标本 00-DG-DW-2：1，石铲。残，横断面枣核形，单面刃加工好且使用痕迹明显。通体磨制精细。残长 4.5、宽 5.2、厚 0.98 厘米（图一○二，8）。标本 00-DG-DW-2：2，鹅卵石。平面和横断面椭圆形。长 10.3、宽 5.5、厚 4.2 厘米（图一○二，9）。

22. 苗家村（00-DG-MJC-1，周、汉）（第6年）

00-DG-MJC-1-CAA 陶器 2 件。标本 00-DG-MJC-1-CAA：1，腹片，东周。泥质红陶。饰竖绳纹和一道凹弦纹，残厚 1.17 厘米（图一○三，1）。标本 00-DG-MJC-1-CAA：2，板瓦，汉代。夹砂灰陶。饰瓦棱纹，残厚 1.3 厘米（图一○三，2）。

00-DG-MJC-1-CAJ 陶器 4 件，西周。标本 00-DG-MJC-1-CAJ：1，陶鬲肩部陶片。夹砂灰陶。肩部饰绳纹（彩版六八，6，上左 1）。标本 00-DG-MJC-1-CAJ：2，陶鬲，口沿残。夹砂灰陶。

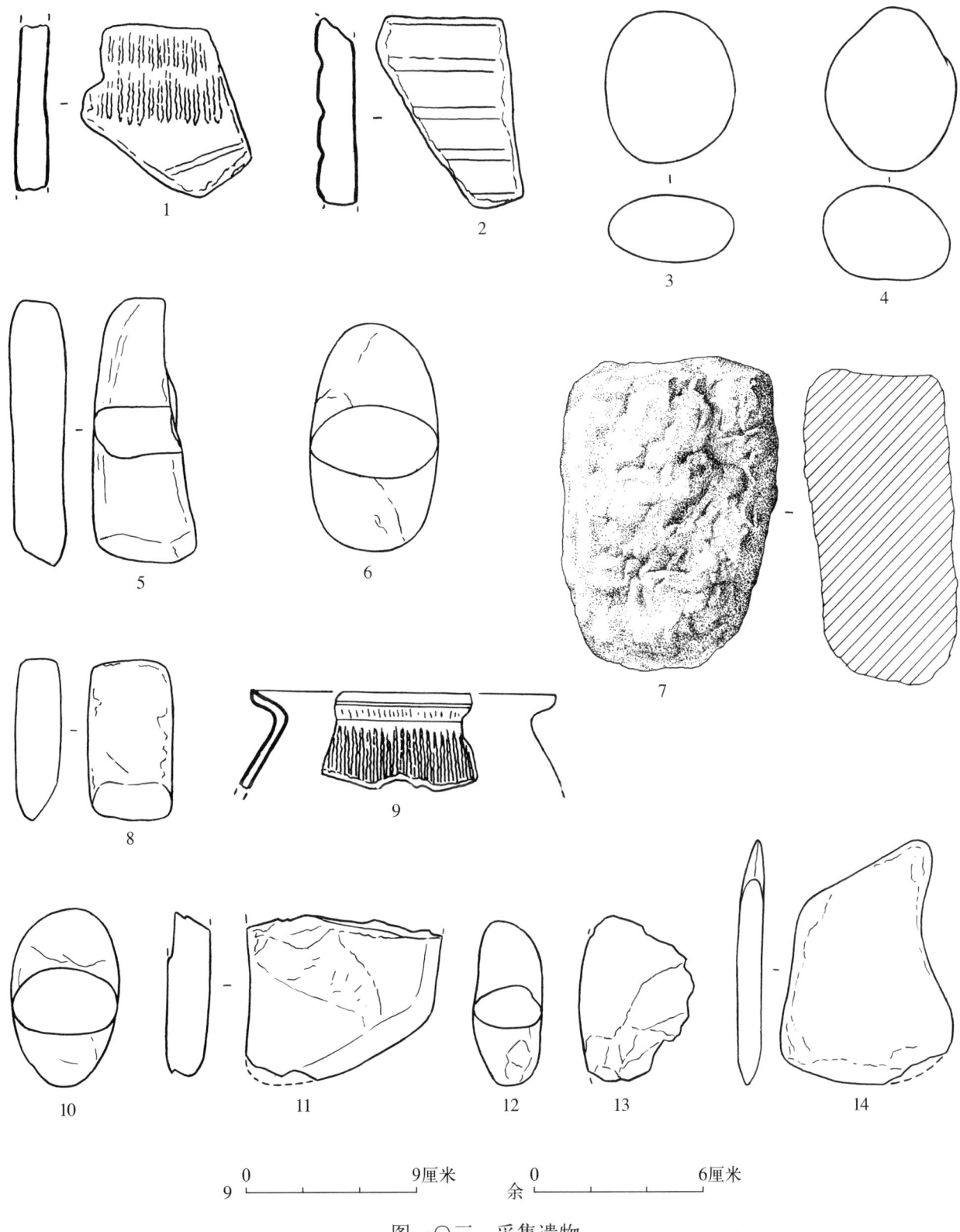

图一〇三 采集遗物

1. 陶腹片00-DG-MJC-1-CAA：1　2. 板瓦00-DG-MJC-1-CAA：2　3. 鹅卵石00-DG-MJC-1-CAA：1　4. 鹅卵石00-DG-MJC-1-CAA：2　5. 石器00-DG-MJC-1-CAA：3　6. 鹅卵石00-DG-DLZG-3：1　7. 石锤00-DG-DLZG-5：1　8. 石凿00-DG-TiJC-1-CAE：1　9. 陶鬲00-DG-TJC-1-CAA：1　10. 鹅卵石00-DG-TJC-1-CAA：1　11. 石器00-DG-TJC-1-CAA：2　12. 鹅卵石00-DG-TJC-1-CAA：3　13. 石器00-DG-TJC-1-CAA：4　14. 石铲00-DG-QTX-1-CAB：1

腹部饰绳纹（彩版六八，6，上右1）。标本00-DG-MJC-1-CAJ：3，鬲足。夹砂红褐陶。足尖绳纹到底（彩版六八，6，下左1）。标本00-DG-MJC-1-CAJ：4，鬲足。夹砂灰陶。足尖绳纹到底（彩版六八，6，下右1）。

　　00-DG-MJC-1-CAA　石器3件，汉代。标本00-DG-MJC-1-CAA：1，鹅卵石。椭圆形。长5.3、宽4.6、厚2.25厘米（图一〇三，3）。标本00-DG-MJC-1-CAA：2，鹅卵石。椭圆形。长5.5、宽4.4、厚3.1厘米（图一〇三，4）。标本00-DG-MJC-1-CAA：3，石器。残，器形规整，有磨制痕迹。残长9、宽3.7、厚2.08厘米（图一〇三，5）。

23. 东碌碡沟（00-DG-DLZG，商周、汉）（第6年）

　　00-DG-DLZG-3　石器1件，周代。标本00-DG-DLZG-3：1，鹅卵石。平面和横断面椭圆形。长7.63、宽4.5、厚2.45厘米（图一〇三，6）。

　　00-DG-DLZG-5　石器1件，周代。标本00-DG-DLZG-5：1，石锤。平面梯形，横断面方形，下端为使用面。器身厚重且规整，琢制。长10.8、宽7.8、厚5.2厘米（图一〇三，7）。

24. 田家村（00-DG-TiJC-1，周、汉）（第6年）

　　00-DG-TiJC-1-CAE　石器1件，周代。标本00-DG-TiJC-1-CAE：1，石凿。平面和横断面皆长方形，单面刃加工好且使用痕迹明显。通体磨制，器形规整。长5.45、宽3.02、厚1.55厘米（图一〇三，8）。

25. 陶家村（00-DG-TJC-1，周）（第6年）

　　00-DG-TJC-1-CAA　陶器1件，西周。标本00-DG-TJC-1-CAA：1，陶鬲。夹砂灰陶。尖唇，侈口，敛口，卷沿，腹饰中绳纹，口径16、残厚0.6、残高4.8厘米（图一〇三，9）。

　　00-DG-TJC-1-CAA　石器4件，周代。标本00-DG-TJC-1-CAA：1，鹅卵石。平面和横断面椭圆形。长5.94、宽3.7、厚2.28厘米（图一〇三，10）。标本00-DG-TJC-1-CAA：2，石器。残，横断面长方形，通体磨制较好。残长5.5、宽6.78、厚1.6厘米（图一〇三，11）。标本00-DG-TJC-1-CAA：3，鹅卵石。平面和横断面椭圆形。长5.45、宽2.32、厚1.58厘米（图一〇三，12）。标本00-DG-TJC-1-CAA：4，石器。残，通体磨制。残长5.6、宽4.15、厚3.1厘米（图一〇三，13）。

26. 前滩西（00-DG-QTX-1，周、汉）（第6年）

　　00-DG-QTX-1-CAB　石器1件，汉代。标本00-DG-QTX-1-CAB：1，石铲。平面不规则，横断面枣核形，单面刃使用痕迹明显。通体磨制。长8.3、宽6.1、厚0.82厘米（图一〇三，14）。

27. 两城镇（00-DG-LCZ-1，龙山、岳石、商、周、汉）（第6年）

　　00-DG-LCZ-1　陶器3件。标本00-DG-LCZ-1：1，陶盆口沿，龙山文化。夹砂红褐陶。方圆唇，卷沿，侈口，素面（彩版六七，4，左上1）。标本00-DG-LCZ-1：2，陶盆口沿，龙山文化。夹砂黑陶。方唇，卷沿，侈口，素面（彩版六七，4，左下1）。标本00-DG-LCZ-1：3，陶尊圈足，残，岳石文化。泥质褐陶。素面（彩版六七，4，右1）。

　　00-DG-LCZ-1-CAK-4　石器1件，龙山文化。标本00-DG-LCZ-1-CAK-4：1，石刀。残，磨制而成。残长3.8、宽3.4、厚0.73厘米（图一〇四，1）。

00-DG-LCZ-1-CAK-10　石器1件，龙山文化。标本00-DG-LCZ-1-CAK-10：1，鹅卵石。残。残长3.6、宽3.2、厚1.2～1.5厘米（图一〇四，2）。

00-DG-LCZ-1-CAN-4　石器1件，龙山文化。标本00-DG-LCZ-1-CAN-4：1，石刀。残，横断面近梯形，弧背，通体磨制较好。残长5、宽3.87、厚1.15厘米（图一〇四，3）。

00-DG-LCZ-1-CAN-2　石器1件，龙山文化。标本00-DG-LCZ-1-CAN-2：1，石刀。残，横断面近梯形，单面刃。通体磨制，对钻有两孔，器形规整。残长5、宽5.1、厚0.9厘米（图一〇四，4）。

00-DG-LCZ-1-CAH-4　石器2件，龙山文化。标本00-DG-LCZ-1-CAH-4：1，石刀。残，横断面枣核形，单面刃。通体磨制。残长4.85、宽4.35、厚1.02厘米（图一〇四，5）。标本00-DG-LCZ-1-CAH-4：2，石刀。残，横断面近枣核形，单面刃且有使用痕迹。通体磨制。残长7.5、宽3.8、厚1.18厘米（图一〇四，6）。

00-DG-LCZ-1-CAS-1　石器1件，龙山文化。标本00-DG-LCZ-1-CAS-1：1，石坯。形状不规则。长4、宽3.1、厚1.5厘米（图一〇四，7）。

00-DG-LCZ-1-CAN-1　石器1件，龙山文化。标本00-DG-LCZ-1-CAN-1：1，石刀。残，横

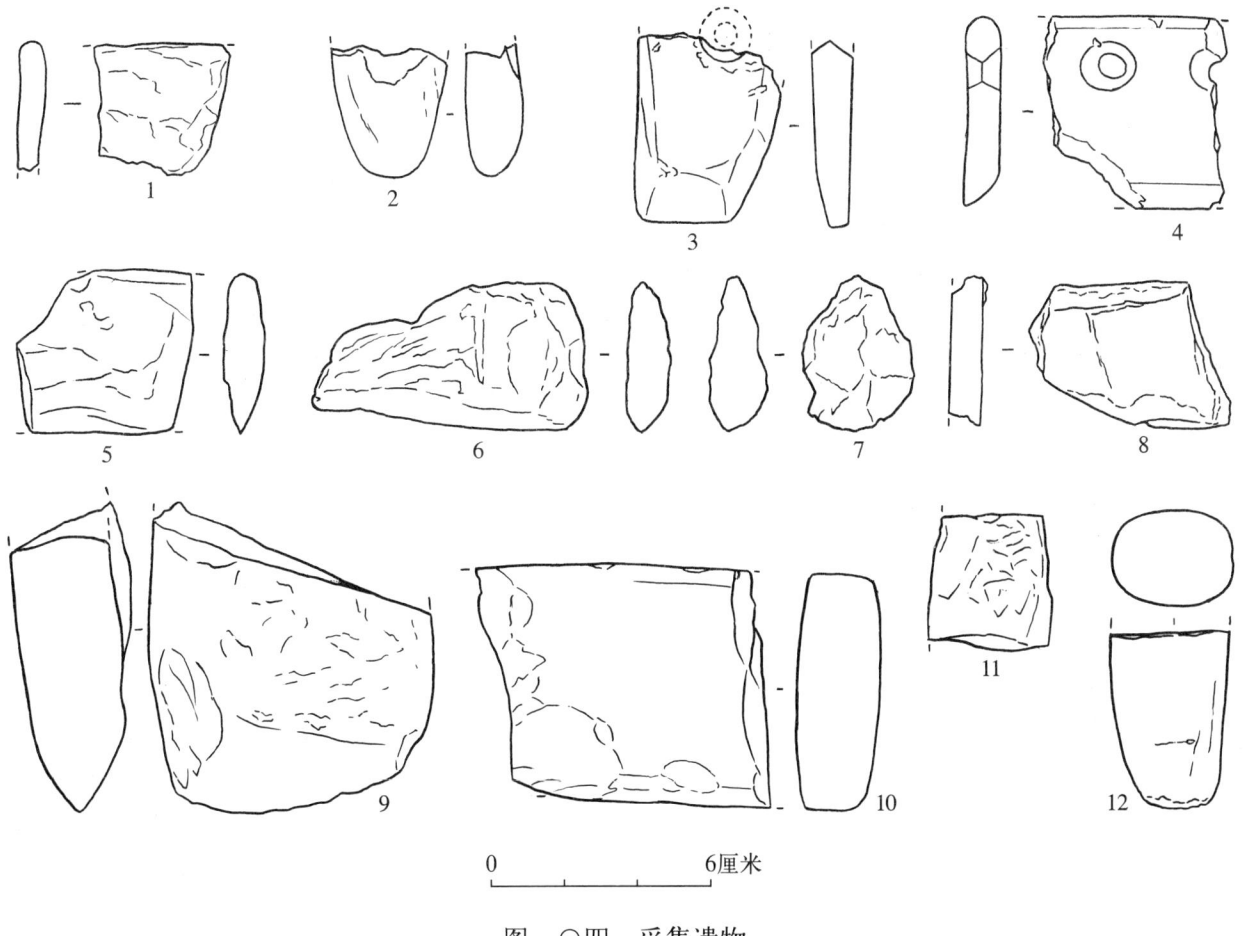

0　　　　　　6厘米

图一〇四　采集遗物

1. 石刀00-DG-LCZ-1-CAK.4：1　2. 鹅卵石00-DG-LCZ-1-CAK.10：1　3. 石刀00-DG-LCZ-1-CAN.4：1　4. 石刀00-DG-LCZ-1-CAN.2：1　5. 石刀00-DG-LCZ-1-CAH.4：1　6. 石刀00-DG-LCZ-1-CAH.4：2　7. 石坯00-DG-LCZ-1-CAS.1：1　8. 石刀00-DG-LCZ-1-CAN.1：1　9. 石斧00-DG-LCZ-1-CAK.11：1　10. 石斧00-DG-LCZ-1-CAS.5：1　11. 石锛00-DG-LCZ-1-CAS.5：2　12. 石杵00-DG-LCZ-1-CAS.5：3

断面长方形，磨制而成。残长 5.6、宽 3.85、厚 0.86 厘米（图一〇四，8）。

00-DG-LCZ-1-CAK-11　石器 1 件，龙山文化。标本 00-DG-LCZ-1-CAK-11：1，石斧。残，横断面近椭圆形，双面刃磨制较好且使用痕迹明显。通体琢制和磨制而成。残长 7.7、宽 7.7、厚 3.2厘米（图一〇四，9）。

00-DG-LCZ-1-CAS-5　石器 3 件，龙山文化。标本 00-DG-LCZ-1-CAS-5：1，石斧。黑色材质，残，平面和横断面皆长方形，通体磨制规整。残长 7.8、宽 6.3、厚 2.35 厘米（图一〇四，10）。标本 00-DG-LCZ-1-CAS-5：2，石锛。残，可看出原平面和横断面皆梯形，磨制而成。残长 3.6、宽3.5、厚 4 厘米（图一〇四，11）。标本 00-DG-LCZ-1-CAS-5：3，石杵。残，鹅卵石制成，平面近梯形，横断面椭圆形，使用面也呈椭圆形。残长 4.6、宽 3.27、厚 2.42 厘米（图一〇四，12）。

28. 殷家庄（00-JN-YJZ-2，商周、汉）（第 6 年）

00-JN-YJZ-2　陶器 4 件。标本 00-JN-YJZ-2：1，陶罐口沿，残，商周。夹砂灰陶。方唇，折沿，侈口，素面（彩版六七，2，上左 1）。标本 00-JN-YJZ-2：2，陶器口沿，商周。夹砂灰褐陶。厚圆唇，卷沿，侈口（彩版六七，2，上左 2）。标本 00-JN-YJZ-2：3，陶罐口沿，商周。夹砂灰褐陶。圆唇，卷沿，侈口（彩版六七，2，下左 1）。标本 00-JN-YJZ-2：4，陶罐口沿，东周。夹砂红褐陶。尖圆唇，卷沿，侈口，器表饰绳纹（彩版六七，2，右 1）。

29. 北大村（01-DG-BDC-4，龙山、周、汉）（第 7 年）

01-DG-BDC-4-CAC　陶器 5 件，龙山文化。标本 01-DG-BDC-4-CAC：1，陶罐口沿。夹砂灰陶。方唇，卷沿，素面（彩版六八，1，上左 1）。标本 01-DG-BDC-4-CAC：2，鸟喙形鼎足。夹砂灰陶（彩版六八，1，上右 1）。标本 01-DG-BDC-4-CAC：3，凿形鼎足，残。夹砂褐陶。沿面中间饰一条按窝（彩版六八，1，下左 1）。标本 01-DG-BDC-4-CAC：4，鬶足，残。夹砂红陶。上部露出锥状榫头，素面（彩版六八，1，下左 2）。标本 01-DG-BDC-4-CAC：5，鬶足，残。夹砂红陶。上部露出榫头，素面（彩版六八，1，下右 1）。

30. 大古城（01-DG-DGC-1，周、汉）（第 7 年）

01-DG-DGC-1-CAR　铁器 1 件，汉代。标本 01-DG-DGC-1：1，铁渣，灰褐色，形状不规则（彩版六八，2）。

31. 前五里河（01-DG-QWLH-1，龙山、周、汉）（第 7 年）

01-DG-QWLH-1　陶器 3 件，龙山文化。标本 01-DG-QWLH-1：1，陶匜口沿。夹砂黑陶。圆唇，敛口，素面（彩版六八，3，左 1）。标本 01-DG-QWLH-1：2，凿形鼎足。夹砂灰陶。素面（彩版六八，3，左 2）。标本 01-DG-QWLH-1：3，凿形鼎足。夹砂红褐陶。素面（彩版六八，3，右 1）。

32. 西十里铺（01-DG-XSLP-2，商、周）（第 7 年）

01-DG-XSLP-2-CAF　陶器 2 件，商代。标本 01-DG-XSLP-2-CAF：1，鬲足。夹砂红陶。实足尖较高，素面（彩版六八，5，左）。标本 01-DG-XSLP-2-CAF：2，陶罐口沿。夹砂红陶。厚圆唇，素面（彩版六八，5，右）。

33. 塔山（01-JN-TS-4，大汶口、龙山、周）（第7年）

01-JN-TS-4-CAB　陶器4件。标本01-JN-TS-4-CAB：1，陶罐口沿，西周。夹砂灰陶。圆唇，卷沿，素面（彩版七〇，4，上左1）。标本01-JN-TS-4-CAB：2，陶罐口沿，西周。夹砂褐陶。圆方唇，素面（彩版七〇，4，上右1）。标本01-JN-TS-4-CAB：3，凿形鼎足，大汶口文化晚期。夹砂红陶。素面（彩版七〇，4，下左1）。标本01-JN-TS-4-CAB：4，陶鬶口沿，龙山文化。夹砂灰陶。尖圆唇，侈口，素面（彩版七〇，4，下左2）。

01-JN-TS-4-CAG　陶器4件。标本01-JN-TS-4-CAG：1，陶罐口沿，龙山文化早期。夹砂褐陶。尖圆唇，卷沿，侈口，素面（彩版七〇，5，上左1）。标本01-JN-TS-4-CAG：2，陶罐口沿，龙山文化中期。夹砂灰陶。方唇，卷沿，素面（彩版七〇，5，上右1）。标本01-JN-TS-4-CAG：3，鼎足，龙山文化早期。夹砂红陶。锥形（彩版七〇，5，下左1）。标本01-JN-TS-4-CAG：4，陶罐口沿，龙山文化早期。夹砂褐陶。圆唇，卷沿，颈部饰数道凸弦纹（彩版七〇，5，下右1）。

01-JN-TS-4-CAB　石器1件，龙山文化。标本01-JN-TS-4-CAB：1，石器。残，平面近梯形，通体磨制（彩版七〇，4，下右1）。

34. 井戈庄（01-JN-JGZ-11，龙山、周、汉）（第7年）

01-JN-JGZ-11-CAA　陶器9件。标本01-JN-JGZ-11-CAA：1，陶罐，西周。泥质灰陶。尖唇，卷沿，沿面微凹，有领。唇面饰一周凹弦纹。口径16、残高6.1、厚0.58～0.8厘米（图一〇五，1；彩版七〇，2，右1）。标本01-JN-JGZ-11-CAA：2，陶鬶，龙山文化。夹砂黑陶。敛口，鼓腹。腹饰一周锯齿状附加堆纹。残高3.5、厚0.35～0.74厘米（图一〇五，2；彩版七〇，3，上左3）。标本01-JN-JGZ-11-CAA：3，鼎足，龙山文化。夹砂黑陶。铲形，外侧两边缘突起。高7.9厘米（图一〇五，3；彩版七〇，3，上左2）。标本01-JN-JGZ-11-CAA：4，铲形鼎足，龙山文化。夹砂黄褐陶。外侧两边缘附加鸡冠状堆纹，中间有一竖向空洞。高7.8厘米（图一〇五，4；彩版七〇，3，上左1）。标本01-JN-JGZ-11-CAA：5，鬲足，西周。夹砂红陶。通体饰绳纹（彩版七〇，2，左1）。标本01-JN-JGZ-11-CAA：6，陶罐口沿，龙山文化中期。夹砂黑陶。方唇，卷沿，素面（彩版七〇，3，下左1）。标本01-JN-JGZ-11-CAA：7，陶罐口沿，龙山文化中期。夹砂灰褐陶。方唇，卷沿，素面（彩版七〇，3，下左2）。标本01-JN-JGZ-11-CAA：8，鼎足，残，龙山文化中期。夹砂灰陶。残留有部分陶鼎底部（彩版七〇，3，下左3）。标本01-JN-JGZ-11-CAA：9，陶鬶口沿，龙山文化早期。夹砂黑陶。圆唇，敛口，素面（彩版七〇，3，下右1）。

01-JN-JGZ-11-CAA　石器1件，龙山文化。标本01-JN-JGZ-11-CAA：1，石器。平面和横断面长方形，似有单面刃，有一面磨制平整。长6.95、宽4.02～4.48、厚0.8～1.1厘米（图一〇五，5；彩版七〇，3，上右1）。

35. 皇古墩岭（01-JN-HGDL-3，龙山）（第7年）

01-JN-HGDL-3-CAE　陶器10件，龙山文化。标本01-JN-HGDL-3-CAE：1，陶片。泥质灰陶。残长7.4、宽6.5、厚0.35～0.7厘米（图一〇五，6）。标本01-JN-HGDL-3-CAE：2，凿形鼎足。夹砂红陶。素面（彩版七〇，1，上左1）。标本01-JN-HGDL-3-CAE：3，凿形鼎足。夹砂红褐陶。根部有一圆形按窝（彩版七〇，1，上左2）。标本01-JN-HGDL-3-CAE：4，陶鼎口沿。夹砂黑陶。圆唇，卷沿，素面（彩版七〇，1，上左3）。标本01-JN-HGDL-3-CAE：5，陶鬶口沿。夹砂白陶。圆唇，卷沿，侈口，素面（彩版七〇，1，上左4）。标本01-JN-HGDL-3-CAE：6，陶鬶口沿。

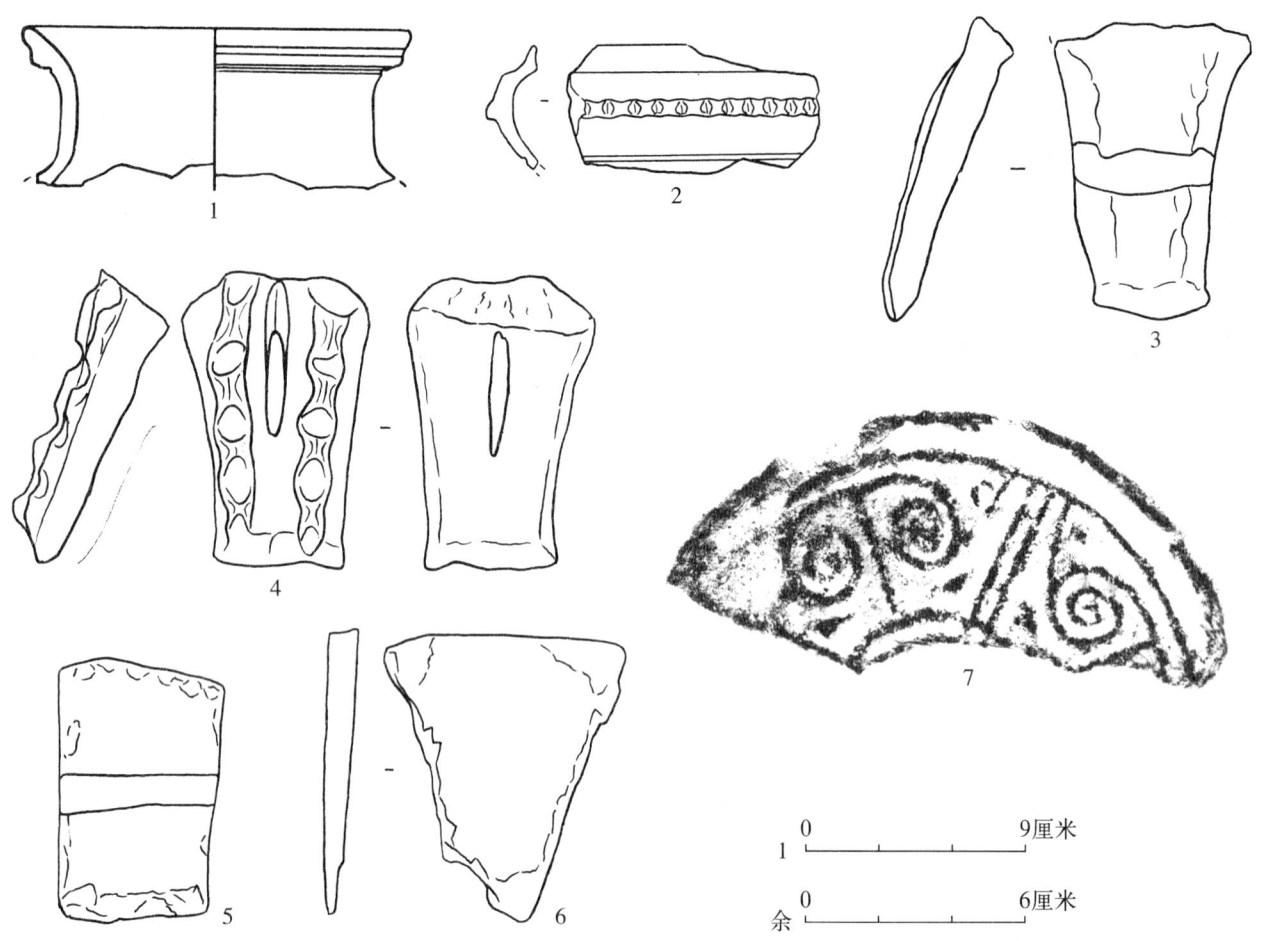

图一〇五　采集遗物

1. 陶罐01-JN-JGZ-1-CAA：1　2. 陶匜01-JN-JGZ-1-CAA：2　3. 陶鼎足01-JN-JGZ-1-CAA：3　4. 铲形陶鼎足01-JN-JGZ-1-CAA：4　5. 石器01-JN-JGZ-11-CAA：1　6. 陶片01-JN-HGDL-3-CAE：1　7. 筒瓦01-DG-XXD-1：1

夹砂黑陶。尖唇，敛口，唇外饰一条突棱（彩版七〇，1，上右1）。标本01-JN-HGDL-3-CAE：7，凿形鼎足。夹砂灰陶。根部有一圆形按窝（彩版七〇，1，下左1）。标本01-JN-HGDL-3-CAE：8，铲形鼎足，底部残。夹砂黑陶。素面（彩版七〇，1，下左2）。标本01-JN-HGDL-3-CAE：9，鬶足。夹砂褐陶。底部收为铲形，素面（彩版七〇，1，下左3）。标本01-JN-HGDL-3-CAE：10，陶鬶足。夹砂红褐陶。实足尖较高，锥状，素面（彩版七〇，1，下右1）。

01-JN-HGDL-3-CAA 陶器8件，龙山文化。标本01-JN-HGDL-3-CAA：1，陶匜口沿。夹砂灰褐陶。圆唇，敛口，素面（彩版六九，3，上左1）。标本01-JN-HGDL-3-CAA：2，陶匜口沿。夹砂灰陶。尖圆唇，敛口，素面（彩版六九，3，上左2）。标本01-JN-HGDL-3-CAA：3，陶匜口沿。夹砂褐陶。宽圆唇，敛口，腹部饰两道细凸棱（彩版六九，3，上右1）。标本01-JN-HGDL-3-CAA：4，鼎足，残。夹砂灰陶。素面（彩版六九，3，下左1）。标本01-JN-HGDL-3-CAA：5，铲形鼎足。夹砂灰褐陶素面（彩版六九，3，下左2）。标本01-JN-HGDL-3-CAA：6，铲形鼎足。夹砂黑陶。足两侧略出脊（彩版六九，3，下左3）。标本01-JN-HGDL-3-CAA：7，鼎足，残。夹砂灰褐陶。可能为铲形（彩版六九，3，下左4）。标本01-JN-HGDL-3-CAA：8，鼎足。夹砂褐陶。残，可能为凿形（彩版六九，3，下右1）。

01-JN-HGDL-3-CAC 陶器5件，龙山文化。标本01-JN-HGDL-3-CAC：1，陶罐口沿。夹砂

褐陶。方唇，卷沿，素面（彩版六九，5，上左1）。标本01-JN-HGDL-3-CAC：2，陶罐口沿。夹砂灰褐陶。方唇，卷沿，素面（彩版六九，5，上左2）。标本01-JN-HGDL-3-CAC：3，陶匜口沿。夹砂灰陶。圆唇，敛口，素面（彩版六九，5，上右1）。标本01-JN-HGDL-3-CAC：4，陶鬶把手。夹砂红陶。绳索状（彩版六九，5，下左1）。标本01-JN-HGDL-3-CAC：5，凿形鼎足。夹砂黑陶。素面（彩版六九，5，下右1）。

36．小香店（01-DG-XXD-1，汉）（第7年）

01-DG-XXD-1 陶器1件，汉代。标本01-DG-XXD-1：1，筒瓦。夹细砂灰陶。饰卷云纹。厚1.3～1.55厘米（图一〇五，7；彩版六九，1）。

37．张家大庄（01-JN-ZJDZ，大汶口、龙山、周、汉）（第7年）

01-JN-ZJDZ-2-CAF 陶器7件，龙山文化。标本01-JN-ZJDZ-2-CAF：1，鸟喙形鼎足。夹砂灰褐陶。高6.1厘米（图一〇六，1；彩版七一，3，下右2）。标本01-JN-ZJDZ-2-CAF：2，甗足。夹砂褐陶。柱状，跟部凿形。素面。高7.4厘米（图一〇六，2；彩版七一，3，下左3）。标本01-JN-ZJDZ-2-CAF：3，陶罐。夹砂黑陶。圆唇，折沿，沿面内凹，束颈。唇面和颈部各饰一周凹弦纹，上腹部饰一周绳索状凸棱。口径32.4、厚0.4～0.6厘米（图一〇六，3；彩版七一，3，上左1）。标本01-JN-ZJDZ-2-CAF：4，陶匜口沿。夹砂灰黑陶。圆唇，敛口，口沿外侧装饰凸棱纹，上饰间断竖向压印纹（彩版七一，3，上右1）。标本01-JN-ZJDZ-2-CAF：5，鼎足，残。夹砂红褐陶（彩版七一，3，下左1）。标本01-JN-ZJDZ-2-CAF：6，鸟喙形鼎足，残。夹砂红褐陶（彩版七一，3，下左2）。标本01-JN-ZJDZ-2-CAF：7，铲形鼎足。夹砂灰陶。素面（彩版七一，3，下右1）。

01-JN-ZJDZ-3-CAF 陶器1件，东周。标本01-JN-ZJDZ-3-CAF：1，陶釜。夹砂灰陶。厚方圆唇，卷沿，腹部饰绳纹（彩版七一，1）。

01-JN-ZJDZ-3-CAJ 陶器4件，龙山文化。标本01-JN-ZJDZ-3-CAJ：1，陶匜口沿。夹砂灰褐陶。圆唇，敛口，口沿外侧装饰凸棱纹，上面按压锯齿纹（彩版七一，2，上左1）。标本01-JN-ZJDZ-3-CAJ：2，鬶足。夹砂褐陶。锥形，素面（彩版七一，2，上右1）。标本01-JN-ZJDZ-3-CAJ：3，陶鬶把手。夹砂黑陶。绳索状（彩版七一，2，下左1）。标本01-JN-ZJDZ-3-CAJ：4，陶罐口沿。夹砂黑陶。圆唇，侈口，口沿下部饰凸弦纹（彩版七一，2，下右1）。

01-JN-ZJDZ-3-CAG 陶器4件。标本01-JN-ZJDZ-3-CAG：1，陶罐口沿，龙山文化中期。夹砂灰黑陶。方唇，卷沿，唇面饰两道凹弦纹（彩版七一，4，上左1）。标本01-JN-ZJDZ-3-CAG：2，陶鼎口沿，龙山文化中期。夹砂黑陶。方唇，卷沿，口沿下饰一横向泥饼耳（彩版七一，4，上右1）。标本01-JN-ZJDZ-3-CAG：3，陶匜口沿，龙山文化早期。夹砂黑陶。圆唇，敛口，素面（彩版七一，4，下左1）。标本01-JN-ZJDZ-3-CAG：4，鼎足，残，大汶口文化晚期。夹砂红陶。素面（彩版七一，4，下右1）。

01-JN-ZJDZ-3-CAF 石器2件，龙山文化。标本01-JN-ZJDZ-3-CAF：1，石铲。残，横断面近梯形，磨制精细，器体较薄。残长6、宽4.6、厚0.68厘米（图一〇六，4；彩版七一，5，左2）。标本01-JN-ZJDZ-3-CAF：2，石刀。残，横断面梯形，单面刃加工好且使用痕迹明显。通体磨制，器体规整。残长4.6、宽4.5、厚0.73～1.08厘米（图一〇六，5；彩版七一，5，右1）。

01-JN-ZJDZ-3-CAB 石器1件，汉代。标本01-JN-ZJDZ-3-CAB：1，石锛。残，平面近梯形，横断面近方形，单面刃磨制较好且使用崩疤明显。通体磨制精细。残长7、宽4.68、厚4.4

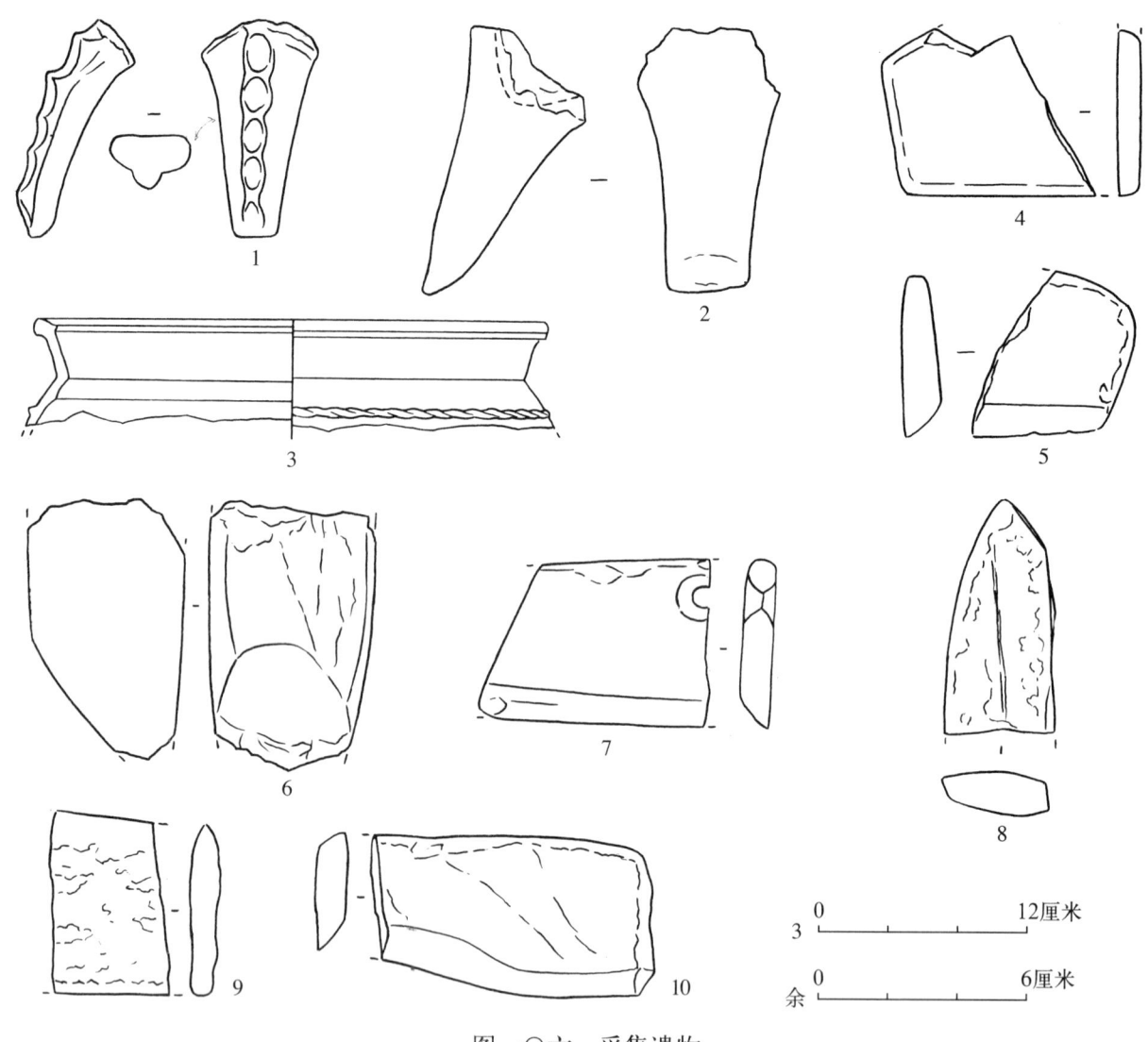

图一〇六　采集遗物

1. 鸟喙形陶鼎足01-JN-ZJDZ-2-CAF：1　2. 陶甗足01-JN-ZJDZ-2-CAF：2　3. 陶罐01-JN-ZJDZ-2-CAF：3　4. 石铲01-JN-ZJDZ-3-CAF：1　5. 石刀01-JN-ZJDZ-3-CAF：2　6. 石锛01-JN-ZJDZ-3-CAB：1　7. 石刀01-JN-ZJDZ-3-CAJ：1　8. 石矛DG-LJCZ-1：1　9. 石刀01-JN-JMC-1-CAC：1　10. 石镰01-JN-JMC-1-CAC：2

厘米（图一〇六，6）。

01-JN-ZJDZ-3-CAJ　石器1件，龙山文化。标本01-JN-ZJDZ-3-CAJ：1，石刀。残，横断面近椭圆形，单面刃加工较好且使用痕迹明显。通体磨制，器形规整，对钻有一孔。残长6.5、宽4.6厘米（图一〇六，7；彩版七一，5，左1）。

38. 罗家城子（01-DG-LJCZ-1，汉）（第7年）

01-DG-LJCZ-1　石器1件，汉代。标本01-DG-LJCZ-1：1，石矛。残存头部，箭头状，横断面近梯形，磨制而成。残长6.4、宽3.08、厚1.26厘米（图一〇六，8；彩版六八，4）。

39. 吉湄村（01-JN-JMC-1，龙山、周、汉）（第7年）

01-JN-JMC-1-CAC　石器2件，龙山文化。标本01-JN-JMC-1-CAC：1，石刀。残，横断面

枣核形，双面刃磨制而成，且有使用痕迹。刀背磨制，器身琢制而成。残长 3.4、宽 4.81～5.06、厚 0.82 厘米（图一〇六，9；彩版七〇，6，左 1）。标本 01-JN-JMC-1-CAC：2，石镰。残存右半部，平面近梯形，横断面平行四边形，单面刃，且刃长小于最大宽。通体磨制，器形较规整。残长 8.4、宽 3.4～4.38、厚 0.87 厘米（图一〇六，10；彩版七〇，6，右 1）。

40．大沟（JN-DG-1/4，龙山、周、汉）（第 7 年）

01-JN-DG-1-CAD　陶器 3 件。标本 01-JN-DG-1-CAD：1，陶罐口沿，龙山文化中期。夹砂黑陶。方唇，卷沿，沿面内凹，残高 3.4、厚 0.5～0.6 厘米（图一〇七，1；彩版六九，6，上）。标本 01-JN-DG-1-CAD：2，鼎足，龙山文化早期。夹砂褐陶。凿形，足两侧捏高，残高 3.8 厘米（图一〇七，2；彩版六九，6，下右 1）。标本 01-JN-DG-1-CAD：3，凿形鼎足，龙山文化早期。残，夹砂灰褐陶。中部略凸起（彩版六九，6，下左 1）。

01-JN-DG-4　陶器 1 件，龙山文化中期。标本 01-JN-DG-4：1，鼎足。夹砂褐陶。似鸟首形，残高 4.1 厘米（图一〇七，3；彩版六九，2）。

01-JN-DG-1-CAE　石器 1 件，龙山文化。标本 01-JN-DG-1-CAE：1，石凿。平面近梯形，顶端窄，横断面梯形，双面刃磨制且使用崩疤明显。通体磨制。长 7.9、宽 3.7、厚 1.4 厘米（图一〇七，4；彩版六九，4）。

41．东山前（02-DG-DSQ-2，龙山、周、汉）（第 8 年）

02-DG-DSQ-2-CAD　陶器 1 件，东周。标本 02-DG-DSQ-2-CAD：1，豆盘。泥质灰陶。尖唇，直口，浅盘，残高 2.7、厚 0.4～1.2 厘米（图一〇八，1）。

02-DG-DSQ-2-CAB　陶器 1 件，西周。标本 02-DG-DSQ-2-CAB：1，鬲足。夹砂褐陶。素面，残高 3.5 厘米（图一〇八，2）。

02-DG-DSQ-2-CAA　石器 1 件。标本 02-DG-DSQ-2-CAA：1，石器。残，断面半月形，琢制而成。残长 3.4、宽 5.1、厚 2.3 厘米（图一〇八，3）。

42．南屯岭（DG-NTL-4，北辛、大汶口、龙山、汉）（第 8、11 年）

02-DG-NTL-4　陶器 10 件。标本 02-DG-NTL-4：1，鼎足，北辛晚期。夹砂褐陶。素面，残高 6.5 厘米（图一〇八，4；彩版七五，4，下左 1）。标本 02-DG-NTL-4：2，鼎足，大汶口早期。夹细砂褐陶。素面，残高 3.9 厘米（图一〇八，5；彩版七五，4，上左 1）。标本 02-DG-NTL-4：3，鼎足，北辛晚期。夹砂褐陶。残高 4.4 厘米（图一〇八，6；彩版七五，4，上左 2）。标本 02-DG-NTL-4：4，小鼎足，北辛晚期。夹砂褐陶。残高 2.6 厘米（图一〇七，9；彩版七五，4，上右 2）。标本 02-DG-NTL-4：5，鼎足，北辛文化晚期至大汶口文化早期。残，夹砂灰褐陶。近柱形，素面（彩版七五，4，上左 3）。标本 02-DG-NTL-4：6，鼎足，北辛文化晚期至大汶口文化早期。残，夹砂红褐陶。素面（彩版七五，4，上左 4）。标本 02-DG-NTL-4：7，陶钵口沿，大汶口文化早期。泥质灰陶。圆唇，敛口，素面（彩版七五，4，下左 2）。标本 02-DG-NTL-4：8，陶壶把手，北辛文化晚期。夹砂红陶（彩版七五，4，下左 3）。标本 02-DG-NTL-4：9，陶片，北辛文化早期。夹砂红褐陶。表面饰戳印纹（彩版七五，4，下右 1）。标本 02-DG-NTL-4：10，陶片，北辛文化早期。夹砂红褐陶。表面饰戳印纹（彩版七五，4，下右 1）。

02-DG-NTL-1-CAC　陶器 3 件。标本 02-DG-NTL-1-CAC：1，陶盆，龙山文化。夹砂黑

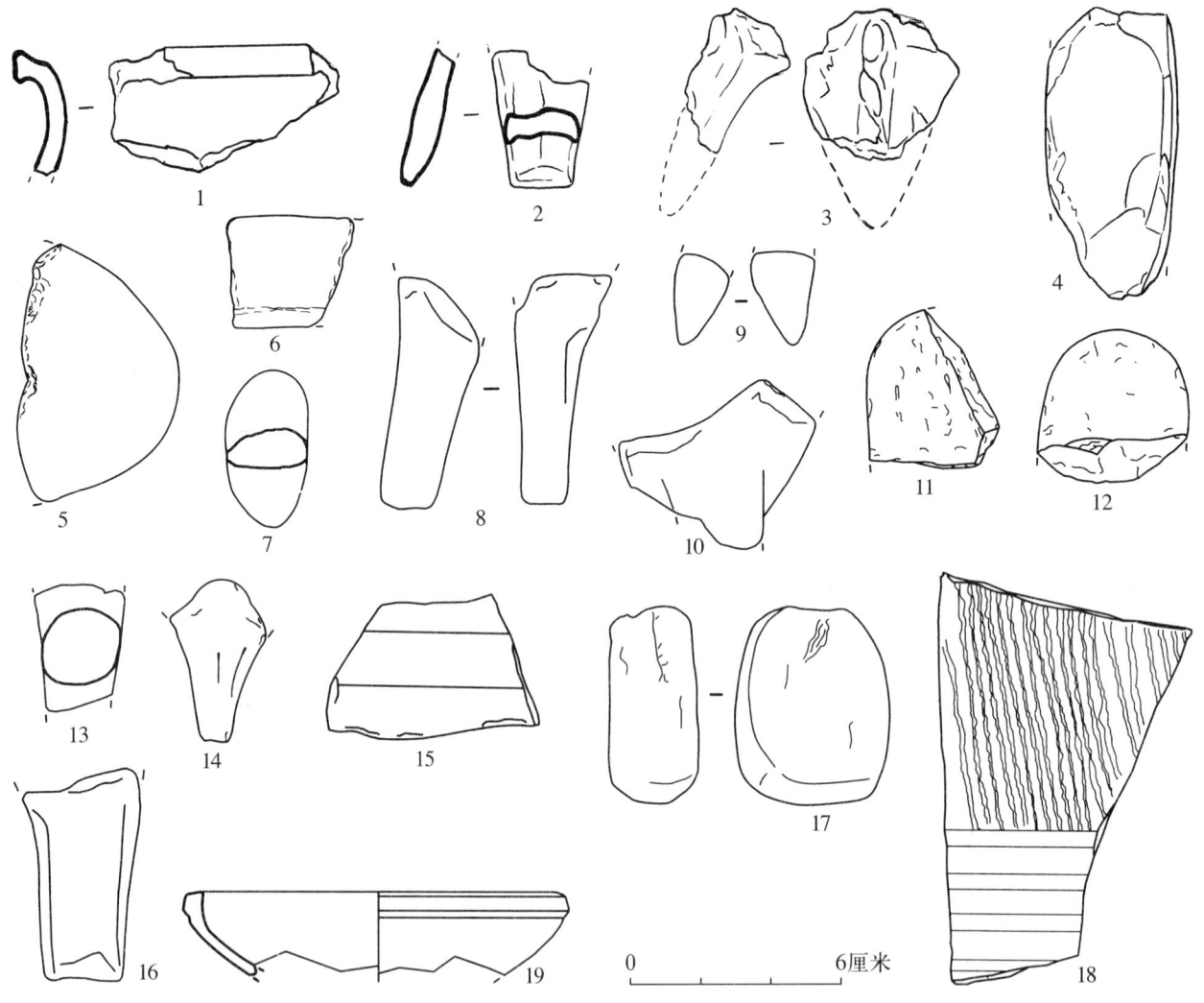

图一〇七　采集遗物

1. 陶罐口沿01-JN-DG-1-CAD：1　2. 陶鼎足01-JN-DG-1-CAD：2　3. 陶鼎足01-JN-DG-4：1　4. 石凿01-JN-DG-1-CAE：1
5. 石器02-DG-NTL-4：1　6. 石器02-DG-NTL-4：2　7. 鹅卵石02-DG-NTL-4：4　8. 陶鼎足02-DG-NTL-4-CAB：11　9. 陶
鼎足02-DG-NTL-4：4　10. 陶鼎足02-DG-NTL-4-CAB：1　11. 石器02-DG-NTL-4-CAB：2　12. 石器02-DG-NTL-4-CAB：1
13. 陶鼎足02-DG-NTL-4-CAB：3　14. 陶鼎足02-DG-NTL-4-CAB：4　15. 陶瓮03-DG-YWC：2　16. 陶鼎足03-DG-YWC-1：5
17. 石器03-DG-YWC-1-CAAJ：1　18. 陶瓦03-DG-YWC-CAYY：5　19. 陶盆03-DG-YWC-1-CAWW：1

陶。方唇，折沿，直腹，沿内凹，素面，残高3.1、厚0.6厘米（图一〇八，7）。标本02-DG-NTL-
1-CAC：2，陶匜，龙山文化早期。夹砂灰褐陶。圆唇，敛口，沿外侧一周凸棱，素面，残高3.3、厚
0.5～0.7厘米（图一〇八，8）。标本02-DG-NTL-1-CAC：3，鼎足，汉代。夹砂灰陶。凿形，素
面，残高4.9、宽3.7厘米（图一〇八，9）。

02-DG-NTL-4-CAC　陶器1件，大汶口文化。标本02-DG-NTL-4-CAC：4，陶罐。夹砂褐
陶。圆唇，卷沿，侈口，器表至颈部以下饰有四道刻槽纹，口径18、残高3.6、厚0.6厘米（彩版
八八，5，中上）。

02-DG-NTL-4-CAB　陶器10件，北辛文化。标本02-DG-NTL-4-CAB：1，鼎足。夹砂红
陶。残高4.8、宽5.5厘米（图一〇七，10；彩版八八，5，下左1）。标本02-DG-NTL-4-CAB：2，陶
钵。夹砂红陶。尖唇，口微敛，残宽6.5、残高4、最厚0.8厘米（彩版八八，5，下左2）。标本02-

DG-NTL-4-CAB：3，鼎足。柱状，残，夹砂红褐陶。残高3.6厘米（图一〇七，13；彩版八八，4，左1）。标本02-DG-NTL-4-CAB：4，鼎足。凿形，残，夹砂红陶。截面椭圆形，素面，残高4.5、宽3厘米（图一〇七，14）。标本02-DG-NTL-4-CAB：5，陶片。泥质红陶。腹部残片，弧腹，素面，残高3、宽3.3、厚0.5厘米。标本02-DG-NTL-4-CAB：6，罐底。夹砂灰褐陶。平底，素面，残高1.7、厚约1厘米。标本02-DG-NTL-4-CAB：7，陶罐。夹砂褐陶。沿微卷，尖唇，敞口，残高4.3、壁厚0.3～0.5厘米（彩版八八，4，下右1）。标本02-DG-NTL-4-CAB：8，侧三角形鼎足。残。夹砂红褐陶。饰戳印纹（彩版八八，4，上右2）。标本02-DG-NTL-4-CAB：9，鼎腹片。夹砂灰陶。饰划纹（彩版八八，4，上右1）。标本02-DG-NTL-4-CAB：10，鼎口沿，北辛文化。鼎口沿。夹砂红褐陶。圆唇卷沿，素面（彩版八八，4，下右2）。标本02-DG-NTL-4-CAB：11，凿形鼎足。夹砂褐陶。高6.5、宽3厘米（图一〇七，8；彩版八八，5，右1）。

02-DG-NTL-5-CAB　石器1件，龙山文化。标本02-DG-NTL-5-CAB：1，石器。残，平面和断面近长方形，一面磨制。残长4.5、宽3.7、厚1.3厘米（图一〇八，10）。

02-DG-NTL-5-CAA　石器1件，龙山文化。标本02-DG-NTL-5-CAA：1，石刀。残，石质很差，呈层理状，易剥片，有琢制痕迹，根据残余形态定其为石刀。残长10.8、宽5.7、厚1.8厘米（图一〇八，11）。

02-DG-NTL-4　石器4件，龙山文化。标本02-DG-NTL-4：1，石器。残，横断面椭圆形，通

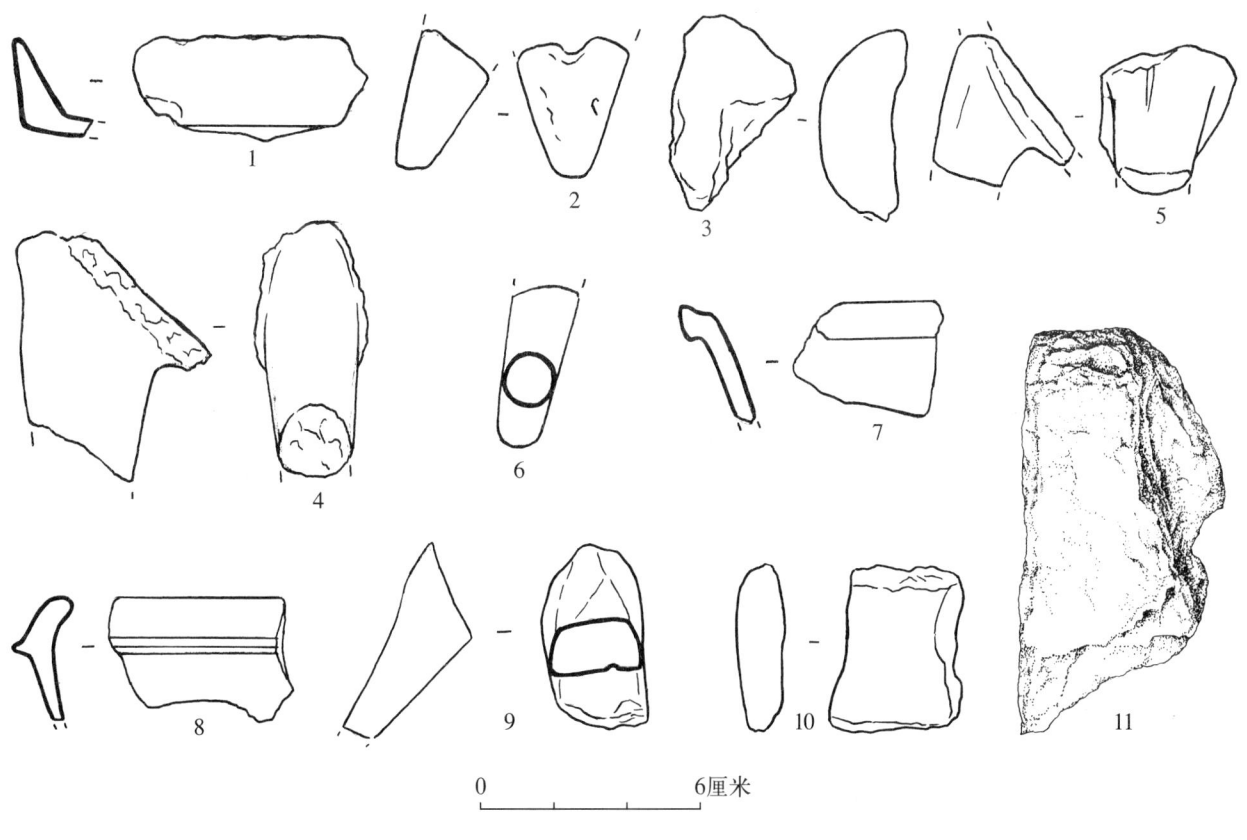

图一〇八　采集遗物

1. 陶豆盘02-DG-DSQ-2-CAD：1　2. 陶鬲足02-DG-DSQ-2-CAB：1　3. 石器02-DG-DSQ-2-CAA：1　4. 陶鼎足02-DG-NTL-4：1　5. 陶鼎足02-DG-NTL-4：2　6. 陶鼎足02-DG-NTL-4：3　7. 陶盆02-DG-NTL-1-CAC：1　8. 陶匜02-DG-NTL-1-CAC：2　9. 陶鼎足02-DG-NTL-1-CAC：3　10. 石器02-DG-NTL-5-CAB：1　11. 石刀02-DG-NTL-5-CAA：1

体琢磨而成。残长4.6、宽7.3、厚2.5厘米（图一〇七，5；彩版七五，7，左2）。标本D02-G-NTL-4：2，石器。残，平面梯形，横断面长方形，器身磨制。残长3.5、宽3.1、厚1厘米（图一〇七，6；彩版七五，7，右上1）。标本02-DG-NTL-4：3，鹅卵石。残长3.5、宽3.1、厚4.1厘米（彩版七五，7，右下1）。标本02-DG-NTL-4：4，鹅卵石。椭圆形，一面较平。长4.4、宽2.3、厚1.1厘米（图一〇七，7；彩版七五，7，左1）。

05-DG-NTL-4-CAB 石器3件，龙山文化。标本05-DG-NTL-4-CAB：1，石器（可能为石斧）。磨制，横断面为椭圆形。残长4.3、宽约4.3、厚约2.2厘米（图一〇七，12；彩版八八，3，左1）。标本05-DG-NTL-4-CAB：2，石器。残，磨制，横断面为椭圆形。残长4.5、残宽约3.8、厚约1.7厘米（图一〇七，11；彩版八八，3，左2）。标本05-DG-NTL-4-CAB：3，石器。残，形状不规则，有打磨痕迹。长约5.1、厚约4.1厘米（彩版八八，3，右1）。

43. 西寺（02-JN-XS-1，大汶口、龙山、岳石、周、汉）（第8年）

02-JN-XS-1-CAX 陶器10件。标本02-JN-XS-1-CAX：1，腹片，西周。泥质褐陶。遍饰绳纹，间以棱纹。残长6.8、宽6.5、厚0.9厘米（图一〇九，1）。标本02-JN-XS-1-CAX：2，腹片，西周。泥质灰陶。遍饰中绳纹。残长7.5、宽4、厚1.2厘米（图一〇九，2）。标本02-JN-XS-1-CAX：3，陶罐，岳石。泥质灰陶。尖圆唇，平沿，侈口，肩部饰数周凹弦纹，口径16.2、残高5.6、厚0.9～1.0厘米（图一〇九，3；彩版七六，2）。标本02-JN-XS-1-CAX：4，陶罐，龙山文化。夹砂黑陶。折沿，上腹部饰一周凸弦纹，残高3.2、厚0.5～0.7厘米（图一〇九，4）。标本02-JN-XS-1-CAX：5，陶饼，岳石文化。残，夹砂褐陶。直径9、厚1.8～2.2厘米（图一〇九，5；彩版七七，2，右上1）。标本02-JN-XS-1-CAX：6，陶豆，岳石文化。泥质褐胎黑皮陶。豆盘近底部有一周凸

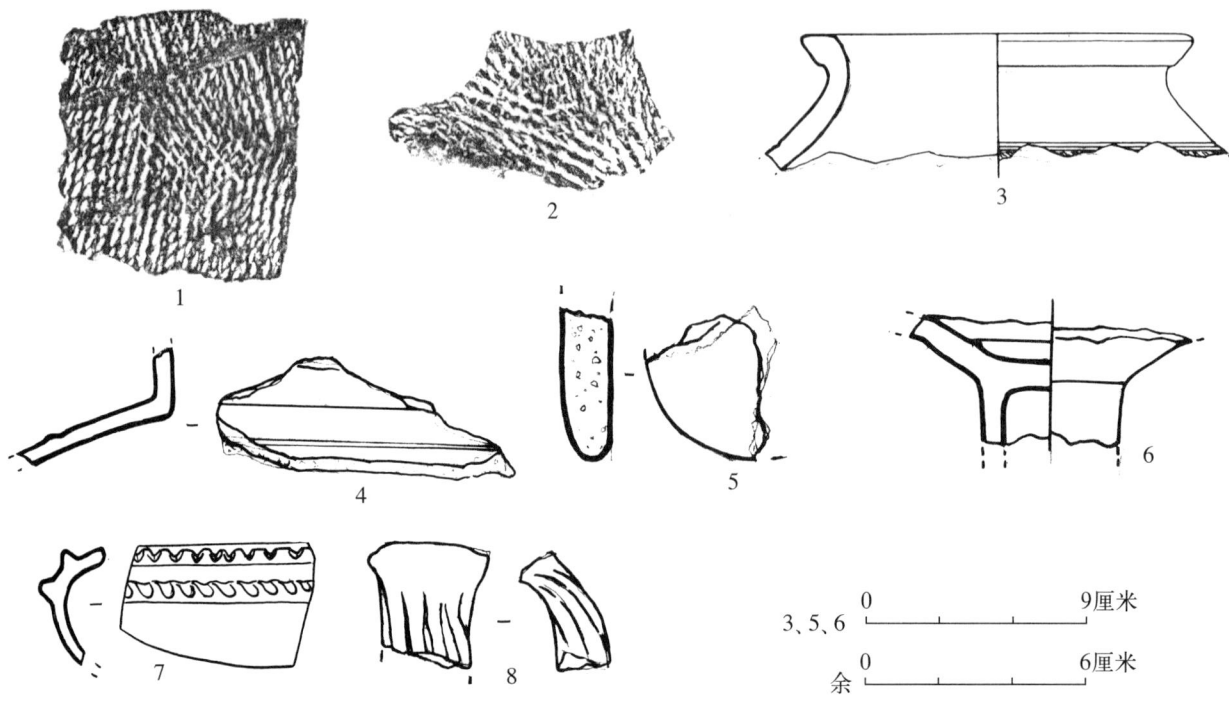

图一〇九 采集遗物

1. 陶片02-JN-XS-1-CAX：1 2. 陶片02-JN-XS-1-CAX：2 3. 陶罐02-JN-XS-1-CAX：3 4. 陶罐02-JN-XS-1-CAX：4 5. 陶饼02-JN-XS-1-CAX：5 6. 陶豆02-JN-XS-1-CAX：6 7. 陶甗02-JN-XS-1-CAX：7 8. 陶鬶把手02-JN-XS-1-CAX：8

棱，残高5、厚0.8厘米（图一〇九，6；彩版七七，2，左1）。标本02-JN-XS-1-CAX：7，陶匜，龙山文化早期。夹砂黑陶。圆唇，敛口，近口部饰两周附加堆纹，残高3.2、厚0.35～0.6厘米（图一〇九，7）。标本02-JN-XS-1-CAX：8，陶鬶把手，龙山文化中期。夹砂褐陶。绚索状。残长2.9、厚1.3厘米（图一〇九，8）。标本02-JN-XS-1-CAX：9，陶罐底部，岳石文化。夹砂褐陶。斜壁，平底，底径11、残高3.1、厚1～1.4厘米（彩版七七，2，右下1）。标本02-JN-XS-1-CAX：10，陶片，岳石文化。夹砂夹云母褐陶。素面，残高6.5、残宽11.2、厚0.8～0.9厘米（彩版七七，2，左2）。

02-JN-XS-1-CACC 陶器5件。标本02-JN-XS-1-CACC：1，鼎足，龙山文化早期。夹砂黄褐陶。鸟喙形，残高5.4、宽3.4厘米（图一一〇，1）。标本02-JN-XS-1-CACC：2，陶瓮，汉代。泥质灰陶。圆唇，直口，素面，残高4.1厘米（图一一〇，2）。标本02-JN-XS-1-CACC：3，鬶足，

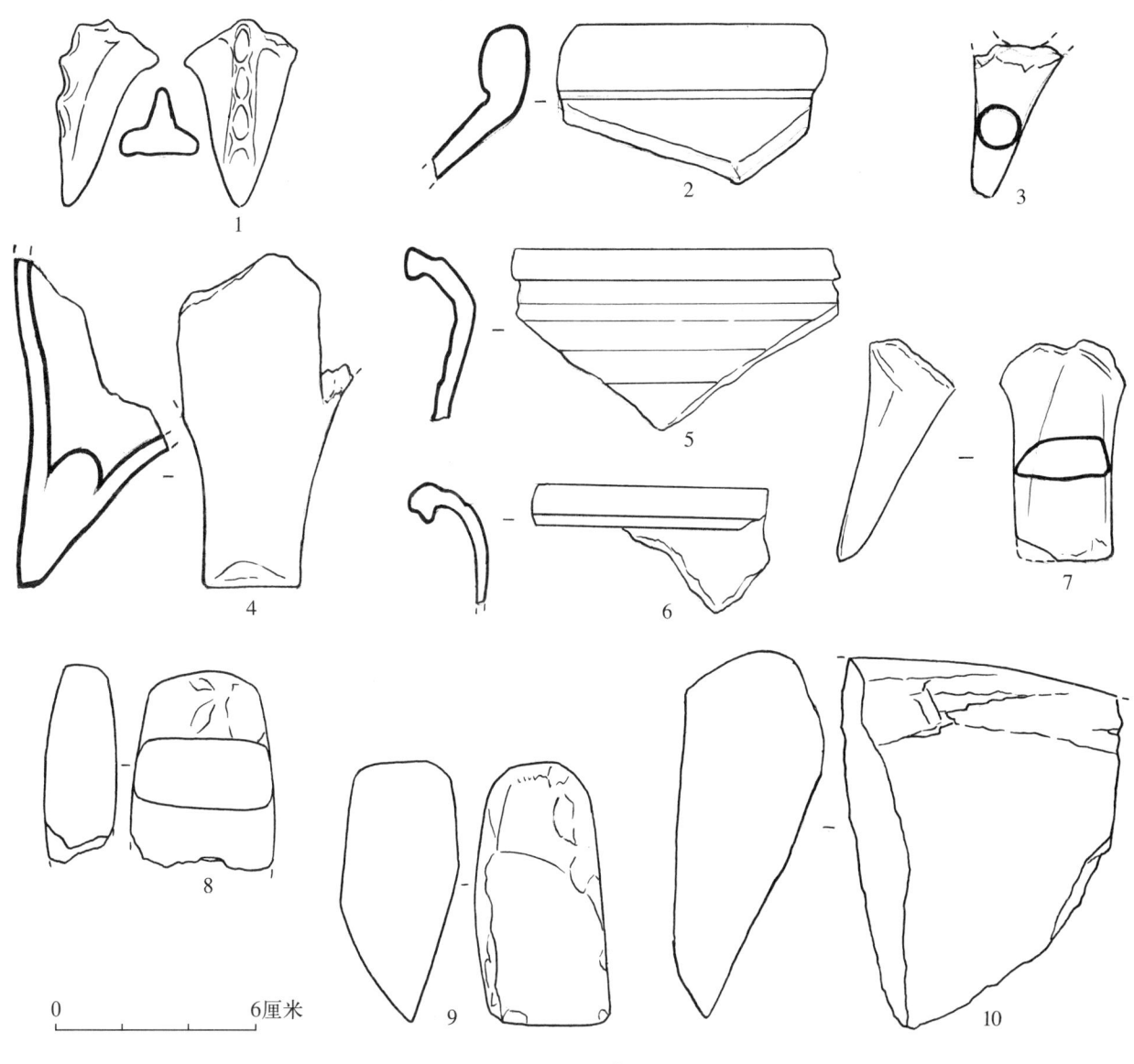

图一一〇 采集遗物

1. 陶鼎足02-JN-XS-1-CACC：1 2. 陶瓮02-JN-XS-1-CACC：2 3. 陶鬶足02-JN-XS-1-CACC：3 4. 陶甗足02-JN-XS-1-CACC：4 5. 陶鼎02-JN-XS-1-CAH：1 6. 陶罐02-JN-XS-1-CAH：2 7. 陶鼎足02-JN-XS-1-CAH：3 8. 石锛02-JN-XS-1-CACC：1 9. 石锛02-JN-XS-1-CAM：1 10. 石坯02-JN-XS-1-CAV：1

龙山文化早期。夹云母褐陶。圆锥状，残高4.5厘米（图一一〇，3）。标本02-JN-XS-1-CACC：4，
鬶足，龙山文化早期。夹砂褐陶。凿形，内部中间有凸起，残高9.7、壁厚0.3～0.5厘米（图
一一〇，4；彩版七七，1，左1）。标本02-JN-XS-1-CACC：5，陶匜，龙山文化。夹砂灰陶。斜腹，
平沿内折，沿面微内凹，沿边饰一周戳印纹，舌状流，流口两侧1对铆钉，腹部饰一周凸棱，口径
27、高5、底径24厘米。

02-JN-XS-1-CAH 陶器6件。标本02-JN-XS-1-CAH：1，陶鼎，龙山文化中期。夹砂黑陶。
圆方唇，折沿内凹，沿外侧及腹部饰数周折棱，腹部可见一周凹弦纹，残高5.3、厚0.6厘米（图
一一〇，5）。标本02-JN-XS-1-CAH：2，陶罐，龙山文化中期。夹砂黑陶。尖圆唇，唇外侧下方
有一周凹弦纹，沿内可见两周凹槽，残高3.5、厚0.3～0.4厘米（图一一〇，6）。标本02-JN-XS-
1-CAH：3，鼎足，龙山文化早期。夹砂黄褐陶。凿形，残高6.3、宽3.9厘米（图一一〇，7；彩版
七七，5，右1）。标本02-JN-XS-1-CAH：4，凿形鼎足，龙山文化早期。夹砂灰褐陶。素面（彩版
七七，5，左1）。标本02-JN-XS-1-CAH：5，陶罐口沿，岳石文化。夹砂红陶。圆唇，卷沿，素面
（彩版七七，4，左1）。标本02-JN-XS-1-CAH：6，陶罐腹片，岳石文化。夹砂褐陶。素面（彩版
七七，4，右1）。

02-JN-XS-1 陶器5件。标本02-JN-XS-1：1，鼎足，龙山文化。夹砂红陶。残，残高3.4、
宽3.3、厚1.4厘米。标本02-JN-XS-1：2，陶鼎腹片，西周。夹砂灰陶。表面饰绳纹，残高4.9、残
宽5、残长5.1、厚0.8～1厘米。标本02-JN-XS-1：3，陶盆，龙山文化。夹砂灰陶。斜直壁，底部
内凹，边缘略外撇，底径14、残高2、厚0.8厘米。标本02-JN-XS-1：4，豆柄，龙山文化。泥质灰
陶。残高5.1、壁厚0.9厘米。标本02-JN-XS-1：5，罐型鼎，龙山文化。夹砂灰陶。仅余部分腹部
及底部，底径7、残高3.2、厚0.4～1厘米。

02-JN-XS-1-CAA 陶器1件，岳石文化。标本02-JN-XS-1-CAA：1，鬲足。夹砂红褐陶。素
面（彩版七六，4）。

02-JN-XS-1-CAAA 陶器2件，岳石文化。标本02-JN-XS-1-CAAA：1，鬶足。夹砂红褐陶
（彩版七六，6，左1）。标本02-JN-XS-1-CAAA：2，陶器把手。夹云母红褐陶。素面（彩版七六，
6，右1）。

02-JN-XS-1-CAW 陶器2件，岳石文化。标本02-JN-XS-1-CAW：1，陶罐口沿。夹云母红
褐陶。圆唇，宽卷沿，素面（彩版七七，3，左1）。标本02-JN-XS-1-CAW：2，陶罐口沿。夹云母
红褐陶。圆唇，卷沿，素面（彩版七七，3，左2）。

02-JN-XS-1-CAI 陶器2件，岳石文化。标本02-JN-XS-1-CAI：1，陶罐腹片。夹砂红褐陶。
素面（彩版七七，6，左1）。标本02-JN-XS-1-CAI：2，鼎足。残，夹砂灰陶（彩版七七，6，右1）。

02-JN-XS-1-CACC 石器1件，龙山文化。标本02-JN-XS-1-CACC：1，石锛。残存上部，
平面和横断面皆梯形，通体磨制精细，器形规整。残长5.8、宽4.3、厚2.2厘米（图一一〇，8；彩
版七七，1，左2）。

02-JN-XS-1-CAM 石器1件，龙山文化。标本02-JN-XS-1-CAM：1，石锛。平面近梯
形，横断面呈方形，双面刃加工精细。通体磨制，器形规整。长7.6、宽3.82、厚3.36厘米（图
一一〇，9）。

02-JN-XS-1-CAV 石器1件，龙山文化。标本02-JN-XS-1-CAV：1，石坯。平面近梯形。长
8.4、宽12.6、厚4.3厘米（图一一〇，10）。

44．东海峪（02-DG-DHY-1，大汶口、龙山、周、汉）（第8年）

02-DG-DHY-1-CAY　陶器12件。标本02-DG-DHY-1-CAY：1，鼎足，大汶口文化。夹砂褐陶。铲形，素面，残高8.2厘米（图一一一，1；彩版七四，1，右1）。标本02-DG-DHY-1-CAY：2，陶鼎，龙山文化中期。夹砂黑陶。方唇折沿，侈口，沿面内凹，腹部微鼓且饰多周凸棱纹，残高6.2、厚0.5～0.7厘米（图一一一，2）。标本02-DG-DHY-1-CAY：3，陶盆，东周。泥质灰褐陶。方唇，折沿外翻，沿面饰一周凹槽，敞口，残高4、厚0.7厘米（图一一一，3）。标本02-DG-DHY-1-CAY：4，陶鬶把手，龙山文化中期。夹砂黑陶。桥形，素面。残长5厘米（图一一一，4）。标本02-DG-DHY-1-CAY：5，板瓦，汉代。夹砂灰褐陶。饰瓦棱纹，残厚1.1厘米（图一一一，5）。标本02-DG-DHY-1-CAY：6，陶匜，龙山文化早期。夹砂黑陶。敛口，素面，残高4.4、厚0.7～1.1厘米（图一一一，6）。标本02-DG-DHY-1-CAY：7，腹片，西周。夹砂灰褐陶。饰中绳纹，厚0.5厘米（图一一一，7）。标本02-DG-DHY-1-CAY：8，鼎足，残，大汶口文化晚期。夹砂褐陶。素面（彩版七四，1，上左1）。标本02-DG-DHY-1-CAY：9，凿形鼎足，龙山文化早期。夹砂红褐陶。根部有一圆形按窝（彩版七四，1，上左2）。标本02-DG-DHY-1-CAY：10，凿形鼎足，龙山文化早期。夹砂红褐陶。素面（彩版七四，1，上左3）。标本02-DG-DHY-1-CAY：11，凿形鼎足，龙山文化早期。夹砂红陶。素面（彩版七四，1，下左1）。标本02-DG-DHY-1-CAY：12，凿形鼎足，龙山文化早期。夹砂红褐陶。素面（彩版七四，1，下左2）。

02-DG-DHY-1-CAB　陶器9件。标本02-DG-DHY-1-CAB：1，鼎足，龙山文化中期。夹砂黑陶。足外侧中部饰一周附加堆纹，残高5厘米（图一一一，8；彩版七一，6，下左1）。标本02-DG-DHY-1-CAB：2，陶鬶把手，龙山文化中期。夹砂褐陶。绚索状。残长5.2、厚0.5～1.3厘米（图一一一，9）。标本02-DG-DHY-1-CAB：3，器盖，龙山文化。夹砂灰陶。顶部饰方格纹饰，直径7、残高2.2厘米（图一一一，10；彩版七一，6，下右2）。标本02-DG-DHY-1-CAB：4，陶鼎，龙山文化早期。夹砂灰褐陶。尖圆唇，折沿，沿面内凹，侈口，残高2.8、厚0.3～0.5厘米（图一一一，11；彩版七一，6，上左1）。标本02-DG-DHY-1-CAB：5，陶盘，龙山文化中期。泥质灰胎黑皮陶。尖唇，折沿近平，敞口，沿面内凹，素面，残高4.2、厚0.5厘米（图一一一，12；彩版七一，6，上左2）。标本02-DG-DHY-1-CAB：6，纺轮，龙山文化。夹砂灰陶。似系陶片改制而成，孔未穿透，直径3.5、厚0.4厘米（图一一一，13；彩版七一，6，下左2）。标本02-DG-DHY-1-CAB：7，器纽，龙山文化。夹砂褐陶。拱形，饰瓦棱纹。残长5.7、宽3.2、厚0.8厘米（图一一一，14）。标本02-DG-DHY-1-CAB：8，鼎足，龙山文化早期。夹砂褐陶。凿形，外侧中间内凹，残高4.1、宽3.1厘米（图一一一，15；彩版七一，6，上右1）。标本02-DG-DHY-1-CAB：9，豆柄，残，龙山文化早期。夹砂灰白陶。饰竹节纹（彩版七一，6，下右1）。

02-DG-DHY-1-CAN　陶器3件。标本02-DG-DHY-1-CAN：1，鼎足，龙山文化早期。夹砂褐陶。凿形，残高4.7、宽2.43～3.27、厚1.08～2.2厘米（图一一一，16）。标本02-DG-DHY-1-CAN：2，陶鼎，龙山文化中期。夹砂褐胎黑皮陶。尖唇，侈口，唇面内凹，残高2.9、厚0.5～0.7厘米（图一一一，17）。标本02-DG-DHY-1-CAN：3，陶匜，龙山文化早期。夹砂灰陶。尖唇，敛口，沿外侧饰两周堆纹，残高3.3、厚0.5～1.3厘米（图一一一，18）。

02-DG-DHY-1-CAV　陶器2件，大汶口文化晚期。标本02-DG-DHY-1-CAV：1，凿形鼎足。夹砂褐陶。残高6.5、宽4.2、厚3.2厘米（图一一二，15；彩版七三，2，右1）。标本02-DG-DHY-1-CAV：2，凿形鼎足。夹砂褐陶。残高5.7、宽4.2、厚3.9厘米（图一一二，16；彩版七三，2，左1）。

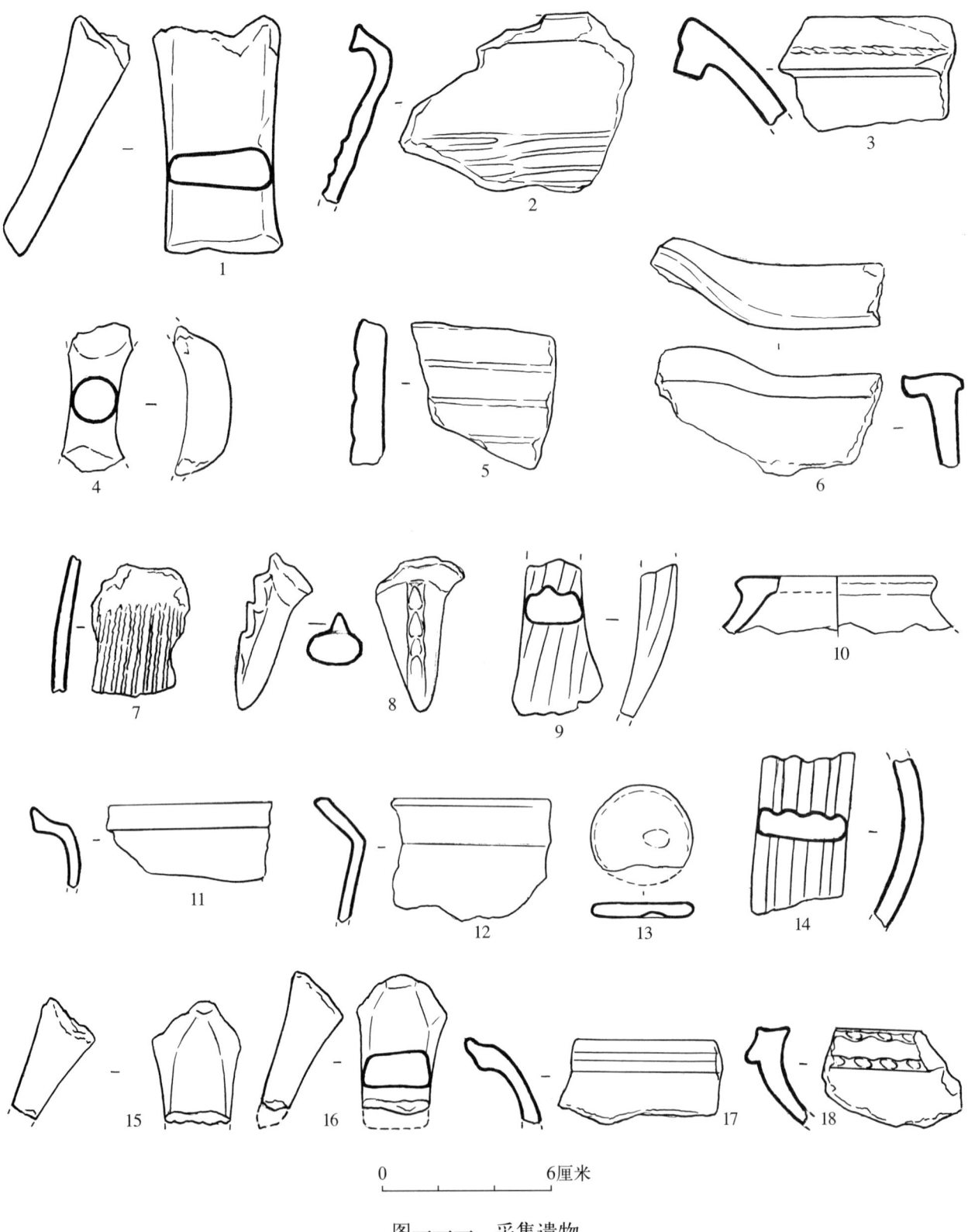

0 　　　　　　　　　 6厘米

图一一一　采集遗物

1. 陶鼎足02-DG-DHY-1-CAY：1　2. 陶鼎02-DG-DHY-1-CAY：2　3. 陶盆02-DG-DHY-1-CAY：3　4. 陶鬶把手02-DG-DHY-1-CAY：4　5. 板瓦02-DG-DHY-1-CAY：5　6. 陶匜02-DG-DHY-1-CAY：6　7. 陶片02-DG-DHY-1-CAY：7　8. 陶鼎足02-DG-DHY-1-CAB：1　9. 陶鬶把手02-DG-DHY-1-CAB：2　10. 陶器盖02-DG-DHY-1-CAB：3　11. 陶鼎02-DG-DHY-1-CAB：4　12. 陶盘02-DG-DHY-1-CAB：5　13. 陶纺轮02-DG-DHY-1-CAB：6　14. 陶器纽02-DG-DHY-1-CAB：7　15. 陶鼎足02-DG-DHY-1-CAB：8　16. 陶鼎足02-DG-DHY-1-CAN：1　17. 陶鼎足02-DG-DHY-1-CAN：2　18. 陶匜02-DG-DHY-1-CAN：3

　　02-DG-DHY-1-CAL 陶器 3 件，龙山文化早期。标本 02-DG-DHY-1-CAL：1，凿形鼎足。夹砂褐陶。素面，残高 4.3、残宽 2.7、厚 2.1 厘米（图一一二，11；彩版七二，1，左 1）。标本 02-DG-DHY-1-CAL：2，凿形鼎足。夹砂灰陶。素面，足高 5.8、宽 3.1、厚 2.2 厘米（图一一二，13；彩版七二，1，左 2）。标本 02-DG-DHY-1-CAL：3，陶算。夹砂灰陶。平折沿，圆唇，底部残余两处算孔痕迹，高 2.2、径 18 厘米（图一一二，12；彩版七二，1，右 1）。

　　02-DG-DHY-1 陶器 2 件，龙山文化。标本 02-DG-DHY-1：1，陶鬶把手。夹砂黑陶。宽带状把手，残高 4.2、宽 2.6、厚 0.5 厘米（图一一二，9）。标本 02-DG-DHY-1：2，陶片。夹砂黑陶。素面。残长 3.6、宽 3.5、厚 0.7 厘米（图一一二，10）。

　　02-DG-DHY-1-CACC 陶器 3 件。标本 02-DG-DHY-1-CACC：1，凿形鼎足，大汶口文化晚期。夹砂红褐陶。素面（彩版七二，2，左 1）。标本 02-DG-DHY-1-CACC：2，凿形鼎足，龙山文化早期。夹砂红褐陶。素面（彩版七二，2，左 2）。标本 02-DG-DHY-1-CACC：3，陶罐口沿，龙山文

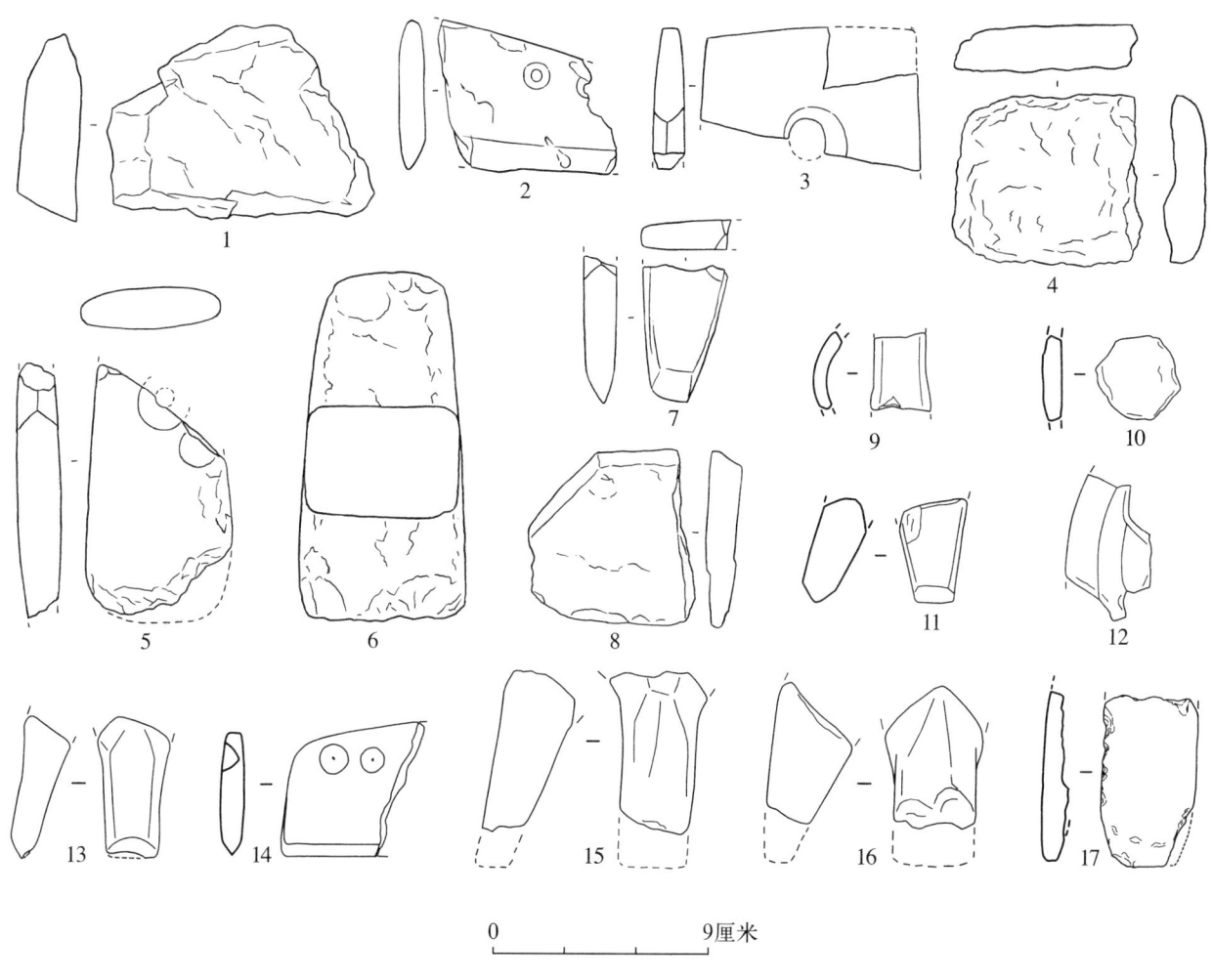

0　　　　　　　　9厘米

图一一二 采集遗物

1. 石坯02-DG-DHY-1-CAX：1 2. 石刀02-DG-DHY-1-CAB：1 3. 石钺DG-NZJC-1-CAB：1 4. 石器半成品02-DG-DHY-1：1 5. 石钺02-DG-DHY-1：2 6. 石锤02-DG-DHY-1：3 7. 石铲02-DG-DHY-1：4 8. 石刀02-DG-DHY-1：5 9. 陶鬶把手02-DG-DHY-1：1 10. 陶片02-DG-DHY-1：2 11. 陶鼎足02-DG-DHY-1-CAL：1 12. 陶算02-DG-DHY-1-CAL：3 13. 陶鼎足02-DG-DHY-1-CAL：2 14. 石刀02-DG-DHY-1-CABB：1 15. 陶鼎足02-DG-DHY-1-CAV：1 16. 陶鼎足02-DG-DHY-1-CAV：2 17. 石刀02-DG-DHY-1-CACC：1

化。夹砂红褐陶。内壁饰凸棱（彩版七二，2，右1）。

02-DG-DHY-1-CAT 陶器8件。标本02-DG-DHY-1-CAT：1，陶匜口沿，龙山文化早期。夹砂褐陶。尖圆唇，敛口，素面（彩版七三，1，左1）。标本02-DG-DHY-1-CAT：2，凿形鼎足，龙山文化早期。夹砂褐陶。素面（彩版七三，1，左2）。标本02-DG-DHY-1-CAT：3，鼎足，残，大汶口文化晚期。夹砂褐陶（彩版七三，1，右1）。标本02-DG-DHY-1-CAT：4，陶片，龙山文化早期。夹砂灰褐陶。表面饰篮纹（彩版七三，3，上左1）。标本02-DG-DHY-1-CAT：5，陶片，龙山文化早期。夹砂黑陶。表面饰篮纹（彩版七三，3，上左2）。标本02-DG-DHY-1-CAT：6，陶片，龙山文化早期。夹砂灰褐陶。表面饰篮纹（彩版七三，3，上右1）。标本02-DG-DHY-1-CAT：7，陶片，龙山文化早期。夹砂灰陶。表面饰篮纹（彩版七三，3，下左1）。标本02-DG-DHY-1-CAT：8，陶片，龙山文化早期。夹砂褐陶。表面饰篮纹（彩版七三，3，下右1）。

02-DG-DHY-1-CAX 陶器3件，龙山文化早期。标本02-DG-DHY-1-CAX：1，鼎足，残。夹砂红陶。素面，可能为凿形（彩版七三，5，左1）。标本02-DG-DHY-1-CAX：2，铲形鼎足，底部残。夹砂褐陶。素面（彩版七三，5，左2）。标本02-DG-DHY-1-CAX：3，凿形鼎足。夹砂红陶。素面（彩版七三，5，右1）。

02-DG-DHY-1-CAW 陶器1件，大汶口文化晚期。标本02-DG-DHY-1-CAW：1，鼎足，残。夹砂红褐陶。素面，可能为凿形（彩版七三，6）。

02-DG-DHY-1-CAZ 陶器4件，龙山文化早期。标本02-DG-DHY-1-CAZ：1，鼎足，残。夹砂红褐陶。素面（彩版七四，4，左1）。标本02-DG-DHY-1-CAZ：2，凿形鼎足。夹砂灰陶。素面（彩版七四，4，左2）。标本02-DG-DHY-1-CAZ：3，鼎足，残。夹砂红褐陶。素面，可能为凿形（彩版七四，4，右1）。标本02-DG-DHY-1-CAZ：4，圈足盆圈足，仅余部分残块。夹细砂灰陶。器表有一凸棱，凸棱下饰一周按窝纹（彩版七四，5）。

02-DG-DHY-1-CAL 石器1件，龙山文化。标本02-DG-DHY-1-CAL：1，石锛，残。形状不规整，白色，刃部经磨制修整（彩版七三，4）。

02-DG-DHY-1-CAX 石器1件，龙山文化。标本02-DG-DHY-1-CAX：1，石坯。平面和横断面近梯形。长7.9、宽11、厚2.8厘米（图一一二，1）。

02-DG-DHY-1-CAB 石器1件，龙山文化。标本02-DG-DHY-1-CAB：1，石刀。残，平面近梯形，横断面近椭圆形，单面刃使用痕迹明显。通体磨制，对钻有一孔，器形规整。残长7、宽6、厚1.1厘米（图一一二，2；彩版七二，6）。

02-DG-DHY-1-CACC 石器1件，龙山文化。标本02-DG-DHY-1-CACC：1，石刀。残，平面近梯形，横断面椭圆形，磨制而成。残长7.0、宽4.0、厚0.7～1.1厘米（图一一二，17；彩版七二，3）。

02-DG-DHY-1 石器5件，龙山文化。标本02-DG-DHY-1：1，半成品。平面长方形，横断面近椭圆形，通体琢制。长8、宽6.92、厚1.4～1.95厘米（图一一二，4）。标本02-DG-DHY-1：2，石钺。残，横断面椭圆形，刃部崩疤明显。通体磨制精细，对钻有两孔。残长10、宽6.1、厚1.73厘米（图一一二，5）。标本02-DG-DHY-1：3，石锤。平面梯形，横断面长方形，通体琢制，器形规整。长14、宽5.2～6.95、厚3.72～4.62厘米（图一一二，6）。标本02-DG-DHY-1：4，石铲。残，横断面近梯形，双面刃有使用痕迹。通体磨制，器形规整，对钻有一孔。残长5.6、宽3.35、厚1.25厘米（图一一二，7）。标本02-DG-DHY-1：5，石刀。残，横断面近三角形，刃部崩疤明显，器身琢制和磨制而成。残长6.75、宽7、厚0.53～1.2厘米（图一一二，8）。

02-DG-DHY-1-CABB　石器 1 件，龙山文化。标本 02-DG-DHY-1-CABB：1，石刀。残，平面梯形，横断面近椭圆，双面刃有使用痕迹。通体磨制较好，两孔未钻透。残长 5.6、宽 5.9、厚 0.8 厘米（图一一二，14；彩版七二，5）。

45. 南张家村（DG-NZJC-1，龙山、岳石、周、汉）（第 8 年）

00-DG-NZJC-1-CAB　陶器 5 件。标本 00-DG-NZJC-1-CAB：1，陶罐把手，龙山文化。泥质黑陶。拱桥形，饰瓦棱纹，残高 5.7、厚 0.72 厘米（图一一三，1）。标本 00-DG-NZJC-1-CAB：2，陶盆口沿，东周。夹砂灰陶。方唇内凹，敞口，素面，残高 2.1、厚 0.5 厘米（图一一三，2）。标本 00-DG-NZJC-1-CAB：3，陶罐，龙山文化中期。夹砂黑陶。方唇，侈口，素面，残高 2.3、厚 0.4 厘米（图一一三，3）。标本 00-DG-NZJC-1-CAB：4，甗足，龙山文化早期。夹砂褐胎黑皮陶。足外侧饰一周附加堆纹和两周凹槽，残高 5.2 厘米（图一一三，4）。标本 00-DG-NZJC-1-CAB：5，鼎足，龙山文化早期。夹砂灰褐陶。铲形，素面，残高 4.3 厘米（图一一三，5）。

02-DG-NZJC-1-CAA　陶器 1 件，龙山文化早期。标本 02-DG-NZJC-1-CAA：1，甗足。夹砂褐陶。圆锥形，形状独特且有一穿孔，残高 5.5 厘米（图一一三，6）。

02-DG-NZJC-1-CAC　陶器 2 件。标本 02-DG-NZJC-1-CAC：1，豆盘，岳石文化。夹砂灰褐陶（彩版七六，1，左上 1）。标本 02-DG-NZJC-1-CAC：2，鼎足，龙山文化早期。残，可能为凿形，夹砂灰陶（彩版七六，1，左下 1）。

02-DG-NZJC-1-CAC　石器 1 件，岳石文化。标本 02-DG-NZJC-1-CAC：1，石镰。残，原平面梯形，横断面近枣核状，有一双面端刃和一单面边刃，皆有崩疤痕迹。通体磨制，可见一方形对钻孔，器形精美。残长 12.8、宽 7、厚 0.9～1.7 厘米（图一一三，7；彩版七六，3）。

02-DG-NZJC-1-CAD　石器 1 件，岳石文化。标本 02-DG-NZJC-1-CAD：1，石器。残，平面近梯形，横断面近三角形，有琢制和磨制痕迹。残长 6.2、宽 4.1、厚 1.4 厘米（图一一三，8）。

02-DG-NZJC-1-CAB　石器 2 件，岳石文化。标本 02-DG-NZJC-1-CAB：1，石钺。残，平面和横断面皆梯形，对钻有一孔，通体磨制精细。残长 5.7、宽 9.2、厚 1.2 厘米（图一一三，9）。标本 02-DG-NZJC-1-CAB：2，石器。残，平面和断面袋状，琢制和磨制而成残长 8、宽 6.1、厚 4.2 厘米（图一一三，10；彩版七五，5，右 1）。标本 02-DG-NZJC-1-CAB：3，石钺。平面梯形，器身磨制光滑，残留一钻孔痕迹，两面对钻（彩版七五，5，左上 1）。标本 02-DG-NZJC-1-CAB：4，石钺。平面梯形，有缺口，器身磨制光滑，残留一两面对钻穿孔痕迹（彩版七五，5，左下 1）。

02-DG-NZJC-1-CAA　石器 2 件，岳石文化。标本 02-DG-NZJC-1-CAA：1，石镰，岳石。残，纵切面近枣核形，刃部使用痕迹明显，通体磨制。残长 5.2、宽 3.4、厚 1.2 厘米（图一一三，11；彩版七五，3，左 1）。标本 02-DG-NZJC-1-CAA：2，小石斧。平面和横断面近梯形，刃部磨制且有使用痕迹。通体琢制。长 6.3、宽 3.5、厚 1.2～2.5 厘米（图一一三，12；彩版七五，3，右 1）。

46. 前两河（02-DG-QLH-1，周、汉）（第 8 年）

02-DG-QLH-1-CAD　石器 1 件，周代。标本 02-DG-QLH-1-CAD：1，石锛。平面和断面皆长方形，双面直刃，缺失一角，刃部有明显的崩损痕迹。通体磨制，较精美。长 6.1、宽 3.8、厚 1.4 厘米（图一一三，13）。

47．大岭南头（02-DG-DLNT，汉）（第8年）

02-DG-DLNT-7 陶器1件，汉代。标本02-DG-DLNT-7：1，纺轮。夹砂灰陶。对钻孔，直径5.1、孔径0.5、厚1.2厘米（图一一三，14）。

48．东两河（02-DG-DLH，北辛、大汶口）（第8年）

02-DG-DLH-1-CAB 陶器5件，北辛文化。标本02-DG-DLH-1-CAB：1，器底。夹砂陶。外壁黑色，内呈红色，斜腹平底，素面，残高2.1、宽6.5、厚0.7厘米（图一一三，15）。标本02-DG-DLH-1-CAB：2，器底。夹砂红陶。斜直腹，底内凹，素面，残高2.4、宽4.8、厚0.7厘米左右（图一一三，16）。标本02-DG-DLH-1-CAB：3，陶片。夹砂红褐陶。内壁呈黑色，饰附加堆纹。残高1.9、宽4.0、厚0.6厘米左右（图一一三，18；彩版八八，1，左1）。标本02-DG-DLH-1-CAB：4，器

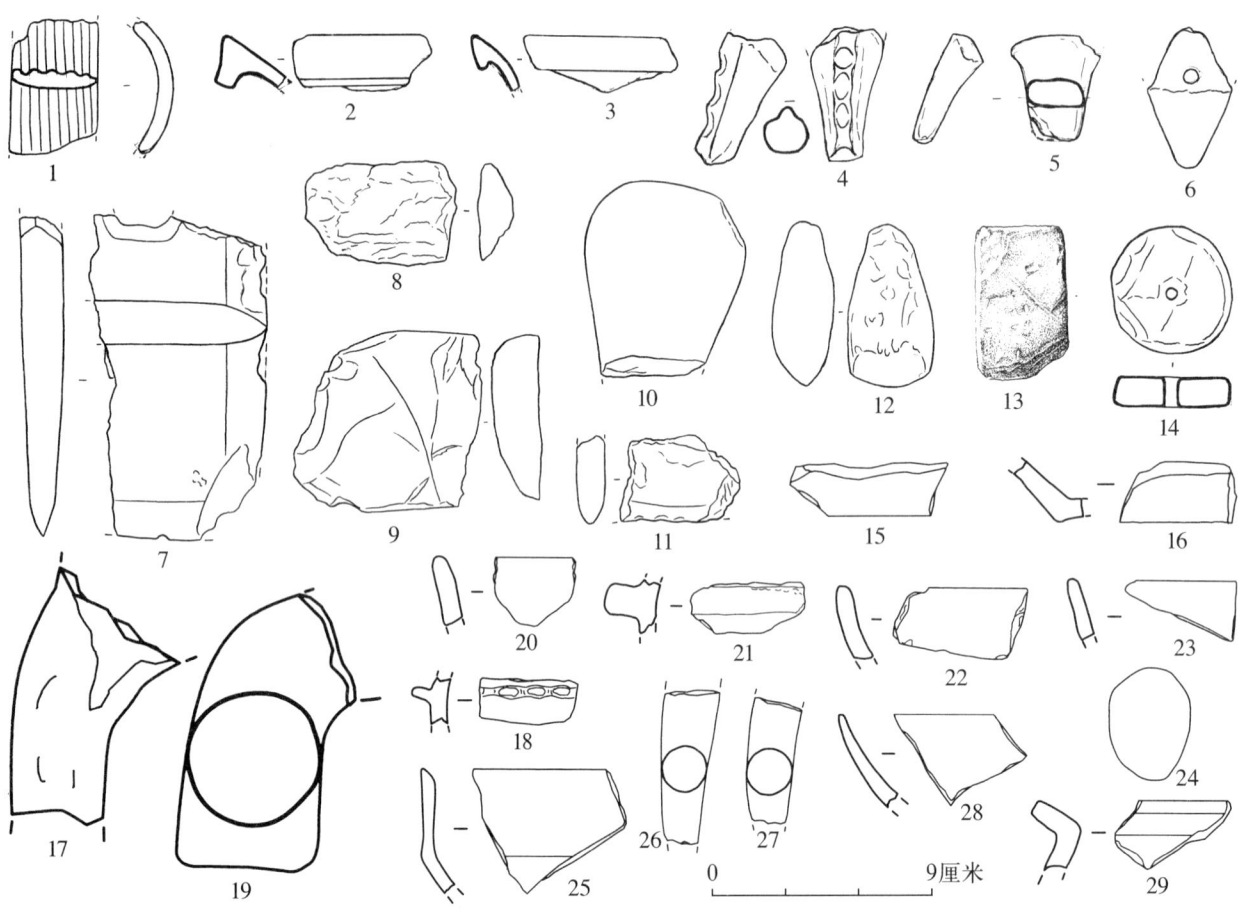

图一一三　采集遗物

1．陶罐把手00-DG-NZJC-1-CAB：1　2．陶盆口沿00-DG-NZJC-1-CAB：2　3．陶罐00-DG-NZJC-1-CAB：3　4．陶甗足00-DG-NZJC-1-CAB：4　5．陶鼎足00-DG-NZJC-1-CAB：5　6．陶甗足02-DG-NZJC-1-CAA：1　7．石镰02-DG-NZJC-1-CAC：1　8．石器02-DG-NZJC-1-CAD：1　9．石刀02-DG-DHY-1-CACC：1　10．石器02-DG-NZJC-1-CAB：2　11．石镰02-DG-NZJC-1-CAA：1　12．石斧02-DG-NZJC-1-CAA：2　13．石锛02-DG-QLH-1-CAD：1　14．陶纺轮02-DG-DLNT-7：1　15．陶器底DG-DLH-1-CAB：1　16．陶器底DG-DLH-1-CAB：2　17．陶器座DG-DLH-1-CAB：5　18．陶片DG-DLH-1-CAB：3　19．陶器座DG-DLH-1-CAB：4　20．陶器口沿05-DG-DLH-1-CAD：1　21．陶鋬耳05-DG-DLH-1-CAD：2　22．陶器口沿05-DG-DLH-1-CAD：3　23．陶器口沿05-DG-DLH-1-CAD：4　24．卵石05-DG-DLH-1-CAD：1　25．陶钵05-DG-DLH-1-CAE：1　26．陶鼎足05-DG-DLH-1-CAE：2　27．陶鼎足05-DG-DLH-1-CAE：3　28．陶钵05-DG-DLH-1-CAE：4　29．陶盆口沿05-DG-DLH-1-CAE：5

座。夹砂褐陶。柱状，素面，高 10.0、直径 5.3 厘米左右（图一一三，19；彩版八八，1，右1）。标本 02-DG-DLH-1-CAB：5，器座。夹砂红陶。截面椭圆形，素面。残高 9.5、宽 6.4 厘米（图一一三，17；彩版八八，1，左2）。

02-DG-DLH-1-CAD　陶器 4 件。标本 02-DG-DLH-1-CAD：1，陶器口沿。大汶口文化，夹砂红陶。圆唇侈口，高约 2.75 厘米（图一一三，20）。标本 02-DG-DLH-1-CAD：2，鋬耳，北辛文化。夹砂红陶。横耳，粘附于器物上，残高 2.1、宽 4.6 厘米（图一一三，21）。标本 02-DG-DLH-1-CAD：3，陶器口沿，北辛文化。夹砂灰陶。圆唇，侈口，高约 2.8 厘米（图一一三，22）。标本 02-DG-DLH-1-CAD：4，陶器口沿。夹砂黄褐陶。圆唇，侈口，高约 2.4 厘米（图一一三，23）。

02-DG-DLH-1-CAE　陶器 5 件，大汶口文化。标本 02-DG-DLH-1-CAE：1，陶钵。泥质红陶。尖唇，直口，折腹，残高 5.0、宽 6.3、厚 0.6 厘米左右（图一一三，25）。标本 02-DG-DLH-1-CAE：2，鼎足。夹砂红褐陶。柱状，素面，残高 6.2、直径 1.3～2.3 厘米（图一一三，26）。标本 02-DG-DLH-1-CAE：3，鼎足。夹砂红褐陶。柱状，素面，残高 5.1、直径 1.3-2 厘米（图一一三，27）。标本 02-DG-DLH-1-CAE：4，陶钵。夹砂陶。外呈黑色，内呈红色，圆唇，敞口，弧腹，残高 3.7、宽 5.3、厚 0.3～0.6 厘米（图一一三，28）。标本 02-DG-DLH-1-CAE：5，陶盆口沿。夹砂灰陶。方唇，折沿，素面，残高 2.7、宽 4.8、厚 0.7 厘米左右（图一一三，29）。

02-DG-DLH-1　陶器 12 件，北辛文化。标本 02-DG-DLH-1：1，陶片。夹砂红陶。素面（彩版七四，2，上左1）。标本 02-DG-DLH-1：2，陶片。夹砂灰陶。素面（彩版七四，2，上左2）。标本 02-DG-DLH-1：3，陶器口沿。夹砂灰陶。圆唇，素面（彩版七四，2，上左3）。标本 02-DG-DLH-1：4，陶片。夹砂红陶。素面（彩版七四，2，中左1）。标本 02-DG-DLH-1：5，陶片。夹砂红陶。素面（彩版七四，2，中左2）。标本 02-DG-DLH-1：6，陶器鋬手。夹砂红陶（彩版七四，2，中左3）。标本 02-DG-DLH-1：7，陶器鋬手。夹砂红陶（彩版七四，2，中左4）。标本 02-DG-DLH-1：8，陶匜。夹砂红陶。圆唇，敛口，肩部饰一条附加堆纹（彩版七四，2，下左1）。标本 02-DG-DLH-1：9，陶匜。夹砂红陶。圆唇，敛口，素面（彩版七四，2，下左2）。标本 02-DG-DLH-1：10，陶匜口沿。夹砂灰褐陶。圆唇，敛口，素面（彩版七四，2，下左3）。标本 02-DG-DLH-1：11，陶片。夹砂红陶。素面（彩版七四，2，下右1）。标本 02-DG-DLH-1：12，北辛文化陶片，夹砂红陶（彩版七四，3）。

02-DG-DLH-1-CAD　石器 1 件，北辛文化。标本 02-DG-DLH-1-CAD：1，鹅卵石。平面近椭圆形，一面较平。长径 4.6、短径约 3.4、厚约 3 厘米（图一一三，24）。

49. 柳行大庄（02-JN-LHDZ-3-CAA，龙山）（第 8 年）

02-JN-LHDZ-3-CAA　陶器 4 件，龙山文化。标本 02-JN-LHDZ-3-CAA：1，凿形鬶足。夹砂红褐陶。上部半圆形榫头明显，高 6.3、宽 3.1、厚 3 厘米（图一一四，12；彩版七六，5，右1）。标本 02-JN-LHDZ-3-CAA：2，陶罐口沿。夹砂灰陶。圆唇，卷沿，素面，残高 2.3、残长 3.7 厘米（图一一四，13；彩版七六，5，左1）。标本 02-JN-LHDZ-3-CAA：3，凿形鼎足。夹砂红褐陶。残高 4.3、宽 3.6、厚 2.6 厘米（图一一四，14；彩版七六，5，右2）。标本 02-JN-LHDZ-3-CAA：4，凿形鼎足。夹砂红褐陶。残高 3.5、宽 2.6、厚 1.6 厘米（图一一四，15；彩版七六，5，左2）。

50. 大古镇（02-DG-DGZ-5，周）（第 8 年）

02-DG-DGZ-5-CAB　陶器 1 件，西周。标本 02-DG-DGZ-5-CAB：1，鬲足。夹砂红褐陶。锥

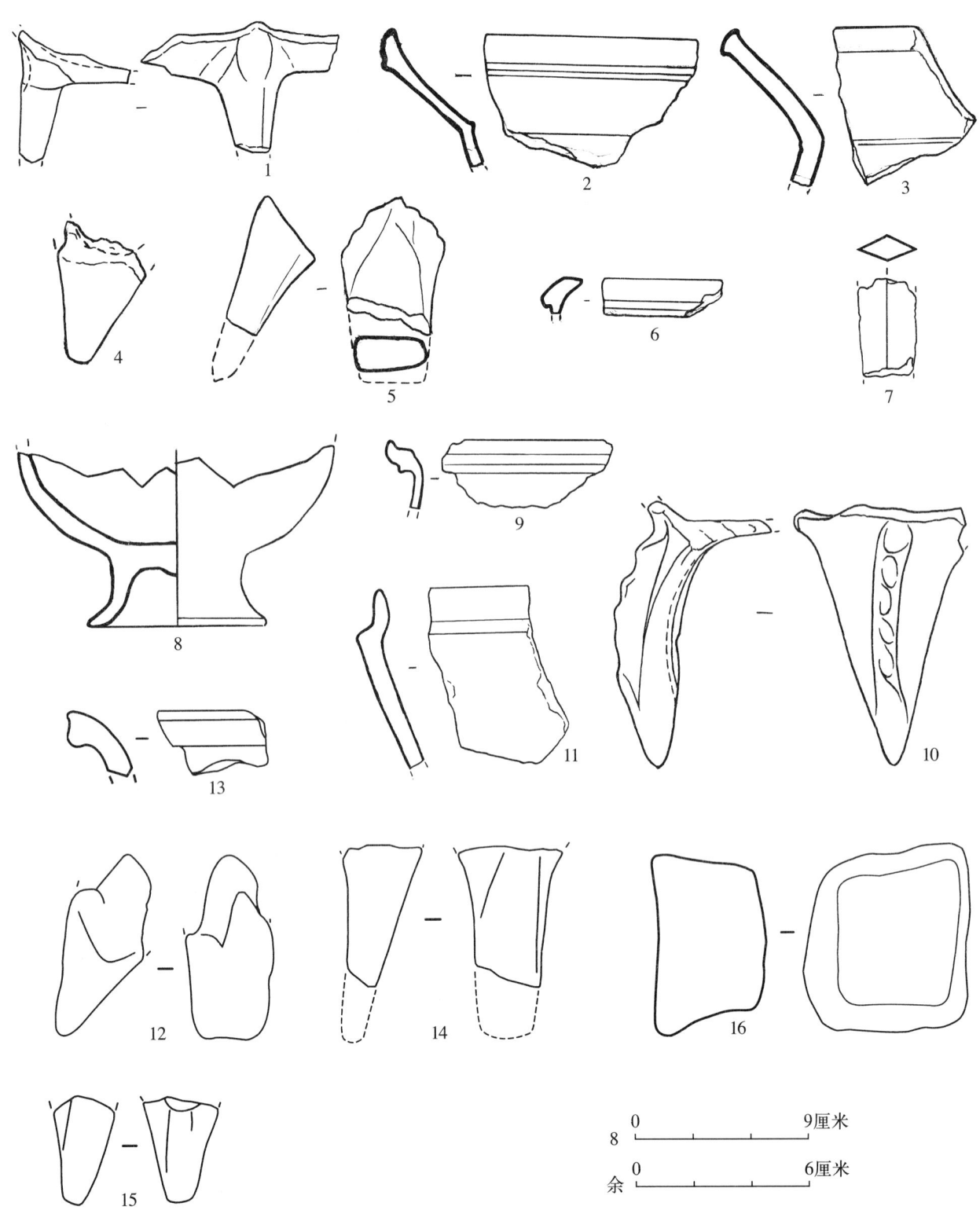

图一一四　采集遗物

1. 陶鼎03-DG-ZJZZ-1-CAJ：1　2. 陶罐03-DG-ZJZZ-1-CAJ：2　3. 陶盆03-DG-ZJZZ-1-CAJ：3　4. 陶甗足03-DG-ZJZZ-1-CAB：1　5. 陶鼎足03-DG-ZJZZ-1-CAB：2　6. 陶匜口沿03-DG-ZJZZ-1-CAG：1　7. 石镞03-DG-ZJZZ-1-CAF：1　8. 陶豆03-DG-QD-5-CAK：1　9. 陶罐03-DG-DZZ-1：1　10. 鸟首形陶鼎足03-DG-DZZ-1：2　11. 陶尊形器03-DG-FT-1-CAA：1　12. 凿形甗足02-JN-LHDZ-3-CAA：1　13. 陶罐02-JN-LHDZ-3-CAA：2　14. 凿形鼎足02-JN-LHDZ-3-CAA：3　15. 锥形鼎足02-JN-LHDZ-3-CAA：4　16. 磨石03-DG-CZ-3-CAB：1

状足，通体饰细密绳纹（彩版七二，4）。

51. 焦柯庄（02-DG-JKZ-9-CAC，周）（第 8 年）

02-DG-JKZ-9-CAC　陶器 1 件，东周。标本 02-DG-JKZ-9-CAC：1，陶网坠。泥质红褐陶。平面近长方形，两端有对称凹槽（彩版七五，2）。

52. 崮河崖（02-DG-GHA-2-CAG，周）（第 8 年）

02-DG-GHA-2-CAG　陶器 2 件。标本 02-DG-GHA-2-CAG：1，陶坠，东周。泥质灰陶。表面有按压小点（彩版七五，1，左 1）。标本 02-DG-GHA-2-CAG：2，鬲足，残，西周。夹砂红褐陶。表面饰绳纹（彩版七五，1，左 2）。

53. 马家村（03-DG-MaJC-1-CAB，岳石、商、周）（第 9 年）

03-DG-MaJC-1-CAB　陶器 4 件。标本 03-DG-MaJC-1-CAB：1，鬲足，西周。夹砂灰陶。素面（彩版七九，3，下左 1）。标本 03-DG-MaJC-1-CAB：2，甗腰，岳石文化。夹砂灰陶（彩版七九，3，上）。标本 03-DG-MaJC-1-CAB：3，陶支架，商代。夹砂红褐陶。素面（彩版七九，3，下左 2）。标本 03-DG-MaJC-1-CAB：4，鬲足，商代。夹砂红褐陶。表面饰绳纹，未到底（彩版七九，3，下右 1）。

54. 王家村（03-DG-WJC-3，汉）（第 9 年）

03-DG-WJC-3　钱币，汉代。标本 03-DG-WJC-3：1，五铢钱，汉（彩版七九，5）。

55. 张家庄子（03-DG-ZJZZ-1，龙山、汉）（第 9 年）

03-DG-ZJZZ-1-CAJ　陶器 3 件。标本 03-DG-ZJZZ-1-CAJ：1，陶鼎，龙山文化。夹砂黑陶。平底，凿形鼎足，足跟按压窝纹。鼎足残高 4.2 厘米（图一一四，1；彩版八三，6）。标本 03-DG-ZJZZ-1-CAJ：2，陶罐，龙山文化早期。夹砂灰褐陶。尖唇，敛口，宽折沿，唇外侧有一周凹槽，素面，残高 4、厚 0.5 厘米（图一一四，2）。标本 03-DG-ZJZZ-1-CAJ：3。陶盆，汉代。圆唇，泥质褐陶。卷沿较宽，敞口，素面，残高 5、厚 0.7 厘米（图一一四，3）。

03-DG-ZJZZ-1-CAB　陶器 2 件，龙山文化早期。标本 03-DG-ZJZZ-1-CAB：1，甗足。夹砂褐陶。素面，残高 4.5 厘米（图一一四，4）。标本 03-DG-ZJZZ-1-CAB：2，鼎足。夹砂褐陶。凿形，素面，残高 4.5 厘米（图一一四，5）。

03-DG-ZJZZ-1-CAG　陶器 1 件，龙山文化早期。标本 03-DG-ZJZZ-1-CAG：1，陶匜口沿。夹砂黑陶。尖唇，敛口，残高 1.3 厘米（图一一四，6）。

03-DG-ZJZZ-1-CAI　陶器 5 件。标本 DG-ZJZZ-1-CAI：1，陶盆口沿，汉代。夹砂灰陶。方唇，平折沿，沿面微凹，残高 2.6、残宽 7.4、厚 0.9 厘米。标本 DG-ZJZZ-1-CAI：2，陶罐，汉代。夹砂灰陶。扁圆唇，折沿，沿面微凹，敛口，素面，残高 2.5、残宽 5.3、厚 0.5 厘米。标本 DG-ZJZZ-1-CAI：3，陶瓮。泥质褐陶。圆唇，敛口，残高 3.3、残宽 9.4、厚 1 厘米。标本 03-DG-ZJZZ-1-CAI：4，陶罐，龙山文化。夹砂褐陶。尖唇，敞口，宽折沿，唇外侧有一周凹槽，素面，口径 34、残高 4.6 厘米。标本 03-DG-ZJZZ-1-CAI：5，陶盆，汉代。泥质褐陶。圆唇，卷沿较宽，敞口，素面，残高 3.9、残长 5.2、厚 0.7 厘米。

03-DG-ZJZZ-1-CAF　石器1件，龙山文化。标本03-DG-ZJZZ-1-CAF：1，石镞。残存中段，横断面四棱形，通体磨制规整。残长3.3、宽2、厚0.9厘米（图一一四，7；彩版八三，4）。

56. 青墩（03-DG-QD，周、汉）（第9年）

03-DG-QD-5-CAK　陶器1件，周代。标本03-DG-QD-5-CAK：1，陶豆。夹砂褐陶。弧腹，圈足外撇。素面。器残高9.0、圈足底径9.2厘米（图一一四，8；彩版七九，4）。

57. 东灶子（03-DG-DZZ-1，龙山、汉）（第9年）

03-DG-DZZ-1　陶器2件，龙山文化。标本03-DG-DZZ-1：1，陶罐。夹砂黑陶。方唇，折沿、唇面、沿面并有凹槽。素面。口径16.0、残高2.3厘米（图一一四，9；彩版七八，1，右1）。标本03-DG-DZZ-1：2，鸟首形鼎足。夹砂褐陶。足高8.8厘米（图一一四，10；彩版七八，1，左1）。

58. 傅疃（03-DG-FT-1，岳石）（第9年）

03-DG-FT-1-CAA　陶器1件，岳石文化。标本03-DG-FT-1-CAA：1，尊形器。泥质褐胎黑皮陶。尖圆唇，子母口，弧腹。素面。口径12.0、残高6.0厘米（图一一四，11；彩版七八，6）。

59. 川子（03-DG-CZ-1，周）（第9年）

03-DG-CZ-3-CAB　石器1件，汉代。标本03-DG-CZ-3-CAB：1，磨石。平面近方形，横断面长方形，砂岩石质，下底5.5×6、上底4×4、高3.7厘米（图一一四，16）。

60. 高家岭（03-DG-YWC-1/GaJL-1，大汶口、龙山、周、汉）（第9年）

03-DG-GaJL-1-CAY　陶器1件，周代。标本03-DG-GaJL-1-CAY：1，陶缸。夹砂褐陶。圆唇，平沿，直口，唇下有一凸棱。素面。残高4.0厘米（图一一五，1；彩版七九，1）。

03-DG-GaJL-1-CADD　陶器6件，龙山文化。标本03-DG-GaJL-1-CADD：1，凿形鼎足。夹砂褐陶。素面。残高4.0厘米（图一一五，2；彩版七八，4，左1）。标本03-DG-GaJL-1-CADD：2，陶甗。夹砂灰褐陶。尖唇，敛口。素面。残高4.2厘米（图一一五，3；彩版七八，4，右1）。标本03-DG-GaJL-1-CADD：3，陶盆。夹砂灰陶。方唇，折沿，近直口。残高3.0厘米（图一一五，4；彩版七八，4，左2）。标本03-DG-GaJL-1-CADD：4，陶甗。夹砂灰陶。圆唇，敛口，残高3.4、残宽4.9、厚0.7厘米。标本03-DG-GaJL-1-CADD：5，陶罐。夹砂灰陶。圆唇，榫口，小折沿，残高2.6、残宽5.3、厚0.6厘米。标本03-DG-GaJL-1-CADD：6，凿形鼎足。夹砂褐陶。残高4、宽3、厚0.9厘米。

03-DG-GaJL-1-CAC　陶器2件，龙山文化。标本03-DG-GaJL-1-CAC：1，陶甗。夹砂黑陶。尖唇，敛口，弧腹。素面。残高3.9厘米（图一一五，5；彩版七八，3，右1）。标本03-DG-GaJL-1-CAC：2，陶鼎。夹砂黑陶。足红褐色。平底，凿形足。素面。残高3.2厘米（图一一五，6；彩版七八，3，右2）。

03-DG-GaJL-1-CAEE　陶器1件，西周。标本03-DG-GaJL-1-CAEE：1，鬲足。夹砂灰褐陶。通体饰绳纹（彩版七八，2）。

03-DG-GaJL-1-CAY　石器1件，龙山文化。标本03-DG-GaJL-1-CAY：1，石刀。残，横断面椭圆形，单面刃加工较好且使用痕迹明显，对穿有两孔，通体磨制规整。残长4.4、宽5.7、厚1.2

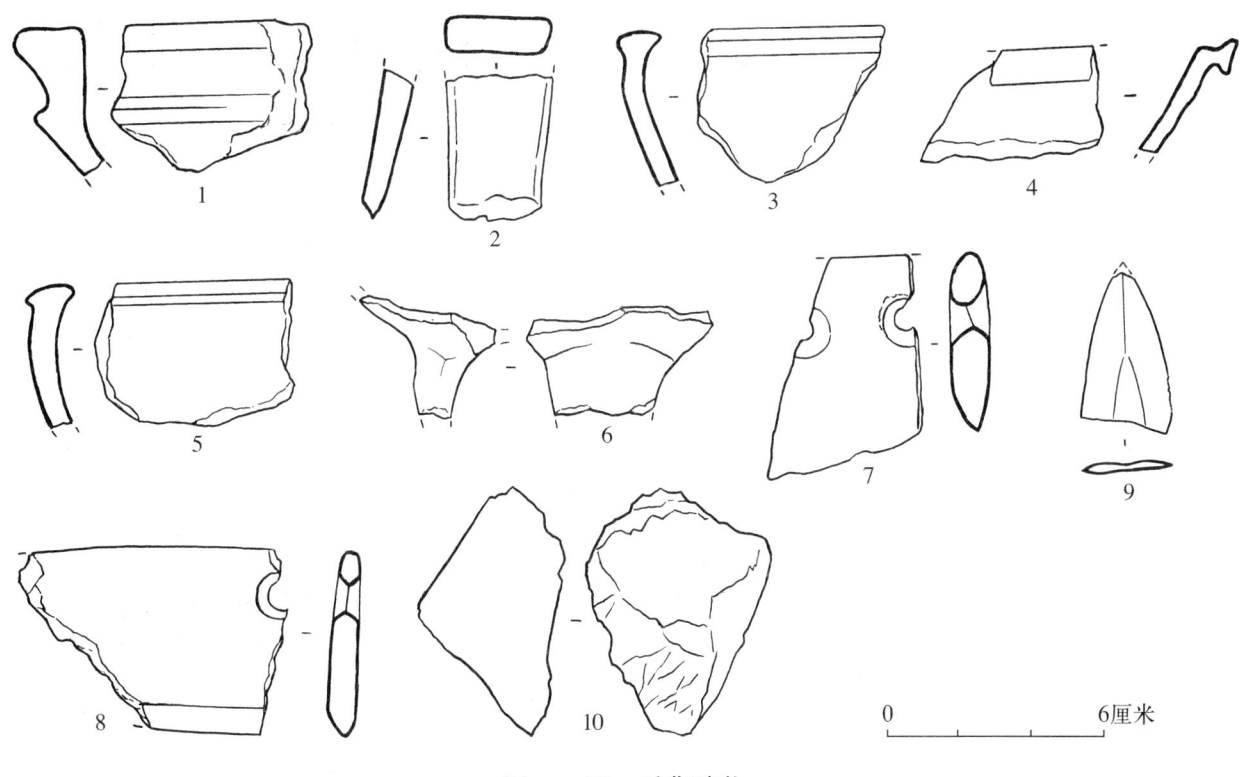

图一一五 采集遗物

1. 陶缸03-DG-GaJL-1-CAY：1　2. 凿形陶鼎足03-DG-GaJL-1-CADD：1　3. 陶匜03-DG-GaJL-1-CADD：2　4. 陶盆03-DG-
GaJL-1-CADD：3　5. 陶匜03-DG-GaJL-1-CAC：1　6. 陶鼎足03-DG-GaJL-1-CAC：2　7. 石刀03-DG-GaJL-1-CAY：1　8. 石
刀03-DG-GaJL-1-CAC：1　9. 石镞03-DG-GaJL-1-CADD：1　10. 石坯03-DG-GaJL-1-CAZ：1

厘米（图一一五，7；彩版七九，2）。

03-DG-GaJL-1-CAC 石器1件，龙山文化。标本03-DG-GaJL-1-CAC：1，石刀。残，横断面近椭圆，双面刃加工精细。通体磨制，器形规整精美，对钻有一孔。残长7.4、宽5、厚0.9厘米（图一一五，8；彩版七八，3，左1）。

03-DG-GaJL-1-CADD 石器1件，汉代。标本03-DG-GaJL-1-CADD：1，石镞。残余箭头部，平面三角形，横断面不规则，箭头有残损，通体磨制精细。残长4.4、宽2.5、厚0.3厘米（图一一五，9；彩版七八，5）。

03-DG-GaJL-1-CAZ 石器1件，东周。标本03-DG-GaJL-1-CAZ：1，石坯。断面三角形。长6.45、宽5、厚3.5厘米（图一一五，10）。

61. 尧王城（03-DG-YWC-1-CAAT，大汶口、龙山、周、汉）（第9年）

03-DG-YWC-1-CAAT 陶器3件，龙山文化。标本03-DG-YWC-1-CAAT：1，甗足。夹砂褐陶。个体较大，实足根略近凿形。素面。残高8.0厘米（图一一六，1；彩版八〇，3，下左1）。标本03-DG-YWC-1-CAAT：2，鸟首形鼎足。夹砂褐陶。足高9.0厘米（图一一六，2；彩版八〇，3，上左2）。标本03-DG-YWC-1-CAAT：3，鸟首形鼎足。夹砂褐陶。个体较大。残高10.7厘米（图一一六，3；彩版八〇，3，上左1）。

03-DG-YWC-1-CATT 陶器6件，龙山文化。标本03-DG-YWC-1-CATT：1，鬶把手。夹砂红褐陶。把手两侧按压窝纹，整体近绚索状。残长4.1厘米（图一一六，4；彩版八二，2，上右1）。

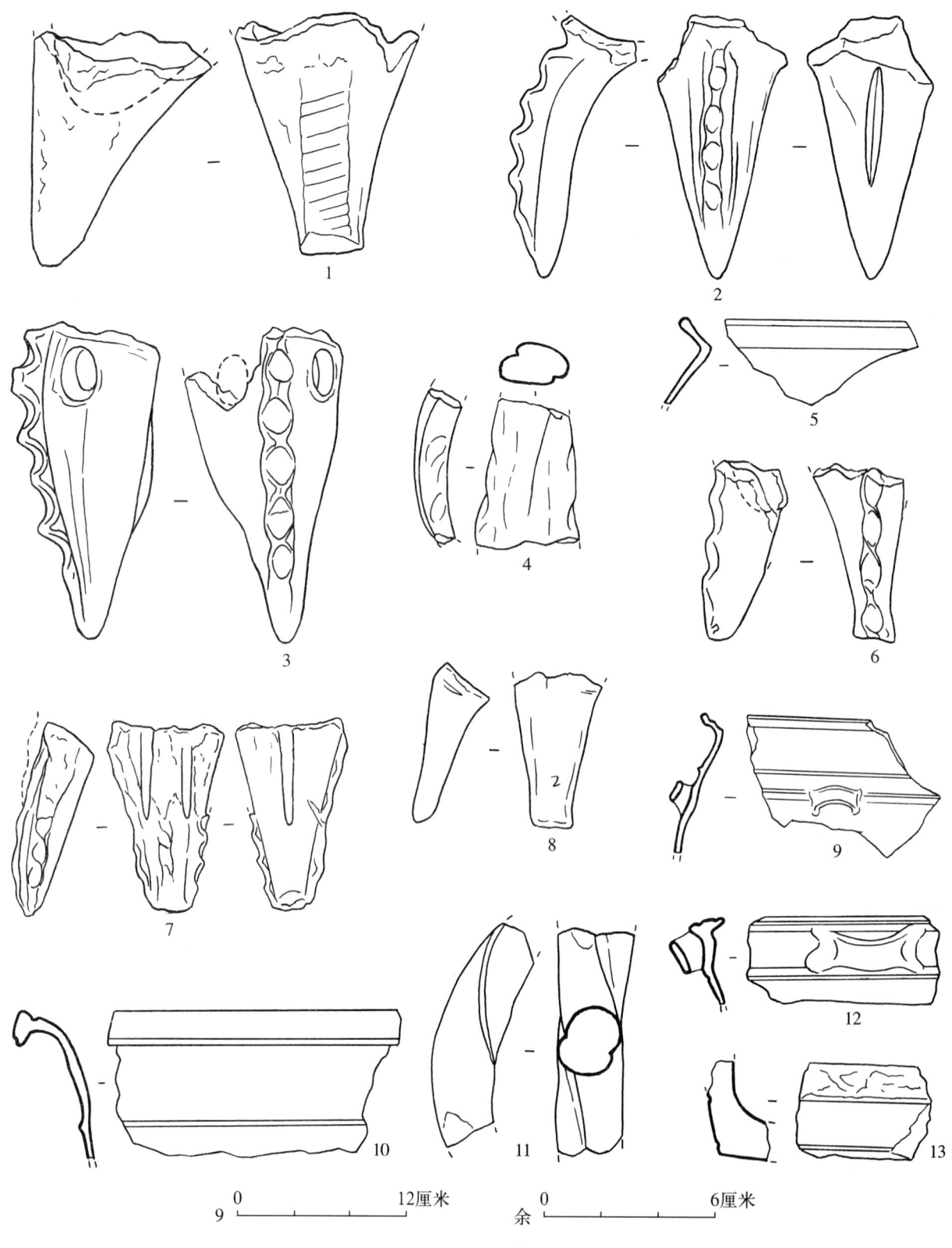

图一一六　采集遗物

1. 陶甗足03-DG-YWC-1-CAAT：1　2. 鸟首形陶鼎足03-DG-YWC-1-CAAT：2　3. 鸟首形陶鼎足03-DG-YWC-1-CAAT：3　4. 陶鬶把手03-DG-YWC-1-CATT：1　5. 陶鼎03-DG-YWC-1-CATT：2　6. 陶鬶足03-DG-YWC-1-CATT：3　7. 鸟首形陶鼎足03-DG-YWC-1-CATT：4　8. 陶鼎足03-DG-YWC-1-CATT：5　9. 陶罐03-DG-YWC-1-CATT：6　10. 陶鼎口沿03-DG-YWC-1：1　11. 陶鬶把手03-DG-YWC-1：3　12. 陶鼎03-DG-YWC-1：4　13. 陶罐底03-DG-YWC-1-CAGG：1

标本 03-DG-YWC-1-CATT：2，陶鼎。夹砂黑陶。圆唇，斜折沿，沿面内凹，侈口，鼓腹。素面。口径 13.0、残高 2.9 厘米（图一一六，5；彩版八二，2，上左 2）。标本 03-DG-YWC-1-CATT：3，鬶足。夹砂黑陶。袋足饰一条附加堆纹。残高约 6.0 厘米（图一一六，6；彩版八二，2，上右 2）。标本 03-DG-YWC-1-CATT：4，鸟首形鼎足。夹砂黄褐陶。残高 6.5 厘米（图一一六，7；彩版八二，2，下左 1）。标本 03-DG-YWC-1-CATT：5，凿形鼎足。夹砂红褐陶。残高 5.5 厘米（图一一六，8；彩版八二，2，上左 1）。标本 03-DG-YWC-1-CATT：6，陶罐。泥质黑陶。圆唇，折沿，束颈，鼓腹，肩部饰桥形耳。沿面内凹，饰一周凹弦纹，肩部饰两周凸弦纹。口径 26.0、残高 9.4 厘米（图一一六，9；彩版八二，2，下右 1）。

03-DG-YWC-1　陶器 5 件，龙山文化。标本 03-DG-YWC-1：1，陶盆。夹砂黑陶。方唇，卷沿，敞口，唇面饰一周凹弦纹，颈部饰一周凸弦纹。口径 40.0、残高 5.0 厘米（图一一六，10；彩版八二，1，下左 1）。标本 03-DG-YWC-1：2，凿形鼎足。夹砂褐陶。素面。足高 5.6 厘米（图一〇七，16；彩版八二，1，上左 1）。标本 03-DG-YWC-1：3，鬶把手。夹砂褐陶。绚索状。残长 7.8 厘米（图一一六，11；彩版八二，1，上右 1）。标本 03-DG-YWC-1：4，陶鼎。夹砂黑陶。圆唇，平沿，敛口，口沿外饰桥形横耳。沿面及颈部饰凹弦纹。口径 15.0、残高 3.0 厘米（图一一六，12；彩版八二，1，下右 1）。

03-DG-YWC-1-CAGG　陶器 4 件。标本 03-DG-YWC-1-CAGG：1，罐底，汉代。夹砂灰陶。平底，斜壁。素面。残高 3.3 厘米（图一一六，13）。标本 03-DG-YWC-1-CAGG：2，陶钵，龙山文化。泥质黑陶。圆唇，敛口。磨光，饰凹弦纹。残片长 2.1 厘米（图一一七，1）。标本 03-DG-YWC-1-CAGG：3，凿形鼎足，龙山文化。夹砂黑褐陶。跟部按压窝纹。甚残，残高 3.9 厘米（图一一七，2）。标本 03-DG-YWC-1-CAGG：4，陶盆，汉代。夹砂灰陶。圆唇，斜折沿，沿面内凹，敞口。口径 32.0、残高 2.8 厘米（图一一七，3）。

03-DG-YWC-1-CAAL　陶器 2 件，龙山文化。标本 03-DG-YWC-1-CAAL：1，陶碗。泥质黑陶。圆唇，卷沿，敞口，平底内凹。素面，磨光。口径 15.6、底径 10.2、高 4.4 厘米（图一一七，4；彩版七九，6）。标本 03-DG-YWC-1-CAAL：2，陶壶。泥质黑陶。圆唇，卷沿，近直口，鼓腹。素面，磨光，肩部饰一周凹弦纹。口径 10.4、残高 7.4 厘米（图一一七，5；彩版八一，2）。

03-DG-YWC-1-CAA　陶器 3 件，龙山文化。标本 03-DG-YWC-1-CAA：1，鸟首形鼎足。夹砂褐陶。残高 5.5 厘米（图一一七，6；彩版八〇，5，右 1）。标本 03-DG-YWC-1-CAA：2，陶盘。泥质黑陶。尖圆唇，折沿，口微敛，斜壁，折腹。口径 26.0、残高 2.8 厘米（图一一七，7；彩版八〇，5，右 2）。标本 03-DG-YWC-1-CAA：3，器足。泥质黑陶。上宽下窄，略近倒梯形。素面。足高 5.6 厘米（图一一七，8；彩版八〇，5，左 1）。

03-DG-YWC-1-CAAA　陶器 4 件，龙山文化。标本 03-DG-YWC-1-CAAA：1，陶盆。泥质黑陶。圆唇，断面"T"字形，敛口，鼓腹。素面，磨光。口径 32.0、残高 5.2 厘米（图一一七，9；彩版八〇，6，下右 1）。标本 03-DG-YWC-1-CAAA：2，陶鼎。夹砂灰陶。尖唇，唇面饰凹弦纹，卷沿，沿面略内凹，束颈，鼓腹，肩部饰泥条横耳。口径 17.6、残高 5.2 厘米（图一一七，10；彩版八〇，6，上左 1）。标本 03-DG-YWC-1-CAAA：3，陶盆。夹砂黑陶。尖唇，卷沿，敞口，弧鼓腹。腹部饰粗壮凸弦纹。口径 32.0、残高 7.6 厘米（图一一七，11；彩版八〇，6，下左 1）。标本 03-DG-YWC-1-CAAA：4，陶盖鸟首形纽。夹砂红陶。残高 3.1、宽 4.7 厘米（彩版八〇，6，上右 1）。

03-DG-YWC-1-CACC　陶器 4 件，龙山文化。标本 03-DG-YWC-1-CACC：1，陶盆。夹砂灰黑陶。方唇，卷沿，沿面内凹，敞口。素面。口径约 30.0 厘米。残高 4.1 厘米（图一一七，12；彩版

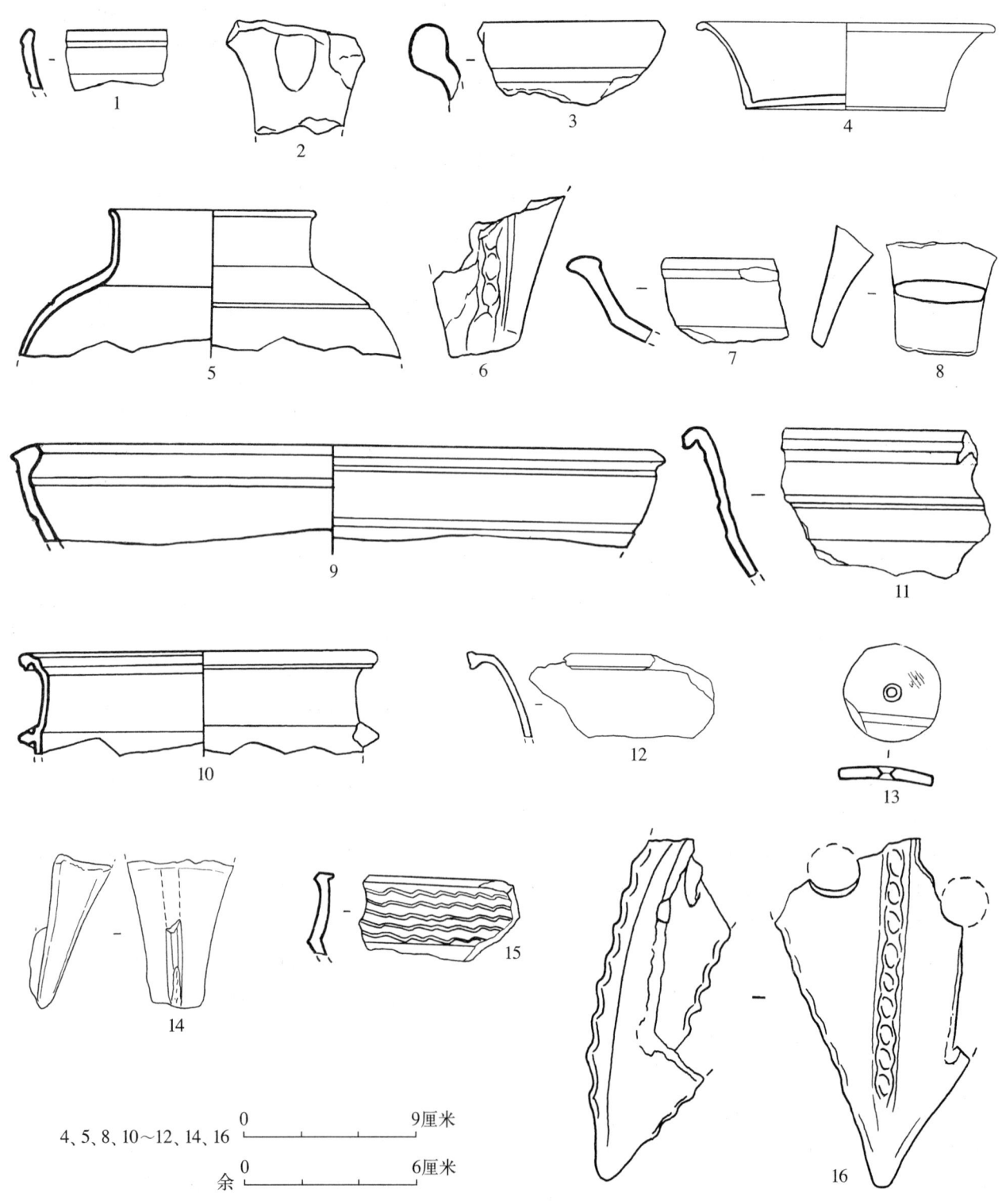

图一一七　采集遗物

1. 陶钵03-DG-YWC-1-CAGG：2　2. 凿形陶鼎足03-DG-YWC-1-CAGG：3　3. 陶盆03-DG-YWC-1-CAGG：4　4. 陶碗03-DG-YWC-1-CAAL：1　5. 陶壶03-DG-YWC-1-CAAL：2　6. 鸟首形陶鼎足03-DG-YWC-1-CAA：1　7. 陶盘03-DG-YWC-1-CAA：2　8. 陶器足03-DG-YWC-1-CAA：3　9. 陶盆03-DG-YWC-1-CAAA：1　10. 陶鼎03-DG-YWC-1-CAAA：2　11. 陶盆03-DG-YWC-1-CAAA：3　12. 陶盆03-DG-YWC-1-CACC：1　13. 陶纺轮03-DG-YWC-1-CACC：2　14. 凿形陶鼎足03-DG-YWC-1-CACC：3　15. 陶碗03-DG-YWC-1-CACC：4　16. 鸟首形陶鼎足03-DG-YWC-1-CAZZ-65：1

八二，5，下右1）。标本03-DG-YWC-1-CACC：2，纺轮。泥质黑陶。陶片改制而成，边缘磨制不规整，穿孔两面对钻。直径3.1～3.2、孔径0.3～0.6厘米（图一一七，13；彩版八二，5，上右1）。标本03-DG-YWC-1-CACC：3，凿形鼎足。夹砂褐陶。足中部饰一条附加堆纹。个体较大，残高7.4厘米（图一一七，14；彩版八二，5，左1）。标本03-DG-YWC-1-CACC：4，陶碗。泥质黑陶。尖唇，平沿，敛口，折腹。颈部饰多条水波纹。口径16.0、残高2.7厘米（图一一七，15；彩版八二，5，上左2）。

03-DG-YWC-1-CAZZ-65 陶器1件，龙山文化。标本03-DG-YWC-1-CAZZ-65：1，鸟首形鼎足。夹砂红褐陶。形态硕大，残高17.5厘米（图一一七，16；彩版八三，5）。

03-DG-YWC-1-CAAE 陶器16件。标本03-DG-YWC-1-CAAE：1，覆碗形器盖，龙山文化。夹砂黑陶。素面。捉手底径4.0、残高2.3厘米（图一一八，1）。标本03-DG-YWC-1-CAAE：2，覆碗形器盖，龙山文化。夹砂灰陶。素面。捉手底径5.0、残高2.2厘米（图一一八，2）。标本03-DG-YWC-1-CAAE：3，鸟首形鼎足，龙山文化。夹砂褐陶。足高6.5厘米（图一一八，3）。标本03-DG-YWC-1-CAAE：4，凿形鼎足，龙山文化。夹砂灰黑陶。素面。足高5.9厘米（图一一八，4）。标本03-DG-YWC-1-CAAE：5，陶盆，龙山文化。夹砂灰褐陶。斜壁，平底。素面。底径10.0、残高5.0厘米（图一一八，5）。标本03-DG-YWC-1-CAAE：6，陶片，周代。夹砂灰陶。饰弦断绳纹。残长5.8、宽4.8厘米（图一一八，6）。标本03-DG-YWC-1-CAAE：7，瓦片，汉代。泥质灰陶。饰瓦棱纹。残片长5.5、宽5.2厘米（图一一八，7）。标本03-DG-YWC-1-CAAE：8，陶片，周代。夹砂灰陶。饰粗绳纹。残长4.4、宽3.2厘米（图一一八，8）。标本03-DG-YWC-1-CAAE：9，陶盆，汉代。泥质灰陶。卷沿，敞口。素面。残高2.7厘米（图一一八，9）。标本03-DG-YWC-1-CAAE：10，瓦片，汉代。夹砂褐陶。饰瓦棱纹。瓦片残长7.0厘米（图一一八，10）。标本03-DG-YWC-1-CAAE：11，陶盆，汉代。夹细砂灰陶。圆唇宽厚，沿面饰两条绳纹。残高2.6厘米（图一一八，11）。标本03-DG-YWC-1-CAAE：12，陶鼎，龙山文化。夹砂灰陶。方唇，折沿，沿面内侧饰两周凹弦纹，敞口。残高2.3厘米（图一一八，12）。标本03-DG-YWC-1-CAAE：13，陶鼎，龙山文化。夹砂黑陶。方唇，斜折沿。素面。残高2.1厘米（图一一八，13）。标本03-DG-YWC-1-CAAE：14，覆碗形器盖，龙山文化。夹砂灰黑陶。圆唇。素面。残高3.0厘米（图一一八，14）。标本03-DG-YWC-1-CAAE：15，陶鼎，龙山文化。夹砂黑陶。圆唇，平折沿，沿面饰凸弦纹一周，沿外按压齿状纹，敛口。颈部饰一周凹弦纹。残高3.0厘米（图一一八，15）。标本03-DG-YWC-1-CAAE：16，陶盆，汉代。夹砂灰陶。方唇，唇面上饰一周凹弦纹，敞口。素面。残高2.5厘米（图一一八，16）。

03-DG-YWC-1-CAQQ 陶器2件，大汶口。标本03-DG-YWC-1-CAQQ：1，陶罐。夹砂黑陶。圆唇，直口。口径28.0、残高3.8厘米（图一一八，17；彩版八二，4，左2）。标本03-DG-YWC-1-CAQQ：2，大口尊。夹砂褐陶。饰篮纹、凸棱。残高20.0厘米（图一一八，18；彩版八二，4，左1）。

03-DG-YWC-1-CAYY 陶器19件。标本03-DG-YWC-1-CAYY：1，筒瓦，汉代。夹细砂灰陶。外壁饰绳纹。残片长5.2、宽4.0厘米（图一一九，1）。标本03-DG-YWC-1-CAYY：2，板瓦，汉代。夹细砂灰陶。外壁饰绳纹。残片长7.3、宽6.3厘米（图一一九，2）。标本03-DG-YWC-1-CAYY：3，板瓦，汉代。夹砂褐胎黑皮陶。内外壁并饰瓦棱纹。残片长6.9、宽4.4厘米（图一一九，3）。标本03-DG-YWC-1-CAYY：4，瓦，汉代。泥质灰陶。一面饰瓦棱纹。残甚。残长3.2厘米（图一一九，4）。标本03-DG-YWC-1-CAYY：5，板瓦，汉代。夹砂褐陶。外壁饰瓦棱纹和绳纹。

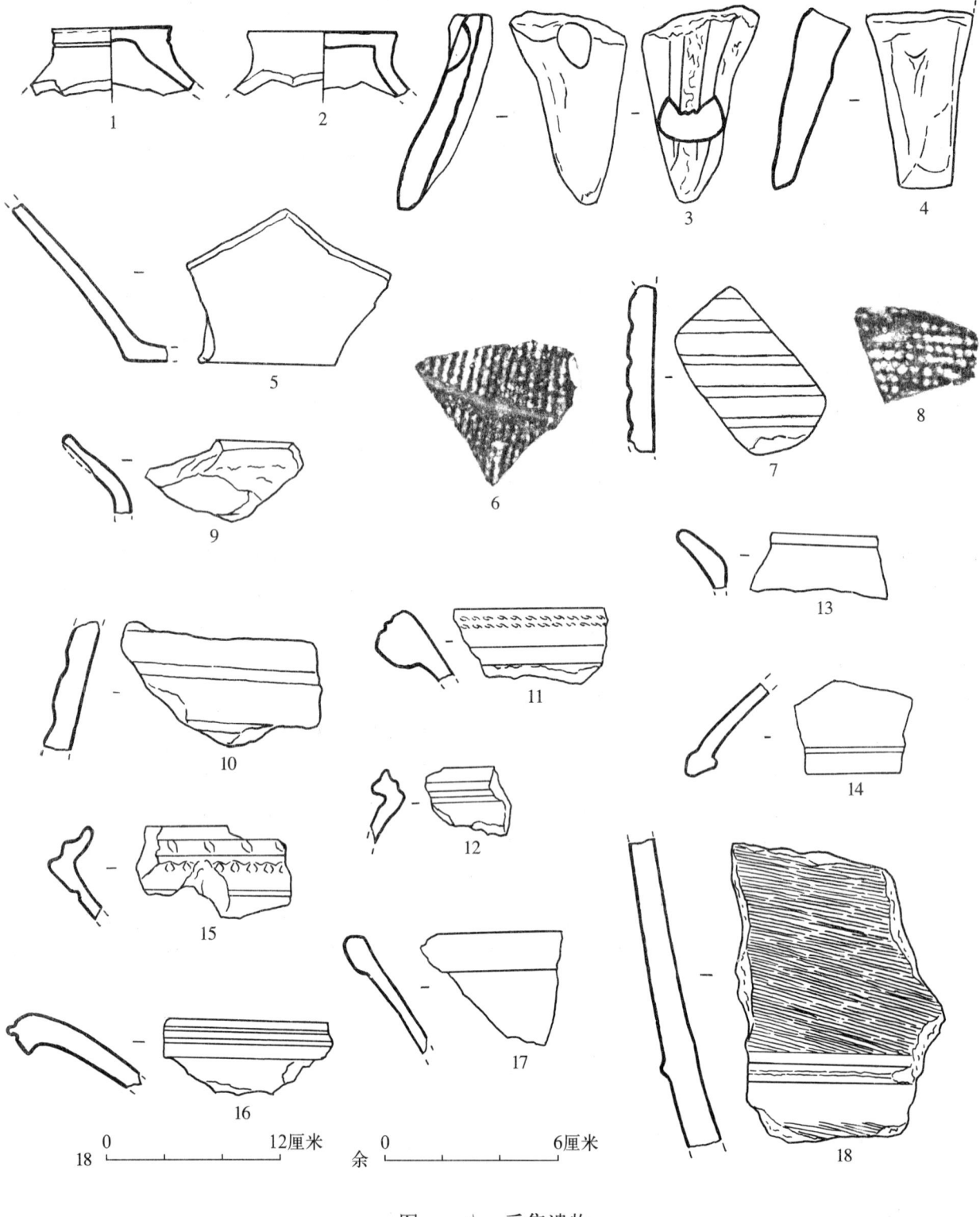

图一一八　采集遗物

1. 覆碗形陶器盖03-DG-YWC-1-CAAE：1　2. 覆碗形陶器盖03-DG-YWC-1-CAAE：2　3. 鸟首形陶鼎足03-DG-YWC-1-CAAE：3
4. 凿形陶鼎足03-DG-YWC-1-CAAE：4　5. 陶盆03-DG-YWC-1-CAAE：5　6. 陶片03-DG-YWC-1-CAAE：6　7. 瓦片03-DG-
YWC-1-CAAE：7　8. 陶片03-DG-YWC-1-CAAE：8　9. 陶盆03-DG-YWC-1-CAAE：9　10. 瓦片03-DG-YWC-1-CAAE：10　11.
陶盆03-DG-YWC-1-CAAE：11　12. 陶鼎03-DG-YWC-1-CAAE：12　13. 陶鼎03-DG-YWC-1-CAAE：13　14. 覆碗形陶器盖03-
DG-YWC-1-CAAE：14　15. 陶鼎03-DG-YWC-1-CAAE：15　16. 陶盆03-DG-YWC-1-CAAE：16　17. 陶罐03-DG-YWC-1-CAQQ：1
18. 陶大口尊03-DG-YWC-1-CAQQ：2

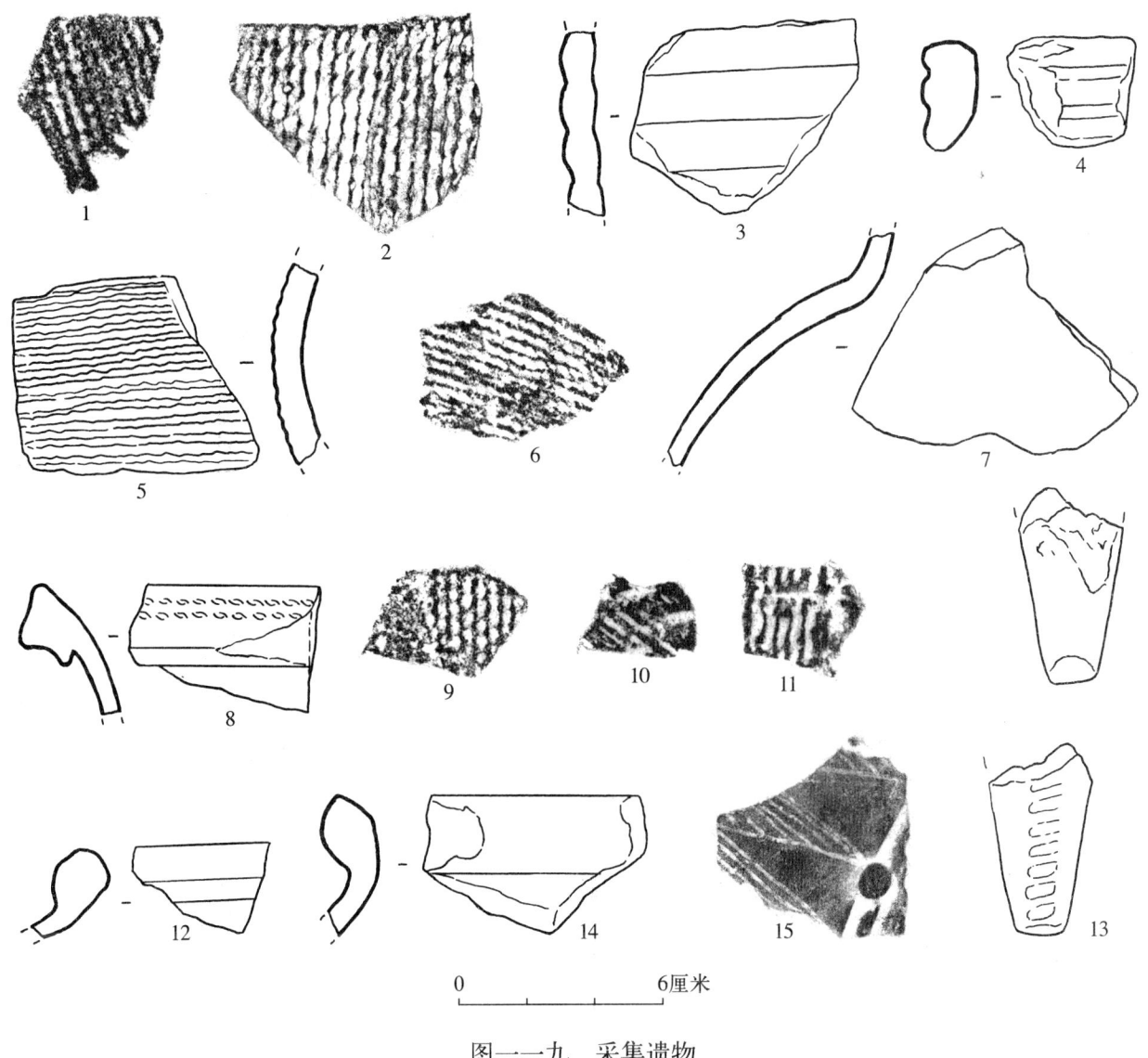

图一一九　采集遗物

1. 筒瓦03-DG-YWC-1-CAYY：1　2. 板瓦03-DG-YWC-1-CAYY：2　3. 板瓦03-DG-YWC-1-CAYY：3　4. 瓦03-DG-YWC-1-CAYY：4　5. 筒瓦03-DG-YWC-1-CAYY：6　6. 陶片03-DG-YWC-1-CAYY：7　7. 陶罐03-DG-YWC-1-CAYY：8　8. 陶盆03-DG-YWC-1-CAYY：9　9. 板瓦03-DG-YWC-1-CAYY：10　10. 陶片03-DG-YWC-1-CAYY：11　11. 板瓦03-DG-YWC-1-CAYY：12　12. 陶罐03-DG-YWC-1-CAYY：13　13. 陶瓿足03-DG-YWC-1-CAYY：14　14. 陶罐03-DG-YWC-1-CAYY：15　15. 陶片03-DG-YWC-1-CAYY：16

残长11.3、宽3.7～7.2、厚1～1.3厘米（图一〇七，18）。标本03-DG-YWC-1-CAYY：6，筒瓦，汉代。夹细砂灰陶。外壁饰绳纹，内壁饰布纹。残宽5.0、残长4.7～6.8厘米（图一一九，5）。标本03-DG-YWC-1-CAYY：7，陶片，汉代。夹砂褐胎灰皮陶。饰绳纹。残长6、宽4.5厘米（图一一九，6）。标本03-DG-YWC-1-CAYY：8，陶罐，汉代。泥质褐陶。卷沿鼓腹。残高6.4厘米（图一一九，7）。标本03-DG-YWC-1-CAYY：9，陶盆，汉代。方唇，卷沿，敞口，唇面饰两周穗状纹。残高3.7厘米（图一一九，8）。标本03-DG-YWC-1-CAYY：10，板瓦，汉代。夹砂灰陶。外壁饰绳纹。残片长4.0、宽3.2厘米（图一一九，9）。标本03-DG-YWC-1-CAYY：11，陶片，汉代。夹细砂灰陶。外壁饰绳纹，内壁饰布纹。残长3.5、宽2.4厘米（图一一九，10）。标本03-DG-YWC-1-CAYY：12，板瓦，汉代。夹细砂褐陶。外壁饰绳纹。残长3.6、宽2.7～3.2厘米（图一一九，11）。

标本03-DG-YWC-1-CAYY：13，陶罐，汉代。夹细砂灰陶。圆唇，卷沿，敛口。素面。残高2.6厘米（图一一九，12）。标本03-DG-YWC-1-CAYY：14，甗足，龙山文化。夹砂褐陶。锥状足。高约5.6厘米（图一一九，13；彩版八三，2，左1）。标本03-DG-YWC-1-CAYY：15，陶罐，汉代。夹砂褐陶。圆唇，卷沿，近直口。残高约4.0厘米（图一一九，14）。标本03-DG-YWC-1-CAYY：16，陶片，龙山文化。夹砂黑陶。外壁磨光，并饰绳纹三角纹和小泥饼。残长5.6、宽5.3厘米（图一一九，15；彩版八三，2，右1）。

03-DG-YWC-CAPP 陶器27件。标本03-DG-YWC-CAPP：1，陶罐，龙山文化。夹砂黑陶。尖唇，平沿，沿面一周凹弦纹，敛口。口径20.0、残高1.6厘米（图一二〇，1）。标本03-DG-YWC-CAPP：2，陶盘，龙山文化。夹砂黑陶。尖唇，平折沿，沿面略鼓，内侧一周凹弦纹。残高1.7厘米（图一二〇，2）。标本03-DG-YWC-CAPP：3，覆碗形器盖，龙山文化。夹砂灰陶。尖唇，斜壁。素面。残高3.1厘米（图一二〇，3）。标本03-DG-YWC-CAPP：4，陶盆，龙山文化。夹砂灰陶。斜壁，平底。素面。残高2.7厘米（图一二〇，4）。标本03-DG-YWC-CAPP：5，陶罐，龙山文化。夹砂黑陶。圆唇，敛口，沿外侧饰一周凸棱，上面摁压坑窝。残高3.2厘米（图一二〇，5）。标本03-DG-YWC-CAPP：6，陶碗，龙山文化。泥质黑陶。斜壁，平底。素面。底径6.6、残高0.9厘米（图一二〇，6）。标本03-DG-YWC-CAPP：7，陶盆，汉代。夹砂灰陶。圆唇，敞口。素面。残高2.9厘米（图一二〇，7）。标本03-DG-YWC-CAPP：8，陶盆，汉代。泥质灰陶。圆唇，卷沿，敞口。口径30.0、残高2.0厘米（图一二〇，8）。标本03-DG-YWC-CAPP：9，陶片，西周。夹砂褐胎黑皮陶。外饰绳纹，内壁加工痕迹近瓦棱纹。残长6.4、宽5.8、厚0.6厘米。标本03-DG-YWC-CAPP：10，陶盆，龙山文化。夹砂黑陶。斜壁，平底。素面，内部有多条平行刻槽。残高3.3、底径12、厚0.6厘米。标本03-DG-YWC-CAPP：11，陶盆，龙山文化。夹砂褐陶。尖唇，敞口，沿面内凹。残高2.8厘米（图一二〇，9）。标本03-DG-YWC-CAPP：12，陶片，龙山文化。夹砂黑陶。饰附加堆纹，上有三联按窝。残长4.4厘米（图一二〇，10）。标本03-DG-YWC-CAPP：13，陶罐，龙山文化。夹砂黑陶。斜壁，平底。素面。底径12.0、残高3.3厘米（图一二〇，11）。标本03-DG-YWC-CAPP：14，陶盂，龙山文化。夹砂黑陶。方唇，折沿，敞口，沿面饰两周凹弦纹。素面。口径18.0、残高2.9厘米（图一二〇，12）。标本03-DG-YWC-CAPP：15，陶罍，周代。泥质灰陶。折肩。残高3.1厘米（图一二〇，13）。标本03-DG-YWC-CAPP：16，器底，周代。泥质褐胎黑皮陶。斜壁，平底。素面。残高1.9厘米（图一二〇，14）。标本03-DG-YWC-CAPP：17，覆碗形器盖，龙山文化。夹砂灰陶。尖唇，斜壁。直径32.0、残高1.7厘米（图一二〇，15）。标本03-DG-YWC-CAPP：18，陶簋，周代。泥质褐陶。残存圈足。残高2.1厘米（图一二〇，16）。标本03-DG-YWC-CAPP：19，陶簋，周代。夹砂灰陶。仅存圈足。素面。残高3.1、底径13厘米（图一二〇，23）。标本03-DG-YWC-CAPP：20，陶盆，周代。泥质灰陶。方圆唇，折沿。素面。直径约34.0、残高1.2厘米（图一二〇，17）。标本03-DG-YWC-CAPP：21，陶盒，龙山文化。泥质黑陶。方唇，子母口。素面。口径18.0、残高4.0厘米（图一二〇，18）。标本03-DG-YWC-CAPP：22，陶片，龙山文化。泥质红陶。素面。残高6.1、残宽5、厚0.2～0.4厘米。标本03-DG-YWC-CAPP：23，圆陶片，龙山文化。夹砂黑陶。残陶片改制而成，边缘未经磨制加工，表面饰篮纹和附加堆纹。直径5.0厘米（图一二〇，19）。标本03-DG-YWC-CAPP：24，覆碗形器盖，龙山文化。夹砂黑陶。素面。捉手直径9.0、残高3.5厘米（图一二〇，20）。标本03-DG-YWC-CAPP：25，陶匜，龙山文化。夹砂黑陶。圆唇，敛口。口沿外侧按压齿状附加堆纹。残高1.9厘米（图一二〇，21）。标本03-DG-YWC-CAPP：26，陶罐，龙山文化。泥质黑陶。鼓腹。素面。残高4.5厘米（图一二〇，22）。标本

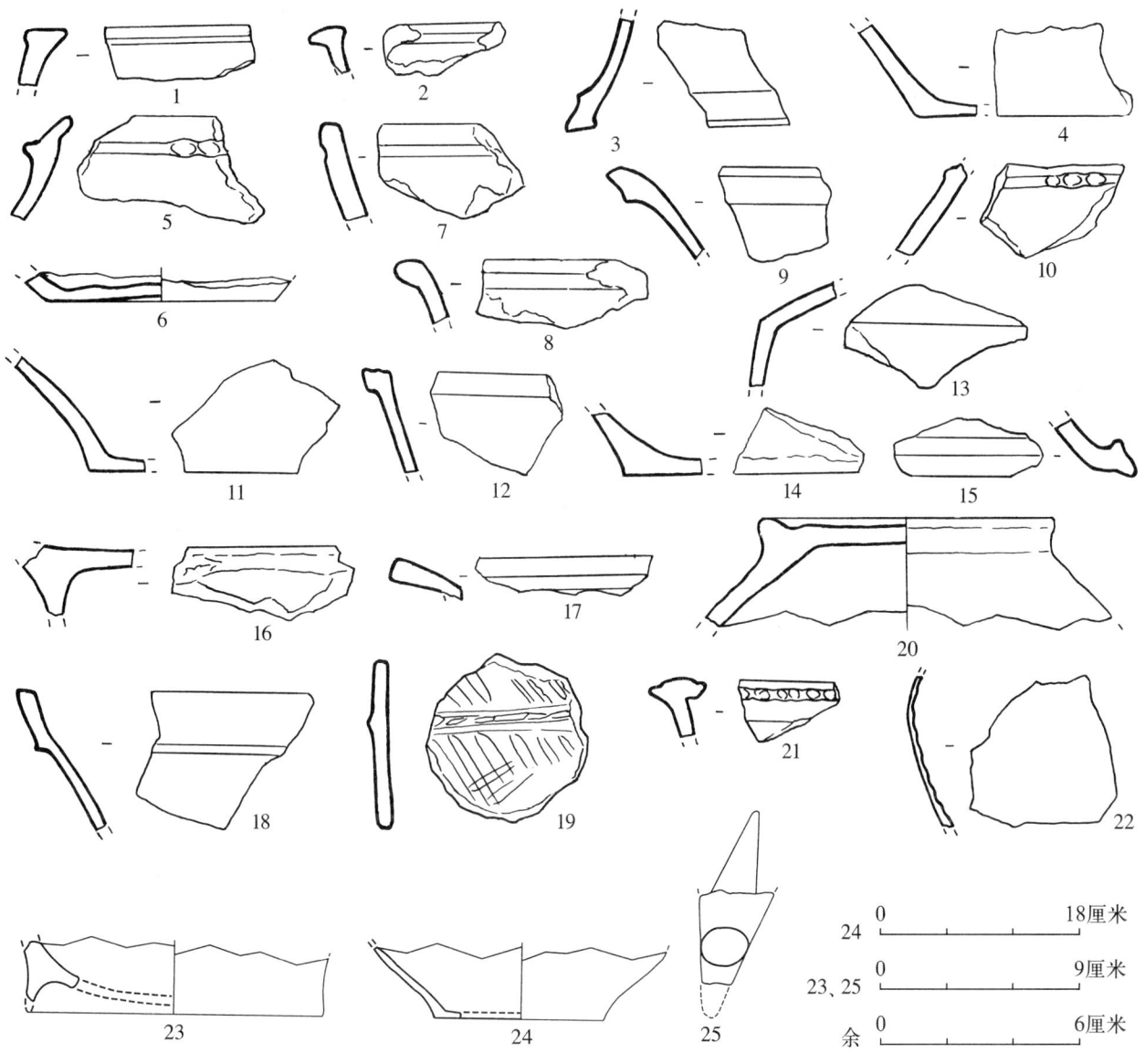

图一二〇　采集遗物

1. 陶罐03-DG-YWC-CAPP：1　2. 陶盘03-DG-YWC-CAPP：2　3. 陶器盖03-DG-YWC-CAPP：3　4. 陶盆03-DG-YWC-CAPP：4
5. 陶罐03-DG-YWC-CAPP：5　6. 陶碗03-DG-YWC-CAPP：6　7. 陶盆03-DG-YWC-CAPP：7　8. 陶盆03-DG-YWC-CAPP：8　9.
陶盆03-DG-YWC-CAPP：11　10. 陶片03-DG-YWC-CAPP：12　11. 陶罐03-DG-YWC-CAPP：13　12. 陶盉03-DG-YWC-CAPP：14
13. 陶罍03-DG-YWC-CAPP：15　14. 陶器底03-DG-YWC-CAPP：16　15. 陶器盖03-DG-YWC-CAPP：17　16. 陶簋03-DG-YWC-
CAPP：18　17. 陶盆03-DG-YWC-CAPP：20　18. 陶盒03-DG-YWC-CAPP：21　19. 陶片03-DG-YWC-CAPP：23　20. 陶器盖
03-DG-YWC-CAPP：24　21. 陶匜03-DG-YWC-CAPP：25　22. 陶罐03-DG-YWC-CAPP：26　23. 陶簋圈足03-DG-YWC-CAPP：19
24. 陶盆03-DG-YWC-CAPP：27　25. 陶甗足03-DG-YWC-1-CAAI：5

03-DG-YWC-CAPP：27，陶盆，龙山文化。夹砂黑陶。斜壁，平底略内凹。素面。底径15.0、残高6.0、厚0.4～0.6厘米（图一二〇，24）。

03-DG-YWC-1-CAZZ　陶器65件。标本03-DG-YWC-1-CAZZ：1，陶片，龙山文化。夹砂黑陶。器表右轮制痕迹，残高6.7、残宽5.9、厚0.85厘米。标本03-DG-YWC-1-CAZZ：2。陶盆，汉代。夹砂灰陶。折腹。颈部以下饰绳纹。残高6.2厘米（图一二一，1）。标本03-DG-YWC-1-CAZZ：3，板瓦，汉代。夹砂灰陶。饰瓦棱纹。残长7.5、宽10.3、厚0.6厘米。标本03-DG-YWC-

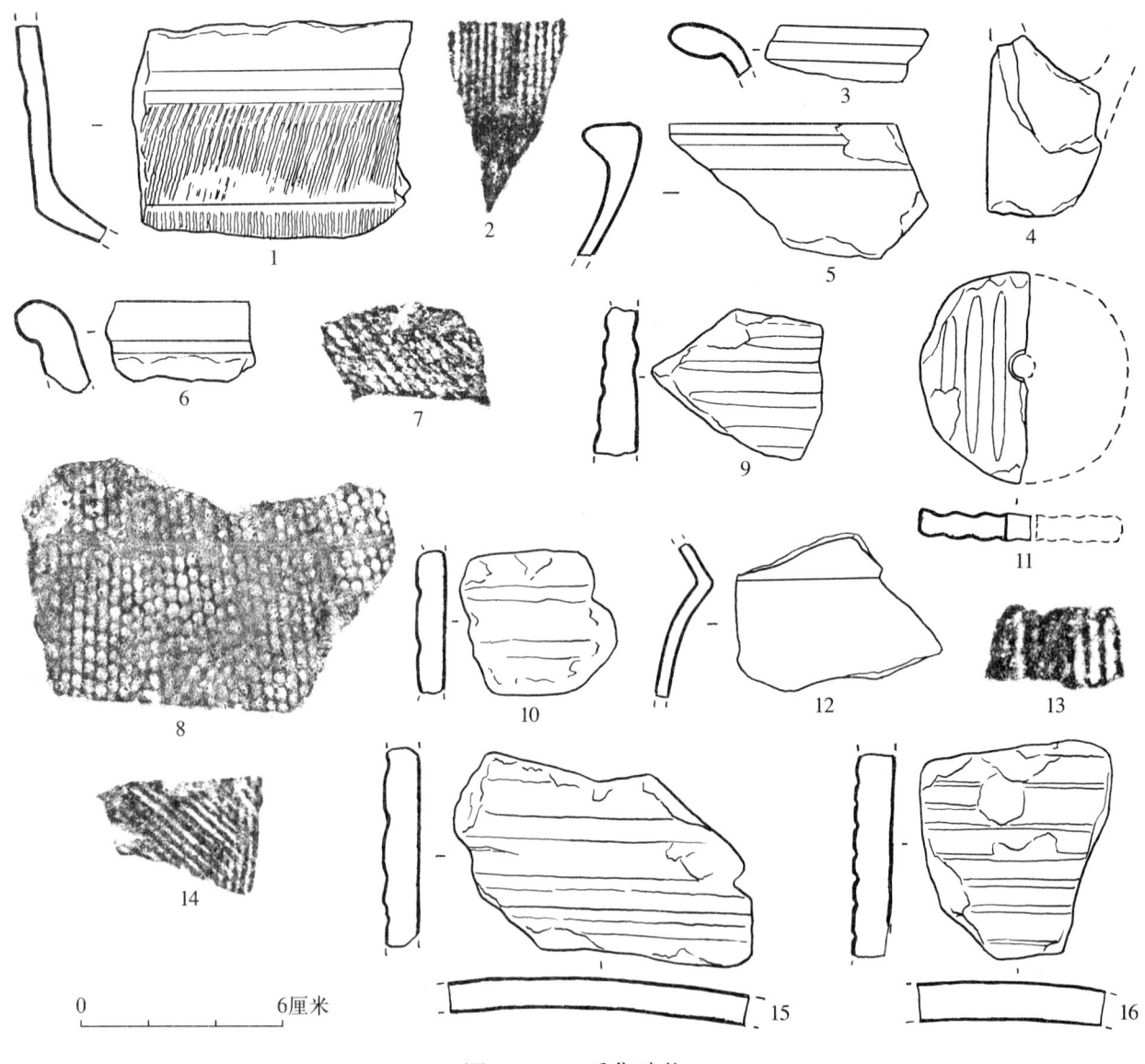

图一二一　采集遗物

1. 陶盆03-DG-YWC-1-CAZZ：2　2. 陶盆03-DG-YWC-1-CAZZ：4　3. 陶盆03-DG-YWC-1-CAZZ：5　4. 陶甗足03-DG-YWC-1-CAZZ：6　5. 陶瓮03-DG-YWC-1-CAZZ：7　6. 陶盆03-DG-YWC-1-CAZZ：8　7. 陶片03-DG-YWC-1-CAZZ：10　8. 陶盆腹片03-DG-YWC-1-CAZZ：11　9. 板瓦03-DG-YWC-1-CAZZ：12　10. 板瓦03-DG-YWC-1-CAZZ：13　11. 陶纺轮03-DG-YWC-1-CAZZ：14　12. 陶鼎03-DG-YWC-1-CAZZ：15　13. 陶片03-DG-YWC-1-CAZZ：17　14. 陶片03-DG-YWC-1-CAZZ：18　15. 板瓦03-DG-YWC-1-CAZZ：19　16. 板瓦03-DG-YWC-1-CAZZ：21

1-CAZZ：4，陶盆，周代。夹砂灰陶。颈部以下饰绳纹。残长5.6厘米（图一二一，2）。标本03-DG-YWC-1-CAZZ：5，陶盆，汉代。泥质灰陶。圆唇，卷沿，敞口。残高1.6厘米（图一二一，3）。标本03-DG-YWC-1-CAZZ：6，甗足，龙山文化。夹砂褐陶。素面。残高5.2厘米（图一二一，4）。标本03-DG-YWC-1-CAZZ：7，陶瓮，汉代。泥质灰陶。圆唇，宽折沿，敛口。素面。残高3.9厘米（图一二一，5）。标本03-DG-YWC-1-CAZZ：8，陶盆，周代夹砂褐陶。圆唇，卷沿。残高2.7厘米（图一二一，6）。标本03-DG-YWC-1-CAZZ：9，陶缸，周代。夹砂褐陶。饰篮纹。残长5.2、残宽5.1、厚1～1.2厘米。标本03-DG-YWC-1-CAZZ：10，陶片，周代。夹砂灰陶。饰绳纹。残长3.1厘米（图一二一，7）。标本03-DG-YWC-1-CAZZ：11，陶盆腹片，周代。夹砂褐陶。鼓腹。

饰绳纹。残片长 11.2、宽 5.5～6.5 厘米（图一二一，8）。标本 03-DG-YWC-1-CAZZ：12，板瓦，汉代。夹细砂灰陶。内壁饰瓦棱纹。残长 5.2、宽 4.5 厘米（图一二一，9）。标本 03-DG-YWC-1-CAZZ：13，板瓦，汉代。夹砂灰陶。外壁饰瓦棱纹。宽约 4.2 厘米（图一二一，10）。标本 03-DG-YWC-1-CAZZ：14，纺轮，汉代。夹砂灰陶。板瓦改制而成，边缘磨制不规整。正反面饰瓦棱纹。直径约 6.0、孔径 0.5 厘米（图一二一，11）。标本 03-DG-YWC-1-CAZZ：15，陶鼎，龙山文化。夹砂褐陶。折沿，侈口，鼓腹。素面。残高 4.5 厘米（图一二一，12）。标本 03-DG-YWC-1-CAZZ：16，陶片，汉代。夹砂灰陶。饰弦纹和麦粒纹样。残长 4.8、残宽 7.4、厚 1.1 厘米。标本 03-DG-YWC-1-CAZZ：17，陶片，汉代。夹砂灰陶。饰粗绳纹。长 4.0、宽约 2.5 厘米（图一二一，13）。标本 03-DG-YWC-1-CAZZ：18，陶片，周代。夹细砂灰褐陶。饰绳纹。残长 5.0 厘米（图一二一，14）。标本 03-DG-YWC-1-CAZZ：19，板瓦，汉代。夹砂灰褐陶。外壁饰瓦棱纹。长 9.5、宽 5.0 厘米（图一二一，15）。标本 03-DG-YWC-1-CAZZ：20，板瓦，汉代。夹砂褐陶。外壁饰绳纹。残长 6.7、宽 6.4、厚 0.6～0.8 厘米。标本 03-DG-YWC-1-CAZZ：21，板瓦，汉代。夹砂褐陶。饰瓦棱纹。长 6.0、宽 2.3～5.6 厘米（图一二一，16）。标本 03-DG-YWC-1-CAZZ：22，板瓦，汉代。夹砂灰黑陶。外壁饰绳纹，内壁饰布纹。残长 4.8、残宽 5.5、厚 1、残高 2.5 厘米。标本 03-DG-YWC-1-CAZZ：23，板瓦，汉代。夹砂褐陶。饰瓦棱纹。长 2.1～3.8、宽 4.5 厘米（图一二二，1）。标本 03-DG-YWC-1-CAZZ：24，陶盆，龙山文化。夹砂黑陶。方唇，折沿，敞口，沿面有一道凹槽。素面。口径 21.0、残高 3.7 厘米（图一二二，2）。标本 03-DG-YWC-1-CAZZ：25，陶盆，龙山文化。夹砂黑陶。方唇，折沿，敞口，束颈，沿面略内凹。残高 3.2 厘米（图一二二，3）。标本 03-DG-YWC-1-CAZZ：26，陶壶，汉代。泥质灰陶。素面。残高 4.6 厘米（图一二二，4）。标本 03-DG-YWC-1-CAZZ：27，陶罐，龙山文化。夹砂灰陶。斜壁，平底略凹近圈足。底径 12.0、残高 1.2 厘米（图一二二，5）。标本 03-DG-YWC-1-CAZZ：28，陶片，汉代。夹砂灰陶。饰粗绳纹。宽 3.0 厘米（图一二二，6）。标本 03-DG-YWC-1-CAZZ：29，板瓦，汉代。夹砂褐陶。饰瓦棱纹。残长 5.9、宽 3.1 厘米（图一二二，7）。标本 03-DG-YWC-1-CAZZ：30，陶盆，龙山文化。夹砂黑陶。方唇，敞口，唇面有一道凹槽。残高 4.8 厘米（图一二二，8）。标本 03-DG-YWC-1-CAZZ：31，凿形鼎足，龙山文化。夹砂褐陶。素面。残高 3.8 厘米（图一二二，9）。标本 03-DG-YWC-1-CAZZ：32，陶罐，汉代。泥质灰陶。斜壁，平底。素面。底径 6.0、残高 1.3 厘米（图一二二，10）。标本 03-DG-YWC-1-CAZZ：33，板瓦，汉代。泥质黄褐陶。内外壁饰瓦棱纹。残长 5.3、宽 3.6 厘米（图一二二，11）。标本 03-DG-YWC-1-CAZZ：34，陶盆，龙山文化。夹细砂黑陶。束颈。鼓腹。素面。残高 3.4 厘米（图一二二，12）。标本 03-DG-YWC-1-CAZZ：35，板瓦，汉代。泥质褐陶。饰瓦棱纹。长 3.0～5.5、宽 5.5 厘米（图一二二，13）。标本 03-DG-YWC-1-CAZZ：36，板瓦，汉代。夹砂灰陶。外壁饰瓦棱纹。残长 5.7、宽 4 厘米（图一二二，14）。标本 03-DG-YWC-1-CAZZ：37，板瓦，汉代。泥质黄褐陶。内外壁饰瓦棱纹。残长 4.6、宽 2.8 厘米（图一二二，15）。标本 03-DG-YWC-1-CAZZ：38，陶盆，龙山文化。夹砂红褐陶。折沿，敞口。素面。残高 4.7 厘米（图一二二，16）。标本 03-DG-YWC-1-CAZZ：39，陶盆，龙山文化。夹砂红褐陶。尖唇，折沿，敞口。残高 2.3 厘米（图一二二，17）。标本 03-DG-YWC-1-CAZZ：40，板瓦，汉代。夹砂灰陶。饰瓦棱纹。长 4.9、宽 2.6～3.9 厘米（图一二二，18）。标本 03-DG-YWC-1-CAZZ：41，陶罐，龙山文化。夹砂灰黑陶。斜腹，平底，素面。底径 13.0、残高 2.8 厘米（图一二二，19）。标本 03-DG-YWC-1-CAZZ：42，陶盆，龙山文化。夹细砂灰陶。方唇，折沿，敞口，唇面有一周凹槽，沿面略内凹。口径 34.0、残高 2.8 厘米（图一二二，20）。标本 03-DG-YWC-1-CAZZ：43，陶盆，龙山文化。泥质灰陶。素面。残

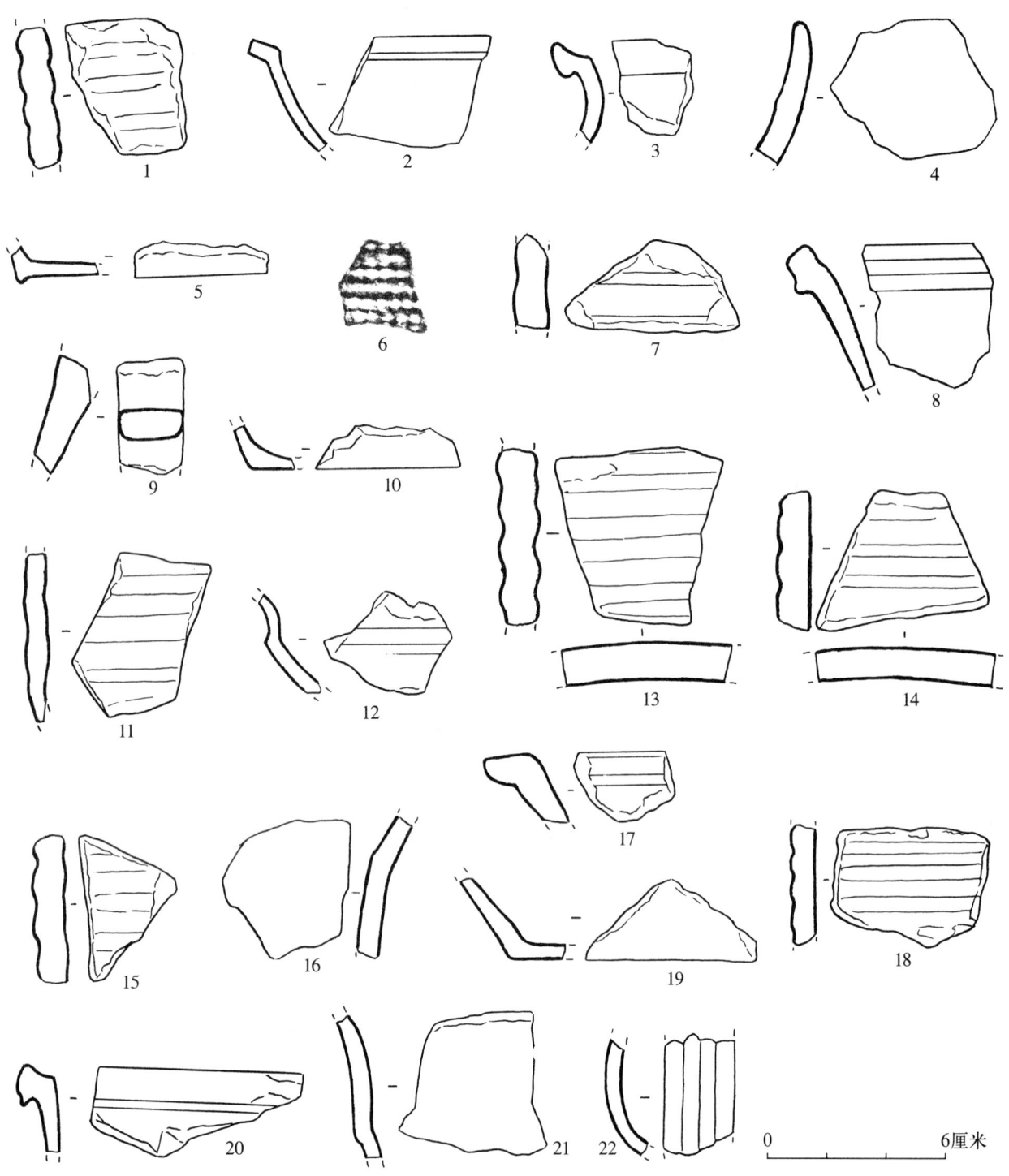

图一二二　采集遗物

1. 板瓦03-DG-YWC-1-CAZZ：23　2. 陶盆03-DG-YWC-1-CAZZ：24　3. 陶盆03-DG-YWC-1-CAZZ：25　4. 陶壶03-DG-YWC-1-CAZZ：26　5. 陶罐03-DG-YWC-1-CAZZ：27　6. 陶片03-DG-YWC-1-CAZZ：28　7. 板瓦03-DG-YWC-1-CAZZ：29　8. 陶盆03-DG-YWC-1-CAZZ：30　9. 凿形陶鼎足03-DG-YWC-1-CAZZ：31　10. 陶罐03-DG-YWC-1-CAZZ：32　11. 板瓦03-DG-YWC-1-CAZZ：33，　12. 陶盆03-DG-YWC-1-CAZZ：34　13. 板瓦03-DG-YWC-1-CAZZ：35　14. 板瓦03-DG-YWC-1-CAZZ：36　15. 板瓦03-DG-YWC-1-CAZZ：37　16. 陶盆03-DG-YWC-1-CAZZ：38　17. 陶盆03-DG-YWC-1-CAZZ：39　18. 板瓦03-DG-YWC-1-CAZZ：40　19. 陶罐03-DG-YWC-1-CAZZ：41　20. 陶盆03-DG-YWC-1-CAZZ：42　21. 陶盆03-DG-YWC-1-CAZZ：43　22. 陶杯把手03-DG-YWC-1-CAZZ：44

高 4.7 厘米（图一二二，21）。标本 03-DG-YWC-1-CAZZ：44，陶杯把手，龙山文化。夹砂黑陶。宽把手有三条凹槽。宽 2.3、残长 4.0 厘米（图一二二，22）。标本 03-DG-YWC-1-CAZZ：45，陶片，龙山文化。夹砂黑陶。饰附加堆纹。残长 6、宽 4.6、厚 0.9 厘米。标本 03-DG-YWC-1-CAZZ：46，陶鼎，龙山文化。夹砂褐陶。颈部残片饰瓦棱纹。残长 2.6、宽 3.6 厘米（图一二三，1）。标本 03-DG-YWC-1-CAZZ：47，鬶把手，龙山文化。夹砂黄褐陶。绹索状，断面略称圆形。残长 4.0 厘米（图一二三，2）。标本 03-DG-YWC-1-CAZZ：48，陶盆，汉代。夹砂灰陶。圆唇，斜折沿。素面。残高 3.0 厘米（图一二三，3）。标本 03-DG-YWC-1-CAZZ：49，陶片，周代。夹砂灰陶。饰绳纹。残

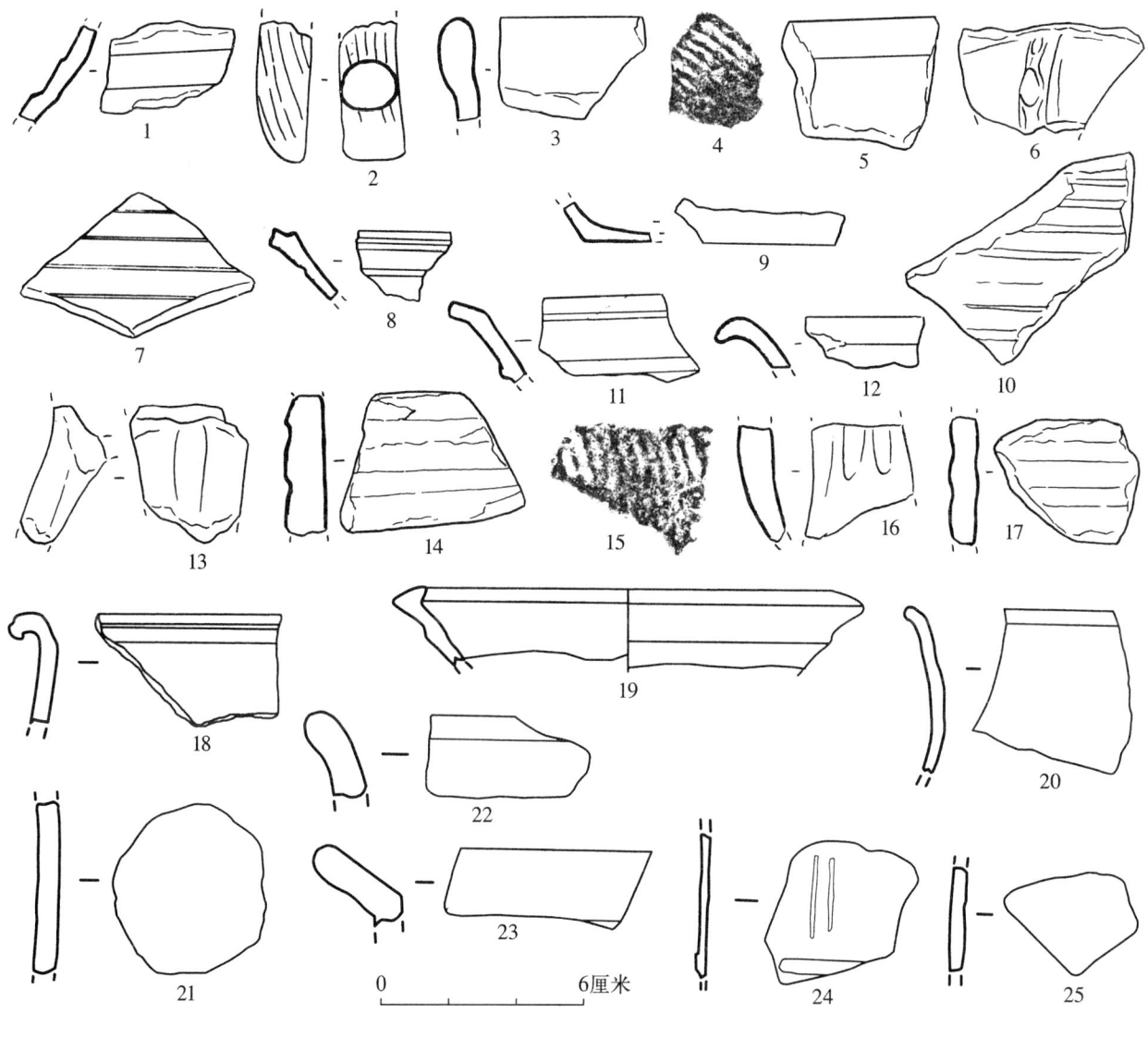

图一二三　采集遗物

1. 陶鼎 03-DG-YWC-1-CAZZ：46　2. 陶鬶把手 03-DG-YWC-1-CAZZ：47　3. 陶盆 03-DG-YWC-1-CAZZ：48　4. 陶片 03-DG-YWC-1-CAZZ：49　5. 陶缸 03-DG-YWC-1-CAZZ：51　6. 鸟首形陶鼎足 03-DG-YWC-1-CAZZ：52　7. 陶罍 03-DG-YWC-1-CAZZ：54　8. 陶鼎 03-DG-YWC-1-CAZZ：55　9. 陶盆 03-DG-YWC-1-CAZZ：56　10. 板瓦 03-DG-YWC-1-CAZZ：57　11. 陶盆 03-DG-YWC-1-CAZZ：58　12. 陶盆 03-DG-YWC-1-CAZZ：59　13. 凿形陶鼎足 03-DG-YWC-1-CAZZ：60　14. 板瓦 03-DG-YWC-1-CAZZ：61　15. 陶片 03-DG-YWC-1-CAZZ：62　16. 陶鬶把手 03-DG-YWC-1-CAZZ：63　17. 板瓦 03-DG-YWC-1-CAZZ：64　18. 陶盆 05-DG-XLZT-1-CAD：13　19. 陶钵 05-DG-XLZT-1-CAD：16　20. 陶罐 05-DG-XLZT-1-CAE：1　21. 陶片 05-DG-XLZT-1-CAE：2　22. 陶盆 05-DG-XLZT-1-CAE：5　23. 陶盆 05-DG-XLZT-1-CAE：3　24. 陶片 05-DG-XLZT-1-CAE：6　25. 陶片 05-DG-XLZT-1-CAE：7

长 3.2、宽 3.1 厘米（图一二三，4）。标本 03-DG-YWC-1-CAZZ：50，陶片，周代。夹砂红褐陶。饰错乱绳纹。残长 5.7、残宽 6.6、厚约 1.1 厘米。标本 03-DG-YWC-1-CAZZ：51，陶缸，汉代。夹砂褐陶。圆唇，微敛口。素面。残高 3.9 厘米（图一二三，5）。标本 03-DG-YWC-1-CAZZ：52，鸟首形鼎足，龙山文化。夹砂褐陶。残高 3.2 厘米（图一二三，6）。标本 03-DG-YWC-1-CAZZ：53，板瓦，汉代。泥质灰陶。外壁饰瓦棱纹。残长 6.8、残宽 6.3、厚 1～1.1 厘米。标本 03-DG-YWC-1-CAZZ：54，陶罍，龙山文化。夹砂黑陶。肩部饰多条凹弦纹。残高 4.1 厘米（图一二三，7）。标本 03-DG-YWC-1-CAZZ：55，陶鼎，龙山文化。夹砂黑陶。方唇，折沿，沿面、唇面有凹槽。素面。残高 2 厘米（图一二三，8）。标本 03-DG-YWC-1-CAZZ：56，陶盆，龙山文化。夹砂灰陶。斜腹，平底。素面。底径 24.0、残高 1.2 厘米（图一二三，9）。标本 03-DG-YWC-1-CAZZ：57，板瓦，汉代。夹砂灰褐陶。饰瓦棱纹。长 6.9、宽 3.2 厘米（图一二三，10）。标本 03-DG-YWC-1-CAZZ：58，陶盆，龙山文化。泥质灰陶。圆唇，窄折沿，敞口。颈部饰一周凹弦纹。口径 20.0、残高 2.5 厘米（图一二三，11）。标本 03-DG-YWC-1-CAZZ：59，陶盆，龙山文化。泥质褐陶。尖唇，卷沿，敞口。素面。残高 1.4 厘米（图一二三，12）。标本 03-DG-YWC-1-CAZZ：60，凿形鼎足，龙山文化。夹砂褐陶。素面。残高 4.1 厘米（图一二三，13）。标本 03-DG-YWC-1-CAZZ：61，板瓦，汉代。泥质灰陶。饰瓦棱纹。残长 2.7～5.5、宽 4.0 厘米（图一二三，14）。标本 03-DG-YWC-1-CAZZ：62，陶片，周代。夹砂灰褐陶。饰绳纹。长 4.6、宽 2.0～4.0 厘米（图一二三，15）。标本 03-DG-YWC-1-CAZZ：63，陶鬶把手，龙山文化。夹砂褐陶。绹索状。残长 3.5 厘米（图一二三，16）。标本 03-DG-YWC-1-CAZZ：64，板瓦，汉代。夹砂黄褐陶。饰瓦棱纹。长 4.3、宽 3.5 厘米（图一二三，17）。标本 03-DG-YWC-1-CAZZ：65，陶盘口沿，龙山文化中期。夹砂黄褐陶。方圆唇，斜腹，素面（彩版八三，3）。

03-DG-YWC　陶器 2 件。标本 03-DG-YWC：1，陶罍，周代。泥质灰陶。折肩。素面磨光。残长 4.6、残宽 4.6、厚 0.4～0.8 厘米。标本 03-DG-YWC：2，陶瓮，龙山文化。泥质黑陶。肩部饰两条凹弦纹。残高 4.1、残长 6.1、厚 0.2～0.5 厘米（图一〇七，15）。

03-DG-YWC-1-CAAM　陶器 2 件，龙山文化。标本 03-DG-YWC-1-CAAM：1，腹片。泥质灰褐陶。素面。标本 03-DG-YWC-1-CAAM：2，陶鼎。夹砂黑陶。尖唇，敛口，鼓腹。素面。残高 2.7 厘米。

03-DG-YWC-1-CAAI　陶器 8 件，龙山文化。标本 03-DG-YWC-1-CAAI：1，鬲足，残。夹砂褐陶。圆柱状，素面。残长约 3.7 厘米。标本 03-DG-YWC-1-CAAI：2，陶盆口沿。泥质灰陶。圆唇，敞口，折沿，素面，残高 3.6、厚约 0.7 厘米。标本 03-DG-YWC-1-CAAI：3，陶盆口沿。泥质灰陶。方圆唇，小折沿，敞口，素面，残高约 2.3、厚 0.5～1 厘米。标本 03-DG-YWC-1-CAAI：4，陶盆口沿。泥质黑陶。圆唇，卷沿，素面，残高 2.2、厚 0.3～1.1 厘米。标本 03-DG-YWC-1-CAAI：5，鬲足。夹砂灰陶。圆锥状，上端残，露锥状榫头。残长 7.7、宽 3.4、厚 1.7 厘米（图一二〇，25；彩版八〇，3，上左 3）。标本 03-DG-YWC-1-CAAI：6，陶鬶把手。夹砂白陶（彩版八〇，3，上左 4）。标本 03-DG-YWC-1-CAAI：7，鬶足。夹砂黄褐陶。袋足较肥，实足尖较高，素面（彩版八〇，3，下右 1）。标本 03-DG-YWC-1-CAAI：8，圆陶片。夹砂黄褐陶。中间有一小孔，未钻透（彩版八〇，4，上左 3）。

03-DG-YWC-1-CAWW　陶器 4 件，龙山文化。标本 03-DG-YWC-1-CAWW：1，陶盆。夹砂灰陶。方唇，直口，斜腹，素面，残高 4.6、内径 20、厚 0.6 厘米（图一〇七，19）。标本 03-DG-YWC-1-CAWW：2，陶杯底部。泥质灰陶。斜腹，底部近平，轮制痕迹明显，残高 1、底径 5 厘米。

标本 03-DG-YWC-1-CAWW：3，陶豆口沿。泥质灰陶。圆唇，平折沿，腹部内收，残高 2.1、残宽 5.2、厚 0.5 厘米。标本 03-DG-YW1-CAWW：4，陶甑。夹砂灰陶。尖唇，敛口，素面，残高 2.7、厚 0.5 厘米。

DG-YWC-1-CAQ　陶器 4 件，龙山文化。标本 DG-YWC-1 CAQ：1，陶片。泥质灰陶。上部饰两周凹弦纹，残高 2.7、残宽 3.1、厚 0.6 厘米。标本 DG-YWC-1 CAQ：2，陶片。夹砂红褐陶。残高 3.7、残宽 5.6、厚 0.6 厘米。标本 DG-YWC-1 CAQ：3，陶钵。夹砂灰陶。圆唇，敛口，残高 3.9、残宽 4.9 厘米。标本 DG-YWC-1 CAQ：4，陶片。泥质灰陶。残高 4.5、残宽 7.8、厚 0.5 ～ 0.6 厘米。

03-DG-YWC-1-CAAH　陶器 1 件，汉代。标本 03-DG-YWC-1-CAAH：1，陶瓮口沿。泥质白陶。厚圆唇，束颈（彩版八〇，2）。

62. 尧王城（03-DG-YWC-1，龙山）（第 9 年）

03-DG-YWC-1-CAAT　石器 1 件，龙山文化。标本 03-DG-YWC-1-CAAT：1，石铲。残，平面扇形，原横断面应为椭圆形，刃部加工精细且使用痕迹明显。通体磨制，器形规整。残长 5.5、宽 4.7、厚 1 厘米（图一二四，1；彩版八〇，4，上左 2）。

03-DG-YWC-1-CAAM　石器 1 件，龙山文化。标本 03-DG-YWC-1-CAAM：1，石镰。残，平面近梯形，横断面椭圆形，单面刃有明显的使用崩疤。通体磨制较好。残长 4.2、宽 4.1、厚 1.2 厘米（图一二四，2；彩版八一，6）。

03-DG-YWC-1-CAT　石器 1 件，龙山文化。标本 03-DG-YWC-1-CAT：1，石镞。铤部残，现平面呈叶形，横断面四棱形，通体磨制精细。残长 4.8、宽 2.7、厚 1.1 厘米（图一二四，3；彩版八二，6）。

03-DG-YWC-1-CAUU　石器 1 件，龙山文化。标本 03-DG-YWC-1-CAUU：1，石铲。残，横断面长方形，单面弧刃，加工较好且有使用痕迹。通体磨制，器形精美。残长 5.3、宽 8、厚 0.9 厘米（图一二四，4；彩版八二，3）。

03-DG-YWC-1-CAWW　石器 2 件，龙山文化。标本 03-DG-YWC-1-CAWW：1，石镞。头部和铤部残，平面柳叶形，横断面呈六边形，通体磨制，器形规整。残长 6.4、宽 2、厚 0.6 厘米（图一二四，5；彩版八三，1，右 1）。标本 03-DG-YWC-1-CAWW：2，石锛。平面梯形，横断面方形，单面刃残损严重。通体磨制，器形规整精美。长 4.9、宽 2.9、厚 1.5 厘米（图一二四，6；彩版八三，1，左 1）。

03-DG-YWC-1-CAAK　石器 3 件，龙山文化。标本 03-DG-YWC-1-CAAK：1，石锛。平面和断面呈长方形，刃部加工好且有使用痕迹。通体磨制精细，器形规整。长 6.2、宽 3.8、厚 2.3 厘米（图一二四，7；彩版八一，3）。标本 03-DG-YWC-1-CAAK：2，石锛。平面和断面梯形，刃部呈偏锋且有使用痕迹。材质精美，通体磨制规整。长 5.7、宽 3.7、厚 2.8 厘米（图一二四，8；彩版八一，5）。标本 03-DG-YWC-1-CAAK：3，石斧。残，平面梯形，横断面椭圆形，双面刃磨制而成。通体琢制，部分磨制。残长 7.9、宽 4.6、厚 3 厘米（图一二四，13）。

03-DG-YWC-1-CAAI　石器 5 件，龙山文化。标本 03-DG-YWC-1-CAAI：1，鹅卵石。椭圆形。长 2.7、宽 2.02、厚 1.15 厘米（图一二四，9）。标本 03-DG-YWC-1-CAAI：2，纺轮。平面圆形，断面长方形，对钻孔，通体磨制，直径 4.5、孔直径 0.45、厚 0.53 ～ 0.6 厘米（图一二四，10；彩版八〇，4，下右 1）。标本 03-DG-YWC-1-CAAI：3，石锛。平面和横断面梯形，双面刃加

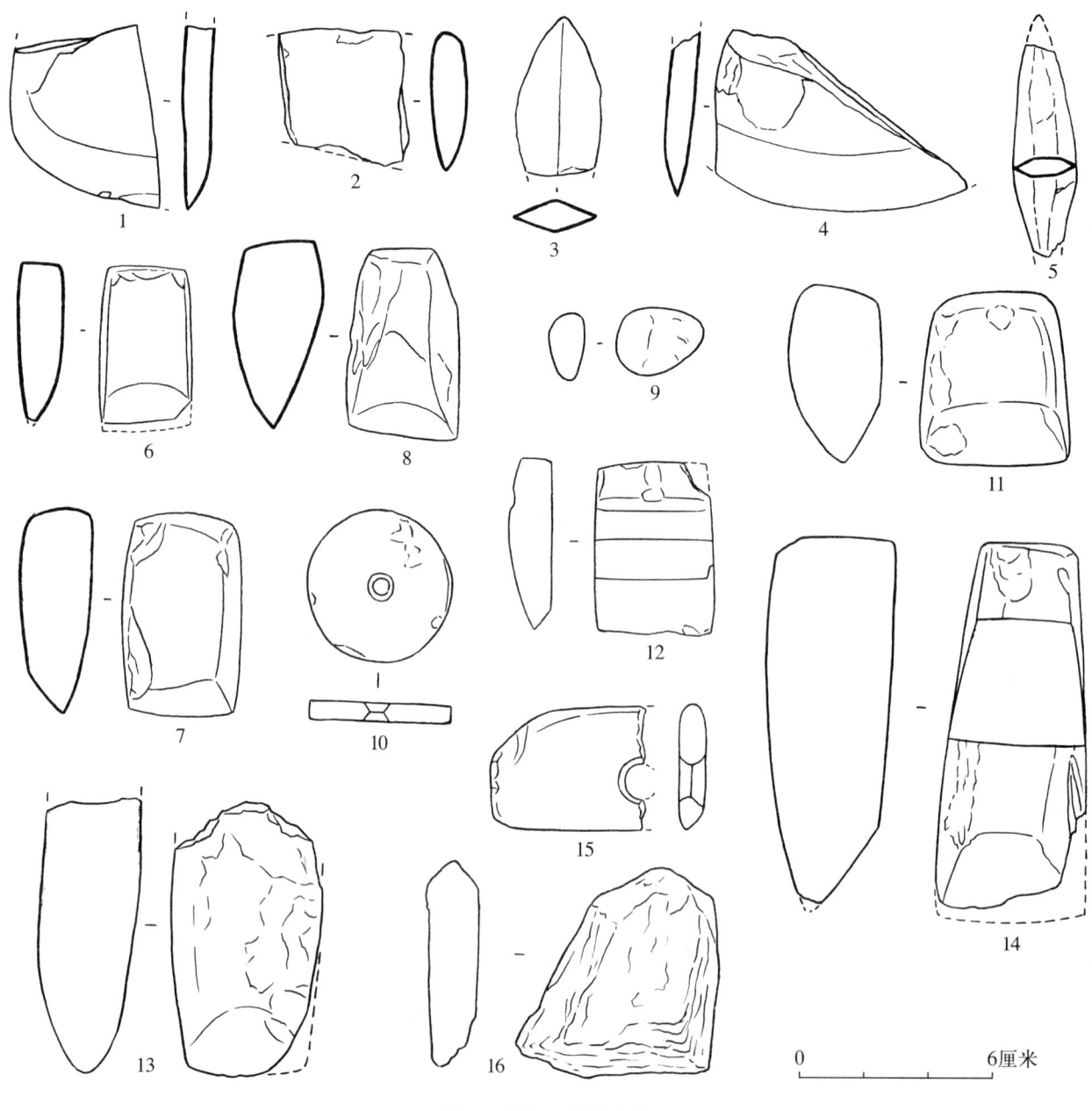

图一二四　采集遗物

1. 石铲03-DG-YWC-1-CAAT：1　2. 石镰03-DG-YWC-1-CAAM：1　3. 石镞03-DG-YWC-1-CAT：1　4. 石铲03-DG-YWC-1-CAUU：1　5. 石镞03-DG-YWC-1-CAWW：1　6. 石锛03-DG-YWC-1-CAWW：2　7. 石锛03-DG-YWC-1-CAAK：1　8. 石锛03-DG-YWC-1-CAAK：2　9. 鹅卵石03-DG-YWC-1-CAAI：1　10. 纺轮03-DG-YWC-1-CAAI：2　11. 石锛03-DG-YWC-1-CAAI：3　12. 石锛03-DG-YWC-1-CAAI：4　13. 石斧03-DG-YWC-1-CAAK：3　14. 石锛03-DG-YWC-1：1　15. 石刀03-DG-YWC-1-CAAH：1　16. 石坯03-DG-YWC-1-CAAH：2

工好且使用痕迹明显。通体磨制精细，器形规整。长5.5、宽4～5.1、厚2.8厘米（图一二四，11；彩版八〇，4，下左1）。标本03-DG-YWC-1-CAAI：4，石锛。平面和横断面皆长方形，单面刃加工好且崩疤明显。通体磨光，器形规整。长5.2、宽3.6、厚1.34厘米（图一二四，12；彩版八〇，4，下右2）。标本03-DG-YWC-1-CAAI：5，石铲。残，平面扇形，磨制（彩版八〇，4，上左1）。

03-DG-YWC-1-CAAJ　石器1件，龙山文化。标本03-DG-YWC-1-CAAJ：1，鹅卵石。石质坚

硬，红白相间，磨制而成，整体略呈圆角长方体。长5.4、宽4.4、厚2.6厘米（图一〇七，17）。

03-DG-YWC-1　石器1件，龙山文化。标本03-DG-YWC-1：1，石锛。平面和横断面梯形，单面斜刃残损严重。通体磨制精细，器形厚重。长10.9、宽3.7、厚4厘米（图一二四，14）。

03-DG-YWC-1-CAAH　石器2件，龙山文化。标本03-DG-YWC-1-CAAH：1，石刀。残，平面梯形，横断面近椭圆形，单面刃。通体磨制较好，对钻一孔。残长4.9、宽3.7、厚0.7厘米（图一二四，15；彩版八〇，1，左1）。标本03-DG-YWC-1-CAAH：2，石坯。石质夹云母，平面和断面近梯形。长6.2、宽6.1、厚1.4厘米（图一二四，16；彩版八〇，1，右1）。

03-DG-YWC-1-CACC　玉器1件，龙山文化。标本03-DG-YWC-1-CACC：1，玉工具。残，形状不规则，残留一穿孔痕迹（彩版八一，4）。

四

1. 小代疃（04-LS-XDT-3，大汶口、龙山、周、汉）（第10年）

04-LS-XDT-1　陶器1件，龙山文化。标本04-LS-XDT-1：1，罐底。夹砂灰胎黑皮陶。斜腹、平底。素面。残高2.9厘米（图一二五，1）。

04-LS-XDT-3-CAD　陶器5件，龙山文化。标本04-LS-XDT-3-CAD：1，铲形鼎足。夹砂褐胎黑皮陶。足中部饰一竖行鸡冠状堆纹。残高8.6厘米（图一二五，2）。标本04-LS-XDT-3-CAD：2，甗足。夹砂褐陶。柱状，跟部凿形。中部饰一竖行鸡冠状堆纹。残高6.15厘米（图一二五，3；彩版八七，3，下左2）。标本04-LS-XDT-3-CAD：3，覆碗形器盖。夹砂黑陶。沿面有一凹槽。素面。口径9.9、高3.4厘米（图一二五，4；彩版八七，3，上左1）。标本04-LS-XDT-3-CAD：4，罐口沿。泥质灰陶。方唇卷沿，素面（彩版八七，3，上右1）。标本04-LS-XDT-3-CAD：5，甗足。残，柱状，夹砂黑皮陶。素面（彩版八七，3，下左1）。

04-LS-XDT-3-CAF　陶器2件，龙山文化。标本04-LS-XDT-3-CAF：1，凿形鼎足。夹砂褐陶。局部黑色。素面（彩版八七，4，左1）。标本04-LS-XDT-3-CAF：2，鸟喙形鼎足。夹砂红陶（彩版八七，4，中）。

04-LS-XDT-3-CAD　石器2件，龙山文化。标本04-LS-XDT-3-CAD：1，石凿。平面长条形，横断面不规则，刃部崩损较严重。磨制而成。长10.6、宽3.3、厚2.1厘米（图一二五，5；彩版八七，2，下）。标本04-LS-XDT-3-CAD：2，石镰。平面弧背三角形，横断面梯形，单面刃加工精细且有锯齿状使用痕迹。通体磨制，器形规整，非常精美。长7.4、宽3.5、厚0.7厘米（图一二五，6；彩版八七，2，上）。

04-LS-XDT-3-CAG　石器2件，龙山文化。标本04-LS-XDT-3-CAG：1，石器。残，横断面近梯形，一面磨制平滑。残长6.6、宽4.7、厚2厘米（图一二五，7；彩版八七，5，左1）。标本04-LS-XDT-3-CAG：2，石锛。残，平面和断面近梯形，双面刃加工较好且使用痕迹明显。通体磨制，器形规整。残长6.1、宽4.5、厚1.6厘米（图一二五，8；彩版八七，5，右1）。

04-LS-XDT-3-CAF　石器1件，龙山文化。标本04-LS-XDT-3-CAF：1，石镰。残，平面近长方形，直背弧刃，单面刃，磨制较精细（彩版八七，4，右1）。

2. 马疃（04-LS-MT-7，大汶口、龙山、周、汉）（第10年）

04-LS-MT-CAB　陶器3件，龙山文化。标本04-LS-MT-7-CAB：1，凿形鼎足，残。夹砂红

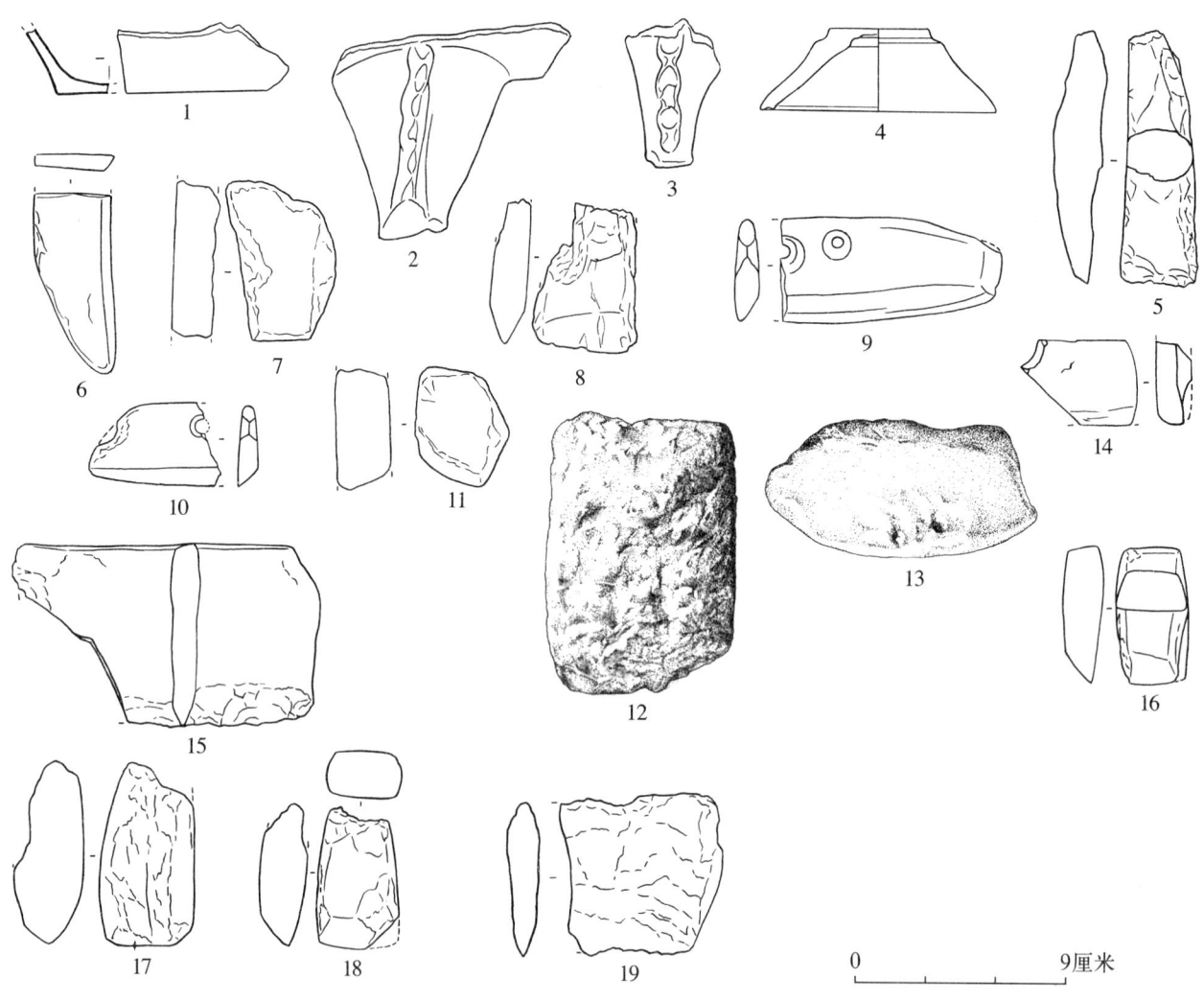

图一二五　采集遗物

1. 陶罐底04-LS-XDT-1：1　2. 铲形陶鼎足04-LS-XDT-3-CAD：1　3. 陶甗足04-LS-XDT-3-CAD：2　4. 覆碗形陶器盖04-LS-XDT-3-CAD：3　5. 石凿04-LS-XDT-3-CAD：1　6. 石镰04-LS-XDT-3-CAD：2　7. 石器04-LS-XDT-3-CAG：1　8. 石锛04-LS-XDT-3-CAG：2　9. 石刀04-LS-MT-7-CAC：1　10. 石刀04-LS-MT-7-CAI：1　11. 磨石04-LS-MT-7-CAE：1　12. 石斧04-LS-MT-7-CAC：1　13. 石刀04-LS-MT-7-CAE：1　14. 石器04-LS-JG-3-CAAB：1　15. 石刀04-LS-JG-3-CAT：1　16. 石锤04-LS-JG-3-CAT：2　17. 石锛04-LS-JG-3-CAT：3　18. 石刀04-LS-JG-3-CAT：4　19. 石锛04-LS-JG-3-CAT：5

褐陶。素面（彩版八六，2，上）。标本04-LS-MT-7-CAB：2，罐口沿。夹砂褐陶。尖方唇，唇面微内凹，侈口，小束颈。素面（彩版八六，2，下左1）。标本04-LS-MT-7-CAB：3，陶片。泥质灰黑陶。器表饰两道凸弦纹。素面（彩版八六，2，下右2）。

04-LS-MT-CAE 陶器5件。标本04-LS-MT-7-CAE：1，大口尊口沿，大汶口文化晚期。泥质红褐陶。折沿，素面（彩版八六，5，上左1）。标本04-LS-MT-7-CAE：2，凿形鼎足，大汶口文化晚期。残，夹砂红褐陶。素面（彩版八六，5，上右1）。标本04-LS-MT-7-CAE：3，陶甗，龙山文化中期。泥质黑陶。尖唇，敛口，素面（彩版八六，5，下左1）。标本04-LS-MT-7-CAE：4，凿形鼎足，龙山文化早期。残，夹砂红褐陶。素面（彩版八六，5，下中）。标本04-LS-MT-7-CAE：5，鼎足，龙山文化早期。近柱形，夹砂红褐陶。素面（彩版八六，5，下右1）。

04-LS-MT-7-CAC 石器1件，龙山文化。标本04-LS-MT-7-CAC：1，石刀。残，平面梯形，横断面椭圆形，单面刃加工精细且少使用痕迹。通体磨制，中上部对钻有两孔，器形规整精美。残长 9.2、宽 4.4、厚 1.1 厘米（图一二五，9；彩版八六，3，左 1）。

04-LS-MT-7-CAI　石器 1 件，龙山文化。标本 04-LS-MT-7-CAI：1，石刀。残，平面和横断面近梯形，单面刃加工较好且有锯齿状使用痕迹。通体磨制，对钻有一孔，器形精美。残长 5.64、宽 3.35、厚 0.9 厘米（图一二五，10；彩版八六，6）。

04-LS-MT-7-CAE　石器 1 件，龙山文化。标本 04-LS-MT-7-CAE：1，磨石。残，横断面长方形，砂岩材质，上下面磨制而成。残长 4.9、宽 3.77、厚 2.13～2.47 厘米（图一二五，11；彩版八六，4，上）。

04-LS-MT-7-CAC　石器 1 件，龙山文化。标本 04-LS-MT-7-CAC：1，石斧。平面长方形，横断面椭圆形，双面刃缺失一角，有崩损痕迹。通体琢制，较为精美，刃部有磨制痕迹。长 11.3、宽 8.1、厚 3 厘米（图一二五，12，彩版八六，3，右 1）。

04-LS-MT-7-CAE　石器 1 件，龙山文化。标本 04-LS-MT-7-CAE：1，石刀。半成品，平面半月形，横断面近枣核形，弧背，单面直刃，刃部有明显的崩疤。双孔对钻，未完成。通体磨制，制作精美。长 11.4、宽 5.8、厚 1.4 厘米（图一二五，13；彩版八六，4，下）。

3. 井沟（04-LS-JG-3/DXQH-1，大汶口、龙山、商、周、汉）（第 10 年）

04-LS-JG-3-CAG　陶器 3 件。标本 04-LS-JG-3-CAG：1，鬶足，大汶口晚期。凿形，夹砂灰褐陶。素面（彩版八五，3，左 1）。标本 04-LS-JG-3-CAG：2，凿形鼎足，龙山早期。夹砂褐陶。素面（彩版八五，3，中）。标本 04-LS-JG-3-CAG：3，鬲足，商代晚期。锥形，夹砂褐陶。素面（彩版八五，3，右 1）。

04-LS-JG-3-CAP　陶器 1 件，龙山早期。标本 04-LS-JG-3-CAP：1，凿形鼎足。残，夹砂褐陶。上饰一道按窝（彩版八五，4，左 1）。

04-LS-JG-3-CAT　陶器 3 件，大汶口文化。标本 04-LS-JG-3-CAT：1，凿形鼎足。夹砂黑陶。素面（彩版八五，5，左 1）。标本 04-LS-JG-3-CAT：2，陶壶口沿。夹砂红陶。圆唇，素面（彩版八五，5，左 2）。标本 04-LS-JG-3-CAT：3，豆柄，残。泥质灰陶。素面，上饰一圆形镂孔（彩版八五，5，右 1）。

04-LS-JG-3-CAU　陶器 1 件，大汶口文化晚期。标本 04-LS-JG-3-CAU：1，陶杯。泥质灰陶。圆唇敞口，近长直领，扁鼓腹，小平底。腹部一侧饰圆形贯耳。器表饰几道细弦纹（彩版八六，1）。

04-LS-JG-3-CAAB　石器 1 件，周。标本 04-LS-JG-3-CAAB：1，石器。残，平面近梯形，横断面长方形，有磨制痕迹。残长 4.9、宽 3.45、厚 1.5 厘米（图一二五，14）。

04-LS-JG-3-CAT　石器 5 件，大汶口文化。标本 04-LS-JG-3-CAT：1，石刀。残，平面长方形，横断面近梯形，刃部崩疤明显，通体磨制。残长 13.1、宽 7.45、厚 0.9～1.3 厘米（图一二五，15；彩版八五，6，下左 1）。标本 04-LS-JG-3-CAT：2，石锤。平面近梯形，横断面不规则，使用面明显，有琢制和磨制痕迹。长 7.2、宽 4.03、厚 2.8 厘米（图一二五，16；彩版八五，6，上右 1）。标本 04-LS-JG-3-CAT：3，石锛。平面梯形，横断面长方形，单面刃残缺一角。通体磨制精细。长 7.8、宽 2.82～3.6、厚 1.9 厘米（图一二五，17；彩版八五，6，上左 2）。标本 04-LS-JG-3-CAT：4，石刀。残，平面梯形，横断面近枣核形，刃部崩疤明显。通体磨制。残长 6.65、宽 6.5、厚 0.62～1.47 厘米（图一二五，18；彩版八五，6，下右 1）。标本 04-LS-JG-3-CAT：5，石锛。平面和横断面梯形，单面刃加工好且使用痕迹明显。通体磨制精细，器形规整。长 5.6、宽 2.95、厚 1.75 厘米（图一二五，19；彩版八五，6，上左1）。

04-LS-JG-3-CAP　石器1件，龙山早期。标本04-LS-JG-3-CAP：1，石器。磨制，平面近长方形（彩版八五，4，右1）。

4. 后鹅庄（04-DG-HEZ-1，龙山、周）（第10年）

04-DG-HEZ-1-CAD　陶器2件，龙山文化早期。标本04-DG-HEZ-1-CAD：1，陶匜口沿。夹砂灰陶。圆唇，微侈口，腹部饰一竖向凹弦纹（彩版八四，1，左1）。标本04-DG-HEZ-1-CAD：2，凿形鼎足。夹砂红褐陶。素面（彩版八四，1，右1）。

5. 白云（04-LS-BY-4-CAA，周）（第10年）

04-LS-BY-4-CAA　陶器2件，西周。标本04-LS-BY-4-CAA：1，鬲足。夹砂灰陶。器表饰绳纹（彩版八四，5，左1）。标本04-LS-BY-4-CAA：2，陶豆盘。泥质灰陶。方唇，微侈口，浅盘（彩版八四，5，右1）。

6. 郭家庄（04-LS-GJZ-1，周）（第10年）

04-LS-GJZ-1-CAA　陶器2件，西周。标本04-LS-GJZ-1-CAA：1，鬲足。夹砂灰陶。表面饰绳纹（彩版八四，6，左1）。标本04-LS-GJZ-1-CAA：2，鬲足。夹砂红褐陶。素面（彩版八四，6，右1）。

04-LS-GJZ-1-CAE　陶器2件。标本04-LS-GJZ-1-CAE：1，鬲足，西周。夹砂褐陶。表面饰中绳纹（彩版八五，1，左1）。标本04-LS-GJZ-1-CAE：2，侧三角形鼎足，龙山晚期。残，夹砂褐陶。素面（彩版八五，1，右1）。

04-LS-GJZ-1-CAH　陶器1件，东周。标本04-LS-GJZ-1-CAH：1，凿形鼎足。夹砂褐陶。素面（彩版八五，2）。

7. 曲岭南头（04-LS-QLNT-2-CAA，商、周）（第10年）

04-LS-QLNT-2-CAA　陶器2件。标本04-LS-QLNT-2-CAA：1，陶鋬手，西周。泥质灰陶。素面（彩版八七，1，左下）。标本04-LS-QLNT-2-CAA：2，陶鬲口沿，商代晚期。夹砂褐陶。方唇折沿，唇部内凹，器表饰中绳纹，颈部绳纹磨平（彩版八七，1，右1）。

04-LS-QLNT-2-CAA　石器1件，周代。标本04-LS-QLNT-2-CAA：1，石饰品。残，平面近长方形，磨制。器表残有一圆形钻孔（彩版八七，1，左上）。

8. 榛子埠（04-LS-ZZB-1，商）（第10年）

04-LS-ZZB-1　陶器1件，商代。标本04-LS-ZZB-1：1，鬲足。残，夹砂红褐陶。素面（彩版八七，6）。

9. 西林子头（05-DG-XLZT-1，大汶口、龙山、周、汉）（第11年）

05-DG-XLZT-1-CAQ　陶器3件。标本05-DG-XLZT-1-CAQ：1，西周。陶缸口沿。夹砂褐陶。圆唇，敞口。素面。残高3.3厘米（图一二六，1；彩版九〇，3，左上）。标本05-DG-XLZT-1-CAQ：2，器盖，龙山文化。泥质灰陶。凸弦纹和凸棱之间刻划六条水波纹（折线纹）。残高4.5厘米

图一二六　采集遗物

1. 陶缸口沿05-DG-XLZT-1-CAQ：1　2. 陶器盖05-DG-XLZT-1-CAQ：2　3. 陶鬲足05-DG-XLZT-1-CAQ：3　4. 鸟首形陶鼎足05-DG-XLZT-1-CAC：1　5. 凿形陶鼎足05-DG-XLZT-1-CAC：2　6. 凿形陶鼎足05-DG-XLZT-1-CAC：3　7. 陶豆口沿05-DG-XLZT-1-CAC：4　8. 陶大口尊腹片05-DG-XLZT-1-CAC：5　9. 凿形陶鼎足05-DG-XLZT-1-CAG：1　10. 凿形陶鼎足05-DG-XLZT-1-CAG：2　11. 侧三角形陶鼎足05-DG-XLZT-1-CAG：3　12. 石凿04-DG-XLZT-1-CAA：1　13. 石锛04-DG-XLZT-1-CAA：2　14. 石坯04-DG-XLZT-1-CAA：3　15. 石锤04-DG-XLZT-1-CAA：4　16. 石器04-DG-XLZT-1-CAA：6　17. 石钺05-DG-XLZT-1-CAE：1　18. 石杵05-DG-XLZT-1-CAE：2　19. 石钺05-DG-XLZT-1-CAE：3　20. 石锛05-DG-XLZT-1-CAE：4　21. 石磨棒05-DG-XLZT-1-CAN：1

（图一二六，2；彩版九〇，4）。标本05-DG-XLZT-1-CAQ：3，鬲足，西周。夹砂褐陶。足跟已脱落。纹饰模糊不清。残高2.8厘米（图一二六，3；彩版九〇，3，左下）。

05-DG-XLZT-1-CAC 陶器5件。标本05-DG-XLZT-1-CAC：1，鸟首形鼎足，龙山文化。素面。残甚，残高1.3厘米（图一二六，4；彩版八九，2，下右1）。标本05-DG-XLZT-1-CAC：2，凿形鼎足，龙山文化。夹砂褐陶。中部饰一道凹槽。残高3.0厘米（图一二六，5；彩版八九，2，下左1）。标本05-DG-XLZT-1-CAC：3，凿形足，龙山文化。夹砂褐陶。素面。高5.0厘米（图一二六，6；彩版八九，2，下左2）。标本05-DG-XLZT-1-CAC：4，陶豆口沿，大汶口文化晚期。泥质灰陶。圆唇，宽折沿，弧壁内收。素面。残高2.8厘米（图一二六，7；彩版八九，2，上右1）。标本05-DG-XLZT-1-CAC：5，大口尊腹片，大汶口。夹砂褐陶。饰瓦棱纹。残长5.5、宽9.6厘米（图一二六，8；彩版八九，2，上左1）。

05-DG-XLZT-1-CAG 陶器3件，龙山文化。标本05-DG-XLZT-1-CAG：1，凿形鼎足。素面。残高4.2厘米（图一二六，9；彩版九〇，1，左1）。标本05-DG-XLZT-1-CAG：2，凿形鼎足。素面。高5.7厘米（图一二六，10；彩版九〇，1，左2）。标本05-DG-XLZT-1-CAG：3，侧三角形鼎足。夹砂褐陶。侧面按压窝纹。残高5.4厘米（图一二六，11；彩版九〇，1，右1）。

05-DG-XLZT-1-CAB 陶器7件。标本05-DG-XLZT-1-CAB：1，陶片，龙山文化。夹砂灰陶。外壁素面，内壁见一凹弦纹，残高3.6、宽4.5、厚0.5厘米左右。标本05-DG-XLZT-1-CAB：2，陶器口沿，龙山文化。泥质黑陶。方唇，敞口，素面。残高3.4、宽4.2、厚0.4～0.8厘米。标本05-DG-XLZT-1-CAB：3，器底，龙山文化。泥质灰陶。平底。残高1.1、宽4、厚0.3～0.6厘米。标本DG-XLZT-1-CAB：4，三足杯底，大汶口文化晚期。泥质灰胎黑皮陶。平底，素面（彩版八八，6，下左1）。标本DG-XLZT-1-CAB：5，陶鬶錾手，大汶口文化晚期。夹砂白陶。索状（彩版八八，6，上左1）。标本DG-XLZT-1-CAB：6，凿形鼎足，龙山文化中期。夹砂褐陶。素面（彩版八八，6，下右1）。标本DG-XLZT-1-CAB：7，罐口沿，龙山文化中期。夹砂灰陶。圆唇卷沿，素面（彩版八八，6，上右1）。

05-DG-XLZT-1-CAD 陶器12件。标本05-DG-XLZT-1-CAD：1，陶盆，龙山文化。泥质灰陶。圆唇，卷沿，侈口，素面，残高3.2、宽5.5、厚0.5厘米左右（图一二三，18）。标本05-DG-XLZT-1-CAD：2，盆底，龙山文化。泥质灰陶。斜腹，底内凹，素面，残高4.2、宽6.0、厚0.3～0.7厘米。标本05-DG-XLZT-1-CAD：3，陶盆，龙山文化。泥质黑陶。圆唇，平折沿，素面。残高1.2、宽4.0、厚0.5厘米。标本05-DG-XLZT-1-CAD：4，陶钵，龙山文化。泥质黑陶。尖圆唇，敛口，腹部饰较不明显的瓦棱纹，口径12.0、残高2.3、厚0.4～0.6厘米（图一二三，19）。标本05-DG-XLZT-1-CAD：5，直领罐，龙山文化。泥质灰陶。方唇，直领较高，领近腹部有一道较浅的凹弦纹，残高5.2、宽5.7、厚0.4厘米左右。标本05-DG-XLZT-1-CAD：6，陶片，龙山文化。夹砂黑陶。鼓腹，腹部饰一周凹弦纹，残高3.5、宽5.2、厚0.5厘米左右。标本DG-XLZT-1-CAD：7，鼎足，大汶口文化晚期。夹砂红陶。锥形，素面（彩版八九，6，下左1）。标本DG-XLZT-1-CAD：8，鬶足，大汶口文化晚期。夹砂红陶。柱形，素面（彩版八九，6，上左1）。标本DG-XLZT-1-CAD：9，凿形鼎足，龙山文化早期。残，夹砂红陶。素面（彩版八九，6，下中1）。标本DG-XLZT-1-CAD：10，三足盘底，龙山文化早期。泥质灰胎黑皮陶。素面，饰一道附加堆纹（彩版八九，6，上中1）。标本DG-XLZT-1-CAD：11，陶鬶把手，龙山文化中期。夹砂红陶。索状（彩版八九，6，下右1）。标本DG-XLZT-1-CAD：12，鸟喙形鼎足，龙山文化中期。夹砂红褐陶。局部黑色，素面（彩版八九，6，上右1）。

05-DG-XLZT-1-CA-E 陶器8件，龙山文化。标本05-DG-XLZT-1-CA-E：1，陶罐。泥质灰陶。圆唇，侈口，残高5.7、壁厚0.4厘米（图一二三，20）。标本05-DG-XLZT-1-CA-E：2，圆陶片。不规则圆形，泥质黑陶。长径4.8、短径4.5、厚0.7厘米（图一二三，21）。标本05-DG-XLZT-1-CA-E：3，陶盆。泥质灰陶。圆唇宽折沿，高2.2、厚1厘米（图一二三，23）。标本05-DG-XLZT-1-CA-E：4，篮圈足。夹砂灰陶。残高3.7、壁厚0.4～0.6厘米。标本05-DG-XLZT-1-CA-E：5，陶盆。夹砂灰陶。圆唇，敞口，残高2.3、厚0.9-1厘米（图一二三，22）。标本05-DG-XLZT-1-CA-E：6，陶片。残，泥质灰陶。表面有两道不明显划纹，有一条长方形附加堆纹，残高4.3、壁厚0.3厘米（图一二三，24）。标本05-DG-XLZT-1-CA-E：7，陶片。残，泥质黑陶。残高3、壁厚0.4厘米（图一二三，25）。标本05-DG-XLZT-1-CA-E：8，圈足。残，泥质黑陶。器表有一道不连贯弦纹，残高2.5、厚0.5～0.7厘米。

04-DG-XLZT-1-CAA 陶器6件。标本04-DG-XLZT-1-CAA：1，大口尊口沿，大汶口文化晚期。夹砂红褐陶。圆唇，直口，素面（彩版八四，4，上左1）。标本04-DG-XLZT-1-CAA：2，凿形鼎足，龙山文化早期。夹砂红褐陶。素面（彩版八四，4，上左2）。标本04-DG-XLZT-1-CAA：3，甗足，龙山文化早期。夹砂红褐陶。近锥形（彩版八四，4，上左3）。标本04-DG-XLZT-1-CAA：4，侧三角形鼎足，龙山文化晚期。残，夹砂红褐陶。脊部饰按窝（彩版八四，4，上右1）。标本04-DG-XLZT-1-CAA：5，陶罐口沿，龙山文化中期。夹砂黑陶。方唇，卷沿，颈部饰凸弦纹（彩版八四，4，下左1）。标本04-DG-XLZT-1-CAA：6，鸟喙形鼎足，龙山文化中期。残，夹砂红褐陶（彩版八四，4，下右1）。

04-DG-XLZT-1-CAA 骨器1件，龙山文化。标本4-DG-XLZT-1-CAA：1，兽骨。边缘有人工切割痕迹（彩版八四，2）。

04-DG-XLZT-1-CAA 石器7件，龙山文化。标本04-DG-XLZT-1-CAA：1，石凿。平面长条形，横断面方形，单面刃加工好。通体磨制精细。长6.55、宽2.07、厚1.9厘米（图一二六，12；彩版八四，3，上左2）。标本04-DG-XLZT-1-CAA：2，石锛。残，磨制较好。残长6.1、宽2.25、厚2.25厘米（图一二六，13；彩版八四，3，下左2）。标本04-DG-XLZT-1-CAA：3，石坯。椭圆形。长5.78、宽4.45、厚3.8厘米（图一二六，14；彩版八四，3，下左2）。标本04-DG-XLZT-1-CAA：4，石锤。残，平面和横断面椭圆形，通体磨制而成。残长7.1、宽5.74、厚4.3厘米（图一二六，15；彩版八四，3，下左1）。标本04-DG-XLZT-1-CAA：5，石刀。残，平面近三角形，横断面近椭圆，单面刃。通体磨制较好，钻有一孔，残高3.3、残宽4.7、最厚处0.7厘米（彩版八四，3，上右2）。标本04-DG-XLZT-1-CAA：6，石器。平面椭圆形，横断面方形，双面使用。器身经过琢磨，较为规整。长6.4、宽6、厚1.4厘米（图一二六，16；彩版八四，3，下右1）。标本04-DG-XLZT-1-CAA：7，石器。残，平面近梯形（彩版八四，3，上左1）。

05-DG-XLZT-1-CAE 石器5件，龙山文化。标本05-DG-XLZT-1-CAE：1，石钺。残余下部，平面长方形，横断面椭圆形，双面刃加工精细，且使用痕迹明显。通体磨制，器形精美。残长6.6、宽6.6、厚1.5厘米（图一二六，17；彩版八九，5，左下1）。标本05-DG-XLZT-1-CAE：2，石杵。残余下部，平面梯形，断面椭圆形，刃部有琢制和使用痕迹。通体磨制，器体规整。残长5.6、宽4.1、厚3.5厘米（图一二六，18；彩版八九，5，右1）。标本05-DG-XLZT-1-CAE：3，石钺。残，单面刃加工精细且崩损明显，通体磨制，较精美，根据其石质和残余形态判断其为石钺。残长2.8、宽5.4、厚1.1厘米（图一二六，19；彩版八九，5，左上1）。标本05-DG-XLZT-1-CAE：4，石锛。平面和横断面近梯形，单面刃磨制而成。器身两侧磨制。长5.35、宽3.28、厚2.08厘米（图一二六，20）。标本05-DG-XLZT-1-CAE：5，石刀。半成品，平面不规则，横断面近椭圆，刃部有打制痕迹，但未进一步加工。器体厚重，通体琢磨。长12.2、宽6.6、厚2.8厘米（彩版八九，5，右2）。

05-DG-XLZT-1-CAN 石器1件，龙山文化。标本05-DG-XLZT-1-CAN：1，石磨棒。残存中部，平面梯形，横断面椭圆形，通体琢制而成。残长6.3、宽6.2、厚3.9厘米（图一二六，21；彩版九〇，2）。

05-DG-XLZT-1-CAC 石器3件，龙山文化。标本05-DG-XLZT-1-CAC：1，石锛。残，平面和横断面近梯形，器身打制片疤和磨制痕迹明显。残长4.3、宽3.7、厚3.3厘米（图一二七，1；彩版八九，1，右1）。标本05-DG-XLZT-1-CAC：2，石锤。残，平面近梯形，横断面近方形，通体磨制。残长3、宽3、厚2.7厘米（图一二七，2；彩版八九，1，左1）。标本05-DG-XLZT-1-CAC：3，石坯。平面近椭圆，断面近长方形。长6.6、宽5.4、厚2.1厘米（图一二七，3；彩版八九，1，左2）。

05-DG-XLZT-1-CAD 石器3件，龙山文化。标本05-DG-XLZT-1-CAD：1，石锛。残，横断面梯形，器身磨制。残长2.46、宽4.55、厚2.7厘米（图一二七，4；彩版八九，3，右1）。标本05-DG-XLZT-1-CAD：2，石钺。残，钻有一孔，器身磨制较好。残长5.5、宽2.6、厚1厘米（图一二七，5；彩版八九，3，左1）。标本05-DG-XLZT-1-CAD：3，石凿。残，原平面和横断面皆梯形，单面斜刃加工锋利。通体磨光好。残长3.3、宽1.9、厚0.8厘米（图一二七，6；彩版八九，4）。

10. 烟台西（05-LS-YTX-1，周）（第11年）

05-LS-YTX-1-CAB 陶器1件，东周。标本05-LS-YTX-1-CAB：1，簋形器口沿。夹砂褐陶。尖唇，直口。颈部饰一周凸棱纹。残片长8.0、宽6.0厘米（图一二七，7；彩版九四，3）。

11. 秦家结庄（05-LS-QJJZ-3，周、汉）（第11年）

05-LS-QJJZ-3-CAB 陶器8件。标本05-LS-QJJZ-3-CAB：1，陶罍，西周。夹砂褐陶。折肩。肩部饰多条凹弦纹。肩部以下饰绳纹。残高5.3厘米（图一二七，8；彩版九一，2，下右1）。标本05-LS-QJJZ-3-CAB：2，西周。陶甗，夹砂褐陶。饰绳纹，腰部饰附加堆纹。残高3.6厘米（图一二七，9；彩版九一，2，上右1）。标本05-LS-QJJZ-3-CAB：3，西周。陶鬲，夹砂灰陶。方唇，宽折沿，沿面内凹，靠近外侧边缘饰一周凹弦纹。残高4.6厘米（图一二七，10；彩版九一，2，上右2）。标本05-LS-QJJZ-3-CAB：4，鬲足，西周。夹砂褐陶。素面。残高4.0厘米（图一二七，11；彩版九一，2，上左2）。标本05-LS-QJJZ-3-CAB：5，陶片，西周。饰附加堆纹和绳纹。残高4.9厘米（图一二七，12；彩版九一，2，下左1）。标本05-LS-QJJZ-3-CAB：6，陶片，西周。夹细砂褐陶。饰戳印纹。长4.4、宽3.2厘米（彩版九一，2，下右2）。标本05-LS-QJJZ-3-CAB：7，陶钵，东周。夹细砂灰陶。尖唇，平折沿，弧壁。腹部上部饰二周圆圈纹。残高4.4厘米（图一二七，13；彩版九一，6）。标本05-LS-QJJZ-3-CAB：8，鬲足，西周。夹砂灰陶。饰绳纹。足跟残断，残高3.6厘米（图一二七，14；彩版九一，2，上左1）。

05-LS-QJJZ-3-CAA 陶器3件，西周。标本05-LS-QJJZ-3-CAA：1，鬲足。夹砂褐陶。素面。残高5.4厘米（图一二七，15；彩版九一，3，左2）。标本05-LS-QJJZ-3-CAA：2，陶罐。夹砂褐陶。圆唇，折沿，束颈，鼓腹。素面。残高5.2厘米（图一二七，16；彩版九一，3，右1）。标本05-LS-QJJZ-3-CAA：3，陶鬲。夹砂褐陶。方唇，卷沿。饰绳纹，颈部绳纹抹平。残高3.6厘米（图一二七，17；彩版九一，3，左1）。

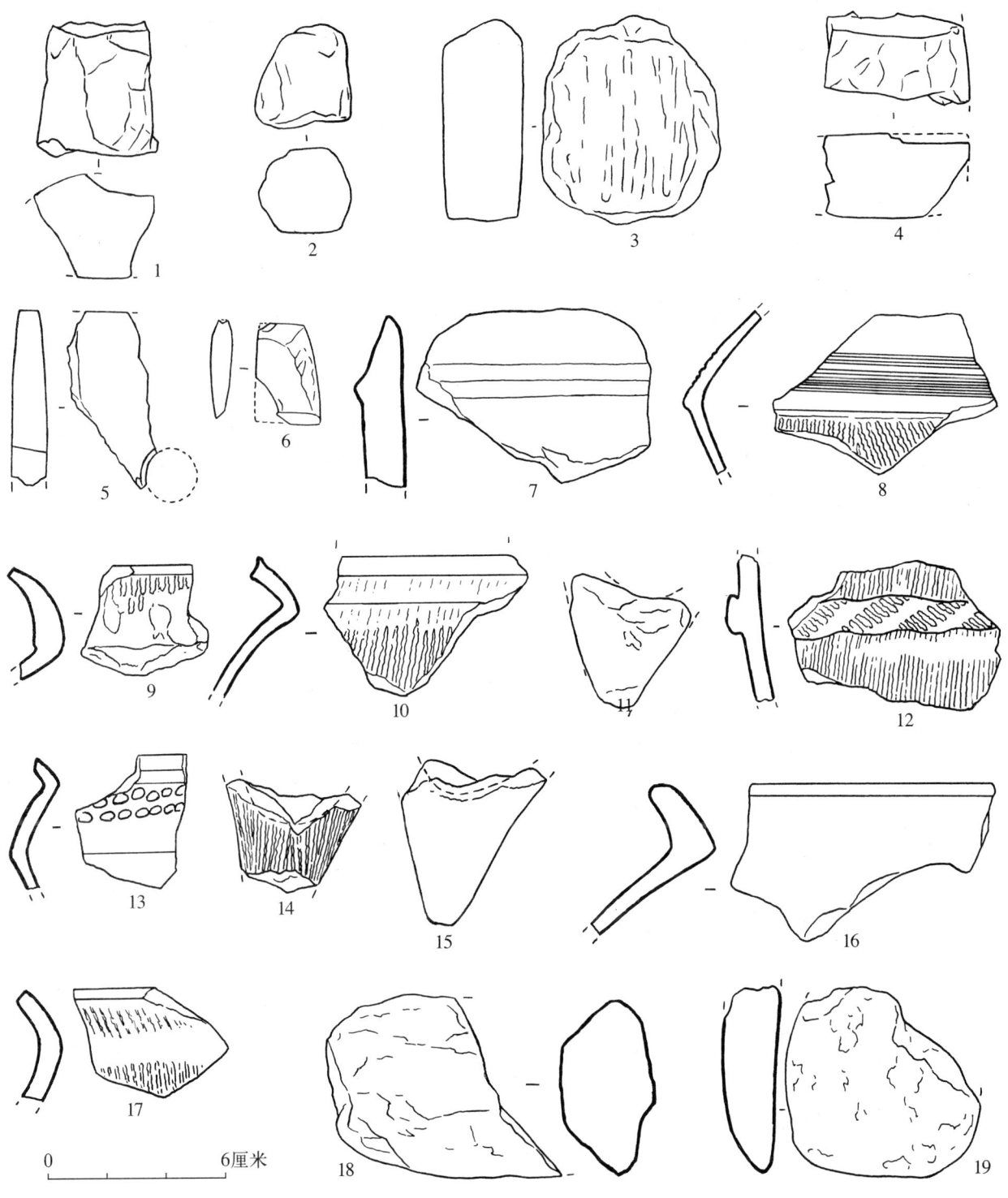

图一二七　采集遗物

1. 石锛05-DG-XLZT-1-CAC：1　2. 石锤05-DG-XLZT-1-CAC：2　3. 石坯05-DG-XLZT-1-CAC：3　4. 石锛05-DG-XLZT-1-CAD：1　5. 石钺05-DG-XLZT-1-CAD：2　6. 石凿05-DG-XLZT-1-CAD：3　7. 陶簋形器口沿05-LS-YTX-1-CAB：1　8. 陶罍05-LS-QJJZ-3-CAB：1　9. 陶甗05-LS-QJJZ-3-CAB：2　10. 陶鬲05-LS-QJJZ-3-CAB：3　11. 陶鬲足05-LS-QJJZ-3-CAB：4　12. 陶片05-LS-QJJZ-3-CAB：5　13. 陶片05-LS-QJJZ-3-CAB：6　14. 陶鬲足05-LS-QJJZ-3-CAB：8　15. 陶鬲足05-LS-QJJZ-3-CAA：1　16. 陶罐05-LS-QJJZ-3-CAA：2　17. 陶鬲05-LS-QJJZ-3-CAA：3　18. 石斧05-LS-QJJZ-3-CAA：1　19. 石斧05-LS-QJJZ-3-CAA：2

05-LS-QJJZ-3-CAA 石器2件，西周。标本05-LS-QJJZ-3-CAA：1，石斧。残存上部，平面近梯形，断面不规则，琢制痕迹明显。残长7.8、宽6、厚3.3厘米（图一二七，18；彩版九一，5，左1）。标本05-LS-QJJZ-3-CAA：2，石斧。残存上部，石质夹云母，横断面椭圆形，通体琢制。残长6.1、宽6.7、厚2厘米（图一二七，19；彩版九一，5，右1）。

12. 竹园（05-LS-ZhuY-1，龙山、周、汉）（第11年）

05-LS-ZhuY-1-CAC 陶器2件，龙山文化中期。标本05-LS-ZhuY-1-CAC：1，陶杯把手。泥质黑陶。饰两道凹弦纹。残长3.8、宽1.2厘米（图一二八，1；彩版九四，5，左1）。标本05-LS-ZhuY-1-CAC：2，鸟首形鼎足。夹砂黑陶。高8.4厘米（图一二八，2；彩版九四，5，右1）。

13. 大阡里（05-LS-DQL-1，商、周）（第11年）

05-LS-DQL-1 陶器2件，西周。标本05-LS-DQL-1：1，陶罐。夹砂褐陶。方唇，宽折沿。素面。残高4.5厘米（图一二八，3；彩版九〇，5，左1）。标本05-LS-DQL-1：2，陶片。夹砂黑皮褐胎陶。饰附加堆纹和绳纹。长4.7、宽5.0厘米（图一二八，4；彩版九〇，5，右1）。

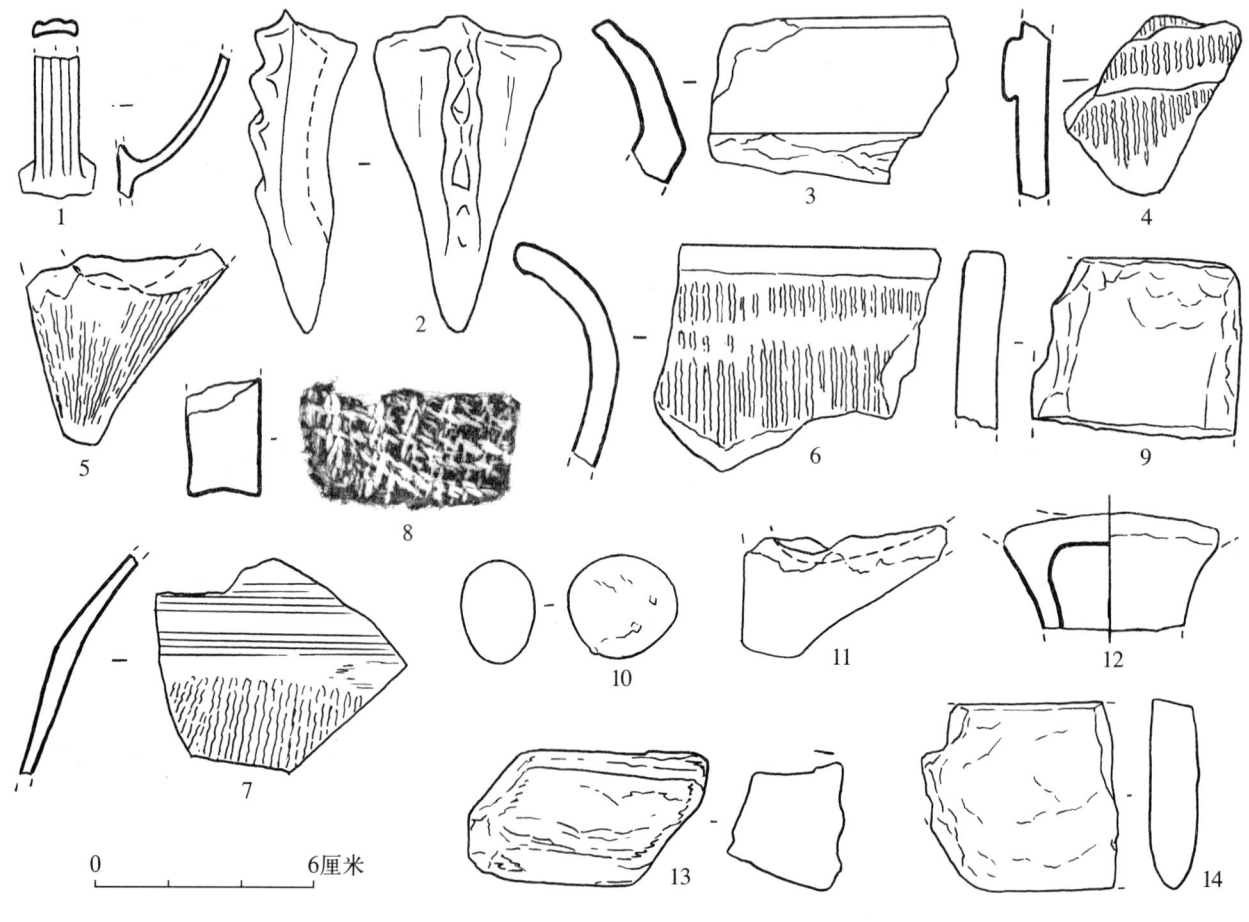

0　　　　　　6厘米

图一二八　采集遗物

1. 陶杯把手05-LS-ZhuY-1-CAC：1　2. 鸟首形陶鼎足05-LS-ZhuY-1-CAC：2　3. 陶罐05-LS-DQL-1：1　4. 陶片05-LS-DQL-1：2　5. 陶鬲足05-LS-ZJJZ-4-CAD：1　6. 陶盆口沿05-LS-ZJJZ-4-CAD：2　7. 陶罐肩部05-LS-ZJJZ-4-CAD：3　8. 陶垫05-LS-ZJJZ-4-CAD：4　9. 石刀05-LS-ZJJZ-4-CAQ：1　10. 圆石05-LS-ZJJZ-4-CAR：1　11. 陶鬲足05-DG-HS-4：1　12. 蘑菇纽陶器盖05-LS-LCG-4：1　13. 石器05-LS-SSY-2-CAC：1　14. 石刀05-DG-WJCun-2-CAB：1

14. 郑家结庄（05-LS-ZJJZ-4，龙山、周、汉）（第11年）

05-LS-ZJJZ-4-CAD　陶器4件，西周。标本05-LS-ZJJZ-4-CAD：1，鬲足。夹砂灰陶。饰绳纹。残高5.5厘米（图一二八，5；彩版九四，6，左2）。标本05-LS-ZJJZ-4-CAD：2，陶盆口沿。夹砂灰陶。圆唇，卷沿。饰绳纹。残高6.0厘米（图一二八，6；彩版九四，6，右1）。标本05-LS-ZJJZ-4-CAD：3，陶罐肩部。灰胎黑皮陶。肩部以上饰多组弦纹，肩部以下饰绳纹。残片长5.8、宽6.9厘米（图一二八，7；彩版九四，6，左1）。标本05-LS-ZJJZ-4-CAD：4，陶垫。泥质褐陶。白色陶衣。据残存部分推测为圆角长方形。篮纹。残长3.2、宽6.0、厚2.0厘米（图一二八，8；彩版九四，2、4）。

05-LS-ZJJZ-4-CAQ　石器1件，汉代。标本05-LS-ZJJZ-4-CAQ：1，石刀。残，平面和横断面近长方形，磨制而成。残长4.7、宽5.6、厚1.1厘米（图一二八，9）。

05-LS-ZJJZ-4-CAR　石器1件，东周。标本05-LS-ZJJZ-4-CAR：1，圆石。平面圆形，横断面椭圆形。长2.95、宽2.65、厚2.08厘米（图一二八，10）。

15. 华山（05-DG-HS-2，龙山、周、汉）（第11年）

05-DG-HS-4　陶器1件，西周。标本05-DG-HS-4：1，鬲足。夹砂褐陶。素面。残高3.6厘米（图一二八，11；彩版八八，2）。

16. 罗川沟（05-LS-LCG-1，龙山、岳石、周、汉）（第11年）

05-LS-LCG-4　陶器1件，岳石文化。标本05-LS-LCG-4：1，蘑菇纽器盖。泥质灰陶。素面。残高3.2厘米（图一二八，12；彩版九一，4）。

05-LS-LCG-1-CAA　陶器17件。标本05-LS-LCG-1-CAA：1，蘑菇纽陶器盖，岳石文化。夹砂灰陶。素面，残高4.2、捉手径2.4、最大径5.8、厚0.9厘米（图一二九，1；彩版九一，1，下左1）。05-LS-LCG-1-CAA：2，器盖，龙山文化。泥质褐陶。圆唇，子母口，残高3.7、口径12、厚0.3～0.5厘米（图一二九，2；彩版九一，1，上右1）。标本05-LS-LCG-1-CAA：3，器盖，龙山文化。泥质灰陶。圆唇，子母口，盖身饰一周凹弦纹，残高5.7、口径14.6、厚0.4厘米（图一二九，3）。标本05-LS-LCG-1-CAA：4，器盖，龙山文化。残，夹砂灰陶。圆唇，子母口，盖上有戳印痕迹，直径16、厚约0.6～1厘米（图一二九，4；彩版九一，1，上左1）。标本05-LS-LCG-1-CAA：5，钻孔陶片，龙山文化。夹砂褐陶。高约4.1、孔长径0.3、短径约0.2厘米（图一二九，8；彩版九一，7）。标本05-LS-LCG-1-CAA：6，附加堆纹陶片，龙山文化。夹砂灰陶。其上饰三道刻划纹。残长6.6、残宽2.4、厚约1.3厘米（图一二九，9；彩版九一，下左2）。标本05-LS-LCG-1-CAA：7，陶算，龙山文化。夹砂褐陶。残留三个算孔，高约1.3、厚1.1、残长约4.3、孔径0.4厘米（图一二九，6；彩版九一，下右1）。标本05-LS-LCG-1-CAA：8，陶尊，岳石文化。泥质灰陶。圆唇，敛口，上腹较直，下腹斜收，上腹饰一周凸弦纹，上下腹之间饰一周凸棱，残高6.5、口径10、厚0.3～0.8厘米（图一二九，7；彩版九一，1，上左2）。标本05-LS-LCG-1-CAA：9，陶纺轮，东周。夹砂红褐陶。器形不是十分规整，利用陶器腹片加工而成（彩版九一，7）。标本05-LS-LCG-1-CAA：10，罐，龙山文化。泥质灰陶。斜腹，平底，素面。底径8、残高2.6、厚0.8-1厘米（图一二九，10）。标本05-LS-LCG-1-CAA：11，陶器把手，龙山文化。夹砂黑陶。呈拱形，平面呈长方形，残高5、厚0.4厘米左右（图一二九，16）。标本05-LS-LCG-1-CAA：12，鬶足，龙山文化。夹砂红陶。足跟呈扁锥状，足尖削为铲形，素面，残高4.5厘米（图一二九，18）。标本05-LS-LCG-

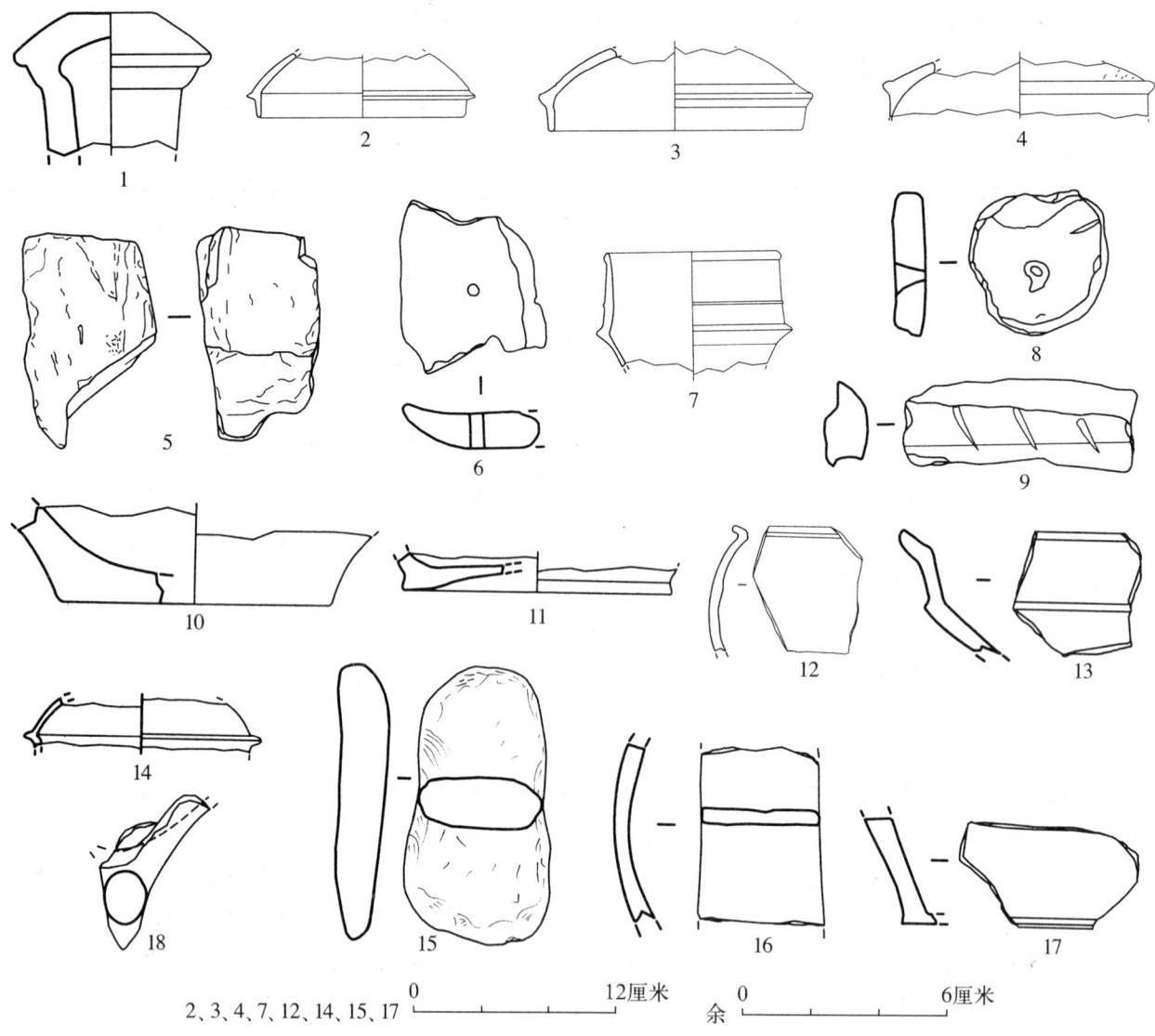

2、3、4、7、12、14、15、17 0 ━━━━━━━━ 12厘米　余 0 ━━━━━━ 6厘米

图一二九　采集遗物

1. 陶器盖05-LS-LCG-1-CAA：1　2. 陶器盖05-LS-LCG-1-CAA：2　3. 陶器盖05-LS-LCG-1-CAA：3　4. 陶器盖05-LS-LCG-1-CAA：4　5. 石器05-LS-LCG-1-CAA：1　6. 陶算05-LS-LCG-1-CAA：7　7. 陶尊05-LS-LCG-1-CAA：8　8. 钻孔陶片05-LS-LCG-1-CAA：5　9. 陶片05-LS-LCG-1-CAA：6　10. 陶罐05-LS-LCG-1-CAA：1　11. 陶器底05-LS-LCG-1-CAA：13　12. 陶罐05-LS-LCG-1-CAA：17　13. 陶盘05-LS-LCG-1-CAA：15　14. 陶器盖05-LS-LCG-1-CAA：14　15. 石斧05-LS-LCG-1-CAA：2　16. 陶把手05-LS-LCG-1-CAA：11　17. 陶器底05-LS-LCG-1-CAA：16　18. 陶鬶足05-LS-LCG-1-CAA：12

1-CAA：13，器底，龙山文化。夹砂红陶。足部略外撇，底内凹，底径16、残高2厘米（图一二九，11）。标本05-LS-LCG-1-CAA：14，器盖，龙山文化。泥质灰陶。呈斗笠形，尖圆唇，平折沿，子母口，残，素面，最大径14、残高2.5、厚0.3～0.4厘米（图一二九，14）。标本05-LS-LCG-1-CAA：15，盘，龙山文化。夹砂灰陶。圆唇，折沿，沿面略内凹，腹底之间折棱明显，圆底，素面。残高3.4、厚0.4厘米左右（图一二九，13）。标本05-LS-LCG-1-CAA：16，器底，龙山文化。夹砂红褐陶。斜腹，平底残，素面。残高6.1、厚0.6～1.5厘米（图一二九，17）。标本05-LS-LCG-1-CAA：17，罐，龙山文化。夹砂灰褐陶。圆唇，敛口，小折沿，鼓腹，素面。残高7.3、厚0.4～0.6厘米（图一二九，12）。

05-LS-LCG-1-CAA 石器2件，周代。标本05-LS-LCG-1-CAA：1，石器。残，断面方形。

长约 6.2、宽约 3.9、厚约 3.5 厘米（图一二九，5；彩版九○，6，左 1）。标本 05-LS-LCG-1-CAA：2，石斧。呈乳白色略带青红，石质坚硬，无明显节理，整体呈长方形，刃部略宽，打制而成，刃部磨制，有使用痕迹。长 16.1、最宽处 8.6、厚 2.7 厘米（图一二九，15；彩版九○，6，右 1）。

17. 刘家庄（05-LS-LiuJZ，龙山、汉）（第 11 年）

05-LS-LiuJZ-1-CAB　陶器 1 件，龙山文化。标本 05-LS-LiuJZ-1-CAB：1，陶盆口沿。夹砂灰陶。圆唇，高约 1.6 厘米（图一三○，5）。

05-LS-LiuJZ-1-CAD　陶器 2 件，龙山文化。标本 05-LS-LiuJZ-1-CAD：1，甗足。夹砂灰陶。素面，足高约 5 厘米（图一三○，2）。标本 05-LS-LiuJZ-1-CAD：2，鼎足，夹砂红褐陶。素面，残，残高 3.5 厘米（图一三○，4）。

05-LS-LiuJZ-1-CAE　陶器 1 件，汉代。标本 05-LS-LiuJZ-1-CAE：1，陶罐口沿。夹砂黄褐陶。卷沿，圆唇，侈口，残高约 2.2 厘米（图一三○，6）。

05-LS-LiuJZ-4-CAA　陶器 2 件，龙山文化。标本 05-LS-LiuJZ-4-CAA：1，铲形鼎足。夹砂灰陶。素面，残高 4.7 厘米（图一三○，1）。标本 05-LS-LiuJZ-4-CAA：2，器盖。残，夹砂褐陶。残高 1.5、厚约 0.5 厘米（图一三○，3）。

18. 孟家官庄（05-LS-MJGZ-3，龙山、周、汉）（第 11 年）

05-LS-MJGZ-3　陶器 6 件，龙山文化。标本 05-LS-MJGZ-3：1，鼎足。夹砂红褐陶。足扁平，略弧，平面呈上宽下窄的梯形，截面为内平的半月形。残高 3.7、最厚处 0.9 厘米（图一三○，12）。标本 05-LS-MJGZ-3：2，鼎足。夹砂红陶。扁平状，略弧，平面呈上宽下窄的梯形，截面为内平的半月形，残高 4.5、最厚处 0.9 厘米（图一三○，11）。标本 05-LS-MJGZ-3：3，陶盆。夹砂褐陶。方唇，唇加厚，唇面有一不明显的凹槽，素面。残高 2.7、厚 0.6 厘米左右（图一三○，7）。标本 05-LS-MJGZ-3：4 陶片。夹砂灰陶。饰两周凹弦纹。残高 3.6、宽 3.7、厚 0.2～0.3 厘米（图一三○，10）。标本 05-LS-MJGZ-3：5，罐。夹砂褐陶。圆唇折沿，唇下饰有错乱抹断绳纹，残高 3.2、宽 3.8、厚 0.7 厘米左右（图一三○，9）。标本 05-LS-MJGZ-3：6，陶盘。夹砂褐陶。折沿，方唇，唇面有一不明显的凹痕，素面，残高 1.4、宽 2.9、厚 0.3 厘米左右（图一三○，8）。

05-LS-MJGZ-3　石器 1 件，龙山文化。标本 05-LS-MJGZ-3：1，石斧。青色，石质坚硬，整体长方形，系全身磨制，刃部有明显的使用痕迹。长 7.6、宽 3.8、厚 2.0 厘米（图一三○，13）。

19. 徐家村（05-LS-XJC，大汶口、周）（第 11 年）

05-LS-XJC-1-CAA　陶器 4 件，西周。标本 05-LS-XJC-1-CAA：1，陶器口沿，残。夹砂红褐陶。折沿，沿下饰按窝纹。残高 2.4 厘米（图一三○，14；彩版九二，1，上右 1）。标本 05-LS-XJC-1-CAA：2，直领罐。夹砂红陶。方唇，矮直领，鼓腹，素面，残高 4、厚 0.3～0.5 厘米（图一三○，15；彩版九二，1，上左 1）。标本 05-LS-XJC-1-CAA：3，鬲足。夹砂灰陶。饰较粗糙的绳纹，仅存袋足的少部分，不见实足根。残高 3.6、宽 3.3 厘米（图一三○，16；彩版九二，1，下左 1）。标本 05-LS-XJC-1-CAA：4，鬲足。夹砂灰陶。仅存少部分袋足部分，柱状实足根，通体饰绳纹。残高 4.2、宽 5.0 厘米（图一三○，17；彩版九二，1，下右 1）。

05-LS-XJC-3-CAA　陶器 8 件，大汶口文化早期。标本 05-LS-XJC-3-CAA：1，陶罐。泥质红陶。残，方圆唇，斜直领，侈口，鼓腹，素面，口径 7.2、高 5.7、厚 0.4 厘米（图一三○，18；彩

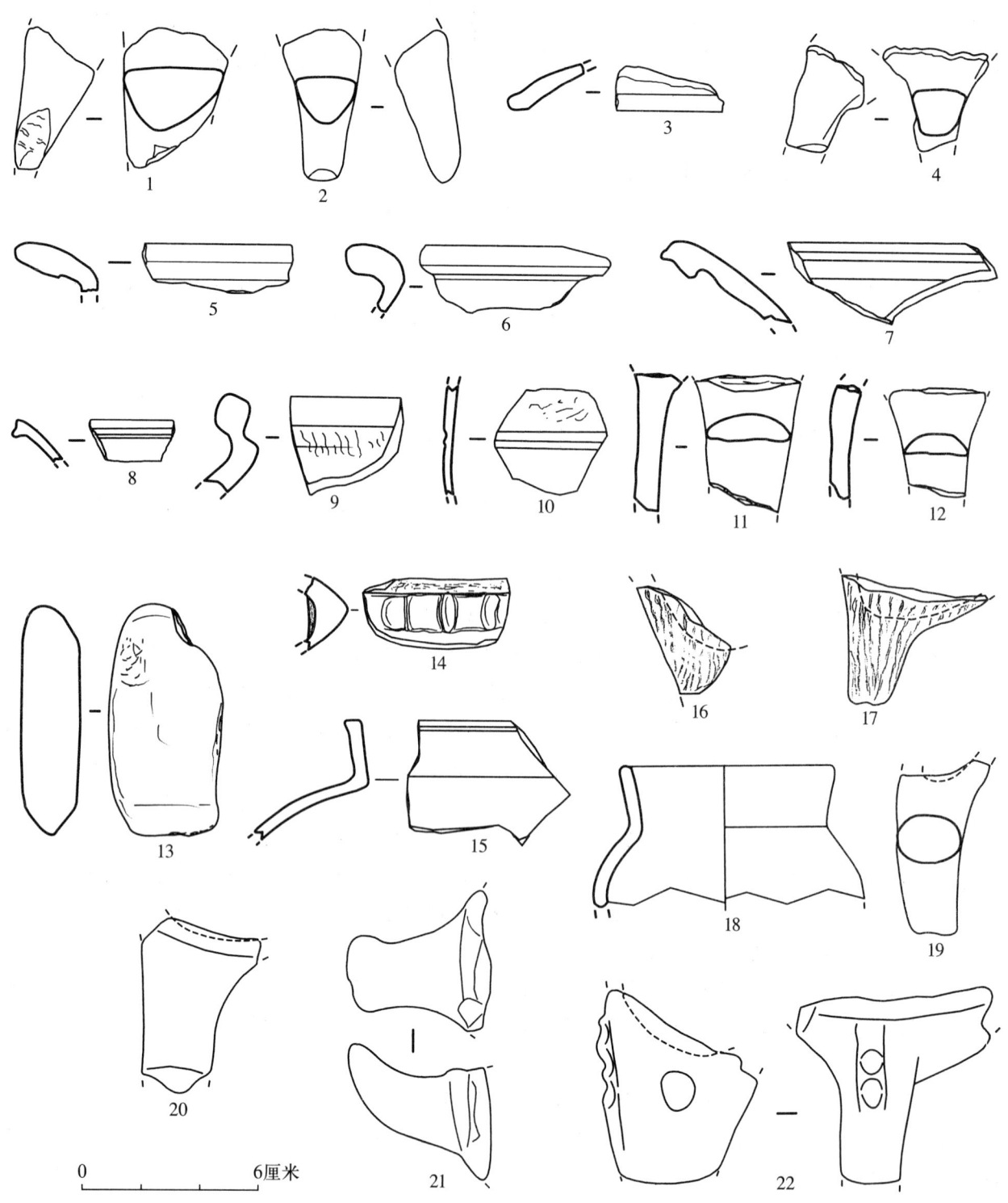

0 　　　　　　　6厘米

图一三〇　采集遗物

1. 陶鼎足05-LS-LiuJZ-4-CAA：1　2. 陶鼎足05-LS-LiuJZ-1-CAD：1　3. 陶器盖05-LS-LiuJZ-4-CAA：2　4. 陶鼎足05-LS-LiuJZ-1-CAD：2　5. 陶盆05-LS-LiuJZ-1-CAB：1　6. 陶罐05-LS-LiuJZ-1-CAE：1　7. 陶盆05-LS-MJGZ-3：3　8. 陶盘05-LS-MJGZ-3：6　9. 陶罐05-LS-MJGZ-3：5　10. 陶片05-LS-MJGZ-3：4　11. 陶鼎足05-LS-MJGZ-3：2　12. 陶鼎足05-LS-MJGZ-3：1　13. 石斧05-LS-MJGZ-3：1　14. 陶片05-LS-XJC-1-CAA：7　15. 陶罐05-LS-XJC-1-CAA：8　16. 陶鬲足05-LS-XJC-1-CAA：9　17. 陶鬲足05-LS-XJC-1-CAA：6　18. 陶罐05-LS-XJC-1-CAA：13　19. 陶鼎足05-LS-XJC-1-CAA：10　20. 陶鼎足05-LS-XJC-1-CAA：14　21. 陶鼎把手05-LS-XJC-1-CAA：11　22. 陶鼎足05-LS-XJC-1-CAA：12

版九二，2，上左2）。标本05-LS-XJC-3-CAA：2，鼎足。夹砂褐陶。柱形，截面略呈椭圆形，残高5.8、宽2.7、厚1.8厘米（图一三〇，19；彩版九二，2，下左2）。标本05-LS-XJC-3-CAA：3，鼎足。夹砂红陶。柱状，残高5.7、宽4.6厘米（图一三〇，20；彩版九二，2，下左3）。标本05-LS-XJC-3-CAA：4，陶鼎把手。夹砂红褐陶。呈牛角状，高4.9、长4.8、宽3.7厘米（图一三〇，21；彩版九二，2，上右1）。标本05-LS-XJC-3-CAA：5，侧三角形鼎足。夹砂红陶。脊部饰数个按窝，侧面根部有一圆形按窝，残高6.4、厚5.8厘米（图一三〇，22；彩版九二，2，下右1）。标本05-LS-XJC-3-CAA：6，陶钵。泥质陶。外部红色，内呈灰色，尖唇，敛口，弧腹，素面，口径22、残高5.0、厚0.4厘米（图一三一，3；彩版九二，2，下左1）。标本05-LS-XJC-3-CAA：7，陶鼎腹片。夹砂灰黑陶。素面，残留錾手脱落痕迹（彩版九二，2，上左3）。标本05-LS-XJC-3-CAA：8，陶片。夹砂红褐陶。素面（彩版九二，2，上左1）。

05-LS-XJC-3-CAD　陶器18件，大汶口文化早期。标本05-LS-XJC-3-CAD：1，鼎足。夹砂红陶。略呈扁锥状，素面，足上侧有一个为了便于安装而有意制成的浅窝。残高10.2厘米（图一三一，5；彩版九二，4，左1）。标本05-LS-XJC-3-CAD：2，鼎足。夹砂红褐陶。略呈柱形，下部稍细，略内弓，素面。残高8.2、直径1.3～2.5厘米（图一三一，7；彩版九二，4，左2）。标本05-LS-XJC-3-CAD：3，鼎足。夹砂红褐陶。侧装扁锥状足，正面上侧有三个压窝，两侧各有两个压窝。残高12.4、宽7.0厘米（图一三一，8；彩版九二，4，右1）。标本05-LS-XJC-3-CAD：4，觚形杯底。夹砂灰黑陶。斜壁，平底，近底部有一周凹弦纹，底径9.6、残高2.2、厚0.6～1.1厘米（图一三一，18；彩版九二，5；彩版九三，5，下中1）。标本05-LS-XJC-3-CAD：5，陶钵。泥质红陶。圆唇，敛口，素面（彩版九二，6，左1）。标本05-LS-XJC-3-CAD：6，三足钵。泥质红陶。尖圆唇，敛口，弧腹，圜底，素面，仅存一足，足上部呈柱状，口径20.0、最宽处20.8、残高7、厚0.4～0.6厘米（图一三一，1；彩版九二，6，右1）。标本05-LS-XJC-3-CAD：7，钵足。泥质黄褐陶。铲形，素面，残高5.4、高2.8、厚3.2厘米（图一三一，20；彩版九三，1，左1）。标本05-LS-XJC-3-CAD：8，鼎足。夹砂黄褐陶。凿形，根部有一圆形按窝，残高7.8、残宽4.4厘米（图一三一，22；彩版九三，1，右1）。标本05-LS-XJC-3-CAD：9，陶纺轮。夹砂灰陶。器表饰三个圆形印窝，三者构成一等边三角形，围绕中间的钻孔规律分布有许多刻划、压印纹，造型精美（彩版九三，2，右1）。标本05-LS-XJC-3-CAD：10，陶纺轮，残。夹砂陶。一面呈黑色，外呈红色，呈圆饼状，近中心处有一孔。直径4.8、孔径0.9、厚0.6～0.8厘米（图一三一，6；彩版九三，2，左1）。标本05-LS-XJC-3-CAD：11，陶钵。泥质红陶。尖唇，敞口，素面，口径24.0、残高6.6、厚0.5～0.7厘米（图一三一，14；彩版九三，5，下右1）。标本05-LS-XJC-3-CAD：12，陶钵口沿。泥质黑陶。尖唇，敛口，下腹部内收，残高3.4、厚0.5厘米（图一三一，15；彩版九三，5，上左1）。标本05-LS-XJC-3-CAD：13，陶鼎。夹砂灰陶。尖唇，斜折沿，侈口，腹部近直，腹中部饰一周附加堆纹，残高7.6、口径18、厚0.6～1厘米（图一三一，16；彩版九三，5，下左1）。标本05-LS-XJC-3-CAD：14，陶钵，泥质红陶。圆唇，微敛口，腹部斜直，素面，残高3.8、口径18、厚0.6厘米（图一三一，17；彩版九三，5，下左2）。标本05-LS-XJC-3-CAD：15，陶钵残片。泥质红陶。白衣红彩。残长4.7、厚0.8厘米（图一三一，21；彩版九三，5；上右1）。标本05-LS-XJC-3-CAD：16，陶豆。泥质褐陶。圆唇，近直口，折腹，下腹部内收，残高6.3、宽4.6、厚0.5～0.9厘米（图一三一，23；彩版九三，5，上左2）。标本05-LS-XJC-3-CAD：17，陶器口沿。夹砂灰陶。尖圆唇，卷沿，唇面内凹，侈口，素面。标本05-LS-XJC-3-CAD：18，豆底。夹蚌褐陶。底座倒喇叭形，素面，残高1.5、底径8.4、厚0.4厘米（图一三一，2；彩版九三，4）。

05-LS-XJC-3-CAE 陶器 1 件，大汶口文化早期。标本 05-LS-XJC-3-CAE：1，鼎足。夹砂褐陶。铲形，表面饰数道深刻划纹（彩版九四，1，左 1）。

05-LS-XJC-3-CAD 石器 7 件，大汶口文化早期。标本 05-LS-XJC-3-CAD：1，鹅卵石。略呈圆球状，中间鼓，两边略窄，直径约 1.5、厚 0.5～1.1 厘米（图一三一，9；彩版九二，3，左上 1）。标本 05-LS-XJC-3-CAD：2，磨石。呈乳白色，整体长方形，存刃部，器型厚重，器身磨痕明显，石质较粗糙。长 10.6、宽 4～5.8、厚 3.0 厘米（图一三一，13；彩版九二，3，右 1）。标本 05-LS-

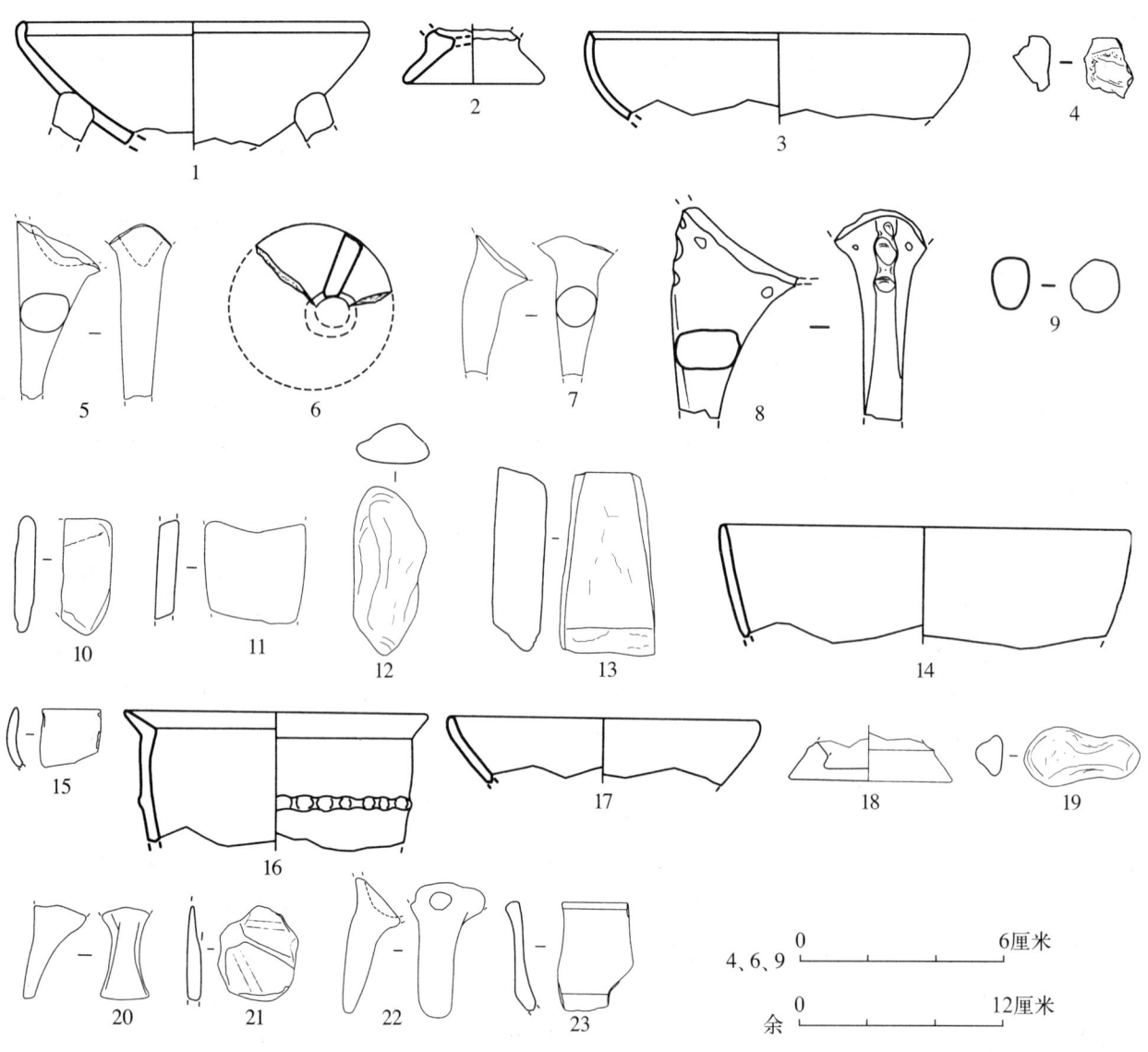

图一三一　采集遗物

1. 陶钵 05-LS-XJC-3-CAD：42　2. 陶豆 05-LS-XJC-3-CAD：40　3. 陶钵 05-LS-XJC-3-CAA：2　4. 黑云母 05-LS-XJC-3-CAE：4　5. 陶鼎足 05-LS-XJC-3-CAD：25　6. 陶纺轮 05-LS-XJC-3-CAD：43　7. 陶鼎足 05-LS-XJC-3-CAD：24　8. 陶鼎足 05-LS-XJC-3-CAD：26　9. 鹅卵石 05-LS-XJC-3-CAD：4　10. 石器 05-LS-XJC-3-CAD：1　11. 石器 05-LS-XJC-3-CAD：2　12. 鹅卵石 05-LS-XJC-3-CAD：5　13. 磨石 05-LS-XJC-3-CAD：3　14. 陶钵 05-LS-XJC-3-CAD：29　15. 陶钵 05-LS-XJC-3-CAD：31　16. 陶鼎 05-LS-XJC-3-CAD：30　17. 陶钵 05-LS-XJC-3-CAD：27　18. 陶觚形杯底 05-LS-XJC-3-CAD：32　19. 鹅卵石 05-LS-XJC-3-CAD：7　20. 陶钵足 05-LS-XJC-3-CAD：33　21. 陶钵 05-LS-XJC-3-CAD：36　22. 陶鼎足 05-LS-XJC-3-CAD：34　23. 陶豆 05-LS-XJC-3-CAD：16

XJC-3-CAD：3，鹅卵石。形状不规则，略带亚腰，光滑莹润。长6.8、最宽处3.0、最厚处1.5厘米（图一三一，19；彩版九二，3，左下1）。标本05-LS-XJC-3-CAD：4，鹅卵石，平面略呈半月形，乳白色，质色莹润，表面光滑。长10.0、最宽处4.5、最厚2.5厘米（图一三一，12；彩版九二，3，右2）。标本05-LS-XJC-3-CAD：5，石器。平面、横断面均近长方形，刃部残。长6.7、宽2.9、厚1.2厘米（图一三一，10；彩版九三，3，左2）。标本05-LS-XJC-3-CAD：6，石器。两端残，平面及断面近长方形。残长5.7、宽6.0、厚1.1厘米（图一三一，11；彩版九三，3，左1）。标本05-LS-XJC-3-CAD：7，磨棒。残，断面近椭圆形，通体磨制（彩版九三，3，右1）。

05-LS-XJC-3-CAE　石器2件，大汶口文化早期。标本05-LS-XJC-3-CAE：1，石斧。石质粗糙，无明显节理。整体呈长方形，刃部残。打磨兼制。残长9、宽5.2、最厚处3厘米左右（彩版九四，1，右1）。标本05-LS-XJC-3-CAE：2，黑云母。形状极其不规则。残长1.7、宽1.5、厚0.3～1.2厘米（图一三一，4；彩版九四，1，左2）。

20．松树园（05-LS-SSY-2，龙山、周、汉）（第11年）

05-LS-SSY-2-CAC　石器1件，汉代。标本05-LS-SSY-2-CAC：1，石器。平面近四边形，横断面近方形，通体磨制。长6.6、宽3.5、厚3.2厘米。

21．王家村（05-DG-WJCun-2，汉）（第11年）

05-DG-WJCun-2-CAB　石器1件，汉代。标本05-DG-WJCun-2-CAB：1，石刀。残，石质纹理明显，平面长方形，横断面三角形，双面刃。通体磨制而成，器形规整。残长5.25、宽4.95、厚1.3厘米。

22．大土山／车沟（06-LS-DTS-5/CG-9，龙山、周、汉）（第12年）

06-LS-DTS-5-CAQ　陶器1件，汉代。标本06-LS-DTS-5-CAQ：1，纺轮。夹砂灰陶。陶片磨制而成，一面饰瓦棱纹。直径5.9、孔径0.6、厚1.3厘米（图一三二，1；彩版九五，6）。

06-LS-DTS-5-CAW　陶器2件，汉代。标本06-LS-DTS-5-CAW：1，陶罐。泥质灰陶。饰麻布纹。残片长4.5～6.0、宽4.3厘米（图一三二，2；彩版九六，2，左2）。标本06-LS-DTS-5-CAW：2，陶壶。釉陶。底径6.0、残高5.5厘米（图一三二，3；彩版九六，2，右1）。

06-LS-DTS-5-CAZ　陶器3件。标本06-LS-DTS-5-CAZ：1，陶罐，汉代。夹砂釉陶。方唇，敛口，鼓腹。器外壁及口沿内侧并施酱黄釉，肩部饰两道凸弦纹和垂叶纹。口径12.0、残高6.3厘米（图一三二，4；彩版九六，4，左1）。标本06-LS-DTS-5-CAZ：2，器盖，汉代。夹砂釉陶。方圆唇，子母口。器盖背面施墨绿釉，饰太阳纹。直径10.3、残高3.5厘米（图一三二，5；彩版九六，4，右1）。标本06-LS-DTS-5-CAZ：3，陶鬶，龙山文化。夹砂白陶。素面。残高5.4厘米（图一三二，6；彩版九六，5）。

06-LS-DTS-5-CABB　陶器1件，汉代。标本06-LS-DTS-5-CABB：1，陶缸。夹砂褐陶。外壁钤印四个圆环图案。胎厚重，最厚达2.9厘米（图一三二，7；彩版九五，4）。

06-LS-DTS-5-CACC　陶器1件，汉代。标本06-LS-DTS-5-CACC：1，烧土块。饰有清晰的稻米痕迹。长11.7、宽11.4厘米。

06-LS-DTS-5-CAK　陶器3件，汉代。标本06-LS-DTS-5-CAK：1，瓦当。夹砂灰陶。长5.4、宽4.8厘米（图一三二，9；彩版九五，5，右1）。标本06-LS-DTS-5-CAK：2，陶片。夹砂灰

褐陶。一面饰一组水波纹。残长 6.7 厘米（图一三二，8；彩版九五，5，中）。标本 06-LS-DTS-5-CAK：3，陶缸。夹砂灰陶。方唇，直口。素面，钤印方形印章，残毁，模糊不清。缸片残长 7.0、宽 4.0～5.0 厘米（图一三二，10；彩版九五，5，左1）。

06-LS-DTS-5-CAX 陶器 3 件，龙山文化。标本 06-LS-DTS-5-CAX：1，覆碗形器盖。夹砂黑陶。底径 5.3、残高 3.8 厘米（图一三二，11；彩版九六，3，左上1）。标本 06-LS-DTS-5-CAX：2，鬶把手。夹砂白陶。把手中间有一道凹槽。残长 5.6 厘米（图一三二，12；彩版九六，3，左下2）。标本 06-LS-DTS-5-CAX：3，鼎足。柱状足，横断面圆角长方形。素面。残高 4.4 厘米（图一三二，13；彩版九六，3，左下1）。

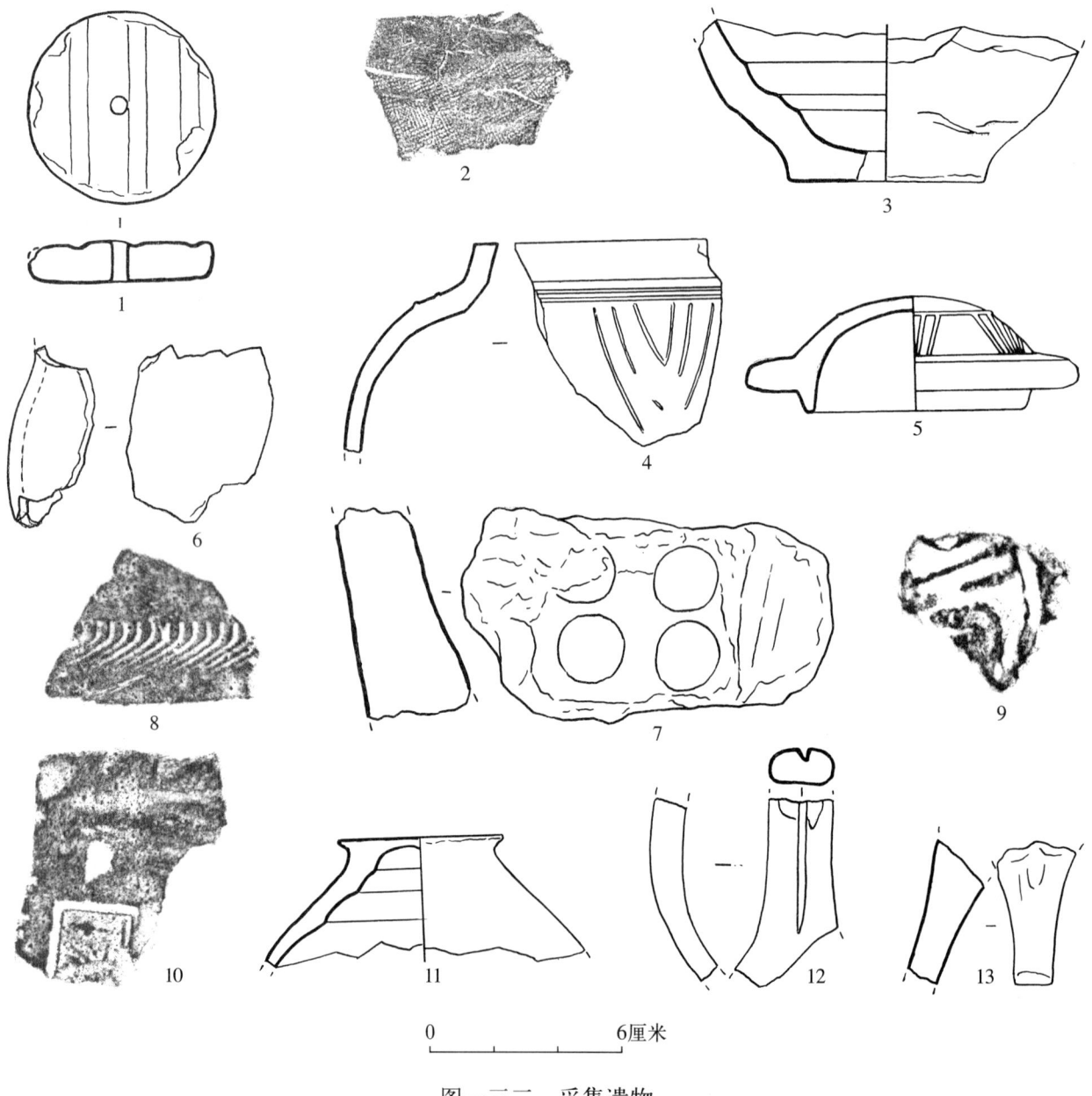

图一三二　采集遗物

1. 陶纺轮06-LS-DTS-5-CAQ：1　2. 陶罐06-LS-DTS-5-CAW：1　3. 陶壶06-LS-DTS-5-CAW：2　4. 陶罐06-LS-DTS-5-CAZ：1　5. 陶器盖06-LS-DTS-5-CAZ：2　6. 陶鬶06-LS-DTS-5-CAZ：3　7. 陶缸06-LS-DTS-5-CABB：1　8. 烧土块06-LS-DTS-5-CACC：1　9. 瓦当06-LS-DTS-5-CAK：1　10. 陶片06-LS-DTS-5-CAK：2　10. 陶缸06-LS-DTS-5-CAK：3　11. 覆碗形陶器盖06-LS-DTS-5-CAX：1　12. 陶鬶把手06-LS-DTS-5-CAX：2　13. 陶鼎足06-LS-DTS-5-CAX：3

06-LS-DTS-5-CAR　陶器1件，汉代。标本06-LS-DTS-5-CAR：1，大陶罐。泥质灰陶。圆唇，敞口，饰细绳纹（彩版九五，3）。

23．车沟（06-LS-CG-9，龙山）（第12年）

06-LS-CG-9-CAO　陶器2件，龙山文化。标本06-LS-CG-9-CAO：1，凿形鼎足。夹砂褐陶。残高4.0厘米（图一三四，1；彩版九五，1，左1）。标本06-LS-CG-9-CAO：2，甗足。夹砂黑陶。整体锥形，略近凿形。高约6.2厘米（图一三四，2；彩版九五，1，右1）。

06-LS-CG-9-CAD　陶器4件，龙山文化。标本06-LS-CG-9-CAD：1，陶匜。夹砂黑陶。尖唇，敛口，流侧饰圆形泥饼。残高4、壁厚0.5厘米（彩版九五，2，上）。标本06-LS-CG-9-CAD：2，陶鼎。夹砂红褐陶。鼓腹，平底，凿形足。残高4、壁厚0.3～0.4厘米（彩版九五，2，下左1）。标本06-LS-CG-9-CAD：3，凿形鼎足。夹砂褐陶。素面。残高4.6厘米（图一三四，3；彩版九五，2，下右1）。标本06-LS-CG-9-CAD：4，陶匜。夹砂灰陶。平沿内折，舌状流，流口两侧一对铆钉，残高4.4、残宽5.7厘米。

24．大土山（06-LS-DTS-5，龙山）（第12年）

06-LS-DTS-5-CAR　石器1件，汉代。标本06-LS-DTS-5-CAR：1，磨石。平面方形，横断面长方形，使用痕迹不明显。长7.3、宽7.3、厚3.1厘米（图一三三，1；彩版九六，1）。

06-LS-DTS-5-CAW　石器1件，龙山文化。标本06-LS-DTS-5-CAW：1，石刀。残存后部，平面梯形，横断面枣核形，双面刃使用痕迹明显。通体磨制精细，器形规整，对钻有一孔。残长5、宽4.6、厚0.5厘米（图一三三，2；彩版九六，2，左1）。

06-LS-DTS-5-CADD　石器1件，龙山文化。标本06-LS-DTS-5-CADD：1，磨石。残，平面呈靴状，横断面长方形，磨制而成，一端厚一端薄。残长12.3、宽5.9～10.1、厚2.3～3.5厘米（图一三三，3）。

06-LS-DTS-5-CAX　石器1件，龙山文化。标本06-LS-DTS-5-CAX：1，石斧。平面近长方形，横断面椭圆形，刃部有明显的使用痕迹。器体狭长，单面磨制。长14.6、宽6.2、厚2.6厘米（图一三三，4；彩版九六，3，右1）。

25．辛留（06-LS-XL-1-7，龙山、周、汉）（第12年）

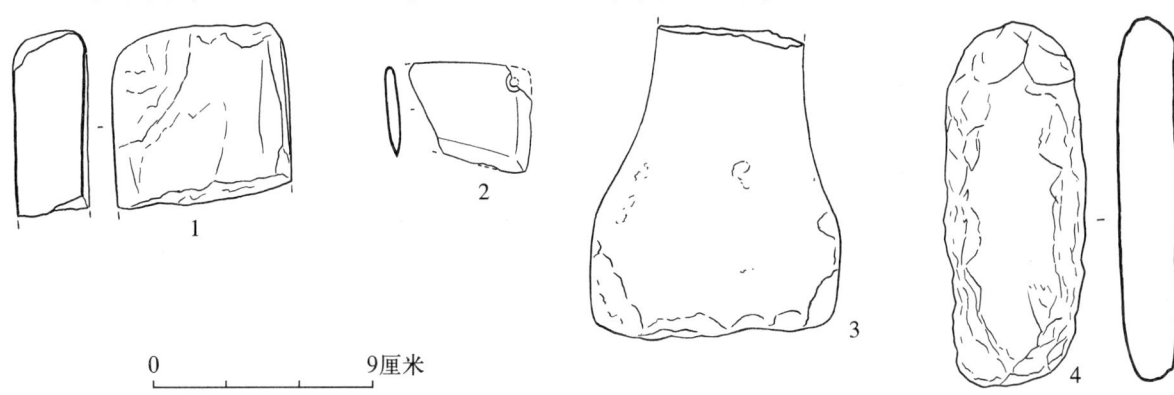

0　　　　　　9厘米

图一三三　采集遗物

1．磨石06-LS-DTS-5-CAR：1　2．石刀06-LS-DTS-5-CAW：1　3．磨石06-LS-DTS-5-CADD：1　4．石斧06-LS-DTS-5-CAX：1

06-LS-XL-7-CAX 陶器1件，西周。标本06-LS-XL-7-CAX：1，鬲足。夹砂红褐陶。饰绳纹。残高4.0厘米（图一三四，4；彩版九九，3，右1）。

06-LS-XL-7-CAC 陶器1件，西周。标本06-LS-XL-7-CAC：1，鬲足。夹砂灰褐陶。饰绳纹。残高4.7厘米（图一三四，5；彩版九八，5）。

06-LS-XL-7-CAQ 陶器2件，西周。标本06-LS-XL-7-CAQ：1。陶鬲。夹细砂灰褐陶。尖唇，折沿，侈口。肩部以下饰绳纹。口径20.0、残高3.3厘米（图一三四，6；彩版九九，1，左2）。标本06-LS-XL-7-CAQ：2，鬲足。夹砂红褐陶。饰绳纹。甚残，残高4.9厘米（图一三四，7；彩版九九，1，左1）。

06-LS-XL-7-CAJ 陶器3件。标本06-LS-XL-7-CAJ：1，陶罐，东周。泥质灰胎黑皮陶。尖圆唇，平折沿，口微敛。素面。口径30.0、残高3.1厘米（图一三四，8；彩版九八，1，上）。标本06-LS-XL-7-CAJ：2，陶鬲，西周。夹砂褐陶。圆唇，折沿，侈口。遍饰绳纹，颈部绳纹经抹光。残高2.8厘米（图一三四，9；彩版九八，1，下右1）。标本06-LS-XL-7-CAJ：3，鬲足，西周。夹砂褐陶。锥状足。饰绳纹。足高3.6厘米（图一三四，10；彩版九八，1，下左1）。

06-LS-XL-7-CAV 陶器2件，西周。标本06-LS-XL-7-CAV：1，鬲足。夹砂褐陶。饰细密绳纹。足高约5.1厘米（图一三四，11；彩版九九，7，右1）。标本06-LS-XL-7-CAV：2，腹片。夹砂褐陶。饰绳纹和附加堆纹。长6.4、宽5.3厘米（图一三四，12；彩版九九，7，左1）。

06-LS-XL-7-CAR 陶器1件，西周。标本06-LS-XL-7-CAR：1，鬲足。夹砂灰陶。残存实足跟，绳纹模糊。残高5.5厘米（图一三四，13；彩版九九，2，左1）。

06-LS-XL-7-CAI 陶器2件，西周。标本06-LS-XL-7-CAI：1，鬲足。夹砂褐陶。锥状足，绳纹较浅。高约6.1厘米（图一三四，14；彩版九八，6，右1）。标本06-LS-XL-7-CAI：2，鬲足。夹砂褐陶。锥状足。足高3.6厘米（图一三四，15；彩版九八，6，左1）。

06-LS-XL-7-CAAA 陶器1件，西周。标本06-LS-XL-7-CAAA：1，鬲足。夹砂褐陶。跟部饰浅细绳纹。残高6.0厘米（图一三四，16；彩版九九，4，左2）。

06-LS-XL-7-CAY 陶器3件。标本06-LS-XL-7-CAY：1，鬲足，西周。夹砂褐陶。袋足。饰绳纹。残高5.5厘米（图一三四，17；彩版九八，4）。标本06-LS-XL-7-CAY：2，鬲足，东周。夹砂灰陶。带足，有较高的柱状实足根。饰绳纹。高5.0厘米（图一三四，18；彩版九九，4，右1）。标本06-LS-XL-7-CAY：3，凿形鼎足，龙山文化。夹砂红褐陶。素面。残高4.0厘米（图一三四，19；彩版九九，4，左1）。

06-LS-XL-7-CAW 陶器4件。标本06-LS-XL-7-CAW：1，陶缸，西周。夹砂褐陶。附加堆纹，按压成组绳纹。胎厚重，达1.5厘米（图一三五，1；彩版九九，6，下左1）。标本06-LS-XL-7-CAW：2，鬲足，西周。夹砂灰陶。遍饰绳纹至足根部。残高4.1厘米（图一三五，2；彩版九九，6，下右1）。标本06-LS-XL-7-CAW：3，陶盆，西周。夹砂褐陶。方唇，斜折沿，侈口，鼓腹唇面略凹，沿内侧饰一周凹弦纹。颈部以下饰绳纹。口径36.0、残高3.6厘米（图一三五，3；彩版九九，6，上右1）。标本06-LS-XL-7-CAW：4，陶纺轮，东周。夹细砂灰陶。素面。直径5.9、孔径0.9厘米（图一三五，4；彩版九九，6，上左1）。

06-LS-XL-7-CAL 陶器4件。标本06-LS-XL-7-CAL：1，陶缸，西周。夹砂褐陶。附加堆纹。胎厚重，残高6.7、宽8.8、厚1.4厘米（图一三五，10；彩版九九，5，下左1）。标本06-LS-XL-7-CAL：2，陶罐，西周。夹砂灰陶。方唇，卷沿，敞口。颈部以下饰绳纹。口径23.0、残高5.0厘米（彩版九九，5，上左1）。标本06-LS-XL-7-CAL：3，陶罐，西周。夹砂褐陶。尖唇，斜折沿，

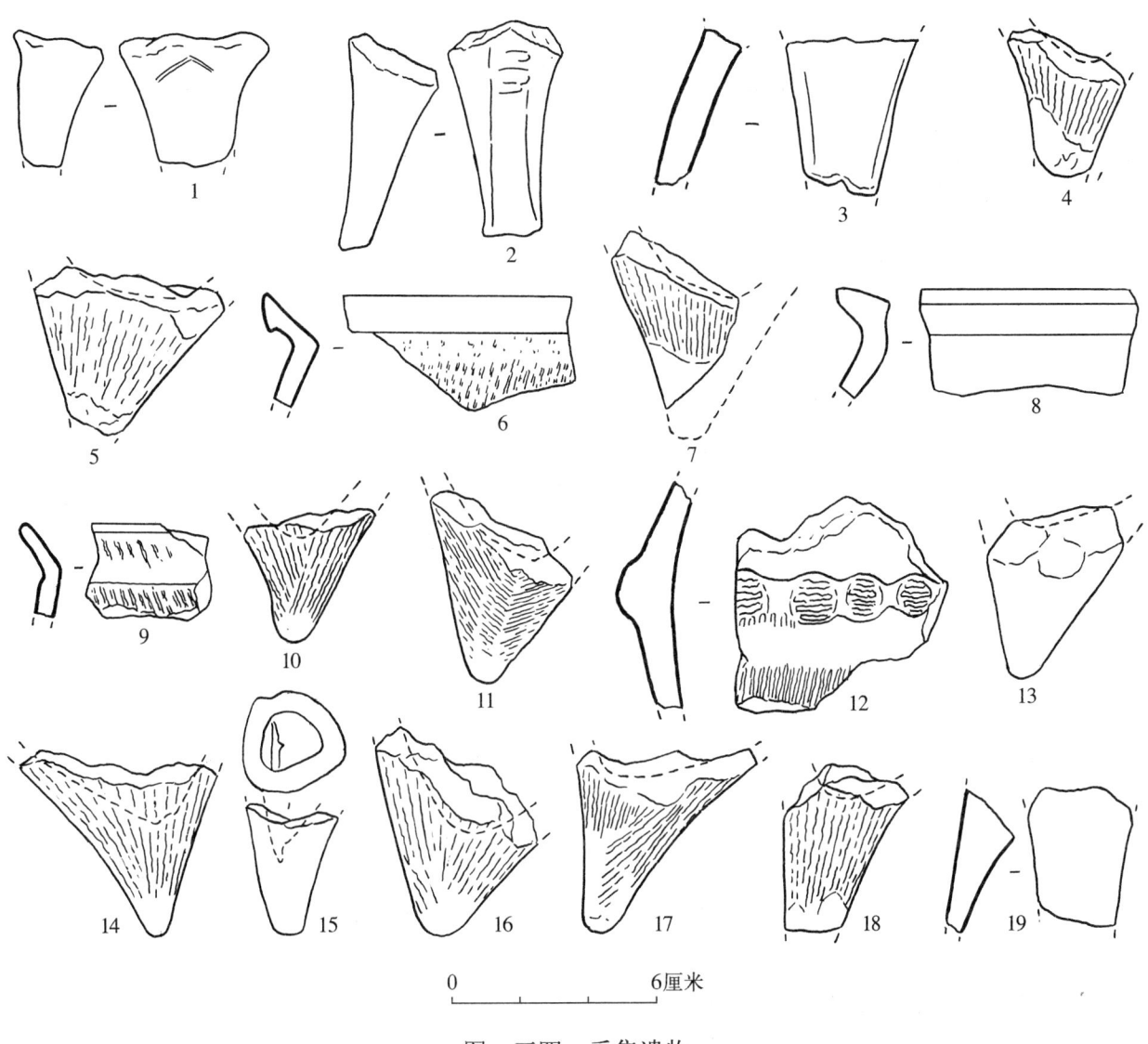

图一三四　采集遗物

1. 凿形陶鼎足06-LS-CG-9-CAO：1　2. 陶鬲足06-LS-CG-9-CAO：2　3. 凿形陶鼎足06-LS-CG-9-CAD：3　4. 陶鬲足06-LS-
XL-7-CAX：1　5. 陶鬲足06-LS-XL-7-CAC：1　6. 陶鬲06-LS-XL-7-CAQ：1　7. 陶鬲足06-LS-XL-7-CAQ：2　8. 陶罐06-
LS-XL-7-CAJ：1　9. 陶鬲06-LS-XL-7-CAJ：2　10. 陶鬲足06-LS-XL-7-CAJ：3　11. 陶鬲足06-LS-XL-7-CAV：1　12. 陶
片06-LS-XL-7-CAV：2　13. 陶鬲足06-LS-XL-7-CAR：1　14. 陶鬲足06-LS-XL-7-CAI：2　15. 陶鬲足06-LS-XL-7-CAI：1
16. 陶鬲足06-LS-XL-7-CAAA：1　17. 陶鬲足06-LS-XL-7-CAY：1　18. 陶鬲足06-LS-XL-7-CAY：2　19. 凿形陶鼎足06-
LS-XL-7-CAY：3

唇面略内凹。残高3.2厘米（图一三五，5；彩版九九，5，上右1）。标本06-LS-XL-7-CAL：4，鬲足，东周。夹砂褐陶。袋状足，有柱状实足跟。遍饰绳纹至足跟底部。残高约8.5厘米（图一三五，6；彩版九九，5，下右1）。

　　06-LS-XL-7-CAS 陶器2件。标本06-LS-XL-7-CAS：1，鬲足，西周。夹砂褐陶。残存实足跟。绳纹较浅。残高4.5厘米（图一三五，7；彩版九九，2，左2）。标本06-LS-XL-7-CAS：2，陶鬲，东周。夹砂黑陶。方唇，折沿，侈口。颈部以下饰绳纹。残高3.9厘米（图一三五，8；彩版九九，2，右1）。

　　06-LS-XL-7-CAX 石器1件，周代。标本06-LS-XL-7-CAX：1，石镞。残，平面不规则，横

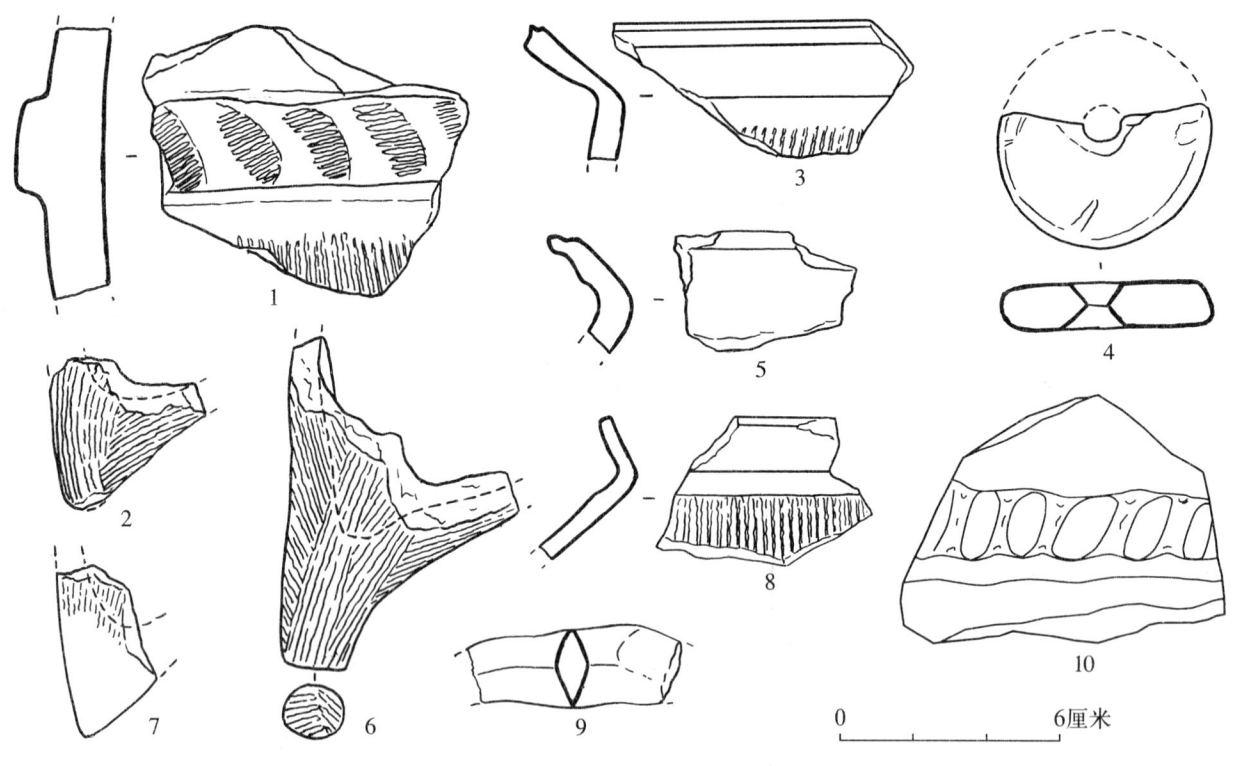

图一三五　采集遗物

1. 陶缸06-LS-XL-7-CAW：1　2. 陶鬲足06-LS-XL-7-CAW：2　3. 陶盆06-LS-XL-7-CAW：3　4. 陶纺轮06-LS-XL-7-CAW：4
5. 陶罐06-LS-XL-7-CAL：3　6. 陶鬲足06-LS-XL-7-CAL：4　7. 陶鬲足06-LS-XL-7-CAS：1　8. 陶鬲06-LS-XL-7-CAS：2
9. 石镞06-LS-XL-7-CAX：1　10. 陶缸06-LS-XL-7-CAL：1

断面四棱形，磨制而成。残长5.9、宽2.3、厚0.9厘米（图一三五，9；彩版九九，3，左1）。

26. 刘家沟（06-LS-LJG-4，龙山）（第12年）

06-LS-LJG-4-CAA　陶器10件，龙山文化。标本06-LS-LJG-4-CAA：1，陶匜。夹砂黑陶。尖唇，敛口，素面。残高4.2厘米（图一三六，1；彩版九七，4，左1）。标本06-LS-LJG-4-CAA：2，鸟首形鼎足。夹砂褐陶。高约6.0厘米（图一三六，2；彩版九七，4，左2）。标本06-LS-LJG-4-CAA：3，凿形鼎足。夹砂褐陶。高约5.6厘米（图一三六，3；彩版九七，4，右1）。标本06-LS-LJG-4-CAA：4，陶杯把手。泥质灰陶。宽带状把手，有两道凹槽。把手残高10.8厘米（图一三六，4；彩版九七，1，下右1）。标本06-LS-LJG-4-CAA：5，陶鬶把手。夹砂灰陶。绚索状。残长6.4厘米（图一三六，5；彩版九七，1，下右2）。标本06-LS-LJG-4-CAA：6，鸟首形鼎足。夹砂灰黑陶。残高8.6厘米（图一三六，6；彩版九七，1，下左1）。标本06-LS-LJG-4-CAA：7，陶罐。夹砂黑陶。方唇，折沿，敞口，沿面内凹，鼓腹。素面。口径20.0、残高4.4厘米（图一三六，7；彩版九七，1，上右1）。标本06-LS-LJG-4-CAA：8，鸟首形鼎足。夹砂红褐陶。高约7.6厘米（图一三六，8；彩版九七，1，下左2）。标本06-LS-LJG-4-CAA：9，陶盆。夹砂灰陶。方唇，折沿，敞口，微束颈，唇面饰一周凹弦纹，沿面内凹。口径28.0、残高3.7厘米（图一三六，9；彩版九七，1，上左1）。标本06-LS-LJG-4-CAA：10，鸟首形鼎足。夹砂褐胎黑皮陶。个体较大，残高9.8厘米（图一三六，10；彩版九七，5、6）。

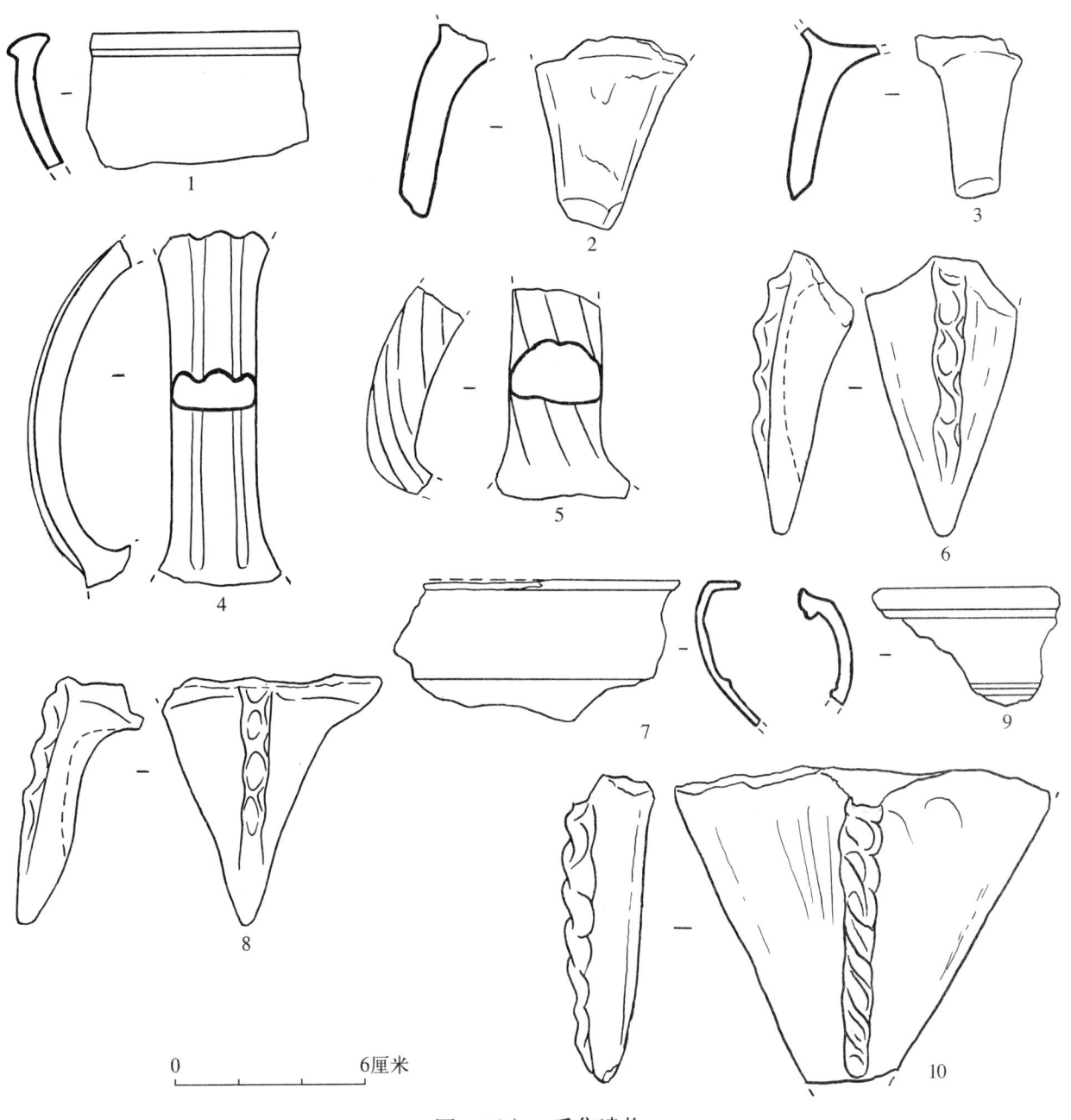

图一三六 采集遗物

1. 陶匜06-LS-LJG-4-CAA：1 2. 鸟首形陶鼎足06-LS-LJG-4-CAA：2 3. 凿形陶鼎足06-LS-LJG-4-CAA：3 4. 陶杯把手06-LS-LJG-4-CAA：4 5. 陶鬶把手06-LS-LJG-4-CAA：5 6. 鸟首形陶鼎足06-LS-LJG-4-CAA：6 7. 陶罐06-LS-LJG-4-CAA：7 8. 首形陶鼎足06-LS-LJG-4-CAA：8 9. 陶盆06-LS-LJG-4-CAA：9 10. 鸟首形陶鼎足06-LS-LJG-4-CAA：10

27. 前水车沟（06-LS-QSCG-1，大汶口、龙山、周、汉）（第12年）

06-LS-QSCG-1-CAA 陶器3件。标本06-LS-QSCG-1-CAA：1，陶杯底，龙山文化。泥质黑陶。底略内凹，近底处有一不明显的凸棱，素面。底径5.0、残高2.6、厚0.3～0.8厘米（图一三七，22；彩版九七，2，左1）。标本06-LS-QSCG-1-CAA：2，凿形鼎足，龙山文化。夹砂红褐陶。素面。足高5.7厘米（图一三七，21；彩版九七，2，右1）。标本06-LS-QSCG-1-CAA：3，陶鬶把手，大汶口。泥质灰胎黑皮陶。绞索状。把手残长6、宽2.4、厚0.7～1.6厘米（图一三七，20；彩版九七，2，左2）。

06-LS-QSCG-1-CAD 陶器5件。标本06-LS-QSCG-1-CAD：1，陶壶底，大汶口。泥质灰陶。素面。底径5.0、残高3.7厘米（图一三七，1；彩版九八，2，上左1）。标本06-LS-QSCG-1-CAD：2，陶纺轮，龙山文化。夹砂陶。一面褐色，另一面黑色。一面平整，饰一周凹弦纹，另一面凸起，素面。直径5.0、孔径0.7厘米（图一三七，2；彩版九八，2，上左2）。标本06-LS-QSCG-1-CAD：3，陶鼎，龙山文化。夹砂灰陶。鼓腹，平底，侧装三角形足。素面。残高5.6厘米（图一三七，3；彩版九八，2，下右1）。标本06-LS-QSCG-1-CAD：4，陶鬶把手，龙山文化。夹砂褐陶。绚索状。残长5.1厘米（图一三七，4；彩版九八，2，下左2）。标本06-LS-QSCG-1-CAD：5，凿形鼎足，龙山文化。夹砂灰陶。素面。残高4.5厘米（图一三七，5；彩版九八，2，下左1）。

06-LS-QSCG-1-CAC 石器1件，龙山文化。标本06-LS-QSCG-1-CAC：1，石锛。平面方形，横断面梯形，单面刃加工精细。通体磨制，器形小而精美，应是装柄使用。长3.6、宽3.3、厚1厘米（图一三七，6；彩版九八，3）。

06-LS-QSCG-1-CAD 石器1件，龙山文化。标本06-LS-QSCG-1-CAD：1，石器。残，横断面近方形，通体磨制。残长4.6、宽3.6、厚2.1厘米（图一三七，7；彩版九八，2，上右1）。

28. 沟洼（06-LS-GW-1，龙山、岳石、周、汉）（第12年）

06-LS-GW-1-CAA 陶器4件。标本06-LS-GW-1-CAA：1，凿形鼎足，岳石文化。夹粗砂红褐陶。素面。残高3.8厘米（图一三七，8；彩版九六，6，上左2）。标本06-LS-GW-1-CAA：2，陶匜，龙山文化。夹砂灰陶。圆唇，敛口。素面。残高3.4厘米（图一三七，9；彩版九六，6，下左2）。标本06-LS-GW-1-CAA：3，器盖，岳石文化。夹细砂灰陶。尖唇，子母口。口径16.0、残高2.3厘米（图一三七，10；彩版九六，6，上左1）。标本06-LS-GW-1-CAA：4，陶匜，龙山文化。夹砂黑陶。尖唇，敛口，唇下侧有一周凹槽。残高4.1厘米（图一三七，11；彩版九六，6，下左1）。

06-LS-GW-1-CAA 石器1件。龙山文化：标本06-LS-GW-1-CAA：1，石凿。平面近长条形，横断面四边形，单面刃加工较好。通体磨制。长7.3、宽2.8、厚1.8厘米（图一三七，12；彩版九六，6，右1）。

06-LS-GW-1-CAD 石器1件，龙山文化。标本06-LS-GW-1-CAD：1，石镰。残，平面近三角形，断面近椭圆，刃部加工较好且使用痕迹明显。通体磨制，器形规整。残长6.1、宽4.3、厚0.9厘米（图一三七，13）。

29. 纪家沟（06-LS-JJG-4，周、汉）（第12年）

06-LS-JJG-4-CAA 陶器4件。标本06-LS-JJG-4-CAA：1，陶盆，东周。夹砂灰陶。方唇，卷沿，敞口。素面。口径32.0、残高3.5厘米（图一三七，14；彩版九七，3，上左1）。标本06-LS-JJG-4-CAA：2，陶片，西周。泥质褐胎灰皮陶。饰错乱折线纹。残片长4.1、宽2.5～3.0厘米（图一三七，15；彩版九七，3，上右1）。标本06-LS-JJG-4-CAA：3，鬲足，西周。夹砂褐陶。饰绳纹。足跟残断。残高3.4、宽4.3厘米（图一三七，24；彩版九七，3，下右1）。标本06-LS-JJG-4-CAA：4，鬲足，西周。夹砂灰陶。饰绳纹。足跟残断。残高3.5厘米（图一三七，16；彩版九七，3，下左1）。

30. 新华（06-LS-XH-3，周、汉）（第12年）

06-LS-XH-3 陶器1件，西周。标本06-LS-XH-3：1，陶罐，夹砂灰褐陶。折沿，侈口，鼓腹，平底内凹。素面。底径8.8、残高10.8、厚0.4厘米（图一三七，23）。

图一三七　采集遗物

1. 陶壶底06-LS-QSCG-1-CAD：1　　2. 陶纺轮06-LS-QSCG-1-CAD：2　　3. 陶鼎06-LS-QSCG-1-CAD：3　　4. 陶鬶把手06-LS-QSCG-1-CAD：4　　5. 凿形陶鼎足06-LS-QSCG-1-CAD：5　　6. 石锛06-LS-QSCG-1-CAC：1　　7. 石器06-LS-QSCG-1-CAD：1　　8. 凿形陶鼎足06-LS-GW-1-CAA：1　　9. 陶匜06-LS-GW-1-CAA：2　　10. 陶器盖06-LS-GW-1-CAA：3　　11. 陶匜06-LS-GW-1-CAA：4　　12. 石凿06-LS-GW-1-CAA：1　　13. 石镰06-LS-GW-1-CAD：1　　14. 陶盆06-LS-JJG-4-CAA：1　　15. 陶片06-LS-JJG-4-CAA：2　　16. 陶鬲足06-LS-JJG-4-CAA：4　　17. 石钺06-LS-YJZ-1-CAC：1　　18. 石镰06-LS-DGZDS-1：1　　19. 石杵06-LS-SLS-3：1　　20. 陶鬶把手LS-QSCG-1-CAA：3　　21. 凿形陶鼎足LS-QSCG-1-CAA：2　　22. 陶杯LS-QSCG-1-CAA：1　　23. 陶罐LS-XH-3：1　　24. 陶鬲足06-LG-JJG-4-CAA：3

31. 杨家庄（06-LS-YJZ-1，商、周、汉）（第 12 年）

06-LS-YJZ-1-CAC　石器 1 件。标本 06-LS-YJZ-1-CAC：1，石钺。残，通体磨制精细，器形规整。残长 3.32、宽 2.47、厚 1.4 厘米（图一三七，17）。

32. 梭罗树（06-LS-SLS-3，周、汉）（第 12 年）

06-LS-SLS-3　石器 1 件，周代。标本 06-LS-SLS-3：1，石杵。残，横断面圆形，顶端磨制而成，器身琢制。残长 4.5、宽 5.5、厚 5.38 厘米（图一三七，19）。

33. 大官庄东山（06-LS-DGZDS-1，周、汉）（第 12 年）

06-LS-DGZDS-1　石器 1 件，西周。标本 06-LS-DGZDS-1：1，石镰。残，横断面枣核形，双面刃，通体磨制精细，器体薄。残长 2.8、宽 3.53、厚 0.48 厘米（图一三七，18）。

34. 石桥村（06-LS-SQC-2，汉）（第 12 年）

06-LS-SQC-2　陶器 1 件，汉代。标本 06-LS-SQC-2：1，陶纺轮。残，夹砂红褐陶。素面（彩版九八，8）。

35. 解家庄子（07-ZC-XJZZ-1，龙山、商、周、汉）（第 13 年）

07-ZC-XJZZ-1-CAC　陶器 2 件，龙山文化。标本 07-ZC-XJZZ-1-CAC：1，陶罐。夹砂褐陶。方唇，宽折沿，沿面内凹。素面。残高 4.2 厘米（图一三八，1；彩版一〇〇，6，右 1）。标本 07-ZC-XJZZ-1-CAC：2，甗腰。夹砂褐陶。素面。残高 3.3 厘米（图一三八，2；彩版一〇〇，5，左 1）。

07-ZC-XJZZ-1-CAA　陶器 4 件。标本 07-ZC-XJZZ-1-CAA：1，陶罐，商代。夹砂灰陶。圆唇，卷沿，侈口。残高 3 厘米（图一三八，3；彩版一〇〇，5，右 1 下）。标本 07-ZC-XJZZ-1-CAA：2，陶罐，商代。夹砂灰陶。尖唇，折沿。残高 2.1 厘米（图一三八，4；彩版一〇〇，5，右 1 上）。标本 07-ZC-XJZZ-1-CAA：3，甗腰，商代。夹砂灰陶。腰部饰附加堆纹。残长 5.8、宽 5.8 厘米（图一三八，5；彩版一〇〇，5，左 2）。标本 07-ZC-XJZZ-1-CAA：4，鬲足，西周。夹砂褐陶。袋状足。遍饰绳纹至足跟。残高 4.9 厘米（图一三八，6；彩版一〇〇，4，右 1）。

07-ZC-XJZZ-1-CAB　陶器 2 件。标本 07-ZC-XJZZ-1-CAB：1，鸟首形鼎足，龙山文化。夹砂褐陶。残高 3.8 厘米（图一三八，7；彩版一〇〇，6，左 1）。标本 07-ZC-XJZZ-1-CAB：2，鬲足，西周。夹砂黄褐陶。饰浅细绳纹。残高 3.6 厘米（图一三八，8；彩版一〇〇，4，左 1）。

36. 驼沟（07-JN-TG-1～6，龙山、汉）（第 13 年）

07-JN-TG-4-CAA　陶器 1 件，龙山文化。标本 07-JN-TG-4-CAA：1，纺轮。夹砂黑陶。陶片改制而成，加工不规整。直径 3.7、孔径 0.6 厘米（图一三八，9）。

37. 双河（07-JN-SH-11，龙山、周、汉）（第 13 年）

07-JN-SH-11-CAI　陶器 3 件。标本 07-JN-SH-11-CAI：1，器盖，东周。夹砂灰陶。素面。口径 14、残高 3.8 厘米（图一三八，10）。标本 07-JN-SH-11-CAI：2，鬲足，西周。夹砂褐陶。饰绳纹。残高 5.1 厘米（图一三八，11）。标本 07-JN-SH-11-CAI：3，鬲足，西周。夹砂褐陶。饰绳纹至足跟部。残高 5.5 厘米（图一三八，12）。

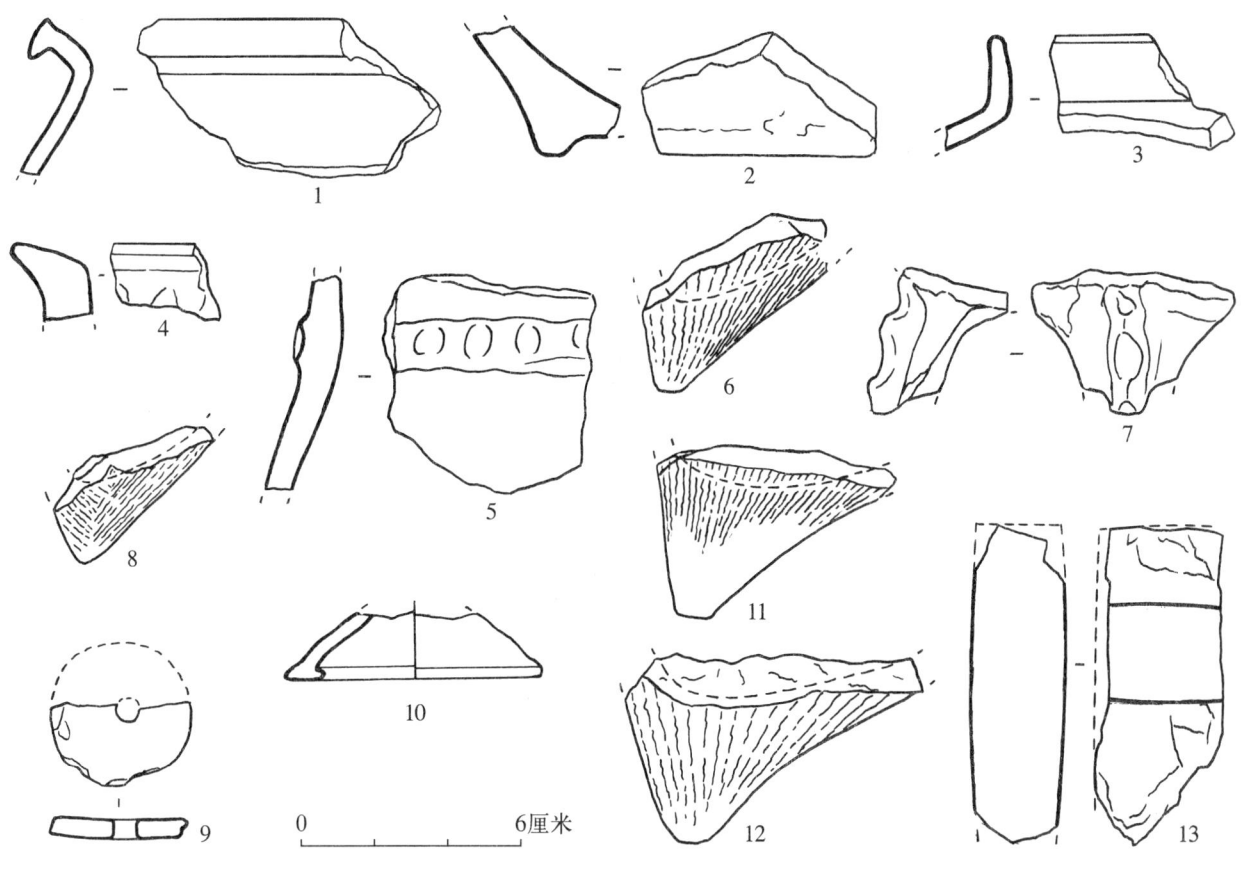

图一三八　采集遗物

1. 陶罐07-ZC-XJZZ-1-CAC：1　2. 陶甗07-ZC-XJZZ-1-CAC：2　3. 陶罐07-ZC-XJZZ-1-CAA：1　4. 陶罐07-ZC-XJZZ-1-CAA：2　5. 陶甗07-ZC-XJZZ-1-CAA：3　6. 陶鬲足07-ZC-XJZZ-1-CAA：4　7. 鸟首形陶鼎足07-ZC-XJZZ-1-CAB：1　8. 陶鬲足07-ZC-XJZZ-1-CAB：2　9. 陶纺轮07-JN-TG-4-CAA：1　10. 陶器盖07-JN-SH-11-CAI：1　11. 陶鬲足07-JN-SH-11-CAI：2　12. 陶鬲足07-JN-SH-11-CAI：3　13. 石锛07-JN-SH-11-CAI：1

07-JN-SH-11-CAI　石器 1 件，龙山文化。标本 07-JN-SH-11-CAI：1，石锛。半成品，平面和横断面皆近长方形，刃部打制但未进一步加工。通体磨制，器形较规整。长 8.5、宽 3.5、厚 2.6 厘米（图一三八，13）。

38. 南张家庄（07-ZC-NZJZ-1，大汶口、龙山、周、汉）（第 13 年）

07-ZC-NZJZ-1-CAO　陶器 4 件，龙山文化。标本 07-ZC-NZJZ-1-CAO：1，陶罐。夹砂黑陶。尖唇，折沿，侈口，沿面内凹。素面。口径 38.0、残高 1.8 厘米（图一三九，1；彩版一〇〇，1，上右 1）。标本 07-ZC-NZJZ-1-CAO：2，陶匜。夹砂褐陶。尖唇，敛口，鼓腹。素面。残高 4.5 厘米（图一三九，2；彩版一〇〇，1，下右 1）。标本 07-ZC-NZJZ-1-CAO：3，凿形鼎足。夹砂褐陶。素面。残高 4.1 厘米（图一三九，3；彩版一〇〇，1，左 2）。标本 07-ZC-NZJZ-1-CAO：4，甗足。夹砂褐陶。素面，足根部略近凿形，饰多条平行凹槽。足高 6.4 厘米（图一三九，4；彩版一〇〇，1，左 1）。

07-NZJZ-1-CAN　陶器 4 件，龙山文化。标本 07-NZJZ-1-CAN：1，甗足。夹砂褐陶。柱状足，根部凿形。素面。残高 4.6 厘米（图一三九，5；彩版一〇一，6，左 2）。标本 07-NZJZ-1-CAN：2，凿形鼎足。夹砂褐陶。素面。足高 6.3 厘米（图一三九，6；彩版一〇一，6，左 1）。标本

07-NZJZ-1-CAN：3，陶匜。夹砂黑陶。尖唇，平沿，敛口，弧腹。口沿外侧按压齿状纹，腹部饰较粗的凸弦纹。残高4.1厘米（图一三九，7；彩版一○一，6，下右1）。标本07-NZJZ-1-CAN：4，陶鼎。圆唇，宽折沿，侈口，沿面略凹，唇边饰鸡冠形錾。素面。口径20.0、残高3.0厘米（图一三九，8；彩版一○一，6，上右1）。

07-ZC-NZJZ-1-CAC 陶器1件，龙山文化。标本07-ZC-NZJZ-1-CAC：1，凿形鼎足。夹砂红褐陶。素面。残高4.9厘米（图一三九，9；彩版一○一，1，右1）。

07-ZC-NZJZ-1-CAH 陶器5件。标本07-ZC-NZJZ-1-CAH：1，陶片，大汶口文化。夹砂

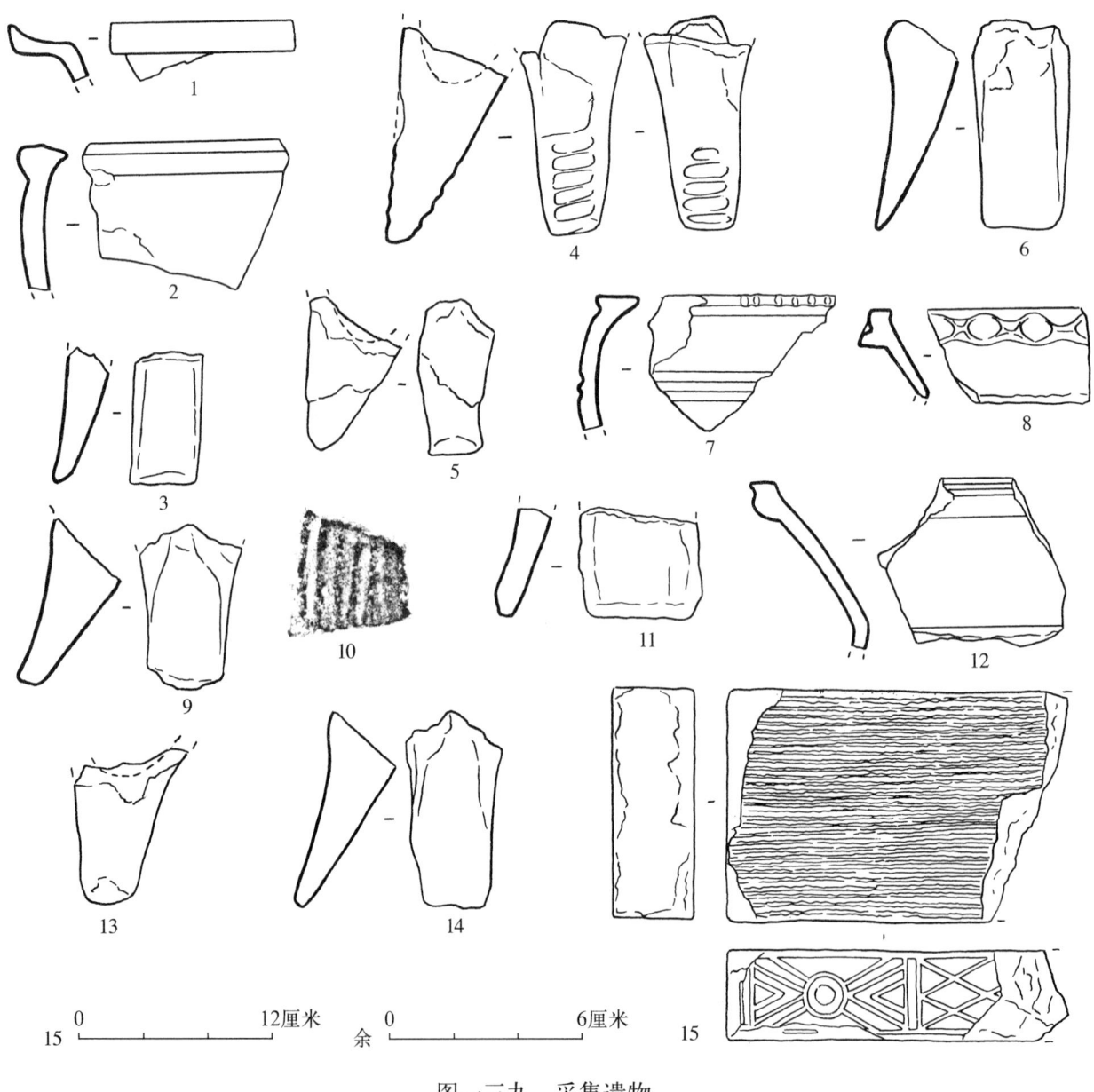

图一三九　采集遗物

1. 陶罐07-ZC-NZJZ-1-CAO：1　2. 陶匜07-ZC-NZJZ-1-CAO：2　3. 凿形陶鼎足07-ZC-NZJZ-1-CAO：3　4. 陶甗足07-ZC-NZJZ-1-CAO：4　5. 陶甗足07-NZJZ-1-CAN：1　6. 凿形陶鼎足07-NZJZ-1-CAN：2　7. 陶匜07-NZJZ-1-CAN：3　8. 陶鼎07-NZJZ-1-CAN：4　9. 凿形陶鼎足07-ZC-NZJZ-1-CAC：1　10. 陶片07-ZC-NZJZ-1-CAH：1　11. 凿形陶鼎足07-ZC-NZJZ-1-CAH：3　12. 陶壶07-ZC-NZJZ-1-CAH：4　13. 陶甗足07-ZC-NZJZ-1-CAB：1　14. 凿形陶鼎足07-ZC-NZJZ-1-CAB：2　15. 陶砖07-ZC-NZJZ-1-CAH：5

褐陶。外壁饰篮纹。残长3.8、宽3.8厘米（图一三九，10；彩版一〇〇，3，下左1）。标本07-ZC-NZJZ-1-CAH：2，陶片，大汶口文化。夹砂褐陶。外壁饰篮纹。残长3.7、宽4.2厘米（彩版一〇〇，3，下右1）。标本07-ZC-NZJZ-1-CAH：3，凿形鼎足，大汶口文化。夹砂褐陶。素面。残长3.5厘米（图一三九，11；彩版一〇〇，3，上左1）。标本07-ZC-NZJZ-1-CAH：4，陶壶，大汶口文化。夹砂褐陶。方圆唇，折沿，侈口。素面。残高5.2厘米（图一三九，12；彩版一〇〇，3，上右1）。标本07-ZC-NZJZ-1-CAH：5，陶砖，汉代。夹砂灰褐陶。一面饰绳纹，一侧面饰几何纹样，其余素面。宽14.0、厚5.2、残长20.8厘米（图一三九，15；彩版一〇一，3、4）。

07-ZC-NZJZ-1-CAB　陶器2件，龙山文化。标本07-ZC-NZJZ-1-CAB：1，甗足。夹砂灰褐陶。柱状实足跟。素面。残高4.0厘米（图一三九，13；彩版一〇一，1，左1）。标本07-ZC-NZJZ-1-CAB：2，凿形鼎足。夹砂红褐陶。素面。足高6厘米（图一三九，4；彩版一〇一，1，左2）。

07-ZC-NZJZ-1-CAB　石器2件，龙山文化。标本07-ZC-NZJZ-1-CAB：1，石凿。残，平面长条形，横断面近梯形，单面刃加工较好，器身打磨而成。残长7.2、宽2.6、厚3.4厘米（图一四〇，1；彩版一〇一，2，左2）。标本07-ZC-NZJZ-1-CAB：2，石杵。平面长方形，横断面方形，两端使用，使用面呈方形。长6.0、宽2.2、厚2.0厘米（图一四〇，9；彩版一〇一，2，右2）。

07-ZC-NZJZ-1-CAN　石器3件，龙山文化。标本07-ZC-NZJZ-1-CAN：1，石铲。平面近梯形，横断面椭圆形，斜刃较钝，通体琢制。长10.0、宽6.8、厚1.6厘米（图一四〇，2；彩版一〇二，5，下右1）。标本07-ZC-NZJZ-1-CAN：2，石器。残，平面和断面皆长方形，通体磨制，器形规整。残长5.7、宽4.9、厚1.8厘米（图一四〇，3；彩版一〇二，5，上右1）。标本07-ZC-NZJZ-1-CAN：3，石镞。平面呈柳叶形，横断面呈外弧四棱形，头部有崩损痕迹。通体磨制精细，通

图一四〇　采集遗物

1. 石凿07-ZC-NZJZ-1-CAB：1　2. 石铲07-ZC-NZJZ-1-CAN：1　3. 石器07-ZC-NZJZ-1-CAN：2　4. 石镞07-ZC-NZJZ-1-CAN：3　5. 石器07-ZC-NZJZ-1-CAD：1　6. 石斧07-ZC-NZJZ-1-CAO：1　7. 石器07-ZC-NZJZ-1-CAC：1　8. 石斧07-ZC-NZJZ-1-CAA：1　9. 石杵07-ZC-NZJZ-1-CAB：2

长 6.3、宽 2.1、厚 0.8 厘米（图一四〇，4；彩版一〇一，5）。

07-ZC-NZJZ-1-CAD　石器 1 件，龙山文化。标本 07-ZC-NZJZ-1-CAD：1，石器。残，横断面长方形，正反面皆磨制。残长 4.0、宽 4、厚 1.1 厘米（图一四〇，5；彩版一〇一，2，左 1）。

07-ZC-NZJZ-1-CAO　石器 1 件，龙山文化。标本 07-ZC-NZJZ-1-CAO：1，石斧。残，原横断面近椭圆形，通体琢制。残长 6、宽 6.8、厚 1.8 厘米（图一四〇，6；彩版一〇二，5，下左 1）。

07-ZC-NZJZ-1-CAC　石器 1 件，龙山文化。标本 07-ZC-NZJZ-1-CAC：1，石器。残，打制和磨制痕迹明显。残长 4.8、宽 3.4、厚 1.5 厘米（图一四〇，7；彩版一〇一，2，右 1）。

07-ZC-NZJZ-1-CAA　石器 1 件，龙山文化。标本 07-ZC-NZJZ-1-CAA：1，石斧。残存下部，平面和断面皆近梯形，刃部较钝。通体磨制。残长 4、宽 5.4、厚 1.6 厘米（图一四〇，8；彩版一〇二，5，上左 1）。

39. 丁家柳沟（07-JN-DJLG，龙山、周、汉）（第 13 年）

07-JN-DJLG-3-CAG　陶器 2 件，龙山文化。标本 07-JN-DJLG-3-CAG：1，鸟首形鼎足。夹砂褐陶。残高 4.8 厘米（图一四一，1）。标本 07-JN-DJLG-3-CAG：2，鬲足。夹砂褐陶。近根部凿形。素面。足高 6.4 厘米（图一四一，2）。

07-JN-DJLG-3-CAL　陶器 2 件，龙山文化。标本 07-JN-DJLG-3-CAL：1，凿形鼎足。夹砂灰陶。素面。个体较大，残高 5.8 厘米（图一四一，3）。标本 07-JN-DJLG-3-CAL：2，凿形鼎足。夹砂褐陶。素面。残高 3.7 厘米（图一四一，4）。

07-JN-DJLG-3-CAA　陶器 2 件，龙山文化。标本 07-JN-DJLG-3-CAA：1，鸟首形鼎足。夹砂黑陶。残高 5.4 厘米（图一四一，5）。标本 07-JN-DJLG-3-CAA：2，鬲足。夹砂灰陶。柱状足，足根近凿形。素面。残高 8.4 厘米（图一四一，6）。

07-JN-DJLG-3-CAC　陶器 2 件，龙山文化。标本 07-JN-DJLG-3-CAC：1，陶罐。夹砂黑陶。尖唇，折沿，侈口。沿面内凹且近外侧边缘饰一周凹弦纹。口径 13.0、残高 4.5 厘米（图一四一，7）。标本 07-JN-DJLG-3-CAC：2，凿形鼎足。素面。残高 4.2 厘米（图一四一，8）。

07-JN-DJLG-3-CAB　陶器 4 件，龙山文化。标本 07-JN-DJLG-3-CAB：1，陶鬶把手。夹砂白陶。绹索状。残长 7.2 厘米（图一四一，9）。标本 07-JN-DJLG-3-CAB：2，陶罐。夹砂褐陶。方唇，折沿，唇面饰一条凹弦纹，沿面略凹。残高 2.8 厘米（图一四一，10）。标本 07-JN-DJLG-3-CAB：3，陶罐。夹砂黑陶。方唇，卷沿，微束颈，唇面饰两周凹弦纹，沿面有凹槽。整体素面。口径 26.0、残高 3 厘米（图一四一，11）。标本 07-JN-DJLG-3-CAB：4，凿形鼎足。夹砂褐陶。素面。高 6.3 厘米（图一四一，12）。

07-JN-DJLG-3-CAF　石器 1 件，龙山文化。标本 07-JN-DJLG-3-CAF：1，半成品。平面扇形，横断面近椭圆形，正反面经磨制，刃部已初步显现。长 6、宽 7、厚 2 厘米（图一四二，1）。

07-JN-DJLG-3-CAL　石器 1 件，龙山文化。标本 07-JN-DJLG-3-CAL：1，石刀。残，平面近梯形，横断面椭圆形，双面刃加工较粗。通体琢制痕迹明显，上中部有一对穿孔。残长 7.2、宽 7、厚 1.6 厘米（图一四二，2）。

07-JN-DJLG-3-CAD　石器 1 件，龙山文化。标本 07-JN-DJLG-3-CAD：1，石刀。残，平面梯形，横断面近椭圆形，刃部磨制且使用痕迹明显。通体磨制，器形规整，对钻有一孔。残长 7.6、宽 6、厚 1.2 厘米（图一四二，3）。

07-JN-DJLG-3-CAB　石器 3 件，龙山文化。标本 07-JN-DJLG-3-CAB：1，石坯。平面多边

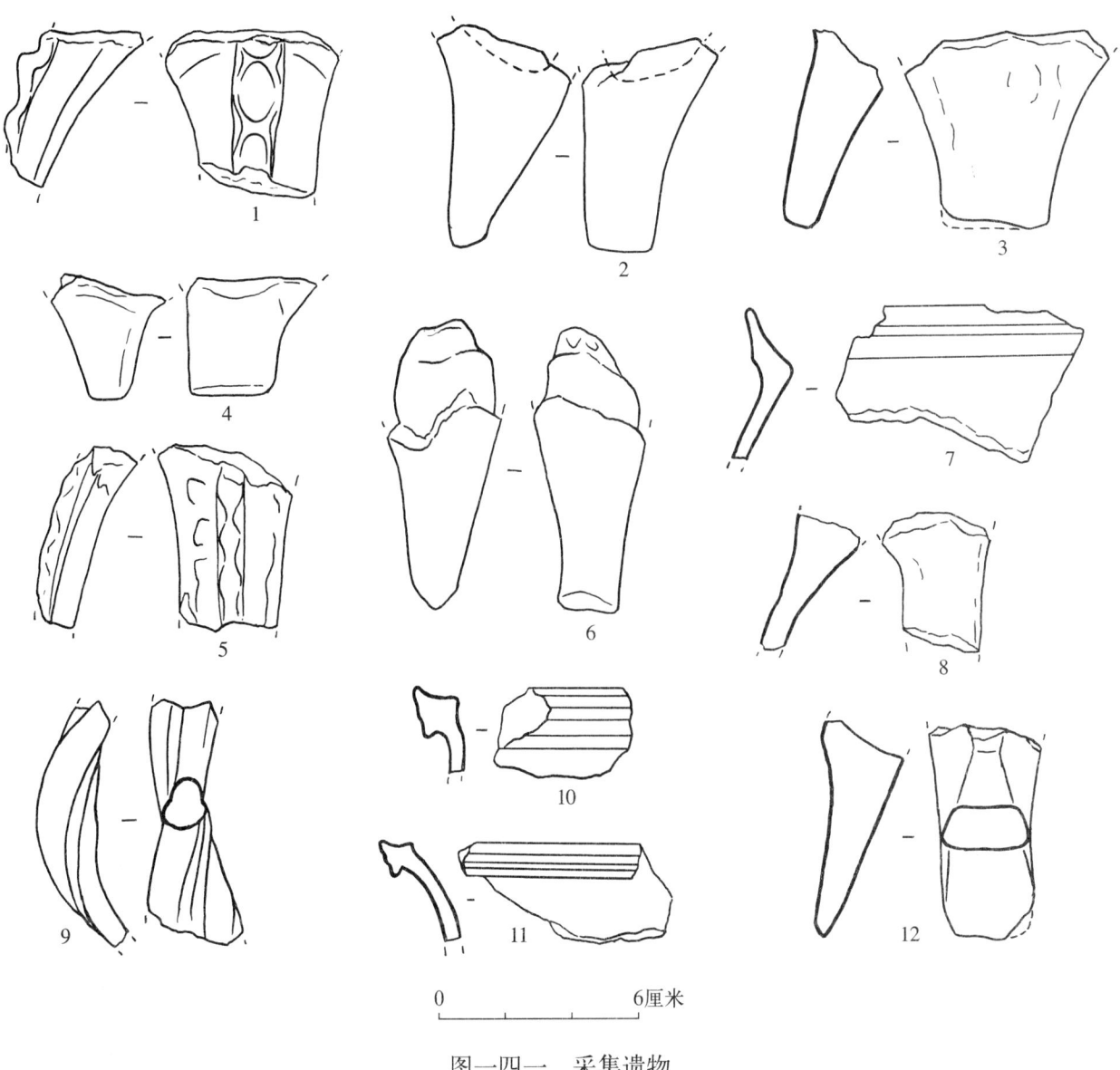

图一四一　采集遗物

1. 鸟首形陶鼎足07-JN-DJLG-3-CAG：1　2. 陶甗足07-JN-DJLG-3-CAG：2　3. 凿形陶鼎足07-JN-DJLG-3-CAL：1　4. 凿
形陶鼎足07-JN-DJLG-3-CAL：2　5. 鸟首形陶鼎足07-JN-DJLG-3-CAA：1　6. 陶甗足07-JN-DJLG-3-CAA：2　7. 陶罐07-
JN-DJLG-3-CAC：1　8. 凿形陶鼎足07-JN-DJLG-3-CAC：2　9. 陶鬶把手07-JN-DJLG-3-CAB：1　10. 陶罐07-JN-DJLG-3-
CAB：2　11. 陶罐07-JN-DJLG-3-CAB：3　12. 凿形陶鼎足07-JN-DJLG-3-CAB：4

形，断面不规则，打制痕迹明显。长3.5、宽3.4、厚1.1厘米（图一四二，4）。标本07-JN-DJLG-3-CAB：2，石器。残，平面和横断面四棱形，有琢制和磨制痕迹。残长3.5、宽2.2、厚1厘米（图一四二，5）。标本07-JN-DJLG-3-CAB：3，石镞。平面柳叶形，箭头断面四棱形，铤部断面梯形。通体磨制精细，较为锋利，通长4.0、宽1.8、厚0.8厘米（图一四二，14）。

　　07-JN-DJLG-3-CAE 石器3件，东周。标本07-JN-DJLG-3-CAE：1，石刀。残，平面梯形，横断面近椭圆形，刃部使用痕迹明显。通体磨制较好。残长7.3、宽5.1、厚1厘米（图一四二，6）。标本07-JN-DJLG-3-CAE：2，石刀。残，原断面应为椭圆，弧背，琢磨痕迹明显。残长6.1、宽4.6、厚1厘米（图一四二，7）。标本07-JN-DJLG-3-CAE：3，石器。残，平面半圆形，横断面近方形，琢制痕迹明显。残长3.8、宽2.1、厚1.3厘米（图一四二，8）。

　　07-JN-DJLG-3-CAG　石器1件，龙山文化。标本07-JN-DJLG-3-CAG：1，石器。残，一面磨制较好。残长6.1、宽3.3、厚1.4厘米（图一四二，9）。

　　07-JN-DJLG-3-CAC　石器4件，东周。标本07-JN-DJLG-3-CAC：1，石斧。平面长方形，横断面椭圆形，刃部崩疤明显。通体琢制，器体厚重。长14.8、宽7.2、厚2.6厘米（图一四二，10）。标本07-JN-DJLG-3-CAC：2，石斧。平面近长方形，横断面近椭圆形，通体琢制而成，器体厚重。长13.1、宽8.4、厚3.8厘米（图一四二，11）。标本07-JN-DJLG-3-CAC：3，石锛。残，平面和横断面皆梯形，刃部残，通体磨制，器形规整。残长5.1、宽3.2、厚1.8厘米（图一四二，12）。标本07-JN-DJLG-3-CAC：4，石镞。残，平面叶形，横断面四棱形，箭头有崩损痕迹，通体磨制。残长3.3、宽1.8、厚0.8厘米（图一四二，13）。

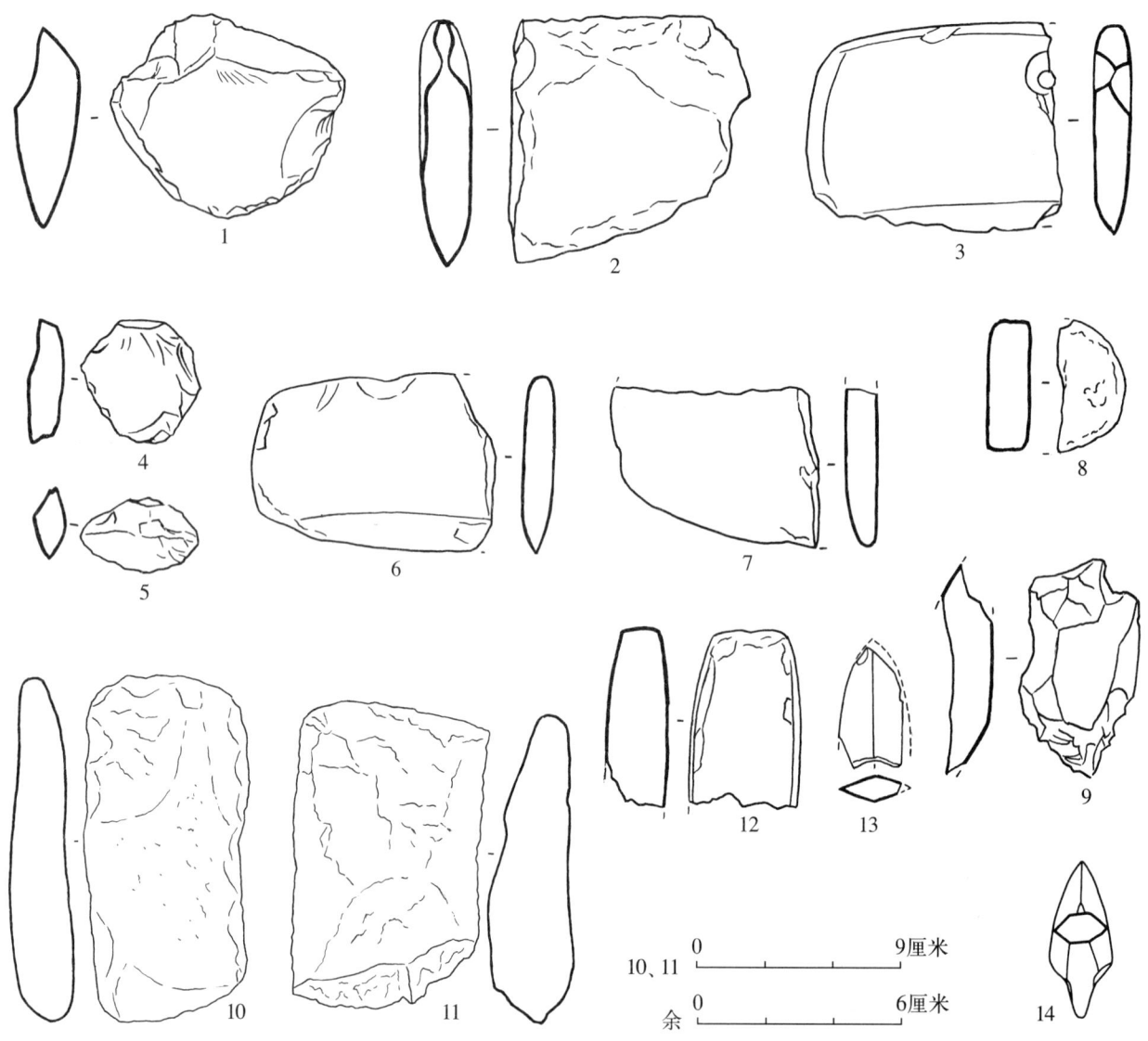

10、11　⊢0⎯⎯⎯⎯⎯⎯9厘米

余　⊢0⎯⎯⎯⎯⎯⎯6厘米

图一四二　采集遗物

1. 石器半成品07-JN-DJLG-3-CAF：1　2. 石刀07-JN-DJLG-3-CAL：1　3. 石刀07-JN-DJLG-3-CAD：1　4. 石坯07-JN-DJLG-3-CAB：1　5. 石器07-JN-DJLG-3-CAB：2　6. 石刀07-JN-DJLG-3-CAE：1　7. 石刀07-JN-DJLG-3-CAE：2　8. 石器07-JN-DJLG-3-CAE：3　9. 石器07-JN-DJLG-3-CAG：1　10. 石斧07-JN-DJLG-3-CAC：1　11. 石斧07-JN-DJLG-3-CAC：2　12. 石锛07-JN-DJLG-3-CAC：3　13. 石镞07-JN-DJLG-3-CAC：4　13. 石镞07-JN-DJLG-3-CAB：3

40．小曹家庄（07-ZC-XCJZ-1/2/4，周、汉）（第13年）

07-ZC-XCJZ-1 陶器2件，西周。标本07-ZC-XCJZ-1：1，陶盆。夹砂灰陶。方唇，折沿，敞口，沿面略凹。口径20.0、残高2.9厘米（图一四三，1）。标本07-ZC-XCJZ-1：2，鬲足。夹云母褐陶。袋状足。纹饰模糊不清。残高4.0厘米（图一四三，2）。

41．石岭子（07-LS-SLZ-1，周）（第13年）

07-LS-SLZ-1 陶器3件，西周。标本07-LS-SLZ-1：1，陶盆。夹砂灰褐陶。圆唇，宽折沿，侈口，鼓腹。口径44.0、残高4.6厘米（图一四三，3；彩版一〇二，3，上右1）。标本07-LS-SLZ-1：2，鬲足。夹砂灰陶。实足跟较高。遍饰绳纹。足高6.6厘米（图一四三，4；彩版一〇二，3，左1）。标本07-LS-SLZ-1：3，陶盆。夹砂褐陶。折沿，鼓腹。颈部以下饰绳纹和附加堆纹。残高5.8厘米（图一四三，5；彩版一〇二，3，下右1）。

07-LS-SLZ-1 石器1件，周代。标本07-LS-SLZ-1：1，石坯。残，砂岩石质，形状不规则。残长6、宽3、厚2.9厘米（图一四三，6；彩版一〇二，3，下右2）。

42．新乡村（07-JN-XXC-7-CAA，龙山）（第13年）

07-JN-XXC-7-CAA 石器1件，龙山文化。标本07-JN-XXC-7-CAA：1，石斧。半成品，平面梯形，横断面近椭圆形，通体琢制，刃部未进一步加工。长8.1、宽7.6、厚2厘米（图一四三，7）。

43．大后村（07-LS-DHC-2，龙山）（第13年）

07-LS-DHC-2 石器1件，龙山文化。标本07-LS-DHC-2：1，石刀。残，平面梯形，横断面近椭圆，单面刃加工精细且使用痕迹明显。通体磨制，器形规整，中部有一对钻孔。残长6.1、宽4.4、厚1.2厘米（图一四三，8；彩版一〇二，2，左2）。

07-LS-DHC-1 石器1件，龙山文化。标本07-LS-DHC-1：1，石铲。残存下端，平面长方形，横断面近椭圆，双面刃加工精细且使用痕迹明显。通体磨制，器形规整精美。残长4.2、宽5.5、厚0.8厘米（图一四三，9；彩版一〇二，2，左1）。

44．金头岭（07-JN-JTL-3/6/7，龙山、汉）（第13年）

07-JN-JTL-4 石器2件，龙山文化。标本07-JN-JTL-4：1，石刀。残，横断面椭圆形，双面刃加工精美。通体磨制，对钻有一孔，器形精美。残长4.5、宽4.5、厚0.8厘米（图一四三，10；彩版一〇二，1，右1）。标本07-JN-JTL-4：2，石刀。残，平面梯形，横断面近梯形，刃部有使用痕迹。通体磨制精细。残长2.7、宽3.4、厚1厘米（图一四三，11；彩版一〇二，1，左1）。

45．埠头（07-ZC-BT-6，龙山）（第13年）

07-ZC-BT-6 石器1件，龙山文化。标本07-ZC-BT-6：1，石刀。残，平面近长方形，横断面椭圆形，刃部较钝。通体琢制，上中部对钻有一孔。残长6.4、宽6.5、厚1.4厘米（图一四三，12；彩版一〇二，4）。

46. 后马庄（07-LS-HMZ-1，龙山、汉）（第13年）

07-LS-HMZ-1-CAF　石器1件，龙山文化。标本07-LS-HMZ-1-CAF：1，石锤。平面和断面近椭圆形，下端有一突出的使用面，使用痕迹明显。器体一面磨制，顶端有琢制痕迹。长7、宽4.1、厚2.6厘米（图一四三，13；彩版一〇二，2，右1）。

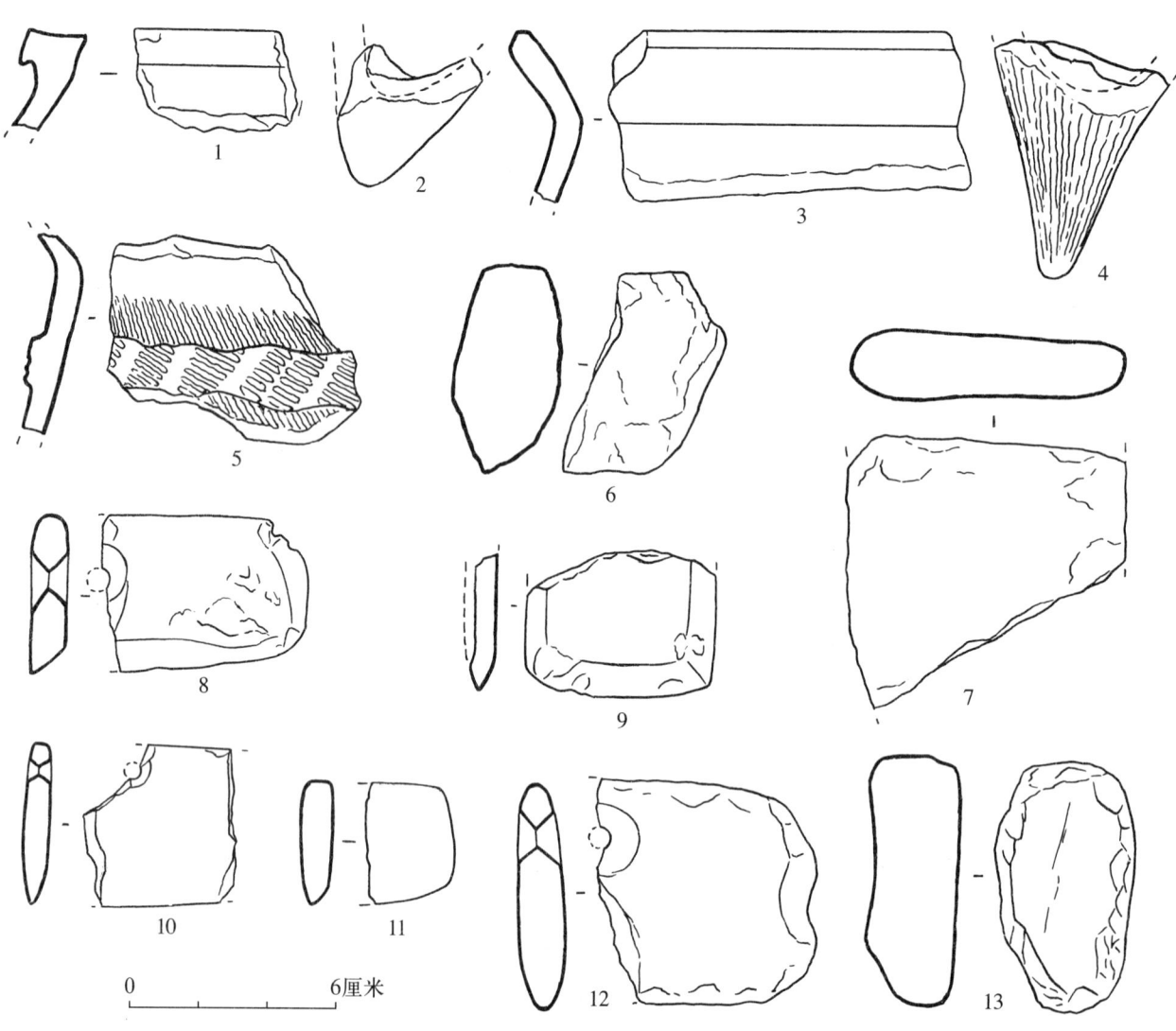

图一四三　采集遗物

1. 陶盆07-ZC-XCJZ-1：1　2. 陶鬲足07-ZC-XCJZ-1：2　3. 陶盆07-LS-SLZ-1：1　4. 陶鬲足07-LS-SLZ-1：2　5. 陶盆07-LS-SLZ-1：3　6. 石坯07-LS-SLZ-1：1　7. 石斧07-JN-XXC-7-CAA：1　8. 石刀07-LS-DHC-2：1　9. 石铲07-LS-DHC-1：1　10. 石刀07-JN-JTL-4：1　11. 石刀07-JN-JTL-4：2　12. 石刀07-ZC-BT-6：1　13. 石锤07-LS-HMZ-1-CAF：1

肆　主要发现与阐释

一　概述

如果对近 30 年来中国考古学界热点话题做一选择的话，中国文明起源大约算得上是长盛不衰的热点之一。[①]在这一研究中，中原地区向来深受学术界重视，其中一种主流观点认为，二里头文化或其晚期进入文明社会，探讨文明起源应该到晚期新石器文化中去寻找。[②]自 20 世纪 80 年代以来，受酋邦理论、尤其是著名考古学家华翰维（Henry Wright）所提出的国家形成总是伴随着多个酋邦的相互竞争这一模式[③]的影响，海内外学术界在对中国文明起源和复杂社会发展过程的研究上开始强调区域性研究，即通过对特定地区新石器时代晚期和青铜时代早期考古遗存的全面考察，来研究本地区文明起源或社会复杂化进程，并形成了一种倾向性的认识，即黄河中下游地区大约在公元前 2600 年至公元前 1900 年之间的龙山时代发展成为酋邦社会，在稍后各地区的竞争过程中，以伊洛流域为中心的中原地区至迟在二里头文化晚期出现了最早的国家。[④]伴随着权力的集中，在龙山时代晚期和二里头时代，广大的中原以外地区被边缘化，当地的经济、政治、社会和文化出现了普遍的衰落或崩溃。[⑤]

然而，如果对那些所谓"边缘化"地区的社会复杂化和国家形成过程加以考察，就会发现上述观点无疑会面临挑战。在现阶段，尽管还缺乏对于龙山时代和早期青铜时代区域性政体发展途径多样性的深入考察，但大多数研究者已经指出，社会分层、手工生产专业化（包括精美陶器和玉器手工业等）和大型区域中心的出现是在众多的地区政治共同体之内发生的，[⑥]只是在对于这些地区政体

---

① 据中国社会科学院考古研究所和中国社会科学院古代文明研究中心编辑出版的《中国文明起源研究》（文物出版社，2003 年）一书统计，仅从 1980 年到 2000 年二十年间，有关中国文明起源问题探索的论文就达 700 余篇之多。
② 夏鼐：《中国文明的起源》，文物出版社，1985 年。
③ Wright, H., 1986. *The Evolution of Civilizations*. In: Meltzer, D., Fowler, D., Sabloff, J. (Eds.), *American Archaeology Past and Future*, Smithsonian Institution Press, Washington, pp. 323-365.
④ Chang, K.C., 1986. *The Archaeology of Ancient China*. Fourth Edition. Yale University Press, New Haven; Lee, Y., 2004. *Control strategies and polity competition in the lower Yi-Luo valley, north China. Journal of Anthropological Archaeology* 23:172-195. Liu, Li., 2004. *The Chinese Neolithic: Trajectories to Early States*. Cambridge University Press, Cambridge（该书中文版请见刘莉著，陈星灿、乔玉、马萧林、李新伟、谢礼晔、郑红莉译：《中国新石器时代：迈向早期国家之路》，文物出版社，2007 年）。Liu, L., Chen, X., 2003. *State Formation in Early China*. Duckworth Press, London.
⑤ Chang, K.C., 1986. *The Archaeology of Ancient China*. Fourth Edition. Yale University Press, New Haven; Liu, L., Chen, X., 2003. *State Formation in Early China*. Duckworth Press, London。许宏：《"连续"中的"断裂"——关于中国文明与早期国家形成过程的思考》，《文物》2001 年第 2 期。王巍：《公元前 2000 年前后我国大范围文化变化原因探讨》，《考古》2004 年第 1 期。方辉：《岳石文化衰落原因蠡测》，《文史哲》2003 年第 3 期。
⑥ 苏秉琦：《关于重建中国史前史的思考》，《考古》1991 年第 12 期。严文明：《中国文明起源的探索》，《中原文物》1996 年第 1 期。栾丰实：《东夷考古》，山东大学出版社，1996 年。Chang, K.C., 1986. *The Archaeology of Ancient China*. Fourth Edition. Yale University Press, New Haven; Dematte, P., 1999. *Longshan-ear urbanism: The role of cities in predynastic China. Asian Perspectives* 38(2):131-153; Underhill, A., 2002. *Craft Production and Social Change in Northern China*. Kluwer Academic/Plenum Publishers, New York.

性质的判断上，学者们尚存歧义。不过，越来越多的聚落考古证据表明，龙山时代各地出现的这些政治实体，其社会性质很可能属于早期国家。

同世界其他地区一样，中国北方地区复杂社会的出现是与城市化相伴而产生的，但对于社会复杂化与城市化这两个过程之间的关系及其性质，以及早期城市形式之间的差异，迄今还没有引起充分关注。上文所引述的许多学者的意见就认为，城市化在新石器时代晚期出现于多个地区，不过学者们对早期城市的甄别多集中在单个聚落的规模、城墙壕沟的有无和其他特征方面。刘莉等人就注意到二里头时代二里头遗址人口明显核心化的事实。[1]这一认识后来得到了伊洛流域系统调查资料的支持。[2]

对于城市化进程的研究，需要从区域的层面而非单个聚落的角度加以考察。[3]这一方法无论是对于中国北方还是对于其他地区而言都是适用的，其作用已经由诸如美索不达米亚平原和墨西哥瓦哈卡谷地等地区个案研究中显示出来，其具体经验是从区域聚落形态所反映的突变来研究当地的城市化进程。比如，瓦哈卡谷地全覆盖式聚落资料显示，以蒙特阿班为中心的都市的出现是与周围许多小型聚落的废弃与重组相联系的。[4]

我们在鲁东南沿海地区围绕两个盆地所做的全覆盖式调查，此前已有若干篇阶段性成果，显示出当地与中原地区存在着不同的聚落演变模式。[5]本报告是以前 11 年调查所获资料，[6]并加入近两年调查所得基础上形成的。13 年来对本区 1440 平方公里所做的区域性系统调查，共发现古代遗址千余处。根据本地区考古学文化演变序列和文化分期，共得到北辛、大汶口、龙山、岳石、晚商、西周、东周和秦汉等不同考古学文化时期的聚落分布图。这使我们有可能在更为广阔的范围内揭示出这一地区社会复杂化进程和区域人口的几次起伏。调查显示，中国北方地区社会政治的变迁是多线形的，远非先前所认为的单一模式。以大型聚落为中心所发生的社会政治的兴衰和人口起伏在新石器时代和青铜时代曾不止一次发生，大约到了青铜时代晚期，历史文献中所提到的古国势力才真正控制了这一地区。

下文我们将会提供龙山时代早期（约公元前 2600 年至公元前 2400 年）四层聚落等级迅速发展的证据。本地区最早的定居聚落出现于公元前 5300 年至公元前 4100 年的北辛文化时期，至公元前3000 年至公元前 2600 年的大汶口文化晚期，无论是遗址的数量还是聚落规模都有所增长。到龙山时代早期，出现了两处大型区域性中心聚落，即北部的两城镇和南部的尧王城。下面将要提到，它们是两个大致同时并存的政治实体的中心之所在，所代表的可能是两个早期国家。围绕每个中心所形成的聚落形态的差异，反映了两个政体间统治策略的不同。从区域性城市化进程来看，我们也可以说鲁东南沿海地区龙山时代的城市化进程，不同于我国北方其他地区。根据系统调查资料和其他资料，我们还将进一步说明，社会上层对本地区实施统治的性质以及人口规模在两周、秦汉时期发生

[1]　Liu, L., 2004. *The Chinese Neolithic: Trajectories to Early States.* Cambridge University Press, Cambridge. 中文版请见刘莉著，陈星灿、乔玉、马萧林、李新伟、谢礼晔、郑红莉译：《中国新石器时代：迈向早期国家之路》，文物出版社，2007 年。

[2]　中国社会科学院考古研究所二里头工作队：《河南洛阳盆地 2001-2003 年考古调查简报》，《考古》2005 年第 5 期。许宏、陈国梁、赵海涛：《二里头遗址聚落形态的初步考察》，《考古》2004 年第 11 期。

[3]　Cowgill, G., 2004. *Origins and Development of Urbanism: Archaeological Perspectives. Annual Review of Anthropology* 33:525-549.

[4]　Blanton, R., Feinman, G., Kowalewski, S., Nicholas, L., 1999. *Ancient Oaxaca: The Monte Albán State.* Cambridge University Press, New York.

[5]　中美两城地区联合考古队：《山东日照市两城地区的考古调查》，《考古》1997 年第 4 期。《山东日照地区系统区域调查的新收获》，《考古》2005 年第 5 期。

[6]　方辉、文德安、加里·费曼、琳达·尼古拉斯、栾丰实、于海广：《鲁东南沿海地区聚落形态变迁与社会复杂化进程研究》，《东方考古》第 4 集，科学出版社，2008 年。

了显著变化。我们还将根据考古和历史资料，揭示本地区两周至秦汉时期与内陆地区权力中心之间的互动关系及其性质。

近年来，对于全覆盖式区域系统调查在社会复杂化和城市化进程研究中的基础性作用已形成共识。①在中国也已有若干个地区采用此类方法并业已取得成果。②传统的、随机性的调查大多集中在河流冲积地区，所发现的遗址面积一般较大，但那些分布于高地和其他地形区域的小型遗址却往往被忽略，这就为聚落等级及其性质的阐释带来困难。区域系统调查不放过调查区域内的任何景观地貌（包括那些从未被垦殖过的土地），有助于发现那些分布于各种不同地形上的遗址。

如果拿美索不达米亚、③美国中西部④和中美洲⑤等世界其他地区近年来的个案来做参照，在黄河流域不同地区开展更多的区域系统调查，其本身就有助于揭示各所在地区的社会政治变迁历程及其性质。只要调查所涵盖的区域范围足够广大，此种方法便能够揭示出复杂社会发展和运作过程中的重要的区域性变化，这一点是毋庸置疑的。⑥从上述世界各地区域性个案来看，为了增强自身权利，政体间往往采取特殊的控制策略，而要对其性质加以评估并对那些历时变化着的政体的性质及其边界加以界定，就需要这种区域性的资料。它们提供了用以判断并揭示人们共同体之间关系变迁的基础性资料。

全覆盖式调查对于特定区域内城市化进程的研究显然是必需的，作用之一是证明聚落的增加和与之相伴生的聚落的重组，已如上述。另一个作用则是辨别城市景观变化幅度。尽管大多数研究者在对城市作出界定时根据的是单个聚落，⑦但其他研究者⑧则指出在中部尼日尔和其他地区，城市却是由聚落群联合体所组成。无论如何，有一点是大家所公认的，即城市的研究需要考虑到其周边的农村地区。⑨

有学者指出，所谓"全覆盖式"调查，其在覆盖的密度上实际上往往存在着一定的差别。⑩例如，因地形的限制，河南省伊洛河流域的调查便主要是沿着主河道及其支流展开的，所得到的聚落形

---

① Blanton, R., 2004. *Settlement pattern and population change in Mesoamerican and Mediterranean Civilizations: A comparative perspective*. In: Alcock, S., Cherry, J. (Eds.), *Side-by-Side Survey: Comparative Regional Studies in the Mediterranean World*. Oxbow Press, Oxford, pp. 206-240; Feinman, G., 2001. *Settlement and landscape archaeology*. In: Smelser, N., Baltes, P. (Eds.), *International Encyclopedia of the Social and Behavioral Sciences*. Pergamon Press, Oxford, pp. 13937-13941（中文见方辉、惠夕平译：《聚落与景观考古》，《东方考古》第 2 集，第 272～279 页，科学出版社，2006 年。又见方辉主编：《聚落与环境考古理论与实践》第 1～14 页，山东大学出版社，2007 年。）Marcus, J., Flannery, K., 1996. *Zapotec Civilization: How Urban Society Evolved in Mexico's Oaxaca Valley*. Thames and Hudson, New York. Spencer, C., Redmond, E., 2004. *Primary state formation in Mesoamerica*. Annual Review of Anthropology 33:173-199; Kowalewski, S., 2008. *Regional settlement pattern studies*. Journal of Archaeological Research 16:225-285.

② 除了山东日照地区之外，其他几个区域系统调查项目主要有：陈星灿、刘莉、李润权、华翰维、艾琳：《中国文明腹地的社会复杂化进程——伊洛河地区的聚落形态研究》，《考古学报》2003 年第 2 期。赤峰中美联合考古研究项目：《内蒙古东部（赤峰）区域考古调查阶段性报告》，科学出版社，2003 年。中美洹河流域考古队：《洹河流域考古研究初步报告》，《考古》1998 年第 10 期。中国社会科学院考古研究所二里头工作队：《河南洛阳盆地 2001-2003 年考古调查简报》，《考古》2005 年第 5 期。周原考古队：《陕西周原七星河流域 2002 年考古调查报告》，《考古学报》2005 年第 4 期。中国国家博物馆考古部编著：《垣曲盆地聚落考古研究》，科学出版社，2007 年。

③ Rothman, M., 2004. *Studying the development of complex society: Mesopotamia in the late fifth and fourth millennia BC*. Journal of Archaeological Research 12(1):75-119.

④ Cobb, C., 2003. *Mississippian chiefdoms: How complex?* Annual Review of Anthropology 32:63-84.

⑤ Blanton, R., Kowalewski, S., Feinman, G, Finsten, L., 1993. *Ancient Mesoamerica: A Comparison of Change in Three Regions*. Second Edition. Cambridge University Press, New York.

⑥ Feinman, G., and Marcus, J. (Eds.), 1998. *Archaic States*. School of American Research Press, Sante Fe.

⑦ Smith, M., 2003. *Introduction: The social construction of ancient cities*. In: Smith, M. (Ed.), *The Social Construction of Ancient Cities*. Smithsonian Institution Press, Washington, D.C., pp. 1-36.

⑧ McIntosh, R. and McIntosh, S., 2003. *Early urban configurations on the middle Niger: clustered cities and landscapes of power*. In: Smith, M. (Ed.), *The Social Construction of Ancient Cities*. Smithsonian Institution Press, Washington, D.C., pp. 103-120.

⑨ Blanton, R., 1976. *The anthropological study of cities*. Annual Review of Anthropology 5:249-264.

⑩ Cowgill, G., 2004. *Origins and development of urbanism: Archaeological perspectives*. Annual Review of Anthropology 33:543.

表一　聚落等级变更信息表

年份	前缀	遗址名称	市区县	村镇	地图名称	时代与分期	组成部分
4	WL	XJZ−1,5−8/JZ−6	五莲	夏家庄/京庄	叩官	龙山早期	94，105，110，111，112，113
4	WL	XJZ−1,5−8/JZ−6	五莲	夏家庄/京庄	叩官	龙山早期	94，111，112，113
5	DG	DTY−1	东港	大桃园	程子沟	龙山早期	172，175
5	DG	HJH−2/3/4	东港	黄家河	日照市	汉代	363，364，365
5	DG	HJH−2/3/4	东港	黄家河	日照市	西周	297，298，299
5	DG	HJH−2/3	东港	黄家河	日照市	东周	298，299
5	DG	YZ−1	东港	营子	日照市	汉代	361，362
5	DG	YZ−1	东港	营子	日照市	西周	295
5	DG	YZ−1	东港	营子	日照市	东周	295
5	DG	YZ−1	东港	营子	日照市	龙山早期	157，158
5	DG	YZ−1	东港	营子	日照市	龙山早期	157，158
5	DG	SJC−1,2,7,12	东港	苏家村	苏家村	龙山早期	191，192，193
5	DG	QZC−1−3/WLZ1−4	东港	前竹村/窝落子	山口村	西周	376，377，383，384，385，386
5	DG	QZC−1−3/WLZ1−4	东港	前竹村/窝落子	山口村	东周	376，377，383，385
6	JN	FDC−1	胶南	凤墩村	井戈庄	东周	433，434
6,7	DG	MJC−1−4/QTX−1/DJT−1	东港	苗家村/前滩西/董家滩	乔家墩子/大洼	汉代	574，575，576，577，654，656
6,7	DG	MJC−1,3,4/QTX−1	东港	苗家村/前滩西	乔家墩子/大洼	东周	477，478，481，635，636
7	DG	MJC−1,4	东港	苗家村	乔家墩子/大洼	西周	635，636
7	DG	HSQ−1,12,13/QSQ−1	东港	后山前/前山前	大连村	汉代	393，402，588
4	DG	CZG−1,2/GZ−2/3	东港	程子沟/郭庄	程子沟	汉代	311，312
7	DG	XuJL−1−2/XXD−1	东港	徐家楼/小香店	日照市	汉代	665，666，667
7	DG	DGC−1/XSLP−2	东港	大古城/西十里铺	郭家湖子/十里铺	东周	517，519，520
7	JN	XZ−1/MH−1	胶南	西庄/庙后	沙岭子	汉代	825，828
8	DG	DHY−1	东港	东海峪	山后	龙山早期	342
8	DG	GHA−2/SJC−1	东港	崮河崖/徐家村	Lu Jia Gou	东周	678，680，681
8	DG	GHA−2/SJC−1	东港	崮河崖/徐家村	Lu Jia Gou	西周	680
8	DG	GHA−2/SJC−1	东港	崮河崖/徐家村	Lu Jia Gou	西周	678
8	DG	XSH−1−2/SH−3	东港	小山后/山后	山后	汉代	907，908，909
8,13	JN	JLH−1−2/WZ−3	胶南	吉利河	花根山	汉代	848，849，1726
8	JN	XS−1	胶南	西寺	花根山	汉代	858，859，860，861
8	JN	XS−1	胶南	西寺	花根山	龙山早期	299

修订面积（万米²）	新级别	说明	原面积（万米²）	原级别
127.0	II	村子占压，平地	30.01，18.3	III
101.0	II	村子占压，平地	30.06	III
23.8	III	村子占压	20	III
32.0	II	村子占压	7.9，8.2	IV
21.3	III	村子占压	7.1，2.8	IV
24.7	III	村子占压	7.4，5.8	III
11.2	III	村镇环绕	4.2，1.3	V
8.5	IV	村镇环绕	4.3	IV
8.5	IV	村镇环绕	4.3	V
9.6	IV	村镇环绕	4.3，.5	IV
9.6	IV	村镇环绕	4.3，.5	IV
51.0	II	村子占压	10.9，5.4	III
110.0	I	村子占压	32.6，6.3，5.2，2.5，1.9，1.4	II
29.5	II	村子占压	13.3，5.2，2.7，1.4，	III
82.1	II	村子占压	49.7，15.4	II
150.9	I	村镇/水塘	40.5，13.6，9.9，7.7，1.9，.3	II
96.4	II?	村镇/水塘	31.4，10.8，10.4，6.1，1.9	II
32.0	III	村镇/水塘	25.9，32	II
65.0	II	村镇	17.8，16.3，3.6	III
58.5	II	距离较近且面积大	40.4，11.0	II
60.0	II?	村镇环绕，初步推测	4.8，4.5，？	V
36.5	II	被汉代遗存叠压	9.9，4.8，4.2	III
40.0	II	村子占压	19.0，8.5	III
60.0	II	村镇占压	49.32	II
60.0	II	村子占压/采石场	29.8，15.9，.2	II
14.0	III	间距约130米	8.2	III
19.0	III	邻近采石场	17	III
30.0	II	村子占压	1.9，1.5，1.0	V
59.0	II	村子占压	18.2，12.8，2.6	III
50.0	II	各组成部分均存在	25.0，3.2，2.7，.8	II
55.0	II	遗址边缘取直	51.9	II

年份	前缀	遗址名称	市区县	村镇	地图名称	时代与分期	组成部分
7	JN	DG-1,4,9,10/TS-4-7,10,11/NS-1,3,4	胶南	大沟/塔山/南寺	塔山店子/花根山	汉代	711-714,716-721,725,726
9	DG	CZ-2-3	东港	川子	夹仓	汉代	992, 993, 994
9	DG	CZ-1-2	东港	川子	夹仓	东周	760, 761
9	DG	DZZ-1-2/XiZZ-2	东港	东灶子	夹仓	汉代	976, 977, 981
9	DG	MaJC-1-2	东港	马家村	刘家湾	汉代	1014, 1015
9	DG	MaJC-1	东港	马家村	刘家湾	东周	769, 772
9	DG	MaJC-1	东港	马家村	刘家湾	西周	769, 772
9	DG	MaJC-1	东港	马家村	刘家湾	龙山早期	378, 379
9	DG	MaJC-1	东港	马家村	刘家湾	龙山早期	378, 379
10	LS	JG-3/DXQH-1	岚山	井沟	山字河	汉代	1081, 1092
11	DG	DCP-3,4,5	东港	大草坡	高王庄	汉代	1282, 1295, 1296
11	DG	XLZT-1	东港	西林子头	虎山铺	龙山早期	453, 456
11	LS	ZJJZ-4/XSQ-1	岚山	郑家结庄	虎山铺	汉代	1326, 1329
11	LS	ADW-1/DXZ-1/LSM-1	岚山	安东卫/东小庄/岚山孟	岚山镇	汉代	1399, 1400, 1401
11	LS	XC-1-9/XS-3,5,6	岚山	小村	桥南头	汉代	1357, 1358, 1360, 1364-1370
5	DG	DTY-1	东港	大桃园	程子沟	汉代	413
4	JN	MGH-1	胶南	马虎沟	董家洼	汉代	960
5	DG	HJH-2/3	东港	黄家河	日照市	龙山早期	159
6	JN	SJL-1	胶南	邵家岚	邵家岚	汉代	547
7	DG	QGD-1/WS-7	胶南	七姑墩/汪山	肖家洼	汉代	801, 812
7	JN	XJWa-12,14,16	胶南	肖家洼	肖家洼	汉代	783, 785, 792
8	DG	KS sites	东港	奎山	郭家湖子	汉代	various
8	DG	HGZ-1/XLJC-2	东港	后崮子/小李家村	大岭南头	龙山	319, 320
10	LS	GJZ-1/3/4	岚山	郭家庄	尚家庄	周代	879, 880, 881
10	LS	HHB-1,2,4,5	岚山	后黄堡	尚家庄	西周	857, 858, 859, 860
10	LS	BY-4/5	岚山	白云	潘家洼	汉代	1112, 1113
10	LS	BY-4/5	岚山	白云	潘家洼	周代	834, 835
10	LS	QLNT-2/3	岚山	曲岭南头	山字河	周代	825, 826
11	DG	DYJ-1/ZJZZi-1	东港	大羊圈/赵家庄子	巨峰镇	汉代	1222, 1224
13	JN	TG-4/DS-4	胶南	驼沟/东寺	塔山店子	龙山早期	536, 537

修订面积(万米²)	新级别	说明	原面积(万米²)	原级别
95.0	I/II	合并台基及坡地附近遗址	共32.25	III
39.0	II	鱼池	16.99, 2.5, .2	III
33.0	II	鱼池	14.4, 3.1	
13.0	III	鱼池	1.6, 1.4, .5	V
35.8	II	鱼池	7.55, 3.58	IV
6.0	IV	鱼池	2.8, 1.7	V
6.0	IV	鱼池	2.8, 1.7	V
5.0	IV	鱼池	1.4, 1.4	V
5.0	IV	鱼池	1.4, 1.4	V
95.7	II	与第二等级接近	47.5, 29.7	II
15.8	III	靠近且被水塘分开	5.0, 2.1, .1	V
26.0	III	曾取土破坏	17.5, 2.7	III
32.7	II	连在一起	23.7, 5.1	II
25.6	III	连在一起	9.2, 3.2, 2.8	IV
164.0	I	村庄、砖窑、剥蚀	28.6, 7.7, 5.7, 2.8, 2.7 +++	II
27.7	II	包括被村子占压部分	21.8	III
0.2	VI	此前未计入		
24.88	III	包括被村子占压部分	21.12	III
10.92	III	包括被村子占压部分	7.42	IV
4.45, .25	V	墓葬,重要性比遗址面积显示的要大,南坡发现汉代文化层,因此遗址应该更大些,但其间未发现遗物。		
9.4, 5.2, 4.6	IV	调查中认为各部分应为一个遗址,只是被村子分开了,但其他区域未见陶片,故不明。		
	V, VI	奎山边缘有许多汉代小型遗址,但未见更大或采集物丰富者,故未作合并。不过它们属于同一遗址的可能性很大。		
	IV	两个遗址被崗子河转折处所分开,村子在河道内侧,不便调查,照理应该合并。但河道以北的HGZ-1为龙山中期,而以南的XLJC-2多为早期,故未作合并。		
12.4, 2.0, 1.1	III	增加约6万m²仍应为二级聚落,且GJZ-3为东周,而GJZ-4为西周,故未作变更。		
1.5, .8, .1, .1	V	均为小遗址,应为五级聚落,或可为四级,重新计算意义不大。		
1.1, 0.1	V	仍应为五级,重新计算意义不大。		
3.2, 0.1	V	同上。		
1.6, .4	V	QLNT-2可能埋藏深,面积应比测得的大些,但与QLNT-3之间陶片很少,不宜重新计算。最多或为四级聚落。		
7.8, 1.8	IV	或许属于三级较小者,但合并理由不甚充分。		
10.97, 6.1	III	遗址或被村子占压,但仍应为三级聚落。		

态沿河谷呈线性分布。在鲁东南沿海地区，可以识别的遗址在广阔的空间内呈连续性分布。无论如何，这种调查方式可以为阐明精英控制策略、社会政治组织变迁和城市化起源模式提供基础性资料。

本报告所涵盖的区域是鲁东南沿海两个由山地和丘陵所环绕的盆地（见图一）。这两处相对平坦的盆地由坡地和河流冲积平原所组成，发源于西部五莲山脉的众多河流由西向东流经这两个盆地并最终注入黄海。由此向南，越过鲁、苏两省的边界便可进入广阔平坦的黄淮海下游冲积平原，向北穿过铁镢山和大珠山山口，则是隶属于青岛市的胶州湾。我们的调查尽可能全面地向四周延伸，贯通周边这些相互连接的盆地和河谷地带。

调查中对遗址的界定有不同标准。彼得森（Peterson）和准南（Drennan）曾经指出，陶片的密度、不同空间范围内的遗址形态和遗址分群等都是十分重要的因素。[1]我们对此表示赞同。调查时我们尽可能多地采集时代特征明确的陶片及全部石器。陶片的数量通常很多，但本地区陶器变化的时间幅度却并不都是一清二楚。我们对于每一处遗址（或遗址不同采集区）的陶片相对密度作了记录和统计。单个遗址内陶片密度的差异一般取决于埋藏后的因素，例如现代土地的使用性质等。与彼得森和准南所工作的内蒙古地区相比，鲁东南沿海地区在过去数千年的时间里土地使用的强度要大得多。正如他们二位所指出的那样，遗址与社区之间并不总是存在一对一的对应关系。比如，通常情况下，我们把那些出有相同性质的遗物而又互相临近的采集区看作同一社区的一部分，尽管这些采集区有时会被现代建筑物间隔百米以上的距离。换句话说，100 米原则在这里不是固定不变的，要视野外的具体情况而定。

对于聚落层级系统内中心聚落的判定，主要的判断标准是由地表采集物连续分布所界定出的遗址面积，此外还可以通过遗址剖面暴露出的文化层厚度及其丰富程度以及人为形成的地表隆起程度等证据来佐证。下面我们将提到，一些汉代遗址具有明确的地面建筑遗存，昭示着它们在特定区域内所具有的特殊功能及其在政治上的重要地位。

如上所述，本章的分析是根据全部 13 年所获资料的基础上形成的，新增加的部分是第 12 年（2006 年）和第 13 年（2007 年）所获资料。需要指出的是，本报告对此前报告中报道的个别遗址面积及其所属级别做了调整，其原因，主要是通过复查及经验，发现这些遗址大多为现代村镇所占压，或为河流冲积所淹埋。在起初调查时，出于慎重起见，一般说来调查中陶片分布区间超过大约 100 米时，便另立遗址名称，按照不同的遗址予以记录，而实际上它们是同一处遗址，只是因人为或自然原因被分割开来或被掩埋地下，很难采集到任何遗物。例如，如果在现代村庄或河道周围发现有若干陶片分布密集、面积在 8 ～ 10 平方米不等的遗址群，尽管其间的距离超过 100 米以上，它们属于同一大型遗址或社区的可能性就要大得多。再如，如果在一处现代村庄的四周都发现有属于同一时期的陶片，但在村内因房屋等占压难以发现任何遗物，那么同样，把这些分散的遗址作为同一大型遗址对待就更为现实，而不应将其分作若干个小型遗址来看待。对于这类遗址，本报告做了重新界定，关于合并后遗址的相关信息，请见表一。上述数据的变更使得不同时期的主要中心和 II、III 三级聚落的数量有所增加，但并未影响到各个时期整体的聚落层级及其历时演变的轨迹。从阐释的角度看，这一调整对于周代、汉代聚落形态的影响要比龙山时代大些。但总的说来，与此前发表的报告相比，目前的资料更有助于强化我们对于两周、秦汉时期聚落形态的理解。

---

[1] Peterson, C., R. Drennan, 2005. *Communities, settlements, sites, and surveys: Regional-scale analysis of prehistoric human interaction. American Antiquity* 70(1):5-30.

二　北辛文化及大汶口文化时期

调查中所发现的年代最早的 2 处遗址为南屯岭（DG-NTL-4）和东两河（DG-DLH-1），属于北辛文化阶段。这两处遗址均属于面积不足一万平方米的小型聚落，且都位于调查区域南半区的奎山西侧山麓地带（图一四四，表二）。

表二　北辛文化、大汶口文化遗址统计表

时代	遗址数量	面积区间（万米²）	总面积（万米²）	所属环境地貌		
				平原	过渡地带	山前地带
北辛	2	0.5 ～ 0.6	1.1	0	0	2
大汶口	29	0.1 ～ 13.4	53.9	17	7	5

北辛文化遗址在山东及苏北地区已有多处发现，但对于鲁东南沿海地区来说则尚属首次。相关发现揭示，北辛文化已有定居农业，也有包括陶器、石器和骨器在内的手工业。死者被埋葬在土坑竖穴墓中，一般有几件陶器或少量其他随葬品。[①]从南屯岭和东两河这两处遗址所采集的陶片看，其陶器种类、形制和纹饰与其他遗址相比并无不同。我们对这两处遗址采集到的土样做了浮选，结果在南屯岭遗址土样中发现了黍和莲籽遗存。[②]这一结果虽属随机取样，标本量也很少，但显示出黍作农业和采集是其经济手段，这与其他地区北辛文化大致处在同一发展水平。

尽管当地考古工作者报道过该地区曾有零星旧石器时代晚期的打制石器发现，[③]但外来人口的集中入迁看来是北辛文化时期才发生的。我们在此前的调查报告中推测，大约在新石器时代早期，沿海地区较高的海平面和沼泽地[④]阻止了本地大型聚落的形成。两处北辛遗址（其中南屯岭包含有北辛和大汶口早期两个阶段的遗存）均位于海拔较高的山麓地带，或可支持这一假说。

本地区大汶口晚期的遗址数量和人口明显增加。调查共发现 29 处分散的遗址，分布于山麓和平原两种地形（图一四四，表二），其中许多遗址到后来成为龙山时代的大型聚落所在地。迄今发现的最大的大汶口文化遗址是位于北区两城镇附近的丹土（DG-DT-1）。在 2001 年丹土遗址的发掘中，发现了据说属于大汶口晚期的城墙及其他文化遗存。据钻探，得知其城内面积为 9.5 万平方米。[⑤]通过对第一年调查采集的陶片重新进行分析，我们在多个采集区甄别出大汶口晚期的陶片，其分布面积达 13.4 万平方米。这个数据与钻探所得到的遗址空间范围基本接近。

南区最大的大汶口晚期遗址是尧王城（LS-YWC-1）。属于这一阶段的陶片零散地分布在遗址西半部，面积达 5.8 万平方米（因为龙山遗存叠压，其实际面积应该较此数据大些）。早年的发掘也曾揭示出大汶口晚期的遗存。[⑥]另外几处大汶口晚期遗址是东海峪（DG-DHY-1）、冯家沟（DG-

① 栾丰实：《北辛文化研究》，《考古学报》1998 年第 3 期，收入《海岱地区考古研究》第 27 ～ 53 页，山东大学出版社，1997 年。
② 陈雪香：《山东日照两处新石器时代遗址浮选土样结果分析》，《南方文物》2007 年第 1 期。
③ 徐淑彬：《日照市沿海旧石器地点群综合研究报告》，收入《沂沭河流域的旧石器时代文化》第 130 ～ 146 页，中国国际广播出版社，1999 年。
④ Stanley, D., Chen, Z., Song, J., 1998. *Inundation, sea-level rise and transition from Neolithic to Bronze Age cultures, Yangtze delta, China*. Geoarchaeology 14:15-26.
⑤ 刘延常、王学良：《五莲县丹土大汶口文化、龙山文化城址和东周时期墓葬》，《中国考古学年鉴》（2001 年），文物出版社，2002 年。
⑥ 临沂地区文管会：《日照尧王城龙山文化遗址试掘简报》，《史前研究》1985 年第 4 期。

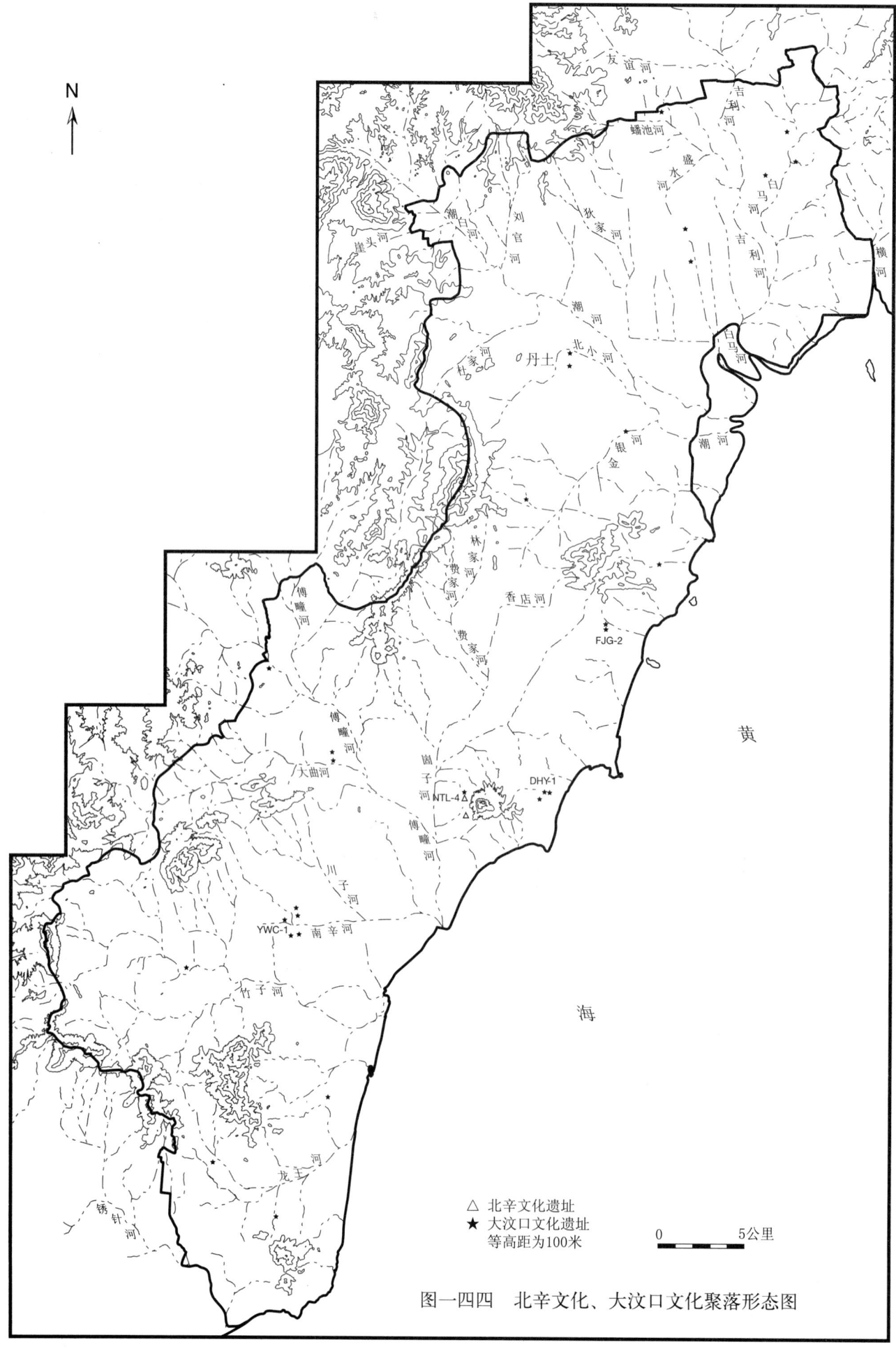

N

黄

海

友谊河

吉利河

蟠池河

盛水河

白马河

吉利河

横河

潮白河

刘官河

狄家河

崖头河

潮河

白马河

杜家河

丹土

北小河

潮河

银金河

林家河

费家河

香店河

费家河

FJG-2

傅疃河

傅疃河

大曲河

卤子河

NTL-4

DHY-1

傅疃河

川子河

YWC-1

南辛河

竹子河

龙王河

锈针河

△ 北辛文化遗址
★ 大汶口文化遗址
　 等高距为100米

0　　　　5公里

图一四四　北辛文化、大汶口文化聚落形态图

FJG-2）和井沟（LS-JG-2/3）。20 世纪 70 年代东海峪遗址的发掘，曾经揭露出大汶口晚期和龙山时代的遗存。 不过迄今为止，无论是调查还是发掘，两城镇遗址还没有发现过明确的大汶口晚期阶段的遗存。①南部区域三处包含有大汶口文化层和丰富陶片的遗址即南屯岭 -4（DG-NTL-4）、西林子头 -1（DG-XLZT-1）和徐家村 -3（LS-XJC-3）的发现，使得这一时期遗址在数量上和遗址面积上有所增加。但从现有资料来看，尽管本地区大汶口文化晚期的遗址已经出现面积上的差别，但似乎还不能说当地大汶口文化晚期阶段已经存在着多个聚落层级。

以往的资料和研究显示，大汶口文化晚期山东及其邻近地区存在着若干个地区中心和政治实体，有些地区还可以划分出三级聚落分层，包括邻境莒县在内的大汶口文化时期的墓葬也显示出其明显的社会分层现象。②显然，日照地区第一次具有规模性的移民出现于大汶口晚期是有一定基础的。移民进入的通道可能有两条，即西路和南路。西路通道应该是傅疃河，顺河而上可连接莒县境内的鹤河与浔河，从而进入沂沭河流域，而这一带正是大汶口晚期文化繁盛区域之一；南路则可以通过贯通南北的沿海通道与苏北地区相连接，而苏北地区在大汶口文化晚期阶段发展水平同样很高。向鲁东南沿海地区迁移的大汶口晚期先民看来已经具有了完备的农耕经济和社会分层结构，他们集中向这一地区的迁徙可能是原居地激烈的社会竞争所引发的。到了龙山时代，随着外来人口向对这两处土地肥沃的冲积平原的集中，农业得到了快速发展，人口数量明显增加，其社会组织也日益复杂起来。

三　龙山文化时期

调查发现的龙山时代遗址的数量猛增到 500 余处（图一四五，表三），聚落形态随之发生了巨大变化。调查显示，龙山聚落在各种环境地貌都有分布，不过，两处新兴的大型中心性聚落——北部的两城镇和南部的尧王城，却都位于或靠近于主要水系。根据陶片在地表上的分布，测算两个遗址的面积远远超出先前调查和发掘所确定的数据，两城镇遗址总面积为 256 万平方米，尧王城遗址更是超过了 300 万平方米。

早在 1936 年两城镇遗址首次发掘中就出土了龙山文化的精美玉器和陶器，其重要性从而为学术界所知晓。后来对该遗址所进行的多次调查和勘查，进一步证明了最初的推测。③对尧王城遗址的早期勘查也曾发现了精美遗物，并判断其面积约为 33 万平方米。④后来的发掘揭露出房屋基址、铜器炼渣和稻米等遗存，判断遗址面积超过 50 万平方米。⑤

根据遗址面积大小，可将本地区龙山时代的聚落分为四个等级（表三）。我们推测，具有行政职能的聚落是前三个等级，当时可能已出现国家组织。当然，这个推测还需要得到将来对不同等级聚

① 山东省博物馆：《一九七五年东海峪遗址的发掘》，《考古》1976 年第 6 期。

② Allard, F., 2000. *Mortuary ceramics and social organization in the Dawenkou and Majiayao cultures. Journal of East Asian Archaeology* 3(3-4):1-22; Underhill, A. Habu, J., 2006. *Early sedentary communities in East Asia: Economic and sociopolitical organization at the local and regional levels.* In: Stark, M. (Ed.), *An Archaeology of Asia.* Blackwell Publishers, Malden, MA, pp. 121-148; Fung, C., 2000. *The drinks are on us: Ritual, social status, and practice in Dawenkou burials, north China. Journal of East Asian Archaeology* 2(1-2):67-92；张学海：《城子崖与中国文明》，张学海主编：《纪念城子崖遗址发掘 60 周年国际学术讨论会文集》第 13 ～ 25 页，齐鲁书社，1993 年。高广仁、邵望平：《海岱文化与齐鲁文明》第 84 ～ 103 页，江苏教育出版社，2005 年。栾丰实：《日照地区大汶口、龙山文化聚落形态之研究》，张忠培、许倬云主编：《中国考古学跨世纪的回顾与前瞻》，科学出版社，2000 年。

③ 高广仁：《山东日照两城镇遗址的发掘及其学术价值》，收入《海岱区先秦考古论集》第 162 ～ 171 页，科学出版社，1995 年。栾丰实主编：《两城镇遗址研究》第 185 ～ 195 页，文物出版社，2009 年。

④ 山东省文物管理处：《日照县两城镇等七个遗址初步勘查》，《文物参考资料》1955 年第 12 期。

⑤ 临沂地区文管会：《日照尧王城龙山文化遗址试掘简报》，《史前研究》1985 年第 4 期。中国社会科学院考古研究所：《尧王城遗址第二次发掘有重要发现》，《中国文物报》1994 年 1 月 23 日。

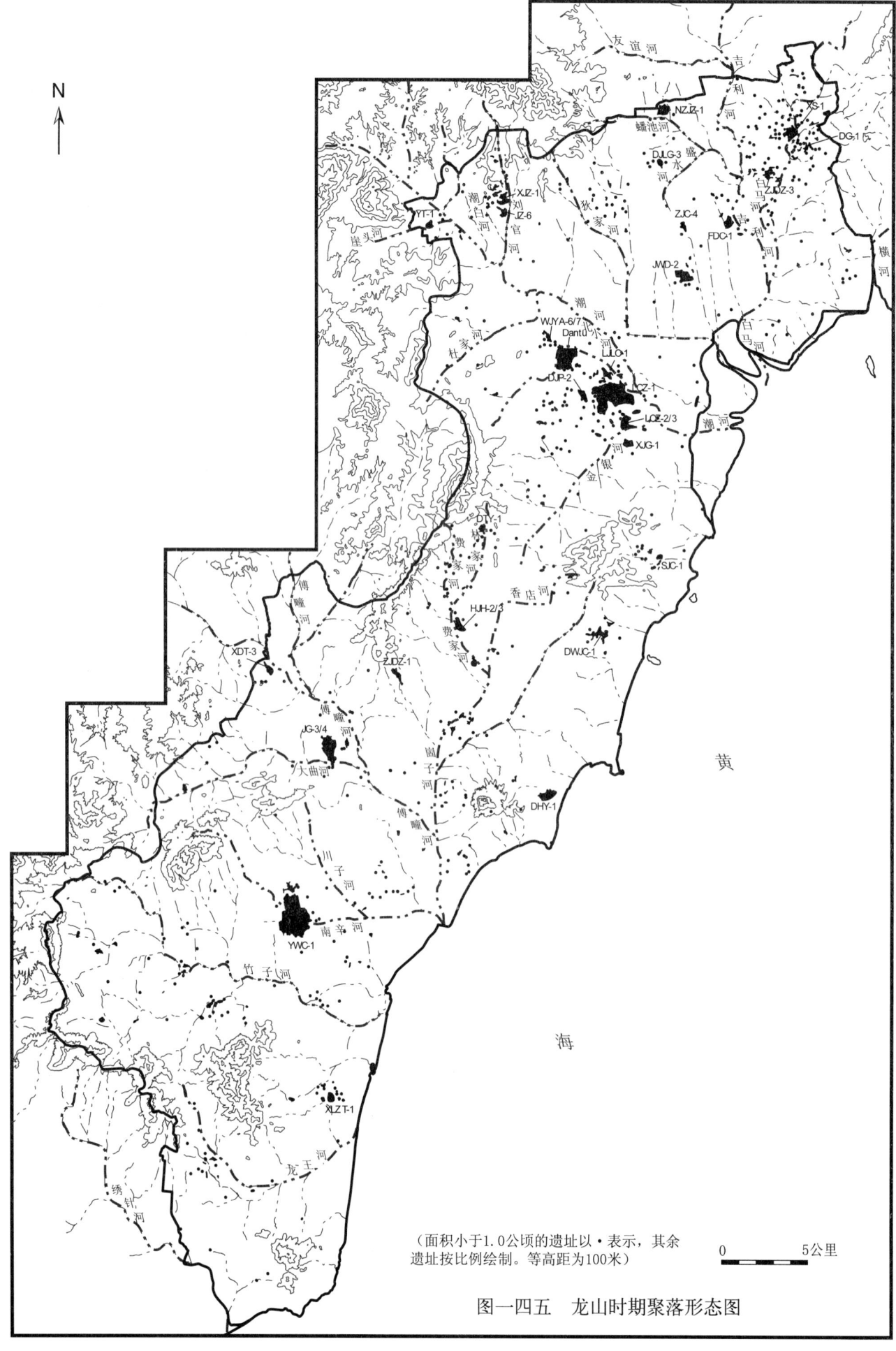

N

友谊河

吉利河

NZJZ-1
蟠池河
XS-1
DG-1
DJLG-3
盛水河
白马河
XJZ-1
刘官河
潮白河
ZJDZ-3
XJZ-6
狄家河
ZJC-4
YT-1
FDC-1
吉利河
JMD-2
崔头河
WJYA-6/7
Dantu
潮
杜家河
LJLO-1
河
横河
白马河
DJP-2
LCZ-1
LQZ-2/3
潮河
XJG-1
金
银
河
DTY-1
横
SJC-1
费家河
香店河
博疃河
HJH-2/3
XDT-3
ZJDZ-1
费家河
DWJC-1
黄
博疃河
JG-3/4
大曲河
岚子河
DHY-1
博疃河
川子河
南辛河
YWC-1
竹子河
海
XLZT-1
龙王河
绣针河

（面积小于1.0公顷的遗址以·表示，其余
遗址按比例绘制。等高距为100米）

0   5公里

图一四五 龙山时期聚落形态图

表三　龙山遗址等级一览表

等级	遗址数量	面积（万米²）	总面积（万米²）	平均面积（万米²）	最近水源			环境地貌			海拔（米）	有薄胎黑陶的遗址			器类总数
					小溪	支流	干流	平原	过渡地带	山前地带		平均器物种类	数量	%	
I	2	272.5～367.5	640.0	320.0	0	1	1	2	0	0	15～18	20.0	2	100.0%	40
II	10	41.9～130.7	703.2	70.3	2	4	1	5	1	1	8～35	10.6	7	70.0%	106
III	20	10.0～32.6	382.6	19.1	12	3	4	11	2	6	4～65	8.2	12	60.0%	163
IV	504	0.1～9.6	571.3	1.1	286	73	76	261	21	153	2～106	1.9	57	11.3%	967
合计	536		2297.1		300	81	82	279	24	160					
IV	38	4～9.6	225.6												
V	111	1～3.9	227.7												
VI	355	0.1～0.9	118.0												
合计	504		571.3												

落的发掘来证实。但无论如何，有一点是非常清楚的，即龙山时代当地的区域社会组织发生了重大变化。

　　调查采集到的龙山文化的陶片有些可以细分为早、中、晚三期。龙山早期和中期共存的遗址约占龙山遗址总量的半数（46%），而这类遗址的面积比那些不可进一步分期的遗址普遍要大，占到了龙山时代遗址面积总数的92%（表四）。那些最大的遗址均发现有至少两个阶段（即龙山早期和中期）的遗存。采集到龙山晚期陶片的遗址只有13处，而这些遗址（包括散布在两城镇遗址的两处）往往是那些面积最大者。

　　聚落形态最为显著的变化——包括四层聚落等级的出现——发生于龙山时代早期（图一四六，表五），其中位于最顶层的是尧王城和两城镇两处。尧王城是从大汶口晚期发展而来的，此时成为本

表四　龙山各期遗址数量与面积统计表

	遗址数量	遗址面积(万米^2)	平均面积(万米^2)
只见早期	95	140.1	1.5
只见中期	66	75.5	1.1
只见晚期	1	0.7	0.7
早、中期俱见	70	1320.7	18.9
早、中、晚期俱见	12	573.2	47.8
期别不明	292	186.9	0.6
合计	536	2297.1	

地区最大的中心。两城镇虽然不像尧王城那样有早期即大汶口文化的存在基础，但它与丹土遗址距离很近，而丹土在大汶口晚期是区域内面积最大者，此时成为仅次于两城镇的二级中心，该遗址出土有数量较多的精美玉器，显示了遗址的重要性。[①]尧王城和两城镇这两个主要中心最大的差别之处，在于它们周边次一级中心所代表的社会组织在性质上应该有所不同，也反映了这两个中心可能实行了不同的控制和组织策略。表现在聚落形态上，尽管尧王城遗址本身的面积要大些，但紧靠两城镇外围的聚落的分层却发展得更为充分。

　　从表中统计和聚落形态图来看，龙山中期遗址的数量出现了下降，而且遗址总的面积也有所减少（图一四七，表五），但根据对调查采集到的陶片所做的统计，龙山中期陶片的数量要多于龙山早期者（表六）。尽管我们不能将陶片的数量与人口数量之间直接划等号，但这些数据和聚落形态显示，龙山早期的社区人口相对分散，龙山中期的聚落内部结构可能更为紧密，反映了人口核心化程度的增强。超过半数（54%）的龙山早期遗址（它们大部分都很小）都只是单一阶段的遗址，没有延续到龙山中期（表四）。不过，在另一方面，日照地区的所谓"龙山中期"陶器存续时间似乎较龙山早期更长些，这一点在下面还要论及。

　　四层级聚落形态到龙山中期仍在延续，但此时属于第二和第三层级中心聚落的数量有所减少（图一四七，表五）。同时，两城镇的面积得到了充分扩大，再一次显示其核心化程度的加强。这一

---

① 杨波：《五莲县丹土遗址出土玉器》，《故宫文物月刊》第十四卷第二期，1996年。燕生东、高明奎、苏贤贞：《丹土与两城镇玉器研究》，山东大学东方考古研究中心编：《东方考古》第3集，第87～124页，科学出版社，2006年。

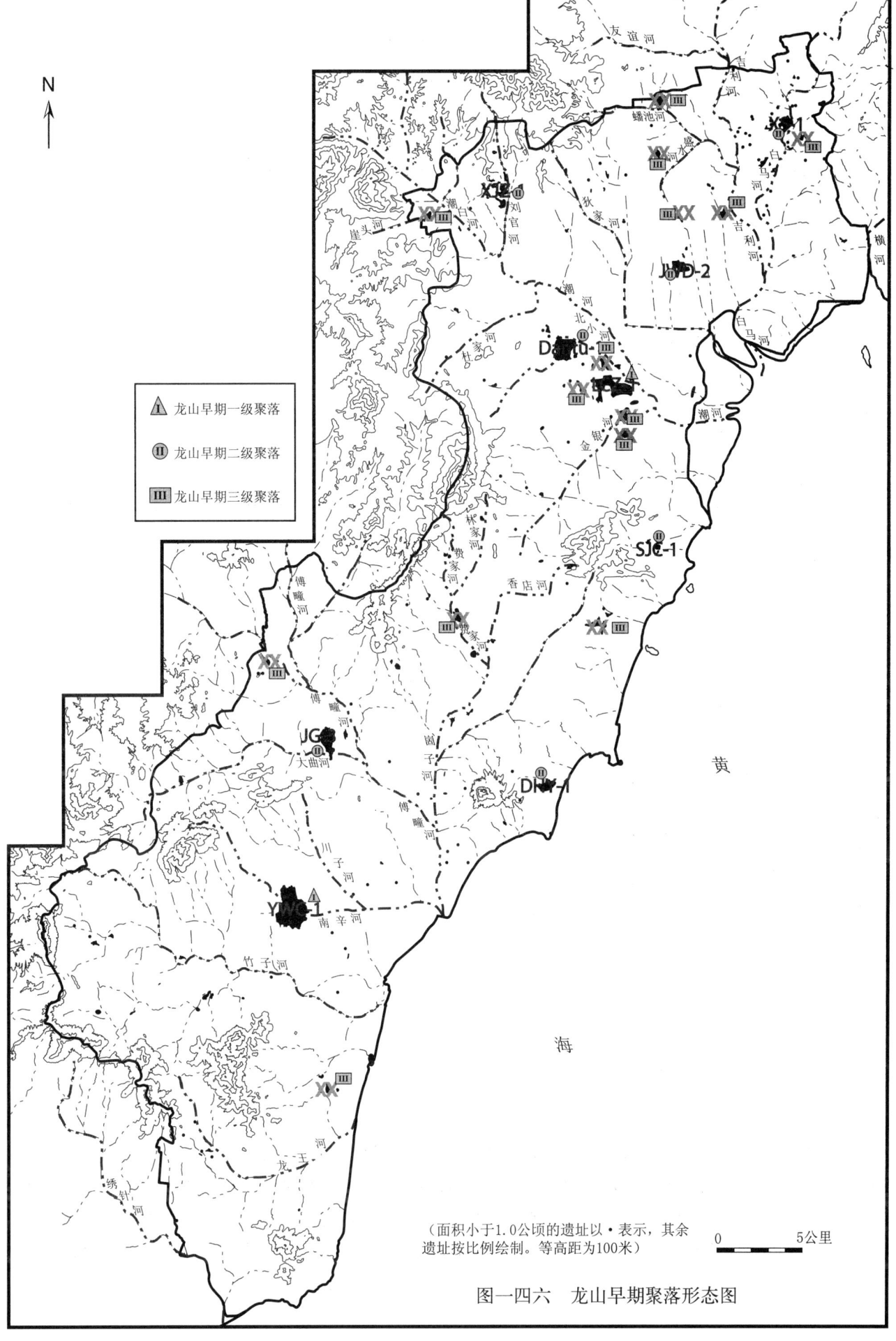

N

龙山早期一级聚落

龙山早期二级聚落

龙山早期三级聚落

（面积小于1.0公顷的遗址以·表示，其余
遗址按比例绘制。等高距为100米）

0   5公里

图一四六　龙山早期聚落形态图

表五　龙山各期遗址数量和等级统计表

龙山早期

等级	遗址数量	遗址面积（万米²）	总面积（万米²）	平均面积（万米²）	等级	遗址数量	遗址面积（万米²）	总面积（万米²）	平均面积（万米²）
I	2	187.7 ～ 367.5	555.2	277.6	IV	27	4.7 ～ 11.7	206.8	7.7
II	7	51.0 ～ 130.7	562.4	80.3	V	57	0.96 ～ 4.3	137.3	2.4
III	15	13.9 ～ 41.9	353.8	23.6	VI	69	0.1 ～ 0.9	26.7	0.4
IV	153	0.1 ～ 11.68	370.8	2.4	合计	153		370.8	
合计	177		1842.1						

龙山中期

等级	遗址数量	遗址面积（万米²）	总面积（万米²）	平均面积（万米²）	等级	遗址数量	遗址面积（万米²）	总面积（万米²）	平均面积（万米²）
I	2	272.5 ～ 367.5	640	320.0	IV	25	4.2 ～ 10.0	152.2	6.1
II	5	39.9 ～ 130.7	361.4	72.3	V	48	1.0 ～ 4.1	106.4	2.2
III	13	12.0 ～ 29.2	266.7	20.5	VI	55	0.1 ～ 0.9	21.3	0.4
IV	128	0.1 ～ 10.0	279.9	2.2	合计	128		279.9	
合计	148		1548.1						

表六　龙山早、中期与西周、东周陶片统计表

龙山	陶片数量	总面积（万米²）	周代	陶片数量	总面积（万米²）
早期	2926	1842.1	西周	6490	1192.5
中期	3404	1548.1	东周	7778	2298.3
合计	20237	2297.1	合计	14722	2711.0
期别不明	13839		期别不明	454	
晚期	67				
龙山早/大汶口晚期	1	186.9		0.6	

推论可以得到两城镇遗址发掘和钻探结果的支持。新的资料显示，在大约100万平方米的聚落核心区内，龙山中期居址的密度是相当高的。[①] 种种迹象显示，龙山中期两城镇聚落的精英阶层对其邻近地区的控制权力有所加强，其周围人口的核心化程度也有明显提高。作为二级中心的丹土基本维持了原有规模，而原为四级聚落的两城镇 -2/3（即 DG-LCZ-2/3）增大为二级聚落，两城镇附近的三处

---

① 中美两城地区联合考古队：《山东日照市两城镇遗址1998 ～ 2001 年发掘简报》，《考古》2004 年第 9 期。

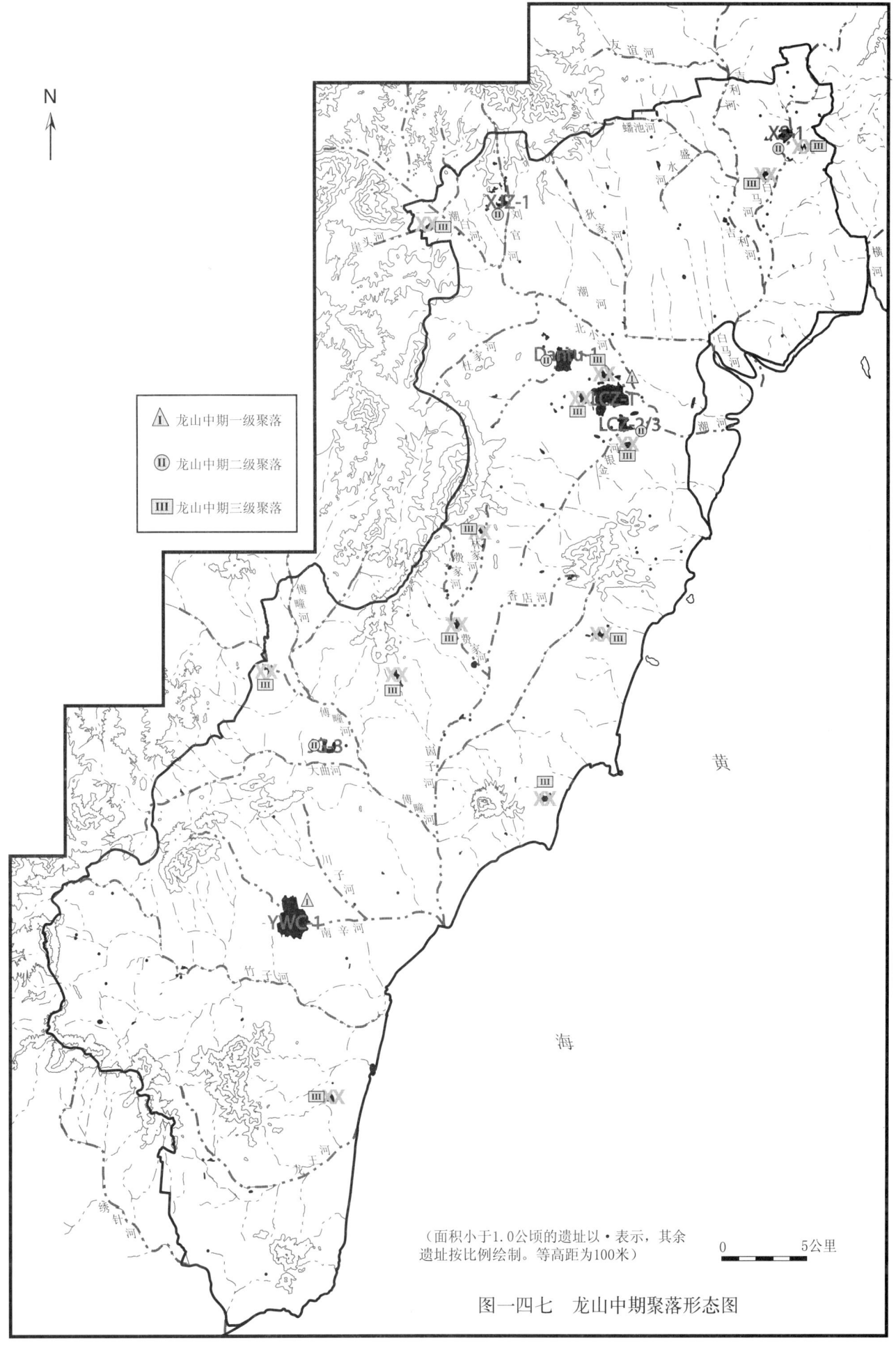

N

龙山中期一级聚落
龙山中期二级聚落
龙山中期三级聚落

（面积小于1.0公顷的遗址以·表示，其余
遗址按比例绘制。等高距为100米）

0   5公里

图一四七 龙山中期聚落形态图

三级中心大界牌 -2（DG-DJP-2）、相家沟 -1（DG-XJG-1）和梁家罗川 -1（JN-LJLC-1）在龙山中期也维持了原有规模和等级。

与此相应，两城镇等聚落面积的扩大是与其周围次级聚落中心面积的缩小同时发生的，从龙山早期到中期，17 处次级中心中只有 10 处维持了原有规模，其中只有 3 处面积出现了下降。

最大的变化表现在两城镇以北地区聚落中心的衰落，龙山早期属于二级中心的贾王墩 -2（JN-JWD-2）和相邻的 3 处三级中心凤墩村 -1（JN-FDC-1）、丁家柳沟 -3（JN-DJLG-3）和南张家庄 -1（JN-NZJZ-1）已退出了中心聚落名单。在调查范围内的两城镇西北地区，作为二级中心的夏家庄 -1（WL-XJZ-1）维持了其原有等级，但却失去了 1 处三级聚落即京庄 -6（WL-JZ-6）。这些小型聚落群的衰落，可能意味着本地区竞争对手的减少。再往东北方向，作为二级中心的西寺（JN-XS-1）和两处临近的两处三级中心张家大庄 -3（JN-ZJDZ-3）、大沟 -1（JN-DG-1）维持了其原有等级。考虑到其间的距离之远，它们与两城镇之间在政治上与经济上的联系和相互影响应该是比较薄弱的。

尧王城所在的南区聚落形态演变情况较难把握。第二级和第三级中心聚落的分布总是比较松散，而主要中心周围遗址的核心化程度也明显较低。尽管尧王城从龙山早期到中期都保持着其一统的规模和等级，但其对自身腹地的控制力度却在某种程度上呈现出下降趋势。在尧王城与两城镇之间的区域内，龙山早期有苏家村 -1（DG-SJC-1）、东海峪 -1（DG-DHY-1）和井沟 -3/4（DG-JG-3/4）3 个二级中心，到龙山中期时只有井沟一处维持了其原有级别，但其规模也有所缩小。东海峪缩小为三级聚落，而苏家村更是沦为普通聚落。不过，4 个三级聚落小戴疃 -3（LS-XDT-3）、黄家河 -2/3（DG-HJH-2/3）、东王家村 -1（DG-DWJC-1）和尧王城以南的西林子头 -1（DG-XLZT-1）在龙山中期维持了原有规模和等级；而在本区的西部，新出现了 2 处三级聚落，即张家大庄 -1（DG-ZJDZ-1）和大桃园 -1（DG-DTY-1）。从龙山早期到中期位于尧王城与两城镇之间二级和三级聚落在数量和位置上的变化，应该反映了地区间政治力量的整合。

龙山早、中期鲁东南地区社会政治组织形式如何？我们初步推测，龙山早、中期的尧王城和两城镇是两处政治上相互独立而文化上又有密切联系的区域政体。位于二者之间的河山山脉不但是自然地理上的分水岭，同时也是两个政体之间的"缓冲区"（Buffer Zone）。这个界线位于大桃园 -1（DG-DTY-1）与黄家河 -2/3（DG-HJH-2/3）之间（图六）。上文提到的南北两区之间二级和三级中心的整合，或许表明这一缓冲地带也是竞相争夺的区域。在世界其他地区社会复杂化进程中，也存在着这种政体之间的缓冲区，例如墨西哥的瓦哈卡谷地。[1] 另外，两城镇与尧王城之间大约相距 34 公里，这也可以与其他地区史前时代晚期政治组织作一对比。哈利（Hally）根据北美地区历史时期的例子，认为在密西西比酋邦社会里，区域中心距边界的距离大约是 20 公里。[2]

两城镇和尧王城周围聚落形态上的差异也有助于说明它们分属于两个独立的政体。它们每一个政体在聚落形态上都呈现出四个层级的分布，而且都是在龙山早期快速发展起来的。如上所述，与两城镇相比，尧王城及其次一级中心的形成时间略早，而衰落时间也较早。二者在聚落形态上的差异显示出贵族统治策略方面存在差异。

正如布兰顿（Blanton）所指出的，主要中心与次要中心的空间位置关系能够显示出该地区在政

① Blanton, R., Feinman, G., Kowalewski, S., Nicholas, L., 1999. *Ancient Oaxaca: The Monte Albán State*. Cambridge University Press, New York.

② Hally, D., 1999. *The settlement pattern of Mississippian chiefdoms in northern Georgia*. In: Billman, B., Feinman, G. (Eds.), *Settlement Pattern Studies in the Americas: Fifty Years Since Virú*. Smithsonian Institution Press, Washington, D.C.,pp.96-115.

治和经济组织方面的重要内容。[①]龙山早期和中期，两城镇地区聚落形态的核心化现象是显而易见的，这可被看作是贵族精英阶层为了加强对人力和物资资源（原料和产品）控制的结果。对于古代的政治组织而言，这一点是至关重要的。司德玻尼蒂斯（Steponaitis）曾指出，当二级中心与主要中心在地理上接近时，其主要目的是为了提高人力和物质的传输效率。[②]两城镇与其最为靠近的二级中心丹土遗址，其间的距离不超过 2 公里。类似这种围绕主要聚落而形成的中心聚合现象，意味着它们之间存在着相互依赖的关系。特里格（Trigger）曾注意到古王朝时期的埃及也存在类似情况。[③]对人力和物资资料的控制在我国青铜时代早期也同样存在。殷墟甲骨文显示，对农业和手工业生产者的控制，是商王朝始终关心的问题。[④]

对于两城镇和尧王城这两个区域中心而言，控制劳动力的主要目的应该是城墙和大型建筑的修筑、环壕的疏浚以及农田水利设施等公共建筑的修建和维护等。如前所述，最早一批规模性的移民是已经过着定居农耕生活的人群，他们具备了从事土木工程和农业生产的能力。两城镇遗址的发掘揭露出连续在同一区域建造的分布密集的房址[⑤]和分属于龙山时期不同阶段的三道环壕；[⑥]植桂体分析显示，龙山时代两城镇遗址附近有充足的水域，具有适宜水稻生长的局域环境；[⑦]浮选结果表明，稻作农业在当时的经济生活中占有更加重要的地位。[⑧]水稻种植以及聚落内部的生活用水，都需要对水利的管理。作为防御设施的三道环壕都与聚落东北部的河流直接连通，也可能具有调节水利和稻田灌溉的功能。居住区选择在地势较高的西北部，一般建筑在厚厚的垫土之上，应该是出于防水防潮的需要。

从尧王城遗址的地理形势来看，似乎更具有水利系统存在的理由。此地位于调查区域的南部，气候更为湿润，水源也更加充沛，至今此地的水稻种植仍远远多于北部，是当地主要水稻产区。水利的控制与利用需要对劳动力的统一管理，其组织方式应该是以血族关系为纽带而组成的协作式生产。

两城镇周围二级中心的空间分布形态也显示，这样的分布显然有利于各类资源向主要中心的流入。龙山早期在两城镇所能直接发挥影响的区域范围内，二级中心的分布是相当有规律的。尤其是东北部，两城镇距离贾王墩大约 7 公里，与西寺相距约 16 公里。在龙山时代中期，当两城镇的精英阶层进一步巩固其统治地位时，位于北部的这两个二级中心明显地衰落下来了，贾王墩遗址规模大大缩小了，而更远的西寺遗址面积也有所减小。

龙山早期位于两城镇以南但又处于缓冲区以北的另一个二级聚落中心苏家村 -1（DG-SJC-1），可

① Blanton, R., 2004. *Settlement pattern and population change in Mesoamerican and Mediterranean Civilizations: A comparative perspective*. In: Alcock, S., Cherry, J. (Eds.), *Side-by-Side Survey: Comparative Regional Studies in the Mediterranean World*. Oxbow Press, Oxford, pp. 206-240.

② Steponaitis, V., 1981. *Settlement hierarchies and political complexity in nonmarket societies: The Formative period of the Valley of Mexico*. *American Anthropologist* 83:320-365.

③ Trigger, B., 2004. *Understanding Early Civilizations. A Comparative Study*. Cambridge University Press, New York.

④ Keightley, D., 1999. *The Shang: China's first historical dynasty*. In: Loewe, M., Shaughnessy, E. (Eds.), *The Cambridge History of Ancient China*. Cambridge University Press, New York, pp. 232-291; Underhill, A., Fang, H. 2004. *Early state economic systems in China*. In: Feinman, G., Nicholas, L. (Eds.), *Archaeological Perspectives on Political Economies*. University of Utah Press, Salt Lake City, pp. 119-132. 中译本请见金汉波译：《商代国家的经济形态》，方辉主编：《聚落与环境考古的理论与实践》第 306 ～ 337 页，山东大学出版社，2007 年。

⑤ 中美两城地区联合考古队：《山东日照市两城镇遗址 1998 ～ 2001 年发掘简报》，《考古》2004 年 9 期。

⑥ 于海广：《山东日照两城镇遗址龙山文化围城遗迹的发现和发掘》，《东方考古》第 5 集，第 74 ～ 79 页，科学出版社，2008 年。

⑦ 靳桂云等：《山东日照市两城镇遗址土壤样品植桂体研究》，《考古》2004 年第 7 期。

⑧ 凯利·克劳福德等：《山东日照市两城镇遗址龙山文化植物遗存的初步分析》，《考古》2004 年第 9 期。英文见：Crawford, G., Underhill, A., Zhao, Z., Lee, G., Feinman, G., Nicholas, L., Luan, F., Yu, H., Fang, H., Cai, F., 2005. *Late Neolithic plant remains from northern China: Preliminary results from Liangchengzhen, Shandong. Current Anthropology* 46(2):309-316.

能也承担着向两城镇提供物质的功能。龙山中期位于西南方的新出现的三级聚落中心大桃园 -1（DG-DTY-1），也可能担当着同样的角色。

我们曾经根据前 5 年的调查资料，揭示出北部地区的聚落形态有明显成群分布的特点，而二级中心和三级中心的间距，则显现出"蜂窝式"（nested）控制层级。这些聚落群大小虽有不同，但都是以一处二级或三级聚落为主形成两级或三级的内部分层。例如，最为东北部的西寺 -1（JN-XS-1）从地理位置上连接着两个三级中心大沟 -1（JN-DG-1）和张家大庄 -3（JN-ZJDZ-3），其间的距离均在 5.5 公里的范围以内。而且，许多三级聚落的外围则分布着若干小型遗址，正像若干二级中心周围绕以三级聚落一样。

北部地区自然景观的某些特征，显示出作为主要中心的两城镇聚落既易于吸纳周围聚落的人力和物资资源，也便于向它们供应某些物资。两城镇遗址坐落在该区域主要河流上，而大部分二级中心或位于主要河流，或者是其支流之上（表三）。无论是山区还是平原地区，几个二级中心所处的位置显然也是出于易于获得三级聚落的各类资源而设置的。

与此不同，以尧王城为中心的南部地区在聚落形态上则呈现出相对分散的状态。在尧王城精英阶层所易于掌控的范围内，几乎没有可以划归为二级的中心性聚落。考虑到井沟（龙山早、中期）和东海峪（龙山早期）这两处二级中心距离尧王城都在 8 公里以上，可以认为该区域的社会精英采取了与两城镇聚落不同的控制策略。能够显示小区域内部分层的聚落群数量也要少些，包括内部层级比较清楚的井沟聚落群在内。靠近东部的二级中心东海峪，鉴于其与其他三级中心的距离之远，也很难说它们之间存在着直接隶属关系。

尧王城区域的自然环境有利于人力和物资的流动。尧王城、井沟和三级聚落东王家村 -1（DG-DWJC-1）都靠近主要河流或其支流。鉴于区域内次级中心分散、主要中心周围遗址核心化程度较低，推测设想中的尧王城政体其内部的整合程度要低于两城镇所领属的地区。

陶器分布的差异能够为区域内精英阶层的统治策略提供有用的信息。在墨西哥[①]和世界其他地区，生活于中心聚落中的人们所使用的器物种类要复杂些。在我们所调查的区域，两城镇和尧王城这两个主要中心聚落所采集到的陶器种类最多（表三），其中包括那些高劳动含量的贵族奢侈品如蛋壳黑陶高柄杯和薄胎磨光黑陶杯等。陶器种类的复杂性和多样性在两个遗址以往的发掘资料中也有体现。属于二级中心的遗址中器物种类达到了 8 ～ 15 种，平均为 10.6 种，仅次于主要中心。

平均说来，层级较低的三级和四级聚落上采集到的陶器种类的多样化程度也较低，其中大多数遗址陶器种类在 8 种以下，而且许多四级聚落只有一两种而已。不过，个别的此类遗址也能够见到多达 11 种之多的陶器种类，明显多于其他同类遗址，例如，地处南部地区的三级聚落西林子头共采集到多达 15 种的陶器。此外，泥质磨光黑陶主要发现于主要中心和二级中心，但也并非这个等级的聚落所独有，它们在几个小型遗址上也有发现（表三）。这些出土泥质磨光黑陶的小遗址大都分布在以两城镇为中心的北半部，尤其是其东北部。在南部，西林子头遗址陶器种类不同寻常的多样性，暗示着聚落的重要性有时不能仅凭遗址面积来确定。位于尧王城以南的西林子头遗址，从其与尧王城的距离上来讲与南部地区其他二级聚落如东海峪 -1（DG-DHY-1）和井沟 -3/4（LS-JG-3/4）相若，加之其陶器种类的多样化，因此，可以认为该聚落与其他几个二级聚落在功能上应是相同的。

据初步调查（包括向那些对陶土分布有着丰富经验的当地陶匠进行咨询），烧制黑陶所必需的陶

---

① Feinman, G., Kowalewski, S., Blanton, R., 1984. *Modeling archaeological ceramic production and organizational change in the pre-hispanic Valley of Oaxaca, Mexico*. In: van der Leeuw, S., Pritchard, A. (Eds.), *The Many Dimensions of Pottery*. CINGVLA VII, Albert Egges Van Giffen Institute for Pre-and Proto-history, Amsterdam, pp. 295-334.

土原料并非随处可得，而这种陶土在两城镇遗址附近就有分布。可以推测，那些在两城镇外围聚落上发现的泥质磨光黑陶。可能是作为礼品从两城镇聚落的权贵们手中获得的。作为回报，两城镇的权贵阶层从对方手中得到的是稀有物品、劳动力乃至战争中的效忠。为了维持和加强其政治网络，我们推测龙山时代的权贵阶层采取这种政治策略是完全可能的。我们正在进行的一项研究，是关于两城镇聚落是否曾经作为贵族产品（如高端陶器）的生产地问题。如果可行，这一研究也可以推广到尧王城所在区域。

两城镇和尧王城作为两个主要区域中心，对其外围社区、尤其是临近社区应该负有某些义务和责任。居住在这两个区域中心的权贵们可能借助其祖先的威望，以及对其下属领地提供精神和实际性保护的承诺，使自己的权力得以合法化。围绕着龙山时代其他区域中心所存在的这类争论由来已久。不难看出，两城镇和尧王城就是各自所在地区的宗教礼仪中心。两城镇遗址发掘中出土了许多反映了宴饮活动的大型陶器，并检测到米酒遗存的存在。[①]不少证据表明，在稍后的历史时期，宴饮活动是统治者为了维持与其他权贵集团和公众的关系所采取的重要策略，其目的是为了获得周边村镇所提供的劳动力和其他各类资源。[②]

在我们的调查区域内，尤其是两城镇周围，聚落的核心化昭示着社区之间互动的增强。这种互动不仅仅是发生在精英阶层，似乎也存在于不同家族之间。若干个聚落群的分立既有利于它们之间的协作，同时也强化了它们之间的竞争关系。正像所指出的，地区性聚落的核心化意味着城市化的产生，这部分地归因于为了促进家族间的合作所做的努力。[③]在我国新石器时代晚期和青铜时代早期，血缘集团（kin groups）、尤其是血亲集团（descent groups）的合作关系，构成了重要的经济和社会关系网络。这可从青铜时代相关历史文献中得到清楚的表述。例如，商代的军事组织和手工业组织单位往往以"族"为单位。[④]这种手工业生产组织在我国西南地区陶器生产中直到今天仍然可以看到。在那些具有陶土资源的地区，陶器生产往往是由若干个血缘家庭所进行的。[⑤]

同时，调查所揭示的至少部分同时共存的两个区域中心、三级行政组织、以分散的聚落群为代表的小型聚落分层等，显示出龙山时代的鲁东南沿海地区较之其他地区在社会结构上呈现出更加复杂的态势。以遗址群为代表的某些小区相对说来更加易于受到自然地理（如山脉等）的制约。这一组织结构无疑便于向两个区域中心、尤其是两城镇，输送劳动力和食物等资源。

有学者对我们最初 5 年、面积约为 400 平方公里的调查结果进行了研究，鉴于面积庞大的两城镇遗址与周围其他遗址形成鲜明对比，[⑥]研究者认为两城镇所在区域经过了高度整合。研究者还指

① 麦戈文、方辉、栾丰实、文德安、王辰珊、蔡凤书、格里辛·霍尔、加里·费曼、琳达·尼古拉斯：《山东日照市两城镇遗址龙山文化酒遗存的化学分析——兼谈酒在史前时期的文化意义》，《考古》2005 年第 3 期。

② Dietler, M., 1996. *Feasts and commensual politics in the political economy: Food, power and status in prehistoric Europe.* In: Wiessner, P., Schiefenhovel, W. (Eds.), *Food and the Status Quest: An Interdisciplinary Perspective.* Berghahn Books, Oxford, pp. 87-125; Dietler, M., 2001. *Theorizing the feast: Rituals of consumption, commensal politics, and power in African contexts.* In: Dietler, M., Hayden, B. (Eds.), *Feasts.* Smithsonian Institution Press, Washington, D.C., pp. 65-114.

③ McIntosh, R., 2005. *Ancient Middle Niger: Urbanism and the Self-Organizing Landscape.* Cambridge University Press, New York.

④ 郭宝钧：《中国青铜器时代》第 45 页，三联书店，1963 年。 Chang, K.C., 1980. *Shang Civilization.* Yale University Press, New Haven.

⑤ Underhill, A., 2003. *Investigating variation in organization of ceramic production: an ethnoarchaeological study in Guizhou, China. Journal of Archaeological Method and Theory* 10(3):203-275.

⑥ Liu, L., 2000. *The development and decline of social complexity in north China: some environmental and social factors.* In: Bellwood, P., Bowdery, D., Allen, J., Bacus, E., Summerhayes, G. (Eds.), *Indo-Pacific Prehistory: The Melaka Papers,* Volume 4. Bulletin 20, Indo-Pacific Prehistory Association, Australian National University, Canberra, pp. 14-34; Liu, L., 2004. *The Chinese Neolithic: Trajectories to Early States.* Cambridge University Press, Cambridge; Liu, L., Chen, X., 2006. *Sociopolitical change from Neolithic to Bronze Age China.* In: Stark, M. (Ed.), *The Archaeology of Asia.* Blackwell Press, Malden, MA, pp. 149-176.

出，占有如此支配地位的中心性聚落代表的是暂时性的地区稳定和整合，而当位于河南的二里头古国崛起后，这些古国便紧跟着走向衰落。我们则认为，要对日照地区龙山时代社会政治整合程度做出评估，需要从多个因素加以考量。

空间范围是尤其需要考虑的因素。首先，随着调查区域的扩展，我们发现鲁东南沿海地区可能存在着两个区域中心，而非一个。两城镇与尧王城之间的关系可能也处在波动之中，有时是竞争关系，而在其他时候则可能又有联合。其次，正像我们已经注意到的，代表着两个政治主体的两城镇与尧王城，其内部在聚落形态上存在着显著差别。第三，龙山时代生活于最北部地区的聚落群与两城镇中心聚落的关系尚不明朗，考虑到其间的距离，其整合程度应该不会太高。像距离最远的西寺聚落群，可能部分地享有自治权。第四，与海岸线大致平行，有一条由一、二级聚落组成的路上交通线路。这条线路从大汶口文化晚期便已初露端倪，至龙山早中期得以形成。这条贯通两城镇和尧王城两个盆地并进而向南北延伸的南北交通线，一直为历史时期乃至当下所延续。

有研究者认为，中国早期国家区域间整合程度是很高的。例如，通过考察二里头和早商时期手工产品（如石器）和某些资源（如食盐）的生产与远距离流通，有学者认为当时存在着高度整合的国家疆域。[①]我们认为，对这些地区应该做更多的全覆盖式调查，以期发现更多的遗址群，为探讨精英控制策略提供更多的可能性阐释。对于揭开二里头与偃师商城二者之间的关系，这种方法也应该同样有用。即使在一个稳定发展的国家政体内，主要中心与周边次一级中心之间的政治和经济关系有时也是不稳定的。[②]即使到了晚商时期，聚落之间的关系也还是如此。甲骨文显示出安阳的王朝统治者与周边人群的关系就相当不稳定。他们有时联合，有时则处于敌对状态。[③]

四 龙山文化晚期至商时期区域内政治体系的衰落与早期青铜时代

调查中发现的可以判断为属于龙山晚期、岳石和商代的陶片数量非常少。在 15 处属于龙山晚期的遗址中，有 5 处位于两城镇所在的北半部，而且大多都靠近两城镇（图一四八）。即使在一些较大的遗址上，采集到的龙山晚期的陶片数量也很少。尽管这些遗址继续呈现出四个层级的等级，但龙山晚期聚落形态所代表的含义，现阶段仍然难以得到满意的阐释。

同样，采集到岳石文化陶片的遗址数量也很少，只有 19 处。这些遗址广泛分布于调查区域内，但南部地区分布更为广泛（图一四八）。有 5 处遗址发现有文化层堆积且包含较多陶片，即西寺 -1（JN-XS-1）、王石头 -1（WL-WST-1）、秦家官庄 -1（DG-QJGZ-1）、罗川沟 -1（LS-LCG-1）和沟洼 -1（LS-GW-1）。上述遗址散布于调查区域之内，但大多数遗址面积都非常小。

陶片分布面积最大的岳石文化遗址是位于东北部的西寺遗址，面积达到 9 万平方米，此外再没

① Lee, Y., 2004. *Control strategies and polity competition in the lower Yi-Luo valley, north China. Journal of Anthropological Archaeology* 23:172-195; Liu, L., Chen, X., Lee, Y., Wright, H., Rosen, A., 2004. *Settlement patterns and development of social complexity in the Yiluo region, north China. Journal of Field Archaeology* 29:75-100. 中文请见陈星灿、刘莉、李润权、华翰维、艾琳：《中国文明腹地的社会复杂化进程——伊洛河地区的聚落形态研究》，《考古学报》2003 年第 2 期。Liu, L., Chen, X., 2001b. *Cities and towns: The control of natural resources in early states, China. Bulletin of the Museum of Far Eastern Antiquities* 73:5-47; Liu, L., Chen, X., 2003. *State Formation in Early China*. Duckworth Press, London.

② Lee, Y., 2002. *Building the chronology of early Chinese history. Asian Perspectives* 41(1):15-42; Lee, Y., 2004. *Control strategies and polity competition in the lower Yi-Luo valley, north China. Journal of Anthropological Archaeology* 23:172-195.

③ 林沄：《甲骨文中的商代方国联盟》，《古文字研究》第 6 辑，中华书局，1982 年。Underhill, A., Fang, H. 2004. *Early state economic systems in China*. In: Feinman, G., Nicholas, L. (Eds.), *Archaeological Perspectives on Political Economies*. University of Utah Press, Salt Lake City, pp. 119-132. 中译本请见金汉波译：《商代国家的经济形态》，方辉主编：《聚落与环境考古的理论与实践》第 306 ～ 337 页，山东大学出版社，2007 年。

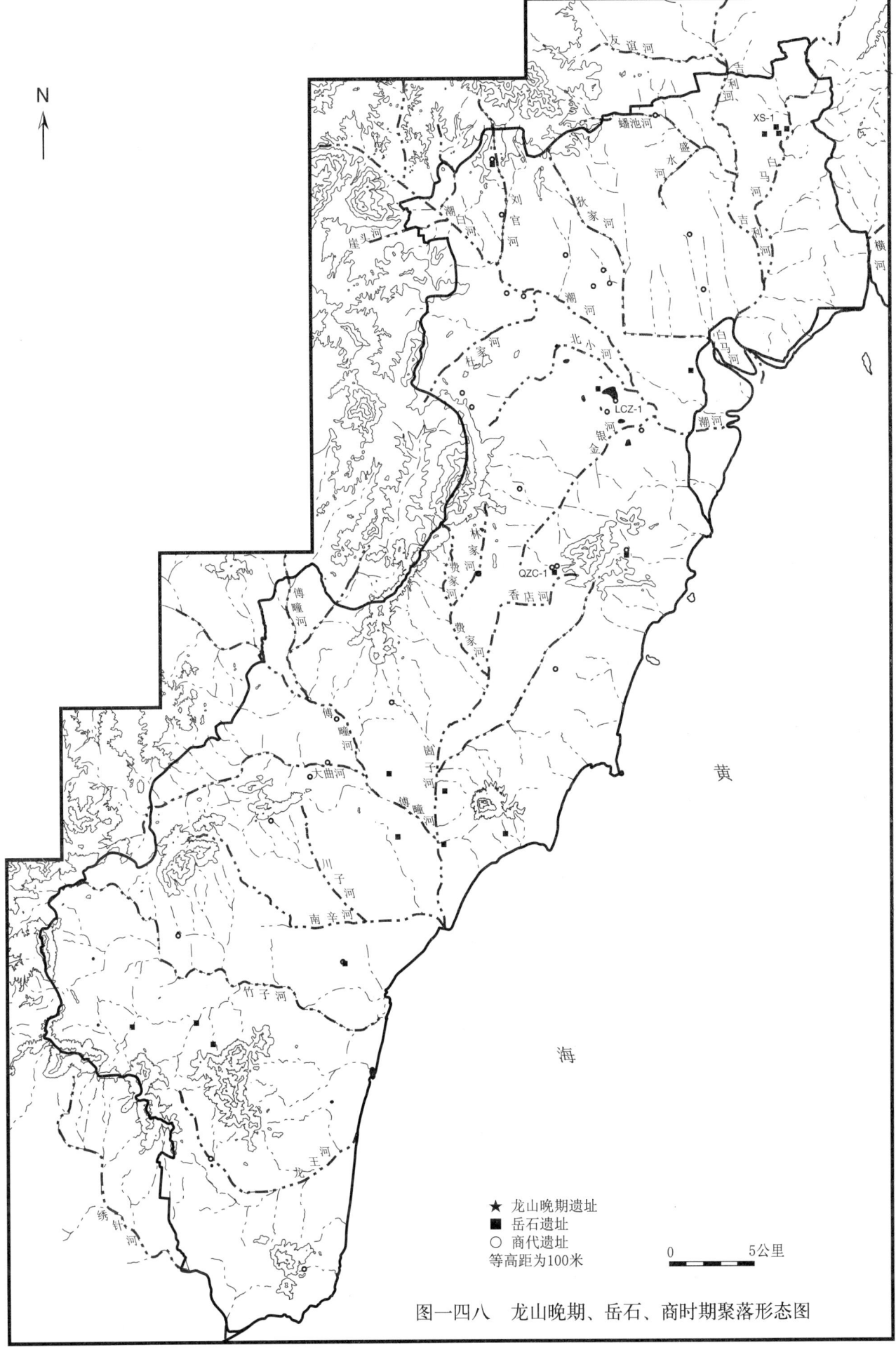

N

XS-1

LCZ-1

QZC-1

黄

海

★ 龙山晚期遗址
■ 岳石遗址
○ 商代遗址
等高距为100米

0 5公里

图一四八 龙山晚期、岳石、商时期聚落形态图

有任何一处面积超过 2.5 万平方米者，或者更小。岳石文化分布于山东及其邻近地区，一般被解释为是与二里头文化晚期和二里岗期商文化共存、分布于东方地区的古族古国所创造的考古学文化。[①]鉴于我们调查区域内所发现的岳石遗址非常稀疏，遗物也非常稀少，上述解释是否适用于本地区，尚未可知。

山东东部地区商代考古学文化面貌目前尚不十分明朗。无论是历史文献还是考古资料，都表明二里岗所代表的早商与殷墟所代表的晚商，其权力中心都位于以河南为中心的中原地区。大约在二里岗阶段，大辛庄作为东方地区的一个中心出现并一直延续到晚商阶段，从出土遗物、尤其是甲骨卜辞看，可能是商代在东方的殖民点。[②]山东地区晚商阶段的主要遗址还有青州苏埠屯和滕州前掌大等。[③]根据历史文献与考古资料，商代晚期商王朝曾着力向东扩展，这一地区的海盐等资源可能是商王朝东扩的原因之一。[④]苏北地区也曾发现过晚商乃至早商阶段的商文化遗存。[⑤]但截止到目前为止，鲁中沂蒙山腹地和鲁东南沿海一带似乎尚不在商王朝的控制范围之内。调查中发现有商代遗址31 处，包括两城镇和前竹村 -1（DG-QZC-1）发现有商代陶片的零星分布。但所有这些遗址都没有发现确凿的商代文化层堆积，其面积都在 2.5 万平方米以下，半数以上不足 1 万平方米，而且迄今没有发现任何可疑称为奢侈品的遗物如青铜器等，甚至没有一处遗址发现文化层或较为集中的陶片，这一点连岳石文化都不如。显然，这一区域属于商文明的"化外"之地。

我们推测，以鲁西地区龙山晚期和早期青铜时代文化遗存所建构的陶器组合，抵达鲁东南地区可能存在着一个时间差。与山东西部与北部地区相比，具有龙山中期文化特征的陶器在相对独立的鲁东南沿海地区延续的时间要长些。也就是说，鲁东南地区龙山中期走向衰落的发生时间要晚于鲁西地区。此外，鲁西地区龙山晚期、岳石和商代器物组合，在我们所调查的鲁东南沿海地区可能只是局部的、非连续性分布。在这一地区，龙山晚期、岳石和商代三个阶段的遗存在分布上只有很少的重叠（图一四八）。这一问题的最终解决，需要对跨越若干阶段的遗址进行发掘，并收集测年标本进行测年。现阶段我们只能说，本地区人口规模在龙山晚期跌入低谷，直到西周时期才出现回升。[⑥]

五　西周与东周：外来国家力量的蚕食

鲁东南沿海地区西周、东周时期的聚落形态与龙山晚期至商时期相比差别明显（图一四九）。西周时期，人口向层级较低的小型遗址上分散，这种趋势到东周时期得到进一步强化（图一五○、图一五一，表七、表八）。西周时期，无论是尧王城还是两城镇，都不再是本区域的主要中心，其聚落本身及其周围人口的核心化程度也都有所下降。此外，西周和东周时期出现了更多的区域中心。根据前五年的调查结果，我们曾经把整个周代的聚落形态划分为三个层级。在接下来的八年间，我们

① 方辉：《岳石文化的分期与年代》，《考古》1998 年第 4 期。

② 山东大学东方考古研究中心等：《济南市大辛庄遗址出土商代甲骨文》，《考古》2003 年第 6 期。《济南市大辛庄商代居址与墓葬》，《考古》2004 年第 7 期。

③ 方辉：《商王朝对东方的经略》，收入《海岱地区青铜时代考古》第 308 ~ 323 页，山东大学出版社，2007 年。陈雪香：《山东地区商文化聚落形态演变初探》，《华夏考古》2007 年第 1 期。

④ 方辉：《商周时期鲁北地区海盐业的考古学研究》，《考古》2004 年第 4 期。

⑤ 韩明芳：《江苏盐城市龙岗商代墓葬》，《考古》2001 年第 9 期。南京博物院：《江苏沭阳万北遗址新石器时代遗存发掘简报》，《东南文化》1992 年第 2 期。

⑥ 方辉：《日照两城地区聚落考古：人口问题》，《华夏考古》2004 年第 2 期。英文见：Fang, H., Feinman, G., Underhill, A., Nicholas, L., 2004. *Settlement pattern survey in the Rizhao area: A preliminary effort to consider Han and pre-Han demography. Indo-Pacific Prehistory Association Bulletin* 24:79-82.

表七　周代遗址等级一览表

等级	数量	面积（万米²）	总面积（万米²）	平均面积（万米²）	最近水源			环境地貌			海拔（米）	平均器物种类	器类总数
					小溪	支流	干流	平原	过渡地带	山前地带			
I	3	138.7 ~ 241.4	606.7	202.2	0	1	1	1	1	0	15	7.0	21
II	10	33.0 ~ 110.0	636.6	63.7	3	4	0	5	0	2	4 ~ 70	5.3	53
III	17	11.2 ~ 28.1	276.3	16.3	25	7	6	20	6	12	2 ~ 65	4.1	70
IV	1198	0.1 ~ 7.0	1191.4	1.0	707	156	119	508	36	438	2 ~ 135	1.5	1793
未明	1	?	?			1		1					
合计	1229		2711.0		735	169	126	535	43	452			
IV	65	4.4 ~ 9.9	412.6										
V	239	1.0 ~ 4.3	483.4										
VI	894	0.1 ~ 0.97	295.4										
合计	1198		1191.4										

表八　西周与东周遗址数量与面积统计表

	数量	遗址面积（万米²）	平均面积（万米²）
只有西周	222	132.1	0.6
只有东周	705	599.8	0.9
西周东周共有	241	1948.9	8.1
不确定者	61	30.1	0.5
合计	1229.0	2711.0	

发现了更多的、超过百余处的周代遗址。根据新的资料，现在可将西周和东周时期的聚落形态均划分为四个层级（表九）。而且，从西周到东周时期区域内社会政治组织的变化也可据此观察得到。表九提供的是经重新计算过的西周至东周时期主要中心、二级中心和三级中心聚落变迁的信息。

西周时期，鲁东南沿海地区区域组织与龙山中期颇为不同。在上次的报告中我们认为，西周时期的尧王城和两城镇尽管各自的面积比龙山时代要小些，但它们仍然是面积最大者，因此推测它们为主要中心。但经过接下来几年的调查与分析，我们发现另外两处面积更大的聚落，二者构成了调查区域内两处主要中心。其一是南部的辛留-1（LS-XL-1），位于尧王城以西；其二是前竹村-1（DG-QZC-1），位于龙山时代曾经是缓冲区的稍南区域（图一五〇），而尧王城与两城镇则降为二级中心。不过，这些中心聚落仍然没有达到龙山时代两城镇和尧王城的规模。其聚落形态也更为分散，新的中心更可能被当做旧有中心的对手。两个新的主要中心与龙山时代完全不同，无一例外地选择在了易守难攻的地理位置。总之，与龙山时代相比，西周时期所有中心性聚落，尤其是大型聚落，在地

表九　西周与东周遗址等级一览表

西周

等级	遗址数量	遗址面积（万米²）	总面积（万米²）	平均面积（万米²）	等级	遗址数量	遗址面积（万米²）	总面积（万米²）	平均面积（万米²）
I	2	110.0～129.3	239.3	119.7	IV	25	4.5～9.7	147.5	5.9
II	6	32.0～78.6	292.5	48.7	V	113	1.0～3.9	231.7	2.1
III	11	11.3～21.3	163.4	14.9	VI	305	0.1～0.97	118.2	0.4
IV	443	0.1～9.7	497.4	1.1	合计	443		497.4	
?	1								
合计	463		1192.5						

东周

等级	遗址数量	遗址面积（万米²）	总面积（万米²）	平均面积（万米²）	等级	遗址数量	遗址面积（万米²）	总面积（万米²）	平均面积（万米²）
I	3	134.3～241.4	595.9	198.6	IV	58	4.4～10.6	378.7	6.5
II	9	29.5～96.4	487.6	54.2	V	200	1.0～4.3	399.0	2.0
III	12	12.0～25.7	212.9	17.7	VI	663	0.1～0.97	224.2	0.3
IV	921	0.1～10.6	1002.0	1.1	合计	921		1002.0	
?	1								
合计	946		2298.3						

理景观上更为均匀地分散开来，而更多的小型聚落则分布于调查区域的西部边缘区。

　　与调查区域南部相比，北部从龙山时代开始，中心聚落在分布上就有更强的连续性。西周时期，西寺 -1（JN-XS-1）仍然是一处重要的二级中心，而贾王墩 -2（JN-JWD-2）再次跃升为二级中心。丹土保持了其中心地位，不过已经下降为三级聚落。三处龙山中期的三级聚落即大桃园（DG-DTY-1）、相家沟（DG-XJG-1）和大沟（JN-DG-1）此时保持了同等级别，而凤墩村（JN-FDC-1）上升为三级聚落，恢复到龙山早期的级别。这 5 处三级聚落均分布于更大的中心之间。

　　与此相反，在南部，大部分西周时期的二、三级聚落并未维持其在龙山中期的原有级别。在尧王城之外，新出现了两处二级聚落，即徐家村 -1 或崮河崖 -2（DG-XJC-1/GHA-2）和苗家村 -1（DG-MJC-1）。除了更靠北的黄家河（DG-HJH-1）以外，邻近龙山时代尧王城和两城镇之间缓冲地带的所有三级聚落均为新的遗址所取代，包括青墩 -5（DG-QD-5）、大土山 -5（LS-DTS-5）、郭家庄 -1（LS-GJZ-1）、东林子头 -8（DG-DLZT-8）和秦家结庄 -4（LS-QJJZ-4）。

　　西周和东周时期，位于山麓地带的遗址数量和所占比例有了明显增加（表七），这很可能反映了两周时期对各类山地资源开发所作努力的结果，也可能是出于防御的需要，或者这两种因素兼而有之。另外，有一处二级中心苗家村 -1（DG-MJC-1）和几处三级中心以及小型聚落坐落于沿海一线，

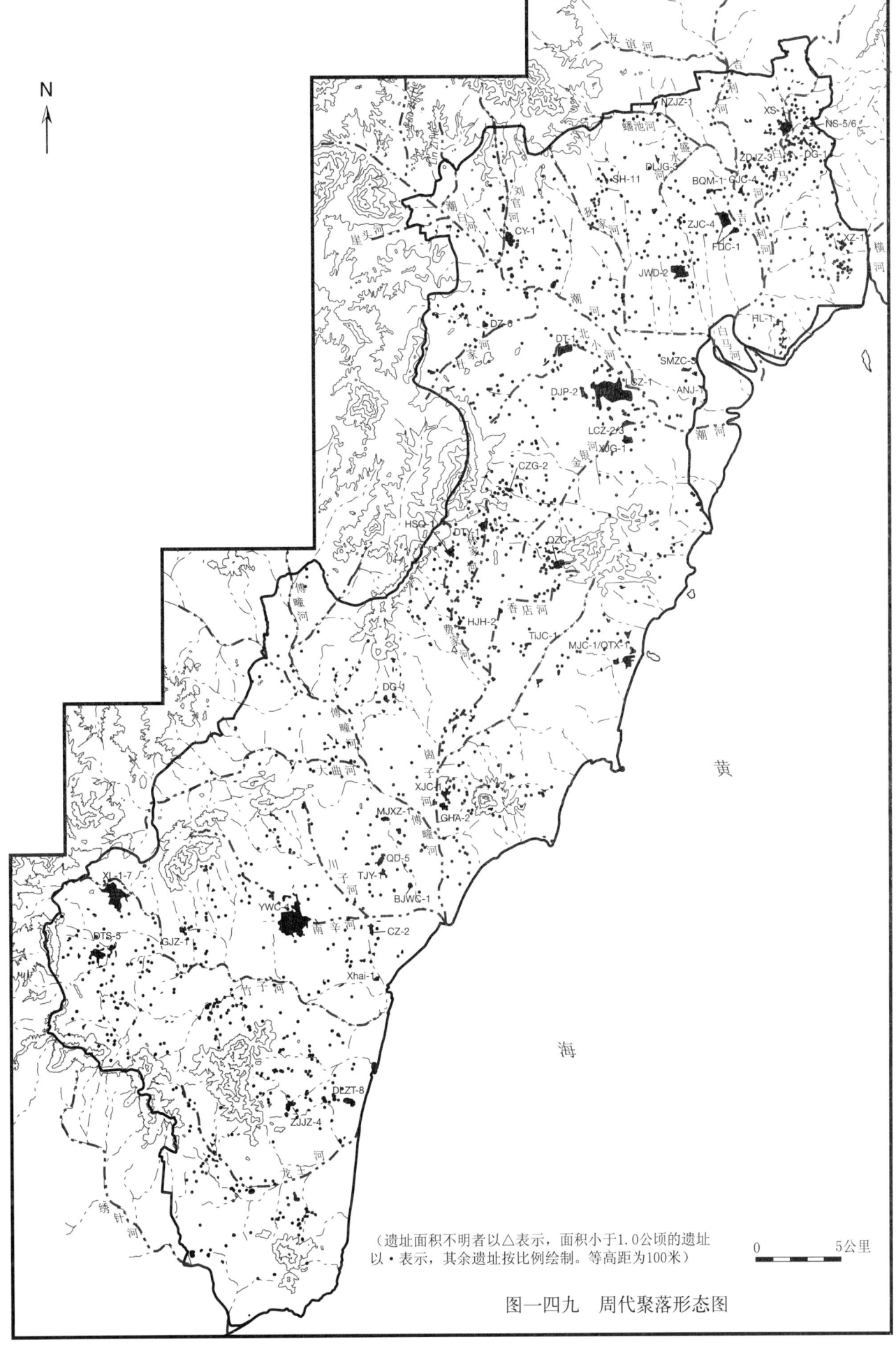

N

（遗址面积不明者以△表示，面积小于1.0公顷的遗址
以·表示，其余遗址按比例绘制。等高距为100米）

0   5公里

图一四九　周代聚落形态图

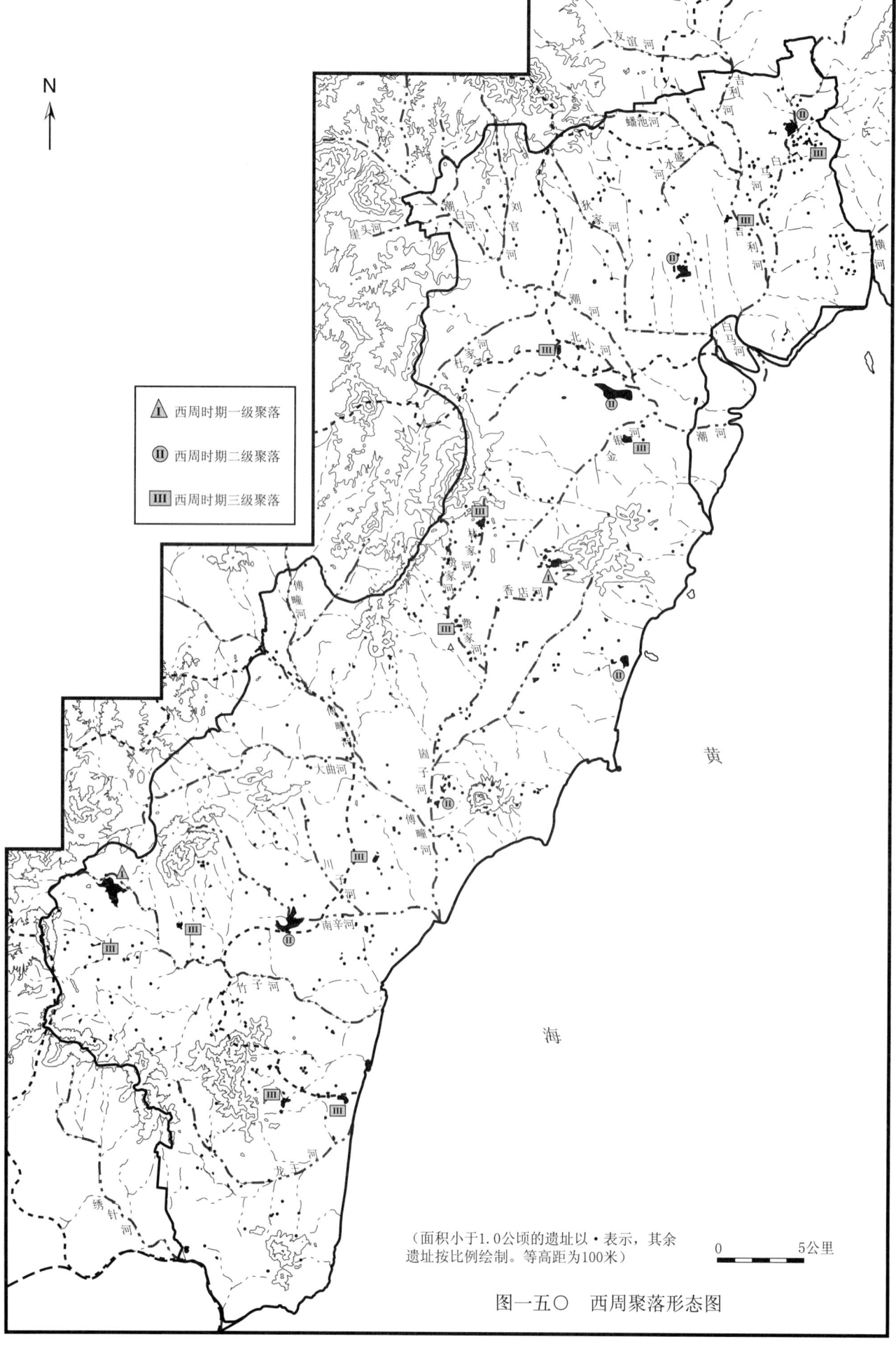

N

黄

海

（面积小于1.0公顷的遗址以·表示，其余
遗址按比例绘制。等高距为100米）

0 ___ 5公里

图一五〇 西周聚落形态图

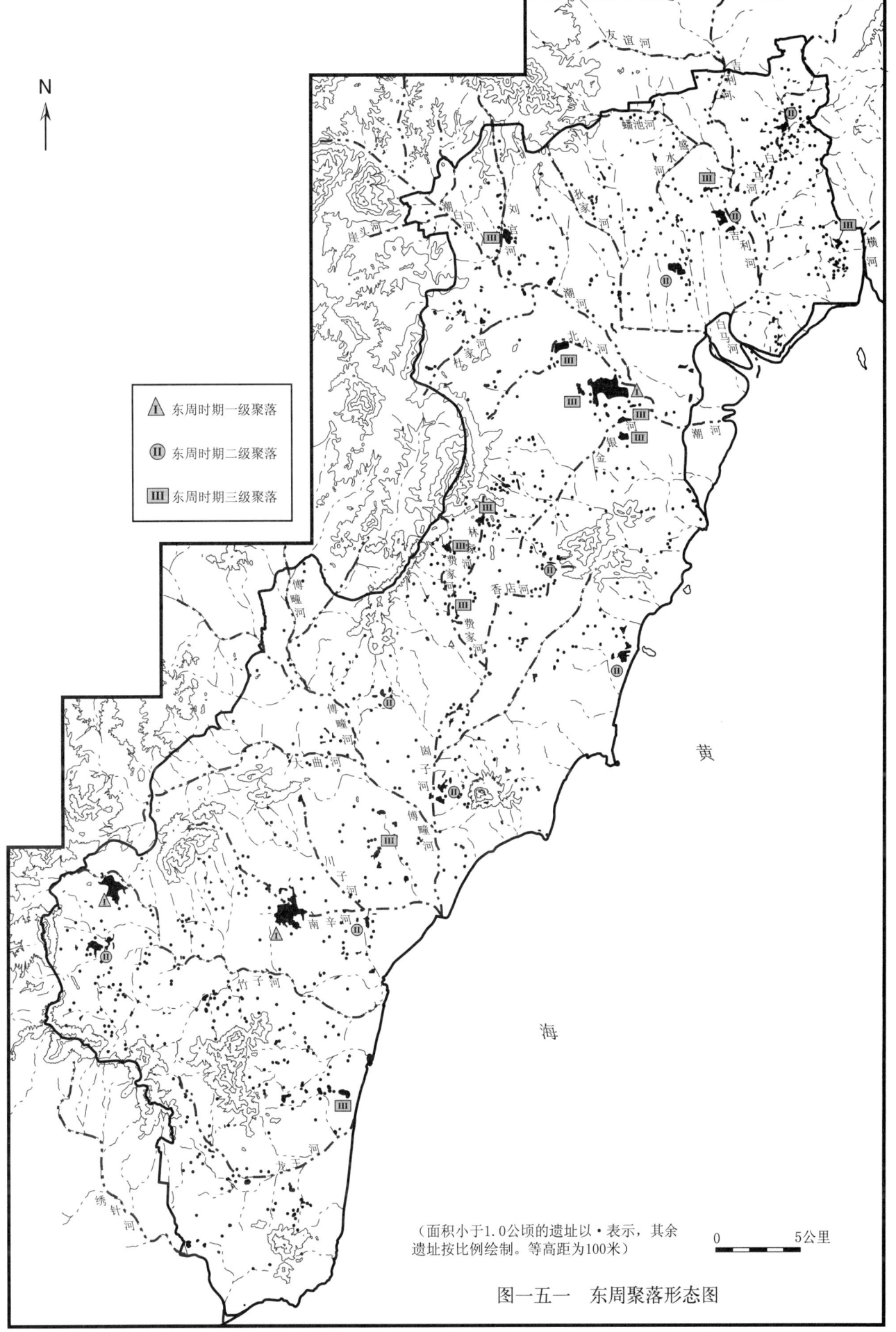

N

友 谊 河

蟠池河

盛 水 河

白 马 河

吉 利 河

横 河

潮 白 河

崖 头 河

刘 富 河

秋 家 河

Ⅲ

Ⅲ

Ⅲ

Ⅱ

Ⅱ

Ⅲ

杜 家 河

潮 河

北 小 河

Ⅲ

Ⅲ

Ⅰ

Ⅲ

Ⅲ

白 马 河

潮 河

银 金 河

Ⅲ

林 河

费 家 河

Ⅲ

香 店 河

Ⅱ

Ⅲ

费 家 河

傅 疃 河

傅 疃 河

Ⅱ

黄

大 曲 河

崮 子 河

Ⅱ

川 子 河

傅 疃 河

Ⅲ

Ⅰ

南 辛 河

Ⅱ

Ⅰ

Ⅱ

竹 子 河

Ⅲ

龙 河

海

绣 针 河

△ 东周时期一级聚落

Ⅱ 东周时期二级聚落

Ⅲ 东周时期三级聚落

（面积小于1.0公顷的遗址以·表示，其余
遗址按比例绘制。等高距为100米）

0　　　　　5公里

图一五一　东周聚落形态图

显示出这一时期对海洋资源开发活动的加强。如前所述，在龙山阶段，小型聚落多位于小型河流两岸，而大型中心则靠近主要河流及较大的支流。在西周与东周时期，多种环境区域资源开发能力有所增强，这些中心也许起着资源中转的作用。与龙山阶段不同，西周和东周时期不论遗址的级别如何，遗址所包含的陶器种类均相对较少（表七）。而且，调查中采集到的这些陶器都是日常用品，无一可以称得上是奢侈品者。在周代，可以称作奢侈品的远非陶器一种材料，青铜器尤其受到重视。不难看出，鲁东南沿海地区的周代贵族似乎更加重视对于区域内各种经济和生产活动的控制。

与新石器时代相比，青铜时代（岳石、商代和周代）遗址中有相当一批座落在易守难攻的偏僻之地（表一〇）。虽然目前尚没有证据表明这一时期社区之间存在有矛盾冲突，但在龙山中期政体瓦解之后，尤其是西周时期，防御成为当地人群不得不考虑的主要问题。许多这类遗址地处调查区域的西部边缘，大多位于山麓地带或已进入山里。直到东周时期，社区之间的政治关系大约才相对稳定下来。

表一〇　龙山至汉代防御性遗址统计表

时代	防御性遗址数量	遗址总数	防御性遗址比例	防御性遗址面积（万米^2）	遗址总面积（万米^2）	防御性遗址面积比例
龙山	16	536	3.01%	118.1	2297.1	5.1%
岳石	3	19	15.81%	4.9	29.6	16.6%
商	8	31	25.81%	6.4	23.8	26.8%
周	73	1229	5.91%	197.6	2711.0	7.3%
汉	60	1681	3.61%	118.2	4337.5	2.7%

西周时期鲁东南沿海地区的社会性质如何？其与西周王朝的关系又是怎样？由于文献中缺乏明确记载，根据聚落形态来揭示这一点就变得十分重要。众所周知，周灭商后，西周时期周王朝的政治中心远在陕西和河南。周王朝在鲁西南和鲁北地区分封了鲁、齐两个大国，并给予两国国君征讨不庭的权力。问题是这些封国对远在数百里之外的鲁东南沿海地区控制程度，可能远非《诗经·小雅·北山》所描述的那样，是"普天之下，莫非王土；率土之滨，莫非王臣。"从调查所揭示的西周时期聚落形态分析，当地存在着至少一个或两个地方政治实体。这一点，除了考古证据之外，从少量历史和出土文字资料中似乎也可以找到相关证据。

据近人根据考古与历史文献资料的研究，西周时期周王朝始终未能最终控制山东东部地区。王献唐根据历史地理文献与金文资料指出，山东东部地区在西周时期有若干个古国分布其间，是一个颇为独立的区域。一些古国如莒、莱、其、纪和向等，是见诸文献和出土文字者，这些政体相对于周王朝来说具有相当的独立性。[①]我们所调查的鲁东南沿海地区是这一区域的一部分，因为西部和北部有五莲山脉与外界相阻隔，在自然地理上显得更为独立，也正因如此，历史文献对此鲜有涉及。

李峰最近的研究也认为，西周王朝并未成功控制鲁东南地区。他指出，周王朝分封的诸侯国有两种形式，一是同姓，二是异姓但与周王朝结成联盟。此外，山东地区还有一些独立的非隶属于周代的国家。历史文献提到，许多小国与周王朝结盟，但其统治者是周的异姓，他们是地方的实际统治者，并帮助周王朝向东扩展其影响。这类国家在山东地区很多，但日照地区未见记录。西周王朝力图控制胶东半岛地区。渤海南岸出土许多西周青铜器（有些带有铭文）和密集的聚落表明了这一

---

① 王献唐：《山东古国考》第 205 ～ 224 页，齐鲁书社，1983 年。

点。周人实际上是将其作为继续东扩的跳板。周人也试图从苏北一带进入鲁东南地区，但遭遇到抵抗，这从周代对淮夷的征战可以看出。^①周人对鲁东南沿海地区的控制，可能与商人一样，是为了获取包括海盐之类的海洋资源，并进而对其直接统治。

西周时期以北部的前竹村 -1（DG-QZC-1）和南部的辛留 -1（LS-XL-1）为中心的四个层级的聚落形态，可能代表了一个或两个政治实体即方国，而它们之间的关系也并非一成不变。它们虽然接受了周文化的影响，包括使用周人风格的陶器，但这并不意味着这些地方政体在经济上或者政治上向周王朝称臣，或者与周王朝结盟。这大概正是它们不见于周人文字记载的原因。

对于西周时期这些地方政体的社会复杂化程度，现阶段还不易做出明确的界定。就像龙山时代一样，西周时期的遗址也有成群分布的现象，只是规模较小，它们在政治上可能有某种程度的自治。尽管周代文献没有提到这一地区有任何方国存在，但这种可能性却不能排除。鉴于周人势力的进逼，当地人群完全有可能组成国家以抵御外来势力的入侵。周人的文献和金文中经常提到与"东夷"的战争，而且这类出自周人自身的记载往往会带有胜利者夸耀的成分。有资料表明，有些人群确实最终臣服于周王朝，而有些则始终保持了其政治上的独立性。^②鲁东南沿海地区在当时就可能属于这些"顽敌"之一。

西周时期本地区聚落形态所反映出的防御色彩十分浓厚。只要看到为数众多的遗址分布于调查区西部边缘的高海拔区，以及东北部地区几处组织有序的聚落群，就不难得出这样的结论。看来，当地人群曾付出了相当大的努力，防御那些来自半岛地区强势的周代方国势力。以尧王城为中心的南部地区防御战略地位也很重要，因为在它的西部有莒国及其盟邦向国。崮河崖遗址所在的聚落群就位于南部，它坐落于本地区最大河流傅疃河与其支流崮子河的交汇处。也就是在这里，西周时期出现了一处新的二级中心，即徐家村 -1 或崮河崖 -2（DG-XJC-1/GHA-2）。当地考古工作者曾在此遗址发掘两座出有青铜器的墓葬，年代为西周晚期。^③带有铭文的青铜器表明它们来自胶东半岛地区的莱国，应是通过馈赠或婚嫁交流而来，反映了莱国与日照地区精英阶层建立联盟的努力。青铜器制作粗糙，鼎、鬲、壶、盂、盘、匜系模仿周人器物组合，但纹饰出现简化，铜鬲则是模仿周式风格自行铸造的，配以陶器盖，显示出浓厚的区域特点。

据文献记载，东周是一个大国争霸、礼崩乐坏的时期。齐、鲁作为两个最大的诸侯国仍然保持了大国地位，而春秋时期山东地区见诸记载的古国多达 50 余个。文献中没有提到鲁东南沿海地区存在着独立的方国，该地区被认为是属于莒国的版图。当地东周时期的遗存被归入莒文化的范畴。^④

根据调查结果，我们可以知道从西周到东周，鲁东南沿海地区考古学文化处于一个持续的发展过程中。尽管有很多属于西周时期的小型聚落被废弃，但更多大大小小的新聚落在东周时期建立起来。而且，不只是中心性聚落的增加，而且东周时期这些中心聚落的分布也发生了变化（表九）。尧王城和两城镇面积有所扩大并再次成为主要中心，两地都出土有精致的青铜兵器。^⑤辛留 -1（LS-XL-1）仍然保留了主要中心的地位，虽然比前两者的面积稍小，而前竹村 -1（DG-QZC-1）下降为二级聚落（图一五一）。

① 李峰著，徐峰译，汤惠生校：《西周的灭亡——中国早期国家的地理和政治危机》第 349～360 页，上海古籍出版社，2007 年。Li, F., 2006. *Landscape and Power in Early China: The Crisis and Fall of the Western Zhou, 1045-771 BC*. Cambridge University Press, New York.
② Li, F., 2006. *Landscape and Power in Early China: The Crisis and Fall of the Western Zhou, 1045-771 BC*. Cambridge University Press, New York. Pp.307, 313.
③ 杨深富：《山东日照崮河崖出土一批青铜器》，《考古》1984 年第 7 期。
④ 王青：《海岱地区周代墓葬研究》，山东大学出版社，2002 年。刘延常：《莒文化的研究》，中国先秦史学会编：《莒文化论集》，山东人民出版社，2002 年。
⑤ 杨深富、胡膺、徐淑彬：《山东日照市周代文化遗存》，《考古》1990 年第 6 期。

在北部，贾王墩（JN-JWD-2）和西寺（JN-XS-1）保持了西周时期形成的二级中心的地位，虽然后者的面积稍有减少。位于二者之间、原为三级聚落的凤墩村（JN-FDC-1）跃升为区域内最大的二级中心之一。其他西周时期的三级聚落均跌出圈外，而重新出现了3处三级聚落即莱园（WL-CY-1）、西庄-1（JN-XZ-1）和雹泉庙-1（JN-BQM-1）。此外，两城镇周围聚落的向心力也有所增强，丹土和相家沟保持了三级聚落的地位，另外两处遗址大界牌-2和两城镇-2/3则重新获得了龙山时代旧有的三级聚落的水平。

东周时期两城镇和尧王城的中心地位重新形成，二者之间聚落的分布也有所变化。尽管尧王城以北的两处二级中心徐家村-1或崮河崖-2（DG-XJC-1/GHA-2）和苗家村-1（DG-MJC-1）保持了原有级别，前竹村-1（DG-QZC-1）遗址的面积却下降成为二级中心，大古城-1（DG-DGC-1）成为另一处二级中心。下面还有提到，大古城在秦汉时期的地位将更为重要。本区另两处西周时期的三级聚落大桃园-1（DG-DTY-1）和黄家河-2（DG-HJH-2）维持原有级别，而后山前-1（DG-HSQ-1）则上升为较小的三级聚落。

在靠近尧王城的南部，中心聚落的数量较之其他区域仍然较少。但与西周时期相比，三级聚落数量较少，而二级中心有所增加。尧王城和辛留仍然是本区最为重要的两个中心，而大土山（LS-DTS-5）从三级聚落跃升为二级聚落，而与尧王城邻近的川子-2（DG-CZ-2）成为一处新的二级中心。另两处三级聚落东林子头-8（DG-DZLT-8）和青墩-5（DG-QD-5）继续保持三级聚落的地位，而另有两处三级聚落郭家庄-1（LS-GJZ-1）和郑家结庄-4（LS-ZJJZ-4）沦为不入流的遗址。

与西周时期相比，东周时期的聚落形态更加明显地体现出了国家强力整合的迹象。每一处主要中心都与至少一个二级中心之间存在着更为便捷的互动能力，而每一处二级中心与更多的三级中心之间也有相同的便利条件。这种类似"格子"的形态显示出的是地区间更多的互动关系。区域内新出现的二级和三级中心地理位置呈现出多样化的态势，使得主要中心作为农业区的潜能能够得到更为直接的发挥，这显然有利于社区间的互动与联系，降低运输成本，经济的整合程度显然提高了。在早期阶段，因为二级中心与主要中心之间距离较远，整个地区间的整合程度不易估计过高，有些遗址群甚至可能存在着某种程度的自治。

尽管周代已经出现了成熟的文献记载，但这些文献对于鲁东南沿海地区只有极为零星的记载。现在，通过调查发现的多达1200处遗址，我们可以较进一步了解社会组织变迁的完整画卷。我们注意到，有三分之二的东周时期主要中心处于南部，而二级中心的数量在南部也有明显增加，其原因应归结于南部地区与强大的莒国（都城在今莒县）在地理上更为接近。从辛留遗址向西往莒县不过40公里之遥，在该遗址采集的东周陶片呈现出浓厚的莒文化色彩。有理由相信，该地区在东周时期属于或曾经属于莒国的控制范围，而且，辛留遗址本身很可能应《春秋左传》所记载的渠丘城，它本属于莒，但于成公九年为楚所灭。当然，可以与文献记载相联系的遗址还是少数，不过，调查中大量周代遗址的发现，使我们在历史文献之外获得了珍贵的第一手资料。

由于文献记载不详，从20世纪40年代以来，就有学者结合出土文字来探讨周代的社会基层组织，如童书业就曾对秦汉郡县制以前的地方制度加以考证，认为"大略分为国（国都）、邑（大邑曰都，小邑曰邑）、鄙（乡鄙）三级。其后小国之被灭者及大邑渐化为县，边邑又渐化为郡。"[①]对此论述最深入的当属杜正胜，他指出："西周与春秋时代基层社会人群的聚居形态主要有邑、里两类，大

---

① 童书业：《中国疆域沿革略》，收入《童书业历史地理论集》第52页，中华书局，2004年。此文最初于1946年由开明书局出版。

体而言，邑是独立的聚落，里则是国或都内的社区"；"西周时代城外的聚落，与邑很类似，却也叫做'里'"；邑、里之外，还有一种可称之为"田中屋舍"的"庐"。[1]他根据传世及出土文献所做的论证，与考古调查所见周代聚落形态颇有吻合之处。有学者对此作了进一步论述，并对西周春秋时代乡村社会内部的基本状态进行了探讨。[2]尤为值得注意的是，杜著观察到："春秋（尤其是中晚期）以来，封建采邑以不同因素纷纷归纳于国君，同时列国勤于料民，控制户口，以便掌握兵源、扩大征兵。于是整顿行政区域，零散的农庄乃逐渐凝聚。"[3]这与我们所观察到的东周时期聚落形态整合程度明显提高这一现象有很高的吻合度。

六　秦汉：强大帝国势力的出现

秦汉时期，上文所讨论的区域间整合趋势到了得到进一步强化。秦汉帝国把国家控制力扩展到更为广阔的地区，鲁东南沿海地区也在秦汉时期的文献记载中有了更为明确的记载，尽管记载仍比较简略。而我们的调查却发现了1600余处秦汉时期的遗址，它们分处于各种不同的地貌环境，为研究者提供了不为人所知的视角（图一五二）。与东周时期相比，新增加的不只是大型遗址，更为引人注目的是中小型遗址的数量出现猛增。经复查并重新推算，秦汉时期共有主要中心7处、二级中心14处、三级中心23处（表一一）。

秦汉时期的聚落形态更加清晰地显示出中央集权政府的存在，而这个集权政府的政治中心又显然处在所调查的区域之外。从东周到秦汉聚落形态一个最为明显的变化，表现在主要中心数量由3处增加到7处。聚落形态依然是四个层级，而两城镇与尧王城延续了其主要中心的地位，不过，与龙山时代相比，其重要性已远为逊色，不过是7处主要中心中的2处而已。7处主要中心均匀地分布在调查区域之内，显示出国家控制的有效性。5处新建立起来的主要中心是大土山-5（LS-DTS-5）、大古城-1（DG-DGC-1）、小村-1（LS-XC-1）、苗家村-1或桥东头-1（DG-MJC-1/QDT-1）和大沟-1或西寺-1（JN-DG-1/XS-1）。除了南端的小村之外，其他主要中心在东周时都是二级中心。东周时期主要中心辛留的地位被大古城和大土山所取代，而后二者恰好位于内陆通往沿海地区的两条主要东西通道上。位于丘陵地貌上的大古城与位于海边的苗家村，也恰恰出现在两城镇与尧王城之间。如前所述，这两个聚落此前存在着竞争关系。位于最东北部的大沟或西寺，是5处主要中心聚落中唯一一处从龙山早期就已成为二级中心的遗址。该遗址位于白马河中游，而这条河流是北区主要河流之一。东周时期其他的二级聚落到了秦汉时期均未能维持其原有级别，它们多数降为三级聚落，或者干脆坠入不如等级的小型聚落。显而易见，秦汉时期主要中心聚落的地点和分布是政府加强控制的结果。

对整个区域有效性控制的另一个标志是二级中心由9个增加到14个（表一一）。如上所述，其中从东周时期延续下来的二级中心只有两处，即凤墩村-1（JN-FDC-1）和川子-1（DG-CZ-1），东周时期的4处三级中心黄家河-2（DG-HJH-2）、后山前-1,13（DG-HSQ-1,13/QSQ-1）、西庄-1（JN-XZ-1）和两城镇-2/3（DG-LCZ-2/3）此时发展成为二级中心，而其他二级中心都是秦汉时期新出现的。其他二级中心中，有8处是新出现的，其中，在西周和龙山时代就已是二级聚落的有井沟（LS-JG-3）、三级聚落的有郑家顶子-1（DG-ZJDZ-1）和郑家结庄-4（LS-ZJJZ-4）。与前一时期相比，秦汉时期存在着更多的主要中心和二级中心，这反映出中心聚落所居住的人口数量在增加。在同一地

---

[1] 杜正胜：《编户齐民》第三章《地方行政系统的建立》第103～107页，联经出版事业公司，1980年。

[2] 马新：《乡遂之制与西周春秋之乡村形态》，《文史哲》2010年第3期。

[3] 杜正胜：《编户齐民》第三章《地方行政系统的建立》第119页，联经出版事业公司，1980年。

表一一　秦汉遗址等级一览表

等级	数量	面积（万米²）	总面积（万米²）	平均面积（万米²）	最近水源			环境地貌			海拔（米）	平均器物种类	器类总数
					小溪	支流	干流	平原	过渡地带	山前地带			
I	7	145.0～309.1	1556.0	222.3	1	2	1	2	1	1	8～34	4.9	34
II	14	30.0～95.7	705.7	50.4	7	4	2	7	4	2	8～55	2.9	40
III	23	12.5～27.7	428.9	18.6	16	5	4	12	3	10	3～65	2.4	55
IV	1634	0.1～11.4	1646.8	1.0	936	240	183	747	55	557	2～120	0.8	1343
未明	3	?	?		2	2		2		2			
合计	1681		4337.5		962	253	190	770	63	572			
?	3												
I	6	150.9～309.1	1411.0	235.2								4.8	29
I/II	2*	50.0～95.0	145.0	72.5								4.0	8
II	13	30.0～95.7	645.7	49.7								2.8	37
II?	1	60	60.0	60.0								3.0	3
III	23	12.5～27.7	428.9	18.6								2.4	55
IV	54	6.1～11.4	450.6	8.3								2.0	107
V	337	1.0～5.7	801.4	2.4								1.4	482
VI	1243	0.1～0.97	394.9	0.3								0.6	754
合计	1682												

＊注：在归入第I等级时，按1统计。

区存在诸多同等规模的主要中心，这种形态意味着其主要中心存在于该地区之外。[1]我们所调查的区域在秦汉时期先后隶属于琅琊郡，其郡治位于调查区域以北的胶南市东南部。[2]秦汉帝国实行的郡县制，使得区域聚落形态产生了重大改观。有学者认为郡县制实行之后"聚落景观大概没有大变化，发生变化的是地方行政系统的建立。"[3]所言失之偏颇。事实是，郡县制的实施即对地方行政组织产生了重大影响，同时也通过对人口的重组，从而对地区聚落形态产生了极大的影响。

　　秦汉时期7个主要中心呈现出非常有规则的分布，也是集权政治存在的证据（图一五二）。每两个主要中心之间的距离大约相当，约为10～15公里，大古城与两城镇之间则有大约20公里的距离。此外，主要中心首次出现了代表王权的地面建筑：每一个主要中心都能够看到为贵族们修建的高大坟丘，而大古城残存的汉代海曲县城城墙遗迹、大型建筑基址至今清晰可见，带有精美纹饰的瓦当和釉陶在大古城和大土山也都有发现。

① Johnson, G., 1980. *Rank-size convexity and system integration: A view from archaeology. Economic Geography* 56(3):234-247.

② Feinman, G., Nicholas, L., Fang, H., 2010. *The imprint of China's first emperor on the distant realm of eastern Shandong.* PNAS 107(11):4851-4856; 加里·费曼、琳达·尼古拉斯、方辉著，杨谦译：《遥远国度里的帝王印迹——琅琊台遗址群调查与阐释》，《东方考古》第7集，科学出版社，2010年。

③ 杜正胜：《编户齐民》第三章《地方行政系统的建立》第110页，联经出版事业公司，1980年。

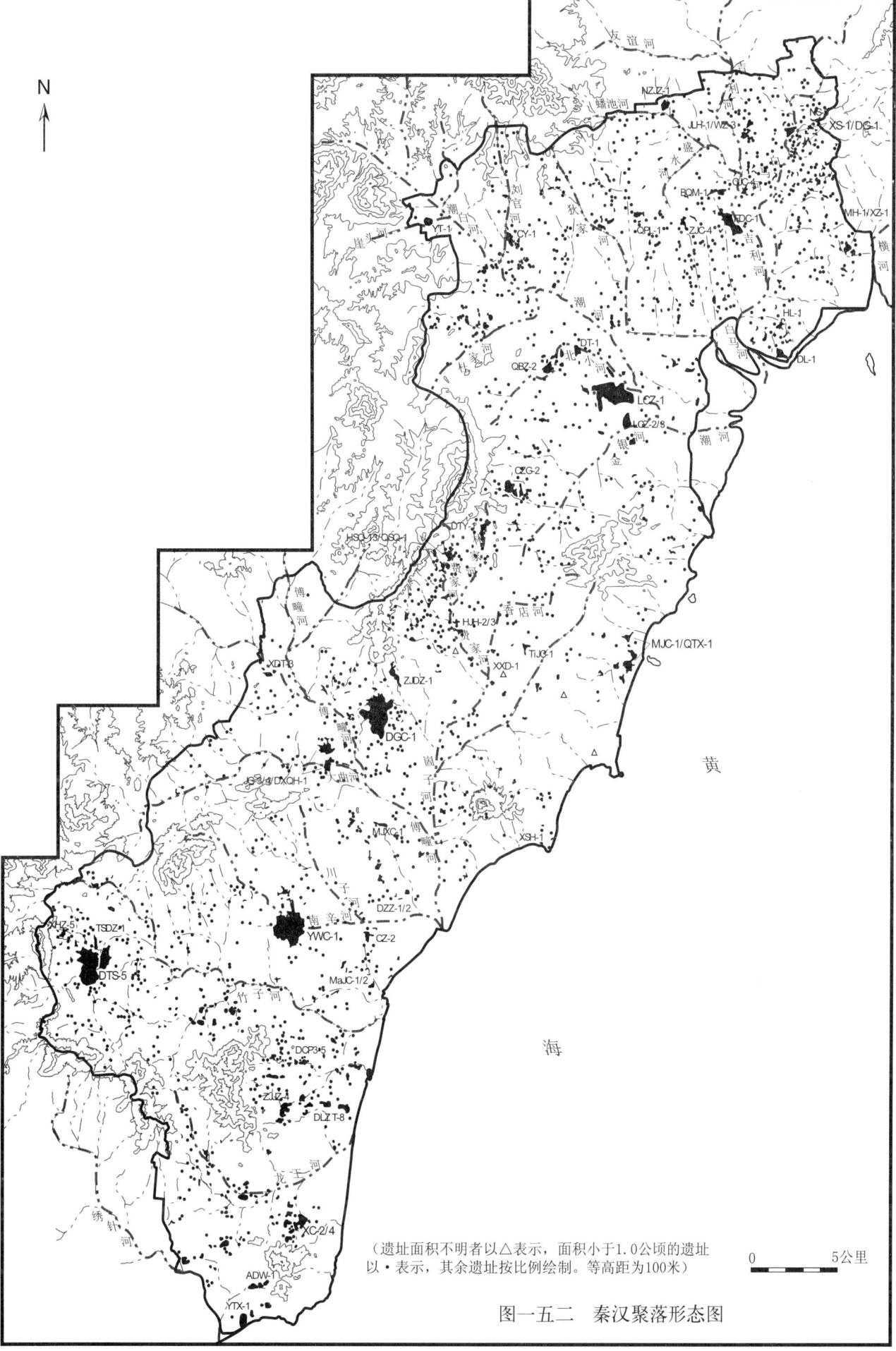

N

（遗址面积不明者以△表示，面积小于1.0公顷的遗址
以·表示，其余遗址按比例绘制。等高距为100米）

0　　　　　　5公里

图一五二　秦汉聚落形态图

二级中心均匀地分布在几个主要区域，包括海边。主要中心和二级中心的布局，显然是深思熟虑的结果，其目的无非是有利于将沿海地区的产品和原材料源源不断地向内地输入。据研究，区域中心在空间上有规律的分布，意味着市场体系下高效的运输效率，世界各地情况大致相同。①汉代的日照地区可能也存在着这种相对独立和完善的经济模式。另外，由龙山、周代一、二级聚落所系连形成的南北通道，为秦汉时期所延续。直到今天，鲁东南沿海地区最为重要的南北交通道路同三高速和204国道，沿用的仍然是这条线路。

历史文献和考古资料都显示，秦汉时期中央王朝对东方实行了有效的统治。秦时，琅琊郡设立，治所在今胶南市琅琊台，日照属其辖域。秦始皇还于公元前219年东巡到达琅琊，并下令迁三万民户于此，此后又两次东巡至此。②西汉时期设海曲县，隶属徐州刺史琅琊郡。日照西北境属昆山侯国。东汉时，废昆山国，日照更名为西海县。③我们的调查区域到了秦汉时期才被真正纳入到强大的区域政体之下。也只有到了这个时候，官方文献记录才与日照地区发生了实质性的联系。据《汉书·地理志》记载，汉王朝在海曲县设立盐官。近年来海曲故城汉墓群的发掘，证实这里确实存在着高度发达的汉文化。④今天的兖（州）石（臼）铁路、日（照）东（明）高速公路和同三高速公路都在海曲故城或其附近穿过，充分显示出其地理位置在沟通内陆和沿海交通上的重要性。

我们所揭示的汉代聚落形态信息于官方记录和汉墓之外，再一次为我们了解汉代的社会生活提供了第一手资料。大量的代表村落的小型遗址的存在，是日照地区汉代聚落形态的显著特征（图一五二）。与周代相比，这类小型遗址有了明显增加，反映出汉代对多种不同类型区域的开发进一步增强，尤其是海边地区。也就是说，社区经济的多样性加强了，就像我们今天所看到的那样，这些经济活动构成了社区专业化生产的基础。

我国古代历史地理文献多集中在对于城市的记载，而我们在鲁东南沿海地区的全覆盖式调查却揭示了本地区社会变迁的另一个尺度，即汉代出现的引人注目的农村化趋势，较之以往曾经出现的核心化程度更为明显，因为农村社区人口所占比例增加了，而这正是以城市人口的减少为代价的。即使在今天，鲁东南沿海地区的农业人口占当地人口的近90%。村庄与农舍仍然构成了当地的主要人文地理景观。⑤

秦汉实行郡县制，县以下设有乡、里两层行政组织。一里百家，十里一乡。乡、里设有乡官、里正，其任务重在民事行政和税收，如教化，诉讼，"知民善恶，为役先后；知民贫富，为赋多少"等等。同时还设有半军事性质的亭，重在维持社会治安。⑥汉代政府鼓励农户开垦土地，增加生产，获得土地的农民生活相对自由。调查发现的汉代考古遗存以大量的小型村落为主，采集到的遗物多属器形简单、陶胎较厚的实用陶器和瓦片等，也可以见到装饰有几何形花纹的墓砖，它们所代表的应是乡里百姓的家居生活。看起来他们远离国家官僚体系，但却构成了汉代盐铁官营政策下国家赋税的主要来源。位于海边的二级中心苗家村-1遗址（DG-MJC-1）可能是海盐和其他海产品的来源

---

① Blanton, R., 2004. *Settlement pattern and population change in Mesoamerican and Mediterranean Civilizations: A comparative perspective.* In: Alcock, S., Cherry, J. (Eds.), *Side-by-Side Survey: Comparative Regional Studies in the Mediterranean World.* Oxbow Press, Oxford, pp. 206-240.

② 《史记·秦本纪》。

③ 日照市地方史志编纂委员会：《日照市志》第44页，齐鲁书社，1994年。

④ 杨深富、王仕安：《山东日照汉代海曲史考略》，《东南文化》2005年第6期。日照市博物馆：《山东日照市大古城汉墓发掘简报》，《东南文化》2006年第4期。郑同修、崔圣宽：《北方最美的500件漆器——山东日照海曲汉墓》，《文物天地》2003年第3期。

⑤ 方辉：《日照两城地区聚落考古：人口问题》，《华夏考古》2004年第2期。英文见：Fang, H., Feinman, G., Underhill, A., Nicholas, L., 2004. *Settlement pattern survey in the Rizhao area: A preliminary effort to consider Han and pre-Han demography. Indo-Pacific Prehistory Association Bulletin* 24:79-82.

⑥ 王毓铨：《汉代"亭"与"乡""里"不同性质不同行政系统说——"十里一亭……十亭一乡"辨正》，收入《王毓铨史论集》第292～302页，中华书局，2005年。

地。在其他几处主要中心中，大土山 -5（LS-DTS-5）和大古城 -1（DG-DGC-1）具有某些共同特点：它们地处通往内陆的要道上；存在着城墙和大型墓葬遗迹；地表陶片分布密度极高并出土精美的釉陶等。大古城既然已被证明是海曲县治所在地，有理由认为大土山应该具有同等的行政级别及功能。其他 6 处主要中心虽然面积与大古城和大土山相当，但它们均不见城墙，由封土反映的墓葬规模也要小一些，地表陶片分布的密度及其精美程度也不及前两者。因此，它们所代表的行政单位应该是低一等的乡级政府；以此类推，三级中心就应该是"里"。根据秦汉时期的聚落形态，我们几可勾画出当时县级及以下行政区划图。不惟如此，我们还可根据汉代历史文献及出土文献，得知汉代基层县乡之人口数量，进而计算区域人口密度，并由此获知汉代聚落人口密度，为依据考古信息计算人口数量提供一条路径。[①]总之，将聚落考古信息与历史地理资料加以整合探讨区域社会组织、人口、交通、地望等具有极大潜力，值得大力开拓。

七　结语

在过去的几十年里，随着中国北方地区新石器时代晚期和早期青铜时代的考古工作的不断深入，各地考古学文化序列日益完善，不同地区所存在的社会发展脉略及政治实体的变化也逐渐显现出来，但对于这些政体及其之间交互作用的性质，至今尚未得到缺乏充分理解与阐释。我们所面临的最大挑战，是判明这些政治实体的性质及其变迁，以及各地的精英阶层如何获得并积蓄他们在经济、社会和意识形态中的权力。以往研究的重点集中在中原地区复杂社会的出现，即三代国家的产生，其结果，使得我们对于新石器时代晚期和早期青铜时代周边地区社会演变的研究被边缘化了。即使有些对于周边地区社会演进过程的阐释，所依据的一般也都是历史文献中的官方记载，认为这些地区社会的演变过程是相同的，即在龙山社会衰落之后，先后被纳入中原王朝的控制之下。在这里，考古学阐释被传统的王朝史所左右并遮蔽了。

全覆盖式区域系统调查对于研究特定区域范围社会政治的变迁是一个极为重要的工具。过去十余年在鲁东南地区的系统调查，使我们观察到了该地区在龙山时代、周代和秦汉时期所发生的重大变化。调查发现了大大小小数以千计的遗址，而它们中的绝大多数未见诸于以往任何文献记载。采用这种方法，使得我们在相当广阔、连续的空间范围内揭示出聚落形态及其历时演变，这就为研究鲁东南沿海地区区域政治组织的演进、断裂以及中心和非中心聚落的互动关系奠定了基础。通过全覆盖式调查所获得的这些第一手资料，对于研究区域经济和社会整合程度及其变化，以及精英阶层的统治策略，界定可能存在的区域政体的界域等，都是不可或缺的。

根据调查所获得的证据，我们并没有看出本地区任何被边缘化的理由。龙山时代早期和中期，这里存在着以两城镇和尧王城为中心、具有四个等级的聚落形态。目前我们初步推测，两城镇与尧王城是两个不相隶属的政治实体的中心所在地。这一推测的根据之一，是位于两个区域之间存在着的明显的空白地带，即所谓"缓冲区"。另一个重要收获是发现了围绕着龙山时代两城镇聚落所形成的明显的核心化形态，这种形态在我国其他地区史前文化中尚未发现。两城镇的核心化聚落形态代表了当地权贵精英阶层的有意设计，目的是为了对周围社区的劳动力和自然资源实施有效控制。形

① 方辉、加里·费曼、文德安、琳达·尼古拉斯：《日照两城地区聚落考古：人口问题》，《华夏考古》2004 年第 2 期。Feinman, G., Nicholas, L., Fang, H., 2010. *The imprint of China's first emperor on the distant realm of eastern Shandong*. PNAS 107(11):4851-4856; 加里·费曼、琳达·尼古拉斯、方辉著，杨谦译：《遥远国度里的帝王印迹——琅琊台遗址群调查与阐释》，《东方考古》第 7 集，科学出版社，2010 年。

成于龙山时代早期贯通南北交通线路的发现，不但显示出两城镇与尧王城两个政体之间存在着密切联系，而且，这种联系显然已经超越了调查区域。

此外，调查和分析还发现，鲁东南沿海地区在新石器时代晚期区域社会政治体系变化迅速。在大汶口文化晚期和龙山时代，出现了内陆居民向东部沿海地区的迁徙。这些外来的移居者已经处在农耕经济阶段，而且本身在社会政治组织上已有分层现象。一旦在滨海的富饶地区定居下来，移民的人口数量便有了迅速增加，并成功地在新土地上进行了拓展。

鲁东南沿海地区未来的研究课题之一将集中在聚落之间社会和经济互动关系及其性质方面，尤其是对于龙山时代的尧王城和两城镇这两个主要中心之间的关系，将是研究的重点。初步推测，二者之间最大的可能性是竞争关系，尤其是在龙山早期。作为稍晚才出现的两城镇这个区域中心与业已存在的尧王城聚落之间，在区域资源控制和争夺劳动力方面存在竞争关系，这是不难理解的。

另一个重要问题是龙山早、中期区域内陶器的生产和流通。我们计划进一步验证这样一个假说，即陶器中高端产品主要是在主要的和次一级的中心聚落生产和消费。我们认为，生活在这些中心聚落的精英阶层通过赏赐，将其作为礼品馈赠给周围聚落中的地方首领，以换取他们的效忠和资源供应。通过礼品交换和馈赠巩固个人关系网，是精英管理的一个策略。

龙山中期到西周时期当地社会政治的变革也是值得关注的问题。那些从陶器特征上可以判为龙山中期的遗存，其所代表的政体在本地区发展和延续的时间是否比西部地区要长久些？如然，龙山中期在时间上可能存在的这种滞后性，从某种程度上增加了这样一个可能，即为了更有效地与西部其他地区政治权利集中化相适应，鲁东南沿海地区在龙山中期存在的可能是一个国家。对于这个孤悬偏远、易守难攻的区域而言，其外围的任何国家势力要扩张进来，均非是轻而易举的事。

调查揭示的西周时期四个等级的聚落分层，代表的应是一个或两个独立且强有力的国家政体，这一点从考古资料和历史文献都可以得到支持。其中，辛留遗址更有可能是其中某个方国的都城所在。当然，也不排除其为莒国统治中心之一的可能性，因为东周时期该地已经纳入莒国控制之下。东周时期三级聚落的数量明显增加。鉴于东周时期山东地区古国林立和政治上的不稳定状态，可能有不止一个国家试图控制这一地区，并最终先后被莒、楚和齐诸国所占领。

与两周时期不同，秦汉时期的聚落形态显示出的则是外部力量对本地区的强力控制。最为关键性的变化是至少有两处新的主要中心建立起来，它们对整个地区实施着更加有效地控制。其中，急速发展起来的大古城和大土山恰恰处在由沿海通往内地的交通要道上，其高大的坟丘至今仍然清晰可见，建筑基址和城墙遗迹以及高等级遗物显示出它们非同一般的地位。历史文献与考古发掘均证实大古城乃汉代海曲县城所在地，大土山的地位应与之相当。这两处主要中心的突现，显然是处于加强沿海地区与内地更高一级政府之间联系的需要。海曲县及其盐官的设置，首次明确地将日照这个地处偏远的沿海地区与强大的中央王朝联系在一起。

调查揭示了本地区人口密度历时发展趋势，最为明显的变化并非只是发生在核心化聚落形态形成的龙山早期，不同形式的变化也发生在周代，尤其是秦汉时期，后者是以农村聚落和人口的显著增加为特征的。我们的调查资料揭示了鲁东南沿海地区秦汉历史研究中这个从来不为人所知的秘密。

调查再一次显示出全覆盖式系统区域调查所具有的优势，它能够通过某些重要发现，为区域社会政治变迁的深入研究提供基础性信息，甚至能够为历史时期低层行政系统的复原提供必需的历史地理资料。对于中国古代历史的研究而言，这种信息所具有的历时性和标量性特征，无论是从考古发掘还是从传世文献中都无法获取的。这些发现清楚地勾勒出在中国古代社会复杂化的历程中，各地实际上存在着种种不同的发展途径。

后　记

　　本报告是中美日照地区联合考古队在以日照为中心的鲁东南沿海地区所从事考古调查项目前 13 个年度（1995 ~ 2007 年）的成果。各部分执笔者如下：

　　《前言》由蔡凤书执笔。《壹　调查区域与方法》中的"一　概况"、"四　调查经过"由方辉执笔；"二　考古简史"由于海广执笔；"三　调查方法"由加里·费曼（Gary Feinman）、琳达·尼古拉斯（Linda Nicholas）与方辉执笔。《贰　重要遗址》由加里·费曼、方辉执笔。《叁　重要遗物》由方辉执笔。《肆　主要发现与阐释》中的"一　概述"、"三　龙山文化时期"和"四　龙山文化晚期至商时期区域内政治体系的衰落与早期青铜时代"由文德安（Anne Underhill）执笔，"二　北辛文化及大汶口文化时期"由栾丰实执笔，"五　西周与东周：外来国家力量的蚕食"、"六　秦汉：强大帝国势力的出现"及"七　结语"由方辉执笔。遗址信息表、遗物信息表由琳达·尼古拉斯完成。所有稿件最后由方辉进行统稿。

　　该项目持续时间长，参与单位及人员多。参加调查的除了上述执笔者之外，其他国内人员还有：日照市博物馆馆长孙成甫、助理馆员刘红军，技工张治波；青岛市考古研究所助理研究员尹凤超；山东大学考古系研究生王芬、王建华、钱益汇、高继习、曹艳芳、陈雪香、宋爱平、卢建英、王华、金汉波、惠夕平、崔英杰、夏火根、赵光国、王迪、徐波、郭明建、乔卓俊；山东省文物考古研究所助理研究员兰玉富；北京大学考古文博学院研究生翟少冬。国外人员有：美国加州大学洛杉矶分校博士生关玉琳（Gwen Bennett）、耶鲁大学研究生柯棣安（Christanne Cunnar）、伊利诺伊州立大学芝加哥分校博士生倪刚（Christopher Needs）、芝加哥大学博士生亚当·司华兹（Adam Schwartz），加拿大不列颠哥伦比亚大学研究生李旻，日本国学院大学留学生加藤里美、九州大学研究生丹羽崇史。遗址外景及器物照片多由琳达·尼古拉斯拍摄，遗址地图由琳达·尼古拉斯和 Jill Seagard 完成，器物绘图由刘善沂、朱晓芳、王迪、徐波、王焕、王庆铸等完成，陈雪香、惠夕平、朱晓芳、王迪、徐波、王焕、王庆铸等参加了后期资料整理工作。

　　在项目进行期间，我们先后在《考古》、《东方考古》、《中国考古学年鉴》、*Field Archaeology*、*Antiquity*、*Current Anthropology* 等中英文书刊上发表过若干篇阶段性调查简报和简讯。上述简报和简讯如有与本报告相抵牾者，请以本报告为准。

　　令所有参与人员深感遗憾的是，身为该项目中方领队的蔡凤书教授不幸于 2009 年 12 月 30 日与世长辞，没能看到该成果的问世。可以告慰先生的是，前 13 年的调查成果终于出版了，而且调查仍然在延续。尤为重要的是，由项目合作所带给我们的世界当代考古学的理念、方法，已经实实在在地影响着我们的考古实践，并对我国考古事业的发展产生了显而易见的推动作用。

　　本课题得到美国国家科学基金（National Science Foundation）、鲁斯基金会（Henry Luce Foundation）、温妮·格林基金会（Wenner-Gren Foundation）和中国科技部文明探源课题（II）"社会与文化"子课题项目以及"环境与社会考古学科创新引智计划"的资助。国家文物局、山东省文物局、日照市政府和山东大学对课题的实施提供了大力支持。谨致谢忱！

编　者

Abstract

This book provides a report of the systematic, full-coverage, regional survey conducted in the Rizhao area of southeastern Shandong from 1995 to 2007. During these 13 years our China-U.S. team surveyed a region of 1440 km². In the north the survey region includes the modern towns of Haiqing, Dachang, and Poli in Jiaonan County within the Qingdao City District. The southern boundary of the surveyed region is the provincial boundary of Shandong and Jiangsu within the Lanshan District of Rizhao City. The region includes the edge of the Wulian Mountain range in the west, to the coast of the Yellow Sea in the east. Our team discovered, mapped, and described over 1,000 archaeological sites ranging in time from the prehistoric Beixin Culture to the Han Dynasty.

There is a long history of archaeological research in the Rizhao area, beginning in the 1930's. This report provides a brief review of previous archaeological research in the survey region, followed by a detailed discussion of the survey methods employed by our team. This report then provides a detailed description of the archaeological sites that were discovered, particularly those for which there were identified cultural layers, features, and relatively large quantities of pottery sherds and stone tools. The second section about the results of the survey provides a detailed description of recovered ceramic and lithic artifacts, and other remains.

Most of the sites described in this report were not identified prior to our regional survey. The detailed information described in this report is useful for cultural heritage management and for research on the Beixin, Dawenkou, Longshan (early, middle, late phases), Yueshi, Shang, Western Zhou, Eastern Zhou, Qin and Han periods in the Haidai area. The maps of the settlement patterns that we provide for each of these periods on the basis of our analysis of the ceramic collections should be particularly useful in this regard. The long-term and broad-scale perspective that systematic, regional survey provides greatly facilitates an understanding of how complex societies developed. Changes in settlement patterns provide new evidence for interpretations about fluctuations in population size and density, shifts in preferences for locations of settlements, changing social relationships among communities, and changes in the relative scale of regional sociopolitical organization.

The survey region is part of the hilly lands of eastern Shandong. The main landforms are low mountains and hills, river valleys, and coastal plains. The Wulian Mountain range forms an arc that roughly forms a western edge, separating the survey region from inland areas further west. The Heshan and Sishan Mountains in the middle of the region, an extension of the Wulian Mountains, divide the region into northern and southern parts. Each of the northern and southern areas is basin, including several rivers and lands that extend to the ocean.

The earliest settlements identified by the survey date to the Beixin Culture around 5000 BC. It appears that immigration of agricultural peoples to the coastal, Rizhao area from inland areas began to increase during the late Dawenkou period, ca. 3000-2600 BC. Large-scale immigration of agricultural peoples to the rich lands of the Rizhao area had taken place by the end of the middle Longshan period, judging from the great increase in the number of settlements. For the early and middle Longshan periods, we found evidence for a four-tiered settlement hierarchy, including two partially contemporary, major centers: Liangchengzhen, located in the northern basin, and Yaowangcheng, in the southern basin. At present we believe these two settlements were the centers of separate polities. One pattern revealed by our survey in support of this hypothesis is a distinct area between the two centers with very few sites, a possible buffer zone. Another significant pattern, not identified elsewhere in northern China, is a distinctive nucleation of settlements around Liangchengzhen. This pattern may represent a deliberate effort by elites at Liangchengzhen to control labor and/or subsistence goods from neighboring communities. More investigation about this issue is needed in the future. Another pattern revealed by the location of Longshan settlements in the Rizhao area is a likely communication route from north to south, possibly indicating a close relation between the northern and southern polities as well as links to areas external to our survey region.

The nature of cultural change in the Rizhao area after the middle Longshan period is not yet clear. Our survey data indicate a dramatic decline in the number of sites from the middle to late Longshan periods, and for the Yueshi and Shang periods. Different possible reasons for the apparent decline in population should be explored, such as decline of favorable environmental conditions, or sociopolitical factors causing decentralization of power in the Rizhao area.

Another issue that should be investigated is the possibility that the middle Longshan polity or polities in the Rizhao area developed and/or persisted later than polities further west with middle Longshan-style ceramics. The likelihood of some degree of time lag in the persistence of middle Longshan diagnostic ceramics in the Rizhao area raises the possibility that a state developed within the survey region in response to centralization of power in one or more areas to the west. Social, economic, and political relations among Longshan communities within the survey region need to be further addressed.

Any early states that developed to the west of the Rizhao area could not easily expand into southeastern Shandong, a naturally protected and isolated area. On the basis of archaeological as well as textual data, the four-tiered settlement hierarchy we identified for the Western Zhou period in the Rizhao area most likely represents a polity that was independent of the powerful, literate Western Zhou state to the west. We propose that there was at least one small state in southeastern Shandong that was not formally recognized by the Western Zhou officials or their allies who must have tried to penetrate the area. For the Eastern Zhou period, however, there is a marked increase in the number of centers. We conclude that there was political instability in the Rizhao area, as elsewhere in Shandong, during the Eastern Zhou period, when more than one state tried to control the Rizhao area. It appears that the political autonomy of our survey region began to disintegrate by the end of this period.

Our survey data for the Qin and Han periods, in contrast, reveal more centralized control over the Rizhao area from an external power. A key change was the establishment of a greater number of primary centers that more effectively integrated the entire region. Two of these, Dagucheng and Datushan, grew rapidly and were likely placed to monitor communication routes into the region from areas to the west, as well as north and south.　Dagucheng, with its complex of mounded tombs and an earthen defensive wall, and Datushan may have served to link the Rizhao area to more powerful, external centers.　In the northeast, Xisi, another primary center with a large complex of mounded tombs and platforms, also may have had links to the east, especially with Langya. By the Han period, there is clear archaeological and textual data to show that officials of the Han Empire successfully controlled southeastern Shandong. Thus for the first time, the Rizhao area was fully engulfed in a wider polity centered to the west.

1. 实地调查（丹土）

2. 观察遗址剖面（两城镇）

彩版一　重要遗址

1. 程子沟-1（DG-CZG-1）遗址文化层剖面

2. 大古城-1（DG-DGC-1）遗址大王坟与二王坟

彩版二　重要遗址

1. 大古镇－5（DG-DGZ-5）遗址

2. 东海峪－1（DG-DHY-1）遗址（从遗址西南铁路上拍摄）

彩版三　重要遗址

1. 东海峪－1（DG－DHY－1）遗址中部文化层堆积

2. 大界牌－2（DG－DJP－2）遗址

彩版四　重要遗址

1. 东两河－1（DG－DLH－1）遗址（西南－东北）

2. 大暖嶂－2（DG－DNZ－2）遗址

彩版五　重要遗址

1. 东山前－2（DG–DSQ–2）遗址

2. 大桃园－1（DG–DTY–1）遗址（东北－西南）

彩版六　重要遗址

1. 大桃园－1（DG－DTY－1）石棺墓

2. 范家河－1（DG－FaJH－1）遗址

彩版七　重要遗址

1. 管家村－1（DG-GJC-1）遗址（东－西）

2. 高家沟－2（DG-GJG-2）遗址

彩版八　重要遗址

1. 后崗子 –1（DG–HGZ–1）巨石遗迹

2. 黄家河 –2（DG–HJH–2）遗址

彩版九　重要遗址

1. 黑七村 -5（DG-HQC-5）遗址

2. 两城镇 -1（LCZ-1）汉墓夯土（CAAA）

彩版一〇 重要遗址

1. 马家村-1 (DG-MaJC-1) 遗址

2. 马家庄-3 (DG-MJZ-3) 遗址 (南-北)

彩版一一　重要遗址

1. 庙山后 –1（DG–MSH–1）遗址

2. 南屯岭 –4（DG–NTL–4）遗址（东南 – 西北）

彩版一二　重要遗址

1. 秦家官庄－1（DG–QJGZ–1）遗址文化层堆积

2. 前两河－1（DG–QLH–1）遗址文化层堆积

彩版一三　重要遗址

1. 前五里河－1（DG–QWLH–1）遗址龙山文化灰坑

2. 前竹村－1（DG–QZC–1）遗址

彩版一四　重要遗址

1. 隋家官庄 -1（DG-SJGZ-1）遗址

2. 申家坡 -6（DG-SJP-6）遗址

彩版一五　重要遗址

1. 申家坡 -6（DG-SJP-6）遗址文化层

2. 山口村 -2（DG-SKC-2）遗址

彩版一六　重要遗址

1. 撒牛沟 -1（DG-SNG-1）遗址（东 - 西）

2. 陶家村 -1（DG-TJC-1）遗址

彩版一七　重要遗址

1. 涛雒－5（DG-TL-5）遗址文化层堆积

2. 吴家台－1（DG-WJT-1）遗址（西南－东北）

彩版一八　重要遗址

1. 小长汪崖－9（DG－XCWA－9）遗址

2. 相家沟－1（DG－XJG－1）遗址

彩版一九　重要遗址

1. 西林子头 -1（DG-XLZT-1）遗址（东南 - 西北）

2. 尹家鳌头 -2（DG-YJAT-2）遗址

彩版二〇　重要遗址

1．于家村－6（DG－YJC－6）遗址出土的青铜剑

2．郑家顶子－1（DG－ZJDZ－1）遗址

彩版二一　重要遗址

1. 大沟 -1、2（JN-DG-1、2）台基

2. 丁家柳沟 -3（JN-DJLG-3）遗址文化层及活动面遗迹

彩版二二　重要遗址

1. 董家洼-4（JN-DJW-4）遗址（南-北）

2. 东寺-4（JN-DS-4）遗址

彩版二三　重要遗址

1. 东寺 -11 (JN-DS-11) 汉墓

2. 凤墩村 -1 (JN-FDC-1) 遗址北部

彩版二四　重要遗址

1. 皇姑墩岭 -3（JN-HGDL-3）遗址

2. 海青 -10（JN-HQ-10）遗址

彩版二五　重要遗址

1. 井戈庄（JN-JGZ-11）遗址（东-西）

2. 姜家村 -1（JN-JJC-1）汉墓

彩版二六　重要遗址

1. 吉利河-8（JN-JLH-8）汉墓

2. 贾王墩-2（JN-JWD-2）汉墓

彩版二七　重要遗址

1. 七姑墩（JN-QGD-1）汉墓群（西南－东北）

2. 双河-11（JN-SH-11）遗址（北－南）

彩版二八　重要遗址

1. 小店子－3（JN–XDZ–3）U 形界碑

2. 小店子－6（JN–XDZ–6）界碑

彩版二九　重要遗址

1. 徐家窑-7（JN-XJY-7）遗址

2. 西寺-1（JN-XS-1）遗址文化层堆积

彩版三〇　重要遗址

1. 西寺 -1 （JN-XS-1）遗址出土陶器

2. 张家大庄 -3 （JN-ZJDZ-3）遗址文化层堆积

彩版三一　重要遗址

1. 白云－4（LS-BY-4）遗址

2. 大棚顶－2（LS-DPD-2）遗址

彩版三二　重要遗址

1．大棚顶－2（LS–PPD–2）遗址附近的蛇纹岩矿

2．大阡里－1（LS–DQL–1）遗址

彩版三三　重要遗址

1. 大土山 -5（LS-DTS-5）遗址中部隆起处

2. 大庄子 -5（LS-DZZ-5）遗址采石场剖面文化层

彩版三四　重要遗址

1. 沟洼－1（LS-GW-1）遗址

2. 井沟－3（LS-JG-3）遗址 CAT 采集区红烧土堆积

彩版三五　重要遗址

1. 井沟-3（LS-JG-3）遗址 CAU
采集区出土大汶口文化觯形杯

2. 井沟-3（LS-JG-3）遗址出土石器及陶器

彩版三六　采集遗物

1. 纪家沟 -4（LS-JJG-4）遗址

2. 罗川沟 -1（LS-LCG-1）遗址（西南 - 东北）

彩版三七　重要遗址

1. 刘家沟 -4（LS-LJG-4）遗址（西北 - 东南）

2. 楼子底 -1（LS-LZD-1）遗址

彩版三八　重要遗址

1．马疃－7（LS–MT–7）遗址

2．秦家结庄－3（LS–QJJZ–3）遗址（西－东）

彩版三九　重要遗址

1. 前水车沟 -1 (LS-QSCG-1) 遗址 (东 - 西)

2. 小村 -2 (LS-XC-2) 遗址

彩版四〇　重要遗址

1. 小代疃－3（LS－XDT－3）遗址（西南－东北）

2. 徐家村－3（LS－XJC－3）遗址（东南－西北）

彩版四一　重要遗址

1. 辛留 -1（LS-XL-1）遗址

2. 杨家庄 -1（LS-YJZ-1）遗址

彩版四二　重要遗址

1. 尧王城－1（DG－YWC－1）遗址

2. 尧王城－1（DG－YWC－1）遗址夯土建筑堆积

彩版四三 重要遗址

1. 郑家结庄 -4（LS-ZJJZ-4）遗址（东南－西北）

1. 东花崖 -6（WL-DHY-6）遗址

2. 崮寺头 -1（WL-GST-1）遗址（南 - 北）

彩版四五　重要遗址

1. 林泉 -6（WL-LQ-6）遗址

2. 王石头 -1（WL-WST-1）遗址剖面

彩版四六　重要遗址

1. 夏家庄-1（WL-XJZ-1）遗址东部景观

2. 夏家庄-1（WL-XJZ-1）遗址文化层堆积

彩版四七　重要遗址

1. 尧沟 –1（WL–YG–1）遗址

2. 尧沟 –1（WL–YG–1）遗址剖面

彩版四八　重要遗址

1. 东桃园－3（ZC–DTY–3）台基

2. 东桃园－3（ZC–DTY–3）界碑

1. 小曹家庄 -1 (ZC-XCJZ-1) 遗址

1. 两城镇（96R-LCZ-1-CAK）

2. 安家岭（97-DG-ANJ-4）

3. 梁家罗川（97-JN-LJLC-1-CAA）

4. 梁家罗川（97-JN-LJLC-1-CAC）

彩版五一　采集遗物

1. 荆家林（96-DG-JJL-1）

2. 侯家官庄（96-DG-HJGZ-3）

3. 大岭（97-JN-DL-1）

4. 刘家顺（96-DG-LJS-4）

1. 任家屯（96-DG-RJT-3）

2. 任家屯（96-DG-RJT-4）

3. 石庙子村（97-JN-SMZC-3-CAA）

4. 梁家罗川（97-JN-LJLC-2）

1. 隋家官庄（96-DG-SJGZ-1）

2. 隋家官庄（96-DG-SJGZ-3）

3. 石庙子村（96-JN-SMZC-3-CAA）

4. 石庙子村（97-JN-SMZC-3-CAB）

彩版五四　采集遗物

1. 王家窑（97-WL-WJYA-6）

2. 王家窑（97-WL-WJYA-5）

3. 王家窑（97-WL-WJYA-7-CAA）

4. 王家窑（97-WL-WJYA-7-CAB）

彩版五五　采集遗物

1．王家窑（97-WL-WJYA-10）

2．王家窑（97-WL-WJYA-10）

3．王家窑（97-WL-WJYA-7-CAD）

4．王家窑（97-WL-WJYA-7-CAD）

5．小苗家庄（96-DG-XMJZ-1）

6．修齐园（96-JN-XQY-4）

彩版五六　采集遗物

1. 高家沟（97-DG-GJG-2-CAA）

2. 郭老沟（97-DG-GLG-3）

3. 萝花前（97-DG-LHQ-4）

4. 刘家官庄（96-DG-LJGZ-5-CAB）

5. 徐家官庄（98-JN-XJGZ-1）

彩版五七　采集遗物

1. 徐家洼（97-JN-XJW-3-CAB）

2. 徐家洼（97-JN-XJW-4）

3. 徐家洼（97-JN-XJW-4）

4. 徐家窑（98-JN-XJY-4）

5. 徐家洼（97-JN-XJW-3-CAB）

6. 徐家官庄（98-JN-XJGZ-2）

彩版五八　采集遗物

1．下石河（97-WL-XSH-3-CAA）

2．两城镇（96-DG-LCZ-1-10）

3．两城镇（96-DG-LCZ-1-10）

4．两城镇（96-DG-LCZ-1-10）

5．两城镇（96-DG-LCZ-1-10）

6．两城镇（96-DG-LCZ-1-CAAA）

彩版五九　采集遗物

1. 龙河（97-WL-LH-3）

2. 两城镇（96-DG-LCZ-1-CAA）

3. 东花埋（97-WL-DHY-1-CAA）

4. 林泉（98-WL-LQ-6-CAB）

5. 东花埋（97-WL-DHY-6-CAA）

6. 两城镇（96-DG-LCZ-1-CAA）

彩版六〇　采集遗物

1. 堂梨树沟 (97-WL-TLSG-1)

2. 堂梨树沟 (97-WL-TLSG-3-CAB)

3. 王石头 (98-WL-WST-1)

4. 王石头 (98-WL-WST-1)

5. 王石头 (98-WL-WST-1)

6. 王石头 (98-WL-WST-1)

彩版六一　采集遗物

1. 王石头（98-WL-WST-1）

2. 王石头（98-WL-WST-1）

3. 夏家庄（98-WL-XJZ-1）

4. 夏家庄（98-WL-XJZ-1）

5. 小庄（97-WL-XZ-2-CAA）

1. 尧沟 (98-WL-YG-1-CAA)

2. 尧沟 (98-WL-YG-1-CAA)

3. 尧沟 (98-WL-YG-1-CAA)

4. 尧沟 (98-WL-YG-1-CAA)

5. 大石河口 (98-JN-DSHK-3-CAA)

6. 后老窝 (98-JN-HLW-2-CAD)

彩版六三 采集遗物

1. 郭庄（98-DG-GZ-1-CAC）

2. 海青（98-JN-HQ-10-CAA）

3. 后显沟（98-JN-HXG-2）

4. 大桃园（98-DG-DTY-1-CAA）

5. 河山店（98-DG-HSD-6-CAA）

6. 大桃园（98-DG-DTY-1-CAA）

彩版六四　采集遗物

1. 水泊子 (98-JN-SPZ-1-CAA)

2. 崮寺头 (98-WL-GST-1-CAC)

3. 崖头 (98-WL-YT-1 CAA)

4. 夏家庄 (98-WL-XJZ-1-CAG)

5. 西窑沟 (98-WL-XYG-1-CAA)

彩版六五　采集遗物

1. 东王家村（00-DG-DWJC-1-CAA）

2. 东王家村（00-DG-DWJC-1-CAB）

3. 冯家沟（00-DG-FJD-2-CAD）

4. 菜园（00-JN-CY-1-CAA）

5. 菜园（00-JN-CY-1-CAA）

6. 东王家村（00-DG-DWJC-1-CAA）

彩版六六　采集遗物

1. 周家村（00-JN-ZJC-4）

2. 殷家庄（00-JN-YJZ-2）

3. 菜园（00-JN-CY-1-CAA）

4. 两城镇（00-DG-LCZ-1）

5. 菜园（00-JN-CY-1-CAE）

6. 周家村（01-JN-ZJC-4-CAD）

彩版六七　采集遗物

1. 北大村（01-DG-BDC-4-CAC）

2. 大古城（01-DG-DGC-1-CAR）

3. 前五里河（01-DG-QWLH-1）

4. 罗家城子（01-DG-LJCZ-1）

5. 西十里堡（01-DG-XSLP-2-CAF）

6. 苗家村（00-DG-MJC-1-CAJ）

彩版六八　采集遗物

1. 小香店（01-DG-XXD-1）

2. 大沟（01-JN-DG-4）

3. 皇古墩岭（01-JN-HGDL-3-CAA）

4. 大沟（01-JN-DG-1-CAE）

5. 皇古墩岭（01-JN-HGDL-3-CAC）

6. 大沟（01-JN-DG-1-CAD）

彩版六九　采集遗物

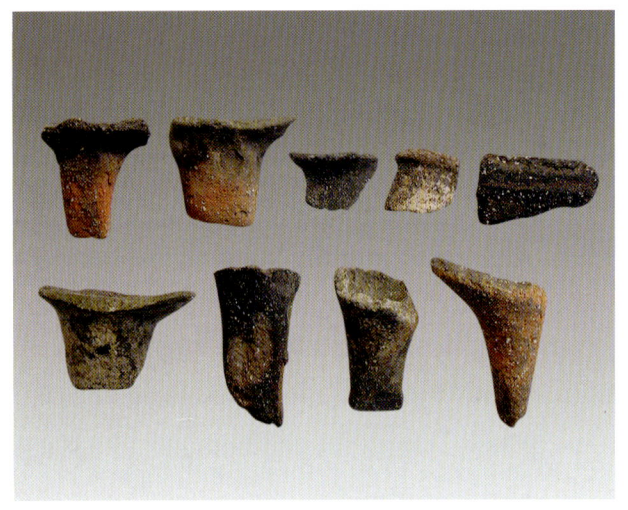

1. 皇古墩岭（01-JN-HGDL-3-CAE）

2. 井戈庄（01-JN-JGZ-11-CAA）

3. 井戈庄（01-JN-JGZ-11-CAA）

4. 塔山（01-JN-TS-4-CAB）

5. 塔山（01-JN-TS-4-CAG）

6. 吉湄村（01-JN-JMC-1-CAC）

彩版七〇　采集遗物

1. 张家大庄（01-JN-ZJDZ-3-CAF）

2. 张家大庄（01-JN-ZJDZ-3-CAJ）

3. 张家大庄（01-JN-ZJDZ-3-CAF）

4. 张家大庄（01-JN-ZJDZ-3-CAG）

5. 张家大庄（01-JN-ZJDZ-3）

6. 东海峪（02-DG-DHY-1-CAB）

彩版七一　采集遗物

1. 东海峪 (02-DG-DHY-1-CAL)

2. 东海峪 (02-DG-DHY-1-CACC)

3. 东海峪 (02-DG-DHY-1-CACC)

4. 大古镇 (02-DG-DGZ-5-CAB)

5. 东海峪 (02-DG-DHY-1-CABB)

6. 东海峪 (02-DG-DHY-1-CAB)

彩版七二　采集遗物

1. 东海峪（02-DG-DHY-1-CAT）

2. 东海峪（02-DG-DHY-1-CAV）

3. 东海峪（02-DG-DHY-1-CAT）

4. 东海峪（02-DG-DHY-1-CAL）

5. 东海峪（02-DG-DHY-1-CAX）

6. 东海峪（02-DG-DHY-1-CAW）

彩版七三　采集遗物

1. 东海峪 (02-DG-DHY-1-CAY)

2. 东两河 (02-DG-DLH-1)

3. 东两河 (02-DG-DLH-1)

4. 东海峪 (02-DG-DHY-1-CAZ)

5. 东海峪 (02-DG-DHY-1-CAZ)

1. 崮河崖（02-DG-GHA-2-CAG）

2. 焦柯庄（02-DG-JKZ-9-CAC）

3. 南张家村（02-DG-NZJC-1-CAA）

4. 南屯岭（02-DG-NTL-4）

5. 南张家村（02-DG-NZJC-1-CAB）

6. 南屯岭（02-DG-NTL-4）

彩版七五　采集遗物

1. 南张家村（02-DG-NZJC-1-CAC）

2. 西寺（02-JN-XS-1-CAX）

3. 南张家村（02-DG-NZJC-1-CAC）

4. 西寺（02-JN-XS-1-CAA）

5. 柳行大庄（02-JN-LHDZ-3-CAA）

6. 西寺（02-JN-XS-1-CAAA）

彩版七六　采集遗物

1. 西寺（02-JN-XS-1-CACC）

2. 西寺（02-JN-XS-1-CAX）

3. 西寺（02-JN-XS-1-CAW）

4. 西寺（02-JN-XS-1-CAH）

5. 西寺（02-JN-XS-1-CAH）

6. 西寺（02-JN-XS-1-CAI）

彩版七七　采集遗物

1. 东灶子（03-DG-DZZ-1）

2. 高家岭（03-DG-GaJL-1-CAEE）

3. 高家岭（03-DG-GaJL-1-CAC）

4. 高家岭（03-DG-GaJL-1-CADD）

5. 高家岭（03-DG-GaJL-1-CADD）

6. 傅疃（03-DG-FT-1-CAA）

彩版七八　采集遗物

1. 高家岭（03-DG-GaJL-1-CAY）

2. 高家岭（03-DG-GaJL-1-CAY）

3. 马家村（03-DG-MaJC-1-CAB）

4. 青墩（03-DG-QD-5-CAK）

5. 王家村（03-DG-WJC-3）

6. 尧王城（03-DG-YWC-1-CAAL）

彩版七九　采集遗物

1. 尧王城（03-DG-YWC-1-CAAH）

2. 尧王城（03-DG-YWC-1-CAAH）

3. 尧王城（03-DG-YWC-1-CAAT）

4. 尧王城（03-DG-YWC-1-CAAI）

5. 尧王城（03-DG-YWC-1-CAA）

6. 尧王城（03-DG-YWC-1-CAAA）

彩版八〇　采集遗物

1. 尧王城（03-DG-YWC-1-CAAK）

2. 尧王城（03-DG-YWC-1-CAAL）

3. 尧王城（03-DG-YWC-1-CAAK）

4. 尧王城（03-DG-YWC-1-CACC）

5. 尧王城（03-DG-YWC-1-CAAK）

6. 尧王城（03-DG-YWC-1-CAAM）

彩版八一　采集遗物

1. 尧王城（03-DG-YWC-1）

2. 尧王城（03-DG-YWC-1-CATT）

3. 尧王城（03-DG-YWC-1-CAUU）

4. 尧王城（03-DG-YWC-1-CAQQ）

5. 尧王城（03-DG-YWC-1-CACC）

6. 尧王城（03-DG-YWC-1-CAT）

彩版八二　采集遗物

1. 尧王城（03-DG-YWC-1-CAWW）

2. 尧王城（03-DG-YWC-1-CAYY）

3. 尧王城（03-DG-YWC-1-CAZZ）

4. 张家庄子（03-DG-ZJZZ-1-CAF）

5. 尧王城（03-DG-YWC-1-CAZZ）

6. 张家庄子（03-DG-ZJZZ-1-CAJ）

彩版八三　采集遗物

1. 后鹅庄（04-DG-HEZ-1-CAD）

2. 西林子头（04-DG-XLZT-1-CAA）

3. 西林子头（04-DG-XLZT-1-CAA）

4. 西林子头（04-DG-XLZT-1-CAA）

5. 白云（04-LS-BY-4-CAA）

6. 郭家庄（04-LS-GJZ-1-CAA）

彩版八四　采集遗物

1. 郭家庄 (04-LS-GJZ-1-CAE)

2. 郭家庄 (04-LS-GJZ-1-CAH)

3. 井沟 (04-LS-JG-3-CAG)

4. 井沟 (04-LS-JG-3-CAP)

5. 井沟 (04-LS-JG-3-CAT)

6. 井沟 (04-LS-JG-3-CAT)

彩版八五　采集遗物

1. 井沟（04-LS-JG-3-CAU）

2. 马疃（04-LS-MT-7-CAB）

3. 马疃（04-LS-MT-7-CAC）

4. 马疃（04-LS-MT-7-CAE）

5. 马疃（04-LS-MT-7-CAE）

6. 马疃（04-LS-MT-7-CAI）

彩版八六　采集遗物

1. 曲岭南头（04-LS-QLNT-2-CAA）

2. 小代疃（04-LS-XDT-3-CAD）

3. 小代疃（04-LS-XDT-3-CAD）

4. 小代疃（04-LS-XDT-3-CAF）

5. 小代疃（04-LS-XDT-3-CAG）

6. 榛子埔（04-LS-ZZB-1）

彩版八七　采集遗物

1. 东两河 (02-DG-DLH-1-CAB)

2. 华山 (05-DG-HS-4-CAB)

3. 南屯岭 (05-DG-NTL-4-CAB)

4. 南屯岭 (02-DG-NTL-4-CAB)

5. 南屯岭 (02-DG-NTL-4-CAB)

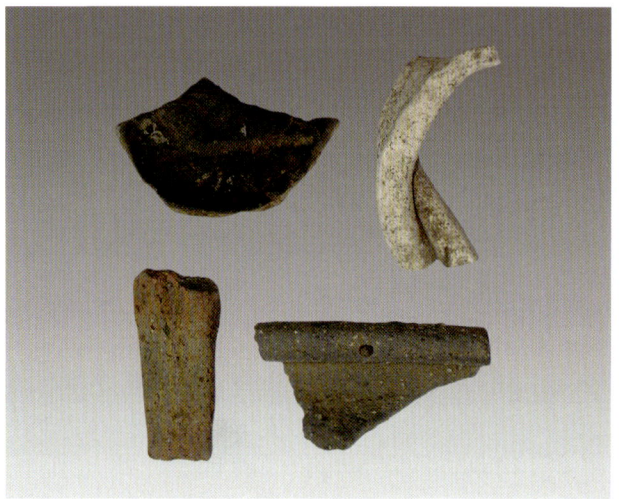

6. 西林子头 (05-DG-XLZT-1-CAB)

彩版八八　采集遗物

1. 西林子头（05-DG-XLZT-1-CAC）

2. 西林子头（05-DG-XLZT-1-CAC）

3. 西林子头（05-DG-XLZT-1-CAD）

4. 西林子头（05-DG-XLZT-1-CAD）

5. 西林子头（05-DG-XLZT-1-CAE）

6. 西林子头（05-DG-XLZT-1-CAD）

彩版八九　采集遗物

1. 西林子头 (05-DG-XLZT-1-CAG)

2. 西林子头 (05-DG-XLZT-1-CAN)

3. 西林子头 (05-DG-XLZT-1-CAQ)

4. 西林子头 (05-DG-XLZT-1-CAQ)

5. 大阡里 (05-LS-DQL-1)

6. 罗川沟 (05-LS-LCG-1-CAA)

1. 罗川沟（05-LS-LCG-1-CAA）

4. 罗川沟（05-LS-LCG-4）

2. 秦家结庄（05-LS-QJJZ-3-CAB）

5. 秦家结庄（05-LS-QJJZ-3-CAA）

6. 秦家结庄（05-LS-QJJZ-3-CAB）

3. 秦家结庄（05-LS-QJJZ-3-CAA）

7. 罗川沟（05-LS-LCG-1-CAA）

彩版九一　采集遗物

1. 徐家村（05-LS-XJC-1-CAA）

2. 徐家村（05-LS-XJC-3-CAA）

3. 徐家村（05-LS-XJC-3-CAD）

4. 徐家村（05-LS-XJC-3-CAD）

5. 徐家村（05-LS-XJC-3-CAD）

6. 徐家村（05-LS-XJC-3-CAD）

彩版九二　采集遗物

1. 徐家村（05-LS-XJC-3-CAD）

2. 徐家村（05-LS-XJC-3-CAD）

3. 徐家村（05-LS-XJC-3-CAD）

4. 徐家村（05-LS-XJC-3-CAD）

5. 徐家村（05-LS-XJC-3-CAD）

彩版九三　采集遗物

1. 徐家村（05-LS-XJC-3-CAE）

2. 郑家结庄（05-LS-ZJJZ-4-CAD）

3. 烟台西（05-LS-YTX-1-CAB）

4. 郑家结庄（05-LS-ZJJZ-4-CAD）

5. 竹园（05-LS-ZhuY-1-CAC）

6. 郑家结庄（05-LS-ZJJZ-4-CAD）

彩版九四　采集遗物

1. 车沟（06-LS-CG-9-CAO）

2. 车沟（06-LS-CG-9-CAD）

3. 大土山（06-LS-DTS-5-CAR）

4. 大土山（06-LS-DTS-5-CABB）

5. 大土山（06-LS-DTS-5-CAI）

6. 大土山（06-LS-DTS-5-CAQ）

彩版九五　采集遗物

1. 大土山 (06-LS-DTS-5-CAR)

2. 大土山 (06-LS-DTS-5-CAW)

3. 大土山 (06-LS-DTS-5-CAX)

4. 大土山 (06-LS-DTS-5-CAZ)

5. 大土山 (06-LS-DTS-5-CAZ)

6. 沟洼 (06-LS-GW-1-CAA)

彩版九六　采集遗物

1. 刘家沟（06-LS-LJG-4-CAA）

2. 前水车沟（06-LS-QSCG-1-CAA）

3. 纪家沟（06-LS-JJG-4-CAA）

4. 刘家沟（06-LS-LJG-4-CAA）

5. 刘家沟（06-LS-LJG-4-CAA）

6. 刘家沟（06-LS-LJG-4-CAA）

彩版九七　采集遗物

1. 辛留 (06-LS-XL-7-CAJ)

2. 前水车沟 (06-LS-QSCG-1-CAD)

3. 前水车沟 (06-LS-QSCG-1-CAA)

4. 辛留 (06-LS-XL-7-CAAA)

5. 辛留 (06-LS-XL-7-CAC)

6. 辛留 (06-LS-XL-7-CAI)

彩版九八　采集遗物

1. 辛留（06-LS-XL-7-CAQ）

2. 辛留（06-LS-XL-7-CAR）

3. 辛留（06-LS-XL-7-CAX）

4. 辛留（06-LS-XL-7-CAY）

5. 辛留（06-LS-XL-7-CAL）

6. 辛留（06-LS-XL-7-CAW）

彩版九九 采集遗物

1. 南张家庄（07-ZC-NZJZ-1-CAO）

2. 小曹家庄（07-ZC-XCJZ-1）

3. 南张家庄（07-ZC-NZJZ-CAH）

4. 解家庄子（07-ZC-XJZZ-1-CAB、CAA）

5. 解家庄子（07-ZC-XJZZ-1-CAC、CAA）

6. 解家庄子（07-ZC-XJZZ-1-CAB、CAC）

1. 南张家庄（07-ZC-NZJZ-1-CAD、CAB、CAC）

2. 南张家庄（07-ZC-NZJZ-1-CAB、CAD）

3. 南张家庄（07-ZC-NZJZ-1-CAH）

4. 南张家庄（07-ZC-NZJZ-1-CAH）

5. 南张家庄（07-ZC-NZJZ-1-CAN）

6. 南张家庄（07-ZC-NZJZ-1-CAN）

彩版一〇一　采集遗物

1. 金头岭（07–JN–JTL–4）

2. 大后村（07–LS–DHC–1）

3. 石岭子（07–LS–SLZ–1,2,1(CAF)）

4. 埠头（07–ZC–BT–6）

5. 南张家庄（07–ZC–NZJZ–1–CAA）

鲁东南沿海地区系统考古调查报告

（下）

中美日照地区联合考古队

方辉　文德安　加里·费曼　琳达·尼古拉斯
栾丰实　于海广　蔡凤书

文物出版社

Archaeological Report of Regional Systematic Survey in the Southeast Shandong

(Ⅱ)

China-U.S. Cooperative Archaeological Team in Rizhao Area

Fang Hui   Anne Underhill   Gary Feinman   Linda Nicholas

Luan Fengshi   Yu Haiguang   Cai Fengshu

Cultural Relics Press

下册目录

（附光盘）

说　明

　　本册所公布的《遗址信息表》和《遗物信息表》，是《鲁东南沿海地区系统考古调查报告》的重要组成部分。其中，前者是关于调查所发现及记录的所有遗址的相关信息，包括遗址名称、时代、所在位置及地形、面积大小、所属等级、遗物分布密度及数量等；后者则是关于调查中所采集遗物的相关信息，包括遗物的年代、种类、器形、质地和数量等信息。

　　遗址或聚落等级的划分取决于多种因素，其中最为直观的因素是遗址面积，但遗址地表残存的遗迹、遗物以及所处地理位置、与水源的关系等也是值得参考的因素。这些内容有些在上册有关遗址、遗物的文字描述中得到体现，但许多具体而微的内容却无法涵括进去，尤其是众多的、缺少明确文化层及遗迹的小型遗址，在地图上只是作为一个"点"而存在，也没有任何的文字描述，这些内容，便统统附在这两个表格之中了。

　　为方便读者，将《遗址信息表》和《遗物信息表》的中、英文 Execl 表格制成 CD 光盘一张，随书附赠，以便检索。

遗址信息表

遗址前缀	遗址名称	年份	行政区划	村镇	地图	采集区	年代	早(西)	中	晚(东)	分期	期段编号	面积(万米²)	等级	所含期段数	陶片密度	陶片数量	器型	残片	石器	文化层特点	详细文化层信息	中心海拔
96R	AJC-1	1	东港	安家村	安家村		周				不确定	21	0.16	VI	1	稀少	1	0	1				6.0
96R	AJC-2	1	东港	安家村	安家村		周			x	东周	20	0.20	VI	1	稀少	1	1					6.0
96R	AJC-3	1	东港	安家村	安家村		汉					19	2.88	V	2	稀少	1	1					6.0
96R	AJC-3	1	东港	安家村	安家村		周				不确定	19	2.88	V	2	稀少	1	1					6.0
96R	ANJ-1	1	东港	安家岭	安家村	A，B	汉					20	6.76	IV	3	稀少	7	1	1				4.0
96R	ANJ-1	1	东港	安家岭	安家村	所有	龙山	x	x			28	10.04	III	3	稀少	7	3		1			4.0
96R	ANJ-1	1	东港	安家岭	安家村	A，B，D	周	x		x	西周/东周	22	7.04	IV	3	稀少	48	4					4.0
96R	ANJ-2	1	东港	安家岭	安家村		周				不确定	23	0.16	VI	1	稀少	10	1					3.0
96R	Dantu-1	1	五莲	丹土村	丹土村	A，B，C	大汶口				晚期	24	13.40	I		稀少	7	6			烧土	CAB?	20.0
96R	Dantu-1	1	五莲	丹土村	丹土村	F，H	大汶口				晚期	25	0.58	III		稀少	2	2					22.0
96R	Dantu-1	1	五莲	丹土村	丹土村	A	汉					2	17.44	III	3	稀少	5	1	1				19.0
96R	Dantu-1	1	五莲	丹土村	丹土村	A-H	龙山	x	x	x	早/中/晚	1	130.68	II	3	稀少	215	9	2	13	烧土	CAB?	25.0
96R	Dantu-1	1	五莲	丹土村	丹土村	B-D	周	x		x	西周/东周	1	36.96	II	3	稀少	7	2	1		烧土	CAB?	22.5
96R	Dantu-1	1	五莲	丹土村	丹土村	D	汉					1	6.88	IV	3	稀少	2	0	1				25.0
96R	Dantu-1	1	五莲	丹土村	丹土村	H	汉					3	4.20	V	3	稀少	4	1	1				30.0
96R	Dantu-1	1	五莲	丹土村	丹土村	G	周			x	东周	2	0.16	VI	3	稀少	5	1					30.0
96R	DBS-1	1	东港	大白石	联合村		龙山		x			14	0.24	VI	1	稀少	3	3					14.0
96R	DBS-2	1	东港	大白石	联合村		汉					13	0.16	VI	1	稀少	1	1					20.0
96R	DBS-3	1	东港	大白石	联合村		龙山				不确定	13	0.24	VI	1	稀少	3	1					24.0
96R	DBS-4	1	东港	大白石	联合村		龙山				不确定	20	0.40	VI	1	稀少	3	1					21.0
96R	DJP-1	1	东港	大界牌	丹土村		汉					5	0.24	VI	1	稀少	1	0	1				29.0
96R	DJP-2	1	东港	大界牌	联合村	A，C	汉					7	9.80	IV	3	稀少	5	1	1		墓葬	山脊顶部	35.0
96R	DJP-2	1	东港	大界牌	联合村		龙山	x	x	x	早/中/晚	5	23.64	III	3	很少	98	11		5			35.0
96R	DJP-2	1	东港	大界牌	联合村	所有	周			x	东周	3	16.48	III	3	稀少	8	2	1				35.0
96R	DT-1	1	东港	东屯	安家村		汉					26	0.32	VI	2	稀少	3	2	1				18.0
96R	DT-1	1	东港	东屯	安家村		周	x			西周	27	0.32	VI	2	稀少	9	1					18.0
96R	DT-3	1	东港	东屯	安家村		龙山				不确定	30	0.56	VI	3	稀少	1	1					9.0
96R	DT-3	1	东港	东屯	安家村		商					3	0.20	II	3	稀少	3	1					9.0
96R	DT-3	1	东港	东屯	安家村		周	x			西周	24	0.56	VI	3	稀少	3	1					9.0
96R	DT-4	1	东港	东屯	安家村		周				不确定	26	0.20	VI	1	稀少	1	1					9.6
96R	DT-5	1	东港	东屯	安家村		汉					22	0.20	VI	1	稀少	1	0	1				14.8
96R	DXBS-1	1	东港	大小白石	联合村		汉					15	1.48	V	3	稀少	4	0	1				11.0
96R	DXBS-1	1	东港	大小白石	联合村		龙山		x			22	1.68	V	3	稀少	9	3					11.0
96R	DXBS-1	1	东港	大小白石	联合村		周			x	东周	9	1.84	V	3	稀少	1	1					11.0
96R	DXBS-2	1	东港	大小白石	联合村		汉					10	1.48	V	2	稀少	1	0	1				13.0
96R	DXBS-2	1	东港	大小白石	联合村		龙山	x	x			11	1.28	V	2	很少	23	6					13.0
96R	DXBS-3	1	东港	大小白石	联合村		龙山		x			10	0.36	VI	2	稀少	5	3					18.0
96R	DXBS-3	1	东港	大小白石	联合村		周			x	东周	4	0.36	VI	2	稀少	1	0	1				18.0
96R	DXBS-4	1	东港	大小白石	丹土村		龙山		x			7	0.24	VI	1	稀少	1	1					30.0

海拔范围	水源	河道距离	环境区域	地貌状况	防御性遗址	土壤质地	土壤颜色	土层厚度	作物	现代用途	备注	距中心城市5公里内	距中心城市5~10公里	距中心城市10~15公里	距中心城市15公里以上	距海岸5公里内
2~10	主要河流	890	冲积平原	平地		多砂	黄土	较深	休耕地	农业用地	纺轮	两城镇				x
2~10	主要河流	900	冲积平原	平地					开垦地	农业用地		两城镇				x
2~10	主要河流	500	冲积平原	平地		多砂			开垦地	农业用地		两城镇				x
2~10	主要河流	500	冲积平原	平地		多砂						两城镇				x
2~10	支流	100	冲积平原	平地			褐土			农业用地	土壤灰黄褐色		两城镇			x
2~10	小河	0	冲积平原	平地			褐土			农业用地		两城镇				x
2~10	支流	100	冲积平原	平地			褐土			农业用地		两城镇				x
2~10	支流	350	冲积平原	平地		淤土	黄土	较深	休耕地	农业用地			两城镇			x
20~30	支流	10	冲积平原	平地		黏土	黄土-褐土	较深	蔬菜	农业用地	遗址部分压现代村镇下面	两城镇				
20~30	支流	600	冲积平原	平地		黏土	黄土-褐土	较深	蔬菜	农业用地		两城镇				
10~20	支流	50	冲积平原	平地		黏土	黄土-褐土	较深	蔬菜	塑料大棚	遗址部分压现代村镇下面	两城镇				
20~30	支流	40	冲积平原	平地		黏土	黄土-褐土	较深	蔬菜	塑料大棚	遗址部分压现代村镇下面	两城镇				
20~30	支流	10	冲积平原	平地		黏土	黄土-褐土	较深	蔬菜	蔬菜	遗址部分压现代村镇下面	两城镇				
20~30	支流	25	冲积平原	平地		黏土	黄土-褐土	较深	蔬菜	塑料大棚	遗址部分压现代村镇下面	两城镇				
30~40	支流	600	冲积平原	平地		黏土	黄土-褐土	较深	蔬菜	塑料大棚	遗址部分压现代村镇下面	两城镇				
30~40	支流	600	冲积平原	平地		黏土	黄土-褐土	较深	蔬菜	塑料大棚	遗址部分压现代村镇下面	两城镇				
10~20	小河	80	冲积平原	平地								两城镇				
20~30	小河	250	冲积平原	微倾斜		多砂/土质较硬			休耕地	农业用地		两城镇				
20~30	小河	220	冲积平原	平地								两城镇				
20~30	小河	220	冲积平原	平地		多砂黏土			休耕地	农业用地		两城镇				
20~30	小河	200	山麓	平地					冬小麦	农业用地		两城镇				
30~40	小河	200	山麓	平地								两城镇				
30~40	小河	50	山麓	平地		黏土	黄土	较深	休耕地/小麦	农业用地		两城镇				
30~40	小河	200	山麓	平地		黏土	黄土	较深	休耕地/小麦	农业用地		两城镇				
10~20	小河	50	山麓	微倾斜		淤土/土质较硬	黄土	较深	冬小麦	农业用地	大白菜	两城镇				
10~20	小河	50	山麓	微倾斜		淤土/土质较硬	黄土	较深	冬小麦	农业用地	大白菜	两城镇				
2~10	小河	470	冲积平原	平地		多砂/土质较硬	黄土	较深	休耕地	农业用地		两城镇				
2~10	小河	0	冲积平原	平地		多砂/土质较硬	黄土	较深	休耕地	农业用地		两城镇				
2~10	小河	10	冲积平原	平地		多砂/土质较硬	黄土	较深	休耕地	农业用地		两城镇				
2~10	支流	250	冲积平原	平地		多砂/淤土	黄土		休耕地	农业用地		两城镇				
10~20	小河	75	冲积平原	平地		多砂/淤土	黄土		休耕地	农业用地		两城镇				
10~20	小河	200	冲积平原	平地								两城镇				
10~20	小河	40	冲积平原	平地								两城镇				
10~20	小河	200	冲积平原	平地								两城镇				
10~20	小河	0	冲积平原	较低的隆起		黏土	黄土	较深	休耕地/小麦	农业用地		两城镇				
10~20	小河	10	冲积平原	较低的隆起		黏土	黄土	较深	休耕地/小麦	农业用地		两城镇				
10~20	小河	10	冲积平原	微倾斜		黏土	黄土	较深	休耕地	农业用地		两城镇				
10~20	小河	0	冲积平原	微倾斜		黏土	黄土	较深	休耕地	农业用地		两城镇				
30~40	小河	10	山麓	微倾斜		黏土	黄土	较深	休耕地	农业用地		两城镇				

遗址前缀	遗址名称	年份	行政区划	村镇	地图	采集区	年代	早(西)	中	晚(东)	分期	期段编号	面积(万米²)	等级	所含期段数	陶片密度	陶片数量	器型	残片	石器	文化层特点	详细文化层信息	中心海拔
96R	DXBS-5	1	东港	大小白石	联合村		龙山				不确定	17	0.16	VI	2	稀少	1	1						11.0
96R	DXBS-5	1	东港	大小白石	联合村		周			x	东周	8	0.16	VI	2	稀少	2	1						11.0
96R	DXJP-1	1	东港	大小界牌	联合村		汉					9	0.36	VI	2	稀少	1	0	1					18.0
96R	DXJP-1	1	东港	大小界牌	联合村		龙山	x				9	0.24	VI	2	稀少	8	2						18.0
96R	DXJP-2	1	东港	大小界牌	丹土村		汉					8	0.24	VI	3	稀少	1	0	1					30.0
96R	DXJP-2	1	东港	大小界牌	丹土村		龙山		x			8	0.32	VI	3	稀少	9	3						30.0
96R	DXJP-2	1	东港	大小界牌	丹土村		周			x	东周	5	0.20	VI	3	稀少	3	2						35.0
96R	GOU-1	1	东港	沟堰	安家村	A	龙山				不确定	27	1.64	V	1	稀少	1	1						6.0
96R	GOU-2	1	东港	沟堰	安家村	无	周				不确定	18	0.20	VI	1	稀少	0	0						7.0
96R	HQ-1	1	东港	红旗	安家村		周				不确定	409	0.20	VI	2	稀少	1	1						5.0
96R	HQC-5	1	东港	黑七门	安家村		龙山				不确定	33	0.44	VI	1	稀少	0	0		1				18.0
96R	LCZ-1	1	东港	两城镇	联合村		汉					11	235.92	I	4	少	243	3	1			文化层	主要是龙山?	15.0
96R	LCZ-1	1	东港	两城镇	联合村		龙山	x	x	x	早/中/晚	12	272.49	I	4	少	2355	23	2	34		文化层	较多	15.0
96R	LCZ-1	1	东港	两城镇	联合村	AA	商					1	0.25	II	4	稀少	1	1						15.0
96R	LCZ-1	1	东港	两城镇	联合村	L	商					2	0.50	II	4	稀少	2	2						15.0
96R	LCZ-1	1	东港	两城镇	联合村		周	x		x	西周/东周	6	241.40	I	4	少	115	6	1			文化层	主要是龙山?	15.0
96R	LCZ-1	1	东港	两城镇	联合村	L	周			x	东周	7	4.00	V	4	稀少	5	2						12.0
96R	LCZ-2/3	1	东港	两城镇	安家村	C	大汶口					1	3.78	II	4	稀少	4	3				文化层		8.0
96R	LCZ-2/3	1	东港	两城镇	安家村	C-F	汉					16	30.08	II	4	很少	49	2	1			文化层		8.0
96R	LCZ-2/3	1	东港	两城镇	安家村		周			x	东周	13	0.36	VI	2	稀少	2	1						8.0
96R	LCZ-2/3	1	东港	两城镇	安家村	A-H	龙山	x	x	x	早/中/晚	25	42.88	II	4	很少	560	14	2	6		文化层		8.0
96R	LCZ-2/3	1	东港	两城镇	安家村	E	周				不确定	12	3.36	V	4	稀少	3	1						8.0
96R	LCZ-2/3	1	东港	两城镇	安家村	B-D	周			x	东周	14	12.16	III	4	很少	12	2				文化层		8.0
96R	LCZ-4	1	东港	两城镇	联合村		龙山	x				23	0.36	VI	1	稀少	5	3						12.0
96R	LCZ-5	1	东港	两城镇	联合村	无	龙山				不确定	16	0.36	VI	1	稀少	0	0						11.0
96R	LCZ-6	1	东港	两城镇	安家村		龙山		x			19	3.20	V	2	很少	18	7		1				7.4
96R	LCZ-6	1	东港	两城镇	安家村		周			x	东周	11	0.92	VI	2	稀少	1	1						7.4
96R	LHC-1	1	东港	联合村	联合村		汉					12	1.00	V	2	稀少	1	1						21.0
96R	LHC-1	1	东港	联合村	联合村		龙山				不确定	6	0.92	VI	2	稀少	1	1						21.0
96R	PJC-1	1	东港	潘家村	联合村		龙山	x				18	4.40	IV	2	稀少	10	2						12.0
96R	PJC-1	1	东港	潘家村	联合村		周			x	东周	10	4.28	VI	2	稀少	3	0	1					12.0
96R	PJC-2	1	东港	潘家村	联合村		龙山	x				24	0.32	VI	1	稀少	10	4						12.0
96R	PJC-3	1	东港	潘家村	联合村		龙山	x				15	0.28	VI	1	稀少	1	1						12.0
96R	QGG-1	1	东港	青岗沟	联合村		汉					14	5.36	V	2	稀少	5	3	1					20.0
96R	QGG-1	1	东港	青岗沟	联合村		龙山	x				21	5.68	IV	2	很少	13	1		1				20.0
96R	QHX-1	1	东港	前河西	安家村		汉					21	0.24	VI	1	稀少	1	1						10.0
96R	SMH-2	1	东港	石门后	安家村		周			x	东周	17	0.24	VI	1	稀少	2	1						6.0
96R	SMH-3	1	东港	石门后	安家村		汉					18	0.96	VI	1	稀少	5	1	1					6.0
96R	SQ-1	1	胶南	石桥	丹土村		汉					4	1.16	V	2	稀少	1	0	1					19.0
96R	SQ-1	1	胶南	石桥	丹土村		龙山	x	x			2	3.76	V	2	稀少	8	5						9.0
96R	XJC-1	1	东港	夏家村	安家村		汉					17	0.44	VI	3	稀少	2	1	1					7.0
96R	XJC-1	1	东港	夏家村	安家村		龙山	x				26	8.68	IV	3	稀少	12	3						7.0
96R	XJC-1	1	东港	夏家村	安家村		周			x	东周	16	3.88	III	3	稀少	1	1						7.0
96R	XJC-2	1	东港	夏家村	安家村		周			x	东周	15	1.16	V	1	稀少	3	1	1					7.0
96R	XJG-1	1	东港	相家沟	安家村	A, B	汉					23	9.76	IV	3	稀少	8	1	1					25.0
96R	XJG-1	1	东港	相家沟	安家村	所有	龙山	x	x	x	早/中/晚	29	21.32	III	3	稀少	94	9						25.0
96R	XJG-1	1	东港	相家沟	安家村	所有	周	x		x	西周/东周	25	21.28	III	3	稀少	30	3						25.0
96R	XJG-1	1	东港	相家沟	安家村	D	汉					24	2.72	V	3	稀少	2	0	1					25.0

海拔范围	水源	河道距离	环境区域	地貌状况	防御性遗址	土壤质地	土壤颜色	土层厚度	作物	现代用途	备注	距中心城市5公里内	距中心城市5~10公里	距中心城市10~15公里	距中心城市15公里以上	距海岸5公里内
10~20	小河	0	冲积平原	平地						花圃		两城镇				
10~20	小河	150	冲积平原	平地						花圃		两城镇				
10~20	小河	150	冲积平原	微倾斜					休耕地/小麦	农业用地						
10~20	小河	10	冲积平原	微倾斜					休耕地/小麦	农业用地		两城镇				
30~40	小河	300	山麓	平地		多砂/淤土			休耕地/小麦	农业用地		两城镇				
30~40	小河	0	山麓	平地		多砂/淤土			休耕地/小麦	农业用地		两城镇				
30~40	小河	300	山麓	平地		多砂/淤土			休耕地/小麦	农业用地		两城镇				
2~10	小河	340	冲积平原	平地		多砂/淤土			休耕地/小麦	农业用地		两城镇				
2~10	支流	50	冲积平原	平地		多砂/淤土	黄土	较深	休耕地	农业用地		两城镇				x
2~10	主要河流	0	冲积平原	平地								两城镇				
10~20	小河	120	山麓	平地		淤土	黄土	较深	果园	果园				两城镇		x
10~20	主要河流	0	冲积平原	平地		黏土	黄土	较深		农业用地	遗址较大，小麦、果园、蔬菜种植等	两城镇				
10~20	主要河流	0	冲积平原	平地		黏土	黄土	较深		农业用地	遗址较大，小麦、果园、蔬菜种植等	两城镇				
10~20	主要河流	0	冲积平原	平地		黏土	黄土	较深		农业用地	石器	两城镇				
10~20	主要河流	0	冲积平原	平地		黏土	黄土	较深	休耕地	农业用地	遗址较大，小麦、果园、蔬菜种植等	两城镇				
10~20	主要河流	0	冲积平原	平地		黏土	黄土	较深		农业用地	遗址较大，小麦、果园、蔬菜种植等	两城镇				
10~20	主要河流	0	冲积平原	平地		黏土	黄土	较深	休耕地	农业用地	遗址较大，小麦、果园、蔬菜种植等	两城镇				
2~10	支流	50	冲积平原	平地		淤土黏土	黄土	较深	梨园	果园	并种植冬小麦					
2~10	支流	50	冲积平原	平地		淤土黏土	黄土	较深	梨园	果园	并有冬小麦	两城镇				
2~10	小河	75	冲积平原	平地		黏土	黄土	较深	大白菜	农业用地	并有冬小麦	两城镇				
2~10	支流	0	冲积平原	平地		淤土黏土	黄土	较深	梨园	果园	并有冬小麦	两城镇				
2~10	小河	10	冲积平原	平地		淤土黏土	黄土	较深	梨园	果园	并有冬小麦	两城镇				
2~10	支流	50	冲积平原	平地		淤土黏土	黄土	较深	梨园	果园	并有冬小麦	两城镇				
10~20	小河	230	冲积平原	平地		淤土	浅褐土		冬小麦	农业用地		两城镇				
10~20	小河	350	冲积平原	平地					休耕地/小麦	农业用地		两城镇				
2~10	主要河流	920	冲积平原	平地		黏土	黄土	较深	冬小麦	农业用地		两城镇				
2~10	主要河流	920	冲积平原	平地		黏土	黄土	较深	冬小麦	农业用地		两城镇				
20~30	小河	75	冲积平原	微倾斜		淤土	黄土	较深	休耕地/小麦	农业用地		两城镇				
20~30	小河	100	冲积平原	微倾斜		淤土	黄土	较深	休耕地/小麦	农业用地		两城镇				
10~20	小河	80	冲积平原	平地		黏土	黄土	较深	休耕地/小麦	农业用地		两城镇				
10~20	小河	150	冲积平原	平地		黏土	黄土	较深	休耕地/小麦	农业用地		两城镇				
10~20	小河	30	冲积平原	平地								两城镇				
10~20	小河	40	冲积平原	平地					休耕地	农业用地		两城镇				
20~30	小河	400	冲积平原	较低的隆起		多砂	黄土	中度	休耕地	农业用地		两城镇				
20~30	小河	60	冲积平原	较低的隆起		多砂	黄土	中度	休耕地	农业用地		两城镇				
10~20	小河	25	冲积平原	平地		多砂/淤土	黄土					两城镇				x
2~10	主要河流	150	冲积平原	平地		黏土	黄土	较深	蔬菜	花圃		两城镇				
2~10	小河	200	冲积平原	平地					休耕地	农业用地		两城镇				
10~20	小河	300	冲积平原	平地		淤土	黄土	较深	冬小麦	农业用地		两城镇				
2~10	小河	300	冲积平原	平地		淤土	黄土	较深	冬小麦	农业用地		两城镇				
2~10	主要河流	400	冲积平原	平地								两城镇				
2~10	主要河流	400	冲积平原	平地								两城镇				
2~10	主要河流	400	冲积平原	平地		多砂/淤土	黄土		休耕地	农业用地		两城镇				
2~10	主要河流	720	冲积平原	平地		黏土	黄土	较深	大白菜	农业用地		两城镇				
20~30	小河	25	山麓	中度隆起/斜坡		多砂/淤土	黄土-褐土		休耕地/小麦	农业用地		两城镇				
20~30	小河	0	山麓	中度隆起/斜坡		多砂/淤土	黄土-褐土		休耕地/小麦	农业用地		两城镇				
20~30	小河	25	山麓	中度隆起/斜坡		多砂/淤土	黄土-褐土		休耕地/小麦	农业用地		两城镇				
20~30	小河	25	山麓	中度隆起/斜坡		多砂/淤土	黄土-褐土		休耕地/小麦	农业用地		两城镇				

遗址前缀	遗址名称	年份	行政区划	村镇	地图	采集区	年代	早(西)	中	晚(东)	分期	期段编号	面积(万米²)	等级	所含期段数	陶片密度	陶片数量	器型	残片	石器	文化层特点	详细文化层信息	中心海拔
96R	XJG-2	1	东港	相家沟	安家村		龙山				不确定	32	0.28	VI	2	稀少	2	1					52.0
96R	XJG-2	1	东港	相家沟	安家村		周			x	东周	29	0.32	VI	2	稀少	2	1					52.0
96R	XJP-1	1	东港	小界牌	丹土村	B	汉					6	1.92	V	2	稀少	1	1					18.0
96R	XJP-1	1	东港	小界牌	丹土村	A,B	龙山	x	x	x	早/中/晚	4	5.00	IV	2	稀少	18	6	1				18.0
96R	XJP-1	1	东港	小界牌	丹土村		龙山		x			3	0.24	VI	1	稀少	1	1					22.0
96R	XT-1	1	东港	西屯	安家村		汉					25	0.36	VI	1	稀少	6	1	1				35.0
96R	XT-2	1	东港	西屯	联合村		汉					27	1.72	V	3	稀少	1	0	1				20.0
96R	XT-2	1	东港	西屯	联合村		龙山				不确定	31	1.72	V	3	稀少	1	1					20.0
96R	XT-2	1	东港	西屯	联合村		周			x	东周	28	1.76	V	3	稀少	3	1	1				20.0
(JN)	LJLC-1	2	胶南	梁家罗川	丹土村	所有	龙山	x	x			50	21.04	III	3	很少	89	4					12.0
(JN)	LJLC-1	2	胶南	梁家罗川	丹土村	A,B	汉					42	9.68	IV	3	很少	12	1	1				12.0
(JN)	LJLC-1	2	胶南	梁家罗川	丹土村	B	周				不确定	43	0.36	VI	2	稀少	1	1					12.0
(JN)	LJLC-1	2	胶南	梁家罗川	丹土村	A,C	周	x			西周	44	0.44	VI	2	稀少	4	2					12.0
(JN)	LJLC-1	2	胶南	梁家罗川	丹土村	A	周				不确定	45	0.24	VI	3	稀少	1	1					12.0
(JN)	SMZC-3	2	胶南	石庙子村	后显沟	A	汉					54	8.64	IV	3	很少	64	1	1				7.0
(JN)	SMZC-3	2	胶南	石庙子村	后显沟	A	岳石					5	0.25	III	3	稀少	1	1					9.0
(JN)	SMZC-3	2	胶南	石庙子村	后显沟	所有	周			x	东周	52	8.20	III	3	很少	27	2	1				7.0
(WL)	WJYA-10	2	五莲	王家窑	丹土村		汉					33	0.24	VI	2	稀少	1	0	1				22.5
(WL)	WJYA-10	2	五莲	王家窑	丹土村		龙山	x	x	x	早/中/晚	40	4.20	IV	2	很少	175	7					22.5
(WL)	WJYA-6/7	2	五莲	王家窑	丹土村	D	汉					31	0.20	VI	2	稀少	1	0	1				31.0
(WL)	WJYA-6/7	2	五莲	王家窑	丹土村		周				不确定	30	0.88	VI	2	稀少	4	2					40.0
(WL)	WJYA-6/7	2	五莲	王家窑	丹土村	B	周				不确定	31	0.36	VI	2	稀少	2	1					27.5
(WL)	WJYA-6/7	2	五莲	王家窑	丹土村		龙山	x				34	13.68	III	3	稀少	155	11			文化层		40.0
(JN)	XQY-4	2	胶南	修齐园	丹土村		汉					43	3.40	V	3	稀少	6	1					10.0
(JN)	XQY-4	2	胶南	修齐园	丹土村		龙山	x	x			54	5.16	IV	3	很少	90	7					10.0
(JN)	XQY-4	2	胶南	修齐园	丹土村		周				不确定	46	0.20	VI	3	稀少	1	1					10.0
(DG)	AJW-1	2	东港	安家注	丹土村		龙山				不确定	46	0.24	VI	1	稀少	1	1					25.0
(DG)	AMZ-1	2	东港	安门庄	后显沟		汉					49	0.64	VI	1	稀少	4	1	1				8.0
(DG)	ANJ-4	2	东港	安家岭	后显沟		周				不确定	55	2.12	V	1	稀少	8	1		1			7.5
(DG)	BPSZ-1	2	东港	北盘石庄	联合村		汉					72	0.16	VI	1	稀少	5	1	1				49.0
(DG)	BPSZ-2	2	东港	北盘石庄	联合村		汉					71	0.48	VI	2	稀少	1	1					70.0
(DG)	BPSZ-2	2	东港	北盘石庄	联合村		周				不确定	56	0.44	VI	1	稀少	1	1					70.0
(DG)	BPSZ-3	2	东港	北盘石庄	联合村		龙山				不确定	66	0.20	VI	1	稀少	1	1					54.0
(DG)	CP-1	2	东港	草坡	联合村		龙山				不确定	73	0.80	VI	1	稀少	2	1					25.0
(DG)	DEL-1	2	东港	大二岭	联合村		龙山				不确定	69	0.44	VI	1	稀少	3	1					62.5
(DG)	DEL-2	2	东港	大二岭	联合村		龙山				不确定	68	0.32	VI	1	稀少	1	1					79.0
(DG)	DEL-3	2	东港	大二岭	联合村		汉					75	6.84	IV	2	稀少	6	1	1				60.0
(DG)	DEL-3	2	东港	大二岭	联合村		龙山				不确定	67	6.32	IV	2	稀少	8	1					60.0
(JN)	DJC-2	2	胶南	杜家村	丹土村		汉					41	0.20	VI	1	稀少	2	1	1				11.0
(JN)	DL-1	2	胶南	大岭	丹土村	A	龙山				不确定	42	1.20	V	2	稀少	7	2		1			20.0
(JN)	DL-1	2	胶南	大岭	丹土村	B	周				不确定	38	0.32	VI	2	稀少	2	1					20.0
(JN)	DL-1	2	胶南	大岭	丹土村	C	周				不确定	39	0.80	VI	2	稀少	4	1	1				20.0
(JN)	DL-2	2	胶南	大岭	丹土村		汉					32	0.20	VI	1	稀少	2	1					20.0
(JN)	DL-3	2	胶南	大岭	丹土村		汉					34	0.84	VI	1	稀少	2	1					18.0
(JN)	DL-5	2	胶南	大岭	丹土村		周				不确定	37	0.48	VI	1	稀少	2	2					16.0
(JN)	DL-6	2	胶南	大岭	丹土村		汉					36	0.32	VI	1	稀少	3	0	1				12.0
(JN)	DL-7	2	胶南	大岭	丹土村		汉					35	0.32	VI	1	稀少	7	1	1				20.0
(DG)	HBZ-1	2	东港	后卞庄	丹土村		汉					58	1.00	V	1	稀少	2	1	1				31.0
(DG)	HJGZ-3	2	东港	侯家官庄	联合村		周				不确定	62	0.96	VI	1	稀少	4	1	1				42.7
(DG)	HQ-1	2	东港	红旗	安家村		龙山			x		81	0.20	VI	1	稀少	2	1					5.0
(DG)	HQ-2	2	东港	红旗	后显沟		汉					47	0.16	VI	1	稀少	1	0	1				7.0
(DG)	HQ-3	2	东港	红旗	后显沟		汉					45	0.16	VI	1	稀少	1	1					8.0
(DG)	HQ-4	2	东港	红旗	后显沟		汉					46	0.52	VI	1	稀少	2	1					7.0
(JN)	HT-1	2	胶南	海屯	后显沟		汉					44	0.20	VI	1	稀少	1	1					20.0
(JN)	HT-1	2	胶南	海屯	后显沟		周				不确定	48	0.20	VI	1	稀少	1	1					20.0
(JN)	JJC-1	2	胶南	姜家村	后显沟	A,B	汉					48	2.30	V	3	稀少	21	1	2		墓葬	汉墓	21.0

海拔范围	水源	河道距离	环境区域	地貌状况	防御性遗址	土壤质地	土壤颜色	土层厚度	作物	现代用途	备注	距中心城市5公里内	距中心城市5~10公里	距中心城市10~15公里	距中心城市15公里以上	距海岸5公里内
50~60	小河	0	山麓	中度隆起/斜坡								两城镇				
50~60	小河	300	山麓	中度隆起/斜坡								两城镇				
10~20	支流	550	冲积平原	平地					休耕地/小麦	农业用地		两城镇				
10~20	支流	550	冲积平原	平地					休耕地/小麦	农业用地		两城镇				
20~30	小河	40	冲积平原	平地								两城镇				
30~40	小河	100	山麓	微倾斜		淤土	黄土	较深	冬小麦	农业用地		两城镇				
20~30	小河	100	冲积平原	微倾斜		淤土黏土	黄土	较深		现代村镇		两城镇				
20~30	小河	90	冲积平原	微倾斜		淤土黏土	黄土	较深		现代村镇		两城镇				
20~30	小河	100	冲积平原	微倾斜		淤土黏土	黄土	较深		现代村镇		两城镇				
10~20	支流	60	冲积平原	平地		砂质壤土	黄土-褐土	较深	休耕地/小麦	农业用地		两城镇				
10~20	支流	150	冲积平原	平地		砂质壤土	黄土-褐土	较深	休耕地/小麦	农业用地		两城镇				
10~20	支流	100	冲积平原	平地		砂质壤土	黄土-褐土	较深	休耕地/小麦	农业用地		两城镇				
10~20	支流	0	冲积平原	平地		砂质壤土	黄土-褐土	较深	休耕地/小麦	农业用地		两城镇				
10~20	支流	50	冲积平原	平地		砂质壤土	黄土-褐土	较深	休耕地/小麦	农业用地		两城镇				
2~10	小河	10	冲积平原	微倾斜		砾质壤土	黄土-褐土	较深	休耕地/小麦	农业用地		两城镇				x
2~10	小河	10	冲积平原	微倾斜		砾质壤土	黄土-褐土	较深	休耕地/小麦	农业用地		两城镇				
2~10	小河	10	冲积平原	微倾斜		砾质壤土	黄土-褐土	较深	休耕地/小麦	农业用地		两城镇				x
20~30	小河	25	冲积平原	平地		砂质壤土	黄土-褐土	较深	休耕地/小麦	农业用地		两城镇				
20~30	小河	300	冲积平原	平地		砂质壤土	黄土-褐土	较深	休耕地/小麦	农业用地		两城镇				
30~40	小河	50	冲积平原/山麓	平地					冬小麦	农业用地		两城镇				
40~50	小河	200	山麓	中度隆起/斜坡		砂质壤土	黄土-褐土	较深	休耕地/小麦	农业用地				两城镇		
20~30	小河	25	冲积平原/山麓	平地					冬小麦	农业用地		两城镇				
40~50	小河	200	山麓	中度隆起/斜坡		砂质壤土	黄土-褐土	较深	休耕地/小麦	农业用地		两城镇				
10~20	支流	100	冲积平原	平地		砂质壤土	黄土-褐土	较深	休耕地/小麦	农业用地		两城镇				
10~20	支流	100	冲积平原	平地		砂质壤土	黄土-褐土	较深	休耕地/小麦	农业用地		两城镇				
10~20	支流	100	冲积平原	平地		砂质壤土	黄土-褐土	较深	休耕地/小麦	农业用地		两城镇				
20~30	小河	20	冲积平原	平地						花圃		两城镇				
2~10	小河	200	冲积平原	平地		淤土	褐土					两城镇				
2~10	小河	350	冲积平原	平地									两城镇			x
40~50	小河	75	山麓	平地					休耕地	农业用地		两城镇				
70~80	小河	100	山麓	微倾斜		多砂/土质较硬	黄土-褐土	中度	果园	果园		两城镇				
70~80	小河	320	山麓	微倾斜		多砂/土质较硬	黄土-褐土	中度	果园	果园		两城镇				
50~60	小河	20	山麓	平地		多砂			休耕地	农业用地		两城镇				
20~30	小河	90	冲积平原	平地					休耕地	农业用地		两城镇				
60~70	小河	500	山麓	平地								两城镇				
70~80	小河	580	山麓	中度隆起/斜坡		土质较硬	黄土-褐土	中度	休耕地		靠近现代采石场	两城镇				
60~70	小河	25	山麓	中度隆起/斜坡		砂质壤土	浅褐土	较深	休耕地/小麦	农业用地		两城镇				
60~70	小河	10	山麓	中度隆起/斜坡		砂质壤土	浅褐土	较深	休耕地/小麦	农业用地		两城镇				
10~20	支流	220	冲积平原	平地		砂质壤土	黄土-褐土	较深	冬小麦	农业用地		两城镇				
20~30	支流	50	冲积平原	平地		多砂			冬小麦	农业用地		两城镇				
20~30	支流	500	冲积平原	平地		砂质壤土	黄土-褐土	中度	休耕地		外露岩石隆起	两城镇				
20~30	支流	50	冲积平原	平地		砂质壤土	黄土-褐土	较深	冬小麦	农业用地		两城镇				
20~30	小河	25	冲积平原	微倾斜		多砂			休耕地	农业用地		两城镇				
10~20	小河	25	冲积平原	平地		砂质壤土	黄土-褐土	较深	蔬菜	花圃		两城镇				
10~20	主要河流	750	冲积平原	平地		多砂			冬小麦	农业用地		两城镇				
10~20	主要河流	525	冲积平原	平地					冬小麦	农业用地		两城镇				
20~30	小河	50	冲积平原	平地								两城镇				
30~40	小河	300	山麓	平地		砂质壤土	黄土-褐土	较深	休耕地/小麦	农业用地		两城镇				
40~50	小河	10	山麓	微倾斜		土质较硬	黄土-褐土					两城镇				
2~10	主要河流	30	冲积平原	平地		砂质壤土	黄土-褐土		休耕地	农业用地		两城镇				
2~10	小河	200	冲积平原	平地		淤土			休耕地			两城镇				
2~10	小河	200	冲积平原	平地		粉质壤土	黄土-褐土	较深	休耕地	农业用地		两城镇				
2~10	小河	225	冲积平原	平地		砂质壤土	黄土-褐土	较深	休耕地/小麦	农业用地		两城镇				
20~30	小河	225	冲积平原	微倾斜		砾质壤土	红褐土	中度	休耕地	农业用地		两城镇				
20~30	小河	225	冲积平原	微倾斜		砾质壤土	红褐土	中度	休耕地	农业用地		两城镇				
20~30	小河	940	山麓	低山			褐土		休耕地	农业用地		两城镇				

遗址前缀	遗址名称	年份	行政区划	村镇	地图	采集区	年代	早(西)	中	晚(东)	分期	期段编号	面积(万米²)	等级	所含期段数	陶片密度	陶片数量	器型	残片	石器	文化层特点	详细文化层信息	中心海拔
(JN)	JJC-1	2	胶南	姜家村	后显沟	B	龙山				不确定	78	1.24	V	3	稀少	2	1					21.0
(JN)	JJC-1	2	胶南	姜家村	后显沟	A	周				不确定	49	0.16	VI	3	稀少	8	1					21.0
(DG)	JJL-1	2	东港	荆家林	联合村		汉					79	1.40	V	3	稀少	9	1	2				41.0
(DG)	JJL-1	2	东港	荆家林	联合村		龙山				不确定	74	0.32	VI	2	稀少	1	1					41.0
(DG)	JJL-1	2	东港	荆家林	联合村		周				不确定	63	0.36	VI	2	稀少	1	1					41.0
(DG)	JJL-2	2	东港	荆家林	联合村		龙山				不确定	75	0.56	VI	1	稀少	2	1					35.0
(DG)	JJL-3	2	东港	荆家林	联合村		汉					78	0.48	VI	1	稀少	4	2					40.0
(DG)	LHC-2	2	东港	联合村	联合村		汉					70	0.24	VI	1	稀少	1	0	1				29.0
(JN)	LHY-1	2	胶南	李黄埠	后显沟		周				不确定	47	0.16	VI	1	稀少	2	2					8.0
(WL)	LJB-4	2	五莲	梁家埠	杜家沟		汉					28	0.16	VI	1	稀少	1	1					61.0
(WL)	LJB-6	2	五莲	梁家埠	杜家沟		周			x	东周	32	0.64	VI	1	稀少	3	1					75.0
(DG)	LJGZ-2	2	东港	刘家官庄	联合村		汉					74	0.48	VI	1	稀少	1	1					61.0
(DG)	LJGZ-4	2	东港	刘家官庄	联合村		汉					73	0.56	VI	2	稀少	1	0	1				53.0
(DG)	LJGZ-4	2	东港	刘家官庄	联合村		周				不确定	61	0.56	VI	2	稀少	1	0	1				53.0
(JN)	LJLC-2	2	胶南	梁家罗川	丹土村		龙山	x				49	4.72	IV	2	稀少	12	1					20.0
(JN)	LJLC-2	2	胶南	梁家罗川	丹土村		周	x			西周	42	5.88	IV	2	稀少	7	1					20.0
(DG)	LJS-4	2	东港	刘家顺	丹土村		汉					64	0.24	VI	1	稀少	4	1	1				31.0
(DG)	LJS-5	2	东港	刘家顺	杜家沟		汉					63	0.96	VI	1	稀少	2	0	1				32.5
(JN)	LLC-1	2	胶南	李罗村	丹土村		汉					37	1.64	V	2	稀少	16	2	2				16.0
(JN)	LLC-1	2	胶南	李罗村	丹土村		周	x		x	西周/东周	41	1.84	V	2	稀少	9	1					16.0
(JN)	LLC-2	2	胶南	李罗村	丹土村		汉					38	0.24	VI	1	稀少	2	1					15.0
(JN)	LLC-3	2	胶南	李罗村	丹土村		汉					40	0.32	VI	1	稀少	2	0	1				12.0
(JN)	LLC-4	2	胶南	李罗村	丹土村		汉					39	0.28	VI	1	稀少	1	0	1				12.0
(DG)	MWZ-1	2	东港	苗王庄	丹土村		汉					57	2.32	V	1	稀少	5	0	1				29.0
(DG)	MWZ-2	2	东港	苗王庄	丹土村	A-C	汉					60	8.60	IV	2	少	27	1					27.0
(DG)	MWZ-2	2	东港	苗王庄	丹土村	C	周				不确定	34	0.44	VI	2	少	2	1					27.0
(DG)	QBZ-1	2	东港	前卞庄	丹土村		汉					65	0.20	VI	1	稀少	1	0	1				28.0
(DG)	QBZ-2	2	东港	前卞庄	丹土村	A	汉					59	26.24	II	2	稀少	22	1					28.0
(DG)	QBZ-2	2	东港	前卞庄	丹土村	C, D	周				不确定	33	4.16	V	1	稀少	4	1					28.0
(DG)	QBZ-3	2	东港	前卞庄	丹土村		周			x	东周	35	0.52	VI	1	稀少	3	1					27.5
(DG)	QJC-1	2	东港	秦家村	联合村		龙山				不确定	76	0.24	VI	1	稀少	1	1					37.5
(DG)	QJC-2	2	东港	秦家村	联合村		龙山	x				77	0.16	VI	1	稀少	6	1					32.5
(DG)	RJT-1	2	东港	任家屯	联合村		龙山				不确定	65	3.12	V	1	稀少	7	2					65.0
(DG)	RJT-2	2	东港	任家屯	联合村		汉					69	0.16	VI	1	稀少	1	1					55.0
(DG)	RJT-3	2	东港	任家屯	联合村		龙山				不确定	62	0.36	VI	2	稀少	2	1					44.0
(DG)	RJT-3	2	东港	任家屯	联合村		周	x			西周	59	3.32	V	2	稀少	10	2					44.0
(DG)	RJT-4	2	东港	任家屯	联合村		龙山				不确定	64	0.16	VI	3	稀少	3	2					50.0
(DG)	RJT-5	2	东港	任家屯	联合村		龙山				不确定	63	0.20	VI	1	稀少	1	1					41.0
(DG)	RJT-6	2	东港	任家屯	联合村		龙山				不确定	60	0.28	VI	1	稀少	1	1					55.0
(DG)	RJT-7	2	东港	任家屯	联合村		龙山				不确定	61	0.20	VI	2	稀少	1	1					49.0
(DG)	RJT-7	2	东港	任家屯	联合村		周				不确定	58	0.20	VI	2	稀少	2	0	1				49.0
(DG)	RJT-9	2	东港	任家屯	联合村		龙山				不确定	55	0.12	VI	1	稀少	1	1					42.7
(DG)	SJGZ-1	2	东港	隋家官庄	联合村		龙山	x				71	3.44	V	1	稀少	10	3		1			45.0
(DG)	SJGZ-2	2	东港	隋家官庄	联合村		汉					80	0.64	VI	1	稀少	2	1					30.0
(DG)	SJGZ-3	2	东港	隋家官庄	联合村		龙山		x			72	4.80	IV	1	稀少	5	2	1				30.0
(JN)	SMZC-1	2	胶南	石庙子村	后显沟		龙山	x				79	0.20	VI	1	稀少	1	1					8.0
(JN)	SMZC-2	2	胶南	石庙子村	后显沟	A, B	汉					52	2.04	V	2	稀少	6	1	2				8.0
(JN)	SMZC-2	2	胶南	石庙子村	后显沟	B	周				不确定	51	0.32	VI	2	稀少	1	1					8.0
(JN)	SMZC-4	2	胶南	石庙子村	后显沟		汉					53	0.36	VI	1	稀少	2	1	1				9.0
(JN)	SMZC-5	2	胶南	石庙子村	后显沟	A	汉					50	8.24	IV	1	中等	24	2	1				12.0
(JN)	SQ-2	2	胶南	石桥	丹土村		龙山					48	0.24	VI	1	稀少	2	1					25.0
(DG)	WJT-1	2	东港	王家滩	后显沟		汉					55	0.40	VI	2	稀少	1	1					10.0
(DG)	WJT-1	2	东港	王家滩	后显沟		周			x	东周	53	4.92	IV	2	稀少	9	2					12.0
(DG)	WJT-2	2	东港	王家滩	后显沟		汉					56	0.32	VI	1	稀少	1	1					9.0
(DG)	WJT-2	2	东港	王家滩	后显沟		龙山				不确定	80	0.44	VI	1	稀少	1	1					9.0
(DG)	WJW-1	2	东港	王家洼	丹土村		汉					62	0.16	VI	1	稀少	1	0	1				35.0

海拔范围	水源	河道距离	环境区域	地貌状况	防御性遗址	土壤质地	土壤颜色	土层厚度	作物	现代用途	备注	距中心城市5公里内	距中心城市5~10公里	距中心城市10~15公里	距中心城市15公里以上	距海岸5公里内
20~30	小河	940	山麓	低山			褐土		休耕地	农业用地		两城镇				
20~30	小河	940	山麓	低山			褐土		休耕地	农业用地		两城镇				
40~50	小河	50	冲积平原/山麓	微倾斜								两城镇				
40~50	小河	50	山麓	较低的隆起		淤土/土质较硬	黄土-褐土	较深	休耕地/小麦	农业用地		两城镇				
40~50	小河	50	山麓	较低的隆起		淤土/土质较硬	黄土-褐土	较深	休耕地/小麦	农业用地		两城镇				
30~40	小河	20	冲积平原/山麓	平地					休耕地/小麦	农业用地		两城镇				
40~50	小河	50	冲积平原/山麓	微倾斜			黄土-褐土	较深	休耕地	农业用地		两城镇				
20~30	小河	100	冲积平原	平地		多砂			冬小麦	农业用地		两城镇				
2~10	小河	200	冲积平原	平地								两城镇				
60~70	小河	225	山麓	微倾斜		砂质壤土	黄土-褐土	较深	休耕地/小麦	农业用地			两城镇			
70~80	小河	100	山麓	平地		多砂	红褐土		休耕地	农业用地			两城镇			
60~70	小河	350	山麓	微倾斜		砂质壤土	黄土-褐土	中度					两城镇			
50~60	小河	250	山麓	平地		砂质壤土	黄土-褐土	较深	休耕地	农业用地	纺轮接近汉	两城镇				
50~60	小河	250	山麓	平地		砂质壤土	黄土-褐土	较深	休耕地	农业用地	纺轮接近周	两城镇				
20~30	支流	470	冲积平原	微倾斜					休耕地/小麦	农业用地		两城镇				
20~30	支流	470	冲积平原	微倾斜					休耕地/小麦	农业用地		两城镇				
30~40	小河	150	冲积平原	平地		砂质壤土	黄土-褐土	较深	休耕地/小麦	农业用地		两城镇				
30~40	小河	75	冲积平原	平地					冬小麦	农业用地			两城镇			
10~20	小河	25	冲积平原	平地					休耕地/小麦	农业用地		两城镇				
10~20	小河	25	冲积平原	平地					休耕地/小麦	农业用地		两城镇				
10~20	小河	25	冲积平原	平地		砂质壤土	黄土-褐土	较深	冬小麦	农业用地		两城镇				
10~20	支流	150	冲积平原	平地		砂质壤土	黄土-褐土	较深	冬小麦	农业用地		两城镇				
10~20	支流	370	冲积平原	平地					冬小麦	农业用地		两城镇				
20~30	小河	25	冲积平原	微倾斜		多砂			冬小麦	农业用地		两城镇				
20~30	小河	125	冲积平原	平地					休耕地	农业用地		两城镇				
20~30	小河	50	冲积平原	平地					休耕地	农业用地		两城镇				
20~30	小河	25	冲积平原	平地		多砂/淤土	褐土		桑园	农业用地		两城镇				
20~30	小河	0	冲积平原	平地					休耕地/小麦	农业用地		两城镇				
20~30	小河	25	冲积平原	平地					休耕地/小麦	农业用地		两城镇				
20~30	小河	25	冲积平原	平地		多砂			冬小麦	农业用地		两城镇				
30~40	小河	50	冲积平原/山麓	平地					冬小麦	农业用地		两城镇				
30~40	小河	150	冲积平原/山麓	微倾斜		淤土			休耕地	农业用地		两城镇				
60~70	小河	50	山麓	中度隆起/斜坡		砂质壤土	黄土-褐土	较深	休耕地/小麦	农业用地		两城镇				
50~60	小河	150	山麓	微倾斜		砂质壤土	黄土-褐土	较深	休耕地	农业用地		两城镇				
40~50	小河	0	山麓	低山		土质较硬	红褐土	中度	休耕地/小麦	农业用地	靠近现代采石场	两城镇				
40~50	小河	75	山麓	低山		土质较硬	红褐土	中度	休耕地/小麦	农业用地	靠近现代采石场	两城镇				
50~60	小河	30	山麓	低山		淤土/土质较硬			休耕地	农业用地		两城镇				
40~50	小河	60	山麓	微倾斜								两城镇				
50~60	小河	20	山麓	微倾斜		砂质壤土	黄土-褐土	较深	休耕地	农业用地		两城镇				
40~50	小河	150	山麓	平地		砂质壤土	黄土-褐土	较深	休耕地	农业用地		两城镇				
40~50	小河	150	山麓	平地		砂质壤土	黄土-褐土	较深	休耕地	农业用地		两城镇				
40~50	小河	375	山麓	中度隆起/斜坡		砂质壤土	黄土-褐土	较深	休耕地	农业用地		两城镇				
40~50	小河	40	山麓	微倾斜		砂质壤土	黄土-褐土	较深	休耕地/小麦	农业用地		两城镇				
30~40	小河	75	冲积平原	平地		多砂			休耕地/小麦	农业用地		两城镇				
30~40	小河	50	冲积平原	平地		砂质壤土		较深	休耕地/小麦	农业用地			两城镇			
2~10	小河	450	冲积平原	平地		淤土			冬小麦	农业用地			两城镇			X
2~10	小河	500	冲积平原	微倾斜		砂质壤土	黄土-褐土	中度	冬小麦	农业用地			两城镇			X
2~10	小河	500	冲积平原	微倾斜		砂质壤土	黄土-褐土	中度	冬小麦	农业用地			两城镇			X
2~10	小河	300	冲积平原	微倾斜		砂质壤土	黄土-褐土	较深	冬小麦	农业用地			两城镇			X
10~20	小河	520	冲积平原	微倾斜		淤土			茶园	农业用地		两城镇				
20~30	小河	300	冲积平原/山麓	微倾斜								两城镇				
10~20	小河	650	冲积平原	微倾斜										两城镇		X
10~20	小河	650	冲积平原	微倾斜								两城镇				X
2~10	小河	150	冲积平原	平地										两城镇		X
2~10	小河	150	冲积平原	平地								两城镇				X
30~40	小河	600	山麓	低山		多砂			果园	果园		两城镇				

遗址前缀	遗址名称	年份	行政区划	村镇	地图	采集区	年代	早(西)	中	晚(东)	分期	期段编号	面积(万米²)	等级	所含期段数	陶片密度	陶片数量	器型	残片	石器	文化层特点	详细文化层信息	中心海拔
(DG)	WJW-2	2	东港	王家洼	丹土村		汉					61	0.64	VI	2	很少	11	1					40.0
(DG)	WJW-2	2	东港	王家洼	丹土村		周			x	东周	36	2.28	V	2	稀少	2	1					40.0
(DG)	WJY-1	2	东港	王家窑	联合村		汉					76	0.24	VI	1	稀少	2	1					35.0
(DG)	WJY-2	2	东港	王家窑	联合村		汉					77	0.16	VI	1	稀少	1	1					35.0
(DG)	WJY-3	2	东港	王家窑	联合村		龙山				不确定	70	1.00	V	1	稀少	3	1					41.0
(WL)	WJYA-1	2	五莲	王家窑	杜家沟		龙山				不确定	41	0.16	VI	1	稀少	2	1					55.0
(WL)	WJYA-2	2	五莲	王家窑	丹土村		汉					30	0.24	VI	1	稀少	1	1					41.0
(WL)	WJYA-3	2	五莲	王家窑	丹土村		龙山				不确定	36	1.00	V	1	稀少	3	1					35.0
(WL)	WJYA-4	2	五莲	王家窑	丹土村		龙山		x			37	0.64	VI	1	稀少	7	2					32.5
(WL)	WJYA-5	2	五莲	王家窑	丹土村		龙山	x				35	0.96	V	1	很少	14	3					35.0
(WL)	WJYA-8	2	五莲	王家窑	丹土村		龙山	x				38	0.16	VI	1	稀少	1	1					26.0
(WL)	WJYA-9	2	五莲	王家窑	丹土村		龙山				不确定	39	0.88	VI	1	稀少	7	1					29.0
(DG)	WW-1	2	东港	瓦屋	后显沟		周				不确定	54	0.32	VI	1	稀少	2	1					7.0
(JN)	XCJC-1	2	胶南	小陈家村	后显沟		汉					51	0.16	VI	1	稀少	4	1	1				8.0
(JN)	XCJC-2	2	胶南	小陈家村	后显沟		周				不确定	50	0.24	VI	1	稀少	1	1					9.0
(DG)	XGZ-1	2	东港	泫沟子	联合村		汉					68	1.72	V	1	稀少	6	2					80.0
(DG)	XGZ-10	2	东港	泫沟子	联合村		周				不确定	57	0.20	VI	1	稀少	1	1					38.0
(DG)	XGZ-2	2	东港	泫沟子	联合村		龙山				不确定	58	0.32	VI	1	稀少	1	1					47.5
(DG)	XGZ-3	2	东港	泫沟子	联合村		周				不确定	60	0.24	VI	1	稀少	1	1					87.5
(DG)	XGZ-6	2	东港	泫沟子	联合村		汉					67	0.20	VI	1	稀少	3	1	1				61.0
(DG)	XGZ-7	2	东港	泫沟子	联合村		汉					66	0.16	VI	1	稀少	1	0	1				42.0
(DG)	XGZ-8	2	东港	泫沟子	联合村		龙山				不确定	59	0.32	VI	1	稀少	1	1					38.0
(DG)	XGZ-9	2	东港	泫沟子	联合村		龙山				不确定	57	0.32	VI	1	稀少	1	1					38.0
(JN)	XGZH-1	2	胶南	小官庄	丹土村		龙山				不确定	43	0.20	VI	1	稀少	1	1					15.0
(JN)	XGZH-2	2	胶南	小官庄	丹土村		周				不确定	40	0.20	VI	1	稀少	2	1					16.0
(DG)	XMJZ-1	2	东港	小苗家庄	联合村		龙山	x	x			56	1.96	V	1	稀少	8	2					30.0
(JN)	XQY-1	2	胶南	修齐园	丹土村		龙山				不确定	51	0.20	VI	1	稀少	1	1					12.0
(JN)	XQY-2	2	胶南	修齐园	丹土村		龙山				不确定	52	0.16	VI	1	稀少	2	1					11.0
(JN)	XQY-3	2	胶南	修齐园	丹土村		龙山				不确定	53	0.16	VI	1	稀少	1	1					11.0
(DG)	XT-3	2	东港	西屯	于家村		周			x	东周	408	0.20	VI	1	稀少	1	0	1				49.0
(DG)	XW-1	2	东港	斜屋	丹土村		龙山	x				47	0.16	VI	1	稀少	1	1					31.0
(JN)	XZJW-1(JN-XLT-6)	2	胶南	小朱家洼	丹土村	C	周			x	东周	64	5.76	IV	2	很少	25	5	1				28.0
(JN)	XZJW-1(N)	2	胶南	小朱家洼	丹土村		龙山		x			45	0.84	VI	2	稀少	5	2					28.0
(JN)	XZJW-1(S)	2	胶南	小朱家洼	丹土村		龙山				不确定	44	0.20	VI	2	稀少	0	0					28.0
(WL)	YJB-2	2	五莲	于家埠	丹土村		汉					29	0.32	VI	1	稀少	1	1					39.0
(DG)	ZuJY-1	2	东港	朱家窑	联合村		汉					81	0.70	VI	1	稀少	0	0		墓葬	汉墓		56.6
DG	DJGZ-2	3	东港	窦家官庄	高家沟		汉					83	2.96	V	1	稀少	2	1					40.0
DG	DJGZ-3	3	东港	窦家官庄	高家沟		周			x	东周	71	1.08	V	1	稀少	2	1					59.0
DG	DJGZ-4	3	东港	窦家官庄	高家沟		汉					85	0.16	VI	1	稀少	1	0	1				47.5
DG	DJGZ-7	3	东港	窦家官庄	联合村		汉					86	0.20	VI	2	稀少	1	1					35.0
DG	DJGZ-7	3	东港	窦家官庄	联合村		周			x	东周	68	0.20	VI	2	稀少	1	1					35.0
DG	DJGZ-8	3	东港	窦家官庄	高家沟		周			x	东周	70	0.32	VI	1	稀少	2	1	1				52.5
DG	DJGZ-9	3	东港	窦家官庄	高家沟		周			x	东周	69	0.28	VI	1	稀少	2	2					52.5
DG	GJG-2	3	东港	高家沟	高家沟	A	汉					89	1.20	V	3	稀少	2	0	1				62.5
DG	GJG-2	3	东港	高家沟	高家沟	A	龙山		x			82	1.20	V	3	很少	75	6					62.5
DG	GJG-2	3	东港	高家沟	高家沟	A	周			x	东周	74	1.20	V	3	稀少	2	1	1				62.5
DG	GJG-3	3	东港	高家沟	高家沟		周			x	东周	75	0.20	VI	1	稀少	8	1					62.0
DG	GLG-2	3	东港	郭老沟	高家沟		周				不确定	77	0.32	VI	1	稀少	3	1					90.0
DG	GLG-3	3	东港	郭老沟	高家沟		商					4	0.12	II	2	稀少	4	1					75.0
DG	GLG-3	3	东港	郭老沟	高家沟		周	x			西周	84	0.12	VI	2	稀少	5	1					75.0
DG	GLG-4	3	东港	郭老沟	高家沟		周			x	东周	85	0.20	VI	1	稀少	4	1					91.0
DG	HJGZ-6	3	东港	侯家官庄	联合村		周			x	东周	65	0.20	VI	1	稀少	1	0	1				37.5
DG	HJGZ-7	3	东港	侯家官庄	联合村		周			x	东周	66	0.16	VI	1	稀少	1	0	1				35.0
DG	HLQ-2	3	东港	环岭前	高家沟		汉					87	0.10	VI	1	稀少	1	0	1				60.0
DG	LHD-1	3	东港	罗花顶	杜家沟		周	x			西周	89	0.10	VI	1	稀少	8	1					100.0
DG	LHQ-1	3	东港	罗花前	高家沟		周			x	东周	72	0.48	VI	1	稀少	2	1					50.0
DG	LHQ-10	3	东港	罗花前	杜家沟		汉					98	0.16	VI	1	稀少	0	0		墓葬	汉墓		67.5
DG	LHQ-2	3	东港	罗花前	高家沟		周				不确定	80	0.16	VI	1	稀少	2	2					50.0
DG	LHQ-3	3	东港	罗花前	高家沟		周			x	东周	76	0.12	VI	1	稀少	4	1	1				40.0
DG	LHQ-4	3	东港	罗花前	高家沟		汉					93	0.52	VI	3	稀少	9	1	1				40.0

海拔范围	水源	河道距离	环境区域	地貌状况	防御性遗址	土壤质地	土壤颜色	土层厚度	作物	现代用途	备注	距中心城市5公里内	距中心城市5~10公里	距中心城市10~15公里	距中心城市15公里以上	距海岸5公里内
40~50	小河	25	山麓	中度隆起/斜坡		砂质壤土	黄土-褐土	较深	休耕地/小麦	农业用地		两城镇				
40~50	小河	25	山麓	中度隆起/斜坡		砂质壤土	黄土-褐土	较深	休耕地/小麦	农业用地		两城镇				
30~40	小河	150	冲积平原	微倾斜					冬小麦	农业用地		两城镇				
30~40	小河	50	冲积平原	微倾斜						农业用地	红薯	两城镇				
40~50	小河	30	冲积平原	微倾斜		壤土	黄土-褐土		休耕地/小麦	农业用地		两城镇				
50~60	小河	470	山麓	平地		砾质壤土	黄土-褐土	较深	冬小麦	农业用地			两城镇			
40~50	小河	125	山麓	微倾斜		多砂	红褐土		休耕地	农业用地			两城镇			
30~40	小河	110	山麓	平地		砾质壤土	红褐土	较深			靠近王家窑		两城镇			
30~40	小河	340	山麓	平地		多砂			休耕地	农业用地		两城镇				
30~40	小河	40	山麓	微倾斜		淤土/土质较硬			冬小麦				两城镇			
20~30	小河	310	冲积平原	平地		砂质壤土	黄土-褐土	较深	冬小麦	农业用地		两城镇				
20~30	小河	590	冲积平原	微倾斜		淤土	褐土		休耕地	农业用地		两城镇				
2~10	小河	200	冲积平原	平地								两城镇				x
2~10	小河	500	冲积平原	平地					休耕地	农业用地		两城镇				
2~10	小河	700	冲积平原	平地					休耕地	农业用地		两城镇				
80~90	小河	500	山麓	微倾斜		砂质壤土			休耕地	农业用地		两城镇				
30~40	小河	100	冲积平原	平地					休耕地	农业用地		两城镇				
40~50	小河	90	山麓	微倾斜		淤土			果园	果园		两城镇				
80~90	小河	910	山麓	微倾斜	是	多砂/土质较硬			休耕地	农业用地			两城镇			
60~70	小河	350	山麓	微倾斜		壤土			休耕地/小麦	农业用地		两城镇				
40~50	小河	300	山麓	平地		多砂			冬小麦	农业用地		两城镇				
30~40	小河	50	山麓	平地		砂质壤土	黄土-褐土	较深	休耕地	农业用地		两城镇				
30~40	小河	0	山麓	微倾斜		淤土	褐土		果园	农业用地		两城镇				
10~20	支流	700	冲积平原	平地		砂质壤土	黄土-褐土	较深	冬小麦	农业用地		两城镇				
10~20	小河	500	冲积平原	平地		砂质壤土	黄土-褐土	较深	冬小麦	农业用地		两城镇				
30~40	小河	90	冲积平原	微倾斜		淤土			休耕地/小麦	农业用地		两城镇				
10~20	支流	370	冲积平原	平地		砂质壤土	黄土-褐土	较深	冬小麦	农业用地		两城镇				
10~20	主要河流	200	冲积平原	平地		砂质壤土	黄土-褐土	较深	冬小麦	农业用地		两城镇				
10~20	支流	300	冲积平原	平地		砂质壤土	黄土-褐土	较深	冬小麦	农业用地		两城镇				
40~50	小河	100	山麓	微倾斜					休耕地	农业用地		两城镇				
30~40	小河	110	山麓	平地		砂质壤土	黄土-褐土	较深	休耕地	农业用地		两城镇				
20~30	支流	50	冲积平原	微倾斜		砂质壤土	红褐土	中度	休耕地/小麦	农业用地		两城镇				
20~30	支流	10	冲积平原	微倾斜		砂质壤土	红褐土	中度	休耕地/小麦	农业用地		两城镇				
20~30	支流	80	冲积平原	微倾斜		砂质壤土	红褐土	中度	休耕地/小麦	农业用地		两城镇				
30~40	主要河流	430	山麓	平地					冬小麦	农业用地			两城镇			
50~60	小河	200	山麓	平地							汉代墓葬	两城镇				
40~50	小河	50	冲积平原	较低的隆起		淤土			冬小麦	农业用地			两城镇			
50~60	小河	50	山麓	微倾斜		淤土			冬小麦	农业用地			两城镇			
40~50	小河	25	冲积平原/山麓	低山		淤土			果园	果园			两城镇			
30~40	支流	500	冲积平原	平地		多砂	红褐土	较深	休耕地	农业用地			两城镇			
30~40	支流	500	冲积平原	平地		多砂	红褐土	较深	休耕地	农业用地			两城镇			
50~60	小河	100	山麓	低山		多砂	红褐土	中度	休耕地	农业用地			两城镇			
50~60	小河	75	山麓	平地		颗粒状			休耕地	农业用地			两城镇			
60~70	小河	50	山麓	微倾斜		多砂/淤土	红褐土	中度	休耕地/小麦	农业用地			两城镇			
60~70	小河	110	山麓	微倾斜		多砂	红褐土	中度	休耕地/小麦	农业用地			两城镇			
60~70	小河	50	山麓	微倾斜		多砂	红褐土	中度	休耕地/小麦	农业用地			两城镇			
60~70	小河	75	山麓	平地		多砂	红褐土	中度	果园	果园			两城镇			
90~100	小河	75	山麓	微倾斜	是	多砂	橙黄-褐土	中度	休耕地	农业用地			两城镇			
70~80	小河	320	山麓	低山	可能	多砂/淤土			休耕地	农业用地			两城镇			
70~80	小河	320	山麓	低山	可能	多砂/淤土			休耕地	农业用地			两城镇			
90~100	小河	460	山麓	中坡	是	多砂/淤土			果园	果园			两城镇			
30~40	支流	25	冲积平原	微倾斜		淤土			休耕地/小麦	农业用地			两城镇			
30~40	支流	200	冲积平原	平地		淤土	黄土	较深	冬小麦	农业用地			两城镇			
60~70	小河	150	山麓	微倾斜		多砂	红褐土	较深	果园	果园			两城镇			
100~110	小河	400	山麓	中坡	是	土质较硬							两城镇			
50~60	小河	300	山麓	中坡		多砂	红褐土	较深	休耕地/小麦	农业用地			两城镇			
60~70	小河	250	山麓	微倾斜						果园			两城镇			
50~60	小河	125	山麓	微倾斜		多砂	黄土-褐土	较深	休耕地/小麦	农业用地			两城镇			
40~50	小河	50	山麓	微倾斜					果园	果园			两城镇			
40~50	小河	50	冲积平原	较低的隆起		砂质壤土	黄土-褐土	较深	休耕地/小麦	农业用地			两城镇			

遗址前缀	遗址名称	年份	行政区划	村镇	地图	采集区	年代	早(西)	中	晚(东)	分期	期段编号	面积(万米²)	等级	所含期段数	陶片密度	陶片数量	器型	残片	石器	文化层特点	详细文化层信息	中心海拔
DG	LHQ-4	3	东港	罗花前	高家沟		龙山	x	x			83	4.28	IV	3	很少	79	7					40.0
DG	LHQ-4	3	东港	罗花前	高家沟		周			x	东周	79	0.52	VI	3	稀少	4	0	1				40.0
DG	LHQ-5	3	东港	罗花前	杜家沟		汉					96	0.12	VI	1	稀少	1	0	1				42.5
DG	LHQ-6	3	东港	罗花前	杜家沟		周			x	东周	81	0.10	VI	1	稀少	5	2	1				44.0
DG	LHQ-7	3	东港	罗花前	高家沟	C	汉					94	0.92	VI	2	稀少	13	1					50.0
DG	LHQ-7	3	东港	罗花前	高家沟	A-C	周			x	东周	82	1.12	V	2	稀少	7	2	1				50.0
DG	LHQ-8	3	东港	罗花前	杜家沟		周				不确定	78	0.12	VI	1	稀少	1	1					37.5
DG	LHQ-9	3	东港	罗花前	杜家沟	A, B	周			x	东周	86	0.68	VI	1	稀少	6	2	1				50.0
DG	LJGZ-5	3	东港	刘家官庄	高家沟	A, B	汉					88	1.12	V	2	稀少	7	1	1				65.0
DG	LQG-1	3	东港	龙泉沟	杜家沟	A, C	汉					97	1.80	V	1	稀少	10	2	1				48.0
DG	LQG-1	3	东港	龙泉沟	杜家沟	B	龙山	x				84	0.16	VI	1	稀少	1	1					48.0
DG	LQZ-1	3	东港	龙泉庄	高家沟		周				不确定	83	0.16	VI	1	稀少	3	1					77.5
DG	LQZ-2	3	东港	龙泉庄	高家沟		汉					95	0.10	VI	1	稀少	1	0	1				57.5
DG	MGL-1	3	东港	木沟栏	高家沟		汉					90	0.20	VI	2	稀少	1	0	1				70.0
DG	MGL-1	3	东港	木沟栏	高家沟		周				不确定	73	0.20	VI	1	稀少	4	1					70.0
DG	SJGZ-4	3	东港	隋家官庄	联合村	A, B	汉					82	0.76	VI	1	稀少	4	2	1				29.0
DG	SJGZ-4	3	东港	隋家官庄	联合村	D	周			x	东周	67	0.30	VI	1	稀少	1	0	1				29.0
DG	SJGZ-5	3	东港	隋家官庄	联合村	B, C	汉					84	0.92	VI	1	稀少	7	1	1				30.0
DG	XJL-1	3	东港	相家岭	高家沟		汉					91	0.10	VI	1	稀少	1	0	1				62.0
DG	XJL-2	3	东港	相家岭	高家沟		汉					92	0.10	VI	1	稀少	7	2	1				78.0
JN	DLT-1	3	胶南	大芦疃	东潮河		周			x	东周	141	0.10	VI	1	稀少	1	1					30.0
JN	DLT-2	3	胶南	大芦疃	东潮河		汉					171	0.12	VI	1	稀少	2	0	1		墓葬	汉墓	52.5
JN	FJZ-1	3	胶南	范家庄	东潮河		商					11	0.12	II	2	稀少	1	1					27.5
JN	FJZ-1	3	胶南	范家庄	东潮河		周	x			西周	145	0.12	VI	2	稀少	1	1					27.5
JN	FJZ-2	3	胶南	范家庄	东潮河	A, B	汉					178	1.16	V	2	稀少	7	0	1				20.0
JN	FJZ-2	3	胶南	范家庄	东潮河	A	周			x	东周	146	1.04	V	2	稀少	9	1	1				20.0
JN	FJZ-4	3	胶南	范家庄	东潮河		汉					177	0.80	VI	1	稀少	3	0	1				20.0
JN	XGJZ-1	3	胶南	小官家庄	东潮河		汉					170	1.48	V	3	稀少	1	0	1				30.0
JN	XGJZ-1	3	胶南	小官家庄	东潮河		商					9	1.48	I	3	稀少	3	1					30.0
JN	XGJZ-1	3	胶南	小官家庄	东潮河		周	x		x	西周/东周	142	1.48	V	3	稀少	7	2					30.0
JN	XGJZ-2	3	胶南	小官家庄	东潮河		周			x	东周	143	0.10	VI	1	稀少	3	1					40.0
JN	XGJZ-3	3	胶南	小官家庄	东潮河		商					10	0.40	II	2	稀少	1	1					30.0
JN	XGJZ-3	3	胶南	小官家庄	东潮河		周	x			西周	144	0.40	VI	2	稀少	7	1					30.0
JN	XJW-1	3	胶南	徐家洼	东潮河	无	汉					175	0.14	VI	1	稀少	0	0			墓葬	汉墓	27.5
JN	XJW-10	3	胶南	徐家洼	东潮河		汉					179	0.16	VI	2	稀少	1	1					20.0
JN	XJW-10	3	胶南	徐家洼	东潮河		周			x	东周	150	0.16	VI	1	稀少	2	1	1				20.0
JN	XJW-2	3	胶南	徐家洼	丹土村	B	周	x			西周	151	0.20	VI	1	稀少	2	1					17.5
JN	XJW-2	3	胶南	徐家洼	丹土村	A	周				不确定	152	0.12	VI	1	稀少	1	1					17.5
JN	XJW-3	3	胶南	徐家洼	东潮河	B	汉					176	0.32	VI	1	稀少	9	2	1				20.0
JN	XJW-4	3	胶南	徐家洼	后显沟		龙山	x				93	1.08	V	1	很少	180	7			文化层		11.0
JN	XJW-5	3	胶南	徐家洼	丹土村		汉					183	0.16	VI	1	稀少	1	1					17.5
JN	XJW-6	3	胶南	徐家洼	东潮河		周			x	东周	147	0.16	VI	1	稀少	1	0	1				20.0
JN	XJW-7	3	胶南	徐家洼	丹土村		汉					184	0.14	VI	1	稀少	1	0	1				17.5
JN	XJW-8	3	胶南	徐家洼	吕家官庄		周			x	东周	149	0.40	VI	1	稀少	2	1	1				12.5
JN	XJW-9	3	胶南	徐家洼	吕家官庄	A, B	周			x	东周	148	0.56	VI	1	稀少	4	1					12.5
JN	XJY-1	3	胶南	徐家窑	东潮河	A, B, D	汉					163	3.16	V	1	稀少	23	1	1				30.0
JN	XJY-1	3	胶南	徐家窑	东潮河	C	周			x	东周	137	0.20	VI	1	稀少	2	1					35.0
JN	XJY-2	3	胶南	徐家窑	东潮河		汉					165	0.12	VI	1	稀少	3	1	1				25.0
JN	XJY-3	3	胶南	徐家窑	东潮河		汉					167	0.16	VI	1	稀少	1	0	1				25.0
JN	XJY-4	3	胶南	徐家窑	东潮河		汉					164	0.16	VI	1	稀少	4	0	1				27.5
JN	XJY-5	3	胶南	徐家窑	东潮河		商					8	0.12	II	2	稀少	1	1					27.5
JN	XJY-5	3	胶南	徐家窑	东潮河		周	x			西周	136	0.12	VI	1	稀少	1	1					27.5
JN	XLT-1	3	胶南	小芦疃	丹土村		汉					172	0.16	VI	1	稀少	2	0	1				18.0
JN	XLT-1	3	胶南	小芦疃	丹土村		周			x	东周	155	0.16	VI	1	稀少	1	1					18.0
JN	XLT-2	3	胶南	小芦疃	丹土村		汉					173	0.12	VI	1	稀少	1	0	1				18.0
JN	XLT-2	3	胶南	小芦疃	丹土村		周			x	东周	154	0.12	VI	1	稀少	1	1					18.0
JN	XLT-3/6	3	胶南	小芦疃	丹土村	A-C	汉					182	6.40	IV	2	稀少	18	1	2				20.0
JN	XLT-4	3	胶南	小芦疃	丹土村		周				不确定	153	0.12	VI	1	稀少	2	1					18.0
JN	XLT-5	3	胶南	小芦疃	东潮河	无	汉					174	0.10	VI	1	稀少	0	0			墓葬	汉墓	30.0
JN	XLT-7	3	胶南	小芦疃	丹土村		汉					181	0.10	VI	1	稀少	2	0	1				30.0

海拔范围	水源	河道距离	环境区域	地貌状况	防御性遗址	土壤质地	土壤颜色	土层厚度	作物	现代用途	备注	距中心城市5公里内	距中心城市5~10公里	距中心城市10~15公里	距中心城市15公里以上	距海岸5公里内
40~50	小河	80	冲积平原	较低的隆起		砂质壤土	黄土-褐土	较深	休耕地/小麦	农业用地			两城镇			
40~50	小河	50	冲积平原	较低的隆起		砂质壤土	黄土-褐土	较深	休耕地/小麦	农业用地			两城镇			
40~50	小河	150	冲积平原	平地					蔬菜	花圃			两城镇			
40~50	小河	175	冲积平原	平地		多砂			休耕地	农业用地			两城镇			
50~60	小河	125	冲积平原	平地		多砂			休耕地/小麦	农业用地			两城镇			
50~60	小河	200	冲积平原	平地		多砂			休耕地/小麦	农业用地			两城镇			
30~40	小河	50	冲积平原	平地		多砂			休耕地	农业用地			两城镇			
50~60	小河	25	冲积平原	微倾斜		多砂	橙黄-褐土	较深	果园	果园			两城镇			
60~70	小河	150	山麓	微倾斜		多砂	黄土-褐土	较深	休耕地/小麦	农业用地			两城镇			
40~50	小河	250	山麓	微倾斜		砂质壤土	黄土-褐土	较深	休耕地/小麦	农业用地			两城镇			
40~50	小河	0	冲积平原	微倾斜		砂质壤土	黄土-褐土	较深	休耕地/小麦	农业用地			两城镇			
70~80	小河	275	山麓	平地									两城镇			
50~60	小河	100	山麓	平地		多砂	橙黄-褐土	中度	冬小麦	农业用地			两城镇			
70~80	小河	260	山麓	高山	?	多砂	红褐土		休耕地	农业用地			两城镇			
70~80	小河	260	山麓	高山	?	多砂	红褐土		休耕地	农业用地			两城镇			
20~30	支流	275	冲积平原	微倾斜		多砂	橙黄-褐土		休耕地/小麦	农业用地			两城镇			
20~30	支流	250	冲积平原	微倾斜		多砂	橙黄-褐土		休耕地/小麦	农业用地			两城镇			
30~40	支流	250	冲积平原	平地		多砂	橙黄-褐土						两城镇			
60~70	小河	50	山麓	微倾斜		淤土			休耕地	农业用地			两城镇			
70~80	小河	50	山麓	微倾斜		多砂	黄土-褐土				遗址破坏比较严重		两城镇			
30~40	小河	25	山麓	微倾斜					冬小麦	农业用地			两城镇			
50~60	小河	75	山麓	低山	是	淤土			休耕地				两城镇			
20~30	小河	90	冲积平原/山麓	平地									两城镇			
20~30	小河	50	冲积平原/山麓	平地									两城镇			
20~30	小河	175	冲积平原	较低的隆起									两城镇			
20~30	小河	200	冲积平原	较低的隆起									两城镇			
20~30	小河	50	冲积平原	微倾斜		淤土			冬小麦	农业用地			两城镇			
30~40	小河	25	山麓	微倾斜									两城镇			
30~40	小河	50	山麓	微倾斜									两城镇			
30~40	小河	25	山麓	微倾斜									两城镇			
40~50	小河	25	山麓	较低的隆起		淤土			休耕地	农业用地			两城镇			
30~40	小河	25	山麓	微倾斜		多砂	黄土-褐土	较深	休耕地/小麦	农业用地			两城镇			
30~40	小河	25	山麓	微倾斜		多砂	黄土-褐土	较深	休耕地/小麦	农业用地			两城镇			
20~30	小河	125	山麓	微倾斜									两城镇			
20~30	小河	50	冲积平原	平地					冬小麦	农业用地	两城镇					
20~30	小河	50	冲积平原	平地					冬小麦	农业用地	两城镇					
10~20	小河	0	冲积平原	微倾斜		多砂	浅褐土	较深	休耕地/小麦	农业用地	两城镇					
10~20	小河	25	冲积平原	微倾斜		砂质壤土	褐土	较深	休耕地/小麦	农业用地	两城镇					
20~30	小河	25	冲积平原	微倾斜		壤土	褐土	较深	冬小麦	农业用地			两城镇			
10~20	小河	80	冲积平原	平地		砂质壤土	黄土-褐土	较深	冬小麦	农业用地	部分松树林内	两城镇				
10~20	小河	75	冲积平原	平地		淤土			茶园	农业用地		两城镇				
20~30	小河	75	冲积平原	微倾斜					冬小麦	农业用地			两城镇			
10~20	小河	25	冲积平原	平地					冬小麦	农业用地		两城镇				
10~20	支流	75	冲积平原	平地		多砂	红褐土	较深	大白菜	花圃			两城镇			
10~20	支流	75	冲积平原	平地		多砂	浅褐土	较深	冬小麦	农业用地			两城镇			
30~40	小河	225	山麓	微倾斜		多砂	红褐土	较深	果园	果园	部分位于麦田和休耕地内		两城镇			
30~40	小河	50	山麓	微倾斜		多砂	红褐土	较深	果园	果园	部分位于麦田和休耕地内	两城镇				
20~30	小河	125	冲积平原	平地		壤土	褐土	较深	冬小麦	农业用地			两城镇			
20~30	支流	250	冲积平原	平地									两城镇			
20~30	支流	150	冲积平原	平地									两城镇			
20~30	小河	0	冲积平原	平地		壤土	褐土	较深	休耕地	农业用地			两城镇			
20~30	小河	50	冲积平原	平地		壤土	褐土	较深	休耕地	农业用地		两城镇				
10~20	小河	25	冲积平原	平地					冬小麦	农业用地		两城镇				
10~20	小河	25	冲积平原	平地					冬小麦	农业用地		两城镇				
10~20	小河	125	冲积平原	平地		淤土多砂砾						两城镇				
10~20	小河	125	冲积平原	平地		淤土多砂砾						两城镇				
20~30	小河	50	冲积平原/山麓	平地		多砂	红褐土	较深	休耕地/小麦	农业用地		两城镇				
10~20	小河	75	冲积平原	平地								两城镇				
30~40	小河	300	山麓	低山		多砂	黄土-褐土	中度	休耕地/小麦	农业用地			两城镇			
30~40	小河	50	山麓	微倾斜		砂质壤土	褐土	较深	休耕地	农业用地			两城镇			

遗址前缀	遗址名称	年份	行政区划	村镇	地图	采集区	年代	早(西)	中	晚(东)	分期	期段编号	面积(万米²)	等级	所含期段数	陶片密度	陶片数量	器型	残片	石器	文化层特点	详细文化层信息	中心海拔
JN	XLT-8	3	胶南	小芦疃	丹土村		汉					180	0.12	VI	1	稀少	1	0	1				30.0
WL	CHZ-1	3	五莲	潮河镇	刘官庄		汉					145	0.16	VI	1	稀少	1	0	1				27.0
WL	CHZ-10	3	五莲	潮河镇	东潮河	A-C	周			x	东周	140	6.16	IV	2	稀少	19	1	1				20.0
WL	CHZ-10	3	五莲	潮河镇	东潮河	C	汉					168	0.64	VI	2	稀少	16	0	1				20.0
WL	CHZ-10	3	五莲	潮河镇	东潮河	A	汉					169	4.88	V	2	稀少	7	1	1				20.0
WL	CHZ-11	3	五莲	潮河镇	刘官庄		汉					146	0.10	VI	2	稀少	1	0	1				23.5
WL	CHZ-11	3	五莲	潮河镇	刘官庄		周				不确定	118	0.10	VI	2	稀少	1	1					23.5
WL	CHZ-12	3	五莲	潮河镇	刘官庄		龙山		x			91	0.12	VI	1	稀少	62	4					37.3
WL	CHZ-13	3	五莲	潮河镇	刘官庄	A, B	汉					149	0.32	VI	1	稀少	6	1	1				20.0
WL	CHZ-14/8/9	3	五莲	潮河镇	刘官庄		汉					150	11.00	III	2	很少	37	1	1				25.0
WL	CHZ-14/8/9	3	五莲	潮河镇	刘官庄		周			x	东周	130	6.52	IV	2	稀少	6	2	1				25.0
WL	CHZ-14/8/9	3	五莲	潮河镇	刘官庄	C	周			x	东周	131	0.16	VI	2	稀少	3	1	1				25.0
WL	CHZ-2	3	五莲	潮河镇	刘官庄		汉					144	2.12	V	2	稀少	7	1	1				35.0
WL	CHZ-2	3	五莲	潮河镇	刘官庄		周			x	东周	119	2.12	V	2	稀少	2	1	1				35.0
WL	CHZ-3	3	五莲	潮河镇	刘官庄		汉					143	1.88	V	2	稀少	3	0	1				40.0
WL	CHZ-3	3	五莲	潮河镇	刘官庄		周				不确定	120	1.88	V	2	稀少	2	0	1				40.0
WL	CHZ-4	3	五莲	潮河镇	刘官庄		汉					142	0.10	VI	1	稀少	1	0	1				32.5
WL	CHZ-5	3	五莲	潮河镇	刘官庄		汉					152	0.20	VI	1	稀少	1	0	1				35.0
WL	CHZ-6	3	五莲	潮河镇	刘官庄		汉					151	0.60	VI	1	稀少	2	0	1				35.0
WL	CJG-2	3	五莲	陈家沟	刘官庄		周			x	东周	115	0.10	VI	1	稀少	1	1	1				45.0
WL	CJG-3	3	五莲	陈家沟	刘官庄		汉					131	0.52	VI	1	稀少	2	0	1				30.0
WL	CJG-4	3	五莲	陈家沟	刘官庄		汉					130	0.12	VI	1	稀少	0	0		墓葬	汉墓	42.0
WL	CJG-5	3	五莲	陈家沟	刘官庄		汉					132	1.40	V	2	少	14	1	1				45.0
WL	CJG-5	3	五莲	陈家沟	刘官庄		周			x	东周	116	1.40	V	2	少	11	1	1				45.0
WL	CY-1	3	五莲	菜园	刘官庄	A, B, D, F-J	汉					155	27.20	II	2	稀少	128	1	1				50.0
WL	CY-1	3	五莲	菜园	刘官庄	E-I	周	x		x	西周/东周	126	21.50	III	2	稀少	58	2	1				50.0
WL	CY-1	3	五莲	菜园	刘官庄	A, C, D	周	x		x	西周/东周	128	4.20	V	2	稀少	11	3	1				47.5
WL	CY-2	3	五莲	菜园	刘官庄		汉					159	0.10	VI	1	稀少	2	0	1				37.3
WL	CY-3	3	五莲	菜园	刘官庄		周				不确定	129	0.16	VI	1	稀少	3	2					37.3
WL	DHY-1	3	五莲	东花崖	杜家沟	A, D, E	汉					113	5.52	V	3	很少	13	2	1				47.5
WL	DHY-1	3	五莲	东花崖	杜家沟	A, B	龙山	x				87	2.68	V	2	很少	14	2					47.5
WL	DHY-1	3	五莲	东花崖	杜家沟	D, E	周			x	东周	106	2.88	V	2	稀少	3	1					47.5
WL	DHY-10	3	五莲	东花崖	刘官庄		周	x			西周	109	0.10	VI	1	稀少	2	1					70.0
WL	DHY-2	3	五莲	东花崖	杜家沟		周			x	东周	100	0.32	VI	1	稀少	5	1					57.5
WL	DHY-3	3	五莲	东花崖	杜家沟	A, B	汉					114	0.24	VI	1	稀少	5	1	1				90.0
WL	DHY-4	3	五莲	东花崖	杜家沟		汉					112	0.32	VI	1	稀少	1	0	1				47.5
WL	DHY-4	3	五莲	东花崖	杜家沟		周			x	东周	99	0.32	VI	2	稀少	1	1					47.5
WL	DHY-5	3	五莲	东花崖	杜家沟		汉					111	0.10	VI	1	稀少	1	0	1				70.0
WL	DHY-6	3	五莲	东花崖	杜家沟	A, B, G	汉					110	4.96	V	2	稀少	17	2	1				45.0
WL	DHY-6	3	五莲	东花崖	杜家沟	A, G	周			x	东周	105	0.68	VI	2	稀少	4	0	1				45.0
WL	DHY-6	3	五莲	东花崖	杜家沟	D	周			x	东周	98	0.16	VI	1	稀少	1	0	1				45.0
WL	DHY-7	3	五莲	东花崖	刘官庄	A, B	周			x	东周	107	1.20	V	2	很少	17	1	1				55.0
WL	DHY-8	3	五莲	东花崖	刘官庄		周			x	东周	108	0.10	VI	1	稀少	1	0	1				80.0
WL	DHY-9	3	五莲	东花崖	刘官庄		龙山				不确定	89	0.10	VI	2	稀少	1	1					70.0
WL	DHY-9/7	3	五莲	东花崖	刘官庄	A, B	汉					121	1.30	V	3	很少	20	1	1				70.0
WL	DJG-1	3	五莲	杜家沟	杜家沟		周				不确定	92	0.44	VI	1	稀少	2	1					45.0
WL	DJG-10/DZ-5	3	五莲	杜家沟	杜家沟		汉					104	2.36	V	2	稀少	15	1					40.0
WL	DJG-10/DZ-5	3	五莲	杜家沟	杜家沟		周			x	东周	96	2.36	V	2	稀少	4	1	1				40.0
WL	DJG-2	3	五莲	杜家沟	杜家沟		龙山				不确定	85	0.10	VI	1	稀少	1	1					100.0
WL	DJG-5	3	五莲	杜家沟	杜家沟		汉					101	0.40	VI	1	稀少	4	0	1				38.0
WL	DJG-6	3	五莲	杜家沟	杜家沟		汉					100	0.10	VI	1	稀少	9	1	1				51.0
WL	DJG-6	3	五莲	杜家沟	杜家沟		周			x	东周	93	0.10	VI	1	稀少	2	2					51.0
WL	DJG-7	3	五莲	杜家沟	杜家沟		周			x	东周	95	2.48	V	1	稀少	7	1					40.0
WL	DJG-8	3	五莲	杜家沟	杜家沟		汉					103	0.16	VI	1	稀少	3	1	1				40.0
WL	DJG-9	3	五莲	杜家沟	杜家沟		汉					102	0.16	VI	1	稀少	3	1	1				37.5
WL	DNP-1	3	五莲	东南坡	刘官庄		汉					134	0.14	VI	1	稀少	1	0	1				60.0
WL	DNP-2	3	五莲	东南坡	刘官庄		汉					136	0.10	VI	1	稀少	5	0	1				52.5

海拔范围	水源	河道距离	环境区域	地貌状况	防御性遗址	土壤质地	土壤颜色	土层厚度	作物	现代用途	备注	距中心城市5公里内	距中心城市5~10公里	距中心城市10~15公里	距中心城市15公里以上	距海岸5公里内
30~40	小河	90	山麓	微倾斜		砂质壤土	褐土	较深	休耕地	农业用地		两城镇				
20~30	支流	250	冲积平原	平地		淤土	褐土	较深	休耕地	农业用地			两城镇			
20~30	支流	50	冲积平原	微倾斜		多砂	褐土	较深	冬小麦	农业用地			两城镇			
20~30	支流	50	冲积平原	微倾斜		多砂	褐土	较深	冬小麦	农业用地			两城镇			
20~30	支流	50	冲积平原	微倾斜		多砂	褐土	较深	冬小麦	农业用地			两城镇			
20~30	支流	450	冲积平原	平地		淤土			休耕地/小麦	农业用地			两城镇			
20~30	支流	450		平地									两城镇			
30~40	小河	0	冲积平原	平地		淤土			休耕地	农业用地			两城镇			
20~30	小河	175				多砂	浅褐土	较深	休耕地/小麦	农业用地			两城镇			
20~30	小河	25	冲积平原	平地		多砂	浅褐土	较深	休耕地/小麦	农业用地			两城镇			
20~30	小河	25	冲积平原	平地		多砂	浅褐土	较深	休耕地/小麦	农业用地			两城镇			
20~30	小河	75	冲积平原	较低的隆起					冬小麦	农业用地			两城镇			
30~40	小河	75	山麓	低山		多砂	橙黄-褐土	中度	果园	现代村镇	部分果园/部分现代村镇		两城镇			
30~40	小河	75	山麓	低山		多砂	橙黄-褐土	中度	果园	现代村镇	部分果园/部分现代村镇		两城镇			
40~50	主要河流	250	山麓	低山		多砂	橙黄-褐土	中度	冬小麦	农业用地			两城镇			
40~50	主要河流	250	山麓	低山		多砂	橙黄-褐土	中度	冬小麦	农业用地			两城镇			
30~40	支流	125	冲积平原/山麓	微倾斜		淤土			果园				两城镇			
30~40	小河	275	冲积平原	平地		砂质壤土	黄土-褐土	较深	冬小麦	农业用地			两城镇			
30~40	小河	225	冲积平原	平地		砂质壤土	黄土-褐土	较深	冬小麦	农业用地			两城镇			
40~50	小河	50	山麓	较低的隆起		多砂	黄土-褐土	较深	冬小麦	农业用地			两城镇			
30~40	小河	25	冲积平原	平地			黄土-褐土	较深	休耕地	农业用地			两城镇			
40~50	小河	75	山麓	梯田斜坡		多砂	黄土-褐土	较薄	冬小麦	农业用地	未采集		两城镇			
40~50	小河	25	山麓	微倾斜		淤土							两城镇			
40~50	小河	25	山麓	微倾斜		淤土							两城镇			
50~60	支流	50	冲积平原/山麓	中坡		多砂	黄土-褐土	较深	冬小麦	农业用地	遗址较大			两城镇		
50~60	支流	50	冲积平原/山麓	中坡		多砂	黄土-褐土	较深	冬小麦	农业用地	遗址较大			两城镇		
40~50	支流	50	冲积平原/山麓	中坡		多砂	黄土-褐土	较深	冬小麦	农业用地	遗址较大			两城镇		
30~40	小河	270	山麓	微倾斜		砂质壤土	黄土-褐土	较深			遗址较大		两城镇			
30~40	小河	175	冲积平原	平地		多砂	浅褐土	较深	桑园	农业用地			两城镇			
40~50	小河	75	冲积平原	平地		砂质壤土	褐土	较深	蔬菜	农业用地			两城镇			
40~50	小河	0	冲积平原	平地		砂质壤土	褐土	较深	蔬菜	农业用地						两城镇
40~50	小河	50	冲积平原	平地		砂质壤土	褐土	较深	蔬菜	农业用地			两城镇			
70~80	小河	310	山麓	低山		土质较硬	黄土-褐土	较薄	冬小麦	农业用地						两城镇
50~60	小河	75	山麓	平地小山顶		淤土				农业用地						两城镇
90~100	小河	75	山麓	中坡		多砂	橙黄-褐土	较深	休耕地/小麦	农业用地						两城镇
40~50	小河	25	冲积平原	平地		砂质壤土	褐土	较深	冬小麦	农业用地						两城镇
40~50	小河	25	冲积平原	平地		砂质壤土	褐土	较深	冬小麦	农业用地						两城镇
70~80	支流	325	山麓	微倾斜		多砂/土质较硬	橙黄-褐土	中度			有现代垃圾场		两城镇			
40~50	小河	25	冲积平原	平地		多砂	黄土-褐土	较深	休耕地/小麦	农业用地			两城镇			
40~50	小河	25	冲积平原	平地		多砂	黄土-褐土	较深	休耕地/小麦	农业用地			两城镇			
40~50	小河	50	冲积平原	平地		多砂	黄土-褐土	较深	休耕地/小麦	农业用地			两城镇			
50~60	小河	75	山麓	微倾斜		砂质壤土	黄土-褐土	较深	冬小麦	农业用地						两城镇
80~90	小河	300	山麓	低山	是	土质较硬	黄土-褐土	较薄	休耕地	农业用地						两城镇
70~80	小河	260	山麓	微倾斜					冬小麦	农业用地						两城镇
70~80	小河	25	山麓	中坡									两城镇			
40~50	小河	100	冲积平原	微倾斜		砂质壤土	黄土-褐土	较深	冬小麦	农业用地			两城镇			
40~50	小河	125	山麓	低山		砂质壤土	黄土-褐土	较深	休耕地	农业用地			两城镇			
40~50	小河	125	冲积平原	微倾斜		砂质壤土	黄土-褐土	较深	冬小麦	农业用地			两城镇			
100~110	小河	920	山麓	中坡	是	多砂/土质较硬	橙黄-褐土	较薄	果园	果园			两城镇			
30~40	小河	570	山麓	低山	是	多砂	橙黄-褐土	较深	休耕地/小麦	农业用地			两城镇			
50~60	小河	100	冲积平原	较低的隆起		多砂	橙黄-褐土	较深	休耕地	农业用地			两城镇			
50~60	小河	100	冲积平原	较低的隆起		多砂	橙黄-褐土	较深	休耕地	农业用地			两城镇			
40~50	小河	50	冲积平原	微倾斜		多砂	黄土-褐土	较深	桑园	农业用地			两城镇			
40~50	小河	350	山麓	微倾斜		砂质壤土	黄土-褐土	中度	休耕地	农业用地			两城镇			
30~40	小河	25	冲积平原	平地		多砂	黄土-褐土	较深	休耕地	农业用地			两城镇			
60~70	小河	350	山麓	低山		多砂	橙黄-褐土	中度	冬小麦	农业用地			两城镇			
50~60	小河	25	山麓	平地		淤土	浅褐土		果园	果园						两城镇

遗址前缀	遗址名称	年份	行政区划	村镇	地图	采集区	年代	早(西)	中	晚(东)	分期	期段编号	面积(万米²)	等级	所含期段数	陶片密度	陶片数量	器型	残片	石器	文化层特点	详细文化层信息	中心海拔
WL	DNP-3	3	五莲	东南坡	刘官庄	A-C	汉					138	0.76	VI	1	稀少	10	1	1				37.8
WL	DNP-4	3	五莲	东南坡	刘官庄	A-D	汉					137	3.76	V	2	稀少	25	1	2				35.0
WL	DNP-4	3	五莲	东南坡	刘官庄	B, D	周			x	东周	121	2.28	V	2	稀少	3	1	1				35.0
WL	DNP-5	3	五莲	东南坡	刘官庄	A, B	汉					139	0.80	VI	1	稀少	4	0	1				45.0
WL	DNP-6	3	五莲	东南坡	刘官庄		汉					140	0.36	VI	1	很少	13	0	1				30.0
WL	DNP-6	3	五莲	东南坡	刘官庄		周			x	东周	122	0.36	VI	2	很少	12	1	1				30.0
WL	DNP-7	3	五莲	东南坡	刘官庄		汉					141	0.16	VI	2	稀少	4	0	1				35.0
WL	DNP-7	3	五莲	东南坡	刘官庄		周			x	东周	123	0.16	VI	2	稀少	2	0	1				35.0
WL	DNP-9	3	五莲	东南坡	刘官庄		汉					135	0.16	VI	1	稀少	0	0			墓葬	汉墓	45.2
WL	DZ-1	3	五莲	大庄	杜家沟	A, B	汉					108	2.28	V	1	稀少	7	1	1				46.0
WL	DZ-10	3	五莲	大庄	杜家沟	A-D	汉					119	6.24	IV	2	稀少	21	1	1				42.0
WL	DZ-10	3	五莲	大庄	杜家沟	D	周			x	东周	101	1.72	V	2	稀少	2	0	1				45.0
WL	DZ-10	3	五莲	大庄	杜家沟	A	周			x	东周	102	1.72	V	2	稀少	4	1	1				45.0
WL	DZ-2/3	3	五莲	大庄	杜家沟		汉					105	0.56	VI	1	稀少	9	1	1				60.0
WL	DZ-4	3	五莲	大庄	杜家沟		汉					109	0.92	VI	1	稀少	4	1	1				42.0
WL	DZ-6	3	五莲	大庄	杜家沟	A-C	汉					107	8.52	IV	2	很少	23	1	2				40.0
WL	DZ-6	3	五莲	大庄	杜家沟	A, B	周			x	东周	97	8.44	III	2	很少	12	1	1				40.0
WL	DZ-7	3	五莲	大庄	刘官庄	A, B	汉					120	2.88	V	2	很少	23	1	1				55.0
WL	DZ-7	3	五莲	大庄	刘官庄	A	周			x	东周	104	1.50	V	2	稀少	7	1	1				55.0
WL	DZ-8	3	五莲	大庄	刘官庄		周				不确定	103	0.10	VI	1	稀少	3	1					52.5
WL	DZ-9	3	五莲	大庄	杜家沟		龙山				不确定	88	0.10	VI	1	稀少	1	1					45.0
WL	FHZ-1	3	五莲	凤凰庄	叩官		汉					158	0.16	VI	1	稀少	3	1	1				50.0
WL	FJK-1	3	五莲	风门口	刘官庄		汉					133	0.14	VI	1	稀少	6	0	1				82.5
WL	FJK-1	3	五莲	风门口	刘官庄		周				不确定	117	0.14	VI	1	稀少	3	0	1				82.5
WL	JZ-1	3	五莲	京庄	叩官		汉					156	1.28	V	2	稀少	7	1	1				38.0
WL	JZ-1	3	五莲	京庄	叩官		周			x	东周	127	1.28	V	2	稀少	1	1					38.0
WL	JZ-2	3	五莲	京庄	叩官		汉					157	0.16	VI	1	稀少	1	0	1				75.0
WL	LGZ-1	3	五莲	刘官庄	刘官庄		汉					153	2.68	V	2	稀少	1	1					25.0
WL	LGZ-1	3	五莲	刘官庄	刘官庄		周			x	东周	124	2.68	V	2	稀少	1	1					22.5
WL	LGZ-2	3	五莲	刘官庄	刘官庄		汉					154	0.92	VI	2	稀少	3	0	1				22.5
WL	LGZ-2	3	五莲	刘官庄	刘官庄		周				不确定	125	0.20	VI	2	稀少	4	1	1				27.5
WL	LH-1	3	五莲	龙河	孔家沟		汉					118	0.10	VI	1	稀少	1	0	1				60.0
WL	LH-2	3	五莲	龙河	刘官庄		汉					122	1.08	V	2	稀少	1	0	1				76.0
WL	LH-2	3	五莲	龙河	刘官庄		周				不确定	112	1.08	V	2	稀少	5	2					75.0
WL	LH-3	3	五莲	龙河	孔家沟		周				不确定	111	0.40	VI	1	稀少	1	1					55.0
WL	LQ-1	3	五莲	林泉	杜家沟		汉					123	1.20	V	1	稀少	4	0	1				27.5
WL	LQ-3	3	五莲	林泉	杜家沟		汉					127	0.20	VI	1	稀少	5	0	1				47.3
WL	LQ-4	3	五莲	林泉	杜家沟		汉					124	0.76	VI	1	稀少	2	0	1				40.0
WL	LQ-5	3	五莲	林泉	东潮河		汉					125	0.16	VI	1	稀少	2	0	1				20.0
WL	LQ-6/2	3	五莲	林泉	刘官庄	D, E	汉					126	2.12	V	2	稀少	23	0	1		墓葬	汉墓CAB	35.0
WL	LQ-6/2	3	五莲	林泉	刘官庄	B	龙山				不确定	90	0.72	VI	2	稀少	1	1		2			35.0
WL	LQ-6/2	3	五莲	林泉	刘官庄	B	商					7	0.72	II	2	稀少	2	1					35.0
WL	LQ-6/2	3	五莲	林泉	刘官庄	A, C, D	周	x		x	西周/东周	113	1.92	V	2	稀少	8	2	1				35.0
WL	QZJP-1	3	五莲	前种金坡	东潮河		汉					161	0.16	VI	2	稀少	1	0	1				50.0
WL	QZJP-1	3	五莲	前种金坡	东潮河		周			x	东周	135	0.16	VI	2	稀少	1	1					50.0
WL	QZJP-2	3	五莲	前种金坡	东潮河		汉	x				160	0.16	VI	2	稀少	9	0	1				45.0
WL	QZJP-2	3	五莲	前种金坡	东潮河		周			x	东周	134	0.16	VI	2	稀少	1	1					45.0
WL	QZJP-3	3	五莲	前种金坡	东潮河		汉					162	0.12	VI	1	稀少	2	0	1				45.0
WL	SJA-1	3	五莲	沈家庵	孔家沟		周				不确定	94	0.10	VI	1	稀少	1	1					109.0
WL	SJA-3/XHY-2	3	五莲	沈家庵	孔家沟	A-C	汉					116	1.28	V	1	很少	34	1	2				75.0
WL	SJA-4	3	五莲	沈家庵	孔家沟		汉					115	1.40	V	1	稀少	6	1	1				62.5
WL	TLSG-1	3	五莲	堂梨树沟	高家沟		商					5	0.24	II	2	稀少	1	1					90.0
WL	TLSG-1	3	五莲	堂梨树沟	高家沟		周	x			西周	87	0.24	VI	2	稀少	1	1					90.0
WL	TLSG-3	3	五莲	堂梨树沟	杜家沟	A, B	周			x	东周	88	2.72	V	1	稀少	7	2	3				88.0
WL	WJB-1	3	五莲	王家埠	杜家沟		汉					106	1.92	V	1	很少	14	1	1				35.0
WL	XHY-3	3	五莲	西花埝	刘官庄	A, C, D	汉					111	1.72	V	2	稀少	15	1	2				55.0
WL	XHY-3	3	五莲	西花埝	孔家沟	B, C	周			x	东周	110	0.36	VI	1	稀少	4	1	1				55.0
WL	XSH-3	3	五莲	下石河	孔家沟	A-E	周			x	东周	91	4.76	IV	1	稀少	43	1	2				72.0

海拔范围	水源	河道距离	环境区域	地貌状况	防御性遗址	土壤质地	土壤颜色	土层厚度	作物	现代用途	备注	距中心城市5公里内	距中心城市5~10公里	距中心城市10~15公里	距中心城市15公里以上	距海岸5公里内
30~40	小河	25	冲积平原/山麓	平地		砂质壤土	黄土-褐土	较深	休耕地/小麦	农业用地				两城镇		
30~40	小河	0	山麓	微倾斜		砂质壤土	浅褐土	较深	休耕地/小麦	农业用地				两城镇		
30~40	小河	0	山麓	微倾斜		砂质壤土	浅褐土	较深	休耕地/小麦	农业用地				两城镇		
40~50	小河	175	山麓	低山		土质较硬			休耕地	农业用地				两城镇		
30~40	支流	175	冲积平原	平地		砂质壤土	橙黄-褐土	较深	冬小麦	农业用地			两城镇			
30~40	支流	175	冲积平原	平地		砂质壤土	橙黄-褐土	较深	冬小麦	农业用地			两城镇			
30~40	支流	175	冲积平原	平地					冬小麦	农业用地				两城镇		
30~40	支流	175	冲积平原	平地					冬小麦	农业用地				两城镇		
40~50	小河	350	山麓	微倾斜		多砂	橙黄-褐土	中度	冬小麦	农业用地				两城镇		
40~50	支流	250	冲积平原	平地					休耕地/小麦	农业用地				两城镇		
40~50	小河	225	冲积平原	微倾斜		砂质壤土	黄土-褐土	较深	休耕地/小麦	农业用地				两城镇		
40~50	小河	100	冲积平原	微倾斜		砂质壤土	黄土-褐土	较深	休耕地/小麦	农业用地				两城镇		
40~50	小河	200	冲积平原	微倾斜		砂质壤土	黄土-褐土	较深	休耕地/小麦	农业用地				两城镇		
60~70	小河	100	山麓	微倾斜	是	土质较硬			休耕地	农业用地				两城镇		
40~50	支流	0	冲积平原	平地		砂质壤土	黄土-褐土	较深	休耕地	农业用地	干枯的玉米			两城镇		
40~50	支流	75	冲积平原	较低的隆起		多砂	橙黄-褐土	中度		现代村镇	现代采石场，村镇，农耕等			两城镇		
40~50	支流	75	冲积平原	较低的隆起		多砂	橙黄-褐土	中度		现代村镇	现代采石场，村镇，农耕等			两城镇		
50~60	小河	25	山麓	平地		砂质壤土	黄土-褐土	较深	休耕地/小麦	农业用地				两城镇		
50~60	小河	25	山麓	平地		砂质壤土	黄土-褐土	较深	休耕地/小麦	农业用地				两城镇		
50~60	小河	50	山麓	平地		多砂/土质较硬	橙黄-褐土		冬小麦	农业用地				两城镇		
40~50	小河	0	冲积平原	平地		淤土			休耕地	农业用地				两城镇	两城镇	
50~60	小河	50	冲积平原	微倾斜		砂质壤土	红褐土	较深						两城镇		
80~90	小河	100	山麓	平地		多砂	黄土-褐土	中度	果园	果园				两城镇		
80~90	小河	100	山麓	平地		多砂	黄土-褐土	中度	果园	果园				两城镇		
30~40	小河	50	冲积平原	平地		多砂	橙黄-褐土	较深	冬小麦	农业用地				两城镇		
30~40	小河	25	冲积平原	平地		多砂	橙黄-褐土	较深	冬小麦	农业用地				两城镇		
70~80	小河	350	山麓	平地小山顶		多砂/土质较硬	橙黄-褐土	中度	休耕地	农业用地				两城镇		
20~30	支流	150	冲积平原	平地		淤土	褐土	较深	桑园	农业用地				两城镇		
20~30	支流	150	冲积平原	平地		淤土	褐土	较深	桑园	农业用地				两城镇		
20~30	支流	100	冲积平原	平地		砂质壤土	黄土-褐土	较深	休耕地/小麦	农业用地				两城镇		
20~30	支流	100	冲积平原	平地		砂质壤土	黄土-褐土	较深	休耕地/小麦	农业用地				两城镇		
60~70	小河	625	山麓	微倾斜		多砂			冬小麦	农业用地				两城镇		
70~80	小河	50	山麓	微倾斜		多砂	橙黄-褐土	中度	果园	果园				两城镇		
70~80	小河	50	山麓	微倾斜		多砂	橙黄-褐土	中度	果园	果园				两城镇		
50~60	小河	550	山麓	平地										两城镇		
20~30	支流	150	冲积平原	平地		砂质壤土	黄土-褐土	较深	休耕地	塑料大棚			两城镇			
40~50	支流	550	山麓	平地小山顶		多砂	红褐土		茶园	农业用地			两城镇			
40~50	支流	400	冲积平原	微倾斜					休耕地/小麦	农业用地			两城镇			
20~30	小河	75	冲积平原	平地		砂质壤土	黄土-褐土	较深		塑料大棚			两城镇			
30~40	小河	25	山麓	较低的隆起	是	砂质壤土	黄土-褐土	较深	休耕地/小麦	农业用地			两城镇			
30~40	支流	50	山麓	中坡	是	多砂/土质较硬	橙黄-褐土	中度	茶园	农业用地			两城镇			
30~40	支流	0	山麓	中坡	是	多砂/土质较硬	橙黄-褐土	中度	茶园	农业用地			两城镇			
30~40	支流	75	山麓	中坡	是	多砂/土质较硬	橙黄-褐土	中度	茶园	农业用地			两城镇			
50~60	小河	25	山麓	微倾斜		砂质壤土	褐土	较深					两城镇			
50~60	小河	25	山麓	微倾斜		砂质壤土	褐土	较深					两城镇			
40~50	小河	50	山麓	较低的隆起		淤土			冬小麦	农业用地			两城镇			
40~50	小河	50	山麓	较低的隆起		淤土			冬小麦	农业用地			两城镇			
40~50	小河	25	山麓	较低的隆起		淤土							两城镇			
100~110	小河	300	山麓	微倾斜		砂质壤土	黄土-褐土	较深	冬小麦	农业用地				两城镇		
70~80	小河	25	山麓	平地		多砂	橙黄-褐土	较深	休耕地/小麦	农业用地				两城镇		
60~70	小河	150	山麓	微倾斜		多砂	黄土-褐土	较深	开垦地					两城镇		
90~100	小河	470	山麓	中坡	可能	多砂/淤土			果园	果园			两城镇			
90~100	小河	200	山麓	中坡	可能	多砂/淤土			果园	果园			两城镇			
80~90	小河	200	山麓	低山	是	淤土			冬小麦	农业用地			两城镇			
30~40	支流	50	冲积平原	平地		多砂	黄土-褐土	较深	桑园	农业用地			两城镇			
50~60	小河	25	山麓	平地		砂质壤土	褐土	较深	休耕地	花圃				两城镇		
50~60	小河	500	山麓	平地		砂质壤土	褐土	较深	休耕地	花圃				两城镇		
70~80	小河	10	山麓	平地		砂质壤土	褐土	较深	休耕地/小麦	农业用地				两城镇		

遗址前缀	遗址名称	年份	行政区划	村镇	地图	采集区	年代	早(西)	中	晚(东)	分期	期段编号	面积(万米²)	等级	所含期段数	陶片密度	陶片数量	器型	残片	石器	文化层特点	详细文化层信息	中心海拔
WL	XZ-1	3	五莲	小庄	杜家沟		周				不确定	90	0.10	VI	1	稀少	1	1					50.0
WL	XZ-2	3	五莲	小庄	杜家沟	B	汉					99	0.10	VI	1	稀少	1	0	1				55.0
WL	XZ-2	3	五莲	小庄	杜家沟	A	龙山	x				86	1.00	V	1	稀少	12	1					55.0
WL	YG-1	3	五莲	尧沟	刘官庄	A, B	汉					129	1.52	V	3	很少	15	1	1		文化层	CAC	30.0
WL	YG-1	3	五莲	尧沟	刘官庄	A, C	商					6	1.40	I	3	很少	35	5			文化层	CAC	30.0
WL	YG-1	3	五莲	尧沟	刘官庄	A-C	周	x		x	西周/东周	114	1.64	V	3	很少	172	4	1		文化层	CAC	30.0
WL	YG-2	3	五莲	尧沟	刘官庄		汉					128	0.10	VI	1	稀少	1	0	1				52.5
WL	YJZ-1	3	五莲	殷家庄	东潮河		汉					148	0.32	VI	1	稀少	4	0	1				25.0
WL	YJZ-2	3	五莲	殷家庄	东潮河		龙山				不确定	92	0.16	VI	1	稀少	1	1					30.0
WL	YJZ-3	3	五莲	殷家庄	东潮河		汉					147	1.36	V	1	稀少	7	0	1				25.0
WL	YJZ-4	3	五莲	殷家庄	东潮河		周			x	东周	132	0.16	VI	1	稀少	3	1	2				27.5
WL	YJZ-5	3	五莲	殷家庄	东潮河		周				不确定	133	0.16	VI	1	稀少	2	1					25.0
WL	YJZ-6	3	五莲	殷家庄	东潮河		周				不确定	138	0.12	VI	1	稀少	1	1					38.0
WL	YJZ-7	3	五莲	殷家庄	东潮河		汉					166	0.16	VI	1	稀少	1	1					35.0
WL	YJZ-8	3	五莲	殷家庄	东潮河		周			x	东周	139	0.16	VI	1	稀少	1	1					27.0
DG	CHC-1	4	东港	城壕村	前沙沟		汉					330	0.25	VI	1	稀少	2	1	1				22.0
DG	CHC-2	4	东港	城壕村	前沙沟		汉					331	1.13	V	1	稀少	10	1	1				23.0
DG	CHC-3	4	东港	城壕村	前沙沟	B	汉					329	0.26	VI	1	稀少	2	0	2				19.0
DG	CHC-3	4	东港	城壕村	前沙沟	A	龙山				不确定	155	0.32	VI	1	稀少	2	1					19.0
DG	CHC-4	4	东港	城壕村	前沙沟		周			x	东周	275	0.25	VI	1	稀少	1	1					22.0
DG	CZG-1/HSD-7	4	东港	程子沟	程子沟	A, C, E-F	汉					312	11.00	III	3	稀少	97	1	1		文化层	两处文化层，一处CAA，一处CAB	35.0
DG	CZG-1/HSD-7	4	东港	程子沟	程子沟	C	商					13	0.25	II	3	稀少	5	2			文化层	商/周CAB	35.0
DG	CZG-1/HSD-7	4	东港	程子沟	程子沟	A-C, E	周	x		x	西周/东周	265	5.70	IV	3	稀少	125	3	1		文化层	商/周CAB	35.0
DG	CZG-2/GZ-2/3	4	东港	程子沟	程子沟	A-J	汉					311	40.40	II	2	稀少	261	3	2		文化层	CAB，灰土层20~40厘米，3个灰坑	35.0
DG	CZG-2/GZ-2/3	4	东港	程子沟	程子沟	B, G, J	周			x	东周	261	9.00	III	2	稀少	31	4			文化层	CAB	36.0
DG	CZG-3	4	东港	程子沟	程子沟		周			x	东周	264	0.25	VI	1	稀少	1	1					35.0
DG	CZG-4	4	东港	程子沟	程子沟		汉					306	4.13	V	2	稀少	13	2	1				44.0
DG	CZG-4	4	东港	程子沟	程子沟		周			x	东周	255	4.13	V	2	稀少	4	3					39.0
DG	DNG-1	4	东港	东南沟	于家村		汉					356	0.51	VI	1	稀少	1	0	1				10.0
DG	DNG-3	4	东港	东南沟	于家村		汉					355	0.45	VI	1	稀少	2	0	1				14.0
DG	DSG-1	4	东港	大沙沟	前沙沟		周			x	东周	276	0.25	VI	1	稀少	1	1					19.0
DG	GZ-1	4	东港	郭庄	程子沟	D	汉					308	0.25	VI	1	稀少	3	2					50.0
DG	GZ-1	4	东港	郭庄	程子沟	C	龙山	x	x			148	1.03	V	2	稀少	46	7			文化层		50.0
DG	GZ-1	4	东港	郭庄	程子沟	B	周	x			西周	258	0.25	VI	2	稀少	5	1					50.0
DG	GZ-1	4	东港	郭庄	程子沟	A	周			x	东周	259	0.39	VI	1	稀少	2	0	1				50.0
DG	GZ-3	4	东港	郭庄	程子沟		周			x	东周	260	3.20	V		稀少	14	3	1				40.0
DG	HJC-1	4	东港	韩家村	前沙沟	C	汉					327	0.32	VI	1	稀少	1	0	1				20.5
DG	HJC-1	4	东港	韩家村	前沙沟	A, B	周	x		x	西周/东周	274	1.74	V	1	很少	12	2					22.0
DG	HJC-2	4	东港	韩家村	前沙沟		周	x			西周	273	0.25	VI	1	稀少	1	1					23.0
DG	HSD-1	4	东港	河山店	前沙沟		周			x	东周	270	0.25	VI	1	稀少	5	2					30.0
DG	HSD-10	4	东港	河山店	前沙沟	B, C	汉					326	2.35	V	1	稀少	7	1	1	3			26.0
DG	HSD-10	4	东港	河山店	前沙沟	A	龙山	x	x			154	4.22	IV	2	很少	62	4		3	文化层		26.0
DG	HSD-10	4	东港	河山店	前沙沟	A	周	x			西周	272	0.58	VI	1	稀少	3	2		3			26.0
DG	HSD-2	4	东港	河山店	前沙沟		龙山				不确定	150	0.25	VI	1	稀少	1	1					33.0
DG	HSD-3	4	东港	河山店	前沙沟		汉					325	0.26	VI	1	稀少	2	1	1				28.0
DG	HSD-4	4	东港	河山店	程子沟		汉					317	0.26	VI	1	很少	22	1	1				38.0
DG	HSD-5	4	东港	河山店	程子沟		汉					316	0.25	VI	1	稀少	4	1	1	1			42.0
DG	HSD-5	4	东港	河山店	程子沟		龙山				不确定	151	0.25	VI	1	稀少	3	1					42.0
DG	HSD-6	4	东港	河山店	程子沟	B	汉					315	0.25	VI	1	稀少	4	0	1				35.0
DG	HSD-6	4	东港	河山店	程子沟	A	大汶口					3	0.25	III	2	稀少	9	2					37.0

海拔范围	水源	河道距离	环境区域	地貌状况	防御性遗址	土壤质地	土壤颜色	土层厚度	作物	现代用途	备注	距中心城市5公里内	距中心城市5~10公里	距中心城市10~15公里	距中心城市15公里以上	距海岸5公里内
50~60	小河	100	冲积平原	微倾斜		淤土			冬小麦	农业用地			两城镇			
50~60	小河	0	冲积平原	微倾斜		砂质壤土	橙黄-褐土	较深	果园	果园			两城镇			
50~60	小河	0	冲积平原	微倾斜		砂质壤土	橙黄-褐土	较深	果园	果园			两城镇			
30~40	小河	25	冲积平原/山麓	梯田斜坡	是	多砂	黄土	中度	休耕地/小麦	农业用地			两城镇			
30~40	小河	90	冲积平原/山麓	梯田斜坡	是	多砂	黄土	中度	休耕地/小麦	农业用地						
30~40	小河	50	冲积平原/山麓	梯田斜坡	是	多砂	黄土	中度	休耕地/小麦	农业用地			两城镇			
50~60	小河	200	山麓	微倾斜	是	多砂/土质较硬	橙黄-褐土	较薄	果园	果园			两城镇			
20~30	小河	125	冲积平原	平地		淤土			冬小麦	农业用地			两城镇			
30~40	小河	350	冲积平原	平地		淤土							两城镇			
20~30	小河	25	冲积平原	平地		淤土			休耕地	农业用地			两城镇			
20~30	小河	75	冲积平原	平地		淤土							两城镇			
20~30	小河	220	冲积平原	平地		多砂	浅褐土	较深	桑园	农业用地			两城镇			
30~40	支流	650	山麓	平地		多砂	红褐土	较深	休耕地	农业用地			两城镇			
30~40	小河	375	山麓	较低的隆起		淤土			休耕地	农业用地			两城镇			
20~30	支流	450	山麓	平地		砂质壤土	褐土	较深	休耕地	农业用地			两城镇			
20~30	小河	125	山麓	平地		多砂/淤土	黄土-褐土	较深	开垦地	农业用地			两城镇			
20~30	小河	100	山麓	微倾斜		淤土	褐土	较深	冬小麦	农业用地			两城镇			
10~20	小河	200	冲积平原	平地		多砂/淤土	浅褐土		果园	果园			两城镇			
10~20	小河	175	冲积平原	平地		淤土	褐土	较深					两城镇			
20~30	小河	25	山麓	平地		多砂	黄土	较深	桑园	农业用地			两城镇			
30~40	小河	25	山麓	低山		多砂	黄土	较深	休耕地	农业用地	遗址部分桑园内		两城镇	大古城		
30~40	小河	10	山麓	低山		多砂	黄土	较深	休耕地	农业用地	遗址部分桑园内					
30~40	小河	25	山麓	低山		多砂	黄土	较深	休耕地	农业用地	遗址部分桑园内		两城镇			
30~40	小河	0	山麓	平地		多砂	黄土	较深	休耕地/小麦	农业用地	遗址部分叠压现代村镇下，多种土壤类型和作物种植		两城镇	大古城		
30~40	小河	175	山麓	平地		多砂	黄土	较深	休耕地/小麦	农业用地	遗址部分叠压现代村镇下		两城镇			
30~40	小河	200	山麓	平地		多砂	黄土	较深	休耕地	农业用地			两城镇			
40~50	小河	50	山麓	低山		淤土	黄土-褐土	较深	茶园	农业用地		两城镇		大古城		
30~40	小河	75	山麓	低山		淤土	黄土-褐土	较深	茶园	农业用地			两城镇			
10~20	小河	100	冲积平原	平地		淤土	黄土		休耕地	农业用地			两城镇			x
10~20	小河	100	冲积平原	平地		黏土壤土	深褐土		开垦地	农业用地			两城镇			x
10~20	小河	150	冲积平原/山麓	微倾斜		多砂	黄土-褐土	较深			靠近草垛	两城镇				
50~60	小河	50	山麓	低山		淤土	黄土-褐土	较深	休耕地/小麦	农业用地			两城镇	大古城		
50~60	小河	25	山麓	低山		淤土	黄土-褐土	较深	休耕地/小麦	农业用地			两城镇			
50~60	小河	25	山麓	低山		淤土	黄土-褐土	较深	休耕地/小麦	农业用地			两城镇			
50~60	小河	25	山麓	低山		淤土	黄土-褐土	较深	休耕地/小麦	农业用地			两城镇			
40~50	小河	0	山麓	较低的隆起									两城镇			
20~30	小河	25	冲积平原	平地		淤土	黄土	较深	蔬菜	花圃			两城镇			
20~30	小河	25	冲积平原	平地		淤土	黄土	较深	蔬菜	花圃			两城镇			
20~30	小河	125	冲积平原	平地		多砂	黄土-褐土		休耕地	农业用地			两城镇			
30~40	小河	25	冲积平原	微倾斜		多砂	浅褐土		冬小麦	农业用地			两城镇			
20~30	小河	75	冲积平原	平地					蔬菜	花圃			两城镇			
20~30	小河	200	冲积平原	平地					蔬菜	花圃			两城镇			
20~30	小河	200	冲积平原	平地					蔬菜	花圃			两城镇			
30~40	小河	100	冲积平原	平地		淤土	黄土	较深	休耕地	农业用地			两城镇			
20~30	小河	200	冲积平原	平地		砂质壤土	褐土	较深	蔬菜	花圃	遗址靠近一条水渠的河床之上		两城镇			
30~40	小河	225	山麓	微倾斜		多砂	黄土		休耕地/小麦	农业用地			两城镇			
40~50	小河	300	山麓	微倾斜		多砂	黄土		休耕地				两城镇	大古城		
40~50	小河	300	山麓	微倾斜		多砂	黄土		休耕地				两城镇			
30~40	小河	200	山麓	微倾斜		多砂	黄土-褐土		休耕地/小麦				两城镇	大古城		
30~40	小河	100	山麓	微倾斜		多砂	黄土-褐土		休耕地/小麦	农业用地	类似龙山152但无法分辨大汶口还是早期龙山		两城镇			

遗址前缀	遗址名称	年份	行政区划	村镇	地图	采集区	年代	早(西)	中	晚(东)	分期	期段编号	面积(万米²)	等级	所含期段数	陶片密度	陶片数量	器型	残片	石器	文化层特点	详细文化层信息	中心海拔
DG	HSD-6	4	东港	河山店	程子沟	C	汉					314	0.25	VI	2	稀少	2	0	1				29.0
DG	HSD-6	4	东港	河山店	程子沟	A	龙山	x				152	0.26	VI	2	稀少	9	2					37.0
DG	HSD-6	4	东港	河山店	程子沟		周	x			西周	266	0.25	VI	2	稀少	1	1					29.0
DG	HSD-8	4	东港	河山店	程子沟		汉					318	0.32	VI	3	稀少	1	0	1				48.0
DG	HSD-8	4	东港	河山店	程子沟		龙山				不确定	149	0.32	VI	3	稀少	2	1					48.0
DG	HSD-8	4	东港	河山店	程子沟		周			x	东周	267	0.32	VI	3	稀少	5	1					48.0
DG	HSD-9	4	东港	河山店	程子沟		汉					313	0.26	VI	1	稀少	2	0	1				31.0
DG	LZ-1	4	东港	刘庄	程子沟		汉					319	0.25	VI	2	稀少	3	0	1				42.0
DG	LZ-1	4	东港	刘庄	程子沟		周			x	东周	263	0.25	VI	2	稀少	2	1					42.0
DG	LZ-2	4	东港	刘庄	程子沟		汉					320	0.25	VI	1	稀少	1	0	1				51.0
DG	LZ-4	4	东港	刘庄	高家沟		周	x			西周	262	0.25	VI	1	稀少	4	1					62.0
DG	MJZ-1	4	东港	马家庄	程子沟		周	x			西周	250	0.25	VI	1	稀少	1	1					94.0
DG	MJZ-2	4	东港	马家庄	程子沟		汉					309	0.25	VI	1	稀少	2	0	1				49.0
DG	MJZ-3	4	东港	马家庄	程子沟	B	汉					304	0.25	VI	1	稀少	2	0	1				68.0
DG	MJZ-3	4	东港	马家庄	程子沟	A	周	x		x	西周/东周	251	0.45	VI	1	很少	47	6			文化层		68.0
DG	PCG-1	4	东港	普车沟	于家村		汉					342	0.26	VI		稀少	1	1					28.0
DG	PCG-2	4	东港	普车沟	于家村		汉					344	0.26	VI		稀少	4	1	2				31.0
DG	QJGZ-1	4	东港	丘家官庄	联合村		汉					321	0.32	VI	1	稀少	4	1	1				34.0
DG	QJGZ-2	4	东港	丘家官庄	前沙沟		汉					322	0.25	VI	2	稀少	5	0	1				31.0
DG	QJGZ-2	4	东港	丘家官庄	前沙沟		周			x	东周	268	0.25	VI	2	稀少	2	2					31.0
DG	QJZ-1	4	东港	秦家庄	于家村		汉					339	0.25	VI	1	稀少	1	0	1				29.0
DG	QJZ-2	4	东港	秦家庄	于家村		汉					341	0.25	VI	1	稀少	1	0	1				18.0
DG	QJZ-3	4	东港	秦家庄	于家村		汉					340	0.39	VI	1	稀少	4	0	1				28.0
DG	QJZ-4	4	东港	秦家庄	于家村		汉					338	0.39	VI	1	稀少	4	1					21.0
DG	QJZ-5	4	东港	秦家庄	于家村		汉					336	0.71	VI	1	很少	21	2	1				31.0
DG	QJZ-6	4	东港	秦家庄	于家村	A, B	汉					335	1.67	V	1	稀少	9	1	1				50.0
DG	QJZ-6	4	东港	秦家庄	于家村	B	周			x	东周	279	0.48	VI	1	稀少	2	1					50.0
DG	QJZ-7	4	东港	秦家庄	于家村		汉					337	0.71	VI	1	稀少	11	3	1				26.0
DG	QJZ-8	4	东港	秦家庄	于家村		周			x	东周	280	0.25	VI	1	稀少	3	1					27.0
DG	RJZ-1	4	东港	任家庄	于家村		周			x	东周	287	0.26	VI	1	稀少	2	2					12.0
DG	RJZ-2	4	东港	任家庄	于家村		汉					351	0.26	VI	1	稀少	2	1					11.0
DG	SJGZ-1	4	东港	孙家官庄	于家村		汉					334	0.32	VI	1	稀少	1	0	1				62.0
DG	SJGZ-2	4	东港	孙家官庄	前沙沟		周			x	东周	278	0.25	VI	1	稀少	1	0	1				63.0
DG	SNG-1	4	东港	撒牛沟	程子沟		周	x			西周	252	0.64	VI	1	很少	45	2					75.0
DG	WJT-1	4	东港	吴家台	于家村	B-D	汉					353	3.93	V	3	很少	64	2	1	2	墓葬,文化层?	汉墓 CAC, CAD	8.0
DG	WJT-1	4	东港	吴家台	于家村	D	龙山				不确定	147	0.48	VI	3	稀少	3	1		2	文化层?	文化层 CAD	8.0
DG	WJT-1	4	东港	吴家台	于家村	A-D	周	x		x	西周/东周	291	6.00	IV	3	很少	38	4	1	2	文化层?	文化层 CAD	8.0
DG	WJT-2	4	东港	吴家台	于家村		周			x	东周	293	0.39	VI		稀少	2	1					15.0
DG	WJT-3	4	东港	吴家台	于家村		周			x	东周	292	0.25	VI	1	稀少	1	1					12.0
DG	WJT-4	4	东港	吴家台	于家村		周			x	东周	290	0.26	VI	1	稀少	1	1	1				7.0
DG	WJT-5	4	东港	吴家台	于家村		汉					354	0.45	VI		稀少	12	2	2				21.0
DG	WJT-6	4	东港	吴家台	于家村		汉					352	0.26	VI	1	稀少	1	1					18.0
DG	WJT-7	4	东港	吴家台	于家村		周			x	东周	289	0.26	VI		稀少	1	0	1				23.0
DG	WJT-8	4	东港	吴家台	于家村		周			x	东周	288	0.39	VI		稀少	13	3					39.0
DG	WLC-1	4	东港	卧龙村	于家村		周			x	东周	286	0.45	VI		稀少	7	2					14.0
DG	WLC-2	4	东港	卧龙村	于家村		汉					350	0.25	VI		稀少	1	1					21.0
DG	XBJZ-1	4	东港	小卞家庄	程子沟	A, B	汉					310	0.32	VI	2	高	76	2	1		墓葬	汉墓	69.0
DG	XBJZ-1	4	东港	小卞家庄	程子沟		周	x			西周	294	0.25	VI	2	稀少	1	1					69.0
DG	XJZ-1	4	东港	夏家庄	前沙沟	A	汉					333	0.25	VI	1	稀少	6	2	1				28.0
DG	XJZ-1	4	东港	夏家庄	前沙沟	B	周			x	东周	277	0.25	VI	1	稀少	1	1					26.0
DG	XJZ-2	4	东港	夏家庄	前沙沟		汉					332	0.25	VI		稀少	2	0	1				22.0
DG	XW-1	4	东港	小洼	前沙沟		汉					328	0.25	VI		稀少	1	1					17.0
DG	XYC-1	4	东港	向阳村	程子沟		汉					307	0.45	VI	2	稀少	3	0	1				47.0
DG	XYC-1	4	东港	向阳村	程子沟		周			x	东周	257	0.45	VI	2	稀少	3	1	1				47.0

海拔范围	水源	河道距离	环境区域	地貌状况	防御性遗址	土壤质地	土壤颜色	土层厚度	作物	现代用途	备注	距中心城市5公里内	距中心城市5~10公里	距中心城市10~15公里	距中心城市15公里以上	距海岸5公里内
20~30	小河	100	山麓	微倾斜		多砂	黄土-褐土		休耕地/小麦					两城镇	大古城	
30~40	小河	100	山麓	微倾斜		多砂	黄土-褐土		休耕地/小麦					两城镇		
20~30	小河	100	山麓	微倾斜		多砂	黄土-褐土		休耕地/小麦					两城镇		
40~50	小河	400	山麓	平地		多砂砾	浅褐土		休耕地					两城镇		
40~50	小河	400	山麓	平地		多砂砾	浅褐土		休耕地					两城镇		
40~50	小河	400	山麓	平地		多砂砾	浅褐土		休耕地					两城镇		
30~40	小河	75	山麓	平地		多砂	浅褐土	较深	桑园	农业用地				两城镇	大古城	
40~50	小河	100	山麓	平地		多砂	黄土		休耕地	农业用地				两城镇		
40~50	小河	100	山麓	平地		多砂	黄土		休耕地	农业用地				两城镇		
50~60	小河	25	山麓	平地		多砂	黄土		休耕地	农业用地				两城镇		
60~70	小河	25	山麓	低山					冬小麦	农业用地				两城镇		
90~100	小河	350	山麓	中度隆起		土质较硬	橙黄-黄土		茶园	农业用地				两城镇		
40~50	小河	50	山麓	平地		砂质壤土	褐土			农业用地				两城镇		
60~70	小河	100	山麓	平地小山顶	是	多砂	黄土-灰土		冬小麦	农业用地				两城镇	大古城	
60~70	小河	75	山麓	平地小山顶	是	多砂	黄土-灰土		冬小麦	农业用地				两城镇		
20~30	小河	25	冲积平原	平地										两城镇		X
30~40	小河	75	冲积平原/山麓	较低的隆起										两城镇		X
30~40	小河	350	山麓	低山		淤土	黄土	较深	休耕地	农业用地				两城镇		
30~40	小河	150	冲积平原	微倾斜		淤土	黄土-褐土	较深	休耕地	农业用地				两城镇		
30~40	小河	150	冲积平原	微倾斜		淤土	黄土-褐土	较深	休耕地	农业用地				两城镇		
20~30	小河	50	冲积平原/山麓	平地		砂质壤土	褐土	较深	蔬菜	花圃				两城镇		X
10~20	小河	25	冲积平原	平地		黏土壤土	褐土	较深	桑园	农业用地				两城镇		X
20~30	小河	25	冲积平原	平地		淤土	黄土-褐土	较深						两城镇		X
20~30	小河	25	冲积平原	微倾斜		淤土	黄土		休耕地/小麦	农业用地	遗址较低处种植蔬菜和花圃，褐土，黏土壤土，土层很厚			两城镇		
30~40	小河	125	冲积平原/山麓	较低的隆起		淤土	黄土-褐土	较深	休耕地/小麦	农业用地				两城镇		X
50~60	小河	50	山麓	中度隆起/斜坡								两城镇				
50~60	小河	25	山麓	中度隆起/斜坡								两城镇				
20~30	小河	50	冲积平原	平地										两城镇		X
20~30	小河	75	冲积平原	平地		淤土	黄土-褐土	较深	休耕地	农业用地				两城镇		X
10~20	小河	300	冲积平原	平地										两城镇		X
10~20	小河	25	冲积平原	较低的隆起										两城镇		
60~70	小河	25	山麓	微倾斜		淤土/土质较硬	褐土		休耕地/小麦	农业用地				两城镇		X
60~70	小河	175	山麓	高山	?	土质较硬	黄土-褐土	较薄			现代墓地			两城镇		
70~80	小河	50	山麓	微倾斜	是	淤土	黄土	较深	休耕地/小麦	农业用地				两城镇		
2~10	小河	325	冲积平原	微倾斜		多砂	褐土		休耕地/小麦	农业用地				两城镇		X
2~10	小河	300	冲积平原	微倾斜		多砂	褐土		休耕地/小麦	农业用地				两城镇		X
2~10	小河	150	冲积平原	微倾斜		多砂	褐土		休耕地/小麦	农业用地				两城镇		X
10~20	支流	400	冲积平原	平地										两城镇		X
10~20	支流	550	冲积平原	微倾斜		淤土	黄土		休耕地	农业用地				两城镇		X
2~10	小河	200	冲积平原	平地		多砂			休耕地					两城镇		X
20~30	支流	625	冲积平原	微倾斜										两城镇		X
10~20	小河	320	冲积平原	平地		淤土	黄土		休耕地					两城镇		X
20~30	小河	450	冲积平原	平地										两城镇		X
30~40	小河	250	冲积平原	较低的隆起										两城镇		X
10~20	小河	75	冲积平原	平地										两城镇		X
20~30	小河	50	冲积平原	平地										两城镇		X
60~70	小河	25	山麓	中度隆起		多砂	黄土			农业用地	可能墓葬			两城镇		
60~70	小河	25	山麓	中度隆起		多砂	黄土			农业用地				两城镇		
20~30	小河	200	山麓	微倾斜		多砂/淤土	浅褐土		果园	农业用地			两城镇			
20~30	小河	150	山麓	微倾斜		多砂/淤土	浅褐土		果园	农业用地			两城镇			
20~30	小河	250	山麓	微倾斜									两城镇			
10~20	小河	50	冲积平原	平地		淤土	黄土-褐土	较深	休耕地	农业用地				两城镇		
40~50	小河	45	山麓	微倾斜		淤土	黄土-褐土	较深	休耕地/小麦	农业用地				两城镇	大古城	
40~50	小河	50	山麓	微倾斜		淤土	黄土-褐土	较深	休耕地/小麦	农业用地				两城镇		

遗址前缀	遗址名称	年份	行政区划	村镇	地图	采集区	年代	早(西)	中	晚(东)	分期	期段编号	面积(万米²)	等级	所含期段数	陶片密度	陶片数量	器型	残片	石器	文化层特点	详细文化层信息	中心海拔
DG	XYC-2	4	东港	向阳村	程子沟		周			x	东周	256	0.25	VI	1	稀少	4	2	1				42.0
DG	XYC-3	4	东港	向阳村	程子沟		周			x	东周	254	0.25	VI	1	稀少	3	2					51.0
DG	XYC-4	4	东港	向阳村	程子沟	A	汉					305	0.25	VI	1	稀少	2	0	1				56.0
DG	XYC-4	4	东港	向阳村	程子沟	B	周			x	东周	253	0.26	VI	1	稀少	2	1					58.0
DG	YJC-1	4	东港	于家村	于家村		周			x	东周	284	0.25	VI		稀少	1	0	1				29.0
DG	YJC-2/4	4	东港	于家村	于家村		汉					347	0.58	VI		稀少	14	0	1				41.0
DG	YJC-2/4	4	东港	于家村	于家村		周			x	东周	281	0.25	VI		稀少	3	1					36.0
DG	YJC-3	4	东港	于家村	于家村		汉					346	0.25	VI		稀少	7	1					59.0
DG	YJC-5	4	东港	于家村	于家村		龙山		x			156	0.25	VI		稀少	1	1					35.0
DG	YJC-5	4	东港	于家村	于家村		周	x			西周	282	0.25	VI		稀少	1	1					35.0
DG	YJC-6	4	东港	于家村	于家村	A, B	周	x		x	西周/东周	283	2.26	V	1	稀少	46	1			墓葬	墓葬发现铜剑	30.0
DG	YJC-7	4	东港	于家村	于家村		汉					343	0.32	VI		稀少	3	1					19.0
DG	YJC-8	4	东港	于家村	于家村		汉					345	0.25	VI	1	稀少	1	0	1				51.0
DG	ZJZ-1	4	东港	甄家庄	前沙沟		汉					323	0.25	VI	1	稀少	3	1	1				28.0
DG	ZJZ-2	4	东港	甄家庄	前沙沟		周			x	东周	269	0.25	VI	1	稀少	1	1					26.0
DG	ZJZ-3	4	东港	甄家庄	前沙沟		汉					324	0.45	VI	3	稀少	8	0	1				27.0
DG	ZJZ-3	4	东港	甄家庄	前沙沟		龙山				不确定	153	0.25	VI	3	稀少	1	1					27.0
DG	ZJZ-3	4	东港	甄家庄	前沙沟		周			x	东周	271	0.45	VI	3	稀少	9	1					27.0
DG	ZXC-1	4	东港	竹溪村	于家村		汉					348	0.25	VI	1	稀少	1	0	1				14.0
DG	ZXC-2	4	东港	竹溪村	于家村		汉					349	0.25	VI		稀少	1	1					24.0
DG	ZXC-3	4	东港	竹溪村	于家村		周	x			西周	285	0.25	VI		稀少	5	1					37.0
JN	AS-1	4	胶南	鳌上	吕家官庄		汉					259	0.26	VI	2	稀少	1	0	1				12.0
JN	AS-1	4	胶南	鳌上	吕家官庄		周			x	东周	240	0.26	VI	2	稀少	2	1					12.0
JN	AS-2	4	胶南	鳌上	后显沟	C, D	汉					257	4.64	V	2	很少	35	1	2				12.0
JN	AS-2	4	胶南	鳌上	后显沟	A-C	周			x	东周	241	0.25	VI	2	稀少	8	1	1				12.0
JN	AS-3	4	胶南	鳌上	吕家官庄		汉					261	0.25	VI	1	稀少	8	1	1				14.0
JN	CD-1	4	胶南	蔡东	董家注		周			x	东周	249	0.25	VI	1	稀少	1	0	1				68.0
JN	CD-2	4	胶南	蔡东	董家注		汉					225	0.32	VI	1	稀少	3	1	1				83.0
JN	CJT-1	4	胶南	陈家屯	吕家官庄		周			x	东周	218	0.25	VI	1	稀少	1	1					76.0
JN	CJT-2	4	胶南	陈家屯	吕家官庄		汉					275	2.64	V	2	很少	18	1	1				35.0
JN	CJT-2	4	胶南	陈家屯	吕家官庄		周	x		x	西周/东周	228	2.41	V	2	稀少	3	1					35.0
JN	CJT-3	4	胶南	陈家屯	后坡楼		汉					287	0.71	VI	2	稀少	2	1					41.0
JN	CJT-3	4	胶南	陈家屯	后坡楼		龙山				不确定	139	0.39	VI	2	稀少	1	1					41.0
JN	CJT-4	4	胶南	陈家屯	后坡楼		汉					288	0.25	VI	2	稀少	1	0	1				51.0
JN	CJT-4	4	胶南	陈家屯	后坡楼		周			x	东周	217	0.25	VI	2	稀少	5	1					51.0
JN	CJZ-1	4	胶南	陈家庄	东潮河		汉					246	0.25	VI	1	稀少	1	0	片				31.0
JN	CJZ-2	4	胶南	陈家庄	东潮河		周	x		x	西周/东周	189	0.65	VI	1	很少	12	1	1				40.0
JN	DCJ-2	4	胶南	东蔡家	董家注	A-C	汉					208	4.32	V	1	稀少	8	1	1				75.0
JN	DCJ-2	4	胶南	东蔡家	董家注	C	龙山				不确定	120	0.25	VI	1	稀少	1	1					75.0
JN	DCJ-3	4	胶南	东蔡家	董家注		汉					212	0.25	VI	1	稀少	1	0	1				68.0
JN	DCJ-4	4	胶南	东蔡家	董家注		汉					211	0.25	VI		稀少	4	1	1				64.0
JN	DCJ-5	4	胶南	东蔡家	董家注		周			x	东周	174	0.25	VI	1	稀少	1	0	1				108.0
JN	DJH-10	4	胶南	狄家河	董家注		周	x			西周	191	0.25	VI	1	稀少	1	1					36.0
JN	DJH-12	4	胶南	狄家河	董家注		汉					231	1.10	V	2	稀少	4	0	1				69.0
JN	DJH-12	4	胶南	狄家河	董家注		龙山	x			不确定	125	1.10	V	2	稀少	4	1					69.0
JN	DJH-13	4	胶南	狄家河	董家注		汉					240	0.32	VI	1	稀少	2	0	1				44.0
JN	DJH-2	4	胶南	狄家河	董家注		龙山				不确定	127	0.25	VI	1	稀少	1	1					42.0
JN	DJH-4	4	胶南	狄家河	董家注		周			x	东周	194	0.25	VI	1	稀少	1	1					58.0
JN	DJH-5	4	胶南	狄家河	董家注		周			x	东周	198	0.25	VI	1	稀少	1	1					76.0
JN	DJH-6	4	胶南	狄家河	董家注		周	x		x	西周/东周	197	0.25	VI	1	稀少	3	1	1				75.0
JN	DJH-7	4	胶南	狄家河	董家注		龙山				不确定	126	0.58	VI	2	稀少	3	1					79.0
JN	DJH-7	4	胶南	狄家河	董家注		周			x	东周	196	0.77	VI	2	稀少	2	1					79.0

海拔范围	水源	河道距离	环境区域	地貌状况	防御性遗址	土壤质地	土壤颜色	土层厚度	作物	现代用途	备注	距中心城市5公里内	距中心城市5~10公里	距中心城市10~15公里	距中心城市15公里以上	距海岸5公里内
40~50	小河	25	山麓	微倾斜		淤土	黄土-褐土	较深	休耕地	农业用地			两城镇			
50~60	小河	25	山麓	微倾斜		淤土	黄土-褐土	较深	果园	果园			两城镇			
50~60	小河	25	山麓	微倾斜					休耕地	农业用地			两城镇	大古城		
50~60	小河	100	山麓	微倾斜					休耕地	农业用地			两城镇			
20~30	小河	25	山麓	平地									两城镇			x
40~50	小河	200	山麓	中度隆起/斜坡	是								两城镇			x
30~40	小河	225	山麓	中度隆起/斜坡	是								两城镇			x
50~60	小河	200	山麓	中度隆起/斜坡	可能								两城镇			
30~40	小河	125	山麓	较低的隆起									两城镇			x
30~40	小河	125	山麓	较低的隆起									两城镇			x
30~40	小河	125	山麓	低山		多砂	黄土-褐土		果园	果园	当地农民曾墓葬中发现铜剑		两城镇			x
10~20	小河	75	冲积平原	较低的隆起									两城镇			x
50~60	小河	25	山麓	较低的隆起		多砂/土质较硬	黄土-褐土		休耕地	农业用地			两城镇			x
20~30	小河	100	冲积平原	微倾斜		多砂	黄土-褐土		休耕地	农业用地	公路西部发现陶片		两城镇			
20~30	小河	25	冲积平原	微倾斜		多砂	黄土-褐土	较深	开垦地	农业用地			两城镇			
20~30	小河	200	冲积平原	微倾斜									两城镇			
20~30	小河	200	冲积平原	微倾斜		多砂	红褐土		冬小麦	农业用地	遗址位于砖窑附近，破坏较甚		两城镇			
20~30	小河	200	冲积平原	微倾斜									两城镇			
10~20	小河	25	冲积平原	较低的隆起		砂质壤土	黄土-褐土	较深	冬小麦	农业用地			两城镇			x
20~30	小河	50	冲积平原	平地									两城镇			x
30~40	小河	75	山麓	较低的隆起									两城镇			x
10~20	小河	100	冲积平原	平地		多砂/淤土	黄土		休耕地	农业用地			两城镇			
10~20	小河	100	冲积平原	平地		多砂/淤土	黄土		休耕地	农业用地			两城镇			
10~20	小河	50	冲积平原	微倾斜		多砂/淤土	黄土		休耕地/小麦	农业用地	土壤中很多石子		两城镇			
10~20	小河	25	冲积平原	微倾斜		多砂/淤土	黄土		休耕地/小麦	农业用地	土壤中很多石子		两城镇			
10~20	小河	75	冲积平原	微倾斜		淤土	黄土	较深	休耕地	农业用地			两城镇			
60~70	小河	225	山麓	微倾斜		多砂/土质较硬	黄土-褐土		茶园	农业用地				两城镇		
80~90	小河	230	山麓	低山										两城镇		
70~80	小河	150	山麓	平地		粉质壤土	黄土-褐土	较深	休耕地	农业用地			两城镇			
30~40	小河	0	冲积平原	较低的隆起		壤土	黄土	较深	休耕地/小麦	农业用地			两城镇			
30~40	小河	25	冲积平原	较低的隆起		壤土	黄土	较深	休耕地/小麦	农业用地			两城镇			
40~50	小河	25	山麓	微倾斜		粉质壤土	黄土	较深	休耕地	农业用地				两城镇		
40~50	小河	25	山麓	微倾斜		粉质壤土	黄土	较深	休耕地	农业用地				两城镇		
50~60	小河	25	山麓	微倾斜		淤土	黄土		休耕地	农业用地				两城镇		
50~60	小河	25	山麓	微倾斜		淤土	黄土		休耕地	农业用地				两城镇		
30~40	小河	25	山麓	较低的隆起		多砂/土质较硬	黄土		休耕地	农业用地			两城镇			
40~50	小河	25	山麓	平地		壤土	黄土	较深	休耕地	农业用地			两城镇			
70~80	小河	25	山麓	中度隆起		多砂/土质较硬	黄土		休耕地/小麦	农业用地				两城镇		
70~80	小河	80	山麓	中度隆起		多砂/土质较硬	黄土		休耕地/小麦	农业用地				两城镇		
60~70	小河	100	山麓	梯田		多砂/土质较硬	黄土		休耕地	农业用地				两城镇		
60~70	小河	50	山麓	低山										两城镇		
100~110	小河	150	山麓	平地		多砂/淤土	黄土		冬小麦	农业用地				两城镇		
30~40	小河	25	冲积平原	平地		壤土	黄土-褐土	较深	休耕地	农业用地			两城镇			
60~70	小河	200	山麓	中度隆起		土质较硬	黄土-褐土	较薄	休耕地/小麦	农业用地				两城镇		
60~70	小河	200	山麓	中度隆起		土质较硬	黄土-褐土	较薄	休耕地/小麦	农业用地				两城镇		
40~50	小河	25	冲积平原	平地		黏土壤土	褐土	较深	休耕地	农业用地			两城镇			
40~50	小河	175	冲积平原	平地		壤土	黄土-褐土	较深	蔬菜	花圃			两城镇			
50~60	小河	50	山麓	低山		多砂	黄土		休耕地	农业用地			两城镇			
70~80	小河	100	山麓	高山	?	淤土/多砂/土质较硬	黄土		休耕地	农业用地				两城镇		
70~80	小河	250	山麓	中度隆起		淤土/多砂/土质较硬	黄土		休耕地	农业用地				两城镇		
70~80	小河	500	山麓	中度隆起		淤土/土质较硬	黄土		茶园	农业用地				两城镇		
70~80	小河	500	山麓	中度隆起		淤土/土质较硬	黄土		茶园	农业用地				两城镇		

遗址前缀	遗址名称	年份	行政区划	村镇	地图	采集区	年代	早(西)	中	晚(东)	分期	期段编号	面积(万米²)	等级	所含期段数	陶片密度	陶片数量	器型	残片	石器	文化层特点	详细文化层信息	中心海拔
JN	DJH-8	4	胶南	狄家河	董家注		周			x	东周	195	0.25	VI	1	稀少	2	1					61.0
JN	DJH-9/11	4	胶南	狄家河	董家注		汉					241	0.50	VI	1	稀少	3	1	1				42.0
JN	DJW-2	4	胶南	董家注	董家注	A-C	汉					207	4.58	V	3	稀少	19	1	1				83.0
JN	DJW-2	4	胶南	董家注	董家注	C	龙山				不确定	121	0.84	VI	2	稀少	1	1					83.0
JN	DJW-2	4	胶南	董家注	董家注	B	周	x			西周	175	2.06	V	2	稀少	5	2					83.0
JN	DJW-3	4	胶南	董家注	董家注		汉					204	1.10	V	1	稀少	8	1	1				72.5
JN	DJW-4	4	胶南	董家注	董家注		汉					206	0.71	VI	3	稀少	5	1	1	1			69.0
JN	DJW-4	4	胶南	董家注	董家注		龙山	x	x			122	3.87	V	3	很少	136	8		1	文化层		69.0
JN	DJW-4	4	胶南	董家注	董家注		周			x	东周	176	0.71	VI	3	稀少	2	2		1			69.0
JN	DJW-5	4	胶南	董家注	董家注		汉					205	0.25	VI	1	稀少	2	1	1				70.0
JN	DSHK-1	4	胶南	大石河口	吕家官庄		汉					274	0.97	VI	1	稀少	10	1	1				36.0
JN	DSHK-2	4	胶南	大石河口	吕家官庄	B	汉					272	0.25	VI	1	稀少	1	0	1				30.0
JN	DSHK-2	4	胶南	大石河口	吕家官庄	A	周	x			西周	227	0.84	VI	1	稀少	10	2					32.0
JN	DSHK-3	4	胶南	大石河口	吕家官庄	A	大汶口					2	0.25	III	4	稀少	2	2					25.0
JN	DSHK-3	4	胶南	大石河口	吕家官庄	A,B	汉					273	2.71	V	4	稀少	6	1	1				25.0
JN	DSHK-3	4	胶南	大石河口	吕家官庄	A	龙山	x				140	2.26	V	4	很少	33	5					25.0
JN	DSHK-3	4	胶南	大石河口	吕家官庄	A,C	周	x		x	西周/东周	229	3.48	V	4	很少	53	2	1				25.0
JN	FY-1	4	胶南	富园	后显沟		汉					251	2.19	V	1	稀少	3	1	1				8.0
JN	FY-2	4	胶南	富园	后显沟	A	汉					250	0.71	VI	1	稀少	4	1	1				8.0
JN	FY-2	4	胶南	富园	后显沟	B	周	x			西周	247	0.26	VI	1	稀少	2	1					8.0
JN	GJQ-1	4	胶南	郭家桥	吕家官庄	A,B	汉					260	2.13	V	2	稀少	14	2					2.6
JN	GJQ-1	4	胶南	郭家桥	吕家官庄	B	周			x	东周	239	1.55	V	2	稀少	4	2					2.6
JN	GJQ-3	4	胶南	郭家桥	吕家官庄		汉					264	0.25	VI	1	稀少	2	1					5.0
JN	GJQ-4	4	胶南	郭家桥	吕家官庄		汉					265	0.26	VI	1	稀少	3	1					11.0
JN	GJQ-5	4	胶南	郭家桥	吕家官庄	无	汉					359	0.25	VI	3	稀少	0	0			墓葬	汉墓CAB	9.0
JN	GJQ-5	4	胶南	郭家桥	吕家官庄	B	龙山				不确定	146	0.58	VI	3	稀少	4	2					7.0
JN	GJQ-5	4	胶南	郭家桥	吕家官庄	A-C	周			x	东周	237	3.77	V	3	稀少	43	3					7.0
JN	GJQ-6	4	胶南	郭家桥	吕家官庄		周			x	东周	238	0.25	VI	1	稀少	7	2	1				3.0
JN	GJQ-7	4	胶南	郭家桥	吕家官庄		周			x	东周	236	0.26	VI	1	稀少	1	0	1				11.0
JN	HLW-1	4	胶南	后老窝	后坡楼		周			x	东周	214	0.25	VI	1	稀少	1	0	1				61.0
JN	HLW-2	4	胶南	后老窝	后坡楼	C-E	汉					293	4.90	V	2	很少	28	2	2				50.0
JN	HLW-2	4	胶南	后老窝	后坡楼	A,B,D-F	周	x		x	西周/东周	213	6.19	IV	2	稀少	23	2	1				50.0
JN	HPL-1	4	胶南	后坡楼	后坡楼		汉					303	0.25	VI	1	稀少	1	0	1				32.0
JN	HQ-1	4	胶南	海青	吕家官庄		周			x	东周	222	0.25	VI	1	稀少	1	1					31.0
JN	HQ-10	4	胶南	海青	后坡楼	A,B	龙山	x	x			137	2.84	V	2	很少	353	8		1	文化层		25.0
JN	HQ-10	4	胶南	海青	后坡楼	A	周			x	东周	206	1.42	V	2	稀少	8	2	1				25.0
JN	HQ-11	4	胶南	海青	后坡楼		周			x	东周	207	0.25	VI	1	稀少	1	1					26.0
JN	HQ-12	4	胶南	海青	董家注		汉					245	0.25	VI	1	稀少	1	1					34.0
JN	HQ-2	4	胶南	海青	吕家官庄	A	汉					278	0.25	VI	2	稀少	7	1	1				31.0
JN	HQ-2	4	胶南	海青	吕家官庄	A,B	周			x	东周	223	0.97	VI	2	稀少	6	1	1				28.0
JN	HQ-3	4	胶南	海青	吕家官庄		汉					280	0.32	VI		高	152	0	1		墓葬	可能汉墓	31.0
JN	HQ-3	4	胶南	海青	吕家官庄		周			x	东周	221	0.32	VI		稀少	12	0	1				31.0
JN	HQ-4	4	胶南	海青	吕家官庄		汉					279	0.32	VI	1	稀少	1	1					32.0
JN	HQ-5	4	胶南	海青	吕家官庄	A-C	汉					283	2.32	V	2	很少	17	1	1				50.0
JN	HQ-5	4	胶南	海青	吕家官庄	A,B	周	x		x	西周/东周	220	1.22	V	2	很少	26	2	1				42.0
JN	HQ-6	4	胶南	海青	后坡楼		汉					297	0.25	VI	1	稀少	1	1					31.0
JN	HQ-7	4	胶南	海青	吕家官庄		周			x	东周	208	0.25	VI	1	稀少	1	1					34.0
JN	HQ-8	4	胶南	海青	吕家官庄		周	x			西周	209	0.25	VI	1	稀少	1	1					34.0
JN	HXG-1	4	胶南	后显沟	后显沟		周	x			西周	248	0.25	VI	1	稀少	1	1					8.0
JN	HXG-2	4	胶南	后显沟	吕家官庄		汉					255	1.55	V	2	稀少	6	1	1				18.0
JN	HXG-2	4	胶南	后显沟	吕家官庄		周			x	东周	243	1.64	V	2	稀少	3	1					18.0
JN	HXG-3	4	胶南	后显沟	吕家官庄		汉					256	0.26	VI		稀少	2	0	1				11.0
JN	HYG-1	4	胶南	鸿雁沟	吕家官庄		汉					249	0.25	VI	1	稀少	2	0	1				24.0
JN	HYG-2	4	胶南	鸿雁沟	吕家官庄		汉					248	0.26	VI	1	稀少	9	0	1				28.0

海拔范围	水源	河道距离	环境区域	地貌状况	防御性遗址	土壤质地	土壤颜色	土层厚度	作物	现代用途	备注	距中心城市5公里内	距中心城市5~10公里	距中心城市10~15公里	距中心城市15公里以上	距海岸5公里内
60~70	小河	100	山麓	平地		土质较硬	黄土-褐土		茶园	农业用地					两城镇	
40~50	小河	125	冲积平原	平地		壤土	黄土-褐土	较深	休耕地	农业用地					两城镇	
80~90	小河	200	山麓	中度隆起		多砂/淤土	黄土		休耕地/小麦	农业用地	靠近采石场				两城镇	
80~90	小河	0	山麓	中度隆起		多砂/淤土	黄土		休耕地/小麦	农业用地	靠近采石场				两城镇	
80~90	小河	25	山麓	中度隆起		多砂/淤土	黄土		休耕地/小麦	农业用地	靠近采石场				两城镇	
70~80	小河	300	山麓	平地		淤土	黄土-褐土	较深	冬小麦	农业用地	靠近果园				两城镇	
60~70	小河	25	山麓	平地		砂质壤土	黄土		休耕地/小麦	农业用地	采集烧黏土,梯田				两城镇	
60~70	小河	20	山麓	平地		砂质壤土	黄土		休耕地/小麦	农业用地					两城镇	
60~70	小河	150	山麓	平地		砂质壤土	黄土		休耕地/小麦	农业用地					两城镇	
70~80	小河	150	山麓	微倾斜		多砂	黄土								两城镇	
30~40	小河	300	冲积平原	平地					休耕地/小麦	农业用地				两城镇		
30~40	小河	50	冲积平原	微倾斜		砂质壤土	黄土		休耕地	农业用地				两城镇		
30~40	小河	25	冲积平原	较低的隆起		砂质壤土	黄土		休耕地					两城镇		
20~30	小河	50	冲积平原	较低的隆起		砂质壤土	黄土	较深	休耕地/小麦	农业用地				两城镇		
20~30	小河	50	冲积平原	较低的隆起		砂质壤土	黄土	较深	休耕地/小麦	农业用地					两城镇	
20~30	小河	50	冲积平原	较低的隆起		砂质壤土	黄土	较深	休耕地/小麦	农业用地					两城镇	
20~30	小河	25	冲积平原	较低的隆起		砂质壤土	黄土	较深	休耕地/小麦	农业用地				两城镇		
2~10	小河	75	冲积平原	平地					休耕地/小麦	农业用地		两城镇				
2~10	小河	50	冲积平原	平地		砂质壤土	黄土		休耕地/小麦	农业用地		两城镇				
2~10	小河	50	冲积平原	平地		砂质壤土	黄土		休耕地/小麦	农业用地		两城镇				
2~10	小河	25	冲积平原	平地		多砂	黄土		休耕地/小麦	农业用地	花圃			两城镇		
2~10	小河	25	冲积平原	平地		多砂	黄土		休耕地/小麦	农业用地	花圃			两城镇		
2~10	小河	230	冲积平原	平地		淤土/土质较硬	黄土		休耕地	农业用地				两城镇		
10~20	小河	375	冲积平原	平地		多砂/土质较硬	黄土		冬小麦	农业用地				两城镇		
2~10	小河	150	冲积平原	微倾斜		多砂/土质较硬	黄土-褐土							两城镇		
2~10	小河	150	冲积平原	微倾斜		多砂/土质较硬	黄土-褐土							两城镇		
2~10	小河	200	冲积平原	微倾斜		多砂/土质较硬	黄土-褐土							两城镇		
2~10	小河	250	冲积平原	微倾斜		淤土	黄土		冬小麦	农业用地				两城镇		
10~20	小河	200	冲积平原	平地		多砂/土质较硬	黄土				墓地			两城镇		
60~70	小河	25	山麓	梯田		砂质壤土	黄土		休耕地	农业用地					两城镇	
50~60	小河	50	山麓	较低的隆起		粉质壤土	黄土		休耕地/小麦	农业用地					两城镇	
50~60	小河	0	山麓	较低的隆起		粉质壤土	黄土		休耕地/小麦	农业用地					两城镇	
30~40	支流	375	冲积平原	平地		多砂	黄土-褐土	较深	桑园	农业用地					两城镇	
30~40	支流	375	冲积平原	平地		壤土	黄土		休耕地/小麦	农业用地				两城镇		
20~30	支流	25	冲积平原	平地		黏土壤土	黄土-褐土	较深	果园	农业用地				两城镇		
20~30	支流	25	冲积平原	平地		黏土壤土	黄土-褐土	较深	果园	农业用地	发现磨光石器			两城镇		
20~30	支流	25	冲积平原	平地		壤土	黄土-褐土	较深	休耕地	农业用地				两城镇		
30~40	小河	400	山麓	微倾斜		多砂	黄土-褐土		休耕地	农业用地				两城镇		
30~40	小河	75	冲积平原	微倾斜		砂质壤土	黄土		休耕地	农业用地				两城镇		
20~30	小河	0	冲积平原	微倾斜		砂质壤土	黄土		休耕地					两城镇		
30~40	小河	25	冲积平原	较低的隆起										两城镇		
30~40	小河	25	冲积平原	较低的隆起										两城镇		
30~40	小河	25	冲积平原	平地										两城镇		
50~60	小河	75	山麓	中度隆起		砂质壤土	黄土-褐土		休耕地	农业用地				两城镇		
40~50	小河	50	山麓	中度隆起		砂质壤土	黄土-褐土		休耕地	农业用地				两城镇		
30~40	小河	200	冲积平原	平地		壤土	黄土-褐土	较深	冬小麦	农业用地				两城镇		
30~40	支流	25	冲积平原	平地		砂质壤土	黄土-褐土	较深	休耕地	农业用地				两城镇		
30~40	支流	25	冲积平原	平地		壤土	黄土-褐土	较深	休耕地	农业用地				两城镇		
2~10	小河	350	冲积平原	平地		淤土/土质较硬	黄土		冬小麦	农业用地		两城镇				
10~20	小河	75	冲积平原	微倾斜		淤土/土质较硬	黄土-褐土		休耕地/小麦	农业用地				两城镇		
10~20	小河	75	冲积平原	微倾斜		淤土/土质较硬	黄土-褐土		休耕地/小麦	农业用地				两城镇		
10~20	小河	225	冲积平原	平地		淤土	黄土		休耕地/小麦	农业用地				两城镇		
20~30	小河	125	冲积平原	平地		淤土	黄土		休耕地/小麦	农业用地				两城镇		
20~30	小河	25	冲积平原	较低的隆起		淤土/土质较硬	黄土		休耕地/小麦	农业用地				两城镇		

遗址前缀	遗址名称	年份	行政区划	村镇	地图	采集区	年代	早(西)	中	晚(东)	分期	期段编号	面积(万米²)	等级	所含期段数	陶片密度	陶片数量	器型	残片	石器	文化层特点	详细文化层信息	中心海拔
JN	HYG-3	4	胶南	鸿雁沟	吕家官庄		汉					253	1.29	V	3	稀少	4	0	1					21.0
JN	HYG-3	4	胶南	鸿雁沟	吕家官庄		龙山				不确定	108	0.39	VI	3	稀少	1	1						21.0
JN	HYG-3	4	胶南	鸿雁沟	吕家官庄		周	x		x	西周/东周	244	1.35	V	3	稀少	10	1	1					21.0
JN	HYG-4	4	胶南	鸿雁沟	吕家官庄		汉					252	0.26	VI	1	稀少	2	0	1					16.0
JN	HYG-5/6	4	胶南	鸿雁沟	吕家官庄		汉					254	1.23	V	1	稀少	10	1	1					18.0
JN	JWD-1	4	胶南	甲旺墩	吕家官庄		龙山				不确定	143	0.26	VI	1	稀少	1	1						27.0
JN	JWD-2/LHQ-1	4	胶南	甲旺墩	吕家官庄	无	汉					266	0.58	VI	3	稀少	0	0						25.0
JN	JWD-2/LHQ-1	4	胶南	甲旺墩	吕家官庄	无	汉					267	0.25	VI	3	稀少	0	0			墓葬	汉墓		25.0
JN	JWD-2/LHQ-1	4	胶南	甲旺墩	吕家官庄	J	汉					268	1.80	V	3	稀少	1	0	1		墓葬	汉墓		25.0
JN	JWD-2/LHQ-1	4	胶南	甲旺墩	吕家官庄		龙山	x	x			142	52.06	II	2	很少	140	8			文化层			25.0
JN	JWD-2/LHQ-1	4	胶南	甲旺墩	吕家官庄	所有	周	x		x	西周/东周	233	56.25	II	2	很少	136	6	1		文化层			25.0
JN	JWD-3	4	胶南	甲旺墩	吕家官庄		龙山				不确定	144	0.39	VI	2	稀少	3	1						18.0
JN	JWD-3	4	胶南	甲旺墩	吕家官庄		周	x			西周	234	0.39	VI	2	稀少	3	2						18.0
JN	JWD-4	4	胶南	甲旺墩	吕家官庄		龙山				不确定	145	0.39	VI	2	稀少	3	1						18.0
JN	JWD-4	4	胶南	甲旺墩	吕家官庄		周			x	东周	235	0.39	VI	2	稀少	1	1						18.0
JN	JWD-5	4	胶南	甲旺墩	吕家官庄	无	汉					358	0.25	VI	1	稀少	0	0			墓葬	汉墓		11.0
JN	JWD-6	4	胶南	甲旺墩	吕家官庄	无	汉					357	0.25	VI	1	稀少	0	0			墓葬	汉墓		16.0
JN	LHQ-2	4	胶南	莲花前	吕家官庄		周			x	东周	226	0.25	VI	1	稀少	1	0	1					38.0
JN	LHY-1	4	胶南	刘黄堐	后显沟		周			x	东周	246	0.25	VI	1	稀少	2	0	2					22.0
JN	LJGZ-1	4	胶南	吕家官庄	吕家官庄		汉					277	0.97	VI	2	稀少	4	1	1					40.0
JN	LJGZ-1	4	胶南	吕家官庄	吕家官庄		周	x			西周	224	1.03	V	2	稀少	1	1						40.0
JN	LJGZ-2	4	胶南	吕家官庄	吕家官庄		汉					281	0.25	VI		稀少	2	0	1					56.0
JN	LJGZ-3/4/5	4	胶南	吕家官庄	吕家官庄		汉					282	1.47	V	1	稀少	7	0	1					51.0
JN	LJGZ-6	4	胶南	吕家官庄	吕家官庄		周			x	东周	225	0.26	VI	1	稀少	1	0	1					45.0
JN	MHG-1	4	胶南	玛琥沟	董家注		周	x			西周	190	0.57	VI	2	稀少	4	1						41.0
JN	MHG-1	4	胶南	玛琥沟	董家注		汉					960	0.20	VI	2	稀少	0				墓葬	汉墓		41.0
JN	QD-1	4	胶南	青墩	董家注	B-D	汉					244	6.45	IV	1	稀少	79	3	1					50.0
JN	QD-1	4	胶南	青墩	董家注	A	周			x	东周	205	1.81	V	1	稀少	3	1						41.0
JN	QD-2	4	胶南	青墩	董家注		龙山				不确定	130	0.25	VI	1	稀少	1	1						60.0
JN	QD-3	4	胶南	青墩	董家注	A-D	汉					242	7.74	IV	1	很少	50	2	1					36.0
JN	QD-4	4	胶南	青墩	董家注	A, B	汉					243	2.77	V	1	稀少	7	1	1					55.0
JN	QD-4	4	胶南	青墩	董家注	A	周			x	东周	192	0.45	VI	1	稀少	2	1						41.0
JN	QD-4	4	胶南	青墩	董家注	C	周			x	东周	193	0.25	VI	1	稀少	1	1						47.0
JN	QLW-1	4	胶南	前老窝	吕家官庄		汉					286	0.25	VI	1	稀少	2	1						58.0
JN	QLW-2	4	胶南	前老窝	后坡楼	A, B	汉					291	1.35	V	2	很少	107	0	1					69.0
JN	QLW-2	4	胶南	前老窝	后坡楼	A	周			x	东周	215	0.45	VI	2	稀少	3	1	1					69.0
JN	QLW-3	4	胶南	前老窝	后坡楼		周			x	东周	216	0.32	VI	1	稀少	2	1						70.0
JN	QLW-4	4	胶南	前老窝	后坡楼		汉					292	0.58	VI	1	稀少	2	1	1					59.0
JN	QLW-5	4	胶南	前老窝	后坡楼	无	汉					290	0.25	VI	1	稀少	0	0			墓葬	汉墓		76.0
JN	QLW-6	4	胶南	前老窝	后坡楼		汉					289	0.65	VI	1	很少	18	1	1					58.0
JN	QLW-8	4	胶南	前老窝	后坡楼		汉					294	0.39	VI	1	稀少	5	1	1					47.0
JN	QPL-1	4	胶南	前坡楼	后坡楼	A-J	汉					300	12.58	III	1	稀少	24	3	1					31.0

海拔范围	水源	河道距离	环境区域	地貌状况	防御性遗址	土壤质地	土壤颜色	土层厚度	作物	现代用途	备注	距中心城市5公里内	距中心城市5~10公里	距中心城市10~15公里	距中心城市15公里以上	距海岸5公里内
20~30	小河	0	冲积平原	较低的隆起		壤土	黄土-褐土		冬小麦	农业用地	梯田/部分被用作现代墓地		两城镇			
20~30	小河	260	冲积平原	较低的隆起		壤土	黄土-褐土		冬小麦	农业用地	梯田/部分被用作现代墓地		两城镇			
20~30	小河	0	冲积平原	较低的隆起		壤土	黄土-褐土		冬小麦	农业用地	梯田/部分被用作现代墓地		两城镇			
10~20	小河	100	冲积平原	平地		淤土/土质较硬	黄土		开垦地	农业用地			两城镇			
10~20	小河	100	冲积平原	微倾斜		淤土/土质较硬	黄土		休耕地/小麦	农业用地			两城镇			
20~30	小河	75	冲积平原	平地		多砂/淤土	黄土		休耕地	农业用地			两城镇			
20~30	小河	0	冲积平原	较低的隆起		多砂	黄土-褐土	较深	休耕地/小麦	农业用地			两城镇			
20~30	小河	350	冲积平原	较低的隆起		多砂	黄土-褐土	较深	休耕地/小麦	农业用地			两城镇			
20~30	小河	100	冲积平原	较低的隆起		多砂	黄土-褐土	较深	休耕地/小麦	农业用地			两城镇			
20~30	小河	0	冲积平原	较低的隆起		多砂/淤土	黄土-褐土	较深	休耕地/小麦	农业用地	采石场/花圃		两城镇			
20~30	小河	0	冲积平原	较低的隆起		多砂/淤土	黄土-褐土	较深	休耕地/小麦	农业用地			两城镇			
10~20	小河	25	冲积平原	平地		淤土	黄土		休耕地	农业用地			两城镇			
10~20	小河	25	冲积平原	平地		淤土	黄土		休耕地	农业用地			两城镇			
10~20	小河	200	冲积平原	平地		淤土	黄土		休耕地	农业用地			两城镇			
10~20	小河	200	冲积平原	平地		淤土	黄土		休耕地	农业用地			两城镇			
10~20	小河	440	冲积平原	平地		多砂/土质较硬	黄土		休耕地/小麦	农业用地	未发现陶片		两城镇			
10~20	小河	450	冲积平原	微倾斜		淤土	黄土		休耕地/小麦	农业用地	未发现陶片		两城镇			
30~40	小河	25	冲积平原	平地		多砂	黄土		开垦地	农业用地	翻耕的土地，但未种植庄稼		两城镇			
20~30	小河	225	冲积平原	较低的隆起		多砂/土质较硬	少黄土		休耕地	农业用地		两城镇				
40~50	小河	25	山麓	微倾斜		砂质壤土	黄土		休耕地	农业用地			两城镇			
40~50	小河	25	山麓	微倾斜		砂质壤土	黄土		休耕地	农业用地			两城镇			
50~60	小河	175	山麓	平地									两城镇			
50~60	小河	25	山麓	微倾斜		多砂	黄土-red	较深	休耕地	农业用地			两城镇			
40~50	小河	50	山麓	平地		砂质壤土	黄土-褐土		休耕地	农业用地			两城镇			
40~50	支流	100	冲积平原	较低的隆起					冬小麦				两城镇			
40~50	支流	100	冲积平原	较低的隆起					冬小麦		墓葬距离周代陶片采集点约100米		两城镇			
50~60	小河	0	山麓	低山		多砂/土质较硬	黄土		休耕地/小麦	农业用地			两城镇			
40~50	小河	50	山麓	低山		多砂/土质较硬	黄土		休耕地/小麦	农业用地			两城镇			
60~70	小河	150	山麓	微倾斜		多砂/土质较硬	黄土		休耕地	农业用地				两城镇		
30~40	小河	125	山麓	较低的隆起		黏土壤土	褐土	较深	冬小麦	农业用地			两城镇			
50~60	小河	100	山麓	中度隆起		多砂/土质较硬	黄土		休耕地/小麦	农业用地			两城镇			
40~50	小河	25	山麓	中度隆起		多砂/土质较硬	黄土		休耕地/小麦	农业用地			两城镇			
40~50	小河	100	山麓	中度隆起		多砂/土质较硬	黄土		休耕地/小麦	农业用地				两城镇		
50~60	小河	350	山麓	微倾斜		淤土/土质较硬	黄土			农业用地			两城镇			
60~70	小河	75	山麓	较低的隆起		淤土/土质较硬	黄土-褐土		休耕地	农业用地	隆起部分采石场			两城镇		
60~70	小河	75	山麓	较低的隆起		淤土/土质较硬	黄土-褐土		休耕地	农业用地	隆起部分采石场			两城镇		
70~80	小河	150	山麓	微倾斜		淤土/土质较硬	黄土-褐土		休耕地	农业用地	遗址在汉墓下面			两城镇		
50~60	小河	200	山麓	微倾斜		砂质壤土	黄土		休耕地	农业用地				两城镇		
70~80	小河	250	山麓	较低的隆起		多砂/土质较硬	黄土				未采集		两城镇			
50~60	小河	50	山麓	微倾斜		淤土/土质较硬	黄土-褐土		休耕地	农业用地			两城镇			
40~50	支流	350	冲积平原	微倾斜		多砂/土质较硬	黄土		休耕地/小麦	农业用地				两城镇		
30~40	支流	350	冲积平原	平地		砂质壤土	黄土-褐土		休耕地/小麦	农业用地			两城镇			

遗址前缀	遗址名称	年份	行政区划	村镇	地图	采集区	年代	早(西)	中	晚(东)	分期	期段编号	面积(万米²)	等级	所含期段数	陶片密度	陶片数量	器型	残片	石器	文化层特点	详细文化层信息	中心海拔
JN	QPL-1	4	胶南	前坡楼	后坡楼	F	周			x	东周	211	0.77	VI	2	稀少	2	1						31.0
JN	QPL-1	4	胶南	前坡楼	后坡楼	A，D	周	x		x	西周/东周	212	1.28	V	2	稀少	22	2						31.0
JN	QPL-2	4	胶南	前坡楼	后坡楼		汉					301	0.26	VI	1	稀少	2	0	2					28.0
JN	QPL-3	4	胶南	前坡楼	后坡楼		汉					298	1.16	V	2	稀少	4	0	1					42.0
JN	QPL-3	4	胶南	前坡楼	后坡楼		周			x	东周	210	0.45	VI	2	稀少	1	1						42.0
JN	QPL-4	4	胶南	前坡楼	后坡楼		汉					296	0.26	VI	1	稀少	2	1	1					41.0
JN	QPL-5	4	胶南	前坡楼	后坡楼		汉					299	0.26	VI	1	稀少	3	1	1					38.0
JN	SH-1	4	胶南	双河	董家洼		汉					360	0.52	VI	2	稀少	2	0	1					36.0
JN	SH-1	4	胶南	双河	董家洼		周			x	东周	201	0.45	VI	2	稀少	1	1						36.0
JN	SH-10	4	胶南	双河	董家洼		汉					227	0.25	VI	2	稀少	4	1	1					58.0
JN	SH-10	4	胶南	双河	董家洼		龙山	x				123	0.25	VI	2	稀少	1	1						58.0
JN	SH-2	4	胶南	双河	董家洼	B	汉					232	0.77	VI	2	稀少	3	1	1	墓葬	可能汉墓	44.0
JN	SH-2	4	胶南	双河	董家洼	B，C	龙山	x				128	1.35	V	2	稀少	5	1					44.0
JN	SH-2	4	胶南	双河	董家洼		周	x			西周	200	0.25	VI	1	稀少	2	1						42.0
JN	SH-3/DHJ-3	4	胶南	双河	董家洼		周	x			西周	202	3.10	V	1	稀少	11	2						69.0
JN	SH-4	4	胶南	双河	董家洼	A	周	x			西周	199	0.25	VI	1	稀少	1	1						57.0
JN	SH-5	4	胶南	双河	董家洼		汉					230	0.25	VI	1	稀少	1	0	1					42.0
JN	SH-6	4	胶南	双河	董家洼		汉					229	0.58	VI	1	稀少	4	0	1					43.0
JN	SH-7	4	胶南	双河	董家洼		汉					228	1.23	V	1	很少	26	1	1					48.0
JN	SH-8	4	胶南	双河	董家洼		汉					226	0.71	VI	1	稀少	1	0	1					44.0
JN	SH-9	4	胶南	双河	董家洼		龙山				不确定	124	0.25	VI	1	稀少	1	1						68.0
JN	SPZ-1	4	胶南	水泊子	后坡楼	B	汉					235	0.25	VI	3	稀少	1	0	1					32.0
JN	SPZ-1	4	胶南	水泊子	后坡楼	A	龙山				不确定	134	0.71	VI	3	稀少	3	1		文化层	CAB	33.0
JN	SPZ-1	4	胶南	水泊子	后坡楼	A，B	周	x		x	西周/东周	203	0.97	VI	3	很少	24	3	1	文化层	CAB	33.0
JN	SPZ-10	4	胶南	水泊子	董家洼		龙山		x			129	0.26	VI	1	稀少	1	1						54.0
JN	SPZ-11	4	胶南	水泊子	董家洼		汉					238	0.25	VI	1	稀少	2	0	1					70.0
JN	SPZ-2	4	胶南	水泊子	董家洼		龙山				不确定	135	0.25	VI	1	稀少	1	1						32.0
JN	SPZ-3	4	胶南	水泊子	后坡楼		汉					302	0.45	VI	2	稀少	2	1	1					26.0
JN	SPZ-3	4	胶南	水泊子	后坡楼		龙山				不确定	136	0.45	VI	2	稀少	1	1						26.0
JN	SPZ-4	4	胶南	水泊子	董家洼		汉					233	0.65	VI	1	稀少	3	0	2					37.0
JN	SPZ-5	4	胶南	水泊子	董家洼		汉					236	0.25	VI	1	稀少	2	0	1					42.0
JN	SPZ-5	4	胶南	水泊子	董家洼		龙山				不确定	132	0.25	VI	1	稀少	2	1						42.0
JN	SPZ-6	4	胶南	水泊子	董家洼		龙山				不确定	131	0.26	VI	1	稀少	1	1						36.0
JN	SPZ-7	4	胶南	水泊子	董家洼		汉					234	0.25	VI	1	稀少	1	0	1					35.0
JN	SPZ-8	4	胶南	水泊子	董家洼	A	汉					239	1.61	V	3	稀少	14	1	1					47.0
JN	SPZ-8	4	胶南	水泊子	董家洼	A，B	龙山				不确定	133	2.58	V	3	稀少	6	2						47.0
JN	SPZ-8	4	胶南	水泊子	董家洼	A	周			x	东周	204	1.61	V	3	稀少	3	1	1					47.0
JN	SPZ-9	4	胶南	水泊子	董家洼		汉					237	0.25	VI	1	稀少	1	0	1					51.0
JN	TZG-1	4	胶南	梯子沟	吕家官庄		汉					263	0.25	VI	1	稀少	2	0	2					21.0
JN	TZG-2	4	胶南	梯子沟	吕家官庄		汉					262	1.03	V	1	稀少	6	2	1					19.0
JN	XJC-1	4	胶南	徐家村	后显沟		汉					258	0.25	VI	2	稀少	2	0	1					2.0
JN	XJC-1	4	胶南	徐家村	后显沟		周			x	东周	242	0.25	VI	2	稀少	2	1	1					2.0
JN	XJGZ-1	4	胶南	徐家官庄	吕家官庄		汉					247	0.25	VI	1	稀少	6	1	1					32.0
JN	XJGZ-2	4	胶南	徐家官庄	吕家官庄	无	汉					276	0.25	VI	1	稀少	0	0		墓葬	可能汉墓?	46.0
JN	XJY-10	4	胶南	徐家窑	东潮河		周			x	东周	188	0.51	VI	1	稀少	2	1	1					35.0
JN	XJY-11	4	胶南	徐家窑	东潮河		汉					221	0.25	VI	1	稀少	1	1						52.0
JN	XJY-6	4	胶南	徐家窑	东潮河		汉					219	0.29	VI		稀少	2	1	1					47.0
JN	XJY-7	4	胶南	徐家窑	东潮河	A	汉					220	0.71	VI	1	稀少	4	1	1					42.0
JN	XJY-7	4	胶南	徐家窑	东潮河	B	汉					222	0.58	VI	2	稀少	3	0	1					38.0
JN	XJY-7	4	胶南	徐家窑	东潮河	C，D	龙山	x				138	2.71	V	2	稀少	3	2		文化层		36.0
JN	XJY-7	4	胶南	徐家窑	东潮河	B，C	周	x		x	西周/东周	187	3.74	V	3	稀少	19	3	1	文化层		38.0
JN	XJY-8	4	胶南	徐家窑	董家洼		汉					224	1.16	V	1	稀少	4	1	1					47.0
JN	XJY-9	4	胶南	徐家窑	董家洼		汉					223	0.25	VI		稀少	1	1						46.0

海拔范围	水源	河道距离	环境区域	地貌状况	防御性遗址	土壤质地	土壤颜色	土层厚度	作物	现代用途	备注	距中心城市5公里内	距中心城市5~10公里	距中心城市10~15公里	距中心城市15公里以上	距海岸5公里内
30~40	支流	350	冲积平原	平地		砂质壤土	黄土-褐土		休耕地/小麦	农业用地	遗址应比现存大，但破坏严重			两城镇		
30~40	小河	75	冲积平原	平地		砂质壤土	黄土-褐土		休耕地/小麦	农业用地				两城镇		
20~30	支流	25	冲积平原	平地		壤土	褐土		休耕地	农业用地				两城镇		
40~50	小河	150	山麓	中坡		多砂/土质较硬	黄土		休耕地	农业用地			两城镇			
40~50	小河	200	山麓	中坡		多砂/土质较硬	黄土		休耕地	农业用地				两城镇		
40~50	小河	25	冲积平原	微倾斜		壤土	黄土-褐土	较深	休耕地	农业用地			两城镇			
30~40	小河	25	冲积平原	平地		壤土	黄土-褐土		休耕地/小麦	农业用地			两城镇			
30~40	小河	100	冲积平原	平地		淤土	浅褐土	较深	桑园	农业用地				两城镇		
30~40	小河	130	冲积平原	平地		淤土	浅褐土	较深	桑园	农业用地				两城镇		
50~60	小河	75	山麓	平地		壤土	黄土-褐土		休耕地/小麦	农业用地				两城镇		
50~60	小河	0	山麓	平地		壤土	黄土-褐土		休耕地/小麦	农业用地				两城镇		
40~50	小河	25	山麓	平地		粉质壤土	黄土	较深	休耕地	农业用地				两城镇		
40~50	小河	25	山麓	平地		粉质壤土	黄土	较深	休耕地	农业用地				两城镇		
40~50	小河	100	山麓	平地		粉质壤土	黄土	较深	休耕地	农业用地				两城镇		
60~70	小河	50	山麓	微倾斜		多砂/土质较硬	黄土		休耕地	农业用地				两城镇		
50~60	小河	25	山麓	平地		多砂/土质较硬	黄土		休耕地	农业用地				两城镇		
40~50	小河	75	冲积平原	平地		砂质壤土	黄土-褐土	较深						两城镇		
40~50	小河	25	冲积平原	平地		壤土	黄土-褐土	较深	休耕地/小麦	农业用地				两城镇		
40~50	小河	150	冲积平原	平地		壤土	黄土-褐土	较深	果园	农业用地				两城镇		
40~50	小河	25	冲积平原	平地		壤土	黄土-褐土	较深	果园	农业用地				两城镇		
60~70	小河	0	山麓	微倾斜					休耕地	农业用地				两城镇		
30~40	支流	0	冲积平原	平地		黏土壤土	黄土-褐土	较深	休耕地/小麦	农业用地				两城镇		
30~40	支流	0	冲积平原	平地		黏土壤土	黄土-褐土	较深	休耕地/小麦	农业用地				两城镇		
30~40	支流	0	冲积平原	平地		黏土壤土	黄土-褐土	较深	休耕地/小麦	农业用地				两城镇		
50~60	小河	150	山麓	低山麓		多砂/土质较硬	黄土		休耕地	农业用地				两城镇		
70~80	小河	200	山麓	微倾斜		多砂/土质较硬	黄土		休耕地	农业用地				两城镇		
30~40	小河	400	冲积平原	平地		壤土	黄土-褐土	较深	休耕地	农业用地				两城镇		
20~30	支流	25	冲积平原	平地		砂质壤土	黄土-褐土	较深	休耕地/小麦	农业用地				两城镇		
20~30	支流	25	冲积平原	平地		砂质壤土	黄土-褐土	较深	休耕地/小麦	农业用地				两城镇		
30~40	小河	150	冲积平原	平地		壤土	黄土-褐土		休耕地	农业用地				两城镇		
40~50	小河	50	冲积平原/山麓	平地		多砂/土质较硬	黄土		休耕地	农业用地				两城镇		
40~50	小河	50	冲积平原/山麓	平地		多砂/土质较硬	黄土		休耕地	农业用地				两城镇		
30~40	小河	50	冲积平原	平地		壤土	黄土-褐土		休耕地	农业用地				两城镇		
30~40	小河	200	冲积平原	平地		黏土壤土	褐土		蔬菜	花圃				两城镇		
40~50	小河	0	山麓	微倾斜		多砂/淤土	黄土		休耕地	农业用地				两城镇		
40~50	小河	0	山麓	微倾斜		多砂/淤土	黄土		休耕地	农业用地				两城镇		
40~50	小河	0	山麓	微倾斜		多砂/淤土	黄土		休耕地	农业用地				两城镇		
50~60	小河	50	山麓	低山		多砂/土质较硬	黄土		休耕地/小麦	农业用地				两城镇		
20~30	小河	25	冲积平原	平地		壤土	黄土		大白菜	花圃			两城镇			
10~20	小河	150	冲积平原	平地		淤土/土质较硬	黄土		休耕地/小麦	农业用地			两城镇			
2~10	小河	175	冲积平原	平地		淤土/土质较硬	黄土-褐土		冬小麦	农业用地			两城镇			
2~10	小河	175	冲积平原	平地		淤土/土质较硬	黄土-褐土		冬小麦	农业用地			两城镇			
30~40	小河	25	冲积平原	微倾斜					冬小麦	农业用地			两城镇			
40~50	小河	200	山麓	较低的隆起									两城镇			
30~40	小河	50	冲积平原/山麓	平地		多砂	黄土-褐土		休耕地	农业用地						
50~60	小河	350	山麓	微倾斜						农业用地			两城镇			
40~50	小河	25	山麓										两城镇			
40~50	小河	25	山麓	微倾斜		多砂/淤土	黄土		冬小麦	农业用地	并有休耕地		两城镇			
30~40	小河	25	山麓	微倾斜		多砂/淤土	黄土		冬小麦	农业用地	并有休耕地		两城镇			
30~40	小河	25	山麓	微倾斜		多砂/淤土	黄土		冬小麦	农业用地	有休耕地和花圃		两城镇			
30~40	小河	50	山麓	微倾斜		多砂/淤土	黄土		冬小麦	农业用地	有休耕地和花圃		两城镇			
40~50	小河	50	山麓	微倾斜		多砂/淤土	黄土		休耕地/小麦	农业用地			两城镇			
40~50	小河	175	山麓	平地									两城镇			

遗址前缀	遗址名称	年份	行政区划	村镇	地图	采集区	年代	早(西)	中	晚(东)	分期	期段编号	面积(万米²)	等级	所含期段数	陶片密度	陶片数量	器型	残片	石器	文化层特点	详细文化层信息	中心海拔
JN	XLW-1	4	胶南	西老窝	后坡楼		汉					295	0.26	VI	1	稀少	2	0	1					43.0
JN	XLW-2	4	胶南	西老窝	吕家官庄		汉					284	1.03	V	2	很少	13	2	1					56.0
JN	XLW-2	4	胶南	西老窝	吕家官庄		周			x	东周	219	1.16	V	2	稀少	4	2						56.0
JN	XLW-3	4	胶南	西老窝	吕家官庄		汉					285	0.32	VI	1	稀少	2	1	1					54.0
JN	XSHK-1	4	胶南	小石河口	吕家官庄	B	汉					271	0.32	VI	2	稀少	4	1	1					26.0
JN	XSHK-1	4	胶南	小石河口	吕家官庄	A	周	x		x	西周/东周	231	1.16	V	2	稀少	8	1						26.0
JN	XSHK-1	4	胶南	小石河口	吕家官庄	A, B	龙山	x				141	2.00	V	3	很少	19	1						26.0
JN	XSHK-2	4	胶南	小石河口	吕家官庄		汉					269	1.80	V	3	稀少	5	1	1		墓葬	汉墓		20.0
JN	XSHK-2	4	胶南	小石河口	吕家官庄		龙山				不确定	199	1.74	V	3	稀少	5	1						20.0
JN	XSHK-2	4	胶南	小石河口	吕家官庄		周			x	东周	232	1.74	V	3	稀少	3	1						20.0
JN	XSHK-3	4	胶南	小石河口	吕家官庄	B	汉					270	0.25	VI	1	稀少	1	0	1					19.0
JN	XSHK-3	4	胶南	小石河口	吕家官庄	A	周			x	东周	230	0.99	V	1	稀少	4	2	1					19.0
JN	ZHNW-1	4	胶南	张黄	吕家官庄		周			x	东周	245	0.25	VI	1	稀少	1	1						20.0
WL	BHT-1	4	五莲	北回头	北回头		汉					198	0.58	VI	1	稀少	1	1						97.0
WL	BHT-2	4	五莲	北回头	北回头		汉					200	0.45	VI	1	稀少	2	0	1					111.0
WL	BHT-3	4	五莲	北回头	北回头		汉					199	0.25	VI	1	稀少	1	0	1					120.0
WL	BHT-4	4	五莲	北回头	北回头		汉					201	0.25	VI	1	稀少	2	0	1					108.0
WL	FHZ-2	4	五莲	凤凰庄	叩官		汉					215	0.25	VI	1	稀少	1	1						59.0
WL	GJG-1	4	五莲	葛家沟	叩官		周			x	东周	157	0.25	VI	1	稀少	1	1						70.0
WL	GJG-2	4	五莲	葛家沟	叩官		龙山				不确定	115	0.25	VI	1	稀少	3	2						55.0
WL	GJG-3	4	五莲	葛家沟	叩官		龙山				不确定	116	0.25	VI	1	稀少	1	1						70.0
WL	GST-1	4	五莲	崮寺头	大榆林		周	x		x	西周/东周	159	0.77	VI	1	很少	112	8			文化层			54.5
WL	GST-2	4	五莲	崮寺头	叩官		龙山				不确定	98	0.25	VI	1	稀少	1	1						59.0
WL	GST-3	4	五莲	崮寺头	叩官		周				不确定	160	0.25	VI	1	稀少	1	1						48.0
WL	GST-4	4	五莲	崮寺头	叩官		周	x			西周	161	0.25	VI	1	稀少	2	2						46.0
WL	GST-5	4	五莲	崮寺头	后魏家		龙山				不确定	97	0.25	VI	1	稀少	1	1						71.0
WL	HZJP-1	4	五莲	后种金坡	董家注	A, B	周				不确定	186	1.55	V	1	稀少	4	2						52.0
WL	HZJP-2	4	五莲	后种金坡	东潮河		汉					218	0.26	VI	1	稀少	1	0	1					57.5
WL	JZ-3	4	五莲	京庄	叩官		龙山				不确定	104	0.25	VI	2	稀少	1	1						71.0
WL	JZ-3	4	五莲	京庄	叩官		周	x			西周	167	0.25	VI	2	稀少	1	1						71.0
WL	JZ-4	4	五莲	京庄	叩官		周	x			西周	168	0.25	VI	1	稀少	1	1						72.5
WL	JZ-5	4	五莲	京庄	叩官		周			x	东周	166	0.25	VI	1	稀少	2	1	1					35.0
WL	JZ-6	4	五莲	京庄	叩官	A	汉					189	0.25	VI	1	稀少	2	1		1				60.0
WL	JZ-6	4	五莲	京庄	叩官	B	汉					190	1.35	V	4	稀少	3	0	1	1				45.0
WL	JZ-6	4	五莲	京庄	叩官	所有	龙山	x				105	18.32	III	4	稀少	57	5		1				45.0
WL	JZ-6	4	五莲	京庄	叩官	B	商					18	1.00	I	1	稀少	2	1						45.0
WL	JZ-6	4	五莲	京庄	叩官	B, C, F	周	x		x	西周/东周	169	6.00	IV	4	稀少	28	2		1				45.0
WL	KG-1	4	五莲	叩官	叩官		龙山					103	0.39	VI	1	稀少	3	1						59.0
WL	LGZ-3	4	五莲	刘官庄	刘官庄		周	x			西周	164	0.25	VI	1	稀少	2	1						33.0
WL	LGZ-4	4	五莲	刘官庄	刘官庄		汉					188	0.25	VI	1	稀少	1	0	1					36.0
WL	LGZ-5	4	五莲	刘官庄	刘官庄						西周	165	0.25	VI	1	稀少	1	1						51.0
WL	NGT-1	4	五莲	泥沟头	董家注		汉					203	0.71	VI	1	很少	11	0	1					86.0
WL	NHT-1	4	五莲	南回头	叩官		周	x			西周	172	0.32	VI	1	很少	16	3						60.0
WL	QSL-1	4	五莲	青松岭	董家注		周	x			西周	178	0.25	VI	1	稀少	1	1						93.0

海拔范围	水源	河道距离	环境区域	地貌状况	防御性遗址	土壤质地	土壤颜色	土层厚度	作物	现代用途	备注	距中心城市5公里内	距中心城市5~10公里	距中心城市10~15公里	距中心城市15公里以上	距海岸5公里内
40~50	小河	50	冲积平原	微倾斜		多砂/淤土	黄土-灰土		休耕地/小麦	农业用地	很好的黏土产地			两城镇		
50~60	小河	200	山麓	微倾斜		多砂	黄土-灰土	较深	休耕地/小麦	农业用地			两城镇			
50~60	小河	200	山麓	微倾斜		多砂	黄土-灰土	较深	休耕地/小麦	农业用地			两城镇			
50~60	小河	300	山麓	平地		多砂/土质较硬	黄土-灰土		休耕地	农业用地			两城镇			
20~30	小河	450	冲积平原	微倾斜		淤土/土质较硬	黄土		冬小麦	农业用地			两城镇			
20~30	小河	100	冲积平原	微倾斜		淤土/土质较硬	黄土		冬小麦	农业用地			两城镇			
20~30	小河	450	冲积平原	微倾斜		淤土/土质较硬	黄土		冬小麦	农业用地			两城镇			
20~30	小河	150	冲积平原	平地		淤土/土质较硬	黄土		休耕地/小麦	农业用地	汉墓位于陶片采集点东北100米处		两城镇			
20~30	小河	150	冲积平原	平地		淤土/土质较硬	黄土		休耕地/小麦	农业用地			两城镇			
20~30	小河	150	冲积平原	平地		淤土/土质较硬	黄土		休耕地/小麦	农业用地			两城镇			
10~20	小河	25	冲积平原	平地		多砂/土质较硬	黄土						两城镇			
10~20	小河	0	冲积平原	平地		多砂/土质较硬	黄土						两城镇			
20~30	支流	500	冲积平原	较低的隆起					茶园	农业用地			两城镇			
90~100	支流	400	山麓	平地		淤土	黄土	较深	休耕地	农业用地						
110~120	小河	200	山麓	平地		淤土	黄土	较深	休耕地	农业用地						
120~130	支流	700	山麓	高山	是	多砂/土质较硬	黄土		开垦地	农业用地						
100~110	小河	50	山麓	平地		淤土	黄土	较深	休耕地	农业用地						
50~60	小河	25	山麓	平地		多砂/土质较硬	黄土		休耕地	农业用地				两城镇		
70~80	小河	25	山麓	中坡		淤土/多砂/土质较硬	黄土-褐土		休耕地	农业用地				两城镇		
50~60	小河	150	山麓	平地		淤土/多砂/土质较硬	黄土		休耕地	农业用地				两城镇		
70~80	小河	110	山麓	微倾斜		淤土/多砂/土质较硬	黄土		休耕地	农业用地				两城镇		
50~60	支流	25	冲积平原/山麓	较低的隆起	是	壤土	黄土-褐土	较深	休耕地/小麦	农业用地				两城镇		
50~60	主要河流	10	山麓	平地		砂质壤土	黄土-褐土	较深	休耕地	农业用地				两城镇		
40~50	支流	550	冲积平原	微倾斜		砂质壤土	黄土-褐土	较深	休耕地	农业用地				两城镇		
40~50	主要河流	400	冲积平原	平地		砂质壤土	黄土-褐土	较深	休耕地	农业用地				两城镇		
70~80	小河	10	山麓	微倾斜		多砂/土质较硬	黄土	较薄	休耕地	农业用地				两城镇		
50~60	小河	50	山麓	平地		多砂/淤土	黄土-褐土		休耕地	农业用地			两城镇			
50~60	小河	125	山麓	平地		砂质壤土	黄土-褐土		休耕地	农业用地			两城镇			
70~80	小河	10	山麓	较低的隆起					冬小麦	农业用地				两城镇		
70~80	小河	25	山麓	较低的隆起					冬小麦	农业用地				两城镇		
70~80	小河	25	山麓	高山	?				果园	果园				两城镇		
30~40	小河	25	冲积平原	平地		淤土/土质较硬	黄土		休耕地	农业用地				两城镇		
60~70	小河	300	山麓	低山		土质较硬	黄土	较深	休耕地/小麦	农业用地				两城镇		
40~50	主要河流	100	冲积平原	平地		淤土/土质较硬	黄土	较深	休耕地/小麦	农业用地				两城镇		
40~50	主要河流	100	冲积平原/山麓	平地/低hill		淤土/土质较硬	黄土	较深	休耕地/小麦	农业用地				两城镇		
40~50	主要河流	100	冲积平原	平地		淤土/土质较硬	黄土	较深	休耕地/小麦	农业用地				两城镇		
40~50	主要河流	100	冲积平原	平地		淤土/土质较硬	黄土	较深	休耕地/小麦	农业用地				两城镇		
50~60	小河	100	山麓	平地					果园	果园				两城镇		
30~40	主要河流	100	冲积平原/山麓	低山		粉质壤土	黄土-褐土		果园	农业用地				两城镇		
30~40	主要河流	200	冲积平原/山麓	平地		粉质壤土	黄土-褐土		蔬菜	花圃	靠近现代村镇			两城镇		
50~60	小河	25	山麓	低山		淤土/土质较硬	黄土		休耕地	农业用地				两城镇		
80~90	小河	150	山麓	平地		淤土	黄土		休耕地/小麦	农业用地				两城镇		
60~70	小河	500	山麓	梯田		多砂/土质较硬	黄土		休耕地	农业用地				两城镇		
90~100	小河	50	山麓	梯田		多砂/土质较硬	黄土		休耕地	农业用地				两城镇		

遗址前缀	遗址名称	年份	行政区划	村镇	地图	采集区	年代	早(西)	中	晚(东)	分期	期段编号	面积(万米²)	等级	所含期段数	陶片密度	陶片数量	器型	残片	石器	文化层特点	详细文化层信息	中心海拔
WL	QSL-2	4	五莲	青松岭	董家洼		汉					209	1.68	V	2	很少	18	1		1			92.0
WL	QSL-2	4	五莲	青松岭	董家洼		周			x	东周	177	1.68	V	2	很少	11	1		1			92.0
WL	QSL-3	4	五莲	青松岭	董家洼		汉					210	0.25	VI	1	稀少	1	0		1			89.0
WL	QSL-4	4	五莲	青松岭	董家洼		汉					213	0.32	VI	2	稀少	1	0		1			82.5
WL	QSL-4	4	五莲	青松岭	董家洼		周			x	东周	179	0.77	VI	2	稀少	2	2					82.5
WL	SJZ-1	4	五莲	苏家庄	叩官		龙山				不确定	114	0.25	VI	1	稀少	1	1					80.0
WL	SJZ-2	4	五莲	苏家庄	叩官		汉					202	0.25	VI	1	稀少	1	0		1			62.0
WL	SWD-1	4	五莲	石汪顶	刘官庄	A	汉					187	0.71	VI	2	稀少	2	0		1			61.0
WL	SWD-1	4	五莲	石汪顶	叩官	B	周			x	东周	162	0.25	VI	2	稀少	1	1					57.5
WL	SWD-1	4	五莲	石汪顶	刘官庄	A, B, D	龙山	x				99	2.54	V	3	稀少	21	3					61.0
WL	SWD-1	4	五莲	石汪顶	刘官庄	C	周			x	东周	163	0.26	VI	2	稀少	1	1					71.0
WL	SWD-2	4	五莲	石汪顶	叩官		龙山		x			100	0.25	VI	1	稀少	1	1					52.5
WL	WST-1	4	五莲	王石头	叩官	B	汉					196	1.10	V	5	稀少	5	0		1			70.0
WL	WST-1	4	五莲	王石头	叩官	A, B	龙山	x	x			95	3.42	V	5	稀少	87	9			文化层	CAB	70.0
WL	WST-1	4	五莲	王石头	叩官	A	商					12	0.25	II	5	稀少	7	1					70.0
WL	WST-1	4	五莲	王石头	叩官	B	岳石					1	0.25	III	5	稀少	7	4			文化层	CAB	70.0
WL	WST-1	4	五莲	王石头	叩官	A, B	周	x			西周	156	2.13	V	5	稀少	41	4			文化层	CAB	70.0
WL	WST-2	4	五莲	王石头	叩官		汉					195	0.32	VI	1	稀少	1	0		1			63.0
WL	WST-3	4	五莲	王石头	叩官		龙山				不确定	118	0.25	VI	1	稀少	1	1					71.0
WL	WST-4	4	五莲	王石头	北回头		龙山				不确定	117	1.29	V	1	稀少	3	1					85.0
WL	WST-5	4	五莲	王石头	北回头		汉					197	0.25	VI	1	稀少	1	0		1			81.0
WL	WST-6	4	五莲	王石头	北回头		周			x	东周	173	0.25	VI	1	稀少	1	1					92.0
WL	XCJ-1	4	五莲	西蔡家	董家洼		周			x	东周	182	0.25	VI	1	稀少	2	1					52.5
WL	XCJ-2	4	五莲	西蔡家	董家洼		汉					214	1.16	V	2	稀少	8	1		1			50.0
WL	XCJ-2	4	五莲	西蔡家	董家洼		龙山				不确定	119	1.16	V	2	稀少	3	1					80.0
WL	XCJ-3	4	五莲	西蔡家	董家洼		周			x	东周	183	0.25	VI	1	稀少	2	2					44.0
WL	XCJ-4	4	五莲	西蔡家	董家洼		周	x			西周	181	0.58	VI	1	稀少	7	2					55.0
WL	XCJ-5	4	五莲	西蔡家	董家洼		周			x	东周	180	0.25	VI	1	稀少	1	1					62.0
WL	XJZ-1	4	五莲	夏家庄	叩官	C	汉					191	3.87	V	3	稀少	3	1		1			50.0
WL	XJZ-1	4	五莲	夏家庄	叩官	所有	龙山	x	x			94	30.06	III	3	少	268	11			文化层	可能平台 CAG	50.0
WL	XJZ-1	4	五莲	夏家庄	叩官	B, C	周	x		x	西周/东周	170	4.77	IV	3	稀少	5	2					50.0
WL	XJZ-2	4	五莲	夏家庄	叩官		龙山	x	x			106	3.61	V	1	稀少	15	2					85.0
WL	XJZ-3	4	五莲	夏家庄	叩官		龙山				不确定	107	0.50	VI	1	稀少	5	1					91.0
WL	XJZ-4	4	五莲	夏家庄	叩官	A-C	龙山	x				109	3.55	V	1	稀少	17	4					85.0
WL	XJZ-5	4	五莲	夏家庄	叩官	A	汉					192	0.71	VI	2	稀少	2	1					60.0
WL	XJZ-5	4	五莲	夏家庄	叩官	A, B	龙山	x				110	8.25	IV	2	稀少	25	2					60.0
WL	XJZ-6	4	五莲	夏家庄	叩官	D	汉					194	0.58	VI	2	稀少	2	0		1			58.0
WL	XJZ-6	4	五莲	夏家庄	叩官	A-D	龙山	x	x			113	7.38	IV	2	稀少	25	4					55.0
WL	XJZ-7	4	五莲	夏家庄	叩官		龙山		x			112	2.06	V	2	稀少	4	2					57.5
WL	XJZ-8	4	五莲	夏家庄	叩官	A	汉					193	0.65	VI	3	稀少	1	0		1			80.0
WL	XJZ-8	4	五莲	夏家庄	叩官	A, B	龙山	x	x			111	7.03	IV	3	稀少	13	4					80.0
WL	XJZ-8	4	五莲	夏家庄	叩官	A	周			x	东周	171	0.65	VI	3	稀少	1	1					80.0
WL	YT-1	4	五莲	崖头	大榆林	A-C, F	汉					186	19.61	III	2	稀少	8	1		1			45.0
WL	YT-1	4	五莲	崖头	大榆林	A-D	龙山	x	x			96	14.38	III	2	很少	76	6					45.0
WL	YT-1	4	五莲	崖头	大榆林	E	周			x	东周	158	0.71	VI	1	稀少	2	2					45.0
WL	YT-2	4	五莲	崖头	叩官		汉					461	0.25	VI	2	稀少	2	0		1			41.0

海拔范围	水源	河道距离	环境区域	地貌状况	防御性遗址	土壤质地	土壤颜色	土层厚度	作物	现代用途	备注	距中心城市5公里内	距中心城市5~10公里	距中心城市10~15公里	距中心城市15公里以上	距海岸5公里内
90~100	小河	320	山麓	中坡		多砂/土质较硬	黄土		休耕地/小麦	农业用地					两城镇	
90~100	小河	200	山麓	中坡		多砂/土质较硬	黄土		休耕地/小麦	农业用地					两城镇	
80~90	小河	200	山麓	微倾斜		多砂/土质较硬	黄土		开垦地	农业用地					两城镇	
80~90	小河	50	山麓	中坡		淤土	黄土		休耕地	农业用地					两城镇	
80~90	小河	100	山麓	中坡		淤土	黄土		休耕地	农业用地					两城镇	
80~90	小河	80	山麓	高山	?				休耕地/小麦	农业用地					两城镇	
60~70	小河	10	山麓	平地		壤土	褐土	较深	休耕地/小麦	农业用地					两城镇	
60~70	小河	500	山麓	微倾斜	可能	淤土/土质较硬	黄土		休耕地/小麦	农业用地					两城镇	
50~60	主要河流	400	山麓	微倾斜	可能	淤土/土质较硬	黄土		休耕地/小麦	农业用地					两城镇	
60~70	小河	260	山麓	微倾斜	可能	淤土/土质较硬	黄土		休耕地/小麦	农业用地					两城镇	
70~80	小河	400	山麓	微倾斜	可能	淤土/土质较硬	黄土		休耕地	农业用地					两城镇	
50~60	主要河流	70	山麓	低山	是	淤土/土质较硬	黄土		休耕地	农业用地	石质灌溉渠道?				两城镇	
70~80	小河	25	山麓	平地		壤土	黄土-褐土	较深	蔬菜	花圃						
70~80	小河	0	冲积平原	平地		壤土	黄土-褐土	较深	蔬菜	花圃						
70~80	小河	0	冲积平原	平地		壤土	黄土-褐土	较深	蔬菜	花圃						
70~80	小河	10	冲积平原	平地		壤土	黄土-褐土	较深	蔬菜	花圃						
70~80	小河	25	冲积平原	平地		壤土	黄土-褐土	较深	蔬菜	花圃						
60~70	小河	50	冲积平原	平地		淤土	黄土-褐土		蔬菜	花圃						
70~80	支流	200	冲积平原	平地		壤土	黄土-褐土	较深	休耕地	农业用地						
80~90	小河	40	山麓	低山		淤土/多砂/土质较硬	黄土		休耕地	农业用地	种植红薯					
80~90	小河	125	山麓	平地		多砂/淤土	黄土		休耕地	农业用地						
90~100	小河	300	山麓	微倾斜					休耕地	农业用地						
50~60	小河	50	山麓	微倾斜		多砂/淤土	黄土-褐土		休耕地	农业用地					两城镇	
50~60	小河	25	山麓	较低的隆起		多砂/淤土	黄土-褐土		休耕地/小麦	农业用地					两城镇	
80~90	小河	170	山麓	较低的隆起		多砂/淤土	黄土-褐土		休耕地/小麦	农业用地					两城镇	
40~50	小河	75	山麓	微倾斜		黏土壤土	黄土		桑园		草垛，遗址南部是废弃的砖厂				两城镇	
50~60	小河	100	山麓	微倾斜					蔬菜	花圃	现代村镇东部				两城镇	
60~70	小河	25	山麓	微倾斜		多砂/淤土	黄土		蔬菜	农业用地					两城镇	
50~60	主要河流	25	冲积平原	平地		淤土/土质较硬	黄土		休耕地/小麦	农业用地	石英采石场，现代村镇西部山上				两城镇	
50~60	主要河流	25	冲积平原	平地		淤土/土质较硬	黄土		休耕地/小麦	农业用地	石英采石场，现代村镇西部山上				两城镇	
50~60	主要河流	125	冲积平原	平地		淤土/土质较硬	黄土		休耕地/小麦	农业用地	石英采石场，现代村镇西部山上				两城镇	
80~90	小河	80	山麓	微倾斜		多砂/土质较硬	黄土		休耕地	农业用地					两城镇	
90~100	小河	100	山麓	中坡					开垦地	农业用地					两城镇	
80~90	小河	180	山麓	微倾斜	是	淤土/多砂/土质较硬	黄土	中度	休耕地	农业用地					两城镇	
60~70	小河	25	山麓	中坡		淤土/土质较硬	黄土		休耕地/小麦	农业用地					两城镇	
60~70	小河	0	山麓	中坡		淤土/土质较硬	黄土		休耕地/小麦	农业用地					两城镇	
50~60	小河	10	冲积平原	平地		壤土	黄土-褐土		休耕地	农业用地					两城镇	
50~60	小河	80	冲积平原/山麓	平地		壤土	黄土-褐土		休耕地	农业用地					两城镇	
50~60	小河	40	冲积平原/山麓	平地		壤土	黄土-褐土								两城镇	
80~90	小河	100	山麓	低山	是	淤土/土质较硬	黄土		休耕地/小麦	农业用地					两城镇	
80~90	小河	100	山麓	低山	是	淤土/土质较硬	黄土		休耕地/小麦	农业用地					两城镇	
80~90	小河	100	山麓	低山	是	淤土/土质较硬	黄土		休耕地/小麦	农业用地					两城镇	
40~50	支流	50	冲积平原	平地		粉质壤土	褐土		冬小麦	农业用地					两城镇	
40~50	支流	50	冲积平原	平地		粉质壤土	褐土		冬小麦	农业用地					两城镇	
40~50	支流	450	冲积平原	平地		粉质壤土	褐土		冬小麦	农业用地					两城镇	
40~50	主要河流	200	冲积平原	平地		多砂/土质较硬	黄土-褐土		桑园	农业用地					两城镇	

遗址前缀	遗址名称	年份	行政区划	村镇	地图	采集区	年代	早(西)	中	晚(东)	分期	期段编号	面积(万米²)	等级	所含期段数	陶片密度	陶片数量	器型	残片	石器	文化层特点	详细文化层信息	中心海拔
WL	YT-2	4	五莲	崖头	叩官		龙山				不确定	101	0.25	VI	2	稀少	1	1					41.0
WL	YT-3	4	五莲	崖头	大榆林		汉					185	0.25	VI	1	稀少	1	1					82.0
WL	YT-4	4	五莲	崖头	叩官		龙山				不确定	102	0.25	VI	1	稀少	1	1					45.0
WL	ZJG-1	4	五莲	朱家沟	董家洼		汉					216	0.90	VI	2	稀少	3	0	1		墓葬	南部汉墓	55.0
WL	ZJG-1	4	五莲	朱家沟	董家洼		周			x	东周	184	0.65	VI	2	稀少	2	1					55.0
WL	ZJG-2	4	五莲	朱家沟	董家洼		汉					217	0.52	VI	1	稀少	3	1					49.0
WL	ZJG-3	4	五莲	朱家沟	董家洼		周			x	东周	185	0.25	VI	1	稀少	1	1					71.0
DG	CZG-5	5	东港	程子沟	程子沟		周			x	东周	368	0.25	VI	1	稀少	1	1					38.0
DG	CZG-6	5	东港	程子沟	程子沟		汉					421	0.25	VI	1	稀少	4	1	1				35.0
DG	CZG-7	5	东港	程子沟	程子沟		汉			x	东汉	420	0.58	VI	1	很少	12	0	1				30.0
DG	DJC-2	5	东港	大陈家村	苏家村		汉					457	0.25	VI	1	稀少	1	0	1				3.0
DG	DJZ-1	5	东港	丁家庄	程子沟		周				不确定	345	0.52	VI	1	稀少	8	1		1			80.0
DG	DJZ-2	5	东港	丁家庄	程子沟		汉					417	0.32	VI	1	稀少	6	2	1				75.0
DG	DJZ-4	5	东港	丁家庄	程子沟		汉					418	0.39	VI	2	稀少	2	0	1				100.0
DG	DJZ-4	5	东港	丁家庄	程子沟		周				不确定	361	0.45	VI	2	稀少	2	1					100.0
DG	DNZ-1	5	东港	大暖嶂	程子沟		周			x	东周	342	0.25	VI	1	很少	32	1					135.0
DG	DNZ-2	5	东港	大暖嶂	程子沟	A, B	周	x		x	西周/东周	343	0.65	VI	1	很少	168	5		1			125.0
DG	DNZ-5	5	东港	大暖嶂	程子沟		周			x	东周	344	0.25	VI	1	稀少	3	2		1			90.0
DG	DNZ-6	5	东港	大暖嶂	程子沟		汉					415	0.25	VI	1	稀少	1	0	1				85.0
DG	DNZ-7	5	东港	大暖嶂	程子沟		汉					416	0.25	VI	1	稀少	1	0	1				80.0
DG	DTY-1/DJZ-3/5	5	东港	大桃园	程子沟	A-C, H-J, M-Q	汉					413	27.70	II	3	少	100	4	1		文化层?	CAG	65.0
DG	DTY-1	5	东港	大桃园	程子沟	A-D, F-K, M, N	龙山	x	x	x	早/中/晚	172	20.00	III	3	少	433	8		4	文化层	墓葬CAG	65.0
DG	DTY-1	5	东港	大桃园	程子沟	P	龙山		x		中期	175	0.39	VI	3	稀少	8	2		4			60.0
DG	DTY-1	5	东港	大桃园	程子沟	A-C, E-L, N, O	周	x		x	西周/东周	346	20.96	III	3	少	103	3	1	4	文化层	CAG	65.0
DG	DTY-1	5	东港	大桃园	程子沟	Q	周	x			西周	347	0.52	VI	3	稀少	3	1		4			60.0
DG	DTY-10	5	东港	大桃园	大莲村	不分区	汉					580	0.25	VI	1	稀少	1	0	1				55.0
DG	DTY-2	5	东港	大桃园	程子沟	A, C	汉					412	0.97	VI	3	稀少	4	1	1				70.0
DG	DTY-2	5	东港	大桃园	程子沟	A, D	龙山				不确定	174	0.90	VI	3	稀少	8	1					70.0
DG	DTY-2	5	东港	大桃园	程子沟	A-C	周	x		x	西周/东周	357	1.74	V	3	稀少	9	1					70.0
DG	DTY-3	5	东港	大桃园	程子沟		周	x		x	西周/东周	360	0.52	VI	1	稀少	3	1					70.0
DG	DTY-4	5	东港	大桃园	程子沟		龙山				不确定	173	0.25	VI	1	稀少	1	1					70.0
DG	DTY-4	5	东港	大桃园	程子沟		周			x	东周	359	0.25	VI	1	稀少	3	1					70.0
DG	DTY-5	5	东港	大桃园	程子沟		周			x	东周	358	0.25	VI	1	稀少	4	2					80.0
DG	DTY-6	5	东港	大桃园	程子沟		周			x	东周	348	0.25	VI	1	稀少	2	1					65.0
DG	DTY-7	5	东港	大桃园	程子沟	A, B	汉					408	2.13	V	2	稀少	7	2	1				58.0
DG	DTY-7	5	东港	大桃园	程子沟	A, B	龙山		x		中期	178	2.13	V	2	很少	17	3					58.0
DG	DTY-8	5	东港	大桃园	程子沟		龙山				不确定	176	0.25	VI	2	稀少	2	1					62.0
DG	DTY-8	5	东港	大桃园	程子沟		周	x			西周	338	0.25	VI	2	稀少	3	1					62.0
DG	DTY-9	5	东港	大桃园	大莲村	B	汉					407	1.61	V	3	稀少	1	0	1				70.0
DG	DTY-9	5	东港	大桃园	程子沟	A, B	龙山				不确定	177	2.39	V	3	稀少	15	1					70.0
DG	DTY-9	5	东港	大桃园	大莲村	B	周	x			西周	337	1.61	V	3	稀少	1	1					70.0

海拔范围	水源	河道距离	环境区域	地貌状况	防御性遗址	土壤质地	土壤颜色	土层厚度	作物	现代用途	备注	距中心城市5公里内	距中心城市5~10公里	距中心城市10~15公里	距中心城市15公里以上	距海岸5公里内
40~50	主要河流	0	冲积平原	平地		多砂/土质较硬	黄土-褐土		桑园	农业用地					两城镇	
80~90	小河	175	山麓	山脊上部平地	是	土质较硬	黄土	较薄	休耕地	农业用地						
40~50	支流	90	冲积平原	平地		多砂/土质较硬	黄土-褐土		桑园	农业用地					两城镇	
50~60	小河	75	山麓	梯田		多砂/土质较硬	黄土		休耕地	农业用地					两城镇	
50~60	小河	75	山麓	梯田		多砂/土质较硬	黄土		休耕地	农业用地					两城镇	
40~50	小河	25	山麓	微倾斜										两城镇		
70~80	小河	50	山麓	较低的隆起		多砂/淤土	黄土-褐土		休耕地	农业用地					两城镇	
30~40	小河	30	山麓	低山麓		多砂	褐土	中度	果园	农业用地						
30~40	小河	550	冲积平原	平地		砂质壤土	褐土	较深	冬小麦	农业用地					两城镇大古城	
30~40	小河	0	冲积平原	平地		砂质壤土	褐土	较深							两城镇大古城	
2~10	小河	10	冲积平原	较低的隆起		多砂	黄土	较深	休耕地		靠近海滩				两城镇	
80~90	小河	100	山麓	较低的隆起											两城镇	
70~80	小河	30	山麓	较低的隆起		多砂/土质较硬	浅褐土				荒芜				两城镇/大古城	
100~110	小河	110	山麓	较低的隆起		多砂/土质较硬	浅褐土				贫瘠				两城镇/大古城	
100~110	小河	110	山麓	较低的隆起		多砂/土质较硬	浅褐土				贫瘠				两城镇	
130~140	小河	350	山麓	中度隆起		多砂/土质较硬	红褐土	较薄							两城镇	
120~130	小河	40	山麓	较低的隆起	是	砂质壤土	黄土-褐土		休耕地	农业用地	耕田				两城镇	
90~100	小河	150	山麓	较低的隆起		多砂/土质较硬	浅褐土		休耕地/小麦	农业用地					两城镇	
80~90	小河	450	山麓	中度隆起		多砂/土质较硬	浅褐土		休耕地/小麦	农业用地					两城镇/大古城	
80~90	小河	160	山麓	较低的隆起		多砂/土质较硬	浅褐土		冬小麦	农业用地	梯田				两城镇/大古城	
60~70	小河	0	山麓	低山		砂质壤土	黄土-褐土	较深	休耕地/小麦	农业用地	靠近现代村镇和水库				两城镇/大古城	
60~70	小河	0	冲积平原	较低的隆起		砂质壤土	黄土-褐土	较深	休耕地/小麦	农业用地	靠近现代村镇和水库				两城镇	
60~70	小河	40	山麓	较低的隆起		砂质壤土	黄土-褐土	较深	休耕地/小麦	农业用地	靠近现代村镇和水库				两城镇	
60~70	小河	0	山麓	较低的隆起		砂质壤土	黄土-褐土	较深	休耕地/小麦	农业用地	靠近现代村镇和水库				两城镇	
60~70	小河	180	山麓	较低的隆起		砂质壤土	黄土-褐土	较深	休耕地/小麦	农业用地	靠近现代村镇和水库				两城镇	
50~60	支流	15	山麓	平地		多砂/土质较硬	黄土-褐土								两城镇	
70~80	小河	240	山麓	平地		砂质壤土	黄土-褐土	较深	冬小麦	农业用地	梯田				两城镇/大古城	
70~80	小河	240	山麓	平地		砂质壤土	黄土-褐土	较深	冬小麦	农业用地	梯田				两城镇	
70~80	小河	240	山麓	平地		砂质壤土	黄土-褐土	较深	冬小麦	农业用地	梯田				两城镇	
70~80	小河	50	山麓	梯田斜坡		多砂/土质较硬	黄土-褐土	中度	果园	农业用地	并有冬小麦				两城镇	
70~80	小河	230	山麓	中度隆起		砂质壤土	黄土-褐土	较深	冬小麦	农业用地					两城镇	
70~80	小河	230	山麓	中度隆起		砂质壤土	黄土-褐土	较深	冬小麦	农业用地					两城镇	
80~90	小河	400	山麓	低山		砂质壤土	黄土-褐土	中度	休耕地	农业用地	耕田				两城镇	
60~70	小河	80	山麓	较低的隆起		土质较硬	黄土-褐土	中度	休耕地/小麦	农业用地	梯田				两城镇	
50~60	小河	50	山麓	平地		砂质壤土	黄土-褐土	较深							两城镇/大古城	
50~60	小河	50	山麓	平地		砂质壤土	黄土-褐土	较深							两城镇	
60~70	小河	300	山麓	较低的隆起		多砂/土质较硬	黄土-褐土	中度	休耕地	农业用地					两城镇	
60~70	小河	300	山麓	较低的隆起		多砂/土质较硬	黄土-褐土	中度	休耕地	农业用地					两城镇	
70~80	小河	40	山麓	低山		多砂/土质较硬	黄土-褐土	中度	休耕地/小麦	农业用地					两城镇/大古城	
70~80	小河	40	山麓	较低的隆起		多砂/土质较硬	黄土-褐土	中度	休耕地/小麦	农业用地					两城镇	
70~80	小河	40	山麓	低山		多砂/土质较硬	黄土-褐土	中度	休耕地/小麦	农业用地					两城镇	

遗址前缀	遗址名称	年份	行政区划	村镇	地图	采集区	年代	早(西)	中	晚(东)	分期	期段编号	面积(万米²)	等级	所含期段数	陶片密度	陶片数量	器型	残片	石器	文化层特点	详细文化层信息	中心海拔
DG	FaJH-1/LJC-6	5	东港	范家河	大莲村		龙山				不确定	165	1.94	V	2	高	42	2			文化层		35.0
DG	FaJH-1/LJC-6	5	东港	范家河	大莲村		周	x		x	西周/东周	306	1.15	V	2	稀少	50	2					35.0
DG	FaJH-2	5	东港	范家河	大莲村		周	x		x	西周/东周	305	0.90	VI	1	稀少	3	1					35.0
DG	FaJH-3	5	东港	范家河	大莲村		汉					369	0.25	VI	1	稀少	1	0		1			35.0
DG	FaJH-4	5	东港	范家河	大莲村		周			x	东周	302	0.65	VI	1	稀少	6	1					30.0
DG	FeJH-2	5	东港	费家河	大莲村		龙山		x		中期	164	0.32	VI	2	稀少	2	2					35.0
DG	FeJH-2	5	东港	费家河	大莲村		周			x	东周	304	0.39	VI	2	稀少	1	1					35.0
DG	FeJH-3	5	东港	费家河	大莲村	B	汉					368	0.25	VI	3	稀少	1	0		1			35.0
DG	FeJH-3	5	东港	费家河	大莲村	A	龙山		x		中期	163	0.71	VI	3	稀少	4	2					35.0
DG	FeJH-3	5	东港	费家河	大莲村	A	周			x	东周	303	0.71	VI	3	稀少	4	1					35.0
DG	FJGZ-1	5	东港	范家官庄	程子沟		汉					422	0.25	VI	1	稀少	1	0		1			30.0
DG	FJGZ-2	5	东港	范家官庄	程子沟	A-F	汉					423	9.93	IV	2	很少	69	2		1			35.0
DG	FJGZ-2	5	东港	范家官庄	程子沟	A, C	周			x	东周	366	3.55	V	2	很少	12	2					35.0
DG	FJZ-1	5	东港	肥家庄	于家村		汉					454	0.25	VI	1	稀少	2	1		1			7.0
DG	FJZ-2	5	东港	肥家庄	苏家村		龙山		x		中期	197	0.25	VI	1	稀少	2	2					4.0
DG	FJZ-3	5	东港	肥家庄	于家村		周	x			西周	406	0.25	VI	1	稀少	3	1					4.0
DG	FJZ-4	5	东港	肥家庄	于家村		汉					453	0.25	VI	1	稀少	1	0		1			5.0
DG	GJC-1	5	东港	郭家村	大莲村		周			x	东周	331	0.32	VI	1	稀少	2	1					62.0
DG	GJC-2	5	东港	郭家村	大莲村		汉					390	0.65	VI	2	稀少	1	0					45.0
DG	GJC-2	5	东港	郭家村	大莲村		周			x	东周	326	0.65	VI	2	稀少	1	1					45.0
DG	GJC-3	5	东港	郭家村	大莲村	A, B	汉					389	0.84	VI	1	稀少	5	0		1			42.0
DG	GJL-1	5	东港	高家岭	大莲村		汉					370	0.58	VI	1	稀少	50	1		1			41.0
DG	GJL-2	5	东港	高家岭	大莲村		汉					371	0.25	VI	1	稀少	1	1					32.0
DG	GoJL-1	5	东港	巩岭	山口村		汉					379	0.58	VI	1	稀少	3	0		1			42.0
DG	HJH-1	5	东港	黄家河	大莲村		汉					367	1.16	V	3	稀少	19	2					30.0
DG	HJH-1	5	东港	黄家河	大莲村		龙山				不确定	162	0.45	VI	3	稀少	2	1					30.0
DG	HJH-1	5	东港	黄家河	大莲村		周			x	东周	301	0.45	VI	3	稀少	4	1		1			30.0
DG	HJH-2/3	5	东港	黄家河	日照市	J, K, M	汉					364	7.90	IV	3	稀少	25	2		1			30.0
DG	HJH-2/3	5	东港	黄家河	大莲村	B-D, F-H	汉					365	8.19	IV	3	很少	32	1	1	5			30.0
DG	HJH-2/3	5	东港	黄家河	日照市	C, D, F-K	龙山	x	x		早/中	159	24.88	III	3	很少	297	9		6	文化层	CAI	30.0
DG	HJH-2/3	5	东港	黄家河	大莲村	A	龙山				不确定	160	0.39	VI	3	稀少	2	1					30.0
DG	HJH-2/3	5	东港	黄家河	日照市	I, J, L	周	x		x	西周/东周	298	8.06	III	3	很少	36	3		1	文化层	完整陶罐 CAL	30.0
DG	HJH-2/3	5	东港	黄家河	大莲村	C, D, E, G, H	周	x		x	西周/东周	299	5.84	IV	3	很少	68	3	1	5			30.0
DG	HJH-2/3	5	东港	黄家河	大莲村	A	周	x			西周	300	0.39	VI	3	稀少	1	1					30.0
DG	HJH-4	5	东港	黄家河	日照市		汉					363	0.45	VI	2	很少	14	1		1			30.0
DG	HJH-4	5	东港	黄家河	日照市		周	x			西周	297	0.45	VI	2	很少	42	3					30.0
DG	HJY-1/2	5	东港	花家院	程子沟		汉					414	1.02	V	1	稀少	9	2		1			75.0
DG	HJY-3	5	东港	花家院	程子沟		汉					406	0.25	VI	2	稀少	2	0		1			65.0
DG	HJY-3	5	东港	花家院	程子沟		周				不确定	339	0.25	VI	2	稀少	2	1					65.0
DG	HJZ-1	5	东港	黄家庄	前沙沟		龙山				不确定	198	0.25	VI	1	稀少	1	1					62.0
DG	HJZ-2/3	5	东港	黄家庄	前沙沟	B	汉					441	0.50	VI	2	稀少	3	0		1			40.0
DG	HJZ-2/3	5	东港	黄家庄	前沙沟	A	周	x			西周	392	0.25	VI	2	稀少	1	1					38.0
DG	HJZ-3	5	东港	黄家庄	前沙沟		周				不确定	391	0.25	VI	2	稀少	1	1					40.0
DG	HJZ-4	5	东港	黄家庄	前沙沟		汉					442	0.64	VI	2	很少	12	1		1			28.0
DG	HJZ-4	5	东港	黄家庄	前沙沟		周			x	东周	390	0.32	VI	2	稀少	2	1					28.0
DG	HJZ-5	5	东港	黄家庄	前沙沟		汉					440	2.32	V	1	很少	35	1		1			26.0
DG	HJZ-6	5	东港	黄家庄	前沙沟		汉					439	0.25	VI	2	稀少	2	0		1			25.0
DG	HJZ-6	5	东港	黄家庄	前沙沟		周			x	东周	389	0.25	VI	2	稀少	1	0		1			25.0

海拔范围	水源	河道距离	环境区域	地貌状况	防御性遗址	土壤质地	土壤颜色	土层厚度	作物	现代用途	备注	距中心城市5公里内	距中心城市5~10公里	距中心城市10~15公里	距中心城市15公里以上	距海岸5公里内
30~40	小河	50	冲积平原	平地										两城镇		
30~40	支流	40	冲积平原	较低的隆起		砂质壤土	黄土-褐土	中度	休耕地/小麦	农业用地				两城镇		
30~40	支流	20	冲积平原	平地		砂质壤土	褐土	较深	蔬菜	花圃	靠近现代村镇			两城镇		
30~40	支流	120	冲积平原	平地		砂质壤土	黄土-褐土	较深	冬小麦	农业用地				大古城	两城镇	
30~40	支流	150	冲积平原	平地		砂质壤土	黄土-褐土	较深	休耕地/小麦	农业用地						
30~40	支流	0	冲积平原	平地		砂质壤土	黄土-褐土	较深	休耕地	农业用地	梯田，部分菜园，花圃，靠近现代民房					
30~40	支流	0	冲积平原	平地		砂质壤土	黄土-褐土	较深	休耕地	农业用地	梯田，部分菜园，花圃，靠近现代民房			两城镇		
30~40	支流	0	冲积平原	平地		砂质壤土	黄土-褐土	较深	冬小麦	农业用地				大古城		
30~40	支流	0	冲积平原	平地		砂质壤土	褐土	较深	蔬菜	花圃						
30~40	支流	0	冲积平原	平地		砂质壤土	褐土	较深	蔬菜	花圃						
30~40	小河	430	冲积平原	较低的隆起		砂质壤土	褐土	较深	休耕地	农业用地				两城镇	大古城	
30~40	小河	0	冲积平原	较低的隆起		砂质壤土	褐土	较深	冬小麦	农业用地	并有菜园花圃&休耕地			两城镇	大古城	
30~40	小河	0	冲积平原	较低的隆起		砂质壤土	褐土	较深	果园	农业用地	并有休耕地/小麦			两城镇		
2~10	小河	480	冲积平原	平地			褐土			花圃						
2~10	小河	660	冲积平原	平地		多砂	褐土		冬小麦	农业用地					两城镇	x
2~10	小河	50	冲积平原	平地		多砂	褐土		冬小麦	农业用地					两城镇	x
2~10	小河	40	冲积平原	较低的隆起		土质较硬			休耕地	农业用地	靠近冬小麦			两城镇		
60~70	小河	180	山麓	低山		砂质壤土	黄土-褐土	较深	休耕地	农业用地	耕地，梯田				两城镇	
40~50	支流	230	山麓	低山		砂质壤土	黄土-褐土	较深	休耕地/小麦	农业用地	靠近现代民房			大古城	两城镇	
40~50	支流	230	山麓	低山		砂质壤土	黄土-褐土	较深	休耕地/小麦	农业用地	靠近现代民房				两城镇	
40~50	支流	20	山麓	平地		多砂/土质较硬	浅褐土		休耕地/小麦	农业用地				大古城	两城镇	
40~50	支流	300	山麓	低山		砂质壤土	黄土-褐土	较深	冬小麦	农业用地	部分平地，部分土质较硬，部分果园			大古城	两城镇	
30~40	小河	40	山麓	中度隆起		砂质壤土	黄土-褐土	较深	休耕地	农业用地				大古城	两城镇	
40~50	小河	270	冲积平原	平地											两城镇/大古城	
30~40	主要河流	90	冲积平原	较低的隆起		多砂	黄土-褐土	较深	休耕地/小麦	农业用地				大古城		
30~40	主要河流	90	冲积平原	较低的隆起		多砂	黄土-褐土	较深	休耕地/小麦	农业用地						
30~40	主要河流	90	冲积平原	较低的隆起		多砂	黄土-褐土	较深	休耕地/小麦	农业用地						
30~40	主要河流	0	冲积平原/山麓	较低的隆起		砂质壤土	黄土-褐土	较深	休耕地/小麦	农业用地	有部分果园/菜园					
30~40	主要河流	0	冲积平原/山麓	较低的隆起		砂质壤土	黄土-褐土	较深	休耕地/小麦	农业用地	有部分果园/菜园			大古城		
30~40	主要河流	0	冲积平原/山麓	平地/低hill		砂质壤土	黄土-褐土	较深	休耕地/小麦	农业用地	有部分果园/菜园					
30~40	主要河流	0	冲积平原/山麓	较低的隆起		砂质壤土	黄土-褐土	较深	休耕地/小麦	农业用地	有部分果园/菜园					
30~40	主要河流	0	冲积平原/山麓	较低的隆起		砂质壤土	黄土-褐土	较深	休耕地/小麦	农业用地	有部分果园/菜园					
30~40	主要河流	0	冲积平原/山麓	低山		砂质壤土	黄土-褐土	较深	休耕地/小麦	农业用地	有部分果园/菜园					
30~40	主要河流	0	冲积平原/山麓	较低的隆起		砂质壤土	黄土-褐土	较深	休耕地/小麦	农业用地	有部分果园/菜园					
30~40	主要河流	340	冲积平原	平地		砂质壤土	褐土	较深			位于工厂院落内			大古城		
30~40	主要河流	340	冲积平原	平地		砂质壤土	褐土	较深			位于工厂院落内					
70~80	小河	310	山麓	较低的隆起		砂质壤土	黄土-褐土	较深	休耕地	农业用地	有土质较硬/多砂果园				两城镇/大古城	
60~70	小河	30	山麓	低山		砂质壤土	黄土-褐土	中度	果园	农业用地	并有休耕地				两城镇/大古城	
60~70	小河	30	山麓	低山		砂质壤土	黄土-褐土	中度	果园	农业用地	并有休耕地				两城镇	
60~70	小河	30	山麓	低山麓		砂质壤土	黄土-褐土	较深	果园	农业用地	梯田			两城镇		
40~50	小河	30	山麓	低山麓		砂质壤土	黄土-褐土	较深	冬小麦	农业用地					两城镇	
30~40	小河	30	山麓	中度隆起		多砂/土质较硬	浅褐土		冬小麦	农业用地					两城镇	
40~50	小河	20	山麓	低山麓		砂质壤土	黄土-褐土	较深	冬小麦	农业用地					两城镇	
20~30	小河	80	冲积平原	较低的隆起		砂质壤土	黄土-灰土	中度	休耕地/小麦	农业用地					两城镇	
20~30	小河	80	冲积平原	较低的隆起		砂质壤土	黄土-灰土	中度	休耕地/小麦	农业用地					两城镇	
20~30	小河	10	冲积平原	较低的隆起		砂质壤土	浅褐土	较深	休耕地/小麦	农业用地					两城镇	
20~30	小河	100	冲积平原	平地		砂质壤土	黄土-褐土	较深	冬小麦	农业用地					两城镇	
20~30	小河	100	冲积平原	平地		砂质壤土	黄土-褐土	较深	冬小麦	农业用地					两城镇	

遗址前缀	遗址名称	年份	行政区划	村镇	地图	采集区	年代	早(西)	中	晚(东)	分期	期段编号	面积(万米²)	等级	所含期段数	陶片密度	陶片数量	器型	残片	石器	文化层特点	详细文化层信息	中心海拔
DG	HJZ-7	5	东港	黄家庄	前沙沟		汉					438	0.25	VI	1	稀少	1	0		1			25.0
DG	HSD-11	5	东港	河山店	前沙沟		汉					424	0.97	VI	2	稀少	3	0		1			25.0
DG	HSD-11	5	东港	河山店	前沙沟		周			x	东周	369	0.97	VI	2	稀少	2	1					25.0
DG	HSJGZ-1	5	东港	后时家官庄	程子沟		周	x		x	西周/东周	340	0.25	VI	1	很少	11	2					85.0
DG	HSJGZ-2	5	东港	后时家官庄	程子沟		龙山				不确定	171	0.25	VI	1	稀少	2	1					95.0
DG	HSJGZ-3	5	东港	后时家官庄	程子沟		周	x			西周	341	0.32	VI	1	稀少	18	1					100.0
DG	HSJGZ-4	5	东港	后时家官庄	大莲村		周	x			西周	336	0.39	VI	1	很少	17	2					60.0
DG	HSJGZ-5	5	东港	后时家官庄	程子沟		汉					405	0.25	VI	1	稀少	1	0		1			65.0
DG	HSQ-1	7	东港	后山前	大莲村	B-H	汉					402	16.32	III	2	稀少	88	3	1				55.0
DG	HSQ-2	5	东港	后山前	大莲村		周			x	东周	334	0.25	VI	1	稀少	1	1					45.0
DG	LiJC-1	5	东港	厉家村	山口村		汉					382	0.52	VI	2	稀少	7	1					45.0
DG	LiJC-1	5	东港	厉家村	山口村		周			x	东周	320	0.52	VI	2	稀少	5	1					45.0
DG	LiJC-2	5	东港	厉家村	山口村		汉					383	1.35	V	2	很少	19	0	1				42.0
DG	LiJC-2	5	东港	厉家村	山口村		周			x	东周	321	1.35	V	2	很少	16	2					42.0
DG	LiJC-3	5	东港	厉家村	山口村		汉					384	0.39	VI	2	稀少	7	1	1				40.0
DG	LiJC-3	5	东港	厉家村	山口村		周	x		x	西周/东周	322	0.39	VI	1	高	37	4					40.0
DG	LJC-1	5	东港	林家村	大莲村		周				不确定	307	0.52	VI	1	稀少	3	1					40.0
DG	LJC-2	5	东港	林家村	大莲村	A，B	周	x			西周	308	0.77	VI	1	稀少	6	1					45.0
DG	LJC-3	5	东港	林家村	大莲村		周			x	东周	407	0.25	VI	1	稀少	1	1					40.0
DG	LJC-4	5	东港	林家村	大莲村		龙山		x		中期	166	1.03	V	1	稀少	2	1					38.0
DG	LJC-5	5	东港	林家村	大莲村		周			x	东周	309	0.25	VI	1	稀少	1	1					38.0
DG	LJGZ-1	5	东港	梁家官庄	程子沟		汉					419	0.25	VI	1	稀少	2	0		1			45.0
DG	LJL-1	5	东港	刘家楼	苏家村		汉					452	4.19	V	2	很少	15	1	1				5.0
DG	LJL-1	5	东港	刘家楼	苏家村		周			x	东周	404	0.25	VI	2	稀少	3	1					5.0
DG	LJL-2	5	东港	刘家楼	苏家村		周	x		x	西周/东周	403	0.25	VI	1	稀少	3	1					5.0
DG	LJL-3	5	东港	刘家楼	于家村		周			x	东周	405	0.25	VI	1	稀少	1	1					6.0
DG	LJL-4	5	东港	刘家楼	苏家村		汉					455	0.25	VI	1	稀少	1	0		1			18.0
DG	LJL-5	5	东港	刘家楼	苏家村		周			x	东周	402	0.25	VI	1	稀少	1	1					8.0
DG	LQ-1	5	东港	林前	前沙沟		周			x	东周	370	0.32	VI	1	稀少	3	1					25.0
DG	LQ-2	5	东港	林前	前沙沟		周			x	东周	371	0.77	VI	1	稀少	4	1					25.0
DG	LSZ-1	5	东港	凉水汪	前沙沟		周	x		x	西周/东周	394	0.25	VI	1	稀少	3	2		1			55.0
DG	LSZ-2	5	东港	凉水汪	前沙沟		汉					445	0.25	VI	2	稀少	10	3					40.0
DG	LSZ-2	5	东港	凉水汪	前沙沟		周	x		x	西周/东周	393	0.25	VI	2	稀少	10	2					40.0
DG	LSZ-3	5	东港	凉水汪	前沙沟		汉					446	0.25	VI	1	稀少	1	0		1			42.0
DG	LuJC-1	5	东港	路家村	苏家村		周			x	东周	399	0.25	VI	1	稀少	1	1					38.0
DG	LuJC-2	5	东港	路家村	苏家村		汉					458	0.25	VI	1	稀少	1	1					18.0
DG	MSH-1	5	东港	庙山后	山口村	A-D	龙山	x	x		早/中	184	4.00	IV	2	很少	94	5		2			85.0
DG	MSH-1	5	东港	庙山后	山口村	D	周	x			西周	382	1.16	V	2	稀少	10	2		2			85.0
DG	QJGZ-1	5	东港	秦家官庄	苏家村	C	商					17	1.48	I	3	稀少	3	3		8	文化层	CAC，CAD	25.0
DG	QJGZ-1	5	东港	秦家官庄	苏家村	B，C	岳石				不确定	4	1.48	II	3	稀少	10	3		8	文化层	CAC，CAD	25.0
DG	QJGZ-1	5	东港	秦家官庄	苏家村	A-D	周	x		x	西周/东周	395	4.64	IV	3	很少	242	5		8	文化层	CAC，CAD	25.0
DG	QJGZ-2	5	东港	秦家官庄	于家村		汉					447	0.25	VI	1	稀少	2	0		1			28.0
DG	QJL-1	5	东港	秦家楼	山口村		汉					380	0.52	VI	1	稀少	4	0		1			41.0
DG	QLH-1	5	东港	七里河	大莲村		汉					460	0.25	VI	2	稀少	3	1	1				20.0
DG	QLH-1	5	东港	七里河	大莲村	A-F	周	x		x	西周/东周	315	4.45	IV	2	很少	332	5			文化层	CAB	20.0
DG	QLH-2	5	东港	七里河	大莲村		汉					377	0.25	VI	1	稀少	4	1					28.0
DG	QSG-1	5	东港	前沙沟	前沙沟		汉					444	0.32	VI	1	稀少	2	1					43.0
DG	QSJGZ-1	5	东港	前时家官庄	大莲村		汉					404	0.25	VI	1	稀少	2	0		1			85.0
DG	QSJGZ-2	5	东港	前时家官庄	大莲村		汉					403	0.25	VI	1	稀少	1	0		1			55.0

海拔范围	水源	河道距离	环境区域	地貌状况	防御性遗址	土壤质地	土壤颜色	土层厚度	作物	现代用途	备注	距中心城市5公里内	距中心城市5~10公里	距中心城市10~15公里	距中心城市15公里以上	距海岸5公里内
20~30	小河	90	冲积平原	平地		多砂/土质较硬	浅褐土		休耕地/小麦	农业用地				两城镇	大古城	
20~30	支流	0	冲积平原	平地		多砂	黄土-褐土	较深	果园	农业用地				两城镇	大古城	
20~30	支流	0	冲积平原	平地		多砂	黄土-褐土	较深	果园	农业用地				两城镇		
80~90	小河	30	山麓	低山		砂质壤土	黄土-褐土	较深	休耕地	农业用地	梯田			两城镇		
90~100	小河	90	山麓	低山		砂质壤土	黄土-褐土	较深	冬小麦	农业用地				两城镇		
100~110	小河	30	山麓	平地	可能	多砂	黄土-褐土	中度	休耕地	农业用地	部分树林，位于山麓中部			两城镇		
60~70	小河	60	山麓	平地		砂质壤土	黄土-褐土	较深	休耕地	农业用地				两城镇		
60~70	小河	140	山麓	平地		砂质壤土	黄土-褐土	较深	冬小麦	农业用地				两城镇/大古城		
50~60	小河	10	冲积平原/山麓	平地		多砂	黄土-褐土		休耕地/小麦	果园/现代村镇					大古城	两城镇	
40~50	支流	90	山麓	平地		砂质壤土	黄土-褐土	较深	休耕地	农业用地				两城镇		
40~50	小河	20	山麓	平地		砂质壤土	黄土-褐土	较深	休耕地/小麦	农业用地				两城镇/大古城		
40~50	小河	20	山麓	平地		砂质壤土	黄土-褐土	较深	休耕地/小麦	农业用地				两城镇		
40~50	小河	110	山麓	平地		砂质壤土	黄土-褐土	较深	休耕地/小麦	农业用地	靠近干涸的水渠			两城镇/大古城		
40~50	小河	110	山麓	平地		砂质壤土	黄土-褐土	较深	休耕地/小麦	农业用地	靠近干涸的水渠			两城镇		
40~50	小河	50	山麓	较低的隆起										两城镇/大古城		
40~50	小河	50	山麓	较低的隆起										两城镇		
40~50	小河	30	山麓	低山麓		土质较硬	黄土-褐土	较深	休耕地/小麦	农业用地	耕田/梯田			两城镇		
40~50	小河	240	山麓	平地		土质较硬	黄土-褐土	较深	冬小麦	农业用地	部分果园/休林地			两城镇		
40~50	小河	210	山麓	低山		多砂/土质较硬	黄土-褐土	中度	休耕地	农业用地	靠近废弃的现代建筑物			两城镇		
30~40	小河	150	冲积平原	平地		砂质壤土	褐土	较深	蔬菜	花圃	靠近现代村庄			两城镇		
30~40	小河	230	冲积平原	平地		砂质壤土	黄土-褐土	较深	冬小麦	农业用地				两城镇		
40~50	小河	80	山麓	平地		多砂	红土/橙黄-褐土	中度	果园	农业用地	靠近冲积平原			两城镇	大古城	
2~10	小河	350	冲积平原	平地			黄土-褐土		冬小麦	农业用地	附近水塔		两城镇			
2~10	小河	350	冲积平原	平地			黄土-褐土		冬小麦	农业用地	附近水塔		两城镇			x
2~10	小河	210	冲积平原	平地					冬小麦	农业用地	靠近民房			两城镇		x
2~10	小河	130	冲积平原	平地			红褐土		休耕地	农业用地	靠近冬小麦		两城镇			x
10~20	小河	170	冲积平原/山麓	低山			黄土-褐土		冬小麦	农业用地	梯田山脊			两城镇		
2~10	小河	50	冲积平原/山麓	平地			灰土-褐土	较深	蔬菜	花圃				两城镇		x
20~30	支流	0	冲积平原	平地		多砂	黄土-褐土	较深	果园	农业用地				两城镇		
20~30	支流	0	冲积平原	平地		多砂	褐土	较深	休耕地	农业用地				两城镇		
50~60	小河	10	山麓	平地	是	砂质壤土	黄土-褐土	较深	休耕地	农业用地	废弃的现代民房			两城镇		
40~50	小河	180	山麓	较低的隆起		砂质壤土	褐土	较深		现代砖厂				两城镇		
40~50	小河	180	山麓	较低的隆起		砂质壤土	褐土	较深		现代砖厂				两城镇		
40~50	小河	20	山麓	中度隆起		土质较硬	浅褐土		冬小麦	农业用地	梯田			两城镇		
30~40	小河	170	山麓	较低的隆起										两城镇		x
10~20	小河	20	冲积平原/山麓	较低的隆起										两城镇		
80~90	小河	10	冲积平原/山麓	中坡		砂质壤土	褐土/黄土-褐土	较深	蔬菜	农业用地	部分果园、冬小麦			两城镇		
80~90	小河	10	冲积平原/山麓	中坡		砂质壤土	褐土/黄土-褐土	较深	蔬菜	农业用地	部分果园、冬小麦			两城镇		
20~30	小河	100	山麓	低山	可能	壤土	褐土			现代砖厂				两城镇		
20~30	小河	50	山麓	低山	可能	壤土	褐土			现代砖厂				两城镇		
20~30	小河	10	山麓	低山	可能	砂质壤土	黄土-褐土			现代砖厂	冬小麦		两城镇			x
20~30	小河	20	山麓	较低的隆起										两城镇		
40~50	小河	80	冲积平原	平地		多砂/土质较硬	浅褐土	较薄	休耕地	农业用地				两城镇/大古城		
20~30	支流	0	冲积平原	较低的隆起										大古城	两城镇	
20~30	支流	0	冲积平原	较低的隆起		黏土壤土	褐土	较深	休耕地/小麦	农业用地	平地			两城镇		
20~30	小河	470	山麓	低山麓		砂质壤土	褐土	较深	休耕地/小麦	农业用地				大古城	两城镇	
40~50	小河	260	山麓	低山麓			红褐土	中度	冬小麦	农业用地	梯田			两城镇		
80~90	支流	290	山麓	高山	是	多砂	黄土	中度			梯田			两城镇/大古城		
50~60	小河	250	山麓	平地		砂质壤土	黄土-褐土	较深	冬小麦	农业用地				两城镇/大古城		

遗址前缀	遗址名称	年份	行政区划	村镇	地图	采集区	年代	早(西)	中	晚(东)	分期	期段编号	面积(万米²)	等级	所含期段数	陶片密度	陶片数量	器型	残片	石器	文化层特点	详细文化层信息	中心海拔
DG	QSJGZ-3	5	东港	前时家官庄	大莲村		汉					401	1.10	V	2	稀少	9	0	1				50.0
DG	QSJGZ-3	5	东港	前时家官庄	大莲村		龙山				不确定	169	1.03	V	2	稀少	3	1					50.0
DG	QSJGZ-4	5	东港	前时家官庄	大莲村		龙山				不确定	170	0.25	VI	1	稀少	2	1					70.0
DG	QSJGZ-5	5	东港	前时家官庄	大莲村		汉					400	0.25	VI	1	稀少	1	0	1				55.0
DG	QSJGZ-6	5	东港	前时家官庄	大莲村		汉					395	0.39	VI	2	稀少	2	1					55.0
DG	QSJGZ-6	5	东港	前时家官庄	大莲村		周				不确定	330	0.45	VI	2	稀少	1	1					55.0
DG	QSJGZ-7	5	东港	前时家官庄	大莲村	A, B	汉					394	0.90	VI	1	稀少	4	0	1				48.0
DG	QSQ-1	5	东港	前山前	大莲村	A-C, 13-C	龙山	x	x		早/中	168	4.05	IV	3	很少	111	5			文化层	CAB	45.0
DG	QSQ-1	5	东港	前山前	大莲村	C	周	x			西周	328	0.71	VI	3	稀少	3	2					45.0
DG	QSQ-1	5	东港	前山前	大莲村	A	周	x			西周	329	0.52	VI	3	稀少	5	1					45.0
DG	HSQ-13/QSQ-1	7	东港	前山前	大莲村	13A-E/1A-C	汉					393	17.79	III	3	很少	62	2	2				46.0
DG	QSQ-2	5	东港	前山前	大莲村		汉					391	0.25	VI	2	稀少	1	0	1				42.0
DG	QSQ-2	5	东港	前山前	大莲村		周	x			西周	327	0.25	VI	2	稀少	3	1					42.0
DG	QSQ-3	5	东港	前山前	大莲村		汉					392	0.32	VI	2	稀少	2	0	1				42.0
DG	QSQ-3	5	东港	前山前	大莲村		龙山				不确定	167	0.39	VI	2	稀少	1	1					42.0
DG	QZC-1/WLZ-2	5	东港	前竹村	山口村	C	汉					459	0.25	VI	5	稀少	1	0	1				70.0
DG	QZC-1/WLZ-2	5	东港	前竹村	山口村	H	龙山				不确定	182	0.52	VI	5	稀少	3	1					70.0
DG	QZC-1/WLZ-2	5	东港	前竹村	山口村	J	商					15	1.68	I	5	稀少	1	1					70.0
DG	QZC-1/WLZ-2	5	东港	前竹村	山口村	E	商					16	0.45	II	5	稀少	1	1					70.0
DG	QZC-1/WLZ-2	5	东港	前竹村	山口村	I, O	岳石				不确定	3	2.26	II	5	稀少	3	3					70.0
DG	QZC-1/WLZ-2	5	东港	前竹村	山口村	A-R	周	x		x	西周/东周	383	32.57	II	5	很少	389	6			文化层		70.0
DG	QZC-1/WLZ-4	5	东港	前竹村	山口村	B	汉					431	0.45	VI	2	稀少	2	0	1				47.0
DG	QZC-2	5	东港	前竹村	山口村		周	x			西周	384	1.94	V	1	很少	15	2					85.0
DG	QZC-3	5	东港	前竹村	山口村		周	x			西周	386	2.45	V	1	很少	30	3					60.0
DG	QZC-4	5	东港	前竹村	山口村		汉					435	0.25	VI	1	稀少	1	0	1				65.0
DG	QZC-5	5	东港	前竹村	山口村		汉					436	0.25	VI	1	稀少	2	1					92.0
DG	RJC-1	5	东港	若家村	前沙沟		周			x	东周	388	0.52	VI	1	稀少	4	2					25.0
DG	RJC-2	5	东港	若家村	前沙沟		汉					437	0.25	VI	1	稀少	1	0	1				25.0
DG	ShJC-1	5	东港	水家村	日照市		汉					366	0.32	VI	2	稀少	2	1	1				22.0
DG	ShJC-1	5	东港	水家村	日照市		龙山				不确定	161	0.32	VI	2	很少	26	1					22.0
DG	SJC-1/12	5	东港	苏家村	苏家村	B, D, E	汉					456	1.03	V	3	稀少	8	2	1				10.0
DG	SJC-1/12	5	东港	苏家村	苏家村		大汶口					4	0.20	III	2	稀少	1	1					10.0
DG	SJC-1/12	5	东港	苏家村	苏家村	A, B, C, D, E/A, B	龙山	x	x		早/中	193	10.96	III	4	很少	215	7		7			10.0
DG	SJC-1/12	5	东港	苏家村	苏家村	D	周				不确定	400	0.25	VI	3	稀少	1	1					10.0
DG	SJC-1/12	5	东港	苏家村	苏家村	B	周			x	东周	401	0.25	VI	3	稀少	1	1					10.0
DG	SJC-10	5	东港	苏家村	苏家村		龙山	x			早期	190	0.97	V	1	稀少	9	2					15.0
DG	SJC-11	5	东港	苏家村	苏家村		周	x			西周	397	0.25	VI	1	稀少	1	1					22.0
DG	SJC-13	5	东港	苏家村	苏家村	A, B	龙山				不确定	194	0.90	VI	1	稀少	10	1					25.0
DG	SJC-2	5	东港	苏家村	苏家村	B	汉					449	0.25	VI	2	稀少	1	0	1				25.0
DG	SJC-2	5	东港	苏家村	苏家村	A	汉					450	0.45	VI	2	稀少	3	1					25.0
DG	SJC-2	5	东港	苏家村	苏家村	A, B	龙山	x			早期	192	5.35	IV	2	稀少	22	5			文化层	河流冲刷处陶片	25.0

海拔范围	水源	河道距离	环境区域	地貌状况	防御性遗址	土壤质地	土壤颜色	土层厚度	作物	现代用途	备注	距中心城市5公里内	距中心城市5~10公里	距中心城市10~15公里	距中心城市15公里以上	距海岸5公里内
50~60	支流	10	山麓	平地		砂质壤土	黄土-褐土	较深	冬小麦	农业用地			大古城	两城镇		
50~60	支流	10	山麓	平地		砂质壤土	黄土-褐土	较深	冬小麦	农业用地				两城镇		
70~80	小河	250	山麓	低山		土质较硬	黄土-褐土	中度						两城镇		
50~60	小河	30	山麓	平地		砂质壤土	黄土-褐土	较深	休耕地	农业用地			大古城	两城镇		
50~60	小河	50	山麓	低山		多砂/土质较硬			休耕地/小麦	农业用地			大古城	两城镇		
50~60	小河	50	山麓	低山		多砂/土质较硬			休耕地/小麦	农业用地				两城镇		
40~50	小河	440	冲积平原	平地		砂质壤土	褐土	较深	蔬菜	花圃			大古城	两城镇		
40~50	支流	0	冲积平原	较低的隆起		砂质壤土	黄土-褐土	较深	休耕地/小麦	农业用地	靠近现代村镇，部分梯田、果园			两城镇		
40~50	支流	0	冲积平原	较低的隆起		砂质壤土	黄土-褐土	较深	休耕地/小麦	农业用地	靠近现代村镇，部分梯田、果园			两城镇		
40~50	支流	0	冲积平原	较低的隆起		砂质壤土	黄土-褐土	较深	休耕地/小麦	农业用地	靠近现代村镇，部分梯田、果园			两城镇		
40~50	支流	0	山麓	微倾斜		多砂	浅褐土	较深	休耕地/小麦	农业用地	靠近现代村镇，部分梯田、果园		大古城	两城镇		
40~50	小河	130	冲积平原	平地		砂质壤土	黄土-褐土	较深	冬小麦	农业用地			大古城	两城镇		
40~50	小河	130	冲积平原	平地		砂质壤土	黄土-褐土	较深	冬小麦	农业用地				两城镇		
40~50	支流	350	冲积平原	平地		多砂/土质较硬	浅褐土		休耕地/小麦	农业用地			大古城	两城镇		
40~50	支流	350	冲积平原	平地		多砂/土质较硬	浅褐土		休耕地/小麦	农业用地				两城镇		
70~80	小河	0	山麓	低山麓	可能	砂质壤土	黄土-褐土	较深	休耕地/小麦	农业用地	部分区域有塑料大棚，建筑物，部分冲积阶地			两城镇/大古城		
70~80	小河	0	山麓	低山	可能	砂质壤土	黄土-褐土	较深	休耕地/小麦	农业用地	部分果园，部分土层较厚			两城镇		
70~80	小河	90	山麓	低山	可能	砂质壤土	黄土-褐土	较深	休耕地/小麦	农业用地	部分果园，部分土层较厚			两城镇		
70~80	小河	0	山麓	低山麓	可能	砂质壤土	黄土-褐土	较深	休耕地/小麦	农业用地	部分区域有塑料大棚，建筑物，部分冲积阶地					
70~80	小河	0	山麓	低山	可能	砂质壤土	黄土-褐土	较深	休耕地/小麦	农业用地	部分区域有塑料大棚，建筑物，部分冲积阶地				两城镇	
40~50	小河	0	山麓	中坡		砂质壤土	黄土-褐土	较深	蔬菜	花圃	冬小麦				两城镇/大古城	
80~90	小河	240	山麓	高山	?	砂质壤土	黄土-褐土	较深	休耕地	农业用地			两城镇			
60~70	小河	10	山麓	高山	?	多砂	黄土-褐土	中度	休耕地	农业用地	耕田		两城镇			
60~70	小河	260	山麓	高山	?	土质较硬	褐土		冬小麦	农业用地			两城镇/大古城			
90~100	小河	70	山麓	低山	可能	砂质壤土	黄土-褐土	中度	休耕地	农业用地	土质较硬		两城镇/大古城			
20~30	小河	0	冲积平原	较低的隆起		砂质壤土	黄土-褐土	较深	休耕地/小麦	农业用地			两城镇			
20~30	小河	0	冲积平原	较低的隆起		多砂/土质较硬	浅褐土		冬小麦	农业用地			两城镇	大古城		
20~30	小河	470	冲积平原	平地		多砂	褐土	较深		高速路		大古城				
20~30	小河	470	冲积平原	平地		多砂	褐土	较深		高速路		大古城				
10~20	小河	80	冲积平原	较低的隆起		多砂	浅褐土		冬小麦	农业用地						
10~20	小河	80	冲积平原	较低的隆起												
10~20	小河	80	冲积平原	较低的隆起		壤土	黄土-褐土		休耕地/小麦	农业用地	现代村镇，现代砖厂			两城镇		x
10~20	小河	80	冲积平原	较低的隆起										两城镇		x
10~20	小河	80	冲积平原	较低的隆起		多砂	浅褐土		冬小麦	塑料大棚				两城镇		x
10~20	小河	20	冲积平原/山麓	平地		砂质壤土	黄土-褐土	较深	休耕地/小麦	农业用地	现代砖厂			两城镇		x
20~30	小河	30	山麓	较低的隆起										两城镇		x
20~30	小河	220	冲积平原	低山			浅褐土		冬小麦	农业用地				两城镇		x
20~30	小河	80	冲积平原/山麓	较低的隆起					休耕地/小麦	农业用地				两城镇		
20~30	小河	80	冲积平原/山麓	梯田					冬小麦	农业用地				两城镇		
20~30	小河	80	冲积平原/山麓	较低的隆起					休耕地/小麦	农业用地	部分梯田			两城镇		x

遗址前缀	遗址名称	年份	行政区划	村镇	地图	采集区	年代	早(西)	中	晚(东)	分期	期段编号	面积(万米²)	等级	所含期段数	陶片密度	陶片数量	器型	残片	石器	文化层特点	详细文化层信息	中心海拔
DG	SJC-3	5	东港	苏家村	于家村	A	龙山		x		中期	185	0.84	VI	1	稀少	5	2					35.0
DG	SJC-4	5	东港	苏家村	于家村		龙山				不确定	186	0.25	VI	1	稀少	2	1					52.0
DG	SJC-5	5	东港	苏家村	苏家村		龙山				不确定	187	0.25	VI	1	稀少	1	1					40.0
DG	SJC-6	5	东港	苏家村	苏家村		汉					448	0.25	VI	1	稀少	2	1					20.0
DG	SJC-7	5	东港	苏家村	苏家村		龙山				不确定	191	0.25	VI	2	稀少	1	1					20.0
DG	SJC-7	5	东港	苏家村	苏家村		周			x	东周	396	2.97	V	2	稀少	10	2			墓葬	周墓葬	20.0
DG	SJC-8	5	东港	苏家村	苏家村		龙山		x		中期	188	0.25	VI	1	稀少	3	2					26.0
DG	SJC-9	5	东港	苏家村	苏家村		龙山				不确定	189	0.25	VI	1	稀少	1	1					15.0
DG	SJP-1	5	东港	申家坡	山口村		汉					429	1.42	V	2	稀少	5	0	1				33.0
DG	SJP-1	5	东港	申家坡	山口村		周			x	东周	373	1.42	V	2	稀少	3	1					32.0
DG	SJP-2	5	东港	申家坡	山口村		周			x	东周	372	0.25	VI	1	稀少	1	1					28.0
DG	SJP-3	5	东港	申家坡	山口村		周			x	东周	374	0.25	VI	1	稀少	2	2					32.0
DG	SJP-4	5	东港	申家坡	山口村		周			x	东周	375	0.25	VI	1	稀少	1	0	1				32.0
DG	SJP-5	5	东港	申家坡	大莲村		汉					428	0.25	VI	1	稀少	1	0	1				28.0
DG	SJP-6/WLZ-5	5	东港	申家坡	山口村		汉					433	0.45	VI	3	稀少	2	0	1	1			45.0
DG	SJP-6/WLZ-5	5	东港	申家坡	山口村		龙山	x	x		早/中	181	3.81	V	3	很少	280	6			文化层	灰坑	45.0
DG	SJP-6/WLZ-5	5	东港	申家坡	山口村		周	x			西周	378	3.81	V	3	很少	17	4					45.0
DG	SJP-7	5	东港	申家坡	山口村		周			x	东周	381	0.25	VI	1	稀少	2	1					50.0
DG	SJP-8	5	东港	申家坡	山口村		周			x	东周	379	0.25	VI	1	稀少	1	1					45.0
DG	SKC-1	5	东港	山口村	山口村		周			x	东周	380	1.10	V	1	稀少	10	2	1		文化层		48.0
DG	SKC-2	5	东港	山口村	山口村		周	x		x	西周/东周	317	0.39	VI	1	很少	22	2	1				71.0
DG	SKC-3	5	东港	山口村	山口村		周			x	东周	318	0.25	VI	1	稀少	2	1					58.0
DG	SKC-4	5	东港	山口村	山口村	B	汉					381	0.58	VI	3	稀少	6	0	1				50.0
DG	SKC-4	5	东港	山口村	山口村	B	龙山				不确定	183	0.58	VI	3	稀少	2	1					50.0
DG	SKC-4	5	东港	山口村	山口村	A,B	周	x			西周	319	0.90	VI	3	很少	44	2					50.0
DG	SZS-1	5	东港	三柱山	大莲村		汉					388	0.25	VI	2	稀少	1	2					43.0
DG	SZS-1	5	东港	三柱山	大莲村		周			x	东周	325	0.25	VI	2	稀少	7	1	1				43.0
DG	TLC-1	5	东港	屯岭村	前沙沟		周	x			西周	387	0.25	VI	1	稀少	0	0		1			30.0
DG	TLC-2	5	东港	屯岭村	前沙沟		汉					427	0.25	VI	1	稀少	1	0	1				25.0
DG	TLC-3	5	东港	屯岭村	前沙沟		汉					426	0.25	VI	1	稀少	1	0	1				25.0
DG	WJGZ-1	5	东港	汪家官庄	程子沟		周			x	东周	364	0.25	VI	1	稀少	4	1					55.0
DG	WJGZ-10	5	东港	汪家官庄	程子沟	A	汉					410	0.39	VI	3	稀少	1	0	1				70.0
DG	WJGZ-10	5	东港	汪家官庄	大莲村	B	龙山				不确定	179	0.32	VI	3	稀少	5	1					70.0
DG	WJGZ-10	5	东港	汪家官庄	大莲村	A,B	周			x	东周	349	1.23	V	3	很少	15	1					70.0
DG	WJGZ-11	5	东港	汪家官庄	大莲村		汉					409	0.25	VI	1	稀少	1	0	1				70.0
DG	WJGZ-2	5	东港	汪家官庄	程子沟		周	x			西周	365	0.90	VI	1	很少	36	2					55.0
DG	WJGZ-3	5	东港	汪家官庄	程子沟		周			x	东周	363	0.25	VI	1	稀少	2	1					78.0
DG	WJGZ-4	5	东港	汪家官庄	程子沟		汉					425	0.25	VI	2	稀少	1	0	1				30.0
DG	WJGZ-4	5	东港	汪家官庄	程子沟		周			x	东周	352	0.25	VI	2	稀少	4	1					30.0
DG	WJGZ-5	5	东港	汪家官庄	程子沟		周			x	东周	353	0.25	VI	1	稀少	2	1					30.0
DG	WJGZ-6	5	东港	汪家官庄	程子沟		龙山	x			早期	180	0.25	VI	1	稀少	2	1					32.0
DG	WJGZ-6	5	东港	汪家官庄	程子沟		周	x		x	西周/东周	354	1.23	V	2	很少	15	2					32.0
DG	WJGZ-7	5	东港	汪家官庄	程子沟		汉					411	0.25	VI	1	稀少	2	1	1				40.0
DG	WJGZ-8	5	东港	汪家官庄	程子沟		周			x	东周	356	0.25	VI	1	稀少	2	1	1				52.0
DG	WJGZ-9	5	东港	汪家官庄	程子沟	A,B	周			x	东周	355	0.97	VI	1	很少	22	2					60.0
DG	WLZ-1	5	东港	窝落子	山口村	D	汉					430	0.77	VI	2	稀少	4	0	1				45.0
DG	WLZ-1	5	东港	窝落子	山口村	A-D	周	x		x	西周/东周	385	8.83	III	2	很少	79	4					45.0
DG	WLZ-3	5	东港	窝落子	山口村	A,B	汉					434	0.90	VI	2	稀少	3	0	1				46.0
DG	WLZ-3	5	东港	窝落子	山口村	B	周	x		x	西周/东周	377	5.23	IV	2	很少	28	1		2			46.0
DG	WLZ-4	5	东港	窝落子	山口村	A	周	x		x	西周/东周	376	1.42	V	1	很少	17	2					40.0
DG	WLZ-6	5	东港	窝落子	山口村		汉					432	0.25	VI	1	稀少	1	0	1				45.0

海拔范围	水源	河道距离	环境区域	地貌状况	防御性遗址	土壤质地	土壤颜色	土层厚度	作物	现代用途	备注	距中心城市5公里内	距中心城市5~10公里	距中心城市10~15公里	距中心城市15公里以上	距海岸5公里内
30~40	小河	10	山麓	较低的隆起					冬小麦	农业用地	部分梯田		两城镇			x
50~60	小河	260	山麓	较低的隆起	是								两城镇			x
40~50	小河	110	山麓	低山					冬小麦	农业用地	部分梯田		两城镇			x
20~30	小河	40	冲积平原/山麓	较低的隆起					休耕地/小麦	农业用地			两城镇			
20~30	小河	10	冲积平原/山麓	较低的隆起			黄土-褐土		果园	农业用地	休耕地		两城镇			x
20~30	小河	10	山麓	较低的隆起			黄土-褐土		果园	农业用地	休耕地		两城镇			x
20~30	小河	80	山麓	较低的隆起					冬小麦	农业用地			两城镇			x
10~20	小河	40	冲积平原/山麓	平地			黄土-褐土	较深	休耕地	农业用地	耕田		两城镇			x
30~40	小河	30	冲积平原	较低的隆起		多砂	黄土-褐土	较深	休耕地/小麦	农业用地				两城镇/大古城		
30~40	小河	30	冲积平原	较低的隆起		多砂	黄土-褐土	较深	休耕地/小麦	农业用地				两城镇		
20~30	小河	210	冲积平原	平地		砂质壤土	浅褐土	较深	休耕地	农业用地	果园			两城镇		
30~40	小河	0	冲积平原	平地		砂质壤土		较深	蔬菜	花圃	现代村镇边缘			两城镇		
30~40	小河	30	冲积平原	平地		砂质壤土	黄土-褐土	较深		现代村镇				两城镇		
20~30	小河	60	冲积平原	平地		砂质壤土	褐土	较深	蔬菜	花圃				两城镇/大古城		
40~50	小河	10	山麓	较低的隆起		砂质壤土	黄土-褐土	较深	果园	农业用地	部分休耕地/小麦			两城镇/大古城		
40~50	小河	10	山麓	较低的隆起		砂质壤土	黄土-褐土	较深	果园	农业用地	部分休耕地/小麦			两城镇		
40~50	小河	10	山麓	较低的隆起		砂质壤土	黄土-褐土	较深	果园	农业用地	部分休耕地/小麦			两城镇		
50~60	小河	0	山麓	平地		砂质壤土	黄土-褐土	较深	休耕地	农业用地				两城镇		
40~50	小河	60	山麓	低山		砂质壤土	黄土		休耕地	农业用地				两城镇		
40~50	小河	0	山麓	低山		多砂/土质较硬	黄土-褐土	中度	果园	农业用地				两城镇		
70~80	小河	40	山麓	平地		砂质壤土	黄土-褐土	较深	休耕地	农业用地	耕田			两城镇		
50~60	小河	0	山麓	平地		砂质壤土	黄土-褐土	较深	休耕地	农业用地	耕田,靠近果园			两城镇		
50~60	小河	10	山麓	低山		多砂	黄土-褐土	中度	果园	农业用地	梯田,部分耕田			两城镇/大古城		
50~60	小河	10	山麓	低山		多砂	黄土-褐土	中度	果园	农业用地	梯田,部分耕田			两城镇		
50~60	小河	10	山麓	低山		多砂	黄土-褐土	中度	果园	农业用地	梯田,部分耕田			两城镇		
40~50	小河	10	山麓	较低的隆起		多砂	黄土-褐土	中度	冬小麦	农业用地	高速路、村镇			两城镇/大古城		
40~50	小河	10	山麓	较低的隆起		多砂	黄土-褐土	中度	冬小麦	农业用地	高速路、村镇			两城镇		
30~40	小河	0	冲积平原	微倾斜		砂质壤土	褐土	较深						两城镇		
20~30	支流	130	冲积平原	平地		砂质壤土	褐土	较深	果园	农业用地				两城镇	大古城	
20~30	支流	50	冲积平原	平地		砂质壤土	褐土	较深	果园	农业用地				两城镇	大古城	
50~60	小河	170	山麓	较低的隆起		多砂	黄土-褐土	较深	冬小麦	农业用地				两城镇		
70~80	小河	50	山麓	梯田斜坡		土质较硬	黄土-褐土	较薄	休耕地/小麦	农业用地	中坡			两城镇/大古城		
70~80	小河	50	山麓	梯田斜坡		土质较硬	黄土-褐土	较薄	休耕地/小麦	农业用地	中坡			两城镇		
70~80	小河	50	山麓	梯田斜坡		土质较硬	黄土-褐土	较薄	休耕地/小麦	农业用地	中坡			两城镇		
70~80	小河	90	山麓	中度隆起		土质较硬	浅褐土		休耕地/小麦	农业用地				两城镇/大古城		
50~60	小河	260	山麓	较低的隆起		多砂/土质较硬	橙黄-褐土	较薄	休耕地/小麦	农业用地				两城镇		
70~80	小河	250	山麓	低山		多砂	黄土-褐土	较深	休耕地	农业用地	耕田			两城镇		
30~40	小河	260	冲积平原	平地		砂质壤土	黄土-褐土	较深	休耕地/小麦	农业用地				两城镇	大古城	
30~40	小河	260	冲积平原	平地		砂质壤土	黄土-褐土	较深	休耕地/小麦	农业用地				两城镇		
30~40	小河	100	冲积平原	平地		多砂	黄土-褐土	中度	果园	农业用地				两城镇		
30~40	小河	100	冲积平原	平地		砂质壤土	浅褐土	较深	冬小麦	农业用地	菜园、花圃			两城镇		
30~40	小河	100	冲积平原	平地		砂质壤土	浅褐土	较深	冬小麦	农业用地	菜园、花圃			两城镇		
40~50	小河	20	冲积平原	平地		砂质壤土	黄土-褐土	较深	休耕地	农业用地				两城镇/大古城		
50~60	小河	30	山麓	低山麓		多砂	黄土-褐土	中度	果园	农业用地				两城镇		
60~70	小河	150	山麓	中度隆起		多砂	黄土-褐土	较薄	果园	农业用地	梯田			两城镇		
40~50	小河	0	山麓	低山		砂质壤土	黄土-褐土	中度	休耕地/小麦	农业用地	耕田			两城镇	大古城	
40~50	小河	0	山麓	低山		砂质壤土	黄土-褐土	中度	休耕地/小麦	农业用地	耕田			两城镇		
40~50	小河	10	冲积平原	平地		砂质壤土	黄土-褐土	中度	休耕地	农业用地	耕田			两城镇/大古城		
40~50	小河	10	山麓	平地		多砂	黄土-褐土	较深	休耕地/小麦	农业用地	耕田,部分果园			两城镇		
40~50	小河	10	山麓	较低的隆起		砂质壤土	黄土-褐土	较深	休耕地/小麦	农业用地				两城镇		
40~50	小河	110	冲积平原	平地										两城镇/大古城		

遗址前缀	遗址名称	年份	行政区划	村镇	地图	采集区	年代	早(西)	中	晚(东)	分期	期段编号	面积(万米²)	等级	所含期段数	陶片密度	陶片数量	器型	残片	石器	文化层特点	详细文化层信息	中心海拔
DG	WTS-1	5	东港	望台山	程子沟		周			x	东周	367	0.25	VI	1	稀少	1	1					58.0
DG	WTS-2	5	东港	望台山	程子沟		周			x	东周	362	0.25	VI	1	稀少	1	1					70.0
DG	XC-1	5	东港	新村	大莲村		汉					375	0.25	VI	1	稀少	4	1					28.0
DG	XC-2	5	东港	新村	大莲村		汉					376	0.32	VI	1	稀少	5	1	1				28.0
DG	XC-3	5	东港	新村	大莲村		汉					378	0.32	VI	1	稀少	4	2	1				28.0
DG	XC-4	5	东港	新村	大莲村		周			x	东周	316	0.25	VI	1	稀少	2	1					32.0
DG	XiLC-1	5	东港	小莲村	大莲村		周			x	东周	311	0.25	VI	1	稀少	2	1					32.0
DG	XiLC-2	5	东港	小莲村	大莲村		汉					373	0.25	VI	2	稀少	1	0	1				28.0
DG	XiLC-2	5	东港	小莲村	大莲村		周	x			西周	312	0.32	VI	2	稀少	4	1					28.0
DG	XiLC-3	5	东港	小莲村	大莲村		汉					374	0.25	VI	1	稀少	1	0	1				20.0
DG	XiLC-4	5	东港	小莲村	大莲村		周			x	东周	313	0.25	VI	1	稀少	1	1					28.0
DG	XiLC-5	5	东港	小莲村	大莲村		周				不确定	310	0.25	VI	1	稀少	3	2					40.0
DG	XiLC-6	5	东港	小莲村	大莲村		汉					372	0.71	VI	2	稀少	6	1	1				25.0
DG	XiLC-6	5	东港	小莲村	大莲村		周			x	东周	314	0.71	VI	2	稀少	7	2					25.0
DG	XJGZ-1	5	东港	许家官庄	大莲村		周	x			西周	351	0.25	VI	1	稀少	1	1					37.0
DG	XJGZ-2	5	东港	许家官庄	大莲村	A, B	周			x	东周	350	0.97	VI	1	稀少	6	1					48.0
DG	XJH-1	5	东港	相家湖	山口村		汉					386	0.25	VI	1	稀少	2	0	1				37.0
DG	XJH-2/3	5	东港	相家湖	山口村	A	汉					385	1.21	V	2	稀少	16	2	1				37.0
DG	XJH-2/3	5	东港	相家湖	山口村	A, B	周	x		x	西周/东周	323	2.45	V	2	稀少	12	3					37.0
DG	XTY-1/3	5	东港	小桃园	大莲村		汉					398	1.73	V	1	稀少	10	2	1				60.0
DG	XTY-4	5	东港	小桃园	大莲村		汉					399	0.58	VI	2	稀少	6	1					60.0
DG	XTY-4	5	东港	小桃园	大莲村		周			x	东周	333	1.61	V	2	稀少	15	1					60.0
DG	XTY-5	5	东港	小桃园	大莲村		汉					396	0.25	VI	1	稀少	4	2					62.0
DG	XTY-6	5	东港	小桃园	大莲村		汉					397	1.26	V	2	很少	41	1	1				53.0
DG	XTY-6	5	东港	小桃园	大莲村		周			x	东周	332	0.32	VI	1	稀少	4	1					53.0
DG	XZY-1	5	东港	小竹园	前沙沟		汉					443	0.25	VI	1	稀少	3	0	1				25.0
DG	XZZ-1	5	东港	小庄子	大莲村		商					14	1.67	I	2	很少	33	2					45.0
DG	XZZ-1	5	东港	小庄子	大莲村		岳石				不确定	2	1.67	II	2	稀少	1	1					45.0
DG	YJZ-2	5	东港	杨家庄	苏家村		龙山	x			中期	196	0.25	VI	2	稀少	1	1					22.0
DG	YJZ-2	5	东港	杨家庄	苏家村		周			x	东周	398	0.25	VI	2	稀少	2	1					22.0
DG	YJZ-3	5	东港	杨家庄	苏家村		龙山				不确定	195	0.25	VI	1	稀少	2	1					15.0
DG	YZ-1	5	东港	营子	日照市	B	汉					361	1.35	V	3	稀少	2	0	1				19.0
DG	YZ-1	5	东港	营子	日照市	A	汉					362	4.26	V	3	稀少	19	2	1	文化层			18.0
DG	YZ-1	5	东港	营子	日照市	A	龙山	x	x		早/中	157	4.26	IV	3	很少	49	5		文化层			18.0
DG	YZ-1	5	东港	营子	日照市	B	龙山				不确定	158	0.52	VI	3	稀少	1	1					19.0
DG	YZ-1	5	东港	营子	日照市	A	周	x		x	西周/东周	295	4.26	V	3	很少	83	5		文化层			18.0
DG	YZ-1	5	东港	营子	日照市	B	周	x			西周	296	0.77	VI	3	稀少	1	1					19.0
DG	ZJL-1	5	东港	张家楼	大莲村		汉					387	0.39	VI	1	稀少	9	1	1				29.0
DG	ZJL-3	5	东港	张家楼	大莲村		周			x	东周	324	0.25	VI	1	稀少	1	1					33.0
DG	ZXC-4	5	东港	竹溪村	于家村		汉					451	0.25	VI	1	稀少	1	0	1				20.0
DG	DAJZ-1	6	东港	东安家庄	日照市		汉	x			西汉	563	1.61	V	3	很少	12	1	1				33.0
DG	DAJZ-1	6	东港	东安家庄	日照市		龙山				不确定	226	0.26	VI	3	稀少	2	2					33.0
DG	DAJZ-1	6	东港	东安家庄	日照市		周			x	东周	462	0.77	VI	3	稀少	9	2	1				33.0
DG	DLZG-1	6	东港	东碌碡沟	大洼		汉	x			西汉	567	0.26	VI	2	稀少	1	0	1				35.0
DG	DLZG-1	6	东港	东碌碡沟	大洼		周			x	东周	470	0.26	VI	2	稀少	1	1					35.0
DG	DLZG-2	6	东港	东碌碡沟	大洼		汉	x			西汉	568	0.25	VI	1	稀少	1	0	1				26.0

海拔范围	水源	河道距离	环境区域	地貌状况	防御性遗址	土壤质地	土壤颜色	土层厚度	作物	现代用途	备注	距中心城市5公里内	距中心城市5~10公里	距中心城市10~15公里	距中心城市15公里以上	距海岸5公里内
50~60	小河	90	山麓	较低的隆起		多砂/土质较硬	浅褐土		休耕地	农业用地				两城镇		
70~80	小河	20	山麓	低山		砂质壤土	黄土-褐土	中度	冬小麦	农业用地	现水库上面			两城镇		
20~30	支流	590	山麓	低山麓		多砂/土质较硬	黄土-褐土	较薄	休耕地	农业用地	部分区域平地，部分果园			大古城	两城镇	
20~30	小河	300	冲积平原	较低的隆起		多砂	褐土	较深	休耕地	农业用地	靠近现代村镇			大古城	两城镇	
20~30	小河	280	山麓	低山		砂质壤土	黄土-褐土	较深	休耕地/小麦	农业用地				大古城	两城镇	
30~40	小河	450	冲积平原	较低的隆起		砂质壤土	黄土-褐土			农业用地					两城镇	
30~40	小河	290	山麓	梯田斜坡		多砂	橙黄-褐土	较薄	果园	农业用地					两城镇	
20~30	小河	340	山麓	较低的隆起		颗粒状	橙黄-褐土	中度		现代村镇				大古城	两城镇	
20~30	小河	340	冲积平原/山麓	较低的隆起		颗粒状	橙黄-褐土	中度		现代村镇					两城镇	
20~30	小河	310	冲积平原	平地		多砂	褐土	较深	休耕地					大古城	两城镇	
20~30	小河	260	冲积平原/山麓	较低的隆起		砂质壤土	黄土-褐土	中度	休耕地	农业用地	现代村镇边缘				两城镇	
40~50	小河	130	山麓	低山		砂质壤土	黄土-褐土	较深			梯田				两城镇	
20~30	小河	110	山麓	较低的隆起		砂质壤土	黄土-褐土	较深	休耕地/小麦	农业用地	梯田			大古城	两城镇	
20~30	小河	110	冲积平原/山麓	较低的隆起		砂质壤土	黄土-褐土	较深	休耕地/小麦	农业用地	梯田				两城镇	
30~40	小河	0	山麓	低山麓		砂质壤土	黄土-褐土	较深	果园	农业用地					两城镇	
40~50	小河	0	山麓	中度隆起		土质较硬	黄土	较薄	果园	农业用地					两城镇	
30~40	小河	190	山麓	较低的隆起		砂质壤土	黄土-褐土	中度	休耕地	农业用地					两城镇/大古城	
30~40	小河	280	山麓	平地		砂质壤土	黄土-褐土	较深	休耕地/小麦	农业用地	靠近现代建筑物				两城镇/大古城	
30~40	小河	280	山麓	平地		砂质壤土	黄土-褐土	较深	休耕地/小麦	农业用地					两城镇	
60~70	小河	0	山麓	低山		多砂	黄土-褐土	中度	休耕地/小麦	农业用地	梯田				两城镇/大古城	
60~70	小河	60	山麓	低山		多砂/土质较硬	浅褐土		休耕地/小麦	农业用地					两城镇/大古城	
60~70	小河	60	山麓	高山	?	多砂/土质较硬	浅褐土		休耕地/小麦	农业用地					两城镇	
60~70	小河	20	山麓	低山		多砂/土质较硬	浅褐土	中度	果园	农业用地	梯田				两城镇/大古城	
50~60	小河	30	山麓	高山	?	多砂/土质较硬	黄土-褐土	中度	休耕地	农业用地	部分果园				两城镇/大古城	
50~60	小河	30	山麓	高山	?	多砂/土质较硬	黄土-褐土	中度	休耕地	农业用地	部分果园				两城镇	
20~30	小河	100	冲积平原	较低的隆起		壤土	黄土	较深	果园	农业用地			两城镇			
40~50	支流	40	冲积平原/山麓	低山		砂质壤土	黄土-褐土	较深	冬小麦	农业用地	部分菜园、花圃					
40~50	支流	40	冲积平原/山麓	低山		砂质壤土	黄土-褐土	较深	冬小麦	农业用地	部分菜园、花圃					
20~30	小河	40	山麓	中度隆起		多砂	浅褐土		冬小麦	农业用地	部分梯田				两城镇	X
20~30	小河	40	山麓	中度隆起		多砂	浅褐土		冬小麦	农业用地	部分梯田				两城镇	X
10~20	小河	60	冲积平原	平地		土质较硬	浅褐土		冬小麦	农业用地					两城镇	X
10~20	主要河流	0	冲积平原	平地		砂质壤土	黄土-褐土	较深	休耕地/小麦	农业用地	部分菜园，部分叠压民房下面			大古城		
10~20	主要河流	0	冲积平原	平地		砂质壤土	黄土-褐土	较深	休耕地/小麦	农业用地	部分菜园，部分叠压民房下面			大古城		
10~20	主要河流	0	冲积平原	平地		砂质壤土	黄土-褐土	较深	休耕地/小麦	农业用地	部分菜园，部分叠压民房下面			大古城		
10~20	主要河流	0	冲积平原	平地		砂质壤土	黄土-褐土	较深	休耕地/小麦	农业用地	部分菜园，部分叠压民房下面			大古城		
10~20	主要河流	0	冲积平原	平地		砂质壤土	黄土-褐土	较深	休耕地/小麦	农业用地	部分菜园，部分叠压民房下面			大古城		
20~30	支流	680	冲积平原	平地		黏土壤土	褐土	较深	休耕地/小麦	农业用地	靠近现代村镇				两城镇/大古城	
30~40	小河	210	山麓	平地		砂质壤土	黄土-褐土	较深	休耕地	农业用地	现代垃圾场				两城镇	
20~30	小河	150	山麓	低山麓					冬小麦	农业用地			两城镇			
30~40	小河	200	山麓	低山		砂质壤土	黄土-褐土	较深	休耕地	农业用地				大古城		
30~40	小河	250	山麓	低山		砂质壤土	黄土-褐土	较深	休耕地	农业用地				大古城		
30~40	小河	225	山麓	低山		砂质壤土	黄土-褐土	较深	休耕地	农业用地				大古城		
30~40	小河	150	山麓	平地		多砂	黄土-褐土	中度	休耕地	农业用地				大古城		X
30~40	小河	150	山麓	平地		多砂	黄土-褐土	中度	休耕地	农业用地				大古城		X
20~30	小河	75	山麓	微倾斜		砂质壤土	黄土-褐土	较深	休耕地	农业用地	现代民房南			大古城		X

遗址前缀	遗址名称	年份	行政区划	村镇	地图	采集区	年代	早(西)	中	晚(东)	分期	期段编号	面积(万米²)	等级	所含期段数	陶片密度	陶片数量	器型	残片	石器	文化层特点	详细文化层信息	中心海拔
DG	DLZG-3	6	东港	东碌礴沟	大洼		周	x		x	西周/东周	469	0.25	VI	1	很少	23	3	1				24.0
DG	DLZG-4	6	东港	东碌礴沟	大洼		周	x		x	西周/东周	468	0.65	VI	1	稀少	17	2	1				31.0
DG	DLZG-5	6	东港	东碌礴沟	大洼		商					19	0.25	II	2	稀少	7	1					31.0
DG	DLZG-5	6	东港	东碌礴沟	大洼		周	x			西周	467	0.90	VI	2	稀少	5	1					33.0
DG	DQG-1	6	东港	大泩沟	苏家村		周			x	东周	410	0.26	VI	1	稀少	1	0	1				32.0
DG	DQG-2	6	东港	大泩沟	苏家村		汉				西汉	462	0.26	VI	1	稀少	1	1					5.0
DG	DW-1	6	东港	大洼	大洼		龙山				不确定	232	2.90	V	2	稀少	11	2					10.0
DG	DW-1	6	东港	大洼	大洼		周			x	西周/东周	476	2.90	V	2	稀少	10	1					10.0
DG	DW-2	6	东港	大洼	大洼		龙山				不确定	231	0.26	VI	2	稀少	1	1					35.0
DG	DW-2	6	东港	大洼	大洼		周			x	西周/东周	473	0.77	VI	2	稀少	13	2					35.0
DG	DWJC-1	6	东港	东王家村	大洼	P-Q	汉					571	1.23	V	3	稀少	5	0	1				38.0
DG	DWJC-1	6	东港	东王家村	大洼	B-E, G	汉	x			西汉	572	6.25	IV	3	稀少	8	2	1				30.0
DG	DWJC-1	6	东港	东王家村	大洼	A-U	龙山	x	x		早/中	230	46.03	II	3	很少	510	10		12			35.0
DG	DWJC-1	6	东港	东王家村	大洼	N-R	周			x	西周/东周	474	2.39	V	3	稀少	3	1	1				36.0
DG	DWJC-1	6	东港	东王家村	大洼	K	周			x	东周	475	1.03	V	3	稀少	7	3	1				42.0
DG	DXW-1	6	东港	东小洼	大洼		周	x		x	西周/东周	479	0.25	VI	1	稀少	4	2	1				12.0
DG	DXW-2	6	东港	东小洼	大洼		汉	x			西汉	573	0.26	VI	1	稀少	2	1	1				14.0
DG	FJG-1	6	东港	冯家沟	山口村		龙山	x			早期	200	0.25	VI	2	稀少	2	2					25.0
DG	FJG-1	6	东港	冯家沟	山口村		周			x	东周	483	0.25	VI	2	稀少	1	0	1				25.0
DG	FJG-2	6	东港	冯家沟	大洼	E	大汶口				晚期	5	0.32	III	3	稀少	5	3					25.0
DG	FJG-2	6	东港	冯家沟	大洼	D	大汶口				晚期	7	0.32	III	3	稀少	3	1		文化层	CAD	20.0
DG	FJG-2	6	东港	冯家沟	大洼	A-D, F, G	龙山	x	x		早/中	234	6.52	IV	3	稀少	58	7		文化层	CAD	20.0
DG	FJG-2	6	东港	冯家沟	大洼	B-D, F, G	周	x		x	西周/东周	482	5.52	IV	3	稀少	74	5	1	文化层	CAD	20.0
DG	FRC-1	6	东港	芙蓉村	苏家村		周			x	东周	485	0.25	VI	1	稀少	1	0	1				15.0
DG	HT-1	6	东港	荷疃	大洼		汉	x			西汉	566	0.25	VI	1	稀少	1	0	1				24.0
DG	LCZ-1	6	东港	两城镇	丹土村	T	岳石				不确定	6	2.32	II	4	稀少	1	1					30.0
DG	MJC-1	6	东港	苗家村	乔家墩子	L	汉	x			西汉	574	40.51	II	2	很少	166	3	1	文化层/墓葬	墓葬CAA, 破坏的墓葬CAC	10.0
DG	MJC-1	6	东港	苗家村	乔家墩子		周			x	东周	477	10.77	III	2	很少	20	3	1	文化层		10.0
DG	MJC-2	6	东港	苗家村	乔家墩子		汉	x			西汉	576	0.32	VI	1	稀少	3	1	1				5.0
DG	MJC-3	6	东港	苗家村	乔家墩子		汉	x			西汉	575	1.90	V	2	稀少	3	0	1				7.0
DG	MJC-3	6	东港	苗家村	乔家墩子		周			x	东周	478	1.90	V	2	稀少	2	2					7.0
DG	MSQ-1	6	东港	庙山前	山口村		龙山	x			早期	227	0.25	VI	1	稀少	1	1					65.0
DG	MWT-1	6	东港	明王台	大洼		汉			x	东汉	847	?	?		稀少	5	0	1	墓葬	汉墓	55.0
DG	QGZ-1	6	东港	前官庄	大洼		龙山				不确定	229	0.26	VI	1	稀少	2	1					33.0
DG	QJDZ-1	6	东港	乔家墩子	苏家村		汉	x			西汉	579	0.25	VI	1	稀少	3	0	1				37.0
DG	QJL-2	6	东港	秦家楼	大洼		龙山	x			早期	228	0.25	VI	1	稀少	1	1					31.0
DG	QTLB-1	6	东港	前团岭埠	日照市		汉	x			西汉	565	0.60	VI	2	稀少	4	0	1				32.0
DG	QTLB-1	6	东港	前团岭埠	日照市		周			x	东周	461	0.60	VI	2	稀少	2	1					32.0
DG	QTX-1	6	东港	前滩西	乔家墩子	A-E	汉	x			西汉	577	13.55	III	2	稀少	55	2	1				5.0
DG	QTX-1	6	东港	前滩西	乔家墩子	A-C	周			x	东周	481	10.38	III	2	稀少	10	3	1				5.0
DG	QTX-2	6	东港	前滩西	大洼		龙山				不确定	233	0.25	VI	2	稀少	2	1					15.0
DG	QTX-2	6	东港	前滩西	大洼		周			x	东周	480	0.65	VI	2	稀少	7	1					10.7
DG	TiJC-1	6	东港	田家村	日照市	A-D, F	汉	x			西汉	564	12.45	III	2	很少	48	1	1				35.0
DG	TiJC-1	6	东港	田家村	日照市	A, C-F	周	x		x	西周/东周	464	9.39	III	2	很少	32	3	1				35.0
DG	TiJC-2	6	东港	田家村	日照市		周			x	西周/东周	465	0.70	VI	1	稀少	7	3	1				42.0

海拔范围	水源	河道距离	环境区域	地貌状况	防御性遗址	土壤质地	土壤颜色	土层厚度	作物	现代用途	备注	距中心城市5公里内	距中心城市5~10公里	距中心城市10~15公里	距中心城市15公里以上	距海岸5公里内
20~30	小河	25	冲积平原/山麓	微倾斜		砂质壤土	黄土-褐土	较深	休耕地/小麦	农业用地						x
30~40	小河	0	山麓	微倾斜		砂质壤土	黄土-褐土	较深	蔬菜	花圃						x
30~40	小河	150	山麓	平地		砂质壤土	黄土	较深	休耕地	农业用地						
30~40	小河	150	山麓	平地		砂质壤土	黄土	较深	休耕地	农业用地						x
30~40	小河	200	山麓	较低的隆起	是	土质较硬	黄土-褐土	中度	休耕地/小麦	农业用地				两城镇		
2~10	小河	25	冲积平原	平地		砂质壤土	褐土	较深	休耕地/小麦	农业用地				两城镇		x
10~20	小河	0	冲积平原	平地		壤土	黄土-褐土	较深	冬小麦	农业用地						x
10~20	小河	0	冲积平原	平地		壤土	黄土-褐土	较深	冬小麦	农业用地						x
30~40	小河	25	山麓	中度隆起/斜坡		多砂	红褐土	较深	休耕地/小麦		大型采石场北部/西北部			两城镇		x
30~40	小河	0	山麓	中度隆起/斜坡		多砂	红褐土	较深	休耕地/小麦		大型采石场北部/西北部			两城镇		x
30~40	支流	325	山麓	中度隆起/斜坡	是	多砂	黄土-褐土	中度	休耕地/小麦	果园/现代村镇	高速路绕过遗址			两城镇/大古城		x
30~40	支流	200	山麓	中度隆起/斜坡	是	多砂	黄土-褐土	中度	休耕地/小麦	果园/现代村镇	高速路绕过遗址			两城镇/大古城		x
30~40	支流	50	山麓	中度隆起/斜坡	是	多砂	黄土-褐土	中度	休耕地/小麦	果园/现代村镇	高速路绕过遗址			两城镇		x
30~40	支流	375	山麓	中度隆起/斜坡	是	多砂	黄土-褐土	中度	休耕地/小麦	果园/现代村镇	高速路绕过遗址			两城镇		x
40~50	支流	500	山麓	中度隆起/斜坡	是	多砂	黄土-褐土	中度	休耕地/小麦	果园/现代村镇	高速路绕过遗址			两城镇		x
10~20	小河	650	冲积平原	较低的隆起		多砂	黄土-褐土	较深	休耕地/小麦	农业用地	遗址平地，靠近现代公路			两城镇		x
10~20	小河	550	冲积平原	平地		多砂	黄土-褐土	中度	休耕地	农业用地				两城镇/大古城		x
20~30	小河	25	冲积平原	平地		砂质壤土	深褐土	较深		花圃				两城镇		x
20~30	小河	25	冲积平原	平地		砂质壤土	深褐土	较深						两城镇		x
20~30	小河	50	山麓	微倾斜		砂质壤土	深褐土	较深	冬小麦	农业用地						
20~30	小河	25	山麓	微倾斜		砂质壤土	深褐土	较深	冬小麦	农业用地						
20~30	小河	25	山麓	微倾斜		砂质壤土	深褐土	较深	冬小麦	农业用地				两城镇		x
20~30	小河	25	山麓	微倾斜		砂质壤土	深褐土	较深	冬小麦	农业用地				两城镇		x
10~20	小河	25	冲积平原	平地		多砂	黄土-褐土	较深	休耕地	农业用地				两城镇		x
20~30	小河	100	冲积平原	平地		砂质壤土	褐土	较深	休耕地	农业用地				大古城	两城镇	
30~40	小河	125	冲积平原	平地		黏土	黄土	较深		农业用地	小麦，休耕地					
10~20	小河	0	冲积平原	平地		砂质壤土	黄土-褐土	较深	休耕地/小麦	农业用地	发现汉墓，第7年调查发现更多			两城镇/大古城		x
10~20	小河	100	冲积平原	微倾斜		砂质壤土	黄土-褐土	较深	休耕地/小麦	农业用地	发现一座汉墓					x
2~10	小河	50	冲积平原	微倾斜		土质较硬	黄土-褐土	中度	休耕地		遗址上叠压现代建筑			两城镇		x
2~10	小河	300	冲积平原	微倾斜		多砂	黄土-褐土	较深	休耕地/小麦	农业用地	靠近现代渡槽			两城镇/大古城		x
2~10	小河	300	冲积平原	微倾斜		多砂	黄土-褐土	较深	休耕地/小麦	农业用地	靠近现代渡槽			两城镇		x
60~70	小河	25	山麓	平地		多砂/土质较硬	橙黄-褐土	中度			山脊的西部墓葬			两城镇		
50~60	小河	575	山麓	低山		土质较硬	黄土-褐土	较薄		现代村镇	现代建筑物中部发现汉墓					
30~40	支流	50	山麓	较低的隆起		砂质壤土	黄土-褐土	较深	休耕地	农业用地				两城镇		x
30~40	小河	375	冲积平原	平地		砂质壤土	黄土-褐土	较深	休耕地	农业用地	遗址南新建筑物			两城镇		x
30~40	小河	250	山麓	平地		多砂	黄土-褐土	较深	休耕地	农业用地				两城镇		x
30~40	小河	600	山麓	较低的隆起		砂质壤土	黄土-褐土	较深	冬小麦	农业用地				大古城	两城镇	
30~40	小河	600	山麓	较低的隆起		砂质壤土	黄土-褐土	较深	冬小麦	农业用地				两城镇		
2~10	小河	0	冲积平原	微倾斜		多砂/土质较硬	黄土	较深	休耕地/小麦	农业用地	可能与DG-MJC-1相同社群			两城镇/大古城		x
2~10	小河	0	冲积平原	微倾斜		多砂/土质较硬	黄土	较深	休耕地/小麦	农业用地	可能与DG-MJC-1相同社群			两城镇		x
10~20	小河	300	冲积平原	微倾斜		砂质壤土	黄土-褐土	较深	休耕地/小麦	农业用地	遗址附近有现代民房			两城镇		x
10~20	小河	175	冲积平原	微倾斜		砂质壤土	黄土-褐土	较深	休耕地/小麦	农业用地	遗址附近有现代民房			两城镇		x
30~40	小河	375	山麓	中度隆起/斜坡		砂质壤土	黄土-褐土	中度	休耕地	农业用地	遗址北部采石场		大古城			
30~40	小河	375	山麓	中度隆起/斜坡		砂质壤土	黄土-褐土	中度	休耕地	农业用地	遗址北部采石场					
40~50	小河	550	山麓	平地		多砂	黄土-褐土	中度	休耕地	农业用地						

遗址前缀	遗址名称	年份	行政区划	村镇	地图	采集区	年代	早(西)	中	晚(东)	分期	期段编号	面积(万米²)	等级	所含期段数	陶片密度	陶片数量	器型	残片	石器	文化层特点	详细文化层信息	中心海拔
DG	TJJC-3	6	东港	田家村	日照市		周			x	东周	466	0.26	VI	1	稀少	2	2					31.0
DG	TJJC-4	6	东港	田家村	日照市		周	x		x	西周/东周	463	0.64	VI	1	稀少	5	2					43.0
DG	TJC-1	6	东港	陶家村	苏家村	A-D	周	x			西周/东周	484	3.09	V	1	很少	44	4	4				50.0
DG	WJZ-1	6	东港	王家皂	苏家村		汉	x			西汉	578	0.26	VI	1	稀少	1	0	1				15.0
DG	XHC-1	6	东港	信合村	大洼		周			x	东周	471	0.26	VI	1	稀少	2	1					35.0
DG	XHC-2	6	东港	信合村	大洼		汉	x			西汉	570	0.26	VI	2	稀少	2	0					38.0
DG	XHC-2	6	东港	信合村	大洼		周			x	东周	472	0.26	VI	2	稀少	2	1					38.0
DG	XHC-3	6	东港	信合村	大洼		汉	x			西汉	569	0.25	VI	1	稀少	3	0	1				25.0
JN	BJZ-1	6	胶南	卜家庄	魏家湾		汉	x			西汉	478	0.26	VI	1	稀少	1	0	1				5.5
JN	BQM-1	6	胶南	霍泉庙	井戈庄	A, B, D-J	汉	x			西汉	513	26.20	II	3	稀少	106	3	1				20.0
JN	BQM-1	6	胶南	霍泉庙	井戈庄	D, H	龙山	x			早期	204	3.10	V	3	稀少	3	2					25.0
JN	BQM-1	6	胶南	霍泉庙	井戈庄	C	龙山	x			早期	205	0.26	VI	3	稀少	2	2					15.0
JN	BQM-1	6	胶南	霍泉庙	井戈庄	A, F	龙山		x		中期	206	2.19	V	3	稀少	3	3					20.0
JN	BQM-1	6	胶南	霍泉庙	井戈庄	B, D-H	周			x	东周	430	16.20	III	3	稀少	19	4					20.0
JN	BQM-2	6	胶南	霍泉庙	井戈庄	B	汉	x			西汉	515	1.46	V	2	稀少	8	2	1				15.0
JN	BQM-2	6	胶南	霍泉庙	井戈庄		周			x	东周	431	1.08	V	2	稀少	3	2					15.0
JN	CJXZ-1	6	胶南	陈家小庄	魏家湾		汉	x			西汉	487	0.32	VI	1	稀少	1	0	1				5.0
JN	CJXZ-2	6	胶南	陈家小庄	魏家湾		周	x		x	西周/东周	436	0.38	VI	1	稀少	4	1					8.0
JN	CY-1	6	胶南	菜园	魏家湾	A, C-F	汉	x			西汉	530	4.00	V	3	很少	95	1	1	2	文化层		8.0
JN	CY-1	6	胶南	菜园	魏家湾	A, B, D-F	龙山	x	x		早/中	218	3.29	V	3	很少	261	9		2	文化层		8.0
JN	CY-1	6	胶南	菜园	魏家湾	A, B, E, F	周			x	西周/东周	444	2.45	V	3	很少	20	4		2	文化层		8.0
JN	CY-2	6	胶南	菜园	魏家湾		汉	x			西汉	529	0.26	VI	1	稀少	2	0	1				8.0
JN	CY-3	6	胶南	菜园	沙岭子		汉	x			西汉	528	0.26	VI	1	稀少	1	0	1				10.5
JN	DC-1	6	胶南	大场	后坡楼		汉	x			西汉	503	0.38	VI	1	稀少	2	0	1				17.0
JN	DC-2	6	胶南	大场	井戈庄		汉	x			西汉	518	0.25	VI	1	稀少	2	0	1				12.0
JN	DC-3	6	胶南	大场	井戈庄		汉	x			西汉	516	2.45	V	1	稀少	6	0	1				12.0
JN	DC-4	6	胶南	大场	后坡楼		汉	x			西汉	512	0.26	VI	1	稀少	1	0	1				22.0
JN	DDJZ-1	6	胶南	东丁家庄	井戈庄		汉	x			西汉	520	2.84	V	2	稀少	5	0	1				8.0
JN	DDJZ-1	6	胶南	东丁家庄	井戈庄		周			x	东周	419	0.65	VI	2	稀少	2	1					8.0
JN	DDJZ-2	6	胶南	东丁家庄	井戈庄		汉	x		x	西汉/东汉	519	0.25	VI	1	稀少	3	0	1				8.0
JN	DL-1	6	胶南	大岚	邵家岚	A-I	汉	x			西汉	549	26.00	II	2	稀少	93	3	1				10.0
JN	DL-1	6	胶南	大岚	邵家岚	F, H	周			x	东周	457	2.38	V	2	稀少	6	2					8.0
JN	DL-1	6	胶南	大岚	邵家岚	A, D, E	周			x	东周	458	1.97	V	2	稀少	9	2	1				6.0
JN	DL-2	6	胶南	大岚	邵家岚		周			x	东周	455	0.26	VI	1	稀少	1	1					5.0
JN	DL-3	6	胶南	大岚	邵家岚		周			x	东周	454	0.32	VI	1	稀少	4	1	1				15.0
JN	DLZ-1	6	胶南	大楼子	吕家官庄		汉	x			西汉	483	0.26	VI	1	稀少	1	0	1				5.0
JN	DLZ-2	6	胶南	大楼子	魏家湾		汉	x			西汉	481	0.26	VI	1	稀少	7	1	1				5.0
JN	DY-1	6	胶南	大营	魏家湾		汉			x	东汉	470	0.26	VI	1	稀少	3	0	1				3.0
JN	DY-2	6	胶南	大营	魏家湾		汉			x	东汉	479	0.38	VI	1	稀少	6	0	1				4.0
JN	DY-3	6	胶南	大营	魏家湾	A, B	汉			x	东汉	469	5.68	V	1	很少	33	0	1				3.0
JN	DY-4	6	胶南	大营	魏家湾		汉			x	东汉	474	0.65	VI	1	稀少	6	1	1				4.0
JN	DY-5	6	胶南	大营	魏家湾		汉			x	东汉	476	0.45	VI	1	稀少	3	0	1				4.0
JN	DY-6	6	胶南	大营	魏家湾		汉			x	东汉	477	0.77	VI	1	很少	12	0	1				4.0
JN	FDC-1	6	胶南	风墩村	井戈庄	A-O, R-Y	汉	x			西汉	517	94.48	I	3	很少	320	3	1	文化层, 平台	文化层 CAD, CAH南	8.0
JN	FDC-1	6	胶南	风墩村	井戈庄	Y	龙山				不确定	208	3.00	V	3	稀少	3	1					9.0
JN	FDC-1	6	胶南	风墩村	井戈庄	I, K-O, R, S, U-X	龙山	x	x		早/中	209	32.64	III	3	稀少	32	6					9.0
JN	FDC-1	6	胶南	风墩村	井戈庄	G	龙山				不确定	210	1.16	V	3	稀少	2	1					8.0
JN	FDC-1	6	胶南	风墩村	井戈庄	B-E	龙山				不确定	211	4.48	IV	3	很少	11	2					8.0
JN	FDC-1	6	胶南	风墩村	井戈庄	I-P, R-X	周	x		x	西周/东周	433	54.19	II	3	稀少	49	5	1				9.0
JN	FDC-1	6	胶南	风墩村	井戈庄	B-G	周	x		x	西周/东周	434	15.41	III	3	很少	18	4					8.0
JN	FDC-2	6	胶南	风墩村	魏家湾		汉	x			西汉	489	0.26	VI	2	稀少	4	0	1				7.0
JN	FDC-2	6	胶南	风墩村	魏家湾		周			x	东周	435	0.26	VI	2	稀少	1	1					7.0
JN	FDC-3	6	胶南	风墩村	魏家湾		汉	x			西汉	488	0.26	VI	1	稀少	2	0	1				7.0
JN	FHZ-1	6	胶南	凤凰庄	后坡楼		汉	x			西汉	508	0.51	VI	2	稀少	2	0	1				30.0

海拔范围	水源	河道距离	环境区域	地貌状况	防御性遗址	土壤质地	土壤颜色	土层厚度	作物	现代用途	备注	距中心城市5公里内	距中心城市5~10公里	距中心城市10~15公里	距中心城市15公里以上	距海岸5公里内
30~40	小河	300	山麓	低山		多砂	黄土-褐土	中度	休耕地	农业用地						
40~50	小河	625	山麓	低山		多砂	黄土-褐土	中度	休耕地							
50~60	小河	100	山麓	中度隆起/斜坡		多砂/土质较硬	浅褐土	中度	休耕地	农业用地	现代民房				两城镇	x
10~20	小河	600	山麓	平地		砂质壤土	黄土-褐土	较深	休耕地	农业用地	小村庄的边缘				两城镇	x
30~40	小河	25	山麓	平地		多砂	黄土-褐土	较深	冬小麦	农业用地						x
30~40	小河	0	山麓	微倾斜		多砂	黄土-褐土	较深	休耕地	农业用地						x
30~40	小河	0	山麓	微倾斜		多砂	黄土-褐土	较深	休耕地	农业用地					大古城	x
20~30	支流	125	冲积平原/山麓	平地		砂质壤土	黄土	较深	休耕地	农业用地					两城镇/大古城	x
2~10	支流	900	冲积平原	平地		多砂	黄土-褐土	较深	休耕地	农业用地					两城镇	
20~30	小河	0	冲积平原	微倾斜		砂质壤土	黄土-褐土	中度	休耕地	农业用地	渍水土壤				两城镇	
20~30	小河	0	冲积平原	微倾斜		砂质壤土	黄土-褐土	中度	休耕地	农业用地	渍水土壤				两城镇	
10~20	小河	250	冲积平原	微倾斜		砂质壤土	黄土-褐土	中度	休耕地	农业用地	渍水土壤				两城镇	
20~30	小河	525	冲积平原	微倾斜		砂质壤土	黄土-褐土	中度	休耕地	农业用地	渍水土壤				两城镇	
20~30	小河	0	冲积平原	微倾斜		砂质壤土	黄土-褐土	中度	休耕地	农业用地	渍水土壤				两城镇	
10~20	小河	180	冲积平原/山麓	微倾斜		多砂/土质较硬	黄土-褐土	中度	果园	果园					两城镇	
10~20	小河	300	冲积平原	微倾斜		多砂/土质较硬	黄土-褐土	中度	果园	果园					两城镇	
2~10	支流	975	冲积平原	平地		砂质壤土	褐土	较深	休耕地	农业用地					两城镇	
2~10	主要河流	325	冲积平原	平地		多砂	黄土-褐土	较深	休耕地	农业用地					两城镇	
2~10	小河	0	冲积平原	较低的隆起		多砂	黄土-褐土	较深	果园	果园					两城镇	x
2~10	小河	0	冲积平原	较低的隆起		多砂	黄土-褐土	较深	果园	果园					两城镇	x
2~10	小河	0	冲积平原	较低的隆起		多砂	黄土-褐土	较深	果园	果园					两城镇	x
2~10	小河	25	冲积平原	平地		多砂	黄土-褐土	较深		花圃	靠近村庄,湿地				两城镇	x
10~20	小河	500	冲积平原	平地		多砂	黄土-褐土	较深	休耕地	农业用地					两城镇	x
10~20	小河	25	冲积平原	平地		砂质壤土	褐土	较深	休耕地	农业用地					两城镇	
10~20	支流	600	冲积平原	微倾斜		砂质壤土	褐土	较深							两城镇	
10~20	支流	300	冲积平原	微倾斜		多砂	黄土-褐土	较深	休耕地	农业用地					两城镇	
20~30	小河	0	山麓	平地		多砂	黄土-褐土	中度	休耕地	农业用地					两城镇	
2~10	支流	150	冲积平原	平地		砂质壤土	褐土	较深	冬小麦	农业用地					两城镇	
2~10	支流	250	冲积平原	平地		砂质壤土	褐土	较深	冬小麦	农业用地					两城镇	
2~10	支流	350	冲积平原	平地		砂质壤土	褐土	较深			靠近村庄				两城镇	
10~20	小河	300	冲积平原/山麓	平地/较低的隆起		多砂/土质较硬	黄土-褐土	较薄	开垦地	农业用地					两城镇	
2~10	小河	300	冲积平原/山麓	平地/较低的隆起		多砂	黄土-褐土	中度	开垦地	农业用地					两城镇	x
2~10	小河	100	冲积平原/山麓	平地/较低的隆起		多砂	黄土-褐土	中度	开垦地	农业用地					两城镇	x
2~10	小河	550	冲积平原	平地		多砂	黄土-褐土	较深	蔬菜	花圃					两城镇	x
10~20	小河	600	山麓	微倾斜		砂质壤土	黄土-褐土	较深		果园					两城镇	x
2~10	小河	200	冲积平原	平地		黏土	褐土	较深	冬小麦	农业用地	靠近现代村庄		两城镇			
2~10	支流	800	冲积平原	较低的隆起		多砂/淤土	黄土-褐土	较深					两城镇			
2~10	支流	300	冲积平原	平地		黏土	褐土	较深	大白菜	农业用地			两城镇			
2~10	支流	275	冲积平原	平地		黏土	褐土	较深	冬小麦	农业用地			两城镇			
2~10	支流	475	冲积平原	平地		多砂黏土	褐土	较深	大白菜	花圃			两城镇			
2~10	支流	525	冲积平原	平地		砂质壤土	褐土	较深	大白菜	农业用地			两城镇			
2~10	支流	100	冲积平原	平地		砂质壤土	黄土-褐土	较深	冬小麦	农业用地	靠近塑料大棚		两城镇			
2~10	支流	50	冲积平原	微倾斜		多砂	浅褐土	较深			周围为现代墓地		两城镇			
2~10	支流	0	冲积平原	平地		砂质壤土	黄土-褐土	较深	休耕地	农业用地	CAD汉代文化层		两城镇			
2~10	支流	0	冲积平原	平地		砂质壤土	黄土-褐土	较深	休耕地	农业用地				两城镇		
2~10	支流	0	冲积平原	平地		砂质壤土	黄土-褐土	较深	休耕地/小麦	农业用地				两城镇		
2~10	主要河流	150	冲积平原	平地		砂质壤土	黄土-褐土	较深	休耕地/小麦	农业用地				两城镇		
2~10	主要河流	250	冲积平原	平地		砂质壤土	黄土-褐土	较深	休耕地/小麦	农业用地				两城镇		
2~10	支流	0	冲积平原	平地		砂质壤土	黄土-褐土	较深	休耕地/小麦	农业用地				两城镇		
2~10	主要河流	200	冲积平原	平地		砂质壤土	黄土-褐土	较深	休耕地/小麦	农业用地				两城镇		
2~10	支流	425	冲积平原	平地		砂质壤土	黄土-褐土	较深	大白菜	农业用地				两城镇		
2~10	支流	425	冲积平原	平地		砂质壤土	黄土-褐土	较深	大白菜	农业用地				两城镇		
2~10	支流	600	冲积平原	平地		砂质壤土	黄土-褐土	较深	大白菜	农业用地				两城镇		
30~40	小河	0	山麓	平地		多砂	黄土-褐土	较深	大白菜	农业用地				两城镇		

遗址前缀	遗址名称	年份	行政区划	村镇	地图	采集区	年代	早(西)	中	晚(东)	分期	期段编号	面积(万米²)	等级	所含期段数	陶片密度	陶片数量	器型	残片	石器	文化层特点	详细文化层信息	中心海拔
JN	FHZ-1	6	胶南	凤凰庄	后坡楼		周			x	东周	428	0.51	VI	2	稀少	3	2					30.0
JN	FHZ-2	6	胶南	凤凰庄	后坡楼	A，B	汉	x			西汉	510	0.80	VI	1	稀少	5	0	1				25.0
JN	FHZ-3	6	胶南	凤凰庄	后坡楼		周			x	东周	427	0.25	VI	1	稀少	1	1					35.0
JN	FHZ-4	6	胶南	凤凰庄	后坡楼	A-C	汉	x			西汉	506	2.58	V	2	稀少	8	0	1				50.0
JN	FHZ-4	6	胶南	凤凰庄	后坡楼	B	周			x	东周	426	0.26	VI	1	稀少	3	1					48.0
JN	FJF-1	6	胶南	冯家坊	井戈庄		周	x			西周	437	0.25	VI	1	稀少	1	1					8.0
JN	FS-1	6	胶南	坊上	井戈庄		龙山				不确定	207	0.39	VI	2	稀少	1	1					15.0
JN	FS-1	6	胶南	坊上	井戈庄		周			x	东周	432	0.39	VI	2	稀少	3	1					15.0
JN	GJL-1	6	胶南	耿家岚	邵家岚	A-C	汉	x		x	西汉/东汉	548	7.42	IV	2	很少	58	2	1				10.0
JN	GJL-1	6	胶南	耿家岚	邵家岚	B-C	周			x	东周	459	2.55	V	2	稀少	8	2					10.0
JN	GJL-2	6	胶南	耿家岚	邵家岚		汉			x	东汉	545	2.58	V	2	稀少	3	0	1				15.0
JN	GJL-2	6	胶南	耿家岚	邵家岚		周			x	东周	460	2.58	V	2	稀少	2	2					15.0
JN	HCC-1	6	胶南	后曹场	魏家湾		周			x	东周	443	0.39	VI	1	稀少	3	1	1				9.0
JN	HCC-2	6	胶南	后曹场	魏家湾		不确定									稀少	0	0		1			9.0
JN	HDZ-1	6	胶南	海岱庄	魏家湾		周			x	东周	446	0.26	VI	1	稀少	1	1					5.0
JN	HDZ-2	6	胶南	海岱庄	魏家湾		汉	x			西汉	540	2.13	V	2	稀少	7	1	1				26.0
JN	HDZ-2	6	胶南	海岱庄	魏家湾		周			x	东周	447	1.34	V	2	稀少	4	2					26.0
JN	HJW-1	6	胶南	韩家洼	井戈庄		汉	x			西汉	514	0.84	VI	1	稀少	10	1	1				12.0
JN	HL-1	6	胶南	后岚	邵家岚	A-J	汉	x		x	西汉/东汉	558	15.61	III	2	稀少	157	3	1				45.0
JN	HL-1	6	胶南	后岚	邵家岚	A，C，D，H，I	周			x	东周	450	9.93	III	2	稀少	75	4					45.0
JN	HL-2	6	胶南	后岚	邵家岚	A-J	汉	x			西汉	556	0.25	VI	1	稀少	3	0	1				39.0
JN	HL-3	6	胶南	后岚	邵家岚	A-D	汉	x			西汉	561	4.00	V	3	稀少	14	1	1				12.0
JN	HL-3	6	胶南	后岚	邵家岚	A	龙山		x		中期	223	1.10	V	3	稀少	3	2					12.0
JN	HL-3	6	胶南	后岚	邵家岚	A-C	周	x			西周/东周	451	2.97	V	3	稀少	14	2					12.0
JN	HL-4	6	胶南	后岚	邵家岚		汉	x			西汉	560	1.16	V	1	中等	8	1	1				15.0
JN	JT-1	6	胶南	甲滩	邵家岚		汉			x	东汉	544	0.26	VI	1	稀少	1	0	1				11.0
JN	JT-2	6	胶南	甲滩	邵家岚		汉	x			西汉	542	0.26	VI	1	稀少	1	1					4.0
JN	JT-3	6	胶南	甲滩	邵家岚		汉	x			西汉	541	0.26	VI	1	稀少	1	1					6.0
JN	JT-4	6	胶南	甲滩	邵家岚		汉	x			西汉	543	0.26	VI	1	稀少	2	0	1				4.0
JN	JT-5	6	胶南	甲滩	邵家岚		龙山				不确定	221	0.25	VI	1	稀少	1	1					28.0
JN	JT-6	6	胶南	甲滩	邵家岚		汉			x	东汉	557	0.52	VI	1	稀少	2	0	1				30.0
JN	JT-7	6	胶南	甲滩	邵家岚		龙山				不确定	220	0.26	VI	1	稀少	3	1					30.0
JN	LJXZ-1	6	胶南	李家小庄	魏家湾		汉	x			西汉	486	0.32	VI	1	稀少	2	0	1				6.0
JN	LMH-1	6	胶南	岚庙后	邵家岚		汉	x			西汉	552	0.38	VI	2	中等	5	1	1				15.0
JN	LMH-1	6	胶南	岚庙后	邵家岚		周	x		x	西周/东周	452	0.90	VI	2	中等	9	1					18.0
JN	LMH-2	6	胶南	岚庙后	邵家岚	A，C	汉	x			西汉	562	5.48	V	2	稀少	31	3	1				10.0
JN	LMH-2	6	胶南	岚庙后	邵家岚	A-C	周			x	东周	453	5.48	IV	2	稀少	13	3					15.0
JN	LMH-3	6	胶南	岚庙后	邵家岚		周			x	东周	456	1.94	V	1	稀少	3	1					6.5
JN	LNT-1	6	胶南	岭南头	邵家岚		周			x	东周	449	0.26	VI	1	稀少	3	1					28.2
JN	LNT-2	6	胶南	岭南头	邵家岚		汉	x			西汉	559	0.58	VI	1	稀少	4	1	1				5.0
JN	MJL-1	6	胶南	苗家岭	邵家岚		汉	x			西汉	551	0.25	VI	1	稀少	1	0	1				8.0
JN	MJL-2	6	胶南	苗家岭	邵家岚		汉	x			西汉	554	0.45	VI	1	稀少	3	1					25.0
JN	MJL-3	6	胶南	苗家岭	邵家岚		汉	x			西汉	553	0.26	VI	1	中等	6	1	1				22.0
JN	NXZ-1	6	胶南	南辛庄	吕家官庄		周	x			西周	413	0.25	VI	1	稀少	1	1					8.0
JN	NXZ-2	6	胶南	南辛庄	吕家官庄		汉	x			西汉	493	0.25	VI	1	稀少	3	0	1		墓葬	汉墓	14.0
JN	NXZ-3	6	胶南	南辛庄	吕家官庄		汉	x			西汉	492	0.25	VI	1	稀少	1	0	1				14.0
JN	NXZ-3	6	胶南	南辛庄	吕家官庄		周			x	东周	414	0.25	VI	2	稀少	4	1					14.0
JN	NXZ-4	6	胶南	南辛庄	吕家官庄		汉	x			西汉	482	0.25	VI	2	稀少	3	0	1		墓葬	汉墓	14.0
JN	NXZ-4	6	胶南	南辛庄	吕家官庄		周			x	东周	412	0.25	VI	2	稀少	2	2					14.0

海拔范围	水源	河道距离	环境区域	地貌状况	防御性遗址	土壤质地	土壤颜色	土层厚度	作物	现代用途	备注	距中心城市5公里内	距中心城市5~10公里	距中心城市10~15公里	距中心城市15公里以上	距海岸5公里内
30~40	小河	0	山麓	平地		多砂	黄土-褐土	较深	大白菜	农业用地				两城镇		
20~30	小河	150	山麓	中度隆起/斜坡		砂质壤土	黄土-褐土	较深	休耕地	农业用地				两城镇		
30~40	小河	50	山麓	平地		多砂	黄土-褐土	较深	休耕地	农业用地				两城镇		
50~60	小河	0	山麓	平地		多砂	黄土-褐土	中度	休耕地	农业用地	遗址靠近学校			两城镇		
40~50	小河	50	山麓	平地		多砂	黄土-褐土	中度	休耕地	农业用地	遗址靠近学校			两城镇		
2~10	主要河流	275	冲积平原	平地		砂质壤土	黄土-褐土	较深	休耕地	农业用地				两城镇		
10~20	主要河流	500	冲积平原	微倾斜		多砂	黄土-褐土	中度	大白菜	农业用地				两城镇		
10~20	主要河流	500	冲积平原	微倾斜		多砂	黄土-褐土	中度	大白菜	农业用地				两城镇		
10~20	主要河流	300	冲积平原/山麓	微倾斜		多砂	黄土	较深	开垦地	农业用地	遗址靠近养鸡场和虾池		两城镇			x
10~20	主要河流	375	冲积平原/山麓	微倾斜		多砂	黄土	较深	开垦地	农业用地	遗址靠近养鸡场和虾池		两城镇			x
10~20	主要河流	950	山麓	中度隆起		多砂	黄土	中度	休耕地/小麦	农业用地	靠近现代墓地		两城镇			
10~20	主要河流	950	山麓	中度隆起		多砂	黄土	中度	休耕地/小麦	农业用地	靠近现代墓地		两城镇			
2~10	小河	425	冲积平原	微倾斜		多砂	黄土-褐土	较深	休耕地	农业用地				两城镇		
2~10	小河	100	冲积平原	平地		多砂	黄土-褐土	较深			树林里发现石器					
2~10	主要河流	400	冲积平原	平地		砂质壤土	褐土	较深	蔬菜	花圃				两城镇		x
20~30	小河	0	山麓	低山		砂质壤土	黄土-褐土	中度	休耕地	农业用地	临近发现采石场			两城镇		x
20~30	小河	0	山麓	低山		砂质壤土	黄土-褐土	中度	休耕地	农业用地	临近发现采石场			两城镇		x
10~20	支流	325	冲积平原	平地		砂质壤土	黄土-褐土	较深	休耕地/小麦	农业用地				两城镇		
40~50	小河	100	山麓	低山	可能	多砂	黄土-褐土	较薄	开垦地	农业用地	附近发现采石场			两城镇		x
40~50	小河	250	山麓	低山	可能	多砂	黄土-褐土	较薄	开垦地	农业用地	附近发现采石场			两城镇		x
30~40	小河	350	山麓	高山	?	多砂/土质较硬	黄土-褐土	中度	开垦地	农业用地				两城镇		x
10~20	小河	0	山麓	微倾斜		砂质壤土	黄土-褐土	较深	休耕地/小麦	花圃				两城镇		x
10~20	小河	0	山麓	微倾斜		砂质壤土	黄土-褐土	较深	蔬菜	花圃				两城镇		x
10~20	小河	0	山麓	微倾斜		砂质壤土	黄土-褐土	较深	休耕地/小麦	花圃				两城镇		x
10~20	小河	0	山麓	低山麓					休耕地/小麦	农业用地						
10~20	主要河流	500	山麓	支脉		多砂/土质较硬			休耕地	农业用地			两城镇			x
2~10	主要河流	100	冲积平原	平地		砂质壤土	黄土-褐土	较深					两城镇			x
2~10	小河	50	冲积平原	平地		多砂/土质较硬	浅褐土	较深	休耕地	农业用地				两城镇		x
2~10	小河	50	冲积平原	微倾斜		黏土			大白菜	农业用地				两城镇		x
20~30	小河	200	山麓	中度隆起/斜坡		砂质壤土	黄土-褐土	较深	休耕地	农业用地				两城镇		x
30~40	小河	250	山麓	微倾斜		砂质壤土	褐土	较深	冬小麦	农业用地				两城镇		x
30~40	小河	150	山麓	较低的隆起/平台		砂质壤土	褐土	较深	冬小麦	农业用地				两城镇		x
2~10	主要河流	200	冲积平原	平地		多砂	黄土	较深	大白菜	农业用地				两城镇		
10~20	小河	350	山麓	山脊上部平地		多砂	黄土-褐土	较深	冬小麦	农业用地				两城镇		x
10~20	小河	350	山麓	山脊上部平地		多砂	黄土-褐土	较深	冬小麦	农业用地				两城镇		x
10~20	小河	0	冲积平原/山麓	低山		多砂	黄土-褐土	较深	休耕地/小麦	农业用地				两城镇		x
10~20	小河	100	冲积平原/山麓	低山		多砂	黄土-褐土	较深	休耕地/小麦	农业用地				两城镇		x
2~10	小河	350	冲积平原	微倾斜		多砂	黄土-褐土	较深	休耕地	农业用地	靠采石场和村庄			两城镇		x
20~30	小河	150	山麓	平地		多砂	黄土-褐土	较深	休耕地	农业用地				两城镇		x
2~10	小河	50	冲积平原	平地		多砂	黄土-褐土	较深	休耕地	农业用地				两城镇		x
2~10	小河	50	冲积平原	微倾斜		砂质壤土	黄土-褐土	较深	休耕地	农业用地				两城镇		x
20~30	小河	100	山麓	较低的隆起		多砂	黄土-褐土	较深	休耕地	农业用地				两城镇		
20~30	小河	150	山麓	低山麓		土质较硬	黄土-褐土	中度	休耕地	农业用地	靠近学校			两城镇		x
2~10	支流	300	冲积平原	平地		砂质壤土	褐土	较深	休耕地	农业用地			两城镇			
10~20	支流	25	山麓	平地		多砂/土质较硬	黄土-褐土	中度	冬小麦	农业用地			两城镇			
10~20	支流	25	山麓	较低的隆起		多砂/土质较硬	黄土-褐土	中度	休耕地	农业用地			两城镇			
10~20	支流	25	山麓	较低的隆起		多砂/土质较硬	黄土-褐土	中度	休耕地	农业用地			两城镇			
10~20	支流	0	山麓	平地		多砂/土质较硬	黄土-褐土	中度	休耕地	农业用地	汉墓为耕作破坏		两城镇			
10~20	支流	0	山麓	平地		多砂/土质较硬	黄土-褐土	中度	休耕地	农业用地	汉墓为耕作破坏		两城镇			

遗址前缀	遗址名称	年份	行政区划	村镇	地图	采集区	年代	早(西)	中	晚(东)	分期	期段编号	面积(万米²)	等级	所含期段数	陶片密度	陶片数量	器型	残片	石器	文化层特点	详细文化层信息	中心海拔
JN	NXZ-5	6	胶南	南辛庄	吕家官庄		汉	x			西汉	500	0.45	VI	2	稀少	3	0	1				20.0
JN	NXZ-5	6	胶南	南辛庄	吕家官庄		周	x		x	西周/东周	415	0.45	VI	2	稀少	5	2					20.0
JN	NXZ-6	6	胶南	南辛庄	吕家官庄		汉	x			西汉	494	1.10	V	1	稀少	4	1	1				15.0
JN	NXZ-7	6	胶南	南辛庄	吕家官庄		汉	x			西汉	499	0.25	VI	2	稀少	1	1					15.0
JN	NXZ-8	6	胶南	南辛庄	吕家官庄		龙山				不确定	201	0.25	VI	2	稀少	1	1					15.0
JN	NXZ-8	6	胶南	南辛庄	吕家官庄		汉	x			西汉	498	0.25	VI	1	稀少	2	0	1				15.0
JN	QCC-1	6	胶南	前曹场	魏家湾	A-C	汉	x			西汉	527	7.44	IV	2	很少	49	2	1				12.0
JN	QCC-1	6	胶南	前曹场	魏家湾	C	周			x	东周	442	2.97	V	2	稀少	4	1					12.0
JN	QHC-1	6	胶南	前河岔	井戈庄		龙山				不确定	212	0.25	VI	1	稀少	1	1					8.0
JN	QHC-2	6	胶南	前河岔	井戈庄		汉	x			西汉	522	0.26	VI	1	稀少	1	0	1				8.0
JN	QYC-1	6	胶南	前园村	吕家官庄		周			x	东周	418	0.26	VI	1	稀少	2	1					11.0
JN	QYC-2	6	胶南	前园村	吕家官庄		汉			x	东汉	497	0.26	VI	1	稀少	2	0	1				8.0
JN	QYC-3	6	胶南	前园村	魏家湾		汉			x	东汉	496	0.26	VI	1	稀少	5	1					6.0
JN	QZY-1	6	胶南	青竹园	魏家湾		汉	x			西汉	521	0.45	VI	1	稀少	4	0	1				6.0
JN	QZY-2	6	胶南	青竹园	魏家湾		汉	x			西汉	490	0.32	VI	1	稀少	4	0	1				6.0
JN	SJL-1	6	胶南	邵家岚	邵家岚	A-C	汉	x			西汉	547	10.92	III	2	稀少	21	0	1		墓葬	汉墓CAB	10.0
JN	SJL-1	6	胶南	邵家岚	邵家岚	C	龙山				不确定	222	0.25	VI	1	稀少	1	1					18.0
JN	SJL-2	6	胶南	邵家岚	邵家岚		汉	x			西汉	546	1.68	V	1	稀少	7	1	1				20.0
JN	SJL-3	6	胶南	邵家岚	邵家岚		汉	x			西汉	550	0.26	VI	1	稀少	1	1					4.0
JN	SJL-4	6	胶南	邵家岚	邵家岚		汉				西汉	555	0.32	VI	1	稀少	3	3	1				25.0
JN	SJZZ-1	6	胶南	苏家庄子	后坡楼		汉				西汉	509	0.26	VI	1	稀少	1	0	1				32.0
JN	SJZZ-2	6	胶南	苏家庄子	后坡楼		汉	x			西汉	511	0.25	VI	2	稀少	1	0	1				22.0
JN	SJZZ-2	6	胶南	苏家庄子	后坡楼		周			x	东周	429	0.25	VI	2	稀少	2	1					22.0
JN	SJZZ-3	6	胶南	苏家庄子	后坡楼		龙山				不确定	203	0.26	VI	1	稀少	1	1					46.0
JN	SY-1	6	胶南	石埠	石埠		龙山				不确定	219	0.58	VI	1	稀少	2	1					10.0
JN	SY-1	6	胶南	石埠	石埠		周			x	东周	448	0.58	VI	2	稀少	1	1					10.0
JN	WJL-1	6	胶南	王家岭	魏家湾		汉	x			西汉	534	0.32	VI	1	稀少	4	0	1				20.0
JN	WJL-2	6	胶南	王家岭	魏家湾		汉	x			西汉	535	0.32	VI	1	稀少	2	0	2				28.0
JN	WJL-3	6	胶南	王家岭	魏家湾	A-C	汉	x			西汉	533	4.39	V	1	稀少	12	1	1				15.0
JN	WJW-1	6	胶南	魏家湾	魏家湾		汉	x			西汉	484	0.32	VI	1	稀少	3	1	1				5.0
JN	WJW-2	6	胶南	魏家湾	魏家湾		汉	x			西汉	485	0.32	VI	1	稀少	2	0	1				5.0
JN	WS-1	6	胶南	汪山	魏家湾		龙山				不确定	217	0.26	VI	1	稀少	1	1					13.0
JN	WS-2	6	胶南	汪山	井戈庄		汉	x			西汉	526	0.25	VI	1	稀少	1	0	1				13.0
JN	WS-3	6	胶南	汪山	井戈庄		汉	x			西汉	525	0.26	VI	1	稀少	1	1					15.0
JN	XDJZ-1	6	胶南	西丁家庄	后坡楼		汉	x			西汉	505	0.58	VI	1	稀少	41	2	1				56.0
JN	XDJZ-2	6	胶南	西丁家庄	后坡楼		周			x	东周	425	0.45	VI	1	稀少	2	2					57.8
JN	XL-1	6	胶南	小溜	魏家湾		汉	x			西汉	532	0.32	VI	1	稀少	4	1	1				12.0
JN	XLZ-1	6	胶南	小楼子	吕家官庄		汉	x			西汉	495	0.26	VI	1	稀少	3	0	1	1			11.0
JN	XLZ-2	6	胶南	小楼子	吕家官庄		汉			x	东汉	491	0.74	VI	1	稀少	17	0	1				5.0
JN	XWJLG-1	6	胶南	西王家柳沟	后坡楼		汉	x			西汉	507	1.80	V	2	稀少	4	1	1				45.0
JN	XWJLG-1	6	胶南	西王家柳沟	后坡楼		周	x			西周/东周	424	3.31	V	2	很少	60	4					45.0
JN	XWJLG-2	6	胶南	西王家柳沟	后坡楼		周			x	东周	423	0.45	VI	1	稀少	2	1					35.0
JN	XY-1	6	胶南	小营	魏家湾		汉	x			西汉	473	0.32	VI	1	稀少	2	0	1				4.0
JN	XY-2	6	胶南	小营	魏家湾		汉	x		x	西汉/东汉	471	8.51	IV	1	很少	15	0	1				3.0
JN	XYZ-1	6	胶南	信阳镇	魏家湾		汉			x	东汉	537	0.52	VI	1	稀少	3	0	1				51.0
JN	XYZ-2	6	胶南	信阳镇	沙岭子		汉	x			西汉	531	0.32	VI	1	稀少	1	0	1				15.0
JN	YJZ-1	6	胶南	殷家庄	吕家官庄		汉			x	东汉	480	0.25	VI	1	稀少	1	0	1				4.0
JN	YJZ-2	6	胶南	殷家庄	吕家官庄		汉	x			西汉	472	2.39	V	3	很少	13	3	1		文化层		3.0
JN	YJZ-2	6	胶南	殷家庄	吕家官庄		商				晚期	21	2.39	I	3	很少	18	2			文化层		3.0
JN	YJZ-2	6	胶南	殷家庄	吕家官庄		周	x		x	西周/东周	411	2.39	V	3	很少	54	4			文化层		3.0
JN	YL-1	6	胶南	营里	井戈庄		汉	x			西汉	524	0.32	VI	1	稀少	4	1	1				17.0
JN	YL-2	6	胶南	营里	井戈庄		龙山	x	x		早/中	216	1.10	V	2	稀少	4	2					8.5
JN	YL-2	6	胶南	营里	井戈庄		周	x		x	西周/东周	438	1.10	VI	1	稀少	7	1					8.5
JN	YL-3	6	胶南	营里	井戈庄		龙山	x			早期	215	3.68	V	2	稀少	16	3					8.5
JN	YL-3	6	胶南	营里	井戈庄		周			x	东周	441	3.68	VI	1	稀少	5	1					8.5
JN	YL-4	6	胶南	营里	井戈庄		周				东周	439	0.26	VI	1	稀少	1	1					8.5
JN	YL-5	6	胶南	营里	井戈庄		周				西周	440	0.39	VI	1	稀少	2	1					8.5
JN	YL-6	6	胶南	营里	井戈庄		龙山		x		中期	213	0.26	VI	1	稀少	1	1					8.5

海拔范围	水源	河道距离	环境区域	地貌状况	防御性遗址	土壤质地	土壤颜色	土层厚度	作物	现代用途	备注	距中心城市5公里内	距中心城市5~10公里	距中心城市10~15公里	距中心城市15公里以上	距海岸5公里内
20~30	支流	250	山麓	低山麓		多砂/淤土	黄土-褐土	中度	冬小麦	农业用地			两城镇			
20~30	支流	250	山麓	低山麓		多砂/淤土	黄土-褐土	中度	冬小麦	农业用地			两城镇			
10~20	小河	50	山麓	较低的隆起		多砂	黄土-褐土	中度	大白菜	农业用地				两城镇		
10~20	小河	300	山麓	平地		多砂	黄土-褐土	中度	休耕地/小麦	农业用地				两城镇		
10~20	小河	300	山麓	平地		多砂	黄土-褐土	中度	休耕地/小麦	农业用地				两城镇		
10~20	支流	250	山麓	平地		多砂	黄土-褐土	中度	休耕地	农业用地				两城镇		
10~20	主要河流	150	山麓	较低的隆起		砂质壤土	黄土-褐土	中度	休耕地	农业用地				两城镇		
10~20	主要河流	150	山麓	较低的隆起		砂质壤土	黄土-褐土	中度	休耕地	农业用地				两城镇		
2~10	主要河流	500	冲积平原	平地		多砂	黄土	较深	蔬菜	花圃				两城镇		
2~10	主要河流	175	冲积平原	平地		砂质壤土	黄土-褐土	较深	大白菜	农业用地				两城镇		
10~20	支流	150	冲积平原	平地		多砂黏土	褐土	较深	休耕地	农业用地				两城镇		
2~10	小河	350	冲积平原	平地		多砂黏土	褐土	较深	休耕地	农业用地				两城镇		
2~10	支流	700	冲积平原	平地		多砂/淤土	黄土-褐土	中度	冬小麦	农业用地				两城镇		
2~10	支流	200	冲积平原	平地		砂质壤土	黄土-褐土	较深	大白菜	农业用地				两城镇		
2~10	支流	175	冲积平原	平地		黏土	褐土	较深	休耕地/小麦	农业用地				两城镇		
10~20	小河	0	山麓	微倾斜		多砂/土质较硬	黄土-褐土	中度	冬小麦	农业用地			两城镇			x
10~20	小河	0	山麓	微倾斜		多砂	黄土-褐土	中度	休耕地	农业用地						x
20~30	小河	50	山麓	低山		多砂	黄土-褐土	中度	休耕地/小麦	农业用地	发现小型采石场		两城镇			x
2~10	小河	100	冲积平原	平地		多砂	黄土-褐土	较深	大白菜	农业用地			两城镇			
20~30	小河	200	山麓	低山		多砂/土质较硬	黄土-褐土	中度						两城镇		x
30~40	小河	75	山麓	微倾斜		颗粒状	黄土-褐土	中度	休耕地	农业用地				两城镇		
20~30	小河	25	山麓	微倾斜		颗粒状	黄土-褐土	中度	休耕地	农业用地				两城镇		
20~30	小河	25	山麓	微倾斜		颗粒状	黄土-褐土	中度	休耕地	农业用地				两城镇		
40~50	小河	75	山麓	微倾斜		砂质壤土	黄土-褐土	较深						两城镇		
10~20	小河	450	冲积平原	较低的隆起		多砂/土质较硬	黄土	较薄	休耕地	农业用地	遗址为果园,附近几个小采石场			两城镇		x
10~20	小河	450	冲积平原	较低的隆起		多砂/土质较硬	黄土	较薄	休耕地	农业用地	遗址为果园,附近几个小采石场			两城镇		x
20~30	小河	125	山麓	低山麓		多砂	黄土-褐土	较深	休耕地	农业用地				两城镇		x
20~30	小河	50	山麓	梯田		砂质壤土	黄土-褐土	较深	休耕地	农业用地				两城镇		x
10~20	小河	0	冲积平原/山麓	低山		砂质壤土	黄土-褐土	较薄	休耕地	农业用地				两城镇		x
2~10	支流	450	冲积平原	平地		砂质壤土	黄土-褐土	较深	大白菜	农业用地				两城镇		
2~10	支流	700	冲积平原	平地		砂质壤土	黄土-褐土	较深	大白菜	农业用地				两城镇		
10~20	小河	400	冲积平原	微倾斜					冬小麦	农业用地				两城镇		x
10~20	小河	25	冲积平原	平地		多砂	黄土-褐土	较深	休耕地	现代砖厂	废弃的渡槽南面			两城镇		
10~20	支流	850	冲积平原	微倾斜		砂质壤土	黄土-褐土	较深	休耕地	农业用地				两城镇		
50~60	小河	175	山麓	高山	?	颗粒状	黄土-褐土	较深	冬小麦	农业用地				两城镇		
50~60	小河	150	山麓	高山	?	颗粒状	黄土-褐土	中度	休耕地	农业用地				两城镇		
10~20	小河	25	冲积平原	平地		砂质壤土	黄土-褐土	较深	大白菜	农业用地				两城镇		x
10~20	支流	50	冲积平原/山麓	平地		多砂黏土	褐土	较深	休耕地	农业用地				两城镇		
2~10	支流	125	冲积平原	平地		黏土	褐土	较深		花圃				两城镇		
40~50	小河	0	山麓	较低的隆起	是	砂质壤土	黄土-褐土	中度	休耕地	农业用地				两城镇		
40~50	小河	0	山麓	较低的隆起	是	砂质壤土	黄土-褐土	中度	休耕地	农业用地				两城镇		
30~40	小河	25	冲积平原/山麓	平地		砂质壤土	黄土-褐土	较深	休耕地	农业用地				两城镇		
2~10	支流	325	冲积平原	平地		多砂/淤土	黄土-褐土	较深		果园			两城镇			
2~10	支流	0	冲积平原	平地		砂质壤土	褐土	较深	休耕地/小麦	农业用地			两城镇			
50~60	小河	150	山麓	较低的隆起	是	多砂	黄土-褐土	较深	休耕地	农业用地				两城镇		x
10~20	小河	450	冲积平原/山麓	较低的隆起		多砂/土质较硬	黄土-褐土	较薄	冬小麦	农业用地				两城镇		x
2~10	支流	0	冲积平原	较低的隆起		多砂	褐土	较深	休耕地	农业用地			两城镇			
2~10	小河	0	冲积平原	微倾斜		砂质壤土	褐土	较深	冬小麦	农业用地			两城镇			
2~10	小河	0	冲积平原	微倾斜		砂质壤土	褐土	较深	冬小麦	农业用地			两城镇			
2~10	小河	0	冲积平原	微倾斜		砂质壤土	褐土	较深	冬小麦	农业用地				两城镇		
10~20	支流	325	山麓	较低的隆起		多砂	黄土-褐土	中度	休耕地	农业用地				两城镇		
2~10	主要河流	275	冲积平原	平地		多砂	黄土-褐土	较深	大白菜	花圃				两城镇		
2~10	主要河流	275	冲积平原	平地		多砂	黄土-褐土	较深	大白菜	花圃				两城镇		
2~10	主要河流	400	冲积平原	平地		多砂	黄土-褐土	较深	大白菜	花圃				两城镇		
2~10	主要河流	400	冲积平原	平地		多砂	黄土-褐土	较深	大白菜	花圃				两城镇		
2~10	主要河流	375	冲积平原	平地		多砂	黄土-褐土	较深	大白菜	花圃				两城镇		
2~10	主要河流	425	冲积平原	平地		多砂	黄土-褐土	较深	蔬菜	花圃				两城镇		
2~10	主要河流	425	冲积平原	平地		砂质壤土	浅褐土	较深	休耕地	农业用地				两城镇		

遗址前缀	遗址名称	年份	行政区划	村镇	地图	采集区	年代	早(西)	中	晚(东)	分期	期段编号	面积(万米²)	等级	所含期段数	陶片密度	陶片数量	器型	残片	石器	文化层特点	详细文化层信息	中心海拔
JN	YL-7	6	胶南	营里	井戈庄		汉	x			西汉	523	0.32	VI	2	稀少	1	0	1				8.5
JN	YL-7	6	胶南	营里	井戈庄		龙山	x			早期	214	0.32	VI	2	稀少	2	1					8.5
JN	YNT-1	6	胶南	营南头	邵家岚		汉			x	东汉	464	2.12	V	2	稀少	12	0	1				4.0
JN	YNT-1	6	胶南	营南头	邵家岚		龙山		x		中期	225	1.29	V	2	稀少	2	2					4.0
JN	YNT-2	6	胶南	营南头	魏家湾		汉			x	东汉	465	3.23	V	1	稀少	14	0	1				3.0
JN	YNT-3	6	胶南	营南头	邵家岚		汉			x	东汉	463	0.97	V	1	稀少	2	0	1				4.0
JN	YNT-4	6	胶南	营南头	魏家湾		汉			x	东汉	467	0.77	VI	2	稀少	5	0	1				3.0
JN	YNT-4	6	胶南	营南头	魏家湾		龙山				不确定	224	0.26	VI	2	稀少	1	1					3.0
JN	YNT-6	6	胶南	营南头	邵家岚		汉			x	东汉	466	0.32	VI	1	稀少	1	0	1				4.0
JN	YNT-7	6	胶南	营南头	魏家湾		汉			x	东汉	468	0.26	VI	1	稀少	5	0	1				3.0
JN	ZeJC-1	6	胶南	曾家村	魏家湾		汉			x	东汉	475	0.26	VI	1	稀少	6	0	2				4.0
JN	ZJC-1	6	胶南	周家村	吕家官庄		商				晚期	20	1.10	I	2	稀少	22	3					25.0
JN	ZJC-1	6	胶南	周家村	吕家官庄		周	x		x	西周/东周	416	1.10	V	2	很少	20	2					25.0
JN	ZJC-2	6	胶南	周家村	吕家官庄		汉	x			西汉	501	0.25	VI	1	稀少	1	0	1				31.0
JN	ZJC-3	6	胶南	周家村	吕家官庄		周			x	东周	417	0.26	VI	1	稀少	2	2					18.0
JN	ZJC-4	6	胶南	周家村	后坡楼	D	大汶口				晚期	6	1.45	II	4	稀少	4	3					45.0
JN	ZJC-4	6	胶南	周家村	后坡楼	A, C-J	汉	x		x	西汉/东汉	502	19.93	III	4	很少	106	3	1		文化层	CAI	40.0
JN	ZJC-4	6	胶南	周家村	后坡楼	C-H, J	龙山	x	x		早/中	202	12.39	III	4	稀少	258	8					50.0
JN	ZJC-4	6	胶南	周家村	后坡楼	A, B, D, E, G-I	周	x		x	西周/东周	420	13.22	III	4	很少	64	6					40.0
JN	ZJC-5	6	胶南	周家村	后坡楼		周			x	东周	421	0.26	VI	1	稀少	1	1					35.0
JN	ZJC-6	6	胶南	周家村	后坡楼		周	x			西周	422	0.25	VI	1	稀少	5	1					42.0
JN	ZJC-7	6	胶南	周家村	后坡楼	A-C	汉	x			西汉	504	4.16	V	1	稀少	29	3	2				35.0
JN	ZJZ-1	6	胶南	朱家庄	魏家湾		周			x	东周	445	0.65	VI	1	稀少	6	2					15.0
JN	ZJZ-2	6	胶南	朱家庄	魏家湾		汉	x			西汉	539	0.32	VI	1	稀少	6	1	1				35.0
JN	ZJZ-3	6	胶南	朱家庄	魏家湾		汉	x			西汉	538	0.26	VI	1	稀少	2	0	1				44.0
JN	ZJZ-4	6	胶南	朱家庄	魏家湾		汉	x			西汉	536	0.32	VI	1	稀少	2	0	1				12.0
DG	BDC-1	7	东港	北大村	陡岭子		汉					602	0.25	VI	1	稀少	2	2					42.0
DG	BDC-2	7	东港	北大村	大莲村		汉					603	0.51	VI	1	稀少	8	1	1				38.0
DG	BDC-3	7	东港	北大村	大莲村	A-C	汉					604	3.67	V	2	稀少	9	0	1				33.0
DG	BDC-3	7	东港	北大村	大莲村		龙山				不确定	236	0.64	VI	1	稀少	1	1					33.0
DG	BDC-4	7	东港	北大村	陡岭子	A-F	汉					608	6.57	IV	3	稀少	28	1	1				41.0
DG	BDC-4	7	东港	北大村	陡岭子		龙山	x	x		不确定	237	3.41	V	3	稀少	175	7					41.0
DG	BDC-4	7	东港	北大村	陡岭子	A, C, D	周			x	西周/东周	495	5.15	IV	3	稀少	8	3					41.0
DG	BDC-4	7	东港	北大村	陡岭子	F	周			x	东周	499		VI	3	稀少							41.0
DG	BDC-5	7	东港	北大村	陡岭子		汉					607	0.25	VI	1	稀少	3	0	1				51.0
DG	BDC-6	7	东港	北大村	大莲村	A-C	汉					614	0.70	VI	3	稀少	5	2	1				27.0
DG	BDC-6	7	东港	北大村	大莲村	A-C	龙山				不确定	239	0.70	VI	3	稀少	4	1					27.0
DG	BDC-6	7	东港	北大村	大莲村	A-C	周	x		x	西周/东周	504	0.50	VI	3	稀少	2	1			文化层	文化堆积 CAA	27.0
DG	BDC-7	7	东港	北大村	陡岭子		汉					609	0.25	VI	1	稀少	1	0	1				59.0
DG	BDC-8	7	东港	北大村	陡岭子		汉					613	0.25	VI	2	稀少	4	1	1				46.0
DG	BDC-8	7	东港	北大村	陡岭子		周	x			西周	498	0.25	VI	2	稀少	2	1					46.0
DG	BYJW-1	7	东港	北杨家洼	陡岭子		汉					617	0.38	VI	1	稀少	3	1	1				42.0
DG	BYJW-2	7	东港	北杨家洼	陡岭子		汉					618	0.45	VI	1	稀少	4	2	1				39.0
DG	BYJW-3	7	东港	北杨家洼	陡岭子		汉					621	0.25	VI	1	稀少	1	0	1				56.0
DG	BYJW-4	7	东港	北杨家洼	陡岭子		汉					624	0.25	VI	1	稀少	1	0	1				60.0
DG	BYJW-5	7	东港	北杨家洼	十里铺		汉					627	0.25	VI	1	稀少	3	0	1				35.0
DG	BYJW-6	7	东港	北杨家洼	十里铺		汉					635	0.25	VI	1	稀少	1	0	1				42.0
DG	CGQC-1	7	东港	城关七村	大岭南头	A, B	汉					664	1.34	V		稀少	14	2	1				15.0
DG	CGQC-1	7	东港	城关七村	大岭南头		周	x		x	西周/东周	634	0.96	VI		稀少	15	1	1				15.0
DG	DBJAZ-1	7	东港	大卜家庵子	大洼		汉					670	0.25	VI		稀少	1	1	1				7.0
DG	DBJAZ-2	7	东港	大卜家庵子	大洼		汉					671	1.41	V		稀少	9	2	1				4.0
DG	DGC-1/XSLP-2	7	东港	大古城	十里铺	A-CC	汉					669	264.49	I		稀少	656	4	3		文化层	灰土文化层铁炼渣 CAR，汉砖 CAY	34.0

海拔范围	水源	河道距离	环境区域	地貌状况	防御性遗址	土壤质地	土壤颜色	土层厚度	作物	现代用途	备注	距中心城市5公里内	距中心城市5~10公里	距中心城市10~15公里	距中心城市15公里以上	距海岸5公里内
2~10	主要河流	600	冲积平原	微倾斜		砂质壤土	浅褐土	较深	休耕地	农业用地					两城镇	
2~10	主要河流	600	冲积平原	微倾斜		砂质壤土	浅褐土	较深	休耕地	农业用地					两城镇	
2~10	支流	50	冲积平原	平地		黏土	褐土	较深	大白菜	农业用地				两城镇		
2~10	支流	125	冲积平原	平地		黏土	褐土	较深	大白菜	农业用地						
2~10	支流	150	冲积平原	平地		黏土	黄土-褐土	较深	休耕地/小麦	农业用地					两城镇	
2~10	支流	225	冲积平原	平地		多砂/淤土			大白菜	农业用地					两城镇	
2~10	支流	300	冲积平原	平地		多砂黏土	黄土-褐土	较深	冬小麦						两城镇	
2~10	支流	325	冲积平原	平地		多砂黏土	黄土-褐土	较深	冬小麦							x
2~10	支流	575	冲积平原	较低的隆起		多砂/淤土	黄土-褐土	较深		花圃					两城镇	
2~10	支流	100	冲积平原	平地		砂质壤土	黄土-褐土	较深	冬小麦	农业用地					两城镇	
2~10	支流	125	冲积平原	平地		砂质壤土	黄土-褐土	较深	大白菜						两城镇	
20~30	小河	25	山麓	较低的隆起/平台		多砂	黄土-褐土	较深	休耕地/小麦	农业用地						
20~30	小河	25	山麓	较低的隆起/平台		多砂	黄土-褐土	较深	休耕地/小麦	农业用地					两城镇	
30~40	支流	150	山麓	低山麓		多砂	黄土-褐土	较深	果园	果园					两城镇	
10~20	小河	150	冲积平原/山麓	微倾斜		多砂	黄土-褐土	中度	休耕地	农业用地					两城镇	
40~50	小河	0	山麓	微倾斜		砂质壤土	黄土-褐土	较深	休耕地	农业用地						
40~50	小河	0	山麓	微倾斜		砂质壤土	黄土-褐土	较深	休耕地	农业用地					两城镇	
50~60	小河	25	山麓	微倾斜		砂质壤土	黄土-褐土	较深	休耕地	农业用地					两城镇	
40~50	小河	0	山麓	微倾斜		砂质壤土	黄土-褐土	较深	休耕地	农业用地					两城镇	
30~40	小河	0	山麓	平地		砂质壤土	黄土-褐土	较深	休耕地	农业用地					两城镇	
40~50	小河	25	山麓	平地		砂质壤土	黄土-褐土	较深	休耕地	农业用地					两城镇	
30~40	小河	50	山麓	中度隆起/斜坡		砂质壤土	黄土-褐土	中度	休耕地	农业用地					两城镇	
10~20	小河	100	山麓	较低的隆起		砂质壤土	褐土	较深	冬小麦	农业用地					两城镇	x
30~40	小河	125	山麓	中度隆起/斜坡		砂质壤土	黄土-褐土	较深	冬小麦	农业用地					两城镇	x
40~50	小河	50	山麓	低山		砂质壤土	黄土-褐土	较深	休耕地/小麦	农业用地					两城镇	x
10~20	小河	200	冲积平原	平地		多砂	黄土-褐土	较深	休耕地	农业用地	地下水位较高				两城镇	x
40~50	小河	315	山麓	平地		多砂			冬小麦					大古城		
30~40	支流	500	山麓	平地		土质较硬	浅褐土	较深	休耕地					大古城		
30~40	支流	50	冲积平原	平地		多砂	褐土	较深	冬小麦					大古城		
30~40	支流	50	冲积平原	平地		多砂	褐土	较深	冬小麦							
40~50	小河	60	山麓	微倾斜		砂质壤土	黄土	较深	休耕地/小麦					大古城		
40~50	小河	60	山麓	微倾斜		砂质壤土	黄土	较深	蔬菜	花圃						
40~50	小河	140	山麓	平地		砂质壤土	黄土	较深	蔬菜	花圃						
40~50	小河	0	山麓	微倾斜		砂质壤土	黄土	较深								
50~60	小河	50	山麓	低山麓		多砂	黄土-褐土	中度	冬小麦					大古城		
20~30	支流	40	冲积平原	平地		多砂			休耕地					大古城		
20~30	支流	40	冲积平原	平地		多砂			休耕地							
20~30	支流	60	冲积平原	平地		多砂			休耕地							
50~60	小河	150	山麓	低山麓		多砂/土质较硬	浅褐土		休耕地					大古城		
40~50	小河	160	山麓	中度隆起/斜坡		多砂/土质较硬	浅褐土			果园				大古城		
40~50	小河	160	山麓	中度隆起/斜坡		多砂/土质较硬	浅褐土			果园						
40~50	小河	325	山麓	低山		多砂	黄土-褐土	中度	休耕地					大古城		
30~40	小河	175	山麓	平地		砂质壤土	黄土-褐土	较深	休耕地					大古城		
50~60	小河	610	山麓	低山麓		土质较硬	橙黄-褐土	中度						大古城		
60~70	小河	560	山麓	低山麓					休耕地					大古城		
30~40	小河	875	冲积平原	平地					休耕地					大古城		
40~50	小河	525	山麓	低山		砂质壤土	黄土-褐土	中度	休耕地					大古城		
10~20	支流	0	冲积平原	较低的隆起		砂质壤土	黄土-褐土	较深	休耕地		遗址可能还大,高速路南未发现陶片			大古城		
10~20	支流	10	冲积平原	较低的隆起		砂质壤土	黄土-褐土		休耕地		遗址可能还大,高速路南未发现陶片			大古城		
2~10	小河	70	冲积平原	平地		多砂	黄土-褐土	较深	休耕地					大古城		x
2~10	小河	100	冲积平原	平地		多砂	黄土-褐土	较深	休耕地					大古城		x
30~40	小河	0	山麓	低山麓		砂质壤土	黄土-褐土	中度	休耕地/小麦	塑料大棚				尧王城		

遗址前缀	遗址名称	年份	行政区划	村镇	地图	采集区	年代	早(西)	中	晚(东)	分期	期段编号	面积(万米²)	等级	所含期段数	陶片密度	陶片数量	器型	残片	石器	文化层特点	详细文化层信息	中心海拔
DG	DGC-1/XSLP-2	7	东港	大古城	十里铺	I	周			x	东周	516	0.38	VI		稀少	2	1					22.0
DG	DGC-1/XSLP-2	7	东港	大古城	郭家湖子	G, P	周			x	东周	519	4.18	V		稀少	4	3					25.0
DG	DGC-1/XSLP-2	7	东港	大古城	十里铺	A, B, D, H/B	周			x	东周	520	9.90	III		稀少	12	2					30.0
DG	DGC-1/XSLP-2	7	东港	大古城	十里铺	D	周			x	东周	521	0.25	VI		稀少	1	1					30.0
DG	DGC-1/XSLP-2	7	东港	大古城	郭家湖子	W, X	周			x	东周	524	3.03	V		稀少	4	1					37.0
DG	DGC-1/XSLP-2	7	东港	大古城	郭家湖子	AA	周			x	东周	525	0.96	VI		稀少	3	1					28.0
DG	DGC-2	7	东港	大古城	十里铺		汉					657	3.94	V		稀少	2	1	1				28.0
DG	DJT-1	7	东港	董家滩	大洼	A-D	汉					656	7.67	IV		稀少	51	3	1				4.0
DG	DLZ-1	7	东港	陡岭子	陡岭子		周			x	东周	494	0.25	VI		稀少	1	1					72.0
DG	DLZ-2	7	东港	陡岭子	陡岭子		汉					599	0.25	VI		稀少	1	0	1				62.0
DG	DSQC-1	7	东港	大石桥村	日照市		汉					644	0.25	VI		稀少	2	0	1				25.0
DG	DSQC-2	7	东港	大石桥村	日照市		汉					645	0.25	VI		稀少	3	1	1				26.0
DG	DSQC-3	7	东港	大石桥村	日照市	A, B	汉					643	4.12	V		稀少	20	1	2				34.0
DG	DSQC-4	7	东港	大石桥村	日照市		汉					646	0.25	VI		稀少	1	0	1				27.0
DG	DSQC-5	7	东港	大石桥村	日照市		汉					661	?	?		很少	87	2	1				24.0
DG	DSQC-5	7	东港	大石桥村	日照市		周	x		x	西周/东周	632	?	?		稀少	8	3					24.0
DG	DXD-1	7	东港	大香店	日照市		汉					649	0.90	VI		很少	42	1	1				18.0
DG	DXD-1	7	东港	大香店	日照市		龙山				不确定	241	0.90	VI		稀少	1	1					18.0
DG	DXD-1	7	东港	大香店	日照市		周	x		x	西周/东周	512	0.90	VI		稀少	10	2					18.0
DG	GaoJL-1	7	东港	高家岭	大洼	A, B	汉					652	3.99	V		很少	26	2	1	文化层	可能,文化层较浅 CAB	35.0
DG	GaoJL-1	7	东港	高家岭	大洼	A, B	周	x		x	西周/东周	514	3.99	V		很少	30	3		文化层	可能,文化层较浅 CAB	35.0
DG	HEZ-1	10	东港	后鹅庄	郭家湖子	A, B, C, D, E, F	汉					679	9.28	IV	4	很少	111	2	1	文化层	CAD:5厘米黑、灰色堆积	12.4
DG	HJTG-1	7	东港	后九条沟	陡岭子		汉					610	0.25	VI		稀少	1	0	1				81.0
DG	HLS-1	7	东港	红留石	陡岭子		周			x	东周	490	0.25	VI		稀少	3	1					56.0
DG	HLS-2	7	东港	红留石	陡岭子		汉					589	0.58	VI		稀少	4	1	1				61.0
DG	HSQ-1	7	东港	后山前	大莲村	B-H	周	x		x	西周/东周	335	11.99	III	2	稀少	25	3					50.0
DG	HSQ-10	7	东港	后山前	大莲村		汉					586	0.45	VI		稀少	4	1					58.0
DG	HSQ-11	7	东港	后山前	大莲村		汉					587	0.25	VI		稀少	3	0	1				65.0
DG	HSQ-11	7	东港	后山前	陡岭子		周			x	东周	488	0.25	VI		稀少	2	1					65.0
DG	HSQ-12	7	东港	后山前	大莲村	A-D	汉					588	3.61	V		稀少	25	1	1				52.0
DG	HSQ-12	7	东港	后山前	大莲村	C	龙山				不确定	235	0.25	VI		稀少	1	1					52.0
DG	HSQ-13	7	东港	后山前	大莲村	E	周			x	东周	489	0.83	VI		稀少	2	1					47.0
DG	HSQ-3	7	东港	后山前	大莲村		汉					582	0.25	VI		稀少	1	0	1				63.0
DG	HSQ-4	7	东港	后山前	大莲村		汉					581	0.77	VI		稀少	6	1	1				55.0
DG	HSQ-5	7	东港	后山前	程子沟		汉					708	0.25	VI		稀少	1	1	1				91.0
DG	HSQ-6	7	东港	后山前	大莲村		周			x	东周	486	0.25	VI		稀少	6	1					80.0
DG	HSQ-7	7	东港	后山前	大莲村		汉					584	0.25	VI		稀少	1	0	1				72.0
DG	HSQ-8	7	东港	后山前	大莲村		汉					583	0.25	VI		稀少	1	0	1				79.0
DG	HSQ-8	7	东港	后山前	大莲村		周			x	东周	487	0.25	VI		稀少	2	1					79.0
DG	HSQ-9	7	东港	后山前	大莲村		汉					585	0.25	VI		稀少	1	0	1				66.0
DG	JZ-1	7	东港	贾庄	大莲村	A-D	汉					591	1.99	V		稀少	14	2	1				35.0
DG	JZ-1	7	东港	贾庄	大莲村	A-D	周	x			西周	491	1.41	V		稀少	2	2					35.0
DG	JZ-10	7	东港	贾庄	大莲村		汉					600	0.25	VI		稀少	2	1	1				38.0
DG	JZ-10	7	东港	贾庄	大莲村		周			x	东周	493	0.25	VI		稀少	1	1					38.0
DG	JZ-2	7	东港	贾庄	大莲村	A, B	汉					594	3.48	V		很少	39	2	1				38.0
DG	JZ-3	7	东港	贾庄	大莲村		汉					593	0.25	VI		稀少	2	1	1				48.0
DG	JZ-4	7	东港	贾庄	陡岭子		汉					590	0.25	VI		稀少	8	0	1				57.0

海拔范围	水源	河道距离	环境区域	地貌状况	防御性遗址	土壤质地	土壤颜色	土层厚度	作物	现代用途	备注	距中心城市5公里内	距中心城市5~10公里	距中心城市10~15公里	距中心城市15公里以上	距海岸5公里内
20~30	小河	0	山麓	低山麓		砂质壤土	黄土-褐土	中度	休耕地/小麦	塑料大棚	复杂遗址			尧王城		x
20~30	小河	225	山麓	低山麓		砂质壤土	黄土-褐土	中度	休耕地/小麦	塑料大棚	复杂遗址			尧王城		
30~40	小河	450	山麓	低山麓		砂质壤土	黄土-褐土	中度	休耕地/小麦	塑料大棚	复杂遗址			尧王城		
30~40	小河	0	山麓	低山麓										尧王城		
30~40	小河	75	山麓	低山麓		砂质壤土	黄土-褐土	中度	休耕地/小麦	塑料大棚	复杂遗址			尧王城		
20~30	小河	20	山麓	低山麓		砂质壤土	黄土-褐土	中度	休耕地/小麦	塑料大棚	复杂遗址			尧王城		x
20~30	小河	15	山麓	低山麓		多砂	黄土-褐土	中度				大古城		尧王城		
2~10	小河	150	冲积平原	平地		多砂/土质较硬									大古城	x
70~80	小河	345	山麓	低山										大古城		
60~70	小河	160	山麓	微倾斜		多砂/土质较硬			休耕地					大古城		
20~30	支流	430	冲积平原	平地							高速路			大古城		
20~30	支流	270	冲积平原	平地					休耕地/小麦					大古城		
30~40	支流	270	山麓	微倾斜		砂质壤土	浅褐土		休耕地/小麦					大古城		
20~30	支流	140	冲积平原	平地		砂质壤土			休耕地		高速路			大古城		
20~30	支流	220	冲积平原	平地		多砂	浅褐土	较深		果园/现代村镇	被现代建筑包围，至少2.19万米²，具体不确定			大古城		
20~30	支流	220	冲积平原	平地		多砂	浅褐土	较深		果园/现代村镇	被现代建筑包围，至少2.19万米²，具体不确定					
10~20	主要河流	450	山麓	较低的隆起		多砂	褐土	较深	休耕地					大古城		
10~20	主要河流	450	山麓	较低的隆起		多砂	褐土	较深	休耕地							
10~20	主要河流	450	山麓	较低的隆起		多砂	褐土	较深	休耕地							
30~40	小河	100	山麓	低山		多砂/土质较硬			休耕地					大古城		x
30~40	小河	100	山麓	低山		多砂/土质较硬			休耕地							x
10~20	主要河流	160	冲积平原	平地		壤土	浅褐土	较深	休耕地/冬小麦/稻田/蔬菜	农业用地	CAA第7年，其余第10年	大古城		尧王城		
80~90	小河	0	山麓	微倾斜		多砂	红褐土	较深	冬小麦					大古城		
50~60	小河	50	山麓	微倾斜		壤土			休耕地						两城镇	
60~70	小河	150	山麓	微倾斜		砂质壤土	黄土-褐土	中度						大古城	两城镇	
50~60	支流	10	冲积平原/山麓	平地		多砂	黄土-褐土		休耕地/小麦	果园/现代村镇					两城镇	
50~60	小河	0	山麓	平地										大古城	两城镇	
60~70	小河	90	山麓	低山麓		砂质壤土	黄土-褐土		休耕地					大古城	两城镇	
60~70	小河	75	山麓	低山麓											两城镇	
50~60	支流	430	山麓	微倾斜		砂质壤土	褐土	较深						大古城	两城镇	
50~60	支流	430	山麓	微倾斜											两城镇	
40~50	支流	210	山麓	微倾斜		多砂	浅褐土	较深	休耕地/小麦						两城镇	
60~70	小河	110	山麓	低山麓		砂质壤土								大古城	两城镇	
50~60	小河	75	山麓	平地		砂质壤土	黄土-褐土	中度							两城镇	
90~100	小河	130	山麓	平地	是	砂质壤土	黄土-褐土									
80~90	小河	40	山麓	平地	是	砂质壤土	黄土-褐土	中度							两城镇	
70~80	小河	45	山麓	低山麓		土质较硬	黄土-褐土	中度						大古城	两城镇	
70~80	小河	125	山麓	中度隆起/斜坡	是	多砂	黄土-褐土	较薄						大古城	两城镇	
70~80	小河	125	山麓	中度隆起/斜坡	是	多砂	黄土-褐土	较薄							两城镇	
60~70	小河	25	山麓	微倾斜					休耕地					大古城	两城镇	
30~40	支流	5	冲积平原	微倾斜					休耕地					大古城	两城镇	
30~40	支流	5	冲积平原	微倾斜					休耕地						两城镇	
30~40	支流	450	山麓	低山麓		砂质壤土	橙黄-褐土	较深						大古城		
30~40	支流	450	山麓	低山麓		砂质壤土	橙黄-褐土	较深								
30~40	支流	140	冲积平原	微倾斜		多砂	浅褐土	较深	冬小麦					大古城	两城镇	
40~50	小河	0	冲积平原/山麓	平地		多砂	褐土	较深						大古城	两城镇	
50~60	小河	0	山麓	低山麓		多砂	黄土-褐土		休耕地					大古城		

遗址前缀	遗址名称	年份	行政区划	村镇	地图	采集区	年代	早(西)	中	晚(东)	分期	期段编号	面积(万米²)	等级	所含期段数	陶片密度	陶片数量	器型	残片	石器	文化层特点	详细文化层信息	中心海拔
DG	JZ-5	7	东港	贾庄	陡岭子	A，B	汉					592	0.65	VI		稀少	8	1	1				52.0
DG	JZ-6	7	东港	贾庄	大莲村		汉					597	0.25	VI		稀少	1	0	1				35.0
DG	JZ-7	7	东港	贾庄	陡岭子		汉					596	0.25	VI		稀少	1	0	1				61.0
DG	JZ-8	7	东港	贾庄	陡岭子		周	x			西周	492	0.25	VI		稀少	1	1					58.0
DG	JZ-9	7	东港	贾庄	大莲村		汉					598	0.25	VI		稀少	2	1	1				41.0
DG	KJHZ-1	7	东港	孔家湖子	郭家湖子		汉					674	0.25	VI		稀少	1	0	1				22.0
DG	KJHZ-2	7	东港	孔家湖子	郭家湖子		汉					677	0.25	VI		稀少	3	1	1				16.0
DG	KJHZ-3	7	东港	孔家湖子	郭家湖子		汉					676	0.45	VI		稀少	5	2	1				26.0
DG	KJHZ-3	7	东港	孔家湖子	郭家湖子		周	x			西周	522	0.45	VI		稀少	2	1					26.0
DG	KJHZ-4	7	东港	孔家湖子	郭家湖子		汉					675	0.25	VI		稀少	2	1	1				34.0
DG	KJHZ-5	7	东港	孔家湖子	郭家湖子		汉					686	0.38	VI		稀少	1	0	1				12.0
DG	KJHZ-6	7	东港	孔家湖子	郭家湖子		汉					678	0.25	VI		稀少	2	0	1				26.0
DG	KJHZ-7	7	东港	孔家湖子	郭家湖子	A，B	汉					660	1.03	V		稀少	2	0	1				16.0
DG	KJHZ-8	7	东港	孔家湖子	郭家湖子		汉					681	1.03	V		稀少	2	1	1				24.0
DG	LC-1	7	东港	李村	郭家湖子		汉					698	0.25	VI		稀少	1	0	1				15.0
DG	LC-2	7	东港	李村	郭家湖子		周			x	东周	526	0.25	VI		稀少	2	1					22.0
DG	LC-3	7	东港	李村	郭家湖子		汉					700	1.74	V		稀少	9	1	1				12.0
DG	LDP-1	7	东港	琅墩坡	郭家湖子		汉					696	0.58	VI		稀少	3	1	1				17.0
DG	LDP-2	7	东港	琅墩坡	郭家湖子		汉					697	0.25	VI		稀少	2	1	1				17.0
DG	LDP-3	7	东港	琅墩坡	郭家湖子		汉					695	0.25	VI		稀少	1	0	1				16.0
DG	LJCZ-1	7	东港	罗家城子	十里铺		汉					638	6.19	IV		很少	36	1	1				42.0
DG	LJCZ-2	7	东港	罗家城子	十里铺		汉					634	0.25	VI		稀少	2	0	1				51.0
DG	LJDZ-1	7	东港	历家顶子	十里铺		汉					629	0.25	VI		稀少	2	1	1				80.0
DG	LJZZ-1	7	东港	历家庄子	大洼	A，B	汉					653	5.35	V		稀少	28	2	1				9.0
DG	LJZZ-1	7	东港	历家庄子	大洼	A，B	周	x			西周	515	2.38	V		稀少	3	1					9.0
DG	MJC-1	7	东港	苗家村	大洼	G-N	周	x		x	西周/东周	636	31.66	II		少	92	6					4.0
DG	MJC-4	7	东港	苗家村	大洼	A-D	汉					654	9.87	IV		少	156	3	1				5.0
DG	MJC-4	7	东港	苗家村	大洼	A-D	周	x		x	西周/东周	635	9.87	III		稀少	116	6	1				5.0
DG	NXZZ-1	7	东港	南小庄子	大洼		汉					658	7.61	IV		稀少	22	3	1				18.0
DG	NXZZ-1	7	东港	南小庄子	大洼		周	x		x	西周/东周	513	9.41	III		稀少	18	4					18.0
DG	NXZZ-2	7	东港	南小庄子	大洼		汉					659	0.25	VI		稀少	4	1	1				19.0
DG	QEZ-2	7	东港	前鹅庄	郭家湖子		汉					683	0.96	VI		稀少	3	1	1				14.0
DG	QEZ-6	7	东港	前鹅庄	郭家湖子		汉					689	0.25	VI		稀少	2	1	1				13.0
DG	QJTG-1	7	东港	前九条沟	陡岭子		汉					611	0.25	VI		稀少	2	1					119.0
DG	QJTG-2	7	东港	前九条沟	陡岭子		汉					616	0.25	VI		稀少	2	1					89.0
DG	QJTG-3	7	东港	前九条沟	陡岭子		汉					622	0.25	VI		稀少	1	0	1				88.0
DG	QQY-1	7	东港	楸檽园	日照市		汉					640	0.45	VI		稀少	5	0	1				41.0
DG	QQY-2	7	东港	楸檽园	十里铺	A，B	汉					642	4.38	V		很少	12	2	1				31.0
DG	QQY-2	7	东港	楸檽园	十里铺	A，B	周			x	东周	507	4.83	IV		稀少	6	3					31.0
DG	QWLH-1	7	东港	前五里河	日照市		汉					662	4.96	V		稀少	10	1	1	文化层	并有灰坑	15.0
DG	QWLH-1	7	东港	前五里河	日照市		龙山	x				240	4.96	IV		很少	78	8		文化层	并有灰坑	15.0
DG	QWLH-1	7	东港	前五里河	日照市		周	x			西周	637	4.96	IV		稀少	6	2		文化层	并有灰坑	15.0
DG	SHA-1	7	东港	石河崖	郭家湖子		汉					694	0.35	VI		稀少	2	1	1				30.0
DG	SHA-2	7	东港	石河崖	郭家湖子		汉					699	0.25	VI		稀少	1	0	1				19.0
DG	SJH-1	7	东港	宋家湖	大岭南头	A，B	汉					682	3.93	V		稀少	17	1	1				11.0
DG	SJH-1	7	东港	宋家湖	大岭南头		龙山		x			243	1.41	V		稀少	3	2					11.0
DG	SJH-1	7	东港	宋家湖	大岭南头		周	x		x	西周/东周	523	3.90	V		稀少	39	4					11.0
DG	SJL-1	7	东港	史家岭	郭家湖子		汉					690	0.25	VI		稀少	1	0	1				12.0
DG	SJL-2	7	东港	史家岭	郭家湖子		汉					692	0.25	VI		稀少	2	1	1				24.0
DG	SJL-3	7	东港	史家岭	郭家湖子		汉					693	0.45	VI		稀少	2	1	1				25.0
DG	SJL-4	7	东港	史家岭	郭家湖子		汉					691	0.25	VI		稀少	6	1	1				22.0
DG	SJS-1	7	东港	石臼所	石臼所		汉					668	?	?		稀少	1	0	1				15.0
DG	SLJZ-1	7	东港	上李家庄	陡岭子		汉					601	0.25	VI		稀少	1	1					85.0
DG	SLJZ-2	7	东港	上李家庄	陡岭子		周			x	东周	496	0.25	VI		稀少	1	1					78.0
DG	SLJZ-3	7	东港	上李家庄	陡岭子		汉					605	0.58	VI		稀少	11	1	1				70.0
DG	SLJZ-4	7	东港	上李家庄	陡岭子		汉					606	0.25	VI		稀少	3	0	1				82.0

海拔范围	水源	河道距离	环境区域	地貌状况	防御性遗址	土壤质地	土壤颜色	土层厚度	作物	现代用途	备注	距中心城市5公里内	距中心城市5~10公里	距中心城市10~15公里	距中心城市15公里以上	距海岸5公里内
50~60	小河	10	山麓	微倾斜					休耕地/小麦				大古城			
30~40	支流	160	冲积平原	微倾斜		砾质壤土	褐土			果园			大古城	两城镇		
60~70	小河	50	山麓	微倾斜		多砂	橙黄-褐土	中度	休耕地				大古城			
50~60	小河	215	山麓	微倾斜		多砂	橙黄-褐土	中度					大古城			
40~50	小河	30	山麓	低山麓		砂质壤土	黄土-褐土	较深	休耕地				大古城			
20~30	小河	200	山麓	微倾斜						高速路	1陶片	大古城	尧王城			
10~20	小河	0	冲积平原	平地					休耕地	高速路	3陶片	大古城	尧王城			
20~30	小河	360	山麓	平地		土质较硬			休耕地	高速路		大古城	尧王城			
20~30	小河	360	山麓	平地		土质较硬			休耕地	高速路		大古城	尧王城			
30~40	小河	360	山麓	平地						高速路	2陶片	大古城	尧王城			
10~20	小河	25	冲积平原	冲积阶地		多砂/土质较硬	浅褐土	较深				大古城	尧王城			
20~30	小河	350	山麓	低山麓		土质较硬	浅褐土					大古城	尧王城			
10~20	小河	0	冲积平原	微倾斜								大古城	尧王城			
20~30	小河	300	山麓	低山麓		多砂	褐土					大古城	尧王城			
10~20	小河	110	冲积平原	平地		多砂/土质较硬	浅褐土					大古城	尧王城			
20~30	小河	400	山麓	较低的隆起		砂质壤土							尧王城			
10~20	小河	20	冲积平原	平地		砂质壤土	红褐土	较深		果园		大古城	尧王城			
10~20	小河	350	冲积平原	平地		多砂	黄土-褐土	中度	休耕地			大古城	尧王城			
10~20	小河	125	冲积平原	平地							3陶片	大古城	尧王城			
10~20	小河	120	冲积平原	平地		砂质壤土	浅褐土					大古城	尧王城			
40~50	小河	10	山麓	微倾斜		砂质壤土	黄土-褐土	较深	休耕地			大古城				
50~60	小河	50	山麓	梯田		砂质壤土				现代砖厂		大古城				
80~90	小河	40	山麓	平地	是	多砂	浅褐土	较深	冬小麦			大古城				
2~10	小河	0	冲积平原	微倾斜		多砂/土质较硬			休耕地	果园					大古城	x
2~10	小河	0	冲积平原	微倾斜		多砂/土质较硬			休耕地	果园						x
2~10	小河	0	冲积平原	平地		多砂	褐土	较深	休耕地/小麦							
2~10	小河	10	冲积平原	微倾斜		多砂	橙黄-褐土	较深	休耕地/小麦	现代村镇					大古城	x
2~10	小河	10	冲积平原	微倾斜		多砂	橙黄-褐土	较深	休耕地/小麦	现代村镇						
10~20	小河	0	冲积平原/山麓	平地					休耕地					大古城		
10~20	小河	0	冲积平原/山麓	平地					休耕地							
10~20	小河	50	山麓	平地		多砂	黄土-褐土	较深	休耕地					大古城		
10~20	主要河流	215	冲积平原	较低的隆起		多砂	浅褐土		蔬菜			大古城	尧王城			
10~20	主要河流	215	冲积平原	平地		砂质壤土	黄土-褐土	较深		农业用地		大古城	尧王城			
110~120	小河	250	山麓	中度隆起/斜坡	是	多砂	橙黄-褐土	较薄		果园		大古城				
80~90	小河	75	山麓	低山麓		多砂	浅褐土		休耕地			大古城				
80~90	小河	150	山麓	梯田		多砂/土质较硬			休耕地		陡峭梯田	大古城				
40~50	支流	390	山麓	低山麓		多砂	浅褐土	较深	休耕地			大古城				
30~40	小河	0	山麓	平地		多砂	浅褐土	较深	休耕地/小麦			大古城	尧王城			
30~40	小河	0	山麓	平地		多砂	浅褐土	较深	休耕地/小麦			大古城	尧王城			
10~20	主要河流	0	冲积平原	较低的隆起					休耕地					大古城		
10~20	主要河流	0	冲积平原	较低的隆起					休耕地							
10~20	主要河流	0	冲积平原	较低的隆起					休耕地							
30~40	小河	100	山麓	高山	?	多砂/土质较硬	浅褐土		休耕地			大古城	尧王城			
10~20	主要河流	400	山麓	低山麓				较深	休耕地			大古城	尧王城			
10~20	小河	15	冲积平原	较低的隆起		砂质壤土	黄土-褐土		休耕地					大古城		x
10~20	小河	15	冲积平原	较低的隆起		砂质壤土	黄土-褐土		休耕地					大古城		x
10~20	小河	15	冲积平原	较低的隆起		砂质壤土	黄土-褐土		休耕地							
10~20	主要河流	150	冲积平原	平地		砂质壤土			桑园			大古城	尧王城			
20~30	小河	25	山麓	中度隆起/斜坡		砂质壤土	黄土-褐土	较深	休耕地			大古城	尧王城			
20~30	小河	80	山麓	低山麓		砂质壤土	黄土-褐土	中度	冬小麦			大古城	尧王城			
20~30	小河	65	山麓	平地		砂质壤土	黄土-褐土	较深	休耕地			大古城	尧王城			
10~20	支流	760	冲积平原	平地						现代村镇	2陶片，因建筑物遗址面积不确定			大古城		x
80~90	小河	50	山麓	微倾斜		砂质壤土	黄土-褐土	较深	休耕地			大古城				
70~80	小河	110	山麓	梯田		壤土						大古城				
70~80	小河	100	山麓	低山麓		多砂			冬小麦			大古城				
80~90	小河	220	山麓	低山麓		砂质壤土	黄土-褐土	中度	休耕地			大古城				

遗址前缀	遗址名称	年份	行政区划	村镇	地图	采集区	年代	早(西)	中	晚(东)	分期	期段编号	面积(万米²)	等级	所含期段数	陶片密度	陶片数量	器型	残片	石器	文化层特点	详细文化层信息	中心海拔
DG	SLJZ-5	7	东港	上李家庄	陡岭子	A-E	汉					612	7.93	IV		很少	101	3	1				58.0
DG	SLJZ-5	7	东港	上李家庄	陡岭子	A-E	龙山	x	x			238	0.77	VI		很少	43	5					58.0
DG	SLJZ-5	7	东港	上李家庄	陡岭子	A-E	周	x			西周	497	2.38	V		很少	18	2					58.0
DG	SLJZ-6	7	东港	上李家庄	陡岭子		汉					615	0.51	VI		稀少	3	0	1				71.0
DG	SLJZ-7	7	东港	上李家庄	陡岭子		汉					620	0.25	VI		稀少	1	0	1				60.0
DG	SLJZ-7	7	东港	上李家庄	陡岭子		周	x			西周	500	0.25	VI		稀少	1	1					60.0
DG	SLJZ-8	7	东港	上李家庄	陡岭子		周	x			西周	501	0.25	VI		稀少	1	1					48.0
DG	SZ-1	7	东港	山庄	十里铺		汉					630	0.65	VI		稀少	4	1	1				44.0
DG	SZ-2	7	东港	山庄	陡岭子		汉					623	0.25	VI		稀少	1	0	1				51.0
DG	SZ-2	7	东港	山庄	陡岭子		周	x			西周	502	0.25	VI		稀少	1	1					51.0
DG	SZ-3	7	东港	山庄	十里铺		汉					625	0.25	VI		稀少	4	1	1				41.0
DG	SZ-4	7	东港	山庄	十里铺		汉					631	0.25	VI		稀少	3	0	1				52.0
DG	SZ-4	7	东港	山庄	十里铺		周	x			西周	503	0.25	VI		稀少	2	1					52.0
DG	SZ-5	7	东港	山庄	十里铺		汉					626	0.25	VI		稀少	2	0	1				42.0
DG	WeJZ-1	7	东港	魏家庄	郭家湖子		汉					702	0.58	VI		稀少	3	0	1				12.0
DG	WeJZ-2	7	东港	魏家庄	郭家湖子		汉					705	0.38	VI		稀少	2	0	1				10.0
DG	WeJZ-3	7	东港	魏家庄	郭家湖子		汉					707	0.64	VI		稀少	2	0	1				9.0
DG	WeJZ-4	7	东港	魏家庄	郭家湖子		汉					706	0.25	VI		稀少	2	0	1				9.0
DG	WeJZ-5	7	东港	魏家庄	郭家湖子	A, B	汉					701	2.12	V		稀少	11	1	1				10.0
DG	WeJZ-6	7	东港	魏家庄	郭家湖子		汉					703	0.45	VI		稀少	2	1					11.0
DG	WeJZ-7	7	东港	魏家庄	郭家湖子	A-C	汉					704	2.96	V		稀少	14	3	1				10.0
DG	XGC-1	7	东港	小古城	十里铺		汉					672	0.45	VI		稀少	9	1	1				15.0
DG	XGC-1	7	东港	小古城	十里铺		周			x	东周	518	0.45	VI		稀少	2	1					15.0
DG	XH-1	7	东港	小湖	大莲村		汉					628	0.83	VI		很少	13	1	1				28.0
DG	XH-1	7	东港	小湖	大莲村		周	x		x	西周/东周	506	0.83	VI		很少	11	2	1				28.0
DG	XH-2	7	东港	小湖	大莲村		周			x	东周	505	0.25	VI		稀少	2	1					28.0
DG	XH-3	7	东港	小湖	日照市		汉					633	0.25	VI		稀少	1	0	1				25.0
DG	XH-4	7	东港	小湖	日照市		汉					637	0.58	VI		稀少	4	1	1				27.0
DG	XH-5	7	东港	小湖	日照市		汉					632	0.25	VI		稀少	2	0	1				28.0
DG	XH-6	7	东港	小湖	日照市		汉					639	0.25	VI		稀少	1	1	1				31.0
DG	XH-7	7	东港	小湖	日照市		汉					636	0.45	VI		稀少	3	1	1				34.0
DG	XH-8	7	东港	小湖	日照市		汉					641	0.83	VI		稀少	7	1	1				23.0
DG	XLNT-1	7	东港	小岭南头	日照市		汉					663	5.28	V		稀少	20	1	1				21.0
DG	XSLP-1	7	东港	西十里铺	郭家湖子		汉					673	0.25	VI		稀少	1	1					25.0
DG	XSLP-2	7	东港	西十里铺	十里铺	F	商					22	0.50	II		稀少	3	3					28.0
DG	XSLP-2	7	东港	西十里铺	十里铺	D, F, G, H	周	x		x	西周/东周	517	4.83	IV		稀少	28	3					28.0
DG	XuJL-1	7	东港	许家楼	日照市		汉					667	4.77	V		稀少	22	1					26.0
DG	XuJL-2	7	东港	许家楼	日照市		汉					665	4.51	V		稀少	21	1	1	文化层	有铁器，可能较晚	21.0
DG	XuJL-2	7	东港	许家楼	日照市		周			x	东周	633	4.51	IV		稀少	10	3					21.0
DG	XXD-1	7	东港	小香店	日照市		汉					666	?	?		很少	72	3	1	文化层	浅黑色堆积含有大量陶片	38.0
DG	XXJC-1	7	东港	西夏家村	郭家湖子	A, B	汉					680	2.64	V		稀少	11	1	1				27.0
DG	XXJC-2	7	东港	西夏家村	郭家湖子		汉					684	0.25	VI		稀少	1	0	1				32.0
DG	XXJC-3	7	东港	西夏家村	郭家湖子		汉					685	0.25	VI		稀少	1	0	1				28.0
DG	XXJC-4	7	东港	西夏家村	郭家湖子		汉					687	0.25	VI		稀少	1	0	1				25.0
DG	XXJC-5	7	东港	西夏家村	郭家湖子		汉					688	0.38	VI		稀少	3	1	1				18.0
DG	YDL-1	7	东港	烟墩岭	十里铺	A, B	汉					651	1.29	V		稀少	7	0	2				43.0
DG	YDL-2	7	东港	烟墩岭	十里铺		汉					650	0.25	VI		稀少	1	1					42.0
DG	YG-1	7	东港	尧沟	日照市	A-C	汉					595	2.64	V		稀少	15	1	1				27.0
DG	YG-2	7	东港	尧沟	日照市		汉					648	0.25	VI		稀少	3	1	1				34.0
DG	YH-1	7	东港	杨行	大莲村		汉					619	1.29	V		稀少	3	1	1				31.0
DG	ZJDZ-1	7	东港	郑家顶子	十里铺	A-O	汉					647	33.47	II		稀少	111	3	1	文化层	黑土CAF	55.0
DG	ZJDZ-1	7	东港	郑家顶子	十里铺	F, M, L	龙山	x	x			242	27.50	III		稀少	67	6		文化层	黑土CAF	55.0
DG	ZJDZ-1	7	东港	郑家顶子	十里铺	G, H, I	周	x		x	西周/东周	508	5.13	IV		稀少	82	5					74.0
DG	ZJDZ-1	7	东港	郑家顶子	十里铺	N	周				西周	509	2.12	V		稀少	1	1					60.0

海拔范围	水源	河道距离	环境区域	地貌状况	防御性遗址	土壤质地	土壤颜色	土层厚度	作物	现代用途	备注	距中心城市5公里内	距中心城市5~10公里	距中心城市10~15公里	距中心城市15公里以上	距海岸5公里内
50~60	小河	10	山麓	微倾斜		多砂	黄土-褐土	较深	冬小麦,茶园						大古城	
50~60	小河	75	山麓	微倾斜		多砂	黄土-褐土	较深	冬小麦,茶园						大古城	
50~60	小河	10	山麓	微倾斜		多砂	黄土-褐土	较深	冬小麦,茶园							
70~80	小河	240	山麓	梯田		土质较硬	浅褐土	较薄							大古城	
60~70	小河	325	山麓	低山麓											大古城	
60~70	小河	325	山麓	低山麓												
40~50	小河	15	山麓	平地												
40~50	小河	25	山麓	中度隆起/斜坡		多砂	橙黄-褐土	中度	冬小麦						大古城	
50~60	小河	375	山麓	微倾斜					休耕地						大古城	
50~60	小河	375	山麓	微倾斜					休耕地							
40~50	小河	20	山麓	平地		砂质壤土	黄土-褐土	较深							大古城	
50~60	小河	280	山麓	低山麓		多砂	黄土-褐土	中度	休耕地						大古城	
50~60	小河	280	山麓	低山麓		多砂	黄土-褐土	中度	休耕地							
40~50	小河	110	山麓	平地		多砂	黄土-褐土	较深	休耕地						大古城	
10~20	主要河流	30	冲积平原	平地		多砂/淤土						大古城	尧王城			
10~20	主要河流	150	冲积平原	微倾斜		多砂			休耕地			大古城	尧王城			
2~10	主要河流	750	冲积平原	微倾斜					果园		附近地貌复杂	大古城	尧王城			
2~10	主要河流	470	冲积平原	平地		砂质壤土	黄土-褐土	较深	休耕地			大古城	尧王城			
10~20	主要河流	820	冲积平原	平地		砂质壤土	黄土-褐土	较深	蔬菜	花圃		大古城	尧王城			
10~20	主要河流	560	冲积平原	平地		多砂	黄土-褐土	较深	休耕地			大古城	尧王城			
10~20	小河	100	冲积平原	微倾斜		多砂	黄土-褐土	中度	休耕地/小麦			大古城	尧王城			
10~20	小河	50	冲积平原	平地		砂质壤土			蔬菜	高速路		大古城	尧王城			
10~20	小河	50	冲积平原	平地		砂质壤土			蔬菜	高速路			尧王城			
20~30	支流	0	冲积平原	平地		多砂	褐土	较深	休耕地						大古城	
20~30	支流	0	冲积平原	平地		多砂	褐土	较深	休耕地							
20~30	支流	270	冲积平原	平地			褐土		休耕地							
20~30	支流	30	冲积平原	平地		多砂/土质较硬	褐土		休耕地						大古城	
20~30	小河	275	冲积平原	微倾斜		砂质壤土	黄土-褐土	中度	休耕地						大古城	
20~30	小河	30	冲积平原	平地					休耕地						大古城	
30~40	支流	800	山麓	梯田					休耕地/小麦						大古城	
30~40	小河	390	山麓	低山麓		砂质壤土	黄土-褐土	中度	休耕地/小麦						大古城	
20~30	支流	50	冲积平原	平地		多砂	浅褐土	较深	休耕地						大古城	
20~30	支流	1330	山麓	低山		多砂/土质较硬	浅褐土		果园		遗址可能还要大				大古城	
20~30	小河	70	冲积平原/山麓	平地		砂质壤土	浅褐土	较深	蔬菜	花圃		大古城	尧王城			
20~30	小河	20	山麓	低山麓		砂质壤土	浅褐土	中度	休耕地/小麦	塑料大棚			尧王城			
20~30	小河	20	山麓	低山麓		砂质壤土	浅褐土	中度	休耕地/小麦	塑料大棚			尧王城			x
20~30	小河	0	冲积平原	平地		砂质壤土	黄土-褐土		休耕地		遗址可能还要大				大古城	
20~30	支流	50	山麓	较低的隆起		多砂/土质较硬			休耕地		遗址可能还要大				大古城	
20~30	支流	50	山麓	较低的隆起		多砂/土质较硬			休耕地		遗址可能还要大				大古城	
30~40	小河	60	山麓	低山麓		土质较硬	浅褐土	较深			现代建筑物影响无法测定遗址面积，至少1.6万米²				大古城	
20~30	小河	100	山麓	低山麓		砂质壤土	浅褐土	较深	休耕地			大古城	尧王城			
30~40	小河	50	山麓	低山麓					休耕地/小麦	现代村镇		大古城	尧王城			
20~30	小河	120	山麓	低山麓							1陶片	大古城	尧王城			
20~30	小河	75	山麓	平地				较深	休耕地			大古城	尧王城			
10~20	小河	100	冲积平原	平地				较深	休耕地				尧王城			
40~50	小河	150	山麓	低山麓		土质较硬			冬小麦			大古城	尧王城			
40~50	小河	50	山麓	低山麓											大古城	
20~30	支流	890	山麓	微倾斜		砂质壤土	黄土-褐土	较深							大古城	
30~40	支流	600	山麓	低山麓					休耕地/小麦						大古城	
30~40	小河	5	冲积平原/山麓	平地		砂质壤土	黄土-褐土	较深	休耕地						大古城	
50~60	小河	0	山麓	低山	是	砂质壤土	黄土-灰土		蔬菜	农业用地		大古城				
50~60	小河	0	山麓	低山	是	砂质壤土	黄土-灰土		蔬菜	农业用地						
70~80	小河	0	山麓	低山	是	砂质壤土	黄土-灰土		蔬菜	农业用地						
60~70	小河	60	山麓	低山	是	砂质壤土	黄土-灰土		蔬菜	农业用地						

遗址前缀	遗址名称	年份	行政区划	村镇	地图	采集区	年代	早(西)	中	晚(东)	分期	期段编号	面积(万米²)	等级	所含期段数	陶片密度	陶片数量	器型	残片	石器	文化层特点	详细文化层信息	中心海拔
DG	ZJDZ-1	7	东港	郑家顶子	十里铺	A, D	周	x			西周	510	1.29	V		稀少	1	1						55.0
DG	ZJDZ-1	7	东港	郑家顶子	十里铺	F	周	x			西周	511	1.48	V		稀少	3	1				文化层	黑土CAF	39.0
JN	BQM-3	7	胶南	雹泉庙	井戈庄		汉					845	0.25	VI	1	稀少	1	0	1					18.0
JN	BQM-4	7	胶南	雹泉庙	井戈庄		汉					844	1.29	V		稀少	3	0	1					25.0
JN	BZB-1	7	胶南	保子埠	井戈庄	K, L, M	汉					735	6.77	IV		少	24	3	2					11.0
JN	BZB-1	7	胶南	保子埠	井戈庄	C, D, E	汉					736	3.03	V		少	14	2	1			文化层	CAC可能为周代文化层?	11.0
JN	BZB-1	7	胶南	保子埠	井戈庄	H, I, J	汉					737	2.51	V		少	10	1	1					11.0
JN	BZB-1	7	胶南	保子埠	井戈庄	A-D, K-L	龙山				不确定	269	8.05	IV		少	41	6				文化层	CAC可能为周代文化层?	11.0
JN	BZB-1	7	胶南	保子埠	井戈庄	F, G, H	龙山				不确定	270	3.35	V		少	7	2						11.0
JN	BZB-1	7	胶南	保子埠	井戈庄	K, L, N, O	周	x		x	西周/东周	559	5.28	IV		少	7	1						11.0
JN	BZB-1	7	胶南	保子埠	井戈庄	B-F	周	x		x	西周/东周	560	4.77	IV		少	52	5				文化层	CAC可能为周代文化层?	11.0
JN	CJC-1	7	胶南	蔡家村	井戈庄		汉					738	0.70	VI		稀少	13	3	1					12.0
JN	CJC-1	7	胶南	蔡家村	井戈庄		周	x		x	西周/东周	565	0.70	VI		稀少	10	3						12.0
JN	CJC-2	7	胶南	蔡家村	井戈庄		汉					749	0.32	VI		稀少	7	0	1					11.0
JN	CJC-3	7	胶南	蔡家村	井戈庄	A, B	汉					751	2.38	V		稀少	28	2	1					10.0
JN	CJC-3	7	胶南	蔡家村	井戈庄	A, B	周			x	东周	581	0.38	VI		稀少	1	1						10.0
JN	CJC-4	7	胶南	蔡家村	井戈庄	A-I	汉					746	12.90	III		稀少	44	2	1					12.0
JN	CJC-4	7	胶南	蔡家村	井戈庄		龙山				不确定	280	0.25	VI		稀少	1	1						12.0
JN	CJC-4	7	胶南	蔡家村	井戈庄	A-I	周	x		x	西周/东周	575	11.22	III		稀少	12	3						12.0
JN	CJC-5	7	胶南	蔡家村	井戈庄		汉					747	0.25	VI		稀少	1	0	1					10.0
JN	DG-1/4	7	胶南	大沟	塔山店子		汉					718	15.80	III		稀少	35	3	3		平台	平台	61.0
JN	DG-1/4	7	胶南	大沟	塔山店子		龙山	x	x			258	16.06	III		稀少	71	4		1				61.0
JN	DG-1/4	7	胶南	大沟	塔山店子	A-K	周	x		x	西周/东周	538	13.54	III		稀少	43	5						61.0
JN	DG-10	7	胶南	大沟	塔山店子		汉					725	2.19	V		稀少	6	0	1					53.0
JN	DG-10	7	胶南	大沟	塔山店子		周	x			西周	539	1.41	V		稀少	4	3						53.0
JN	DG-2	7	胶南	大沟	花根山		汉					723	0.25	VI		稀少	1	1						27.0
JN	DG-3	7	胶南	大沟	塔山店子		龙山				不确定	259	0.25	VI		稀少	3	1						35.0
JN	DG-3	7	胶南	大沟	塔山店子		周			x	东周	546	0.25	VI		稀少	2	1						35.0
JN	DG-5	7	胶南	大沟	花根山		龙山				不确定	257	0.25	VI		稀少	11	5						39.0
JN	DG-5	7	胶南	大沟	花根山		周			x	东周	535	0.25	VI		稀少	2	1						39.0
JN	DG-6	7	胶南	大沟	肖家注		周	x			西周	555	0.25	VI		稀少	1	1						40.0
JN	DG-7	7	胶南	大沟	肖家注		龙山				不确定	265	0.25	VI		稀少	1	1						50.0
JN	DG-8	7	胶南	大沟	塔山店子		汉					731	0.25	VI		稀少	2	0	1					33.0
JN	DG-8	7	胶南	大沟	塔山店子		龙山				不确定	263	0.25	VI		稀少	3	2						33.0
JN	DG-9	7	胶南	大沟	塔山店子		汉					726	0.45	VI		稀少	3	1						50.0
JN	DG-9	7	胶南	大沟	塔山店子		龙山				不确定	260	0.45	VI		稀少	2	1						50.0
JN	DG-9	7	胶南	大沟	塔山店子		周	x			西周	543	0.45	VI		稀少	1	1						50.0
JN	DJDZ-1	7	胶南	丁家大庄	井戈庄		汉					743	0.25	VI		稀少	6	0	1					12.0
JN	DJDZ-1	7	胶南	丁家大庄	井戈庄		龙山				不确定	273	0.25	VI		稀少	7	2						12.0
JN	DZ-1	7	胶南	东庄	沙岭子		汉					829	0.25	VI		稀少	6	1	1					4.0
JN	DZ-2	7	胶南	东庄	沙岭子		汉					827	0.25	VI		稀少	2	2						12.0
JN	DZ-2	7	胶南	东庄	沙岭子		周			x	东周	606	0.25	VI		稀少	1	1						12.0
JN	DZ-3	7	胶南	东庄	沙岭子		汉					826	0.25	VI		稀少	1	0	1					9.0
JN	FJGZ-1	7	胶南	封家官庄	肖家注		汉					813	0.25	VI		稀少	4	2	1					31.0
JN	HGDL-1	7	胶南	皇古墩岭	塔山店子		龙山				不确定	261	0.25	VI		稀少	1	1						54.0
JN	HGDL-10	7	胶南	皇古墩岭	塔山店子		汉					729	1.41	V		稀少	5	2	1					60.0
JN	HGDL-10	7	胶南	皇古墩岭	塔山店子		周			x	东周	544	1.41	V		稀少	12	3						60.0
JN	HGDL-2	7	胶南	皇古墩岭	塔山店子		汉					727	0.25	VI		稀少	2	1	1					52.0
JN	HGDL-2	7	胶南	皇古墩岭	塔山店子		周			x	东周	547	0.25	VI		稀少	2	1	1					52.0
JN	HGDL-3	7	胶南	皇古墩岭	肖家注	A-G	汉					776	4.58	V		很少	73	3	2		文化层	CAC	38.0
JN	HGDL-3	7	胶南	皇古墩岭	肖家注	A, B, C, E	龙山	x	x			267	0.58	VI		很少	260	11			文化层	CAC及CAE	38.0
JN	HGDL-3	7	胶南	皇古墩岭	肖家注	F	周			x	东周	556	0.38	VI		稀少	2	1						38.0
JN	HGDL-3	7	胶南	皇古墩岭	肖家注	G	周			x	东周	557	0.25	VI		稀少	1	1						38.0
JN	HGDL-4	7	胶南	皇古墩岭	塔山店子		龙山				不确定	264	0.25	VI		稀少	1	1						62.0
JN	HGDL-4	7	胶南	皇古墩岭	塔山店子		周			x	东周	548	0.25	VI		稀少	2	1	1					62.0
JN	HGDL-5	7	胶南	皇古墩岭	塔山店子		周			x	东周	532	0.25	VI		稀少	1	1						34.0
JN	HGDL-6	7	胶南	皇古墩岭	塔山店子		周	x			西周	540	0.25	VI		稀少	2	1						58.0

海拔范围	水源	河道距离	环境区域	地貌状况	防御性遗址	土壤质地	土壤颜色	土层厚度	作物	现代用途	备注	距中心城市5公里内	距中心城市5~10公里	距中心城市10~15公里	距中心城市15公里以上	距海岸5公里内
50~60	小河	30	山麓	低山	是	砂质壤土	黄土-灰土		蔬菜	农业用地						
30~40	小河	0	山麓	低山	是	砂质壤土	黄土-灰土		蔬菜	农业用地						
10~20	小河	110	山麓	微倾斜		砂质壤土	黄土-褐土	较深						两城镇		
20~30	小河	200	山麓	低山麓					休耕地					两城镇		
10~20	主要河流	0	冲积平原	平地		多砂	浅褐土	较深	桑园							
10~20	主要河流	100	冲积平原	平地		多砂	浅褐土	较深	桑园							
10~20	主要河流	100	冲积平原	平地		多砂	浅褐土	较深	桑园							
10~20	主要河流	0	冲积平原	平地		多砂	浅褐土	较深	桑园							
10~20	主要河流	100	冲积平原	平地		多砂	浅褐土	较深	桑园							
10~20	主要河流	0	冲积平原	平地		多砂	浅褐土	较深	桑园	农业用地						
10~20	主要河流	100	冲积平原	平地		多砂	浅褐土	较深	桑园							
10~20	主要河流	400	冲积平原	平地		多砂	浅褐土	较深								
10~20	主要河流	400	冲积平原	平地		多砂	浅褐土	较深						两城镇		
10~20	主要河流	900	冲积平原	平地		多砂	浅褐土	较深						两城镇		
10~20	主要河流	800	冲积平原	平地		多砂	黄土-褐土	较深	桑园					两城镇		
10~20	主要河流	800	冲积平原	平地		多砂	黄土-褐土	较深	桑园					两城镇		
10~20	主要河流	10	冲积平原	平地		多砂	浅褐土	较深	桑园					两城镇		
10~20	主要河流	25	冲积平原	平地		多砂	浅褐土	较深	桑园					两城镇		
10~20	主要河流	10	冲积平原	平地		多砂	浅褐土	较深	桑园					两城镇		
10~20	主要河流	150	冲积平原	平地		多砂	浅褐土	较深	桑园					两城镇		
60~70	小河	100	山麓	低山top	是	砂质壤土	黄土-褐土	中度	休耕地/小麦							
60~70	小河	100	山麓	低山top	是	砂质壤土	黄土-褐土	中度	休耕地/小麦							
60~70	小河	100	山麓	低山top	是	砂质壤土	黄土-褐土	中度	休耕地/小麦							
50~60	小河	0	山麓	低山麓					休耕地							
50~60	小河	75	山麓	低山麓					休耕地							
20~30	小河	100	山麓	低山麓		砂质壤土	浅褐土		休耕地							
30~40	小河	100	山麓	微倾斜												
30~40	小河	100	山麓	微倾斜												
30~40	主要河流	450	山麓	微倾斜		土质较硬	黄土-土	中度	休耕地							
30~40	主要河流	450	山麓	微倾斜		土质较硬	黄土-土	中度	休耕地							
40~50	小河	50	山麓	低山麓		土质较硬										
50~60	小河	10	山麓	较低的隆起		土质较硬壤土				农业用地						
30~40	小河	30	山麓	低山麓					休耕地							
30~40	小河	30	山麓	低山麓												
50~60	小河	75	山麓	微倾斜		砂质壤土	黄土	较深	休耕地/小麦							
50~60	小河	75	山麓	微倾斜		砂质壤土	黄土	较深	休耕地/小麦							
50~60	小河	75	山麓	微倾斜		砂质壤土	黄土	较深	休耕地/小麦							
10~20	主要河流	450	冲积平原	平地		砂质壤土	黄土-褐土	较深								
10~20	主要河流	450	冲积平原	平地		砂质壤土	黄土-褐土	较深								
2~10	小河	40	冲积平原	平地		多砂	褐土	较深	蔬菜	花圃						
10~20	小河	250	冲积平原	平地		砂质壤土	黄土	较深	休耕地							
10~20	小河	250	冲积平原	平地		砂质壤土	黄土	较深	休耕地							X
2~10	小河	25	冲积平原	较低的隆起		土质较硬	橙黄-褐土		休耕地							
30~40	小河	65	山麓	平地		砂质壤土	黄土-褐土		休耕地/小麦							
50~60	小河	100	山麓	低山		壤土		较深		农业用地						
60~70	小河	110	山麓	低山麓	是	砂质壤土	浅褐土	较薄	大白菜	农业用地						
60~70	小河	110	山麓	低山麓	是	砂质壤土	浅褐土	较薄	大白菜	农业用地						
50~60	小河	120	山麓	微倾斜												
50~60	小河	120	山麓	微倾斜					休耕地							
30~40	小河	0	冲积平原	较低的隆起		砂质壤土	黄土-褐土	较深	休耕地		遗址可能还要大					
30~40	小河	0	冲积平原	较低的隆起		砂质壤土	黄土-褐土	较深	休耕地		遗址可能还要大					
30~40	小河	75	冲积平原	较低的隆起		砂质壤土	黄土-褐土	较深	休耕地							
30~40	小河	50	冲积平原	较低的隆起		砂质壤土	黄土-褐土	较深	休耕地							
60~70	小河	250	山麓	微倾斜		砂质壤土	浅褐土	中度								
60~70	小河	250	山麓	微倾斜		砂质壤土	浅褐土	中度								
30~40	小河	30	山麓	微倾斜		土质较硬	橙黄-褐土	中度	休耕地							
50~60	小河	300	山麓	低山												

遗址前缀	遗址名称	年份	行政区划	村镇	地图	采集区	年代	早(西)	中	晚(东)	分期	期段编号	面积(万米²)	等级	所含期段数	陶片密度	陶片数量	器型	残片	石器	文化层特点	详细文化层信息	中心海拔
JN	HGDL-7	7	胶南	皇古墩岭	塔山店子		汉					728	0.25	VI		稀少	1	0	1					63.0
JN	HGDL-8	7	胶南	皇古墩岭	肖家洼		周	x			西周	552	0.83	VI		稀少	5	1						36.0
JN	HGDL-9	7	胶南	皇古墩岭	塔山店子		汉					730	0.25	VI		稀少	4	2						50.0
JN	HHC-1	7	胶南	后河岔	井戈庄		汉					752	0.25	VI		稀少	1	1						9.0
JN	HHC-2	7	胶南	后河岔	井戈庄		周	x			西周	584	0.25	VI		稀少	2	2						9.0
JN	HHC-3	7	胶南	后河岔	井戈庄		周			x	东周	587	0.25	VI		稀少	1	1						8.0
JN	HHC-4	7	胶南	后河岔	井戈庄		汉					748	0.25	VI		稀少	2	0	1					11.0
JN	HQL-1	7	胶南	红旗岭	井戈庄	A, B	汉					757	1.41	V		稀少	14	1	2					11.0
JN	HQL-10	7	胶南	红旗岭	井戈庄		汉					771	0.25	VI		稀少	4	1	1					25.0
JN	HQL-10	7	胶南	红旗岭	井戈庄		周	x			西周	568	0.25	VI		稀少	1	1						25.0
JN	HQL-11	7	胶南	红旗岭	井戈庄		汉					765	0.45	VI		稀少	2	0	1					12.0
JN	HQL-2	7	胶南	红旗岭	井戈庄	A, B	汉					766	3.25	V		稀少	10	1	1					13.0
JN	HQL-2	7	胶南	红旗岭	井戈庄	A, B	龙山				不确定	276	2.05	V		稀少	12	2						13.0
JN	HQL-2	7	胶南	红旗岭	井戈庄	A	周	x			西周	567	0.51	VI		稀少	1	1						13.0
JN	HQL-3	7	胶南	红旗岭	井戈庄	B, C	汉					770	1.22	V		稀少	7	1	1					18.0
JN	HQL-3	7	胶南	红旗岭	井戈庄	B	龙山				不确定	277	0.83	VI		稀少	1	1						18.0
JN	HQL-3	7	胶南	红旗岭	井戈庄	A, B	周			x	东周	572	1.87	V		稀少	5	2						18.0
JN	HQL-4	7	胶南	红旗岭	肖家洼		汉					778	0.25	VI		稀少	1	0	1					42.0
JN	HQL-5	7	胶南	红旗岭	肖家洼		汉					775	0.25	VI		稀少	1	0	1					48.0
JN	HQL-6	7	胶南	红旗岭	肖家洼		龙山	x				266	0.58	VI		稀少	2	2						48.0
JN	HQL-6	7	胶南	红旗岭	肖家洼		周			x	东周	564	0.58	VI		稀少	4	1						48.0
JN	HQL-7	7	胶南	红旗岭	井戈庄		汉					772	0.45	VI		稀少	2	1	1					31.0
JN	HQL-8	7	胶南	红旗岭	肖家洼		汉					774	0.25	VI		稀少	2	0	1					52.0
JN	HQL-9	7	胶南	红旗岭	肖家洼		汉					773	0.45	VI		稀少	2	1	1					48.0
JN	JGZ-1	7	胶南	井戈庄	井戈庄		龙山				不确定	282	0.25	VI		稀少	1	1						8.0
JN	JGZ-10	7	胶南	井戈庄	井戈庄		汉					761	0.25	VI		稀少	1	0	1					9.0
JN	JGZ-11	7	胶南	井戈庄	井戈庄	A-C	汉					758	3.54	V		很少	124	4	2					10.0
JN	JGZ-11	7	胶南	井戈庄	井戈庄	A	龙山	x	x			281	1.48	V		很少	88	8		1				10.0
JN	JGZ-11	7	胶南	井戈庄	井戈庄	A, B	周	x			西周	585	3.03	V		很少	41	4						10.0
JN	JGZ-12	7	胶南	井戈庄	井戈庄		汉					764	0.38	VI		稀少	1	0	1					10.0
JN	JGZ-12	7	胶南	井戈庄	井戈庄		周			x	东周	578	0.38	VI		稀少	2	1						10.0
JN	JGZ-14	7	胶南	井戈庄	井戈庄		汉					769	3.29	V		很少	12	1	1					12.0
JN	JGZ-14	7	胶南	井戈庄	井戈庄		周			x	东周	579	3.29	V		稀少	3	1						12.0
JN	JGZ-15	7	胶南	井戈庄	井戈庄		汉					780	0.25	VI		稀少	1	0	1					15.0
JN	JGZ-2	7	胶南	井戈庄	井戈庄		汉					760	0.45	VI		稀少	6	1	1					9.0
JN	JGZ-3	7	胶南	井戈庄	井戈庄		汉					762	1.29	V		稀少	3	1	1					9.0
JN	JGZ-4	7	胶南	井戈庄	井戈庄		汉					759	0.25	VI		稀少	1	0	1					9.0
JN	JGZ-5	7	胶南	井戈庄	井戈庄		汉					779	0.25	VI		稀少	2	0	1					11.0
JN	JGZ-6	7	胶南	井戈庄	井戈庄		龙山				不确定	279	0.25	VI		稀少	1	1						6.0
JN	JGZ-7	7	胶南	井戈庄	井戈庄	A, B	汉					763	0.83	VI		稀少	8	1	1					10.0
JN	JGZ-7	7	胶南	井戈庄	井戈庄	A, B	周			x	东周	582	0.25	VI		稀少	1	1						10.0
JN	JGZ-8	7	胶南	井戈庄	井戈庄		汉					768	0.25	VI		稀少	2	1	1					11.0
JN	JGZ-9	7	胶南	井戈庄	井戈庄		汉					767	0.25	VI		稀少	1	1						9.0
JN	JMC-1	7	胶南	吉湄村	井戈庄	A-D	汉					734	4.19	V		稀少	11	1						15.0
JN	JMC-1	7	胶南	吉湄村	井戈庄	C	龙山		x			268	0.83	VI		稀少	14	2		2				15.0
JN	JMC-1	7	胶南	吉湄村	井戈庄	B, C	周	x		x	西周/东周	558	1.80	V		稀少	26	2						15.0
JN	MD-1	7	胶南	庙东	沙岭子		汉					840	1.35	V		稀少	5	1	1					4.0
JN	MD-1	7	胶南	庙东	沙岭子		周	x		x	西周/东周	618	1.35	V		很少	14	2						4.0
JN	MGZ-1	7	胶南	马戈庄	井戈庄		汉					754	0.25	VI		稀少	1	1						11.0
JN	MGZ-2	7	胶南	马戈庄	井戈庄		汉					756	0.58	VI		稀少	4	0	1					10.0
JN	MGZ-2	7	胶南	马戈庄	井戈庄		周	x			西周	577	0.58	VI		稀少	1	1						10.0
JN	MGZ-3	7	胶南	马戈庄	井戈庄		周	x			西周	570	0.38	VI		稀少	1	1						11.0
JN	MGZ-4	7	胶南	马戈庄	井戈庄		汉					753	0.83	VI		稀少	2	2	1					10.0
JN	MGZ-4	7	胶南	马戈庄	井戈庄		周			x	东周	576	0.25	VI		稀少	1	1						10.0
JN	MGZ-5	7	胶南	马戈庄	井戈庄		汉					750	0.25	VI		稀少	1	0	1					9.0
JN	MGZ-5	7	胶南	马戈庄	井戈庄		周			x	东周	574	0.25	VI		稀少	1	1						9.0
JN	MH-1	7	胶南	庙后	沙岭子	A-D	汉					828	8.45	IV		很少	37	2	1					8.0
JN	MH-1	7	胶南	庙后	沙岭子	A-D	周	x		x	西周/东周	609	3.54	V		少	36	6	1					8.0
JN	NS-1	7	胶南	南寺	花根山		汉					712	0.25	VI		稀少	3	1	1					16.0
JN	NS-1	7	胶南	南寺	花根山		龙山				不确定	249	0.25	VI		稀少	3	2						16.0
JN	NS-2	7	胶南	南寺	花根山		龙山				不确定	250	2.38	V		稀少	3	2						16.0
JN	NS-2	7	胶南	南寺	花根山		周	x		x	西周/东周	534	2.38	V		稀少	8	1						16.0
JN	NS-3	7	胶南	南寺	花根山	A, B	汉					713	0.96	VI		稀少	1	0	1					20.0

海拔范围	水源	河道距离	环境区域	地貌状况	防御性遗址	土壤质地	土壤颜色	土层厚度	作物	现代用途	备注	距中心城市5公里内	距中心城市5~10公里	距中心城市10~15公里	距中心城市15公里以上	距海岸5公里内
60~70	小河	150	山麓	微倾斜		砂质壤土	浅褐土	中度								
30~40	小河	15	冲积平原	平地		黏土	黄土-褐土	较深		休耕地						
50~60	小河	0	山麓	微倾斜		砂质壤土	褐土			休耕地						
2~10	主要河流	300	冲积平原	平地		砂质壤土	黄土-褐土	较深						两城镇		
2~10	主要河流	850	冲积平原	平地		多砂	浅褐土	较深						两城镇		
2~10	主要河流	500	冲积平原	平地		多砂	浅褐土	较深	休耕地					两城镇		
10~20	主要河流	190	冲积平原	平地		多砂	浅褐土	较深						两城镇		
10~20	主要河流	350	冲积平原	平地		多砂	黄土-土	较深	休耕地/小麦							
20~30	小河	140	山麓	低山麓		砂质壤土			休耕地/小麦							
20~30	小河	140	山麓	低山麓		砂质壤土			休耕地/小麦							
10~20	小河	170	冲积平原	较低的隆起					休耕地							
10~20	主要河流	650	冲积平原	平地		砂质壤土	黄土-灰土									
10~20	主要河流	650	冲积平原	平地		砂质壤土	黄土-灰土									
10~20	小河	110	冲积平原	平地		砂质壤土	黄土-灰土									
10~20	小河	30	冲积平原	微倾斜		多砂	浅褐土	较深		农业用地						
10~20	小河	30	冲积平原	微倾斜		多砂	浅褐土	较深		农业用地						
10~20	小河	30	冲积平原	微倾斜		多砂	浅褐土	较深		农业用地						
40~50	小河	80	山麓	低山麓		多砂	黄土-褐土	较深	休耕地							
40~50	小河	20	山麓	较低的隆起		土质较硬			冬小麦							
40~50	小河	100	山麓	低山麓		土质较硬	黄土-褐土	较深	休耕地							
40~50	小河	100	山麓	低山麓		土质较硬	黄土-褐土	较深	休耕地							
30~40	小河	130	山麓	中度隆起/斜坡		多砂	黄土-褐土	较深	休耕地							
50~60	小河	20	山麓	低山麓		土质较硬	浅褐土	中度	休耕地							
40~50	小河	0	山麓	低山麓		砂质壤土			休耕地/小麦							
2~10	主要河流	400	冲积平原	平地		砂质壤土	黄土-褐土	较深	休耕地	农业用地				两城镇		
2~10	主要河流	380	冲积平原	平地		淤土	褐土			花圃						
10~20	主要河流	10	冲积平原	平地		砂质壤土	黄土-褐土	较深						两城镇		
10~20	主要河流	10	冲积平原	平地		砂质壤土	黄土-褐土	较深								
10~20	主要河流	10	冲积平原	平地		砂质壤土	黄土-褐土	较深						两城镇		
10~20	主要河流	480	冲积平原	微倾斜		淤土	浅褐土	较深								
10~20	主要河流	480	冲积平原	微倾斜		淤土	浅褐土	较深								
10~20	主要河流	920	冲积平原	较低的隆起			黄土-土	较深	休耕地							
10~20	主要河流	920	冲积平原	较低的隆起			黄土-土	较深	休耕地							
10~20	小河	15	山麓	微倾斜		多砂	橙黄-褐土	较深		果园						
2~10	主要河流	860	冲积平原	平地		淤土	黄土-褐土	较深	休耕地/小麦							
2~10	主要河流	580	冲积平原	平地		淤土			休耕地							
2~10	主要河流	370	冲积平原	平地		淤土	浅褐土	较深	休耕地					两城镇		
10~20	小河	140	冲积平原	较低的隆起		砂质壤土	黄土		休耕地							
2~10	主要河流	150	冲积平原	平地		壤土	黄土-褐土	较深	休耕地	农业用地						
10~20	小河	40	冲积平原	微倾斜		多砂	橙黄-褐土			果园						
10~20	小河	70	冲积平原	微倾斜		多砂	橙黄-褐土			果园						
10~20	小河	80	冲积平原	微倾斜		壤土	黄土		休耕地							
2~10	主要河流	860	冲积平原	微倾斜		淤土				花圃						
10~20	主要河流	75	冲积平原	较低的隆起		多砂	黄土-土	中度						两城镇		
10~20	主要河流	180	冲积平原	较低的隆起		多砂	黄土-褐土	中度						两城镇		
10~20	主要河流	75	冲积平原	较低的隆起		多砂	黄土-土	中度						两城镇		
2~10	小河	560	冲积平原	平地		多砂	黄土-褐土	较深	休耕地							
2~10	小河	560	冲积平原	平地		多砂	黄土-褐土	较深	休耕地							X
10~20	主要河流	460	冲积平原	平地		砂质壤土	黄土-褐土	较深	休耕地							
10~20	主要河流	270	冲积平原	平地		砂质壤土	黄土-褐土									
10~20	主要河流	270	冲积平原	平地		砂质壤土	黄土-褐土									
10~20	主要河流	590	冲积平原	平地		砂质壤土	黄土-褐土									
10~20	主要河流	610	冲积平原	平地												
10~20	主要河流	610	冲积平原	平地		砂质壤土	黄土-褐土	较深	休耕地							
2~10	小河	40	冲积平原	平地		砂质壤土	黄土-褐土	较深								
2~10	小河	40	冲积平原	平地		砂质壤土	黄土-褐土	较深						两城镇		
2~10	小河	0	冲积平原	平地		多砂	褐土	较深	休耕地/小麦							
2~10	小河	0	冲积平原	平地		多砂	褐土	较深	休耕地/小麦							X
10~20	主要河流	200	冲积平原	平地												
10~20	主要河流	200	冲积平原	平地												
10~20	主要河流	150	冲积平原	平地												
10~20	主要河流	150	冲积平原	平地												
20~30	主要河流	260	冲积平原/山麓	平地												

遗址前缀	遗址名称	年份	行政区划	村镇	地图	采集区	年代	早(西)	中	晚(东)	分期	期段编号	面积(万米²)	等级	所含期段数	陶片密度	陶片数量	器型	残片	石器	文化层特点	详细文化层信息	中心海拔
JN	NS-3	7	胶南	南寺	花根山	A，B	龙山				不确定	251	0.96	V		稀少	3	2					20.0
JN	NS-4	7	胶南	南寺	花根山		汉					714	0.25	VI		稀少	1	0	1				22.0
JN	NS-4	7	胶南	南寺	花根山		周	x		x	西周/东周	533	0.25	VI		稀少	6	2					22.0
JN	NS-5/6/8	7	胶南	南寺	塔山店子		汉					709	16.37	III		稀少	63	2	2		文化层	CAC	32.0
JN	NS-7	7	胶南	南寺	塔山店子	C	汉					710	0.25	VI		稀少	1	0	1				22.0
JN	NS-7	7	胶南	南寺	塔山店子		汉					846	0.25	VI		稀少	0	0					22.0
JN	NS-7	7	胶南	南寺	塔山店子	A，D	龙山				不确定	244	0.64	VI		稀少	3	1					22.0
JN	NS-5/6/8	7	胶南	南寺	塔山店子	C	龙山				不确定	245	1.29	V		稀少	1	1					35.0
JN	NS-5/6/8	7	胶南	南寺	塔山店子	A	龙山				不确定	246	2.64	V		稀少	2	1					35.0
JN	NS-5/6/8	7	胶南	南寺	塔山店子		龙山				不确定	247	3.22	V		稀少	3	2					41.0
JN	NS-5/6/8	7	胶南	南寺	塔山店子		龙山				不确定	248	0.25	VI		中等	8	2					35.0
JN	NS-7	7	胶南	南寺	塔山店子	A，B	周			x	东周	529	0.64	VI		稀少	7	1					22.0
JN	NS-5/6/8	7	胶南	南寺	塔山店子		周	x		x	西周/东周	530	10.50	III		中等	34	2					35.0
JN	NS-5/6/8	7	胶南	南寺	塔山店子		周	x			西周	531	3.22	V		稀少	12	3					41.0
JN	NZ-1	7	胶南	南庄	沙岭子		汉					838	0.25	VI		稀少	3	0	1				7.0
JN	NZ-1	7	胶南	南庄	沙岭子		周			x	东周	620	0.25	VI		稀少	1	1					7.0
JN	NZ-2	7	胶南	南庄	沙岭子		周			x	东周	619	0.25	VI		稀少	4	1					5.0
JN	NZ-3	7	胶南	南庄	沙岭子		龙山				不确定	288	0.25	VI		稀少	1	1					6.0
JN	NZ-3	7	胶南	南庄	沙岭子		周			x	东周	621	0.25	VI		稀少	3	1	1				6.0
JN	NZ-4	7	胶南	南庄	沙岭子		周	x		x	西周/东周	628	1.35	V		中等	12	2	1				4.0
JN	NZ-5	7	胶南	南庄	沙岭子	A-D	汉					841	1.48	V		稀少	4	0	1				4.0
JN	NZ-5	7	胶南	南庄	沙岭子	A	龙山				不确定	292	1.41	V		稀少	3	3					4.0
JN	NZ-5	7	胶南	南庄	沙岭子	C	周			x	东周	625	0.25	VI		稀少	2	1					4.0
JN	NZ-5	7	胶南	南庄	沙岭子	D	周			x	东周	626	0.25	VI		稀少	1	1					4.0
JN	NZ-5	7	胶南	南庄	沙岭子	A	周	x		x	西周/东周	627	1.41	V		稀少	10	2					4.0
JN	QGD-1	7	胶南	七古墩	肖家注	A，B	汉					801	4.45	V		很少	136	3	1		文化层/墓葬	文化层CAB，7墓葬/平台	68.5
JN	QGD-2	7	胶南	七古墩	肖家注		龙山				不确定	284	0.25	VI		稀少	1	1					55.0
JN	SLZ-1	7	胶南	沙岭子	沙岭子		周			x	东周	617	0.25	VI		稀少	2	1					7.0
JN	SLZ-10	7	胶南	沙岭子	沙岭子	A，B	汉					837	1.80	V		稀少	6	1	1				8.0
JN	SLZ-10	7	胶南	沙岭子	沙岭子	B	龙山				不确定	289	0.70	VI		稀少	1	1					8.0
JN	SLZ-10	7	胶南	沙岭子	沙岭子	B	周			x	东周	623	0.70	VI		稀少	4	1					8.0
JN	SLZ-10	7	胶南	沙岭子	沙岭子	C，D	周	x		x	西周/东周	624	0.96	VI		稀少	7	2	1				8.0
JN	SLZ-11	7	胶南	沙岭子	沙岭子		周			x	东周	631	0.25	VI		稀少	2	1					7.0
JN	SLZ-12	7	胶南	沙岭子	沙岭子		龙山				不确定	290	0.25	VI		稀少	1	1					5.0
JN	SLZ-13	7	胶南	沙岭子	沙岭子		汉					842	1.99	V		稀少	6	1	1				3.0
JN	SLZ-13	7	胶南	沙岭子	沙岭子		周			x	东周	629	1.99	V		稀少	4	2					3.0
JN	SLZ-14	7	胶南	沙岭子	沙岭子		汉					830	0.25	VI		稀少	3	1	1				23.0
JN	SLZ-15	7	胶南	沙岭子	沙岭子		汉					834	0.58	VI		少	6	1	1				19.0
JN	SLZ-15	7	胶南	沙岭子	沙岭子		周			x	东周	614	0.58	VI		少	6	2					19.0
JN	SLZ-16	7	胶南	沙岭子	沙岭子		龙山				不确定	287	0.25	VI		稀少	1	1					25.0
JN	SLZ-17	7	胶南	沙岭子	沙岭子		周			x	东周	608	0.83	VI		稀少	2	1					44.0
JN	SLZ-18	7	胶南	沙岭子	沙岭子		汉					819	0.96	VI		稀少	3	0	1				32.0
JN	SLZ-2	7	胶南	沙岭子	沙岭子		汉					836	0.25	VI		稀少	1	0	1				4.0
JN	SLZ-3	7	胶南	沙岭子	沙岭子		汉					835	0.25	VI		稀少	1	0	1				8.0
JN	SLZ-4	7	胶南	沙岭子	沙岭子		周	x		x	西周/东周	616	1.16	V		稀少	6	2					11.0
JN	SLZ-5	7	胶南	沙岭子	沙岭子		龙山				不确定	291	0.77	VI		少	1	1					8.0
JN	SLZ-5	7	胶南	沙岭子	沙岭子		周			x	东周	630	0.77	VI		少	4	1					8.0
JN	SLZ-6	7	胶南	沙岭子	沙岭子		周			x	东周	612	1.22	V		中等	6	2					20.0
JN	SLZ-7	7	胶南	沙岭子	沙岭子		周			x	东周	611	0.25	VI		稀少	1	1					18.0
JN	SLZ-8	7	胶南	沙岭子	沙岭子		周			x	东周	610	0.25	VI		稀少	1	1					13.0
JN	SLZ-9	7	胶南	沙岭子	沙岭子	A-E	汉					839	5.16	V		很少	18	2	1				7.0
JN	SLZ-9	7	胶南	沙岭子	沙岭子	A-E	周	x		x	西周/东周	622	5.87	IV		很少	39	3					7.0
JN	TS-1	7	胶南	塔山	井戈庄		周	x		x	西周/东周	553	0.77	VI		稀少	8	1					11.0
JN	TS-10	7	胶南	塔山	花根山	A-D	汉					717	3.74	V		中等	23	3	1				20.0
JN	TS-10	7	胶南	塔山	花根山	A-D	龙山				不确定	256	2.96	V		稀少	8	3					20.0
JN	TS-10	7	胶南	塔山	花根山	A-D	周	x			西周	542	1.28	V		稀少	5	1					20.0
JN	TS-11	7	胶南	塔山	花根山		汉					719	0.25	VI		稀少	1	0	1				15.0
JN	TS-12	7	胶南	塔山	井戈庄		汉					732	0.25	VI		稀少	1	0	1				22.0

海拔范围	水源	河道距离	环境区域	地貌状况	防御性遗址	土壤质地	土壤颜色	土层厚度	作物	现代用途	备注	距中心城市5公里内	距中心城市5~10公里	距中心城市10~15公里	距中心城市15公里以上	距海岸5公里内
20~30	主要河流	260	冲积平原/山麓	平地												
20~30	主要河流	280	山麓	低山麓		砂质壤土	黄土-褐土		休耕地							
20~30	主要河流	280	山麓	低山麓		砂质壤土	黄土-褐土		休耕地							
30~40	小河	0	山麓	较低的隆起		多砂	黄土-褐土	较深	休耕地/小麦		遗址比较复杂					
20~30	小河	20	冲积平原	平地		淤土	褐土		休耕地/小麦							
20~30	小河	75	冲积平原	平地		淤土	褐土		休耕地/小麦							
20~30	小河	100	冲积平原	平地		淤土	褐土		休耕地/小麦							
30~40	小河	100	山麓	较低的隆起		砂质壤土	黄土-褐土	较深	休耕地/小麦							
30~40	小河	0	山麓	较低的隆起		砂质壤土	黄土-褐土	较深	休耕地/小麦							
40~50	小河	75	山麓	较低的隆起		砂质壤土	黄土-灰土	较深	休耕地/小麦							
30~40	小河	75	山麓	较低的隆起		砂质壤土	黄土-灰土	较深	休耕地/小麦							
20~30	小河	100	冲积平原	平地		淤土	褐土		休耕地/小麦							
30~40	小河	0	山麓	较低的隆起		砂质壤土	黄土-褐土	较深	休耕地/小麦							
40~50	小河	75	山麓	较低的隆起		砂质壤土	黄土-灰土	较深	休耕地/小麦							
2~10	小河	10	冲积平原	平地		多砂	黄土-褐土	较深	休耕地							
2~10	小河	10	冲积平原	平地		多砂	黄土-褐土	较深	休耕地							X
2~10	小河	275	冲积平原	平地					休耕地							X
2~10	小河	100	冲积平原	平地		多砂	黄土-褐土	较深	休耕地/小麦							X
2~10	小河	100	冲积平原	平地		多砂	黄土-褐土	较深	休耕地/小麦							X
2~10	小河	100	冲积平原	平地		多砂										X
2~10	小河	125	冲积平原	平地		多砂	橙黄-褐土	较深	休耕地							
2~10	小河	100	冲积平原	平地		多砂	橙黄-褐土	较深	休耕地							X
2~10	小河	100	冲积平原	平地		多砂	橙黄-褐土	较深	休耕地							X
2~10	小河	100	冲积平原	平地		多砂	橙黄-褐土	较深	休耕地							X
2~10	小河	100	冲积平原	平地		多砂	橙黄-褐土	较深	休耕地							
60~70	小河	500	山麓	山脊上部	是	土质较硬	黄土		果园							
50~60	小河	50	山麓	平地												
2~10	小河	30	冲积平原	较低的隆起		多砂	黄土-褐土	较深	冬小麦					两城镇		X
2~10	小河	50	冲积平原	微倾斜												X
2~10	小河	175	冲积平原	微倾斜												X
2~10	小河	175	冲积平原	微倾斜												X
2~10	小河	0	冲积平原	微倾斜												X
2~10	小河	50	冲积平原	较低的隆起		多砂	黄土-褐土	较深	休耕地							X
2~10	小河	50	冲积平原	平地					休耕地	农业用地						
2~10	小河	0	冲积平原	平地		多砂	黄土-褐土	较深	休耕地/小麦							X
20~30	小河	125	山麓	高山	?	土质较硬	浅褐土	较深	休耕地	农业用地						
10~20	小河	50	山麓	平地		多砂	黄土-褐土	较深	休耕地/小麦	高速路						
10~20	小河	50	山麓	平地		多砂	黄土-褐土	较深	休耕地/小麦	高速路				两城镇		X
20~30	小河	0	山麓	平地		多砂/土质较硬	褐土	中度	休耕地	农业用地						
40~50	小河	50	山麓	低山麓		土质较硬			休耕地							X
30~40	小河	25	山麓	微倾斜		土质较硬	褐土	中度								
2~10	小河	50	冲积平原	平地		多砂	黄土-褐土	较深	蔬菜	花圃						
2~10	小河	15	冲积平原	平地		多砂	黄土-褐土	较深	休耕地	农业用地						
10~20	小河	0	冲积平原	较低的隆起		多砂	红褐土	较深	休耕地	农业用地				两城镇		X
2~10	小河	200	冲积平原	较低的隆起		多砂	黄土-褐土	中度	休耕地							X
2~10	小河	200	冲积平原	较低的隆起		多砂	黄土-褐土	中度	休耕地							X
20~30	小河	10	山麓	低山					休耕地/小麦							
10~20	小河	0	冲积平原/山麓	低山		多砂	黄土-褐土		休耕地							X
10~20	小河	60	冲积平原/山麓	低山		多砂	黄土-褐土	较深	休耕地							X
2~10	小河	0	冲积平原	平地		多砂	黄土-褐土	较深	休耕地/小麦							
2~10	小河	0	冲积平原	平地		多砂	黄土-褐土	较深	休耕地/小麦							X
10~20	支流	25	冲积平原	较低的隆起		多砂	黄土-褐土	较深	休耕地							
20~30	主要河流	450	冲积平原/山麓	微倾斜												
20~30	主要河流	450	冲积平原/山麓	微倾斜												
20~30	主要河流	450	冲积平原/山麓	微倾斜												
10~20	小河	100	冲积平原	较低的隆起					休耕地							
20~30	小河	30	山麓	低山麓		砂质壤土	浅褐土	较深	休耕地							

遗址前缀	遗址名称	年份	行政区划	村镇	地图	采集区	年代	早(西)	中	晚(东)	分期	期段编号	面积(万米²)	等级	所含期段数	陶片密度	陶片数量	器型	残片	石器	文化层特点	详细文化层信息	中心海拔
JN	TS-12	7	胶南	塔山	井戈庄		周	x		x	西周/东周	551	0.25	VI		很少	14	1						22.0
JN	TS-2	7	胶南	塔山	井戈庄		汉					733	0.64	VI		稀少	1	0	1					23.0
JN	TS-2	7	胶南	塔山	井戈庄		周	x		x	西周/东周	554	0.64	VI		稀少	8	2						23.0
JN	TS-3	7	胶南	塔山	井戈庄		汉					724	0.25	VI		稀少	3	1	1					21.0
JN	TS-3	7	胶南	塔山	井戈庄		周	x			西周	550	0.25	VI		稀少	1	1						21.0
JN	TS-4	7	胶南	塔山	花根山	B	大汶口					9	0.25	III		稀少	1	1						12.0
JN	TS-4	7	胶南	塔山	花根山	B, D, E, F, H	汉					720	6.50	IV		高	24	2	2			墓葬	汉墓及汉砖CAF	12.0
JN	TS-4	7	胶南	塔山	井戈庄	A	汉					722	0.25	VI		稀少	2	1	1					12.0
JN	TS-4	7	胶南	塔山	花根山	A, B, C, E, G, H	龙山	x	x			262	7.28	IV		高	78	5		1		文化层	CAG	12.0
JN	TS-4	7	胶南	塔山	花根山	A-H	周	x		x	西周/东周	549	6.96	IV		高	42	6				文化层	CAG，可能为龙山?	17.0
JN	TS-5	7	胶南	塔山	花根山	A, B	汉					721	1.03	V		稀少	9	1	1					15.0
JN	TS-5	7	胶南	塔山	花根山		龙山	x				254	0.25	VI		稀少	3	2						15.0
JN	TS-6	7	胶南	塔山	花根山		汉					716	0.25	VI		稀少	1	0	1					14.0
JN	TS-6	7	胶南	塔山	花根山		龙山				不确定	255	0.25	VI		稀少	1	1						14.0
JN	TS-6	7	胶南	塔山	花根山		周	x			西周	541	0.25	VI		稀少	1	1						14.0
JN	TS-7	7	胶南	塔山	花根山		汉					711	0.58	VI		稀少	2	2	1					15.0
JN	TS-7	7	胶南	塔山	花根山		龙山				不确定	253	0.58	VI		稀少	1	1						15.0
JN	TS-7	7	胶南	塔山	花根山		周	x			西周	537	0.58	VI		稀少	1	1						15.0
JN	TS-8	7	胶南	塔山	花根山		周			x	东周	545	0.25	VI		稀少	1	1						13.0
JN	TS-9	7	胶南	塔山	花根山		汉					715	0.51	VI		稀少	3	0	1					12.0
JN	TS-9	7	胶南	塔山	花根山		龙山		x			252	0.62	VI		稀少	10	2						12.0
JN	TS-9	7	胶南	塔山	花根山		周		x		东周	536	0.51	VI		稀少	2	1						12.0
JN	WS-10	7	胶南	汪山	肖家洼		周		x		东周	592	0.32	VI		稀少	7	2						23.0
JN	WS-11	7	胶南	汪山	肖家洼		汉					802	0.77	VI		稀少	3	0	2					30.0
JN	WS-11	7	胶南	汪山	肖家洼		周			x	东周	591	0.77	VI		稀少	2	1						30.0
JN	WS-12	7	胶南	汪山	井戈庄		汉					808	0.25	VI		稀少	1	0	1					15.0
JN	WS-13	7	胶南	汪山	井戈庄		汉					807	0.25	VI		稀少	1	0	1					18.0
JN	WS-14	7	胶南	汪山	肖家洼		汉					803	2.32	V		稀少	8	1	1					27.0
JN	WS-14	7	胶南	汪山	肖家洼		周	x			西周	589	0.80	VI		稀少	2	1						27.0
JN	WS-15	7	胶南	汪山	井戈庄		汉					806	0.25	VI		稀少	1	0	1					21.0
JN	WS-16	7	胶南	汪山	井戈庄		汉					805	0.25	VI		稀少	1	1						18.0
JN	WS-4	7	胶南	汪山	沙岭子		汉					809	0.25	VI		稀少	2	0	1					22.0
JN	WS-4	7	胶南	汪山	沙岭子		周			x	东周	597	0.25	VI		稀少	2	1						22.0
JN	WS-5	7	胶南	汪山	肖家洼		汉					814	0.58	VI		少	9	1	1					41.0
JN	WS-5	7	胶南	汪山	肖家洼		周			x	东周	595	0.58	VI		少	8	3	1					41.0
JN	WS-6	7	胶南	汪山	肖家洼		龙山				不确定	285	0.25	VI		稀少	2	1						48.0
JN	WS-6	7	胶南	汪山	肖家洼		周			x	东周	596	0.25	VI		稀少	1	1						48.0
JN	WS-7	7	胶南	汪山	肖家洼		汉					812	0.25	VI		稀少	8	0	1			文化层	灰土黑土	45.0
JN	WS-8	7	胶南	汪山	沙岭子		汉					810	0.77	VI		稀少	7	0	1					39.0
JN	WS-8	7	胶南	汪山	沙岭子		周			x	东周	594	0.77	VI		稀少	3	2						39.0
JN	WS-9	7	胶南	汪山	肖家洼		汉					811	0.83	VI		稀少	4	1	1					39.0
JN	XJWa-1	7	胶南	肖家洼	肖家洼		汉					800	0.64	VI		稀少	5	1	1					44.0
JN	XJWa-10	7	胶南	肖家洼	肖家洼		汉					793	0.77	VI		稀少	4	2	1					17.0
JN	XJWa-11/12	7	胶南	肖家洼	肖家洼	A-C	汉					792	4.58	V		高	122	3	2					19.0
JN	XJWa-13	7	胶南	肖家洼	肖家洼		周			x	东周	583	0.25	VI		稀少	1	1						22.0
JN	XJWa-14	7	胶南	肖家洼	肖家洼	A-D	汉					785	9.41	IV		高	147	3	2			墓葬	汉墓	25.0
JN	XJWa-14	7	胶南	肖家洼	肖家洼	A-D	周			x	东周	580	0.25	VI		稀少	1	1						25.0
JN	XJWa-15	7	胶南	肖家洼	井戈庄		汉					781	0.25	VI		稀少	9	0	1					32.0
JN	XJWa-16	7	胶南	肖家洼	肖家洼	A-C	汉					783	5.22	V		稀少	24	1	2			汉砖	汉砖	31.0
JN	XJWa-17	7	胶南	肖家洼	肖家洼		汉					782	0.25	VI		稀少	1	0	1					32.0
JN	XJWa-17	7	胶南	肖家洼	肖家洼		龙山				不确定	278	0.25	VI		稀少	3	1						32.0
JN	XJWa-18	7	胶南	肖家洼	肖家洼		汉					790	0.51	VI		稀少	4	0	2					27.0
JN	XJWa-19	7	胶南	肖家洼	肖家洼		汉					789	0.51	VI		稀少	2	0	1					27.0
JN	XJWa-2	7	胶南	肖家洼	肖家洼		汉					797	0.25	VI		稀少	6	1	1					29.0
JN	XJWa-20	7	胶南	肖家洼	肖家洼		汉					788	0.45	VI		稀少	3	0	2					43.0
JN	XJWa-21	7	胶南	肖家洼	肖家洼	A-C	汉					786	4.83	V		稀少	28	2	2					29.0
JN	XJWa-21	7	胶南	肖家洼	肖家洼	A-C	周			x	东周	569	0.25	VI		稀少	1	1						29.0
JN	XJWa-22	7	胶南	肖家洼	肖家洼		汉					784	0.25	VI		稀少	2	0	1					40.0

海拔范围	水源	河道距离	环境区域	地貌状况	防御性遗址	土壤质地	土壤颜色	土层厚度	作物	现代用途	备注	距中心城市5公里内	距中心城市5~10公里	距中心城市10~15公里	距中心城市15公里以上	距海岸5公里内
20~30	小河	30	山麓	低山麓		砂质壤土	浅褐土	较深	休耕地							
20~30	支流	275	山麓	低山麓					休耕地							
20~30	支流	275	山麓	低山麓					休耕地							
20~30	小河	60	山麓	低山麓		砂质壤土										
20~30	小河	60	山麓	低山麓		砂质壤土										
10~20	小河	10	冲积平原	较低的隆起					休耕地/小麦							
10~20	小河	10	冲积平原	较低的隆起					休耕地/小麦							
10~20	小河	15	冲积平原	较低的隆起					休耕地/小麦							
10~20	小河	10	冲积平原	较低的隆起					休耕地/小麦							
10~20	小河	0	冲积平原	较低的隆起					休耕地/小麦							
10~20	小河	25	冲积平原	平地					休耕地							
10~20	小河	25	冲积平原	平地					休耕地							
10~20	小河	15	冲积平原	平地		壤土	褐土		休耕地							
10~20	小河	15	冲积平原	平地		壤土	褐土		休耕地							
10~20	小河	15	冲积平原	平地		壤土	褐土		休耕地							
10~20	主要河流	260	冲积平原	平地					休耕地							
10~20	主要河流	260	冲积平原	平地					休耕地							
10~20	主要河流	260	冲积平原	平地					休耕地							
10~20	小河	20	冲积平原	平地		多砂	橙黄-褐土									
10~20	支流	100	冲积平原	平地		多砂			休耕地							
10~20	支流	100	冲积平原	平地		多砂			休耕地							
10~20	支流	100	冲积平原	平地		多砂			休耕地							
20~30	小河	50	山麓	平地		多砂	黄土	较深	休耕地/小麦							
30~40	小河	50	山麓	平地		砂质壤土	黄土-褐土	较深	休耕地/小麦							
30~40	小河	50	山麓	平地		砂质壤土	黄土-褐土	较深	休耕地/小麦							
10~20	支流	780	冲积平原	平地		砂质壤土	黄土-褐土	较深	休耕地							
10~20	支流	630	山麓	低山		淤土			休耕地							
20~30	小河	0	山麓	低山		砂质壤土	黄土-褐土	较深	休耕地/小麦							
20~30	小河	25	山麓	低山		砂质壤土	黄土-褐土	较深	休耕地/小麦							
20~30	支流	600	山麓	低山		土质较硬			休耕地							
10~20	支流	300	山麓	平地		砂质壤土	黄土-褐土		休耕地							
20~30	小河	50	山麓	平地		砂质壤土	黄土-褐土	较深	休耕地/小麦							
20~30	小河	100	山麓	平地		砂质壤土	黄土-褐土	较深	休耕地/小麦						两城镇	x
40~50	小河	0	山麓	平地		砂质壤土	黄土-褐土	较深	休耕地							
40~50	小河	0	山麓	平地		砂质壤土	黄土-褐土	较深	休耕地							x
40~50	小河	100	山麓	低山		淤土/多砂/土质较硬			休耕地							x
40~50	小河	100	山麓	低山		淤土/多砂/土质较硬			休耕地							x
40~50	小河	0	山麓	中度隆起/斜坡		砂质壤土	黄土-褐土	较深	休耕地							
30~40	小河	150	山麓	梯田		砂质壤土	黄土-褐土	中度	休耕地							
30~40	小河	150	山麓	梯田		砂质壤土	黄土-褐土	中度	休耕地							x
30~40	小河	10	山麓	平地		多砂	黄土-褐土	中度	休耕地							
40~50	小河	20	山麓	低山		多砂	黄土	较深	休耕地							
10~20	小河	75	冲积平原	平地		淤土			桑园							
10~20	小河	100	冲积平原	微倾斜		砂质壤土			休耕地							
20~30	小河	50	冲积平原	平地		砂质壤土				花圃						
20~30	小河	0	冲积平原	平地		砂质壤土	黄土-褐土	较深	休耕地/小麦							
20~30	小河	90	冲积平原	平地		砂质壤土	黄土-褐土	较深	休耕地/小麦							
30~40	小河	70	山麓	中度隆起/斜坡		砂质壤土										
30~40	小河	0	山麓	低山麓		砂质壤土	黄土-褐土									
30~40	小河	300	山麓	低山麓		砂质壤土	黄土-褐土									
30~40	小河	300	山麓	低山麓		砂质壤土	黄土-褐土									
20~30	小河	15	冲积平原	平地		砂质壤土	褐土									
20~30	小河	10	山麓	微倾斜					休耕地							
20~30	小河	15	山麓	微倾斜		砂质壤土	黄土-褐土	较深								
40~50	小河	100	山麓	微倾斜		土质较硬	浅褐土	中度	休耕地	农业用地						
20~30	小河	125	冲积平原	平地		砂质壤土	黄土-褐土	较深	休耕地/小麦							
20~30	小河	175	冲积平原	平地		砂质壤土	黄土-褐土	较深	休耕地/小麦							
40~50	小河	25	山麓	微倾斜				中度	休耕地/小麦							

遗址前缀	遗址名称	年份	行政区划	村镇	地图	采集区	年代	早(西)	中	晚(东)	分期	期段编号	面积(万米²)	等级	所含期段数	陶片密度	陶片数量	器型	残片	石器	文化层特点	详细文化层信息	中心海拔
JN	XJWa-23	7	胶南	肖家洼	肖家洼		汉					777	3.61	V		稀少	13	1	2					38.0
JN	XJWa-24	7	胶南	肖家洼	肖家洼		汉					787	0.29	VI		稀少	3	1	1					31.0
JN	XJWa-3	7	胶南	肖家洼	肖家洼		汉					796	3.67	V		稀少	8	1	2					36.0
JN	XJWa-4	7	胶南	肖家洼	肖家洼		汉					798	0.25	VI		稀少	1	0	1					36.0
JN	XJWa-5	7	胶南	肖家洼	肖家洼		汉					799	0.25	VI		稀少	2	1	1					34.0
JN	XJWa-6	7	胶南	肖家洼	肖家洼		周			x	东周	586	0.25	VI		稀少	3	2						37.0
JN	XJWa-7	7	胶南	肖家洼	肖家洼		汉					791	0.32	VI		稀少	2	2						28.0
JN	XJWa-8	7	胶南	肖家洼	肖家洼		汉					794	0.58	VI		稀少	3	0	1					10.0
JN	XJWa-9	7	胶南	肖家洼	肖家洼		汉					795	0.25	VI		稀少	1	0	1					16.0
JN	XNL-1	7	胶南	西南岭	后坡楼		汉					843	0.25	VI		稀少	1	0	1					45.0
JN	XuJGZ-1	7	胶南	许家官庄	沙岭子		周	x			西周	601	0.25	VI		稀少	2	1						21.0
JN	XuJGZ-2	7	胶南	许家官庄	沙岭子		汉					824	0.58	VI		少	3	0	2					8.0
JN	XuJGZ-3	7	胶南	许家官庄	沙岭子		汉					823	0.25	VI		稀少	1	0	1					13.0
JN	XuJGZ-4	7	胶南	许家官庄	沙岭子		汉					815	0.25	VI		稀少	3	1	1					38.0
JN	XuJGZ-4	7	胶南	许家官庄	沙岭子		周	x			西周	598	0.25	VI		稀少	2	2						38.0
JN	XuJGZ-5	7	胶南	许家官庄	沙岭子		周			x	东周	599	0.45	VI		稀少	2	1	1					33.0
JN	XuJGZ-6	7	胶南	许家官庄	沙岭子		周			x	东周	602	0.25	VI		稀少	1	1						29.0
JN	XuJGZ-7	7	胶南	许家官庄	沙岭子		汉					816	0.38	VI		稀少	3	1	1					31.0
JN	XuJGZ-7	7	胶南	许家官庄	沙岭子		周	x			西周	600	0.38	VI		稀少	1	1						31.0
JN	XuJGZ-8	7	胶南	许家官庄	肖家洼		周			x	东周	593	0.25	VI		稀少	3	1						19.0
JN	XYZ-4	7	胶南	信阳镇	沙岭子		汉					833	0.77	VI		中等	10	1	1					16.0
JN	XYZ-5	7	胶南	信阳镇	沙岭子		汉					832	1.54	V		稀少	7	0	1					15.0
JN	XYZ-5	7	胶南	信阳镇	沙岭子		周	x		x	西周/东周	615	0.25	VI		稀少	4	2						15.0
JN	XYZ-6	7	胶南	信阳镇	沙岭子		汉					831	0.25	VI		稀少	1	0	1					16.0
JN	XYZ-6	7	胶南	信阳镇	沙岭子		周	x			西周	613	0.25	VI		稀少	1	1						16.0
JN	XYZ-7	7	胶南	信阳镇	沙岭子		汉					817	0.25	VI		稀少	1	0	1					17.0
JN	XYZ-8	7	胶南	信阳镇	沙岭子		周			x	东周	607	0.25	VI		稀少	1	1						23.0
JN	XYZ-9	7	胶南	信阳镇	沙岭子		汉					818	0.25	VI		稀少	5	1	1					24.0
JN	XZ-1	7	胶南	西庄	沙岭子	N	汉					821	1.22	V		稀少	3	0	1					25.0
JN	XZ-1	7	胶南	西庄	沙岭子	A-I, K, M	汉					825	19.03	III		稀少	53	3	1					20.0
JN	XZ-1	7	胶南	西庄	沙岭子	E, F, J, L	龙山	x				286	5.35	IV		稀少	7	2						20.0
JN	XZ-1	7	胶南	西庄	沙岭子	A-N	周	x		x	西周/东周	603	18.51	III		稀少	43	4						20.0
JN	XZ-2/3	7	胶南	西庄	沙岭子		汉					822	1.99	V		稀少	2	1	1					14.0
JN	XZ-2/3	7	胶南	西庄	沙岭子		周			x	东周	605	1.99	V		稀少	5	2						14.0
JN	XZ-4	7	胶南	西庄	沙岭子	A, B	周	x		x	西周/东周	604	0.32	VI		稀少	5	1						24.0
JN	XZ-5	7	胶南	西庄	沙岭子		汉					820	1.54	V		少	13	3	1					30.0
JN	YL-8	7	胶南	营里	井戈庄		汉					804	0.25	VI		稀少	1	0	1					12.0
JN	YL-8	7	胶南	营里	井戈庄		龙山				不确定	283	0.25	VI		稀少	1	1						12.0
JN	YL-8	7	胶南	营里	井戈庄		周			x	东周	588	0.25	VI		稀少	2	1						12.0
JN	YL-9	7	胶南	营里	井戈庄		周			x	东周	590	0.25	VI		稀少	1	1						11.0
JN	ZJDZ-1	7	胶南	张家大庄	井戈庄	A, B	汉					744	1.09	V		稀少	4	0	1					11.0
JN	ZJDZ-1	7	胶南	张家大庄	井戈庄	A, B	龙山	x				274	2.58	V		稀少	24	3						11.0
JN	ZJDZ-1	7	胶南	张家大庄	井戈庄	A, B	周			x	东周	563	0.64	VI		稀少	1	1						11.0
JN	ZJDZ-2	7	胶南	张家大庄	井戈庄	A-F	汉					755	5.48	V		稀少	21	2	1					12.0
JN	ZJDZ-2	7	胶南	张家大庄	井戈庄	A-E	龙山	x	x			275	5.03	IV		稀少	35	4						12.0
JN	ZJDZ-2	7	胶南	张家大庄	井戈庄	B	周			x	东周	566	0.25	VI		稀少	1	1						12.0
JN	ZJDZ-2	7	胶南	张家大庄	井戈庄	A	周			x	东周	571	0.25	VI		稀少	1	1						12.0
JN	ZJDZ-2	7	胶南	张家大庄	井戈庄	D, F	周			x	东周	573	2.51	V		稀少	9	1						12.0
JN	ZJDZ-3	7	胶南	张家大庄	井戈庄	G	大汶口					8	0.38	III		稀少	1	1						14.0
JN	ZJDZ-3	7	胶南	张家大庄	井戈庄	R	汉					740	0.77	VI		稀少	3	1						11.0
JN	ZJDZ-3	7	胶南	张家大庄	井戈庄	E-J	汉					741	8.83	IV		稀少	14	3	1					14.0
JN	ZJDZ-3	7	胶南	张家大庄	井戈庄	A, C	汉					742	0.83	VI		稀少	3	1	1					12.0
JN	ZJDZ-3	7	胶南	张家大庄	井戈庄	B	汉					745	0.25	VI		稀少	3	0	1	1				11.0
JN	ZJDZ-3	7	胶南	张家大庄	井戈庄	R	龙山	x				271	0.77	VI		稀少	4	4						11.0
JN	ZJDZ-3	7	胶南	张家大庄	井戈庄	A-Q	龙山	x	x			272	30.31	III		稀少	359	11			文化层	CAF		11.0
JN	ZJDZ-3	7	胶南	张家大庄	井戈庄	R	周			x	东周	561	0.77	VI		稀少	3	1						11.0
JN	ZJDZ-3	7	胶南	张家大庄	井戈庄	A-S	周	x		x	西周/东周	562	12.96	III		稀少	19	5						11.0
JN	ZJDZ-4	7	胶南	张家大庄	井戈庄		汉					739	0.25	VI		稀少	3	1	1					11.0
DG	CGQC-2	8	东港	城关七村	大岭南头		汉					881	0.20	VI		稀少	1	0	1					18.0

海拔范围	水源	河道距离	环境区域	地貌状况	防御性遗址	土壤质地	土壤颜色	土层厚度	作物	现代用途	备注	距中心城市5公里内	距中心城市5~10公里	距中心城市10~15公里	距中心城市15公里以上	距海岸5公里内
30~40	小河	50	山麓	低山麓		壤土										
30~40	小河	0	山麓	低山麓		多砂	黄土-褐土	较深	休耕地							
30~40	小河	0	山麓	低山麓		砂质壤土	黄土-褐土	较深	休耕地/小麦							
30~40	小河	0	山麓	平地		砂质壤土	黄土-褐土	较深								
30~40	小河	75	山麓	低山麓		砂质壤土	浅褐土	较深	休耕地							
30~40	小河	125	山麓	低山麓		砂质壤土	浅褐土	较深	休耕地							
20~30	小河	100	冲积平原	较低的隆起		淤土	黄土	较深								
10~20	小河	10	冲积平原	较低的隆起		多砂	浅褐土	较深		高速路						
10~20	小河	75	冲积平原	平地		淤土			休耕地							
40~50	小河	125	山麓	低山麓		壤土			冬小麦						两城镇	
20~30	小河	0	山麓	平地		多砂	黄土-褐土		休耕地							X
2~10	小河	0	冲积平原	平地		淤土/多砂/土质较硬			休耕地							
10~20	小河	30	山麓	较低的隆起		淤土										
30~40	小河	0	山麓	平地		砂质壤土	黄土-褐土	中度	休耕地/小麦							
30~40	小河	0	山麓	平地		砂质壤土	黄土-褐土	中度	休耕地/小麦							X
30~40	小河	150	山麓	平地		砂质壤土	黄土-褐土	较深	休耕地	农业用地						X
20~30	小河	0	山麓	微倾斜		砂质壤土	黄土-褐土	较深	休耕地							X
30~40	小河	75	山麓	低山麓		淤土/多砂/土质较硬			休耕地							
30~40	小河	75	山麓	低山麓		淤土/多砂/土质较硬			休耕地							X
10~20	小河	15	山麓	较低的隆起		砂质壤土	浅褐土	中度	休耕地							X
10~20	小河	75	冲积平原	较低的隆起		多砂/土质较硬			休耕地/小麦							
10~20	小河	200	冲积平原	平地		多砂	黄土-褐土	较深	休耕地/小麦	高速路						
10~20	小河	200	冲积平原	平地		多砂	黄土-褐土	较深	休耕地/小麦	高速路					两城镇	X
10~20	小河	125	冲积平原/山麓	低山麓		多砂/土质较硬			休耕地/小麦							
10~20	小河	125	冲积平原/山麓	低山麓		多砂/土质较硬			休耕地/小麦						两城镇	X
10~20	小河	50	山麓	较低的隆起		土质较硬			冬小麦							
20~30	小河	15	山麓	低山麓		土质较硬			休耕地/小麦						两城镇	X
20~30	小河	25	山麓	低山麓		土质较硬			休耕地/小麦							
20~30	小河	50	山麓	较低的隆起		多砂	橙黄-褐土	中度								
20~30	小河	0	山麓	较低的隆起		多砂	橙黄-褐土	中度								
20~30	小河	200	山麓	较低的隆起		多砂	橙黄-褐土	中度								X
20~30	小河	50	山麓	较低的隆起		多砂	橙黄-褐土	中度								
10~20	小河	20	山麓	低山		土质较硬	黄土-褐土	较深	休耕地							
10~20	小河	20	山麓	低山		土质较硬	黄土-褐土	较深	休耕地							X
20~30	小河	10	山麓	微倾斜		多砂	黄土-褐土	中度	休耕地/小麦							X
30~40	小河	0	山麓	低山麓					休耕地/小麦							
10~20	小河	120	冲积平原	平地		砂质壤土	黄土-褐土	较深	冬小麦	农业用地						
10~20	小河	120	冲积平原	平地		砂质壤土	黄土-褐土	较深	冬小麦	农业用地						
10~20	小河	120	冲积平原	平地		砂质壤土	黄土-褐土	较深	冬小麦	农业用地					两城镇	
10~20	小河	150	冲积平原	平地		砂质壤土			休耕地						两城镇	
10~20	支流	20	冲积平原	较低的隆起		砂质壤土	黄土-灰土		蔬菜	农业用地						
10~20	支流	20	冲积平原	较低的隆起		砂质壤土	褐土			农业用地						
10~20	支流	20	冲积平原	较低的隆起		砂质壤土	黄土-灰土		蔬菜	农业用地						
10~20	支流	70	冲积平原	平地		砂质壤土			休耕地							
10~20	支流	70	冲积平原	平地		砂质壤土			休耕地							
10~20	支流	20	冲积平原	平地		砂质壤土			休耕地							
10~20	主要河流	100	冲积平原	平地		砂质壤土			休耕地							
10~20	主要河流	840	冲积平原	较低的隆起		砂质壤土	黄土-褐土	较深	休耕地/小麦	农业用地	遗址面积非常大					
10~20	主要河流	840	冲积平原	平地		砂质壤土	黄土-褐土	较深	休耕地/小麦	农业用地	遗址面积非常大					
10~20	主要河流	840	冲积平原	较低的隆起		砂质壤土	黄土-褐土	较深	休耕地/小麦	农业用地	遗址面积非常大					
10~20	主要河流	350	冲积平原	较低的隆起		砂质壤土	黄土-褐土	较深	休耕地/小麦	农业用地	遗址面积非常大					
10~20	主要河流	10	冲积平原	较低的隆起		砂质壤土	黄土-褐土	较深	休耕地/小麦	农业用地	遗址面积非常大					
10~20	主要河流	840	冲积平原	较低的隆起		砂质壤土	黄土-褐土	较深	休耕地/小麦	农业用地	遗址面积非常大					
10~20	主要河流	350	冲积平原	较低的隆起		砂质壤土	黄土-褐土	较深	休耕地/小麦	农业用地	遗址面积非常大					
10~20	主要河流	840	冲积平原	平地		砂质壤土	黄土-褐土	较深	休耕地/小麦	农业用地	遗址面积非常大					
10~20	主要河流	350	冲积平原	较低的隆起		砂质壤土	黄土-褐土	较深	休耕地/小麦	农业用地	遗址面积非常大					
10~20	主要河流	870	冲积平原	平地		砂质壤土	黄土-褐土	较深								
10~20	支流	260	山麓	较低的隆起		多砂	浅褐土		休耕地	高速路				大古城		

遗址前缀	遗址名称	年份	行政区划	村镇	地图	采集区	年代	早(西)	中	晚(东)	分期	期段编号	面积(万米²)	等级	所含期段数	陶片密度	陶片数量	器型	残片	石器	文化层特点	详细文化层信息	中心海拔
DG	CJC-1	8	东港	车家村	路家沟		汉					896	0.77	VI		稀少	4	1	1				37.0
DG	CJC-1	8	东港	车家村	路家沟		周	x		x	西周/东周	692	0.77	VI		稀少	8	2					37.0
DG	CJC-2	8	东港	车家村	路家沟	A，B	汉					898	0.71	VI		稀少	3	1	1				35.0
DG	CJT-1	8	东港	蔡家滩	蔡家滩		龙山	x			早期	350	0.45	VI		稀少	8	3					3.0
DG	CJT-2	8	东港	蔡家滩	蔡家滩	A	汉					928	0.52	VI		很少	28	3	1				8.0
DG	CJT-2	8	东港	蔡家滩	蔡家滩	B	周			x	东周	720	0.45	VI		稀少	4	2					4.0
DG	CJT-3	8	东港	蔡家滩	蔡家滩		周			x	东周	723	0.20	VI		稀少	1	1					3.0
DG	CJT-4	8	东港	蔡家滩	蔡家滩		汉					927	0.33	VI		稀少	3	1	1				4.0
DG	DGZ-1	8	东港	大古镇	路家沟		周	x			西周	715	0.45	VI		稀少	3	1					16.0
DG	DGZ-2	8	东港	大古镇	路家沟		汉					923	0.20	VI		稀少	2	1					17.0
DG	DGZ-3	8	东港	大古镇	路家沟		周	x			西周	714	0.39	VI		稀少	2	1					10.0
DG	DGZ-4	8	东港	大古镇	路家沟		汉					930	0.26	VI		稀少	2	1	1				11.0
DG	DGZ-5	8	东港	大古镇	路家沟	B-D	汉					931	3.16	V		稀少	10	2	1				5.0
DG	DGZ-5	8	东港	大古镇	路家沟	B	岳石					14	1.42	II		稀少	2	2					5.0
DG	DGZ-5	8	东港	大古镇	路家沟	A-C	周	x			西周/东周	713	2.77	V		稀少	93	3					5.0
DG	DHJC-1	8	东港	大韩家村	大岭南头		汉					891	0.20	VI		稀少	1	0	1				9.0
DG	DHY-1	8	东港	东海峪	山后	V-Z，BB，CC	大汶口					11	4.19	II		很少	15	4				文化层	文化层CAV	8.0
DG	DHY-1	8	东港	东海峪	山后	R	大汶口					12	0.52	III		稀少	1	1					5.0
DG	DHY-1	8	东港	东海峪	山后	T	大汶口					13	0.32	III		稀少	1	1					3.0
DG	DHY-1	8	东港	东海峪	山后	EE	汉					899	0.20	VI		稀少	1	0	1				9.0
DG	DHY-1	8	东港	东海峪	山后	E，CF，H，I，CL，W-Z，BB	汉					900	4.08	V		很少	25	3	1				5.0
DG	DHY-1	8	东港	东海峪	山后	P，Q，S	汉					901	0.52	VI		稀少	2	0	1				3.0
DG	DHY-1	8	东港	东海峪	山后	U	汉					902	0.38	VI		稀少	1	0	1				3.0
DG	DHY-1	8	东港	东海峪	山后	A-E，G-Z，AA-EE	龙山	x	x			342	50.25	II		很少	833	15	1			文化层	CAE及CAV	8.0
DG	DHY-1	8	东港	东海峪	山后	Q	周	x			西周	698	1.35	V		稀少	6	2					4.0
DG	DHY-1	8	东港	东海峪	山后	A，G-J，L，M，Y，CC，EE	周	x		x	西周/东周	699	4.13	V		很少	33	3					7.0
DG	DJL-1	8	东港	丁家楼	傅疃		龙山	x			早期	345	0.20	VI		稀少	2	2					7.0
DG	DLH-1	8	东港	东两河	路家沟	ABCDE	北辛				早期	1	0.52		1	少	434	4				文化层	文化层CAC及CAE	34.0
DG	DLH-1	8	东港	东两河	路家沟	A	周			x	东周	709	0.52	VI	1	少	4	1					34.0
DG	DLH-2	8	东港	东两河	路家沟		汉					917	0.20	VI		稀少	3	0	1				33.0
DG	DLH-3	8	东港	东两河	路家沟		汉					919	0.58	VI		稀少	5	0	1				39.0
DG	DLH-3	8	东港	东两河	路家沟		周			x	东周	711	0.58	VI		稀少	1	1					39.0
DG	DLH-4	8	东港	东两河	路家沟		周			x	东周	710	0.20	VI		稀少	2	1					40.0
DG	DLH-5	8	东港	东两河	路家沟		汉					920	0.26	VI		稀少	3	2					26.0
DG	DLNT-1	8	东港	大岭南头	大岭南头		汉					885	0.20	VI		稀少	1	0	1				10.0
DG	DLNT-2	8	东港	大岭南头	大岭南头		周	x			西周	662	0.20	VI		稀少	2	1					12.0
DG	DLNT-3	8	东港	大岭南头	大岭南头		汉					884	0.45	VI		稀少	1	0	1				14.0
DG	DLNT-3	8	东港	大岭南头	大岭南头		周	x		x	西周/东周	661	0.84	VI		稀少	13	3					14.0
DG	DLNT-4	8	东港	大岭南头	大岭南头		龙山		x		中期	327	0.20	VI		稀少	1	1					12.0
DG	DLNT-4	8	东港	大岭南头	大岭南头		周				西周	657	0.20	VI		稀少	3	1					12.0

海拔范围	水源	河道距离	环境区域	地貌状况	防御性遗址	土壤质地	土壤颜色	土层厚度	作物	现代用途	备注	距中心城市5公里内	距中心城市5~10公里	距中心城市10~15公里	距中心城市15公里以上	距海岸5公里内
30~40	小河	100	山麓	平地						休耕地	果园			大古城	尧王城	x
30~40	小河	100	山麓	平地						休耕地	果园				尧王城	x
30~40	小河	150	山麓	中度隆起/斜坡		壤土	黄土-褐土	较深		休耕地	农业用地			大古城	尧王城	x
2~10	主要河流	150	冲积平原	平地		多砂	浅褐土		休耕地/玉米	农业用地			尧王城			x
2~10	主要河流	0	冲积平原	平地/少隆起		淤土	黄土-褐土	较深	休耕地/冬小麦	农业用地			尧王城/大古城			x
2~10	主要河流	0	冲积平原	平地/少隆起		淤土	浅褐土	较深	休耕地	农业用地			尧王城			x
2~10	主要河流	750	冲积平原	平地		多砂	黄土	较深	杨树林	果园			尧王城			x
2~10	主要河流	790	冲积平原	平地		多砂				高速路			尧王城	大古城		x
10~20	小河	600	山麓	平地		多砂	浅褐土	较深	休耕地/冬小麦	农业用地				尧王城		x
10~20	小河	550	山麓	低山麓		多砂	浅褐土		休耕地/玉米	农业用地				大古城	尧王城	x
10~20	小河	440	山麓	梯田		多砂/土质较硬	黄土-褐土	中度							尧王城	x
10~20	小河	850	山麓	较低的隆起		多砂/土质较硬	黄土-褐土	中度		现代村镇			尧王城/大古城			x
2~10	小河	750	冲积平原	平地					休耕地/白菜/冬小麦	农业用地			尧王城/大古城			x
2~10	小河	750	冲积平原	平地					休耕地/白菜/冬小麦	农业用地						x
2~10	小河	750	冲积平原	平地					休耕地/白菜/冬小麦	农业用地					尧王城	x
2~10	支流	10	冲积平原	平地		淤土	褐土		休耕地	农业用地				大古城		
2~10	小河	50	冲积平原	平地		多砂	浅褐土	较深	休耕地/冬小麦	农业用地						x
2~10	小河	100	冲积平原	平地		多砂	浅褐土	较深	休耕地/冬小麦	农业用地						x
2~10	小河	150	冲积平原	平地		多砂	浅褐土	较深	休耕地/冬小麦	农业用地						x
2~10	小河	0	冲积平原	平地		多砂	浅褐土	较深	休耕地/冬小麦	农业用地				大古城		x
2~10	小河	250	冲积平原	平地		多砂	浅褐土	较深	休耕地/冬小麦	农业用地				大古城		x
2~10	小河	0	冲积平原	平地		多砂	浅褐土	较深	休耕地/冬小麦	农业用地				大古城		x
2~10	小河	250	冲积平原	平地		多砂	浅褐土	较深	休耕地/冬小麦	农业用地				大古城		x
2~10	小河	10	冲积平原	平地		多砂	浅褐土	较深	果园	果园						x
2~10	小河	0	冲积平原	平地		多砂	浅褐土	较深	休耕地/冬小麦	农业用地				大古城		x
2~10	小河	200	冲积平原	平地		多砂	浅褐土	较深	果园	果园						x
2~10	主要河流	600	冲积平原	平地		淤土	浅褐土	较深	果园	果园				尧王城		
30~40	小河	10	山麓	微倾斜		多砂	黄土-褐土	中度	休耕地/小麦/果园	果园/农业用地	第11年有4采集区(B-E)，CACCAB内，CAECAD内，发现2处文化层					x
30~40	小河	10	山麓	微倾斜		多砂	黄土-褐土	中度	休耕地/小麦/果园	果园/农业用地					尧王城	x
30~40	小河	50	山麓	微倾斜	可能	多砂	黄土-褐土	较深	休耕地	农业用地				大古城	尧王城	x
30~40	小河	25	山麓	微倾斜	可能	多砂	浅褐土	中度	休耕地	果园				大古城	尧王城	x
30~40	小河	25	山麓	微倾斜	可能	多砂	浅褐土	中度	休耕地	果园					尧王城	x
40~50	小河	50	山麓	中度隆起/斜坡	可能	土质较硬	黄土-褐土	中度							尧王城	x
20~30	小河	400	山麓	低山		土质较硬	浅褐土	中度	休耕地	农业用地				大古城	尧王城	x
10~20	支流	100	山麓	平地		土质较硬	黄土-褐土	较深					大古城		尧王城	
10~20	支流	75	山麓	微倾斜		土质较硬	黄土-褐土	较深	休耕地	农业用地				大古城	尧王城	
10~20	支流	100	山麓	微倾斜		土质较硬	黄土-褐土	中度	休耕地	农业用地			大古城		尧王城	
10~20	支流	100	山麓	微倾斜		土质较硬	黄土-褐土	中度	休耕地	农业用地					尧王城	
10~20	支流	10	山麓	微倾斜		土质较硬	黄土-褐土	中度	休耕地	农业用地					尧王城	
10~20	支流	10	山麓	微倾斜		土质较硬	黄土-褐土	中度	休耕地	农业用地					尧王城	

遗址前缀	遗址名称	年份	行政区划	村镇	地图	采集区	年代	早(西)	中	晚(东)	分期	期段编号	面积(万米²)	等级	所含期段数	陶片密度	陶片数量	器型	残片	石器	文化层特点	详细文化层信息	中心海拔
DG	DLNT-5	8	东港	大岭南头	大岭南头	A	汉					882	0.20	VI		稀少	2	0	1					19.0
DG	DLNT-5	8	东港	大岭南头	大岭南头	B	汉					883	0.26	VI		稀少	1	0	1					22.0
DG	DLNT-5	8	东港	大岭南头	大岭南头	B-E	龙山	x				324	8.77	IV		很少	32	2						25.0
DG	DLNT-5	8	东港	大岭南头	大岭南头	B-E	周			x	东周	658	6.58	IV		很少	12	2	1					25.0
DG	DLNT-6	8	东港	大岭南头	大岭南头		汉					887	0.20	VI		稀少	2	0	2					11.0
DG	DLNT-7	8	东港	大岭南头	大岭南头		汉					886	0.20	VI		稀少	1	0	1					20.0
DG	DLNT-8	8	东港	大岭南头	大岭南头	B	龙山				不确定	323	0.20	VI		稀少	1	1						15.0
DG	DLNT-8	8	东港	大岭南头	大岭南头	A	周			x	东周	660	0.51	VI		稀少	4	1						12.0
DG	DSC-1	8	东港	大石场	大岭南头		汉					893	0.20	VI		稀少	2	1	1					19.0
DG	DSC-2	8	东港	大石场	大岭南头		汉					892	0.45	VI		稀少	3	0	1					15.0
DG	DSC-2	8	东港	大石场	大岭南头		周			x	东周	666	0.45	VI		稀少	1	1						15.0
DG	DSC-3	8	东港	大石场	大岭南头		周			x	东周	668	0.20	VI		稀少	1	0	1					31.0
DG	DSC-4	8	东港	大石场	大岭南头		周			x	东周	667	0.26	VI		稀少	1	1						31.0
DG	DSC-5	8	东港	大石场	大岭南头	A, B	汉					894	0.58	VI		稀少	2	0	1					29.0
DG	DSQ-1	8	东港	东山前	路家沟		周	x			西周	708	0.20	VI		稀少	1	1						36.0
DG	DSQ-2	8	东港	东山前	路家沟	E, F	汉					911	2.00	V		少	4	0	1					57.0
DG	DSQ-2	8	东港	东山前	路家沟	A	龙山				不确定	340	0.45	VI		少	1	1						65.0
DG	DSQ-2	8	东港	东山前	路家沟	A-D, F, G	周	x		x	西周/东周	706	3.56	V		少	149	6			文化层	CAG	63.0
DG	DSQ-3	8	东港	东山前	路家沟		周	x			西周	707	0.20	VI		稀少	1	1						43.0
DG	DXJC-1	8	东港	东夏家村	路家沟		周			x	东周	686	0.20	VI		稀少	5	3						42.0
DG	GHA-1	8	东港	崮河崖	傅疃		汉					942	0.20	VI		稀少	1	0	1					7.0
DG	GHA-2	8	东港	崮河崖	路家沟	D, F, G, I, J	汉					934	8.39	IV		很少	124	2	1					17.0
DG	GHA-2	8	东港	崮河崖	傅疃	A, B	汉					941	2.58	V		稀少	7	1	1					6.0
DG	GHA-2	8	东港	崮河崖	傅疃	B	龙山	x			早期	329	1.35	V		稀少	1	1						6.0
DG	GHA-2	8	东港	崮河崖	路家沟	D	龙山				不确定	330	1.42	V		稀少	1	1						13.0
DG	GHA-2	8	东港	崮河崖	傅疃	B-C	周	x		x	西周/东周	679	5.09	IV		很少	16	2						6.0
DG	GHA-2	8	东港	崮河崖	路家沟	D-J	周	x		x	西周/东周	680	15.87	III		很少	37	5	1					17.0
DG	GHA-3	8	东港	崮河崖	傅疃		汉					943	0.20	VI		稀少	1	0	1					7.0
DG	GJC-1	8	东港	管家村	路家沟	A, B, F, I	汉					895	4.90	V		稀少	11	0	1					35.0
DG	GJC-1	8	东港	管家村	路家沟	A, D-G, I	龙山	x			中期	339	5.74	IV		稀少	19	3			文化层	CAD, CAE 2灰坑	35.0
DG	GJC-1	8	东港	管家村	路家沟	A-D, F, H	周	x		x	西周/东周	695	4.77	IV		稀少	37	4	1		文化层	CAD	35.0
DG	GJC-2	8	东港	管家村	路家沟		汉					897	0.26	VI		稀少	5	1	1					23.0
DG	GJC-2	8	东港	管家村	路家沟		周			x	东周	693	0.26	VI		稀少	5	1						23.0
DG	GJC-3	8	东港	管家村	路家沟	A, B	周	x		x	西周/东周	697	1.16	V		很少	14	3						19.0
DG	GJHZ-1	8	东港	郭家湖子	郭家湖子		周			x	东周	650	0.20	VI		稀少	1	0	1					11.0
DG	GJHZ-2	8	东港	郭家湖子	郭家湖子		汉					873	1.29	V		稀少	4	0	1					19.0
DG	HGZ-1	8	东港	后崮子	大岭南头	A-C	龙山	x			中期	319	6.64	IV		中等	18	3			文化层/平台	文化层CAC, 平台CAB, 墓葬	12.0
DG	HGZ-1	8	东港	后崮子	大岭南头	A-C	周	x		x	西周/东周	653	6.64	IV		中等	32	3			文化层/平台	文化层CAC, 平台CAB, 墓葬	12.0
DG	HGZ-2	8	东港	后崮子	大岭南头		龙山				不确定	318	0.77	VI		稀少	7	1						11.0

海拔范围	水源	河道距离	环境区域	地貌状况	防御性遗址	土壤质地	土壤颜色	土层厚度	作物	现代用途	备注	距中心城市5公里内	距中心城市5~10公里	距中心城市10~15公里	距中心城市15公里以上	距海岸5公里内
10~20	支流	200	山麓	低山		土质较硬	黄土-褐土	中度	休耕地/冬小麦	农业用地			大古城	尧王城		
20~30	支流	100	山麓	低山		土质较硬	黄土-褐土	中度	休耕地/冬小麦	农业用地			大古城	尧王城		
20~30	支流	100	山麓	低山		土质较硬	黄土-褐土	中度	休耕地/冬小麦	农业用地				尧王城		
20~30	支流	100	山麓	低山		土质较硬	黄土-褐土	中度	休耕地/冬小麦	农业用地				尧王城		
10~20	支流	350	山麓	微倾斜		土质较硬	黄土-褐土	中度	休耕地	农业用地			大古城	尧王城		
20~30	支流	700	山麓	微倾斜		土质较硬	黄土-褐土						大古城	尧王城		
10~20	支流	325	山麓	微倾斜		淤土	褐土		休耕地/小麦/玉米	农业用地				尧王城		
10~20	支流	460	山麓	平地		淤土	褐土		休耕地/小麦/玉米	农业用地						
10~20	小河	0	山麓	平地		土质较硬	黄土-褐土	中度	休耕地	农业用地				大古城	尧王城	
10~20	小河	250	山麓	平地		多砂	黄土-褐土	较深	休耕地/冬小麦	农业用地				大古城	尧王城	
10~20	小河	250	山麓	平地		多砂	黄土-褐土	较深	休耕地/冬小麦	农业用地				尧王城		
30~40	小河	150	山麓	平地		多砂/淤土			休耕地	农业用地				尧王城		X
30~40	小河	390	山麓	平地		多砂	浅褐土	较深	冬小麦	农业用地	靠近工厂，遗址可能还要大					X
20~30	小河	0	山麓	低山麓		多砂/淤土			休耕地/冬小麦	农业用地				大古城	尧王城	X
30~40	小河	50	山麓	平地		多砂	褐土		休耕地	花圃				尧王城		
50~60	小河	0	山麓	微倾斜	可能				休耕地/玉米	农业用地				大古城	尧王城	X
60~70	小河	200	山麓	微倾斜	可能				休耕地	农业用地				尧王城		X
60~70	小河	0	山麓	微倾斜	可能				休耕地	果园				尧王城		
40~50	小河	75	山麓	微倾斜		多砂	浅褐土	中度		民房				尧王城		
40~50	小河	50	山麓	微倾斜		多砂	黄土-褐土	较深	休耕地	农业用地				尧王城		X
2~10	主要河流	560	冲积平原	平地		淤土	浅褐土	较深		杨树林			尧王城/大古城			X
10~20	小河	25	山麓	微倾斜		多砂	黄土-褐土	较深	休耕地/冬小麦	农业用地			大古城	尧王城		
2~10	支流	150	冲积平原	微倾斜		淤土	黄土-褐土	较深	休耕地/冬小麦/蔬菜	农业用地				尧王城/大古城		X
2~10	支流	100	冲积平原	微倾斜		淤土	黄土-褐土	较深	桑园	农业用地				尧王城		
10~20	小河	25	山麓	微倾斜		多砂	黄土-褐土	较深	休耕地/冬小麦	农业用地				尧王城		
2~10	支流	100	冲积平原	微倾斜		淤土	黄土-褐土	较深	休耕地/蔬菜	花圃				尧王城		X
10~20	小河	25	山麓	微倾斜		多砂	黄土-褐土	较深	休耕地/冬小麦	农业用地				尧王城		
2~10	主要河流	750	冲积平原	平地				较深	休耕地	农业用地			尧王城/大古城			
30~40	小河	150	山麓	平地		多砂/淤土			休耕地	果园	见地图大岭南头		大古城	尧王城		X
30~40	小河	150	山麓	平地		多砂/淤土			休耕地	果园	见地图大岭南头			尧王城		X
30~40	小河	150	山麓	平地		多砂/淤土			休耕地	果园	见地图大岭南头			尧王城		X
20~30	小河	50	山麓	平地		多砂/土质较硬	浅褐土	中度	休耕地	农业用地				尧王城		X
20~30	小河	50	山麓	平地		多砂/土质较硬	浅褐土	中度	休耕地	农业用地				尧王城		
10~20	小河	100	冲积平原/山麓	平地					休耕地/冬小麦	农业用地						X
10~20	支流	850	山麓	微倾斜		多砂/土质较硬壤土	褐土	中度	休耕地	农业用地	可能地下水位比较高			尧王城		
10~20	小河	200	山麓	较低的隆起		淤土	黄土-褐土	较深	休耕地	农业用地			大古城	尧王城		
10~20	支流	0	冲积平原	平地			深褐土	较深	蔬菜	花圃/现代村镇				尧王城		
10~20	支流	0	冲积平原	平地			深褐土	较深	蔬菜	花圃/现代村镇				尧王城		
10~20	支流	370	冲积平原	平地			浅褐土	较深	休耕地/蔬菜	农业用地				尧王城		

遗址前缀	遗址名称	年份	行政区划	村镇	地图	采集区	年代	早(西)	中	晚(东)	分期	期段编号	面积(万米²)	等级	所含期段段数	陶片密度	陶片数量	器型	残片	石器	文化层特点	详细文化层信息	中心海拔
DG	HGZ-2	8	东港	后崮子	大岭南头		周			x	东周	725	0.77	VI		稀少	4	1						11.0
DG	HGZ-3	8	东港	后崮子	大岭南头		汉					871	0.20	VI		稀少	1	0	1					7.0
DG	HGZ-3	8	东港	后崮子	大岭南头		周			x	东周	652	0.20	VI		稀少	2	1						7.0
DG	HGZ-4	8	东港	后崮子	大岭南头		龙山	x			早期	325	0.84	VI		稀少	1	1						5.0
DG	HGZ-4	8	东港	后崮子	大岭南头		周	x			西周	655	0.84	VI		稀少	3	1						5.0
DG	HGZ-5	8	东港	后崮子	大岭南头		周			x	东周	651	0.20	VI		稀少	1	1						5.0
DG	HGZ-6	8	东港	后崮子	大岭南头		龙山				不确定	326	0.26	VI		稀少	5	1						5.0
DG	HGZ-6	8	东港	后崮子	大岭南头		周			x	东周	654	0.26	VI		稀少	1	1						5.0
DG	HLH-1	8	东港	后两河	路家沟		汉					933	0.52	VI		稀少	2	0	1					12.0
DG	JJC-1	8	东港	季家村	路家沟		周	x			西周	689	0.20	VI		稀少	2	1						62.0
DG	JJC-2	8	东港	季家村	路家沟		汉					912	0.20	VI		稀少	1	0	1					53.0
DG	JJC-3	8	东港	季家村	路家沟		周	x			西周	690	0.26	VI		很少	12	2						57.0
DG	JJC-4	8	东港	季家村	路家沟		周	x			西周	691	0.26	VI		稀少	5	3	1					74.0
DG	JKZ-1	8	东港	焦柯庄	路家沟	A-C	龙山	x	x		早/中	346	3.03	V		很少	40	4						15.0
DG	JKZ-1	8	东港	焦柯庄	路家沟	A	周	x			西周	716	0.20	VI		稀少	1	1						21.0
DG	JKZ-1	8	东港	焦柯庄	路家沟	C	周			x	东周	717	0.39	VI		稀少	1	1						12.0
DG	JKZ-2	8	东港	焦柯庄	路家沟		龙山				不确定	347	0.20	VI		稀少	2	1						14.0
DG	JKZ-2	8	东港	焦柯庄	路家沟		周	x		x	西周/东周	718	0.40	VI		稀少	5	2						14.0
DG	JKZ-3	8	东港	焦柯庄	路家沟		龙山				不确定	348	0.20	VI		稀少	3	1						12.0
DG	JKZ-3	8	东港	焦柯庄	路家沟		周			x	东周	724	0.40	VI		稀少	2	1						12.0
DG	JKZ-4	8	东港	焦柯庄	蔡家滩	B	汉					925	0.20	VI		稀少	4	0	1					11.0
DG	JKZ-4	8	东港	焦柯庄	蔡家滩	A	龙山				不确定	351	0.97	V		稀少	7	1						11.0
DG	JKZ-4	8	东港	焦柯庄	蔡家滩	A	周			x	东周	721	0.97	VI		稀少	4	1	1					11.0
DG	JKZ-5	8	东港	焦柯庄	蔡家滩		汉					924	0.20	VI		稀少	2	1	1					16.0
DG	JKZ-6	8	东港	焦柯庄	蔡家滩		汉					929	0.26	VI		稀少	3	1	1					5.0
DG	JKZ-6	8	东港	焦柯庄	蔡家滩		龙山	x			早期	349	0.26	VI		稀少	5	1						5.0
DG	JKZ-7	8	东港	焦柯庄	蔡家滩		周	x			西周	719	0.20	VI		稀少	1	1						3.0
DG	JKZ-8/9	8	东港	焦柯庄	蔡家滩		汉					926	4.90	V		稀少	80	3	1					5.0
DG	JKZ-8/9	8	东港	焦柯庄	蔡家滩		龙山				不确定	352	0.52	VI		稀少	3	1						6.0
DG	JKZ-8/9	8	东港	焦柯庄	蔡家滩	A	龙山	x			早期	353	0.45	VI		稀少	1	1						5.0
DG	JKZ-8/9	8	东港	焦柯庄	蔡家滩	C	周			x	东周	722	0.90	VI		很少	16	1	1					5.0
DG	KJHZ-9	8	东港	孔家湖子	郭家湖子		汉					869	1.48	V		稀少	5	0	1					11.0
DG	KS-1	8	东港	奎山	郭家湖子		汉					875	0.84	VI		稀少	6	0	1					19.0
DG	KS-1	8	东港	奎山	郭家湖子		周			x	东周	673	0.32	VI		稀少	1	1						19.0
DG	KS-10	8	东港	奎山	傅疃		汉					878	0.20	VI		稀少	1	0	1					6.0
DG	KS-11	8	东港	奎山	傅疃		周			x	东周	676	0.20	VI		稀少	19	1						6.0
DG	KS-12	8	东港	奎山	郭家湖子		周			x	东周	674	0.32	VI		稀少	2	1	1					8.0
DG	KS-2	8	东港	奎山	郭家湖子		汉					874	0.45	VI		稀少	1	0	1					12.0
DG	KS-2	8	东港	奎山	郭家湖子		龙山				不确定	317	0.45	VI		稀少	1	1						12.0
DG	KS-3	8	东港	奎山	郭家湖子		汉					872	0.45	VI		稀少	7	1	2					8.0
DG	KS-3	8	东港	奎山	郭家湖子		龙山	x			早期	315	0.45	VI		很少	31	6						8.0
DG	KS-3	8	东港	奎山	郭家湖子		岳石					11	0.45	III		稀少	2	1						8.0
DG	KS-3	8	东港	奎山	郭家湖子		周	x		x	西周/东周	671	0.45	VI		稀少	8	1						8.0
DG	KS-4	8	东港	奎山	郭家湖子		汉					876	0.20	VI		稀少	2	1						15.0
DG	KS-5	8	东港	奎山	郭家湖子		汉					877	0.52	VI		少	4	0	1					14.0
DG	KS-5	8	东港	奎山	郭家湖子		龙山				不确定	316	0.52	VI		少	6	2						14.0
DG	KS-6	8	东港	奎山	傅疃		汉					879	0.65	VI		少	8	2	2					8.0
DG	KS-7	8	东港	奎山	傅疃		周	x			西周	672	0.20	VI		稀少	1	1						8.0
DG	KS-8	8	东港	奎山	傅疃		汉					880	0.20	VI		稀少	1	1						7.0

海拔范围	水源	河道距离	环境区域	地貌状况	防御性遗址	土壤质地	土壤颜色	土层厚度	作物	现代用途	备注	距中心城市5公里内	距中心城市5~10公里	距中心城市10~15公里	距中心城市15公里以上	距海岸5公里内
10~20	支流	370	冲积平原	平地			浅褐土	较深	休耕地/蔬菜	农业用地						
2~10	支流	300	冲积平原	平地			浅褐土		蔬菜	花圃		大古城				
2~10	支流	300	冲积平原	平地			浅褐土		蔬菜	花圃				尧王城		
2~10	支流	0	冲积平原	平地			浅褐土	较深	蔬菜	花圃				尧王城		
2~10	支流	0	冲积平原	平地			浅褐土	较深	蔬菜	花圃				尧王城		
2~10	小河	50	冲积平原	平地		淤土	褐土							尧王城		
2~10	支流	10	冲积平原	平地		淤土	浅褐土	较深	休耕地	农业用地				尧王城		
2~10	支流	10	冲积平原	平地		淤土	浅褐土	较深	休耕地	农业用地				尧王城		
10~20	小河	250	山麓	低山麓		淤土/多砂/土质较硬			休耕地/冬小麦	农业用地			大古城	尧王城		x
60~70	小河	300	山麓	平地	是	多砂	黄土-褐土	中度	休耕地	农业用地				尧王城		x
50~60	小河	100	山麓	平地		多砂	浅褐土	较深	休耕地	农业用地			大古城	尧王城		x
50~60	小河	25	山麓	中度隆起/斜坡		多砂	褐土	较深	冬小麦	农业用地				尧王城		x
70~80	小河	75	山麓	平地	可能				休耕地	农业用地				尧王城		x
10~20	小河	600	山麓	梯田		砂质壤土	褐土	较深	休耕地/冬小麦	农业用地				尧王城		x
20~30	小河	600	山麓	梯田		淤土	浅褐土	较深	休耕地/冬小麦	农业用地				尧王城		x
10~20	小河	600	山麓	梯田		砂质壤土	褐土	较深	休耕地/冬小麦	农业用地				尧王城		x
10~20	小河	650	山麓	平地		淤土	黄土-褐土	较深	冬小麦	农业用地				尧王城		x
10~20	小河	650	山麓	平地		淤土	黄土-褐土	较深	冬小麦	农业用地				尧王城		x
10~20	小河	650	山麓	低山麓		多砂	浅褐土		休耕地					尧王城		x
10~20	小河	650	山麓	低山麓		多砂	浅褐土		休耕地					尧王城		x
10~20	小河	550	山麓	微倾斜					休耕地/冬小麦	农业用地			大古城	尧王城		x
10~20	小河	550	山麓	微倾斜					休耕地/冬小麦	农业用地				尧王城		x
10~20	小河	550	山麓	微倾斜					休耕地/冬小麦	农业用地				尧王城		x
10~20	小河	500	山麓	微倾斜		淤土	褐土	较深	休耕地	农业用地			大古城	尧王城		x
2~10	主要河流	275	冲积平原	平地		多砂	黄土	较深	休耕地	农业用地				尧王城/大古城		x
2~10	主要河流	275	冲积平原	平地		多砂	黄土	较深	休耕地	农业用地				尧王城		x
2~10	主要河流	425	冲积平原	平地		多砂	黄土-褐土	较深	休耕地	果园				尧王城		x
2~10	小河	500	冲积平原	平地		淤土	浅褐土	较深	休耕地	农业用地				尧王城/大古城		x
2~10	小河	650	冲积平原	平地		淤土	浅褐土	较深	休耕地	农业用地				尧王城		x
2~10	小河	500	冲积平原	平地		淤土	浅褐土	较深	休耕地	农业用地				尧王城		x
2~10	小河	500	冲积平原	平地		多砂	浅褐土	较深	休耕地/冬小麦	农业用地				尧王城		x
10~20	支流	25	冲积平原	微倾斜		淤土	褐土		休耕地	农业用地			大古城	尧王城		
10~20	小河	850	山麓	微倾斜		多砂	黄土-褐土	中度	休耕地/冬小麦	农业用地			大古城	尧王城		
10~20	小河	850	山麓	微倾斜		多砂	黄土-褐土	中度	休耕地/冬小麦	农业用地				尧王城		
2~10	主要河流	100	冲积平原	平地		淤土	黄土-褐土	较深	冬小麦	农业用地			大古城	尧王城		
2~10	主要河流	150	冲积平原	平地		淤土	黄土-褐土	较深	冬小麦	农业用地	地下水位较高		尧王城			
2~10	小河	700	冲积平原	平地		淤土	浅褐土	较深	蔬菜	花圃	DG-KS-12, KS-6, KS-4, KS-5, KS-1, KS-2可能是一个大的社群			尧王城		
10~20	小河	300	山麓	低山麓		淤土	褐土	较深		高速路			大古城	尧王城		
10~20	小河	300	山麓	低山麓		淤土	褐土	较深		高速路				尧王城		
2~10	主要河流	900	冲积平原	平地		多砂	红褐土	中度	树林	幼儿园			大古城	尧王城		
2~10	主要河流	900	冲积平原	平地		多砂	红褐土	中度	树林	幼儿园				尧王城		
2~10	主要河流	900	冲积平原	平地		多砂	红褐土	中度	树林	幼儿园				尧王城		
2~10	主要河流	900	冲积平原	平地		多砂	红褐土	中度	树林	幼儿园				尧王城		
10~20	小河	600	山麓	低山									大古城	尧王城		
10~20	小河	700	山麓	低山					休耕地/冬小麦	农业用地			大古城	尧王城		
10~20	小河	700	山麓	低山					休耕地/冬小麦	农业用地				尧王城		
2~10	小河	50	冲积平原	微倾斜		多砂/淤土	浅褐土		冬小麦	高速路			大古城	尧王城		
2~10	主要河流	400	冲积平原	平地		淤土	黄土	较深	休耕地	农业用地			尧王城			
2~10	小河	50	冲积平原	较低的隆起		砂质壤土	浅褐土	较深	休耕地/冬小麦	农业用地			大古城	尧王城		

遗址前缀	遗址名称	年份	行政区划	村镇	地图	采集区	年代	早(西)	中	晚(东)	分期	期段编号	面积(万米²)	等级	所含期段数	陶片密度	陶片数量	器型	残片	石器	文化层特点	详细文化层信息	中心海拔
DG	KS-9	8	东港	奎山	傅疃		周			x	东周	675	0.20	VI		稀少	1	1					6.0
DG	LiuJC-1	8	东港	刘家村	大岭南头		周			x	东周	694	0.20	VI		稀少	3	1					39.0
DG	NTL-1	8	东港	南屯岭	路家沟		汉					935	0.20	VI		稀少	2	0	1				21.0
DG	NTL-2	8	东港	南屯岭	路家沟		周	x			西周	683	0.45	VI		稀少	2	2					26.0
DG	NTL-3/5	8	东港	南屯岭	路家沟	A, B	龙山	x			早期	337	0.85	VI		稀少	3	1					32.0
DG	NTL-3/5	8	东港	南屯岭	路家沟	A, B	周	x		x	西周/东周	687	0.58	VI		稀少	10	1					32.0
DG	NTL-4	8	东港	南屯岭	路家沟	ABC	北辛				晚期	2	0.58			稀少	46	2			文化层	文化层 CAC，烧土，木炭	34.0
DG	NTL-4	8	东港	南屯岭	路家沟	ABC	大汶口				早期	14	0.58	III		稀少	47	2			文化层	文化层，烧土，木炭	34.0
DG	NTL-4	8	东港	南屯岭	路家沟	A	汉					914	0.58	VI		稀少	2	0	1				34.0
DG	NTL-6	8	东港	南屯岭	路家沟	B	汉					915	0.26	VI		稀少	5	1	1				35.0
DG	NTL-6	8	东港	南屯岭	路家沟	B	龙山				不确定	338	0.26	VI		稀少	8	1					35.0
DG	NTL-6	8	东港	南屯岭	路家沟	A	周			x	东周	688	0.20	VI		稀少	4	1					35.0
DG	NTL-7	8	东港	南屯岭	路家沟		汉					916	0.97	VI		少	3	1	1				34.0
DG	NTL-7	8	东港	南屯岭	路家沟		周			x	东周	682	0.97	VI		少	3	1					34.0
DG	NTL-8	8	东港	南屯岭	路家沟		汉					913	0.26	VI		稀少	1	0	1				34.0
DG	NZJC-1	8	东港	南张家村	路家沟	B, C	汉					910	1.29	V		稀少	7	2	1				22.0
DG	NZJC-1	8	东港	南张家村	路家沟	A-D	龙山	x	x		早/中	343	3.74	V		很少	136	8					22.0
DG	NZJC-1	8	东港	南张家村	路家沟	A, C	岳石					13	1.10	II		稀少	2	2		2			22.0
DG	NZJC-1	8	东港	南张家村	路家沟	A, B	周			x	东周	705	2.52	V		稀少	7	2					22.0
DG	QGZ-1	8	东港	前官庄	大岭南头		周			x	东周	659	0.20	VI		稀少	1	1					16.0
DG	QLH-1	8	东港	前两河	路家沟		周	x			西周	712	0.20	VI		稀少	2	2					9.0
DG	QLH-2	8	东港	前两河	路家沟		汉					932	0.20	VI		稀少	5	2	1				5.0
DG	SH-1	8	东港	山后	山后		汉					903	0.39	VI		稀少	3	1	1				4.0
DG	SH-2	8	东港	山后	山后		汉					906	0.20	VI		稀少	1	0	1				13.0
DG	SH-3	8	东港	山后	山后		汉					907	1.48	V		稀少	5	1	1				14.0
DG	SH-4	8	东港	山后	山后		汉					904	1.61	V		稀少	3	1	1				21.0
DG	SH-5	8	东港	山后	山后		汉					905	0.20	VI		稀少	1	0	1				16.0
DG	SJH-2	8	东港	宋家湖	大岭南头		汉					890	0.20	VI		稀少	1	0	1				12.0
DG	SJY-1	8	东港	宋家窑	大岭南头		周			x	东周	669	0.26	VI		稀少	2	1					13.0
DG	SJY-2	8	东港	宋家窑	大岭南头		周			x	东周	670	0.26	VI		稀少	1	1					16.0
DG	WMG-1	8	东港	王母宫	大岭南头		周			x	东周	696	0.20	VI		稀少	1	1					26.0
DG	XCC-1	8	东港	小陈村	路家沟		周					701	0.26	VI		稀少	2	1					19.0
DG	XCC-2	8	东港	小陈村	路家沟	A, B	周	x		x	西周/东周	700	0.65	VI		稀少	2	1					27.0
DG	XCC-3	8	东港	小陈村	路家沟		龙山	x			早期	341	0.45	VI		稀少	2	2					58.0
DG	XCC-3	8	东港	小陈村	路家沟		周				西周	702	0.45	VI		稀少	5	2					58.0
DG	XDJC-1	8	东港	小董家村	大岭南头		周			x	东周	665	0.20	VI		稀少	2	2					25.0
DG	XJC-1	8	东港	徐家村	路家沟	K	汉					936	0.65	VI		稀少	1	1					11.0
DG	XJC-1	8	东港	徐家村	路家沟	A	汉					937	0.77	VI		稀少	1	0	1				12.0
DG	XJC-1	8	东港	徐家村	路家沟	B-D, F, I, J	汉					938	9.36	IV		稀少	17	1	1				12.0
DG	XJC-1	8	东港	徐家村	路家沟	Q-S	汉					939	2.77	V		稀少	8	0	1				25.0
DG	XJC-1	8	东港	徐家村	路家沟	P	汉					940	0.26	VI		稀少	1	0	1				17.0
DG	XJC-1	8	东港	徐家村	路家沟	A	龙山				不确定	331	0.65	VI		稀少	1	1					12.0
DG	XJC-1	8	东港	徐家村	路家沟	H, K	龙山	x			早期	332	2.32	V		稀少	3	2					11.0

海拔范围	水源	河道距离	环境区域	地貌状况	防御性遗址	土壤质地	土壤颜色	土层厚度	作物	现代用途	备注	距中心城市5公里内	距中心城市5~10公里	距中心城市10~15公里	距中心城市15公里以上	距海岸5公里内
2~10	主要河流	150	冲积平原	平地		淤土	浅褐土	较深	树林					尧王城		
30~40	小河	350	山麓	平地		多砂/淤土			休耕地	农业用地				尧王城		x
20~30	小河	250	山麓	微倾斜					休耕地	农业用地			大古城	尧王城		x
20~30	小河	300	山麓	山脊上部平地	?	多砂	黄土-褐土	较深	休耕地	农业用地				尧王城		x
30~40	小河	0	山麓	低山					休耕地	农业用地				尧王城		x
30~40	小河	0	山麓	低山					休耕地	农业用地				尧王城		x
30~40	小河	25	山麓	低山		多砂	黄土-褐土	较深	休耕地/冬小麦	农业用地	CAB及CAC2005年调查，CAC及CAB晚期北辛及早期大汶口/CAC文化层					x
30~40	小河	25	山麓	低山		多砂	黄土-褐土	较深	休耕地/冬小麦	农业用地	CAB及CAC2005年调查，CAC及CAB晚期北辛及早期大汶口/CAC文化层					x
30~40	小河	25	山麓	低山		多砂	黄土-褐土	较深	休耕地/冬小麦	农业用地			大古城	尧王城		x
30~40	小河	25	山麓	中度隆起/斜坡	是	多砂	黄土-褐土	较深	休耕地	农业用地					x
30~40	小河	25	山麓	中度隆起/斜坡	是	多砂	黄土-褐土	较深	休耕地	农业用地				尧王城		x
30~40	小河	50	山麓	平地	是	多砂	黄土-褐土	较深	休耕地	农业用地				尧王城		x
30~40	小河	50	山麓	低山	是	多砂			休耕地	农业用地			大古城	尧王城		x
30~40	小河	50	山麓	低山	是	多砂			休耕地	农业用地				尧王城		x
30~40	小河	175	山麓	中期山麓		多砂	浅褐土	较深			小河岸边		大古城	尧王城		x
20~30	小河	50	山麓	微倾斜		多砂/土质较硬壤土	黄土-褐土		休耕地/冬小麦	农业用地				尧王城		x
20~30	小河	50	山麓	微倾斜		多砂/土质较硬壤土	黄土-褐土		休耕地/冬小麦	农业用地				尧王城		x
20~30	小河	75	山麓	微倾斜		多砂/土质较硬壤土	黄土-褐土		休耕地/冬小麦	农业用地				尧王城		x
20~30	小河	75	山麓	微倾斜		多砂/土质较硬壤土	黄土-褐土		休耕地/冬小麦	农业用地				尧王城		
10~20	支流	525	山麓	低山					休耕地	农业用地				尧王城		
2~10	小河	425	冲积平原	平地		多砂	浅褐土		冬小麦	农业用地				尧王城		x
2~10	小河	350	冲积平原	平地		多砂	黄土	较深	休耕地/玉米	农业用地				尧王城/大古城		x
2~10	小河	150	冲积平原	平地		壤土	褐土	较深		紧挨村庄				大古城		x
10~20	小河	850	山麓	平地		土质较硬	浅褐土	中度	休耕地	农业用地				大古城		x
10~20	小河	275	山麓	平地		多砂			休耕地	农业用地				大古城		x
20~30	小河	500	山麓	梯田		砂质壤土	浅褐土	较深	休耕地	农业用地				大古城		x
10~20	小河	100	山麓	低山麓		多砂			休耕地	农业用地				大古城		x
10~20	支流	510	冲积平原	平地		多砾石	浅褐土		休耕地	高速路				大古城		
10~20	支流	800	山麓	较低的隆起		多砂/淤土			休耕地	农业用地				尧王城		
10~20	支流	750	山麓	平地					休耕地	高速路				尧王城		
20~30	小河	600	山麓	微倾斜		多砂	浅褐土	中度	休耕地	农业用地						x
10~20	小河	25	山麓	微倾斜		多砂	褐土		休耕地	农业用地						x
20~30	小河	10	山麓	低山麓		多砂	浅褐土	较深	休耕地	农业用地						x
50~60	小河	260	山麓	低山	可能	多砂/土质较硬	黄土-褐土	较薄	休耕地	农业用地	墓地			尧王城		x
50~60	小河	260	山麓	低山	可能	多砂/土质较硬	黄土-褐土	较薄	休耕地	农业用地	墓地			尧王城		x
20~30	小河	290	山麓	微倾斜		多砂	黄土-褐土	较深	休耕地	农业用地						x
10~20	小河	100	山麓	中度隆起/斜坡		多砂	黄土-褐土	较深	休耕地				大古城	尧王城		
10~20	支流	50	山麓	较低的隆起		多砂	黄土-褐土	较深	休耕地	花圃			大古城	尧王城		
10~20	小河	10	冲积平原/山麓	中坡		多砂	黄土-褐土	较深	休耕地				大古城	尧王城		
20~30	小河	150	山麓	中度隆起/斜坡		多砂	黄土-褐土	较深	休耕地				大古城	尧王城		
10~20	小河	100	山麓	中度隆起/斜坡		多砂	黄土-褐土	较深	休耕地				大古城	尧王城		
10~20	支流	50	山麓	中度隆起/斜坡		多砂	黄土-褐土	较深	休耕地					尧王城		x
10~20	支流	300	山麓	中度隆起/斜坡		多砂	黄土-褐土	较深	休耕地					尧王城		x

遗址前缀	遗址名称	年份	行政区划	村镇	地图	采集区	年代	早(西)	中	晚(东)	分期	期段编号	面积(万米²)	等级	所含期段数	陶片密度	陶片数量	器型	残片	石器	文化层特点	详细文化层信息	中心海拔
DG	XJC-1	8	东港	徐家村	路家沟	I, N	龙山				不确定	333	2.45	V		稀少	4	1						20.0
DG	XJC-1	8	东港	徐家村	路家沟	B, C	龙山	x			早期	334	2.06	V		稀少	4	3						8.0
DG	XJC-1	8	东港	徐家村	路家沟	P	龙山				不确定	335	0.26	VI		稀少	1	1						14.0
DG	XJC-1	8	东港	徐家村	路家沟	R, S	龙山		x		中期	336	1.35	V		稀少	3	2						25.0
DG	XJC-1	8	东港	徐家村	路家沟	D	岳石					12	0.45	III		稀少	1	1						12.0
DG	XJC-1	8	东港	徐家村	路家沟	C, F, L, P	周	x		x	西周/东周	677	3.82	V		稀少	15	4						11.0
DG	XJC-1	8	东港	徐家村	路家沟	A, E, G-K, M-O, R-T	周	x		x	西周/东周	678	29.81	II		稀少	83	5						13.0
DG	XJC-2	8	东港	徐家村	路家沟		周			x	东周	681	0.20	VI		稀少	1	1						11.0
DG	XL-1	8	东港	西林	傅疃		汉					918	0.20	VI		稀少	1	0	1					7.0
DG	XLJC-1	8	东港	小李家村	大岭南头		龙山				不确定	321	0.20	VI		稀少	1	1						8.0
DG	XLJC-2	8	东港	小李家村	大岭南头	A-C	汉					888	0.58	VI		稀少	8	2	1					18.0
DG	XLJC-2	8	东港	小李家村	大岭南头	I	汉					889	0.26	VI		稀少	2	0	1					15.0
DG	XLJC-2	8	东港	小李家村	大岭南头	B-D, F-H	龙山	x	x		早/中	320	8.13	IV		稀少	33	4						18.0
DG	XLJC-2	8	东港	小李家村	大岭南头	D-H	周	x		x	西周/东周	656	8.45	III		稀少	24	5						15.0
DG	XLNT-2	8	东港	小岭南头	大岭南头		汉					870	0.20	VI		稀少	1	0	1					5.0
DG	XLNT-3	8	东港	小岭南头	大岭南头		龙山				不确定	328	0.38	VI		稀少	2	1						8.0
DG	XSC-1	8	东港	小石场	大岭南头		龙山				不确定	322	0.58	VI		稀少	2	1						11.0
DG	XSC-1	8	东港	小石场	大岭南头		周	x			西周	663	0.90	VI		很少	17	3						11.0
DG	XSC-2	8	东港	小石场	大岭南头	A, B	周			x	东周	664	0.58	VI		稀少	5	2						13.0
DG	XSH-1	8	东港	小山后	山后	A, B	汉					908	1.03	V		少	126	3	2		文化层	CAA, 稀薄	9.0
DG	XSH-1	8	东港	小山后	山后	A	龙山	x			早期	344	0.32	VI		少	2	2						9.0
DG	XSH-1	8	东港	小山后	山后	A, B	周			x	东周	704	1.03	V		少	18	3			文化层	CAA, 稀薄	9.0
DG	XSH-2	8	东港	小山后	山后		汉					909	1.87	V		稀少	17	1	1					5.0
DG	XSH-2	8	东港	小山后	山后		周			x	东周	703	1.87	V		稀少	3	2						5.0
DG	ZJC-1	8	东港	朱家村	大岭南头		周			x	东周	684	0.26	VI		稀少	2	1						22.0
DG	ZJC-2	8	东港	朱家村	路家沟		周			x	东周	685	0.20	VI		稀少	1	1						34.0
DG	ZJH-1	8	东港	臧家荒	路家沟		汉					922	0.32	VI		稀少	3	3						25.0
DG	ZJH-2	8	东港	臧家荒	路家沟		龙山				不确定	354	0.20	VI		稀少	1	1						28.0
DG	ZJH-3/4	8	东港	臧家荒	路家沟		汉					921	0.77	VI		稀少	5	2	1					26.0
JN	BZB-2	8	胶南	保子埠	井戈庄	A, B	汉					857	0.77	VI		稀少	7	2	1					14.0
JN	BZB-3	8	胶南	保子埠	井戈庄		周	x			西周	649	0.25	VI		稀少	1	1						13.0
JN	BZB-4	8	胶南	保子埠	井戈庄		龙山				不确定	306	0.20	VI		稀少	1	1						13.0
JN	BZB-5	8	胶南	保子埠	井戈庄	A, B	汉					855	1.74	V		稀少	18	3	2		文化层		14.0
JN	BZB-5	8	胶南	保子埠	井戈庄	B	龙山	x				309	1.16	V		稀少	5	1			文化层		14.0
JN	BZB-5	8	胶南	保子埠	井戈庄	A, B	周	x		x	西周/东周	638	1.74	V		稀少	44	7			文化层		14.0
JN	BZB-6	8	胶南	保子埠	花根山		龙山				不确定	308	0.20	VI		稀少	1	1						14.0
JN	BZB-7	8	胶南	保子埠	花根山		汉					856	0.20	VI		稀少	1	0	1					14.0
JN	BZB-8	8	胶南	保子埠	花根山		龙山	x			早期	307	0.20	VI		稀少	1	1						15.0
JN	JLH-1	8	胶南	吉利河	花根山	A, B, C	汉					848	12.77	III		少	66	2	2		墓葬	附近9座汉墓	22.0
JN	JLH-1	8	胶南	吉利河	花根山	A	龙山				不确定	314	0.20	VI		少	1	1						22.0

海拔范围	水源	河道距离	环境区域	地貌状况	防御性遗址	土壤质地	土壤颜色	土层厚度	作物	现代用途	备注	距中心城市5公里内	距中心城市5~10公里	距中心城市10~15公里	距中心城市15公里以上	距海岸5公里内
20~30	小河	10	山麓	中度隆起/斜坡		多砂	黄土-褐土	较深	休耕地					尧王城		x
2~10	支流	375	冲积平原/山麓	中坡		多砂	黄土-褐土	较深	休耕地					尧王城		
10~20	小河	150	山麓	中度隆起/斜坡		多砂	黄土-褐土	较深	休耕地					尧王城		
20~30	小河	150	山麓	中度隆起/斜坡		多砂	黄土-褐土	较深	休耕地					尧王城		x
10~20	小河	100	山麓	中度隆起/斜坡		多砂	黄土-褐土	较深	休耕地					尧王城		
10~20	支流	375	山麓	中度隆起/斜坡		多砂	黄土-褐土	较深	休耕地					尧王城		
10~20	支流	50	山麓	较低的隆起		多砂	黄土-褐土	较深	休耕地	花圃				尧王城		x
10~20	小河	50	山麓	低山麓		土质较硬	黄土-褐土		果园	果园				尧王城		x
2~10	主要河流	300	冲积平原	平地		淤土	黄土-褐土	较深	果园	果园						
2~10	支流	200	冲积平原	平地		土质较硬	浅褐土		休耕地	农业用地				尧王城		
10~20	支流	120	山麓	微倾斜		多砂	黄土-褐土	较深	休耕地/冬小麦	农业用地				大古城		
10~20	支流	410	山麓	微倾斜		多砂	黄土-褐土	较深	休耕地/冬小麦	农业用地				大古城		
10~20	支流	10	冲积平原/山麓	微倾斜		多砂	黄土-褐土	较深	休耕地/冬小麦	农业用地				尧王城		
10~20	支流	10	冲积平原/山麓	微倾斜		多砂	黄土-褐土	较深	休耕地/冬小麦	农业用地				尧王城		
2~10	支流	390	冲积平原	平地		淤土	浅褐土			民房			大古城	尧王城		
2~10	小河	50	冲积平原	平地		多砂	褐土	较深	蔬菜	花圃	靠近铁路			尧王城		
10~20	支流	160	冲积平原	平地					休耕地/冬小麦	农业用地	遗址靠近采石场					
10~20	支流	160	冲积平原	平地					休耕地/冬小麦	农业用地	遗址靠近采石场					
10~20	小河	10	冲积平原	平地		淤土	浅褐土	较深	休耕地/蔬菜	花圃				尧王城		
2~10	小河	400	山麓	低支脉		砂质壤土	黄土-褐土	较深	休耕地	农业用地				大古城		x
2~10	小河	450	山麓	低支脉		砂质壤土	褐土	较深	休耕地	农业用地						x
2~10	小河	400	山麓	低支脉		砂质壤土	黄土-褐土	较深	休耕地	农业用地						x
2~10	小河	0	冲积平原	微倾斜		多砂			休耕地	农业用地				尧王城/大古城		x
2~10	小河	0	冲积平原	微倾斜		多砂			休耕地	农业用地						x
20~30	小河	390	山麓	梯田		黏土			休耕地	农业用地				尧王城		x
30~40	小河	75	山麓	微倾斜		多砂	浅褐土	较深	桃树	果园				尧王城		x
20~30	小河	160	山麓	低山麓		多砂			冬小麦	农业用地				大古城	尧王城	x
20~30	小河	150	山麓	微倾斜		土质较硬	黄土-褐土	中度	休耕地	农业用地				尧王城		x
20~30	小河	10	山麓	梯田		淤土	黄土-褐土	较深	休耕地	农业用地				大古城	尧王城	x
10~20	主要河流	650	冲积平原	平地		淤土	黄土-褐土	较深	休耕地	农业用地	汉井靠近CAA					
10~20	主要河流	650	冲积平原	平地					休耕地/白菜/冬小麦	农业用地						
10~20	小河	70	冲积平原	平地				较深	休耕地/白菜/冬小麦	农业用地						
10~20	主要河流	250	冲积平原	较低的隆起		淤土		较深	休耕地/大白菜	农业用地						
10~20	主要河流	250	冲积平原	较低的隆起		淤土		较深	休耕地/大白菜	农业用地						
10~20	主要河流	250	冲积平原	较低的隆起		淤土		较深	休耕地/大白菜	农业用地						
10~20	主要河流	225	冲积平原	平地		淤土		较深	休耕地	农业用地						
10~20	主要河流	750	冲积平原	平地		淤土	浅褐土		休耕地/冬小麦	农业用地						
10~20	主要河流	550	冲积平原	平地		淤土	褐土									
20~30	主要河流	800	山麓	微倾斜		砂质壤土	浅褐土	较深	休耕地/小麦/桑园,杨树林	农业用地	第13年又有新发现；遗址可能叠压在村镇下；可能包括JN-JLH-2及JN-WZ-3在内					
20~30	主要河流	800	山麓	微倾斜		砂质壤土	浅褐土	较深	休耕地/小麦/桑园,杨树林	农业用地						

遗址前缀	遗址名称	年份	行政区划	村镇	地图	采集区	年代	早(西)	中	晚(东)	分期	期段编号	面积(万米²)	等级	所含期段数	陶片密度	陶片数量	器型	残片	石器	文化层特点	详细文化层信息	中心海拔
JN	JLH-1	8	胶南	吉利河	花根山	A, C	周			x	东周	527	4.52	IV		少	9	2					22.0
JN	LHDZ-1	8	胶南	刘家大庄	花根山		龙山	x				300	0.20	VI		稀少	1	1					16.0
JN	LHDZ-2	8	胶南	刘家大庄	花根山		汉					862	0.20	VI		稀少	1	0	1				15.0
JN	LHDZ-2	8	胶南	刘家大庄	花根山		龙山	x			早期	301	0.96	V		稀少	23	5					15.0
JN	LHDZ-2	8	胶南	刘家大庄	花根山		周			x	东周	641	0.96	VI		稀少	10	2					15.0
JN	LHDZ-3	8	胶南	刘家大庄	花根山	A	汉					863	1.29	V		少	8	3	1				15.0
JN	LHDZ-3	8	胶南	刘家大庄	花根山	A-C	龙山	x	x		早/中	303	5.74	IV		少	87	7					15.0
JN	LHDZ-3	8	胶南	刘家大庄	花根山	B	岳石					7	2.32	II		少	2	1					15.0
JN	LHDZ-3	8	胶南	刘家大庄	花根山	A-C	周	x		x	西周/东周	639	5.74	IV		少	20	3					15.0
JN	LHDZ-4	8	胶南	刘家大庄	花根山		龙山	x			早期	298	0.58	VI		稀少	5	1					16.0
JN	LHDZ-4	8	胶南	刘家大庄	花根山		周			x	东周	640	0.58	VI		稀少	1	1					16.0
JN	LHDZ-5	8	胶南	刘家大庄	花根山		龙山				不确定	297	0.20	VI		稀少	1	1					16.0
JN	LHDZ-5	8	胶南	刘家大庄	花根山		周			x	东周	643	0.32	VI		稀少	5	2					16.0
JN	LHDZ-6	8	胶南	刘家大庄	花根山		龙山	x			早期	296	0.20	VI		稀少	1	1					18.0
JN	QJ-1	8	胶南	前进	花根山		龙山	x			早期	293	0.20	VI		稀少	3	2					24.0
JN	QJ-1	8	胶南	前进	花根山		周			x	东周	528	0.20	VI		稀少	1	1					24.0
JN	QJ-2	8	胶南	前进	花根山		龙山	x			早期	294	0.20	VI		稀少	2	1					23.0
JN	WJDZ-1	8	胶南	魏家大庄	花根山		周			x	东周	648	0.20	VI		稀少	2	1					13.0
JN	WJDZ-2	8	胶南	魏家大庄	花根山		汉					867	0.58	VI		稀少	1	0	1				12.0
JN	WJDZ-2	8	胶南	魏家大庄	花根山		周			x	东周	647	0.58	VI		稀少	1	1					12.0
JN	WJDZ-3	8	胶南	魏家大庄	井戈庄		汉					868	0.45	VI		稀少	2	0	1				13.0
JN	WJDZ-3	8	胶南	魏家大庄	井戈庄		龙山				不确定	305	0.45	VI		稀少	1	1					13.0
JN	WJDZ-4	8	胶南	魏家大庄	花根山		汉					866	0.45	VI		稀少	4	1	1				15.0
JN	WJDZ-5	8	胶南	魏家大庄	花根山		周			x	东周	646	0.20	VI		稀少	1	1					13.0
JN	WJDZ-6	8	胶南	魏家大庄	花根山		周			x	东周	645	0.20	VI		稀少	1	1					14.0
JN	WJDZ-7	8	胶南	魏家大庄	花根山		龙山				不确定	304	0.20	VI		稀少	3	1					14.0
JN	WJDZ-8	8	胶南	魏家大庄	花根山		汉					865	0.20	VI		稀少	3	1	1				14.0
JN	WJDZ-9	8	胶南	魏家大庄	花根山		汉					864	0.45	VI		稀少	5	2	1				15.0
JN	WJT-1	8	胶南	王家屯	花根山		汉					852	0.25	VI		稀少	2	0	1				15.0
JN	WJT-1	8	胶南	王家屯	花根山		龙山	x			早期	310	0.20	VI		稀少	2	1					15.0
JN	WJT-2	8	胶南	王家屯	花根山		汉					851	0.20	VI		稀少	4	0	2				18.0
JN	WJT-3	8	胶南	王家屯	花根山		汉					850	0.58	VI		稀少	8	1	1				22.0
JN	WZ-1	8	胶南	王庄	花根山		汉					854	0.20	VI		稀少	5	1	1				14.0
JN	WZ-2	8	胶南	王庄	花根山		汉					853	0.20	VI		稀少	1	1					19.0
JN	WZ-2	8	胶南	王庄	花根山		龙山	x			早期	311	0.20	VI		稀少	1	1					19.0
JN	WZ-3	8	胶南	王庄	花根山	A-H	汉					849	18.23	III		很少	180	4	2				22.0
JN	WZ-3	8	胶南	王庄	花根山	C	龙山	x			早期	312	0.39	VI		稀少	4	2					22.0
JN	WZ-3	8	胶南	王庄	花根山	E	龙山	x			早期	313	1.50	V		稀少	1	1					22.0
JN	XGZ-1	8	胶南	新官庄	花根山		龙山		x		中期	295	0.20	VI		稀少	1	1					18.0
JN	XGZ-2	8	胶南	新官庄	花根山		汉					655	0.20	VI		稀少	1	0	1				21.0
JN	XS-1	8	胶南	西寺	花根山	Z	大汶口				晚期	10	0.45	III		稀少	1	1					16.0
JN	XS-1	8	胶南	西寺	花根山	N, Z	汉					858	2.71	V		稀少	3	2	1				16.0

海拔范围	水源	河道距离	环境区域	地貌状况	防御性遗址	土壤质地	土壤颜色	土层厚度	作物	现代用途	备注	距中心城市5公里内	距中心城市5~10公里	距中心城市10~15公里	距中心城市15公里以上	距海岸5公里内
20~30	主要河流	800	山麓	微倾斜		砂质壤土	浅褐土	较深	休耕地/小麦/桑园,杨树林	农业用地	第13年又有新发现；遗址可能叠压在村镇下；可能包括JN-JLH-2及JN-WZ-3在内					
10~20	支流	750	冲积平原	平地		淤土	黄土-褐土	较深	蔬菜	花圃						
10~20	支流	800	冲积平原	平地		淤土	黄土-褐土	较深	休耕地/大白菜	农业用地						
10~20	支流	800	冲积平原	平地		淤土	黄土-褐土	较深	休耕地/大白菜	农业用地						
10~20	支流	510	冲积平原	平地		多砂			休耕地/白菜/冬小麦	农业用地						
10~20	支流	510	冲积平原	平地		多砂			休耕地/白菜/冬小麦	农业用地						
10~20	支流	510	冲积平原	平地		多砂			休耕地/白菜/冬小麦	农业用地						
10~20	支流	510	冲积平原	平地		多砂			休耕地/白菜/冬小麦	农业用地						
10~20	小河	300	冲积平原	平地		淤土	黄土-褐土	较深	休耕地	农业用地						
10~20	小河	300	冲积平原	平地		淤土	黄土-褐土	较深	休耕地	农业用地						
10~20	小河	10	冲积平原	平地				较深	蔬菜	花圃						
10~20	小河	10	冲积平原	平地				较深	蔬菜	花圃						
10~20	小河	150	山麓	平地		多砂	褐土	较深	休耕地	农业用地						
20~30	小河	150	山麓	微倾斜					休耕地/冬小麦	农业用地						
20~30	小河	150	山麓	微倾斜					休耕地/冬小麦	农业用地						
20~30	小河	120	山麓	微倾斜					休耕地/冬小麦	农业用地						
10~20	小河	400	冲积平原	平地		淤土	黄土-褐土	较深	休耕地/冬小麦	农业用地						
10~20	支流	850	冲积平原	平地		淤土	黄土-褐土	较深	休耕地	农业用地						
10~20	支流	850	冲积平原	平地		淤土	黄土-褐土	较深	休耕地	农业用地						
10~20	小河	300	冲积平原	平地		淤土	黄土-褐土	较深	冬小麦	农业用地						
10~20	小河	300	冲积平原	平地		淤土	黄土-褐土	较深	休耕地/冬小麦	农业用地						
10~20	支流	150	冲积平原	平地		淤土	黄土-褐土	较深	休耕地/冬小麦	农业用地						
10~20	支流	350	冲积平原	平地		淤土	黄土-褐土	较深	休耕地	农业用地						
10~20	支流	50	冲积平原	平地		淤土			休耕地/冬小麦	农业用地						
10~20	支流	125	冲积平原	平地		淤土	黄土-褐土	较深	休耕地/冬小麦	农业用地						
10~20	支流	250	冲积平原	平地		淤土	黄土-褐土	较深	休耕地/冬小麦	农业用地						
10~20	支流	100	冲积平原	平地		多砂/淤土			休耕地/冬小麦	农业用地						
10~20	主要河流	700	冲积平原	平地		淤土	黄土-褐土	较深	休耕地	农业用地						
10~20	主要河流	700	冲积平原	平地		淤土	黄土-褐土	较深	休耕地	农业用地						
10~20	主要河流	600	冲积平原	平地		淤土	黄土-褐土	较深	休耕地/冬小麦	农业用地						
20~30	主要河流	800	山麓	较低的隆起		土质较硬			休耕地	农业用地						
10~20	主要河流	450	冲积平原	平地		淤土	黄土-褐土	较深	休耕地	农业用地						
10~20	主要河流	450	冲积平原	平地			黄土-褐土	较深	休耕地	农业用地						
10~20	主要河流	450	冲积平原	平地			黄土-褐土	较深	休耕地	农业用地						
20~30	主要河流	200	冲积平原/山麓	低山					休耕地/白菜/冬小麦	农业用地					大古城	x
20~30	主要河流	200	冲积平原/山麓	低山					休耕地/白菜/冬小麦	农业用地						
20~30	主要河流	200	冲积平原/山麓	低山					休耕地/白菜/冬小麦	农业用地						
10~20	小河	200	山麓	平地		多砂	黄土-褐土	中度	休耕地	农业用地						
20~30	小河	250	山麓	较低的隆起		多砂	褐土	中度	休耕地	农业用地					大古城	x
10~20	支流	600	冲积平原	平地		淤土	黄土-褐土	较深	休耕地/白菜/冬小麦/蔬菜	农业用地						
10~20	支流	450	冲积平原	平地		淤土	黄土-褐土	较深	休耕地/白菜/冬小麦/蔬菜	农业用地						

遗址前缀	遗址名称	年份	行政区划	村镇	地图	采集区	年代	早(西)	中	晚(东)	分期	期段编号	面积(万米²)	等级	所含期段数	陶片密度	陶片数量	器型	残片	石器	文化层特点	详细文化层信息	中心海拔
JN	XS-1	8	胶南	西寺	花根山	T, U	汉					859	3.23	V		稀少	3	1	1				16.0
JN	XS-1	8	胶南	西寺	花根山	W	汉					860	0.77	VI		稀少	1	0	1				15.0
JN	XS-1	8	胶南	西寺	花根山	A-J, M, BB, CC	汉					861	24.97	II		稀少	52	5	2		文化层	CAC, CAG, CABB, 及CACC	15.0
JN	XS-1	8	胶南	西寺	花根山	A-M, O-Q, SZ, AA-DD	龙山	x	x		早/中	299	51.86	II		稀少	427	12			文化层	CAC, CAG, CAX, CABB, 及CACC	15.0
JN	XS-1	8	胶南	西寺	花根山	Z	岳石					8	0.45	III		稀少	1	1					16.0
JN	XS-1	8	胶南	西寺	花根山	K	岳石					9	1.23	II		稀少	1	1					15.0
JN	XS-1	8	胶南	西寺	花根山	A, C, F-I, W, X, AA, BB	岳石					10	9.16	I		稀少	28	7			文化层	CAC 及CAG	15.0
JN	XS-1	8	胶南	西寺	花根山	A-J, L-Z, AA-DD	周	x		x	西周/东周	644	50.06	II		稀少	158	9			文化层	CAC, CAG, CAX, CABB, 及CACC	15.0
JN	XS-2	8	胶南	西寺	花根山		龙山				不确定	302	0.58	VI		稀少	2	1					15.0
JN	XS-2	8	胶南	西寺	花根山		周			x	东周	642	0.58	VI		稀少	1	1					15.0
DG	BC-1	9	东港	北村	傅疃		汉					945	0.13	VI		稀少	1	0	1				9.0
DG	BC-2	9	东港	北村	傅疃		汉					944	0.26	VI		稀少	1	1					9.0
DG*	BJC-1	9	东港	毕家村	毕家村		周	x		x	西周/东周	794	0.52	VI		稀少	15	2					20.0
DG	BWJC-1	9	东港	北王家村	夹仓	B	汉					978	6.77	IV		很少	18	2	1				2.0
DG	BWJC-1	9	东港	北王家村	夹仓	A	龙山		x			363	0.25	VI		稀少	4	2					2.0
DG	BWJC-1	9	东港	北王家村	夹仓	A, B	周			x	东周	748	7.75	III		稀少	6	2					2.0
DG	CHK-2	9	东港	叉河口	傅疃		汉					962	0.19	VI		稀少	1	0	1				6.0
DG	CJAT-1	9	东港	成家廒头	夹仓		汉					984	0.20	VI		稀少	1	0	1				4.0
DG	CJAT-2	9	东港	成家廒头	夹仓		汉					985	1.99	V		稀少	7	1	1				4.0
DG	CJAT-2	9	东港	成家廒头	夹仓		龙山				不确定	370	1.99	V		稀少	3	1					4.0
DG	CJAT-2	9	东港	成家廒头	夹仓		周	x			西周	753	1.99	V		稀少	1	1					4.0
DG	CJAT-3	9	东港	成家廒头	夹仓		汉					974	0.20	VI		稀少	4	1	1				4.0
DG	CJAT-4	9	东港	成家廒头	夹仓		龙山	x				369	0.20	VI		少	1	1					2.0
DG	CJAT-4	9	东港	成家廒头	夹仓		周			x	东周	752	0.20	VI		稀少	2	2					4.0
DG	CJAT-5	9	东港	成家廒头	夹仓		周			x	东周	750	0.45	VI		稀少	5	2					4.0
DG	CZ-1	9	东港	川子	夹仓		周	x		x	西周/东周	761	3.10	V		稀少	6	3			可能		3.0
DG	CZ-2	9	东港	川子	夹仓	B	汉					992	0.19	VI		稀少	1	0	1				3.0
DG	CZ-2	9	东港	川子	夹仓	C-G	汉					994	16.99	III		很少	65	4	1				3.0
DG	CZ-2	9	东港	川子	夹仓	G	龙山		x			374	3.75	V		稀少	1	1					2.0
DG	CZ-2	9	东港	川子	夹仓	A, C, E, G	周	x		x	西周/东周	759	1.10	V		很少	41	6					3.0
DG	CZ-2	9	东港	川子	夹仓	D	周	x		x	西周/东周	760	14.41	III		很少	13	4					3.0
DG	CZ-3	9	东港	川子	夹仓	A-C	汉					993	2.45	V		很少	29	3	1	1	文化层		3.0
DG	CZ-3	9	东港	川子	夹仓	A-C	周			x	东周	758	1.48	V		稀少	10	1			文化层		3.0
DG	DaLZ-1	9	东港	大刘庄	亚月		汉					1022	0.32	VI		稀少	2	1	1				3.5
DG	DaLZ-1	9	东港	大刘庄	亚月		龙山				不确定	387	0.20	VI		稀少	2	1					4.0
DG	DaLZ-2	9	东港	大刘庄	亚月		汉					1021	0.20	VI		稀少	1	1					3.5
DG	DaLZ-2	9	东港	大刘庄	亚月		龙山				不确定	388	0.20	VI		稀少	1	1					3.5
DG	DaLZ-3	9	东港	大刘庄	亚月		龙山				不确定	386	0.20	VI		稀少	1	1					4.0
DG	DCH-1	9	东港	东长河	夹仓		周			x	东周	745	0.20	VI		稀少	1	1					5.0
DG	DCH-2	9	东港	东长河	傅疃		汉					965	0.13	VI		稀少	1	0	1				5.0
DG	DCH-3	9	东港	东长河	傅疃		周			x	东周	733	0.13	VI		稀少	1	1					6.0
DG	DCH-4	9	东港	东长河	傅疃		周			x	东周	734	0.13	VI		稀少	1	1					6.0
DG*	DFG-1	9	东港	大芳沟	傅疃		周			x	东周	739	0.90	VI		稀少	1	1					18.0
DG	DiJGZ-3	9	东港	丁家官庄	亚月	A, B	汉					1027	0.90	VI		稀少	8	1	1				5.5

海拔范围	水源	河道距离	环境区域	地貌状况	防御性遗址	土壤质地	土壤颜色	土层厚度	作物	现代用途	备注	距中心城市5公里内	距中心城市5~10公里	距中心城市10~15公里	距中心城市15公里以上	距海岸5公里内
10~20	支流	250	冲积平原	平地		淤土	黄土-褐土	较深	休耕地/白菜/冬小麦/蔬菜	农业用地						
10~20	支流	50	冲积平原	平地		多砂	黄土-褐土	较深	休耕地/白菜/冬小麦/蔬菜	农业用地						
10~20	支流	0	冲积平原	平地		多砂	黄土-褐土	较深	休耕地/白菜/冬小麦/蔬菜	农业用地						
10~20	支流	0	冲积平原	平地		多砂	黄土-褐土	较深	休耕地/白菜/冬小麦/蔬菜	农业用地						
10~20	支流	600	冲积平原	平地		淤土	黄土-褐土	较深	休耕地/白菜/冬小麦/蔬菜	农业用地						
10~20	支流	400	冲积平原	平地		淤土	黄土-褐土	较深	休耕地/白菜/冬小麦/蔬菜	农业用地						
10~20	支流	0	冲积平原	平地		多砂	黄土-褐土	较深	休耕地/白菜/冬小麦/蔬菜	农业用地						
10~20	支流	0	冲积平原	平地		多砂	黄土-褐土	较深	休耕地/白菜/冬小麦/蔬菜	农业用地						
10~20	支流	400	冲积平原	平地		淤土	黄土-褐土	较深	休耕地/白菜/冬小麦	农业用地						
10~20	支流	400	冲积平原	平地		淤土	黄土-褐土	较深	休耕地/白菜/冬小麦	农业用地						
2~10	主要河流	350	冲积平原	平地					休耕地	农业用地			尧王城/大古城			
2~10	主要河流	50	冲积平原	平地		淤土	褐土			花圃			尧王城/大古城			
20~30	主要河流	5	冲积平原	平地		砂质壤土	褐土	较深	冬小麦	树林		尧王城				
2~10	支流	200	冲积平原	平地		多砂	浅褐土	较深	冬小麦	果园			尧王城	大古城		x
2~10	支流	400	冲积平原	平地		多砂	浅褐土	较深	冬小麦	果园			尧王城			x
2~10	支流	200	冲积平原	平地		多砂	浅褐土	较深	冬小麦	果园			尧王城			x
2~10	主要河流	450	冲积平原	平地		淤土	浅褐土	较深	冬小麦	农业用地			尧王城/大古城			
2~10	小河	650	冲积平原	平地		淤土	褐土	较深	冬小麦	农业用地		尧王城		大古城		x
2~10	小河	450	冲积平原	平地		淤土	褐土	较深		桑园		尧王城		大古城		x
2~10	小河	450	冲积平原	平地		淤土	褐土	较深		桑园		尧王城				x
2~10	小河	450	冲积平原	平地		淤土	褐土	较深		桑园		尧王城				x
2~10	小河	750	冲积平原	平地		多砂	浅褐土	较深	冬小麦	农业用地		尧王城		大古城		x
2~10	小河	100	冲积平原	平地			深褐土			虾池		尧王城				x
2~10	小河	650	冲积平原	平地		多砂	黄土-褐土	较深		虾池		尧王城				x
2~10	小河	450	冲积平原	平地		淤土	浅褐土	较深	冬小麦	农业用地		尧王城				x
2~10	主要河流	500	冲积平原	平地		淤土	深褐土			虾池		尧王城				x
2~10	主要河流	350	冲积平原	平地		多砂/淤土	褐土			虾池		尧王城		大古城		x
2~10	主要河流	400	冲积平原	平地		多砂/淤土	褐土			虾池		尧王城		大古城		x
2~10	小河	10	冲积平原	平地		多砂	褐土	较深	休耕地	农业用地		尧王城				x
2~10	主要河流	700	冲积平原	平地		多砂/淤土	褐土			虾池		尧王城				x
2~10	主要河流	400	冲积平原	平地		多砂/淤土	褐土			虾池		尧王城				x
2~10	主要河流	400	冲积平原	平地		淤土	黄土-褐土	较深		虾池		尧王城		大古城		x
2~10	主要河流	400	冲积平原	平地		淤土	黄土-褐土	较深		虾池		尧王城				x
2~10	支流	200	冲积平原	较低的隆起		砂质壤土	褐土	较深	冬小麦	农业用地		尧王城				x
2~10	支流	200	冲积平原	较低的隆起		砂质壤土	褐土	较深	冬小麦	农业用地		尧王城				x
2~10	主要河流	300	冲积平原	平地					冬小麦	虾池		尧王城				x
2~10	主要河流	300	冲积平原	平地		多砂/淤土			冬小麦	虾池		尧王城				x
2~10	小河	5	冲积平原	平地		砂质壤土	黄土-褐土	较深	冬小麦	农业用地		尧王城				x
2~10	小河	0	冲积平原	平地		淤土	褐土		冬小麦	农业用地			尧王城			x
2~10	小河	50	冲积平原	平地		淤土	褐土		稻田	农业用地			尧王城/大古城			
2~10	小河	120	冲积平原	较低的隆起		多砂	浅褐土			果园			尧王城			
2~10	小河	200	冲积平原	平地		多砂/淤土	褐土			树林			尧王城			
10~20	小河	300	山麓	微倾斜		多砂/土质较硬	黄土-褐土	中度	蔬菜	花圃			尧王城			
2~10	主要河流	250	冲积平原	平地		多砂	黄土-褐土	中度	冬小麦	农业用地		尧王城				x

遗址前缀	遗址名称	年份	行政区划	村镇	地图	采集区	年代	早(西)	中	晚(东)	分期	期段编号	面积(万米²)	等级	所含期段数	陶片密度	陶片数量	器型	残片	石器	文化层特点	详细文化层信息	中心海拔
DG	DiJGZ-3	9	东港	丁家官庄	亚月	B	龙山				不确定	383	0.20	VI		稀少	1	1						5.0
DG	DiJGZ-3	9	东港	丁家官庄	亚月	B	周			x	东周	785	0.20	VI		稀少	5	1						5.5
DG	DiJGZ-4	9	东港	丁家官庄	亚月		汉					1030	0.52	VI		稀少	4	0	1					20.0
DG*	DYWC-1	9	东港	大尧王城	毕家村		汉					1037	0.20	VI		稀少	1	0	1					8.0
DG*	DYWC-1	9	东港	大尧王城	毕家村		龙山				不确定	394	0.20	VI		稀少	1	1						8.0
DG*	DYWC-2	9	东港	大尧王城	毕家村		龙山		x			395	0.20	VI		稀少	1	1						7.0
DG*	DYWC-3	9	东港	大尧王城	毕家村	A	汉					1036	0.45	VI		稀少	4	1	1					6.0
DG*	DYWC-3	9	东港	大尧王城	毕家村	B	龙山				不确定	396	0.45	VI		稀少	4	1						6.0
DG*	DYWC-3	9	东港	大尧王城	毕家村	A，B	周			x	东周	788	1.68	V		稀少	2	2						6.0
DG	DZZ-1	9	东港	东灶子	夹仓		汉					977	1.42	V		稀少	9	2	1			文化层	几处暴露的文化层	3.0
DG	DZZ-1	9	东港	东灶子	夹仓		龙山		x			364	1.42	V		很少	38	4				文化层	几处暴露的文化层	3.0
DG	DZZ-2	9	东港	东灶子	夹仓	A，B	汉					976	1.55	V		稀少	9	1	1					2.0
DG	DZZ-2	9	东港	东灶子	夹仓	A	龙山	x	x			365	0.75	VI		稀少	10	3						2.0
DG	FJC-1	9	东港	费家村	夹仓		龙山				不确定	362	0.50	VI		稀少	7	3						4.0
DG	FT-1	9	东港	傅疃	傅疃	A-C	汉					958	6.97	IV		很少	68	2	1					7.0
DG	FT-1	9	东港	傅疃	傅疃	A，C	龙山	x				355	4.64	IV		稀少	4	4						7.0
DG	FT-1	9	东港	傅疃	傅疃	A	岳石					15	2.26	II		稀少	2	2						7.0
DG	FT-1	9	东港	傅疃	傅疃	A-C	周	x		x	西周/东周	731	6.06	IV		很少	21	3						7.0
DG	FT-2	9	东港	傅疃	傅疃		汉					946	0.25	VI		稀少	1	0	1					8.0
DG	HeT-1	9	东港	河套	傅疃		汉					959	0.13	VI		稀少	1	0	1					7.0
DG	HeT-2	9	东港	河套	傅疃		汉					961	0.90	VI		稀少	2	2						6.0
DG	HeT-3	9	东港	河套	傅疃		汉					947	0.58	VI		稀少	2	0	1					8.0
DG	HeT-3	9	东港	河套	傅疃		周	x			西周	729	0.58	VI		稀少	2	2						8.0
DG	HeT-4	9	东港	河套	傅疃		周	x		x	西周/东周	732	0.71	VI		稀少	5	2						6.0
DG*	HGC-1	9	东港	怀古村	毕家村		周			x	东周	776	0.13	VI		稀少	1	1						17.0
DG*	HGC-2	9	东港	怀古村	毕家村		汉					1043	0.32	VI		稀少	1	0	1					18.0
DG*	HGC-4	9	东港	怀古村	毕家村		龙山				不确定	392	0.19	VI		稀少	2	1						4.0
DG	JC-1	9	东港	夹仓	夹仓		汉					979	0.20	VI		稀少	4	1	1					2.0
DG	JC-2	9	东港	夹仓	夹仓		汉					980	0.52	VI		稀少	10	1	1					2.0
DG	JC-2	9	东港	夹仓	夹仓		周			x	东周	747	0.52	VI		稀少	2	2						2.0
DG	JC-3	9	东港	夹仓	夹仓		周			x	东周	746	0.20	VI		稀少	1	1						5.0
DG	JC-4	9	东港	夹仓	夹仓		汉					969	0.83	VI		稀少	3	2						5.0
DG	LJW-1	9	东港	刘家湾	刘家湾		汉					1003	2.58	V		很少	15	2	1					3.0
DG	LJW-1	9	东港	刘家湾	刘家湾		周	x			西周	777	2.58	V		稀少	4	1						3.0
DG	LJW-2	9	东港	刘家湾	刘家湾		周	x			西周	778	0.20	VI		稀少	1	1						3.0
DG*	LJYWC-1	9	东港	刘家尧王城	毕家村		龙山		x			393	0.19	VI		稀少	3	2						3.0
DG*	LJYWC-2	9	东港	刘家尧王城	毕家村		汉					1038	1.55	V		稀少	3	1	1					13.0
DG*	LJYWC-2	9	东港	刘家尧王城	毕家村		周	x		x	西周/东周	790	0.58	VI		稀少	6	2						13.0
DG*	LJYWC-3	9	东港	刘家尧王城	毕家村		周			x	东周	792	0.20	VI		稀少	1	1						22.0
DG*	LJYWC-4	9	东港	刘家尧王城	毕家村		汉					1039	0.20	VI		稀少	1	0	1					18.0
DG	MaJC-1	9	东港	马家村	刘家湾	A-D	汉					1015	7.55	IV		少	19	4	1		文化层	池塘边	2.0
DG	MaJC-1	9	东港	马家村	刘家湾	B，C	龙山	x	x			378	1.40	V		稀少	27	5			文化层	池塘边	4.0
DG	MaJC-1	9	东港	马家村	刘家湾	D	龙山				不确定	379	1.39	V		稀少	1	1			文化层	池塘边	5.5
DG	MaJC-1	9	东港	马家村	刘家湾	B	商					23	0.71	II		少	5	3	1		文化层	池塘边	2.0
DG	MaJC-1	9	东港	马家村	刘家湾	B	岳石					16	0.71	III		少	1	1			文化层	池塘边	2.0
DG	MaJC-1	9	东港	马家村	刘家湾	B，C	周	x		x	西周/东周	769	1.68	V		少	12	5			文化层	池塘边	2.0
DG	MaJC-1	9	东港	马家村	刘家湾	D	周	x		x	西周/东周	772	2.77	V		少	5	1						2.0
DG	MaJC-2	9	东港	马家村	刘家湾	A-C	汉					1014	3.48	V		稀少	11	2	1					2.0
DG	MaJC-2	9	东港	马家村	刘家湾	A-C	龙山	x	x			380	2.00	V		稀少	5	4						2.0
DG	MaJC-2	9	东港	马家村	刘家湾	A，C	周	x		x	西周/东周	773	1.06	V		稀少	3	3						2.0
DG	MaJC-3	9	东港	马家村	刘家湾	A	汉					1013	1.94	V		稀少	6	1	1					3.0
DG	MaJC-3	9	东港	马家村	刘家湾	A	龙山				不确定	381	1.94	V		稀少	1	1						3.0
DG	MaJC-3	9	东港	马家村	刘家湾	A，B	周	x		x	西周/东周	774	3.35	V		稀少	4	1						2.0
DG	MaJC-4	9	东港	马家村	刘家湾		汉					1001	0.20	VI		稀少	1	1						3.0

海拔范围	水源	河道距离	环境区域	地貌状况	防御性遗址	土壤质地	土壤颜色	土层厚度	作物	现代用途	备注	距中心城市5公里内	距中心城市5~10公里	距中心城市10~15公里	距中心城市15公里以上	距海岸5公里内
2~10	小河	600	冲积平原	平地		淤土	浅褐土	较深		虾池		尧王城				X
2~10	主要河流	250	冲积平原	平地		多砂	黄土-褐土	中度		虾池		尧王城				X
20~30	小河	200	冲积平原	平地		淤土	黄土-褐土	较深	休耕地/冬小麦	农业用地		尧王城		大古城		
2~10	主要河流	550	冲积平原	平地		多砂	黄土-褐土	较深	休耕地	农业用地		尧王城		大古城		
2~10	主要河流	550	冲积平原	平地		多砂	黄土-褐土	较深	休耕地	农业用地		尧王城		大古城		
2~10	主要河流	250	冲积平原	平地		淤土	褐土	较深				尧王城				
2~10	主要河流	20	冲积平原	平地		多砂/淤土	黄土-褐土	较深		树林		尧王城		大古城		
2~10	主要河流	20	冲积平原	平地		多砂/淤土	黄土-褐土	较深		树林		尧王城				
2~10	主要河流	20	冲积平原	平地		多砂/淤土	黄土-褐土	较深		树林		尧王城				
2~10	小河	0	冲积平原	平地		淤土	黄土-褐土	较深		虾池				尧王城	大古城	X
2~10	小河	0	冲积平原	平地		淤土	黄土-褐土	较深		虾池				尧王城		X
2~10	小河	0	冲积平原	平地		粉质壤土	灰土-褐土	较深		虾池				尧王城	大古城	X
2~10	小河	0	冲积平原	平地		粉质壤土	灰土-褐土	较深		虾池				尧王城		X
2~10	小河	450	冲积平原	平地		淤土	褐土	较深	桑园					尧王城		X
2~10	小河	380	冲积平原	平地		多砂	黄土-褐土	较深	蔬菜	花圃			尧王城/大古城			
2~10	小河	380	冲积平原	平地		多砂	黄土-褐土	较深	蔬菜	花圃			尧王城			
2~10	小河	380	冲积平原	平地		多砂	黄土-褐土	较深	蔬菜	花圃			尧王城			
2~10	小河	380	冲积平原	平地		多砂	黄土-褐土	较深	蔬菜	花圃			尧王城			
2~10	主要河流	350	冲积平原	平地						高速路			尧王城/大古城			
2~10	小河	700	冲积平原	平地		淤土	褐土			花圃			尧王城/大古城			
2~10	主要河流	900	冲积平原	平地		淤土	褐土		冬小麦	农业用地			尧王城/大古城			
2~10	主要河流	400	冲积平原	平地		多砂/土质较硬	黄土-褐土	较深	休耕地	农业用地			尧王城/大古城			
2~10	主要河流	400	冲积平原	平地		多砂/土质较硬	黄土-褐土	较深	休耕地	农业用地			尧王城			
2~10	小河	600	冲积平原	平地		多砂/土质较硬			休耕地	农业用地			尧王城			
10~20	支流	150	冲积平原	平地		淤土	黄土-褐土	较深	冬小麦	农业用地			尧王城			X
10~20	支流	100	冲积平原	平地		淤土	黄土-褐土	较深	冬小麦	农业用地			尧王城	大古城		
2~10	小河	50	冲积平原	平地		淤土	浅褐土	较深		虾池			尧王城			
2~10	小河	200	冲积平原	平地		多砂	黄土-褐土	较深		虾池				尧王城	大古城	X
2~10	小河	120	冲积平原	平地		多砂	黄土-褐土	较深		虾池				尧王城	大古城	X
2~10	小河	120	冲积平原	平地		多砂	黄土-褐土	较深		虾池				尧王城		X
2~10	小河	0	冲积平原	平地		多砂/淤土	褐土			果园				尧王城		X
2~10	小河	100	冲积平原	平地		多砂/淤土	浅褐土		桑园	树林				尧王城/大古城		X
2~10	小河	800	冲积平原	微倾斜		多砂			休耕地/冬小麦	农业用地	遗址位于沙丘上			尧王城	大古城	X
2~10	小河	800	冲积平原	微倾斜		多砂			休耕地/冬小麦	农业用地	遗址位于沙丘上			尧王城		X
2~10	小河	550	冲积平原	微倾斜		多砂	黄土-褐土	较深		树林				尧王城		X
2~10	小河	50	冲积平原	平地		多砂/淤土			冬小麦	农业用地			尧王城			
10~20	小河	350	冲积平原	平地					冬小麦	农业用地			尧王城	大古城		
10~20	小河	350	冲积平原	平地					冬小麦	农业用地			尧王城			
20~30	小河	400	山麓	低山					休耕地/冬小麦	农业用地			尧王城			
10~20	小河	250	山麓	平地									尧王城	大古城		
2~10	小河	100	冲积平原	平地			深褐土			虾池			尧王城	大古城		
2~10	小河	650	冲积平原	平地		多砂	黄土-褐土	较深		虾池			尧王城			X
2~10	主要河流	250	冲积平原	平地		多砂	黄土-褐土	中度	冬小麦	农业用地			尧王城			X
2~10	小河	100	冲积平原	平地			深褐土			虾池						X
2~10	小河	100	冲积平原	平地			深褐土			虾池						X
2~10	小河	100	冲积平原	平地			深褐土			虾池			尧王城			X
2~10	小河	100	冲积平原	平地			深褐土			虾池			尧王城			X
2~10	小河	0	冲积平原	平地		淤土	黄土-褐土	较深		虾池			尧王城	大古城		X
2~10	小河	0	冲积平原	平地		淤土	黄土-褐土	较深		虾池			尧王城			X
2~10	小河	0	冲积平原	平地		淤土	黄土-褐土	较深		虾池			尧王城			X
2~10	小河	400	冲积平原	平地		多砂	浅褐土			虾池			尧王城	大古城		X
2~10	小河	400	冲积平原	平地		多砂	浅褐土			虾池			尧王城			X
2~10	小河	400	冲积平原	平地		多砂	浅褐土			虾池			尧王城			X
2~10	小河	200	冲积平原	平地		淤土	黄土-褐土	较深		虾池			尧王城	大古城		X

遗址前缀	遗址名称	年份	行政区划	村镇	地图	采集区	年代	早(西)	中	晚(东)	分期	期段编号	面积(万米²)	等级	所含期段数	陶片密度	陶片数量	器型	残片	石器	文化层特点	详细文化层信息	中心海拔
DG	MJXZ-1	9	东港	牟家小庄	傅疃	A-F	汉					948	13.93	III		稀少	21	2	1				9.0
DG	MJXZ-1	9	东港	牟家小庄	傅疃	A	周			x	东周	726	1.03	V		稀少	3	1					9.0
DG	MJXZ-1	9	东港	牟家小庄	傅疃	B, D, G	周	x		x	西周/东周	727	8.32	III		稀少	13	1					9.0
DG	QD-1	9	东港	青墩	傅疃	A-D	汉					957	5.00	V		很少	51	3	1		平台?	较低隆起可能非自然形成?	11.0
DG	QD-1	9	东港	青墩	傅疃	A	周			x	东周	730	2.06	V		稀少	2	1					11.0
DG	QD-2	9	东港	青墩	傅疃		周			x	东周	737	0.13	VI		稀少	2	1					7.0
DG	QD-3	9	东港	青墩	傅疃		周			x	东周	736	0.13	VI		稀少	1	1					6.0
DG	QD-4	9	东港	青墩	傅疃	A-E	汉					967	6.06	IV		很少	65	2	1				7.0
DG	QD-4	9	东港	青墩	傅疃	B	周			x	东周	738	1.10	V		稀少	2	1					7.0
DG	QD-4	9	东港	青墩	傅疃	E	周			x	东周	740	0.71	VI		稀少	2	1					7.0
DG	QD-5	9	东港	青墩	夹仓	A, B, F, G, J, K	汉					968	10.45	III		很少	33	3	1				5.0
DG	QD-5	9	东港	青墩	夹仓	F	龙山	x				357	2.25	V		稀少	2	1					3.0
DG	QD-5	9	东港	青墩	夹仓	H, I	龙山		x			358	1.25	V		稀少	2	2					5.0
DG	QD-5	9	东港	青墩	夹仓	A-M	周	x		x	西周/东周	742	18.58	III		很少	189	8					5.0
DG	QD-6	9	东港	青墩	夹仓		周	x			西周	741	3.42	V		稀少	3	2					6.0
DG	QDT-1	9	东港	桥东头	刘家湾		汉					997	0.52	VI		稀少	3	2					2.0
DG	QDT-1	9	东港	桥东头	刘家湾		周	x		x	西周/东周	767	0.52	VI		很少	25	5			文化层	虾池	2.0
DG	QXT-1	9	东港	桥西头	刘家湾		汉					996	0.20	VI		稀少	2	1	1				3.0
DG	QXT-2	9	东港	桥西头	刘家湾		汉					1000	0.39	VI		稀少	2	1	1				3.0
DG	QXT-2	9	东港	桥西头	刘家湾		周	x			西周	770	0.39	VI		稀少	5	1					3.0
DG	QXT-3	9	东港	桥西头	刘家湾		汉					999	0.20	VI		稀少	4	0	1				3.0
DG	QXT-4	9	东港	桥西头	刘家湾		汉					998	1.55	VI		稀少	3	0	1				3.0
DG	QXT-4	9	东港	桥西头	刘家湾		周	x		x	西周/东周	768	1.55	VI		稀少	15	3					3.0
DG	SLZ-1	9	东港	沙岭子	刘家湾		汉					1009	0.77	VI		稀少	3	1	1				3.0
DG	SLZ-2	9	东港	沙岭子	刘家湾		汉					1004	0.20	VI		稀少	2	0	1				3.0
DG	SLZ-3	9	东港	沙岭子	刘家湾		汉					1002	2.26	V		很少	12	1	1				3.0
DG	SLZ-3	9	东港	沙岭子	刘家湾		周			x	东周	771	2.26	V		稀少	4	2					3.0
DG	TJY-1/ZK-1	9	东港	田家园	夹仓	A, B	汉					971	9.48	IV		很少	27	4	1				5.0
DG	TJY-1/ZK-1	9	东港	田家园	夹仓	B, C	龙山	x	x			360	2.19	V		很少	63	4					5.0
DG	TJY-1/ZK-1	9	东港	田家园	夹仓	B	龙山				不确定	361	2.00	V		稀少	1	1					5.0
DG	TJY-1/ZK-1	9	东港	田家园	夹仓	A, B	周	x		x	西周/东周	743	9.48	III		很少	64	4					5.0
DG	TJY-2	9	东港	田家园	夹仓		龙山	x				359	0.20	VI		稀少	43	5					4.0
DG	TL-1	9	东港	涛雒	亚月		汉					1025	0.13	VI		稀少	1	0	1				4.0
DG	TL-1	9	东港	涛雒	亚月		周			x	东周	782	0.13	III		稀少	2	1					4.0
DG	TL-2	9	东港	涛雒	亚月	C	汉					1026	0.26	VI		稀少	2	1	1				5.0
DG	TL-2	9	东港	涛雒	亚月	A, C, D	周	x		x	西周/东周	783	2.00	V		很少	22	3					5.0
DG	TL-3	9	东港	涛雒	亚月		汉					1028	0.20	VI		稀少	1	0	1				5.0
DG	TL-4	9	东港	涛雒	亚月		汉					1024	0.20	VI		稀少	2	0	1				3.5
DG	TL-5	9	东港	涛雒	亚月	A-F	汉					1023	5.55	V		少	84	6	1		文化层	CAE	4.5
DG	TL-5	9	东港	涛雒	亚月	F	龙山				不确定	384	0.75	VI		稀少	1	1					4.5
DG	TL-5	9	东港	涛雒	亚月	A-C	周	x		x	西周/东周	784	1.55	V		很少	82	6	1				4.5
DG	TL-7	9	东港	涛雒	亚月		龙山				不确定	385	0.20	VI		稀少	1	1					7.0
DG	WJC-1	9	东港	王家村	刘家湾		汉					1012	0.20	VI		稀少	8	1	1				3.0
DG	WJC-2	9	东港	王家村	刘家湾	A, C	汉					1011	3.35	V		稀少	10	2	2				3.0
DG	WJC-2	9	东港	王家村	刘家湾	B	龙山				不确定	382	0.20	VI		稀少	1	1					3.0
DG	WJC-2	9	东港	王家村	刘家湾	A	周	x		x	西周/东周	775	0.45	VI		稀少	5	1					3.0
DG	WJC-3	9	东港	王家村	刘家湾		汉					1010	0.71	VI		稀少	4	2	1				3.0
DG*	WJLZ-1	9	东港	王家楼子	毕家村		龙山				不确定	371	0.20	VI		稀少	5	2					2.0
DG*	WJLZ-2	9	东港	王家楼子	毕家村		周			x	东周	789	0.20	VI		稀少	1	1					4.0
DG*	WJLZ-3	9	东港	王家楼子	毕家村		汉					990	0.20	VI		稀少	2	1	1				7.0
DG	XCH-1	9	东港	西长河	傅疃		汉					966	0.13	VI		稀少	1	0	1				5.0
DG	XFG-1	9	东港	小芳沟	傅疃		汉					954	0.58	VI		稀少	5	0	1				17.0
DG	XGuZ-1	9	东港	小古镇	傅疃	A-F	汉					964	8.84	IV		很少	27	3	1				5.0

海拔范围	水源	河道距离	环境区域	地貌状况	防御性遗址	土壤质地	土壤颜色	土层厚度	作物	现代用途	备注	距中心城市5公里内	距中心城市5~10公里	距中心城市10~15公里	距中心城市15公里以上	距海岸5公里内
2~10	小河	10	冲积平原	较低的隆起		淤土	黄土-褐土	较深	果园	果园					尧王城/大古城	
2~10	小河	10	冲积平原	较低的隆起		淤土	黄土-褐土	较深	果园	果园					尧王城	
2~10	小河	10	冲积平原	较低的隆起		淤土	黄土-褐土	较深	果园	果园					尧王城	
10~20	小河	650	冲积平原	较低的隆起		多砂/土质较硬	黄土-褐土	中度	休耕地/冬小麦	农业用地					尧王城	
10~20	小河	650	冲积平原	较低的隆起		多砂/土质较硬	黄土-褐土	中度	休耕地/冬小麦	农业用地					尧王城	
2~10	小河	750	冲积平原	平地		多砂	浅褐土	较深	桑园	农业用地					尧王城	
2~10	小河	900	冲积平原	平地		淤土	浅褐土	较深	蔬菜	花圃					尧王城	
2~10	小河	450	冲积平原	较低的隆起					果园/冬小麦	果园/农业用地					尧王城/大古城	
2~10	小河	450	冲积平原	较低的隆起					果园/冬小麦	果园/农业用地					尧王城	
2~10	小河	450	冲积平原	较低的隆起					果园/冬小麦	果园/农业用地					尧王城	
2~10	小河	600	冲积平原	较低的隆起		多砂	黄土-褐土	较深	休耕地/冬小麦	幼儿园					尧王城/大古城	
2~10	主要河流	350	冲积平原	较低的隆起		多砂/淤土	褐土			虾池					尧王城	
2~10	小河	100	冲积平原	较低的隆起					休耕地/冬小麦	农业用地					尧王城	
2~10	小河	600	冲积平原	较低的隆起		多砂	黄土-褐土	较深	休耕地/冬小麦	幼儿园					尧王城	
2~10	小河	60	冲积平原	平地		淤土	黄土-褐土	较深		虾池					尧王城	
2~10	小河	0	冲积平原	平地		多砂	浅褐土			虾池		尧王城		大古城		x
2~10	小河	0	冲积平原	平地		多砂	浅褐土			虾池		尧王城				x
2~10	小河	0	冲积平原	平地		淤土	黄土-褐土	较深				尧王城		大古城		x
2~10	小河	10	冲积平原	平地		淤土	黄土-褐土	较深		虾池		尧王城		大古城		x
2~10	小河	10	冲积平原	平地		淤土	黄土-褐土	较深		虾池		尧王城				x
2~10	小河	100	冲积平原	平地		淤土	褐土	较深	冬小麦	农业用地		尧王城		大古城		x
2~10	小河	75	冲积平原	平地			深褐土			虾池		尧王城		大古城		x
2~10	小河	75	冲积平原	平地			深褐土			虾池		尧王城				x
2~10	小河	300	冲积平原	平地		多砂	褐土	较深	冬小麦	农业用地			尧王城			
2~10	小河	400	冲积平原	平地		多砂	褐土	较深	冬小麦	农业用地		尧王城		大古城		x
2~10	小河	10	冲积平原	平地		多砂/淤土	黄土-褐土	较深		虾池		尧王城		大古城		x
2~10	小河	10	冲积平原	平地		多砂/淤土	黄土-褐土	较深		虾池		尧王城				x
2~10	小河	0	冲积平原	较低的隆起					休耕地/冬小麦	农业用地					尧王城/大古城	x
2~10	小河	600	冲积平原	较低的隆起		多砂	黄土-褐土	较深	休耕地/冬小麦	农业用地					尧王城	x
2~10	主要河流	800	冲积平原	较低的隆起		多砂/淤土	黄土-褐土	较深	蔬菜	果园/花圃					尧王城	x
2~10	小河	0	冲积平原	较低的隆起					休耕地/冬小麦	农业用地					尧王城	x
2~10	支流	10	冲积平原	平地		多砂	浅褐土	较深		虾池					尧王城	x
2~10	主要河流	300	冲积平原	平地		多砂	中等褐土	较深	桑园	农业用地					尧王城	x
2~10	主要河流	300	冲积平原	平地		多砂	中等褐土	较深	桑园	农业用地					尧王城	x
2~10	主要河流	350	冲积平原	平地		多砂/淤土			冬小麦	农业用地					尧王城	x
2~10	主要河流	350	冲积平原	平地		多砂/淤土			冬小麦	农业用地					尧王城	x
2~10	主要河流	850	冲积平原	平地					冬小麦	农业用地					尧王城	x
2~10	主要河流	250	冲积平原	平地		多砂	浅褐土	较深		树林					尧王城	x
2~10	主要河流	20	冲积平原	较低的隆起		黏土	黄土-褐土	较深		虾池					尧王城	x
2~10	主要河流	200	冲积平原	较低的隆起		多砂/淤土	褐土	较深		虾池					尧王城	x
2~10	主要河流	120	冲积平原	较低的隆起		黏土	黄土-褐土	较深		虾池					尧王城	x
2~10	小河	25	冲积平原	平地		多砂	浅褐土		桑园	农业用地					尧王城	x
2~10	小河	300	冲积平原	平地		多砂	褐土	较深		虾池		尧王城		大古城		x
2~10	小河	10	冲积平原	平地		多砂/淤土	褐土	较深	冬小麦	农业用地		尧王城		大古城		x
2~10	小河	10	冲积平原	平地		多砂/淤土	褐土	较深	冬小麦	农业用地		尧王城				x
2~10	小河	25	冲积平原	平地		多砂	黄土-褐土	较深		虾池		尧王城		大古城		x
2~10	小河	150	冲积平原	平地		粉质壤土	灰土-褐土	较深		虾池		尧王城				x
2~10	支流	300	冲积平原	平地		多砂	深褐土		冬小麦	农业用地		尧王城				x
2~10	主要河流	150	冲积平原	平地		淤土	黄土-褐土	较深		虾池		尧王城		大古城		x
2~10	小河	70	冲积平原	平地		多砂	褐土	较深	蔬菜	花圃					尧王城/大古城	
10~20	小河	120	山麓	中坡		多砂/土质较硬	黄土-褐土	中度	休耕地	农业用地					尧王城/大古城	
2~10	主要河流	800	冲积平原	平地		多砂/淤土	黄土-褐土	较深	蔬菜	果园/花圃					尧王城/大古城	x

遗址前缀	遗址名称	年份	行政区划	村镇	地图	采集区	年代	早(西)	中	晚(东)	分期	期段编号	面积(万米²)	等级	所含期段数	陶片密度	陶片数量	器型	残片	石器	文化层特点	详细文化层信息	中心海拔
DG	XGuZ-1	9	东港	小古镇	傅疃	D, F	龙山				不确定	356	2.91	V		稀少	5	1						7.0
DG	XGuZ-1	9	东港	小古镇	傅疃	C-F	周	x		x	西周/东周	735	4.64	IV		很少	19	2						5.0
DG	XGuZ-2	9	东港	小古镇	傅疃		汉					963	0.13	VI		稀少	1	0	1					4.0
DG	XHai-1	9	东港	小海	刘家湾		汉					1007	9.10	IV		稀少	16	3	1					3.0
DG	XHai-1	9	东港	小海	刘家湾		周			x	东周	779	7.61	III		稀少	3	2						3.0
DG	XHai-2	9	东港	小海	刘家湾		汉					1008	0.71	VI		稀少	2	0	1					2.0
DG	XiZZ-1	9	东港	西灶子	夹仓		汉					982	0.20	VI		稀少	1	0	1					4.0
DG	XiZZ-1	9	东港	西灶子	夹仓		龙山				不确定	367	0.20	VI		稀少	1	1						5.0
DG	XiZZ-2	9	东港	西灶子	夹仓	A	汉					981	0.51	VI		稀少	8	1						4.0
DG	XiZZ-2	9	东港	西灶子	夹仓	B	龙山				不确定	366	0.91	VI		稀少	1	1						2.0
DG	XiZZ-2	9	东港	西灶子	夹仓	B	周	x		x	西周/东周	749	0.91	VI		稀少	3	2						4.0
DG	XiZZ-3	9	东港	西灶子	夹仓		汉					975	0.20	VI		稀少	1	0	1					4.0
DG	XJY-1	9	东港	许家园	傅疃		周	x			西周	728	0.19	VI		稀少	2	1						8.0
DG	XJY-2	9	东港	许家园	傅疃		汉					955	0.13	VI		稀少	1	0	1					8.0
DG	XJY-3	9	东港	许家园	傅疃		汉					956	0.13	VI		稀少	1	0	1					7.0
DG*	XLG-1	9	东港	夏路沟	毕家村		汉					972	0.19	VI		稀少	1	0	1					12.0
DG	XLZ-1	9	东港	小刘庄	亚月		汉					1020	0.45	VI		稀少	2	2						3.0
DG	XLZ-2	9	东港	小刘庄	亚月	A-C	汉					1019	4.45	V		很少	16	2	1		墓葬	可能汉墓	3.0
DG	XLZ-2	9	东港	小刘庄	亚月	B	周			x	东周	781	2.00	V		稀少	2	1						3.0
DG*	XSJZ-1	9	东港	小宋家庄	傅疃	A, B	汉					950	2.26	V	1	稀少	8	1	2					25.0
DG*	XSJZ-2	9	东港	小宋家庄	傅疃	A, B	汉					951	2.45	V		稀少	13	2	1					17.0
DG*	XSJZ-3	9	东港	小宋家庄	傅疃		汉					949	1.29	V		稀少	4	2						15.0
DG*	XSJZ-4	9	东港	小宋家庄	傅疃		汉					953	0.13	VI		稀少	1	0	1					11.0
DG*	XSJZ-5	9	东港	小宋家庄	傅疃		汉					952	0.13	VI		稀少	4	2	1					14.0
DG	YGM-1	9	东港	鱼骨庙	刘家湾		汉					1006	2.64	V		稀少	10	1	1					6.0
DG	YGM-2	9	东港	鱼骨庙	刘家湾		汉					1005	0.52	VI		稀少	2	0	1					3.0
DG	YJAT-1	9	东港	尹家廒头	夹仓		周	x			西周	755	0.19	VI		稀少	1	1						4.0
DG	YJAT-2	9	东港	尹家廒头	夹仓	A	汉					986	0.71	VI		稀少	10	0	1					4.0
DG	YJAT-2	9	东港	尹家廒头	夹仓	C	龙山	x	x			372	0.25	VI		稀少	9	2			文化层	CAC	4.5
DG	YJAT-2	9	东港	尹家廒头	夹仓	A-C	周	x		x	西周/东周	754	1.81	V		很少	13	2			文化层	CAC	4.0
DG	YJAT-3	9	东港	尹家廒头	夹仓		汉					973	1.29	V		稀少	8	1	2					4.0
DG	YJW-1	9	东港	杨家洼	亚月	A-C, E	汉					1029	4.13	V		稀少	24	2	1					10.0
DG	YJW-1	9	东港	杨家洼	亚月	D	周			x	东周	786	0.20	VI		稀少	1	1						10.0
DG	YS-1	9	东港	右所	亚月		汉					1034	0.20	VI		稀少	5	2	1					12.0
DG	YS-10	9	东港	右所	刘家湾		周			x	东周	766	0.20	VI		稀少	1	1						3.0
DG	YS-2	9	东港	右所	亚月		汉					1035	0.20	VI		稀少	1	0	1					14.0
DG	YS-3	9	东港	右所	亚月		周			x	东周	764	0.20	VI		稀少	3	1						12.0
DG	YS-4	9	东港	右所	亚月		汉					1033	0.20	VI		稀少	2	1	1					11.0
DG	YS-4	9	东港	右所	亚月		周			x	东周	763	0.20	VI		稀少	1	1						11.0
DG	YS-5	9	东港	右所	亚月		龙山	x				376	0.32	VI		稀少	7	1						6.0
DG	YS-6	9	东港	右所	夹仓	B	汉					991	0.20	VI		稀少	1	0	1					3.0
DG	YS-6	9	东港	右所	夹仓	A	周	x		x	西周/东周	757	0.26	VI		少	49	5	1		文化层	文化层 CAA	3.0
DG	YS-7	9	东港	右所	夹仓		龙山				不确定	375	0.32	VI		稀少	3	1						3.0
DG	YS-7	9	东港	右所	夹仓		周			x	东周	762	0.20	VI		稀少	4	1						3.0
DG	YS-8	9	东港	右所	夹仓		汉					995	0.20	VI		稀少	1	0	1					3.0
DG	YS-9	9	东港	右所	刘家湾		周			x	东周	765	0.20	VI		稀少	1	1						3.0
DG*	YWC-1/GaJL-1	9	东港	尧王城	毕家村	MM	大汶口					15	1.23	II		稀少	2	1					15.0
DG*	YWC-1/GaJL-1	9	东港	尧王城	毕家村	QQ	大汶口					16	0.06	III		稀少	2	2			文化层	CAQQ	15.0
DG*	YWC-1/GaJL-1	9	东港	尧王城	毕家村	A, B	大汶口					17	5.81	II		稀少	2	1					10.0

海拔范围	水源	河道距离	环境区域	地貌状况	防御性遗址	土壤质地	土壤颜色	土层厚度	作物	现代用途	备注	距中心城市5公里内	距中心城市5~10公里	距中心城市10~15公里	距中心城市15公里以上	距海岸5公里内
2~10	主要河流	800	冲积平原	平地		多砂	黄土-褐土	较深	蔬菜	果园/花圃			尧王城			x
2~10	主要河流	800	冲积平原	平地		多砂/淤土	黄土-褐土	较深	蔬菜	果园/花圃			尧王城			x
2~10	主要河流	200	冲积平原	平地		多砂/淤土	褐土		休耕地	农业用地			尧王城/大古城			x
2~10	主要河流	350	冲积平原	平地		多砂	黄土-褐土	较深	休耕地/冬小麦	农业用地			尧王城			x
2~10	主要河流	350	冲积平原	平地		多砂	黄土-褐土	较深	休耕地/冬小麦	农业用地			尧王城			x
2~10	主要河流	200	冲积平原	平地					冬小麦	农业用地			尧王城			x
2~10	小河	5	冲积平原	平地		砂质壤土	黄土-褐土	较深	冬小麦	农业用地			尧王城	大古城		x
2~10	小河	600	冲积平原	微倾斜		多砂	黄土-褐土	较深	休耕地/冬小麦	幼儿园			尧王城			x
2~10	小河	20	冲积平原	平地		淤土	黄土-褐土	较深		虾池			尧王城	大古城		
2~10	小河	100	冲积平原	平地		淤土	黄土-褐土	较深		虾池			尧王城			
2~10	小河	20	冲积平原	平地		淤土	黄土-褐土	较深		虾池			尧王城			
2~10	小河	200	冲积平原	平地		多砂	浅褐土	较深	果园	果园			尧王城/大古城			
2~10	小河	600	冲积平原	平地		淤土	褐土		冬小麦	农业用地			尧王城			
2~10	小河	1000	冲积平原	平地		淤土	浅褐土	较深	冬小麦	农业用地			尧王城/大古城			
2~10	小河	600	冲积平原	平地					蔬菜	花圃			尧王城/大古城			
10~20	支流	400	冲积平原	平地		淤土	黄土-褐土	较深	休耕地	农业用地		尧王城				
2~10	主要河流	110	冲积平原	平地					冬小麦	农业用地		尧王城				x
2~10	主要河流	150	冲积平原	平地		多砂	浅褐土	较深	冬小麦	农业用地		尧王城				x
2~10	主要河流	150	冲积平原	平地		多砂	浅褐土	较深	冬小麦	农业用地		尧王城				x
20~30	小河	10	山麓	平地		多砂	浅褐土		冬小麦	农业用地	CAA，CAB第9年，CAD第10年，铁路穿过遗址		尧王城/大古城			
10~20	小河	400	山麓	低山		淤土	褐土		冬小麦	农业用地			尧王城/大古城			
10~20	小河	650	山麓	微倾斜		多砂/土质较硬	黄土-褐土	中度	休耕地/冬小麦	农业用地			尧王城/大古城			
10~20	小河	400	山麓	平地						果园			尧王城/大古城			
10~20	小河	250	山麓	平地					休耕地	农业用地			尧王城/大古城			
2~10	小河	200	冲积平原	较低的隆起		多砂	浅褐土			高速路			尧王城	大古城		x
2~10	小河	350	冲积平原	较低的隆起		多砂	浅褐土	较深	休耕地	农业用地			尧王城	大古城		x
2~10	支流	10	冲积平原	平地		淤土	黄土-褐土	较深	冬小麦	农业用地		尧王城				
2~10	支流	80	冲积平原	较低的隆起		砂质壤土	褐土	较深	休耕地/冬小麦	农业用地		尧王城		大古城		x
2~10	支流	80	冲积平原	较低的隆起		黏土	黄土-褐土	较深				尧王城				x
2~10	支流	80	冲积平原	较低的隆起		砂质壤土	褐土	较深	休耕地/冬小麦	农业用地		尧王城				x
2~10	支流	150	冲积平原	较低的隆起		多砂	红褐土	较深	休耕地	农业用地		尧王城		大古城		
10~20	小河	150	冲积平原	平地/微倾斜		土质较硬/淤土	黄土-褐土	较深	休耕地/冬小麦	农业用地		尧王城				
10~20	小河	150	冲积平原	平地/微倾斜		土质较硬/淤土	黄土-褐土	较深	休耕地/冬小麦	农业用地		尧王城				
10~20	小河	25	冲积平原	平地		多砂/淤土			休耕地	农业用地		尧王城		大古城		x
2~10	小河	800	冲积平原	平地			深褐土		冬小麦	农业用地		尧王城				x
10~20	小河	250	冲积平原	平地		粉质壤土	黄土-褐土	较深	休耕地	农业用地		尧王城		大古城		
10~20	小河	50	冲积平原	平地		多砂/淤土				花圃		尧王城				
10~20	小河	100	山麓	低山		多砂/淤土	黄土-褐土	较深	冬小麦	农业用地		尧王城		大古城		
10~20	小河	100	山麓	低山		多砂/淤土	黄土-褐土	较深	冬小麦	农业用地		尧王城				
2~10	小河	100	冲积平原	平地		多砂/淤土	黄土-褐土	较深				尧王城				
2~10	支流	75	冲积平原	平地		多砂/淤土				虾池		尧王城		大古城		
2~10	支流	75	冲积平原	平地		多砂/淤土				虾池		尧王城				
2~10	支流	750	冲积平原	较低的隆起		多砂/淤土			桑园	农业用地		尧王城				x
2~10	支流	750	冲积平原	较低的隆起		多砂/淤土			桑园	农业用地		尧王城				x
2~10	支流	900	冲积平原	平地		多砂/淤土			冬小麦	农业用地		尧王城		大古城		x
2~10	支流	1150	冲积平原	平地			深褐土		冬小麦	农业用地		尧王城				x
10~20	支流	0	冲积平原/山麓	平地/较低的隆起		多砂	黄土-褐土	较深	休耕地/小麦/蔬菜	农业用地/花圃						
10~20	支流	0	冲积平原/山麓	平地/较低的隆起		多砂	黄土-褐土	较深	休耕地/小麦/蔬菜	农业用地/花圃						
10~20	支流	0	冲积平原/山麓	平地/较低的隆起		多砂/淤土	黄土-褐土	较深	休耕地/小麦/蔬菜	农业用地/花圃						

遗址前缀	遗址名称	年份	行政区划	村镇	地图	采集区	年代	早(西)	中	晚(东)	分期	期段编号	面积(万米²)	等级	所含期段数	陶片密度	陶片数量	器型	残片	石器	文化层特点	详细文化层信息	中心海拔
DG*	YWC-1/GaJL-1	9	东港	尧王城	毕家村	HH	大汶口					18	0.13	III		稀少	1	1				文化层	CAHH	15.0
DG*	YWC-1/GaJL-1	9	东港	尧王城	毕家村	TT	大汶口					19	1.29	II		稀少	1	1						15.0
DG*	YWC-1/GaJL-1	9	东港	尧王城	毕家村	所有，除了C，F，CI，L，Q-X，Z，DD，EE，JJ，KK，TT，UU，AF，AI-AN	汉					1044	309.07	I		少	852	5	1	1	墓葬	2墓YY-1	15.0
DG*	YWC-1/GaJL-1	9	东港	尧王城	毕家村	V	汉					1045	4.19	V		稀少	3	0	1					15.0
DG*	YWC-1/GaJL-1	9	东港	尧王城	毕家村	AM	汉					1046	0.96	VI		稀少	1	1						15.0
DG*	YWC-1/GaJL-1	9	东港	尧王城	毕家村	所有	龙山	x	x			397	367.52	I		中等	2015	17	1	15	文化层	多处文化层(I，PP，QQ，RR，SS，YY，ZZ)	18.0
DG*	YWC-1/GaJL-1	9	东港	尧王城	亚月	A	周			x	东周	787	0.32	VI		稀少	4	1						26.0
DG*	YWC-1/GaJL-1	9	东港	尧王城	毕家村	T，U，W，AN	周			x	东周	795	9.74	III		稀少	6	1						15.0
DG*	YWC-1/GaJL-1	9	东港	尧王城	毕家村	所有，除了C，F，H-K，M，Q-S，U-CX，CZ，AA，CC，HH，JJ，LL，PP，TT，UU，XX，AB，AH-AN	周	x		x	西周/东周	796	226.56	I		少	290	7	2	1	文化层	多处文化层(I，PP，QQ，RR，SS，YY，ZZ)	15.0
DG	YY-2	9	东港	亚月	毕家村	A	汉					1031	0.57	VI		稀少	3	0	1					25.0
DG	YY-3	9	东港	亚月	亚月		汉					1032	0.90	VI		稀少	1	0	1					24.0
DG	YY-3	9	东港	亚月	亚月		龙山				不确定	377	0.75	VI		稀少	2	1						24.0
DG	ZJAT-1	9	东港	张家厫头	夹仓		汉					987	0.20	VI		稀少	2	1	1					4.0
DG	ZJAT-2	9	东港	张家厫头	夹仓	A，B	汉					988	2.26	V		很少	26	4	1					3.5
DG	ZJAT-2	9	东港	张家厫头	夹仓	A，B	龙山				不确定	373	2.26	V		很少	16	2						3.5
DG	ZJAT-2	9	东港	张家厫头	夹仓	A	周			x	东周	756	0.19	VI		稀少	3	1						3.5
DG	ZJAT-3	9	东港	张家厫头	夹仓		汉					989	0.13	VI		稀少	7	1	1					4.0
DG	ZJAT-4	9	东港	张家厫头	夹仓	C	汉					983	0.90	VI		稀少	4	2	1					4.0
DG	ZJAT-4	9	东港	张家厫头	夹仓	A	龙山		x			368	0.20	VI		少	9	2						2.0
DG	ZJAT-4	9	东港	张家厫头	夹仓	A	周			x	东周	751	0.20	VI		稀少	5	2						4.0
DG*	ZJXZ-1	9	东港	张家小庄	毕家村		汉					1041	0.65	VI		稀少	6	1	1					20.0
DG*	ZJXZ-2	9	东港	张家小庄	毕家村		汉					1040	0.19	VI		稀少	2	0	1					11.0
DG*	ZJXZ-2	9	东港	张家小庄	毕家村		周			x	东周	791	0.19	VI		稀少	3	1						11.0
DG*	ZJZZ-1	9	东港	张家庄子	毕家村	B	周			x	东周	793	1.03	V		稀少	7	1						20.0
DG*	ZJZZ-2	9	东港	张家庄子	毕家村		龙山				不确定	390	0.19	VI		稀少	1	1						2.0
DG*	ZJZZ-3	9	东港	张家庄子	毕家村		龙山				不确定	391	0.19	VI		稀少	1	1						3.5
DG*	ZJZZ-5	9	东港	张家庄子	毕家村		汉					1042	0.13	VI		稀少	1	0	1					20.0
DG	ZK-2	9	东港	宅科	夹仓		汉					970	0.20	VI		稀少	4	2	1					5.0
DG	ZK-3	9	东港	宅科	夹仓		周	x			西周	744	0.20	VI		稀少	1	1						5.0
DG	ZZHA-1	9	东港	竹子河崖	亚月		汉					1018	0.20	VI		稀少	1	0	1					3.0
DG	ZZHA-1	9	东港	竹子河崖	亚月		龙山	x				389	0.20	VI		稀少	1	1						3.0
DG	ZZHA-2	9	东港	竹子河崖	刘家湾		汉					1017	0.20	VI		稀少	1	1						3.0
DG	ZZHA-3	9	东港	竹子河崖	刘家湾		汉					1016	0.52	VI		稀少	6	1	1					3.0
DG	ZZHA-3	9	东港	竹子河崖	刘家湾		周			x	东周	780	0.52	VI		稀少	2	2						3.0
DG*	BJC-2	10	东港	毕家村	毕家村	A，B，C，D	汉					1150	2.51	V	1	中等	37	4	1					22.6

海拔范围	水源	河道距离	环境区域	地貌状况	防御性遗址	土壤质地	土壤颜色	土层厚度	作物	现代用途	备注	距中心城市5公里内	距中心城市5~10公里	距中心城市10~15公里	距中心城市15公里以上	距海岸5公里内
10~20	支流	20	冲积平原/山麓	平地/较低的隆起		多砂/淤土	黄土-褐土	较深	休耕地/冬小麦	农业用地						
10~20	支流	20	冲积平原/山麓	平地/较低的隆起		多砂/淤土	黄土-褐土	较深	休耕地/冬小麦	农业用地						
10~20	支流	0	冲积平原/山麓	平地/较低的隆起		多砂/淤土	黄土-褐土	较深	休耕地/小麦/蔬菜	农业用地/花圃		尧王城		大古城		
10~20	支流	0	冲积平原/山麓	平地/较低的隆起s		多砂/淤土	黄土-褐土	较深	休耕地/小麦/蔬菜	农业用地/花圃		尧王城		大古城		
10~20	支流	0	冲积平原/山麓	平地/较低的隆起s		多砂/淤土	黄土-褐土	较深	休耕地/小麦/蔬菜	农业用地/花圃		尧王城		大古城		
10~20	支流	80	冲积平原/山麓	平地/较低的隆起s		多砂/淤土	深褐土		冬小麦	农业用地		尧王城				
20~30	支流	200	冲积平原/山麓	平地/较低的隆起		粉质壤土	黄土-褐土	较深	休耕地/冬小麦	农业用地		尧王城				
10~20	支流	0	冲积平原/山麓	平地/较低的隆起s		多砂/淤土	黄土-褐土	较深	休耕地/小麦/蔬菜	农业用地/花圃		尧王城				
10~20	支流	0	冲积平原/山麓	平地/较低的隆起s		多砂/淤土	黄土-褐土	较深	休耕地/小麦/蔬菜	农业用地/花圃		尧王城				
20~30	小河	0	山麓	平地		多砂/土质较硬	褐土	中度	休耕地	果园		尧王城		大古城		
20~30	小河	420	山麓	平地		土质较硬/淤土		中度	休耕地	农业用地		尧王城		大古城		
20~30	小河	420	山麓	平地		土质较硬/淤土		中度	休耕地	农业用地		尧王城				
2~10	支流	10	冲积平原	平地s		多砂	浅褐土	较深		虾池		尧王城		大古城		x
2~10	支流	10	冲积平原	平地		多砂	浅褐土	较深		虾池		尧王城		大古城		x
2~10	支流	20	冲积平原	平地		淤土	黄土-褐土	较深		虾池		尧王城				x
2~10	支流	10	冲积平原	平地		多砂	浅褐土	较深		虾池		尧王城				x
2~10	支流	10	冲积平原	平地		多砂	浅褐土	较深		虾池		尧王城		大古城		x
2~10	小河	50	冲积平原	平地		淤土	浅褐土	较深		虾池		尧王城		大古城		x
2~10	小河	100	冲积平原	平地			深褐土			虾池		尧王城				x
2~10	小河	50	冲积平原	平地		淤土	浅褐土	较深		虾池			尧王城			
20~30	小河	700	山麓	微倾斜		多砂	黄土-褐土	中度	休耕地	农业用地		尧王城		大古城		
10~20	小河	450	冲积平原	平地		多砂/土质较硬	浅褐土	中度	休耕地	农业用地		尧王城		大古城		
10~20	小河	450	冲积平原	平地		多砂/土质较硬	浅褐土	中度	休耕地	农业用地		尧王城				
20~30	小河	200	冲积平原	微倾斜		多砂/淤土			冬小麦	农业用地		尧王城				
2~10	小河	200	冲积平原	平地		多砂	浅褐土	较深		虾池		尧王城				
2~10	主要河流	300	冲积平原	平地					冬小麦	虾池		尧王城				
20~30	小河	300	冲积平原	平地		多砂/淤土	浅褐土			树林		尧王城		大古城		
2~10	小河	500	冲积平原	平地		淤土	褐土	较深	冬小麦	农业用地			尧王城/大古城			x
2~10	小河	450	冲积平原	平地		淤土	黄土-褐土	较深	冬小麦	农业用地			尧王城			x
2~10	小河	50	冲积平原	平地		多砂/淤土			冬小麦	农业用地		尧王城				x
2~10	小河	50	冲积平原	平地		多砂/淤土			冬小麦	农业用地		尧王城				x
2~10	小河	50	冲积平原	平地		黏土				虾池			尧王城			x
2~10	小河	200	冲积平原	微倾斜		黏土	褐土	较深		虾池		尧王城				x
2~10	小河	200	冲积平原	微倾斜		黏土	褐土	较深		虾池			尧王城			x
20~30	主要河流	100	冲积平原						冬小麦/桑园/休耕地	果园/农业用地		尧王城		大古城		

遗址前级	遗址名称	年份	行政区划	村镇	地图	采集区	年代	早(西)	中	晚(东)	分期	期段编号	面积(万米²)	等级	所含期段数	陶片密度	陶片数量	器型	残片	石器	文化层特点	详细文化层信息	中心海拔
DG*	BJC-3	10	东港	毕家村	毕家村		汉					1149	0.13	VI	1	稀少	3	1	1				22.2
DG*	BJC-4	10	东港	毕家村	毕家村		周			x	东周	871	0.13	VI	1	稀少	2	2					19.5
DG	DaWa-1	10	东港	大洼	巨峰镇		汉					1182	0.13	VI	1	稀少	1	1					22.4
DG	DaWa-2	10	东港	大洼	亚月		周	x		x	西周/东周	895	0.19	VI	1	稀少	6	2					18.7
DG	DJSG-1	10	东港	东将帅沟	郭家湖子		周			x	东周	806	0.13	VI	1	稀少	1	1					15.0
DG	DJSG-2	10	东港	东将帅沟	郭家湖子		汉					1072	0.13	VI	1	稀少	4	1	1				15.4
DG	HEZ-1	10	东港	后鹅庄	郭家湖子	E	龙山				不确定	405	0.13	VI	4	稀少	1	1					12.4
DG	HEZ-1	10	东港	后鹅庄	郭家湖子	D	龙山	x			早期	406	0.25	VI	4	很少	24	4			文化层	CAD：5厘米黑、灰色堆积	12.4
DG	HEZ-1	10	东港	后鹅庄	郭家湖子	B, C, E	周			x	东周	807	5.03	IV	4	稀少	9	2					12.4
DG*	HGC-5	10	东港	怀古村	毕家村		汉					1168	0.13	VI	1	稀少	1	0	1				18.3
DG	LJTA-1	10	东港	李家潭崖	亚月	A	汉					1089	0.13	VI	2	稀少	1	1					7.8
DG	LJTA-1	10	东港	李家潭崖	亚月	A, B	周			x	东周	896	2.51	V	2	稀少	17	4			文化层	灰土堆积 CAB	7.8
DG	MJiC-1	10	东港	苗家村	巨峰镇		汉					1194	0.13	VI	1	稀少	2	1					12.3
DG	QJSG-1	10	东港	前将帅沟	盛家代疃	A, B	汉					1071	1.43	V	2	稀少	8	1	1				17.6
DG	QJSG-1	10	东港	前将帅沟	盛家代疃	A, B, C	周	x		x	西周/东周	805	2.00	V	2	很少	69	4					17.6
DG	QJSG-2	10	东港	前将帅沟	十里铺		汉					1070	2.60	V	2	稀少	1	0	1				25.0
DG	QJSG-2	10	东港	前将帅沟	十里铺		周			x	东周	804	0.80	VI	2	稀少	2	2					25.0
DG	XCWA-1	10	东港	小长汪崖	盛家代疃		周			x	东周	803	0.55	VI	1	稀少	2	1					19.5
DG	XCWA-10	10	东港	小长汪崖	盛家代疃		汉					1066	0.13	VI	1	稀少	1	1					18.5
DG	XCWA-2	10	东港	小长汪崖	盛家代疃		汉					1068	0.13	VI	1	稀少	1	0	1				20.1
DG	XCWA-3	10	东港	小长汪崖	盛家代疃		汉					1064	1.09	V	1	很少	27	1	1				21.0
DG	XCWA-4	10	东港	小长汪崖	盛家代疃		现代								1	稀少							22.0
DG	XCWA-5	10	东港	小长汪崖	十里铺		汉					1069	0.13	VI	1	稀少	1	0	1				20.1
DG	XCWA-6	10	东港	小长汪崖	盛家代疃		汉					1065	0.13	VI	1	稀少	2	0	1				21.0
DG	XCWA-7	10	东港	小长汪崖	盛家代疃		汉					1063	0.13	VI	2	稀少	1	0	1				25.0
DG	XCWA-7	10	东港	小长汪崖	盛家代疃		周	x			西周	802	0.13	VI	2	稀少	2	1					25.0
DG	XCWA-8	10	东港	小长汪崖	盛家代疃		汉					1062	0.83	VI	1	稀少	9	1	1				25.0
DG	XCWA-9	10	东港	小长汪崖	盛家代疃	A, B, C, D, E	汉					1067	8.50	IV	2	稀少	42	3	1				18.0
DG	XCWA-9	10	东港	小长汪崖	盛家代疃	D	龙山				不确定	403	0.45	VI	2	稀少	1	1					16.5
DG*	XFG-2	10	东港	小芳沟	傅疃		汉					1121	0.75	VI	2	稀少	7	2	1				21.0
DG*	XFG-2	10	东港	小芳沟	傅疃		周			x	东周	847	0.75	VI	2	稀少	2	1					21.0
DG*	XFG-3	10	东港	小芳沟	潘家洼		汉					1122	0.13	VI	2	稀少	1	0	1				19.5
DG*	XFG-3	10	东港	小芳沟	潘家洼		周			x	东周	848	0.13	VI	2	稀少	1	1					19.5
LS	AJH-1	10	岚山	安家湖	潘家洼		汉					1123	1.48	V	1	很少	66	2	1				33.0
LS	AJH-2	10	岚山	安家湖	潘家洼		周	x			西周	838	0.13	VI	1	稀少	1	1					25.5
LS	BFJC-1	10	岚山	北范家村	潘家洼	A	汉					1132	1.09	V	3	稀少	6	3	1				17.0
LS	BFJC-1	10	岚山	北范家村	潘家洼	A	周			x	东周	844	1.09	V	3	稀少	3	1					17.0
LS	BFJC-1	10	岚山	北范家村	潘家洼	B	周	x			西周	845	0.13	VI	3	稀少	1	1					16.5
LS	BFJC-2	10	岚山	北范家村	潘家洼		汉					1131	1.00	V	2	稀少	2	0	1		文化层		25.5
LS	BFJC-2	10	岚山	北范家村	潘家洼		周				西周	843	1.00	V	2	稀少	15	1			文化层	灰土颗粒	25.5
LS	BFJC-3	10	岚山	北范家村	潘家洼		周			x	东周	841	0.13	VI	1	稀少	1	1					27.0
LS	BJC-1	10	岚山	卜家村	潘家洼		汉					1127	0.25	VI	1	少	19	1	1				32.0
LS	BJC-2	10	岚山	卜家村	潘家洼		汉					1129	0.13	VI	2	少	6	0	1				20.5
LS	BJC-2	10	岚山	卜家村	潘家洼		周	x			西周	842	0.13	VI	2	少	1	1					20.5
LS	BJC-3	10	岚山	卜家村	潘家洼		汉					1126	2.65	V	2	少	1	0	1				37.5

海拔范围	水源	河道距离	环境区域	地貌状况	防御性遗址	土壤质地	土壤颜色	土层厚度	作物	现代用途	备注	距中心城市5公里内	距中心城市5~10公里	距中心城市10~15公里	距中心城市15公里以上	距海岸5公里内
20~30	主要河流	5	冲积平原	平地		多砂	黄土-褐土	较深		堤岸；靠近果园			尧王城		大古城	
10~20	主要河流	100	冲积平原			多砂				桑园			尧王城		大古城	
20~30	支流	800	冲积平原	平地		砂质壤土	黄土-褐土	较深		休耕地/周围是冬小麦			尧王城		大古城	
10~20	主要河流	1800	山麓	隆起		土质较硬				树林			尧王城			
10~20	主要河流	800	冲积平原			淤土				休耕地/稻田				尧王城		
10~20	主要河流	600	冲积平原	平地		壤土	浅褐土	较深	稻田/冬小麦	农业用地			大古城	尧王城		
10~20	主要河流	200	冲积平原	平地		壤土	浅褐土	较深	杨树林	堤岸	遗址首次记录于第7年			尧王城		
10~20	主要河流	400	冲积平原	平地		壤土	黄土-褐土	较深	休耕地/冬小麦/稻田	农业用地	遗址首次记录于第7年			尧王城		
10~20	主要河流	200	冲积平原	平地		壤土	浅褐土	较深	休耕地/冬小麦/蔬菜/杨树林	农业用地	遗址首次记录于第7年			尧王城		
10~20	主要河流	475	冲积平原	平地		砂质壤土	黄土-褐土	较深	冬小麦	农业用地	村庄西，渡槽北		尧王城	大古城		
2~10	主要河流	125	冲积平原	较低的隆起		砂质壤土	浅褐土	较深	蔬菜	农业用地			尧王城			大古城
2~10	主要河流	75	冲积平原	较低的隆起		砂质壤土	浅褐土	较深	蔬菜	农业用地			尧王城			
10~20	主要河流	250	冲积平原			多砂/淤土	浅褐土			桑园			尧王城			大古城
10~20	小河	20	冲积平原							休耕地			大古城	尧王城		
10~20	小河	20	冲积平原							休耕地				尧王城		
20~30	小河	300	山麓	微倾斜		砂质壤土	黄土-褐土	较深			前将帅沟村北；低山麓	大古城		尧王城		
20~30	小河	150	山麓	微倾斜		砂质壤土	黄土-褐土	较深			前将帅沟村北；低山麓			尧王城		
10~20	小河	0	冲积平原	平地		壤土	黄土-褐土	较深	冬小麦/蔬菜	农业用地	现代水渠两岸			尧王城		
10~20	小河	250	冲积平原	平地		壤土	浅褐土	较深	冬小麦	农业用地			大古城	尧王城		
20~30	小河	100	冲积平原	平地		壤土	浅褐土	较深	冬小麦	农业用地			大古城	尧王城		
20~30	小河	150	冲积平原	微倾斜		壤土	黄土-褐土	较深	休耕地/冬小麦	农业用地			大古城	尧王城		
20~30	小河	0	冲积平原	平地		壤土	黄土-褐土	较深	冬小麦/蔬菜	农业用地/花圃				尧王城		
20~30	小河	180	冲积平原			粉质壤土	褐土		杨树林	树林	沿着高速路		大古城	尧王城		
20~30	小河	50	冲积平原			砂质壤土	黄土-褐土		休耕地				大古城	尧王城		
20~30	小河	0	山麓			壤土					低山麓		大古城	尧王城		
20~30	小河	0	山麓			壤土					低山麓			尧王城		
20~30	小河	270	山麓	微倾斜					冬小麦	现代水渠/村庄	小长汪崖北；低山麓		大古城	尧王城		
10~20	小河	0	冲积平原	微倾斜		砂质壤土	黄土-褐土	较深	冬小麦	农业用地/村庄	遗址部分建房发现，较大陶片		大古城	尧王城		
10~20	小河	0	冲积平原	微倾斜		砂质壤土	黄土-褐土	较深	冬小麦	农业用地/村庄	遗址部分建房发现，较大陶片			尧王城		
20~30	小河	140	山麓			砂质壤土			冬小麦/桑园/休耕地	农业用地				尧王城/大古城		
20~30	小河	140	山麓			砂质壤土			冬小麦/桑园/休耕地	农业用地				尧王城		
10~20	小河	30	山麓			砂质壤土			休耕地	农业用地/大白菜	大白菜地中较大陶片；低山麓			尧王城/大古城		
10~20	小河	30	山麓			砂质壤土			休耕地	农业用地/大白菜	大白菜地中较大陶片；低山麓			尧王城		
30~40	小河	250	山麓	微倾斜		砂质壤土	黄土-褐土	中度	休耕地/冬小麦/草垛	农业用地	低山麓			尧王城/大古城		
20~30	小河	150	冲积平原			多砂				桑园				尧王城		
10~20	支流	120	冲积平原	较低的隆起		砂质壤土	黄土-褐土	较深	冬小麦/蔬菜	花圃		尧王城	大古城			
10~20	支流	120	冲积平原	较低的隆起		砂质壤土	黄土-褐土	较深	冬小麦/蔬菜	花圃		尧王城				
10~20	支流	50	冲积平原	微倾斜		多砂	黄土-褐土	较深				尧王城				
20~30	小河	150	冲积平原	平地		壤土	黄土-褐土	较深	休耕地/冬小麦/蔬菜	农业用地/花圃	LS-BFJC-1可能同一社群	尧王城	大古城			
20~30	小河	150	冲积平原	平地		壤土	黄土-褐土	较深	休耕地/冬小麦/蔬菜	农业用地/花圃	LS-BFJC-1可能同一社群	尧王城				
20~30	小河	50	冲积平原	平地		砂质壤土	黄土-褐土	较深	冬小麦	农业用地	公路南	尧王城				
30~40	小河	250	冲积平原	较低的隆起		多砂/土质较硬壤土			休耕地	农业用地			尧王城		大古城	
20~30	小河	100	冲积平原			砂质壤土				桑园			尧王城		大古城	
20~30	小河	100	冲积平原			砂质壤土				桑园			尧王城			
30~40	小河	50	山麓			砂质壤土			休耕地/冬小麦	农业用地				尧王城/大古城		

遗址前缀	遗址名称	年份	行政区划	村镇	地图	采集区	年代	早(西)	中	晚(东)	分期	期段编号	面积(万米²)	等级	所含期段数	陶片密度	陶片数量	器型	残片	石器	文化层特点	详细文化层信息	中心海拔
LS	BJC-3	10	岚山	卜家村	潘家洼		周	x			西周	839	0.13	VI	2	少	2	1					37.5
LS	BJC-4	10	岚山	卜家村	潘家洼		汉					1130	0.13	VI	1	少	4	3					27.5
LS	BJC-5	10	岚山	卜家村	潘家洼		汉					1125	0.45	VI	1	稀少	3	1	1				40.0
LS	BJG-1	10	岚山	别家沟	盛家代疃		周			x	东周	799	0.20	VI	1	稀少	2	1					49.0
LS	BY-1	10	岚山	白云	潘家洼	A, B	汉					1124	2.14	V	2	很少	17	3	1				40.0
LS	BY-1	10	岚山	白云	潘家洼	A, C	周			x	东周	836	1.16	V	2	稀少	7	2					40.0
LS	BY-2	10	岚山	白云	潘家洼		周	x			西周	840	0.13	VI	1	稀少	1	1					31.5
LS	BY-3	10	岚山	白云	潘家洼		周			x	东周	837	0.19	VI	1	中等	8	2					40.5
LS	BY-4	10	岚山	白云	潘家洼	D	汉					1112	0.13	VI	4	稀少	1	0	1				75.0
LS	BY-4	10	岚山	白云	潘家洼	C	龙山	x			中期	415	0.13	VI	4	稀少	12	4			文化层	黑土堆积	72.0
LS	BY-4	10	岚山	白云	潘家洼	A	商				晚期	27	1.67	I	4	很少	11	1					73.0
LS	BY-4	10	岚山	白云	潘家洼	A, B	周	x		x	西周/东周	834	3.22	V	4	很少	136	4					73.0
LS	BY-5	10	岚山	白云	潘家洼	A, B	汉					1113	1.09	V	2	稀少	5	0	1				61.0
LS	BY-5	10	岚山	白云	潘家洼	A	周	x			西周	835	0.13	VI	2	稀少	5	1					60.5
LS	BY-6	10	岚山	白云	潘家洼		汉					1111	0.13	VI	1	稀少	1	0	1				74.0
LS	CJGZ-1	10	岚山	蔡家官庄	蔡家官庄		龙山				不确定	399	0.13	VI	1	稀少	1	1					60.0
LS	CJGZ-1	10	岚山	蔡家官庄	蔡家官庄		周			x	东周	798	0.13	VI	2	稀少	1	1					60.0
LS	CJGZ-2	10	岚山	蔡家官庄	盛家代疃		汉					1050	0.13	VI	1	稀少	1	0	1				59.0
LS	CZ-1	10	岚山	川子	尚家庄		周			x	东周	851	0.13	VI	1	中等	16	3					31.0
LS	CZ-2	10	岚山	川子	尚家庄		周			x	东周	852	0.13	VI	1	稀少	1	1					32.0
LS	CZ-3	10	岚山	川子	尚家庄		周			x	东周	853	0.13	VI	1	稀少	1	1					38.5
LS	CZ-4	10	岚山	川子	尚家庄		周			x	东周	854	0.13	VI	1	稀少	1	1					43.5
LS	DJDC-1	10	岚山	丁家大村	傅疃		汉					1117	0.42	VI	2	稀少	2	1					34.0
LS	DJDC-1	10	岚山	丁家大村	傅疃		周			x	东周	830	0.13	VI	2	稀少	2	1					32.0
LS	DJDC-2	10	岚山	丁家大村	傅疃		汉					1116	0.13	VI	1	稀少	3	1	1				35.5
LS	DJDC-3	10	岚山	丁家大村	傅疃		汉					1115	0.13	VI	1	稀少	2	0	1				30.0
LS	DJGL-1	10	岚山	丁家皋陆	盛家代疃		汉					1054	0.13	VI	2	稀少	1	0	1				19.5
LS	DJGL-1	10	岚山	丁家皋陆	盛家代疃		周			x	东周	801	0.13	VI	2	稀少	3	2					19.5
LS	DMJC-1	10	岚山	东牟家村	毕家村		汉					1135	1.50	V	2	很少	11	3	1		文化层?	陶片发现于白菜地	12.5
LS	DMJC-1	10	岚山	东牟家村	毕家村		周	x			西周	849	1.50	V	2	稀少	5	1			文化层?	陶片发现于白菜地	12.5
LS	DMJC-2	10	岚山	东牟家村	毕家村		汉					1134	0.13	VI	1	稀少	1	1					12.0
LS	DMJC-3	10	岚山	东牟家村	毕家村		汉					1137	0.77	VI	1	中等	22	2	1				12.5
LS	DMJC-4	10	岚山	东牟家村	毕家村		汉					1136	0.13	VI	1	稀少	1	1					11.0
LS	DQH-1	10	岚山	大曲河	郭家湖子		汉					1101	1.45	V	1	稀少	10	1	1				11.7
LS	DQH-2	10	岚山	大曲河	郭家湖子	A, B	汉					1096	3.67	V	2	稀少	24	3	1				11.5
LS	DQH-2	10	岚山	大曲河	郭家湖子	B	周	x		x	西周/东周	823	1.04	V	2	稀少	15	2					11.5
LS	DQH-3	10	岚山	大曲河	郭家湖子		周			x	东周	822	0.30	VI	1	稀少	4	2					12.0
LS	DQH-4	10	岚山	大曲河	郭家湖子		汉					1097	0.13	VI	1	稀少	1	0	1				11.7

海拔范围	水源	河道距离	环境区域	地貌状况	防御性遗址	土壤质地	土壤颜色	土层厚度	作物	现代用途	备注	距中心城市5公里内	距中心城市5~10公里	距中心城市10~15公里	距中心城市15公里以上	距海岸5公里内
30~40	小河	50	山麓			砂质壤土			休耕地/冬小麦	农业用地		尧王城				
20~30	小河	150	冲积平原						玉米/冬小麦/蔬菜	农业用地/花圃		尧王城	大古城			
40~50	小河	60	山麓	梯田/微倾斜		砂质壤土	黄土-褐土	较深	休耕地/冬小麦	农业用地	距离小河300米；低山麓		尧王城/大古城			
40~50	小河	250	山麓	梯田/微倾斜		壤土	褐土		休耕地/冬小麦					尧王城		
40~50	小河	0	山麓	微倾斜		砂质壤土	黄土-褐土	较深		部分被水库淹没	CAB陶片密集；LS-BY-3可能同一社群		尧王城/大古城			
40~50	小河	0	山麓	微倾斜		砂质壤土	黄土-褐土	较深		部分被水库淹没	CAC陶片密集；LS-BY-3可能同一社群		尧王城			
30~40	小河	130	山麓	平地		砂质壤土	浅褐土	较深		果园		尧王城				
40~50	小河	10	山麓			砂质壤土			休耕地	农业用地	与LS-BY-1被水库隔开，可能同一社群		尧王城			
70~80	小河	0	山麓	微倾斜		砂质壤土	黄土-灰土	较深	休耕地	农业用地	低山麓		尧王城/大古城			
70~80	小河	40	山麓	梯田/微倾斜		砂质壤土	黄土-褐土	较深	休耕地	农业用地	梯田；低山麓		尧王城			
70~80	小河	0	山麓	较低的隆起		砂质壤土	黄土-灰土	较深	休耕地/茶园	农业用地/堤岸	CAA现代农耕活动暴露；低山麓		尧王城			
70~80	小河	0	山麓	较低的隆起		多砂	黄土-褐土	中度	休耕地/茶园	农业用地/堤岸	CAB陶片密度较大；CAB海拔83米；CAA现代农耕暴露；低山麓		尧王城			
60~70	小河	0	山麓	隆起		砂质壤土			休耕地/树林				尧王城/大古城			
60~70	小河	0	山麓	隆起		砂质壤土			树林				尧王城			
70~80	小河	140	山麓	微倾斜		多砂/土质较硬壤土	黄土	中度	休耕地，靠近茶园	农业用地	低山麓		尧王城/大古城			
60~70	小河	100	山麓			土质较硬/多砂			休耕地					尧王城		
60~70	小河	100	山麓			土质较硬/多砂			休耕地					尧王城		
50~60	小河	500	山麓	梯田/微倾斜		土质较硬/多砂							大古城	尧王城		
30~40	主要河流	20	冲积平原			砂质壤土			蔬菜/大白菜	花圃	靠近村庄	尧王城				
30~40	小河	10	冲积平原	平地		砂质壤土	黄土-褐土	较深	耕地	农业用地	靠近水库	尧王城				
30~40	主要河流	350	冲积平原			砂质壤土			休耕地	农业用地		尧王城				
40~50	主要河流	600	冲积平原	平地		砂质壤土	黄土-褐土	较深	休耕地	农业用地		尧王城				
30~40	小河	200	山麓	微倾斜		多砂	黄土-褐土	中度	休耕地	农业用地	靠近铁路；低山麓		尧王城/大古城			
30~40	小河	200	山麓	微倾斜		多砂	黄土-褐土	中度	休耕地	农业用地	靠近铁路；低山麓		尧王城			
30~40	小河	400	山麓	微倾斜		土质较硬/多砂			休耕地				尧王城/大古城			
30~40	小河	75	山麓	微倾斜		砂质壤土	黄土-褐土	较深			南部500米水库		尧王城/大古城			
10~20	支流	80	冲积平原	平地		壤土	黄土-褐土	较深	休耕地		傅疃河北300米	大古城		尧王城		
10~20	支流	80	冲积平原	平地		壤土	黄土-褐土	较深	休耕地		傅疃河北300米	尧王城				
10~20	支流	20	冲积平原	较低的隆起		壤土			蔬菜/大白菜	花圃	遗址埋藏较深	尧王城	大古城			
10~20	支流	20	冲积平原	较低的隆起		壤土			蔬菜/大白菜	花圃	遗址埋藏较深	尧王城				
10~20	主要河流	10	冲积平原			多砂			桑园			尧王城	大古城			
10~20	小河	30	冲积平原			多砂			桑园	果园		尧王城	大古城			
10~20	小河	40	冲积平原						杨树林			尧王城	大古城			
10~20	支流	0	冲积平原	平地		多砂	浅褐土	较深	无	堤岸		大古城	尧王城			
10~20	主要河流	70	冲积平原	平地		壤土	黄土-褐土	较深	蔬菜/冬小麦/休耕地/杨树林	农业用地			大古城	尧王城		
10~20	主要河流	70	冲积平原	平地		壤土	黄土-褐土	较深	蔬菜/冬小麦/休耕地/杨树林	农业用地			尧王城			
10~20	主要河流	130	冲积平原	平地		多砂	黄土-褐土	较深	休耕地	塑料大棚	大曲河村庄东南拐角		尧王城			
10~20	主要河流	300	冲积平原	平地		壤土	黄土-褐土	较深	蔬菜	花圃	大曲河村庄东部	大古城	尧王城			

遗址前缀	遗址名称	年份	行政区划	村镇	地图	采集区	年代	早(西)	中	晚(东)	分期	期段编号	面积(万米²)	等级	所含期段数	陶片密度	陶片数量	器型	残片	石器	文化层特点	详细文化层信息	中心海拔
LS	DQH-5	10	岚山	大曲河	郭家湖子	B-E, G-J	汉					1093	7.14	IV	3	稀少	41	2	1				12.4
LS	DQH-5	10	岚山	大曲河	郭家湖子	A-J	龙山	x	x		早/中	408	10.10	III	3	稀少	122	8					12.4
LS	DQH-5	10	岚山	大曲河	郭家湖子	B	周	x			西周	821	0.87	VI	3	稀少	3	1					12.4
LS	DQH-6	10	岚山	大曲河	郭家湖子		汉					1094	0.32	VI	1	稀少	6	1	1				12.2
LS	DSJZ-1	10	岚山	大宋家村	潘家洼		汉					1120	0.45	VI	1	稀少	8	1	1				24.5
LS	DSJZ-2	10	岚山	大宋家村	潘家洼		汉					1119	0.13	VI	1	稀少	1	0	1				27.5
LS	DSJZ-3	10	岚山	大宋家村	潘家洼		汉					1118	0.13	VI	1	稀少	1	0	1				29.5
LS	DT-1	10	岚山	大屯	潘家洼		汉					1110	0.30	VI	1	稀少	3	1	1				25.0
LS	DT-2	10	岚山	大屯	潘家洼		汉					1104	0.13	VI	1	稀少	1	0	1				32.0
LS	DT-3-5	10	岚山	大屯	潘家洼	A, B, C	汉					1108	2.80	V	1	稀少	19	1	1				39.0
LS	DXQH-1	10	岚山	东小曲河三村	山子河	H	龙山				不确定	411	0.96	V	2	稀少	1	1					16.5
LS	DXQH-1	10	岚山	东小曲河三村	山子河	E, F, I	周	x		x	西周/东周	824	2.06	V	2	很少	27	3					16.4
LS	DXQH-1/JG-3	10	岚山	东小曲河三村	山子河	B-K；A-C, E-J	汉					1092	29.70	II	5	稀少	156	4	2		文化层	CAC：灰土，大陶片，可能耕田；CAB/CAH/CAG：灰土	14.0
LS	DXQH-2	10	岚山	东小曲河三村	山子河		周			x	东周	827	0.13	VI	1	稀少	3	2					17.0
LS	DXQH-3	10	岚山	东小曲河三村	山子河		汉					1100	0.13	VI	1	稀少	2	0	1				17.5
LS	DXQH-4	10	岚山	东小曲河三村	山子河		汉					1103	0.13	VI	1	稀少	1	0	1				18.5
LS	DXQH-5	10	岚山	东小曲河三村	山子河		汉					1102	0.13	VI	1	稀少	1	0	1				19.8
LS	DXQH-6	10	岚山	东小曲河三村	山子河		汉					1099	0.13	VI	1	稀少	1	0	1				19.5
LS	DXQH-7	10	岚山	东小曲河三村	山子河		汉					1091	0.13	VI	1	稀少	5	1	1				16.0
LS	DXQH-8	10	岚山	东小曲河三村	山子河		龙山				不确定	413	0.13	VI	1	稀少	1	1					22.0
LS	DZJZ-1	10	岚山	东赵家庄	尚家庄		汉					1143	0.13	VI	1	稀少	1	0	1				45.0
LS	FJZ-1	10	岚山	冯家庄	尚家庄		汉					1148	0.13	VI	1	稀少	1	0	1				29.0
LS	FJZ-2	10	岚山	冯家庄	毕家村		汉					1142	0.13	VI	1	稀少	2	0	1				27.0
LS	GJZ-1	10	岚山	郭家庄	尚家庄	A-C, E	汉					1173	2.45	V	4	稀少	10	1	1				21.0
LS	GJZ-1	10	岚山	郭家庄	尚家庄	F, H	汉					1174	1.16	V	4	稀少	5	0	1				23.0
LS	GJZ-1	10	岚山	郭家庄	尚家庄	J	汉					1176	0.13	VI	4	稀少	1	0	1				19.5
LS	GJZ-1	10	岚山	郭家庄	尚家庄	I, J	龙山				不确定	418	0.80	VI	4	稀少	3	1					19.5
LS	GJZ-1	10	岚山	郭家庄	尚家庄	E	龙山			x	晚期	419	0.67	VI	4	稀少	7	3					21.0
LS	GJZ-1	10	岚山	郭家庄	尚家庄	B	商				晚期	28	0.58	II	4	稀少	1	1					21.0
LS	GJZ-1	10	岚山	郭家庄	尚家庄	A-J	周	x		x	西周/东周	881	12.40	III	4	很少	370	9					21.0

海拔范围	水源	河道距离	环境区域	地貌状况	防御性遗址	土壤质地	土壤颜色	土层厚度	作物	现代用途	备注	距中心城市5公里内	距中心城市5~10公里	距中心城市10~15公里	距中心城市15公里以上	距海岸5公里内
10~20	主要河流	350	冲积平原	平地		粉质壤土	黄土-褐土	较深	冬小麦/桑园/休耕地	农业用地		大古城		尧王城		
10~20	主要河流	350	冲积平原	平地		粉质壤土	黄土-褐土	较深	冬小麦/桑园/休耕地	农业用地				尧王城		
10~20	主要河流	350	冲积平原	平地		粉质壤土	黄土-褐土	较深	冬小麦/桑园/休耕地	农业用地				尧王城		
10~20	主要河流	300	冲积平原			砂质壤土			冬小麦/休耕地			大古城		尧王城		
20~30	小河	70	山麓	微倾斜		多砂	黄土-褐土	较深	杨树林	农业用地	距离铁路50米；较大陶片；低山麓			尧王城/大古城		
20~30	小河	70	山麓	平地		多砂	浅褐土	较深		果园	距离小河30米；低山麓			尧王城/大古城		
20~30	小河	20	山麓	平地		多砂	浅褐土	较深	休耕地	农业用地	低山麓			尧王城/大古城		
20~30	小河	200	山麓	平地		多砂	浅褐土	中度	冬小麦	农业用地	距离小河70米；低山麓			尧王城/大古城		
30~40	小河	150	山麓	梯田		土质较硬/多砂			休耕地	农业用地		大古城	尧王城			
30~40	小河	10	山麓	微倾斜		砂质壤土	浅褐土	较深	桑园/冬小麦/休耕地	农业用地	靠近现代水库；CAB距离小河120米；低山麓			尧王城/大古城		
10~20	主要河流	75	冲积平原	平地		砂质壤土	黄土-褐土	较深	冬小麦/休耕地/杨树林	农业用地				尧王城		
10~20	主要河流	50	冲积平原	平地		砂质壤土	黄土-褐土	较深	冬小麦/桑园/稻田/休耕地	农业用地				尧王城		
10~20	主要河流	50	冲积平原	平地		多砂/粉质壤土	黄土-褐土/浅褐土	较深	冬小麦/休耕地/桑园/稻田/杨树林	农业用地		大古城		尧王城		
10~20	小河	150	冲积平原	平地		多砂	黄土-褐土	较深	果园树林/冬小麦	果园/农业用地	大曲河南700米			尧王城		
10~20	主要河流	450	冲积平原	平地		砂质壤土	浅褐土	较深	冬小麦	农业用地	小河400米南；湿地	大古城		尧王城		
10~20	小河	150	冲积平原			砂质壤土			冬小麦	农业用地		大古城		尧王城		
10~20	小河	150	山麓	微倾斜		土质较硬/多砂						大古城		尧王城		
10~20	主要河流	450	山麓	微倾斜		土质较硬/多砂						大古城		尧王城		
10~20	主要河流	200	冲积平原			多砂			桑园			大古城		尧王城		
20~30	小河	100	山麓	梯田/微倾斜		多砂	橙黄-褐土	较深	冬小麦	农业用地	低山麓			尧王城		
40~50	小河	75	冲积平原/山麓	平地		砂质壤土	黄土-褐土	较深	蔬菜	花圃				尧王城	大古城	
20~30	主要河流	75	冲积平原			砂质壤土				果园			尧王城		大古城	
20~30	主要河流	300	冲积平原	平地		砂质壤土	黄土-褐土	较深	冬小麦	农业用地			尧王城		大古城	
20~30	支流	0	冲积平原			砂质壤土	黄土-褐土	较深	休耕地/冬小麦/松树林/幼儿园	东部矶头	CAE橙黄烧黏土未采集		尧王城		大古城	
20~30	支流	0	冲积平原	较低的隆起		多砂/土质较硬壤土	黄土-褐土	较深	休耕地/冬小麦/松树林/幼儿园	东部矶头			尧王城		大古城	
10~20	支流	75	冲积平原			砂质壤土	黄土-褐土	较深	休耕地/冬小麦/松树林/幼儿园	东部矶头			尧王城		大古城	
10~20	支流	75	冲积平原	较低的隆起		多砂/土质较硬壤土	黄土-褐土	较深	休耕地/冬小麦/松树林/幼儿园	东部矶头			尧王城			
20~30	支流	0	冲积平原			砂质壤土	黄土-褐土	较深	休耕地/冬小麦/松树林/幼儿园	东部矶头	CAE橙黄烧黏土未采集		尧王城			
20~30	支流	0	冲积平原			砂质壤土	黄土-褐土	较深	休耕地/冬小麦/松树林/幼儿园	东部矶头			尧王城			
20~30	支流	0	冲积平原			砂质壤土	黄土-褐土	较深	休耕地/冬小麦/松树林/幼儿园	东部矶头			尧王城			

遗址前缀	遗址名称	年份	行政区划	村镇	地图	采集区	年代	早(西)	中	晚(东)	分期	期段编号	面积(万米²)	等级	所含期段数	陶片密度	陶片数量	器型	残片	石器	文化层特点	详细文化层信息	中心海拔
LS	GJZ-2	10	岚山	郭家庄	尚家庄		汉					1175	0.77	VI	2	稀少	2	0	1				19.3
LS	GJZ-2	10	岚山	郭家庄	尚家庄		周			x	东周	882	0.25	VI	2	稀少	2	1					19.3
LS	GJZ-3	10	岚山	郭家庄	尚家庄		龙山	x			早期	417	1.09	V	2	稀少	14	3					20.5
LS	GJZ-3	10	岚山	郭家庄	尚家庄		周			x	东周	880	1.09	V	2	稀少	2	2					20.5
LS	GJZ-4	10	岚山	郭家庄	尚家庄		周	x			西周	879	1.97	V	1	稀少	10	2					26.5
LS	GJZ-5	10	岚山	郭家庄	尚家庄		周	x			西周	878	0.13	VI	1	稀少	3	2					24.0
LS	GX-1	10	岚山	高兴	毕家村		周	x			西周	850	0.13	VI	1	稀少	1	1					20.0
LS	HHB-1	10	岚山	后黄埠	尚家庄		周	x		x	西周/东周	860	1.44	V	1	很少	95	5					80.8
LS	HHB-2	10	岚山	后黄埠	尚家庄		周	x			西周	859	0.13	VI	1	稀少	3	1					70.5
LS	HHB-3	10	岚山	后黄埠	尚家庄		周			x	东周	861	0.45	VI	1	稀少	2	1					63.0
LS	HHB-4	10	岚山	后黄埠	尚家庄		周	x		x	西周/东周	858	0.13	VI	1	稀少	6	2					68.0
LS	HHB-5	10	岚山	后黄埠	尚家庄	A，B	周	x			西周	857	0.80	VI	1	稀少	25	3			文化层	CAA；4~5厘米	75.0
LS	HHB-6	10	岚山	后黄埠	尚家庄		周	x			西周	856	0.13	VI	1	稀少	1	1					74.5
LS	HHB-7	10	岚山	后黄埠	尚家庄		周			x	东周	855	0.20	VI	1	稀少	11	2					70.0
LS	HHB-8	10	岚山	后黄埠	尚家庄	A	汉					1139	0.80	VI	1	稀少	4	0	1				60.0
LS	HHB-9	10	岚山	后黄埠	尚家庄		汉					1141	0.13	VI	1	稀少	1	1					50.0
LS	HJGL-1	10	岚山	汉家皋路	盛家代疃		汉					1052	0.13	VI	1	稀少	3	1	1				49.0
LS	HJGL-2	10	岚山	汉家皋路	山子河	A，B	汉					1055	2.06	V	1	很少	29	2	1				30.5
LS	HJGL-3	10	岚山	汉家皋路	山子河		汉					1058	0.13	VI	1	稀少	3	1	1				25.0
LS	HJGL-4	10	岚山	汉家皋路	山子河		汉					1057	0.13	VI	1	稀少	4	1	1				25.0
LS	HJGL-5	10	岚山	汉家皋路	山子河		汉					1056	1.22	V	1	稀少	7	2	1				29.0
LS	HJGL-6	10	岚山	汉家皋路	山子河		汉					1059	0.13	VI	1	稀少	1	0	1				29.7
LS	HZ-1	10	岚山	合庄	傅疃		龙山				不确定	414	0.13	VI	1	稀少	1	1					15.5
LS	JFZ-1	10	岚山	巨峰镇	巨峰镇		龙山				不确定	422	0.13	VI	1	稀少	1	1					16.0
LS	JFZ-2	10	岚山	巨峰镇	巨峰镇		汉					1185	0.13	VI	1	稀少	1	0	1				16.5
LS	JFZ-3	10	岚山	巨峰镇	巨峰镇		汉					1184	0.73	VI	2	稀少	13	1	1				19.5
LS	JFZ-3	10	岚山	巨峰镇	巨峰镇		周			x	东周	888	0.73	VI	2	稀少	3	1					19.5
LS	JFZ-4	10	岚山	巨峰镇	巨峰镇		龙山				不确定	420	0.55	VI	1	稀少	7	1					19.0
LS	JFZ-5	10	岚山	巨峰镇	尚家庄		汉					1172	0.32	VI	1	稀少	3	0	1				23.5
LS	JFZ-6	10	岚山	巨峰镇	巨峰镇		汉					1179	0.45	VI	1	稀少	9	1	1				20.0
LS	JFZ-7	10	岚山	巨峰镇	巨峰镇		汉					1178	0.13	VI	2	稀少	2	0	1				18.5
LS	JFZ-7	10	岚山	巨峰镇	巨峰镇		周			x	东周	885	0.13	VI	2	稀少	2	1					18.2
LS	JG-1	10	岚山	井沟	山子河		龙山				不确定	409	0.30	VI	1	稀少	6	1					17.0
LS	JG-2	10	岚山	井沟	山子河		龙山				不确定	410	0.13	VI	2	稀少	1	1					15.0
LS	JG-2	10	岚山	井沟	山子河		周			x	东周	820	0.13	VI	2	稀少	1	1					15.0
LS	JG-3	10	岚山	井沟	山子河	T，U	大汶口				晚期	21	0.51	III	5	中等	8	5			文化层	CAT：很深文化层100米长，烧土块	19.0
LS	JG-3	10	岚山	井沟	山子河	A，G	大汶口				晚期	22	2.58	II	5	稀少	4	4			文化层	CAG：灰土	12.5
LS	JG-3	10	岚山	井沟	山子河	AW	汉					1079	1.83	V	5	稀少	2	1	1				40.5

海拔范围	水源	河道距离	环境区域	地貌状况	防御性遗址	土壤质地	土壤颜色	土层厚度	作物	现代用途	备注	距中心城市5公里内	距中心城市5~10公里	距中心城市10~15公里	距中心城市15公里以上	距海岸5公里内
10~20	支流	100	冲积平原			砂质壤土	褐土		冬小麦/休耕地				尧王城		大古城	
10~20	支流	100	冲积平原			砂质壤土	褐土		冬小麦/休耕地				尧王城			
20~30	小河	250	冲积平原	平地		多砂/土质较硬壤土	黄土	较深	休耕地/果园	农业用地	JGZ-1北130米，可能同一社群		尧王城			
20~30	小河	250	冲积平原	平地		多砂/土质较硬壤土	黄土	较深	休耕地/果园	农业用地	JGZ-1北130米，可能同一社群		尧王城			
20~30	小河	300	冲积平原			多砂/土质较硬壤土	黄土-褐土	中度	小麦/休耕地/草垛		可能为LS-GJZ-3及LS-GJZ-1部分		尧王城			
20~30	小河	50	冲积平原			多砂/土质较硬壤土			休耕地	农业用地			尧王城			
20~30	小河	800	冲积平原			砂质壤土			果园	果园		尧王城				
80~90	小河	10	山麓	梯田/微倾斜		砂质壤土	黄土-褐土	中度	茶园		低山麓		尧王城			
70~80	小河	10	山麓	微倾斜		多砂/土质较硬壤土	红褐土	中度			低山麓		尧王城			
60~70	小河	5	山麓			多砂	黄土-褐土	中度	茶园及冬小麦	农业用地	低山麓		尧王城			
60~70	小河	15	山麓	微倾斜		多砂	黄土	中度			小遗址如同LS-HHB-2；低山麓		尧王城			
70~80	小河	60	山麓	梯田/微倾斜		多砂	黄土-褐土	中度	茶园	农业用地	CAB距离小河170米；低山麓		尧王城			
70~80	小河	50	山麓	较陡斜坡		土质较硬/多砂			松树林				尧王城			
70~80	小河	10	山麓	梯田/微倾斜		多砂	褐土	中度	冬小麦	农业用地	低山麓		尧王城			
60~70	小河	20	山麓	微倾斜		砂质壤土	黄土-褐土	较深	小麦及休耕地	农业用地	低山麓		尧王城	大古城		
50~60	小河	150	山麓	s少隆起		土质较硬/多砂			休耕地			尧王城		大古城		
40~50	小河	800	山麓			土质较硬/多砂			休耕地					大古城	尧王城	
30~40	支流	250	冲积平原/山麓	微倾斜		壤土	黄土-褐土	较深	休耕地/冬小麦	农业用地	冲积平原/低山麓			大古城	尧王城	
20~30	主要河流	270	冲积平原	平地		壤土	黄土-褐土	较深	冬小麦	农业用地				大古城	尧王城	
20~30	支流	250	冲积平原	平地		壤土	黄土-褐土	较深	蔬菜	花圃	汉家泉路村南；现代陶片			大古城	尧王城	
20~30	支流	320	冲积平原	平地		砂质壤土	黄土-褐土	较深	休耕地/冬小麦	农业用地	现代垃圾场			大古城	尧王城	
20~30	支流	5	冲积平原	平地		砂质壤土	黄土-褐土	较深	休耕地					大古城	尧王城	
10~20	小河	230	冲积平原			多砂				虾池	1较大陶片		尧王城			
10~20	主要河流	250	冲积平原			壤土	褐土		冬小麦				尧王城			
10~20	主要河流	350	冲积平原			壤土	褐土		冬小麦				尧王城		大古城	
10~20	主要河流	350	冲积平原	平地		多砂	黄土-褐土	较深	杨树林	树林	可能为较大遗址，但压在村下		尧王城		大古城	
10~20	主要河流	350	冲积平原	平地		多砂	黄土-褐土	较深	杨树林	树林	可能为较大遗址，但压在村下		尧王城			
10~20	主要河流	50	冲积平原	平地		砂质壤土	黄土-褐土	较深	冬小麦/杨树林	农业用地			尧王城			
20~30	主要河流	100	冲积平原	平地		砂质壤土	褐土		休耕地/冬小麦/蔬菜	多种用途			尧王城		大古城	
20~30	主要河流	1000	冲积平原			砂质壤土			杨树林/冬小麦	靠近学校			尧王城		大古城	
10~20	支流	450	冲积平原			砂质壤土			休耕地/冬小麦				尧王城		大古城	
10~20	支流	450	冲积平原			砂质壤土			休耕地/冬小麦				尧王城			
10~20	主要河流	1000	冲积平原			粉质壤土			稻田/冬小麦	农业用地	井沟东		尧王城			
10~20	主要河流	900	冲积平原			粉质壤土			稻田/冬小麦	农业用地	距LS-JG-1较远		尧王城			
10~20	主要河流	900	冲积平原			粉质壤土			稻田/冬小麦	农业用地	距LS-JG-2较远			尧王城		
10~20	主要河流	650	冲积平原/山麓	较低的隆起		粉质壤土	浅褐土	较深	冬小麦/桑园/蔬菜/休耕地/果园	农业用地		大古城		尧王城		
10~20	主要河流	100	冲积平原	较低的隆起		粉质壤土	浅褐土	较深	冬小麦/桑园/蔬菜/稻田/休耕地	农业用地		大古城		尧王城		
40~50	主要河流	1400	山麓	山脊	?	粉质壤土	浅褐土	较深	休耕地/冬小麦	农业用地	低山麓	大古城		尧王城		

遗址前缀	遗址名称	年份	行政区划	村镇	地图	采集区	年代	早(西)	中	晚(东)	分期	期段编号	面积(万米²)	等级	所含期段数	陶片密度	陶片数量	器型	残片	石器	文化层特点	详细文化层信息	中心海拔
LS	JG-3	10	岚山	井沟	山子河	AL	汉					1080	0.13	VI	5	稀少	1	1					33.0
LS	JG-3	10	岚山	井沟	山子河	AH	汉					1082	0.13	VI	5	稀少	1	0	1				26.0
LS	JG-3	10	岚山	井沟	山子河	G	商				晚期	25	0.90	I	5	稀少	1	1			文化层	灰土	12.7
LS	JG-3	10	岚山	井沟	山子河	AD, AI, AP	周			x	东周	814	4.79	IV	5	稀少	6	1					35.0
LS	JG-3	10	岚山	井沟	山子河	AU	周			x	东周	815	0.45	VI	5	稀少	2	1					28.0
LS	JG-3	10	岚山	井沟	山子河	V, W, AC, AE, AF	周			x	东周	816	6.63	IV	5	中等	16	2					26.0
LS	JG-3	10	岚山	井沟	山子河	M, N, P, R, S	周			x	东周	817	3.67	V	5	中等	10	4					16.7
LS	JG-3	10	岚山	井沟	山子河	H	周	x			西周	818	0.54	VI	5	稀少	2	2			文化层	灰土	12.5
LS	JG-3	10	岚山	井沟	山子河	B	周			x	东周	819	0.90	VI	5	稀少	2	1			文化层	灰土	13.0
LS	JG-3/4, DXQH-1	10	岚山	井沟	山子河	K-P, R, T, V-Y, AA, AI-AJ, AM-AU, AX, AY	汉					1081	47.50	II	5	中等	112	3	1				30.0
LS	JG-3/4, DXQH-1	10	岚山	井沟	山子河	(所有除了 U, AG, A H, AY), A-C	龙山	x	x		早/中	407	120.70	II	5	很少	1026	11			文化层	CAB/CAH/CAG(LS-JG-3)：灰土	20.0
LS	JJZ-1	10	岚山	蒋家庄	尚家庄		汉					1166	0.13	VI	2	稀少	1	0	1				19.5
LS	JJZ-1	10	岚山	蒋家庄	尚家庄		周			x	东周	873	0.13	VI	2	稀少	3	2					19.5
LS	LET-1	10	岚山	岭二头	傅疃		周	x			西周	829	0.13	VI	1	稀少	2	1					30.0
LS	LiJZ-1	10	岚山	李家庄	尚家庄		汉					1158	0.13	VI	1	稀少	1	0	1				33.0
LS	LJZ-1	10	岚山	刘家庄	尚家庄		汉					1171	0.51	VI	1	中等	13	1	1		文化层?	陶片分布非常密集	24.0
LS	MJL-1	10	岚山	马家岭	山子河		龙山				不确定	404	0.13	VI	2	稀少	2	1					31.0
LS	MJL-1	10	岚山	马家岭	山子河		周			x	东周	808	0.13	VI	2	稀少	2	1					31.0
LS	MT-1	10	岚山	马疃	巨峰镇		汉					1189	0.13	VI	1	稀少	1	0	1				13.8
LS	MT-2	10	岚山	马疃	巨峰镇		汉					1190	0.77	VI	1	稀少	6	2	1				14.0
LS	MT-3	10	岚山	马疃	巨峰镇		汉					1188	0.83	VI	2	稀少	3	0	1				14.5
LS	MT-3	10	岚山	马疃	巨峰镇		周	x			西周	894	0.20	VI	2	稀少	1	1					14.5
LS	MT-4	10	岚山	马疃	巨峰镇	A	周	x			西周	889	0.20	VI	2	稀少	3	1					14.7
LS	MT-4	10	岚山	马疃	巨峰镇	B	周			x	东周	890	0.13	VI	2	稀少	2	1					13.7
LS	MT-5	10	岚山	马疃	巨峰镇	A, B	汉					1187	0.90	VI	2	稀少	4	1	1				14.0
LS	MT-5	10	岚山	马疃	巨峰镇	A	周	x		x	西周/东周	893	0.45	VI	2	稀少	16	2					14.0
LS	MT-6	10	岚山	马疃	巨峰镇		汉					1183	0.25	VI	3	稀少	7	0	1				15.0
LS	MT-6	10	岚山	马疃	巨峰镇		龙山				不确定	421	0.25	VI	3	稀少	3	1					15.0
LS	MT-6	10	岚山	马疃	巨峰镇		周	x			西周	887	0.25	VI	3	稀少	6	1					15.0
LS	MT-7	10	岚山	马疃	巨峰镇	E	大汶口				晚期	23	0.13	III	5	稀少	3	2			文化层	黑土堆积	16.0
LS	MT-7	10	岚山	马疃	巨峰镇	B, E, F, J, K	汉					1186	2.96	V	5	稀少	21	3	1				16.0
LS	MT-7	10	岚山	马疃	巨峰镇	B-K	龙山	x	x		早/中	423	7.02	IV	5	稀少	376	11		3	文化层	黑土堆积	16.0
LS	MT-7	10	岚山	马疃	巨峰镇	D, H, I, J	周			x	东周	891	3.15	V	5	稀少	13	2					16.0

海拔范围	水源	河道距离	环境区域	地貌状况	防御性遗址	土壤质地	土壤颜色	土层厚度	作物	现代用途	备注	距中心城市5公里内	距中心城市5~10公里	距中心城市10~15公里	距中心城市15公里以上	距海岸5公里内
30~40	主要河流	1400	山麓	山脊	?	粉质壤土	浅褐土	较深	休耕地/冬小麦	农业用地	低山麓	大古城		尧王城		
20~30	主要河流	1400	冲积平原/山麓	较低的隆起		粉质壤土	浅褐土	较深	冬小麦/桑园/蔬菜/休耕地/果园	农业用地		大古城		尧王城		
10~20	主要河流	200	冲积平原	较低的隆起		粉质壤土	浅褐土	较深	冬小麦/桑园/蔬菜/稻田/休耕地	农业用地		大古城		尧王城		
30~40	主要河流	1200	冲积平原/山麓	较低的隆起		粉质壤土	浅褐土	较深	冬小麦/桑园/蔬菜/休耕地/果园	农业用地				尧王城		
20~30	主要河流	1000	山麓	山脊	?	粉质壤土	浅褐土	较深	休耕地/冬小麦	农业用地	低山麓			尧王城		
20~30	主要河流	700	冲积平原/山麓	较低的隆起		粉质壤土	浅褐土	较深	冬小麦/桑园/蔬菜/休耕地/果园	农业用地				尧王城		
10~20	主要河流	700	冲积平原/山麓	较低的隆起		粉质壤土	浅褐土	较深	冬小麦/桑园/蔬菜/休耕地/果园	农业用地			尧王城			
10~20	主要河流	50	冲积平原	较低的隆起		粉质壤土	浅褐土	较深	冬小麦/桑园/蔬菜/稻田/休耕地	农业用地			尧王城			
10~20	主要河流	200	冲积平原	较低的隆起		粉质壤土	浅褐土	较深	冬小麦/桑园/蔬菜/稻田/休耕地	农业用地			尧王城			
30~40	主要河流	50	冲积平原/山麓	较低的隆起		多砂/粉质壤土	黄土-褐土/浅褐土	较深	冬小麦/桑园/蔬菜/休耕地/果园	农业用地		大古城		尧王城		
20~30	主要河流	50	冲积平原/山麓	较低的隆起		多砂/粉质壤土	黄土-褐土/浅褐土	较深	冬小麦/桑园/蔬菜/稻田/休耕地	农业用地			尧王城			
10~20	支流	400	冲积平原			砂质壤土	黄土-褐土	较深	休耕地/周围是冬小麦			尧王城		大古城		
10~20	支流	400	冲积平原			砂质壤土	黄土-褐土	较深	休耕地/周围是冬小麦			尧王城				
30~40	支流	550	山麓	微倾斜		土质较硬/多砂			休耕地					尧王城		
30~40	小河	150	山麓	平地		多砂/土质较硬壤土	黄土-褐土	中度	休耕地	农业用地	低山麓			尧王城		大古城
20~30	主要河流	250	冲积平原			多砂/土质较硬壤土			果园	果园/农业用地				尧王城		大古城
30~40	小河	170	山麓	平地		砂质壤土	黄土-褐土	较深	休耕地		低山麓				尧王城	
30~40	小河	170	山麓	平地		砂质壤土	黄土-褐土	较深	休耕地		低山麓				尧王城	
10~20	主要河流	400	冲积平原	平地		砂质壤土	黄土-褐土	较深	休耕地/靠近冬小麦			尧王城				大古城
10~20	主要河流	200	冲积平原	较低的隆起		粉质壤土			休耕地/冬小麦	农业用地		尧王城				大古城
10~20	主要河流	300	冲积平原						冬小麦	农业用地				尧王城		大古城
10~20	主要河流	300	冲积平原						冬小麦	农业用地				尧王城		
10~20	小河	200	冲积平原			壤土								尧王城		
10~20	小河	10	冲积平原			壤土								尧王城		
10~20	主要河流	50	冲积平原	平地		多砂	黄土	较深	桑园					尧王城		大古城
10~20	主要河流	100	冲积平原	平地		多砂	黄土	较深	桑园/冬小麦					尧王城		
10~20	主要河流	1000	冲积平原	平地					休耕地					尧王城		大古城
10~20	主要河流	1000	冲积平原						休耕地					尧王城		
10~20	主要河流	1000	冲积平原	平地					休耕地					尧王城		
10~20	主要河流	250	冲积平原	较低的隆起		砂质壤土	黄土-褐土	较深	冬小麦/休耕地	农业用地	梯田			尧王城		
10~20	主要河流	200	冲积平原	较低的隆起		砂质壤土	黄土-褐土	较深	冬小麦/休耕地	农业用地	梯田			尧王城		大古城
10~20	主要河流	200	冲积平原	较低的隆起		砂质壤土	黄土-褐土	较深	冬小麦/休耕地	农业用地	梯田			尧王城		
10~20	主要河流	275	冲积平原	较低的隆起		砂质壤土	黄土-褐土	较深	冬小麦/休耕地	农业用地	梯田			尧王城		

遗址前缀	遗址名称	年份	行政区划	村镇	地图	采集区	年代	早(西)	中	晚(东)	分期	期段编号	面积(万米²)	等级	所含期段数	陶片密度	陶片数量	器型	残片	石器	文化层特点	详细文化层信息	中心海拔
LS	MT-7	10	岚山	马疃	巨峰镇	A	周	x			西周	892	0.96	VI	5	稀少	17	2				文化层	CAA，10~30厘米深，10米长	15.6
LS	MT-8	10	岚山	马疃	巨峰镇		龙山				不确定	424	0.13	VI	1	稀少	2	1						15.0
LS	MT-9	10	岚山	马疃	巨峰镇		汉					1180	0.51	VI	2	稀少	1	0	1					16.0
LS	MT-9	10	岚山	马疃	巨峰镇		周			x	东周	886	0.51	VI	2	稀少	1	1						16.0
LS	NJZ-1	10	岚山	牛家庄	盛家代疃		汉					1051	0.58	VI	1	稀少	5	1	1					41.0
LS	NJZ-2	10	岚山	牛家庄	盛家代疃		汉					1053	0.13	VI	1	稀少	2	1	1					29.0
LS	NZ-1	10	岚山	挪庄	后马庄		汉					1128	0.13	VI	1	稀少	1	1						47.0
LS	PJC-1	10	岚山	平家村	巨峰镇		汉					1192	0.13	VI	1	稀少	1	1						20.5
LS	PJC-2	10	岚山	平家村	巨峰镇		汉					1191	0.13	VI	1	稀少	1	0	1					24.0
LS	PJC-3	10	岚山	平家村	巨峰镇		汉					1193	0.97	VI	1	稀少	23	1	1					12.0
LS	QHB-1	10	岚山	前黄埠	尚家庄	B	汉					1145	1.38	V	3	很少	17	2	1					39.0
LS	QHB-1	10	岚山	前黄埠	尚家庄	B	龙山				不确定	416	0.13	VI	3	稀少	1	1						39.0
LS	QHB-1	10	岚山	前黄埠	尚家庄	A, B, C	周	x		x	西周/东周	862	3.10	V	3	很少	33	3						39.0
LS	QHB-2	10	岚山	前黄埠	尚家庄		周			x	东周	863	0.13	VI	1	稀少	5	3						32.5
LS	QJXZ-1	10	岚山	秦家小庄	尚家庄		汉					1164	0.13	VI	1	稀少	1	0	1					25.0
LS	QJXZ-2	10	岚山	秦家小庄	尚家庄		周			x	东周	872	0.13	VI	1	稀少	1	1						20.5
LS	QJXZ-3	10	岚山	秦家小庄	尚家庄		汉					1163	0.13	VI	1	稀少	1	1						26.8
LS	QJZ-1	10	岚山	秦家庄	尚家庄	A, B	汉					1154	2.00	V	2	稀少	9	3	1					24.0
LS	QJZ-1	10	岚山	秦家庄	尚家庄	A	周	x		x	西周/东周	869	1.09	V	2	稀少	10	1						24.0
LS	QLNT-1	10	岚山	曲岭南头	山子河		汉					1098	0.13	VI	1	稀少	1	0	1					29.0
LS	QLNT-2	10	岚山	曲岭南头	山子河	A	商				晚期	26	0.35	II	2	稀少	4	2				文化层?	灰土CAA	25.0
LS	QLNT-2	10	岚山	曲岭南头	山子河	A, B, C	周	x		x	西周/东周	826	1.61	V	2	很少	113	5				文化层?	灰土CAA	24.0
LS	QLNT-3	10	岚山	曲岭南头	山子河		周			x	西周/东周	825	0.35	VI	1	稀少	13	1						25.0
LS	QLNT-4	10	岚山	曲岭南头	山子河		汉					1090	0.13	VI	1	稀少	3	1	1					23.0
LS	SHG-1	10	岚山	水洪沟	尚家庄		汉					1170	0.13	VI	1	稀少	1	0	1					18.0
LS	ShJZ-1	10	岚山	尚家庄	尚家庄		汉					1159	0.13	VI	1	稀少	7	1	1					27.0
LS	ShZH-1	10	岚山	狮子河	尚家庄		周			x	东周	876	0.13	VI	1	稀少	1	1						19.3
LS	ShZH-2	10	岚山	狮子河	尚家庄		汉					1162	0.13	VI	2	稀少	1	0	1					18.5
LS	ShZH-2	10	岚山	狮子河	尚家庄		周	x			西周	877	0.13	VI	2	稀少	1	1						18.5
LS	ShZH-3	10	岚山	狮子河	尚家庄		汉					1161	0.15	VI	2	稀少	5	1	1					23.5
LS	ShZH-3	10	岚山	狮子河	尚家庄		周	x			西周	875	0.15	VI	2	稀少	3	1						23.5
LS	ShZH-4	10	岚山	狮子河	尚家庄		汉					1165	0.58	VI	1	稀少	4	1	1					20.5
LS	ShZH-5	10	岚山	狮子河	尚家庄		周			x	东周	874	0.13	VI	1	稀少	2	2						24.0
LS	ShZH-6	10	岚山	狮子河	尚家庄		汉					1160	0.13	VI	1	稀少	2	1	1					25.0
LS	ShZH-7	10	岚山	狮子河	尚家庄	A, B	汉					1156	1.93	V	2	稀少	5	3						29.5
LS	ShZH-7	10	岚山	狮子河	尚家庄	B	周			x	东周	867	0.77	VI	2	稀少	3	1						29.5
LS	SJZ-1	10	岚山	申家庄	毕家村		汉					1169	0.13	VI	1	稀少	1	1						16.7
LS	SLC-1	10	岚山	石林村	郭家湖子		汉					1107	0.13	VI	2	稀少	1	0	1					11.0
LS	SLC-1	10	岚山	石林村	郭家湖子		龙山	x			中期	425	0.13	VI	2	稀少	1	1						11.0
LS	SLC-2	10	岚山	石林村	郭家湖子		汉					1106	0.19	VI	1	稀少	6	1	1					12.5
LS	SLC-3	10	岚山	石林村	山子河	A, B	汉					1105	1.03	V	2	稀少	9	2	1					22.0

海拔范围	水源	河道距离	环境区域	地貌状况	防御性遗址	土壤质地	土壤颜色	土层厚度	作物	现代用途	备注	距中心城市5公里内	距中心城市5~10公里	距中心城市10~15公里	距中心城市15公里以上	距海岸5公里内
10~20	主要河流	50	冲积平原	较低的隆起		砂质壤土	黄土-褐土	较深	杨树林	农业用地	梯田		尧王城			
10~20	主要河流	150	冲积平原	平地		多砂	黄土-褐土	较深	休耕地		可能为LS-MT-7社群一部分		尧王城			
10~20	支流	800	冲积平原			砂质壤土			冬小麦	农业用地/虾池			尧王城			大古城
10~20	支流	800	冲积平原			砂质壤土			冬小麦	农业用地/虾池			尧王城			
40~50	小河	250	山麓	隆起		砂质壤土			冬小麦	农业用地/墓葬	大约100块汉砖		大古城	尧王城		
20~30	小河	220	山麓			砂质壤土			休耕地				大古城	尧王城		
40~50	主要河流	400	冲积平原			砂质壤土			茶园					尧王城	大古城	
20~30	主要河流	650	山麓	斜坡		砂质壤土			茶园	农业用地	现属岚山区	尧王城				大古城
20~30	支流	650	山麓	斜坡		多砂						尧王城				大古城
10~20	支流	50	冲积平原	较低的隆起		多砂	黄土-土	较深	冬小麦/果园	农业用地	原东港，现属岚山	尧王城				大古城
30~40	小河	250	冲积平原	微倾斜		砂质壤土	黄土-褐土	较深	杨树林	农业用地		尧王城		大古城		
30~40	小河	250	冲积平原	微倾斜		砂质壤土	黄土-褐土	较深	杨树林	农业用地		尧王城				
30~40	小河	250	冲积平原	微倾斜		砂质壤土	黄土-褐土	较深	杨树林休耕地小麦茶园	农业用地	陶片稀少CAA&CAC；CAACAC分别距小河150和400米	尧王城				
30~40	小河	20	山麓	平地		土质较硬/多砂	橙黄-褐土	中度	桑园	农业用地	距离现代铁路50米；低山麓	尧王城				
20~30	主要河流	700	冲积平原	平地		砂质壤土			休耕地	农业用地		尧王城		大古城		
20~30	支流	500	冲积平原	微倾斜		多砂/土质较硬壤土			休耕地	农业用地		尧王城				
20~30	小河	550	冲积平原			砂质壤土			冬小麦	农业用地	高速路南100米	尧王城		大古城		
20~30	小河	750	冲积平原	平地		砂质壤土	黄土-灰土	较深	蔬菜/果园	花圃/果园	CAB距小河950米	尧王城		大古城		
20~30	小河	750	冲积平原	平地		砂质壤土	黄土-灰土	较深	蔬菜	花圃		尧王城				
20~30	小河	200	山麓	平地		多砂	浅褐土	较深	休耕地		低山麓	大古城	尧王城			
20~30	小河	0	冲积平原/山麓	中坡		砂质壤土	灰土-褐土	较深	玉米/休耕地/冬小麦/蔬菜	农业用地	农耕破坏			尧王城		
20~30	小河	0	冲积平原/山麓	中坡		砂质壤土	灰土-褐土	较深	玉米/休耕地/冬小麦/蔬菜	农业用地	农耕破坏；CAB&CAC扩大			尧王城		
20~30	小河	30	山麓	平地		砂质壤土	黄土-褐土	较深	休耕地					尧王城		
20~30	主要河流	200	冲积平原/山麓			土质较硬/多砂	黄土		休耕地			大古城	尧王城			
10~20	支流	850	冲积平原	平地		多砂/土质较硬壤土			休耕地/周围是冬小麦	农业用地		尧王城		大古城		
20~30	小河	10	山麓	梯田		多砂/土质较硬壤土			冬小麦	农业用地	低山麓		尧王城			大古城
10~20	支流	250	冲积平原	平地		砂质壤土	黄土-褐土	较深	冬小麦	农业用地			尧王城			
10~20	支流	250	冲积平原	平地					休耕地/冬小麦	农业用地			尧王城			大古城
10~20	支流	250	冲积平原	平地					休耕地/冬小麦	农业用地			尧王城			
20~30	支流	100	冲积平原	较低的隆起		砂质壤土			休耕地/冬小麦	农业用地	遗址很可能延伸到公路南	尧王城		大古城		
20~30	支流	100	冲积平原	较低的隆起		砂质壤土			休耕地/冬小麦	农业用地	遗址很可能延伸到公路南	尧王城				
20~30	支流	300	冲积平原	平地		多砂/土质较硬壤土	黄土-褐土	较深	休耕地/周围是冬小麦草垛	农业用地	狮子河村庄东南角	尧王城		大古城		
20~30	支流	500	冲积平原	平地		砂质壤土	黄土-褐土	较深	休耕地/周围是冬小麦	农业用地	靠近公路	尧王城				
20~30	小河	15	冲积平原	平地		砂质壤土	黄土-褐土	较深	休耕地/周围是冬小麦	农业用地	现代陶片	尧王城		大古城		
20~30	小河	200	冲积平原	平地		多砂			休耕地		铁路以南	尧王城		大古城		
20~30	小河	200	冲积平原	平地		多砂			休耕地/小麦/桑园		铁路以南	尧王城				
10~20	支流	1250	冲积平原	平地		砂质壤土	黄土-褐土	较深	冬小麦	农业用地		尧王城		大古城		
10~20	主要河流	500	冲积平原	平地		多砂	黄土-褐土	较深	冬小麦/休耕地	农业用地			大古城	尧王城		
10~20	主要河流	500	冲积平原	平地		多砂	黄土-褐土	较深	冬小麦/休耕地	农业用地				尧王城		
10~20	支流	250	冲积平原			多砂	浅褐土	较深	冬小麦/休耕地	农业用地	石林村一角，遗址可能压在村下	大古城	尧王城			
20~30	小河	200	山麓	微倾斜					休耕地		与LS-SLC-2可能同一社群；低山麓	大古城	尧王城			

遗址前缀	遗址名称	年份	行政区划	村镇	地图	采集区	年代	早(西)	中	晚(东)	分期	期段编号	面积(万米²)	等级	所含期段数	陶片密度	陶片数量	器型	残片	石器	文化层特点	详细文化层信息	中心海拔
LS	SLC-3	10	岚山	石林村	山子河	A	周			x	东周	828	0.47	VI	2	稀少	4	1					22.0
LS	SZH-1	10	岚山	山子河	山子河		汉					1085	0.13	VI	1	稀少	1	1					18.2
LS	SZH-2	10	岚山	山子河	山子河		汉					1084	0.13	VI	1	稀少	2	1	1				17.4
LS	SZH-3	10	岚山	山子河	山子河		汉					1077	0.35	VI	1	稀少	3	0	1				45.0
LS	SZH-4	10	岚山	山子河	山子河		周			x	东周	811	0.13	VI	1	稀少	1	1					19.9
LS	SZH-5	10	岚山	山子河	山子河		汉					1078	0.13	VI	1	稀少	1	0	1				22.0
LS	SZH-6	10	岚山	山子河	山子河		周	x			西周	810	0.13	VI	1	稀少	1	1					59.7
LS	TJC-1	10	岚山	田家村	毕家村		汉					1138	0.13	VI	1	稀少	2	1	1				29.0
LS	WJZZ-1	10	岚山	汪家庄子	潘家洼		周			x	东周	831	0.13	VI	1	稀少	1	1					43.0
LS	WJZZ-2	10	岚山	汪家庄子	潘家洼		周			x	东周	832	0.13	VI	1	稀少	2	1					50.0
LS	XDT-1	10	岚山	小代疃	盛家代疃	A	龙山				不确定	402	0.77	VI	2	稀少	9	2					21.0
LS	XDT-1	10	岚山	小代疃	盛家代疃	B	周	x			西周	800	0.13	VI	2	稀少	1	1					22.0
LS	XDT-2	10	岚山	小代疃	盛家代疃		汉					1049	0.13	VI	1	稀少	6	1	1				22.0
LS	XDT-3	10	岚山	小代疃	盛家代疃	C, F, J	大汶口				晚期	20	2.75	II	5	稀少	2	2			文化层	CAC	26.0
LS	XDT-3	10	岚山	小代疃	盛家代疃	J	汉					1047	0.50	VI	5	稀少	3	1	1				24.0
LS	XDT-3	10	岚山	小代疃	盛家代疃	A, E, F, H, I	汉					1048	13.90	III	5	稀少	11	2	1				28.0
LS	XDT-3	10	岚山	小代疃	盛家代疃	A-J	龙山	x	x		早/中	398	21.50	III	5	很少	466	11			文化层	文化层CAB, CAC；灰坑CAD, CAB	30.0
LS	XDT-3	10	岚山	小代疃	盛家代疃	J	周			x	东周	797	1.20	V	5	稀少	2	2					24.0
LS	XDT-4	10	岚山	小代疃	盛家代疃		龙山	x			早期	400	0.13	VI	1	稀少	1	1					106.0
LS	XDT-5	10	岚山	小代疃	盛家代疃		龙山	x			早期	401	0.13	VI	1	稀少	1	1					59.0
LS	XF-1	10	岚山	杏坊	山子河		汉					1088	0.13	VI	2	稀少	1	0	1				20.5
LS	XF-1	10	岚山	杏坊	山子河		周			x	东周	813	0.13	VI	2	稀少	1	1					20.5
LS	XF-2/4	10	岚山	杏坊	山子河	E	周			x	东周	812	2.32	V	3	稀少	17	4			文化层	CAE内发现几处	19.0
LS	XF-3	10	岚山	杏坊	山子河		汉					1087	0.19	VI	1	稀少	3	1	1				37.5
LS	XF-4	10	岚山	杏坊	山子河	A, B, C, D, E	汉					1083	5.61	V	3	稀少	88	3	1				25.0
LS	XF-4	10	岚山	杏坊	山子河	E	龙山				不确定	412	0.96	V	3	稀少	2	1					19.0
LS	XJGL-1	10	岚山	辛家皋路	山子河		周			x	东周	809	0.13	VI	1	稀少	1	1					69.0
LS	XJGL-2	10	岚山	辛家皋路	山子河		汉					1060	0.13	VI	1	稀少	2	0	1				20.5
LS	XJGL-3	10	岚山	辛家皋路	山子河		汉					1061	0.13	VI	1	稀少	2	0	1				46.0
LS	XMJC-1	10	岚山	西牟家村(高兴)	潘家洼		周			x	东周	846	0.13	VI	1	稀少	2	1					16.0
LS	XMJC-2	10	岚山	西牟家村(高兴)	潘家洼		汉					1133	0.13	VI	1	稀少	1	0	1				16.0
LS	XQD-1	10	岚山	西青墩	巨峰镇		汉					1181	0.13	VI	2	稀少	1	0	1				14.5
LS	XQD-1	10	岚山	西青墩	巨峰镇		周			x	东周	884	0.13	VI	2	稀少	1	1					14.5
LS	XQD-2	10	岚山	西青墩	尚家庄		汉					1177	0.13	VI	2	稀少	2	0	1				17.0
LS	XQD-2	10	岚山	西青墩	尚家庄		周			x	东周	883	0.13	VI	2	稀少	2	1					17.0
LS	XQH-1	10	岚山	小曲河	山子河		汉					1086	0.13	VI	1	稀少	1	0	1				17.7
LS	XT-1	10	岚山	小屯	潘家洼		汉					1109	0.77	VI	1	稀少	7	1	1				37.0
LS	XX-1	10	岚山	辛兴	山子河		汉					1095	0.13	VI	1	稀少	1	1					12.0
LS	XZJZ-1	10	岚山	西赵家庄	尚家庄		汉					1157	0.13	VI	1	稀少	1	0	1				34.0
LS	XZJZ-2	10	岚山	西赵家庄	尚家庄		汉					1144	0.13	VI	1	稀少	1	0	1				40.0
LS	XZJZ-3	10	岚山	西赵家庄	尚家庄		汉					1140	0.85	VI	1	稀少	5	1	1				62.0

海拔范围	水源	河道距离	环境区域	地貌状况	防御性遗址	土壤质地	土壤颜色	土层厚度	作物	现代用途	备注	距中心城市5公里内	距中心城市5~10公里	距中心城市10~15公里	距中心城市15公里以上	距海岸5公里内
20~30	小河	200	山麓	微倾斜					休耕地		低山麓		尧王城			
10~20	主要河流	450	冲积平原	平地		粉质壤土	黄土-褐土	较深	桑园			大古城	尧王城			
10~20	主要河流	270	冲积平原			砂质壤土	黄土-褐土		冬小麦				尧王城/大古城			
40~50	小河	150	山麓	微倾斜		砂质壤土	黄土-褐土	中度	休耕地			大古城	尧王城			
10~20	小河	350	冲积平原	平地		壤土	红褐土	较深	休耕地	村庄/高速路/学校	山子河村边缘;距大曲河600米		尧王城			
20~30	小河	170	冲积平原			砂质壤土			休耕地				尧王城/大古城			
50~60	小河	600	山麓	平地		砂质壤土	黄土-褐土	中度	休耕地						尧王城	
20~30	小河	700	冲积平原			砂质壤土			杨树林				尧王城		大古城	
40~50	小河	5	山麓			土质较硬/多砂			茶园	农业用地					尧王城	
50~60	小河	30	山麓			多砂			茶园	农业用地					尧王城	
20~30	主要河流	190	冲积平原	平地		壤土	黄土-褐土	较深	休耕地/冬小麦						尧王城	
20~30	主要河流	280	冲积平原	平地		壤土	黄土-褐土	较深	冬小麦						尧王城	
20~30	主要河流	70	冲积平原						休耕地					大古城	尧王城	
20~30	主要河流	50	冲积平原/山麓	微倾斜		壤土	橙黄-褐土	较深	休耕地/冬小麦	农业用地/现代民房	早年调查发现;冲积平原/低山麓			大古城	尧王城	
20~30	主要河流	50	冲积平原/山麓	微倾斜		壤土	橙黄-褐土	较深	休耕地/冬小麦	农业用地/现代民房	早年调查发现			大古城	尧王城	
20~30	主要河流	50	冲积平原/山麓	微倾斜		壤土	橙黄-褐土	较深	休耕地/冬小麦	农业用地/现代民房	早年调查发现			大古城	尧王城	
30~40	主要河流	50	冲积平原/山麓	微倾斜		壤土	橙黄-褐土	较深	休耕地/冬小麦	农业用地/现代民房	早年调查发现				尧王城	
20~30	主要河流	50	冲积平原/山麓	微倾斜		壤土	橙黄-褐土	较深	休耕地/冬小麦	农业用地/现代民房	早年调查发现				尧王城	
100~110	小河	400	山麓		是	土质较硬/多砂									尧王城	
50~60	小河	120	山麓	梯田/较陡斜坡		土质较硬/多砂	黄土-褐土	较薄	休耕地		低山麓				尧王城	
20~30	小河	0	山麓	山脚	?	壤土	红褐土							尧王城/大古城		
20~30	小河	0	山麓	山脚	?	壤土	红褐土							尧王城		
10~20	主要河流	80	冲积平原/山麓	平地		砂质壤土	浅褐土	较深	休耕地/冬小麦	农业用地	CAE东距小河70米			尧王城		
30~40	小河	220	山麓			砂质壤土	浅褐土		果园	果园				尧王城/大古城		
20~30	主要河流	70	山麓	中坡		砂质壤土	浅褐土	较深	冬小麦/休耕地	农业用地	日照博物馆早年发现;低山麓			尧王城/大古城		
10~20	小河	70	冲积平原	平地		砂质壤土	红褐土	较深	冬小麦/休耕地	农业用地	日照博物馆早年发现;			尧王城		
60~70	小河	350	山麓	梯田/山脊上部平地	?	土质较硬/多砂	黄土-褐土	中度/较薄	休耕地		梯田山脊;中部山麓				尧王城	
20~30	主要河流	650	冲积平原	平地		壤土	浅褐土	较深	冬小麦/稻田	农业用地	距傅疃河支流600米			大古城	尧王城	
40~50	支流	500	山麓			土质较硬/多砂			休耕地					大古城	尧王城	
10~20	支流	100	冲积平原	平地		砂质壤土	黄土-褐土	较深	蔬菜	花圃	距公园不到100米			尧王城		
10~20	小河	110	冲积平原	平地		砂质壤土	黄土-褐土	较深	休耕地/靠近冬小麦				尧王城	大古城		
10~20	支流	200	冲积平原	平地		砂质壤土	黄土-褐土	较深	稻田	农业用地			尧王城			大古城
10~20	支流	200	冲积平原	平地		砂质壤土	黄土-褐土	较深	稻田	农业用地			尧王城			大古城
10~20	支流	75	冲积平原	平地		砂质壤土			休耕地/冬小麦	农业用地				尧王城		大古城
10~20	支流	75	冲积平原	平地		砂质壤土			休耕地/冬小麦	农业用地				尧王城		
10~20	主要河流	350	冲积平原	平地		粉质壤土	黄土-褐土	较深	稻田/冬小麦	农业用地			大古城	尧王城		
30~40	小河	200	山麓			砂质壤土			蔬菜/大白菜/休耕地/冬小麦	花圃/农业用地	小屯村庄以北;低山麓			尧王城/大古城		
10~20	主要河流	120	冲积平原			砂质壤土	浅褐土		大白菜	花圃	辛兴村庄西南角		大古城	尧王城		
30~40	小河	75	冲积平原	平地		砂质壤土	黄土-褐土	较深	冬小麦	农业用地				尧王城	大古城	
40~50	小河	50	冲积平原	平地		砂质壤土	黄土-褐土	较深	耕地	农业用地				尧王城	大古城	
60~70	小河	30	山麓	梯田/微倾斜		土质较硬	黄土	较薄	茶园	农业用地	1960年代曾发现陶器;水库西600米;低山麓			尧王城	大古城	

遗址前缀	遗址名称	年份	行政区划	村镇	地图	采集区	年代	早(西)	中	晚(东)	分期	期段编号	面积(万米²)	等级	所含期段数	陶片密度	陶片数量	器型	残片	石器	文化层特点	详细文化层信息	中心海拔
LS	ZJD-1	10	岚山	訾家店	尚家庄		汉					1155	0.13	VI	1	稀少	3	1	1				23.0
LS	ZJD-2	10	岚山	訾家店	尚家庄		周			x	东周	868	0.13	VI	1	稀少	3	3					23.0
LS	ZJD-3	10	岚山	訾家店	尚家庄	A, B	汉					1167	2.37	V	2	很少	29	2	1				22.5
LS	ZJD-3	10	岚山	訾家店	尚家庄	A	周	x		x	西周/东周	870	1.20	V	2	很少	12	2					22.5
LS	ZJD-4	10	岚山	訾家店	尚家庄		汉					1152	0.30	VI	1	稀少	3	1	1				28.0
LS	ZJD-5	10	岚山	訾家店	尚家庄	A, B	汉					1153	1.20	V	1	稀少	4	1	1				26.0
LS	ZJD-6	10	岚山	訾家店	尚家庄		汉					1146	0.13	VI	1	稀少	1	1					30.5
LS	ZJD-7	10	岚山	訾家店	尚家庄	A, B	汉					1151	3.70	V	3	很少	22	2	1				27.0
LS	ZJD-7	10	岚山	訾家店	尚家庄	A, B	周			x	东周	865	3.70	V	3	稀少	4	2					27.0
LS	ZJD-7	10	岚山	訾家店	尚家庄	C	周	x			西周	866	0.13	VI	3	稀少	3	2					27.0
LS	ZJD-8	10	岚山	訾家店	尚家庄		汉					1147	0.35	VI	2	很少	15	0	1				31.5
LS	ZJD-8	10	岚山	訾家店	尚家庄		周	x		x	西周/东周	864	0.35	VI	2	很少	33	3					31.5
LS	ZY-1	10	岚山	竹园	潘家洼		周	x			西周	833	0.13	VI	1	稀少	1	1					66.0
LS	ZY-2	10	岚山	竹园	潘家洼		汉					1114	0.13	VI	1	稀少	4	0	1				52.0
LS	ZZB-1	10	岚山	榛子埠	山子河		商			晚期		24	0.13	II	1	稀少	1	1					16.5
LS	ZZB-2	10	岚山	榛子埠	山子河		汉					1073	0.13	VI	1	稀少	4	1	1				18.0
LS	ZZB-3	10	岚山	榛子埠	山子河		汉					1076	0.13	VI	1	稀少	2	1	1				19.0
LS	ZZB-4	10	岚山	榛子埠	山子河		汉					1074	0.13	VI	1	稀少	3	1	1				25.0
LS	ZZB-5	10	岚山	榛子埠	山子河		汉					1075	0.13	VI	1	稀少	3	1	1				39.8
DG	BJDZ-1	11	东港	簸箕笃子	高旺庄		汉					1240	0.19	VI	2	稀少	2	0	1				51.0
DG	BJDZ-1	11	东港	簸箕笃子	高旺庄		周			x	东周	928	0.19	VI	2	稀少	3	2					51.0
DG	CJCun-1	11	东港	曹家村	栈子		周			x	东周	947	0.19	VI		稀少	3	2					4.0
DG	CJCun-2	11	东港	曹家村	栈子		汉					1273	0.12	VI	1	稀少	1	0	1				3.5
DG	CJCun-3	11	东港	曹家村	栈子		汉					1275	0.38	VI	1	稀少	2	0	1				3.5
DG	CJCun-4	11	东港	曹家村	栈子	AB	汉					1276	2.20	V	2	稀少	7	2	1				4.0
DG	CJCun-4	11	东港	曹家村	栈子	A	周			x	东周	948	0.58	VI	2	稀少	2	1					4.0
DG	CJZZ-1	11	东港	崔家庄子	高旺庄		汉					1246	0.19	VI	1	稀少	3	1	1				12.0
DG	CJZZ-2	11	东港	崔家庄子	高旺庄		汉					1247	0.12	VI	1	稀少	2	0	1				15.0
DG	DBL-1	11	东港	东北岭	高旺庄		汉					1294	1.60	V	1	少	41	3	1				23.0
DG	DBL-2	11	东港	东北岭	高旺庄		汉					1292	0.12	VI	1	稀少	7	1	1				32.0
DG	DBL-3/SY-6	11	东港	东北岭	高旺庄	ACDE	汉					1289	2.44	V	1	稀少	26	3	1				39.0
DG	DBL-3/SY-6	11	东港	东北岭	高旺庄	B	周			x	东周	942	0.94	VI	2	稀少	9	2					39.0
DG	DCP-1	11	东港	大草坡	高旺庄		汉					1280	0.19	VI	1	稀少	1	0	1				19.0
DG	DCP-1	11	东港	大草坡	高旺庄		周			x	东周	943	0.58	VI	2	稀少	6	2					19.0
DG	DCP-2	11	东港	大草坡	高旺庄		汉					1281	0.10	VI	1	稀少	1	0	1				24.0
DG	DCP-3	11	东港	大草坡	高旺庄	AB	汉					1295	2.10	V	1	很少	35	1	1	文化层	CAA：黑土灰土堆积	19.0
DG	DCP-4	11	东港	大草坡	高旺庄		汉					1282	0.10	VI	1	稀少	1	0	1				24.0
DG	DCP-5	11	东港	大草坡	高旺庄	ABCDFG	汉					1296	5.00	V	2	高	127	4	1	文化层	CA-B：黑土	14.3
DG	DCP-5	11	东港	大草坡	高旺庄	A	周	x			西周	959	1.22	V	2	稀少	1	1					12.0
DG	DCP-5	11	东港	大草坡	高旺庄	G	周			x	东周	944	0.16	VI	1	稀少	1	1					12.0
DG	DCP-5	11	东港	大草坡	高旺庄	E	周			x	东周	945	0.16	VI	1	稀少	3	1					14.3
DG	DCP-6	11	东港	大草坡	高旺庄		周	x			西周	965	0.12	VI	1	稀少	2	2					12.0
DG	DCP-7	11	东港	大草坡	高旺庄		周	x			西周	964	0.10	VI	1	稀少	3	1					12.0
DG	DCP-8	11	东港	大草坡	高旺庄		汉					1299	0.32	VI	2	稀少	2	0	1				14.0
DG	DCP-8	11	东港	大草坡	高旺庄		周	x			西周	963	0.32	VI	2	稀少	3	1					14.0

海拔范围	水源	河道距离	环境区域	地貌状况	防御性遗址	土壤质地	土壤颜色	土层厚度	作物	现代用途	备注	距中心城市5公里内	距中心城市5~10公里	距中心城市10~15公里	距中心城市15公里以上	距海岸5公里内
20~30	小河	30	冲积平原	平地		砂质壤土	黄土-褐土	较深	冬小麦	农业用地			尧王城	大古城		
20~30	小河	450	冲积平原	平地		砂质壤土	黄土-褐土	较深	休耕地/冬小麦	农业用地			尧王城			
20~30	小河	750	冲积平原	平地		砂质壤土	黄土-褐土	较深	茶园/冬小麦	农业用地			尧王城	大古城		
20~30	小河	750	冲积平原	平地		砂质壤土	黄土-褐土	较深	茶园	农业用地			尧王城			
20~30	小河	15	冲积平原	平地		砂质壤土	黄土-褐土	较深	休耕地/周围是冬小麦	农业用地	靠近水库		尧王城	大古城		
20~30	小河	50	冲积平原	平地		多砂	黄土-褐土	较深	桑园				尧王城	大古城		
30~40	小河	10	冲积平原	平地		砂质壤土	黄土-褐土	较深	休耕地	农业用地			尧王城	大古城		
20~30	小河	300	冲积平原	平地		砂质壤土	黄土-褐土	较深	果园/杨树林	果园	CAB		尧王城	大古城		
20~30	小河	300	冲积平原	平地		砂质壤土	黄土-褐土	较深	果园/杨树林	果园	CAB		尧王城			
20~30	主要河流	250	冲积平原	平地		砂质壤土	黄土-褐土	较深	果园/杨树林	果园			尧王城			
30~40	小河	110	冲积平原	平地		多砂	黄土-褐土	较深	杨树林	树林	靠近铁路		尧王城	大古城		
30~40	小河	110	冲积平原	平地		多砂	黄土-褐土	较深	杨树林	树林	靠近铁路		尧王城			
60~70	小河	30	山麓			多砂			茶园/杨树林	农业用地				尧王城		
50~60	小河	100	山麓	梯田/微倾斜		多砂	浅褐土	较深		果园				尧王城/大古城		
10~20	主要河流	270	冲积平原			多砂				桑园	1大陶片					
10~20	主要河流	250	冲积平原			多砂				桑园		大古城			尧王城	
10~20	主要河流	500	冲积平原			粉质壤土	浅褐土		蔬菜	花圃	榛子埠村庄边缘	大古城			尧王城	
20~30	主要河流	700	山麓	微倾斜		土质较硬/多砂			休耕地		小河以南650米	大古城			尧王城	
30~40	小河	270	山麓			土质较硬/多砂			休耕地			大古城			尧王城	
50~60	小河	1000	山麓	山脊	?	砂质壤土			冬小麦	农业用地						
50~60	小河	1km	山麓	山脊		砂质壤土			冬小麦	农业用地						
2~10	主要河流	250	冲积平原	平地						冬小麦	农业用地					
2~10	主要河流	100	冲积平原	平地		砂质壤土	黄土-褐土	较深	冬小麦	农业用地						
2~10	主要河流	200	冲积平原	平地		砂质壤土	黄土-褐土	较深	冬小麦	农业用地						
2~10	小河	500	冲积平原	较低的隆起		砂质壤土	黄土-褐土	较深	冬小麦	农业用地/村庄						
2~10	主要河流	500	冲积平原	较低的隆起		砂质壤土	黄土-褐土	较深	冬小麦							
10~20	小河	5	山麓	斜坡		壤土	浅褐土	较深	蔬菜/冬小麦	农业用地/花圃						
10~20	小河	50	山麓	微倾斜		砂质壤土	浅褐土	较深	休耕地	农业用地	靠近新高速路/距离小河200米					
20~30	小河	10	山麓	微倾斜		砂质壤土	黄土-褐土	较深	休耕地/冬小麦	农业用地	高速路以西					
30~40	小河	250	山麓	较低的隆起		砂质壤土			休耕地	农业用地	墓葬					
30~40	小河	0	山麓	山脊		壤土	黄土-褐土	中度	休耕地/茶园/冬小麦	农业用地						
30~40	小河	20	山麓	山脊		壤土	黄土-褐土	较深	玉米/休耕地/花生/冬小麦	农业用地						
10~20	小河	30	冲积平原			壤土			果园/小麦	农业用地/果园						
10~20	小河	30	冲积平原			壤土			果园/小麦	农业用地/果园						
20~30	小河	50	山麓	微倾斜		砂质壤土			冬小麦	农业用地						
10~20	小河	50	冲积平原	微倾斜		壤土	浅褐土	较深	冬小麦	农业用地	可能为DG-DCP-5一部分/梯田					
20~30	小河	120	山麓	支脉		砂质壤土			冬小麦	农业用地	可能为DG-DCP-5一部分/梯田					
10~20	小河	0	冲积平原/山麓	支脉					小麦/冬小麦	农业用地	可能为DG-DCP-3&DG-DCP-4一部分					
10~20	小河	0	冲积平原/山麓	支脉					小麦/冬小麦	农业用地	可能为DG-DCP-3&DG-DCP-4一部分					
10~20	小河	0	冲积平原	微倾斜					小麦/冬小麦	农业用地	可能为DG-DCP-3&DG-DCP-4一部分					
10~20	小河	0	冲积平原	微倾斜					小麦/冬小麦	农业用地	可能为DG-DCP-3&DG-DCP-4一部分					
10~20	小河	150	冲积平原	微倾斜		砂质壤土			小麦	农业用地						
10~20	小河	350	冲积平原	平地		粉质壤土	黄土-褐土	较深	休耕地/树林	农业用地/幼儿园						
10~20	小河	350	冲积平原	平地		粉质壤土	黄土-褐土	较深	冬小麦	农业用地						
10~20	小河	350	冲积平原	平地		粉质壤土	黄土-褐土	较深	冬小麦	农业用地						

遗址前缀	遗址名称	年份	行政区划	村镇	地图	采集区	年代	早(西)	中	晚(东)	分期	期段编号	面积(万米²)	等级	所含期段数	陶片密度	陶片数量	器型	残片	石器	文化层特点	详细文化层信息	中心海拔
DG	DF-1	11	东港	东风	巨峰镇	AB	汉					1226	1.54	V	3	稀少	14	3	1				14.0
DG	DF-1	11	东港	东风	巨峰镇	A	龙山	x			早期	440	0.75	VI	3	稀少	19	3					14.0
DG	DF-1	11	东港	东风	巨峰镇	AB	周	x		x	西周/东周	911	1.54	V	3	稀少	17	4					14.0
DG	DF-2	11	东港	东风	巨峰镇		汉					1200	0.15	VI	1	稀少	4	1	1				9.0
DG	DF-3	11	东港	东风	亚月		汉					1227	0.15	VI	2	稀少	5	1	1				13.5
DG	DF-3	11	东港	东风	亚月		周			x	东周	912	0.15	VI	2	稀少	4	1					13.5
DG	DJYZ-1	11	东港	丁家营子	高旺庄		汉					1266	0.12	VI	1	稀少	1	0	1				4.0
DG	DJYZ-2/3	11	东港	丁家营子	高旺庄		汉					1274	1.80	V	1	稀少	5	2					4.0
DG	DLZT-1	11	东港	东林子头	高旺庄		汉					1314	0.12	VI	2	稀少	2	1	1				4.0
DG	DLZT-1	11	东港	东林子头	高旺庄		龙山	x				445	0.13	VI	2	稀少	2	2					4.0
DG	DLZT-2	11	东港	东林子头	高旺庄		汉					1315	0.15	VI	2	稀少	3	1					4.5
DG	DLZT-2	11	东港	东林子头	高旺庄		龙山				不确定	449	0.15	VI	2	稀少	1	1					4.5
DG	DLZT-3	11	东港	东林子头	高旺庄		周	x			西周	994	0.12	VI	1	稀少	3	1					3.5
DG	DLZT-4	11	东港	东林子头	高旺庄		龙山	x				450	0.20	VI	1	稀少	1	1					4.0
DG	DLZT-5	11	东港	东林子头	虎山铺		龙山				不确定	452	0.20	VI	1	稀少	1	1					4.8
DG	DLZT-6	11	东港	东林子头	虎山铺		汉					1316	0.20	VI	2	稀少	1	1					3.0
DG	DLZT-6	11	东港	东林子头	虎山铺		龙山				不确定	451	0.20	VI	2	稀少	1	1					3.0
DG	DLZT-7	11	东港	东林子头	虎山铺		龙山	x			早期	455	0.77	VI	1	稀少	3	2					4.0
DG	DLZT-8	11	东港	东林子头	东湖三村	ABDEFGH	汉					1321	15.00	III	3	很少	195	5	1		文化层	CAEFH发现于水渠沿岸/灰土/CAE发现锈蚀铁器	5.5
DG	DLZT-8	11	东港	东林子头	东湖三村	A	龙山				不确定	454	0.45	VI	3	稀少	1	1					5.5
DG	DLZT-8	11	东港	东林子头	东湖三村	ABCEFG	周	x		x	西周/东周	981	14.90	III	3	稀少	69	3			文化层	CAE&F发现于水渠沿岸/灰土/CAE发现锈蚀铁器	5.5
DG	DNY-1	11	东港	东南营	栈子	A-F	汉					1272	7.10	IV	1	稀少	27	2	1				4.0
DG	DSLT-1	11	东港	东石梁子头	亚月		汉					1202	0.12	VI	1	稀少	2	1	1				7.9
DG	DYJ-1	11	东港	大羊卷	巨峰镇	A-F	汉					1224	7.80	IV	2	稀少	53	3	1				14.6
DG	DYJ-1	11	东港	大羊卷	巨峰镇	D	周	x			西周	916	0.90	VI	2	稀少	2	2					15.0
DG	DYJ-2	11	东港	大羊卷	巨峰镇		汉					1225	0.45	VI	2	稀少	4	1					14.4
DG	DYJ-2	11	东港	大羊卷	巨峰镇		周	x			西周	915	0.45	VI	2	稀少	2	2					14.4
DG	DYJ-3	11	东港	大羊卷	巨峰镇	AB	汉					1217	1.40	V	2	稀少	16	2	1				11.5
DG	DYJ-3	11	东港	大羊卷	巨峰镇	A	周			x	东周	904	0.70	VI	1	稀少	3	1					11.5
DG	GJZZ-1	11	东港	郭家庄子	高旺庄		汉					1298	0.25	VI	1	稀少	2	0	1				9.0
DG	GJZZ-2	11	东港	郭家庄子	高旺庄	AB	汉					1313	1.09	V	2	稀少	6	1	1				11.0
DG	GJZZ-2	11	东港	郭家庄子	高旺庄	B	周	x			西周	966	0.60	VI	2	稀少	1	1					11.0
DG	GWZ-1	11	东港	高旺庄	高旺庄		汉					1257	0.12	VI	1	稀少	1	1					3.0
DG	GWZ-4	11	东港	高旺庄	栈子		汉					1254	0.10	VI	1	稀少	2	0	1				3.0
DG	GWZ-5	11	东港	高旺庄	高旺庄		汉					1258	0.12	VI	2	稀少	1	0	1		文化层?	陶片暴露在岸边	6.0
DG	GWZ-5	11	东港	高旺庄	高旺庄		周	x		x	西周/东周	936	0.12	VI	2	稀少	9	1			文化层?	陶片暴露在岸边	6.0
DG	GWZ-6	11	东港	高旺庄	高旺庄		汉					1265	0.52	VI	1	稀少	3	1	1				18.0
DG	HS-1	11	东港	华山	大官庄		汉					1230	0.19	VI	1	稀少	6	1	1				22.0
DG	HS-2	11	东港	华山	大官庄	AB	汉					1229	1.16	V	3	稀少	28	2	1		烧土,可能墓葬	当地农民曾发现完整的陶罐	27.0

海拔范围	水源	河道距离	环境区域	地貌状况	防御性遗址	土壤质地	土壤颜色	土层厚度	作物	现代用途	备注	距中心城市5公里内	距中心城市5~10公里	距中心城市10~15公里	距中心城市15公里以上	距海岸5公里内
10~20	小河	20	冲积平原	较低的隆起					休耕地/冬小麦	农业用地						
10~20	小河	20	冲积平原	较低的隆起					冬小麦	农业用地						
10~20	小河	20	冲积平原	较低的隆起					休耕地/冬小麦	农业用地						
2~10	主要河流	120	冲积平原	平地		淤土	黄土-褐土	较深	桑园	果园	河流：竹子河					
10~20	小河	20	冲积平原						桑园	果园	小河改造成水渠					
10~20	小河	20	冲积平原						桑园	果园	小河改造成水渠					
2~10	小河	500	冲积平原	平地		多砂	黄土-褐土	较深	休耕地	农业用地	现代水库/可能铜矿石靠近遗址					
2~10	主要河流	0	冲积平原	平地		砂质壤土	黄土-褐土	较深	休耕地/冬小麦	农业用地	小河延伸到水渠					
2~10	支流	250	冲积平原	平地		砂质壤土	黄土-褐土	较深	无							
2~10	小河	250	冲积平原	平地		砂质壤土	黄土-褐土	较深	无							
2~10	小河	550	冲积平原	平地		粉质壤土	黄土-褐土	较深	蔬菜/冬小麦	农业用地/花圃/幼儿园/村庄						
2~10	支流	550	冲积平原	平地		粉质壤土	黄土-褐土	较深	蔬菜/冬小麦	农业用地/花圃/幼儿园/村庄						
2~10	支流	800	冲积平原			粉质壤土			小麦	农业用地/村庄						
2~10	支流	750	冲积平原	平地		粉质壤土	黄土-褐土	较深	冬小麦	农业用地						
2~10	支流	900	冲积平原	平地		粉质壤土	黄土-褐土	较深	冬小麦	农业用地						
2~10	小河	1100	冲积平原	平地		粉质壤土	黄土-褐土	较深	冬小麦	农业用地						
2~10	支流	1100	冲积平原	平地		粉质壤土	黄土-褐土	较深	小麦	农业用地						
2~10	小河	700	冲积平原	平地		壤土	黄土-褐土	较深	玉米/休耕地/冬小麦	农业用地						
2~10	小河	800	冲积平原	平地/微倾斜		砂质壤土	黄土-褐土	较深	休耕地/松树林/冬小麦	农业用地/树林/墓地	起伏的斜坡					
2~10	小河	800	冲积平原	平地		砂质壤土	黄土-褐土	较深	休耕地/冬小麦	农业用地						
2~10	小河	800	冲积平原	平地/微倾斜		砂质壤土	黄土-褐土	较深	休耕地/松树林/冬小麦	农业用地/树林/墓地	起伏的斜坡					
2~10	主要河流	20	冲积平原	较低的隆起		砂质壤土			休耕地/冬小麦	农业用地/虾池/现代墓地						
2~10	主要河流	100	冲积平原	平地		黏土壤土	浅褐土	较深	稻田/冬小麦	农业用地	河流：竹子河					
10~20	小河	10	冲积平原/山麓	平地/微倾斜		粉质壤土	黄土-褐土	较深	桑园/冬小麦	农业用地/果园	两小河交汇处					
10~20	小河	10	冲积平原	微倾斜		淤土	黄土-褐土	较深			两小河交汇处					
10~20	小河	75	冲积平原	平地		淤土	黄土-褐土	较深	蔬菜	花圃						
10~20	小河	75	冲积平原	平地		淤土	黄土-褐土	较深	蔬菜	花圃						
10~20	小河	250	冲积平原			粉质壤土			休耕地/果园/冬小麦	农业用地/果园/村庄						
10~20	小河	250	冲积平原			粉质壤土			果园/冬小麦	农业用地/果园/村庄						
2~10	小河	400	冲积平原	平地		黏土壤土	浅褐土	较深	松树林	树林						
10~20	小河	0	冲积平原	平地		粉质壤土	黄土-褐土	较深	休耕地/冬小麦	农业用地						
10~20	小河	0	冲积平原	平地		粉质壤土	黄土-褐土	较深	休耕地	农业用地						
2~10	支流	50	冲积平原	平地		粉质壤土	黄土-褐土	较深	休耕地/小麦	农业用地	河流：竹子河					
2~10	主要河流	130	冲积平原	平地		粉质壤土	黄土-褐土	较深	冬小麦	农业用地	河流：竹子河					
2~10	支流	200	冲积平原	平地		粉质壤土	黄土-褐土	较深	冬小麦	农业用地	河流：竹子河/陶片暴露在岸边					
2~10	主要河流	850	冲积平原	平地		粉质壤土	黄土-褐土	较深	冬小麦	农业用地	河流：竹子河/陶片暴露在岸边					
10~20	小河	500	山麓	较低的隆起		砂质壤土	黑土黄土-褐土	中度	果园/冬小麦	农业用地/果园						
20~30	小河	50	山麓	微倾斜		壤土	黄土-褐土	较深	小麦	农业用地	大部分陶片发现于河流切割的梯田/梯田					
20~30	小河	0	冲积平原/山麓	斜坡			黄土-褐土	较深	蔬菜/冬小麦	农业用地/花圃	可能墓葬，烧土					

遗址前缀	遗址名称	年份	行政区划	村镇	地图	采集区	年代	早(西)	中	晚(东)	分期	期段编号	面积(万米²)	等级	所含期段数	陶片密度	陶片数量	器型	残片	石器	文化层特点	详细文化层信息	中心海拔
DG	HS-2	11	东港	华山	大官庄	A	龙山		x			441	0.58	VI	3	稀少	4	2			烧土,可能墓葬	当地农民曾发现完整的陶罐	27.0
DG	HS-2	11	东港	华山	大官庄	A	周	x		x	西周/东周	924	1.16	V	3	稀少	12	1			烧土,可能墓葬	当地农民曾发现完整的陶罐	27.0
DG	HS-3	11	东港	华山	大官庄	A	周	x		x	西周/东周	930	0.12	VI	1	稀少	13	2					40.0
DG	HS-4	11	东港	华山	大官庄	B	汉					1239	0.25	VI	2	稀少	1	1					40.0
DG	HS-4	11	东港	华山	大官庄	AB	周	x		x	西周/东周	927	0.77	VI	2	稀少	37	3					40.0
DG	HS-5	11	东港	华山	大官庄		龙山				不确定	442	0.20	VI	1	稀少	1	1					30.0
DG	HS-6	11	东港	华山	大官庄		汉					1228	0.96	VI	1	稀少	4	1	1				23.0
DG	LanJL-1	11	东港	兰家岭	大官庄		汉					1231	0.15	VI	2	稀少	4	0	1				35.0
DG	LanJL-1	11	东港	兰家岭	大官庄		周			x	东周	925	0.12	VI	2	稀少	2	1					35.0
DG	LJYZ-1	11	东港	李家营子	栈子	AB	汉					1260	0.61	VI	1	稀少	7	2	1				3.0
DG	LJYZ-3	11	东港	李家营子	高旺庄		汉					1263	0.12	VI	1	稀少	3	1	1				4.0
DG	LJYZ-4	11	东港	李家营子	高旺庄		周			x	东周	938	0.10	VI	1	稀少	1	1					4.0
DG	NSL-1	11	东港	南沙岭	栈子		汉					1277	0.12	VI	1	稀少	1	0	1				4.0
DG	SJCun-1	11	东港	孙家村	栈子		汉					1268	0.24	VI	1	稀少	4	1	1				4.0
DG	SJYZ-1	11	东港	孙家营子	高旺庄	ABCD	汉					1259	3.20	V	2	稀少	27	3	1				3.1
DG	SJYZ-1	11	东港	孙家营子	高旺庄	BD	周	x		x	西周/东周	937	1.80	V	2	稀少	10	3					3.1
DG	SJYZ-2	11	东港	孙家营子	高旺庄		周			x	东周	939	0.12	VI	1	稀少	1	1					12.0
DG	SJYZ-3	11	东港	孙家营子	高旺庄		汉					1264	0.10	VI	1	稀少	7	2	1		墓葬	带纹饰汉砖	5.0
DG	SY-1	11	东港	上元	高旺庄		汉					1269	1.28	V	1	稀少	17	4	1				44.0
DG	SY-10	11	东港	上元	高旺庄		汉					1287	0.10	VI	1	稀少	1	0	1				24.0
DG	SY-11	11	东港	上元	高旺庄		汉					1284	0.10	VI	1	稀少	2	0	1				24.0
DG	SY-12	11	东港	上元	高旺庄		汉					1285	0.10	VI	1	稀少	2	1	1				32.0
DG	SY-13	11	东港	上元	高旺庄		汉					1283	0.10	VI	1	稀少	9	2	1				23.0
DG	SY-2	11	东港	上元	高旺庄		周			x	东周	940	0.10	VI	1	稀少	1	1					23.0
DG	SY-4	11	东港	上元	高旺庄		汉					1271	0.10	VI	1	稀少	1	0	1				28.0
DG	SY-5	11	东港	上元	高旺庄		汉					1270	1.20	V	1	稀少	6	2	1				35.0
DG	SY-7	11	东港	上元	高旺庄		周			x	东周	941	0.10	VI	1	稀少	1	1					35.0
DG	SY-8	11	东港	上元	高旺庄		汉					1288	0.35	VI	1	稀少	8	2	1				34.0
DG	SY-9	11	东港	上元	高旺庄		汉					1286	0.10	VI	1	稀少	1	0	1				32.0
DG	WJCun-1	11	东港	王家村	栈子		汉					1261	0.96	VI	1	稀少	4	1	1				3.0
DG	WJCun-2	11	东港	王家村	栈子	ABC	汉					1262	1.40	V	1	稀少	12	2	1	1			3.0
DG	XCP-1	11	东港	小草坡	高旺庄		汉					1267	0.70	VI	1	稀少	6	2	1				14.0
DG	XCP-2	11	东港	小草坡	高旺庄		汉					1278	0.12	VI	1	稀少	5	1	1				7.0
DG	XCP-3	11	东港	小草坡	高旺庄		汉					1279	0.19	VI	2	稀少	9	1	1		文化层?	河流冲刷暴露	9.0
DG	XCP-3	11	东港	小草坡	高旺庄		周			x	西周/东周	946	0.19	VI	2	稀少	13	3			文化层?	河流冲刷暴露	9.0
DG	XJDZ-1	11	东港	徐家挡子	亚月		汉					1232	0.60	VI	2	稀少	18	1	1				15.0
DG	XJDZ-1	11	东港	徐家挡子	亚月		周			x	东周	917	0.60	VI	2	稀少	8	2					15.0
DG	XJDZ-2	11	东港	徐家挡子	高旺庄		汉					1241	0.19	VI	1	稀少	2	1	1				34.0
DG	XLZT-1	11	东港	西林子头	虎山铺	A, FGJ KLMN	汉					1320	11.40	III	3	很少	31	2	1	1	文化层	灰土CAF-CAG	6.5
DG	XLZT-1	11	东港	西林子头	虎山铺	A-E, G-N	龙山	x	x	x	早/中/晚	456	17.90	III	3	很少	614	15		3	文化层	文化层CAC,灰土C-G	5.0
DG	XLZT-1	11	东港	西林子头	虎山铺	ABCDE	大汶口				晚期	26	4.60	II	2	很少	21	8			文化层	文化层CAC,灰土C-E	5.5

海拔范围	水源	河道距离	环境区域	地貌状况	防御性遗址	土壤质地	土壤颜色	土层厚度	作物	现代用途	备注	距中心城市5公里内	距中心城市5~10公里	距中心城市10~15公里	距中心城市15公里以上	距海岸5公里内
20~30	小河	0	山麓	微倾斜		壤土	黄土-褐土	较深	蔬菜/冬小麦	农业用地/花圃	可能墓葬，烧土					
20~30	小河	0	山麓	微倾斜		壤土	黄土-褐土	较深	蔬菜/冬小麦	农业用地/花圃	可能墓葬，烧土					
40~50	小河	0	山麓	山脊		壤土	褐土									
40~50	小河	0	山麓	中坡	是				茶园/蔬菜	农业用地/花圃	梯田					
40~50	小河	0	山麓	中坡	是				茶园/蔬菜/冬小麦	农业用地/花圃	梯田					
30~40	小河	30	山麓	微倾斜		砂质壤土	黄土-褐土	较深	小麦	农业用地						
20~30	小河	20	山麓	微倾斜		砂质壤土	黄土-褐土	较深	休耕地/冬小麦	农业用地	小河已干涸，蔬菜花圃/梯田					
30~40	小河	100	山麓	平地		淤土			冬小麦	农业用地/村庄						
30~40	小河	100	山麓	平地		淤土			冬小麦	农业用地/村庄						
2~10	支流	250	冲积平原	平地		粉质壤土	黄土-褐土	较深	无	鱼塘/虾池	小河改造成水渠					
2~10	支流	450	冲积平原	平地		土质较硬/黏土壤土		较深	休耕地	农业用地/鱼塘						
2~10	支流	400	冲积平原			砂质壤土			冬小麦	农业用地						
2~10	小河	1100	冲积平原	微倾斜		多砂	黄土-褐土	较深	休耕地	农业用地/树林墓地						
2~10	主要河流	20	冲积平原	平地		多砂	黄土-褐土	较深	休耕地/冬小麦	农业用地						
2~10	支流	100	冲积平原	平地		粉质壤土	黄土-褐土	较深	休耕地/冬小麦	农业用地	距离竹子河750米					
2~10	小河	0	冲积平原	平地		粉质壤土	黄土-褐土	较深	休耕地/冬小麦	农业用地	距离竹子河750米					
10~20	支流	900	冲积平原	微倾斜		粉质壤土	黄土-褐土	较深	冬小麦	农业用地						
2~10	小河	500	冲积平原	平地		砂质壤土			冬小麦，玉米	农业用地	较低的隆起可能墓葬					
40~50	小河	150	山麓	较低的隆起		多砂	黄土-褐土	中度	休耕地/草垛/小麦	农业用地						
20~30	小河	30	山麓	平地		砂质壤土	黄土-褐土	较深	冬小麦	农业用地						
20~30	小河	40	山麓	平地		砂质壤土	黄土-褐土	较深	冬小麦	农业用地						
30~40	小河	30	山麓	微倾斜		砂质壤土	黄土-褐土	较深								
20~30	小河	100	山麓	较低的隆起		砂质壤土			休耕地	农业用地						
20~30	小河	150	山麓	斜坡		壤土	浅褐土	较深	小麦	农业用地	土质较硬					
20~30	小河	500	山麓	平地		壤土	浅褐土	较深	休耕地	村庄	遗址靠近冲沟					
30~40	小河	50	山麓	微倾斜		壤土	浅褐土	中度	冬小麦	农业用地	凤凰山/可能与DG-SY-1同一社群/梯田					
30~40	小河	70	山麓	微倾斜		砂质壤土		较深	冬小麦	农业用地						
30~40	小河	30	山麓	微倾斜		砂质壤土	黄土-褐土	较深	冬小麦	农业用地						
30~40	小河	20	山麓	平地		砂质壤土	黄土-褐土	较深	冬小麦	农业用地						
2~10	小河	500	冲积平原	平地		淤土	黄土-褐土	较深	蔬菜/冬小麦	农业用地/花圃	小河改造成水渠					
2~10	主要河流	450	冲积平原	平地		粉质壤土	黄土-褐土	较深	蔬菜/冬小麦	农业用地/花圃	CAC可能的石器碎片					
10~20	小河	150	山麓	支脉		土质较硬/多砂			冬小麦	农业用地						
2~10	支流	220	冲积平原	平地		砂质壤土	浅褐土	较深	休耕地/冬小麦	农业用地						
2~10	支流	0	冲积平原	平地		土质较硬/多砂	黄土-褐土	较深	无	干涸的池塘						
2~10	小河	0	冲积平原	平地		土质较硬/多砂	黄土-褐土	较深	无	干涸的池塘						
10~20	小河	700	冲积平原			壤土			休耕地/小麦	农业用地						
10~20	小河	700	冲积平原			壤土			休耕地/小麦	农业用地						
30~40	小河	300	山麓	山脊		土质较硬/多砂	褐土	中度	休耕地	农业用地						
2~10	支流	250	冲积平原	较低的隆起		粉质壤土	黄土-褐土	较深	玉米/休耕地/冬小麦	农业用地	很多石器工具/可能石器加工场所/CAF&G灰土堆积					
2~10	支流	250	冲积平原	较低的隆起		粉质壤土	黄土-褐土	较深	玉米/休耕地/冬小麦	农业用地	很多石器工具/可能石器加工场所/玉饰发现					
2~10	支流	650	冲积平原	较低的隆起		粉质壤土	黄土-褐土	较深	玉米/休耕地/冬小麦	农业用地	很多石器工具/可能石器加工场所/玉饰发现					

遗址前缀	遗址名称	年份	行政区划	村镇	地图	采集区	年代	早(西)	中	晚(东)	分期	期段编号	面积(万米²)	等级	所含期段数	陶片密度	陶片数量	器型	残片	石器	文化层特点	详细文化层信息	中心海拔
DG	XLZT-1	11	东港	西林子头	虎山铺	PQ	龙山	x			早期	453	2.70	V	2	稀少	8	2					7.0
DG	XLZT-1	11	东港	西林子头	虎山铺	PQRS	周	x		x	西周/东周	977	5.22	IV	2	稀少	25	5					7.0
DG	XLZT-1	11	东港	西林子头	虎山铺	O	周			x	东周	978	0.12	VI	1	稀少	1	1					6.5
DG	XLZT-1	11	东港	西林子头	虎山铺	GHJ	周	x		x	西周/东周	979	4.40	IV	3	稀少	15	3			文化层	灰土CAG	4.5
DG	XLZT-10	11	东港	西林子头	虎山铺		周			x	东周	980	0.12	VI	1	稀少	2	1					4.0
DG	XLZT-2	11	东港	西林子头	高旺庄		周			x	东周	957	0.12	VI	1	稀少	1	1					5.0
DG	XLZT-3	11	东港	西林子头	高旺庄		汉					1297	0.25	VI	2	稀少	2	1	1				4.0
DG	XLZT-3	11	东港	西林子头	高旺庄		周			x	东周	956	0.12	VI	1	稀少	1	1					4.0
DG	XLZT-4	11	东港	西林子头	高旺庄		龙山				不确定	448	0.20	VI	2	稀少	1	1					6.0
DG	XLZT-4	11	东港	西林子头	高旺庄		周			x	东周	955	0.19	VI	1	稀少	1	1					6.0
DG	XLZT-5	11	东港	西林子头	高旺庄	ABC	龙山	x			早期	444	1.80	V	1	稀少	8	3					6.3
DG	XLZT-6	11	东港	西林子头	高旺庄		汉					1317	0.12	VI	1	稀少	1	0	1				6.1
DG	XLZT-7	11	东港	西林子头	虎山铺	A-F	汉					1323	6.20	IV	2	稀少	113	4	1		文化层	CAB：修建公路暴露	12.0
DG	XLZT-7	11	东港	西林子头	虎山铺	AC	周	x		x	西周/东周	958	2.51	V		高	79	4			文化层	CAB：修建公路暴露	12.0
DG	XLZT-8	11	东港	西林子头	高旺庄		汉					1318	0.15	VI	2	稀少	3	2	1				7.6
DG	XLZT-8	11	东港	西林子头	高旺庄		龙山				不确定	446	0.15	VI	2	稀少	1	1					7.6
DG	XLZT-9	11	东港	西林子头	虎山铺		龙山				不确定	447	0.15	VI		稀少	1	1					8.5
DG	XLZT-9	11	东港	西林子头	虎山铺		汉					1319	0.15	VI	2	稀少	1	0	1				8.5
DG	XSLT-1	11	东港	西石梁头	亚月	AB	汉					1201	1.00	V	3	稀少	5	1	1				8.0
DG	XSLT-1	11	东港	西石梁头	亚月	B	龙山	x			早期	431	0.20	VI	3	稀少	1	1					8.2
DG	XSLT-1	11	东港	西石梁头	亚月	AB	周			x	东周	902	1.00	V	3	稀少	4	2					8.0
DG	XY-1	11	东港	下元	亚月		汉					1233	0.15	VI	2	稀少	7	1	1				5.0
DG	XY-1	11	东港	下元	亚月		周			x	东周	913	0.15	VI	2	稀少	8	2					5.0
DG	XY-2	11	东港	下元	高旺庄		汉					1234	0.19	VI	1	稀少	2	1					8.5
DG	XY-3	11	东港	下元	高旺庄		汉					1242	0.45	VI	1	稀少	2	1					12.4
DG	XY-4	11	东港	下元	高旺庄		周	x		x	西周/东周	929	0.15	VI	1	稀少	9	2					8.5
DG	XY-5	11	东港	下元	高旺庄		汉					1245	0.13	VI	1	稀少	1	0	1				6.0
DG	XY-6	11	东港	下元	高旺庄		汉					1248	0.13	VI	1	稀少	2	1	1				15.0
DG	XY-7	11	东港	下元	高旺庄		汉					1249	0.19	VI	1	稀少	2	0	1				15.0
DG	XY-8	11	东港	下元	高旺庄		汉					1243	0.32	VI	1	稀少	3	0	1				15.0
DG	XY-9	11	东港	下元	高旺庄		周			x	东周	933	0.10	VI	1	稀少	1	1					19.0
DG	XYYC-1	11	东港	下元一村	高旺庄		汉					1253	0.19	VI	1	稀少	6	1					34.0
DG	XYYC-2	11	东港	下元一村	高旺庄		汉					1252	0.32	VI	2	稀少	1	0	1				33.0
DG	XYYC-2	11	东港	下元一村	高旺庄		周			x	东周	935	0.90	VI	2	稀少	6	1					33.0
DG	XYYC-3	11	东港	下元一村	高旺庄		汉					1251	0.19	VI	2	稀少	6	1	1				25.0
DG	XYYC-3	11	东港	下元一村	高旺庄		周			x	东周	934	0.19	VI	2	稀少	2	1					25.0
DG	XYYC-4	11	东港	下元一村	高旺庄	ABC	汉					1244	0.90	VI	1	稀少	6	1					19.9
DG	XYYC-5	11	东港	下元一村	高旺庄		汉					1250	0.24	VI	1	稀少	2	1					29.0
DG	ZJZZi-1	11	东港	赵家庄子	巨峰镇	AB	汉					1222	1.80	V	2	中等	29	2	1				15.0
DG	ZJZZi-1	11	东港	赵家庄子	巨峰镇	A	周			x	东周	910	0.45	VI	2	稀少	4	1					15.0
DG	ZJZZi-2	11	东港	赵家庄子	巨峰镇	AB	汉					1207	1.54	V	2	稀少	17	1	1				10.0

海拔范围	水源	河道距离	环境区域	地貌状况	防御性遗址	土壤质地	土壤颜色	土层厚度	作物	现代用途	备注	距中心城市5公里内	距中心城市5~10公里	距中心城市10~15公里	距中心城市15公里以上	距海岸5公里内
2~10	支流	150	冲积平原	较低的隆起		粉质壤土	黄土-褐土	较深	玉米/休耕地/冬小麦	农业用地	很多石器工具/可能石器加工场所/玉饰发现/竹子河支流					
2~10	支流	30	冲积平原	较低的隆起		粉质壤土	黄土-褐土	较深	玉米/休耕地/冬小麦	农业用地	很多石器工具/可能石器加工场所/玉饰发现					
2~10	支流	130	冲积平原	较低的隆起		粉质壤土	黄土-褐土	较深	玉米/休耕地/冬小麦	农业用地	很多石器工具/可能石器加工场所/玉饰发现					
2~10	支流	400	冲积平原	较低的隆起		粉质壤土	黄土-褐土	较深	玉米/休耕地/冬小麦	农业用地	很多石器工具/可能石器加工场所					
2~10	支流	550	冲积平原	平地		粉质壤土	黄土-褐土	较深	玉米/休耕地/冬小麦	农业用地						
2~10	支流	200	冲积平原	平地		砂质壤土	黄土-褐土	较深	休耕地	农业用地						
2~10	支流	100	冲积平原	平地		砂质壤土	黄土-褐土	较深	休耕地/冬小麦	农业用地						
2~10	小河	100	冲积平原	平地		砂质壤土	黄土-褐土	较深	休耕地/冬小麦	农业用地						
2~10	支流	300	冲积平原			壤土	褐土		冬小麦	农业用地/村庄	竹子河支流					
2~10	支流	300	冲积平原			壤土	褐土		冬小麦	农业用地/村庄	竹子河支流					
2~10	支流	40	冲积平原	平地		粉质壤土	黄土-褐土	较深	休耕地	农业用地	竹子河支流					
2~10	支流	370	冲积平原			壤土			冬小麦	农业用地/村庄	竹子河支流					
10~20	支流	0	冲积平原	平地		砂质壤土	黄土-褐土	较深	休耕地	蔬菜及小麦						
10~20	支流	0	冲积平原	平地		砂质壤土	黄土-褐土	较深	休耕地	蔬菜及小麦						
2~10	支流	20	冲积平原	平地		粉质壤土	黄土-褐土	较深	休耕地	农业用地	竹子河支流					
2~10	支流	20	冲积平原	平地		粉质壤土	黄土-褐土	较深	休耕地	农业用地	竹子河支流					
2~10	支流	230	冲积平原													
2~10	支流	230	冲积平原			粉质壤土			桑园	民房/果园						
2~10	主要河流	200	冲积平原	平地		粉质壤土		较深	蔬菜/冬小麦	农业用地/花圃	竹子河					
2~10	主要河流	200	冲积平原	平地		粉质壤土		较深	蔬菜/冬小麦	农业用地/花圃	竹子河					
2~10	主要河流	200	冲积平原	平地		粉质壤土		较深	蔬菜/冬小麦	农业用地/花圃	竹子河					
2~10	主要河流	300	冲积平原			砂质壤土			无	干涸的鱼塘/高速路	竹子河					
2~10	主要河流	300	冲积平原			砂质壤土			无	干涸的鱼塘/高速路	竹子河					
2~10	小河	250	冲积平原	平地		淤土	黄土-褐土	较深	桑园/冬小麦	农业用地/果园						
10~20	小河	400	山麓	微倾斜		壤土	浅褐土	较深	休耕地	农业用地						
2~10	小河	100	冲积平原	平地		淤土	褐土	较深	蔬菜/冬小麦	农业用地/花圃	遗址被小水库环绕/大部分陶片发现与梯田切割处					
2~10	小河	130	冲积平原			壤土			树林	无						
10~20	小河	300	山麓	微倾斜		砂质壤土	浅褐土	较深		渡槽						
10~20	小河	150	冲积平原	较低的隆起		壤土	褐土		冬小麦	农业用地						
10~20	小河	200	冲积平原	较低的隆起												
10~20	小河	100	山麓	山脊		砂质壤土			冬小麦	农业用地						
30~40	小河	40	山麓	较低的隆起		砂质壤土			冬小麦	农业用地	梯田					
30~40	小河	40	山麓	微倾斜		多砂	黄土-褐土	稀薄	茶园	农业用地	遗址三面被小河包围					
30~40	小河	40	山麓	微倾斜		多砂	黄土-褐土	稀薄	茶园	农业用地	遗址三面被小河包围					
20~30	小河	20	山麓	平地		壤土	浅褐土	较深	小麦	农业用地						
20~30	小河	20	山麓	平地		壤土	浅褐土	较深	小麦	农业用地						
10~20	小河	100	冲积平原/山麓			砂质壤土			小麦/冬小麦	农业用地						
20~30	小河	70	山麓	斜坡		砂质壤土	黄土-褐土	中度	冬小麦	农业用地	梯田					
10~20	小河	0	山麓	支脉		壤土	黄土-褐土	较深	冬小麦	农业用地	现代水渠/渡槽穿过陶片聚集处					
10~20	小河	0	山麓	支脉		壤土	黄土-褐土	较深	冬小麦	农业用地	现代水渠/渡槽穿过陶片聚集处					
10~20	支流	10	冲积平原			粉质壤土			蔬菜	花圃/村庄	相家落河支流					

遗址前缀	遗址名称	年份	行政区划	村镇	地图	采集区	年代	早(西)	中	晚(东)	分期	期段编号	面积(万米²)	等级	所含期段数	陶片密度	陶片数量	器型	残片	石器	文化层特点	详细文化层信息	中心海拔
DG	ZJZZi-2	11	东港	赵家庄子	巨峰镇	A	周			x	东周	903	0.45	VI	2	稀少	6	3						10.0
DG	ZZ-1	11	东港	栈子	栈子		汉					1256	1.50	V	1	稀少	11	1	1					3.0
DG	ZZ-2	11	东港	栈子	栈子		汉					1255	0.30	VI	1	稀少	2	0	1					3.0
LS	ADW-1	11	岚山	安东卫	岚山镇	A-G	龙山				不确定	461	0.97	V	3	稀少	2	1						8.0
LS	ADW-1	11	岚山	安东卫	岚山镇	ABDEFG	汉					1399	9.16	IV	2	稀少	31	1	1					15.0
LS	ADW-1	11	岚山	安东卫	岚山镇	C	周			x	东周	1024	0.55	VI	1	稀少	2	1						10.0
LS	CJD-1	11	岚山	蔡家墩	桥南头		汉					1347	0.19	VI	2	稀少	5	2	1					6.5
LS	CJD-1	11	岚山	蔡家墩	桥南头		周	x			西周	1018	0.19	VI	2	稀少	1	1						6.5
LS	CJD-2	11	岚山	蔡家墩	桥南头		龙山				不确定	458	0.16	VI	1	稀少	1	1						6.3
LS	CJD-2	11	岚山	蔡家墩	桥南头		周			x	东周	1002	0.16	VI	2	稀少	1	1						6.3
LS	CJD-3	11	岚山	蔡家墩	桥南头		周			x	东周	1001	0.16	VI	1	稀少	2	1						9.0
LS	CJZZ-1	11	岚山	陈家庄子	虎山铺	AB	汉					1322	4.50	V	2	稀少	20	2	1					10.0
LS	CJZZ-1	11	岚山	陈家庄子	虎山铺	BC	周			x	东周	976	1.54	V	2	稀少	4	1						10.5
LS	CWA-1	11	岚山	长汪崖	虎山铺		汉					1331	0.26	VI	2	稀少	2	1	1					41.0
LS	CWA-1	11	岚山	长汪崖	虎山铺		周	x			西周	992	0.26	VI	2	稀少	1	1						41.0
LS	CWA-2	11	岚山	长汪崖	虎山铺		周			x	东周	970	0.10	VI	1	稀少	5	3						55.0
LS	CWA-3	11	岚山	长汪崖	虎山铺		周			x	东周	969	0.51	VI	1	稀少	9	2						41.0
LS	CWA-4	11	岚山	长汪崖	虎山铺		汉					1332	0.10	VI	1	稀少	1	0	1					45.0
LS	CWA-5	11	岚山	长汪崖	虎山铺		周			x	东周	974	0.13	VI	1	稀少	3	3						44.8
LS	CWA-6	11	岚山	长汪崖	虎山铺		汉					1333	0.16	VI	2	稀少		0	1					50.0
LS	CWA-6	11	岚山	长汪崖	虎山铺		周			x	东周	975	0.16	VI	2	稀少	7	1						50.0
LS	CZh-1	11	岚山	车庄	马站		汉					1396	0.12	VI	1	稀少	3	1	1					4.8
LS	CZh-2	11	岚山	车庄	马站		汉					1397	0.10	VI	1	稀少	2	1	1					4.8
LS	CZh-3	11	岚山	车庄	马站		汉					1398	0.12	VI	1	稀少	5	2	1					4.6
LS	DC-1	11	岚山	大村	桥南头		汉					1352	0.12	VI	1	稀少	3	2						4.7
LS	DH-1	11	岚山	东湖	东湖三村		汉					1334	0.10	VI	1	稀少	4	1	1					4.0
LS	DHW-1	11	岚山	大合坞	虎山铺		汉					1335	0.40	VI	2	稀少	2	1	1					5.0
LS	DHW-1	11	岚山	大合坞	虎山铺		周	x			西周	995	0.40	VI	2	稀少	3	2						5.0
LS	DHW-2	11	岚山	大合坞	虎山铺		周			x	东周	988	0.10	VI	1	稀少	1	1						16.0
LS	DJH-1	11	岚山	董家湖	桥南头		汉					1340	0.38	VI	1	稀少	5	1	1					5.0
LS	DQL-1	11	岚山	大阡里	岚山镇		商				晚期	29	0.30	II	2	稀少	4	2						61.0
LS	DQL-1	11	岚山	大阡里	岚山镇		周	x		x	西周/东周	1022	0.30	VI	2	高	50	3						61.0
LS	DXZ-1	11	岚山	东小庄	岚山镇	AB	汉					1400	2.77	V	1	稀少	14	1	1					22.0
LS	DXZ-2	11	岚山	东小庄	岚山镇		龙山		x			462	0.12	VI	1	稀少	4	2						25.0
LS	DYG-1	11	岚山	大尧沟	界牌岭		汉					1374	0.10	VI	1	稀少	2	1						16.0
LS	DZZ-1	11	岚山	大庄子	桥南头		周	x			西周	1019	0.12	VI	1	稀少	1	1						10.0
LS	DZZ-2	11	岚山	大庄子	桥南头		周			x	东周	1003	0.16	VI	1	稀少	1	1						6.5
LS	DZZ-3	11	岚山	大庄子	桥南头		汉					1350	0.96	VI	1	稀少	4	2						6.0
LS	DZZ-5	11	岚山	大庄子	桥南头		汉					1355	0.30	VI	1	稀少	3	1	1		墓葬	几处汉墓	16.0
LS	FSZ-1	11	岚山	汾水镇	马站	ABC	汉					1393	8.32	IV	2	稀少	33	3	1					8.0
LS	FSZ-1	11	岚山	汾水镇	马站	AB	周	x		x	西周/东周	1025	6.70	IV	2	稀少	14	3						8.0
LS	FSZ-2	11	岚山	汾水镇	马站	B	汉					1392	0.20	VI	2	稀少	3	2						7.8
LS	FSZ-2	11	岚山	汾水镇	马站	A	周			x	东周	1026	0.83	VI	2	稀少	3	2						7.8
LS	GJH-2	11	岚山	官家湖	巨峰镇		汉					1198	0.16	VI	1	稀少	10	3	1					13.0
LS	HJC-1	11	岚山	韩家村	桥南头		汉					1353	0.58	VI	1	稀少	2	1						5.3
LS	HJC-2	11	岚山	韩家村	桥南头		汉					1351	0.10	VI	1	稀少	1	1						3.9
LS	HJYZ-1	11	岚山	韩家营子	虎山铺		汉					1337	0.32	VI	2	稀少	6	3						2.0
LS	HJYZ-1	11	岚山	韩家营子	虎山铺		周			x	东周	989	0.32	VI	2	稀少	5	2						2.0

海拔范围	水源	河道距离	环境区域	地貌状况	防御性遗址	土壤质地	土壤颜色	土层厚度	作物	现代用途	备注	距中心城市5公里内	距中心城市5～10公里	距中心城市10～15公里	距中心城市15公里以上	距海岸5公里内
10～20	支流	10	冲积平原			粉质壤土			蔬菜	花圃/村庄	相家落河支流					
2～10	主要河流	150	冲积平原	平地		壤土			玉米/休耕地/稻田/冬小麦	农业用地						
2～10	主要河流	150	冲积平原	平地		粉质壤土	黄土-褐土	较深	蔬菜	花圃	河流：竹子河					
2～10	小河	0	冲积平原	平地		砂质壤土	浅褐土	较深	玉米/休耕地/蔬菜/冬小麦	农业用地/花圃/民房						
10～20	小河	0	冲积平原	平地		砂质壤土	浅褐土	较深	玉米/休耕地/蔬菜/冬小麦	农业用地/花圃/民房						
10～20	小河	0	冲积平原	平地					无	民房						
2～10	主要河流	60	冲积平原	平地		壤土			冬小麦	农业用地	河流：龙王河					
2～10	主要河流	60	冲积平原	平地		壤土			冬小麦	农业用地	河流：龙王河					
2～10	主要河流	250	冲积平原	平地		壤土			果园	果园	河流：龙王河					
2～10	主要河流	250	冲积平原	平地		壤土			果园	果园	河流：龙王河					
2～10	主要河流	250	冲积平原	平地		壤土			白菜/冬小麦	农业用地/花圃	河流：龙王河					
10～20	小河	320	冲积平原	平地		砂质壤土	黄土-褐土	较深	休耕地/冬小麦	农业用地						
10～20	支流	200	冲积平原	平地		砂质壤土	黄土-褐土	较深	休耕地/冬小麦	农业用地						
40～50	小河	5	山麓	较低的隆起		砂质壤土	黄土-褐土	中度	苹果园/小麦	农业用地/果园						
40～50	小河	5	山麓	较低的隆起		砂质壤土	黄土-褐土	中度	苹果园/小麦	农业用地/果园						
50～60	小河	30	山麓	山脊		砂质壤土	黄土-褐土	中度	果园	果园						
40～50	小河	20	山麓	山脊		砂质壤土	黄土-褐土	较深	冬小麦	农业用地						
40～50	小河	3	山麓	平地		粉质壤土	黄土-褐土	较深	冬小麦	农业用地						
40～50	小河	50	山麓	中坡		砂质壤土			冬小麦	农业用地	梯田					
50～60	小河	30	山麓			砂质壤土			休耕地/冬小麦	农业用地						
50～60	小河	30	山麓			砂质壤土			休耕地/冬小麦	农业用地						
2～10	主要河流	150	冲积平原	平地		壤土				花圃/民房	河流：绣针河					
2～10	主要河流	200	冲积平原	平地		壤土			蔬菜	花圃	河流：绣针河					
2～10	主要河流	400	冲积平原	平地		多砂	浅褐土	较深	小麦	农业用地/工厂	河流：绣针河					
2～10	小河	1100	冲积平原	平地		粉质壤土	黄土-褐土	较深	休耕地/小麦	农业用地						
2～10	小河	450	冲积平原	平地		多砂	黄土-泛白	较深	无	公路/盐场/虾池	砂及沙丘					
2～10	支流	0	冲积平原			多砂			无	虾池						
2～10	小河	100	冲积平原			多砂			无	虾池						
10～20	小河	150	山麓	微倾斜		土质较硬/砂质壤土	黄土-褐土	中度	无	渡槽						
2～10	主要河流	200	冲积平原	平地		粉质壤土	浅褐土	较深	蔬菜	花圃/村庄	河流：龙王河					
60～70	小河	30	山麓	山脊	是	土质较硬/砂质壤土	黄土-褐土	中度	冬小麦	农业用地	梯田					
60～70	小河	30	山麓	山脊	是	土质较硬/砂质壤土	黄土-褐土	中度	冬小麦	农业用地	梯田					
20～30	小河	0	山麓	山脊		砂质壤土	黄土-褐土	中度	休耕地/小麦	农业用地	小河穿过遗址					
20～30	小河	150	山麓			砂质壤土			无	民房						
10～20	支流	600	山麓	较低的隆起		砂质壤土			冬小麦	农业用地	河流：龙王河/梯田					
10～20	小河	350	冲积平原	平地		壤土				花圃	水渠					
2～10	小河	450	冲积平原	平地		粉质壤土			冬小麦	农业用地/工厂	水渠					
2～10	小河	250	冲积平原	平地		粉质壤土			蔬菜/冬小麦	农业用地/花圃	水渠					
10～20	小河	400	冲积平原	微倾斜		砂质壤土	浅褐土	较深	无	采石场						
2～10	支流	100	冲积平原	平地		壤土	浅褐土	较深	蔬菜/冬小麦	农业用地/花圃	绣针河支流					
2～10	支流	100	冲积平原	平地		壤土	浅褐土	较深	蔬菜/冬小麦	农业用地/花圃	绣针河支流					
2～10	支流	800	冲积平原	平地		壤土	浅褐土	较深	休耕地/小麦	农业用地	绣针河支流					
2～10	支流	800	冲积平原	平地		壤土	浅褐土	较深	休耕地/小麦	农业用地	绣针河支流					
10～20	主要河流	75	冲积平原	平地		壤土	黄土-褐土	较深	休耕地/稻田	农业用地	水库距离竹子河15米					
2～10	小河	800	冲积平原	平地		粉质壤土	浅褐土	较深	蔬菜/冬小麦	农业用地/花圃						
2～10	小河	120	冲积平原	平地		壤土	褐土		无	农业用地/工厂	水渠					
2～10	支流	150	冲积平原			多砂			休耕地/稻田/蔬菜	农业用地/花圃/民房/虾池	河流：龙王河					
2～10	主要河流	400	冲积平原			多砂			休耕地/稻田/蔬菜	农业用地/花圃/民房/虾池	河流：龙王河					

遗址前缀	遗址名称	年份	行政区划	村镇	地图	采集区	年代	早(西)	中	晚(东)	分期	期段编号	面积(万米²)	等级	所含期段数	陶片密度	陶片数量	器型	残片	石器	文化层特点	详细文化层信息	中心海拔
LS	HJYZ-2	11	岚山	韩家营子	虎山铺		汉					1338	1.60	V	3	稀少	10	2	1				3.0
LS	HJYZ-2	11	岚山	韩家营子	虎山铺		龙山			不确定		463	0.32	VI	3	稀少	1	1					3.0
LS	HJYZ-2	11	岚山	韩家营子	虎山铺		周	x		x	西周/东周	990	1.60	V	3	很少	23	3					3.0
LS	HJYZ-3	11	岚山	韩家营子	虎山铺		汉					1336	0.40	VI	1	稀少	3	1					3.0
LS	JJTY-1	11	岚山	贾家桃园	巨峰镇		汉					1203	0.15	VI	2	稀少	1	1					31.0
LS	JJTY-1	11	岚山	贾家桃园	巨峰镇		龙山			不确定		428	0.15	VI	2	稀少	1	1					31.0
LS	JJTY-2	11	岚山	贾家桃园	巨峰镇		周			x	东周	900	0.12	VI	1	稀少	2	1					48.0
LS	JJTY-3	11	岚山	贾家桃园	巨峰镇		周			x	东周	899	0.10	VI	1	稀少	1	1					41.0
LS	JJTY-4	11	岚山	贾家桃园	巨峰镇	A	龙山		x		中期	427	0.65	VI	2	稀少	2	2					14.0
LS	JJTY-4	11	岚山	贾家桃园	巨峰镇	A	周			x	东周	898	0.65	VI	2	稀少	6	1					14.0
LS	JJTY-5	11	岚山	贾家桃园	巨峰镇		龙山		x		中期	426	0.32	VI	2	稀少	1	1					15.0
LS	JJTY-5	11	岚山	贾家桃园	巨峰镇		周			x	东周	897	0.32	VI	2	稀少	1	1					15.0
LS	JJZh-1	11	岚山	蒋家庄	界牌岭		汉					1378	1.30	V	1	稀少	8	1	1				31.0
LS	JJZh-2	11	岚山	蒋家庄	界牌岭		汉					1386	0.70	VI	1	稀少	7	1	1				14.0
LS	JJZh-3	11	岚山	蒋家庄	界牌岭		汉					1388	0.13	VI	1	稀少	1	1					21.0
LS	JPL-1	11	岚山	界牌岭	界牌岭		汉					1377	0.10	VI	1	稀少	1	0	1				15.0
LS	LCG-1	11	岚山	罗川沟	大官庄	A(3)B	汉					1220	2.58	V	4	稀少	15	3	1		文化层	耕作活动暴露	28.0
LS	LCG-1	11	岚山	罗川沟	大官庄	AB	龙山	x			早期	435	2.58	V	4	很少	45	6			文化层	耕作活动暴露	28.0
LS	LCG-1	11	岚山	罗川沟	大官庄	A	岳石					17	0.65	III	4	高	59	8			文化层	耕作活动暴露	28.0
LS	LCG-1	11	岚山	罗川沟	大官庄	A	周	x		x	西周/东周	921	0.65	VI	4	高	29	3	1		文化层	耕作活动暴露	28.0
LS	LCG-2	11	岚山	罗川沟	大官庄	AB	汉					1221	6.90	IV	3	稀少	45	2	1				25.0
LS	LCG-2	11	岚山	罗川沟	大官庄	A	龙山			不确定		436	0.32	VI	3	稀少	1	1					25.0
LS	LCG-2	11	岚山	罗川沟	大官庄	AB	周			x	东周	922	2.06	V	3	稀少	5	1					25.0
LS	LCG-3	11	岚山	罗川沟	大官庄		周			x	东周	931	0.38	VI	1	稀少	12	3					33.0
LS	LCG-4	11	岚山	罗川沟	大官庄		岳石					18	0.65	III	2	稀少	2	2					52.0
LS	LCG-4	11	岚山	罗川沟	大官庄		周	x			西周	967	0.65	VI	2	稀少	13	1					52.0
LS	LCG-5	11	岚山	罗川沟	大官庄		汉					1235	0.10	VI	1	稀少	2	1	1				44.0
LS	LCG-6	11	岚山	罗川沟	大官庄		周			x	东周	932	0.19	VI	1	稀少	2	1					79.0
LS	LCG-7	11	岚山	罗川沟	大官庄	A	汉					1236	0.38	VI		稀少	1	1					32.0
LS	LCG-7	11	岚山	罗川沟	大官庄	B	汉					1237	0.19	VI		稀少	5	2					38.0
LS	LCG-7	11	岚山	罗川沟	大官庄	A	周			x	东周	926	0.38	VI		稀少	16	4					32.0
LS	LCG-8	11	岚山	罗川沟	大官庄		汉					1238	1.09	V	2	很少	27	2	1				38.0
LS	LCG-8	11	岚山	罗川沟	大官庄		周	x			西周	968	0.25	VI	2	稀少	1	1					38.0
LS	LGZ-1	11	岚山	柳古庄	巨峰镇		汉					1210	0.24	VI	1	稀少	1	1					27.0
LS	LGZ-2	11	岚山	柳古庄	巨峰镇		汉					1212	0.48	VI	1	稀少	6	1					21.0
LS	LGZ-3	11	岚山	柳古庄	巨峰镇		汉					1209	0.36	VI	1	稀少	3	1	1				42.0
LS	LGZ-4	11	岚山	柳古庄	巨峰镇		汉					1211	0.45	VI	1	稀少	11	1					25.0
LS	LiuJZ-1/MJGZ-3	11	岚山	刘家庄	巨峰镇	ABCD	汉					1213	5.73	V	3	稀少	35	3	2				15.0
LS	LiuJZ-1/MJGZ-3	11	岚山	刘家庄	巨峰镇	BCDE	龙山	x			早期	434	5.99	IV	3	很少	96	4	1	1			15.0
LS	LiuJZ-1/MJGZ-3	11	岚山	刘家庄	巨峰镇	BCDE	周			x	东周	909	5.09	IV	3	稀少	18	2					15.0
LS	LiuJZ-2	11	岚山	刘家庄	巨峰镇	C	汉					1219	0.10	VI	1	稀少	1	0	1	墓葬	带纹饰汉砖	14.0
LS	LiuJZ-2	11	岚山	刘家庄	巨峰镇	A	龙山			不确定		437	0.20	VI	2	稀少	2	1					13.0
LS	LiuJZ-2	11	岚山	刘家庄	巨峰镇	AB	周			x	东周	920	1.35	V	2	稀少	13	1					14.0
LS	LiuJZ-3	11	岚山	刘家庄	大官庄	AB	汉					1223	3.67	V	3	稀少	11	2	1				30.0
LS	LiuJZ-3	11	岚山	刘家庄	大官庄	B	龙山			不确定		439	0.32	VI	3	稀少	1	1					30.0
LS	LiuJZ-3	11	岚山	刘家庄	大官庄	B	周			x	东周	923	1.20	V	3	稀少	3	1					30.0
LS	LiuJZ-4	11	岚山	刘家庄	巨峰镇	A	汉					1216	0.38	VI	3	稀少	5	2	1				14.0

海拔范围	水源	河道距离	环境区域	地貌状况	防御性遗址	土壤质地	土壤颜色	土层厚度	作物	现代用途	备注	距中心城市5公里内	距中心城市5~10公里	距中心城市10~15公里	距中心城市15公里以上	距海岸5公里内
2～10	支流	20	冲积平原	平地		粉质壤土	黄土-褐土	较深	无	虾池	河流：龙王河					
2～10	主要河流	250	冲积平原	平地		粉质壤土	黄土-褐土	较深	无	虾池	河流：龙王河					
2～10	主要河流	250	冲积平原	平地		粉质壤土	黄土-褐土	较深	无	虾池	河流：龙王河					
2～10	支流	10	冲积平原	平地		淤土	黄土-褐土	较深	无	虾池						
30～40	小河	320	山麓	较低的隆起		砂质壤土	黄土-褐土		休耕地	农业用地	冲沟					
30～40	小河	320	山麓	较低的隆起		砂质壤土	黄土-褐土		休耕地	农业用地	冲沟					
40～50	小河	700	山麓	山脊					休耕地/冬小麦	农业用地						
40～50	小河	550	山麓			砂质壤土			休耕地	农业用地						
10～20	主要河流	50	冲积平原	平地			壤土	黑土		大白菜/蔬菜	花圃/村庄	河流：竹子河					
10～20	主要河流	50	冲积平原			壤土	黑土		冬小麦	农业用地	距离竹子河200米					
10～20	主要河流	150	冲积平原	平地		壤土	黄土-褐土	较深	冬小麦	农业用地	距离竹子河201米					
10～20	小河	60	冲积平原	平地		壤土	黄土-褐土		冬小麦	农业用地						
30～40	小河	20	山麓	较低的隆起		砂质壤土	黄土-褐土	较深	休耕地/冬小麦	农业用地	可能属于LS-LK-3一部分？					
10～20	小河	350	冲积平原	平地		壤土	浅褐土	较深	冬小麦	农业用地						
20～30	小河	100	山麓			砂质壤土	黄土-褐土	较深	冬小麦	农业用地						
10～20	小河	60	冲积平原			砂质壤土	浅褐土	较深	无	高速路/现代村镇	水渠					
20～30	支流	0	冲积平原	平地		粉质壤土	黑土		玉米/休耕地	农业用地	2石器工具及1大型片状工具					
20～30	支流	0	冲积平原	平地		粉质壤土	黑土		玉米/休耕地	农业用地	2石器工具及1大型片状工具					
20～30	支流	0	冲积平原	平地		粉质壤土	黑土		玉米/休耕地	农业用地	2石器工具及1大型片状工具					
20～30	支流	0	冲积平原	平地		粉质壤土	黑土		玉米/休耕地	农业用地	2石器工具及1大型片状工具					
20～30	支流	220	冲积平原	微倾斜		砂质壤土	黄土-褐土	较深	休耕地/玉米/蔬菜/冬小麦	农业用地/现代砖厂/花圃	汉砖					
20～30	支流	220	冲积平原	微倾斜		砂质壤土	黄土-褐土	较深	休耕地/玉米/小麦	农业用地/现代砖厂	汉砖					
20～30	支流	220	冲积平原	微倾斜		砂质壤土	黄土-褐土	较深	休耕地/玉米/蔬菜/冬小麦	农业用地/现代砖厂/花圃	汉砖					
30～40	小河	20	山麓	较低的隆起		砂质壤土			红薯	农业用地						
50～60	小河	30	山麓	山脊	是	砂质壤土			玉米/休耕地	农业用地	梯田					
50～60	小河	30	山麓	山脊	是	砂质壤土			玉米/休耕地	农业用地	梯田					
40～50	小河	20	山麓	微倾斜		壤土	黄土-褐土	较深	休耕地	农业用地	距离小河500米					
70～80	小河	20	山麓	斜坡	是	砂质壤土										
30～40	小河	25	山麓	平地												
30～40	小河	25	山麓	平地												
30～40	小河	25	山麓	平地												
30～40	小河	100	山麓	较低的隆起		粉质壤土	浅褐土		冬小麦	农业用地						
30～40	小河	100	山麓	较低的隆起		粉质壤土	浅褐土		冬小麦	农业用地						
20～30	支流	650	山麓			砂质壤土			冬小麦	农业用地/村庄						
20～30	支流	150	冲积平原/山麓	支脉		砂质壤土	黄土-褐土	较深	冬小麦	农业用地	相家落河					
40～50	支流	900	山麓	较低的隆起		砂质壤土			休耕地/冬小麦	农业用地						
20～30	支流	400	冲积平原	微倾斜		砂质壤土	黄土-褐土	较深	冬小麦	农业用地	相家落河					
10～20	支流	5	冲积平原	平地		壤土	黄土-褐土	较深	休耕地/桑园/冬小麦	农业用地	相家落河，石凿					
10～20	支流	5	冲积平原	平地		壤土	黄土-褐土	较深	休耕地/冬小麦	农业用地	相家落河，石凿					
10～20	支流	5	冲积平原	平地		淤土	黄土-褐土	较深	休耕地/冬小麦	农业用地	相家落河，石凿					
10～20	小河	0	冲积平原			砂质壤土			冬小麦	农业用地						
10～20	小河	0	冲积平原			砂质壤土			无	学校						
10～20	小河	0	冲积平原			砂质壤土			冬小麦	农业用地/学校						
30～40	小河	100	山麓	微倾斜		壤土		中度	休耕地/冬小麦	农业用地/村庄	CAA靠近土质较硬区域					
30～40	小河	100	山麓	微倾斜		壤土		中度	休耕地/冬小麦	农业用地/村庄						
30～40	小河	100	山麓	微倾斜		壤土		中度	休耕地/冬小麦	农业用地/村庄						
10～20	支流	0	冲积平原			壤土			蔬菜	鱼塘/花圃/果园	相家落河支流					

遗址前缀	遗址名称	年份	行政区划	村镇	地图	采集区	年代	早(西)	中	晚(东)	分期	期段编号	面积(万米²)	等级	所含期段数	陶片密度	陶片数量	器型	残片	石器	文化层特点	详细文化层信息	中心海拔
LS	LiuJZ-4	11	岚山	刘家庄	巨峰镇	AB	龙山	x			早期	433	1.02	V	3	稀少	11	5					14.0
LS	LiuJZ-4	11	岚山	刘家庄	巨峰镇	AB	周	x		x	西周/东周	908	1.02	V	3	稀少	22	4					14.0
LS	LiuJZ-5	11	岚山	刘家庄	巨峰镇		周			x	东周	907	0.16	VI	1	稀少	3	1					13.5
LS	LiuJZ-6	11	岚山	刘家庄	巨峰镇		周			x	东周	918	0.13	VI	1	稀少	3	1					23.0
LS	LiuJZ-7	11	岚山	刘家庄	巨峰镇		龙山				不确定	438	0.20	VI	1	稀少	1	1					35.0
LS	LiuJZ-7	11	岚山	刘家庄	巨峰镇		周			x	东周	919	0.20	VI	1	稀少	1	1					35.0
LS	LJTZ-2	11	岚山	李家台子	高旺庄		周	x		x	西周/东周	954	0.25	VI	1	高	43	2					51.0
LS	LK-1	11	岚山	岭口	界牌岭		汉					1380	0.10	VI	1	稀少	1	1					33.0
LS	LK-2	11	岚山	岭口	界牌岭		汉					1379	0.10	VI	1	稀少	3	1	1				42.0
LS	LK-3	11	岚山	岭口	界牌岭	A-G	汉					1387	11.20	III	2	稀少	77	2	1				32.0
LS	LK-3	11	岚山	岭口	界牌岭	A	周			x	东周	998	1.41	V	1	稀少	3	1					36.5
LS	LSM-1	11	岚山	岚山孟	岚山镇	AB	汉					1401	3.22	V	2	稀少	32	4	1				35.0
LS	LSM-1	11	岚山	岚山孟	岚山镇	B	周	x		x	西周/东周	1023	1.00	V	2	稀少	41	4					35.0
LS	LTY-1	11	岚山	梁桃园	巨峰镇		汉					1196	0.16	VI	1	稀少	5	1	1				18.0
LS	LTY-2	11	岚山	梁桃园	巨峰镇		汉					1197	0.13	VI	1	稀少	2	1					18.0
LS	LWH-1	11	岚山	龙王河	桥南头		汉					1343	0.16	VI	1	稀少	5	1	1				8.8
LS	LWH-2	11	岚山	龙王河	桥南头		汉					1342	0.13	VI	1	稀少	9	1	1				10.5
LS	LWH-3	11	岚山	龙王河	桥南头	AB	汉					1341	2.32	V	2	稀少	11	1					18.0
LS	LWH-3	11	岚山	龙王河	桥南头	B	周			x	东周	996	0.25	VI	2	稀少	2	2					18.0
LS	LXZ-2	11	岚山	刘小庄	桥南头		汉					1371	0.25	VI	1	稀少	2	1					55.0
LS	LZD-1	11	岚山	楼子底	虎山铺	AB	汉					1339	2.50	V	1	很少	44	3	1		文化层?	CAB可能文化层	15.0
LS	LZD-1	11	岚山	楼子底	虎山铺	C	周			x	东周	991	0.10	VI	1	稀少	3	2					15.0
LS	MJGZ-1	11	岚山	孟家官庄	巨峰镇		汉					1204	1.16	V	1	稀少	10	1	1				20.0
LS	MJGZ-4	11	岚山	孟家官庄	巨峰镇		龙山				不确定	429	0.12	VI	1	稀少	1	1					17.5
LS	MJGZ-5	11	岚山	孟家官庄	巨峰镇		汉					1208	0.13	VI	1	稀少	4	1					17.5
LS	MJGZ-6	11	岚山	孟家官庄	巨峰镇		周			x	东周	905	0.13	VI	1	稀少	1	1					16.0
LS	MJGZ-7	11	岚山	孟家官庄	巨峰镇		汉					1215	1.61	V	3	稀少	2	2					13.5
LS	MJGZ-7	11	岚山	孟家官庄	巨峰镇		龙山				不确定	432	1.61	V	3	稀少	5	1					13.5
LS	MJGZ-7	11	岚山	孟家官庄	巨峰镇		周			x	东周	906	1.61	V	3	稀少	7	1					13.5
LS	MJGZ-8	11	岚山	孟家官庄	巨峰镇		汉					1214	0.32	VI	2	稀少	2	2					14.0
LS	MJGZ-8	11	岚山	孟家官庄	巨峰镇		龙山				不确定	430	0.32	VI	2	稀少	5	1					14.0
LS	MJGZ-9	11	岚山	孟家官庄	巨峰镇		周	x			西周	914	0.16	VI	1	稀少	1	1					13.0
LS	NTG-1	11	岚山	泥田沟	虎山铺		汉					1324	0.35	VI	2	很少	15	1	1				10.5
LS	NTG-1	11	岚山	泥田沟	虎山铺		周			x	东周	973	0.35	VI	2	稀少	1	1					10.5
LS	NTG-3	11	岚山	泥田沟	虎山铺		周			x	东周	984	0.12	VI	1	稀少	1	1					15.0
LS	NTG-4	11	岚山	泥田沟	虎山铺		周			x	东周	987	0.12	VI	1	稀少	2	1					15.0
LS	NTG-5	11	岚山	泥田沟	虎山铺		汉					1327	0.19	VI	1	稀少	6	1	1				16.0
LS	NTG-6	11	岚山	泥田沟	虎山铺	A	汉					1325	2.10	V	1	很少	35	3	1				10.0
LS	NTG-6	11	岚山	泥田沟	虎山铺	B	周			x	东周	983	0.38	VI	1	稀少	3	1					10.5
LS	QJJZ-1	11	岚山	秦家结庄	高旺庄		周			x	东周	950	0.19	VI	1	稀少	1	1					19.0
LS	QJJZ-2	11	岚山	秦家结庄	高旺庄	A	周			x	东周	949	0.64	VI	1	稀少	10	2					25.0
LS	QJJZ-2	11	岚山	秦家结庄	高旺庄	ABC	汉					1300	1.60	V	2	稀少	5	2	1				25.0
LS	QJJZ-3	11	岚山	秦家结庄	高旺庄	A-G	汉					1301	7.30	IV	2	很少	59	2	1				28.0
LS	QJJZ-3	11	岚山	秦家结庄	高旺庄	ABE	周	x		x	西周/东周	951	2.00	V	2	高	303	6			文化层	渠道内灰坑	28.0

海拔范围	水源	河道距离	环境区域	地貌状况	防御性遗址	土壤质地	土壤颜色	土层厚度	作物	现代用途	备注	距中心城市5公里内	距中心城市5~10公里	距中心城市10~15公里	距中心城市15公里以上	距海岸5公里内
10~20	支流	0	冲积平原	平地		壤土			蔬菜	鱼塘/花圃/果园	相家落河支流					
10~20	支流	0	冲积平原			壤土			蔬菜	鱼塘/花圃/果园	相家落河支流					
10~20	支流	100	冲积平原	平地		壤土	黄土-褐土	较深	蔬菜	花圃						
20~30	小河	325	山麓	微倾斜												
30~40	小河	450	山麓	较低的隆起												
30~40	小河	450	山麓	较低的隆起												
50~60	小河	5	山麓	山脊		土质较硬/砂质壤土	黄土-褐土	中度	茶园/小麦	农业用地	采石场东部/梯田					
30~40	小河	80	山麓			砂质壤土			冬小麦	农业用地						
40~50	小河	180	山麓			砂质壤土			茶园	农业用地/村庄						
30~40	小河	100	山麓	山脊		砂质壤土	黄土-褐土	中度	休耕地/花生/夏玉米/冬小麦	农业用地						
30~40	小河	100	山麓	山脊		砂质壤土	黄土-褐土	中度	休耕地/花生/夏玉米/冬小麦	农业用地						
30~40	小河	0	山麓			砂质壤土			休耕地/小麦	农业用地						
30~40	小河	0	山麓			砂质壤土			休耕地/小麦	农业用地						
10~20	主要河流	80	冲积平原	平地		壤土	黄土-褐土	较深	休耕地	农业用地	河流：竹子河					
10~20	小河	100	冲积平原	平地		壤土	黄土-褐土	较深	休耕地	农业用地	距离竹子河300米					
2~10	主要河流	50	冲积平原	平地		粉质壤土	褐土	较深	蔬菜	花圃	河流：龙王河					
10~20	主要河流	300	冲积平原	较低的隆起					冬小麦	农业用地/村庄	河流：龙王河					
10~20	主要河流	500	山麓	斜坡		砂质壤土	黄土-褐土	中度	休耕地/冬小麦	农业用地	河流：龙王河					
10~20	主要河流	500	山麓	斜坡		砂质壤土	黄土-褐土	中度	休耕地/冬小麦	农业用地	河流：龙王河					
50~60	小河	50	山麓	山脊		砂质壤土	黄土-褐土	中度	冬小麦	农业用地	梯田					
10~20	小河	0	冲积平原/山麓	微倾斜		粉质壤土	浅褐土	较深	蔬菜	花圃/塑料大棚						
10~20	小河	10	山麓	微倾斜		粉质壤土	黄土-褐土	中度	蔬菜	花圃						
20~30	主要河流	850	冲积平原	较低的隆起		黏土壤土	黄土-褐土	较深	休耕地/冬小麦	农业用地	河流：竹子河/相家落河支流落					
10~20	支流	300	冲积平原	平地		壤土	黄土-褐土	较深	休耕地/冬小麦	农业用地	相家落河					
10~20	支流	550	冲积平原	平地		壤土	黄土-褐土	较深	休耕地/冬小麦	农业用地	相家落河/村庄以西					
10~20	支流	200	冲积平原			粉质壤土			冬小麦	农业用地	相家落河					
10~20	主要河流	20	冲积平原			粉质壤土			桑园/冬小麦	农业用地/树林	河流：相家落河					
10~20	支流	20	冲积平原			粉质壤土			桑园/冬小麦	农业用地/树林	河流：相家落河					
10~20	主要河流	20	山麓	较低的隆起		粉质壤土			桑园/冬小麦	农业用地/树林	河流：相家落河					
10~20	支流	5	冲积平原	较低的隆起		淤土	黄土-褐土	较深	冬小麦	农业用地	相家落河					
10~20	支流	5	冲积平原	较低的隆起		淤土	黄土-褐土	较深	冬小麦	农业用地	相家落河					
10~20	支流	5	冲积平原	较低的隆起		淤土	黄土-褐土	较深	冬小麦	农业用地	相家落河/遗址很大					
10~20	支流	30	冲积平原			壤土			桑园	果园						
10~20	支流	30	冲积平原			壤土			桑园	果园						
10~20	小河	250	冲积平原			壤土			冬小麦	农业用地						
10~20	小河	120	冲积平原			壤土			冬小麦	农业用地						
10~20	小河	10	冲积平原			壤土			休耕地/冬小麦	农业用地						
10~20	支流	50	冲积平原			壤土			休耕地/冬小麦	农业用地						
10~20	支流	5	冲积平原			壤土			冬小麦	农业用地						
10~20	小河	350	山麓	微倾斜		土质较硬/砂质壤土	黄土-褐土	稀薄	休耕地	农业用地						
20~30	小河	200	山麓	斜坡		砂质壤土	黄土-褐土	中度	休耕地/冬小麦	农业用地	土质较硬					
20~30	小河	200	冲积平原/山麓	斜坡		砂质壤土	黄土-褐土	中度	休耕地/冬小麦	农业用地	土质较硬					
20~30	小河	0	冲积平原	较低的隆起		砂质壤土	黄土-褐土	较深	休耕地/蔬菜/冬小麦	农业用地/花圃						
20~30	小河	0	冲积平原	较低的隆起		砂质壤土	黄土-褐土	较深	休耕地/冬小麦	农业用地	周代文化堆积水渠(灰土堆积)/2可能石器工具					

遗址前缀	遗址名称	年份	行政区划	村镇	地图	采集区	年代	早(西)	中	晚(东)	分期	期段编号	面积(万米²)	等级	所含期段数	陶片密度	陶片数量	器型	残片	石器	文化层特点	详细文化层信息	中心海拔
LS	QJJZ-3	11	岚山	秦家结庄	高旺庄	F	周			x	东周	952	0.77	VI	2	稀少	2	2					28.0
LS	QJJZ-3	11	岚山	秦家结庄	高旺庄	GH	周	x			西周	962	2.77	V	2	稀少	8	2					28.0
LS	QJJZ-4	11	岚山	秦家结庄	高旺庄		汉					1302	0.15	VI	1	稀少	8	3	1				28.1
LS	QSP-1	11	岚山	前稍坡	界牌岭	A	汉					1373	1.30	V	1	高	98	3	1				12.0
LS	QSP-1	11	岚山	前稍坡	界牌岭	C	汉					1375	0.96	VI	1	稀少	2	1	1				17.0
LS	QZM-1	11	岚山	泉子庙	界牌岭		周			x	东周	999	0.32	VI	1	稀少	2	1					12.0
LS	QZM-2	11	岚山	泉子庙	界牌岭		汉					1385	0.58	VI	1	稀少	4	2					14.0
LS	SMK-1	11	岚山	四门口	高旺庄		汉					1291	0.10	VI	1	稀少	1	1					45.0
LS	SMK-2	11	岚山	四门口	高旺庄		汉					1290	0.10	VI	1	稀少	1	1					48.0
LS	SMK-3	11	岚山	四门口	高旺庄		汉					1293	0.38	VI	1	稀少	3	1	1				38.0
LS	SMT-1	11	岚山	水木头	巨峰镇		汉					1199	0.16	VI	1	稀少	1	1					12.4
LS	SMT-2	11	岚山	水木头	巨峰镇		周			x	东周	901	0.13	VI	1	稀少	1	1					10.0
LS	SMT-2	11	岚山	水木头	巨峰镇		汉					1206	0.13	VI	2	稀少	2	1	1				10.0
LS	SMT-3	11	岚山	水木头	巨峰镇		汉					1205	0.16	VI	1	稀少	3	1	1				11.0
LS	SSY-1	11	岚山	松树园	桥南头	第10年	汉					1349	0.10	VI	1	稀少	4	1					8.0
LS	SSY-2	11	岚山	松树园	界牌岭	ABC-H	汉					1344	8.80	IV	3	稀少	28	3	1				9.0
LS	SSY-2	11	岚山	松树园	界牌岭	ABC	龙山		x		中期	457	1.30	V	3	稀少	5	1					8.0
LS	SSY-2	11	岚山	松树园	界牌岭	H	周	x			西周	993	0.60	VI	3	稀少	2	1					9.0
LS	SSY-2	11	岚山	松树园	界牌岭	ABCDEF	周			x	东周	997	5.35	IV	3	稀少	18	1					9.0
LS	SSY-3	11	岚山	松树园	桥南头		汉					1348	0.10	VI	1	稀少	1	0	1				7.7
LS	SSY-4	11	岚山	松树园	桥南头		汉					1346	0.64	VI	1	稀少	6	1	1				7.0
LS	SSY-5	11	岚山	松树园	桥南头		汉					1345	0.13	VI	1	稀少	1	0	1				7.5
LS	SSY-6	11	岚山	松树园	桥南头		汉					1195	0.16	VI	1	稀少	1	0	1				8.0
LS	SuJZ-1	11	岚山	苏家庄	马站		汉					1395	0.70	VI	2	很少	10	3	1				5.0
LS	SuJZ-1	11	岚山	苏家庄	马站		周	x		x	西周/东周	1028	0.70	VI	2	少	23	3					5.0
LS	XC-1	11	岚山	小村	桥南头	ABC	汉					1357	2.51	V	1	稀少	19	2	1				8.0
LS	XC-10	11	岚山	小村	桥南头	A	汉					1354	2.83	V	2	稀少	12	1	2		墓葬?	汉砖	5.9
LS	XC-10	11	岚山	小村	桥南头	AB	周			x	东周	1004	4.96	IV	2	稀少	5	1					5.9
LS	XC-2	11	岚山	小村	桥南头	AEK	周			x	东周	1008	2.20	VI	2	稀少	14	2					14.0
LS	XC-2	11	岚山	小村	桥南头	GIJ	周			x	东周	1009	1.35	V	2	稀少	7	1					14.5
LS	XC-2	11	岚山	小村	桥南头	M	周			x	东周	1010	0.70	VI	2	稀少	3	1					15.0
LS	XC-2	11	岚山	小村	桥南头	P	周			x	西周	1021	0.77	VI	2	稀少	1	1					19.0
LS	XC-2/4	11	岚山	小村	桥南头	A-P/A-E	汉					1360	28.57	II	3	很少	440	6	1				15.0
LS	XC-3	11	岚山	小村	桥南头		汉					1358	0.19	VI	1	稀少	8	1	1				12.0
LS	XC-4	11	岚山	小村	桥南头	C	龙山	x			早期	459	0.16	VI	3	高	11	3			文化层	灰土，修水渠暴露	20.0
LS	XC-4	11	岚山	小村	桥南头	C	周			x	东周	1011	0.52	VI	3	稀少	4	2					20.0
LS	XC-5	11	岚山	小村	桥南头		汉					1365	0.32	VI	2	稀少	10	3					22.0
LS	XC-5	11	岚山	小村	桥南头		周			x	东周	1012	0.32	VI	2	稀少	6	1					22.0
LS	XC-6	11	岚山	小村	桥南头	AB	汉					1367	2.83	V	2	稀少	9	1	1				35.0
LS	XC-6	11	岚山	小村	桥南头	A	周			x	东周	1014	2.20	V	2	稀少	3	1					35.0

海拔范围	水源	河道距离	环境区域	地貌状况	防御性遗址	土壤质地	土壤颜色	土层厚度	作物	现代用途	备注	距中心城市5公里内	距中心城市5~10公里	距中心城市10~15公里	距中心城市15公里以上	距海岸5公里内
20~30	小河	0	冲积平原	微倾斜		砂质壤土	黄土-褐土	较深	蔬菜/冬小麦	农业用地/花圃						
20~30	小河	0	冲积平原	微倾斜		砂质壤土	黄土-褐土	较深	蔬菜/冬小麦	农业用地/花圃						
20~30	小河	40	冲积平原	平地		粉质壤土	浅褐土	较深	冬小麦	农业用地						
10~20	支流	550	冲积平原/山麓	微倾斜		砂质壤土	黄土-褐土	较深	休耕地/树林/冬小麦	农业用地	龙王河支流					
10~20	支流	550	冲积平原/山麓	微倾斜		砂质壤土	黄土-褐土	较深	冬小麦	农业用地	龙王河支流					
10~20	小河	250	冲积平原	平地		粉质壤土	浅褐土	较深	小麦	农业用地/现代村镇						
10~20	小河	80	冲积平原			粉质壤土			茶园/树林/冬小麦	农业用地/工厂/高速路	水渠					
40~50	小河	50	山麓	中坡		土质较硬/壤土			茶园/小麦	农业用地	梯田					
40~50	小河	100	山麓	微倾斜		壤土	黄土-褐土	中度	休耕地	农业用地						
30~40	小河	10	冲积平原	微倾斜		砂质壤土			蔬菜/冬小麦	农业用地/花圃/村庄	采石场					
10~20	主要河流	250	冲积平原	平地		黏土壤土	浅褐土	较深	稻田	农业用地	河流:竹子河					
10~20	支流	150	冲积平原	平地						农业用地						
10~20	支流	150	冲积平原	较低的隆起					休耕地	农业用地	河流:相家落河					
10~20	支流	150	冲积平原	平地		淤土	黄土-褐土	较深	竹林/休耕地/土豆/小麦	农业用地	相家落河/距离竹子河300米					
2~10	支流	300	冲积平原	平地												
2~10	主要河流	30	冲积平原	平地		粉质壤土	浅褐土	较深	果园/冬小麦	农业用地/果园	河流:龙王河,日照博物馆记录					
2~10	主要河流	30	冲积平原	平地		粉质壤土	浅褐土	较深	果园/冬小麦	农业用地/果园	河流:龙王河,日照博物馆记录					
2~10	主要河流	30	冲积平原	平地		粉质壤土	浅褐土	较深	果园/冬小麦	农业用地/果园	河流:龙王河,日照博物馆记录					
2~10	主要河流	30	冲积平原	平地		粉质壤土	浅褐土	较深	果园/冬小麦	农业用地/果园	河流:龙王河,日照博物馆记录					
2~10	支流	0	冲积平原	平地		粉质壤土	浅褐土	较深	冬小麦	农业用地	龙王河支流					
2~10	支流	100	冲积平原	平地		粉质壤土	浅褐土	较深	冬小麦	农业用地	龙王河支流					
2~10	主要河流	80	冲积平原	平地		粉质壤土	浅褐土	较深	冬小麦	农业用地	河流:龙王河					
2~10	支流	20	冲积平原	平地		粉质壤土	浅褐土	较深	蔬菜	花圃	龙王河支流					
2~10	小河	170	冲积平原	平地		壤土	浅褐土	较深	蔬菜/冬小麦	农业用地/花圃/电站						
2~10	小河	170	冲积平原	平地		壤土	浅褐土	较深	蔬菜/冬小麦	农业用地/花圃/电站						
2~10	小河	0	冲积平原	平地		砂质壤土	黄土-褐土	较深	休耕地/蔬菜/冬小麦	农业用地/花圃/铁路/现代村镇	可能为LS-XC-2一部分/现代村镇位于遗址间/水渠					
2~10	小河	0	冲积平原	平地		粉质壤土	黄土-褐土	较深	玉米/休耕地/冬小麦	农业用地	水渠					
2~10	小河	0	冲积平原	平地		粉质壤土	黄土-褐土	较深	玉米/休耕地/冬小麦	农业用地						
10~20	小河	0	冲积平原/山麓			砂质壤土			休耕地/树林/蔬菜/冬小麦	农业用地/花圃/铁路/村庄						
10~20	小河	0	冲积平原/山麓	较低的隆起		砂质壤土			休耕地/果园/蔬菜/冬小麦	农业用地/工厂/花圃/果园						
10~20	小河	0	山麓	平地		砂质壤土			冬小麦	农业用地						
10~20	小河	0	山麓			砂质壤土			冬小麦	农业用地						
10~20	小河	0	冲积平原/山麓	微倾斜		砂质壤土	黄土-褐土	较深	休耕地/蔬菜/冬小麦	现代砖厂/垃圾场/花圃	可能为LS-XC-2一部分,被砖厂隔开					
10~20	小河	275	冲积平原	平地					无	干涸的鱼塘/铁路	可能为LS-XC-2一部分/现代村镇位于遗址间					
20~30	小河	0	冲积平原/山麓	微倾斜		砂质壤土	黄土-褐土	较深	蔬菜	现代砖厂/垃圾场/花圃	可能为LS-XC-2一部分,被砖厂隔开					
20~30	小河	0	冲积平原/山麓	微倾斜		砂质壤土	黄土-褐土	较深	蔬菜	现代砖厂/垃圾场/花圃	可能为LS-XC-2一部分,被砖厂隔开					
20~30	小河	250	山麓	较低的隆起		砂质壤土			冬小麦	农业用地	水渠					
20~30	小河	250	山麓	较低的隆起		砂质壤土			冬小麦	农业用地	水渠					
30~40	小河	20	山麓	山脊		砂质壤土	黄土-褐土	较深	果园/蔬菜/冬小麦	农业用地/花圃/果园						
30~40	小河	20	山麓	山脊		砂质壤土	黄土-褐土	较深	果园/蔬菜/冬小麦	农业用地/花圃/果园						

遗址前缀	遗址名称	年份	行政区划	村镇	地图	采集区	年代	早(西)	中	晚(东)	分期	期段编号	面积(万米²)	等级	所含期段数	陶片密度	陶片数量	器型	残片	石器	文化层特点	详细文化层信息	中心海拔
LS	XC-7	11	岚山	小村	桥南头		周			x	东周	1013	0.12	VI	1	稀少	1	1					32.0
LS	XC-8	11	岚山	小村	桥南头	ABC	汉					1364	7.67	IV	1	稀少	63	2	1				20.0
LS	XC-9	11	岚山	小村	桥南头		汉					1366	0.25	VI	1	稀少	15	2	1				28.0
LS	XHW-1	11	岚山	小合坞	虎山铺		周			x	东周	982	0.10	VI	1	稀少	1	1					13.0
LS	XJC-1	11	岚山	徐家村	桥南头	B	汉					1363	0.10	VI	1	稀少	1	0	1				19.0
LS	XJC-1	11	岚山	徐家村	桥南头	A	周	x			西周	1020	0.20	VI	1	高	60	3				文化层 黑土堆积	17.0
LS	XJC-2	11	岚山	徐家村	桥南头	ABC	周	x		x	西周/东周	1007	1.29	V	1	稀少	9	2					20.0
LS	XJC-2/3	11	岚山	徐家村	桥南头	2B，3F	汉					1362	0.58	VI	1	稀少	5	2	1				18.0
LS	XJC-3	11	岚山	徐家村	桥南头	C	汉					1356	1.00	V	1	稀少	5	1					14.5
LS	XJC-3	11	岚山	徐家村	桥南头	AEF	大汶口				早期	27	0.97	II	2	高	425	10	1	14		文化层	暴露于河岸/灰土-黑土/CAE可能云母及烧骨/CAF烧土	16.0
LS	XJC-3	11	岚山	徐家村	桥南头	B	周			x	东周	1005	0.10	VI	1	稀少	1	1					16.0
LS	XJC-4	11	岚山	徐家村	桥南头		周			x	东周	1006	0.10	VI	1	稀少	2	1					21.0
LS	XJJZ-1	11	岚山	相家结庄	高旺庄		周			x	东周	953	0.19	VI	1	稀少	2	1					27.0
LS	XJJZ-2	11	岚山	相家结庄	高旺庄		汉					1308	0.32	VI	1	稀少	3	1	1				19.0
LS	XJL-1	11	岚山	相家落	大官庄		汉					1218	3.67	V	1	稀少	8	2	1				16.3
LS	XS-1	11	岚山	下寺	桥南头		汉					1361	0.56	VI	1	稀少	1	0	1				42.0
LS	XS-2	11	岚山	下寺	桥南头		汉					1372	0.32	VI	2	高	20	2	1			遗址上有明代寺庙	64.0
LS	XS-2	11	岚山	下寺	桥南头		周	x		x	西周/东周	1017	0.32	VI	2	高	32	3				遗址上有明代寺庙	64.0
LS	XS-3	11	岚山	下寺	桥南头	AB	汉					1369	0.32	VI	2	稀少	4	0	1				65.0
LS	XS-3	11	岚山	下寺	桥南头	B	周			x	东周	1016	0.36	VI	1	稀少	3	1					67.0
LS	XS-4	11	岚山	下寺	桥南头		周			x	东周	1015	1.40	V	1	稀少	2	1					43.0
LS	XS-5	11	岚山	下寺	桥南头		汉					1368	0.10	VI	1	稀少	1	1					42.0
LS	XS-6/LXZ-1	11	岚山	下寺	桥南头	AB/A-C	汉					1370	5.67	V	1	稀少	28	3	2			文化层	CA-B：修水渠暴露/附近砖厂/1灰坑	55.0
LS	XSQ-1	11	岚山	小山前	虎山铺	A-E	汉					1329	5.10	V	2	稀少	21	3	1				24.0
LS	XSQ-1	11	岚山	小山前	虎山铺	ABD	周	x		x	西周/东周	986	2.37	V	2	稀少	10	2					24.0
LS	XSQ-2	11	岚山	小山前	虎山铺		汉					1328	0.16	VI	1	稀少	5	1	1				21.0
LS	XYG-1	11	岚山	小尧沟	桥南头		汉					1376	0.14	VI	1	稀少	9	1					39.0
LS	XYG-2	11	岚山	小尧沟	界牌岭		汉					1382	0.12	VI	2	稀少	3	0	1				40.0
LS	XYG-2	11	岚山	小尧沟	界牌岭		周	x			西周	1000	0.12	VI	2	稀少	1	1					40.0
LS	XYG-3	11	岚山	小尧沟	界牌岭		汉					1381	0.10	VI	1	稀少	3	1	1				31.0
LS	XYG-4	11	岚山	小尧沟	界牌岭		汉					1383	0.10	VI	1	稀少	1	1					34.0
LS	XYG-5	11	岚山	小尧沟	界牌岭		汉					1384	0.10	VI	1	稀少	1	0	1				45.0
LS	YTS-1	11	岚山	砚台山	岚山镇	ABCD	汉					1402	5.54	V	1	很少	95	6	1			文化层	很深 瓦碎片	24.0
LS	YTS-2	11	岚山	砚台山	岚山镇		汉					1403	0.32	VI	1	稀少	2	1	1				12.0
LS	YTX-1	11	岚山	砚台西	马站	FG	汉					1404	3.42	V	2	稀少	25	3	1				3.3
LS	YTX-1	11	岚山	砚台西	马站	E	汉					1405	0.16	VI	2	稀少	1	1					3.6
LS	YTX-1	11	岚山	砚台西	马站	ABCD	汉					1406	19.09	III	2	稀少	22	2	1				3.3
LS	YTX-1	11	岚山	砚台西	马站	B	周			x	东周	1029	0.32	VI	2	稀少	1	1					3.6
LS	ZhJJZ-1	11	岚山	张家结庄	高旺庄	AB	汉					1303	0.64	VI	2	稀少	7	2					31.0

海拔范围	水源	河道距离	环境区域	地貌状况	防御性遗址	土壤质地	土壤颜色	土层厚度	作物	现代用途	备注	距中心城市5公里内	距中心城市5~10公里	距中心城市10~15公里	距中心城市15公里以上	距海岸5公里内
30~40	小河	20	山麓	微倾斜		砂质壤土	浅褐土	较深			可能为LS-XC-2一部分/水渠					
20~30	小河	100	山麓	平地		粉质壤土	黄土-褐土	较深	蔬菜/冬小麦	农业用地/现代砖厂/花圃/村庄	可能为LS-XC-2一部分/水渠					
20~30	小河	250	山麓			砂质壤土			冬小麦	农业用地/现代砖厂						
10~20	支流	200	冲积平原/山麓	微倾斜		壤土	黄土-褐土	较深	冬小麦	农业用地						
10~20	小河	0	山麓			砂质壤土			无	工厂/民房						
10~20	小河	20	山麓	较低的隆起		砂质壤土			无	工厂/民房						
20~30	小河	0	冲积平原/山麓	平地/较低的隆起		粉质壤土	黄土-褐土	较深	休耕地/蔬菜/冬小麦	农业用地/花圃/村庄	与LS-XJC-3同一社群					
10~20	小河	0	冲积平原	平地/较低的隆起		粉质壤土	浅褐土	较深	树林/冬小麦	农业用地/村庄	与LS-XJC-3同一社群					
10~20	小河	0	冲积平原	平地		粉质壤土	浅褐土	较深	冬小麦	农业用地						
10~20	小河	0	冲积平原	平地		粉质壤土	灰土-黑土	较深	树林/蔬菜	花圃/村庄						
10~20	小河	0	冲积平原	平地		粉质壤土	浅褐土	较深	冬小麦	农业用地						
20~30	小河	250	山麓			砂质壤土			休耕地/冬小麦	农业用地/现代砖厂/村庄						
20~30	支流	30	冲积平原			砂质壤土			休耕地	农业用地						
10~20	支流	50	冲积平原			砂质壤土			蔬菜	花圃						
10~20	支流	60	冲积平原	平地		壤土	黄土-褐土	较深	蔬菜/冬小麦	农业用地/花圃	相家落河支流					
40~50	小河	150	山麓	微倾斜		砂质壤土	黄土-褐土	中度	休耕地	农业用地						
60~70	小河	10	山麓	较低的隆起	?	砂质壤土	黄土-褐土	中度	休耕地/花生/小麦	农业用地	遗址上有寺庙/梯田					
60~70	小河	10	山麓	较低的隆起	?	砂质壤土	黄土-褐土	中度	休耕地/花生/小麦	农业用地	遗址上有寺庙/梯田					
60~70	小河	150	山麓	微倾斜		砂质壤土	黄土-褐土	中度	休耕地/冬小麦	农业用地	可能与LS-XS-2同一社群/梯田					
60~70	小河	200	山麓	微倾斜		砂质壤土	黄土-褐土	中度	冬小麦	农业用地	可能与LS-XS-2同一社群/梯田					
40~50	小河	120	山麓	较低的隆起		砂质壤土	黄土-褐土	中度	苹果园/小麦	农业用地/果园/水库	水库/梯田					
40~50	小河	150	山麓	微倾斜		土质较硬/多砂	黄土-褐土	稀薄	休耕地	农业用地	可能墓葬					
50~60	小河	0	山麓	山脊		砂质壤土	褐土	较深	冬小麦	农业用地/现代砖厂						
20~30	小河	0	山麓	山脊		粉质壤土	黄土-褐土	较深	无							
20~30	小河	0	山麓	山脊		粉质壤土	黄土-褐土	较深	无							
20~30	小河	150	冲积平原			砂质壤土			休耕地/桑园	农业用地/高速路/果园						
30~40	小河	30	山麓	斜坡		砂质壤土			无	民房/采石场						
40~50	小河	100	山麓	山脊		砂质壤土	黄土-褐土	较深	冬小麦	农业用地	梯田					
40~50	小河	100	山麓	山脊		砂质壤土	黄土-褐土	较深	冬小麦	农业用地	梯田					
30~40	小河	200	山麓	山脊		砂质壤土	黄土-褐土	较深	冬小麦	农业用地	梯田					
30~40	小河	150	山麓			砂质壤土	浅褐土	较深	冬小麦	农业用地						
40~50	小河	30	山麓			砂质壤土			休耕地	农业用地						
20~30	小河	200	山麓	斜坡		土质较硬/砂质壤土	浅褐土	稀薄	休耕地/树林/小麦	农业用地/花圃/采石场/现代村镇	可能汉建筑物/东周遗物发现/部分梯田/瓦					
10~20	小河	650	山麓	山脊		砂质壤土	黄土-褐土	稀薄	无	垃圾场/现代村镇	可能为LS-YTS-1一部分/被采石场及民房隔开					
2~10	支流	500	冲积平原	平地		多砂	浅褐土	很深	无	盐场	绣针河支流/现代陶片发现					
2~10	支流	500	冲积平原	平地		多砂	浅褐土	很深	无	盐场	绣针河支流/发现现代陶片					
2~10	支流	500	冲积平原	平地		多砂	浅褐土	很深	无	盐场	绣针河支流/发现现代陶片					
2~10	支流	900	冲积平原	平地		多砂	浅褐土	很深	无	盐场	绣针河支流/发现现代陶片					
30~40	小河	0	山麓			土质较硬/砂质壤土			茶园	农业用地						

遗址前级	遗址名称	年份	行政区划	村镇	地图	采集区	年代	早(西)	中	晚(东)	分期	期段编号	面积(万米²)	等级	所含期段数	陶片密度	陶片数量	器型	残片	石器	文化层特点	详细文化层信息	中心海拔
LS	ZhJJZ-1	11	岚山	张家结庄	高旺庄	BC	周	x			西周	960	0.75	VI	2	稀少	4	2						31.0
LS	ZhJJZ-2	11	岚山	张家结庄	高旺庄		周	x			西周	961	0.12	VI	1	稀少	1	1						41.0
LS	ZhJJZ-3	11	岚山	张家结庄	高旺庄	B	汉					1304	0.12	VI	1	稀少	3	1	1					30.0
LS	ZhJJZ-4	11	岚山	张家结庄	高旺庄		汉					1305	0.10	VI	1	稀少	4	2	1					36.0
LS	ZhJJZ-5	11	岚山	张家结庄	高旺庄		汉					1306	0.30	VI	1	稀少	2	1						42.0
LS	ZhJJZ-6	11	岚山	张家结庄	虎山铺	A	汉					1330	0.16	VI	1	稀少	1	1						33.0
LS	ZhJJZ-7	11	岚山	张家结庄	虎山铺		周			x	东周	971	0.45	VI	1	稀少	3	1						39.0
LS	ZhJJZ-8	11	岚山	张家结庄	高旺庄		汉					1307	0.16	VI	1	稀少	3	2	1					24.0
LS	ZhuY-1	11	岚山	竹园	马站	ABC	汉					1391	1.41	V	3	高	82	3	1					7.8
LS	ZhuY-1	11	岚山	竹园	马站	C	龙山	x			中期	460	0.12	VI	3	高	50	4				文化层		7.8
LS	ZhuY-1	11	岚山	竹园	马站	C	周	x			西周	1030	0.12	VI	3	稀少	1	1						7.8
LS	ZhuY-2	11	岚山	竹园	马站		周			x	东周	1027	1.87	V	1	稀少	5	1						7.9
LS	ZhuY-3	11	岚山	竹园	马站		汉					1394	0.40	VI	1	稀少	2	1						6.0
LS	ZJJZ-1	11	岚山	郑家结庄	高旺庄	AB	汉					1309	1.20	V	1	很少	28	2	1					21.5
LS	ZJJZ-2	11	岚山	郑家结庄	高旺庄		汉					1310	0.50	VI	1	稀少	5	1	1					19.0
LS	ZJJZ-3	11	岚山	郑家结庄	高旺庄		汉					1311	0.40	VI	1	稀少	2	1	1					18.5
LS	ZJJZ-4	11	岚山	郑家结庄	虎山铺	D	汉					1312	0.16	VI	1	稀少	4	1	1					18.0
LS	ZJJZ-4	11	岚山	郑家结庄	虎山铺	A-C, G-V	汉					1326	23.70	II	3	很少	206	4	1	1	文化层	CAR：烧土很深，主要西周	16.5
LS	ZJJZ-4	11	岚山	郑家结庄	虎山铺	EF	周	x		x	西周/东周	972	0.77	VI	1	稀少	23	3						17.9
LS	ZJJZ-4	11	岚山	郑家结庄	虎山铺	ABCG	龙山				不确定	443	3.20	V	2	稀少	2	2						14.8
LS	ZJJZ-4	11	岚山	郑家结庄	虎山铺	JLNOPQRST	周	x		x	西周/东周	985	12.32	III	2	中等	342	5		2	文化层	CAR：烧土很深，主要西周	19.0
LS	ZJL-2	11	岚山	左家岭	桥南头		汉					1359	0.10	VI	1	稀少	1	0	1					19.0
LS	ZJY-1	11	岚山	赵家园	界牌岭	AB	汉					1390	1.21	V	1	稀少	6	1	1					23.5
LS	ZJY-2	11	岚山	赵家园	界牌岭		汉					1389	0.10	VI	1	稀少	1	1						18.0
LS	BBL-1	12	岚山	北卜落	大土山		周			x	东周	1079	0.12	VI	1	稀少	2							38.0
LS	BBL-2	12	岚山	北卜落	大土山		汉					1503	0.19	VI	1	稀少	2							30.0
LS	BH-1	12	岚山	北河	大坡	AB	汉					1441	1.35	V	1	稀少	7							45.0
LS	BH-2	12	岚山	北河	大坡		汉					1442	0.64	VI	1	稀少	2							49.0
LS	CG-1	12	岚山	车沟	大土山		汉					1468	0.51	VI	2	稀少	4							25.0
LS	CG-5	12	岚山	车沟	大土山		周	x			西周	1152	0.12	VI	1	稀少	1							48.0
LS	CG-2	12	岚山	车沟	大土山		汉					1463	0.12	VI	1	稀少	1							24.0
LS	CG-3	12	岚山	车沟	大土山		汉					1461	0.45	VI	1	稀少	3							25.0
LS	CG-4	12	岚山	车沟	大土山		汉					1462	0.19	VI	1	稀少	1							24.0
LS	CG-6	12	岚山	车沟	大土山		周	x			西周	1151	0.12	VI	1	稀少	1							50.0
LS	CJJZ-2	12	岚山	陈家顶子	黄家峪		周			x	东周	1115	0.12	VI	1	稀少	1							35.0
LS	CG-7	12	岚山	车沟	大土山		汉					1460	0.19	VI	1	稀少	2							27.0
LS	CG-8	12	岚山	车沟	大土山		汉					1473	0.19	VI	1	稀少	2							46.0
LS	CG-9	12	岚山	车沟	大土山	MNOPQUW	龙山	x			早期	471	5.93	IV	1	少	116				文化层	CAO, CAP	31.0
LS	DaH-3	12	岚山	大荒	大土山		周			x	东周	1070	0.12	VI	1	稀少	1							45.0
LS	CJH-1	12	岚山	陈家湖	界牌岭		汉					1584	0.45	VI	1	稀少	3				墓葬	汉墓	20.0
LS	CJH-2	12	岚山	陈家湖	界牌岭		汉					1582	0.12	VI	1	稀少	1							21.5

海拔范围	水源	河道距离	环境区域	地貌状况	防御性遗址	土壤质地	土壤颜色	土层厚度	作物	现代用途	备注	距中心城市5公里内	距中心城市5~10公里	距中心城市10~15公里	距中心城市15公里以上	距海岸5公里内
30~40	小河	0	山麓			土质较硬/砂质壤土			茶园	农业用地						
40~50	支流	120	山麓	中坡		砂质壤土			冬小麦	农业用地	梯田					
30~40	小河	0	山麓	斜坡		砂质壤土	黄土-褐土	较深	无	无						
30~40	小河	40	山麓	山脊		砂质壤土	黄土-褐土	较深	冬小麦	农业用地						
40~50	小河	30	山麓	山脊		砂质壤土	黄土-褐土	较深	冬小麦	农业用地						
30~40	小河	0	冲积平原	平地/微倾斜		砂质壤土	黄土-褐土	较深	蔬菜	花圃						
30~40	小河	80	山麓	斜坡		砂质壤土			无	村庄	梯田					
20~30	支流	30	冲积平原			壤土			桑园/冬小麦	农业用地/果园						
2~10	主要河流	900	冲积平原	平地		壤土	浅褐土	较深	小麦	农业用地/现代村镇	河流:绣针河					
2~10	主要河流	900	冲积平原	平地		壤土	浅褐土	较深	小麦	农业用地/现代村镇	河流:绣针河					
2~10	主要河流	900	冲积平原	平地		壤土	浅褐土	较深	小麦	农业用地/现代村镇	河流:绣针河					
2~10	主要河流	650	冲积平原	平地		壤土	浅褐土	较深	小麦	农业用地/现代村镇	河流:绣针河					
2~10	小河	450	冲积平原	平地		壤土	浅褐土	较深	蔬菜/冬小麦	农业用地/花圃/村庄						
20~30	支流	250	冲积平原	平地		粉质壤土	黄土-褐土	较深	茶园	农业用地						
10~20	小河	350	冲积平原	平地		粉质壤土	黄土-褐土	较深	冬小麦	农业用地	高速路西/修路时发现文化遗物					
10~20	支流	500	冲积平原	平地		粉质壤土	黄土-褐土	较深	茶园	农业用地						
10~20	支流	5	冲积平原	较低的隆起		粉质壤土	黄土-褐土	较深	蔬菜	花圃	高速路西/修路时发现文化遗物/河流:竹子河					
10~20	支流	5	冲积平原/山麓	较低的隆起		粉质壤土	黄土-褐土	较深	休耕地/桑园/小麦/冬小麦	农业用地/果园	高速路西/修路时发现文化遗物/河流:竹子河/CA-0可能有墓葬					
10~20	支流	5	冲积平原	较低的隆起		粉质壤土	黄土-褐土	较深	茶园/蔬菜	农业用地/花圃	高速路西/修路时发现文化遗物/河流:竹子河					
10~20	支流	5	冲积平原	较低的隆起		粉质壤土	黄土-褐土	较深	休耕地	农业用地	高速路西/修路时发现文化遗物/河流:竹子河					
10~20	支流	0	冲积平原/山麓	较低的隆起		粉质壤土	黄土-褐土	较深	桑园/小麦/冬小麦	农业用地/果园	竹子河支流/CAO可能有墓葬					
10~20	小河	500	山麓	微倾斜		砂质壤土	黄土-褐土	中度	冬小麦	农业用地						
20~30	小河	350	山麓			砂质壤土			无	高速路						
10~20	小河	180	山麓	微倾斜					冬小麦	农业用地						
30~40	小河	5	山麓	微倾斜		粉质壤土			休耕地	农业用地						
30~40	支流	70	冲积平原	平地		粉质壤土	黄土-褐土	较深	冬小麦	农业用地						
40~50	小河	0	山麓	梯田/微倾斜		粉质壤土	黄土-褐土	较深	休耕地/小麦/茶园	农业用地						
40~50	小河	250	山麓	山脊		砂质壤土	黄土-褐土	较深	休耕地	农业用地	部分现代垃圾					
20~30	小河	380	冲积平原	平地		砂质壤土	黄土-褐土	较深	冬小麦/休耕地/常绿植物	农业用地/树林幼儿园						
40~50	小河	80	山麓			砂质壤土			休耕地/冬小麦	农业用地						
20~30	主要河流	320	冲积平原	平地		多砂	黄土-褐土	较深	休耕地/冬小麦	农业用地	河流:竹子河					
20~30	主要河流	150	冲积平原	平地		多砂	黄土-褐土	较深	休耕地/冬小麦	农业用地	河流:竹子河					
20~30	主要河流	100	冲积平原	平地		多砂	黄土-褐土	较深	休耕地	农业用地	河流:竹子河					
50~60	小河	100	山麓	微倾斜		砂质壤土	黄土-褐土	中度	休耕地	农业用地						
30~40	小河	60	山麓	梯田		粉质壤土	黄土-褐土	较深	休耕地	农业用地	梯田					
20~30	主要河流	60	冲积平原			粉质壤土			休耕地	农业用地						
40~50	小河	360	山麓	微倾斜		砂质壤土	黄土-褐土	较深	休耕地/冬小麦	农业用地						
30~40	主要河流	0	冲积平原	平地/微倾斜		砂质壤土	黄土-褐土	较深	休耕地/冬小麦	农业用地	沟					
40~50	小河	150	山麓	微倾斜		砂质壤土	黄土-褐土	较深	休耕地	农业用地	小河两边					
20~30	支流	550	山麓	平地		砂质壤土	黄土-褐土	中度	休耕地/小麦	农业用地	靠近汉代墓葬;墓葬约20x20平方米;绣针河支流					
20~30	小河	200	山麓	平地		砂质壤土	黄土-褐土	中度	休耕地	农业用地	靠近铁路,CJH-1汉墓以北					

遗址前缀	遗址名称	年份	行政区划	村镇	地图	采集区	年代	早(西)	中	晚(东)	分期	期段编号	面积(万米²)	等级	所含期段数	陶片密度	陶片数量	器型	残片	石器	文化层特点	详细文化层信息	中心海拔
LS	CJJZ-1	12	岚山	陈家顶子	黄家峪	AC	汉					1550	1.61	V	2	少	3						39.0
LS	DaH-4	12	岚山	大荒	大土山	A	周			x	东周	1077	0.12	VI	2	稀少	1						40.0
LS	DaH-7	12	岚山	大荒	大土山		周	x			西周	1154	0.12	VI	1	稀少	3						45.0
LS	DNanS-1	12	岚山	东南山	刘家沟		周			x	东周	1106	0.12	VI	1	稀少	1						102.0
LS	CQL-2	12	岚山	长青岭	大土山		汉					1487	0.25	VI	2	稀少	2						69.0
LS	DP-6	12	岚山	大坡	大坡		周			x	东周	1035	0.12	VI	1	稀少	1						29.0
LS	DWJG-3	12	岚山	大王家沟	刘家沟		周			x	东周	1087	0.12	VI	1	稀少	1						99.0
LS	DaH-2	12	岚山	大荒	大土山		汉					1499	0.51	VI	2	稀少	5						34.0
LS	FSZ-3	12	岚山	汾水镇	界牌岭		周			x	东周	1139	0.12	VI	1	稀少	2						18.0
LS	HSP-5	12	岚山	后稍坡	界牌岭		周			x	东周	1132	0.12	VI	1	稀少	3						10.1
LS	JFHX-4	12	岚山	巨峰河西	大土山		周			x	东周	1054	0.12	VI	1	稀少	2						20.0
LS	DaH-4	12	岚山	大荒	大土山	B	汉					1500	0.51	VI	2	稀少	4						40.0
LS	DaH-5	12	岚山	大荒	大土山	ABC	汉					1522	2.38	V	2	很少	17						36.0
LS	DaH-5	12	岚山	大荒	大土山	B	周	x		x	西周/东周	1078	1.28	V	2	稀少	6						41.0
LS	DaH-6	12	岚山	大荒	大土山		汉					1498	0.50	VI	2	稀少	2						43.0
LS	JFHX-5	12	岚山	巨峰河西	大土山		周			x	东周	1053	0.12	VI	1	稀少	1						21.0
LS	NSJGZ-1	12	岚山	南孙家官庄	黄家峪		周	x			西周	1161	0.12	VI	1	稀少	1						15.0
LS	DBL-1	12	岚山	大卜落	大官庄	AB	汉					1527	1.67	V	3	很少	18						25.6
LS	DBL-1	12	岚山	大卜落	大官庄	AB	周	x		x	西周/东周	1090	1.67	V	3	很少	18						25.6
LS	DBL-1	12	岚山	大卜落	大官庄	B	龙山				不确定	477	0.32	VI	3	稀少	1						25.6
LS	DBL-2	12	岚山	大卜落	大官庄		汉					1529	0.38	VI	1	稀少	5						32.0
LS	DGA-1	12	岚山	大沟崖	刘家沟		汉					1536	0.12	VI	1	稀少	1						61.7
LS	DGZ-1	12	岚山	大官庄	大官庄		汉					1538	0.58	VI	1	稀少	4						38.0
LS	DGZDS-1	12	岚山	大官庄东山	大官庄		汉					1539	2.00	V	2	稀少	3						54.0
LS	DGZDS-1	12	岚山	大官庄东山	大官庄		周	x		x	西周/东周	1108	2.00	V	2	稀少	22		1				54.0
LS	DJL-1	12	岚山	丁家林	大土山		汉					1478	0.45	VI	1	稀少	3						48.0
LS	DJL-2	12	岚山	丁家林	朱芦		汉					1476	0.19	VI	1	稀少	1						65.0
LS	DL-1	12	岚山	大岭	大坡		汉					1428	0.12	VI	1	稀少	10						50.0
LS	PSZ-1	12	岚山	平山子	刘家沟		周	x		x	西周/东周	1092	0.12	VI	1	稀少	6						40.0
LS	DLTS-1	12	岚山	丁吕土山	大土山		汉					1455	0.96	VI	1	稀少	9						36.0
LS	DLTS-2	12	岚山	丁吕土山	大土山	AB	汉					1450	5.22	V	1	稀少	16						45.0
LS	DLTS-3	12	岚山	丁吕土山	大坡		汉					1444	0.38	VI	1	中等	9						42.0
LS	XH-3	12	岚山	新华	大坡		周			x	东周	1036	0.12	VI	2	稀少	4						29.0
LS	DNanS-2	12	岚山	东南山	刘家沟		周			x	东周	1103	0.12	VI	1	稀少	1						75.0
LS	DNanS-3	12	岚山	东南山	刘家沟		周			x	东周	1100	0.12	VI	1	稀少	1						62.0
LS	DNS-1	12	岚山	东南山	黄家峪		汉					1555	1.48	V	2	很少	18						31.5
LS	DNS-1	12	岚山	东南山	黄家峪		周	x		x	西周/东周	1117	1.48	V	2	少	33						31.5
LS	CG-9	12	岚山	车沟	大土山	CC	周	x			西周	1147	0.19	VI	1	少	2						40.0
LS	DP-1	12	岚山	大坡	大坡	AB	周	x		x	西周/东周	1039	3.09	V	3	很少	50						42.0
LS	DP-1	12	岚山	大坡	大坡	A	汉					1431	0.70	VI	3	稀少	5						39.0
LS	DP-1	12	岚山	大坡	大坡	C	汉					1430	0.58	VI	3	稀少	6						48.0
LS	DP-2	12	岚山	大坡	大坡		汉					1429	0.25	VI	1	高	28						51.0
LS	DP-3	12	岚山	大坡	大坡		汉					1438	1.00	V	1	稀少	5						33.0
LS	DP-4	12	岚山	大坡	大坡		汉					1587	2.12	V	2	稀少	4				文化层	文化层发现大陶片	56.0
LS	DP-4	12	岚山	大坡	大坡		周	x		x	西周/东周	1038	2.12	V	2	少	72		1		文化层	文化层发现大陶片	56.0

海拔范围	水源	河道距离	环境区域	地貌状况	防御性遗址	土壤质地	土壤颜色	土层厚度	作物	现代用途	备注	距中心城市5公里内	距中心城市5~10公里	距中心城市10~15公里	距中心城市15公里以上	距海岸5公里内
30~40	小河	0	山麓			粉质壤土			休耕地	农业用地						
40~50	小河	150	山麓	鞍状山脊		砂质壤土			树林	树林						
40~50	小河	100	山麓	平地	可能	砂质壤土/土质较硬	黄土-褐土	中度	休耕地	农业用地	平地，山脊					
100~110	小河	400	山麓	梯田		砂质壤土/土质较硬			休耕地	农业用地	靠近通往海岸的公路					
60~70	主要河流	900	山麓	平地山脊	可能	多砂/土质较硬	黄土-褐土	稀薄	休耕地	农业用地	河流：竹子河；山脊中部山麓					
20~30	主要河流	1000	冲积平原			粉质壤土			休耕地	农业用地	河流：竹子河					
90~100	小河	60	山麓	微倾斜	可能	砂质壤土	黄土-褐土	中度	冬小麦	农业用地	山麓山脊					
30~40	小河	50	冲积平原			粉质壤土			大白菜/蔬菜/杨树林	花圃/树林						
10~20	小河	500	山麓			砂质壤土			休耕地	农业用地/铁路	沟渠铁路					
10~20	主要河流	200	冲积平原	平地		粉质壤土	黄土-褐土	较深	杨树林	树林	河流：龙王河					
20~30	主要河流	250	冲积平原	平地		多砂	黄土-褐土	较深	杨树林	树林	河流：竹子河					
40~50	小河	150	山麓	鞍状山脊		砂质壤土			树林	树林						
30~40	小河	400	冲积平原	微倾斜		砂质壤土	黄土-褐土	较深	休耕地/小麦	农业用地						
40~50	小河	400	山麓	微倾斜		砂质壤土	黄土-褐土	较深	休耕地/小麦	农业用地						
40~50	小河	30	山麓	微倾斜		砂质壤土	黄土-褐土	中度	休耕地	农业用地	梯田小河之上					
20~30	主要河流	100	冲积平原			砂质壤土	黄土-褐土		树林	树林	河流：竹子河					
10~20	主要河流	80	冲积平原	平地		粉质壤土	黄土-褐土	较深	休耕地	农业用地	河流：龙王河					
20~30	小河	0	冲积平原			粉质壤土			休耕地/冬小麦/竹林	农业用地	距竹子河支流160米					
20~30	小河	0	冲积平原			粉质壤土			休耕地/冬小麦/竹林	农业用地	距竹子河支流160米					
20~30	小河	0	冲积平原			粉质壤土			竹林	农业用地	距竹子河支流160米					
30~40	小河	30	冲积平原			粉质壤土			休耕地/冬小麦	农业用地						
60~70	小河	50	山麓	梯田		砂质壤土	黄土-褐土	中度	小麦	农业用地						
30~40	支流	80	冲积平原			粉质壤土			冬小麦	农业用地/公路	竹子河支流					
50~60	小河	20	山麓	平地	可能	粉质壤土	黄土-褐土	较深	冬小麦/休耕地	农业用地/现代砖厂	小河水库；遗址北部被工厂破坏					
50~60	小河	20	山麓	平地	可能	粉质壤土	黄土-褐土	较深	冬小麦/休耕地	农业用地/现代砖厂	小河水库；遗址北部被工厂破坏					
40~50	主要河流	170	冲积平原			粉质壤土	褐土		休耕地/冬小麦	农业用地	河流：竹子河；靠近水库					
60~70	小河	30	山麓	微倾斜		砂质壤土	黄土-褐土	较深	休耕地	农业用地						
50~60	小河	40	冲积平原	微倾斜		砂质壤土	黄土-褐土	较深	休耕地/冬小麦	农业用地/铁路						
40~50	小河	0	山麓	微倾斜	可能	砂质壤土	黄土-褐土	较深	小麦/蔬菜	农业用地/花圃	水渠穿过遗址					
30~40	小河	40	冲积平原			粉质壤土	黄土-褐土		休耕地/冬小麦/桑园	农业用地						
40~50	主要河流	0	山麓	山脊		粉质壤土	黄土-褐土	较深	休耕地/冬小麦	农业用地	河流：竹子河					
40~50	小河	120	山麓	低山麓		砂质壤土	黄土-褐土		休耕地/玉米/冬小麦	农业用地						
20~30	主要河流	100	山麓	梯田		砂质壤土			休耕地	农业用地/建筑物	河流：竹子河；曾有鬲出土					
70~80	小河	50	山麓	微倾斜		砂质壤土/土质较硬	黄土-褐土	中度	休耕地	农业用地	距小河10米；梯田					
60~70	小河	5	山麓	平地		粉质壤土	中等褐土	较深	冬小麦	农业用地						
30~40	小河	0	山麓	低山麓		粉质壤土			茶园	农业用地						
30~40	小河	0	山麓	低山麓		粉质壤土			茶园	农业用地						
40~50	主要河流	0	山麓	微倾斜		砂质壤土	黄土-褐土	较深	休耕地/冬小麦	农业用地						
40~50	小河	200	山麓	微倾斜		砂质壤土	黄土-褐土		休耕地	农业用地/学校						
30~40	小河	300	山麓	微倾斜		砂质壤土	黄土-褐土		休耕地	农业用地/学校						
40~50	小河	300	山麓	微倾斜		砂质壤土	黄土-褐土		休耕地	农业用地/学校						
50~60	小河	200	山麓			砂质壤土			休耕地	农业用地						
30~40	小河	0	冲积平原	平地		粉质壤土	黄土-褐土	较深	休耕地/冬小麦	农业用地	现代水渠很近					
50~60	小河	20	山麓	山脊	可能	砂质壤土			休耕地/茶园	农业用地	翻出的途中包含较大陶片					
50~60	小河	20	山麓	山脊	可能	砂质壤土			休耕地/茶园	农业用地	翻出的途中包含较大陶片					

遗址前缀	遗址名称	年份	行政区划	村镇	地图	采集区	年代	早(西)	中	晚(东)	分期	期段编号	面积(万米²)	等级	所含期段数	陶片密度	陶片数量	器型	残片	石器	文化层特点	详细文化层信息	中心海拔
LS	DP-5	12	岚山	大坡	大坡		汉					1424	0.18	VI	1	稀少	1						69.0
LS	CQL-1	12	岚山	长青岭	大土山		周			x	东周	1063	0.19	VI	1	稀少	1						71.0
LS	DNS-2	12	岚山	东南山	黄家峪		周			x	东周	1118	0.19	VI	1	稀少	1						39.0
LS	DPD-2	12	岚山	大棚顶	大官庄		周	x			西周	1158	0.19	VI	1	稀少	8				文化层	文化堆积	51.0
LS	DPD-3	12	岚山	大棚顶	刘家沟	AB	周			x	东周	1107	1.80	V	1	稀少	13						80.0
LS	DPD-4	12	岚山	大棚顶	大官庄	A	汉					1543	0.19	VI	1	稀少	1						75.0
LS	DPD-5	12	岚山	大棚顶	大官庄		汉					1542	0.45	VI	1	稀少	2						75.0
LS	DPD-6	12	岚山	大棚顶	大官庄		汉					1541	0.51	VI	1	稀少	3						70.0
LS	DTS-1	12	岚山	大土山	大土山		汉					1486	0.45	VI	1	稀少	6						60.0
LS	DTS-11	12	岚山	大土山	大土山		周	x		x	西周/东周	1052	0.19	VI	1	稀少	3						38.0
LS	DTS-5	12	岚山	大土山	大土山	N	周			x	东周	1047	0.19	VI	1	稀少	3						35.0
LS	DTS-2	12	岚山	大土山	大土山	AB	汉					1483	1.03	V	2	稀少	4						71.0
LS	HT-3	12	岚山	后屯	大土山		周			x	东周	1068	0.19	VI	1	稀少	1						58.0
LS	DTS-4	12	岚山	大土山	大土山		汉					1485	1.54	V	3	很少	12						60.0
LS	DTS-4	12	岚山	大土山	大土山		周			x	东周	1066	1.54	V	3	稀少	1						60.0
LS	DTS-4	12	岚山	大土山	大土山		龙山		x		中期	474	1.54	V	3	稀少	1						60.0
LS	DTS-5	12	岚山	大土山	大土山	A	周			x	东周	1062	1.25	V	1	稀少	9						50.0
LS	DTS-5	12	岚山	大土山	大土山	D	周	x			西周	1086	3.48	V	1	少	2						37.0
LS	DTS-5	12	岚山	大土山	大土山		龙山	x	x	x	早/中/晚	472	9.22	IV	1	中等	33			2	文化层	CAR&CAS文化堆积：灰土；CAW：黑土堆积和石器工具；CAZ黑土堆积；汉砖	39.0
LS	DTS-5	12	岚山	大土山	大土山	SS	龙山	x			早期	470	0.90	VI	1	稀少	1						37.0
LS	DTS-5	12	岚山	大土山	大土山	TT	周			x	东周	1048	1.67	V	1	稀少	2						44.0
LS	QAX-3	12	岚山	前崖下	大坡		周	x			西周	1142	0.19	VI	2	稀少	1						33.0
LS	DTS-5/CG-9	12	岚山	大土山	大土山	5(FGHIJKLMOQRTVWXYAABBDDFFHHII), 9(EE, LMP)	周	x		x	西周/东周	1046	75.37	II		中等	159						35.0
LS	DTS-5/CG-9, 10	12	岚山	大土山	大土山	DTS-3, 5(A-TT), 6, 8-10, XTS-1, 2, CG-9(A-GG), 10	汉					1459	286.61	I		中等	1122			2			35.0
LS	DTS-7	12	岚山	大土山	大土山		汉					1480	0.19	VI	1	稀少	2						71.0
LS	DWJG-1	12	岚山	大王家沟	横沟		汉					1513	0.12	VI	1	稀少	6						75.0
LS	XP-1	12	岚山	小坡	大坡		周			x	东周	1141	0.19	VI	1	稀少	1						40.0
LS	DWJG-4	12	岚山	大王家沟	横沟		汉					1512	0.32	VI	1	稀少	9						117.7
LS	DWJG-5	12	岚山	大王家沟	横沟		汉					1511	1.16	V	1	稀少	32						118.5
LS	DYJZ-1	12	岚山	东杨家庄	尚家庄		汉					1423	0.12	VI	1	稀少	1						40.0

海拔范围	水源	河道距离	环境区域	地貌状况	防御性遗址	土壤质地	土壤颜色	土层厚度	作物	现代用途	备注	距中心城市5公里内	距中心城市5~10公里	距中心城市10~15公里	距中心城市15公里以上	距海岸5公里内
60~70	小河	400	山麓	梯田斜坡		砂质壤土			休耕地/茶园	农业用地/建筑物	大的建筑物靠近遗址					
70~80	小河	350	山麓	山脊	可能	砂质壤土	黄土-褐土	稀薄	休耕地	农业用地	距离小河350米					
30~40	小河	30	山麓	微倾斜		砂质壤土	黄土-褐土	稀薄	休耕地	农业用地/村庄	遗址在村庄一角					
50~60	小河	10	山麓	微倾斜		粉质壤土	黄土-褐土	中度	冬小麦/蔬菜	农业用地/花圃	距离龙王河60米，遗址位于梯田之上的一块平地，在山麓之下					
80~90	小河	100	山麓	山脊上部平地		粉质壤土	黄土-褐土	较深	冬小麦/休耕地	农业用地	距离冲沟5米，俯瞰水库					
70~80	主要河流	100	山麓	梯田		粉质壤土	黄土-褐土	较深	冬小麦/休耕地	农业用地	河流：龙王河；遗址靠近水库；农业用地梯田					
70~80	小河	100	山麓	梯田/中坡		砂质壤土				农业用地						
70~80	小河	20	山麓	微倾斜		粉质壤土	黄土-褐土	较深	休耕地	农业用地						
60~70	小河	0	山麓	中坡		砂质壤土	黄土-褐土	较深	休耕地	农业用地	梯田；距离竹子河700米					
30~40	主要河流	420	冲积平原	平地		粉质壤土	黄土-褐土		休耕地/冬小麦	农业用地	河流：竹子河					
30~40	主要河流	0	冲积平原	平地		砂质壤土	黄土-褐土	较深	休耕地/冬小麦	农业用地						
70~80	小河	200	山麓	山脊		砂质壤土	黄土-褐土	中度	休耕地	农业用地	山脊上梯田					
50~60	小河	20	山麓	微倾斜		砂质壤土	黄土-褐土	中度	休耕地/小麦	农业用地						
60~70	小河	10	山麓	中坡		砂质壤土	黄土-褐土	较深	休耕地	农业用地	梯田					
60~70	小河	10	山麓	中坡		砂质壤土	黄土-褐土	较深	休耕地	农业用地	梯田					
60~70	小河	10	山麓	中坡		砂质壤土	黄土-褐土	较深	休耕地	农业用地	梯田					
50~60	主要河流	0	山麓	微倾斜		砂质壤土	黄土-褐土	较深								
30~40	主要河流	0	冲积平原	平地		砂质壤土	黄土-褐土	较深	休耕地/冬小麦/蔬菜	农业用地/花圃						
30~40	主要河流	0	冲积平原	平地		淤土/砂质壤土	黄土-褐土	较深	休耕地/冬小麦	农业用地	与附近的封土堆有关					
30~40	主要河流	0	冲积平原/山麓	微倾斜		砂质壤土	黄土-褐土	较深	休耕地/冬小麦	农业用地						
40~50	主要河流	0	山麓	微倾斜		砂质壤土	黄土-褐土	较深	休耕地/冬小麦	农业用地						
30~40	主要河流	90	冲积平原			砂质壤土			休耕地	农业用地	河流：竹子河					
30~40	主要河流	0	冲积平原/山麓	平地/山脊		淤土/砂质壤土	黄土-褐土	较深	休耕地/冬小麦/桑园/茶园/蔬菜	农业用地/花圃/村庄	河流：竹子河					
30~40	主要河流	0	冲积平原/山麓	平地/山脊		淤土/砂质壤土	黄土-褐土	较深	休耕地/冬小麦/桑园/茶园/蔬菜	农业用地/花圃/村庄	河流：竹子河					
70~80	小河	500	山麓	山脊	可能	砂质壤土	黄土-褐土		休耕地/冬小麦	农业用地						
70~80	支流	50	山麓	微倾斜	可能	砂质壤土	黄土-褐土	较深	休耕地	农业用地	竹子河支流，靠近水库；山麓山脊					
40~50	主要河流	700	山麓	隆起		砂质壤土			休耕地	农业用地/采石场	河流：竹子河；遗址靠近采石场					
110~120	小河	600	山麓	山脊	是	砂质壤土	黄土-褐土	中度	休耕地/小麦	农业用地/高速路	遗址位于分水岭处，可能是通往海岸地带的标志，很好的了望/防御地点					
110~120	小河	700	山麓	山脊	是	砂质壤土	黄土-褐土	中度	休耕地	农业用地/圈肥/高速路	遗址位于分水岭处，可能是通往海岸地带的标志，很好的了望/防御地点					
40~50	小河	30	山麓	梯田/微倾斜		砂质壤土	黄土-褐土	中度	休耕地/茶园	农业用地						

遗址前缀	遗址名称	年份	行政区划	村镇	地图	采集区	年代	早(西)	中	晚(东)	分期	期段编号	面积(万米²)	等级	所含期段数	陶片密度	陶片数量	器型	残片	石器	文化层特点	详细文化层信息	中心海拔
LS	FJGZ-1	12	岚山	费家官庄	大坡		汉					1415	2.25	V	3	稀少	6				墓葬/建筑物	汉砖	40.0
LS	FJGZ-1	12	岚山	费家官庄	大坡		周			x	东周	1034	2.25	V	3	稀少	5						40.0
LS	FJGZ-1	12	岚山	费家官庄	大坡		龙山				不确定	465	0.75	VI	3	稀少	2						40.0
LS	FJGZ-2	12	岚山	费家官庄	大坡		汉					1416	2.51	V	1	稀少	5						38.0
LS	CQL-2	12	岚山	长青岭	大土山		周			x	东周	1064	0.25	VI	2	稀少	1						69.0
LS	GW-1	12	岚山	沟洼	刘家沟	ABCD	龙山	x	x		早/中	475	3.99	IV	4	很少	77			1	文化层	CAA约2米很深，灰土	30.0
LS	GW-1	12	岚山	沟洼	刘家沟	A	岳石					19	0.51		4	很少	18				文化层	CAA约2米很深，灰土	29.0
LS	GW-1	12	岚山	沟洼	刘家沟	ADEF	周	x		x	西周/东周	1089	4.90	IV	4	很少	42				文化层	CAA约2米很深，灰土	30.0
LS	GW-1	12	岚山	沟洼	刘家沟	ABCD	汉					1523	4.90	V	4	很少	24				文化层	CAA约2米很深，灰土	30.0
LS	GW-2	12	岚山	沟洼	刘家沟		汉					1525	0.12	VI	1	稀少	3						36.0
LS	HAX-1	12	岚山	后崖下	大坡		汉					1407	3.99	V	1	稀少	25						54.0
LS	HAX-2	12	岚山	后崖下	大坡		汉					1408	0.12	VI	1	稀少	1						52.0
LS	HJY-1	12	岚山	黄家峪	黄家峪	AB	汉					1548	1.50	V	1	稀少	10						50.0
LS	HSCG-1	12	岚山	后水车沟	黄家峪	ABC	汉					1552	3.61	V	3	很少	34						26.0
LS	HSCG-1	12	岚山	后水车沟	黄家峪	A	龙山	x			早期	479	0.55	VI	3	稀少	1						26.0
LS	JFHX-7	12	岚山	巨峰河西	大土山		周	x			西周	1149	0.25	VI	2	稀少	2						24.0
LS	HSCG-2	12	岚山	后水车沟	黄家峪		汉					1553	0.12	VI	1	稀少	2						29.0
LS	HSCG-3	12	岚山	后水车沟	黄家峪		汉					1551	0.64	VI	1	稀少	2						25.0
LS	HSP-1	12	岚山	后稍坡	界牌岭		汉					1577	0.64	VI	1	稀少	8						23.5
LS	HSP-2	12	岚山	后稍坡	界牌岭		汉					1575	0.32	VI	2	稀少	3						10.5
LS	HSP-2	12	岚山	后稍坡	界牌岭		周	x			东周	1102	0.32	VI	2	稀少	3						10.5
LS	HSP-3	12	岚山	后稍坡	界牌岭	CDE	周		x		东周	1135	2.57	V	3	稀少	10						10.0
LS	HSP-3	12	岚山	后稍坡	界牌岭	AFGH	周	x		x	西周/东周	1133	3.50	V	3	稀少	54				文化层	可能CAA	10.0
LS	HSP-3	12	岚山	后稍坡	界牌岭	AGH	汉					1576	2.83	V	3	稀少	13				文化层	可能CAA	10.0
LS	HSP-4	12	岚山	后稍坡	界牌岭		汉					1574	0.19	VI	1	稀少	1						10.1
LS	MJC-1	12	岚山	马家村	界牌岭		周			x	东周	1131	0.25	VI	2	稀少	5						12.0
LS	HSP-6	12	岚山	后稍坡	界牌岭		周			x	东周	1134	0.58	VI	1	稀少	3						10.1
LS	HT-1	12	岚山	后屯	大土山		汉					1484	0.25	VI	1	稀少	3						62.0
LS	HT-2	12	岚山	后屯	大土山		汉					1482	0.19	VI	1	稀少	1						63.0
LS	QSCG-9	12	岚山	前水车沟	黄家峪		周			x	东周	1122	0.25	VI	1	稀少	3						20.0
LS	HT-4	12	岚山	后屯	大土山		汉					1481	0.19	VI	1	稀少	3						66.0
LS	HYG-1	12	岚山	后姚沟	大官庄		汉					1544	0.12	VI	1	稀少	3						51.0
LS	HYG-2	12	岚山	后姚沟	大官庄		汉					1540	0.12	VI	1	稀少	2						59.0
LS	JFHX-1	12	岚山	巨峰河西	大土山		周			x	东周	1055	0.12	VI	1	稀少	1						21.0
LS	JFHX-2	12	岚山	巨峰河西	大土山	AB	汉					1469	1.29	V	1	稀少	7						23.0
LS	JFHX-3	12	岚山	巨峰河西	大土山		汉					1466	0.19	VI	1	稀少	1						22.0
LS	SLS-2	12	岚山	梭罗树	黄家峪		周	x		x	西周/东周	1113	0.25	VI	2	很少	22						39.0
LS	JJH-1	12	岚山	贾家湖	界牌岭	B	周				西周	1165	0.32	VI	2	稀少	3						26.0

海拔范围	水源	河道距离	环境区域	地貌状况	防御性遗址	土壤质地	土壤颜色	土层厚度	作物	现代用途	备注	距中心城市5公里内	距中心城市5~10公里	距中心城市10~15公里	距中心城市15公里以上	距海岸5公里内
40~50	主要河流	40	山麓	山脊		砂质壤土	黄土-褐土	较深	休耕地/小麦	农业用地	很多汉砖,靠近小河(墓或建筑)					
40~50	主要河流	40	山麓	山脊		砂质壤土	黄土-褐土	较深	休耕地/小麦	农业用地	与XL遗址隔河相望					
40~50	主要河流	40	山麓	山脊		砂质壤土	黄土-褐土	较深	休耕地/小麦	农业用地	与XL遗址隔河相望					
30~40	支流	160	冲积平原	微倾斜		粉质壤土	黄土-褐土	较深	休耕地/小麦	农业用地	竹子河支流					
60~70	主要河流	900	山麓	平地山脊	可能	多砂/土质较硬	黄土-褐土	稀薄	休耕地	农业用地	河流:竹子河;山脊顶部平地山麓中部					
30~40	支流	0	冲积平原	平地/微倾斜	可能	淤土/砂质壤土	灰土/黄土-褐土	较深	休耕地/玉米/冬小麦	农业用地	竹子河支流;CAC公路以东,文化层发现龙山石凿,CAD石镰					
20~30	支流	5	冲积平原	微倾斜	可能	粉质壤土	灰土	较深		农业用地	竹子河支流,龙山石凿					
30~40	支流	0	冲积平原	平地	可能	淤土/砂质壤土	灰土/黄土-褐土	较深	休耕地/冬小麦/蔬菜	农业用地/花圃	竹子河支流,龙山石凿,CAD石镰					
30~40	支流	0	冲积平原	平地/微倾斜	可能	淤土/砂质壤土	灰土/黄土-褐土	较深	休耕地/玉米/冬小麦	农业用地	竹子河支流;CAC公路以东,龙山石凿,CAD石镰					
30~40	支流	250	冲积平原			粉质壤土	褐土		冬小麦	农业用地						
50~60	小河	30	山麓	中坡		砂质壤土	黄土-褐土	中度	休耕地/茶园/冬小麦	农业用地						
50~60	小河	40	山麓	微倾斜		砂质壤土	黄土-褐土	中度	茶园	农业用地						
50~60	小河	20	山麓	梯田/微倾斜		粉质壤土			休耕地	农业用地						
20~30	主要河流	0	冲积平原			粉质壤土			休耕地/冬小麦	农业用地	靠近冲沟,遗址两处水源地之间					
20~30	主要河流	0	冲积平原			粉质壤土			休耕地/冬小麦	农业用地	靠近冲沟;遗址两处水源地之间					
20~30	主要河流	600	冲积平原	平地		多砂	黄土-褐土	较深	桑园/休耕地	农业用地	河流:竹子河					
20~30	小河	0	冲积平原	平地		粉质壤土	黄土-褐土	较深			遗址梯田边缘;靠近休耕地					
20~30	主要河流	150	冲积平原	平地		粉质壤土	黄土-褐土	较深	茶园/蔬菜	农业用地/花圃	河流:龙王河					
20~30	支流	300	山麓	隆起		砂质壤土			休耕地	农业用地/公路	陶片密度较高					
10~20	支流	0	冲积平原	平地		粉质壤土	灰土-褐土	较深	大白菜	农业用地	靠近龙王河支流					
10~20	支流	0	冲积平原	平地		粉质壤土	灰土-褐土	较深	大白菜	农业用地	靠近龙王河支流					
10~20	支流	0	冲积平原	平地		粉质壤土	黄土-褐土	较深	小麦/休耕地	农业用地	龙王河支流					
10~20	支流	0	冲积平原	平地		粉质壤土	黄土-褐土	较深	休耕地/靠近玉米/杨树林	农业用地/树林	龙王河支流					
10~20	支流	0	冲积平原	平地		粉质壤土	黄土-褐土	较深	杨树林	树林	CAA&CAG小河两岸;灰土-褐土堆积;龙王河支流					
10~20	支流	250	冲积平原	平地		粉质壤土	黄土-褐土	较深	休耕地/耕田	农业用地	龙王河支流					
10~20	主要河流	100	冲积平原			粉质壤土			休耕地	农业用地	河流:龙王河					
10~20	支流	150	冲积平原			粉质壤土			休耕地	农业用地	河流:龙王河;高速路以西					
60~70	小河	350	山麓	微倾斜		多砂/土质较硬	黄土-褐土	稀薄	休耕地	农业用地	梯田					
60~70	小河	400	山麓	梯田		多砂	红褐土	中度	休耕地	农业用地						
20~30	主要河流	250	冲积平原	平地		砂质壤土	黄土-褐土	较深	冬小麦/桑园	农业用地	河流:龙王河;靠近高速路及现代村镇					
60~70	小河	500	山麓	微倾斜		砂质壤土	黄土-褐土	中度	休耕地	农业用地						
50~60	主要河流	120	冲积平原	平地		砂质壤土	黄土-褐土	较深	冬小麦	农业用地	河流:龙王河					
50~60	小河	200	山麓	梯田/中坡		砂质壤土				农业用地						
20~30	支流	150	冲积平原	平地		砂质壤土	浅褐土	较深	杨树林	树林/纸浆厂	竹子河支流;遗址距离公路20米					
20~30	支流	5	冲积平原	平地		砂质壤土	黄土-褐土	较深	冬小麦/休耕地	农业用地/养鸡场						
20~30	主要河流	350	冲积平原	平地		多砂	黄土-褐土	较深	桑园	农业用地	河流:竹子河					
30~40	主要河流	40	冲积平原	平地		粉质壤土	黄土-褐土	较深	休耕地/玉米	农业用地	梯田河流:龙王河					
20~30	小河	0	山麓													

遗址前缀	遗址名称	年份	行政区划	村镇	地图	采集区	年代	早(西)	中	晚(东)	分期	期段编号	面积(万米²)	等级	所含期段数	陶片密度	陶片数量	器型	残片	石器	文化层特点	详细文化层信息	中心海拔
LS	JFHX-6	12	岚山	巨峰河西	大土山	AB	汉					1464	1.87	V	1	稀少	22						21.0
LS	JFHX-7	12	岚山	巨峰河西	大土山		汉					1467	0.25	VI	2	稀少	8						24.0
LS	DTS-10	12	岚山	大土山	大土山	A	周	x			西周	1153	0.38	VI	1	稀少	1						43.0
LS	JFHX-8	12	岚山	巨峰河西	大土山		汉					1470	0.12	VI	1	稀少	3						23.0
LS	JJG-1	12	岚山	纪家沟	大土山		汉					1510	0.19	VI	1	稀少	1						58.0
LS	JJG-2	12	岚山	纪家沟	刘家沟		汉					1514	0.12	VI	1	稀少	1						55.0
LS	JJG-3	12	岚山	纪家沟	刘家沟	ABC	周	x		x	西周/东周	1085	4.58	IV	2	稀少	34						65.0
LS	JJG-3	12	岚山	纪家沟	刘家沟	AB	汉					1515	3.93	V	2	稀少	19						65.0
LS	JJG-4	12	岚山	纪家沟	大土山	ABC	周	x		x	西周/东周	1081	0.75	VI	2	中等	161			1	文化层	CAA-WZ文化层；烧土及木炭	60.0
LS	JJG-4	12	岚山	纪家沟	大土山	C	汉					1509	0.12	VI	2	稀少	1						62.0
LS	JJG-5	12	岚山	纪家沟	刘家沟		周			x	东周	1082	0.12	VI	1	稀少	1						75.0
LS	JJH-1	12	岚山	贾家湖	界牌岭	AB	汉					1580	0.51	VI	2	稀少	4						26.0
LS	HSCG-1	12	岚山	后水车沟	黄家峪	C	周	x			西周	1159	0.38	VI	3	稀少	1						26.0
LS	JJH-2	12	岚山	贾家湖	界牌岭	B	周			x	东周	1129	0.19	VI	2	少	2						47.0
LS	JJH-2	12	岚山	贾家湖	界牌岭	A	汉					1578	0.38	VI	2	少	110						47.8
LS	JJH-3	12	岚山	贾家湖	界牌岭		周			x	东周	1130	0.19	VI	1	稀少	1						27.0
LS	JJH-4	12	岚山	贾家湖	界牌岭		汉					1579	0.19	VI	1	稀少	4						20.0
LS	JJH-5	12	岚山	贾家湖	界牌岭		龙山				不确定	487	0.19	VI	1	稀少	1						32.0
LS	KLC-1	12	岚山	奎楼村	界牌岭		龙山	x			早期	492	0.19	VI	1	稀少	1						9.0
LS	KLC-2	12	岚山	奎楼村	界牌岭	ABC	汉					1585	4.38	V	2	稀少	17						16.0
LS	KLC-2	12	岚山	奎楼村	界牌岭	BC	周			x	东周	1138	1.00	V	2	稀少	5						11.0
LS	LGZ-1	12	岚山	柳古庄	大官庄	AB	汉					1528	2.25	V	2	稀少	16						25.6
LS	LGZ-1	12	岚山	柳古庄	大官庄	A	周			x	东周	1091	1.35	V	2	稀少	4						25.6
LS	LHY-1	12	岚山	莲花峪	大土山		周			x	东周	1074	0.51	VI	1	稀少	7						36.0
LS	LHY-10	12	岚山	莲花峪	大土山		周			x	东周	1075	0.12	VI	1	稀少	3						30.0
LS	LHY-11	12	岚山	莲花峪	大土山		汉					1508	0.12	VI	1	稀少	3						30.0
LS	LHY-12	12	岚山	莲花峪	大土山		汉					1506	0.12	VI	1	稀少	3						29.0
LS	LHY-2	12	岚山	莲花峪	大土山		汉					1502	0.12	VI	1	稀少	2						33.0
LS	LHY-3	12	岚山	莲花峪	大土山		汉					1494	0.12	VI	1	稀少	2						53.0
LS	LHY-4	12	岚山	莲花峪	大土山	AB	汉					1504	1.03	V	2	稀少	5						29.0
LS	LHY-4	12	岚山	莲花峪	大土山	A	周			x	东周	1080	0.51	VI	2	稀少	8						29.0
LS	LHY-5	12	岚山	莲花峪	大土山		汉					1501	0.19	VI	1	稀少	3						29.0
LS	LHY-6	12	岚山	莲花峪	刘家沟		汉					1521	0.77	VI	1	稀少	7						21.0
LS	LHY-7	12	岚山	莲花峪	大土山		汉					1507	0.12	VI	1	稀少	4						29.0
LS	LHY-8	12	岚山	莲花峪	大土山		汉					1505	0.12	VI	1	稀少	3						25.0
LS	LHY-9	12	岚山	莲花峪	大土山		周			x	东周	1076	0.12	VI	1	稀少	1						30.0
LS	LJC-1	12	岚山	连家村	界牌岭		汉					1570	2.19	V	3	稀少	4						14.2
LS	LJC-1	12	岚山	连家村	界牌岭		周	x			西周	1164	2.19	V	3	稀少	4						14.2
LS	LJC-1	12	岚山	连家村	界牌岭		龙山				不确定	490	2.19	V	3	稀少	3						14.2
LS	LJC-2	12	岚山	连家村	界牌岭	ABC	汉					1569	5.09	V	3	少	14						20.0
LS	LJC-2	12	岚山	连家村	界牌岭	AC	龙山	x			中期	489	3.74	V	3	少	12						20.0
LS	LJC-2	12	岚山	连家村	界牌岭	A	周	x		x	西周/东周	1127	0.77	VI	3	少	7						20.0
LS	LJDC-1	12	岚山	李家大村	大坡		汉					1412	0.19	VI	1	稀少	1						39.0
LS	LJDC-2	12	岚山	李家大村	大坡		汉					1411	1.61	V	1	稀少	11						45.0

海拔范围	水源	河道距离	环境区域	地貌状况	防御性遗址	土壤质地	土壤颜色	土层厚度	作物	现代用途	备注	距中心城市5公里内	距中心城市5~10公里	距中心城市10~15公里	距中心城市15公里以上	距海岸5公里内
20～30	主要河流	25	冲积平原			砂质壤土	黄土-褐土		休耕地/冬小麦/树林	农业用地/树林	河流：竹子河					
20～30	主要河流	600	冲积平原	平地		多砂	黄土-褐土	较深	桑园/休耕地	农业用地	河流：竹子河					
40～50	主要河流	0	冲积平原	平地		砂质壤土	黄土-褐土	较深	树林	树林						
20～30	小河	80	冲积平原	平地		多砂	黄土-褐土	较深	休耕地	农业用地						
50～60	小河	0	冲积平原	平地		粉质壤土	黄土-褐土	较深	休耕地	农业用地	与遗址JJG-4隔河相望					
50～60	支流	120	山麓	梯田		砂质壤土			休耕地/冬小麦	农业用地	竹子河支流					
60～70	支流	90	山麓	微倾斜	可能	砂质壤土	黄土-褐土	较深	休耕地/小麦	农业用地	山麓山脊					
60～70	支流	90	山麓	微倾斜	可能	砂质壤土	黄土-褐土	较深	休耕地/小麦	农业用地	山麓山脊					
60～70	小河	70	山麓	梯田/隆起		砂质壤土	褐土		休耕地/冬小麦	农业用地	靠近小河					
60～70	小河	70	山麓	梯田/隆起		砂质壤土	褐土		冬小麦	农业用地	靠近小河					
70～80	支流	200	山麓	微倾斜	可能	砂质壤土	黄土-褐土	较深	冬小麦	农业用地	竹子河支流；山麓					
20～30	小河	0	山麓	微倾斜		土质较硬/砂质壤土	黄土-褐土	中度			标本采集于穿过遗址的水沟					
20～30	主要河流	0	冲积平原			粉质壤土			休耕地/冬小麦	农业用地	靠近冲沟；遗址两处水源地之间					
40～50	支流	900	山麓	圆形山脊顶部	是	粉质壤土	黄土-褐土	中度	休耕地/树林	农业用地/树林	龙王河支流					
40～50	支流	900	山麓	圆形山脊顶部	是	粉质壤土	黄土-褐土	中度	休耕地/树林	农业用地/树林	龙王河支流					
20～30	小河	100	山麓	平地		砂质壤土	黄土-褐土	中度	冬小麦	农业用地	距离现代水库60米					
20～30	小河	20	山麓			砂质壤土										
30～40	小河	300	山麓	平地		砂质壤土	黄土-褐土	中度	休耕地	农业用地						
2～10	支流	30	冲积平原	较低的隆起		粉质壤土/土质较硬				树林	树林	绣针河支流					
10～20	支流	70	冲积平原/山麓	s少隆起		砂质壤土	黄土-褐土	较深	休耕地	农业用地	绣针河支流					
10～20	支流	70	冲积平原/山麓	s少隆起		砂质壤土	黄土-褐土	较深	休耕地	农业用地	绣针河支流					
20～30	支流	100	冲积平原	平地		粉质壤土	褐土/黄土-褐土	较深	冬小麦/休耕地	农业用地	竹子河支流；CAB靠近渡槽					
20～30	支流	150	冲积平原	平地		粉质壤土	黄土-褐土	较深	冬小麦/休耕地	农业用地	竹子河支流；CAB靠近渡槽					
30～40	小河	500	山麓	平地		粉质壤土	黄土-褐土	较深	休耕地	农业用地						
30～40	小河	10	冲积平原	平地		粉质壤土	黄土-褐土	较深	休耕地	农业用地						
30～40	小河	20	冲积平原			粉质壤土			休耕地	农业用地						
20～30	小河	10	冲积平原			粉质壤土			休耕地/冬小麦	农业用地	遗址范围可能还要大					
30～40	支流	420	山麓	平地		粉质壤土	黄土-褐土	较深	fl低/冬小麦	农业用地						
50～60	小河	350	山麓	隆起		砂质壤土			休耕地	农业用地						
20～30	支流	80	冲积平原/山麓						休耕地/花生	农业用地	竹子河支流；过渡区域					
20～30	支流	80	冲积平原	较低的隆起					花生	农业用地	竹子河支流；过渡区域					
20～30	小河	100	冲积平原	平地		砂质壤土	黄土-褐土	较深	休耕地/冬小麦	农业用地	小河东140米，较佳的聚落选址所在					
20～30	支流	10	冲积平原	平地		砂质壤土	黄土-褐土	较深	休耕地	农业用地	竹子河支流					
20～30	小河	300	冲积平原	平地		粉质壤土	黄土-褐土	较深	休耕地	农业用地						
20～30	小河	20	冲积平原	平地		砂质壤土	黄土-褐土	较深	休耕地	农业用地	遗址在水区和公路之间					
30～40	小河	20	冲积平原	平地		粉质壤土	黄土-褐土	较深	蔬菜	花圃						
10～20	支流	100	冲积平原			粉质壤土			休耕地	农业用地	河流：龙王河					
10～20	支流	100	冲积平原			粉质壤土			休耕地	农业用地	河流：龙王河					
10～20	支流	100	冲积平原			粉质壤土			休耕地	农业用地	河流：龙王河					
20～30	支流	90	冲积平原	微倾斜		粉质壤土			休耕地/桑园/玉米	农业用地	靠近公路					
20～30	支流	90	冲积平原	微倾斜		粉质壤土			休耕地/桑园/玉米	农业用地	靠近公路					
20～30	支流	90	冲积平原	微倾斜		粉质壤土			休耕地/桑园	农业用地	靠近公路					
30～40	小河	20	冲积平原			粉质壤土			休耕地	农业用地						
40～50	小河	0	山麓	梯田斜坡		淤土/砂质壤土	褐土			现代渡槽	遗址距离竹子河340米					

遗址前缀	遗址名称	年份	行政区划	村镇	地图	采集区	年代	早(西)	中	晚(东)	分期	期段编号	面积(万米²)	等级	所含期段数	陶片密度	陶片数量	器型	残片	石器	文化层特点	详细文化层信息	中心海拔
LS	LJG-1	12	岚山	刘家沟	刘家沟		汉					1519	0.12	VI	1	稀少	2						46.0
LS	LJG-2	12	岚山	刘家沟	刘家沟		周			x	东周	1088	0.12	VI	1	稀少	1						43.0
LS	LJG-3	12	岚山	刘家沟	刘家沟		周			x	东周	1093	0.12	VI	1	稀少	1						40.0
LS	LJG-4	12	岚山	刘家沟	刘家沟	ABCDEFG	龙山	x	x	x	早/中/晚	476	8.25	IV	3	中等	373				文化层	CAA&CAB：河流及耕作破坏；CAA黑土堆积15厘米，长15米；CAB略小	44.0
LS	LJG-4	12	岚山	刘家沟	刘家沟	CDEF	周	x		x	西周/东周	1084	3.09	V	3	很少	26						44.0
LS	LJG-4	12	岚山	刘家沟	刘家沟	D	汉					1518	0.83	VI	3	稀少	3						44.0
LS	LJG-5	12	岚山	刘家沟	刘家沟		汉					1520	0.19	VI	1	稀少	3						37.0
LS	LJGZ-1	12	岚山	刘家官庄	大土山		汉					1454	4.77	V	2	很少	16				墓葬	汉墓	61.0
LS	LJGZ-1	12	岚山	刘家官庄	大土山		周			x	东周	1049	4.77	IV	2	稀少	4						61.0
LS	LJGZ-2	12	岚山	刘家官庄	大土山		汉					1451	0.12	VI	1	稀少	1						56.0
LS	LJGZ-3	12	岚山	刘家官庄	大土山		周	x			西周	1145	0.58	VI	1	稀少	4						61.0
LS	LWH-4	12	岚山	龙王河	界牌岭	AB	汉					1573	0.90	VI	1	稀少	8						9.5
LS	MJC-1	12	岚山	马家村	界牌岭		汉					1572	0.25	VI	2	稀少	1						12.0
LS	SLS-3	12	岚山	梭罗树	黄家峪		周			x	东周	1111	0.38	VI	2	稀少	4						32.0
LS	MJC-2	12	岚山	马家村	界牌岭		汉					1571	0.25	VI	1	稀少	2						13.5
LS	MJSZ-1	12	岚山	马家山子	刘家沟		周	x		x	西周/东周	1101	0.25	VI	1	很少	13						70.0
LS	MJSZ-2	12	岚山	马家山子	刘家沟		汉					1537	0.12	VI	1	稀少	2						73.0
LS	DL-2	12	岚山	大岭	薄家口		周	x		x	西周/东周	1040	0.40	VI	1	稀少	5						103.0
LS	XHZ-4	12	岚山	西合庄	大坡		周	x			西周	1143	0.45	VI	3	稀少	6						48.0
LS	QAX-1	12	岚山	前崖下	大坡	ABC	汉					1413	10.38	III	3	稀少	31						40.0
LS	QAX-1	12	岚山	前崖下	大坡	B	龙山				不确定	464	1.09	V	3	稀少	1						38.0
LS	QAX-1	12	岚山	前崖下	大坡	C	周			x	东周	1032	2.83	V	3	稀少	2						40.0
LS	QAX-2	12	岚山	前崖下	大坡		汉					1410	0.19	VI	1	稀少	2						46.0
LS	QAX-3	12	岚山	前崖下	大坡		汉					1414	0.19	VI	2	稀少	4						33.0
LS	DaH-6	12	岚山	大荒	大土山		周			x	东周	1072	0.50	VI	2	稀少	1						43.0
LS	QSCG-1	12	岚山	前水车沟	黄家峪	AD	大汶口				晚期	28	2.19		4	很少	28						19.0
LS	QSCG-1	12	岚山	前水车沟	黄家峪	ABCDEFI	龙山	x	x	x	早/中/晚	481	5.74	IV	4	很少	240			2	文化层	CAC(长约30米)&CAE；(CAF=文化堆积)	19.0
LS	QSCG-1	12	岚山	前水车沟	黄家峪	AFGH	周	x		x	西周/东周	1123	5.74	IV	4	很少	21						19.0
LS	QSCG-1	12	岚山	前水车沟	黄家峪	DFGI	汉					1562	3.54	V	4	很少	12						19.0
LS	QSCG-10	12	岚山	前水车沟	黄家峪		汉					1564	0.12	VI	1	稀少	1						28.0
LS	QSCG-11	12	岚山	前水车沟	黄家峪		汉					1558	0.58	VI	3	稀少	2						22.0
LS	QSCG-11	12	岚山	前水车沟	黄家峪		周			x	东周	1121	1.16	V	3	稀少	5						22.0
LS	QSCG-11	12	岚山	前水车沟	黄家峪		龙山				不确定	482	0.58	VI	3	稀少	10						22.0
LS	QSCG-2	12	岚山	前水车沟	黄家峪		汉					1560	0.12	VI	1	稀少	1						15.5
LS	QSCG-3	12	岚山	前水车沟	黄家峪		汉					1561	0.19	VI	1	稀少	2						15.5
LS	QSCG-4	12	岚山	前水车沟	黄家峪	ABC	汉					1568	4.06	V	3	稀少	6						15.5
LS	QSCG-4	12	岚山	前水车沟	黄家峪	AB	龙山	x			早期	485	1.74	V	3	稀少	2						15.5
LS	QSCG-4	12	岚山	前水车沟	黄家峪	A	周			x	东周	1124	0.77	VI	3	稀少	8						15.5
LS	QSCG-5	12	岚山	前水车沟	黄家峪	AB	龙山	x	x		早/中	483	1.41	V	3	稀少	10						19.0

海拔范围	水源	河道距离	环境区域	地貌状况	防御性遗址	土壤质地	土壤颜色	土层厚度	作物	现代用途	备注	距中心城市5公里内	距中心城市5~10公里	距中心城市10~15公里	距中心城市15公里以上	距海岸5公里内
40~50	支流	80	山麓	平地		砂质壤土	浅褐土	较深	休耕地	农业用地	竹子河支流					
40~50	小河	600	山麓	较低的隆起					休耕地	农业用地						
40~50	支流	90	冲积平原	平地		粉质壤土	黄土-褐土	较深	休耕地/小麦	农业用地/村庄	梯田					
40~50	小河	90	冲积平原	平地		粉质壤土	黄土-褐土	较深	休耕地/小麦	农业用地/村庄	遗址叠压在村庄下					
40~50	小河	90	冲积平原	平地		粉质壤土	黄土-褐土	较深	休耕地/小麦	农业用地/村庄	遗址叠压在村庄下					
40~50	小河	90	冲积平原	平地		粉质壤土	黄土-褐土	较深	休耕地/小麦	农业用地/村庄	遗址叠压在村庄下					
30~40	小河	10	冲积平原	平地		粉质壤土	黄土-褐土	较深	蔬菜	花圃						
60~70	小河	130	山麓	山脊		砂质壤土	黄土-褐土	较深	休耕地/小麦	农业用地	汉墓与DTS-5有关；耕作削低了原有地貌环境					
60~70	小河	130	山麓	山脊		砂质壤土	黄土-褐土	较深	休耕地/小麦	农业用地						
50~60	小河	170	山麓	平地		砂质壤土	黄土-褐土	较深	休耕地	农业用地/村庄						
60~70	小河	30	山麓			砂质壤土	黄土-褐土		杨树林	树林	靠近水库					
2~10	主要河流	150	冲积平原			粉质壤土			休耕地/冬小麦	农业用地	河流：龙王河					
10~20	主要河流	100	冲积平原			粉质壤土			休耕地/冬小麦	农业用地	河流：龙王河					
30~40	主要河流	120	冲积平原	平地		粉质壤土	黄土-褐土	较深	冬小麦/休耕地	农业用地/村庄	河流：龙王河；遗址在村拐角处					
10~20	主要河流	75	冲积平原	微倾斜		粉质壤土			休耕地	农业用地	河流：龙王河					
70~80	小河	5	山麓	微倾斜		砂质壤土	黄土-褐土	中度	休耕地/茶园	农业用地						
70~80	小河	20	山麓			砂质壤土			休耕地	农业用地	靠近水库					
100~110	小河	700	山麓	平地		粉质壤土	黄土-褐土	较深	休耕地/茶园	农业用地	遗址位于分水岭处					
40~50	主要河流	120	山麓	斜坡		砂质壤土	黄土		休耕地/冬小麦	农业用地	河流：竹子河					
40~50	小河	0	冲积平原	微倾斜		粉质壤土	黄土-褐土	较深	休耕地/冬小麦	农业用地	两小河穿过遗址，距竹子河40米					
30~40	小河	0	冲积平原	微倾斜		粉质壤土	黄土-褐土	较深	休耕地/冬小麦	农业用地	两小河穿过遗址，距竹子河40米					
40~50	小河	0	冲积平原	微倾斜		粉质壤土	黄土-褐土	较深	休耕地/冬小麦	农业用地	两小河穿过遗址，距竹子河40米					
40~50	小河	80	冲积平原	微倾斜		砂质壤土	黄土-褐土	较深	休耕地/冬小麦	农业用地						
30~40	主要河流	90	冲积平原			砂质壤土			休耕地	农业用地	河流：竹子河					
40~50	小河	30	山麓	微倾斜		砂质壤土	黄土-褐土	中度	休耕地	农业用地	梯田小河上面					
10~20	主要河流	200	冲积平原	平地		粉质壤土	灰土-褐土	较深	休耕地/小麦/蔬菜	农业用地/花圃/现代水渠/现代村镇	河流：龙王河，遗址部分被现代水渠破坏					
10~20	主要河流	170	冲积平原	平地		粉质壤土	灰土-褐土/黄土-褐土	较深	休耕地/小麦/蔬菜	农业用地/花圃/现代水渠/现代村镇/塑料大棚	河流：龙王河，遗址部分被现代水渠破坏					
10~20	主要河流	150	冲积平原	平地/微倾斜		粉质壤土	灰土-褐土	较深	休耕地/小麦/蔬菜	农业用地/花圃/现代水渠/现代村镇	河流：龙王河，遗址部分被现代水渠破坏					
10~20	主要河流	150	冲积平原	平地/微倾斜		粉质壤土	灰土-褐土/黄土-褐土	较深	休耕地/小麦/蔬菜	农业用地/花圃/现代水渠/现代村镇/塑料大棚	河流：龙王河，遗址部分被现代水渠破坏					
20~30	支流	120	山麓			砂质壤土			休耕地	农业用地						
20~30	支流	300	冲积平原	平地		粉质壤土	黄土-褐土	较深	冬小麦	农业用地	河流：龙王河					
20~30	支流	300	冲积平原	平地		粉质壤土	黄土-褐土	较深	冬小麦	农业用地	河流：龙王河					
20~30	支流	300	冲积平原	平地		粉质壤土	黄土-褐土	较深	冬小麦	农业用地	河流：龙王河					
10~20	主要河流	20	冲积平原			粉质壤土			休耕地	农业用地	河流：龙王河；					
10~20	主要河流	20	冲积平原			粉质壤土					河流：龙王河					
10~20	支流	320	冲积平原			粉质壤土			休耕地/冬小麦/茶园/蔬菜	农业用地/花圃	距离老水渠100米					
10~20	支流	320	冲积平原			粉质壤土			休耕地/冬小麦/茶园	农业用地	距离老水渠100米					
10~20	支流	320	冲积平原			粉质壤土			冬小麦	农业用地	距离老水渠100米					
10~20	支流	5	冲积平原	平地		粉质壤土			休耕地/冬小麦	农业用地						

遗址前缀	遗址名称	年份	行政区划	村镇	地图	采集区	年代	早(西)	中	晚(东)	分期	期段编号	面积(万米²)	等级	所含期段数	陶片密度	陶片数量	器型	残片	石器	文化层特点	详细文化层信息	中心海拔
LS	QSCG-5	12	岚山	前水车沟	黄家峪	B	周	x			西周	1162	0.32	VI	3	稀少	3						19.0
LS	QSCG-5	12	岚山	前水车沟	黄家峪	A	汉					1563	0.58	VI	3	稀少	3						19.0
LS	QSCG-6	12	岚山	前水车沟	黄家峪	AB	龙山	x			早期	484	2.12	V	2	稀少	7						25.0
LS	QSCG-6	12	岚山	前水车沟	黄家峪	A	周			x	东周	1125	0.77	VI	2	稀少	4						22.0
LS	QSCG-7	12	岚山	前水车沟	黄家峪		周			x	东周	1126	0.19	VI	1	稀少	1						29.0
LS	QSCG-8	12	岚山	前水车沟	界牌岭		汉					1567	0.96	VI	3	稀少	2						25.0
LS	QSCG-8	12	岚山	前水车沟	界牌岭		周	x			西周	1163	0.45	VI	3	稀少	1						25.0
LS	QSCG-8	12	岚山	前水车沟	界牌岭		龙山				不确定	488	0.96	V	3	稀少	6						25.0
LS	CG-1	12	岚山	车沟	大土山		周	x			西周	1148	0.51	VI	2	稀少	1						25.0
LS	QSP-2	12	岚山	前稍坡	界牌岭		汉					1581	0.19	VI	2	稀少	5						9.5
LS	QSP-2	12	岚山	前稍坡	界牌岭		周			x	东周	1137	0.58	VI	2	稀少	3						9.5
LS	QSP-3	12	岚山	前稍坡	界牌岭		汉					1583	0.25	VI	1	稀少	1						10.0
LS	QSP-4	12	岚山	前稍坡	界牌岭		周			x	东周	1136	0.19	VI	2	稀少	6						11.0
LS	QSP-4	12	岚山	前稍坡	界牌岭		龙山				不确定	491	0.32	VI	2	稀少	2						11.0
LS	QSW-1	12	岚山	前山旺	薄家口		汉					1420	0.45	VI	1	稀少	2						90.0
LS	QSW-2	12	岚山	前山旺	大坡		汉					1421	0.19	VI	1	稀少	3						64.0
LS	QT-1	12	岚山	前屯	大土山		汉					1497	0.19	VI	1	稀少	1						48.0
LS	QT-2	12	岚山	前屯	大土山		周			x	东周	1071	0.12	VI	1	稀少	1						67.0
LS	SC-1	12	岚山	三村	大土山		汉					1474	0.19	VI	2	稀少	1						24.0
LS	SC-1	12	岚山	三村	大土山		周			x	东周	1057	0.19	VI	2	稀少	3						24.0
LS	SC-10	12	岚山	三村	大土山		汉					1489	0.12	VI	1	稀少	1						34.0
LS	SC-11	12	岚山	三村	大土山	AB	汉					1472	0.90	VI	1	稀少	6						23.0
LS	SC-12	12	岚山	三村	大土山		周	x			西周	1150	0.12	VI	1	稀少	1						27.0
LS	SC-13	12	岚山	三村	大土山		汉					1488	0.19	VI	1	稀少	2						37.0
LS	SC-14	12	岚山	三村	大土山		汉					1490	0.32	VI	1	稀少	4						40.0
LS	SC-2	12	岚山	三村	大土山		周			x	东周	1059	0.12	VI	1	稀少	2						44.0
LS	SC-3	12	岚山	三村	大土山	ACD	龙山	x			中期	473	2.19	V	3	稀少	8						22.0
LS	SC-3	12	岚山	三村	大土山	CD	汉					1471	1.41	V	3	稀少	5						22.0
LS	SC-3	12	岚山	三村	大土山	AB	周			x	东周	1056	0.77	VI	3	稀少	6						22.0
LS	SC-4	12	岚山	三村	大土山		周			x	东周	1058	0.25	VI	1	稀少	7						42.0
LS	SC-5	12	岚山	三村	大土山		汉					1589	0.12	VI	1	稀少	1						39.0
LS	SC-6	12	岚山	三村	大土山		汉					1491	0.25	VI	1	稀少	4						50.0
LS	SC-7	12	岚山	三村	大土山		周			x	东周	1060	0.12	VI	1	稀少	2						39.0
LS	SC-8	12	岚山	三村	大土山		汉					1475	0.12	VI	1	稀少	1						34.0
LS	SC-9	12	岚山	三村	大土山		周			x	东周	1061	0.12	VI	1	稀少	1						46.0
LS	SLS-1	12	岚山	梭罗树	黄家峪		汉					1547	4.83	V	3	稀少	32						38.5
LS	SLS-1	12	岚山	梭罗树	黄家峪		周			x	东周	1112	1.61	V	3	稀少	3						38.5
LS	SLS-1	12	岚山	梭罗树	黄家峪		龙山				不确定	478	0.32	VI	3	稀少	1						38.5
LS	SLS-2	12	岚山	梭罗树	黄家峪		汉					1546	0.25	VI	2	稀少	4						39.0
LS	DaH-1	12	岚山	大荒	大土山		周	x		x	西周/东周	1069	0.51	VI	1	稀少	4						39.0
LS	SLS-3	12	岚山	梭罗树	黄家峪		汉					1545	0.38	VI	2	稀少	2						32.0
LS	DaH-2	12	岚山	大荒	大土山		周			x	东周	1073	0.51	VI	2	稀少	2						34.0

海拔范围	水源	河道距离	环境区域	地貌状况	防御性遗址	土壤质地	土壤颜色	土层厚度	作物	现代用途	备注	距中心城市5公里内	距中心城市5~10公里	距中心城市10~15公里	距中心城市15公里以上	距海岸5公里内
10~20	支流	5	冲积平原	平地		粉质壤土			休耕地/冬小麦	农业用地						
10~20	支流	5	冲积平原	平地		粉质壤土			休耕地/冬小麦	农业用地						
20~30	支流	70	山麓	隆起		砂质壤土			休耕地	农业用地	靠近采石场，采石场可能破坏了部分遗址					
20~30	支流	70	山麓	隆起		砂质壤土			休耕地	农业用地	靠近采石场，采石场可能破坏了部分遗址					
20~30	支流	320	山麓	平地		砂质壤土	黄土-褐土	中度	休耕地	农业用地	靠近新民房					
20~30	小河	0	山麓	平地		砂质壤土	黄土-褐土	中度	休耕地	农业用地	靠近现代水库					
20~30	小河	0	山麓	平地		砂质壤土	黄土-褐土	中度	休耕地	农业用地	靠近现代水库					
20~30	小河	0	山麓	平地		砂质壤土	黄土-褐土	中度	休耕地	农业用地	靠近现代水库					
20~30	小河	380	冲积平原	平地		砂质壤土	黄土-褐土	较深	冬小麦/休耕地/常绿植物	农业用地/树林/幼儿园						
2~10	支流	300	冲积平原	平地		粉质壤土	黄土-褐土	较深	休耕地/小麦	农业用地	龙王河支流					
2~10	支流	300	冲积平原	平地		粉质壤土	黄土-褐土	较深	休耕地/小麦	农业用地	龙王河支流					
10~20	支流	750	冲积平原	平地		粉质壤土	黄土-褐土	较深	冬小麦	农业用地	龙王河支流					
10~20	支流	150	冲积平原			粉质壤土			蔬菜	花圃	河流：龙王河					
10~20	支流	150	冲积平原			粉质壤土			蔬菜	花圃	河流：龙王河					
90~100	小河	550	山麓	梯田斜坡		砂质壤土			休耕地/冬小麦	农业用地						
60~70	小河	80	山麓			砂质壤土			休耕地/蔬菜	农业用地/花圃/村庄						
40~50	小河	25	山麓	微倾斜		砂质壤土	黄土-土	中度	休耕地	农业用地						
60~70	小河	180	山麓	中坡	可能	土质较硬/多砂	黄土-褐土	稀薄	休耕地	农业用地						
20~30	支流	350	冲积平原			粉质壤土			茶园	农业用地/公路	竹子河支流					
20~30	支流	350	冲积平原			粉质壤土			茶园	农业用地/公路	竹子河支流					
30~40	小河	50	山麓	微倾斜		砂质壤土	黄土-褐土	较深	杨树林	树林	视野受局限					
20~30	小河	0	冲积平原			砂质壤土			休耕地/玉米/冬小麦	农业用地						
20~30	小河	100	冲积平原			粉质壤土			休耕地/冬小麦	农业用地						
30~40	小河	30	山麓			砂质壤土			休耕地/冬小麦	农业用地						
40~50	小河	0	山麓			砂质壤土			休耕地	农业用地/公路	公路可能一定程度上破坏了遗址					
40~50	小河	500	山麓			粉质壤土			冬小麦	农业用地						
20~30	小河	100	冲积平原	平地		砂质壤土	浅褐土/黄土-褐土	较深	休耕地/杨树林	农业用地/树林/公路						
20~30	小河	100	冲积平原	平地		砂质壤土	黄土-褐土	较深	休耕地/杨树林	农业用地/树林						
20~30	支流	210	冲积平原	平地		砂质壤土	浅褐土	较深	杨树林	树林/公路	CAA公路以西，CAB公路以东					
40~50	小河	300	山麓	微倾斜		粉质壤土	黄土-褐土	较深	休耕地	农业用地	山脊中部					
30~40	小河	150	山麓	微倾斜		粉质壤土	黄土-褐土	较深	休耕地	农业用地	农业用地梯田					
50~60	小河	300	山麓	微倾斜		砂质壤土	黄土-褐土	稀薄	休耕地	农业用地	山脊					
30~40	小河	50	冲积平原			粉质壤土			冬小麦	农业用地/公路						
30~40	小河	150	冲积平原			粉质壤土			杨树林	树林/公路	视野受局限，因为树林					
40~50	小河	140	山麓			粉质壤土			休耕地	农业用地						
30~40	主要河流	20	冲积平原	平地		粉质壤土	黄土-褐土	很深	冬小麦/休耕地	农业用地/纸浆厂	河流：龙王河					
30~40	主要河流	20	冲积平原	平地		粉质壤土	黄土-褐土	很深	冬小麦/休耕地	农业用地/纸浆厂	河流：龙王河					
30~40	主要河流	20	冲积平原	平地		粉质壤土	黄土-褐土	很深	冬小麦/休耕地	农业用地/纸浆厂	河流：龙王河					
30~40	主要河流	40	冲积平原	平地		粉质壤土	黄土-褐土	较深	休耕地/玉米	农业用地	梯田河流：龙王河					
30~40	小河	200	山麓			粉质壤土			休耕地	农业用地						
30~40	主要河流	120	冲积平原	平地		粉质壤土	黄土-褐土	较深	冬小麦/休耕地	农业用地/村庄	河流：龙王河；遗址在村庄拐角处的河流上面					
30~40	小河	50	冲积平原			粉质壤土			大白菜/蔬菜/杨树林	花圃/树林						

遗址前缀	遗址名称	年份	行政区划	村镇	地图	采集区	年代	早(西)	中	晚(东)	分期	期段编号	面积(万米²)	等级	所含期段数	陶片密度	陶片数量	器型	残片	石器	文化层特点	详细文化层信息	中心海拔
LS	SLS-4	12	岚山	梭罗树	黄家峪		周	x		x	西周/东周	1110	1.48	V	1	稀少	16						43.0
LS	SM-1	12	岚山	石门	大官庄		周	x			西周	1157	0.12	VI	1	稀少	2						38.0
LS	SM-2	12	岚山	石门	大官庄		汉					1534	0.32	VI	1	少	4						42.0
LS	SM-3	12	岚山	石门	刘家沟		汉					1535	0.70	VI	2	稀少	4						85.0
LS	SM-3	12	岚山	石门	刘家沟		周	x		x	西周/东周	1104	0.70	VI	2	稀少	10						85.0
LS	SM-4	12	岚山	石门	大官庄		汉					1532	0.51	VI	1	稀少	2						37.0
LS	SM-5	12	岚山	石门	大官庄		周			x	东周	1099	0.19	VI	1	稀少	1						43.0
LS	SM-6	12	岚山	石门	大官庄		汉					1533	0.12	VI	1	稀少	1						51.0
LS	SQC-1	12	岚山	石桥村	大土山		汉					1496	0.12	VI	2	稀少	1						32.0
LS	SQC-1	12	岚山	石桥村	大土山		周	x			西周	1155	0.19	VI	2	稀少	1						32.0
LS	SQC-2	12	岚山	石桥村	大土山		汉					1492	0.12	VI	1	稀少	2						33.0
LS	SQC-3	12	岚山	石桥村	大土山		汉					1493	0.25	VI	1	稀少	2						41.0
LS	SQC-4	12	岚山	石桥村	大土山		汉					1495	0.19	VI	1	稀少	9						42.0
LS	SY-1	12	岚山	山峪	刘家沟		汉					1531	0.64	VI	2	稀少	2						50.6
LS	SY-1	12	岚山	山峪	刘家沟		周	x		x	西周/东周	1098	0.64	VI	2	高	117				文化层	地面陶片密集	50.6
LS	SY-2	12	岚山	山峪	刘家沟		汉					1530	0.58	VI	2	中等	3						48.0
LS	SY-2	12	岚山	山峪	刘家沟		周	x		x	西周/东周	1096	0.58	VI	2	中等	45				文化层?	地面陶片密集	48.0
LS	SY-3	12	岚山	山峪	刘家沟		汉					1524	0.12	VI	2	稀少	1						42.0
LS	SY-3	12	岚山	山峪	刘家沟		周			x	东周	1094	0.12	VI	2	稀少	2						42.0
LS	SZZ-1	12	岚山	石嘴子	大坡		汉					1409	1.22	V	2	稀少	4						50.0
LS	SZZ-1	12	岚山	石嘴子	大坡		周	x		x	西周/东周	1031	1.09	V	2	稀少	12						50.0
LS	TD-1	12	岚山	团顶	黄家峪		周	x		x	西周/东周	1114	0.30	VI	1	稀少	9						73.0
LS	TSDZ-1	12	岚山	土山东庄	大土山	ABC	汉					1457	14.63	III	1	稀少	36						33.0
LS	TSDZ-2	12	岚山	土山东庄	大坡		汉					1443	0.32	VI	1	稀少	3						43.0
LS	TSDZ-3	12	岚山	土山东庄	大土山		周			x	东周	1044	0.19	VI	1	稀少	2						36.0
LS	TSDZ-4	12	岚山	土山东庄	大土山		汉					1456	0.19	VI	1	稀少	1						35.0
LS	TSDZ-5	12	岚山	土山东庄	大土山		汉					1458	1.87	V	2	稀少	4						31.0
LS	TSDZ-5	12	岚山	土山东庄	大土山		周			x	东周	1045	1.87	V	2	稀少	1						31.0
LS	TSDZ-6	12	岚山	土山东庄	大坡		周			x	东周	1043	0.19	VI	1	稀少	1						33.0
LS	WJDZ-1	12	岚山	闻家顶子	刘家沟		周			x	东周	1095	0.12	VI	1	稀少	3						52.0
LS	WJDZ-2	12	岚山	闻家顶子	刘家沟		周			x	东周	1097	0.90	VI	1	稀少	7						60.0
LS	WJDZ-3	12	岚山	闻家顶子	刘家沟		周	x			西周	1156	0.12	VI	1	稀少	5						115.0
LS	XBL-1	12	岚山	西卜落	刘家沟		汉					1526	0.12	VI	1	稀少	1						32.0
LS	XG-1	12	岚山	小沟	大官庄		周	x		x	西周/东周	1105	0.90	VI	1	稀少	5						52.0
LS	XH-1	12	岚山	新华	大坡		汉					1465	0.51	VI	1	稀少	2						22.0
LS	XH-2	12	岚山	新华	大坡		汉					1435	0.51	VI	2	稀少	6						28.0
LS	XH-2	12	岚山	新华	大坡		周			x	东周	1037	0.51	VI	2	稀少	2						28.0
LS	XH-3	12	岚山	新华	大坡		汉					1434	0.12	VI	2	稀少	3						29.0
LS	DPD-1	12	岚山	大棚顶	大官庄		周			x	东周	1109	0.58	VI	1	稀少	2						51.0
LS	XHZ-1	12	岚山	西合庄	大土山	AB	汉					1446	2.32	V	3	稀少	10						65.0

海拔范围	水源	河道距离	环境区域	地貌状况	防御性遗址	土壤质地	土壤颜色	土层厚度	作物	现代用途	备注	距中心城市5公里内	距中心城市5~10公里	距中心城市10~15公里	距中心城市15公里以上	距海岸5公里内
40~50	主要河流	20	冲积平原	冲积阶地		粉质壤土			休耕地	农业用地/现代砖厂	河流：龙王河；靠近砖厂					
30~40	小河	0	冲积平原			淤土/多砂			树林	树林						
40~50	小河		冲积平原	微倾斜		粉质壤土			休耕地/冬小麦	农业用地						
80~90	小河	130	山麓	梯田山脊		砂质壤土	黄土-褐土	中度	冬小麦/茶园/休耕地	农业用地	梯田中坡					
80~90	小河	130	山麓	梯田山脊		砂质壤土	黄土-褐土	中度	冬小麦/茶园/休耕地	农业用地	梯田中坡					
30~40	小河	0	山麓			粉质壤土			休耕地/树林	农业用地/树林						
40~50	小河	50	山麓	平地		粉质壤土	黄土-褐土	中度	休耕地	农业用地						
50~60	小河	20	山麓	微倾斜		粉质壤土	黄土-褐土	中度	休耕地	农业用地	遗址在山坡处的水渠之上					
30~40	小河	50	山麓			粉质壤土			休耕地	农业用地						
30~40	小河	50	山麓			粉质壤土			休耕地	农业用地						
30~40	小河	600	冲积平原			粉质壤土			休耕地/冬小麦	农业用地/公路						
40~50	小河	350	山麓	山脊	可能	粉质壤土	黄土-褐土	较深	休耕地	农业用地						
40~50	小河	500	山麓	微倾斜		粉质壤土	黄土-褐土	较深	休耕地/冬小麦	农业用地						
50~60	小河	100	山麓	隆起		粉质壤土			休耕地/冬小麦	农业用地	山麓之上的小块平地					
50~60	小河	100	山麓	隆起		粉质壤土			休耕地/冬小麦	农业用地	山麓之上的小块平地					
40~50	小河	80	山麓			粉质壤土	褐土	较深		农业用地	耕田；山麓之上小块平地					
40~50	小河	80	山麓			粉质壤土	褐土	较深		农业用地	耕田；山麓之上小块平地					
40~50	支流	170	山麓	山脊上部平地		砂质壤土	黄土-褐土	较深	休耕地	农业用地	竹子河支流					
40~50	支流	170	山麓	山脊上部平地		砂质壤土	黄土-褐土	较深	休耕地	农业用地	竹子河支流					
50~60	小河		山麓	斜坡		砂质壤土	黄土-褐土		休耕地/茶园	农业用地/公路						
50~60	小河		山麓	斜坡		砂质壤土	黄土-褐土		休耕地/茶园	农业用地/公路						
70~80	支流	200	山麓	梯田/隆起	是	砂质壤土/土质较硬			休耕地	农业用地	河流：龙王河；山区，靠近冲沟					
30~40	主要河流	30	冲积平原	平地		粉质壤土	黄土-褐土	较深	休耕地/桑园/茶园/小麦	农业用地/塑料大棚	河流：竹子河					
40~50	小河	430	山麓	微倾斜		砂质壤土			休耕地	农业用地						
30~40	小河	300	冲积平原/山麓	斜坡		砂质壤土	黄土-褐土		休耕地/玉米/果园树林	农业用地/果园/公路/现代村镇						
30~40	主要河流	90	冲积平原	平地		粉质壤土	褐土		蔬菜	花圃	河流：竹子河；区域被过度开发					
30~40	主要河流	180	冲积平原			粉质壤土	褐土		休耕地/冬小麦	农业用地	河流：竹子河					
30~40	主要河流	180	冲积平原			粉质壤土	褐土		休耕地/冬小麦	农业用地	河流：竹子河					
30~40	小河	70	冲积平原	平地		粉质壤土	黄土-褐土	较深	休耕地/冬小麦	农业用地						
50~60	小河	100	山麓	斜坡		粉质壤土	褐土		休耕地	农业用地						
60~70	小河	100	山麓	中坡		砂质壤土	黄土-褐土	中度	茶园	农业用地	梯田					
110~120	小河	300	山麓	山脊	可能	砂质壤土/土质较硬	褐土		休耕地/茶园/树林	农业用地/树林						
30~40	支流	370	冲积平原	平地		粉质壤土	黄土-褐土	较深	冬小麦	农业用地	竹子河支流					
50~60	小河	50	山麓	微倾斜		粉质壤土	黄土-褐土	较深	冬小麦/休耕地	农业用地	农业用地梯田					
20~30	主要河流	200	冲积平原	平地		砂质壤土	褐土	较深	休耕地	农业用地						
20~30	主要河流	220	冲积平原			粉质壤土	褐土		休耕地/松树林	农业用地/树林幼儿园	河流：竹子河					
20~30	主要河流	220	冲积平原			粉质壤土	褐土		休耕地/松树林	农业用地/树林幼儿园	河流：竹子河					
20~30	主要河流	100	山麓	梯田		砂质壤土			休耕地	农业用地/建筑物	河流：竹子河；当地农民曾用地里出土的陶器盛水					
50~60	主要河流	100	山麓	平地		粉质壤土	黄土-褐土	较深	冬小麦	农业用地	河流：龙王河；农业用地梯田					
60~70	小河	20	山麓			砂质壤土	黄土		休耕地/冬小麦/蔬菜	农业用地/花圃						

遗址前缀	遗址名称	年份	行政区划	村镇	地图	采集区	年代	早(西)	中	晚(东)	分期	期段编号	面积(万米²)	等级	所含期段数	陶片密度	陶片数量	器型	残片	石器	文化层特点	详细文化层信息	中心海拔
LS	XHZ-1	12	岚山	西合庄	大土山	A	周			x	东周	1042	0.32	VI	3	稀少	12						55.0
LS	XHZ-1	12	岚山	西合庄	大土山	B	周	x			西周	1144	1.74	V	3	稀少	6						65.0
LS	XHZ-2	12	岚山	西合庄	大土山		汉					1447	0.12	VI	2	稀少	1						46.0
LS	XHZ-2	12	岚山	西合庄	大土山		龙山		x		中期	469	0.19	VI	2	稀少	1						46.0
LS	XHZ-3	12	岚山	西合庄	朱芦		汉					1448	0.19	VI	1	稀少	1						86.0
LS	XHZ-4	12	岚山	西合庄	大坡		汉					1449	0.45	VI	3	稀少	4						48.0
LS	DTS-2	12	岚山	大土山	大土山	B	周	x		x	西周/东周	1067	0.58	VI	2	稀少	4						71.0
LS	XHZ-4	12	岚山	西合庄	大坡		龙山	x	x		早/中	468	0.45	VI	3	很少	20						48.0
LS	XHZ-5	12	岚山	西合庄	大坡	ABC	汉					1440	14.83	III	1	稀少	56						63.0
LS	XHZ-6	12	岚山	西合庄	大坡		汉					1445	0.12	VI	2	稀少	1						48.0
LS	XHZ-6	12	岚山	西合庄	大坡		周			x	东周	1041	0.19	VI	2	稀少	2						48.0
LS	XHZ-7	12	岚山	西合庄	大坡		汉					1439	1.61	V	1	稀少	3						80.0
LS	XiS-1	12	岚山	西山	黄家峪		龙山	x			早期	480	0.25	VI	1	稀少	1						45.0
LS	XL-1	12	岚山	辛留	大坡	A	汉					1417	2.45	V	1	稀少	8						58.0
LS	XL-1-7	12	岚山	辛留	大坡	1(A-C), 7(A-BB)	周	x		x	西周/东周	1033	138.70	I	1	少	721				文化层	7-CAC：低于地表10厘米；CAG黑土；CAY灰坑	36.0
LS	XL-7	12	岚山	辛留	大坡	FHJ	汉					1418	2.38	V	2	少	4						36.0
LS	XL-7	12	岚山	辛留	大坡	MOPQ	汉					1419	9.61	IV	2	少	7						36.0
LS	XL-7	12	岚山	辛留	大坡	VX	汉					1422	1.61	V	2	少	2						36.0
LS	XL-7	12	岚山	辛留	大坡	AA	汉					1425	1.41	V	2	少	7						33.0
LS	XL-7	12	岚山	辛留	大坡	BB	汉					1426	1.48	V	2	少	6						33.0
LS	XL-7	12	岚山	辛留	大坡	F	龙山		x		中期	467	0.45	VI	2	少	1						36.0
LS	XL-7	12	岚山	辛留	大坡	Y	龙山	x			早期	466	0.51	VI	2	少	1						34.0
LS	XTS-2	12	岚山	西土山	大土山		周			x	东周	1051	0.64	VI	1	少	2						38.0
LS	XP-2	12	岚山	小坡	大坡		汉					1436	0.12	VI	1	稀少	3						44.0
LS	XP-3	12	岚山	小坡	大坡		汉					1437	0.12	VI	1	稀少	1						28.0
LS	XP-4	12	岚山	小坡	大坡		汉					1432	2.06	V	1	稀少	10						30.0
LS	CJJZ-1	12	岚山	陈家顶子	黄家峪	A	周			x	东周	1140	0.90	VI	2	少	5						39.0
LS	XTS-3	12	岚山	西土山	大土山		汉					1453	0.58	VI	1	稀少	2						58.0
LS	XWJG-1	12	岚山	小王家沟	刘家沟		周			x	东周	1083	0.19	VI	1	稀少	2						46.7
LS	XWJG-2	12	岚山	小王家沟	刘家沟		汉					1517	0.19	VI	1	稀少	3						49.0
LS	XWJG-3	12	岚山	小王家沟	刘家沟		汉					1516	0.12	VI	1	稀少	2						52.0
LS	XZ-1	12	岚山	辛庄	大土山		汉					1452	0.19	VI	1	稀少	2						62.0
LS	XZ-2	12	岚山	辛庄	大土山		周	x			西周	1146	0.12	VI	1	稀少	2						66.0
LS	XZ-3	12	岚山	辛庄	朱芦		周			x	东周	1050	0.19	VI	1	稀少	1						70.0
LS	YHC-1	12	岚山	义和村	界牌岭		汉					1566	0.19	VI	2	稀少	2						32.0
LS	YHC-1	12	岚山	义和村	界牌岭		龙山				不确定	486	0.25	VI	2	稀少	2						32.0
LS	YHC-2	12	岚山	义和村	界牌岭		周			x	东周	1128	0.12	VI	1	稀少	2						41.6
LS	YHC-3	12	岚山	义和村	黄家峪		汉					1559	0.12	VI	1	稀少	2						26.0
LS	YHC-4	12	岚山	义和村	黄家峪		汉					1565	0.12	VI	1	稀少	2						40.0
LS	YJZ-1	12	岚山	杨家庄	黄家峪	ABCDEF-HIJ	汉					1557	10.90	III	4	很少	78			2			20.5

海拔范围	水源	河道距离	环境区域	地貌状况	防御性遗址	土壤质地	土壤颜色	土层厚度	作物	现代用途	备注	距中心城市5公里内	距中心城市5~10公里	距中心城市10~15公里	距中心城市15公里以上	距海岸5公里内
50～60	小河	20	山麓			砂质壤土	黄土		休耕地/冬小麦	农业用地						
60～70	小河	20	山麓			砂质壤土	黄土		休耕地/冬小麦/蔬菜	农业用地/花圃						
40～50	主要河流	0	冲积平原			粉质壤土					河流：竹子河					
40～50	主要河流	0	冲积平原			粉质壤土					河流：竹子河					
80～90	小河	70	山麓	山脊		砂质壤土	黄土-褐土	较深	休耕地	农业用地						
40～50	主要河流	120	山麓	斜坡		砂质壤土	黄土		休耕地/冬小麦	农业用地	河流：竹子河					
70～80	小河	300	山麓	山脊		砂质壤土	黄土-褐土	中度	休耕地	农业用地						
40～50	主要河流	120	山麓	斜坡		砂质壤土	黄土		休耕地/冬小麦	农业用地	河流：竹子河					
60～70	主要河流	0	山麓	山脊		砂质壤土	黄土-褐土	较深	休耕地/小麦	农业用地/铁路	河流：竹子河，穿过遗址，多处水渠					
40～50	小河	60	山麓	斜坡		砂质壤土			休耕地	农业用地						
40～50	小河	60	山麓	斜坡		砂质壤土			休耕地	农业用地						
80～90	小河	0	山麓	梯田/中坡		砂质壤土	黄土-褐土	稀薄	休耕地	农业用地						
40～50	小河	20	山麓	微倾斜		粉质壤土	黄土-褐土	中度	休耕地/小麦	农业用地	靠近村庄；					
50～60	主要河流	100	山麓	梯田圆丘	可能	砂质壤土	黄土-褐土	中度	休耕地/小麦	农业用地	河流：竹子河					
30～40	主要河流	0	冲积平原/山麓	平地/微倾斜		粉质壤土/砂质壤土	褐土/黄土-褐土	较深	休耕地/冬小麦/茶园/蔬菜/果园	农业用地/花圃/果园/村庄	河流：竹子；灰坑CAY					
30～40	主要河流	0	冲积平原	平地		粉质壤土	褐土	较深	休耕地/冬小麦	农业用地						
30～40	主要河流	0	冲积平原/山麓	微倾斜		淤土/砂质壤土	褐土/黄土-褐土	较深	休耕地/冬小麦/茶园	农业用地						
30～40	主要河流	0	冲积平原	平地		粉质壤土	褐土	较深	休耕地/冬小麦	农业用地						
30～40	主要河流	0	冲积平原	平地		多砂	黄土-土	较深	休耕地/冬小麦	农业用地						
30～40	主要河流	0	冲积平原	平地		粉质壤土	褐土	较深	休耕地/冬小麦	农业用地						
30～40	主要河流	0	冲积平原	平地		粉质壤土	褐土	较深	休耕地/冬小麦	农业用地						
30～40	主要河流	0	冲积平原	平地		粉质壤土	褐土	较深	休耕地/冬小麦	农业用地						
30～40	主要河流	400	冲积平原			粉质壤土	黄土-褐土		休耕地	农业用地	河流：竹子河					
40～50	主要河流	380	山麓	梯田		砂质壤土			休耕地	农业用地/墓地	河流：竹子河；遗址近现代墓葬					
20～30	主要河流	470	冲积平原			粉质壤土	褐土		休耕地/冬小麦	农业用地	河流：竹子河					
30～40	主要河流	300	冲积平原/山麓	梯田斜坡		粉质壤土	褐土			农业用地	河流：竹子河					
30～40	小河	0	山麓			粉质壤土			休耕地	农业用地						
50～60	小河	120	山麓	山脊		砂质壤土	黄土-褐土	中度	休耕地	农业用地						
40～50	小河	20	冲积平原	平地		砂质壤土	黄土-褐土	较深	小麦	农业用地						
40～50	小河	5	冲积平原			粉质壤土			冬小麦/树林	农业用地/果园/公路	小河因水库蓄水干涸，距小河约320米；视野不好					
50～60	支流	80	山麓			砂质壤土			休耕地/冬小麦	农业用地/村庄	竹子河支流					
60～70	小河	120	山麓	平地		砂质壤土	黄土-褐土	很深	休耕地	农业用地						
60～70	小河	60	山麓	微倾斜		砂质壤土	黄土-褐土	较深	休耕地	农业用地	现水库上面					
70～80	小河	0	山麓	中坡		砂质壤土	黄土-褐土	较深		现代村镇						
30～40	小河	200	山麓	平地/较低的隆起		砂质壤土	黄土-褐土	中度	休耕地	农业用地	距离现代水库50米					
30～40	小河	200	山麓	平地/较低的隆起		砂质壤土	黄土-褐土	中度	休耕地	农业用地	距离现代水库50米					
40～50	支流	850	山麓	平地		粉质壤土/多碎石	黄土-褐土	较薄	休耕地	农业用地	龙王河支流					
20～30	小河	50	山麓	平地/较低的隆起	可能	砂质壤土	黄土-褐土	较深	休耕地	农业用地	季节性水渠					
40～50	小河	400	山麓	平地		砂质壤土	黄土-褐土	中度	休耕地	农业用地						
20～30	主要河流	0	冲积平原	平地		粉质壤土	褐土/黄土-褐土	较深	休耕地/杨树林	农业用地/树林	遗址位于支流注入龙王河的"Y"形区域；靠近高速路					

遗址前缀	遗址名称	年份	行政区划	村镇	地图	采集区	年代	早(西)	中	晚(东)	分期	期段编号	面积(万米²)	等级	所含期段数	陶片密度	陶片数量	器型	残片	石器	文化层特点	详细文化层信息	中心海拔
LS	YJZ-1	12	岚山	杨家庄	黄家峪	C	商			晚期		30	0.32		4	稀少	1						18.0
LS	YJZ-1	12	岚山	杨家庄	黄家峪	BC	周	x		x	西周/东周	1120	1.35	V	4	稀少	92				文化层	CAC：西周文化层	18.0
LS	YJZ-1	12	岚山	杨家庄	黄家峪	EFGJ	周	x		x	西周/东周	1119	4.00	V	4	稀少	23						20.5
LS	YJZ-2	12	岚山	杨家庄	黄家峪		汉					1554	0.12	VI	1	稀少	1						27.0
LS	YJZ-3	12	岚山	杨家庄	黄家峪		周	x			西周	1160	1.50	V	1	稀少	4						22.0
LS	YJZ-4	12	岚山	杨家庄	黄家峪		周			x	东周	1116	0.19	VI	1	稀少	2						25.0
LS	YJZ-5	12	岚山	杨家庄	黄家峪		汉					1556	0.83	VI	1	中等	13						21.3
LS	ZBL-1	12	岚山	邹北岭	大坡		汉					1427	1.09	V	1	稀少	10						39.0
LS	ZBL-2	12	岚山	邹北岭	大坡		汉					1433	0.12	VI	1	稀少	1						27.0
LS	ZJG-1	12	岚山	张家沟	大土山		汉					1477	1.22	V	2	稀少	5						47.0
LS	ZJG-1	12	岚山	张家沟	大土山		周			x	东周	1065	1.22	V	2	稀少	1						47.0
LS	ZJG-2	12	岚山	张家沟	大土山		汉					1588	0.90	VI	1	稀少	7						50.0
LS	ZJG-3	12	岚山	张家沟	大土山		汉					1479	0.12	VI	1	稀少	2						45.0
LS	ZJZZ-1	12	岚山	赵家庄子	黄家峪		汉					1549	0.19	VI	1	稀少	3						30.0
LS	ZMZ-1	12	岚山	张家庄	界牌岭		汉					1586	0.58	VI	1	稀少	4						9.8
DG	DGC-3	13	东港	大古城	十里铺		汉					1628	0.15	VI	1	稀少	1						22.0
DG	DGC-4	13	东港	大古城	十里铺		汉					1627	0.15	VI	1	稀少	1						27.0
DG	DGC-5	13	东港	大古城	十里铺		汉					1629	0.15	VI	1	稀少	1						46.0
DG	DHSQ-1	13	东港	东黄山前	十里铺		汉					1630	0.19	VI	1	稀少	3						91.0
DG	DHSQ-2	13	东港	东黄山前	十里铺		周	x		x	西周/东周	1241	0.15	VI	1	高	40						58.0
DG	DHSQ-3	13	东港	东黄山前	十里铺		龙山				不确定	497	0.15	VI	1	稀少	1						61.0
DG	DHSQ-4	13	东港	东黄山前	十里铺		周			x	东周	1240	0.26	VI	2	稀少	2						37.0
DG	DHSQ-4	13	东港	东黄山前	十里铺		汉					1625	0.26	VI	2	稀少	1						37.0
DG	FJL-1	13	东港	樊家岭	南湖		汉					1616	0.15	VI	1	稀少	1						48.0
DG	FJL-2	13	东港	樊家岭	南湖		周			x	东周	1232	0.15	VI	1	稀少	1						48.0
DG	NH-1	13	东港	南湖	南湖		周	x		x	西周/东周	1234	0.26	VI		稀少	9						38.0
DG	NH-2	13	东港	南湖	南湖		周			x	东周	1233	0.15	VI		稀少	1						42.0
DG	QZT-1	13	东港	泉子头	盛家代疃		汉					1619	0.15	VI		稀少	1						42.0
DG	QZT-2	13	东港	泉子头	盛家代疃		汉					1618	0.15	VI		稀少	1						35.0
DG	SHT-1	13	东港	三合疃	盛家代疃		汉					1617	0.15	VI		少	25				文化层	25～30厘米低于地面，汉瓦	32.0
DG	SHT-2	13	东港	三合疃	盛家代疃		汉					1615	0.16	VI		稀少	3						39.0
DG	SJDT-1	13	东港	盛家代疃	盛家代疃		周			x	东周	1230	0.15	VI		稀少	2						24.0
DG	XAJ-1	13	东港	小安家代疃	盛家代疃		汉					1614	0.19	VI		稀少	4						30.0
DG	XAJ-2	13	东港	小安家代疃	盛家代疃		周			x	东周	1229	0.15	VI		稀少	2						38.0
DG	XAJ-3	13	东港	小安家代疃	盛家代疃		周			x	东周	1228	0.15	VI		稀少	2						30.0
DG	XAJ-4	13	东港	小安家代疃	盛家代疃		龙山				不确定	499	0.15	VI		稀少	1						35.0
DG	XAJ-5	13	东港	小安家代疃	盛家代疃		汉					1613	0.15	VI		稀少	2						41.0

海拔范围	水源	河道距离	环境区域	地貌状况	防御性遗址	土壤质地	土壤颜色	土层厚度	作物	现代用途	备注	距中心城市5公里内	距中心城市5~10公里	距中心城市10~15公里	距中心城市15公里以上	距海岸5公里内
10~20	主要河流	0	冲积平原	平地		粉质壤土	黄土-褐土	较深	休耕地	农业用地	遗址位于支流注入龙王河的"Y"形区域；靠近高速路					
10~20	主要河流	0	冲积平原	平地		粉质壤土	黄土-褐土	较深	休耕地	农业用地	遗址位于支流注入龙王河的"Y"形区域；靠近高速路					
20~30	支流	5	冲积平原	平地		粉质壤土	褐土	较深	休耕地	农业用地	遗址位于支流注入龙王河的"Y"形区域；靠近高速路					
20~30	主要河流	300	山麓	平地		粉质壤土	黄土-褐土	较深	休耕地	农业用地	河流：龙王河					
20~30	支流	10	冲积平原	平地		粉质壤土	黄土-褐土	较深	休耕地	农业用地	河流：龙王河					
20~30	小河	10	山麓	平地		粉质壤土	黄土-褐土	较深	休耕地	农业用地						
20~30	支流	100	山麓	微倾斜		粉质壤土			休耕地	农业用地/公路						
30~40	小河	150	山麓	中坡		砂质壤土	黄土-褐土	中度	休耕地/茶园	农业用地/铁路						
20~30	主要河流	430	冲积平原			粉质壤土	褐土		休耕地/冬小麦	农业用地/虾池	河流：竹子河					
40~50	主要河流	0	冲积平原	微倾斜		砂质壤土	黄土-褐土	较深	休耕地/桑园	农业用地	河流：竹子河					
40~50	主要河流	0	冲积平原	微倾斜		砂质壤土	黄土-褐土	较深	休耕地/桑园	农业用地	河流：竹子河					
50~60	主要河流	460	冲积平原/山麓			粉质壤土	黄土-褐土		休耕地/茶园	农业用地/花圃/塑料大棚	河流：竹子河					
40~50	小河	160	冲积平原	平地		粉质壤土	黄土-褐土	较深	休耕地	农业用地						
30~40	小河	8	冲积平原	平地		粉质壤土	黄土-褐土	较深	休耕地	农业用地	梯田小河之上					
2~10	支流	60	冲积平原	平地		粉质壤土	黄土-褐土	较深	休耕地	农业用地	绣针河支流					
20~30	支流	750	冲积平原	平地		砂质壤土	浅褐土	较深	休耕地		河流：傅疃河					
20~30	支流	150	冲积平原	平地		砂质壤土	黄土-褐土	较深	冬小麦	农业用地	河流：傅疃河					
40~50	小河	500	山麓	微倾斜		砂质壤土	黄土-褐土	中度	冬小麦	农业用地						
90~100	小河	20	山麓	中坡		土质较硬/多砂	黄土-褐土	稀薄	休耕地/松树林	幼儿园						
50~60	支流		山麓	低梯田斜坡		粉质壤土			休耕地/冬小麦	农业用地	水库；傅疃河支流					
60~70	小河	200	山麓	低山		粉质壤土	黄土-褐土		休耕地							
30~40	小河	5	山麓	梯田/微倾斜		砂质壤土	黄土-褐土	较深	休耕地/冬小麦	农业用地	可能为高速路南侧遗址群一部分					
30~40	小河	5	山麓	梯田/微倾斜		砂质壤土	黄土-褐土	较深	休耕地/冬小麦	农业用地	可能为高速路南侧遗址群一部分					
40~50	小河	500	山麓	梯田/微倾斜		砂质壤土	灰-褐土	较深	休耕地/玉米	农业用地						
40~50	小河	220	山麓	低梯田斜坡		土质较硬/粉质壤土	黄土-褐土				靠近公路					
30~40	主要河流	130	冲积平原	微倾斜		砂质壤土	少灰土/褐土	较深	休耕地/玉米	农业用地/民房	河流：傅疃河；DG-NH-2可能是该遗址的一部分；民房在两遗址之间，遗址部分压在村镇下面					
40~50	小河	300	山麓	梯田/微倾斜		土质较硬/砂质壤土	黄土-褐土	较深	休耕地	农业用地/现代村镇	可能是DG-NH-1的一部分，民房在两遗址之间，遗址部分叠压在现代村镇下面					
40~50	小河	750	山麓	低山麓		粉质壤土	浅褐土		休耕地		遗址在渡槽边缘					
30~40	小河	450	山麓	微倾斜		砂质壤土	黄土-褐土	较深	休耕地		可能为DG-SHT-1的一部分					
30~40	小河	200	山麓	梯田/微倾斜		砂质壤土	黄土-褐土	较深	休耕地	农业用地	梯田					
30~40	小河	300	山麓	低山麓		粉质壤土	黄土-褐土		休耕地	农业用地/公路	公路穿过采集区					
20~30	主要河流	400	冲积平原			粉质壤土	褐土?		冬小麦/稻田	农业用地	傅疃河					
30~40	主要河流	350	山麓	支脉/微倾斜		土质较硬/多砂	黄土-褐土	中度	休耕地/冬小麦	农业用地	河流：傅疃河					
30~40	主要河流	250	山麓	低山		粉质壤土	黄土-褐土		休耕地		河流：傅疃河					
30~40	主要河流	150	山麓	平地		粉质壤土	黄土-褐土		休耕地		河流：傅疃河					
30~40	主要河流	150	山麓	低山		土质较硬/粉质壤土	黄土-褐土		休耕地		河流：傅疃河					
40~50	主要河流	250	山麓	微倾斜		土质较硬	黄土-褐土	中度	休耕地		河流：傅疃河					

遗址前缀	遗址名称	年份	行政区划	村镇	地图	采集区	年代	早(西)	中	晚(东)	分期	期段编号	面积(万米²)	等级	所含期段数	陶片密度	陶片数量	器型	残片	石器	文化层特点	详细文化层信息	中心海拔
DG	XHSQ-1	13	东港	西黄山前	盛家代疃		汉					1623	0.26	VI		稀少	4						25.0
DG	XHSQ-2	13	东港	西黄山前	十里铺		周			x	东周	1236	0.15	VI		稀少	1						35.0
DG	XHSQ-2	13	东港	西黄山前	十里铺		汉					1622	0.15	VI		稀少	2						35.0
DG	XHSQ-3	13	东港	西黄山前	盛家代疃		周			x	东周	1235	0.90	VI		稀少	5						28.0
DG	XHSQ-3	13	东港	西黄山前	盛家代疃		汉					1621	1.68	V		高	41						28.0
DG	XHSQ-4	13	东港	西黄山前	盛家代疃		汉					1620	0.15	VI		稀少	2						35.0
DG	XHT-1	13	东港	新合疃	盛家代疃		龙山				不确定	498	0.15	VI		稀少	1						38.0
DG	XHT-1	13	东港	新合疃	盛家代疃		周			x	东周	1231	0.15	VI		稀少	1						38.0
DG	XJA-1	13	东港	许家庵	盛家代疃		汉					1612	0.19	VI		稀少	7						54.0
DG	XJA-2	13	东港	许家庵	盛家代疃		周	x		x	西周/东周	1226	0.20	VI		稀少	12						28.0
DG	XJA-3	13	东港	许家庵	盛家代疃		汉					1611	1.29	V		少	41						80.0
DG	XJA-4	13	东港	许家庵	盛家代疃		周	x			西周	1227	0.15	VI		稀少	1						41.0
DG	YDL-3	13	东港	烟墩岭	十里铺		汉					1609	0.15	VI		稀少	1						91.0
DG	ZHSQ-1	13	东港	中黄山前	十里铺	A	周	x			西周	1239	0.15	VI		稀少	1						31.0
DG	ZHSQ-1	13	东港	中黄山前	十里铺	B、C、D	汉					1626	3.03	V		稀少	10						31.0
DG	ZHSQ-2	13	东港	中黄山前	十里铺	A	周	x		x	西周/东周	1237	2.39	V		很少	13						28.0
DG	ZHSQ-2	13	东港	中黄山前	十里铺	A、B	汉					1624	4.13	V		稀少	16						28.0
DG	ZHSQ-3	13	东港	中黄山前	十里铺		周			x	东周	1238	0.15	VI		稀少	1						24.0
DG	ZT-1	13	东港	庄头	南湖		汉					1610	1.35	V		稀少	20						48.0
JN	BS-1	13	胶南	北寺	花根山	A、B	龙山				不确定	521	0.77	VI	1	稀少	2						17.0
JN	BS-2	13	胶南	北寺	花根山		龙山	x			早期	520	0.77	VI	2	稀少	1						18.0
JN	BS-2	13	胶南	北寺	花根山		周			x	东周	1176	0.77	VI	2	稀少	4						18.0
JN	BS-3	13	胶南	北寺	花根山	A	龙山	x			早期	523	0.52	VI	3	稀少	4						19.0
JN	BS-3	13	胶南	北寺	花根山	B	周			x	西周/东周	1177	1.87	V	3	稀少	13						19.0
JN	BS-3	13	胶南	北寺	花根山	B	汉					1707	1.87	V	3	稀少	3						19.0
JN	BS-4	13	胶南	北寺	花根山		周	x			西周	1174	0.15	VI		稀少	1						19.0
JN	BS-5	13	胶南	北寺	花根山		汉					1705	0.15	VI	1	稀少	1						18.0
JN	BS-6	13	胶南	北寺	花根山		周			x	东周	1178	0.15	VI	1	稀少	1						18.0
JN	DJLG-1	13	胶南	丁家柳沟	三里庄		周	x		x	西周/东周	1201	0.15	VI	1	稀少	2						35.0
JN	DJLG-2	13	胶南	丁家柳沟	三里庄		龙山				不确定	505	0.15	VI	1	稀少	1						56.0
JN	DJLG-3	13	胶南	丁家柳沟	后坡楼	A-G、H、I、J、K、L	龙山	x	x		早/中	539	13.87	III	3	高	799			8	文化层	文化层，灰坑	36.0
JN	DJLG-3	13	胶南	丁家柳沟	后坡楼	C-H、K	周	x		x	西周/东周	1202	8.10	III	3	很少	26			7			36.0
JN	DJLG-3	13	胶南	丁家柳沟	后坡楼	B、H、J	汉					1661	3.68	V	3	稀少	11						36.0
JN	DJLG-4	13	胶南	丁家柳沟	后坡楼		龙山				不确定	538	0.15	VI	1	稀少	1						32.0
JN	DJLG-5	13	胶南	丁家柳沟	后坡楼		龙山				不确定	540	0.15	VI	1	稀少	1						35.0
JN	DJLG-6	13	胶南	丁家柳沟	后坡楼		龙山				不确定	541	0.15	VI	1	稀少	1						44.0
JN	DJLG-7	13	胶南	丁家柳沟	后坡楼		龙山				不确定	542	0.15	VI	1	稀少	1						41.0
JN	DJY-1	13	胶南	戴家尧	皂户		汉					1683	0.15	VI	1	稀少	2						23.0
JN	DJY-2	13	胶南	戴家尧	三里庄	A	周	x		x	西周/东周	1191	0.84	VI		高	45						33.0

海拔范围	水源	河道距离	环境区域	地貌状况	防御性遗址	土壤质地	土壤颜色	土层厚度	作物	现代用途	备注	距中心城市5公里内	距中心城市5~10公里	距中心城市10~15公里	距中心城市15公里以上	距海岸5公里内
20~30	小河	0	冲积平原	平地		粉质壤土	黄土-褐土	较深	休耕地/冬小麦	农业用地						
30~40	小河	5	冲积平原	平地		砂质壤土	黄土-褐土	较深	蔬菜	花圃						
30~40	小河	5	冲积平原	平地		砂质壤土	黄土-褐土	较深	蔬菜	花圃						
20~30	小河	0	冲积平原			粉质壤土	黄土-褐土		桑园树林	树林	遗址位于冲沟之上					
20~30	小河	0	冲积平原			粉质壤土	黄土-褐土		桑园树林	树林	遗址位于冲沟之上					
30~40	小河	750	冲积平原			粉质壤土	浅褐土		休耕地/果园	果园						
30~40	主要河流	250	冲积平原	平地		砂质壤土	黄土-灰土	较深	蔬菜	花圃	河流：傅疃河					
30~40	主要河流	250	冲积平原	平地		砂质壤土	黄土-灰土	较深	蔬菜	花圃	河流：傅疃河					
50~60	主要河流	500	山麓	微倾斜		土质较硬	黄土-灰土	稀薄	休耕地		河流：傅疃河					
20~30	小河	400	冲积平原			粉质壤土	黄土-褐土		冬小麦	农业用地	遗址位于两水渠之间					
80~90	主要河流	1km	山麓	中度较缓的斜坡		土质较硬	褐土	中度	休耕地/茶园	农业用地/建筑物	遗址俯瞰傅疃河及日照水库					
40~50	主要河流	500	山麓	梯田/微倾斜		土质较硬	黄土-褐土	中度	休耕地/茶园		河流：傅疃河西支流					
90~100	小河	5	山麓	低山麓		粉质壤土	少黄土-褐土		休耕地/冬小麦	农业用地	靠近小水库					
30~40	支流	10	冲积平原	冲积阶地		砂质壤土	黄土-褐土	较深	休耕地/小麦/蔬菜	农业用地/花圃	河流：傅疃河					
30~40	支流	10	冲积平原	冲积阶地		砂质壤土	黄土-褐土	较深	休耕地/小麦/蔬菜	农业用地/花圃	河流：傅疃河					
20~30	支流	100	冲积平原			粉质壤土	浅褐土		休耕地/冬小麦	农业用地/花圃/塑料大棚	傅疃河支流					
20~30	支流	100	冲积平原			粉质壤土	浅褐土		休耕地/冬小麦	农业用地/花圃/塑料大棚	傅疃河支流					
20~30	支流	50	冲积平原	平地		粉质壤土	黄土-褐土	较深	冬小麦	农业用地	河流傅疃河					
40~50	小河	200	冲积平原	微倾斜		粉质壤土	浅褐土		休耕地		小河注入水库；靠近高速路					
10~20	主要河流	50	冲积平原			多砂			休耕地		河流：白马河					
10~20	主要河流	120	冲积平原			砂质壤土			休耕地/大白菜/树林	农业用地/树林	河流：白马河					
10~20	主要河流	120	冲积平原			砂质壤土				农业用地/树林	河流：白马河					
10~20	主要河流	300	冲积平原	平地		多砂	黄土-褐土	较深	休耕地		河流：白马河；CAB正好位于果园南面					
10~20	主要河流	300	冲积平原	平地		多砂	黄土-褐土	较深	休耕地		河流：白马河；CAB正好位于果园南面					
10~20	主要河流	300	冲积平原	平地		多砂	黄土-褐土	较深	休耕地		河流：白马河；CAB正好位于果园南面					
10~20	主要河流	400	冲积平原	平地		砂质壤土	黄土-褐土	较深	杨树林	树林	白马河					
10~20	主要河流	230	冲积平原	平地		砂质壤土	黄土-褐土	较深	蔬菜	花圃	河流：白马河					
10~20	主要河流	320	冲积平原	平地		砂质壤土	黄土-褐土	较深	休耕地		河流：白马河					
30~40	小河	10	冲积平原			粉质壤土			休耕地/冬小麦	农业用地						
50~60	小河	20	山麓	平地较低的隆起		土质较硬/多砂	黄土	较深	休耕地	靠近废弃的水库	小河注入水库					
30~40	小河	50	冲积平原	平地		砂质壤土	黄土-褐土	较深	休耕地/白菜/小麦/杨树林	农业用地/树林/公路	很多石器工具公路以东					
30~40	小河	150	冲积平原	平地		砂质壤土	黄土-褐土	较深	休耕地/白菜/小麦/杨树林	农业用地/树林/公路	很多石器工具					
30~40	小河	50	冲积平原	平地		砂质壤土	黄土-褐土	较深	休耕地/白菜/小麦/杨树林	农业用地/树林/公路						
30~40	小河	450	冲积平原	平地		砂质壤土	黄土-褐土	较深	休耕地/大白菜	农业用地						
30~40	小河	5	冲积平原	平地		砂质壤土	浅褐土	较深	辣椒	农业用地	靠近人工水渠					
40~50	小河	250	山麓	低山麓		砂质壤土			休耕地/冬小麦	农业用地						
40~50	小河	150	山麓	低山麓		砂质壤土			休耕地/冬小麦	农业用地						
20~30	主要河流	350	冲积平原			砂质壤土	黄土-褐土		休耕地		河流：吉利河					
30~40	小河	150	山麓	低山麓		砂质壤土	黄土-褐土		休耕地/冬小麦	农业用地/墓地	现代墓地，陶片分布较密集					

遗址前缀	遗址名称	年份	行政区划	村镇	地图	采集区	年代	早(西)	中	晚(东)	分期	期段编号	面积(万米²)	等级	所含期段数	陶片密度	陶片数量	器型	残片	石器	文化层特点	详细文化层信息	中心海拔
JN	DJY-2	13	胶南	戴家尧	三里庄	B	汉					1682	0.58	VI		稀少	8						33.0
JN	DS-1	13	胶南	东寺	花根山		周	x			西周	1173	0.15	VI	1	稀少	1						20.0
JN	DS-10	13	胶南	东寺	塔山店子		汉					1716	0.45	VI	1	稀少	3						30.0
JN	DS-11	13	胶南	东寺	塔山店子		汉					1715	0.65	VI	1	稀少	0				墓葬	2墓葬,耕作破坏	38.0
JN	DS-2	13	胶南	东寺	花根山	A	龙山				不确定	522	0.39	VI	3	稀少	2						19.0
JN	DS-2	13	胶南	东寺	花根山	A	周			x	东周	1179	0.39	VI	3	稀少	4						19.0
JN	DS-2	13	胶南	东寺	花根山	B	汉					1706	1.10	V	3	稀少	6						19.0
JN	DS-3	13	胶南	东寺	花根山	B	龙山		x		中期	524	0.77	VI	3	稀少	3						20.0
JN	DS-3	13	胶南	东寺	花根山	A	周			x	东周	1175	0.77	VI	3	稀少	4						20.0
JN	DS-3	13	胶南	东寺	花根山	A, B	汉					1708	1.68	V	3	稀少	12						20.0
JN	DS-4	13	胶南	东寺	塔山店子	A-E, H	龙山				不确定	536	6.13	IV	3	稀少	10						23.0
JN	DS-4	13	胶南	东寺	塔山店子	A-H	周	x		x	西周/东周	1225	7.48	III	3	稀少	29						23.0
JN	DS-4	13	胶南	东寺	塔山店子	A, B, F, G	汉					1710	5.74	V	3	稀少	49						23.0
JN	DS-5	13	胶南	东寺	塔山店子		周			x	东周	1221	0.15	VI	1	稀少	1						24.0
JN	DS-6	13	胶南	东寺	塔山店子		龙山				不确定	535	0.15	VI	1	稀少	1						23.0
JN	DS-7	13	胶南	东寺	塔山店子		周			x	东周	1220	0.84	VI	1	稀少	2						25.0
JN	DS-8	13	胶南	东寺	塔山店子		汉					1709	0.45	VI	1	稀少	3						22.0
JN	DS-9	13	胶南	东寺	塔山店子		汉					1717	0.15	VI	1	稀少	1						26.0
JN	DSL-1	13	胶南	大石岭	皂户		汉					1723	0.97	VI	1	稀少	2						32.0
JN	DSQ-1	13	胶南	丁石桥	花根山	A	龙山	x	x		早/中	525	2.45	V	2	稀少	20						19.0
JN	DSQ-1	13	胶南	丁石桥	花根山	B	周			x	东周	1172	0.15	VI	2	稀少	1						19.0
JN	DSQ-2	13	胶南	丁石桥	花根山	A, B, C	龙山	x	x		早/中	528	3.10	V	2	很少	51			1	文化堆积	少灰土	20.0
JN	DSQ-2	13	胶南	丁石桥	花根山	A, C	周			x	东周	1170	1.42	V	2	稀少	5						20.0
JN	DSZL-1	13	胶南	东十字路	花根山		汉					1694	0.15	VI		稀少	1						28.0
JN	DSZL-2	13	胶南	东十字路	花根山		汉					1695	0.32	VI	1	稀少	3						33.0
JN	DSZL-3	13	胶南	东十字路	花根山		汉					1697	0.15	VI	1	稀少	1						43.0
JN	DSZL-4	13	胶南	东十字路	花根山		龙山				不确定	509	0.15	VI		稀少	1						36.0
JN	DSZL-5	13	胶南	东十字路	花根山		周			x	东周	1184	0.15	VI	2	稀少	1						22.0
JN	DSZL-5	13	胶南	东十字路	花根山		汉					1685	0.15	VI	2	稀少	1						22.0
JN	DSZL-6	13	胶南	东十字路	皂户		龙山	x			早期	508	0.58	VI	3	稀少	3						28.0
JN	DSZL-6	13	胶南	东十字路	皂户		周			x	东周	1169	0.58	VI	3	稀少	1						28.0
JN	DSZL-6	13	胶南	东十字路	皂户		汉					1684	0.58	VI	3	稀少	3						28.0
JN	DSZL-7	13	胶南	东十字路	花根山		汉					1696	0.58	VI	1	稀少	0				墓葬	4汉墓	72.0
JN	GJCZ-1	13	胶南	郭家岔子	后坡楼		汉					1645	0.15	VI	1	稀少	1						34.0
JN	GJCZ-2	13	胶南	郭家岔子	后坡楼		汉					1646	0.15	VI	1	稀少	1						33.0
JN	GJCZ-3	13	胶南	郭家岔子	后坡楼		龙山	x			早期	543	0.15	VI	1	稀少	3						35.0
JN	HGS-1	13	胶南	花根山	花根山		汉					1692	0.18	VI	1	稀少	3						29.0
JN	HGS-2	13	胶南	花根山	花根山		汉					1693	0.15	VI	1	稀少	2						31.0
JN	HGS-3	13	胶南	花根山	花根山		汉					1687	0.15	VI		稀少	2						22.0
JN	HGS-4	13	胶南	花根山	花根山	C	周			x	东周	1185	0.15	VI	3	稀少	1						20.0
JN	HGS-4	13	胶南	花根山	花根山	A	周			x	东周	1186	0.19	VI	3	稀少	5						20.0
JN	HGS-4	13	胶南	花根山	花根山	A, B	汉					1686	3.55	V	3	高	36						20.0
JN	HHD-1	13	胶南	后河东	山东头		汉					1633	0.77	VI		稀少	4						61.0

海拔范围	水源	河道距离	环境区域	地貌状况	防御性遗址	土壤质地	土壤颜色	土层厚度	作物	现代用途	备注	距中心城市5公里内	距中心城市5~10公里	距中心城市10~15公里	距中心城市15公里以上	距海岸5公里内
30~40	小河	100	山麓	低山麓		砂质壤土	黄土-褐土		休耕地/冬小麦	农业用地						
20~30	主要河流	400	冲积平原	平地		多砂	黄土-褐土	较深	杨树林	树林	河流：白马河					
30~40	主要河流	250	冲积平原	微倾斜		粉质壤土			休耕地		河流：白马河					
30~40	主要河流	450	山麓	较低的隆起		砂质壤土	黄土-褐土	中度	休耕地	农业用地	白马河					
10~20	主要河流	300	冲积平原			粉质壤土			休耕地		河流：白马河					
10~20	主要河流	300	冲积平原			粉质壤土			休耕地		河流：白马河					
10~20	主要河流	450	冲积平原			粉质壤土			休耕地		河流：白马河					
20~30	主要河流	550	冲积平原	平地		粉质壤土	黄土-褐土	较深	果园	果园	河流：白马河					
20~30	主要河流	600	冲积平原	平地		粉质壤土	黄土-褐土	较深	休耕地		河流：白马河					
20~30	主要河流	550	冲积平原	平地		粉质壤土	黄土-褐土	较深	休耕地/果园	农业用地/果园	河流：白马河					
20~30	支流	140	冲积平原	冲积阶地		淤土/砂质壤土	黄土-褐土	较深	休耕地/树林		河流：白马河					
20~30	支流	40	冲积平原	冲积阶地		淤土/砂质壤土	黄土-褐土	较深	休耕地/树林/大白菜	农业用地/花圃	河流：白马河					
20~30	支流	40	冲积平原	冲积阶地		淤土/砂质壤土	黄土-褐土	较深	休耕地/树林/大白菜	农业用地/花圃	河流：白马河					
20~30	支流	650	冲积平原	平地		粉质壤土	黄土-褐土	较深	休耕地/冬小麦	农业用地	支流：白马河					
20~30	支流	500	冲积平原			粉质壤土			休耕地		支流：白马河					
20~30	主要河流	850	冲积平原			砂质壤土			休耕地/冬小麦	农业用地	河流：白马河					
20~30	主要河流	500	冲积平原	平地		粉质壤土			休耕地		河流：白马河					
20~30	主要河流	50	山麓	微倾斜		土质较硬/多砂	黄土-褐土	稀薄	休耕地		河流：白马河					
30~40	小河	100	冲积平原	平地		砂质壤土	黄土-褐土	较深	休耕地		靠近现代水渠					
10~20	主要河流	250	冲积平原	平地		粉质壤土	浅褐土		休耕地/冬小麦	农业用地	河流：白马河					
10~20	主要河流	300	冲积平原	平地		粉质壤土	浅褐土		休耕地/冬小麦	农业用地	河流：白马河					
20~30	主要河流	600	冲积平原	平地		砂质壤土	少灰土-褐土	较深	休耕地/小麦	农业用地/现代村镇	河流：白马河；遗址延伸到民房；石器CAA					
20~30	主要河流	600	冲积平原	平地		砂质壤土	少灰土-褐土	较深	休耕地/小麦	农业用地/现代村镇	白马河					
20~30	小河	50	冲积平原			砂质壤土			休耕地/大白菜	农业用地						
30~40	小河	70	山麓	较低的隆起		土质较硬/多砂	黄土-褐土	中度	休耕地/萝卜	农业用地/花圃						
40~50	小河	50	山麓	低山麓		砂质壤土			冬小麦	农业用地						
30~40	小河	10	冲积平原	平地		砂质壤土	浅褐土	较深	冬小麦	农业用地						
20~30	主要河流	150	冲积平原	平地		多砂	黄土-褐土	较深	休耕地/冬小麦	农业用地	河流：吉利河					
20~30	主要河流	150	冲积平原	平地		多砂	黄土-褐土	较深	休耕地/冬小麦	农业用地	河流：吉利河					
20~30	主要河流	170	冲积平原	微倾斜		多砂			休耕地/冬小麦	农业用地	河流：吉利河					
20~30	主要河流	170	冲积平原	微倾斜		多砂			休耕地/冬小麦	农业用地	河流：吉利河					
20~30	主要河流	170	冲积平原	微倾斜		多砂			休耕地/冬小麦	农业用地	河流：吉利河					
70~80	小河	500	山麓	低山		土质较硬/砂质壤土	黄土-褐土	较薄			遗址上墓葬靠近汉代JTL-7					
30~40	小河	60	冲积平原	平地		多砂	黄土	较深	休耕地		水渠					
30~40	小河	250	冲积平原	平地		砂质壤土	浅褐土	较深	冬小麦	农业用地						
30~40	小河	50	冲积平原	平地		砂质壤土	黄土-褐土	较深	茶园	农业用地	水渠					
20~30	小河	50	冲积平原			砂质壤土	黄土		杨树林	树林/公路						
30~40	小河	20	冲积平原			砂质壤土	少		冬小麦	农业用地						
20~30	小河	5	冲积平原	平地		多砂	黄土-褐土	较深	杨树林		与JN-HGS-4隔河相望；距离吉利河450米					
20~30	主要河流	300	冲积平原	较低的隆起		砂质壤土	浅褐土		休耕地/树林		河流：吉利河					
20~30	主要河流	300	冲积平原	较低的隆起		砂质壤土	浅褐土		休耕地/树林		河流：吉利河					
20~30	主要河流	300	冲积平原	较低的隆起		砂质壤土	浅褐土		休耕地/树林		河流：吉利河					
60~70	小河	300	山麓	微倾斜		多砂	黄土-褐土	中度	休耕地/茶园	农业用地	晚期陶片及现代垃圾					

遗址前缀	遗址名称	年份	行政区划	村镇	地图	采集区	年代	早(西)	中	晚(东)	分期	期段编号	面积(万米²)	等级	所含期段数	陶片密度	陶片数量	器型	残片	石器	文化层特点	详细文化层信息	中心海拔
JN	HMJZ-1	13	胶南	后茂甲庄	西南庄		汉					1722	2.52	V		稀少	6						23.0
JN	HPL-2	13	胶南	后坡楼	后坡楼		汉					1648	2.45	V		稀少	10						60.0
JN	HPL-3	13	胶南	后坡楼	后坡楼		汉					1647	0.39	VI		稀少	2						32.0
JN	HPL-4	13	胶南	后坡楼	后坡楼		周	x			西周	1211	0.20	VI		稀少	1						31.0
JN	HXD-1	13	胶南	河西店	三里庄		汉					1680	0.26	VI		稀少	1						20.0
JN	HXD-2	13	胶南	河西店	三里庄		汉					1681	0.15	VI		稀少	1						21.0
JN	HXD-3	13	胶南	河西店	花根山		周			x	东周	1190	0.15	VI		稀少	1						22.0
JN	JLH-10	13	胶南	吉利河	花根山		汉					1688	0.32	VI		稀少	7						26.0
JN	JLH-2	13	胶南	吉利河	花根山	A, B	汉					1726	2.58	V		很少	22						20.0
JN	JLH-3	13	胶南	吉利河	花根山		汉					1691	0.45	VI		很少	14						32.0
JN	JLH-4	13	胶南	吉利河	花根山		汉					1730	0.52	VI		稀少	4				墓葬	墓葬	31.0
JN	JLH-5	13	胶南	吉利河	花根山		汉					1729	0.15	VI		稀少	0				墓葬	墓葬/封土堆	33.0
JN	JLH-6	13	胶南	吉利河	花根山		汉					1732	0.15	VI		稀少	0				墓葬	可能汉墓	30.0
JN	JLH-7	13	胶南	吉利河	花根山		汉					1690	0.15	VI		稀少	2						34.0
JN	JLH-8	13	胶南	吉利河	花根山		汉					1731	0.65	VI		稀少	5				墓葬	2汉墓,汉砖	35.0
JN	JLH-9	13	胶南	吉利河	花根山		汉					1689	0.15	VI		稀少	1						23.0
JN	JTL-1	13	胶南	金头岭	花根山		龙山	x			中期	511	0.15	VI		稀少	2						24.0
JN	JTL-1	13	胶南	金头岭	花根山		汉					1699	0.10	VI		稀少	1						24.0
JN	JTL-2	13	胶南	金头岭	花根山		龙山				不确定	510	0.15	VI		稀少	2						42.0
JN	JTL-2	13	胶南	金头岭	花根山		汉					1698	0.15	VI		稀少	1						42.0
JN	JTL-3	13	胶南	金头岭	花根山		汉					1728	0.39	VI		稀少	1				墓葬	汉墓	50.0
JN	JTL-4	13	胶南	金头岭	花根山		龙山				不确定	514	0.84	VI		稀少	2			2			32.0
JN	JTL-4	13	胶南	金头岭	花根山		汉					1701	0.84	VI		稀少	3						32.0
JN	JTL-5	13	胶南	金头岭	花根山		龙山				不确定	515	0.15	VI		稀少	1						25.0
JN	JTL-6	13	胶南	金头岭	花根山		汉					1727	0.45	VI		稀少	2				墓葬	2汉墓	35.0
JN	JTL-7	13	胶南	金头岭	花根山		周	x			西周	1183	0.26	VI		稀少	1						38.0
JN	JTL-7	13	胶南	金头岭	花根山		汉					1724	1.87	V		稀少	0				墓葬	2汉墓	38.0
JN	JTL-8	13	胶南	金头岭	花根山		周	x			西周	1182	0.32	VI		稀少	2						26.0
JN	LJBu-1	13	胶南	李家埠	皂户		龙山				不确定	533	0.15	VI		稀少	1						46.0
JN	LJBu-2	13	胶南	李家埠	皂户		周			x	东周	1166	0.15	VI		稀少	1						35.0
JN	LJDZ-1	13	胶南	刘家大庄	花根山		龙山				不确定	518	0.15	VI		稀少	1						17.0
JN	LJDZ-1	13	胶南	刘家大庄	花根山		周			x	东周	1180	0.15	VI		稀少	3						17.0
JN	LJDZ-1	13	胶南	刘家大庄	花根山		汉					1704	0.15	VI		稀少	2						17.0
JN	LJDZ-2	13	胶南	刘家大庄	花根山		龙山				不确定	519	0.15	VI		稀少	1						18.0
JN	LJT-1	13	胶南	刘家疃	三里庄		周			x	东周	1197	0.32	VI		稀少	4						27.0
JN	LJT-1	13	胶南	刘家疃	三里庄		汉					1669	0.32	VI		稀少	3						27.0
JN	MGH-1	13	胶南	麻沟河	董家洼		周			x	东周	1212	0.15	VI		稀少	1						45.0
JN	MGH-2	13	胶南	麻沟河	董家洼		周	x			西周	1215	0.39	VI		稀少	2						38.0
JN	MGH-2	13	胶南	麻沟河	董家洼		汉					1636	0.35	VI		稀少	2						38.0
JN	MGH-3	13	胶南	麻沟河	董家洼		周	x			西周	1213	0.26	VI		稀少	2						48.0
JN	QMJZ-1	13	胶南	前茂甲庄	花根山	A	龙山				不确定	526	0.39	VI		稀少	1						20.0
JN	QMJZ-1	13	胶南	前茂甲庄	花根山	A, B	汉					1718	1.03	V		稀少	9						20.0
JN	QMJZ-2	13	胶南	前茂甲庄	花根山	A	龙山	x			早期	527	0.52	VI		稀少	5						21.0

海拔范围	水源	河道距离	环境区域	地貌状况	防御性遗址	土壤质地	土壤颜色	土层厚度	作物	现代用途	备注	距中心城市5公里内	距中心城市5~10公里	距中心城市10~15公里	距中心城市15公里以上	距海岸5公里内
20~30	主要河流	150	冲积平原	平地		粉质壤土	黄土-褐土	较深	休耕地/小麦/大白菜/杨树林	农业用地/树林/公路	河流：白马河；公路穿过采集区					
60~70	小河	600	山麓	低山		砂质壤土	黄土-褐土	中度	休耕地							
30~40	小河	220	冲积平原	微倾斜		粉质壤土	黄土-褐土	较深	杨树林	树林	水渠					
30~40	小河	220	冲积平原	平地		粉质壤土	浅褐土	较深	大白菜	农业用地	水渠					
20~30	主要河流	650	冲积平原	微倾斜		多砂	褐土		休耕地		河流：吉利河					
20~30	主要河流	700	冲积平原			砂质壤土	褐土		冬小麦	农业用地	河流：吉利河					
20~30	主要河流	600	冲积平原	平地		粉质壤土	黄土-褐土	很深	休耕地/大白菜	农业用地	河流：吉利河					
20~30	小河	130	山麓	支脉		砂质壤土	黄土		休耕地		距离水渠700米					
20~30	小河	100	冲积平原			粉质壤土	褐土	较深	休耕地/冬小麦	农业用地/现代村镇	包括JN-JLH-1及JN-WZ-3的社群的一部分					
30~40	小河	500	冲积平原	平地		粉质壤土	黄土-褐土	较深	休耕地/冬小麦	农业用地						
30~40	小河	5	山麓	较低的隆起		土质较硬	黄土-褐土	中度	休耕地/冬小麦	农业用地	汉代墓葬；当地农民介绍以前有9做汉墓，遗址可能包括JN-JLH-5					
30~40	小河	300	山麓	微倾斜		砂质壤土	黄土-褐土	中度	休耕地		墓葬-封土堆；遗址可能是JN-JLH-1/JN-WZ-3一部分					
30~40	小河	175	冲积平原	平地		粉质壤土	黄土-褐土	较深	休耕地							
30~40	小河	100	山麓			砂质壤土	黄土-褐土	较深	休耕地	农业用地	耕田					
30~40	小河	200	山麓	微倾斜		土质较硬/多砂	黄土	中度		耕地	距离吉利河900米					
20~30	小河	50	山麓	支脉		多砂	黄土	中度	休耕地		距离吉利河600米					
20~30	小河	150	冲积平原			砂质壤土	浅褐土	较深	杨树林	树林						
20~30	小河	150	冲积平原	平地		砂质壤土	浅褐土	较深	杨树林	树林						
40~50	小河	30	山麓	低山麓		砂质壤土		较深	茶园/树林	农业用地/果园						
40~50	小河	30	山麓	低山麓		砂质壤土		较深	茶园/树林	农业用地/果园						
50~60	小河	500	山麓	低山		砂质壤土	黄土-褐土	中度	休耕地/小麦	农业用地						
30~40	小河	450	山麓	较低的隆起		砂质壤土	黄土-褐土		休耕地		2石器工具					
30~40	小河	450	山麓	较低的隆起		砂质壤土	黄土-褐土		休耕地		2石器工具					
20~30	小河	60	冲积平原/山麓			砂质壤土			休耕地							
30~40	小河	200	山麓			砂质壤土	黄土-褐土				可能墓葬					
30~40	小河	450	山麓	微倾斜		砂质壤土	黄土-褐土			农业用地						
30~40	小河	450	山麓	微倾斜		砂质壤土	黄土-褐土			农业用地	可能更多汉墓存在					
20~30	小河	200	山麓	较低的隆起		土质较硬/多砂	黄土-褐土	较深	休耕地							
40~50	小河	20	山麓	低山		砂质壤土	黄土-褐土	较深	冬小麦	农业用地						
30~40	小河	160	山麓	平地较低的隆起		土质较硬/多砂	黄土	较深	休耕地							
10~20	主要河流	300	冲积平原	较低的隆起		粉质壤土	浅褐土	较深	休耕地		河流：白马河					
10~20	主要河流	300	冲积平原	较低的隆起		粉质壤土	浅褐土	较深	休耕地		河流：白马河					
10~20	主要河流	300	冲积平原	较低的隆起		粉质壤土	浅褐土	较深	休耕地		河流：白马河					
10~20	主要河流	100	冲积平原	平地		土质较硬/多砂	浅褐土	较深	休耕地		河流：白马河					
20~30	小河	180	冲积平原			砂质壤土	黄土-褐土		休耕地/冬小麦	农业用地						
20~30	小河	180	冲积平原			砂质壤土	黄土-褐土		休耕地/冬小麦	农业用地						
40~50	小河	200	山麓	低支脉		多砂	黄土-褐土	较深	休耕地		遗址位于现代村镇/村庄以东					
30~40	小河	100	冲积平原	平地		粉质壤土	黄土-褐土	较深	休耕地/大白菜	农业用地	可能为JN-SH-11一部分					
30~40	小河	100	冲积平原	平地		粉质壤土	黄土-褐土	较深	休耕地/大白菜	农业用地	可能为JN-SH-11一部分					
40~50	小河	100	山麓	低支脉		土质较硬/多砂	黄土-褐土	中度		靠近采石场						
20~30	主要河流	350	冲积平原	较低的隆起		粉质壤土			冬小麦	农业用地/公路	河流：白马河					
20~30	主要河流	350	冲积平原	较低的隆起		粉质壤土			冬小麦	农业用地/公路	河流：白马河					
20~30	主要河流	650	冲积平原	平地		砂质壤土	少灰土-褐土	较深	休耕地/冬小麦	农业用地	河流：白马河					

遗址前缀	遗址名称	年份	行政区划	村镇	地图	采集区	年代	早(西)	中	晚(东)	分期	期段编号	面积(万米²)	等级	所含期段数	陶片密度	陶片数量	器型	残片	石器	文化层特点	详细文化层信息	中心海拔
JN	QMJZ-2	13	胶南	前茂甲庄	花根山	A，B	周			x	东周	1171	2.06	V		稀少	7						21.0
JN	QMJZ-2	13	胶南	前茂甲庄	花根山	A，C	汉					1734	1.04	V		稀少	6						21.0
JN	QMJZ-3	13	胶南	前茂甲庄	塔山店子	A，B	周			x	东周	1219	1.23	V		稀少	10						20.0
JN	QMJZ-3	13	胶南	前茂甲庄	塔山店子	B，C	汉					1719	1.35	V		很少	56				文化堆积	地面陶片丰富，为白菜地	20.0
JN	SH-11	13	胶南	双河	董家洼	A，B，D，F，I	龙山	x	x		早/中	544	6.45	IV		很少	59			2	文化层	地面陶片丰富，延伸数米长	40.0
JN	SH-11	13	胶南	双河	董家洼	A-F，H-I	周	x		x	西周/东周	1216	9.63	III		很少	145				文化层	地面陶片丰富，延伸数米长	40.0
JN	SH-11	13	胶南	双河	董家洼	B，D，E，H	汉					1635	7.81	IV		很少	20				文化层		40.0
JN	SH-12	13	胶南	双河	董家洼		周	x			西周	1218	0.15	VI		稀少	2						43.0
JN	SH-13	13	胶南	双河	董家洼		周			x	东周	1217	0.15	VI		稀少	1						40.0
JN	SJLG-1	13	胶南	宋家柳沟	后坡楼		周	x			西周	1203	0.15	VI		稀少	1						39.0
JN	SSHX-1	13	胶南	盛水河西	井戈庄		汉					1677	2.13	V		高	6						22.0
JN	SSHX-2	13	胶南	盛水河西	三里庄		汉					1673	0.19	VI		稀少	1						18.0
JN	SSXB-1	13	胶南	盛水西北	花根山		周			x	东周	1187	0.15	VI		稀少	2						18.0
JN	SSXB-2	13	胶南	盛水西北	花根山		龙山				不确定	507	0.15	VI		稀少	1						18.0
JN	SSXB-2	13	胶南	盛水西北	花根山		周			x	东周	1188	0.15	VI		稀少	2						18.0
JN	TG-1	13	胶南	驼沟	塔山店子		汉					1712	0.19	VI		稀少	0				墓葬	墓葬	38.0
JN	TG-2	13	胶南	驼沟	塔山店子		汉					1711	0.15	VI		稀少	1						31.0
JN	TG-4	13	胶南	驼沟	塔山店子	A-G	龙山	x	x		早/中	537	10.97	III		很少	93				文化层	CAD-黑土/灰土堆积为白菜地	32.0
JN	TG-4	13	胶南	驼沟	塔山店子	D	周				西周	1224	0.15	VI		稀少	1						32.0
JN	TG-4	13	胶南	驼沟	塔山店子	B，C，G	汉					1713	0.90	VI		稀少	4						32.0
JN	TG-5	13	胶南	驼沟	塔山店子		周			x	东周	1222	0.15	VI		稀少	1						37.0
JN	TG-6	13	胶南	驼沟	塔山店子		汉					1714	0.26	VI		稀少	1				墓葬	可能汉墓	38.0
JN	XBMH-1	13	胶南	小白马河	塔山店子		周			x	东周	1223	0.15	VI		稀少	1						33.0
JN	XDaZ-1	13	胶南	新大庄	花根山		龙山	x			早期	517	0.52	VI		稀少	3						18.0
JN	XDaZ-2	13	胶南	新大庄	花根山		汉					1703	0.15	VI		稀少	1						18.0
JN	XDaZ-3	13	胶南	新大庄	花根山		龙山				不确定	513	0.15	VI		稀少	1						20.0
JN	XDaZ-4	13	胶南	新大庄	花根山		龙山	x	x		早/中	516	1.81	V		少	30						19.0
JN	XDaZ-4	13	胶南	新大庄	花根山		周	x		x	西周/东周	1181	1.81	V		很少	46						19.0
JN	XDaZ-4	13	胶南	新大庄	花根山		汉					1702	1.81	V		稀少	4						19.0
JN	XDZ-2	13	胶南	小店子	三里庄		汉					1649	0.15	VI		稀少	1						58.0
JN	XDZ-3/5	13	胶南	小店子	后坡楼		周			x	西周/东周	1210	1.68	V		稀少	15						45.0
JN	XDZ-3/5	13	胶南	小店子	后坡楼		汉					1642	0.58	VI		稀少	2				标志石	天然石块加工而成	45.0
JN	XDZ-6	13	胶南	小店子	山东头		汉					1725	0.15	VI		稀少	0				标志石	2大，3小	62.0
JN	XDZ-7	13	胶南	小店子	后坡楼		汉					1643	0.15	VI		稀少	3						38.0
JN	XDZ-8	13	胶南	小店子	后坡楼		汉					1644	0.15	VI		稀少	1						36.0
JN	XDZ-9	13	胶南	小店子	山东头		汉					1637	0.32	VI		稀少	8						51.0
JN	XGZ-3	13	胶南	新官庄	花根山		龙山				不确定	512	0.15	VI		稀少	1						25.0
JN	XNL-2	13	胶南	西南岭	后坡楼		龙山				不确定	1672	0.39	VI		稀少	7						22.0

海拔范围	水源	河道距离	环境区域	地貌状况	防御性遗址	土壤质地	土壤颜色	土层厚度	作物	现代用途	备注	距中心城市5公里内	距中心城市5~10公里	距中心城市10~15公里	距中心城市15公里以上	距海岸5公里内
20~30	主要河流	610	冲积平原	平地		砂质壤土	少灰土-褐土	较深	休耕地/冬小麦/杨树林	农业用地/树林	河流：白马河					
20~30	主要河流	650	冲积平原	平地		砂质壤土	少灰土-褐土	较深	休耕地/冬小麦	农业用地	河流：白马河					
20~30	主要河流	500	冲积平原	平地		粉质壤土	黄土-褐土	较深	休耕地/小麦/大白菜	农业用地	河流：白马河					
20~30	主要河流	600	冲积平原	平地		粉质壤土	黄土-褐土	较深	休耕地/小麦/大白菜	农业用地	河流：白马河					
40~50	小河	0	冲积平原	微倾斜		砂质壤土	黄土-褐土		休耕地/小麦	农业用地						
40~50	小河	0	冲积平原	微倾斜		砂质壤土	黄土-褐土		休耕地/冬小麦	农业用地						
40~50	小河	0	冲积平原	微倾斜		砂质壤土	黄土-褐土		休耕地/小麦	农业用地						
40~50	小河	160	冲积平原	平地		粉质壤土	黄土-褐土	较深	冬小麦	农业用地						
40~50	小河	220	冲积平原	平地		粉质壤土	黄土-褐土	较深	冬小麦	农业用地						
30~40	小河	50	山麓	支脉		砂质壤土			休耕地/冬小麦	农业用地						
20~30	支流	200	山麓	低支脉		砂质壤土	黄土-褐土		休耕地/玉米/茶园/大白菜	农业用地	河流：圣水河					
10~20	支流	70	冲积平原	平地		多砂	浅褐土	较深	休耕地		20世纪建筑物破坏了遗址；河流：圣水河					
10~20	主要河流	150	冲积平原			多砂			休耕地/冬小麦/玉米	农业用地	河流：吉利河					
10~20	主要河流	250	冲积平原			砂质壤土					河流：吉利河					
10~20	主要河流	250	冲积平原			砂质壤土					河流：吉利河					
30~40	小河	670	山麓	低支脉		砂质壤土	黄土-褐土		休耕地	农业用地	可能汉墓					
30~40	小河	550	山麓	低山麓		砂质壤土	黄土-褐土		休耕地							
30~40	支流	10	冲积平原/山麓	中坡		粉质壤土/砂质壤土	浅褐土/黄土-褐土	较深	休耕地/冬小麦/大白菜	农业用地	支流：白马河					
30~40	支流	10	冲积平原	平地		粉质壤土	浅褐土/黄土-褐土	较深	大白菜	农业用地	支流：白马河					
30~40	支流	200	冲积平原/山麓	微倾斜		粉质壤土/砂质壤土	浅褐土/黄土-褐土	较深	休耕地/冬小麦/大白菜	农业用地	支流：白马河					
30~40	小河	550	山麓	平地		砂质壤土	黄土-褐土	中度	休耕地							
30~40	主要河流	550	山麓	低山麓		砂质壤土					河流：白马河；距离JN-TG-1和JN-DS-11可能的汉墓约300米					
30~40	小河	30	冲积平原/山麓			砂质壤土			休耕地							
10~20	小河	100	冲积平原	平地		粉质壤土	浅褐土	较深	休耕地/蔬菜	农业用地/花圃						
10~20	小河	10	冲积平原	平地		粉质壤土	黄土-褐土	较深	休耕地							
20~30	小河	5	冲积平原	平地		粉质壤土	黄土-褐土	较深	休耕地/冬小麦							
10~20	主要河流	130	冲积平原	平地		粉质壤土	黄土-褐土	较深	休耕地		河流：白马河；遗址靠近人工水渠					
10~20	主要河流	130	冲积平原	平地		粉质壤土	黄土-褐土	较深	休耕地		河流：白马河；遗址靠近人工水渠					
10~20	主要河流	130	冲积平原	平地		粉质壤土	黄土-褐土	较深	休耕地		河流：白马河；遗址靠近人工水渠					
50~60	小河	500	山麓	低山麓		土质较硬/砂质壤土			休耕地							
40~50	小河	400	山麓	平地较低的隆起		土质较硬/多砂	少黄土	稀薄	休耕地							
40~50	小河	300	冲积平原/山麓	平地		砂质壤土	黄土-褐土	较深	休耕地/冬小麦	农业用地	JN-XDZ-3有关/可能汉代界石					
60~70	小河	350	山麓	低山		砂质壤土	黄土-褐土	中度	休耕地		一系列石头，可能为界石					
30~40	小河	450	冲积平原	平地		砂质壤土	黄土-褐土	较深	休耕地							
30~40	小河	180	冲积平原	平地		粉质壤土	浅褐土	较深	休耕地		小河被改造成水渠					
50~60	小河	300	山麓	较低的隆起		砂质壤土	黄土-褐土	中度	休耕地							
20~30	小河	150	冲积平原	平地		砂质壤土	浅褐土	较深	杨树林	树林						
20~30	支流	200	山麓	梯田/中坡		土质较硬/砂质壤土			休耕地/玉米	农业用地	圣水河支流					

遗址前缀	遗址名称	年份	行政区划	村镇	地图	采集区	年代	早(西)	中	晚(东)	分期	期段编号	面积(万米²)	等级	所含期段数	陶片密度	陶片数量	器型	残片	石器	文化层特点	详细文化层信息	中心海拔
JN	XNL-3	13	胶南	西南岭	后坡楼		汉					1671	0.15	VI		稀少	1						45.0
JN	XSZL-1	13	胶南	西十字路	三里庄	A	周	x		x	西周/东周	1189	2.26	V		很少	23						19.0
JN	XSZL-1	13	胶南	西十字路	三里庄	A,B	汉					1678	4.90	V		稀少	22						19.0
JN	XSZL-2	13	胶南	西十字路	三里庄		汉					1676	0.15	VI		稀少	1						19.0
JN	XSZL-3	13	胶南	西十字路	三里庄		汉					1679	0.58	VI		稀少	9						19.0
JN	XXC-1	13	胶南	新乡村	花根山		汉					1700	0.26	VI		稀少	1						37.0
JN	XXC-2	13	胶南	新乡村	皂户	A-D	龙山				不确定	531	5.42	IV		稀少	5			1			38.0
JN	XXC-2	13	胶南	新乡村	皂户	D	周			x	东周	1168	1.22	V		稀少	3						38.0
JN	XXC-2	13	胶南	新乡村	皂户	B	周			x	东周	1167	0.52	VI		稀少	1						38.0
JN	XXC-2	13	胶南	新乡村	皂户	C	汉					1721	0.52	VI		稀少	1						38.0
JN	XXC-2	13	胶南	新乡村	皂户	A	汉					1720	0.32	VI		稀少	1						38.0
JN	XXC-3	13	胶南	新乡村	皂户		龙山				不确定	530	0.15	VI		稀少	1						23.0
JN	XXC-4	13	胶南	新乡村	皂户		龙山				不确定	529	0.15	VI		稀少	1						22.0
JN	XXC-5	13	胶南	新乡村	皂户		龙山				不确定	534	0.15	VI		稀少	1						29.0
JN	XXC-6	13	胶南	新乡村	皂户		龙山	x	x		早/中	532	0.65	VI		稀少	5						39.0
JN	YJLG-1	13	胶南	尹家柳沟	后坡楼		汉					1662	0.26	VI		稀少	2						29.0
JN	ZJZh-1	13	胶南	臧家庄	董家洼	A-C	龙山	x			早期	545	3.16	V		稀少	34				文化层	CAC修水渠暴露	50.0
JN	ZJZh-1	13	胶南	臧家庄	董家洼	B	周			x	东周	1214	0.77	VI		稀少	3						50.0
JN	ZJZh-1	13	胶南	臧家庄	董家洼	B	汉					1634	0.77	VI		稀少	2						50.0
JN	ZJZh-2	13	胶南	臧家庄	董家洼		龙山				早期	546	0.15	VI		稀少	1						57.0
JN	ZJZh-2	13	胶南	臧家庄	董家洼		汉					1631	0.15	VI		稀少	1						57.0
LS	DHC-1	13	岚山	大后村	小后村		龙山				不确定	495	0.15	VI	1	稀少	0			1			62.0
LS	DHC-2	13	岚山	大后村	小后村		龙山				不确定	494	0.17	VI	2	少	35			1			35.0
LS	DHC-2	13	岚山	大后村	小后村		汉					1599	0.19	VI	2	稀少	2						35.0
LS	DHC-4	13	岚山	大后村	小后村		汉					1600	0.15	VI		稀少	1						39.0
LS	HJGL-7	13	岚山	汉家皋路	山子河		汉					1590	0.15	VI		稀少	1						43.0
LS	HMZ-1	13	岚山	后马庄	后马庄	A-F	龙山	x	x		早/中	493	10.19	III		少	180			1	文化层	CAC&CAD	45.0
LS	HMZ-1	13	岚山	后马庄	后马庄	A,C,D,E,F	汉					1605	4.00	V		稀少	8						45.0
LS	JHS-1	13	岚山	焦户山	后马庄		汉					1602	0.58	VI		很少	23						38.0
LS	JJGou-1	13	岚山	荆家沟	小后村		汉					1595	0.15	VI		稀少	1						39.0
LS	JJGou-2	13	岚山	荆家沟	小后村		汉					1597	0.19	VI		稀少	2						57.0
LS	JJGou-3	13	岚山	荆家沟	小后村		周	x			西周	1245	0.15	VI		稀少	3						54.0
LS	JJGou-4	13	岚山	荆家沟	小后村		龙山				不确定	496	0.19	VI		稀少	1						48.0
LS	JJGou-4	13	岚山	荆家沟	小后村		汉					1598	0.52	VI		稀少	1						48.0
LS	JJJ-1	13	岚山	焦家集	小后村		汉					1596	0.15	VI		稀少	14						32.0
LS	LJW-1	13	岚山	李家洼	山子河		汉					1592	0.15	VI		稀少	1						32.0
LS	LJW-2	13	岚山	李家洼	山子河		汉					1591	0.26	VI		稀少	2						22.0
LS	LJW-3	13	岚山	李家洼	山子河		周			x	东周	1247	0.26	VI		稀少	3						47.0

海拔范围	水源	河道距离	环境区域	地貌状况	防御性遗址	土壤质地	土壤颜色	土层厚度	作物	现代用途	备注	距中心城市5公里内	距中心城市5~10公里	距中心城市10~15公里	距中心城市15公里以上	距海岸5公里内
40~50	支流	900	山麓	较低的隆起		土质较硬/多砂	浅褐土	稀薄	休耕地		河流：圣水河					
10~20	主要河流	150	冲积平原	平地		土质较硬/多砂	黄土-褐土	较深	果园/松树林	农业用地/花圃	河流：吉利河					
10~20	主要河流	150	冲积平原	平地		土质较硬/多砂	黄土-褐土	较深	果园/松树林/大白菜/休耕地	农业用地/花圃	河流：吉利河					
10~20	小河	250	冲积平原	平地		粉质壤土	浅褐土	较深	杨树林	树林						
10~20	主要河流	650	冲积平原	微倾斜		砂质壤土	浅褐土		休耕地/冬小麦/大白菜	农业用地	河流：吉利河					
30~40	小河	5	山麓	微倾斜		砂质壤土	黄土-褐土	中度	休耕地							
30~40	小河	600	冲积平原/山麓	低山		砂质壤土/粉质壤土	黄土-褐土/浅褐土	较深/中度			CAA石器					
30~40	小河	900	冲积平原/山麓	低山		砂质壤土/粉质壤土	黄土-褐土/浅褐土	较深/中度								
30~40	小河	700	冲积平原/山麓	低山		砂质壤土/粉质壤土	黄土-褐土/浅褐土	较深/中度								
30~40	小河	900	冲积平原/山麓	低山		砂质壤土/粉质壤土	黄土-褐土/浅褐土	较深/中度								
30~40	小河	600	冲积平原/山麓	低山		砂质壤土/粉质壤土	黄土-褐土/浅褐土	较深/中度			石器					
20~30	主要河流	600	冲积平原	平地		粉质壤土	浅褐土	较深	休耕地		河流：白马河					
20~30	主要河流	700	冲积平原	平地		粉质壤土	浅褐土	较深	休耕地		河流：白马河					
20~30	小河	100	冲积平原	平地		粉质壤土	黄土-褐土	较深	杨树林	树林						
30~40	小河	50	山麓	低山		土质较硬/多砂	黄土-褐土	中度	休耕地		可能是JN-XXC-2的一部分					
20~30	小河	0	冲积平原			砂质壤土	黄土-褐土	较深	冬小麦	农业用地	水渠穿过遗址1/小河					
50~60	小河	300	山麓	梯田/微倾斜		砂质壤土	黄土-褐土	较深	休耕地/冬小麦/桑园	农业用地						
50~60	小河	320	山麓	较低的隆起		砂质壤土	黄土-褐土	较深	休耕地/冬小麦	农业用地						
50~60	小河	320	山麓	较低的隆起		砂质壤土	黄土-褐土	较深	休耕地/冬小麦	农业用地						
50~60	小河	70	山麓	微倾斜		砂质壤土	黄土-褐土		休耕地							
50~60	小河	70	山麓	微倾斜		砂质壤土	黄土-褐土		休耕地							
60~70	小河	120	山麓	微倾斜		粉质壤土	黄土-褐土	中度	休耕地		1石器，无陶器					
30~40	支流	20	冲积平原	平地		砂质壤土	黄土-褐土	较深	休耕地/冬小麦/桑园	农业用地	河流：大曲河；遗址可能比估计得还要大；1石器					
30~40	支流	20	冲积平原	平地		砂质壤土	黄土-褐土	较深	休耕地/冬小麦/桑园	农业用地	河流：大曲河；遗址可能比估计得还要大；1石器					
30~40	支流	30	冲积平原	平地		砂质壤土	黄土-褐土	较深	蔬菜	花圃	河流：大曲河					
40~50	支流	150	山麓	平地top支脉		多砂	黄土	中度	休耕地		河流：傅疃					
40~50	小河	0	冲积平原/山麓	微倾斜/支脉		粉质壤土	浅褐土/pale黄土	较深	休耕地/冬小麦/茶园	农业用地	CAD距离河流90米；大曲河；聚落选址的优越位置					
40~50	小河	0	冲积平原/山麓	微倾斜/支脉		粉质壤土	浅褐土/pale黄土	较深	休耕地/冬小麦/茶园	农业用地	CAD距离河流90米；大曲河；聚落选址的优越位置					
30~40	支流	120	山麓	微倾斜		粉质壤土	浅褐土	较深	冬小麦		河流：大曲河					
30~40	小河	5	冲积平原	微倾斜		粉质壤土	褐土	较深	休耕地	农业用地	低梯田					
50~60	支流	75	山麓	低山麓		粉质壤土	浅褐土	中度	休耕地		通往大曲河的渠道					
50~60	小河	10	山麓	低梯田斜坡		粉质壤土	浅褐土	中度	休耕地							
40~50	小河	10	山麓	低梯田斜坡		粉质壤土	浅褐土	中度			现代水库之上					
40~50	小河	10	山麓	低梯田斜坡		粉质壤土	浅褐土	中度			现代水库之上					
30~40	支流	100	冲积平原/山麓	微倾斜					冬小麦	农业用地	河流：大曲河；梯田					
30~40	小河	50	山麓	平地top支脉		砂质壤土	黄土-褐土	中度	休耕地/冬小麦	农业用地	河流：大曲河					
20~30	支流	50	冲积平原	平地		砂质壤土	黄土-褐土	较深	休耕地/玉米/桑园	农业用地	河流：大曲河					
40~50	小河	10	山麓	低山麓		砂质壤土	黄土-褐土	中度	休耕地/冬小麦	农业用地	靠近水库					

遗址前缀	遗址名称	年份	行政区划	村镇	地图	采集区	年代	早(西)	中	晚(东)	分期	期段编号	面积(万米²)	等级	所含期段数	陶片密度	陶片数量	器型	残片	石器	文化层特点	详细文化层信息	中心海拔
LS	MJD-1	13	岚山	马家店	小后村		周	x		x	西周/东周	1244	0.97	VI		稀少	16						35.0
LS	MJD-1	13	岚山	马家店	小后村		汉					1593	0.15	VI		稀少	2						35.0
LS	SLZ-1	13	岚山	石岭子	小后村		周	x		x	西周/东周	1243	1.61	V		很少	41			1			24.0
LS	WXY-1	13	岚山	卫星营	小后村		周	x		x	西周/东周	1246	0.84	VI		很少	20						44.0
LS	WXY-1	13	岚山	卫星营	小后村		汉					1601	0.84	VI		稀少	3						44.0
LS	WXY-2	13	岚山	卫星营	后马庄		汉					1604	0.77	VI		很少	19						40.0
LS	XST-1	13	岚山	小邵疃	小后村		汉					1594	0.15	VI		稀少	1						38.0
LS	XSZH-1	13	岚山	西山子河	山子河		周			x	东周	1242	0.15	VI		稀少	2						19.0
LS	ZHG-1	13	岚山	皂户沟	小后村		汉					1603	0.26	VI		稀少	8						51.0
WL	CLZ-1	13	五莲	常林子	叩官		汉					1607	0.14	VI	1	稀少	3						52.0
WL	DHS-1	13	五莲	大槐树	叩官		汉					1608	0.19	VI		稀少	4						55.0
WL	XYL-1	13	五莲	小榆林	大榆林		汉					1606	0.77	VI		稀少	2						47.0
ZC	ALZ-1	13	诸城	阿洛子	三里庄	A，B	龙山				不确定	501	0.65	VI	2	稀少	4						26.0
ZC	ALZ-1	13	诸城	阿洛子	三里庄	B	汉					1665	0.15	VI	2	稀少	2						26.0
ZC	ALZ-2	13	诸城	阿洛子	三里庄		汉					1666	0.15	VI		稀少	7						23.0
ZC	ALZ-3	13	诸城	阿洛子	三里庄		周			x	东周	1192	0.19	VI	1	稀少	2						27.0
ZC	ALZ-4	13	诸城	阿洛子	三里庄		汉					1632	0.15	VI	1	稀少	1						27.0
ZC	ALZ-5	13	诸城	阿洛子	三里庄		汉					1675	0.15	VI	1	稀少	3						34.0
ZC	BT-1	13	诸城	埠头	三里庄		周			x	东周	1195	0.15	VI		稀少	1						19.0
ZC	BT-2	13	诸城	埠头	三里庄		周	x			西周	1196	0.15	VI		稀少	3						19.0
ZC	BT-3	13	诸城	埠头	三里庄		汉					1670	0.90	VI	1	稀少	9						20.0
ZC	BT-4	13	诸城	埠头	三里庄		汉					1667	0.15	VI	1	稀少	2						21.0
ZC	BT-5	13	诸城	埠头	三里庄		周			x	东周	1194	0.15	VI	2	稀少	1						21.0
ZC	BT-5	13	诸城	埠头	三里庄		汉					1668	0.15	VI	2	稀少	2						21.0
ZC	BT-6	13	诸城	埠头	三里庄		龙山				不确定	506	0.15	VI	1	稀少	0			1			46.0
ZC	DTY-1	13	诸城	东桃园	三里庄		周			x	东周	1205	1.29	V	2	稀少	2						30.0
ZC	DTY-1	13	诸城	东桃园	三里庄		汉					1657	2.13	V	2	高	19						30.0
ZC	DTY-2	13	诸城	东桃园	三里庄		汉					1658	0.15	VI	1	稀少	1						39.0
ZC	DTY-3	13	诸城	东桃园	三里庄	A	周			x	东周	1209	1.55	V	2	稀少	4						58.0
ZC	DTY-3	13	诸城	东桃园	三里庄	A，B	汉					1650	2.84	V	2	很少	25				标志石	3界石，可能平台	58.0
ZC	DTY-4	13	诸城	东桃园	三里庄		汉					1651	0.15	VI	1	稀少	2						58.0
ZC	DTY-5	13	诸城	东桃园	三里庄		周			x	东周	1204	0.15	VI	1	稀少	1						49.0
ZC	JS-1	13	诸城	井上	三里庄		周			x	东周	1208	1.03	V		稀少	3						39.0
ZC	JS-1	13	诸城	井上	三里庄		汉					1653	1.03	V		稀少	3						39.0
ZC	JS-2	13	诸城	井上	三里庄		汉					1654	0.84	VI		稀少	7						38.0
ZC	JS-3	13	诸城	井上	三里庄		汉					1652	0.15	VI		稀少	1						40.0
ZC	JS-4	13	诸城	井上	山东头	A，B	汉					1639	0.58	VI		稀少	7						44.0

海拔范围	水源	河道距离	环境区域	地貌状况	防御性遗址	土壤质地	土壤颜色	土层厚度	作物	现代用途	备注	距中心城市5公里内	距中心城市5~10公里	距中心城市10~15公里	距中心城市15公里以上	距海岸5公里内
30~40	支流	150	山麓	较低的隆起		粉质壤土	黄土-褐土		休耕地/冬小麦/玉米	农业用地	大曲河支流					
30~40	支流	150	山麓	较低的隆起		粉质壤土	黄土-褐土		休耕地/冬小麦/玉米	农业用地	大曲河支流					
20~30	支流	5	冲积平原	平地/较低的隆起		砂质壤土	黄土-褐土	较深	桑园/草垛	农业用地	河流：大曲河；遗址实际面积可能还要大					
40~50	支流	80	山麓	平地支脉		粉质壤土	浅褐土	中度	冬小麦	农业用地	河流：大曲河；支脉梯田；靠近村庄					
40~50	支流	80	山麓	平地支脉		粉质壤土	浅褐土	中度	冬小麦	农业用地	河流：大曲河；支脉梯田；靠近村庄					
40~50	小河	10	冲积平原	平地		粉质壤土	黄土-褐土		休耕地/冬小麦	农业用地						
30~40	支流	10	山麓	微倾斜		粉质壤土	浅褐土	中度	休耕地		河流：大曲河					
10~20	支流	220	冲积平原	平地					蔬菜	花圃	河流：大曲河；现代村镇20米以东					
50~60	支流	300	山麓	中坡/梯田		砂质壤土	黄土-褐土	中度	休耕地	农业用地	河流：大曲河					
50~60	支流	250	冲积平原/山麓	微倾斜/梯田		土质较硬/砂质壤土	黄土-褐土	较深	冬小麦	农业用地	支流：潮白河					
50~60	支流	250	冲积平原			土质较硬/粉质壤土	黄土-褐土		冬小麦/树林	农业用地	支流：潮白河					
40~50	支流	250	冲积平原	平地		砂质壤土	浅褐土	较深			潮白河支流					
20~30	小河	250	冲积平原			砂质壤土	黄土-褐土		休耕地	农业用地	圣水河支流的支流					
20~30	小河	250	冲积平原	微倾斜		砂质壤土	黄土-褐土		休耕地/冬小麦	农业用地	圣水河支流的支流					
20~30	小河	150	冲积平原	微倾斜		砂质壤土	黄土-褐土	较深	休耕地							
20~30	小河	20	冲积平原			土质较硬/多砂	黄土	较深								
20~30	小河	100	冲积平原	平地		砂质壤土	黄土	较深	休耕地/玉米	农业用地	村庄以西					
30~40	小河	20	山麓	低梯田斜坡		砂质壤土	黄土-褐土		休耕地							
10~20	支流	450	冲积平原	平地		砂质壤土	浅褐土		休耕地/冬小麦	农业用地	河流：蟠蟠河					
10~20	支流	75	冲积平原	平地		砂质壤土	黄土-褐土	较深	冬小麦	农业用地	支流：蟠蟠河					
20~30	支流	200	冲积平原			砂质壤土	浅褐土		休耕地/冬小麦/大白菜	农业用地	河流：蟠蟠河					
20~30	支流	50	冲积平原			土质较硬/砂质壤土	黄土-褐土		玉米	农业用地	河流：蟠蟠河					
20~30	支流	375	冲积平原	平地		砂质壤土	黄土-褐土	较深	大白菜/萝卜	花圃/大白菜储存处	支流：蟠蟠河					
20~30	支流	375	冲积平原	平地		砂质壤土	黄土-褐土	较深	大白菜/萝卜	花圃/大白菜储存处	支流：蟠蟠河					
40~50	支流	600	山麓	山脊上部平地		土质较硬/多砂	黄土-褐土	稀薄	休耕地		支流：蟠蟠河；与ZC-NGJZ-1发现的石器工具相近，未发现陶器等					
30~40	支流	200	冲积平原	微倾斜		砂质壤土			休耕地/杨树林	农业用地/树林	河流：蟠蟠河					
30~40	支流	200	冲积平原	微倾斜		砂质壤土			休耕地/杨树林	农业用地/树林	河流：蟠蟠河					
30~40	小河	150	山麓	平地		土质较硬/砂质壤土	黄土-褐土		休耕地							
50~60	小河	50	山麓			砂质壤土	黄土-褐土									
50~60	小河	50	山麓			砂质壤土	黄土-褐土				经简单修整的自然石材，可能用作不同行政区之间的界石；也可能寝室的碑刻或者望塔的基石					
50~60	小河		山麓	低山		砂质壤土	黄土-褐土		冬小麦	农业用地						
40~50	小河	120	山麓	低山		土质较硬/多砂	黄土-褐土	中度	休耕地							
30~40	支流	400	冲积平原	平地		砂质壤土	黄土-褐土	较深	休耕地		支流：蟠蟠河					
30~40	支流	400	冲积平原	平地		砂质壤土	黄土-褐土	较深	休耕地		支流：蟠蟠河					
30~40	支流	20	冲积平原	平地		土质较硬/多砂	黄土-褐土	较深			支流：蟠蟠河					
40~50	小河	300	冲积平原			砂质壤土	黄土-褐土		松树林	树林						
40~50	支流	300	冲积平原			砂质壤土			冬小麦	农业用地/高速路	河流：蟠蟠河					

遗址前缀	遗址名称	年份	行政区划	村镇	地图	采集区	年代	早(西)	中	晚(东)	分期	期段编号	面积(万米²)	等级	所含期段数	陶片密度	陶片数量	器型	残片	石器	文化层特点	详细文化层信息	中心海拔
ZC	JS-5	13	诸城	井上	三里庄		汉					1641	0.15	VI		稀少	1						44.0
ZC	JS-6	13	诸城	井上	山东头		汉					1640	0.15	VI		稀少	1						51.0
ZC	NZJZ-1	13	诸城	南张家庄	三里庄	H, K, N	大汶口				晚期	29	4.39			稀少	12				文化层	CAK, CAN	31.0
ZC	NZJZ-1	13	诸城	南张家庄	三里庄	A-I, K-Q	龙山	x		x	早/中	500	41.87	II		少	293			9	文化层	CAB, CAK, CAN, CAO	31.0
ZC	NZJZ-1	13	诸城	南张家庄	三里庄	K-O, Q, R	周			x	东周	1198	8.45	III		稀少	22				文化层	CAK, CAN, CAO	31.0
ZC	NZJZ-1	13	诸城	南张家庄	三里庄	B-H, J	汉					1664	22.90	II		稀少	36				文化层	CAB	31.0
ZC	SLiZ-1	13	诸城	三里庄	三里庄		汉					1674	0.32	VI		稀少	2						18.0
ZC	SYZ-1	13	诸城	松院子	山东头		汉					1638	0.15	VI		稀少	1						49.0
ZC	XCJZ-1	13	诸城	小曹家庄	三里庄		周	x		x	西周/东周	1206	0.77	VI		很少	52				文化堆积	文化层不明确	30.0
ZC	XCJZ-1/2/4	13	诸城	小曹家庄	三里庄		汉					1656	2.64	V		稀少	8						30.0
ZC	XCJZ-3	13	诸城	小曹家庄	三里庄		周			x	东周	1207	0.15	VI		稀少	2						34.0
ZC	XCJZ-3	13	诸城	小曹家庄	三里庄		汉					1655	0.15	VI		稀少	6						34.0
ZC	XJZZ-1	13	诸城	解家庄子	三里庄	A-C	龙山	x		x	早/中	502	2.97	V		很少	25				文化层	CAA	27.0
ZC	XJZZ-1	13	诸城	解家庄子	三里庄	C	商				晚期	31	1.55			稀少	5						27.0
ZC	XJZZ-1	13	诸城	解家庄子	三里庄	A-D	周	x		x	西周/东周	1199	4.78	IV		很少	86				文化层	CAA	27.0
ZC	XJZZ-1	13	诸城	解家庄子	三里庄	A, B, C	汉					1663	2.84	V		很少	14				文化层	CAA	27.0
ZC	XJZZ-2	13	诸城	解家庄子	三里庄		周			x	东周	1193	0.15	VI		稀少	2						23.0
ZC	XJZZ-3	13	诸城	解家庄子	三里庄		周			x	东周	1200	0.15	VI		稀少	1						27.0
ZC	XJZZ-4	13	诸城	解家庄子	三里庄		汉					1659	0.15	VI		稀少	1						27.0
ZC	XJZZ-5	13	诸城	解家庄子	三里庄		汉					1660	0.15	VI		稀少	1						27.0
ZC	XJZZ-6	13	诸城	解家庄子	三里庄		龙山				不确定	503	0.15	VI		稀少	1						27.0
ZC	XSL-1	13	诸城	小石岭	三里庄		龙山	x		x	早/中	504	0.46	VI		少	33						38.0
ZC	XSL-1	13	诸城	小石岭	三里庄		汉					1733	0.13	VI		稀少	0				封土堆	平台/墓葬?	38.0

海拔范围	水源	河道距离	环境区域	地貌状况	防御性遗址	土壤质地	土壤颜色	土层厚度	作物	现代用途	备注	距中心城市5公里内	距中心城市5~10公里	距中心城市10~15公里	距中心城市15公里以上	距海岸5公里内
40~50	小河	220	冲积平原			砂质壤土	黄土-褐土		休耕地/冬小麦	农业用地						
50~60	小河	300	冲积平原/山麓	低山麓		砂质壤土	黄土-褐土		冬小麦	农业用地						
30~40	支流	70	冲积平原	微倾斜		砂质壤土	灰土	较深	休耕地/小麦/大白菜/杨树林/桑园	农业用地/树林/草垛	蟠虺河					
30~40	支流	0	冲积平原	微倾斜		砂质壤土	黄土-褐土/灰土	较深	休耕地/小麦/大白菜/杨树林/桑园	农业用地/树林/草垛	小河边发现石器工具					
30~40	支流	80	冲积平原	微倾斜		砂质壤土	灰土	较深	休耕地/小麦/大白菜/杨树林/桑园	农业用地/树林/草垛						
30~40	支流	70	冲积平原	微倾斜		砂质壤土	灰土	较深	休耕地/小麦/大白菜/杨树林/桑园	农业用地/树林/草垛	蟠虺河					
10~20	支流	150	冲积平原	平地		多砂	黄土	较深	休耕地		河流：圣水河					
40~50	支流	70	冲积平原	平地		土质较硬/多砂	浅褐土	较深			支流：蟠虺河					
30~40	支流	160	冲积平原	平地		砂质壤土	黄土-褐土	较深	休耕地/茶园/杨树林	农业用地/树林	支流：蟠虺河					
30~40	支流	100	冲积平原	平地		砂质壤土	黄土-褐土	较深	休耕地/茶园/杨树林	农业用地/树林	支流：蟠虺河					
30~40	支流	350	冲积平原			砂质壤土	黄土-褐土		冬小麦	农业用地	河流：蟠虺河					
30~40	支流	350	冲积平原			砂质壤土	黄土-褐土		冬小麦	农业用地	河流：蟠虺河					
20~30	支流	30	冲积平原	微倾斜		砂质壤土	黄土-褐土	较深	休耕地/冬小麦/大白菜	农业用地	河流：蟠虺河；与Zc-ALZ及Zc-NGJZ等一起可能是一个大的社群的重要组成部分					
20~30	支流	30	冲积平原	微倾斜		砂质壤土	黄土-褐土	较深	休耕地/白菜/小麦/杨树林	农业用地	河流：蟠虺河；与Zc-ALZ及Zc-NGJZ等一起可能是一个大的社群的重要组成部分					
20~30	支流	30	冲积平原	微倾斜		砂质壤土	黄土-褐土	较深	休耕地/冬小麦/大白菜/茶园	农业用地	河流：蟠虺河；与Zc-ALZ及Zc-NGJZ等一起可能是一个大的社群的重要组成部分					
20~30	支流	30	冲积平原	微倾斜		砂质壤土	黄土-褐土	较深	休耕地/冬小麦/大白菜	农业用地	河流：蟠虺河；与Zc-ALZ及Zc-NGJZ等一起可能是一个大的社群的重要组成部分					
20~30	支流	140	冲积平原	微倾斜		砂质壤土	黄土-褐土	较深	休耕地/桑园		靠近信号塔；支流：蟠虺河					
20~30	支流	350	冲积平原			粉质壤土	褐土		杨树林	树林/公路/民房/草垛	河流：蟠虺河					
20~30	支流	30	冲积平原	平地		多砂	黄土-褐土	较深			支流：蟠虺河					
20~30	支流	180	冲积平原	平地		多砂	黄土-褐土	较深	休耕地		支流：蟠虺河					
20~30	支流	35	冲积平原	平地		土质较硬/多砂	黄土-褐土	较深	杨树林	树林	支流：蟠虺河					
30~40	小河	500	山麓	微倾斜		砂质壤土	黄土	中度	休耕地							
30~40	小河	500	山麓	微倾斜		砂质壤土	黄土	中度	休耕地		平台汉墓，耕田上有盗洞，土堆底部有龙山陶片					

遗物信息表

年度	县区	遗址	采集区	时代	分期	期段编号	数量	质地	石器种类	器形	部位	纹饰	颜色	质地	蛋壳陶
1	东港	AJC-1	单个遗址	周代	不确定	21	1	陶		陶纺轮					
1	东港	AJC-2	CAA	周代	东周	20	1	陶		陶盆	口沿				
1	东港	AJC-2	单个遗址	汉代	不确定		2	陶		不确定	腹片				
1	东港	AJC-3	CAA	汉代	不确定	19	1	陶		不确定	腹片				
1	东港	AJC-3	CAA	周代	东周	19	1	陶		不确定	腹片				
2	东港	AJW-1	单个遗址	龙山	不确定	46	1	陶		不确定	腹片				
2	东港	AMZ-1	单个遗址	汉代	不确定	49	1	陶		陶瓦					
2	东港	AMZ-1	单个遗址	汉代	不确定	49	3	陶		不确定	腹片				
2	东港	ANJ-1	CAD	周代	不确定	22	1	陶		不确定	腹片				
1	东港	ANJ-1	CAA	汉代	不确定	20	3	陶		不确定	腹片				
1	东港	ANJ-1	CAA	汉代	不确定	20	1	陶		陶瓦					
1	东港	ANJ-1	CAA	龙山	早期	28	1	陶		陶罐	腹片	篮纹			
1	东港	ANJ-1	CAA	龙山	中期	28	1	陶		陶器盖	腹片				
1	东港	ANJ-1	CAA	龙山	不确定	28	1	陶		陶罐	腹片				
1	东港	ANJ-1	CAA	龙山	不确定	28	2	陶		陶器盖	口沿				
1	东港	ANJ-1	CAA	周代	不确定	22	1	陶		陶盆	口沿				
1	东港	ANJ-1	CAA	周代	不确定	22	4	陶		不确定	腹片				
1	东港	ANJ-1	CAB	汉代	不确定	20	2	陶		陶瓦					
1	东港	ANJ-1	CAB	汉代	不确定	20	1	陶		不确定	腹片				
1	东港	ANJ-1	CAB	龙山	不确定	28	2	陶		不确定	腹片				
1	东港	ANJ-1	CAB	周代	东周	22	1	陶		陶豆	把手				
1	东港	ANJ-1	CAB	周代	东周	22	2	陶		陶罐	器底				
1	东港	ANJ-1	CAB	周代	东周	22	1	陶		陶罐	口沿				
1	东港	ANJ-1	CAB	周代	东周	22	1	陶		陶盆	器底				
1	东港	ANJ-1	CAB	周代	东周	22	1	陶		陶盆	口沿				
1	东港	ANJ-1	CAB	周代	东周	22	13	陶		不确定	腹片				
1	东港	ANJ-1	CAB	周代	西周	22	3	陶		陶罐	口沿				
1	东港	ANJ-1	CAB	周代	东周	22	3	陶		陶豆	腹片				
1	东港	ANJ-1	CAB	周代	西周	22	17	陶		不确定	腹片				
1	东港	ANJ-1	CAC	龙山	不确定	28	1	石	工具	石刀					
1	东港	ANJ-2	CAA	周代	不确定	23	10	陶		不确定	腹片				
1	东港	ANJ-3	单个遗址	不确定			1	石	工具	石斧					
2	东港	ANJ-4	单个遗址	周代	不确定	55	1	石	工具	磨光工具					
2	东港	ANJ-4	单个遗址	周代	不确定	55	8	陶		不确定	腹片				
2	东港	BPSZ-1	单个遗址	汉代	不确定	72	3	陶		不确定	腹片				
2	东港	BPSZ-1	单个遗址	汉代	不确定	72	2	陶		陶瓦					
2	东港	BPSZ-2	单个遗址	汉代	不确定	71	1	陶		不确定	腹片				
2	东港	BPSZ-2	单个遗址	周代	不确定	56	1	陶		不确定	腹片				
2	东港	BPSZ-3	单个遗址	龙山	不确定	66	1	陶		不确定	腹片				
1	东港	CJL-1	单个遗址	不确定			3	陶		不确定	腹片				
2	东港	CP-1	单个遗址	龙山	不确定	73	1	陶		不确定	腹片			夹砂	
2	东港	CP-1	单个遗址	龙山	不确定	73	1	陶		不确定	腹片	弦纹		夹砂	
2	东港	CP-1	单个遗址	不确定			5	陶		不确定	腹片				
2	东港	CP-4	单个遗址	现代			1	陶		陶球					
1	五莲	Dantu-1	CAA	汉代	不确定	2	4	陶		陶瓦					
1	五莲	Dantu-1	CAA	汉代	不确定	2	1	陶		陶盆	器底				

年度	县区	遗址	采集区	时代	分期	期段编号	数量	质地	石器种类	器形	部位	纹饰	颜色	质地	蛋壳陶
1	五莲	Dantu-1	CAA	龙山	早期	1	6	陶		陶鼎	器足				
1	五莲	Dantu-1	CAA	龙山	早期	1	3	陶		陶匜	口沿				
1	五莲	Dantu-1	CAA	龙山	早期	1	1	陶		陶鬶	腹片				
1	五莲	Dantu-1	CAA	龙山	早期	1	1	陶		陶甗	器足				
1	五莲	Dantu-1	CAA	龙山	中期	1	2	陶		陶盆	口沿				
1	五莲	Dantu-1	CAA	龙山	中期	1	2	陶		陶罐	口沿				
1	五莲	Dantu-1	CAA	大汶口	晚期	24	1	陶		陶尊	口沿				
1	五莲	Dantu-1	CAA	龙山	中期	1	10	陶		陶罐	器底				
1	五莲	Dantu-1	CAA	龙山	中期	1	1	陶		陶器盖	捉手				
1	五莲	Dantu-1	CAA	龙山	中期	1	1	陶		陶器盖	口沿				
1	五莲	Dantu-1	CAA	龙山	不确定	1	52	陶		不确定	腹片				
1	五莲	Dantu-1	CAA	龙山	不确定	1	1	陶		陶球	完整器				
1	五莲	Dantu-1	CAA	龙山	不确定	1	1	陶		不确定	腹片		白		
1	五莲	Dantu-1	CAA	龙山	不确定	1	2	石	工具	石铲					
1	五莲	Dantu-1	CAA	龙山	不确定	1	1	石	工具	石锛					
1	五莲	Dantu-1	CAA	龙山	不确定	1	1	石	不确定	石球					
1	五莲	Dantu-1	CAB	龙山	早期	1	5	陶		陶鼎	器足				
1	五莲	Dantu-1	CAB	大汶口	晚期	24	2	陶		陶鼎	器足				
1	五莲	Dantu-1	CAB	龙山	早期	1	1	陶		陶鬶	器足				
1	五莲	Dantu-1	CAB	龙山	早期	1	1	陶		陶鬶	把手				
1	五莲	Dantu-1	CAB	龙山	中期	1	3	陶		陶鼎	器足				
1	五莲	Dantu-1	CAB	龙山	中期	1	3	陶		陶甗	器足				
1	五莲	Dantu-1	CAB	龙山	中期	1	1	陶		陶鬶	裆部				
1	五莲	Dantu-1	CAB	龙山	中期	1	2	陶		陶匜	口沿				
1	五莲	Dantu-1	CAB	龙山	中期	1	1	陶		陶罐	口沿				
1	五莲	Dantu-1	CAB	龙山	中期	1	3	陶		陶罐	器底				
1	五莲	Dantu-1	CAB	龙山	中期	1	1	陶		陶豆	腹片				
1	五莲	Dantu-1	CAB	龙山	中期	1	2	陶		陶器盖	腹片				
1	五莲	Dantu-1	CAB	大汶口	晚期	24	1	陶		陶盉	流				
1	五莲	Dantu-1	CAB	龙山	不确定	1	14	陶		不确定	腹片				
1	五莲	Dantu-1	CAB	大汶口	晚期	24	1	陶		不确定	腹片	篮纹			
1	五莲	Dantu-1	CAB	龙山	不确定	1	1	陶		不确定	口沿				
1	五莲	Dantu-1	CAB	大汶口	晚期	24	1	陶		陶豆	口沿				
1	五莲	Dantu-1	CAB	龙山	不确定	1	1	石	工具	石铲			白		
1	五莲	Dantu-1	CAB	周代	东周	1	1	陶		陶瓦					
1	五莲	Dantu-1	CAC	龙山	早期	1	1	陶		陶鼎	器足				
1	五莲	Dantu-1	CAC	龙山	不确定	1	7	陶		不确定	腹片				
1	五莲	Dantu-1	CAC	大汶口	晚期	24	1	陶		陶壶	腹片	篮纹			
1	五莲	Dantu-1	CAC	龙山	中期	1	4	陶		陶匜	口沿				
1	五莲	Dantu-1	CAC	龙山	中期	1	1	陶		陶罐	口沿				
1	五莲	Dantu-1	CAC	龙山	中期	1	4	陶		陶罐	器底				
1	五莲	Dantu-1	CAC	周代	东周	1	1	陶		陶豆	把手				
1	五莲	Dantu-1	CAC	周代	东周	1	1	陶		不确定	腹片				
1	五莲	Dantu-1	CAD	汉代	不确定	1	2	陶		陶瓦					
1	五莲	Dantu-1	CAD	龙山	早期	1	4	陶		陶鼎	器足				
1	五莲	Dantu-1	CAD	龙山	中期	1	4	陶		陶鼎	器足				

年度	县区	遗址	采集区	时代	分期	期段编号	数量	质地	石器种类	器形	部位	纹饰	颜色	质地	蛋壳陶
1	五莲	Dantu-1	CAD	龙山	中期	1	5	陶		陶罐	口沿				
1	五莲	Dantu-1	CAD	龙山	早期/晚期	1	1	陶		陶壶	口沿				
1	五莲	Dantu-1	CAD	龙山	中期	1	5	陶		陶罐	器底				
1	五莲	Dantu-1	CAD	龙山	中期	1	1	陶		陶豆	完整器				
1	五莲	Dantu-1	CAD	龙山	中期	1	1	陶		陶盆	口沿				
1	五莲	Dantu-1	CAD	龙山	中期	1	3	陶		陶器盖	捉手				
1	五莲	Dantu-1	CAD	龙山	中期	1	2	陶		陶器盖	口沿				
1	五莲	Dantu-1	CAD	龙山	中期	1	1	陶		不确定	把手				
1	五莲	Dantu-1	CAD	龙山	不确定	1	15	陶		不确定	腹片				
1	五莲	Dantu-1	CAD	龙山	不确定	1	3	石	工具	石锛					
1	五莲	Dantu-1	CAD	龙山	不确定	1	1	石	工具	石铲					
1	五莲	Dantu-1	CAD	龙山	不确定	1	3	石	产品	半成品					
1	五莲	Dantu-1	CAD	龙山	不确定	1	1	石	不确定	磨光石器					
1	五莲	Dantu-1	CAD	龙山	不确定	1	1	石	石料	不确定					
1	五莲	Dantu-1	CAD	不确定			1	陶		陶罐	器底				
1	五莲	Dantu-1	CAD	周代	东周	1	2	陶		不确定	腹片				
1	五莲	Dantu-1	CAD	周代	西周	1	2	陶		不确定	腹片				
1	五莲	Dantu-1	CAE	龙山	中期	1	1	陶		陶鼎	器足				
1	五莲	Dantu-1	CAE	龙山	中期	1	1	陶		陶甗	器足				
1	五莲	Dantu-1	CAE	龙山	中期	1	1	陶		陶甗	腰部				
1	五莲	Dantu-1	CAE	龙山	中期	1	1	陶		陶鬶	把手				
1	五莲	Dantu-1	CAE	龙山	中期	1	2	陶		不确定	腹片				
1	五莲	Dantu-1	CAE	不确定			1	石	工具	石斧					
1	五莲	Dantu-1	CAE	不确定			1	黏土		烧土			红		
1	五莲	Dantu-1	CAF	大汶口	晚期	25	1	陶		陶鼎	器足				
1	五莲	Dantu-1	CAF	龙山	早期	1	1	陶		陶鼎	口沿				
1	五莲	Dantu-1	CAF	龙山	中期	1	1	陶		陶鼎	器足				
1	五莲	Dantu-1	CAF	龙山	中期	1	2	陶		陶盆	口沿				
1	五莲	Dantu-1	CAF	龙山	晚期	1	1	陶		陶盆	口沿				
1	五莲	Dantu-1	CAF	龙山	晚期	1	1	陶		陶纺轮					
1	五莲	Dantu-1	CAF	龙山	不确定	1	4	陶		不确定	腹片				
1	五莲	Dantu-1	CAF	龙山	不确定	1	1	石	工具	石锛			黑		
1	五莲	Dantu-1	CAF	龙山	不确定	1	1	石	工具	石铲			白		
1	五莲	Dantu-1	CAG	龙山	不确定	1	1	石	工具	石钺					
1	五莲	Dantu-1	CAG	不确定			1	陶		不确定	腹片				
1	五莲	Dantu-1	CAG	周代	东周	2	5	陶		不确定	腹片				
1	五莲	Dantu-1	CAH	汉代	不确定	3	3	陶		陶瓦					
1	五莲	Dantu-1	CAH	汉代	不确定	3	1	陶		不确定	腹片				
1	五莲	Dantu-1	CAH	龙山	早期	1	2	陶		陶鼎	器足				
1	五莲	Dantu-1	CAH	龙山	早期	1	1	陶		陶鼎	器底				
1	五莲	Dantu-1	CAH	龙山	中期	1	1	陶		陶甗	腰部				
1	五莲	Dantu-1	CAH	龙山	中期	1	2	陶		陶罐	口沿				
1	五莲	Dantu-1	CAH	龙山	中期	1	1	陶		陶罐	器底				
1	五莲	Dantu-1	CAH	龙山	中期	1	4	陶		陶器盖					
1	五莲	Dantu-1	CAH	大汶口	晚期	25	1	陶		不确定	腹片	篮纹			
1	五莲	Dantu-1	CAH	龙山	中期	1	9	陶		不确定	腹片				

年度	县区	遗址	采集区	时代	分期	期段编号	数量	质地	石器种类	器形	部位	纹饰	颜色	质地	蛋壳陶
1	五莲	Dantu-1	CAH	龙山	不确定	1	1	石	工具	石铲			白		
1	五莲	Dantu-1	CAH	龙山	不确定	1	3	石	工具	石斧					
1	东港	DBS-1	单个遗址	龙山	中期	14	1	陶		陶器盖	腹片				
1	东港	DBS-1	单个遗址	龙山	中期	14	1	陶		陶罐	器底				
1	东港	DBS-1	单个遗址	龙山	中期	14	1	陶		不确定	口沿				
1	东港	DBS-2	单个遗址	汉代	不确定	13	1	陶		不确定	腹片				
1	东港	DBS-3	单个遗址	龙山	不确定	13	3	陶		不确定	腹片				
1	东港	DBS-4	单个遗址	龙山	不确定	20	3	陶		不确定	腹片				
2	东港	DEL-1	单个遗址	龙山	不确定	69	3	陶		不确定	腹片				
2	东港	DEL-2	单个遗址	龙山	不确定	68	1	陶		不确定	腹片		黑	夹砂	是
2	东港	DEL-3	单个遗址	汉代	不确定	75	3	陶		不确定	腹片				
2	东港	DEL-3	单个遗址	汉代	不确定	75	3	陶		陶瓦					
2	东港	DEL-3	单个遗址	龙山	不确定	67	8	陶		不确定	腹片				
9	东港	DG-BC-1	单个遗址	汉代	不确定	945	1	陶		陶瓦					
9	东港	DG-BC-2	单个遗址	汉代	不确定	944	1	陶		陶盘	颈部				
7	东港	DG-BDC-1	单个遗址	汉代	不确定	602	1	陶		陶盆	颈部				
7	东港	DG-BDC-1	单个遗址	汉代	不确定	602	1	陶		不确定	腹片				
7	东港	DG-BDC-2	单个遗址	汉代	不确定	603	1	陶		陶盆	器底				
7	东港	DG-BDC-2	单个遗址	汉代	不确定	603	7	陶		陶瓦					
7	东港	DG-BDC-3	CAA	龙山	不确定	236	1	陶		不确定	腹片				
7	东港	DG-BDC-3	CAA	汉代	不确定	604	5	陶		陶瓦					
7	东港	DG-BDC-3	CAB	汉代	不确定	604	3	陶		陶瓦					
7	东港	DG-BDC-3	CAC	汉代	不确定	604	1	陶		陶瓦					
7	东港	DG-BDC-4	CAA	周代	西周	495	1	陶		不确定	腹片	绳纹			
7	东港	DG-BDC-4	CAA	周代	西周	495	1	陶		不确定	腹片				
7	东港	DG-BDC-4	CAA	汉代	不确定	608	6	陶		陶瓦					
7	东港	DG-BDC-4	CAB	汉代	不确定	608	1	陶		陶瓦					
7	东港	DG-BDC-4	CAC	龙山	早期	237	2	陶		陶鼎	口沿				
7	东港	DG-BDC-4	CAC	龙山	早期	237	11	陶		陶鼎	器足				
7	东港	DG-BDC-4	CAC	龙山	早期	237	1	陶		陶甗	器足				
7	东港	DG-BDC-4	CAC	龙山	早期	237	3	陶		陶鬶	器足				
7	东港	DG-BDC-4	CAC	龙山	中期	237	5	陶		陶罐	口沿				
7	东港	DG-BDC-4	CAC	龙山	中期	237	2	陶		陶匜	口沿				
7	东港	DG-BDC-4	CAC	龙山	中期	237	1	陶		陶鼎	器足				
7	东港	DG-BDC-4	CAC	龙山	中期	237	2	陶		陶鬶	把手				
7	东港	DG-BDC-4	CAC	龙山	不确定	237	2	陶		陶鬶	器足				
7	东港	DG-BDC-4	CAC	龙山	不确定	237	3	陶		不确定	腹片	篮纹			
7	东港	DG-BDC-4	CAC	龙山	不确定	237	2	陶		不确定	腹片	弦纹			
7	东港	DG-BDC-4	CAC	龙山	不确定	237	1	陶		不确定	腹片	附加堆纹			
7	东港	DG-BDC-4	CAC	龙山	不确定	237	95	陶		不确定	腹片				
7	东港	DG-BDC-4	CAC	龙山	不确定	237	2	陶		陶器盖	口沿				
7	东港	DG-BDC-4	CAC	龙山	不确定	237	7	陶		陶罐	器底				
7	东港	DG-BDC-4	CAC	周代	东周	495	1	陶		陶罐	口沿				
7	东港	DG-BDC-4	CAC	周代	东周	495	1	陶		陶豆	豆盘				
7	东港	DG-BDC-4	CAC	周代	东周	495	1	陶		不确定	腹片	绳纹			
7	东港	DG-BDC-4	CAC	周代	东周	495	2	陶		不确定	腹片				

年度	县区	遗址	采集区	时代	分期	期段编号	数量	质地	石器种类	器形	部位	纹饰	颜色	质地	蛋壳陶
7	东港	DG-BDC-4	CAC	汉代	不确定	608	9	陶		陶瓦					
7	东港	DG-BDC-4	CAC	汉代	不确定	608	2	陶		不确定	腹片				
7	东港	DG-BDC-4	CAD	龙山	早期	237	2	陶		陶鼎	器足				
7	东港	DG-BDC-4	CAD	龙山	早期	237	2	陶		陶甗	器足				
7	东港	DG-BDC-4	CAD	龙山	不确定	237	1	陶		陶罐	器底				
7	东港	DG-BDC-4	CAD	龙山	不确定	237	2	陶		不确定	腹片	篮纹			
7	东港	DG-BDC-4	CAD	龙山	不确定	237	2	陶		不确定	腹片	弦纹			
7	东港	DG-BDC-4	CAD	龙山	不确定	237	18	陶		不确定	腹片				
7	东港	DG-BDC-4	CAD	周代	东周	495	1	陶		不确定	腹片				
7	东港	DG-BDC-4	CAD	汉代	不确定	608	5	陶		陶瓦					
7	东港	DG-BDC-4	CAE	龙山	早期	237	1	陶		陶鼎	器足				
7	东港	DG-BDC-4	CAE	龙山	不确定	237	1	陶		陶罐	器底				
7	东港	DG-BDC-4	CAE	龙山	不确定	237	1	陶		不确定	腹片	弦纹			
7	东港	DG-BDC-4	CAE	龙山	不确定	237	5	陶		不确定	腹片				
7	东港	DG-BDC-4	CAE	汉代	不确定	608	4	陶		陶瓦					
7	东港	DG-BDC-4	CAE	汉代	不确定	608	1	陶		不确定	腹片				
7	东港	DG-BDC-4	CAF	龙山	不确定	237	1	陶		不确定	腹片				
7	东港	DG-BDC-4	CAF	周代	东周	499	2	陶		不确定	腹片				
7	东港	DG-BDC-5	单个遗址	汉代	不确定	607	3	陶		陶瓦					
7	东港	DG-BDC-6	CAA	周代	东周	504	1	陶		不确定	腹片	绳纹			
7	东港	DG-BDC-6	CAB	龙山	不确定	239	4	陶		不确定	腹片				
7	东港	DG-BDC-6	CAB	汉代	不确定	614	1	陶		陶罐	口沿				
7	东港	DG-BDC-6	CAB	汉代	不确定	614	2	陶		不确定	腹片				
7	东港	DG-BDC-6	CAB	汉代	不确定	614	2	陶		陶瓦					
7	东港	DG-BDC-6	CAC	周代	西周	504	1	陶		不确定	腹片				
7	东港	DG-BDC-7	单个遗址	汉代	不确定	609	1	陶		陶瓦					
7	东港	DG-BDC-8	单个遗址	周代	西周	498	2	陶		不确定	腹片	绳纹			
7	东港	DG-BDC-8	单个遗址	汉代	不确定	613	3	陶		陶瓦					
7	东港	DG-BDC-8	单个遗址	汉代	不确定	613	1	陶		不确定	腹片				
9	东港	DG-BJC-1	单个遗址	周代	西周	794	1	陶		陶鬲	器足				
9	东港	DG-BJC-1	单个遗址	周代	西周	794	1	陶		陶鬲	腹片				
9	东港	DG-BJC-1	单个遗址	周代	西周	794	7	陶		不确定	腹片				
9	东港	DG-BJC-1	单个遗址	周代	西周	794	3	陶		不确定	腹片	绳纹			
9	东港	DG-BJC-1	单个遗址	周代	东周	794	2	陶		不确定	腹片				
9	东港	DG-BJC-1	单个遗址	周代	东周	794	1	陶		不确定	腹片	绳纹			
10	东港	DG-BJC-2	CAA	汉代	不确定	1150	1	陶		陶壶	肩部				
10	东港	DG-BJC-2	CAA	汉代	不确定	1150	2	陶		陶罐	口沿				
10	东港	DG-BJC-2	CAA	汉代	不确定	1150	1	陶		陶盆	腹片				
10	东港	DG-BJC-2	CAA	汉代	不确定	1150	21	陶		陶瓦					
10	东港	DG-BJC-2	CAA	汉代	不确定	1150	5	陶		不确定	腹片				
10	东港	DG-BJC-2	CAB	汉代	不确定	1150	1	陶		陶瓦					
10	东港	DG-BJC-2	CAB	汉代	不确定	1150	1	陶		不确定	腹片				
10	东港	DG-BJC-2	CAC	汉代	不确定	1150	2	陶		陶瓦					
10	东港	DG-BJC-2	CAD	汉代	不确定	1150	1	陶		砖					
10	东港	DG-BJC-2	CAD	汉代	不确定	1150	2	陶		陶瓦					
10	东港	DG-BJC-2	CAD	汉代	不确定	1150	1	陶		不确定	腹片				

年度	县区	遗址	采集区	时代	分期	期段编号	数量	质地	石器种类	器形	部位	纹饰	颜色	质地	蛋壳陶
10	东港	DG-BJC-3	单个遗址	汉代	不确定	1149	1	陶		陶盆	口沿				
10	东港	DG-BJC-3	单个遗址	汉代	不确定	1149	2	陶		陶瓦					
10	东港	DG-BJC-4	单个遗址	周代	东周	871	1	陶		陶盆	颈部				
10	东港	DG-BJC-4	单个遗址	周代	东周	871	1	陶		不确定	腹片	绳纹			
11	东港	DG-BJDZ-1	单个遗址	周代	东周	928	1	陶		陶鬲	腹片	绳纹			
11	东港	DG-BJDZ-1	单个遗址	周代	东周	928	2	陶		陶罐	腹片	绳纹			
11	东港	DG-BJDZ-1	单个遗址	汉代	不确定	1240	2	陶		陶瓦					
9	东港	DG-BWJC-1	CAA	龙山	中期	363	1	陶		陶鼎	口沿				
9	东港	DG-BWJC-1	CAA	龙山	不确定	363	2	陶		不确定	腹片				
9	东港	DG-BWJC-1	CAA	龙山	不确定	363	1	陶		不确定	腹片			泥质	是
9	东港	DG-BWJC-1	CAA	周代	东周	748	1	陶		陶豆	腹片				
9	东港	DG-BWJC-1	CAA	周代	东周	748	2	陶		不确定	腹片				
9	东港	DG-BWJC-1	CAB	周代	东周	748	3	陶		不确定	腹片	绳纹			
9	东港	DG-BWJC-1	CAB	汉代	不确定	978	1	陶		陶瓮	口沿				
9	东港	DG-BWJC-1	CAB	汉代	不确定	978	2	陶		陶盆	口沿				
9	东港	DG-BWJC-1	CAB	汉代	不确定	978	15	陶		陶瓦					
7	东港	DG-BYJW-1	单个遗址	汉代	不确定	617	2	陶		陶瓦					
7	东港	DG-BYJW-1	单个遗址	汉代	不确定	617	1	陶		陶盆	器底				
7	东港	DG-BYJW-2	单个遗址	汉代	不确定	618	1	陶		陶盆	口沿				
7	东港	DG-BYJW-2	单个遗址	汉代	不确定	618	1	陶		陶瓦					
7	东港	DG-BYJW-2	单个遗址	汉代	不确定	618	2	陶		不确定	腹片				
7	东港	DG-BYJW-3	单个遗址	汉代	不确定	621	1	陶		陶瓦					
7	东港	DG-BYJW-4	单个遗址	汉代	不确定	624	1	陶		陶瓦					
7	东港	DG-BYJW-5	单个遗址	汉代	不确定	627	3	陶		陶瓦					
7	东港	DG-BYJW-6	单个遗址	汉代	不确定	635	1	陶		陶瓦					
7	东港	DG-CGQC-1	单个遗址	周代	西周	634	5	陶		不确定	腹片	绳纹			
7	东港	DG-CGQC-1	单个遗址	周代	西周	634	6	陶		不确定	腹片				
7	东港	DG-CGQC-1	单个遗址	周代	东周	634	1	陶		陶瓦					
7	东港	DG-CGQC-1	单个遗址	周代	东周	634	1	陶		不确定	腹片	绳纹			
7	东港	DG-CGQC-1	单个遗址	汉代	不确定	664	1	陶		陶盆	口沿				
7	东港	DG-CGQC-1	单个遗址	汉代	不确定	664	5	陶		陶瓦					
7	东港	DG-CGQC-1	ZHANG-14	周代	东周	634	1	陶		不确定	腹片	绳纹			
7	东港	DG-CGQC-1	ZHANG-14	周代	东周	634	1	陶		不确定	腹片				
7	东港	DG-CGQC-1	ZHANG-14	汉代	不确定	664	1	陶		不确定	腹片				
7	东港	DG-CGQC-1	ZHANG-14	汉代	不确定	664	6	陶		陶瓦					
8	东港	DG-CGQC-1	CAB	汉代	不确定	664	1	陶		陶瓦					
8	东港	DG-CGQC-2	单个遗址	汉代	不确定	881	1	陶		陶瓦					
4	东港	DG-CHC-1	单个遗址	汉代	不确定	330	1	陶		陶瓦					
4	东港	DG-CHC-1	单个遗址	汉代	不确定	330	1	陶		陶盆	口沿				
4	东港	DG-CHC-2	单个遗址	汉代	不确定	331	5	陶		陶瓦					
4	东港	DG-CHC-2	单个遗址	汉代	不确定	331	4	陶		不确定	腹片				
4	东港	DG-CHC-2	单个遗址	汉代	不确定	331	1	陶		不确定	腹片	绳纹			
4	东港	DG-CHC-3	CAB	汉代	不确定	329	1	陶		陶瓦					
4	东港	DG-CHC-3	CAB	汉代	不确定	329	1	陶		砖					
4	东港	DG-CHC-3	CAA	龙山	不确定	155	2	陶		不确定	腹片			粗砂	
4	东港	DG-CHC-4	单个遗址	周代	东周	275	1	陶		陶罐	口沿				

年度	县区	遗址	采集区	时代	分期	期段编号	数量	质地	石器种类	器形	部位	纹饰	颜色	质地	蛋壳陶
9	东港	DG-CHK-2	单个遗址	汉代	不确定	962	1	陶		砖					
9	东港	DG-CJAT-1	单个遗址	汉代	不确定	984	1	陶		陶瓦					
9	东港	DG-CJAT-2	单个遗址	龙山	不确定	370	2	陶		不确定	腹片				
9	东港	DG-CJAT-2	单个遗址	龙山	不确定	370	1	陶		不确定	腹片			泥质	是
9	东港	DG-CJAT-2	单个遗址	周代	西周	753	1	陶		不确定	腹片	绳纹			
9	东港	DG-CJAT-2	单个遗址	汉代	不确定	985	4	陶		陶瓦					
9	东港	DG-CJAT-2	单个遗址	汉代	不确定	985	3	陶		不确定	腹片				
9	东港	DG-CJAT-3	单个遗址	汉代	不确定	974	3	陶		陶瓦					
9	东港	DG-CJAT-3	单个遗址	汉代	不确定	974	1	陶		陶盆	腹片				
9	东港	DG-CJAT-4	单个遗址	龙山	早期	369	1	陶		陶鼎	器足				
9	东港	DG-CJAT-4	单个遗址	周代	东周	752	1	陶		陶釜	腹片	绳纹			
9	东港	DG-CJAT-4	单个遗址	周代	东周	752	1	陶		陶盆	口沿				
9	东港	DG-CJAT-5	单个遗址	周代	东周	750	1	陶		陶釜	口沿				
9	东港	DG-CJAT-5	单个遗址	周代	东周	750	2	陶		不确定	腹片				
9	东港	DG-CJAT-5	单个遗址	周代	东周	750	1	陶		不确定	腹片	绳纹			
9	东港	DG-CJAT-5	单个遗址	周代	东周	750	1	陶		陶釜	腹片				
8	东港	DG-CJC-1	单个遗址	周代	西周	692	1	陶		不确定	腹片	绳纹			
8	东港	DG-CJC-1	单个遗址	周代	西周	692	3	陶		不确定	腹片				
8	东港	DG-CJC-1	单个遗址	周代	东周	692	1	陶		陶盆	口沿				
8	东港	DG-CJC-1	单个遗址	周代	东周	692	1	陶		不确定	腹片	绳纹			
8	东港	DG-CJC-1	单个遗址	周代	东周	692	2	陶		不确定	腹片				
8	东港	DG-CJC-1	单个遗址	汉代	不确定	896	1	陶		陶纺轮					
8	东港	DG-CJC-1	单个遗址	汉代	不确定	896	3	陶		不确定	腹片				
8	东港	DG-CJC-1	单个遗址	不确定			1	石	工具	石镰					
8	东港	DG-CJC-2	CAA	汉代	不确定	898	1	陶		陶瓦					
8	东港	DG-CJC-2	CAA	汉代	不确定	898	1	陶		陶盆	器底				
8	东港	DG-CJC-2	CAB	汉代	不确定	898	1	陶		陶瓦					
11	东港	DG-CJCun-1	单个遗址	周代	东周	947	1	陶		陶罐	肩部				
11	东港	DG-CJCun-1	单个遗址	周代	东周	947	2	陶		不确定	腹片				
11	东港	DG-CJCun-2	单个遗址	汉代	不确定	1273	1	陶		陶瓦					
11	东港	DG-CJCun-3	单个遗址	汉代	不确定	1275	2	陶		陶瓦					
11	东港	DG-CJCun-4	CAA	周代	东周	948	1	陶		不确定	腹片	绳纹			
11	东港	DG-CJCun-4	CAA	周代	东周	948	1	陶		不确定	腹片				
11	东港	DG-CJCun-4	CAA	汉代	不确定	1276	1	陶		陶盆					
11	东港	DG-CJCun-4	CAA	汉代	不确定	1276	1	陶		陶罐	腹片				
11	东港	DG-CJCun-4	CAA	汉代	不确定	1276	3	陶		陶瓦					
11	东港	DG-CJCun-4	CAB	汉代	不确定	1276	1	陶		陶盆	口沿				
11	东港	DG-CJCun-4	CAB	汉代	不确定	1276	1	陶		陶瓦					
8	东港	DG-CJT-1	单个遗址	龙山	早期	350	1	陶		陶器盖	口沿				
8	东港	DG-CJT-1	单个遗址	龙山	早期	350	1	陶		陶盘	口沿				
8	东港	DG-CJT-1	单个遗址	龙山	不确定	350	6	陶		不确定	腹片				
8	东港	DG-CJT-2	CAA	汉代	不确定	928	1	陶		陶罐	口沿				
8	东港	DG-CJT-2	CAA	汉代	不确定	928	2	陶		陶盆	口沿				
8	东港	DG-CJT-2	CAA	汉代	不确定	928	13	陶		陶瓦					
8	东港	DG-CJT-2	CAA	汉代	不确定	928	12	陶		不确定	腹片				
8	东港	DG-CJT-2	CAB	周代	东周	720	1	陶		陶盆	口沿				

年度	县区	遗址	采集区	时代	分期	期段编号	数量	质地	石器种类	器形	部位	纹饰	颜色	质地	蛋壳陶
8	东港	DG-CJT-2	CAB	周代	东周	720	2	陶		不确定	腹片	绳纹			
8	东港	DG-CJT-2	CAB	周代	东周	720	1	陶		不确定	腹片				
8	东港	DG-CJT-3	单个遗址	周代	东周	723	1	陶		陶盆	口沿				
8	东港	DG-CJT-4	单个遗址	汉代	不确定	927	1	陶		陶缸	口沿				
8	东港	DG-CJT-4	单个遗址	汉代	不确定	927	2	陶		陶瓦					
11	东港	DG-CJZZ-1	单个遗址	汉代	不确定	1246	1	陶		陶罐	口沿				
11	东港	DG-CJZZ-1	单个遗址	汉代	不确定	1246	1	陶		陶罐	腹片	绳纹			
11	东港	DG-CJZZ-1	单个遗址	汉代	不确定	1246	1	陶		陶瓦					
11	东港	DG-CJZZ-2	单个遗址	汉代	不确定	1247	2	陶		陶瓦					
9	东港	DG-CZ-1	单个遗址	周代	西周	761	1	陶		陶鬲	器足				
9	东港	DG-CZ-1	单个遗址	周代	东周	761	1	陶		陶罐	口沿				
9	东港	DG-CZ-1	单个遗址	周代	东周	761	2	陶		不确定	腹片				
9	东港	DG-CZ-1	单个遗址	周代	东周	761	2	陶		不确定	腹片	绳纹			
9	东港	DG-CZ-2	CAA	周代	东周	759	1	陶		陶盘	口沿				
9	东港	DG-CZ-2	CAA	周代	东周	759	8	陶		不确定	腹片				
9	东港	DG-CZ-2	CAA	周代	东周	759	4	陶		不确定	腹片	绳纹			
9	东港	DG-CZ-2	CAA	周代	东周	759	1	陶		陶盆	腹片				
9	东港	DG-CZ-2	CAB	汉代	不确定	992	1	陶		陶瓦					
9	东港	DG-CZ-2	CAC	周代	东周	759	4	陶		不确定	腹片				
9	东港	DG-CZ-2	CAC	周代	东周	759	2	陶		不确定	腹片	绳纹			
9	东港	DG-CZ-2	CAC	汉代	不确定	994	6	陶		陶盆	口沿				
9	东港	DG-CZ-2	CAC	汉代	不确定	994	2	陶		陶瓦					
9	东港	DG-CZ-2	CAC	汉代	不确定	994	2	陶		陶盆	腹片				
9	东港	DG-CZ-2	CAC	汉代	不确定	944	4	陶		不确定	腹片				
9	东港	DG-CZ-2	CAD	周代	西周	760	1	陶		陶罐	口沿				
9	东港	DG-CZ-2	CAD	周代	西周	760	1	陶		陶鬲	口沿				
9	东港	DG-CZ-2	CAD	周代	东周	760	1	陶		陶罐	口沿				
9	东港	DG-CZ-2	CAD	周代	东周	760	1	陶		陶罐	器底				
9	东港	DG-CZ-2	CAD	周代	东周	760	2	陶		陶釜	腹片				
9	东港	DG-CZ-2	CAD	周代	东周	760	7	陶		不确定	腹片	绳纹			
9	东港	DG-CZ-2	CAD	汉代	不确定	994	1	陶		陶瓮	口沿				
9	东港	DG-CZ-2	CAD	汉代	不确定	994	5	陶		陶盘	口沿				
9	东港	DG-CZ-2	CAD	汉代	不确定	994	5	陶		不确定	腹片				
9	东港	DG-CZ-2	CAD	汉代	不确定	994	1	陶		陶瓦					
9	东港	DG-CZ-2	CAE	周代	西周	759	1	陶		陶鬲	腹片				
9	东港	DG-CZ-2	CAE	周代	西周	759	3	陶		不确定	腹片	绳纹			
9	东港	DG-CZ-2	CAE	周代	西周	759	1	陶		不确定	腹片				
9	东港	DG-CZ-2	CAE	周代	东周	759	1	陶		陶盆	口沿				
9	东港	DG-CZ-2	CAE	周代	东周	759	1	陶		陶罐	口沿				
9	东港	DG-CZ-2	CAE	周代	东周	759	1	陶		陶罐	器底				
9	东港	DG-CZ-2	CAE	周代	东周	759	1	陶		陶豆	口沿				
9	东港	DG-CZ-2	CAE	周代	东周	759	5	陶		不确定	腹片	绳纹			
9	东港	DG-CZ-2	CAE	周代	东周	759	3	陶		不确定	腹片				
9	东港	DG-CZ-2	CAE	汉代	不确定	994	1	陶		陶瓮	口沿				
9	东港	DG-CZ-2	CAE	汉代	不确定	994	2	陶		陶盆	口沿				
9	东港	DG-CZ-2	CAE	汉代	不确定	994	1	陶		陶盆	器底				

年度	县区	遗址	采集区	时代	分期	期段编号	数量	质地	石器种类	器形	部位	纹饰	颜色	质地	蛋壳陶
9	东港	DG-CZ-2	CAE	汉代	不确定	994	7	陶		陶瓦					
9	东港	DG-CZ-2	CAF	汉代	不确定	994	1	陶		陶盆	颈部				
9	东港	DG-CZ-2	CAF	汉代	不确定	994	13	陶		陶瓦					
9	东港	DG-CZ-2	CAG	龙山	中期	374	1	陶		陶罐	口沿				
9	东港	DG-CZ-2	CAG	周代	西周	759	1	陶		陶盘	腹片	绳纹			
9	东港	DG-CZ-2	CAG	周代	西周	759	1	陶		不确定	腹片	绳纹			
9	东港	DG-CZ-2	CAG	周代	东周	759	1	陶		不确定	腹片	附加堆纹			
9	东港	DG-CZ-2	CAG	周代	东周	759	1	陶		不确定	腹片				
9	东港	DG-CZ-2	CAG	汉代	不确定	994	1	陶		陶瓮	口沿				
9	东港	DG-CZ-2	CAG	汉代	不确定	994	1	陶		陶盆	口沿				
9	东港	DG-CZ-2	CAG	汉代	不确定	994	1	陶		陶盆	腹片				
9	东港	DG-CZ-2	CAG	汉代	不确定	994	1	陶		砖	碎块				
9	东港	DG-CZ-2	CAG	汉代	不确定	994	15	陶		陶瓦					
9	东港	DG-CZ-3	CAA	周代	东周	758	4	陶		不确定	腹片	绳纹			
9	东港	DG-CZ-3	CAA	周代	东周	758	3	陶		不确定	腹片				
9	东港	DG-CZ-3	CAA	汉代	不确定	993	1	陶		陶盆	口沿				
9	东港	DG-CZ-3	CAA	汉代	不确定	993	7	陶		陶瓦					
9	东港	DG-CZ-3	CAB	周代	东周	758	1	陶		不确定	腹片				
9	东港	DG-CZ-3	CAB	汉代	不确定	993	8	陶		陶瓦					
9	东港	DG-CZ-3	CAB	汉代	不确定	993	1	陶		陶壶	口沿				
9	东港	DG-CZ-3	CAB	汉代	不确定	993	1	陶		陶瓮	口沿				
9	东港	DG-CZ-3	CAB	汉代	不确定	993	1	陶		陶盆	口沿				
9	东港	DG-CZ-3	CAB	汉代	不确定	993	1	陶		砖	碎块				
9	东港	DG-CZ-3	CAB	汉代	不确定	993	1	陶		陶盆	器底				
9	东港	DG-CZ-3	CAB	汉代	不确定	993	1	石	工具	石磨盘					
9	东港	DG-CZ-3	CAC	周代	东周	758	1	陶		不确定	腹片	绳纹			
9	东港	DG-CZ-3	CAC	周代	东周	758	1	陶		不确定	腹片				
9	东港	DG-CZ-3	CAC	汉代	不确定	993	9	陶		陶瓦					
4	东港	DG-CZG-1	CAA	汉代	不确定	312	77	陶		陶瓦					
4	东港	DG-CZG-1	CAC	汉代	不确定	312	6	陶		陶瓦					
4	东港	DG-CZG-1	CAC	汉代	不确定	312	1	陶		不确定	腹片				
4	东港	DG-CZG-1	CAE	汉代	不确定	312	6	陶		陶瓦					
4	东港	DG-CZG-1	CAE	汉代	不确定	312	5	陶		不确定	腹片				
4	东港	DG-CZG-1	CAF	汉代	不确定	312	1	陶		陶瓦					
4	东港	DG-CZG-1	CAB	商代	不确定	13	2	陶		陶鬲	口沿				
4	东港	DG-CZG-1	CAB	商代	不确定	13	2	陶		陶鬲	器足				
4	东港	DG-CZG-1	CAB	商代	不确定	13	1	陶		陶鼎	器足				
4	东港	DG-CZG-1	CAA	周代	东周	265	3	陶		陶盆	口沿				
4	东港	DG-CZG-1	CAA	周代	东周	265	1	陶		陶瓦					
4	东港	DG-CZG-1	CAB	周代	东周	265	3	陶		陶瓦					
4	东港	DG-CZG-1	CAB	周代	东周	265	5	陶		不确定	腹片				
4	东港	DG-CZG-1	CAE	周代	东周	265	1	陶		陶瓦					
4	东港	DG-CZG-1	CAB	周代	西周	265	3	陶		陶鬲	口沿				
4	东港	DG-CZG-1	CAB	周代	西周	265	2	陶		陶鬲	器足				
4	东港	DG-CZG-1	CAB	周代	西周	265	49	陶		不确定	腹片	绳纹			
4	东港	DG-CZG-1	CAB	周代	西周	265	5	陶		不确定	腹片	附加堆纹			

年度	县区	遗址	采集区	时代	分期	期段编号	数量	质地	石器种类	器形	部位	纹饰	颜色	质地	蛋壳陶
4	东港	DG-CZG-1	CAB	周代	西周	265	2	陶		不确定	腹片		黑		
4	东港	DG-CZG-1	CAB	周代	西周	265	44	陶		不确定	腹片				
4	东港	DG-CZG-1	CAC	周代	西周	265	1	陶		陶盆	口沿				
4	东港	DG-CZG-1	CAC	周代	西周	265	1	陶		不确定	腹片	绳纹			
4	东港	DG-CZG-1	CAC	周代	西周	265	5	陶		不确定	腹片				
4	东港	DG-CZG-2	CAA	汉代	不确定	311	1	陶		陶盆	口沿				
4	东港	DG-CZG-2	CAA	汉代	不确定	311	1	陶		陶盆	器底				
4	东港	DG-CZG-2	CAA	汉代	不确定	311	12	陶		陶瓦					
4	东港	DG-CZG-2	CAB	汉代	不确定	311	1	陶		陶井	口沿				
4	东港	DG-CZG-2	CAB	汉代	不确定	311	2	陶		陶罐	口沿				
4	东港	DG-CZG-2	CAB	汉代	不确定	311	12	陶		陶盆	口沿				
4	东港	DG-CZG-2	CAB	汉代	不确定	311	2	陶		陶盆	器底				
4	东港	DG-CZG-2	CAB	汉代	不确定	311	13	陶		不确定	腹片				
4	东港	DG-CZG-2	CAB	汉代	不确定	311	111	陶		陶瓦					
4	东港	DG-CZG-2	CAB	汉代	不确定	311	5	陶		陶瓦					
4	东港	DG-CZG-2	CAC	汉代	不确定	311	1	陶		陶瓦					
4	东港	DG-CZG-2	CAD	汉代	不确定	311	3	陶		陶瓦					
4	东港	DG-CZG-2	CAD	汉代	不确定	311	1	陶		不确定	腹片				
4	东港	DG-CZG-2	CAE	汉代	不确定	311	2	陶		陶瓦					
4	东港	DG-CZG-2	CAE	汉代	不确定	311	3	陶		不确定	腹片				
4	东港	DG-CZG-2	CAF	汉代	不确定	311	2	陶		陶井	腹片				
4	东港	DG-CZG-2	CAG	汉代	不确定	311	12	陶		陶瓦					
4	东港	DG-CZG-2	CAG	汉代	不确定	311	1	陶		不确定	腹片				
4	东港	DG-CZG-2	CAH	汉代	不确定	311	1	陶		陶罐	口沿				
4	东港	DG-CZG-2	CAH	汉代	不确定	311	11	陶		陶瓦					
4	东港	DG-CZG-2	CAJ	汉代	不确定	311	16	陶		陶瓦					
4	东港	DG-CZG-2	CAJ	汉代	不确定	311	2	陶		陶罐	口沿				
4	东港	DG-CZG-2	CAI	汉代	不确定	311	15	陶		陶瓦					
4	东港	DG-CZG-2	CAI	汉代	不确定	311	7	陶		不确定	腹片				
4	东港	DG-CZG-2	CAB	不确定			1	石	工具	石磨盘					
4	东港	DG-CZG-2	CAG	汉代以后	不确定		1	陶		不确定					
4	东港	DG-CZG-2	CAB	周代	东周	261	3	陶		陶罐	口沿				
4	东港	DG-CZG-2	CAB	周代	东周	261	1	陶		不确定	腹片	绳纹			
4	东港	DG-CZG-2	CAG	周代	东周	261	1	陶		陶盆	口沿				
4	东港	DG-CZG-2	CAG	周代	东周	261	1	陶		陶盆	器底				
4	东港	DG-CZG-2	CAG	周代	东周	261	1	陶		陶豆	豆盘				
4	东港	DG-CZG-2	CAG	周代	东周	261	11	陶		不确定	腹片				
4	东港	DG-CZG-2	CAJ	周代	东周	261	1	陶		陶豆	豆盘				
4	东港	DG-CZG-2	CAJ	周代	东周	261	1	陶		陶盆	口沿				
4	东港	DG-CZG-2	CAJ	周代	东周	261	11	陶		不确定	腹片				
4	东港	DG-CZG-3	单个遗址	周代	东周	264	1	陶		不确定	腹片	绳纹			
4	东港	DG-CZG-4	CAA	汉代	不确定	306	4	陶		陶瓦					
4	东港	DG-CZG-4	CAA	汉代	不确定	306	1	陶		陶盆	口沿				
4	东港	DG-CZG-4	CAB	汉代	不确定	306	6	陶		陶瓦					
4	东港	DG-CZG-4	CAB	汉代	不确定	306	2	陶		不确定	腹片				
4	东港	DG-CZG-4	CAA	周代	东周	255	1	陶		陶罐	口沿				

年度	县区	遗址	采集区	时代	分期	期段编号	数量	质地	石器种类	器形	部位	纹饰	颜色	质地	蛋壳陶
4	东港	DG-CZG-4	CAA	周代	东周	255	1	陶		不确定	腹片				
4	东港	DG-CZG-4	CAB	周代	东周	255	1	陶		陶瓦	口沿				
4	东港	DG-CZG-4	CAB	周代	东周	255	1	陶		不确定	腹片				
5	东港	DG-CZG-5	单个遗址	周代	东周	368	1	陶		不确定	腹片				
5	东港	DG-CZG-6	单个遗址	汉代	不确定	421	2	陶		陶瓦					
5	东港	DG-CZG-6	单个遗址	汉代	不确定	421	2	陶		不确定	腹片				
5	东港	DG-CZG-7	单个遗址	汉代	不确定	420	12	陶		陶瓦					
6	东港	DG-DAJZ-1	单个遗址	龙山	不确定	226	1	陶		不确定	口沿				
6	东港	DG-DAJZ-1	单个遗址	龙山	不确定	226	1	陶		陶甗	腰部				
6	东港	DG-DAJZ-1	单个遗址	周代	东周	462	1	陶		陶豆					
6	东港	DG-DAJZ-1	单个遗址	周代	东周	462	1	陶		陶瓦					
6	东港	DG-DAJZ-1	单个遗址	汉代	西周	563	5	陶		陶瓦					
6	东港	DG-DAJZ-1	单个遗址	汉代	不确定	563	7	陶		不确定	腹片				
6	东港	DG-DAJZ-1	单个遗址	周代	不确定	462	7	陶		不确定	腹片				
9	东港	DG-DaLZ-1	单个遗址	龙山	不确定	387	2	陶		不确定	腹片				
9	东港	DG-DaLZ-1	单个遗址	汉代	不确定	1022	1	陶		陶瓦					
9	东港	DG-DaLZ-1	单个遗址	汉代	不确定	1022	1	陶		陶盆	腹片				
9	东港	DG-DaLZ-2	单个遗址	龙山	不确定	388	1	陶		不确定	腹片				
9	东港	DG-DaLZ-2	单个遗址	汉代	不确定	1021	1	陶		不确定	腹片				
9	东港	DG-DaLZ-3	单个遗址	龙山	不确定	386	1	陶		陶罐	口沿				
10	东港	DG-DaWa-1	单个遗址	汉代	不确定	1182	1	陶		陶罐	口沿				
10	东港	DG-DaWa-2	单个遗址	周代	西周	895	5	陶		不确定	腹片				
10	东港	DG-DaWa-2	单个遗址	周代	东周	895	1	陶		陶盆	口沿				
7	东港	DG-DBJAZ-1	单个遗址	汉代	不确定	670	1	陶		陶瓦					
7	东港	DG-DBJAZ-2	单个遗址	汉代	不确定	671	1	陶		陶盆	口沿				
7	东港	DG-DBJAZ-2	单个遗址	汉代	不确定	671	1	陶		陶盆	器底				
7	东港	DG-DBJAZ-2	单个遗址	汉代	不确定	671	4	陶		陶瓦					
7	东港	DG-DBJAZ-2	ZHANG-3	汉代	不确定	671	2	陶		不确定	腹片				
7	东港	DG-DBJAZ-2	ZHANG-3	汉代	不确定	671	1	陶		陶瓦					
11	东港	DG-DBL-1	单个遗址	汉代	不确定	1294	1	陶		陶盆	口沿				
11	东港	DG-DBL-1	单个遗址	汉代	不确定	1294	2	陶		陶盆	器底				
11	东港	DG-DBL-1	单个遗址	汉代	不确定	1294	3	陶		陶罐	腹片				
11	东港	DG-DBL-1	单个遗址	汉代	不确定	1294	6	陶		不确定	腹片				
11	东港	DG-DBL-1	单个遗址	汉代	不确定	1294	29	陶		陶瓦					
11	东港	DG-DBL-2	单个遗址	汉代	不确定	1292	6	陶		不确定	腹片				
11	东港	DG-DBL-2	单个遗址	汉代	不确定	1292	1	陶		陶瓦					
11	东港	DG-DBL-3	CAA	汉代	不确定	1289	1	陶		陶盆	腹片				
11	东港	DG-DBL-3	CAA	汉代	不确定	1289	2	陶		陶瓦					
11	东港	DG-DBL-3	CAB	周代	东周	942	1	陶		陶瓮	肩部				
11	东港	DG-DBL-3	CAB	周代	东周	942	1	陶		不确定	腹片	绳纹			
11	东港	DG-DBL-3	CAB	周代	东周	942	1	陶		不确定	腹片				
11	东港	DG-DBL-3	CAC	汉代	不确定	1289	1	陶		陶盆	腹片				
11	东港	DG-DBL-3	CAC	汉代	不确定	1289	1	陶		陶罐	器底				
11	东港	DG-DBL-3	CAC	汉代	不确定	1289	2	陶		陶瓦					
11	东港	DG-DBL-3	CAD	汉代	不确定	1289	1	陶		不确定	腹片				
11	东港	DG-DBL-3	CAD	汉代	不确定	1289	2	陶		陶瓦					

年度	县区	遗址	采集区	时代	分期	期段编号	数量	质地	石器种类	器形	部位	纹饰	颜色	质地	蛋壳陶
11	东港	DG-DBL-3	CAE	汉代	不确定	1289	2	陶		不确定	腹片				
11	东港	DG-DBL-3	CAE	汉代	不确定	1289	2	陶		陶瓦					
9	东港	DG-DCH-1	单个遗址	周代	东周	745	1	陶		不确定	腹片	绳纹			
9	东港	DG-DCH-2	单个遗址	汉代	不确定	965	1	陶		陶瓦					
9	东港	DG-DCH-3	单个遗址	周代	东周	733	1	陶		陶盆	腹片				
9	东港	DG-DCH-4	单个遗址	周代	东周	734	1	陶		不确定	腹片	绳纹			
11	东港	DG-DCP-1	单个遗址	周代	东周	943	1	陶		陶罐	口沿				
11	东港	DG-DCP-1	单个遗址	周代	东周	943	3	陶		不确定	腹片				
11	东港	DG-DCP-1	单个遗址	周代	东周	943	2	陶		不确定	腹片	绳纹			
11	东港	DG-DCP-1	单个遗址	汉代	不确定	1280	1	陶		陶瓦					
11	东港	DG-DCP-2	单个遗址	汉代	不确定	1281	1	陶		陶瓦					
11	东港	DG-DCP-3	CAA	汉代	不确定	1295	5	陶		不确定	腹片				
11	东港	DG-DCP-3	CAA	汉代	不确定	1295	28	陶		陶瓦					
11	东港	DG-DCP-3	CAB	汉代	不确定	1295	1	陶		不确定	腹片				
11	东港	DG-DCP-3	CAB	汉代	不确定	1295	1	陶		陶瓦					
11	东港	DG-DCP-4	单个遗址	汉代	不确定	1282	1	陶		陶瓦					
11	东港	DG-DCP-5	CAA	周代	西周	959	1	陶		陶罐	器底				
11	东港	DG-DCP-5	CAA	汉代	不确定	1296	1	陶		陶瓮	口沿				
11	东港	DG-DCP-5	CAA	汉代	不确定	1296	2	陶		陶盆	口沿				
11	东港	DG-DCP-5	CAA	汉代	不确定	1296	4	陶		不确定	腹片				
11	东港	DG-DCP-5	CAA	汉代	不确定	1296	8	陶		陶瓦					
11	东港	DG-DCP-5	CAB	汉代	不确定	1296	1	陶		陶瓮	口沿				
11	东港	DG-DCP-5	CAB	汉代	不确定	1296	2	陶		陶盆	口沿				
11	东港	DG-DCP-5	CAB	汉代	不确定	1296	4	陶		不确定	腹片				
11	东港	DG-DCP-5	CAB	汉代	不确定	1296	34	陶		陶瓦					
11	东港	DG-DCP-5	CAC	汉代	不确定	1296	1	陶		不确定	腹片				
11	东港	DG-DCP-5	CAC	汉代	不确定	1296	3	陶		陶瓦					
11	东港	DG-DCP-5	CAD	汉代	不确定	1296	1	陶		陶罐	口沿				
11	东港	DG-DCP-5	CAD	汉代	不确定	1296	2	陶		陶盆	口沿				
11	东港	DG-DCP-5	CAD	汉代	不确定	1296	2	陶		陶盆	器底				
11	东港	DG-DCP-5	CAD	汉代	不确定	1296	7	陶		不确定	腹片				
11	东港	DG-DCP-5	CAD	汉代	不确定	1296	49	陶		陶瓦					
11	东港	DG-DCP-5	CAE	周代	东周	945	3	陶		不确定	腹片				
11	东港	DG-DCP-5	CAF	汉代	不确定	1296	1	陶		陶盆	口沿				
11	东港	DG-DCP-5	CAF	汉代	不确定	1296	2	陶		不确定	腹片				
11	东港	DG-DCP-5	CAF	汉代	不确定	1296	1	陶		陶瓦					
11	东港	DG-DCP-5	CAG	周代	东周	944	1	陶		不确定	腹片	绳纹			
11	东港	DG-DCP-5	CAG	汉代	不确定	1296	1	陶		陶盆	口沿				
11	东港	DG-DCP-5	CAG	汉代	不确定	1296	1	陶		不确定	腹片				
11	东港	DG-DCP-6	单个遗址	周代	西周	965	1	陶		陶鬲	腹片				
11	东港	DG-DCP-6	单个遗址	周代	西周	965	1	陶		陶盆	口沿				
11	东港	DG-DCP-7	单个遗址	周代	西周	964	3	陶		不确定	腹片	绳纹			
11	东港	DG-DCP-8	单个遗址	周代	西周	963	1	陶		不确定	腹片				
11	东港	DG-DCP-8	单个遗址	周代	西周	963	2	陶		不确定	腹片	绳纹			
11	东港	DG-DCP-8	单个遗址	汉代	不确定	1299	2	陶		陶瓦					
11	东港	DG-DF-1	CAA	龙山	早期	440	1	陶		陶鼎	器底				

年度	县区	遗址	采集区	时代	分期	期段编号	数量	质地	石器种类	器形	部位	纹饰	颜色	质地	蛋壳陶
11	东港	DG-DF-1	CAA	龙山	早期	440	1	陶		陶杯	口沿				
11	东港	DG-DF-1	CAA	龙山	不确定	440	13	陶		不确定	腹片				
11	东港	DG-DF-1	CAA	龙山	不确定	440	4	陶		不确定	腹片	弦纹			
11	东港	DG-DF-1	CAA	周代	西周	911	1	陶		陶罐	器底				
11	东港	DG-DF-1	CAA	周代	西周	911	6	陶		不确定	腹片				
11	东港	DG-DF-1	CAA	周代	西周	911	1	陶		不确定	腹片	绳纹			
11	东港	DG-DF-1	CAA	周代	东周	911	1	陶		陶盆	口沿				
11	东港	DG-DF-1	CAA	周代	东周	911	1	陶		陶豆	口沿				
11	东港	DG-DF-1	CAA	周代	东周	911	2	陶		不确定	腹片				
11	东港	DG-DF-1	CAA	周代	东周	911	3	陶		不确定	腹片	绳纹			
11	东港	DG-DF-1	CAA	汉代	不确定	1226	1	陶		陶瓮	口沿				
11	东港	DG-DF-1	CAA	汉代	不确定	1226	1	陶		陶盆	口沿				
11	东港	DG-DF-1	CAA	汉代	不确定	1226	5	陶		不确定	腹片				
11	东港	DG-DF-1	CAA	汉代	不确定	1226	2	陶		陶瓦					
11	东港	DG-DF-1	CAB	周代	东周	911	1	陶		不确定	腹片				
11	东港	DG-DF-1	CAB	周代	东周	911	1	陶		不确定	腹片	绳纹			
11	东港	DG-DF-1	CAB	汉代	不确定	1226	2	陶		不确定	腹片				
11	东港	DG-DF-1	CAB	汉代	不确定	1226	3	陶		陶瓦					
11	东港	DG-DF-2	单个遗址	汉代	不确定	1200	3	陶		不确定	腹片				
11	东港	DG-DF-2	单个遗址	汉代	不确定	1200	1	陶		陶瓦					
11	东港	DG-DF-3	单个遗址	周代	东周	912	3	陶		不确定	腹片				
11	东港	DG-DF-3	单个遗址	周代	东周	912	1	陶		不确定	腹片	绳纹			
11	东港	DG-DF-3	单个遗址	汉代	不确定	1227	3	陶		不确定	腹片				
11	东港	DG-DF-3	单个遗址	汉代	不确定	1227	2	陶		陶瓦					
9	东港	DG-DFG-1	单个遗址	周代	东周	739	1	陶		不确定	腹片	绳纹			
7	东港	DG-DGC-1	CAA	周代	东周	520	3	陶		不确定	腹片				
7	东港	DG-DGC-1	CAA	汉代	不确定	669	1	陶		陶豆	豆盘				
7	东港	DG-DGC-1	CAA	汉代	不确定	669	1	陶		陶豆	腹片				
7	东港	DG-DGC-1	CAA	汉代	不确定	669	1	陶		陶罐	口沿				
7	东港	DG-DGC-1	CAA	汉代	不确定	669	45	陶		陶瓦					
7	东港	DG-DGC-1	CAB	周代	东周	520	1	陶		不确定	腹片	绳纹			
7	东港	DG-DGC-1	CAB	周代	东周	520	1	陶		不确定	腹片				
7	东港	DG-DGC-1	CAB	汉代	不确定	669	22	陶		陶瓦					
7	东港	DG-DGC-1	CAB	汉代	不确定	669	1	陶		陶罐	器底				
7	东港	DG-DGC-1	CAB	汉代	不确定	669	1	陶		陶罐	腹片			泥质	
7	东港	DG-DGC-1	CAC	汉代	不确定	669	1	陶		陶盆	口沿				
7	东港	DG-DGC-1	CAC	汉代	不确定	669	1	陶		不确定	腹片				
7	东港	DG-DGC-1	CAC	汉代	不确定	669	3	陶		陶瓦					
7	东港	DG-DGC-1	CAD	周代	东周	520	1	陶		陶豆	腹片				
7	东港	DG-DGC-1	CAD	汉代	不确定	669	5	陶		陶瓦					
7	东港	DG-DGC-1	CAD	汉代	不确定	669	1	陶		不确定	腹片				
7	东港	DG-DGC-1	CAE	汉代	不确定	669	1	陶		陶罐	口沿				
7	东港	DG-DGC-1	CAE	汉代	不确定	669	1	陶		陶罐	腹片				
7	东港	DG-DGC-1	CAE	汉代	不确定	669	45	陶		陶瓦					
7	东港	DG-DGC-1	CAE	汉代	不确定	669	1	陶		陶盆	口沿				
7	东港	DG-DGC-1	CAF	汉代	不确定	669	1	陶		陶罐	口沿				

年度	县区	遗址	采集区	时代	分期	期段编号	数量	质地	石器种类	器形	部位	纹饰	颜色	质地	蛋壳陶
7	东港	DG-DGC-1	CAF	汉代	不确定	669	2	陶		陶罐	口沿				
7	东港	DG-DGC-1	CAF	汉代	不确定	669	24	陶		陶瓦					
7	东港	DG-DGC-1	CAG	周代	东周	519	1	陶		陶罐	口沿				
7	东港	DG-DGC-1	CAG	汉代	不确定	669	3	陶		陶罐	口沿				
7	东港	DG-DGC-1	CAG	汉代	不确定	669	2	陶		陶盆	口沿				
7	东港	DG-DGC-1	CAG	汉代	不确定	669	1	陶		陶盆	器底				
7	东港	DG-DGC-1	CAG	汉代	不确定	669	29	陶		陶瓦					
7	东港	DG-DGC-1	CAH	周代	东周	520	3	陶		不确定	腹片	绳纹			
7	东港	DG-DGC-1	CAH	周代	东周	520	1	陶		不确定	腹片				
7	东港	DG-DGC-1	CAH	汉代	不确定	669	3	陶		陶罐	口沿				
7	东港	DG-DGC-1	CAH	汉代	不确定	669	2	陶		陶盆	口沿				
7	东港	DG-DGC-1	CAH	汉代	不确定	669	44	陶		陶瓦					
7	东港	DG-DGC-1	CAI	周代	东周	516	1	陶		不确定	腹片	绳纹			
7	东港	DG-DGC-1	CAI	周代	东周	516	1	陶		不确定	腹片				
7	东港	DG-DGC-1	CAI	汉代	不确定	669	3	陶		陶瓦					
7	东港	DG-DGC-1	CAJ	汉代	不确定	669	2	陶		陶罐	口沿				
7	东港	DG-DGC-1	CAJ	汉代	不确定	669	9	陶		陶瓦					
7	东港	DG-DGC-1	CAK	汉代	不确定	669	4	陶		陶盆	口沿				
7	东港	DG-DGC-1	CAK	汉代	不确定	669	2	陶		陶罐	口沿				
7	东港	DG-DGC-1	CAK	汉代	不确定	669	2	陶		不确定	腹片				
7	东港	DG-DGC-1	CAK	汉代	不确定	669	16	陶		陶瓦					
7	东港	DG-DGC-1	CAL	汉代	不确定	669	9	陶		陶瓦					
7	东港	DG-DGC-1	CAM	汉代	不确定	669	7	陶		陶瓦					
7	东港	DG-DGC-1	CAN	汉代	不确定	669	4	陶		陶瓦					
7	东港	DG-DGC-1	CAO	汉代	不确定	669	1	陶		陶盆	口沿				
7	东港	DG-DGC-1	CAO	汉代	不确定	669	3	陶		不确定	腹片				
7	东港	DG-DGC-1	CAO	汉代	不确定	669	8	陶		陶瓦					
7	东港	DG-DGC-1	CAO	汉代以后	不确定		1	陶		不确定					
7	东港	DG-DGC-1	CAP	周代	东周	519	1	陶		陶壶	口沿				
7	东港	DG-DGC-1	CAP	周代	东周	519	2	陶		不确定	腹片	绳纹			
7	东港	DG-DGC-1	CAP	汉代	不确定	669	8	陶		陶盆	口沿				
7	东港	DG-DGC-1	CAP	汉代	不确定	669	1	陶		陶罐	口沿				
7	东港	DG-DGC-1	CAP	汉代	不确定	669	11	陶		陶瓦					
7	东港	DG-DGC-1	CAQ	汉代	不确定	669	3	陶		陶盆	口沿				
7	东港	DG-DGC-1	CAQ	汉代	不确定	669	3	陶		陶瓦					
7	东港	DG-DGC-1	CAR	汉代	不确定	669	2	陶		不确定	腹片				
7	东港	DG-DGC-1	CAR	汉代	不确定	669	2	陶		陶瓦					
7	东港	DG-DGC-1	CAR	汉代	不确定	669	1	炼渣		碎块					
7	东港	DG-DGC-1	CAS	汉代	不确定	669	1	陶		陶盆	口沿				
7	东港	DG-DGC-1	CAS	汉代	不确定	669	2	陶		不确定	腹片				
7	东港	DG-DGC-1	CAS	汉代	不确定	669	10	陶		陶瓦					
7	东港	DG-DGC-1	CAT	汉代	不确定	669	2	陶		陶盆	口沿				
7	东港	DG-DGC-1	CAT	汉代	不确定	669	3	陶		不确定	腹片				
7	东港	DG-DGC-1	CAT	汉代	不确定	669	10	陶		陶瓦					
7	东港	DG-DGC-1	CAU	汉代	不确定	669	3	陶		陶瓦					
7	东港	DG-DGC-1	CAV	汉代	不确定	669	1	陶		陶罐	口沿				

年度	县区	遗址	采集区	时代	分期	期段编号	数量	质地	石器种类	器形	部位	纹饰	颜色	质地	蛋壳陶
7	东港	DG-DGC-1	CAV	汉代	不确定	669	1	陶		陶盆	口沿				
7	东港	DG-DGC-1	CAV	汉代	不确定	669	2	陶		陶瓦					
7	东港	DG-DGC-1	CAW	周代	东周	524	3	陶		不确定	腹片	绳纹			
7	东港	DG-DGC-1	CAW	汉代	不确定	669	1	陶		陶盆	口沿				
7	东港	DG-DGC-1	CAW	汉代	不确定	669	1	陶		砖					
7	东港	DG-DGC-1	CAW	汉代	不确定	669	8	陶		陶瓦					
7	东港	DG-DGC-1	CAX	周代	东周	524	1	陶		不确定	腹片				
7	东港	DG-DGC-1	CAX	汉代	不确定	669	2	陶		陶盆	口沿				
7	东港	DG-DGC-1	CAX	汉代	不确定	669	2	陶		陶瓦					
7	东港	DG-DGC-1	CAX	汉代	不确定	669	1	陶		陶纺轮					
7	东港	DG-DGC-1	CAY	汉代	不确定	669	1	陶		陶瓦					
7	东港	DG-DGC-1	CAY	汉代	不确定	669	1	陶		不确定	腹片				
7	东港	DG-DGC-1	CAZ	汉代	不确定	669	7	陶		不确定	腹片				
7	东港	DG-DGC-1	CAZ	汉代	不确定	669	1	陶		陶罐	口沿				
7	东港	DG-DGC-1	CAZ	汉代	不确定	669	1	陶		陶盆	口沿				
7	东港	DG-DGC-1	CAZ	汉代	不确定	669	7	陶		陶瓦					
7	东港	DG-DGC-1	CAAA	周代	东周	525	1	陶		不确定	腹片	绳纹			
7	东港	DG-DGC-1	CAAA	周代	东周	525	2	陶		不确定	腹片				
7	东港	DG-DGC-1	CAAA	汉代	不确定	669	1	陶		陶盆	口沿				
7	东港	DG-DGC-1	CAAA	汉代	不确定	669	1	陶		陶瓦					
7	东港	DG-DGC-1	CABB	汉代	不确定	669	1	陶		陶盆	口沿				
7	东港	DG-DGC-1	CABB	汉代	不确定	669	8	陶		陶瓦					
7	东港	DG-DGC-1	CACC	汉代	不确定	669	2	陶		陶罐	口沿				
7	东港	DG-DGC-1	CACC	汉代	不确定	669	2	陶		陶瓦					
7	东港	DG-DGC-2	单个遗址	汉代	不确定	657	1	陶		陶盆	口沿				
7	东港	DG-DGC-2	单个遗址	汉代	不确定	657	1	陶		陶瓦					
13	东港	DG-DGC-3	单个遗址	汉代		1628	1	陶		陶瓦					
13	东港	DG-DGC-4	单个遗址	汉代		1627	1	陶		陶瓦					
13	东港	DG-DGC-5	单个遗址	汉代		1629	1	陶		陶盆	颈部				
8	东港	DG-DGZ-1	单个遗址	周代	西周	715	2	陶		不确定	腹片	绳纹	黑		
8	东港	DG-DGZ-1	单个遗址	周代	西周	715	1	陶		不确定	腹片				
8	东港	DG-DGZ-2	单个遗址	汉代	不确定	923	2	陶		陶盆	口沿				
8	东港	DG-DGZ-3	单个遗址	周代	西周	714	1	陶		不确定	腹片	绳纹			
8	东港	DG-DGZ-3	单个遗址	周代	西周	714	1	陶		不确定	腹片				
8	东港	DG-DGZ-4	单个遗址	汉代	不确定	930	1	陶		陶瓦					
8	东港	DG-DGZ-4	单个遗址	汉代	不确定	930	1	陶		不确定	腹片				
8	东港	DG-DGZ-5	CAC	周代	西周	713	1	陶		陶鬲	口沿				
8	东港	DG-DGZ-5	CAC	周代	西周	713	1	陶		不确定	腹片				
8	东港	DG-DGZ-5	CAC	周代	东周	713	2	陶		不确定	腹片	绳纹			
8	东港	DG-DGZ-5	CAC	汉代	不确定	931	1	陶		陶瓦					
8	东港	DG-DGZ-5	CAC	汉代	不确定	931	2	陶		不确定	腹片				
8	东港	DG-DGZ-5	CAD	汉代	不确定	931	3	陶		陶瓦					
8	东港	DG-DGZ-5	CAA	周代	西周	713	2	陶		陶鬲	腹片	绳纹			
8	东港	DG-DGZ-5	CAA	周代	西周	713	4	陶		不确定	腹片	绳纹			
8	东港	DG-DGZ-5	CAA	周代	西周	713	1	陶		不确定	腹片				
8	东港	DG-DGZ-5	CAB	岳石	不确定	14	1	陶		陶罐	器底				

年度	县区	遗址	采集区	时代	分期	期段编号	数量	质地	石器种类	器形	部位	纹饰	颜色	质地	蛋壳陶
8	东港	DG-DGZ-5	CAB	岳石	不确定	14	1	陶		陶甗	腰部				
8	东港	DG-DGZ-5	CAB	周代	西周	713	1	陶		陶鬲	器足				
8	东港	DG-DGZ-5	CAB	周代	西周	713	2	陶		陶罐	颈部				
8	东港	DG-DGZ-5	CAB	周代	西周	713	1	陶		不确定	器底	附加堆纹			
8	东港	DG-DGZ-5	CAB	周代	西周	713	1	陶		不确定	器底				
8	东港	DG-DGZ-5	CAB	周代	不确定	713	77	陶		不确定	腹片				
8	东港	DG-DGZ-5	CAB	汉代	不确定	931	1	陶		陶瓦					
8	东港	DG-DGZ-5	CAB	汉代	不确定	931	1	陶		陶盆	口沿				
8	东港	DG-DGZ-5	CAB	汉代	不确定	931	2	陶		不确定	腹片				
8	东港	DG-DHJC-1	单个遗址	汉代	不确定	891	1	陶		陶瓦					
13	东港	DG-DHSQ-1	单个遗址	汉代		1630	3	陶		陶瓦					
13	东港	DG-DHSQ-2	单个遗址	周代	西周	1241	1	陶		陶罐	口沿				
13	东港	DG-DHSQ-2	单个遗址	周代	西周	1241	3	陶		陶鬲	腹片				
13	东港	DG-DHSQ-2	单个遗址	周代	西周	1241	1	陶		陶盆	器底				
13	东港	DG-DHSQ-2	单个遗址	周代	西周	1241	14	陶		不确定	腹片	绳纹			
13	东港	DG-DHSQ-2	单个遗址	周代	西周	1241	1	陶		不确定	腹片	附加堆纹			
13	东港	DG-DHSQ-2	单个遗址	周代	东周	1241	1	陶		陶罐	口沿				
13	东港	DG-DHSQ-2	单个遗址	周代	东周	1241	2	陶		不确定	腹片				
13	东港	DG-DHSQ-2	单个遗址	周代	东周	1241	16	陶		不确定	腹片	绳纹			
13	东港	DG-DHSQ-2	单个遗址	周代	东周	1241	1	陶		不确定	腹片	附加堆纹			
13	东港	DG-DHSQ-3	单个遗址	龙山		497	1	陶		陶罐	器底			粗砂	
13	东港	DG-DHSQ-4	单个遗址	周代	东周	1240	2	陶		不确定	腹片				
13	东港	DG-DHSQ-4	单个遗址	汉代		1625	1	陶		陶瓦					
8	东港	DG-DHY-1	CAA	龙山	不确定	342	5	陶		不确定	腹片				
8	东港	DG-DHY-1	CAA	周代	西周	699	1	陶		陶盆	口沿				
8	东港	DG-DHY-1	CAA	周代	西周	699	1	陶		不确定	腹片				
8	东港	DG-DHY-1	CAB	龙山	中期	342	2	陶		陶罐	口沿				
8	东港	DG-DHY-1	CAB	龙山	不确定	342	15	陶		不确定	腹片				
8	东港	DG-DHY-1	CAB	不确定			1	石	工具	石刀					
8	东港	DG-DHY-1	CAC	龙山	早期	342	1	陶		陶圈足盘	口沿				
8	东港	DG-DHY-1	CAC	龙山	中期	342	1	陶		陶罐	口沿				
8	东港	DG-DHY-1	CAC	龙山	不确定	342	7	陶		不确定	腹片				
8	东港	DG-DHY-1	CAD	不确定			1	黏土		不确定					
8	东港	DG-DHY-1	CAD	龙山	早期	342	3	陶		陶鼎	器底				
8	东港	DG-DHY-1	CAD	龙山	早期	342	3	陶		陶匜	口沿				
8	东港	DG-DHY-1	CAD	龙山	早期	342	1	陶		陶盘	口沿				
8	东港	DG-DHY-1	CAD	龙山	早期	342	1	陶		陶器盖	把手				
8	东港	DG-DHY-1	CAD	龙山	早期	342	1	陶		陶罐	器底				
8	东港	DG-DHY-1	CAD	龙山	早期	342	2	陶		陶盆	口沿				
8	东港	DG-DHY-1	CAD	龙山	不确定	342	74	陶		不确定	腹片				
8	东港	DG-DHY-1	CAD	龙山	中期	342	1	陶		陶罐	口沿				
8	东港	DG-DHY-1	CAE	龙山	早期	342	1	陶		陶甗	器足				
8	东港	DG-DHY-1	CAE	龙山	早期	342	1	陶		陶豆	底座				
8	东港	DG-DHY-1	CAE	龙山	早期	342	2	陶		不确定	腹片	篮纹			
8	东港	DG-DHY-1	CAE	龙山	中期	342	1	陶		陶罐	口沿				
8	东港	DG-DHY-1	CAE	龙山	中期	342	1	陶		陶匜	口沿				

年度	县区	遗址	采集区	时代	分期	期段编号	数量	质地	石器种类	器形	部位	纹饰	颜色	质地	蛋壳陶
8	东港	DG-DHY-1	CAE	龙山	不确定	342	16	陶		不确定	腹片				
8	东港	DG-DHY-1	CAE	汉代	不确定	900	2	陶		陶罐	口沿				
8	东港	DG-DHY-1	CAF	汉代	不确定	900	1	陶		不确定	器底				
8	东港	DG-DHY-1	CAF	汉代	不确定	900	1	陶		不确定	腹片				
8	东港	DG-DHY-1	CAG	龙山	中期	342	1	陶		陶鼎	器足				
8	东港	DG-DHY-1	CAG	龙山	不确定	342	13	陶		不确定	腹片				
8	东港	DG-DHY-1	CAG	周代	西周	699	1	陶		不确定	腹片	绳纹			
8	东港	DG-DHY-1	CAH	龙山	早期	342	1	陶		陶鼎	器足				
8	东港	DG-DHY-1	CAH	龙山	早期	342	3	陶		陶匜	口沿				
8	东港	DG-DHY-1	CAH	龙山	早期	342	1	陶		陶盆	口沿				
8	东港	DG-DHY-1	CAH	龙山	早期	342	6	陶		不确定	腹片	篮纹			
8	东港	DG-DHY-1	CAH	龙山	不确定	342	2	陶		不确定	腹片	弦纹			
8	东港	DG-DHY-1	CAH	龙山	不确定	342	57	陶		不确定	腹片				
8	东港	DG-DHY-1	CAH	周代	西周	698	1	陶		陶鬲	腹片	绳纹			
8	东港	DG-DHY-1	CAI	龙山	早期	342	1	陶		陶鼎	器底				
8	东港	DG-DHY-1	CAI	龙山	早期	342	3	陶		陶盆	口沿				
8	东港	DG-DHY-1	CAI	龙山	早期	342	2	陶		陶匜	口沿				
8	东港	DG-DHY-1	CAI	龙山	早期	342	1	陶		陶圈足盘	口沿				
8	东港	DG-DHY-1	CAI	龙山	早期	342	1	陶		陶豆	底座				
8	东港	DG-DHY-1	CAI	龙山	早期	342	2	陶		不确定	腹片	篮纹			
8	东港	DG-DHY-1	CAI	龙山	不确定	342	8	陶		不确定	腹片				
8	东港	DG-DHY-1	CAI	周代	西周	699	2	陶		不确定	腹片	绳纹			
8	东港	DG-DHY-1	CAI	周代	西周	699	6	陶		不确定	腹片				
8	东港	DG-DHY-1	CAI	汉代	不确定	900	1	陶		陶盆	口沿				
8	东港	DG-DHY-1	CAJ	龙山	早期	342	1	陶		陶鼎	器足				
8	东港	DG-DHY-1	CAJ	龙山	早期	342	2	陶		陶匜	口沿				
8	东港	DG-DHY-1	CAJ	龙山	早期	342	5	陶		不确定	腹片	篮纹			
8	东港	DG-DHY-1	CAJ	龙山	不确定	342	24	陶		不确定	腹片				
8	东港	DG-DHY-1	CAJ	周代	西周	699	3	陶		不确定	腹片	绳纹			
8	东港	DG-DHY-1	CAJ	周代	西周	699	4	陶		不确定	腹片				
8	东港	DG-DHY-1	CAK	龙山	早期	342	1	陶		陶豆	口沿				
8	东港	DG-DHY-1	CAK	龙山	早期	342	1	陶		陶罐	腹片				
8	东港	DG-DHY-1	CAL	不确定			1	黏土		不确定					
8	东港	DG-DHY-1	CAL	不确定			1	石	工具	石锛	薄片				
8	东港	DG-DHY-1	CAL	龙山	早期	342	1	陶		陶篦					
8	东港	DG-DHY-1	CAL	龙山	早期	342	4	陶		陶鼎	口沿				
8	东港	DG-DHY-1	CAL	龙山	早期	342	5	陶		陶鼎	器足				
8	东港	DG-DHY-1	CAL	龙山	早期	342	5	陶		不确定	腹片	篮纹			
8	东港	DG-DHY-1	CAL	龙山	早期	342	4	陶		陶匜	口沿				
8	东港	DG-DHY-1	CAL	龙山	早期	342	1	陶		陶陶圈足盘					
8	东港	DG-DHY-1	CAL	龙山	早期	342	3	陶		陶盆	口沿				
8	东港	DG-DHY-1	CAL	龙山	不确定	342	18	陶		不确定	腹片				
8	东港	DG-DHY-1	CAL	周代	西周	698	1	陶		不确定	腹片				
8	东港	DG-DHY-1	CAM	龙山	早期	342	1	陶		陶鼎	口沿				
8	东港	DG-DHY-1	CAM	龙山	早期	342	1	陶		陶鼎	器足				
8	东港	DG-DHY-1	CAM	龙山	早期	342	1	陶		陶罐	口沿				

年度	县区	遗址	采集区	时代	分期	期段编号	数量	质地	石器种类	器形	部位	纹饰	颜色	质地	蛋壳陶
8	东港	DG-DHY-1	CAM	龙山	早期	342	4	陶		不确定	腹片	篮纹			
8	东港	DG-DHY-1	CAM	龙山	中期	342	1	陶		陶鼎	器足				
8	东港	DG-DHY-1	CAM	龙山	中期	342	2	陶		陶匜	口沿				
8	东港	DG-DHY-1	CAM	龙山	中期	342	1	陶		陶盆	口沿				
8	东港	DG-DHY-1	CAM	龙山	不确定	342	2	陶		不确定	腹片	弦纹			
8	东港	DG-DHY-1	CAM	龙山	不确定	342	31	陶		不确定	腹片				
8	东港	DG-DHY-1	CAM	周代	西周	699	1	陶		不确定	腹片	绳纹			
8	东港	DG-DHY-1	CAN	龙山	早期	342	2	陶		陶鼎	器足				
8	东港	DG-DHY-1	CAN	龙山	早期	342	1	陶		陶匜	口沿				
8	东港	DG-DHY-1	CAN	龙山	早期	342	5	陶		不确定	腹片	篮纹			
8	东港	DG-DHY-1	CAN	龙山	中期	342	2	陶		陶鼎	口沿				
8	东港	DG-DHY-1	CAN	龙山	不确定	342	1	陶		不确定	腹片	弦纹			
8	东港	DG-DHY-1	CAN	龙山	不确定	342	21	陶		不确定	腹片				
8	东港	DG-DHY-1	CAO	龙山	早期	342	2	陶		陶鼎	器底				
8	东港	DG-DHY-1	CAO	龙山	早期	342	4	陶		不确定	腹片	篮纹			
8	东港	DG-DHY-1	CAO	龙山	不确定	342	13	陶		不确定	腹片				
8	东港	DG-DHY-1	CAP	龙山	早期	342	2	陶		陶鼎	器足				
8	东港	DG-DHY-1	CAP	龙山	早期	342	1	陶		陶豆	口沿				
8	东港	DG-DHY-1	CAP	龙山	早期	342	2	陶		陶盆	口沿				
8	东港	DG-DHY-1	CAP	龙山	早期	342	2	陶		不确定	腹片	篮纹			
8	东港	DG-DHY-1	CAP	龙山	中期	342	1	陶		陶罐	口沿				
8	东港	DG-DHY-1	CAP	龙山	不确定	342	15	陶		不确定	腹片				
8	东港	DG-DHY-1	CAQ	龙山	早期	342	1	陶		陶鬶	器足				
8	东港	DG-DHY-1	CAQ	龙山	早期	342	1	陶		陶罐	口沿				
8	东港	DG-DHY-1	CAQ	龙山	早期	342	1	陶		陶罐	器底				
8	东港	DG-DHY-1	CAQ	龙山	早期	342	2	陶		不确定	腹片	篮纹			
8	东港	DG-DHY-1	CAQ	龙山	不确定	342	18	陶		不确定	腹片				
8	东港	DG-DHY-1	CAQ	周代	西周	698	2	陶		不确定	腹片	绳纹			
8	东港	DG-DHY-1	CAQ	周代	西周	698	2	陶		不确定	腹片				
8	东港	DG-DHY-1	CAQ	汉代	不确定	901	1	陶		陶瓦					
8	东港	DG-DHY-1	CAR	大汶口	晚期	12	1	陶		陶鼎	器足				
8	东港	DG-DHY-1	CAR	龙山	早期	342	1	陶		陶器盖	口沿				
8	东港	DG-DHY-1	CAR	龙山	不确定	342	3	陶		不确定	腹片				
8	东港	DG-DHY-1	CAS	龙山	早期	342	1	陶		陶罐	口沿				
8	东港	DG-DHY-1	CAS	汉代	不确定	901	1	陶		陶瓦					
8	东港	DG-DHY-1	CAT	大汶口	晚期	13	1	陶		陶鼎	器足				
8	东港	DG-DHY-1	CAT	龙山	早期	342	1	陶		陶鼎	器足				
8	东港	DG-DHY-1	CAT	龙山	早期	342	1	陶		陶匜	口沿				
8	东港	DG-DHY-1	CAT	龙山	早期	342	5	陶		不确定	腹片	篮纹			
8	东港	DG-DHY-1	CAT	龙山	不确定	342	33	陶		不确定	腹片				
8	东港	DG-DHY-1	CAU	龙山	早期	342	2	陶		陶鬲	口沿				
8	东港	DG-DHY-1	CAU	龙山	早期	342	1	陶		陶罐	颈部				
8	东港	DG-DHY-1	CAU	龙山	早期	342	3	陶		不确定	腹片	篮纹			
8	东港	DG-DHY-1	CAU	龙山	不确定	342	24	陶		不确定	腹片				
8	东港	DG-DHY-1	CAU	汉代	不确定	902	1	陶		陶瓦					
8	东港	DG-DHY-1	CAV	大汶口	晚期	11	2	陶		陶鼎	器足				

年度	县区	遗址	采集区	时代	分期	期段编号	数量	质地	石器种类	器形	部位	纹饰	颜色	质地	蛋壳陶
8	东港	DG-DHY-1	CAV	大汶口	晚期	11	1	陶		陶壶	口沿				
8	东港	DG-DHY-1	CAV	龙山	早期	342	2	陶		陶鼎	器足				
8	东港	DG-DHY-1	CAV	龙山	早期	342	2	陶		陶匜	口沿				
8	东港	DG-DHY-1	CAV	龙山	早期	342	3	陶		不确定	腹片	篮纹			
8	东港	DG-DHY-1	CAV	龙山	中期	342	1	陶		陶鼎	器足				
8	东港	DG-DHY-1	CAV	龙山	中期	342	3	陶		陶匜	口沿				
8	东港	DG-DHY-1	CAV	龙山	不确定	342	22	陶		不确定	腹片				
8	东港	DG-DHY-1	CAW	大汶口	晚期	11	1	陶		陶鼎	器足				
8	东港	DG-DHY-1	CAW	大汶口	晚期	11	1	陶		不确定	腹片	篮纹			
8	东港	DG-DHY-1	CAW	龙山	中期	342	1	陶		陶鼎	口沿				
8	东港	DG-DHY-1	CAW	龙山	不确定	342	3	陶		不确定	腹片	弦纹			
8	东港	DG-DHY-1	CAW	龙山	不确定	342	14	陶		不确定	腹片				
8	东港	DG-DHY-1	CAW	汉代	不确定	900	1	陶		陶瓦					
8	东港	DG-DHY-1	CAW	汉代	不确定	900	1	陶		陶盆	口沿				
8	东港	DG-DHY-1	CAX	大汶口	晚期	11	1	陶		陶鼎	器足				
8	东港	DG-DHY-1	CAX	龙山	早期	342	3	陶		陶鼎	器足				
8	东港	DG-DHY-1	CAX	龙山	早期	342	2	陶		不确定	腹片	篮纹			
8	东港	DG-DHY-1	CAX	龙山	不确定	342	20	陶		不确定	腹片				
8	东港	DG-DHY-1	CAX	汉代	不确定	900	1	陶		陶瓦					
8	东港	DG-DHY-1	CAX	汉代	不确定	900	1	陶		陶盆	口沿				
8	东港	DG-DHY-1	CAX	不确定			1	石	工具	石斧					
8	东港	DG-DHY-1	CAY	大汶口	晚期	11	2	陶		陶鼎	器足				
8	东港	DG-DHY-1	CAY	龙山	早期	342	4	陶		陶鼎	器足				
8	东港	DG-DHY-1	CAY	龙山	早期	342	4	陶		陶匜	口沿				
8	东港	DG-DHY-1	CAY	龙山	中期	342	1	陶		陶鼎	器足				
8	东港	DG-DHY-1	CAY	龙山	中期	342	1	陶		陶鬶	把手				
8	东港	DG-DHY-1	CAY	龙山	中期	342	2	陶		陶鼎	口沿				
8	东港	DG-DHY-1	CAY	龙山	中期	342	2	陶		陶罐	口沿				
8	东港	DG-DHY-1	CAY	龙山	不确定	342	26	陶		不确定	腹片				
8	东港	DG-DHY-1	CAY	周代	西周	699	2	陶		不确定	腹片	绳纹			
8	东港	DG-DHY-1	CAY	周代	西周	699	1	陶		不确定	腹片				
8	东港	DG-DHY-1	CAY	周代	东周	699	1	陶		陶盆	口沿				
8	东港	DG-DHY-1	CAY	周代	东周	699	4	陶		不确定	腹片	绳纹			
8	东港	DG-DHY-1	CAY	周代	东周	699	1	陶		陶釜	腹片				
8	东港	DG-DHY-1	CAY	汉代	不确定	900	1	陶		陶罐	颈部				
8	东港	DG-DHY-1	CAY	汉代	不确定	900	1	陶		陶盆	口沿				
8	东港	DG-DHY-1	CAY	汉代	不确定	900	1	陶		陶盆	器底				
8	东港	DG-DHY-1	CAY	汉代	不确定	900	11	陶		陶瓦					
8	东港	DG-DHY-1	CAZ	大汶口	晚期	11	1	陶		陶鼎	器足				
8	东港	DG-DHY-1	CAZ	大汶口	晚期	11	1	陶		陶豆	腹片				
8	东港	DG-DHY-1	CAZ	大汶口	晚期	11	1	陶		陶壶	口沿				
8	东港	DG-DHY-1	CAZ	龙山	早期	342	2	陶		陶鼎	器足				
8	东港	DG-DHY-1	CAZ	龙山	早期	342	1	陶		陶鼎	口沿				
8	东港	DG-DHY-1	CAZ	龙山	早期	342	1	陶		陶甗	器足				
8	东港	DG-DHY-1	CAZ	龙山	早期	342	2	陶		陶匜	口沿				
8	东港	DG-DHY-1	CAZ	龙山	早期	342	1	陶		陶圈足盘	器足				

年度	县区	遗址	采集区	时代	分期	期段编号	数量	质地	石器种类	器形	部位	纹饰	颜色	质地	蛋壳陶
8	东港	DG-DHY-1	CAZ	龙山	早期	342	1	陶		陶盆	口沿				
8	东港	DG-DHY-1	CAZ	龙山	早期	342	2	陶		陶箅					
8	东港	DG-DHY-1	CAZ	龙山	中期	342	1	陶		陶鼎	器足				
8	东港	DG-DHY-1	CAZ	龙山	中期	342	2	陶		陶匜	口沿				
8	东港	DG-DHY-1	CAZ	龙山	中期	342	1	陶		陶罐	口沿				
8	东港	DG-DHY-1	CAZ	龙山	不确定	342	120	陶		不确定	腹片				
8	东港	DG-DHY-1	CAZ	汉代	不确定	900	1	陶		陶盆	口沿				
8	东港	DG-DHY-1	CAAA	龙山	不确定	342	2	陶		不确定	腹片				
8	东港	DG-DHY-1	CABB	不确定			1	石	工具	石刀					
8	东港	DG-DHY-1	CABB	大汶口	晚期	11	1	陶		陶鼎	器足				
8	东港	DG-DHY-1	CABB	大汶口	晚期	11	1	陶		陶鼎	口沿				
8	东港	DG-DHY-1	CABB	龙山	早期	342	1	陶		陶鼎	口沿				
8	东港	DG-DHY-1	CABB	龙山	早期	342	2	陶		陶鼎	器足				
8	东港	DG-DHY-1	CABB	龙山	早期	342	2	陶		陶盆	口沿				
8	东港	DG-DHY-1	CABB	龙山	早期	342	2	陶		陶匜	口沿				
8	东港	DG-DHY-1	CABB	龙山	早期	342	1	陶		陶豆	底座				
8	东港	DG-DHY-1	CABB	龙山	早期	342	2	陶		不确定	腹片	篮纹			
8	东港	DG-DHY-1	CABB	龙山	早期	342	1	陶		陶罐	口沿				
8	东港	DG-DHY-1	CABB	龙山	中期	342	2	陶		陶鼎	器足		黑		是
8	东港	DG-DHY-1	CABB	龙山	中期	342	1	陶		陶鬶	把手				
8	东港	DG-DHY-1	CABB	龙山	中期	342	1	陶		陶鼎	口沿				
8	东港	DG-DHY-1	CABB	龙山	中期	342	1	陶		陶罐	口沿				
8	东港	DG-DHY-1	CABB	龙山	中期	342	1	陶		陶盆	器底				
8	东港	DG-DHY-1	CABB	龙山	不确定	342	1	陶		不确定	腹片	附加堆纹			
8	东港	DG-DHY-1	CABB	龙山	不确定	342	10	陶		不确定	腹片				
8	东港	DG-DHY-1	CABB	龙山	不确定	342	1	陶		陶器盖		方格纹			
8	东港	DG-DHY-1	CABB	龙山	不确定	342	1	陶		陶豆	豆柄				
8	东港	DG-DHY-1	CABB	龙山	不确定	342	1	陶		陶纺轮					
8	东港	DG-DHY-1	CABB	汉代	不确定	900	1	陶		陶盆	口沿				
8	东港	DG-DHY-1	CACC	不确定			1	石	工具	石锛					
8	东港	DG-DHY-1	CACC	大汶口	晚期	11	1	陶		陶鼎	器足				
8	东港	DG-DHY-1	CACC	大汶口	晚期	11	1	陶		陶鼎	口沿				
8	东港	DG-DHY-1	CACC	龙山	早期	342	2	陶		陶鼎	器足				
8	东港	DG-DHY-1	CACC	龙山	早期	342	1	陶		陶鬶	把手				
8	东港	DG-DHY-1	CACC	龙山	早期	342	1	陶		不确定	腹片	篮纹			
8	东港	DG-DHY-1	CACC	龙山	中期	342	2	陶		陶鼎	口沿				
8	东港	DG-DHY-1	CACC	龙山	中期	342	1	陶		陶匜	口沿				
8	东港	DG-DHY-1	CACC	龙山	不确定	342	7	陶		不确定	腹片				
8	东港	DG-DHY-1	CACC	龙山	不确定	342	1	陶		陶器盖					
8	东港	DG-DHY-1	CACC	龙山	不确定	342	1	陶		陶罐					
8	东港	DG-DHY-1	CACC	周代	东周	699	1	陶		陶盆	口沿				
8	东港	DG-DHY-1	CADD	龙山	早期	342	1	陶		陶鼎	口沿				
8	东港	DG-DHY-1	CADD	龙山	不确定	342	1	陶		不确定	腹片				
8	东港	DG-DHY-1	CAEE	周代	西周	699	2	陶		不确定	腹片	绳纹			
8	东港	DG-DHY-1	CAEE	周代	西周	699	2	陶		不确定	腹片				
8	东港	DG-DHY-1	CAEE	汉代	不确定	899	1	陶		陶瓦					

年度	县区	遗址	采集区	时代	分期	期段编号	数量	质地	石器种类	器形	部位	纹饰	颜色	质地	蛋壳陶
5	东港	DG-DJC-2	单个遗址	汉代	不确定	457	1	陶		陶瓦					
3	东港	DG-DJGZ-2	单个遗址	汉代	不确定	83	1	陶		陶瓦					
3	东港	DG-DJGZ-3	单个遗址	周代	东周	71	1	陶		陶盆	器底				
3	东港	DG-DJGZ-3	单个遗址	周代	东周	71	1	陶		陶瓦					
3	东港	DG-DJGZ-4	单个遗址	汉代	不确定	85	1	陶		陶瓦					
3	东港	DG-DJGZ-6	单个遗址	不确定			2	陶		不确定					
3	东港	DG-DJGZ-7	单个遗址	汉代	不确定	86	1	陶		陶盆	口沿				
3	东港	DG-DJGZ-7	单个遗址	周代	东周	68	1	陶		陶盆	颈部				
3	东港	DG-DJGZ-8	单个遗址	周代	东周	70	1	陶		陶瓦					
3	东港	DG-DJGZ-8	单个遗址	周代	东周	70	1	陶		不确定	腹片				
3	东港	DG-DJGZ-9	单个遗址	不确定			1	陶		不确定	腹片				
3	东港	DG-DJGZ-9	单个遗址	周代	东周	69	1	陶		陶盆	器底				
3	东港	DG-DJGZ-9	单个遗址	周代	东周	69	1	陶		陶罐	器底				
8	东港	DG-DJL-1	单个遗址	龙山	早期	345	1	陶		陶鼎	器足				
8	东港	DG-DJL-1	单个遗址	龙山	早期	345	1	陶		不确定	腹片	篮纹			
10	东港	DG-DJSG-1	单个遗址	周代	东周	806	1	陶		不确定	腹片				
10	东港	DG-DJSG-2	单个遗址	汉代	不确定	1072	1	陶		陶瓦					
10	东港	DG-DJSG-2	单个遗址	汉代	不确定	1072	1	陶		不确定	腹片	绳纹			
10	东港	DG-DJSG-2	单个遗址	汉代	不确定	1072	2	陶		不确定	腹片				
7	东港	DG-DJT-1	CAA	汉代	不确定	656	5	陶		陶瓦					
7	东港	DG-DJT-1	CAA	汉代	不确定	656	2	陶		不确定	腹片				
7	东港	DG-DJT-1	CAB	汉代	不确定	656	2	陶		陶盆	口沿				
7	东港	DG-DJT-1	CAB	汉代	不确定	656	1	陶		陶罐	口沿				
7	东港	DG-DJT-1	CAB	汉代	不确定	656	5	陶		不确定	腹片				
7	东港	DG-DJT-1	CAB	汉代	不确定	656	16	陶		陶瓦					
7	东港	DG-DJT-1	CAC	汉代	不确定	656	2	陶		陶瓦					
7	东港	DG-DJT-1	CAC	汉代	不确定	656	1	陶		不确定	腹片				
7	东港	DG-DJT-1	CAD	汉代	不确定	656	2	陶		陶盆	口沿				
7	东港	DG-DJT-1	CAD	汉代	不确定	656	2	陶		陶盆	器底				
7	东港	DG-DJT-1	CAD	汉代	不确定	656	3	陶		不确定	腹片				
7	东港	DG-DJT-1	CAD	汉代	不确定	656	10	陶		陶瓦					
7	东港	DG-DJT-1	ZHANG-4	汉代	不确定	654	22	陶		陶瓦					
7	东港	DG-DJT-1	ZHANG-4	汉代	不确定	654	2	陶		不确定	腹片				
11	东港	DG-DJYZ-1	单个遗址	汉代	不确定	1266	1	陶		陶瓦					
11	东港	DG-DJYZ-2	单个遗址	汉代	不确定	1274	2	陶		陶瓦					
11	东港	DG-DJYZ-3	单个遗址	汉代	不确定	1274	1	陶		陶罐					
11	东港	DG-DJYZ-3	单个遗址	汉代	不确定	1274	1	陶		不确定	腹片				
11	东港	DG-DJYZ-3	单个遗址	汉代	不确定	1274	1	陶		陶瓦					
5	东港	DG-DJZ-1	单个遗址	周代	不确定	345	8	陶		不确定	腹片				
5	东港	DG-DJZ-1	单个遗址	周代	不确定	345	1	石	工具	不确定					
5	东港	DG-DJZ-2	单个遗址	汉代	不确定	417	4	陶		陶瓦					
5	东港	DG-DJZ-2	单个遗址	汉代	不确定	417	1	陶		不确定	腹片				
5	东港	DG-DJZ-2	单个遗址	汉代	不确定	417	1	陶		陶盆	口沿				
5	东港	DG-DJZ-3	单个遗址	汉代	不确定	413	1	陶		陶瓦					
5	东港	DG-DJZ-4	单个遗址	汉代	不确定	418	2	陶		陶瓦					
5	东港	DG-DJZ-4	单个遗址	周代	不确定	361	2	陶		不确定	腹片				

年度	县区	遗址	采集区	时代	分期	期段编号	数量	质地	石器种类	器形	部位	纹饰	颜色	质地	蛋壳陶
5	东港	DG-DJZ-5	单个遗址	汉代	不确定	413	1	陶		陶瓦		绳纹			
5	东港	DG-DJZ-5	单个遗址	汉代	不确定	413	1	陶		不确定	腹片				
8	东港	DG-DLH-1	CAA	北辛	早期	1	3	陶		陶釜	口沿				
8	东港	DG-DLH-1	CAA	北辛	早期	1	2	陶		陶罐	口沿				
8	东港	DG-DLH-1	CAA	北辛	早期	1	2	陶		陶盆	口沿				
8	东港	DG-DLH-1	CAA	北辛	早期	1	1	陶		不确定	腹片				
8	东港	DG-DLH-1	CAA	北辛	早期	1	234	陶		不确定	腹片				
8	东港	DG-DLH-1	CAA	北辛	早期	1	1	陶		不确定	腹片	乳钉纹			
8	东港	DG-DLH-1	CAA	北辛	早期	1	2	陶		不确定	把手				
8	东港	DG-DLH-1	CAA	周代	东周	709	4	陶		不确定	腹片				
11	东港	DG-DLH-1	CAB	北辛	早期/中期	1	84	陶		不确定	腹片				
11	东港	DG-DLH-1	CAB	北辛	早期/中期	1	1	陶		不确定	腹片	扇形花边			
11	东港	DG-DLH-1	CAC	北辛		1	2	陶		陶支架					
11	东港	DG-DLH-1	CAC	北辛		1	2	陶		陶罐	器底				
11	东港	DG-DLH-1	CAC	北辛		1	23	陶		不确定	腹片				
11	东港	DG-DLH-1	CAD	北辛		1	4	陶		陶罐	口沿				
11	东港	DG-DLH-1	CAD	北辛		1	1	陶		不确定	把手				
11	东港	DG-DLH-1	CAD	北辛		1	65	陶		不确定	腹片				
11	东港	DG-DLH-1	CAD	北辛		1	1	石	不确定	鹅卵石					
11	东港	DG-DLH-1	CAE	北辛		1	1	陶		陶钵	口沿				
11	东港	DG-DLH-1	CAE	北辛		1	6	陶		不确定	腹片				
8	东港	DG-DLH-2	单个遗址	汉代	不确定	917	3	陶		陶瓦					
8	东港	DG-DLH-3	单个遗址	周代	东周	711	1	陶		不确定	腹片	绳纹			
8	东港	DG-DLH-3	单个遗址	汉代	不确定	919	5	陶		陶瓦					
8	东港	DG-DLH-4	单个遗址	周代	东周	710	2	陶		不确定	腹片	绳纹			
8	东港	DG-DLH-5	单个遗址	汉代	不确定	920	2	陶		不确定	腹片				
8	东港	DG-DLH-5	单个遗址	汉代	不确定	920	1	陶		陶罐	口沿				
8	东港	DG-DLNT-1	单个遗址	汉代	不确定	885	1	陶		陶瓦					
8	东港	DG-DLNT-2	单个遗址	周代	西周	662	2	陶		不确定	腹片	绳纹			
8	东港	DG-DLNT-3	单个遗址	周代	西周	661	1	陶		陶鬲	口沿	绳纹			
8	东港	DG-DLNT-3	单个遗址	周代	西周	661	7	陶		不确定	腹片	绳纹			
8	东港	DG-DLNT-3	单个遗址	周代	东周	661	2	陶		陶罐	口沿				
8	东港	DG-DLNT-3	单个遗址	周代	东周	661	3	陶		不确定	腹片				
8	东港	DG-DLNT-3	单个遗址	汉代	不确定	884	1	陶		陶瓦					
8	东港	DG-DLNT-4	单个遗址	龙山	中期	327	1	陶		陶罐	口沿				
8	东港	DG-DLNT-4	单个遗址	周代	西周	657	3	陶		不确定	腹片	绳纹			
8	东港	DG-DLNT-5	CAA	汉代	不确定	882	2	陶		陶瓦					
8	东港	DG-DLNT-5	CAB	龙山	早期	324	1	陶		陶鼎	口沿				
8	东港	DG-DLNT-5	CAB	龙山	早期	324	2	陶		不确定	腹片	篮纹			
8	东港	DG-DLNT-5	CAB	龙山	不确定	324	2	陶		不确定	腹片	弦纹			
8	东港	DG-DLNT-5	CAB	龙山	不确定	324	17	陶		不确定	腹片				
8	东港	DG-DLNT-5	CAB	周代	东周	658	2	陶		不确定	腹片	绳纹			
8	东港	DG-DLNT-5	CAB	周代	东周	658	1	陶		不确定	腹片				
8	东港	DG-DLNT-5	CAB	汉代	不确定	883	1	陶		陶瓦					
8	东港	DG-DLNT-5	CAC	龙山	早期	324	1	陶		陶鼎	器足				
8	东港	DG-DLNT-5	CAC	周代	东周	658	1	陶		不确定	腹片				

年度	县区	遗址	采集区	时代	分期	期段编号	数量	质地	石器种类	器形	部位	纹饰	颜色	质地	蛋壳陶
8	东港	DG-DLNT-5	CAD	龙山	早期	324	1	陶		陶鼎	器足				
8	东港	DG-DLNT-5	CAD	龙山	不确定	324	4	陶		不确定	腹片				
8	东港	DG-DLNT-5	CAD	周代	东周	658	1	陶		陶罐	口沿				
8	东港	DG-DLNT-5	CAD	周代	东周	658	3	陶		不确定	腹片	绳纹			
8	东港	DG-DLNT-5	CAD	周代	东周	658	1	陶		陶瓦					
8	东港	DG-DLNT-5	CAE	龙山	早期	324	1	陶		陶鼎	器足				
8	东港	DG-DLNT-5	CAE	龙山	不确定	324	3	陶		不确定	腹片				
8	东港	DG-DLNT-5	CAE	周代	东周	658	2	陶		不确定	腹片	绳纹			
8	东港	DG-DLNT-5	CAE	周代	东周	658	1	陶		不确定	腹片				
8	东港	DG-DLNT-6	单个遗址	汉代	不确定	887	1	陶		陶瓦					
8	东港	DG-DLNT-6	单个遗址	汉代	不确定	887	1	陶		陶纺轮					
8	东港	DG-DLNT-7	单个遗址	汉代	不确定	886	1	陶		陶纺轮					
8	东港	DG-DLNT-8	CAA	周代	东周	660	4	陶		不确定	腹片				
8	东港	DG-DLNT-8	CAB	龙山	不确定	323	1	陶		不确定	腹片				
7	东港	DG-DLZ-1	单个遗址	周代	东周	494	1	陶		不确定	腹片	绳纹			
7	东港	DG-DLZ-2	单个遗址	汉代	不确定	599	1	陶		陶瓦					
6	东港	DG-DLZG-1	单个遗址	汉代	西周	567	1	陶		陶瓦					
6	东港	DG-DLZG-1	单个遗址	周代	东周	470	1	陶		不确定	腹片	绳纹			
6	东港	DG-DLZG-2	单个遗址	汉代	西周	568	1	陶		陶瓦					
6	东港	DG-DLZG-3	单个遗址	周代	西周	469	4	陶		不确定	腹片	绳纹			
6	东港	DG-DLZG-3	单个遗址	周代	东周	469	1	陶		陶豆					
6	东港	DG-DLZG-3	单个遗址	周代	东周	469	1	陶		陶盆	口沿				
6	东港	DG-DLZG-3	单个遗址	周代	东周	469	5	陶		不确定	腹片				
6	东港	DG-DLZG-3	单个遗址	周代	东周	469	1	陶		陶瓦					
6	东港	DG-DLZG-3	单个遗址	周代	东周	469	11	陶		不确定	腹片				
6	东港	DG-DLZG-3	单个遗址	不确定			1	石	工具	磨光工具					
6	东港	DG-DLZG-4	单个遗址	周代	西周	468	4	陶		不确定	腹片				
6	东港	DG-DLZG-4	单个遗址	周代	东周	468	1	陶		陶豆	腹片				
6	东港	DG-DLZG-4	单个遗址	周代	东周	468	2	陶		陶瓦					
6	东港	DG-DLZG-4	单个遗址	周代	不确定	468	10	陶		不确定	腹片				
6	东港	DG-DLZG-5	单个遗址	商代	不确定	19	7	陶		不确定	腹片				
6	东港	DG-DLZG-5	单个遗址	周代	西周	467	5	陶		不确定	腹片				
6	东港	DG-DLZG-5	单个遗址	不确定			1	石	工具	石锤					
11	东港	DG-DLZT-1	单个遗址	龙山	中期	445	1	陶		陶鼎	口沿				
11	东港	DG-DLZT-1	单个遗址	龙山	不确定	445	1	陶		不确定	腹片				
11	东港	DG-DLZT-1	单个遗址	汉代	不确定	1314	1	陶		不确定	腹片				
11	东港	DG-DLZT-1	单个遗址	汉代	不确定	1314	1	陶		陶瓦					
11	东港	DG-DLZT-2	单个遗址	龙山	不确定	449	1	陶		不确定	腹片				
11	东港	DG-DLZT-2	单个遗址	汉代	不确定	1315	3	陶		不确定	腹片				
11	东港	DG-DLZT-3	单个遗址	周代	西周	994	1	陶		不确定	腹片				
11	东港	DG-DLZT-3	单个遗址	周代	西周	994	2	陶		不确定	腹片	绳纹			
11	东港	DG-DLZT-4	单个遗址	龙山	中期	450	1	陶		陶鼎	口沿				
11	东港	DG-DLZT-5	单个遗址	龙山	不确定	452	1	陶		不确定	腹片				
11	东港	DG-DLZT-6	单个遗址	龙山	不确定	451	1	陶		不确定	腹片				
11	东港	DG-DLZT-6	单个遗址	汉代	不确定	1316	1	陶		陶盆	器底				

年度	县区	遗址	采集区	时代	分期	期段编号	数量	质地	石器种类	器形	部位	纹饰	颜色	质地	蛋壳陶
11	东港	DG-DLZT-7	单个遗址	龙山	早期	455	1	陶		陶甗	器足				
11	东港	DG-DLZT-7	单个遗址	龙山	早期	455	2	陶		不确定	腹片	篮纹			
11	东港	DG-DLZT-8	CAA	龙山	不确定	454	1	陶		不确定	腹片				
11	东港	DG-DLZT-8	CAA	周代	西周	981	1	陶		不确定	腹片	绳纹			
11	东港	DG-DLZT-8	CAA	周代	西周	981	1	陶		不确定	腹片				
11	东港	DG-DLZT-8	CAA	周代	东周	981	2	陶		不确定	腹片				
11	东港	DG-DLZT-8	CAA	汉代	不确定	1321	1	陶		陶罐	口沿				
11	东港	DG-DLZT-8	CAA	汉代	不确定	1321	1	陶		陶罐	器底				
11	东港	DG-DLZT-8	CAA	汉代	不确定	1321	5	陶		不确定	腹片				
11	东港	DG-DLZT-8	CAA	汉代	不确定	1321	5	陶		陶瓦					
11	东港	DG-DLZT-8	CAB	周代	西周	981	2	陶		不确定	腹片	绳纹			
11	东港	DG-DLZT-8	CAB	周代	东周	981	1	陶		陶罐	口沿				
11	东港	DG-DLZT-8	CAB	周代	东周	981	3	陶		不确定	腹片				
11	东港	DG-DLZT-8	CAB	汉代	不确定	1321	1	陶		陶罐	口沿				
11	东港	DG-DLZT-8	CAB	汉代	不确定	1321	2	陶		不确定	腹片				
11	东港	DG-DLZT-8	CAB	汉代	不确定	1321	6	陶		陶瓦					
11	东港	DG-DLZT-8	CAC	周代	东周	981	1	陶		陶罐	腹片				
11	东港	DG-DLZT-8	CAC	周代	东周	981	1	陶		陶罐	腹片	绳纹			
11	东港	DG-DLZT-8	CAD	周代	西周	981	3	陶		不确定	腹片	绳纹			
11	东港	DG-DLZT-8	CAD	周代	东周	981	12	陶		不确定	腹片				
11	东港	DG-DLZT-8	CAD	周代	东周	981	7	陶		不确定	腹片	绳纹			
11	东港	DG-DLZT-8	CAD	汉代	不确定	1321	1	陶		陶瓮	口沿				
11	东港	DG-DLZT-8	CAD	汉代	不确定	1321	1	陶		陶罐	肩部				
11	东港	DG-DLZT-8	CAD	汉代	不确定	1321	1	陶		陶盆	口沿				
11	东港	DG-DLZT-8	CAD	汉代	不确定	1321	10	陶		不确定	腹片				
11	东港	DG-DLZT-8	CAD	汉代	不确定	1321	8	陶		陶瓦					
11	东港	DG-DLZT-8	CAE	可能汉代	不确定		3	铁							
11	东港	DG-DLZT-8	CAE	周代	西周	981	6	陶		不确定	腹片	绳纹			
11	东港	DG-DLZT-8	CAE	周代	东周	981	1	陶		陶盆	口沿				
11	东港	DG-DLZT-8	CAE	周代	东周	981	10	陶		不确定	腹片	绳纹			
11	东港	DG-DLZT-8	CAE	周代	东周	981	4	陶		不确定	腹片				
11	东港	DG-DLZT-8	CAE	汉代	不确定	1321	4	陶		陶瓮	口沿				
11	东港	DG-DLZT-8	CAE	汉代	不确定	1321	10	陶		陶盆	口沿				
11	东港	DG-DLZT-8	CAE	汉代	不确定	1321	22	陶		不确定	腹片				
11	东港	DG-DLZT-8	CAE	汉代	不确定	1321	13	陶		陶瓦					
11	东港	DG-DLZT-8	CAF	周代	西周	981	1	陶		不确定	腹片				
11	东港	DG-DLZT-8	CAF	周代	西周	981	3	陶		不确定	腹片	绳纹			
11	东港	DG-DLZT-8	CAF	周代	东周	981	3	陶		不确定	腹片				
11	东港	DG-DLZT-8	CAF	汉代	不确定	1321	2	陶		陶壶	口沿				
11	东港	DG-DLZT-8	CAF	汉代	不确定	1321	5	陶		陶瓮	口沿				
11	东港	DG-DLZT-8	CAF	汉代	不确定	1321	15	陶		陶盆	口沿				
11	东港	DG-DLZT-8	CAF	汉代	不确定	1321	6	陶		陶盆	腹片				
11	东港	DG-DLZT-8	CAF	汉代	不确定	1321	36	陶		不确定	腹片				
11	东港	DG-DLZT-8	CAF	汉代	不确定	1321	3	陶		陶瓦					
11	东港	DG-DLZT-8	CAG	周代	西周	981	2	陶		不确定	腹片	绳纹			

年度	县区	遗址	采集区	时代	分期	期段编号	数量	质地	石器种类	器形	部位	纹饰	颜色	质地	蛋壳陶
11	东港	DG-DLZT-8	CAG	周代	东周	981	1	陶		陶罐	口沿				
11	东港	DG-DLZT-8	CAG	周代	东周	981	4	陶		不确定	腹片				
11	东港	DG-DLZT-8	CAG	汉代	不确定	1321	1	陶		陶盆	口沿				
11	东港	DG-DLZT-8	CAG	汉代	不确定	1321	9	陶		不确定	腹片				
11	东港	DG-DLZT-8	CAG	汉代	不确定	1321	1	陶		陶瓦					
11	东港	DG-DLZT-8	CAH	汉代	不确定	1321	4	陶		陶盆	口沿				
11	东港	DG-DLZT-8	CAH	汉代	不确定	1321	12	陶		不确定	腹片				
11	东港	DG-DLZT-8	CAH	汉代	不确定	1321	10	陶		陶瓦					
4	东港	DG-DNG-1	单个遗址	汉代	不确定	356	1	黏土		烧土	圈状				
4	东港	DG-DNG-1	单个遗址	汉代	不确定	356	1	陶		陶瓦					
4	东港	DG-DNG-3	单个遗址	汉代	不确定	355	2	陶		陶瓦					
11	东港	DG-DNY-1	CAA	汉代	不确定	1272	2	陶		陶盆	口沿				
11	东港	DG-DNY-1	CAA	汉代	不确定	1272	8	陶		不确定	腹片				
11	东港	DG-DNY-1	CAA	汉代	不确定	1272	2	陶		陶瓦					
11	东港	DG-DNY-1	CAB	汉代	不确定	1272	1	陶		陶盆	口沿				
11	东港	DG-DNY-1	CAB	汉代	不确定	1272	2	陶		不确定	腹片				
11	东港	DG-DNY-1	CAB	汉代	不确定	1272	1	陶		不确定	腹片	釉陶			
11	东港	DG-DNY-1	CAC	汉代	不确定	1272	3	陶		不确定	腹片				
11	东港	DG-DNY-1	CAC	汉代	不确定	1272	1	陶		陶瓦					
11	东港	DG-DNY-1	CAD	汉代	不确定	1272	2	陶		陶瓦					
11	东港	DG-DNY-1	CAE	汉代	不确定	1272	2	陶		不确定	腹片				
11	东港	DG-DNY-1	CAE	汉代	不确定	1272	1	陶		陶瓦					
11	东港	DG-DNY-1	CAF	汉代	不确定	1272	1	陶		不确定	腹片				
11	东港	DG-DNY-1	CAF	汉代	不确定	1272	1	陶		陶瓦					
5	东港	DG-DNZ-1	单个遗址	周代	东周	342	32	陶		不确定	腹片				
5	东港	DG-DNZ-2	CAB	周代	不确定	343	2	陶		不确定	腹片	附加堆纹			
5	东港	DG-DNZ-2	CAA	周代	东周	343	2	陶		陶盆	口沿				
5	东港	DG-DNZ-2	CAA	周代	东周	343	39	陶		不确定	腹片				
5	东港	DG-DNZ-2	CAB	周代	东周	343	1	陶		陶罐	口沿				
5	东港	DG-DNZ-2	CAB	周代	东周	343	17	陶		不确定	腹片	绳纹			
5	东港	DG-DNZ-2	CAB	周代	东周	343	2	陶		不确定	腹片				
5	东港	DG-DNZ-2	CAB	周代	不确定	343	1	石	自然的	不确定					
5	东港	DG-DNZ-2	CAB	周代	西周	343	2	陶		陶罐	口沿				
5	东港	DG-DNZ-2	CAB	周代	西周	343	2	陶		陶鬲	口沿				
5	东港	DG-DNZ-2	CAB	周代	西周	343	2	陶		陶鬲	器足				
5	东港	DG-DNZ-2	CAB	周代	西周	343	1	陶		陶豆	把手				
5	东港	DG-DNZ-2	CAB	周代	西周	343	1	陶		陶罐	器底				
5	东港	DG-DNZ-2	CAB	周代	西周	343	58	陶		不确定	腹片	绳纹			
5	东港	DG-DNZ-2	CAB	周代	西周	343	39	陶		不确定	腹片				
5	东港	DG-DNZ-5	单个遗址	周代	东周	344	1	石	自然的	不确定					
5	东港	DG-DNZ-5	单个遗址	周代	东周	344	1	陶		陶碗	口沿				
5	东港	DG-DNZ-5	单个遗址	周代	东周	344	2	陶		不确定	腹片				
5	东港	DG-DNZ-6	单个遗址	汉代	不确定	415	1	陶		陶瓦					
5	东港	DG-DNZ-7	单个遗址	汉代	不确定	416	1	陶		陶瓦					
6	东港	DG-DQG-1	单个遗址	周代	东周	410	1	陶		陶瓦					
6	东港	DG-DQG-2	单个遗址	汉代	西周	462	1	陶		不确定	腹片				

年度	县区	遗址	采集区	时代	分期	期段编号	数量	质地	石器种类	器形	部位	纹饰	颜色	质地	蛋壳陶
6	东港	DG-DQG-2	单个遗址	汉代以后	不确定		1	陶		不确定	腹片				
8	东港	DG-DSC-1	单个遗址	汉代	不确定	893	1	陶		陶瓦					
8	东港	DG-DSC-1	单个遗址	汉代	不确定	893	1	陶		陶罐	口沿				
8	东港	DG-DSC-2	单个遗址	周代	东周	666	1	陶		不确定	腹片				
8	东港	DG-DSC-2	单个遗址	汉代	不确定	892	3	陶		陶瓦					
8	东港	DG-DSC-3	单个遗址	周代	东周	668	1	陶		陶瓦					
8	东港	DG-DSC-4	单个遗址	周代	东周	667	1	陶		不确定	腹片	绳纹			
8	东港	DG-DSC-5	CAA	汉代	不确定	894	1	陶		陶瓦					
8	东港	DG-DSC-5	CAB	汉代	不确定	894	1	陶		陶瓦					
4	东港	DG-DSG-1	单个遗址	周代	东周	276	1	陶		不确定	腹片	绳纹			
11	东港	DG-DSLT-1	单个遗址	汉代	不确定	1202	1	陶		不确定	腹片				
11	东港	DG-DSLT-1	单个遗址	汉代	不确定	1202	1	陶		陶瓦					
8	东港	DG-DSQ-1	单个遗址	周代	西周	708	1	陶		陶鬲	腹片	绳纹			
8	东港	DG-DSQ-2	CAA	龙山	不确定	340	1	陶		不确定	腹片				
8	东港	DG-DSQ-2	CAA	周代	西周	706	1	陶		陶鬲	腹片				
8	东港	DG-DSQ-2	CAA	周代	西周	706	14	陶		不确定	腹片	绳纹			
8	东港	DG-DSQ-2	CAA	周代	东周	706	1	陶		陶罐	口沿				
8	东港	DG-DSQ-2	CAA	周代	东周	706	18	陶		不确定	腹片	绳纹			
8	东港	DG-DSQ-2	CAA	周代	东周	706	1	陶		不确定	腹片				
8	东港	DG-DSQ-2	CAA	不确定			1	石	产品	不确定	残破				
8	东港	DG-DSQ-2	CAB	周代	西周	706	1	陶		陶鬲	器足				
8	东港	DG-DSQ-2	CAB	周代	西周	706	1	陶		陶罐	口沿				
8	东港	DG-DSQ-2	CAB	周代	西周	706	9	陶		不确定	腹片	绳纹			
8	东港	DG-DSQ-2	CAB	周代	东周	706	12	陶		不确定	腹片	绳纹			
8	东港	DG-DSQ-2	CAB	周代	东周	706	12	陶		不确定	腹片				
8	东港	DG-DSQ-2	CAC	周代	西周	706	1	陶		陶鬲	器足				
8	东港	DG-DSQ-2	CAC	周代	西周	706	5	陶		不确定	口沿	绳纹			
8	东港	DG-DSQ-2	CAC	周代	东周	706	9	陶		不确定	腹片	绳纹			
8	东港	DG-DSQ-2	CAC	周代	东周	706	11	陶		不确定	腹片				
8	东港	DG-DSQ-2	CAD	周代	东周	706	1	陶		陶豆	腹片				
8	东港	DG-DSQ-2	CAD	汉代	东周	706	1	陶		陶盂	口沿				
8	东港	DG-DSQ-2	CAD	周代	东周	706	3	陶		不确定	腹片	绳纹			
8	东港	DG-DSQ-2	CAD	周代	东周	706	1	陶		不确定	腹片				
8	东港	DG-DSQ-2	CAE	汉代	不确定	911	2	陶		陶瓦					
8	东港	DG-DSQ-2	CAF	周代	西周	706	1	陶		陶鬲	器足				
8	东港	DG-DSQ-2	CAF	周代	西周	706	1	陶		陶鬲	口沿				
8	东港	DG-DSQ-2	CAF	周代	西周	706	5	陶		陶鬲	腹片				
8	东港	DG-DSQ-2	CAF	周代	西周	706	17	陶		不确定	腹片	绳纹			
8	东港	DG-DSQ-2	CAF	周代	东周	706	1	陶		陶豆	腹片				
8	东港	DG-DSQ-2	CAF	周代	东周	706	1	陶		陶盆	口沿				
8	东港	DG-DSQ-2	CAF	周代	东周	706	11	陶		不确定	腹片	绳纹			
8	东港	DG-DSQ-2	CAF	汉代	不确定	911	2	陶		陶瓦					
8	东港	DG-DSQ-2	CAG	周代	西周	706	4	陶		不确定	腹片	绳纹			
8	东港	DG-DSQ-2	CAG	周代	东周	706	1	陶		陶鬲	腹片				
8	东港	DG-DSQ-2	CAG	周代	东周	706	2	陶		不确定	腹片	绳纹			
8	东港	DG-DSQ-2	CAG	周代	东周	706	3	陶		不确定	腹片				

年度	县区	遗址	采集区	时代	分期	期段编号	数量	质地	石器种类	器形	部位	纹饰	颜色	质地	蛋壳陶
8	东港	DG-DSQ-3	单个遗址	周代	西周	707	1	陶		不确定	腹片	绳纹			
7	东港	DG-DSQC-1	单个遗址	汉代	不确定	644	2	陶		陶瓦					
7	东港	DG-DSQC-2	单个遗址	汉代	不确定	645	2	陶		陶瓦					
7	东港	DG-DSQC-2	单个遗址	汉代	不确定	645	1	陶		不确定	腹片				
7	东港	DG-DSQC-3	CAA	汉代	不确定	643	1	陶		砖					
7	东港	DG-DSQC-3	CAA	汉代	不确定	643	11	陶		陶瓦					
7	东港	DG-DSQC-3	CAA	汉代	不确定	643	2	陶		不确定	腹片				
7	东港	DG-DSQC-3	CAB	汉代	不确定	643	6	陶		陶瓦					
7	东港	DG-DSQC-4	单个遗址	汉代	不确定	646	1	陶		陶瓦					
7	东港	DG-DSQC-5	单个遗址	周代	东周	632	1	陶		陶罐	口沿				
7	东港	DG-DSQC-5	单个遗址	周代	东周	632	2	陶		不确定	腹片	绳纹			
7	东港	DG-DSQC-5	单个遗址	周代	东周	632	3	陶		不确定	腹片				
7	东港	DG-DSQC-5	单个遗址	周代	东周	632	1	陶		陶鬲	器足				
7	东港	DG-DSQC-5	单个遗址	汉代	不确定	661	3	陶		陶盆	口沿				
7	东港	DG-DSQC-5	单个遗址	汉代	不确定	661	1	陶		陶罐	口沿				
7	东港	DG-DSQC-5	单个遗址	汉代	不确定	661	1	陶		陶盆	器底				
7	东港	DG-DSQC-5	单个遗址	汉代	不确定	661	59	陶		陶瓦					
7	东港	DG-DSQC-5	ZHANG-6	周代	西周	632	1	陶		陶罐	口沿				
7	东港	DG-DSQC-5	ZHANG-6	汉代	不确定	661	23	陶		陶瓦					
5	东港	DG-DTY-1	CAA	汉代	不确定	413	7	陶		不确定	腹片				
5	东港	DG-DTY-1	CAA	汉代	不确定	413	2	陶		陶瓦					
5	东港	DG-DTY-1	CAB	汉代	不确定	413	1	陶		陶瓦					
5	东港	DG-DTY-1	CAC	汉代	不确定	413	2	陶		不确定	腹片				
5	东港	DG-DTY-1	CAC	汉代	不确定	413	2	陶		陶瓦					
5	东港	DG-DTY-1	CAH	汉代	不确定	413	9	陶		陶瓦					
5	东港	DG-DTY-1	CAI	汉代	不确定	413	1	陶		陶盆	口沿				
5	东港	DG-DTY-1	CAJ	汉代	不确定	413	3	陶		陶罐	口沿				
5	东港	DG-DTY-1	CAJ	汉代	不确定	413	8	陶		陶瓦					
5	东港	DG-DTY-1	CAM	汉代	不确定	413	1	陶		陶瓦					
5	东港	DG-DTY-1	CAN	汉代	不确定	413	16	陶		不确定	腹片				
5	东港	DG-DTY-1	CAO	汉代	不确定	413	15	陶		陶瓦					
5	东港	DG-DTY-1	CAP	汉代	不确定	413	1	陶		陶罐	口沿				
5	东港	DG-DTY-1	CAP	汉代	不确定	413	19	陶		不确定	腹片				
5	东港	DG-DTY-1	CAP	汉代	不确定	413	3	陶		陶瓦					
5	东港	DG-DTY-1	CAQ	汉代	不确定	413	1	陶		陶瓦					
5	东港	DG-DTY-1	CAC	龙山	早期	172	1	陶		陶鼎	口沿				
5	东港	DG-DTY-1	CAC	龙山	早期	172	1	陶		陶鼎	器底				
5	东港	DG-DTY-1	CAC	龙山	早期	172	3	陶		陶鼎	器足				
5	东港	DG-DTY-1	CAC	龙山	早期	172	1	陶		陶鬶	把手				
5	东港	DG-DTY-1	CAC	龙山	早期	172	1	陶		陶鬶	器足				
5	东港	DG-DTY-1	CAG	龙山	早期	172	1	陶		陶鼎	器足				
5	东港	DG-DTY-1	CAH	龙山	早期	172	3	陶		陶鼎	器足				
5	东港	DG-DTY-1	CAH	龙山	早期	172	1	陶		陶鬶	把手				
5	东港	DG-DTY-1	CAH	龙山	早期	172	1	陶		陶鬶	器足				
5	东港	DG-DTY-1	CAH	龙山	晚期	172	3	陶		陶鼎	器足				
5	东港	DG-DTY-1	CAH	龙山	晚期	172	1	陶		陶盆	口沿				

年度	县区	遗址	采集区	时代	分期	期段编号	数量	质地	石器种类	器形	部位	纹饰	颜色	质地	蛋壳陶
5	东港	DG-DTY-1	CAH	龙山	晚期	172	2	陶		陶罐	口沿				
5	东港	DG-DTY-1	CAH	龙山	晚期	172	2	陶		陶罐	把手				
5	东港	DG-DTY-1	CAJ	龙山	晚期	172	1	陶		陶鼎	器足				
5	东港	DG-DTY-1	CAB	龙山	中期	172	1	陶		陶罐	口沿				
5	东港	DG-DTY-1	CAC	龙山	中期	172	4	陶		陶罐	口沿				
5	东港	DG-DTY-1	CAC	龙山	中期	172	1	陶		陶鼎	器底				
5	东港	DG-DTY-1	CAC	龙山	中期	172	1	陶		陶甗	器足				
5	东港	DG-DTY-1	CAC	龙山	中期	172	1	陶		陶罐	器底				
5	东港	DG-DTY-1	CAC	龙山	中期	172	1	陶		不确定	把手				
5	东港	DG-DTY-1	CAC	龙山	中期	172	1	陶		不确定					
5	东港	DG-DTY-1	CAF	龙山	中期	172	1	陶		陶鼎	器足				
5	东港	DG-DTY-1	CAG	龙山	中期	172	1	陶		陶鼎	器足				
5	东港	DG-DTY-1	CAH	龙山	中期	172	5	陶		陶鼎	器足				
5	东港	DG-DTY-1	CAH	龙山	中期	172	1	陶		陶鬶	把手				
5	东港	DG-DTY-1	CAH	龙山	中期	172	1	陶		陶鬶	器足				
5	东港	DG-DTY-1	CAH	龙山	中期	172	3	陶		陶甗	器足				
5	东港	DG-DTY-1	CAH	龙山	中期	172	3	陶		陶匜	口沿				
5	东港	DG-DTY-1	CAH	龙山	中期	172	12	陶		不确定	口沿				
5	东港	DG-DTY-1	CAH	龙山	中期	172	10	陶		不确定	器底				
5	东港	DG-DTY-1	CAH	龙山	中期	172	2	陶		陶罐	把手				
5	东港	DG-DTY-1	CAH	龙山	中期	172	2	陶		不确定	器底				
5	东港	DG-DTY-1	CAJ	龙山	中期	172	4	陶		不确定	口沿				
5	东港	DG-DTY-1	CAK	龙山	中期	172	2	陶		陶罐	口沿				
5	东港	DG-DTY-1	CAA	龙山	不确定	172	2	陶		不确定	器底				
5	东港	DG-DTY-1	CAA	龙山	不确定	172	1	陶		不确定	器底				
5	东港	DG-DTY-1	CAA	龙山	不确定	172	9	陶		不确定	腹片				
5	东港	DG-DTY-1	CAB	龙山	不确定	172	10	陶		不确定	腹片				
5	东港	DG-DTY-1	CAC	龙山	不确定	172	3	陶		不确定	腹片	附加堆纹			
5	东港	DG-DTY-1	CAC	龙山	不确定	172	1	陶		不确定	腹片	篮纹			
5	东港	DG-DTY-1	CAC	龙山	不确定	172	1	陶		不确定	腹片	弦纹			
5	东港	DG-DTY-1	CAC	龙山	不确定	172	3	陶		不确定	腹片			泥质	是
5	东港	DG-DTY-1	CAD	龙山	不确定	172	1	陶		不确定	腹片				
5	东港	DG-DTY-1	CAF	龙山	不确定	172	13	陶		不确定	腹片				
5	东港	DG-DTY-1	CAF	龙山	不确定	172	1	陶		不确定	腹片	弦纹			
5	东港	DG-DTY-1	CAG	龙山	不确定	172	7	陶		不确定	腹片				
5	东港	DG-DTY-1	CAH	龙山	不确定	172	1	陶		陶鼎	口沿				
5	东港	DG-DTY-1	CAH	龙山	不确定	172	1	陶		陶鬶	裆部				
5	东港	DG-DTY-1	CAH	龙山	不确定	172	2	陶		不确定	腹片	篮纹			
5	东港	DG-DTY-1	CAH	龙山	不确定	172	3	陶		不确定	腹片	弦纹			
5	东港	DG-DTY-1	CAH	龙山	不确定	172	9	陶		不确定	腹片			泥质	是
5	东港	DG-DTY-1	CAH	龙山	不确定	172	43	陶		不确定	腹片				
5	东港	DG-DTY-1	CAI	龙山	不确定	172	3	陶		不确定	腹片				
5	东港	DG-DTY-1	CAI	龙山	不确定	172	1	陶		不确定	腹片	篮纹			
5	东港	DG-DTY-1	CAJ	龙山	不确定	172	1	陶		陶鼎	器足				
5	东港	DG-DTY-1	CAJ	龙山	不确定	172	2	陶		不确定	器底				
5	东港	DG-DTY-1	CAJ	龙山	不确定	172	1	陶		不确定	器底				

年度	县区	遗址	采集区	时代	分期	期段编号	数量	质地	石器种类	器形	部位	纹饰	颜色	质地	蛋壳陶
5	东港	DG-DTY-1	CAJ	龙山	不确定	172	5	陶		不确定	腹片	弦纹			
5	东港	DG-DTY-1	CAJ	龙山	不确定	172	1	陶		不确定	腹片	乳突			
5	东港	DG-DTY-1	CAJ	龙山	不确定	172	3	陶		不确定	腹片			泥质	是
5	东港	DG-DTY-1	CAJ	龙山	不确定	172	32	陶		不确定	腹片				
5	东港	DG-DTY-1	CAK	龙山	不确定	172	8	陶		不确定	腹片				
5	东港	DG-DTY-1	CAK	龙山	不确定	172	2	陶		不确定	腹片	弦纹			
5	东港	DG-DTY-1	CAK	龙山	不确定	172	1	陶		不确定	腹片			泥质	是
5	东港	DG-DTY-1	CAM	龙山	不确定	172	1	陶		不确定	腹片				
5	东港	DG-DTY-1	CAN	龙山	不确定	172	3	陶		不确定	腹片				
5	东港	DG-DTY-1	CAP	龙山	中期	175	1	陶		陶罐或陶鼎	口沿				
5	东港	DG-DTY-1	CAP	龙山	不确定	175	1	陶		不确定	器底				
5	东港	DG-DTY-1	CAP	龙山	不确定	175	6	陶		不确定	腹片				
5	东港	DG-DTY-1	CAC	不确定			1	石	不确定	石英	鹅卵石				
5	东港	DG-DTY-1	CAH	不确定			1	石	不确定	石英	薄片				
5	东港	DG-DTY-1	CAC	不确定			1	石	工具	石锛					
5	东港	DG-DTY-1	CAC	不确定			1	石	工具	石凿					
5	东港	DG-DTY-1	CAH	不确定			1	石	工具	石磨盘					
5	东港	DG-DTY-1	CAJ	不确定			1	石	工具	石镰					
5	东港	DG-DTY-1	CAA	周代	东周	346	5	陶		不确定	腹片				
5	东港	DG-DTY-1	CAA	周代	东周	346	2	陶		不确定	腹片	绳纹			
5	东港	DG-DTY-1	CAB	周代	东周	346	3	陶		不确定	腹片				
5	东港	DG-DTY-1	CAC	周代	东周	346	2	陶		不确定	腹片				
5	东港	DG-DTY-1	CAC	周代	东周	346	2	陶		不确定	腹片	绳纹			
5	东港	DG-DTY-1	CAH	周代	东周	346	3	陶		不确定	腹片	绳纹			
5	东港	DG-DTY-1	CAH	周代	东周	346	2	陶		不确定	腹片				
5	东港	DG-DTY-1	CAJ	周代	东周	346	4	陶		不确定	口沿				
5	东港	DG-DTY-1	CAJ	周代	东周	346	5	陶		不确定	腹片				
5	东港	DG-DTY-1	CAJ	周代	东周	346	8	陶		不确定	腹片	绳纹			
5	东港	DG-DTY-1	CAO	周代	东周	346	3	陶		不确定	腹片				
5	东港	DG-DTY-1	CAO	周代	东周	346	1	陶		不确定	腹片	绳纹			
5	东港	DG-DTY-1	CAE	周代	不确定	346	2	陶		不确定	腹片				
5	东港	DG-DTY-1	CAF	周代	不确定	346	9	陶		不确定	腹片				
5	东港	DG-DTY-1	CAG	周代	不确定	346	2	陶		不确定	腹片				
5	东港	DG-DTY-1	CAG	周代	不确定	346	1	陶		不确定	腹片	绳纹			
5	东港	DG-DTY-1	CAI	周代	不确定	346	3	陶		不确定	腹片				
5	东港	DG-DTY-1	CAK	周代	西周	346	2	陶		不确定	腹片				
5	东港	DG-DTY-1	CAK	周代	西周	346	2	陶		不确定	腹片	绳纹			
5	东港	DG-DTY-1	CAL	周代	不确定	346	1	陶		不确定	腹片				
5	东港	DG-DTY-1	CAA	周代	西周	346	1	陶		陶罐	口沿	绳纹			
5	东港	DG-DTY-1	CAA	周代	西周	346	1	陶		不确定	腹片	绳纹			
5	东港	DG-DTY-1	CAB	周代	西周	346	1	陶		不确定	口沿				
5	东港	DG-DTY-1	CAC	周代	西周	346	1	陶		陶罐	口沿				
5	东港	DG-DTY-1	CAC	周代	西周	346	3	陶		不确定	腹片	绳纹			
5	东港	DG-DTY-1	CAH	周代	西周	346	1	陶		不确定	腹片	附加堆纹			
5	东港	DG-DTY-1	CAH	周代	西周	346	1	陶		不确定	腹片	绳纹			
5	东港	DG-DTY-1	CAI	周代	西周	346	1	陶		陶盆	口沿				

年度	县区	遗址	采集区	时代	分期	期段编号	数量	质地	石器种类	器形	部位	纹饰	颜色	质地	蛋壳陶
5	东港	DG-DTY-1	CAJ	周代	西周	346	2	陶		陶罐	口沿				
5	东港	DG-DTY-1	CAJ	周代	西周	346	6	陶		不确定	腹片	绳纹			
5	东港	DG-DTY-1	CAJ	周代	西周	346	2	陶		不确定	腹片				
5	东港	DG-DTY-1	CAK	周代	西周	346	1	陶		陶罐	口沿				
5	东港	DG-DTY-1	CAN	周代	西周	346	3	陶		不确定	腹片				
5	东港	DG-DTY-1	CAO	周代	西周	346	1	陶		陶罐	口沿				
5	东港	DG-DTY-1	CAO	周代	西周	346	3	陶		不确定	腹片	绳纹			
5	东港	DG-DTY-1	CAQ	周代	西周	347	2	陶		不确定	腹片				
5	东港	DG-DTY-1	CAQ	周代	西周	347	1	陶		不确定	腹片	绳纹			
4	东港	DG-DTY-1	单个遗址	汉代	不确定	413	1	陶		陶盆	口沿				
4	东港	DG-DTY-1	单个遗址	汉代	不确定	413	1	陶		陶瓮	口沿				
4	东港	DG-DTY-1	单个遗址	汉代	不确定	413	2	陶		陶罐	口沿				
4	东港	DG-DTY-1	单个遗址	汉代	不确定	413	2	陶		陶瓦					
4	东港	DG-DTY-1	单个遗址	龙山	早期	172	11	陶		陶鼎	器足			粗砂	
4	东港	DG-DTY-1	单个遗址	龙山	早期	172	1	陶		陶鼎	口沿			粗砂	
4	东港	DG-DTY-1	单个遗址	龙山	早期	172	1	陶		陶鼎	口沿	弦纹		粗砂	
4	东港	DG-DTY-1	单个遗址	龙山	早期	172	2	陶		陶鼎	口沿			粗砂	
4	东港	DG-DTY-1	单个遗址	龙山	早期	172	2	陶		陶鼎	器底			粗砂	
4	东港	DG-DTY-1	单个遗址	龙山	早期	172	3	陶		陶罐	口沿	弦纹		粗砂	
4	东港	DG-DTY-1	单个遗址	龙山	早期	172	1	陶		陶罐	腹片			粗砂	
4	东港	DG-DTY-1	单个遗址	龙山	早期	172	2	陶		陶罐	器底	篮纹		粗砂	
4	东港	DG-DTY-1	单个遗址	龙山	早期	172	3	陶		陶罐	器底			粗砂	
4	东港	DG-DTY-1	单个遗址	龙山	早期	172	3	陶		陶匜	口沿			粗砂	
4	东港	DG-DTY-1	单个遗址	龙山	早期	172	1	陶		陶鬶	器足		白	粗砂	
4	东港	DG-DTY-1	单个遗址	龙山	早期	172	2	陶		陶甗	器足			粗砂	
4	东港	DG-DTY-1	单个遗址	龙山	早期	172	3	陶		陶器盖	腹片	装饰的		粗砂	
4	东港	DG-DTY-1	单个遗址	龙山	中期	172	3	陶		陶鼎	器足	附加堆纹		粗砂	
4	东港	DG-DTY-1	单个遗址	龙山	中期	172	1	陶		陶鼎	器足			粗砂	
4	东港	DG-DTY-1	单个遗址	龙山	中期	172	2	陶		陶鼎	口沿			粗砂	
4	东港	DG-DTY-1	单个遗址	龙山	中期	172	2	陶		陶鼎	口沿	弦纹		粗砂	
4	东港	DG-DTY-1	单个遗址	龙山	中期	172	1	陶		陶甗	器足	附加堆纹		粗砂	
4	东港	DG-DTY-1	单个遗址	龙山	中期	172	1	陶		陶盆	口沿	弦纹		粗砂	
4	东港	DG-DTY-1	单个遗址	龙山	中期	172	1	陶		陶匜	口沿			粗砂	
4	东港	DG-DTY-1	单个遗址	龙山	中期	172	4	陶		陶罐	器底			粗砂	
4	东港	DG-DTY-1	单个遗址	龙山	中期	172	2	陶		陶器盖		弦纹		粗砂	
4	东港	DG-DTY-1	单个遗址	龙山	中期	172	1	陶		陶器盖				粗砂	
4	东港	DG-DTY-1	单个遗址	龙山	中期	172	2	陶		不确定	把手	刻槽		粗砂	
4	东港	DG-DTY-1	单个遗址	龙山	中期	172	2	陶		不确定	把手			粗砂	
4	东港	DG-DTY-1	单个遗址	龙山	不确定	172	75	陶		不确定	腹片			粗砂	
4	东港	DG-DTY-1	单个遗址	龙山	不确定	172	8	陶		不确定	腹片	篮纹		粗砂	
4	东港	DG-DTY-1	单个遗址	龙山	不确定	172	11	陶		不确定	腹片	弦纹		粗砂	
4	东港	DG-DTY-1	单个遗址	龙山	不确定	172	2	陶		陶罐	口沿			泥质	是
4	东港	DG-DTY-1	单个遗址	龙山	不确定	172	3	陶		陶盆	口沿			泥质	是
4	东港	DG-DTY-1	单个遗址	龙山	不确定	172	1	陶		陶罐	器底	弦纹		泥质	是
4	东港	DG-DTY-1	单个遗址	龙山	不确定	172	1	陶		陶罐	器底			泥质	是
4	东港	DG-DTY-1	单个遗址	龙山	不确定	172	1	陶		不确定	腹片	弦纹		泥质	是

年度	县区	遗址	采集区	时代	分期	期段编号	数量	质地	石器种类	器形	部位	纹饰	颜色	质地	蛋壳陶
4	东港	DG-DTY-1	单个遗址	龙山	不确定	172	17	陶		不确定	腹片			泥质	是
4	东港	DG-DTY-1	单个遗址	龙山	不确定	172	2	陶		不确定	腹片		白	泥质	是
4	东港	DG-DTY-1	单个遗址	不确定			1	石	工具	石刀					
4	东港	DG-DTY-1	单个遗址	不确定			1	黏土		烧土					
4	东港	DG-DTY-1	单个遗址	周代	东周	346	3	陶		不确定	腹片	绳纹			
4	东港	DG-DTY-1	单个遗址	周代	东周	346	5	陶		不确定	腹片				
4	东港	DG-DTY-1	单个遗址	周代	东周	346	1	陶		陶瓦					
4	东港	DG-DTY-1	单个遗址	周代	西周	346	1	陶		陶罐	口沿				
4	东港	DG-DTY-1	单个遗址	周代	西周	346	2	陶		不确定	腹片	绳纹			
4	东港	DG-DTY-1	单个遗址	周代	西周	346	1	陶		不确定	腹片	附加堆纹			
5	东港	DG-DTY-10	单个遗址	汉代	不确定	580	1	陶		陶瓦					
5	东港	DG-DTY-2	CAA	汉代	不确定	412	2	陶		陶瓦					
5	东港	DG-DTY-2	CAC	汉代	不确定	412	1	陶		不确定	口沿				
5	东港	DG-DTY-2	CAC	汉代	不确定	412	1	陶		陶瓦					
5	东港	DG-DTY-2	CAA	龙山	不确定	174	1	陶		不确定	器底				
5	东港	DG-DTY-2	CAA	龙山	不确定	174	4	陶		不确定	腹片				
5	东港	DG-DTY-2	CAA	龙山	不确定	174	2	陶		不确定	腹片	弦纹			
5	东港	DG-DTY-2	CAD	龙山	不确定	174	1	陶		不确定	腹片				
5	东港	DG-DTY-2	CAA	周代	东周	357	1	陶		不确定	口沿				
5	东港	DG-DTY-2	CAB	周代	东周	357	3	陶		不确定	腹片				
5	东港	DG-DTY-2	CAC	周代	东周	357	2	陶		不确定	腹片				
5	东港	DG-DTY-2	CAA	周代	西周	357	1	陶		不确定	腹片	绳纹			
5	东港	DG-DTY-2	CAB	周代	西周	357	1	陶		不确定	腹片				
5	东港	DG-DTY-2	CAB	周代	西周	357	1	陶		不确定	腹片	绳纹			
5	东港	DG-DTY-3	单个遗址	周代	东周	360	2	陶		不确定	腹片				
5	东港	DG-DTY-3	单个遗址	周代	西周	360	1	陶		不确定	腹片				
5	东港	DG-DTY-4	单个遗址	龙山	不确定	173	1	陶		不确定	腹片				
5	东港	DG-DTY-4	单个遗址	周代	东周	359	2	陶		不确定	腹片				
5	东港	DG-DTY-4	单个遗址	周代	东周	359	1	陶		不确定	腹片	绳纹			
5	东港	DG-DTY-5	单个遗址	周代	东周	358	1	陶		陶罐	口沿				
5	东港	DG-DTY-5	单个遗址	周代	东周	358	3	陶		不确定	腹片				
5	东港	DG-DTY-6	单个遗址	周代	东周	348	1	陶		不确定	腹片				
5	东港	DG-DTY-6	单个遗址	周代	东周	348	1	陶		不确定	腹片	绳纹			
5	东港	DG-DTY-7	CAA	汉代	不确定	408	1	陶		陶盆	口沿				
5	东港	DG-DTY-7	CAA	汉代	不确定	408	2	陶		陶瓦					
5	东港	DG-DTY-7	CAA	汉代	不确定	408	3	陶		不确定	腹片				
5	东港	DG-DTY-7	CAB	汉代	不确定	408	1	陶		陶瓦					
5	东港	DG-DTY-7	CAA	龙山	中期	178	1	陶		陶罐	口沿				
5	东港	DG-DTY-7	CAA	龙山	中期	178	1	陶		陶鼎	器足				
5	东港	DG-DTY-7	CAA	龙山	不确定	178	11	陶		不确定	腹片				
5	东港	DG-DTY-7	CAA	龙山	不确定	178	1	陶		不确定	腹片	篮纹			
5	东港	DG-DTY-7	CAB	龙山	不确定	178	3	陶		不确定	腹片				
5	东港	DG-DTY-8	单个遗址	龙山	不确定	176	2	陶		不确定	腹片				
5	东港	DG-DTY-8	单个遗址	周代	西周	338	1	陶		不确定	腹片				
5	东港	DG-DTY-8	单个遗址	周代	西周	338	2	陶		不确定	腹片	绳纹			
5	东港	DG-DTY-9	CAB	汉代	不确定	407	1	陶		陶瓦					

年度	县区	遗址	采集区	时代	分期	期段编号	数量	质地	石器种类	器形	部位	纹饰	颜色	质地	蛋壳陶
5	东港	DG-DTY-9	CAA	龙山	不确定	177	10	陶		不确定	腹片				
5	东港	DG-DTY-9	CAB	龙山	不确定	177	3	陶		不确定	腹片				
5	东港	DG-DTY-9	CAB	龙山	不确定	177	1	陶		不确定	腹片	弦纹			
5	东港	DG-DTY-9	CAB	龙山	不确定	177	1	陶		不确定	腹片	篮纹			
5	东港	DG-DTY-9	CAB	周代	西周	337	1	陶		不确定	腹片				
6	东港	DG-DW-1	单个遗址	龙山	不确定	232	1	陶		陶罐	口沿				
6	东港	DG-DW-1	单个遗址	龙山	不确定	232	10	陶		不确定	腹片				
6	东港	DG-DW-1	单个遗址	周代	西周	476	8	陶		不确定	腹片				
6	东港	DG-DW-1	单个遗址	周代	东周	476	2	陶		不确定	腹片				
6	东港	DG-DW-2	单个遗址	不确定			1	石	工具	石铲					
6	东港	DG-DW-2	单个遗址	不确定			1	石	工具	石锤					
6	东港	DG-DW-2	单个遗址	龙山	不确定	231	1	陶		不确定	腹片				
6	东港	DG-DW-2	单个遗址	周代	西周	473	1	陶		陶罐	口沿				
6	东港	DG-DW-2	单个遗址	周代	西周	473	9	陶		不确定	腹片				
6	东港	DG-DW-2	单个遗址	周代	东周	473	3	陶		不确定	腹片				
6	东港	DG-DWJC-1	CAA	龙山	不确定		1	石	工具	石斧					
6	东港	DG-DWJC-1	CAA	龙山	不确定		1	石	工具	石锛					
6	东港	DG-DWJC-1	CAA	龙山	早期	230	2	陶		陶鼎	器足				
6	东港	DG-DWJC-1	CAA	龙山	早期	230	2	陶		陶鼎	器足				
6	东港	DG-DWJC-1	CAA	龙山	早期	230	1	陶		陶杯	器底				
6	东港	DG-DWJC-1	CAA	龙山	早期	230	3	陶		陶罐	口沿				
6	东港	DG-DWJC-1	CAA	龙山	早期	230	2	陶		陶圈足盘	腹片				
6	东港	DG-DWJC-1	CAA	龙山	中期	230	3	陶		陶鼎	器足				
6	东港	DG-DWJC-1	CAA	龙山	中期	230	1	陶		陶鬶	器足				
6	东港	DG-DWJC-1	CAA	龙山	中期	230	3	陶		陶罐	口沿				
6	东港	DG-DWJC-1	CAA	龙山	中期	230	1	陶		不确定	把手				
6	东港	DG-DWJC-1	CAA	龙山	不确定	230	26	陶		不确定	腹片				
6	东港	DG-DWJC-1	CAB	龙山	早期	230	1	陶		陶鼎	器足				
6	东港	DG-DWJC-1	CAB	龙山	早期	230	1	陶		陶鼎	口沿				
6	东港	DG-DWJC-1	CAB	龙山	早期	230	1	陶		陶匜	口沿				
6	东港	DG-DWJC-1	CAB	龙山	中期	230	3	陶		陶罐	口沿				
6	东港	DG-DWJC-1	CAB	龙山	中期	230	1	陶		陶鼎	器足				
6	东港	DG-DWJC-1	CAB	龙山	不确定	230	26	陶		不确定	腹片				
6	东港	DG-DWJC-1	CAB	汉代	西周	572	2	陶		陶罐	口沿				
6	东港	DG-DWJC-1	CAC	龙山	早期	230	2	陶		陶鼎	器足				
6	东港	DG-DWJC-1	CAC	龙山	早期	230	1	陶		陶鼎	器足				
6	东港	DG-DWJC-1	CAC	龙山	中期	230	1	陶		陶鼎	器足				
6	东港	DG-DWJC-1	CAC	龙山	中期	230	1	陶		陶鬶	把手				
6	东港	DG-DWJC-1	CAC	龙山	中期	230	1	陶		不确定	陶器盖				
6	东港	DG-DWJC-1	CAC	龙山	中期	230	2	陶		陶罐	口沿				
6	东港	DG-DWJC-1	CAC	龙山	不确定	230	40	陶		不确定	腹片				
6	东港	DG-DWJC-1	CAC	汉代	不确定	572	1	陶		陶瓦					
6	东港	DG-DWJC-1	CAC	汉代	不确定	572	2	陶		不确定	腹片				
6	东港	DG-DWJC-1	CAD	龙山	早期	230	2	陶		陶鼎	器足				
6	东港	DG-DWJC-1	CAD	龙山	早期	230	1	陶		陶匜	口沿				
6	东港	DG-DWJC-1	CAD	龙山	不确定	230	24	陶		不确定	腹片				

年度	县区	遗址	采集区	时代	分期	期段编号	数量	质地	石器种类	器形	部位	纹饰	颜色	质地	蛋壳陶
6	东港	DG-DWJC-1	CAD	汉代	不确定	572	1	陶		陶瓦					
6	东港	DG-DWJC-1	CAD	龙山	不确定		1	石	工具	石刀					
6	东港	DG-DWJC-1	CAE	龙山	早期	230	2	陶		陶罐	口沿				
6	东港	DG-DWJC-1	CAE	龙山	中期	230	2	陶		陶罐	口沿				
6	东港	DG-DWJC-1	CAE	龙山	中期	230	2	陶		陶鼎	器足				
6	东港	DG-DWJC-1	CAE	龙山	不确定	230	32	陶		不确定	腹片				
6	东港	DG-DWJC-1	CAE	汉代	西周	572	1	陶		陶罐	器底				
6	东港	DG-DWJC-1	CAE	汉代	西周	572	1	陶		陶瓦					
6	东港	DG-DWJC-1	CAE	龙山	不确定		1	石	工具	石铲					
6	东港	DG-DWJC-1	CAE	龙山	不确定		1	石	工具	不确定					
6	东港	DG-DWJC-1	CAF	龙山	早期	230	1	陶		陶鼎	器足				
6	东港	DG-DWJC-1	CAF	龙山	早期	230	1	陶		陶匜	口沿				
6	东港	DG-DWJC-1	CAF	龙山	早期	230	1	陶		陶罐	口沿				
6	东港	DG-DWJC-1	CAF	龙山	中期	230	1	陶		陶鼎	器足				
6	东港	DG-DWJC-1	CAF	龙山	中期	230	1	陶		陶罐	口沿				
6	东港	DG-DWJC-1	CAF	龙山	不确定	230	24	陶		不确定	腹片				
6	东港	DG-DWJC-1	CAF	龙山	不确定		1	石	工具	石凿					
6	东港	DG-DWJC-1	CAG	龙山	早期	230	1	陶		陶鼎	器足				
6	东港	DG-DWJC-1	CAG	龙山	中期	230	1	陶		陶盆	口沿				
6	东港	DG-DWJC-1	CAG	龙山	中期	230	1	陶		陶甗	腰部				
6	东港	DG-DWJC-1	CAG	龙山	不确定	230	27	陶		不确定	腹片				
6	东港	DG-DWJC-1	CAG	龙山	不确定		1	石	工具	石凿					
6	东港	DG-DWJC-1	CAG	龙山	不确定		1	石	工具	石刀					
6	东港	DG-DWJC-1	CAH	龙山	早期	230	2	陶		陶罐	口沿				
6	东港	DG-DWJC-1	CAH	龙山	不确定	230	11	陶		不确定	腹片				
6	东港	DG-DWJC-1	CAI	龙山	中期	230	2	陶		陶罐	口沿				
6	东港	DG-DWJC-1	CAI	龙山	不确定	230	22	陶		不确定	腹片				
6	东港	DG-DWJC-1	CAI	龙山	不确定		2	石	工具	石镰					
6	东港	DG-DWJC-1	CAI	龙山	不确定		1	石	不确定	鹅卵石					
6	东港	DG-DWJC-1	CAJ	龙山	早期	230	2	陶		陶鼎	器足				
6	东港	DG-DWJC-1	CAJ	龙山	早期	230	1	陶		陶鼎	器足				
6	东港	DG-DWJC-1	CAJ	龙山	早期	230	1	陶		陶甗	器足				
6	东港	DG-DWJC-1	CAJ	龙山	中期	230	1	陶		陶罐	口沿				
6	东港	DG-DWJC-1	CAJ	龙山	不确定	230	36	陶		不确定	腹片				
6	东港	DG-DWJC-1	CAK	龙山	早期	230	1	陶		陶鼎	器足				
6	东港	DG-DWJC-1	CAK	龙山	早期	230	1	陶		陶匜	口沿				
6	东港	DG-DWJC-1	CAK	龙山	早期	230	1	陶		陶盆	口沿				
6	东港	DG-DWJC-1	CAK	龙山	不确定	230	3	陶		不确定	腹片				
6	东港	DG-DWJC-1	CAK	周代	东周	475	1	陶		陶豆	豆盘				
6	东港	DG-DWJC-1	CAK	周代	东周	475	1	陶		陶盆	口沿				
6	东港	DG-DWJC-1	CAK	周代	东周	475	1	陶		陶瓦					
6	东港	DG-DWJC-1	CAK	周代	东周	475	4	陶		不确定	腹片				
6	东港	DG-DWJC-1	CAL	龙山	中期	230	1	陶		陶罐	口沿				
6	东港	DG-DWJC-1	CAL	龙山	中期	230	1	陶		陶甗	腰部				
6	东港	DG-DWJC-1	CAL	龙山	不确定	230	21	陶		不确定	腹片				
6	东港	DG-DWJC-1	CAM	龙山	早期	230	2	陶		陶鼎	口沿				

年度	县区	遗址	采集区	时代	分期	期段编号	数量	质地	石器种类	器形	部位	纹饰	颜色	质地	蛋壳陶
6	东港	DG-DWJC-1	CAM	龙山	早期	230	1	陶		陶壶	口沿				
6	东港	DG-DWJC-1	CAM	龙山	早期	230	1	陶		陶鼎	器足				
6	东港	DG-DWJC-1	CAM	龙山	早期	230	1	陶		陶匜	口沿				
6	东港	DG-DWJC-1	CAM	龙山	早期	230	1	陶		不确定	腹片	篮纹			
6	东港	DG-DWJC-1	CAM	龙山	不确定	230	22	陶		不确定	腹片				
6	东港	DG-DWJC-1	CAN	龙山	早期	230	1	陶		陶鼎	器足				
6	东港	DG-DWJC-1	CAN	龙山	不确定	230	6	陶		不确定	腹片				
6	东港	DG-DWJC-1	CAN	周代	东周	474	1	陶		陶瓦					
6	东港	DG-DWJC-1	CAO	龙山	早期	230	2	陶		陶鼎	器足				
6	东港	DG-DWJC-1	CAO	龙山	中期	230	1	陶		陶罐	口沿				
6	东港	DG-DWJC-1	CAO	龙山	不确定	230	27	陶		不确定	腹片				
6	东港	DG-DWJC-1	CAO	周代	西周	474	1	陶		不确定	腹片				
6	东港	DG-DWJC-1	CAP	龙山	早期	230	2	陶		陶罐	口沿				
6	东港	DG-DWJC-1	CAP	龙山	不确定	230	3	陶		不确定	腹片				
6	东港	DG-DWJC-1	CAP	汉代	不确定	571	4	陶		陶瓦					
6	东港	DG-DWJC-1	CAQ	龙山	早期	230	1	陶		陶鼎	器足				
6	东港	DG-DWJC-1	CAQ	龙山	中期	230	1	陶		陶鼎	器足				
6	东港	DG-DWJC-1	CAQ	龙山	中期	230	1	陶		陶罐	口沿				
6	东港	DG-DWJC-1	CAQ	龙山	中期	230	1	陶		陶匜	口沿				
6	东港	DG-DWJC-1	CAQ	龙山	不确定	230	19	陶		不确定	腹片				
6	东港	DG-DWJC-1	CAQ	汉代	不确定	571	1	陶		陶瓦					
6	东港	DG-DWJC-1	CAR	龙山	早期	230	1	陶		陶罐	口沿				
6	东港	DG-DWJC-1	CAR	龙山	不确定	230	13	陶		不确定	腹片				
6	东港	DG-DWJC-1	CAR	周代	西周	474	1	陶		不确定	腹片				
6	东港	DG-DWJC-1	CAS	龙山	不确定	230	1	陶		不确定	腹片				
6	东港	DG-DWJC-1	CAT	龙山	早期	230	2	陶		陶罐	口沿				
6	东港	DG-DWJC-1	CAT	龙山	中期	230	1	陶		陶鼎	器足				
6	东港	DG-DWJC-1	CAT	龙山	不确定	230	17	陶		不确定	腹片				
6	东港	DG-DWJC-1	CAT	龙山	不确定		1	石	工具	不确定					
6	东港	DG-DWJC-1	CAU	龙山	早期	230	1	陶		陶罐	口沿				
6	东港	DG-DWJC-1	CAU	龙山	中期	230	1	陶		陶罐	口沿				
6	东港	DG-DWJC-1	CAU	龙山	不确定	230	24	陶		不确定	腹片				
7	东港	DG-DXD-1	单个遗址	龙山	不确定	241	1	陶		不确定	腹片				
7	东港	DG-DXD-1	单个遗址	周代	西周	512	1	陶		不确定	腹片	绳纹			
7	东港	DG-DXD-1	单个遗址	周代	西周	512	7	陶		不确定	腹片				
7	东港	DG-DXD-1	单个遗址	周代	东周	512	1	陶		陶盆	口沿				
7	东港	DG-DXD-1	单个遗址	周代	东周	512	1	陶		不确定	腹片				
7	东港	DG-DXD-1	单个遗址	汉代	不确定	649	1	陶		陶盆	口沿				
7	东港	DG-DXD-1	单个遗址	汉代	不确定	649	41	陶		陶瓦					
8	东港	DG-DXJC-1	单个遗址	周代	东周	686	1	陶		陶盆	器底				
8	东港	DG-DXJC-1	单个遗址	周代	东周	686	1	陶		陶罐	颈部				
8	东港	DG-DXJC-1	单个遗址	周代	东周	686	3	陶		不确定	腹片				
6	东港	DG-DXW-1	单个遗址	周代	西周	479	2	陶		不确定	腹片				
6	东港	DG-DXW-1	单个遗址	周代	东周	479	1	陶		陶瓦					
6	东港	DG-DXW-1	单个遗址	周代	东周	479	1	陶		陶罐	器底				
6	东港	DG-DXW-2	单个遗址	汉代	不确定	573	1	陶		陶瓦					

年度	县区	遗址	采集区	时代	分期	期段编号	数量	质地	石器种类	器形	部位	纹饰	颜色	质地	蛋壳陶
6	东港	DG-DXW-2	单个遗址	汉代	西周	573	1	陶		不确定	腹片				
11	东港	DG-DYJ-1	CAA	汉代	不确定	1224	10	陶		不确定	腹片				
11	东港	DG-DYJ-1	CAA	汉代	不确定	1224	3	陶		陶瓦					
11	东港	DG-DYJ-1	CAB	汉代	不确定	1224	3	陶		不确定	腹片				
11	东港	DG-DYJ-1	CAB	汉代	不确定	1224	1	陶		陶盆	口沿				
11	东港	DG-DYJ-1	CAB	汉代	不确定	1224	4	陶		陶瓦					
11	东港	DG-DYJ-1	CAC	汉代	不确定	1224	1	陶		陶盆	器底				
11	东港	DG-DYJ-1	CAC	汉代	不确定	1224	2	陶		不确定	腹片				
11	东港	DG-DYJ-1	CAC	汉代	不确定	1224	4	陶		陶瓦					
11	东港	DG-DYJ-1	CAD	周代	西周	916	1	陶		陶罐	口沿				
11	东港	DG-DYJ-1	CAD	周代	西周	916	1	陶		不确定	腹片	绳纹			
11	东港	DG-DYJ-1	CAD	汉代	不确定	1224	1	陶		陶瓮	口沿				
11	东港	DG-DYJ-1	CAD	汉代	不确定	1224	6	陶		不确定	腹片				
11	东港	DG-DYJ-1	CAD	汉代	不确定	1224	4	陶		陶瓦					
11	东港	DG-DYJ-2	单个遗址	汉代	不确定	1225	3	陶		陶瓦					
11	东港	DG-DYJ-2	单个遗址	汉代	不确定	1225	1	陶		不确定	腹片	绳纹			
11	东港	DG-DYJ-2	单个遗址	周代	西周	915	1	陶		陶罐	口沿				
11	东港	DG-DYJ-2	单个遗址	周代	西周	915	1	陶		不确定	腹片	绳纹			
11	东港	DG-DYJ-3	CAA	汉代	不确定	1217	1	陶		不确定	腹片				
11	东港	DG-DYJ-3	CAA	汉代	不确定	1217	5	陶		陶瓦					
11	东港	DG-DYJ-3	CAB	汉代	东周	1217	4	陶		不确定	腹片				
11	东港	DG-DYJ-3	CAB	汉代	东周	1217	1	陶		陶盆	口沿				
11	东港	DG-DYJ-3	CAB	汉代	东周	1217	5	陶		陶瓦					
11	东港	DG-DYJ-3	CAB	周代	东周	904	3	陶		不确定	腹片				
11	东港	DG-DYJ-I	CAE	汉代	不确定	1224	1	陶		陶盆	口沿				
11	东港	DG-DYJ-I	CAE	汉代	不确定	1224	5	陶		不确定	腹片				
11	东港	DG-DYJ-I	CAE	汉代	不确定	1224	1	陶		陶瓦					
11	东港	DG-DYJ-I	CAF	汉代	不确定	1224	6	陶		不确定	腹片				
11	东港	DG-DYJ-I	CAF	汉代	不确定	1224	1	陶		陶瓦					
9	东港	DG-DYWC-1	单个遗址	龙山	不确定	394	1	陶		陶甗	腹片				
9	东港	DG-DYWC-1	单个遗址	汉代	不确定	1037	1	陶		陶瓦					
9	东港	DG-DYWC-2	单个遗址	龙山	中期	395	1	陶		陶罐	口沿				
9	东港	DG-DYWC-3	CAA	周代	东周	788	1	陶		陶豆	腹片				
9	东港	DG-DYWC-3	CAA	汉代	不确定	1036	1	陶		陶盆	器底				
9	东港	DG-DYWC-3	CAA	汉代	不确定	1036	3	陶		陶瓦					
9	东港	DG-DYWC-3	CAB	龙山	不确定	396	4	陶		不确定	腹片				
9	东港	DG-DYWC-3	CAB	周代	东周	788	1	陶		不确定	腹片				
9	东港	DG-DZZ-1	单个遗址	龙山	中期	364	2	陶		陶鼎	器足				
9	东港	DG-DZZ-1	单个遗址	龙山	中期	364	1	陶		陶罐	口沿				
9	东港	DG-DZZ-1	单个遗址	龙山	中期	364	1	陶		陶圈足盘					
9	东港	DG-DZZ-1	单个遗址	龙山	不确定	364	31	陶		不确定	腹片				
9	东港	DG-DZZ-1	单个遗址	龙山	不确定	364	3	陶		不确定	腹片			泥质	是
9	东港	DG-DZZ-1	单个遗址	汉代	不确定	997	1	陶		陶瓮	口沿				
9	东港	DG-DZZ-1	单个遗址	汉代	不确定	997	1	陶		陶盆	口沿				
9	东港	DG-DZZ-1	单个遗址	汉代	不确定	997	1	陶		陶盆	器底				
9	东港	DG-DZZ-1	单个遗址	汉代	不确定	997	6	陶		陶瓦					

年度	县区	遗址	采集区	时代	分期	期段编号	数量	质地	石器种类	器形	部位	纹饰	颜色	质地	蛋壳陶
9	东港	DG-DZZ-2	CAA	龙山	早期	365	1	陶		陶鼎	口沿				
9	东港	DG-DZZ-2	CAA	龙山	中期	365	1	陶		陶罐	口沿			泥质	是
9	东港	DG-DZZ-2	CAA	龙山	不确定	365	8	陶		不确定	腹片				
9	东港	DG-DZZ-2	CAA	汉代	不确定	976	2	陶		陶瓦					
9	东港	DG-DZZ-2	CAA	汉代	不确定	976	1	陶		不确定	腹片				
9	东港	DG-DZZ-2	CAB	汉代	不确定	976	6	陶		陶瓦					
5	东港	DG-FaJH-1	单个遗址	龙山	不确定	165	1	陶		陶罐	口沿				
5	东港	DG-FaJH-1	单个遗址	龙山	不确定	165	2	陶		不确定	器底				
5	东港	DG-FaJH-1	单个遗址	龙山	不确定	165	35	陶		不确定	腹片				
5	东港	DG-FaJH-1	单个遗址	龙山	不确定	165	1	陶		不确定	腹片	弦纹			
5	东港	DG-FaJH-1	单个遗址	龙山	不确定	165	3	陶		不确定	腹片			泥质	是
5	东港	DG-FaJH-1	单个遗址	周代	东周	306	5	陶		不确定	腹片				
5	东港	DG-FaJH-1	单个遗址	周代	东周	306	4	陶		不确定	腹片	绳纹			
5	东港	DG-FaJH-1	单个遗址	周代	西周	306	1	陶		陶罐	口沿				
5	东港	DG-FaJH-1	单个遗址	周代	西周	306	39	陶		不确定	腹片	绳纹			
5	东港	DG-FaJH-2	单个遗址	周代	东周	305	1	陶		不确定	腹片				
5	东港	DG-FaJH-2	单个遗址	周代	西周	305	2	陶		不确定	腹片	绳纹			
5	东港	DG-FaJH-3	单个遗址	汉代	不确定	369	1	陶		陶瓦					
5	东港	DG-FaJH-4	单个遗址	周代	东周	302	1	陶		不确定	器底				
5	东港	DG-FaJH-4	单个遗址	周代	东周	302	5	陶		不确定	腹片				
5	东港	DG-FeJH-2	单个遗址	龙山	中期	164	1	陶		陶罐	口沿				
5	东港	DG-FeJH-2	单个遗址	龙山	不确定	164	1	陶		不确定	腹片				
5	东港	DG-FeJH-2	单个遗址	周代	东周	304	1	陶		陶豆	豆柄				
5	东港	DG-FeJH-3	CAB	汉代	不确定	368	1	陶		陶瓦					
5	东港	DG-FeJH-3	CAA	龙山	中期	163	3	陶		不确定	腹片				
5	东港	DG-FeJH-3	CAA	龙山	中期	163	1	陶		陶罐	口沿				
5	东港	DG-FeJH-3	CAA	周代	东周	303	3	陶		不确定	腹片				
5	东港	DG-FeJH-3	CAA	周代	东周	303	1	陶		不确定	腹片	绳纹			
9	东港	DG-FJC-1	单个遗址	龙山	不确定	362	1	陶		陶罐	颈部				
9	东港	DG-FJC-1	单个遗址	龙山	不确定	362	1	陶		陶盆	器底				
9	东港	DG-FJC-1	单个遗址	龙山	不确定	362	5	陶		不确定	腹片				
6	东港	DG-FJG-1	单个遗址	龙山	早期	200	1	陶		陶罐	口沿				
6	东港	DG-FJG-1	单个遗址	龙山	不确定	200	1	陶		不确定	腹片				
6	东港	DG-FJG-1	单个遗址	周代	东周	483	1	陶		陶瓦					
6	东港	DG-FJG-2	CAA	龙山	早期	234	1	陶		陶鼎	器足				
6	东港	DG-FJG-2	CAB	龙山	早期	234	1	陶		陶鼎	器足				
6	东港	DG-FJG-2	CAB	龙山	不确定	234	2	陶		不确定	腹片				
6	东港	DG-FJG-2	CAB	周代	西周	482	1	陶		陶鬲	器足				
6	东港	DG-FJG-2	CAB	周代	西周	482	1	陶		陶鬲	腹片				
6	东港	DG-FJG-2	CAB	周代	西周	482	1	陶		陶罐	腹片				
6	东港	DG-FJG-2	CAB	周代	西周	482	1	陶		陶豆	腹片				
6	东港	DG-FJG-2	CAB	周代	西周	482	8	陶		不确定	腹片				
6	东港	DG-FJG-2	CAB	周代	东周	482	1	陶		陶豆	豆盘				
6	东港	DG-FJG-2	CAB	周代	东周	482	1	陶		陶壶	口沿				
6	东港	DG-FJG-2	CAB	周代	东周	482	8	陶		不确定	腹片				
6	东港	DG-FJG-2	CAC	龙山	早期	234	5	陶		陶鼎	器足				

年度	县区	遗址	采集区	时代	分期	期段编号	数量	质地	石器种类	器形	部位	纹饰	颜色	质地	蛋壳陶
6	东港	DG-FJG-2	CAC	龙山	早期	234	1	陶		陶鼎	口沿				
6	东港	DG-FJG-2	CAC	龙山	早期	234	1	陶		陶鼎	器足				
6	东港	DG-FJG-2	CAC	龙山	中期	234	1	陶		陶罐	口沿				
6	东港	DG-FJG-2	CAC	龙山	不确定	234	6	陶		不确定	腹片				
6	东港	DG-FJG-2	CAC	周代	西周	482	1	陶		陶鬲	器足				
6	东港	DG-FJG-2	CAC	周代	西周	482	2	陶		陶罐	器底				
6	东港	DG-FJG-2	CAC	周代	东周	482	2	陶		陶罐	腹片				
6	东港	DG-FJG-2	CAC	周代	不确定	482	38	陶		不确定	腹片				
6	东港	DG-FJG-2	CAD	大汶口	晚期	7	3	陶		陶鼎	器足				
6	东港	DG-FJG-2	CAD	龙山	早期	234	5	陶		陶鼎	器足				
6	东港	DG-FJG-2	CAD	龙山	早期	234	2	陶		陶盆	口沿				
6	东港	DG-FJG-2	CAD	龙山	早期	234	1	陶		陶壶	口沿				
6	东港	DG-FJG-2	CAD	龙山	早期	234	1	陶		陶甗	器足				
6	东港	DG-FJG-2	CAD	龙山	早期	234	1	陶		陶匜	口沿				
6	东港	DG-FJG-2	CAD	龙山	早期	234	3	陶		不确定	腹片	篮纹			
6	东港	DG-FJG-2	CAD	龙山	不确定	234	20	陶		不确定	腹片				
6	东港	DG-FJG-2	CAD	周代	西周	482	1	陶		陶鬲	腹片				
6	东港	DG-FJG-2	CAE	大汶口	晚期	5	1	陶		陶鼎	器足				
6	东港	DG-FJG-2	CAE	大汶口	晚期	5	1	陶		陶鬶	器足				
6	东港	DG-FJG-2	CAE	大汶口	晚期	5	3	陶		不确定	腹片				
6	东港	DG-FJG-2	CAF	龙山	早期	234	1	陶		陶鼎	口沿				
6	东港	DG-FJG-2	CAF	龙山	早期	234	4	陶		不确定	腹片				
6	东港	DG-FJG-2	CAF	周代	不确定	482	1	陶		不确定	腹片	绳纹			
6	东港	DG-FJG-2	CAG	龙山	不确定	234	2	陶		不确定	腹片				
6	东港	DG-FJG-2	CAG	周代	西周	482	6	陶		不确定	腹片				
6	东港	DG-FJG-2	CAG	周代	东周	482	1	陶		陶瓦					
5	东港	DG-FJGZ-1	单个遗址	汉代	不确定	422	1	陶		陶瓦					
5	东港	DG-FJGZ-2	CAA	汉代	不确定	423	1	陶		陶罐	器底				
5	东港	DG-FJGZ-2	CAA	汉代	不确定	423	16	陶		陶瓦					
5	东港	DG-FJGZ-2	CAB	汉代	不确定	423	7	陶		陶瓦					
5	东港	DG-FJGZ-2	CAB	汉代	不确定	423	1	陶		不确定	腹片				
5	东港	DG-FJGZ-2	CAC	汉代	不确定	423	2	陶		陶瓦	口沿				
5	东港	DG-FJGZ-2	CAC	汉代	不确定	423	26	陶		陶瓦					
5	东港	DG-FJGZ-2	CAD	汉代	不确定	423	1	陶		陶瓦					
5	东港	DG-FJGZ-2	CAD	汉代	不确定	423	1	陶		陶罐	口沿				
5	东港	DG-FJGZ-2	CAE	汉代	不确定	423	8	陶		陶瓦					
5	东港	DG-FJGZ-2	CAE	汉代	不确定	423	2	陶		陶罐	腹片				
5	东港	DG-FJGZ-2	CAF	汉代	不确定	423	4	陶		陶瓦					
5	东港	DG-FJGZ-2	CAA	周代	东周	366	3	陶		不确定	腹片				
5	东港	DG-FJGZ-2	CAA	周代	东周	366	1	陶		不确定	腹片	绳纹			
5	东港	DG-FJGZ-2	CAC	周代	东周	366	3	陶		陶罐	口沿				
5	东港	DG-FJGZ-2	CAC	周代	东周	366	3	陶		不确定	腹片				
5	东港	DG-FJGZ-2	CAC	周代	东周	366	2	陶		不确定	腹片	绳纹			
13	东港	DG-FJL-1	单个遗址	汉代		1616	1	陶		陶瓦					
13	东港	DG-FJL-2	单个遗址	周代	东周	1232	1	陶		陶盆	口沿				
5	东港	DG-FJZ-1	单个遗址	汉代	不确定	454	1	陶		陶瓦					

年度	县区	遗址	采集区	时代	分期	期段编号	数量	质地	石器种类	器形	部位	纹饰	颜色	质地	蛋壳陶
5	东港	DG-FJZ-1	单个遗址	汉代	不确定	454	1	陶		不确定	腹片				
5	东港	DG-FJZ-2	单个遗址	龙山	中期	197	1	陶		陶鼎	器足				
5	东港	DG-FJZ-2	单个遗址	龙山	中期	197	1	陶		不确定	腹片				
5	东港	DG-FJZ-3	单个遗址	周代	西周	406	2	陶		不确定	腹片				
5	东港	DG-FJZ-3	单个遗址	周代	西周	406	1	陶		不确定	腹片	绳纹			
5	东港	DG-FJZ-4	单个遗址	汉代	不确定	453	1	陶		陶瓦		绳纹			
6	东港	DG-FRC-1	单个遗址	周代	东周	485	1	陶		陶瓦					
9	东港	DG-FT-1	CAA	龙山	中期	355	1	陶		陶罐	口沿				
9	东港	DG-FT-1	CAA	龙山	不确定	355	1	陶		不确定	腹片	弦纹			
9	东港	DG-FT-1	CAA	岳石	不确定	15	1	陶		陶尊形器	口沿				
9	东港	DG-FT-1	CAA	岳石	不确定	15	1	陶		不确定	腹片				
9	东港	DG-FT-1	CAA	周代	西周	731	2	陶		不确定	腹片	绳纹			
9	东港	DG-FT-1	CAA	周代	东周	731	3	陶		不确定	腹片	绳纹			
9	东港	DG-FT-1	CAA	周代	东周	731	2	陶		不确定	腹片				
9	东港	DG-FT-1	CAA	汉代	不确定	958	1	陶		陶盆	口沿				
9	东港	DG-FT-1	CAA	汉代	不确定	958	29	陶		陶瓦					
9	东港	DG-FT-1	CAB	周代	东周	731	1	陶		陶盆	口沿				
9	东港	DG-FT-1	CAB	周代	东周	731	1	陶		不确定	腹片	绳纹			
9	东港	DG-FT-1	CAB	周代	东周	731	1	陶		不确定	腹片				
9	东港	DG-FT-1	CAB	汉代	不确定	958	1	陶		陶盆	口沿				
9	东港	DG-FT-1	CAB	汉代	不确定	958	4	陶		陶瓦	口沿				
9	东港	DG-FT-1	CAC	龙山	中期	355	1	陶		陶鼎	口沿				
9	东港	DG-FT-1	CAC	龙山	中期	355	1	陶		陶盆	口沿				
9	东港	DG-FT-1	CAC	周代	西周	731	1	陶		陶罐	颈部				
9	东港	DG-FT-1	CAC	周代	西周	731	2	陶		不确定	腹片	绳纹			
9	东港	DG-FT-1	CAC	周代	西周	731	2	陶		不确定	腹片				
9	东港	DG-FT-1	CAC	周代	西周	731	1	陶		不确定	腹片	附加堆纹			
9	东港	DG-FT-1	CAC	周代	西周	731	1	陶		陶罐	器底				
9	东港	DG-FT-1	CAC	周代	东周	731	4	陶		不确定	腹片	绳纹			
9	东港	DG-FT-1	CAC	汉代	不确定	958	2	陶		陶盆	口沿				
9	东港	DG-FT-1	CAC	汉代	不确定	958	9	陶		不确定	腹片				
9	东港	DG-FT-1	CAC	汉代	不确定	958	22	陶		陶瓦					
9	东港	DG-FT-2	单个遗址	汉代	不确定	946	1	陶		陶瓦					
9	东港	DG-GaJL-1	CAA	龙山	早期	397	1	陶		陶鬶	器足				
9	东港	DG-GaJL-1	CAA	龙山	早期	397	4	陶		不确定		篮纹			
9	东港	DG-GaJL-1	CAA	龙山	中期	397	2	陶		陶罐	口沿				
9	东港	DG-GaJL-1	CAA	龙山	中期	397	3	陶		陶鼎	口沿				
9	东港	DG-GaJL-1	CAA	龙山	不确定	397	19	陶		不确定	腹片				
9	东港	DG-GaJL-1	CAA	龙山	不确定	397	1	陶		不确定	腹片	弦纹			
9	东港	DG-GaJL-1	CAA	周代	东周	796	1	陶		陶罐	器底				
9	东港	DG-GaJL-1	CAA	周代	东周	796	2	陶		不确定	腹片	绳纹			
9	东港	DG-GaJL-1	CAA	汉代	不确定	1044	1	陶		陶盆					
9	东港	DG-GaJL-1	CAA	汉代	不确定	1044	1	陶		陶罐	口沿				
9	东港	DG-GaJL-1	CAA	汉代	不确定	1044	7	陶		陶瓦					
9	东港	DG-GaJL-1	CAB	龙山	中期	397	1	陶		陶鼎	口沿				
9	东港	DG-GaJL-1	CAB	龙山	不确定	397	4	陶		不确定	腹片				

年度	县区	遗址	采集区	时代	分期	期段编号	数量	质地	石器种类	器形	部位	纹饰	颜色	质地	蛋壳陶
9	东港	DG-GaJL-1	CAB	周代	东周	796	1	陶		陶盆	口沿				
9	东港	DG-GaJL-1	CAB	汉代	不确定	1044	1	陶		陶罐	口沿				
9	东港	DG-GaJL-1	CAB	汉代	不确定	1044	3	陶		陶瓦					
9	东港	DG-GaJL-1	CAC	龙山	早期	397	1	陶		陶鼎	器足				
9	东港	DG-GaJL-1	CAC	龙山	中期	397	1	陶		陶匜	口沿				
9	东港	DG-GaJL-1	CAC	龙山	中期	397	1	陶		陶盆	口沿				
9	东港	DG-GaJL-1	CAC	龙山	中期	397	1	陶		陶鼎	口沿				
9	东港	DG-GaJL-1	CAC	龙山	不确定	397	1	陶		陶罐	器底				
9	东港	DG-GaJL-1	CAC	龙山	不确定	397	5	陶		不确定	腹片				
9	东港	DG-GaJL-1	CAC	龙山	不确定	397	1	陶		陶罐	口沿				
9	东港	DG-GaJL-1	CAC	龙山	不确定	397	1	石	工具	石刀					
9	东港	DG-GaJL-1	CAC	周代	西周	796	1	陶		陶罐	腹片	绳纹			
9	东港	DG-GaJL-1	CAC	周代	东周	796	3	陶		不确定	腹片	绳纹			
9	东港	DG-GaJL-1	CAC	汉代	不确定	1044	1	陶		陶瓷	口沿				
9	东港	DG-GaJL-1	CAC	汉代	不确定	1044	1	陶		陶盆	口沿				
9	东港	DG-GaJL-1	CAC	汉代	不确定	1044	4	陶		陶瓦					
9	东港	DG-GaJL-1	CAD	龙山	早期	397	1	陶		不确定	腹片	篮纹			
9	东港	DG-GaJL-1	CAD	龙山	不确定	397	7	陶		不确定	腹片				
9	东港	DG-GaJL-1	CAD	龙山	不确定	397	2	陶		不确定	腹片	弦纹			
9	东港	DG-GaJL-1	CAD	龙山	不确定	397	1	陶		不确定	腹片	弦纹		泥质	是
9	东港	DG-GaJL-1	CAD	汉代	不确定	1044	1	陶		陶盆					
9	东港	DG-GaJL-1	CAD	汉代	不确定	1044	1	陶		陶罐	器底				
9	东港	DG-GaJL-1	CAD	汉代	不确定	1044	9	陶		陶瓦					
9	东港	DG-GaJL-1	CAE	龙山	早期	397	1	陶		陶鼎	器足				
9	东港	DG-GaJL-1	CAE	龙山	早期	397	4	陶		不确定	腹片	篮纹			
9	东港	DG-GaJL-1	CAE	龙山	中期	397	3	陶		陶罐	口沿				
9	东港	DG-GaJL-1	CAE	龙山	中期	397	1	陶		陶匜	口沿				
9	东港	DG-GaJL-1	CAE	龙山	不确定	397	1	陶		陶器盖					
9	东港	DG-GaJL-1	CAE	龙山	不确定	397	1	陶		陶罐	器底				
9	东港	DG-GaJL-1	CAE	龙山	不确定	397	1	陶		陶盆	器底				
9	东港	DG-GaJL-1	CAE	龙山	不确定	397	36	陶		不确定	腹片				
9	东港	DG-GaJL-1	CAE	龙山	不确定	397	7	陶		不确定	腹片	磨光		泥质	是
9	东港	DG-GaJL-1	CAE	龙山	不确定	397	2	陶		不确定	腹片	弦纹			
9	东港	DG-GaJL-1	CAE	龙山	不确定	397	2	陶		不确定	腹片	附加堆纹			
9	东港	DG-GaJL-1	CAE	周代	东周	796	1	陶		陶盆	口沿				
9	东港	DG-GaJL-1	CAE	周代	东周	796	6	陶		不确定	腹片				
9	东港	DG-GaJL-1	CAE	汉代	不确定	1044	3	陶		陶盆	口沿				
9	东港	DG-GaJL-1	CAE	汉代	不确定	1044	16	陶		陶瓦					
9	东港	DG-GaJL-1	CAE	汉代	不确定	1044	6	陶		不确定	腹片				
9	东港	DG-GaJL-1	CAF	龙山	早期	397	1	陶		陶鼎	器足				
9	东港	DG-GaJL-1	CAF	龙山	早期	397	1	陶		不确定	腹片	篮纹			
9	东港	DG-GaJL-1	CAF	龙山	中期	397	1	陶		陶鼎	口沿				
9	东港	DG-GaJL-1	CAF	龙山	不确定	397	12	陶		不确定	腹片				
9	东港	DG-GaJL-1	CAF	龙山	不确定	397	3	陶		不确定	腹片			泥质	是
9	东港	DG-GaJL-1	CAF	周代	东周	796	2	陶		陶罐	口沿				
9	东港	DG-GaJL-1	CAF	汉代	不确定	1044	1	陶		陶盆	口沿				

年度	县区	遗址	采集区	时代	分期	期段编号	数量	质地	石器种类	器形	部位	纹饰	颜色	质地	蛋壳陶
9	东港	DG-GaJL-1	CAF	汉代	不确定	1044	2	陶		不确定	腹片				
9	东港	DG-GaJL-1	CAF	汉代	不确定	1044	1	陶		陶瓦					
9	东港	DG-GaJL-1	CAG	龙山	早期	397	1	陶		陶鼎	器足				
9	东港	DG-GaJL-1	CAG	龙山	不确定	397	1	陶		不确定	腹片				
9	东港	DG-GaJL-1	CAG	周代	西周	796	1	陶		陶盆	口沿				
9	东港	DG-GaJL-1	CAG	周代	西周	796	2	陶		陶罐	腹片	绳纹			
9	东港	DG-GaJL-1	CAG	周代	东周	796	1	陶		不确定	腹片	绳纹			
9	东港	DG-GaJL-1	CAG	汉代	不确定	1044	2	陶		陶瓦					
9	东港	DG-GaJL-1	CAG	汉代	不确定	1044	2	陶		不确定	腹片				
9	东港	DG-GaJL-1	CAH	龙山	中期	397	1	陶		陶鼎	口沿				
9	东港	DG-GaJL-1	CAH	龙山	中期	397	1	陶		陶鬶	把手				
9	东港	DG-GaJL-1	CAH	龙山	中期	397	2	陶		陶罐	口沿				
9	东港	DG-GaJL-1	CAH	龙山	不确定	397	1	陶		陶器盖					
9	东港	DG-GaJL-1	CAH	龙山	不确定	397	1	陶		陶盆	器底				
9	东港	DG-GaJL-1	CAH	汉代	不确定	1044	2	陶		陶瓦					
9	东港	DG-GaJL-1	CAI	龙山	早期	397	1	陶		陶鼎	器足				
9	东港	DG-GaJL-1	CAI	龙山	早期	397	1	陶		不确定	腹片	篮纹			
9	东港	DG-GaJL-1	CAI	龙山	不确定	397	2	陶		不确定	腹片				
9	东港	DG-GaJL-1	CAI	龙山	不确定	397	1	陶		不确定	腹片			泥质	是
9	东港	DG-GaJL-1	CAI	周代	东周	796	1	陶		陶罐	口沿				
9	东港	DG-GaJL-1	CAI	周代	东周	796	1	陶		不确定	腹片	绳纹			
9	东港	DG-GaJL-1	CAI	汉代	不确定	1044	11	陶		陶瓦					
9	东港	DG-GaJL-1	CAJ	龙山	早期	397	1	陶		陶鼎	器足				
9	东港	DG-GaJL-1	CAJ	龙山	早期	397	4	陶		不确定	腹片	篮纹			
9	东港	DG-GaJL-1	CAJ	龙山	中期	397	1	陶		陶鬶	把手				
9	东港	DG-GaJL-1	CAJ	龙山	不确定	397	13	陶		不确定	腹片				
9	东港	DG-GaJL-1	CAJ	龙山	不确定	397	2	陶		不确定	腹片			泥质	是
9	东港	DG-GaJL-1	CAJ	龙山	不确定	397	2	陶		不确定	腹片	弦纹			
9	东港	DG-GaJL-1	CAJ	龙山	不确定	397	1	黏土		烧土					
9	东港	DG-GaJL-1	CAJ	周代	东周	796	2	陶		不确定	腹片				
9	东港	DG-GaJL-1	CAJ	周代	东周	796	1	陶		不确定	腹片	绳纹			
9	东港	DG-GaJL-1	CAJ	汉代	不确定	1044	4	陶		陶瓦					
9	东港	DG-GaJL-1	CAK	龙山	中期	397	1	陶		陶盆	口沿				
9	东港	DG-GaJL-1	CAK	龙山	不确定	397	1	陶		陶罐	器底				
9	东港	DG-GaJL-1	CAK	龙山	不确定	397	3	陶		不确定	腹片				
9	东港	DG-GaJL-1	CAK	周代	东周	796	1	陶		陶罐	口沿				
9	东港	DG-GaJL-1	CAK	汉代	不确定	1044	9	陶		陶瓦					
9	东港	DG-GaJL-1	CAL	龙山	中期	397	1	陶		陶罐	口沿				
9	东港	DG-GaJL-1	CAL	龙山	中期	397	1	陶		陶鼎	器足				
9	东港	DG-GaJL-1	CAL	龙山	中期	397	1	陶		陶豆	腹片				
9	东港	DG-GaJL-1	CAL	龙山	不确定	397	7	陶		不确定	腹片				
9	东港	DG-GaJL-1	CAL	周代	西周	796	1	陶		陶盆	口沿				
9	东港	DG-GaJL-1	CAL	周代	西周	796	1	陶		不确定	腹片	绳纹			
9	东港	DG-GaJL-1	CAL	汉代	不确定	1044	1	陶		陶瓦					
9	东港	DG-GaJL-1	CAL	汉代	不确定	1044	1	陶		陶罐	口沿				
9	东港	DG-GaJL-1	CAM	龙山	早期	397	1	陶		陶鼎	器足				

年度	县区	遗址	采集区	时代	分期	期段编号	数量	质地	石器种类	器形	部位	纹饰	颜色	质地	蛋壳陶
9	东港	DG-GaJL-1	CAM	龙山	中期	397	1	陶		陶鬶	把手				
9	东港	DG-GaJL-1	CAM	龙山	不确定	397	2	陶		不确定	腹片				
9	东港	DG-GaJL-1	CAM	周代	东周	796	1	陶		陶罐	口沿				
9	东港	DG-GaJL-1	CAM	周代	东周	796	1	陶		陶豆	豆柄				
9	东港	DG-GaJL-1	CAN	龙山	早期	397	1	陶		陶鼎	器底				
9	东港	DG-GaJL-1	CAN	龙山	早期	397	1	陶		陶豆	口沿				
9	东港	DG-GaJL-1	CAN	龙山	中期	397	2	陶		陶匜	口沿				
9	东港	DG-GaJL-1	CAN	龙山	中期	397	1	陶		陶盆	口沿				
9	东港	DG-GaJL-1	CAN	龙山	中期	397	1	陶		陶盆	器底				
9	东港	DG-GaJL-1	CAN	龙山	不确定	397	10	陶		不确定	腹片				
9	东港	DG-GaJL-1	CAN	龙山	不确定	397	2	陶		不确定	腹片	弦纹			
9	东港	DG-GaJL-1	CAN	龙山	不确定	397	1	陶		不确定	腹片			泥质	是
9	东港	DG-GaJL-1	CAN	周代	西周	796	1	陶		陶罐	口沿				
9	东港	DG-GaJL-1	CAN	周代	西周	796	1	陶		陶豆	腹片				
9	东港	DG-GaJL-1	CAN	周代	西周	796	1	陶		不确定	腹片				
9	东港	DG-GaJL-1	CAN	周代	西周	796	4	陶		不确定	腹片	绳纹			
9	东港	DG-GaJL-1	CAN	汉代	不确定	1044	4	陶		陶瓦					
9	东港	DG-GaJL-1	CAO	龙山	早期	397	1	陶		陶鼎	器足				
9	东港	DG-GaJL-1	CAO	龙山	早期	397	1	陶		陶鬶	器足				
9	东港	DG-GaJL-1	CAO	龙山	早期	397	1	陶		不确定	腹片				
9	东港	DG-GaJL-1	CAO	周代	东周	796	1	陶		不确定	腹片	绳纹			
9	东港	DG-GaJL-1	CAO	汉代	不确定	1044	1	陶		陶瓦					
9	东港	DG-GaJL-1	CAO	汉代	不确定	1044	1	陶		不确定	腹片				
9	东港	DG-GaJL-1	CAP	龙山	中期	397	1	陶		陶鼎	口沿				
9	东港	DG-GaJL-1	CAP	龙山	中期	397	1	陶		陶盆	口沿				
9	东港	DG-GaJL-1	CAP	龙山	中期	397	1	陶		陶罐	口沿				
9	东港	DG-GaJL-1	CAP	龙山	不确定	397	15	陶		不确定	腹片				
9	东港	DG-GaJL-1	CAP	龙山	不确定	397	1	陶		不确定	腹片	弦纹			
9	东港	DG-GaJL-1	CAP	周代	东周	796	1	陶		陶纺轮					
9	东港	DG-GaJL-1	CAP	周代	东周	796	1	陶		不确定	腹片				
9	东港	DG-GaJL-1	CAP	周代	东周	796	2	陶		不确定	腹片	绳纹			
9	东港	DG-GaJL-1	CAP	汉代	不确定	1044	1	陶		陶盆	颈部				
9	东港	DG-GaJL-1	CAP	汉代	不确定	1044	1	陶		陶盆	把手				
9	东港	DG-GaJL-1	CAP	汉代	不确定	1044	4	陶		陶瓦					
9	东港	DG-GaJL-1	CAQ	龙山	中期	397	1	陶		陶罐	口沿				
9	东港	DG-GaJL-1	CAQ	龙山	不确定	397	9	陶		不确定	腹片				
9	东港	DG-GaJL-1	CAQ	龙山	不确定	397	1	陶		不确定	腹片	附加堆纹			
9	东港	DG-GaJL-1	CAQ	龙山	不确定	397	1	陶		不确定	腹片			泥质	是
9	东港	DG-GaJL-1	CAQ	周代	西周	796	3	陶		不确定	腹片	绳纹			
9	东港	DG-GaJL-1	CAQ	周代	东周	796	1	陶		不确定	腹片				
9	东港	DG-GaJL-1	CAQ	周代	东周	796	2	陶		不确定	腹片	绳纹			
9	东港	DG-GaJL-1	CAQ	汉代	不确定	1044	7	陶		陶瓦					
9	东港	DG-GaJL-1	CAR	龙山	早期	397	1	陶		陶鼎	器底				
9	东港	DG-GaJL-1	CAR	龙山	早期	397	2	陶		不确定	腹片	篮纹			
9	东港	DG-GaJL-1	CAR	龙山	中期	397	1	陶		陶罐	口沿				
9	东港	DG-GaJL-1	CAR	龙山	中期	397	1	陶		陶匜	口沿				

年度	县区	遗址	采集区	时代	分期	期段编号	数量	质地	石器种类	器形	部位	纹饰	颜色	质地	蛋壳陶
9	东港	DG-GaJL-1	CAR	龙山	不确定	397	20	陶		不确定	腹片				
9	东港	DG-GaJL-1	CAR	龙山	不确定	397	2	陶		不确定	腹片			泥质	是
9	东港	DG-GaJL-1	CAR	周代	西周	796	1	陶		陶鬲	器足				
9	东港	DG-GaJL-1	CAR	周代	西周	796	2	陶		不确定	腹片				
9	东港	DG-GaJL-1	CAR	周代	西周	796	4	陶		不确定	腹片	绳纹			
9	东港	DG-GaJL-1	CAR	汉代	不确定	1044	1	陶		陶瓮	口沿				
9	东港	DG-GaJL-1	CAR	汉代	不确定	1044	8	陶		陶瓦					
9	东港	DG-GaJL-1	CAS	龙山	中期	397	1	陶		陶匜	口沿				
9	东港	DG-GaJL-1	CAS	龙山	不确定	397	9	陶		不确定	腹片				
9	东港	DG-GaJL-1	CAS	周代	东周	796	3	陶		不确定	腹片				
9	东港	DG-GaJL-1	CAS	周代	东周	796	2	陶		不确定	腹片	绳纹			
9	东港	DG-GaJL-1	CAS	汉代	不确定	1044	1	陶		陶盆	口沿				
9	东港	DG-GaJL-1	CAS	汉代	不确定	1044	12	陶		陶瓦					
9	东港	DG-GaJL-1	CAT	龙山	不确定	397	7	陶		不确定	腹片				
9	东港	DG-GaJL-1	CAT	周代	东周	796	1	陶		陶罐	口沿				
9	东港	DG-GaJL-1	CAT	周代	东周	796	2	陶		不确定	腹片	绳纹			
9	东港	DG-GaJL-1	CAT	汉代	不确定	1044	1	陶		陶盆	口沿				
9	东港	DG-GaJL-1	CAT	汉代	不确定	1044	3	陶		陶瓦					
9	东港	DG-GaJL-1	CAU	龙山	中期	397	1	陶		陶罐	口沿				
9	东港	DG-GaJL-1	CAU	龙山	中期	397	1	陶		陶盆	器底				
9	东港	DG-GaJL-1	CAU	汉代	不确定	1044	1	陶		陶壶	口沿				
9	东港	DG-GaJL-1	CAU	汉代	不确定	1044	2	陶		陶瓦					
9	东港	DG-GaJL-1	CAV	龙山	中期	397	1	陶		陶鼎	器足				
9	东港	DG-GaJL-1	CAV	龙山	中期	397	2	陶		陶罐	口沿				
9	东港	DG-GaJL-1	CAV	龙山	不确定	397	3	陶		不确定	腹片				
9	东港	DG-GaJL-1	CAV	龙山	不确定	397	1	陶		不确定	腹片	弦纹			
9	东港	DG-GaJL-1	CAV	汉代	不确定	1044	1	陶		陶盆	颈部				
9	东港	DG-GaJL-1	CAV	汉代	不确定	1044	1	陶		陶盆	器底				
9	东港	DG-GaJL-1	CAV	汉代	不确定	1044	6	陶		陶瓦					
9	东港	DG-GaJL-1	CAW	龙山	早期	397	1	陶		不确定	腹片	篮纹			
9	东港	DG-GaJL-1	CAW	龙山	早期	397	1	陶		陶鼎	颈部				
9	东港	DG-GaJL-1	CAW	龙山	不确定	397	3	陶		不确定	腹片				
9	东港	DG-GaJL-1	CAW	周代	东周	796	1	陶		陶罐	口沿				
9	东港	DG-GaJL-1	CAW	周代	东周	796	2	陶		不确定	腹片	绳纹			
9	东港	DG-GaJL-1	CAW	汉代	不确定	1044	4	陶		陶瓦					
9	东港	DG-GaJL-1	CAX	龙山	早期	397	2	陶		不确定	腹片	篮纹			
9	东港	DG-GaJL-1	CAX	龙山	中期	397	1	陶		陶罐	口沿				
9	东港	DG-GaJL-1	CAX	龙山	中期	397	1	陶		陶鼎	口沿				
9	东港	DG-GaJL-1	CAX	龙山	中期	397	1	陶		陶盆	口沿				
9	东港	DG-GaJL-1	CAX	龙山	中期	397	1	陶		陶罐	把手				
9	东港	DG-GaJL-1	CAX	龙山	不确定	397	5	陶		不确定	腹片				
9	东港	DG-GaJL-1	CAX	龙山	不确定	397	1	陶		不确定	腹片			泥质	是
9	东港	DG-GaJL-1	CAX	龙山	不确定	397	3	陶		不确定	腹片	弦纹			
9	东港	DG-GaJL-1	CAX	周代	西周	796	1	陶		陶罐	口沿				
9	东港	DG-GaJL-1	CAX	周代	西周	796	1	陶		陶豆	口沿				
9	东港	DG-GaJL-1	CAX	周代	西周	796	1	陶		陶鬲	腹片				

年度	县区	遗址	采集区	时代	分期	期段编号	数量	质地	石器种类	器形	部位	纹饰	颜色	质地	蛋壳陶
9	东港	DG-GaJL-1	CAX	周代	西周	796	2	陶		不确定	腹片				
9	东港	DG-GaJL-1	CAX	周代	西周	796	1	陶		不确定	腹片	绳纹			
9	东港	DG-GaJL-1	CAX	周代	东周	796	1	陶		不确定	腹片	附加堆纹			
9	东港	DG-GaJL-1	CAX	周代	东周	796	2	陶		不确定	腹片	绳纹			
9	东港	DG-GaJL-1	CAX	汉代	不确定	1044	1	陶		陶瓮					
9	东港	DG-GaJL-1	CAX	汉代	不确定	1044	1	陶		陶盆					
9	东港	DG-GaJL-1	CAX	汉代	不确定	1044	10	陶		陶瓦					
9	东港	DG-GaJL-1	CAY	龙山	不确定	397	1	石	工具	石刀					
9	东港	DG-GaJL-1	CAY	龙山	中期	397	2	陶		陶罐	口沿				
9	东港	DG-GaJL-1	CAY	龙山	不确定	397	2	陶		不确定	腹片				
9	东港	DG-GaJL-1	CAY	汉代	不确定	1044	1	陶		不确定	腹片				
9	东港	DG-GaJL-1	CAY	汉代	不确定	1044	1	陶		陶瓦					
9	东港	DG-GaJL-1	CAZ	周代	东周	796	1	陶		不确定	腹片				
9	东港	DG-GaJL-1	CAZ	周代	东周	796	3	陶		不确定	腹片	绳纹			
9	东港	DG-GaJL-1	CAZ	周代	东周	796	1	石	不确定	碎片					
9	东港	DG-GaJL-1	CAAA	龙山	早期	397	1	陶		陶鼎	口沿				
9	东港	DG-GaJL-1	CAAA	龙山	不确定	397	3	陶		不确定	腹片				
9	东港	DG-GaJL-1	CAAA	周代	东周	796	2	陶		不确定	腹片	绳纹			
9	东港	DG-GaJL-1	CAAA	汉代	不确定	1044	2	陶		陶瓦					
9	东港	DG-GaJL-1	CABB	龙山	早期	397	1	陶		不确定	腹片	篮纹			
9	东港	DG-GaJL-1	CABB	龙山	早期	397	1	陶		不确定	腹片	刻划纹			
9	东港	DG-GaJL-1	CABB	龙山	不确定	397	1	陶		陶器盖	腹片				
9	东港	DG-GaJL-1	CABB	龙山	不确定	397	4	陶		不确定	腹片				
9	东港	DG-GaJL-1	CABB	周代	东周	796	1	陶		陶鬲	口沿				
9	东港	DG-GaJL-1	CABB	周代	东周	796	1	陶		不确定	腹片				
9	东港	DG-GaJL-1	CABB	汉代	不确定	1044	4	陶		陶瓦					
9	东港	DG-GaJL-1	CACC	龙山	不确定	397	5	陶		不确定	腹片				
9	东港	DG-GaJL-1	CACC	周代	西周	796	3	陶		不确定	腹片	绳纹			
9	东港	DG-GaJL-1	CACC	周代	西周	796	1	陶		不确定	腹片				
9	东港	DG-GaJL-1	CACC	汉代	不确定	1044	1	陶		陶盆	口沿				
9	东港	DG-GaJL-1	CACC	汉代	不确定	1044	15	陶		陶瓦					
9	东港	DG-GaJL-1	CADD	龙山	早期	397	1	陶		陶鼎	器足				
9	东港	DG-GaJL-1	CADD	龙山	中期	397	1	陶		陶匜	口沿				
9	东港	DG-GaJL-1	CADD	龙山	中期	397	1	陶		陶鼎	口沿				
9	东港	DG-GaJL-1	CADD	龙山	中期	397	1	陶		陶罐	口沿				
9	东港	DG-GaJL-1	CADD	龙山	不确定	397	1	陶		陶器盖	腹片				
9	东港	DG-GaJL-1	CADD	龙山	不确定	397	1	陶		陶罐	把手				
9	东港	DG-GaJL-1	CADD	龙山	不确定	397	19	陶		不确定	腹片				
9	东港	DG-GaJL-1	CADD	龙山	不确定	397	2	陶		不确定	腹片	弦纹			
9	东港	DG-GaJL-1	CADD	龙山	不确定	397	1	黏土		烧土					
9	东港	DG-GaJL-1	CADD	周代	西周	796	1	陶		陶鬲	器足				
9	东港	DG-GaJL-1	CADD	周代	西周	796	1	陶		陶罐	口沿				
9	东港	DG-GaJL-1	CADD	周代	西周	796	8	陶		不确定	腹片	绳纹			
9	东港	DG-GaJL-1	CADD	周代	西周	796	2	陶		不确定	腹片	附加堆纹			
9	东港	DG-GaJL-1	CADD	周代	东周	796	2	陶		陶盆	口沿				
9	东港	DG-GaJL-1	CADD	周代	东周	796	9	陶		不确定	腹片	绳纹			

年度	县区	遗址	采集区	时代	分期	期段编号	数量	质地	石器种类	器形	部位	纹饰	颜色	质地	蛋壳陶
9	东港	DG-GaJL-1	CADD	周代	东周	796	2	陶		不确定	腹片				
9	东港	DG-GaJL-1	CADD	汉代	不确定	1044	7	陶		陶瓦					
9	东港	DG-GaJL-1	CADD	汉代	不确定	1044	1	石	工具	石箭头					
9	东港	DG-GaJL-1	CAEE	龙山	中期	397	1	陶		陶盆	口沿				
9	东港	DG-GaJL-1	CAEE	周代	西周	796	1	陶		陶鬲	器足				
9	东港	DG-GaJL-1	CAFF	龙山	不确定	397	1	陶		不确定	腹片				
9	东港	DG-GaJL-1	CAFF	周代	东周	796	2	陶		不确定	腹片	绳纹			
9	东港	DG-GaJL-1	CAFF	汉代	不确定	1044	2	陶		陶瓦					
9	东港	DG-GaJL-1	CAGG	龙山	早期	397	1	陶		不确定	腹片	篮纹			
9	东港	DG-GaJL-1	CAGG	龙山	中期	397	1	陶		陶罐	口沿				
9	东港	DG-GaJL-1	CAGG	周代	西周	796	1	陶		不确定	腹片	绳纹			
9	东港	DG-GaJL-1	CAGG	周代	西周	796	1	陶		陶罐	口沿				
9	东港	DG-GaJL-1	CAGG	汉代	不确定	1044	5	陶		陶瓦					
9	东港	DG-GaJL-1	CAHH	大汶口	晚期	18	1	陶		陶鼎	器足				
9	东港	DG-GaJL-1	CAHH	龙山	不确定	397	2	陶		不确定	腹片				
9	东港	DG-GaJL-1	CAII	周代	西周	796	1	陶		陶鬲	口沿				
9	东港	DG-GaJL-1	CAII	周代	西周	796	1	陶		陶盆	口沿				
9	东港	DG-GaJL-1	CAII	周代	西周	796	1	陶		不确定	腹片	绳纹			
9	东港	DG-GaJL-1	CAII	周代	西周	796	1	陶		不确定	腹片				
9	东港	DG-GaJL-1	CAII	汉代	不确定	1044	1	陶		陶罐	口沿				
9	东港	DG-GaJL-1	CAII	龙山	不确定	397	1	陶		不确定	腹片				
9	东港	DG-GaJL-1	CAJJ	龙山	中期	397	1	陶		陶匜	口沿				
9	东港	DG-GaJL-1	CAJJ	龙山	中期	397	1	陶		陶罐	口沿				
9	东港	DG-GaJL-1	CAJJ	龙山	中期	397	1	陶		陶鬶	把手				
9	东港	DG-GaJL-1	CAJJ	龙山	中期	397	1	陶		不确定	腹片				
9	东港	DG-GaJL-1	CAJJ	龙山	中期	397	1	陶		陶甗	器足				
9	东港	DG-GaJL-1	CAJJ	汉代	不确定	1044	1	陶		陶瓦					
9	东港	DG-GaJL-1	CAKK	汉代	不确定	1044	1	陶		陶瓦					
9	东港	DG-GaJL-1	CALL	汉代	不确定	1044	1	陶		陶盆	器底				
9	东港	DG-GaJL-1	CAMM	龙山	中期	397	1	陶		陶罐	口沿				
9	东港	DG-GaJL-1	CAMM	龙山	中期	397	1	陶		陶鼎	器足				
9	东港	DG-GaJL-1	CAMM	龙山	不确定	397	6	陶		不确定	腹片				
9	东港	DG-GaJL-1	CAMM	周代	东周	796	2	陶		不确定	腹片	绳纹			
9	东港	DG-GaJL-1	CAMM	汉代	不确定	1044	4	陶		陶瓦					
9	东港	DG-GaJL-1	CANN	龙山	早期	397	1	陶		陶鼎	口沿				
9	东港	DG-GaJL-1	CANN	龙山	早期	397	1	陶		陶杯	器底				
9	东港	DG-GaJL-1	CANN	龙山	中期	397	2	陶		陶豆	口沿				
9	东港	DG-GaJL-1	CANN	龙山	不确定	397	17	陶		不确定	腹片				
9	东港	DG-GaJL-1	CANN	龙山	不确定	397	1	陶		不确定	腹片	弦纹			
9	东港	DG-GaJL-1	CANN	周代	东周	796	1	陶		陶钵	口沿				
9	东港	DG-GaJL-1	CANN	周代	东周	796	5	陶		不确定	腹片	绳纹			
9	东港	DG-GaJL-1	CANN	汉代	不确定	1044	18	陶		陶瓦					
9	东港	DG-GaJL-1	CAOO	龙山	中期	397	1	陶		陶鼎	器底				
9	东港	DG-GaJL-1	CAOO	龙山	不确定	397	3	陶		不确定	腹片				
9	东港	DG-GaJL-1	CAOO	汉代	不确定	1044	2	陶		陶瓦					
9	东港	DG-GaJL-1	CAPP	龙山	中期	397	1	陶		陶罐	口沿				

年度	县区	遗址	采集区	时代	分期	期段编号	数量	质地	石器种类	器形	部位	纹饰	颜色	质地	蛋壳陶
9	东港	DG-GaJL-1	CAPP	龙山	中期	397	1	陶		陶鼎	口沿				
9	东港	DG-GaJL-1	CAPP	龙山	不确定	397	2	陶		不确定	腹片				
9	东港	DG-GaJL-1	CAPP	周代	东周	796	1	陶		陶钵	口沿				
9	东港	DG-GaJL-1	CAPP	周代	东周	796	1	陶		不确定	腹片	绳纹			
9	东港	DG-GaJL-1	CAPP	汉代	不确定	1044	4	陶		陶瓦					
9	东港	DG-GaJL-1	CAQQ	龙山	中期	397	1	陶		陶匜	口沿				
9	东港	DG-GaJL-1	CAQQ	龙山	不确定	397	10	陶		不确定	腹片				
9	东港	DG-GaJL-1	CAQQ	周代	东周	796	1	陶		陶盆	口沿				
9	东港	DG-GaJL-1	CAQQ	周代	东周	796	1	陶		不确定	腹片	绳纹			
9	东港	DG-GaJL-1	CAQQ	汉代	不确定	1044	1	陶		陶瓮	口沿				
9	东港	DG-GaJL-1	CAQQ	汉代	不确定	1044	5	陶		陶瓦					
9	东港	DG-GaJL-1	CARR	龙山	早期	397	1	陶		不确定	腹片	篮纹			
9	东港	DG-GaJL-1	CARR	龙山	中期	397	2	陶		陶罐	口沿				
9	东港	DG-GaJL-1	CARR	龙山	不确定	397	8	陶		不确定	腹片				
9	东港	DG-GaJL-1	CARR	周代	西周	796	1	陶		陶鬲	腹片				
9	东港	DG-GaJL-1	CARR	周代	东周	796	2	陶		陶豆	口沿				
9	东港	DG-GaJL-1	CARR	周代	东周	796	3	陶		不确定	腹片	绳纹			
9	东港	DG-GaJL-1	CARR	汉代	不确定	1044	2	陶		陶盆	口沿				
9	东港	DG-GaJL-1	CARR	汉代	不确定	1044	10	陶		陶瓦					
9	东港	DG-GaJL-1	CASS	龙山	中期	397	1	陶		陶鼎	口沿				
9	东港	DG-GaJL-1	CASS	龙山	中期	397	1	陶		不确定	腹片				
9	东港	DG-GaJL-1	CATT	大汶口	晚期	19	1	陶		陶盉	流				
9	东港	DG-GaJL-1	CATT	龙山	早期	397	1	陶		不确定	腹片	篮纹			
9	东港	DG-GaJL-1	CATT	龙山	不确定	397	3	陶		不确定	腹片				
9	东港	DG-GaJL-1	CATT	周代	东周	796	1	陶		不确定	腹片	绳纹			
9	东港	DG-GaJL-1	CATT	周代	东周	796	1	陶		不确定	腹片				
9	东港	DG-GaJL-1	CATT	汉代	不确定	1044	4	陶		陶瓦					
9	东港	DG-GaJL-1	CAUU	龙山	早期	397	1	陶		陶鼎	器足				
9	东港	DG-GaJL-1	CAUU	龙山	早期	397	3	陶		不确定	腹片	篮纹			
9	东港	DG-GaJL-1	CAUU	龙山	中期	397	1	陶		陶罐	口沿				
9	东港	DG-GaJL-1	CAUU	龙山	中期	397	3	陶		陶匜	口沿				
9	东港	DG-GaJL-1	CAUU	龙山	中期	397	1	陶		陶盆					
9	东港	DG-GaJL-1	CAUU	龙山	不确定	397	4	陶		不确定	腹片				
9	东港	DG-GaJL-1	CAUU	龙山	不确定	397	3	陶		不确定	腹片			泥质	是
9	东港	DG-GaJL-1	CAUU	周代	西周	796	1	陶		不确定	腹片	绳纹			
9	东港	DG-GaJL-1	CAUU	周代	东周	796	2	陶		不确定	腹片	附加堆纹			
9	东港	DG-GaJL-1	CAUU	周代	东周	796	1	陶		不确定	腹片	绳纹			
9	东港	DG-GaJL-1	CAUU	周代	东周	796	1	陶		不确定	腹片				
9	东港	DG-GaJL-1	CAUU	汉代	不确定	1044	2	陶		陶盆	口沿				
9	东港	DG-GaJL-1	CAUU	汉代	不确定	1044	13	陶		陶瓦					
9	东港	DG-GaJL-1	CAVV	龙山	不确定	397	1	陶		不确定	腹片	弦纹			
9	东港	DG-GaJL-1	CAVV	龙山	不确定	397	1	陶		不确定	腹片				
9	东港	DG-GaJL-1	CAVV	周代	东周	796	2	陶		不确定	腹片	篮纹			
9	东港	DG-GaJL-1	CAVV	汉代	不确定	1044	2	陶		陶瓦					
9	东港	DG-GaJL-1	CAVV	汉代	不确定	1044	1	陶		陶盆	口沿				
9	东港	DG-GaJL-1	CAWW	汉代	不确定	1044	1	陶		陶盆	口沿				

年度	县区	遗址	采集区	时代	分期	期段编号	数量	质地	石器种类	器形	部位	纹饰	颜色	质地	蛋壳陶
9	东港	DG-GaJL-1	CAWW	汉代	不确定	1044	2	陶		陶瓦					
9	东港	DG-GaJL-1	CAXX	汉代	不确定	1044	1	陶		陶瓮	口沿				
9	东港	DG-GaJL-1	CAXX	汉代	不确定	1044	1	陶		陶瓦					
9	东港	DG-GaJL-1	CAYY	龙山	中期	397	1	陶		陶罐	口沿				
9	东港	DG-GaJL-1	CAYY	龙山	不确定	397	2	陶		不确定	腹片				
9	东港	DG-GaJL-1	CAYY	周代	西周	796	1	陶		陶鬲	腹片				
9	东港	DG-GaJL-1	CAZZ	龙山	不确定	397	3	陶		不确定	腹片				
9	东港	DG-GaJL-1	CAZZ	汉代	不确定	1044	1	陶		陶盆	口沿				
9	东港	DG-GaJL-1	CAZZ	汉代	不确定	1044	3	陶		陶瓦					
9	东港	DG-GaJL-1	CAAB	周代	东周	796	1	陶		陶盆	口沿				
9	东港	DG-GaJL-1	CAAC	龙山	中期	397	1	陶		陶盆	口沿				
9	东港	DG-GaJL-1	CAAC	龙山	中期	397	1	陶		陶罐	口沿				
9	东港	DG-GaJL-1	CAAC	龙山	中期	397	1	陶		陶鬶	把手				
9	东港	DG-GaJL-1	CAAC	周代	东周	796	2	陶		不确定	腹片	绳纹			
9	东港	DG-GaJL-1	CAAC	周代	东周	796	2	陶		不确定	腹片				
9	东港	DG-GaJL-1	CAAC	汉代	不确定	1044	2	陶		陶瓦					
9	东港	DG-GaJL-1	CAAD	龙山	早期	397	1	陶		陶鼎	口沿				
9	东港	DG-GaJL-1	CAAD	龙山	早期	397	1	陶		陶罐	器底				
9	东港	DG-GaJL-1	CAAD	龙山	早期	397	4	陶		不确定	腹片	篮纹			
9	东港	DG-GaJL-1	CAAD	汉代	不确定	1044	1	陶		陶罐	器底				
9	东港	DG-GaJL-1	CAAE	龙山	不确定	397	20	陶		不确定	腹片				
9	东港	DG-GaJL-1	CAAE	龙山	不确定	397	1	陶		不确定	腹片				
9	东港	DG-GaJL-1	CAAE	周代	东周	796	2	陶		不确定	腹片	绳纹			
9	东港	DG-GaJL-1	CAAE	汉代	不确定	1044	4	陶		陶瓦					
9	东港	DG-GaJL-1	CAAF	龙山	中期	397	1	陶		陶罐	口沿				
9	东港	DG-GaJL-1	CAAF	龙山	不确定	397	8	陶		不确定	腹片				
9	东港	DG-GaJL-1	CAAF	龙山	不确定	397	2	陶		不确定	腹片			泥质	是
9	东港	DG-GaJL-1	CAAF	周代	西周	796	2	陶		不确定	腹片	绳纹			
9	东港	DG-GaJL-1	CAAF	周代	西周	796	1	陶		不确定	腹片				
9	东港	DG-GaJL-1	CAAF	周代	东周	796	14	陶		不确定	腹片	绳纹			
9	东港	DG-GaJL-1	CAAF	周代	东周	796	2	陶		不确定	腹片				
9	东港	DG-GaJL-1	CAAF	汉代	不确定	1044	1	陶		陶盆	口沿				
9	东港	DG-GaJL-1	CAAF	汉代	不确定	1044	14	陶		陶瓦					
9	东港	DG-GaJL-1	CAAG	龙山	不确定	397	2	陶		不确定	腹片				
9	东港	DG-GaJL-1	CAAG	汉代	不确定	1044	1	陶		陶瓦					
7	东港	DG-GaoJL-1	CAA	周代	东周	514	1	陶		不确定	腹片	绳纹			
7	东港	DG-GaoJL-1	CAA	周代	东周	514	5	陶		不确定	腹片				
7	东港	DG-GaoJL-1	CAA	汉代	不确定	652	10	陶		陶瓦					
7	东港	DG-GaoJL-1	CAA	汉代	不确定	652	4	陶		不确定	腹片				
7	东港	DG-GaoJL-1	CAB	周代	西周	514	1	陶		陶鬲	器足				
7	东港	DG-GaoJL-1	CAB	周代	西周	514	1	陶		不确定	腹片	绳纹			
7	东港	DG-GaoJL-1	CAB	周代	西周	514	9	陶		不确定	腹片				
7	东港	DG-GaoJL-1	CAB	周代	东周	514	1	陶		陶盆	口沿				
7	东港	DG-GaoJL-1	CAB	周代	东周	514	1	陶		不确定	腹片	绳纹			
7	东港	DG-GaoJL-1	CAB	周代	东周	514	7	陶		不确定	腹片				
7	东港	DG-GaoJL-1	CAB	汉代	不确定	652	2	陶		陶瓦					

年度	县区	遗址	采集区	时代	分期	期段编号	数量	质地	石器种类	器形	部位	纹饰	颜色	质地	蛋壳陶
7	东港	DG-GaoJL-1	ZHANG-5	周代	不确定	514	4	陶		不确定	腹片				
7	东港	DG-GaoJL-1	ZHANG-5	汉代	不确定	652	1	陶		陶盆	口沿				
7	东港	DG-GaoJL-1	ZHANG-5	汉代	不确定	652	9	陶		陶瓦					
8	东港	DG-GHA-1	单个遗址	汉代	不确定	942	1	陶		陶瓦					
8	东港	DG-GHA-2	CAA	汉代	不确定	941	1	陶		陶瓦					
8	东港	DG-GHA-2	CAA	汉代	不确定	941	2	陶		不确定	腹片	绳纹			
8	东港	DG-GHA-2	CAB	龙山	早期	329	1	陶		不确定	腹片	篮纹			
8	东港	DG-GHA-2	CAB	周代	西周	679	5	陶		不确定	腹片	绳纹			
8	东港	DG-GHA-2	CAB	周代	东周	679	1	陶		陶盆	口沿				
8	东港	DG-GHA-2	CAB	周代	东周	679	2	陶		不确定	腹片	绳纹			
8	东港	DG-GHA-2	CAB	汉代	不确定	941	4	陶		陶瓦					
8	东港	DG-GHA-2	CAC	周代	西周	679	1	陶		陶盆	口沿				
8	东港	DG-GHA-2	CAC	周代	西周	679	7	陶		不确定	腹片	绳纹			
8	东港	DG-GHA-2	CAC	周代	东周	676	1	陶		陶壶	口沿				
8	东港	DG-GHA-2	CAC	周代	东周	676	1	陶		陶罐	口沿				
8	东港	DG-GHA-2	CAC	周代	东周	676	15	陶		不确定	腹片	绳纹			
8	东港	DG-GHA-2	CAC	周代	东周	676	1	陶		不确定	腹片	方格纹			
8	东港	DG-GHA-2	CAD	龙山	不确定	330	1	陶		不确定	腹片				
8	东港	DG-GHA-2	CAD	周代	西周	680	1	陶		陶甗	腰部				
8	东港	DG-GHA-2	CAD	周代	西周	680	2	陶		陶鬲	腹片				
8	东港	DG-GHA-2	CAD	周代	西周	680	1	陶		陶罐	肩部				
8	东港	DG-GHA-2	CAD	周代	西周	680	1	陶		不确定	腹片				
8	东港	DG-GHA-2	CAD	周代	东周	680	7	陶		不确定	腹片	绳纹			
8	东港	DG-GHA-2	CAD	周代	东周	680	1	陶		不确定	腹片				
8	东港	DG-GHA-2	CAD	汉代	不确定	934	1	陶		陶瓦					
8	东港	DG-GHA-2	CAE	周代	西周	680	1	陶		陶罐	肩部				
8	东港	DG-GHA-2	CAE	周代	西周	680	1	陶		陶盆	器底				
8	东港	DG-GHA-2	CAE	周代	东周	680	3	陶		不确定	腹片	绳纹			
8	东港	DG-GHA-2	CAF	周代	东周	680	1	陶		陶盆	口沿				
8	东港	DG-GHA-2	CAF	周代	东周	680	3	陶		不确定	腹片	绳纹			
8	东港	DG-GHA-2	CAF	汉代	不确定	934	1	陶		陶盆	口沿				
8	东港	DG-GHA-2	CAF	汉代	不确定	934	25	陶		陶瓦					
8	东港	DG-GHA-2	CAF	汉代	不确定	934	92	陶		不确定	腹片				
8	东港	DG-GHA-2	CAG	周代	西周	680	1	陶		陶鬲	口沿				
8	东港	DG-GHA-2	CAG	周代	西周	680	1	陶		陶鬲	器足				
8	东港	DG-GHA-2	CAG	周代	西周	680	4	陶		陶鬲	腹片	绳纹			
8	东港	DG-GHA-2	CAG	周代	东周	680	1	陶		陶垫	小				
8	东港	DG-GHA-2	CAG	周代	东周	680	3	陶		不确定	腹片	绳纹			
8	东港	DG-GHA-2	CAG	周代	东周	680	1	陶		陶盆	器底				
8	东港	DG-GHA-2	CAG	汉代	不确定	934	2	陶		陶瓦					
8	东港	DG-GHA-2	CAH	周代	西周	680	1	陶		陶鬲	器足				
8	东港	DG-GHA-2	CAI	周代	东周	680	1	陶		陶罐	腹片				
8	东港	DG-GHA-2	CAI	汉代	不确定	934	2	陶		陶瓦					
8	东港	DG-GHA-2	CAJ	周代	东周	680	2	陶		不确定	腹片	绳纹			
8	东港	DG-GHA-2	CAJ	汉代	不确定	934	1	陶		陶瓦					
8	东港	DG-GHA-3	单个遗址	汉代	不确定	943	1	陶		陶瓦					

年度	县区	遗址	采集区	时代	分期	期段编号	数量	质地	石器种类	器形	部位	纹饰	颜色	质地	蛋壳陶
5	东港	DG-GJC-1	单个遗址	周代	东周	331	2	陶		不确定	腹片				
8	东港	DG-GJC-1	CAA	龙山	早期	339	2	陶		陶鼎	口沿				
8	东港	DG-GJC-1	CAA	龙山	不确定	339	3	陶		不确定	腹片				
8	东港	DG-GJC-1	CAA	周代	东周	695	1	陶		陶罐	肩部				
8	东港	DG-GJC-1	CAA	周代	东周	695	4	陶		不确定	腹片	绳纹			
8	东港	DG-GJC-1	CAA	周代	东周	695	2	陶		不确定	腹片				
8	东港	DG-GJC-1	CAA	汉代	不确定	895	2	陶		陶瓦					
8	东港	DG-GJC-1	CAB	周代	西周	695	1	陶		陶鬲	口沿				
8	东港	DG-GJC-1	CAB	周代	西周	695	2	陶		陶鬲	腹片				
8	东港	DG-GJC-1	CAB	周代	西周	695	3	陶		不确定	腹片	绳纹			
8	东港	DG-GJC-1	CAB	周代	东周	695	5	陶		不确定	腹片				
8	东港	DG-GJC-1	CAB	汉代	不确定	895	1	陶		陶瓦					
8	东港	DG-GJC-1	CAC	周代	东周	695	1	陶		不确定	腹片	绳纹			
8	东港	DG-GJC-1	CAC	周代	东周	695	1	陶		不确定	腹片				
8	东港	DG-GJC-1	CAD	龙山	不确定	339	2	陶		不确定	腹片				
8	东港	DG-GJC-1	CAD	周代	东周	695	4	陶		不确定	腹片	绳纹			
8	东港	DG-GJC-1	CAD	周代	东周	695	7	陶		不确定	腹片				
8	东港	DG-GJC-1	CAE	龙山	中期	339	1	陶		陶豆/陶圈足盘	豆盘				
8	东港	DG-GJC-1	CAE	龙山	中期	339	5	陶		不确定	腹片				
8	东港	DG-GJC-1	CAF	龙山	中期	339	1	陶		陶鼎	器足				
8	东港	DG-GJC-1	CAF	龙山	中期	339	1	陶		陶鼎	口沿				
8	东港	DG-GJC-1	CAF	龙山	中期	339	1	陶		不确定	腹片				
8	东港	DG-GJC-1	CAF	周代	东周	695	3	陶		不确定	腹片	绳纹			
8	东港	DG-GJC-1	CAF	周代	东周	695	1	陶		不确定	腹片				
8	东港	DG-GJC-1	CAF	周代	东周	695	1	陶		陶瓦					
8	东港	DG-GJC-1	CAF	汉代	不确定	895	6	陶		陶瓦					
8	东港	DG-GJC-1	CAG	龙山	不确定	339	1	陶		不确定	腹片				
8	东港	DG-GJC-1	CAH	周代	东周	695	1	陶		陶盆	器底				
8	东港	DG-GJC-1	CAI	龙山	不确定	339	2	陶		不确定	腹片				
8	东港	DG-GJC-1	CAI	汉代	不确定	895	2	陶		陶瓦					
5	东港	DG-GJC-2	单个遗址	汉代	不确定	390	1	陶		陶瓦					
5	东港	DG-GJC-2	单个遗址	周代	东周	326	2	陶		不确定	腹片	绳纹			
8	东港	DG-GJC-2	单个遗址	周代	东周	693	3	陶		不确定	腹片	绳纹			
8	东港	DG-GJC-2	单个遗址	周代	东周	693	2	陶		不确定	腹片				
8	东港	DG-GJC-2	单个遗址	汉代	不确定	897	1	陶		陶盆	口沿				
8	东港	DG-GJC-2	单个遗址	汉代	不确定	897	4	陶		陶瓦					
5	东港	DG-GJC-3	CAA	汉代	不确定	389	2	陶		陶瓦					
5	东港	DG-GJC-3	CAB	汉代	不确定	389	3	陶		陶瓦					
8	东港	DG-GJC-3	CAA	周代	东周	697	1	陶		陶鬲	腹片	绳纹			
8	东港	DG-GJC-3	CAA	周代	东周	697	1	陶		陶罐	肩部				
8	东港	DG-GJC-3	CAA	周代	东周	697	2	陶		不确定	腹片	绳纹			
8	东港	DG-GJC-3	CAB	周代	西周	697	6	陶		不确定	腹片	绳纹			
8	东港	DG-GJC-3	CAB	周代	东周	697	3	陶		不确定	腹片	绳纹			
8	东港	DG-GJC-3	CAB	周代	东周	697	1	陶		不确定	腹片				
3	东港	DG-GJG-2	CAA	汉代	不确定	89	2	陶		陶瓦					
3	东港	DG-GJG-2	CAA	龙山	中期	82	1	陶		陶罐	口沿				

年度	县区	遗址	采集区	时代	分期	期段编号	数量	质地	石器种类	器形	部位	纹饰	颜色	质地	蛋壳陶
3	东港	DG-GJG-2	CAA	龙山	中期	82	1	陶		陶甗	器足				
3	东港	DG-GJG-2	CAA	龙山	中期	82	1	陶		陶匜	口沿				
3	东港	DG-GJG-2	CAA	龙山	中期	82	1	陶		陶杯	器底				
3	东港	DG-GJG-2	CAA	龙山	中期	82	5	陶		不确定	把手				
3	东港	DG-GJG-2	CAA	龙山	中期	82	2	陶		陶器盖	陶器盖				
3	东港	DG-GJG-2	CAA	龙山	中期	82	64	陶		不确定	腹片				
3	东港	DG-GJG-2	CAA	周代	东周	74	1	陶		陶瓦					
3	东港	DG-GJG-2	CAA	周代	东周	74	1	陶		不确定	腹片				
8	东港	DG-GJHZ-1	单个遗址	周代	东周	650	1	陶		陶瓦					
8	东港	DG-GJHZ-2	单个遗址	汉代	不确定	873	4	陶		陶瓦					
5	东港	DG-GJL-1	单个遗址	汉代	不确定	370	40	陶		陶瓦					
5	东港	DG-GJL-1	单个遗址	汉代	不确定	370	3	陶		陶瓦					
5	东港	DG-GJL-1	单个遗址	汉代	不确定	370	3	陶		不确定	腹片				
5	东港	DG-GJL-1	单个遗址	汉代	不确定	370	4	陶		不确定	腹片	绳纹			
5	东港	DG-GJL-2	单个遗址	汉代	不确定	371	2	陶		陶瓦					
11	东港	DG-GJZZ-1	单个遗址	汉代	不确定	1298	2	陶		陶瓦					
11	东港	DG-GJZZ-2	CAA	汉代	不确定	1313	2	陶		不确定	腹片				
11	东港	DG-GJZZ-2	CAA	汉代	不确定	1313	1	陶		陶瓦					
11	东港	DG-G-JZZ-2	CAB	周代	西周	966	1	陶		不确定	腹片	绳纹			
11	东港	DG-G-JZZ-2	CAB	汉代	不确定	1313	2	陶		不确定	腹片				
11	东港	DG-G-JZZ-2	CAB	汉代	不确定	1313	1	陶		陶瓦					
3	东港	DG-GLG-2	单个遗址	不确定			4	陶		不确定					
3	东港	DG-GLG-2	单个遗址	周代	不确定	77	3	陶		不确定	腹片				
3	东港	DG-GLG-3	单个遗址	商代	不确定	4	4	陶		不确定	腹片				
3	东港	DG-GLG-3	单个遗址	周代	西周	84	5	陶		不确定	腹片				
3	东港	DG-GLG-4	单个遗址	周代	东周	85	4	陶		不确定	腹片				
5	东港	DG-GoJL-1	单个遗址	汉代	不确定	379	3	陶		陶瓦					
11	东港	DG-GWZ-1	单个遗址	汉代	不确定	1257	1	陶		陶瓦					
11	东港	DG-GWZ-4	单个遗址	汉代	不确定	1254	2	陶		陶瓦					
11	东港	DG-GWZ-5	单个遗址	周代	西周	936	2	陶		不确定	腹片				
11	东港	DG-GWZ-5	单个遗址	周代	西周	936	2	陶		不确定	腹片	绳纹			
11	东港	DG-GWZ-5	单个遗址	周代	东周	936	5	陶		不确定	腹片				
11	东港	DG-GWZ-5	单个遗址	汉代	不确定	1258	1	陶		陶瓦					
11	东港	DG-GWZ-6	单个遗址	汉代	不确定	1265	2	陶		不确定	腹片				
11	东港	DG-GWZ-6	单个遗址	汉代	不确定	1265	1	陶		陶瓦					
4	东港	DG-GZ-1	CAD	汉代	不确定	308	1	陶		陶盆	口沿				
4	东港	DG-GZ-1	CAD	汉代	不确定	308	2	陶		不确定	腹片				
4	东港	DG-GZ-1	CAC	龙山	早期	148	3	陶		陶鼎	器足			粗砂	
4	东港	DG-GZ-1	CAC	龙山	早期	148	1	陶		陶匜	口沿			粗砂	
4	东港	DG-GZ-1	CAC	龙山	早期	148	1	陶		陶罐	器底			粗砂	
4	东港	DG-GZ-1	CAC	龙山	中期	148	1	陶		陶鼎	器足	附加堆纹		粗砂	
4	东港	DG-GZ-1	CAC	龙山	中期	148	1	陶		陶甗	器足			粗砂	
4	东港	DG-GZ-1	CAC	龙山	中期	148	1	陶		陶鬶	器足			粗砂	
4	东港	DG-GZ-1	CAC	龙山	中期	148	1	陶		陶鼎	口沿			粗砂	
4	东港	DG-GZ-1	CAC	龙山	中期	148	1	陶		陶盆	口沿			粗砂	
4	东港	DG-GZ-1	CAC	龙山	中期	148	1	陶		不确定	把手			粗砂	

年度	县区	遗址	采集区	时代	分期	期段编号	数量	质地	石器种类	器形	部位	纹饰	颜色	质地	蛋壳陶
4	东港	DG-GZ-1	CAC	龙山	中期	148	30	陶		不确定	腹片			粗砂	
4	东港	DG-GZ-1	CAC	龙山	中期	148	1	陶		不确定	器足			泥质	是
4	东港	DG-GZ-1	CAC	龙山	中期	148	2	陶		不确定	腹片			泥质	是
4	东港	DG-GZ-1	CAB	龙山	不确定	148	1	陶		不确定	腹片	绳纹		粗砂	
4	东港	DG-GZ-1	CAB	龙山	不确定	148	1	陶		陶罐	口沿			粗砂	
4	东港	DG-GZ-1	CAB	周代	西周	258	2	陶		不确定	腹片	绳纹			
4	东港	DG-GZ-1	CAB	周代	西周	258	1	陶		不确定	口沿				
4	东港	DG-GZ-1	CAB	周代	西周	258	2	陶		不确定	腹片				
4	东港	DG-GZ-1	CAA	周代	东周	259	2	陶		陶瓦					
4	东港	DG-GZ-2	单个遗址	汉代	不确定	311	2	陶		陶瓦					
4	东港	DG-GZ-3	CAA	汉代	不确定	311	2	陶		陶盆	口沿				
4	东港	DG-GZ-3	CAA	汉代	不确定	311	3	陶		陶盆	腹片				
4	东港	DG-GZ-3	CAA	汉代	不确定	311	7	陶		陶瓦					
4	东港	DG-GZ-3	CAA	汉代	不确定	311	1	陶		陶瓦					
4	东港	DG-GZ-3	CAB	汉代	不确定	311	8	陶		陶瓦					
4	东港	DG-GZ-3	CAB	汉代	不确定	311	1	陶		不确定	腹片				
4	东港	DG-GZ-3	CAA	周代	东周	260	1	陶		陶罐	口沿				
4	东港	DG-GZ-3	CAA	周代	东周	260	3	陶		陶盆	口沿				
4	东港	DG-GZ-3	CAA	周代	东周	260	6	陶		陶豆	豆盘				
4	东港	DG-GZ-3	CAA	周代	东周	260	1	陶		陶豆	器底				
4	东港	DG-GZ-3	CAA	周代	东周	260	3	陶		陶瓦					
9	东港	DG-HET-1	单个遗址	汉代	不确定	959	1	陶		陶瓦					
9	东港	DG-HET-2	单个遗址	汉代	不确定	961	1	陶		陶瓮	口沿				
9	东港	DG-HET-2	单个遗址	汉代	不确定	961	1	陶		陶盆	口沿				
9	东港	DG-HET-3	单个遗址	周代	西周	729	1	陶		陶鬲	器足				
9	东港	DG-HET-3	单个遗址	周代	西周	729	1	陶		不确定	腹片	绳纹			
9	东港	DG-HET-3	单个遗址	汉代	不确定	947	2	陶		陶瓦					
9	东港	DG-HET-4	单个遗址	周代	西周	732	1	陶		陶鬲	口沿				
9	东港	DG-HET-4	单个遗址	周代	东周	732	4	陶		不确定	腹片	绳纹			
7	东港	DG-HEZ-1	单个遗址	汉代	不确定	679	1	陶		陶盆	口沿				
7	东港	DG-HEZ-1	单个遗址	汉代	不确定	679	1	陶		不确定	腹片				
7	东港	DG-HEZ-1	单个遗址	汉代	不确定	679	2	陶		陶瓦					
10	东港	DG-HEZ-1	CAB	周代	东周	807	4	陶		不确定	腹片				
10	东港	DG-HEZ-1	CAB	汉代	不确定	679	1	陶		陶盆	口沿				
10	东港	DG-HEZ-1	CAB	汉代	不确定	679	12	陶		陶瓦					
10	东港	DG-HEZ-1	CAB	汉代	不确定	679	4	陶		不确定	腹片				
10	东港	DG-HEZ-1	CAB	汉代	不确定	679	2	陶		不确定	腹片	绳纹			
10	东港	DG-HEZ-1	CAC	周代	东周	807	1	陶		陶罐	口沿				
10	东港	DG-HEZ-1	CAC	周代	东周	807	1	陶		不确定	腹片				
10	东港	DG-HEZ-1	CAC	汉代	不确定	679	2	陶		陶盆	口沿				
10	东港	DG-HEZ-1	CAC	汉代	不确定	679	1	陶		陶盆	颈部				
10	东港	DG-HEZ-1	CAC	汉代	不确定	679	10	陶		陶瓦					
10	东港	DG-HEZ-1	CAC	汉代	不确定	679	7	陶		不确定	腹片				
10	东港	DG-HEZ-1	CAD	龙山	早期	406	2	陶		陶鼎	口沿				
10	东港	DG-HEZ-1	CAD	龙山	早期	406	1	陶		陶鼎	器足				
10	东港	DG-HEZ-1	CAD	龙山	早期	406	1	陶		陶甗	腰部				

年度	县区	遗址	采集区	时代	分期	期段编号	数量	质地	石器种类	器形	部位	纹饰	颜色	质地	蛋壳陶
10	东港	DG-HEZ-1	CAD	龙山	早期	406	1	陶		陶匜	口沿				
10	东港	DG-HEZ-1	CAD	龙山	不确定	406	15	陶		不确定	腹片				
10	东港	DG-HEZ-1	CAD	龙山	不确定	406	1	陶		不确定	腹片	附加堆纹			
10	东港	DG-HEZ-1	CAD	龙山	不确定	406	1	陶		不确定	腹片	弦纹			
10	东港	DG-HEZ-1	CAD	龙山	不确定	406	2	陶		不确定	腹片	篮纹			
10	东港	DG-HEZ-1	CAD	汉代	不确定	679	2	陶		陶瓦					
10	东港	DG-HEZ-1	CAD	汉代	不确定	679	3	陶		不确定	腹片				
10	东港	DG-HEZ-1	CAE	龙山	不确定	405	1	陶		陶杯	腹片	磨光			是
10	东港	DG-HEZ-1	CAE	周代	东周	807	2	陶		陶罐	口沿				
10	东港	DG-HEZ-1	CAE	周代	东周	807	1	陶		不确定	腹片	绳纹			
10	东港	DG-HEZ-1	CAE	汉代	不确定	679	1	陶		陶盆	口沿				
10	东港	DG-HEZ-1	CAE	汉代	不确定	679	3	陶		陶盆	器底				
10	东港	DG-HEZ-1	CAE	汉代	不确定	679	43	陶		陶瓦					
10	东港	DG-HEZ-1	CAE	汉代	不确定	679	8	陶		不确定	腹片				
10	东港	DG-HEZ-1	CAF	汉代	不确定	679	1	陶		陶盆	器底				
10	东港	DG-HEZ-1	CAF	汉代	不确定	679	5	陶		陶瓦					
10	东港	DG-HEZ-1	CAF	汉代	不确定	679	2	陶		不确定	腹片				
9	东港	DG-HGC-1	单个遗址	周代	东周	776	1	陶		不确定	腹片				
9	东港	DG-HGC-2	单个遗址	汉代	不确定	1043	1	陶		陶瓦					
9	东港	DG-HGC-4	单个遗址	龙山	不确定	392	2	陶		不确定	腹片				
10	东港	DG-HGC-5	单个遗址	汉代	不确定	1168	1	陶		陶瓦					
8	东港	DG-HGZ-1	CAA	龙山	中期	319	1	陶		陶罐	口沿				
8	东港	DG-HGZ-1	CAA	龙山	不确定	319	6	陶		不确定	腹片				
8	东港	DG-HGZ-1	CAA	周代	东周	653	1	陶		不确定	腹片	绳纹			
8	东港	DG-HGZ-1	CAA	周代	东周	653	1	陶		不确定	腹片				
8	东港	DG-HGZ-1	CAB	龙山	不确定	319	3	陶		不确定	腹片				
8	东港	DG-HGZ-1	CAC	龙山	中期	319	1	陶		陶鼎	器足				
8	东港	DG-HGZ-1	CAC	龙山	中期	319	1	陶		陶罐	口沿				
8	东港	DG-HGZ-1	CAC	龙山	不确定	319	6	陶		不确定	腹片				
8	东港	DG-HGZ-1	CAC	周代	西周	653	14	陶		不确定	腹片	绳纹			
8	东港	DG-HGZ-1	CAC	周代	西周	653	1	陶		陶鬲	裆部				
8	东港	DG-HGZ-1	CAC	周代	西周	653	1	陶		陶鬲	器足				
8	东港	DG-HGZ-1	CAC	周代	东周	653	1	陶		陶盆	口沿				
8	东港	DG-HGZ-1	CAC	周代	东周	653	10	陶		不确定	腹片	绳纹			
8	东港	DG-HGZ-1	CAC	周代	东周	653	3	陶		不确定	腹片				
8	东港	DG-HGZ-2	单个遗址	龙山	不确定	318	7	陶		不确定	腹片				
8	东港	DG-HGZ-2	单个遗址	周代	东周	725	2	陶		不确定	腹片	绳纹			
8	东港	DG-HGZ-2	单个遗址	周代	东周	725	2	陶		不确定					
8	东港	DG-HGZ-3	单个遗址	周代	东周	652	2	陶		不确定	腹片	绳纹			
8	东港	DG-HGZ-3	单个遗址	汉代	不确定	871	1	陶		陶瓦					
8	东港	DG-HGZ-4	单个遗址	龙山	早期	325	1	陶		陶鼎	器足				
8	东港	DG-HGZ-4	单个遗址	周代	西周	655	2	陶		不确定	腹片	绳纹			
8	东港	DG-HGZ-4	单个遗址	周代	西周	655	1	陶		不确定	腹片				
8	东港	DG-HGZ-5	单个遗址	周代	东周	651	1	陶		不确定	腹片	绳纹			
8	东港	DG-HGZ-6	单个遗址	龙山	不确定	326	5	陶		不确定	腹片				
8	东港	DG-HGZ-6	单个遗址	周代	东周	654	1	陶		陶盆	口沿				

年度	县区	遗址	采集区	时代	分期	期段编号	数量	质地	石器种类	器形	部位	纹饰	颜色	质地	蛋壳陶
4	东港	DG-HJC-1	CAC	汉代	不确定	327	1	陶		陶瓦					
4	东港	DG-HJC-1	CAB	周代	东周	274	1	陶		不确定	腹片	绳纹			
4	东港	DG-HJC-1	CAB	周代	东周	274	1	陶		不确定	腹片				
4	东港	DG-HJC-1	CAA	周代	西周	274	1	陶		陶鬲	腹片				
4	东港	DG-HJC-1	CAA	周代	西周	274	7	陶		不确定	腹片	绳纹			
4	东港	DG-HJC-1	CAA	周代	西周	274	2	陶		不确定	腹片				
4	东港	DG-HJC-2	单个遗址	周代	西周	273	1	陶		不确定	腹片	绳纹			
3	东港	DG-HJGZ-6	单个遗址	周代	东周	65	1	陶		陶纺轮					
3	东港	DG-HJGZ-7	单个遗址	周代	东周	66	1	陶		陶瓦					
5	东港	DG-HJH-1	单个遗址	汉代	不确定	367	1	陶		陶罐	口沿				
5	东港	DG-HJH-1	单个遗址	汉代	不确定	367	12	陶		不确定	腹片				
5	东港	DG-HJH-1	单个遗址	汉代	不确定	367	6	陶		不确定	腹片	绳纹			
5	东港	DG-HJH-1	单个遗址	龙山	不确定	162	2	陶		不确定	腹片				
5	东港	DG-HJH-1	单个遗址	周代	东周	301	2	陶		不确定	腹片	绳纹			
5	东港	DG-HJH-1	单个遗址	周代	东周	301	1	陶		陶瓦					
5	东港	DG-HJH-1	单个遗址	周代	东周	301	1	陶		不确定	腹片				
5	东港	DG-HJH-2	CAJ	汉代	不确定	364	15	陶		陶瓦					
5	东港	DG-HJH-2	CAJ	汉代	不确定	364	1	陶		不确定	腹片				
5	东港	DG-HJH-2	CAK	汉代	不确定	364	4	陶		陶瓦					
5	东港	DG-HJH-2	CAK	汉代	不确定	364	1	陶		陶罐	器底				
5	东港	DG-HJH-2	CAM	汉代	不确定	364	2	陶		陶瓦					
5	东港	DG-HJH-2	CAM	汉代	不确定	364	2	陶		不确定	腹片				
5	东港	DG-HJH-2	CAB	汉代	不确定	365	8	陶		陶瓦					
5	东港	DG-HJH-2	CAC	汉代	不确定	365	2	陶		陶瓦					
5	东港	DG-HJH-2	CAD	汉代	不确定	365	5	陶		陶瓦					
5	东港	DG-HJH-2	CAF	汉代	不确定	365	1	陶		不确定	器底				
5	东港	DG-HJH-2	CAF	汉代	不确定	365	1	陶		陶瓦					
5	东港	DG-HJH-2	CAG	汉代	不确定	365	5	陶		陶瓦					
5	东港	DG-HJH-2	CAH	汉代	不确定	365	6	陶		陶瓦					
5	东港	DG-HJH-2	CAG	龙山	早期	159	6	陶		陶鼎	器足				
5	东港	DG-HJH-2	CAG	龙山	早期	159	2	陶		陶鼎	器底				
5	东港	DG-HJH-2	CAG	龙山	早期	159	2	陶		陶匜	口沿				
5	东港	DG-HJH-2	CAG	龙山	早期	159	2	陶		陶罐	口沿				
5	东港	DG-HJH-2	CAH	龙山	早期	159	2	陶		陶鼎或陶罐	口沿				
5	东港	DG-HJH-2	CAH	龙山	早期	159	1	陶		陶鼎	器足				
5	东港	DG-HJH-2	CAI	龙山	早期	159	1	陶		陶鼎	口沿				
5	东港	DG-HJH-2	CAI	龙山	早期	159	1	陶		不确定	腹片	篮纹			
5	东港	DG-HJH-2	CAJ	龙山	早期	159	1	陶		陶鼎	器足				
5	东港	DG-HJH-2	CAJ	龙山	早期	159	1	陶		陶罐	器底				
5	东港	DG-HJH-2	CAK	龙山	早期	159	1	陶		陶鼎	器足				
5	东港	DG-HJH-2	CAG	龙山	中期	159	4	陶		陶鼎	器足				
5	东港	DG-HJH-2	CAG	龙山	中期	159	1	陶		陶罐	口沿				
5	东港	DG-HJH-2	CAG	龙山	中期	159	10	陶		陶罐	器底				
5	东港	DG-HJH-2	CAG	龙山	中期	159	2	陶		陶器盖					
5	东港	DG-HJH-2	CAG	龙山	中期	159	1	陶		不确定	把手				
5	东港	DG-HJH-2	CAH	龙山	中期	159	1	陶		陶匜	口沿				

年度	县区	遗址	采集区	时代	分期	期段编号	数量	质地	石器种类	器形	部位	纹饰	颜色	质地	蛋壳陶
5	东港	DG-HJH-2	CAH	龙山	中期	159	5	陶		陶罐	器底				
5	东港	DG-HJH-2	CAH	龙山	中期	159	1	陶		不确定	把手				
5	东港	DG-HJH-2	CAI	龙山	中期	159	3	陶		陶鼎	口沿				
5	东港	DG-HJH-2	CAI	龙山	中期	159	2	陶		陶鼎	器底				
5	东港	DG-HJH-2	CAI	龙山	中期	159	1	陶		陶鼎	器足				
5	东港	DG-HJH-2	CAI	龙山	中期	159	1	陶		陶鬶	器足				
5	东港	DG-HJH-2	CAI	龙山	中期	159	1	陶		陶鬶	把手				
5	东港	DG-HJH-2	CAI	龙山	中期	159	4	陶		陶罐	口沿				
5	东港	DG-HJH-2	CAI	龙山	中期	159	1	陶		陶匜	口沿				
5	东港	DG-HJH-2	CAI	龙山	中期	159	1	陶		陶盘	口沿				
5	东港	DG-HJH-2	CAI	龙山	中期	159	3	陶		陶罐	器底				
5	东港	DG-HJH-2	CAI	龙山	中期	159	1	陶		陶壶	口沿				
5	东港	DG-HJH-2	CAI	龙山	不确定	159	8	陶		不确定	腹片	弦纹			
5	东港	DG-HJH-2	CAC	龙山	不确定	159	4	陶		不确定	腹片				
5	东港	DG-HJH-2	CAC	龙山	不确定	159	1	陶		不确定	腹片	弦纹			
5	东港	DG-HJH-2	CAD	龙山	不确定	159	3	陶		不确定	腹片				
5	东港	DG-HJH-2	CAF	龙山	不确定	159	1	陶		不确定	腹片				
5	东港	DG-HJH-2	CAG	龙山	不确定	159	48	陶		不确定	腹片				
5	东港	DG-HJH-2	CAG	龙山	不确定	159	4	陶		不确定	腹片	篮纹			
5	东港	DG-HJH-2	CAG	龙山	不确定	159	5	陶		不确定	腹片	弦纹			
5	东港	DG-HJH-2	CAG	龙山	不确定	159	4	陶		不确定	腹片			泥质	是
5	东港	DG-HJH-2	CAH	龙山	不确定	159	1	陶		不确定	腹片	篮纹			
5	东港	DG-HJH-2	CAH	龙山	不确定	159	2	陶		不确定	腹片	弦纹			
5	东港	DG-HJH-2	CAH	龙山	不确定	159	5	陶		不确定	腹片			泥质	是
5	东港	DG-HJH-2	CAH	龙山	不确定	159	97	陶		不确定	腹片				
5	东港	DG-HJH-2	CAI	龙山	不确定	159	10	陶		不确定	腹片			泥质	是
5	东港	DG-HJH-2	CAI	龙山	不确定	159	20	陶		不确定	腹片				
5	东港	DG-HJH-2	CAJ	龙山	不确定	159	15	陶		不确定	腹片				
5	东港	DG-HJH-2	CAK	龙山	不确定	159	5	陶		不确定	腹片				
5	东港	DG-HJH-2	CAA	龙山	不确定	160	1	陶		不确定	腹片				
5	东港	DG-HJH-2	CAA	龙山	不确定	160	1	陶		不确定	腹片	弦纹			
5	东港	DG-HJH-2	CAD	不确定			1	石	工具	石刀					
5	东港	DG-HJH-2	CAG	不确定			1	石	工具	石刀					
5	东港	DG-HJH-2	CAG	不确定			1	石	工具	石钺					
5	东港	DG-HJH-2	CAH	不确定			1	石	工具	石锛					
5	东港	DG-HJH-2	CAH	不确定			1	石	工具	石锤					
5	东港	DG-HJH-2	CAI	不确定			1	石	工具	不确定					
5	东港	DG-HJH-2	CAI	周代	东周	298	1	陶		陶盆	口沿				
5	东港	DG-HJH-2	CAJ	周代	东周	298	24	陶		不确定	腹片				
5	东港	DG-HJH-2	CAJ	周代	东周	298	1	陶		不确定	腹片	绳纹			
5	东港	DG-HJH-2	CAJ	周代	西周	298	1	陶		陶罐	口沿				
5	东港	DG-HJH-2	CAJ	周代	西周	298	4	陶		不确定	腹片				
5	东港	DG-HJH-2	CAJ	周代	西周	298	4	陶		不确定	腹片	绳纹			
5	东港	DG-HJH-2	CAL	周代	西周	298	1	陶		陶罐	完整器				
5	东港	DG-HJH-2	CAC	周代	东周	299	2	陶		不确定	腹片	绳纹			
5	东港	DG-HJH-2	CAD	周代	东周	299	4	陶		不确定	腹片				

年度	县区	遗址	采集区	时代	分期	期段编号	数量	质地	石器种类	器形	部位	纹饰	颜色	质地	蛋壳陶
5	东港	DG-HJH-2	CAE	周代	东周	299	1	陶		陶瓦					
5	东港	DG-HJH-2	CAG	周代	东周	299	3	陶		陶罐	口沿				
5	东港	DG-HJH-2	CAG	周代	东周	299	4	陶		不确定	腹片				
5	东港	DG-HJH-2	CAG	周代	东周	299	1	陶		不确定	腹片	绳纹			
5	东港	DG-HJH-2	CAH	周代	东周	299	1	陶		陶罐	口沿				
5	东港	DG-HJH-2	CAH	周代	东周	299	4	陶		不确定	腹片				
5	东港	DG-HJH-2	CAH	周代	东周	299	10	陶		不确定	腹片	绳纹			
5	东港	DG-HJH-2	CAC	周代	东周	299	3	陶		不确定	腹片				
5	东港	DG-HJH-2	CAG	周代	西周	299	1	陶		陶罐	口沿				
5	东港	DG-HJH-2	CAG	周代	西周	299	1	陶		不确定	腹片				
5	东港	DG-HJH-2	CAG	周代	西周	299	1	陶		不确定	腹片	绳纹			
5	东港	DG-HJH-2	CAH	周代	西周	299	1	陶		陶豆	口沿				
5	东港	DG-HJH-2	CAH	周代	西周	299	2	陶		陶罐	器底				
5	东港	DG-HJH-2	CAH	周代	西周	299	25	陶		不确定	腹片	绳纹			
5	东港	DG-HJH-2	CAH	周代	西周	299	4	陶		不确定	腹片				
5	东港	DG-HJH-2	CAA	周代	西周	300	1	陶		不确定	腹片	绳纹			
5	东港	DG-HJH-3	单个遗址	汉代	不确定	365	4	陶		陶瓦					
5	东港	DG-HJH-3	单个遗址	龙山	不确定	159	1	陶		不确定	腹片				
5	东港	DG-HJH-4	单个遗址	汉代	不确定	363	1	陶		陶罐	口沿				
5	东港	DG-HJH-4	单个遗址	汉代	不确定	363	13	陶		陶瓦					
5	东港	DG-HJH-4	单个遗址	周代	西周	297	11	陶		不确定	腹片				
5	东港	DG-HJH-4	单个遗址	周代	西周	297	3	陶		不确定	腹片	附加堆纹			
5	东港	DG-HJH-4	单个遗址	周代	西周	297	22	陶		不确定	腹片	绳纹			
5	东港	DG-HJH-4	单个遗址	周代	西周	297	2	陶		陶鬲	口沿				
5	东港	DG-HJH-4	单个遗址	周代	西周	297	3	陶		陶罐	口沿				
5	东港	DG-HJH-4	单个遗址	周代	西周	297	1	陶		陶罐	器底				
7	东港	DG-HJTG-1	单个遗址	汉代	不确定	610	1	陶		陶瓦					
5	东港	DG-HJY-1	单个遗址	汉代	不确定	414	1	陶		陶盆	器底				
5	东港	DG-HJY-2	CAA	汉代	不确定	414	1	陶		陶瓦					
5	东港	DG-HJY-2	CAB	汉代	不确定	414	5	陶		陶瓦					
5	东港	DG-HJY-2	CAB	汉代	不确定	414	2	陶		不确定	腹片				
5	东港	DG-HJY-3	单个遗址	汉代	不确定	406	2	陶		陶瓦					
5	东港	DG-HJY-3	单个遗址	周代	不确定	339	2	陶		不确定	腹片				
5	东港	DG-HJZ-1	单个遗址	龙山	不确定	198	1	陶		不确定	腹片				
5	东港	DG-HJZ-2	CAB	汉代	不确定	441	2	陶		陶瓦					
5	东港	DG-HJZ-2	CAA	周代	西周	392	1	陶		不确定	腹片				
5	东港	DG-HJZ-3	单个遗址	汉代	不确定	441	1	陶		陶瓦					
5	东港	DG-HJZ-3	单个遗址	周代	不确定	391	1	陶		陶瓦					
5	东港	DG-HJZ-4	单个遗址	汉代	不确定	442	11	陶		陶瓦					
5	东港	DG-HJZ-4	单个遗址	汉代	不确定	442	1	陶		陶盆	器底				
5	东港	DG-HJZ-4	单个遗址	周代	东周	390	2	陶		不确定	腹片				
5	东港	DG-HJZ-5	单个遗址	汉代	不确定	440	1	陶		陶罐	口沿				
5	东港	DG-HJZ-5	单个遗址	汉代	不确定	440	34	陶		陶瓦					
5	东港	DG-HJZ-6	单个遗址	汉代	不确定	439	2	陶		陶瓦					
5	东港	DG-HJZ-6	单个遗址	周代	东周	389	1	陶		陶瓦					
5	东港	DG-HJZ-7	单个遗址	汉代	不确定	438	1	陶		陶瓦					

年度	县区	遗址	采集区	时代	分期	期段编号	数量	质地	石器种类	器形	部位	纹饰	颜色	质地	蛋壳陶
8	东港	DG-HLH-1	单个遗址	汉代	不确定	933	2	陶		陶瓦					
3	东港	DG-HLQ-2	单个遗址	汉代	不确定	87	1	陶		陶瓦					
7	东港	DG-HLS-1	单个遗址	周代	东周	490	3	陶		不确定	腹片				
7	东港	DG-HLS-2	单个遗址	汉代	不确定	589	1	陶		不确定	腹片				
7	东港	DG-HLS-2	单个遗址	汉代	不确定	589	3	陶		陶瓦					
11	东港	DG-HS-1	单个遗址	汉代	不确定	1230	1	陶		陶盆	口沿				
11	东港	DG-HS-1	单个遗址	汉代	不确定	1230	5	陶		陶瓦					
11	东港	DG-HS-2	CAA	龙山	中期	441	1	陶		陶盆					
11	东港	DG-HS-2	CAA	龙山	不确定	441	3	陶		不确定	腹片				
11	东港	DG-HS-2	CAA	周代	西周	924	3	陶		不确定	腹片	绳纹			
11	东港	DG-HS-2	CAA	周代	东周	924	4	陶		不确定	腹片	绳纹			
11	东港	DG-HS-2	CAA	周代	东周	924	2	陶		不确定	腹片				
11	东港	DG-HS-2	CAA	汉代	不确定	1229	2	陶		陶瓮	口沿				
11	东港	DG-HS-2	CAA	汉代	不确定	1229	8	陶		不确定	腹片				
11	东港	DG-HS-2	CAA	汉代	不确定	1229	17	陶		陶瓦					
11	东港	DG-HS-2	CAB	周代	东周	924	2	陶		不确定	腹片	绳纹			
11	东港	DG-HS-2	CAB	周代	东周	924	1	陶		不确定	腹片				
11	东港	DG-HS-2	CAB	汉代	不确定	1229	1	陶		陶瓦					
11	东港	DG-HS-3	CAA	周代	西周	930	1	陶		陶罐	口沿				
11	东港	DG-HS-3	CAA	周代	西周	930	3	陶		不确定	腹片	绳纹			
11	东港	DG-HS-3	CAA	周代	西周	930	4	陶		不确定	腹片				
11	东港	DG-HS-3	CAA	周代	东周	930	1	陶		不确定	腹片				
11	东港	DG-HS-3	CAA	周代	东周	930	4	陶		不确定	腹片	绳纹			
11	东港	DG-HS-4	CAA	周代	西周	927	1	陶		不确定	腹片				
11	东港	DG-HS-4	CAA	周代	西周	927	1	陶		不确定	腹片	绳纹			
11	东港	DG-HS-4	CAB	周代	西周	927	3	陶		陶鬲	口沿				
11	东港	DG-HS-4	CAB	周代	西周	927	1	陶		陶罐	口沿				
11	东港	DG-HS-4	CAB	周代	西周	927	1	陶		陶鬲	器足				
11	东港	DG-HS-4	CAB	周代	西周	927	10	陶		不确定	腹片				
11	东港	DG-HS-4	CAB	周代	西周	927	11	陶		不确定	腹片	绳纹			
11	东港	DG-HS-4	CAB	周代	西周	927	5	陶		陶鬲	腹片	绳纹			
11	东港	DG-HS-4	CAB	周代	东周	927	1	陶		陶罐	口沿				
11	东港	DG-HS-4	CAB	周代	东周	927	3	陶		不确定	腹片	绳纹			
11	东港	DG-HS-4	CAB	汉代	不确定	1239	1	陶		陶罐	口沿				
11	东港	DG-HS-5	单个遗址	龙山	不确定	442	1	陶		不确定	腹片				
11	东港	DG-HS-6	单个遗址	汉代	不确定	1228	3	陶		不确定	腹片				
11	东港	DG-HS-6	单个遗址	汉代	不确定	1228	1	陶		陶瓦					
4	东港	DG-HSD-1	单个遗址	周代	东周	270	1	陶		陶盆	口沿				
4	东港	DG-HSD-1	单个遗址	周代	东周	270	4	陶		不确定	腹片				
4	东港	DG-HSD-10	CAB	汉代	不确定	326	3	陶		陶瓦					
4	东港	DG-HSD-10	CAB	汉代	不确定	326	1	陶		不确定	腹片				
4	东港	DG-HSD-10	CAC	汉代	不确定	326	1	陶		陶瓦					
4	东港	DG-HSD-10	CAC	汉代	不确定	326	2	陶		不确定	腹片				
4	东港	DG-HSD-10	CAA	龙山	早期	154	3	陶		陶鼎	口沿			粗砂	
4	东港	DG-HSD-10	CAA	龙山	早期	154	1	陶		陶鼎	器底			粗砂	
4	东港	DG-HSD-10	CAA	龙山	早期	154	1	陶		陶盆	口沿			粗砂	

年度	县区	遗址	采集区	时代	分期	期段编号	数量	质地	石器种类	器形	部位	纹饰	颜色	质地	蛋壳陶
4	东港	DG-HSD-10	CAA	龙山	中期	154	2	陶		陶鼎	口沿			粗砂	
4	东港	DG-HSD-10	CAA	龙山	中期	154	1	陶		陶鼎	器底			粗砂	
4	东港	DG-HSD-10	CAA	龙山	中期	154	1	陶		陶罐	器底			粗砂	
4	东港	DG-HSD-10	CAA	龙山	中期	154	1	陶		陶鼎	器足			粗砂	
4	东港	DG-HSD-10	CAA	龙山	中期	154	4	陶		不确定	腹片	篮纹		粗砂	
4	东港	DG-HSD-10	CAA	龙山	中期	154	1	陶		不确定	腹片	附加堆纹		粗砂	
4	东港	DG-HSD-10	CAA	龙山	中期	154	1	陶		不确定	腹片	弦纹		粗砂	
4	东港	DG-HSD-10	CAA	龙山	中期	154	43	陶		不确定	腹片			粗砂	
4	东港	DG-HSD-10	CAA	龙山	不确定	154	1	陶		陶罐	器底			泥质	是
4	东港	DG-HSD-10	CAA	龙山	不确定	154	1	陶		不确定	腹片			泥质	是
4	东港	DG-HSD-10	CAA	龙山	不确定	154	1	陶		不确定	腹片	弦纹		泥质	是
4	东港	DG-HSD-10	CAA	不确定			1	石	工具	石刀					
4	东港	DG-HSD-10	CAA	不确定			1	石	工具	石铲					
4	东港	DG-HSD-10	CAA	不确定			1	石	工具	石刀					
4	东港	DG-HSD-10	CAA	不确定			5	黏土		烧土					
4	东港	DG-HSD-10	CAA	周代	西周	272	1	陶		不确定	腹片				
4	东港	DG-HSD-10	CAA	周代	西周	272	2	陶		陶罐	口沿				
5	东港	DG-HSD-11	单个遗址	汉代	不确定	424	3	陶		陶瓦					
5	东港	DG-HSD-11	单个遗址	周代	东周	369	1	陶		不确定	腹片				
5	东港	DG-HSD-11	单个遗址	周代	东周	369	1	陶		不确定	腹片	绳纹			
4	东港	DG-HSD-2	单个遗址	龙山	不确定	150	1	陶		不确定	腹片			粗砂	
4	东港	DG-HSD-3	单个遗址	汉代	不确定	325	1	陶		陶瓦					
4	东港	DG-HSD-3	单个遗址	汉代	不确定	325	1	陶		陶盆	腹片				
4	东港	DG-HSD-4	单个遗址	汉代	不确定	317	1	陶		陶罐	口沿				
4	东港	DG-HSD-4	单个遗址	汉代	不确定	317	21	陶		陶瓦					
4	东港	DG-HSD-5	CAB	汉代	不确定	316	1	石	工具	石刀					
4	东港	DG-HSD-5	CAB	汉代	不确定	316	2	陶		陶瓦					
4	东港	DG-HSD-5	CAB	汉代	不确定	316	2	陶		不确定	腹片				
4	东港	DG-HSD-5	CAA	龙山	不确定	151	3	陶		不确定	腹片			粗砂	
4	东港	DG-HSD-6	CAC	汉代	不确定	314	2	陶		陶瓦					
4	东港	DG-HSD-6	CAB	汉代	不确定	315	4	陶		陶瓦					
4	东港	DG-HSD-6	CAA	龙山	早期	152	1	陶		陶尊	口沿				
4	东港	DG-HSD-6	CAA	龙山	早期	152	7	陶		不确定	腹片				
4	东港	DG-HSD-6	CAA	龙山	早期	152	1	陶		陶杯	口沿	黑彩			是
4	东港	DG-HSD-6	CAC	周代	西周	266	1	陶		不确定	腹片				
4	东港	DG-HSD-7	单个遗址	汉代	不确定	312	1	陶		陶瓦					
4	东港	DG-HSD-8	单个遗址	汉代	不确定	318	1	陶		陶瓦					
4	东港	DG-HSD-8	单个遗址	龙山	不确定	149	2	陶		不确定	腹片			粗砂	
4	东港	DG-HSD-8	单个遗址	周代	东周	267	3	陶		不确定	腹片				
4	东港	DG-HSD-8	单个遗址	周代	东周	267	2	陶		不确定	腹片	绳纹			
4	东港	DG-HSD-9	单个遗址	汉代	不确定	313	2	陶		陶瓦					
5	东港	DG-HSJGZ-1	单个遗址	周代	东周	340	4	陶		不确定	腹片				
5	东港	DG-HSJGZ-1	单个遗址	周代	西周	340	1	陶		陶罐	口沿				
5	东港	DG-HSJGZ-1	单个遗址	周代	西周	340	3	陶		不确定	腹片				
5	东港	DG-HSJGZ-1	单个遗址	周代	西周	340	3	陶		不确定	腹片	绳纹			
5	东港	DG-HSJGZ-2	单个遗址	龙山	不确定	171	2	陶		不确定	腹片				

年度	县区	遗址	采集区	时代	分期	期段编号	数量	质地	石器种类	器形	部位	纹饰	颜色	质地	蛋壳陶
5	东港	DG-HSJGZ-3	单个遗址	周代	西周	341	12	陶		不确定	腹片				
5	东港	DG-HSJGZ-3	单个遗址	周代	西周	341	6	陶		不确定	腹片	绳纹			
5	东港	DG-HSJGZ-4	单个遗址	周代	西周	336	2	陶		陶罐	口沿				
5	东港	DG-HSJGZ-4	单个遗址	周代	西周	336	2	陶		不确定	腹片				
5	东港	DG-HSJGZ-4	单个遗址	周代	西周	336	13	陶		不确定	腹片	绳纹			
5	东港	DG-HSJGZ-5	单个遗址	汉代	不确定	405	1	陶		陶瓦					
5	东港	DG-HSQ-1	单个遗址	汉代	不确定	402	6	陶		陶瓦					
5	东港	DG-HSQ-1	单个遗址	汉代	不确定	402	5	陶		不确定	腹片				
5	东港	DG-HSQ-1	单个遗址	周代	不确定	335	1	陶		陶罐	口沿				
5	东港	DG-HSQ-1	单个遗址	周代	不确定	335	3	陶		不确定	腹片				
5	东港	DG-HSQ-1	单个遗址	周代	不确定	335	3	陶		不确定	腹片	绳纹			
7	东港	DG-HSQ-1	CAB	汉代	不确定	402	14	陶		陶瓦					
7	东港	DG-HSQ-1	CAB	汉代	不确定	402	1	陶		不确定	腹片				
7	东港	DG-HSQ-1	CAB	汉代	不确定	402	1	陶		不确定	腹片				
7	东港	DG-HSQ-1	CAC	周代	东周	335	2	陶		不确定	腹片	绳纹			
7	东港	DG-HSQ-1	CAC	周代	东周	335	2	陶		不确定	腹片				
7	东港	DG-HSQ-1	CAC	汉代	不确定	402	1	陶		陶罐	口沿				
7	东港	DG-HSQ-1	CAC	汉代	不确定	402	8	陶		陶瓦					
7	东港	DG-HSQ-1	CAC	汉代	不确定	402	10	陶		不确定	腹片				
7	东港	DG-HSQ-1	CAD	周代	东周	335	1	陶		不确定	腹片	绳纹			
7	东港	DG-HSQ-1	CAD	周代	东周	335	2	陶		不确定	腹片				
7	东港	DG-HSQ-1	CAD	汉代	不确定	402	1	陶		陶罐	口沿				
7	东港	DG-HSQ-1	CAD	汉代	不确定	402	1	陶		陶盆	口沿				
7	东港	DG-HSQ-1	CAD	汉代	不确定	402	2	陶		陶瓦					
7	东港	DG-HSQ-1	CAE	汉代	不确定	402	1	陶		陶盆	口沿				
7	东港	DG-HSQ-1	CAE	汉代	不确定	402	2	陶		陶瓦					
7	东港	DG-HSQ-1	CAF	周代	东周	335	1	陶		陶盆	口沿				
7	东港	DG-HSQ-1	CAF	周代	东周	335	2	陶		不确定	腹片	绳纹			
7	东港	DG-HSQ-1	CAF	周代	东周	335	2	陶		不确定	腹片				
7	东港	DG-HSQ-1	CAF	汉代	不确定	402	4	陶		陶瓦					
7	东港	DG-HSQ-1	CAF	汉代	不确定	402	3	陶		不确定	腹片				
7	东港	DG-HSQ-1	CAG	周代	西周	335	2	陶		不确定	腹片	绳纹			
7	东港	DG-HSQ-1	CAG	周代	西周	335	2	陶		不确定	腹片				
7	东港	DG-HSQ-1	CAG	周代	东周	335	2	陶		不确定	腹片				
7	东港	DG-HSQ-1	CAG	汉代	不确定	402	23	陶		陶瓦					
7	东港	DG-HSQ-1	CAG	汉代	不确定	402	4	陶		不确定	腹片				
7	东港	DG-HSQ-1	CAH	汉代	不确定	402	1	陶		陶瓦					
7	东港	DG-HSQ-10	单个遗址	汉代	不确定	586	1	陶		陶盆	口沿				
7	东港	DG-HSQ-10	单个遗址	汉代	不确定	586	3	陶		陶瓦					
7	东港	DG-HSQ-11	单个遗址	周代	东周	488	2	陶		不确定	腹片				
7	东港	DG-HSQ-11	单个遗址	汉代	不确定	587	3	陶		陶瓦					
7	东港	DG-HSQ-12	CAA	汉代	不确定	588	6	陶		陶瓦					
7	东港	DG-HSQ-12	CAB	汉代	不确定	588	1	陶		陶瓦					
7	东港	DG-HSQ-12	CAB	汉代	不确定	588	1	陶		不确定	腹片				
7	东港	DG-HSQ-12	CAC	龙山	不确定	235	1	陶		不确定	腹片				
7	东港	DG-HSQ-12	CAC	汉代	不确定	588	2	陶		陶瓦					

年度	县区	遗址	采集区	时代	分期	期段编号	数量	质地	石器种类	器形	部位	纹饰	颜色	质地	蛋壳陶
7	东港	DG-HSQ-12	CAC	汉代	不确定	588	2	陶		不确定	腹片				
7	东港	DG-HSQ-12	CAD	汉代	不确定	588	9	陶		陶瓦					
7	东港	DG-HSQ-12	CAD	汉代	不确定	588	4	陶		不确定	腹片				
7	东港	DG-HSQ-13	CAA	汉代	不确定	393	4	陶		不确定	腹片				
7	东港	DG-HSQ-13	CAA	汉代	不确定	393	4	陶		陶瓦					
7	东港	DG-HSQ-13	CAB	汉代	不确定	393	12	陶		陶瓦					
7	东港	DG-HSQ-13	CAB	汉代	不确定	393	1	陶		陶罐	肩部				
7	东港	DG-HSQ-13	CAB	汉代	不确定	393	6	陶		不确定	腹片				
7	东港	DG-HSQ-13	CAB	汉代	不确定	393	1	陶		陶纺轮					
7	东港	DG-HSQ-13	CAC	龙山	早期	168	1	陶		陶甗	器足				
7	东港	DG-HSQ-13	CAC	龙山	早期	168	1	陶		不确定	腹片	附加堆纹			
7	东港	DG-HSQ-13	CAC	汉代	不确定	393	3	陶		陶瓦					
7	东港	DG-HSQ-13	CAC	汉代	不确定	393	5	陶		不确定	腹片				
7	东港	DG-HSQ-13	CAD	汉代	不确定	393	3	陶		陶瓦					
7	东港	DG-HSQ-13	CAD	汉代	不确定	393	5	陶		不确定	腹片				
7	东港	DG-HSQ-13	CAE	周代	东周	489	2	陶		不确定	腹片				
7	东港	DG-HSQ-13	CAE	汉代	不确定	393	1	陶		陶瓦					
5	东港	DG-HSQ-2	单个遗址	周代	东周	334	1	陶		不确定	腹片	绳纹			
7	东港	DG-HSQ-3	单个遗址	汉代	不确定	582	1	陶		陶瓦					
7	东港	DG-HSQ-4	单个遗址	汉代	不确定	581	4	陶		陶瓦					
7	东港	DG-HSQ-4	单个遗址	汉代	不确定	581	2	陶		不确定	腹片				
7	东港	DG-HSQ-5	单个遗址	汉代	不确定	708	1	陶		陶瓦					
7	东港	DG-HSQ-6	单个遗址	周代	东周	486	4	陶		不确定	腹片	绳纹			
7	东港	DG-HSQ-6	单个遗址	周代	东周	486	2	陶		不确定	腹片				
7	东港	DG-HSQ-7	单个遗址	汉代	不确定	584	1	陶		陶瓦					
7	东港	DG-HSQ-8	单个遗址	周代	东周	487	2	陶		不确定	腹片	绳纹			
7	东港	DG-HSQ-8	单个遗址	汉代	不确定	583	1	陶		陶瓦					
7	东港	DG-HSQ-9	单个遗址	汉代	不确定	585	1	陶		陶瓦					
6	东港	DG-HT-1	单个遗址	汉代	西周	566	1	陶		陶瓦					
9	东港	DG-JC-1	单个遗址	汉代	不确定	979	3	陶		陶瓦					
9	东港	DG-JC-1	单个遗址	汉代	不确定	979	1	陶		陶盆	器底				
9	东港	DG-JC-2	单个遗址	周代	东周	747	1	陶		陶豆	豆柄				
9	东港	DG-JC-2	单个遗址	周代	东周	747	1	陶		不确定	腹片	绳纹			
9	东港	DG-JC-2	单个遗址	汉代	不确定	980	2	陶		不确定	腹片				
9	东港	DG-JC-2	单个遗址	汉代	不确定	980	8	陶		陶瓦					
9	东港	DG-JC-3	单个遗址	周代	东周	746	1	陶		陶盆	口沿				
9	东港	DG-JC-4	单个遗址	汉代	不确定	969	1	陶		陶盆	口沿				
9	东港	DG-JC-4	单个遗址	汉代	不确定	969	1	陶		不确定	腹片	绳纹			
9	东港	DG-JC-4	单个遗址	汉代	不确定	969	1	陶		不确定	腹片	印纹			
8	东港	DG-JJC-1	单个遗址	周代	西周	689	1	陶		不确定	腹片	绳纹			
8	东港	DG-JJC-1	单个遗址	周代	西周	689	1	陶		不确定	腹片				
8	东港	DG-JJC-2	单个遗址	汉代	不确定	912	1	陶		陶瓦					
8	东港	DG-JJC-3	单个遗址	周代	西周	690	1	陶		陶罐	器底				
8	东港	DG-JJC-3	单个遗址	周代	西周	690	1	陶		陶罐	口沿				
8	东港	DG-JJC-3	单个遗址	周代	西周	690	9	陶		不确定	腹片	绳纹			
8	东港	DG-JJC-3	单个遗址	周代	西周	690	1	陶		不确定	腹片	附加堆纹			

年度	县区	遗址	采集区	时代	分期	期段编号	数量	质地	石器种类	器形	部位	纹饰	颜色	质地	蛋壳陶
8	东港	DG-JJC-4	单个遗址	周代	西周	691	1	陶		陶鬲	腹片				
8	东港	DG-JJC-4	单个遗址	周代	西周	691	1	陶		可能废物					
8	东港	DG-JJC-4	单个遗址	周代	西周	691	1	陶		陶罐	器底				
8	东港	DG-JJC-4	单个遗址	周代	西周	691	2	陶		不确定	腹片	绳纹			
8	东港	DG-JKZ-1	CAA	龙山	不确定	346	4	陶		不确定	腹片				
8	东港	DG-JKZ-1	CAA	周代	西周	716	1	陶		不确定	腹片				
8	东港	DG-JKZ-1	CAB	龙山	中期	346	1	陶		陶鼎	器足				
8	东港	DG-JKZ-1	CAB	龙山	中期	346	1	陶		陶匜	口沿				
8	东港	DG-JKZ-1	CAB	龙山	中期	346	3	陶		陶罐	口沿				
8	东港	DG-JKZ-1	CAB	龙山	不确定	346	22	陶		不确定	腹片				
8	东港	DG-JKZ-1	CAC	龙山	早期	346	1	陶		陶鼎	口沿				
8	东港	DG-JKZ-1	CAC	龙山	早期	346	1	陶		陶罐	口沿				
8	东港	DG-JKZ-1	CAC	龙山	早期	346	2	陶		不确定	腹片	篮纹			
8	东港	DG-JKZ-1	CAC	龙山	不确定	346	1	陶		不确定	腹片	弦纹			
8	东港	DG-JKZ-1	CAC	龙山	不确定	346	4	陶		不确定	腹片				
8	东港	DG-JKZ-1	CAC	周代	东周	717	1	陶		不确定	腹片				
8	东港	DG-JKZ-2	单个遗址	龙山	不确定	347	2	陶		不确定	腹片				
8	东港	DG-JKZ-2	单个遗址	周代	西周	718	2	陶		陶鬲	腹片				
8	东港	DG-JKZ-2	单个遗址	周代	东周	718	3	陶		不确定	腹片				
8	东港	DG-JKZ-3	单个遗址	龙山	不确定	348	3	陶		不确定	腹片				
8	东港	DG-JKZ-3	单个遗址	周代	东周	724	2	陶		不确定	腹片				
8	东港	DG-JKZ-4	CAA	龙山	不确定	351	7	陶		不确定	腹片				
8	东港	DG-JKZ-4	CAA	周代	东周	721	2	陶		陶瓦					
8	东港	DG-JKZ-4	CAA	周代	东周	721	2	陶		不确定	腹片				
8	东港	DG-JKZ-4	CAB	汉代	不确定	925	4	陶		陶瓦					
8	东港	DG-JKZ-5	单个遗址	汉代	不确定	924	1	陶		陶盆	口沿				
8	东港	DG-JKZ-5	单个遗址	汉代	不确定	924	1	陶		陶瓦					
8	东港	DG-JKZ-6	单个遗址	龙山	早期	349	1	陶		不确定	腹片	篮纹			
8	东港	DG-JKZ-6	单个遗址	龙山	不确定	349	4	陶		不确定	腹片				
8	东港	DG-JKZ-6	单个遗址	汉代	不确定	929	1	陶		陶瓦					
8	东港	DG-JKZ-6	单个遗址	汉代	不确定	929	2	陶		不确定	腹片				
8	东港	DG-JKZ-7	单个遗址	周代	西周	719	1	陶		陶鬲	器足				
8	东港	DG-JKZ-8	单个遗址	龙山	不确定	352	3	陶		不确定	腹片				
8	东港	DG-JKZ-8	单个遗址	汉代	不确定	926	1	陶		陶瓦					
8	东港	DG-JKZ-9	CAA	龙山	早期	353	1	陶		陶鼎	器足				
8	东港	DG-JKZ-9	CAA	汉代	不确定	926	6	陶		陶瓦					
8	东港	DG-JKZ-9	CAA	汉代	不确定	926	2	陶		不确定	腹片				
8	东港	DG-JKZ-9	CAB	汉代	不确定	926	3	陶		陶盆	口沿				
8	东港	DG-JKZ-9	CAB	汉代	不确定	926	1	陶		陶罐	口沿				
8	东港	DG-JKZ-9	CAB	汉代	不确定	926	18	陶		陶瓦					
8	东港	DG-JKZ-9	CAB	汉代	不确定	926	4	陶		不确定	腹片	绳纹			
8	东港	DG-JKZ-9	CAC	周代	东周	722	1	陶		网坠					
8	东港	DG-JKZ-9	CAC	周代	东周	722	1	陶		不确定	腹片	绳纹			
8	东港	DG-JKZ-9	CAC	周代	东周	722	14	陶		不确定	腹片				
8	东港	DG-JKZ-9	CAC	汉代	不确定	926	11	陶		陶瓦					
8	东港	DG-JKZ-9	CAC	汉代	不确定	926	3	陶		陶罐	口沿				

年度	县区	遗址	采集区	时代	分期	期段编号	数量	质地	石器种类	器形	部位	纹饰	颜色	质地	蛋壳陶
8	东港	DG-JKZ-9	CAC	汉代	不确定	926	1	陶		陶盆	口沿				
8	东港	DG-JKZ-9	CAC	汉代	不确定	926	1	陶		陶盆	器底				
8	东港	DG-JKZ-9	CAC	汉代	不确定	926	29	陶		不确定	腹片				
7	东港	DG-JZ-1	CAA	汉代	不确定	591	5	陶		陶瓦					
7	东港	DG-JZ-1	CAB	周代	西周	491	1	陶		陶鬲	腹片	绳纹			
7	东港	DG-JZ-1	CAB	汉代	不确定	591	3	陶		陶瓦					
7	东港	DG-JZ-1	CAC	周代	西周	491	1	陶		不确定	腹片	绳纹			
7	东港	DG-JZ-1	CAD	汉代	不确定	591	1	陶		陶盆	口沿				
7	东港	DG-JZ-1	CAD	汉代	不确定	591	4	陶		陶瓦					
7	东港	DG-JZ-1	CAD	汉代	不确定	591	1	陶		不确定	腹片				
7	东港	DG-JZ-10	单个遗址	周代	东周	493	1	陶		不确定	腹片	绳纹			
7	东港	DG-JZ-10	单个遗址	汉代	不确定	600	1	陶		陶瓦					
7	东港	DG-JZ-10	单个遗址	汉代	不确定	600	1	陶		不确定	腹片				
7	东港	DG-JZ-2	CAA	汉代	不确定	594	2	陶		陶盆	口沿				
7	东港	DG-JZ-2	CAA	汉代	不确定	594	27	陶		陶瓦					
7	东港	DG-JZ-2	CAA	汉代	不确定	594	3	陶		不确定	腹片				
7	东港	DG-JZ-2	CAB	汉代	不确定	594	7	陶		陶瓦					
7	东港	DG-JZ-3	单个遗址	汉代	不确定	593	1	陶		陶瓦					
7	东港	DG-JZ-3	单个遗址	汉代	不确定	593	1	陶		不确定	腹片				
7	东港	DG-JZ-4	单个遗址	汉代	不确定	590	8	陶		陶瓦					
7	东港	DG-JZ-5	CAA	汉代	不确定	592	5	陶		陶瓦					
7	东港	DG-JZ-5	CAB	汉代	不确定	592	1	陶		陶瓦					
7	东港	DG-JZ-5	CAB	汉代	不确定	592	2	陶		不确定	腹片				
7	东港	DG-JZ-6	单个遗址	汉代	不确定	597	1	陶		陶瓦					
7	东港	DG-JZ-7	单个遗址	汉代	不确定	596	1	陶		陶瓦					
7	东港	DG-JZ-8	单个遗址	周代	西周	492	1	陶		不确定	腹片	绳纹			
7	东港	DG-JZ-9	单个遗址	汉代	不确定	598	1	陶		陶瓦					
7	东港	DG-JZ-9	单个遗址	汉代	不确定	598	1	陶		不确定	腹片				
7	东港	DG-KJHZ-1	单个遗址	汉代	不确定	674	1	陶		陶瓦					
7	东港	DG-KJHZ-2	单个遗址	汉代	不确定	677	1	陶		不确定	腹片				
7	东港	DG-KJHZ-2	单个遗址	汉代	不确定	677	2	陶		陶瓦					
7	东港	DG-KJHZ-3	单个遗址	周代	西周	522	2	陶		不确定	腹片				
7	东港	DG-KJHZ-3	单个遗址	汉代	不确定	676	1	陶		陶罐	口沿				
7	东港	DG-KJHZ-3	单个遗址	汉代	不确定	676	2	陶		陶瓦					
7	东港	DG-KJHZ-3	单个遗址	汉代	不确定	676	2	陶		不确定	腹片				
7	东港	DG-KJHZ-4	单个遗址	汉代	不确定	675	1	陶		陶瓦					
7	东港	DG-KJHZ-4	单个遗址	汉代	不确定	675	1	陶		不确定	腹片				
7	东港	DG-KJHZ-5	单个遗址	汉代	不确定	686	1	陶		陶瓦					
7	东港	DG-KJHZ-6	单个遗址	汉代	不确定	678	2	陶		陶瓦					
7	东港	DG-KJHZ-7	CAA	汉代	不确定	660	1	陶		陶瓦					
7	东港	DG-KJHZ-7	CAB	汉代	不确定	660	1	陶		陶瓦					
7	东港	DG-KJHZ-8	单个遗址	汉代	不确定	681	1	陶		陶罐	口沿				
7	东港	DG-KJHZ-8	单个遗址	汉代	不确定	681	1	陶		陶瓦					
8	东港	DG-KJHZ-9	单个遗址	汉代	不确定	869	5	陶		陶瓦					
8	东港	DG-KS-1	单个遗址	周代	东周	673	1	陶		不确定	腹片	绳纹			
8	东港	DG-KS-1	单个遗址	汉代	不确定	875	6	陶		陶瓦					

年度	县区	遗址	采集区	时代	分期	期段编号	数量	质地	石器种类	器形	部位	纹饰	颜色	质地	蛋壳陶
8	东港	DG-KS-10	单个遗址	汉代	不确定	878	1	陶		陶瓦					
8	东港	DG-KS-11	单个遗址	周代	东周	676	1	陶		不确定	腹片	绳纹			
8	东港	DG-KS-12	单个遗址	周代	东周	674	1	陶		陶盆	口沿				
8	东港	DG-KS-12	单个遗址	周代	东周	674	1	陶		陶瓦					
8	东港	DG-KS-2	单个遗址	龙山	不确定	317	1	陶		不确定	腹片				
8	东港	DG-KS-2	单个遗址	汉代	不确定	874	1	陶		陶瓦					
8	东港	DG-KS-3	单个遗址	不确定			1	石	工具	石镰					
8	东港	DG-KS-3	单个遗址	龙山	早期	315	2	陶		陶鼎	器足				
8	东港	DG-KS-3	单个遗址	龙山	早期	315	1	陶		陶匜	口沿				
8	东港	DG-KS-3	单个遗址	龙山	早期	315	1	陶		陶圈足盘	口沿				
8	东港	DG-KS-3	单个遗址	龙山	早期	315	3	陶		陶鼎	口沿				
8	东港	DG-KS-3	单个遗址	龙山	不确定	315	22	陶		不确定	腹片				
8	东港	DG-KS-3	单个遗址	龙山	不确定	315	1	陶		陶盆	器底				
8	东港	DG-KS-3	单个遗址	龙山	不确定	315	1	陶		陶杯	把手				
8	东港	DG-KS-3	单个遗址	岳石	不确定	11	2	陶		陶罐	口沿				
8	东港	DG-KS-3	单个遗址	周代	西周	671	2	陶		不确定	腹片	绳纹			
8	东港	DG-KS-3	单个遗址	周代	西周	671	2	陶		不确定	腹片				
8	东港	DG-KS-3	单个遗址	周代	东周	671	1	陶		不确定	腹片	绳纹			
8	东港	DG-KS-3	单个遗址	周代	东周	671	3	陶		不确定	腹片				
8	东港	DG-KS-3	单个遗址	汉代	不确定	872	1	陶		陶盆	腹片				
8	东港	DG-KS-3	单个遗址	汉代	不确定	872	5	陶		陶瓦					
8	东港	DG-KS-3	单个遗址	汉代	不确定	872	1	陶		陶纺轮					
8	东港	DG-KS-4	单个遗址	汉代	不确定	876	1	陶		陶盆	器底				
8	东港	DG-KS-4	单个遗址	汉代	不确定	876	1	陶		陶盆	腹片				
8	东港	DG-KS-5	单个遗址	龙山	不确定	316	5	陶		不确定	腹片				
8	东港	DG-KS-5	单个遗址	龙山	不确定	316	1	陶		陶罐	器底				
8	东港	DG-KS-5	单个遗址	汉代	不确定	877	4	陶		陶瓦					
8	东港	DG-KS-6	单个遗址	汉代	不确定	879	2	陶		陶瓮	口沿				
8	东港	DG-KS-6	单个遗址	汉代	不确定	879	1	陶		陶盆	口沿				
8	东港	DG-KS-6	单个遗址	汉代	不确定	879	1	陶		砖					
8	东港	DG-KS-6	单个遗址	汉代	不确定	879	4	陶		陶瓦					
8	东港	DG-KS-7	单个遗址	周代	西周	672	1	陶		陶盆	口沿				
8	东港	DG-KS-8	单个遗址	汉代	不确定	880	1	陶		陶盆	口沿				
8	东港	DG-KS-9	单个遗址	周代	东周	675	1	陶		不确定	腹片	绳纹			
11	东港	DG-LanJL-1	单个遗址	周代	东周	925	2	陶		不确定	腹片	绳纹			
11	东港	DG-LanJL-1	单个遗址	汉代	不确定	1231	4	陶		陶瓦					
7	东港	DG-LC-1	单个遗址	汉代	不确定	698	1	陶		陶瓦					
7	东港	DG-LC-2	单个遗址	周代	东周	526	2	陶		不确定	腹片	绳纹			
7	东港	DG-LC-3	单个遗址	汉代	不确定	700	6	陶		陶瓦					
7	东港	DG-LC-3	单个遗址	汉代	不确定	700	3	陶		不确定	腹片				
6	东港	DG-LCZ-1	CAE.1	龙山	早期	12	1	陶		陶罐	口沿				
6	东港	DG-LCZ-1	CAE.1	龙山	中期	12	1	陶		陶鬶	把手				
6	东港	DG-LCZ-1	CAE.1	龙山	中期	12	1	陶		陶碗	口沿				
6	东港	DG-LCZ-1	CAE.1	龙山	中期	12	1	陶		陶盆	口沿				
6	东港	DG-LCZ-1	CAE.1	龙山	中期	12	1	陶		不确定	腹片	方格纹			
6	东港	DG-LCZ-1	CAE.1	龙山	不确定	12	32	陶		不确定	腹片				

年度	县区	遗址	采集区	时代	分期	期段编号	数量	质地	石器种类	器形	部位	纹饰	颜色	质地	蛋壳陶
6	东港	DG-LCZ-1	CAE.1	龙山	不确定	12	1	陶		不确定	器底				
6	东港	DG-LCZ-1	CAE.1	周代	不确定	6	1	陶		不确定	腹片				
6	东港	DG-LCZ-1	CAE.1	汉代	不确定	11	11	陶		陶瓦					
6	东港	DG-LCZ-1	CAE.2	龙山	早期	12	1	陶		陶罐	口沿				
6	东港	DG-LCZ-1	CAE.2	龙山	不确定	12	5	陶		不确定	腹片				
6	东港	DG-LCZ-1	CAE.2	周代	不确定	6	3	陶		不确定	腹片				
6	东港	DG-LCZ-1	CAE.3	龙山	中期	12	1	陶		陶罐	口沿				
6	东港	DG-LCZ-1	CAE.3	龙山	中期	12	1	陶		陶器盖	把手				
6	东港	DG-LCZ-1	CAE.3	龙山	不确定	12	3	陶		不确定	腹片				
6	东港	DG-LCZ-1	CAE.3	汉代	不确定	11	6	陶		陶瓦					
6	东港	DG-LCZ-1	CAE.4	龙山	早期	12	1	陶		陶鼎	器足				
6	东港	DG-LCZ-1	CAE.4	龙山	早期	12	1	陶		陶罐	口沿				
6	东港	DG-LCZ-1	CAE.4	龙山	中期	12	2	陶		陶罐	口沿				
6	东港	DG-LCZ-1	CAE.4	龙山	不确定	12	28	陶		不确定	腹片				
6	东港	DG-LCZ-1	CAE.4	汉代	不确定	11	10	陶		陶瓦					
6	东港	DG-LCZ-1	CAE.5	龙山	中期	12	2	陶		陶器盖	腹片				
6	东港	DG-LCZ-1	CAE.5	龙山	中期	12	1	陶		陶罐	口沿				
6	东港	DG-LCZ-1	CAE.5	龙山	中期	12	1	陶		陶豆	腹片				
6	东港	DG-LCZ-1	CAE.5	龙山	中期	12	1	陶		陶鬶	器足				
6	东港	DG-LCZ-1	CAE.5	龙山	中期	12	1	陶		陶鬶	把手				
6	东港	DG-LCZ-1	CAE.5	龙山	中期	12	3	陶		陶盆	口沿				
6	东港	DG-LCZ-1	CAE.5	龙山	中期	12	6	陶		陶罐	口沿				
6	东港	DG-LCZ-1	CAE.5	龙山	中期	12	2	陶		陶器盖					
6	东港	DG-LCZ-1	CAE.5	龙山	中期	12	2	陶		陶杯				泥质	是
6	东港	DG-LCZ-1	CAE.5	龙山	中期	12	1	陶		陶盆	把手				
6	东港	DG-LCZ-1	CAE.6	龙山	早期	12	2	陶		陶鼎	器足				
6	东港	DG-LCZ-1	CAE.6	龙山	早期	12	1	陶		陶鬶	器足				
6	东港	DG-LCZ-1	CAE.6	龙山	中期	12	2	陶		陶鼎	口沿				
6	东港	DG-LCZ-1	CAE.6	龙山	中期	12	1	陶		陶鬶	把手				
6	东港	DG-LCZ-1	CAE.6	龙山	中期	12	1	陶		陶鬶	腹片	施陶衣			
6	东港	DG-LCZ-1	CAE.6	龙山	中期	12	1	陶		陶甗	器足				
6	东港	DG-LCZ-1	CAE.6	龙山	中期	12	1	陶		陶匜	口沿				
6	东港	DG-LCZ-1	CAE.6	龙山	中期	12	3	陶		陶罐	口沿				
6	东港	DG-LCZ-1	CAE.6	龙山	早期	12	1	陶		陶罐	把手				
6	东港	DG-LCZ-1	CAE.6	龙山	中期	12	1	陶		陶鼎	器足				
6	东港	DG-LCZ-1	CAE.6	龙山	中期	12	1	陶		陶器盖					
6	东港	DG-LCZ-1	CAE.6	龙山	不确定	12	25	陶		不确定	腹片				
6	东港	DG-LCZ-1	CAE.6	周代	不确定	6	1	陶		不确定	腹片				
6	东港	DG-LCZ-1	CAE.6	汉代	不确定	11	15	陶		陶瓦					
6	东港	DG-LCZ-1	CAE.6	汉代	不确定	11	2	陶		不确定	腹片				
6	东港	DG-LCZ-1	CAH.1	龙山	中期	12	1	陶		陶鼎	器足				
6	东港	DG-LCZ-1	CAH.1	龙山	不确定	12	1	陶		不确定	腹片				
6	东港	DG-LCZ-1	CAH.1	周代	东周	6	1	陶		陶罐	口沿				
6	东港	DG-LCZ-1	CAH.1	周代	东周	6	2	陶		不确定	腹片				
6	东港	DG-LCZ-1	CAH.1	周代	西周	6	1	陶		不确定	腹片				
6	东港	DG-LCZ-1	CAH.1	汉代	不确定	11	2	陶		陶瓦					

年度	县区	遗址	采集区	时代	分期	期段编号	数量	质地	石器种类	器形	部位	纹饰	颜色	质地	蛋壳陶
6	东港	DG-LCZ-1	CAH.2	龙山	中期	12	1	陶		陶鼎	器足				
6	东港	DG-LCZ-1	CAH.2	龙山	中期	12	1	陶		陶碗	口沿				
6	东港	DG-LCZ-1	CAH.2	龙山	不确定	12	9	陶		不确定	腹片				
6	东港	DG-LCZ-1	CAH.2	周代	西周	6	2	陶		不确定	腹片				
6	东港	DG-LCZ-1	CAH.2	汉代	不确定	11	1	陶		陶瓦					
6	东港	DG-LCZ-1	CAH.2	汉代	不确定	11	1	陶		不确定	腹片				
6	东港	DG-LCZ-1	CAH.3	龙山	早期	12	2	陶		陶鼎	器足				
6	东港	DG-LCZ-1	CAH.3	龙山	中期	12	1	陶		陶鼎	器足				
6	东港	DG-LCZ-1	CAH.3	龙山	中期	12	1	陶		陶匜	口沿				
6	东港	DG-LCZ-1	CAH.3	龙山	中期	12	1	陶		陶罐	口沿				
6	东港	DG-LCZ-1	CAH.3	龙山	不确定	12	19	陶		不确定	腹片				
6	东港	DG-LCZ-1	CAH.3	周代	东周	6	1	陶		陶盆	口沿				
6	东港	DG-LCZ-1	CAH.3	周代	东周	6	3	陶		不确定	腹片				
6	东港	DG-LCZ-1	CAH.3	汉代	不确定	11	10	陶		陶瓦					
6	东港	DG-LCZ-1	CAH.3	汉代	不确定	11	1	陶		陶罐	口沿				
6	东港	DG-LCZ-1	CAH.4	龙山	中期	12	1	陶		陶鼎	器足				
6	东港	DG-LCZ-1	CAH.4	龙山	中期	12	1	陶		陶鬶	器足				
6	东港	DG-LCZ-1	CAH.4	龙山	中期	12	1	陶		陶鬶	把手				
6	东港	DG-LCZ-1	CAH.4	龙山	不确定	12	1	陶		不确定	腹片				
6	东港	DG-LCZ-1	CAH.4	周代	东周	6	1	陶		不确定	腹片				
6	东港	DG-LCZ-1	CAH.4	不确定			2	石	工具	石刀					
6	东港	DG-LCZ-1	CAH.5	龙山	早期	12	2	陶		陶鼎	器足				
6	东港	DG-LCZ-1	CAH.5	龙山	中期	12	1	陶		陶鼎	器足				
6	东港	DG-LCZ-1	CAH.5	龙山	中期	12	1	陶		陶鬶	器足				
6	东港	DG-LCZ-1	CAH.5	龙山	中期	12	1	陶		陶罐	口沿				
6	东港	DG-LCZ-1	CAH.5	龙山	中期	12	2	陶		陶器盖	口沿				
6	东港	DG-LCZ-1	CAH.5	龙山	不确定	12	34	陶		不确定	腹片				
6	东港	DG-LCZ-1	CAH.5	汉代	不确定	11	2	陶		陶罐	口沿				
6	东港	DG-LCZ-1	CAH.5	汉代	不确定	11	8	陶		陶瓦					
6	东港	DG-LCZ-1	CAI.1	龙山	不确定	12	6	陶		不确定	腹片				
6	东港	DG-LCZ-1	CAI.1	汉代	不确定	11	1	陶		陶瓦					
6	东港	DG-LCZ-1	CAK.1	龙山	中期	12	2	陶		陶鼎	器足				
6	东港	DG-LCZ-1	CAK.1	龙山	中期	12	1	陶		陶鬶	把手				
6	东港	DG-LCZ-1	CAK.1	龙山	不确定	12	2	陶		不确定	腹片				
6	东港	DG-LCZ-1	CAK.1	周代	东周	6	1	陶		不确定	腹片				
6	东港	DG-LCZ-1	CAK.1	汉代	不确定	11	1	陶		陶瓦					
6	东港	DG-LCZ-1	CAK.2	龙山	中期	12	1	陶		陶匜	口沿				
6	东港	DG-LCZ-1	CAK.2	龙山	中期	12	1	陶		陶罐	口沿				
6	东港	DG-LCZ-1	CAK.2	龙山	中期	12	1	陶		陶碗	口沿				
6	东港	DG-LCZ-1	CAK.2	龙山	中期	12	1	陶		陶器盖	口沿				
6	东港	DG-LCZ-1	CAK.2	龙山	不确定	12	20	陶		不确定	腹片				
6	东港	DG-LCZ-1	CAK.2	周代	东周	6	1	陶		不确定	腹片				
6	东港	DG-LCZ-1	CAK.3	龙山	中期	12	1	陶		陶罐	口沿				
6	东港	DG-LCZ-1	CAK.3	龙山	中期	12	1	陶		陶鬶	器足				
6	东港	DG-LCZ-1	CAK.3	龙山	中期	12	1	陶		陶罐	口沿				
6	东港	DG-LCZ-1	CAK.3	龙山	中期	12	1	陶		陶盆	口沿				

年度	县区	遗址	采集区	时代	分期	期段编号	数量	质地	石器种类	器形	部位	纹饰	颜色	质地	蛋壳陶
6	东港	DG-LCZ-1	CAK.3	龙山	不确定	12	13	陶		不确定	腹片				
6	东港	DG-LCZ-1	CAK.3	周代	东周	6	1	陶		陶罐	口沿				
6	东港	DG-LCZ-1	CAK.3	周代	东周	6	1	陶		不确定	腹片				
6	东港	DG-LCZ-1	CAK.3	汉代	不确定	11	5	陶		陶瓦					
6	东港	DG-LCZ-1	CAK.4	不确定			1	石	工具	石刀					
6	东港	DG-LCZ-1	CAK.4	龙山	早期	12	2	陶		陶鼎	口沿				
6	东港	DG-LCZ-1	CAK.4	龙山	早期	12	1	陶		陶甗	器足				
6	东港	DG-LCZ-1	CAK.4	龙山	中期	12	1	陶		陶鬶	把手				
6	东港	DG-LCZ-1	CAK.4	龙山	晚期	12	1	陶		陶三足盆	器足				
6	东港	DG-LCZ-1	CAK.4	龙山	不确定	12	26	陶		不确定	腹片				
6	东港	DG-LCZ-1	CAK.4	周代	不确定	6	1	陶		不确定	腹片				
6	东港	DG-LCZ-1	CAK.4	汉代	不确定	11	1	陶		陶盆	口沿				
6	东港	DG-LCZ-1	CAK.4	汉代	不确定	11	8	陶		陶瓦					
6	东港	DG-LCZ-1	CAK.5	龙山	中期	12	1	陶		陶甗	器足				
6	东港	DG-LCZ-1	CAK.5	龙山	中期	12	1	陶		陶罐	口沿				
6	东港	DG-LCZ-1	CAK.5	龙山	不确定	12	5	陶		不确定	腹片				
6	东港	DG-LCZ-1	CAK.5	周代	东周	6	1	陶		陶盆	口沿				
6	东港	DG-LCZ-1	CAK.5	周代	东周	6	2	陶		不确定	腹片				
6	东港	DG-LCZ-1	CAK.5	汉代	不确定	11	1	陶		陶瓦					
6	东港	DG-LCZ-1	CAK.6	龙山	中期	12	1	陶		陶鼎	口沿				
6	东港	DG-LCZ-1	CAK.6	龙山	中期	12	1	陶		陶匜	口沿				
6	东港	DG-LCZ-1	CAK.6	龙山	不确定	12	4	陶		不确定	腹片				
6	东港	DG-LCZ-1	CAK.6	周代	东周	6	3	陶		不确定	腹片				
6	东港	DG-LCZ-1	CAK.6	汉代	不确定	11	2	陶		陶盆	口沿				
6	东港	DG-LCZ-1	CAK.6	汉代	不确定	11	2	陶		陶瓦					
6	东港	DG-LCZ-1	CAK.7	龙山	早期	12	1	陶		陶鼎	口沿				
6	东港	DG-LCZ-1	CAK.7	龙山	早期	12	1	陶		陶鬶	器足				
6	东港	DG-LCZ-1	CAK.7	龙山	早期	12	1	陶		陶鬶	把手				
6	东港	DG-LCZ-1	CAK.7	龙山	不确定	12	25	陶		不确定	腹片				
6	东港	DG-LCZ-1	CAK.7	周代	东周	6	3	陶		不确定	腹片				
6	东港	DG-LCZ-1	CAK.7	汉代	不确定	11	7	陶		陶瓦					
6	东港	DG-LCZ-1	CAK.8	龙山	中期	12	1	陶		陶鬶	把手				
6	东港	DG-LCZ-1	CAK.8	龙山	中期	12	1	陶		陶鬶	器足				
6	东港	DG-LCZ-1	CAK.8	龙山	不确定	12	3	陶		不确定	腹片				
6	东港	DG-LCZ-1	CAK.8	周代	东周	6	1	陶		陶豆	把手				
6	东港	DG-LCZ-1	CAK.8	周代	东周	6	3	陶		不确定	腹片				
6	东港	DG-LCZ-1	CAK.8	汉代	不确定	11	7	陶		陶瓦					
6	东港	DG-LCZ-1	CAK.8	汉代	不确定	11	1	陶		不确定	腹片				
6	东港	DG-LCZ-1	CAK.9	龙山	不确定	12	4	陶		不确定	腹片				
6	东港	DG-LCZ-1	CAK.9	周代	东周	6	2	陶		不确定	腹片				
6	东港	DG-LCZ-1	CAK.9	汉代	不确定	11	2	陶		陶瓦					
6	东港	DG-LCZ-1	CAK.9	汉代	不确定	11	1	陶		不确定	腹片				
6	东港	DG-LCZ-1	CAK.10	不确定			1	石	工具	磨光工具					
6	东港	DG-LCZ-1	CAK.10	龙山	不确定	12	3	陶		不确定	腹片				
6	东港	DG-LCZ-1	CAK.10	周代	东周	6	3	陶		不确定	腹片				
6	东港	DG-LCZ-1	CAK.10	汉代	不确定	11	3	陶		陶瓦					

年度	县区	遗址	采集区	时代	分期	期段编号	数量	质地	石器种类	器形	部位	纹饰	颜色	质地	蛋壳陶
6	东港	DG-LCZ-1	CAK.11	不确定			1	石	工具	石斧					
6	东港	DG-LCZ-1	CAK.11	龙山	早期	12	1	陶		陶鼎	口沿				
6	东港	DG-LCZ-1	CAK.11	龙山	早期	12	1	陶		陶匜	口沿				
6	东港	DG-LCZ-1	CAK.11	龙山	中期	12	2	陶		陶罐	口沿				
6	东港	DG-LCZ-1	CAK.11	龙山	不确定	12	19	陶		不确定	腹片				
6	东港	DG-LCZ-1	CAK.11	周代	东周	6	1	陶		不确定	腹片				
6	东港	DG-LCZ-1	CAK.11	汉代	不确定	11	1	陶		陶瓦					
6	东港	DG-LCZ-1	CAK.12	龙山	中期	12	2	陶		陶鬶	把手				
6	东港	DG-LCZ-1	CAK.12	龙山	中期	12	2	陶		陶器盖					
6	东港	DG-LCZ-1	CAK.12	龙山	不确定	12	9	陶		不确定	腹片				
6	东港	DG-LCZ-1	CAK.12	周代	东周	6	3	陶		不确定	腹片				
6	东港	DG-LCZ-1	CAK.12	汉代	不确定	11	5	陶		陶瓦					
6	东港	DG-LCZ-1	CAN.1	不确定			1	石	工具	石刀					
6	东港	DG-LCZ-1	CAN.1	龙山	早期	12	1	陶		陶鼎	口沿				
6	东港	DG-LCZ-1	CAN.1	龙山	早期	12	1	陶		陶器盖					
6	东港	DG-LCZ-1	CAN.1	龙山	不确定	12	33	陶		不确定	腹片				
6	东港	DG-LCZ-1	CAN.1	汉代	不确定	11	3	陶		陶瓦					
6	东港	DG-LCZ-1	CAN.1	汉代	不确定	11	1	陶		不确定	腹片				
6	东港	DG-LCZ-1	CAN.2	不确定			1	石	工具	石刀					
6	东港	DG-LCZ-1	CAN.2	龙山	早期	12	2	陶		陶鼎	器足				
6	东港	DG-LCZ-1	CAN.2	龙山	早期	12	1	陶		陶罐	口沿				
6	东港	DG-LCZ-1	CAN.2	龙山	早期	12	1	陶		陶鼎	口沿				
6	东港	DG-LCZ-1	CAN.2	龙山	早期	12	1	陶		陶鼎	器足				
6	东港	DG-LCZ-1	CAN.2	龙山	不确定	12	4	陶		不确定	腹片				
6	东港	DG-LCZ-1	CAN.2	周代	东周	6	3	陶		不确定	腹片				
6	东港	DG-LCZ-1	CAN.2	汉代	不确定	11	1	陶		陶瓦					
6	东港	DG-LCZ-1	CAN.3	龙山	中期	12	3	陶		陶罐	口沿				
6	东港	DG-LCZ-1	CAN.3	龙山	不确定	12	15	陶		不确定	腹片				
6	东港	DG-LCZ-1	CAN.3	汉代	不确定	11	1	陶		陶盆	口沿				
6	东港	DG-LCZ-1	CAN.3	汉代	不确定	11	1	陶		陶瓦					
6	东港	DG-LCZ-1	CAN.4	不确定			1	石	工具	石刀					
6	东港	DG-LCZ-1	CAN.4	龙山	中期	12	1	陶		陶鼎	器足				
6	东港	DG-LCZ-1	CAN.4	龙山	中期	12	1	陶		陶盆	口沿				
6	东港	DG-LCZ-1	CAN.4	龙山	不确定	12	5	陶		不确定	腹片				
6	东港	DG-LCZ-1	CAN.4	周代	东周	6	1	陶		陶盆	口沿				
6	东港	DG-LCZ-1	CAN.4	汉代	不确定	11	3	陶		陶瓦					
6	东港	DG-LCZ-1	CAN.4	汉代	不确定	11	1	陶		不确定	腹片				
6	东港	DG-LCZ-1	CAN.5	龙山	中期	12	1	陶		陶鼎	器足				
6	东港	DG-LCZ-1	CAN.5	龙山	中期	12	2	陶		陶罐	口沿				
6	东港	DG-LCZ-1	CAN.5	龙山	中期	12	1	陶		陶杯	把手				
6	东港	DG-LCZ-1	CAN.5	龙山	不确定	12	38	陶		不确定	腹片				
6	东港	DG-LCZ-1	CAN.5	汉代	不确定	11	8	陶		陶瓦					
6	东港	DG-LCZ-1	CAS.1	龙山	早期	12	2	陶		陶鼎	器足				
6	东港	DG-LCZ-1	CAS.1	龙山	早期	12	1	陶		陶鬶	把手				
6	东港	DG-LCZ-1	CAS.1	龙山	早期	12	1	陶		陶甗	器足				
6	东港	DG-LCZ-1	CAS.1	龙山	早期	12	1	陶		陶鼎	口沿				

年度	县区	遗址	采集区	时代	分期	期段编号	数量	质地	石器种类	器形	部位	纹饰	颜色	质地	蛋壳陶
6	东港	DG-LCZ-1	CAS.1	龙山	中期	12	1	陶		陶器盖	口沿				
6	东港	DG-LCZ-1	CAS.1	龙山	中期	12	2	陶		陶杯	把手				
6	东港	DG-LCZ-1	CAS.1	龙山	不确定	12	47	陶		不确定	腹片				
6	东港	DG-LCZ-1	CAS.1	汉代	不确定	11	2	陶		陶瓦					
6	东港	DG-LCZ-1	CAS.1	汉代	不确定	11	2	陶		不确定	腹片				
6	东港	DG-LCZ-1	CAS.1	不确定			1	石	工具	刮削器					
6	东港	DG-LCZ-1	CAS.2	龙山	早期	12	1	陶		陶鬶	把手				
6	东港	DG-LCZ-1	CAS.2	龙山	中期	12	3	陶		陶鼎	口沿				
6	东港	DG-LCZ-1	CAS.2	龙山	中期	12	1	陶		陶匜	口沿				
6	东港	DG-LCZ-1	CAS.2	龙山	中期	12	4	陶		陶罐	口沿				
6	东港	DG-LCZ-1	CAS.2	龙山	中期	12	1	陶		陶鼎	器足				
6	东港	DG-LCZ-1	CAS.2	龙山	中期	12	1	陶		陶鬶	把手				
6	东港	DG-LCZ-1	CAS.2	龙山	中期	12	2	陶		陶罐	口沿				
6	东港	DG-LCZ-1	CAS.2	龙山	中期	12	1	陶		陶罐	把手				
6	东港	DG-LCZ-1	CAS.2	龙山	不确定	12	56	陶		不确定	腹片				
6	东港	DG-LCZ-1	CAS.2	周代	东周	6	1	陶		陶盆	口沿				
6	东港	DG-LCZ-1	CAS.2	周代	东周	6	5	陶		不确定	腹片				
6	东港	DG-LCZ-1	CAS.2	汉代	不确定	11	12	陶		陶瓦					
6	东港	DG-LCZ-1	CAS.2	汉代	不确定	11	2	陶		不确定	腹片				
6	东港	DG-LCZ-1	CAS.3	龙山	中期	12	2	陶		陶鼎	器足				
6	东港	DG-LCZ-1	CAS.3	龙山	中期	12	2	陶		陶鬶	器足				
6	东港	DG-LCZ-1	CAS.3	龙山	中期	12	1	陶		陶鬶	把手				
6	东港	DG-LCZ-1	CAS.3	龙山	中期	12	1	陶		陶匜	口沿				
6	东港	DG-LCZ-1	CAS.3	龙山	中期	12	2	陶		陶罐	口沿				
6	东港	DG-LCZ-1	CAS.3	龙山	中期	12	1	陶		陶器盖	口沿				
6	东港	DG-LCZ-1	CAS.3	龙山	不确定	12	7	陶		不确定	腹片				
6	东港	DG-LCZ-1	CAS.3	汉代	不确定	11	1	陶		陶瓦					
6	东港	DG-LCZ-1	CAS.3	汉代	不确定	11	1	陶		不确定	腹片				
6	东港	DG-LCZ-1	CAS.4	龙山	早期	12	1	陶		陶鼎	器足				
6	东港	DG-LCZ-1	CAS.4	龙山	早期	12	1	陶		不确定		刻划纹			
6	东港	DG-LCZ-1	CAS.4	龙山	早期	12	1	陶		陶匜	口沿				
6	东港	DG-LCZ-1	CAS.4	龙山	中期	12	1	陶		陶鼎	口沿				
6	东港	DG-LCZ-1	CAS.4	龙山	中期	12	1	陶		陶甗	腰部				
6	东港	DG-LCZ-1	CAS.4	龙山	中期	12	2	陶		陶鬶	把手				
6	东港	DG-LCZ-1	CAS.4	龙山	中期	12	2	陶		陶罐	口沿				
6	东港	DG-LCZ-1	CAS.4	龙山	中期	12	2	陶		陶器盖	口沿				
6	东港	DG-LCZ-1	CAS.4	龙山	中期	12	1	陶		陶罐	口沿				
6	东港	DG-LCZ-1	CAS.4	龙山	不确定	12	59	陶		不确定	腹片				
6	东港	DG-LCZ-1	CAS.4	汉代	不确定	11	4	陶		陶瓦					
6	东港	DG-LCZ-1	CAS.4	汉代	不确定	11	8	陶		不确定	腹片				
6	东港	DG-LCZ-1	CAS.5	不确定			1	石	不确定	鹅卵石					
6	东港	DG-LCZ-1	CAS.5	不确定			1	石	工具	石锛					
6	东港	DG-LCZ-1	CAS.5	不确定			1	石	工具	石斧					
6	东港	DG-LCZ-1	CAS.5	龙山	早期	12	1	陶		陶鼎	器足				
6	东港	DG-LCZ-1	CAS.5	龙山	早期	12	1	陶		陶鼎	器底				
6	东港	DG-LCZ-1	CAS.5	龙山	早期	12	2	陶		陶鼎	口沿				

年度	县区	遗址	采集区	时代	分期	期段编号	数量	质地	石器种类	器形	部位	纹饰	颜色	质地	蛋壳陶
6	东港	DG-LCZ-1	CAS.5	龙山	早期	12	1	陶		陶鬶	器足				
6	东港	DG-LCZ-1	CAS.5	龙山	中期	12	1	陶		陶鼎	器足				
6	东港	DG-LCZ-1	CAS.5	龙山	中期	12	1	陶		陶鬶	把手				
6	东港	DG-LCZ-1	CAS.5	龙山	中期	12	1	陶		陶鬶	器足				
6	东港	DG-LCZ-1	CAS.5	龙山	中期	12	2	陶		陶罐	口沿				
6	东港	DG-LCZ-1	CAS.5	龙山	中期	12	1	陶		陶匜	口沿				
6	东港	DG-LCZ-1	CAS.5	龙山	中期	12	1	陶		陶器盖	把手				
6	东港	DG-LCZ-1	CAS.5	龙山	中期	12	1	陶		陶罐	把手				
6	东港	DG-LCZ-1	CAS.5	龙山	中期	12	1	陶		陶鼎	器足				
6	东港	DG-LCZ-1	CAS.5	龙山	中期	12	3	陶		陶罐	口沿				
6	东港	DG-LCZ-1	CAS.5	龙山	中期	12	2	陶		陶罐	把手				
6	东港	DG-LCZ-1	CAS.5	龙山	中期	12	1	陶		陶器盖	口沿				
6	东港	DG-LCZ-1	CAS.5	龙山	中期	12	1	陶		不确定	腹片	绳纹			
6	东港	DG-LCZ-1	CAS.5	龙山	不确定	12	40	陶		不确定	腹片				
6	东港	DG-LCZ-1	CAS.5	周代	西周	6	3	陶		不确定	腹片				
6	东港	DG-LCZ-1	CAS.5	周代	东周	6	2	陶		不确定	腹片				
6	东港	DG-LCZ-1	CAS.5	汉代	不确定	11	2	陶		陶瓦					
6	东港	DG-LCZ-1	CAS.6	龙山	早期	12	2	陶		陶鼎	器足				
6	东港	DG-LCZ-1	CAS.6	龙山	早期	12	2	陶		陶鼎	口沿				
6	东港	DG-LCZ-1	CAS.6	龙山	中期	12	1	陶		陶鼎	器足				
6	东港	DG-LCZ-1	CAS.6	龙山	中期	12	1	陶		陶匜	口沿				
6	东港	DG-LCZ-1	CAS.6	龙山	中期	12	1	陶		陶罐	口沿				
6	东港	DG-LCZ-1	CAS.6	龙山	中期	12	1	陶		陶鬶	把手				
6	东港	DG-LCZ-1	CAS.6	龙山	中期	12	1	陶		陶器盖	口沿				
6	东港	DG-LCZ-1	CAS.6	龙山	中期	12	3	陶		陶罐	口沿				
6	东港	DG-LCZ-1	CAS.6	龙山	中期	12	1	陶		陶盆	把手				
6	东港	DG-LCZ-1	CAS.6	龙山	不确定	12	31	陶		不确定	腹片				
6	东港	DG-LCZ-1	CAS.6	周代	东周	6	3	陶		不确定	腹片				
6	东港	DG-LCZ-1	CAS.6	汉代	不确定	11	2	陶		陶瓦					
6	东港	DG-LCZ-1	CAT.1	龙山	中期	12	2	陶		陶罐	口沿				
6	东港	DG-LCZ-1	CAT.1	龙山	中期	12	1	陶		陶罐	把手				
6	东港	DG-LCZ-1	CAT.1	龙山	中期	12	1	陶		陶器盖					
6	东港	DG-LCZ-1	CAT.1	龙山	不确定	12	21	陶		不确定	腹片				
6	东港	DG-LCZ-1	CAT.1	周代	东周	6	1	陶		陶盆	口沿				
6	东港	DG-LCZ-1	CAT.1	周代	东周	6	2	陶		不确定	腹片				
6	东港	DG-LCZ-1	CAT.1	汉代	不确定	11	4	陶		陶瓦					
6	东港	DG-LCZ-1	CAT.2	龙山	中期	12	1	陶		陶鬶	器足				
6	东港	DG-LCZ-1	CAT.2	龙山	中期	12	2	陶		陶罐	口沿				
6	东港	DG-LCZ-1	CAT.2	龙山	不确定	12	5	陶		不确定	腹片				
6	东港	DG-LCZ-1	CAT.2	岳石	不确定	6	1	陶		陶尊	器底				
6	东港	DG-LCZ-1	CAT.2	汉代	不确定	11	3	陶		陶瓦					
6	东港	DG-LCZ-1	CAT.3	龙山	中期	12	3	陶		陶鼎	口沿				
6	东港	DG-LCZ-1	CAT.3	龙山	中期	12	1	陶		陶鬶	腹片				
6	东港	DG-LCZ-1	CAT.3	龙山	中期	12	1	陶		陶鼎	器足				
6	东港	DG-LCZ-1	CAT.3	龙山	中期	12	2	陶		陶罐	口沿				
6	东港	DG-LCZ-1	CAT.3	龙山	中期	12	1	陶		陶器盖	口沿				

年度	县区	遗址	采集区	时代	分期	期段编号	数量	质地	石器种类	器形	部位	纹饰	颜色	质地	蛋壳陶
6	东港	DG-LCZ-1	CAT.3	龙山	中期	12	1	陶		圈足盒	器底				
6	东港	DG-LCZ-1	CAT.3	龙山	不确定	12	2	陶		不确定	腹片				
6	东港	DG-LCZ-1	CAT.3	汉代	不确定	11	1	陶		陶瓦					
6	东港	DG-LCZ-1	CAT.4	龙山	中期	12	1	陶		陶鼎	口沿				
6	东港	DG-LCZ-1	CAT.4	龙山	中期	12	2	陶		陶罐	口沿				
6	东港	DG-LCZ-1	CAT.4	龙山	中期	12	1	陶		陶鬹	把手		白		
6	东港	DG-LCZ-1	CAT.4	龙山	不确定	12	30	陶		不确定	腹片				
6	东港	DG-LCZ-1	CAT.4	汉代	不确定	11	2	陶		陶瓦					
6	东港	DG-LCZ-1	CAT.4	汉代	不确定	11	1	陶		不确定	腹片				
6	东港	DG-LCZ-1	CAT.5	龙山	早期	12	2	陶		陶鼎	器足				
6	东港	DG-LCZ-1	CAT.5	龙山	早期	12	1	陶		陶鼎	口沿				
6	东港	DG-LCZ-1	CAT.5	龙山	早期	12	1	陶		陶鼎	器足				
6	东港	DG-LCZ-1	CAT.5	龙山	早期	12	1	陶		陶甗	器足				
6	东港	DG-LCZ-1	CAT.5	龙山	中期	12	2	陶		陶鼎	器足				
6	东港	DG-LCZ-1	CAT.5	龙山	中期	12	1	陶		陶鬹	器足				
6	东港	DG-LCZ-1	CAT.5	龙山	中期	12	1	陶		陶鬹	把手				
6	东港	DG-LCZ-1	CAT.5	龙山	中期	12	1	陶		陶甗	器足				
6	东港	DG-LCZ-1	CAT.5	龙山	中期	12	2	陶		陶罐	口沿				
6	东港	DG-LCZ-1	CAT.5	龙山	中期	12	1	陶		陶鼎	器足				
6	东港	DG-LCZ-1	CAT.5	龙山	中期	12	1	陶		陶盆	口沿				
6	东港	DG-LCZ-1	CAT.5	龙山	中期	12	1	陶		陶盆	把手				
6	东港	DG-LCZ-1	CAT.5	龙山	不确定	12	4	陶		不确定	腹片				
6	东港	DG-LCZ-1	CAT.5	汉代	不确定	11	1	陶		陶瓦					
6	东港	DG-LCZ-1	CAT.6	龙山	早期	12	1	陶		陶鼎	器足				
6	东港	DG-LCZ-1	CAT.6	龙山	早期	12	2	陶		陶鼎	口沿				
6	东港	DG-LCZ-1	CAT.6	龙山	中期	12	1	陶		陶鼎	器足				
6	东港	DG-LCZ-1	CAT.6	龙山	中期	12	1	陶		陶鬹	口沿				
6	东港	DG-LCZ-1	CAT.6	龙山	中期	12	1	陶		陶罐	把手				
6	东港	DG-LCZ-1	CAT.6	龙山	中期	12	1	陶		陶罐	口沿				
6	东港	DG-LCZ-1	CAT.6	龙山	中期	12	2	陶		陶器盖	口沿				
6	东港	DG-LCZ-1	CAT.6	龙山	中期	12	1	陶		陶鼎	器足				
6	东港	DG-LCZ-1	CAT.6	龙山	中期	12	2	陶		陶杯	腹片			泥质	是
6	东港	DG-LCZ-1	CAT.6	龙山	不确定	12	37	陶		不确定	腹片				
6	东港	DG-LCZ-1	CAT.6	周代	东周	6	1	陶		不确定	腹片				
6	东港	DG-LCZ-1	CAT.6	汉代	不确定	11	4	陶		陶瓦					
7	东港	DG-LDP-1	单个遗址	汉代	不确定	696	1	陶		陶罐	口沿				
7	东港	DG-LDP-1	单个遗址	汉代	不确定	696	2	陶		陶瓦					
7	东港	DG-LDP-2	单个遗址	汉代	不确定	697	1	陶		陶盆	口沿				
7	东港	DG-LDP-2	单个遗址	汉代	不确定	697	1	陶		陶瓦					
7	东港	DG-LDP-3	单个遗址	汉代	不确定	695	1	陶		陶瓦					
3	东港	DG-LHD-1	单个遗址	周代	西周	89	8	陶		不确定	腹片				
3	东港	DG-LHQ-1	单个遗址	周代	东周	72	1	陶		陶器盖	陶器盖				
3	东港	DG-LHQ-1	单个遗址	周代	东周	72	1	陶		不确定	器底				
3	东港	DG-LHQ-2	单个遗址	周代	不确定	80	1	陶		陶罐	腹片				
3	东港	DG-LHQ-2	单个遗址	周代	不确定	80	1	陶		不确定	腹片				
3	东港	DG-LHQ-3	单个遗址	周代	东周	76	1	陶		陶瓦					

年度	县区	遗址	采集区	时代	分期	期段编号	数量	质地	石器种类	器形	部位	纹饰	颜色	质地	蛋壳陶
3	东港	DG-LHQ-3	单个遗址	周代	东周	76	3	陶		不确定	腹片				
3	东港	DG-LHQ-4	单个遗址	汉代	不确定	93	8	陶		陶瓦					
3	东港	DG-LHQ-4	单个遗址	汉代	不确定	93	1	陶		陶盆	口沿				
3	东港	DG-LHQ-4	单个遗址	龙山	早期	83	4	陶		陶鼎	口沿				
3	东港	DG-LHQ-4	单个遗址	龙山	早期	83	2	陶		陶鼎	器底				
3	东港	DG-LHQ-4	单个遗址	龙山	早期	83	1	陶		不确定	器足				
3	东港	DG-LHQ-4	单个遗址	龙山	早期	83	4	陶		陶罐	口沿				
3	东港	DG-LHQ-4	单个遗址	龙山	早期	83	6	陶		陶罐	器底				
3	东港	DG-LHQ-4	单个遗址	龙山	早期	83	2	陶		陶匜	口沿				
3	东港	DG-LHQ-4	单个遗址	龙山	早期	83	2	陶		陶圈足盘	中部				
3	东港	DG-LHQ-4	单个遗址	龙山	早期	83	3	陶		陶器盖					
3	东港	DG-LHQ-4	单个遗址	龙山	早期	83	1	陶		不确定	把手				
3	东港	DG-LHQ-4	单个遗址	龙山	早期	83	29	陶		不确定	腹片				
3	东港	DG-LHQ-4	单个遗址	龙山	中期	83	20	陶		不确定	腹片				
3	东港	DG-LHQ-4	单个遗址	龙山	中期	83	4	陶		陶罐	口沿				
3	东港	DG-LHQ-4	单个遗址	龙山	中期	83	1	陶		陶盆	口沿				
3	东港	DG-LHQ-4	单个遗址	周代	东周	79	4	陶		陶瓦					
3	东港	DG-LHQ-5	单个遗址	汉代	不确定	96	1	陶		陶瓦					
3	东港	DG-LHQ-6	CAA	不确定			3	陶		不确定					
3	东港	DG-LHQ-6	CAA	周代	东周	81	1	陶		陶瓦					
3	东港	DG-LHQ-6	CAA	周代	东周	81	1	陶		陶盆	口沿				
3	东港	DG-LHQ-6	CAA	周代	东周	81	1	陶		陶盆	器底				
3	东港	DG-LHQ-6	CAA	周代	东周	81	2	陶		不确定	腹片				
3	东港	DG-LHQ-7	CAC	汉代	不确定	94	13	陶		不确定	腹片				
3	东港	DG-LHQ-7	CAB	周代	东周	82	2	陶		不确定	腹片				
3	东港	DG-LHQ-7	CAA	周代	东周	82	2	陶		不确定	腹片				
3	东港	DG-LHQ-7	CAC	周代	东周	82	1	陶		陶瓦					
3	东港	DG-LHQ-7	CAC	周代	东周	82	1	陶		陶罐	器底				
3	东港	DG-LHQ-7	CAC	周代	东周	82	1	陶		不确定	腹片				
3	东港	DG-LHQ-8	单个遗址	周代	不确定	78	1	陶		不确定	器底				
3	东港	DG-LHQ-9	CAB	周代	东周	86	1	陶		不确定	口沿				
3	东港	DG-LHQ-9	CAA	周代	东周	86	1	陶		陶豆	豆柄				
3	东港	DG-LHQ-9	CAA	周代	东周	86	3	陶		陶瓦					
3	东港	DG-LHQ-9	CAA	周代	东周	86	1	陶		不确定	口沿				
5	东港	DG-LJC-1	单个遗址	汉代	不确定	382	6	陶		陶瓦					
5	东港	DG-LJC-1	单个遗址	汉代	不确定	382	1	陶		不确定	腹片				
5	东港	DG-LJC-1	单个遗址	周代	东周	320	1	陶		陶罐	口沿				
5	东港	DG-LJC-1	单个遗址	周代	东周	320	4	陶		不确定	腹片				
5	东港	DG-LJC-2	单个遗址	汉代	不确定	383	19	陶		陶瓦					
5	东港	DG-LJC-2	单个遗址	周代	东周	321	1	陶		陶罐	口沿				
5	东港	DG-LJC-2	单个遗址	周代	东周	321	1	陶		陶罐	器底				
5	东港	DG-LJC-2	单个遗址	周代	东周	321	13	陶		不确定	腹片				
5	东港	DG-LJC-2	单个遗址	周代	东周	321	1	陶		不确定	腹片	绳纹			
5	东港	DG-LJC-3	单个遗址	汉代	不确定	384	6	陶		陶瓦					
5	东港	DG-LJC-3	单个遗址	汉代	不确定	384	1	陶		不确定	腹片				
5	东港	DG-LJC-3	单个遗址	周代	东周	322	1	陶		陶盆	口沿				

年度	县区	遗址	采集区	时代	分期	期段编号	数量	质地	石器种类	器形	部位	纹饰	颜色	质地	蛋壳陶
5	东港	DG-LJC-3	单个遗址	周代	西周	322	1	陶		陶鬲	口沿				
5	东港	DG-LJC-3	单个遗址	周代	西周	322	2	陶		陶鬲	器足				
5	东港	DG-LJC-3	单个遗址	周代	西周	322	1	陶		陶罐	口沿				
5	东港	DG-LJC-3	单个遗址	周代	西周	322	8	陶		不确定	腹片				
5	东港	DG-LJC-3	单个遗址	周代	西周	322	24	陶		不确定	腹片	绳纹			
5	东港	DG-LJC-1	单个遗址	周代	不确定	307	2	陶		不确定	腹片				
5	东港	DG-LJC-1	单个遗址	周代	不确定	307	1	陶		不确定	腹片	绳纹			
5	东港	DG-LJC-2	CAA	周代	西周	308	2	陶		不确定	腹片				
5	东港	DG-LJC-2	CAA	周代	西周	308	1	陶		不确定	腹片	绳纹			
5	东港	DG-LJC-2	CAB	周代	西周	308	2	陶		不确定	腹片				
5	东港	DG-LJC-2	CAB	周代	西周	308	1	陶		不确定	腹片	绳纹			
5	东港	DG-LJC-3	单个遗址	周代	东周	407	1	陶		不确定	腹片				
5	东港	DG-LJC-4	单个遗址	龙山	中期	166	2	陶		陶匜	口沿				
5	东港	DG-LJC-5	单个遗址	周代	东周	309	1	陶		不确定	腹片				
5	东港	DG-LJC-6	单个遗址	周代	不确定	306	1	陶		不确定	腹片				
7	东港	DG-LJCZ-1	单个遗址	汉代	不确定	638	6	陶		不确定	腹片				
7	东港	DG-LJCZ-1	单个遗址	汉代	不确定	638	30	陶		陶瓦					
7	东港	DG-LJCZ-1	单个遗址	不确定			1	石	工具	石矛					
7	东港	DG-LJCZ-2	单个遗址	汉代	不确定	634	2	陶		陶瓦					
7	东港	DG-LJDZ-1	单个遗址	汉代	不确定	629	1	陶		陶瓦					
7	东港	DG-LJDZ-1	单个遗址	汉代	不确定	629	1	陶		陶盆	口沿				
5	东港	DG-LJGZ-1	单个遗址	汉代	不确定	419	2	陶		陶瓦					
3	东港	DG-LJGZ-5	CAA	汉代	不确定	88	4	陶		不确定	腹片				
3	东港	DG-LJGZ-5	CAB	汉代	不确定	88	1	陶		钱币					
3	东港	DG-LJGZ-5	CAB	汉代	不确定	88	1	陶		不确定	腹片				
3	东港	DG-LJGZ-5	CAB	汉代	不确定	88	1	陶		不确定	器底				
5	东港	DG-LJL-1	单个遗址	汉代	不确定	452	14	陶		陶瓦					
5	东港	DG-LJL-1	单个遗址	汉代	不确定	452	1	陶		不确定	腹片				
5	东港	DG-LJL-1	单个遗址	周代	东周	404	1	陶		不确定	腹片				
5	东港	DG-LJL-1	单个遗址	周代	东周	404	2	陶		不确定	腹片	绳纹			
4	东港	DG-LJL-1	单个遗址	不确定			1	石	工具	石镰					
5	东港	DG-LJL-2	单个遗址	周代	东周	403	2	陶		不确定	腹片				
5	东港	DG-LJL-2	单个遗址	周代	西周	403	1	陶		不确定	腹片	绳纹			
5	东港	DG-LJL-3	单个遗址	周代	东周	405	1	陶		不确定	腹片	绳纹			
5	东港	DG-LJL-4	单个遗址	汉代	不确定	455	1	陶		陶瓦					
5	东港	DG-LJL-5	单个遗址	周代	东周	402	1	陶		不确定	腹片				
10	东港	DG-LJTA-1	CAA	周代	东周	896	1	陶		陶豆	口沿				
10	东港	DG-LJTA-1	CAA	周代	东周	896	6	陶		不确定	腹片				
10	东港	DG-LJTA-1	CAA	汉代	不确定	1089	1	陶		陶盆	口沿				
10	东港	DG-LJTA-1	CAB	周代	东周	896	9	陶		陶罐	腹片	绳纹			
10	东港	DG-LJTA-1	CAB	周代	东周	896	1	陶		陶盆	颈部				
9	东港	DG-LJW-1	单个遗址	周代	西周	777	3	陶		不确定	腹片	绳纹			
9	东港	DG-LJW-1	单个遗址	周代	西周	777	1	陶		不确定	腹片	附加堆纹			
9	东港	DG-LJW-1	单个遗址	汉代	不确定	1003	4	陶		陶盆	口沿				
9	东港	DG-LJW-1	单个遗址	汉代	不确定	1003	6	陶		不确定	腹片				
9	东港	DG-LJW-1	单个遗址	汉代	不确定	1003	5	陶		陶瓦					

年度	县区	遗址	采集区	时代	分期	期段编号	数量	质地	石器种类	器形	部位	纹饰	颜色	质地	蛋壳陶
9	东港	DG-LJW-2	单个遗址	周代	西周	778	1	陶		不确定	腹片	绳纹			
9	东港	DG-LJYWC-1	单个遗址	龙山	中期	393	1	陶		陶罐	口沿				
9	东港	DG-LJYWC-1	单个遗址	龙山	不确定	393	2	陶		不确定	腹片				
9	东港	DG-LJYWC-2	单个遗址	周代	西周	790	1	陶		陶鬲	器足				
9	东港	DG-LJYWC-2	单个遗址	周代	西周	790	2	陶		不确定	腹片				
9	东港	DG-LJYWC-2	单个遗址	周代	西周	790	1	陶		不确定	腹片	绳纹			
9	东港	DG-LJYWC-2	单个遗址	周代	东周	790	2	陶		不确定	腹片	绳纹			
9	东港	DG-LJYWC-2	单个遗址	汉代	不确定	1038	2	陶		不确定	腹片				
9	东港	DG-LJYWC-2	单个遗址	汉代	不确定	1038	1	陶		陶瓦					
9	东港	DG-LJYWC-3	单个遗址	周代	东周	792	1	陶		不确定	腹片	绳纹			
9	东港	DG-LJYWC-4	单个遗址	汉代	不确定	1039	1	陶		陶瓦					
11	东港	DG-LJYZ-1	CAA	汉代	不确定	1260	1	陶		陶瓮	口沿				
11	东港	DG-LJYZ-1	CAA	汉代	不确定	1260	2	陶		不确定	腹片				
11	东港	DG-LJYZ-1	CAA	汉代	不确定	1260	1	陶		陶瓦					
11	东港	DG-LJYZ-1	CAB	汉代	不确定	1260	2	陶		不确定	腹片				
11	东港	DG-LJYZ-1	CAB	汉代	不确定	1260	1	陶		陶瓦					
11	东港	DG-LJYZ-3	单个遗址	汉代	不确定	1263	2	陶		不确定	腹片				
11	东港	DG-LJYZ-3	单个遗址	汉代	不确定	1263	1	陶		陶瓦					
11	东港	DG-LJYZ-4	单个遗址	周代	东周	938	1	陶		不确定	腹片				
7	东港	DG-LJZZ-1	CAA	汉代	不确定	653	4	陶		陶瓦					
7	东港	DG-LJZZ-1	CAB	周代	西周	515	1	陶		不确定	腹片	绳纹			
7	东港	DG-LJZZ-1	CAB	周代	西周	515	2	陶		不确定	腹片				
7	东港	DG-LJZZ-1	CAB	汉代	不确定	653	1	陶		陶盆	口沿				
7	东港	DG-LJZZ-1	CAB	汉代	不确定	653	4	陶		陶瓦					
7	东港	DG-LJZZ-1	CAB	汉代	不确定	653	1	陶		不确定	腹片				
7	东港	DG-LJZZ-1	ZHANG-12	汉代	不确定	653	2	陶		陶罐	口沿				
7	东港	DG-LJZZ-1	ZHANG-12	汉代	不确定	653	15	陶		陶瓦					
7	东港	DG-LJZZ-1	ZHANG-12	汉代	不确定	653	1	陶		不确定	腹片				
5	东港	DG-LQ-1	单个遗址	周代	东周	370	2	陶		不确定	腹片				
5	东港	DG-LQ-1	单个遗址	周代	东周	370	1	陶		不确定	腹片	绳纹			
5	东港	DG-LQ-2	单个遗址	周代	东周	371	3	陶		不确定	腹片				
5	东港	DG-LQ-2	单个遗址	周代	东周	371	1	陶		不确定	腹片	绳纹			
3	东港	DG-LQG-1	CAA	汉代	不确定	97	2	陶		陶瓦					
3	东港	DG-LQG-1	CAA	汉代	不确定	97	1	陶		陶瓮	口沿				
3	东港	DG-LQG-1	CAA	汉代	不确定	97	5	陶		不确定	腹片				
3	东港	DG-LQG-1	CAC	汉代	不确定	97	1	陶		陶瓦					
3	东港	DG-LQG-1	CAC	汉代	不确定	97	1	陶		不确定	腹片				
3	东港	DG-LQG-1	CAB	龙山	早期	84	1	陶		不确定	腹片				
3	东港	DG-LQG-1	CAB	不确定			1	陶		不确定	腹片				
3	东港	DG-LQZ-1	单个遗址	不确定			2	陶		不确定					
3	东港	DG-LQZ-1	单个遗址	周代	不确定	83	3	陶		不确定	腹片				
3	东港	DG-LQZ-2	单个遗址	汉代	不确定	95	1	陶		陶瓦					
5	东港	DG-LSZ-1	单个遗址	周代	东周	394	1	陶		不确定	腹片	绳纹			
5	东港	DG-LSZ-1	单个遗址	周代	不确定	394	1	石	工具	石锛					
5	东港	DG-LSZ-1	单个遗址	周代	西周	394	1	陶		陶罐	口沿				
5	东港	DG-LSZ-1	单个遗址	周代	西周	394	1	陶		不确定	腹片				

年度	县区	遗址	采集区	时代	分期	期段编号	数量	质地	石器种类	器形	部位	纹饰	颜色	质地	蛋壳陶
5	东港	DG-LSZ-2	单个遗址	汉代	不确定	445	1	陶		陶罐	口沿				
5	东港	DG-LSZ-2	单个遗址	汉代	不确定	445	1	陶		陶盆	口沿				
5	东港	DG-LSZ-2	单个遗址	汉代	不确定	445	8	陶		不确定	腹片				
5	东港	DG-LSZ-2	单个遗址	周代	东周	393	2	陶		不确定	腹片				
5	东港	DG-LSZ-2	单个遗址	周代	东周	393	6	陶		不确定	腹片	绳纹			
5	东港	DG-LSZ-2	单个遗址	周代	西周	393	1	陶		陶罐	口沿				
5	东港	DG-LSZ-2	单个遗址	周代	西周	393	1	陶		不确定	腹片	绳纹			
5	东港	DG-LSZ-3	单个遗址	汉代	不确定	446	1	陶		陶瓦					
5	东港	DG-LuJC-1	单个遗址	周代	东周	399	1	陶		不确定	腹片				
5	东港	DG-LuJC-2	单个遗址	汉代	不确定	458	1	陶		不确定	腹片				
4	东港	DG-LZ-1	单个遗址	汉代	不确定	319	3	陶		陶瓦					
4	东港	DG-LZ-1	单个遗址	周代	东周	263	2	陶		陶盆	口沿				
4	东港	DG-LZ-2	单个遗址	汉代	不确定	320	1	陶		陶瓦					
4	东港	DG-LZ-3	单个遗址	不确定			1	陶		不确定					
4	东港	DG-LZ-4	单个遗址	周代	西周	262	2	陶		不确定	腹片	绳纹			
4	东港	DG-LZ-4	单个遗址	周代	西周	262	1	陶		不确定	腹片				
4	东港	DG-LZ-4	单个遗址	周代	西周	262	1	陶		不确定	腹片				
9	东港	DG-MaJC-1	CAA	汉代	不确定	1015	1	陶		不确定	腹片				
9	东港	DG-MaJC-1	CAA	汉代	不确定	1015	3	陶		陶瓦					
9	东港	DG-MaJC-1	CAB	龙山	中期	378	2	陶		陶罐	口沿				
9	东港	DG-MaJC-1	CAB	龙山	中期	378	1	陶		不确定	把手				
9	东港	DG-MaJC-1	CAB	龙山	不确定	378	18	陶		不确定	腹片				
9	东港	DG-MaJC-1	CAB	龙山	不确定	378	2	陶		陶鬶	器足				
9	东港	DG-MaJC-1	CAB	岳石	不确定	16	1	陶		陶甗	腰部	附加堆纹			
9	东港	DG-MaJC-1	CAB	商代	晚期	23	1	陶		陶鬲	器足				
9	东港	DG-MaJC-1	CAB	商代	晚期	23	1	陶		陶罐	口沿				
9	东港	DG-MaJC-1	CAB	商代	晚期	23	2	陶		不确定	腹片	绳纹			
9	东港	DG-MaJC-1	CAB	商代	晚期	23	1	陶		陶支架					
9	东港	DG-MaJC-1	CAB	周代	西周	769	1	陶		陶鬲	器足				
9	东港	DG-MaJC-1	CAB	周代	西周	769	3	陶		陶鬲	腹片				
9	东港	DG-MaJC-1	CAB	周代	西周	769	1	陶		陶罐	口沿				
9	东港	DG-MaJC-1	CAB	周代	西周	769	1	陶		陶盘	口沿				
9	东港	DG-MaJC-1	CAB	周代	西周	769	1	陶		不确定	腹片	绳纹			
9	东港	DG-MaJC-1	CAB	周代	东周	769	3	陶		不确定	腹片	绳纹			
9	东港	DG-MaJC-1	CAB	周代	东周	769	1	陶		陶盆	口沿				
9	东港	DG-MaJC-1	CAB	汉代	不确定	1015	1	陶		陶瓮	口沿				
9	东港	DG-MaJC-1	CAB	汉代	不确定	1015	1	陶		陶罐	颈部				
9	东港	DG-MaJC-1	CAB	汉代	不确定	1015	3	陶		陶罐	腹片				
9	东港	DG-MaJC-1	CAB	汉代	不确定	1015	1	陶		不确定	腹片	釉陶	绿		
9	东港	DG-MaJC-1	CAC	龙山	早期	378	1	陶		陶鼎	口沿				
9	东港	DG-MaJC-1	CAC	龙山	早期	378	1	陶		陶匜	口沿				
9	东港	DG-MaJC-1	CAC	龙山	不确定	378	2	陶		不确定	腹片				
9	东港	DG-MaJC-1	CAC	周代	东周	769	1	陶		不确定	腹片	绳纹			
9	东港	DG-MaJC-1	CAC	汉代	不确定	1015	1	陶		陶罐	口沿				
9	东港	DG-MaJC-1	CAC	汉代	不确定	1015	1	陶		陶盆	口沿				
9	东港	DG-MaJC-1	CAC	汉代	不确定	1015	5	陶		不确定	腹片				

年度	县区	遗址	采集区	时代	分期	期段编号	数量	质地	石器种类	器形	部位	纹饰	颜色	质地	蛋壳陶
9	东港	DG-MaJC-1	CAD	龙山	不确定	379	1	陶		不确定	腹片				
9	东港	DG-MaJC-1	CAD	周代	西周	772	3	陶		不确定	腹片	绳纹			
9	东港	DG-MaJC-1	CAD	周代	东周	772	2	陶		不确定	腹片	绳纹			
9	东港	DG-MaJC-1	CAD	汉代	不确定	1015	2	陶		陶瓦					
9	东港	DG-MaJC-2	CAA	龙山	中期	380	1	陶		陶罐	口沿				
9	东港	DG-MaJC-2	CAA	周代	东周	773	1	陶		不确定	腹片	绳纹			
9	东港	DG-MaJC-2	CAA	汉代	不确定	1014	1	陶		陶罐	口沿				
9	东港	DG-MaJC-2	CAA	汉代	不确定	1014	4	陶		不确定	腹片				
9	东港	DG-MaJC-2	CAA	汉代	不确定	1014	3	陶		陶瓦					
9	东港	DG-MaJC-2	CAB	龙山	早期	380	1	陶		陶鼎					
9	东港	DG-MaJC-2	CAB	龙山	不确定	380	1	陶		不确定	腹片				
9	东港	DG-MaJC-2	CAB	汉代	不确定	1014	1	陶		陶瓦					
9	东港	DG-MaJC-2	CAC	龙山	早期	380	1	陶		陶鼎	器足				
9	东港	DG-MaJC-2	CAC	龙山	早期	380	1	陶		陶鬶	腹片				
9	东港	DG-MaJC-2	CAC	周代	西周	773	1	陶		陶鬲	腹片	绳纹			
9	东港	DG-MaJC-2	CAC	周代	西周	773	1	陶		陶罐	腹片	附加堆纹			
9	东港	DG-MaJC-2	CAC	汉代	不确定	1014	1	陶		陶罐	口沿				
9	东港	DG-MaJC-2	CAC	汉代	不确定	1014	1	陶		陶瓦					
9	东港	DG-MaJC-3	CAA	龙山	不确定	381	1	陶		不确定	腹片				
9	东港	DG-MaJC-3	CAA	周代	东周	774	1	陶		不确定	腹片	绳纹			
9	东港	DG-MaJC-3	CAA	汉代	不确定	1013	3	陶		陶瓦					
9	东港	DG-MaJC-3	CAA	汉代	不确定	1013	3	陶		不确定	腹片				
9	东港	DG-MaJC-3	CAB	周代	西周	774	1	陶		不确定	腹片	绳纹			
9	东港	DG-MaJC-3	CAB	周代	东周	774	1	陶		不确定	腹片				
9	东港	DG-MaJC-3	CAB	周代	东周	774	1	陶		不确定	腹片	绳纹			
9	东港	DG-MaJC-4	单个遗址	汉代	不确定	1001	1	陶		陶盆	口沿				
3	东港	DG-MGL-1	单个遗址	汉代	不确定	90	1	陶		陶瓦					
3	东港	DG-MGL-1	单个遗址	不确定			3	陶		不确定					
3	东港	DG-MGL-1	单个遗址	周代	不确定	73	3	陶		不确定	腹片				
3	东港	DG-MGL-1	单个遗址	周代	不确定	73	1	陶		陶纺轮					
6	东港	DG-MJC-1	CAA	不确定			2	石	不确定	鹅卵石					
6	东港	DG-MJC-1	CAA	不确定			2	石	工具	石锛					
6	东港	DG-MJC-1	CAA	周代	东周	477	4	陶		不确定	腹片				
6	东港	DG-MJC-1	CAA	汉代	西周	574	19	陶		陶瓦					
6	东港	DG-MJC-1	CAA	汉代	西周	574	6	陶		不确定	腹片				
6	东港	DG-MJC-1	CAB	周代	东周	477	2	陶		陶瓦					
6	东港	DG-MJC-1	CAB	周代	东周	477	1	陶		陶罐	口沿				
6	东港	DG-MJC-1	CAB	汉代	西周	574	3	陶		陶瓦					
6	东港	DG-MJC-1	CAC	周代	东周	477	1	陶		陶盆	口沿				
6	东港	DG-MJC-1	CAC	周代	东周	477	2	陶		陶瓦					
6	东港	DG-MJC-1	CAC	周代	东周	477	7	陶		不确定	腹片				
6	东港	DG-MJC-1	CAC	汉代	西周	574	1	陶		陶罐	口沿				
6	东港	DG-MJC-1	CAC	汉代	西周	574	20	陶		陶瓦					
6	东港	DG-MJC-1	CAC	汉代	西周	574	1	陶		陶盆	腹片				
6	东港	DG-MJC-1	CAD	周代	东周	477	2	陶		陶瓦					
6	东港	DG-MJC-1	CAD	汉代	西周	574	5	陶		陶瓦					

年度	县区	遗址	采集区	时代	分期	期段编号	数量	质地	石器种类	器形	部位	纹饰	颜色	质地	蛋壳陶
6	东港	DG-MJC-1	CAE	汉代	西周	574	1	陶		陶瓦					
6	东港	DG-MJC-1	CAF	周代	东周	477	1	陶		陶瓦					
7	东港	DG-MJC-1	CAG	周代	西周	636	1	陶		不确定	腹片	附加堆纹			
7	东港	DG-MJC-1	CAG	周代	西周	636	4	陶		不确定	腹片				
7	东港	DG-MJC-1	CAG	周代	东周	636	1	陶		陶豆	豆盘				
7	东港	DG-MJC-1	CAG	周代	东周	636	1	陶		陶鼎	器足				
7	东港	DG-MJC-1	CAG	周代	东周	636	1	陶		陶罐	器底				
7	东港	DG-MJC-1	CAG	周代	东周	636	8	陶		不确定	腹片	绳纹			
7	东港	DG-MJC-1	CAG	周代	东周	636	3	陶		不确定	腹片				
7	东港	DG-MJC-1	CAG	汉代	不确定	574	3	陶		陶盆	口沿				
7	东港	DG-MJC-1	CAG	汉代	不确定	574	6	陶		不确定	腹片				
7	东港	DG-MJC-1	CAG	汉代	不确定	574	70	陶		陶瓦					
7	东港	DG-MJC-1	CAH	周代	东周	636	1	陶		陶罐	口沿				
7	东港	DG-MJC-1	CAH	周代	东周	636	1	陶		陶盆	口沿				
7	东港	DG-MJC-1	CAH	周代	东周	636	1	陶		不确定	腹片	绳纹			
7	东港	DG-MJC-1	CAH	周代	东周	636	4	陶		不确定	腹片				
7	东港	DG-MJC-1	CAI	周代	东周	636	1	陶		陶盆	口沿				
7	东港	DG-MJC-1	CAI	周代	东周	636	1	陶		陶鬲	腹片				
7	东港	DG-MJC-1	CAI	周代	东周	636	1	陶		陶盆	器底				
7	东港	DG-MJC-1	CAI	周代	东周	636	5	陶		不确定	腹片	绳纹			
7	东港	DG-MJC-1	CAI	汉代	不确定	574	1	陶		陶罐	口沿				
7	东港	DG-MJC-1	CAI	汉代	不确定	574	2	陶		陶瓦					
7	东港	DG-MJC-1	CAI	不确定			1	石	工具	磨光工具					
7	东港	DG-MJC-1	CAJ	周代	西周	636	3	陶		陶鬲	口沿				
7	东港	DG-MJC-1	CAJ	周代	西周	636	2	陶		陶鬲	器足				
7	东港	DG-MJC-1	CAJ	周代	西周	636	1	陶		陶盆	口沿				
7	东港	DG-MJC-1	CAJ	周代	西周	636	2	陶		陶盆	器底				
7	东港	DG-MJC-1	CAJ	周代	西周	636	13	陶		不确定	腹片	绳纹			
7	东港	DG-MJC-1	CAJ	周代	西周	636	11	陶		不确定	腹片				
7	东港	DG-MJC-1	CAJ	汉代	不确定	574	1	陶		陶瓦					
7	东港	DG-MJC-1	CAJ	汉代	不确定	574	2	黏土		烧土					
7	东港	DG-MJC-1	CAK	周代	西周	636	2	陶		不确定	腹片	绳纹			
7	东港	DG-MJC-1	CAK	周代	西周	636	5	陶		不确定	腹片				
7	东港	DG-MJC-1	CAK	周代	东周	636	2	陶		不确定	腹片	绳纹			
7	东港	DG-MJC-1	CAK	汉代	不确定	574	1	陶		陶盆	颈部				
7	东港	DG-MJC-1	CAK	汉代	不确定	574	10	陶		陶瓦					
7	东港	DG-MJC-1	CAK	汉代	不确定	574	4	陶		不确定	腹片				
7	东港	DG-MJC-1	CAL	周代	东周	636	1	陶		陶罐	口沿				
7	东港	DG-MJC-1	CAM	周代	西周	636	1	陶		陶鬲	器足				
7	东港	DG-MJC-1	CAM	周代	西周	636	1	陶		不确定	腹片	绳纹			
7	东港	DG-MJC-1	CAM	周代	西周	636	5	陶		不确定	腹片				
7	东港	DG-MJC-1	CAM	周代	西周?		2	黏土		烧土					
7	东港	DG-MJC-1	CAM	周代	东周	636	1	陶		陶鬲	器足				
7	东港	DG-MJC-1	CAM	周代	东周	636	1	陶		不确定	腹片	绳纹			
7	东港	DG-MJC-1	CAM	周代	东周	636	6	陶		不确定	腹片				
7	东港	DG-MJC-1	CAM	汉代	不确定	574	1	陶		陶罐	口沿				

年度	县区	遗址	采集区	时代	分期	期段编号	数量	质地	石器种类	器形	部位	纹饰	颜色	质地	蛋壳陶
7	东港	DG-MJC-1	CAM	汉代	不确定	574	1	陶		陶盆	口沿				
7	东港	DG-MJC-1	CAM	汉代	不确定	574	5	陶		陶瓦					
7	东港	DG-MJC-1	CAN	周代	西周	636	1	陶		不确定	腹片	绳纹			
7	东港	DG-MJC-1	CAN	汉代	不确定	574	1	陶		陶罐	口沿				
7	东港	DG-MJC-1	CAN	汉代	不确定	574	1	陶		陶盆	器底				
7	东港	DG-MJC-1	CAN	汉代	不确定	574	1	陶		陶瓦					
7	东港	DG-MJC-1	ZHANG-2	汉代	不确定	574	1	陶		不确定	腹片				
7	东港	DG-MJC-1	ZHANG-2	汉代	不确定	574	1	陶		陶瓦					
6	东港	DG-MJC-2	单个遗址	汉代	西周	576	2	陶		陶罐	口沿				
6	东港	DG-MJC-2	单个遗址	汉代	西周	576	1	陶		陶瓦					
6	东港	DG-MJC-3	单个遗址	周代	东周	478	1	陶		陶盆	口沿				
6	东港	DG-MJC-3	单个遗址	周代	东周	478	1	陶		不确定	腹片				
6	东港	DG-MJC-3	单个遗址	汉代	西周	575	3	陶		陶瓦					
7	东港	DG-MJC-4	CAA	周代	东周	635	38	陶		不确定	腹片	绳纹			
7	东港	DG-MJC-4	CAA	周代	东周	635	1	陶		陶豆	豆盘				
7	东港	DG-MJC-4	CAA	周代	东周	635	3	陶		陶豆	腹片				
7	东港	DG-MJC-4	CAA	周代	东周	635	1	陶		陶壶	口沿				
7	东港	DG-MJC-4	CAA	周代	东周	635	1	陶		陶罐	口沿				
7	东港	DG-MJC-4	CAA	周代	东周	635	2	陶		陶盆	口沿				
7	东港	DG-MJC-4	CAA	周代	东周	635	2	陶		陶罐	肩部				
7	东港	DG-MJC-4	CAA	周代	东周	635	2	陶		陶瓦					
7	东港	DG-MJC-4	CAA	汉代	不确定	654	4	陶		陶盆	口沿				
7	东港	DG-MJC-4	CAA	汉代	不确定	654	1	陶		陶罐	器底				
7	东港	DG-MJC-4	CAA	汉代	不确定	654	41	陶		陶瓦					
7	东港	DG-MJC-4	CAB	周代	西周	635	1	陶		不确定	腹片	附加堆纹			
7	东港	DG-MJC-4	CAB	周代	西周	635	2	陶		不确定	腹片				
7	东港	DG-MJC-4	CAB	汉代	不确定	654	1	陶		陶罐	口沿				
7	东港	DG-MJC-4	CAB	汉代	不确定	654	1	陶		陶瓦					
7	东港	DG-MJC-4	CAC	周代	东周	635	1	陶		陶釜	口沿				
7	东港	DG-MJC-4	CAC	周代	东周	635	2	陶		陶盆	口沿				
7	东港	DG-MJC-4	CAC	周代	东周	635	2	陶		陶豆	豆盘				
7	东港	DG-MJC-4	CAC	周代	东周	635	15	陶		不确定	腹片	绳纹			
7	东港	DG-MJC-4	CAC	周代	东周	635	1	陶		不确定	腹片				
7	东港	DG-MJC-4	CAC	汉代	不确定	654	3	陶		陶盆	口沿				
7	东港	DG-MJC-4	CAC	汉代	不确定	654	1	陶		陶罐	口沿				
7	东港	DG-MJC-4	CAC	汉代	不确定	654	11	陶		陶瓦					
7	东港	DG-MJC-4	CAC	汉代	不确定	654	4	陶		不确定	腹片				
7	东港	DG-MJC-4	CAD	周代	西周	635	2	陶		不确定	腹片	绳纹			
7	东港	DG-MJC-4	CAD	周代	西周	635	2	陶		不确定	腹片				
7	东港	DG-MJC-4	CAD	周代	东周	635	1	陶		陶豆	豆盘				
7	东港	DG-MJC-4	CAD	周代	东周	635	1	陶		陶盆	口沿				
7	东港	DG-MJC-4	CAD	周代	东周	635	2	陶		陶罐	肩部				
7	东港	DG-MJC-4	CAD	周代	东周	635	1	陶		不确定	颈部	绳纹	黄褐	泥质	
7	东港	DG-MJC-4	CAD	周代	东周	635	29	陶		不确定	腹片	绳纹			
7	东港	DG-MJC-4	CAD	周代	东周	635	2	陶		不确定	腹片				
7	东港	DG-MJC-4	CAD	汉代	不确定	654	2	陶		陶盆	口沿				

年度	县区	遗址	采集区	时代	分期	期段编号	数量	质地	石器种类	器形	部位	纹饰	颜色	质地	蛋壳陶
7	东港	DG-MJC-4	CAD	汉代	不确定	654	36	陶		陶瓦					
7	东港	DG-MJC-4	CAD	汉代	不确定	654	5	陶		不确定	腹片				
7	东港	DG-MJC-4	ZHANG-1	周代	东周	635	1	陶		不确定	腹片	绳纹			
7	东港	DG-MJC-4	ZHANG-1	周代	东周	635	1	陶		陶罐	肩部	绳纹			
7	东港	DG-MJC-4	ZHANG-1	汉代	不确定	654	20	陶		陶瓦					
7	东港	DG-MJC-4	ZHANG-1	汉代	不确定	654	2	陶		不确定	腹片				
10	东港	DG-MJiC-1	单个遗址	汉代	不确定	1194	1	陶		不确定	腹片	绳纹			
10	东港	DG-MJiC-1	单个遗址	汉代	不确定	1194	1	陶		不确定	腹片				
9	东港	DG-MJXZ-1	CAA	周代	东周	726	1	陶		不确定	腹片				
9	东港	DG-MJXZ-1	CAA	周代	东周	726	2	陶		不确定	腹片	绳纹			
9	东港	DG-MJXZ-1	CAA	汉代	不确定	948	2	陶		不确定	腹片				
9	东港	DG-MJXZ-1	CAA	汉代	不确定	948	3	陶		陶瓦					
9	东港	DG-MJXZ-1	CAA	不确定			1	石	工具	不确定					
9	东港	DG-MJXZ-1	CAB	汉代	不确定	948	3	陶		陶瓦					
9	东港	DG-MJXZ-1	CAC	周代	西周	727	2	陶		不确定	腹片	绳纹			
9	东港	DG-MJXZ-1	CAC	周代	东周	727	6	陶		不确定	腹片	绳纹			
9	东港	DG-MJXZ-1	CAC	汉代	不确定	948	1	陶		陶盆	口沿				
9	东港	DG-MJXZ-1	CAD	周代	东周	727	1	陶		陶鼎	器底				
9	东港	DG-MJXZ-1	CAD	周代	东周	727	1	陶		陶盆	口沿				
9	东港	DG-MJXZ-1	CAD	周代	东周	727	1	陶		陶器盖	腹片				
9	东港	DG-MJXZ-1	CAD	汉代	不确定	948	8	陶		陶瓦					
9	东港	DG-MJXZ-1	CAE	汉代	不确定	948	2	陶		陶瓦					
9	东港	DG-MJXZ-1	CAE	汉代	不确定	948	1	陶		不确定	腹片				
9	东港	DG-MJXZ-1	CAF	汉代	不确定	948	1	陶		不确定	腹片				
9	东港	DG-MJXZ-1	CAG	周代	东周	727	1	陶		陶盆	口沿				
9	东港	DG-MJXZ-1	CAG	周代	东周	727	1	陶		不确定	腹片	绳纹			
4	东港	DG-MJZ-1	单个遗址	周代	西周	250	1	陶		不确定	腹片	绳纹			
4	东港	DG-MJZ-2	单个遗址	汉代	不确定	309	2	陶		陶瓦					
4	东港	DG-MJZ-3	CAB	汉代	不确定	304	2	陶		陶瓦					
4	东港	DG-MJZ-3	CAA	周代	东周	251	1	陶		陶豆	豆盘				
4	东港	DG-MJZ-3	CAA	周代	东周	251	1	陶		不确定	腹片	绳纹			
4	东港	DG-MJZ-3	CAA	周代	东周	251	1	陶		不确定	腹片				
4	东港	DG-MJZ-3	CAA	周代	西周	251	3	黏土		烧土					
4	东港	DG-MJZ-3	CAA	周代	西周	251	3	陶		陶鬲	口沿				
4	东港	DG-MJZ-3	CAA	周代	西周	251	2	陶		陶鬲	器足				
4	东港	DG-MJZ-3	CAA	周代	西周	251	6	陶		陶鬲	腹片	绳纹			
4	东港	DG-MJZ-3	CAA	周代	西周	251	2	陶		陶簋	器底				
4	东港	DG-MJZ-3	CAA	周代	西周	251	3	陶		陶罐	器底				
4	东港	DG-MJZ-3	CAA	周代	西周	251	3	陶		陶盆	口沿				
4	东港	DG-MJZ-3	CAA	周代	西周	251	7	陶		不确定	腹片				
4	东港	DG-MJZ-3	CAA	周代	西周	251	18	陶		不确定	腹片	绳纹			
5	东港	DG-MSH-1	CAB	龙山	早期	184	1	陶		陶鼎	口沿				
5	东港	DG-MSH-1	CAB	龙山	早期	184	2	陶		陶鼎	器足				
5	东港	DG-MSH-1	CAD	龙山	早期	184	2	陶		陶鼎	器足				
5	东港	DG-MSH-1	CAD	龙山	早期	184	1	陶		陶甗	器足				
5	东港	DG-MSH-1	CAB	龙山	中期	184	1	陶		陶鼎	器足				

年度	县区	遗址	采集区	时代	分期	期段编号	数量	质地	石器种类	器形	部位	纹饰	颜色	质地	蛋壳陶
5	东港	DG-MSH-1	CAB	龙山	中期	184	1	陶		陶罐	器底				
5	东港	DG-MSH-1	CAB	龙山	中期	184	1	陶		陶罐	口沿				
5	东港	DG-MSH-1	CAB	龙山	中期	184	5	陶		不确定	腹片				
5	东港	DG-MSH-1	CAC	龙山	中期	184	1	陶		陶罐	口沿				
5	东港	DG-MSH-1	CAD	龙山	中期	184	1	陶		陶鼎	器足				
5	东港	DG-MSH-1	CAD	龙山	中期	184	1	陶		陶甗	器足				
5	东港	DG-MSH-1	CAD	龙山	中期	184	2	陶		陶罐	器底				
5	东港	DG-MSH-1	CAD	龙山	中期	184	3	陶		陶器盖					
5	东港	DG-MSH-1	CAA	龙山	不确定	184	3	陶		不确定	腹片				
5	东港	DG-MSH-1	CAA	龙山	不确定	184	1	陶		不确定	腹片	篮纹			
5	东港	DG-MSH-1	CAC	龙山	不确定	184	17	陶		不确定	腹片				
5	东港	DG-MSH-1	CAC	龙山	不确定	184	1	陶		不确定	腹片	篮纹			
5	东港	DG-MSH-1	CAD	龙山	不确定	184	37	陶		不确定	腹片				
5	东港	DG-MSH-1	CAD	龙山	不确定	184	3	陶		不确定	腹片	篮纹			
5	东港	DG-MSH-1	CAD	龙山	不确定	184	4	陶		不确定	腹片	弦纹			
5	东港	DG-MSH-1	CAD	龙山	不确定	184	1	陶		不确定	腹片	附加堆纹			
5	东港	DG-MSH-1	CAD	龙山	不确定	184	5	陶		不确定	腹片				
5	东港	DG-MSH-1	CAC	不确定			1	石	工具	石锛					
5	东港	DG-MSH-1	CAC	不确定			1	石	工具	石钺					
5	东港	DG-MSH-1	CAD	周代	西周	382	1	陶		陶罐	口沿				
5	东港	DG-MSH-1	CAD	周代	西周	382	3	陶		不确定	腹片				
5	东港	DG-MSH-1	CAD	周代	西周	382	6	陶		不确定	腹片	绳纹			
6	东港	DG-MSQ-1	单个遗址	龙山	早期	227	1	陶		陶鼎	器足				
6	东港	DG-MWT-1	单个遗址	汉代	不确定	847	5	陶		陶瓦					
13	东港	DG-NH-1	单个遗址	周代	西周	1234	3	陶		不确定	腹片	绳纹			
13	东港	DG-NH-1	单个遗址	周代	东周	1234	2	陶		不确定	腹片				
13	东港	DG-NH-1	单个遗址	周代	东周	1234	4	陶		不确定	腹片	绳纹			
13	东港	DG-NH-2	单个遗址	周代	东周	1233	1	陶		不确定	腹片	绳纹			
11	东港	DG-NSL-1	单个遗址	汉代	不确定	1277	1	陶		陶瓦					
8	东港	DG-NTL-1	单个遗址	汉代	不确定	935	2	陶		陶瓦					
8	东港	DG-NTL-2	单个遗址	周代	西周	683	1	陶		陶鬲	器足				
8	东港	DG-NTL-2	单个遗址	周代	西周	683	1	陶		不确定	腹片				
8	东港	DG-NTL-3	CAA	不确定				陶		不确定					
8	东港	DG-NTL-3	CAB	龙山	不确定	337	2	陶		不确定	腹片				
8	东港	DG-NTL-3	CAB	周代	东周	687	1	陶		不确定	腹片	绳纹			
8	东港	DG-NTL-4	单个遗址	不确定			1	石	工具	不确定					
8	东港	DG-NTL-4	单个遗址	不确定			1	石	不确定	鹅卵石					
8	东港	DG-NTL-4	单个遗址	不确定			1	石	不确定	磨光石器	碎块				
8	东港	DG-NTL-4	单个遗址	不确定			1	石	工具	不确定	碎块				
8	东港	DG-NTL-4	单个遗址	北辛	晚期	2	2	陶		陶鼎	器足				
8	东港	DG-NTL-4	单个遗址	北辛	晚期	2	2	陶		不确定	腹片	乳钉纹			
8	东港	DG-NTL-4	单个遗址	北辛	晚期	2	1	陶		陶壶	把手				
8	东港	DG-NTL-4	单个遗址	大汶口	早期	14	4	陶		陶鼎	器足				
8	东港	DG-NTL-4	单个遗址	大汶口	早期	14	1	陶		陶钵	口沿				
8	东港	DG-NTL-4	单个遗址	不确定			48	陶		不确定	腹片				
8	东港	DG-NTL-4	单个遗址	汉代	不确定	914	2	陶		陶瓦					

年度	县区	遗址	采集区	时代	分期	期段编号	数量	质地	石器种类	器形	部位	纹饰	颜色	质地	蛋壳陶
11	东港	DG-NTL-4	CAB	北辛	晚期	2	1	陶		陶鼎	器足				
11	东港	DG-NTL-4	CAB	北辛	晚期	2	2	陶		陶鼎	口沿				
11	东港	DG-NTL-4	CAB	北辛	晚期	2	1	陶		陶鼎	腹片	刻划纹			
11	东港	DG-NTL-4	CAB	北辛	晚期	2	1	陶		陶鼎	腹片	戳印纹			
11	东港	DG-NTL-4	CAB	大汶口	早期	14	2	陶		陶钵	口沿				
11	东港	DG-NTL-4	CAB	大汶口	早期	14	4	陶		陶鼎	器足				
11	东港	DG-NTL-4	CAB	大汶口	早期	14	1	陶		陶钵	器底				
11	东港	DG-NTL-4	CAB	北辛大汶口	晚期,早期	2, 14	51	陶		不确定	腹片				
11	东港	DG-NTL-4	CAB	北辛大汶口	晚期,早期	2, 14	5	陶		不确定	腹片			泥质	
11	东港	DG-NTL-4	CAB	北辛大汶口	晚期,早期	2, 14	1	石	工具	石凿					
11	东港	DG-NTL-4	CAB	北辛大汶口	晚期,早期	2, 14	2	石	工具	石磨盘					
11	东港	DG-NTL-4	CAC	大汶口	早期	14	1	陶		陶鼎	口沿				
11	东港	DG-NTL-4	CAC	北辛大汶口	晚期,早期	2, 14	14	陶		不确定	腹片				
11	东港	DG-NTL-4	CAC	北辛大汶口	晚期,早期	2, 14	3	陶		不确定	腹片			泥质	
8	东港	DG-NTL-5	CAA	不确定			1	石	工具	不确定					
8	东港	DG-NTL-5	CAA	龙山	早期	337	1	陶		不确定	腹片	篮纹			
8	东港	DG-NTL-5	CAA	周代	东周	687	6	陶		不确定	腹片				
8	东港	DG-NTL-5	CAB	周代	西周	687	1	陶		不确定	腹片	绳纹			
8	东港	DG-NTL-5	CAB	周代	西周	687	2	陶		不确定	腹片				
8	东港	DG-NTL-5	CAB	不确定			1	石	工具	不确定					
8	东港	DG-NTL-6	CAA	周代	东周	688	2	陶		不确定	腹片	绳纹			
8	东港	DG-NTL-6	CAA	周代	东周	688	2	陶		不确定	腹片				
8	东港	DG-NTL-6	CAB	龙山	不确定	338	1	陶		不确定	腹片	弦纹			
8	东港	DG-NTL-6	CAB	龙山	不确定	338	7	陶		不确定	腹片				
8	东港	DG-NTL-6	CAB	汉代	不确定	915	3	陶		陶瓦					
8	东港	DG-NTL-6	CAB	汉代	不确定	915	2	陶		不确定	腹片				
8	东港	DG-NTL-7	单个遗址	周代	东周	682	1	陶		不确定	腹片	绳纹			
8	东港	DG-NTL-7	单个遗址	周代	东周	682	2	陶		不确定	腹片				
8	东港	DG-NTL-7	单个遗址	汉代	不确定	916	1	陶		陶瓦					
8	东港	DG-NTL-7	单个遗址	汉代	不确定	916	2	陶		不确定	腹片				
8	东港	DG-NTL-8	单个遗址	汉代	不确定	913	1	陶		陶瓦					
7	东港	DG-NXZZ-1	单个遗址	周代	东周	513	2	陶		陶盆	口沿				
7	东港	DG-NXZZ-1	单个遗址	周代	东周	513	1	陶		陶罐	口沿				
7	东港	DG-NXZZ-1	单个遗址	周代	东周	513	4	陶		不确定	腹片	绳纹			
7	东港	DG-NXZZ-1	单个遗址	周代	东周	513	1	陶		不确定	腹片				
7	东港	DG-NXZZ-1	单个遗址	汉代	不确定	658	1	陶		陶罐	口沿				
7	东港	DG-NXZZ-1	单个遗址	汉代	不确定	658	1	陶		陶盆	器底				
7	东港	DG-NXZZ-1	单个遗址	汉代	不确定	658	12	陶		陶瓦					
7	东港	DG-NXZZ-1	单个遗址	汉代	不确定	658	3	陶		不确定	腹片				
7	东港	DG-NXZZ-1	ZHANG-17	周代	西周	513	1	陶		陶鬲	器足				
7	东港	DG-NXZZ-1	ZHANG-17	汉代	不确定	658	5	陶		陶瓦					
7	东港	DG-NXZZ-1	ZHANG-17	周代	西周	513	6	陶		不确定	腹片	绳纹			
7	东港	DG-NXZZ-1	ZHANG-17	周代	西周	513	3	陶		不确定	腹片				
7	东港	DG-NXZZ-2	单个遗址	汉代	不确定	659	1	陶		陶罐	口沿				
7	东港	DG-NXZZ-2	单个遗址	汉代	不确定	659	3	陶		陶瓦					
8	东港	DG-NZJC-1	CAC	岳石	不确定	13	1	石	工具	石铲					

年度	县区	遗址	采集区	时代	分期	期段编号	数量	质地	石器种类	器形	部位	纹饰	颜色	质地	蛋壳陶
8	东港	DG-NZJC-1	CAC	龙山	早期	343	1	陶		陶鼎	器足		灰		
8	东港	DG-NZJC-1	CAC	龙山	早期	343	2	陶		陶鼎	口沿				
8	东港	DG-NZJC-1	CAC	龙山	早期	343	2	陶		陶匜	口沿				
8	东港	DG-NZJC-1	CAC	龙山	中期	343	1	陶		陶罐	口沿				
8	东港	DG-NZJC-1	CAC	龙山	不确定	343	2	陶		陶圈足盘	豆柄				
8	东港	DG-NZJC-1	CAC	龙山	不确定	343	7	陶		不确定	腹片				
8	东港	DG-NZJC-1	CAC	岳石	不确定	13	1	陶		陶豆	腹片				
8	东港	DG-NZJC-1	CAC	岳石	不确定	13	1	陶		陶盆	器底				
8	东港	DG-NZJC-1	CAC	汉代	不确定	910	1	陶		陶瓦					
8	东港	DG-NZJC-1	CAA	不确定			1	石	工具	石斧					
8	东港	DG-NZJC-1	CAA	岳石	不确定	13	1	石	工具	石铲					
8	东港	DG-NZJC-1	CAA	龙山	早期	343	2	陶		陶盆	口沿				
8	东港	DG-NZJC-1	CAA	龙山	早期	343	1	陶		陶甗	器足				
8	东港	DG-NZJC-1	CAA	龙山	早期	343	1	陶		陶匜	口沿				
8	东港	DG-NZJC-1	CAA	龙山	不确定	343	1	陶		不确定	腹片	弦纹			
8	东港	DG-NZJC-1	CAA	龙山	不确定	343	30	陶		不确定	腹片				
8	东港	DG-NZJC-1	CAA	周代	东周	705	4	陶		不确定	腹片	绳纹			
8	东港	DG-NZJC-1	CAA	周代	东周	705	1	陶		不确定	腹片				
8	东港	DG-NZJC-1	CAB	不确定			1	石	工具	石锤					
8	东港	DG-NZJC-1	CAB	不确定			2	石	工具	石钺					
8	东港	DG-NZJC-1	CAB	龙山	早期	343	3	陶		陶鼎	器足				
8	东港	DG-NZJC-1	CAB	龙山	早期	343	1	陶		陶甗	器足				
8	东港	DG-NZJC-1	CAB	龙山	早期	343	2	陶		陶盆	口沿				
8	东港	DG-NZJC-1	CAB	龙山	早期	343	4	陶		陶匜	口沿				
8	东港	DG-NZJC-1	CAB	龙山	早期	343	2	陶		不确定	腹片	篮纹			
8	东港	DG-NZJC-1	CAB	龙山	中期	343	2	陶		陶罐	口沿				
8	东港	DG-NZJC-1	CAB	龙山	中期	343	2	陶		陶匜	口沿				
8	东港	DG-NZJC-1	CAB	龙山	不确定	343	3	陶		陶罐	器底				
8	东港	DG-NZJC-1	CAB	龙山	不确定	343	2	陶		陶盆	器底				
8	东港	DG-NZJC-1	CAB	龙山	不确定	343	1	陶		陶罐	把手				
8	东港	DG-NZJC-1	CAB	龙山	不确定	343	2	陶		不确定	腹片	弦纹			
8	东港	DG-NZJC-1	CAB	龙山	不确定	343	56	陶		不确定	腹片				
8	东港	DG-NZJC-1	CAB	龙山	不确定	343	1	陶		不确定	腹片		白		
8	东港	DG-NZJC-1	CAB	周代	东周	705	1	陶		陶盆	口沿				
8	东港	DG-NZJC-1	CAB	周代	东周	705	1	陶		陶盆	器底				
8	东港	DG-NZJC-1	CAB	汉代	不确定	910	1	陶		陶盆	口沿				
8	东港	DG-NZJC-1	CAB	汉代	不确定	910	1	陶		陶瓦					
8	东港	DG-NZJC-1	CAB	汉代	不确定	910	2	陶		不确定	腹片	绳纹			
8	东港	DG-NZJC-1	CAB	汉代	不确定	910	2	陶		不确定	腹片				
8	东港	DG-NZJC-1	CAD	不确定			1	石	工具	不确定					
8	东港	DG-NZJC-1	CAD	龙山	不确定	343	1	陶		陶器盖	把手				
8	东港	DG-NZJC-1	CAD	龙山	不确定	343	4	陶		不确定	腹片				
4	东港	DG-PCG-1	单个遗址	汉代	不确定	342	1	陶		陶盆	器底				
4	东港	DG-PCG-2	单个遗址	汉代	不确定	344	1	陶		陶盆	口沿				
4	东港	DG-PCG-2	单个遗址	汉代	不确定	344	2	陶		陶瓦					
4	东港	DG-PCG-2	单个遗址	汉代	不确定	344	1	陶		璧					

年度	县区	遗址	采集区	时代	分期	期段编号	数量	质地	石器种类	器形	部位	纹饰	颜色	质地	蛋壳陶
8	东港	DG-PJC-1	单个遗址	不确定				陶		不确定					
9	东港	DG-QD-1	CAA	周代	东周	730	2	陶		不确定	腹片	绳纹			
9	东港	DG-QD-1	CAA	汉代	不确定	957	3	陶		不确定	腹片				
9	东港	DG-QD-1	CAA	汉代	不确定	957	30	陶		陶瓦					
9	东港	DG-QD-1	CAB	汉代	不确定	957	1	陶		陶瓮	口沿				
9	东港	DG-QD-1	CAB	汉代	不确定	957	2	陶		陶盆	口沿				
9	东港	DG-QD-1	CAB	汉代	不确定	957	4	陶		陶瓦					
9	东港	DG-QD-1	CAC	汉代	不确定	957	1	陶		陶盆	口沿				
9	东港	DG-QD-1	CAC	汉代	不确定	957	7	陶		陶瓦					
9	东港	DG-QD-1	CAD	汉代	不确定	957	2	陶		陶瓦					
9	东港	DG-QD-1	CAD	汉代	不确定	957	1	陶		不确定	腹片				
9	东港	DG-QD-2	单个遗址	周代	东周	737	2	陶		不确定	腹片				
9	东港	DG-QD-3	单个遗址	周代	东周	736	1	陶		不确定	腹片				
9	东港	DG-QD-4	CAA	汉代	不确定	967	1	陶		陶盆	口沿				
9	东港	DG-QD-4	CAA	汉代	不确定	967	5	陶		不确定	腹片				
9	东港	DG-QD-4	CAA	汉代	不确定	967	6	陶		陶瓦					
9	东港	DG-QD-4	CAB	周代	东周	738	2	陶		不确定	腹片				
9	东港	DG-QD-4	CAB	汉代	不确定	967	1	陶		陶瓦					
9	东港	DG-QD-4	CAC	汉代	不确定	967	2	陶		陶瓦					
9	东港	DG-QD-4	CAD	汉代	不确定	967	2	陶		陶盆	器底				
9	东港	DG-QD-4	CAD	汉代	不确定	967	33	陶		陶瓦					
9	东港	DG-QD-4	CAE	周代	东周	740	2	陶		不确定	腹片	绳纹			
9	东港	DG-QD-4	CAE	汉代	不确定	967	15	陶		陶瓦					
9	东港	DG-QD-5	CAA	周代	西周	742	2	陶		陶鬲	器足				
9	东港	DG-QD-5	CAA	周代	西周	742	4	陶		陶鬲	腹片				
9	东港	DG-QD-5	CAA	周代	西周	742	3	陶		陶罐	口沿				
9	东港	DG-QD-5	CAA	周代	西周	742	1	陶		陶盘	器底				
9	东港	DG-QD-5	CAA	周代	西周	742	1	陶		陶豆	口沿				
9	东港	DG-QD-5	CAA	周代	西周	742	2	陶		不确定	腹片				
9	东港	DG-QD-5	CAA	周代	西周	742	13	陶		不确定	腹片	绳纹			
9	东港	DG-QD-5	CAA	周代	东周	742	3	陶		陶罐	口沿				
9	东港	DG-QD-5	CAA	周代	东周	742	1	陶		陶罐	器底				
9	东港	DG-QD-5	CAA	周代	东周	742	1	陶		陶鬲	器足				
9	东港	DG-QD-5	CAA	周代	东周	742	1	陶		陶豆	腹片				
9	东港	DG-QD-5	CAA	周代	东周	742	1	陶		不确定	腹片				
9	东港	DG-QD-5	CAA	周代	东周	742	7	陶		不确定	腹片	绳纹			
9	东港	DG-QD-5	CAA	汉代	不确定	968	1	陶		陶瓮	口沿				
9	东港	DG-QD-5	CAA	汉代	不确定	968	1	陶		陶盆	口沿				
9	东港	DG-QD-5	CAA	汉代	不确定	968	1	陶		陶盆	器底				
9	东港	DG-QD-5	CAA	汉代	不确定	968	3	陶		陶瓦					
9	东港	DG-QD-5	CAB	周代	西周	742	3	陶		不确定	腹片				
9	东港	DG-QD-5	CAB	汉代	不确定	968	3	陶		不确定	腹片				
9	东港	DG-QD-5	CAB	汉代	不确定	968	8	陶		陶瓦					
9	东港	DG-QD-5	CAC	周代	东周	742	6	陶		不确定	腹片	绳纹			
9	东港	DG-QD-5	CAD	周代	西周	742	2	陶		陶鬲	腹片				
9	东港	DG-QD-5	CAD	周代	西周	742	2	陶		陶罐	口沿				

年度	县区	遗址	采集区	时代	分期	期段编号	数量	质地	石器种类	器形	部位	纹饰	颜色	质地	蛋壳陶
9	东港	DG-QD-5	CAD	周代	西周	742	6	陶		不确定	腹片	绳纹			
9	东港	DG-QD-5	CAD	周代	西周	742	1	陶		不确定	腹片				
9	东港	DG-QD-5	CAD	周代	东周	742	1	陶		陶盆	口沿				
9	东港	DG-QD-5	CAD	周代	东周	742	6	陶		不确定	腹片	绳纹			
9	东港	DG-QD-5	CAE	周代	东周	742	1	陶		陶盆	口沿				
9	东港	DG-QD-5	CAE	周代	东周	742	2	陶		不确定	腹片	绳纹			
9	东港	DG-QD-5	CAE	周代	东周	742	1	陶		不确定	腹片				
9	东港	DG-QD-5	CAF	龙山	早期	357	1	陶		陶鼎	器足				
9	东港	DG-QD-5	CAF	龙山	早期	357	1	陶		陶鼎	口沿				
9	东港	DG-QD-5	CAF	周代	西周	742	2	陶		陶鬲	器足				
9	东港	DG-QD-5	CAF	周代	西周	742	1	陶		陶鼎	器足				
9	东港	DG-QD-5	CAF	周代	西周	742	3	陶		陶鬲	腹片				
9	东港	DG-QD-5	CAF	周代	西周	742	14	陶		不确定	腹片	绳纹			
9	东港	DG-QD-5	CAF	周代	西周	742	2	陶		不确定	腹片				
9	东港	DG-QD-5	CAF	周代	东周	742	5	陶		陶罐	口沿				
9	东港	DG-QD-5	CAF	周代	东周	742	1	陶		陶豆	口沿				
9	东港	DG-QD-5	CAF	周代	东周	742	14	陶		不确定	腹片	绳纹			
9	东港	DG-QD-5	CAF	汉代	不确定	968	1	陶		不确定	腹片				
9	东港	DG-QD-5	CAF	汉代	不确定	968	4	陶		陶瓦					
9	东港	DG-QD-5	CAG	周代	西周	742	4	陶		不确定	腹片	绳纹			
9	东港	DG-QD-5	CAG	周代	东周	742	1	陶		不确定	腹片				
9	东港	DG-QD-5	CAG	周代	东周	742	7	陶		不确定	腹片	绳纹			
9	东港	DG-QD-5	CAG	汉代	不确定	968	4	陶		陶盆	口沿				
9	东港	DG-QD-5	CAG	汉代	不确定	968	1	陶		陶瓦					
9	东港	DG-QD-5	CAH	龙山	中期	358	1	陶		陶鼎	器足				
9	东港	DG-QD-5	CAH	周代	西周	742	1	陶		不确定	腹片				
9	东港	DG-QD-5	CAH	周代	西周	742	2	陶		不确定	腹片	绳纹			
9	东港	DG-QD-5	CAH	周代	东周	742	3	陶		陶盆	口沿				
9	东港	DG-QD-5	CAH	周代	东周	742	4	陶		不确定	腹片				
9	东港	DG-QD-5	CAH	周代	东周	742	3	陶		不确定	腹片	绳纹			
9	东港	DG-QD-5	CAI	龙山	不确定	358	1	陶		陶器盖					
9	东港	DG-QD-5	CAI	周代	西周	742	1	陶		陶鬲	器足				
9	东港	DG-QD-5	CAI	周代	西周	742	1	陶		不确定	腹片	附加堆纹			
9	东港	DG-QD-5	CAI	周代	西周	742	5	陶		不确定	腹片	绳纹			
9	东港	DG-QD-5	CAI	周代	东周	742	1	陶		陶豆	豆柄				
9	东港	DG-QD-5	CAI	周代	东周	742	2	陶		不确定	腹片				
9	东港	DG-QD-5	CAI	周代	东周	742	6	陶		不确定	腹片	绳纹			
9	东港	DG-QD-5	CAJ	周代	西周	742	3	陶		不确定	腹片	绳纹			
9	东港	DG-QD-5	CAJ	周代	西周	742	1	陶		不确定	腹片	附加堆纹			
9	东港	DG-QD-5	CAJ	周代	西周	742	2	陶		不确定	腹片				
9	东港	DG-QD-5	CAJ	周代	东周	742	14	陶		不确定	腹片				
9	东港	DG-QD-5	CAJ	周代	东周	742	1	陶		不确定	腹片	绳纹			
9	东港	DG-QD-5	CAJ	汉代	不确定	968	2	陶		陶盆	口沿				
9	东港	DG-QD-5	CAJ	汉代	不确定	968	2	陶		陶瓦					
9	东港	DG-QD-5	CAK	周代	西周	742	1	陶		陶簋	器底/器足				
9	东港	DG-QD-5	CAK	周代	西周	742	4	陶		不确定	腹片	绳纹			

年度	县区	遗址	采集区	时代	分期	期段编号	数量	质地	石器种类	器形	部位	纹饰	颜色	质地	蛋壳陶
9	东港	DG-QD-5	CAK	周代	东周	742	1	陶		陶盆	口沿				
9	东港	DG-QD-5	CAK	周代	东周	742	3	陶		不确定	腹片				
9	东港	DG-QD-5	CAK	汉代	不确定	968	1	陶		陶盆	口沿				
9	东港	DG-QD-5	CAK	汉代	不确定	968	1	陶		陶瓦					
9	东港	DG-QD-5	CAL	周代	东周	742	4	陶		不确定	腹片				
9	东港	DG-QD-5	CAM	周代	东周	742	1	陶		不确定	腹片				
9	东港	DG-QD-6	单个遗址	周代	西周	741	1	陶		陶鬲	腹片				
9	东港	DG-QD-6	单个遗址	周代	西周	741	2	陶		不确定	腹片				
9	东港	DG-QDT-1	单个遗址	周代	西周	767	2	陶		陶鬲	腹片				
9	东港	DG-QDT-1	单个遗址	周代	西周	767	9	陶		不确定	腹片	绳纹			
9	东港	DG-QDT-1	单个遗址	周代	西周	767	1	陶		陶罐	口沿				
9	东港	DG-QDT-1	单个遗址	周代	东周	767	1	陶		陶盆	口沿				
9	东港	DG-QDT-1	单个遗址	周代	东周	767	1	陶		陶豆	口沿				
9	东港	DG-QDT-1	单个遗址	周代	东周	767	2	陶		陶豆	豆柄				
9	东港	DG-QDT-1	单个遗址	周代	东周	767	1	陶		陶盆	器底				
9	东港	DG-QDT-1	单个遗址	周代	东周	767	8	陶		不确定	腹片	绳纹			
9	东港	DG-QDT-1	单个遗址	汉代	不确定	997	2	陶		陶盆	口沿				
9	东港	DG-QDT-1	单个遗址	汉代	不确定	997	1	陶		不确定	腹片	绳纹			
7	东港	DG-QEZ-1	单个遗址	汉代	不确定	669	1	陶		陶瓦					
7	东港	DG-QEZ-2	单个遗址	汉代	不确定	683	1	陶		陶瓦					
7	东港	DG-QEZ-2	单个遗址	汉代	不确定	683	2	陶		不确定	腹片				
7	东港	DG-QEZ-3	单个遗址	汉代	不确定	669	3	陶		陶瓦					
7	东港	DG-QEZ-4	单个遗址	汉代	不确定	669	1	陶		陶盆	腹片				
7	东港	DG-QEZ-4	单个遗址	汉代	不确定	669	1	陶		陶瓦					
7	东港	DG-QEZ-5	CAA	汉代	不确定	669	1	陶		陶瓦					
7	东港	DG-QEZ-5	CAB	汉代	不确定	669	1	陶		陶瓦					
7	东港	DG-QEZ-5	CAC	汉代	不确定	669	1	陶		不确定	腹片				
7	东港	DG-QEZ-5	CAC	汉代	不确定	669	4	陶		陶瓦					
7	东港	DG-QEZ-5	CAD	汉代	不确定	669	1	陶		陶盆	口沿				
7	东港	DG-QEZ-5	CAD	汉代	不确定	669	21	陶		陶瓦					
7	东港	DG-QEZ-5	CAD	汉代	不确定	669	2	陶		不确定	腹片				
7	东港	DG-QEZ-5	CAE	汉代	不确定	669	1	陶		陶盆	口沿				
7	东港	DG-QEZ-6	单个遗址	汉代	不确定	689	1	陶		陶瓦					
7	东港	DG-QEZ-6	单个遗址	汉代	不确定	689	1	陶		不确定	腹片				
6	东港	DG-QGZ-1	单个遗址	龙山	不确定	229	2	陶		不确定	腹片				
8	东港	DG-QGZ-1	单个遗址	周代	东周	659	1	陶		陶盂	口沿				
6	东港	DG-QJDZ-1	单个遗址	汉代	西周	579	3	陶		陶瓦					
5	东港	DG-QJGZ-1	CAC	商代	不确定	17	1	陶		陶鬲	器足				
5	东港	DG-QJGZ-1	CAC	商代	不确定	17	1	陶		陶豆	口沿				
5	东港	DG-QJGZ-1	CAC	商代	不确定	17	1	陶		陶罐	器底	绳纹			
5	东港	DG-QJGZ-1	CAD	不确定			1	石	工具	石铲					
5	东港	DG-QJGZ-1	CAC	不确定			1	石	工具	石钺					
5	东港	DG-QJGZ-1	CAC	不确定			1	石	工具	石磨盘					
5	东港	DG-QJGZ-1	CAC	不确定			1	石	产品	半成品					
5	东港	DG-QJGZ-1	CAC	不确定			1	石	产品	石片			黑		
5	东港	DG-QJGZ-1	CAC	不确定			1	石	产品						

年度	县区	遗址	采集区	时代	分期	期段编号	数量	质地	石器种类	器形	部位	纹饰	颜色	质地	蛋壳陶
5	东港	DG-QJGZ-1	CAC	不确定			1	石	工具	石凿					
5	东港	DG-QJGZ-1	CAC	不确定			1	石	产品	石片					
5	东港	DG-QJGZ-1	CAB	岳石	不确定	4	1	陶		陶器盖					
5	东港	DG-QJGZ-1	CAB	岳石	不确定	4	1	陶		陶罐	口沿				
5	东港	DG-QJGZ-1	CAC	岳石	不确定	4	3	陶		陶罐	口沿				
5	东港	DG-QJGZ-1	CAC	岳石	不确定	4	1	陶		陶杯	器底				
5	东港	DG-QJGZ-1	CAC	岳石	不确定	4	3	陶		陶杯	腹片				
5	东港	DG-QJGZ-1	CAC	岳石	不确定	4	1	陶		陶罐	腹片	附加堆纹			
5	东港	DG-QJGZ-1	CAD	周代	东周	395	3	陶		陶罐	口沿				
5	东港	DG-QJGZ-1	CAD	周代	东周	395	2	陶		不确定	腹片				
5	东港	DG-QJGZ-1	CAD	周代	东周	395	3	陶		不确定	腹片	绳纹			
5	东港	DG-QJGZ-1	CAA	周代	西周	395	2	陶		陶鬲	器足				
5	东港	DG-QJGZ-1	CAA	周代	西周	395	3	陶		陶鬲	口沿				
5	东港	DG-QJGZ-1	CAA	周代	西周	395	14	陶		不确定	腹片				
5	东港	DG-QJGZ-1	CAA	周代	西周	395	50	陶		不确定	腹片	绳纹			
5	东港	DG-QJGZ-1	CAA	周代	西周	395	2	陶		不确定	腹片	弦纹			
5	东港	DG-QJGZ-1	CAB	周代	西周	395	2	陶		陶罐	口沿				
5	东港	DG-QJGZ-1	CAB	周代	西周	395	3	陶		陶甗	口沿				
5	东港	DG-QJGZ-1	CAB	周代	西周	395	2	陶		陶鬲	器足				
5	东港	DG-QJGZ-1	CAB	周代	西周	395	16	陶		不确定	腹片	绳纹			
5	东港	DG-QJGZ-1	CAC	周代	西周	395	2	陶		陶鬲	器足				
5	东港	DG-QJGZ-1	CAC	周代	西周	395	1	陶		陶甗	腹片				
5	东港	DG-QJGZ-1	CAC	周代	西周	395	8	陶		陶罐	口沿				
5	东港	DG-QJGZ-1	CAC	周代	西周	395	4	陶		陶罐	器底				
5	东港	DG-QJGZ-1	CAC	周代	西周	395	101	陶		不确定	腹片	绳纹			
5	东港	DG-QJGZ-1	CAC	周代	西周	395	4	陶		不确定	腹片	附加堆纹			
5	东港	DG-QJGZ-1	CAD	周代	西周	395	2	陶		陶鬲	口沿				
5	东港	DG-QJGZ-1	CAD	周代	西周	395	2	陶		陶盆	口沿				
5	东港	DG-QJGZ-1	CAD	周代	西周	395	1	陶		陶罐	器底				
5	东港	DG-QJGZ-1	CAD	周代	西周	395	4	陶		不确定	腹片				
5	东港	DG-QJGZ-1	CAD	周代	西周	395	10	陶		不确定	腹片				
5	东港	DG-QJGZ-1	CAD	周代	西周	395	1	陶		不确定	腹片	附加堆纹			
4	东港	DG-QJGZ-1	单个遗址	汉代	不确定	321	3	陶		陶瓦					
4	东港	DG-QJGZ-1	单个遗址	汉代	不确定	321	1	陶		不确定	腹片				
4	东港	DG-QJGZ-1	单个遗址	汉代	不确定	321	1	金属		工具					
5	东港	DG-QJGZ-2	单个遗址	汉代	不确定	447	2	陶		陶瓦					
4	东港	DG-QJGZ-2	单个遗址	汉代	不确定	322	5	陶		陶瓦					
4	东港	DG-QJGZ-2	单个遗址	周代	东周	268	1	陶		陶盆	口沿				
4	东港	DG-QJGZ-2	单个遗址	周代	东周	268	1	陶		不确定	腹片				
5	东港	DG-QJL-1	单个遗址	汉代	不确定	380	4	陶		陶瓦					
6	东港	DG-QJL-2	单个遗址	龙山	早期	228	1	陶		陶罐	口沿				
10	东港	DG-QJSG-1	CAA	周代	西周	805	1	陶		陶鬲	口沿				
10	东港	DG-QJSG-1	CAA	周代	西周	805	1	陶		陶罐	口沿				
10	东港	DG-QJSG-1	CAA	周代	西周	805	2	陶		陶罐	肩部	附加堆纹			
10	东港	DG-QJSG-1	CAA	周代	西周	805	1	陶		不确定	腹片	附加堆纹			
10	东港	DG-QJSG-1	CAA	周代	西周	805	9	陶		不确定	腹片	绳纹			

年度	县区	遗址	采集区	时代	分期	期段编号	数量	质地	石器种类	器形	部位	纹饰	颜色	质地	蛋壳陶
10	东港	DG-QJSG-1	CAA	周代	西周	805	1	陶		不确定	腹片				
10	东港	DG-QJSG-1	CAA	周代	东周	805	1	陶		陶罐	口沿				
10	东港	DG-QJSG-1	CAA	周代	东周	805	3	陶		陶盆	口沿				
10	东港	DG-QJSG-1	CAA	周代	东周	805	23	陶		不确定	腹片	绳纹			
10	东港	DG-QJSG-1	CAA	周代	东周	805	6	陶		不确定	腹片				
10	东港	DG-QJSG-1	CAA	汉代	不确定	1071	4	陶		陶瓦					
10	东港	DG-QJSG-1	CAA	汉代	不确定	1071	2	陶		不确定	腹片				
10	东港	DG-QJSG-1	CAB	周代	西周	805	1	陶		陶罐	口沿				
10	东港	DG-QJSG-1	CAB	周代	西周	805	15	陶		不确定	腹片	绳纹			
10	东港	DG-QJSG-1	CAB	周代	西周	805	2	陶		不确定	腹片				
10	东港	DG-QJSG-1	CAB	周代	东周	805	1	陶		陶罐	口沿				
10	东港	DG-QJSG-1	CAB	周代	东周	805	2	陶		不确定	腹片				
10	东港	DG-QJSG-1	CAB	汉代	不确定	1071	2	陶		陶瓦					
10	东港	DG-QJSG-1	CAB	汉代	不确定	1071	1	陶		砖					
10	东港	DG-QJSG-1	CAC	周代	东周	805	1	黏土		泥丸					
10	东港	DG-QJSG-2	单个遗址	周代	东周	804	1	陶		陶盆	颈部				
10	东港	DG-QJSG-2	单个遗址	周代	东周	804	1	陶		不确定	腹片				
10	东港	DG-QJSG-2	单个遗址	汉代	不确定	1070	1	陶		陶瓦					
7	东港	DG-QJTG-1	单个遗址	汉代	不确定	611	2	陶		陶盆	腹片				
7	东港	DG-QJTG-2	单个遗址	汉代	不确定	616	2	陶		不确定	腹片				
7	东港	DG-QJTG-3	单个遗址	汉代	不确定	622	1	陶		陶瓦					
4	东港	DG-QJZ-1	单个遗址	汉代	不确定	339	1	陶		陶瓦					
4	东港	DG-QJZ-2	单个遗址	汉代	不确定	341	1	陶		陶瓦					
4	东港	DG-QJZ-3	单个遗址	汉代	不确定	340	4	陶		陶瓦					
4	东港	DG-QJZ-4	单个遗址	汉代	不确定	338	3	陶		陶瓦					
4	东港	DG-QJZ-5	CAA	汉代	不确定	336	19	陶		陶瓦					
4	东港	DG-QJZ-5	CAA	汉代	不确定	336	1	陶		不确定	腹片				
4	东港	DG-QJZ-5	CAB	汉代	不确定	336	1	陶		陶罐	口沿				
4	东港	DG-QJZ-6	CAA	汉代	不确定	335	2	陶		陶瓦					
4	东港	DG-QJZ-6	CAA	汉代	不确定	335	2	陶		不确定	腹片				
4	东港	DG-QJZ-6	CAB	汉代	不确定	335	3	陶		陶瓦					
4	东港	DG-QJZ-6	CAB	汉代	不确定	335	2	陶		不确定	腹片				
4	东港	DG-QJZ-6	CAC	汉代	不确定	338	1	陶		陶瓦					
4	东港	DG-QJZ-6	CAB	周代	东周	279	2	陶		不确定	腹片				
4	东港	DG-QJZ-7	单个遗址	汉代	不确定	337	2	陶		陶罐	口沿				
4	东港	DG-QJZ-7	单个遗址	汉代	不确定	337	1	陶		陶盆	器底				
4	东港	DG-QJZ-7	单个遗址	汉代	不确定	337	5	陶		陶瓦					
4	东港	DG-QJZ-7	单个遗址	汉代	不确定	337	3	陶		不确定	腹片				
4	东港	DG-QJZ-8	单个遗址	周代	东周	280	3	陶		不确定	腹片				
5	东港	DG-QLH-1	CAA	周代	东周	315	1	陶		陶罐	口沿				
5	东港	DG-QLH-1	CAA	周代	东周	315	1	陶		不确定	腹片	绳纹			
5	东港	DG-QLH-1	CAB	周代	东周	315	1	陶		陶盆	口沿				
5	东港	DG-QLH-1	CAB	周代	东周	315	1	陶		不确定	腹片	绳纹			
5	东港	DG-QLH-1	CAE	周代	东周	315	3	陶		不确定	腹片				
5	东港	DG-QLH-1	CAE	周代	东周	315	3	陶		不确定	腹片	绳纹			
5	东港	DG-QLH-1	CAA	周代	不确定	315	1	黏土		烧土					

年度	县区	遗址	采集区	时代	分期	期段编号	数量	质地	石器种类	器形	部位	纹饰	颜色	质地	蛋壳陶
5	东港	DG-QLH-1	CAA	周代	西周	315	2	陶		陶鬲	器足				
5	东港	DG-QLH-1	CAA	周代	西周	315	15	陶		不确定	腹片				
5	东港	DG-QLH-1	CAA	周代	西周	315	42	陶		不确定	腹片	绳纹			
5	东港	DG-QLH-1	CAB	周代	西周	315	1	陶		陶拍					
5	东港	DG-QLH-1	CAB	周代	西周	315	4	陶		陶鬲	器足				
5	东港	DG-QLH-1	CAB	周代	西周	315	1	陶		陶鬲	口沿				
5	东港	DG-QLH-1	CAB	周代	西周	315	2	陶		陶罐	口沿				
5	东港	DG-QLH-1	CAB	周代	西周	315	1	陶		陶罐	器底				
5	东港	DG-QLH-1	CAB	周代	西周	315	29	陶		不确定	腹片				
5	东港	DG-QLH-1	CAB	周代	西周	315	3	陶		不确定	腹片	附加堆纹			
5	东港	DG-QLH-1	CAB	周代	西周	315	1	陶		不确定	腹片	弦纹			
5	东港	DG-QLH-1	CAB	周代	西周	315	30	陶		不确定	腹片	绳纹			
5	东港	DG-QLH-1	CAC	周代	西周	315	2	陶		陶鬲	口沿				
5	东港	DG-QLH-1	CAC	周代	西周	315	6	陶		不确定	腹片				
5	东港	DG-QLH-1	CAC	周代	西周	315	1	陶		不确定	腹片	附加堆纹			
5	东港	DG-QLH-1	CAC	周代	西周	315	29	陶		不确定	腹片	绳纹			
5	东港	DG-QLH-1	CAD	周代	西周	315	2	陶		陶鬲	口沿				
5	东港	DG-QLH-1	CAD	周代	西周	315	1	陶		陶豆	把手				
5	东港	DG-QLH-1	CAD	周代	西周	315	4	陶		不确定	腹片				
5	东港	DG-QLH-1	CAD	周代	西周	315	1	陶		不确定	腹片	附加堆纹			
5	东港	DG-QLH-1	CAD	周代	西周	315	19	陶		不确定	腹片	绳纹			
5	东港	DG-QLH-1	CAE	周代	西周	315	6	陶		不确定	腹片	绳纹			
5	东港	DG-QLH-1	CAF	周代	西周	315	2	陶		陶鬲	器足				
5	东港	DG-QLH-1	CAF	周代	西周	315	1	陶		陶鬲	口沿				
5	东港	DG-QLH-1	CAF	周代	西周	315	1	陶		陶罐	器底				
5	东港	DG-QLH-1	CAF	周代	西周	315	2	陶		不确定	腹片				
5	东港	DG-QLH-1	CAF	周代	西周	315	12	陶		不确定	腹片	绳纹			
4	东港	DG-QLH-1	单个遗址	汉代	不确定	460	1	陶		陶盆	口沿				
4	东港	DG-QLH-1	单个遗址	汉代	不确定	460	2	陶		陶瓦					
4	东港	DG-QLH-1	单个遗址	周代	东周	315	1	陶		不确定	腹片				
4	东港	DG-QLH-1	单个遗址	周代	东周	315	1	陶		不确定	腹片	绳纹			
4	东港	DG-QLH-1	单个遗址	周代	西周	315	5	陶		陶鬲	口沿				
4	东港	DG-QLH-1	单个遗址	周代	西周	315	2	陶		陶鬲	口沿	绳纹			
4	东港	DG-QLH-1	单个遗址	周代	西周	315	5	陶		陶鬲	器足	绳纹			
4	东港	DG-QLH-1	单个遗址	周代	西周	315	3	陶		陶罐	口沿	绳纹			
4	东港	DG-QLH-1	单个遗址	周代	西周	315	3	陶		陶罐	口沿				
4	东港	DG-QLH-1	单个遗址	周代	西周	315	1	陶		陶罐	器底				
4	东港	DG-QLH-1	单个遗址	周代	西周	315	1	陶		陶罐	器底	绳纹			
4	东港	DG-QLH-1	单个遗址	周代	西周	315	74	陶		不确定	腹片	绳纹			
4	东港	DG-QLH-1	单个遗址	周代	西周	315	5	陶		不确定	腹片				
4	东港	DG-QLH-1	单个遗址	周代	西周	315	1	陶		不确定	腹片	弦纹			
8	东港	DG-QLH-1	单个遗址	周代	西周	712	1	陶		陶鬲	器足				
8	东港	DG-QLH-1	单个遗址	周代	西周	712	1	陶		不确定	腹片	绳纹			
5	东港	DG-QLH-2	单个遗址	汉代	不确定	377	1	陶		陶罐	口沿				
5	东港	DG-QLH-2	单个遗址	汉代	不确定	377	3	陶		陶瓦					
8	东港	DG-QLH-2	单个遗址	汉代	不确定	932	3	陶		陶瓦					

年度	县区	遗址	采集区	时代	分期	期段编号	数量	质地	石器种类	器形	部位	纹饰	颜色	质地	蛋壳陶
8	东港	DG-QLH-2	单个遗址	汉代	不确定	932	1	陶		陶盆	口沿				
8	东港	DG-QLH-2	单个遗址	汉代	不确定	932	1	陶		不确定	腹片				
7	东港	DG-QQY-1	单个遗址	汉代	不确定	640	5	陶		陶瓦					
7	东港	DG-QQY-2	CAA	周代	东周	507	2	陶		陶盆	口沿				
7	东港	DG-QQY-2	CAA	周代	东周	507	1	陶		陶罐	器底				
7	东港	DG-QQY-2	CAA	周代	东周	507	3	陶		不确定	腹片				
7	东港	DG-QQY-2	CAA	汉代	不确定	642	1	陶		陶盆	口沿				
7	东港	DG-QQY-2	CAA	汉代	不确定	642	9	陶		陶瓦					
7	东港	DG-QQY-2	CAA	汉代	不确定	642	2	陶		不确定	腹片				
5	东港	DG-QSG-1	单个遗址	汉代	不确定	444	2	陶		陶瓦					
5	东港	DG-QSJGZ-1	单个遗址	汉代	不确定	404	2	陶		陶瓦					
5	东港	DG-QSJGZ-2	单个遗址	汉代	不确定	403	1	陶		陶瓦					
5	东港	DG-QSJGZ-3	单个遗址	汉代	不确定	401	9	陶		陶瓦					
5	东港	DG-QSJGZ-3	单个遗址	龙山	不确定	169	3	陶		不确定	腹片				
5	东港	DG-QSJGZ-4	单个遗址	龙山	不确定	170	2	陶		不确定	腹片				
5	东港	DG-QSJGZ-5	单个遗址	汉代	不确定	400	1	陶		陶瓦					
5	东港	DG-QSJGZ-6	单个遗址	汉代	不确定	395	2	陶		陶罐	口沿				
5	东港	DG-QSJGZ-6	单个遗址	周代	不确定	330	1	陶		不确定	腹片				
5	东港	DG-QSJGZ-7	CAA	汉代	不确定	394	2	陶		陶瓦					
5	东港	DG-QSJGZ-7	CAB	汉代	不确定	394	2	陶		陶瓦					
5	东港	DG-QSQ-1	CAA	汉代	不确定	393	3	陶		陶瓦					
5	东港	DG-QSQ-1	CAB	汉代	不确定	393	6	陶		陶瓦					
5	东港	DG-QSQ-1	CAC	汉代	不确定	393	7	陶		陶瓦					
5	东港	DG-QSQ-1	CAC	汉代	不确定	393	1	陶		不确定	腹片				
5	东港	DG-QSQ-1	CAB	龙山	早期	168	2	陶		陶鼎	器足				
5	东港	DG-QSQ-1	CAB	龙山	早期	168	2	陶		陶鬶	器足				
5	东港	DG-QSQ-1	CAB	龙山	中期	168	2	陶		陶鼎	器足				
5	东港	DG-QSQ-1	CAB	龙山	中期	168	1	陶		陶鼎	口沿				
5	东港	DG-QSQ-1	CAB	龙山	中期	168	4	陶		陶罐	器底				
5	东港	DG-QSQ-1	CAB	龙山	中期	168	3	陶		不确定	把手				
5	东港	DG-QSQ-1	CAC	龙山	中期	168	1	陶		陶罐	口沿				
5	东港	DG-QSQ-1	CAC	龙山	中期	168	5	陶		不确定	腹片				
5	东港	DG-QSQ-1	CAA	龙山	不确定	168	8	陶		不确定	腹片				
5	东港	DG-QSQ-1	CAB	龙山	不确定	168	69	陶		不确定	腹片				
5	东港	DG-QSQ-1	CAB	龙山	不确定	168	2	陶		不确定	腹片	篮纹			
5	东港	DG-QSQ-1	CAB	龙山	不确定	168	5	陶		不确定	腹片	弦纹			
5	东港	DG-QSQ-1	CAB	龙山	不确定	168	5	陶		不确定	腹片			泥质	是
5	东港	DG-QSQ-1	CAC	周代	西周	328	1	陶		陶罐	器底	绳纹			
5	东港	DG-QSQ-1	CAC	周代	西周	328	2	陶		不确定	腹片	绳纹			
5	东港	DG-QSQ-1	CAA	周代	西周	329	2	陶		不确定	腹片				
5	东港	DG-QSQ-1	CAA	周代	西周	329	3	陶		不确定	腹片	绳纹			
5	东港	DG-QSQ-2	单个遗址	汉代	不确定	391	1	陶		陶瓦					
5	东港	DG-QSQ-2	单个遗址	周代	西周	327	3	陶		不确定	腹片				
5	东港	DG-QSQ-3	单个遗址	汉代	不确定	392	2	陶		陶瓦					
5	东港	DG-QSQ-3	单个遗址	龙山	不确定	167	1	陶		陶罐	器底				
6	东港	DG-QTLB-1	单个遗址	周代	东周	461	1	陶		陶罐	肩部				

年度	县区	遗址	采集区	时代	分期	期段编号	数量	质地	石器种类	器形	部位	纹饰	颜色	质地	蛋壳陶
6	东港	DG-QTLB-1	单个遗址	周代	不确定	461	1	陶		陶罐	腹片				
6	东港	DG-QTLB-1	单个遗址	汉代	西周	565	4	陶		陶瓦					
6	东港	DG-QTX-1	CAA	周代	东周	481	1	陶		陶罐	肩部				
6	东港	DG-QTX-1	CAA	周代	东周	481	2	陶		陶罐	腹片				
6	东港	DG-QTX-1	CAA	汉代	西周	577	5	陶		陶瓦					
6	东港	DG-QTX-1	CAA	汉代	西周	577	2	陶		不确定	腹片				
6	东港	DG-QTX-1	CAB	不确定			1	石	工具	石铲					
6	东港	DG-QTX-1	CAB	周代	东周	481	1	陶		陶瓦					
6	东港	DG-QTX-1	CAB	周代	东周	481	4	陶		不确定	腹片				
6	东港	DG-QTX-1	CAB	汉代	西周	577	33	陶		陶瓦					
6	东港	DG-QTX-1	CAC	周代	东周	481	1	陶		陶盆	口沿				
6	东港	DG-QTX-1	CAC	周代	东周	481	1	陶		不确定	腹片				
6	东港	DG-QTX-1	CAC	汉代	西周	577	2	陶		陶瓦					
6	东港	DG-QTX-1	CAC	汉代	西周	577	4	陶		不确定	腹片				
6	东港	DG-QTX-1	CAD	汉代	西周	577	4	陶		陶瓦					
6	东港	DG-QTX-1	CAE	汉代	西周	577	1	陶		陶罐	口沿				
6	东港	DG-QTX-1	CAE	汉代	西周	577	1	陶		陶罐	腹片				
6	东港	DG-QTX-1	CAE	汉代	西周	577	3	陶		陶瓦					
7	东港	DG-QWLH-1	单个遗址	龙山	早期	240	1	陶		陶鼎	口沿				
7	东港	DG-QWLH-1	单个遗址	龙山	早期	240	3	陶		陶鼎	器足				
7	东港	DG-QWLH-1	单个遗址	龙山	早期	240	1	陶		陶甗	器足				
7	东港	DG-QWLH-1	单个遗址	龙山	早期	240	7	陶		陶匜	口沿				
7	东港	DG-QWLH-1	单个遗址	龙山	早期	240	1	陶		陶盆	口沿				
7	东港	DG-QWLH-1	单个遗址	龙山	早期	240	2	陶		陶器盖	口沿				
7	东港	DG-QWLH-1	单个遗址	龙山	早期	240	8	陶		陶罐	器底				
7	东港	DG-QWLH-1	单个遗址	龙山	早期	240	1	陶		不确定	腹片	篮纹			
7	东港	DG-QWLH-1	单个遗址	龙山	早期	240	53	陶		不确定	腹片				
7	东港	DG-QWLH-1	单个遗址	汉代	不确定	662	3	陶		陶瓦					
7	东港	DG-QWLH-1	ZHANG-11	龙山	不确定	240	1	陶		陶圈足盘	腹片				
7	东港	DG-QWLH-1	ZHANG-11	周代	西周	637	1	陶		陶鬲	器足				
7	东港	DG-QWLH-1	ZHANG-11	周代	西周	637	4	陶		不确定	腹片	绳纹			
7	东港	DG-QWLH-1	ZHANG-11	周代	西周	637	1	陶		不确定	腹片				
7	东港	DG-QWLH-1	ZHANG-11	汉代	不确定	662	6	陶		陶瓦					
7	东港	DG-QWLH-1	ZHANG-11	汉代	不确定	662	1	陶		不确定	腹片				
9	东港	DG-QXT-1	单个遗址	汉代	不确定	996	1	陶		不确定	腹片				
9	东港	DG-QXT-1	单个遗址	汉代	不确定	996	1	陶		陶瓦					
6	东港	DG-QXT-2	单个遗址	龙山	不确定	233	2	陶		不确定	腹片				
6	东港	DG-QXT-2	单个遗址	周代	东周	480	2	陶		陶瓦					
6	东港	DG-QXT-2	单个遗址	周代	东周	480	5	陶		不确定	腹片				
9	东港	DG-QXT-2	单个遗址	周代	西周	770	2	陶		不确定	腹片				
9	东港	DG-QXT-2	单个遗址	周代	西周	770	3	陶		不确定	腹片	绳纹			
9	东港	DG-QXT-2	单个遗址	汉代	不确定	1000	1	陶		陶瓮	口沿				
9	东港	DG-QXT-2	单个遗址	汉代	不确定	1000	1	陶		陶瓦					
9	东港	DG-QXT-3	单个遗址	汉代	不确定	999	4	陶		陶瓦					
9	东港	DG-QXT-4	单个遗址	周代	西周	768	1	陶		陶鬲	口沿				
9	东港	DG-QXT-4	单个遗址	周代	西周	768	1	陶		陶罐	口沿				

年度	县区	遗址	采集区	时代	分期	期段编号	数量	质地	石器种类	器形	部位	纹饰	颜色	质地	蛋壳陶
9	东港	DG-QXT-4	单个遗址	周代	西周	768	5	陶		陶鬲	腹片				
9	东港	DG-QXT-4	单个遗址	周代	西周	768	5	陶		不确定	腹片	绳纹			
9	东港	DG-QXT-4	单个遗址	周代	东周	768	3	陶		陶罐	腹片	绳纹			
9	东港	DG-QXT-4	单个遗址	汉代	不确定	998	3	陶		陶瓦					
5	东港	DG-QZC-1	CAC	汉代	不确定	459	1	陶		陶瓦					
5	东港	DG-QZC-1	CAH	龙山	不确定	182	3	陶		不确定	腹片				
5	东港	DG-QZC-1	CAJ	商代	不确定	15	1	陶		陶鬲	器足				
5	东港	DG-QZC-1	CAE	商代	不确定	16	1	陶		陶鬲	器足				
5	东港	DG-QZC-1	CAF	不确定			1	石	不确定	鹅卵石					
5	东港	DG-QZC-1	CAI	岳石	不确定	3	1	陶		陶杯	口沿				
5	东港	DG-QZC-1	CAI	岳石	不确定	3	1	陶		不确定	腹片				
5	东港	DG-QZC-1	CAO	岳石	不确定	3	1	陶		陶豆	口沿				
5	东港	DG-QZC-1	CAA	周代	东周	383	1	陶		陶豆	豆盘				
5	东港	DG-QZC-1	CAA	周代	东周	383	3	陶		不确定	腹片				
5	东港	DG-QZC-1	CAA	周代	东周	383	4	陶		不确定	腹片	绳纹			
5	东港	DG-QZC-1	CAB	周代	东周	383	1	陶		陶豆	豆盘				
5	东港	DG-QZC-1	CAB	周代	东周	383	1	陶		不确定	腹片				
5	东港	DG-QZC-1	CAB	周代	东周	383	1	陶		不确定	腹片	弦纹			
5	东港	DG-QZC-1	CAB	周代	东周	383	24	陶		不确定	腹片	绳纹			
5	东港	DG-QZC-1	CAC	周代	东周	383	4	陶		不确定	腹片				
5	东港	DG-QZC-1	CAH	周代	东周	383	4	陶		不确定	腹片				
5	东港	DG-QZC-1	CAH	周代	东周	383	1	陶		不确定	腹片	绳纹			
5	东港	DG-QZC-1	CAM	周代	东周	383	2	陶		不确定	腹片	绳纹			
5	东港	DG-QZC-1	CAN	周代	东周	383	1	陶		陶盆	器底				
5	东港	DG-QZC-1	CAP	周代	东周	383	2	陶		陶罐	器底				
5	东港	DG-QZC-1	CAA	周代	西周	383	6	陶		不确定	腹片	绳纹			
5	东港	DG-QZC-1	CAB	周代	西周	383	6	陶		不确定	腹片	绳纹			
5	东港	DG-QZC-1	CAC	周代	西周	383	1	陶		不确定	腹片				
5	东港	DG-QZC-1	CAD	周代	西周	383	2	陶		陶罐	口沿				
5	东港	DG-QZC-1	CAD	周代	西周	383	3	陶		不确定	腹片				
5	东港	DG-QZC-1	CAD	周代	西周	383	40	陶		不确定	腹片	绳纹			
5	东港	DG-QZC-1	CAE	周代	西周	383	10	陶		陶罐	口沿				
5	东港	DG-QZC-1	CAE	周代	西周	383	1	陶		不确定	器底				
5	东港	DG-QZC-1	CAE	周代	西周	383	1	陶		陶罐	器底				
5	东港	DG-QZC-1	CAE	周代	西周	383	2	陶		不确定	腹片				
5	东港	DG-QZC-1	CAE	周代	西周	383	17	陶		不确定	腹片	绳纹			
5	东港	DG-QZC-1	CAF	周代	西周	383	1	陶		陶鬲	口沿				
5	东港	DG-QZC-1	CAF	周代	西周	383	1	陶		陶盆	口沿				
5	东港	DG-QZC-1	CAF	周代	西周	383	3	陶		不确定	腹片				
5	东港	DG-QZC-1	CAF	周代	西周	383	13	陶		不确定	腹片	绳纹			
5	东港	DG-QZC-1	CAG	周代	西周	383	1	陶		陶罐	口沿				
5	东港	DG-QZC-1	CAG	周代	西周	383	1	陶		陶罐	器底				
5	东港	DG-QZC-1	CAG	周代	西周	383	4	陶		陶罐	腹片				
5	东港	DG-QZC-1	CAG	周代	西周	383	15	陶		陶罐	腹片	绳纹			
5	东港	DG-QZC-1	CAH	周代	西周	383	3	陶		不确定	腹片				
5	东港	DG-QZC-1	CAH	周代	西周	383	5	陶		不确定	腹片	绳纹			

年度	县区	遗址	采集区	时代	分期	期段编号	数量	质地	石器种类	器形	部位	纹饰	颜色	质地	蛋壳陶
5	东港	DG-QZC-1	CAI	周代	西周	383	2	陶		陶鬲	口沿				
5	东港	DG-QZC-1	CAI	周代	西周	383	1	陶		陶鬲	器足				
5	东港	DG-QZC-1	CAI	周代	西周	383	1	陶		不确定	腹片				
5	东港	DG-QZC-1	CAI	周代	西周	383	17	陶		不确定	腹片	绳纹			
5	东港	DG-QZC-1	CAJ	周代	西周	383	1	陶		陶鬲	器足				
5	东港	DG-QZC-1	CAJ	周代	西周	383	45	陶		不确定	腹片	绳纹			
5	东港	DG-QZC-1	CAK	周代	西周	383	1	陶		陶鬲	口沿				
5	东港	DG-QZC-1	CAK	周代	西周	383	1	陶		陶盘	口沿				
5	东港	DG-QZC-1	CAK	周代	西周	383	1	陶		不确定	腹片	弦纹			
5	东港	DG-QZC-1	CAK	周代	西周	383	56	陶		不确定	腹片	绳纹			
5	东港	DG-QZC-1	CAK	周代	西周	383	3	陶		不确定	腹片				
5	东港	DG-QZC-1	CAL	周代	西周	383	6	陶		不确定	腹片	绳纹			
5	东港	DG-QZC-1	CAM	周代	西周	383	1	陶		不确定	腹片				
5	东港	DG-QZC-1	CAM	周代	西周	383	6	陶		不确定	腹片	绳纹			
5	东港	DG-QZC-1	CAN	周代	西周	383	1	陶		陶鬲	口沿				
5	东港	DG-QZC-1	CAN	周代	西周	383	8	陶		不确定	腹片	绳纹			
5	东港	DG-QZC-1	CAO	周代	西周	383	1	陶		陶鬲	口沿				
5	东港	DG-QZC-1	CAO	周代	西周	383	1	陶		陶鬲	器足				
5	东港	DG-QZC-1	CAO	周代	西周	383	1	陶		陶豆	口沿				
5	东港	DG-QZC-1	CAO	周代	西周	383	1	陶		陶罐	器底				
5	东港	DG-QZC-1	CAO	周代	西周	383	2	陶		不确定	腹片				
5	东港	DG-QZC-1	CAO	周代	西周	383	12	陶		不确定	腹片	绳纹			
5	东港	DG-QZC-1	CAP	周代	西周	383	1	陶		不确定	腹片				
5	东港	DG-QZC-1	CAP	周代	西周	383	8	陶		不确定	腹片	绳纹			
5	东港	DG-QZC-1	CAQ	周代	西周	383	11	陶		不确定	腹片	绳纹			
5	东港	DG-QZC-1	CAQ	周代	西周	383	1	陶		不确定	腹片	弦纹, 绳纹			
5	东港	DG-QZC-1	CAR	周代	西周	383	1	陶		陶罐	口沿				
5	东港	DG-QZC-1	CAR	周代	西周	383	1	陶		不确定	腹片				
5	东港	DG-QZC-1	CAR	周代	西周	383	6	陶		不确定	腹片	附加堆纹			
5	东港	DG-QZC-2	单个遗址	周代	西周	384	1	陶		陶鬲	口沿				
5	东港	DG-QZC-2	单个遗址	周代	西周	384	2	陶		不确定	腹片				
5	东港	DG-QZC-2	单个遗址	周代	西周	384	12	陶		不确定	腹片	绳纹			
5	东港	DG-QZC-3	单个遗址	周代	西周	386	1	陶		陶鬲	器足				
5	东港	DG-QZC-3	单个遗址	周代	西周	386	2	陶		陶罐	口沿				
5	东港	DG-QZC-3	单个遗址	周代	西周	386	1	陶		陶罐	器底				
5	东港	DG-QZC-3	单个遗址	周代	西周	386	6	陶		不确定	腹片				
5	东港	DG-QZC-3	单个遗址	周代	西周	386	2	陶		不确定	腹片	弦纹			
5	东港	DG-QZC-3	单个遗址	周代	西周	386	18	陶		不确定	腹片	绳纹			
5	东港	DG-QZC-4	单个遗址	汉代	不确定	435	1	陶		陶瓦					
5	东港	DG-QZC-5	单个遗址	汉代	不确定	436	2	陶		不确定	腹片				
13	东港	DG-QZT-1	单个遗址	汉代		1619	1	陶		陶瓦					
13	东港	DG-QZT-2	单个遗址	汉代		1618	1	陶		陶罐	器底				
5	东港	DG-RJC-1	单个遗址	周代	东周	388	1	陶		陶盆	口沿				
5	东港	DG-RJC-1	单个遗址	周代	东周	388	2	陶		不确定	腹片				
5	东港	DG-RJC-1	单个遗址	周代	东周	388	1	陶		不确定	腹片	绳纹			
5	东港	DG-RJC-2	单个遗址	汉代	不确定	437	1	陶		陶瓦					

年度	县区	遗址	采集区	时代	分期	期段编号	数量	质地	石器种类	器形	部位	纹饰	颜色	质地	蛋壳陶
4	东港	Dg-RJZ-1	单个遗址	周代	东周	287	1	陶		陶罐	口沿				
4	东港	Dg-RJZ-1	单个遗址	周代	东周	287	1	陶		不确定	腹片				
4	东港	DG-RJZ-2	单个遗址	汉代	不确定	351	1	陶		陶盆	口沿				
4	东港	DG-RJZ-2	单个遗址	汉代	不确定	351	1	陶		陶瓦					
8	东港	DG-SH-1	单个遗址	汉代	不确定	903	1	陶		陶盆	口沿				
8	东港	DG-SH-1	单个遗址	汉代	不确定	903	2	陶		陶瓦					
8	东港	DG-SH-2	单个遗址	汉代	不确定	906	1	陶		陶瓦					
8	东港	DG-SH-3	单个遗址	汉代	不确定	907	4	陶		陶瓦					
8	东港	DG-SH-3	单个遗址	汉代	不确定	907	1	陶		不确定	腹片	绳纹			
8	东港	DG-SH-4	单个遗址	汉代	不确定	904	1	陶		陶盆	口沿				
8	东港	DG-SH-4	单个遗址	汉代	不确定	904	2	陶		陶瓦					
8	东港	DG-SH-5	单个遗址	汉代	不确定	905	1	陶		陶瓦					
7	东港	DG-SHA-1	单个遗址	汉代	不确定	694	1	陶		陶瓦					
7	东港	DG-SHA-1	单个遗址	汉代	不确定	694	1	陶		不确定	腹片				
7	东港	DG-SHA-2	单个遗址	汉代	不确定	699	1	陶		陶瓦					
5	东港	DG-ShJC-1	单个遗址	汉代	不确定	366	1	陶		陶罐	口沿				
5	东港	DG-ShJC-1	单个遗址	汉代	不确定	366	1	陶		陶瓦					
5	东港	DG-ShJC-1	单个遗址	龙山	不确定	161	1	陶		陶罐	器底				
5	东港	DG-ShJC-1	单个遗址	龙山	不确定	161	19	陶		不确定	腹片				
5	东港	DG-ShJC-1	单个遗址	龙山	不确定	161	2	陶		不确定	腹片	弦纹			
5	东港	DG-ShJC-1	单个遗址	龙山	不确定	161	4	陶		不确定	腹片			泥质	是
13	东港	DG-SHT-1	单个遗址	汉代		1617	2	陶		陶盆	口沿				
13	东港	DG-SHT-1	单个遗址	汉代		1617	23	陶		陶瓦					
13	东港	DG-SHT-2	单个遗址	汉代		1615	1	陶		不确定	腹片				
13	东港	DG-SHT-2	单个遗址	汉代		1615	2	陶		陶瓦					
5	东港	DG-SJC-1	CAB	汉代	不确定	456	1	陶		陶瓦					
5	东港	DG-SJC-1	CAD	汉代	不确定	456	1	陶		陶瓦					
5	东港	DG-SJC-1	CAE	汉代	不确定	456	1	陶		陶罐	口沿				
5	东港	DG-SJC-1	CAE	汉代	不确定	456	1	陶		陶瓦					
5	东港	DG-SJC-1	CAA	龙山	早期	193	1	陶		陶鼎	器足				
5	东港	DG-SJC-1	CAA	龙山	早期	193	3	陶		不确定	腹片				
5	东港	DG-SJC-1	CAA	龙山	早期	193	1	陶		不确定	腹片	篮纹			
5	东港	DG-SJC-1	CAB	龙山	早期	193	2	陶		陶鼎	器足				
5	东港	DG-SJC-1	CAB	龙山	早期	193	2	陶		陶鼎	口沿				
5	东港	DG-SJC-1	CAB	龙山	早期	193	3	陶		陶匜	口沿				
5	东港	DG-SJC-1	CAB	龙山	早期	193	1	陶		陶罐	口沿				
5	东港	DG-SJC-1	CAB	龙山	早期	193	2	陶		陶罐	器底				
5	东港	DG-SJC-1	CAB	龙山	早期	193	34	陶		不确定	腹片				
5	东港	DG-SJC-1	CAB	龙山	早期	193	1	陶		不确定	腹片	篮纹			
5	东港	DG-SJC-1	CAB	龙山	早期	193	1	陶		不确定	腹片	附加堆纹			
5	东港	DG-SJC-1	CAC	龙山	早期	193	5	陶		陶鼎	器足				
5	东港	DG-SJC-1	CAC	龙山	早期	193	1	陶		陶鬶	器足				
5	东港	DG-SJC-1	CAC	龙山	早期	193	1	陶		陶罐	口沿				
5	东港	DG-SJC-1	CAC	龙山	早期	193	2	陶		陶罐	器底				
5	东港	DG-SJC-1	CAC	龙山	早期	193	3	陶		陶匜	口沿				
5	东港	DG-SJC-1	CAD	龙山	早期	193	3	陶		陶鼎	器足				

年度	县区	遗址	采集区	时代	分期	期段编号	数量	质地	石器种类	器形	部位	纹饰	颜色	质地	蛋壳陶
5	东港	DG-SJC-1	CAD	龙山	早期	193	1	陶		陶罐	口沿				
5	东港	DG-SJC-1	CAE	龙山	早期	193	6	陶		陶鼎	器足				
5	东港	DG-SJC-1	CAE	龙山	早期	193	2	陶		陶盆	口沿				
5	东港	DG-SJC-1	CAE	龙山	早期	193	2	陶		陶匜	口沿				
5	东港	DG-SJC-1	CAE	龙山	早期	193	1	陶		陶罐	口沿				
5	东港	DG-SJC-1	CAE	龙山	早期	193	1	陶		陶鼎	器底				
5	东港	DG-SJC-1	CAE	龙山	早期	193	2	陶		陶罐	器底				
5	东港	DG-SJC-1	CAE	龙山	早期	193	2	陶		陶器盖					
5	东港	DG-SJC-1	CAC	龙山	中期	193	1	陶		陶鼎	器足				
5	东港	DG-SJC-1	CAC	龙山	中期	193	2	陶		陶罐	口沿				
5	东港	DG-SJC-1	CAC	龙山	中期	193	1	陶		陶罐	器底				
5	东港	DG-SJC-1	CAC	龙山	中期	193	1	陶		陶盆	口沿				
5	东港	DG-SJC-1	CAC	龙山	中期	193	2	陶		陶匜	口沿				
5	东港	DG-SJC-1	CAC	龙山	中期	193	1	陶		不确定	把手				
5	东港	DG-SJC-1	CAC	龙山	不确定	193	38	陶		不确定	腹片				
5	东港	DG-SJC-1	CAC	龙山	不确定	193	2	陶		不确定	腹片	篮纹			
5	东港	DG-SJC-1	CAD	龙山	不确定	193	4	陶		不确定	腹片				
5	东港	DG-SJC-1	CAE	龙山	不确定	193	32	陶		不确定	腹片				
5	东港	DG-SJC-1	CAE	龙山	不确定	193	1	陶		不确定	腹片	篮纹			
5	东港	DG-SJC-1	CAE	龙山	不确定	193	1	陶		不确定	腹片	弦纹			
5	东港	DG-SJC-1	CAB	不确定			1	黏土		烧土					
5	东港	DG-SJC-1	CAB	不确定			1	石	工具	不确定					
5	东港	DG-SJC-1	CAC	不确定			1	石	工具	石铲					
5	东港	DG-SJC-1	CAC	不确定			1	石	不确定	石板					
5	东港	DG-SJC-1	CAD	不确定			1	石	工具	石斧					
5	东港	DG-SJC-1	CAE	不确定			1	石	工具	石铲					
5	东港	DG-SJC-1	CAE	不确定			1	石	工具	石刀					
5	东港	DG-SJC-1	CAE	不确定			1	石	工具	不确定					
5	东港	DG-SJC-1	CAE	不确定			1	石	石料	坯料					
5	东港	DG-SJC-1	CAD	周代	不确定	400	1	陶		陶罐	器底				
5	东港	DG-SJC-1	CAB	周代	东周	401	1	陶		不确定	腹片	绳纹			
4	东港	DG-SJC-1	单个遗址	大汶口	不确定	4	1	陶		不确定	腹片			泥质	
4	东港	DG-SJC-1	单个遗址	汉代	不确定	456	3	陶		陶瓦					
4	东港	DG-SJC-1	单个遗址	汉代	不确定	456	1	陶		不确定	口沿				
4	东港	DG-SJC-1	单个遗址	龙山	早期	193	6	陶		陶鼎	器足			粗砂	
4	东港	DG-SJC-1	单个遗址	龙山	早期	193	2	陶		陶鼎	口沿			粗砂	
4	东港	DG-SJC-1	单个遗址	龙山	早期	193	2	陶		陶鼎	器底			粗砂	
4	东港	DG-SJC-1	单个遗址	龙山	早期	193	3	陶		陶匜	口沿			粗砂	
4	东港	DG-SJC-1	单个遗址	龙山	早期	193	1	陶		陶匜	口沿			粗砂	
4	东港	DG-SJC-1	单个遗址	龙山	早期	193	3	陶		陶罐	口沿			粗砂	
4	东港	DG-SJC-1	单个遗址	龙山	早期	193	2	陶		陶罐	器底			粗砂	
4	东港	DG-SJC-1	单个遗址	龙山	早期	193	1	陶		陶鼎	口沿			泥质	是
4	东港	DG-SJC-1	单个遗址	龙山	早期	193	1	陶		陶鬶	腹片		白	泥质	是
4	东港	DG-SJC-1	单个遗址	龙山	中期	193	1	陶		陶罐	口沿			粗砂	
4	东港	DG-SJC-1	单个遗址	龙山	中期	193	1	陶		陶盆	口沿			泥质	是
4	东港	DG-SJC-1	单个遗址	龙山	不确定	193	5	陶		不确定	腹片			粗砂	

年度	县区	遗址	采集区	时代	分期	期段编号	数量	质地	石器种类	器形	部位	纹饰	颜色	质地	蛋壳陶
4	东港	DG-SJC-1	单个遗址	龙山	不确定	193	1	陶		不确定	腹片	篮纹		粗砂	
4	东港	DG-SJC-1	单个遗址	龙山	不确定	193	2	陶		不确定	腹片	弦纹		粗砂	
4	东港	DG-SJC-1	单个遗址	不确定			1	黏土		烧土					
4	东港	DG-SJC-1	单个遗址	不确定			1	石	工具	石磨盘					
5	东港	DG-SJC-10	单个遗址	龙山	早期	190	2	陶		陶鼎	器足				
5	东港	DG-SJC-10	单个遗址	龙山	不确定	190	4	陶		不确定	腹片				
5	东港	DG-SJC-10	单个遗址	龙山	不确定	190	3	陶		不确定	腹片	弦纹			
5	东港	DG-SJC-11	单个遗址	周代	西周	397	1	陶		陶鬲	腹片	绳纹			
5	东港	DG-SJC-12	CAA	龙山	不确定	193	1	陶		陶罐	器底				
5	东港	DG-SJC-12	CAA	龙山	不确定	193	10	陶		不确定	腹片				
5	东港	DG-SJC-12	CAB	龙山	不确定	193	3	陶		不确定	腹片				
5	东港	DG-SJC-12	CAB	龙山	不确定	193	1	陶		不确定	腹片				
5	东港	DG-SJC-13	CAA	龙山	不确定	194	6	陶		不确定	腹片				
5	东港	DG-SJC-13	CAB	龙山	不确定	194	4	陶		不确定	腹片				
5	东港	DG-SJC-2	CAB	汉代	不确定	449	1	陶		陶瓦					
5	东港	DG-SJC-2	CAA	汉代	不确定	450	3	陶		陶瓦					
5	东港	DG-SJC-2	CAA	龙山	早期	192	1	陶		陶匜	口沿				
5	东港	DG-SJC-2	CAB	龙山	早期	192	2	陶		陶鼎	器足				
5	东港	DG-SJC-2	CAB	龙山	早期	192	1	陶		陶鬹	器足				
5	东港	DG-SJC-2	CAB	龙山	早期	192	2	陶		陶罐	器底				
5	东港	DG-SJC-2	CAA	龙山	不确定	192	2	陶		不确定	腹片				
5	东港	DG-SJC-2	CAA	龙山	不确定	192	1	陶		不确定	腹片			泥质	是
5	东港	DG-SJC-2	CAB	龙山	不确定	192	13	陶		不确定	腹片				
5	东港	DG-SJC-2	CAA	不确定			1	石	工具	石铲					
5	东港	DG-SJC-3	CAA	龙山	中期	185	1	陶		陶鼎	器足				
5	东港	DG-SJC-3	CAA	龙山	不确定	185	2	陶		不确定	腹片				
5	东港	DG-SJC-3	CAA	龙山	不确定	185	1	陶		不确定	腹片			泥质	是
5	东港	DG-SJC-3	CAB	龙山	不确定	185	1	陶		不确定	腹片	弦纹			
5	东港	DG-SJC-4	单个遗址	龙山	不确定	186	1	陶		陶罐	器底				
5	东港	DG-SJC-5	单个遗址	龙山	不确定	187	1	陶		不确定	腹片				
5	东港	DG-SJC-6	单个遗址	汉代	不确定	448	2	陶		不确定	腹片				
5	东港	DG-SJC-7	单个遗址	龙山	不确定	191	1	陶		陶罐	器底				
5	东港	DG-SJC-7	单个遗址	周代	东周	396	1	陶		陶豆	完整器				
5	东港	DG-SJC-7	单个遗址	周代	东周	396	8	陶		不确定	腹片				
5	东港	DG-SJC-7	单个遗址	周代	东周	396	1	陶		不确定	腹片	绳纹			
5	东港	DG-SJC-8	单个遗址	龙山	中期	188	2	陶		陶鼎	口沿				
5	东港	DG-SJC-8	单个遗址	龙山	中期	188	1	陶		不确定	腹片				
5	东港	DG-SJC-9	单个遗址	龙山	不确定	189	1	陶		不确定	腹片				
11	东港	DG-SJCun-1	单个遗址	汉代	不确定	1268	1	陶		不确定	腹片				
11	东港	DG-SJCun-1	单个遗址	汉代	不确定	1268	3	陶		陶瓦					
13	东港	DG-SJDT-1	单个遗址	周代	东周	1230	1	陶		陶罐	器底				
13	东港	DG-SJDT-1	单个遗址	周代	东周	1230	1	陶		不确定	腹片	绳纹			
4	东港	DG-SJGZ-1	单个遗址	汉代	不确定	334	1	陶		陶瓦					
4	东港	DG-SJGZ-2	单个遗址	周代	东周	278	1	陶		陶瓦					
3	东港	DG-SJGZ-4	CAB	汉代	不确定	82	1	陶		陶瓦					
3	东港	DG-SJGZ-4	CAA	汉代	不确定	82	1	陶		陶瓦					

年度	县区	遗址	采集区	时代	分期	期段编号	数量	质地	石器种类	器形	部位	纹饰	颜色	质地	蛋壳陶
3	东港	DG-SJGZ-4	CAA	汉代	不确定	82	1	陶		不确定	腹片				
3	东港	DG-SJGZ-4	CAA	汉代	不确定	82	1	陶		陶罐	口沿				
3	东港	DG-SJGZ-4	CAB	不确定			2	陶		不确定	腹片				
3	东港	DG-SJGZ-4	CAD	周代	东周	67	1	陶		陶瓦					
3	东港	DG-SJGZ-5	CAB	汉代	不确定	84	1	陶		陶瓦					
3	东港	DG-SJGZ-5	CAB	汉代	不确定	84	2	陶		不确定	腹片				
3	东港	DG-SJGZ-5	CAC	汉代	不确定	84	4	陶		不确定	腹片				
3	东港	DG-SJGZ-5	CAA	汉代以后	不确定		2	陶		不确定	腹片				
7	东港	DG-SJH-1	CAA	周代	西周	523	1	陶		陶鬲	器足				
7	东港	DG-SJH-1	CAA	周代	西周	523	1	陶		陶罐	口沿				
7	东港	DG-SJH-1	CAA	周代	西周	523	10	陶		不确定	腹片	绳纹			
7	东港	DG-SJH-1	CAA	周代	西周	523	3	陶		不确定	腹片				
7	东港	DG-SJH-1	CAA	汉代	不确定	682	1	陶		陶盆	口沿				
7	东港	DG-SJH-1	CAA	汉代	不确定	682	2	陶		陶瓦					
7	东港	DG-SJH-1	CAA	不确定			1	石	不确定	石英	水晶				
7	东港	DG-SJH-1	CAB	周代	西周	523	4	陶		不确定	腹片	绳纹			
7	东港	DG-SJH-1	CAB	周代	西周	523	5	陶		不确定	腹片				
7	东港	DG-SJH-1	CAB	周代	东周	523	1	陶		陶盆	口沿				
7	东港	DG-SJH-1	CAB	周代	东周	523	3	陶		不确定	腹片	绳纹			
7	东港	DG-SJH-1	CAB	汉代	不确定	682	1	陶		陶罐	口沿				
7	东港	DG-SJH-1	CAB	汉代	不确定	682	7	陶		陶瓦					
7	东港	DG-SJH-1	ZHANG-10	龙山	中期	243	1	陶		陶鼎	口沿				
7	东港	DG-SJH-1	ZHANG-10	龙山	不确定	243	2	陶		不确定	腹片				
7	东港	DG-SJH-1	ZHANG-10	周代	西周	523	1	陶		陶盆	口沿				
7	东港	DG-SJH-1	ZHANG-10	周代	西周	523	5	陶		不确定	腹片	绳纹			
7	东港	DG-SJH-1	ZHANG-10	周代	西周	523	1	陶		不确定	腹片				
7	东港	DG-SJH-1	ZHANG-10	周代	东周	523	4	陶		不确定	腹片				
7	东港	DG-SJH-1	ZHANG-10	汉代	不确定	682	3	陶		陶瓦					
7	东港	DG-SJH-1	ZHANG-10	汉代	不确定	682	3	陶		不确定	腹片				
8	东港	DG-SJH-2	单个遗址	汉代	不确定	890	1	陶		陶瓦					
7	东港	DG-SJL-1	单个遗址	汉代	不确定	690	1	陶		陶瓦					
7	东港	DG-SJL-2	单个遗址	汉代	不确定	692	1	陶		陶瓦					
7	东港	DG-SJL-2	单个遗址	汉代	不确定	692	1	陶		不确定	腹片				
7	东港	DG-SJL-3	单个遗址	汉代	不确定	693	1	陶		陶罐	口沿				
7	东港	DG-SJL-3	单个遗址	汉代	不确定	693	1	陶		陶瓦					
7	东港	DG-SJL-4	单个遗址	汉代	不确定	691	3	陶		陶瓦					
7	东港	DG-SJL-4	单个遗址	汉代	不确定	691	3	陶		不确定	腹片				
5	东港	DG-SJP-1	单个遗址	汉代	不确定	429	5	陶		陶瓦					
5	东港	DG-SJP-1	单个遗址	周代	东周	373	2	陶		不确定	腹片				
5	东港	DG-SJP-1	单个遗址	周代	东周	373	1	陶		不确定	腹片	绳纹			
5	东港	DG-SJP-2	单个遗址	周代	东周	372	1	陶		不确定	腹片	绳纹			
5	东港	DG-SJP-3	单个遗址	周代	东周	374	1	陶		不确定	腹片				
5	东港	DG-SJP-3	单个遗址	周代	东周	374	1	陶		不确定	腹片	绳纹			
5	东港	DG-SJP-4	单个遗址	周代	东周	375	1	陶		不确定	腹片	绳纹			
5	东港	DG-SJP-5	单个遗址	汉代	不确定	428	1	陶		陶瓦					
5	东港	DG-SJP-6	单个遗址	龙山	中期	181	8	陶		陶罐	器底				

年度	县区	遗址	采集区	时代	分期	期段编号	数量	质地	石器种类	器形	部位	纹饰	颜色	质地	蛋壳陶
5	东港	DG-SJP-6	单个遗址	汉代	不确定	433	2	陶		陶瓦					
5	东港	DG-SJP-6	单个遗址	龙山	早期	181	3	陶		陶鼎	口沿				
5	东港	DG-SJP-6	单个遗址	龙山	早期	181	1	陶		陶鼎	器底				
5	东港	DG-SJP-6	单个遗址	龙山	早期	181	3	陶		陶鼎	器足				
5	东港	DG-SJP-6	单个遗址	龙山	早期	181	3	陶		陶匜	口沿				
5	东港	DG-SJP-6	单个遗址	龙山	早期	181	1	陶		陶罐	口沿				
5	东港	DG-SJP-6	单个遗址	龙山	中期	181	1	陶		陶鼎	口沿				
5	东港	DG-SJP-6	单个遗址	龙山	中期	181	4	陶		陶罐	口沿				
5	东港	DG-SJP-6	单个遗址	龙山	中期	181	4	陶		陶匜	口沿				
5	东港	DG-SJP-6	单个遗址	龙山	中期	181	1	陶		陶甗	器足				
5	东港	DG-SJP-6	单个遗址	龙山	中期	181	8	陶		陶器盖					
5	东港	DG-SJP-6	单个遗址	龙山	中期	181	1	陶		不确定	把手				
5	东港	DG-SJP-6	单个遗址	龙山	不确定	181	208	陶		不确定	腹片				
5	东港	DG-SJP-6	单个遗址	龙山	不确定	181	10	陶		不确定	腹片	篮纹			
5	东港	DG-SJP-6	单个遗址	龙山	不确定	181	7	陶		不确定	腹片	弦纹			
5	东港	DG-SJP-6	单个遗址	龙山	不确定	181	2	陶		不确定	腹片	附加堆纹			
5	东港	DG-SJP-6	单个遗址	龙山	不确定	181	14	陶		不确定	腹片			泥质	是
5	东港	DG-SJP-6	单个遗址	不确定			1	石	工具	石锛					
5	东港	DG-SJP-6	单个遗址	周代	西周	378	1	陶		陶罐	口沿				
5	东港	DG-SJP-6	单个遗址	周代	西周	378	2	陶		陶盆	口沿				
5	东港	DG-SJP-6	单个遗址	周代	西周	378	1	陶		陶罐	器底				
5	东港	DG-SJP-6	单个遗址	周代	西周	378	6	陶		不确定	腹片				
5	东港	DG-SJP-6	单个遗址	周代	西周	378	5	陶		不确定	腹片	绳纹			
5	东港	DG-SJP-7	单个遗址	周代	东周	381	2	陶		不确定	腹片				
5	东港	DG-SJP-8	单个遗址	周代	东周	379	1	陶		不确定	腹片				
7	东港	DG-SJS-1	单个遗址	汉代	不确定	668	1	陶		陶瓦					
8	东港	DG-SJY-1	单个遗址	周代	东周	669	1	陶		不确定	腹片	绳纹			
8	东港	DG-SJY-1	单个遗址	周代	东周	669	1	陶		不确定	腹片				
8	东港	DG-SJY-2	单个遗址	周代	东周	670	1	陶		不确定	腹片	绳纹			
11	东港	DG-SJYZ-1	CAA	汉代	不确定	1259	2	陶		陶瓦					
11	东港	DG-SJYZ-1	CAB	周代	西周	937	2	陶		不确定	腹片	绳纹			
11	东港	DG-SJYZ-1	CAB	周代	西周	937	1	陶		不确定	腹片				
11	东港	DG-SJYZ-1	CAB	周代	西周	937	1	陶		陶盆	口沿				
11	东港	DG-SJYZ-1	CAB	周代	东周	937	1	陶		陶罐	器底				
11	东港	DG-SJYZ-1	CAB	周代	东周	937	1	陶		陶盆	口沿				
11	东港	DG-SJYZ-1	CAB	周代	东周	937	3	陶		不确定	腹片				
11	东港	DG-SJYZ-1	CAB	汉代	不确定	1259	9	陶		不确定	腹片				
11	东港	DG-SJYZ-1	CAB	汉代	不确定	1259	2	陶		陶瓮	口沿				
11	东港	DG-SJYZ-1	CAB	汉代	不确定	1259	7	陶		陶瓦					
11	东港	DG-SJYZ-1	CAB	汉代	不确定	1259	1	陶		陶盆	口沿				
11	东港	DG-SJYZ-1	CAC	汉代	不确定	1259	1	陶		陶瓦					
11	东港	DG-SJYZ-1	CAD	周代	西周	937	1	陶		不确定	腹片	绳纹			
11	东港	DG-SJYZ-1	CAD	汉代	不确定	1259	3	陶		不确定	腹片				
11	东港	DG-SJYZ-1	CAD	汉代	不确定	1259	2	陶		陶瓦					
11	东港	DG-SJYZ-2	单个遗址	周代	东周	939	1	陶		不确定	腹片				
11	东港	DG-SJYZ-3	单个遗址	汉代	不确定	1264	1	陶		陶罐	器底	装饰的			

年度	县区	遗址	采集区	时代	分期	期段编号	数量	质地	石器种类	器形	部位	纹饰	颜色	质地	蛋壳陶
11	东港	DG-SJYZ-3	单个遗址	汉代	不确定	1264	2	陶		不确定	腹片				
11	东港	DG-SJYZ-3	单个遗址	汉代	不确定	1264	4	陶		陶瓦					
5	东港	DG-SKC-1	单个遗址	周代	东周	380	4	陶		陶瓦					
5	东港	DG-SKC-1	单个遗址	周代	东周	380	1	陶		陶盆	口沿				
5	东港	DG-SKC-1	单个遗址	周代	东周	380	3	陶		不确定	腹片				
5	东港	DG-SKC-1	单个遗址	周代	东周	380	2	陶		不确定	腹片	绳纹			
5	东港	DG-SKC-2	单个遗址	周代	东周	317	2	陶		不确定	腹片				
5	东港	DG-SKC-2	单个遗址	周代	东周	317	2	陶		不确定	腹片	绳纹			
5	东港	DG-SKC-2	单个遗址	周代	西周	317	1	陶		陶纺轮					
5	东港	DG-SKC-2	单个遗址	周代	西周	317	1	陶		陶罐	口沿				
5	东港	DG-SKC-2	单个遗址	周代	西周	317	1	陶		陶罐	器底				
5	东港	DG-SKC-2	单个遗址	周代	西周	317	9	陶		不确定	腹片				
5	东港	DG-SKC-2	单个遗址	周代	西周	317	6	陶		不确定	腹片	绳纹			
5	东港	DG-SKC-3	单个遗址	周代	东周	318	2	陶		不确定	腹片				
5	东港	DG-SKC-4	CAB	汉代	不确定	381	6	陶		陶瓦					
5	东港	DG-SKC-4	CAB	龙山	不确定	183	1	陶		不确定	腹片				
5	东港	DG-SKC-4	CAB	龙山	不确定	183	1	陶		不确定	腹片			泥质	是
5	东港	DG-SKC-4	CAA	周代	西周	319	1	陶		陶鬲	器足				
5	东港	DG-SKC-4	CAA	周代	西周	319	2	陶		陶鬲	口沿				
5	东港	DG-SKC-4	CAA	周代	西周	319	3	陶		不确定	腹片	附加堆纹			
5	东港	DG-SKC-4	CAA	周代	西周	319	3	陶		不确定	腹片	弦纹			
5	东港	DG-SKC-4	CAA	周代	西周	319	18	陶		不确定	腹片	绳纹			
5	东港	DG-SKC-4	CAB	周代	西周	319	2	陶		不确定	腹片	附加堆纹			
5	东港	DG-SKC-4	CAB	周代	西周	319	1	陶		不确定	腹片	弦纹			
5	东港	DG-SKC-4	CAB	周代	西周	319	14	陶		不确定	腹片	绳纹			
7	东港	DG-SLJZ-1	单个遗址	汉代	不确定	601	1	陶		陶罐	口沿				
7	东港	DG-SLJZ-1	单个遗址	汉代	不确定	601	1	陶		陶罐	腹片				
7	东港	DG-SLJZ-2	单个遗址	周代	东周	496	1	陶		不确定	腹片	绳纹			
7	东港	DG-SLJZ-3	单个遗址	汉代	不确定	605	9	陶		陶瓦					
7	东港	DG-SLJZ-3	单个遗址	汉代	不确定	605	2	陶		不确定	腹片				
7	东港	DG-SLJZ-3	单个遗址	汉代以后	不确定		1	陶		不确定					
7	东港	DG-SLJZ-4	单个遗址	汉代	不确定	606	3	陶		陶瓦					
7	东港	DG-SLJZ-5	CAA	周代	西周	497	1	陶		陶鬲	器足				
7	东港	DG-SLJZ-5	CAA	周代	西周	497	1	陶		不确定	腹片	绳纹			
7	东港	DG-SLJZ-5	CAA	周代	西周	497	4	陶		不确定	腹片				
7	东港	DG-SLJZ-5	CAA	汉代	不确定	612	1	陶		陶瓦					
7	东港	DG-SLJZ-5	CAB	龙山	早期	238	1	陶		陶鼎	器足				
7	东港	DG-SLJZ-5	CAB	龙山	中期	238	2	陶		陶罐	口沿				
7	东港	DG-SLJZ-5	CAB	龙山	不确定	238	1	陶		陶器盖	把手				
7	东港	DG-SLJZ-5	CAB	龙山	不确定	238	1	陶		陶罐	器底				
7	东港	DG-SLJZ-5	CAB	龙山	不确定	238	2	陶		不确定	腹片	弦纹			
7	东港	DG-SLJZ-5	CAB	龙山	不确定	238	26	陶		不确定	腹片				
7	东港	DG-SLJZ-5	CAB	周代	西周	497	4	陶		不确定	腹片	绳纹			
7	东港	DG-SLJZ-5	CAB	周代	西周	497	8	陶		不确定	腹片				
7	东港	DG-SLJZ-5	CAB	汉代	不确定	612	2	陶		陶盆	口沿				
7	东港	DG-SLJZ-5	CAB	汉代	不确定	612	1	陶		陶罐	口沿				

年度	县区	遗址	采集区	时代	分期	期段编号	数量	质地	石器种类	器形	部位	纹饰	颜色	质地	蛋壳陶
7	东港	DG-SLJZ-5	CAB	汉代	不确定	612	23	陶		陶瓦					
7	东港	DG-SLJZ-5	CAB	汉代	不确定	612	2	陶		不确定	腹片				
7	东港	DG-SLJZ-5	CAC	汉代	不确定	612	2	陶		陶盆	口沿				
7	东港	DG-SLJZ-5	CAC	汉代	不确定	612	1	陶		陶罐	口沿				
7	东港	DG-SLJZ-5	CAC	汉代	不确定	612	1	陶		陶罐	器底				
7	东港	DG-SLJZ-5	CAC	汉代	不确定	612	58	陶		陶瓦					
7	东港	DG-SLJZ-5	CAC	汉代	不确定	612	7	陶		不确定	腹片				
7	东港	DG-SLJZ-5	CAD	龙山	中期	238	2	陶		陶鼎	器足				
7	东港	DG-SLJZ-5	CAD	龙山	不确定	238	1	陶		陶器盖	把手				
7	东港	DG-SLJZ-5	CAD	龙山	不确定	238	1	陶		陶盆	器底				
7	东港	DG-SLJZ-5	CAD	龙山	不确定	238	6	陶		不确定	腹片				
7	东港	DG-SLJZ-5	CAD	汉代	不确定	612	1	陶		陶瓦					
7	东港	DG-SLJZ-5	CAE	汉代	不确定	612	2	陶		陶瓦					
7	东港	DG-SLJZ-6	单个遗址	汉代	不确定	615	3	陶		陶瓦					
7	东港	DG-SLJZ-7	单个遗址	周代	西周	500	1	陶		陶鬲	腹片	绳纹			
7	东港	DG-SLJZ-7	单个遗址	汉代	不确定	620	1	陶		陶瓦					
7	东港	DG-SLJZ-8	单个遗址	周代	西周	501	1	陶		陶鬲	腹片	绳纹			
9	东港	DG-SLZ-1	单个遗址	汉代	不确定	1009	2	陶		不确定	腹片				
9	东港	DG-SLZ-1	单个遗址	汉代	不确定	1009	1	陶		陶瓦					
9	东港	DG-SLZ-2	单个遗址	汉代	不确定	1004	2	陶		陶瓦					
9	东港	DG-SLZ-3	单个遗址	周代	东周	771	1	陶		陶盆	口沿				
9	东港	DG-SLZ-3	单个遗址	周代	东周	771	3	陶		不确定	腹片				
9	东港	DG-SLZ-3	单个遗址	汉代	不确定	1002	3	陶		不确定	腹片				
9	东港	DG-SLZ-3	单个遗址	汉代	不确定	1002	9	陶		陶瓦					
4	东港	DG-SNG-1	单个遗址	周代	西周	252	2	陶		陶鬲	器足				
4	东港	DG-SNG-1	单个遗址	周代	西周	252	15	陶		不确定	腹片	绳纹			
4	东港	DG-SNG-1	单个遗址	周代	西周	252	28	陶		不确定	腹片				
11	东港	DG-SY-1	单个遗址	汉代	不确定	1269	1	陶		陶瓮	口沿				
11	东港	DG-SY-1	单个遗址	汉代	不确定	1269	1	陶		陶盆	器底				
11	东港	DG-SY-1	单个遗址	汉代	不确定	1269	1	陶		陶罐	器底				
11	东港	DG-SY-1	单个遗址	汉代	不确定	1269	5	陶		不确定	腹片				
11	东港	DG-SY-1	单个遗址	汉代	不确定	1269	9	陶		陶瓦					
11	东港	DG-SY-10	单个遗址	汉代	不确定	1287	1	陶		陶瓦					
11	东港	DG-SY-11	单个遗址	汉代	不确定	1284	2	陶		陶瓦					
11	东港	DG-SY-12	单个遗址	汉代	不确定	1285	1	陶		不确定	腹片				
11	东港	DG-SY-12	单个遗址	汉代	不确定	1285	1	陶		陶瓦					
11	东港	DG-SY-13	单个遗址	汉代	不确定	1283	1	陶		陶盆	口沿				
11	东港	DG-SY-13	单个遗址	汉代	不确定	1283	1	陶		陶盆	器底				
11	东港	DG-SY-13	单个遗址	汉代	不确定	1283	2	陶		不确定	腹片				
11	东港	DG-SY-13	单个遗址	汉代	不确定	1283	5	陶		陶瓦					
11	东港	DG-SY-2	单个遗址	周代	东周	940	1	陶		不确定	腹片				
11	东港	DG-SY-4	单个遗址	汉代	不确定	1271	1	陶		陶瓦					
11	东港	DG-SY-5	单个遗址	汉代	不确定	1270	1	陶		陶盆	器底				
11	东港	DG-SY-5	单个遗址	汉代	不确定	1270	3	陶		不确定	腹片				
11	东港	DG-SY-5	单个遗址	汉代	不确定	1270	2	陶		陶瓦					
11	东港	DG-SY-6	单个遗址	周代	东周	942	4	陶		不确定	腹片				

年度	县区	遗址	采集区	时代	分期	期段编号	数量	质地	石器种类	器形	部位	纹饰	颜色	质地	蛋壳陶
11	东港	DG-SY-6	单个遗址	周代	东周	942	2	陶		不确定	腹片	绳纹			
11	东港	DG-SY-6	单个遗址	汉代	不确定	1289	6	陶		不确定	腹片				
11	东港	DG-SY-6	单个遗址	汉代	不确定	1289	6	陶		陶瓦					
11	东港	DG-SY-7	单个遗址	周代	东周	941	1	陶		不确定	腹片				
11	东港	DG-SY-8	单个遗址	汉代	不确定	1288	1	陶		陶罐	器底				
11	东港	DG-SY-8	单个遗址	汉代	不确定	1288	4	陶		不确定	腹片				
11	东港	DG-SY-8	单个遗址	汉代	不确定	1288	3	陶		陶瓦					
11	东港	DG-SY-9	单个遗址	汉代	不确定	1286	1	陶		陶瓦					
7	东港	DG-SZ-1	单个遗址	汉代	不确定	630	2	陶		陶瓦					
7	东港	DG-SZ-1	单个遗址	汉代	不确定	630	2	陶		不确定	腹片				
7	东港	DG-SZ-2	单个遗址	周代	西周	502	1	陶		不确定	腹片				
7	东港	DG-SZ-2	单个遗址	汉代	不确定	623	1	陶		陶瓦					
7	东港	DG-SZ-3	单个遗址	汉代	不确定	625	2	陶		陶瓦					
7	东港	DG-SZ-3	单个遗址	汉代	不确定	625	2	陶		不确定	腹片				
7	东港	DG-SZ-4	单个遗址	周代	西周	503	1	陶		不确定	腹片	绳纹			
7	东港	DG-SZ-4	单个遗址	周代	西周	503	1	陶		不确定	腹片				
7	东港	DG-SZ-4	单个遗址	汉代	不确定	631	3	陶		陶瓦					
7	东港	DG-SZ-5	单个遗址	汉代	不确定	626	2	陶		陶瓦					
5	东港	DG-SZS-1	单个遗址	汉代	不确定	388	1	陶		陶瓦					
5	东港	DG-SZS-1	单个遗址	周代	东周	325	2	陶		陶瓦		绳纹			
5	东港	DG-SZS-1	单个遗址	周代	东周	325	4	陶		不确定	腹片				
5	东港	DG-SZS-1	单个遗址	周代	东周	325	1	陶		不确定	腹片	绳纹			
6	东港	DG-TiJC-1	CAA	周代	西周	464	4	陶		不确定	腹片				
6	东港	DG-TiJC-1	CAA	周代	东周	464	1	陶		陶罐	口沿				
6	东港	DG-TiJC-1	CAA	周代	东周	464	1	陶		陶罐	肩部				
6	东港	DG-TiJC-1	CAA	周代	东周	464	8	陶		不确定	腹片				
6	东港	DG-TiJC-1	CAA	汉代	西周	564	4	陶		陶瓦					
6	东港	DG-TiJC-1	CAB	汉代	西周	564	3	陶		陶瓦					
6	东港	DG-TiJC-1	CAC	周代	西周	464	3	陶		不确定	腹片				
6	东港	DG-TiJC-1	CAC	周代	东周	464	1	陶		陶罐	肩部				
6	东港	DG-TiJC-1	CAC	周代	东周	464	3	陶		不确定	腹片				
6	东港	DG-TiJC-1	CAC	汉代	西周	564	5	陶		陶瓦					
6	东港	DG-TiJC-1	CAD	周代	东周	464	1	陶		陶瓦					
6	东港	DG-TiJC-1	CAD	周代	东周	464	1	陶		不确定	腹片				
6	东港	DG-TiJC-1	CAD	汉代	西周	564	1	陶		陶罐	肩部				
6	东港	DG-TiJC-1	CAD	汉代	西周	564	5	陶		陶罐	腹片				
6	东港	DG-TiJC-1	CAD	汉代	西周	564	24	陶		陶瓦					
6	东港	DG-TiJC-1	CAE	不确定			1	石	工具	石凿					
6	东港	DG-TiJC-1	CAE	周代	东周	464	1	陶		陶罐	肩部				
6	东港	DG-TiJC-1	CAE	周代	东周	464	1	陶		陶盆	口沿				
6	东港	DG-TiJC-1	CAF	周代	西周	464	2	陶		不确定	腹片				
6	东港	DG-TiJC-1	CAF	周代	东周	464	5	陶		不确定	腹片				
6	东港	DG-TiJC-1	CAF	汉代	西周	564	6	陶		陶瓦					
6	东港	DG-TiJC-2	单个遗址	周代	西周	465	1	陶		陶罐	口沿				
6	东港	DG-TiJC-2	单个遗址	周代	西周	465	4	陶		不确定	腹片				
6	东港	DG-TiJC-2	单个遗址	周代	东周	465	1	陶		陶盆	腹片				

年度	县区	遗址	采集区	时代	分期	期段编号	数量	质地	石器种类	器形	部位	纹饰	颜色	质地	蛋壳陶
6	东港	DG-TiJC-2	单个遗址	周代	东周	465	1	陶		陶瓦					
6	东港	DG-TiJC-3	单个遗址	周代	东周	466	1	陶		陶罐	口沿				
6	东港	DG-TiJC-3	单个遗址	周代	东周	466	1	陶		不确定	腹片				
6	东港	DG-TiJC-4	单个遗址	周代	西周	463	1	陶		陶罐	口沿				
6	东港	DG-TiJC-4	单个遗址	周代	西周	463	2	陶		不确定	腹片				
6	东港	DG-TiJC-4	单个遗址	周代	东周	463	2	陶		不确定	腹片				
6	东港	DG-TJC-1	CAA	周代			2	石	不确定	鹅卵石					
6	东港	DG-TJC-1	CAA	周代			1	石	工具	石锤					
6	东港	DG-TJC-1	CAA	周代			1	石	工具	不确定					
6	东港	DG-TJC-1	CAA	周代	西周	484	2	陶		陶鬲	口沿				
6	东港	DG-TJC-1	CAA	周代	西周	484	1	陶		陶罐	口沿				
6	东港	DG-TJC-1	CAA	周代	西周	484	1	陶		陶鬲	器足				
6	东港	DG-TJC-1	CAA	周代	东周	484	1	陶		陶盆	口沿				
6	东港	DG-TJC-1	CAA	周代	不确定	484	32	陶		不确定	腹片				
6	东港	DG-TJC-1	CAB	周代	西周	484	1	陶		陶鬲	器足				
6	东港	DG-TJC-1	CAB	周代	西周	484	1	陶		不确定	腹片				
6	东港	DG-TJC-1	CAC	周代	西周	484	4	陶		不确定	腹片				
6	东港	DG-TJC-1	CAD	周代	西周	484	1	陶		不确定	腹片				
9	东港	DG-TJY-1	CAA	周代	东周	743	1	陶		不确定	腹片				
9	东港	DG-TJY-1	CAA	周代	东周	743	1	陶		不确定	腹片	绳纹			
9	东港	DG-TJY-1	CAA	汉代	不确定	971	2	陶		陶瓮	口沿				
9	东港	DG-TJY-1	CAA	汉代	不确定	971	1	陶		陶盆	口沿				
9	东港	DG-TJY-1	CAA	汉代	不确定	971	2	陶		不确定	腹片				
9	东港	DG-TJY-1	CAA	汉代	不确定	971	1	陶		陶瓦					
9	东港	DG-TJY-1	CAB	不确定			1	陶		陶纺轮					
9	东港	DG-TJY-1	CAB	龙山	早期	360	2	陶		陶鼎	器足				
9	东港	DG-TJY-1	CAB	龙山	中期	360	1	陶		陶鼎	口沿				
9	东港	DG-TJY-1	CAB	龙山	中期	360	3	陶		陶罐	口沿				
9	东港	DG-TJY-1	CAB	龙山	中期	360	1	陶		陶鼎	器足				
9	东港	DG-TJY-1	CAB	龙山	不确定	360	41	陶		不确定	腹片				
9	东港	DG-TJY-1	CAB	龙山	不确定	360	2	陶		不确定	腹片	弦纹			
9	东港	DG-TJY-1	CAB	龙山	不确定	360	2	陶		不确定	腹片			泥质	是
9	东港	DG-TJY-1	CAB	周代	西周	743	1	陶		陶匜	口沿				
9	东港	DG-TJY-1	CAB	周代	西周	743	4	陶		陶鬲	腹片	绳纹			
9	东港	DG-TJY-1	CAB	周代	西周	743	2	陶		不确定	腹片	绳纹			
9	东港	DG-TJY-1	CAB	周代	东周	743	1	陶		陶罐	肩部				
9	东港	DG-TJY-1	CAB	周代	东周	743	20	陶		不确定	腹片				
9	东港	DG-TJY-1	CAB	周代	东周	743	9	陶		不确定	腹片	绳纹			
9	东港	DG-TJY-1	CAB	汉代	不确定	971	1	陶		陶盆	口沿				
9	东港	DG-TJY-1	CAB	汉代	不确定	971	3	陶		不确定	腹片				
9	东港	DG-TJY-1	CAB	汉代	不确定	971	7	陶		陶瓦					
9	东港	DG-TJY-1	CAC	龙山	早期	360	1	陶		陶鼎	器足				
9	东港	DG-TJY-1	CAC	龙山	早期	360	1	陶		陶罐	口沿				
9	东港	DG-TJY-1	CAC	龙山	中期	360	1	陶		陶钵	口沿				
9	东港	DG-TJY-1	CAC	龙山	不确定	360	8	陶		不确定	腹片				
9	东港	DG-TJY-1	CAC	周代	西周	743	1	陶		陶罐	口沿				

年度	县区	遗址	采集区	时代	分期	期段编号	数量	质地	石器种类	器形	部位	纹饰	颜色	质地	蛋壳陶
9	东港	DG-TJY-1	CAC	周代	西周	743	1	陶		不确定	腹片				
9	东港	DG-TJY-1	CAC	周代	西周	743	6	陶		不确定	腹片	绳纹			
9	东港	DG-TJY-1	CAC	周代	东周	743	6	陶		不确定	腹片				
9	东港	DG-TJY-1	CAC	周代	东周	743	3	陶		不确定	腹片	绳纹			
9	东港	DG-TJY-1	CAC	汉代	不确定	971	1	陶		陶瓮	口沿				
9	东港	DG-TJY-1	CAC	汉代	不确定	971	1	陶		陶盆	器底				
9	东港	DG-TJY-1	CAC	汉代	不确定	971	1	陶		陶罐	器底				
9	东港	DG-TJY-2	单个遗址	龙山	中期	359	1	陶		陶鼎	口沿				
9	东港	DG-TJY-2	单个遗址	龙山	中期	359	1	陶		陶罐	口沿				
9	东港	DG-TJY-2	单个遗址	龙山	中期	359	1	陶		陶盆	口沿				
9	东港	DG-TJY-2	单个遗址	龙山	不确定	359	34	陶		不确定	腹片				
9	东港	DG-TJY-2	单个遗址	龙山	不确定	359	3	陶		不确定	腹片			泥质	是
9	东港	DG-TJY-2	单个遗址	龙山	不确定	359	2	陶		不确定	腹片	弦纹			
9	东港	DG-TJY-2	单个遗址	龙山	不确定	359	1	陶		陶甗	器足				
9	东港	DG-TL-1	单个遗址	周代	东周	782	2	陶		不确定	腹片				
9	东港	DG-TL-1	单个遗址	汉代	不确定	1025	1	陶		陶瓦					
9	东港	DG-TL-2	CAA	周代	东周	783	3	陶		不确定	腹片				
9	东港	DG-TL-2	CAA	周代	东周	783	1	陶		不确定	腹片	绳纹			
9	东港	DG-TL-2	CAC	周代	西周	783	2	陶		陶罐	口沿				
9	东港	DG-TL-2	CAC	周代	西周	783	2	陶		陶鬲	腹片				
9	东港	DG-TL-2	CAC	周代	西周	783	4	陶		不确定	腹片				
9	东港	DG-TL-2	CAC	周代	东周	783	1	陶		陶罐	口沿				
9	东港	DG-TL-2	CAC	周代	东周	783	8	陶		不确定	腹片	绳纹			
9	东港	DG-TL-2	CAC	汉代	不确定	1026	1	陶		陶盆	口沿				
9	东港	DG-TL-2	CAC	汉代	不确定	1026	1	陶		陶瓦					
9	东港	DG-TL-2	CAD	周代	东周	783	1	陶		陶罐	口沿				
9	东港	DG-TL-3	单个遗址	汉代	不确定	1028	1	陶		陶瓦					
9	东港	DG-TL-4	单个遗址	汉代	不确定	1024	2	陶		陶瓦					
9	东港	DG-TL-5	CAA	周代	东周	784	1	陶		陶罐	口沿				
9	东港	DG-TL-5	CAA	周代	东周	784	2	陶		不确定	腹片				
9	东港	DG-TL-5	CAA	汉代	不确定	1023	1	陶		陶罐	口沿				
9	东港	DG-TL-5	CAA	汉代	不确定	1023	1	陶		陶盆	器底				
9	东港	DG-TL-5	CAA	汉代	不确定	1023	6	陶		不确定	腹片				
9	东港	DG-TL-5	CAA	汉代	不确定	1023	11	陶		陶瓦					
9	东港	DG-TL-5	CAB	周代	西周	784	1	陶		陶鬲	腹片	绳纹			
9	东港	DG-TL-5	CAB	周代	东周	784	1	陶		陶壶	口沿				
9	东港	DG-TL-5	CAB	周代	东周	784	1	陶		陶豆	豆柄				
9	东港	DG-TL-5	CAB	周代	东周	784	1	陶		陶豆	口沿				
9	东港	DG-TL-5	CAB	周代	东周	784	15	陶		不确定	腹片				
9	东港	DG-TL-5	CAB	周代	东周	784	5	陶		不确定	腹片	绳纹			
9	东港	DG-TL-5	CAB	汉代	不确定	1023	1	陶		陶瓮	口沿				
9	东港	DG-TL-5	CAB	汉代	不确定	1023	1	陶		陶盆	口沿				
9	东港	DG-TL-5	CAB	汉代	不确定	1023	1	陶		不确定	腹片				
9	东港	DG-TL-5	CAB	汉代	不确定	1023	17	陶		陶瓦					
9	东港	DG-TL-5	CAC	周代	西周	784	1	陶		陶鬲	器足				
9	东港	DG-TL-5	CAC	周代	西周	784	2	陶		陶拍					

年度	县区	遗址	采集区	时代	分期	期段编号	数量	质地	石器种类	器形	部位	纹饰	颜色	质地	蛋壳陶
9	东港	DG-TL-5	CAC	周代	西周	784	9	陶		不确定	腹片	绳纹			
9	东港	DG-TL-5	CAC	周代	西周	784	2	陶		不确定	腹片				
9	东港	DG-TL-5	CAC	周代	东周	784	2	陶		陶豆	豆柄				
9	东港	DG-TL-5	CAC	周代	东周	784	2	陶		陶盆	口沿				
9	东港	DG-TL-5	CAC	周代	东周	784	1	陶		陶罐	口沿				
9	东港	DG-TL-5	CAC	周代	东周	784	35	陶		不确定	腹片	绳纹			
9	东港	DG-TL-5	CAC	周代	东周	784	1	陶		不确定	腹片				
9	东港	DG-TL-5	CAC	汉代	不确定	1023	3	陶		陶瓮	口沿				
9	东港	DG-TL-5	CAC	汉代	不确定	1023	7	陶		陶瓦					
9	东港	DG-TL-5	CAC	汉代	不确定	1023	13	陶		陶盆	口沿				
9	东港	DG-TL-5	CAC	汉代	不确定	1023	1	陶		陶钵	口沿				
9	东港	DG-TL-5	CAC	汉代	不确定	1023	5	陶		不确定	腹片				
9	东港	DG-TL-5	CAD	汉代	不确定	1023	4	陶		陶瓦					
9	东港	DG-TL-5	CAE	汉代	不确定	1023	2	陶		不确定	腹片				
9	东港	DG-TL-5	CAE	汉代	不确定	1023	2	陶		陶瓦					
9	东港	DG-TL-5	CAF	龙山	不确定	384	1	陶		陶罐	器底				
9	东港	DG-TL-5	CAF	汉代	不确定	1023	1	陶		陶盆	口沿				
9	东港	DG-TL-5	CAF	汉代	不确定	1023	3	陶		不确定	腹片				
9	东港	DG-TL-5	CAF	汉代	不确定	1023	3	陶		陶瓦					
9	东港	DG-TL-5	CAF	汉代	不确定	1023	1	陶		陶范					
9	东港	DG-TL-7	单个遗址	龙山	不确定	385	1	陶		不确定	腹片				
5	东港	DG-TLC-1	单个遗址	周代	西周	387	1	石	工具	石钺					
5	东港	DG-TLC-2	单个遗址	汉代	不确定	427	1	陶		陶瓦					
5	东港	DG-TLC-3	单个遗址	汉代	不确定	426	1	陶		陶瓦					
7	东港	DG-WeJZ-1	单个遗址	汉代	不确定	702	3	陶		陶瓦					
7	东港	DG-WeJZ-2	单个遗址	汉代	不确定	705	2	陶		陶瓦					
7	东港	DG-WeJZ-3	单个遗址	汉代	不确定	707	1	陶		陶瓦					
7	东港	DG-WeJZ-4	单个遗址	汉代	不确定	706	2	陶		陶瓦					
7	东港	DG-WeJZ-5	CAA	汉代	不确定	701	3	陶		陶瓦					
7	东港	DG-WeJZ-5	CAB	汉代	不确定	701	7	陶		陶瓦					
7	东港	DG-WeJZ-5	CAB	汉代	不确定	701	1	陶		不确定	腹片				
7	东港	DG-WeJZ-6	单个遗址	汉代	不确定	703	1	陶		陶罐	口沿				
7	东港	DG-WeJZ-7	CAA	汉代	不确定	704	1	陶		陶罐	口沿				
7	东港	DG-WeJZ-7	CAA	汉代	不确定	704	2	陶		不确定	腹片				
7	东港	DG-WeJZ-7	CAB	汉代	不确定	704	1	陶		陶盆	口沿				
7	东港	DG-WeJZ-7	CAB	汉代	不确定	704	4	陶		陶盆	腹片				
7	东港	DG-WeJZ-7	CAB	汉代	不确定	704	2	陶		陶瓦					
7	东港	DG-WeJZ-7	CAC	汉代	不确定	704	3	陶		陶瓦					
7	东港	DG-WeJZ-7	CAC	汉代	不确定	704	1	陶		不确定	腹片				
9	东港	DG-WJC-1	单个遗址	汉代	不确定	1012	6	陶		陶瓦					
9	东港	DG-WJC-1	单个遗址	汉代	不确定	1012	2	陶		不确定	腹片				
9	东港	DG-WJC-2	CAA	周代	西周	775	2	陶		不确定	腹片	绳纹			
9	东港	DG-WJC-2	CAA	周代	东周	775	2	陶		不确定	腹片	绳纹			
9	东港	DG-WJC-2	CAA	周代	东周	775	1	陶		不确定	腹片				
9	东港	DG-WJC-2	CAA	汉代	不确定	1011	1	陶		陶盆	口沿				
9	东港	DG-WJC-2	CAA	汉代	不确定	1011	2	陶		不确定	腹片	绳纹			

年度	县区	遗址	采集区	时代	分期	期段编号	数量	质地	石器种类	器形	部位	纹饰	颜色	质地	蛋壳陶
9	东港	DG-WJC-2	CAA	汉代	不确定	1011	1	陶		不确定	腹片				
9	东港	DG-WJC-2	CAA	汉代	不确定	1011	1	陶		砖					
9	东港	DG-WJC-2	CAB	龙山	不确定	382	1	陶		陶罐	器底				
9	东港	DG-WJC-2	CAC	汉代	不确定	1011	2	陶		陶瓦					
9	东港	DG-WJC-2	CAC	汉代	不确定	1011	3	陶		不确定	腹片				
9	东港	DG-WJC-3	单个遗址	汉代	不确定	1010	1	金属		钱币					
9	东港	DG-WJC-3	单个遗址	汉代	不确定	1010	1	陶		陶盆	器底				
9	东港	DG-WJC-3	单个遗址	汉代	不确定	1010	3	陶		不确定	腹片				
11	东港	DG-WJCun-1	单个遗址	汉代	不确定	1261	2	陶		不确定	腹片				
11	东港	DG-WJCun-1	单个遗址	汉代	不确定	1261	2	陶		陶瓦					
11	东港	DG-WJCun-2	CAA	汉代	不确定	1262	1	陶		陶盆	口沿				
11	东港	DG-WJCun-2	CAA	汉代	不确定	1262	1	陶		陶瓦					
11	东港	DG-WJCun-2	CAB	汉代	不确定	1262	2	陶		陶盆	器底				
11	东港	DG-WJCun-2	CAB	汉代	不确定	1262	1	陶		不确定	腹片				
11	东港	DG-WJCun-2	CAB	汉代	不确定	1262	3	陶		陶瓦					
11	东港	DG-WJCun-2	CAB	汉代	不确定	1262	1	石	工具	石刀					
11	东港	DG-WJCun-2	CAC	汉代	不确定	1262	2	陶		不确定	腹片				
11	东港	DG-WJCun-2	CAC	汉代	不确定	1262	2	陶		陶瓦					
5	东港	DG-WJGZ-1	单个遗址	周代	东周	364	3	陶		不确定	腹片				
5	东港	DG-WJGZ-1	单个遗址	周代	东周	364	1	陶		不确定	腹片	绳纹			
5	东港	DG-WJGZ-10	CAA	汉代	不确定	410	1	陶		陶瓦					
5	东港	DG-WJGZ-10	CAB	龙山	不确定	179	4	陶		不确定	腹片				
5	东港	DG-WJGZ-10	CAB	龙山	不确定	179	1	陶		不确定	腹片	弦纹			
5	东港	DG-WJGZ-10	CAA	周代	东周	349	3	陶		不确定	腹片				
5	东港	DG-WJGZ-10	CAA	周代	东周	349	2	陶		不确定	腹片	绳纹			
5	东港	DG-WJGZ-10	CAB	周代	东周	349	6	陶		不确定	腹片				
5	东港	DG-WJGZ-10	CAB	周代	东周	349	4	陶		不确定	腹片	绳纹			
5	东港	DG-WJGZ-11	单个遗址	汉代	不确定	409	1	陶		陶瓦					
5	东港	DG-WJGZ-2	单个遗址	周代	西周	365	2	陶		陶罐	口沿				
5	东港	DG-WJGZ-2	单个遗址	周代	西周	365	19	陶		不确定	腹片				
5	东港	DG-WJGZ-2	单个遗址	周代	西周	365	1	陶		不确定	腹片	附加堆纹			
5	东港	DG-WJGZ-2	单个遗址	周代	西周	365	14	陶		不确定	腹片	绳纹			
5	东港	DG-WJGZ-3	单个遗址	周代	东周	363	1	陶		不确定	腹片				
5	东港	DG-WJGZ-3	单个遗址	周代	东周	363	1	陶		不确定	腹片	绳纹			
5	东港	DG-WJGZ-4	单个遗址	汉代	不确定	425	1	陶		陶瓦					
5	东港	DG-WJGZ-4	单个遗址	周代	东周	352	4	陶		不确定	腹片				
5	东港	DG-WJGZ-5	单个遗址	周代	东周	353	1	陶		不确定	腹片	绳纹			
5	东港	DG-WJGZ-6	单个遗址	龙山	早期	180	1	陶		陶鼎	口沿				
5	东港	DG-WJGZ-6	单个遗址	周代	东周	354	5	陶		不确定	腹片				
5	东港	DG-WJGZ-6	单个遗址	周代	东周	354	2	陶		不确定	腹片	绳纹			
5	东港	DG-WJGZ-6	单个遗址	周代	西周	354	2	陶		陶罐	口沿				
5	东港	DG-WJGZ-6	单个遗址	周代	西周	354	6	陶		不确定	腹片	绳纹			
5	东港	DG-WJGZ-7	单个遗址	汉代	不确定	411	1	陶		陶罐	器底				
5	东港	DG-WJGZ-7	单个遗址	汉代	不确定	411	1	陶		陶瓦					
5	东港	DG-WJGZ-8	单个遗址	周代	东周	356	1	陶		陶盆	口沿				
5	东港	DG-WJGZ-8	单个遗址	周代	东周	356	1	陶		陶瓦					

年度	县区	遗址	采集区	时代	分期	期段编号	数量	质地	石器种类	器形	部位	纹饰	颜色	质地	蛋壳陶
5	东港	DG-WJGZ-9	CAA	周代	东周	355	1	陶		陶罐	口沿				
5	东港	DG-WJGZ-9	CAA	周代	东周	355	6	陶		不确定	腹片				
5	东港	DG-WJGZ-9	CAA	周代	东周	355	7	陶		不确定	腹片	绳纹			
5	东港	DG-WJGZ-9	CAB	周代	东周	355	1	陶		陶罐	口沿				
5	东港	DG-WJGZ-9	CAB	周代	东周	355	5	陶		不确定	腹片				
5	东港	DG-WJGZ-9	CAB	周代	东周	355	2	陶		不确定	腹片	绳纹			
9	东港	DG-WJLZ-1	单个遗址	龙山	不确定	371	1	陶		陶罐	器底				
9	东港	DG-WJLZ-1	单个遗址	龙山	不确定	371	4	陶		不确定	腹片				
9	东港	DG-WJLZ-2	单个遗址	周代	东周	789	1	陶		陶罐	腹片	绳纹			
9	东港	DG-WJLZ-3	单个遗址	汉代	不确定	990	1	陶		陶瓦					
9	东港	DG-WJLZ-3	单个遗址	汉代	不确定	990	1	陶		不确定	腹片				
4	东港	DG-WJT-1	CAB	汉代	不确定	353	21	陶		陶瓦					
4	东港	DG-WJT-1	CAC	汉代	不确定	353	23	陶		陶瓦					
4	东港	DG-WJT-1	CAC	汉代	不确定	353	1	陶		不确定	腹片				
4	东港	DG-WJT-1	CAD	汉代	不确定	353	4	陶		陶瓦					
4	东港	DG-WJT-1	CAD	汉代	不确定	353	1	陶		陶罐	口沿				
4	东港	DG-WJT-1	CAD	汉代	不确定	353	14	陶		不确定	腹片				
4	东港	DG-WJT-1	CAD	龙山	不确定	147	3	陶		不确定				粗砂	
4	东港	DG-WJT-1	CAC	不确定			1	石	工具	石镰					
4	东港	DG-WJT-1	CAC	不确定			1	石	工具	石刀					
4	东港	DG-WJT-1	CAA	周代	东周	291	1	陶		不确定	腹片	绳纹			
4	东港	DG-WJT-1	CAA	周代	东周	291	1	陶		不确定	腹片				
4	东港	DG-WJT-1	CAC	周代	东周	291	2	陶		陶盆	口沿				
4	东港	DG-WJT-1	CAC	周代	东周	291	2	陶		陶瓦					
4	东港	DG-WJT-1	CAC	周代	东周	291	3	陶		不确定	腹片	绳纹			
4	东港	DG-WJT-1	CAC	周代	东周	291	5	陶		不确定	腹片				
4	东港	DG-WJT-1	CAD	周代	东周	291	1	陶		陶罐	口沿				
4	东港	DG-WJT-1	CAD	周代	东周	291	1	陶		陶盆	口沿				
4	东港	DG-WJT-1	CAD	周代	东周	291	1	陶		陶豆	豆盘				
4	东港	DG-WJT-1	CAD	周代	东周	291	16	陶		不确定	腹片				
4	东港	DG-WJT-1	CAB	周代	西周	291	5	陶		不确定	腹片				
4	东港	DG-WJT-2	单个遗址	周代	东周	293	2	陶		不确定	腹片				
4	东港	DG-WJT-3	单个遗址	周代	东周	292	1	陶		不确定	腹片				
4	东港	DG-WJT-4	单个遗址	周代	东周	290	1	陶		不确定	腹片				
4	东港	DG-WJT-5	单个遗址	汉代	不确定	354	2	陶		陶罐	口沿				
4	东港	DG-WJT-5	单个遗址	汉代	不确定	354	7	陶		陶瓦					
4	东港	DG-WJT-5	单个遗址	汉代	不确定	354	2	陶		不确定	腹片				
4	东港	DG-WJT-5	单个遗址	汉代	不确定	354	1	陶		钱币					
4	东港	DG-WJT-6	单个遗址	汉代	不确定	352	1	陶		不确定	腹片				
4	东港	DG-WJT-7	单个遗址	周代	东周	289	1	陶		陶瓦					
4	东港	DG-WJT-8	单个遗址	周代	东周	288	1	陶		陶豆	豆盘				
4	东港	DG-WJT-8	单个遗址	周代	东周	288	1	陶		陶盆	口沿				
4	东港	DG-WJT-8	单个遗址	周代	东周	288	11	陶		不确定	腹片				
6	东港	DG-WJZ-1	单个遗址	汉代	西周	578	1	陶		陶瓦					
4	东港	DG-WLC-1	单个遗址	周代	东周	286	1	陶		陶罐	器底				
4	东港	DG-WLC-1	单个遗址	周代	东周	286	6	陶		不确定	腹片				

年度	县区	遗址	采集区	时代	分期	期段编号	数量	质地	石器种类	器形	部位	纹饰	颜色	质地	蛋壳陶
4	东港	DG-WLC-2	单个遗址	汉代	不确定	350	1	陶		陶瓦					
5	东港	DG-WLZ-1	CAD	汉代	不确定	430	4	陶		陶瓦					
5	东港	DG-WLZ-1	CAC	周代	东周	385	1	陶		陶罐	口沿				
5	东港	DG-WLZ-1	CAC	周代	东周	385	3	陶		不确定	腹片				
5	东港	DG-WLZ-1	CAC	周代	东周	385	1	陶		不确定	腹片	绳纹			
5	东港	DG-WLZ-1	CAD	周代	东周	385	1	陶		陶盆	口沿				
5	东港	DG-WLZ-1	CAA	周代	西周	385	2	陶		陶鬲	口沿				
5	东港	DG-WLZ-1	CAA	周代	西周	385	2	陶		陶罐	口沿				
5	东港	DG-WLZ-1	CAA	周代	西周	385	2	陶		不确定	腹片				
5	东港	DG-WLZ-1	CAA	周代	西周	385	16	陶		不确定	腹片	绳纹			
5	东港	DG-WLZ-1	CAB	周代	西周	385	2	陶		陶鬲	口沿				
5	东港	DG-WLZ-1	CAB	周代	西周	385	5	陶		陶罐	口沿				
5	东港	DG-WLZ-1	CAB	周代	西周	385	8	陶		不确定	腹片				
5	东港	DG-WLZ-1	CAB	周代	西周	385	1	陶		不确定	腹片	附加堆纹			
5	东港	DG-WLZ-1	CAB	周代	西周	385	35	陶		不确定	腹片	绳纹			
5	东港	DG-WLZ-2	单个遗址	周代	西周	383	1	陶		陶罐	口沿				
5	东港	DG-WLZ-2	单个遗址	周代	西周	383	2	陶		不确定	腹片				
5	东港	DG-WLZ-2	单个遗址	周代	西周	383	3	陶		不确定	腹片	绳纹			
5	东港	DG-WLZ-3	CAA	汉代	不确定	434	1	陶		陶瓦					
5	东港	DG-WLZ-3	CAB	汉代	不确定	434	2	陶		陶瓦					
5	东港	DG-WLZ-3	CAB	不确定	东周	377	1	石	工具	石刀					
5	东港	DG-WLZ-3	CAB	不确定	东周	377	1	石	产品	石片			灰		
5	东港	DG-WLZ-3	CAB	不确定			2	石	石料	坯料					
5	东港	DG-WLZ-3	CAB	周代	东周	377	4	陶		不确定	腹片				
5	东港	DG-WLZ-3	CAB	周代	东周	377	18	陶		不确定	腹片	绳纹			
5	东港	DG-WLZ-3	CAB	周代	东周	377	1	陶		不确定	腹片	附加堆纹			
5	东港	DG-WLZ-3	CAB	周代	西周	377	5	陶		不确定	腹片	绳纹			
5	东港	DG-WLZ-4	CAB	汉代	不确定	431	1	陶		陶瓦					
5	东港	DG-WLZ-4	CAB	汉代	不确定	431	1	陶		陶瓦		绳纹			
5	东港	DG-WLZ-4	CAA	周代	东周	376	10	陶		不确定	腹片				
5	东港	DG-WLZ-4	CAA	周代	东周	376	5	陶		不确定	腹片	绳纹			
5	东港	DG-WLZ-4	CAA	周代	西周	376	1	陶		陶罐	口沿				
5	东港	DG-WLZ-4	CAA	周代	西周	376	1	陶		不确定	腹片	绳纹			
5	东港	DG-WLZ-5	单个遗址	龙山	不确定	181	1	陶		陶甗	器足				
5	东港	DG-WLZ-5	单个遗址	周代	西周	378	2	陶		陶鬲	腹片	绳纹			
5	东港	DG-WLZ-6	单个遗址	汉代	不确定	432	1	陶		陶瓦					
8	东港	DG-WMG-1	单个遗址	周代	东周	696	1	陶		不确定	腹片				
5	东港	DG-WTS-1	单个遗址	周代	东周	367	1	陶		不确定	腹片				
5	东港	DG-WTS-2	单个遗址	周代	东周	362	1	陶		不确定	腹片	绳纹			
13	东港	DG-XAJ-1	单个遗址	汉代		1614	2	陶		不确定	腹片				
13	东港	DG-XAJ-1	单个遗址	汉代		1614	2	陶		陶瓦					
13	东港	DG-XAJ-2	单个遗址	周代	东周	1229	1	陶		陶罐	口沿				
13	东港	DG-XAJ-2	单个遗址	周代	东周	1229	1	陶		不确定	腹片				
13	东港	DG-XAJ-3	单个遗址	周代	东周	1228	1	陶		陶罐	颈部				
13	东港	DG-XAJ-3	单个遗址	周代	东周	1228	1	陶		不确定	腹片				
13	东港	DG-XAJ-4	单个遗址	龙山		499	1	陶		不确定	腹片			粗砂	

年度	县区	遗址	采集区	时代	分期	期段编号	数量	质地	石器种类	器形	部位	纹饰	颜色	质地	蛋壳陶
13	东港	DG-XAJ-5	单个遗址	汉代		1613	1	陶		不确定	腹片				
13	东港	DG-XAJ-5	单个遗址	汉代		1613	1	陶		陶瓦					
4	东港	DG-XBJZ-1	CAA	汉代	不确定	310	6	陶		陶盆	口沿				
4	东港	DG-XBJZ-1	CAA	汉代	不确定	310	9	陶		不确定	腹片				
4	东港	DG-XBJZ-1	CAA	汉代	不确定	310	60	陶		陶瓦					
4	东港	DG-XBJZ-1	CAB	汉代	不确定	310	1	陶		不确定	腹片				
4	东港	DG-XBJZ-1	CAB	周代	西周	294	1	陶		不确定	腹片				
5	东港	DG-XC-1	单个遗址	汉代	不确定	375	4	陶		陶瓦					
5	东港	DG-XC-2	单个遗址	汉代	不确定	376	2	陶		陶瓦					
5	东港	DG-XC-2	单个遗址	汉代	不确定	376	3	陶		不确定	腹片				
5	东港	DG-XC-3	单个遗址	汉代	不确定	378	1	陶		陶盆	口沿				
5	东港	DG-XC-3	单个遗址	汉代	不确定	378	2	陶		陶瓦					
5	东港	DG-XC-3	单个遗址	汉代	不确定	378	1	陶		不确定	腹片				
5	东港	DG-XC-4	单个遗址	周代	东周	316	2	陶		不确定	腹片				
8	东港	DG-XCC-1	单个遗址	周代	东周	701	2	陶		不确定	腹片	绳纹			
8	东港	DG-XCC-2	CAA	周代	东周	700	1	陶		不确定	腹片	绳纹			
8	东港	DG-XCC-2	CAB	周代	西周	700	1	陶		不确定	腹片	绳纹			
8	东港	DG-XCC-3	单个遗址	周代	西周	702	2	陶		不确定	腹片	绳纹			
8	东港	DG-XCC-3	单个遗址	周代	西周	702	2	陶		不确定	腹片				
8	东港	DG-XCC-3	单个遗址	周代	西周	702	1	陶		陶杯	器底				
8	东港	DG-XCC-3	单个遗址	龙山	早期	341	1	陶		陶盆	口沿				
8	东港	DG-XCC-3	单个遗址	龙山	早期	341	1	陶		不确定	腹片				
9	东港	DG-XCH-1	单个遗址	汉代	不确定	996	1	陶		陶瓦					
11	东港	DG-XCP-1	单个遗址	汉代	不确定	1267	4	陶		不确定	腹片				
11	东港	DG-XCP-1	单个遗址	汉代	不确定	1267	1	陶		陶盆	颈部				
11	东港	DG-XCP-1	单个遗址	汉代	不确定	1267	1	陶		陶瓦					
11	东港	DG-XCP-2	单个遗址	汉代	不确定	1278	3	陶		不确定	腹片				
11	东港	DG-XCP-2	单个遗址	汉代	不确定	1278	2	陶		陶瓦					
11	东港	DG-XCP-3	单个遗址	周代	西周	946	3	陶		陶鬲	腹片	绳纹			
11	东港	DG-XCP-3	单个遗址	周代	西周	946	4	陶		不确定	腹片	绳纹			
11	东港	DG-XCP-3	单个遗址	周代	东周	946	1	陶		陶盆	口沿				
11	东港	DG-XCP-3	单个遗址	周代	东周	946	2	陶		不确定	腹片	绳纹			
11	东港	DG-XCP-3	单个遗址	周代	东周	946	3	陶		不确定	腹片				
11	东港	DG-XCP-3	单个遗址	汉代	不确定	1279	3	陶		不确定	腹片				
11	东港	DG-XCP-3	单个遗址	汉代	不确定	1279	6	陶		陶瓦					
10	东港	DG-XCWA-1	单个遗址	周代	东周	803	1	陶		不确定	腹片				
10	东港	DG-XCWA-1	单个遗址	周代	东周	803	1	陶		不确定	腹片	绳纹			
10	东港	DG-XCWA-10	单个遗址	汉代	不确定	1066	1	陶		不确定	腹片				
10	东港	DG-XCWA-2	单个遗址	汉代	不确定	1068	1	陶		陶瓦					
10	东港	DG-XCWA-3	单个遗址	汉代	不确定	1064	14	陶		陶瓦					
10	东港	DG-XCWA-3	单个遗址	汉代	不确定	1064	3	陶		不确定	腹片	绳纹			
10	东港	DG-XCWA-3	单个遗址	汉代	不确定	1064	10	陶		不确定	腹片				
10	东港	DG-XCWA-5	单个遗址	汉代	不确定	1069	1	陶		陶瓦					
10	东港	DG-XCWA-6	单个遗址	汉代	不确定	1065	2	陶		陶瓦					
10	东港	DG-XCWA-7	单个遗址	汉代	不确定	1063	1	陶		陶瓦					
10	东港	DG-XCWA-7	单个遗址	周代	西周	802	1	陶		不确定	腹片	绳纹			

年度	县区	遗址	采集区	时代	分期	期段编号	数量	质地	石器种类	器形	部位	纹饰	颜色	质地	蛋壳陶
10	东港	DG-XCWA-7	单个遗址	周代	西周	802	1	陶		不确定	腹片				
10	东港	DG-XCWA-8	单个遗址	汉代	不确定	1062	4	陶		陶瓦					
10	东港	DG-XCWA-8	单个遗址	汉代	不确定	1062	3	陶		不确定	腹片				
10	东港	DG-XCWA-8	单个遗址	汉代	不确定	1062	2	陶		不确定	腹片	绳纹			
10	东港	DG-XCWA-9	CAA	汉代	不确定	1067	13	陶		陶瓦					
10	东港	DG-XCWA-9	CAA	汉代	不确定	1067	1	陶		不确定	腹片				
10	东港	DG-XCWA-9	CAB	汉代	不确定	1067	14	陶		陶瓦					
10	东港	DG-XCWA-9	CAB	汉代	不确定	1067	2	陶		不确定	腹片				
10	东港	DG-XCWA-9	CAC	汉代	不确定	1067	1	陶		陶罐	口沿				
10	东港	DG-XCWA-9	CAC	汉代	不确定	1067	2	陶		不确定	腹片				
10	东港	DG-XCWA-9	CAD	龙山	不确定	403	1	陶		不确定	腹片				
10	东港	DG-XCWA-9	CAD	汉代	不确定	1067	2	陶		陶盆	口沿				
10	东港	DG-XCWA-9	CAD	汉代	不确定	1067	1	陶		陶罐	器底				
10	东港	DG-XCWA-9	CAD	汉代	不确定	1067	4	陶		陶瓦					
10	东港	DG-XCWA-9	CAE	汉代	不确定	1067	2	陶		陶瓦					
8	东港	DG-XDJC-1	单个遗址	周代	东周	665	1	陶		陶盆	口沿				
8	东港	DG-XDJC-1	单个遗址	周代	东周	665	1	陶		不确定	腹片	绳纹			
9	东港	DG-XFG-1	单个遗址	汉代	不确定	954	5	陶		陶瓦					
10	东港	DG-XFG-2	单个遗址	汉代	不确定	1121	1	陶		陶盆	口沿				
10	东港	DG-XFG-2	单个遗址	汉代	不确定	1121	4	陶		不确定	腹片				
10	东港	DG-XFG-2	单个遗址	汉代	不确定	1121	2	陶		陶瓦					
10	东港	DG-XFG-2	单个遗址	周代	东周	847	2	陶		不确定	腹片				
10	东港	DG-XFG-3	单个遗址	周代	东周	848	1	陶		不确定	腹片				
10	东港	DG-XFG-3	单个遗址	汉代	不确定	1122	1	陶		陶瓦					
7	东港	DG-XGC-1	单个遗址	周代	东周	518	2	陶		不确定	腹片	绳纹			
7	东港	DG-XGC-1	单个遗址	汉代	不确定	672	8	陶		陶瓦					
7	东港	DG-XGC-1	单个遗址	汉代	不确定	672	1	陶		不确定	腹片				
9	东港	DG-XGuZ-1	CAA	汉代	不确定	964	3	陶		陶盆	口沿				
9	东港	DG-XGuZ-1	CAA	汉代	不确定	964	2	陶		不确定	腹片				
9	东港	DG-XGuZ-1	CAA	汉代	不确定	964	4	陶		陶瓦					
9	东港	DG-XGuZ-1	CAB	汉代	不确定	964	1	陶		陶瓦					
9	东港	DG-XGuZ-1	CAC	周代	西周	735	1	陶		不确定	腹片				
9	东港	DG-XGuZ-1	CAC	周代	西周	735	1	陶		不确定	腹片	绳纹			
9	东港	DG-XGuZ-1	CAC	周代	东周	735	3	陶		不确定	腹片				
9	东港	DG-XGuZ-1	CAC	周代	东周	735	1	陶		陶盆	口沿				
9	东港	DG-XGuZ-1	CAC	汉代	不确定	964	1	陶		不确定	腹片				
9	东港	DG-XGuZ-1	CAC	汉代	不确定	964	8	陶		陶瓦					
9	东港	DG-XGuZ-1	CAD	龙山	不确定	356	1	陶		不确定	腹片				
9	东港	DG-XGuZ-1	CAD	周代	东周	735	4	陶		不确定	腹片	绳纹			
9	东港	DG-XGuZ-1	CAD	汉代	不确定	964	1	陶		陶盆	口沿				
9	东港	DG-XGuZ-1	CAD	汉代	不确定	964	2	陶		陶瓦					
9	东港	DG-XGuZ-1	CAD	汉代	不确定	964	2	陶		陶瓮	口沿				
9	东港	DG-XGuZ-1	CAE	周代	东周	735	1	陶		不确定	腹片				
9	东港	DG-XGuZ-1	CAE	汉代	不确定	964	1	陶		陶盆	口沿				
9	东港	DG-XGuZ-1	CAE	汉代	不确定	964	1	陶		不确定	腹片				
9	东港	DG-XGuZ-1	CAF	龙山	不确定	356	4	陶		不确定	腹片				

年度	县区	遗址	采集区	时代	分期	期段编号	数量	质地	石器种类	器形	部位	纹饰	颜色	质地	蛋壳陶
9	东港	DG-XGuZ-1	CAF	周代	东周	735	3	陶		不确定	腹片	绳纹			
9	东港	DG-XGuZ-1	CAF	周代	东周	735	5	陶		不确定	腹片				
9	东港	DG-XGuZ-1	CAF	汉代	不确定	964	1	陶		陶瓦					
9	东港	DG-XGuZ-2	单个遗址	汉代	不确定	963	1	陶		陶瓦					
7	东港	DG-XH-1	单个遗址	周代	西周	506	2	陶		不确定	腹片				
7	东港	DG-XH-1	单个遗址	周代	东周	506	1	陶		陶盆	颈部				
7	东港	DG-XH-1	单个遗址	周代	东周	506	1	陶		不确定	腹片	绳纹			
7	东港	DG-XH-1	单个遗址	周代	东周	506	6	陶		不确定	腹片				
7	东港	DG-XH-1	单个遗址	周代	东周	506	1	陶		陶瓦					
7	东港	DG-XH-1	单个遗址	汉代	不确定	628	9	陶		陶瓦					
7	东港	DG-XH-1	单个遗址	汉代	不确定	628	4	陶		不确定	腹片				
7	东港	DG-XH-2	单个遗址	周代	东周	505	2	陶		不确定	腹片				
7	东港	DG-XH-3	单个遗址	汉代	不确定	633	1	陶		陶瓦					
7	东港	DG-XH-4	单个遗址	汉代	不确定	637	2	陶		陶瓦					
7	东港	DG-XH-4	单个遗址	汉代	不确定	637	2	陶		不确定	腹片				
7	东港	DG-XH-5	单个遗址	汉代	不确定	632	2	陶		陶瓦					
7	东港	DG-XH-6	单个遗址	汉代	不确定	639	1	陶		陶罐	口沿				
7	东港	DG-XH-6	单个遗址	汉代	不确定	639	1	陶		陶瓦					
7	东港	DG-XH-7	单个遗址	汉代	不确定	636	1	陶		不确定	腹片				
7	东港	DG-XH-7	单个遗址	汉代	不确定	636	2	陶		陶瓦					
7	东港	DG-XH-8	单个遗址	汉代	不确定	641	5	陶		陶瓦					
7	东港	DG-XH-8	单个遗址	汉代	不确定	641	2	陶		不确定	腹片				
9	东港	DG-Xhai-1	单个遗址	周代	东周	779	1	陶		陶钵	口沿				
9	东港	DG-Xhai-1	单个遗址	周代	东周	779	1	陶		不确定	腹片				
9	东港	DG-Xhai-1	单个遗址	周代	东周	779	1	陶		不确定	腹片	绳纹			
9	东港	DG-Xhai-1	单个遗址	汉代	不确定	1007	2	陶		陶盆	口沿				
9	东港	DG-Xhai-1	单个遗址	汉代	不确定	1007	1	陶		陶瓮	口沿				
9	东港	DG-Xhai-1	单个遗址	汉代	不确定	1007	1	陶		不确定	腹片				
9	东港	DG-Xhai-1	单个遗址	汉代	不确定	1007	12	陶		陶瓦					
9	东港	DG-Xhai-2	单个遗址	汉代	不确定	1008	2	陶		陶瓦					
6	东港	DG-XHC-1	单个遗址	周代	东周	471	2	陶		不确定	腹片				
6	东港	DG-XHC-2	单个遗址	周代	东周	472	2	陶		不确定	腹片				
6	东港	DG-XHC-2	单个遗址	汉代	西周	570	2	陶		陶瓦					
6	东港	DG-XHC-3	单个遗址	汉代	西周	569	3	陶		陶瓦					
13	东港	DG-XHSQ-1	单个遗址	汉代		1623	3	陶		不确定	腹片				
13	东港	DG-XHSQ-1	单个遗址	汉代		1623	1	陶		陶瓦					
13	东港	DG-XHSQ-2	单个遗址	周代	东周	1236	1	陶		陶鬲	腹片	绳纹			
13	东港	DG-XHSQ-2	单个遗址	汉代		1622	2	陶		陶瓦					
	东港	DG-XHSQ-3	单个遗址	周代	东周	1235	1	陶		不确定	腹片				
13	东港	DG-XHSQ-3	单个遗址	周代	东周	1235	4	陶		不确定	腹片	绳纹			
13	东港	DG-XHSQ-3	单个遗址	周代	东周	1235	1	陶		不确定	腹片				
13	东港	DG-XHSQ-3	单个遗址	汉代		1621	1	陶		砖					
13	东港	DG-XHSQ-3	单个遗址	汉代		1621	21	陶		陶瓦					
13	东港	DG-XHSQ-3	单个遗址	汉代		1621	19	陶		不确定	腹片				
13	东港	DG-XHSQ-4	单个遗址	汉代		1620	2	陶		陶瓦					
13	东港	DG-XHT-1	单个遗址	龙山		498	1	陶		陶器盖	把手				

年度	县区	遗址	采集区	时代	分期	期段编号	数量	质地	石器种类	器形	部位	纹饰	颜色	质地	蛋壳陶
13	东港	DG-XHT-1	单个遗址	周代	东周	1231	1	陶		不确定	腹片				
5	东港	DG-XiLC-1	单个遗址	周代	东周	311	1	陶		不确定	腹片				
5	东港	DG-XiLC-1	单个遗址	周代	东周	311	1	陶		不确定	腹片	绳纹			
5	东港	DG-XiLC-2	单个遗址	汉代	不确定	373	1	陶		陶瓦					
5	东港	DG-XiLC-2	单个遗址	周代	西周	312	4	陶		不确定	腹片	绳纹			
5	东港	DG-XiLC-3	单个遗址	汉代	不确定	374	1	陶		陶瓦					
5	东港	DG-XiLC-4	单个遗址	周代	东周	313	1	陶		不确定	腹片				
5	东港	DG-XiLC-5	单个遗址	周代	不确定	310	1	陶		陶罐	口沿				
5	东港	DG-XiLC-5	单个遗址	周代	不确定	310	1	陶		不确定	腹片				
5	东港	DG-XiLC-5	单个遗址	周代	不确定	310	1	陶		不确定	腹片	绳纹			
5	东港	DG-XiLC-6	单个遗址	汉代	不确定	372	6	陶		陶瓦					
5	东港	DG-XiLC-6	单个遗址	周代	东周	314	1	陶		陶罐	口沿				
5	东港	DG-XiLC-6	单个遗址	周代	东周	314	5	陶		不确定	腹片				
5	东港	DG-XiLC-6	单个遗址	周代	东周	314	1	陶		不确定	腹片	绳纹			
9	东港	DG-XiZZ-1	单个遗址	龙山	不确定	367	1	陶		不确定	腹片				
9	东港	DG-XiZZ-1	单个遗址	汉代	不确定	982	1	陶		陶瓦					
9	东港	DG-XiZZ-2	CAA	汉代	不确定	981	1	陶		陶盆	口沿				
9	东港	DG-XiZZ-2	CAA	汉代	不确定	981	1	陶		不确定	腹片				
9	东港	DG-XiZZ-2	CAA	汉代	不确定	981	6	陶		陶瓦					
9	东港	DG-XiZZ-2	CAB	龙山	不确定	366	1	陶		陶鬶	器足				
9	东港	DG-XiZZ-2	CAB	周代	西周	749	2	陶		陶鬲	器足				
9	东港	DG-XiZZ-2	CAB	周代	东周	749	1	陶		不确定	腹片				
9	东港	DG-XiZZ-3	单个遗址	汉代	不确定	975	1	陶		陶瓦					
13	东港	DG-XJA-1	单个遗址	汉代		1612	3	陶		不确定	腹片				
13	东港	DG-XJA-1	单个遗址	汉代		1612	4	陶		陶瓦					
13	东港	DG-XJA-2	单个遗址	周代	西周	1226	2	陶		不确定	腹片	绳纹			
13	东港	DG-XJA-2	单个遗址	周代	东周	1226	1	陶		陶盆	口沿				
13	东港	DG-XJA-2	单个遗址	周代	东周	1226	2	陶		不确定	腹片				
13	东港	DG-XJA-2	单个遗址	周代	东周	1226	7	陶		不确定	腹片	绳纹			
13	东港	DG-XJA-3	单个遗址	汉代		1611	1	陶		陶罐	口沿				
13	东港	DG-XJA-3	单个遗址	汉代		1611	2	陶		不确定	腹片				
13	东港	DG-XJA-3	单个遗址	汉代		1611	38	陶		陶瓦					
13	东港	DG-XJA-4	单个遗址	周代	西周	1227	1	陶		不确定	腹片	绳纹			
4	东港	DG-XJC-1	CAB	周代	东周	277	1	陶		不确定	腹片				
8	东港	DG-XJC-1	CAA	龙山	不确定	331	1	陶		不确定	腹片				
8	东港	DG-XJC-1	CAA	周代	东周	678	1	陶		陶盆	口沿				
8	东港	DG-XJC-1	CAA	周代	东周	678	10	陶		不确定	腹片	绳纹			
8	东港	DG-XJC-1	CAA	周代	东周	678	4	陶		不确定	腹片				
8	东港	DG-XJC-1	CAA	汉代	不确定	937	1	陶		陶瓦					
8	东港	DG-XJC-1	CAB	龙山	早期	334	1	陶		陶鼎	器足				
8	东港	DG-XJC-1	CAB	龙山	不确定	334	1	陶		不确定	腹片				
8	东港	DG-XJC-1	CAB	汉代	不确定	938	3	陶		陶瓦					
8	东港	DG-XJC-1	CAB	汉代	不确定	938	3	陶		不确定	腹片	绳纹			
8	东港	DG-XJC-1	CAC	龙山	不确定	334	1	陶		不确定	腹片				
8	东港	DG-XJC-1	CAC	龙山	早期	334	1	陶		陶甗	口沿				
8	东港	DG-XJC-1	CAC	周代	东周	677	1	陶		陶罐	口沿				

年度	县区	遗址	采集区	时代	分期	期段编号	数量	质地	石器种类	器形	部位	纹饰	颜色	质地	蛋壳陶
8	东港	DG-XJC-1	CAC	周代	东周	677	1	陶		陶盆	口沿				
8	东港	DG-XJC-1	CAC	周代	东周	677	5	陶		不确定	腹片	绳纹			
8	东港	DG-XJC-1	CAC	汉代	不确定	938	1	陶		陶瓦					
8	东港	DG-XJC-1	CAD	岳石	不确定	12	1	陶		陶罐	口沿				
8	东港	DG-XJC-1	CAD	汉代	不确定	938	1	陶		陶瓦					
8	东港	DG-XJC-1	CAD	汉代	不确定	938	1	陶		不确定	腹片				
8	东港	DG-XJC-1	CAE	周代	西周	678	1	陶		陶鬲	腹片				
8	东港	DG-XJC-1	CAE	周代	西周	678	1	陶		不确定	腹片	绳纹			
8	东港	DG-XJC-1	CAF	周代	西周	677	1	陶		陶鬲	口沿				
8	东港	DG-XJC-1	CAF	周代	西周	677	1	陶		陶鬲	腹片				
8	东港	DG-XJC-1	CAF	周代	西周	677	1	陶		不确定	腹片				
8	东港	DG-XJC-1	CAF	周代	东周	677	3	陶		不确定	腹片				
8	东港	DG-XJC-1	CAF	汉代	不确定	938	1	陶		陶瓦					
8	东港	DG-XJC-1	CAF	汉代	不确定	938	1	陶		不确定	腹片				
8	东港	DG-XJC-1	CAG	周代	东周	678	2	陶		不确定	腹片	绳纹			
8	东港	DG-XJC-1	CAH	龙山	早期	332	1	陶		不确定	腹片	篮纹			
8	东港	DG-XJC-1	CAH	龙山	不确定	332	1	陶		不确定	腹片				
8	东港	DG-XJC-1	CAH	周代	西周	678	1	陶		陶鬲	腹片				
8	东港	DG-XJC-1	CAH	周代	西周	678	3	陶		不确定	腹片				
8	东港	DG-XJC-1	CAI	龙山	不确定	333	1	陶		不确定	腹片	附加堆纹			
8	东港	DG-XJC-1	CAI	龙山	不确定	333	2	陶		不确定	腹片				
8	东港	DG-XJC-1	CAI	周代	西周	678	1	陶		陶甗	腰部				
8	东港	DG-XJC-1	CAI	周代	西周	678	3	陶		陶鬲	腹片				
8	东港	DG-XJC-1	CAI	周代	西周	678	3	陶		不确定	腹片	绳纹			
8	东港	DG-XJC-1	CAI	周代	西周	678	3	陶		不确定	腹片				
8	东港	DG-XJC-1	CAI	周代	东周	678	3	陶		不确定	腹片	绳纹			
8	东港	DG-XJC-1	CAI	周代	东周	678	3	陶		不确定	腹片				
8	东港	DG-XJC-1	CAI	汉代	不确定	938	1	陶		陶瓦					
8	东港	DG-XJC-1	CAI	汉代	不确定	938	4	陶		不确定	腹片				
8	东港	DG-XJC-1	CAJ	周代	西周	678	1	陶		陶罐	器底				
8	东港	DG-XJC-1	CAJ	周代	西周	678	1	陶		不确定	腹片	绳纹			
8	东港	DG-XJC-1	CAJ	周代	东周	678	2	陶		不确定	腹片	绳纹			
8	东港	DG-XJC-1	CAJ	周代	东周	678	2	陶		不确定	腹片				
8	东港	DG-XJC-1	CAJ	汉代	不确定	938	1	陶		陶瓦					
8	东港	DG-XJC-1	CAK	龙山	早期	332	1	陶		陶鼎	腹片				
8	东港	DG-XJC-1	CAK	周代	西周	678	2	陶		不确定	腹片	绳纹			
8	东港	DG-XJC-1	CAK	汉代	不确定	936	1	陶		陶盆	口沿				
8	东港	DG-XJC-1	CAL	周代	西周	677	1	陶		不确定	腹片	绳纹			
8	东港	DG-XJC-1	CAM	周代	西周	678	1	陶		陶罐	颈部				
8	东港	DG-XJC-1	CAM	周代	西周	678	7	陶		不确定	腹片	绳纹			
8	东港	DG-XJC-1	CAM	周代	东周	678	1	陶		陶罐	肩部				
8	东港	DG-XJC-1	CAM	周代	东周	678	1	陶		陶盆	口沿				
8	东港	DG-XJC-1	CAM	周代	东周	678	4	陶		不确定	腹片				
8	东港	DG-XJC-1	CAN	龙山	不确定	333	1	陶		不确定	腹片			泥质	是
8	东港	DG-XJC-1	CAN	周代	东周	678	1	陶		不确定	腹片	绳纹			
8	东港	DG-XJC-1	CAN	不确定			1	黏土		烧土快					

年度	县区	遗址	采集区	时代	分期	期段编号	数量	质地	石器种类	器形	部位	纹饰	颜色	质地	蛋壳陶
8	东港	DG-XJC-1	CAO	周代	西周	678	1	陶		陶罐	器底				
8	东港	DG-XJC-1	CAO	周代	西周	678	1	陶		不确定	腹片	绳纹			
8	东港	DG-XJC-1	CAO	周代	西周	678	1	陶		不确定	腹片				
8	东港	DG-XJC-1	CAO	周代	东周	678	1	陶		陶罐	肩部				
8	东港	DG-XJC-1	CAO	周代	东周	678	2	陶		不确定	腹片	绳纹			
8	东港	DG-XJC-1	CAO	周代	东周	678	1	陶		不确定	腹片				
8	东港	DG-XJC-1	CAP	龙山	不确定	335	1	陶		不确定	腹片				
8	东港	DG-XJC-1	CAP	周代	西周	677	1	陶		不确定	腹片	绳纹			
8	东港	DG-XJC-1	CAP	汉代	不确定	940	1	陶		陶瓦					
8	东港	DG-XJC-1	CAQ	汉代	不确定	939	2	陶		陶瓦					
8	东港	DG-XJC-1	CAR	龙山	不确定	336	1	陶		不确定	腹片				
8	东港	DG-XJC-1	CAR	周代	西周	678	2	陶		不确定	腹片	绳纹			
8	东港	DG-XJC-1	CAR	周代	东周	678	2	陶		不确定	腹片	绳纹			
8	东港	DG-XJC-1	CAR	周代	东周	678	1	陶		不确定	腹片	方格纹			
8	东港	DG-XJC-1	CAR	汉代	不确定	939	3	陶		陶瓦					
8	东港	DG-XJC-1	CAR	不确定			1	黏土		烧土快					
8	东港	DG-XJC-1	CAS	龙山	中期	336	1	陶		陶罐	口沿				
8	东港	DG-XJC-1	CAS	龙山	不确定	336	1	陶		不确定	腹片				
8	东港	DG-XJC-1	CAS	周代	东周	678	6	陶		不确定	腹片	绳纹			
8	东港	DG-XJC-1	CAS	汉代	不确定	939	3	陶		陶瓦					
8	东港	DG-XJC-1	CAT	周代	西周	678	1	陶		不确定	腹片	绳纹			
8	东港	DG-XJC-1	CAT	周代	西周	678	2	陶		不确定	腹片				
8	东港	DG-XJC-2	单个遗址	周代	东周	681	1	陶		不确定	腹片	绳纹			
11	东港	DG-XJDZ-1	单个遗址	周代	东周	917	1	陶		陶壶	口沿				
11	东港	DG-XJDZ-1	单个遗址	周代	东周	917	7	陶		不确定	腹片				
11	东港	DG-XJDZ-1	单个遗址	汉代	不确定	1232	9	陶		不确定	腹片				
11	东港	DG-XJDZ-1	单个遗址	汉代	不确定	1232	9	陶		陶瓦					
11	东港	DG-XJDZ-2	单个遗址	汉代	不确定	1241	1	陶		不确定	腹片				
11	东港	DG-XJDZ-2	单个遗址	汉代	不确定	1241	1	陶		陶瓦					
5	东港	DG-XJGZ-1	单个遗址	周代	西周	351	1	陶		不确定	腹片	绳纹			
5	东港	DG-XJGZ-2	CAA	周代	东周	350	2	陶		不确定	腹片				
5	东港	DG-XJGZ-2	CAB	周代	东周	350	4	陶		不确定	腹片				
5	东港	DG-XJH-1	单个遗址	汉代	不确定	386	2	陶		陶瓦					
5	东港	DG-XJH-2	CAA	汉代	不确定	385	10	陶		陶瓦					
5	东港	DG-XJH-2	CAA	汉代	不确定	385	1	陶		陶罐	口沿				
5	东港	DG-XJH-2	CAA	汉代	不确定	385	3	陶		不确定	腹片				
5	东港	DG-XJH-2	CAA	汉代	不确定	385	1	陶		不确定	腹片	绳纹			
5	东港	DG-XJH-2	CAA	周代	东周	323	3	陶		不确定	腹片	绳纹			
5	东港	DG-XJH-2	CAB	周代	东周	323	1	陶		陶罐	口沿				
5	东港	DG-XJH-2	CAB	周代	东周	323	3	陶		不确定	腹片				
5	东港	DG-XJH-3	单个遗址	汉代	不确定	385	1	陶		陶瓦					
5	东港	DG-XJH-3	单个遗址	周代	西周	323	1	陶		陶鬲	器足				
5	东港	DG-XJH-3	单个遗址	周代	西周	323	1	陶		陶鬲	口沿				
5	东港	DG-XJH-3	单个遗址	周代	西周	323	3	陶		不确定	腹片	绳纹			
3	东港	DG-XJL-1	单个遗址	汉代	不确定	91	1	陶		陶瓦					
3	东港	DG-XJL-2	单个遗址	汉代	不确定	92	2	陶		陶盆	腹片				

年度	县区	遗址	采集区	时代	分期	期段编号	数量	质地	石器种类	器形	部位	纹饰	颜色	质地	蛋壳陶
3	东港	DG-XJL-2	单个遗址	汉代	不确定	92	2	陶		陶瓦					
3	东港	DG-XJL-2	单个遗址	汉代	不确定	92	3	陶		不确定	腹片				
9	东港	DG-XJY-1	单个遗址	周代	西周	728	2	陶		不确定	腹片	绳纹			
9	东港	DG-XJY-2	单个遗址	汉代	不确定	955	1	陶		陶瓦					
9	东港	DG-XJY-3	单个遗址	汉代	不确定	956	1	陶		陶瓦					
4	东港	DG-XJZ-1	CAA	汉代	不确定	333	1	陶		陶盆	口沿				
4	东港	DG-XJZ-1	CAA	汉代	不确定	333	4	陶		陶瓦					
4	东港	DG-XJZ-1	CAA	汉代	不确定	333	1	陶		不确定	腹片				
4	东港	DG-XJZ-2	单个遗址	汉代	不确定	332	2	陶		陶瓦					
8	东港	DG-XL-1	单个遗址	汉代	不确定	918	1	陶		陶瓦					
9	东港	DG-XLG-1	单个遗址	汉代	不确定	972	1	陶		陶瓦					
8	东港	DG-XLJC-1	单个遗址	龙山	不确定	321	1	陶		不确定	腹片				
8	东港	DG-XLJC-2	CAA	汉代	不确定	888	1	陶		陶盆	口沿				
8	东港	DG-XLJC-2	CAA	汉代	不确定	888	2	陶		陶瓦					
8	东港	DG-XLJC-2	CAB	龙山	不确定	320	1	陶		不确定	腹片				
8	东港	DG-XLJC-2	CAB	汉代	不确定	888	1	陶		陶盆	器底				
8	东港	DG-XLJC-2	CAB	汉代	不确定	888	1	陶		陶瓦					
8	东港	DG-XLJC-2	CAB	汉代	不确定	888	1	陶		不确定	腹片				
8	东港	DG-XLJC-2	CAC	龙山	不确定	320	1	陶		不确定	腹片				
8	东港	DG-XLJC-2	CAC	汉代	不确定	888	2	陶		陶瓦					
8	东港	DG-XLJC-2	CAD	龙山	早期	320	1	陶		陶鼎	口沿				
8	东港	DG-XLJC-2	CAD	龙山	早期	320	1	陶		不确定	腹片	篮纹			
8	东港	DG-XLJC-2	CAD	龙山	不确定	320	2	陶		不确定	腹片	弦纹			
8	东港	DG-XLJC-2	CAD	龙山	不确定	320	11	陶		不确定	腹片				
8	东港	DG-XLJC-2	CAD	周代	西周	656	3	陶		不确定	腹片	绳纹			
8	东港	DG-XLJC-2	CAD	周代	西周	656	2	陶		不确定	腹片				
8	东港	DG-XLJC-2	CAD	周代	东周	656	3	陶		不确定	腹片				
8	东港	DG-XLJC-2	CAE	周代	西周	656	1	陶		陶鬲	腹片				
8	东港	DG-XLJC-2	CAE	周代	东周	656	1	陶		陶盆	口沿				
8	东港	DG-XLJC-2	CAE	周代	东周	656	1	陶		不确定	腹片	绳纹			
8	东港	DG-XLJC-2	CAE	周代	东周	656	3	陶		不确定	腹片				
8	东港	DG-XLJC-2	CAF	龙山	早期	320	1	陶		陶匜	口沿				
8	东港	DG-XLJC-2	CAF	周代	东周	656	1	陶		不确定	腹片	绳纹			
8	东港	DG-XLJC-2	CAG	龙山	中期	320	1	陶		陶罐	口沿				
8	东港	DG-XLJC-2	CAG	周代	东周	656	1	陶		陶罐	口沿				
8	东港	DG-XLJC-2	CAG	周代	东周	656	2	陶		不确定	腹片				
8	东港	DG-XLJC-2	CAH	龙山	早期	320	1	陶		陶鼎	器足				
8	东港	DG-XLJC-2	CAH	龙山	早期	320	1	陶		不确定	腹片	篮纹			
8	东港	DG-XLJC-2	CAH	龙山	不确定	320	12	陶		不确定	腹片				
8	东港	DG-XLJC-2	CAH	周代	西周	656	1	陶		陶甗	腰部				
8	东港	DG-XLJC-2	CAH	周代	西周	656	3	陶		不确定	腹片	绳纹			
8	东港	DG-XLJC-2	CAH	周代	西周	656	2	陶		不确定	腹片				
8	东港	DG-XLJC-2	CAI	汉代	不确定	889	2	陶		陶瓦					
7	东港	DG-XLNT-1	单个遗址	汉代	不确定	663	11	陶		陶瓦					
7	东港	DG-XLNT-1	单个遗址	汉代	不确定	663	4	陶		不确定	腹片				
7	东港	DG-XLNT-1	ZHANG-15	汉代	不确定	663	1	陶		不确定	腹片				

年度	县区	遗址	采集区	时代	分期	期段编号	数量	质地	石器种类	器形	部位	纹饰	颜色	质地	蛋壳陶
7	东港	DG-XLNT-1	ZHANG-15	汉代	不确定	663	4	陶		陶瓦					
8	东港	DG-XLNT-2	单个遗址	汉代	不确定	870	1	陶		陶纺轮					
8	东港	DG-XLNT-3	单个遗址	龙山	不确定	328	2	陶		不确定	腹片				
9	东港	DG-XLZ-1	单个遗址	汉代	不确定	1020	1	陶		陶盆	口沿				
9	东港	DG-XLZ-1	单个遗址	汉代	不确定	1020	1	陶		不确定	腹片				
9	东港	DG-XLZ-2	CAA	汉代	不确定	1019	1	陶		陶罐	口沿				
9	东港	DG-XLZ-2	CAA	汉代	不确定	1019	4	陶		不确定	腹片				
9	东港	DG-XLZ-2	CAA	汉代	不确定	1019	5	陶		陶瓦					
9	东港	DG-XLZ-2	CAB	周代	东周	781	2	陶		不确定	腹片	绳纹			
9	东港	DG-XLZ-2	CAB	汉代	不确定	1019	1	陶		不确定	腹片				
9	东港	DG-XLZ-2	CAB	汉代	不确定	1019	3	陶		陶瓦					
9	东港	DG-XLZ-2	CAC	汉代	不确定	1019	2	陶		陶瓦					
10	东港	DG-XLZT-1	CAA	大汶口	晚期	26	1	陶		陶大口尊	口沿				
10	东港	DG-XLZT-1	CAA	大汶口	晚期	26	4	陶		不确定	腹片				
10	东港	DG-XLZT-1	CAA	龙山	早期	456	8	陶		陶鼎	器足				
10	东港	DG-XLZT-1	CAA	龙山	早期	456		陶		陶甗	器足				
10	东港	DG-XLZT-1	CAA	龙山	早期	456	1	陶		陶鬶	把手				
10	东港	DG-XLZT-1	CAA	龙山	早期	456	3	陶		陶匜	口沿				
10	东港	DG-XLZT-1	CAA	龙山	早期	456	1	陶		陶盆	口沿				
10	东港	DG-XLZT-1	CAA	龙山	早期	456	2	陶		陶罐	口沿				
10	东港	DG-XLZT-1	CAA	龙山	中期	456	7	陶		陶鼎	器足				
10	东港	DG-XLZT-1	CAA	龙山	中期	456	6	陶		陶匜	口沿				
10	东港	DG-XLZT-1	CAA	龙山	中期	456	9	陶		陶盆	口沿				
10	东港	DG-XLZT-1	CAA	龙山	中期	456	10	陶		陶罐	口沿				
10	东港	DG-XLZT-1	CAA	龙山	中期	456	1	陶		陶甗	腰部				
10	东港	DG-XLZT-1	CAA	龙山	中期	456	1	陶		陶鬶	把手				
10	东港	DG-XLZT-1	CAA	龙山	中期	456	2	陶		陶器盖	陶器盖口沿				
10	东港	DG-XLZT-1	CAA	龙山	中期	456	1	陶		陶圈足盘	口沿				
10	东港	DG-XLZT-1	CAA	龙山	中期	456	1	陶		陶壶	颈部				
10	东港	DG-XLZT-1	CAA	龙山	中期	456	3	陶		陶罐	把手				
10	东港	DG-XLZT-1	CAA	龙山	晚期	456	2	陶		陶鼎	器足				
10	东港	DG-XLZT-1	CAA	龙山	晚期	456	1	陶		陶鬶	把手				
10	东港	DG-XLZT-1	CAA	龙山	晚期	456	1	陶		陶甗	腰部				
10	东港	DG-XLZT-1	CAA	龙山	不确定	456	4	陶		陶鬶	器足				
10	东港	DG-XLZT-1	CAA	龙山	不确定	456	1	陶		陶鬶	器足		白		
10	东港	DG-XLZT-1	CAA	龙山	不确定	456	2	陶		陶甗	器足				
10	东港	DG-XLZT-1	CAA	龙山	不确定	456	10	陶		陶罐	器底				
10	东港	DG-XLZT-1	CAA	龙山	不确定	456	1	陶		陶器盖	把手				
10	东港	DG-XLZT-1	CAA	龙山	不确定	456	2	陶		陶鬶	腹片		白		
10	东港	DG-XLZT-1	CAA	龙山	不确定	456	4	陶		不确定	腹片	篮纹			
10	东港	DG-XLZT-1	CAA	龙山	不确定	456	5	陶		不确定	腹片	弦纹			
10	东港	DG-XLZT-1	CAA	龙山	不确定	456	62	陶		不确定	腹片				
10	东港	DG-XLZT-1	CAA	汉代	不确定	1320	1	陶		不确定	腹片	绳纹			
10	东港	DG-XLZT-1	CAA	汉代	不确定	1320	1	陶		不确定	腹片				
10	东港	DG-XLZT-1	CAA	不确定			2	石	工具	石锤					
10	东港	DG-XLZT-1	CAA	不确定			2	石	工具	石锛					

年度	县区	遗址	采集区	时代	分期	期段编号	数量	质地	石器种类	器形	部位	纹饰	颜色	质地	蛋壳陶
10	东港	DG-XLZT-1	CAA	不确定			1	石	工具	石刀					
10	东港	DG-XLZT-1	CAA	不确定			1	石	工具	石斧					
10	东港	DG-XLZT-1	CAA	不确定			1	石	产品	不确定					
10	东港	DG-XLZT-1	CAA	不确定			1	骨器		不确定					
11	东港	DG-XLZT-1	CAB	大汶口	晚期	26	1	陶		陶鬶	把手		白		
11	东港	DG-XLZT-1	CAB	大汶口	晚期	26	1	陶		陶三足杯	三足				
11	东港	DG-XLZT-1	CAB	大汶口	晚期	26	1	陶		陶大口尊	腹片				
11	东港	DG-XLZT-1	CAB	龙山	早期	456	2	陶		陶鼎	器足				
11	东港	DG-XLZT-1	CAB	龙山	早期	456	1	陶		陶匜	口沿				
11	东港	DG-XLZT-1	CAB	龙山	早期	456	2	陶		陶盆	口沿				
11	东港	DG-XLZT-1	CAB	龙山	中期	456	1	陶		陶鼎	器足				
11	东港	DG-XLZT-1	CAB	龙山	中期	456	1	陶		陶鬶	把手				
11	东港	DG-XLZT-1	CAB	龙山	中期	456	2	陶		陶匜	口沿				
11	东港	DG-XLZT-1	CAB	龙山	中期	456	3	陶		陶罐	口沿				
11	东港	DG-XLZT-1	CAB	龙山	中期	456	1	陶		陶圈足盘	豆柄				
11	东港	DG-XLZT-1	CAB	龙山	不确定	456	1	陶		陶鬶	口沿		白		
11	东港	DG-XLZT-1	CAB	龙山	不确定	456	1	陶		陶甗	器足				
11	东港	DG-XLZT-1	CAB	龙山	不确定	456	4	陶		陶罐	器底				
11	东港	DG-XLZT-1	CAB	龙山	不确定	456	1	陶		陶罐	耳				
11	东港	DG-XLZT-1	CAB	龙山	不确定	456	1	陶		不确定	腹片	弦纹			
11	东港	DG-XLZT-1	CAB	龙山	不确定	456	1	陶		不确定	腹片	附加堆纹			
11	东港	DG-XLZT-1	CAB	龙山	不确定	456	32	陶		不确定	腹片				
11	东港	DG-XLZT-1	CAB	龙山	不确定	456	5	陶		不确定	腹片			泥质	是
11	东港	DG-XLZT-1	CAC	大汶口	晚期	26	1	陶		陶盆	口沿				
11	东港	DG-XLZT-1	CAC	大汶口	晚期	26	1	陶		陶豆	口沿				
11	东港	DG-XLZT-1	CAC	大汶口	晚期	26	1	陶		陶大口尊	腹片	篮纹			
11	东港	DG-XLZT-1	CAC	龙山	早期	456	3	陶		陶鼎	器足				
11	东港	DG-XLZT-1	CAC	龙山	早期	456	1	陶		陶鼎	口沿				
11	东港	DG-XLZT-1	CAC	龙山	中期	456	1	陶		陶鼎	器足				
11	东港	DG-XLZT-1	CAC	龙山	中期	456	1	陶		陶罐	口沿				
11	东港	DG-XLZT-1	CAC	龙山	中期	456	1	陶		陶盆	器底				
11	东港	DG-XLZT-1	CAC	龙山	不确定	456	1	陶		陶鬶	器足				
11	东港	DG-XLZT-1	CAC	龙山	不确定	456	1	陶		陶杯	器底				
11	东港	DG-XLZT-1	CAC	龙山	不确定	456	1	骨器		陶器盖	把手				
11	东港	DG-XLZT-1	CAC	龙山	不确定	456	3	陶		陶罐	器底				
11	东港	DG-XLZT-1	CAC	龙山	不确定	456	1	陶		陶鬶	腹片		白		
11	东港	DG-XLZT-1	CAC	龙山	不确定	456	2	陶		不确定	腹片	篮纹			
11	东港	DG-XLZT-1	CAC	龙山	不确定	456	20	陶		不确定	腹片				
11	东港	DG-XLZT-1	CAC	龙山	不确定	456	3	陶		不确定	腹片			泥质	是
11	东港	DG-XLZT-1	CAC	龙山	不确定	456	1	石	工具	石锛	碎块	磨光			
11	东港	DG-XLZT-1	CAC	龙山	不确定	456	2	石	不确定	磨光石器		磨光			
11	东港	DG-XLZT-1	CAD	大汶口	晚期	26	1	陶		陶鼎	器足				
11	东港	DG-XLZT-1	CAD	大汶口	晚期	26	1	陶		陶鬶	器足				
11	东港	DG-XLZT-1	CAD	大汶口	晚期	26	1	陶		陶盆	口沿				
11	东港	DG-XLZT-1	CAD	大汶口	晚期	26	1	陶		陶豆	口沿				
11	东港	DG-XLZT-1	CAD	龙山	早期	456	1	陶		陶鬶	器足				

年度	县区	遗址	采集区	时代	分期	期段编号	数量	质地	石器种类	器形	部位	纹饰	颜色	质地	蛋壳陶
11	东港	DG-XLZT-1	CAD	龙山	早期	456	1	陶		陶杯	器底				
11	东港	DG-XLZT-1	CAD	龙山	早期	456	3	陶		陶匜	口沿				
11	东港	DG-XLZT-1	CAD	龙山	早期	456	1	陶		陶三足盘	器底				
11	东港	DG-XLZT-1	CAD	龙山	早期	456	5	陶		陶罐	口沿				
11	东港	DG-XLZT-1	CAD	龙山	早期	456	2	陶		陶鼎	器足				
11	东港	DG-XLZT-1	CAD	龙山	早期	456	1	陶		陶鼎	腹片				
11	东港	DG-XLZT-1	CAD	龙山	中期	456	1	陶		陶鼎	器足				
11	东港	DG-XLZT-1	CAD	龙山	中期	456	1	陶		陶鬶	把手				
11	东港	DG-XLZT-1	CAD	龙山	中期	456	3	陶		陶匜	口沿				
11	东港	DG-XLZT-1	CAD	龙山	中期	456	11	陶		陶罐	口沿				
11	东港	DG-XLZT-1	CAD	龙山	中期	456	1	陶		陶杯	把手				
11	东港	DG-XLZT-1	CAD	龙山	不确定	456	6	陶		陶器盖					
11	东港	DG-XLZT-1	CAD	龙山	不确定	456	1	陶		陶鼎	器底				
11	东港	DG-XLZT-1	CAD	龙山	不确定	456	5	陶		陶罐	器底				
11	东港	DG-XLZT-1	CAD	龙山	不确定	456	7	陶		陶盆	器底				
11	东港	DG-XLZT-1	CAD	龙山	不确定	456	1	陶		陶甗	器足				
11	东港	DG-XLZT-1	CAD	龙山	不确定	456	1	陶		陶甗	腰部				
11	东港	DG-XLZT-1	CAD	龙山	不确定	456	2	陶		陶鬶	腹片		红		
11	东港	DG-XLZT-1	CAD	龙山	不确定	456	1	陶		陶鬶	器足				
11	东港	DG-XLZT-1	CAD	龙山	不确定	456	57	陶		不确定	腹片				
11	东港	DG-XLZT-1	CAD	龙山	不确定	456	3	陶		不确定	腹片	篮纹			
11	东港	DG-XLZT-1	CAD	龙山	不确定	456	3	陶		不确定	腹片	弦纹			
11	东港	DG-XLZT-1	CAD	龙山	不确定	456	9	陶		不确定	腹片			泥质	是
11	东港	DG-XLZT-1	CAD				1	石	工具	石凿					
11	东港	DG-XLZT-1	CAD				1	石	工具	石钺					
11	东港	DG-XLZT-1	CAD				1	石	工具	石锛					
11	东港	DG-XLZT-1	CAD				1	石	工具	石片					
11	东港	DG-XLZT-1	CAE	大汶口	晚期	26	2	陶		陶壶	口沿				
11	东港	DG-XLZT-1	CAE	大汶口	晚期	26	4	陶		陶盆	口沿				
11	东港	DG-XLZT-1	CAE	龙山	早期	456	4	陶		陶鼎	器足				
11	东港	DG-XLZT-1	CAE	龙山	早期	456	1	陶		陶鼎	口沿				
11	东港	DG-XLZT-1	CAE	龙山	早期	456	4	陶		陶罐	口沿				
11	东港	DG-XLZT-1	CAE	龙山	早期	456	2	陶		陶匜	口沿				
11	东港	DG-XLZT-1	CAE	龙山	早期	456	1	陶		不确定	腹片	刻划纹			
11	东港	DG-XLZT-1	CAE	龙山	中期	456	5	陶		陶鼎	器足				
11	东港	DG-XLZT-1	CAE	龙山	中期	456	5	陶		陶罐	口沿				
11	东港	DG-XLZT-1	CAE	龙山	中期	456	1	陶		陶杯	腹片			泥质	是
11	东港	DG-XLZT-1	CAE	龙山	中期	456	1	陶		陶罍	口沿				
11	东港	DG-XLZT-1	CAE	龙山	中期	456	1	陶		陶罍	肩部				
11	东港	DG-XLZT-1	CAE	龙山	中期	456	1	陶		陶罍	器底				
11	东港	DG-XLZT-1	CAE	龙山	中期	456	1	陶		陶罐	把手				
11	东港	DG-XLZT-1	CAE	龙山	中期	456	1	陶		陶圈足盘	豆柄				
11	东港	DG-XLZT-1	CAE	龙山	中期	456	1	陶		陶圈足盘	口沿				
11	东港	DG-XLZT-1	CAE	龙山	中期	456	1	陶		陶盆	口沿				
11	东港	DG-XLZT-1	CAE	龙山	中期	456	1	陶		陶盆	器底				
11	东港	DG-XLZT-1	CAE	龙山	中期	456	1	陶		陶碗	口沿				

年度	县区	遗址	采集区	时代	分期	期段编号	数量	质地	石器种类	器形	部位	纹饰	颜色	质地	蛋壳陶
11	东港	DG-XLZT-1	CAE	龙山	不确定	456	5	陶		陶鬶	器足				
11	东港	DG-XLZT-1	CAE	龙山	不确定	456	2	陶		不确定	把手				
11	东港	DG-XLZT-1	CAE	龙山	不确定	456	4	陶		陶盆	器底				
11	东港	DG-XLZT-1	CAE	龙山	不确定	456	2	陶		陶罐	器底				
11	东港	DG-XLZT-1	CAE	龙山	不确定	456	55	陶		不确定	腹片				
11	东港	DG-XLZT-1	CAE	龙山	不确定	456	2	陶		不确定	腹片	篮纹			
11	东港	DG-XLZT-1	CAE	龙山	不确定	456	3	陶		不确定	腹片			泥质	是
11	东港	DG-XLZT-1	CAE				4	石	工具	不确定	不确定				
11	东港	DG-XLZT-1	CAE				2	石	工具	石钺	不确定				
11	东港	DG-XLZT-1	CAE	龙山			1	石	工具	石锤	不确定				
11	东港	DG-XLZT-1	CAF	汉代	不确定	1320	3	陶		不确定	腹片				
11	东港	DG-XLZT-1	CAF	汉代	不确定	1320	1	陶		陶瓦	不确定				
11	东港	DG-XLZT-1	CAG	龙山	早期	456	2	陶		陶鼎	器足				
11	东港	DG-XLZT-1	CAG	龙山	早期	456	2	陶		陶罐	口沿				
11	东港	DG-XLZT-1	CAG	龙山	中期	456	2	陶		陶罐	口沿				
11	东港	DG-XLZT-1	CAG	龙山	晚期	456	1	陶		陶鼎	器足				
11	东港	DG-XLZT-1	CAG	龙山	不确定	456	23	陶		不确定	腹片				
11	东港	DG-XLZT-1	CAG	龙山	不确定	456	1	陶		陶盆	器底				
11	东港	DG-XLZT-1	CAG	龙山	不确定	456	1	陶		陶杯	口沿				
11	东港	DG-XLZT-1	CAG	龙山	不确定	456	2	陶		不确定	腹片	弦纹			
11	东港	DG-XLZT-1	CAG	龙山	不确定	456	4	陶		不确定	腹片			泥质	是
11	东港	DG-XLZT-1	CAG	周代	西周	979	2	陶		不确定	腹片				
11	东港	DG-XLZT-1	CAG	周代	西周	979	1	陶		不确定	腹片	弦纹			
11	东港	DG-XLZT-1	CAG	周代	东周	979	2	陶		不确定	腹片				
11	东港	DG-XLZT-1	CAG	汉代	不确定	1320	2	陶		陶瓦	不确定				
11	东港	DG-XLZT-1	CAH	龙山	早期	456	1	陶		陶鼎	口沿				
11	东港	DG-XLZT-1	CAH	龙山	不确定	456	1	陶		不确定	腹片	篮纹			
11	东港	DG-XLZT-1	CAH	龙山	不确定	456	1	陶		不确定	腹片	弦纹			
11	东港	DG-XLZT-1	CAH	龙山	不确定	456	1	陶		陶杯	把手				
11	东港	DG-XLZT-1	CAH	龙山	不确定	456	9	陶		不确定	腹片				
11	东港	DG-XLZT-1	CAH	龙山	不确定	456	2	陶		不确定	腹片			泥质	是
11	东港	DG-XLZT-1	CAH	周代	东周	979	1	陶		不确定	腹片	绳纹			
11	东港	DG-XLZT-1	CAH	周代	东周	979	1	陶		不确定	腹片				
11	东港	DG-XLZT-1	CAI	龙山	中期	456	1	陶		陶匜	口沿				
11	东港	DG-XLZT-1	CAI	龙山	中期	456	1	陶		不确定	腹片				
11	东港	DG-XLZT-1	CAJ	龙山	不确定	456	1	陶		陶鬶	腹片	泥饼			
11	东港	DG-XLZT-1	CAJ	龙山	不确定	456	1	陶		陶罐	器底				
11	东港	DG-XLZT-1	CAJ	龙山	不确定	456	20	陶		不确定	腹片	弦纹			
11	东港	DG-XLZT-1	CAJ	周代	西周	979	3	陶		不确定	腹片	绳纹			
11	东港	DG-XLZT-1	CAJ	周代	西周	979	1	陶		陶鬲	腹片	绳纹			
11	东港	DG-XLZT-1	CAJ	周代	东周	979	1	陶		陶豆	豆柄				
11	东港	DG-XLZT-1	CAJ	周代	东周	979	3	陶		不确定	腹片	绳纹			
11	东港	DG-XLZT-1	CAJ	汉代	不确定	1320	1	陶		陶盆	器底				
11	东港	DG-XLZT-1	CAJ	汉代	不确定	1320	1	陶		不确定	腹片				
11	东港	DG-XLZT-1	CAJ	汉代	不确定	1320	5	陶		陶瓦	不确定				
11	东港	DG-XLZT-1	CAK	龙山	早期	456	1	陶		陶鼎	器足				

年度	县区	遗址	采集区	时代	分期	期段编号	数量	质地	石器种类	器形	部位	纹饰	颜色	质地	蛋壳陶
11	东港	DG-XLZT-1	CAK	龙山	早期	456	1	陶		陶匜	口沿				
11	东港	DG-XLZT-1	CAK	龙山	不确定	456	1	陶		不确定	腹片	弦纹			
11	东港	DG-XLZT-1	CAK	龙山	不确定	456	1	陶		不确定	腹片	附加堆纹			
11	东港	DG-XLZT-1	CAK	龙山	不确定	456	2	陶		陶盆	器底				
11	东港	DG-XLZT-1	CAK	龙山	不确定	456	4	陶		不确定	腹片				
11	东港	DG-XLZT-1	CAK	汉代	不确定	1320	3	陶		不确定	腹片				
11	东港	DG-XLZT-1	CAK	汉代	不确定	1320	1	陶		陶盆	口沿				
11	东港	DG-XLZT-1	CAL	龙山	早期	456	1	陶		陶鼎	器足				
11	东港	DG-XLZT-1	CAL	龙山	早期	456	1	陶		陶鼎	口沿				
11	东港	DG-XLZT-1	CAL	龙山	中期	456	1	陶		陶圈足盘	口沿				
11	东港	DG-XLZT-1	CAL	龙山	中期	456	1	陶		陶盆	口沿				
11	东港	DG-XLZT-1	CAL	龙山	中期	456	2	陶		陶罐	口沿				
11	东港	DG-XLZT-1	CAL	龙山	不确定	456	1	陶		陶盆	器底				
11	东港	DG-XLZT-1	CAL	龙山	不确定	456	9	陶		不确定	腹片				
11	东港	DG-XLZT-1	CAL	龙山	不确定	456	1	陶		陶罐	把手				
11	东港	DG-XLZT-1	CAL	汉代	不确定	1320	3	陶		不确定	腹片				
11	东港	DG-XLZT-1	CAL	汉代	不确定	1320	1	陶		陶瓦	不确定				
11	东港	DG-XLZT-1	CAM	龙山	中期	456	2	陶		陶罐	口沿				
11	东港	DG-XLZT-1	CAM	龙山	中期	456	1	陶		陶壶	口沿				
11	东港	DG-XLZT-1	CAM	龙山	不确定	456	1	陶		陶器盖	口沿				
11	东港	DG-XLZT-1	CAM	龙山	不确定	456	2	陶		陶盆	器底				
11	东港	DG-XLZT-1	CAM	龙山	不确定	456	2	陶		陶甗	腰部				
11	东港	DG-XLZT-1	CAM	龙山	不确定	456	3	陶		不确定	腹片				
11	东港	DG-XLZT-1	CAM	龙山	不确定	456	2	陶		不确定	腹片	弦纹			
11	东港	DG-XLZT-1	CAM	汉代	不确定	1320	4	陶		不确定	腹片				
11	东港	DG-XLZT-1	CAM	汉代	不确定	1320	1	陶		陶瓦	不确定				
11	东港	DG-XLZT-1	CAN	龙山	中期	456	1	陶		陶罐	口沿				
11	东港	DG-XLZT-1	CAN	龙山	不确定	456	2	陶		陶盆	器底				
11	东港	DG-XLZT-1	CAN	龙山	不确定	456	1	陶		陶罐	器底				
11	东港	DG-XLZT-1	CAN	龙山	不确定	456	1	陶		陶杯	把手				
11	东港	DG-XLZT-1	CAN	龙山	不确定	456	1	陶		不确定	腹片	弦纹			
11	东港	DG-XLZT-1	CAN	龙山	不确定	456	7	陶		不确定	腹片				
11	东港	DG-XLZT-1	CAN	龙山	不确定	456	1	陶		不确定	腹片			泥质	是
11	东港	DG-XLZT-1	CAN	汉代	不确定	1320	1	陶		不确定	腹片				
11	东港	DG-XLZT-1	CAN	汉代	不确定	1320	2	陶		陶瓦	不确定				
11	东港	DG-XLZT-1	CAN	汉代	不确定	1320	1	石	工具	不确定					
11	东港	DG-XLZT-1	CAO	周代	东周	978	1	陶		不确定	腹片	绳纹			
11	东港	DG-XLZT-1	CAP	龙山	不确定	453	3	陶		不确定	腹片				
11	东港	DG-XLZT-1	CAP	周代	西周	977	1	陶		陶鬲	口沿				
11	东港	DG-XLZT-1	CAP	周代	东周	977	1	陶		陶盆	口沿				
11	东港	DG-XLZT-1	CAP	周代	东周	977	1	陶		不确定	腹片	绳纹			
11	东港	DG-XLZT-1	CAQ	龙山	早期	453	1	陶		陶鼎	口沿				
11	东港	DG-XLZT-1	CAQ	龙山	不确定	453	3	陶		不确定	腹片				
11	东港	DG-XLZT-1	CAQ	龙山	不确定	453	1	陶		不确定	腹片	附加堆纹			
11	东港	DG-XLZT-1	CAQ	周代	西周	977	1	陶		陶鬲	器足				
11	东港	DG-XLZT-1	CAQ	周代	西周	977	1	陶		陶罐	口沿				

年度	县区	遗址	采集区	时代	分期	期段编号	数量	质地	石器种类	器形	部位	纹饰	颜色	质地	蛋壳陶
11	东港	DG-XLZT-1	CAQ	周代	西周	977	1	陶		陶钵	不确定	水波纹			
11	东港	DG-XLZT-1	CAQ	周代	西周	977	6	陶		不确定	腹片				
11	东港	DG-XLZT-1	CAQ	周代	西周	977	3	陶		不确定	腹片	绳纹			
11	东港	DG-XLZT-1	CAQ	周代	东周	977	5	陶		不确定	腹片				
11	东港	DG-XLZT-1	CAQ	周代	东周	977	1	陶		不确定	腹片	绳纹			
11	东港	DG-XLZT-1	CAR	周代	东周	977	1	陶		不确定	腹片	绳纹			
11	东港	DG-XLZT-1	CAR	周代	东周	977	1	陶		不确定	腹片				
11	东港	DG-XLZT-1	CAS	周代	东周	977	2	陶		不确定	腹片				
11	东港	DG-XLZT-10	单个遗址	周代	东周	980	2	陶		不确定	腹片	绳纹			
11	东港	DG-XLZT-2	单个遗址	周代	东周	957	1	陶		不确定	腹片				
11	东港	DG-XLZT-3	单个遗址	周代	东周	956	1	陶		不确定	腹片	绳纹			
11	东港	DG-XLZT-3	单个遗址	汉代	不确定	1297	1	陶		陶盆	口沿				
11	东港	DG-XLZT-3	单个遗址	汉代	不确定	1297	1	陶		陶瓦					
11	东港	DG-XLZT-4	单个遗址	龙山	不确定	448	1	陶		陶盆	器底				
11	东港	DG-XLZT-4	单个遗址	周代	东周	955	1	陶		不确定	腹片	绳纹			
11	东港	DG-XLZT-5	CAA	龙山	不确定	444	1	陶		陶器盖	口沿				
11	东港	DG-XLZT-5	CAA	龙山	不确定	444	3	陶		不确定	腹片				
11	东港	DG-XLZT-5	CAB	龙山	不确定	444	1	陶		不确定	腹片				
11	东港	DG-XLZT-5	CAC	龙山	早期	444	1	陶		陶鼎	口沿				
11	东港	DG-XLZT-5	CAC	龙山	早期	444	2	陶		不确定	腹片	篮纹			
11	东港	DG-XLZT-6	单个遗址	汉代	不确定	1317	1	陶		陶瓦					
11	东港	DG-XLZT-7	CAA	周代	西周	958	1	陶		陶鬲	口沿	绳纹			
11	东港	DG-XLZT-7	CAA	周代	西周	958	3	陶		陶鬲	腹片				
11	东港	DG-XLZT-7	CAA	周代	西周	958	12	陶		不确定	腹片	绳纹			
11	东港	DG-XLZT-7	CAA	周代	东周	958	1	陶		陶壶	口沿				
11	东港	DG-XLZT-7	CAA	周代	东周	958	1	陶		陶盆	口沿				
11	东港	DG-XLZT-7	CAA	周代	东周	958	42	陶		不确定	腹片				
11	东港	DG-XLZT-7	CAA	周代	东周	958	7	陶		不确定	腹片	绳纹			
11	东港	DG-XLZT-7	CAA	汉代	不确定	1323	7	陶		不确定	腹片				
11	东港	DG-XLZT-7	CAA	汉代	不确定	1323	32	陶		陶瓦					
11	东港	DG-XLZT-7	CAB	汉代	不确定	1323	5	陶		陶盆	口沿				
11	东港	DG-XLZT-7	CAB	汉代	不确定	1323	3	陶		陶瓮	口沿				
11	东港	DG-XLZT-7	CAB	汉代	不确定	1323	2	陶		陶罐	口沿				
11	东港	DG-XLZT-7	CAB	汉代	不确定	1323	10	陶		不确定	腹片				
11	东港	DG-XLZT-7	CAB	汉代	不确定	1323	16	陶		陶瓦					
11	东港	DG-XLZT-7	CAB	汉代	不确定	1323	1	陶		不确定	腹片	釉陶			
11	东港	DG-XLZT-7	CAB	汉代	不确定	1323	2	陶		陶盆	器底				
11	东港	DG-XLZT-7	CAC	周代	西周	958	3	陶		不确定	腹片	绳纹			
11	东港	DG-XLZT-7	CAC	周代	东周	958	1	陶		陶盆	口沿				
11	东港	DG-XLZT-7	CAC	周代	东周	958	6	陶		不确定	腹片				
11	东港	DG-XLZT-7	CAC	周代	东周	958	2	陶		不确定	腹片	绳纹			
11	东港	DG-XLZT-7	CAC	汉代	不确定	1323	3	陶		陶盆	口沿				
11	东港	DG-XLZT-7	CAC	汉代	不确定	1323	6	陶		不确定	腹片				
11	东港	DG-XLZT-7	CAC	汉代	不确定	1323	9	陶		陶瓦					
11	东港	DG-XLZT-7	CAD	汉代	不确定	1323	1	陶		陶罐	口沿				
11	东港	DG-XLZT-7	CAD	汉代	不确定	1323	1	陶		不确定	腹片				

年度	县区	遗址	采集区	时代	分期	期段编号	数量	质地	石器种类	器形	部位	纹饰	颜色	质地	蛋壳陶
11	东港	DG-XLZT-7	CAD	汉代	不确定	1323	4	陶		陶瓦					
11	东港	DG-XLZT-7	CAE	汉代	不确定	1323	2	陶		不确定	腹片				
11	东港	DG-XLZT-7	CAE	汉代	不确定	1323	8	陶		陶瓦					
11	东港	DG-XLZT-7	CAF	汉代	不确定	1323	1	陶		陶瓦					
11	东港	DG-XLZT-8	单个遗址	龙山	不确定	446	1	陶		不确定	腹片				
11	东港	DG-XLZT-8	单个遗址	汉代	不确定	1318	1	陶		陶盆	口沿				
11	东港	DG-XLZT-8	单个遗址	汉代	不确定	1318	1	陶		不确定	腹片				
11	东港	DG-XLZT-8	单个遗址	汉代	不确定	1318	1	陶		陶瓦	瓦头	图案			
11	东港	DG-XLZT-9	单个遗址	龙山	不确定	447	1	陶		不确定	腹片				
11	东港	DG-XLZT-9	单个遗址	汉代	不确定	1319	1	陶		陶瓦					
13	东港	DG-XMLQ-1	单个遗址	不确定			1	石	工具	石凿					
8	东港	DG-XSC-1	单个遗址	龙山	不确定	322	2	陶		不确定	腹片				
8	东港	DG-XSC-1	单个遗址	周代	西周	663	1	陶		陶鬲	器足				
8	东港	DG-XSC-1	单个遗址	周代	西周	663	1	陶		陶罐	口沿				
8	东港	DG-XSC-1	单个遗址	周代	西周	663	4	陶		不确定	腹片	绳纹			
8	东港	DG-XSC-1	单个遗址	周代	西周	663	11	陶		不确定	腹片				
8	东港	DG-XSC-1	单个遗址	不确定			1	黏土		烧土快					
8	东港	DG-XSC-2	CAA	周代	东周	664	1	陶		陶盆	口沿				
8	东港	DG-XSC-2	CAA	周代	东周	664	2	陶		不确定	腹片				
8	东港	DG-XSC-2	CAB	周代	东周	664	2	陶		不确定	腹片				
8	东港	DG-XSH-1	CAA	龙山	早期	344	1	陶		陶鼎	口沿				
8	东港	DG-XSH-1	CAA	龙山	不确定	344	1	陶		不确定	腹片				
8	东港	DG-XSH-1	CAA	周代	东周	704	1	陶		陶罐	口沿				
8	东港	DG-XSH-1	CAA	周代	东周	704	6	陶		不确定	腹片	绳纹			
8	东港	DG-XSH-1	CAA	周代	东周	704	2	陶		不确定	腹片				
8	东港	DG-XSH-1	CAA	汉代	不确定	908	2	陶		陶盆	口沿				
8	东港	DG-XSH-1	CAA	汉代	不确定	908	2	陶		陶罐	口沿				
8	东港	DG-XSH-1	CAA	汉代	不确定	908	1	陶		陶盆	器底				
8	东港	DG-XSH-1	CAA	汉代	不确定	908	1	陶		陶纺轮					
8	东港	DG-XSH-1	CAA	汉代	不确定	908	82	陶		陶瓦					
8	东港	DG-XSH-1	CAA	汉代	不确定	908	8	陶		不确定	腹片				
8	东港	DG-XSH-1	CAB	周代	东周	704	1	陶		陶壶	口沿				
8	东港	DG-XSH-1	CAB	周代	东周	704	6	陶		不确定	腹片	绳纹			
8	东港	DG-XSH-1	CAB	周代	东周	704	2	陶		不确定	腹片				
8	东港	DG-XSH-1	CAB	汉代	不确定	908	1	陶		陶盆	口沿				
8	东港	DG-XSH-1	CAB	汉代	不确定	908	1	陶		陶罐	肩部				
8	东港	DG-XSH-1	CAB	汉代	不确定	908	27	陶		陶瓦					
8	东港	DG-XSH-1	CAB	汉代	不确定	908	1	陶		陶盆	口沿				
8	东港	DG-XSH-2	单个遗址	周代	东周	703	1	陶		陶罐	口沿				
8	东港	DG-XSH-2	单个遗址	周代	东周	703	1	陶		陶罐	腹片	绳纹			
8	东港	DG-XSH-2	单个遗址	周代	东周	703	1	陶		陶釜	腹片				
8	东港	DG-XSH-2	单个遗址	汉代	不确定	909	15	陶		陶瓦					
8	东港	DG-XSH-2	单个遗址	汉代	不确定	909	2	陶		陶盆	口沿				
9	东港	DG-XSJZ-1	CAA	汉代	不确定	950	3	陶		不确定	腹片				
9	东港	DG-XSJZ-1	CAA	汉代	不确定	950	2	陶		陶瓦					
9	东港	DG-XSJZ-1	CAA	汉代	不确定	950	1	陶		砖					

年度	县区	遗址	采集区	时代	分期	期段编号	数量	质地	石器种类	器形	部位	纹饰	颜色	质地	蛋壳陶
9	东港	DG-XSJZ-1	CAB	汉代	不确定	950	1	陶		陶瓦					
10	东港	DG-XSJZ-1	CAD	汉代	不确定	950	1	陶		陶罐	器底				
9	东港	DG-XSJZ-2	CAA	汉代	不确定	951	1	陶		陶盆	口沿				
9	东港	DG-XSJZ-2	CAA	汉代	不确定	951	1	陶		不确定	腹片				
9	东港	DG-XSJZ-2	CAA	汉代	不确定	951	9	陶		陶瓦					
9	东港	DG-XSJZ-2	CAB	汉代	不确定	951	1	陶		陶盆	口沿				
9	东港	DG-XSJZ-2	CAB	汉代	不确定	951	1	陶		不确定	腹片				
9	东港	DG-XSJZ-3	单个遗址	汉代	不确定	949	3	陶		陶盆	口沿				
9	东港	DG-XSJZ-3	单个遗址	汉代	不确定	949	1	陶		不确定	腹片				
9	东港	DG-XSJZ-4	单个遗址	汉代	不确定	953	1	陶		陶瓦					
9	东港	DG-XSJZ-5	单个遗址	汉代	不确定	952	1	陶		陶盆	口沿				
9	东港	DG-XSJZ-5	单个遗址	汉代	不确定	952	2	陶		不确定	腹片				
9	东港	DG-XSJZ-5	单个遗址	汉代	不确定	952	1	陶		陶瓦					
7	东港	DG-XSLP-1	单个遗址	汉代	不确定	673	1	陶		陶盆	器底				
7	东港	DG-XSLP-2	CAA	汉代	不确定	669	26	陶		陶瓦					
7	东港	DG-XSLP-2	CAB	周代	东周	520	2	陶		不确定	腹片				
7	东港	DG-XSLP-2	CAB	汉代	不确定	669	7	陶		陶瓦					
7	东港	DG-XSLP-2	CAC	汉代	不确定	669	13	陶		陶瓦					
7	东港	DG-XSLP-2	CAD	周代	东周	521	1	陶		不确定	腹片				
7	东港	DG-XSLP-2	CAD	汉代	不确定	669	5	陶		陶瓦					
7	东港	DG-XSLP-2	CAE	汉代	不确定	669	1	陶		陶罐	口沿				
7	东港	DG-XSLP-2	CAE	汉代	不确定	669	22	陶		陶瓦					
7	东港	DG-XSLP-2	CAF	商代	不确定	22	1	陶		陶鬲	器足				
7	东港	DG-XSLP-2	CAF	商代	不确定	22	1	陶		陶罐	口沿				
7	东港	DG-XSLP-2	CAF	商代	不确定	22	1	陶		不确定	腹片	绳纹			
7	东港	DG-XSLP-2	CAF	周代	西周	517	8	陶		不确定	腹片	绳纹			
7	东港	DG-XSLP-2	CAF	周代	西周	517	7	陶		不确定	腹片				
7	东港	DG-XSLP-2	CAF	周代	东周	517	1	陶		陶罐	口沿				
7	东港	DG-XSLP-2	CAF	周代	东周	517	1	陶		不确定	腹片	绳纹			
7	东港	DG-XSLP-2	CAF	汉代	不确定	669	4	陶		陶盆	口沿				
7	东港	DG-XSLP-2	CAF	汉代	不确定	669	41	陶		陶瓦					
7	东港	DG-XSLP-2	CAF	汉代	不确定	669	1	陶		陶罐	口沿				
7	东港	DG-XSLP-2	CAF	汉代	不确定	669	4	陶		不确定	腹片				
7	东港	DG-XSLP-2	CAG	周代	东周	517	3	陶		陶盆	口沿				
7	东港	DG-XSLP-2	CAG	周代	东周	517	1	陶		陶罐	口沿				
7	东港	DG-XSLP-2	CAG	周代	东周	517	1	陶		不确定	腹片	绳纹			
7	东港	DG-XSLP-2	CAG	周代	东周	517	1	陶		陶罐	肩部				
7	东港	DG-XSLP-2	CAG	汉代	不确定	669	58	陶		陶瓦					
7	东港	DG-XSLP-2	CAG	汉代	不确定	669	1	陶		陶罐	口沿				
7	东港	DG-XSLP-2	CAG	汉代	不确定	669	6	陶		陶盆	口沿				
7	东港	DG-XSLP-2	CAG	汉代	不确定	669	1	陶		陶瓦					
7	东港	DG-XSLP-2	CAG	汉代	不确定	669	3	陶		不确定	腹片				
7	东港	DG-XSLP-2	CAH	周代	东周	517	1	陶		陶罐	口沿				
7	东港	DG-XSLP-2	CAH	周代	东周	517	3	陶		不确定	腹片				
7	东港	DG-XSLP-2	CAH	周代	东周	517	1	陶		陶盆	器底				
11	东港	DG-XSLT-1	CAA	周代	东周	902	2	陶		不确定	腹片				

年度	县区	遗址	采集区	时代	分期	期段编号	数量	质地	石器种类	器形	部位	纹饰	颜色	质地	蛋壳陶
11	东港	DG-XSLT-1	CAA	周代	东周	902	1	陶		不确定	腹片	绳纹			
11	东港	DG-XSLT-1	CAA	汉代	不确定	1201	2	陶		陶瓦					
11	东港	DG-XSLT-1	CAA	汉代	不确定	1201	1	陶		陶盆					
11	东港	DG-XSLT-1	CAB	龙山	早期	431	1	陶		陶鼎	口沿				
11	东港	DG-XSLT-1	CAB	周代	东周	902	1	陶		陶罐	口沿				
11	东港	DG-XSLT-1	CAB	汉代	不确定	1201	2	陶		陶瓦					
5	东港	DG-XTY-1	单个遗址	汉代	不确定	398	1	陶		陶罐	口沿				
5	东港	DG-XTY-1	单个遗址	汉代	不确定	398	6	陶		陶瓦					
5	东港	DG-XTY-1	单个遗址	汉代	不确定	398	2	陶		不确定	腹片				
5	东港	DG-XTY-3	单个遗址	汉代	不确定	398	1	陶		陶瓦					
5	东港	DG-XTY-4	单个遗址	汉代	不确定	399	6	陶		不确定	腹片	绳纹			
5	东港	DG-XTY-4	单个遗址	周代	东周	333	15	陶		不确定	腹片				
5	东港	DG-XTY-5	单个遗址	汉代	不确定	396	1	陶		陶罐	口沿				
5	东港	DG-XTY-5	单个遗址	汉代	不确定	396	3	陶		不确定	腹片				
5	东港	DG-XTY-6	单个遗址	汉代	不确定	397	23	陶		陶瓦					
5	东港	DG-XTY-6	单个遗址	汉代	不确定	397	17	陶		不确定	腹片				
5	东港	DG-XTY-6	单个遗址	汉代	不确定	397	1	陶		不确定	腹片	绳纹			
5	东港	DG-XTY-6	单个遗址	周代	东周	332	4	陶		不确定	腹片	绳纹			
7	东港	DG-XuJL-1	单个遗址	汉代	不确定	667	1	陶		陶盆	器底				
7	东港	DG-XuJL-1	单个遗址	汉代	不确定	667	1	陶		陶罐	器底				
7	东港	DG-XuJL-1	单个遗址	汉代	不确定	667	18	陶		陶瓦					
7	东港	DG-XUJL-1	ZHANG-8	汉代	不确定	667	1	陶		不确定	腹片				
7	东港	DG-XUJL-1	ZHANG-8	汉代	不确定	667	1	陶		陶瓦					
7	东港	DG-XUJL-2	单个遗址	周代	东周	633	1	陶		陶豆	豆盘				
7	东港	DG-XUJL-2	单个遗址	周代	东周	633	1	陶		陶豆	把手				
7	东港	DG-XUJL-2	单个遗址	周代	东周	633	1	陶		陶壶	口沿				
7	东港	DG-XUJL-2	单个遗址	周代	东周	633	2	陶		不确定	腹片	绳纹			
7	东港	DG-XUJL-2	单个遗址	周代	东周	633	5	陶		不确定	腹片				
7	东港	DG-XuJL-2	单个遗址	汉代	不确定	665	11	陶		陶瓦					
7	东港	DG-XuJL-2	单个遗址	汉代	不确定	665	6	陶		不确定	腹片				
7	东港	DG-XUJL-2	ZHANG-13	汉代	不确定	665	4	陶		陶瓦					
4	东港	DG-XW-1	单个遗址	汉代	不确定	328	1	陶		陶瓦					
7	东港	DG-XXD-1	单个遗址	汉代	不确定	666	38	陶		陶瓦					
7	东港	DG-XXD-1	单个遗址	汉代	不确定	666	1	陶		陶盆	器底				
7	东港	DG-XXD-1	单个遗址	汉代	不确定	666	1	陶		陶瓦	瓦头	装饰的			
7	东港	DG-XXD-1	单个遗址	汉代	不确定	666	1	陶		陶盆	口沿				
7	东港	DG-XXD-1	ZHANG-7	汉代	不确定	666	29	陶		陶瓦					
7	东港	DG-XXD-1	ZHANG-7	汉代	不确定	666	1	陶		陶罐	口沿				
7	东港	DG-XXD-1	ZHANG-7	汉代	不确定	666	1	陶		不确定	腹片				
7	东港	DG-XXJC-1	CAA	汉代	不确定	680	2	陶		不确定	腹片				
7	东港	DG-XXJC-1	CAA	汉代	不确定	680	7	陶		陶瓦					
7	东港	DG-XXJC-1	CAB	汉代	不确定	680	2	陶		陶瓦					
7	东港	DG-XXJC-2	单个遗址	汉代	不确定	684	1	陶		陶瓦					
7	东港	DG-XXJC-3	单个遗址	汉代	不确定	685	1	陶		陶瓦					
7	东港	DG-XXJC-4	单个遗址	汉代	不确定	687	1	陶		陶瓦					
7	东港	DG-XXJC-5	单个遗址	汉代	不确定	688	2	陶		陶瓦					

年度	县区	遗址	采集区	时代	分期	期段编号	数量	质地	石器种类	器形	部位	纹饰	颜色	质地	蛋壳陶
7	东港	DG-XXJC-5	单个遗址	汉代	不确定	688	1	陶		不确定	腹片				
11	东港	DG-XY-1	单个遗址	周代	东周	913	2	陶		陶盆	器底				
11	东港	DG-XY-1	单个遗址	周代	东周	913	5	陶		不确定	腹片				
11	东港	DG-XY-1	单个遗址	周代	东周	913	1	陶		不确定	腹片	绳纹			
11	东港	DG-XY-1	单个遗址	汉代	不确定	1233	3	陶		不确定	腹片				
11	东港	DG-XY-1	单个遗址	汉代	不确定	1233	4	陶		陶瓦					
11	东港	DG-XY-2	单个遗址	汉代	不确定	1234	2	陶		不确定	腹片				
11	东港	DG-XY-3	单个遗址	汉代	不确定	1242	1	陶		不确定	腹片				
11	东港	DG-XY-3	单个遗址	汉代	不确定	1242	1	陶		陶瓦					
11	东港	DG-XY-4	单个遗址	周代	西周	929	1	陶		陶鬲	口沿	绳纹			
11	东港	DG-XY-4	单个遗址	周代	西周	929	5	陶		不确定	腹片	绳纹			
11	东港	DG-XY-4	单个遗址	周代	东周	929	1	陶		不确定	腹片	绳纹			
11	东港	DG-XY-4	单个遗址	周代	东周	929	2	陶		不确定	腹片				
11	东港	DG-XY-5	单个遗址	汉代	不确定	1245	1	陶		陶瓦					
11	东港	DG-XY-6	单个遗址	汉代	不确定	1248	1	陶		不确定	腹片				
11	东港	DG-XY-6	单个遗址	汉代	不确定	1248	1	陶		陶瓦					
11	东港	DG-XY-7	单个遗址	汉代	不确定	1249	2	陶		陶瓦					
11	东港	DG-XY-8	单个遗址	汉代	不确定	1243	3	陶		陶瓦					
11	东港	DG-XY-9	单个遗址	周代	东周	933	1	陶		不确定	腹片				
4	东港	DG-XYC-1	单个遗址	汉代	不确定	307	3	陶		陶瓦					
4	东港	DG-XYC-1	单个遗址	周代	东周	257	2	陶		陶瓦					
4	东港	DG-XYC-1	单个遗址	周代	东周	257	1	陶		不确定	腹片				
4	东港	DG-XYC-2	单个遗址	周代	东周	256	1	陶		陶罐	口沿				
4	东港	DG-XYC-2	单个遗址	周代	东周	256	2	陶		陶瓦					
4	东港	DG-XYC-2	单个遗址	周代	东周	256	1	陶		不确定	腹片				
4	东港	DG-XYC-3	单个遗址	周代	东周	254	1	陶		陶罐	口沿				
4	东港	DG-XYC-3	单个遗址	周代	东周	254	2	陶		不确定	腹片				
4	东港	DG-XYC-4	CAA	汉代	不确定	305	2	陶		陶瓦					
4	东港	DG-XYC-4	CAB	周代	东周	253	2	陶		不确定	腹片				
11	东港	DG-XYCC-2	单个遗址	汉代	不确定	1252	1	陶		陶瓦					
11	东港	DG-XYYC-1	单个遗址	汉代	不确定	1253	4	陶		不确定	腹片				
11	东港	DG-XYYC-1	单个遗址	汉代	不确定	1253	1	陶		陶瓦					
11	东港	DG-XYYC-2	单个遗址	周代	东周	935	6	陶		不确定					
11	东港	DG-XYYC-3	单个遗址	周代	东周	934	2	陶		不确定	腹片				
11	东港	DG-XYYC-3	单个遗址	汉代	不确定	1251	4	陶		不确定	腹片				
11	东港	DG-XYYC-3	单个遗址	汉代	不确定	1251	2	陶		陶瓦					
11	东港	DG-XYYC-4	CAA	汉代	不确定	1244	1	陶		陶瓦					
11	东港	DG-XYYC-4	CAB	汉代	不确定	1244	3	陶		陶瓦					
11	东港	DG-XYYC-4	CAC	汉代	不确定	1244	2	陶		不确定	腹片				
11	东港	DG-XYYC-5	单个遗址	汉代	不确定	1250	2	陶		不确定	腹片				
5	东港	DG-XZY-1	单个遗址	汉代	不确定	443	3	陶		陶瓦					
5	东港	DG-XZZ-1	单个遗址	商代	不确定	14	31	陶		不确定	腹片			褐	
5	东港	DG-XZZ-1	单个遗址	商代	不确定	14	1	陶		不确定	腹片	弦纹		褐	
5	东港	DG-XZZ-1	单个遗址	商代	不确定	14	1	陶		陶罐	把手			褐	
5	东港	DG-XZZ-1	单个遗址	商代	不确定	14	1	黏土		烧土					
5	东港	DG-XZZ-1	单个遗址	岳石	不确定	2	1	陶		陶罐	口沿				

年度	县区	遗址	采集区	时代	分期	期段编号	数量	质地	石器种类	器形	部位	纹饰	颜色	质地	蛋壳陶
7	东港	DG-YDL-1	CAA	汉代	不确定	651	2	陶		陶瓦					
7	东港	DG-YDL-1	CAB	汉代	不确定	651	1	陶		砖					
7	东港	DG-YDL-1	CAB	汉代	不确定	651	4	陶		陶瓦					
7	东港	DG-YDL-2	单个遗址	汉代	不确定	650	1	陶		陶瓦					
13	东港	DG-YDL-3	单个遗址	汉代		1609	1	陶		陶盆	颈部				
7	东港	DG-YG-1	CAA	汉代	不确定	595	7	陶		陶瓦					
7	东港	DG-YG-1	CAB	汉代	不确定	595	1	陶		陶瓦					
7	东港	DG-YG-1	CAB	汉代	不确定	595	1	陶		不确定	腹片				
7	东港	DG-YG-1	CAC	汉代	不确定	595	4	陶		陶瓦					
7	东港	DG-YG-1	ZHANG-16	汉代	不确定	595	2	陶		陶瓦					
7	东港	DG-YG-2	单个遗址	汉代	不确定	648	1	陶		陶瓦					
7	东港	DG-YG-2	单个遗址	汉代	不确定	648	2	陶		不确定	腹片				
9	东港	DG-YGM-1	单个遗址	汉代	不确定	1006	2	陶		不确定	腹片				
9	东港	DG-YGM-1	单个遗址	汉代	不确定	1006	8	陶		陶瓦					
9	东港	DG-YGM-2	单个遗址	汉代	不确定	1005	2	陶		陶瓦					
7	东港	DG-YH-1	单个遗址	汉代	不确定	619	2	陶		陶瓦					
7	东港	DG-YH-1	单个遗址	汉代	不确定	619	1	陶		不确定	腹片				
9	东港	DG-YJAT-1	单个遗址	周代	西周	755	1	陶		不确定	腹片				
9	东港	DG-YJAT-2	CAA	周代	西周	754	2	陶		不确定	腹片				
9	东港	DG-YJAT-2	CAA	周代	西周	754	1	陶		不确定	腹片	绳纹			
9	东港	DG-YJAT-2	CAA	汉代	不确定	986	10	陶		陶瓦					
9	东港	DG-YJAT-2	CAB	周代	西周	754	1	陶		不确定	腹片	绳纹			
9	东港	DG-YJAT-2	CAB	周代	西周	754	1	陶		不确定	腹片				
9	东港	DG-YJAT-2	CAC	龙山	早期	372	1	陶		陶鼎	口沿				
9	东港	DG-YJAT-2	CAC	龙山	中期	372	3	陶		陶鼎	口沿				
9	东港	DG-YJAT-2	CAC	龙山	不确定	372	5	陶		不确定	腹片				
9	东港	DG-YJAT-2	CAC	周代	西周	754	1	陶		陶罐	口沿				
9	东港	DG-YJAT-2	CAC	周代	西周	754	2	陶		不确定	腹片	绳纹			
9	东港	DG-YJAT-2	CAC	周代	东周	754	1	陶		不确定	腹片				
9	东港	DG-YJAT-2	CAC	周代	东周	754	4	陶		不确定	腹片	绳纹			
9	东港	DG-YJAT-2	CAC	不确定			1	黏土		烧土					
9	东港	DG-YJAT-3	单个遗址	汉代	不确定	973	3	陶		不确定	腹片				
9	东港	DG-YJAT-3	单个遗址	汉代	不确定	973	4	陶		陶瓦					
9	东港	DG-YJAT-3	单个遗址	汉代	不确定	973	1	陶		砖					
4	东港	DG-YJC-1	单个遗址	周代	东周	284	1	陶		陶瓦					
4	东港	DG-YJC-2	单个遗址	汉代	不确定	347	2	陶		陶瓦					
4	东港	DG-YJC-3	单个遗址	汉代	不确定	346	6	陶		陶瓦					
4	东港	DG-YJC-3	单个遗址	汉代	不确定	346	1	陶		不确定	腹片				
4	东港	DG-YJC-4	单个遗址	汉代	不确定	347	12	陶		陶瓦					
4	东港	DG-YJC-4	单个遗址	周代	东周	281	3	陶		不确定	腹片				
4	东港	DG-YJC-5	单个遗址	龙山	中期	156	1	陶		陶罐	口沿			粗砂	
4	东港	DG-YJC-5	单个遗址	周代	西周	282	1	陶		不确定	腹片	绳纹			
4	东港	DG-YJC-6	CAA	周代	东周	283	4	陶		不确定	腹片				
4	东港	DG-YJC-6	CAB	周代	东周	283	5	陶		不确定	腹片				
4	东港	DG-YJC-6	CAB	周代	东周	283	2	陶		不确定	腹片	绳纹			
4	东港	DG-YJC-6	CAA	周代	西周	283	1	陶		不确定	腹片	绳纹			

年度	县区	遗址	采集区	时代	分期	期段编号	数量	质地	石器种类	器形	部位	纹饰	颜色	质地	蛋壳陶
4	东港	DG-YJC-6	CAB	周代	西周	283	1	黏土		烧土					
4	东港	DG-YJC-6	CAB	周代	西周	283	1	陶		不确定	腹片	绳纹			
4	东港	DG-YJC-6	CAB	周代	西周	283	1	陶		不确定	腹片				
4	东港	DG-YJC-6	CAB	周代	西周	283	28	陶		不确定	腹片	绳纹			
4	东港	DG-YJC-6	CAB	周代	西周	283	3	陶		不确定	腹片	附加堆纹			
4	东港	DG-YJC-6	CAB	周代	西周	283	1	陶		不确定	腹片	弦纹			
4	东港	DG-YJC-7	单个遗址	汉代	不确定	343	1	陶		陶瓦					
4	东港	DG-YJC-7	单个遗址	汉代	不确定	343	2	陶		不确定	腹片				
4	东港	DG-YJC-8	单个遗址	汉代	不确定	345	1	陶		陶瓦					
9	东港	DG-YJW-1	CAA	汉代	不确定	1029	1	陶		陶盆	口沿				
9	东港	DG-YJW-1	CAA	汉代	不确定	1029	9	陶		不确定	腹片				
9	东港	DG-YJW-1	CAA	汉代	不确定	1029	1	陶		陶瓦					
9	东港	DG-YJW-1	CAB	汉代	不确定	1029	2	陶		不确定	腹片				
9	东港	DG-YJW-1	CAB	汉代	不确定	1029	1	陶		陶瓦					
9	东港	DG-YJW-1	CAC	汉代	不确定	1029	2	陶		陶盆	口沿				
9	东港	DG-YJW-1	CAC	汉代	不确定	1029	4	陶		不确定	腹片				
9	东港	DG-YJW-1	CAC	汉代	不确定	1029	3	陶		陶瓦					
9	东港	DG-YJW-1	CAD	周代	东周	786	1	陶		不确定	腹片	绳纹			
9	东港	DG-YJW-1	CAE	汉代	不确定	1029	1	陶		陶瓦					
5	东港	DG-YJZ-2	单个遗址	龙山	中期	196	1	陶		陶罐	口沿				
5	东港	DG-YJZ-2	单个遗址	周代	东周	398	1	陶		不确定	腹片				
5	东港	DG-YJZ-2	单个遗址	周代	东周	398	1	陶		不确定	腹片	绳纹			
5	东港	DG-YJZ-3	单个遗址	龙山	不确定	195	2	陶		不确定	腹片				
9	东港	DG-YS-1	单个遗址	汉代	不确定	1034	1	陶		陶盆	口沿				
9	东港	DG-YS-1	单个遗址	汉代	不确定	1034	3	陶		不确定	腹片				
9	东港	DG-YS-1	单个遗址	汉代	不确定	1034	1	陶		陶瓦					
9	东港	DG-YS-10	单个遗址	周代	东周	766	1	陶		不确定	腹片	绳纹			
9	东港	DG-YS-2	单个遗址	汉代	不确定	1035	1	陶		陶瓦					
9	东港	DG-YS-3	单个遗址	周代	东周	764	3	陶		不确定	腹片				
9	东港	DG-YS-4	单个遗址	周代	东周	763	1	陶		不确定	腹片	绳纹			
9	东港	DG-YS-4	单个遗址	汉代	不确定	1033	1	陶		陶瓦					
9	东港	DG-YS-4	单个遗址	汉代	不确定	1033	1	陶		不确定	腹片				
9	东港	DG-YS-5	单个遗址	龙山	早期	376	2	陶		不确定	腹片	篮纹			
9	东港	DG-YS-5	单个遗址	龙山	不确定	376	4	陶		不确定	腹片				
9	东港	DG-YS-5	单个遗址	龙山	不确定	376	1	陶		不确定	腹片			泥质	是
9	东港	DG-YS-6	CAA	周代	西周	757	2	陶		陶鬲	器足				
9	东港	DG-YS-6	CAA	周代	西周	757	1	陶		陶鬲	口沿				
9	东港	DG-YS-6	CAA	周代	西周	757	7	陶		陶鬲	腹片				
9	东港	DG-YS-6	CAA	周代	西周	757	1	陶		陶罐	口沿				
9	东港	DG-YS-6	CAA	周代	西周	757	1	陶		陶盘	口沿				
9	东港	DG-YS-6	CAA	周代	西周	757	30	陶		不确定	腹片	绳纹			
9	东港	DG-YS-6	CAA	周代	西周	757	3	陶		不确定	腹片				
9	东港	DG-YS-6	CAA	周代	东周	757	1	陶		陶罐	肩部				
9	东港	DG-YS-6	CAA	周代	东周	757	1	陶		陶豆	口沿				
9	东港	DG-YS-6	CAA	周代	东周	757	1	陶		不确定	腹片				
9	东港	DG-YS-6	CAA	周代	东周	757	1	陶		陶纺轮					

年度	县区	遗址	采集区	时代	分期	期段编号	数量	质地	石器种类	器形	部位	纹饰	颜色	质地	蛋壳陶
9	东港	DG-YS-6	CAB	汉代	不确定	991	1	陶		陶瓦					
9	东港	DG-YS-7	单个遗址	龙山	不确定	375	3	陶		不确定	腹片				
9	东港	DG-YS-7	单个遗址	周代	东周	762	4	陶		不确定	腹片				
9	东港	DG-YS-8	单个遗址	汉代	不确定	995	1	陶		陶盆	口沿				
9	东港	DG-YS-8	单个遗址	汉代	不确定	995	1	陶		陶瓦					
9	东港	DG-YS-9	单个遗址	周代	东周	765	1	陶		不确定	腹片	绳纹			
9	东港	DG-YWC-1	CAA	大汶口	晚期	17	1	陶		陶鼎	器足				
9	东港	DG-YWC-1	CAA	龙山	早期	397	1	陶		陶鼎	器底				
9	东港	DG-YWC-1	CAA	龙山	早期	397	1	陶		陶豆	口沿				
9	东港	DG-YWC-1	CAA	龙山	早期	397	3	陶		不确定	腹片	篮纹			
9	东港	DG-YWC-1	CAA	龙山	中期	397	1	陶		陶匜	口沿				
9	东港	DG-YWC-1	CAA	龙山	中期	397	1	陶		陶罐	口沿				
9	东港	DG-YWC-1	CAA	龙山	中期	397	1	陶		陶鼎	器足				
9	东港	DG-YWC-1	CAA	龙山	不确定	397	17	陶		不确定	腹片				
9	东港	DG-YWC-1	CAA	龙山	不确定	397	1	陶		不确定	腹片	弦纹			
9	东港	DG-YWC-1	CAA	龙山	不确定	397	1	黏土		烧土					
9	东港	DG-YWC-1	CAA	周代	东周	796	3	陶		不确定	腹片	绳纹			
9	东港	DG-YWC-1	CAA	周代	东周	796	2	陶		不确定	腹片				
9	东港	DG-YWC-1	CAA	汉代	不确定	1044	1	陶		陶盆	口沿				
9	东港	DG-YWC-1	CAA	汉代	不确定	1044	4	陶		陶瓦					
9	东港	DG-YWC-1	CAB	大汶口	晚期	17	1	陶		陶鼎	器足				
9	东港	DG-YWC-1	CAB	龙山	早期	397	1	陶		陶鼎	器足				
9	东港	DG-YWC-1	CAB	龙山	早期	397	1	陶		陶甗	器足				
9	东港	DG-YWC-1	CAB	龙山	早期	397	1	陶		陶鼎	口沿				
9	东港	DG-YWC-1	CAB	龙山	早期	397	6	陶		不确定	腹片	篮纹			
9	东港	DG-YWC-1	CAB	龙山	中期	397	1	陶		陶鬶	把手		白		
9	东港	DG-YWC-1	CAB	龙山	中期	397	2	陶		陶罐	口沿				
9	东港	DG-YWC-1	CAB	龙山	不确定	397	33	陶		不确定	腹片				
9	东港	DG-YWC-1	CAB	龙山	不确定	397	5	陶		不确定	腹片			泥质	是
9	东港	DG-YWC-1	CAB	龙山	不确定	397	1	陶		不确定	腹片	弦纹		泥质	是
9	东港	DG-YWC-1	CAB	周代	东周	796	7	陶		不确定	腹片	绳纹			
9	东港	DG-YWC-1	CAB	周代	东周	796	1	陶		陶罐	口沿				
9	东港	DG-YWC-1	CAB	汉代	不确定	1044	1	陶		陶盆	口沿				
9	东港	DG-YWC-1	CAB	汉代	不确定	1044	1	陶		陶盆	器底				
9	东港	DG-YWC-1	CAB	汉代	不确定	1044	8	陶		陶瓦					
9	东港	DG-YWC-1	CAC	龙山	不确定	397	1	陶		不确定	腹片				
9	东港	DG-YWC-1	CAD	龙山	早期	397	1	陶		陶鼎	口沿				
9	东港	DG-YWC-1	CAD	龙山	中期	397	1	陶		陶罐	把手				
9	东港	DG-YWC-1	CAD	龙山	不确定	397	10	陶		不确定	腹片				
9	东港	DG-YWC-1	CAD	龙山	不确定	397	3	陶		不确定	腹片	弦纹			
9	东港	DG-YWC-1	CAD	周代	东周	796	4	陶		不确定	腹片	绳纹			
9	东港	DG-YWC-1	CAD	汉代	不确定	1044	3	陶		陶盆	口沿				
9	东港	DG-YWC-1	CAD	汉代	不确定	1044	6	陶		陶瓦					
9	东港	DG-YWC-1	CAE	龙山	早期	397	2	陶		陶鼎	器足				
9	东港	DG-YWC-1	CAE	龙山	不确定	397	25	陶		不确定	腹片				
9	东港	DG-YWC-1	CAE	龙山	不确定	397	3	陶		不确定	腹片	弦纹			

年度	县区	遗址	采集区	时代	分期	期段编号	数量	质地	石器种类	器形	部位	纹饰	颜色	质地	蛋壳陶
9	东港	DG-YWC-1	CAE	龙山	不确定	397	3	陶		不确定	腹片			泥质	是
9	东港	DG-YWC-1	CAE	周代	东周	796	1	陶		不确定	腹片	绳纹			
9	东港	DG-YWC-1	CAE	汉代	不确定	1044	1	陶		陶罐	口沿				
9	东港	DG-YWC-1	CAE	汉代	不确定	1044	11	陶		陶瓦					
9	东港	DG-YWC-1	CAF	龙山	早期	397	1	陶		陶鼎	口沿				
9	东港	DG-YWC-1	CAF	龙山	不确定	397	4	陶		不确定	腹片				
9	东港	DG-YWC-1	CAF	龙山	不确定	397	1	陶		不确定	腹片		白		
9	东港	DG-YWC-1	CAG	龙山	中期	397	3	陶		陶罐	口沿				
9	东港	DG-YWC-1	CAG	龙山	不确定	397	29	陶		不确定	腹片				
9	东港	DG-YWC-1	CAG	周代	东周	796	4	陶		不确定	腹片	绳纹			
9	东港	DG-YWC-1	CAG	汉代	不确定	1044	3	陶		陶盆	口沿				
9	东港	DG-YWC-1	CAG	汉代	不确定	1044	10	陶		陶瓦					
9	东港	DG-YWC-1	CAH	龙山	早期	397	1	陶		陶鼎	器足				
9	东港	DG-YWC-1	CAH	龙山	早期	397	1	陶		陶盆	口沿				
9	东港	DG-YWC-1	CAH	龙山	早期	397	1	陶		不确定	腹片	篮纹			
9	东港	DG-YWC-1	CAH	龙山	不确定	397	18	陶		不确定	腹片				
9	东港	DG-YWC-1	CAH	龙山	不确定	397	7	陶		不确定	腹片			泥质	是
9	东港	DG-YWC-1	CAH	汉代	不确定	1044	1	陶		陶盆	口沿				
9	东港	DG-YWC-1	CAH	汉代	不确定	1044	3	陶		陶瓦					
9	东港	DG-YWC-1	CAI	龙山	早期	397	2	陶		陶鼎	口沿				
9	东港	DG-YWC-1	CAI	龙山	早期	397	1	陶		不确定	腹片	篮纹			
9	东港	DG-YWC-1	CAI	龙山	中期	397	1	陶		陶匜	口沿				
9	东港	DG-YWC-1	CAI	龙山	中期	397	2	陶		陶罐	口沿				
9	东港	DG-YWC-1	CAI	龙山	不确定	397	7	陶		不确定	腹片				
9	东港	DG-YWC-1	CAI	龙山	不确定	397	2	陶		不确定	腹片			泥质	是
9	东港	DG-YWC-1	CAJ	龙山	中期	397	1	陶		陶匜	口沿				
9	东港	DG-YWC-1	CAJ	龙山	中期	397	1	陶		陶盆	口沿				
9	东港	DG-YWC-1	CAJ	龙山	不确定	397	10	陶		不确定	腹片				
9	东港	DG-YWC-1	CAJ	汉代	不确定	1044	1	陶		陶瓮	口沿				
9	东港	DG-YWC-1	CAJ	汉代	不确定	1044	9	陶		陶瓦					
9	东港	DG-YWC-1	CAK	龙山	中期	397	1	陶		陶盆	口沿				
9	东港	DG-YWC-1	CAK	龙山	不确定	397	6	陶		不确定	腹片				
9	东港	DG-YWC-1	CAK	汉代	不确定	1044	4	陶		陶瓦					
9	东港	DG-YWC-1	CAL	龙山	中期	397	1	陶		陶罐	口沿				
9	东港	DG-YWC-1	CAL	龙山	中期	397	1	陶		陶罐	把手				
9	东港	DG-YWC-1	CAL	龙山	不确定	397	8	陶		不确定	腹片				
9	东港	DG-YWC-1	CAL	龙山	不确定	397	1	陶		不确定	腹片			泥质	是
9	东港	DG-YWC-1	CAL	周代	东周	796	1	陶		陶罐	口沿				
9	东港	DG-YWC-1	CAL	周代	东周	796	2	陶		不确定	腹片	绳纹			
9	东港	DG-YWC-1	CAM	汉代	不确定	1044	1	陶		陶盆	口沿				
9	东港	DG-YWC-1	CAM	汉代	不确定	1044	1	陶		陶盆	颈部				
9	东港	DG-YWC-1	CAM	汉代	不确定	1044	1	陶		陶瓦					
9	东港	DG-YWC-1	CAN	龙山	早期	397	1	陶		陶壶	口沿				
9	东港	DG-YWC-1	CAN	龙山	早期	397	1	陶		陶鬶	器足				
9	东港	DG-YWC-1	CAN	龙山	中期	397	2	陶		陶匜	口沿				
9	东港	DG-YWC-1	CAN	龙山	中期	397	2	陶		陶盆	口沿				

年度	县区	遗址	采集区	时代	分期	期段编号	数量	质地	石器种类	器形	部位	纹饰	颜色	质地	蛋壳陶
9	东港	DG-YWC-1	CAN	龙山	不确定	397	33	陶		不确定	腹片				
9	东港	DG-YWC-1	CAN	龙山	不确定	397	6	陶		不确定	腹片			泥质	是
9	东港	DG-YWC-1	CAN	龙山	不确定	397	1	陶		不确定	腹片	泥饼			
9	东港	DG-YWC-1	CAN	周代	东周	796	2	陶		不确定	腹片	绳纹			
9	东港	DG-YWC-1	CAN	周代	东周	796	1	陶		不确定	腹片				
9	东港	DG-YWC-1	CAN	汉代	不确定	1044	5	陶		陶瓦					
9	东港	DG-YWC-1	CAO	龙山	中期	397	1	陶		陶匜	口沿				
9	东港	DG-YWC-1	CAO	龙山	中期	397	1	陶		陶鬶	器足				
9	东港	DG-YWC-1	CAO	龙山	不确定	397	17	陶		不确定	腹片				
9	东港	DG-YWC-1	CAO	周代	东周	796	4	陶		不确定	腹片	绳纹			
9	东港	DG-YWC-1	CAO	周代	东周	796	2	陶		不确定	腹片				
9	东港	DG-YWC-1	CAO	汉代	不确定	1044	1	陶		陶罐	口沿				
9	东港	DG-YWC-1	CAO	汉代	不确定	1044	1	陶		陶盆	器底				
9	东港	DG-YWC-1	CAO	汉代	不确定	1044	1	陶		不确定	腹片				
9	东港	DG-YWC-1	CAO	汉代	不确定	1044	20	陶		陶瓦					
9	东港	DG-YWC-1	CAP	龙山	中期	397	1	陶		陶罐	口沿				
9	东港	DG-YWC-1	CAP	龙山	中期	397	1	陶		陶豆	口沿				
9	东港	DG-YWC-1	CAP	龙山	不确定	397	21	陶		不确定	腹片				
9	东港	DG-YWC-1	CAP	龙山	不确定	397	1	陶		不确定	腹片	弦纹			
9	东港	DG-YWC-1	CAP	周代	东周	796	4	陶		不确定	腹片	绳纹			
9	东港	DG-YWC-1	CAP	周代	东周	796	1	陶		不确定	腹片				
9	东港	DG-YWC-1	CAP	汉代	不确定	1044	2	陶		陶盆	器底				
9	东港	DG-YWC-1	CAP	汉代	不确定	1044	10	陶		陶瓦					
9	东港	DG-YWC-1	CAQ	龙山	不确定	397	5	陶		不确定	腹片				
9	东港	DG-YWC-1	CAR	龙山	早期	397	2	陶		不确定	腹片	篮纹			
9	东港	DG-YWC-1	CAS	龙山	早期	397	1	陶		陶鼎	器足				
9	东港	DG-YWC-1	CAS	龙山	不确定	397	7	陶		不确定	腹片				
9	东港	DG-YWC-1	CAT	龙山	中期	397	1	陶		陶匜	口沿				
9	东港	DG-YWC-1	CAT	龙山	中期	397	1	陶		陶盆	口沿				
9	东港	DG-YWC-1	CAT	龙山	不确定	397	26	陶		不确定	腹片				
9	东港	DG-YWC-1	CAT	龙山	不确定	397	1	陶		不确定	腹片	附加堆纹			
9	东港	DG-YWC-1	CAT	龙山	不确定	397	1	石	工具	石箭头					
9	东港	DG-YWC-1	CAT	周代	东周	795	1	陶		不确定	腹片	绳纹			
9	东港	DG-YWC-1	CAU	龙山	中期	397	1	陶		陶罐	把手				
9	东港	DG-YWC-1	CAU	龙山	不确定	397	5	陶		不确定	腹片				
9	东港	DG-YWC-1	CAU	龙山	不确定	397	2	陶		不确定	腹片			泥质	是
9	东港	DG-YWC-1	CAV	龙山	早期	397	1	陶		陶鼎	器底				
9	东港	DG-YWC-1	CAV	龙山	不确定	397	3	陶		不确定	腹片				
9	东港	DG-YWC-1	CAV	汉代	不确定	1045	3	陶		陶瓦					
9	东港	DG-YWC-1	CAW	龙山	中期	397	1	陶		陶匜	口沿				
9	东港	DG-YWC-1	CAW	龙山	不确定	397	3	陶		不确定	腹片				
9	东港	DG-YWC-1	CAW	周代	东周	795	1	陶		不确定	腹片				
9	东港	DG-YWC-1	CAW	周代	东周	795	1	陶		不确定	腹片	绳纹			
9	东港	DG-YWC-1	CAX	龙山	不确定	397	2	陶		不确定	腹片				
9	东港	DG-YWC-1	CAY	龙山	早期	397	1	陶		陶鬶	把手				
9	东港	DG-YWC-1	CAY	龙山	早期	397	2	陶		陶鼎	器足				

年度	县区	遗址	采集区	时代	分期	期段编号	数量	质地	石器种类	器形	部位	纹饰	颜色	质地	蛋壳陶
9	东港	DG-YWC-1	CAY	龙山	中期	397	1	陶		陶鼎	口沿				
9	东港	DG-YWC-1	CAY	龙山	中期	397	2	陶		陶罐	口沿				
9	东港	DG-YWC-1	CAY	龙山	中期	397	4	陶		陶匜	口沿				
9	东港	DG-YWC-1	CAY	龙山	不确定	397	42	陶		不确定	腹片				
9	东港	DG-YWC-1	CAY	龙山	不确定	397	7	陶		不确定	腹片			泥质	是
9	东港	DG-YWC-1	CAY	龙山	不确定	397	1	陶		不确定	腹片				
9	东港	DG-YWC-1	CAY	周代	东周	796	1	陶		不确定	腹片	绳纹			
9	东港	DG-YWC-1	CAY	汉代	不确定	1044	2	陶		陶瓦					
9	东港	DG-YWC-1	CAY	汉代	不确定	1044	2	陶		不确定	腹片				
9	东港	DG-YWC-1	CAZ	龙山	早期	397	1	陶		陶豆	口沿				
9	东港	DG-YWC-1	CAZ	龙山	中期	397	1	陶		陶器盖	口沿				
9	东港	DG-YWC-1	CAZ	龙山	不确定	397	3	陶		不确定	腹片			泥质	是
9	东港	DG-YWC-1	CAZ	龙山	不确定	397	1	陶		不确定	腹片				
9	东港	DG-YWC-1	CAAA	龙山	早期	397	5	陶		陶鼎	器足				
9	东港	DG-YWC-1	CAAA	龙山	早期	397	2	陶		陶鼎	口沿				
9	东港	DG-YWC-1	CAAA	龙山	早期	397	1	陶		陶鬶	器足				
9	东港	DG-YWC-1	CAAA	龙山	早期	397	2	陶		陶匜	口沿				
9	东港	DG-YWC-1	CAAA	龙山	早期	397	1	陶		陶盆	口沿				
9	东港	DG-YWC-1	CAAA	龙山	早期	397	1	陶		陶豆	豆柄				
9	东港	DG-YWC-1	CAAA	龙山	中期	397	2	陶		陶鼎	器足				
9	东港	DG-YWC-1	CAAA	龙山	中期	397	1	陶		陶甗	器足				
9	东港	DG-YWC-1	CAAA	龙山	中期	397	2	陶		陶鼎	口沿				
9	东港	DG-YWC-1	CAAA	龙山	中期	397	9	陶		陶罐	口沿				
9	东港	DG-YWC-1	CAAA	龙山	中期	397	3	陶		陶匜	口沿				
9	东港	DG-YWC-1	CAAA	龙山	中期	397	1	陶		陶盆	口沿				
9	东港	DG-YWC-1	CAAA	龙山	不确定	397	2	陶		陶器盖					
9	东港	DG-YWC-1	CAAA	龙山	不确定	397	1	陶		陶器盖					
9	东港	DG-YWC-1	CAAA	龙山	不确定	397	6	陶		陶罐	器底				
9	东港	DG-YWC-1	CAAA	龙山	不确定	397	4	陶		陶豆	豆柄				
9	东港	DG-YWC-1	CAAA	龙山	不确定	397	51	陶		不确定	腹片				
9	东港	DG-YWC-1	CAAA	龙山	不确定	397	15	陶		不确定	腹片			泥质	是
9	东港	DG-YWC-1	CAAA	龙山	不确定	397	1	陶		不确定	把手				
9	东港	DG-YWC-1	CAAA	汉代	不确定	1044	1	陶		陶盆	口沿				
9	东港	DG-YWC-1	CAAA	汉代	不确定	1044	1	陶		陶罐	器底				
9	东港	DG-YWC-1	CAAA	汉代	不确定	1044	2	陶		陶瓦					
9	东港	DG-YWC-1	CABB	龙山	早期	397	2	陶		陶鬶	器足				
9	东港	DG-YWC-1	CABB	龙山	早期	397	1	陶		陶鬶	把手				
9	东港	DG-YWC-1	CABB	龙山	中期	397	4	陶		陶罐	口沿				
9	东港	DG-YWC-1	CABB	龙山	中期	397	3	陶		陶鼎	口沿				
9	东港	DG-YWC-1	CABB	龙山	中期	397	1	陶		陶鼎	器底				
9	东港	DG-YWC-1	CABB	龙山	中期	397	1	陶		陶鼎	器足				
9	东港	DG-YWC-1	CABB	龙山	中期	397	4	陶		陶鬶	器足				
9	东港	DG-YWC-1	CABB	龙山	中期	397	1	陶		陶鬶	把手				
9	东港	DG-YWC-1	CABB	龙山	不确定	397	3	陶		陶鬶	腹片				
9	东港	DG-YWC-1	CABB	龙山	不确定	397	1	陶		陶甗	腹片				
9	东港	DG-YWC-1	CABB	龙山	不确定	397	2	陶		陶盆	口沿				

年度	县区	遗址	采集区	时代	分期	期段编号	数量	质地	石器种类	器形	部位	纹饰	颜色	质地	蛋壳陶
9	东港	DG-YWC-1	CABB	龙山	不确定	397	2	陶		陶盆	器底				
9	东港	DG-YWC-1	CABB	龙山	不确定	397	51	陶		不确定	腹片				
9	东港	DG-YWC-1	CABB	龙山	不确定	397	14	陶		不确定	腹片			泥质	是
9	东港	DG-YWC-1	CABB	龙山	不确定	397	1	陶		不确定	腹片		白		
9	东港	DG-YWC-1	CABB	龙山	不确定	397	1	陶		不确定	腹片	盲鼻			
9	东港	DG-YWC-1	CABB	周代	东周	796	1	陶		陶豆	豆柄				
9	东港	DG-YWC-1	CABB	周代	东周	796	4	陶		不确定	腹片	绳纹			
9	东港	DG-YWC-1	CABB	汉代	不确定	1044	3	陶		陶瓮	口沿				
9	东港	DG-YWC-1	CABB	汉代	不确定	1044	2	陶		陶罐	口沿				
9	东港	DG-YWC-1	CABB	汉代	不确定	1044	8	陶		陶盆	口沿				
9	东港	DG-YWC-1	CABB	汉代	不确定	1044	8	陶		陶瓦					
9	东港	DG-YWC-1	CABB	汉代	不确定	1044	4	陶		不确定	腹片	绳纹			
9	东港	DG-YWC-1	CACC	龙山	早期	397	1	陶		陶鼎	器足				
9	东港	DG-YWC-1	CACC	龙山	早期	397	1	陶		陶甗	器足				
9	东港	DG-YWC-1	CACC	龙山	早期	397	2	陶		陶罐	口沿				
9	东港	DG-YWC-1	CACC	龙山	中期	397	2	陶		陶罐	口沿				
9	东港	DG-YWC-1	CACC	龙山	不确定	397	19	陶		不确定	腹片				
9	东港	DG-YWC-1	CACC	龙山	不确定	397	2	陶		不确定	腹片			泥质	是
9	东港	DG-YWC-1	CACC	龙山	不确定	397	1	陶		不确定	腹片	弦纹			
9	东港	DG-YWC-1	CACC	汉代	不确定	1044	1	陶		陶瓮	口沿				
9	东港	DG-YWC-1	CACC	汉代	不确定	1044	1	陶		陶盆	口沿				
9	东港	DG-YWC-1	CACC	汉代	不确定	1044	1	陶		不确定					
9	东港	DG-YWC-1	CACC	汉代	不确定	1044	2	陶		不确定	腹片	绳纹			
9	东港	DG-YWC-1	CADD	龙山	中期	397	1	陶		陶鼎	口沿				
9	东港	DG-YWC-1	CADD	龙山	中期	397	2	陶		陶罐	口沿				
9	东港	DG-YWC-1	CADD	龙山	不确定	397	4	陶		不确定	腹片				
9	东港	DG-YWC-1	CADD	周代	东周	796	2	陶		不确定	腹片	绳纹			
9	东港	DG-YWC-1	CAEE	龙山	中期	397	4	陶		陶鼎	器足				
9	东港	DG-YWC-1	CAEE	龙山	中期	397	1	陶		陶匜	口沿				
9	东港	DG-YWC-1	CAEE	龙山	中期	397	1	陶		陶鬶	腹片		白		
9	东港	DG-YWC-1	CAEE	龙山	中期	397	1	陶		陶甗	器足				
9	东港	DG-YWC-1	CAEE	龙山	中期	397	1	陶		陶豆	豆柄				
9	东港	DG-YWC-1	CAEE	龙山	中期	397	1	陶		不确定	腹片				
9	东港	DG-YWC-1	CAEE	龙山	中期	397	1	黏土		烧土					
9	东港	DG-YWC-1	CAEE	周代	东周	796	1	陶		陶罐	口沿	绳纹			
9	东港	DG-YWC-1	CAEE	周代	东周	796	1	陶		陶罐	器底	绳纹			
9	东港	DG-YWC-1	CAEE	周代	东周	796	1	陶		陶豆	口沿				
9	东港	DG-YWC-1	CAFF	龙山	中期	397	3	陶		陶罐	口沿				
9	东港	DG-YWC-1	CAFF	龙山	中期	397	2	陶		陶盆	口沿				
9	东港	DG-YWC-1	CAFF	龙山	不确定	397	18	陶		不确定	腹片				
9	东港	DG-YWC-1	CAFF	龙山	不确定	397	3	陶		不确定	腹片			泥质	是
9	东港	DG-YWC-1	CAFF	周代	东周	796	1	陶		陶罐	口沿				
9	东港	DG-YWC-1	CAFF	周代	东周	796	1	陶		陶罐	腹片				
9	东港	DG-YWC-1	CAFF	汉代	不确定	1044	1	陶		陶盆	口沿				
9	东港	DG-YWC-1	CAFF	汉代	不确定	1044	3	陶		不确定	腹片				
9	东港	DG-YWC-1	CAFF	汉代	不确定	1044	5	陶		陶瓦					

年度	县区	遗址	采集区	时代	分期	期段编号	数量	质地	石器种类	器形	部位	纹饰	颜色	质地	蛋壳陶
9	东港	DG-YWC-1	CAGG	龙山	早期	397	1	陶		陶鼎	器足				
9	东港	DG-YWC-1	CAGG	龙山	不确定	397	31	陶		不确定	腹片				
9	东港	DG-YWC-1	CAGG	龙山	不确定	397	3	陶		不确定	腹片			泥质	是
9	东港	DG-YWC-1	CAGG	周代	东周	796	4	陶		不确定	腹片	绳纹			
9	东港	DG-YWC-1	CAGG	周代	东周	796	1	陶		不确定	腹片				
9	东港	DG-YWC-1	CAGG	汉代	不确定	1044	1	陶		陶盆	口沿				
9	东港	DG-YWC-1	CAGG	汉代	不确定	1044	1	陶		陶瓮	口沿				
9	东港	DG-YWC-1	CAGG	汉代	不确定	1044	1	陶		不确定	腹片				
9	东港	DG-YWC-1	CAHH	龙山	早期	397	2	陶		陶鼎	器足				
9	东港	DG-YWC-1	CAHH	龙山	不确定	397	8	陶		不确定	腹片				
9	东港	DG-YWC-1	CAHH	龙山	不确定	397	3	陶		不确定	腹片			泥质	是
9	东港	DG-YWC-1	CAHH	汉代	不确定	1044	2	陶		陶瓦					
9	东港	DG-YWC-1	CAII	龙山	中期	397	1	陶		陶匜	口沿				
9	东港	DG-YWC-1	CAII	龙山	不确定	397	8	陶		不确定	腹片				
9	东港	DG-YWC-1	CAII	龙山	不确定	397	1	陶		不确定	腹片			泥质	是
9	东港	DG-YWC-1	CAII	周代	西周	796	1	陶		不确定	腹片	绳纹			
9	东港	DG-YWC-1	CAII	汉代	不确定	1044	1	陶		陶盆	口沿				
9	东港	DG-YWC-1	CAII	汉代	不确定	1044	1	陶		不确定	腹片	绳纹			
9	东港	DG-YWC-1	CAKK	周代	东周	796	1	陶		不确定	腹片				
9	东港	DG-YWC-1	CAKK	周代	东周	796	1	陶		不确定	腹片	绳纹			
9	东港	DG-YWC-1	CALL	龙山	早期	397	3	陶		陶鼎	器足				
9	东港	DG-YWC-1	CALL	龙山	早期	397	1	陶		不确定	腹片	篮纹			
9	东港	DG-YWC-1	CALL	龙山	不确定	397	7	陶		不确定	腹片				
9	东港	DG-YWC-1	CALL	龙山	不确定	397	3	陶		不确定	腹片			泥质	是
9	东港	DG-YWC-1	CALL	汉代	不确定	1044	2	陶		陶盆	口沿				
9	东港	DG-YWC-1	CALL	汉代	不确定	1044	2	陶		不确定	腹片				
9	东港	DG-YWC-1	CALL	汉代	不确定	1044	5	陶		陶瓦					
9	东港	DG-YWC-1	CAMM	大汶口	晚期	15	2	陶		陶鼎	器足				
9	东港	DG-YWC-1	CAMM	龙山	早期	397	3	陶		陶鼎	器足				
9	东港	DG-YWC-1	CAMM	龙山	早期	397	2	陶		陶盆	口沿				
9	东港	DG-YWC-1	CAMM	龙山	中期	397	3	陶		陶罐	口沿				
9	东港	DG-YWC-1	CAMM	龙山	不确定	397	31	陶		不确定	腹片				
9	东港	DG-YWC-1	CAMM	龙山	不确定	397	2	陶		不确定	腹片			泥质	是
9	东港	DG-YWC-1	CAMM	周代	东周	796	5	陶		不确定	腹片	绳纹			
9	东港	DG-YWC-1	CAMM	汉代	不确定	1044	3	陶		陶盆	口沿				
9	东港	DG-YWC-1	CAMM	汉代	不确定	1044	1	陶		陶罐	口沿				
9	东港	DG-YWC-1	CAMM	汉代	不确定	1044	1	陶		陶瓮	口沿				
9	东港	DG-YWC-1	CAMM	汉代	不确定	1044	1	陶		陶盆	口沿				
9	东港	DG-YWC-1	CAMM	汉代	不确定	1044	37	陶		陶瓦					
9	东港	DG-YWC-1	CAMM	汉代	不确定	1044	7	陶		不确定	腹片				
9	东港	DG-YWC-1	CANN	龙山	早期	397	1	陶		陶鼎	口沿				
9	东港	DG-YWC-1	CANN	龙山	早期	397	1	陶		陶鼎	器底				
9	东港	DG-YWC-1	CANN	龙山	中期	397	1	陶		陶匜	口沿				
9	东港	DG-YWC-1	CANN	龙山	不确定	397	3	陶		不确定	腹片				
9	东港	DG-YWC-1	CANN	周代	东周	796	3	陶		不确定	腹片	绳纹			
9	东港	DG-YWC-1	CANN	汉代	不确定	1044	2	陶		陶罐	口沿				

年度	县区	遗址	采集区	时代	分期	期段编号	数量	质地	石器种类	器形	部位	纹饰	颜色	质地	蛋壳陶
9	东港	DG-YWC-1	CANN	汉代	不确定	1044	5	陶		陶瓦					
9	东港	DG-YWC-1	CAOO	龙山	早期	397	3	陶		陶鼎	器足				
9	东港	DG-YWC-1	CAOO	龙山	早期	397	1	陶		陶鼎	口沿				
9	东港	DG-YWC-1	CAOO	龙山	早期	397	2	陶		陶罐	口沿				
9	东港	DG-YWC-1	CAOO	龙山	早期	397	1	陶		陶鬶	把手				
9	东港	DG-YWC-1	CAOO	龙山	早期	397	1	陶		陶碗	口沿				
9	东港	DG-YWC-1	CAOO	龙山	不确定	397	3	陶		不确定	腹片			泥质	是
9	东港	DG-YWC-1	CAOO	龙山	不确定	397	2	陶		不确定	腹片				
9	东港	DG-YWC-1	CAOO	龙山	不确定	397	1	陶		陶器盖					
9	东港	DG-YWC-1	CAOO	龙山	不确定	397	1	陶		陶纺轮					
9	东港	DG-YWC-1	CAOO	龙山	不确定	397	1	石	玉	不确定					
9	东港	DG-YWC-1	CAOO	周代	西周	796	1	陶		不确定	腹片	绳纹			
9	东港	DG-YWC-1	CAOO	周代	东周	796	1	陶		不确定	腹片	绳纹			
9	东港	DG-YWC-1	CAOO	汉代	不确定	1044	6	陶		陶盆	口沿				
9	东港	DG-YWC-1	CAOO	汉代	不确定	1044	1	陶		陶罐	口沿				
9	东港	DG-YWC-1	CAOO	汉代	不确定	1044	1	陶		陶瓮	口沿				
9	东港	DG-YWC-1	CAOO	汉代	不确定	1044	1	陶		陶瓦					
9	东港	DG-YWC-1	CAPP	龙山	早期	397	9	陶		陶鼎	器足				
9	东港	DG-YWC-1	CAPP	龙山	早期	397	1	陶		陶鬶	器足		白		
9	东港	DG-YWC-1	CAPP	龙山	早期	397	1	陶		陶鬶	把手				
9	东港	DG-YWC-1	CAPP	龙山	早期	397	2	陶		陶匜	口沿				
9	东港	DG-YWC-1	CAPP	龙山	早期	397	1	陶		陶鼎	口沿				
9	东港	DG-YWC-1	CAPP	龙山	早期	397	1	陶		陶罐	口沿				
9	东港	DG-YWC-1	CAPP	龙山	早期	397	4	陶		陶盆	口沿				
9	东港	DG-YWC-1	CAPP	龙山	中期	397	1	陶		陶鼎	口沿				
9	东港	DG-YWC-1	CAPP	龙山	中期	397	2	陶		陶罐	口沿				
9	东港	DG-YWC-1	CAPP	龙山	中期	397	4	陶		陶匜	口沿				
9	东港	DG-YWC-1	CAPP	龙山	不确定	397	38	陶		不确定	腹片				
9	东港	DG-YWC-1	CAPP	龙山	不确定	397	11	陶		不确定	腹片			泥质	是
9	东港	DG-YWC-1	CAPP	龙山	不确定	397	2	陶		不确定	腹片	弦纹			
9	东港	DG-YWC-1	CAPP	龙山	不确定	397	1	陶		陶鬶	腹片				
9	东港	DG-YWC-1	CAPP	汉代	不确定	1044	7	陶		陶盆	口沿				
9	东港	DG-YWC-1	CAPP	汉代	不确定	1044	1	陶		陶瓮	口沿				
9	东港	DG-YWC-1	CAPP	汉代	不确定	1044	1	陶		陶罐	口沿				
9	东港	DG-YWC-1	CAPP	汉代	不确定	1044	49	陶		陶瓦					
9	东港	DG-YWC-1	CAQQ	大汶口	晚期	16	1	陶		陶尊					
9	东港	DG-YWC-1	CAQQ	大汶口	晚期	16	1	陶		陶罐	口沿				
9	东港	DG-YWC-1	CAQQ	龙山	早期	397	1	陶		陶匜	口沿				
9	东港	DG-YWC-1	CAQQ	龙山	早期	397	1	陶		陶盆	口沿				
9	东港	DG-YWC-1	CAQQ	龙山	中期	397	1	陶		陶匜	口沿				
9	东港	DG-YWC-1	CAQQ	龙山	中期	397	1	陶		陶器盖					
9	东港	DG-YWC-1	CAQQ	龙山	中期	397	1	陶		陶罐	口沿				
9	东港	DG-YWC-1	CAQQ	龙山	不确定	397	13	陶		不确定	腹片				
9	东港	DG-YWC-1	CAQQ	龙山	不确定	397	1	陶		不确定	腹片		白		
9	东港	DG-YWC-1	CAQQ	龙山	不确定	397	1	陶		不确定	腹片	弦纹			
9	东港	DG-YWC-1	CAQQ	周代	东周	796	1	陶		陶罐	器底				

年度	县区	遗址	采集区	时代	分期	期段编号	数量	质地	石器种类	器形	部位	纹饰	颜色	质地	蛋壳陶
9	东港	DG-YWC-1	CAQQ	周代	东周	796	2	陶		不确定	腹片				
9	东港	DG-YWC-1	CAQQ	周代	东周	796	2	陶		不确定	腹片	绳纹			
9	东港	DG-YWC-1	CAQQ	汉代	不确定	1044	2	陶		陶盆	口沿				
9	东港	DG-YWC-1	CAQQ	汉代	不确定	1044	1	陶		不确定	腹片				
9	东港	DG-YWC-1	CARR	龙山	中期	397	1	陶		陶鼎	器足				
9	东港	DG-YWC-1	CARR	龙山	中期	397	2	陶		陶匜	口沿				
9	东港	DG-YWC-1	CARR	龙山	不确定	397	4	陶		不确定	腹片				
9	东港	DG-YWC-1	CARR	龙山	不确定	397	2	陶		不确定	腹片			泥质	是
9	东港	DG-YWC-1	CARR	周代	东周	796	1	陶		陶鬲	腹片				
9	东港	DG-YWC-1	CARR	周代	东周	796	1	陶		不确定	腹片				
9	东港	DG-YWC-1	CARR	汉代	不确定	1044	2	陶		陶盆	口沿				
9	东港	DG-YWC-1	CARR	汉代	不确定	1044	17	陶		陶瓦					
9	东港	DG-YWC-1	CASS	龙山	早期	397	1	陶		陶鼎	口沿				
9	东港	DG-YWC-1	CASS	龙山	中期	397	4	陶		陶匜	口沿				
9	东港	DG-YWC-1	CASS	龙山	中期	397	1	陶		陶罐	口沿				
9	东港	DG-YWC-1	CASS	龙山	不确定	397	3	陶		不确定	腹片				
9	东港	DG-YWC-1	CASS	龙山	不确定	397	1	陶		陶器盖	腹片				
9	东港	DG-YWC-1	CASS	龙山	不确定	397	1	陶		陶甗	器足				
9	东港	DG-YWC-1	CASS	周代	东周	796	1	陶		不确定	腹片				
9	东港	DG-YWC-1	CASS	周代	东周	796	1	陶		不确定	腹片	绳纹			
9	东港	DG-YWC-1	CASS	汉代	不确定	1044	3	陶		陶盆	口沿				
9	东港	DG-YWC-1	CASS	汉代	不确定	1044	12	陶		陶瓦					
9	东港	DG-YWC-1	CATT	龙山	早期	397	6	陶		陶鼎	器足				
9	东港	DG-YWC-1	CATT	龙山	早期	397	1	陶		陶鼎	口沿				
9	东港	DG-YWC-1	CATT	龙山	早期	397	1	陶		陶甗	器足				
9	东港	DG-YWC-1	CATT	龙山	早期	397	2	陶		陶鬶	把手				
9	东港	DG-YWC-1	CATT	龙山	早期	397	1	陶		陶三足盆					
9	东港	DG-YWC-1	CATT	龙山	早期	397	3	陶		陶盆	口沿				
9	东港	DG-YWC-1	CATT	龙山	早期	397	1	陶		不确定	腹片	刻划纹			
9	东港	DG-YWC-1	CATT	龙山	早期	397	1	陶		陶鼎	腹片	附加堆纹			
9	东港	DG-YWC-1	CATT	龙山	中期	397	2	陶		陶鼎	器足				
9	东港	DG-YWC-1	CATT	龙山	中期	397	1	陶		陶匜	口沿				
9	东港	DG-YWC-1	CATT	龙山	中期	397	1	陶		陶盆	口沿				
9	东港	DG-YWC-1	CATT	龙山	中期	397	5	陶		陶罐	口沿				
9	东港	DG-YWC-1	CATT	龙山	不确定	397	7	陶		不确定	腹片				
9	东港	DG-YWC-1	CATT	龙山	不确定	397	3	陶		不确定	腹片		白		
9	东港	DG-YWC-1	CAUU	龙山	不确定	397	1	石	工具	石铲					
9	东港	DG-YWC-1	CAVV	龙山	早期	397	6	陶		陶鼎	器足				
9	东港	DG-YWC-1	CAVV	龙山	早期	397	3	陶		陶罐	口沿				
9	东港	DG-YWC-1	CAVV	龙山	早期	397	1	陶		陶鬶	器足		白		
9	东港	DG-YWC-1	CAVV	龙山	中期	397	4	陶		陶匜	口沿				
9	东港	DG-YWC-1	CAVV	龙山	中期	397	3	陶		陶罐	口沿				
9	东港	DG-YWC-1	CAVV	龙山	不确定	397	31	陶		不确定	腹片				
9	东港	DG-YWC-1	CAVV	龙山	不确定	397	2	陶		不确定	腹片			泥质	是
9	东港	DG-YWC-1	CAVV	周代	西周	796	1	陶		陶鬲	器足				
9	东港	DG-YWC-1	CAVV	周代	西周	796	1	陶		陶鬲	腹片				

年度	县区	遗址	采集区	时代	分期	期段编号	数量	质地	石器种类	器形	部位	纹饰	颜色	质地	蛋壳陶
9	东港	DG-YWC-1	CAVV	周代	东周	796	1	陶		陶豆	口沿				
9	东港	DG-YWC-1	CAVV	周代	东周	796	2	陶		陶豆	豆柄				
9	东港	DG-YWC-1	CAVV	周代	东周	796	2	陶		陶罐	口沿				
9	东港	DG-YWC-1	CAVV	周代	东周	796	1	陶		陶盆	口沿				
9	东港	DG-YWC-1	CAVV	周代	东周	796	5	陶		不确定	腹片	绳纹			
9	东港	DG-YWC-1	CAVV	汉代	不确定	1044	5	陶		陶瓦					
9	东港	DG-YWC-1	CAVV	汉代	不确定	1044	10	陶		陶盆	口沿				
9	东港	DG-YWC-1	CAVV	汉代	不确定	1044	11	陶		陶瓮	口沿				
9	东港	DG-YWC-1	CAVV	汉代	不确定	1044	33	陶		不确定	腹片				
9	东港	DG-YWC-1	CAVV	不确定			1	黏土		烧土					
9	东港	DG-YWC-1	CAWW	龙山	早期	397	4	陶		陶鼎	器足				
9	东港	DG-YWC-1	CAWW	龙山	早期	397	1	陶		陶鬶	器足				
9	东港	DG-YWC-1	CAWW	龙山	中期	397	1	陶		陶鼎	器足				
9	东港	DG-YWC-1	CAWW	龙山	中期	397	1	陶		陶鬶	把手				
9	东港	DG-YWC-1	CAWW	龙山	中期	397	1	陶		陶杯	器底				
9	东港	DG-YWC-1	CAWW	龙山	中期	397	2	陶		陶匜	口沿				
9	东港	DG-YWC-1	CAWW	龙山	不确定	397	20	陶		不确定	腹片				
9	东港	DG-YWC-1	CAWW	龙山	不确定	397	2	陶		不确定	腹片	弦纹			
9	东港	DG-YWC-1	CAWW	龙山	不确定	397	3	黏土		烧土					
9	东港	DG-YWC-1	CAWW	龙山	不确定	397	1	石	工具	石箭头					
9	东港	DG-YWC-1	CAWW	龙山	不确定	397	1	石	工具	石锛					
9	东港	DG-YWC-1	CAWW	周代	东周	796	1	陶		陶豆	腹片				
9	东港	DG-YWC-1	CAWW	周代	东周	796	1	陶		陶罐	腹片	绳纹			
9	东港	DG-YWC-1	CAWW	周代	东周	796	2	陶		陶豆	豆柄				
9	东港	DG-YWC-1	CAWW	汉代	不确定	1044	3	陶		陶瓮	口沿				
9	东港	DG-YWC-1	CAWW	汉代	不确定	1044	1	陶		陶罐	口沿				
9	东港	DG-YWC-1	CAWW	汉代	不确定	1044	1	陶		陶盆	口沿				
9	东港	DG-YWC-1	CAWW	汉代	不确定	1044	3	陶		陶瓦					
9	东港	DG-YWC-1	CAXX	龙山	不确定	397	5	陶		不确定	腹片				
9	东港	DG-YWC-1	CAXX	汉代	不确定	1044	2	陶		不确定	腹片				
9	东港	DG-YWC-1	CAXX	汉代	不确定	1044	3	陶		陶瓦					
9	东港	DG-YWC-1	CAYY	龙山	早期	397	1	陶		陶鼎	器足				
9	东港	DG-YWC-1	CAYY	龙山	早期	397	1	陶		陶甗	器足				
9	东港	DG-YWC-1	CAYY	龙山	早期	397	1	陶		陶鬶	器足				
9	东港	DG-YWC-1	CAYY	龙山	早期	397	1	陶		陶罍	腹片	三角纹			
9	东港	DG-YWC-1	CAYY	龙山	早期	397	1	陶		陶罐	口沿				
9	东港	DG-YWC-1	CAYY	龙山	中期	397	1	陶		陶鬲	口沿				
9	东港	DG-YWC-1	CAYY	龙山	中期	397	2	陶		陶盆	口沿				
9	东港	DG-YWC-1	CAYY	龙山	中期	397	2	陶		陶鼎	器足				
9	东港	DG-YWC-1	CAYY	龙山	中期	397	1	陶		陶鬶	把手				
9	东港	DG-YWC-1	CAYY	龙山	中期	397	1	陶		陶杯	把手				
9	东港	DG-YWC-1	CAYY	龙山	不确定	397	13	陶		不确定	腹片				
9	东港	DG-YWC-1	CAYY	龙山	不确定	397	5	陶		不确定	腹片			泥质	是
9	东港	DG-YWC-1	CAYY	龙山	不确定	397	2	陶		不确定	腹片	弦纹			
9	东港	DG-YWC-1	CAYY	龙山	不确定	397	1	陶		不确定	腹片	附加堆纹			
9	东港	DG-YWC-1	CAYY	周代	东周	796	1	陶		陶簋	口沿				

年度	县区	遗址	采集区	时代	分期	期段编号	数量	质地	石器种类	器形	部位	纹饰	颜色	质地	蛋壳陶
9	东港	DG-YWC-1	CAYY	周代	东周	796	2	陶		不确定	腹片	绳纹			
9	东港	DG-YWC-1	CAYY	汉代	不确定	1044	2	陶		陶瓮	口沿				
9	东港	DG-YWC-1	CAYY	汉代	不确定	1044	1	陶		陶盆	口沿				
9	东港	DG-YWC-1	CAYY	汉代	不确定	1044	10	陶		陶瓦					
9	东港	DG-YWC-1	CAZZ	龙山	早期	397	2	陶		陶鼎	器足				
9	东港	DG-YWC-1	CAZZ	龙山	早期	397	1	陶		陶鼎	口沿				
9	东港	DG-YWC-1	CAZZ	龙山	中期	397	1	陶		陶鼎	器足				
9	东港	DG-YWC-1	CAZZ	龙山	中期	397	1	陶		陶鼎	器足				
9	东港	DG-YWC-1	CAZZ	龙山	中期	397	4	陶		陶罐	口沿				
9	东港	DG-YWC-1	CAZZ	龙山	中期	397	1	陶		陶盆	口沿				
9	东港	DG-YWC-1	CAZZ	龙山	中期	397	1	陶		陶甗	器足				
9	东港	DG-YWC-1	CAZZ	龙山	不确定	397	41	陶		不确定	腹片				
9	东港	DG-YWC-1	CAZZ	龙山	不确定	397	1	陶		不确定	腹片	附加堆纹			
9	东港	DG-YWC-1	CAZZ	龙山	不确定	397	3	陶		不确定	腹片			泥质	是
9	东港	DG-YWC-1	CAZZ	周代	东周	796	1	陶		陶钵	口沿				
9	东港	DG-YWC-1	CAZZ	周代	东周	796	1	陶		陶罐	肩部				
9	东港	DG-YWC-1	CAZZ	周代	东周	796	1	陶		陶盆	口沿				
9	东港	DG-YWC-1	CAZZ	周代	东周	796	1	陶		陶豆	豆柄				
9	东港	DG-YWC-1	CAZZ	汉代	不确定	1044	1	陶		陶纺轮					
9	东港	DG-YWC-1	CAZZ	汉代	不确定	1044	1	陶		陶罐	腹片				
9	东港	DG-YWC-1	CAZZ	汉代	不确定	1044	1	陶		陶盆	颈部				
9	东港	DG-YWC-1	CAZZ	汉代	不确定	1044	1	陶		陶瓮	口沿				
9	东港	DG-YWC-1	CAZZ	汉代	不确定	1044	32	陶		陶瓦					
9	东港	DG-YWC-1	CAAB	龙山	不确定	397	7	陶		不确定	腹片				
9	东港	DG-YWC-1	CAAB	龙山	不确定	397	1	陶		不确定	腹片			泥质	是
9	东港	DG-YWC-1	CAAB	汉代	不确定	1044	2	陶		不确定	腹片	绳纹			
9	东港	DG-YWC-1	CAAB	汉代	不确定	1044	1	陶		不确定	腹片				
9	东港	DG-YWC-1	CAAB	汉代	不确定	1044	6	陶		陶瓦					
9	东港	DG-YWC-1	CAAC	龙山	早期	397	2	陶		陶鼎	器足				
9	东港	DG-YWC-1	CAAC	龙山	中期	397	2	陶		陶罐	口沿				
9	东港	DG-YWC-1	CAAC	龙山	中期	397	1	陶		陶三足盆					
9	东港	DG-YWC-1	CAAC	龙山	中期	397	1	陶		陶圈足盘					
9	东港	DG-YWC-1	CAAC	龙山	不确定	397	1	陶		陶鬶	腹片				
9	东港	DG-YWC-1	CAAC	龙山	不确定	397	1	陶		不确定	腹片				
9	东港	DG-YWC-1	CAAC	周代	东周	796	1	陶		陶盆	口沿				
9	东港	DG-YWC-1	CAAC	周代	东周	796	2	陶		不确定	腹片	绳纹			
9	东港	DG-YWC-1	CAAC	汉代	不确定	1044	4	陶		陶瓦					
9	东港	DG-YWC-1	CAAD	龙山	早期	397	1	陶		陶罐	口沿				
9	东港	DG-YWC-1	CAAD	龙山	早期	397	1	陶		陶鼎	器足				
9	东港	DG-YWC-1	CAAD	龙山	不确定	397	2	陶		不确定	腹片				
9	东港	DG-YWC-1	CAAD	周代	东周	796	2	陶		不确定	腹片	绳纹			
9	东港	DG-YWC-1	CAAD	汉代	不确定	1044	2	陶		陶瓦					
9	东港	DG-YWC-1	CAAD	汉代	不确定	1044	1	陶		陶盆	口沿				
9	东港	DG-YWC-1	CAAE	龙山	早期	397	2	陶		陶鼎	器足				
9	东港	DG-YWC-1	CAAE	龙山	中期	397	1	陶		陶鼎	器足				
9	东港	DG-YWC-1	CAAE	龙山	中期	397	1	陶		陶匜	口沿				

年度	县区	遗址	采集区	时代	分期	期段编号	数量	质地	石器种类	器形	部位	纹饰	颜色	质地	蛋壳陶
9	东港	DG-YWC-1	CAAE	龙山	中期	397	1	陶		陶罐	口沿				
9	东港	DG-YWC-1	CAAE	龙山	中期	397	1	陶		陶盆	口沿				
9	东港	DG-YWC-1	CAAE	龙山	不确定	397	8	陶		不确定	腹片				
9	东港	DG-YWC-1	CAAE	龙山	不确定	397	1	陶		不确定	腹片			泥质	是
9	东港	DG-YWC-1	CAAE	龙山	不确定	397	1	陶		陶鬶	腹片				
9	东港	DG-YWC-1	CAAE	龙山	不确定	397	1	陶		陶器盖					
9	东港	DG-YWC-1	CAAE	周代	东周	796	2	陶		不确定	腹片	绳纹			
9	东港	DG-YWC-1	CAAE	汉代	不确定	1044	2	陶		陶盆	口沿				
9	东港	DG-YWC-1	CAAE	汉代	不确定	1044	1	陶		陶瓮	口沿				
9	东港	DG-YWC-1	CAAE	汉代	不确定	1044	2	陶		不确定	腹片				
9	东港	DG-YWC-1	CAAE	汉代	不确定	1044	3	陶		陶瓦					
9	东港	DG-YWC-1	CAAF	龙山	中期	397	1	陶		陶罐	口沿				
9	东港	DG-YWC-1	CAAF	龙山	不确定	397	6	陶		不确定	腹片				
9	东港	DG-YWC-1	CAAF	龙山	不确定	397	1	陶		不确定	腹片			泥质	是
9	东港	DG-YWC-1	CAAF	周代	东周	796	2	陶		不确定	腹片	绳纹			
9	东港	DG-YWC-1	CAAF	周代	东周	796	1	陶		不确定	腹片				
9	东港	DG-YWC-1	CAAG	龙山	中期	397	1	陶		陶罐	口沿				
9	东港	DG-YWC-1	CAAG	龙山	不确定	397	8	陶		不确定	腹片				
9	东港	DG-YWC-1	CAAG	龙山	不确定	397	1	陶		不确定	腹片			泥质	是
9	东港	DG-YWC-1	CAAG	龙山	不确定	397	2	陶		不确定	腹片	弦纹			
9	东港	DG-YWC-1	CAAG	周代	东周	796	1	陶		陶盆	口沿				
9	东港	DG-YWC-1	CAAG	汉代	不确定	1044	2	陶		陶瓦					
9	东港	DG-YWC-1	CAAH	龙山	不确定	397	1	陶		陶甗	器足				
9	东港	DG-YWC-1	CAAH	龙山	不确定	397	1	陶		陶器盖					
9	东港	DG-YWC-1	CAAH	龙山	不确定	397	1	陶		陶盘	器底				
9	东港	DG-YWC-1	CAAH	龙山	不确定	397	1	陶		不确定	腹片				
9	东港	DG-YWC-1	CAAH	龙山	不确定	397	1	石	工具	石刀					
9	东港	DG-YWC-1	CAAH	汉代	不确定	1044	1	陶		陶瓮	口沿		白		
9	东港	DG-YWC-1	CAAH	汉代	不确定	1044	1	陶		陶瓮	口沿				
9	东港	DG-YWC-1	CAAH	汉代	不确定	1044	1	陶		陶盆	器底				
9	东港	DG-YWC-1	CAAH	汉代	不确定	1044	11	陶		陶瓦					
9	东港	DG-YWC-1	CAAH	不确定			1	石	工具	石刀					
9	东港	DG-YWC-1	CAAI	龙山	不确定	397	1	石	工具	石纺轮					
9	东港	DG-YWC-1	CAAI	龙山	不确定	397	2	石	工具	石铲					
9	东港	DG-YWC-1	CAAI	龙山	不确定	397	2	石	工具	石锛					
9	东港	DG-YWC-1	CAAI	龙山	不确定	397	1	石	工具	磨光工具					
9	东港	DG-YWC-1	CAAI	龙山	不确定	397	2	骨器(人骨)		不确定					
9	东港	DG-YWC-1	CAAI	龙山	不确定	397	1	陶		不确定	腹片				
9	东港	DG-YWC-1	CAAI	龙山	早期	397	3	陶		陶鼎	器足				
9	东港	DG-YWC-1	CAAI	龙山	早期	397	2	陶		陶甗	器足				
9	东港	DG-YWC-1	CAAI	龙山	早期	397	3	陶		陶鬶	器足				
9	东港	DG-YWC-1	CAAI	龙山	早期	397	2	陶		陶罐	口沿				
9	东港	DG-YWC-1	CAAI	龙山	早期	397	2	陶		陶盆	口沿				
9	东港	DG-YWC-1	CAAI	龙山	中期	397	8	陶		陶鼎	器足				
9	东港	DG-YWC-1	CAAI	龙山	中期	397	1	陶		陶鬶					
9	东港	DG-YWC-1	CAAI	龙山	中期	397	1	陶		陶鬶	把手		白		

年度	县区	遗址	采集区	时代	分期	期段编号	数量	质地	石器种类	器形	部位	纹饰	颜色	质地	蛋壳陶
9	东港	DG-YWC-1	CAAI	龙山	中期	397	1	陶		陶鬶	把手				
9	东港	DG-YWC-1	CAAI	龙山	中期	397	3	陶		陶罐	口沿				
9	东港	DG-YWC-1	CAAI	龙山	中期	397	1	陶		陶盆	口沿				
9	东港	DG-YWC-1	CAAI	龙山	中期	397	1	陶		陶匜	口沿				
9	东港	DG-YWC-1	CAAI	龙山	中期	397	2	陶		陶壶	口沿	刻划纹			
9	东港	DG-YWC-1	CAAI	龙山	中期	397	1	陶		陶鬲	肩部				
9	东港	DG-YWC-1	CAAI	龙山	中期	397	1	陶		陶器盖	腹片				
9	东港	DG-YWC-1	CAAI	龙山	不确定	397	2	陶		陶甗	腹片				
9	东港	DG-YWC-1	CAAI	龙山	不确定	397	3	陶		陶鬶	器足				
9	东港	DG-YWC-1	CAAI	龙山	不确定	397	1	陶		陶甗	器足				
9	东港	DG-YWC-1	CAAI	龙山	不确定	397	3	陶		陶器盖	陶器盖				
9	东港	DG-YWC-1	CAAI	龙山	不确定	397	26	陶		不确定	腹片				
9	东港	DG-YWC-1	CAAI	龙山	不确定	397	7	陶		不确定	腹片			泥质	是
9	东港	DG-YWC-1	CAAJ	龙山	不确定	397	4	陶		不确定	腹片				
9	东港	DG-YWC-1	CAAJ	龙山	不确定	397	1	石	工具	磨光工具					
9	东港	DG-YWC-1	CAAK	不确定			2	石	工具	石锛					
9	东港	DG-YWC-1	CAAL	龙山	早期	397	1	陶		陶鼎	口沿				
9	东港	DG-YWC-1	CAAL	龙山	早期	397	1	陶		陶鬶	器足				
9	东港	DG-YWC-1	CAAL	龙山	早期	397	2	陶		陶匜	口沿				
9	东港	DG-YWC-1	CAAL	龙山	中期	397	1	陶		陶鼎	器足				
9	东港	DG-YWC-1	CAAL	龙山	中期	397	1	陶		陶碗					
9	东港	DG-YWC-1	CAAL	龙山	中期	397	1	陶		陶壶	口沿				
9	东港	DG-YWC-1	CAAL	龙山	不确定	397	4	陶		不确定	腹片				
9	东港	DG-YWC-1	CAAL	龙山	不确定	397	1	陶		陶罐	器底				
9	东港	DG-YWC-1	CAAL	龙山	不确定	397	1	陶		陶器盖	陶器盖				
9	东港	DG-YWC-1	CAAM	不确定			1	石	工具	石镰	碎块				
9	东港	DG-YWC-1	CAAM	龙山	早期	397	1	陶		陶罐	口沿				
9	东港	DG-YWC-1	CAAM	龙山	不确定	397	4	陶		不确定	腹片				
9	东港	DG-YWC-1	CAAM	龙山	不确定	397	2	陶		不确定	腹片			泥质	是
9	东港	DG-YWC-1	CAAM	汉代	不确定	1046	1	陶		陶盆	口沿				
9	东港	DG-YWC-1	CAAN	龙山	中期	397	1	陶		陶鬶	把手				
9	东港	DG-YWC-1	CAAN	龙山	不确定	397	18	陶		不确定	腹片				
9	东港	DG-YWC-1	CAAN	龙山	不确定	397	5	陶		不确定	腹片			泥质	是
9	东港	DG-YWC-1	CAAN	周代	东周	795	2	陶		不确定	腹片				
9	东港	DG-YWC-1	CAAN	周代	东周	795	1	陶		不确定	腹片	绳纹			
9	东港	DG-YY-1	CAA	周代	东周	787	1	陶		不确定	腹片	绳纹			
9	东港	DG-YY-1	CAA	周代	东周	787	3	陶		不确定	腹片				
9	东港	DG-YY-1	CAA	汉代	不确定	1044	1	陶		陶盆	口沿				
9	东港	DG-YY-1	CAA	汉代	不确定	1044	2	陶		陶瓦					
9	东港	DG-YY-1	CAB	汉代	不确定	1044	2	陶		陶瓦					
9	东港	DG-YY-1	CAB	汉代	不确定	1044	1	陶		陶罐	口沿				
9	东港	DG-YY-2	CAA	汉代	不确定	1031	3	陶		陶瓦					
9	东港	DG-YY-3	单个遗址	龙山	不确定	377	2	陶		不确定	腹片				
9	东港	DG-YY-3	单个遗址	汉代	不确定	1032	1	陶		陶瓦					
5	东港	DG-YZ-1	CAB	汉代	不确定	361	2	陶		陶瓦		绳纹			
5	东港	DG-YZ-1	CAA	汉代	不确定	362	11	陶		陶瓦					

年度	县区	遗址	采集区	时代	分期	期段编号	数量	质地	石器种类	器形	部位	纹饰	颜色	质地	蛋壳陶
5	东港	DG-YZ-1	CAA	汉代	不确定	362	1	陶		陶罐	腹片				
5	东港	DG-YZ-1	CAA	龙山	早期	157	1	陶		陶鼎	口沿				
5	东港	DG-YZ-1	CAA	龙山	早期	157	2	陶		陶鼎	器底				
5	东港	DG-YZ-1	CAA	龙山	早期	157	4	陶		陶鼎	器足				
5	东港	DG-YZ-1	CAA	龙山	早期	157	1	陶		陶鬶	器足				
5	东港	DG-YZ-1	CAA	龙山	早期	157	2	陶		陶甗	口沿				
5	东港	DG-YZ-1	CAA	龙山	早期	157	1	陶		陶罐	器底				
5	东港	DG-YZ-1	CAA	龙山	中期	157	2	陶		陶鼎	器足				
5	东港	DG-YZ-1	CAA	龙山	中期	157	1	陶		陶罐	口沿				
5	东港	DG-YZ-1	CAA	龙山	中期	157	1	陶		陶甗	口沿				
5	东港	DG-YZ-1	CAA	龙山	中期	157	3	陶		陶罐	器底				
5	东港	DG-YZ-1	CAA	龙山	不确定	157	23	陶		不确定	腹片				
5	东港	DG-YZ-1	CAA	龙山	不确定	157	7	陶		不确定	腹片	篮纹			
5	东港	DG-YZ-1	CAA	龙山	不确定	157	1	陶		不确定	腹片	附加堆纹			
5	东港	DG-YZ-1	CAB	龙山	不确定	158	1	陶		不确定	腹片	弦纹			
5	东港	DG-YZ-1	CAA	周代	西周	295	1	陶		陶鬲	口沿				
5	东港	DG-YZ-1	CAA	周代	西周	295	1	陶		陶鬲	器足				
5	东港	DG-YZ-1	CAA	周代	西周	295	4	陶		陶罐	口沿				
5	东港	DG-YZ-1	CAA	周代	西周	295	1	陶		陶盘	口沿				
5	东港	DG-YZ-1	CAA	周代	西周	295	1	陶		陶豆	器足				
5	东港	DG-YZ-1	CAA	周代	西周	295	12	陶		不确定	腹片				
5	东港	DG-YZ-1	CAA	周代	西周	295	1	陶		不确定	腹片	附加堆纹			
5	东港	DG-YZ-1	CAA	周代	西周	295	57	陶		不确定	腹片	绳纹			
5	东港	DG-YZ-1	CAB	周代	西周	296	1	陶		不确定	腹片	绳纹			
5	东港	DG-YZ-1	ZHANG-16	周代	东周	295	1	陶		陶罐	肩部				
5	东港	DG-YZ-1	ZHANG-16	周代	东周	295	3	陶		不确定	腹片	绳纹			
5	东港	DG-YZ-1	ZHANG-16	周代	东周	295	1	陶		不确定	腹片				
5	东港	DG-YZ-1	ZHANG-16	汉代	不确定	362	6	陶		陶瓦					
5	东港	DG-YZ-1	ZHANG-16	汉代	不确定	362	1	陶		不确定	腹片				
13	东港	DG-ZHSQ-1	CAA	周代	西周	1239	1	陶		不确定	腹片	绳纹			
13	东港	DG-ZHSQ-1	CAB	汉代		1626	1	陶		陶盆	口沿				
13	东港	DG-ZHSQ-1	CAB	汉代		1626	2	陶		不确定	腹片				
13	东港	DG-ZHSQ-1	CAB	汉代		1626	2	陶		陶瓦					
13	东港	DG-ZHSQ-1	CAC	汉代		1626	1	陶		陶瓦					
13	东港	DG-ZHSQ-1	CAD	汉代		1626	1	陶		不确定	腹片				
13	东港	DG-ZHSQ-1	CAD	汉代		1626	3	陶		陶瓦					
13	东港	DG-ZHSQ-2	CAA	周代	西周	1237	4	陶		不确定	腹片	绳纹			
13	东港	DG-ZHSQ-2	CAA	周代	东周	1237	7	陶		不确定	腹片				
13	东港	DG-ZHSQ-2	CAA	周代	东周	1237	2	陶		不确定	腹片	绳纹			
13	东港	DG-ZHSQ-2	CAA	汉代		1624	5	陶		陶瓦					
13	东港	DG-ZHSQ-2	CAA	汉代		1624	9	陶		不确定	腹片				
13	东港	DG-ZHSQ-2	CAB	汉代		1624	1	陶		陶罐	口沿				
13	东港	DG-ZHSQ-2	CAB	汉代		1624	1	陶		陶瓦					
13	东港	DG-ZHSQ-3	单个遗址	周代	东周	1238	1	陶		不确定	腹片	绳纹			
9	东港	DG-ZJAT-1	单个遗址	汉代	不确定	987	1	陶		陶盆	口沿				
9	东港	DG-ZJAT-1	单个遗址	汉代	不确定	987	1	陶		陶瓦					

年度	县区	遗址	采集区	时代	分期	期段编号	数量	质地	石器种类	器形	部位	纹饰	颜色	质地	蛋壳陶
9	东港	DG-ZJAT-2	CAA	龙山	不确定	373	14	陶		不确定	腹片				
9	东港	DG-ZJAT-2	CAA	周代	东周	756	3	陶		不确定	腹片	绳纹			
9	东港	DG-ZJAT-2	CAA	汉代	不确定	988	1	陶		陶瓮	口沿				
9	东港	DG-ZJAT-2	CAA	汉代	不确定	988	4	陶		陶盆	口沿				
9	东港	DG-ZJAT-2	CAB	龙山	不确定	373	1	陶		陶罐	器底				
9	东港	DG-ZJAT-2	CAB	龙山	不确定	373	1	陶		不确定	腹片				
9	东港	DG-ZJAT-2	CAB	汉代	不确定	988	1	陶		陶瓮	口沿				
9	东港	DG-ZJAT-2	CAB	汉代	不确定	988	1	陶		陶罐	口沿				
9	东港	DG-ZJAT-2	CAB	汉代	不确定	988	3	陶		陶盆	器底				
9	东港	DG-ZJAT-2	CAB	汉代	不确定	988	9	陶		不确定	腹片				
9	东港	DG-ZJAT-2	CAB	汉代	不确定	988	7	陶		陶瓦					
9	东港	DG-ZJAT-3	单个遗址	汉代	不确定	989	1	陶		不确定	腹片				
9	东港	DG-ZJAT-3	单个遗址	汉代	不确定	989	6	陶		陶瓦					
9	东港	DG-ZJAT-4	CAA	龙山	中期	368	1	陶		陶罐	口沿				
9	东港	DG-ZJAT-4	CAA	龙山	不确定	368	8	陶		不确定	腹片				
9	东港	DG-ZJAT-4	CAA	周代	东周	751	1	陶		陶罐	口沿				
9	东港	DG-ZJAT-4	CAA	周代	东周	751	2	陶		不确定	腹片	绳纹			
9	东港	DG-ZJAT-4	CAA	周代	东周	751	1	陶		不确定	腹片				
9	东港	DG-ZJAT-4	CAC	汉代	不确定	983	1	陶		陶罐	口沿				
9	东港	DG-ZJAT-4	CAC	汉代	不确定	983	1	陶		陶瓦					
9	东港	DG-ZJAT-4	CAC	汉代	不确定	983	2	陶		不确定	腹片				
8	东港	DG-ZJC-1	单个遗址	周代	东周	684	2	陶		不确定	腹片				
8	东港	DG-ZJC-2	单个遗址	周代	东周	685	1	陶		不确定	腹片	绳纹			
7	东港	DG-ZJDZ-1	CAA	周代	西周	508	1	陶		陶鬲	腹片				
7	东港	DG-ZJDZ-1	CAA	周代	西周	508	1	陶		不确定	腹片	绳纹			
7	东港	DG-ZJDZ-1	CAA	汉代	不确定	647	5	陶		陶瓦					
7	东港	DG-ZJDZ-1	CAB	汉代	不确定	647	2	陶		陶瓦					
7	东港	DG-ZJDZ-1	CAC	龙山	不确定	242	1	陶		不确定	腹片	弦纹			
7	东港	DG-ZJDZ-1	CAC	龙山	不确定	242	2	陶		不确定	腹片				
7	东港	DG-ZJDZ-1	CAC	汉代	不确定	647	5	陶		陶瓦					
7	东港	DG-ZJDZ-1	CAD	龙山	不确定	242	2	陶		不确定	腹片				
7	东港	DG-ZJDZ-1	CAD	周代	西周	510	1	陶		不确定	腹片	绳纹			
7	东港	DG-ZJDZ-1	CAD	汉代	不确定	647	4	陶		陶瓦					
7	东港	DG-ZJDZ-1	CAE	龙山	不确定	242	2	陶		不确定	腹片	篮纹			
7	东港	DG-ZJDZ-1	CAE	龙山	不确定	242	4	陶		不确定	腹片				
7	东港	DG-ZJDZ-1	CAE	龙山	早期	242	1	陶		陶罐	口沿				
7	东港	DG-ZJDZ-1	CAE	龙山	早期	242	1	陶		陶盆	口沿				
7	东港	DG-ZJDZ-1	CAE	汉代	不确定	647	23	陶		陶瓦					
7	东港	DG-ZJDZ-1	CAE	汉代	不确定	647	5	陶		不确定	腹片				
7	东港	DG-ZJDZ-1	CAF	龙山	早期	242	1	陶		陶罐	口沿				
7	东港	DG-ZJDZ-1	CAF	龙山	不确定	242	2	陶		不确定	腹片				
7	东港	DG-ZJDZ-1	CAF	周代	西周	511	1	陶		不确定	腹片	绳纹			
7	东港	DG-ZJDZ-1	CAF	周代	西周	511	2	陶		不确定	腹片				
7	东港	DG-ZJDZ-1	CAF	汉代	不确定	647	4	陶		陶瓦					
7	东港	DG-ZJDZ-1	CAF	汉代	不确定	647	3	陶		不确定	腹片				
7	东港	DG-ZJDZ-1	CAG	周代	西周	508	3	陶		不确定	腹片	绳纹			

年度	县区	遗址	采集区	时代	分期	期段编号	数量	质地	石器种类	器形	部位	纹饰	颜色	质地	蛋壳陶
7	东港	DG-ZJDZ-1	CAH	周代	西周	508	1	陶		陶鬲	器足				
7	东港	DG-ZJDZ-1	CAH	周代	西周	508	1	陶		陶簋	口沿				
7	东港	DG-ZJDZ-1	CAH	周代	西周	508	1	陶		陶罐	肩部				
7	东港	DG-ZJDZ-1	CAH	周代	西周	508	11	陶		不确定	腹片	绳纹			
7	东港	DG-ZJDZ-1	CAI	周代	西周	508	2	陶		陶鬲	器足				
7	东港	DG-ZJDZ-1	CAI	周代	西周	508	2	陶		陶鬲	腹片	绳纹			
7	东港	DG-ZJDZ-1	CAI	周代	西周	508	1	陶		陶鬲	腹片				
7	东港	DG-ZJDZ-1	CAI	周代	西周	508	17	陶		不确定	腹片	绳纹			
7	东港	DG-ZJDZ-1	CAI	周代	西周	508	2	陶		不确定	腹片				
7	东港	DG-ZJDZ-1	CAI	周代	东周	508	1	陶		陶盆	口沿				
7	东港	DG-ZJDZ-1	CAI	周代	东周	508	30	陶		不确定	腹片	绳纹			
7	东港	DG-ZJDZ-1	CAI	周代	东周	508	8	陶		不确定	腹片				
7	东港	DG-ZJDZ-1	CAI	汉代	不确定	647	5	陶		陶瓦					
7	东港	DG-ZJDZ-1	CAJ	龙山	中期	242	2	陶		陶罐	口沿				
7	东港	DG-ZJDZ-1	CAJ	龙山	不确定	242	1	陶		陶甗	器足				
7	东港	DG-ZJDZ-1	CAJ	龙山	不确定	242	3	陶		陶罐	器底				
7	东港	DG-ZJDZ-1	CAJ	龙山	不确定	242	2	陶		不确定	腹片	篮纹			
7	东港	DG-ZJDZ-1	CAJ	龙山	不确定	242	19	陶		不确定	腹片				
7	东港	DG-ZJDZ-1	CAJ	汉代	不确定	647	6	陶		陶瓦					
7	东港	DG-ZJDZ-1	CAJ	汉代	不确定	647	1	陶		不确定	腹片				
7	东港	DG-ZJDZ-1	CAK	汉代	不确定	647	2	陶		陶瓦					
7	东港	DG-ZJDZ-1	CAL	龙山	中期	242	1	陶		陶鼎	口沿				
7	东港	DG-ZJDZ-1	CAL	龙山	中期	242	1	陶		陶盘	口沿				
7	东港	DG-ZJDZ-1	CAL	龙山	不确定	242	1	陶		不确定	腹片	弦纹			
7	东港	DG-ZJDZ-1	CAL	龙山	不确定	242	5	陶		不确定	腹片				
7	东港	DG-ZJDZ-1	CAL	汉代	不确定	647	2	陶		陶盆	口沿				
7	东港	DG-ZJDZ-1	CAL	汉代	不确定	647	28	陶		陶瓦					
7	东港	DG-ZJDZ-1	CAM	龙山	不确定	242	1	陶		不确定	腹片	篮纹			
7	东港	DG-ZJDZ-1	CAM	龙山	不确定	242	1	陶		不确定	腹片				
7	东港	DG-ZJDZ-1	CAM	汉代	不确定	647	5	陶		陶瓦					
7	东港	DG-ZJDZ-1	CAM	汉代	不确定	647	2	陶		不确定	腹片				
7	东港	DG-ZJDZ-1	CAN	龙山	早期	242	1	陶		陶鼎	器足				
7	东港	DG-ZJDZ-1	CAN	龙山	中期	242	1	陶		陶罐	口沿				
7	东港	DG-ZJDZ-1	CAN	龙山	不确定	242	2	陶		陶盆	器底				
7	东港	DG-ZJDZ-1	CAN	龙山	不确定	242	2	陶		不确定	腹片	篮纹			
7	东港	DG-ZJDZ-1	CAN	龙山	不确定	242	4	陶		不确定	腹片				
7	东港	DG-ZJDZ-1	CAN	周代	西周	509	1	陶		不确定	腹片	绳纹			
7	东港	DG-ZJDZ-1	CAN	汉代	不确定	647	3	陶		陶瓦					
7	东港	DG-ZJDZ-1	CAO	龙山	不确定	242	4	陶		不确定	腹片				
7	东港	DG-ZJDZ-1	CAO	汉代	不确定	647	1	陶		陶罐	口沿				
7	东港	DG-ZJDZ-1	CAO	汉代	不确定	647	3	陶		陶瓦					
7	东港	DG-ZJDZ-1	CAO	汉代	不确定	647	2	陶		不确定	腹片				
8	东港	DG-ZJH-1	单个遗址	汉代	不确定	922	1	陶		陶罐	口沿				
8	东港	DG-ZJH-1	单个遗址	汉代	不确定	922	1	陶		陶盆	器底				
8	东港	DG-ZJH-1	单个遗址	汉代	不确定	922	1	陶		不确定	腹片				
8	东港	DG-ZJH-2	单个遗址	龙山	不确定	354	1	陶		不确定	腹片				

年度	县区	遗址	采集区	时代	分期	期段编号	数量	质地	石器种类	器形	部位	纹饰	颜色	质地	蛋壳陶
8	东港	DG-ZJH-3	单个遗址	汉代	不确定	921	1	陶		陶罐	口沿				
8	东港	DG-ZJH-3	单个遗址	汉代	不确定	921	2	陶		陶瓦					
8	东港	DG-ZJH-4	单个遗址	汉代	不确定	921	2	陶		不确定	腹片				
5	东港	DG-ZJL-1	单个遗址	汉代	不确定	387	7	陶		陶瓦					
5	东港	DG-ZJL-1	单个遗址	汉代	不确定	387	2	陶		不确定	腹片				
5	东港	DG-ZJL-3	单个遗址	周代	东周	324	1	陶		不确定	腹片				
9	东港	DG-ZJXZ-1	单个遗址	汉代	不确定	1041	3	陶		不确定	腹片				
9	东港	DG-ZJXZ-1	单个遗址	汉代	不确定	1041	3	陶		陶瓦					
9	东港	DG-ZJXZ-2	单个遗址	周代	东周	791	3	陶		不确定	腹片				
9	东港	DG-ZJXZ-2	单个遗址	汉代	不确定	1040	2	陶		陶瓦					
4	东港	DG-ZJZ-1	单个遗址	汉代	不确定	323	1	陶		陶瓦					
4	东港	DG-ZJZ-1	单个遗址	汉代	不确定	323	2	陶		不确定	腹片				
4	东港	DG-ZJZ-2	单个遗址	周代	东周	269	1	陶		不确定	腹片				
4	东港	DG-ZJZ-3	单个遗址	汉代	不确定	324	8	陶		陶瓦					
4	东港	DG-ZJZ-3	单个遗址	龙山	不确定	153	1	陶		不确定	腹片			粗砂	
4	东港	DG-ZJZ-3	单个遗址	周代	东周	271	3	陶		陶瓦					
4	东港	DG-ZJZ-3	单个遗址	周代	东周	271	2	陶		不确定	腹片	绳纹			
4	东港	DG-ZJZ-3	单个遗址	周代	东周	271	4	陶		不确定	腹片				
9	东港	DG-ZJZZ-1	CAA	龙山	早期	397	1	陶		陶鼎	器足				
9	东港	DG-ZJZZ-1	CAA	龙山	早期	397	1	陶		陶器盖					
9	东港	DG-ZJZZ-1	CAA	龙山	早期	397	1	陶		不确定	腹片	篮纹			
9	东港	DG-ZJZZ-1	CAB	龙山	早期	397	1	陶		陶鼎	器足				
9	东港	DG-ZJZZ-1	CAB	龙山	早期	397	1	陶		陶罐	口沿				
9	东港	DG-ZJZZ-1	CAB	龙山	早期	397	1	陶		不确定	腹片	篮纹			
9	东港	DG-ZJZZ-1	CAB	龙山	中期	397	1	陶		陶鬶	把手				
9	东港	DG-ZJZZ-1	CAB	龙山	不确定	397	2	陶		不确定	腹片			泥质	是
9	东港	DG-ZJZZ-1	CAB	龙山	不确定	397	1	陶		不确定	腹片	泥饼			
9	东港	DG-ZJZZ-1	CAB	龙山	不确定	397	3	陶		不确定	腹片				
9	东港	DG-ZJZZ-1	CAB	周代	东周	793	7	陶		不确定	腹片	绳纹			
9	东港	DG-ZJZZ-1	CAB	汉代	不确定	1044	5	陶		陶瓦					
9	东港	DG-ZJZZ-1	CAC	龙山	中期	397	1	陶		陶鬶	把手				
9	东港	DG-ZJZZ-1	CAC	龙山	不确定	397	3	陶		不确定	腹片				
9	东港	DG-ZJZZ-1	CAC	龙山	不确定	397	1	陶		不确定	腹片		白		
9	东港	DG-ZJZZ-1	CAC	汉代	不确定	1044	6	陶		陶瓦					
9	东港	DG-ZJZZ-1	CAD	龙山	不确定	397	5	陶		不确定	腹片				
9	东港	DG-ZJZZ-1	CAD	龙山	不确定	397	1	陶		不确定	腹片	附加堆纹			
9	东港	DG-ZJZZ-1	CAE	龙山	中期	397	1	陶		陶罐	口沿				
9	东港	DG-ZJZZ-1	CAE	龙山	不确定	397	4	陶		不确定	腹片				
9	东港	DG-ZJZZ-1	CAF	龙山	中期	397	3	陶		陶罐	口沿				
9	东港	DG-ZJZZ-1	CAF	龙山	不确定	397	42	陶		不确定	腹片				
9	东港	DG-ZJZZ-1	CAF	龙山	不确定	397	3	陶		不确定	腹片			泥质	是
9	东港	DG-ZJZZ-1	CAF	龙山	不确定	397	1	石	工具	石箭头					
9	东港	DG-ZJZZ-1	CAF	汉代	不确定	1044	2	陶		陶盆	口沿				
9	东港	DG-ZJZZ-1	CAF	汉代	不确定	1044	1	陶		陶瓮	口沿				
9	东港	DG-ZJZZ-1	CAF	汉代	不确定	1044	14	陶		陶瓦					
9	东港	DG-ZJZZ-1	CAG	龙山	早期	397	1	陶		陶匜	口沿				

年度	县区	遗址	采集区	时代	分期	期段编号	数量	质地	石器种类	器形	部位	纹饰	颜色	质地	蛋壳陶
9	东港	DG-ZJZZ-1	CAG	龙山	早期	397	1	陶		不确定	腹片	篮纹			
9	东港	DG-ZJZZ-1	CAG	龙山	不确定	397	3	陶		不确定	腹片				
9	东港	DG-ZJZZ-1	CAH	龙山	早期	397	1	陶		不确定	腹片	篮纹			
9	东港	DG-ZJZZ-1	CAH	龙山	不确定	397	3	陶		不确定	腹片				
9	东港	DG-ZJZZ-1	CAH	龙山	不确定	397	1	陶		不确定	腹片			泥质	是
9	东港	DG-ZJZZ-1	CAH	汉代	不确定	1044	2	陶		陶盆	口沿				
9	东港	DG-ZJZZ-1	CAH	汉代	不确定	1044	3	陶		不确定	腹片				
9	东港	DG-ZJZZ-1	CAI	龙山	早期	397	1	陶		陶罐	口沿				
9	东港	DG-ZJZZ-1	CAI	龙山	不确定	397	12	陶		不确定	腹片				
9	东港	DG-ZJZZ-1	CAI	汉代	不确定	1044	1	陶		陶盆	口沿				
9	东港	DG-ZJZZ-1	CAI	汉代	不确定	1044	1	陶		陶盆	器底				
9	东港	DG-ZJZZ-1	CAI	汉代	不确定	1044	6	陶		不确定	腹片				
9	东港	DG-ZJZZ-1	CAI	汉代	不确定	1044	5	陶		陶瓦					
9	东港	DG-ZJZZ-1	CAJ	龙山	早期	397	1	陶		陶鼎	器足				
9	东港	DG-ZJZZ-1	CAJ	龙山	早期	397	1	陶		陶盘	口沿				
9	东港	DG-ZJZZ-1	CAJ	龙山	不确定	397	3	陶		不确定	腹片			泥质	是
9	东港	DG-ZJZZ-1	CAJ	龙山	不确定	397	2	陶		不确定	腹片	弦纹			
9	东港	DG-ZJZZ-1	CAJ	龙山	不确定	397	12	陶		不确定	腹片				
9	东港	DG-ZJZZ-2	单个遗址	龙山	不确定	390	1	陶		不确定	腹片				
9	东港	DG-ZJZZ-3	单个遗址	龙山	不确定	391	1	陶		不确定	腹片				
9	东港	DG-ZJZZ-4	CAA	龙山	早期	397	1	陶		陶匜	口沿				
9	东港	DG-ZJZZ-4	CAA	龙山	早期	397	1	陶		陶鬶	器足				
9	东港	DG-ZJZZ-4	CAA	龙山	早期	397	1	陶		不确定	腹片				
9	东港	DG-ZJZZ-4	CAB	龙山	早期	397	1	陶		陶匜	口沿				
9	东港	DG-ZJZZ-4	CAB	龙山	中期	397	1	陶		陶罐	口沿				
9	东港	DG-ZJZZ-4	CAB	龙山	中期	397	1	陶		陶鬶	把手				
9	东港	DG-ZJZZ-4	CAB	龙山	不确定	397	9	陶		不确定	腹片				
9	东港	DG-ZJZZ-4	CAB	龙山	不确定	397	1	陶		不确定	腹片			泥质	是
9	东港	DG-ZJZZ-4	CAB	汉代	不确定	1044	1	陶		陶瓦					
9	东港	DG-ZJZZ-5	单个遗址	汉代	不确定	1042	1	陶		陶瓦					
11	东港	DG-ZJZZi-1	CAA	周代	东周	910	2	陶		不确定	腹片	绳纹			
11	东港	DG-ZJZZi-1	CAA	周代	东周	910	2	陶		不确定	腹片				
11	东港	DG-ZJZZi-1	CAA	汉代	不确定	1222	1	陶		陶盆					
11	东港	DG-ZJZZi-1	CAA	汉代	不确定	1222	6	陶		不确定	腹片				
11	东港	DG-ZJZZi-1	CAA	汉代	不确定	1222	2	陶		陶瓦					
11	东港	DG-ZJZZi-1	CAB	汉代	不确定	1222	11	陶		不确定	腹片				
11	东港	DG-ZJZZi-1	CAB	汉代	不确定	1222	6	陶		陶瓦					
11	东港	DG-ZJZZi-1	CAB	汉代	不确定	1222	3	陶		陶盆	口沿				
11	东港	DG-ZJZZi-2	CAA	周代	东周	903	1	陶		陶鬲	腹片	绳纹			
11	东港	DG-ZJZZi-2	CAA	周代	东周	903	1	陶		陶盆	器底				
11	东港	DG-ZJZZi-2	CAA	周代	东周	903	4	陶		不确定	腹片				
11	东港	DG-ZJZZi-2	CAA	汉代	不确定	1207	10	陶		不确定	腹片				
11	东港	DG-ZJZZi-2	CAA	汉代	不确定	1207	4	陶		陶瓦					
11	东港	DG-ZJZZi-2	CAB	汉代	不确定	1207	2	陶		不确定	腹片				
11	东港	DG-ZJZZi-2	CAB	汉代	不确定	1207	1	陶		陶瓦					
9	东港	DG-ZK-1	CAA	周代	东周	743	3	陶		不确定	腹片				

年度	县区	遗址	采集区	时代	分期	期段编号	数量	质地	石器种类	器形	部位	纹饰	颜色	质地	蛋壳陶
9	东港	DG-ZK-1	CAA	汉代	不确定	971	3	陶		陶瓦					
9	东港	DG-ZK-1	CAB	龙山	不确定	361	1	陶		陶罐	腹片				
9	东港	DG-ZK-1	CAB	周代	西周	743	5	陶		不确定	腹片	绳纹			
9	东港	DG-ZK-1	CAB	汉代	不确定	971	4	陶		不确定	腹片				
9	东港	DG-ZK-2	单个遗址	汉代	不确定	970	1	陶		陶盆	口沿				
9	东港	DG-ZK-2	单个遗址	汉代	不确定	970	1	陶		陶瓦					
9	东港	DG-ZK-2	单个遗址	汉代	不确定	970	2	陶		不确定	腹片				
9	东港	DG-ZK-3	单个遗址	周代	西周	744	1	陶		不确定	腹片				
13	东港	DG-ZT-1	单个遗址	汉代		1610	1	陶		陶壶	口沿				
13	东港	DG-ZT-1	单个遗址	汉代		1610	9	陶		不确定	腹片				
13	东港	DG-ZT-1	单个遗址	汉代		1610	10	陶		陶瓦					
4	东港	DG-ZXC-1	单个遗址	汉代	不确定	348	1	陶		陶纺轮					
4	东港	DG-ZXC-2	单个遗址	汉代	不确定	349	2	陶		陶瓦					
4	东港	DG-ZXC-3	单个遗址	周代	西周	285	3	陶		不确定	腹片				
4	东港	DG-ZXC-3	单个遗址	周代	西周	285	1	陶		不确定	腹片	绳纹			
4	东港	DG-ZXC-3	单个遗址	周代	西周	285	1	陶		不确定	腹片	附加堆纹			
5	东港	DG-ZXC-4	单个遗址	汉代	不确定	451	1	陶		陶瓦					
11	东港	DG-ZZ-1	单个遗址	汉代	不确定	1256	5	陶		不确定	腹片				
11	东港	DG-ZZ-1	单个遗址	汉代	不确定	1256	6	陶		陶瓦					
11	东港	DG-ZZ-2	单个遗址	汉代	不确定	1255	2	陶		陶瓦					
9	东港	DG-ZZHA-1	单个遗址	龙山	早期	389	1	陶		陶鼎	口沿				
9	东港	DG-ZZHA-1	单个遗址	汉代	不确定	1018	1	陶		陶瓦					
9	东港	DG-ZZHA-2	单个遗址	汉代	不确定	1017	1	陶		不确定	腹片				
9	东港	DG-ZZHA-3	单个遗址	周代	东周	780	1	陶		陶罐	口沿				
9	东港	DG-ZZHA-3	单个遗址	周代	东周	780	1	陶		不确定	腹片				
9	东港	DG-ZZHA-3	单个遗址	汉代	不确定	1016	3	陶		不确定	腹片				
9	东港	DG-ZZHA-3	单个遗址	汉代	不确定	1016	3	陶		陶瓦					
9	东港	DiJGZ-3	CAA	汉代	不确定	1027	1	陶		陶盆	口沿				
9	东港	DiJGZ-3	CAA	汉代	不确定	1027	1	陶		陶盆	腹片				
9	东港	DiJGZ-3	CAA	汉代	不确定	1027	2	陶		陶瓦					
9	东港	DiJGZ-3	CAB	龙山	不确定	383	1	陶		不确定	腹片				
9	东港	DiJGZ-3	CAB	周代	东周	785	1	陶		陶罐	器底				
9	东港	DiJGZ-3	CAB	周代	东周	785	2	陶		不确定	腹片	绳纹			
9	东港	DiJGZ-3	CAB	周代	东周	785	2	陶		不确定	腹片				
9	东港	DiJGZ-3	CAB	汉代	不确定	1027	4	陶		陶瓦					
9	东港	DiJGZ-4	单个遗址	汉代	不确定	1030	4	陶		陶瓦					
2	胶南	DJC-2	单个遗址	汉代		41	1	陶		不确定	腹片				
2	胶南	DJC-2	单个遗址	汉代		41	1	陶		陶瓦					
1	东港	DJP-1	单个遗址	汉代	不确定	5	1	陶		陶瓦					
1	东港	DJP-2	CAA	汉代	不确定	7	2	陶		陶瓦					
1	东港	DJP-2	CAA	汉代	不确定	7	1	陶		不确定	腹片				
1	东港	DJP-2	CAA	龙山	中期	5	1	陶		陶甗	器足				
1	东港	DJP-2	CAA	龙山	不确定	5	9	陶		不确定	腹片				
1	东港	DJP-2	CAA	龙山	不确定	5	1	石	工具	石斧					
1	东港	DJP-2	CAB	龙山	不确定	5	1	石	工具	石斧					
1	东港	DJP-2	CAB	龙山	早期	5	4	陶		陶鼎	器足				

年度	县区	遗址	采集区	时代	分期	期段编号	数量	质地	石器种类	器形	部位	纹饰	颜色	质地	蛋壳陶
1	东港	DJP-2	CAB	龙山	中期	5	3	陶		陶鼎	器足				
1	东港	DJP-2	CAB	龙山	中期	5	2	陶		陶鬶	腹片				
1	东港	DJP-2	CAB	龙山	中期	5	1	陶		陶甗	腰部				
1	东港	DJP-2	CAB	龙山	中期	5	2	陶		陶匜	口沿				
1	东港	DJP-2	CAB	龙山	中期	5	1	陶		陶盆	口沿				
1	东港	DJP-2	CAB	龙山	中期	5	1	陶		陶盆	器底	刻纹			
1	东港	DJP-2	CAB	龙山	中期	5	2	陶		陶罐	器底				
1	东港	DJP-2	CAB	龙山	中期	5	1	陶		陶罐	口沿				
1	东港	DJP-2	CAB	龙山	中期	5	1	陶		陶杯	器底				
1	东港	DJP-2	CAB	龙山	晚期	5	1	陶		陶鼎	器底/器足				
1	东港	DJP-2	CAB	龙山	不确定	5	17	陶		不确定	腹片				
1	东港	DJP-2	CAB	龙山	中期	5	1	陶		陶盆	口沿		白		
1	东港	DJP-2	CAB	龙山	中期	5	1	陶		陶碗	口沿				
1	东港	DJP-2	CAB	周代	东周	3	4	陶		不确定	腹片				
1	东港	DJP-2	CAC	汉代	不确定	7	1	陶		陶瓦					
1	东港	DJP-2	CAC	汉代	不确定	7	1	陶		不确定	腹片				
1	东港	DJP-2	CAC	周代	东周	3	3	陶		陶瓦					
1	东港	DJP-2	CAC	龙山	早期	5	1	陶		陶鼎	器足				
1	东港	DJP-2	CAC	龙山	早期	5	1	陶		陶鬶	器足				
1	东港	DJP-2	CAC	龙山	中期	5	3	陶		陶鼎	器足				
1	东港	DJP-2	CAC	龙山	中期	5	2	陶		陶鼎	口沿				
1	东港	DJP-2	CAC	龙山	中期	5	1	陶		陶甗	器足				
1	东港	DJP-2	CAC	龙山	中期	5	1	陶		陶甗	裆部/器足				
1	东港	DJP-2	CAC	龙山	中期	5	1	陶		陶匜	口沿				
1	东港	DJP-2	CAC	龙山	中期	5	1	陶		不确定	把手				
1	东港	DJP-2	CAC	龙山	中期	5	4	陶		陶罐	口沿				
1	东港	DJP-2	CAC	龙山	中期	5	1	陶		陶圈足盘	腹片				
1	东港	DJP-2	CAC	龙山	中期	5	1	陶		陶杯	器底				
1	东港	DJP-2	CAC	龙山	中期	5	28	陶		不确定	腹片				
1	东港	DJP-2	CAC	龙山	中期	5	4	陶		陶器盖	口沿				
1	东港	DJP-2	CAC	周代	东周	3	1	陶		陶瓮	腹片				
1	东港	DJP-2	CAC	龙山	不确定	5	1	石	工具	石磨盘					
1	东港	DJP-2	CAC	龙山	不确定	5	2	石	工具	石钺					
1	东港	DJP-2	CAB	龙山	中期	5	1	陶		陶盆	器底				
2	胶南	DL-1	CAA	龙山	不确定	42	1	陶		陶甑	腹片				
2	胶南	DL-1	CAA	龙山	不确定	42	6	陶		不确定	腹片			夹砂	
2	胶南	DL-1	CAA	龙山	不确定	42	1	石	工具	石锛					
2	胶南	DL-1	CAB	周代	不确定	38	2	陶		不确定	腹片				
2	胶南	DL-1	CAC	周代	不确定	39	2	陶		陶瓦					
2	胶南	DL-1	CAC	周代	不确定	39	2	陶		不确定	腹片				
2	胶南	DL-2	单个遗址	汉代		32	1	陶		不确定	腹片				
2	东港	DL-3	单个遗址	汉代	不确定	34	2	陶		不确定	腹片				
2	胶南	DL-4	单个遗址	不确定				陶		不确定					
2	东港	DL-5	单个遗址	周代	不确定	37	1	陶		陶罐	腹片				
2	东港	DL-5	单个遗址	周代	不确定	37	1	陶		不确定	腹片				
2	东港	DL-6	单个遗址	汉代	不确定	36	3	陶		陶瓦					

年度	县区	遗址	采集区	时代	分期	期段编号	数量	质地	石器种类	器形	部位	纹饰	颜色	质地	蛋壳陶
2	东港	DL-7	单个遗址	汉代	不确定	35	1	陶		陶瓦					
2	东港	DL-7	单个遗址	汉代	不确定	35	6	陶		不确定	腹片				
1	东港	DT-1	单个遗址	汉代	不确定	26	1	陶		陶瓦					
1	东港	DT-1	单个遗址	汉代	不确定	26	1	陶		陶罐	器底				
1	东港	DT-1	单个遗址	汉代	不确定	26	1	陶		不确定	腹片				
1	东港	DT-1	单个遗址	周代	西周	27	1	陶		不确定	口沿				
1	东港	DT-1	单个遗址	周代	西周	27	3	陶		不确定	腹片				
1	东港	DT-1	单个遗址	周代	不确定	27	5	陶		不确定	腹片	绳纹		夹砂	
1	东港	DT-3	单个遗址	龙山	不确定	30	1	陶		不确定	腹片				
1	东港	DT-3	单个遗址	不确定			1	陶		不确定	口沿				
1	东港	DT-3	单个遗址	不确定			1	陶		不确定	腹片				
1	东港	DT-3	单个遗址	周代	西周	24	3	陶		不确定	腹片				
1	东港	DT-4	单个遗址	周代	不确定	26	1	陶		不确定	腹片				
1	东港	DT-5	单个遗址	汉代	不确定	22	1	陶		陶瓦					
1	东港	DT-5	单个遗址	隋唐	不确定		1	陶		不确定				泥质	
1	东港	DT-6	单个遗址	不确定			1	陶		不确定	把手				
1	东港	DT-6	单个遗址	不确定			2	陶		不确定	腹片				
1	东港	DT-6	单个遗址	不确定			1	陶		不确定	器底				
1	东港	DXBS-1	单个遗址	汉代	不确定	15	4	陶		陶瓦					
1	东港	DXBS-1	单个遗址	龙山	中期	22	1	陶		陶罐	口沿				
1	东港	DXBS-1	单个遗址	龙山	中期	22	2	陶		陶罐	器底				
1	东港	DXBS-1	单个遗址	龙山	中期	22	1	陶		陶盆	器底				
1	东港	DXBS-1	单个遗址	龙山	中期	22	5	陶		不确定	腹片				
1	东港	DXBS-1	单个遗址	周代	东周	9	1	陶		陶罐	器底				
1	东港	DXBS-2	单个遗址	汉代	不确定	10	1	陶		陶瓦					
1	东港	DXBS-2	单个遗址	龙山	早期	11	1	陶		陶盆	口沿				
1	东港	DXBS-2	单个遗址	龙山	早期	11	1	陶		陶盘	口沿				
1	东港	DXBS-2	单个遗址	龙山	中期	11	1	陶		陶鼎	器足				
1	东港	DXBS-2	单个遗址	龙山	中期	11	1	陶		陶鼎	口沿				
1	东港	DXBS-2	单个遗址	龙山	中期	11	1	陶		陶鬶	把手				
1	东港	DXBS-2	单个遗址	龙山	中期	11	5	陶		陶罐	器底				
1	东港	DXBS-2	单个遗址	龙山	中期	11	1	陶		陶盆	腹片				
1	东港	DXBS-2	单个遗址	龙山	不确定	11	11	陶		不确定	腹片				
1	东港	DXBS-2	单个遗址	龙山	不确定	11	1	陶		不确定	口沿				
1	东港	DXBS-2	单个遗址	唐代	不确定		1	陶		陶瓦					
1	东港	DXBS-3	单个遗址	龙山	中期	10	1	陶		陶罐	器底				
1	东港	DXBS-3	单个遗址	龙山	中期	10	3	陶		陶器盖	腹片				
1	东港	DXBS-3	单个遗址	龙山	不确定	10	1	陶		不确定	腹片				
1	东港	DXBS-3	单个遗址	周代	东周	4	1	陶		陶瓦					
1	东港	DXBS-4	单个遗址	龙山	中期	7	1	陶		陶盆	口沿				
1	东港	DXBS-5	单个遗址	龙山	不确定	17	1	陶		不确定	腹片				
1	东港	DXBS-5	单个遗址	周代	东周	8	2	陶		不确定	腹片				
1	东港	DXBS-5	单个遗址	不确定			1	石	产品	石片					
1	东港	DXJP-1	单个遗址	汉代	不确定	9	1	陶		陶瓦					
1	东港	DXJP-1	单个遗址	龙山	早期	9	1	陶		陶鼎	器足				
1	东港	DXJP-1	单个遗址	龙山	不确定	9	5	陶		不确定	腹片				

年度	县区	遗址	采集区	时代	分期	期段编号	数量	质地	石器种类	器形	部位	纹饰	颜色	质地	蛋壳陶
1	东港	DXJP-1	单个遗址	龙山	不确定	9	1	陶		不确定	口沿				
1	东港	DXJP-1	单个遗址	龙山	不确定	9	1	陶		不确定	把手				
1	东港	DXJP-2	单个遗址	汉代	不确定	8	1	陶		陶瓦					
1	东港	DXJP-2	单个遗址	龙山	中期	8	1	陶		陶罐	器底				
1	东港	DXJP-2	单个遗址	龙山	中期	8	1	陶		陶器盖	捉手				
1	东港	DXJP-2	单个遗址	龙山	中期	8	7	陶		不确定	腹片				
1	东港	DXJP-2	单个遗址	周代	东周	5	1	陶		陶豆	腹片				
1	东港	DXJP-2	单个遗址	周代	东周	5	2	陶		不确定	腹片				
1	东港	GOU-1	CAA	龙山	不确定	27	1	陶		不确定	口沿				
1	东港	GOU-1	CAA	不确定			2	陶		不确定	腹片				
1	东港	GOU-1	CAA	不确定			1	陶		不确定	口沿				
2	东港	HBZ-1	单个遗址	汉代	不确定	58	1	陶		陶瓦					
2	东港	HBZ-1	单个遗址	汉代	不确定	58	1	陶		不确定	腹片				
2	东港	HJGZ-3	单个遗址	周代	不确定	62	3	陶		不确定	腹片				
2	东港	HJGZ-3	单个遗址	周代	不确定	62	1	陶		陶纺轮					
2	东港	HQ-1	单个遗址	龙山	中期	81	1	陶		不确定	陶器盖				
2	东港	HQ-1	单个遗址	龙山	不确定	81	1	陶		不确定	口沿				
2	东港	HQ-1	单个遗址	周代	不确定	409	1	陶		不确定	腹片				
2	东港	HQ-2	单个遗址	汉代	不确定	47	1	陶		陶瓦					
2	东港	HQ-3	单个遗址	汉代	不确定	45	1	陶		陶瓦					
2	东港	HQ-4	单个遗址	汉代	不确定	46	2	陶		不确定	腹片				
1	东港	HQC-3	单个遗址	不确定			1	陶		不确定	口沿				
1	东港	HQC-4	单个遗址	不确定			1	陶		不确定	腹片				
1	东港	HQC-5	单个遗址	龙山	不确定	33	1	石	工具	石铲					
1	东港	HQC-6	单个遗址	现代/不详			4	陶		不确定	腹片				
1	东港	HQC-6	单个遗址	不确定			3	陶		不确定	腹片				
1	东港	HQC-6	单个遗址	不确定			1	陶		不确定	口沿				
1	东港	HQC-8	单个遗址	不确定			1	陶		不确定	腹片				
2	胶南	HT-1	单个遗址	不确定			1	陶		不确定	口沿				
2	东港	JJC-1	CAA	汉代	不确定	48	4	陶		陶瓦					
2	东港	JJC-1	CAA	汉代	不确定	48	14	陶		不确定	腹片				
2	东港	JJC-1	CAB	汉代	不确定	48	1	陶		陶纺轮					
2	东港	JJC-1	CAB	汉代	不确定	48	2	陶		不确定	腹片				
2	东港	JJC-1	CAB	龙山	不确定	78	2	陶		不确定	腹片				
2	东港	JJC-1	CAA	周代	不确定	49	8	陶		不确定	腹片				
2	东港	JJL-1	单个遗址	汉代	不确定	79	5	陶		陶瓦					
2	东港	JJL-1	单个遗址	汉代	不确定	79	3	陶		不确定	腹片				
2	东港	JJL-1	单个遗址	汉代	不确定	79	1	陶		陶纺轮					
2	东港	JJL-1	单个遗址	龙山	不确定	74	1	陶		陶罐	器底				
2	东港	JJL-1	单个遗址	周代	不确定	63	1	陶		不确定	腹片				
2	东港	JJL-2	单个遗址	龙山	不确定	75	2	陶		不确定	腹片				
2	东港	JJL-3	单个遗址	汉代	不确定	78	1	陶		陶罐	口沿				
2	东港	JJL-3	单个遗址	汉代	不确定	78	3	陶		不确定	腹片				
4	胶南	JN-HQ-11	单个遗址	周代	东周	207	1	陶		不确定	腹片				
4	胶南	JN-AS-1	单个遗址	汉代		259	1	陶		陶瓦					
4	胶南	JN-AS-1	单个遗址	周代	东周	240	1	陶		不确定	腹片	绳纹			

年度	县区	遗址	采集区	时代	分期	期段编号	数量	质地	石器种类	器形	部位	纹饰	颜色	质地	蛋壳陶
4	胶南	JN-AS-1	单个遗址	周代	东周	240	1	陶		不确定	腹片				
4	胶南	JN-AS-1	单个遗址	不确定			1	石	工具	不确定					
4	胶南	JN-AS-2	CAA	汉代		257	1	陶		不确定	腹片	绳纹			
4	胶南	JN-AS-2	CAA	汉代		257	1	陶		不确定	腹片				
4	胶南	JN-AS-2	CAA	汉代		257	4	陶		陶瓦					
4	胶南	JN-AS-2	CAB	汉代		257	8	陶		陶瓦					
4	胶南	JN-AS-2	CAB	汉代		257	2	陶		不确定	腹片	绳纹			
4	胶南	JN-AS-2	CAB	汉代		257	2	陶		不确定	腹片				
4	胶南	JN-AS-2	CAC	汉代		257	8	陶		陶瓦					
4	胶南	JN-AS-2	CAC	汉代		257	3	陶		不确定	腹片	绳纹			
4	胶南	JN-AS-2	CAC	汉代		257	5	陶		不确定	腹片				
4	胶南	JN-AS-2	CAD	汉代		257	1	陶		砖					
4	胶南	JN-AS-2	CAC	周代	东周	241	4	陶		陶瓦					
4	胶南	JN-AS-2	CAC	周代	东周	241	4	陶		不确定	腹片				
4	胶南	JN-AS-3	CAD	汉代		261	7	陶		陶瓦					
4	胶南	JN-AS-3	CAD	汉代		261	1	陶		不确定	腹片				
6	胶南	JN-BJZ-1	单个遗址	汉代	西周	478	1	陶		陶瓦					
6	胶南	JN-BQM-1	CAA	龙山	中期	206	1	陶		陶壶	口沿				
6	胶南	JN-BQM-1	CAA	龙山	中期	206	1	陶		陶罐	口沿				
6	胶南	JN-BQM-1	CAA	汉代	西周	513	1	陶		陶罐	口沿				
6	胶南	JN-BQM-1	CAA	汉代	西周	513	1	陶		陶盆	口沿				
6	胶南	JN-BQM-1	CAA	汉代	西周	513	38	陶		陶瓦					
6	胶南	JN-BQM-1	CAA	汉代	西周	513	2	陶		不确定	腹片				
6	胶南	JN-BQM-1	CAB	周代	东周	430	3	陶		不确定	腹片				
6	胶南	JN-BQM-1	CAB	汉代	西周	513	2	陶		陶瓦					
6	胶南	JN-BQM-1	CAC	龙山	早期	205	1	陶		陶鼎	器足				
6	胶南	JN-BQM-1	CAC	龙山	不确定	205	1	陶		不确定	腹片				
6	胶南	JN-BQM-1	CAD	龙山	不确定	204	1	陶		不确定	腹片				
6	胶南	JN-BQM-1	CAD	周代	东周	430	1	陶		不确定	腹片				
6	胶南	JN-BQM-1	CAD	周代	东周	430	1	陶		陶罐	口沿				
6	胶南	JN-BQM-1	CAD	汉代	西周	513	4	陶		陶瓦					
6	胶南	JN-BQM-1	CAE	周代	东周	430	1	陶		陶盆	口沿				
6	胶南	JN-BQM-1	CAE	周代	东周	430	2	陶		不确定	腹片				
6	胶南	JN-BQM-1	CAE	汉代	西周	513	8	陶		陶瓦					
6	胶南	JN-BQM-1	CAF	龙山	不确定	206	1	陶		不确定	腹片				
6	胶南	JN-BQM-1	CAF	周代	东周	430	1	陶		不确定	腹片				
6	胶南	JN-BQM-1	CAF	汉代	西周	513	4	陶		陶瓦					
6	胶南	JN-BQM-1	CAG	周代	东周	430	1	陶		陶豆	腹片				
6	胶南	JN-BQM-1	CAG	周代	东周	430	4	陶		不确定	腹片				
6	胶南	JN-BQM-1	CAG	汉代	西周	513	1	陶		陶瓦					
6	胶南	JN-BQM-1	CAH	龙山	早期	204	1	陶		陶鼎	器足				
6	胶南	JN-BQM-1	CAH	龙山	早期	204	1	陶		不确定	腹片				
6	胶南	JN-BQM-1	CAH	周代	东周	430	2	陶		陶罐	口沿				
6	胶南	JN-BQM-1	CAH	周代	东周	430	3	陶		不确定	腹片				
6	胶南	JN-BQM-1	CAH	汉代	西周	513	1	陶		陶盆	口沿				
6	胶南	JN-BQM-1	CAH	汉代	西周	513	42	陶		陶瓦					

年度	县区	遗址	采集区	时代	分期	期段编号	数量	质地	石器种类	器形	部位	纹饰	颜色	质地	蛋壳陶
6	胶南	JN-BQM-1	CAH	不确定			1	黏土		胶泥					
6	胶南	JN-BQM-1	CAI	汉代	西周	513	1	陶		陶瓦					
6	胶南	JN-BQM-1	CAJ	汉代	西周	513	1	陶		陶瓦					
6	胶南	JN-BQM-2	单个遗址	周代	东周	431	1	陶		陶盆	口沿				
6	胶南	JN-BQM-2	单个遗址	周代	东周	431	2	陶		不确定	腹片				
6	胶南	JN-BQM-2	单个遗址	汉代	西周	515	2	陶		陶罐	腹片				
7	胶南	JN-BQM-2	单个遗址	汉代		515	1	陶		陶罐	口沿				
7	胶南	JN-BQM-2	单个遗址	汉代		515	2	陶		陶瓦					
7	胶南	JN-BQM-2	单个遗址	汉代		515	3	陶		不确定	腹片				
7	胶南	JN-BQM-3	单个遗址	汉代		845	1	陶		陶瓦					
7	胶南	JN-BQM-4	单个遗址	汉代		844	3	陶		陶瓦					
13	胶南	JN-BS-1	CAA	龙山		521	1	陶		不确定	腹片			粗砂	
13	胶南	JN-BS-1	CAB	龙山		521	1	陶		不确定	腹片			粗砂	
13	胶南	JN-BS-2	单个遗址	龙山	早期	520	1	陶		陶鼎	器足				
13	胶南	JN-BS-2	单个遗址	周代	东周	1176	4	陶		不确定	腹片	绳纹			
13	胶南	JN-BS-3	CAA	龙山	早期	523	1	陶		陶鬶	器足				
13	胶南	JN-BS-3	CAA	龙山		523	3	陶		不确定	腹片			粗砂	
13	胶南	JN-BS-3	CAB	周代	西周	1177	2	陶		不确定	腹片	绳纹			
13	胶南	JN-BS-3	CAB	周代	东周	1177	2	陶		不确定	腹片				
13	胶南	JN-BS-3	CAB	周代	东周	1177	9	陶		不确定	腹片	绳纹			
13	胶南	JN-BS-3	CAB	汉代		1707	3	陶		陶瓦					
13	胶南	JN-BS-4	单个遗址	周代	西周	1174	1	陶		陶鬲	腹片				
13	胶南	JN-BS-5	单个遗址	汉代		1705	1	陶		陶瓦					
13	胶南	JN-BS-6	单个遗址	周代	东周	1178	1	陶		不确定	腹片	绳纹			
7	胶南	JN-BZB-1	CAA	龙山	不确定	269	1	陶		陶盆	器底				
7	胶南	JN-BZB-1	CAA	龙山	不确定	269	1	陶		陶匜	口沿				
7	胶南	JN-BZB-1	CAA	龙山	不确定	269	1	陶		不确定	腹片				
7	胶南	JN-BZB-1	CAB	龙山	不确定	269	1	陶		陶盆	腹片				
7	胶南	JN-BZB-1	CAB	龙山	不确定	269	1	陶		陶匜	口沿				
7	胶南	JN-BZB-1	CAB	龙山	不确定	269	2	陶		陶器盖	口沿				
7	胶南	JN-BZB-1	CAB	龙山	不确定	269	1	陶		陶罐	口沿				
7	胶南	JN-BZB-1	CAB	龙山	不确定	269	5	陶		不确定	腹片				
7	胶南	JN-BZB-1	CAB	龙山	不确定	269	1	陶		不确定	腹片	篮纹			
7	胶南	JN-BZB-1	CAB	龙山	不确定	269	1	陶		陶罐	器底				
7	胶南	JN-BZB-1	CAB	周代	西周	560	1	陶		陶盆	口沿				
7	胶南	JN-BZB-1	CAB	周代	西周	560	1	陶		陶罐	器底				
7	胶南	JN-BZB-1	CAB	周代	西周	560	2	陶		不确定	腹片				
7	胶南	JN-BZB-1	CAC	龙山	不确定	269	1	陶		陶匜	口沿				
7	胶南	JN-BZB-1	CAC	龙山	不确定	269	2	陶		不确定	腹片				
7	胶南	JN-BZB-1	CAC	龙山	不确定	269	1	陶		陶罐	器底				
7	胶南	JN-BZB-1	CAC	周代	西周	560	1	陶		陶鬲	腹片				
7	胶南	JN-BZB-1	CAC	周代	西周	560	1	陶		陶罐	肩部				
7	胶南	JN-BZB-1	CAC	周代	西周	560	1	陶		陶盆	口沿				
7	胶南	JN-BZB-1	CAC	周代	西周	560	22	陶		不确定	腹片	绳纹			
7	胶南	JN-BZB-1	CAC	周代	西周	560	1	陶		不确定	腹片				
7	胶南	JN-BZB-1	CAC	周代	东周	560	1	陶		陶釜	口沿				

年度	县区	遗址	采集区	时代	分期	期段编号	数量	质地	石器种类	器形	部位	纹饰	颜色	质地	蛋壳陶
7	胶南	JN-BZB-1	CAC	周代	东周	560	7	陶		不确定	腹片	绳纹			
7	胶南	JN-BZB-1	CAC	汉代		736	5	陶		陶瓦					
7	胶南	JN-BZB-1	CAC	汉代		736	4	陶		不确定	腹片				
7	胶南	JN-BZB-1	CAD	龙山	不确定	269	6	陶		不确定	腹片				
7	胶南	JN-BZB-1	CAD	龙山	不确定	269	1	陶		不确定	腹片	篮纹			
7	胶南	JN-BZB-1	CAD	周代	西周	560	1	陶		不确定	腹片				
7	胶南	JN-BZB-1	CAD	周代	西周	560	1	陶		不确定	腹片	绳纹			
7	胶南	JN-BZB-1	CAD	汉代		736	2	陶		陶瓦					
7	胶南	JN-BZB-1	CAD	汉代		736	2	陶		陶罐	腹片				
7	胶南	JN-BZB-1	CAE	周代	西周	560	1	陶		不确定	腹片				
7	胶南	JN-BZB-1	CAE	周代	西周	560	1	陶		不确定	腹片	绳纹			
7	胶南	JN-BZB-1	CAE	周代	西周	560	1	陶		陶罐	口沿				
7	胶南	JN-BZB-1	CAE	汉代		736	1	陶		陶瓦					
7	胶南	JN-BZB-1	CAF	龙山	不确定	270	1	陶		不确定	腹片	篮纹			
7	胶南	JN-BZB-1	CAF	龙山	不确定	270	2	陶		不确定	腹片				
7	胶南	JN-BZB-1	CAF	周代	西周	560	3	陶		不确定	腹片	绳纹			
7	胶南	JN-BZB-1	CAF	周代	西周	560	6	陶		不确定	腹片				
7	胶南	JN-BZB-1	CAG	龙山	不确定	270	1	陶		陶匜	口沿				
7	胶南	JN-BZB-1	CAG	龙山	不确定	270	2	陶		不确定	腹片	篮纹			
7	胶南	JN-BZB-1	CAH	龙山	不确定	270	1	陶		不确定	腹片	篮纹			
7	胶南	JN-BZB-1	CAH	汉代		737	1	陶		陶瓦					
7	胶南	JN-BZB-1	CAI	汉代		737	5	陶		陶瓦					
7	胶南	JN-BZB-1	CAJ	汉代		737	1	陶		陶罐	口沿				
7	胶南	JN-BZB-1	CAJ	汉代		737	3	陶		陶瓦					
7	胶南	JN-BZB-1	CAK	龙山	不确定	269	1	陶		陶鼎	口沿				
7	胶南	JN-BZB-1	CAK	龙山	不确定	269	1	陶		陶罐	器底				
7	胶南	JN-BZB-1	CAK	龙山	不确定	269	3	陶		不确定	腹片	篮纹			
7	胶南	JN-BZB-1	CAK	龙山	不确定	269	4	陶		不确定	腹片				
7	胶南	JN-BZB-1	CAK	周代	西周	559	2	陶		不确定	腹片	绳纹			
7	胶南	JN-BZB-1	CAK	周代	西周	559	1	陶		不确定	腹片				
7	胶南	JN-BZB-1	CAK	汉代		735	1	陶		砖					
7	胶南	JN-BZB-1	CAK	汉代		735	7	陶		陶瓦					
7	胶南	JN-BZB-1	CAK	汉代		735	5	陶		不确定	腹片				
7	胶南	JN-BZB-1	CAL	龙山	不确定	269	1	陶		陶罐	口沿				
7	胶南	JN-BZB-1	CAL	龙山	不确定	269	1	陶		不确定	腹片	篮纹			
7	胶南	JN-BZB-1	CAL	龙山	不确定	269	4	陶		不确定	腹片				
7	胶南	JN-BZB-1	CAL	周代	东周	559	2	陶		不确定	腹片	绳纹			
7	胶南	JN-BZB-1	CAL	周代	东周	559	1	陶		不确定	腹片				
7	胶南	JN-BZB-1	CAL	汉代		735	1	陶		陶盆	口沿				
7	胶南	JN-BZB-1	CAL	汉代		735	1	陶		陶瓦					
7	胶南	JN-BZB-1	CAM	汉代		735	1	陶		陶盆	颈部				
7	胶南	JN-BZB-1	CAM	汉代		735	3	陶		陶瓦					
7	胶南	JN-BZB-1	CAM	汉代		735	1	陶		砖					
7	胶南	JN-BZB-1	CAM	汉代		735	4	陶		不确定	腹片				
8	胶南	JN-BZB-1	CAN	周代	西周	559	1	陶		不确定	腹片	绳纹			
8	胶南	JN-BZB-1	CAO	汉代		559	2	陶		陶瓦					

年度	县区	遗址	采集区	时代	分期	期段编号	数量	质地	石器种类	器形	部位	纹饰	颜色	质地	蛋壳陶
8	胶南	JN-BZB-1	CAO	汉代		559	1	陶		不确定	腹片				
8	胶南	JN-BZB-2	CAA	汉代		857	4	陶		陶盆	腹片				
8	胶南	JN-BZB-2	CAB	汉代		857	1	陶		陶瓦					
8	胶南	JN-BZB-2	CAB	汉代		857	2	陶		不确定					
8	胶南	JN-BZB-3	单个遗址	周代	西周	649	1	陶		不确定	腹片	绳纹			
8	胶南	JN-BZB-4	单个遗址	龙山	不确定	306	1	陶		不确定	腹片				
8	胶南	JN-BZB-5	CAA	周代	西周	638	1	陶		陶鬲	口沿				
8	胶南	JN-BZB-5	CAA	周代	西周	638	1	陶		陶甗	腰部				
8	胶南	JN-BZB-5	CAA	周代	西周	638	1	陶		不确定	腹片				
8	胶南	JN-BZB-5	CAA	周代	东周	638	1	陶		陶盆	腹片				
8	胶南	JN-BZB-5	CAA	周代	东周	638	1	陶		陶罐	肩部				
8	胶南	JN-BZB-5	CAA	周代	东周	638	8	陶		不确定	腹片				
8	胶南	JN-BZB-5	CAA	汉代		855	1	陶		陶盆	腹片				
8	胶南	JN-BZB-5	CAA	汉代		855	2	陶		不确定	腹片				
8	胶南	JN-BZB-5	CAA	汉代		855	3	陶		陶瓦					
8	胶南	JN-BZB-5	CAB	龙山	早期	309	1	陶		不确定	腹片	篮纹			
8	胶南	JN-BZB-5	CAB	龙山	不确定	309	4	陶		不确定	腹片				
8	胶南	JN-BZB-5	CAB	周代	西周	638	1	陶		陶盆	口沿				
8	胶南	JN-BZB-5	CAB	周代	西周	638	7	陶		不确定	腹片				
8	胶南	JN-BZB-5	CAB	周代	西周	638	2	陶		不确定	腹片	绳纹			
8	胶南	JN-BZB-5	CAB	周代	东周	638	1	陶		陶壶	口沿				
8	胶南	JN-BZB-5	CAB	周代	东周	638	1	陶		陶豆	口沿				
8	胶南	JN-BZB-5	CAB	周代	东周	638	1	陶		陶盆	口沿				
8	胶南	JN-BZB-5	CAB	周代	东周	638	1	陶		陶罐	器底				
8	胶南	JN-BZB-5	CAB	周代	东周	638	15	陶		不确定	腹片	绳纹			
8	胶南	JN-BZB-5	CAB	周代	东周	638	2	陶		不确定	腹片				
8	胶南	JN-BZB-5	CAB	汉代		855	1	陶		陶豆	豆盘口沿				
8	胶南	JN-BZB-5	CAB	汉代		855	7	陶		陶瓦					
8	胶南	JN-BZB-5	CAB	汉代	.	855	1	陶		陶盆	口沿				
8	胶南	JN-BZB-5	CAB	汉代		855	2	陶		不确定	腹片				
8	胶南	JN-BZB-5	CAB	汉代		855	1	陶		砖	碎块				
8	胶南	JN-BZB-6	单个遗址	龙山	不确定	308	1	陶		陶器盖					
8	胶南	JN-BZB-7	单个遗址	汉代		856	1	陶		陶瓦					
8	胶南	JN-BZB-8	单个遗址	龙山	早期	307	1	陶		陶甗	器足				
4	胶南	JN-CD-1	单个遗址	周代	东周	249	1	陶		陶瓦					
4	胶南	JN-CD-2	单个遗址	汉代		225	1	陶		陶瓦					
4	胶南	JN-CD-2	单个遗址	汉代		225	2	陶		不确定	腹片				
7	胶南	JN-CJC-1	单个遗址	汉代		738	4	陶		陶瓦					
7	胶南	JN-CJC-1	单个遗址	汉代		738	6	陶		不确定	腹片				
7	胶南	JN-CJC-1	单个遗址	汉代		738	2	陶		陶罐	口沿				
7	胶南	JN-CJC-1	单个遗址	汉代		738	1	陶		陶盆	口沿				
7	胶南	JN-CJC-1	单个遗址	周代	西周	565	2	陶		不确定	腹片	绳纹			
7	胶南	JN-CJC-1	单个遗址	周代	西周	565	1	陶		不确定	腹片				
7	胶南	JN-CJC-1	单个遗址	周代	东周	565	1	陶		陶盆	器底				
7	胶南	JN-CJC-1	单个遗址	周代	东周	565	1	陶		陶盆	颈部				
7	胶南	JN-CJC-1	单个遗址	周代	东周	565	2	陶		陶罐	肩部				

年度	县区	遗址	采集区	时代	分期	期段编号	数量	质地	石器种类	器形	部位	纹饰	颜色	质地	蛋壳陶
7	胶南	JN-CJC-1	单个遗址	周代	东周	565	3	陶		不确定	腹片				
7	胶南	JN-CJC-2	单个遗址	汉代		749	7	陶		陶瓦					
7	胶南	JN-CJC-3	CAA	汉代		751	1	陶		陶罐	口沿				
7	胶南	JN-CJC-3	CAA	汉代		751	1	陶		陶盆	口沿				
7	胶南	JN-CJC-3	CAA	汉代		751	22	陶		陶瓦					
7	胶南	JN-CJC-3	CAA	周代	东周	581	1	陶		不确定	腹片	绳纹			
7	胶南	JN-CJC-3	CAB	汉代		751	3	陶		陶瓦					
7	胶南	JN-CJC-3	CAB	汉代		751	1	陶		陶罐	腹片				
7	胶南	JN-CJC-4	CAA	汉代		746	14	陶		陶瓦					
7	胶南	JN-CJC-4	CAA	汉代		746	1	陶		不确定	腹片				
7	胶南	JN-CJC-4	CAA	周代	东周	575	1	陶		陶盆	口沿				
7	胶南	JN-CJC-4	CAB	汉代		746	1	陶		不确定	腹片				
7	胶南	JN-CJC-4	CAB	汉代		746	1	陶		陶瓦					
7	胶南	JN-CJC-4	CAC	周代	东周	575	1	陶		陶罐	腹片	绳纹			
7	胶南	JN-CJC-4	CAC	汉代		746	2	陶		陶瓦					
7	胶南	JN-CJC-4	CAD	周代	东周	575	2	陶		不确定	腹片	绳纹			
7	胶南	JN-CJC-4	CAD	汉代		746	3	陶		陶瓦					
7	胶南	JN-CJC-4	CAE	周代	西周	575	2	陶		不确定	腹片	绳纹			
7	胶南	JN-CJC-4	CAE	周代	西周	575	1	陶		不确定	腹片				
7	胶南	JN-CJC-4	CAE	汉代		746	1	陶		陶瓦					
7	胶南	JN-CJC-4	CAF	周代	东周	575	1	陶		陶盆	口沿				
7	胶南	JN-CJC-4	CAF	周代	东周	575	1	陶		陶罐	肩部				
7	胶南	JN-CJC-4	CAF	汉代		746	9	陶		陶瓦					
7	胶南	JN-CJC-4	CAF	汉代		746	1	陶		陶盆	口沿				
7	胶南	JN-CJC-4	CAF	汉代		746	5	陶		不确定	腹片				
7	胶南	JN-CJC-4	CAG	汉代		746	2	陶		陶瓦					
7	胶南	JN-CJC-4	CAG	汉代		746	1	陶		不确定	腹片				
7	胶南	JN-CJC-4	CAH	龙山	不确定	280	1	陶		不确定	腹片				
7	胶南	JN-CJC-4	CAI	周代	东周	575	2	陶		陶盆	口沿				
7	胶南	JN-CJC-4	CAI	周代	东周	575	1	陶		不确定	腹片				
7	胶南	JN-CJC-4	CAI	汉代		746	2	陶		陶瓦					
7	胶南	JN-CJC-4	CAI	汉代		746	1	陶		不确定	腹片				
7	胶南	JN-CJC-5	单个遗址	汉代		747	1	陶		陶瓦					
4	胶南	JN-CJT-1	单个遗址	周代	东周	218	1	陶		不确定	腹片	绳纹			
4	胶南	JN-CJT-2	CAA	汉代		275	9	陶		陶瓦					
4	胶南	JN-CJT-2	CAA	汉代		275	1	陶		不确定	腹片	绳纹			
4	胶南	JN-CJT-2	CAA	汉代		275	3	陶		不确定	腹片				
4	胶南	JN-CJT-2	CAB	汉代		275	5	陶		不确定	腹片				
4	胶南	JN-CJT-2	CAA	周代	东周	228	2	陶		不确定	腹片	绳纹			
4	胶南	JN-CJT-2	CAB	周代	西周	228	1	陶		不确定	腹片	绳纹			
4	胶南	JN-CJT-3	单个遗址	汉代		287	2	陶		不确定	腹片				
4	胶南	JN-CJT-3	单个遗址	龙山	不确定	139	1	陶		不确定	口沿			粗砂	
4	胶南	JN-CJT-4	单个遗址	汉代		288	1	陶		陶瓦					
4	胶南	JN-CJT-4	单个遗址	周代	东周	217	1	陶		不确定	腹片	绳纹			
4	胶南	JN-CJT-4	单个遗址	周代	东周	217	4	陶		不确定	腹片				
6	胶南	JN-CJXZ-1	单个遗址	汉代	西周	487	1	陶		陶瓦					

年度	县区	遗址	采集区	时代	分期	期段编号	数量	质地	石器种类	器形	部位	纹饰	颜色	质地	蛋壳陶
6	胶南	JN-CJXZ-2	单个遗址	周代	西周	436	2	陶		不确定	腹片				
6	胶南	JN-CJXZ-2	单个遗址	周代	东周	436	2	陶		不确定	腹片				
4	胶南	JN-CJZ-1	单个遗址	汉代		246	1	陶		陶瓦					
4	胶南	JN-CJZ-2	单个遗址	不确定			1	陶		不确定	腹片				
4	胶南	JN-CJZ-2	单个遗址	周代	东周	189	2	陶		不确定	腹片	绳纹			
4	胶南	JN-CJZ-2	单个遗址	周代	东周	189	3	陶		不确定	腹片				
4	胶南	JN-CJZ-2	单个遗址	周代	西周	189	6	陶		不确定	腹片				
4	胶南	JN-CJZ-2	单个遗址	周代	西周	189	1	陶		不确定	腹片		红		
6	胶南	JN-CY-1	CAA	龙山	早期	218	4	陶		陶鼎	器足				
6	胶南	JN-CY-1	CAA	龙山	早期	218	1	陶		不确定	腹片	篮纹			
6	胶南	JN-CY-1	CAA	龙山	早期	218	1	陶		陶鼎	器足				
6	胶南	JN-CY-1	CAA	龙山	早期	218	1	陶		陶罐	口沿				
6	胶南	JN-CY-1	CAA	龙山	早期	218	1	陶		陶盆	口沿				
6	胶南	JN-CY-1	CAA	龙山	早期	218	1	陶		陶鬶	器足				
6	胶南	JN-CY-1	CAA	龙山	早期	218	1	陶		陶器盖					
6	胶南	JN-CY-1	CAA	龙山	早期	218	2	陶		陶鼎	口沿				
6	胶南	JN-CY-1	CAA	龙山	早期	218	1	陶		陶甗	器足				
6	胶南	JN-CY-1	CAA	龙山	中期	218	1	陶		陶鼎	器足				
6	胶南	JN-CY-1	CAA	龙山	中期	218	1	陶		陶罐	口沿				
6	胶南	JN-CY-1	CAA	龙山	不确定	218	98	陶		不确定	腹片				
6	胶南	JN-CY-1	CAA	周代	西周	444	1	陶		陶罐	口沿				
6	胶南	JN-CY-1	CAA	周代	西周	444	1	陶		陶盆	口沿				
6	胶南	JN-CY-1	CAA	周代	西周	444	1	陶		陶鬲	腹片				
6	胶南	JN-CY-1	CAA	周代	西周	444	1	陶		陶罐	腹片				
6	胶南	JN-CY-1	CAA	周代	东周	444	2	陶		陶盆	口沿				
6	胶南	JN-CY-1	CAA	周代	不确定	444	4	陶		不确定	腹片				
6	胶南	JN-CY-1	CAA	汉代	西周	530	37	陶		陶瓦					
6	胶南	JN-CY-1	CAA	不确定			1	石	工具	石锛					
6	胶南	JN-CY-1	CAB	龙山	早期	218	1	陶		陶罐	口沿				
6	胶南	JN-CY-1	CAB	龙山	不确定	218	1	陶		不确定	腹片				
6	胶南	JN-CY-1	CAB	周代	东周	444	7	陶		不确定	腹片				
6	胶南	JN-CY-1	CAC	汉代	西周	530	2	陶		陶瓦					
6	胶南	JN-CY-1	CAD	龙山	中期	218	1	陶		陶甗	器足				
6	胶南	JN-CY-1	CAD	汉代	西周	530	1	陶		陶罐	口沿				
6	胶南	JN-CY-1	CAD	汉代	西周	530	2	陶		陶瓦					
6	胶南	JN-CY-1	CAE	不确定			1	石	工具	石铲					
6	胶南	JN-CY-1	CAE	不确定			1	黏土		烧土					
6	胶南	JN-CY-1	CAE	龙山	早期	218	8	陶		陶鼎	器足				
6	胶南	JN-CY-1	CAE	龙山	早期	218	1	陶		陶壶	口沿				
6	胶南	JN-CY-1	CAE	龙山	早期	218	2	陶		不确定	腹片	篮纹			
6	胶南	JN-CY-1	CAE	龙山	早期	218	2	陶		陶匜	口沿				
6	胶南	JN-CY-1	CAE	龙山	早期	218	1	陶		陶鼎	口沿				
6	胶南	JN-CY-1	CAE	龙山	早期	218	2	陶		陶盆	口沿				
6	胶南	JN-CY-1	CAE	龙山	早期	218	3	陶		陶罐	口沿				
6	胶南	JN-CY-1	CAE	龙山	中期	218	2	陶		陶罐	口沿				
6	胶南	JN-CY-1	CAE	龙山	中期	218	1	陶		陶匜	口沿				

年度	县区	遗址	采集区	时代	分期	期段编号	数量	质地	石器种类	器形	部位	纹饰	颜色	质地	蛋壳陶
6	胶南	JN-CY-1	CAE	龙山	中期	218	1	陶		陶器盖					
6	胶南	JN-CY-1	CAE	龙山	不确定	218	85	陶		不确定	腹片				
6	胶南	JN-CY-1	CAE	周代	西周	444	2	陶		不确定	腹片				
6	胶南	JN-CY-1	CAE	周代	东周	444	1	陶		陶盆	口沿				
6	胶南	JN-CY-1	CAE	汉代	西周	530	51	陶		陶瓦					
6	胶南	JN-CY-1	CAE	汉代	西周	530	1	陶		陶罐	口沿				
6	胶南	JN-CY-1	CAF	龙山	早期	218	1	陶		陶鼎	器足				
6	胶南	JN-CY-1	CAF	龙山	早期	218	1	陶		不确定	腹片	篮纹			
6	胶南	JN-CY-1	CAF	龙山	早期	218	1	陶		陶罐	口沿				
6	胶南	JN-CY-1	CAF	龙山	不确定	218	34	陶		不确定	腹片				
6	胶南	JN-CY-1	CAF	汉代	西周	530	1	陶		陶瓦					
6	胶南	JN-CY-2	单个遗址	汉代	西周	529	2	陶		陶瓦					
6	胶南	JN-CY-3	单个遗址	汉代	西周	528	2	陶		陶瓦					
6	胶南	JN-DC-1	单个遗址	汉代	西周	503	2	陶		陶瓦					
6	胶南	JN-DC-2	单个遗址	汉代	西周	518	2	陶		陶瓦					
6	胶南	JN-DC-3	单个遗址	汉代	西周	516	6	陶		陶瓦					
6	胶南	JN-DC-4	单个遗址	汉代	西周	512	1	陶		陶瓦					
4	胶南	JN-DCJ-2	CAA	汉代		208	3	陶		陶瓦					
4	胶南	JN-DCJ-2	CAA	汉代		208	2	陶		不确定	腹片				
4	胶南	JN-DCJ-2	CAB	汉代		208	2	陶		陶瓦					
4	胶南	JN-DCJ-2	CAC	汉代		208	1	陶		不确定	腹片				
4	胶南	JN-DCJ-2	CAC	龙山	不确定	120	1	陶		不确定	腹片			粗砂	
4	胶南	JN-DCJ-3	单个遗址	汉代		212	1	陶		陶瓦					
4	胶南	JN-DCJ-4	单个遗址	汉代		211	2	陶		陶瓦					
4	胶南	JN-DCJ-4	单个遗址	汉代		211	2	陶		不确定	腹片				
4	胶南	JN-DCJ-5	单个遗址	周代	东周	174	1	陶		陶瓦					
6	胶南	JN-DDJZ-1	单个遗址	周代	东周	419	2	陶		不确定	腹片				
6	胶南	JN-DDJZ-1	单个遗址	汉代	西周	520	5	陶		陶瓦					
6	胶南	JN-DDJZ-2	单个遗址	汉代	西周	519	2	陶		陶瓦					
6	胶南	JN-DDJZ-2	单个遗址	汉代	东周	519	1	陶		陶瓦					
7	胶南	JN-DG-1	CAA	龙山	不确定	258	1	陶		不确定	腹片	篮纹			
7	胶南	JN-DG-1	CAA	龙山	不确定	258	8	陶		不确定	腹片				
7	胶南	JN-DG-1	CAA	周代	东周	538	1	陶		陶碗	器底				
7	胶南	JN-DG-1	CAA	周代	东周	538	1	陶		不确定	腹片				
7	胶南	JN-DG-1	CAA	周代	东周	538	1	陶		不确定	腹片	绳纹			
7	胶南	JN-DG-1	CAA	汉代		718	1	陶		陶瓦					
7	胶南	JN-DG-1	CAA	汉代		718	1	陶		砖					
7	胶南	JN-DG-1	CAB	龙山	不确定	258	1	陶		不确定	腹片	篮纹			
7	胶南	JN-DG-1	CAB	龙山	不确定	258	1	陶		不确定	腹片	弦纹,篮纹			
7	胶南	JN-DG-1	CAB	周代	东周	538	1	陶		不确定	腹片				
7	胶南	JN-DG-1	CAB	周代	东周	538	4	陶		不确定	腹片	绳纹			
7	胶南	JN-DG-1	CAB	汉代		718	1	陶		陶罐	器底				
7	胶南	JN-DG-1	CAB	汉代		718	1	陶		陶瓦					
7	胶南	JN-DG-1	CAC	龙山	不确定	258	1	陶		陶罐	口沿				
7	胶南	JN-DG-1	CAC	龙山	不确定	258	1	陶		不确定	腹片	篮纹			
7	胶南	JN-DG-1	CAC	汉代		718	1	陶		陶瓦					

年度	县区	遗址	采集区	时代	分期	期段编号	数量	质地	石器种类	器形	部位	纹饰	颜色	质地	蛋壳陶
7	胶南	JN-DG-1	CAC	汉代		718	4	陶		不确定	腹片				
7	胶南	JN-DG-1	CAD	龙山	早期	258	2	陶		陶鼎	器足				
7	胶南	JN-DG-1	CAD	龙山	中期	258	1	陶		陶罐	口沿				
7	胶南	JN-DG-1	CAD	龙山	不确定	258	1	陶		陶器盖					
7	胶南	JN-DG-1	CAD	龙山	不确定	258	4	陶		不确定	腹片	篮纹			
7	胶南	JN-DG-1	CAD	龙山	不确定	258	1	陶		不确定	腹片	凹弦纹			
7	胶南	JN-DG-1	CAD	龙山	不确定	258	1	陶		不确定	腹片	凸弦纹			
7	胶南	JN-DG-1	CAD	龙山	不确定	258	19	陶		不确定	腹片				
7	胶南	JN-DG-1	CAD	周代	西周	538	1	陶		陶鬲	腹片				
7	胶南	JN-DG-1	CAD	周代	西周	538	2	陶		不确定	腹片				
7	胶南	JN-DG-1	CAD	周代	西周	538	5	陶		不确定	腹片	绳纹			
7	胶南	JN-DG-1	CAD	周代	东周	538	1	陶		陶豆	豆盘				
7	胶南	JN-DG-1	CAD	周代	东周	538	3	陶		不确定	腹片	绳纹			
7	胶南	JN-DG-1	CAD	汉代		718	2	陶		陶瓦					
7	胶南	JN-DG-1	CAD	汉代		718	1	陶		陶纺轮					
7	胶南	JN-DG-1	CAE	龙山	不确定	258	2	陶		陶罐	口沿				
7	胶南	JN-DG-1	CAE	龙山	不确定	258	1	陶		陶罐	把手				
7	胶南	JN-DG-1	CAE	龙山	不确定	258	1	陶		陶罐	器底				
7	胶南	JN-DG-1	CAE	龙山	不确定	258	6	陶		不确定	腹片				
7	胶南	JN-DG-1	CAE	龙山	不确定	258	1	陶		陶罐	肩部	弦纹			
7	胶南	JN-DG-1	CAE	周代	西周	538	1	陶		陶鬲	腹片				
7	胶南	JN-DG-1	CAE	周代	西周	538	3	陶		不确定	腹片				
7	胶南	JN-DG-1	CAE	周代	西周	538	3	陶		不确定	腹片	绳纹			
7	胶南	JN-DG-1	CAE	周代	东周	538	3	陶		陶罐	肩部	绳纹			
7	胶南	JN-DG-1	CAE	周代	东周	538	2	陶		不确定	腹片	绳纹			
7	胶南	JN-DG-1	CAE	汉代		718	4	陶		陶瓦					
7	胶南	JN-DG-1	CAE	汉代		718	1	陶		陶罐	颈部				
7	胶南	JN-DG-1	CAE	龙山	不确定	258	1	石	工具	石凿					
7	胶南	JN-DG-1	CAF	龙山	不确定	258	1	陶		不确定	腹片	凸弦纹			
7	胶南	JN-DG-1	CAF	龙山	不确定	258	2	陶		不确定	腹片				
7	胶南	JN-DG-1	CAF	周代	西周	538	1	陶		不确定	腹片				
7	胶南	JN-DG-1	CAF	周代	西周	538	2	陶		不确定	腹片	绳纹			
7	胶南	JN-DG-1	CAF	汉代		718	1	陶		陶盆	器底				
7	胶南	JN-DG-1	CAF	汉代		718	1	陶		砖					
7	胶南	JN-DG-1	CAF	汉代		718	3	陶		不确定	腹片				
7	胶南	JN-DG-1	CAG	龙山	不确定	258	1	陶		陶罐	器底				
7	胶南	JN-DG-1	CAG	龙山	不确定	258	1	陶		不确定	腹片				
7	胶南	JN-DG-1	CAG	龙山	不确定	258	1	陶		不确定	腹片	篮纹			
7	胶南	JN-DG-1	CAG	周代	西周	538	1	陶		不确定	腹片				
7	胶南	JN-DG-1	CAG	周代	西周	538	1	陶		不确定	腹片	绳纹			
7	胶南	JN-DG-1	CAG	汉代		718	1	陶		陶瓦					
7	胶南	JN-DG-1	CAH	龙山	不确定	258	1	陶		不确定	腹片				
7	胶南	JN-DG-1	CAH	汉代		718	2	陶		陶瓦					
7	胶南	JN-DG-1	CAI	龙山	不确定	258	1	陶		不确定	腹片				
7	胶南	JN-DG-1	CAI	周代	西周	538	1	陶		不确定	腹片	绳纹			
7	胶南	JN-DG-1	CAJ	龙山	不确定	258	4	陶		不确定	腹片				

年度	县区	遗址	采集区	时代	分期	期段编号	数量	质地	石器种类	器形	部位	纹饰	颜色	质地	蛋壳陶
7	胶南	JN-DG-1	CAJ	龙山	不确定	258	3	陶		不确定	腹片	篮纹			
7	胶南	JN-DG-1	CAJ	周代	西周	538	2	陶		不确定	腹片	绳纹			
7	胶南	JN-DG-1	CAJ	周代	西周	538	1	陶		陶罐	肩部				
7	胶南	JN-DG-1	CAJ	汉代		718	4	陶		陶瓦					
7	胶南	JN-DG-1	CAK	龙山	不确定	258	2	陶		不确定	腹片				
7	胶南	JN-DG-1	CAK	周代	西周	538	1	陶		不确定	腹片	绳纹			
7	胶南	JN-DG-1	CAK	周代	西周	538	1	陶		陶罐	肩部	绳纹			
7	胶南	JN-DG-1	CAK	汉代		718	3	陶		陶瓦					
7	胶南	JN-DG-10	单个遗址	周代	西周	539	1	陶		陶罐	口沿				
7	胶南	JN-DG-10	单个遗址	周代	西周	539	1	陶		陶盆	口沿				
7	胶南	JN-DG-10	单个遗址	周代	西周	539	1	陶		不确定	腹片				
7	胶南	JN-DG-10	单个遗址	周代	西周	539	1	陶		不确定	腹片	绳纹			
7	胶南	JN-DG-10	单个遗址	汉代		725	6	陶		陶瓦					
7	胶南	JN-DG-2	单个遗址	汉代		723	1	陶		陶罐	口沿				
7	胶南	JN-DG-3	单个遗址	龙山	不确定	259	3	陶		不确定	腹片				
7	胶南	JN-DG-3	单个遗址	周代	东周	546	2	陶		不确定	腹片				
7	胶南	JN-DG-4	单个遗址	龙山	中期	258	1	陶		陶鼎	器足				
7	胶南	JN-DG-4	单个遗址	汉代		718	3	陶		陶瓦					
7	胶南	JN-DG-5	单个遗址	龙山	不确定	257	1	陶		陶盘	腹片				
7	胶南	JN-DG-5	单个遗址	龙山	不确定	257	1	陶		陶器盖	把手				
7	胶南	JN-DG-5	单个遗址	龙山	不确定	257	1	陶		陶豆	把手				
7	胶南	JN-DG-5	单个遗址	龙山	不确定	257	1	陶		陶罐	器底				
7	胶南	JN-DG-5	单个遗址	龙山	不确定	257	6	陶		不确定	腹片				
7	胶南	JN-DG-5	单个遗址	龙山	不确定	257	1	陶		不确定	腹片	篮纹			
7	胶南	JN-DG-5	单个遗址	周代	东周	535	1	陶		不确定	腹片				
7	胶南	JN-DG-5	单个遗址	周代	东周	535	1	陶		不确定	腹片	绳纹			
7	胶南	JN-DG-6	单个遗址	周代	西周	555	1	陶		不确定	腹片	绳纹			
7	胶南	JN-DG-7	单个遗址	龙山	不确定	265	1	陶		陶盘	口沿				
7	胶南	JN-DG-8	单个遗址	龙山	不确定	263	1	陶		陶鬶	流				
7	胶南	JN-DG-8	单个遗址	龙山	不确定	263	2	陶		不确定	腹片				
7	胶南	JN-DG-8	单个遗址	汉代		731	2	陶		陶瓦					
7	胶南	JN-DG-9	单个遗址	龙山	不确定	260	1	陶		不确定	腹片				
7	胶南	JN-DG-9	单个遗址	龙山	不确定	260	1	陶		不确定	腹片	篮纹			
7	胶南	JN-DG-9	单个遗址	周代	西周	543	1	陶		不确定	腹片	绳纹			
7	胶南	JN-DG-9	单个遗址	汉代		726	3	陶		不确定	腹片				
7	胶南	JN-DJDZ-1	单个遗址	龙山	不确定	273	1	陶		陶罐	器底				
7	胶南	JN-DJDZ-1	单个遗址	龙山	不确定	273	6	陶		不确定	腹片				
7	胶南	JN-DJDZ-1	单个遗址	汉代		743	6	陶		陶瓦					
4	胶南	JN-DJH-10	单个遗址	周代	西周	191	1	陶		不确定	腹片				
4	胶南	JN-DJH-11	单个遗址	汉代		241	1	陶		不确定	腹片				
4	胶南	JN-DJH-11	单个遗址	汉代		241	1	陶		陶瓦					
4	胶南	JN-DJH-12	单个遗址	汉代		231	4	陶		陶瓦					
4	胶南	JN-DJH-12	单个遗址	龙山	早期	125	1	陶		不确定	腹片	弦纹，篮纹		粗砂	
4	胶南	JN-DJH-12	单个遗址	龙山	早期	125	1	陶		不确定	腹片			粗砂	
4	胶南	JN-DJH-12	单个遗址	龙山	早期	125	2	陶		不确定	腹片			泥质	是
4	胶南	JN-DJH-12	单个遗址	不确定			3	陶		不确定	腹片				

年度	县区	遗址	采集区	时代	分期	期段编号	数量	质地	石器种类	器形	部位	纹饰	颜色	质地	蛋壳陶
4	胶南	JN-DJH-13	单个遗址	汉代		240	2	陶		陶瓦					
4	胶南	JN-DJH-2	单个遗址	龙山	不确定	127	1	陶		陶甒	腹片			粗砂	
4	胶南	JN-DJH-3	CAC	不确定			1	黏土		烧土	腹片				
4	胶南	JN-DJH-3	CAA	周代	东周	202	1	陶		不确定	腹片				
4	胶南	JN-DJH-3	CAA	周代	东周	202	2	陶		不确定	腹片	绳纹			
4	胶南	JN-DJH-3	CAB	周代	东周	202	1	陶		不确定	腹片	绳纹			
4	胶南	JN-DJH-3	CAC	周代	西周	202	1	陶		陶簋	器足				
4	胶南	JN-DJH-3	CAC	周代	西周	202	4	陶		不确定	腹片	绳纹			
4	胶南	JN-DJH-4	单个遗址	周代	东周	194	1	陶		不确定	腹片	绳纹			
4	胶南	JN-DJH-5	单个遗址	周代	东周	198	1	陶		不确定	腹片	绳纹			
4	胶南	JN-DJH-6	单个遗址	周代	东周	197	1	陶		陶瓦					
4	胶南	JN-DJH-6	单个遗址	周代	西周	197	2	陶		不确定	腹片	绳纹			
4	胶南	JN-DJH-7	单个遗址	龙山	不确定	126	2	陶		不确定	腹片			粗砂	
4	胶南	JN-DJH-7	单个遗址	龙山	不确定	126	1	陶		不确定	腹片	弦纹		粗砂	
4	胶南	JN-DJH-7	单个遗址	周代	东周	196	2	陶		不确定	腹片				
4	胶南	JN-DJH-8	单个遗址	周代	东周	195	2	陶		不确定	腹片	绳纹			
4	胶南	JN-DJH-9	单个遗址	汉代		241	1	陶		陶瓦					
13	胶南	JN-DJLG-1	单个遗址	周代	西周	1201	1	陶		不确定	腹片	绳纹			
13	胶南	JN-DJLG-1	单个遗址	周代	东周	1201	1	陶		陶盆	口沿				
13	胶南	JN-DJLG-2	单个遗址	龙山		505	1	陶		不确定	腹片			粗砂	
13	胶南	JN-DJLG-3	CAA	龙山	早期	539	6	陶		陶鼎	器足				
13	胶南	JN-DJLG-3	CAA	龙山	早期	539	3	陶		陶甗	器足				
13	胶南	JN-DJLG-3	CAA	龙山	早期	539	3	陶		陶鼎	口沿				
13	胶南	JN-DJLG-3	CAA	龙山	早期	539	3	陶		陶匜	口沿				
13	胶南	JN-DJLG-3	CAA	龙山	早期	539	1	陶		陶杯	腹片			泥质	
13	胶南	JN-DJLG-3	CAA	龙山	早期	539	1	陶		陶盆	口沿			泥质	
13	胶南	JN-DJLG-3	CAA	龙山	中期	539	1	陶		陶匜	口沿				
13	胶南	JN-DJLG-3	CAA	龙山	中期	539	6	陶		陶罐	口沿				
13	胶南	JN-DJLG-3	CAA	龙山	中期	539	2	陶		陶盆	口沿				
13	胶南	JN-DJLG-3	CAA	龙山		539	166	陶		不确定	腹片			粗砂	
13	胶南	JN-DJLG-3	CAA	龙山		539	1	陶		不确定	腹片	篮纹		粗砂	
13	胶南	JN-DJLG-3	CAA	龙山		539	1	陶		陶器盖	把手				
13	胶南	JN-DJLG-3	CAA	龙山		539	1	陶		陶圈足盘	豆盘			泥质	
13	胶南	JN-DJLG-3	CAA	龙山		539	11	陶		不确定	腹片			泥质	
13	胶南	JN-DJLG-3	CAA	龙山		539	1	陶		陶罐	器底			泥质	
13	胶南	JN-DJLG-3	CAB	龙山	早期	539	5	陶		陶鼎	器足				
13	胶南	JN-DJLG-3	CAB	龙山	早期	539	1	陶		陶鬶	把手				
13	胶南	JN-DJLG-3	CAB	龙山	早期	539	1	陶		陶鼎	口沿				
13	胶南	JN-DJLG-3	CAB	龙山	早期	539	3	陶		陶罐	口沿				
13	胶南	JN-DJLG-3	CAB	龙山	早期	539	3	陶		陶匜	口沿				
13	胶南	JN-DJLG-3	CAB	龙山	中期	539	1	陶		陶鼎	器足				
13	胶南	JN-DJLG-3	CAB	龙山	中期	539	1	陶		陶匜	口沿				
13	胶南	JN-DJLG-3	CAB	龙山	中期	539	2	陶		陶罐	口沿				
13	胶南	JN-DJLG-3	CAB	龙山		539	4	陶		不确定	把手				
13	胶南	JN-DJLG-3	CAB	龙山		539	6	陶		陶罐	器底				
13	胶南	JN-DJLG-3	CAB	龙山		539	80	陶		不确定	腹片			粗砂	

年度	县区	遗址	采集区	时代	分期	期段编号	数量	质地	石器种类	器形	部位	纹饰	颜色	质地	蛋壳陶
13	胶南	JN-DJLG-3	CAB	龙山		539	1	陶		陶三足盘	器底			泥质	
13	胶南	JN-DJLG-3	CAB	龙山		539	1	陶		陶器盖	口沿			泥质	
13	胶南	JN-DJLG-3	CAB	龙山		539	6	陶		不确定	腹片			泥质	
13	胶南	JN-DJLG-3	CAB	龙山		539	1	石	工具	石箭头					
13	胶南	JN-DJLG-3	CAB	龙山		539	1	石	工具	石斧					
13	胶南	JN-DJLG-3	CAB	龙山		539	1	石	工具	不确定					
13	胶南	JN-DJLG-3	CAB	汉代		1661	1	陶		陶瓮	口沿				
13	胶南	JN-DJLG-3	CAB	汉代		1661	1	陶		陶盆	口沿				
13	胶南	JN-DJLG-3	CAC	龙山	早期	539	3	陶		陶鼎	器足				
13	胶南	JN-DJLG-3	CAC	龙山	早期	539	1	陶		陶鼎	器底				
13	胶南	JN-DJLG-3	CAC	龙山	早期	539	1	陶		陶鼎	口沿				
13	胶南	JN-DJLG-3	CAC	龙山	早期	539	3	陶		陶罐	口沿				
13	胶南	JN-DJLG-3	CAC	龙山	早期	539	1	陶		陶甗	口沿				
13	胶南	JN-DJLG-3	CAC	龙山	早期	539	1	陶		陶盆	口沿			泥质	
13	胶南	JN-DJLG-3	CAC	龙山		539	12	陶		不确定	腹片			粗砂	
13	胶南	JN-DJLG-3	CAC	龙山		539	1	陶		不确定	腹片			泥质	
13	胶南	JN-DJLG-3	CAC	周代	东周	1202	1	陶		不确定	腹片				
13	胶南	JN-DJLG-3	CAC	周代	东周	1202	1	石	工具	石箭头					
13	胶南	JN-DJLG-3	CAC	周代	东周	1202	1	石	工具	石凿					
13	胶南	JN-DJLG-3	CAC	周代	东周	1202	2	石	工具	石斧					
13	胶南	JN-DJLG-3	CAD	龙山	早期	539	2	陶		陶鼎	器足				
13	胶南	JN-DJLG-3	CAD	龙山	早期	539	2	陶		陶鼎	口沿				
13	胶南	JN-DJLG-3	CAD	龙山	早期	539	1	陶		陶罐	口沿				
13	胶南	JN-DJLG-3	CAD	龙山	早期	539	1	陶		陶壶	颈部				
13	胶南	JN-DJLG-3	CAD	龙山	早期	539	3	陶		陶甗	口沿				
13	胶南	JN-DJLG-3	CAD	龙山	中期	539	3	陶		陶罐	口沿				
13	胶南	JN-DJLG-3	CAD	龙山		539	7	陶		不确定	腹片	篮纹		粗砂	
13	胶南	JN-DJLG-3	CAD	龙山		539	2	陶		陶器盖	把手				
13	胶南	JN-DJLG-3	CAD	龙山		539	2	陶		陶罐	器底				
13	胶南	JN-DJLG-3	CAD	龙山		539	65	陶		不确定	腹片			粗砂	
13	胶南	JN-DJLG-3	CAD	龙山		539	2	陶		不确定	腹片			泥质	
13	胶南	JN-DJLG-3	CAD	龙山		539	1	陶		陶圈足盘	豆柄			泥质	
13	胶南	JN-DJLG-3	CAD	龙山		539	1	陶		陶盆	口沿			泥质	
13	胶南	JN-DJLG-3	CAD	龙山		539	1	石	工具	石刀					
13	胶南	JN-DJLG-3	CAD	周代	东周	1202	2	陶		不确定	腹片				
13	胶南	JN-DJLG-3	CAE	龙山	早期	539	8	陶		陶鼎	器足				
13	胶南	JN-DJLG-3	CAE	龙山	早期	539	3	陶		陶鼎	器底				
13	胶南	JN-DJLG-3	CAE	龙山	早期	539	3	陶		陶罐	口沿				
13	胶南	JN-DJLG-3	CAE	龙山	早期	539	2	陶		陶甗	口沿				
13	胶南	JN-DJLG-3	CAE	龙山		539	7	陶		陶罐	器底				
13	胶南	JN-DJLG-3	CAE	龙山		539	48	陶		不确定	腹片			粗砂	
13	胶南	JN-DJLG-3	CAE	龙山		539	2	陶		不确定	腹片	篮纹		粗砂	
13	胶南	JN-DJLG-3	CAE	龙山		539	2	陶		不确定	腹片	弦纹		粗砂	
13	胶南	JN-DJLG-3	CAE	龙山		539	2	陶		不确定	腹片			泥质	
13	胶南	JN-DJLG-3	CAE	龙山		539	1	陶		不确定	腹片	弦纹		泥质	
13	胶南	JN-DJLG-3	CAE	周代	东周	1202	4	陶		不确定	腹片				

年度	县区	遗址	采集区	时代	分期	期段编号	数量	质地	石器种类	器形	部位	纹饰	颜色	质地	蛋壳陶
13	胶南	JN-DJLG-3	CAE	周代	东周	1202	2	陶		不确定	腹片	绳纹			
13	胶南	JN-DJLG-3	CAE	周代	东周	1202	2	石	工具	石刀					
13	胶南	JN-DJLG-3	CAE	周代	东周	1202	1	石	工具	石锤					
13	胶南	JN-DJLG-3	CAF	龙山	早期	539	2	陶		陶鼎	器足				
13	胶南	JN-DJLG-3	CAF	龙山	早期	539	1	陶		陶鼎	口沿				
13	胶南	JN-DJLG-3	CAF	龙山	早期	539	1	陶		陶鼎	腹片	泥饼			
13	胶南	JN-DJLG-3	CAF	龙山	早期	539	3	陶		陶罐	口沿				
13	胶南	JN-DJLG-3	CAF	龙山	中期	539	1	陶		陶罐	口沿				
13	胶南	JN-DJLG-3	CAF	龙山	中期	539	1	陶		陶甗	器足				
13	胶南	JN-DJLG-3	CAF	龙山		539	6	陶		陶罐	器底				
13	胶南	JN-DJLG-3	CAF	龙山		539	3	陶		不确定	腹片	篮纹			
13	胶南	JN-DJLG-3	CAF	龙山		539	3	陶		不确定	腹片	弦纹			
13	胶南	JN-DJLG-3	CAF	龙山		539	125	陶		不确定	腹片			粗砂	
13	胶南	JN-DJLG-3	CAF	龙山		539	8	陶		不确定	腹片			泥质	
13	胶南	JN-DJLG-3	CAF	龙山		539	2	陶		烧土					
13	胶南	JN-DJLG-3	CAF	龙山		539	1	石	工具	石锛					
13	胶南	JN-DJLG-3	CAF	周代	东周	1202	2	陶		不确定	腹片				
13	胶南	JN-DJLG-3	CAF	周代	东周	1202	2	陶		不确定	腹片	绳纹			
13	胶南	JN-DJLG-3	CAG	龙山	早期	539	2	陶		陶鼎	器足				
13	胶南	JN-DJLG-3	CAG	龙山	早期	539	1	陶		陶甗	器足				
13	胶南	JN-DJLG-3	CAG	龙山	早期	539	2	陶		陶匜	口沿				
13	胶南	JN-DJLG-3	CAG	龙山	早期	539	1	陶		陶罐	口沿				
13	胶南	JN-DJLG-3	CAG	龙山	中期	539	1	陶		陶匜	口沿				
13	胶南	JN-DJLG-3	CAG	龙山	中期	539	1	陶		陶罐	口沿				
13	胶南	JN-DJLG-3	CAG	龙山		539	25	陶		不确定	腹片			粗砂	
13	胶南	JN-DJLG-3	CAG	龙山		539	3	陶		不确定	腹片	篮纹		粗砂	
13	胶南	JN-DJLG-3	CAG	龙山		539	3	陶		陶罐	器底				
13	胶南	JN-DJLG-3	CAG	龙山		539	1	陶		不确定	腹片			泥质	
13	胶南	JN-DJLG-3	CAG	龙山		539	1	石	工具	石锛					
13	胶南	JN-DJLG-3	CAG	龙山		539	1	石	工具	石斧					
13	胶南	JN-DJLG-3	CAG	周代	西周	1202	1	陶		陶鬲	腹片				
13	胶南	JN-DJLG-3	CAG	周代	东周	1202	7	陶		不确定	腹片	绳纹			
13	胶南	JN-DJLG-3	CAH	龙山		539	1	陶		不确定	腹片			粗砂	
13	胶南	JN-DJLG-3	CAH	周代	西周	1202	1	陶		陶鬲	器足				
13	胶南	JN-DJLG-3	CAH	周代	西周	1202	1	陶		不确定	腹片	绳纹			
13	胶南	JN-DJLG-3	CAH	周代	东周	1202	1	陶		不确定	腹片				
13	胶南	JN-DJLG-3	CAH	周代	东周	1202	1	陶		不确定	腹片	弦纹			
13	胶南	JN-DJLG-3	CAH	汉代		1661	2	陶		不确定	腹片				
13	胶南	JN-DJLG-3	CAH	汉代		1661	2	陶		陶瓦					
13	胶南	JN-DJLG-3	CAI	龙山	早期	539	1	陶		陶鼎	器足				
13	胶南	JN-DJLG-3	CAI	龙山	早期	539	1	陶		陶匜	器足				
13	胶南	JN-DJLG-3	CAI	龙山	早期	539	1	陶		陶罐	口沿				
13	胶南	JN-DJLG-3	CAI	龙山		539	1	陶		不确定	腹片			粗砂	
13	胶南	JN-DJLG-3	CAJ	龙山	早期	539	3	陶		陶鼎	器足				
13	胶南	JN-DJLG-3	CAJ	龙山	早期	539	2	陶		陶鼎	口沿				
13	胶南	JN-DJLG-3	CAJ	龙山	早期	539	2	陶		陶匜	口沿				

年度	县区	遗址	采集区	时代	分期	期段编号	数量	质地	石器种类	器形	部位	纹饰	颜色	质地	蛋壳陶
13	胶南	JN-DJLG-3	CAJ	龙山	早期	539	1	陶		陶罐	口沿				
13	胶南	JN-DJLG-3	CAJ	龙山	早期	539	1	陶		陶甗	腹片				
13	胶南	JN-DJLG-3	CAJ	龙山	早期	539	1	陶		陶鬶	把手				
13	胶南	JN-DJLG-3	CAJ	龙山		539	2	陶		陶罐	器底				
13	胶南	JN-DJLG-3	CAJ	龙山		539	2	陶		不确定	腹片	篮纹		粗砂	
13	胶南	JN-DJLG-3	CAJ	龙山		539	1	陶		陶器盖	把手				
13	胶南	JN-DJLG-3	CAJ	龙山		539	51	陶		不确定	腹片			粗砂	
13	胶南	JN-DJLG-3	CAJ	龙山		539	1	陶		陶罐	器底			泥质	
13	胶南	JN-DJLG-3	CAJ	龙山		539	1	陶		不确定	腹片			泥质	
13	胶南	JN-DJLG-3	CAJ	汉代		1661	1	陶		陶瓮	口沿				
13	胶南	JN-DJLG-3	CAJ	汉代		1661	2	陶		不确定	腹片				
13	胶南	JN-DJLG-3	CAJ	汉代		1661	1	陶		砖					
13	胶南	JN-DJLG-3	CAJ	汉代		1661	1	陶		陶瓦					
13	胶南	JN-DJLG-3	CAK	龙山		539	3	陶		不确定	腹片			粗砂	
13	胶南	JN-DJLG-3	CAK	龙山		539	1	陶		陶罐	器底			泥质	
13	胶南	JN-DJLG-3	CAK	周代	东周	1202	1	陶		不确定	腹片	绳纹			
13	胶南	JN-DJLG-3	CAL	龙山	早期	539	2	陶		陶鼎	器足				
13	胶南	JN-DJLG-3	CAL	龙山	早期	539	1	陶		陶甗	器足				
13	胶南	JN-DJLG-3	CAL	龙山	早期	539	3	陶		陶鼎	口沿				
13	胶南	JN-DJLG-3	CAL	龙山	早期	539	1	陶		陶罐	口沿				
13	胶南	JN-DJLG-3	CAL	龙山	早期	539	1	陶		陶匜	口沿				
13	胶南	JN-DJLG-3	CAL	龙山		539	2	陶		陶罐	器底				
13	胶南	JN-DJLG-3	CAL	龙山		539	1	陶		陶罐	口沿				
13	胶南	JN-DJLG-3	CAL	龙山		539	1	石	工具	石刀					
13	胶南	JN-DJLG-4	单个遗址	龙山		538	1	陶		不确定	腹片			粗砂	
13	胶南	JN-DJLG-5	单个遗址	龙山		540	1	陶		不确定	腹片			粗砂	
13	胶南	JN-DJLG-6	单个遗址	龙山		541	1	陶		不确定	腹片			粗砂	
13	胶南	JN-DJLG-7	单个遗址	龙山		542	1	陶		不确定	腹片			粗砂	
4	胶南	JN-DJW-1	单个遗址	现代			1	石	自然的	现代					
4	胶南	JN-DJW-2	CAA	汉代		207	2	陶		陶瓦					
4	胶南	JN-DJW-2	CAA	汉代		207	1	陶		不确定	腹片				
4	胶南	JN-DJW-2	CAB	汉代		207	4	陶		陶瓦					
4	胶南	JN-DJW-2	CAB	汉代		207	1	陶		不确定	腹片	绳纹			
4	胶南	JN-DJW-2	CAB	汉代		207	8	陶		不确定	腹片				
4	胶南	JN-DJW-2	CAC	汉代		207	3	陶		不确定	腹片				
4	胶南	JN-DJW-2	CAC	龙山	不确定	121	1	陶		不确定	腹片			粗砂	
4	胶南	JN-DJW-2	CAB	不确定			1	石	产品	石片					
4	胶南	JN-DJW-2	CAB	周代	西周	175	1	陶		陶甗	腹片				
4	胶南	JN-DJW-2	CAB	周代	西周	175	4	陶		不确定	腹片		红	粗砂	
4	胶南	JN-DJW-3	CAC	汉代		204	4	陶		不确定	腹片				
4	胶南	JN-DJW-3	CAC	汉代		204	1	陶		不确定	腹片	绳纹			
4	胶南	JN-DJW-3	CAB	汉代		204	2	陶		不确定	腹片				
4	胶南	JN-DJW-3	CAB	汉代		204	1	陶		陶瓦					
4	胶南	JN-DJW-4	单个遗址	汉代		206	1	陶		陶瓦					
4	胶南	JN-DJW-4	单个遗址	汉代		206	4	陶		不确定	腹片				
4	胶南	JN-DJW-4	单个遗址	龙山	早期	122	1	陶		陶鼎	器足			粗砂	

年度	县区	遗址	采集区	时代	分期	期段编号	数量	质地	石器种类	器形	部位	纹饰	颜色	质地	蛋壳陶
4	胶南	JN-DJW-4	单个遗址	龙山	早期	122	3	陶		陶鼎	口沿			粗砂	
4	胶南	JN-DJW-4	单个遗址	龙山	早期	122	2	陶		陶鼎	器底			粗砂	
4	胶南	JN-DJW-4	单个遗址	龙山	早期	122	1	陶		陶匜	口沿			粗砂	
4	胶南	JN-DJW-4	单个遗址	龙山	早期	122	4	陶		陶罐	器底			粗砂	
4	胶南	JN-DJW-4	单个遗址	龙山	早期	122	2	陶		陶盆	口沿			泥质	是
4	胶南	JN-DJW-4	单个遗址	龙山	早期	122	10	陶		不确定	腹片	篮纹		粗砂	
4	胶南	JN-DJW-4	单个遗址	龙山	早期	122	2	陶		陶甗	器足			粗砂	
4	胶南	JN-DJW-4	单个遗址	龙山	中期	122	1	陶		陶鼎	器足			粗砂	
4	胶南	JN-DJW-4	单个遗址	龙山	中期	122	1	陶		陶鼎	器足	附加堆纹		粗砂	
4	胶南	JN-DJW-4	单个遗址	龙山	中期	122	2	陶		陶罐	口沿			粗砂	
4	胶南	JN-DJW-4	单个遗址	龙山	中期	122	3	陶		陶器盖	口沿			粗砂	
4	胶南	JN-DJW-4	单个遗址	龙山	中期	122	1	陶		陶杯	把手			粗砂	
4	胶南	JN-DJW-4	单个遗址	龙山	不确定	122	94	陶		不确定	腹片				
4	胶南	JN-DJW-4	单个遗址	龙山	不确定	122	2	陶		不确定	腹片	弦纹			
4	胶南	JN-DJW-4	单个遗址	龙山	不确定	122	1	陶		不确定	腹片	附加堆纹			
4	胶南	JN-DJW-4	单个遗址	龙山	不确定	122	6	陶		不确定	腹片			泥质	是
4	胶南	JN-DJW-4	单个遗址	不确定			1	石	工具	石镰					
4	胶南	JN-DJW-4	单个遗址	不确定			3	石	产品	半成品					
4	胶南	JN-DJW-4	单个遗址	不确定			1	石	产品	石片					
4	胶南	JN-DJW-4	单个遗址	不确定			1	黏土		烧土					
4	胶南	JN-DJW-4	单个遗址	周代	东周	176	1	陶		陶罐	口沿				
4	胶南	JN-DJW-4	单个遗址	周代	东周	176	1	陶		陶豆	口沿				
4	胶南	JN-DJW-5	单个遗址	汉代		205	1	陶		陶瓦					
4	胶南	JN-DJW-5	单个遗址	汉代		205	1	陶		不确定	腹片				
13	胶南	JN-DJY-1	单个遗址	汉代		1683	1	陶		不确定	腹片				
13	胶南	JN-DJY-1	单个遗址	汉代		1683	1	陶		陶瓦					
13	胶南	JN-DJY-2	CAA	周代	西周	1191	1	陶		陶鬲	器足				
13	胶南	JN-DJY-2	CAA	周代	西周	1191	4	陶		陶鬲	腹片				
13	胶南	JN-DJY-2	CAA	周代	西周	1191	6	陶		不确定	腹片	绳纹			
13	胶南	JN-DJY-2	CAA	周代	东周	1191	1	陶		陶盆	口沿				
13	胶南	JN-DJY-2	CAA	周代	东周	1191	1	陶		陶罐	口沿				
13	胶南	JN-DJY-2	CAA	周代	东周	1191	2	陶		不确定	腹片				
13	胶南	JN-DJY-2	CAA	周代	东周	1191	30	陶		不确定	腹片	绳纹			
13	胶南	JN-DJY-2	CAB	汉代		1682	3	陶		不确定	腹片				
13	胶南	JN-DJY-2	CAB	汉代		1682	5	陶		陶瓦					
6	胶南	JN-DL-1	CAA	周代	东周	458	3	陶		陶瓦					
6	胶南	JN-DL-1	CAA	周代	东周	458	1	陶		不确定	腹片				
6	胶南	JN-DL-1	CAA	汉代	西周	549	1	陶		陶罐	肩部				
6	胶南	JN-DL-1	CAA	汉代	西周	549	10	陶		陶瓦					
6	胶南	JN-DL-1	CAB	不确定			1	黏土		烧土					
6	胶南	JN-DL-1	CAB	汉代	西周	549	1	陶		陶盆	口沿				
6	胶南	JN-DL-1	CAB	汉代	西周	549	26	陶		陶瓦					
6	胶南	JN-DL-1	CAB	汉代	西周	549	3	陶		不确定	腹片				
6	胶南	JN-DL-1	CAC	不确定			1	石	工具	磨光工具					
6	胶南	JN-DL-1	CAC	汉代	西周	549	1	陶		陶罐	口沿				
6	胶南	JN-DL-1	CAC	汉代	西周	549	19	陶		陶瓦					

年度	县区	遗址	采集区	时代	分期	期段编号	数量	质地	石器种类	器形	部位	纹饰	颜色	质地	蛋壳陶
6	胶南	JN-DL-1	CAD	汉代	西周	549	1	陶		陶罐	器底				
6	胶南	JN-DL-1	CAD	汉代	西周	549	4	陶		陶瓦					
6	胶南	JN-DL-1	CAD	周代	东周	458	1	陶		不确定	腹片				
6	胶南	JN-DL-1	CAE	周代	东周	458	1	陶		陶器盖					
6	胶南	JN-DL-1	CAE	周代	东周	458	3	陶		不确定	腹片				
6	胶南	JN-DL-1	CAE	汉代	西周	549	4	陶		陶瓦					
6	胶南	JN-DL-1	CAF	周代	东周	457	2	陶		不确定	腹片				
6	胶南	JN-DL-1	CAF	周代	东周	457	1	陶		陶罐	口沿				
6	胶南	JN-DL-1	CAF	汉代	西周	549	2	陶		陶瓦					
6	胶南	JN-DL-1	CAG	汉代	西周	549	2	陶		陶瓦					
6	胶南	JN-DL-1	CAH	周代	东周	457	1	陶		陶罐	口沿				
6	胶南	JN-DL-1	CAH	周代	东周	457	2	陶		陶罐	器底				
6	胶南	JN-DL-1	CAH	汉代	西周	549	1	陶		陶盆	口沿				
6	胶南	JN-DL-1	CAH	汉代	西周	549	14	陶		陶瓦					
6	胶南	JN-DL-1	CAI	汉代	西周	549	1	陶		陶盆	口沿				
6	胶南	JN-DL-1	CAI	汉代	西周	549	2	陶		不确定	腹片				
6	胶南	JN-DL-1	CAI	汉代	西周	549	1	陶		陶瓦					
6	胶南	JN-DL-2	单个遗址	周代	东周	455	1	陶		不确定	腹片				
6	胶南	JN-DL-3	单个遗址	周代	东周	454	1	陶		陶瓦					
6	胶南	JN-DL-3	单个遗址	周代	东周	454	3	陶		不确定	腹片				
6	胶南	JN-DLC-2	单个遗址	汉代	西周	481	1	陶		陶罐	口沿				
6	胶南	JN-DLC-2	单个遗址	汉代	西周	481	6	陶		陶瓦					
3	胶南	JN-DLT-1	单个遗址	周代	东周	141	1	陶		不确定	腹片				
3	胶南	JN-DLT-2	单个遗址	汉代		171	2	陶		陶瓦					
6	胶南	JN-DLZ-1	单个遗址	汉代	西周	483	1	陶		陶瓦					
13	胶南	JN-DS-1	单个遗址	周代	西周	1173	1	陶		不确定	腹片				
13	胶南	JN-DS-10	单个遗址	汉代		1716	3	陶		陶瓦					
13	胶南	JN-DS-2	CAA	龙山		522	1	陶		陶罐	器底				
13	胶南	JN-DS-2	CAA	龙山		522	1	陶		不确定	腹片			粗砂	
13	胶南	JN-DS-2	CAA	周代	东周	1179	2	陶		不确定	腹片				
13	胶南	JN-DS-2	CAA	周代	东周	1179	2	陶		不确定	腹片	绳纹			
13	胶南	JN-DS-2	CAB	汉代		1706	3	陶		不确定	腹片				
13	胶南	JN-DS-2	CAB	汉代		1706	3	陶		陶瓦					
13	胶南	JN-DS-3	CAA	汉代		1708	1	陶		陶瓦					
13	胶南	JN-DS-3	CAA	汉代		1708	1	陶		砖					
13	胶南	JN-DS-3	CAB	龙山	中期	524	1	陶		陶罐	口沿				
13	胶南	JN-DS-3	CAB	龙山		524	2	陶		不确定	腹片			粗砂	
13	胶南	JN-DS-3	CAB	周代	东周	1175	4	陶		不确定	腹片	绳纹			
13	胶南	JN-DS-3	CAB	汉代		1708	2	陶		不确定	腹片				
13	胶南	JN-DS-3	CAB	汉代		1708	8	陶		陶瓦					
13	胶南	JN-DS-4	CAA	龙山		536	2	陶		不确定	腹片			粗砂	
13	胶南	JN-DS-4	CAA	周代	东周	1225	4	陶		不确定	腹片				
13	胶南	JN-DS-4	CAA	周代	东周	1225	8	陶		不确定	腹片	绳纹			
13	胶南	JN-DS-4	CAA	汉代		1710	1	陶		陶瓮	口沿				
13	胶南	JN-DS-4	CAA	汉代		1710	7	陶		不确定	腹片				
13	胶南	JN-DS-4	CAA	汉代		1710	15	陶		陶瓦					

年度	县区	遗址	采集区	时代	分期	期段编号	数量	质地	石器种类	器形	部位	纹饰	颜色	质地	蛋壳陶
13	胶南	JN-DS-4	CAA	汉代		1710	1	陶		砖					
13	胶南	JN-DS-4	CAB	龙山		536	1	陶		不确定	腹片			粗砂	
13	胶南	JN-DS-4	CAB	周代	西周	1225	1	陶		不确定	腹片				
13	胶南	JN-DS-4	CAB	周代	西周	1225	1	陶		不确定	腹片	绳纹			
13	胶南	JN-DS-4	CAB	汉代		1710	1	陶		陶盆	腹片				
13	胶南	JN-DS-4	CAB	汉代		1710	1	陶		陶瓦					
13	胶南	JN-DS-4	CAC	龙山		536	1	陶		陶匜	口沿				
13	胶南	JN-DS-4	CAC	周代	西周	1225	1	陶		不确定	腹片				
13	胶南	JN-DS-4	CAD	龙山		536	3	陶		不确定	腹片			粗砂	
13	胶南	JN-DS-4	CAD	周代	西周	1225	2	陶		不确定	腹片				
13	胶南	JN-DS-4	CAD	周代	西周	1225	2	陶		不确定	腹片	绳纹			
13	胶南	JN-DS-4	CAE	龙山		536	2	陶		不确定	腹片			粗砂	
13	胶南	JN-DS-4	CAE	周代	东周	1225	1	陶		不确定	腹片				
13	胶南	JN-DS-4	CAF	周代	东周	1225	4	陶		不确定	腹片	绳纹			
13	胶南	JN-DS-4	CAF	汉代		1710	1	陶		陶瓮	口沿				
13	胶南	JN-DS-4	CAF	汉代		1710	1	陶		陶罐	器底				
13	胶南	JN-DS-4	CAF	汉代		1710	8	陶		不确定	腹片				
13	胶南	JN-DS-4	CAF	汉代		1710	11	陶		陶瓦					
13	胶南	JN-DS-4	CAF	汉代		1710	1	陶		砖					
13	胶南	JN-DS-4	CAG	汉代		1710	1	陶		陶瓦					
13	胶南	JN-DS-4	CAH	龙山		536	1	陶		陶器盖	把手				
13	胶南	JN-DS-4	CAH	周代	东周	1225	3	陶		不确定	腹片				
13	胶南	JN-DS-4	CAH	周代	东周	1225	2	陶		不确定	腹片	绳纹			
13	胶南	JN-DS-5	单个遗址	周代	东周	1221	1	陶		不确定	腹片				
13	胶南	JN-DS-6	单个遗址	龙山		535	1	陶		不确定	腹片			粗砂	
13	胶南	JN-DS-7	单个遗址	周代	东周	1220	2	陶		不确定	腹片	绳纹			
13	胶南	JN-DS-8	单个遗址	汉代		1709	2	陶		陶瓦					
13	胶南	JN-DS-8	单个遗址	汉代		1709	1	陶		不确定	腹片				
13	胶南	JN-DS-9	单个遗址	汉代		1717	1	陶		不确定	腹片				
4	胶南	JN-DSHK-1	单个遗址	汉代		274	9	陶		陶瓦					
4	胶南	JN-DSHK-1	单个遗址	汉代		274	1	陶		不确定	腹片				
4	胶南	JN-DSHK-1	单个遗址	不确定			4	陶		不确定	腹片				
4	胶南	JN-DSHK-2	CAB	汉代		272	1	陶		陶瓦					
4	胶南	JN-DSHK-2	CAA	周代	西周	227	1	陶		陶鬲	器足				
4	胶南	JN-DSHK-2	CAA	周代	西周	227	3	陶		陶鬲	腹片	绳纹			
4	胶南	JN-DSHK-2	CAA	周代	西周	227	6	陶		不确定	腹片	绳纹			
4	胶南	JN-DSHK-3	CAA	大汶口	不确定	2	1	陶		陶鼎	器足			粗砂	
4	胶南	JN-DSHK-3	CAA	大汶口	不确定	2	1	陶		陶尊	口沿			泥质	
4	胶南	JN-DSHK-3	CAA	汉代		273	3	陶		陶瓦					
4	胶南	JN-DSHK-3	CAA	汉代		273	1	陶		不确定	腹片				
4	胶南	JN-DSHK-3	CAB	汉代		273	2	陶		陶瓦					
4	胶南	JN-DSHK-3	CAA	龙山	早期	140	3	陶		陶鼎	器足			粗砂	
4	胶南	JN-DSHK-3	CAA	龙山	早期	140	1	陶		陶鼎	器底			粗砂	
4	胶南	JN-DSHK-3	CAA	龙山	早期	140	1	陶		陶盆	器底			粗砂	
4	胶南	JN-DSHK-3	CAA	龙山	早期	140	1	陶		陶匜	口沿			粗砂	
4	胶南	JN-DSHK-3	CAA	龙山	早期	140	1	陶		陶罐	口沿			粗砂	

年度	县区	遗址	采集区	时代	分期	期段编号	数量	质地	石器种类	器形	部位	纹饰	颜色	质地	蛋壳陶
4	胶南	JN-DSHK-3	CAA	龙山	早期	140	4	陶		不确定	腹片	篮纹		粗砂	
4	胶南	JN-DSHK-3	CAA	龙山	早期	140	20	陶		不确定	腹片			粗砂	
4	胶南	JN-DSHK-3	CAA	龙山	早期	140	2	陶		不确定	腹片			泥质	是
4	胶南	JN-DSHK-3	CAA	龙山	不确定	140	1	黏土		烧土	不确定		黄褐		
4	胶南	JN-DSHK-3	CAA	不确定			22	黏土		烧土					
4	胶南	JN-DSHK-3	CAA	周代	东周	229	12	陶		陶瓦					
4	胶南	JN-DSHK-3	CAA	周代	东周	229	5	陶		不确定	腹片	绳纹			
4	胶南	JN-DSHK-3	CAA	周代	东周	229	15	陶		不确定	腹片				
4	胶南	JN-DSHK-3	CAC	周代	东周	229	2	陶		陶瓦		绳纹			
4	胶南	JN-DSHK-3	CAC	周代	东周	229	3	陶		不确定	腹片				
4	胶南	JN-DSHK-3	CAA	周代	西周	229	2	陶		陶罐	口沿				
4	胶南	JN-DSHK-3	CAA	周代	西周	229	4	陶		不确定	腹片	绳纹			
4	胶南	JN-DSHK-3	CAA	周代	西周	229	10	陶		不确定	腹片				
13	胶南	JN-DSL-1	单个遗址	汉代		1723	1	陶		陶盆	口沿				
13	胶南	JN-DSL-1	单个遗址	汉代		1723	1	陶		陶瓦					
13	胶南	JN-DSQ-1	CAA	龙山	早期	525	1	陶		陶鼎	口沿				
13	胶南	JN-DSQ-1	CAA	龙山	早期	525	1	陶		陶匜	口沿				
13	胶南	JN-DSQ-1	CAA	龙山	中期	525	1	陶		陶罐	口沿				
13	胶南	JN-DSQ-1	CAA	龙山		525	14	陶		不确定	腹片			粗砂	
13	胶南	JN-DSQ-1	CAA	龙山		525	1	陶		不确定	腹片	篮纹		粗砂	
13	胶南	JN-DSQ-1	CAA	龙山		525	2	陶		不确定	腹片			泥质	
13	胶南	JN-DSQ-1	CAB	周代	东周	1172	1	陶		不确定	腹片				
13	胶南	JN-DSQ-2	CAA	龙山	早期	528	1	陶		陶鼎	器足				
13	胶南	JN-DSQ-2	CAA	龙山	早期	528	1	陶		陶甗	器足				
13	胶南	JN-DSQ-2	CAA	龙山	早期	528	1	陶		陶鼎	口沿				
13	胶南	JN-DSQ-2	CAA	龙山	早期	528	1	陶		陶盘	口沿				
13	胶南	JN-DSQ-2	CAA	龙山	中期	528	1	陶		陶罐	口沿				
13	胶南	JN-DSQ-2	CAA	龙山		528	1	陶		陶罐	器底				
13	胶南	JN-DSQ-2	CAA	龙山		528	4	陶		不确定	腹片				
13	胶南	JN-DSQ-2	CAA	龙山		528	1	陶		不确定	腹片	篮纹			
13	胶南	JN-DSQ-2	CAA	周代	东周	1170	2	陶		不确定	腹片	绳纹			
13	胶南	JN-DSQ-2	CAA	龙山		528	1	石	工具	石刀					
13	胶南	JN-DSQ-2	CAA	唐代			2	金属		钱币					
13	胶南	JN-DSQ-2	CAB	龙山	早期	528	1	陶		陶鼎	器足				
13	胶南	JN-DSQ-2	CAB	龙山	中期	528	1	陶		陶罐	口沿				
13	胶南	JN-DSQ-2	CAB	龙山		528	2	陶		陶罐	器底				
13	胶南	JN-DSQ-2	CAB	龙山		528	5	陶		不确定	腹片			粗砂	
13	胶南	JN-DSQ-2	CAB	龙山		528	2	陶		不确定	腹片	篮纹		粗砂	
13	胶南	JN-DSQ-2	CAC	龙山	早期	528	1	陶		陶鼎	器足				
13	胶南	JN-DSQ-2	CAC	龙山	早期	528	1	陶		陶匜	口沿				
13	胶南	JN-DSQ-2	CAC	龙山	早期	528	2	陶		陶盆	口沿				
13	胶南	JN-DSQ-2	CAC	龙山		528	2	陶		陶罐	器底				
13	胶南	JN-DSQ-2	CAC	龙山		528	15	陶		不确定	腹片			粗砂	
13	胶南	JN-DSQ-2	CAC	龙山		528	3	陶		不确定	腹片	弦纹		粗砂	
13	胶南	JN-DSQ-2	CAC	龙山		528	1	陶		不确定	腹片	篮纹		粗砂	
13	胶南	JN-DSQ-2	CAC	龙山		528	4	陶		不确定	腹片			泥质	

年度	县区	遗址	采集区	时代	分期	期段编号	数量	质地	石器种类	器形	部位	纹饰	颜色	质地	蛋壳陶
13	胶南	JN-DSQ-2	CAC	周代	东周	1170	1	陶		陶罐	口沿				
13	胶南	JN-DSQ-2	CAC	周代	东周	1170	2	陶		不确定	腹片	绳纹			
13	胶南	JN-DSZL-1	单个遗址	汉代		1694	1	陶		陶瓦					
13	胶南	JN-DSZL-2	单个遗址	汉代		1695	1	陶		陶盆	口沿				
13	胶南	JN-DSZL-2	单个遗址	汉代		1695	2	陶		不确定	腹片				
13	胶南	JN-DSZL-3	单个遗址	汉代		1697	1	陶		陶罐	腹片				
13	胶南	JN-DSZL-4	单个遗址	龙山		509	1	陶		不确定	腹片			粗砂	
13	胶南	JN-DSZL-5	单个遗址	周代	东周	1184	1	陶		不确定	腹片				
13	胶南	JN-DSZL-5	单个遗址	汉代		1685	1	陶		陶瓦					
13	胶南	JN-DSZL-6	单个遗址	龙山	早期	508	2	陶		陶鼎	器足				
13	胶南	JN-DSZL-6	单个遗址	龙山	早期	508	1	陶		陶鼎	腹片				
13	胶南	JN-DSZL-6	单个遗址	周代	东周	1169	1	陶		陶鬲	腹片	绳纹			
13	胶南	JN-DSZL-6	单个遗址	汉代		1684	1	陶		不确定	腹片				
13	胶南	JN-DSZL-6	单个遗址	汉代		1684	2	陶		砖					
6	胶南	JN-DY-1	单个遗址	汉代	东周	470	3	陶		陶瓦					
6	胶南	JN-DY-2	单个遗址	汉代	东周	479	6	陶		陶瓦					
6	胶南	JN-DY-3	CAA	不确定			1	黏土		烧土	泥块				
6	胶南	JN-DY-3	CAA	汉代	东周	469	24	陶		陶瓦					
6	胶南	JN-DY-3	CAB	汉代	东周	469	9	陶		陶瓦					
6	胶南	JN-DY-4	单个遗址	汉代	东周	474	1	陶		陶罐	腹片				
6	胶南	JN-DY-4	单个遗址	汉代	东周	474	5	陶		陶瓦					
6	胶南	JN-DY-5	单个遗址	汉代	东周	476	3	陶		陶瓦					
6	胶南	JN-DY-6	单个遗址	汉代	东周	477	12	陶		陶瓦					
7	胶南	JN-DZ-1	单个遗址	汉代		829	5	陶		陶瓦					
7	胶南	JN-DZ-1	单个遗址	汉代		829	1	陶		陶罐	器底				
7	胶南	JN-DZ-2	单个遗址	周代	东周	606	1	陶		不确定	腹片				
7	胶南	JN-DZ-2	单个遗址	汉代		827	1	陶		陶罐	肩部				
7	胶南	JN-DZ-2	单个遗址	汉代		827	1	陶		不确定	腹片				
7	胶南	JN-DZ-3	单个遗址	汉代		826	1	陶		陶瓦					
6	胶南	JN-FDC-1	CAA	周代	东周	434	1	陶		不确定	腹片				
6	胶南	JN-FDC-1	CAA	汉代	西周	517	4	陶		陶瓦					
6	胶南	JN-FDC-1	CAB	不确定			1	黏土		烧土	泥块				
6	胶南	JN-FDC-1	CAB	周代	东周	434	1	陶		陶罐	口沿				
6	胶南	JN-FDC-1	CAB	周代	东周	434	3	陶		不确定	腹片				
6	胶南	JN-FDC-1	CAB	汉代	西周	517	25	陶		陶瓦					
6	胶南	JN-FDC-1	CAB	汉代	西周	517	3	陶		不确定	腹片				
6	胶南	JN-FDC-1	CAB	龙山	不确定	211	1	陶		不确定	腹片				
6	胶南	JN-FDC-1	CAC	周代	东周	434	1	陶		陶盆	口沿				
6	胶南	JN-FDC-1	CAC	龙山	不确定	211	2	陶		不确定	腹片				
6	胶南	JN-FDC-1	CAC	汉代		517	1	陶		陶盆	腹片				
6	胶南	JN-FDC-1	CAC	汉代		517	20	陶		陶瓦					
6	胶南	JN-FDC-1	CAD	龙山	不确定	211	1	陶		陶器盖					
6	胶南	JN-FDC-1	CAD	龙山	不确定	211	4	陶		不确定	腹片				
6	胶南	JN-FDC-1	CAD	周代	东周	434	4	陶		不确定	腹片				
6	胶南	JN-FDC-1	CAD	汉代	西周	517	2	陶		陶盆	口沿				
6	胶南	JN-FDC-1	CAD	汉代	西周	517	1	陶		陶罐	口沿				

年度	县区	遗址	采集区	时代	分期	期段编号	数量	质地	石器种类	器形	部位	纹饰	颜色	质地	蛋壳陶
6	胶南	JN-FDC-1	CAD	汉代	西周	517	2	陶		不确定	腹片				
6	胶南	JN-FDC-1	CAD	汉代	西周	517	38	陶		陶瓦					
6	胶南	JN-FDC-1	CAE	龙山	不确定	211	3	陶		不确定	腹片				
6	胶南	JN-FDC-1	CAE	周代	东周	434	5	陶		不确定	腹片				
6	胶南	JN-FDC-1	CAE	汉代	西周	517	1	陶		陶罐	口沿				
6	胶南	JN-FDC-1	CAE	汉代	西周	517	14	陶		陶瓦					
6	胶南	JN-FDC-1	CAF	周代	西周	434	1	陶		陶鬲	器足				
6	胶南	JN-FDC-1	CAF	周代	西周	434	1	陶		不确定	腹片				
6	胶南	JN-FDC-1	CAF	汉代	西周	517	1	陶		陶盆	口沿				
6	胶南	JN-FDC-1	CAF	汉代	西周	517	23	陶		陶瓦					
6	胶南	JN-FDC-1	CAG	龙山	不确定	210	2	陶		不确定	腹片				
6	胶南	JN-FDC-1	CAG	周代	东周	434	1	陶		不确定	腹片				
6	胶南	JN-FDC-1	CAG	汉代	西周	517	30	陶		陶瓦					
6	胶南	JN-FDC-1	CAG	汉代	西周	517	1	陶		陶瓦					
6	胶南	JN-FDC-1	CAH	不确定			1	石	工具	石刀					
6	胶南	JN-FDC-1	CAH	汉代	西周	517	2	陶		陶瓦					
6	胶南	JN-FDC-1	CAI	龙山	早期	209	1	陶		陶鼎	器足				
6	胶南	JN-FDC-1	CAI	龙山	不确定	209	1	陶		不确定	腹片				
6	胶南	JN-FDC-1	CAI	周代	东周	433	1	陶		陶罐	口沿				
6	胶南	JN-FDC-1	CAI	周代	东周	433	2	陶		不确定	腹片				
6	胶南	JN-FDC-1	CAI	汉代	西周	517	21	陶		陶瓦					
6	胶南	JN-FDC-1	CAI	汉代	西周	517	3	陶		不确定	腹片				
6	胶南	JN-FDC-1	CAJ	周代	东周	433	1	陶		陶罐	口沿				
6	胶南	JN-FDC-1	CAJ	汉代	西周	517	1	陶		陶罐	肩部				
6	胶南	JN-FDC-1	CAJ	汉代	西周	517	2	陶		陶瓦					
6	胶南	JN-FDC-1	CAK	龙山	中期	209	1	陶		陶罐	口沿				
6	胶南	JN-FDC-1	CAK	周代	东周	433	1	陶		不确定	腹片				
6	胶南	JN-FDC-1	CAK	汉代	西周	517	1	陶		不确定	腹片				
6	胶南	JN-FDC-1	CAL	龙山	早期	209	1	陶		陶鼎	口沿				
6	胶南	JN-FDC-1	CAL	龙山	不确定	209	3	陶		不确定	腹片				
6	胶南	JN-FDC-1	CAL	周代	东周	433	2	陶		不确定	腹片				
6	胶南	JN-FDC-1	CAL	汉代	西周	517	1	陶		陶瓦					
6	胶南	JN-FDC-1	CAM	龙山	早期	209	1	陶		不确定	腹片	篮纹			
6	胶南	JN-FDC-1	CAM	周代	东周	433	1	陶		不确定	腹片				
6	胶南	JN-FDC-1	CAM	汉代	西周	517	1	陶		陶瓦					
6	胶南	JN-FDC-1	CAN	不确定			1	石	工具	石铲					
6	胶南	JN-FDC-1	CAN	龙山	早期	209	1	陶		不确定	腹片	篮纹			
6	胶南	JN-FDC-1	CAN	龙山	不确定	209	1	陶		不确定	腹片				
6	胶南	JN-FDC-1	CAN	周代	西周	433	1	陶		陶鬲	腹片				
6	胶南	JN-FDC-1	CAN	周代	西周	433	1	陶		陶罐	口沿				
6	胶南	JN-FDC-1	CAN	周代	西周	433	2	陶		不确定	腹片				
6	胶南	JN-FDC-1	CAN	汉代	西周	517	14	陶		陶瓦					
6	胶南	JN-FDC-1	CAO	龙山	不确定	209	1	陶		不确定	腹片				
6	胶南	JN-FDC-1	CAO	周代	东周	433	1	陶		不确定	腹片				
6	胶南	JN-FDC-1	CAO	汉代	西周	517	1	陶		陶罐	口沿		白		
6	胶南	JN-FDC-1	CAO	汉代	西周	517	4	陶		陶瓦					

年度	县区	遗址	采集区	时代	分期	期段编号	数量	质地	石器种类	器形	部位	纹饰	颜色	质地	蛋壳陶
6	胶南	JN-FDC-1	CAP	周代	东周	433	1	陶		不确定	腹片				
6	胶南	JN-FDC-1	CAQ	汉代		517	1	陶		陶瓦					
6	胶南	JN-FDC-1	CAR	龙山	早期	209	1	陶		陶壶	口沿				
6	胶南	JN-FDC-1	CAR	龙山	早期	209	1	陶		陶匜	口沿				
6	胶南	JN-FDC-1	CAR	龙山	中期	209	1	陶		陶罐	口沿				
6	胶南	JN-FDC-1	CAR	周代	东周	433	1	陶		陶豆	把手				
6	胶南	JN-FDC-1	CAR	周代	东周	433	1	陶		陶盆	口沿				
6	胶南	JN-FDC-1	CAR	周代	东周	433	3	陶		不确定	腹片				
6	胶南	JN-FDC-1	CAR	汉代	西周	517	23	陶		陶瓦					
6	胶南	JN-FDC-1	CAS	龙山	不确定	209	2	陶		不确定	腹片				
6	胶南	JN-FDC-1	CAS	周代	西周	433	4	陶		不确定	腹片				
6	胶南	JN-FDC-1	CAS	周代	东周	433	7	陶		不确定	腹片				
6	胶南	JN-FDC-1	CAS	汉代	西周	517	5	陶		陶瓦					
6	胶南	JN-FDC-1	CAT	周代	东周	433	1	陶		陶鬲	腹片				
6	胶南	JN-FDC-1	CAT	周代	东周	433	2	陶		陶罐	腹片				
6	胶南	JN-FDC-1	CAT	汉代	西周	517	5	陶		陶瓦					
6	胶南	JN-FDC-1	CAU	龙山	不确定	209	2	陶		不确定	腹片				
6	胶南	JN-FDC-1	CAU	周代	东周	433	2	陶		不确定	腹片				
6	胶南	JN-FDC-1	CAU	汉代	西周	517	2	陶		不确定	腹片				
6	胶南	JN-FDC-1	CAU	汉代	西周	517	21	陶		陶瓦					
6	胶南	JN-FDC-1	CAV	龙山	中期	209	1	陶		陶器盖					
6	胶南	JN-FDC-1	CAV	周代	东周	433	1	陶		陶盆	口沿				
6	胶南	JN-FDC-1	CAV	周代	东周	433	2	陶		陶瓦					
6	胶南	JN-FDC-1	CAV	周代	东周	433	2	陶		不确定	腹片				
6	胶南	JN-FDC-1	CAW	龙山	不确定	209	2	陶		不确定	腹片				
6	胶南	JN-FDC-1	CAW	周代	东周	433	3	陶		不确定	腹片				
6	胶南	JN-FDC-1	CAW	汉代	西周	517	2	陶		陶瓦					
6	胶南	JN-FDC-1	CAW	汉代	西周	517	1	陶		陶盆	口沿				
6	胶南	JN-FDC-1	CAX	龙山	早期	209	1	陶		陶匜	口沿				
6	胶南	JN-FDC-1	CAX	龙山	不确定	209	10	陶		不确定	腹片				
6	胶南	JN-FDC-1	CAX	周代	西周	433	2	陶		陶罐	口沿				
6	胶南	JN-FDC-1	CAX	周代	东周	433	4	陶		不确定	腹片				
6	胶南	JN-FDC-1	CAX	汉代	西周	517	1	陶		陶罐	口沿				
6	胶南	JN-FDC-1	CAX	汉代	西周	517	1	陶		陶盆	器底				
6	胶南	JN-FDC-1	CAX	汉代	西周	517	3	陶		不确定	腹片				
6	胶南	JN-FDC-1	CAX	汉代	西周	517	23	陶		陶瓦					
6	胶南	JN-FDC-1	CAY	龙山	不确定	208	3	陶		不确定	腹片				
6	胶南	JN-FDC-1	CAY	汉代	西周	517	25	陶		陶瓦					
6	胶南	JN-FDC-2	单个遗址	周代	东周	435	1	陶		不确定	腹片				
6	胶南	JN-FDC-2	单个遗址	汉代	西周	489	4	陶		陶瓦					
6	胶南	JN-FDC-3	单个遗址	汉代	西周	488	2	陶		陶瓦					
6	胶南	JN-FHZ-1	单个遗址	周代	东周	428	2	陶		不确定	腹片				
6	胶南	JN-FHZ-1	单个遗址	周代	东周	428	1	陶		陶盆	口沿				
6	胶南	JN-FHZ-1	单个遗址	汉代	西周	508	2	陶		陶瓦					
6	胶南	JN-FHZ-2	CAA	汉代	西周	510	1	陶		陶瓦					
6	胶南	JN-FHZ-2	CAB	汉代	西周	510	4	陶		陶瓦					

年度	县区	遗址	采集区	时代	分期	期段编号	数量	质地	石器种类	器形	部位	纹饰	颜色	质地	蛋壳陶
6	胶南	JN-FHZ-3	单个遗址	周代	东周	427	1	陶		陶鬲	腹片				
6	胶南	JN-FHZ-4	CAA	汉代	西周	506	3	陶		陶瓦					
6	胶南	JN-FHZ-4	CAB	周代	东周	426	3	陶		不确定	腹片				
6	胶南	JN-FHZ-4	CAB	汉代	西周	506	3	陶		陶瓦					
6	胶南	JN-FHZ-4	CAC	汉代	西周	506	2	陶		陶瓦					
6	胶南	JN-FJF-1	单个遗址	周代	西周	437	1	陶		陶鬲	器足				
7	胶南	JN-FJGZ-1	单个遗址	汉代		813	1	陶		陶罐	口沿				
7	胶南	JN-FJGZ-1	单个遗址	汉代		813	1	陶		陶盆	腹片				
7	胶南	JN-FJGZ-1	单个遗址	汉代		813	1	陶		陶罐	腹片				
7	胶南	JN-FJGZ-1	单个遗址	汉代		813	1	陶		陶瓦					
3	胶南	JN-FJZ-1	单个遗址	周代	西周	145	1	陶		不确定	腹片				
3	胶南	JN-FJZ-2	CAB	汉代		178	1	陶		陶瓦					
3	胶南	JN-FJZ-2	CAA	汉代		178	6	陶		陶瓦					
3	胶南	JN-FJZ-2	CAA	周代	东周	146	3	陶		不确定	腹片				
3	胶南	JN-FJZ-2	CAA	周代	东周	146	6	陶		陶瓦					
3	胶南	JN-FJZ-4	单个遗址	汉代		177	3	陶		陶瓦					
6	胶南	JN-FS-1	单个遗址	龙山	不确定	207	1	陶		不确定	腹片				
6	胶南	JN-FS-1	单个遗址	周代	东周	432	3	陶		不确定	腹片				
4	胶南	JN-FY-1	单个遗址	汉代		251	2	陶		陶瓦					
4	胶南	JN-FY-1	单个遗址	汉代		251	1	陶		陶盆	口沿				
4	胶南	JN-FY-2	CAA	汉代		250	3	陶		陶瓦					
4	胶南	JN-FY-2	CAA	汉代		250	1	陶		不确定	腹片				
4	胶南	JN-FY-2	CAB	周代	西周	247	1	陶		不确定	腹片	绳纹			
4	胶南	JN-FY-2	CAB	周代	西周	247	1	陶		不确定	腹片			石英	
13	胶南	JN-GJCZ-1	单个遗址	汉代		1645	1	陶		陶盆	颈部				
13	胶南	JN-GJCZ-2	单个遗址	汉代		1646	1	陶		陶盆	颈部				
13	胶南	JN-GJCZ-3	单个遗址	龙山	早期	543	1	陶		陶罐	口沿				
13	胶南	JN-GJCZ-3	单个遗址	龙山		543	2	陶		不确定	腹片			粗砂	
6	胶南	JN-GJL-1	CAA	汉代	东周	548	2	陶		陶罐	口沿				
6	胶南	JN-GJL-1	CAA	汉代	东周	548	25	陶		陶瓦					
6	胶南	JN-GJL-1	CAB	周代	东周	459	2	陶		陶罐	口沿				
6	胶南	JN-GJL-1	CAB	周代	东周	459	5	陶		不确定	腹片				
6	胶南	JN-GJL-1	CAB	汉代		548	7	陶		陶瓦					
6	胶南	JN-GJL-1	CAC	周代	东周	459	1	陶		陶罐	腹片				
6	胶南	JN-GJL-1	CAC	汉代		548	2	陶		陶罐	口沿				
6	胶南	JN-GJL-1	CAC	汉代		548	4	陶		不确定	腹片				
6	胶南	JN-GJL-1	CAC	汉代		548	18	陶		陶瓦					
6	胶南	JN-GJL-2	单个遗址	周代	东周	460	1	陶		陶罐	口沿				
6	胶南	JN-GJL-2	单个遗址	周代	东周	460	1	陶		不确定	腹片				
6	胶南	JN-GJL-2	单个遗址	汉代	东周	545	3	陶		陶瓦					
4	胶南	JN-GJQ-1	CAA	汉代		260	4	陶		陶瓦					
4	胶南	JN-GJQ-1	CAB	汉代		260	5	陶		陶瓦					
4	胶南	JN-GJQ-1	CAB	汉代		260	2	陶		陶罐	器底				
4	胶南	JN-GJQ-1	CAB	汉代		260	3	陶		不确定	腹片				
4	胶南	JN-GJQ-1	CAB	周代	东周	239	2	陶		陶盆	口沿				
4	胶南	JN-GJQ-1	CAB	周代	东周	239	2	陶		不确定	腹片				

年度	县区	遗址	采集区	时代	分期	期段编号	数量	质地	石器种类	器形	部位	纹饰	颜色	质地	蛋壳陶
4	胶南	JN-GJQ-3	单个遗址	汉代		264	2	陶		不确定	腹片				
4	胶南	JN-GJQ-4	单个遗址	汉代		265	2	陶		不确定	腹片	绳纹			
4	胶南	JN-GJQ-4	单个遗址	汉代		265	1	陶		不确定	腹片				
4	胶南	JN-GJQ-5	CAB	龙山	不确定	146	1	陶		陶盆	器底			粗砂	
4	胶南	JN-GJQ-5	CAB	龙山	不确定	146	1	陶		不确定	腹片	篮纹			
4	胶南	JN-GJQ-5	CAB	龙山	不确定	146	2	陶		不确定	腹片				
4	胶南	JN-GJQ-5	CAB	不确定			1	石	工具	石锤					
4	胶南	JN-GJQ-5	CAA	周代	东周	237	5	陶		陶罐	口沿				
4	胶南	JN-GJQ-5	CAA	周代	东周	237	1	陶		陶罐	肩部				
4	胶南	JN-GJQ-5	CAA	周代	东周	237	1	陶		陶盘	把手				
4	胶南	JN-GJQ-5	CAA	周代	东周	237	19	陶		不确定	腹片				
4	胶南	JN-GJQ-5	CAA	周代	东周	237	13	陶		不确定	腹片	绳纹			
4	胶南	JN-GJQ-5	CAB	周代	东周	237	3	陶		陶罐	口沿				
4	胶南	JN-GJQ-5	CAC	周代	东周	237	1	陶		不确定	腹片	绳纹			
4	胶南	JN-GJQ-7	单个遗址	周代	东周	236	1	陶		陶瓦		绳纹			
4	胶南	JN-GKQ-6	单个遗址	周代	东周	238	1	陶		陶罐	口沿				
4	胶南	JN-GKQ-6	单个遗址	周代	东周	238	1	陶		陶瓦					
4	胶南	JN-GKQ-6	单个遗址	周代	东周	238	2	陶		不确定	腹片	绳纹			
4	胶南	JN-GKQ-6	单个遗址	周代	东周	238	3	陶		不确定	腹片				
6	胶南	JN-HCC-1	单个遗址	周代	东周	443	1	陶		不确定	腹片				
6	胶南	JN-HCC-1	单个遗址	周代	东周	443	2	陶		陶瓦					
6	胶南	JN-HCC-2	单个遗址	不确定			1	石	工具	石镰					
6	胶南	JN-HDZ-1	单个遗址	周代	东周	446	1	陶		不确定	腹片				
6	胶南	JN-HDZ-2	单个遗址	周代	东周	447	3	陶		不确定	腹片				
6	胶南	JN-HDZ-2	单个遗址	周代	东周	447	1	陶		陶盆	口沿				
6	胶南	JN-HDZ-2	单个遗址	汉代	西周	540	4	陶		陶瓦					
6	胶南	JN-HDZ-2	单个遗址	汉代	西周	540	3	陶		不确定	腹片				
7	胶南	JN-HGDL-1	单个遗址	龙山	不确定	261	1	陶		不确定	腹片				
7	胶南	JN-HGDL-10	单个遗址	周代	东周	544	1	陶		陶豆	口沿				
7	胶南	JN-HGDL-10	单个遗址	周代	东周	544	1	陶		陶罐	颈部				
7	胶南	JN-HGDL-10	单个遗址	周代	东周	544	3	陶		不确定	腹片	绳纹			
7	胶南	JN-HGDL-10	单个遗址	周代	东周	544	7	陶		不确定	腹片				
7	胶南	JN-HGDL-10	单个遗址	汉代		729	1	陶		陶盆	口沿				
7	胶南	JN-HGDL-10	单个遗址	汉代		729	1	陶		陶罐	口沿				
7	胶南	JN-HGDL-10	单个遗址	汉代		729	3	陶		陶瓦					
7	胶南	JN-HGDL-2	单个遗址	周代	东周	547	1	陶		陶瓦					
7	胶南	JN-HGDL-2	单个遗址	周代	东周	547	1	陶		不确定	腹片				
7	胶南	JN-HGDL-2	单个遗址	汉代		727	1	陶		陶盆	器底				
7	胶南	JN-HGDL-2	单个遗址	汉代		727	1	陶		陶瓦					
7	胶南	JN-HGDL-3	CAA	龙山	早期	267	8	陶		陶鼎	器足				
7	胶南	JN-HGDL-3	CAA	龙山	早期	267	6	陶		陶匜	口沿				
7	胶南	JN-HGDL-3	CAA	龙山	早期	267	1	陶		陶豆	腹片				
7	胶南	JN-HGDL-3	CAA	龙山	早期	267	1	陶		陶圈足盘	腹片				
7	胶南	JN-HGDL-3	CAA	龙山	早期	267	1	陶		陶器盖	口沿				
7	胶南	JN-HGDL-3	CAA	龙山	早期	267	1	陶		陶器盖	把手				
7	胶南	JN-HGDL-3	CAA	龙山	早期	267	1	陶		陶罐	把手				

年度	县区	遗址	采集区	时代	分期	期段编号	数量	质地	石器种类	器形	部位	纹饰	颜色	质地	蛋壳陶
7	胶南	JN-HGDL-3	CAA	龙山	早期	267	25	陶		不确定	腹片				
7	胶南	JN-HGDL-3	CAA	汉代		776	4	陶		陶瓦					
7	胶南	JN-HGDL-3	CAA	汉代		776	1	陶		陶罐	口沿				
7	胶南	JN-HGDL-3	CAB	龙山	不确定	267	1	陶		不确定	腹片				
7	胶南	JN-HGDL-3	CAB	汉代		776	2	陶		陶盆	口沿				
7	胶南	JN-HGDL-3	CAB	汉代		776	2	陶		陶罐	肩部				
7	胶南	JN-HGDL-3	CAB	汉代		776	8	陶		陶瓦					
7	胶南	JN-HGDL-3	CAB	汉代		776	4	陶		不确定	腹片				
7	胶南	JN-HGDL-3	CAC	龙山	中期	267	2	陶		陶罐	口沿				
7	胶南	JN-HGDL-3	CAC	龙山	早期	267	1	陶		陶鬶	把手				
7	胶南	JN-HGDL-3	CAC	龙山	早期	267	1	陶		陶鬶	腹片				
7	胶南	JN-HGDL-3	CAC	龙山	早期	267	1	陶		陶鼎	器足				
7	胶南	JN-HGDL-3	CAC	龙山	中期	267	4	陶		陶匜	口沿				
7	胶南	JN-HGDL-3	CAC	龙山	早期	267	1	陶		陶甗	腹片				
7	胶南	JN-HGDL-3	CAC	龙山	早期	267	5	陶		陶罐	口沿				
7	胶南	JN-HGDL-3	CAC	龙山	早期	267	1	陶		陶鼎	口沿				
7	胶南	JN-HGDL-3	CAC	龙山	早期	267	1	陶		陶盘	口沿				
7	胶南	JN-HGDL-3	CAC	龙山	早期	267	4	陶		陶器盖	把手				
7	胶南	JN-HGDL-3	CAC	龙山	早期	267	1	陶		陶器盖	口沿				
7	胶南	JN-HGDL-3	CAC	龙山	早期	267	5	陶		陶罐	器底				
7	胶南	JN-HGDL-3	CAC	龙山	早期	267	2	陶		不确定	腹片	弦纹			
7	胶南	JN-HGDL-3	CAC	龙山	早期	267	2	陶		不确定	腹片	篮纹			
7	胶南	JN-HGDL-3	CAC	龙山	早期	267	59	陶		不确定	腹片				
7	胶南	JN-HGDL-3	CAC	汉代		776	1	陶		陶盆	器底				
7	胶南	JN-HGDL-3	CAC	汉代		776	1	陶		陶瓦					
7	胶南	JN-HGDL-3	CAD	龙山	不确定	267	1	陶		陶罐	口沿				
7	胶南	JN-HGDL-3	CAD	汉代		776	1	陶		陶罐	口沿				
7	胶南	JN-HGDL-3	CAD	汉代		776	17	陶		陶瓦					
7	胶南	JN-HGDL-3	CAD	汉代		776	1	陶		陶盆	口沿				
7	胶南	JN-HGDL-3	CAD	汉代		776	9	陶		不确定	腹片				
7	胶南	JN-HGDL-3	CAE	龙山	早期	267	6	陶		陶鼎	器足				
7	胶南	JN-HGDL-3	CAE	龙山	不确定	267	1	陶		陶鼎	口沿				
7	胶南	JN-HGDL-3	CAE	龙山	不确定	267	1	陶		陶鬶	口沿		白		
7	胶南	JN-HGDL-3	CAE	龙山	不确定	267	2	陶		陶甗	器足				
7	胶南	JN-HGDL-3	CAE	龙山	不确定	267	1	陶		陶甗	腹片				
7	胶南	JN-HGDL-3	CAE	龙山	不确定	267	2	陶		陶匜	口沿				
7	胶南	JN-HGDL-3	CAE	龙山	不确定	267	1	陶		陶豆	口沿			泥质	是
7	胶南	JN-HGDL-3	CAE	龙山	不确定	267	1	陶		陶盆	口沿			泥质	是
7	胶南	JN-HGDL-3	CAE	龙山	不确定	267	2	陶		陶器盖					
7	胶南	JN-HGDL-3	CAE	龙山	不确定	267	6	陶		陶罐	器底				
7	胶南	JN-HGDL-3	CAE	龙山	不确定	267	2	陶		陶罐	口沿				
7	胶南	JN-HGDL-3	CAE	龙山	不确定	267	1	陶		陶罐	把手				
7	胶南	JN-HGDL-3	CAE	龙山	不确定	267	2	陶		不确定	腹片	篮纹			
7	胶南	JN-HGDL-3	CAE	龙山	不确定	267	2	陶		不确定	腹片	凹弦纹			
7	胶南	JN-HGDL-3	CAE	龙山	不确定	267	94	陶		不确定	腹片				
7	胶南	JN-HGDL-3	CAE	汉代		776	2	陶		陶罐	口沿				

年度	县区	遗址	采集区	时代	分期	期段编号	数量	质地	石器种类	器形	部位	纹饰	颜色	质地	蛋壳陶
7	胶南	JN-HGDL-3	CAE	汉代		776	9	陶		陶瓦					
7	胶南	JN-HGDL-3	CAE	汉代		776	1	陶		陶盆	口沿				
7	胶南	JN-HGDL-3	CAE	不确定			1	石	产品	石片					
7	胶南	JN-HGDL-3	CAF	周代	东周	556	2	陶		不确定	腹片				
7	胶南	JN-HGDL-3	CAF	汉代		776	1	陶		砖					
7	胶南	JN-HGDL-3	CAF	汉代		776	6	陶		陶瓦					
7	胶南	JN-HGDL-3	CAF	汉代		776	2	陶		不确定	腹片				
7	胶南	JN-HGDL-3	CAG	周代	东周	557	1	陶		不确定	腹片				
7	胶南	JN-HGDL-3	CAG	汉代		776	1	陶		砖					
7	胶南	JN-HGDL-4	单个遗址	龙山	不确定	264	1	陶		不确定	腹片				
7	胶南	JN-HGDL-4	单个遗址	周代	东周	548	1	陶		陶瓦					
7	胶南	JN-HGDL-4	单个遗址	周代	东周	548	1	陶		不确定	腹片	绳纹			
7	胶南	JN-HGDL-5	单个遗址	周代	东周	532	1	陶		不确定	腹片				
7	胶南	JN-HGDL-6	单个遗址	周代	西周	540	2	陶		不确定	腹片	绳纹			
7	胶南	JN-HGDL-7	单个遗址	汉代		728	1	陶		陶瓦					
7	胶南	JN-HGDL-8	单个遗址	周代	西周	552	1	陶		不确定	腹片	绳纹			
7	胶南	JN-HGDL-8	单个遗址	周代	西周	552	4	陶		不确定	腹片				
7	胶南	JN-HGDL-9	单个遗址	汉代		730	1	陶		陶罐	口沿				
7	胶南	JN-HGDL-9	单个遗址	汉代		730	3	陶		不确定	腹片				
13	胶南	JN-HGS-1	单个遗址	汉代		1692	1	陶		陶罐	器底				
13	胶南	JN-HGS-1	单个遗址	汉代		1692	2	陶		不确定	腹片				
13	胶南	JN-HGS-2	单个遗址	汉代		1693	2	陶		不确定	腹片				
13	胶南	JN-HGS-3	单个遗址	汉代		1687	1	陶		不确定	腹片				
13	胶南	JN-HGS-3	单个遗址	汉代		1687	1	陶		陶瓦					
13	胶南	JN-HGS-4	CAA	周代	东周	1186	5	陶		不确定	腹片	绳纹			
13	胶南	JN-HGS-4	CAA	汉代		1686	21	陶		陶瓦					
13	胶南	JN-HGS-4	CAB	汉代		1686	12	陶		陶瓦					
13	胶南	JN-HGS-4	CAB	汉代		1686	3	陶		砖					
13	胶南	JN-HGS-4	CAC	周代	东周	1185	1	陶		不确定	腹片	绳纹			
7	胶南	JN-HHC-1	单个遗址	汉代		752	1	陶		陶盆	颈部				
7	胶南	JN-HHC-2	单个遗址	周代	西周	584	1	陶		陶盆	口沿				
7	胶南	JN-HHC-2	单个遗址	周代	西周	584	1	陶		不确定	腹片	绳纹			
7	胶南	JN-HHC-3	单个遗址	周代	东周	587	1	陶		不确定	腹片				
7	胶南	JN-HHC-4	单个遗址	汉代		748	2	陶		陶瓦					
13	胶南	JN-HHD-1	单个遗址	汉代		1633	4	陶		陶瓦					
6	胶南	JN-HJW-1	单个遗址	汉代	西周	514	8	陶		陶瓦					
6	胶南	JN-HJW-1	单个遗址	汉代	西周	514	2	陶		不确定	腹片				
6	胶南	JN-HL-1	CAA	周代	东周	450	1	陶		陶罐	口沿				
6	胶南	JN-HL-1	CAA	周代	东周	450	3	陶		不确定	腹片				
6	胶南	JN-HL-1	CAA	汉代		558	1	陶		陶瓦					
6	胶南	JN-HL-1	CAB	汉代		558	1	陶		陶盆	口沿				
6	胶南	JN-HL-1	CAB	汉代		558	15	陶		陶瓦					
6	胶南	JN-HL-1	CAC	周代	东周	450	1	陶		陶罐	口沿				
6	胶南	JN-HL-1	CAC	周代	东周	450	1	陶		陶豆	豆盘				
6	胶南	JN-HL-1	CAC	周代	东周	450	2	陶		陶豆	把手				
6	胶南	JN-HL-1	CAC	周代	东周	450	18	陶		不确定	腹片				

年度	县区	遗址	采集区	时代	分期	期段编号	数量	质地	石器种类	器形	部位	纹饰	颜色	质地	蛋壳陶
6	胶南	JN-HL-1	CAC	汉代		558	4	陶		陶盆	口沿				
6	胶南	JN-HL-1	CAC	汉代		558	2	陶		陶罐	口沿				
6	胶南	JN-HL-1	CAC	汉代		558	9	陶		陶瓦					
6	胶南	JN-HL-1	CAC	汉代		558	28	陶		不确定	腹片				
6	胶南	JN-HL-1	CAD	周代	东周	450	1	陶		陶豆	豆盘				
6	胶南	JN-HL-1	CAD	周代	东周	450	1	陶		陶豆	把手				
6	胶南	JN-HL-1	CAD	周代	东周	450	4	陶		陶盆	口沿				
6	胶南	JN-HL-1	CAD	周代	东周	450	28	陶		不确定	腹片				
6	胶南	JN-HL-1	CAD	汉代		558	1	陶		陶罐	口沿				
6	胶南	JN-HL-1	CAD	汉代		558	4	陶		陶盆	口沿				
6	胶南	JN-HL-1	CAD	汉代		558	7	陶		陶瓦					
6	胶南	JN-HL-1	CAD	汉代		558	51	陶		不确定	腹片				
6	胶南	JN-HL-1	CAE	汉代		558	2	陶		陶瓦					
6	胶南	JN-HL-1	CAE	汉代		558	1	陶		不确定	腹片				
6	胶南	JN-HL-1	CAF	汉代		558	1	陶		陶盆	口沿				
6	胶南	JN-HL-1	CAF	汉代		558	1	陶		陶盆	器底				
6	胶南	JN-HL-1	CAF	汉代		558	3	陶		不确定	腹片				
6	胶南	JN-HL-1	CAF	汉代		558	3	陶		陶瓦					
6	胶南	JN-HL-1	CAG	汉代	东周	558	1	陶		陶瓦					
6	胶南	JN-HL-1	CAH	周代	东周	450	1	陶		陶盆	口沿				
6	胶南	JN-HL-1	CAH	周代	东周	450	10	陶		不确定	腹片				
6	胶南	JN-HL-1	CAH	汉代		558	8	陶		陶瓦					
6	胶南	JN-HL-1	CAH	汉代		558	10	陶		不确定	腹片				
6	胶南	JN-HL-1	CAI	周代	东周	450	1	陶		陶豆	豆盘				
6	胶南	JN-HL-1	CAI	周代	东周	450	1	陶		陶豆	把手				
6	胶南	JN-HL-1	CAI	周代	东周	450	1	陶		陶盆	口沿				
6	胶南	JN-HL-1	CAI	周代	东周	450	1	陶		不确定	腹片				
6	胶南	JN-HL-1	CAI	汉代	东周	558	2	陶		陶瓦					
6	胶南	JN-HL-1	CAJ	汉代		558	2	陶		陶瓦					
6	胶南	JN-HL-2	单个遗址	汉代	西周	556	3	陶		陶瓦					
6	胶南	JN-HL-3	CAA	龙山	中期	223	2	陶		陶匜	口沿				
6	胶南	JN-HL-3	CAA	龙山	中期	223	1	陶		不确定	腹片				
6	胶南	JN-HL-3	CAA	周代	西周	451	1	陶		陶罐	口沿				
6	胶南	JN-HL-3	CAA	周代	西周	451	2	陶		不确定	腹片				
6	胶南	JN-HL-3	CAA	周代	东周	451	1	陶		陶罐	肩部				
6	胶南	JN-HL-3	CAA	周代	东周	451	6	陶		不确定	腹片				
6	胶南	JN-HL-3	CAA	汉代	西周	561	2	陶		陶瓦					
6	胶南	JN-HL-3	CAB	周代	西周	451	1	陶		不确定	腹片				
6	胶南	JN-HL-3	CAB	汉代	西周	561	2	陶		陶瓦					
6	胶南	JN-HL-3	CAC	周代	西周	451	3	陶		不确定	腹片				
6	胶南	JN-HL-3	CAC	汉代	西周	561	1	陶		陶罐	肩部				
6	胶南	JN-HL-3	CAC	汉代	西周	561	7	陶		陶瓦					
6	胶南	JN-HL-3	CAD	汉代	西周	561	2	陶		陶瓦					
6	胶南	JN-HL-4	单个遗址	汉代	西周	560	5	陶		陶瓦					
6	胶南	JN-HL-4	单个遗址	汉代	西周	560	3	陶		不确定	腹片				
4	胶南	JN-HLW-1	单个遗址	周代	东周	214	1	陶		陶瓦					

年度	县区	遗址	采集区	时代	分期	期段编号	数量	质地	石器种类	器形	部位	纹饰	颜色	质地	蛋壳陶
4	胶南	JN-HLW-2	CAC	汉代		293	1	陶		陶盆	口沿				
4	胶南	JN-HLW-2	CAC	汉代		293	2	陶		陶瓦					
4	胶南	JN-HLW-2	CAC	汉代		293	1	陶		壁					
4	胶南	JN-HLW-2	CAD	汉代		293	18	陶		陶瓦					
4	胶南	JN-HLW-2	CAD	汉代		293	1	陶		不确定	腹片				
4	胶南	JN-HLW-2	CAE	汉代		293	5	陶		陶瓦					
4	胶南	JN-HLW-2	CAD	不确定			1	石	工具	石刀					
4	胶南	JN-HLW-2	CAD	周代	东周	213	2	陶		陶瓦					
4	胶南	JN-HLW-2	CAD	周代	东周	213	3	陶		不确定	腹片				
4	胶南	JN-HLW-2	CAE	周代	东周	213	1	陶		陶盆	口沿				
4	胶南	JN-HLW-2	CAE	周代	东周	213	4	陶		不确定	腹片				
4	胶南	JN-HLW-2	CAE	周代	东周	213	2	陶		不确定	腹片	绳纹			
4	胶南	JN-HLW-2	CAF	周代	东周	213	1	陶		陶盆	口沿				
4	胶南	JN-HLW-2	CAF	周代	东周	213	3	陶		不确定	腹片				
4	胶南	JN-HLW-2	CAA	周代	西周	213	1	陶		不确定	腹片				
4	胶南	JN-HLW-2	CAA	周代	西周	213	2	陶		不确定	腹片	绳纹			
4	胶南	JN-HLW-2	CAB	周代	西周	213	1	陶		不确定	腹片	绳纹			
4	胶南	JN-HLW-2	CAB	周代	西周	213	3	陶		不确定	腹片				
13	胶南	JN-HMJZ-1	单个遗址	汉代		1722	1	陶		陶罐	口沿				
13	胶南	JN-HMJZ-1	单个遗址	汉代		1722	5	陶		陶瓦					
4	胶南	JN-HPL-1	单个遗址	汉代		303	1	陶		陶瓦				粗砂	
13	胶南	Jn-HPL-2	单个遗址	汉代		1648	9	陶		陶瓦					
13	胶南	JN-HPL-2	单个遗址	汉代		1648	1	陶		陶盆	颈部				
13	胶南	JN-HPL-3	单个遗址	汉代		1647	2	陶		陶瓦					
13	胶南	JN-HPL-4	单个遗址	周代	西周	1211	1	陶		陶鬲	腹片	绳纹			
4	胶南	JN-HQ-1	单个遗址	周代	东周	222	1	陶		不确定	腹片				
4	胶南	JN-HQ-10	CAA	龙山	早期	137	10	陶		陶鼎	器足			粗砂	
4	胶南	JN-HQ-10	CAA	龙山	早期	137	5	陶		陶鼎	口沿			粗砂	
4	胶南	JN-HQ-10	CAA	龙山	早期	137	7	陶		陶鼎	器底			粗砂	
4	胶南	JN-HQ-10	CAA	龙山	早期	137	6	陶		陶匜	口沿			粗砂	
4	胶南	JN-HQ-10	CAA	龙山	早期	137	3	陶		陶罐	口沿			粗砂	
4	胶南	JN-HQ-10	CAA	龙山	早期	137	3	陶		陶罐	器底			粗砂	
4	胶南	JN-HQ-10	CAA	龙山	早期	137	1	陶		陶盆	口沿			粗砂	
4	胶南	JN-HQ-10	CAA	龙山	早期	137	1	陶		陶鬶	把手			粗砂	
4	胶南	JN-HQ-10	CAA	龙山	早期	137	5	陶		陶甗	器足			粗砂	
4	胶南	JN-HQ-10	CAA	龙山	早期	137	3	陶		陶器盖				粗砂	
4	胶南	JN-HQ-10	CAA	龙山	中期	137	1	陶		陶鼎	器足			粗砂	
4	胶南	JN-HQ-10	CAA	龙山	中期	137	3	陶		陶鼎	器足	附加堆纹		粗砂	
4	胶南	JN-HQ-10	CAA	龙山	中期	137	1	陶		陶鼎	口沿	附加堆纹		粗砂	
4	胶南	JN-HQ-10	CAA	龙山	中期	137	7	陶		陶鼎	口沿			粗砂	
4	胶南	JN-HQ-10	CAA	龙山	中期	137	2	陶		陶鼎	器底			粗砂	
4	胶南	JN-HQ-10	CAA	龙山	中期	137	4	陶		陶罐	口沿			粗砂	
4	胶南	JN-HQ-10	CAA	龙山	中期	137	7	陶		陶罐	器底			粗砂	
4	胶南	JN-HQ-10	CAA	龙山	中期	137	1	陶		陶匜	口沿	附加堆纹		粗砂	
4	胶南	JN-HQ-10	CAA	龙山	中期	137	3	陶		陶盆	口沿			粗砂	
4	胶南	JN-HQ-10	CAA	龙山	中期	137	1	陶		陶鬶	腹片			粗砂	

年度	县区	遗址	采集区	时代	分期	期段编号	数量	质地	石器种类	器形	部位	纹饰	颜色	质地	蛋壳陶
4	胶南	JN-HQ-10	CAA	龙山	中期	137	3	陶		不确定	把手			粗砂	
4	胶南	JN-HQ-10	CAA	龙山	中期	137	1	陶		陶器盖				粗砂	
4	胶南	JN-HQ-10	CAA	龙山	不确定	137	1	石	工具	石刀					
4	胶南	JN-HQ-10	CAA	龙山	不确定	137	199	陶		不确定	腹片			粗砂	
4	胶南	JN-HQ-10	CAA	龙山	不确定	137	10	陶		不确定	腹片	篮纹		粗砂	
4	胶南	JN-HQ-10	CAA	龙山	不确定	137	40	陶		不确定	腹片	弦纹		粗砂	
4	胶南	JN-HQ-10	CAA	龙山	不确定	137	5	陶		不确定	腹片	附加堆纹		粗砂	
4	胶南	JN-HQ-10	CAA	龙山	不确定	137	2	陶		不确定	腹片	附加堆纹		粗砂	
4	胶南	JN-HQ-10	CAA	龙山	不确定	137	1	陶		不确定	腹片	附加堆纹		粗砂	
4	胶南	JN-HQ-10	CAA	龙山	不确定	137	2	陶		陶器盖				泥质	是
4	胶南	JN-HQ-10	CAA	龙山	不确定	137	2	陶		陶盆	器底			泥质	是
4	胶南	JN-HQ-10	CAA	龙山	不确定	137	3	陶		不确定	腹片	弦纹		泥质	是
4	胶南	JN-HQ-10	CAA	龙山	不确定	137	6	陶		不确定	腹片			泥质	是
4	胶南	JN-HQ-10	CAB	龙山	不确定	137	1	陶		陶器盖				粗砂	
4	胶南	JN-HQ-10	CAB	龙山	不确定	137	4	陶		不确定	腹片			粗砂	
4	胶南	JN-HQ-10	CAA	周代	不确定	137	1	炼渣		不确定					
4	胶南	JN-HQ-10	CAA	周代	东周	206	2	陶		陶瓦					
4	胶南	JN-HQ-10	CAA	周代	东周	206	2	陶		陶罐	口沿				
4	胶南	JN-HQ-10	CAA	周代	东周	206	2	陶		不确定	腹片				
4	胶南	JN-HQ-10	CAA	周代	东周	206	2	陶		不确定	腹片	绳纹			
4	胶南	JN-HQ-12	单个遗址	汉代		245	1	陶		陶罐	腹片				
4	胶南	JN-HQ-2	CAA	汉代		278	5	陶		陶瓦					
4	胶南	JN-HQ-2	CAA	汉代		278	2	陶		不确定	腹片				
4	胶南	JN-HQ-2	CAA	周代	东周	223	1	陶		陶瓦		绳纹			
4	胶南	JN-HQ-2	CAA	周代	东周	223	2	陶		不确定	腹片	绳纹			
4	胶南	JN-HQ-2	CAA	周代	东周	223	2	陶		不确定	腹片				
4	胶南	JN-HQ-2	CAB	周代	东周	223	1	陶		不确定	腹片				
4	胶南	JN-HQ-3	单个遗址	汉代		280	146	陶		陶瓦		绳纹			
4	胶南	JN-HQ-3	单个遗址	汉代		280	6	陶		陶瓦					
4	胶南	JN-HQ-3	单个遗址	周代	东周	221	3	陶		陶盆	口沿				
4	胶南	JN-HQ-3	单个遗址	周代	东周	221	6	陶		陶瓦					
4	胶南	JN-HQ-3	单个遗址	周代	东周	221	1	陶		不确定	腹片				
4	胶南	JN-HQ-3	单个遗址	周代	东周	221	1	陶		不确定	腹片	绳纹			
4	胶南	JN-HQ-3	单个遗址	周代	东周	221	1	陶		不确定	腹片		红	不确定	
4	胶南	JN-HQ-4	单个遗址	汉代		279	3	陶		陶瓦					
4	胶南	JN-HQ-4	单个遗址	汉代		279	1	陶		陶罐	器底				
4	胶南	JN-HQ-5	CAA	汉代		283	13	陶		陶瓦					
4	胶南	JN-HQ-5	CAA	汉代		283	1	陶		陶盆	器底				
4	胶南	JN-HQ-5	CAB	汉代		283	1	陶		陶瓦					
4	胶南	JN-HQ-5	CAC	汉代		283	2	陶		陶瓦					
4	胶南	JN-HQ-5	CAA	周代	东周	220	2	陶		陶瓦					
4	胶南	JN-HQ-5	CAA	周代	东周	220	1	陶		陶盆	器底				
4	胶南	JN-HQ-5	CAA	周代	东周	220	3	陶		不确定	腹片	绳纹			
4	胶南	JN-HQ-5	CAA	周代	东周	220	14	陶		不确定	腹片				
4	胶南	JN-HQ-5	CAB	周代	东周	220	1	陶		不确定	腹片	绳纹			
4	胶南	JN-HQ-5	CAA	周代	西周	220	2	陶		不确定	腹片				

年度	县区	遗址	采集区	时代	分期	期段编号	数量	质地	石器种类	器形	部位	纹饰	颜色	质地	蛋壳陶
4	胶南	JN-HQ-5	CAA	周代	西周	220	3	陶		不确定	腹片	绳纹			
4	胶南	JN-HQ-6	单个遗址	汉代		297	1	陶		陶盆	器底				
4	胶南	JN-HQ-7	单个遗址	周代	东周	208	1	陶		不确定	腹片				
4	胶南	JN-HQ-8	单个遗址	周代	西周	209	1	陶		陶鬲	器足	绳纹			
4	胶南	JN-HQ-9	单个遗址	不确定			1	陶		不确定	腹片				
4	胶南	JN-HQ-9	单个遗址	不确定			1	陶		璧					
7	胶南	JN-HQL-1	CAA	汉代		757	1	陶		砖					
7	胶南	JN-HQL-1	CAB	汉代		757	5	陶		陶瓦					
7	胶南	JN-HQL-1	CAB	汉代		757	8	陶		不确定	腹片				
7	胶南	JN-HQL-10	单个遗址	周代	西周	568	1	陶		不确定	腹片				
7	胶南	JN-HQL-10	单个遗址	汉代		771	3	陶		陶瓦					
7	胶南	JN-HQL-10	单个遗址	汉代		771	1	陶		不确定	腹片				
7	胶南	JN-HQL-11	单个遗址	汉代		765	2	陶		陶瓦					
7	胶南	JN-HQL-2	CAA	龙山	不确定	276	1	陶		陶匜	口沿				
7	胶南	JN-HQL-2	CAA	龙山	不确定	276	1	陶		不确定	腹片	凸弦纹			
7	胶南	JN-HQL-2	CAA	龙山	不确定	276	6	陶		不确定	腹片				
7	胶南	JN-HQL-2	CAA	周代	西周	567	1	陶		不确定	腹片				
7	胶南	JN-HQL-2	CAA	汉代		766	2	陶		陶瓦					
7	胶南	JN-HQL-2	CAB	龙山	不确定	276	3	陶		不确定	腹片				
7	胶南	JN-HQL-2	CAB	龙山	不确定	276	1	陶		不确定	腹片	篮纹			
7	胶南	JN-HQL-2	CAB	汉代		766	5	陶		陶瓦					
7	胶南	JN-HQL-2	CAB	汉代		766	3	陶		不确定	腹片				
7	胶南	JN-HQL-3	CAA	周代	东周	572	1	陶		不确定	腹片				
7	胶南	JN-HQL-3	CAA	周代	东周	572	1	陶		不确定	腹片	绳纹			
7	胶南	JN-HQL-3	CAB	龙山	不确定	277	1	陶		不确定	腹片				
7	胶南	JN-HQL-3	CAB	周代	东周	572	1	陶		陶盆	口沿				
7	胶南	JN-HQL-3	CAB	周代	东周	572	2	陶		不确定	腹片				
7	胶南	JN-HQL-3	CAB	汉代		770	5	陶		陶瓦					
7	胶南	JN-HQL-3	CAC	汉代		770	2	陶		陶瓦					
7	胶南	JN-HQL-3	CAC	汉代		770	1	陶		不确定	腹片				
7	胶南	JN-HQL-4	单个遗址	汉代		778	1	陶		陶瓦					
7	胶南	JN-HQL-5	单个遗址	汉代		775	1	陶		陶瓦					
7	胶南	JN-HQL-6	单个遗址	龙山	早期	266	1	陶		陶鼎	器足				
7	胶南	JN-HQL-6	单个遗址	龙山	不确定	266	1	陶		不确定	腹片				
7	胶南	JN-HQL-6	单个遗址	周代	东周	564	2	陶		不确定	腹片				
7	胶南	JN-HQL-6	单个遗址	周代	东周	564	2	陶		不确定	腹片	绳纹			
7	胶南	JN-HQL-7	单个遗址	汉代		772	1	陶		陶盆	口沿				
7	胶南	JN-HQL-7	单个遗址	汉代		772	1	陶		陶瓦					
7	胶南	JN-HQL-8	单个遗址	汉代		774	1	陶		陶瓦					
7	胶南	JN-HQL-9	单个遗址	汉代		773	1	陶		陶瓦					
7	胶南	JN-HQL-9	单个遗址	汉代		773	1	陶		不确定	腹片				
13	胶南	JN-HXD-1	单个遗址	汉代		1680	2	陶		不确定	腹片				
13	胶南	JN-HXD-2	单个遗址	汉代		1681	1	陶		不确定	腹片				
13	胶南	JN-HXD-3	单个遗址	周代	东周	1190	1	陶		不确定	腹片	绳纹			
4	胶南	JN-HXG-1	单个遗址	周代	西周	248	1	陶		不确定	腹片	绳纹			
4	胶南	JN-HXG-2	单个遗址	汉代		255	3	陶		陶瓦					

年度	县区	遗址	采集区	时代	分期	期段编号	数量	质地	石器种类	器形	部位	纹饰	颜色	质地	蛋壳陶
4	胶南	JN-HXG-2	单个遗址	汉代		255	1	陶		不确定	腹片	绳纹			
4	胶南	JN-HXG-2	单个遗址	汉代		255	2	陶		不确定	腹片				
4	胶南	JN-HXG-2	单个遗址	不确定			1	石	工具	石锛					
4	胶南	JN-HXG-2	单个遗址	周代	东周	243	3	陶		不确定	腹片				
4	胶南	JN-HXG-3	单个遗址	汉代		256	2	陶		陶瓦					
4	胶南	JN-HYG-1	单个遗址	汉代		249	2	陶		陶瓦					
4	胶南	JN-HYG-2	单个遗址	汉代		248	8	陶		陶瓦					
4	胶南	JN-HYG-2	单个遗址	汉代		248	1	陶		陶瓦					
4	胶南	JN-HYG-3	单个遗址	汉代		253	4	陶		陶瓦					
4	胶南	JN-HYG-3	单个遗址	龙山	不确定	108	1	陶		不确定	腹片			粗砂	
4	胶南	JN-HYG-3	单个遗址	周代	东周	244	2	陶		陶瓦		绳纹			
4	胶南	JN-HYG-3	单个遗址	周代	东周	244	2	陶		不确定	腹片				
4	胶南	JN-HYG-3	单个遗址	周代	东周	244	2	陶		不确定	腹片	绳纹			
4	胶南	JN-HYG-3	单个遗址	周代	西周	244	1	陶		不确定	腹片				
4	胶南	JN-HYG-3	单个遗址	周代	西周	244	3	陶		不确定	腹片	绳纹			
4	胶南	JN-HYG-4	单个遗址	汉代		252	2	陶		陶瓦					
4	胶南	JN-HYG-5	单个遗址	汉代		254	2	陶		陶瓦					
4	胶南	JN-HYG-5	单个遗址	汉代		254	1	陶		不确定	腹片	绳纹			
4	胶南	JN-HYG-6	单个遗址	汉代		254	7	陶		陶瓦					
7	胶南	JN-JGZ-1	单个遗址	龙山	不确定	282	1	陶		不确定	腹片	篮纹			
7	胶南	JN-JGZ-10	单个遗址	汉代		761	1	陶		陶瓦					
7	胶南	JN-JGZ-11	CAA	龙山	早期	281	2	陶		陶鼎	口沿				
7	胶南	JN-JGZ-11	CAA	龙山	早期	281	2	陶		陶鼎	器足				
7	胶南	JN-JGZ-11	CAA	龙山	早期	281	1	陶		陶甗	器足				
7	胶南	JN-JGZ-11	CAA	龙山	早期	281	2	陶		陶匜	口沿				
7	胶南	JN-JGZ-11	CAA	龙山	早期	281	1	陶		陶罐	口沿				
7	胶南	JN-JGZ-11	CAA	龙山	早期	281	1	陶		陶器盖	口沿				
7	胶南	JN-JGZ-11	CAA	龙山	中期	281	1	陶		陶鼎	器足				
7	胶南	JN-JGZ-11	CAA	龙山	中期	281	3	陶		陶罐	口沿				
7	胶南	JN-JGZ-11	CAA	龙山	中期	281	1	陶		陶壶	口沿				
7	胶南	JN-JGZ-11	CAA	龙山	不确定	281	5	陶		陶盆	器底				
7	胶南	JN-JGZ-11	CAA	龙山	不确定	281	7	陶		不确定	腹片	篮纹			
7	胶南	JN-JGZ-11	CAA	龙山	不确定	281	1	陶		不确定	腹片	弦纹			
7	胶南	JN-JGZ-11	CAA	龙山	不确定	281	2	陶		不确定	腹片	附加堆纹			
7	胶南	JN-JGZ-11	CAA	龙山	不确定	281	59	陶		不确定	腹片				
7	胶南	JN-JGZ-11	CAA	龙山	不确定	281	1	石	工具	石锛			黄褐		
7	胶南	JN-JGZ-11	CAA	周代	西周	585	1	陶		陶鬲	器足				
7	胶南	JN-JGZ-11	CAA	周代	西周	585	8	陶		不确定	腹片	绳纹			
7	胶南	JN-JGZ-11	CAA	周代	西周	585	9	陶		不确定	腹片				
7	胶南	JN-JGZ-11	CAA	周代	西周	585	1	陶		陶盆	腹片				
7	胶南	JN-JGZ-11	CAA	周代	东周	585	1	陶		陶壶	口沿				
7	胶南	JN-JGZ-11	CAA	周代	东周	585	1	陶		陶盆	器底				
7	胶南	JN-JGZ-11	CAA	周代	东周	585	1	陶		不确定	腹片				
7	胶南	JN-JGZ-11	CAA	周代	东周	585	15	陶		不确定	腹片	绳纹			
7	胶南	JN-JGZ-11	CAA	汉代		758	4	陶		砖					
7	胶南	JN-JGZ-11	CAA	汉代		758	99	陶		陶瓦					

年度	县区	遗址	采集区	时代	分期	期段编号	数量	质地	石器种类	器形	部位	纹饰	颜色	质地	蛋壳陶
7	胶南	JN-JGZ-11	CAA	汉代		758	3	陶		不确定	腹片				
7	胶南	JN-JGZ-11	CAA	汉代		758	3	陶		陶罐	口沿				
7	胶南	JN-JGZ-11	CAA	汉代		758	1	陶		陶盘	口沿				
7	胶南	JN-JGZ-11	CAA	汉代		758	1	陶		陶盆	口沿				
7	胶南	JN-JGZ-11	CAB	周代	西周	585	2	陶		不确定	腹片				
7	胶南	JN-JGZ-11	CAB	周代	东周	585	1	陶		陶壶	口沿				
7	胶南	JN-JGZ-11	CAB	周代	东周	585	1	陶		不确定	腹片				
7	胶南	JN-JGZ-11	CAB	汉代		758	1	陶		砖					
7	胶南	JN-JGZ-11	CAB	汉代		758	3	陶		陶瓦					
7	胶南	JN-JGZ-11	CAB	汉代		758	5	陶		不确定	腹片				
7	胶南	JN-JGZ-11	CAC	汉代		758	3	陶		陶瓦					
7	胶南	JN-JGZ-11	CAC	汉代		758	1	陶		不确定	腹片				
7	胶南	JN-JGZ-12	单个遗址	周代	东周	578	2	陶		不确定	腹片				
7	胶南	JN-JGZ-12	单个遗址	汉代		764	1	陶		陶瓦					
7	胶南	JN-JGZ-14	单个遗址	周代	东周	579	1	陶		不确定	腹片	绳纹			
7	胶南	JN-JGZ-14	单个遗址	周代	东周	579	2	陶		不确定	腹片				
7	胶南	JN-JGZ-14	单个遗址	汉代		769	10	陶		陶瓦					
7	胶南	JN-JGZ-14	单个遗址	汉代		769	2	陶		不确定	腹片				
7	胶南	JN-JGZ-15	单个遗址	汉代		780	1	陶		陶瓦					
7	胶南	JN-JGZ-2	单个遗址	汉代		760	5	陶		陶瓦					
7	胶南	JN-JGZ-2	单个遗址	汉代		760	1	陶		不确定	腹片				
7	胶南	JN-JGZ-3	单个遗址	汉代		762	2	陶		陶瓦					
7	胶南	JN-JGZ-3	单个遗址	汉代		762	1	陶		不确定	腹片				
7	胶南	JN-JGZ-4	单个遗址	汉代		759	1	陶		陶瓦					
7	胶南	JN-JGZ-5	单个遗址	汉代		779	2	陶		陶瓦					
7	胶南	JN-JGZ-6	单个遗址	龙山	不确定	279	1	陶		不确定	腹片				
7	胶南	JN-JGZ-7	CAA	周代	东周	582	1	陶		不确定	腹片				
7	胶南	JN-JGZ-7	CAA	汉代		763	5	陶		陶瓦					
7	胶南	JN-JGZ-7	CAA	汉代		763	2	陶		不确定	腹片				
7	胶南	JN-JGZ-7	CAA	不确定			1	瓷		不确定					
7	胶南	JN-JGZ-7	CAB	汉代		763	1	陶		陶瓦					
7	胶南	JN-JGZ-8	单个遗址	汉代		768	1	陶		陶瓦					
7	胶南	JN-JGZ-8	单个遗址	汉代		768	1	陶		不确定	腹片				
7	胶南	JN-JGZ-9	单个遗址	汉代		767	1	陶		陶盆	器底				
8	胶南	JN-JLH-1	CAA	龙山	不确定	314	1	陶		不确定	腹片	弦纹			
8	胶南	JN-JLH-1	CAA	周代	东周	527	2	陶		不确定	腹片	绳纹			
8	胶南	JN-JLH-1	CAA	汉代		848	2	陶		陶盆	口沿				
8	胶南	JN-JLH-1	CAA	汉代		848	2	陶		不确定	腹片				
8	胶南	JN-JLH-1	CAA	汉代		848	1	陶		砖	碎块				
8	胶南	JN-JLH-1	CAA	汉代		848	45	陶		陶瓦					
8	胶南	JN-JLH-1	CAB	汉代		848	1	陶		不确定	腹片				
8	胶南	JN-JLH-1	CAB	汉代		848	7	陶		陶瓦					
13	胶南	JN-JLH-1	CAC	周代	东周	527	1	陶		陶钵	腹片				
13	胶南	JN-JLH-1	CAC	周代	东周	527	4	陶		不确定	腹片				
13	胶南	JN-JLH-1	CAC	周代	东周	527	2	陶		不确定	腹片	绳纹			
13	胶南	JN-JLH-1	CAC	汉代		848	2	陶		不确定	腹片				

年度	县区	遗址	采集区	时代	分期	期段编号	数量	质地	石器种类	器形	部位	纹饰	颜色	质地	蛋壳陶
13	胶南	JN-JLH-1	CAC	汉代		848	6	陶		陶瓦					
13	胶南	JN-JLH-10	单个遗址	汉代		1688	2	陶		不确定	腹片				
13	胶南	JN-JLH-10	单个遗址	汉代		1688	5	陶		陶瓦					
13	胶南	JN-JLH-2	CAA	汉代		1726	1	陶		不确定	腹片				
13	胶南	JN-JLH-2	CAA	汉代		1726	19	陶		陶瓦					
13	胶南	JN-JLH-2	CAB	汉代		1726	2	陶		不确定	腹片				
13	胶南	JN-JLH-3	单个遗址	汉代		1691	3	陶		陶瓮	腹片				
13	胶南	JN-JLH-3	单个遗址	汉代		1691	11	陶		陶瓦					
13	胶南	JN-JLH-4	单个遗址	汉代		1730	4	陶		陶瓦					
13	胶南	JN-JLH-7	单个遗址	汉代		1690	1	陶		陶盆	腹片				
13	胶南	JN-JLH-7	单个遗址	汉代		1690	1	陶		陶瓦					
13	胶南	JN-JLH-8	单个遗址	汉代		1731	1	陶		不确定	腹片				
13	胶南	JN-JLH-8	单个遗址	汉代		1731	1	陶		陶瓦					
13	胶南	JN-JLH-8	单个遗址	汉代		1731	3	陶		砖					
13	胶南	JN-JLH-9	单个遗址	汉代		1689	1	陶		不确定	腹片				
7	胶南	JN-JMC-1	CAA	汉代		734	1	陶		陶盆	口沿				
7	胶南	JN-JMC-1	CAB	周代	东周	558	1	陶		不确定	腹片				
7	胶南	JN-JMC-1	CAB	周代	东周	558	1	陶		不确定	腹片	绳纹			
7	胶南	JN-JMC-1	CAB	汉代		734	3	陶		陶瓦					
7	胶南	JN-JMC-1	CAC	龙山	中期	268	1	陶		陶罐	口沿				
7	胶南	JN-JMC-1	CAC	龙山	中期	268	13	陶		不确定	腹片				
7	胶南	JN-JMC-1	CAC	周代	西周	558	1	陶		不确定	腹片	绳纹			
7	胶南	JN-JMC-1	CAC	周代	西周	558	19	陶		不确定	腹片				
7	胶南	JN-JMC-1	CAC	周代	西周	558	1	陶		陶盆	器底				
7	胶南	JN-JMC-1	CAC	周代	东周	558	1	陶		不确定	腹片	绳纹			
7	胶南	JN-JMC-1	CAC	周代	东周	558	2	陶		不确定	腹片				
7	胶南	JN-JMC-1	CAC	汉代		734	3	陶		陶瓦					
7	胶南	JN-JMC-1	CAC	龙山	不确定	268	1	石	工具	石镰					
7	胶南	JN-JMC-1	CAC	龙山	不确定	268	1	石	工具	石刀					
7	胶南	JN-JMC-1	CAD	汉代		734	3	陶		陶瓦					
7	胶南	JN-JMC-1	CAD	汉代		734	1	陶		不确定	腹片				
6	胶南	JN-JT-1	单个遗址	汉代	东周	544	1	陶		陶瓦					
6	胶南	JN-JT-2	单个遗址	汉代	西周	542	1	陶		陶罐	口沿				
6	胶南	JN-JT-3	单个遗址	汉代	西周	541	1	陶		陶瓦					
6	胶南	JN-JT-4	单个遗址	汉代	西周	543	2	陶		陶瓦					
6	胶南	JN-JT-5	单个遗址	龙山	不确定	221	1	陶		不确定	腹片				
6	胶南	JN-JT-6	单个遗址	汉代	东周	557	2	陶		陶瓦					
6	胶南	JN-JT-7	单个遗址	龙山	不确定	220	3	陶		不确定	腹片				
13	胶南	JN-JTL-1	单个遗址	龙山	中期	511	1	陶		陶罐	口沿				
13	胶南	JN-JTL-1	单个遗址	龙山		511	1	陶		不确定	腹片			粗砂	
13	胶南	JN-JTL-1	单个遗址	汉代		1699	1	陶		陶瓦					
13	胶南	JN-JTL-2	单个遗址	龙山		510	2	陶		不确定	腹片			粗砂	
13	胶南	JN-JTL-2	单个遗址	汉代		1698	1	陶		陶瓦					
13	胶南	JN-JTL-3	单个遗址	汉代		1728	1	陶		不确定	腹片				
13	胶南	JN-JTL-4	单个遗址	龙山		514	1	陶		不确定	腹片			粗砂	
13	胶南	JN-JTL-4	单个遗址	龙山		514	1	陶		不确定	腹片	篮纹		粗砂	

年度	县区	遗址	采集区	时代	分期	期段编号	数量	质地	石器种类	器形	部位	纹饰	颜色	质地	蛋壳陶
13	胶南	JN-JTL-4	单个遗址	龙山		514	2	石	工具	石刀					
13	胶南	JN-JTL-4	单个遗址	汉代		1701	1	陶		陶瓮	口沿				
13	胶南	JN-JTL-4	单个遗址	汉代		1701	2	陶		陶瓦					
13	胶南	JN-JTL-5	单个遗址	龙山		515	1	陶		不确定	腹片			粗砂	
13	胶南	JN-JTL-6	单个遗址	汉代		1727	1	陶		不确定	腹片				
13	胶南	JN-JTL-6	单个遗址	汉代		1727	1	陶		陶瓦					
13	胶南	JN-JTL-7	单个遗址	周代	西周	1183	1	陶		陶鬲	腹片	绳纹			
13	胶南	JN-JTL-8	单个遗址	周代	西周	1182	2	陶		不确定	腹片	绳纹			
4	胶南	JN-JWD-1	单个遗址	龙山	不确定	143	1	陶		不确定	腹片	弦纹		粗砂	
4	胶南	JN-JWD-2	CAJ	汉代		268	1	陶		陶瓦					
4	胶南	JN-JWD-2	CAB	龙山	早期	142	4	陶		不确定	腹片			粗砂	
4	胶南	JN-JWD-2	CAB	龙山	早期	142	2	陶		不确定	腹片	篮纹		粗砂	
4	胶南	JN-JWD-2	CAC	龙山	早期	142	1	陶		陶罐	口沿			粗砂	
4	胶南	JN-JWD-2	CAC	龙山	早期	142	1	陶		陶罐	器底				
4	胶南	JN-JWD-2	CAC	龙山	早期	142	1	陶		不确定	腹片	篮纹		粗砂	
4	胶南	JN-JWD-2	CAC	龙山	早期	142	1	陶		不确定	腹片	弦纹		粗砂	
4	胶南	JN-JWD-2	CAC	龙山	早期	142	11	陶		不确定	腹片			粗砂	
4	胶南	JN-JWD-2	CAD	龙山	早期	142	1	陶		陶匜	口沿			粗砂	
4	胶南	JN-JWD-2	CAD	龙山	早期	142	1	陶		陶鼎	器底			粗砂	
4	胶南	JN-JWD-2	CAD	龙山	早期	142	1	陶		陶罐	器底			粗砂	
4	胶南	JN-JWD-2	CAD	龙山	早期	142	7	陶		不确定	腹片			粗砂	
4	胶南	JN-JWD-2	CAD	龙山	早期	142	1	陶		不确定	腹片	弦纹		粗砂	
4	胶南	JN-JWD-2	CAF	龙山	早期	142	2	陶		不确定	腹片	篮纹		粗砂	
4	胶南	JN-JWD-2	CAF	龙山	早期	142	4	陶		不确定	腹片			粗砂	
4	胶南	JN-JWD-2	CAI	龙山	早期	142	1	陶		陶罐	口沿			粗砂	
4	胶南	JN-JWD-2	CAI	龙山	早期	142	1	陶		陶鼎	器底			粗砂	
4	胶南	JN-JWD-2	CAI	龙山	早期	142	1	陶		不确定	腹片	篮纹		粗砂	
4	胶南	JN-JWD-2	CAI	龙山	早期	142	8	陶		不确定	腹片			粗砂	
4	胶南	JN-JWD-2	CAM	龙山	早期	142	3	陶		陶鼎	器足			粗砂	
4	胶南	JN-JWD-2	CAM	龙山	早期	142	1	陶		陶鼎	口沿			粗砂	
4	胶南	JN-JWD-2	CAM	龙山	早期	142	1	陶		陶鼎	器底			粗砂	
4	胶南	JN-JWD-2	CAM	龙山	早期	142	1	陶		陶鬶	把手		灰	粗砂	
4	胶南	JN-JWD-2	CAM	龙山	早期	142	3	陶		陶罐	口沿			粗砂	
4	胶南	JN-JWD-2	CAM	龙山	早期	142	2	陶		陶罐	器底			粗砂	
4	胶南	JN-JWD-2	CAM	龙山	早期	142	1	陶		不确定	腹片			粗砂	
4	胶南	JN-JWD-2	CAM	龙山	早期	142	1	陶		陶盆	口沿			泥质	是
4	胶南	JN-JWD-2	CAM	龙山	早期	142	1	陶		陶罐	口沿			泥质	是
4	胶南	JN-JWD-2	CAM	龙山	早期	142	1	陶		陶匜	口沿			泥质	是
4	胶南	JN-JWD-2	CAN	龙山	早期	142	2	陶		陶鼎	器足			粗砂	
4	胶南	JN-JWD-2	CAN	龙山	早期	142	1	陶		陶鼎	器底			粗砂	
4	胶南	JN-JWD-2	CAN	龙山	早期	142	1	陶		陶罐	器底	篮纹		粗砂	
4	胶南	JN-JWD-2	CAN	龙山	早期	142	3	陶		不确定	腹片			粗砂	
4	胶南	JN-JWD-2	CAN	龙山	早期	142	1	陶		不确定	腹片	弦纹			
4	胶南	JN-JWD-2	CAP	龙山	早期	142	1	陶		不确定	腹片	篮纹		粗砂	
4	胶南	JN-JWD-2	CAM	龙山	中期	142	1	陶		陶鼎	器足	附加堆纹		粗砂	
4	胶南	JN-JWD-2	CAM	龙山	中期	142	3	陶		陶罐	口沿			粗砂	

年度	县区	遗址	采集区	时代	分期	期段编号	数量	质地	石器种类	器形	部位	纹饰	颜色	质地	蛋壳陶
4	胶南	JN-JWD-2	CAM	龙山	中期	142	1	陶		陶罐	器底			粗砂	
4	胶南	JN-JWD-2	CAG	龙山	不确定	142	1	陶		陶罐	口沿			粗砂	
4	胶南	JN-JWD-2	CAG	龙山	不确定	142	1	陶		不确定	腹片	附加堆纹		粗砂	
4	胶南	JN-JWD-2	CAG	龙山	不确定	142	3	陶		不确定	腹片	弦纹		粗砂	
4	胶南	JN-JWD-2	CAG	龙山	不确定	142	8	陶		不确定	腹片			粗砂	
4	胶南	JN-JWD-2	CAJ	龙山	不确定	142	2	陶		不确定	腹片			粗砂	
4	胶南	JN-JWD-2	CAK	龙山	不确定	142	2	陶		陶罐	器底			粗砂	
4	胶南	JN-JWD-2	CAK	龙山	不确定	142	1	陶		陶鼎	器底			粗砂	
4	胶南	JN-JWD-2	CAK	龙山	不确定	142	1	陶		陶器盖				粗砂	
4	胶南	JN-JWD-2	CAK	龙山	不确定	142	14	陶		不确定	腹片			粗砂	
4	胶南	JN-JWD-2	CAL	龙山	不确定	142	9	陶		不确定	腹片			粗砂	
4	胶南	JN-JWD-2	CAP	龙山	不确定	142	2	陶		不确定	腹片			粗砂	
4	胶南	JN-JWD-2	CAD	周代	东周	233	2	陶		不确定	腹片				
4	胶南	JN-JWD-2	CAD	周代	东周	233	1	陶		陶瓦					
4	胶南	JN-JWD-2	CAF	周代	东周	233	2	陶		不确定	腹片	绳纹			
4	胶南	JN-JWD-2	CAG	周代	东周	233	2	陶		不确定	腹片				
4	胶南	JN-JWD-2	CAG	周代	东周	233	1	陶		陶瓦		绳纹			
4	胶南	JN-JWD-2	CAH	周代	东周	233	1	陶		陶盆	完整器				
4	胶南	JN-JWD-2	CAH	周代	东周	233	1	陶		陶鬲	腹片				
4	胶南	JN-JWD-2	CAH	周代	东周	233	2	陶		不确定	腹片	绳纹			
4	胶南	JN-JWD-2	CAI	周代	东周	233	1	陶		陶罐	口沿	绳纹			
4	胶南	JN-JWD-2	CAI	周代	东周	233	2	陶		不确定	腹片				
4	胶南	JN-JWD-2	CAJ	周代	东周	233	2	陶		不确定	腹片	绳纹			
4	胶南	JN-JWD-2	CAK	周代	东周	233	1	陶		不确定	腹片				
4	胶南	JN-JWD-2	CAL	周代	东周	233	1	陶		陶瓦					
4	胶南	JN-JWD-2	CAL	周代	东周	233	3	陶		不确定	腹片				
4	胶南	JN-JWD-2	CAM	周代	东周	233	1	陶		陶瓦					
4	胶南	JN-JWD-2	CAN	周代	东周	233	1	陶		不确定	腹片	绳纹			
4	胶南	JN-JWD-2	CAN	周代	东周	233	1	陶		不确定	腹片				
4	胶南	JN-JWD-2	CAP	周代	东周	233	1	陶		陶罐	口沿				
4	胶南	JN-JWD-2	CAP	周代	东周	233	1	陶		陶豆	豆盘				
4	胶南	JN-JWD-2	CAP	周代	东周	233	3	陶		不确定	腹片	绳纹			
4	胶南	JN-JWD-2	CAP	周代	东周	233	1	陶		不确定	腹片				
4	胶南	JN-JWD-2	CAA	周代	西周	233	1	陶		不确定	腹片	绳纹			
4	胶南	JN-JWD-2	CAB	周代	西周	233	1	陶		不确定	腹片				
4	胶南	JN-JWD-2	CAB	周代	西周	233	3	陶		不确定	腹片	绳纹			
4	胶南	JN-JWD-2	CAC	周代	西周	233	1	陶		陶罐	口沿				
4	胶南	JN-JWD-2	CAC	周代	西周	233	2	陶		陶罐	肩部				
4	胶南	JN-JWD-2	CAC	周代	西周	233	8	陶		不确定	腹片	绳纹			
4	胶南	JN-JWD-2	CAC	周代	西周	233	6	陶		不确定	腹片				
4	胶南	JN-JWD-2	CAD	周代	西周	233	3	陶		陶鬲	腹片				
4	胶南	JN-JWD-2	CAD	周代	西周	233	5	陶		不确定	腹片	绳纹			
4	胶南	JN-JWD-2	CAD	周代	西周	233	3	陶		不确定	腹片				
4	胶南	JN-JWD-2	CAE	周代	西周	233	2	陶		陶鬲	腹片	绳纹			
4	胶南	JN-JWD-2	CAE	周代	西周	233	1	陶		不确定	腹片				
4	胶南	JN-JWD-2	CAG	周代	西周	233	3	陶		陶鬲	腹片	绳纹			

年度	县区	遗址	采集区	时代	分期	期段编号	数量	质地	石器种类	器形	部位	纹饰	颜色	质地	蛋壳陶
4	胶南	JN-JWD-2	CAG	周代	西周	233	1	陶		不确定	腹片	绳纹			
4	胶南	JN-JWD-2	CAI	周代	西周	233	2	陶		陶鬲	腹片	绳纹			
4	胶南	JN-JWD-2	CAI	周代	西周	233	1	陶		陶罐	肩部	绳纹			
4	胶南	JN-JWD-2	CAI	周代	西周	233	6	陶		不确定	腹片	绳纹			
4	胶南	JN-JWD-2	CAL	周代	西周	233	1	陶		陶鬲	腹片				
4	胶南	JN-JWD-2	CAL	周代	西周	233	3	陶		不确定	腹片	绳纹			
4	胶南	JN-JWD-2	CAM	周代	西周	233	2	陶		陶鬲	口沿	绳纹			
4	胶南	JN-JWD-2	CAM	周代	西周	233	1	陶		陶鬲	器足	绳纹			
4	胶南	JN-JWD-2	CAM	周代	西周	233	1	陶		陶鬲	腹片	绳纹			
4	胶南	JN-JWD-2	CAM	周代	西周	233	2	陶		陶罐	口沿				
4	胶南	JN-JWD-2	CAM	周代	西周	233	1	陶		陶罐	口沿	绳纹			
4	胶南	JN-JWD-2	CAM	周代	西周	233	1	陶		陶罐	口沿	绳纹			
4	胶南	JN-JWD-2	CAM	周代	西周	233	1	陶		陶盆	口沿				
4	胶南	JN-JWD-2	CAM	周代	西周	233	2	陶		陶簋	圈足				
4	胶南	JN-JWD-2	CAM	周代	西周	233	14	陶		不确定	腹片	绳纹			
4	胶南	JN-JWD-2	CAM	周代	西周	233	3	陶		不确定	腹片				
4	胶南	JN-JWD-2	CAN	周代	西周	233	1	陶		陶鬲	腹片	绳纹			
4	胶南	JN-JWD-2	CAN	周代	西周	233	1	陶		陶罐	肩部	绳纹			
4	胶南	JN-JWD-2	CAN	周代	西周	233	1	陶		不确定	腹片	绳纹			
4	胶南	JN-JWD-2	CAO	周代	西周	233	1	陶		不确定	腹片	绳纹			
4	胶南	JN-JWD-2	CAP	周代	西周	233	1	陶		陶鬲	腹片	绳纹			
4	胶南	JN-JWD-3	单个遗址	龙山	不确定	144	3	陶		不确定	腹片				粗砂
4	胶南	JN-JWD-3	单个遗址	周代	西周	234	2	陶		陶鬲	腹片	绳纹			
4	胶南	JN-JWD-3	单个遗址	周代	西周	234	1	陶		陶罐	器底				
4	胶南	JN-JWD-4	单个遗址	龙山	不确定	145	1	陶		不确定	腹片	弦纹			粗砂
4	胶南	JN-JWD-4	单个遗址	龙山	不确定	145	2	陶		不确定	腹片				粗砂
4	胶南	JN-JWD-4	单个遗址	周代	东周	235	1	陶		不确定	腹片	绳纹			
8	胶南	JN-LHDZ-1	单个遗址	龙山	早期	300	1	陶		不确定	腹片	篮纹			
8	胶南	JN-LHDZ-2	单个遗址	龙山	早期	301	1	陶		陶鼎	口沿				
8	胶南	JN-LHDZ-2	单个遗址	龙山	早期	301	1	陶		陶壶	器底				
8	胶南	JN-LHDZ-2	单个遗址	龙山	早期	301	5	陶		不确定	腹片	篮纹			
8	胶南	JN-LHDZ-2	单个遗址	龙山	不确定	301	1	陶		陶壶	口沿				
8	胶南	JN-LHDZ-2	单个遗址	龙山	不确定	301	2	陶		陶器盖	陶器盖				
8	胶南	JN-LHDZ-2	单个遗址	龙山	不确定	301	1	陶		陶罐	器底				
8	胶南	JN-LHDZ-2	单个遗址	龙山	不确定	301	12	陶		不确定	腹片				
8	胶南	JN-LHDZ-2	单个遗址	周代	东周	641	1	陶		陶罐	口沿				
8	胶南	JN-LHDZ-2	单个遗址	周代	东周	641	1	陶		不确定	腹片				
8	胶南	JN-LHDZ-2	单个遗址	周代	东周	641	8	陶		不确定	腹片	绳纹			
8	胶南	JN-LHDZ-2	单个遗址	汉代		862	1	陶		陶瓦					
8	胶南	JN-LHDZ-3	CAA	龙山	早期	303	1	陶		陶鼎	器足				
8	胶南	JN-LHDZ-3	CAA	龙山	早期	303	1	陶		陶甗	器足				
8	胶南	JN-LHDZ-3	CAA	龙山	早期	303	1	陶		陶鼎	口沿				
8	胶南	JN-LHDZ-3	CAA	龙山	早期	303	7	陶		不确定	腹片	篮纹			
8	胶南	JN-LHDZ-3	CAA	龙山	中期	303	2	陶		陶罐	口沿				
8	胶南	JN-LHDZ-3	CAA	龙山	中期	303	4	陶		陶匜	口沿				
8	胶南	JN-LHDZ-3	CAA	龙山	中期	303	1	陶		陶鼎	器足				

年度	县区	遗址	采集区	时代	分期	期段编号	数量	质地	石器种类	器形	部位	纹饰	颜色	质地	蛋壳陶
8	胶南	JN-LHDZ-3	CAA	龙山	不确定	303	1	陶		陶杯	器底				
8	胶南	JN-LHDZ-3	CAA	龙山	不确定	303	1	陶		陶罐	器底				
8	胶南	JN-LHDZ-3	CAA	龙山	不确定	303	31	陶		不确定	腹片				
8	胶南	JN-LHDZ-3	CAA	龙山	不确定	303	1	陶		不确定	把手				
8	胶南	JN-LHDZ-3	CAA	周代	西周	639	2	陶		陶鬲	口沿				
8	胶南	JN-LHDZ-3	CAA	周代	西周	639	5	陶		不确定	腹片	绳纹			
8	胶南	JN-LHDZ-3	CAA	周代	西周	639	2	陶		不确定	腹片				
8	胶南	JN-LHDZ-3	CAA	汉代		863	1	陶		陶罐	口沿				
8	胶南	JN-LHDZ-3	CAA	汉代		863	1	陶		陶盆	口沿				
8	胶南	JN-LHDZ-3	CAA	汉代		863	1	陶		陶盆	腹片				
8	胶南	JN-LHDZ-3	CAA	汉代		863	2	陶		不确定	腹片				
8	胶南	JN-LHDZ-3	CAA	汉代		863	3	陶		陶瓦					
8	胶南	JN-LHDZ-3	CAB	龙山	早期	303	1	陶		陶鼎	器足				
8	胶南	JN-LHDZ-3	CAB	龙山	早期	303	1	陶		陶盘	口沿				
8	胶南	JN-LHDZ-3	CAB	龙山	早期	303	4	陶		不确定	腹片	篮纹			
8	胶南	JN-LHDZ-3	CAB	龙山	不确定	303	17	陶		不确定	腹片				
8	胶南	JN-LHDZ-3	CAB	岳石	不确定	7	2	陶		陶器盖					
8	胶南	JN-LHDZ-3	CAB	周代	西周	639	4	陶		不确定	腹片	绳纹			
8	胶南	JN-LHDZ-3	CAB	周代	西周	639	2	陶		不确定	腹片				
8	胶南	JN-LHDZ-3	CAB	周代	东周	639	2	陶		不确定	腹片				
8	胶南	JN-LHDZ-3	CAC	龙山	早期	303	1	陶		陶甗	器足				
8	胶南	JN-LHDZ-3	CAC	龙山	早期	303	3	陶		不确定	腹片	篮纹			
8	胶南	JN-LHDZ-3	CAC	龙山	不确定	303	9	陶		不确定	腹片				
8	胶南	JN-LHDZ-3	CAC	周代	东周	639	1	陶		陶壶	口沿				
8	胶南	JN-LHDZ-3	CAC	周代	东周	639	2	陶		不确定	腹片	绳纹			
8	胶南	JN-LHDZ-4	单个遗址	龙山	早期	298	2	陶		不确定	腹片	篮纹			
8	胶南	JN-LHDZ-4	单个遗址	龙山	不确定	298	3	陶		不确定	腹片				
8	胶南	JN-LHDZ-4	单个遗址	周代	东周	640	1	陶		陶豆	豆柄				
8	胶南	JN-LHDZ-5	单个遗址	龙山	不确定	297	1	陶		不确定	腹片				
8	胶南	JN-LHDZ-5	单个遗址	周代	东周	643	1	陶		陶豆	豆盘				
8	胶南	JN-LHDZ-5	单个遗址	周代	东周	643	3	陶		不确定	腹片	绳纹			
8	胶南	JN-LHDZ-5	单个遗址	周代	东周	643	1	陶		不确定	腹片				
8	胶南	JN-LHDZ-6	单个遗址	龙山	早期	296	1	陶		不确定	腹片	篮纹			
4	胶南	JN-LHQ-1	单个遗址	龙山	早期	142	1	陶		陶鼎	器足	篮纹		粗砂	
4	胶南	JN-LHQ-1	单个遗址	龙山	早期	142	1	陶		陶罐	口沿			粗砂	
4	胶南	JN-LHQ-1	单个遗址	龙山	早期	142	1	陶		陶杯	器底			粗砂	
4	胶南	JN-LHQ-1	单个遗址	龙山	早期	142	6	陶		不确定	腹片			粗砂	
4	胶南	JN-LHQ-1	单个遗址	龙山	早期	142	3	陶		不确定	腹片	篮纹		粗砂	
4	胶南	JN-LHQ-1	单个遗址	龙山	早期	142	2	陶		不确定	腹片	弦纹		粗砂	
4	胶南	JN-LHQ-1	单个遗址	龙山	早期	142	4	陶		不确定	腹片			泥质	是
4	胶南	JN-LHQ-1	单个遗址	周代	东周	233	3	陶		不确定	腹片	绳纹			
4	胶南	JN-LHQ-1	单个遗址	周代	东周	233	1	陶		不确定	腹片				
4	胶南	JN-LHQ-1	单个遗址	周代	东周	233	1	陶		陶瓦					
4	胶南	JN-LHQ-1	单个遗址	周代	西周	233	2	陶		陶鬲	腹片				
4	胶南	JN-LHQ-1	单个遗址	周代	西周	233	1	陶		不确定	腹片				
4	胶南	JN-LHQ-1	单个遗址	周代	西周	233	11	陶		不确定	腹片	绳纹			

年度	县区	遗址	采集区	时代	分期	期段编号	数量	质地	石器种类	器形	部位	纹饰	颜色	质地	蛋壳陶
4	胶南	JN-LHQ-2	单个遗址	周代	东周	226	1	陶		陶瓦					
4	胶南	JN-LHY-1	单个遗址	周代	东周	246	1	陶		陶瓦					
4	胶南	JN-LHY-1	单个遗址	周代	东周	246	1	陶		壁					
13	胶南	JN-LJBu-1	单个遗址	龙山		533	1	陶		不确定	腹片			粗砂	
13	胶南	JN-LJBu-2	单个遗址	周代	东周	1166	1	陶		不确定	腹片	绳纹			
13	胶南	JN-LJDZ-1	单个遗址	龙山		518	1	陶		不确定	腹片			粗砂	
13	胶南	JN-LJDZ-1	单个遗址	周代	东周	1180	1	陶		陶罐	口沿				
13	胶南	JN-LJDZ-1	单个遗址	周代	东周	1180	2	陶		不确定	腹片				
13	胶南	JN-LJDZ-1	单个遗址	汉代		1704	1	陶		不确定	腹片				
13	胶南	JN-LJDZ-1	单个遗址	汉代		1704	1	陶		陶瓦					
13	胶南	JN-LJDZ-2	单个遗址	龙山		519	1	陶		不确定	腹片	篮纹		粗砂	
4	胶南	JN-LJGZ-1	单个遗址	汉代		277	2	陶		陶瓦					
4	胶南	JN-LJGZ-1	单个遗址	汉代		277	2	陶		不确定	腹片				
4	胶南	JN-LJGZ-1	单个遗址	周代	西周	224	1	陶		陶罐	腹片	附加堆纹			
4	胶南	JN-LJGZ-2	单个遗址	汉代		281	2	陶		陶瓦					
4	胶南	JN-LJGZ-3	单个遗址	汉代		282	5	陶		陶瓦					
4	胶南	JN-LJGZ-4	单个遗址	汉代		282	1	陶		陶瓦					
4	胶南	JN-LJGZ-5	单个遗址	汉代		282	1	陶		陶瓦					
4	胶南	JN-LJGZ-6	单个遗址	周代	东周	225	1	陶		陶瓦					
13	胶南	JN-LJT-1	单个遗址	周代	东周	1197	3	陶		不确定	腹片				
13	胶南	JN-LJT-1	单个遗址	周代	东周	1197	1	陶		不确定	腹片	绳纹			
13	胶南	JN-LJT-1	单个遗址	汉代		1669	3	陶		不确定	腹片				
6	胶南	JN-LJXZ-1	单个遗址	汉代	西周	486	2	陶		陶瓦					
6	胶南	JN-LMH-1	单个遗址	周代	西周	452	4	陶		不确定	腹片				
6	胶南	JN-LMH-1	单个遗址	周代	东周	452	5	陶		不确定	腹片				
6	胶南	JN-LMH-1	单个遗址	汉代	西周	552	1	陶		陶罐	口沿				
6	胶南	JN-LMH-1	单个遗址	汉代	西周	552	4	陶		陶瓦					
6	胶南	JN-LMH-2	CAA	周代	东周	453	1	陶		陶罐	器底				
6	胶南	JN-LMH-2	CAA	周代	东周	453	7	陶		不确定	腹片				
6	胶南	JN-LMH-2	CAA	汉代	西周	562	1	陶		陶盆	口沿				
6	胶南	JN-LMH-2	CAA	汉代	西周	562	2	陶		陶瓦					
6	胶南	JN-LMH-2	CAA	汉代	西周	562	7	陶		不确定	腹片				
6	胶南	JN-LMH-2	CAA	不确定			1	黏土		烧土	泥块				
6	胶南	JN-LMH-2	CAB	周代	东周	453	2	陶		不确定	腹片				
6	胶南	JN-LMH-2	CAC	周代	东周	453	1	陶		陶盆	口沿				
6	胶南	JN-LMH-2	CAC	周代	东周	453	2	陶		不确定	腹片				
6	胶南	JN-LMH-2	CAC	汉代	西周	562	1	陶		陶罐	口沿				
6	胶南	JN-LMH-2	CAC	汉代	西周	562	1	陶		陶盆	口沿				
6	胶南	JN-LMH-2	CAC	汉代	西周	562	15	陶		陶瓦					
6	胶南	JN-LMH-2	CAC	汉代	西周	562	4	陶		不确定	腹片				
6	胶南	JN-LMH-3	单个遗址	周代	东周	456	3	陶		不确定	腹片				
6	胶南	JN-LNT-1	单个遗址	周代	东周	449	3	陶		不确定	腹片				
6	胶南	JN-LNT-2	单个遗址	汉代	西周	559	1	陶		陶瓦					
7	胶南	JN-MD-1	单个遗址	周代	西周	618	2	陶		陶罐	口沿				
7	胶南	JN-MD-1	单个遗址	周代	西周	618	4	陶		不确定	腹片	绳纹			
7	胶南	JN-MD-1	单个遗址	周代	西周	618	1	陶		不确定	腹片				

年度	县区	遗址	采集区	时代	分期	期段编号	数量	质地	石器种类	器形	部位	纹饰	颜色	质地	蛋壳陶
7	胶南	JN-MD-1	单个遗址	周代	西周	618	1	陶		陶罐	器底				
7	胶南	JN-MD-1	单个遗址	周代	东周	618	1	陶		陶罐	口沿				
7	胶南	JN-MD-1	单个遗址	周代	东周	618	5	陶		不确定	腹片	绳纹			
7	胶南	JN-MD-1	单个遗址	汉代		840	1	陶		陶盆	口沿				
7	胶南	JN-MD-1	单个遗址	汉代		840	4	陶		陶瓦					
13	胶南	JN-MGH-1	单个遗址	周代	东周	1212	1	陶		不确定	腹片	绳纹			
13	胶南	JN-MGH-2	单个遗址	周代	西周	1215	1	陶		陶鬲	器足				
13	胶南	JN-MGH-2	单个遗址	周代	西周	1215	1	陶		不确定	腹片				
13	胶南	JN-MGH-2	单个遗址	汉代		1636	1	陶		陶瓦					
13	胶南	JN-MGH-2	单个遗址	汉代		1636	1	陶		不确定	腹片				
13	胶南	JN-MGH-3	单个遗址	周代	西周	1213	1	陶		陶鬲	腹片	绳纹			
13	胶南	JN-MGH-3	单个遗址	周代	西周	1213	1	陶		不确定	腹片	绳纹			
7	胶南	JN-MGZ-1	单个遗址	汉代		754	1	陶		不确定	腹片				
7	胶南	JN-MGZ-2	单个遗址	周代	西周	577	1	陶		陶甗	腹片	绳纹			
7	胶南	JN-MGZ-2	单个遗址	汉代		756	4	陶		陶瓦					
7	胶南	JN-MGZ-3	单个遗址	周代	西周	570	1	陶		陶罐	口沿				
7	胶南	JN-MGZ-4	单个遗址	周代	东周	576	1	陶		陶罐	口沿				
7	胶南	JN-MGZ-4	单个遗址	汉代		753	2	陶		陶瓦					
7	胶南	JN-MGZ-5	单个遗址	周代	东周	574	1	陶		陶盆	腹片				
7	胶南	JN-MGZ-5	单个遗址	汉代		750	1	陶		陶瓦					
7	胶南	JN-MH-1	CAA	周代	西周	609	2	陶		陶鬲	腹片				
7	胶南	JN-MH-1	CAA	周代	西周	609	12	陶		不确定	腹片	绳纹			
7	胶南	JN-MH-1	CAA	周代	西周	609	5	陶		不确定	腹片				
7	胶南	JN-MH-1	CAA	周代	东周	609	1	陶		陶豆	把手				
7	胶南	JN-MH-1	CAA	周代	东周	609	1	陶		陶簋	口沿				
7	胶南	JN-MH-1	CAA	周代	东周	609	1	陶		陶壶	器底				
7	胶南	JN-MH-1	CAA	周代	东周	609	1	陶		陶罐	口沿				
7	胶南	JN-MH-1	CAA	周代	东周	609	8	陶		不确定	腹片	绳纹			
7	胶南	JN-MH-1	CAA	周代	东周	609	3	陶		不确定	腹片				
7	胶南	JN-MH-1	CAA	汉代		828	19	陶		陶瓦					
7	胶南	JN-MH-1	CAA	汉代		828	5	陶		不确定	腹片				
7	胶南	JN-MH-1	CAB	汉代		828	1	陶		陶盆	口沿				
7	胶南	JN-MH-1	CAB	汉代		828	2	陶		不确定	腹片				
7	胶南	JN-MH-1	CAB	周代	东周	609	1	陶		陶瓦					
7	胶南	JN-MH-1	CAB	周代	东周	609	1	陶		不确定	腹片				
7	胶南	JN-MH-1	CAC	汉代		828	2	陶		陶瓦					
7	胶南	JN-MH-1	CAC	汉代		828	2	陶		不确定	腹片				
7	胶南	JN-MH-1	CAD	汉代		828	1	陶		陶瓦					
7	胶南	JN-MH-1	CAD	汉代		828	5	陶		不确定	腹片				
4	胶南	JN-MHG-1	单个遗址	周代	西周	190	3	陶		不确定	腹片	绳纹			
4	胶南	JN-MHG-1	单个遗址	周代	西周	190	1	陶		不确定	腹片	附加堆纹			
6	胶南	JN-MJL-1	单个遗址	汉代	西周	551	1	陶		陶瓦					
6	胶南	JN-MJL-2	单个遗址	汉代	西周	554	1	陶		陶罐	口沿				
6	胶南	JN-MJL-2	单个遗址	汉代	西周	554	2	陶		陶瓦					
6	胶南	JN-MJL-3	单个遗址	不确定			2	黏土		烧土	泥块				
6	胶南	JN-MJL-3	单个遗址	汉代	西周	553	2	陶		陶瓦					

年度	县区	遗址	采集区	时代	分期	期段编号	数量	质地	石器种类	器形	部位	纹饰	颜色	质地	蛋壳陶
6	胶南	JN-MJL-3	单个遗址	汉代	西周	553	4	陶		不确定	腹片				
7	胶南	JN-NS-1	单个遗址	龙山	不确定	249	1	陶		陶盆	口沿				
7	胶南	JN-NS-1	单个遗址	龙山	不确定	249	1	陶		陶盆	器底				
7	胶南	JN-NS-1	单个遗址	龙山	不确定	249	1	陶		不确定	腹片				
7	胶南	JN-NS-1	单个遗址	汉代		712	1	陶		陶瓦					
7	胶南	JN-NS-1	单个遗址	汉代		712	2	陶		不确定	腹片				
7	胶南	JN-NS-2	单个遗址	龙山	不确定	250	1	陶		陶豆	把手				
7	胶南	JN-NS-2	单个遗址	龙山	不确定	250	2	陶		不确定	腹片				
7	胶南	JN-NS-2	单个遗址	周代	西周	534	1	陶		不确定	腹片	绳纹			
7	胶南	JN-NS-2	单个遗址	周代	东周	534	3	陶		不确定	腹片				
7	胶南	JN-NS-3	CAA	龙山	不确定	251	1	陶		陶杯	器底				
7	胶南	JN-NS-3	CAA	龙山	不确定	251	1	陶		不确定	腹片	篮纹			
7	胶南	JN-NS-3	CAA	龙山	不确定	251	1	陶		不确定	腹片				
7	胶南	JN-NS-3	CAA	周代	东周	534	1	陶		不确定	腹片	绳纹			
7	胶南	JN-NS-3	CAB	周代	西周	534	2	陶		不确定	腹片	绳纹			
7	胶南	JN-NS-3	CAB	周代	东周	534	1	陶		不确定	腹片	绳纹			
7	胶南	JN-NS-3	CAB	汉代		713	1	陶		陶瓦					
7	胶南	JN-NS-4	单个遗址	周代	西周	533	1	陶		不确定	腹片	绳纹			
7	胶南	JN-NS-4	单个遗址	周代	西周	533	2	陶		不确定	腹片				
7	胶南	JN-NS-4	单个遗址	周代	东周	533	1	陶		陶罐	口沿				
7	胶南	JN-NS-4	单个遗址	周代	东周	533	1	陶		陶罐	器底				
7	胶南	JN-NS-4	单个遗址	周代	东周	533	1	陶		不确定	腹片				
7	胶南	JN-NS-4	单个遗址	汉代		714	1	陶		陶瓦					
7	胶南	JN-NS-5	CAA	龙山	不确定	248	1	陶		陶罐	器底				
7	胶南	JN-NS-5	CAA	龙山	不确定	248	2	陶		不确定	腹片	篮纹			
7	胶南	JN-NS-5	CAA	龙山	不确定	248	4	陶		不确定	腹片				
7	胶南	JN-NS-5	CAA	周代	西周	530	1	陶		陶罐	口沿				
7	胶南	JN-NS-5	CAA	周代	西周	530	2	陶		不确定	腹片				
7	胶南	JN-NS-5	CAA	周代	东周	530	1	陶		不确定	腹片				
7	胶南	JN-NS-5	CAA	周代	东周	530	4	陶		不确定	腹片	绳纹			
7	胶南	JN-NS-5	CAA	汉代		709	1	陶		陶瓦					
7	胶南	JN-NS-5	CAB	周代	东周	530	1	陶		陶罐	口沿				
7	胶南	JN-NS-5	CAB	周代	东周	530	2	陶		不确定	腹片				
7	胶南	JN-NS-5	CAB	汉代		709	5	陶		陶瓦					
7	胶南	JN-NS-5	CAC	汉代		709	2	陶		陶瓦					
7	胶南	JN-NS-5	CAD	龙山	不确定	248	1	陶		陶罐	器底				
7	胶南	JN-NS-5	CAD	周代	东周	530	1	陶		陶罐	器底				
7	胶南	JN-NS-5	CAD	汉代		709	1	陶		陶罐	口沿				
7	胶南	JN-NS-5	CAD	汉代		709	1	陶		陶瓦					
7	胶南	JN-NS-6	CAA	龙山	不确定	246	2	陶		不确定	腹片				
7	胶南	JN-NS-6	CAA	周代	西周	530	1	陶		不确定	腹片	绳纹			
7	胶南	JN-NS-6	CAA	周代	西周	530	4	陶		不确定	腹片				
7	胶南	JN-NS-6	CAA	周代	东周	530	1	陶		陶罐	口沿				
7	胶南	JN-NS-6	CAA	周代	东周	530	2	陶		不确定	腹片				
7	胶南	JN-NS-6	CAA	周代	东周	530	2	陶		不确定	腹片	绳纹			
7	胶南	JN-NS-6	CAA	汉代		709	8	陶		陶瓦					

年度	县区	遗址	采集区	时代	分期	期段编号	数量	质地	石器种类	器形	部位	纹饰	颜色	质地	蛋壳陶
7	胶南	JN-NS-6	CAA	汉代		709	1	陶		不确定	腹片				
7	胶南	JN-NS-6	CAB	周代	东周	530	1	陶		陶罐	口沿				
7	胶南	JN-NS-6	CAB	周代	东周	530	4	陶		不确定	腹片	绳纹			
7	胶南	JN-NS-6	CAB	周代	东周	530	2	陶		不确定	腹片				
7	胶南	JN-NS-6	CAB	汉代		709	1	陶		砖					
7	胶南	JN-NS-6	CAB	汉代		709	8	陶		陶瓦					
7	胶南	JN-NS-6	CAB	汉代		709	3	陶		不确定	腹片				
7	胶南	JN-NS-6	CAC	龙山	不确定	245	1	陶		陶罐	器底				
7	胶南	JN-NS-6	CAC	周代	东周	530	1	陶		陶罐	器底				
7	胶南	JN-NS-6	CAC	周代	东周	530	4	陶		不确定	腹片				
7	胶南	JN-NS-6	CAC	汉代		709	1	陶		砖					
7	胶南	JN-NS-6	CAC	汉代		709	7	陶		陶瓦					
7	胶南	JN-NS-6	CAC	汉代		709	1	陶		不确定	腹片				
7	胶南	JN-NS-6	CAD	汉代		709	6	陶		陶瓦					
7	胶南	JN-NS-6	CAD	汉代		709	1	陶		不确定	腹片				
7	胶南	JN-NS-7	CAA	龙山	不确定	244	2	陶		不确定	腹片				
7	胶南	JN-NS-7	CAA	周代	东周	529	1	陶		不确定	腹片				
7	胶南	JN-NS-7	CAA	周代	东周	529	1	陶		不确定	腹片	绳纹			
7	胶南	JN-NS-7	CAA	周代	东周	529	1	陶		不确定	器底				
7	胶南	JN-NS-7	CAB	周代	东周	529	1	陶		不确定	腹片	凹弦纹			
7	胶南	JN-NS-7	CAB	周代	东周	529	3	陶		不确定	腹片				
7	胶南	JN-NS-7	CAC	汉代		710	1	陶		陶瓦					
7	胶南	JN-NS-7	CAD	龙山	不确定	244	1	陶		不确定	腹片				
7	胶南	JN-NS-8	单个遗址	龙山	不确定	247	1	陶		陶罐	器底				
7	胶南	JN-NS-8	单个遗址	龙山	不确定	247	1	陶		不确定	腹片	凹弦纹			
7	胶南	JN-NS-8	单个遗址	龙山	不确定	247	1	陶		不确定	腹片				
7	胶南	JN-NS-8	单个遗址	周代	西周	531	1	陶		不确定	腹片	绳纹			
7	胶南	JN-NS-8	单个遗址	周代	西周	531	4	陶		不确定	腹片				
7	胶南	JN-NS-8	单个遗址	周代	东周	531	1	陶		陶罐	口沿				
7	胶南	JN-NS-8	单个遗址	周代	东周	531	1	陶		陶盆	器底				
7	胶南	JN-NS-8	单个遗址	周代	东周	531	5	陶		不确定	腹片				
7	胶南	JN-NS-8	单个遗址	汉代		709	1	陶		砖					
7	胶南	JN-NS-8	单个遗址	汉代		709	13	陶		陶瓦					
7	胶南	JN-NS-8	单个遗址	汉代		709	2	陶		不确定	腹片				
6	胶南	JN-NXZ-1	单个遗址	周代	西周	413	1	陶		不确定	腹片				
6	胶南	JN-NXZ-2	单个遗址	汉代	西周	493	3	陶		陶瓦					
6	胶南	JN-NXZ-3	单个遗址	周代	东周	414	4	陶		不确定	腹片				
6	胶南	JN-NXZ-3	单个遗址	汉代	西周	492	1	陶		陶瓦					
6	胶南	JN-NXZ-4	单个遗址	周代	东周	412	1	陶		陶罐	肩部				
6	胶南	JN-NXZ-4	单个遗址	周代	东周	412	1	陶		不确定	腹片				
6	胶南	JN-NXZ-4	单个遗址	汉代	西周	482	3	陶		陶瓦					
6	胶南	JN-NXZ-5	单个遗址	周代	西周	415	3	陶		不确定	腹片				
6	胶南	JN-NXZ-5	单个遗址	周代	东周	415	1	陶		陶罐	口沿				
6	胶南	JN-NXZ-5	单个遗址	周代	东周	415	1	陶		不确定	腹片				
6	胶南	JN-NXZ-5	单个遗址	汉代	西周	500	3	陶		陶瓦					
6	胶南	JN-NXZ-6	单个遗址	汉代	西周	494	1	陶		陶罐	器底				

年度	县区	遗址	采集区	时代	分期	期段编号	数量	质地	石器种类	器形	部位	纹饰	颜色	质地	蛋壳陶
6	胶南	JN-NXZ-6	单个遗址	汉代	西周	494	3	陶		陶瓦					
6	胶南	JN-NXZ-7	单个遗址	龙山	不确定	201	1	陶		不确定	腹片				
6	胶南	JN-NXZ-7	单个遗址	汉代	西周	499	1	陶		不确定	腹片				
6	胶南	JN-NXZ-8	单个遗址	汉代	西周	498	2	陶		陶瓦					
7	胶南	JN-NZ-1	单个遗址	周代	东周	620	1	陶		不确定	腹片	绳纹			
7	胶南	JN-NZ-1	单个遗址	汉代		838	3	陶		陶瓦					
7	胶南	JN-NZ-2	单个遗址	周代	东周	619	1	陶		不确定	腹片	绳纹			
7	胶南	JN-NZ-2	单个遗址	周代	东周	619	3	陶		不确定	腹片				
7	胶南	JN-NZ-3	单个遗址	龙山	不确定	288	1	陶		不确定	腹片				
7	胶南	JN-NZ-3	单个遗址	周代	东周	621	2	陶		不确定	腹片				
7	胶南	JN-NZ-3	单个遗址	周代	东周	621	1	陶		陶瓦					
7	胶南	JN-NZ-4	单个遗址	周代	西周	628	1	陶		陶罐	口沿				
7	胶南	JN-NZ-4	单个遗址	周代	西周	628	1	陶		不确定	腹片	绳纹			
7	胶南	JN-NZ-4	单个遗址	周代	东周	628	3	陶		陶瓦					
7	胶南	JN-NZ-4	单个遗址	周代	东周	628	2	陶		陶罐	口沿				
7	胶南	JN-NZ-4	单个遗址	周代	东周	628	5	陶		不确定	腹片	绳纹			
7	胶南	JN-NZ-5	CAA	龙山	不确定	292	1	陶		陶匜	口沿				
7	胶南	JN-NZ-5	CAA	龙山	不确定	292	1	陶		陶器盖	口沿				
7	胶南	JN-NZ-5	CAA	龙山	不确定	292	1	陶		不确定	腹片				
7	胶南	JN-NZ-5	CAA	周代	西周	627	1	陶		陶罐	口沿				
7	胶南	JN-NZ-5	CAA	周代	西周	627	3	陶		不确定	腹片	绳纹			
7	胶南	JN-NZ-5	CAA	周代	西周	627	2	陶		不确定	腹片				
7	胶南	JN-NZ-5	CAA	周代	东周	627	1	陶		陶罐	口沿				
7	胶南	JN-NZ-5	CAA	周代	东周	627	1	陶		不确定	腹片	绳纹			
7	胶南	JN-NZ-5	CAA	周代	东周	627	2	陶		不确定	腹片				
7	胶南	JN-NZ-5	CAB	汉代		841	4	陶		陶瓦					
7	胶南	JN-NZ-5	CAC	周代	东周	625	1	陶		不确定	腹片	绳纹			
7	胶南	JN-NZ-5	CAC	周代	东周	625	1	陶		不确定	腹片				
7	胶南	JN-NZ-5	CAD	周代	东周	626	1	陶		不确定	器底				
6	胶南	JN-QCC-1	CAA	汉代	西周	527	12	陶		陶瓦					
6	胶南	JN-QCC-1	CAB	汉代	西周	527	2	陶		陶罐	口沿				
6	胶南	JN-QCC-1	CAB	汉代	西周	527	1	陶		陶罐	器底				
6	胶南	JN-QCC-1	CAB	汉代	西周	527	12	陶		陶瓦					
6	胶南	JN-QCC-1	CAB	汉代	西周	527	14	陶		不确定	腹片				
6	胶南	JN-QCC-1	CAC	周代	东周	442	4	陶		不确定	腹片				
6	胶南	JN-QCC-1	CAC	汉代	西周	527	1	陶		陶罐	口沿				
6	胶南	JN-QCC-1	CAC	汉代	西周	527	7	陶		陶瓦					
4	胶南	JN-QD-1	CAB	汉代		244	4	陶		陶瓦					
4	胶南	JN-QD-1	CAC	汉代		244	12	陶		陶瓦					
4	胶南	JN-QD-1	CAC	汉代		244	1	陶		陶罐	口沿				
4	胶南	JN-QD-1	CAC	汉代		244	1	陶		陶盆	器底				
4	胶南	JN-QD-1	CAC	汉代		244	25	陶		陶瓦	腹片				
4	胶南	JN-QD-1	CAC	汉代		244	34	陶		不确定	腹片				
4	胶南	JN-QD-1	CAD	汉代		244	2	陶		陶瓦					
4	胶南	JN-QD-1	CAA	周代	东周	205	3	陶		不确定	腹片				
4	胶南	JN-QD-2	单个遗址	龙山	不确定	130	1	陶		不确定	腹片	弦纹		粗砂	

年度	县区	遗址	采集区	时代	分期	期段编号	数量	质地	石器种类	器形	部位	纹饰	颜色	质地	蛋壳陶
4	胶南	JN-QD-2	单个遗址	不确定			1	陶		不确定	腹片				
4	胶南	JN-QD-3	CAA	汉代		242	24	陶		陶瓦					
4	胶南	JN-QD-3	CAA	汉代		242	1	陶		陶盆	腹片				
4	胶南	JN-QD-3	CAB	汉代		242	15	陶		陶瓦					
4	胶南	JN-QD-3	CAB	汉代		242	1	陶		不确定	腹片	绳纹			
4	胶南	JN-QD-3	CAB	汉代		242	5	陶		不确定	腹片				
4	胶南	JN-QD-3	CAC	汉代		242	1	陶		陶瓦					
4	胶南	JN-QD-3	CAD	汉代		242	1	陶		陶瓦					
4	胶南	JN-QD-3	CAD	汉代		242	2	陶		不确定	腹片				
4	胶南	JN-QD-4	CAB	汉代		243	6	陶		陶瓦					
4	胶南	JN-QD-4	CAB	汉代		243	1	陶		不确定	腹片				
4	胶南	JN-QD-4	CAA	汉代		247	4	陶		陶瓦					
4	胶南	JN-QD-4	CAA	周代	东周	192	2	陶		不确定	腹片				
4	胶南	JN-QD-4	CAC	周代	东周	193	1	陶		不确定	腹片				
7	胶南	JN-QGD-1	CAA	汉代		801	2	陶		陶罐	口沿				
7	胶南	JN-QGD-1	CAA	汉代		801	1	陶		陶盆	口沿				
7	胶南	JN-QGD-1	CAA	汉代		801	11	陶		不确定	腹片				
7	胶南	JN-QGD-1	CAA	汉代		801	71	陶		陶瓦					
7	胶南	JN-QGD-1	CAB	汉代		801	1	陶		陶盆	口沿				
7	胶南	JN-QGD-1	CAB	汉代		801	1	陶		陶盆	腹片				
7	胶南	JN-QGD-1	CAB	汉代		801	49	陶		陶瓦					
7	胶南	JN-QGD-2	单个遗址	龙山	不确定	284	1	陶		陶甗	器足				
6	胶南	JN-QHC-1	单个遗址	龙山	不确定	212	1	陶		不确定	腹片				
6	胶南	JN-QHC-2	单个遗址	汉代	西周	522	1	陶		陶瓦					
8	胶南	JN-QJ-1	单个遗址	龙山	早期	293	1	陶		不确定	腹片	篮纹			
8	胶南	JN-QJ-1	单个遗址	龙山	不确定	293	1	陶		陶盆	器底				
8	胶南	JN-QJ-1	单个遗址	龙山	不确定	293	1	陶		不确定	腹片				
8	胶南	JN-QJ-1	单个遗址	周代	东周	528	1	陶		陶罐	肩部				
8	胶南	JN-QJ-2	单个遗址	龙山	早期	294	1	陶		不确定	腹片	篮纹			
8	胶南	JN-QJ-2	单个遗址	龙山	不确定	294	1	陶		不确定	腹片				
4	胶南	JN-QLW-1	单个遗址	汉代		286	2	陶		不确定	腹片				
4	胶南	JN-QLW-2	CAA	汉代		291	16	陶		陶瓦	口沿				
4	胶南	JN-QLW-2	CAA	汉代		291	89	陶		陶瓦	腹片				
4	胶南	JN-QLW-2	CAB	汉代		291	2	陶		陶瓦	腹片				
4	胶南	JN-QLW-2	CAA	周代	东周	215	1	陶		陶瓦	口沿				
4	胶南	JN-QLW-2	CAA	周代	东周	215	2	陶		陶盆	腹片				
4	胶南	JN-QLW-3	单个遗址	周代	东周	216	1	陶		不确定	腹片				
4	胶南	JN-QLW-3	单个遗址	周代	东周	216	1	陶		不确定	腹片	绳纹			
4	胶南	JN-QLW-4	单个遗址	汉代		292	1	陶		陶瓦					
4	胶南	JN-QLW-4	单个遗址	汉代		292	1	陶		陶盆	口沿				
4	胶南	JN-QLW-6	单个遗址	汉代		289	10	陶		陶瓦	口沿				
4	胶南	JN-QLW-6	单个遗址	汉代		289	4	陶		陶盆	腹片				
4	胶南	JN-QLW-6	单个遗址	汉代		289	4	陶		陶盆	腹片	绳纹			
4	胶南	JN-QLW-8	单个遗址	汉代		294	1	陶		陶瓦					
4	胶南	JN-QLW-8	单个遗址	汉代		294	4	陶		不确定	腹片				
13	胶南	JN-QMJZ-1	CAA	龙山		526	1	陶		不确定	腹片			粗砂	

年度	县区	遗址	采集区	时代	分期	期段编号	数量	质地	石器种类	器形	部位	纹饰	颜色	质地	蛋壳陶
13	胶南	JN-QMJZ-1	CAA	汉代		1718	1	陶		陶盆	口沿				
13	胶南	JN-QMJZ-1	CAA	汉代		1718	2	陶		不确定	腹片				
13	胶南	JN-QMJZ-1	CAA	汉代		1718	1	陶		陶瓦					
13	胶南	JN-QMJZ-1	CAB	汉代		1718	1	陶		陶瓮	口沿				
13	胶南	JN-QMJZ-1	CAB	汉代		1718	4	陶		陶瓦					
13	胶南	JN-QMJZ-2	CAA	龙山	早期	527	2	陶		陶罐	口沿				
13	胶南	JN-QMJZ-2	CAA	龙山		527	2	陶		不确定	腹片	篮纹		粗砂	
13	胶南	JN-QMJZ-2	CAA	龙山		527	1	陶		陶器盖	把手				
13	胶南	JN-QMJZ-2	CAA	周代	东周	1171	3	陶		不确定	腹片				
13	胶南	JN-QMJZ-2	CAA	周代	东周	1171	1	陶		不确定	腹片	绳纹			
13	胶南	JN-QMJZ-2	CAA	汉代		1734	3	陶		不确定	腹片				
13	胶南	JN-QMJZ-2	CAA	汉代		1734	1	陶		陶瓦					
13	胶南	JN-QMJZ-2	CAB	周代	东周	1171	3	陶		不确定	腹片				
13	胶南	JN-QMJZ-2	CAC	汉代		1734	2	陶		陶瓦					
13	胶南	JN-QMJZ-3	CAA	周代	东周	1219	2	陶		不确定	腹片				
13	胶南	JN-QMJZ-3	CAB	周代	东周	1219	4	陶		不确定	腹片				
13	胶南	JN-QMJZ-3	CAB	周代	东周	1219	4	陶		不确定	腹片	绳纹			
13	胶南	JN-QMJZ-3	CAB	汉代		1719	1	陶		陶盆	口沿				
13	胶南	JN-QMJZ-3	CAB	汉代		1719	2	陶		陶瓮	腹片				
13	胶南	JN-QMJZ-3	CAB	汉代		1719	41	陶		陶瓦					
13	胶南	JN-QMJZ-3	CAC	汉代		1719	10	陶		陶瓦					
13	胶南	JN-QMJZ-3	CAC	汉代		1719	2	陶		不确定	腹片				
4	胶南	JN-QPL-1	CAA	汉代		300	1	陶		陶瓦					
4	胶南	JN-QPL-1	CAB	汉代		300	2	陶		陶瓦					
4	胶南	JN-QPL-1	CAC	汉代		300	3	陶		陶瓦					
4	胶南	JN-QPL-1	CAD	汉代		300	2	陶		陶瓦					
4	胶南	JN-QPL-1	CAE	汉代		300	4	陶		陶瓦					
4	胶南	JN-QPL-1	CAF	汉代		300	1	陶		陶罐	口沿				
4	胶南	JN-QPL-1	CAF	汉代		300	1	陶		陶瓦					
4	胶南	JN-QPL-1	CAG	汉代		300	1	陶		陶瓦					
4	胶南	JN-QPL-1	CAH	汉代		300	2	陶		不确定	腹片				
4	胶南	JN-QPL-1	CAH	汉代		300	1	陶		陶瓦					
4	胶南	JN-QPL-1	CAI	汉代		300	4	陶		陶瓦					
4	胶南	JN-QPL-1	CAI	汉代		300	1	陶		陶盆	器底				
4	胶南	JN-QPL-1	CAJ	汉代		300	1	陶		陶瓦					
4	胶南	JN-QPL-1	CAA	不确定			2	黏土		烧土					
4	胶南	JN-QPL-1	CAF	周代	东周	211	1	陶		不确定	腹片	绳纹			
4	胶南	JN-QPL-1	CAF	周代	东周	211	1	陶		不确定	腹片	附加堆纹			
4	胶南	JN-QPL-1	CAA	周代	东周	212	1	陶		陶罐	口沿				
4	胶南	JN-QPL-1	CAA	周代	东周	212	14	陶		不确定	腹片				
4	胶南	JN-QPL-1	CAA	周代	东周	212	3	陶		不确定	腹片	绳纹			
4	胶南	JN-QPL-1	CAD	周代	东周	212	2	陶		不确定	腹片				
4	胶南	JN-QPL-1	CAA	周代	西周	212	2	陶		不确定	腹片	绳纹			
4	胶南	JN-QPL-2	单个遗址	汉代		301	1	陶		陶瓦					
4	胶南	JN-QPL-2	单个遗址	汉代		301	1	陶		璧					
4	胶南	JN-QPL-3	单个遗址	汉代		298	4	陶		陶瓦					

年度	县区	遗址	采集区	时代	分期	期段编号	数量	质地	石器种类	器形	部位	纹饰	颜色	质地	蛋壳陶
4	胶南	JN-QPL-3	单个遗址	周代	东周	210	1	陶		不确定	腹片				
4	胶南	JN-QPL-4	单个遗址	汉代		296	1	陶		陶瓦					
4	胶南	JN-QPL-4	单个遗址	汉代		296	1	陶		不确定	腹片				
4	胶南	JN-QPL-5	单个遗址	汉代		299	2	陶		陶瓦					
4	胶南	JN-QPL-5	单个遗址	汉代		299	1	陶		不确定	腹片				
6	胶南	JN-QYC-1	单个遗址	周代	东周	418	2	陶		不确定	腹片				
6	胶南	JN-QYC-2	单个遗址	汉代	东周	497	2	陶		陶瓦					
6	胶南	JN-QYC-3	单个遗址	汉代	东周	496	5	陶		陶瓦					
6	胶南	JN-QZY-1	单个遗址	汉代	西周	521	4	陶		陶瓦					
6	胶南	JN-QZY-2	单个遗址	汉代	西周	490	4	陶		陶瓦					
4	胶南	JN-SH-1	单个遗址	汉代		360	2	陶		陶瓦					
4	胶南	JN-SH-1	单个遗址	周代	东周	201	1	陶		不确定	腹片	绳纹			
4	胶南	JN-SH-10	单个遗址	汉代		227	1	陶		陶瓦					
4	胶南	JN-SH-10	单个遗址	汉代		227	3	陶		不确定	腹片				
4	胶南	JN-SH-10	单个遗址	龙山	早期	123	1	陶		不确定	腹片	篮纹		粗砂	
13	胶南	JN-SH-11	CAA	龙山		544	1	陶		不确定	腹片			粗砂	
13	胶南	JN-SH-11	CAA	周代	西周	1216	2	陶		陶鬲	腹片	绳纹			
13	胶南	JN-SH-11	CAB	龙山		544	2	陶		不确定	腹片			粗砂	
13	胶南	JN-SH-11	CAB	龙山		544	1	石	工具	石刀					
13	胶南	JN-SH-11	CAB	周代	西周	1216	1	陶		陶簋	口沿				
13	胶南	JN-SH-11	CAB	周代	西周	1216	4	陶		陶鬲	腹片				
13	胶南	JN-SH-11	CAB	周代	西周	1216	10	陶		不确定	腹片	绳纹			
13	胶南	JN-SH-11	CAB	周代	西周	1216	1	陶		陶鬲	器足				
13	胶南	JN-SH-11	CAB	周代	东周	1216	1	陶		陶罐	口沿				
13	胶南	JN-SH-11	CAB	周代	东周	1216	11	陶		不确定	腹片	绳纹			
13	胶南	JN-SH-11	CAB	汉代		1635	1	陶		陶瓮	腹片				
13	胶南	JN-SH-11	CAB	汉代		1635	2	陶		陶瓦					
13	胶南	JN-SH-11	CAC	周代	西周	1216	1	陶		陶罐	口沿				
13	胶南	JN-SH-11	CAC	周代	西周	1216	4	陶		陶鬲	腹片	绳纹			
13	胶南	JN-SH-11	CAC	周代	西周	1216	1	陶		不确定	腹片	绳纹			
13	胶南	JN-SH-11	CAC	周代	东周	1216	1	陶		陶罐	口沿				
13	胶南	JN-SH-11	CAC	周代	东周	1216	8	陶		不确定	腹片	绳纹			
13	胶南	JN-SH-11	CAD	龙山	早期	544	1	陶		陶鼎	器足				
13	胶南	JN-SH-11	CAD	龙山	早期	544	2	陶		陶匜	口沿				
13	胶南	JN-SH-11	CAD	龙山	早期	544	1	陶		陶鼎	口沿				
13	胶南	JN-SH-11	CAD	龙山	中期	544	2	陶		陶罐	口沿				
13	胶南	JN-SH-11	CAD	龙山		544	37	陶		不确定	腹片			粗砂	
13	胶南	JN-SH-11	CAD	龙山		544	1	陶		陶罐	器底				
13	胶南	JN-SH-11	CAD	周代	西周	1216	1	陶		陶鬲	器足				
13	胶南	JN-SH-11	CAD	周代	西周	1216	1	陶		陶鬲	口沿				
13	胶南	JN-SH-11	CAD	周代	西周	1216	18	陶		不确定	腹片	绳纹			
13	胶南	JN-SH-11	CAD	周代	西周	1216	8	陶		陶鬲	腹片				
13	胶南	JN-SH-11	CAD	周代	东周	1216	1	陶		陶簋	豆柄				
13	胶南	JN-SH-11	CAD	周代	东周	1216	3	陶		不确定	腹片				
13	胶南	JN-SH-11	CAD	周代	东周	1216	37	陶		不确定	腹片	绳纹			
13	胶南	JN-SH-11	CAD	汉代		1635	4	陶		陶瓮	腹片				

年度	县区	遗址	采集区	时代	分期	期段编号	数量	质地	石器种类	器形	部位	纹饰	颜色	质地	蛋壳陶
13	胶南	JN-SH-11	CAD	汉代		1635	1	陶		陶罐	腹片				
13	胶南	JN-SH-11	CAD	汉代		1635	9	陶		陶瓦					
13	胶南	JN-SH-11	CAE	汉代		1635	2	陶		陶瓮	颈部				
13	胶南	JN-SH-11	CAF	龙山		544	2	陶		不确定	腹片				
13	胶南	JN-SH-11	CAF	周代	东周	1216	1	陶		陶豆	豆柄				
13	胶南	JN-SH-11	CAF	周代	东周	1216	1	陶		釜	腹片				
13	胶南	JN-SH-11	CAF	周代	东周	1216	1	陶		陶盆	口沿				
13	胶南	JN-SH-11	CAF	周代	东周	1216	2	陶		不确定	腹片				
13	胶南	JN-SH-11	CAF	周代	东周	1216	1	陶		不确定	腹片	绳纹			
13	胶南	JN-SH-11	CAH	周代	西周	1216	1	陶		陶鬲	器足				
13	胶南	JN-SH-11	CAH	周代	西周	1216	3	陶		陶鬲	腹片	绳纹			
13	胶南	JN-SH-11	CAH	周代	西周	1216	2	陶		不确定	腹片	绳纹			
13	胶南	JN-SH-11	CAH	周代	东周	1216	4	陶		不确定	腹片				
13	胶南	JN-SH-11	CAH	汉代		1635	1	陶		陶瓦					
13	胶南	JN-SH-11	CAI	龙山	早期	544	1	陶		陶鼎	器足				
13	胶南	JN-SH-11	CAI	龙山	早期	544	2	陶		陶罐	口沿				
13	胶南	JN-SH-11	CAI	龙山	中期	544	2	陶		陶罐	口沿				
13	胶南	JN-SH-11	CAI	龙山		544	4	陶		不确定	腹片			粗砂	
13	胶南	JN-SH-11	CAI	龙山		544	1	陶		不确定	腹片			泥质	
13	胶南	JN-SH-11	CAI	龙山		544	1	石	工具	石锛					
13	胶南	JN-SH-11	CAI	周代	西周	1216	2	陶		陶鬲	器足				
13	胶南	JN-SH-11	CAI	周代	西周	1216	1	陶		陶豆	豆盘				
13	胶南	JN-SH-11	CAI	周代	西周	1216	1	陶		陶罐	肩部				
13	胶南	JN-SH-11	CAI	周代	西周	1216	1	陶		不确定	腹片	绳纹			
13	胶南	JN-SH-11	CAI	周代	东周	1216	3	陶		陶罐	口沿				
13	胶南	JN-SH-11	CAI	周代	东周	1216	5	陶		不确定	腹片				
13	胶南	JN-SH-11	CAI	周代	东周	1216	2	陶		不确定	腹片	附加堆纹			
13	胶南	JN-SH-12	单个遗址	周代	西周	1218	2	陶		不确定	腹片	绳纹			
13	胶南	JN-SH-13	单个遗址	周代	东周	1217	1	陶		不确定	腹片	绳纹			
4	胶南	JN-SH-2	CAB	汉代		232	1	陶		陶瓦					
4	胶南	JN-SH-2	CAB	汉代		232	2	陶		不确定	腹片				
4	胶南	JN-SH-2	CAB	龙山	早期	128	2	陶		不确定	腹片	篮纹		粗砂	
4	胶南	JN-SH-2	CAB	龙山	早期	128	2	陶		不确定	腹片			粗砂	
4	胶南	JN-SH-2	CAC	龙山	不确定	128	1	陶		不确定	腹片			粗砂	
4	胶南	JN-SH-2	CAA	不确定			1	陶		不确定	腹片				
4	胶南	JN-SH-2	CAA	周代	西周	200	2	陶		不确定	腹片	绳纹			
4	胶南	JN-SH-3	单个遗址	周代	西周	202	1	陶		不确定	腹片	绳纹			
4	胶南	JN-SH-3	单个遗址	周代	西周	202	1	陶		不确定	腹片	弦纹			
4	胶南	JN-SH-4	单个遗址	周代	西周	199	1	陶		不确定	腹片	绳纹			
4	胶南	JN-SH-5	单个遗址	汉代		230	1	陶		陶瓦					
4	胶南	JN-SH-6	单个遗址	汉代		229	4	陶		陶瓦					
4	胶南	JN-SH-7	CAA	汉代		228	2	陶		陶瓦					
4	胶南	JN-SH-7	CAA	汉代		228	1	陶		陶盆	器底				
4	胶南	JN-SH-7	CAB	汉代		228	18	陶		陶瓦	口沿				
4	胶南	JN-SH-7	CAB	汉代		228	5	陶		陶瓦					
4	胶南	JN-SH-8	单个遗址	汉代		226	1	陶		陶瓦					

年度	县区	遗址	采集区	时代	分期	期段编号	数量	质地	石器种类	器形	部位	纹饰	颜色	质地	蛋壳陶
4	胶南	JN-SH-9	单个遗址	龙山	不确定	124	1	陶		不确定	腹片	附加堆纹		粗砂	
6	胶南	JN-SJL-1	CAA	汉代	西周	547	15	陶		陶瓦					
6	胶南	JN-SJL-1	CAB	汉代	西周	547	5	陶		陶瓦					
6	胶南	JN-SJL-1	CAC	汉代	西周	547	1	陶		陶瓦					
6	胶南	JN-SJL-1	CAC	龙山	不确定	222	1	陶		不确定	腹片				
6	胶南	JN-SJL-2	单个遗址	汉代	西周	546	1	陶		陶碗	口沿				
6	胶南	JN-SJL-2	单个遗址	汉代	西周	546	6	陶		陶瓦					
6	胶南	JN-SJL-3	单个遗址	汉代	西周	550	1	陶		陶瓦					
6	胶南	JN-SJL-4	单个遗址	汉代	西周	555	3	陶		陶瓦					
13	胶南	JN-SJLG-1	单个遗址	周代	西周	1203	1	陶		不确定	腹片	绳纹			
6	胶南	JN-SJZZ-1	单个遗址	汉代	西周	509	1	陶		陶瓦					
6	胶南	JN-SJZZ-2	单个遗址	周代	东周	429	2	陶		不确定	腹片				
6	胶南	JN-SJZZ-2	单个遗址	汉代	西周	511	1	陶		陶瓦					
6	胶南	JN-SJZZ-3	单个遗址	龙山	不确定	203	1	陶		不确定	腹片				
7	胶南	JN-SLZ-1	单个遗址	周代	东周	617	2	陶		不确定	腹片				
7	胶南	JN-SLZ-10	CAA	汉代		837	2	陶		陶瓦					
7	胶南	JN-SLZ-10	CAA	汉代		837	2	陶		不确定	腹片				
7	胶南	JN-SLZ-10	CAB	龙山	不确定	289	1	陶		不确定	腹片				
7	胶南	JN-SLZ-10	CAB	周代	东周	623	4	陶		不确定	腹片				
7	胶南	JN-SLZ-10	CAB	汉代		837	1	陶		陶瓦					
7	胶南	JN-SLZ-10	CAB	汉代		837	1	陶		不确定	腹片				
7	胶南	JN-SLZ-10	CAC	周代	不确定	624	1	陶		不确定	腹片	绳纹			
7	胶南	JN-SLZ-10	CAC	周代	西周	624	1	陶		不确定	腹片				
7	胶南	JN-SLZ-10	CAD	周代	东周	624	1	陶		陶盆	口沿				
7	胶南	JN-SLZ-10	CAD	周代	东周	624	1	陶		陶瓦					
7	胶南	JN-SLZ-10	CAD	周代	东周	624	3	陶		不确定	腹片				
7	胶南	JN-SLZ-11	单个遗址	周代	东周	631	2	陶		不确定	腹片	绳纹			
7	胶南	JN-SLZ-12	单个遗址	龙山	不确定	290	1	陶		不确定	腹片				
7	胶南	JN-SLZ-13	单个遗址	周代	东周	629	1	陶		陶罐	口沿				
7	胶南	JN-SLZ-13	单个遗址	周代	东周	629	3	陶		不确定	腹片				
7	胶南	JN-SLZ-13	单个遗址	汉代		842	1	陶		陶瓦					
7	胶南	JN-SLZ-13	单个遗址	汉代		842	5	陶		不确定	腹片				
7	胶南	JN-SLZ-14	单个遗址	汉代		830	2	陶		陶瓦					
7	胶南	JN-SLZ-14	单个遗址	汉代		830	1	陶		陶盆	器底				
7	胶南	JN-SLZ-15	单个遗址	周代	东周	614	1	陶		陶罐	口沿				
7	胶南	JN-SLZ-15	单个遗址	周代	东周	614	5	陶		不确定	腹片				
7	胶南	JN-SLZ-15	单个遗址	汉代		834	3	陶		陶瓦					
7	胶南	JN-SLZ-15	单个遗址	汉代		834	3	陶		不确定	腹片				
7	胶南	JN-SLZ-16	单个遗址	龙山	不确定	287	1	陶		不确定	腹片				
7	胶南	JN-SLZ-17	单个遗址	周代	东周	608	1	陶		不确定	腹片				
7	胶南	JN-SLZ-17	单个遗址	周代	东周	608	1	陶		陶盆	口沿				
7	胶南	JN-SLZ-18	单个遗址	汉代		819	3	陶		陶瓦					
7	胶南	JN-SLZ-2	单个遗址	汉代		836	1	陶		陶纺轮					
7	胶南	JN-SLZ-3	单个遗址	汉代		835	1	陶		陶瓦					
7	胶南	JN-SLZ-4	单个遗址	周代	西周	616	1	陶		陶罐	口沿				
7	胶南	JN-SLZ-4	单个遗址	周代	西周	616	3	陶		不确定	腹片	绳纹			

年度	县区	遗址	采集区	时代	分期	期段编号	数量	质地	石器种类	器形	部位	纹饰	颜色	质地	蛋壳陶
7	胶南	JN-SLZ-4	单个遗址	周代	东周	616	2	陶		不确定	腹片	绳纹			
7	胶南	JN-SLZ-5	单个遗址	龙山	不确定	291	1	陶		不确定	腹片				
7	胶南	JN-SLZ-5	单个遗址	周代	东周	630	1	陶		不确定	腹片	绳纹			
7	胶南	JN-SLZ-5	单个遗址	周代	东周	630	3	陶		不确定	腹片				
7	胶南	JN-SLZ-6	单个遗址	周代	东周	612	1	陶		陶盆	口沿				
7	胶南	JN-SLZ-6	单个遗址	周代	东周	612	3	陶		不确定	腹片	绳纹			
7	胶南	JN-SLZ-6	单个遗址	周代	东周	612	2	陶		不确定	腹片				
7	胶南	JN-SLZ-7	单个遗址	周代	东周	611	1	陶		不确定	腹片				
7	胶南	JN-SLZ-8	单个遗址	周代	东周	610	1	陶		陶罐	口沿				
7	胶南	JN-SLZ-9	CAA	周代	西周	622	1	陶		不确定	腹片	绳纹			
7	胶南	JN-SLZ-9	CAA	周代	西周	622	4	陶		不确定	腹片				
7	胶南	JN-SLZ-9	CAA	周代	东周	622	1	陶		陶罐	口沿				
7	胶南	JN-SLZ-9	CAA	周代	东周	622	6	陶		不确定	腹片				
7	胶南	JN-SLZ-9	CAA	汉代		839	1	陶		陶瓦					
7	胶南	JN-SLZ-9	CAB	周代	东周	622	2	陶		不确定	腹片	绳纹			
7	胶南	JN-SLZ-9	CAB	周代	东周	622	1	陶		不确定	腹片				
7	胶南	JN-SLZ-9	CAB	汉代		839	11	陶		陶瓦					
7	胶南	JN-SLZ-9	CAC	周代	东周	622	1	陶		陶罐	口沿				
7	胶南	JN-SLZ-9	CAC	周代	东周	622	1	陶		不确定	腹片	绳纹			
7	胶南	JN-SLZ-9	CAC	周代	东周	622	1	陶		不确定	腹片				
7	胶南	JN-SLZ-9	CAC	汉代		839	1	陶		陶瓦					
7	胶南	JN-SLZ-9	CAD	周代	东周	622	1	陶		陶罐	口沿				
7	胶南	JN-SLZ-9	CAD	周代	东周	622	1	陶		陶鬲	腹片				
7	胶南	JN-SLZ-9	CAD	周代	东周	622	1	陶		不确定	腹片	绳纹			
7	胶南	JN-SLZ-9	CAD	周代	东周	622	1	陶		不确定	腹片				
7	胶南	JN-SLZ-9	CAD	汉代		839	1	陶		陶盆	口沿				
7	胶南	JN-SLZ-9	CAD	汉代		839	3	陶		陶瓦					
7	胶南	JN-SLZ-9	CAD	汉代		839	1	陶		不确定	腹片				
7	胶南	JN-SLZ-9	CAE	周代	西周	622	1	陶		陶鬲	器足				
7	胶南	JN-SLZ-9	CAE	周代	西周	622	4	陶		不确定	腹片	绳纹			
7	胶南	JN-SLZ-9	CAE	周代	西周	622	2	陶		不确定	腹片				
7	胶南	JN-SLZ-9	CAE	周代	东周	622	1	陶		陶罐	口沿				
7	胶南	JN-SLZ-9	CAE	周代	东周	622	1	陶		陶罐	器底				
7	胶南	JN-SLZ-9	CAE	周代	东周	622	2	陶		不确定	腹片	绳纹			
7	胶南	JN-SLZ-9	CAE	周代	东周	622	6	陶		不确定	腹片				
4	胶南	JN-SPZ-1	CAB	汉代		235	1	陶		陶瓦					
4	胶南	JN-SPZ-1	CAA	龙山	不确定	134	2	陶		不确定	腹片				
4	胶南	JN-SPZ-1	CAA	龙山	不确定	134	1	陶		不确定	腹片	弦纹			
4	胶南	JN-SPZ-1	CAA	周代	东周	203	4	陶		陶瓦	口沿				
4	胶南	JN-SPZ-1	CAA	周代	东周	203	2	陶		不确定	腹片				
4	胶南	JN-SPZ-1	CAB	周代	东周	203	1	陶		陶瓦					
4	胶南	JN-SPZ-1	CAB	周代	东周	203	1	陶		不确定	腹片				
4	胶南	JN-SPZ-1	CAA	周代	西周	203	2	陶		陶鬲	口沿	绳纹			
4	胶南	JN-SPZ-1	CAA	周代	西周	203	4	陶		陶鬲	腹片	绳纹			
4	胶南	JN-SPZ-1	CAA	周代	西周	203	1	陶		陶罐	口沿	绳纹			
4	胶南	JN-SPZ-1	CAA	周代	西周	203	9	陶		不确定	腹片	绳纹			

年度	县区	遗址	采集区	时代	分期	期段编号	数量	质地	石器种类	器形	部位	纹饰	颜色	质地	蛋壳陶
4	胶南	JN-SPZ-10	单个遗址	龙山	中期	129	1	陶		陶罐	口沿			粗砂	
4	胶南	JN-SPZ-11	单个遗址	汉代		238	2	陶		陶瓦					
4	胶南	JN-SPZ-2	单个遗址	龙山	不确定	135	1	陶		不确定	腹片			粗砂	
4	胶南	JN-SPZ-3	单个遗址	汉代		302	1	陶		陶瓦					
4	胶南	JN-SPZ-3	单个遗址	汉代		302	1	陶		不确定	腹片				
4	胶南	JN-SPZ-3	单个遗址	龙山	不确定	136	1	陶		不确定	腹片			粗砂	
4	胶南	JN-SPZ-4	单个遗址	汉代		233	2	陶		陶瓦					
4	胶南	JN-SPZ-4	单个遗址	汉代		233	1	陶		壁					
4	胶南	JN-SPZ-5	单个遗址	汉代		236	2	陶		陶瓦					
4	胶南	JN-SPZ-5	单个遗址	龙山	不确定	132	2	陶		不确定	腹片			粗砂	
4	胶南	JN-SPZ-6	单个遗址	龙山	不确定	131	1	陶		不确定	腹片			粗砂	
4	胶南	JN-SPZ-7	单个遗址	汉代		234	1	陶		陶瓦					
4	胶南	JN-SPZ-8	CAA	汉代		239	10	陶		陶瓦					
4	胶南	JN-SPZ-8	CAA	汉代		239	4	陶		不确定	腹片				
4	胶南	JN-SPZ-8	CAA	龙山	不确定	133	1	陶		不确定	腹片			粗砂	
4	胶南	JN-SPZ-8	CAA	龙山	不确定	133	2	陶		不确定	腹片	弦纹		粗砂	
4	胶南	JN-SPZ-8	CAB	龙山	不确定	133	2	陶		不确定	腹片			粗砂	
4	胶南	JN-SPZ-8	CAB	龙山	不确定	133	1	陶		陶碗	口沿			泥质	是
4	胶南	JN-SPZ-8	CAA	周代	东周	204	1	陶		陶瓦					
4	胶南	JN-SPZ-8	CAA	周代	东周	204	2	陶		不确定	腹片				
4	胶南	JN-SPZ-9	单个遗址	汉代		237	1	陶		陶瓦					
13	胶南	JN-SSHX-1	单个遗址	汉代		1677	3	陶		不确定	腹片				
13	胶南	JN-SSHX-1	单个遗址	汉代		1677	3	陶		陶瓦					
13	胶南	JN-SSHX-2	单个遗址	汉代		1673	1	陶		陶盆	口沿				
13	胶南	JN-SSXB-1	单个遗址	周代	东周	1187	1	陶		不确定	腹片				
13	胶南	JN-SSXB-1	单个遗址	周代	东周	1187	1	陶		不确定	腹片	绳纹			
13	胶南	JN-SSXB-2	单个遗址	龙山		507	1	陶		陶甗	器足				
13	胶南	JN-SSXB-2	单个遗址	周代	东周	1188	1	陶		不确定	腹片				
13	胶南	JN-SSXB-2	单个遗址	周代	东周	1188	1	陶		不确定	腹片	绳纹			
6	胶南	JN-SY-1	单个遗址	龙山	不确定	219	2	陶		不确定	腹片				
6	胶南	JN-SY-1	单个遗址	周代	东周	448	1	陶		不确定	腹片				
13	胶南	JN-TG-2	单个遗址	汉代		1711	1	陶		陶瓦					
13	胶南	JN-TG-4	CAA	龙山	早期	537	1	陶		陶甌	口沿				
13	胶南	JN-TG-4	CAA	龙山		537	1	陶		陶器盖	口沿				
13	胶南	JN-TG-4	CAA	龙山		537	7	陶		不确定	腹片			粗砂	
13	胶南	JN-TG-4	CAA	龙山		537	1	陶		不确定	腹片	泥饼		粗砂	
13	胶南	JN-TG-4	CAA	龙山		537	1	陶		陶纺轮					
13	胶南	JN-TG-4	CAB	龙山	早期	537	2	陶		陶鼎	器足				
13	胶南	JN-TG-4	CAB	龙山	早期	537	1	陶		陶鬶	把手				
13	胶南	JN-TG-4	CAB	龙山	早期	537	2	陶		陶鼎	口沿				
13	胶南	JN-TG-4	CAB	龙山	中期	537	1	陶		陶罐	口沿				
13	胶南	JN-TG-4	CAB	龙山		537	1	陶		陶罐	器底				
13	胶南	JN-TG-4	CAB	龙山		537	15	陶		不确定	腹片			粗砂	
13	胶南	JN-TG-4	CAB	龙山		537	1	陶		不确定	腹片			泥质	
13	胶南	JN-TG-4	CAB	汉代		1713	1	陶		不确定	腹片				
13	胶南	JN-TG-4	CAC	龙山	早期	537	3	陶		陶罐	口沿				

年度	县区	遗址	采集区	时代	分期	期段编号	数量	质地	石器种类	器形	部位	纹饰	颜色	质地	蛋壳陶
13	胶南	JN-TG-4	CAC	龙山		537	12	陶		不确定	腹片			粗砂	
13	胶南	JN-TG-4	CAC	龙山		537	3	陶		不确定	腹片			泥质	
13	胶南	JN-TG-4	CAC	龙山		537	1	陶		陶圈足盘				泥质	
13	胶南	JN-TG-4	CAC	汉代		1713	1	陶		陶瓦					
13	胶南	JN-TG-4	CAD	龙山	早期	537	1	陶		陶鼎	器足				
13	胶南	JN-TG-4	CAD	龙山	早期	537	2	陶		陶鼎	口沿				
13	胶南	JN-TG-4	CAD	龙山		537	7	陶		不确定	腹片			粗砂	
13	胶南	JN-TG-4	CAD	龙山		537	1	陶		不确定	腹片	篮纹			
13	胶南	JN-TG-4	CAD	周代	西周	1224	1	陶		不确定	腹片	绳纹			
13	胶南	JN-TG-4	CAE	龙山	早期	537	2	陶		陶罐	口沿				
13	胶南	JN-TG-4	CAE	龙山		537	12	陶		不确定	腹片			粗砂	
13	胶南	JN-TG-4	CAF	龙山		537	9	陶		不确定	腹片			粗砂	
13	胶南	JN-TG-4	CAG	龙山	早期	537	1	陶		陶鼎	器足				
13	胶南	JN-TG-4	CAG	龙山		537	5	陶		不确定	腹片				
13	胶南	JN-TG-4	CAG	汉代		1713	2	陶		陶瓦					
13	胶南	JN-TG-5	单个遗址	周代	东周	1222	1	陶		不确定	腹片				
13	胶南	JN-TG-6	单个遗址	汉代		1714	1	陶		陶瓦					
7	胶南	JN-TS-1	单个遗址	周代	西周	553	1	陶		不确定	腹片				
7	胶南	JN-TS-1	单个遗址	周代	西周	553	1	陶		不确定	腹片	绳纹			
7	胶南	JN-TS-1	单个遗址	周代	东周	553	6	陶		不确定	腹片				
7	胶南	JN-TS-10	CAA	龙山	不确定	256	1	陶		不确定	腹片	凹弦纹			
7	胶南	JN-TS-10	CAA	龙山	不确定	256	2	陶		不确定	腹片				
7	胶南	JN-TS-10	CAA	周代	西周	542	1	陶		不确定	腹片	绳纹			
7	胶南	JN-TS-10	CAA	周代	西周	542	3	陶		不确定	腹片				
7	胶南	JN-TS-10	CAA	汉代		717	9	陶		陶瓦					
7	胶南	JN-TS-10	CAA	汉代		717	2	陶		不确定	腹片				
7	胶南	JN-TS-10	CAB	龙山	不确定	256	1	陶		陶罐	器底				
7	胶南	JN-TS-10	CAB	龙山	不确定	256	1	陶		不确定	腹片				
7	胶南	JN-TS-10	CAB	汉代		717	1	陶		陶罐	器底				
7	胶南	JN-TS-10	CAB	汉代		717	4	陶		陶瓦					
7	胶南	JN-TS-10	CAC	龙山	不确定	256	2	陶		不确定	腹片				
7	胶南	JN-TS-10	CAC	周代	西周	542	1	陶		不确定	腹片				
7	胶南	JN-TS-10	CAD	龙山	不确定	256	1	陶		陶杯	把手				
7	胶南	JN-TS-10	CAD	汉代		717	1	陶		陶盆	口沿				
7	胶南	JN-TS-10	CAD	汉代		717	4	陶		陶瓦					
7	胶南	JN-TS-10	CAD	汉代		717	2	陶		不确定	腹片				
7	胶南	JN-TS-11	单个遗址	汉代		719	1	陶		陶瓦					
7	胶南	JN-TS-12	单个遗址	周代	西周	551	6	陶		不确定	腹片	绳纹			
7	胶南	JN-TS-12	单个遗址	周代	西周	551	5	陶		不确定	腹片				
7	胶南	JN-TS-12	单个遗址	周代	东周	551	1	陶		不确定	腹片	绳纹			
7	胶南	JN-TS-12	单个遗址	周代	东周	551	2	陶		不确定	腹片				
7	胶南	JN-TS-12	单个遗址	汉代		732	1	陶		陶瓦					
7	胶南	JN-TS-2	单个遗址	周代	西周	554	3	陶		不确定	腹片	绳纹			
7	胶南	JN-TS-2	单个遗址	周代	东周	554	1	陶		陶罐	口沿				
7	胶南	JN-TS-2	单个遗址	周代	东周	554	3	陶		不确定	腹片	绳纹			
7	胶南	JN-TS-2	单个遗址	周代	东周	554	1	陶		不确定	腹片				

年度	县区	遗址	采集区	时代	分期	期段编号	数量	质地	石器种类	器形	部位	纹饰	颜色	质地	蛋壳陶
7	胶南	JN-TS-2	单个遗址	汉代		733	1	陶		砖					
7	胶南	JN-TS-3	单个遗址	周代	西周	550	1	陶		不确定	腹片				
7	胶南	JN-TS-3	单个遗址	汉代		724	2	陶		不确定	腹片				
7	胶南	JN-TS-3	单个遗址	汉代		724	1	陶		陶瓦					
7	胶南	JN-TS-4	CAA	周代	西周	549	1	陶		陶鬲	腹片				
7	胶南	JN-TS-4	CAA	汉代		722	1	陶		陶盆	口沿				
7	胶南	JN-TS-4	CAA	汉代		722	1	陶		陶瓦					
7	胶南	JN-TS-4	CAB	大汶口	晚期	9	1	陶		陶鼎	器足				
7	胶南	JN-TS-4	CAB	龙山	不确定	262	1	石	工具	石刀					
7	胶南	JN-TS-4	CAB	龙山	不确定	262	2	陶		陶匜	口沿				
7	胶南	JN-TS-4	CAB	龙山	不确定	262	2	陶		陶罐	口沿				
7	胶南	JN-TS-4	CAB	龙山	不确定	262	1	陶		陶器盖	把手				
7	胶南	JN-TS-4	CAB	龙山	不确定	262	2	陶		陶罐	器底				
7	胶南	JN-TS-4	CAB	龙山	不确定	262	1	陶		陶罐	把手				
7	胶南	JN-TS-4	CAB	龙山	不确定	262	3	陶		不确定	腹片	篮纹			
7	胶南	JN-TS-4	CAB	龙山	不确定	262	28	陶		不确定	腹片				
7	胶南	JN-TS-4	CAB	周代	西周	549	3	陶		陶罐	口沿				
7	胶南	JN-TS-4	CAB	周代	西周	549	1	陶		陶鬲	腹片				
7	胶南	JN-TS-4	CAB	周代	西周	549	1	陶		陶罐	器底				
7	胶南	JN-TS-4	CAB	周代	西周	549	9	陶		不确定	腹片	绳纹			
7	胶南	JN-TS-4	CAB	周代	西周	549	9	陶		不确定	腹片				
7	胶南	JN-TS-4	CAB	周代	东周	549	1	陶		陶豆	豆盘				
7	胶南	JN-TS-4	CAB	周代	东周	549	1	陶		陶盆	口沿				
7	胶南	JN-TS-4	CAB	周代	东周	549	1	陶		陶盆	器底				
7	胶南	JN-TS-4	CAB	周代	东周	549	8	陶		不确定	腹片	绳纹			
7	胶南	JN-TS-4	CAB	汉代		720	8	陶		陶瓦					
7	胶南	JN-TS-4	CAB	汉代		720	4	陶		不确定	腹片				
7	胶南	JN-TS-4	CAC	龙山	中期	262	1	陶		陶罐	口沿				
7	胶南	JN-TS-4	CAC	龙山	中期	262	3	陶		不确定	腹片				
7	胶南	JN-TS-4	CAC	周代	东周	549	2	陶		不确定	腹片				
7	胶南	JN-TS-4	CAD	龙山	不确定	262	2	陶		陶罐	器底				
7	胶南	JN-TS-4	CAD	龙山	不确定	262	2	陶		不确定	腹片				
7	胶南	JN-TS-4	CAD	汉代		720	2	陶		陶瓦					
7	胶南	JN-TS-4	CAD	汉代		720	4	陶		不确定	腹片				
7	胶南	JN-TS-4	CAE	周代	东周	549	1	陶		陶碗	口沿				
7	胶南	JN-TS-4	CAE	汉代		720	2	陶		陶瓦					
7	胶南	JN-TS-4	CAF	汉代		720	1	陶		砖					
7	胶南	JN-TS-4	CAG	龙山	早期	262	2	陶		陶罐	口沿				
7	胶南	JN-TS-4	CAG	龙山	早期	262	1	陶		陶鼎	器足				
7	胶南	JN-TS-4	CAG	龙山	中期	262	2	陶		陶罐	口沿				
7	胶南	JN-TS-4	CAG	龙山	不确定	262	1	陶		陶罐	器底				
7	胶南	JN-TS-4	CAG	龙山	不确定	262	1	陶		陶罐	把手				
7	胶南	JN-TS-4	CAG	龙山	不确定	262	2	陶		不确定	腹片	篮纹			
7	胶南	JN-TS-4	CAG	龙山	不确定	262	1	陶		不确定	腹片	弦纹			
7	胶南	JN-TS-4	CAG	龙山	不确定	262	20	陶		不确定	腹片				
7	胶南	JN-TS-4	CAG	周代	东周	549	1	陶		陶豆	把手				

年度	县区	遗址	采集区	时代	分期	期段编号	数量	质地	石器种类	器形	部位	纹饰	颜色	质地	蛋壳陶
7	胶南	JN-TS-4	CAH	龙山	不确定	262	1	陶		不确定	腹片				
7	胶南	JN-TS-4	CAH	周代	西周	549	1	陶		不确定	腹片	绳纹			
7	胶南	JN-TS-4	CAH	周代	东周	549	1	陶		陶罐	口沿				
7	胶南	JN-TS-4	CAH	周代	东周	549	1	陶		不确定	腹片				
7	胶南	JN-TS-4	CAH	汉代		720	2	陶		陶瓦					
7	胶南	JN-TS-4	CAH	汉代		720	1	陶		陶盆	器底				
7	胶南	JN-TS-5	CAA	汉代		721	2	陶		陶瓦					
7	胶南	JN-TS-5	CAA	汉代		721	1	陶		不确定	腹片				
7	胶南	JN-TS-5	CAB	龙山	早期	254	1	陶		陶罐	口沿				
7	胶南	JN-TS-5	CAB	龙山	早期	254	2	陶		不确定	腹片				
7	胶南	JN-TS-5	CAB	汉代		721	3	陶		陶瓦					
7	胶南	JN-TS-5	CAB	汉代		721	3	陶		不确定	腹片				
7	胶南	JN-TS-6	单个遗址	周代	西周	541	1	陶		不确定	腹片	附加堆纹			
7	胶南	JN-TS-6	单个遗址	龙山	不确定	255	1	陶		不确定	腹片				
7	胶南	JN-TS-6	单个遗址	汉代		716	1	陶		陶瓦					
7	胶南	JN-TS-7	单个遗址	龙山	不确定	253	1	陶		不确定	腹片				
7	胶南	JN-TS-7	单个遗址	周代	西周	537	2	陶		不确定	腹片				
7	胶南	JN-TS-7	单个遗址	汉代		711	2	陶		陶瓦					
7	胶南	JN-TS-8	单个遗址	周代	东周	545	1	陶		陶盆	颈部				
7	胶南	JN-TS-9	单个遗址	龙山	中期	252	1	陶		陶罐	口沿				
7	胶南	JN-TS-9	单个遗址	龙山	中期	252	2	陶		陶罐	器底				
7	胶南	JN-TS-9	单个遗址	龙山	不确定	252	1	陶		不确定	腹片	篮纹			
7	胶南	JN-TS-9	单个遗址	龙山	不确定	252	6	陶		不确定	腹片				
7	胶南	JN-TS-9	单个遗址	周代	东周	536	2	陶		不确定	腹片	绳纹			
7	胶南	JN-TS-9	单个遗址	汉代		715	3	陶		陶瓦					
4	胶南	JN-TZG-1	单个遗址	汉代		263	2	陶		陶瓦					
4	胶南	JN-TZG-2	CAA	汉代		262	3	陶		陶瓦					
4	胶南	JN-TZG-2	CAA	汉代		262	1	陶		陶罐	口沿				
4	胶南	JN-TZG-2	CAB	汉代		262	1	陶		陶盆	器底				
4	胶南	JN-TZG-2	CAB	汉代		262	1	陶		陶瓦					
8	胶南	JN-WJDZ-1	单个遗址	周代	东周	648	2	陶		不确定	腹片				
8	胶南	JN-WJDZ-2	单个遗址	周代	东周	647	1	陶		不确定	腹片	绳纹			
8	胶南	JN-WJDZ-2	单个遗址	汉代		867	1	陶		陶瓦					
8	胶南	JN-WJDZ-3	单个遗址	龙山	不确定	305	1	陶		不确定	腹片				
8	胶南	JN-WJDZ-3	单个遗址	汉代		868	2	陶		陶瓦					
8	胶南	JN-WJDZ-4	单个遗址	汉代		866	2	陶		不确定	腹片				
8	胶南	JN-WJDZ-4	单个遗址	汉代		866	2	陶		陶瓦					
8	胶南	JN-WJDZ-5	单个遗址	周代	东周	646	1	陶		陶罐	腹片				
8	胶南	JN-WJDZ-6	单个遗址	周代	东周	645	1	陶		陶罐	腹片				
8	胶南	JN-WJDZ-7	单个遗址	龙山	不确定	304	1	陶		不确定	腹片	弦纹			
8	胶南	JN-WJDZ-7	单个遗址	龙山	不确定	304	2	陶		不确定	腹片				
8	胶南	JN-WJDZ-8	单个遗址	汉代		865	1	陶		陶壶	口沿				
8	胶南	JN-WJDZ-8	单个遗址	汉代		865	2	陶		陶瓦					
8	胶南	JN-WJDZ-9	单个遗址	汉代		864	1	陶		陶盆	口沿				
8	胶南	JN-WJDZ-9	单个遗址	汉代		864	1	陶		不确定	腹片				
8	胶南	JN-WJDZ-9	单个遗址	汉代		864	3	陶		陶瓦					

年度	县区	遗址	采集区	时代	分期	期段编号	数量	质地	石器种类	器形	部位	纹饰	颜色	质地	蛋壳陶
6	胶南	JN-WJL-1	单个遗址	汉代	西周	534	4	陶		陶瓦					
6	胶南	JN-WJL-2	单个遗址	汉代	西周	535	1	陶		砖					
6	胶南	JN-WJL-2	单个遗址	汉代	西周	535	1	陶		陶瓦					
6	胶南	JN-WJL-3	CAA	汉代	西周	533	1	陶		砖					
6	胶南	JN-WJL-3	CAA	汉代	西周	533	1	陶		陶罐	口沿				
6	胶南	JN-WJL-3	CAA	汉代	西周	533	2	陶		陶瓦					
6	胶南	JN-WJL-3	CAA	汉代	西周	533	1	陶		不确定	腹片				
6	胶南	JN-WJL-3	CAB	汉代	西周	533	3	陶		陶瓦					
6	胶南	JN-WJL-3	CAB	汉代	西周	533	1	陶		不确定	腹片				
6	胶南	JN-WJL-3	CAC	汉代	西周	533	3	陶		陶瓦					
8	胶南	JN-WJT-1	单个遗址	龙山	早期	310	2	陶		不确定	腹片	篮纹			
8	胶南	JN-WJT-1	单个遗址	汉代		852	2	陶		陶瓦					
8	胶南	JN-WJT-2	单个遗址	汉代		851	2	陶		砖					
8	胶南	JN-WJT-2	单个遗址	汉代		851	2	陶		陶瓦					
8	胶南	JN-WJT-3	单个遗址	汉代		850	3	陶		陶瓦					
8	胶南	JN-WJT-3	单个遗址	汉代		850	5	陶		不确定	腹片				
6	胶南	JN-WJW-1	单个遗址	汉代	西周	484	1	陶		不确定	腹片				
6	胶南	JN-WJW-1	单个遗址	汉代	西周	484	2	陶		陶瓦					
6	胶南	JN-WJW-2	单个遗址	汉代	西周	485	2	陶		陶瓦					
6	胶南	JN-WS-1	单个遗址	龙山	不确定	217	1	陶		不确定	腹片				
7	胶南	JN-WS-10	单个遗址	周代	东周	592	2	陶		陶盆	口沿				
7	胶南	JN-WS-10	单个遗址	周代	东周	592	1	陶		不确定	腹片	绳纹			
7	胶南	JN-WS-10	单个遗址	周代	东周	592	4	陶		不确定	腹片				
7	胶南	JN-WS-11	单个遗址	周代	东周	591	2	陶		不确定	腹片				
7	胶南	JN-WS-11	单个遗址	汉代		802	1	陶		砖					
7	胶南	JN-WS-11	单个遗址	汉代		802	2	陶		陶瓦					
7	胶南	JN-WS-12	单个遗址	汉代		808	1	陶		陶瓦					
7	胶南	JN-WS-13	单个遗址	汉代		807	1	陶		陶瓦					
7	胶南	JN-WS-14	单个遗址	周代	西周	589	1	陶		不确定	腹片	绳纹			
7	胶南	JN-WS-14	单个遗址	周代	西周	589	1	陶		不确定	腹片				
7	胶南	JN-WS-14	单个遗址	汉代		803	5	陶		陶瓦					
7	胶南	JN-WS-14	单个遗址	汉代		803	3	陶		不确定	腹片				
7	胶南	JN-WS-15	单个遗址	汉代		806	1	陶		陶瓦					
7	胶南	JN-WS-16	单个遗址	汉代		805	1	陶		陶罐	肩部				
6	胶南	JN-WS2	单个遗址	汉代	西周	526	1	陶		陶瓦					
6	胶南	JN-WS-3	单个遗址	汉代	西周	525	1	陶		陶瓦					
7	胶南	JN-WS-4	单个遗址	周代	东周	597	1	陶		不确定	腹片				
7	胶南	JN-WS-4	单个遗址	周代	东周	597	1	陶		不确定	腹片	绳纹			
7	胶南	JN-WS-4	单个遗址	汉代		809	2	陶		陶瓦					
7	胶南	JN-WS-5	单个遗址	周代	东周	595	2	陶		陶盆	口沿				
7	胶南	JN-WS-5	单个遗址	周代	东周	595	1	陶		陶碗	口沿				
7	胶南	JN-WS-5	单个遗址	周代	东周	595	1	陶		陶瓦					
7	胶南	JN-WS-5	单个遗址	周代	东周	595	1	陶		不确定	腹片	绳纹			
7	胶南	JN-WS-5	单个遗址	周代	东周	595	3	陶		不确定	腹片				
7	胶南	JN-WS-5	单个遗址	汉代		814	6	陶		陶瓦					
7	胶南	JN-WS-5	单个遗址	汉代		814	3	陶		不确定	腹片				

年度	县区	遗址	采集区	时代	分期	期段编号	数量	质地	石器种类	器形	部位	纹饰	颜色	质地	蛋壳陶
7	胶南	JN-WS-6	单个遗址	龙山	不确定	285	2	陶		不确定	腹片				
7	胶南	JN-WS-6	单个遗址	周代	东周	596	1	陶		不确定	腹片	绳纹			
7	胶南	JN-WS-7	单个遗址	汉代		812	8	陶		陶瓦					
7	胶南	JN-WS-8	单个遗址	周代	东周	594	1	陶		陶盆	口沿				
7	胶南	JN-WS-8	单个遗址	周代	东周	594	2	陶		不确定	腹片				
7	胶南	JN-WS-8	单个遗址	汉代		810	7	陶		陶瓦					
7	胶南	JN-WS-9	单个遗址	汉代		811	2	陶		陶瓦					
7	胶南	JN-WS-9	单个遗址	汉代		811	2	陶		不确定	腹片				
8	胶南	JN-WZ-1	单个遗址	汉代		854	2	陶		陶瓦					
8	胶南	JN-WZ-1	单个遗址	汉代		854	3	陶		不确定	腹片				
8	胶南	JN-WZ-2	单个遗址	龙山	早期	311	1	陶		不确定	腹片	篮纹			
8	胶南	JN-WZ-2	单个遗址	汉代		853	1	陶		陶盆	颈部				
8	胶南	JN-WZ-3	CAA	汉代		849	2	陶		陶盆	口沿				
8	胶南	JN-WZ-3	CAA	汉代		849	3	陶		不确定	腹片				
8	胶南	JN-WZ-3	CAA	汉代		849	77	陶		陶瓦					
8	胶南	JN-WZ-3	CAB	汉代		849	1	陶		陶瓮	口沿				
8	胶南	JN-WZ-3	CAB	汉代		849	47	陶		陶瓦					
8	胶南	JN-WZ-3	CAC	龙山	早期	312	1	陶		陶盆	器底	篮纹			
8	胶南	JN-WZ-3	CAC	龙山	不确定	312	3	陶		不确定	腹片				
8	胶南	JN-WZ-3	CAC	汉代		849	4	陶		陶瓦					
8	胶南	JN-WZ-3	CAD	汉代		849	5	陶		陶瓦					
8	胶南	JN-WZ-3	CAD	汉代		849	2	陶		陶罐	腹片				
8	胶南	JN-WZ-3	CAD	汉代		849	1	金属		工具?					
8	胶南	JN-WZ-3	CAE	龙山	早期	313	1	陶		陶盆	口沿				
8	胶南	JN-WZ-3	CAE	汉代		849	9	陶		陶瓦					
8	胶南	JN-WZ-3	CAF	汉代		849	2	陶		砖	碎块				
8	胶南	JN-WZ-3	CAF	汉代		849	10	陶		陶瓦					
8	胶南	JN-WZ-3	CAG	汉代		849	1	陶		砖					
8	胶南	JN-WZ-3	CAG	汉代		849	14	陶		陶瓦					
8	胶南	JN-WZ-3	CAH	汉代		849	2	陶		砖					
8	胶南	JN-WZ-3	CAH	汉代		849	1	陶		陶瓦					
13	胶南	JN-XBMH-1	单个遗址	周代	东周	1223	1	陶		陶鬲	腹片	绳纹			
13	胶南	JN-XDaZ-1	单个遗址	龙山	早期	517	1	陶		陶罐	口沿				
13	胶南	JN-XDaZ-1	单个遗址	龙山		517	2	陶		不确定	腹片			粗砂	
13	胶南	JN-XDaZ-2	单个遗址	汉代		1703	1	陶		陶瓦					
13	胶南	JN-XDaZ-3	单个遗址	龙山		513	1	陶		不确定	腹片			粗砂	
13	胶南	JN-XDaZ-4	单个遗址	龙山	早期	516	2	陶		陶甗	器足				
13	胶南	JN-XDaZ-4	单个遗址	龙山	早期	516	3	陶		陶鼎	口沿				
13	胶南	JN-XDaZ-4	单个遗址	龙山	中期	516	1	陶		陶鼎	器足				
13	胶南	JN-XDaZ-4	单个遗址	龙山	中期	516	2	陶		陶罐	口沿				
13	胶南	JN-XDaZ-4	单个遗址	龙山	中期	516	1	陶		陶匜	口沿				
13	胶南	JN-XDaZ-4	单个遗址	龙山		516	19	陶		不确定	腹片				
13	胶南	JN-XDaZ-4	单个遗址	龙山		516	1	陶		不确定	腹片	弦纹			
13	胶南	JN-XDaZ-4	单个遗址	龙山		516	1	陶		不确定	腹片	篮纹			
13	胶南	JN-XDaZ-4	单个遗址	周代	西周	1181	4	陶		不确定	腹片				
13	胶南	JN-XDaZ-4	单个遗址	周代	西周	1181	7	陶		不确定	腹片	绳纹			

年度	县区	遗址	采集区	时代	分期	期段编号	数量	质地	石器种类	器形	部位	纹饰	颜色	质地	蛋壳陶
13	胶南	JN-XDaZ-4	单个遗址	周代	西周	1181	8	陶		陶鬲	腹片	绳纹			
13	胶南	JN-XDaZ-4	单个遗址	周代	东周	1181	20	陶		不确定	腹片				
13	胶南	JN-XDaZ-4	单个遗址	周代	东周	1181	7	陶		不确定	腹片	绳纹			
13	胶南	JN-XDaZ-4	单个遗址	汉代		1702	1	陶		陶盆	口沿				
13	胶南	JN-XDaZ-4	单个遗址	汉代		1702	3	陶		陶瓦					
6	胶南	JN-XDJZ-1	单个遗址	汉代	西周	505	2	陶		陶瓦					
6	胶南	JN-XDJZ-2	单个遗址	周代	东周	425	1	陶		陶盆	口沿				
6	胶南	JN-XDJZ-2	单个遗址	周代	东周	425	1	陶		陶壶	口沿				
13	胶南	JN-XDZ-2	单个遗址	汉代		1649	1	陶		陶瓦					
13	胶南	JN-XDZ-3	单个遗址	周代	西周	1210	4	陶		陶鬲	腹片	绳纹			
13	胶南	JN-XDZ-3	单个遗址	周代	西周	1210	2	陶		不确定	腹片	绳纹			
13	胶南	JN-XDZ-3	单个遗址	周代	东周	1210	2	陶		陶盆	口沿				
13	胶南	JN-XDZ-3	单个遗址	周代	东周	1210	3	陶		不确定	腹片				
13	胶南	JN-XDZ-3	单个遗址	周代	东周	1210	3	陶		不确定	腹片	绳纹			
13	胶南	JN-XDZ-3	单个遗址	汉代		1642	2	陶		不确定	腹片				
13	胶南	JN-XDZ-5	单个遗址	周代	东周	1210	1	陶		不确定	腹片	绳纹			
13	胶南	JN-XDZ-7	单个遗址	汉代		1643	1	陶		陶盆	口沿				
13	胶南	JN-XDZ-7	单个遗址	汉代		1643	1	陶		陶罐	器底				
13	胶南	JN-XDZ-7	单个遗址	汉代		1643	1	陶		陶瓦					
13	胶南	JN-XDZ-8	单个遗址	汉代		1644	1	陶		不确定	腹片				
13	胶南	JN-XDZ-9	单个遗址	汉代		1637	7	陶		不确定	腹片				
13	胶南	JN-XDZ-9	单个遗址	汉代		1637	1	陶		陶瓦					
3	胶南	JN-XGJZ-1	单个遗址	汉代		170	1	陶		陶瓦					
3	胶南	JN-XGJZ-1	单个遗址	商代	不确定	9	3	陶		不确定	腹片				
3	胶南	JN-XGJZ-1	单个遗址	周代	东周	142	2	陶		不确定	腹片				
3	胶南	JN-XGJZ-1	单个遗址	周代	西周	142	1	陶		陶鬲	器足				
3	胶南	JN-XGJZ-1	单个遗址	周代	西周	142	4	陶		不确定	腹片				
3	胶南	JN-XGJZ-2	单个遗址	周代	东周	143	1	陶		陶纺轮					
3	胶南	JN-XGJZ-2	单个遗址	周代	东周	143	2	陶		不确定	腹片				
3	胶南	JN-XGJZ-3	单个遗址	商代	不确定	10	1	陶		不确定	腹片				
3	胶南	JN-XGJZ-3	单个遗址	周代	不确定	144	6	陶		不确定	腹片				
3	胶南	JN-XGJZ-3	单个遗址	周代	西周	144	1	陶		不确定	腹片				
8	胶南	JN-XGZ-1	单个遗址	龙山	中期	295	1	陶		陶罐	口沿				
8	胶南	JN-XGZ-2	单个遗址	汉代		655	1	陶		陶瓦					
13	胶南	JN-XGZ-3	单个遗址	龙山		512	1	陶		陶罐	器底				
4	胶南	JN-XJC-1	单个遗址	汉代		258	2	陶		陶瓦					
4	胶南	JN-XJC-1	单个遗址	周代	东周	242	1	陶		陶罐	腹片				
4	胶南	JN-XJGZ-1	单个遗址	汉代		247	1	陶		陶瓦					
4	胶南	JN-XJGZ-1	单个遗址	汉代		247	1	陶		不确定	腹片	绳纹			
3	胶南	JN-XJW-10	单个遗址	汉代		179	1	陶		陶罐	器底				
3	胶南	JN-XJW-10	单个遗址	周代	东周	150	1	陶		陶瓦					
3	胶南	JN-XJW-10	单个遗址	周代	东周	150	1	陶		不确定	腹片				
3	胶南	JN-XJW-2	CAA	现代			1	陶		璧					
3	胶南	JN-XJW-2	CAB	周代	西周	151	1	陶		不确定	口沿				
3	胶南	JN-XJW-2	CAB	周代	西周	151	1	陶		不确定	腹片				
3	胶南	JN-XJW-2	CAA	周代	不确定	152	1	陶		不确定	腹片				

年度	县区	遗址	采集区	时代	分期	期段编号	数量	质地	石器种类	器形	部位	纹饰	颜色	质地	蛋壳陶
3	胶南	JN-XJW-3	CAA	汉代		176	1	陶		陶瓦					
3	胶南	JN-XJW-3	CAB	汉代		176	1	陶		陶盆	口沿				
3	胶南	JN-XJW-3	CAB	汉代		176	1	陶		不确定	腹片		红	云母	
3	胶南	JN-XJW-3	CAB	汉代		176	2	陶		陶盆	腹片				
3	胶南	JN-XJW-3	CAB	汉代		176	1	陶		陶盆	腹片				
3	胶南	JN-XJW-3	CAB	汉代		176	3	陶		陶盆	腹片				
3	胶南	JN-XJW-4	单个遗址	龙山	中期	93	11	陶		陶鼎	器足				
3	胶南	JN-XJW-4	单个遗址	龙山	中期	93	3	陶		陶鼎	器底				
3	胶南	JN-XJW-4	单个遗址	龙山	中期	93	3	陶		陶鼎	口沿				
3	胶南	JN-XJW-4	单个遗址	龙山	中期	93	1	陶		陶甗	器足				
3	胶南	JN-XJW-4	单个遗址	龙山	中期	93	4	陶		陶罐	器底				
3	胶南	JN-XJW-4	单个遗址	龙山	中期	93	5	陶		陶罐	口沿				
3	胶南	JN-XJW-4	单个遗址	龙山	中期	93	2	陶		陶盆	口沿				
3	胶南	JN-XJW-4	单个遗址	龙山	中期	93	1	陶		陶碗	器底				
3	胶南	JN-XJW-4	单个遗址	龙山	中期	93	5	陶		陶器盖					
3	胶南	JN-XJW-4	单个遗址	龙山	中期	93	2	陶		不确定	把手				
3	胶南	JN-XJW-4	单个遗址	龙山	中期	93	143	陶		不确定	腹片				
3	胶南	JN-XJW-4	单个遗址	周代	不确定	153	1	陶		不确定	腹片				
3	胶南	JN-XJW-5	单个遗址	汉代		183	1	陶		陶瓦					
3	胶南	JN-XJW-6	单个遗址	周代	东周	147	1	陶		陶瓦					
3	胶南	JN-XJW-7	单个遗址	汉代		184	1	陶		陶瓦					
3	胶南	JN-XJW-8	单个遗址	周代	东周	149	1	陶		陶瓦					
3	胶南	JN-XJW-8	单个遗址	周代	东周	149	1	陶		不确定	腹片				
3	胶南	JN-XJW-9	CAB	周代	东周	148	1	陶		不确定	口沿				
3	胶南	JN-XJW-9	CAB	周代	东周	148	1	陶		不确定	腹片				
3	胶南	JN-XJW-9	CAA	周代	东周	148	1	陶		不确定	口沿				
3	胶南	JN-XJW-9	CAA	周代	东周	148	1	陶		不确定	腹片				
7	胶南	JN-XJWA-1	单个遗址	汉代		800	4	陶		陶瓦					
7	胶南	JN-XJWA-1	单个遗址	汉代		800	1	陶		陶盆	口沿				
7	胶南	JN-XJWA-10	单个遗址	汉代		793	1	陶		陶盆					
7	胶南	JN-XJWA-10	单个遗址	汉代		793	2	陶		陶瓦					
7	胶南	JN-XJWA-10	单个遗址	汉代		793	1	陶		不确定	腹片				
7	胶南	JN-XJWA-11	单个遗址	汉代		792	2	陶		陶瓦					
7	胶南	JN-XJWA-12	CAA	汉代		792	1	陶		陶盆	口沿				
7	胶南	JN-XJWA-12	CAA	汉代		792	1	陶		不确定	腹片				
7	胶南	JN-XJWA-12	CAA	汉代		792	68	陶		陶瓦					
7	胶南	JN-XJWA-12	CAA	汉代		792	11	陶		陶瓦					
7	胶南	JN-XJWA-12	CAB	汉代		792	3	陶		陶瓦					
7	胶南	JN-XJWA-12	CAB	汉代		792	1	陶		砖					
7	胶南	JN-XJWA-12	CAC	汉代		792	1	陶		陶罐	腹片	附加堆纹			
7	胶南	JN-XJWA-12	CAC	汉代		792	1	陶		砖					
7	胶南	JN-XJWA-12	CAC	汉代		792	33	陶		陶瓦					
7	胶南	JN-XJWA-13	单个遗址	周代	东周	583	1	陶		陶罐	器底	绳纹			
7	胶南	JN-XJWA-14	CAA	汉代		785	5	陶		陶瓦					
7	胶南	JN-XJWA-14	CAA	汉代		785	3	陶		不确定	腹片				
7	胶南	JN-XJWA-14	CAB	周代	东周	580	1	陶		陶碗	口沿				

年度	县区	遗址	采集区	时代	分期	期段编号	数量	质地	石器种类	器形	部位	纹饰	颜色	质地	蛋壳陶
7	胶南	JN-XJWA-14	CAB	汉代		785	1	陶		陶罐	口沿				
7	胶南	JN-XJWA-14	CAB	汉代		785	1	陶		陶盆	口沿				
7	胶南	JN-XJWA-14	CAB	汉代		785	2	陶		陶盆	器底				
7	胶南	JN-XJWA-14	CAB	汉代		785	1	陶		不确定	腹片				
7	胶南	JN-XJWA-14	CAB	汉代		785	3	陶		砖					
7	胶南	JN-XJWA-14	CAB	汉代		785	100	陶		陶瓦					
7	胶南	JN-XJWA-14	CAC	汉代		785	2	陶		不确定	腹片				
7	胶南	JN-XJWA-14	CAC	汉代		785	27	陶		陶瓦					
7	胶南	JN-XJWA-14	CAD	汉代		785	2	陶		陶瓦					
7	胶南	JN-XJWA-15	单个遗址	汉代		781	9	陶		砖					
7	胶南	JN-XJWA-16	CAA	汉代		783	6	陶		陶瓦					
7	胶南	JN-XJWA-16	CAA	汉代		783	1	陶		不确定	腹片				
7	胶南	JN-XJWA-16	CAB	汉代		783	1	陶		砖					
7	胶南	JN-XJWA-16	CAB	汉代		783	6	陶		陶瓦					
7	胶南	JN-XJWA-16	CAB	汉代		783	3	陶		不确定	腹片				
7	胶南	JN-XJWA-16	CAC	汉代		783	3	陶		砖					
7	胶南	JN-XJWA-16	CAC	汉代		783	1	陶		陶瓦					
7	胶南	JN-XJWA-16	CAC	汉代		783	3	陶		不确定	腹片				
7	胶南	JN-XJWA-17	单个遗址	龙山	不确定	278	3	陶		不确定	腹片				
7	胶南	JN-XJWA-17	单个遗址	汉代		782	1	陶		陶瓦					
7	胶南	JN-XJWA-18	单个遗址	汉代		790	1	陶		陶瓦					
7	胶南	JN-XJWA-18	单个遗址	汉代		790	3	陶		砖					
7	胶南	JN-XJWA-18	单个遗址	汉代以后	不确定		1	陶		不确定					
7	胶南	JN-XJWA-19	单个遗址	汉代		789	2	陶		陶瓦					
7	胶南	JN-XJWA-2	单个遗址	汉代		797	4	陶		陶瓦					
7	胶南	JN-XJWA-2	单个遗址	汉代		797	2	陶		不确定	腹片				
7	胶南	JN-XJWA-20	单个遗址	汉代		788	2	陶		陶瓦					
7	胶南	JN-XJWA-20	单个遗址	汉代		788	1	陶		砖					
7	胶南	JN-XJWA-21	CAA	周代	东周	569	1	陶		不确定	腹片	绳纹			
7	胶南	JN-XJWA-21	CAB	汉代		786	1	陶		陶盆	口沿				
7	胶南	JN-XJWA-21	CAB	汉代		786	6	陶		不确定	腹片				
7	胶南	JN-XJWA-21	CAB	汉代		786	14	陶		陶瓦					
7	胶南	JN-XJWA-21	CAC	汉代		786	1	陶		陶盆	口沿				
7	胶南	JN-XJWA-21	CAC	汉代		786	1	陶		砖					
7	胶南	JN-XJWA-21	CAC	汉代		786	3	陶		陶瓦					
7	胶南	JN-XJWA-21	CAC	汉代		786	2	陶		不确定	腹片				
7	胶南	JN-XJWA-22	单个遗址	汉代		784	2	陶		陶瓦					
7	胶南	JN-XJWA-23	单个遗址	汉代		777	1	陶		砖					
7	胶南	JN-XJWA-23	单个遗址	汉代		777	8	陶		陶瓦					
7	胶南	JN-XJWA-23	单个遗址	汉代		777	4	陶		不确定	腹片				
7	胶南	JN-XJWA-24	单个遗址	汉代		787	2	陶		陶瓦					
7	胶南	JN-XJWA-24	单个遗址	汉代		787	1	陶		陶盆	器底				
7	胶南	JN-XJWA-3	单个遗址	汉代		796	1	陶		陶纺轮					
7	胶南	JN-XJWA-3	单个遗址	汉代		796	4	陶		陶瓦					
7	胶南	JN-XJWA-3	单个遗址	汉代		796	3	陶		不确定	腹片				
7	胶南	JN-XJWA-4	单个遗址	汉代		798	1	陶		陶瓦					

年度	县区	遗址	采集区	时代	分期	期段编号	数量	质地	石器种类	器形	部位	纹饰	颜色	质地	蛋壳陶
7	胶南	JN-XJWA-5	单个遗址	汉代		799	1	陶		陶盆	器底				
7	胶南	JN-XJWA-5	单个遗址	汉代		799	1	陶		陶瓦					
7	胶南	JN-XJWA-6	单个遗址	周代	东周	586	1	陶		陶罐	口沿				
7	胶南	JN-XJWA-6	单个遗址	周代	东周	586	1	陶		不确定	腹片	绳纹			
7	胶南	JN-XJWA-6	单个遗址	周代	东周	586	1	陶		不确定	腹片				
7	胶南	JN-XJWA-7	单个遗址	汉代		791	1	陶		不确定	腹片				
7	胶南	JN-XJWA-7	单个遗址	汉代		791	1	陶		陶盆	器底				
7	胶南	JN-XJWA-8	单个遗址	汉代		794	3	陶		陶瓦					
7	胶南	JN-XJWA-9	单个遗址	汉代		795	1	陶		陶瓦					
3	胶南	JN-XJY-1	CAA	汉代		163	9	陶		陶瓦					
3	胶南	JN-XJY-1	CAB	汉代		163	6	陶		陶瓦					
3	胶南	JN-XJY-1	CAB	汉代		163	1	陶		不确定	腹片				
3	胶南	JN-XJY-1	CAD	汉代		163	3	陶		陶瓦					
3	胶南	JN-XJY-1	CAD	汉代		163	4	陶		不确定	腹片				
3	胶南	JN-XJY-1	CAD	现代			1	陶		陶纺轮					
3	胶南	JN-XJY-1	CAC	周代	东周	137	2	陶		不确定	腹片				
4	胶南	JN-XJY-10	单个遗址	周代	东周	188	1	陶		陶瓦					
4	胶南	JN-XJY-10	单个遗址	周代	东周	188	1	陶		不确定	腹片				
4	胶南	JN-XJY-11	单个遗址	汉代		221	1	陶		不确定	腹片				
4	胶南	JN-XJY-11	单个遗址	汉代		221	1	金属		不确定					
3	胶南	JN-XJY-2	单个遗址	汉代		165	1	陶		陶盆	器底				
3	胶南	JN-XJY-2	单个遗址	汉代		165	2	陶		陶瓦					
3	胶南	JN-XJY-3	单个遗址	汉代		167	1	陶		陶瓦					
3	胶南	JN-XJY-4	单个遗址	汉代		164	4	陶		陶瓦					
3	胶南	JN-XJY-4	单个遗址	不确定			1	石	工具	石斧					
3	胶南	JN-XJY-5	单个遗址	商代	不确定	8	1	陶		不确定	腹片				
3	胶南	JN-XJY-5	单个遗址	周代	西周	136	1	陶		不确定	腹片				
4	胶南	JN-XJY-6	单个遗址	汉代		219	1	陶		陶瓦					
4	胶南	JN-XJY-6	单个遗址	汉代		219	1	陶		不确定	腹片	乳突			
4	胶南	JN-XJY-7	CAA	汉代		220	3	陶		陶瓦					
4	胶南	JN-XJY-7	CAA	汉代		220	1	陶		不确定	腹片				
4	胶南	JN-XJY-7	CAB	汉代		222	3	陶		陶瓦					
4	胶南	JN-XJY-7	CAC	龙山	早期	138	1	陶		陶鼎	器足			粗砂	
4	胶南	JN-XJY-7	CAD	龙山	不确定	138	2	陶		不确定	腹片				
4	胶南	JN-XJY-7	CAA	汉代以后	不确定		1	陶		不确定					
4	胶南	JN-XJY-7	CAD	不确定			1	陶		不确定					
4	胶南	JN-XJY-7	CAB	周代	东周	187	1	陶		陶瓦					
4	胶南	JN-XJY-7	CAB	周代	东周	187	1	陶		陶盆	器底				
4	胶南	JN-XJY-7	CAB	周代	东周	187	3	陶		不确定	腹片				
4	胶南	JN-XJY-7	CAC	周代	东周	187	2	陶		陶罐	口沿				
4	胶南	JN-XJY-7	CAC	周代	东周	187	3	陶		不确定	腹片	绳纹			
4	胶南	JN-XJY-7	CAC	周代	东周	187	1	陶		不确定	腹片				
4	胶南	JN-XJY-7	CAB	周代	西周	187	1	陶		不确定	腹片				
4	胶南	JN-XJY-7	CAB	周代	西周	187	4	陶		不确定	腹片	绳纹			
4	胶南	JN-XJY-7	CAB	周代	西周	187	1	陶		不确定	腹片	附加堆纹			
4	胶南	JN-XJY-7	CAC	周代	西周	187	1	陶		陶罐	口沿				

年度	县区	遗址	采集区	时代	分期	期段编号	数量	质地	石器种类	器形	部位	纹饰	颜色	质地	蛋壳陶
4	胶南	JN-XJY-7	CAC	周代	西周	187	1	陶		不确定	腹片	绳纹			
4	胶南	JN-XJY-8	单个遗址	汉代		224	1	陶		陶瓦					
4	胶南	JN-XJY-8	单个遗址	汉代		224	1	陶		不确定	器底				
4	胶南	JN-XJY-8	单个遗址	汉代		224	2	陶		不确定	腹片				
4	胶南	JN-XJY-9	单个遗址	汉代		223	1	陶		陶盆	器底				
6	胶南	JN-XL-1	单个遗址	汉代	西周	532	3	陶		陶瓦					
6	胶南	JN-XL-1	单个遗址	汉代	西周	532	1	陶		不确定	腹片				
3	胶南	JN-XLT-1	单个遗址	汉代		172	2	陶		陶瓦					
3	胶南	JN-XLT-1	单个遗址	周代	东周	155	2	陶		陶瓦					
3	胶南	JN-XLT-2	单个遗址	汉代		173	1	陶		陶瓦					
3	胶南	JN-XLT-2	单个遗址	周代	东周	154	1	陶		陶鼎	器足				
3	胶南	JN-XLT-2	单个遗址	周代	东周	154	1	陶		不确定	腹片				
3	胶南	JN-XLT-3	单个遗址	汉代		182	1	陶		陶瓦					
3	胶南	JN-XLT-4	单个遗址	周代	不确定	153	1	陶		陶豆	豆柄				
3	胶南	JN-XLT-6	CAC	汉代		182	1	陶		陶瓦					
3	胶南	JN-XLT-6	CAB	汉代		182	1	陶		陶瓦					
3	胶南	JN-XLT-6	CAB	汉代		182	1	陶		不确定	腹片				
3	胶南	JN-XLT-6	CAA	汉代		182	12	陶		陶瓦					
3	胶南	JN-XLT-6	CAA	汉代		182	1	陶		不确定	腹片				
3	胶南	JN-XLT-6	CAA	汉代		182	1	陶		璧					
3	胶南	JN-XLT-6	CAC	周代	东周	64	1	陶		陶瓦					
3	胶南	JN-XLT-7	单个遗址	汉代		181	2	陶		陶瓦					
3	胶南	JN-XLT-8	单个遗址	汉代		180	1	陶		陶瓦					
4	胶南	JN-XLW-1	单个遗址	汉代		295	2	陶		陶瓦					
4	胶南	JN-XLW-2	单个遗址	汉代		284	1	陶		陶盆	口沿				
4	胶南	JN-XLW-2	单个遗址	汉代		284	9	陶		陶瓦					
4	胶南	JN-XLW-2	单个遗址	汉代		284	3	陶		不确定	腹片				
4	胶南	JN-XLW-2	单个遗址	周代	东周	219	1	陶		陶盆	器底				
4	胶南	JN-XLW-2	单个遗址	周代	东周	219	3	陶		不确定	腹片	绳纹			
4	胶南	JN-XLW-3	单个遗址	汉代		285	1	陶		陶瓦					
4	胶南	JN-XLW-3	单个遗址	汉代		285	1	陶		陶盆	器底				
6	胶南	JN-XLZ-1	单个遗址	汉代	西周	495	3	陶		陶瓦					
6	胶南	JN-XLZ-1	单个遗址	不确定			1	石	工具	石镰					
6	胶南	JN-XLZ-2	单个遗址	汉代	东周	491	17	陶		陶瓦					
7	胶南	JN-XNL-1	单个遗址	汉代		843	1	陶		陶瓦					
13	胶南	JN-XNL-2	单个遗址	汉代		1672	1	陶		陶盆	腹片				
13	胶南	JN-XNL-2	单个遗址	汉代		1672	5	陶		不确定	腹片				
13	胶南	JN-XNL-2	单个遗址	汉代		1672	1	陶		陶瓦					
13	胶南	JN-XNL-3	单个遗址	汉代		1671	1	陶		陶瓮	腹片				
8	胶南	JN-XS-1	CAA	龙山	早期	299	1	陶		陶匜	口沿				
8	胶南	JN-XS-1	CAA	龙山	早期	299	5	陶		不确定	腹片	篮纹			
8	胶南	JN-XS-1	CAA	龙山	中期	299	1	陶		陶鼎	器足				
8	胶南	JN-XS-1	CAA	龙山	中期	299	1	陶		陶罐	口沿				
8	胶南	JN-XS-1	CAA	龙山	不确定	299	24	陶		不确定	腹片				
8	胶南	JN-XS-1	CAA	岳石	不确定	10	1	陶		陶罐	口沿				
8	胶南	JN-XS-1	CAA	岳石	不确定	10	1	陶		陶三足罐					

年度	县区	遗址	采集区	时代	分期	期段编号	数量	质地	石器种类	器形	部位	纹饰	颜色	质地	蛋壳陶
8	胶南	JN-XS-1	CAA	周代	西周	644	1	陶		陶鬲	裆部				
8	胶南	JN-XS-1	CAA	周代	西周	644	3	陶		不确定	腹片	绳纹			
8	胶南	JN-XS-1	CAA	汉代		861	3	陶		陶瓦					
8	胶南	JN-XS-1	CAB	龙山	早期	299	1	陶		陶鬶	器足			白	
8	胶南	JN-XS-1	CAB	龙山	早期	299	1	陶		陶盆	口沿				
8	胶南	JN-XS-1	CAB	龙山	不确定	299	6	陶		不确定	腹片				
8	胶南	JN-XS-1	CAB	周代	西周	644	1	陶		陶鬲	口沿				
8	胶南	JN-XS-1	CAB	汉代		861	1	陶		陶罐	器底				
8	胶南	JN-XS-1	CAC	岳石	不确定	10	1	陶		陶瓮	腹片				
8	胶南	JN-XS-1	CAC	周代	西周	644	1	陶		陶盘	口沿				夹滑石云母
8	胶南	JN-XS-1	CAC	汉代		861	1	陶		陶盆	腹片				
8	胶南	JN-XS-1	CAC	汉代		861	5	陶		陶瓦					
8	胶南	JN-XS-1	CAD	龙山	中期	299	1	陶		陶罐	口沿				
8	胶南	JN-XS-1	CAD	龙山	不确定	299	4	陶		不确定	腹片	附加堆纹			
8	胶南	JN-XS-1	CAD	周代	东周	644	1	陶		陶盆	口沿				
8	胶南	JN-XS-1	CAD	汉代		861	3	陶		陶瓦					
8	胶南	JN-XS-1	CAE	不确定			1	炼渣		不确定					
8	胶南	JN-XS-1	CAE	龙山	早期	299	2	陶		陶鼎	器足				
8	胶南	JN-XS-1	CAE	龙山	中期	299	2	陶		陶罐	口沿				
8	胶南	JN-XS-1	CAE	龙山	不确定	299	1	陶		陶器盖	口沿				
8	胶南	JN-XS-1	CAE	龙山	不确定	299	1	陶		陶罐	器底				
8	胶南	JN-XS-1	CAE	龙山	不确定	299	9	陶		不确定	腹片				
8	胶南	JN-XS-1	CAE	周代	西周	644	2	陶		不确定	腹片	绳纹			
8	胶南	JN-XS-1	CAE	周代	东周	644	1	陶		陶鬲	口沿				
8	胶南	JN-XS-1	CAE	汉代		861	1	陶		陶瓦					
8	胶南	JN-XS-1	CAF	不确定			1	黏土		不确定					
8	胶南	JN-XS-1	CAF	龙山	早期	299	2	陶		陶鼎	器足				
8	胶南	JN-XS-1	CAF	龙山	早期	299	1	陶		陶甗	器足				
8	胶南	JN-XS-1	CAF	龙山	早期	299	3	陶		陶匜	口沿				
8	胶南	JN-XS-1	CAF	龙山	早期	299	1	陶		陶盘	豆盘口沿				
8	胶南	JN-XS-1	CAF	龙山	早期	299	1	陶		陶盆	口沿				
8	胶南	JN-XS-1	CAF	龙山	早期	299	5	陶		不确定	腹片	篮纹			
8	胶南	JN-XS-1	CAF	龙山	早期	299	2	陶		陶罐	器底	篮纹			
8	胶南	JN-XS-1	CAF	龙山	不确定	299	45	陶		不确定	腹片				
8	胶南	JN-XS-1	CAF	岳石	不确定	10	1	陶		陶甗	腰部	附加堆纹			
8	胶南	JN-XS-1	CAF	岳石	不确定	10	1	陶		陶罐	口沿				云母
8	胶南	JN-XS-1	CAF	周代	西周	644	2	陶		陶鬲	裆部				
8	胶南	JN-XS-1	CAF	周代	西周	644	5	陶		不确定	腹片	绳纹			
8	胶南	JN-XS-1	CAF	周代	西周	644	1	陶		不确定	腹片	附加堆纹			
8	胶南	JN-XS-1	CAF	周代	东周	644	2	陶		陶盆	口沿				
8	胶南	JN-XS-1	CAF	周代	东周	644	8	陶		不确定	腹片	绳纹			
8	胶南	JN-XS-1	CAF	汉代		861	1	陶		陶瓦					
8	胶南	JN-XS-1	CAF	汉代		861	1	陶		陶壶	口沿				
8	胶南	JN-XS-1	CAG	龙山	早期	299	6	陶		不确定	腹片	篮纹			
8	胶南	JN-XS-1	CAG	龙山	早期	299	1	陶		陶盆	口沿				
8	胶南	JN-XS-1	CAG	龙山	早期	299	1	陶		陶罐	器底	篮纹			

年度	县区	遗址	采集区	时代	分期	期段编号	数量	质地	石器种类	器形	部位	纹饰	颜色	质地	蛋壳陶
8	胶南	JN-XS-1	CAG	龙山	不确定	299	12	陶		不确定	腹片				
8	胶南	JN-XS-1	CAG	岳石	不确定	10	1	陶		陶罐	口沿				
8	胶南	JN-XS-1	CAG	岳石	不确定	10	2	陶		陶罐	腹片			云母,碎石	
8	胶南	JN-XS-1	CAG	岳石	不确定	10	2	陶		陶甗	腹片			云母	
8	胶南	JN-XS-1	CAG	周代	西周	644	1	陶		陶簋	柄/底座				
8	胶南	JN-XS-1	CAG	周代	西周	644	4	陶		不确定	腹片	绳纹			
8	胶南	JN-XS-1	CAG	周代	东周	644	1	陶		陶罐	口沿				
8	胶南	JN-XS-1	CAG	周代	东周	644	1	陶		陶鬲	腹片				
8	胶南	JN-XS-1	CAG	周代	东周	644	4	陶		陶罐	腹片				
8	胶南	JN-XS-1	CAG	汉代		861	14	陶		陶瓦					
8	胶南	JN-XS-1	CAH	龙山	早期	299	4	陶		陶鼎	器足				
8	胶南	JN-XS-1	CAH	龙山	早期	299	4	陶		不确定	腹片	篮纹			
8	胶南	JN-XS-1	CAH	龙山	中期	299	2	陶		陶罐	口沿				
8	胶南	JN-XS-1	CAH	龙山	中期	299	2	陶		陶鼎	口沿				
8	胶南	JN-XS-1	CAH	龙山	不确定	299	1	陶		陶器盖	陶器盖				
8	胶南	JN-XS-1	CAH	龙山	不确定	299	2	陶		陶器盖	口沿				
8	胶南	JN-XS-1	CAH	龙山	不确定	299	32	陶		不确定	腹片				
8	胶南	JN-XS-1	CAH	岳石	不确定	10	1	陶		陶罐	口沿				
8	胶南	JN-XS-1	CAH	岳石	不确定	10	1	陶		陶甗	裆部				
8	胶南	JN-XS-1	CAH	岳石	不确定	10	2	陶		陶罐	腹片				
8	胶南	JN-XS-1	CAH	周代	西周	644	1	陶		陶鬲	口沿				
8	胶南	JN-XS-1	CAH	周代	西周	644	4	陶		不确定	腹片	绳纹			
8	胶南	JN-XS-1	CAH	周代	东周	644	1	陶		陶罐	口沿				
8	胶南	JN-XS-1	CAH	周代	东周	644	1	陶		不确定	口沿				
8	胶南	JN-XS-1	CAH	周代	东周	644	13	陶		不确定	腹片	绳纹			
8	胶南	JN-XS-1	CAH	汉代		861	1	陶		砖					
8	胶南	JN-XS-1	CAH	汉代		861	1	陶		陶瓦					
8	胶南	JN-XS-1	CAH	汉代		861	1	陶		陶罐	器底				
8	胶南	JN-XS-1	CAH	汉代		861	3	陶		不确定	腹片	绳纹			
8	胶南	JN-XS-1	CAH	汉代		861	1	陶		不确定	腹片				
8	胶南	JN-XS-1	CAI	龙山	早期	299	1	陶		陶鼎	口沿				
8	胶南	JN-XS-1	CAI	龙山	早期	299	1	陶		陶匜	口沿				
8	胶南	JN-XS-1	CAI	龙山	早期	299	1	陶		陶盆	口沿				
8	胶南	JN-XS-1	CAI	龙山	早期	299	2	陶		陶罐	腹片	篮纹			
8	胶南	JN-XS-1	CAI	龙山	中期	299	1	陶		陶罐	口沿				
8	胶南	JN-XS-1	CAI	龙山	中期	299	1	陶		陶盆	口沿				
8	胶南	JN-XS-1	CAI	龙山	中期	299	1	陶		陶盆	口沿				
8	胶南	JN-XS-1	CAI	龙山	不确定	299	10	陶		不确定	腹片				
8	胶南	JN-XS-1	CAI	岳石	不确定	10	1	陶		陶鼎	器足				
8	胶南	JN-XS-1	CAI	岳石	不确定	10	1	陶		陶罐	腹片			云母	
8	胶南	JN-XS-1	CAI	周代	西周	644	1	陶		陶罐	肩部				
8	胶南	JN-XS-1	CAI	周代	西周	644	5	陶		不确定	腹片	绳纹			
8	胶南	JN-XS-1	CAI	周代	西周	644	1	陶		不确定	腹片				
8	胶南	JN-XS-1	CAI	周代	东周	644	1	陶		陶盆	口沿				
8	胶南	JN-XS-1	CAI	周代	东周	644	3	陶		陶罐	腹片				
8	胶南	JN-XS-1	CAI	汉代		861	2	陶		陶盆	口沿				

年度	县区	遗址	采集区	时代	分期	期段编号	数量	质地	石器种类	器形	部位	纹饰	颜色	质地	蛋壳陶
8	胶南	JN-XS-1	CAI	汉代		861	2	陶		陶罐	腹片				
8	胶南	JN-XS-1	CAI	汉代		861	4	陶		陶瓦					
8	胶南	JN-XS-1	CAJ	不确定			2	黏土		胶泥					
8	胶南	JN-XS-1	CAJ	龙山	早期	299	1	陶		陶甗	器足				
8	胶南	JN-XS-1	CAJ	龙山	早期	299	3	陶		不确定	腹片	篮纹			
8	胶南	JN-XS-1	CAJ	龙山	早期	299	2	陶		陶鼎	口沿				
8	胶南	JN-XS-1	CAJ	龙山	中期	299	1	陶		陶罐	口沿				
8	胶南	JN-XS-1	CAJ	龙山	不确定	299	1	陶		陶器盖					
8	胶南	JN-XS-1	CAJ	龙山	不确定	299	13	陶		不确定	腹片				
8	胶南	JN-XS-1	CAJ	周代	西周	644	4	陶		不确定	腹片	绳纹	黑		
8	胶南	JN-XS-1	CAJ	周代	东周	644	1	陶		陶盆	器底				
8	胶南	JN-XS-1	CAJ	周代	东周	644	2	陶		不确定	腹片				
8	胶南	JN-XS-1	CAJ	汉代		861	1	陶		陶盆	口沿				
8	胶南	JN-XS-1	CAJ	汉代		861	1	陶		陶瓦					
8	胶南	JN-XS-1	CAK	龙山	早期	299	1	陶		不确定	腹片	篮纹			
8	胶南	JN-XS-1	CAK	龙山	不确定	299	1	陶		陶器盖	口沿				
8	胶南	JN-XS-1	CAK	龙山	不确定	299	5	陶		不确定	腹片				
8	胶南	JN-XS-1	CAK	岳石	不确定	9	1	陶		陶罐	腹片				
8	胶南	JN-XS-1	CAL	龙山	早期	299	1	陶		陶罐	腹片	篮纹			
8	胶南	JN-XS-1	CAL	龙山	不确定	299	3	陶		不确定	腹片				
8	胶南	JN-XS-1	CAL	周代	东周	644	1	陶		陶罐	腹片				
8	胶南	JN-XS-1	CAM	不确定			1	石	工具	石锛					
8	胶南	JN-XS-1	CAN	周代	东周	644	1	陶		陶壶	口沿				
8	胶南	JN-XS-1	CAN	周代	东周	644	1	陶		陶豆	豆柄				
8	胶南	JN-XS-1	CAN	周代	东周	644	1	陶		陶盆	口沿				
8	胶南	JN-XS-1	CAN	周代	东周	644	1	陶		陶壶	器底				
8	胶南	JN-XS-1	CAN	周代	东周	644	8	陶		不确定	腹片	绳纹			
8	胶南	JN-XS-1	CAN	周代	东周	644	1	陶		不确定	腹片				
8	胶南	JN-XS-1	CAN	汉代		858	1	陶		陶瓦					
8	胶南	JN-XS-1	CAO	龙山	早期	299	1	陶		陶鼎	口沿				
8	胶南	JN-XS-1	CAO	龙山	早期	299	1	陶		陶鼎	器足				
8	胶南	JN-XS-1	CAO	龙山	中期	299	2	陶		陶甌	口沿				
8	胶南	JN-XS-1	CAO	龙山	中期	299	1	陶		陶罐	口沿				
8	胶南	JN-XS-1	CAO	龙山	中期	299	1	陶		陶器盖					
8	胶南	JN-XS-1	CAO	龙山	中期	299	1	陶		陶豆	豆盘				
8	胶南	JN-XS-1	CAO	龙山	不确定	299	3	陶		不确定	腹片				
8	胶南	JN-XS-1	CAO	周代	西周	644	3	陶		不确定	腹片	绳纹			
8	胶南	JN-XS-1	CAO	周代	西周	644	2	陶		不确定	腹片				
8	胶南	JN-XS-1	CAO	周代	东周	644	1	陶		不确定	腹片				
8	胶南	JN-XS-1	CAP	龙山	早期	299	2	陶		不确定	腹片	篮纹			
8	胶南	JN-XS-1	CAP	龙山	早期	299	1	陶		陶鼎	口沿				
8	胶南	JN-XS-1	CAP	龙山	不确定	299	2	陶		不确定	腹片				
8	胶南	JN-XS-1	CAP	周代	西周	644	2	陶		不确定	腹片	绳纹			
8	胶南	JN-XS-1	CAQ	不确定			1	炼渣		不确定					
8	胶南	JN-XS-1	CAQ	龙山	早期	299	3	陶		陶鼎	器足				
8	胶南	JN-XS-1	CAQ	龙山	早期	299	2	陶		不确定	腹片	篮纹			

年度	县区	遗址	采集区	时代	分期	期段编号	数量	质地	石器种类	器形	部位	纹饰	颜色	质地	蛋壳陶
8	胶南	JN-XS-1	CAQ	龙山	中期	299	1	陶		陶匜	口沿				
8	胶南	JN-XS-1	CAQ	龙山	不确定	299	14	陶		不确定	腹片				
8	胶南	JN-XS-1	CAQ	周代	西周	644	7	陶		不确定	腹片	绳纹			
8	胶南	JN-XS-1	CAR	周代	西周	644	1	陶		不确定	腹片				
8	胶南	JN-XS-1	CAS	龙山	早期	299	1	陶		陶鼎	器足				
8	胶南	JN-XS-1	CAS	龙山	早期	299	2	陶		陶匜	口沿				
8	胶南	JN-XS-1	CAS	龙山	早期	299	1	陶		陶鼎	口沿				
8	胶南	JN-XS-1	CAS	龙山	早期	299	5	陶		不确定	腹片	篮纹			
8	胶南	JN-XS-1	CAS	龙山	中期	299	2	陶		陶罐	口沿				
8	胶南	JN-XS-1	CAS	龙山	不确定	299	9	陶		不确定	腹片				
8	胶南	JN-XS-1	CAS	周代	西周	644	3	陶		不确定	腹片	绳纹			
8	胶南	JN-XS-1	CAS	周代	西周	644	2	陶		不确定	腹片				
8	胶南	JN-XS-1	CAS	周代	东周	644	7	陶		不确定	腹片				
8	胶南	JN-XS-1	CAT	龙山	早期	299	1	陶		陶鼎	口沿				
8	胶南	JN-XS-1	CAT	龙山	早期	299	1	陶		不确定	腹片	篮纹			
8	胶南	JN-XS-1	CAT	龙山	中期	299	1	陶		陶匜	口沿				
8	胶南	JN-XS-1	CAT	龙山	中期	299	1	陶		陶鼎	口沿				
8	胶南	JN-XS-1	CAT	龙山	不确定	299	7	陶		不确定	腹片				
8	胶南	JN-XS-1	CAT	龙山	不确定	299	2	陶		陶罐	口沿				
8	胶南	JN-XS-1	CAT	龙山	不确定	299	1	陶		陶器盖					
8	胶南	JN-XS-1	CAT	周代	西周	644	1	陶		不确定	腹片	绳纹			
8	胶南	JN-XS-1	CAT	汉代		859	1	陶		陶瓦					
8	胶南	JN-XS-1	CAT	汉代		859	1	陶		不确定	腹片				
8	胶南	JN-XS-1	CAU	龙山	早期	299	2	陶		陶鼎	口沿				
8	胶南	JN-XS-1	CAU	龙山	早期	299	1	陶		陶鼎	器足				
8	胶南	JN-XS-1	CAU	龙山	早期	299	2	陶		不确定	腹片	篮纹			
8	胶南	JN-XS-1	CAU	龙山	中期	299	1	陶		陶匜	口沿				
8	胶南	JN-XS-1	CAU	龙山	中期	299	1	陶		陶鼎	口沿				
8	胶南	JN-XS-1	CAU	龙山	不确定	299	12	陶		不确定	腹片				
8	胶南	JN-XS-1	CAU	周代	西周	644	1	陶		陶簋	腹片				
8	胶南	JN-XS-1	CAU	周代	西周	644	2	陶		不确定	腹片	绳纹			
8	胶南	JN-XS-1	CAU	周代	西周	644	1	陶		不确定	腹片	附加堆纹			
8	胶南	JN-XS-1	CAU	汉代		859	1	陶		陶瓦					
8	胶南	JN-XS-1	CAV	不确定			1	黏土		胶泥					
8	胶南	JN-XS-1	CAV	不确定			1	石	工具	石磨盘	碎块				
8	胶南	JN-XS-1	CAV	龙山	早期	299	2	陶		陶鼎	器足				
8	胶南	JN-XS-1	CAV	龙山	早期	299	1	陶		陶甗	器足				
8	胶南	JN-XS-1	CAV	龙山	中期	299	1	陶		陶盆	口沿				
8	胶南	JN-XS-1	CAV	龙山	中期	299	1	陶		陶罐	口沿				
8	胶南	JN-XS-1	CAV	龙山	不确定	299	1	陶		陶器盖					
8	胶南	JN-XS-1	CAV	龙山	不确定	299	1	陶		陶盆	器底				
8	胶南	JN-XS-1	CAV	龙山	不确定	299	2	陶		不确定	腹片				
8	胶南	JN-XS-1	CAV	周代	西周	644	1	陶		陶鬲	口沿				
8	胶南	JN-XS-1	CAV	周代	西周	644	1	陶		陶鬲	裆部				
8	胶南	JN-XS-1	CAV	周代	西周	644	2	陶		陶鬲	腹片	绳纹			
8	胶南	JN-XS-1	CAV	周代	西周	644	1	陶		陶罐	腹片				

年度	县区	遗址	采集区	时代	分期	期段编号	数量	质地	石器种类	器形	部位	纹饰	颜色	质地	蛋壳陶
8	胶南	JN-XS-1	CAV	周代	东周	644	1	陶		陶豆	豆柄				
8	胶南	JN-XS-1	CAV	周代	东周	644	1	陶		不确定	腹片	绳纹			
8	胶南	JN-XS-1	CAW	龙山	早期	299	1	陶		陶鼎	器足				
8	胶南	JN-XS-1	CAW	龙山	早期	299	2	陶		陶甗	器足				
8	胶南	JN-XS-1	CAW	龙山	中期	299	1	陶		陶罐	口沿				
8	胶南	JN-XS-1	CAW	龙山	不确定	299	1	陶		陶器盖					
8	胶南	JN-XS-1	CAW	龙山	不确定	299	4	陶		不确定	腹片				
8	胶南	JN-XS-1	CAW	岳石	不确定	10	2	陶		陶罐	口沿			夹滑石	
8	胶南	JN-XS-1	CAW	周代	西周	644	1	陶		陶鬲	口沿				
8	胶南	JN-XS-1	CAW	周代	西周	644	3	陶		不确定	腹片	绳纹			
8	胶南	JN-XS-1	CAW	周代	东周	644	1	陶		陶壶	口沿				
8	胶南	JN-XS-1	CAW	周代	东周	644	1	陶		陶盂	口沿				
8	胶南	JN-XS-1	CAW	周代	东周	644	1	陶		陶罐	口沿				
8	胶南	JN-XS-1	CAW	周代	东周	644	1	陶		不确定	腹片	绳纹			
8	胶南	JN-XS-1	CAW	汉代		860	1	陶		陶瓦					
8	胶南	JN-XS-1	CAX	龙山	早期	299	1	陶		陶鼎	器底				
8	胶南	JN-XS-1	CAX	龙山	早期	299	1	陶		陶匜	口沿				
8	胶南	JN-XS-1	CAX	龙山	中期	299	2	陶		陶鬶	把手				
8	胶南	JN-XS-1	CAX	龙山	中期	299	1	陶		陶盆	口沿				
8	胶南	JN-XS-1	CAX	龙山	不确定	299	5	陶		不确定	腹片				
8	胶南	JN-XS-1	CAX	龙山	不确定	299	1	陶		陶罐	口沿				
8	胶南	JN-XS-1	CAX	龙山	不确定	299	1	陶		陶罐	器底				
8	胶南	JN-XS-1	CAX	岳石	不确定	10	2	陶		陶豆	豆柄				
8	胶南	JN-XS-1	CAX	岳石	不确定	10	1	陶		陶罐	器底				
8	胶南	JN-XS-1	CAX	岳石	不确定	10	1	陶		不确定					
8	胶南	JN-XS-1	CAX	岳石	不确定	10	2	陶		陶罐	腹片				
8	胶南	JN-XS-1	CAX	岳石	不确定	10	1	陶		陶罐	口沿				
8	胶南	JN-XS-1	CAX	周代	西周	644	4	陶		不确定	腹片	绳纹			
8	胶南	JN-XS-1	CAY	龙山	中期	299	1	陶		陶匜	口沿				
8	胶南	JN-XS-1	CAY	龙山	中期	299	1	陶		陶罐	口沿				
8	胶南	JN-XS-1	CAY	周代	西周	644	1	陶		不确定	腹片	绳纹			
8	胶南	JN-XS-1	CAY	周代	西周	644	1	陶		不确定	腹片				
8	胶南	JN-XS-1	CAZ	大汶口	晚期	10	1	陶		陶鼎	器足				
8	胶南	JN-XS-1	CAZ	龙山	早期	299	1	陶		陶鼎	器足				
8	胶南	JN-XS-1	CAZ	龙山	早期	299	1	陶		陶匜	口沿				
8	胶南	JN-XS-1	CAZ	龙山	早期	299	1	陶		陶鼎	口沿				
8	胶南	JN-XS-1	CAZ	龙山	早期	299	1	陶		不确定	腹片	篮纹			
8	胶南	JN-XS-1	CAZ	龙山	不确定	299	1	陶		陶器盖					
8	胶南	JN-XS-1	CAZ	龙山	不确定	299	1	陶		不确定	腹片				
8	胶南	JN-XS-1	CAZ	岳石	不确定	8	1	陶		陶罐	腹片				
8	胶南	JN-XS-1	CAZ	周代	西周	644	2	陶		不确定	腹片	绳纹			
8	胶南	JN-XS-1	CAZ	汉代		858	1	陶		陶盆	口沿				
8	胶南	JN-XS-1	CAZ	汉代		858	1	陶		陶罐	腹片				
8	胶南	JN-XS-1	CAAA	龙山	早期	299	3	陶		陶鼎	器足				
8	胶南	JN-XS-1	CAAA	龙山	早期	299	8	陶		不确定	腹片	篮纹			
8	胶南	JN-XS-1	CAAA	龙山	不确定	299	16	陶		不确定	腹片				

年度	县区	遗址	采集区	时代	分期	期段编号	数量	质地	石器种类	器形	部位	纹饰	颜色	质地	蛋壳陶
8	胶南	JN-XS-1	CAAA	岳石	不确定	10	1	陶		陶瓿	器足				
8	胶南	JN-XS-1	CAAA	岳石	不确定	10	1	陶		不确定	把手			夹滑石	
8	胶南	JN-XS-1	CAAA	岳石	不确定	10	1	陶		陶罐	腹片				
8	胶南	JN-XS-1	CAAA	周代	西周	644	1	陶		陶盆	口沿				
8	胶南	JN-XS-1	CAAA	周代	东周	644	2	陶		陶盆	口沿				
8	胶南	JN-XS-1	CAAA	周代	东周	644	1	陶		不确定	腹片	绳纹			
8	胶南	JN-XS-1	CABB	龙山	早期	299	2	陶		陶鼎	口沿				
8	胶南	JN-XS-1	CABB	龙山	早期	299	1	陶		不确定	腹片	篮纹			
8	胶南	JN-XS-1	CABB	龙山	不确定	299	1	陶		陶豆	豆柄				
8	胶南	JN-XS-1	CABB	不确定			1	黏土		胶泥					
8	胶南	JN-XS-1	CACC	龙山	不确定	299	1	黏土		烧土					
8	胶南	JN-XS-1	CACC	不确定			1	石	工具	石锛					
8	胶南	JN-XS-1	CACC	龙山	早期	299	13	陶		陶鼎	器足				
8	胶南	JN-XS-1	CACC	龙山	早期	299	1	陶		陶甗	器足				
8	胶南	JN-XS-1	CACC	龙山	早期	299	1	陶		陶鬶	器足				
8	胶南	JN-XS-1	CACC	龙山	早期	299	2	陶		陶匜	口沿				
8	胶南	JN-XS-1	CACC	龙山	早期	299	1	陶		陶罐	口沿				
8	胶南	JN-XS-1	CACC	龙山	早期	299	2	陶		陶鼎	口沿				
8	胶南	JN-XS-1	CACC	龙山	早期	299	1	陶		陶壶	口沿				
8	胶南	JN-XS-1	CACC	龙山	早期	299	2	陶		不确定	腹片	篮纹			
8	胶南	JN-XS-1	CACC	龙山	中期	299	2	陶		陶罐	口沿				
8	胶南	JN-XS-1	CACC	龙山	不确定	299	7	陶		不确定	腹片				
8	胶南	JN-XS-1	CACC	周代	西周	644	1	陶		陶鬲	口沿				
8	胶南	JN-XS-1	CACC	周代	西周	644	1	陶		陶罐	口沿				
8	胶南	JN-XS-1	CACC	周代	西周	644	3	陶		不确定	腹片	绳纹			
8	胶南	JN-XS-1	CACC	汉代		861	2	陶		陶瓮	口沿				
8	胶南	JN-XS-1	CACC	汉代		861	1	陶		陶瓦					
8	胶南	JN-XS-1	CACC	汉代		861	2	陶		砖					
8	胶南	JN-XS-1	CADD	龙山	不确定	299	1	陶		不确定	腹片				
8	胶南	JN-XS-1	CADD	周代	西周	644	2	陶		不确定	腹片	绳纹			
8	胶南	JN-XS-2	单个遗址	龙山	不确定	302	2	陶		不确定	腹片				
8	胶南	JN-XS-2	单个遗址	周代	东周	642	1	陶		不确定	腹片	绳纹			
4	胶南	JN-XSHK-1	CAB	汉代		271	2	陶		陶瓦					
4	胶南	JN-XSHK-1	CAB	汉代		271	2	陶		不确定	腹片				
4	胶南	JN-XSHK-1	CAB	龙山	早期	141	1	陶		不确定	腹片	篮纹			
4	胶南	JN-XSHK-1	CAA	龙山	不确定	141	10	陶		不确定	腹片			粗砂	
4	胶南	JN-XSHK-1	CAA	龙山	不确定	141	1	陶		不确定	腹片			泥质	是
4	胶南	JN-XSHK-1	CAB	龙山	不确定	141	7	陶		不确定	腹片				
4	胶南	JN-XSHK-1	CAA	周代	东周	231	3	陶		不确定	腹片	绳纹			
4	胶南	JN-XSHK-1	CAA	周代	东周	231	2	陶		不确定	腹片				
4	胶南	JN-XSHK-1	CAA	周代	西周	231	3	陶		不确定	腹片	绳纹			
4	胶南	JN-XSHK-2	单个遗址	汉代		269	1	陶		陶盆	口沿				
4	胶南	JN-XSHK-2	单个遗址	汉代		269	4	陶		陶瓦					
4	胶南	JN-XSHK-2	单个遗址	龙山	不确定	199	5	陶		不确定	腹片			粗砂	
4	胶南	JN-XSHK-2	单个遗址	周代	东周	232	3	陶		不确定	腹片	绳纹			
4	胶南	JN-XSHK-3	CAB	汉代		270	1	陶		陶瓦					

年度	县区	遗址	采集区	时代	分期	期段编号	数量	质地	石器种类	器形	部位	纹饰	颜色	质地	蛋壳陶
4	胶南	JN-XSHK-3	CAA	周代	东周	230	1	陶		陶豆	豆盘				
4	胶南	JN-XSHK-3	CAA	周代	东周	230	2	陶		陶瓦					
4	胶南	JN-XSHK-3	CAA	周代	东周	230	1	陶		不确定	腹片				
13	胶南	JN-XSZL-1	CAA	周代	西周	1189	4	陶		陶鬲	腹片	绳纹			
13	胶南	JN-XSZL-1	CAA	周代	西周	1189	6	陶		不确定	腹片	绳纹			
13	胶南	JN-XSZL-1	CAA	周代	东周	1189	1	陶		陶鬲	腹片	绳纹			
13	胶南	JN-XSZL-1	CAA	周代	东周	1189	1	陶		陶罐	肩部	绳纹			
13	胶南	JN-XSZL-1	CAA	周代	东周	1189	11	陶		不确定	腹片	绳纹			
13	胶南	JN-XSZL-1	CAA	汉代		1678	1	陶		陶瓮	口沿				
13	胶南	JN-XSZL-1	CAA	汉代		1678	4	陶		不确定	腹片				
13	胶南	JN-XSZL-1	CAA	汉代		1678	12	陶		陶瓦					
13	胶南	JN-XSZL-1	CAA	汉代		1678	1	陶		砖					
13	胶南	JN-XSZL-1	CAB	汉代		1678	3	陶		陶瓦					
13	胶南	JN-XSZL-1	CAB	汉代		1678	1	陶		陶瓮	腹片				
13	胶南	JN-XSZL-2	单个遗址	汉代		1676	1	陶		陶瓦					
13	胶南	JN-XSZL-3	单个遗址	汉代		1679	1	陶		陶瓮	口沿				
13	胶南	JN-XSZL-3	单个遗址	汉代		1679	1	陶		陶罐	器底				
13	胶南	JN-XSZL-3	单个遗址	汉代		1679	2	陶		不确定	腹片				
13	胶南	JN-XSZL-3	单个遗址	汉代		1679	4	陶		陶瓦					
13	胶南	JN-XSZL-3	单个遗址	汉代		1679	1	陶		砖					
7	胶南	JN-XuJGZ-1	单个遗址	周代	西周	601	2	陶		不确定	腹片				
7	胶南	JN-XuJGZ-1	单个遗址	汉代以后	不确定		1	陶		陶纺轮					
7	胶南	JN-XuJGZ-2	单个遗址	汉代		824	2	陶		陶瓦					
7	胶南	JN-XuJGZ-2	单个遗址	汉代		824	1	陶		陶纺轮					
7	胶南	JN-XuJGZ-3	单个遗址	汉代		823	1	陶		陶瓦					
7	胶南	JN-XuJGZ-4	单个遗址	周代	西周	598	1	陶		陶鬲	器足				
7	胶南	JN-XuJGZ-4	单个遗址	周代	西周	598	1	陶		陶盆	口沿				
7	胶南	JN-XuJGZ-4	单个遗址	汉代		815	1	陶		陶瓦					
7	胶南	JN-XuJGZ-4	单个遗址	汉代		815	2	陶		不确定	腹片				
7	胶南	JN-XuJGZ-5	单个遗址	周代	东周	599	1	陶		陶瓦					
7	胶南	JN-XuJGZ-5	单个遗址	周代	东周	599	1	陶		不确定	腹片	绳纹			
7	胶南	JN-XuJGZ-6	单个遗址	周代	东周	602	1	陶		不确定	腹片	绳纹			
7	胶南	JN-XuJGZ-7	单个遗址	周代	西周	600	1	陶		不确定	腹片	绳纹			
7	胶南	JN-XuJGZ-7	单个遗址	汉代		816	2	陶		陶瓦					
7	胶南	JN-XuJGZ-7	单个遗址	汉代		816	1	陶		不确定	腹片				
7	胶南	JN-XuJGZ-8	单个遗址	周代	东周	593	2	陶		不确定	腹片	绳纹			
7	胶南	JN-XuJGZ-8	单个遗址	周代	东周	593	1	陶		不确定	腹片				
6	胶南	JN-XWJLG-1	单个遗址	周代	西周	424	12	陶		不确定	腹片				
6	胶南	JN-XWJLG-1	单个遗址	周代	东周	424	2	陶		陶豆	豆盘				
6	胶南	JN-XWJLG-1	单个遗址	周代	东周	424	1	陶		陶豆	把手				
6	胶南	JN-XWJLG-1	单个遗址	周代	东周	424	3	陶		陶盆	口沿				
6	胶南	JN-XWJLG-1	单个遗址	周代	东周	424	1	陶		陶罐	口沿				
6	胶南	JN-XWJLG-1	单个遗址	周代	东周	424	41	陶		不确定	腹片				
6	胶南	JN-XWJLG-1	单个遗址	汉代	西周	507	1	陶		陶罐	口沿				
6	胶南	JN-XWJLG-1	单个遗址	汉代	西周	507	3	陶		陶瓦					
6	胶南	JN-XWJLG-1	单个遗址	不确定				炼渣		不确定					

年度	县区	遗址	采集区	时代	分期	期段编号	数量	质地	石器种类	器形	部位	纹饰	颜色	质地	蛋壳陶
6	胶南	JN-XWJLG-2	单个遗址	周代	东周	423	2	陶		不确定	腹片				
13	胶南	JN-XXC-1	单个遗址	汉代		1700	1	陶		陶瓷	腹片				
13	胶南	JN-XXC-2	CAA	龙山		531	1	石	工具	石斧					
13	胶南	JN-XXC-2	CAA	汉代		1720	1	陶		不确定	腹片				
13	胶南	JN-XXC-2	CAB	龙山		531	1	陶		不确定	腹片			粗砂	
13	胶南	JN-XXC-2	CAB	周代	东周	1167	1	陶		陶罐	器底				
13	胶南	JN-XXC-2	CAC	龙山		531	1	陶		不确定	腹片			粗砂	
13	胶南	JN-XXC-2	CAC	汉代		1721	1	陶		陶盆	颈部				
13	胶南	JN-XXC-2	CAC	汉代		1721	1	陶		不确定	腹片				
13	胶南	JN-XXC-2	CAC	汉代		1721	1	陶		陶瓦					
13	胶南	JN-XXC-2	CAD	龙山		531	3	陶		不确定	腹片			粗砂	
13	胶南	JN-XXC-2	CAD	周代	东周	1168	3	陶		不确定	腹片				
13	胶南	JN-XXC-3	单个遗址	龙山		530	1	陶		不确定	腹片			粗砂	
13	胶南	JN-XXC-4	单个遗址	龙山		529	1	陶		不确定	腹片			粗砂	
13	胶南	JN-XXC-5	单个遗址	龙山		534	1	陶		不确定	腹片			粗砂	
13	胶南	JN-XXC-6	单个遗址	龙山	早期	532	1	陶		陶鼎	口沿				
13	胶南	JN-XXC-6	单个遗址	龙山	中期	532	1	陶		陶罐	口沿				
13	胶南	JN-XXC-6	单个遗址	龙山		532	3	陶		不确定	腹片			粗砂	
6	胶南	JN-XY-1	单个遗址	汉代	西周	473	2	陶		陶瓦					
6	胶南	JN-XY-2	单个遗址	汉代	西周	471	1	陶		陶瓦					
6	胶南	JN-XY-2	单个遗址	汉代	东周	471	14	陶		陶瓦					
6	胶南	JN-XYZ-1	单个遗址	汉代	东周	537	3	陶		陶瓦					
6	胶南	JN-XYZ-2	单个遗址	汉代	西周	531	1	陶		陶瓦					
7	胶南	JN-XYZ-3	单个遗址	汉代以后	不确定		1	陶		不确定					
7	胶南	JN-XYZ-4	单个遗址	汉代		833	9	陶		陶瓦					
7	胶南	JN-XYZ-4	单个遗址	汉代		833	1	陶		不确定	腹片				
7	胶南	JN-XYZ-5	单个遗址	周代	西周	615	1	陶		不确定	腹片				
7	胶南	JN-XYZ-5	单个遗址	周代	东周	615	1	陶		陶罐	器底				
7	胶南	JN-XYZ-5	单个遗址	周代	东周	615	1	陶		不确定	腹片	绳纹			
7	胶南	JN-XYZ-5	单个遗址	周代	东周	615	1	陶		不确定	腹片				
7	胶南	JN-XYZ-5	单个遗址	汉代		832	7	陶		陶瓦					
7	胶南	JN-XYZ-6	单个遗址	周代	西周	613	1	陶		不确定	腹片	绳纹			
7	胶南	JN-XYZ-6	单个遗址	汉代		831	1	陶		陶瓦					
7	胶南	JN-XYZ-7	单个遗址	汉代		817	1	陶		陶瓦					
7	胶南	JN-XYZ-8	单个遗址	周代	东周	607	1	陶		不确定	腹片				
7	胶南	JN-XYZ-9	单个遗址	汉代		818	3	陶		陶瓦					
7	胶南	JN-XYZ-9	单个遗址	汉代		818	2	陶		不确定	腹片				
7	胶南	JN-XZ-1	CAA	汉代		825	2	陶		陶瓦					
7	胶南	JN-XZ-1	CAB	周代	东周	603	1	陶		不确定	腹片	绳纹			
7	胶南	JN-XZ-1	CAB	周代	东周	603	3	陶		不确定	腹片				
7	胶南	JN-XZ-1	CAB	汉代		825	3	陶		陶瓦					
7	胶南	JN-XZ-1	CAB	汉代		825	5	陶		不确定	腹片				
7	胶南	JN-XZ-1	CAC	汉代		825	1	陶		陶盆	器底				
7	胶南	JN-XZ-1	CAC	汉代		825	3	陶		陶瓦					
7	胶南	JN-XZ-1	CAC	汉代		825	5	陶		不确定	腹片				
7	胶南	JN-XZ-1	CAD	周代	东周	603	3	陶		不确定	腹片	绳纹			

年度	县区	遗址	采集区	时代	分期	期段编号	数量	质地	石器种类	器形	部位	纹饰	颜色	质地	蛋壳陶
7	胶南	JN-XZ-1	CAD	周代	东周	603	1	陶		不确定	腹片				
7	胶南	JN-XZ-1	CAD	汉代		825	4	陶		陶瓦					
7	胶南	JN-XZ-1	CAE	龙山	不确定	286	1	陶		不确定	腹片				
7	胶南	JN-XZ-1	CAE	汉代		825	1	陶		陶瓦					
7	胶南	JN-XZ-1	CAF	龙山	不确定	286	2	陶		不确定	腹片	篮纹			
7	胶南	JN-XZ-1	CAF	龙山	不确定	286	2	陶		不确定	腹片				
7	胶南	JN-XZ-1	CAF	周代	西周	603	3	陶		不确定	腹片	绳纹			
7	胶南	JN-XZ-1	CAF	周代	西周	603	1	陶		不确定	腹片				
7	胶南	JN-XZ-1	CAF	周代	西周	603	1	陶		陶罐	口沿				
7	胶南	JN-XZ-1	CAF	周代	东周	603	1	陶		陶盆	口沿				
7	胶南	JN-XZ-1	CAF	周代	东周	603	6	陶		不确定	腹片	绳纹			
7	胶南	JN-XZ-1	CAF	周代	东周	603	4	陶		不确定	腹片				
7	胶南	JN-XZ-1	CAF	汉代		825	1	陶		陶罐	肩部				
7	胶南	JN-XZ-1	CAF	汉代		825	7	陶		陶瓦					
7	胶南	JN-XZ-1	CAF	汉代		825	4	陶		不确定	腹片				
7	胶南	JN-XZ-1	CAF	不确定			1	黏土		胶泥		纤维纹			
7	胶南	JN-XZ-1	CAG	汉代		825	4	陶		陶瓦					
7	胶南	JN-XZ-1	CAG	周代	东周	603	1	陶		不确定	腹片				
7	胶南	JN-XZ-1	CAG	周代	东周	603	1	陶		不确定	器底				
7	胶南	JN-XZ-1	CAH	周代	东周	603	1	陶		陶罐	口沿				
7	胶南	JN-XZ-1	CAH	周代	东周	603	1	陶		不确定	腹片	绳纹			
7	胶南	JN-XZ-1	CAH	汉代		825	1	陶		陶盆	口沿				
7	胶南	JN-XZ-1	CAH	汉代		825	2	陶		陶瓦					
7	胶南	JN-XZ-1	CAH	汉代		825	2	陶		不确定	腹片				
7	胶南	JN-XZ-1	CAI	周代	西周	603	1	陶		不确定	腹片	绳纹			
7	胶南	JN-XZ-1	CAI	周代	西周	603	1	陶		不确定	腹片				
7	胶南	JN-XZ-1	CAI	汉代		825	1	陶		陶瓦					
7	胶南	JN-XZ-1	CAJ	龙山	早期	286	1	陶		陶鼎	器足				
7	胶南	JN-XZ-1	CAJ	周代	西周	603	2	陶		不确定	腹片				
7	胶南	JN-XZ-1	CAK	周代	西周	603	1	陶		陶豆	豆盘				
7	胶南	JN-XZ-1	CAK	周代	西周	603	1	陶		不确定	腹片	绳纹			
7	胶南	JN-XZ-1	CAK	周代	西周	603	1	陶		不确定	腹片	凹弦纹			
7	胶南	JN-XZ-1	CAK	周代	东周	603	2	陶		不确定	腹片	绳纹			
7	胶南	JN-XZ-1	CAK	汉代		825	3	陶		陶瓦					
7	胶南	JN-XZ-1	CAL	龙山	不确定	286	1	陶		不确定	腹片	弦纹			
7	胶南	JN-XZ-1	CAM	周代	西周	603	1	陶		不确定	腹片	绳纹			
7	胶南	JN-XZ-1	CAM	汉代		825	4	陶		陶瓦					
7	胶南	JN-XZ-1	CAN	周代	东周	603	2	陶		不确定	腹片	绳纹			
7	胶南	JN-XZ-1	CAN	周代	东周	603	3	陶		不确定	腹片				
7	胶南	JN-XZ-1	CAN	汉代		821	3	陶		陶瓦					
7	胶南	JN-XZ-2	单个遗址	周代	东周	605	1	陶		陶豆	豆盘				
7	胶南	JN-XZ-2	单个遗址	周代	东周	605	1	陶		不确定	腹片	绳纹			
7	胶南	JN-XZ-2	单个遗址	周代	东周	605	1	陶		不确定	腹片				
7	胶南	JN-XZ-2	单个遗址	汉代		822	1	陶		陶瓦					
7	胶南	JN-XZ-3	单个遗址	周代	东周	605	1	陶		不确定	腹片	绳纹			
7	胶南	JN-XZ-3	单个遗址	周代	东周	605	1	陶		不确定	腹片				

年度	县区	遗址	采集区	时代	分期	期段编号	数量	质地	石器种类	器形	部位	纹饰	颜色	质地	蛋壳陶
7	胶南	JN-XZ-3	单个遗址	汉代		822	1	陶		不确定	腹片				
7	胶南	JN-XZ-4	CAA	周代	西周	604	1	陶		不确定	腹片	绳纹			
7	胶南	JN-XZ-4	CAA	周代	东周	604	3	陶		不确定	腹片	绳纹			
7	胶南	JN-XZ-4	CAA	周代	东周	604	1	陶		不确定	腹片				
7	胶南	JN-XZ-4	CAA	汉代		820	1	陶		陶瓦					
7	胶南	JN-XZ-5	单个遗址	汉代		820	2	陶		陶罐	口沿				
7	胶南	JN-XZ-5	单个遗址	汉代		820	1	陶		陶盆	口沿				
7	胶南	JN-XZ-5	单个遗址	汉代		820	7	陶		陶瓦					
7	胶南	JN-XZ-5	单个遗址	汉代		820	2	陶		不确定	腹片				
13	胶南	JN-YJLG-1	单个遗址	汉代		1662	1	陶		陶罐	器底				
13	胶南	JN-YJLG-1	单个遗址	汉代		1662	1	陶		陶瓦					
6	胶南	JN-YJZ-1	单个遗址	汉代	东周	480	1	陶		陶瓦					
6	胶南	JN-YJZ-2	单个遗址	周代	西周	411	3	陶		陶罐	口沿				
6	胶南	JN-YJZ-2	单个遗址	周代	西周	411	1	陶		陶盆	豆盘				
6	胶南	JN-YJZ-2	单个遗址	周代	西周	411	14	陶		不确定	腹片				
6	胶南	JN-YJZ-2	单个遗址	周代	东周	411	1	陶		陶豆	把手				
6	胶南	JN-YJZ-2	单个遗址	周代	东周	411	2	陶		陶盆	口沿				
6	胶南	JN-YJZ-2	单个遗址	周代	东周	411	1	陶		陶罐	口沿				
6	胶南	JN-YJZ-2	单个遗址	周代	东周	411	32	陶		不确定	腹片				
6	胶南	JN-YJZ-2	单个遗址	汉代	西周	472	2	陶		陶盆	口沿				
6	胶南	JN-YJZ-2	单个遗址	汉代	西周	472	1	陶		陶罐	肩部				
6	胶南	JN-YJZ-2	单个遗址	汉代	西周	472	4	陶		陶瓦					
6	胶南	JN-YJZ-2	单个遗址	汉代	西周	472	6	陶		不确定	腹片				
6	胶南	JN-YL-1	单个遗址	汉代	西周	524	1	陶		陶罐	口沿				
6	胶南	JN-YL-1	单个遗址	汉代	西周	524	3	陶		陶瓦					
6	胶南	JN-YL-2	单个遗址	龙山	早期	216	1	陶		陶罐	口沿				
6	胶南	JN-YL-2	单个遗址	龙山	中期	216	1	陶		陶罐	口沿				
6	胶南	JN-YL-2	单个遗址	龙山	不确定	216	2	陶		不确定	腹片				
6	胶南	JN-YL-2	单个遗址	周代	西周	438	5	陶		不确定	腹片				
6	胶南	JN-YL-2	单个遗址	周代	东周	438	2	陶		不确定	腹片				
6	胶南	JN-YL-3	单个遗址	龙山	早期	215	1	陶		陶罐	口沿				
6	胶南	JN-YL-3	单个遗址	龙山	早期	215	1	陶		不确定	腹片	篮纹			
6	胶南	JN-YL-3	单个遗址	龙山	早期	215	1	陶		陶鼎	口沿				
6	胶南	JN-YL-3	单个遗址	龙山	早期	215	13	陶		不确定	腹片				
6	胶南	JN-YL-3	单个遗址	周代	东周	441	5	陶		不确定	腹片				
6	胶南	JN-YL-4	单个遗址	周代	西周	439	1	陶		不确定	腹片				
6	胶南	JN-YL-5	单个遗址	周代	西周	440	2	陶		不确定	腹片				
6	胶南	JN-YL-6	单个遗址	龙山	中期	213	1	陶		陶罐	口沿				
6	胶南	JN-YL-7	单个遗址	龙山	早期	214	2	陶		不确定	腹片	篮纹			
6	胶南	JN-YL-7	单个遗址	汉代	西周	523	1	陶		陶瓦					
7	胶南	JN-YL-8	单个遗址	龙山	不确定	283	1	陶		不确定	腹片				
7	胶南	JN-YL-8	单个遗址	周代	东周	588	2	陶		不确定	腹片				
7	胶南	JN-YL-8	单个遗址	汉代		804	1	陶		陶瓦					
7	胶南	JN-YL-9	单个遗址	周代	东周	590	1	陶		不确定	腹片	绳纹			
6	胶南	JN-YNT-1	单个遗址	龙山	中期	225	1	陶		陶罐	口沿				
6	胶南	JN-YNT-1	单个遗址	龙山	不确定	225	1	陶		不确定	腹片				

年度	县区	遗址	采集区	时代	分期	期段编号	数量	质地	石器种类	器形	部位	纹饰	颜色	质地	蛋壳陶
6	胶南	JN-YNT-1	单个遗址	汉代	东周	464	12	陶		陶瓦					
6	胶南	JN-YNT-2	单个遗址	汉代	东周	465	14	陶		陶瓦					
6	胶南	JN-YNT-3	单个遗址	汉代	东周	463	2	陶		陶瓦					
6	胶南	JN-YNT-4	单个遗址	龙山	不确定	224	1	陶		不确定	腹片				
6	胶南	JN-YNT-4	单个遗址	汉代	东周	467	5	陶		陶瓦					
6	胶南	JN-YNT-6	单个遗址	汉代	东周	466	1	陶		陶瓦					
6	胶南	JN-YNT-7	单个遗址	汉代	东周	468	5	陶		陶瓦					
8	胶南	JN-ZAO HU	CAA	龙山	晚期		2	陶		陶盒	口沿				
8	胶南	JN-ZAO HU	CAA	龙山	晚期		1	陶		陶圈足盘	腹片				
8	胶南	JN-ZAO HU	CAA	龙山	晚期		2	陶		不确定	腹片				
8	胶南	JN-ZAO HU	CAA	商代	晚期		1	陶		陶罐	口沿				
8	胶南	JN-ZAO HU	CAA	商代	晚期		1	陶		陶豆	豆盘				
8	胶南	JN-ZAO HU	CAA	商代	晚期		1	陶		陶尊	口沿				
8	胶南	JN-ZAO HU	CAA	周代	西周		1	陶		陶鬲	器足				
8	胶南	JN-ZAO HU	CAA	周代	西周		1	陶		陶鬲	口沿				
8	胶南	JN-ZAO HU	CAA	周代	西周		3	陶		陶鬲	腹片	绳纹	灰		
8	胶南	JN-ZAO HU	CAA	周代	西周		1	陶		陶缸	器底				
8	胶南	JN-ZAO HU	CAA	周代	西周		2	陶		陶盆	器底	绳纹			
8	胶南	JN-ZAO HU	CAA	周代	西周		2	陶		陶罐	口沿				
8	胶南	JN-ZAO HU	CAA	周代	西周		18	陶		不确定	腹片	绳纹			
8	胶南	JN-ZAO HU	CAA	周代	西周		2	陶		不确定	腹片				
8	胶南	JN-ZAO HU	CAA	周代	东周		1	陶		陶豆	底座				
6	胶南	JN-ZeJC-1	单个遗址	汉代	东周	475	5	陶		陶瓦					
6	胶南	JN-ZeJC-1	单个遗址	汉代	东周	475	1	陶		陶纺轮					
4	胶南	JN-ZHNW-1	单个遗址	周代	东周	245	1	陶		不确定	腹片				
6	胶南	JN-ZJC-1	单个遗址	商代	晚期	20	1	陶		陶鬲	器足				
6	胶南	JN-ZJC-1	单个遗址	商代	晚期	20	1	陶		陶罐	口沿				
6	胶南	JN-ZJC-1	单个遗址	商代	晚期	20	20	陶		不确定	腹片				
6	胶南	JN-ZJC-1	单个遗址	周代	东周	416	1	陶		陶罐	肩部				
6	胶南	JN-ZJC-1	单个遗址	周代	东周	416	19	陶		不确定	腹片				
6	胶南	JN-ZJC-2	单个遗址	汉代	西周	501	12	陶		陶瓦					
6	胶南	JN-ZJC-3	单个遗址	周代	东周	417	1	陶		不确定	腹片				
6	胶南	JN-ZJC-3	单个遗址	周代	东周	417	1	陶		陶罐	口沿				
6	胶南	JN-ZJC-4	CAA	周代	东周	420	1	陶		陶罐	肩部				
6	胶南	JN-ZJC-4	CAA	周代	东周	420	1	陶		陶罐	口沿				
6	胶南	JN-ZJC-4	CAA	周代	东周	420	6	陶		不确定	腹片				
6	胶南	JN-ZJC-4	CAA	汉代		504	1	陶		陶盆	口沿				
6	胶南	JN-ZJC-4	CAA	汉代		504	1	陶		陶罐	口沿				
6	胶南	JN-ZJC-4	CAA	汉代		504	9	陶		陶瓦					
6	胶南	JN-ZJC-4	CAA	汉代		504	5	陶		不确定	腹片				
6	胶南	JN-ZJC-4	CAA	汉代	东周	504	4	陶		陶瓦					
6	胶南	JN-ZJC-4	CAB	周代	东周	420	1	陶		陶罐	口沿				
6	胶南	JN-ZJC-4	CAC	龙山	不确定	202	2	陶		不确定	腹片				
6	胶南	JN-ZJC-4	CAC	汉代		502	2	陶		陶瓦					
6	胶南	JN-ZJC-4	CAD	不确定			1	石	工具	磨光工具					
6	胶南	JN-ZJC-4	CAD	不确定			1	石	工具	石刀					

年度	县区	遗址	采集区	时代	分期	期段编号	数量	质地	石器种类	器形	部位	纹饰	颜色	质地	蛋壳陶
6	胶南	JN-ZJC-4	CAD	不确定			1	骨器		不确定					
6	胶南	JN-ZJC-4	CAD	大汶口	晚期	6	2	陶		陶鼎	器足				
6	胶南	JN-ZJC-4	CAD	大汶口	晚期	6	1	陶		陶盆	口沿				
6	胶南	JN-ZJC-4	CAD	大汶口	晚期	6	1	陶		不确定	器底				
6	胶南	JN-ZJC-4	CAD	龙山	早期	202	3	陶		陶鼎	器足				
6	胶南	JN-ZJC-4	CAD	龙山	早期	202	1	陶		陶甗	器足				
6	胶南	JN-ZJC-4	CAD	龙山	早期	202	3	陶		陶匜	口沿				
6	胶南	JN-ZJC-4	CAD	龙山	不确定	202	99	陶		不确定	腹片				
6	胶南	JN-ZJC-4	CAD	周代	东周	420	3	陶		陶豆	把手				
6	胶南	JN-ZJC-4	CAD	周代	东周	420	9	陶		不确定	腹片				
6	胶南	JN-ZJC-4	CAD	汉代		502	1	陶		陶盆	口沿				
6	胶南	JN-ZJC-4	CAE	不确定			1	黏土		胶泥					
6	胶南	JN-ZJC-4	CAE	不确定			1	石	工具	石镰					
6	胶南	JN-ZJC-4	CAE	龙山	早期	202	3	陶		陶鼎	器足				
6	胶南	JN-ZJC-4	CAE	龙山	早期	202	1	陶		陶罐	口沿				
6	胶南	JN-ZJC-4	CAE	龙山	早期	202	1	陶		陶鼎	器足				
6	胶南	JN-ZJC-4	CAE	龙山	早期	202	2	陶		陶甗	器足				
6	胶南	JN-ZJC-4	CAE	龙山	早期	202	3	陶		陶匜	口沿				
6	胶南	JN-ZJC-4	CAE	龙山	不确定	202	39	陶		不确定	腹片				
6	胶南	JN-ZJC-4	CAE	周代	西周	420	1	陶		陶盆	口沿				
6	胶南	JN-ZJC-4	CAE	周代	西周	420	3	陶		不确定	腹片				
6	胶南	JN-ZJC-4	CAE	周代	东周	420	5	陶		不确定	腹片				
6	胶南	JN-ZJC-4	CAE	汉代		502	1	陶		陶罐	口沿				
6	胶南	JN-ZJC-4	CAE	汉代		502	18	陶		陶瓦					
6	胶南	JN-ZJC-4	CAE	汉代		502	8	陶		不确定	腹片				
6	胶南	JN-ZJC-4	CAF	龙山	早期	202	2	陶		陶鼎	器足				
6	胶南	JN-ZJC-4	CAF	龙山	早期	202	1	陶		陶壶	口沿				
6	胶南	JN-ZJC-4	CAF	龙山	早期	202	1	陶		陶盆	口沿				
6	胶南	JN-ZJC-4	CAF	龙山	早期	202	1	陶		陶罐	口沿				
6	胶南	JN-ZJC-4	CAF	龙山	早期	202	1	陶		陶甗	器足				
6	胶南	JN-ZJC-4	CAF	龙山	早期	202	2	陶		陶器盖	把手				
6	胶南	JN-ZJC-4	CAF	龙山	中期	202	2	陶		陶罐	口沿				
6	胶南	JN-ZJC-4	CAF	龙山	不确定	202	77	陶		不确定	腹片				
6	胶南	JN-ZJC-4	CAF	汉代		502	1	陶		陶瓦					
6	胶南	JN-ZJC-4	CAG	不确定			1	石	工具	石锛					
6	胶南	JN-ZJC-4	CAG	不确定			1	石	工具	不确定					
6	胶南	JN-ZJC-4	CAG	不确定			1	黏土		烧土					
6	胶南	JN-ZJC-4	CAG	龙山	早期	202	1	陶		陶鼎	器足				
6	胶南	JN-ZJC-4	CAG	龙山	不确定	202	4	陶		不确定	腹片				
6	胶南	JN-ZJC-4	CAG	周代	西周	420	4	陶		不确定	腹片				
6	胶南	JN-ZJC-4	CAG	周代	西周	420	1	陶		陶鬲	器足				
6	胶南	JN-ZJC-4	CAG	汉代		502	46	陶		陶瓦					
6	胶南	JN-ZJC-4	CAG	汉代		502	3	陶		不确定	腹片				
6	胶南	JN-ZJC-4	CAH	龙山	中期	202	1	陶		陶鼎	器足				
6	胶南	JN-ZJC-4	CAH	龙山	中期	202	2	陶		陶匜	口沿				
6	胶南	JN-ZJC-4	CAH	龙山	不确定	202	5	陶		不确定	腹片				

年度	县区	遗址	采集区	时代	分期	期段编号	数量	质地	石器种类	器形	部位	纹饰	颜色	质地	蛋壳陶
6	胶南	JN-ZJC-4	CAH	周代	东周	420	4	陶		不确定	腹片				
6	胶南	JN-ZJC-4	CAH	汉代		502	2	陶		陶罐	口沿				
6	胶南	JN-ZJC-4	CAH	汉代		502	13	陶		陶瓦					
6	胶南	JN-ZJC-4	CAH	汉代		502	3	陶		不确定	腹片				
6	胶南	JN-ZJC-4	CAI	周代	西周	420	4	陶		陶盆	口沿				
6	胶南	JN-ZJC-4	CAI	周代	西周	420	2	陶		陶罐	口沿				
6	胶南	JN-ZJC-4	CAI	周代	西周	420	1	陶		陶器盖	把手				
6	胶南	JN-ZJC-4	CAI	周代	西周	420	5	陶		不确定	腹片				
6	胶南	JN-ZJC-4	CAI	周代	东周	420	2	陶		陶罐	口沿				
6	胶南	JN-ZJC-4	CAI	周代	东周	420	2	陶		陶盆	口沿				
6	胶南	JN-ZJC-4	CAI	周代	东周	420	9	陶		不确定	腹片				
6	胶南	JN-ZJC-4	CAI	汉代		505	1	陶		陶盆	口沿				
6	胶南	JN-ZJC-4	CAI	汉代		505	2	陶		陶盆	器底				
6	胶南	JN-ZJC-4	CAI	汉代		505	17	陶		陶瓦					
6	胶南	JN-ZJC-4	CAI	汉代		505	19	陶		不确定	腹片				
6	胶南	JN-ZJC-4	CAJ	龙山	不确定	202	1	陶		不确定	腹片				
6	胶南	JN-ZJC-4	CAJ	汉代		502	1	陶		陶盆	口沿				
6	胶南	JN-ZJC-4	CAJ	汉代		502	5	陶		陶瓦					
6	胶南	JN-ZJC-4	CAJ	汉代		502	2	陶		不确定	腹片				
6	胶南	JN-ZJC-5	单个遗址	周代	东周	421	1	陶		不确定	腹片				
6	胶南	JN-ZJC-6	单个遗址	周代	西周	422	5	陶		不确定	腹片				
6	胶南	JN-ZJC-7	CAA	汉代	西周	504	5	陶		陶瓦					
6	胶南	JN-ZJC-7	CAB	汉代	西周	504	1	陶		砖					
6	胶南	JN-ZJC-7	CAC	汉代	西周	504	2	陶		陶瓦					
6	胶南	JN-ZJC-7	CAC	汉代	西周	504	1	陶		陶罐	口沿				
7	胶南	JN-ZJDZ-1	CAA	龙山	中期	274	2	陶		陶盆	口沿				
7	胶南	JN-ZJDZ-1	CAA	龙山	中期	274	1	陶		陶罐	器底				
7	胶南	JN-ZJDZ-1	CAA	龙山	中期	274	7	陶		不确定	腹片				
7	胶南	JN-ZJDZ-1	CAA	汉代		744	4	陶		陶瓦					
7	胶南	JN-ZJDZ-1	CAB	龙山	不确定	274	1	陶		陶罐	把手				
7	胶南	JN-ZJDZ-1	CAB	龙山	不确定	274	1	陶		不确定	腹片	篮纹			
7	胶南	JN-ZJDZ-1	CAB	龙山	不确定	274	4	陶		不确定	腹片	凹弦纹			
7	胶南	JN-ZJDZ-1	CAB	龙山	不确定	274	8	陶		不确定	腹片				
7	胶南	JN-ZJDZ-1	CAB	周代	东周	563	1	陶		不确定	腹片	绳纹			
7	胶南	JN-ZJDZ-2	CAA	龙山	不确定	275	1	陶		陶器盖	把手				
7	胶南	JN-ZJDZ-2	CAA	龙山	不确定	275	3	陶		不确定	腹片				
7	胶南	JN-ZJDZ-2	CAA	周代	东周	571	1	陶		陶罐	口沿				
7	胶南	JN-ZJDZ-2	CAB	龙山	不确定	275	1	陶		陶鼎	器底				
7	胶南	JN-ZJDZ-2	CAB	龙山	不确定	275	1	陶		不确定	腹片	篮纹			
7	胶南	JN-ZJDZ-2	CAB	龙山	不确定	275	10	陶		不确定	腹片				
7	胶南	JN-ZJDZ-2	CAB	周代	东周	566	1	陶		不确定	腹片				
7	胶南	JN-ZJDZ-2	CAC	龙山	早期	275	1	陶		陶鼎	器足				
7	胶南	JN-ZJDZ-2	CAC	龙山	不确定	275	1	陶		不确定	腹片	篮纹			
7	胶南	JN-ZJDZ-2	CAC	龙山	不确定	275	7	陶		不确定	腹片				
7	胶南	JN-ZJDZ-2	CAC	汉代		755	2	陶		陶瓦					
7	胶南	JN-ZJDZ-2	CAC	汉代		755	2	陶		不确定	腹片				

年度	县区	遗址	采集区	时代	分期	期段编号	数量	质地	石器种类	器形	部位	纹饰	颜色	质地	蛋壳陶
7	胶南	JN-ZJDZ-2	CAD	龙山	早期	275	1	陶		陶鼎	器足				
7	胶南	JN-ZJDZ-2	CAD	龙山	早期	275	1	陶		陶罐	口沿				
7	胶南	JN-ZJDZ-2	CAD	龙山	不确定	275	2	陶		不确定	腹片	篮纹			
7	胶南	JN-ZJDZ-2	CAD	龙山	不确定	275	5	陶		不确定	腹片				
7	胶南	JN-ZJDZ-2	CAD	周代	东周	573	6	陶		不确定	腹片				
7	胶南	JN-ZJDZ-2	CAD	汉代		755	2	陶		陶瓦					
7	胶南	JN-ZJDZ-2	CAE	龙山	中期	275	1	陶		陶罐	口沿				
7	胶南	JN-ZJDZ-2	CAE	汉代		755	2	陶		陶瓦					
7	胶南	JN-ZJDZ-2	CAE	汉代		755	1	陶		不确定	腹片				
7	胶南	JN-ZJDZ-2	CAF	周代	东周	573	3	陶		不确定	腹片				
7	胶南	JN-ZJDZ-2	CAF	汉代		755	1	陶		陶盆	腹片				
7	胶南	JN-ZJDZ-2	CAF	汉代		755	11	陶		陶瓦					
7	胶南	JN-ZJDZ-3	CAA	龙山	早期	272	1	陶		陶鼎	器足				
7	胶南	JN-ZJDZ-3	CAA	龙山	不确定	272	3	陶		不确定	腹片	篮纹			
7	胶南	JN-ZJDZ-3	CAA	龙山	不确定	272	6	陶		不确定	腹片				
7	胶南	JN-ZJDZ-3	CAB	不确定			1	石	工具	石凿					
7	胶南	JN-ZJDZ-3	CAB	汉代		745	3	陶		陶瓦					
7	胶南	JN-ZJDZ-3	CAC	龙山	不确定	272	1	陶		陶器盖	把手				
7	胶南	JN-ZJDZ-3	CAC	龙山	不确定	272	1	陶		陶罐	把手				
7	胶南	JN-ZJDZ-3	CAC	龙山	不确定	272	1	陶		不确定	腹片	篮纹			
7	胶南	JN-ZJDZ-3	CAC	龙山	不确定	272	7	陶		不确定	腹片				
7	胶南	JN-ZJDZ-3	CAC	汉代		742	2	陶		陶瓦					
7	胶南	JN-ZJDZ-3	CAC	汉代		742	1	陶		不确定	腹片				
7	胶南	JN-ZJDZ-3	CAD	龙山	早期	272	1	陶		陶鼎	器足				
7	胶南	JN-ZJDZ-3	CAD	龙山	不确定	272	9	陶		不确定	腹片				
7	胶南	JN-ZJDZ-3	CAE	龙山	早期	272	2	陶		陶鼎	口沿				
7	胶南	JN-ZJDZ-3	CAE	龙山	早期	272	1	陶		陶鼎	器底				
7	胶南	JN-ZJDZ-3	CAE	龙山	早期	272	1	陶		陶鼎	器足				
7	胶南	JN-ZJDZ-3	CAE	龙山	早期	272	1	陶		陶匜	口沿				
7	胶南	JN-ZJDZ-3	CAE	龙山	中期	272	2	陶		陶鼎	器足				
7	胶南	JN-ZJDZ-3	CAE	龙山	早期	272	2	陶		陶罐	口沿				
7	胶南	JN-ZJDZ-3	CAE	龙山	不确定	272	1	陶		陶甗	器足				
7	胶南	JN-ZJDZ-3	CAE	龙山	不确定	272	3	陶		陶盆	口沿				
7	胶南	JN-ZJDZ-3	CAE	龙山	不确定	272	2	陶		不确定	腹片	篮纹			
7	胶南	JN-ZJDZ-3	CAE	龙山	不确定	272	6	陶		不确定	腹片	弦纹			
7	胶南	JN-ZJDZ-3	CAE	龙山	不确定	272	55	陶		不确定	腹片				
7	胶南	JN-ZJDZ-3	CAE	周代	西周	562	3	陶		不确定	腹片	绳纹			
7	胶南	JN-ZJDZ-3	CAE	周代	西周	562	1	陶		不确定	腹片				
7	胶南	JN-ZJDZ-3	CAE	汉代		741	1	陶		陶罐	口沿				
7	胶南	JN-ZJDZ-3	CAE	汉代		741	1	陶		陶瓦					
7	胶南	JN-ZJDZ-3	CAF	龙山	早期	272	8	陶		陶鼎	器足				
7	胶南	JN-ZJDZ-3	CAF	龙山	早期	272	2	陶		陶鼎	口沿				
7	胶南	JN-ZJDZ-3	CAF	龙山	早期	272	1	陶		陶鬶	把手				
7	胶南	JN-ZJDZ-3	CAF	龙山	早期	272	2	陶		陶甗	器足				
7	胶南	JN-ZJDZ-3	CAF	龙山	早期	272	1	陶		陶匜	口沿				
7	胶南	JN-ZJDZ-3	CAF	龙山	中期	272	2	陶		陶鼎	器足				

年度	县区	遗址	采集区	时代	分期	期段编号	数量	质地	石器种类	器形	部位	纹饰	颜色	质地	蛋壳陶
7	胶南	JN-ZJDZ-3	CAF	龙山	中期	272	1	陶		陶鬶	口沿				
7	胶南	JN-ZJDZ-3	CAF	龙山	中期	272	12	陶		陶罐	口沿				
7	胶南	JN-ZJDZ-3	CAF	龙山	中期	272	5	陶		陶匜	口沿				
7	胶南	JN-ZJDZ-3	CAF	龙山	中期	272	1	陶		陶杯	口沿				
7	胶南	JN-ZJDZ-3	CAF	龙山	不确定	272	5	陶		陶圈足盘	腹片				
7	胶南	JN-ZJDZ-3	CAF	龙山	不确定	272	3	陶		陶器盖					
7	胶南	JN-ZJDZ-3	CAF	龙山	不确定	272	12	陶		陶罐	器底				
7	胶南	JN-ZJDZ-3	CAF	龙山	不确定	272	1	陶		陶盆	器底				
7	胶南	JN-ZJDZ-3	CAF	龙山	不确定	272	2	陶		陶罐	把手				
7	胶南	JN-ZJDZ-3	CAF	龙山	不确定	272	1	陶		不确定	腹片	乳钉纹			
7	胶南	JN-ZJDZ-3	CAF	龙山	不确定	272	2	陶		不确定	腹片	刻划纹			
7	胶南	JN-ZJDZ-3	CAF	龙山	不确定	272	4	陶		不确定	腹片	凹弦纹			
7	胶南	JN-ZJDZ-3	CAF	龙山	不确定	272	1	陶		不确定	腹片	篮纹			
7	胶南	JN-ZJDZ-3	CAF	龙山	不确定	272	37	陶		不确定	腹片				
7	胶南	JN-ZJDZ-3	CAF	周代	西周	562	1	陶		陶鬲	腹片	绳纹			
7	胶南	JN-ZJDZ-3	CAF	周代	东周	562	1	陶		陶釜	口沿				
7	胶南	JN-ZJDZ-3	CAF	周代	东周	562	3	陶		不确定	腹片	绳纹			
7	胶南	JN-ZJDZ-3	CAF	汉代		741	1	陶		陶瓦					
7	胶南	JN-ZJDZ-3	CAF	不确定			2	石	工具	石刀					
7	胶南	JN-ZJDZ-3	CAG	大汶口	晚期	8	1	陶		陶鼎	器足				
7	胶南	JN-ZJDZ-3	CAG	龙山	早期	272	1	陶		陶匜	口沿				
7	胶南	JN-ZJDZ-3	CAG	龙山	中期	272	1	陶		陶鼎	口沿				
7	胶南	JN-ZJDZ-3	CAG	龙山	中期	272	2	陶		陶罐	口沿				
7	胶南	JN-ZJDZ-3	CAG	龙山	中期	272	1	陶		陶盆	口沿				
7	胶南	JN-ZJDZ-3	CAG	龙山	中期	272	5	陶		陶匜	口沿				
7	胶南	JN-ZJDZ-3	CAG	龙山	不确定	272	1	陶		陶罐	把手				
7	胶南	JN-ZJDZ-3	CAG	龙山	不确定	272	1	陶		陶圈足盘					
7	胶南	JN-ZJDZ-3	CAG	龙山	不确定	272	2	陶		陶罐	口沿				
7	胶南	JN-ZJDZ-3	CAG	龙山	不确定	272	1	陶		陶盆	器底				
7	胶南	JN-ZJDZ-3	CAG	龙山	不确定	272	3	陶		不确定	腹片	篮纹			
7	胶南	JN-ZJDZ-3	CAG	龙山	不确定	272	2	陶		不确定	腹片	凹弦纹			
7	胶南	JN-ZJDZ-3	CAG	龙山	不确定	272	25	陶		不确定	腹片				
7	胶南	JN-ZJDZ-3	CAG	周代	东周	562	2	陶		不确定	腹片	绳纹			
7	胶南	JN-ZJDZ-3	CAG	周代	东周	562	2	陶		不确定	腹片				
7	胶南	JN-ZJDZ-3	CAG	汉代		741	4	陶		陶瓦					
7	胶南	JN-ZJDZ-3	CAG	汉代		741	1	陶		不确定	腹片				
7	胶南	JN-ZJDZ-3	CAH	龙山	早期	272	1	陶		陶鼎	器足				
7	胶南	JN-ZJDZ-3	CAH	龙山	中期	272	1	陶		陶鼎	口沿				
7	胶南	JN-ZJDZ-3	CAH	龙山	不确定	272	1	陶		陶罐	器底				
7	胶南	JN-ZJDZ-3	CAH	龙山	不确定	272	2	陶		不确定	腹片	篮纹			
7	胶南	JN-ZJDZ-3	CAH	汉代		741	1	陶		陶罐	口沿				
7	胶南	JN-ZJDZ-3	CAI	龙山	不确定	272	1	陶		不确定	腹片				
7	胶南	JN-ZJDZ-3	CAI	汉代		741	1	陶		陶盆	口沿				
7	胶南	JN-ZJDZ-3	CAJ	龙山	早期	272	1	陶		陶甗	器足				
7	胶南	JN-ZJDZ-3	CAJ	龙山	中期	272	2	陶		陶罐	口沿				
7	胶南	JN-ZJDZ-3	CAJ	龙山	中期	272	1	陶		陶鬶	器足				

年度	县区	遗址	采集区	时代	分期	期段编号	数量	质地	石器种类	器形	部位	纹饰	颜色	质地	蛋壳陶
7	胶南	JN-ZJDZ-3	CAJ	龙山	中期	272	1	陶		陶鬶	把手				
7	胶南	JN-ZJDZ-3	CAJ	龙山	中期	272	2	陶		陶盘	口沿				
7	胶南	JN-ZJDZ-3	CAJ	龙山	中期	272	2	陶		陶匜	口沿				
7	胶南	JN-ZJDZ-3	CAJ	龙山	不确定	272	2	陶		陶罐	口沿				
7	胶南	JN-ZJDZ-3	CAJ	龙山	不确定	272	6	陶		陶罐	器底				
7	胶南	JN-ZJDZ-3	CAJ	龙山	不确定	272	5	陶		不确定	腹片	篮纹			
7	胶南	JN-ZJDZ-3	CAJ	龙山	不确定	272	17	陶		不确定	腹片				
7	胶南	JN-ZJDZ-3	CAJ	龙山	不确定	272	3	陶		陶盆	器底				
7	胶南	JN-ZJDZ-3	CAJ	龙山	不确定	272	1	陶		陶鬶	腹片				
7	胶南	JN-ZJDZ-3	CAJ	龙山	不确定	272	1	陶		陶甂	腹片				
7	胶南	JN-ZJDZ-3	CAJ	周代	东周	562	1	陶		陶盆	器底				
7	胶南	JN-ZJDZ-3	CAJ	汉代		741	4	陶		陶瓦					
7	胶南	JN-ZJDZ-3	CAJ	不确定			1	石	工具	石刀					
7	胶南	JN-ZJDZ-3	CAK	龙山	不确定	272	3	陶		不确定	腹片	弦纹			
7	胶南	JN-ZJDZ-3	CAK	龙山	不确定	272	8	陶		不确定	腹片				
7	胶南	JN-ZJDZ-3	CAL	龙山	中期	272	1	陶		陶罐	口沿				
7	胶南	JN-ZJDZ-3	CAL	龙山	不确定	272	1	陶		不确定	腹片	篮纹			
7	胶南	JN-ZJDZ-3	CAL	龙山	不确定	272	1	陶		不确定	腹片	附加堆纹			
7	胶南	JN-ZJDZ-3	CAL	龙山	不确定	272	1	陶		不确定	腹片	弦纹			
7	胶南	JN-ZJDZ-3	CAL	龙山	不确定	272	1	陶		不确定	腹片				
7	胶南	JN-ZJDZ-3	CAL	周代	东周	562	1	陶		不确定	腹片	绳纹			
7	胶南	JN-ZJDZ-3	CAL	周代	东周	562	1	陶		不确定	腹片				
7	胶南	JN-ZJDZ-3	CAM	龙山	不确定	272	1	陶		不确定	腹片	弦纹			
7	胶南	JN-ZJDZ-3	CAM	龙山	不确定	272	1	陶		不确定	腹片				
7	胶南	JN-ZJDZ-3	CAM	周代	东周	562	1	陶		不确定	腹片	绳纹			
7	胶南	JN-ZJDZ-3	CAN	龙山	中期	272	1	陶		陶罐	口沿				
7	胶南	JN-ZJDZ-3	CAN	龙山	不确定	272	4	陶		不确定	腹片	篮纹			
7	胶南	JN-ZJDZ-3	CAN	龙山	不确定	272	17	陶		不确定	腹片				
7	胶南	JN-ZJDZ-3	CAN	周代	东周	562	1	陶		不确定	腹片	绳纹			
7	胶南	JN-ZJDZ-3	CAO	龙山	不确定	272	1	陶		不确定	腹片				
7	胶南	JN-ZJDZ-3	CAO	周代	东周	562	1	陶		陶罐	口沿				
7	胶南	JN-ZJDZ-3	CAP	龙山	不确定	272	1	陶		陶鬶	器足				
7	胶南	JN-ZJDZ-3	CAP	龙山	不确定	272	1	陶		陶罐	器底				
7	胶南	JN-ZJDZ-3	CAP	龙山	不确定	272	2	陶		不确定	腹片	篮纹			
7	胶南	JN-ZJDZ-3	CAP	龙山	不确定	272	1	陶		不确定	腹片	弦纹			
7	胶南	JN-ZJDZ-3	CAP	龙山	不确定	272	6	陶		不确定	腹片				
7	胶南	JN-ZJDZ-3	CAQ	龙山	中期	272	1	陶		陶匜	口沿				
7	胶南	JN-ZJDZ-3	CAR	龙山	早期	271	1	陶		陶鼎	口沿				
7	胶南	JN-ZJDZ-3	CAR	龙山	早期	271	1	陶		陶罐	口沿				
7	胶南	JN-ZJDZ-3	CAR	龙山	不确定	271	1	陶		陶器盖	口沿				
7	胶南	JN-ZJDZ-3	CAR	龙山	不确定	271	1	陶		不确定	腹片	篮纹			
7	胶南	JN-ZJDZ-3	CAR	周代	东周	561	1	陶		不确定	腹片	绳纹			
7	胶南	JN-ZJDZ-3	CAR	周代	东周	561	2	陶		不确定	腹片				
7	胶南	JN-ZJDZ-3	CAR	汉代		740	1	陶		陶瓦					
7	胶南	JN-ZJDZ-3	CAS	龙山	不确定	272	1	陶		不确定	腹片	篮纹			
7	胶南	JN-ZJDZ-3	CAS	龙山	不确定	272	1	陶		不确定	腹片				

年度	县区	遗址	采集区	时代	分期	期段编号	数量	质地	石器种类	器形	部位	纹饰	颜色	质地	蛋壳陶
7	胶南	JN-ZJDZ-4	单个遗址	汉代		739	2	陶		陶瓦					
7	胶南	JN-ZJDZ-4	单个遗址	汉代		739	1	陶		不确定	腹片				
6	胶南	JN-ZJZ-1	单个遗址	周代	东周	445	2	陶		陶盆	口沿				
6	胶南	JN-ZJZ-1	单个遗址	周代	东周	445	4	陶		不确定	腹片				
6	胶南	JN-ZJZ-2	单个遗址	汉代	西周	539	4	陶		陶瓦					
6	胶南	JN-ZJZ-2	单个遗址	汉代	西周	539	2	陶		不确定	腹片				
6	胶南	JN-ZJZ-3	单个遗址	汉代	西周	538	2	陶		陶瓦					
6	胶南	JN-ZJZ-4	单个遗址	汉代	西周	536	2	陶		陶瓦					
13	胶南	JN-ZJZh-1	CAA	龙山	早期	545	1	陶		陶罐	口沿				
13	胶南	JN-ZJZh-1	CAA	龙山	早期	545	1	陶		陶匜	口沿				
13	胶南	JN-ZJZh-1	CAA	龙山	早期	545	1	陶		陶圈足盘	豆盘				
13	胶南	JN-ZJZh-1	CAA	龙山		545	3	陶		陶罐	器底				
13	胶南	JN-ZJZh-1	CAA	龙山		545	8	陶		不确定	腹片			粗砂	
13	胶南	JN-ZJZh-1	CAB	龙山		545	5	陶		不确定	腹片			粗砂	
13	胶南	JN-ZJZh-1	CAB	龙山		545	2	陶		陶盆	器底				
13	胶南	JN-ZJZh-1	CAB	周代	东周	1214	3	陶		不确定	腹片				
13	胶南	JN-ZJZh-1	CAB	汉代		1634	1	陶		陶瓦					
13	胶南	JN-ZJZh-1	CAB	汉代		1634	1	陶		砖					
13	胶南	JN-ZJZh-1	CAC	龙山	早期	545	2	陶		陶罐	口沿				
13	胶南	JN-ZJZh-1	CAC	龙山		545	1	陶		陶罐	器底				
13	胶南	JN-ZJZh-1	CAC	龙山		545	10	陶		不确定	腹片			粗砂	
13	胶南	JN-ZJZh-2	单个遗址	龙山		546	1	陶		不确定	腹片			粗砂	
13	胶南	JN-ZJZh-2	单个遗址	汉代		1631	1	陶		陶瓦					
3	东港	LCZ-1	Area10	龙山	早期	12	1	陶		陶罐	口沿				
3	东港	LCZ-1	Area10	龙山	中期	12	1	陶		陶盆	口沿				
3	东港	LCZ-1	Area10	龙山	中期	12	1	陶		陶罐	口沿				
3	东港	LCZ-1	Area10	龙山	中期	12	1	陶		陶瓮或陶罐	把手				
3	东港	LCZ-1	Area10	龙山	中期	12	1	陶		陶鼎	器足				
3	东港	LCZ-1	Area10	龙山	中期	12	1	陶		陶甗	器足				
3	东港	LCZ-1	Area10	龙山	中期	12	3	陶		陶器盖	陶器盖				
3	东港	LCZ-1	Area10	龙山	中期	12	1	陶		陶鬶	盖钮/把手		白		
3	东港	LCZ-1	Area10	龙山	中期	12	1	陶		陶罐	把手				
3	东港	LCZ-1	Area10	龙山	中期	12	1	陶		陶瓮	口沿				
3	东港	LCZ-1	CAAA	龙山	中期	12	1	陶		陶鬶	把手				
3	东港	LCZ-1	CAAA	龙山	中期	12	1	陶		陶鬶	器足		白		
3	东港	LCZ-1	CAAA	龙山	中期	12	1	陶		陶鼎	器足				
3	东港	LCZ-1	CAAA	龙山	中期	12	4	陶		陶器盖	陶器盖				
3	东港	LCZ-1	CAAA	龙山	中期	12	1	陶		陶杯	器底		黑		是
3	东港	LCZ-1	CAAA	龙山	中期	12	1	陶		陶器盖	陶器盖				
3	东港	LCZ-1	CAAA	龙山	中期	12	30	陶		不确定	腹片				
3	东港	LCZ-1	CAAA	龙山	中期	12	1	陶		陶匜	口沿				
3	东港	LCZ-1	CAAA	龙山	中期	12	1	陶		不确定	腹片				
3	东港	LCZ-1	CAAA	龙山	中期	12	1	陶		不确定	把手				
3	东港	LCZ-1	Area10	不确定			1	石	工具	石刀					
1	东港	LCZ-1	CAAA	龙山	早期	12	1	陶		陶壶	腹片				
1	东港	LCZ-1	CAA	龙山	早期	12	1	陶		不确定	腹片	篮纹			

年度	县区	遗址	采集区	时代	分期	期段编号	数量	质地	石器种类	器型	部位	纹饰	颜色	质地	蛋壳陶
1	东港	LCZ-1	CAAA	龙山	中期	12	3	陶		陶鼎	器足				
1	东港	LCZ-1	CAAA	龙山	中期	12	2	陶		陶鼎	器足		黑	泥质	是
1	东港	LCZ-1	CAAA	龙山	中期	12	14	陶		不确定	腹片				
1	东港	LCZ-1	CAAA	龙山	不确定	12	1	石	工具	石钺					
1	东港	LCZ-1	CAAA	龙山	不确定	12	1	石	工具	不确定	碎块				
1	东港	LCZ-1	CAAA	龙山	不确定	12	1	石	工具	石锤					
1	东港	LCZ-1	CAA	周代	东周	6	2	陶		陶盆	口沿				
1	东港	LCZ-1	CAA	周代	东周	6	2	陶		不确定	腹片				
1	东港	LCZ-1	CAAA	商代	不确定	1	1	陶		陶鬲	腹片				
1	东港	LCZ-1	CAAA	周代	不确定	6	1	陶		陶罐	腹片				
1	东港	LCZ-1	CAA	周代	西周	6	3	陶		不确定	腹片				
1	东港	LCZ-1	CAA	汉代	不确定	11	1	陶		陶瓦					
1	东港	LCZ-1	CAB	汉代	不确定	11	1	陶		陶盆	口沿				
1	东港	LCZ-1	CAB	汉代	不确定	11	16	陶		陶瓦					
1	东港	LCZ-1	CAB	龙山	早期	12	2	陶		陶鼎	器足				
1	东港	LCZ-1	CAB	龙山	早期	12	1	陶		陶罐	口沿				
1	东港	LCZ-1	CAB	龙山	早期	12	2	陶		陶鬶	器足		白		
1	东港	LCZ-1	CAB	龙山	晚期	12	1	陶		陶鼎	器足				
1	东港	LCZ-1	CAB	龙山	晚期	12	1	陶		陶匜	口沿				
1	东港	LCZ-1	CAB	龙山	中期	12	2	陶		陶鼎	器足				
1	东港	LCZ-1	CAB	龙山	中期	12	2	陶		陶鬶	器足				
1	东港	LCZ-1	CAB	龙山	中期	12	1	陶		陶鬶	腹片		白		
1	东港	LCZ-1	CAB	龙山	中期	12	2	陶		陶甗	器足				
1	东港	LCZ-1	CAB	龙山	中期	12	1	陶		陶匜	口沿				
1	东港	LCZ-1	CAB	龙山	中期	12	1	陶		陶匜	腹片				
1	东港	LCZ-1	CAB	龙山	中期	12	9	陶		陶罐	器底				
1	东港	LCZ-1	CAB	龙山	中期	12	2	陶		陶罐	口沿				
1	东港	LCZ-1	CAB	龙山	中期	12	1	陶		陶圈足盘	中部				
1	东港	LCZ-1	CAB	龙山	中期	12	1	陶		陶盆	口沿				
1	东港	LCZ-1	CAB	龙山	中期	12	1	陶		陶器盖	上部				
1	东港	LCZ-1	CAB	龙山	中期	12	1	陶		不确定	口沿				
1	东港	LCZ-1	CAB	龙山	中期	12	29	陶		不确定	腹片				
1	东港	LCZ-1	CAB	龙山	不确定	12	1	石	工具	石刀					
1	东港	LCZ-1	CAB	龙山	不确定	12	1	石	工具	不确定	碎块				
1	东港	LCZ-1	CAB	周代	东周	6	1	陶		陶盆	口沿				
1	东港	LCZ-1	CAB	周代	东周	6	4	陶		不确定	腹片				
1	东港	LCZ-1	CAC	不确定			3	石	工具	石斧					
1	东港	LCZ-1	CAC	不确定			1	石	工具	石铲					
1	东港	LCZ-1	CAC	不确定			2	石	工具	石锤					
1	东港	LCZ-1	CAC	不确定			3	石	产品	半成品					
1	东港	LCZ-1	CAC	龙山	中期	12	1	陶		陶鬶	把手				
1	东港	LCZ-1	CAC	龙山	中期	12	1	陶		陶鬶	器足				
1	东港	LCZ-1	CAC	龙山	中期	12	1	陶		陶罐	器底				
1	东港	LCZ-1	CAC	龙山	中期	12	3	陶		不确定	腹片				
1	东港	LCZ-1	CAC	周代	东周	6	1	陶		陶豆	腹片				
1	东港	LCZ-1	CAC	周代	东周	6	1	陶		陶盆	口沿				

年度	县区	遗址	采集区	时代	分期	期段编号	数量	质地	石器种类	器型	部位	纹饰	颜色	质地	蛋壳陶
1	东港	LCZ-1	CAC	周代	东周	6	1	陶		不确定	腹片				
1	东港	LCZ-1	CAD	龙山	中期	12	9	陶		陶罐	口沿				
1	东港	LCZ-1	CAD	龙山	中期	12	5	陶		陶鼎	器足				
1	东港	LCZ-1	CAD	龙山	中期	12	2	陶		陶鬶	器足		白		
1	东港	LCZ-1	CAD	龙山	中期	12	1	陶		陶鬶	器足				
1	东港	LCZ-1	CAD	龙山	中期	12	3	陶		陶鬶	把手		白		
1	东港	LCZ-1	CAD	龙山	中期	12	1	陶		陶鬶	口沿		白		
1	东港	LCZ-1	CAD	龙山	中期	12	5	陶		陶鬶	腹片		白		
1	东港	LCZ-1	CAD	龙山	中期	12	2	陶		陶甗	器足				
1	东港	LCZ-1	CAD	龙山	中期	12	1	陶		陶器盖	把手				
1	东港	LCZ-1	CAD	龙山	中期	12	6	陶		陶盆	口沿				
1	东港	LCZ-1	CAD	龙山	中期	12	1	陶		陶三足盆	腹片				
1	东港	LCZ-1	CAD	龙山	中期	12	4	陶		盆或者盒	器底				
1	东港	LCZ-1	CAD	龙山	中期	12	2	陶		盆或者盒	腹片				
1	东港	LCZ-1	CAD	龙山	中期	12	1	陶		陶器盖	口沿				
1	东港	LCZ-1	CAD	龙山	中期	12	1	陶		陶器盖	钮				
1	东港	LCZ-1	CAD	龙山	中期	12	1	陶		陶盂	口沿				
1	东港	LCZ-1	CAD	龙山	中期	12	1	陶		陶匜陶鼎	口沿/把手				
1	东港	LCZ-1	CAD	龙山	中期	12	1	陶		陶匜	腹片				
1	东港	LCZ-1	CAD	龙山	中期	12	5	陶		陶杯	器底				
1	东港	LCZ-1	CAD	龙山	中期	12	2	陶		陶杯	口沿				
1	东港	LCZ-1	CAD	龙山	中期	12	4	陶		陶杯	腹片				
1	东港	LCZ-1	CAD	龙山	中期	12	2	陶		陶杯	把手				
1	东港	LCZ-1	CAD	龙山	中期	12	5	陶		不确定	把手				
1	东港	LCZ-1	CAD	龙山	中期	12	7	陶		陶罐	器底				
1	东港	LCZ-1	CAD	龙山	中期	12	48	陶		不确定	腹片				
1	东港	LCZ-1	CAE	汉代	不确定	11	2	陶		陶瓦					
1	东港	LCZ-1	CAE	汉代	不确定	11	5	陶		不确定	腹片				
1	东港	LCZ-1	CAE	龙山	早期	12	3	陶		陶鼎	器足				
1	东港	LCZ-1	CAE	龙山	早期	12	4	陶		陶鼎	口沿				
1	东港	LCZ-1	CAE	龙山	早期	12	1	陶		陶器盖	腹片				
1	东港	LCZ-1	CAE	龙山	早期	12	2	陶		陶匜	口沿				
1	东港	LCZ-1	CAE	龙山	中期	12	1	陶		陶鼎	器足				
1	东港	LCZ-1	CAE	龙山	中期	12	1	陶		陶鼎	口沿				
1	东港	LCZ-1	CAE	龙山	中期	12	3	陶		陶鬶	把手				
1	东港	LCZ-1	CAE	龙山	中期	12	1	陶		陶鬶	器足				
1	东港	LCZ-1	CAE	龙山	中期	12	2	陶		陶甗	器足				
1	东港	LCZ-1	CAE	龙山	中期	12	5	陶		陶罐	器底				
1	东港	LCZ-1	CAE	龙山	中期	12	5	陶		陶罐	口沿				
1	东港	LCZ-1	CAE	龙山	中期	12	1	陶		陶杯	口沿				
1	东港	LCZ-1	CAE	龙山	中期	12	2	陶		陶器盖	捉手				
1	东港	LCZ-1	CAE	龙山	中期	12	1	陶		陶匜	口沿				
1	东港	LCZ-1	CAE	龙山	晚期	12	1	陶		陶罐	口沿				
1	东港	LCZ-1	CAE	龙山	晚期	12	2	陶		陶盘	器底				
1	东港	LCZ-1	CAE	龙山	不确定	12	2	陶		不确定	把手				
1	东港	LCZ-1	CAE	龙山	不确定	12	1	陶		不确定	口沿				

年度	县区	遗址	采集区	时代	分期	期段编号	数量	质地	石器种类	器型	部位	纹饰	颜色	质地	蛋壳陶
1	东港	LCZ-1	CAE	龙山	不确定	12	17	陶		不确定	腹片				
1	东港	LCZ-1	CAE	龙山	不确定	12	1	石	工具	石刀					
1	东港	LCZ-1	CAE	周代	西周	6	1	陶		不确定	肩部				
1	东港	LCZ-1	CAF	不确定			4	陶		不确定	腹片				
1	东港	LCZ-1	CAF	汉代	不确定	11	2	陶		不确定	腹片				
1	东港	LCZ-1	CAF	不确定			4	石	工具	不确定					
1	东港	LCZ-1	CAF	不确定			1	石	工具	磨光工具					
1	东港	LCZ-1	CAF	不确定			1	石	工具	石刀					
1	东港	LCZ-1	CAF	不确定			1	石	工具	不确定					
1	东港	LCZ-1	CAF	不确定			1	石	工具	石锛					
1	东港	LCZ-1	CAF	龙山	早期	12	3	陶		陶鼎	器足				
1	东港	LCZ-1	CAF	龙山	中期	12	2	陶		陶鼎	器足				
1	东港	LCZ-1	CAF	龙山	中期	12	5	陶		陶鼎	口沿				
1	东港	LCZ-1	CAF	龙山	中期	12	2	陶		陶鬶	把手				
1	东港	LCZ-1	CAF	龙山	中期	12	3	陶		陶鬶	器足				
1	东港	LCZ-1	CAF	龙山	中期	12	1	陶		陶甗	器足				
1	东港	LCZ-1	CAF	龙山	中期	12	26	陶		陶罐	器底				
1	东港	LCZ-1	CAF	龙山	中期	12	1	陶		陶罐	腹片				
1	东港	LCZ-1	CAF	龙山	中期	12	5	陶		陶匜	腹片				
1	东港	LCZ-1	CAF	龙山	中期	12	8	陶		陶盆	口沿				
1	东港	LCZ-1	CAF	龙山	中期	12	1	陶		陶盆	器底				
1	东港	LCZ-1	CAF	龙山	中期	12	1	陶		陶碗	完整器				
1	东港	LCZ-1	CAF	龙山	中期	12	2	陶		陶豆	完整器				
1	东港	LCZ-1	CAF	龙山	中期	12	1	陶		陶杯	完整器				
1	东港	LCZ-1	CAF	龙山	中期	12	9	陶		陶器盖	腹片				
1	东港	LCZ-1	CAF	龙山	中期	12	1	陶		陶笼	腹片				
1	东港	LCZ-1	CAF	龙山	中期	12	1	陶		陶圈足盘	腹片				
1	东港	LCZ-1	CAF	龙山	不确定	12	137	陶		不确定	腹片				
1	东港	LCZ-1	CAF	龙山	不确定	12	26	陶		不确定	腹片				
1	东港	LCZ-1	CAF	龙山	不确定	12	6	陶		不确定	口沿				
1	东港	LCZ-1	CAF	周代	东周	6	7	陶		不确定	腹片				
1	东港	LCZ-1	CAG	汉代	不确定	11	2	陶		陶瓦					
1	东港	LCZ-1	CAG	汉代	不确定	11	2	陶		不确定	腹片				
1	东港	LCZ-1	CAG	龙山	早期	12	1	陶		陶鬶	器足				
1	东港	LCZ-1	CAG	龙山	早期	12	1	陶		陶甗	器足				
1	东港	LCZ-1	CAG	龙山	早期	12	1	陶		陶器盖	钮				
1	东港	LCZ-1	CAG	龙山	早期	12	1	陶		陶豆	豆柄				
1	东港	LCZ-1	CAG	龙山	早期	12	1	陶		陶罐	口沿				
1	东港	LCZ-1	CAG	龙山	早期	12	2	陶		陶器盖	腹片				
1	东港	LCZ-1	CAG	龙山	中期	12	3	陶		陶鼎	器足				
1	东港	LCZ-1	CAG	龙山	中期	12	1	陶		陶鼎	器底/器足		黑		是
1	东港	LCZ-1	CAG	龙山	中期	12	1	陶		陶鼎	口沿				
1	东港	LCZ-1	CAG	龙山	中期	12	3	陶		陶甗	器足				
1	东港	LCZ-1	CAG	龙山	中期	12	1	陶		陶鬶	把手				
1	东港	LCZ-1	CAG	龙山	中期	12	1	陶		陶鬶	器足				
1	东港	LCZ-1	CAG	龙山	中期	12	1	陶		陶鬶	口沿				

年度	县区	遗址	采集区	时代	分期	期段编号	数量	质地	石器种类	器型	部位	纹饰	颜色	质地	蛋壳陶
1	东港	LCZ-1	CAG	龙山	中期	12	1	陶		陶鬶	腹片				
1	东港	LCZ-1	CAG	龙山	中期	12	2	陶		陶器盖	腹片				
1	东港	LCZ-1	CAG	龙山	中期	12	3	陶		陶罐	器底				
1	东港	LCZ-1	CAG	龙山	中期	12	3	陶		不确定	把手				
1	东港	LCZ-1	CAG	龙山	中期	12	5	陶		陶罐	口沿				
1	东港	LCZ-1	CAG	龙山	中期	12	1	陶		陶杯	器底				
1	东港	LCZ-1	CAG	龙山	中期	12	2	陶		陶圈足盘	腹片				
1	东港	LCZ-1	CAG	龙山	中期	12	15	陶		不确定	腹片				
1	东港	LCZ-1	CAG	龙山	不确定	12	1	石	工具	石铲					
1	东港	LCZ-1	CAH	汉代	不确定	11	1	陶		陶盆	口沿				
1	东港	LCZ-1	CAH	汉代	不确定	11	3	陶		陶瓦					
1	东港	LCZ-1	CAH	龙山	早期	12	3	陶		陶鼎	器足				
1	东港	LCZ-1	CAH	龙山	中期	12	3	陶		陶鼎	器足				
1	东港	LCZ-1	CAH	龙山	中期	12	2	陶		陶甗	器足				
1	东港	LCZ-1	CAH	龙山	中期	12	2	陶		陶匜	口沿				
1	东港	LCZ-1	CAH	龙山	中期	12	4	陶		陶盘	口沿				
1	东港	LCZ-1	CAH	龙山	中期	12	1	陶		陶盘	腹片				
1	东港	LCZ-1	CAH	龙山	中期	12	1	陶		陶杯	器底				
1	东港	LCZ-1	CAH	龙山	中期	12	2	陶		陶罐	口沿				
1	东港	LCZ-1	CAH	龙山	中期	12	1	陶		陶盆	口沿				
1	东港	LCZ-1	CAH	龙山	中期	12	3	陶		陶器盖	陶器盖				
1	东港	LCZ-1	CAH	龙山	中期	12	1	陶		陶罐	腹片				
1	东港	LCZ-1	CAH	龙山	中期	12	1	陶		不确定	把手				
1	东港	LCZ-1	CAH	龙山	中期	12	1	陶		不确定	口沿				
1	东港	LCZ-1	CAH	龙山	中期	12	29	陶		不确定	腹片				
1	东港	LCZ-1	CAH	龙山	不确定	12	1	石	工具	石刀					
1	东港	LCZ-1	CAH	龙山	不确定	12	1	石	工具	不确定			烧土		
1	东港	LCZ-1	CAH	周代	西周	6	1	陶		陶鬲	器足				
1	东港	LCZ-1	CAI	汉代	不确定	11	1	陶		陶瓦					
1	东港	LCZ-1	CAI	龙山	早期	12	1	陶		陶鬶	把手				
1	东港	LCZ-1	CAI	龙山	早期	12	1	陶		陶鬶	器足				
1	东港	LCZ-1	CAI	龙山	中期	12	2	陶		陶鼎	器足				
1	东港	LCZ-1	CAI	龙山	中期	12	1	陶		陶鼎	口沿				
1	东港	LCZ-1	CAI	龙山	中期	12	1	陶		陶鬶	口沿				
1	东港	LCZ-1	CAI	龙山	中期	12	2	陶		陶甗	器足				
1	东港	LCZ-1	CAI	龙山	中期	12	1	陶		陶甗	器底				
1	东港	LCZ-1	CAI	龙山	中期	12	3	陶		陶罐	器底				
1	东港	LCZ-1	CAI	龙山	中期	12	3	陶		陶罐	口沿				
1	东港	LCZ-1	CAI	龙山	中期	12	1	陶		陶器盖	钮				
1	东港	LCZ-1	CAI	龙山	晚期	12	2	陶		陶罐	口沿				
1	东港	LCZ-1	CAI	龙山	晚期	12	1	陶		陶盘	器底				
1	东港	LCZ-1	CAI	龙山	晚期	12	1	陶		陶鼎	器底/器足				
1	东港	LCZ-1	CAI	龙山	不确定	12	10	陶		不确定	腹片				
1	东港	LCZ-1	CAI	周代	东周	6	1	陶		陶豆	豆柄				
1	东港	LCZ-1	CAI	周代	东周	6	1	陶		陶盆	口沿				
1	东港	LCZ-1	CAJ	龙山	早期	12	1	陶		陶鼎	器足				

年度	县区	遗址	采集区	时代	分期	期段编号	数量	质地	石器种类	器型	部位	纹饰	颜色	质地	蛋壳陶
1	东港	LCZ-1	CAJ	龙山	早期	12	2	陶		陶鼎	口沿				
1	东港	LCZ-1	CAJ	龙山	中期	12	1	陶		陶甗	器足				
1	东港	LCZ-1	CAJ	龙山	中期	12	1	陶		陶罐	口沿				
1	东港	LCZ-1	CAJ	龙山	中期	12	1	陶		陶罐	器底				
1	东港	LCZ-1	CAJ	龙山	中期	12	1	陶		陶匜	口沿				
1	东港	LCZ-1	CAJ	龙山	中期	12	1	陶		陶碗	器底				
1	东港	LCZ-1	CAJ	龙山	不确定	12	15	陶		不确定	腹片				
1	东港	LCZ-1	CAJ	不确定			1	陶		不确定	腹片				
1	东港	LCZ-1	CAJ	周代	不确定	6	4	陶		不确定	腹片				
1	东港	LCZ-1	CAK	汉代	不确定	11	1	陶		陶瓦					
1	东港	LCZ-1	CAK	汉代	不确定	11	1	陶		不确定	腹片				
1	东港	LCZ-1	CAK	龙山	早期	12	1	陶		陶鼎	器足				
1	东港	LCZ-1	CAK	龙山	早期	12	2	陶		陶鼎	口沿				
1	东港	LCZ-1	CAK	龙山	早期	12	1	陶		陶器盖	捉手				
1	东港	LCZ-1	CAK	龙山	中期	12	3	陶		陶鼎	器足				
1	东港	LCZ-1	CAK	龙山	中期	12	1	陶		陶鬶	腹片		白		
1	东港	LCZ-1	CAK	龙山	中期	12	1	陶		陶甗	器足				
1	东港	LCZ-1	CAK	龙山	中期	12	1	陶		陶甗	裆部/器足				
1	东港	LCZ-1	CAK	龙山	中期	12	6	陶		陶罐	器底				
1	东港	LCZ-1	CAK	龙山	中期	12	3	陶		陶罐	口沿				
1	东港	LCZ-1	CAK	龙山	中期	12	2	陶		陶圈足盘	口沿				
1	东港	LCZ-1	CAK	龙山	不确定	12	2	陶		不确定	口沿				
1	东港	LCZ-1	CAK	龙山	不确定	12	36	陶		不确定	腹片				
1	东港	LCZ-1	CAK	龙山	不确定	12	2	石	工具	石刀			灰		
1	东港	LCZ-1	CAK	周代	不确定	6	3	陶		不确定	腹片				
1	东港	LCZ-1	CAL	商代	不确定	2	1	陶		陶尊	腹片				
1	东港	LCZ-1	CAL	商代	不确定	2	1	陶		不确定	腹片				
1	东港	LCZ-1	CAL	周代	东周	7	2	陶		陶罐	腹片				
1	东港	LCZ-1	CAL	周代	东周	7	3	陶		不确定	腹片				
1	东港	LCZ-1	CAM	龙山	早期	12	1	陶		陶鼎	器足				
1	东港	LCZ-1	CAM	龙山	早期	12	2	陶		陶鼎	口沿				
1	东港	LCZ-1	CAM	龙山	中期	12	1	陶		陶鼎	口沿				
1	东港	LCZ-1	CAM	龙山	中期	12	1	陶		陶甗	器足				
1	东港	LCZ-1	CAM	龙山	中期	12	4	陶		陶罐	口沿				
1	东港	LCZ-1	CAM	龙山	中期	12	3	陶		陶罐	器底				
1	东港	LCZ-1	CAM	龙山	中期	12	1	陶		陶盆	口沿				
1	东港	LCZ-1	CAM	龙山	中期	12	2	陶		陶盆	器底				
1	东港	LCZ-1	CAM	龙山	中期	12	1	陶		陶碗	器底				
1	东港	LCZ-1	CAM	龙山	中期	12	1	陶		陶碗	口沿				
1	东港	LCZ-1	CAM	龙山	中期	12	3	陶		陶器盖	器底				
1	东港	LCZ-1	CAM	龙山	不确定	12	31	陶		不确定	腹片				
1	东港	LCZ-1	CAN	汉代	不确定	11	1	金属		钱币					
1	东港	LCZ-1	CAN	龙山	早期	12	2	陶		陶鼎	器足				
1	东港	LCZ-1	CAN	龙山	中期	12	1	陶		陶鬶	口沿		白		
1	东港	LCZ-1	CAN	龙山	中期	12	1	陶		陶器盖	腹片				
1	东港	LCZ-1	CAN	龙山	中期	12	1	陶		陶罐	器底				

年度	县区	遗址	采集区	时代	分期	期段编号	数量	质地	石器种类	器型	部位	纹饰	颜色	质地	蛋壳陶
1	东港	LCZ-1	CAN	龙山	中期	12	1	陶		不确定	口沿				
1	东港	LCZ-1	CAN	龙山	中期	12	1	陶		陶箅					
1	东港	LCZ-1	CAN	龙山	中期	12	1	陶		纺轮	腹片				
1	东港	LCZ-1	CAN	龙山	中期	12	12	陶		不确定	腹片				
1	东港	LCZ-1	CAO	龙山	早期	12	3	陶		陶鼎	器足				
1	东港	LCZ-1	CAO	龙山	早期	12	1	陶		陶匜	口沿				
1	东港	LCZ-1	CAO	龙山	早期	12	1	陶		陶罐	口沿				
1	东港	LCZ-1	CAO	龙山	中期	12	1	陶		陶甗	器足				
1	东港	LCZ-1	CAO	龙山	中期	12	1	陶		陶罐	器底				
1	东港	LCZ-1	CAO	龙山	中期	12	1	陶		陶罐	口沿				
1	东港	LCZ-1	CAO	龙山	中期	12	1	陶		不确定	把手				
1	东港	LCZ-1	CAO	龙山	中期	12	3	陶		不确定	腹片				
1	东港	LCZ-1	CAP	龙山	早期	12	2	陶		陶鼎	器足				
1	东港	LCZ-1	CAP	龙山	早期	12	1	陶		陶鬶	器足		黑		是
1	东港	LCZ-1	CAP	龙山	早期	12	4	陶		陶器盖	捉手				
1	东港	LCZ-1	CAP	龙山	早期	12	2	陶		陶罐	口沿				
1	东港	LCZ-1	CAP	龙山	中期	12	1	陶		陶器盖			白		
1	东港	LCZ-1	CAP	龙山	中期	12	1	陶		陶鬶	把手		白		
1	东港	LCZ-1	CAP	龙山	中期	12	1	陶		陶鬶	器足		白		
1	东港	LCZ-1	CAP	龙山	中期	12	1	陶		陶鬶	档部		白		
1	东港	LCZ-1	CAP	龙山	中期	12	2	陶		陶鼎	口沿				
1	东港	LCZ-1	CAP	龙山	中期	12	2	陶		陶鼎	器足				
1	东港	LCZ-1	CAP	龙山	中期	12	10	陶		陶罐	口沿				
1	东港	LCZ-1	CAP	龙山	中期	12	4	陶		陶罐	器底				
1	东港	LCZ-1	CAP	龙山	中期	12	2	陶		陶器盖	捉手				
1	东港	LCZ-1	CAP	龙山	中期	12	1	陶		陶盒	腹片				
1	东港	LCZ-1	CAP	龙山	中期	12	2	陶		陶盘	器底				
1	东港	LCZ-1	CAP	龙山	中期	12	1	陶		陶盘	口沿				
1	东港	LCZ-1	CAP	龙山	中期	12	1	陶		陶盆	口沿				
1	东港	LCZ-1	CAP	龙山	不确定	12	27	陶		不确定	腹片				
1	东港	LCZ-1	CAP	龙山	不确定	12	1	陶		陶壁					
1	东港	LCZ-1	CAP	龙山	不确定	12	1	石	工具	石镰					
1	东港	LCZ-1	CAP	龙山	不确定	12	1	石	工具	石铲					
1	东港	LCZ-1	CAP	龙山	不确定	12	1	石	产品	半成品			白		
1	东港	LCZ-1	CAP	龙山	晚期	12	2	陶		陶罐	口沿				
1	东港	LCZ-1	CAP	周代	东周	6	1	陶		陶瓮	口沿				
1	东港	LCZ-1	CAQ	汉代	不确定	11	3	陶		陶瓦					
1	东港	LCZ-1	CAQ	龙山	早期	12	2	陶		陶鼎	器足				
1	东港	LCZ-1	CAQ	龙山	早期	12	1	陶		陶鼎	器底				
1	东港	LCZ-1	CAQ	龙山	中期	12	2	陶		陶鼎	器足				
1	东港	LCZ-1	CAQ	龙山	中期	12	3	陶		陶鼎	口沿				
1	东港	LCZ-1	CAQ	龙山	中期	12	5	陶		陶鬶	流				
1	东港	LCZ-1	CAQ	龙山	中期	12	9	陶		陶鬶	把手				
1	东港	LCZ-1	CAQ	龙山	中期	12	5	陶		陶鬶	器足				
1	东港	LCZ-1	CAQ	龙山	中期	12	51	陶		陶鬶	腹片				
1	东港	LCZ-1	CAQ	龙山	中期	12	1	陶		陶三足盆	腹片				

年度	县区	遗址	采集区	时代	分期	期段编号	数量	质地	石器种类	器型	部位	纹饰	颜色	质地	蛋壳陶
1	东港	LCZ-1	CAQ	龙山	中期	12	2	陶		陶碗	腹片				
1	东港	LCZ-1	CAQ	龙山	中期	12	2	陶		陶杯	器底				
1	东港	LCZ-1	CAQ	龙山	中期	12	1	陶		陶杯	口沿				
1	东港	LCZ-1	CAQ	龙山	中期	12	1	陶		陶杯	把手				
1	东港	LCZ-1	CAQ	龙山	中期	12	1	陶		陶高柄杯	腹片				
1	东港	LCZ-1	CAQ	龙山	中期	12	8	陶		陶罐	器底				
1	东港	LCZ-1	CAQ	龙山	中期	12	4	陶		陶罐	口沿				
1	东港	LCZ-1	CAQ	龙山	中期	12	3	陶		陶盆	口沿				
1	东港	LCZ-1	CAQ	龙山	中期	12	1	陶		陶盆	器底				
1	东港	LCZ-1	CAQ	龙山	中期	12	1	陶		陶豆	腹片				
1	东港	LCZ-1	CAQ	龙山	中期	12	7	陶		陶器盖	捉手				
1	东港	LCZ-1	CAQ	龙山	中期	12	5	陶		陶器盖	口沿				
1	东港	LCZ-1	CAQ	龙山	中期	12	2	陶		陶器盖	腹片				
1	东港	LCZ-1	CAQ	龙山	中期	12	2	陶		不确定	腹片/把手				
1	东港	LCZ-1	CAQ	龙山	中期	12	48	陶		不确定	腹片				
1	东港	LCZ-1	CAQ	龙山	中期	12	1	陶		纺轮					
1	东港	LCZ-1	CAQ	龙山	中期	12	1	陶		陶圈足盘	腹片				
1	东港	LCZ-1	CAQ	龙山	中期	12	1	石	工具	石锛					
1	东港	LCZ-1	CAQ	龙山	中期	12	1	石	工具	石箭头					
1	东港	LCZ-1	CAQ	龙山	中期	12	2	石	工具	不确定	碎块				
1	东港	LCZ-1	CAR	龙山	早期	12	2	陶		陶鼎	器足				
1	东港	LCZ-1	CAR	龙山	早期	12	1	陶		陶鬶	器足				
1	东港	LCZ-1	CAR	龙山	早期	12	1	陶		陶鬶	把手				
1	东港	LCZ-1	CAR	龙山	早期	12	3	陶		陶罐	口沿				
1	东港	LCZ-1	CAR	龙山	早期	12	1	陶		陶杯	口沿				
1	东港	LCZ-1	CAR	龙山	早期	12	2	陶		陶器盖	陶器盖				
1	东港	LCZ-1	CAR	龙山	中期	12	2	陶		陶鼎	器足				
1	东港	LCZ-1	CAR	龙山	中期	12	1	陶		陶鬶	腹片				
1	东港	LCZ-1	CAR	龙山	中期	12	2	陶		陶鬶	器足		白		
1	东港	LCZ-1	CAR	龙山	中期	12	1	陶		陶鬶	把手		白		
1	东港	LCZ-1	CAR	龙山	中期	12	1	陶		陶盆	口沿				
1	东港	LCZ-1	CAR	龙山	中期	12	1	陶		陶甗	器足				
1	东港	LCZ-1	CAR	龙山	中期	12	2	陶		陶圈足盘	器底				
1	东港	LCZ-1	CAR	龙山	中期	12	2	陶		陶罐	器底				
1	东港	LCZ-1	CAR	龙山	中期	12	2	陶		陶罐	口沿				
1	东港	LCZ-1	CAR	龙山	中期	12	1	陶		陶三足盆	口沿				
1	东港	LCZ-1	CAR	龙山	中期	12	2	陶		陶器盖	腹片				
1	东港	LCZ-1	CAR	龙山	中期	12	1	陶		纺轮					
1	东港	LCZ-1	CAR	龙山	中期	12	3	陶		陶杯	腹片				
1	东港	LCZ-1	CAR	龙山	中期	12	1	陶		不确定	把手				
1	东港	LCZ-1	CAR	龙山	中期	12	19	陶		不确定	腹片				
1	东港	LCZ-1	CAR	龙山	晚期	12	1	陶		陶盆	口沿				
1	东港	LCZ-1	CAR	周代	不确定	6	1	陶		不确定	腹片				
1	东港	LCZ-1	CAS	汉代	不确定	11	4	陶		陶瓦					
1	东港	LCZ-1	CAS	龙山	早期	12	2	陶		陶鼎	器足				
1	东港	LCZ-1	CAS	龙山	早期	12	1	陶		陶鼎	口沿				

年度	县区	遗址	采集区	时代	分期	期段编号	数量	质地	石器种类	器型	部位	纹饰	颜色	质地	蛋壳陶
1	东港	LCZ-1	CAS	龙山	早期	12	2	陶		陶甗	器足				
1	东港	LCZ-1	CAS	龙山	早期	12	2	陶		陶鬶	器足				
1	东港	LCZ-1	CAS	龙山	早期	12	1	陶		陶器盖	钮				
1	东港	LCZ-1	CAS	龙山	早期	12	1	陶		陶杯	口沿				
1	东港	LCZ-1	CAS	龙山	中期	12	3	陶		陶鼎	器足				
1	东港	LCZ-1	CAS	龙山	中期	12	1	陶		陶鼎	器底/器足				
1	东港	LCZ-1	CAS	龙山	中期	12	2	陶		陶鬶	器足				
1	东港	LCZ-1	CAS	龙山	中期	12	3	陶		陶鬶	把手				
1	东港	LCZ-1	CAS	龙山	中期	12	5	陶		陶罐	器底				
1	东港	LCZ-1	CAS	龙山	中期	12	1	陶		陶杯	器底				
1	东港	LCZ-1	CAS	龙山	中期	12	1	陶		陶杯	口沿				
1	东港	LCZ-1	CAS	龙山	中期	12	3	陶		陶盆	口沿				
1	东港	LCZ-1	CAS	龙山	中期	12	1	陶		陶匜	口沿				
1	东港	LCZ-1	CAS	龙山	中期	12	1	陶		陶罐	口沿			泥质	是
1	东港	LCZ-1	CAS	龙山	晚期	12	3	陶		不确定	口沿				
1	东港	LCZ-1	CAS	龙山	晚期	12	14	陶		不确定	腹片				
1	东港	LCZ-1	CAS	龙山	不确定	12	1	石	工具	石刀					
1	东港	LCZ-1	CAS	龙山	不确定	12	1	石	工具	石铲					
1	东港	LCZ-1	CAS	龙山	不确定	12	2	石	工具	石斧					
1	东港	LCZ-1	CAS	龙山	不确定	12	1	石	工具	不确定	残破				
1	东港	LCZ-1	CAS	龙山	不确定	12	1	石	工具	磨光工具					
1	东港	LCZ-1	CAS	周代	东周	6	2	陶		陶瓦					
1	东港	LCZ-1	CAS	周代	东周	6	3	陶		不确定	腹片				
1	东港	LCZ-1	CAT	汉代	不确定	11	2	陶		陶瓦					
1	东港	LCZ-1	CAT	龙山	早期	12	6	陶		陶鼎	器足				
1	东港	LCZ-1	CAT	龙山	早期	12	1	陶		陶匜	口沿				
1	东港	LCZ-1	CAT	龙山	早期	12	2	陶		陶器盖	器底				
1	东港	LCZ-1	CAT	龙山	早期	12	1	陶		陶器盖	口沿				
1	东港	LCZ-1	CAT	龙山	早期	12	2	陶		陶罐	器底				
1	东港	LCZ-1	CAT	龙山	中期	12	3	陶		陶鬶	器足		白		
1	东港	LCZ-1	CAT	龙山	中期	12	1	陶		陶鬶	器足				
1	东港	LCZ-1	CAT	龙山	中期	12	1	陶		陶鬶	把手				
1	东港	LCZ-1	CAT	龙山	中期	12	2	陶		陶鬶	裆部				
1	东港	LCZ-1	CAT	龙山	中期	12	3	陶		陶鬶	腹片				
1	东港	LCZ-1	CAT	龙山	中期	12	1	陶		陶鼎	器底/器足				
1	东港	LCZ-1	CAT	龙山	中期	12	1	陶		陶鼎	口沿				
1	东港	LCZ-1	CAT	龙山	中期	12	2	陶		陶匜	口沿				
1	东港	LCZ-1	CAT	龙山	中期	12	3	陶		陶罐	器底				
1	东港	LCZ-1	CAT	龙山	中期	12	9	陶		陶罐	口沿				
1	东港	LCZ-1	CAT	龙山	中期	12	1	陶		陶杯	腹片				
1	东港	LCZ-1	CAT	龙山	中期	12	1	陶		陶杯	器底				
1	东港	LCZ-1	CAT	龙山	中期	12	1	陶		陶盘	口沿				
1	东港	LCZ-1	CAT	龙山	中期	12	1	陶		不确定	把手				
1	东港	LCZ-1	CAT	龙山	中期	12	40	陶		不确定	腹片				
1	东港	LCZ-1	CAT	龙山	中期	12	1	石	工具	石斧					
1	东港	LCZ-1	CAT	周代	东周	6	1	陶		不确定	口沿				

年度	县区	遗址	采集区	时代	分期	期段编号	数量	质地	石器种类	器型	部位	纹饰	颜色	质地	蛋壳陶
1	东港	LCZ-1	CAT	周代	东周	6	3	陶		不确定	腹片				
1	东港	LCZ-1	CAU	龙山	中期	12	3	陶		陶鼎	器足				
1	东港	LCZ-1	CAU	龙山	中期	12	1	陶		陶鼎	口沿				
1	东港	LCZ-1	CAU	龙山	中期	12	1	陶		陶鬶	把手				
1	东港	LCZ-1	CAU	龙山	中期	12	2	陶		陶罐	器底				
1	东港	LCZ-1	CAU	龙山	中期	12	4	陶		陶罐	口沿				
1	东港	LCZ-1	CAU	龙山	中期	12	2	陶		陶器盖	捉手				
1	东港	LCZ-1	CAU	龙山	晚期	12	1	陶		陶鬶	把手		白		
1	东港	LCZ-1	CAU	龙山	晚期	12	1	陶		不确定	把手				
1	东港	LCZ-1	CAU	龙山	晚期	12	7	陶		不确定	腹片				
1	东港	LCZ-1	CAU	龙山	不确定	12	1	石	工具	石锤					
1	东港	LCZ-1	CAU	龙山	不确定	12	1	石	不确定	石英	水晶				
1	东港	LCZ-1	CAU	周代	东周	6	1	陶		不确定	腹片				
1	东港	LCZ-1	CAV	龙山	不确定	12	1	石	工具	石刀					
1	东港	LCZ-1	CAV	龙山	中期	12	2	陶		陶甗	器足				
1	东港	LCZ-1	CAV	龙山	中期	12	2	陶		陶鼎	器足		红		
1	东港	LCZ-1	CAV	龙山	中期	12	2	陶		不确定	口沿/把手		黑		是
1	东港	LCZ-1	CAV	龙山	中期	12	1	陶		陶鼎	腹片		黑		是
1	东港	LCZ-1	CAV	龙山	中期	12	1	陶		陶鼎	口沿		黑		是
1	东港	LCZ-1	CAV	龙山	中期	12	5	陶		陶罐	器底				
1	东港	LCZ-1	CAV	龙山	中期	12	11	陶		陶罐	口沿				
1	东港	LCZ-1	CAV	龙山	中期	12	1	陶		陶罐	把手				
1	东港	LCZ-1	CAV	龙山	中期	12	4	陶		陶盆	腹片				
1	东港	LCZ-1	CAV	龙山	中期	12	1	陶		陶盒					
1	东港	LCZ-1	CAV	龙山	中期	12	1	陶		陶豆	腹片				
1	东港	LCZ-1	CAV	龙山	中期	12	1	陶		陶甗	腹片				
1	东港	LCZ-1	CAV	龙山	中期	12	3	陶		不确定	陶器盖				
1	东港	LCZ-1	CAV	龙山	中期	12	1	陶		陶盆	把手				
1	东港	LCZ-1	CAV	龙山	中期	12	3	陶		不确定	口沿				
1	东港	LCZ-1	CAV	龙山	早期	12	1	陶		陶鬶	器足				
1	东港	LCZ-1	CAV	龙山	早期	12	1	陶		陶鬶	把手				
1	东港	LCZ-1	CAV	龙山	早期	12	1	陶		陶鬶	陶器盖				
1	东港	LCZ-1	CAV	龙山	早期	12	1	陶		陶鼎	器足		红		
1	东港	LCZ-1	CAW	汉代	不确定	11	5	陶		不确定	腹片				
1	东港	LCZ-1	CAW	汉代	不确定	11	3	陶		陶瓦					
1	东港	LCZ-1	CAW	不确定			2	石	工具	不确定	碎块				
1	东港	LCZ-1	CAW	龙山	中期	12	1	陶		陶甗	器足				
1	东港	LCZ-1	CAW	龙山	中期	12	1	陶		陶器盖	腹片				
1	东港	LCZ-1	CAW	龙山	中期	12	1	陶		陶盆	口沿				
1	东港	LCZ-1	CAW	龙山	中期	12	1	陶		不确定	把手				
1	东港	LCZ-1	CAW	龙山	中期	12	11	陶		不确定	腹片				
1	东港	LCZ-1	CAW	龙山	早期	12	1	陶		陶鬶	把手				
1	东港	LCZ-1	CAW	龙山	早期	12	2	陶		陶鼎	器足				
1	东港	LCZ-1	CAW	周代	不确定	6	2	陶		不确定	肩部				
1	东港	LCZ-1	CAX	龙山	中期	12	1	陶		不确定	口沿/把手				
1	东港	LCZ-1	CAX	龙山	不确定	12	1	石	工具	石锛					

年度	县区	遗址	采集区	时代	分期	期段编号	数量	质地	石器种类	器型	部位	纹饰	颜色	质地	蛋壳陶
1	东港	LCZ-1	CAY	龙山	中期	12	1	陶		陶鼎	口沿				
1	东港	LCZ-1	CAY	龙山	不确定	12	1	石	工具	石铖	碎块		灰/绿		
1	东港	LCZ-1	CAZ	龙山	不确定	12	3	陶		不确定	腹片				
1	东港	LCZ-1	CAZ	周代	不确定	6	2	陶		不确定	腹片				
1	东港	LCZ-1	CA-AB	汉代	不确定	11	1	铜		铜镜					
1	东港	LCZ-1	CA-AB	龙山	不确定	12	2	石	工具	石锛					
1	东港	LCZ-1	CA-AB	龙山	不确定	12	1	石	工具	石箭头					
1	东港	LCZ-1	CA-AB	龙山	不确定	12	1	石	工具	石刀					
2	东港	LCZ-1	CA-AB	龙山	中期	12	1	陶		陶鼎	器足		红		
2	东港	LCZ-1	CA-AB	龙山	不确定	12	1	陶		不确定	腹片		黑		是
1	东港	LCZ-2	单个遗址	龙山	早期	25	1	陶		陶鼎	器足				
1	东港	LCZ-2	单个遗址	龙山	早期	25	1	陶		不确定	腹片	篮纹			
1	东港	LCZ-2	单个遗址	龙山	中期	25	3	陶		陶罐或陶鼎	口沿				
1	东港	LCZ-2	单个遗址	龙山	不确定	25	11	陶		不确定	腹片				
1	东港	LCZ-2	单个遗址	龙山	不确定	25	1	陶		不确定	器底				
1	东港	LCZ-2	单个遗址	周代	东周	13	1	陶		不确定	口沿				
1	东港	LCZ-2	单个遗址	周代	东周	13	1	陶		不确定	腹片				
1	东港	LCZ-3	CAA	龙山	不确定	25	1	陶		不确定	器底				
1	东港	LCZ-3	CAB	龙山	中期	25	1	陶		陶鼎或陶罐	口沿				
1	东港	LCZ-3	CAB	龙山	不确定	25	7	陶		不确定	腹片				
1	东港	LCZ-3	CAB	周代	东周	14	2	陶		不确定	腹片				
1	东港	LCZ-3	CAC	大汶口	不确定	1	1	陶		陶钵	腹片				
1	东港	LCZ-3	CAC	大汶口	不确定	1	2	陶		陶豆	腹片		黑		
1	东港	LCZ-3	CAC	大汶口	不确定	1	1	陶		不确定	腹片				
1	东港	LCZ-3	CAC	汉代	不确定	16	8	陶		陶瓦					
1	东港	LCZ-3	CAC	汉代	不确定	16	4	陶		不确定	腹片				
1	东港	LCZ-3	CAC	龙山	早期	25	5	陶		陶鼎	器足				
1	东港	LCZ-3	CAC	龙山	早期	25	1	陶		陶鼎	口沿				
1	东港	LCZ-3	CAC	龙山	早期	25	1	陶		陶鼎	器底				
1	东港	LCZ-3	CAC	龙山	早期	25	1	陶		陶鬶	把手				
1	东港	LCZ-3	CAC	龙山	早期	25	3	陶		陶鬶	器足				
1	东港	LCZ-3	CAC	龙山	中期	25	6	陶		陶鼎	器足				
1	东港	LCZ-3	CAC	龙山	中期	25	1	陶		陶鼎	器足				
1	东港	LCZ-3	CAC	龙山	中期	25	9	陶		陶鼎	口沿				
1	东港	LCZ-3	CAC	龙山	中期	25	2	陶		陶鼎	器底				
1	东港	LCZ-3	CAC	龙山	中期	25	2	陶		陶鬶	腹片				
1	东港	LCZ-3	CAC	龙山	中期	25	3	陶		陶鬶	器足				
1	东港	LCZ-3	CAC	龙山	中期	25	2	陶		陶匜	口沿				
1	东港	LCZ-3	CAC	龙山	中期	25	5	陶		陶罐	口沿				
1	东港	LCZ-3	CAC	龙山	中期	25	12	陶		陶罐	器底				
1	东港	LCZ-3	CAC	龙山	中期	25	5	陶		陶盆	口沿				
1	东港	LCZ-3	CAC	龙山	中期	25	4	陶		陶盆	器底				
1	东港	LCZ-3	CAC	龙山	中期	25	2	陶		陶豆	器底				
1	东港	LCZ-3	CAC	龙山	中期	25	2	陶		陶圈足盘	口沿				
1	东港	LCZ-3	CAC	龙山	中期	25	1	陶		陶圈足盘	腹片				
1	东港	LCZ-3	CAC	龙山	中期	25	1	陶		陶杯	器底			泥质	是

年度	县区	遗址	采集区	时代	分期	期段编号	数量	质地	石器种类	器型	部位	纹饰	颜色	质地	蛋壳陶
1	东港	LCZ-3	CAC	龙山	中期	25	1	陶		陶杯	把手			泥质	是
1	东港	LCZ-3	CAC	龙山	中期	25	1	陶		陶杯	腹片			泥质	是
1	东港	LCZ-3	CAC	龙山	中期	25	1	陶		陶杯	口沿			泥质	是
1	东港	LCZ-3	CAC	龙山	中期	25	7	陶		陶器盖	上部				
1	东港	LCZ-3	CAC	龙山	中期	25	1	陶		陶壶	腹片				
1	东港	LCZ-3	CAC	龙山	不确定	25	2	陶		陶璧					
1	东港	LCZ-3	CAC	龙山	不确定	25	3	陶		不确定	把手				
1	东港	LCZ-3	CAC	龙山	不确定	25	68	陶		不确定	腹片				
1	东港	LCZ-3	CAC	龙山	不确定	25	3	陶		不确定	口沿				
1	东港	LCZ-3	CAC	龙山	不确定	25	1	陶		陶鬶	腹片				
1	东港	LCZ-3	CAC	龙山	不确定	25	2	石	工具	石刀					
1	东港	LCZ-3	CAC	龙山	不确定	25	1	石	工具	石锛					
1	东港	LCZ-3	CAC	龙山	不确定	25	1	石	工具	不确定					
1	东港	LCZ-3	CAC	周代	东周	14	1	陶		不确定	腹片				
1	东港	LCZ-3	CAC	不确定			2	陶		不确定	口沿				
1	东港	LCZ-3	CAC	不确定			2	陶		不确定	把手				
1	东港	LCZ-3	CAD	汉代	不确定	16	9	陶		陶瓦					
1	东港	LCZ-3	CAD	龙山	早期	25	3	陶		陶鬶	器足				
1	东港	LCZ-3	CAD	龙山	中期	25	2	陶		陶鼎	器足				
1	东港	LCZ-3	CAD	龙山	中期	25	5	陶		陶鼎	口沿				
1	东港	LCZ-3	CAD	龙山	中期	25	2	陶		陶鼎	器底				
1	东港	LCZ-3	CAD	龙山	中期	25	1	陶		陶鬶	器足				
1	东港	LCZ-3	CAD	龙山	中期	25	6	陶		陶罐	器底				
1	东港	LCZ-3	CAD	龙山	中期	25	7	陶		陶罐	口沿				
1	东港	LCZ-3	CAD	龙山	中期	25	7	陶		陶盆	口沿				
1	东港	LCZ-3	CAD	龙山	中期	25	1	陶		陶盆	口沿	磨光			是
1	东港	LCZ-3	CAD	龙山	中期	25	1	陶		陶器盖	口沿				
1	东港	LCZ-3	CAD	龙山	中期	25	2	陶		不确定	把手				
1	东港	LCZ-3	CAD	龙山	不确定	25	42	陶		不确定	腹片				
1	东港	LCZ-3	CAD	龙山	不确定	25	1	陶		不确定	口沿				
1	东港	LCZ-3	CAD	周代	东周	14	2	陶		陶罐	器底				
1	东港	LCZ-3	CAD	周代	东周	14	7	陶		不确定	腹片				
1	东港	LCZ-3	CAE	汉代	不确定	16	5	陶		陶瓦					
1	东港	LCZ-3	CAE	汉代	不确定	16	1	陶		陶盆	口沿				
1	东港	LCZ-3	CAE	龙山	中期	25	1	陶		陶鼎	器足				
1	东港	LCZ-3	CAE	龙山	中期	25	4	陶		陶鼎	口沿				
1	东港	LCZ-3	CAE	龙山	中期	25	1	陶		陶鬶	腹片				
1	东港	LCZ-3	CAE	龙山	中期	25	2	陶		陶罐	口沿				
1	东港	LCZ-3	CAE	龙山	中期	25	1	陶		陶杯	口沿				
1	东港	LCZ-3	CAE	龙山	中期	25	1	陶		陶杯	把手				
1	东港	LCZ-3	CAE	龙山	中期	25	1	陶		陶器盖	上部				
1	东港	LCZ-3	CAE	龙山	中期	25	2	陶		陶器盖	口沿				
1	东港	LCZ-3	CAE	龙山	中期	25	2	陶		纺轮					
1	东港	LCZ-3	CAE	龙山	不确定	25	52	陶		不确定	腹片				
1	东港	LCZ-3	CAE	龙山	中期	25	1	陶		不确定	把手				
1	东港	LCZ-3	CAE	龙山	不确定	25	1	石	工具	石钺			白		

年度	县区	遗址	采集区	时代	分期	期段编号	数量	质地	石器种类	器型	部位	纹饰	颜色	质地	蛋壳陶
1	东港	LCZ-3	CAE	周代	不确定	12	3	陶		不确定	腹片	绳纹			
1	东港	LCZ-3	CAE	不确定			1	石	工具	不确定					
1	东港	LCZ-3	CAF	汉代	不确定	16	13	陶		陶瓦					
1	东港	LCZ-3	CAF	汉代	不确定	16	9	陶		不确定	腹片				
1	东港	LCZ-3	CAF	不确定			1	陶		陶璧					
1	东港	LCZ-3	CAF	龙山	早期	25	2	陶		陶鼎	器足				
1	东港	LCZ-3	CAF	龙山	早期	25	3	陶		陶鼎	口沿				
1	东港	LCZ-3	CAF	龙山	早期	25	1	陶		陶器盖	口沿				
1	东港	LCZ-3	CAF	龙山	中期	25	1	陶		陶鼎	器足				
1	东港	LCZ-3	CAF	龙山	中期	25	5	陶		陶鼎	口沿				
1	东港	LCZ-3	CAF	龙山	中期	25	2	陶		陶甗	器足				
1	东港	LCZ-3	CAF	龙山	中期	25	2	陶		陶鬶	器足				
1	东港	LCZ-3	CAF	龙山	中期	25	1	陶		陶鬶	把手				
1	东港	LCZ-3	CAF	龙山	中期	25	1	陶		陶鬶	腹片				
1	东港	LCZ-3	CAF	龙山	中期	25	1	陶		陶匜	口沿				
1	东港	LCZ-3	CAF	龙山	中期	25	1	陶		陶杯	器底				
1	东港	LCZ-3	CAF	龙山	中期	25	1	陶		陶杯	把手				
1	东港	LCZ-3	CAF	龙山	中期	25	4	陶		陶罐	器底				
1	东港	LCZ-3	CAF	龙山	中期	25	2	陶		陶罐	口沿				
1	东港	LCZ-3	CAF	龙山	中期	25	2	陶		陶盆	器底				
1	东港	LCZ-3	CAF	龙山	中期	25	1	陶		陶盆	口沿				
1	东港	LCZ-3	CAF	龙山	中期	25	4	陶		陶器盖	上部				
1	东港	LCZ-3	CAF	龙山	中期	25	1	陶		纺轮					
1	东港	LCZ-3	CAF	龙山	晚期	25	1	陶		陶鼎	器足				
1	东港	LCZ-3	CAF	龙山	不确定	25	2	陶		不确定	腹片				
1	东港	LCZ-3	CAF	龙山	不确定	25	1	陶		不确定	口沿				
1	东港	LCZ-3	CAF	龙山	不确定	25	1	陶		不确定	器底				
1	东港	LCZ-3	CAF	龙山	不确定	25	1	陶		不确定	口沿	磨光			是
1	东港	LCZ-3	CAF	龙山	不确定	25	5	陶		不确定	口沿				
1	东港	LCZ-3	CAF	龙山	不确定	25	4	陶		不确定	器底				
1	东港	LCZ-3	CAF	龙山	不确定	25	179	陶		不确定	腹片				
1	东港	LCZ-3	CAF	龙山	不确定	25	1	石	工具	石钺					
1	东港	LCZ-3	CAH	龙山	中期	25	1	陶		陶鼎	器足				
1	东港	LCZ-3	CAH	龙山	中期	25	1	陶		陶器盖	口沿				
1	东港	LCZ-4	单个遗址	龙山	早期	23	1	陶		陶盘					
1	东港	LCZ-4	单个遗址	龙山	不确定	23	1	陶		陶圈足盘	腹片				
1	东港	LCZ-4	单个遗址	龙山	不确定	23	3	陶		不确定	腹片				
1	东港	LCZ-4	单个遗址	不确定			1	陶		不确定	腹片				
1	东港	LCZ-6	单个遗址	龙山	中期	19	2	陶		陶鼎	口沿				
1	东港	LCZ-6	单个遗址	龙山	中期	19	3	陶		陶罐	口沿				
1	东港	LCZ-6	单个遗址	龙山	中期	19	1	陶		陶盆	口沿				
1	东港	LCZ-6	单个遗址	龙山	中期	19	1	陶		陶甗	器足				
1	东港	LCZ-6	单个遗址	龙山	中期	19	1	陶		陶鬶	腹片				
1	东港	LCZ-6	单个遗址	龙山	中期	19	2	陶		陶鬶	腹片		白		
1	东港	LCZ-6	单个遗址	龙山	中期	19	1	陶		陶簋	腹片				
1	东港	LCZ-6	单个遗址	龙山	中期	19	1	陶		不确定	把手		白		

年度	县区	遗址	采集区	时代	分期	期段编号	数量	质地	石器种类	器型	部位	纹饰	颜色	质地	蛋壳陶
1	东港	LCZ-6	单个遗址	龙山	中期	19	6	陶		不确定	腹片				
1	东港	LCZ-6	单个遗址	龙山	不确定	19	1	石	工具	石铲					
1	东港	LCZ-6	单个遗址	周代	东周	11	1	陶		陶豆	豆柄				
1	东港	LHC-1	CAA	汉代	不确定	12	1	陶		不确定	口沿				
1	东港	LHC-1	CAA	龙山	不确定	6	1	陶		不确定	腹片				
2	东港	LHC-2	单个遗址	汉代	不确定	70	1	陶		陶瓦					
2	胶南	LHY-1	单个遗址	周代	不确定	47	1	陶		陶瓮	腹片		灰		
2	胶南	LHY-1	单个遗址	周代	不确定	47	1	陶		陶罐	腹片		红		
8	东港	LiuJC-1	单个遗址	周代	东周	694	1	陶		不确定	腹片	绳纹			
8	东港	LiuJC-1	单个遗址	周代	东周	694	2	陶		不确定	腹片				
2	五莲	LJB-4	单个遗址	汉代	不确定	28	1	陶		不确定			灰		
2	五莲	LJB-4	单个遗址	不确定			2	陶		不确定					
2	五莲	LJB-6	单个遗址	周代	东周	32	1	陶		不确定					
2	五莲	LJB-6	单个遗址	周代	不确定	32	2	陶		不确定	腹片				
2	五莲	LJB-6	单个遗址	现代			2	陶		不确定	腹片				
2	东港	LJGZ-2	单个遗址	汉代	不确定	74	1	陶		不确定	腹片		灰		
2	东港	LJGZ-4	单个遗址	周代	不确定	61	1	陶		纺轮					
2	东港	LJGZ-4	单个遗址	汉代	不确定	73	1	陶		纺轮					
2	胶南	LJLC-1	CAA	龙山	早期	50	2	陶		陶鼎	器足				
2	胶南	LJLC-1	CAA	龙山	中期	50	1	陶		陶鼎	器足	附加堆纹			
2	胶南	LJLC-1	CAA	龙山	不确定	50	1	陶		不确定	把手				
2	胶南	LJLC-1	CAA	龙山	不确定	50	45	陶		不确定	腹片				
2	胶南	LJLC-1	CAA	龙山	不确定	50	1	陶		陶盆	口沿				
2	胶南	LJLC-1	CAA	龙山	不确定	50	3	陶		陶罐	器底				
2	胶南	LJLC-1	CAB	龙山	不确定	50	17	陶		不确定				夹砂	
2	胶南	LJLC-1	CAB	周代	不确定	43	1	陶		不确定					
2	胶南	LJLC-1	CAA	龙山	不确定	50	1	陶		陶盆	器底				
2	胶南	LJLC-1	CAA	龙山	不确定	50	1	陶		不确定	陶器盖				
2	胶南	LJLC-1	CAB	汉代		42	1	陶		陶瓦					
2	胶南	LJLC-1	CAB	汉代		42	1	陶		不确定					
2	胶南	LJLC-1	CAA	龙山	不确定	50	4	陶		不确定	口沿				
2	胶南	LJLC-1	CAC	龙山	不确定	50	9	陶		不确定	腹片				
2	胶南	LJLC-1	CAA	龙山	不确定	50	1	陶		不确定	腹片	篮纹			
2	胶南	LJLC-1	CAC	龙山	不确定	50	1	陶		不确定	把手			泥质	是
2	胶南	LJLC-1	CAA	现代			1	陶		陶壁					
2	胶南	LJLC-1	CAA	周代	不确定	45	1	陶		不确定	腹片				
2	胶南	LJLC-1	CAA	周代	西周	44	3	陶		不确定	腹片				
2	胶南	LJLC-1	CAC	周代	西周	44	1	陶		陶鬲	器足		红		
2	胶南	LJLC-1	CAC	龙山	中期	50	1	陶		陶鼎	器足				
2	胶南	LJLC-1	CAC	龙山	中期	50	1	陶		陶罐	把手				
2	胶南	LJLC-1	CAA	汉代		42	7	陶		不确定	腹片			夹砂	
2	胶南	LJLC-1	CAA	汉代		42	3	陶		陶瓦				夹砂	
2	胶南	LJLC-1	CAA	龙山	不确定	42	2	石	工具	石刀					
2	胶南	LJLC-2	单个遗址	龙山	早期	49	1	陶		不确定	腹片	篮纹	黑	夹砂	是
2	胶南	LJLC-2	单个遗址	龙山	不确定	49	11	陶		不确定	腹片			夹砂	
2	胶南	LJLC-2	单个遗址	周代	不确定	42	5	陶		不确定	腹片				

年度	县区	遗址	采集区	时代	分期	期段编号	数量	质地	石器种类	器型	部位	纹饰	颜色	质地	蛋壳陶
2	胶南	LJLC-2	单个遗址	周代	西周	42	2	陶		不确定	腹片	绳纹			
2	东港	LJS-4	单个遗址	汉代	不确定	64	1	陶		钱币					
2	东港	LJS-4	单个遗址	汉代	不确定	64	3	陶		不确定	腹片				
2	东港	LJS-5	单个遗址	汉代	不确定	63	2	陶		陶瓦					
2	胶南	LLC-1	单个遗址	汉代		37	13	陶		不确定	腹片				
2	胶南	LLC-1	单个遗址	汉代		37	1	陶		陶瓦					
2	胶南	LLC-1	单个遗址	汉代		37	1	陶		陶盆	腹片				
2	胶南	LLC-1	单个遗址	汉代		37	1	陶		纺轮					
2	胶南	LLC-1	单个遗址	周代	不确定	41	1	陶		不确定	腹片	绳纹			
2	胶南	LLC-1	单个遗址	周代	西周	41	1	陶		不确定	腹片	绳纹			
2	胶南	LLC-1	单个遗址	周代	西周	41	1	陶		不确定	腹片				
2	胶南	LLC-1	单个遗址	周代	东周	41	2	陶		不确定	腹片				
2	胶南	LLC-1	单个遗址	周代	东周	41	1	陶		陶罐	口沿				
2	胶南	LLC-1	单个遗址	周代	东周	41	1	陶		不确定	腹片	绳纹			
2	胶南	LLC-1	单个遗址	周代	不确定	41	2	陶		不确定	腹片				
2	胶南	LLC-2	单个遗址	汉代		38	1	陶		不确定	腹片		灰	夹砂	
2	胶南	LLC-2	单个遗址	汉代		38	1	陶		不确定	口沿				
2	胶南	LLC-3	单个遗址	汉代		40	2	陶		陶瓦					
2	胶南	LLC-4	单个遗址	汉代		39	1	陶		陶瓦					
11	岚山	LS-ADW-1	CAA	汉代	不确定	1399	3	陶		不确定	腹片				
11	岚山	LS-ADW-1	CAA	汉代	不确定	1399	2	陶		陶瓦					
11	岚山	LS-ADW-1	CAB	龙山	不确定	461	2	陶		不确定	腹片				
11	岚山	LS-ADW-1	CAB	汉代	不确定	1399	3	陶		不确定	腹片				
11	岚山	LS-ADW-1	CAB	汉代	不确定	1399	3	陶		陶瓦					
11	岚山	LS-ADW-1	CAC	周代	东周	1024	1	陶		不确定	腹片	绳纹			
11	岚山	LS-ADW-1	CAC	周代	东周	1024	1	陶		不确定	腹片				
11	岚山	LS-ADW-1	CAD	汉代	不确定	1399	7	陶		不确定	腹片				
11	岚山	LS-ADW-1	CAD	汉代	不确定	1399	3	陶		陶瓦					
11	岚山	LS-ADW-1	CAE	汉代	不确定	1399	2	陶		不确定	腹片				
11	岚山	LS-ADW-1	CAF	汉代	不确定	1399	1	陶		不确定	腹片				
11	岚山	LS-ADW-1	CAF	汉代	不确定	1399	1	陶		陶瓦					
11	岚山	LS-ADW-1	CAG	汉代	不确定	1399	5	陶		陶瓦					
11	岚山	LS-ADW-1	CAG	汉代	不确定	1399	5	陶		不确定	腹片				
10	岚山	LS-AJH-1	单个遗址	汉代	不确定	1123	3	陶		陶盆	口沿				
10	岚山	LS-AJH-1	单个遗址	汉代	不确定	1123	1	陶		陶盆	器底				
10	岚山	LS-AJH-1	单个遗址	汉代	不确定	1123	2	陶		陶瓦	瓦头				
10	岚山	LS-AJH-1	单个遗址	汉代	不确定	1123	12	陶		陶瓦					
10	岚山	LS-AJH-1	单个遗址	汉代	不确定	1123	48	陶		不确定	腹片				
10	岚山	LS-AJH-2	单个遗址	周代	西周	838	1	陶		陶罐	口沿				
12	岚山	LS-BBL-1	单个遗址	周代	东周	1079	2	陶		不确定	腹片	绳纹			
12	岚山	LS-BBL-2	单个遗址	汉代		1503	1	陶		陶盆	腹片				
12	岚山	LS-BBL-2	单个遗址	汉代		1503	1	陶		不确定	腹片				
10	岚山	LS-BFJC-1	CAA	周代	东周	844	2	陶		不确定	腹片				
10	岚山	LS-BFJC-1	CAA	周代	东周	844	1	陶		不确定	腹片	绳纹			
10	岚山	LS-BFJC-1	CAA	汉代	不确定	1132	1	陶		砖	碎块				
10	岚山	LS-BFJC-1	CAA	汉代	不确定	1132	1	陶		陶盆	器底				

年度	县区	遗址	采集区	时代	分期	期段编号	数量	质地	石器种类	器型	部位	纹饰	颜色	质地	蛋壳陶
10	岚山	LS-BFJC-1	CAA	汉代	不确定	1132	3	陶		陶瓦					
10	岚山	LS-BFJC-1	CAA	汉代	不确定	1132	1	陶		陶罐	腹片				
10	岚山	LS-BFJC-1	CAB	周代	西周	845	1	陶		不确定	腹片				
10	岚山	LS-BFJC-2	单个遗址	周代	西周	843	2	陶		不确定	腹片	绳纹			
10	岚山	LS-BFJC-2	单个遗址	周代	西周	843	13	陶		不确定	腹片				
10	岚山	LS-BFJC-2	单个遗址	汉代	不确定	1131	2	陶		陶瓦					
10	岚山	LS-BFJC-3	单个遗址	周代	东周	841	1	陶		不确定	腹片				
12	岚山	LS-BH-1	CAA	汉代		1441	1	陶		陶盆	器底				
12	岚山	LS-BH-1	CAA	汉代		1441	2	陶		陶瓦					
12	岚山	LS-BH-1	CAB	汉代		1441	3	陶		不确定	腹片				
12	岚山	LS-BH-1	CAB	汉代		1441	1	陶		陶瓦					
12	岚山	LS-BH-2	单个遗址	汉代		1442	1	陶		不确定	腹片				
12	岚山	LS-BH-2	单个遗址	汉代		1442	1	陶		陶瓦					
10	岚山	LS-BJC-1	单个遗址	汉代	不确定	1127	1	陶		陶盆	口沿				
10	岚山	LS-BJC-1	单个遗址	汉代	不确定	1127	2	陶		陶盆	颈部				
10	岚山	LS-BJC-1	单个遗址	汉代	不确定	1127	2	陶		陶盆	腹片				
10	岚山	LS-BJC-1	单个遗址	汉代	不确定	1127	14	陶		陶瓦					
10	岚山	LS-BJC-2	单个遗址	周代	西周	842	1	陶		不确定	腹片				
10	岚山	LS-BJC-2	单个遗址	汉代	不确定	1129	6	陶		陶瓦					
10	岚山	LS-BJC-3	单个遗址	周代	西周	839	2	陶		不确定	腹片				
10	岚山	LS-BJC-3	单个遗址	汉代	不确定	1126	1	陶		陶瓦					
10	岚山	LS-BJC-4	单个遗址	汉代	不确定	1130	1	陶		陶罐	口沿				
10	岚山	LS-BJC-4	单个遗址	汉代	不确定	1130	2	陶		陶盆	口沿				
10	岚山	LS-BJC-4	单个遗址	汉代	不确定	1130	1	陶		不确定	腹片				
10	岚山	LS-BJC-5	单个遗址	汉代	不确定	1125	1	陶		陶盆	口沿				
10	岚山	LS-BJC-5	单个遗址	汉代	不确定	1125	2	陶		陶瓦					
10	岚山	LS-BJG-1	单个遗址	周代	东周	799	1	陶		不确定	腹片	绳纹			
10	岚山	LS-BJG-1	单个遗址	周代	东周	799	1	陶		不确定	腹片				
10	岚山	LS-BY-1	CAA	周代	东周	836	1	陶		陶壶	口沿				
10	岚山	LS-BY-1	CAA	周代	东周	836	2	陶		不确定	腹片				
10	岚山	LS-BY-1	CAA	汉代	不确定	1124	7	陶		陶瓦					
10	岚山	LS-BY-1	CAB	汉代	不确定	1124	1	陶		陶罐	口沿				
10	岚山	LS-BY-1	CAB	汉代	不确定	1124	1	陶		陶盆	器底				
10	岚山	LS-BY-1	CAB	汉代	不确定	1124	5	陶		陶瓦					
10	岚山	LS-BY-1	CAB	汉代	不确定	1124	3	陶		不确定	腹片				
10	岚山	LS-BY-1	CAC	周代	东周	836	4	陶		不确定	腹片				
10	岚山	LS-BY-2	单个遗址	周代	西周	840	1	陶		不确定	腹片				
10	岚山	LS-BY-3	单个遗址	周代	东周	837	1	陶		陶盆	颈部				
10	岚山	LS-BY-3	单个遗址	周代	东周	837	7	陶		不确定	腹片				
10	岚山	LS-BY-4	CAA	商代	晚期	27	3	陶		陶鬲	口沿				
10	岚山	LS-BY-4	CAA	商代	晚期	27	8	陶		陶鬲	腹片	绳纹			
10	岚山	LS-BY-4	CAA	周代	西周	834		陶		陶鬲	器足				
10	岚山	LS-BY-4	CAA	周代	西周	834	1	陶		陶罐	口沿				
10	岚山	LS-BY-4	CAA	周代	西周	834	5	陶		陶罐	肩部				
10	岚山	LS-BY-4	CAA	周代	西周	834	3	陶		陶豆	豆盘				
10	岚山	LS-BY-4	CAA	周代	西周	834	31	陶		不确定	腹片	绳纹			

年度	县区	遗址	采集区	时代	分期	期段编号	数量	质地	石器种类	器型	部位	纹饰	颜色	质地	蛋壳陶
10	岚山	LS-BY-4	CAA	周代	西周	834	76	陶		不确定	腹片				
10	岚山	LS-BY-4	CAB	周代	西周	834	4	陶		不确定	腹片				
10	岚山	LS-BY-4	CAB	周代	西周	834	2	陶		不确定	腹片	绳纹			
10	岚山	LS-BY-4	CAB	周代	东周	834	1	陶		陶罐	口沿				
10	岚山	LS-BY-4	CAB	周代	东周	834	10	陶		不确定	腹片				
10	岚山	LS-BY-4	CAB	周代	东周	834	2	陶		不确定	腹片	绳纹			
10	岚山	LS-BY-4	CAC	龙山	中期	415	1	陶		陶鼎	器足				
10	岚山	LS-BY-4	CAC	龙山	中期	415	2	陶		陶甗	器足				
10	岚山	LS-BY-4	CAC	龙山	中期	415	1	陶		陶匜	口沿				
10	岚山	LS-BY-4	CAC	龙山	中期	415	8	陶		不确定	腹片				
10	岚山	LS-BY-4	CAD	汉代	不确定	1112	1	陶		陶瓦					
10	岚山	LS-BY-5	CAA	周代	西周	835	4	陶		不确定	腹片				
10	岚山	LS-BY-5	CAA	周代	西周	835	1	陶		不确定	腹片	绳纹			
10	岚山	LS-BY-5	CAA	汉代	不确定	1113	3	陶		陶瓦					
10	岚山	LS-BY-5	CAB	汉代	不确定	1113	2	陶		陶瓦					
10	岚山	LS-BY-6	单个遗址	汉代	不确定	1111	1	陶		陶瓦					
12	岚山	LS-CG-1	单个遗址	汉代		1468	1	陶		陶瓮	腹片				
12	岚山	LS-CG-1	单个遗址	汉代		1468	3	陶		不确定	腹片				
12	岚山	LS-CG-1	单个遗址	周代	西周	1148	1	陶		陶鬲	器足				
12	岚山	LS-CG-10	CAP	汉代		1459	2	陶		不确定	腹片				
12	岚山	LS-CG-10	单个遗址	汉代		1459	1	陶		陶罐	口沿				
12	岚山	LS-CG-10	单个遗址	汉代		1459	1	陶		不确定	腹片				
12	岚山	LS-CG-10	单个遗址	汉代		1459	3	陶		陶瓦					
12	岚山	LS-CG-11	CAP	汉代		1459	2	陶		陶罐	器底				
12	岚山	LS-CG-12	CAP	汉代		1459	1	陶		陶瓦					
12	岚山	LS-CG-2	单个遗址	汉代		1463	1	陶		陶瓦					
12	岚山	LS-CG-3	单个遗址	汉代		1461	3	陶		陶瓦					
12	岚山	LS-CG-4	单个遗址	汉代		1462	1	陶		陶罐	腹片				
12	岚山	LS-CG-5	单个遗址	周代	西周	1152	1	陶		不确定	腹片	绳纹			
12	岚山	LS-CG-6	单个遗址	周代	西周	1151	1	陶		陶罐	口沿				
12	岚山	LS-CG-7	单个遗址	汉代		1460	1	陶		陶瓦					
12	岚山	LS-CG-7	单个遗址	汉代		1460	1	陶		不确定	腹片				
12	岚山	LS-CG-8	单个遗址	汉代		1473	1	陶		不确定	腹片				
12	岚山	LS-CG-8	单个遗址	汉代		1473	1	陶		不确定	腹片	绳纹			
12	岚山	LS-CG-9	CAB	汉代		1459	2	陶		陶瓮	口沿				
12	岚山	LS-CG-9	CAB	汉代		1459	1	陶		陶瓮	器底				
12	岚山	LS-CG-9	CAB	汉代		1459	2	陶		陶罐	器底				
12	岚山	LS-CG-9	CAB	汉代		1459	3	陶		不确定	腹片				
12	岚山	LS-CG-9	CAB	汉代		1459	7	陶		陶瓦					
12	岚山	LS-CG-9	CAL	周代	西周	1046	1	陶		陶罐	口沿				
12	岚山	LS-CG-9	CAL	周代	西周	1046	1	陶		陶罐	肩部				
12	岚山	LS-CG-9	CAL	周代	西周	1046	1	陶		陶罐	器底				
12	岚山	LS-CG-9	CAL	周代	西周	1046	3	陶		不确定	腹片	绳纹			
12	岚山	LS-CG-9	CAL	周代	西周	1046	1	陶		不确定	腹片				
	岚山	LS-CG-9	CAL	周代	东周	1046	1	陶		陶罐	口沿				
	岚山	LS-CG-9	CAL	周代	东周	1046	3	陶		不确定	腹片	绳纹			

年度	县区	遗址	采集区	时代	分期	期段编号	数量	质地	石器种类	器型	部位	纹饰	颜色	质地	蛋壳陶
	岚山	LS-CG-9	CAL	周代	东周	1046	1	陶		不确定	腹片				
12	岚山	LS-CG-9	CAL	汉代		1459	1	陶		陶瓮	口沿				
12	岚山	LS-CG-9	CAL	汉代		1459	1	陶		陶盆	口沿				
12	岚山	LS-CG-9	CAL	汉代		1459	2	陶		不确定	腹片				
12	岚山	LS-CG-9	CAL	汉代		1459	2	陶		陶瓦					
12	岚山	LS-CG-9	CAT	周代	东周	1046	1	陶		不确定	腹片	绳纹			
12	岚山	LS-CG-9	CACC	周代	西周	1147	1	陶		不确定	腹片				
12	岚山	LS-CG-9	CACC	周代	西周	1147	1	陶		不确定	腹片	绳纹			
12	岚山	LS-CG-9	CACC	汉代		1459	1	陶		不确定	腹片				
12	岚山	LS-CG-9	CACC	汉代		1459	2	陶		陶瓦					
12	岚山	LS-CG-9	CADD	周代	东周	1046	1	陶		陶罐	口沿				
12	岚山	LS-CG-9	CADD	周代	东周	1046	2	陶		不确定	腹片				
12	岚山	LS-CG-9	CADD	周代	东周	1046	2	陶		不确定	腹片	绳纹			
12	岚山	LS-CG-9	CADD	汉代		1459	1	陶		陶盆	器底				
12	岚山	LS-CG-9	CADD	汉代		1459	5	陶		不确定	腹片				
12	岚山	LS-CG-9	CADD	汉代		1459	9	陶		陶瓦					
12	岚山	LS-CG-9	CAEE	周代	西周	1046	1	陶		陶罐	口沿				
12	岚山	LS-CG-9	CAEE	周代	西周	1046	2	陶		不确定	腹片				
12	岚山	LS-CG-9	CAEE	周代	东周	1046	2	陶		不确定	腹片	绳纹			
12	岚山	LS-CG-9	CAEE	汉代		1459	4	陶		不确定	腹片				
12	岚山	LS-CG-9	CAEE	汉代		1459	13	陶		陶瓦					
12	岚山	LS-CG-9	CAFF	汉代		1459	1	陶		不确定	腹片				
12	岚山	LS-CG-9	CAFF	汉代		1459	5	陶		陶瓦					
12	岚山	LS-CG-9	CAGG	汉代		1459	1	陶		不确定	腹片				
12	岚山	LS-CG-9	CAGG	汉代		1459	2	陶		陶瓦					
12	岚山	LS-CG-9	CAA	汉代		1459	1	陶		陶罐	器底				
12	岚山	LS-CG-9	CAA	汉代		1459	7	陶		不确定	腹片				
12	岚山	LS-CG-9	CAA	汉代		1459	10	陶		陶瓦					
12	岚山	LS-CG-9	CAC	汉代		1459	1	陶		陶盆	口沿				
12	岚山	LS-CG-9	CAC	汉代		1459	1	陶		陶瓦					
12	岚山	LS-CG-9	CAD	汉代		1459	1	陶		不确定	腹片				
12	岚山	LS-CG-9	CAD	汉代		1459	2	陶		陶瓦					
12	岚山	LS-CG-9	CAE	汉代		1459	10	陶		不确定	腹片				
12	岚山	LS-CG-9	CAG	汉代		1459	8	陶		陶瓦					
12	岚山	LS-CG-9	CAF	汉代		1459	1	陶		陶豆	豆柄				
12	岚山	LS-CG-9	CAF	汉代		1459	14	陶		不确定	腹片				
12	岚山	LS-CG-9	CAF	汉代		1459	1	陶		陶瓮	口沿				
12	岚山	LS-CG-9	CAF	汉代		1459	13	陶		陶瓦					
12	岚山	LS-CG-9	CAG	周代	东周	1046	1	陶		不确定	腹片	绳纹			
12	岚山	LS-CG-9	CAH	周代	东周	1046	2	陶		不确定	腹片	绳纹			
12	岚山	LS-CG-9	CAH	汉代		1459	8	陶		陶瓦					
12	岚山	LS-CG-9	CAI	周代	东周	1046	4	陶		不确定	腹片	绳纹			
12	岚山	LS-CG-9	CAI	周代	东周	1046	1	陶		不确定	腹片				
12	岚山	LS-CG-9	CAI	汉代		1459	19	陶		不确定	腹片				
12	岚山	LS-CG-9	CAI	汉代		1459	16	陶		陶瓦					
12	岚山	LS-CG-9	CAJ	汉代		1459	1	陶		陶盆	口沿				

年度	县区	遗址	采集区	时代	分期	期段编号	数量	质地	石器种类	器型	部位	纹饰	颜色	质地	蛋壳陶
12	岚山	LS-CG-9	CAJ	汉代		1459	1	陶		陶井圈	碎块				
12	岚山	LS-CG-9	CAJ	汉代		1459	19	陶		不确定	腹片				
12	岚山	LS-CG-9	CAJ	汉代		1459	8	陶		陶瓦					
12	岚山	LS-CG-9	CAK	汉代		1459	2	陶		陶瓦					
12	岚山	LS-CG-9	CAM	龙山		471	1	陶		不确定	腹片				
12	岚山	LS-CG-9	CAM	汉代		1459	2	陶		不确定	腹片				
12	岚山	LS-CG-9	CAM	汉代		1459	3	陶		陶瓦					
12	岚山	LS-CG-9	CAN	龙山		471	4	陶		不确定	腹片				
12	岚山	LS-CG-9	CAN	周代	东周	1046	1	陶		不确定	腹片	绳纹			
12	岚山	LS-CG-9	CAN	周代	东周	1046	1	陶		不确定	腹片				
12	岚山	LS-CG-9	CAN	周代	东周	1046	1	陶		陶盆	口沿				
12	岚山	LS-CG-9	CAN	汉代		1459	1	陶		砖	腹片				
12	岚山	LS-CG-9	CAN	汉代		1459	1	陶		陶盆	口沿				
12	岚山	LS-CG-9	CAN	汉代		1459	2	陶		不确定	腹片				
12	岚山	LS-CG-9	CAN	汉代		1459	6	陶		陶瓦					
12	岚山	LS-CG-9	CAO	龙山	早期	471	1	陶		陶鼎	器足				
12	岚山	LS-CG-9	CAO	龙山	早期	471	2	陶		陶甗	器足				
12	岚山	LS-CG-9	CAO	龙山	早期	471	1	陶		陶鼎	口沿				
12	岚山	LS-CG-9	CAO	龙山	早期	471	2	陶		不确定	腹片	篮纹			
12	岚山	LS-CG-9	CAO	龙山		471	2	陶		陶罐	器底				
12	岚山	LS-CG-9	CAO	龙山		471	4	陶		不确定	腹片				
12	岚山	LS-CG-9	CAO	汉代		1459	1	陶		陶盆	器底				
12	岚山	LS-CG-9	CAO	汉代		1459	3	陶		陶瓦					
12	岚山	LS-CG-9	CAP	龙山	早期	471	3	陶		陶鼎	器足				
12	岚山	LS-CG-9	CAP	龙山	早期	471	4	陶		陶匜	口沿				
12	岚山	LS-CG-9	CAP	龙山	早期	471	1	陶		陶壶	口沿				
12	岚山	LS-CG-9	CAP	龙山	早期	471	3	陶		陶罐	口沿				
12	岚山	LS-CG-9	CAP	龙山	早期	471	2	陶		陶鼎	口沿				
12	岚山	LS-CG-9	CAP	龙山	早期	471	4	陶		不确定	腹片	篮纹			
12	岚山	LS-CG-9	CAP	龙山	早期	471	1	陶		陶豆	口沿				
12	岚山	LS-CG-9	CAP	龙山	早期	471	1	陶		陶罐	口沿			泥质	
12	岚山	LS-CG-9	CAP	龙山		471	3	陶		陶罐	器底				
12	岚山	LS-CG-9	CAP	龙山		471	54	陶		不确定	腹片			粗砂	
12	岚山	LS-CG-9	CAP	龙山		471	1	陶		陶罐	器底			泥质	
12	岚山	LS-CG-9	CAP	龙山		471	1	陶		陶罍	肩部			泥质	
12	岚山	LS-CG-9	CAP	龙山		471	1	陶		陶豆	豆柄			泥质	
12	岚山	LS-CG-9	CAP	龙山		471	11	陶		不确定	腹片				
12	岚山	LS-CG-9	CAP	周代	西周	1046	2	陶		不确定	腹片	绳纹			
12	岚山	LS-CG-9	CAP	周代	西周	1046	1	陶		不确定	腹片				
12	岚山	LS-CG-9	CAP	汉代		1459	1	陶		陶瓮	口沿				
12	岚山	LS-CG-9	CAQ	龙山		471	1	陶		不确定	腹片				
12	岚山	LS-CG-9	CAQ	汉代		1459	2	陶		不确定	腹片				
12	岚山	LS-CG-9	CAQ	汉代		1459	2	陶		陶瓦					
12	岚山	LS-CG-9	CAR	周代	东周	1046	2	陶		不确定	腹片				
12	岚山	LS-CG-9	CAR	周代	东周	1046	2	陶		不确定	腹片	绳纹			
12	岚山	LS-CG-9	CAR	汉代		1459	8	陶		不确定	腹片				

年度	县区	遗址	采集区	时代	分期	期段编号	数量	质地	石器种类	器型	部位	纹饰	颜色	质地	蛋壳陶
12	岚山	LS-CG-9	CAS	汉代		1459	1	陶		陶盆	口沿				
12	岚山	LS-CG-9	CAS	汉代		1459	1	陶		陶罐	口沿				
12	岚山	LS-CG-9	CAU	龙山		471	1	陶		不确定	腹片				
12	岚山	LS-CG-9	CAU	周代	东周	1046	2	陶		不确定	腹片	绳纹			
12	岚山	LS-CG-9	CAU	周代	东周	1046	1	陶		不确定	腹片				
12	岚山	LS-CG-9	CAU	汉代		1459	1	陶		陶盆	口沿				
12	岚山	LS-CG-9	CAU	汉代		1459	1	陶		不确定	腹片				
12	岚山	LS-CG-9	CAU	汉代		1459	4	陶		陶瓦					
12	岚山	LS-CG-9	CAV	周代	东周	1046	3	陶		不确定	腹片	绳纹			
12	岚山	LS-CG-9	CAV	周代	东周	1046	1	陶		不确定	腹片				
12	岚山	LS-CG-9	CAV	汉代		1459	1	陶		陶瓮	口沿				
12	岚山	LS-CG-9	CAV	汉代		1459	12	陶		不确定	腹片				
12	岚山	LS-CG-9	CAV	汉代		1459	8	陶		陶瓦					
12	岚山	LS-CG-9	CAW	周代	东周	1046	1	陶		陶豆	豆盘				
12	岚山	LS-CG-9	CAW	周代	东周	1046	1	陶		不确定	腹片				
12	岚山	LS-CG-9	CAW	龙山		471	1	陶		陶罐	器底				
12	岚山	LS-CG-9	CAW	汉代		1459	7	陶		不确定	腹片				
12	岚山	LS-CG-9	CAW	汉代		1459	10	陶		陶瓦					
12	岚山	LS-CG-9	CAX	周代	东周	1046	1	陶		不确定	腹片	绳纹			
12	岚山	LS-CG-9	CAX	汉代		1459	5	陶		不确定	腹片				
12	岚山	LS-CG-9	CAX	汉代		1459	2	陶		陶瓦					
12	岚山	LS-CG-9	CAX	汉代		1459	1	陶		陶罐	口沿				
12	岚山	LS-CG-9	CAY	汉代		1459	1	陶		陶盆	器底				
12	岚山	LS-CG-9	CAY	汉代		1459	5	陶		不确定	腹片				
12	岚山	LS-CG-9	CAY	汉代		1459	8	陶		陶瓦					
12	岚山	LS-CG-9	CAZ	汉代		1459	1	陶		陶球					
12	岚山	LS-CG-9	CAZ	汉代		1459	2	陶		陶瓦					
12	岚山	LS-CG-9	CAAA	汉代		1459	1	陶		陶罐	口沿				
12	岚山	LS-CG-9	CAAA	汉代		1459	1	陶		陶盆	口沿				
12	岚山	LS-CG-9	CAAA	汉代		1459	9	陶		不确定	腹片				
12	岚山	LS-CG-9	CAAA	汉代		1459	11	陶		陶瓦					
12	岚山	LS-CG-9	CABB	汉代		1459	1	陶		不确定	腹片				
12	岚山	LS-CG-9	CABB	汉代		1459	2	陶		陶瓦					
12	岚山	LS-CG-9	CAN	龙山	早期	471	2	陶		不确定	腹片	篮纹			
11	岚山	LS-CJD-1	单个遗址	汉代	不确定	1347	1	陶		陶盆	口沿				
11	岚山	LS-CJD-1	单个遗址	汉代	不确定	1347	1	陶		陶盆	器底				
11	岚山	LS-CJD-1	单个遗址	汉代	不确定	1347	2	陶		不确定	腹片				
11	岚山	LS-CJD-1	单个遗址	汉代	不确定	1347	1	陶		陶瓦					
11	岚山	LS-CJD-1	单个遗址	周代	西周	1018	1	陶		陶鬲	腹片	绳纹			
11	岚山	LS-CJD-2	单个遗址	龙山	不确定	458	1	陶		不确定	腹片				
11	岚山	LS-CJD-2	单个遗址	周代	东周	1002	1	陶		不确定	腹片	绳纹			
11	岚山	LS-CJD-3	单个遗址	周代	东周	1001	1	陶		不确定	腹片	绳纹			
11	岚山	LS-CJD-3	单个遗址	周代	东周	1001	1	陶		不确定	腹片				
10	岚山	LS-CJGZ-1	单个遗址	龙山	不确定	399	1	陶		不确定	腹片				
10	岚山	LS-CJGZ-1	单个遗址	周代	东周	798	1	陶		不确定	腹片				
10	岚山	LS-CJGZ-2	单个遗址	汉代	不确定	1050	1	陶		陶瓦					

年度	县区	遗址	采集区	时代	分期	期段编号	数量	质地	石器种类	器型	部位	纹饰	颜色	质地	蛋壳陶
12	岚山	LS-CJH-1	单个遗址	汉代		1584	1	陶		不确定	腹片				
12	岚山	LS-CJH-1	单个遗址	汉代		1584	2	陶		陶瓦					
12	岚山	LS-CJH-2	单个遗址	汉代		1582	1	陶		陶罐	口沿				
12	岚山	LS-CJJZ-1	CAA	周代	东周	1140	3	陶		不确定	腹片				
12	岚山	LS-CJJZ-1	CAA	周代	东周	1140	2	陶		不确定	腹片	绳纹			
12	岚山	LS-CJJZ-1	CAA	汉代		1550	1	陶		陶瓦					
12	岚山	LS-CJJZ-1	CAC	汉代		1550	1	陶		不确定	腹片				
12	岚山	LS-CJJZ-1	CAC	汉代		1550	1	陶		陶瓦					
12	岚山	LS-CJJZ-2	单个遗址	周代	东周	1115	1	陶		不确定	腹片	绳纹			
11	岚山	LS-CJZZ-1	CAA	汉代	不确定	1322	1	陶		陶瓮	口沿				
11	岚山	LS-CJZZ-1	CAA	汉代	不确定	1322	8	陶		不确定	腹片				
11	岚山	LS-CJZZ-1	CAA	汉代	不确定	1322	8	陶		陶瓦					
11	岚山	LS-CJZZ-1	CAB	汉代	不确定	1322	3	陶		陶瓦					
11	岚山	LS-CJZZ-1	CAB	周代	东周	976	3	陶		不确定	腹片				
11	岚山	LS-CJZZ-1	CAC	周代	东周	976	1	陶		不确定	腹片				
12	岚山	LS-CQL-1	单个遗址	周代	东周	1063	1	陶		不确定	腹片	绳纹			
12	岚山	LS-CQL-2	单个遗址	周代	东周	1064	1	陶		陶罐	肩部				
12	岚山	LS-CQL-2	单个遗址	汉代		1487	1	陶		不确定	腹片				
12	岚山	LS-CQL-2	单个遗址	汉代		1487	1	陶		陶瓦					
11	岚山	LS-CWA-1	单个遗址	汉代	不确定	1331	1	陶		不确定	腹片				
11	岚山	LS-CWA-1	单个遗址	汉代	不确定	1331	1	陶		陶瓦					
11	岚山	LS-CWA-1	单个遗址	周代	西周	992	1	陶		不确定	腹片	绳纹			
11	岚山	LS-CWA-2	单个遗址	周代	东周	970	1	陶		陶罐	口沿				
11	岚山	LS-CWA-2	单个遗址	周代	东周	970	1	陶		陶盆	口沿				
11	岚山	LS-CWA-2	单个遗址	周代	东周	970	3	陶		不确定	腹片				
11	岚山	LS-CWA-3	单个遗址	周代	东周	969	1	陶		陶罐	口沿				
11	岚山	LS-CWA-3	单个遗址	周代	东周	969	7	陶		不确定	腹片				
11	岚山	LS-CWA-3	单个遗址	周代	东周	969	1	陶		不确定	腹片	绳纹			
11	岚山	LS-CWA-4	单个遗址	汉代	不确定	1332	1	陶		陶瓦					
11	岚山	LS-CWA-5	单个遗址	周代	东周	974	1	陶		陶罐	口沿				
11	岚山	LS-CWA-5	单个遗址	周代	东周	974	1	陶		不确定	腹片				
11	岚山	LS-CWA-5	单个遗址	周代	东周	974	1	陶		不确定	腹片	绳纹			
11	岚山	LS-CWA-6	单个遗址	汉代	不确定	1333	1	陶		陶瓦					
11	岚山	LS-CWA-6	单个遗址	周代	东周	975	5	陶		不确定	腹片				
11	岚山	LS-CWA-6	单个遗址	周代	东周	975	2	陶		不确定	腹片	绳纹			
10	岚山	LS-CZ-1	单个遗址	周代	东周	851	2	陶		陶罐	口沿				
10	岚山	LS-CZ-1	单个遗址	周代	东周	851	1	陶		陶簋	器足				
10	岚山	LS-CZ-1	单个遗址	周代	东周	851	5	陶		陶罐	器底				
10	岚山	LS-CZ-1	单个遗址	周代	东周	851	5	陶		不确定	腹片				
10	岚山	LS-CZ-1	单个遗址	周代	东周	851	2	陶		不确定	腹片	磨光			
10	岚山	LS-CZ-1	单个遗址	周代	东周	851	1	陶		不确定	腹片	绳纹			
10	岚山	LS-CZ-2	单个遗址	周代	东周	852	1	陶		不确定	腹片	绳纹			
10	岚山	LS-CZ-3	单个遗址	周代	东周	853	1	陶		陶盆	口沿				
10	岚山	LS-CZ-4	单个遗址	周代	东周	854	1	陶		不确定	腹片				
11	岚山	LS-CZh-1	单个遗址	汉代	不确定	1396	1	陶		陶罐	口沿				
11	岚山	LS-CZh-1	单个遗址	汉代	不确定	1396	2	陶		陶瓦					

年度	县区	遗址	采集区	时代	分期	期段编号	数量	质地	石器种类	器型	部位	纹饰	颜色	质地	蛋壳陶
11	岚山	LS-CZh-2	单个遗址	汉代	不确定	1397	1	陶		不确定	腹片				
11	岚山	LS-CZh-2	单个遗址	汉代	不确定	1397	1	陶		陶瓦					
11	岚山	LS-CZh-3	单个遗址	汉代	不确定	1398	1	陶		陶瓮	口沿				
11	岚山	LS-CZh-3	单个遗址	汉代	不确定	1398	2	陶		不确定	腹片				
11	岚山	LS-CZh-3	单个遗址	汉代	不确定	1398	2	陶		陶瓦					
12	岚山	LS-DaH-1	单个遗址	周代	西周	1069	1	陶		不确定	腹片	绳纹			
12	岚山	LS-DaH-1	单个遗址	周代	东周	1069	2	陶		不确定	腹片	绳纹			
12	岚山	LS-DaH-1	单个遗址	周代	东周	1069	1	陶		不确定	腹片				
12	岚山	LS-DaH-2	单个遗址	周代	东周	1073	1	陶		陶罐	碎块				
12	岚山	LS-DaH-2	单个遗址	周代	东周	1073	1	陶		不确定	腹片	绳纹			
12	岚山	LS-DaH-2	单个遗址	汉代		1499	1	陶		不确定	腹片	绳纹			
12	岚山	LS-DaH-2	单个遗址	汉代		1499	4	陶		陶瓦					
12	岚山	LS-DaH-3	单个遗址	周代	东周	1070	1	陶		不确定	腹片	绳纹			
12	岚山	LS-DaH-4	CAA	周代	东周	1077	1	陶		不确定	腹片				
12	岚山	LS-DaH-4	CAB	汉代		1500	1	陶		陶瓮	口沿				
12	岚山	LS-DaH-4	CAB	汉代		1500	3	陶		不确定	腹片				
12	岚山	LS-DaH-5	CAA	周代	东周	1078	5	陶		不确定	腹片				
12	岚山	LS-DaH-5	CAA	汉代		1522	1	陶		陶盆	器底				
12	岚山	LS-DaH-5	CAA	汉代		1522	4	陶		不确定	腹片				
12	岚山	LS-DaH-5	CAA	汉代		1522	5	陶		陶瓦					
12	岚山	LS-DaH-5	CAB	周代	西周	1078	1	陶		不确定	腹片	绳纹			
12	岚山	LS-DaH-5	CAB	汉代		1522	1	陶		陶瓦					
12	岚山	LS-DaH-5	CACC	汉代		1522	2	陶		不确定	腹片				
12	岚山	LS-DaH-5	CACC	汉代		1522	3	陶		陶瓦					
12	岚山	LS-DaH-5	CACC	汉代		1522	1	陶		陶罐	口沿				
12	岚山	LS-DaH-6	单个遗址	周代	东周	1072	1	陶		不确定	腹片				
12	岚山	LS-DaH-6	单个遗址	汉代		1498	2	陶		不确定	腹片				
12	岚山	LS-DaH-7	单个遗址	周代	西周	1154	1	陶		陶鬲	三足	绳纹			
12	岚山	LS-DaH-7	单个遗址	周代	西周	1154	2	陶		不确定	腹片	绳纹			
12	岚山	LS-DBL-1	CAA	周代	西周	1090	2	陶		不确定	腹片	绳纹			
12	岚山	LS-DBL-1	CAA	周代	东周	1090	1	陶		陶盂					
12	岚山	LS-DBL-1	CAA	周代	东周	1090	2	陶		不确定	腹片	绳纹			
12	岚山	LS-DBL-1	CAA	周代	东周	1090	3	陶		不确定	腹片				
12	岚山	LS-DBL-1	CAA	汉代		1527	1	陶		陶盆	口沿				
12	岚山	LS-DBL-1	CAA	汉代		1527	2	陶		不确定	腹片				
12	岚山	LS-DBL-1	CAA	汉代		1527	12	陶		陶瓦					
12	岚山	LS-DBL-1	CAB	龙山		477·	1	陶		不确定	腹片				
12	岚山	LS-DBL-1	CAB	周代	西周	1090	3	陶		不确定	腹片				
12	岚山	LS-DBL-1	CAB	周代	西周	1090	2	陶		不确定	腹片	绳纹			
12	岚山	LS-DBL-1	CAB	周代	东周	1090	4	陶		不确定	腹片				
12	岚山	LS-DBL-1	CAB	周代	东周	1090	1	陶		陶瓦	瓦头	图案			
12	岚山	LS-DBL-1	CAB	汉代		1527	1	陶		陶盆	口沿				
12	岚山	LS-DBL-1	CAB	汉代		1527	1	陶		不确定	腹片				
12	岚山	LS-DBL-1	CAB	汉代		1527	1	陶		陶瓦					
12	岚山	LS-DBL-2	单个遗址	汉代		1529	1	陶		陶瓦					
12	岚山	LS-DBL-2	单个遗址	汉代		1529	4	陶		不确定	腹片				

年度	县区	遗址	采集区	时代	分期	期段编号	数量	质地	石器种类	器型	部位	纹饰	颜色	质地	蛋壳陶
11	岚山	LS-DC-1	单个遗址	汉代	不确定	1352	1	陶		陶盆	口沿				
11	岚山	LS-DC-1	单个遗址	汉代	不确定	1352	1	陶		陶盆	器底				
11	岚山	LS-DC-1	单个遗址	汉代	不确定	1352	1	陶		不确定	腹片				
12	岚山	LS-DGA-1	单个遗址	汉代		1536	1	陶		陶瓦					
12	岚山	LS-DGZ-1	单个遗址	汉代		1538	1	陶		陶瓮					
12	岚山	LS-DGZ-1	单个遗址	汉代		1538	1	陶		不确定	腹片				
12	岚山	LS-DGZ-1	单个遗址	汉代		1538	2	陶		不确定	腹片	绳纹			
12	岚山	LS-DGZDS-1	单个遗址	周代	西周	1108	1	石	工具	石镰	碎块				
12	岚山	LS-DGZDS-1	单个遗址	周代	西周	1108	2	陶		不确定	腹片				
12	岚山	LS-DGZDS-1	单个遗址	周代	西周	1108	1	陶		不确定	腹片	绳纹			
12	岚山	LS-DGZDS-1	单个遗址	周代	西周	1108	1	陶		陶鬲	腹片	绳纹			
12	岚山	LS-DGZDS-1	单个遗址	周代	东周	1108	1	陶		陶盆	颈部				
12	岚山	LS-DGZDS-1	单个遗址	周代	东周	1108	13	陶		不确定	腹片				
12	岚山	LS-DGZDS-1	单个遗址	周代	东周	1108	4	陶		不确定	腹片	绳纹			
12	岚山	LS-DGZDS-1	单个遗址	汉代		1539	1	陶		陶盆	口沿				
12	岚山	LS-DGZDS-1	单个遗址	汉代		1539	1	陶		陶盆	器底				
12	岚山	LS-DGZDS-1	单个遗址	汉代		1539	1	陶		陶瓦					
11	岚山	LS-DH-1	单个遗址	汉代	不确定	1334	2	陶		不确定	腹片				
11	岚山	LS-DH-1	单个遗址	汉代	不确定	1334	2	陶		陶瓦					
13	岚山	LS-DHC-1	单个遗址	龙山		495	1	石	工具	石斧					
13	岚山	LS-DHC-2	单个遗址	龙山		494	32	陶		不确定	腹片				
13	岚山	LS-DHC-2	单个遗址	龙山		494	1	陶		不确定	腹片	弦纹			
13	岚山	LS-DHC-2	单个遗址	龙山		494	1	陶		不确定	腹片			粗砂	
13	岚山	LS-DHC-2	单个遗址	龙山		494	1	陶		陶器盖	陶器盖口沿			泥质	
13	岚山	LS-DHC-2	单个遗址	龙山		494	1	石	工具	石刀					
13	岚山	LS-DHC-2	单个遗址	汉代		1599	1	陶		陶盆	颈部				
13	岚山	LS-DHC-2	单个遗址	汉代		1599	1	陶		不确定	腹片				
13	岚山	LS-DHC-4	单个遗址	汉代		1600	1	陶		陶瓦					
11	岚山	LS-DHW-1	单个遗址	周代	西周	995	1	陶		陶罐	口沿				
11	岚山	LS-DHW-1	单个遗址	周代	西周	995	1	陶		不确定	腹片	绳纹			
11	岚山	LS-DHW-1	单个遗址	周代	西周	995	1	陶		不确定	腹片				
11	岚山	LS-DHW-1	单个遗址	汉代	不确定	1335	1	陶		陶瓦					
11	岚山	LS-DHW-1	单个遗址	汉代	不确定	1335	1	陶		陶罐	口沿				
11	岚山	LS-DHW-2	单个遗址	周代	东周	988	1	陶		不确定	腹片	绳纹			
10	岚山	LS-DJDC-1	单个遗址	周代	东周	830	2	陶		不确定	腹片	绳纹			
10	岚山	LS-DJDC-1	单个遗址	汉代	不确定	1117	2	陶		不确定	腹片				
10	岚山	LS-DJDC-2	单个遗址	汉代	不确定	1116	1	陶		陶罐	器底				
10	岚山	LS-DJDC-2	单个遗址	汉代	不确定	1116	2	陶		陶瓦					
10	岚山	LS-DJDC-3	单个遗址	汉代	不确定	1115	2	陶		陶瓦					
10	岚山	LS-DJGL-1	单个遗址	周代	东周	801	1	陶		陶豆	口沿				
10	岚山	LS-DJGL-1	单个遗址	周代	东周	801	1	陶		陶豆	豆柄				
10	岚山	LS-DJGL-1	单个遗址	周代	东周	801	1	陶		不确定	腹片	绳纹			
10	岚山	LS-DJGL-1	单个遗址	汉代	不确定	1054	1	陶		陶瓦					
11	岚山	LS-DJH-1	单个遗址	汉代	不确定	1340	1	陶		不确定	腹片	绳纹			
11	岚山	LS-DJH-1	单个遗址	汉代	不确定	1340	4	陶		陶瓦					
12	岚山	LS-DJL-1	单个遗址	汉代		1478	2	陶		不确定	腹片				

年度	县区	遗址	采集区	时代	分期	期段编号	数量	质地	石器种类	器型	部位	纹饰	颜色	质地	蛋壳陶
12	岚山	LS-DJL-1	单个遗址	汉代		1478	1	陶		陶瓦					
12	岚山	LS-DJL-2	单个遗址	汉代		1476	1	陶		不确定	腹片				
12	岚山	LS-DL-1	单个遗址	汉代		1428	10	陶		陶瓦					
12	岚山	LS-DL-2	单个遗址	周代	西周	1040	1	陶		陶鬲	腹片	绳纹			
12	岚山	LS-DL-2	单个遗址	周代	西周	1040	1	陶		不确定	腹片	绳纹			
12	岚山	LS-DL-2	单个遗址	周代	东周	1040	1	陶		陶鬲	腹片				
12	岚山	LS-DL-2	单个遗址	周代	东周	1040	1	陶		陶豆	豆柄				
12	岚山	LS-DL-2	单个遗址	周代	东周	1040	1	陶		不确定	腹片	绳纹			
12	岚山	LS-DLTS-1	单个遗址	汉代		1455	1	陶		陶盆	口沿				
12	岚山	LS-DLTS-1	单个遗址	汉代		1455	8	陶		陶瓦					
12	岚山	LS-DLTS-2	CAA	汉代		1450	1	陶		陶瓮	口沿				
12	岚山	LS-DLTS-2	CAA	汉代		1450	2	陶		不确定	腹片				
12	岚山	LS-DLTS-2	CAA	汉代		1450	1	陶		砖		网纹			
12	岚山	LS-DLTS-2	CAA	汉代		1450	4	陶		陶瓦					
12	岚山	LS-DLTS-2	CAB	汉代		1450	8	陶		陶瓦					
12	岚山	LS-DLTS-3	单个遗址	汉代		1444	1	陶		陶盆	口沿				
12	岚山	LS-DLTS-3	单个遗址	汉代		1444	8	陶		陶瓦					
10	岚山	LS-DMJC-1	单个遗址	周代	西周	849	1	陶		陶罐	口沿				
10	岚山	LS-DMJC-1	单个遗址	周代	西周	849	1	陶		陶罐	器底				
10	岚山	LS-DMJC-1	单个遗址	周代	西周	849	1	陶		不确定	腹片				
10	岚山	LS-DMJC-1	单个遗址	周代	西周	849	2	陶		不确定	腹片	绳纹			
10	岚山	LS-DMJC-1	单个遗址	汉代	不确定	1135	1	陶		陶盆	口沿				
10	岚山	LS-DMJC-1	单个遗址	汉代	不确定	1135	1	陶		陶瓦					
10	岚山	LS-DMJC-1	单个遗址	汉代	不确定	1135	8	陶		不确定	腹片				
10	岚山	LS-DMJC-1	单个遗址	汉代	不确定	1135	1	陶		陶罐	肩部	釉陶			
10	岚山	LS-DMJC-2	单个遗址	汉代	不确定	1134	1	陶		不确定	腹片				
10	岚山	LS-DMJC-3	单个遗址	汉代	不确定	1137	7	陶		陶瓦					
10	岚山	LS-DMJC-3	单个遗址	汉代	不确定	1137	1	陶		陶盆	颈部				
10	岚山	LS-DMJC-3	单个遗址	汉代	不确定	1137	14	陶		不确定	腹片				
10	岚山	LS-DMJC-4	单个遗址	汉代	不确定	1136	1	陶		不确定	腹片				
12	岚山	LS-DNanS-1	单个遗址	周代	东周	1106	1	陶		不确定	腹片	绳纹			
12	岚山	LS-DNanS-2	单个遗址	周代	东周	1103	1	陶		不确定	腹片	绳纹			
12	岚山	LS-DNanS-3	单个遗址	周代	东周	1100	1	陶		不确定	腹片	绳纹			
12	岚山	LS-DNS-1	单个遗址	周代	西周	1117	1	陶		陶鬲	腹片				
12	岚山	LS-DNS-1	单个遗址	周代	西周	1117	1	陶		陶簋	豆柄				
12	岚山	LS-DNS-1	单个遗址	周代	西周	1117	13	陶		不确定	腹片	绳纹			
12	岚山	LS-DNS-1	单个遗址	周代	西周	1117	1	陶		不确定	腹片	附加堆纹			
12	岚山	LS-DNS-1	单个遗址	周代	西周	1117	2	陶		不确定	腹片				
12	岚山	LS-DNS-1	单个遗址	周代	东周	1117	2	陶		陶罐	口沿				
12	岚山	LS-DNS-1	单个遗址	周代	东周	1117	1	陶		陶盆	口沿				
12	岚山	LS-DNS-1	单个遗址	周代	东周	1117	1	陶		陶豆	豆柄				
12	岚山	LS-DNS-1	单个遗址	周代	东周	1117	11	陶		不确定	腹片	绳纹			
12	岚山	LS-DNS-1	单个遗址	汉代		1555	1	陶		陶盆	口沿				
12	岚山	LS-DNS-1	单个遗址	汉代		1555	1	陶		陶瓮	口沿				
12	岚山	LS-DNS-1	单个遗址	汉代		1555	1	陶		陶罐	口沿				
12	岚山	LS-DNS-1	单个遗址	汉代		1555	6	陶		不确定	腹片				

年度	县区	遗址	采集区	时代	分期	期段编号	数量	质地	石器种类	器型	部位	纹饰	颜色	质地	蛋壳陶
12	岚山	LS-DNS-1	单个遗址	汉代		1555	9	陶		陶瓦					
12	岚山	LS-DNS-2	单个遗址	周代	东周	1118	1	陶		不确定	腹片				
12	岚山	LS-DP-1	CAA	周代	西周	1039	2	陶		陶鬲	器足				
12	岚山	LS-DP-1	CAA	周代	西周	1039	7	陶		不确定	腹片	绳纹			
12	岚山	LS-DP-1	CAA	周代	东周	1039	2	陶		陶罐	口沿				
12	岚山	LS-DP-1	CAA	周代	东周	1039	28	陶		不确定	腹片	绳纹			
12	岚山	LS-DP-1	CAA	周代	东周	1039	3	陶		不确定	腹片				
12	岚山	LS-DP-1	CAA	汉代		1431	1	陶		陶瓮	口沿				
12	岚山	LS-DP-1	CAA	汉代		1431	1	陶		陶盆	口沿				
12	岚山	LS-DP-1	CAA	汉代		1431	3	陶		陶瓦					
12	岚山	LS-DP-1	CAB	周代	东周	1039	1	陶		陶罐	口沿				
12	岚山	LS-DP-1	CAB	周代	东周	1039	4	陶		不确定	腹片	绳纹			
12	岚山	LS-DP-1	CAB	周代	东周	1039	3	陶		不确定	腹片				
12	岚山	LS-DP-1	CAC	汉代		1430	1	陶		陶盆	口沿				
12	岚山	LS-DP-1	CAC	汉代		1430	1	陶		陶罐	器底				
12	岚山	LS-DP-1	CAC	汉代		1430	3	陶		不确定	腹片				
12	岚山	LS-DP-1	CAC	汉代		1430	1	陶		陶瓦					
12	岚山	LS-DP-2	CAC	汉代		1429	1	陶		不确定	腹片				
12	岚山	LS-DP-2	CAC	汉代		1429	13	陶		不确定	腹片				
12	岚山	LS-DP-2	CAC	汉代		1429	14	陶		不确定	腹片				
12	岚山	LS-DP-3	单个遗址	汉代		1438	1	陶		陶罐	器底				
12	岚山	LS-DP-3	单个遗址	汉代		1438	4	陶		陶瓦					
12	岚山	LS-DP-4	单个遗址	周代	西周	1038	1	陶		陶鬲	腹片				
12	岚山	LS-DP-4	单个遗址	周代	西周	1038	3	陶		不确定	腹片	绳纹			
12	岚山	LS-DP-4	单个遗址	周代	东周	1038	1	陶		陶鬲	器足				
12	岚山	LS-DP-4	单个遗址	周代	东周	1038	1	陶		陶豆	口沿				
12	岚山	LS-DP-4	单个遗址	周代	东周	1038	1	陶		陶豆	豆柄				
12	岚山	LS-DP-4	单个遗址	周代	东周	1038	1	陶		陶罐	器底				
12	岚山	LS-DP-4	单个遗址	周代	东周	1038	3	陶		陶罐	口沿				
12	岚山	LS-DP-4	单个遗址	周代	东周	1038	1	陶		陶罐	肩部				
12	岚山	LS-DP-4	单个遗址	周代	东周	1038	32	陶		不确定	腹片	绳纹			
12	岚山	LS-DP-4	单个遗址	周代	东周	1038	28	陶		不确定	腹片				
12	岚山	LS-DP-4	单个遗址	汉代		1587	1	陶		陶盆	口沿				
12	岚山	LS-DP-4	单个遗址	汉代		1587	1	陶		不确定	腹片				
12	岚山	LS-DP-4	单个遗址	汉代		1587	2	陶		陶瓦					
12	岚山	LS-DP-4	单个遗址	周代		1038	1	石	工具	石刀					
12	岚山	LS-DP-5	单个遗址	汉代		1424	1	陶		陶罐	腹片				
12	岚山	LS-DP-6	单个遗址	周代	东周	1035	1	陶		不确定	腹片	绳纹			
12	岚山	LS-DPD-1	单个遗址	周代	东周	1109	1	陶		陶罐	肩部				
12	岚山	LS-DPD-1	单个遗址	周代	东周	1109	1	陶		不确定	腹片	绳纹			
12	岚山	LS-DPD-2	单个遗址	周代	西周	1158	1	陶		陶罐	口沿				
12	岚山	LS-DPD-2	单个遗址	周代	西周	1158	1	陶		陶鬲	口沿	绳纹			
12	岚山	LS-DPD-2	单个遗址	周代	西周	1158	1	陶		陶鬲	腹片	绳纹			
12	岚山	LS-DPD-2	单个遗址	周代	西周	1158	1	陶		不确定	腹片				
12	岚山	LS-DPD-2	单个遗址	周代	西周	1158	4	陶		不确定	腹片	绳纹			
12	岚山	LS-DPD-3	CAA	周代	东周	1107	7	陶		不确定	腹片				

年度	县区	遗址	采集区	时代	分期	期段编号	数量	质地	石器种类	器型	部位	纹饰	颜色	质地	蛋壳陶
12	岚山	LS-DPD-3	CAA	周代	东周	1107	2	陶		不确定	腹片	绳纹			
12	岚山	LS-DPD-3	CAB	周代	东周	1107	2	陶		不确定	腹片				
12	岚山	LS-DPD-3	CAB	周代	东周	1107	2	陶		不确定	腹片	绳纹			
12	岚山	LS-DPD-4	CAA	汉代		1543	1	陶		不确定	腹片	绳纹			
12	岚山	LS-DPD-5	单个遗址	汉代		1542	2	陶		不确定	腹片				
12	岚山	LS-DPD-6	单个遗址	汉代		1541	1	陶		不确定	腹片	绳纹			
12	岚山	LS-DPD-6	单个遗址	汉代		1541	1	陶		陶盆	器底				
12	岚山	LS-DPD-6	单个遗址	汉代		1541	1	陶		陶瓦					
10	岚山	LS-DQH-1	单个遗址	汉代	不确定	1101	9	陶		陶瓦					
10	岚山	LS-DQH-1	单个遗址	汉代	不确定	1101	1	陶		不确定	腹片	绳纹			
10	岚山	LS-DQH-2	CAA	汉代	不确定	1096	3	陶		陶罐	口沿				
10	岚山	LS-DQH-2	CAA	汉代	不确定	1096	1	陶		陶盆	口沿				
10	岚山	LS-DQH-2	CAA	汉代	不确定	1096	2	陶		陶盆	器底				
10	岚山	LS-DQH-2	CAA	汉代	不确定	1096	8	陶		陶瓦					
10	岚山	LS-DQH-2	CAA	汉代	不确定	1096	2	陶		不确定	腹片	绳纹			
10	岚山	LS-DQH-2	CAA	汉代	不确定	1096	4	陶		不确定	腹片				
10	岚山	LS-DQH-2	CAA	周代	西周	823	1	陶		陶鬲	器足				
10	岚山	LS-DQH-2	CAA	周代	西周	823	1	陶		陶鬲	腹片				
10	岚山	LS-DQH-2	CAA	周代	西周	823	4	陶		不确定	腹片	绳纹			
10	岚山	LS-DQH-2	CAB	周代	东周	823	5	陶		不确定	腹片				
10	岚山	LS-DQH-2	CAB	周代	东周	823	4	陶		不确定	腹片	绳纹			
10	岚山	LS-DQH-2	CAB	汉代	不确定	1096	1	陶		陶罐	口沿				
10	岚山	LS-DQH-2	CAB	汉代	不确定	1096	3	陶		陶瓦					
10	岚山	LS-DQH-3	单个遗址	周代	东周	822	1	陶		陶盆	口沿				
10	岚山	LS-DQH-3	单个遗址	周代	东周	822	2	陶		不确定	腹片	绳纹			
10	岚山	LS-DQH-3	单个遗址	周代	东周	822	1	陶		不确定	腹片				
10	岚山	LS-DQH-4	单个遗址	汉代	不确定	1097	1	陶		陶瓦					
10	岚山	LS-DQH-5	CAA	龙山	不确定	408	5	陶		不确定	腹片				
10	岚山	LS-DQH-5	CAB	龙山	早期	408	1	陶		陶匜	口沿				
10	岚山	LS-DQH-5	CAB	龙山	不确定	408	1	陶		陶鬶	器足		白		
10	岚山	LS-DQH-5	CAB	龙山	不确定	408	1	陶		陶器盖	陶器盖				
10	岚山	LS-DQH-5	CAB	龙山	不确定	408	1	陶		陶罐	把手				
10	岚山	LS-DQH-5	CAB	龙山	不确定	408	2	陶		不确定	腹片	篮纹			
10	岚山	LS-DQH-5	CAB	龙山	不确定	408	18	陶		不确定	腹片				
10	岚山	LS-DQH-5	CAB	周代	西周	821	2	陶		不确定	腹片	绳纹			
10	岚山	LS-DQH-5	CAB	周代	西周	821	1	陶		不确定	腹片				
10	岚山	LS-DQH-5	CAB	汉代	不确定	1093	1	陶		陶盆	器底				
10	岚山	LS-DQH-5	CAB	汉代	不确定	1093	2	陶		陶瓦					
10	岚山	LS-DQH-5	CAB	汉代	不确定	1093	7	陶		不确定	腹片				
10	岚山	LS-DQH-5	CAC	龙山	不确定	408	3	陶		不确定	腹片	篮纹			
10	岚山	LS-DQH-5	CAC	龙山	不确定	408	5	陶		不确定	腹片				
10	岚山	LS-DQH-5	CAC	汉代	不确定	1093	4	陶		陶瓦					
10	岚山	LS-DQH-5	CAC	汉代	不确定	1093	4	陶		不确定	腹片				
10	岚山	LS-DQH-5	CAD	龙山	早期	408	1	陶		陶鼎	口沿				
10	岚山	LS-DQH-5	CAD	龙山	早期	408	2	陶		陶罐	口沿				
10	岚山	LS-DQH-5	CAD	龙山	不确定	408	1	陶		陶罐	把手				

年度	县区	遗址	采集区	时代	分期	期段编号	数量	质地	石器种类	器型	部位	纹饰	颜色	质地	蛋壳陶
10	岚山	LS-DQH-5	CAD	龙山	不确定	408	6	陶		不确定	腹片				
10	岚山	LS-DQH-5	CAD	龙山	不确定	408	1	陶		不确定	腹片	磨光			是
10	岚山	LS-DQH-5	CAD	汉代	不确定	1093	2	陶		陶瓦					
10	岚山	LS-DQH-5	CAD	汉代	不确定	1093	4	陶		不确定	腹片				
10	岚山	LS-DQH-5	CAE	龙山	早期	408	1	陶		陶匜	口沿				
10	岚山	LS-DQH-5	CAE	龙山	不确定	408	1	陶		陶鬶	腹片				
10	岚山	LS-DQH-5	CAE	龙山	不确定	408	2	陶		陶罐	器底				
10	岚山	LS-DQH-5	CAE	龙山	不确定	408	1	陶		陶盆	口沿				
10	岚山	LS-DQH-5	CAE	龙山	不确定	408	1	陶		不确定	腹片	篮纹			
10	岚山	LS-DQH-5	CAE	龙山	不确定	408	26	陶		不确定	腹片				
10	岚山	LS-DQH-5	CAE	汉代	不确定	1093	1	陶		不确定	腹片				
10	岚山	LS-DQH-5	CAE	汉代	不确定	1093	3	陶		陶瓦					
10	岚山	LS-DQH-5	CAF	龙山	不确定	408	1	陶		不确定	腹片				
10	岚山	LS-DQH-5	CAG	龙山	不确定	408	1	陶		不确定	腹片	篮纹			
10	岚山	LS-DQH-5	CAG	龙山	不确定	408	7	陶		不确定	腹片				
10	岚山	LS-DQH-5	CAG	龙山	早期	408	2	陶		陶匜	口沿				
10	岚山	LS-DQH-5	CAG	汉代	不确定	1093	1	陶		陶盆	口沿				
10	岚山	LS-DQH-5	CAG	汉代	不确定	1093	4	陶		陶瓦					
10	岚山	LS-DQH-5	CAH	汉代	不确定	1093	1	陶		陶瓦					
10	岚山	LS-DQH-5	CAH	龙山	不确定	408	2	陶		陶器盖	陶器盖口沿				
10	岚山	LS-DQH-5	CAH	龙山	不确定	408	2	陶		陶罐	器底				
10	岚山	LS-DQH-5	CAH	龙山	不确定	408	1	陶		不确定	腹片	篮纹			
10	岚山	LS-DQH-5	CAH	龙山	不确定	408	9	陶		不确定	腹片				
10	岚山	LS-DQH-5	CAH	龙山	早期	408	1	陶		陶壶	肩部				
10	岚山	LS-DQH-5	CAI	龙山	早期	408	1	陶		陶鼎	器足				
10	岚山	LS-DQH-5	CAI	龙山	早期	408	2	陶		陶匜	口沿				
10	岚山	LS-DQH-5	CAI	龙山	中期	408	1	陶		陶匜	口沿				
10	岚山	LS-DQH-5	CAI	龙山	不确定	408	1	陶		陶盆	口沿				
10	岚山	LS-DQH-5	CAI	龙山	不确定	408	1	陶		不确定	把手				
10	岚山	LS-DQH-5	CAI	龙山	不确定	408	1	陶		陶罐	器底				
10	岚山	LS-DQH-5	CAI	龙山	不确定	408	4	陶		不确定	腹片	篮纹			
10	岚山	LS-DQH-5	CAI	汉代	不确定	1093	1	陶		陶盆	器底				
10	岚山	LS-DQH-5	CAI	汉代	不确定	1093	2	陶		陶瓦					
10	岚山	LS-DQH-5	CAI	汉代	不确定	1093	3	陶		不确定	腹片				
10	岚山	LS-DQH-5	CAJ	龙山	不确定	408	1	陶		陶器盖	陶器盖口沿				
10	岚山	LS-DQH-5	CAJ	龙山	不确定	408	1	陶		陶罐	器底				
10	岚山	LS-DQH-5	CAJ	龙山	不确定	408	1	陶		不确定	腹片				
10	岚山	LS-DQH-5	CAJ	龙山	不确定	408	1	陶		不确定	腹片	弦纹			
10	岚山	LS-DQH-5	CAJ	龙山	早期	408	1	陶		陶罐	口沿				
10	岚山	LS-DQH-5	CAJ	汉代	不确定	1093	1	陶		不确定	腹片				
10	岚山	LS-DQH-6	单个遗址	汉代	不确定	1094	2	陶		陶瓦					
10	岚山	LS-DQH-6	单个遗址	汉代	不确定	1094	4	陶		不确定	腹片				
11	岚山	LS-DQL-1	单个遗址	商代	晚期	29	1	陶		陶罐	口沿				
11	岚山	LS-DQL-1	单个遗址	商代	晚期	29	1	陶		陶罐	器底				
11	岚山	LS-DQL-1	单个遗址	商代	晚期	29	2	陶		不确定	腹片	附加堆纹			
11	岚山	LS-DQL-1	单个遗址	周代	西周	1022	7	陶		不确定	腹片	绳纹			

年度	县区	遗址	采集区	时代	分期	期段编号	数量	质地	石器种类	器型	部位	纹饰	颜色	质地	蛋壳陶
11	岚山	LS-DQL-1	单个遗址	周代	西周	1022	1	陶		不确定	腹片	弦纹			
11	岚山	LS-DQL-1	单个遗址	周代	西周	1022	5	陶		不确定	腹片				
11	岚山	LS-DQL-1	单个遗址	周代	西周	1022	1	陶		陶罐	器底				
11	岚山	LS-DQL-1	单个遗址	周代	西周	1022	2	陶		陶鬲	腹片	绳纹			
11	岚山	LS-DQL-1	单个遗址	周代	东周	1022	4	陶		陶罐	口沿				
11	岚山	LS-DQL-1	单个遗址	周代	东周	1022	21	陶		不确定	腹片	绳纹			
11	岚山	LS-DQL-1	单个遗址	周代	东周	1022	9	陶		不确定	腹片				
10	岚山	LS-DSJZ-1	单个遗址	汉代	不确定	1120	1	陶		陶瓦					
10	岚山	LS-DSJZ-1	单个遗址	汉代	不确定	1120	7	陶		不确定	腹片				
10	岚山	LS-DSJZ-2	单个遗址	汉代	不确定	1119	1	陶		陶瓦					
10	岚山	LS-DSJZ-3	单个遗址	汉代	不确定	1118	1	陶		陶瓦					
10	岚山	LS-DT-1	单个遗址	汉代	不确定	1110	1	陶		陶盆	器底				
10	岚山	LS-DT-1	单个遗址	汉代	不确定	1110	2	陶		陶瓦					
10	岚山	LS-DT-2	单个遗址	汉代	不确定	1104	1	陶		陶瓦					
10	岚山	LS-DT-3	单个遗址	汉代	不确定	1108	2	陶		陶瓦					
10	岚山	LS-DT-3	单个遗址	汉代	不确定	1108	2	陶		不确定	腹片	绳纹			
10	岚山	LS-DT-3	单个遗址	汉代	不确定	1108	1	陶		不确定	腹片				
10	岚山	LS-DT-4	CAA	汉代	不确定	1108	1	陶		不确定	腹片	绳纹			
10	岚山	LS-DT-4	CAA	汉代	不确定	1108	1	陶		不确定	腹片				
10	岚山	LS-DT-4	CAB	汉代	不确定	1108	2	陶		陶瓦					
10	岚山	LS-DT-4	CAC	汉代	不确定	1108	1	陶		不确定	腹片				
10	岚山	LS-DT-5	单个遗址	汉代	不确定	1108	4	陶		陶瓦					
10	岚山	LS-DT-5	单个遗址	汉代	不确定	1108	5	陶		不确定	腹片				
12	岚山	LS-DTS-1	单个遗址	汉代		1486	1	陶		不确定	腹片				
12	岚山	LS-DTS-1	单个遗址	汉代		1486	5	陶		陶瓦					
12	岚山	LS-DTS-10	CAA	周代	西周	1153	1	陶		不确定	腹片	绳纹			
12	岚山	LS-DTS-10	CAA	汉代		1459	3	陶		不确定	腹片				
12	岚山	LS-DTS-10	CAB	汉代		1459	1	陶		陶盆	口沿				
12	岚山	LS-DTS-10	CAB	汉代		1459	1	陶		陶瓦					
12	岚山	LS-DTS-10	CAC	汉代		1459	1	陶		陶盆	口沿				
12	岚山	LS-DTS-10	CAC	汉代		1459	3	陶		不确定	腹片				
12	岚山	LS-DTS-10	CAC	汉代		1459	2	陶		陶瓦					
12	岚山	LS-DTS-10	CAD	汉代		1459	2	陶		不确定	腹片				
12	岚山	LS-DTS-11	单个遗址	周代	西周	1052	1	陶		不确定	腹片	绳纹			
12	岚山	LS-DTS-11	单个遗址	周代	西周	1052	1	陶		不确定	腹片				
12	岚山	LS-DTS-11	单个遗址	周代	东周	1052	1	陶		陶豆	腹片				
12	岚山	LS-DTS-11	单个遗址	汉代		1459	1	陶		陶箅	腹片				
12	岚山	LS-DTS-11	单个遗址	汉代		1459	2	陶		不确定	腹片				
12	岚山	LS-DTS-11	单个遗址	汉代		1459	3	陶		陶瓦					
12	岚山	LS-DTS-2	CAA	汉代		1483	1	陶		不确定	腹片				
12	岚山	LS-DTS-2	CAB	周代	西周	1067	2	陶		不确定	腹片	绳纹			
12	岚山	LS-DTS-2	CAB	周代	东周	1067	2	陶		不确定	腹片	绳纹			
12	岚山	LS-DTS-2	CAB	汉代		1483	1	陶		陶罐	腹片				
12	岚山	LS-DTS-2	CAB	汉代		1483	2	陶		陶瓦					
12	岚山	LS-DTS-3	CAA	汉代		1459	3	陶		不确定	腹片				
12	岚山	LS-DTS-3	CAA	汉代		1459	5	陶		陶瓦					

年度	县区	遗址	采集区	时代	分期	期段编号	数量	质地	石器种类	器型	部位	纹饰	颜色	质地	蛋壳陶
12	岚山	LS-DTS-3	CAB	汉代		1459	1	陶		陶罐	器底				
12	岚山	LS-DTS-3	CAB	汉代		1459	5	陶		陶瓦					
12	岚山	LS-DTS-4	单个遗址	龙山	中期	474	1	陶		陶鼎	口沿				
12	岚山	LS-DTS-4	单个遗址	周代	东周	1066	1	陶		陶盂	口沿				
12	岚山	LS-DTS-4	单个遗址	汉代		1485	1	陶		陶瓮	口沿				
12	岚山	LS-DTS-4	单个遗址	汉代		1485	4	陶		不确定	腹片				
12	岚山	LS-DTS-4	单个遗址	汉代		1485	7	陶		陶瓦					
12	岚山	LS-DTS-5	CAC	汉代		1459	3	陶		不确定	腹片				
12	岚山	LS-DTS-5	CAC	汉代		1459	1	陶		陶瓦					
12	岚山	LS-DTS-5	CAE	汉代		1459	2	陶		陶罐	口沿				
12	岚山	LS-DTS-5	CAE	汉代		1459	1	陶		陶盆	器底				
12	岚山	LS-DTS-5	CAE	汉代		1459	1	陶		陶瓮	腹片				
12	岚山	LS-DTS-5	CAE	汉代		1459	3	陶		不确定	腹片				
12	岚山	LS-DTS-5	CAE	汉代		1459	4	陶		陶瓦					
12	岚山	LS-DTS-5	CAF	周代	东周	1062	2	陶		不确定	腹片	绳纹			
12	岚山	LS-DTS-5	CAF	周代	东周	1062	1	陶		不确定	腹片				
12	岚山	LS-DTS-5	CAF	汉代		1459	5	陶		不确定	腹片				
12	岚山	LS-DTS-5	CAF	汉代		1459	2	陶		陶瓦					
12	岚山	LS-DTS-5	CAG	周代	东周	1062	3	陶		不确定	腹片	绳纹			
12	岚山	LS-DTS-5	CAG	汉代		1459	1	陶		陶盆	口沿				
12	岚山	LS-DTS-5	CAG	汉代		1459	2	陶		不确定	腹片				
12	岚山	LS-DTS-5	CAG	汉代		1459	19	陶		陶瓦					
12	岚山	LS-DTS-5	CAJ	周代	西周	1046	1	陶		陶罐	口沿				
12	岚山	LS-DTS-5	CAL	龙山		472	5	陶		不确定	腹片				
12	岚山	LS-DTS-5	CAL	周代	西周	1046	2	陶		不确定	腹片	绳纹			
12	岚山	LS-DTS-5	CAL	周代	西周	1046	2	陶		不确定	腹片				
12	岚山	LS-DTS-5	CAM	周代	西周	1046	1	陶		陶鬲	腹片				
12	岚山	LS-DTS-5	CAM	周代	东周	1046	1	陶		陶簋	口沿				
12	岚山	LS-DTS-5	CAM	周代	东周	1046	2	陶		不确定	腹片	绳纹			
12	岚山	LS-DTS-5	CAM	周代	东周	1046	1	陶		不确定	腹片				
12	岚山	LS-DTS-5	CAM	汉代		1459	3	陶		陶瓮	口沿				
12	岚山	LS-DTS-5	CAM	汉代		1459	14	陶		不确定	腹片				
12	岚山	LS-DTS-5	CAM	汉代		1459	14	陶		陶瓦					
12	岚山	LS-DTS-5	CAO	周代	西周	1046	1	陶		陶鬲	器足				
12	岚山	LS-DTS-5	CAP	汉代		1459	2	陶		陶盆	口沿				
12	岚山	LS-DTS-5	CAP	汉代		1459	1	陶		陶豆	豆盘				
12	岚山	LS-DTS-5	CAP	汉代		1459	1	陶		陶豆	豆柄				
12	岚山	LS-DTS-5	CAP	汉代		1459	1	陶		陶盆	器底				
12	岚山	LS-DTS-5	CAP	汉代		1459	1	陶		陶器盖	陶器盖	釉陶			
12	岚山	LS-DTS-5	CAP	汉代		1459	15	陶		不确定	腹片				
12	岚山	LS-DTS-5	CAP	汉代		1459	10	陶		陶瓦					
12	岚山	LS-DTS-5	CAQ	周代	西周	1046	2	陶		不确定	腹片	绳纹			
12	岚山	LS-DTS-5	CAQ	汉代		1459	1	陶		陶瓮	口沿				
12	岚山	LS-DTS-5	CAQ	汉代		1459	1	陶		陶盆	口沿				
12	岚山	LS-DTS-5	CAQ	汉代		1459	1	陶		陶盆	颈部				
12	岚山	LS-DTS-5	CAQ	汉代		1459	2	陶		陶井圈	腹片				

年度	县区	遗址	采集区	时代	分期	期段编号	数量	质地	石器种类	器型	部位	纹饰	颜色	质地	蛋壳陶
12	岚山	LS-DTS-5	CAQ	汉代		1459	1	陶		纺轮	腹片				
12	岚山	LS-DTS-5	CAQ	汉代		1459	5	陶		不确定	腹片				
12	岚山	LS-DTS-5	CAQ	汉代		1459	7	陶		陶瓦					
12	岚山	LS-DTS-5	CAA	周代	东周	1062	1	陶		陶罐	肩部				
12	岚山	LS-DTS-5	CAA	周代	东周	1062	1	陶		不确定	腹片	绳纹			
12	岚山	LS-DTS-5	CAA	周代	东周	1062	1	陶		不确定	腹片				
12	岚山	LS-DTS-5	CAA	汉代		1459	4	陶		不确定	腹片				
12	岚山	LS-DTS-5	CAA	汉代		1459	6	陶		陶瓦					
12	岚山	LS-DTS-5	CAB	汉代		1459	1	陶		陶盆	器底				
12	岚山	LS-DTS-5	CAB	汉代		1459	5	陶		不确定	腹片				
12	岚山	LS-DTS-5	CAB	汉代		1459	6	陶		陶瓦					
12	岚山	LS-DTS-5	CAD	周代	西周	1086	1	陶		不确定	腹片	绳纹			
12	岚山	LS-DTS-5	CAD	周代	西周	1086	1	陶		陶罐	器底				
12	岚山	LS-DTS-5	CAD	汉代		1459	1	陶		陶罐	口沿				
12	岚山	LS-DTS-5	CAD	汉代		1459	45	陶		不确定	腹片				
12	岚山	LS-DTS-5	CAD	汉代		1459	18	陶		陶瓦					
12	岚山	LS-DTS-5	CAH	龙山		472	1	陶		不确定	腹片			泥质	
12	岚山	LS-DTS-5	CAH	周代	西周	1046	3	陶		不确定	腹片	绳纹			
12	岚山	LS-DTS-5	CAH	周代	西周	1046	2	陶		不确定	腹片				
12	岚山	LS-DTS-5	CAH	周代	东周	1046	1	陶		陶豆	豆柄				
12	岚山	LS-DTS-5	CAH	汉代		1459	2	陶		陶罐	口沿				
12	岚山	LS-DTS-5	CAH	汉代		1459	2	陶		陶瓮	口沿				
12	岚山	LS-DTS-5	CAH	汉代		1459	1	陶		陶盆	口沿				
12	岚山	LS-DTS-5	CAH	汉代		1459	9	陶		不确定	腹片				
12	岚山	LS-DTS-5	CAH	汉代		1459	32	陶		陶瓦					
12	岚山	LS-DTS-5	CAI	周代	东周	1046	2	陶		不确定	腹片	绳纹			
12	岚山	LS-DTS-5	CAI	周代	东周	1046	1	陶		不确定	腹片				
12	岚山	LS-DTS-5	CAI	汉代		1459	1	陶		陶瓮	口沿				
12	岚山	LS-DTS-5	CAI	汉代		1459	1	陶		陶盆	口沿				
12	岚山	LS-DTS-5	CAI	汉代		1459	4	陶		不确定	腹片				
12	岚山	LS-DTS-5	CAI	汉代		1459	15	陶		陶瓦					
12	岚山	LS-DTS-5	CAK	龙山	早期	472	1	陶		陶匜	口沿				
12	岚山	LS-DTS-5	CAK	周代	东周	1046	1	陶		陶豆	豆柄				
12	岚山	LS-DTS-5	CAK	周代	东周	1046	2	陶		不确定	腹片	绳纹			
12	岚山	LS-DTS-5	CAK	汉代		1459	5	陶		陶盆	口沿				
12	岚山	LS-DTS-5	CAK	汉代		1459	1	陶		陶瓮	圈足				
12	岚山	LS-DTS-5	CAK	汉代		1459	12	陶		不确定	腹片				
12	岚山	LS-DTS-5	CAK	汉代		1459	1	陶		不确定	腹片	图案			
12	岚山	LS-DTS-5	CAK	汉代		1459	1	陶		砖					
12	岚山	LS-DTS-5	CAK	汉代		1459	1	陶		陶瓦	瓦头	图案			
12	岚山	LS-DTS-5	CAK	汉代		1459	26	陶		陶瓦					
12	岚山	LS-DTS-5	CAK	汉代		1459	1	陶		陶罐	腹片	印纹			
12	岚山	LS-DTS-5	CAN	周代	东周	1047	2	陶		不确定	腹片	绳纹			
12	岚山	LS-DTS-5	CAN	周代	东周	1047	1	陶		不确定	腹片				
12	岚山	LS-DTS-5	CAN	汉代		1459	2	陶		不确定	腹片				
12	岚山	LS-DTS-5	CAR	龙山		472	2	陶		陶罐	器底				

年度	县区	遗址	采集区	时代	分期	期段编号	数量	质地	石器种类	器型	部位	纹饰	颜色	质地	蛋壳陶
12	岚山	LS-DTS-5	CAR	龙山		472	7	陶		不确定	腹片				
12	岚山	LS-DTS-5	CAR	龙山		472	1	陶		不确定	腹片			泥质	
12	岚山	LS-DTS-5	CAR	周代	西周	1046	3	陶		不确定	腹片	绳纹			
12	岚山	LS-DTS-5	CAR	周代	东周	1046	3	陶		不确定	腹片	绳纹			
12	岚山	LS-DTS-5	CAR	周代	东周	1046	2	陶		不确定	腹片				
12	岚山	LS-DTS-5	CAR	汉代		1459	1	陶		陶豆	器底				
12	岚山	LS-DTS-5	CAR	汉代		1459	1	陶		陶豆	豆柄				
12	岚山	LS-DTS-5	CAR	汉代		1459	1	陶		陶罐	口沿				
12	岚山	LS-DTS-5	CAR	汉代		1459	4	陶		不确定	腹片				
12	岚山	LS-DTS-5	CAR	汉代		1459	2	陶		陶瓦					
12	岚山	LS-DTS-5	CAR	汉代		1459	1	石	工具	石磨盘					
12	岚山	LS-DTS-5	CAS	龙山	早期	472	1	陶		陶鼎	器足				
12	岚山	LS-DTS-5	CAS	周代	东周	1046	1	陶		陶盂	口沿				
12	岚山	LS-DTS-5	CAS	周代	东周	1046	2	陶		不确定	腹片	绳纹			
12	岚山	LS-DTS-5	CAS	周代	东周	1046	1	陶		陶釜	腹片	粗绳纹			
12	岚山	LS-DTS-5	CAS	周代	东周	1046	1	陶		陶豆	口沿				
12	岚山	LS-DTS-5	CAS	汉代		1459	2	陶		不确定	腹片				
12	岚山	LS-DTS-5	CAS	汉代		1459	1	陶		陶盆	口沿				
12	岚山	LS-DTS-5	CAS	汉代		1459	1	陶		陶罐	腹片				
12	岚山	LS-DTS-5	CAS	汉代		1459	1	陶		陶瓦					
12	岚山	LS-DTS-5	CAS	汉代		1459	1	陶		砖		几何纹			
12	岚山	LS-DTS-5	CAT	龙山	早期	472	1	陶		不确定	腹片	篮纹			
12	岚山	LS-DTS-5	CAT	龙山		472	1	陶		陶器盖	陶器盖				
12	岚山	LS-DTS-5	CAT	龙山		472	3	陶		不确定	腹片				
12	岚山	LS-DTS-5	CAT	周代	东周	1046	1	陶		陶罐	口沿				
12	岚山	LS-DTS-5	CAT	周代	东周	1046	8	陶		不确定	腹片	绳纹			
12	岚山	LS-DTS-5	CAT	周代	东周	1046	7	陶		不确定	腹片				
12	岚山	LS-DTS-5	CAT	汉代		1459	1	陶		陶盆	口沿				
12	岚山	LS-DTS-5	CAT	汉代		1459	1	陶		陶瓮	口沿				
12	岚山	LS-DTS-5	CAT	汉代		1459	10	陶		不确定	腹片				
12	岚山	LS-DTS-5	CAT	汉代		1459	10	陶		陶瓦					
12	岚山	LS-DTS-5	CAU	汉代		1459	2	陶		陶豆	口沿				
12	岚山	LS-DTS-5	CAU	汉代		1459	1	陶		陶盆	口沿				
12	岚山	LS-DTS-5	CAU	汉代		1459	2	陶		陶瓮	口沿				
12	岚山	LS-DTS-5	CAU	汉代		1459	3	陶		不确定	腹片				
12	岚山	LS-DTS-5	CAU	汉代		1459	6	陶		陶瓦					
12	岚山	LS-DTS-5	CAV	龙山	早期	471	1	陶		陶鼎	器足				
12	岚山	LS-DTS-5	CAV	龙山		471	2	陶		不确定	腹片				
12	岚山	LS-DTS-5	CAV	周代	东周	1046	1	陶		陶豆	器底				
12	岚山	LS-DTS-5	CAV	周代	东周	1046	1	陶		不确定	腹片				
12	岚山	LS-DTS-5	CAV	汉代		1459	2	陶		陶豆	豆柄				
12	岚山	LS-DTS-5	CAV	汉代		1459	1	陶		陶瓮	口沿				
12	岚山	LS-DTS-5	CAV	汉代		1459	2	陶		陶盆	口沿				
12	岚山	LS-DTS-5	CAV	汉代		1459	1	陶		陶罐	器底				
12	岚山	LS-DTS-5	CAV	汉代		1459	2	陶		不确定	腹片				
12	岚山	LS-DTS-5	CAV	汉代		1459	3	陶		陶瓦					

年度	县区	遗址	采集区	时代	分期	期段编号	数量	质地	石器种类	器型	部位	纹饰	颜色	质地	蛋壳陶
12	岚山	LS-DTS-5	CAW	龙山		472	1	陶		陶罐	器底				
12	岚山	LS-DTS-5	CAW	龙山		472	1	陶		不确定	腹片			泥质	
12	岚山	LS-DTS-5	CAW	龙山		472	1	石	工具	石刀					
12	岚山	LS-DTS-5	CAW	周代	东周	1046	1	陶		陶豆	豆柄				
12	岚山	LS-DTS-5	CAW	周代	东周	1046	3	陶		不确定	腹片	绳纹			
12	岚山	LS-DTS-5	CAW	汉代		1459	3	陶		陶盆	口沿				
12	岚山	LS-DTS-5	CAW	汉代		1459	2	陶		陶瓮	口沿				
12	岚山	LS-DTS-5	CAW	汉代		1459	1	陶		陶豆	豆柄				
12	岚山	LS-DTS-5	CAW	汉代		1459	1	陶		不确定	腹片	印纹			
12	岚山	LS-DTS-5	CAW	汉代		1459	2	陶		不确定	器底	釉陶			
12	岚山	LS-DTS-5	CAY	周代	东周	1046	1	陶		陶豆	豆柄				
12	岚山	LS-DTS-5	CAY	周代	东周	1046	4	陶		不确定	腹片	绳纹			
12	岚山	LS-DTS-5	CAY	汉代		1459	2	陶		陶盆	器底				
12	岚山	LS-DTS-5	CAY	汉代		1459	1	陶		陶豆	豆柄				
12	岚山	LS-DTS-5	CAY	汉代		1459	2	陶		陶盆	口沿				
12	岚山	LS-DTS-5	CAY	汉代		1459	3	陶		不确定	腹片				
12	岚山	LS-DTS-5	CAY	汉代		1459	3	陶		陶瓦					
12	岚山	LS-DTS-5	CAZ	龙山	中期	472	1	陶		陶鬶	腹片		白		
12	岚山	LS-DTS-5	CAZ	龙山		472	1	陶		陶罐	器底				
12	岚山	LS-DTS-5	CAZ	汉代		1459	2	陶		陶瓮	口沿				
12	岚山	LS-DTS-5	CAZ	汉代		1459	1	陶		陶盆	口沿				
12	岚山	LS-DTS-5	CAZ	汉代		1459	1	陶		陶豆	豆柄				
12	岚山	LS-DTS-5	CAZ	汉代		1459	3	陶		不确定	腹片				
12	岚山	LS-DTS-5	CAZ	汉代		1459	2	陶		陶瓦					
12	岚山	LS-DTS-5	CAZ	汉代		1459	1	陶		陶器盖	陶器盖	釉陶			
12	岚山	LS-DTS-5	CAZ	汉代		1459	1	陶		不确定	器底	釉陶			
12	岚山	LS-DTS-5	CAZ	汉代		1459	1	陶		不确定	口沿	釉陶			
12	岚山	LS-DTS-5	CAZ	汉代		1459	1	陶		砖					
12	岚山	LS-DTS-5	CAAA	龙山		471	1	陶		不确定	腹片				
12	岚山	LS-DTS-5	CAAA	周代	东周	1046	1	陶		陶罐	口沿				
12	岚山	LS-DTS-5	CAAA	周代	东周	1046	5	陶		不确定	腹片	绳纹			
12	岚山	LS-DTS-5	CAAA	周代	东周	1046	1	陶		不确定	腹片				
12	岚山	LS-DTS-5	CAAA	汉代		1459	3	陶		不确定	腹片				
12	岚山	LS-DTS-5	CABB	周代	东周	1046	3	陶		不确定	腹片	绳纹			
12	岚山	LS-DTS-5	CABB	汉代		1459	4	陶		陶盆	口沿				
12	岚山	LS-DTS-5	CABB	汉代		1459	7	陶		不确定	腹片				
12	岚山	LS-DTS-5	CABB	汉代		1459	1	陶		陶井圈					
12	岚山	LS-DTS-5	CABB	汉代		1459	1	陶		不确定	最厚处	圆圈纹			
12	岚山	LS-DTS-5	CABB	汉代		1459	7	陶		陶瓦					
12	岚山	LS-DTS-5	CACC	汉代		1459	1	陶		不确定	器底	釉陶			
12	岚山	LS-DTS-5	CACC	汉代		1459	3	陶		不确定	腹片				
12	岚山	LS-DTS-5	CACC	汉代		1459	3	陶		陶瓦					
12	岚山	LS-DTS-5	CACC	汉代		1459	1	黏土		泥块					
12	岚山	LS-DTS-5	CADD	周代	东周	1046	1	陶		陶罐	口沿				
12	岚山	LS-DTS-5	CADD	周代	东周	1046	3	陶		不确定	腹片				
12	岚山	LS-DTS-5	CADD	汉代		1459	1	陶		陶豆	口沿				

年度	县区	遗址	采集区	时代	分期	期段编号	数量	质地	石器种类	器型	部位	纹饰	颜色	质地	蛋壳陶
12	岚山	LS-DTS-5	CADD	汉代		1459	1	陶		陶瓮	口沿				
12	岚山	LS-DTS-5	CADD	汉代		1459	1	陶		陶罐	口沿				
12	岚山	LS-DTS-5	CADD	汉代		1459	3	陶		陶盆	口沿				
12	岚山	LS-DTS-5	CADD	汉代		1459	3	陶		不确定	腹片				
12	岚山	LS-DTS-5	CADD	汉代		1459	1	陶		陶瓦					
12	岚山	LS-DTS-5	CADD	不确定			1	石	工具	石磨盘					
12	岚山	LS-DTS-5	CAEE	汉代		1459	4	陶		不确定	腹片				
12	岚山	LS-DTS-5	CAFF	周代	东周	1046	1	陶		陶豆	豆柄				
12	岚山	LS-DTS-5	CAFF	周代	东周	1046	2	陶		不确定	腹片	绳纹			
12	岚山	LS-DTS-5	CAFF	周代	东周	1046	1	陶		不确定	腹片				
12	岚山	LS-DTS-5	CAFF	汉代		1459	1	陶		陶盆	口沿				
12	岚山	LS-DTS-5	CAFF	汉代		1459	6	陶		不确定	腹片				
12	岚山	LS-DTS-5	CAFF	汉代		1459	8	陶		陶瓦					
12	岚山	LS-DTS-5	CAGG	汉代		1459	1	陶		陶豆	口沿				
12	岚山	LS-DTS-5	CAGG	汉代		1459	5	陶		不确定	腹片				
12	岚山	LS-DTS-5	CAGG	汉代		1459	1	陶		陶瓦					
12	岚山	LS-DTS-5	CAHH	周代	东周	1046	3	陶		不确定	腹片	绳纹			
12	岚山	LS-DTS-5	CAHH	周代	东周	1046	1	陶		不确定	腹片				
12	岚山	LS-DTS-5	CAHH	汉代		1459	1	陶		陶瓮	口沿				
12	岚山	LS-DTS-5	CAHH	汉代		1459	6	陶		陶瓦					
12	岚山	LS-DTS-5	CAHH	汉代		1459	1	石	工具	石凿					
12	岚山	LS-DTS-5	CAII	周代	东周	1046	1	陶		陶罐	口沿				
12	岚山	LS-DTS-5	CAII	周代	东周	1046	6	陶		不确定	腹片	绳纹			
12	岚山	LS-DTS-5	CAII	周代	东周	1046	2	陶		不确定	腹片				
12	岚山	LS-DTS-5	CAII	汉代		1459	3	陶		不确定	腹片				
12	岚山	LS-DTS-5	CAJJ	周代	东周	1046	3	陶		不确定	腹片	绳纹			
12	岚山	LS-DTS-5	CAJJ	汉代		1459	5	陶		陶盆	口沿				
12	岚山	LS-DTS-5	CAJJ	汉代		1459	14	陶		不确定	腹片				
12	岚山	LS-DTS-5	CAJJ	汉代		1459	1	陶		陶瓦	瓦头	图案			
12	岚山	LS-DTS-5	CAJJ	汉代		1459	9	陶		陶瓦					
12	岚山	LS-DTS-5	CAKK	汉代		1459	1	陶		陶豆	腹片				
12	岚山	LS-DTS-5	CAKK	汉代		1459	1	陶		陶罐	口沿				
12	岚山	LS-DTS-5	CAKK	汉代		1459	12	陶		不确定	腹片				
12	岚山	LS-DTS-5	CAKK	汉代		1459	6	陶		陶瓦					
12	岚山	LS-DTS-5	CAKK	汉代		1459	1	陶		砖					
12	岚山	LS-DTS-5	CALL	周代	东周	1046	5	陶		不确定	腹片	绳纹			
12	岚山	LS-DTS-5	CALL	周代	东周	1046	1	陶		不确定	腹片				
12	岚山	LS-DTS-5	CALL	汉代		1459	4	陶		陶瓮	口沿				
12	岚山	LS-DTS-5	CALL	汉代		1459	6	陶		陶盆	口沿				
12	岚山	LS-DTS-5	CALL	汉代		1459	11	陶		不确定	腹片				
12	岚山	LS-DTS-5	CALL	汉代		1459	7	陶		陶瓦					
12	岚山	LS-DTS-5	CAMM	龙山	早期	472	1	陶		不确定	腹片	篮纹			
12	岚山	LS-DTS-5	CAMM	龙山		472	1	陶		不确定	腹片			泥质	
12	岚山	LS-DTS-5	CAMM	周代	东周	1046	1	陶		不确定	腹片	绳纹			
12	岚山	LS-DTS-5	CAMM	周代	东周	1046	1	陶		不确定	腹片				
12	岚山	LS-DTS-5	CAMM	汉代		1459	4	陶		陶盆	口沿				

年度	县区	遗址	采集区	时代	分期	期段编号	数量	质地	石器种类	器型	部位	纹饰	颜色	质地	蛋壳陶
12	岚山	LS-DTS-5	CAMM	汉代		1459	1	陶		陶豆	口沿				
12	岚山	LS-DTS-5	CAMM	汉代		1459	1	陶		陶瓮	口沿				
12	岚山	LS-DTS-5	CAMM	汉代		1459	5	陶		不确定	腹片				
12	岚山	LS-DTS-5	CAMM	汉代		1459	4	陶		陶瓦					
12	岚山	LS-DTS-5	CANN	汉代		1459	1	陶		陶罐	口沿				
12	岚山	LS-DTS-5	CANN	汉代		1459	1	陶		陶盆	口沿				
12	岚山	LS-DTS-5	CANN	汉代		1459	5	陶		不确定	腹片				
12	岚山	LS-DTS-5	CANN	汉代		1459	3	陶		陶瓦					
12	岚山	LS-DTS-5	CAOO	周代	东周	1046	3	陶		不确定	腹片	绳纹			
12	岚山	LS-DTS-5	CAOO	汉代		1459	3	陶		陶盆	口沿				
12	岚山	LS-DTS-5	CAOO	汉代		1459	3	陶		不确定	腹片				
12	岚山	LS-DTS-5	CAOO	汉代		1459	6	陶		陶瓦					
12	岚山	LS-DTS-5	CAOO	汉代		1459	1	陶		陶瓦					
12	岚山	LS-DTS-5	CAPP	汉代		1459	1	陶		陶盆	口沿				
12	岚山	LS-DTS-5	CAPP	汉代		1459	3	陶		不确定	腹片				
12	岚山	LS-DTS-5	CAPP	汉代		1459	3	陶		陶瓦					
12	岚山	LS-DTS-5	CAQQ	汉代		1459	2	陶		不确定	腹片				
12	岚山	LS-DTS-5	CAQQ	汉代		1459	2	陶		陶瓦					
12	岚山	LS-DTS-5	CARR	汉代		1459	1	陶		陶罐	口沿				
12	岚山	LS-DTS-5	CARR	汉代		1459	3	陶		不确定	腹片				
12	岚山	LS-DTS-5	CARR	汉代		1459	5	陶		陶瓦					
12	岚山	LS-DTS-5	CASS	龙山	早期	470	1	陶		陶鼎	口沿				
12	岚山	LS-DTS-5	CASS	汉代		1459	1	陶		陶瓮	口沿				
12	岚山	LS-DTS-5	CASS	汉代		1459	2	陶		陶盆	口沿				
12	岚山	LS-DTS-5	CASS	汉代		1459	16	陶		不确定	腹片				
12	岚山	LS-DTS-5	CASS	汉代		1459	9	陶		陶瓦					
12	岚山	LS-DTS-5	CATT	汉代		1459	2	陶		陶瓮	口沿				
12	岚山	LS-DTS-5	CATT	汉代		1459	1	陶		陶盆	口沿				
12	岚山	LS-DTS-5	CATT	汉代		1459	1	陶		陶盆	器底				
12	岚山	LS-DTS-5	CATT	汉代		1459	11	陶		不确定	腹片				
12	岚山	LS-DTS-5	CATT	汉代		1459	3	陶		陶瓦					
12	岚山	LS-DTS-5	CATT	周代	东周	1048	1	陶		不确定	腹片	绳纹			
12	岚山	LS-DTS-5	CATT	周代	东周	1048	1	陶		不确定	腹片	绳纹			
12	岚山	LS-DTS-5	CAX	龙山	早期	472	1	陶		陶鼎	器足				
12	岚山	LS-DTS-5	CAX	龙山	早期	472	1	陶		陶器盖	陶器盖				
12	岚山	LS-DTS-5	CAX	龙山	晚期	472	1	陶		陶鬶	把手				
12	岚山	LS-DTS-5	CAX	龙山		472	1	陶		陶器盖	口沿				
12	岚山	LS-DTS-5	CAX	龙山		472	1	石	工具	石斧					
12	岚山	LS-DTS-5	CAX	周代	东周	1046	3	陶		不确定	腹片	绳纹			
12	岚山	LS-DTS-5	CAX	汉代		1459	4	陶		陶盆	口沿				
12	岚山	LS-DTS-5	CAX	汉代		1459	1	陶		陶瓮	口沿				
12	岚山	LS-DTS-5	CAX	汉代		1459	1	陶		陶豆	口沿				
12	岚山	LS-DTS-5	CAX	汉代		1459	4	陶		陶瓦					
12	岚山	LS-DTS-6	单个遗址	汉代		1459	2	陶		不确定	腹片				
12	岚山	LS-DTS-6	单个遗址	汉代		1459	2	陶		陶瓦					
12	岚山	LS-DTS-7	单个遗址	汉代		1480	2	陶		陶瓦					

年度	县区	遗址	采集区	时代	分期	期段编号	数量	质地	石器种类	器型	部位	纹饰	颜色	质地	蛋壳陶
12	岚山	LS-DTS-8	CAA	汉代		1459	1	陶		陶盆	口沿				
12	岚山	LS-DTS-8	CAA	汉代		1459	1	陶		陶盆	颈部				
12	岚山	LS-DTS-8	CAA	汉代		1459	3	陶		不确定	腹片				
12	岚山	LS-DTS-8	CAA	汉代		1459	9	陶		陶瓦					
12	岚山	LS-DTS-8	CAA	汉代		1459	1	陶		不确定	腹片	印纹			
12	岚山	LS-DTS-8	CAB	汉代		1459	1	陶		陶罐	器底				
12	岚山	LS-DTS-8	CAB	汉代		1459	1	陶		陶盆	颈部				
12	岚山	LS-DTS-8	CAB	汉代		1459	5	陶		不确定	腹片				
12	岚山	LS-DTS-8	CAB	汉代		1459	1	陶		陶瓦					
12	岚山	LS-DTS-9	单个遗址	汉代		1459	1	陶		陶盆	口沿				
12	岚山	LS-DWJD-5	单个遗址	汉代		1511	5	陶		不确定	腹片				
12	岚山	LS-DWJG-1	单个遗址	汉代		1513	1	陶		不确定	腹片	釉陶			
12	岚山	LS-DWJG-1	单个遗址	汉代		1513	4	陶		不确定	腹片				
12	岚山	LS-DWJG-1	单个遗址	汉代		1513	1	陶		陶瓦					
12	岚山	LS-DWJG-3	单个遗址	周代	东周	1087	1	陶		不确定	腹片				
12	岚山	LS-DWJG-4	单个遗址	汉代		1512	1	陶		不确定	腹片				
12	岚山	LS-DWJG-4	单个遗址	汉代		1512	8	陶		陶瓦					
12	岚山	LS-DWJG-5	单个遗址	汉代		1511	1	陶		陶瓮	口沿				
12	岚山	LS-DWJG-5	单个遗址	汉代		1511	26	陶		陶瓦					
10	岚山	LS-DXQH-1	CAA	龙山	不确定	407	1	陶		陶罐	器底				
10	岚山	LS-DXQH-1	CAA	龙山	不确定	407	4	陶		不确定	腹片				
10	岚山	LS-DXQH-1	CAB	龙山	早期	407	1	陶		陶匜	口沿				
10	岚山	LS-DXQH-1	CAB	龙山	早期	407	1	陶		陶鬹	器足				
10	岚山	LS-DXQH-1	CAB	龙山	早期	407	1	陶		陶鼎	器足				
10	岚山	LS-DXQH-1	CAB	龙山	不确定	407	14	陶		不确定	腹片				
10	岚山	LS-DXQH-1	CAB	龙山	不确定	407	1	陶		不确定	腹片	篮纹			
10	岚山	LS-DXQH-1	CAB	汉代	不确定	1092	4	陶		陶瓦					
10	岚山	LS-DXQH-1	CAC	龙山	不确定	407	2	陶		不确定	腹片				
10	岚山	LS-DXQH-1	CAC	龙山	不确定	407	1	陶		陶罐	口沿				
10	岚山	LS-DXQH-1	CAC	汉代	不确定	1092	8	陶		陶瓦					
10	岚山	LS-DXQH-1	CAC	汉代	不确定	1092	2	陶		不确定	腹片				
10	岚山	LS-DXQH-1	CAD	汉代	不确定	1092	1	陶		陶盆	口沿				
10	岚山	LS-DXQH-1	CAD	汉代	不确定	1092	5	陶		陶瓦					
10	岚山	LS-DXQH-1	CAE	周代	东周	824	1	陶		陶鬲	腹片				
10	岚山	LS-DXQH-1	CAE	周代	东周	824	2	陶		不确定	腹片	绳纹			
10	岚山	LS-DXQH-1	CAE	周代	东周	824	1	陶		不确定	腹片				
10	岚山	LS-DXQH-1	CAE	汉代	不确定	1092	19	陶		陶瓦					
10	岚山	LS-DXQH-1	CAF	周代	西周	824	1	陶		不确定	腹片	附加堆纹			
10	岚山	LS-DXQH-1	CAF	周代	东周	824	6	陶		不确定	腹片				
10	岚山	LS-DXQH-1	CAF	周代	东周	824	3	陶		不确定	腹片	绳纹			
10	岚山	LS-DXQH-1	CAF	周代	东周	824	1	陶		陶鬲	腹片				
10	岚山	LS-DXQH-1	CAF	汉代	不确定	1092	2	陶		陶盆	口沿				
10	岚山	LS-DXQH-1	CAF	汉代	不确定	1092	5	陶		陶瓦					
10	岚山	LS-DXQH-1	CAF	汉代	不确定	1092	4	陶		不确定	腹片	绳纹			
10	岚山	LS-DXQH-1	CAG	汉代	不确定	1092	2	陶		陶瓦					
10	岚山	LS-DXQH-1	CAG	汉代	不确定	1092	3	陶		不确定	腹片				

年度	县区	遗址	采集区	时代	分期	期段编号	数量	质地	石器种类	器型	部位	纹饰	颜色	质地	蛋壳陶
10	岚山	LS-DXQH-1	CAH	龙山	不确定	411	1	陶		不确定	腹片				
10	岚山	LS-DXQH-1	CAH	汉代	不确定	1092	1	陶		陶罐	口沿				
10	岚山	LS-DXQH-1	CAH	汉代	不确定	1092	6	陶		陶瓦					
10	岚山	LS-DXQH-1	CAI	周代	西周	824	2	陶		陶鬲	腹片				
10	岚山	LS-DXQH-1	CAI	周代	西周	824	1	陶		不确定	腹片				
10	岚山	LS-DXQH-1	CAI	周代	西周	824	2	陶		不确定	腹片	绳纹			
10	岚山	LS-DXQH-1	CAI	周代	东周	824	1	陶		陶豆	豆柄				
10	岚山	LS-DXQH-1	CAI	周代	东周	824	3	陶		不确定	腹片	绳纹			
10	岚山	LS-DXQH-1	CAI	周代	东周	824	3	陶		不确定	腹片				
10	岚山	LS-DXQH-1	CAI	汉代	不确定	1092	2	陶		陶盆	口沿				
10	岚山	LS-DXQH-1	CAI	汉代	不确定	1092	7	陶		陶井					
10	岚山	LS-DXQH-1	CAI	汉代	不确定	1092	1	陶		陶豆	豆盘				
10	岚山	LS-DXQH-1	CAI	汉代	不确定	1092	40	陶		陶瓦					
10	岚山	LS-DXQH-1	CAI	汉代	不确定	1092	2	陶		陶罐	口沿				
10	岚山	LS-DXQH-1	CAJ	汉代	不确定	1092	2	陶		陶罐	口沿				
10	岚山	LS-DXQH-1	CAJ	汉代	不确定	1092	1	陶		不确定	腹片	绳纹			
10	岚山	LS-DXQH-1	CAJ	汉代	不确定	1092	1	陶		不确定	腹片				
10	岚山	LS-DXQH-1	CAK	汉代	不确定	1092	4	陶		陶瓦					
10	岚山	LS-DXQH-1	CAK	汉代	不确定	1092	5	陶		不确定	腹片				
10	岚山	LS-DXQH-1	CAK	汉代	不确定	1092	2	陶		不确定	腹片	绳纹			
10	岚山	LS-DXQH-2	单个遗址	周代	东周	827	1	陶		陶罐	口沿				
10	岚山	LS-DXQH-2	单个遗址	周代	东周	827	1	陶		不确定	腹片	绳纹			
10	岚山	LS-DXQH-2	单个遗址	周代	东周	827	1	陶		不确定	腹片				
10	岚山	LS-DXQH-3	单个遗址	汉代	不确定	1100	2	陶		陶瓦					
10	岚山	LS-DXQH-4	单个遗址	汉代	不确定	1103	1	陶		陶瓦					
10	岚山	LS-DXQH-5	单个遗址	汉代	不确定	1102	1	陶		陶瓦					
10	岚山	LS-DXQH-6	单个遗址	汉代	不确定	1099	1	陶		陶瓦					
10	岚山	LS-DXQH-7	单个遗址	汉代	不确定	1091	4	陶		陶瓦					
10	岚山	LS-DXQH-7	单个遗址	汉代	不确定	1091	1	陶		不确定	腹片	绳纹			
10	岚山	LS-DXQH-8	单个遗址	龙山	不确定	413	1	陶		不确定	腹片				
11	岚山	LS-DXZ-1	CAA	汉代	不确定	1400	4	陶		不确定	腹片				
11	岚山	LS-DXZ-1	CAA	汉代	不确定	1400	7	陶		陶瓦					
11	岚山	LS-DXZ-1	CAB	汉代	不确定	1400	3	陶		不确定	腹片				
11	岚山	LS-DXZ-2	单个遗址	龙山	中期	462	1	陶		陶罐	口沿				
11	岚山	LS-DXZ-2	单个遗址	龙山	不确定	462	2	陶		陶罐	器底				
11	岚山	LS-DXZ-2	单个遗址	龙山	不确定	462	1	陶		不确定	腹片				
11	岚山	LS-DYG-1	单个遗址	汉代	不确定	1374	2	陶		不确定	腹片				
12	岚山	LS-DYJZ-1	单个遗址	汉代		1423	1	陶		不确定	腹片				
10	岚山	LS-DZJZ-1	单个遗址	汉代	不确定	1143	1	陶		陶瓦					
11	岚山	LS-DZZ-1	单个遗址	周代	西周	1019	1	陶		不确定	腹片	绳纹			
11	岚山	LS-DZZ-2	单个遗址	周代	东周	1003	1	陶		不确定	腹片	绳纹			
11	岚山	LS-DZZ-3	单个遗址	汉代	不确定	1350	3	陶		不确定	腹片				
11	岚山	LS-DZZ-3	单个遗址	汉代	不确定	1350	1	陶		陶盆	器底				
11	岚山	LS-DZZ-5	单个遗址	汉代	不确定	1355	1	陶		陶盆	颈部				
11	岚山	LS-DZZ-5	单个遗址	汉代	不确定	1355	2	陶		陶瓦					
12	岚山	LS-FJGZ-1	单个遗址	龙山		465	2	陶		不确定	腹片				

年度	县区	遗址	采集区	时代	分期	期段编号	数量	质地	石器种类	器型	部位	纹饰	颜色	质地	蛋壳陶
12	岚山	LS-FJGZ-1	单个遗址	周代	东周	1034	4	陶		不确定	腹片	绳纹			
12	岚山	LS-FJGZ-1	单个遗址	周代	东周	1034	1	陶		不确定	腹片				
12	岚山	LS-FJGZ-1	单个遗址	汉代		1415	2	陶		不确定	腹片				
12	岚山	LS-FJGZ-1	单个遗址	汉代		1415	4	陶		陶瓦					
12	岚山	LS-FJGZ-2	单个遗址	汉代		1416	5	陶		陶瓦					
10	岚山	LS-FJZ-1	单个遗址	汉代	不确定	1148	1	陶		陶瓦					
10	岚山	LS-FJZ-2	单个遗址	汉代	不确定	1142	2	陶		陶瓦					
11	岚山	LS-FSZ-1	CAA	周代	西周	1025	1	陶		陶鬲	腹片	绳纹			
11	岚山	LS-FSZ-1	CAA	周代	西周	1025	2	陶		不确定	腹片	绳纹			
11	岚山	LS-FSZ-1	CAA	周代	东周	1025	3	陶		不确定	腹片				
11	岚山	LS-FSZ-1	CAA	周代	东周	1025	1	陶		不确定	腹片	绳纹			
11	岚山	LS-FSZ-1	CAA	汉代	不确定	1393	1	陶		陶瓮	口沿				
11	岚山	LS-FSZ-1	CAA	汉代	不确定	1393	9	陶		不确定	腹片				
11	岚山	LS-FSZ-1	CAA	汉代	不确定	1393	4	陶		陶瓦					
11	岚山	LS-FSZ-1	CAB	周代	西周	1025	4	陶		不确定	腹片	绳纹			
11	岚山	LS-FSZ-1	CAB	周代	东周	1025	1	陶		陶钵	口沿				
11	岚山	LS-FSZ-1	CAB	周代	东周	1025	2	陶		不确定	腹片	绳纹			
11	岚山	LS-FSZ-1	CAB	汉代	不确定	1393	5	陶		不确定	腹片				
11	岚山	LS-FSZ-1	CAB	汉代	不确定	1393	10	陶		陶瓦					
11	岚山	LS-FSZ-1	CAC	汉代	不确定	1393	1	陶		陶盆	器底				
11	岚山	LS-FSZ-1	CAC	汉代	不确定	1393	2	陶		不确定	腹片				
11	岚山	LS-FSZ-1	CAC	汉代	不确定	1393	1	陶		陶瓦					
11	岚山	LS-FSZ-2	CAA	周代	东周	1026	1	陶		陶罐	口沿				
11	岚山	LS-FSZ-2	CAA	周代	东周	1026	1	陶		不确定	腹片				
11	岚山	LS-FSZ-2	CAA	周代	东周	1026	1	陶		不确定	腹片	绳纹			
11	岚山	LS-FSZ-2	CAB	汉代	不确定	1392	1	陶		陶盆	器底				
11	岚山	LS-FSZ-2	CAB	汉代	不确定	1392	2	陶		不确定	腹片				
12	岚山	LS-FSZ-3	单个遗址	周代	东周	1139	2	陶		不确定	腹片	绳纹			
11	岚山	LS-GJH-2	单个遗址	汉代	不确定	1198	1	陶		陶瓮	口沿				
11	岚山	LS-GJH-2	单个遗址	汉代	不确定	1198	1	陶		陶盆	口沿				
11	岚山	LS-GJH-2	单个遗址	汉代	不确定	1198	4	陶		不确定	腹片				
11	岚山	LS-GJH-2	单个遗址	汉代	不确定	1198	4	陶		陶瓦					
10	岚山	LS-GJZ-1	CAA	周代	西周	881	3	陶		陶鬲	器足				
10	岚山	LS-GJZ-1	CAA	周代	西周	881	1	陶		陶鬲	口沿				
10	岚山	LS-GJZ-1	CAA	周代	西周	881	5	陶		陶鬲	腹片	绳纹			
10	岚山	LS-GJZ-1	CAA	周代	西周	881	1	陶		陶甗	腰部				
10	岚山	LS-GJZ-1	CAA	周代	西周	881	4	陶		陶罐	口沿				
10	岚山	LS-GJZ-1	CAA	周代	西周	881	2	陶		陶罐	器底				
10	岚山	LS-GJZ-1	CAA	周代	西周	881	56	陶		不确定	腹片	绳纹			
10	岚山	LS-GJZ-1	CAA	周代	西周	881	22	陶		不确定	腹片				
10	岚山	LS-GJZ-1	CAA	周代	西周	881	1	陶		不确定		附加堆纹			
10	岚山	LS-GJZ-1	CAA	汉代	不确定	1173	1	陶		陶瓦					
10	岚山	LS-GJZ-1	CAB	汉代	不确定	1173	1	陶		陶瓦					
10	岚山	LS-GJZ-1	CAB	商代	晚期	28	1	陶		陶鬲	口沿				
10	岚山	LS-GJZ-1	CAB	周代	西周	881	2	陶		陶鬲	器足				
10	岚山	LS-GJZ-1	CAB	周代	西周	881	2	陶		陶罐	口沿				

年度	县区	遗址	采集区	时代	分期	期段编号	数量	质地	石器种类	器型	部位	纹饰	颜色	质地	蛋壳陶
10	岚山	LS-GJZ-1	CAB	周代	西周	881	1	陶		陶簋	豆柄				
10	岚山	LS-GJZ-1	CAB	周代	西周	881	1	陶		陶罐	肩部				
10	岚山	LS-GJZ-1	CAB	周代	西周	881	32	陶		不确定	腹片	绳纹			
10	岚山	LS-GJZ-1	CAB	周代	西周	881	1	陶		不确定		附加堆纹			
10	岚山	LS-GJZ-1	CAC	周代	西周	881	1	陶		陶鬲	器足				
10	岚山	LS-GJZ-1	CAC	周代	西周	881	3	陶		陶鬲	腹片	绳纹			
10	岚山	LS-GJZ-1	CAC	周代	西周	881	4	陶		陶罐	口沿				
10	岚山	LS-GJZ-1	CAC	周代	西周	881	2	陶		陶罐	肩部				
10	岚山	LS-GJZ-1	CAC	周代	西周	881	32	陶		不确定	腹片	绳纹			
10	岚山	LS-GJZ-1	CAC	周代	西周	881	10	陶		不确定	腹片				
10	岚山	LS-GJZ-1	CAC	周代	东周	881	2	陶		不确定	腹片	绳纹			
10	岚山	LS-GJZ-1	CAC	周代	东周	881	1	陶		不确定	腹片				
10	岚山	LS-GJZ-1	CAC	汉代	不确定	1173	4	陶		陶瓦					
10	岚山	LS-GJZ-1	CAD	周代	西周	881	2	陶		不确定	腹片	绳纹			
10	岚山	LS-GJZ-1	CAD	周代	西周	881	2	陶		不确定	腹片				
10	岚山	LS-GJZ-1	CAE	龙山	晚期	419	1	陶		陶鼎	器足				
10	岚山	LS-GJZ-1	CAE	龙山	不确定	419	1	陶		陶罐	颈部	弦纹			
10	岚山	LS-GJZ-1	CAE	龙山	不确定	419	4	陶		不确定	腹片				
10	岚山	LS-GJZ-1	CAE	龙山	不确定	419	1	陶		不确定	腹片	弦纹，磨光			是
10	岚山	LS-GJZ-1	CAE	周代	西周	881	7	陶		陶鬲	器足				
10	岚山	LS-GJZ-1	CAE	周代	西周	881	1	陶		陶豆	豆盘				
10	岚山	LS-GJZ-1	CAE	周代	西周	881	5	陶		陶罐	口沿				
10	岚山	LS-GJZ-1	CAE	周代	西周	881	4	陶		陶罐	肩部				
10	岚山	LS-GJZ-1	CAE	周代	西周	881	16	陶		不确定	腹片	绳纹			
10	岚山	LS-GJZ-1	CAE	周代	西周	881	13	陶		不确定	腹片				
10	岚山	LS-GJZ-1	CAE	周代	东周	881	3	陶		陶罐	口沿				
10	岚山	LS-GJZ-1	CAE	周代	东周	881	2	陶		陶豆	豆柄				
10	岚山	LS-GJZ-1	CAE	周代	东周	881	1	陶		陶盆	口沿				
10	岚山	LS-GJZ-1	CAE	周代	东周	881	1	陶		陶碗	口沿				
10	岚山	LS-GJZ-1	CAE	汉代	不确定	1173	3	陶		陶盆	口沿				
10	岚山	LS-GJZ-1	CAE	汉代	不确定	1173	1	陶		陶瓦					
10	岚山	LS-GJZ-1	CAF	周代	西周	881	1	陶		陶罐	肩部				
10	岚山	LS-GJZ-1	CAF	周代	西周	881	1	陶		陶罐	肩部	弦纹			
10	岚山	LS-GJZ-1	CAF	周代	西周	881	20	陶		不确定	腹片	绳纹			
10	岚山	LS-GJZ-1	CAF	周代	西周	881	19	陶		不确定	腹片				
10	岚山	LS-GJZ-1	CAF	汉代	不确定	1174	3	陶		陶瓦					
10	岚山	LS-GJZ-1	CAG	周代	西周	881	1	陶		陶罐	器底				
10	岚山	LS-GJZ-1	CAG	周代	西周	881	6	陶		不确定	腹片	绳纹			
10	岚山	LS-GJZ-1	CAG	周代	西周	881	1	陶		不确定	腹片				
10	岚山	LS-GJZ-1	CAH	周代	西周	881	3	陶		陶罐	口沿				
10	岚山	LS-GJZ-1	CAH	周代	西周	881	40	陶		不确定	腹片	绳纹			
10	岚山	LS-GJZ-1	CAH	周代	西周	881	1	陶		陶鬲	口沿				
10	岚山	LS-GJZ-1	CAH	周代	西周	881	1	陶		陶盆	口沿				
10	岚山	LS-GJZ-1	CAH	周代	西周	881	1	陶		陶鬲	器足				
10	岚山	LS-GJZ-1	CAH	周代	西周	881	4	陶		陶鬲	腹片	绳纹			
10	岚山	LS-GJZ-1	CAH	周代	西周	881	2	陶		陶罐	肩部				

年度	县区	遗址	采集区	时代	分期	期段编号	数量	质地	石器种类	器型	部位	纹饰	颜色	质地	蛋壳陶
10	岚山	LS-GJZ-1	CAH	周代	西周	881	1	陶		陶罐	耳				
10	岚山	LS-GJZ-1	CAH	周代	西周	881	9	陶		不确定	腹片				
10	岚山	LS-GJZ-1	CAH	周代	东周	881	1	陶		陶鼎	器足				
10	岚山	LS-GJZ-1	CAH	周代	东周	881	2	陶		陶罐	器底				
10	岚山	LS-GJZ-1	CAH	汉代	不确定	1174	2	陶		陶瓦					
10	岚山	LS-GJZ-1	CAI	龙山	不确定	418	1	陶		不确定	腹片	弦纹，磨光			是
10	岚山	LS-GJZ-1	CAI	周代	西周	881	1	陶		陶罐	口沿				
10	岚山	LS-GJZ-1	CAI	周代	西周	881	7	陶		不确定	腹片	绳纹			
10	岚山	LS-GJZ-1	CAJ	龙山	不确定	418	2	陶		不确定	腹片				
10	岚山	LS-GJZ-1	CAJ	周代	东周	881	1	陶		不确定	腹片				
10	岚山	LS-GJZ-1	CAJ	周代	东周	881	1	陶		陶罐	口沿				
10	岚山	LS-GJZ-1	CAJ	汉代	不确定	1176	1	陶		陶瓦					
10	岚山	LS-GJZ-2	单个遗址	周代	东周	882	2	陶		不确定	腹片	绳纹			
10	岚山	LS-GJZ-2	单个遗址	汉代	不确定	1175	2	陶		陶瓦					
10	岚山	LS-GJZ-3	单个遗址	龙山	早期	417	1	陶		陶鼎	口沿				
10	岚山	LS-GJZ-3	单个遗址	龙山	早期	417	1	陶		陶匜	口沿				
10	岚山	LS-GJZ-3	单个遗址	龙山	不确定	417	9	陶		不确定	腹片				
10	岚山	LS-GJZ-3	单个遗址	龙山	不确定	417	1	陶		不确定	腹片	磨光			是
10	岚山	LS-GJZ-3	单个遗址	龙山	不确定	417	2	陶		不确定	腹片	弦纹			
10	岚山	LS-GJZ-3	单个遗址	周代	东周	880	1	陶		陶豆	豆柄				
10	岚山	LS-GJZ-3	单个遗址	周代	东周	880	1	陶		不确定	腹片				
10	岚山	LS-GJZ-4	单个遗址	周代	西周	879	1	陶		不确定	腹片	绳纹			
10	岚山	LS-GJZ-4	单个遗址	周代	西周	879	3	陶		陶盆	口沿				
10	岚山	LS-GJZ-4	单个遗址	周代	西周	879	6	陶		不确定	腹片				
10	岚山	LS-GJZ-5	单个遗址	周代	西周	878	1	陶		陶鬲	腹片	绳纹			
10	岚山	LS-GJZ-5	单个遗址	周代	西周	878	2	陶		不确定	腹片	绳纹			
12	岚山	LS-GW-1	CAA	龙山		475	1	石	工具	石凿					
12	岚山	LS-GW-1	CAA	龙山	早期	475	3	陶		陶鼎	口沿				
12	岚山	LS-GW-1	CAA	龙山	早期	475	1	陶		陶匜	口沿				
12	岚山	LS-GW-1	CAA	龙山	早期	475	5	陶		不确定	腹片	篮纹			
12	岚山	LS-GW-1	CAA	龙山	中期	475	2	陶		陶匜	口沿				
12	岚山	LS-GW-1	CAA	龙山	中期	475	1	陶		陶鼎	口沿				
12	岚山	LS-GW-1	CAA	龙山	中期	475	3	陶		陶罐	口沿				
12	岚山	LS-GW-1	CAA	龙山		475	1	陶		陶圈足盘	豆柄				
12	岚山	LS-GW-1	CAA	龙山		475	7	陶		不确定	腹片			泥质	
12	岚山	LS-GW-1	CAA	龙山		475	2	陶		陶罐	器底				
12	岚山	LS-GW-1	CAA	龙山		475	41	陶		不确定	腹片			粗砂	
12	岚山	LS-GW-1	CAA	龙山		475	1	陶		把手	碎块				
12	岚山	LS-GW-1	CAA	岳石		19	1	陶		陶鼎	器足				
12	岚山	LS-GW-1	CAA	岳石		19	2	陶		陶器盖	口沿				
12	岚山	LS-GW-1	CAA	岳石		19	2	陶		陶罐	器底				
12	岚山	LS-GW-1	CAA	岳石		19	13	陶		不确定	腹片				
12	岚山	LS-GW-1	CAA	周代	西周	1089	1	陶		陶罐	口沿				
12	岚山	LS-GW-1	CAA	周代	西周	1089	4	陶		不确定	腹片				
12	岚山	LS-GW-1	CAA	周代	西周	1089	3	陶		不确定	腹片	绳纹			
12	岚山	LS-GW-1	CAA	周代	东周	1089	3	陶		不确定	腹片	绳纹			

年度	县区	遗址	采集区	时代	分期	期段编号	数量	质地	石器种类	器型	部位	纹饰	颜色	质地	蛋壳陶
12	岚山	LS-GW-1	CAA	周代	东周	1089	3	陶		不确定	腹片				
12	岚山	LS-GW-1	CAA	汉代		1523	1	陶		陶瓦					
12	岚山	LS-GW-1	CAA	汉代		1523	1	陶		不确定	腹片	绳纹			
12	岚山	LS-GW-1	CAA	不确定			1	黏土		混凝土	碎块			烧土	
12	岚山	LS-GW-1	CAB	龙山		475	6	陶		不确定	腹片				
12	岚山	LS-GW-1	CAB	汉代		1523	9	陶		不确定	腹片				
12	岚山	LS-GW-1	CAB	汉代		1523	2	陶		陶瓦					
12	岚山	LS-GW-1	CAC	龙山	早期	475	1	陶		不确定	腹片	篮纹			
12	岚山	LS-GW-1	CAC	汉代		1523	5	陶		不确定	腹片				
12	岚山	LS-GW-1	CAC	汉代		1523	5	陶		陶瓦					
12	岚山	LS-GW-1	CAD	不确定			1	石	工具	石镰	碎块				
12	岚山	LS-GW-1	CAD	龙山		475	3	陶		不确定	腹片				
12	岚山	LS-GW-1	CAD	周代	西周	1089	3	陶		不确定	腹片	绳纹			
12	岚山	LS-GW-1	CAD	周代	西周	1089	4	陶		不确定	腹片				
12	岚山	LS-GW-1	CAD	周代	东周	1089	1	陶		陶罐	口沿				
12	岚山	LS-GW-1	CAD	周代	东周	1089	1	陶		陶盆	口沿				
12	岚山	LS-GW-1	CAD	周代	东周	1089	11	陶		不确定	腹片				
12	岚山	LS-GW-1	CAD	周代	东周	1089	3	陶		不确定	腹片	绳纹			
12	岚山	LS-GW-1	CAD	汉代		1523	1	陶		陶瓦	瓦头	图案			
12	岚山	LS-GW-1	CAE	周代	东周	1089	1	陶		陶罐	口沿				
12	岚山	LS-GW-1	CAE	周代	东周	1089	3	陶		不确定	腹片				
12	岚山	LS-GW-1	CAF	周代	东周	1089	1	陶		不确定	腹片	绳纹			
12	岚山	LS-GW-2	单个遗址	汉代		1525	1	陶		不确定	腹片	绳纹			
12	岚山	LS-GW-2	单个遗址	汉代		1525	2	陶		陶瓦					
10	岚山	LS-GX-1	单个遗址	周代	西周	850	1	陶		陶罐	口沿				
12	岚山	LS-HAX-1	单个遗址	汉代		1407	6	陶		不确定	腹片				
12	岚山	LS-HAX-1	单个遗址	汉代		1407	1	陶		陶盆	口沿				
12	岚山	LS-HAX-1	单个遗址	汉代		1407	18	陶		陶瓦					
12	岚山	LS-HAX-2	单个遗址	汉代		1408	1	陶		不确定	腹片				
10	岚山	LS-HHB-1	单个遗址	周代	西周	860	1	陶		陶鬲	器足				
10	岚山	LS-HHB-1	单个遗址	周代	西周	860	1	陶		陶罐	器底				
10	岚山	LS-HHB-1	单个遗址	周代	西周	860	2	陶		陶盆	器底				
10	岚山	LS-HHB-1	单个遗址	周代	西周	860	1	陶		陶罐	口沿				
10	岚山	LS-HHB-1	单个遗址	周代	西周	860	10	陶		不确定	腹片	绳纹			
10	岚山	LS-HHB-1	单个遗址	周代	西周	860	3	陶		不确定	腹片				
10	岚山	LS-HHB-1	单个遗址	周代	东周	860	1	陶		陶豆	豆盘				
10	岚山	LS-HHB-1	单个遗址	周代	东周	860	1	陶		陶盆	口沿				
10	岚山	LS-HHB-1	单个遗址	周代	东周	860	19	陶		不确定	腹片	绳纹			
10	岚山	LS-HHB-1	单个遗址	周代	东周	860	56	陶		不确定	腹片				
10	岚山	LS-HHB-2	单个遗址	周代	西周	859	2	陶		不确定	腹片	绳纹			
10	岚山	LS-HHB-2	单个遗址	周代	西周	859	1	陶		不确定	腹片				
10	岚山	LS-HHB-3	单个遗址	周代	东周	861	1	陶		陶盆	口沿				
10	岚山	LS-HHB-3	单个遗址	周代	东周	861	1	陶		陶盆	颈部				
10	岚山	LS-HHB-4	单个遗址	周代	西周	858	2	陶		不确定	腹片	绳纹			
10	岚山	LS-HHB-4	单个遗址	周代	东周	858	1	陶		陶罐	口沿				
10	岚山	LS-HHB-4	单个遗址	周代	东周	858	2	陶		不确定	腹片	绳纹			

年度	县区	遗址	采集区	时代	分期	期段编号	数量	质地	石器种类	器型	部位	纹饰	颜色	质地	蛋壳陶
10	岚山	LS-HHB-4	单个遗址	周代	东周	858	1	陶		不确定	腹片				
10	岚山	LS-HHB-5	CAA	周代	西周	857	2	陶		陶罐	口沿				
10	岚山	LS-HHB-5	CAA	周代	西周	857	8	陶		不确定	腹片	绳纹			
10	岚山	LS-HHB-5	CAA	周代	西周	857	3	陶		陶鬲	腹片	绳纹			
10	岚山	LS-HHB-5	CAA	周代	西周	857	3	陶		不确定	腹片				
10	岚山	LS-HHB-5	CAB	周代	西周	857	1	陶		陶罐	口沿				
10	岚山	LS-HHB-5	CAB	周代	西周	857	2	陶		陶鬲	腹片	绳纹			
10	岚山	LS-HHB-5	CAB	周代	西周	857	6	陶		不确定	腹片	绳纹			
10	岚山	LS-HHB-6	单个遗址	周代	西周	856	1	陶		陶鬲	腹片	绳纹			
10	岚山	LS-HHB-7	单个遗址	周代	东周	855	1	陶		陶罐	口沿				
10	岚山	LS-HHB-7	单个遗址	周代	东周	855	2	陶		不确定	腹片	绳纹			
10	岚山	LS-HHB-7	单个遗址	周代	东周	855	8	陶		不确定	腹片				
10	岚山	LS-HHB-8	CAA	汉代	不确定	1139	4	陶		陶瓦					
10	岚山	LS-HHB-9	单个遗址	汉代	不确定	1141	1	陶		不确定	腹片				
11	岚山	LS-HJC-1	单个遗址	汉代	不确定	1353	2	陶		不确定	腹片				
11	岚山	LS-HJC-2	单个遗址	汉代	不确定	1351	1	陶		不确定	腹片				
10	岚山	LS-HJGL-1	单个遗址	汉代	不确定	1052	2	陶		陶瓦					
10	岚山	LS-HJGL-1	单个遗址	汉代	不确定	1052	1	陶		不确定	腹片				
10	岚山	LS-HJGL-2	CAA	汉代	不确定	1055	2	陶		陶盆	口沿				
10	岚山	LS-HJGL-2	CAA	汉代	不确定	1055	9	陶		陶瓦					
10	岚山	LS-HJGL-2	CAA	汉代	不确定	1055	11	陶		不确定	腹片				
10	岚山	LS-HJGL-2	CAA	汉代	不确定	1055	2	陶		不确定	腹片	绳纹			
10	岚山	LS-HJGL-2	CAB	汉代	不确定	1055	2	陶		陶瓦					
10	岚山	LS-HJGL-2	CAB	汉代	不确定	1055	3	陶		不确定	腹片				
10	岚山	LS-HJGL-3	单个遗址	汉代	不确定	1058	1	陶		陶瓦					
10	岚山	LS-HJGL-3	单个遗址	汉代	不确定	1058	2	陶		不确定	腹片	绳纹			
10	岚山	LS-HJGL-4	单个遗址	汉代	不确定	1057	1	陶		陶瓦					
10	岚山	LS-HJGL-4	单个遗址	汉代	不确定	1057	3	陶		不确定	腹片				
10	岚山	LS-HJGL-5	单个遗址	汉代	不确定	1056	4	陶		陶瓦					
10	岚山	LS-HJGL-5	单个遗址	汉代	不确定	1056	1	陶		纺轮					
10	岚山	LS-HJGL-5	单个遗址	汉代	不确定	1056	2	陶		不确定	腹片				
10	岚山	LS-HJGL-6	单个遗址	汉代	不确定	1059	1	陶		陶瓦					
13	岚山	LS-HJGL-7	单个遗址	汉代		1590	1	陶		陶盆	口沿				
12	岚山	LS-HJY-1	CAA	汉代		1548	3	陶		不确定	腹片				
12	岚山	LS-HJY-1	CAA	汉代		1548	2	陶		不确定	腹片	绳纹			
12	岚山	LS-HJY-1	CAB	汉代		1548	1	陶		陶盆	口沿				
12	岚山	LS-HJY-1	CAB	汉代		1548	2	陶		不确定	腹片				
12	岚山	LS-HJY-1	CAB	汉代		1548	1	陶		不确定	腹片	绳纹			
12	岚山	LS-HJY-1	CAB	汉代		1548	1	陶		陶瓦					
11	岚山	LS-HJYZ-1	单个遗址	周代	东周	989	1	陶		陶釜	腹片				
11	岚山	LS-HJYZ-1	单个遗址	周代	东周	989	2	陶		不确定	腹片	绳纹			
11	岚山	LS-HJYZ-1	单个遗址	周代	东周	989	2	陶		不确定	腹片				
11	岚山	LS-HJYZ-1	单个遗址	汉代	不确定	1337	1	陶		陶瓮	口沿				
11	岚山	LS-HJYZ-1	单个遗址	汉代	不确定	1337	1	陶		陶盆	口沿				
11	岚山	LS-HJYZ-1	单个遗址	汉代	不确定	1337	4	陶		不确定	腹片				
11	岚山	LS-HJYZ-2	单个遗址	周代	西周	990	1	陶		陶罐	口沿				

年度	县区	遗址	采集区	时代	分期	期段编号	数量	质地	石器种类	器型	部位	纹饰	颜色	质地	蛋壳陶
11	岚山	LS-HJYZ-2	单个遗址	周代	西周	990	4	陶		不确定	腹片	绳纹			
11	岚山	LS-HJYZ-2	单个遗址	周代	西周	990	6	陶		不确定	腹片				
11	岚山	LS-HJYZ-2	单个遗址	周代	东周	990	1	陶		陶盆	口沿				
11	岚山	LS-HJYZ-2	单个遗址	周代	东周	990	4	陶		不确定	腹片	绳纹			
11	岚山	LS-HJYZ-2	单个遗址	周代	东周	990	7	陶		不确定	腹片				
11	岚山	LS-HJYZ-2	单个遗址	汉代	不确定	1338	2	陶		陶盆	口沿				
11	岚山	LS-HJYZ-2	单个遗址	汉代	不确定	1338	3	陶		不确定	腹片				
11	岚山	LS-HJYZ-2	单个遗址	汉代	不确定	1338	3	陶		陶瓦					
11	岚山	LS-HJYZ-2	单个遗址	汉代	不确定	1338	2	陶		不确定	腹片	釉陶			
11	岚山	LS-HJYZ-2	单个遗址	龙山	不确定	463	1	陶		陶罐	把手				
11	岚山	LS-HJYZ-3	单个遗址	汉代	不确定	1336	3	陶		不确定	腹片				
13	岚山	LS-HMZ-1	CAA	龙山	早期	493	1	陶		陶匜	口沿				
13	岚山	LS-HMZ-1	CAA	龙山		493	2	陶		陶罐	器底				
13	岚山	LS-HMZ-1	CAA	龙山		493	1	陶		陶罐	口沿				
13	岚山	LS-HMZ-1	CAA	龙山		493	14	陶		不确定	腹片			粗砂	
13	岚山	LS-HMZ-1	CAA	汉代		1605	1	陶		陶瓦					
13	岚山	LS-HMZ-1	CAB	龙山	早期	493	1	陶		陶鼎	器足				
13	岚山	LS-HMZ-1	CAB	龙山	早期	493	1	陶		陶甗	器足				
13	岚山	LS-HMZ-1	CAB	龙山	早期	493	1	陶		陶圈足盘				泥质	
13	岚山	LS-HMZ-1	CAB	龙山	早期	493	1	陶		陶罐	口沿				
13	岚山	LS-HMZ-1	CAB	龙山	早期	493	3	陶		陶罐	器底				
13	岚山	LS-HMZ-1	CAB	龙山		493	52	陶		不确定	腹片			粗砂	
13	岚山	LS-HMZ-1	CAB	龙山		493	1	陶		不确定	腹片			泥质	
13	岚山	LS-HMZ-1	CAC	龙山	早期	493	1	陶		陶鼎	口沿				
13	岚山	LS-HMZ-1	CAC	龙山	早期	493	1	陶		陶豆	口沿			泥质	
13	岚山	LS-HMZ-1	CAC	龙山	早期	493	2	陶		不确定	腹片	篮纹			
13	岚山	LS-HMZ-1	CAC	龙山		493	9	陶		不确定	腹片			粗砂	
13	岚山	LS-HMZ-1	CAC	龙山		493	1	陶		陶盆	器底				
13	岚山	LS-HMZ-1	CAC	龙山		493	2	陶		不确定	腹片			泥质	
13	岚山	LS-HMZ-1	CAC	汉代		1605	1	陶		陶瓦					
13	岚山	LS-HMZ-1	CAD	龙山		493	1	陶		陶器盖	把手				
13	岚山	LS-HMZ-1	CAD	龙山		493	1	陶		不确定	腹片			粗砂	
13	岚山	LS-HMZ-1	CAD	龙山		493	1	陶		不确定	腹片	弦纹		粗砂	
13	岚山	LS-HMZ-1	CAD	汉代		1605	1	陶		陶瓦					
13	岚山	LS-HMZ-1	CAE	龙山	中期	493	1	陶		陶罐	口沿				
13	岚山	LS-HMZ-1	CAE	龙山		493	1	陶		陶盆	器底				
13	岚山	LS-HMZ-1	CAE	龙山		493	45	陶		不确定	腹片			粗砂	
13	岚山	LS-HMZ-1	CAE	汉代		1605	1	陶		陶盆	口沿				
13	岚山	LS-HMZ-1	CAE	汉代		1605	2	陶		陶瓦					
13	岚山	LS-HMZ-1	CAE	汉代		1605	1	陶		不确定	腹片				
13	岚山	LS-HMZ-1	CAF	龙山	早期	493	2	陶		陶罐	口沿				
13	岚山	LS-HMZ-1	CAF	龙山	中期	493	1	陶		陶鼎	器足				
13	岚山	LS-HMZ-1	CAF	龙山		493	1	陶		陶罐	器底				
13	岚山	LS-HMZ-1	CAF	龙山		493	32	陶		不确定	腹片			粗砂	
13	岚山	LS-HMZ-1	CAF	龙山		493	1	石	工具	石锛					
13	岚山	LS-HMZ-1	CAF	汉代		1605	1	陶		陶瓦					

年度	县区	遗址	采集区	时代	分期	期段编号	数量	质地	石器种类	器型	部位	纹饰	颜色	质地	蛋壳陶
12	岚山	LS-HSCG-1	CAA	龙山	早期	479	1	陶		不确定	腹片	篮纹			
12	岚山	LS-HSCG-1	CAA	汉代		1552	1	陶		陶盆	口沿				
12	岚山	LS-HSCG-1	CAA	汉代		1552	4	陶		不确定	腹片				
12	岚山	LS-HSCG-1	CAA	汉代		1552	4	陶		陶瓦					
12	岚山	LS-HSCG-1	CAB	汉代		1552	4	陶		不确定	腹片				
12	岚山	LS-HSCG-1	CAB	汉代		1552	1	陶		陶盆	口沿				
12	岚山	LS-HSCG-1	CAB	汉代		1552	1	陶		陶盆	器底				
12	岚山	LS-HSCG-1	CAB	汉代		1552	4	陶		陶瓦					
12	岚山	LS-HSCG-1	CAC	周代	西周	1159	1	陶		陶罐	口沿				
12	岚山	LS-HSCG-1	CAC	汉代		1552	1	陶		陶瓮	口沿				
12	岚山	LS-HSCG-1	CAC	汉代		1552	1	陶		陶盆	口沿				
12	岚山	LS-HSCG-1	CAC	汉代		1552	4	陶		不确定	腹片				
12	岚山	LS-HSCG-1	CAC	汉代		1552	9	陶		陶瓦					
12	岚山	LS-HSCG-2	单个遗址	汉代		1553	2	陶		陶瓦					
12	岚山	LS-HSCG-3	单个遗址	汉代		1551	1	陶		不确定	腹片				
12	岚山	LS-HSCG-3	单个遗址	汉代		1551	1	陶		不确定	腹片	绳纹			
12	岚山	LS-HSP-1	单个遗址	汉代		1577	7	陶		不确定	腹片				
12	岚山	LS-HSP-1	单个遗址	汉代		1577	1	陶		陶瓦					
12	岚山	LS-HSP-2	单个遗址	周代	东周	1102	2	陶		不确定	腹片				
12	岚山	LS-HSP-2	单个遗址	周代	东周	1102	1	陶		陶罐	口沿				
12	岚山	LS-HSP-2	单个遗址	汉代		1575	1	陶		陶罐	器底				
12	岚山	LS-HSP-2	单个遗址	汉代		1575	2	陶		不确定	腹片				
12	岚山	LS-HSP-3	CAA	周代	西周	1133	5	陶		陶鬲	腹片	绳纹			
12	岚山	LS-HSP-3	CAA	周代	西周	1133	2	陶		不确定	腹片				
12	岚山	LS-HSP-3	CAA	周代	西周	1133	1	陶		不确定	腹片	绳纹			
12	岚山	LS-HSP-3	CAA	汉代		1576	1	陶		陶盆	口沿				
12	岚山	LS-HSP-3	CAA	汉代		1576	1	陶		陶瓮	口沿				
12	岚山	LS-HSP-3	CAC	周代	东周	1135	3	陶		不确定	腹片				
12	岚山	LS-HSP-3	CAD	周代	东周	1135	4	陶		不确定	腹片				
12	岚山	LS-HSP-3	CAE	周代	东周	1135	3	陶		不确定	腹片				
12	岚山	LS-HSP-3	CAF	周代	东周	1133	2	陶		不确定	腹片				
12	岚山	LS-HSP-3	CAF	周代	东周	1133	1	陶		不确定	腹片	绳纹			
12	岚山	LS-HSP-3	CAG	周代	西周	1133	1	陶		陶鬲	腹片				
12	岚山	LS-HSP-3	CAG	周代	西周	1133	3	陶		不确定	腹片	绳纹			
12	岚山	LS-HSP-3	CAG	周代	东周	1133	2	陶		不确定	腹片	绳纹			
12	岚山	LS-HSP-3	CAG	汉代		1576	1	陶		陶瓦					
12	岚山	LS-HSP-3	CAH	周代	西周	1133	1	陶		陶鬲	腹片				
12	岚山	LS-HSP-3	CAH	周代	西周	1133	5	陶		不确定	腹片	绳纹			
12	岚山	LS-HSP-3	CAH	周代	东周	1133	1	陶		陶簋	豆柄				
12	岚山	LS-HSP-3	CAH	周代	东周	1133	8	陶		不确定	腹片	绳纹			
12	岚山	LS-HSP-3	CAH	周代	东周	1133	22	陶		不确定	腹片				
12	岚山	LS-HSP-3	CAH	汉代		1576	1	陶		陶瓮	口沿				
12	岚山	LS-HSP-3	CAH	汉代		1576	1	陶		陶盆	口沿				
12	岚山	LS-HSP-3	CAH	汉代		1576	4	陶		不确定	腹片				
12	岚山	LS-HSP-3	CAH	汉代		1576	4	陶		陶瓦					
12	岚山	LS-HSP-4	单个遗址	汉代		1574	1	陶		陶瓮	口沿				

年度	县区	遗址	采集区	时代	分期	期段编号	数量	质地	石器种类	器型	部位	纹饰	颜色	质地	蛋壳陶
12	岚山	LS-HSP-5	单个遗址	周代	东周	1132	2	陶		不确定	腹片				
12	岚山	LS-HSP-5	单个遗址	周代	东周	1132	1	陶		不确定	腹片	绳纹			
12	岚山	LS-HSP-6	单个遗址	周代	东周	1134	2	陶		不确定	腹片				
12	岚山	LS-HSP-6	单个遗址	周代	东周	1134	1	陶		不确定	腹片	绳纹			
12	岚山	LS-HT-1	单个遗址	汉代		1484	1	陶		陶盆	口沿				
12	岚山	LS-HT-1	单个遗址	汉代		1484	2	陶		陶瓦					
12	岚山	LS-HT-2	单个遗址	汉代		1482	1	陶		陶瓦					
12	岚山	LS-HT-3	单个遗址	周代	东周	1068	1	陶		不确定	腹片	绳纹			
12	岚山	LS-HT-4	单个遗址	汉代		1481	1	陶		陶瓮	口沿				
12	岚山	LS-HT-4	单个遗址	汉代		1481	1	陶		陶罐	肩部				
12	岚山	LS-HT-4	单个遗址	汉代		1481	1	陶		不确定	腹片				
12	岚山	LS-HXZ-5	CAC	汉代		1440	1	陶		陶盆	器底				
12	岚山	LS-HXZ-5	CAC	汉代		1440	12	陶		不确定	腹片				
12	岚山	LS-HXZ-5	CAC	汉代		1440	6	陶		陶瓦					
12	岚山	LS-HXZ-6	单个遗址	周代	东周	1041	2	陶		不确定	腹片	绳纹			
12	岚山	LS-HXZ-6	单个遗址	汉代		1445	1	陶		陶瓦					
12	岚山	LS-HYG-1	单个遗址	汉代		1544	1	陶		陶瓦					
12	岚山	LS-HYG-1	单个遗址	汉代		1544	2	陶		不确定	腹片				
12	岚山	LS-HYG-2	单个遗址	汉代		1540	2	陶		不确定	腹片				
10	岚山	LS-HZ-1	单个遗址	龙山	不确定	414	1	陶		陶鼎	颈部				
12	岚山	LS-JFHX-1	单个遗址	周代	东周	1055	1	陶		不确定	腹片	绳纹			
12	岚山	LS-JFHX-2	CAA	汉代		1469	2	陶		不确定	腹片	绳纹			
12	岚山	LS-JFHX-2	CAB	汉代		1469	1	陶		不确定	腹片				
12	岚山	LS-JFHX-2	CAB	汉代		1469	2	陶		不确定	腹片				
12	岚山	LS-JFHX-2	CAB	汉代		1469	2	陶		不确定	腹片	绳纹			
12	岚山	LS-JFHX-3	单个遗址	汉代		1466	1	陶		陶罐	口沿				
12	岚山	LS-JFHX-4	单个遗址	周代	东周	1054	2	陶		不确定	腹片	绳纹			
12	岚山	LS-JFHX-5	单个遗址	周代	东周	1053	1	陶		不确定	腹片	绳纹			
12	岚山	LS-JFHX-6	CAA	汉代		1464	1	陶		陶盆	口沿				
12	岚山	LS-JFHX-6	CAA	汉代		1464	2	陶		不确定	腹片				
12	岚山	LS-JFHX-6	CAA	汉代		1464	10	陶		陶瓦					
12	岚山	LS-JFHX-6	CAB	汉代		1464	1	陶		不确定	腹片				
12	岚山	LS-JFHX-6	CAB	汉代		1464	8	陶		陶瓦					
12	岚山	LS-JFHX-7	单个遗址	周代	西周	1149	2	陶		不确定	腹片	绳纹			
12	岚山	LS-JFHX-7	单个遗址	汉代		1467	2	陶		不确定	腹片				
12	岚山	LS-JFHX-7	单个遗址	汉代		1467	6	陶		陶瓦					
12	岚山	LS-JFHX-8	单个遗址	汉代		1470	2	陶		不确定	腹片				
12	岚山	LS-JFHX-8	单个遗址	汉代		1470	1	陶		陶瓦					
10	岚山	LS-JFZ-1	单个遗址	龙山	不确定	422	1	陶		不确定	腹片	弦纹			
10	岚山	LS-JFZ-2	单个遗址	汉代	不确定	1185	1	陶		陶瓦					
10	岚山	LS-JFZ-3	单个遗址	周代	东周	888	3	陶		不确定	腹片	绳纹			
10	岚山	LS-JFZ-3	单个遗址	汉代	不确定	1184	10	陶		陶瓦					
10	岚山	LS-JFZ-3	单个遗址	汉代	不确定	1184	3	陶		不确定	腹片	绳纹			
10	岚山	LS-JFZ-4	单个遗址	龙山	不确定	420	7	陶		不确定	腹片				
10	岚山	LS-JFZ-5	单个遗址	汉代	不确定	1172	3	陶		陶瓦					
10	岚山	LS-JFZ-6	单个遗址	汉代	不确定	1179	7	陶		陶瓦					

年度	县区	遗址	采集区	时代	分期	期段编号	数量	质地	石器种类	器型	部位	纹饰	颜色	质地	蛋壳陶
10	岚山	LS-JFZ-6	单个遗址	汉代	不确定	1179	2	陶		不确定	腹片	绳纹			
10	岚山	LS-JFZ-7	单个遗址	周代	东周	885	1	陶		不确定	腹片	绳纹			
10	岚山	LS-JFZ-7	单个遗址	周代	东周	885	1	陶		不确定	腹片				
10	岚山	LS-JFZ-7	单个遗址	汉代	不确定	1178	2	陶		陶瓦					
10	岚山	LS-JG-1	单个遗址	龙山	不确定	409	5	陶		不确定	腹片				
10	岚山	LS-JG-1	单个遗址	龙山	不确定	409	1	陶		不确定	腹片	篮纹			
10	岚山	LS-JG-2	单个遗址	龙山	不确定	410	1	陶		陶罐	器底				
10	岚山	LS-JG-2	单个遗址	周代	东周	820	1	陶		不确定	腹片				
10	岚山	LS-JG-3	CAA	汉代	不确定	1081	1	陶		陶瓦					
10	岚山	LS-JG-3	CAA	汉代	不确定	1081	1	陶		不确定	腹片				
10	岚山	LS-JG-3	CAA	大汶口	晚期	22	1	陶		陶大口尊	腹片	篮纹			
10	岚山	LS-JG-3	CAA	龙山	不确定	407	1	陶		陶罐	器底				
10	岚山	LS-JG-3	CAA	龙山	不确定	407	1	陶		不确定	腹片	篮纹			
10	岚山	LS-JG-3	CAA	龙山	不确定	407	9	陶		不确定	腹片				
10	岚山	LS-JG-3	CAA	龙山	早期	407	1	陶		陶罐	口沿				
10	岚山	LS-JG-3	CAB	龙山	早期	407	1	陶		陶鼎	器足				
10	岚山	LS-JG-3	CAB	龙山	早期	407	5	陶		陶匜	口沿				
10	岚山	LS-JG-3	CAB	龙山	中期	407	1	陶		陶罐	口沿				
10	岚山	LS-JG-3	CAB	龙山	中期	407	1	陶		陶盆	口沿				
10	岚山	LS-JG-3	CAB	龙山	不确定	407	2	陶		陶甗	腰部				
10	岚山	LS-JG-3	CAB	龙山	不确定	407	2	陶		陶罐	器底				
10	岚山	LS-JG-3	CAB	龙山	不确定	407	1	陶		不确定	腹片	弦纹			
10	岚山	LS-JG-3	CAB	龙山	不确定	407	29	陶		不确定	腹片				
10	岚山	LS-JG-3	CAB	周代	东周	819	1	陶		陶罐	口沿				
10	岚山	LS-JG-3	CAB	周代	东周	819	1	陶		陶罐	腹片				
10	岚山	LS-JG-3	CAB	汉代	不确定	1092	1	陶		陶盆	口沿				
10	岚山	LS-JG-3	CAB	汉代	不确定	1092	1	陶		陶罐	口沿				
10	岚山	LS-JG-3	CAB	汉代	不确定	1092	6	陶		陶瓦					
10	岚山	LS-JG-3	CAB	汉代	不确定	1092	3	陶		不确定	腹片				
10	岚山	LS-JG-3	CAC	龙山	中期	407	1	陶		陶鼎	口沿				
10	岚山	LS-JG-3	CAC	龙山	中期	407	1	陶		陶罐	口沿				
10	岚山	LS-JG-3	CAC	龙山	不确定	407	1	陶		陶甗	器足				
10	岚山	LS-JG-3	CAC	龙山	不确定	407	2	陶		不确定	腹片	篮纹			
10	岚山	LS-JG-3	CAC	龙山	不确定	407	1	陶		不确定	腹片	磨光			是
10	岚山	LS-JG-3	CAC	龙山	不确定	407	1	陶		不确定	腹片	附加堆纹			
10	岚山	LS-JG-3	CAC	龙山	不确定	407	10	陶		不确定	腹片				
10	岚山	LS-JG-3	CAC	汉代	不确定	1092	2	陶		陶瓦					
10	岚山	LS-JG-3	CAC	汉代	不确定	1092	2	陶		不确定	腹片				
10	岚山	LS-JG-3	CAD	龙山	早期	407	1	陶		陶鼎	口沿				
10	岚山	LS-JG-3	CAD	龙山	不确定	407	1	陶		不确定	腹片	篮纹			
10	岚山	LS-JG-3	CAD	龙山	不确定	407	4	陶		不确定	腹片				
10	岚山	LS-JG-3	CAE	龙山	早期	407	1	陶		陶鼎	口沿				
10	岚山	LS-JG-3	CAE	龙山	早期	407	1	陶		陶盆	口沿				
10	岚山	LS-JG-3	CAE	龙山	不确定	407	1	陶		陶器盖	把手				
10	岚山	LS-JG-3	CAE	龙山	不确定	407	1	陶		陶盆	器底				
10	岚山	LS-JG-3	CAE	龙山	不确定	407	19	陶		不确定	腹片				

年度	县区	遗址	采集区	时代	分期	期段编号	数量	质地	石器种类	器型	部位	纹饰	颜色	质地	蛋壳陶
10	岚山	LS-JG-3	CAE	龙山	不确定	407	1	陶		不确定	腹片	篮纹			
10	岚山	LS-JG-3	CAE	汉代	不确定	1092	1	陶		陶盆	口沿				
10	岚山	LS-JG-3	CAE	汉代	不确定	1092	2	陶		陶瓦					
10	岚山	LS-JG-3	CAF	龙山	不确定	407	1	陶		陶器盖	陶器盖口沿				
10	岚山	LS-JG-3	CAF	龙山	不确定	407	1	陶		陶罐	器底				
10	岚山	LS-JG-3	CAF	龙山	不确定	407	1	陶		不确定	腹片	弦纹			
10	岚山	LS-JG-3	CAF	龙山	不确定	407	1	陶		不确定	腹片	篮纹			
10	岚山	LS-JG-3	CAF	龙山	不确定	407	9	陶		不确定	腹片				
10	岚山	LS-JG-3	CAF	汉代	不确定	1092	2	陶		不确定	腹片				
10	岚山	LS-JG-3	CAG	汉代	不确定	1092	1	陶		陶瓦					
10	岚山	LS-JG-3	CAG	汉代	不确定	1092	1	陶		不确定	腹片				
10	岚山	LS-JG-3	CAG	商代	晚期	25	1	陶		陶鬲	器足				
10	岚山	LS-JG-3	CAG	大汶口	晚期	22	1	陶		陶壶	口沿				
10	岚山	LS-JG-3	CAG	大汶口	晚期	22	1	陶		陶甗	器足				
10	岚山	LS-JG-3	CAG	大汶口	晚期	22	1	陶		不确定	腹片	篮纹			
10	岚山	LS-JG-3	CAG	龙山	早期	407	1	陶		陶鼎	口沿				
10	岚山	LS-JG-3	CAG	龙山	早期	407	1	陶		陶鼎	器足				
10	岚山	LS-JG-3	CAG	龙山	早期	407	1	陶		陶罐	口沿				
10	岚山	LS-JG-3	CAG	龙山	不确定	407	1	陶		陶盆	器底				
10	岚山	LS-JG-3	CAG	龙山	不确定	407	4	陶		陶罐	器底				
10	岚山	LS-JG-3	CAG	龙山	不确定	407	1	陶		不确定	腹片	磨光			是
10	岚山	LS-JG-3	CAG	龙山	不确定	407	1	陶		不确定	腹片	磨光			是
10	岚山	LS-JG-3	CAG	龙山	不确定	407	3	陶		不确定	腹片	篮纹			
10	岚山	LS-JG-3	CAG	龙山	不确定	407	1	陶		不确定	腹片	弦纹			
10	岚山	LS-JG-3	CAG	龙山	不确定	407	22	陶		不确定	腹片				
10	岚山	LS-JG-3	CAH	龙山	早期	407	1	陶		陶鼎	器足				
10	岚山	LS-JG-3	CAH	龙山	早期	407	1	陶		陶鼎	口沿				
10	岚山	LS-JG-3	CAH	龙山	早期	407	1	陶		陶甌	口沿				
10	岚山	LS-JG-3	CAH	龙山	中期	407	1	陶		陶甌	口沿				
10	岚山	LS-JG-3	CAH	龙山	中期	407	1	陶		陶罐	口沿				
10	岚山	LS-JG-3	CAH	龙山	不确定	407	2	陶		陶器盖	陶器盖口沿				
10	岚山	LS-JG-3	CAH	龙山	不确定	407	2	陶		陶罐	器底				
10	岚山	LS-JG-3	CAH	龙山	不确定	407	3	陶		不确定	腹片	篮纹			
10	岚山	LS-JG-3	CAH	龙山	不确定	407	21	陶		不确定	腹片				
10	岚山	LS-JG-3	CAH	周代	西周	818	1	陶		陶鬲	器足				
10	岚山	LS-JG-3	CAH	周代	西周	818	1	陶		不确定	腹片	弦纹			
10	岚山	LS-JG-3	CAH	汉代	不确定	1092	1	陶		不确定	腹片				
10	岚山	LS-JG-3	CAI	汉代	不确定	1092	1	陶		陶瓦					
10	岚山	LS-JG-3	CAI	龙山	早期	407	1	陶		陶甌	口沿				
10	岚山	LS-JG-3	CAI	龙山	早期	407	1	陶		陶甗	腹片				
10	岚山	LS-JG-3	CAI	龙山	早期	407	1	陶		不确定	腹片	篮纹			
10	岚山	LS-JG-3	CAJ	龙山	不确定	407	1	陶		陶器盖	陶器盖口沿				
10	岚山	LS-JG-3	CAJ	龙山	不确定	407	1	陶		陶盆	器底				
10	岚山	LS-JG-3	CAJ	龙山	不确定	407	7	陶		不确定	腹片				
10	岚山	LS-JG-3	CAJ	龙山	不确定	407	2	陶		不确定	腹片	磨光			是

年度	县区	遗址	采集区	时代	分期	期段编号	数量	质地	石器种类	器型	部位	纹饰	颜色	质地	蛋壳陶
10	岚山	LS-JG-3	CAJ	龙山	不确定	407	2	陶		不确定	腹片	篮纹			
10	岚山	LS-JG-3	CAJ	不确定			1	骨器		不确定					
10	岚山	LS-JG-3	CAJ	汉代	不确定	1092	2	陶		陶瓦					
10	岚山	LS-JG-3	CAJ	汉代	不确定	1092	1	陶		不确定	腹片				
10	岚山	LS-JG-3	CAK	龙山	不确定	407	1	陶		陶器盖	陶器盖口沿				
10	岚山	LS-JG-3	CAK	龙山	不确定	407	1	陶		陶罐	器底				
10	岚山	LS-JG-3	CAK	龙山	不确定	407	1	陶		陶甗	腰部				
10	岚山	LS-JG-3	CAK	龙山	不确定	407	17	陶		不确定	腹片				
10	岚山	LS-JG-3	CAK	龙山	不确定	407	3	陶		不确定	腹片	篮纹			
10	岚山	LS-JG-3	CAK	龙山	不确定	407	2	陶		不确定	腹片	弦纹			
10	岚山	LS-JG-3	CAK	汉代	不确定	1081	1	陶		陶盆	器底				
10	岚山	LS-JG-3	CAK	汉代	不确定	1081	6	陶		陶瓦					
10	岚山	LS-JG-3	CAK	汉代	不确定	1081	12	陶		不确定	腹片				
10	岚山	LS-JG-3	CAL	汉代	不确定	1081	5	陶		陶瓦					
10	岚山	LS-JG-3	CAL	汉代	不确定	1081	6	陶		不确定	腹片				
10	岚山	LS-JG-3	CAL	龙山	早期	407	1	陶		陶匜	口沿				
10	岚山	LS-JG-3	CAL	龙山	早期	407	1	陶		陶鼎	器足				
10	岚山	LS-JG-3	CAL	龙山	中期	407	1	陶		陶匜	口沿				
10	岚山	LS-JG-3	CAL	龙山	中期	407	1	陶		陶罐	口沿				
10	岚山	LS-JG-3	CAL	龙山	不确定	407	2	陶		陶器盖	把手				
10	岚山	LS-JG-3	CAL	龙山	不确定	407	1	陶		陶器盖	陶器盖口沿				
10	岚山	LS-JG-3	CAL	龙山	不确定	407	1	陶		陶罐	器底				
10	岚山	LS-JG-3	CAL	龙山	不确定	407	1	陶		陶甗	腰部				
10	岚山	LS-JG-3	CAL	龙山	不确定	407	4	陶		不确定	腹片	篮纹			
10	岚山	LS-JG-3	CAL	龙山	不确定	407	43	陶		不确定	腹片				
10	岚山	LS-JG-3	CAM	龙山	早期	407	1	陶		陶鼎	器底				
10	岚山	LS-JG-3	CAM	龙山	早期	407	1	陶		陶鼎	口沿				
10	岚山	LS-JG-3	CAM	龙山	早期	407	7	陶		陶鼎	器足				
10	岚山	LS-JG-3	CAM	龙山	早期	407	1	陶		陶甗	器足				
10	岚山	LS-JG-3	CAM	龙山	早期	407	1	陶		陶盆	口沿				
10	岚山	LS-JG-3	CAM	龙山	早期	407	3	陶		陶匜	口沿				
10	岚山	LS-JG-3	CAM	龙山	中期	407	1	陶		陶鼎	器足				
10	岚山	LS-JG-3	CAM	龙山	中期	407	2	陶		陶匜	口沿				
10	岚山	LS-JG-3	CAM	龙山	中期	407	2	陶		陶罐	口沿				
10	岚山	LS-JG-3	CAM	龙山	不确定	407	2	陶		陶器盖	陶器盖口沿				
10	岚山	LS-JG-3	CAM	龙山	不确定	407	1	陶		陶杯	器底				
10	岚山	LS-JG-3	CAM	龙山	不确定	407	4	陶		陶罐	器底				
10	岚山	LS-JG-3	CAM	龙山	不确定	407	1	陶		陶器盖	把手				
10	岚山	LS-JG-3	CAM	龙山	不确定	407	7	陶		不确定	腹片	篮纹			
10	岚山	LS-JG-3	CAM	龙山	不确定	407	75	陶		不确定	腹片				
10	岚山	LS-JG-3	CAM	周代	东周	817	1	陶		陶鬲	腹片				
10	岚山	LS-JG-3	CAM	周代	东周	817	2	陶		不确定	腹片	绳纹			
10	岚山	LS-JG-3	CAM	汉代	不确定	1081	12	陶		陶瓦					
10	岚山	LS-JG-3	CAM	汉代	不确定	1081	8	陶		不确定	腹片				
10	岚山	LS-JG-3	CAN	汉代	不确定	1081	4	陶		陶瓦					

年度	县区	遗址	采集区	时代	分期	期段编号	数量	质地	石器种类	器型	部位	纹饰	颜色	质地	蛋壳陶
10	岚山	LS-JG-3	CAN	汉代	不确定	1081	3	陶		不确定	腹片				
10	岚山	LS-JG-3	CAN	周代	东周	817	1	陶		陶罐	口沿				
10	岚山	LS-JG-3	CAN	周代	东周	817	1	陶		不确定	腹片				
10	岚山	LS-JG-3	CAN	周代	东周	817	1	陶		陶鬲	器足				
10	岚山	LS-JG-3	CAN	龙山	早期	407	1	陶		陶鼎	器足				
10	岚山	LS-JG-3	CAN	龙山	早期	407	1	陶		陶罐	口沿				
10	岚山	LS-JG-3	CAN	龙山	早期	407	1	陶		陶匜	口沿				
10	岚山	LS-JG-3	CAN	龙山	早期	407	1	陶		陶鼎	口沿				
10	岚山	LS-JG-3	CAN	龙山	不确定	407	1	陶		陶甗	腰部				
10	岚山	LS-JG-3	CAN	龙山	不确定	407	4	陶		不确定	腹片	篮纹			
10	岚山	LS-JG-3	CAN	龙山	不确定	407	1	陶		不确定	腹片	弦纹			
10	岚山	LS-JG-3	CAN	龙山	不确定	407	22	陶		不确定	腹片				
10	岚山	LS-JG-3	CAO	龙山	早期	407	2	陶		陶鼎	口沿				
10	岚山	LS-JG-3	CAO	龙山	中期	407	1	陶		陶鼎	口沿				
10	岚山	LS-JG-3	CAO	龙山	中期	407	1	陶		陶匜	口沿				
10	岚山	LS-JG-3	CAO	龙山	不确定	407	2	陶		不确定	腹片	篮纹			
10	岚山	LS-JG-3	CAO	龙山	不确定	407	1	陶		不确定	腹片	弦纹			
10	岚山	LS-JG-3	CAO	龙山	不确定	407	31	陶		不确定	腹片				
10	岚山	LS-JG-3	CAO	汉代	不确定	1081	3	陶		陶瓦					
10	岚山	LS-JG-3	CAP	汉代	不确定	1081	2	陶		陶盆	口沿				
10	岚山	LS-JG-3	CAP	汉代	不确定	1081	3	陶		不确定	腹片				
10	岚山	LS-JG-3	CAP	汉代	不确定	1081	3	陶		陶瓦					
10	岚山	LS-JG-3	CAP	龙山	早期	407	2	陶		陶鼎	器足				
10	岚山	LS-JG-3	CAP	龙山	早期	407	1	陶		陶匜	口沿				
10	岚山	LS-JG-3	CAP	龙山	中期	407	1	陶		陶匜	口沿				
10	岚山	LS-JG-3	CAP	龙山	不确定	407	1	陶		陶器盖	陶器盖口沿				
10	岚山	LS-JG-3	CAP	龙山	不确定	407	4	陶		陶罐	器底				
10	岚山	LS-JG-3	CAP	龙山	不确定	407	4	陶		不确定	腹片	篮纹			
10	岚山	LS-JG-3	CAP	龙山	不确定	407	1	陶		不确定	腹片	附加堆纹			
10	岚山	LS-JG-3	CAP	龙山	不确定	407	30	陶		不确定	腹片				
10	岚山	LS-JG-3	CAP	不确定			1	石	工具	不确定	残破				
10	岚山	LS-JG-3	CAP	周代	东周	817	1	陶		陶罐	颈部				
10	岚山	LS-JG-3	CAP	周代	东周	817	1	陶		不确定	腹片				
10	岚山	LS-JG-3	CAQ	龙山	不确定	407	1	陶		陶器盖	把手				
10	岚山	LS-JG-3	CAQ	龙山	不确定	407	1	陶		陶罐	器底				
10	岚山	LS-JG-3	CAQ	龙山	不确定	407	8	陶		不确定	腹片				
10	岚山	LS-JG-3	CAR	龙山	中期	407	2	陶		陶罐	口沿				
10	岚山	LS-JG-3	CAR	龙山	不确定	407	1	陶		陶鬲	把手				
10	岚山	LS-JG-3	CAR	龙山	不确定	407	1	陶		陶鬶	腹片				
10	岚山	LS-JG-3	CAR	龙山	不确定	407	36	陶		不确定	腹片				
10	岚山	LS-JG-3	CAR	龙山	不确定	407	1	陶		不确定	腹片	篮纹			
10	岚山	LS-JG-3	CAR	龙山	不确定	407	2	陶		不确定	腹片	弦纹			
10	岚山	LS-JG-3	CAR	周代	东周	817	1	陶		陶器盖	陶器盖口沿				
10	岚山	LS-JG-3	CAR	汉代	不确定	1081	1	陶		陶盆	口沿				
10	岚山	LS-JG-3	CAR	汉代	不确定	1081	2	陶		陶瓦					

年度	县区	遗址	采集区	时代	分期	期段编号	数量	质地	石器种类	器型	部位	纹饰	颜色	质地	蛋壳陶
10	岚山	LS-JG-3	CAR	汉代	不确定	1081	3	陶		不确定	腹片				
10	岚山	LS-JG-3	CAS	龙山	早期	407	2	陶		陶鼎	口沿				
10	岚山	LS-JG-3	CAS	龙山	早期	407	10	陶		不确定	腹片				
10	岚山	LS-JG-3	CAS	龙山	早期	407	2	陶		不确定	腹片	篮纹			
10	岚山	LS-JG-3	CAS	周代	东周	817	1	陶		不确定	腹片	绳纹			
10	岚山	LS-JG-3	CAT	不确定			1	石	产品	石刀					
10	岚山	LS-JG-3	CAT	不确定			1	石	工具	石锤					
10	岚山	LS-JG-3	CAT	不确定			1	石	产品	石斧					
10	岚山	LS-JG-3	CAT	不确定			1	石	工具	不确定	残破				
10	岚山	LS-JG-3	CAT	不确定			1	石	工具	石锛					
10	岚山	LS-JG-3	CAT	大汶口	晚期	21	1	陶		陶壶	口沿				
10	岚山	LS-JG-3	CAT	大汶口	晚期	21	1	陶		陶鼎	器足				
10	岚山	LS-JG-3	CAT	大汶口	晚期	21	1	陶		陶大口尊	腹片				
10	岚山	LS-JG-3	CAT	大汶口	晚期	21	4	陶		陶豆	豆盘				
10	岚山	LS-JG-3	CAT	龙山	早期	407	6	陶		陶鼎	器足				
10	岚山	LS-JG-3	CAT	龙山	早期	407	2	陶		陶甗	器足				
10	岚山	LS-JG-3	CAT	龙山	早期	407	4	陶		陶匜	口沿				
10	岚山	LS-JG-3	CAT	龙山	早期	407	1	陶		陶壶	口沿				
10	岚山	LS-JG-3	CAT	龙山	早期	407	1	陶		陶鼎	口沿				
10	岚山	LS-JG-3	CAT	龙山	早期	407	1	陶		陶鼎	器底				
10	岚山	LS-JG-3	CAT	龙山	中期	407	4	陶		陶鼎	口沿				
10	岚山	LS-JG-3	CAT	龙山	中期	407	1	陶		陶鼎	器足				
10	岚山	LS-JG-3	CAT	龙山	中期	407	1	陶		陶鬶	流				
10	岚山	LS-JG-3	CAT	龙山	中期	407	1	陶		陶匜	口沿				
10	岚山	LS-JG-3	CAT	龙山	中期	407	7	陶		陶罐	口沿				
10	岚山	LS-JG-3	CAT	龙山	中期	407	1	陶		陶盆	口沿				
10	岚山	LS-JG-3	CAT	龙山	不确定	407	4	陶		陶罐	器底				
10	岚山	LS-JG-3	CAT	龙山	不确定	407	2	陶		陶罐	把手				
10	岚山	LS-JG-3	CAT	龙山	不确定	407	1	陶		陶器盖	把手				
10	岚山	LS-JG-3	CAT区	龙山	不确定	407	24	陶		不确定	腹片				
10	岚山	LS-JG-3	CAT	龙山	不确定	407	2	陶		不确定	腹片	篮纹			
10	岚山	LS-JG-3	CAT	龙山	不确定	407	1	陶		不确定	腹片	弦纹			
10	岚山	LS-JG-3	CAT	汉代	不确定	1081	1	陶		砖					
10	岚山	LS-JG-3	CAT	汉代	不确定	1081	1	陶		陶盆	口沿				
10	岚山	LS-JG-3	CAU	大汶口	晚期	21	1	陶		陶杯					
10	岚山	LS-JG-3	CAV	龙山	早期	407	1	陶		陶罐	口沿				
10	岚山	LS-JG-3	CAV	龙山	早期	407	1	陶		陶鼎	口沿				
10	岚山	LS-JG-3	CAV	龙山	不确定	407	4	陶		陶罐	器底				
10	岚山	LS-JG-3	CAV	龙山	不确定	407	32	陶		不确定	腹片				
10	岚山	LS-JG-3	CAV	龙山	不确定	407	3	陶		不确定	腹片	篮纹			
10	岚山	LS-JG-3	CAV	周代	东周	816	3	陶		不确定	腹片				
10	岚山	LS-JG-3	CAV	周代	东周	816	1	陶		陶盆	口沿				
10	岚山	LS-JG-3	CAV	汉代	不确定	1081	2	陶		不确定	腹片				
10	岚山	LS-JG-3	CAV	汉代	不确定	1081	1	陶		陶盆	口沿				
10	岚山	LS-JG-3	CAW	汉代	不确定	1081	3	陶		陶瓦					
10	岚山	LS-JG-3	CAW	周代	东周	816	2	陶		不确定	腹片	绳纹			

年度	县区	遗址	采集区	时代	分期	期段编号	数量	质地	石器种类	器型	部位	纹饰	颜色	质地	蛋壳陶
10	岚山	LS-JG-3	CAW	龙山	不确定	407	18	陶		不确定	腹片				
10	岚山	LS-JG-3	CAW	龙山	不确定	407	2	陶		不确定	腹片	篮纹			
10	岚山	LS-JG-3	CAX	龙山	中期	407	1	陶		陶匜	口沿				
10	岚山	LS-JG-3	CAX	龙山	不确定	407	14	陶		不确定	腹片				
10	岚山	LS-JG-3	CAX	龙山	不确定	407	1	陶		不确定	腹片	篮纹			
10	岚山	LS-JG-3	CAX	龙山	不确定	407	2	陶		不确定	腹片	弦纹			
10	岚山	LS-JG-3	CAY	龙山	早期	407	1	陶		陶鼎	器足				
10	岚山	LS-JG-3	CAY	龙山	早期	407	2	陶		陶罐	口沿				
10	岚山	LS-JG-3	CAY	龙山	早期	407	1	陶		陶鼎	口沿				
10	岚山	LS-JG-3	CAY	龙山	不确定	407	1	陶		陶罐	器底				
10	岚山	LS-JG-3	CAY	龙山	不确定	407	1	陶		不确定	腹片	篮纹			
10	岚山	LS-JG-3	CAY	龙山	不确定	407	28	陶		不确定	腹片				
10	岚山	LS-JG-3	CAY	汉代	不确定	1081	1	陶		陶罐	口沿				
10	岚山	LS-JG-3	CAY	汉代	不确定	1081	1	陶		陶瓦					
10	岚山	LS-JG-3	CAY	汉代	不确定	1081	4	陶		不确定	腹片				
10	岚山	LS-JG-3	CAZ	龙山	中期	407	1	陶		陶匜	口沿				
10	岚山	LS-JG-3	CAZ	龙山	中期	407	1	陶		陶鼎	口沿				
10	岚山	LS-JG-3	CAZ	龙山	中期	407	1	陶		陶罐	口沿				
10	岚山	LS-JG-3	CAZ	龙山	不确定	407	1	陶		陶罐	器底				
10	岚山	LS-JG-3	CAZ	龙山	不确定	407	10	陶		不确定	腹片				
10	岚山	LS-JG-3	CAZ	龙山	不确定	407	3	陶		不确定	腹片	篮纹			
10	岚山	LS-JG-3	CAAA	龙山	早期	407	1	陶		陶罐	口沿				
10	岚山	LS-JG-3	CAAA	龙山	早期	407	2	陶		陶鼎	器足				
10	岚山	LS-JG-3	CAAA	龙山	早期	407	1	陶		陶甗	器足				
10	岚山	LS-JG-3	CAAA	龙山	不确定	407	1	陶		陶器盖	陶器盖口沿				
10	岚山	LS-JG-3	CAAA	龙山	不确定	407	1	陶		陶罐	器底				
10	岚山	LS-JG-3	CAAA	龙山	不确定	407	3	陶		不确定	腹片	篮纹			
10	岚山	LS-JG-3	CAAA	龙山	不确定	407	17	陶		不确定	腹片				
10	岚山	LS-JG-3	CAAA	汉代	不确定	1081	2	陶		不确定	腹片	绳纹			
10	岚山	LS-JG-3	CAAA	汉代	不确定	1081	1	陶		不确定	腹片	水波纹			
10	岚山	LS-JG-3	CAAB	不确定			1	石	工具	不确定					
10	岚山	LS-JG-3	CAAB	龙山	不确定	407	1	陶		不确定	腹片	篮纹			
10	岚山	LS-JG-3	CAAB	龙山	不确定	407	3	陶		不确定	腹片				
10	岚山	LS-JG-3	CAAC	龙山	不确定	407	7	陶		不确定	腹片				
10	岚山	LS-JG-3	CAAC	周代	东周	816	1	陶		不确定	腹片				
10	岚山	LS-JG-3	CAAD	周代	东周	814	1	陶		不确定	腹片	绳纹			
10	岚山	LS-JG-3	CAAD	龙山	不确定	407	1	陶		不确定	腹片	附加堆纹			
10	岚山	LS-JG-3	CAAD	龙山	不确定	407	2	陶		不确定	腹片				
10	岚山	LS-JG-3	CAAE	龙山	中期	407	1	陶		陶罐	口沿				
10	岚山	LS-JG-3	CAAE	龙山	中期	407	1	陶		陶鼎	口沿				
10	岚山	LS-JG-3	CAAE	周代	东周	816	2	陶		不确定	腹片	绳纹			
10	岚山	LS-JG-3	CAAE	周代	东周	816	4	陶		不确定	腹片				
10	岚山	LS-JG-3	CAAF	周代	东周	816	2	陶		不确定	腹片	绳纹			
10	岚山	LS-JG-3	CAAF	周代	东周	816	1	陶		不确定	腹片				
10	岚山	LS-JG-3	CAAF	龙山	中期	407	2	陶		陶罐	口沿				
10	岚山	LS-JG-3	CAAF	龙山	中期	407	1	陶		陶甗	器足				

年度	县区	遗址	采集区	时代	分期	期段编号	数量	质地	石器种类	器型	部位	纹饰	颜色	质地	蛋壳陶
10	岚山	LS-JG-3	CAAF	龙山	中期	407	2	陶		不确定	腹片				
10	岚山	LS-JG-3	CAAH	汉代	不确定	1082	1	陶		陶瓦					
10	岚山	LS-JG-3	CAAI	汉代	不确定	1081	1	陶		陶盆	口沿				
10	岚山	LS-JG-3	CAAI	汉代	不确定	1081	2	陶		陶瓦					
10	岚山	LS-JG-3	CAAI	龙山	不确定	407	1	陶		陶罐	器底				
10	岚山	LS-JG-3	CAAI	周代	东周	814	4	陶		不确定	腹片	绳纹			
10	岚山	LS-JG-3	CAAJ	龙山	早期	407	1	陶		陶鼎	口沿				
10	岚山	LS-JG-3	CAAJ	龙山	中期	407	1	陶		陶匜	口沿				
10	岚山	LS-JG-3	CAAJ	龙山	不确定	407	12	陶		不确定	腹片				
10	岚山	LS-JG-3	CAAK	龙山	早期	407	1	陶		陶罐	口沿				
10	岚山	LS-JG-3	CAAK	龙山	早期	407	1	陶		陶匜	口沿				
10	岚山	LS-JG-3	CAAK	龙山	不确定	407	13	陶		不确定	腹片				
10	岚山	LS-JG-3	CAAL	龙山	不确定	407	6	陶		不确定	腹片				
10	岚山	LS-JG-3	CAAL	汉代	不确定	1080	1	陶		不确定	腹片				
10	岚山	LS-JG-3	CAAM	汉代	不确定	1081	3	陶		陶瓦					
10	岚山	LS-JG-3	CAAM	龙山	早期	407	1	陶		陶罐	口沿				
10	岚山	LS-JG-3	CAAM	龙山	早期	407	1	陶		陶鼎	口沿				
10	岚山	LS-JG-3	CAAM	龙山	不确定	407	1	陶		不确定	腹片	篮纹			
10	岚山	LS-JG-3	CAAM	龙山	不确定	407	1	陶		不确定	腹片	弦纹			
10	岚山	LS-JG-3	CAAM	龙山	不确定	407	9	陶		不确定	腹片				
10	岚山	LS-JG-3	CAAN	龙山	早期	407	1	陶		陶罐	口沿				
10	岚山	LS-JG-3	CAAN	龙山	不确定	407	6	陶		不确定	腹片				
10	岚山	LS-JG-3	CAAN	汉代	不确定	1081	2	陶		陶瓦					
10	岚山	LS-JG-3	CAAO	汉代	不确定	1081	1	陶		陶瓦					
10	岚山	LS-JG-3	CAAO	龙山	早期	407	1	陶		陶匜	口沿				
10	岚山	LS-JG-3	CAAO	龙山	早期	407	1	陶		陶鼎	器足				
10	岚山	LS-JG-3	CAAO	龙山	早期	407	1	陶		陶鼎	口沿				
10	岚山	LS-JG-3	CAAO	龙山	不确定	407	10	陶		不确定	腹片				
10	岚山	LS-JG-3	CAAP	龙山	早期	407	1	陶		陶罐	口沿				
10	岚山	LS-JG-3	CAAP	龙山	不确定	407	2	陶		不确定	腹片	篮纹			
10	岚山	LS-JG-3	CAAP	龙山	不确定	407	25	陶		不确定	腹片				
10	岚山	LS-JG-3	CAAP	周代	东周	814	1	陶		不确定	腹片	绳纹			
10	岚山	LS-JG-3	CAAP	汉代	不确定	1081	2	陶		陶瓦					
10	岚山	LS-JG-3	CAAQ	龙山	早期	407	1	陶		陶盆	口沿				
10	岚山	LS-JG-3	CAAQ	龙山	不确定	407	7	陶		不确定	腹片				
10	岚山	LS-JG-3	CAAQ	龙山	不确定	407	1	陶		陶器盖	把手				
10	岚山	LS-JG-3	CAAQ	汉代	不确定	1081	1	陶		不确定	腹片				
10	岚山	LS-JG-3	CAAR	汉代	不确定	1081	1	陶		陶瓦					
10	岚山	LS-JG-3	CAAR	龙山	早期	407	1	陶		陶匜	口沿				
10	岚山	LS-JG-3	CAAR	龙山	不确定	407	1	陶		陶罐	口沿				
10	岚山	LS-JG-3	CAAR	龙山	不确定	407	3	陶		不确定	腹片	篮纹			
10	岚山	LS-JG-3	CAAR	龙山	不确定	407	14	陶		不确定	腹片				
10	岚山	LS-JG-3	CAAS	龙山	早期	407	1	陶		陶鼎	口沿				
10	岚山	LS-JG-3	CAAS	龙山	早期	407	1	陶		陶罐	口沿				
10	岚山	LS-JG-3	CAAS	龙山	不确定	407	2	陶		不确定	腹片	篮纹			
10	岚山	LS-JG-3	CAAS	龙山	不确定	407	14	陶		不确定	腹片				

年度	县区	遗址	采集区	时代	分期	期段编号	数量	质地	石器种类	器型	部位	纹饰	颜色	质地	蛋壳陶
10	岚山	LS-JG-3	CAAT	龙山	不确定	407	8	陶		不确定	腹片				
10	岚山	LS-JG-3	CAAT	汉代	不确定	1081	2	陶		陶瓦					
10	岚山	LS-JG-3	CAAU	汉代	不确定	1081	2	陶		陶瓦					
10	岚山	LS-JG-3	CAAU	周代	东周	815	2	陶		不确定	腹片				
10	岚山	LS-JG-3	CAAU	龙山	早期	407	1	陶		陶罐	口沿				
10	岚山	LS-JG-3	CAAU	龙山	不确定	407	1	陶		不确定	腹片	弦纹			
10	岚山	LS-JG-3	CAAU	龙山	不确定	407	15	陶		不确定	腹片				
10	岚山	LS-JG-3	CAAW	龙山	早期	407	1	陶		陶鼎	口沿				
10	岚山	LS-JG-3	CAAW	龙山	中期	407	1	陶		陶罐	口沿				
10	岚山	LS-JG-3	CAAW	龙山	不确定	407	1	陶		不确定	腹片	篮纹			
10	岚山	LS-JG-3	CAAW	龙山	不确定	407	4	陶		不确定	腹片				
10	岚山	LS-JG-3	CAAW	汉代	不确定	1079	1	陶		不确定	腹片				
10	岚山	LS-JG-3	CAAW	汉代	不确定	1079	1	陶		陶瓦					
10	岚山	LS-JG-3	CAAX	汉代	不确定	1081	2	陶		陶瓦					
10	岚山	LS-JG-3	CAAX	龙山	早期	407	1	陶		陶鼎	器足				
10	岚山	LS-JG-3	CAAX	龙山	不确定	407	1	陶		陶罐	把手				
10	岚山	LS-JG-3	CAAX	龙山	不确定	407	1	陶		不确定	腹片	篮纹			
10	岚山	LS-JG-3	CAAX	龙山	不确定	407	6	陶		不确定	腹片				
10	岚山	LS-JG-3	CAAY	汉代	不确定	1081	2	陶		砖					
10	岚山	LS-JG-4	单个遗址	龙山	不确定	407	3	陶		不确定	腹片	篮纹			
10	岚山	LS-JG-4	单个遗址	龙山	不确定	407	2	陶		不确定	腹片				
10	岚山	LS-JG-4	单个遗址	汉代	不确定	1081	1	陶		陶瓦					
13	岚山	LS-JHS-1	单个遗址	汉代		1602	1	陶		陶盆	口沿				
13	岚山	LS-JHS-1	单个遗址	汉代		1602	20	陶		陶瓦					
13	岚山	LS-JHS-1	单个遗址	汉代		1602	2	陶		不确定	腹片				
12	岚山	LS-JJG-1	单个遗址	汉代		1510	1	陶		陶瓮	口沿				
12	岚山	LS-JJG-2	单个遗址	汉代		1514	1	陶.		陶瓦					
12	岚山	LS-JJG-3	CAA	周代	西周	1085	1	陶		陶鬲					
12	岚山	LS-JJG-3	CAA	周代	西周	1085	1	陶		陶鬲	腹片				
12	岚山	LS-JJG-3	CAA	周代	西周	1085	6	陶		不确定	腹片				
12	岚山	LS-JJG-3	CAA	周代	东周	1085	1	陶		陶罐	口沿				
12	岚山	LS-JJG-3	CAA	周代	东周	1085	7	陶		不确定	腹片				
12	岚山	LS-JJG-3	CAA	周代	东周	1085	2	陶		不确定	腹片	绳纹			
12	岚山	LS-JJG-3	CAA	汉代		1515	1	陶		陶盆	器底				
12	岚山	LS-JJG-3	CAA	汉代		1515	2	陶		不确定	腹片				
12	岚山	LS-JJG-3	CAA	汉代		1515	8	陶		陶瓦					
12	岚山	LS-JJG-3	CAB	周代	西周	1085	1	陶		不确定	腹片	附加堆纹			
12	岚山	LS-JJG-3	CAB	周代	西周	1085	4	陶		不确定	腹片	绳纹			
12	岚山	LS-JJG-3	CAB	周代	东周	1085	1	陶		陶罐	口沿				
12	岚山	LS-JJG-3	CAB	周代	东周	1085	3	陶		不确定	腹片	绳纹			
12	岚山	LS-JJG-3	CAB	周代	东周	1085	6	陶		不确定	腹片				
12	岚山	LS-JJG-3	CAB	汉代		1515	4	陶		不确定	腹片				
12	岚山	LS-JJG-3	CAB	汉代		1515	4	陶		陶瓦					
12	岚山	LS-JJG-3	CAC	周代	东周	1085	1	陶		不确定	腹片	绳纹			
12	岚山	LS-JJG-4	CAA	周代	西周	1081	4	陶		陶鬲	器足				
12	岚山	LS-JJG-4	CAA	周代	西周	1081	1	陶		陶鬲	口沿				

年度	县区	遗址	采集区	时代	分期	期段编号	数量	质地	石器种类	器型	部位	纹饰	颜色	质地	蛋壳陶
12	岚山	LS-JJG-4	CAA	周代	西周	1081	9	陶		陶鬲	腹片	绳纹			
12	岚山	LS-JJG-4	CAA	周代	西周	1081	1	陶		陶簋	器底				
12	岚山	LS-JJG-4	CAA	周代	西周	1081	1	陶		陶罐	器底				
12	岚山	LS-JJG-4	CAA	周代	西周	1081	57	陶		不确定	腹片	绳纹			
12	岚山	LS-JJG-4	CAA	周代	西周	1081	1	陶		不确定	腹片	附加堆纹			
12	岚山	LS-JJG-4	CAA	周代	东周	1081	1	陶		陶罐	器底				
12	岚山	LS-JJG-4	CAA	周代	东周	1081	1	陶		陶盆	口沿				
12	岚山	LS-JJG-4	CAA	周代	东周	1081	1	陶		陶豆	豆柄				
12	岚山	LS-JJG-4	CAA	周代	东周	1081	1	陶		陶罐	腹片				
12	岚山	LS-JJG-4	CAA	周代	东周	1081	27	陶		不确定	腹片	绳纹			
12	岚山	LS-JJG-4	CAA	周代	东周	1081	1	陶		不确定	腹片	篮纹			
12	岚山	LS-JJG-4	CAA	周代	东周	1081	2	陶		不确定	腹片				
12	岚山	LS-JJG-4	CAA	周代	东周	1081	1	石	工具	石锤	碎块				
12	岚山	LS-JJG-4	CAB	周代	西周	1081	3	陶		陶罐	口沿				
12	岚山	LS-JJG-4	CAB	周代	西周	1081	1	陶		陶鬲	器足				
12	岚山	LS-JJG-4	CAB	周代	西周	1081	22	陶		不确定	腹片	绳纹			
12	岚山	LS-JJG-4	CAB	周代	西周	1081	2	陶		不确定	腹片				
12	岚山	LS-JJG-4	CAB	周代	东周	1081	2	陶		陶盆	口沿				
12	岚山	LS-JJG-4	CAB	周代	东周	1081	1	陶		陶盆	器底				
12	岚山	LS-JJG-4	CAB	周代	东周	1081	1	陶		陶豆	豆柄				
12	岚山	LS-JJG-4	CAB	周代	东周	1081	16	陶		不确定	腹片	绳纹			
12	岚山	LS-JJG-4	CAB	周代	东周	1081	4	陶		不确定	腹片				
12	岚山	LS-JJG-4	CAB	周代	东周	1081	1	陶		纺轮	碎块				
12	岚山	LS-JJG-4	CAC	汉代		1509	1	陶		陶瓦					
12	岚山	LS-JJG-5	单个遗址	周代	东周	1082	1	陶		不确定	腹片	绳纹			
13	岚山	LS-JJGou-1	单个遗址	汉代		1595	1	陶		陶瓦					
13	岚山	LS-JJGou-2	单个遗址	汉代		1597	2	陶		陶瓦					
13	岚山	LS-JJGou-3	单个遗址	周代	西周	1245	1	陶		陶罐	器底				
13	岚山	LS-JJGou-3	单个遗址	周代	西周	1245	2	陶		不确定	腹片				
13	岚山	LS-JJGou-4	单个遗址	龙山		496	1	陶		不确定	腹片			粗砂	
13	岚山	LS-JJGou-4	单个遗址	汉代		1598	1	陶		陶盆	颈部				
13	岚山	LS-JJGou-4	单个遗址	汉代		1598	2	陶		不确定	腹片				
12	岚山	LS-JJH-1	CAA	汉代		1580	1	陶		陶瓮	腹片				
12	岚山	LS-JJH-1	CAA	汉代		1580	1	陶		不确定	腹片				
12	岚山	LS-JJH-1	CAB	周代	西周	1165	2	陶		不确定	腹片	绳纹			
12	岚山	LS-JJH-1	CAB	周代	西周	1165	1	陶		不确定	肩部				
12	岚山	LS-JJH-1	CAB	汉代		1580	2	陶		陶瓦					
12	岚山	LS-JJH-2	CAA	汉代		1578	3	陶		陶罐	口沿				
12	岚山	LS-JJH-2	CAA	汉代		1578	2	陶		陶盆	口沿				
12	岚山	LS-JJH-2	CAA	汉代		1578	1	陶		陶盆	器底				
12	岚山	LS-JJH-2	CAA	汉代		1578	21	陶		不确定	腹片				
12	岚山	LS-JJH-2	CAA	汉代		1578	83	陶		陶瓦					
12	岚山	LS-JJH-2	CAB	周代	东周	1129	1	陶		陶罐	口沿				
12	岚山	LS-JJH-2	CAB	周代	东周	1129	1	陶		不确定	腹片				
12	岚山	LS-JJH-3	CAB	周代	东周	1130	1	陶		不确定	腹片	绳纹			
12	岚山	LS-JJH-4	单个遗址	汉代		1579	1	陶		不确定	腹片				

年度	县区	遗址	采集区	时代	分期	期段编号	数量	质地	石器种类	器型	部位	纹饰	颜色	质地	蛋壳陶
12	岚山	LS-JJH-4	单个遗址	汉代		1579	3	陶		陶瓦					
12	岚山	LS-JJH-5	单个遗址	龙山		487	1	陶		不确定	腹片	弦纹			
13	岚山	LS-JJJ-1	单个遗址	汉代		1596	1	陶		陶盆	颈部				
13	岚山	LS-JJJ-1	单个遗址	汉代		1596	1	陶		陶罐	器底				
13	岚山	LS-JJJ-1	单个遗址	汉代		1596	6	陶		不确定	腹片				
13	岚山	LS-JJJ-1	单个遗址	汉代		1596	6	陶		陶瓦					
11	岚山	LS-JJTY-1	单个遗址	龙山	不确定	428	1	陶		不确定	腹片				
11	岚山	LS-JJTY-1	单个遗址	汉代	不确定	1203	1	陶		不确定	腹片				
11	岚山	LS-JJTY-2	单个遗址	周代	东周	900	2	陶		不确定	腹片				
11	岚山	LS-JJTY-3	单个遗址	周代	东周	899	1	陶		不确定	腹片	绳纹			
11	岚山	LS-JJTY-4	CAA	龙山	中期	427	1	陶		陶鼎	器足				
11	岚山	LS-JJTY-4	CAA	龙山	中期	427	1	陶		不确定	腹片				
11	岚山	LS-JJTY-4	CAA	周代	东周	898	3	陶		不确定	腹片	绳纹			
11	岚山	LS-JJTY-4	CAA	周代	东周	898	3	陶		不确定	腹片				
11	岚山	LS-JJTY-5	单个遗址	龙山	中期	426	1	陶		陶罐	口沿				
11	岚山	LS-JJTY-5	单个遗址	周代	东周	897	1	陶		不确定	腹片				
10	岚山	LS-JJZ-1	单个遗址	周代	东周	873	1	陶		陶鬲	腹片	绳纹			
10	岚山	LS-JJZ-1	单个遗址	周代	东周	873	1	陶		不确定	腹片	绳纹			
10	岚山	LS-JJZ-1	单个遗址	周代	东周	873	1	陶		不确定	腹片				
10	岚山	LS-JJZ-1	单个遗址	汉代	不确定	1166	1	陶		陶瓦					
11	岚山	LS-JJZh-1	单个遗址	汉代	不确定	1378	3	陶		不确定	腹片				
11	岚山	LS-JJZh-1	单个遗址	汉代	不确定	1378	5	陶		陶瓦					
11	岚山	LS-JJZh-2	单个遗址	汉代	不确定	1386	2	陶		不确定	腹片				
11	岚山	LS-JJZh-2	单个遗址	汉代	不确定	1386	5	陶		陶瓦					
11	岚山	LS-JJZh-3	单个遗址	汉代	不确定	1388	1	陶		陶瓮	腹片				
11	岚山	LS-JPL-1	单个遗址	汉代	不确定	1377	1	陶		陶瓦					
12	岚山	LS-KLC-1	单个遗址	龙山	早期	492	1	陶		陶罐	器底			泥质	
12	岚山	LS-KLC-2	CAA	汉代		1585	7	陶		不确定	腹片				
12	岚山	LS-KLC-2	CAA	汉代		1585	5	陶		陶瓦					
12	岚山	LS-KLC-2	CAB	周代	东周	1138	1	陶		陶罐	口沿				
12	岚山	LS-KLC-2	CAB	周代	东周	1138	1	陶		不确定	腹片				
12	岚山	LS-KLC-2	CAB	周代	东周	1138	1	陶		不确定	腹片	绳纹			
12	岚山	LS-KLC-2	CAB	汉代		1585	3	陶		不确定	腹片				
12	岚山	LS-KLC-2	CAB	汉代		1585	1	陶		陶瓦					
12	岚山	LS-KLC-2	CAC	周代	东周	1138	2	陶		不确定	腹片				
12	岚山	LS-KLC-2	CAC	汉代		1585	1	陶		不确定	腹片				
11	岚山	LS-LCG-1	CAA	龙山	早期	435	2	陶		陶盆	口沿				
11	岚山	LS-LCG-1	CAA	龙山	早期	435	1	陶		陶盘	口沿				
11	岚山	LS-LCG-1	CAA	龙山	早期	435	1	陶		陶罐	口沿				
11	岚山	LS-LCG-1	CAA	龙山	不确定	435	1	陶		陶甗	器足				
11	岚山	LS-LCG-1	CAA	龙山	不确定	435	1	陶		陶圈足盘	豆柄				
11	岚山	LS-LCG-1	CAA	龙山	不确定	435	23	陶		不确定	腹片				
11	岚山	LS-LCG-1	CAA	龙山	不确定	435	1	陶		不确定	腹片	篮纹			
11	岚山	LS-LCG-1	CAA	龙山	不确定	435	3	陶		不确定	腹片	弦纹			
11	岚山	LS-LCG-1	CAA	龙山	不确定	435	3	陶		不确定	腹片			泥质	是
11	岚山	LS-LCG-1	CAA	龙山	不确定	435	6	陶		不确定					

年度	县区	遗址	采集区	时代	分期	期段编号	数量	质地	石器种类	器型	部位	纹饰	颜色	质地	蛋壳陶
11	岚山	LS-LCG-1	CAA	岳石	不确定	17	2	陶		陶尊形器	杯/腹片				
11	岚山	LS-LCG-1	CAA	岳石	不确定	17	1	陶		陶盒	盒/口沿				
11	岚山	LS-LCG-1	CAA	岳石	不确定	17	1	陶		陶器盖	把手				
11	岚山	LS-LCG-1	CAA	岳石	不确定	17	6	陶		陶器盖	口沿				
11	岚山	LS-LCG-1	CAA	岳石	不确定	17	1	陶		陶盆	口沿				
11	岚山	LS-LCG-1	CAA	岳石	不确定	17	5	陶		陶罐	器底				
11	岚山	LS-LCG-1	CAA	岳石	不确定	17	1	陶		陶甗	口沿				
11	岚山	LS-LCG-1	CAA	岳石	不确定	17	1	陶		陶豆	豆柄				
11	岚山	LS-LCG-1	CAA	岳石	不确定	17	2	陶		陶罐	腹片	弦纹			
11	岚山	LS-LCG-1	CAA	岳石	不确定	17	3	陶		不确定	腹片	附加堆纹			
11	岚山	LS-LCG-1	CAA	岳石	不确定	17	1	陶		不确定	腹片	弦纹			
11	岚山	LS-LCG-1	CAA	岳石	不确定	17	2	陶		不确定	腹片	刻划纹			
11	岚山	LS-LCG-1	CAA	岳石	不确定	17	33	陶		不确定	腹片				
11	岚山	LS-LCG-1	CAA	周代	西周	921	1	陶		陶盆	口沿				
11	岚山	LS-LCG-1	CAA	周代	西周	921	4	陶		不确定	腹片	绳纹			
11	岚山	LS-LCG-1	CAA	周代	东周	921	1	陶		陶豆	口沿				
11	岚山	LS-LCG-1	CAA	周代	东周	921	1	陶		陶盆	口沿				
11	岚山	LS-LCG-1	CAA	周代	东周	921	6	陶		不确定	腹片	绳纹			
11	岚山	LS-LCG-1	CAA	周代	东周	921	15	陶		不确定	腹片				
11	岚山	LS-LCG-1	CAA	周代	东周	921	1	陶		纺轮					
11	岚山	LS-LCG-1	CAA	汉代	不确定	1220	1	陶		陶瓮	口沿				
11	岚山	LS-LCG-1	CAA	汉代	不确定	1220	7	陶		不确定	腹片				
11	岚山	LS-LCG-1	CAA	不确定			1	石	工具	石锛					
11	岚山	LS-LCG-1	CAA	不确定			1	石	工具	石斧					
11	岚山	LS-LCG-1	CAB	龙山	不确定	435	2	陶		不确定	腹片				
11	岚山	LS-LCG-1	CAB	龙山	不确定	435	1	陶		不确定	腹片	篮纹			
11	岚山	LS-LCG-1	CAB	汉代	不确定	1220	1	陶		陶瓮	口沿				
11	岚山	LS-LCG-1	CAB	汉代	不确定	1220	5	陶		不确定	腹片				
11	岚山	LS-LCG-1	CAB	汉代	不确定	1220	1	陶		陶瓦					
11	岚山	LS-LCG-2	CAA	龙山	不确定	436	1	陶		不确定	腹片				
11	岚山	LS-LCG-2	CAA	周代	东周	922	1	陶		不确定	腹片				
11	岚山	LS-LCG-2	CAA	汉代	不确定	1221	1	陶		陶盆	盆				
11	岚山	LS-LCG-2	CAA	汉代	不确定	1221	12	陶		不确定	腹片				
11	岚山	LS-LCG-2	CAA	汉代	不确定	1221	17	陶		陶瓦					
11	岚山	LS-LCG-2	CAB	周代	东周	922	3	陶		不确定	腹片	绳纹			
11	岚山	LS-LCG-2	CAB	周代	东周	922	1	陶		不确定	腹片				
11	岚山	LS-LCG-2	CAB	汉代	不确定	1221	2	陶		陶盆	口沿				
11	岚山	LS-LCG-2	CAB	汉代	不确定	1221	12	陶		不确定	腹片				
11	岚山	LS-LCG-2	CAB	汉代	不确定	1221	1	陶		陶瓦					
11	岚山	LS-LCG-3	单个遗址	周代	东周	931	1	陶		陶盆	口沿				
11	岚山	LS-LCG-3	单个遗址	周代	东周	931	1	陶		陶罐	口沿				
11	岚山	LS-LCG-3	单个遗址	周代	东周	931	3	陶		不确定	腹片	绳纹			
11	岚山	LS-LCG-3	单个遗址	周代	东周	931	7	陶		不确定	腹片				
11	岚山	LS-LCG-4	单个遗址	岳石	不确定	18	1	陶		陶器盖	把手				
11	岚山	LS-LCG-4	单个遗址	岳石	不确定	18	1	陶		陶尊形器	完整器				
11	岚山	LS-LCG-4	单个遗址	周代	西周	967	11	陶		不确定	腹片				

年度	县区	遗址	采集区	时代	分期	期段编号	数量	质地	石器种类	器型	部位	纹饰	颜色	质地	蛋壳陶
11	岚山	LS-LCG-4	单个遗址	周代	西周	967	2	陶		不确定	腹片	绳纹			
11	岚山	LS-LCG-5	单个遗址	汉代	不确定	1235	1	陶		不确定	腹片				
11	岚山	LS-LCG-5	单个遗址	汉代	不确定	1235	1	陶		陶瓦					
11	岚山	LS-LCG-6	单个遗址	周代	东周	932	2	陶		不确定	腹片	绳纹			
11	岚山	LS-LCG-7	CAA	周代	东周	926	1	陶		陶鬲	腹片	绳纹			
11	岚山	LS-LCG-7	CAA	周代	东周	926	1	陶		陶壶	口沿				
11	岚山	LS-LCG-7	CAA	周代	东周	926	2	陶		陶罐	口沿				
11	岚山	LS-LCG-7	CAA	周代	东周	926	12	陶		不确定	腹片				
11	岚山	LS-LCG-7	CAA	汉代	不确定	1236	1	陶		陶盆	口沿				
11	岚山	LS-LCG-7	CAB	汉代	不确定	1237	1	陶		陶盆	盆				
11	岚山	LS-LCG-7	CAB	汉代	不确定	1237	4	陶		不确定	腹片				
11	岚山	LS-LCG-8	单个遗址	周代	西周	968	1	陶		陶钵	器底				
11	岚山	LS-LCG-8	单个遗址	汉代	不确定	1238	1	陶		陶盆	口沿				
11	岚山	LS-LCG-8	单个遗址	汉代	不确定	1238	20	陶		不确定	腹片				
11	岚山	LS-LCG-8	单个遗址	汉代	不确定	1238	6	陶		陶瓦					
10	岚山	LS-LET-1	单个遗址	周代	西周	829	1	陶		不确定	腹片	绳纹			
10	岚山	LS-LET-1	单个遗址	周代	西周	829	1	陶		不确定	腹片				
11	岚山	LS-LGZ-1	单个遗址	汉代	不确定	1210	1	陶		陶盆	口沿				
12	岚山	LS-LGZ-1	CAA	周代	东周	1091	3	陶		不确定	腹片				
12	岚山	LS-LGZ-1	CAA	周代	东周	1091	1	陶		不确定	腹片	绳纹			
12	岚山	LS-LGZ-1	CAA	汉代		1528	1	陶		陶罐	口沿				
12	岚山	LS-LGZ-1	CAA	汉代		1528	1	陶		陶罐	器底				
12	岚山	LS-LGZ-1	CAA	汉代		1528	8	陶		不确定	腹片				
12	岚山	LS-LGZ-1	CAA	汉代		1528	2	陶		不确定	腹片	绳纹			
12	岚山	LS-LGZ-1	CAA	汉代		1528	3	陶		陶瓦					
12	岚山	LS-LGZ-1	CAB	汉代		1528	1	陶		不确定	腹片				
11	岚山	LS-LGZ-2	单个遗址	汉代	不确定	1212	5	陶		不确定	腹片				
11	岚山	LS-LGZ-2	单个遗址	汉代	不确定	1212	1	陶		陶瓦					
11	岚山	LS-LGZ-3	单个遗址	汉代	不确定	1209	2	陶		陶瓦					
11	岚山	LS-LGZ-3	单个遗址	汉代	不确定	1209	1	陶		陶盆					
11	岚山	LS-LGZ-4	单个遗址	汉代	不确定	1211	7	陶		不确定	腹片				
11	岚山	LS-LGZ-4	单个遗址	汉代	不确定	1211	4	陶		陶瓦					
12	岚山	LS-LHY-1	单个遗址	周代	东周	1074	4	陶		不确定	腹片				
12	岚山	LS-LHY-1	单个遗址	周代	东周	1074	3	陶		不确定	腹片	绳纹			
12	岚山	LS-LHY-10	单个遗址	周代	东周	1075	2	陶		不确定	腹片	绳纹			
12	岚山	LS-LHY-10	单个遗址	周代	东周	1075	1	陶		不确定	腹片				
12	岚山	LS-LHY-11	单个遗址	汉代		1508	1	陶		陶罐	口沿				
12	岚山	LS-LHY-11	单个遗址	汉代		1508	2	陶		陶瓦					
12	岚山	LS-LHY-12	单个遗址	汉代		1506	2	陶		不确定	腹片				
12	岚山	LS-LHY-12	单个遗址	汉代		1506	1	陶		陶瓦					
12	岚山	LS-LHY-2	单个遗址	汉代		1502	1	陶		陶瓦					
12	岚山	LS-LHY-2	单个遗址	汉代		1502	1	陶		陶罐	口沿				
12	岚山	LS-LHY-3	单个遗址	汉代		1494	1	陶		不确定	腹片				
12	岚山	LS-LHY-3	单个遗址	汉代		1494	1	陶		陶瓦					
12	岚山	LS-LHY-4	CAA	周代	东周	1080	4	陶		不确定	腹片	绳纹			
12	岚山	LS-LHY-4	CAA	周代	东周	1080	4	陶		不确定	腹片				

年度	县区	遗址	采集区	时代	分期	期段编号	数量	质地	石器种类	器型	部位	纹饰	颜色	质地	蛋壳陶
12	岚山	LS-LHY-4	CAA	汉代		1504	1	陶		不确定	腹片				
12	岚山	LS-LHY-4	CAA	汉代		1504	1	陶		陶瓦					
12	岚山	LS-LHY-4	CAB	汉代		1504	2	陶		不确定	腹片				
12	岚山	LS-LHY-4	CAB	汉代		1504	1	陶		陶瓦					
12	岚山	LS-LHY-5	单个遗址	汉代		1501	2	陶		不确定	腹片				
12	岚山	LS-LHY-5	单个遗址	汉代		1501	1	陶		陶瓦					
12	岚山	LS-LHY-6	单个遗址	汉代		1521	1	陶		陶盆	口沿				
12	岚山	LS-LHY-6	单个遗址	汉代		1521	3	陶		不确定	腹片				
12	岚山	LS-LHY-6	单个遗址	汉代		1521	3	陶		陶瓦					
12	岚山	LS-LHY-7	单个遗址	汉代		1507	1	陶		陶瓮	口沿				
12	岚山	LS-LHY-7	单个遗址	汉代		1507	3	陶		不确定	腹片				
12	岚山	LS-LHY-8	单个遗址	汉代		1505	2	陶		不确定	腹片				
12	岚山	LS-LHY-8	单个遗址	汉代		1505		陶		陶瓦					
12	岚山	LS-LHY-9	单个遗址	周代	东周	1076	1	陶		不确定	腹片	绳纹			
10	岚山	LS-LiJZ-1	单个遗址	汉代	不确定	1158	1	陶		陶瓦					
11	岚山	LS-LiuJZ-1	CAA	汉代	不确定	1213	1	陶		陶盆	口沿				
11	岚山	LS-LiuJZ-1	CAA	汉代	不确定	1213	4	陶		不确定	腹片				
11	岚山	LS-LiuJZ-1	CAB	龙山	不确定	434	5	陶		不确定	腹片				
11	岚山	LS-LiuJZ-1	CAB	周代	东周	909	3	陶		不确定	腹片	绳纹			
11	岚山	LS-LiuJZ-1	CAB	周代	东周	909	1	陶		不确定	腹片				
11	岚山	LS-LiuJZ-1	CAB	汉代	不确定	1213	1	陶		陶盆	口沿				
11	岚山	LS-LiuJZ-1	CAB	汉代	不确定	1213	3	陶		不确定	腹片				
11	岚山	LS-LiuJZ-1	CAB	汉代	不确定	1213	2	陶		陶瓦					
11	岚山	LS-LiuJZ-1	CAC	龙山	早期	434	1	陶		陶鼎	口沿				
11	岚山	LS-LiuJZ-1	CAC	龙山	不确定	434	1	陶		不确定	腹片				
11	岚山	LS-LiuJZ-1	CAC	周代	东周	909	2	陶		不确定	腹片				
11	岚山	LS-LiuJZ-1	CAE	龙山	不确定	434	6	陶		不确定	腹片				
11	岚山	LS-LiuJZ-1	CAE	周代	东周	909	1	陶		陶盆	口沿				
11	岚山	LS-LiuJZ-1	CAE	周代	东周	909	4	陶		不确定	腹片				
11	岚山	LS-LiuJZ-1	CAE	周代	东周	909	2	陶		不确定	腹片	绳纹			
11	岚山	LS-LiuJZ-2	CAD	龙山	早期	434	1	陶		陶鼎	器足				
11	岚山	LS-LiuJZ-2	CAD	龙山	早期	434	1	陶		陶甗	器足				
11	岚山	LS-LiuJZ-2	CAD	龙山	不确定	434	15	陶		不确定	腹片				
11	岚山	LS-LiuJZ-2	CAD	龙山	不确定	434	1	陶		不确定	腹片	弦纹			
11	岚山	LS-LiuJZ-2	CAD	龙山	不确定	434	1	陶		不确定	腹片	篮纹			
11	岚山	LS-LiuJZ-2	CAD	龙山	不确定	434	2	陶		不确定	腹片			泥质	是
11	岚山	LS-LiuJZ-2	CAD	周代	东周	909	3	陶		不确定	腹片				
11	岚山	LS-LiuJZ-2	CAD	周代	东周	909	2	陶		不确定	腹片	绳纹			
11	岚山	LS-LiuJZ-2	CAD	汉代	不确定	1213	8	陶		不确定	腹片				
11	岚山	LS-LiuJZ-2	CAD	汉代	不确定	1213	7	陶		陶瓦					
11	岚山	LS-LiuJZ-2	CAD	汉代	不确定	1213	1	陶		砖					
11	岚山	LS-LiuJZ-2	CAA	龙山	不确定	437	2	陶		不确定	腹片				
11	岚山	LS-LiuJZ-2	CAA	周代	东周	920	2	陶		不确定	腹片	绳纹			
11	岚山	LS-LiuJZ-2	CAA	周代	东周	920	1	陶		不确定	腹片	绳纹			
11	岚山	LS-LiuJZ-2	CAB	周代	东周	920	8	陶		不确定	腹片				
11	岚山	LS-LiuJZ-2	CAB	周代	东周	920	2	陶		不确定	腹片	绳纹			

年度	县区	遗址	采集区	时代	分期	期段编号	数量	质地	石器种类	器型	部位	纹饰	颜色	质地	蛋壳陶
11	岚山	LS-LiuJZ-2	CAC	汉代	不确定	1219	1	陶		砖					
11	岚山	LS-LiuJZ-3	CAA	汉代	不确定	1223	7	陶		不确定	腹片				
11	岚山	LS-LiuJZ-3	CAA	汉代	不确定	1223	1	陶		陶盆	器底				
11	岚山	LS-LiuJZ-3	CAB	龙山	不确定	439	1	陶		不确定	腹片				
11	岚山	LS-LiuJZ-3	CAB	周代	东周	923	1	陶		不确定	腹片				
11	岚山	LS-LiuJZ-3	CAB	周代	东周	923	2	陶		不确定	腹片	绳纹			
11	岚山	LS-LiuJZ-3	CAB	汉代	不确定	1223	2	陶		不确定	腹片				
11	岚山	LS-LiuJZ-3	CAB	汉代	不确定	1223	1	陶		陶瓦					
11	岚山	LS-LiuJZ-4	CAA	龙山	早期	433	1	陶		陶鼎	器足				
11	岚山	LS-LiuJZ-4	CAA	龙山	不确定	433	1	陶		陶鬲	口沿				
11	岚山	LS-LiuJZ-4	CAA	龙山	不确定	433	1	陶		陶鬲	把手				
11	岚山	LS-LiuJZ-4	CAA	龙山	不确定	433	1	陶		陶杯	器底				
11	岚山	LS-LiuJZ-4	CAA	龙山	不确定	433	2	陶		不确定	腹片				
11	岚山	LS-LiuJZ-4	CAA	周代	西周	908	5	陶		不确定	腹片	绳纹			
11	岚山	LS-LiuJZ-4	CAA	周代	东周	908	1	陶		陶盆	口沿				
11	岚山	LS-LiuJZ-4	CAA	周代	东周	908	1	陶		陶罐	口沿				
11	岚山	LS-LiuJZ-4	CAA	周代	东周	908	1	陶		陶罐	肩部				
11	岚山	LS-LiuJZ-4	CAA	周代	东周	908	5	陶		不确定	腹片	绳纹			
11	岚山	LS-LiuJZ-4	CAA	周代	东周	908	8	陶		不确定	腹片				
11	岚山	LS-LiuJZ-4	CAA	汉代	不确定	1216	1	陶		陶盆	口沿				
11	岚山	LS-LiuJZ-4	CAA	汉代	不确定	1216	2	陶		不确定	腹片				
11	岚山	LS-LiuJZ-4	CAA	汉代	不确定	1216	2	陶		陶瓦					
11	岚山	LS-LiuJZ-4	CAB	龙山	早期	433	1	陶		陶鼎	口沿				
11	岚山	LS-LiuJZ-4	CAB	龙山	不确定	433	3	陶		不确定	腹片				
11	岚山	LS-LiuJZ-4	CAB	龙山	不确定	433	1	陶		陶盆	器底				
11	岚山	LS-LiuJZ-4	CAB	周代	西周	908	1	陶		陶鬲	腹片	绳纹			
11	岚山	LS-LiuJZ-5	单个遗址	周代	东周	907	3	陶		不确定	腹片				
11	岚山	LS-LiuJZ-7	单个遗址	龙山	不确定	438	1	陶		陶盆	器底				
11	岚山	LS-LiuJZ-7	单个遗址	周代	东周	919	1	陶		不确定	腹片	绳纹			
11	岚山	LS-LiuZJ-6	单个遗址	周代	东周	918	2	陶		不确定	腹片				
11	岚山	LS-LiuZJ-6	单个遗址	周代	东周	918	1	陶		不确定	腹片	绳纹			
12	岚山	LS-LJC-1	单个遗址	龙山		490	3	陶		不确定	腹片				
12	岚山	LS-LJC-1	单个遗址	周代	西周	1164	1	陶		陶鬲	腹片				
12	岚山	LS-LJC-1	单个遗址	周代	西周	1164	2	陶		不确定	腹片				
12	岚山	LS-LJC-1	单个遗址	周代	西周	1164	1	陶		不确定	腹片	绳纹			
12	岚山	LS-LJC-1	单个遗址	汉代		1570	2	陶		不确定	腹片				
12	岚山	LS-LJC-1	单个遗址	汉代		1570	2	陶		陶瓦					
12	岚山	LS-LJC-2	CAA	龙山		489	1	陶		不确定	腹片				
12	岚山	LS-LJC-2	CAA	周代	西周	1127	1	陶		不确定	腹片				
12	岚山	LS-LJC-2	CAA	周代	西周	1127	1	陶		不确定	腹片	绳纹			
12	岚山	LS-LJC-2	CAA	周代	东周	1127	1	陶		陶罐	口沿				
12	岚山	LS-LJC-2	CAA	周代	东周	1127	4	陶		不确定	腹片				
12	岚山	LS-LJC-2	CAA	汉代		1569	1	陶		陶瓦					
12	岚山	LS-LJC-2	CAB	汉代		1569	1	陶		陶罐	口沿				
12	岚山	LS-LJC-2	CAB	汉代		1569	2	陶		不确定	腹片				
12	岚山	LS-LJC-2	CAB	汉代		1569	3	陶		陶瓦					

年度	县区	遗址	采集区	时代	分期	期段编号	数量	质地	石器种类	器型	部位	纹饰	颜色	质地	蛋壳陶
12	岚山	LS-LJC-2	CAC	龙山	中期	489	1	陶		陶罐	口沿				
12	岚山	LS-LJC-2	CAC	龙山		489	9	陶		不确定	腹片				
12	岚山	LS-LJC-2	CAC	龙山		489	1	陶		陶杯	腹片			泥质	
12	岚山	LS-LJC-2	CAC	汉代		1569	1	陶		陶瓮	口沿				
12	岚山	LS-LJC-2	CAC	汉代		1569	1	陶		陶罐	器底				
12	岚山	LS-LJC-2	CAC	汉代		1569	2	陶		不确定	腹片				
12	岚山	LS-LJC-5	CAA	汉代		1569	3	陶		不确定	腹片				
12	岚山	LS-LJDC-1	单个遗址	汉代		1412	1	陶		不确定	腹片				
12	岚山	LS-LJDC-2	单个遗址	汉代		1411	7	陶		不确定	腹片				
12	岚山	LS-LJDC-2	单个遗址	汉代		1411	4	陶		陶瓦					
12	岚山	LS-LJG-1	单个遗址	汉代		1519	1	陶		陶瓦					
12	岚山	LS-LJG-1	单个遗址	汉代		1519	1	陶		不确定	腹片				
12	岚山	LS-LJG-2	单个遗址	周代	东周	1088	1	陶		不确定	腹片				
12	岚山	LS-LJG-3	单个遗址	周代	东周	1093	1	陶		陶罐	口沿				
12	岚山	LS-LJG-4	CAA	龙山	早期	476	5	陶		陶鼎	器足				
12	岚山	LS-LJG-4	CAA	龙山	早期	476	4	陶		陶鼎	口沿				
12	岚山	LS-LJG-4	CAA	龙山	早期	476	1	陶		陶匜	口沿				
12	岚山	LS-LJG-4	CAA	龙山	早期	476	1	陶		陶豆	口沿				
12	岚山	LS-LJG-4	CAA	龙山	早期	476	2	陶		陶器盖	口沿				
12	岚山	LS-LJG-4	CAA	龙山	早期	476	1	陶		不确定	腹片	篮纹			
12	岚山	LS-LJG-4	CAA	龙山	中期	476	7	陶		陶鼎	器足				
12	岚山	LS-LJG-4	CAA	龙山	中期	476	1	陶		陶鬶	器足				
12	岚山	LS-LJG-4	CAA	龙山	中期	476	3	陶		陶甗	器足				
12	岚山	LS-LJG-4	CAA	龙山	中期	476	1	陶		陶鬶	把手				
12	岚山	LS-LJG-4	CAA	龙山	中期	476	1	陶		陶匜	口沿				
12	岚山	LS-LJG-4	CAA	龙山	中期	476	1	陶		陶鼎	器底				
12	岚山	LS-LJG-4	CAA	龙山	中期	476	2	陶		陶杯	把手				
12	岚山	LS-LJG-4	CAA	龙山	中期	476	13	陶		陶罐	口沿				
12	岚山	LS-LJG-4	CAA	龙山	中期	476	2	陶		陶鼎	口沿				
12	岚山	LS-LJG-4	CAA	龙山	中期	476	2	陶		陶圈足盘	豆柄				
12	岚山	LS-LJG-4	CAA	龙山	中期	476	1	陶		陶器盖	把手				
12	岚山	LS-LJG-4	CAA	龙山	晚期	476	2	陶		陶鼎	器足				
12	岚山	LS-LJG-4	CAA	龙山		476	8	陶		不确定	腹片			泥质	
12	岚山	LS-LJG-4	CAA	龙山		476	1	陶		陶罐	器底			泥质	
12	岚山	LS-LJG-4	CAA	龙山		476	170	陶		不确定	腹片			粗砂	
12	岚山	LS-LJG-4	CAB	龙山	早期	476	1	陶		陶匜	口沿				
12	岚山	LS-LJG-4	CAB	龙山	中期	476	1	陶		陶匜	口沿				
12	岚山	LS-LJG-4	CAB	龙山	中期	476	1	陶		陶罐	口沿				
12	岚山	LS-LJG-4	CAB	龙山		476	9	陶		不确定	腹片				
12	岚山	LS-LJG-4	CAB	龙山		476	1	黏土		烧土	腹片				
12	岚山	LS-LJG-4	CAC	龙山	早期	476	1	陶		陶甗	器足				
12	岚山	LS-LJG-4	CAC	龙山	早期	476	1	陶		陶器盖	口沿				
12	岚山	LS-LJG-4	CAC	龙山	中期	476	1	陶		陶甗	器足				
12	岚山	LS-LJG-4	CAC	龙山	中期	476	1	陶		陶罐	口沿				
12	岚山	LS-LJG-4	CAC	龙山	中期	476	21	陶		不确定	腹片			粗砂	
12	岚山	LS-LJG-4	CAC	周代	东周	1084	3	陶		不确定	腹片				

年度	县区	遗址	采集区	时代	分期	期段编号	数量	质地	石器种类	器型	部位	纹饰	颜色	质地	蛋壳陶
12	岚山	LS-LJG-4	CAC	周代	东周	1084	1	陶		不确定	腹片	绳纹			
12	岚山	LS-LJG-4	CAD	龙山	早期	476	1	陶		陶鼎	器足				
12	岚山	LS-LJG-4	CAD	龙山	早期	476	1	陶		陶罐	口沿				
12	岚山	LS-LJG-4	CAD	龙山	早期	476	1	陶		陶罐	肩部			泥质	
12	岚山	LS-LJG-4	CAD	龙山	早期	476	1	陶		陶罐	器底				
12	岚山	LS-LJG-4	CAD	龙山		476	34	陶		不确定	腹片				
12	岚山	LS-LJG-4	CAD	周代	西周	1084	3	陶		不确定	腹片				
12	岚山	LS-LJG-4	CAD	周代	西周	1084	1	陶		不确定	腹片	绳纹			
12	岚山	LS-LJG-4	CAD	汉代		1518	2	陶		不确定	腹片				
12	岚山	LS-LJG-4	CAD	汉代		1518	1	陶		陶瓦					
12	岚山	LS-LJG-4	CAE	龙山	早期	476	1	陶		陶鼎	口沿				
12	岚山	LS-LJG-4	CAE	龙山	早期	476	1	陶		陶甗	器足				
12	岚山	LS-LJG-4	CAE	龙山	中期	476	3	陶		陶罐	口沿				
12	岚山	LS-LJG-4	CAE	龙山	中期	476	1	陶		陶鼎	器底				
12	岚山	LS-LJG-4	CAE	龙山		476	28	陶		不确定	腹片			粗砂	
12	岚山	LS-LJG-4	CAE	周代	西周	1084	1	陶		不确定	腹片	绳纹			
12	岚山	LS-LJG-4	CAE	周代	西周	1084	1	陶		不确定	腹片	绳纹	黑		
12	岚山	LS-LJG-4	CAE	周代	西周	1084	2	陶		不确定	腹片				
12	岚山	LS-LJG-4	CAE	周代	东周	1084	1	陶		陶罐	器底				
12	岚山	LS-LJG-4	CAE	周代	东周	1084	9	陶		不确定	腹片				
12	岚山	LS-LJG-4	CAF	龙山	中期	476	1	陶		陶罐	口沿				
12	岚山	LS-LJG-4	CAF	龙山	中期	476	1	陶		陶鬶	把手				
12	岚山	LS-LJG-4	CAF	龙山	中期	476	1	陶		陶甗	器足				
12	岚山	LS-LJG-4	CAF	龙山	中期	476	1	陶		陶罐	口沿			泥质	
12	岚山	LS-LJG-4	CAF	龙山		476	23	陶		不确定	腹片				
12	岚山	LS-LJG-4	CAF	周代	东周	1084	4	陶		不确定	腹片				
12	岚山	LS-LJG-4	CAG	龙山		476	8	陶		不确定	腹片				
12	岚山	LS-LJG-5	CAG	汉代		1520	1	陶		不确定	腹片				
12	岚山	LS-LJG-5	CAG	汉代		1520	2	陶		陶瓦					
12	岚山	LS-LJGZ-1	单个遗址	周代	东周	1049	3	陶		不确定	腹片	绳纹			
12	岚山	LS-LJGZ-1	单个遗址	周代	东周	1049	1	陶		不确定	腹片				
12	岚山	LS-LJGZ-1	单个遗址	汉代		1454	2	陶		陶盆	口沿				
12	岚山	LS-LJGZ-1	单个遗址	汉代		1454	7	陶		不确定	腹片				
12	岚山	LS-LJGZ-1	单个遗址	汉代		1454	4	陶		陶瓦					
12	岚山	LS-LJGZ-1	单个遗址	汉代		1454	3	陶		砖					
12	岚山	LS-LJGZ-2	单个遗址	汉代		1451	1	陶		不确定	腹片				
12	岚山	LS-LJGZ-3	单个遗址	周代	西周	1145	2	陶		陶鬲	器足				
12	岚山	LS-LJGZ-3	单个遗址	周代	西周	1145	1	陶		不确定	腹片	绳纹			
12	岚山	LS-LJGZ-3	单个遗址	周代	西周	1145	1	陶		不确定	腹片				
11	岚山	LS-LJTZ-2	单个遗址	周代	西周	954	8	陶		不确定	腹片	绳纹			
11	岚山	LS-LJTZ-2	单个遗址	周代	西周	954	2	陶		不确定	腹片	绳纹			
11	岚山	LS-LJTZ-2	单个遗址	周代	东周	954	1	陶		陶罐	口沿				
11	岚山	LS-LJTZ-2	单个遗址	周代	东周	954	1	陶		陶罐	肩部				
11	岚山	LS-LJTZ-2	单个遗址	周代	东周	954	13	陶		不确定	腹片	绳纹			
11	岚山	LS-LJTZ-2	单个遗址	周代	东周	954	18	陶		不确定	腹片				
13	岚山	LS-LJW-1	单个遗址	汉代		1592	1	陶		陶瓮	腹片				

年度	县区	遗址	采集区	时代	分期	期段编号	数量	质地	石器种类	器型	部位	纹饰	颜色	质地	蛋壳陶
13	岚山	LS-LJW-2	单个遗址	汉代		1591	1	陶		陶盆	口沿				
13	岚山	LS-LJW-2	单个遗址	汉代		1591	1	陶		陶瓦					
13	岚山	LS-LJW-3	单个遗址	周代	东周	1247	1	陶		不确定	腹片				
13	岚山	LS-LJW-3	单个遗址	周代	东周	1247	2	陶		不确定	腹片	绳纹			
10	岚山	LS-LJZ-1	单个遗址	汉代	不确定	1171	7	陶		陶瓦					
10	岚山	LS-LJZ-1	单个遗址	汉代	不确定	1171	3	陶		不确定	腹片	绳纹			
10	岚山	LS-LJZ-1	单个遗址	汉代	不确定	1171	3	陶		不确定	腹片				
11	岚山	LS-LK-1	单个遗址	汉代	不确定	1380	1	陶		不确定	腹片				
11	岚山	LS-LK-2	单个遗址	汉代	不确定	1379	2	陶		陶瓦					
11	岚山	LS-LK-2	单个遗址	汉代	不确定	1379	1	陶		陶盆	颈部				
11	岚山	LS-LK-3	CAA	周代	东周	998	3	陶		不确定	腹片	绳纹			
11	岚山	LS-LK-3	CAA	汉代	不确定	1387	17	陶		不确定	腹片				
11	岚山	LS-LK-3	CAA	汉代	不确定	1387	9	陶		陶瓦					
11	岚山	LS-LK-3	CAB	汉代	不确定	1387	23	陶		不确定	腹片				
11	岚山	LS-LK-3	CAB	汉代	不确定	1387	7	陶		陶瓦					
11	岚山	LS-LK-3	CAC	汉代	不确定	1387	2	陶		不确定	腹片				
11	岚山	LS-LK-3	CAC	汉代	不确定	1387	2	陶		陶瓦					
11	岚山	LS-LK-3	CAD	汉代	不确定	1387	1	陶		不确定	腹片				
11	岚山	LS-LK-3	CAD	汉代	不确定	1387	3	陶		陶瓦					
11	岚山	LS-LK-3	CAE	汉代	不确定	1387	1	陶		陶盆	口沿				
11	岚山	LS-LK-3	CAE	汉代	不确定	1387	4	陶		不确定	腹片				
11	岚山	LS-LK-3	CAE	汉代	不确定	1387	1	陶		陶瓦					
11	岚山	LS-LK-3	CAF	汉代	不确定	1387	2	陶		陶瓦					
11	岚山	LS-LK-3	CAG	汉代	不确定	1387	3	陶		不确定	腹片				
11	岚山	LS-LK-3	CAG	汉代	不确定	1387	2	陶		陶瓦					
11	岚山	LS-LSM-1	CAA	汉代	不确定	1401	12	陶		不确定	腹片				
11	岚山	LS-LSM-1	CAA	汉代	不确定	1401	1	陶		陶瓮	口沿				
11	岚山	LS-LSM-1	CAA	汉代	不确定	1401	1	陶		陶罐	口沿				
11	岚山	LS-LSM-1	CAA	汉代	不确定	1401	13	陶		陶瓦					
11	岚山	LS-LSM-1	CAB	汉代	不确定	1401	1	陶		陶盆	器底				
11	岚山	LS-LSM-1	CAB	汉代	不确定	1401	2	陶		不确定	腹片				
11	岚山	LS-LSM-1	CAB	汉代	不确定	1401	2	陶		陶瓦					
11	岚山	LS-LSM-1	CAB	周代	西周	1023	7	陶		不确定	腹片				
11	岚山	LS-LSM-1	CAB	周代	西周	1023	3	陶		不确定	腹片	绳纹			
11	岚山	LS-LSM-1	CAB	周代	东周	1023	1	陶		陶豆	口沿				
11	岚山	LS-LSM-1	CAB	周代	东周	1023	1	陶		陶罐	口沿				
11	岚山	LS-LSM-1	CAB	周代	东周	1023	1	陶		陶盆	口沿				
11	岚山	LS-LSM-1	CAB	周代	东周	1023	10	陶		不确定	腹片				
11	岚山	LS-LSM-1	CAB	周代	东周	1023	18	陶		不确定	腹片				
11	岚山	LS-LTY-1	单个遗址	汉代	不确定	1196	4	陶		不确定	腹片				
11	岚山	LS-LTY-1	单个遗址	汉代	不确定	1196	1	陶		陶瓦					
11	岚山	LS-LTY-2	单个遗址	汉代	不确定	1197	2	陶		不确定	腹片				
11	岚山	LS-LWH-1	单个遗址	汉代	不确定	1343	1	陶		不确定	腹片				
11	岚山	LS-LWH-1	单个遗址	汉代	不确定	1343	4	陶		陶瓦					
11	岚山	LS-LWH-2	单个遗址	汉代	不确定	1342	3	陶		不确定	腹片				
11	岚山	LS-LWH-2	单个遗址	汉代	不确定	1342	6	陶		陶瓦					

年度	县区	遗址	采集区	时代	分期	期段编号	数量	质地	石器种类	器型	部位	纹饰	颜色	质地	蛋壳陶
11	岚山	LS-LWH-3	CAB	周代	东周	996	1	陶		陶罐	腹片	绳纹			
11	岚山	LS-LWH-3	CAB	周代	东周	996	1	陶		不确定	腹片				
11	岚山	LS-LWH-3	CAA	汉代	不确定	1341	1	陶		不确定	腹片				
11	岚山	LS-LWH-3	CAA	汉代	不确定	1341	5	陶		陶瓦					
11	岚山	LS-LWH-3	CAB	汉代	不确定	1341	3	陶		不确定	腹片				
11	岚山	LS-LWH-3	CAB	汉代	不确定	1341	2	陶		陶瓦					
12	岚山	LS-LWH-4	CAA	汉代		1573	2	陶		不确定	腹片				
12	岚山	LS-LWH-4	CAA	汉代		1573	2	陶		陶瓦					
12	岚山	LS-LWH-4	CAB	汉代		1573	2	陶		不确定	腹片				
12	岚山	LS-LWH-4	CAB	汉代		1573	2	陶		陶瓦					
11	岚山	LS-LXZ-1	CAA	汉代	不确定	1370	3	陶		不确定	腹片				
11	岚山	LS-LXZ-1	CAB	汉代	不确定	1370	1	陶		不确定	腹片				
11	岚山	LS-LXZ-1	CAB	汉代	不确定	1370	1	陶		陶瓦					
11	岚山	LS-LXZ-1	CAC	汉代	不确定	1370	5	陶		不确定	腹片				
11	岚山	LS-LXZ-1	CAC	汉代	不确定	1370	3	陶		陶瓦					
11	岚山	LS-LXZ-1	CAC	汉代	不确定	1370	1	陶		砖					
11	岚山	LS-LXZ-2	单个遗址	汉代	不确定	1371	2	陶		不确定	腹片				
11	岚山	LS-LZD-1	CAC	周代	东周	991	1	陶		陶罐	口沿				
11	岚山	LS-LZD-1	CAC	周代	东周	991	2	陶		不确定	腹片				
11	岚山	LS-LZD-1	CAA	汉代	不确定	1339	1	陶		陶盆	口沿				
11	岚山	LS-LZD-1	CAA	汉代	不确定	1339	6	陶		不确定	腹片				
11	岚山	LS-LZD-1	CAA	汉代	不确定	1339	7	陶		陶瓦					
11	岚山	LS-LZD-1	CAB	汉代	不确定	1339	1	陶		陶盆	口沿				
11	岚山	LS-LZD-1	CAB	汉代	不确定	1339	1	陶		陶瓮	口沿				
11	岚山	LS-LZD-1	CAB	汉代	不确定	1339	4	陶		不确定	腹片				
11	岚山	LS-LZD-1	CAB	汉代	不确定	1339	24	陶		陶瓦					
12	岚山	LS-MJC-1	单个遗址	周代	东周	1131	3	陶		不确定	腹片				
12	岚山	LS-MJC-1	单个遗址	周代	东周	1131	2	陶		不确定	腹片	绳纹			
12	岚山	LS-MJC-1	单个遗址	汉代		1572	1	陶		陶瓦					
12	岚山	LS-MJC-2	单个遗址	汉代		1571	1	陶		陶瓮	口沿				
12	岚山	LS-MJC-2	单个遗址	汉代		1571	1	陶		不确定	腹片				
13	岚山	LS-MJD-1	单个遗址	周代	西周	1244	5	陶		不确定	腹片	绳纹			
13	岚山	LS-MJD-1	单个遗址	周代	东周	1244	8	陶		不确定	腹片				
13	岚山	LS-MJD-1	单个遗址	周代	东周	1244	3	陶		不确定	腹片	绳纹			
13	岚山	LS-MJD-1	单个遗址	汉代		1593	2	陶		陶瓦					
11	岚山	LS-MJGZ-1	单个遗址	汉代	不确定	1204	8	陶		不确定	腹片				
11	岚山	LS-MJGZ-1	单个遗址	汉代	不确定	1204	2	陶		陶瓦					
11	岚山	LS-MJGZ-3	单个遗址	龙山	早期	434	4	陶		陶鼎	器足				
11	岚山	LS-MJGZ-3	单个遗址	龙山	早期	434	3	陶		陶鼎	口沿				
11	岚山	LS-MJGZ-3	单个遗址	龙山	不确定	434	1	陶		陶器盖	口沿				
11	岚山	LS-MJGZ-3	单个遗址	龙山	不确定	434	1	陶		纺轮	碎块				
11	岚山	LS-MJGZ-3	单个遗址	龙山	不确定	434	5	陶		不确定	腹片	弦纹			
11	岚山	LS-MJGZ-3	单个遗址	龙山	不确定	434	1	陶		不确定	腹片	篮纹			
11	岚山	LS-MJGZ-3	单个遗址	龙山	不确定	434	47	陶		不确定	腹片				
11	岚山	LS-MJGZ-3	单个遗址	龙山	不确定	434	1	石	工具	石凿					
11	岚山	LS-MJGZ-3	单个遗址	汉代	不确定	1213	1	陶		陶盆	口沿				

年度	县区	遗址	采集区	时代	分期	期段编号	数量	质地	石器种类	器型	部位	纹饰	颜色	质地	蛋壳陶
11	岚山	LS-MJGZ-3	单个遗址	汉代	不确定	1213	1	陶		陶瓮	口沿				
11	岚山	LS-MJGZ-3	单个遗址	汉代	不确定	1213	6	陶		不确定	腹片				
11	岚山	LS-MJGZ-4	单个遗址	龙山	不确定	429	1	陶		陶器盖	口沿				
11	岚山	LS-MJGZ-5	单个遗址	汉代	不确定	1208	4	陶		不确定	腹片				
11	岚山	LS-MJGZ-6	单个遗址	周代	东周	905	1	陶		不确定	腹片				
11	岚山	LS-MJGZ-7	单个遗址	龙山	不确定	432	5	陶		不确定	腹片				
11	岚山	LS-MJGZ-7	单个遗址	周代	东周	906	4	陶		不确定	腹片	绳纹			
11	岚山	LS-MJGZ-7	单个遗址	周代	东周	906	3	陶		不确定	腹片				
11	岚山	LS-MJGZ-7	单个遗址	汉代	不确定	1215	1	陶		不确定	腹片				
11	岚山	LS-MJGZ-7	单个遗址	汉代	不确定	1215	1	陶		陶瓮	口沿				
11	岚山	LS-MJGZ-8	单个遗址	龙山	不确定	430	4	陶		不确定	腹片				
11	岚山	LS-MJGZ-8	单个遗址	龙山	不确定	430	1	陶		不确定	腹片	篮纹			
11	岚山	LS-MJGZ-8	单个遗址	汉代	不确定	1214	1	陶		陶盆	口沿				
11	岚山	LS-MJGZ-8	单个遗址	汉代	不确定	1214	1	陶		不确定	腹片				
11	岚山	LS-MJGZ-9	单个遗址	周代	西周	914	1	陶		不确定	腹片	绳纹			
11	岚山	LS-MJGZ-9	单个遗址	周代	西周	914	1	陶		不确定	腹片				
10	岚山	LS-MJL-1	单个遗址	龙山	不确定	404	2	陶		不确定	腹片				
10	岚山	LS-MJL-1	单个遗址	周代	东周	808	2	陶		不确定	腹片				
12	岚山	LS-MJSZ-1	单个遗址	周代	西周	1101	2	陶		不确定	腹片	绳纹			
12	岚山	LS-MJSZ-1	单个遗址	周代	西周	1101	2	陶		不确定	腹片				
12	岚山	LS-MJSZ-1	单个遗址	周代	东周	1101	1	陶		陶盆	口沿				
12	岚山	LS-MJSZ-1	单个遗址	周代	东周	1101	2	陶		陶罐	口沿				
12	岚山	LS-MJSZ-1	单个遗址	周代	东周	1101	6	陶		不确定	腹片	绳纹			
12	岚山	LS-MJSZ-2	单个遗址	汉代		1537	1	陶		陶盆	口沿				
12	岚山	LS-MJSZ-2	单个遗址	汉代		1537	1	陶		不确定	腹片				
10	岚山	LS-MT-1	单个遗址	汉代	不确定	1189	1	陶		陶瓦					
10	岚山	LS-MT-2	单个遗址	汉代	不确定	1190	1	陶		陶罐	口沿				
10	岚山	LS-MT-2	单个遗址	汉代	不确定	1190	1	陶		陶盆	口沿				
10	岚山	LS-MT-2	单个遗址	汉代	不确定	1190	4	陶		陶瓦					
10	岚山	LS-MT-3	单个遗址	汉代	不确定	1188	3	陶		陶瓦					
10	岚山	LS-MT-3	单个遗址	周代	西周	894	1	陶		不确定	腹片				
10	岚山	LS-MT-4	CAA	周代	西周	889	2	陶		不确定	腹片	绳纹			
10	岚山	LS-MT-4	CAA	周代	西周	889	1	陶		不确定	腹片				
10	岚山	LS-MT-4	CAB	周代	东周	890	1	陶		不确定	腹片	绳纹			
10	岚山	LS-MT-4	CAB	周代	东周	890	1	陶		不确定	腹片				
10	岚山	LS-MT-5	CAA	周代	西周	893	2	陶		不确定	腹片				
10	岚山	LS-MT-5	CAA	周代	东周	893	2	陶		陶豆	豆盘				
10	岚山	LS-MT-5	CAA	周代	东周	893	10	陶		不确定	腹片	绳纹			
10	岚山	LS-MT-5	CAA	周代	东周	893	2	陶		不确定	腹片				
10	岚山	LS-MT-5	CAA	汉代	不确定	1187	1	陶		陶罐	口沿				
10	岚山	LS-MT-5	CAA	汉代	不确定	1187	1	陶		陶瓦					
10	岚山	LS-MT-5	CAB	汉代	不确定	1187	2	陶		陶瓦					
10	岚山	LS-MT-6	单个遗址	龙山	不确定	421	2	陶		不确定	腹片				
10	岚山	LS-MT-6	单个遗址	龙山	不确定	421	1	陶		不确定	腹片	弦纹			
10	岚山	LS-MT-6	单个遗址	周代	西周	887	5	陶		不确定	腹片				
10	岚山	LS-MT-6	单个遗址	周代	西周	887	1	陶		不确定	腹片	绳纹			

年度	县区	遗址	采集区	时代	分期	期段编号	数量	质地	石器种类	器型	部位	纹饰	颜色	质地	蛋壳陶
10	岚山	LS-MT-6	单个遗址	汉代	不确定	1183	7	陶		陶瓦					
10	岚山	LS-MT-7	CAB	龙山	早期	423	4	陶		陶鼎	口沿				
10	岚山	LS-MT-7	CAB	龙山	早期	423	2	陶		陶鼎	器足				
10	岚山	LS-MT-7	CAB	龙山	早期	423	2	陶		陶匜	口沿				
10	岚山	LS-MT-7	CAB	龙山	中期	423	4	陶		陶鼎	口沿				
10	岚山	LS-MT-7	CAB	龙山	中期	423	2	陶		陶匜	口沿				
10	岚山	LS-MT-7	CAB	龙山	中期	423	5	陶		陶罐	口沿				
10	岚山	LS-MT-7	CAB	龙山	中期	423	2	陶		陶盆	口沿				
10	岚山	LS-MT-7	CAB	龙山	不确定	423	4	陶		不确定	陶器盖				
10	岚山	LS-MT-7	CAB	龙山	不确定	423	10	陶		陶罐	器底				
10	岚山	LS-MT-7	CAB	龙山	不确定	423	1	陶		陶盆	口沿				
10	岚山	LS-MT-7	CAB	龙山	不确定	423	6	陶		不确定	腹片	篮纹			
10	岚山	LS-MT-7	CAB	龙山	不确定	423	14	陶		不确定	腹片	弦纹			
10	岚山	LS-MT-7	CAB	龙山	不确定	423	80	陶		不确定	腹片				
10	岚山	LS-MT-7	CAB	汉代	不确定	1186	1	陶		陶瓦					
10	岚山	LS-MT-7	CAB	汉代	不确定	1186	1	陶		不确定	腹片				
10	岚山	LS-MT-7	CAA	周代	西周	892	2	陶		陶罐	口沿				
10	岚山	LS-MT-7	CAA	周代	西周	892	1	陶		不确定	腹片	附加堆纹			
10	岚山	LS-MT-7	CAA	周代	西周	892	6	陶		不确定	腹片	绳纹			
10	岚山	LS-MT-7	CAA	周代	西周	892	8	陶		不确定	腹片				
10	岚山	LS-MT-7	CAC	不确定			1	石	工具	石刀					
10	岚山	LS-MT-7	CAC	不确定			1	石	工具	石斧					
10	岚山	LS-MT-7	CAC	不确定			1	黏土		烧土					
10	岚山	LS-MT-7	CAC	龙山	早期	423	1	陶		陶鼎	器足				
10	岚山	LS-MT-7	CAC	龙山	早期	423	1	陶		陶鼎	口沿				
10	岚山	LS-MT-7	CAC	龙山	早期	423	1	陶		陶壶	口沿				
10	岚山	LS-MT-7	CAC	龙山	中期	423	1	陶		陶罐	口沿				
10	岚山	LS-MT-7	CAC	龙山	中期	423	1	陶		陶匜	口沿				
10	岚山	LS-MT-7	CAC	龙山	不确定	423	1	陶		不确定	陶器盖				
10	岚山	LS-MT-7	CAC	龙山	不确定	423	1	陶		陶杯	器底				
10	岚山	LS-MT-7	CAC	龙山	不确定	423	3	陶		不确定	腹片	篮纹			
10	岚山	LS-MT-7	CAC	龙山	不确定	423	1	陶		陶罐	肩部				
10	岚山	LS-MT-7	CAC	龙山	不确定	423	3	陶		陶罐	器底				
10	岚山	LS-MT-7	CAC	龙山	不确定	423	4	陶		不确定	腹片	弦纹			
10	岚山	LS-MT-7	CAC	龙山	不确定	423	14	陶		不确定	腹片				
10	岚山	LS-MT-7	CAD	龙山	早期	423	1	陶		陶鼎	口沿				
10	岚山	LS-MT-7	CAD	龙山	早期	423	1	陶		陶豆	口沿				
10	岚山	LS-MT-7	CAD	龙山	中期	423	1	陶		陶鼎	器足				
10	岚山	LS-MT-7	CAD	龙山	中期	423	1	陶		陶豆	豆柄				
10	岚山	LS-MT-7	CAD	龙山	中期	423	1	陶		陶甗	器足				
10	岚山	LS-MT-7	CAD	龙山	中期	423	1	陶		陶匜	口沿				
10	岚山	LS-MT-7	CAD	龙山	不确定	423	2	陶		陶罐	器底				
10	岚山	LS-MT-7	CAD	龙山	不确定	423	26	陶		不确定	腹片				
10	岚山	LS-MT-7	CAD	龙山	不确定	423	3	陶		不确定	腹片	弦纹			
10	岚山	LS-MT-7	CAD	周代	东周	891	3	陶		不确定	腹片	绳纹			
10	岚山	LS-MT-7	CAD	周代	东周	891	1	陶		不确定	腹片				

年度	县区	遗址	采集区	时代	分期	期段编号	数量	质地	石器种类	器型	部位	纹饰	颜色	质地	蛋壳陶
10	岚山	LS-MT-7	CAE	大汶口	晚期	23	1	陶		陶鼎	器足				
10	岚山	LS-MT-7	CAE	大汶口	晚期	23	1	陶		陶大口尊	口沿				
10	岚山	LS-MT-7	CAE	大汶口	晚期	23	1	陶		陶大口尊	腹片				
10	岚山	LS-MT-7	CAE	龙山	早期	423	3	陶		陶鼎	器足				
10	岚山	LS-MT-7	CAE	龙山	早期	423	1	陶		陶豆	豆柄				
10	岚山	LS-MT-7	CAE	龙山	早期	423	2	陶		陶鼎	口沿				
10	岚山	LS-MT-7	CAE	龙山	早期	423	1	陶		陶盆	口沿				
10	岚山	LS-MT-7	CAE	龙山	早期	423	1	陶		不确定	陶器盖				
10	岚山	LS-MT-7	CAE	龙山	中期	423	1	陶		陶鼎	口沿				
10	岚山	LS-MT-7	CAE	龙山	中期	423	4	陶		陶罐	口沿				
10	岚山	LS-MT-7	CAE	龙山	中期	423	1	陶		陶匜	口沿				
10	岚山	LS-MT-7	CAE	龙山	中期	423	1	陶		陶盆	口沿				
10	岚山	LS-MT-7	CAE	龙山	不确定	423	1	陶		陶鬶	腹片		白		
10	岚山	LS-MT-7	CAE	龙山	不确定	423	2	陶		不确定	陶器盖				
10	岚山	LS-MT-7	CAE	龙山	不确定	423	6	陶		陶罐	器底				
10	岚山	LS-MT-7	CAE	龙山	不确定	423	63	陶		不确定	腹片				
10	岚山	LS-MT-7	CAE	龙山	不确定	423	4	陶		不确定	腹片	弦纹			
10	岚山	LS-MT-7	CAE	龙山	不确定	423	1	石	产品	石刀					
10	岚山	LS-MT-7	CAE	龙山	不确定	423	1	石	工具	不确定					
10	岚山	LS-MT-7	CAE	汉代	不确定	1186	3	陶		陶瓦					
10	岚山	LS-MT-7	CAE	汉代	不确定	1186	2	陶		不确定	腹片				
10	岚山	LS-MT-7	CAF	龙山	早期	423	1	陶		陶鼎	口沿				
10	岚山	LS-MT-7	CAF	龙山	早期	423	1	陶		陶壶	口沿				
10	岚山	LS-MT-7	CAF	龙山	早期	423	1	陶		陶罐	口沿				
10	岚山	LS-MT-7	CAF	龙山	中期	423	1	陶		陶鼎	口沿				
10	岚山	LS-MT-7	CAF	龙山	中期	423	1	陶		陶罐	口沿				
10	岚山	LS-MT-7	CAF	龙山	不确定	423	2	陶		不确定	陶器盖				
10	岚山	LS-MT-7	CAF	龙山	不确定	423	1	陶		陶杯	把手				
10	岚山	LS-MT-7	CAF	龙山	不确定	423	1	陶		陶盆	口沿				
10	岚山	LS-MT-7	CAF	龙山	不确定	423	24	陶		不确定	腹片				
10	岚山	LS-MT-7	CAF	龙山	不确定	423	2	陶		不确定	腹片	篮纹			
10	岚山	LS-MT-7	CAF	龙山	不确定	423	1	陶		陶罐	器底				
10	岚山	LS-MT-7	CAF	龙山	不确定	423	1	陶		陶罐	把手				
10	岚山	LS-MT-7	CAF	汉代	不确定	1186	1	陶		陶盆	颈部				
10	岚山	LS-MT-7	CAF	汉代	不确定	1186	1	陶		陶罐	口沿				
10	岚山	LS-MT-7	CAF	汉代	不确定	1186	1	陶		陶盆	器底				
10	岚山	LS-MT-7	CAF	汉代	不确定	1186	8	陶		陶瓦					
10	岚山	LS-MT-7	CAG	龙山	不确定	423	1	陶		陶罐	器底				
10	岚山	LS-MT-7	CAG	龙山	不确定	423	1	陶		不确定	腹片				
10	岚山	LS-MT-7	CAG	龙山	不确定	423	1	陶		不确定	腹片	弦纹			
10	岚山	LS-MT-7	CAH	龙山	早期	423	1	陶		陶鼎	口沿				
10	岚山	LS-MT-7	CAH	周代	东周	891	1	陶		陶盆	口沿				
10	岚山	LS-MT-7	CAH	周代	东周	891	2	陶		不确定	腹片				
10	岚山	LS-MT-7	CAI	龙山	中期	423	2	陶		陶罐	口沿				
10	岚山	LS-MT-7	CAI	龙山	不确定	423	1	陶		陶器盖	陶器盖				
10	岚山	LS-MT-7	CAI	龙山	不确定	423	3	陶		陶罐	器底				

年度	县区	遗址	采集区	时代	分期	期段编号	数量	质地	石器种类	器型	部位	纹饰	颜色	质地	蛋壳陶
10	岚山	LS-MT-7	CAI	龙山	不确定	423	9	陶		不确定	腹片				
10	岚山	LS-MT-7	CAI	龙山	不确定	423	2	陶		不确定	腹片	篮纹			
10	岚山	LS-MT-7	CAI	龙山	不确定	423	2	陶		不确定	腹片	弦纹			
10	岚山	LS-MT-7	CAI	龙山	不确定	423	1	石	工具	石刀					
10	岚山	LS-MT-7	CAI	周代	东周	891	3	陶		不确定	腹片				
10	岚山	LS-MT-7	CAJ	龙山	早期	423	1	陶		陶鼎	器足				
10	岚山	LS-MT-7	CAJ	龙山	早期	423	1	陶		陶盆	口沿				
10	岚山	LS-MT-7	CAJ	龙山	中期	423	1	陶		陶鼎	口沿				
10	岚山	LS-MT-7	CAJ	龙山	不确定	423	1	陶		陶器盖	陶器盖口沿				
10	岚山	LS-MT-7	CAJ	龙山	不确定	423	1	陶		陶罐	把手				
10	岚山	LS-MT-7	CAJ	龙山	不确定	423	12	陶		不确定	腹片				
10	岚山	LS-MT-7	CAJ	龙山	不确定	423	1	陶		不确定	腹片	篮纹			
10	岚山	LS-MT-7	CAJ	龙山	不确定	423	1	陶		不确定	腹片	弦纹			
10	岚山	LS-MT-7	CAJ	周代	东周	891	3	陶		不确定	腹片	绳纹			
10	岚山	LS-MT-7	CAJ	汉代	不确定	1186	2	陶		陶瓦					
10	岚山	LS-MT-7	CAK	龙山	不确定	423	1	陶		不确定	腹片				
10	岚山	LS-MT-7	CAK	汉代	不确定	1186	1	陶		陶瓦					
10	岚山	LS-MT-8	单个遗址	龙山	不确定	424	2	陶		不确定	腹片				
10	岚山	LS-MT-9	单个遗址	周代	东周	886	3	陶		不确定	腹片	绳纹			
10	岚山	LS-MT-9	单个遗址	周代	东周	886	1	陶		不确定	腹片				
10	岚山	LS-MT-9	单个遗址	汉代	不确定	1180	1	陶		陶瓦					
10	岚山	LS-NJZ-1	单个遗址	汉代	不确定	1051	1	陶		砖					
10	岚山	LS-NJZ-1	单个遗址	汉代	不确定	1051	2	陶		陶瓦					
10	岚山	LS-NJZ-1	单个遗址	汉代	不确定	1051	3	陶		不确定	腹片				
10	岚山	LS-NJZ-2	单个遗址	汉代	不确定	1053	1	陶		陶盆	颈部				
10	岚山	LS-NJZ-2	单个遗址	汉代	不确定	1053	1	陶		陶瓦					
12	岚山	LS-NSJGZ-1	单个遗址	周代	西周	1161	1	陶		不确定	腹片	绳纹			
11	岚山	LS-NTG-1	单个遗址	周代	东周	973	1	陶		不确定	腹片	绳纹			
11	岚山	LS-NTG-1	单个遗址	汉代	不确定	1324	5	陶		不确定	腹片				
11	岚山	LS-NTG-1	单个遗址	汉代	不确定	1324	10	陶		陶瓦					
11	岚山	LS-NTG-3	单个遗址	周代	东周	984	1	陶		不确定	腹片	绳纹			
11	岚山	LS-NTG-4	单个遗址	周代	东周	987	2	陶		不确定	腹片	绳纹			
11	岚山	LS-NTG-5	单个遗址	汉代	不确定	1327	4	陶		不确定	腹片				
11	岚山	LS-NTG-5	单个遗址	汉代	不确定	1327	2	陶		陶瓦					
11	岚山	LS-NTG-6	CAA	汉代	不确定	1325	2	陶		陶瓮	口沿				
11	岚山	LS-NTG-6	CAA	汉代	不确定	1325	1	陶		陶盆	颈部				
11	岚山	LS-NTG-6	CAA	汉代	不确定	1325	18	陶		不确定	腹片				
11	岚山	LS-NTG-6	CAA	汉代	不确定	1325	14	陶		陶瓦					
11	岚山	LS-NTG-6	CAB	周代	东周	983	3	陶		不确定	腹片				
10	岚山	LS-NZ-1	单个遗址	汉代	不确定	1128	1	陶		纺轮					
10	岚山	LS-PJC-1	单个遗址	汉代	不确定	1192	1	陶		陶罐	口沿				
10	岚山	LS-PJC-2	单个遗址	汉代	不确定	1191	1	陶		陶瓦					
10	岚山	LS-PJC-3	单个遗址	汉代	不确定	1193	19	陶		陶瓦					
10	岚山	LS-PJC-3	单个遗址	汉代	不确定	1193	4	陶		不确定	腹片	绳纹			
12	岚山	LS-PSZ-1	单个遗址	周代	东周	1092	1	陶		陶盆	口沿				
12	岚山	LS-PSZ-1	单个遗址	周代	东周	1092	1	陶		陶罐	器底				

年度	县区	遗址	采集区	时代	分期	期段编号	数量	质地	石器种类	器型	部位	纹饰	颜色	质地	蛋壳陶
12	岚山	LS-PSZ-1	单个遗址	周代	东周	1092	1	陶		不确定	腹片				
12	岚山	LS-PSZ-1	单个遗址	周代	西周	1092	3	陶		不确定	腹片	绳纹			
12	岚山	LS-QAX-1	CAA	汉代		1413	8	陶		不确定	腹片				
12	岚山	LS-QAX-1	CAA	汉代		1413	5	陶		陶瓦					
12	岚山	LS-QAX-1	CAB	龙山		464	1	陶		不确定	腹片				
12	岚山	LS-QAX-1	CAB	汉代		1413	4	陶		不确定	腹片				
12	岚山	LS-QAX-1	CAC	周代	东周	1032	1	陶		陶罐	器底				
12	岚山	LS-QAX-1	CAC	周代	东周	1032	1	陶		不确定	腹片	绳纹			
12	岚山	LS-QAX-1	CAC	汉代		1413	8	陶		不确定	腹片				
12	岚山	LS-QAX-1	CAC	汉代		1413	6	陶		陶瓦					
12	岚山	LS-QAX-2	单个遗址	汉代		1410	2	陶		不确定	腹片				
12	岚山	LS-QAX-3	单个遗址	周代	西周	1142	1	陶		不确定	腹片	绳纹			
12	岚山	LS-QAX-3	单个遗址	汉代		1414	4	陶		陶瓦					
10	岚山	LS-QHB-1	CAA	周代	西周	862	1	陶		不确定	腹片	绳纹			
10	岚山	LS-QHB-1	CAB	龙山	不确定	416	1	陶		陶甗	器足				
10	岚山	LS-QHB-1	CAB	周代	西周	862	1	陶		陶盆	口沿				
10	岚山	LS-QHB-1	CAB	周代	西周	862	1	陶		陶罐	口沿				
10	岚山	LS-QHB-1	CAB	周代	西周	862	4	陶		不确定	腹片	绳纹			
10	岚山	LS-QHB-1	CAB	周代	东周	862	13	陶		不确定	腹片				
10	岚山	LS-QHB-1	CAB	周代	东周	862	8	陶		不确定	腹片	绳纹			
10	岚山	LS-QHB-1	CAB	汉代	不确定	1145	2	陶		陶盆	器底				
10	岚山	LS-QHB-1	CAB	汉代	不确定	1145	11	陶		陶瓦					
10	岚山	LS-QHB-1	CAB	汉代	不确定	1145	4	陶		不确定	腹片				
10	岚山	LS-QHB-1	CAC	周代	西周	862	2	陶		不确定	腹片				
10	岚山	LS-QHB-1	CAC	周代	东周	862	2	陶		不确定	腹片	绳纹			
10	岚山	LS-QHB-1	CAC	周代	东周	862	1	陶		不确定	腹片				
10	岚山	LS-QHB-2	单个遗址	周代	东周	863	1	陶		陶罐	口沿				
10	岚山	LS-QHB-2	单个遗址	周代	东周	863	1	陶		陶盆	器底				
10	岚山	LS-QHB-2	单个遗址	周代	东周	863	1	陶		不确定	腹片	绳纹			
10	岚山	LS-QHB-2	单个遗址	周代	东周	863	2	陶		不确定	腹片				
11	岚山	LS-QJJZ-1	单个遗址	周代	东周	950	1	陶		陶鬲	腹片	绳纹			
11	岚山	LS-QJJZ-2	CAA	周代	东周	949	1	陶		陶罐	口沿				
11	岚山	LS-QJJZ-2	CAA	周代	东周	949	8	陶		不确定	腹片				
11	岚山	LS-QJJZ-2	CAA	周代	东周	949	1	陶		不确定	腹片	绳纹			
11	岚山	LS-QJJZ-2	CAB	汉代	不确定	1300	1	陶		陶罐	口沿				
11	岚山	LS-QJJZ-2	CAB	汉代	不确定	1300	1	陶		不确定	腹片				
11	岚山	LS-QJJZ-2	CAB	汉代	不确定	1300	1	陶		陶瓦					
11	岚山	LS-QJJZ-2	CAC	汉代	不确定	1300	1	陶		不确定	腹片				
11	岚山	LS-QJJZ-2	CAC	汉代	不确定	1300	1	陶		陶瓦					
11	岚山	LS-QJJZ-3	CAA	周代	西周	951	2	陶		陶鬲	器足	绳纹			
11	岚山	LS-QJJZ-3	CAA	周代	西周	951	1	陶		陶罐	口沿				
11	岚山	LS-QJJZ-3	CAA	周代	西周	951	1	陶		陶盆	口沿				
11	岚山	LS-QJJZ-3	CAA	周代	西周	951	1	陶		陶鬲	口沿	绳纹			
11	岚山	LS-QJJZ-3	CAA	周代	西周	951	20	陶		不确定	腹片	绳纹			
11	岚山	LS-QJJZ-3	CAA	周代	西周	951	3	陶		不确定	腹片				
11	岚山	LS-QJJZ-3	CAA	周代	东周	951	1	陶		陶罐	器底				

年度	县区	遗址	采集区	时代	分期	期段编号	数量	质地	石器种类	器型	部位	纹饰	颜色	质地	蛋壳陶
11	岚山	LS-QJJZ-3	CAA	周代	东周	951	1	陶		陶罐	口沿				
11	岚山	LS-QJJZ-3	CAA	周代	东周	951	1	陶		陶罐	肩部				
11	岚山	LS-QJJZ-3	CAA	周代	东周	951	1	陶		陶盆	口沿				
11	岚山	LS-QJJZ-3	CAA	周代	东周	951	14	陶		不确定	腹片	绳纹			
11	岚山	LS-QJJZ-3	CAA	周代	东周	951	40	陶		不确定	腹片				
11	岚山	LS-QJJZ-3	CAA	周代	西周	951	2	石	工具	石斧					
11	岚山	LS-QJJZ-3	CAA	汉代	不确定	1301	1	陶		陶盆	口沿				
11	岚山	LS-QJJZ-3	CAA	汉代	不确定	1301	2	陶		不确定	腹片				
11	岚山	LS-QJJZ-3	CAA	汉代	不确定	1301	3	陶		陶瓦					
11	岚山	LS-QJJZ-3	CAA	不确定			1	陶		不确定	腹片				
11	岚山	LS-QJJZ-3	CAB	周代	西周	951	2	陶		陶鬲	器足	绳纹			
11	岚山	LS-QJJZ-3	CAB	周代	西周	951	4	陶		陶鬲	口沿	绳纹			
11	岚山	LS-QJJZ-3	CAB	周代	西周	951	6	陶		陶罐	口沿				
11	岚山	LS-QJJZ-3	CAB	周代	西周	951	3	陶		陶盆	口沿				
11	岚山	LS-QJJZ-3	CAB	周代	西周	951	1	陶		陶罐	肩部	弦纹, 绳纹			
11	岚山	LS-QJJZ-3	CAB	周代	西周	951	1	陶		陶钵	口沿				
11	岚山	LS-QJJZ-3	CAB	周代	西周	951	8	陶		陶鬲	腹片	绳纹			
11	岚山	LS-QJJZ-3	CAB	周代	西周	951	6	陶		不确定	腹片	附加堆纹			
11	岚山	LS-QJJZ-3	CAB	周代	西周	951	70	陶		不确定	腹片	绳纹			
11	岚山	LS-QJJZ-3	CAB	周代	西周	951	72	陶		不确定	腹片				
11	岚山	LS-QJJZ-3	CAB	周代	西周	951	1	陶		不确定	腹片	戳印纹			
11	岚山	LS-QJJZ-3	CAB	周代	西周	951	1	黏土		泥块					
11	岚山	LS-QJJZ-3	CAB	周代	东周	951	2	陶		陶罐	口沿				
11	岚山	LS-QJJZ-3	CAB	周代	东周	951	1	陶		陶钵	口沿	点纹			
11	岚山	LS-QJJZ-3	CAB	汉代	不确定	1301	2	陶		陶瓦					
11	岚山	LS-QJJZ-3	CAC	汉代	不确定	1301	4	陶		不确定	腹片				
11	岚山	LS-QJJZ-3	CAC	汉代	不确定	1301	2	陶		陶瓦					
11	岚山	LS-QJJZ-3	CAD	汉代	不确定	1301	1	陶		陶盆	口沿				
11	岚山	LS-QJJZ-3	CAD	汉代	不确定	1301	10	陶		不确定	腹片				
11	岚山	LS-QJJZ-3	CAD	汉代	不确定	1301	3	陶		陶瓦					
11	岚山	LS-QJJZ-3	CAE	周代	西周	951	1	陶		陶鬲	口沿	绳纹			
11	岚山	LS-QJJZ-3	CAE	周代	西周	951	7	陶		不确定	腹片	绳纹			
11	岚山	LS-QJJZ-3	CAE	周代	西周	951	9	陶		不确定	腹片	附加堆纹			
11	岚山	LS-QJJZ-3	CAE	周代	西周	951	3	陶		不确定	腹片				
11	岚山	LS-QJJZ-3	CAE	周代	东周	951	1	陶		陶罐	肩部	绳纹			
11	岚山	LS-QJJZ-3	CAE	周代	东周	951	1	陶		陶盆	器底				
11	岚山	LS-QJJZ-3	CAE	周代	东周	951	1	陶		陶盆	口沿				
11	岚山	LS-QJJZ-3	CAE	周代	东周	951	1	陶		陶豆	豆柄				
11	岚山	LS-QJJZ-3	CAE	周代	东周	951	1	陶		陶罐	口沿				
11	岚山	LS-QJJZ-3	CAE	周代	东周	951	11	陶		不确定	腹片	绳纹			
11	岚山	LS-QJJZ-3	CAE	周代	东周	951	4	陶		不确定	腹片				
11	岚山	LS-QJJZ-3	CAF	周代	东周	952	1	陶		陶罐	口沿				
11	岚山	LS-QJJZ-3	CAF	周代	东周	952	1	陶		不确定	腹片	绳纹			
11	岚山	LS-QJJZ-3	CAF	汉代	不确定	1301	11	陶		不确定	腹片				
11	岚山	LS-QJJZ-3	CAF	汉代	不确定	1301	5	陶		陶瓦					
11	岚山	LS-QJJZ-3	CAG	周代	西周	962	1	陶		陶鬲	器足	绳纹			

年度	县区	遗址	采集区	时代	分期	期段编号	数量	质地	石器种类	器型	部位	纹饰	颜色	质地	蛋壳陶
11	岚山	LS-QJJZ-3	CAG	周代	西周	962	2	陶		陶鬲	腹片	绳纹			
11	岚山	LS-QJJZ-3	CAG	周代	西周	962	2	陶		不确定	腹片	绳纹			
11	岚山	LS-QJJZ-3	CAG	周代	西周	962	1	陶		不确定	腹片				
11	岚山	LS-QJJZ-3	CAG	汉代	不确定	1301	8	陶		不确定	腹片				
11	岚山	LS-QJJZ-3	CAG	汉代	不确定	1301	7	陶		陶瓦					
11	岚山	LS-QJJZ-3	CAH	周代	西周	962	2	陶		不确定	腹片				
11	岚山	LS-QJJZ-4	单个遗址	汉代	不确定	1302	1	陶		陶瓮	口沿				
11	岚山	LS-QJJZ-4	单个遗址	汉代	不确定	1302	1	陶		陶罐	器底				
11	岚山	LS-QJJZ-4	单个遗址	汉代	不确定	1302	4	陶		不确定	腹片				
11	岚山	LS-QJJZ-4	单个遗址	汉代	不确定	1302	2	陶		陶瓦					
10	岚山	LS-QJXZ-1	单个遗址	汉代	不确定	1164	1	陶		陶瓦					
10	岚山	LS-QJXZ-2	单个遗址	周代	东周	872	1	陶		不确定	腹片				
10	岚山	LS-QJXZ-3	单个遗址	汉代	不确定	1163	1	陶		陶盆	口沿				
10	岚山	LS-QJZ-1	CAA	周代	西周	869	4	陶		不确定	腹片	绳纹			
10	岚山	LS-QJZ-1	CAA	周代	东周	869	4	陶		不确定	腹片	绳纹			
10	岚山	LS-QJZ-1	CAA	周代	东周	869	2	陶		不确定	腹片				
10	岚山	LS-QJZ-1	CAA	汉代	不确定	1154	1	陶		陶盆	口沿				
10	岚山	LS-QJZ-1	CAA	汉代	不确定	1154	3	陶		陶瓦					
10	岚山	LS-QJZ-1	CAB	汉代	不确定	1154	1	陶		陶罐	口沿				
10	岚山	LS-QJZ-1	CAB	汉代	不确定	1154	1	陶		陶瓦					
10	岚山	LS-QJZ-1	CAB	汉代	不确定	1154	3	陶		不确定	腹片				
10	岚山	LS-QLNT-1	单个遗址	汉代	不确定	1098	1	陶		陶瓦					
10	岚山	LS-QLNT-2	CAA	不确定			1	石	装饰品	石璧					
10	岚山	LS-QLNT-2	CAA	商代	晚期	26	2	陶		陶鬲	口沿				
10	岚山	LS-QLNT-2	CAA	商代	晚期	26	2	陶		不确定	腹片				
10	岚山	LS-QLNT-2	CAA	周代	西周	826	1	陶		陶鬲	器足				
10	岚山	LS-QLNT-2	CAA	周代	西周	826	2	陶		陶罐	口沿				
10	岚山	LS-QLNT-2	CAA	周代	西周	826	1	陶		陶罐	颈部				
10	岚山	LS-QLNT-2	CAA	周代	西周	826	74	陶		不确定	腹片	绳纹			
10	岚山	LS-QLNT-2	CAA	周代	西周	826	5	陶		陶鬲	腹片	绳纹			
10	岚山	LS-QLNT-2	CAA	周代	西周	826	1	陶		不确定	把手				
10	岚山	LS-QLNT-2	CAA	周代	西周	826	8	陶		不确定	腹片				
10	岚山	LS-QLNT-2	CAA	周代	东周	826	1	陶		陶豆	豆柄				
10	岚山	LS-QLNT-2	CAA	周代	东周	826	2	陶		不确定	腹片				
10	岚山	LS-QLNT-2	CAA	周代	东周	826	1	陶		不确定	腹片	绳纹			
10	岚山	LS-QLNT-2	CAB	周代	西周	826	4	陶		不确定	腹片	绳纹			
10	岚山	LS-QLNT-2	CAB	周代	东周	826	9	陶		不确定	腹片	绳纹			
10	岚山	LS-QLNT-2	CAC	周代	东周	826	3	陶		不确定	腹片	绳纹			
10	岚山	LS-QLNT-2	CAC	周代	东周	826	1	陶		不确定	腹片				
10	岚山	LS-QLNT-3	单个遗址	周代	西周	825	5	陶		不确定	腹片	绳纹			
10	岚山	LS-QLNT-3	单个遗址	周代	东周	825	8	陶		不确定	腹片	绳纹			
10	岚山	LS-QLNT-4	单个遗址	汉代	不确定	1090	2	陶		陶瓦					
10	岚山	LS-QLNT-4	单个遗址	汉代	不确定	1090	1	陶		不确定	腹片				
12	岚山	LS-QSCG-1	CAA	大汶口	晚期	28	1	陶		陶壶	口沿				
12	岚山	LS-QSCG-1	CAA	大汶口	晚期	28	1	陶		陶壶	器底				
12	岚山	LS-QSCG-1	CAA	大汶口	晚期	28	1	陶		陶鬶	把手				

年度	县区	遗址	采集区	时代	分期	期段编号	数量	质地	石器种类	器型	部位	纹饰	颜色	质地	蛋壳陶
12	岚山	LS-QSCG-1	CAA	龙山	早期	481	2	陶		陶器盖	口沿				
12	岚山	LS-QSCG-1	CAA	龙山	早期	481	2	陶		陶鼎	器足				
12	岚山	LS-QSCG-1	CAA	龙山	早期	481	1	陶		陶壶	口沿				
12	岚山	LS-QSCG-1	CAA	龙山	早期	481	4	陶		陶罐	口沿				
12	岚山	LS-QSCG-1	CAA	龙山	早期	481	1	陶		陶盆	口沿				
12	岚山	LS-QSCG-1	CAA	龙山	早期	481	1	陶		陶豆	口沿				
12	岚山	LS-QSCG-1	CAA	龙山	早期	481	1	陶		不确定	腹片	刻划纹			
12	岚山	LS-QSCG-1	CAA	龙山	早期	481	1	陶		不确定	腹片	篮纹			
12	岚山	LS-QSCG-1	CAA	龙山	早期	481	2	陶		陶罐	口沿				
12	岚山	LS-QSCG-1	CAA	龙山	早期	481	1	陶		陶鬶	腹片		白		
12	岚山	LS-QSCG-1	CAA	龙山	早期	481	1	陶		陶罐	口沿			泥质	
12	岚山	LS-QSCG-1	CAA	龙山	早期	481	1	陶		陶圈足盘	口沿				
12	岚山	LS-QSCG-1	CAA	龙山	早期	481	1	陶		陶甗	腰部				
12	岚山	LS-QSCG-1	CAA	龙山		481	7	陶		不确定	腹片			泥质	
12	岚山	LS-QSCG-1	CAA	龙山		481	55	陶		不确定	腹片			粗砂	
12	岚山	LS-QSCG-1	CAA	周代	东周	1123	2	陶		陶罐	器底				
12	岚山	LS-QSCG-1	CAA	周代	东周	1123	2	陶		不确定	腹片	绳纹			
12	岚山	LS-QSCG-1	CAA	周代	东周	1123	2	陶		不确定	腹片				
12	岚山	LS-QSCG-1	CAB	龙山	早期	481	1	陶		不确定	腹片	篮纹			
12	岚山	LS-QSCG-1	CAB	龙山	中期	481	2	陶		陶鼎	器足				
12	岚山	LS-QSCG-1	CAB	龙山	中期	481	1	陶		陶甗	器足				
12	岚山	LS-QSCG-1	CAB	龙山	中期	481	2	陶		陶罐	口沿				
12	岚山	LS-QSCG-1	CAB	龙山		481	3	陶		不确定	腹片			泥质	
12	岚山	LS-QSCG-1	CAB	龙山		481	14	陶		不确定	腹片			粗砂	
12	岚山	LS-QSCG-1	CAB	龙山		481	1	陶		不确定	腹片	附加堆纹		粗砂	
12	岚山	LS-QSCG-1	CAB	龙山		481	1	陶		不确定	腹片	弦纹		粗砂	
12	岚山	LS-QSCG-1	CAC	龙山	早期	481	1	陶		陶鼎	器足				
12	岚山	LS-QSCG-1	CAC	龙山	早期	481	1	陶		陶鼎	器底				
12	岚山	LS-QSCG-1	CAC	龙山	早期	481	2	陶		陶豆	口沿				
12	岚山	LS-QSCG-1	CAC	龙山	中期	481	1	陶		陶鼎	器足				
12	岚山	LS-QSCG-1	CAC	龙山	中期	481	1	陶		陶罐	口沿				
12	岚山	LS-QSCG-1	CAC	龙山		481	26	陶		不确定	腹片			粗砂	
12	岚山	LS-QSCG-1	CAC	龙山		481	2	陶		不确定	腹片			泥质	
12	岚山	LS-QSCG-1	CAC	龙山		481	1	石	工具	石凿					
12	岚山	LS-QSCG-1	CAD	大汶口	晚期	28	1	陶		陶壶	器底				
12	岚山	LS-QSCG-1	CAD	大汶口	晚期	28	1	陶		陶壶	颈部				
12	岚山	LS-QSCG-1	CAD	大汶口	晚期	28	1	陶		陶尊	腹片	篮纹			
12	岚山	LS-QSCG-1	CAD	龙山	早期	481	1	陶		陶鼎	器足				
12	岚山	LS-QSCG-1	CAD	龙山	早期	481	1	陶		陶盆	口沿				
12	岚山	LS-QSCG-1	CAD	龙山	早期	481	1	陶		陶鼎	口沿				
12	岚山	LS-QSCG-1	CAD	龙山	早期	481	1	陶		陶器盖	口沿				
12	岚山	LS-QSCG-1	CAD	龙山	早期	481	2	陶		不确定	腹片	篮纹			
12	岚山	LS-QSCG-1	CAD	龙山	早期	481	1	陶		不确定	腹片	刻划纹			
12	岚山	LS-QSCG-1	CAD	龙山	中期	481	1	陶		陶鬶	器足				
12	岚山	LS-QSCG-1	CAD	龙山	中期	481	1	陶		陶鬶	把手				
12	岚山	LS-QSCG-1	CAD	龙山	中期	481	2	陶		陶甗	口沿				

年度	县区	遗址	采集区	时代	分期	期段编号	数量	质地	石器种类	器型	部位	纹饰	颜色	质地	蛋壳陶
12	岚山	LS-QSCG-1	CAD	龙山	中期	481	1	陶		陶罐	口沿				
12	岚山	LS-QSCG-1	CAD	龙山	晚期	481	1	陶		陶鼎	器足				
12	岚山	LS-QSCG-1	CAD	龙山		481	7	陶		不确定	腹片			泥质	
12	岚山	LS-QSCG-1	CAD	龙山		481	2	陶		不确定	腹片	弦纹		泥质	
12	岚山	LS-QSCG-1	CAD	龙山		481	54	陶		不确定	腹片			粗砂	
12	岚山	LS-QSCG-1	CAD	龙山		481	1	陶		纺轮					
12	岚山	LS-QSCG-1	CAD	龙山		481	1	石	工具	不确定	残破				
12	岚山	LS-QSCG-1	CAD	汉代		1562	1	陶		陶瓦					
12	岚山	LS-QSCG-1	CAE	龙山	早期	481	2	陶		陶杯	颈部				
12	岚山	LS-QSCG-1	CAE	龙山	早期	481	1	陶		陶鼎	口沿				
12	岚山	LS-QSCG-1	CAE	龙山		481	2	陶		不确定	腹片			泥质	
12	岚山	LS-QSCG-1	CAE	龙山		481	6	陶		不确定	腹片			粗砂	
12	岚山	LS-QSCG-1	CAF	龙山		481	5	陶		不确定	腹片				
12	岚山	LS-QSCG-1	CAF	龙山		481	1	陶		不确定	腹片			泥质	
12	岚山	LS-QSCG-1	CAF	周代	东周	1123	2	陶		不确定	腹片				
12	岚山	LS-QSCG-1	CAF	周代	东周	1123	1	陶		不确定	腹片	绳纹			
12	岚山	LS-QSCG-1	CAF	汉代		1562	1	陶		不确定	腹片				
12	岚山	LS-QSCG-1	CAF	汉代		1562	1	陶		陶瓦					
12	岚山	LS-QSCG-1	CAG	周代	西周	1123	2	陶		不确定	腹片	绳纹			
12	岚山	LS-QSCG-1	CAG	周代	东周	1123	5	陶		不确定	腹片	绳纹			
12	岚山	LS-QSCG-1	CAG	周代	东周	1123	1	陶		不确定	腹片				
12	岚山	LS-QSCG-1	CAG	汉代		1562	1	陶		不确定	腹片				
12	岚山	LS-QSCG-1	CAG	汉代		1562	2	陶		陶瓦					
12	岚山	LS-QSCG-1	CAH	周代	西周	1123	2	陶		不确定	腹片	绳纹			
12	岚山	LS-QSCG-1	CAH	周代	东周	1123	2	陶		不确定	腹片	绳纹			
12	岚山	LS-QSCG-1	CAI	龙山	不确定	481	6	陶		不确定	腹片			粗砂	
12	岚山	LS-QSCG-1	CAI	汉代		1562	3	陶		不确定	腹片				
12	岚山	LS-QSCG-1	CAI	汉代		1562	3	陶		陶瓦					
12	岚山	LS-QSCG-10	单个遗址	汉代		1564	1	陶		陶盆	颈部				
12	岚山	LS-QSCG-11	单个遗址	龙山		482	2	陶		不确定	腹片			泥质	
12	岚山	LS-QSCG-11	单个遗址	龙山		482	8	陶		不确定	腹片			粗砂	
12	岚山	LS-QSCG-11	单个遗址	周代	东周	1121	3	陶		不确定	腹片				
12	岚山	LS-QSCG-11	单个遗址	周代	东周	1121	2	陶		不确定	腹片	绳纹			
12	岚山	LS-QSCG-11	单个遗址	汉代		1558	2	陶		陶瓦					
12	岚山	LS-QSCG-2	CAI	汉代		1560	1	陶		陶瓮	口沿				
12	岚山	LS-QSCG-3	单个遗址	汉代		1561	1	陶		陶盆	口沿				
12	岚山	LS-QSCG-3	单个遗址	汉代		1561	1	陶		陶盆	腹片				
12	岚山	LS-QSCG-4	CAA	龙山		485	1	陶		不确定	腹片				
12	岚山	LS-QSCG-4	CAA	周代	东周	1124	8	陶		不确定	腹片				
12	岚山	LS-QSCG-4	CAA	汉代		1568	1	陶		陶盆	口沿				
12	岚山	LS-QSCG-4	CAA	汉代		1568	1	陶		不确定	腹片				
12	岚山	LS-QSCG-4	CAA	汉代		1568	1	陶		陶瓦					
12	岚山	LS-QSCG-4	CAB	龙山	早期	485	1	陶		不确定	腹片	篮纹			
12	岚山	LS-QSCG-4	CAB	汉代		1568	1	陶		不确定	腹片				
12	岚山	LS-QSCG-4	CAC	汉代		1568	1	陶		陶瓮	腹片				
12	岚山	LS-QSCG-4	CAC	汉代		1568	1	陶		陶瓦					

年度	县区	遗址	采集区	时代	分期	期段编号	数量	质地	石器种类	器型	部位	纹饰	颜色	质地	蛋壳陶
12	岚山	LS-QSCG-5	CAA	龙山	早期	483	1	陶		不确定	腹片	篮纹			
12	岚山	LS-QSCG-5	CAA	龙山	中期	483	3	陶		陶罐	口沿				
12	岚山	LS-QSCG-5	CAA	龙山		483	4	陶		不确定	腹片				
12	岚山	LS-QSCG-5	CAA	汉代		1563	1	陶		陶瓦					
12	岚山	LS-QSCG-5	CAA	汉代		1563	2	陶		不确定	腹片				
12	岚山	LS-QSCG-5	CAB	龙山	早期	483	1	陶		不确定	腹片	刻划纹			
12	岚山	LS-QSCG-5	CAB	龙山		483	1	陶		不确定	腹片				
12	岚山	LS-QSCG-5	CAB	周代	西周	1162	2	陶		不确定	腹片	绳纹			
12	岚山	LS-QSCG-5	CAB	周代	西周	1162	1	陶		不确定	腹片				
12	岚山	LS-QSCG-6	CAA	龙山	早期	484	1	陶		陶匜	口沿				
12	岚山	LS-QSCG-6	CAA	龙山		484	3	陶		不确定	腹片				
12	岚山	LS-QSCG-6	CAA	龙山		484	1	陶		不确定	腹片			泥质	
12	岚山	LS-QSCG-6	CAA	周代	东周	1125	1	陶		陶罐	器底				
12	岚山	LS-QSCG-6	CAA	周代	东周	1125	1	陶		陶罐	口沿				
12	岚山	LS-QSCG-6	CAA	周代	东周	1125	2	陶		不确定	腹片				
12	岚山	LS-QSCG-6	CAB	龙山		484	2	陶		不确定	腹片			粗砂	
12	岚山	LS-QSCG-7	CAB	周代	东周	1126	1	陶		不确定	腹片	绳纹			
12	岚山	LS-QSCG-8	单个遗址	龙山		488	1	陶		陶杯	腹片			泥质	
12	岚山	LS-QSCG-8	单个遗址	龙山		488	5	陶		不确定	腹片				
12	岚山	LS-QSCG-8	单个遗址	周代	西周	1163	1	陶		不确定	腹片	绳纹			
12	岚山	LS-QSCG-8	单个遗址	汉代		1567	1	陶		陶瓮	口沿				
12	岚山	LS-QSCG-8	单个遗址	汉代		1567	1	陶		不确定	腹片				
12	岚山	LS-QSCG-9	单个遗址	周代	东周	1122	2	陶		不确定	腹片	绳纹			
12	岚山	LS-QSCG-9	单个遗址	周代	东周	1122	1	陶		不确定	腹片				
11	岚山	LS-QSP-1	CAA	汉代	不确定	1373	2	陶		陶盆	口沿				
11	岚山	LS-QSP-1	CAA	汉代	不确定	1373	3	陶		陶罐	口沿				
11	岚山	LS-QSP-1	CAA	汉代	不确定	1373	1	陶		陶盆	器底				
11	岚山	LS-QSP-1	CAA	汉代	不确定	1373	16	陶		不确定	腹片				
11	岚山	LS-QSP-1	CAA	汉代	不确定	1373	76	陶		陶瓦					
11	岚山	LS-QSP-1	CAC	汉代	不确定	1375	1	陶		陶瓦					
11	岚山	LS-QSP-1	CAC	汉代	不确定	1375	1	陶		不确定	腹片				
12	岚山	LS-QSP-2	单个遗址	周代	东周	1137	2	陶		不确定	腹片				
12	岚山	LS-QSP-2	单个遗址	周代	东周	1137	1	陶		不确定	腹片	绳纹			
12	岚山	LS-QSP-2	单个遗址	汉代		1581	5	陶		陶瓦					
12	岚山	LS-QSP-3	单个遗址	汉代		1583	1	陶		不确定	腹片				
12	岚山	LS-QSP-4	单个遗址	龙山		491	2	陶		不确定	腹片				
12	岚山	LS-QSP-4	单个遗址	周代	东周	1136	4	陶		不确定	腹片				
12	岚山	LS-QSP-4	单个遗址	周代	东周	1136	2	陶		不确定	腹片	绳纹			
12	岚山	LS-QSW-1	单个遗址	汉代		1420	1	陶		不确定	腹片				
12	岚山	LS-QSW-1	单个遗址	汉代		1420	1	陶		陶瓦					
12	岚山	LS-QSW-2	单个遗址	汉代		1421	3	陶		陶瓦					
12	岚山	LS-QT-1	单个遗址	汉代		1497	1	陶		陶瓦					
12	岚山	LS-QT-2	单个遗址	周代	东周	1071	1	陶		不确定	腹片	绳纹			
11	岚山	LS-QZM-1	单个遗址	周代	东周	999	2	陶		不确定	腹片				
11	岚山	LS-QZM-2	单个遗址	汉代	不确定	1385	1	陶		陶瓮	口沿				
11	岚山	LS-QZM-2	单个遗址	汉代	不确定	1385	3	陶		不确定	腹片				

年度	县区	遗址	采集区	时代	分期	期段编号	数量	质地	石器种类	器型	部位	纹饰	颜色	质地	蛋壳陶
12	岚山	LS-SC-1	单个遗址	周代	东周	1057	2	陶		不确定	腹片	绳纹			
12	岚山	LS-SC-1	单个遗址	周代	东周	1057	1	陶		不确定	腹片				
12	岚山	LS-SC-1	单个遗址	汉代		1474	1	陶		陶瓦					
12	岚山	LS-SC-10	单个遗址	汉代		1489	1	陶		陶瓮	腹片				
12	岚山	LS-SC-11	CAA	汉代		1472	2	陶		不确定	腹片				
12	岚山	LS-SC-11	CAA	汉代		1472	2	陶		陶瓦					
12	岚山	LS-SC-11	CAB	汉代		1472	1	陶		不确定	腹片				
12	岚山	LS-SC-11	CAB	汉代		1472	1	陶		陶瓦					
12	岚山	LS-SC-12	单个遗址	周代	西周	1150	1	陶		不确定	腹片	附加堆纹			
12	岚山	LS-SC-13	单个遗址	汉代		1488	1	陶		不确定	腹片				
12	岚山	LS-SC-13	单个遗址	汉代		1488	1	陶		陶瓦					
12	岚山	LS-SC-14	单个遗址	汉代		1490	3	陶		不确定	腹片				
12	岚山	LS-SC-14	单个遗址	汉代		1490	1	陶		陶瓦					
12	岚山	LS-SC-2	单个遗址	周代	东周	1059	1	陶		不确定	腹片	绳纹			
12	岚山	LS-SC-2	单个遗址	周代	东周	1059	1	陶		不确定	腹片				
12	岚山	LS-SC-3	CAA	龙山		473	2	陶		不确定	腹片				
12	岚山	LS-SC-3	CAA	周代	东周	1056	3	陶		不确定	腹片				
12	岚山	LS-SC-3	CAA	周代	东周	1056	1	陶		不确定	腹片	绳纹			
12	岚山	LS-SC-3	CAB	周代	东周	1056	1	陶		不确定	腹片	绳纹			
12	岚山	LS-SC-3	CAB	周代	东周	1056	1	陶		不确定	腹片				
12	岚山	LS-SC-3	CAC	龙山	中期	473	1	陶		陶鼎	器足				
12	岚山	LS-SC-3	CAC	龙山		473	2	陶		不确定	腹片				
12	岚山	LS-SC-3	CAC	汉代		1471	1	陶		不确定	腹片				
12	岚山	LS-SC-3	CAC	汉代		1471	3	陶		陶瓦					
12	岚山	LS-SC-3	CAD	龙山		473	3	陶		不确定	腹片				
12	岚山	LS-SC-3	CAD	汉代		1471	1	陶		陶瓮	口沿				
12	岚山	LS-SC-4	单个遗址	周代	东周	1058	4	陶		不确定	腹片				
12	岚山	LS-SC-4	单个遗址	周代	东周	1058	3	陶		不确定	腹片	绳纹			
12	岚山	LS-SC-5	单个遗址	汉代		1589	1	陶		陶瓦					
12	岚山	LS-SC-6	单个遗址	汉代		1491	1	陶		不确定	腹片				
12	岚山	LS-SC-6	单个遗址	汉代		1491	3	陶		陶瓦					
12	岚山	LS-SC-7	单个遗址	周代	东周	1060	2	陶		不确定	腹片	绳纹			
12	岚山	LS-SC-8	单个遗址	汉代		1475	1	陶		陶瓦					
12	岚山	LS-SC-9	单个遗址	周代	东周	1061	1	陶		陶盆	口沿				
10	岚山	LS-SHG-1	单个遗址	汉代	不确定	1170	1	陶		陶瓦					
10	岚山	LS-ShJZ-1	单个遗址	汉代	不确定	1159	6	陶		陶瓦					
10	岚山	LS-ShJZ-1	单个遗址	汉代	不确定	1159	1	陶		不确定	腹片	绳纹			
10	岚山	LS-ShZH-1	单个遗址	周代	东周	876	1	陶		不确定	腹片	绳纹			
10	岚山	LS-ShZH-2	单个遗址	周代	西周	877	1	陶		不确定	腹片	绳纹			
10	岚山	LS-ShZH-2	单个遗址	汉代	不确定	1162	1	陶		陶瓦					
10	岚山	LS-ShZH-3	单个遗址	周代	西周	875	2	陶		不确定	腹片	绳纹			
10	岚山	LS-ShZH-3	单个遗址	周代	西周	875	1	陶		不确定	腹片				
10	岚山	LS-ShZH-3	单个遗址	汉代	不确定	1161	3	陶		陶瓦					
10	岚山	LS-ShZH-3	单个遗址	汉代	不确定	1161	2	陶		不确定	腹片	绳纹			
10	岚山	LS-ShZH-4	单个遗址	汉代	不确定	1165	2	陶		陶瓦					
10	岚山	LS-ShZH-4	单个遗址	汉代	不确定	1165	2	陶		不确定	腹片	绳纹			

年度	县区	遗址	采集区	时代	分期	期段编号	数量	质地	石器种类	器型	部位	纹饰	颜色	质地	蛋壳陶
10	岚山	LS-ShZH-5	单个遗址	周代	东周	874	1	陶		陶盆	口沿				
10	岚山	LS-ShZH-5	单个遗址	周代	东周	874	1	陶		不确定	腹片	绳纹			
10	岚山	LS-ShZH-6	单个遗址	汉代	不确定	1160	1	陶		陶盆	口沿				
10	岚山	LS-ShZH-6	单个遗址	汉代	不确定	1160	1	陶		陶瓦					
10	岚山	LS-ShZH-7	CAA	汉代	不确定	1156	1	陶		陶罐	口沿				
10	岚山	LS-ShZH-7	CAA	汉代	不确定	1156	1	陶		陶瓦					
10	岚山	LS-ShZH-7	CAB	周代	东周	867	1	陶		不确定	腹片				
10	岚山	LS-ShZH-7	CAB	周代	东周	867	2	陶		不确定	腹片	绳纹			
10	岚山	LS-ShZH-7	CAB	汉代	不确定	1156	1	陶		陶盆	器底				
10	岚山	LS-ShZH-7	CAB	汉代	不确定	1156	1	陶		陶瓦					
10	岚山	LS-ShZH-7	CAB	汉代	不确定	1156	1	陶		不确定	腹片	绳纹			
10	岚山	LS-SJZ-1	单个遗址	汉代	不确定	1169	1	陶		陶盆	口沿				
10	岚山	LS-SLC-1	单个遗址	龙山	中期	425	1	陶		陶匜	口沿				
10	岚山	LS-SLC-1	单个遗址	汉代	不确定	1107	1	陶		陶瓦					
10	岚山	LS-SLC-2	单个遗址	汉代	不确定	1106	4	陶		陶瓦					
10	岚山	LS-SLC-2	单个遗址	汉代	不确定	1106	2	陶		不确定	腹片				
10	岚山	LS-SLC-3	CAA	周代	东周	828	2	陶		不确定	腹片	绳纹			
10	岚山	LS-SLC-3	CAA	周代	东周	828	2	陶		不确定	腹片				
10	岚山	LS-SLC-3	CAA	汉代	不确定	1105	1	陶		陶盆	口沿				
10	岚山	LS-SLC-3	CAA	汉代	不确定	1105	4	陶		陶瓦					
10	岚山	LS-SLC-3	CAA	汉代	不确定	1105	2	陶		不确定	腹片				
10	岚山	LS-SLC-3	CAB	汉代	不确定	1105	2	陶		陶瓦					
12	岚山	LS-SLS-1	单个遗址	龙山		478	1	陶		不确定	腹片				
12	岚山	LS-SLS-1	单个遗址	周代	东周	1112	2	陶		不确定	腹片				
12	岚山	LS-SLS-1	单个遗址	周代	东周	1112	1	陶		不确定	腹片	绳纹			
12	岚山	LS-SLS-1	单个遗址	汉代		1547	2	陶		陶盆	口沿				
12	岚山	LS-SLS-1	单个遗址	汉代		1547	16	陶		不确定	腹片				
12	岚山	LS-SLS-1	单个遗址	汉代		1547	14	陶		陶瓦					
12	岚山	LS-SLS-2	单个遗址	周代	西周	1113	2	陶		陶鬲	腹片	绳纹			
12	岚山	LS-SLS-2	单个遗址	周代	西周	1113	3	陶		不确定	腹片	绳纹			
12	岚山	LS-SLS-2	单个遗址	周代	东周	1113	1	陶		陶罐	口沿				
12	岚山	LS-SLS-2	单个遗址	周代	东周	1113	2	陶		陶盆	口沿				
12	岚山	LS-SLS-2	单个遗址	周代	东周	1113	1	陶		陶豆	口沿				
12	岚山	LS-SLS-2	单个遗址	周代	东周	1113	8	陶		不确定	腹片				
12	岚山	LS-SLS-2	单个遗址	周代	东周	1113	5	陶		不确定	腹片	绳纹			
12	岚山	LS-SLS-2	单个遗址	汉代		1546	2	陶		不确定	腹片				
12	岚山	LS-SLS-2	单个遗址	汉代		1546	2	陶		陶瓦					
12	岚山	LS-SLS-3	单个遗址	不确定			1	石	工具	石杵					
12	岚山	LS-SLS-3	单个遗址	周代	东周	1111	2	陶		不确定	腹片	绳纹			
12	岚山	LS-SLS-3	单个遗址	周代	东周	1111	2	陶		不确定	腹片				
12	岚山	LS-SLS-3	单个遗址	汉代		1545	1	陶		不确定	腹片				
12	岚山	LS-SLS-3	单个遗址	汉代		1545	1	陶		陶瓦					
12	岚山	LS-SLS-4	单个遗址	周代	西周	1110	5	陶		不确定	腹片	绳纹			
12	岚山	LS-SLS-4	单个遗址	周代	西周	1110	1	陶		不确定		附加堆纹			
12	岚山	LS-SLS-4	单个遗址	周代	东周	1110	1	陶		陶罐	口沿				
12	岚山	LS-SLS-4	单个遗址	周代	东周	1110	1	陶		陶盆	口沿				

年度	县区	遗址	采集区	时代	分期	期段编号	数量	质地	石器种类	器型	部位	纹饰	颜色	质地	蛋壳陶
12	岚山	LS-SLS-4	单个遗址	周代	东周	1110	6	陶		不确定	腹片				
12	岚山	LS-SLS-4	单个遗址	周代	东周	1110	2	陶		不确定	腹片	绳纹			
13	岚山	LS-SLZ-1	单个遗址	周代	西周	1243	1	陶		陶鬲	器足				
13	岚山	LS-SLZ-1	单个遗址	周代	西周	1243	1	陶		陶鬲	口沿				
13	岚山	LS-SLZ-1	单个遗址	周代	西周	1243	1	陶		陶鬲	腹片				
13	岚山	LS-SLZ-1	单个遗址	周代	西周	1243	2	陶		陶罐	肩部				
13	岚山	LS-SLZ-1	单个遗址	周代	西周	1243	1	陶		陶盆	口沿				
13	岚山	LS-SLZ-1	单个遗址	周代	西周	1243	19	陶		不确定	腹片	绳纹			
13	岚山	LS-SLZ-1	单个遗址	周代	东周	1243	1	陶		陶豆	豆柄				
13	岚山	LS-SLZ-1	单个遗址	周代	东周	1243	15	陶		不确定	腹片	绳纹			
13	岚山	LS-SLZ-1	单个遗址	周代		1243	1	石	工具	不确定					
12	岚山	LS-SM-1	单个遗址	周代	西周	1157	2	陶		不确定	腹片	绳纹			
12	岚山	LS-SM-2	单个遗址	汉代		1534	1	陶		陶盆	器底				
12	岚山	LS-SM-2	单个遗址	汉代		1534	3	陶		不确定	腹片	绳纹			
12	岚山	LS-SM-3	单个遗址	周代	西周	1104	5	陶		不确定	腹片	绳纹			
12	岚山	LS-SM-3	单个遗址	周代	西周	1104	3	陶		不确定	腹片				
12	岚山	LS-SM-3	单个遗址	周代	东周	1104	2	陶		不确定	腹片	绳纹			
12	岚山	LS-SM-3	单个遗址	汉代		1535	1	陶		陶盆	器底				
12	岚山	LS-SM-3	单个遗址	汉代		1535	3	陶		不确定	腹片				
12	岚山	LS-SM-4	单个遗址	汉代		1532	1	陶		不确定	腹片	绳纹			
12	岚山	LS-SM-4	单个遗址	汉代		1532	1	陶		不确定	腹片				
12	岚山	LS-SM-5	单个遗址	周代	东周	1099	1	陶		不确定	腹片	绳纹			
12	岚山	LS-SM-6	单个遗址	汉代		1533	1	陶		陶瓦					
11	岚山	LS-SMK-1	单个遗址	汉代	不确定	1291	1	陶		陶盆	器底				
11	岚山	LS-SMK-2	单个遗址	汉代	不确定	1290	1	陶		陶瓮	口沿				
11	岚山	LS-SMK-3	单个遗址	汉代	不确定	1293	1	陶		不确定	腹片				
11	岚山	LS-SMK-3	单个遗址	汉代	不确定	1293	2	陶		陶瓦					
11	岚山	LS-SMT-1	单个遗址	汉代	不确定	1199	1	陶		陶罐	口沿				
11	岚山	LS-SMT-2	单个遗址	周代	东周	901	1	陶		不确定	腹片				
11	岚山	LS-SMT-2	单个遗址	汉代	不确定	1206	1	陶		不确定	腹片				
11	岚山	LS-SMT-2	单个遗址	汉代	不确定	1206	1	陶		陶瓦					
11	岚山	LS-SMT-3	单个遗址	汉代	不确定	1205	2	陶		不确定	腹片				
11	岚山	LS-SMT-3	单个遗址	汉代	不确定	1205	1	陶		陶瓦					
12	岚山	LS-SQC-1	单个遗址	周代	西周	1155	1	陶		不确定	腹片	绳纹			
12	岚山	LS-SQC-1	单个遗址	汉代		1496	1	陶		陶瓦					
12	岚山	LS-SQC-2	单个遗址	汉代		1492	1	陶		陶瓦					
12	岚山	LS-SQC-2	单个遗址	汉代		1492	1	陶		纺轮					
12	岚山	LS-SQC-3	单个遗址	汉代		1493	2	陶		陶瓦					
12	岚山	LS-SQC-4	单个遗址	汉代		1495	1	陶		陶罐	口沿				
12	岚山	LS-SQC-4	单个遗址	汉代		1495	7	陶		不确定	腹片				
12	岚山	LS-SQC-4	单个遗址	汉代		1495	1	陶		陶瓦					
10	岚山	LS-SSY-1	单个遗址	汉代	不确定	1349	3	陶		不确定	腹片				
10	岚山	LS-SSY-1	单个遗址	汉代	不确定	1349	1	陶		陶瓦					
10	岚山	LS-SSY-2	CAA	龙山	不确定	457	1	陶		不确定	腹片				
10	岚山	LS-SSY-2	CAA	周代	东周	997	10	陶		不确定	腹片				
10	岚山	LS-SSY-2	CAA	周代	东周	997	5	陶		不确定	腹片	绳纹			

年度	县区	遗址	采集区	时代	分期	期段编号	数量	质地	石器种类	器型	部位	纹饰	颜色	质地	蛋壳陶
10	岚山	LS-SSY-2	CAA	汉代	不确定	1344	8	陶		陶瓦					
10	岚山	LS-SSY-2	CAB	汉代	不确定	1344	1	陶		陶瓦					
10	岚山	LS-SSY-2	CAB	周代	西周	993	1	陶		不确定	腹片	绳纹			
10	岚山	LS-SSY-2	CAB	龙山	不确定	457	2	陶		不确定	腹片				
10	岚山	LS-SSY-2	CAB	龙山	中期	457	1	陶		陶甌	口沿				
11	岚山	LS-SSY-2	CAC	龙山	不确定	457	1	陶		不确定	腹片				
11	岚山	LS-SSY-2	CAC	汉代	不确定	1344	1	陶		陶盆	颈部				
11	岚山	LS-SSY-2	CAC	汉代	不确定	1344	2	陶		陶瓦					
11	岚山	LS-SSY-2	CAC	不确定			1	石	工具	石刀					
11	岚山	LS-SSY-2	CAD	汉代	不确定	1344	2	陶		不确定	腹片				
11	岚山	LS-SSY-2	CAD	汉代	不确定	1344	1	陶		陶瓦					
11	岚山	LS-SSY-2	CAE	汉代	不确定	1344	1	陶		不确定	腹片	线刻			
11	岚山	LS-SSY-2	CAE	汉代	不确定	1344	1	陶		不确定	腹片				
11	岚山	LS-SSY-2	CAF	周代	东周	997	2	陶		不确定	腹片	绳纹			
11	岚山	LS-SSY-2	CAF	周代	东周	997	1	陶		不确定	腹片				
11	岚山	LS-SSY-2	CAF	汉代	不确定	1344	1	陶		陶瓦					
11	岚山	LS-SSY-2	CAG	汉代	不确定	1344	2	陶		陶盆	口沿				
11	岚山	LS-SSY-2	CAG	汉代	不确定	1344	1	陶		陶瓮	口沿				
11	岚山	LS-SSY-2	CAG	汉代	不确定	1344	2	陶		不确定	腹片				
11	岚山	LS-SSY-2	CAG	汉代	不确定	1344	3	陶		陶瓦					
11	岚山	LS-SSY-2	CAH	周代	西周	993	1	陶		不确定	腹片	绳纹			
11	岚山	LS-SSY-2	CAH	汉代	不确定	1344	1	陶		不确定	腹片				
11	岚山	LS-SSY-2	CAH	汉代	不确定	1344	1	陶		陶瓦					
11	岚山	LS-SSY-3	单个遗址	汉代	不确定	1348	1	陶		陶瓦					
11	岚山	LS-SSY-4	单个遗址	汉代	不确定	1346	1	陶		不确定	腹片				
11	岚山	LS-SSY-4	单个遗址	汉代	不确定	1346	5	陶		陶瓦					
11	岚山	LS-SSY-5	单个遗址	汉代	不确定	1345	1	陶		陶瓦					
11	岚山	LS-SSY-6	单个遗址	汉代	不确定	1195	1	陶		陶瓦					
11	岚山	LS-SuJZ-1	单个遗址	周代	西周	1028	3	陶		陶鬲	腹片	绳纹			
11	岚山	LS-SuJZ-1	单个遗址	周代	西周	1028	3	陶		不确定	腹片	绳纹			
11	岚山	LS-SuJZ-1	单个遗址	周代	东周	1028	1	陶		陶壶	口沿				
11	岚山	LS-SuJZ-1	单个遗址	周代	东周	1028	14	陶		不确定	腹片	绳纹			
11	岚山	LS-SuJZ-1	单个遗址	周代	东周	1028	2	陶		不确定	腹片	绳纹			
11	岚山	LS-SuJZ-1	单个遗址	汉代	不确定	1395	1	陶		陶盆	口沿				
11	岚山	LS-SuJZ-1	单个遗址	汉代	不确定	1395	2	陶		陶瓮	口沿				
11	岚山	LS-SuJZ-1	单个遗址	汉代	不确定	1395	3	陶		不确定	腹片				
11	岚山	LS-SuJZ-1	单个遗址	汉代	不确定	1395	4	陶		陶瓦					
12	岚山	LS-SY-1	单个遗址	周代	西周	1098	1	陶		陶鬲	器足				
12	岚山	LS-SY-1	单个遗址	周代	东周	1098	1	陶		陶豆	豆盘				
12	岚山	LS-SY-1	单个遗址	周代	东周	1098	20	陶		不确定	腹片	绳纹			
12	岚山	LS-SY-1	单个遗址	周代	东周	1098	8	陶		不确定	腹片				
12	岚山	LS-SY-1	单个遗址	汉代		1531	2	陶		陶瓦					
12	岚山	LS-SY-2	单个遗址	周代	西周	1098	1	陶		陶罐	口沿				
12	岚山	LS-SY-2	单个遗址	周代	西周	1096	1	陶		陶鬲	腹片				
12	岚山	LS-SY-2	单个遗址	周代	西周	1096	12	陶		不确定	腹片				
12	岚山	LS-SY-2	单个遗址	周代	西周	1096	3	陶		不确定	腹片	绳纹			

年度	县区	遗址	采集区	时代	分期	期段编号	数量	质地	石器种类	器型	部位	纹饰	颜色	质地	蛋壳陶
12	岚山	LS-SY-2	单个遗址	周代	东周	1096	19	陶		不确定	腹片				
12	岚山	LS-SY-2	单个遗址	周代	东周	1096	10	陶		不确定	腹片	绳纹			
12	岚山	LS-SY-2	单个遗址	汉代		1530	3	陶		陶瓦					
12	岚山	LS-SY-3	单个遗址	周代	西周	1098	1	陶		陶罐	把手				
12	岚山	LS-SY-3	单个遗址	周代	东周	1094	2	陶		不确定	腹片				
12	岚山	LS-SY-3	单个遗址	汉代		1524	1	陶		陶瓦					
12	岚山	LS-SY-4	单个遗址	周代	西周	1098	80	陶		不确定	腹片	绳纹			
12	岚山	LS-SY-5	单个遗址	周代	西周	1098	2	陶		不确定	腹片	附加堆纹			
12	岚山	LS-SY-6	单个遗址	周代	西周	1098	3	陶		不确定	腹片				
10	岚山	LS-SZH-1	单个遗址	汉代	不确定	1085	1	陶		陶盆	口沿				
10	岚山	LS-SZH-2	单个遗址	汉代	不确定	1084	1	陶		陶盆	口沿				
10	岚山	LS-SZH-2	单个遗址	汉代	不确定	1084	1	陶		陶瓦					
10	岚山	LS-SZH-3	单个遗址	汉代	不确定	1077	3	陶		陶瓦					
10	岚山	LS-SZH-4	单个遗址	周代	东周	811	1	陶		不确定	腹片	绳纹			
10	岚山	LS-SZH-5	单个遗址	汉代	不确定	1078	1	陶		陶瓦					
10	岚山	LS-SZH-6	单个遗址	周代	西周	810	1	陶		不确定	腹片	绳纹			
12	岚山	LS-SZZ-1	单个遗址	周代	西周	1031	1	陶		陶鬲	腹片				
12	岚山	LS-SZZ-1	单个遗址	周代	西周	1031	2	陶		不确定	腹片				
12	岚山	LS-SZZ-1	单个遗址	周代	西周	1031	1	陶		不确定	腹片	绳纹			
12	岚山	LS-SZZ-1	单个遗址	周代	东周	1031	4	陶		不确定	腹片				
12	岚山	LS-SZZ-1	单个遗址	周代	东周	1031	4	陶		不确定	腹片	绳纹			
12	岚山	LS-SZZ-1	单个遗址	汉代		1409	4	陶		陶瓦					
12	岚山	LS-TD-1	单个遗址	周代	西周	1114	3	陶		不确定	腹片	绳纹			
12	岚山	LS-TD-1	单个遗址	周代	东周	1114	3	陶		不确定	腹片	绳纹			
12	岚山	LS-TD-1	单个遗址	周代	东周	1114	3	陶		不确定	腹片				
10	岚山	LS-TJC-1	单个遗址	汉代	不确定	1138	1	陶		陶瓦					
10	岚山	LS-TJC-1	单个遗址	汉代	不确定	1138	1	陶		不确定	腹片	绳纹			
12	岚山	LS-TSDZ-1	CAA	汉代		1457	4	陶		不确定	腹片				
12	岚山	LS-TSDZ-1	CAA	汉代		1457	5	陶		陶瓦					
12	岚山	LS-TSDZ-1	CAB	汉代		1457	1	陶		陶盆	口沿				
12	岚山	LS-TSDZ-1	CAB	汉代		1457	12	陶		不确定	腹片				
12	岚山	LS-TSDZ-1	CAB	汉代		1457	4	陶		陶瓦					
12	岚山	LS-TSDZ-1	CAC	汉代		1457	1	陶		陶盆	口沿				
12	岚山	LS-TSDZ-1	CAC	汉代		1457	4	陶		不确定	腹片				
12	岚山	LS-TSDZ-1	CAC	汉代		1457	5	陶		陶瓦					
12	岚山	LS-TSDZ-2	单个遗址	汉代		1443	2	陶		陶瓦					
12	岚山	LS-TSDZ-2	单个遗址	汉代		1443	1	陶		砖					
12	岚山	LS-TSDZ-3	单个遗址	周代	东周	1044	2	陶		不确定	腹片	绳纹			
12	岚山	LS-TSDZ-4	单个遗址	汉代		1456	1	陶		陶瓦					
12	岚山	LS-TSDZ-5	单个遗址	周代	东周	1045	1	陶		不确定	腹片	绳纹			
12	岚山	LS-TSDZ-5	单个遗址	汉代		1458	2	陶		不确定	腹片				
12	岚山	LS-TSDZ-5	单个遗址	汉代		1458	2	陶		陶瓦					
12	岚山	LS-TSDZ-6	单个遗址	周代	东周	1043	1	陶		陶鼎	器足				
12	岚山	LS-WJDZ-1	单个遗址	周代	东周	1095	1	陶		陶罐	口沿				
12	岚山	LS-WJDZ-1	单个遗址	周代	东周	1095	1	陶		不确定	腹片	绳纹			
12	岚山	LS-WJDZ-1	单个遗址	周代	东周	1095	1	陶		不确定	腹片				

年度	县区	遗址	采集区	时代	分期	期段编号	数量	质地	石器种类	器型	部位	纹饰	颜色	质地	蛋壳陶
12	岚山	LS-WJDZ-2	单个遗址	周代	东周	1097	4	陶		不确定	腹片				
12	岚山	LS-WJDZ-2	单个遗址	周代	东周	1097	3	陶		不确定	腹片	绳纹			
12	岚山	LS-WJDZ-3	单个遗址	周代	西周	1156	1	陶		陶鬲	腹片				
12	岚山	LS-WJDZ-3	单个遗址	周代	西周	1156	4	陶		不确定	腹片				
10	岚山	LS-WJZZ-1	单个遗址	周代	东周	831	1	陶		不确定	腹片	绳纹			
10	岚山	LS-WJZZ-2	单个遗址	周代	东周	832	2	陶		不确定	腹片	绳纹			
13	岚山	LS-WXY-1	单个遗址	周代	西周	1246	1	陶		陶盆	口沿				
13	岚山	LS-WXY-1	单个遗址	周代	西周	1246	1	陶		陶鬲	腹片				
13	岚山	LS-WXY-1	单个遗址	周代	西周	1246	1	陶		陶鬲	器足				
13	岚山	LS-WXY-1	单个遗址	周代	西周	1246	4	陶		不确定	腹片	绳纹			
13	岚山	LS-WXY-1	单个遗址	周代	东周	1246	7	陶		不确定	腹片				
13	岚山	LS-WXY-1	单个遗址	周代	东周	1246	6	陶		不确定	腹片	绳纹			
13	岚山	LS-WXY-1	单个遗址	汉代		1601	3	陶		陶瓦					
13	岚山	LS-WXY-2	单个遗址	汉代		1604	1	陶		陶罐	口沿				
13	岚山	LS-WXY-2	单个遗址	汉代		1604	7	陶		不确定	腹片				
13	岚山	LS-WXY-2	单个遗址	汉代		1604	11	陶		陶瓦					
12	岚山	LS-XBL-1	单个遗址	汉代		1526	1	陶		陶瓦					
11	岚山	LS-XC-1	CAA	汉代	不确定	1357	1	陶		陶盆	腹片				
11	岚山	LS-XC-1	CAB	汉代	不确定	1357	8	陶		不确定	腹片				
11	岚山	LS-XC-1	CAB	汉代	不确定	1357	7	陶		陶瓦					
11	岚山	LS-XC-1	CAC	汉代	不确定	1357	1	陶		不确定	腹片				
11	岚山	LS-XC-1	CAC	汉代	不确定	1357	2	陶		陶瓦					
11	岚山	LS-XC-10	CAA	汉代	不确定	1354	7	陶		不确定	腹片				
11	岚山	LS-XC-10	CAA	汉代	不确定	1354	4	陶		陶瓦					
11	岚山	LS-XC-10	CAA	汉代	不确定	1354	1	陶		砖					
11	岚山	LS-XC-10	CAA	周代	东周	1004	4	陶		不确定	腹片	绳纹			
11	岚山	LS-XC-10	CAB	周代	东周	1004	1	陶		不确定	腹片				
11	岚山	LS-XC-2	CAA	周代	东周	1008	1	陶		陶豆	口沿				
11	岚山	LS-XC-2	CAA	周代	东周	1008	2	陶		不确定	腹片	绳纹			
11	岚山	LS-XC-2	CAA	周代	东周	1008	1	陶		不确定	腹片				
11	岚山	LS-XC-2	CAA	汉代	不确定	1360	55	陶		不确定	腹片				
11	岚山	LS-XC-2	CAA	汉代	不确定	1360	33	陶		陶瓦					
11	岚山	LS-XC-2	CAA	汉代	不确定	1360	2	陶		陶盆	口沿				
11	岚山	LS-XC-2	CAA	汉代	不确定	1360	2	陶		陶罐	器底				
11	岚山	LS-XC-2	CAA	汉代	不确定	1360	1	陶		陶瓮	口沿				
11	岚山	LS-XC-2	CAB	汉代	不确定	1360	7	陶		不确定	腹片				
11	岚山	LS-XC-2	CAB	汉代	不确定	1360	5	陶		陶瓦					
11	岚山	LS-XC-2	CAC	汉代	不确定	1360	1	陶		陶盆	口沿				
11	岚山	LS-XC-2	CAC	汉代	不确定	1360	1	陶		陶罐	器底				
11	岚山	LS-XC-2	CAC	汉代	不确定	1360	19	陶		不确定	腹片				
11	岚山	LS-XC-2	CAC	汉代	不确定	1360	12	陶		陶瓦					
11	岚山	LS-XC-2	CAD	汉代	不确定	1360	2	陶		陶盆	口沿				
11	岚山	LS-XC-2	CAE	周代	东周	1008	3	陶		不确定	腹片	绳纹			
11	岚山	LS-XC-2	CAE	周代	东周	1008	2	陶		不确定	腹片				
11	岚山	LS-XC-2	CAD	汉代	不确定	1360	1	陶		陶瓮	口沿				
11	岚山	LS-XC-2	CAD	汉代	不确定	1360	7	陶		不确定	腹片				

年度	县区	遗址	采集区	时代	分期	期段编号	数量	质地	石器种类	器型	部位	纹饰	颜色	质地	蛋壳陶
11	岚山	LS-XC-2	CAD	汉代	不确定	1360	3	陶		陶瓦					
11	岚山	LS-XC-2	CAE	汉代	不确定	1360	7	陶		不确定	腹片				
11	岚山	LS-XC-2	CAE	汉代	不确定	1360	11	陶		陶瓦					
11	岚山	LS-XC-2	CAG	周代	东周	1009	2	陶		不确定	腹片	绳纹			
11	岚山	LS-XC-2	CAF	汉代	不确定	1360	1	陶		陶盆	口沿				
11	岚山	LS-XC-2	CAF	汉代	不确定	1360	3	陶		不确定	腹片				
11	岚山	LS-XC-2	CAF	汉代	不确定	1360	6	陶		陶瓦					
11	岚山	LS-XC-2	CAG	汉代	不确定	1360	3	陶		不确定	腹片				
11	岚山	LS-XC-2	CAG	汉代	不确定	1360	6	陶		陶瓦					
11	岚山	LS-XC-2	CAH	汉代	不确定	1360	1	陶		陶井圈					
11	岚山	LS-XC-2	CAH	汉代	不确定	1360	2	陶		陶盆	口沿				
11	岚山	LS-XC-2	CAI	周代	东周	1009	2	陶		不确定	腹片	绳纹			
11	岚山	LS-XC-2	CAH	汉代	不确定	1360	1	陶		陶瓮	口沿				
11	岚山	LS-XC-2	CAH	汉代	不确定	1360	21	陶		不确定	腹片				
11	岚山	LS-XC-2	CAH	汉代	不确定	1360	15	陶		陶瓦					
11	岚山	LS-XC-2	CAJ	周代	东周	1009	3	陶		不确定	腹片				
11	岚山	LS-XC-2	CAI	汉代	不确定	1360	2	陶		陶盆	盆				
11	岚山	LS-XC-2	CAK	周代	东周	1008	4	陶		不确定	腹片	绳纹			
11	岚山	LS-XC-2	CAK	周代	东周	1008	1	陶		不确定	腹片				
11	岚山	LS-XC-2	CAI	汉代	不确定	1360	8	陶		不确定	腹片				
11	岚山	LS-XC-2	CAI	汉代	不确定	1360	3	陶		陶瓦					
11	岚山	LS-XC-2	CAJ	汉代	不确定	1360	4	陶		陶瓦					
11	岚山	LS-XC-2	CAK	汉代	不确定	1360	1	陶		陶盆	口沿				
11	岚山	LS-XC-2	CAK	汉代	不确定	1360	1	陶		陶盆	颈部				
11	岚山	LS-XC-2	CAK	汉代	不确定	1360	2	陶		陶盆	器底				
11	岚山	LS-XC-2	CAK	汉代	不确定	1360	7	陶		不确定	腹片				
11	岚山	LS-XC-2	CAK	汉代	不确定	1360	8	陶		陶瓦					
11	岚山	LS-XC-2	CAL	汉代	不确定	1360	1	陶		陶盆	口沿				
11	岚山	LS-XC-2	CAM	周代	东周	1010	3	陶		不确定	腹片	绳纹			
11	岚山	LS-XC-2	CAL	汉代	不确定	1360	1	陶		陶盆	器底				
11	岚山	LS-XC-2	CAL	汉代	不确定	1360	34	陶		不确定	腹片				
11	岚山	LS-XC-2	CAL	汉代	不确定	1360	11	陶		陶瓦					
11	岚山	LS-XC-2	CAM	汉代	不确定	1360	3	陶		不确定	腹片				
11	岚山	LS-XC-2	CAM	汉代	不确定	1360	1	陶		陶瓦					
11	岚山	LS-XC-2	CAN	汉代	不确定	1360	1	陶		陶罐	口沿				
11	岚山	LS-XC-2	CAN	汉代	不确定	1360	2	陶		陶瓮	口沿				
11	岚山	LS-XC-2	CAN	汉代	不确定	1360	2	陶		陶盆	口沿				
11	岚山	LS-XC-2	CAN	汉代	不确定	1360	1	陶		陶盆	器底				
11	岚山	LS-XC-2	CAN	汉代	不确定	1360	1	陶		陶豆	口沿				
11	岚山	LS-XC-2	CAN	汉代	不确定	1360	33	陶		不确定	腹片				
11	岚山	LS-XC-2	CAN	汉代	不确定	1360	10	陶		陶瓦					
11	岚山	LS-XC-2	CAP	周代	西周	1021	1	陶		不确定	腹片	绳纹			
11	岚山	LS-XC-2	CAO	汉代	不确定	1360	1	陶		陶罐	口沿				
11	岚山	LS-XC-2	CAO	汉代	不确定	1360	4	陶		不确定	腹片				
11	岚山	LS-XC-2	CAO	汉代	不确定	1360	4	陶		陶瓦					
11	岚山	LS-XC-2	CAP	汉代	不确定	1360	2	陶		陶盆	口沿				

年度	县区	遗址	采集区	时代	分期	期段编号	数量	质地	石器种类	器型	部位	纹饰	颜色	质地	蛋壳陶
11	岚山	LS-XC-2	CAP	汉代	不确定	1360	2	陶		不确定	腹片				
11	岚山	LS-XC-2	CAP	汉代	不确定	1360	8	陶		陶瓦					
11	岚山	LS-XC-3	单个遗址	汉代	不确定	1358	2	陶		不确定	腹片				
11	岚山	LS-XC-3	单个遗址	汉代	不确定	1358	6	陶		陶瓦					
11	岚山	LS-XC-4	CAC	龙山	早期	459	1	陶		陶盆	口沿				
11	岚山	LS-XC-4	CAC	龙山	不确定	459	1	陶		陶甗	器足				
11	岚山	LS-XC-4	CAC	龙山	不确定	459	2	陶		不确定	腹片	篮纹			
11	岚山	LS-XC-4	CAC	龙山	不确定	459	7	陶		不确定	腹片				
11	岚山	LS-XC-4	CAC	周代	东周	1011	1	陶		陶豆	口沿				
11	岚山	LS-XC-4	CAC	周代	东周	1011	3	陶		不确定	腹片				
11	岚山	LS-XC-4	CAA	汉代	不确定	1360	5	陶		不确定	腹片				
11	岚山	LS-XC-4	CAB	汉代	不确定	1360	6	陶		不确定	腹片				
11	岚山	LS-XC-4	CAB	汉代	不确定	1360	1	陶		陶瓦					
11	岚山	LS-XC-4	CAC	汉代	不确定	1360	3	陶		陶盆	口沿				
11	岚山	LS-XC-4	CAD	汉代	不确定	1360	1	陶		陶盆	器底				
11	岚山	LS-XC-4	CAD	汉代	不确定	1360	21	陶		不确定	腹片				
11	岚山	LS-XC-4	CAD	汉代	不确定	1360	15	陶		陶瓦					
11	岚山	LS-XC-4	CAE	汉代	不确定	1360	2	陶		陶瓦					
11	岚山	LS-XC-5	单个遗址	周代	东周	1012	1	陶		不确定	腹片				
11	岚山	LS-XC-5	单个遗址	周代	东周	1012	5	陶		不确定	腹片	绳纹			
11	岚山	LS-XC-5	单个遗址	汉代	不确定	1365	1	陶		陶瓮	口沿				
11	岚山	LS-XC-5	单个遗址	汉代	不确定	1365	1	陶		陶盆	口沿				
11	岚山	LS-XC-5	单个遗址	汉代	不确定	1365	8	陶		不确定	腹片				
11	岚山	LS-XC-6	CAA	周代	东周	1014	2	陶		不确定	腹片				
11	岚山	LS-XC-6	CAA	周代	东周	1014	1	陶		不确定	腹片	绳纹			
11	岚山	LS-XC-6	CAA	汉代	不确定	1367	1	陶		不确定	腹片				
11	岚山	LS-XC-6	CAA	汉代	不确定	1367	5	陶		陶瓦					
11	岚山	LS-XC-6	CAB	汉代	不确定	1367	3	陶		不确定	腹片				
11	岚山	LS-XC-7	单个遗址	周代	东周	1013	1	陶		不确定	腹片	绳纹			
11	岚山	LS-XC-8	CAA	汉代	不确定	1364	10	陶		不确定	腹片				
11	岚山	LS-XC-8	CAA	汉代	不确定	1364	11	陶		陶瓦					
11	岚山	LS-XC-8	CAB	汉代	不确定	1364	5	陶		不确定	腹片				
11	岚山	LS-XC-8	CAB	汉代	不确定	1364	7	陶		陶瓦					
11	岚山	LS-XC-8	CAC	汉代	不确定	1364	1	陶		陶盆	口沿				
11	岚山	LS-XC-8	CAC	汉代	不确定	1364	16	陶		不确定	腹片				
11	岚山	LS-XC-8	CAC	汉代	不确定	1364	13	陶		陶瓦					
11	岚山	LS-XC-9	单个遗址	汉代	不确定	1366	1	陶		陶盆	颈部				
11	岚山	LS-XC-9	单个遗址	汉代	不确定	1366	9	陶		不确定	腹片				
11	岚山	LS-XC-9	单个遗址	汉代	不确定	1366	5	陶		陶瓦					
10	岚山	LS-XDT-1	CAA	龙山	早期	402	1	陶		陶鼎	口沿				
10	岚山	LS-XDT-1	CAA	龙山	早期	402	8	陶		不确定	腹片				
10	岚山	LS-XDT-1	CAB	周代	西周	800	1	陶		不确定	腹片	绳纹			
10	岚山	LS-XDT-2	单个遗址	汉代	不确定	1049	3	陶		陶瓦					
10	岚山	LS-XDT-2	单个遗址	汉代	不确定	1049	2	陶		不确定	腹片	绳纹			
10	岚山	LS-XDT-2	单个遗址	汉代	不确定	1049	1	陶		不确定	腹片				
10	岚山	LS-XDT-3	CAA	龙山	不确定	398	1	陶		不确定	腹片	篮纹			

年度	县区	遗址	采集区	时代	分期	期段编号	数量	质地	石器种类	器型	部位	纹饰	颜色	质地	蛋壳陶
10	岚山	LS-XDT-3	CAA	龙山	不确定	398	7	陶		不确定	腹片				
10	岚山	LS-XDT-3	CAA	汉代	不确定	1048	1	陶		陶瓦					
10	岚山	LS-XDT-3	CAB	龙山	早期	398	2	陶		陶鼎	器足				
10	岚山	LS-XDT-3	CAB	龙山	早期	398	1	陶		陶匜	口沿				
10	岚山	LS-XDT-3	CAB	龙山	中期	398	2	陶		陶匜	口沿				
10	岚山	LS-XDT-3	CAB	龙山	中期	398	1	陶		陶鼎	口沿				
10	岚山	LS-XDT-3	CAB	龙山	中期	398	3	陶		陶罐	口沿				
10	岚山	LS-XDT-3	CAB	龙山	中期	398	1	陶		陶鬶	把手				
10	岚山	LS-XDT-3	CAB	龙山	不确定	398	1	陶		陶豆	豆盘				
10	岚山	LS-XDT-3	CAB	龙山	不确定	398	4	陶		不确定	腹片	篮纹			
10	岚山	LS-XDT-3	CAB	龙山	不确定	398	1	陶		不确定	腹片	弦纹			
10	岚山	LS-XDT-3	CAB	龙山	不确定	398	19	陶		不确定	腹片				
10	岚山	LS-XDT-3	CAB	龙山	不确定	398	5	陶		陶罐	器底				
10	岚山	LS-XDT-3	CAB	龙山	不确定	398	2	陶		陶罐	把手				
10	岚山	LS-XDT-3	CAB	龙山	不确定	398	1	陶		陶器盖	陶器盖口沿				
10	岚山	LS-XDT-3	CAB	龙山	不确定	398	2	陶		陶器盖	把手				
10	岚山	LS-XDT-3	CAB	龙山	不确定	398	1	陶		陶甗	腹片				
10	岚山	LS-XDT-3	CAC	龙山	早期	398	2	陶		陶鼎	口沿				
10	岚山	LS-XDT-3	CAC	龙山	早期	398	3	陶		陶鼎	器足				
10	岚山	LS-XDT-3	CAC	龙山	早期	398	1	陶		陶鼎	器底				
10	岚山	LS-XDT-3	CAC	龙山	早期	398	1	陶		陶甗	器足				
10	岚山	LS-XDT-3	CAC	龙山	早期	398	2	陶		陶盆	口沿				
10	岚山	LS-XDT-3	CAC	龙山	早期	398	1	陶		陶壶	颈部				
10	岚山	LS-XDT-3	CAC	龙山	早期	398	2	陶		陶匜	口沿				
10	岚山	LS-XDT-3	CAC	龙山	中期	398	2	陶		陶鼎	口沿				
10	岚山	LS-XDT-3	CAC	龙山	中期	398	3	陶		陶罐	口沿				
10	岚山	LS-XDT-3	CAC	龙山	不确定	398	2	陶		陶器盖	把手				
10	岚山	LS-XDT-3	CAC	龙山	不确定	398	6	陶		陶罐	器底				
10	岚山	LS-XDT-3	CAC	龙山	不确定	398	6	陶		不确定	腹片	篮纹			
10	岚山	LS-XDT-3	CAC	龙山	不确定	398	2	陶		不确定	腹片	弦纹			
10	岚山	LS-XDT-3	CAC	龙山	不确定	398	54	陶		不确定	腹片				
10	岚山	LS-XDT-3	CAC	龙山	不确定	398	2	陶		陶豆	口沿				
10	岚山	LS-XDT-3	CAD	不确定			1	石	工具	石锛					
10	岚山	LS-XDT-3	CAD	不确定			1	石	工具	石镰					
10	岚山	LS-XDT-3	CAD	龙山	早期	398	2	陶		陶鼎	器足				
10	岚山	LS-XDT-3	CAD	龙山	早期	398	1	陶		陶鼎	器底				
10	岚山	LS-XDT-3	CAD	龙山	早期	398	2	陶		陶甗	器足				
10	岚山	LS-XDT-3	CAD	龙山	早期	398	4	陶		陶匜	口沿				
10	岚山	LS-XDT-3	CAD	龙山	早期	398	1	陶		陶罐	口沿				
10	岚山	LS-XDT-3	CAD	龙山	早期	398	1	陶		陶豆	口沿				
10	岚山	LS-XDT-3	CAD	龙山	早期	398	1	陶		陶器盖	陶器盖				
10	岚山	LS-XDT-3	CAD	龙山	中期	398	6	陶		陶鼎	器足				
10	岚山	LS-XDT-3	CAD	龙山	中期	398	4	陶		陶甗	器足				
10	岚山	LS-XDT-3	CAD	龙山	中期	398	3	陶		陶鼎	器足				
10	岚山	LS-XDT-3	CAD	龙山	中期	398	5	陶		陶匜	口沿				
10	岚山	LS-XDT-3	CAD	龙山	中期	398	11	陶		陶罐	口沿				

年度	县区	遗址	采集区	时代	分期	期段编号	数量	质地	石器种类	器型	部位	纹饰	颜色	质地	蛋壳陶
10	岚山	LS-XDT-3	CAD	龙山	中期	398	1	陶		陶杯	把手				
10	岚山	LS-XDT-3	CAD	龙山	不确定	398	3	陶		陶豆	豆柄				
10	岚山	LS-XDT-3	CAD	龙山	不确定	398	4	陶		陶器盖	把手				
10	岚山	LS-XDT-3	CAD	龙山	不确定	398	2	陶		陶罐	把手				
10	岚山	LS-XDT-3	CAD	龙山	不确定	398	2	陶		陶鬶	腹片				
10	岚山	LS-XDT-3	CAD	龙山	不确定	398	2	陶		不确定	腹片	弦纹			
10	岚山	LS-XDT-3	CAD	龙山	不确定	398	2	陶		不确定	腹片	磨光			是
10	岚山	LS-XDT-3	CAD	龙山	不确定	398	22	陶		不确定	腹片				
10	岚山	LS-XDT-3	CAD	龙山	不确定	398	7	陶		陶罐	器底				
10	岚山	LS-XDT-3	CAE	龙山	早期	398	2	陶		陶鼎	器足				
10	岚山	LS-XDT-3	CAE	龙山	不确定	398	1	陶		陶豆	豆柄				
10	岚山	LS-XDT-3	CAE	龙山	不确定	398	1	陶		不确定	腹片	弦纹			
10	岚山	LS-XDT-3	CAE	龙山	不确定	398	17	陶		不确定	腹片				
10	岚山	LS-XDT-3	CAE	汉代	不确定	1048	1	陶		陶盆	口沿				
10	岚山	LS-XDT-3	CAE	汉代	不确定	1048	1	陶		陶瓦					
10	岚山	LS-XDT-3	CAE	汉代	不确定	1048	2	陶		不确定	腹片				
10	岚山	LS-XDT-3	CAF	不确定			1	石	产品	石镰					
10	岚山	LS-XDT-3	CAF	大汶口	晚期	20	1	陶		陶大口尊	口沿	篮纹			
10	岚山	LS-XDT-3	CAF	大汶口	晚期	20	1	陶		陶豆	豆柄				
10	岚山	LS-XDT-3	CAF	汉代	不确定	1048	1	陶		陶瓦					
10	岚山	LS-XDT-3	CAF	龙山	早期	398	11	陶		陶鼎	器足				
10	岚山	LS-XDT-3	CAF	龙山	早期	398	3	陶		陶鼎	口沿				
10	岚山	LS-XDT-3	CAF	龙山	早期	398	1	陶		陶甗	器足				
10	岚山	LS-XDT-3	CAF	龙山	早期	398	5	陶		陶匜	器足				
10	岚山	LS-XDT-3	CAF	龙山	早期	398	2	陶		陶壶	口沿				
10	岚山	LS-XDT-3	CAF	龙山	早期	398	1	陶		陶盆	口沿				
10	岚山	LS-XDT-3	CAF	龙山	早期	398	1	陶		陶鬶	把手				
10	岚山	LS-XDT-3	CAF	龙山	中期	398	5	陶		陶鼎	器足				
10	岚山	LS-XDT-3	CAF	龙山	中期	398	1	陶		陶甗	器足				
10	岚山	LS-XDT-3	CAF	龙山	中期	398	1	陶		陶鬶	器足		白		
10	岚山	LS-XDT-3	CAF	龙山	中期	398	3	陶		陶匜	口沿				
10	岚山	LS-XDT-3	CAF	龙山	中期	398	3	陶		陶罐	口沿				
10	岚山	LS-XDT-3	CAF	龙山	不确定	398	11	陶		陶罐	器底				
10	岚山	LS-XDT-3	CAF	龙山	不确定	398	1	陶		陶鬶	器足		白		
10	岚山	LS-XDT-3	CAF	龙山	不确定	398	3	陶		陶器盖	把手				
10	岚山	LS-XDT-3	CAF	龙山	不确定	398	1	陶		陶鬶	腰部		白		
10	岚山	LS-XDT-3	CAF	龙山	不确定	398	3	陶		陶器盖	陶器盖口沿				
10	岚山	LS-XDT-3	CAF	龙山	不确定	398	5	陶		不确定	腹片	篮纹			
10	岚山	LS-XDT-3	CAF	龙山	不确定	398	2	陶		不确定	腹片	弦纹			
10	岚山	LS-XDT-3	CAF	龙山	不确定	398	23	陶		不确定	腹片				
10	岚山	LS-XDT-3	CAG	不确定			1	石	工具	石斧					
10	岚山	LS-XDT-3	CAG	不确定			1	石	工具	不确定	残破				
10	岚山	LS-XDT-3	CAG	龙山	早期	398	2	陶		陶鼎	器足				
10	岚山	LS-XDT-3	CAG	龙山	早期	398	1	陶		陶甗	器足				
10	岚山	LS-XDT-3	CAG	龙山	早期	398	2	陶		陶罐	口沿				
10	岚山	LS-XDT-3	CAG	龙山	早期	398	2	陶		陶匜	口沿				

年度	县区	遗址	采集区	时代	分期	期段编号	数量	质地	石器种类	器型	部位	纹饰	颜色	质地	蛋壳陶
10	岚山	LS-XDT-3	CAG	龙山	不确定	398	1	陶		陶罐	器底				
10	岚山	LS-XDT-3	CAG	龙山	不确定	398	1	陶		不确定	腹片				
10	岚山	LS-XDT-3	CAH	龙山	不确定	398	1	陶		陶杯	器底				
10	岚山	LS-XDT-3	CAH	龙山	不确定	398	6	陶		不确定	腹片				
10	岚山	LS-XDT-3	CAH	汉代	不确定	1048	2	陶		陶瓦					
10	岚山	LS-XDT-3	CAH	汉代	不确定	1048	2	陶		不确定	腹片				
10	岚山	LS-XDT-3	CAI	汉代	不确定	1048	1	陶		陶瓦					
10	岚山	LS-XDT-3	CAI	龙山	不确定	398	1	陶		陶罐	把手				
10	岚山	LS-XDT-3	CAI	龙山	不确定	398	2	陶		不确定	腹片				
10	岚山	LS-XDT-3	CAJ	龙山	早期	398	7	陶		陶鼎	器足				
10	岚山	LS-XDT-3	CAJ	龙山	早期	398	1	陶		陶甗	器足				
10	岚山	LS-XDT-3	CAJ	龙山	早期	398	1	陶		陶罐	口沿				
10	岚山	LS-XDT-3	CAJ	龙山	早期	398	1	陶		陶盆	口沿				
10	岚山	LS-XDT-3	CAJ	龙山	早期	398	3	陶		陶匜	口沿				
10	岚山	LS-XDT-3	CAJ	龙山	中期	398	3	陶		陶罐	口沿				
10	岚山	LS-XDT-3	CAJ	龙山	中期	398	1	陶		陶匜	口沿				
10	岚山	LS-XDT-3	CAJ	龙山	中期	398	1	陶		陶豆	豆柄				
10	岚山	LS-XDT-3	CAJ	龙山	中期	398	1	陶		陶甗	器足				
10	岚山	LS-XDT-3	CAJ	龙山	不确定	398	4	陶		陶罐	器底				
10	岚山	LS-XDT-3	CAJ	龙山	不确定	398	2	陶		陶杯	把手	磨光			是
10	岚山	LS-XDT-3	CAJ	龙山	不确定	398	3	陶		不确定	腹片	附加堆纹			
10	岚山	LS-XDT-3	CAJ	龙山	不确定	398	1	陶		不确定	腹片	弦纹			
10	岚山	LS-XDT-3	CAJ	龙山	不确定	398	7	陶		不确定	腹片	篮纹			
10	岚山	LS-XDT-3	CAJ	龙山	不确定	398	75	陶		不确定	腹片				
10	岚山	LS-XDT-3	CAJ	周代	东周	797	1	陶		陶豆	口沿				
10	岚山	LS-XDT-3	CAJ	周代	东周	797	1	陶		不确定	腹片	绳纹			
10	岚山	LS-XDT-3	CAJ	汉代	不确定	1047	1	陶		陶盆	器底				
10	岚山	LS-XDT-3	CAJ	汉代	不确定	1047	2	陶		陶瓦					
10	岚山	LS-XDT-4	单个遗址	龙山	早期	400	1	陶		陶鼎	器足				
10	岚山	LS-XDT-5	单个遗址	龙山	早期	401	1	陶		陶甗	器足				
10	岚山	LS-XF-1	单个遗址	周代	东周	813	1	陶		不确定	腹片				
10	岚山	LS-XF-1	CAB	汉代	不确定	1088	1	陶		陶瓦					
10	岚山	LS-XF-2	单个遗址	周代	东周	812	1	陶		不确定	腹片	绳纹			
10	岚山	LS-XF-2	单个遗址	周代	东周	812	1	陶		不确定	腹片				
10	岚山	LS-XF-3	单个遗址	汉代	不确定	1087	2	陶		陶瓦					
10	岚山	LS-XF-3	单个遗址	汉代	不确定	1087	1	陶		不确定	腹片				
10	岚山	LS-XF-4	CAA	汉代	不确定	1083	7	陶		陶瓦					
10	岚山	LS-XF-4	CAA	汉代	不确定	1083	4	陶		不确定	腹片				
10	岚山	LS-XF-4	CAB	汉代	不确定	1083	1	陶		陶瓦					
10	岚山	LS-XF-4	CAB	汉代	不确定	1083	2	陶		不确定	腹片				
10	岚山	LS-XF-4	CAC	汉代	不确定	1083	2	陶		陶罐	口沿				
10	岚山	LS-XF-4	CAC	汉代	不确定	1083	1	陶		陶瓦					
10	岚山	LS-XF-4	CAC	汉代	不确定	1083	2	陶		不确定	腹片	绳纹			
10	岚山	LS-XF-4	CAC	汉代	不确定	1083	6	陶		不确定	腹片				
10	岚山	LS-XF-4	CAD	汉代	不确定	1083	3	陶		陶罐	口沿				
10	岚山	LS-XF-4	CAD	汉代	不确定	1083	10	陶		陶瓦					

年度	县区	遗址	采集区	时代	分期	期段编号	数量	质地	石器种类	器型	部位	纹饰	颜色	质地	蛋壳陶
10	岚山	LS-XF-4	CAD	汉代	不确定	1083	24	陶		不确定	腹片				
10	岚山	LS-XF-4	CAE	汉代	不确定	1083	2	陶		陶盆	口沿				
10	岚山	LS-XF-4	CAE	汉代	不确定	1083	1	陶		陶罐	口沿				
10	岚山	LS-XF-4	CAE	汉代	不确定	1083	5	陶		陶瓦					
10	岚山	LS-XF-4	CAE	汉代	不确定	1083	18	陶		不确定	腹片				
10	岚山	LS-XF-4	CAE	龙山	不确定	412	2	陶		不确定	腹片				
10	岚山	LS-XF-4	CAE	周代	东周	812	1	陶		陶豆	豆盘				
10	岚山	LS-XF-4	CAE	周代	东周	812	1	陶		陶罐	肩部				
10	岚山	LS-XF-4	CAE	周代	东周	812	4	陶		不确定	腹片	绳纹			
10	岚山	LS-XF-4	CAE	周代	东周	812	9	陶		不确定	腹片				
12	岚山	LS-XG-1	单个遗址	周代	西周	1105	2	陶		不确定	腹片	绳纹			
12	岚山	LS-XG-1	单个遗址	周代	东周	1105	1	陶		陶盆	口沿				
12	岚山	LS-XG-1	单个遗址	周代	东周	1105	1	陶		不确定	腹片				
12	岚山	LS-XG-1	单个遗址	周代	东周	1105	1	陶		不确定	腹片	绳纹			
12	岚山	LS-XH-1	单个遗址	汉代		1465	1	陶		不确定	腹片	附加堆纹			
12	岚山	LS-XH-1	单个遗址	汉代		1465	1	陶		不确定	腹片				
12	岚山	LS-XH-2	单个遗址	周代	东周	1037	2	陶		不确定	腹片	绳纹			
12	岚山	LS-XH-2	单个遗址	汉代		1435	1	陶		陶盆	口沿				
12	岚山	LS-XH-2	单个遗址	汉代		1435	4	陶		不确定	腹片				
12	岚山	LS-XH-2	单个遗址	汉代		1435	1	陶		陶瓦					
12	岚山	LS-XH-3	单个遗址	周代	东周	1036	1	陶		陶盂					
12	岚山	LS-XH-3	单个遗址	周代	东周	1036	3	陶		不确定	腹片	绳纹			
12	岚山	LS-XH-3	单个遗址	汉代		1434	3	陶		不确定	腹片				
11	岚山	LS-XHW-1	单个遗址	周代	东周	982	1	陶		不确定	腹片	绳纹			
12	岚山	LS-XHZ-1	CAA	周代	东周	1042	1	陶		陶豆	豆柄				
12	岚山	LS-XHZ-1	CAA	周代	东周	1042	1	陶		陶盂	口沿				
12	岚山	LS-XHZ-1	CAA	周代	东周	1042	6	陶		不确定	腹片				
12	岚山	LS-XHZ-1	CAA	周代	东周	1042	4	陶		不确定	腹片	绳纹			
12	岚山	LS-XHZ-1	CAA	汉代		1446	2	陶		陶盆	口沿				
12	岚山	LS-XHZ-1	CAA	汉代		1446	3	陶		不确定	腹片				
12	岚山	LS-XHZ-1	CAB	周代	西周	1144	1	陶		陶鬲	器足				
12	岚山	LS-XHZ-1	CAB	周代	西周	1144	5	陶		不确定	腹片	绳纹			
12	岚山	LS-XHZ-1	CAB	汉代		1446	4	陶		不确定	腹片				
12	岚山	LS-XHZ-1	CAB	汉代		1446	1	陶		陶瓦					
12	岚山	LS-XHZ-2	单个遗址	龙山	中期	469	1	陶		陶罐	口沿				
12	岚山	LS-XHZ-2	单个遗址	汉代		1447	1	陶		不确定	腹片				
12	岚山	LS-XHZ-3	单个遗址	汉代		1448	1	陶		陶瓦					
12	岚山	LS-XHZ-4	单个遗址	龙山	早期	468	1	陶		陶甗	器足				
12	岚山	LS-XHZ-4	单个遗址	龙山	早期	468	1	陶		陶匜	口沿				
12	岚山	LS-XHZ-4	单个遗址	龙山	中期	468	1	陶		陶鬶	把手				
12	岚山	LS-XHZ-4	单个遗址	龙山	中期	468	2	陶		陶罐	口沿				
12	岚山	LS-XHZ-4	单个遗址	龙山		468	2	陶		不确定	腹片			泥质	
12	岚山	LS-XHZ-4	单个遗址	龙山		468	13	陶		不确定	腹片			粗砂	
12	岚山	LS-XHZ-4	单个遗址	周代	西周	1143	5	陶		不确定	腹片	绳纹			
12	岚山	LS-XHZ-4	单个遗址	周代	西周	1143	1	陶		不确定	腹片				
12	岚山	LS-XHZ-4	单个遗址	汉代		1449	2	陶		不确定	腹片				

年度	县区	遗址	采集区	时代	分期	期段编号	数量	质地	石器种类	器型	部位	纹饰	颜色	质地	蛋壳陶
12	岚山	LS-XHZ-4	单个遗址	汉代		1449	2	陶		陶瓦					
12	岚山	LS-XHZ-5	CAA	汉代		1440	1	陶		陶鼎	器足				
12	岚山	LS-XHZ-5	CAA	汉代		1440	1	陶		陶瓮	口沿				
12	岚山	LS-XHZ-5	CAA	汉代		1440	2	陶		陶盆	口沿				
12	岚山	LS-XHZ-5	CAA	汉代		1440	18	陶		不确定	腹片				
12	岚山	LS-XHZ-5	CAA	汉代		1440	1	陶		圆盘					
12	岚山	LS-XHZ-5	CAA	汉代		1440	4	陶		陶瓦					
12	岚山	LS-XHZ-5	CAB	汉代		1440	7	陶		不确定	腹片				
12	岚山	LS-XHZ-5	CAB	汉代		1440	3	陶		陶瓦					
12	岚山	LS-XHZ-7	单个遗址	汉代		1439	3	陶		不确定	腹片				
12	岚山	LS-XiS-1	单个遗址	龙山	早期	480	1	陶		不确定	腹片	篮纹			
11	岚山	LS-XJC-1	CAA	周代	西周	1020	2	陶		陶鬲	器足	绳纹			
11	岚山	LS-XJC-1	CAA	周代	西周	1020	1	陶		陶鬲	口沿				
11	岚山	LS-XJC-1	CAA	周代	西周	1020	4	陶		陶鬲	腹片	绳纹			
11	岚山	LS-XJC-1	CAA	周代	西周	1020	4	陶		陶罐	口沿				
11	岚山	LS-XJC-1	CAA	周代	西周	1020	1	陶		陶罐	颈部				
11	岚山	LS-XJC-1	CAA	周代	西周	1020	43	陶		不确定	腹片	绳纹			
11	岚山	LS-XJC-1	CAA	周代	西周	1020	5	陶		不确定	腹片				
11	岚山	LS-XJC-1	CAB	汉代	不确定	1363	1	陶		陶瓮	口沿				
11	岚山	LS-XJC-2	CAA	周代	西周	1007	3	陶		不确定	腹片	绳纹			
11	岚山	LS-XJC-2	CAA	周代	东周	1007	3	陶		不确定	腹片	绳纹			
11	岚山	LS-XJC-2	CAB	周代	西周	1007	1	陶		陶罐	口沿				
11	岚山	LS-XJC-2	CAB	汉代	不确定	1362	1	陶		不确定	腹片				
11	岚山	LS-XJC-2	CAB	汉代	不确定	1362	3	陶		陶瓦					
11	岚山	LS-XJC-2	CAC	周代	西周	1007	1	陶		不确定	腹片				
11	岚山	LS-XJC-2	CAC	周代	西周	1007	1	陶		不确定	腹片	绳纹			
11	岚山	LS-XJC-3	CAA	大汶口	早期	27	3	陶		不确定	腹片	红陶衣			
11	岚山	LS-XJC-3	CAA	大汶口	早期	27	5	陶		陶鼎	器足				
11	岚山	LS-XJC-3	CAA	大汶口	早期	27	1	陶		陶鼎	把手				
11	岚山	LS-XJC-3	CAA	大汶口	早期	27	2	陶		陶鼎	口沿				
11	岚山	LS-XJC-3	CAA	大汶口	早期	27	1	陶		陶鼎	腹片/把手				
11	岚山	LS-XJC-3	CAA	大汶口	早期	27	2	陶		陶钵	口沿				
11	岚山	LS-XJC-3	CAA	大汶口	早期	27	3	陶		陶壶	口沿				
11	岚山	LS-XJC-3	CAA	大汶口	早期	27	1	陶		陶釜	口沿				
11	岚山	LS-XJC-3	CAA	大汶口	早期	27	46	陶		不确定	腹片				
11	岚山	LS-XJC-3	CAA	大汶口	早期	27	5	陶		不确定	腹片			泥质	
11	岚山	LS-XJC-3	CAA	大汶口	早期	27	1	黏土		不确定	腹片			烧土	
11	岚山	LS-XJC-3	CAB	周代	东周	1005	1	陶		不确定	腹片				
11	岚山	LS-XJC-3	CAC	汉代	不确定	1356	5	陶		不确定	腹片				
11	岚山	LS-XJC-3	CAD	大汶口	早期	27	1	陶		纺轮		刻纹			
11	岚山	LS-XJC-3	CAD	大汶口	早期	27	1	陶		陶盘	口沿				
11	岚山	LS-XJC-3	CAD	大汶口	早期	27	9	陶		陶鼎	器足				
11	岚山	LS-XJC-3	CAD	大汶口	早期	27	5	陶		陶鼎	口沿				
11	岚山	LS-XJC-3	CAD	大汶口	早期	27	7	陶		陶鼎	腹片				
11	岚山	LS-XJC-3	CAD	大汶口	早期	27	1	陶		陶盘	口沿				
11	岚山	LS-XJC-3	CAD	大汶口	早期	27	1	陶		陶觚形杯	器底				

年度	县区	遗址	采集区	时代	分期	期段编号	数量	质地	石器种类	器型	部位	纹饰	颜色	质地	蛋壳陶
11	岚山	LS-XJC-3	CAD	大汶口	早期	27	3	陶		陶钵	口沿				
11	岚山	LS-XJC-3	CAD	大汶口	早期	27	4	陶		陶钵	口沿	红陶衣			
11	岚山	LS-XJC-3	CAD	大汶口	早期	27	7	陶		陶钵	腹片	红陶衣			
11	岚山	LS-XJC-3	CAD	大汶口	早期	27	9	陶		陶钵	腹片				
11	岚山	LS-XJC-3	CAD	大汶口	早期	27	1	陶		陶钵	腹片	红白彩			
11	岚山	LS-XJC-3	CAD	大汶口	早期	27	5	陶		陶壶	口沿				
11	岚山	LS-XJC-3	CAD	大汶口	早期	27	1	陶		纺轮	不确定				
11	岚山	LS-XJC-3	CAD	大汶口	早期	27	2	陶		不确定	腹片	带把手			
11	岚山	LS-XJC-3	CAD	大汶口	早期	27	44	陶		不确定	腹片				
11	岚山	LS-XJC-3	CAD	大汶口	早期	27	1	陶		不确定	腹片	附加堆纹			
11	岚山	LS-XJC-3	CAD	大汶口	早期	27	3	陶		不确定	腹片	弦纹			
11	岚山	LS-XJC-3	CAD	大汶口	早期	27	1	陶		不确定	腹片	篮纹			
11	岚山	LS-XJC-3	CAD	大汶口	早期	27	14	陶		不确定	腹片			泥质	
11	岚山	LS-XJC-3	CAD	大汶口	早期	27	4	黏土		泥块					
11	岚山	LS-XJC-3	CAD	大汶口	早期	27	1	石	工具	石磨盘					
11	岚山	LS-XJC-3	CAD	大汶口	早期	27	3	石	不确定	鹅卵石					
11	岚山	LS-XJC-3	CAD	大汶口	早期	27	5	陶		陶鼎	器足				
11	岚山	LS-XJC-3	CAD	大汶口	早期	27	1	陶		陶鼎	把手				
11	岚山	LS-XJC-3	CAD	大汶口	早期	27	4	陶		陶鼎	口沿				
11	岚山	LS-XJC-3	CAD	大汶口	早期	27	12	陶		陶鼎	腹片				
11	岚山	LS-XJC-3	CAD	大汶口	早期	27	1	陶		陶罐	口沿				
11	岚山	LS-XJC-3	CAD	大汶口	早期	27	1	陶		陶三足钵	器足				
11	岚山	LS-XJC-3	CAD	大汶口	早期	27	4	陶		陶钵	口沿				
11	岚山	LS-XJC-3	CAD	大汶口	早期	27	2	陶		陶钵	器底	红陶衣			
11	岚山	LS-XJC-3	CAD	大汶口	早期	27	2	陶		陶钵	器底				
11	岚山	LS-XJC-3	CAD	大汶口	早期	27	5	陶		陶钵	腹片	红陶衣			
11	岚山	LS-XJC-3	CAD	大汶口	早期	27	3	陶		陶盆	口沿		黑	泥质	
11	岚山	LS-XJC-3	CAD	大汶口	早期	27	1	陶		陶觚形杯	器底		黑	泥质	
11	岚山	LS-XJC-3	CAD	大汶口	早期	27	1	陶		陶壶	器底				
11	岚山	LS-XJC-3	CAD	大汶口	早期	27	1	陶		陶壶	肩部				
11	岚山	LS-XJC-3	CAD	大汶口	早期	27	26	陶		不确定	腹片				
11	岚山	LS-XJC-3	CAD	大汶口	早期	27	18	陶		不确定	腹片			泥质	
11	岚山	LS-XJC-3	CAD	大汶口	早期	27	1	陶		不确定	腹片	弦纹			
11	岚山	LS-XJC-3	CAD	大汶口	早期	27	1	陶		不确定	腹片	篮纹			
11	岚山	LS-XJC-3	CAD	大汶口	早期	27	1	石	工具	石磨盘					
11	岚山	LS-XJC-3	CAD	大汶口	早期	27	1	石	工具	石凿					
11	岚山	LS-XJC-3	CAD	大汶口	早期	27	1	石	工具	石铲					
11	岚山	LS-XJC-3	CAD	大汶口	早期	27	3	石	石料						
11	岚山	LS-XJC-3	CAD	大汶口	早期	27	1	黏土		泥块					
11	岚山	LS-XJC-3	CAD	大汶口	早期	27	1	陶		陶钵	口沿				
11	岚山	LS-XJC-3	CAD	大汶口	早期	27	1	陶		陶三足钵	口沿和器足				
11	岚山	LS-XJC-3	CAD	大汶口	早期	27	2	陶		陶鼎	口沿				
11	岚山	LS-XJC-3	CAD	大汶口	早期	27	1	陶		陶鼎	器足				
11	岚山	LS-XJC-3	CAD	大汶口	早期	27	5	陶		陶鼎	腹片				
11	岚山	LS-XJC-3	CAD	大汶口	早期	27	1	陶		陶盘	口沿				
11	岚山	LS-XJC-3	CAD	大汶口	早期	27	1	陶		不确定	腹片	绳纹			

年度	县区	遗址	采集区	时代	分期	期段编号	数量	质地	石器种类	器型	部位	纹饰	颜色	质地	蛋壳陶
11	岚山	LS-XJC-3	CAD	大汶口	早期	27	1	陶		不确定	腹片			泥质	
11	岚山	LS-XJC-3	CAD	大汶口	早期	27	7	陶		不确定	腹片				
11	岚山	LS-XJC-3	CAE	大汶口	早期	27	5	陶		陶鼎	口沿				
11	岚山	LS-XJC-3	CAE	大汶口	早期	27	3	陶		陶鼎	器足				
11	岚山	LS-XJC-3	CAE	大汶口	早期	27	3	陶		陶罐	口沿				
11	岚山	LS-XJC-3	CAE	大汶口	早期	27	2	陶		陶钵	口沿				
11	岚山	LS-XJC-3	CAE	大汶口	早期	27	12	陶		不确定	腹片			泥质	
11	岚山	LS-XJC-3	CAE	大汶口	早期	27	2	陶		不确定	腹片	红陶衣		泥质	
11	岚山	LS-XJC-3	CAE	大汶口	早期	27	1	陶		不确定	把手				
11	岚山	LS-XJC-3	CAE	大汶口	早期	27	5	陶		不确定	腹片			泥质	
11	岚山	LS-XJC-3	CAE	大汶口	早期	27	72	陶		不确定	腹片				
11	岚山	LS-XJC-3	CAE	大汶口	早期	27	1	陶		不确定	腹片	红陶衣			
11	岚山	LS-XJC-3	CAE	大汶口	早期	27	1	石	工具	石斧					
11	岚山	LS-XJC-3	CAE	大汶口	早期	27	1	石	石料	云母					
11	岚山	LS-XJC-3	CAE	大汶口	早期	27	2	石	石料						
11	岚山	LS-XJC-3	CAE	大汶口	早期	27	3	黏土						烧土	
11	岚山	LS-XJC-3	CAF	大汶口	早期	27	2	陶		陶鼎	口沿				
11	岚山	LS-XJC-3	CAF	大汶口	早期	27	2	陶		陶鼎	器足				
11	岚山	LS-XJC-3	CAF	大汶口	早期	27	4	陶		陶鼎	腹片				
11	岚山	LS-XJC-3	CAF	大汶口	早期	27	1	陶		陶钵	器底				
11	岚山	LS-XJC-3	CAF	大汶口	早期	27	3	陶		陶钵	腹片				
11	岚山	LS-XJC-3	CAF	大汶口	早期	27	1	陶		陶盘	口沿				
11	岚山	LS-XJC-3	CAF	大汶口	早期	27	1	陶		陶罐	口沿				
11	岚山	LS-XJC-3	CAF	大汶口	早期	27	1	陶		陶钵	器足				
11	岚山	LS-XJC-3	CAF	大汶口	早期	27	5	陶		不确定	腹片				
11	岚山	LS-XJC-3	CAF	大汶口	早期	27	1	陶		陶钵	腹片				
11	岚山	LS-XJC-3	CAF	汉代	不确定	1362	1	陶		陶罐	腹片				
11	岚山	LS-XJC-3	CAF				1	石	工具	石磨盘					
11	岚山	LS-XJC-3	CAF				1	骨器							
11	岚山	LS-XJC-4	单个遗址	周代	东周	1006	2	陶		不确定	腹片	绳纹			
10	岚山	LS-XJGL-1	单个遗址	周代	东周	809	1	陶		不确定	腹片				
10	岚山	LS-XJGL-2	单个遗址	汉代	不确定	1060	2	陶		陶瓦					
10	岚山	LS-XJGL-3	单个遗址	汉代	不确定	1061	2	陶		陶瓦					
11	岚山	LS-XJJZ-1	单个遗址	周代	东周	953	2	陶		不确定	腹片	绳纹			
11	岚山	LS-XJJZ-2	单个遗址	汉代	不确定	1308	2	陶		不确定	腹片				
11	岚山	LS-XJJZ-2	单个遗址	汉代	不确定	1308	1	陶		陶瓦					
11	岚山	LS-XJL-1	单个遗址	汉代	不确定	1218	1	陶		陶瓮	口沿				
11	岚山	LS-XJL-1	单个遗址	汉代	不确定	1218	6	陶		不确定	腹片				
11	岚山	LS-XJL-1	单个遗址	汉代	不确定	1218	1	陶		陶瓦					
12	岚山	LS-XL-1	CAA	周代	西周	1033	14	陶		不确定	腹片	绳纹			
12	岚山	LS-XL-1	CAA	周代	东周	1033	13	陶		不确定	腹片	绳纹			
12	岚山	LS-XL-1	CAA	周代	东周	1033	2	陶		不确定	腹片				
12	岚山	LS-XL-1	CAA	汉代		1417	4	陶		不确定	腹片				
12	岚山	LS-XL-1	CAA	汉代		1417	4	陶		陶瓦					
12	岚山	LS-XL-1	CAB	周代	西周	1033	1	陶		陶鬲	口沿				
12	岚山	LS-XL-1	CAB	周代	西周	1033	1	陶		陶鬲	腹片				

年度	县区	遗址	采集区	时代	分期	期段编号	数量	质地	石器种类	器型	部位	纹饰	颜色	质地	蛋壳陶
12	岚山	LS-XL-1	CAB	周代	西周	1033	7	陶		不确定	腹片	绳纹			
12	岚山	LS-XL-1	CAB	周代	东周	1033	1	陶		陶罐	口沿				
12	岚山	LS-XL-1	CAB	周代	东周	1033	9	陶		不确定	腹片	绳纹			
12	岚山	LS-XL-1	CAB	周代	东周	1033	1	陶		不确定	腹片				
12	岚山	LS-XL-1	CAC	周代	西周	1033	1	陶		不确定	腹片	绳纹			
12	岚山	LS-XL-1	CAC	周代	东周	1033	2	陶		不确定	腹片				
12	岚山	LS-XL-1	CAC	周代	东周	1033	1	陶		不确定	腹片	绳纹			
12	岚山	LS-XL-2	CAA	周代	西周	1033	1	陶		不确定	腹片				
12	岚山	LS-XL-2	单个遗址	周代	东周	1033	2	陶		不确定	腹片	绳纹			
12	岚山	LS-XL-3	单个遗址	周代	东周	1033	4	陶		不确定	腹片	绳纹			
12	岚山	LS-XL-3	单个遗址	周代	东周	1033	1	陶		不确定	腹片				
12	岚山	LS-XL-4	单个遗址	周代	西周	1033	1	陶		不确定	腹片	绳纹			
12	岚山	LS-XL-4	单个遗址	周代	西周	1033	1	陶		不确定	腹片				
12	岚山	LS-XL-4	单个遗址	周代	东周	1033	1	陶		不确定	腹片	绳纹			
12	岚山	LS-XL-5	单个遗址	周代	西周	1033	1	陶		陶鬲	腹片	绳纹			
12	岚山	LS-XL-6	单个遗址	周代	西周	1033	1	陶		陶鬲	腹片	绳纹			
12	岚山	LS-XL-7	CAA	周代	西周	1033	1	陶		陶鬲	腹片				
12	岚山	LS-XL-7	CAA	周代	东周	1033	2	陶		不确定	腹片	绳纹			
12	岚山	LS-XL-7	CAB	周代	西周	1033	1	陶		陶罐	口沿				
12	岚山	LS-XL-7	CAB	周代	西周	1033	11	陶		不确定	腹片	绳纹			
12	岚山	LS-XL-7	CAB	周代	西周	1033	4	陶		不确定	腹片				
12	岚山	LS-XL-7	CAB	周代	东周	1033	1	陶		陶罐	器底				
12	岚山	LS-XL-7	CAB	周代	东周	1033	19	陶		不确定	腹片	绳纹			
12	岚山	LS-XL-7	CAC	周代	西周	1033	1	陶		陶鬲	器足				
12	岚山	LS-XL-7	CAC	周代	西周	1033	2	陶		陶鬲	腹片				
12	岚山	LS-XL-7	CAC	周代	西周	1033	4	陶		不确定	腹片	绳纹			
12	岚山	LS-XL-7	CAC	周代	东周	1033	2	陶		不确定	腹片	绳纹			
12	岚山	LS-XL-7	CAD	周代	西周	1033	10	陶		不确定	腹片	绳纹			
12	岚山	LS-XL-7	CAE	周代	西周	1033	3	陶		不确定	腹片	绳纹			
12	岚山	LS-XL-7	CAE	周代	东周	1033	1	陶		不确定	腹片	绳纹			
12	岚山	LS-XL-7	CAE	周代	东周	1033	1	陶		不确定	腹片				
12	岚山	LS-XL-7	CAF	龙山	中期	467	1	陶		陶鼎	器足				
12	岚山	LS-XL-7	CAF	周代	西周	1033	1	陶		陶鬲	器足				
12	岚山	LS-XL-7	CAF	周代	西周	1033	15	陶		不确定	腹片	绳纹			
12	岚山	LS-XL-7	CAF	周代	东周	1033	2	陶		陶罐	口沿				
12	岚山	LS-XL-7	CAF	周代	东周	1033	1	陶		陶罐	肩部				
12	岚山	LS-XL-7	CAF	周代	东周	1033	1	陶		陶盆	口沿				
12	岚山	LS-XL-7	CAF	周代	东周	1033	1	陶		不确定	腹片				
12	岚山	LS-XL-7	CAF	周代	东周	1033	19	陶		不确定	腹片	绳纹			
12	岚山	LS-XL-7	CAF	周代	东周	1033	2	陶		不确定	腹片				
12	岚山	LS-XL-7	CAF	汉代		1418	1	陶		陶瓦					
12	岚山	LS-XL-7	CAG	周代	西周	1033	1	陶		陶鬲	腹片	绳纹			
12	岚山	LS-XL-7	CAG	周代	西周	1033	2	陶		陶罐	肩部				
12	岚山	LS-XL-7	CAG	周代	西周	1033	17	陶		不确定	腹片	绳纹			
12	岚山	LS-XL-7	CAG	周代	东周	1033	1	陶		陶豆	豆盘				
12	岚山	LS-XL-7	CAG	周代	东周	1033	2	陶		不确定	腹片	绳纹			

年度	县区	遗址	采集区	时代	分期	期段编号	数量	质地	石器种类	器型	部位	纹饰	颜色	质地	蛋壳陶
12	岚山	LS-XL-7	CAH	周代	西周	1033	9	陶		不确定	腹片	绳纹			
12	岚山	LS-XL-7	CAH	周代	东周	1033	1	陶		陶盆	口沿				
12	岚山	LS-XL-7	CAH	周代	东周	1033	9	陶		不确定	腹片	绳纹			
12	岚山	LS-XL-7	CAH	周代	东周	1033	4	陶		不确定	腹片				
12	岚山	LS-XL-7	CAH	汉代		1418	1	陶		不确定	腹片				
12	岚山	LS-XL-7	CAH	不确定			1	黏土		烧土	碎块				
12	岚山	LS-XL-7	CAI	周代	西周	1033	2	陶		陶鬲	器足				
12	岚山	LS-XL-7	CAI	周代	西周	1033	13	陶		不确定	腹片	绳纹			
12	岚山	LS-XL-7	CAJ	周代	西周	1033	1	陶		陶鬲	口沿				
12	岚山	LS-XL-7	CAJ	周代	西周	1033	1	陶		陶鬲	器足				
12	岚山	LS-XL-7	CAJ	周代	西周	1033	23	陶		不确定	腹片	绳纹			
12	岚山	LS-XL-7	CAJ	周代	西周	1033	2	陶		不确定	腹片	附加堆纹			
12	岚山	LS-XL-7	CAJ	周代	东周	1033	1	陶		陶罐	口沿				
12	岚山	LS-XL-7	CAJ	周代	东周	1033	15	陶		不确定	腹片	绳纹			
12	岚山	LS-XL-7	CAJ	周代	东周	1033	4	陶		不确定	腹片				
12	岚山	LS-XL-7	CAJ	汉代		1418	1	陶		不确定	腹片				
12	岚山	LS-XL-7	CAJ	汉代		1418	1	陶		陶瓦					
12	岚山	LS-XL-7	CAK	周代	西周	1033	13	陶		不确定	腹片	绳纹			
12	岚山	LS-XL-7	CAK	周代	西周	1033	1	陶		不确定	腹片	附加堆纹			
12	岚山	LS-XL-7	CAK	周代	东周	1033	9	陶		不确定	腹片	绳纹			
12	岚山	LS-XL-7	CAL	周代	西周	1033	2	陶		陶罐	口沿				
12	岚山	LS-XL-7	CAL	周代	西周	1033	1	陶		陶瓮	口沿				
12	岚山	LS-XL-7	CAL	周代	西周	1033	4	陶		陶鬲	腹片	绳纹			
12	岚山	LS-XL-7	CAL	周代	西周	1033	16	陶		不确定	腹片	绳纹			
12	岚山	LS-XL-7	CAL	周代	西周	1033	1	陶		不确定	腹片	附加堆纹			
12	岚山	LS-XL-7	CAL	周代	东周	1033	1	陶		陶罐	口沿				
12	岚山	LS-XL-7	CAL	周代	东周	1033	1	陶		陶器盖	腹片				
12	岚山	LS-XL-7	CAL	周代	东周	1033	1	陶		陶盆	口沿				
12	岚山	LS-XL-7	CAL	周代	东周	1033	17	陶		不确定	腹片	绳纹			
12	岚山	LS-XL-7	CAL	周代	不确定	1033	1	黏土		烧土					
12	岚山	LS-XL-7	CAM	周代	西周	1033	7	陶		不确定	腹片	绳纹			
12	岚山	LS-XL-7	CAM	周代	东周	1033	20	陶		不确定	腹片	绳纹			
12	岚山	LS-XL-7	CAM	汉代		1419	1	陶		陶盆	口沿				
12	岚山	LS-XL-7	CAN	周代	西周	1033	1	陶		陶鬲	器足				
12	岚山	LS-XL-7	CAN	周代	西周	1033	3	陶		陶鬲	腹片				
12	岚山	LS-XL-7	CAN	周代	西周	1033	7	陶		不确定	腹片	绳纹			
12	岚山	LS-XL-7	CAN	周代	东周	1033	9	陶		不确定	腹片	绳纹			
12	岚山	LS-XL-7	CAN	周代	东周	1033	1	陶		不确定	腹片				
12	岚山	LS-XL-7	CAO	周代	西周	1033	1	陶		陶鬲	腹片				
12	岚山	LS-XL-7	CAO	周代	西周	1033	4	陶		不确定	腹片	绳纹			
12	岚山	LS-XL-7	CAO	周代	东周	1033	1	陶		陶罐	口沿				
12	岚山	LS-XL-7	CAO	周代	东周	1033	7	陶		不确定	腹片				
12	岚山	LS-XL-7	CAO	周代	东周	1033	3	陶		不确定	腹片	绳纹			
12	岚山	LS-XL-7	CAO	汉代		1419	1	陶		陶瓮	口沿				
12	岚山	LS-XL-7	CAP	周代	西周	1033	2	陶		陶鬲	腹片				
12	岚山	LS-XL-7	CAP	周代	西周	1033	3	陶		不确定	腹片	绳纹			

年度	县区	遗址	采集区	时代	分期	期段编号	数量	质地	石器种类	器型	部位	纹饰	颜色	质地	蛋壳陶
12	岚山	LS-XL-7	CAP	周代	西周	1033	1	陶		不确定	腹片				
12	岚山	LS-XL-7	CAP	周代	东周	1033	1	陶		陶豆	豆柄				
12	岚山	LS-XL-7	CAP	周代	东周	1033	11	陶		不确定	腹片				
12	岚山	LS-XL-7	CAP	周代	东周	1033	2	陶		不确定	腹片	绳纹			
12	岚山	LS-XL-7	CAP	汉代	东周	1419	1	陶		陶瓮	口沿				
12	岚山	LS-XL-7	CAP	汉代	东周	1419	1	陶		陶盆	口沿				
12	岚山	LS-XL-7	CAP	汉代	东周	1419	1	陶		陶瓦					
12	岚山	LS-XL-7	CAQ	周代	西周	1033	1	陶		陶罐	口沿				
12	岚山	LS-XL-7	CAQ	周代	西周	1033	1	陶		陶鬲	器足				
12	岚山	LS-XL-7	CAQ	周代	西周	1033	5	陶		不确定	腹片	绳纹			
12	岚山	LS-XL-7	CAQ	周代	东周	1033	1	陶		陶罐	口沿				
12	岚山	LS-XL-7	CAQ	周代	东周	1033	13	陶		不确定	腹片	绳纹			
12	岚山	LS-XL-7	CAQ	汉代		1419	1	陶		陶盆	器底				
12	岚山	LS-XL-7	CAQ	汉代		1419	1	陶		陶罐	器底				
12	岚山	LS-XL-7	CAR	周代	西周	1033	1	陶		陶鬲	器足				
12	岚山	LS-XL-7	CAR	周代	西周	1033	5	陶		不确定	腹片	绳纹			
12	岚山	LS-XL-7	CAR	周代	东周	1033	7	陶		不确定	腹片	绳纹			
12	岚山	LS-XL-7	CAS	周代	西周	1033	1	陶		陶鬲	器足				
12	岚山	LS-XL-7	CAS	周代	西周	1033	1	陶		陶罐	器底				
12	岚山	LS-XL-7	CAS	周代	西周	1033	1	陶		陶鬲	腹片				
12	岚山	LS-XL-7	CAS	周代	东周	1033	2	陶		陶罐	口沿				
12	岚山	LS-XL-7	CAS	周代	东周	1033	1	陶		陶豆	豆柄				
12	岚山	LS-XL-7	CAS	周代	东周	1033	11	陶		不确定	腹片				
12	岚山	LS-XL-7	CAS	周代	东周	1033	6	陶		不确定	腹片	绳纹			
12	岚山	LS-XL-7	CAT	周代	西周	1033	1	陶		陶鬲	口沿				
12	岚山	LS-XL-7	CAT	周代	西周	1033	2	陶		陶罐	肩部				
12	岚山	LS-XL-7	CAT	周代	西周	1033	1	陶		不确定	腹片	绳纹			
12	岚山	LS-XL-7	CAT	周代	东周	1033	3	陶		不确定	腹片	绳纹			
12	岚山	LS-XL-7	CAU	周代	西周	1033	1	陶		陶鬲	腹片				
12	岚山	LS-XL-7	CAU	周代	西周	1033	4	陶		不确定	腹片	绳纹			
12	岚山	LS-XL-7	CAU	周代	东周	1033	1	陶		陶罐	口沿				
12	岚山	LS-XL-7	CAU	周代	东周	1033	9	陶		不确定	腹片	绳纹			
12	岚山	LS-XL-7	CAU	周代	东周	1033	12	陶		不确定	腹片				
12	岚山	LS-XL-7	CAV	周代	西周	1033	1	陶		陶鬲	器足				
12	岚山	LS-XL-7	CAV	周代	西周	1033	1	陶		陶鬲	口沿				
12	岚山	LS-XL-7	CAV	周代	西周	1033	6	陶		不确定	腹片	绳纹			
12	岚山	LS-XL-7	CAV	周代	西周	1033	1	陶		不确定	腹片	附加堆纹			
12	岚山	LS-XL-7	CAV	周代	东周	1033	1	陶		陶罐	口沿				
12	岚山	LS-XL-7	CAV	周代	东周	1033	1	陶		陶罐	肩部				
12	岚山	LS-XL-7	CAV	周代	东周	1033	1	陶		陶簋	腹片				
12	岚山	LS-XL-7	CAV	周代	东周	1033	5	陶		不确定	腹片				
12	岚山	LS-XL-7	CAV	周代	东周	1033	4	陶		不确定	腹片	绳纹			
12	岚山	LS-XL-7	CAV	汉代		1422	1	陶		陶瓦					
12	岚山	LS-XL-7	CAW	周代	西周	1033	1	陶		陶鬲	器足				
12	岚山	LS-XL-7	CAW	周代	西周	1033	1	陶		陶簋	口沿				
12	岚山	LS-XL-7	CAW	周代	西周	1033	10	陶		不确定	腹片				

年度	县区	遗址	采集区	时代	分期	期段编号	数量	质地	石器种类	器型	部位	纹饰	颜色	质地	蛋壳陶
12	岚山	LS-XL-7	CAW	周代	西周	1033	19	陶		不确定	腹片	绳纹			
12	岚山	LS-XL-7	CAW	周代	西周	1033	2	陶		不确定	腹片	附加堆纹			
12	岚山	LS-XL-7	CAW	周代	东周	1033	4	陶		陶罐	口沿				
12	岚山	LS-XL-7	CAW	周代	东周	1033	1	陶		陶簋	豆柄				
12	岚山	LS-XL-7	CAW	周代	东周	1033	2	陶		陶罐	肩部				
12	岚山	LS-XL-7	CAW	周代	东周	1033	1	陶		陶罐	器底				
12	岚山	LS-XL-7	CAW	周代	东周	1033	42	陶		不确定	腹片	绳纹			
12	岚山	LS-XL-7	CAW	周代	东周	1033	1	陶		纺轮	一半				
12	岚山	LS-XL-7	CAW	周代	东周	1033	1	陶		不确定	口沿				
12	岚山	LS-XL-7	CAX	周代	西周	1033	2	陶		陶鬲	器足				
12	岚山	LS-XL-7	CAX	周代	西周	1033	1	陶		陶罐	口沿				
12	岚山	LS-XL-7	CAX	周代	西周	1033	19	陶		不确定	腹片	绳纹			
12	岚山	LS-XL-7	CAX	周代	西周	1033	2	陶		不确定	腹片				
12	岚山	LS-XL-7	CAX	周代	西周	1033	3	陶		陶鬲	腹片				
12	岚山	LS-XL-7	CAX	周代	东周	1033	1	陶		陶罐	口沿				
12	岚山	LS-XL-7	CAX	周代	东周	1033	1	陶		不确定	腹片	附加堆纹			
12	岚山	LS-XL-7	CAX	周代	东周	1033	28	陶		不确定	腹片	绳纹			
12	岚山	LS-XL-7	CAX	汉代		1422	1	陶		陶盆	口沿				
12	岚山	LS-XL-7	CAX	不确定			1	石	工具	石箭头					
12	岚山	LS-XL-7	CAY	龙山	早期	466	1	陶		陶鼎	器足				
12	岚山	LS-XL-7	CAY	周代	西周	1033	1	陶		陶鬲	腹片				
12	岚山	LS-XL-7	CAY	周代	西周	1033	1	陶		不确定	腹片	附加堆纹			
12	岚山	LS-XL-7	CAY	周代	西周	1033	1	陶		不确定	腹片	绳纹			
12	岚山	LS-XL-7	CAY	周代	东周	1033	1	陶		陶鬲	器足				
12	岚山	LS-XL-7	CAY	周代	东周	1033	2	陶		不确定	腹片	绳纹			
12	岚山	LS-XL-7	CAY	周代	东周	1033	1	陶		不确定	腹片				
12	岚山	LS-XL-7	CAZ	周代	西周	1033	1	陶		陶鬲	器足				
12	岚山	LS-XL-7	CAZ	周代	西周	1033	7	陶		不确定	腹片	绳纹			
12	岚山	LS-XL-7	CAZ	周代	东周	1033	1	陶		陶罐	器底				
12	岚山	LS-XL-7	CAZ	周代	东周	1033	9	陶		不确定	腹片	绳纹			
12	岚山	LS-XL-7	CAZ	周代	东周	1033	1	陶		不确定	腹片				
12	岚山	LS-XL-7	CAZ	周代	不确定	1033	1	黏土							
12	岚山	LS-XL-7	CAAA	周代	西周	1033	1	陶		陶鬲	器足				
12	岚山	LS-XL-7	CAAA	周代	西周	1033	1	陶		陶罐	口沿				
12	岚山	LS-XL-7	CAAA	周代	西周	1033	1	陶		不确定	腹片	绳纹			
12	岚山	LS-XL-7	CAAA	周代	东周	1033	1	陶		陶罐	口沿				
12	岚山	LS-XL-7	CAAA	周代	东周	1033	3	陶		不确定	腹片	绳纹			
12	岚山	LS-XL-7	CAAA	汉代		1425	1	陶		陶盆	口沿				
12	岚山	LS-XL-7	CAAA	汉代		1425	1	陶		陶盆	器底				
12	岚山	LS-XL-7	CAAA	汉代		1425	5	陶		陶瓦					
12	岚山	LS-XL-7	CABB	周代	东周	1033	3	陶		不确定	腹片	绳纹			
12	岚山	LS-XL-7	CABB	周代	东周	1033	1	陶		不确定	腹片				
12	岚山	LS-XL-7	CABB	汉代		1426	2	陶		不确定	腹片				
12	岚山	LS-XL-7	CABB	汉代		1426	4	陶		陶瓦					
10	岚山	LS-XMJC-1	单个遗址	周代	东周	846	2	陶		不确定	腹片	绳纹			
10	岚山	LS-XMJC-2	单个遗址	汉代	不确定	1133	1	陶		陶瓦					

年度	县区	遗址	采集区	时代	分期	期段编号	数量	质地	石器种类	器型	部位	纹饰	颜色	质地	蛋壳陶
12	岚山	LS-XP-1	单个遗址	周代	东周	1141	1	陶		不确定	腹片	绳纹			
12	岚山	LS-XP-2	单个遗址	汉代		1436	1	陶		陶豆	豆盘				
12	岚山	LS-XP-2	单个遗址	汉代		1436	1	陶		陶瓦					
12	岚山	LS-XP-2	单个遗址	汉代		1436	1	陶		圆盘	腹片				
12	岚山	LS-XP-3	单个遗址	汉代		1437	1	陶		砖		图案			
12	岚山	LS-XP-4	单个遗址	汉代		1432	1	陶		陶瓮	口沿				
12	岚山	LS-XP-4	单个遗址	汉代		1432	3	陶		不确定	腹片				
12	岚山	LS-XP-4	单个遗址	汉代		1432	6	陶		陶瓦					
10	岚山	LS-XQD-1	单个遗址	周代	东周	884	1	陶		不确定	腹片	绳纹			
10	岚山	LS-XQD-1	单个遗址	汉代	不确定	1181	1	陶		陶瓦					
10	岚山	LS-XQD-2	单个遗址	周代	东周	883	1	陶		不确定	腹片	绳纹			
10	岚山	LS-XQD-2	单个遗址	周代	东周	883	1	陶		不确定	腹片				
10	岚山	LS-XQD-2	单个遗址	汉代	不确定	1177	2	陶		陶瓦					
10	岚山	LS-XQH-1	单个遗址	汉代	不确定	1086	1	陶		陶瓦					
11	岚山	LS-XS-1	单个遗址	汉代	不确定	1361	1	陶		陶瓦					
11	岚山	LS-XS-2	单个遗址	周代	西周	1017	1	陶		陶罐	口沿				
11	岚山	LS-XS-2	单个遗址	周代	西周	1017	1	陶		陶鬲	肩部	绳纹			
11	岚山	LS-XS-2	单个遗址	周代	西周	1017	11	陶		不确定	腹片	绳纹			
11	岚山	LS-XS-2	单个遗址	周代	西周	1017	2	陶		不确定	腹片	附加堆纹			
11	岚山	LS-XS-2	单个遗址	周代	东周	1017	5	陶		不确定	腹片	绳纹			
11	岚山	LS-XS-2	单个遗址	周代	东周	1017	12	陶		不确定	腹片				
11	岚山	LS-XS-2	单个遗址	汉代	不确定	1372	1	陶		陶盆	器底				
11	岚山	LS-XS-2	单个遗址	汉代	不确定	1372	8	陶		不确定	腹片				
11	岚山	LS-XS-2	单个遗址	汉代	不确定	1372	11	陶		陶瓦					
11	岚山	LS-XS-3	CAA	汉代	不确定	1369	4	陶		陶瓦					
11	岚山	LS-XS-3	CAB	周代	东周	1016	1	陶		不确定	腹片	绳纹			
11	岚山	LS-XS-3	CAB	周代	东周	1016	2	陶		不确定	腹片				
11	岚山	LS-XS-4	单个遗址	周代	东周	1015	2	陶		不确定	腹片	绳纹			
11	岚山	LS-XS-5	单个遗址	汉代	不确定	1368	1	陶		不确定	腹片				
11	岚山	LS-XS-6	CAA	汉代	不确定	1370	2	陶		陶盆	口沿				
11	岚山	LS-XS-6	CAA	汉代	不确定	1370	3	陶		不确定	腹片				
11	岚山	LS-XS-6	CAB	汉代	不确定	1370	1	陶		陶瓮	口沿				
11	岚山	LS-XS-6	CAB	汉代	不确定	1370	1	陶		陶盆	颈部				
11	岚山	LS-XS-6	CAB	汉代	不确定	1370	7	陶		不确定	腹片				
11	岚山	LS-XSQ-1	CAA	周代	西周	986	1	陶		不确定	腹片	绳纹			
11	岚山	LS-XSQ-1	CAA	周代	西周	986	1	陶		陶鬲	器足				
11	岚山	LS-XSQ-1	CAA	汉代	不确定	1329	2	陶		不确定	腹片				
11	岚山	LS-XSQ-1	CAA	汉代	不确定	1329	2	陶		陶瓦					
11	岚山	LS-XSQ-1	CAB	汉代	不确定	1329	1	陶		不确定	腹片				
11	岚山	LS-XSQ-1	CAC	周代	东周	986	5	陶		不确定	腹片				
11	岚山	LS-XSQ-1	CAC	周代	东周	986	1	陶		不确定	腹片	绳纹			
11	岚山	LS-XSQ-1	CAD	周代	西周	986	1	陶		不确定	腹片	绳纹			
11	岚山	LS-XSQ-1	CAD	周代	西周	986	1	陶		不确定	腹片				
11	岚山	LS-XSQ-1	CAD	汉代	不确定	1329	1	陶		陶瓮	肩部				
11	岚山	LS-XSQ-1	CAD	汉代	不确定	1329	1	陶		陶盆	口沿				
11	岚山	LS-XSQ-1	CAD	汉代	不确定	1329	2	陶		陶盆	颈部				

年度	县区	遗址	采集区	时代	分期	期段编号	数量	质地	石器种类	器型	部位	纹饰	颜色	质地	蛋壳陶
11	岚山	LS-XSQ-1	CAD	汉代	不确定	1329	9	陶		不确定	腹片				
11	岚山	LS-XSQ-1	CAD	汉代	不确定	1329	1	陶		陶瓦					
11	岚山	LS-XSQ-1	CAE	汉代	不确定	1329	2	陶		陶瓦					
11	岚山	LS-XSQ-2	单个遗址	汉代	不确定	1328	3	陶		不确定	腹片				
11	岚山	LS-XSQ-2	单个遗址	汉代	不确定	1328	2	陶		陶瓦					
13	岚山	LS-XST-1	单个遗址	汉代		1594	1	陶		陶盆	口沿				
13	岚山	LS-XSZH-1	单个遗址	周代	东周	1242	2	陶		不确定	腹片				
10	岚山	LS-XT-1	单个遗址	汉代	不确定	1109	2	陶		陶瓦					
10	岚山	LS-XT-1	单个遗址	汉代	不确定	1109	5	陶		不确定	腹片				
12	岚山	LS-XTS-1	单个遗址	汉代		1459	1	陶		不确定	腹片				
12	岚山	LS-XTS-1	单个遗址	汉代		1459	1	陶		陶瓦					
12	岚山	LS-XTS-2	单个遗址	周代	东周	1051	2	陶		不确定	腹片				
12	岚山	LS-XTS-2	单个遗址	汉代		1459	3	陶		陶盆	口沿				
12	岚山	LS-XTS-2	单个遗址	汉代		1459	1	陶		陶罐	口沿				
12	岚山	LS-XTS-2	单个遗址	汉代		1459	3	陶		不确定	腹片				
12	岚山	LS-XTS-2	单个遗址	汉代		1459	15	陶		陶瓦					
12	岚山	LS-XTS-3	单个遗址	汉代		1453	2	陶		陶瓦					
12	岚山	LS-XWJG-1	单个遗址	周代	东周	1083	2	陶		不确定	腹片				
12	岚山	LS-XWJG-2	单个遗址	汉代		1517	2	陶		不确定	腹片				
12	岚山	LS-XWJG-2	单个遗址	汉代		1517	1	陶		陶瓦					
12	岚山	LS-XWJG-3	单个遗址	汉代		1516	2	陶		不确定	腹片				
10	岚山	LS-XX-1	单个遗址	汉代	不确定	1095	1	陶		不确定	腹片				
11	岚山	LS-XYG-1	单个遗址	汉代	不确定	1376	9	陶		陶罐	腹片				
11	岚山	LS-XYG-2	单个遗址	周代	西周	1000	1	陶		不确定	腹片	绳纹			
11	岚山	LS-XYG-2	单个遗址	汉代	不确定	1382	3	陶		陶瓦					
11	岚山	LS-XYG-3	单个遗址	汉代	不确定	1381	2	陶		不确定	腹片				
11	岚山	LS-XYG-3	单个遗址	汉代	不确定	1381	1	陶		陶瓦					
11	岚山	LS-XYG-4	单个遗址	汉代	不确定	1383	1	陶		陶盆	器底				
11	岚山	LS-XYG-5	单个遗址	汉代	不确定	1384	1	陶		陶瓦					
12	岚山	LS-XZ-1	单个遗址	汉代		1452	2	陶		不确定	腹片				
12	岚山	LS-XZ-2	单个遗址	周代	西周	1146	1	陶		不确定	腹片	绳纹			
12	岚山	LS-XZ-2	单个遗址	周代	西周	1146	1	陶		不确定	腹片	附加堆纹			
12	岚山	LS-XZ-3	单个遗址	周代	东周	1050	1	陶		不确定	腹片	绳纹			
10	岚山	LS-XZJZ-1	单个遗址	汉代	不确定	1157	1	陶		陶瓦					
10	岚山	LS-XZJZ-2	单个遗址	汉代	不确定	1144	1	陶		陶瓦					
10	岚山	LS-XZJZ-3	单个遗址	汉代	不确定	1140	2	陶		陶瓦					
10	岚山	LS-XZJZ-3	单个遗址	汉代	不确定	1140	2	陶		不确定	腹片				
10	岚山	LS-XZJZ-3	单个遗址	汉代	不确定	1140	1	陶		不确定	腹片	绳纹			
12	岚山	LS-YHC-1	单个遗址	龙山		486	2	陶		不确定	腹片				
12	岚山	LS-YHC-1	单个遗址	汉代		1566	2	陶		陶瓦					
12	岚山	LS-YHC-1	单个遗址	周代	东周	1128	2	陶		不确定	腹片	绳纹			
12	岚山	LS-YHC-3	单个遗址	汉代		1559	1	陶		不确定	腹片	绳纹			
12	岚山	LS-YHC-3	单个遗址	汉代		1559	1	陶		不确定	腹片				
12	岚山	LS-YHC-4	单个遗址	汉代		1565	2	陶		陶瓦					
12	岚山	LS-YJZ-1	CAA	汉代		1557	1	陶		陶瓮	口沿				
12	岚山	LS-YJZ-1	CAA	汉代		1557	1	陶		不确定	腹片				

年度	县区	遗址	采集区	时代	分期	期段编号	数量	质地	石器种类	器型	部位	纹饰	颜色	质地	蛋壳陶
12	岚山	LS-YJZ-1	CAB	周代	东周	1120	2	陶		不确定	腹片	绳纹			
12	岚山	LS-YJZ-1	CAB	周代	东周	1120	2	陶		不确定	腹片				
12	岚山	LS-YJZ-1	CAB	汉代		1557	1	陶		陶盆	口沿				
12	岚山	LS-YJZ-1	CAB	汉代		1557	1	陶		陶盆	器底				
12	岚山	LS-YJZ-1	CAB	汉代		1557	6	陶		陶瓦					
12	岚山	LS-YJZ-1	CAB	不确定			1	石	工具	石刀					
12	岚山	LS-YJZ-1	CAC	商代	晚期	30	1	陶		陶鬲	口沿	绳纹	黑		
12	岚山	LS-YJZ-1	CAC	周代	西周	1120	2	陶		陶鬲	器足				
12	岚山	LS-YJZ-1	CAC	周代	西周	1120	9	陶		陶鬲	腹片				
12	岚山	LS-YJZ-1	CAC	周代	西周	1120	1	陶		陶鬲	口沿				
12	岚山	LS-YJZ-1	CAC	周代	西周	1120	48	陶		不确定	腹片	绳纹			
12	岚山	LS-YJZ-1	CAC	周代	西周	1120	1	陶		不确定	腹片	附加堆纹			
12	岚山	LS-YJZ-1	CAC	周代	西周	1120	5	陶		不确定	腹片				
12	岚山	LS-YJZ-1	CAC	周代	东周	1120	3	陶		陶罐	口沿				
12	岚山	LS-YJZ-1	CAC	周代	东周	1120	15	陶		不确定	腹片	绳纹			
12	岚山	LS-YJZ-1	CAC	周代	东周	1120	4	陶		不确定	腹片				
12	岚山	LS-YJZ-1	CAC	汉代		1557	2	陶		陶瓦					
12	岚山	LS-YJZ-1	CAC	不确定			1	石	工具	石钺					
12	岚山	LS-YJZ-1	CAD	汉代		1557	4	陶		不确定	腹片	绳纹			
12	岚山	LS-YJZ-1	CAD	汉代		1557	1	陶		不确定	腹片				
12	岚山	LS-YJZ-1	CAD	汉代		1557	21	陶		陶瓦					
12	岚山	LS-YJZ-1	CAE	周代	西周	1119	1	陶		陶鬲	腹片				
12	岚山	LS-YJZ-1	CAE	周代	西周	1119	1	陶		不确定	腹片	绳纹			
12	岚山	LS-YJZ-1	CAE	周代	西周	1119	1	陶		不确定	腹片				
12	岚山	LS-YJZ-1	CAE	汉代		1557	3	陶		不确定	腹片				
12	岚山	LS-YJZ-1	CAF	周代	西周	1119	1	陶		陶罐	肩部	附加堆纹			
12	岚山	LS-YJZ-1	CAG	周代	西周	1119	1	陶		不确定	腹片	绳纹			
12	岚山	LS-YJZ-1	CAG	周代	西周	1119	2	陶		不确定	腹片	绳纹			
12	岚山	LS-YJZ-1	CAH	汉代		1557	1	陶		陶罐	口沿				
12	岚山	LS-YJZ-1	CAH	汉代		1557	5	陶		陶瓦					
12	岚山	LS-YJZ-1	CAI	汉代		1557	2	陶		陶盆	口沿				
12	岚山	LS-YJZ-1	CAI	汉代		1557	2	陶		陶罐	口沿				
12	岚山	LS-YJZ-1	CAI	汉代		1557	7	陶		不确定	腹片				
12	岚山	LS-YJZ-1	CAI	汉代		1557	12	陶		陶瓦	腹片				
12	岚山	LS-YJZ-1	CAJ	周代	东周	1119	1	陶		不确定	腹片	绳纹			
12	岚山	LS-YJZ-1	CAJ	汉代		1557	1	陶		不确定	腹片				
12	岚山	LS-YJZ-1	CAJ	汉代		1557	2	陶		陶瓦					
12	岚山	LS-YJZ-2	CAF	周代	西周	1119	5	陶		不确定	腹片	绳纹			
12	岚山	LS-YJZ-2	单个遗址	汉代		1554	1	陶		陶瓦					
12	岚山	LS-YJZ-3	CAF	周代	西周	1119	5	陶		不确定	腹片				
12	岚山	LS-YJZ-3	CAF	周代	东周	1119	3	陶		不确定	腹片				
12	岚山	LS-YJZ-3	CAF	周代	东周	1119	2	陶		不确定	腹片	绳纹			
12	岚山	LS-YJZ-3	CAF	汉代		1557	2	陶		不确定	腹片				
12	岚山	LS-YJZ-3	CAF	汉代		1557	3	陶		陶瓦					
12	岚山	LS-YJZ-3	单个遗址	周代	西周	1160	1	陶		陶鬲	腹片				
12	岚山	LS-YJZ-3	单个遗址	周代	西周	1160	1	陶		陶罐	口沿				

年度	县区	遗址	采集区	时代	分期	期段编号	数量	质地	石器种类	器型	部位	纹饰	颜色	质地	蛋壳陶
12	岚山	LS-YJZ-3	单个遗址	周代	西周	1160	2	陶		不确定	腹片	绳纹			
12	岚山	LS-YJZ-4	单个遗址	周代	东周	1116	2	陶		不确定	腹片				
12	岚山	LS-YJZ-5	单个遗址	汉代		1556	1	陶		陶盆	口沿				
12	岚山	LS-YJZ-5	单个遗址	汉代		1556	1	陶		陶盆	器底				
12	岚山	LS-YJZ-5	单个遗址	汉代		1556	6	陶		不确定	腹片				
12	岚山	LS-YJZ-5	单个遗址	汉代		1556	5	陶		陶瓦					
11	岚山	LS-YTS-1	CAA	汉代	不确定	1402	2	陶		陶瓮	口沿				
11	岚山	LS-YTS-1	CAA	汉代	不确定	1402	1	陶		陶盆	器底				
11	岚山	LS-YTS-1	CAA	汉代	不确定	1402	4	陶		不确定	腹片				
11	岚山	LS-YTS-1	CAA	汉代	不确定	1402	1	陶		陶盆	颈部				
11	岚山	LS-YTS-1	CAA	汉代	不确定	1402	14	陶		陶瓦					
11	岚山	LS-YTS-1	CAB	汉代	不确定	1402	1	陶		陶豆	豆盘				
11	岚山	LS-YTS-1	CAB	汉代	不确定	1402	10	陶		不确定	腹片				
11	岚山	LS-YTS-1	CAB	汉代	不确定	1402	21	陶		陶瓦					
11	岚山	LS-YTS-1	CAB	汉代	不确定	1402	4	陶		陶瓮	口沿				
11	岚山	LS-YTS-1	CAB	汉代	不确定	1402	3	陶		陶盆	口沿				
11	岚山	LS-YTS-1	CAB	汉代	不确定	1402	1	陶		陶钵	口沿				
11	岚山	LS-YTS-1	CAB	汉代	不确定	1402	1	陶		陶罐	器底				
11	岚山	LS-YTS-1	CAC	汉代	不确定	1402	2	陶		陶盆	口沿				
11	岚山	LS-YTS-1	CAC	汉代	不确定	1402	10	陶		陶瓦					
11	岚山	LS-YTS-1	CAC	汉代	不确定	1402	13	陶		不确定	腹片				
11	岚山	LS-YTS-1	CAD	汉代	不确定	1402	1	陶		陶瓮	口沿				
11	岚山	LS-YTS-1	CAD	汉代	不确定	1402	2	陶		陶盆	口沿				
11	岚山	LS-YTS-1	CAD	汉代	不确定	1402	1	陶		陶瓦					
11	岚山	LS-YTS-1	CAD	汉代	不确定	1402	3	陶		不确定	腹片				
11	岚山	LS-YTS-2	单个遗址	汉代	不确定	1403	1	陶		陶罐	口沿				
11	岚山	LS-YTS-2	单个遗址	汉代	不确定	1403	1	陶		陶瓦					
11	岚山	LS-YTX-1	CAA	汉代	不确定	1406	1	陶		陶盆	口沿				
11	岚山	LS-YTX-1	CAA	汉代	不确定	1406	1	陶		陶罐	口沿				
11	岚山	LS-YTX-1	CAA	汉代	不确定	1406	3	陶		陶瓦					
11	岚山	LS-YTX-1	CAA	汉代	不确定	1406	5	陶		不确定	腹片				
11	岚山	LS-YTX-1	CAB	周代	东周	1029	1	陶		陶簋形器	口沿				
11	岚山	LS-YTX-1	CAB	汉代	不确定	1406	2	陶		不确定	腹片				
11	岚山	LS-YTX-1	CAB	汉代	不确定	1406	1	陶		不确定	腹片	绳纹			
11	岚山	LS-YTX-1	CAC	汉代	不确定	1406	2	陶		陶罐	口沿				
11	岚山	LS-YTX-1	CAC	汉代	不确定	1406	4	陶		不确定	腹片				
11	岚山	LS-YTX-1	CAD	汉代	不确定	1406	3	陶		不确定	腹片				
11	岚山	LS-YTX-1	CAE	汉代	不确定	1405	1	陶		不确定	腹片				
11	岚山	LS-YTX-1	CAF	汉代	不确定	1404	2	陶		陶罐	口沿				
11	岚山	LS-YTX-1	CAF	汉代	不确定	1404	4	陶		陶盆	口沿				
11	岚山	LS-YTX-1	CAF	汉代	不确定	1404	4	陶		不确定	腹片				
11	岚山	LS-YTX-1	CAF	汉代	不确定	1404	1	陶		陶瓦					
11	岚山	LS-YTX-1	CAG	汉代	不确定	1404	1	陶		陶盆	器底				
11	岚山	LS-YTX-1	CAG	汉代	不确定	1404	10	陶		不确定	腹片				
11	岚山	LS-YTX-1	CAG	汉代	不确定	1404	3	陶		陶瓦					
12	岚山	LS-ZBL-1	单个遗址	汉代		1427	1	陶		陶盆	口沿				

年度	县区	遗址	采集区	时代	分期	期段编号	数量	质地	石器种类	器型	部位	纹饰	颜色	质地	蛋壳陶
12	岚山	LS-ZBL-1	单个遗址	汉代		1427	7	陶		不确定	腹片				
12	岚山	LS-ZBL-1	单个遗址	汉代		1427	2	陶		陶瓦					
12	岚山	LS-ZBL-2	单个遗址	汉代		1433	1	陶		陶瓦					
13	岚山	LS-ZHG-1	单个遗址	汉代		1603	7	陶		不确定	腹片				
13	岚山	LS-ZHG-1	单个遗址	汉代		1603	1	陶		陶瓦					
11	岚山	LS-ZhJJZ-1	CAA	汉代	不确定	1303	1	陶		陶罐	口沿				
11	岚山	LS-ZhJJZ-1	CAA	汉代	不确定	1303	3	陶		不确定	腹片				
11	岚山	LS-ZhJJZ-1	CAB	周代	西周	960	1	陶		不确定	腹片	绳纹			
11	岚山	LS-ZhJJZ-1	CAB	周代	西周	960	1	陶		不确定	腹片				
11	岚山	LS-ZhJJZ-1	CAB	汉代	不确定	1303	3	陶		不确定	腹片				
11	岚山	LS-ZhJJZ-1	CAC	周代	西周	960	1	陶		陶鬲	口沿				
11	岚山	LS-ZhJJZ-1	CAC	周代	西周	960	1	陶		不确定	腹片	绳纹			
11	岚山	LS-ZhJJZ-2	单个遗址	周代	西周	961	1	陶		陶鬲	口沿				
11	岚山	LS-ZhJJZ-3	CAB	汉代	不确定	1304	2	陶		不确定	腹片				
11	岚山	LS-ZhJJZ-3	CAB	汉代	不确定	1304	1	陶		陶瓦					
11	岚山	LS-ZhJJZ-4	单个遗址	汉代	不确定	1305	1	陶		陶盆	器底				
11	岚山	LS-ZhJJZ-4	单个遗址	汉代	不确定	1305	2	陶		不确定	腹片				
11	岚山	LS-ZhJJZ-4	单个遗址	汉代	不确定	1305	1	陶		陶瓦					
11	岚山	LS-ZhJJZ-5	单个遗址	汉代	不确定	1306	2	陶		不确定	腹片				
11	岚山	LS-ZhJJZ-6	CAA	汉代	不确定	1330	1	陶		不确定	腹片				
11	岚山	LS-ZhJJZ-7	单个遗址	周代	东周	971	1	陶		不确定	腹片	绳纹			
11	岚山	LS-ZhJJZ-7	单个遗址	周代	东周	971	2	陶		不确定	腹片				
11	岚山	LS-ZhJJZ-8	单个遗址	汉代	不确定	1307	1	陶		陶瓮	口沿				
11	岚山	LS-ZhJJZ-8	单个遗址	汉代	不确定	1307	1	陶		不确定	腹片				
11	岚山	LS-ZhJJZ-8	单个遗址	汉代	不确定	1307	1	陶		陶瓦					
11	岚山	LS-ZHuY-1	CAA	汉代	不确定	1391	5	陶		不确定	腹片				
11	岚山	LS-ZHuY-1	CAA	汉代	不确定	1391	3	陶		陶瓦					
11	岚山	LS-ZHuY-1	CAB	汉代	不确定	1391	5	陶		不确定	腹片				
11	岚山	LS-ZHuY-1	CAB	汉代	不确定	1391	3	陶		陶瓦					
11	岚山	LS-ZHuY-1	CAC	龙山	中期	460	1	陶		陶鼎	器足				
11	岚山	LS-ZHuY-1	CAC	龙山	中期	460	1	陶		陶杯	把手				
11	岚山	LS-ZHuY-1	CAC	龙山	中期	460	3	陶		陶杯	腹片				
11	岚山	LS-ZHuY-1	CAC	龙山	中期	460	1	陶		陶鼎	把手				
11	岚山	LS-ZHuY-1	CAC	龙山	中期	460	1	陶		陶罐	器底				
11	岚山	LS-ZHuY-1	CAC	龙山	中期	460	1	陶		陶壶	肩部				
11	岚山	LS-ZHuY-1	CAC	龙山	中期	460	40	陶		陶鼎	腹片				
11	岚山	LS-ZHuY-1	CAC	龙山	中期	460	1	陶		陶罐	口沿				
11	岚山	LS-ZHuY-1	CAC	龙山	中期	460	1	陶		陶杯					
11	岚山	LS-ZHuY-1	CAC	周代	西周	1030	1	陶		不确定	腹片	绳纹			
11	岚山	LS-ZHuY-1	CAC	汉代	不确定	1391	1	陶		陶罐	口沿				
11	岚山	LS-ZHuY-1	CAC	汉代	不确定	1391	4	陶		陶盆	口沿				
11	岚山	LS-ZHuY-1	CAC	汉代	不确定	1391	7	陶		陶盆	腹片				
11	岚山	LS-ZHuY-1	CAC	汉代	不确定	1391	45	陶		不确定	腹片				
11	岚山	LS-ZHuY-1	CAC	汉代	不确定	1391	9	陶		陶瓦					
11	岚山	LS-ZHuY-1	CAC	汉代	不确定	1391	1	金属							
11	岚山	LS-ZHuY-2	单个遗址	周代	东周	1027	2	陶		不确定	腹片				

年度	县区	遗址	采集区	时代	分期	期段编号	数量	质地	石器种类	器型	部位	纹饰	颜色	质地	蛋壳陶
11	岚山	LS-ZHuY-2	单个遗址	周代	东周	1027	3	陶		不确定	腹片	绳纹			
11	岚山	LS-ZHuY-3	单个遗址	汉代	不确定	1394	2	陶		不确定	腹片				
10	岚山	LS-ZJD-1	单个遗址	汉代	不确定	1155	1	陶		陶罐	口沿				
10	岚山	LS-ZJD-1	单个遗址	汉代	不确定	1155	2	陶		陶瓦					
10	岚山	LS-ZJD-2	单个遗址	周代	东周	868	1	陶		陶盆	口沿				
10	岚山	LS-ZJD-2	单个遗址	周代	东周	868	1	陶		不确定	腹片				
10	岚山	LS-ZJD-2	单个遗址	周代	东周	868	1	陶		陶罐	口沿				
10	岚山	LS-ZJD-3	CAA	周代	西周	870	1	陶		陶盆	口沿				
10	岚山	LS-ZJD-3	CAA	周代	西周	870	4	陶		不确定	腹片	绳纹			
10	岚山	LS-ZJD-3	CAA	周代	西周	870	4	陶		不确定	腹片				
10	岚山	LS-ZJD-3	CAA	周代	东周	870	2	陶		不确定	腹片	绳纹			
10	岚山	LS-ZJD-3	CAA	周代	东周	870	1	陶		不确定	腹片				
10	岚山	LS-ZJD-3	CAA	汉代	不确定	1167	9	陶		陶瓦					
10	岚山	LS-ZJD-3	CAA	汉代	不确定	1167	7	陶		不确定	腹片				
10	岚山	LS-ZJD-3	CAA	汉代	不确定	1167	3	陶		不确定	腹片	绳纹			
10	岚山	LS-ZJD-3	CAB	汉代	不确定	1167	1	陶		陶盆	器底				
10	岚山	LS-ZJD-3	CAB	汉代	不确定	1167	5	陶		陶瓦					
10	岚山	LS-ZJD-3	CAB	汉代	不确定	1167	1	陶		不确定	腹片	绳纹			
10	岚山	LS-ZJD-3	CAB	汉代	不确定	1167	3	陶		不确定	腹片				
10	岚山	LS-ZJD-4	单个遗址	汉代	不确定	1152	2	陶		陶瓦					
10	岚山	LS-ZJD-4	单个遗址	汉代	不确定	1152	1	陶		不确定	腹片				
10	岚山	LS-ZJD-5	CAA	汉代	不确定	1153	1	陶		陶瓦					
10	岚山	LS-ZJD-5	CAB	汉代	不确定	1153	1	陶		陶罐	口沿				
10	岚山	LS-ZJD-5	CAB	汉代	不确定	1153	2	陶		陶瓦					
10	岚山	LS-ZJD-6	单个遗址	汉代	不确定	1146	1	陶		陶盆	腹片				
10	岚山	LS-ZJD-7	CAA	周代	东周	865	1	陶		陶罐	口沿				
10	岚山	LS-ZJD-7	CAA	周代	东周	865	1	陶		不确定	腹片	绳纹			
10	岚山	LS-ZJD-7	CAA	汉代	不确定	1151	8	陶		陶瓦					
10	岚山	LS-ZJD-7	CAA	汉代	不确定	1151	1	陶		陶盆	颈部				
10	岚山	LS-ZJD-7	CAA	汉代	不确定	1151	1	陶		陶盆	口沿				
10	岚山	LS-ZJD-7	CAA	汉代	不确定	1151	8	陶		不确定	腹片				
10	岚山	LS-ZJD-7	CAA	汉代	不确定	1151	3	陶		不确定	腹片	绳纹			
10	岚山	LS-ZJD-7	CAB	周代	东周	865	1	陶		不确定	腹片	绳纹			
10	岚山	LS-ZJD-7	CAB	周代	东周	865	1	陶		不确定	腹片				
10	岚山	LS-ZJD-7	CAB	汉代	不确定	1151	1	陶		陶瓦					
10	岚山	LS-ZJD-7	CAC	周代	西周	866	1	陶		陶罐	肩部	附加堆纹			
10	岚山	LS-ZJD-7	CAC	周代	西周	866	2	陶		不确定	腹片				
10	岚山	LS-ZJD-8	单个遗址	周代	西周	864	1	陶		陶罐	口沿				
10	岚山	LS-ZJD-8	单个遗址	周代	西周	864	2	陶		不确定	腹片	绳纹			
10	岚山	LS-ZJD-8	单个遗址	周代	东周	864	1	陶		陶罐	口沿				
10	岚山	LS-ZJD-8	单个遗址	周代	东周	864	1	陶		陶罐	肩部				
10	岚山	LS-ZJD-8	单个遗址	周代	东周	864	1	陶		陶壶	颈部				
10	岚山	LS-ZJD-8	单个遗址	周代	东周	864	18	陶		不确定	腹片				
10	岚山	LS-ZJD-8	单个遗址	周代	东周	864	9	陶		不确定	腹片	绳纹			
10	岚山	LS-ZJD-8	单个遗址	汉代	不确定	1147	15	陶		陶瓦					
12	岚山	LS-ZJG-1	单个遗址	周代	东周	1065	1	陶		不确定	腹片	绳纹			

年度	县区	遗址	采集区	时代	分期	期段编号	数量	质地	石器种类	器型	部位	纹饰	颜色	质地	蛋壳陶
12	岚山	LS-ZJG-1	单个遗址	汉代		1477	1	陶		陶盆	口沿				
12	岚山	LS-ZJG-1	单个遗址	汉代		1477	4	陶		陶瓦					
12	岚山	LS-ZJG-2	单个遗址	汉代		1588	4	陶		不确定	腹片				
12	岚山	LS-ZJG-2	单个遗址	汉代		1588	3	陶		陶瓦					
12	岚山	LS-ZJG-3	单个遗址	汉代		1479	1	陶		不确定	腹片				
12	岚山	LS-ZJG-3	单个遗址	汉代		1479	1	陶		陶瓦					
11	岚山	LS-ZJJZ-1	CAA	汉代	不确定	1309	1	陶		陶盆	口沿				
11	岚山	LS-ZJJZ-1	CAA	汉代	不确定	1309	15	陶		不确定	腹片				
11	岚山	LS-ZJJZ-1	CAA	汉代	不确定	1309	9	陶		陶瓦					
11	岚山	LS-ZJJZ-1	CAB	汉代	不确定	1309	3	陶		陶瓦					
11	岚山	LS-ZJJZ-2	单个遗址	汉代	不确定	1310	1	陶		陶盆	口沿				
11	岚山	LS-ZJJZ-2	单个遗址	汉代	不确定	1310	4	陶		陶瓦					
11	岚山	LS-ZJJZ-3	单个遗址	汉代	不确定	1311	1	陶		不确定	腹片				
11	岚山	LS-ZJJZ-3	单个遗址	汉代	不确定	1311	1	陶		陶瓦					
11	岚山	LS-ZJJZ-4	CAA	汉代	不确定	1326	1	陶		陶盆	口沿				
11	岚山	LS-ZJJZ-4	CAA	汉代	不确定	1326	8	陶		不确定	腹片				
11	岚山	LS-ZJJZ-4	CAA	汉代	不确定	1326	3	陶		陶瓦					
11	岚山	LS-ZJJZ-4	CAB	汉代	不确定	1326	1	陶		陶瓮	口沿				
11	岚山	LS-ZJJZ-4	CAB	汉代	不确定	1326	4	陶		陶盆	口沿				
11	岚山	LS-ZJJZ-4	CAB	汉代	不确定	1326	18	陶		不确定	腹片				
11	岚山	LS-ZJJZ-4	CAB	汉代	不确定	1326	3	陶		陶瓦					
11	岚山	LS-ZJJZ-4	CAB	汉代	不确定	1326	1	陶		陶罐	器底				
11	岚山	LS-ZJJZ-4	CAC	龙山	不确定	443	1	陶		不确定	腹片				
11	岚山	LS-ZJJZ-4	CAC	汉代	不确定	1326	1	陶		陶瓮	口沿				
11	岚山	LS-ZJJZ-4	CAC	汉代	不确定	1326	5	陶		陶盆	口沿				
11	岚山	LS-ZJJZ-4	CAC	汉代	不确定	1326	51	陶		不确定	腹片				
11	岚山	LS-ZJJZ-4	CAC	汉代	不确定	1326	31	陶		陶瓦					
11	岚山	LS-ZJJZ-4	CAD	汉代	不确定	1312	3	陶		不确定	腹片				
11	岚山	LS-ZJJZ-4	CAD	汉代	不确定	1312	1	陶		陶瓦					
11	岚山	LS-ZJJZ-4	CAE	周代	西周	972	1	陶		陶罐	口沿				
11	岚山	LS-ZJJZ-4	CAE	周代	西周	972	6	陶		陶鬲	腹片	绳纹			
11	岚山	LS-ZJJZ-4	CAE	周代	西周	972	6	陶		不确定	腹片	绳纹			
11	岚山	LS-ZJJZ-4	CAE	周代	东周	972	1	陶		不确定	腹片				
11	岚山	LS-ZJJZ-4	CAE	周代	东周	972	5	陶		不确定	腹片	绳纹			
11	岚山	LS-ZJJZ-4	CAF	周代	西周	972	1	陶		陶鬲	口沿				
11	岚山	LS-ZJJZ-4	CAF	周代	西周	972	2	陶		不确定	腹片				
11	岚山	LS-ZJJZ-4	CAF	周代	西周	972	1	陶		不确定	腹片	绳纹			
11	岚山	LS-ZJJZ-4	CAG	龙山	不确定	443	1	陶		不确定	腹片	附加堆纹			
11	岚山	LS-ZJJZ-4	CAG	汉代	不确定	1326	1	陶		陶盆	口沿				
11	岚山	LS-ZJJZ-4	CAG	汉代	不确定	1326	9	陶		不确定	腹片				
11	岚山	LS-ZJJZ-4	CAG	汉代	不确定	1326	2	陶		陶瓦					
11	岚山	LS-ZJJZ-4	CAH	汉代	不确定	1326	1	陶		陶盆	口沿				
11	岚山	LS-ZJJZ-4	CAH	汉代	不确定	1326	6	陶		不确定	腹片				
11	岚山	LS-ZJJZ-4	CAH	汉代	不确定	1326	1	陶		陶瓦					
11	岚山	LS-ZJJZ-4	CAI	汉代	不确定	1326	1	陶		不确定	腹片				
11	岚山	LS-ZJJZ-4	CAI	汉代	不确定	1326	1	陶		陶瓦					

年度	县区	遗址	采集区	时代	分期	期段编号	数量	质地	石器种类	器型	部位	纹饰	颜色	质地	蛋壳陶
11	岚山	LS-ZJJZ-4	CAJ	周代	西周	985	5	陶		不确定	腹片	绳纹			
11	岚山	LS-ZJJZ-4	CAJ	周代	东周	985	1	陶		不确定	腹片				
11	岚山	LS-ZJJZ-4	CAJ	周代	东周	985	3	陶		不确定	腹片	绳纹			
11	岚山	LS-ZJJZ-4	CAJ	汉代	不确定	1326	1	陶		陶瓮	口沿				
11	岚山	LS-ZJJZ-4	CAJ	汉代	不确定	1326	30	陶		不确定	腹片				
11	岚山	LS-ZJJZ-4	CAJ	汉代	不确定	1326	2	陶		陶瓦					
11	岚山	LS-ZJJZ-4	CAK	周代	西周	985	1	陶		不确定	腹片	附加堆纹			
11	岚山	LS-ZJJZ-4	CAK	周代	西周	985	2	陶		不确定	腹片	绳纹			
11	岚山	LS-ZJJZ-4	CAK	汉代	不确定	1326	1	陶		陶盆	口沿				
11	岚山	LS-ZJJZ-4	CAK	汉代	不确定	1326	4	陶		不确定	腹片				
11	岚山	LS-ZJJZ-4	CAL	周代	西周	985	1	陶		不确定	腹片	绳纹			
11	岚山	LS-ZJJZ-4	CAL	汉代	不确定	1326	3	陶		不确定	腹片				
11	岚山	LS-ZJJZ-4	CAL	汉代	不确定	1326	3	陶		陶瓦					
11	岚山	LS-ZJJZ-4	CAM	汉代	不确定	1326	1	陶		不确定	腹片				
11	岚山	LS-ZJJZ-4	CAN	周代	西周	985	2	陶		陶鬲	腹片	绳纹			
11	岚山	LS-ZJJZ-4	CAN	周代	西周	985	2	陶		不确定	腹片	绳纹			
11	岚山	LS-ZJJZ-4	CAN	周代	东周	985	4	陶		不确定	腹片	绳纹			
11	岚山	LS-ZJJZ-4	CAN	周代	东周	985	2	陶		不确定	腹片				
11	岚山	LS-ZJJZ-4	CAO	周代	西周	985	3	陶		陶鬲	器足	绳纹			
11	岚山	LS-ZJJZ-4	CAO	周代	西周	985	6	陶		不确定	腹片	绳纹			
11	岚山	LS-ZJJZ-4	CAO	周代	东周	985	1	陶		陶鬲	器足	绳纹			
11	岚山	LS-ZJJZ-4	CAO	周代	东周	985	5	陶		陶罐	口沿				
11	岚山	LS-ZJJZ-4	CAO	周代	东周	985	32	陶		不确定	腹片	绳纹			
11	岚山	LS-ZJJZ-4	CAO	汉代	不确定	1326	1	陶		陶盆	口沿				
11	岚山	LS-ZJJZ-4	CAP	周代	西周	985	4	陶		陶鬲	器足	绳纹			
11	岚山	LS-ZJJZ-4	CAP	周代	西周	985	5	陶		陶鬲	腹片	绳纹			
11	岚山	LS-ZJJZ-4	CAP	周代	西周	985	2	陶		不确定	腹片	绳纹			
11	岚山	LS-ZJJZ-4	CAP	周代	西周	985	1	陶		陶盆	口沿				
11	岚山	LS-ZJJZ-4	CAP	周代	西周	985	1	陶		陶罐	肩部	篮纹			
11	岚山	LS-ZJJZ-4	CAP	周代	西周	985	1	陶		陶鬲	口沿				
11	岚山	LS-ZJJZ-4	CAP	周代	西周	985	1	石	工具	石杵					
11	岚山	LS-ZJJZ-4	CAP	周代	东周	985	1	陶		陶豆	口沿				
11	岚山	LS-ZJJZ-4	CAP	周代	东周	985	6	陶		陶罐	腹片				
11	岚山	LS-ZJJZ-4	CAP	周代	东周	985	5	陶		陶罐	肩部				
11	岚山	LS-ZJJZ-4	CAP	周代	东周	985	1	陶		陶盆	口沿				
11	岚山	LS-ZJJZ-4	CAP	周代	东周	985	47	陶		不确定	腹片	绳纹			
11	岚山	LS-ZJJZ-4	CAP	周代	东周	985	13	陶		不确定	腹片	弦纹			
11	岚山	LS-ZJJZ-4	CAP	周代	东周	985	1	陶		陶豆	豆柄				
11	岚山	LS-ZJJZ-4	CAP	周代	东周	985	2	陶		陶鬲	腹片	绳纹			
11	岚山	LS-ZJJZ-4	CAP	周代	东周	985	1	骨器							
11	岚山	LS-ZJJZ-4	CAQ	周代	西周	985	2	陶		陶鬲	口沿				
11	岚山	LS-ZJJZ-4	CAQ	周代	西周	985	10	陶		陶鬲	腹片	绳纹			
11	岚山	LS-ZJJZ-4	CAQ	周代	西周	985	16	陶		不确定	腹片	绳纹			
11	岚山	LS-ZJJZ-4	CAQ	周代	西周	985	2	陶		不确定	腹片	附加堆纹			
11	岚山	LS-ZJJZ-4	CAQ	周代	东周	985	4	陶		陶罐	口沿				
11	岚山	LS-ZJJZ-4	CAQ	周代	东周	985	90	陶		不确定	腹片	绳纹			

年度	县区	遗址	采集区	时代	分期	期段编号	数量	质地	石器种类	器型	部位	纹饰	颜色	质地	蛋壳陶
11	岚山	LS-ZJJZ-4	CAQ	周代	东周	985	2	陶		不确定	腹片	弦纹			
11	岚山	LS-ZJJZ-4	CAQ	周代	东周	985	9	陶		不确定	腹片				
11	岚山	LS-ZJJZ-4	CAQ	汉代	不确定	1326	1	陶		陶盆	口沿				
11	岚山	LS-ZJJZ-4	CAQ	汉代	不确定	1326	1	陶		不确定	腹片				
11	岚山	LS-ZJJZ-4	CAQ	汉代	不确定	1326	1	石	工具	石刀					
11	岚山	LS-ZJJZ-4	CAR	周代	西周	985	1	陶		不确定	腹片				
11	岚山	LS-ZJJZ-4	CAR	周代	西周	985	2	陶		不确定	腹片	绳纹			
11	岚山	LS-ZJJZ-4	CAR	周代	西周	985	2	陶		不确定	腹片	附加堆纹			
11	岚山	LS-ZJJZ-4	CAR	周代	东周	985	1	陶		陶鬲	腹片	绳纹			
11	岚山	LS-ZJJZ-4	CAR	周代	东周	985	1	陶		陶罐	肩部	弦纹			
11	岚山	LS-ZJJZ-4	CAR	周代	东周	985	1	陶		不确定	腹片	方格纹			
11	岚山	LS-ZJJZ-4	CAR	周代	东周	985	1	石	不确定	鹅卵石					
11	岚山	LS-ZJJZ-4	CAS	周代	西周	985	1	陶		陶鬲	口沿	篮纹			
11	岚山	LS-ZJJZ-4	CAS	周代	西周	985	1	陶		陶鬲	腹片	篮纹			
11	岚山	LS-ZJJZ-4	CAS	周代	西周	985	2	陶		不确定	腹片				
11	岚山	LS-ZJJZ-4	CAS	周代	西周	985	1	陶		不确定	腹片	附加堆纹			
11	岚山	LS-ZJJZ-4	CAS	周代	东周	985	11	陶		不确定	腹片	绳纹			
11	岚山	LS-ZJJZ-4	CAS	周代	东周	985	3	陶		不确定	腹片				
11	岚山	LS-ZJJZ-4	CAT	周代	西周	985	3	陶		陶鬲	器足	绳纹			
11	岚山	LS-ZJJZ-4	CAT	周代	西周	985	1	陶		陶鬲	腹片	绳纹			
11	岚山	LS-ZJJZ-4	CAT	周代	西周	985	1	陶		不确定	腹片	绳纹			
11	岚山	LS-ZJJZ-4	CAT	周代	东周	985	1	陶		陶罐	口沿				
11	岚山	LS-ZJJZ-4	CAT	周代	东周	985	1	陶		陶罐	肩部				
11	岚山	LS-ZJJZ-4	CAT	周代	东周	985	10	陶		不确定	腹片	绳纹			
11	岚山	LS-ZJJZ-4	CAT	周代	东周	985	3	陶		不确定	腹片				
11	岚山	LS-ZJJZ-4	CAT	汉代	不确定	1326	1	陶		陶盆	口沿				
11	岚山	LS-ZJJZ-4	CAT	汉代	不确定	1326	1	陶		陶瓦					
11	岚山	LS-ZJJZ-4	CAU	汉代	不确定	1326	3	陶		不确定	腹片				
11	岚山	LS-ZJJZ-4	CAV	汉代	不确定	1326	3	陶		不确定	腹片				
11	岚山	LS-ZJJZ-4	CAV	汉代	不确定	1326	1	陶		陶瓦					
11	岚山	LS-ZJL-2	单个遗址	汉代	不确定	1359	1	陶		陶瓦					
11	岚山	LS-ZJY-1	CAA	汉代	不确定	1390	3	陶		陶瓦					
11	岚山	LS-ZJY-1	CAB	汉代	不确定	1390	2	陶		不确定	腹片				
11	岚山	LS-ZJY-1	CAB	汉代	不确定	1390	1	陶		陶瓦					
11	岚山	LS-ZJY-2	单个遗址	汉代	不确定	1389	1	陶		陶罐	腹片	釉陶			
12	岚山	LS-ZJZZ-1	单个遗址	汉代		1549	1	陶		陶盆	器底				
12	岚山	LS-ZJZZ-1	单个遗址	汉代		1549	2	陶		不确定	腹片				
12	岚山	LS-ZMZ-1	单个遗址	汉代		1586	1	陶		陶罐	口沿				
12	岚山	LS-ZMZ-1	单个遗址	汉代		1586	1	陶		不确定	腹片				
12	岚山	LS-ZMZ-1	单个遗址	汉代		1586	2	陶		陶瓦					
10	岚山	LS-ZY-1	单个遗址	周代	西周	833	1	陶		陶鬲	腹片				
10	岚山	LS-ZY-2	单个遗址	汉代	不确定	1114	4	陶		陶瓦					
10	岚山	LS-ZZB-1	单个遗址	商代	晚期	24	1	陶		陶鬲	器足				
10	岚山	LS-ZZB-2	单个遗址	汉代	不确定	1073	2	陶		陶瓦					
10	岚山	LS-ZZB-2	单个遗址	汉代	不确定	1073	2	陶		不确定	腹片				
10	岚山	LS-ZZB-3	单个遗址	汉代	不确定	1076	1	陶		陶瓦					

年度	县区	遗址	采集区	时代	分期	期段编号	数量	质地	石器种类	器型	部位	纹饰	颜色	质地	蛋壳陶
10	岚山	LS-ZZB-3	单个遗址	汉代	不确定	1076	1	陶		不确定	腹片				
10	岚山	LS-ZZB-4	单个遗址	汉代	不确定	1074	2	陶		陶瓦					
10	岚山	LS-ZZB-4	单个遗址	汉代	不确定	1074	1	陶		不确定	腹片				
10	岚山	LS-ZZB-5	单个遗址	汉代	不确定	1075	1	陶		陶瓦					
10	岚山	LS-ZZB-5	单个遗址	汉代	不确定	1075	2	陶		不确定	腹片				
2	东港	MWZ-1	单个遗址	汉代	不确定	57	5	陶		陶瓦					
2	东港	MWZ-2	CAB	汉代	不确定	60	7	陶		不确定	腹片				
2	东港	MWZ-2	CAC	汉代	不确定	60	14	陶		不确定	腹片				
2	东港	MWZ-2	CAA	汉代	不确定	60	6	陶		不确定	腹片				
2	东港	MWZ-2	CAC	周代	不确定	34	2	陶		不确定	腹片				
1	东港	PJC-1	CAA	龙山	中期	18	2	陶		陶盆	口沿				
1	东港	PJC-1	CAA	龙山	中期	18	8	陶		不确定	腹片				
1	东港	PJC-1	CAA	周代	东周	10	3	陶		陶瓦					
1	东港	PJC-2	单个遗址	龙山	早期	24	1	陶		陶鼎	器足				
1	东港	PJC-2	单个遗址	龙山	早期	24	1	陶		不确定	腹片	篮纹			
1	东港	PJC-2	单个遗址	龙山	中期	24	1	陶		陶鼎	口沿	磨光			是
1	东港	PJC-2	单个遗址	龙山	中期	24	1	陶		陶鼎	器底				
1	东港	PJC-2	单个遗址	龙山	中期	24	1	陶		陶罐	器底				
1	东港	PJC-2	单个遗址	龙山	中期	24	1	陶		陶盆	口沿				
1	东港	PJC-2	单个遗址	龙山	不确定	24	4	陶		不确定	腹片				
1	东港	PJC-3	单个遗址	龙山	中期	15	1	陶		陶甗	器足				
1	东港	PJC-3	单个遗址	龙山	不确定	15	1	陶		不确定	腹片				
2	东港	QBZ-1	单个遗址	汉代	不确定	65	1	陶		陶瓦					
2	东港	QBZ-2	CAA	汉代	不确定	59	11	陶		不确定	腹片				
2	东港	QBZ-2	CAD	汉代	不确定	59	3	陶		陶瓦					
2	东港	QBZ-2	CAC	汉代	不确定	59	3	陶		不确定	腹片				
2	东港	QBZ-2	CAB	汉代	不确定	59	1	陶		纺轮	腹片				
2	东港	QBZ-2	CAB	汉代	不确定	59	4	陶		不确定	腹片				
2	东港	QBZ-2	CAA	不确定			4	陶		不确定	腹片				
2	东港	QBZ-2	CAD	不确定			2	陶		不确定	腹片				
2	东港	QBZ-2	CAD	周代	不确定	33	3	陶		不确定	腹片				
2	东港	QBZ-2	CAC	周代	不确定	33	1	陶		不确定	腹片				
2	东港	QBZ-2	CAC	不确定			1	陶		不确定	口沿				
2	东港	QBZ-3	单个遗址	周代	东周	35	3	陶		不确定	腹片				
1	东港	QGG-1	CAA	汉代	不确定	14	1	陶		陶瓦					
1	东港	QGG-1	CAA	汉代	不确定	14	1	陶		陶盆	口沿				
1	东港	QGG-1	CAA	汉代	不确定	14	1	陶		陶罐或陶盆	器底				
1	东港	QGG-1	CAA	汉代	不确定	14	2	陶		不确定	腹片				
1	东港	QGG-1	CAA	龙山	不确定	21	1	石	工具	磨光工具		磨光	白		
1	东港	QGG-1	CAA	龙山	中期	21	1	陶		陶鼎或陶罐	口沿				
1	东港	QGG-1	CAA	龙山	中期	21	2	陶		陶罐	器底				
1	东港	QGG-1	CAA	龙山	不确定	21	10	陶		不确定	腹片				
1	东港	QHX-1	单个遗址	汉代	不确定	21	1	陶		不确定	腹片				
2	东港	QJC-1	单个遗址	龙山	不确定	76	1	陶		不确定	腹片		黑	夹砂	
2	东港	QJC-1	单个遗址	不确定			1	陶		不确定	腹片				
2	东港	QJC-2	单个遗址	龙山	早期	77	1	陶		不确定	腹片	篮纹			

年度	县区	遗址	采集区	时代	分期	期段编号	数量	质地	石器种类	器型	部位	纹饰	颜色	质地	蛋壳陶
2	东港	QJC-2	单个遗址	龙山	不确定	77	5	陶		不确定	腹片				
1	东港	QZG-1	CAA	不确定				陶		不确定	腹片				
1	东港	QZG-3	单个遗址	不确定			2	陶		不确定	腹片				
2	东港	RJT-1	单个遗址	龙山	不确定	65	6	陶		不确定	腹片				
2	东港	RJT-1	单个遗址	龙山	不确定	65	1	陶		陶罐或陶鼎	口沿				
2	东港	RJT-2	单个遗址	汉代	不确定	69	1	陶		不确定	腹片				
2	东港	RJT-2	单个遗址	不确定			1	陶		不确定	腹片				
2	东港	RJT-2	单个遗址	不确定			1	石	工具	石刀					
2	东港	RJT-3	单个遗址	龙山	不确定	62	2	陶		不确定	腹片				
2	东港	RJT-3	单个遗址	周代	西周	59	1	陶		陶鬲	器足				
2	东港	RJT-3	单个遗址	周代	不确定	59	9	陶		不确定	腹片				
2	东港	RJT-4	单个遗址	龙山	不确定	64	1	陶		陶罐或陶盆	把手				
2	东港	RJT-4	单个遗址	龙山	不确定	64	2	陶		不确定	腹片				
2	东港	RJT-5	单个遗址	龙山	不确定	63	1	陶		不确定	腹片				
2	东港	RJT-6	单个遗址	龙山	不确定	60	1	陶		不确定	腹片				
2	东港	RJT-7	单个遗址	龙山	不确定	61	1	陶		陶罐或陶鼎	口沿				
2	东港	RJT-7	单个遗址	不确定			1	陶		不确定	腹片				
2	东港	RJT-7	单个遗址	周代	不确定	58	2	陶		陶瓦					
2	东港	RJT-8	单个遗址	不确定			1	陶		不确定	腹片				
2	东港	RJT-9	单个遗址	龙山	不确定	55	1	陶		不确定	腹片				
2	东港	SJGZ-1	单个遗址	龙山	早期	71	1	陶		陶鬶	器足		白		
2	东港	SJGZ-1	单个遗址	龙山	不确定	71	1	陶		不确定	腹片				
2	东港	SJGZ-1	单个遗址	龙山	不确定	71	7	陶		不确定	腹片				
2	东港	SJGZ-1	单个遗址	龙山	不确定	71	1	陶		陶罐	器底				
2	东港	SJGZ-1	单个遗址	不确定			12	陶		不确定	腹片				
2	东港	SJGZ-1	单个遗址	龙山	不确定	71	1	石	工具	石刀					
2	东港	SJGZ-1	单个遗址	不确定			1	石	不确定	石英	水晶				
2	东港	SJGZ-2	单个遗址	汉代	不确定	80	2	陶		不确定	腹片				
2	东港	SJGZ-3	单个遗址	龙山	中期	72	1	陶		陶鬶	把手		红		
2	东港	SJGZ-3	单个遗址	龙山	不确定	72	1	陶		纺轮					
2	东港	SJGZ-3	单个遗址	龙山	不确定	72	3	陶		不确定	腹片				
1	东港	SMH-2	单个遗址	周代	东周	17	2	陶		不确定	腹片				
1	东港	SMH-3	单个遗址	汉代	不确定	18	2	陶		陶瓦					
1	东港	SMH-3	单个遗址	汉代	不确定	18	3	陶		不确定	腹片				
2	胶南	SMZC-1	单个遗址	龙山	早期	79	1	陶		陶鼎	器足				
2	胶南	SMZC-2	CAB	汉代		52	1	陶		纺轮					
2	胶南	SMZC-2	CAB	汉代		52	1	陶		陶瓦					
2	胶南	SMZC-2	CAB	汉代		52	1	陶		不确定	口沿				
2	胶南	SMZC-2	CAB	汉代		52	2	陶		不确定	腹片				
2	胶南	SMZC-2	CAA	汉代		52	1	陶		不确定	腹片				
2	胶南	SMZC-2	CAB	周代	不确定	51	1	陶		不确定	腹片				
2	胶南	SMZC-3	CAA	汉代		54	42	陶		不确定	腹片				
2	胶南	SMZC-3	CAA	周代	东周	52	1	陶		陶罐	器底				
2	胶南	SMZC-3	CAA	周代	东周	52	2	陶		陶罐	腹片				
2	胶南	SMZC-3	CAA	汉代		54	1	陶		不确定	腹片	水波纹			
2	胶南	SMZC-3	CAB	汉代		54	1	陶		陶瓦					

年度	县区	遗址	采集区	时代	分期	期段编号	数量	质地	石器种类	器型	部位	纹饰	颜色	质地	蛋壳陶
2	胶南	SMZC-3	CAB	汉代		54	3	陶		不确定	腹片				
2	胶南	SMZC-3	CAB	不确定			1	石	工具	不确定					
2	胶南	SMZC-3	CAD	汉代		54	2	陶		不确定	腹片				
2	胶南	SMZC-3	CAC	汉代		54	13	陶		不确定	腹片				
2	胶南	SMZC-3	CAC	汉代		54	1	陶		陶瓦					
2	胶南	SMZC-3	CAC	汉代		54	1	陶		陶瓦		云纹			
2	胶南	SMZC-3	CAA	岳石	不确定	5	1	陶		陶尊	口沿			泥质	
2	胶南	SMZC-3	CAB	周代	不确定	52	9	陶		不确定	腹片				
2	胶南	SMZC-3	CAB	周代	东周	52	1	陶		陶罐	口沿				
2	胶南	SMZC-3	CAB	周代	东周	52	2	陶		陶罐	腹片				
2	胶南	SMZC-3	CAB	周代	东周	52	1	陶		陶瓮	腹片				
2	胶南	SMZC-3	CAD	周代	东周	52	1	陶		不确定	腹片				
2	胶南	SMZC-3	CAC	周代	不确定	52	2	陶		不确定	腹片				
2	胶南	SMZC-3	CAC	周代	东周	52	4	陶		不确定	腹片				
2	胶南	SMZC-3	CAC	周代	不确定	52	4	陶		陶瓦					
2	胶南	SMZC-4	单个遗址	汉代		53	1	陶		陶瓦					
2	胶南	SMZC-4	单个遗址	汉代		53	1	陶		不确定	腹片				
2	胶南	SMZC-5	CAA	汉代		50	12	陶		不确定	腹片				
2	胶南	SMZC-5	CAA	汉代		50	3	陶		陶瓦		云纹			
2	胶南	SMZC-5	CAA	汉代		50	1	陶		陶罐	器底				
2	胶南	SMZC-5	CAC	汉代		50	1	陶		陶瓦					
2	胶南	SMZC-5	CAB	汉代		50	7	陶		陶瓦					
1	胶南	SQ-1	单个遗址	汉代		4	1	陶		陶瓦					
1	胶南	SQ-1	单个遗址	汉代以后	不确定		1	陶		不确定	口沿				
1	胶南	SQ-1	单个遗址	龙山	早期	2	1	陶		陶鼎	口沿				
1	胶南	SQ-1	单个遗址	龙山	中期	2	1	陶		陶圈足盘					
1	胶南	SQ-1	单个遗址	龙山	中期	2	1	陶		陶盆	器底				
1	胶南	SQ-1	单个遗址	龙山	中期	2	1	陶		陶罐	口沿				
1	胶南	SQ-1	单个遗址	龙山	不确定	2	1	陶		不确定	器底				
1	胶南	SQ-1	单个遗址	龙山	不确定	2	3	陶		不确定	腹片				
1	胶南	SQ-1	单个遗址	不确定			1	石	不确定	石英	水晶				
2	胶南	SQ-2	单个遗址	龙山	不确定	48	1	陶		不确定	腹片				
2	胶南	SQ-2	单个遗址	龙山	早期	48	1	陶		不确定	腹片	篮纹			
1	东港	transect1	transect	不确定			7	陶		不确定	腹片				
1	东港	transect1	transect	汉代	不确定	transect	1	陶		陶瓦					
1	东港	transect1	transect	不确定			7	陶		不确定	腹片				
1	东港	transect2	transect	汉代	不确定	transect	2	陶		不确定	腹片				
2	东港	WJT-1	单个遗址	汉代	不确定	55	1	陶		陶瓦					
2	东港	WJT-1	单个遗址	明/清	不确定		1	陶		陶瓦		云纹			
2	东港	WJT-1	单个遗址	周代	不确定	53	3	陶		不确定	腹片				
2	东港	WJT-1	单个遗址	周代	东周	53	5	陶		不确定	腹片	绳纹			
2	东港	WJT-1	单个遗址	周代	东周	53	1	陶		陶罐	口沿				
2	东港	WJT-2	单个遗址	汉代	不确定	56	1	陶		不确定	腹片				
2	东港	WJT-2	单个遗址	龙山	不确定	80	1	陶		不确定	腹片				
2	东港	WJW-1	单个遗址	汉代	不确定	62	1	陶		陶瓦					
2	东港	WJW-2	单个遗址	汉代	不确定	61	11	陶		不确定	腹片				

年度	县区	遗址	采集区	时代	分期	期段编号	数量	质地	石器种类	器型	部位	纹饰	颜色	质地	蛋壳陶
2	东港	WJW-2	单个遗址	周代	东周	36	2	陶		不确定	腹片				
2	东港	WJW-2	单个遗址	不确定			1	石	工具	不确定					
2	东港	WJY-1	单个遗址	不确定			1	陶		不确定	腹片				
2	东港	WJY-1	单个遗址	汉代	不确定	76	2	陶		不确定	腹片				
2	东港	WJY-2	单个遗址	汉代	不确定	77	1	陶		不确定	腹片				
2	东港	WJY-3	单个遗址	龙山	不确定	70	3	陶		不确定	腹片				
2	东港	WJY-3	单个遗址	不确定			2	陶		不确定	腹片				
2	五莲	WJYA-1	单个遗址	龙山	不确定	41	2	陶		不确定	腹片				
2	五莲	WJYA-10	单个遗址	汉代	不确定	33	1	陶		陶瓦					
2	五莲	WJYA-10	单个遗址	龙山	早期	40	7	陶		陶鼎	器足				
2	五莲	WJYA-10	单个遗址	龙山	早期	40	1	陶		陶罐	口沿				
2	五莲	WJYA-10	单个遗址	龙山	不确定	40	1	陶		陶器盖			黑		是
2	五莲	WJYA-10	单个遗址	龙山	早期	40	1	陶		陶罐	把手	乳突			
2	五莲	WJYA-10	单个遗址	龙山	晚期	40	1	陶		陶罐	口沿				
2	五莲	WJYA-10	单个遗址	龙山	不确定	40	154	陶		不确定	腹片				
2	五莲	WJYA-10	单个遗址	龙山	中期	40	1	陶		陶鼎	器足				
2	五莲	WJYA-10	单个遗址	龙山	不确定	40	1	陶		陶甗	器足				
2	五莲	WJYA-10	单个遗址	龙山	不确定	40	3	陶		陶鼎	口沿				
2	五莲	WJYA-10	单个遗址	龙山	不确定	40	3	陶		陶匜	口沿				
2	五莲	WJYA-10	单个遗址	龙山	不确定	40	1	陶		陶罐	口沿				
2	五莲	WJYA-10	单个遗址	龙山	不确定	40	1	陶		陶杯	把手				
2	五莲	WJYA-10	单个遗址	不确定			1	黏土		烧土					
2	五莲	WJYA-2	单个遗址	汉代	不确定	30	1	陶		陶壶	口沿				
2	五莲	WJYA-3	单个遗址	龙山	不确定	36	3	陶		不确定	腹片				
2	五莲	WJYA-4	单个遗址	龙山	不确定	37	6	陶		不确定	腹片				
2	五莲	WJYA-4	单个遗址	龙山	中期	37	1	陶		陶罐	口沿				
2	五莲	WJYA-5	单个遗址	龙山	早期	35	1	陶		陶鼎	器足				
2	五莲	WJYA-5	单个遗址	龙山	早期	35	1	陶		陶壶	口沿				
2	五莲	WJYA-5	单个遗址	龙山	不确定	35	12	陶		不确定	腹片			泥质	是
2	五莲	WJYA-6	单个遗址	龙山	不确定	34	25	陶		不确定	腹片			泥质	是
2	五莲	WJYA-6	单个遗址	龙山	不确定	34	1	陶		陶甗	器足				
2	五莲	WJYA-6	单个遗址	龙山	不确定	34	2	陶		陶匜	口沿				
2	五莲	WJYA-6	单个遗址	龙山	不确定	34	3	陶		不确定	腹片	篮纹			
2	五莲	WJYA-6	单个遗址	龙山	不确定	34	1	陶		陶器盖	口沿				
2	五莲	WJYA-6	单个遗址	周代	不确定	30	3	陶		不确定					
2	五莲	WJYA-6	单个遗址	周代	不确定	30	1	陶		陶罐	器底				
2	五莲	WJYA-7	CAA	龙山	不确定	34	1	陶		陶鬶	把手		黄褐		
2	五莲	WJYA-7	CAA	龙山	不确定	34	1	陶		陶匜	口沿				
2	五莲	WJYA-7	CAA	龙山	不确定	34	1	陶		陶器盖	把手				
2	五莲	WJYA-7	CAA	龙山	不确定	34	1	陶		陶罐	器底				
2	五莲	WJYA-7	CAA	龙山	不确定	34	1	陶		陶豆	豆盘				
2	五莲	WJYA-7	CAA	龙山	不确定	34	1	陶		陶盆	腹片				
2	五莲	WJYA-7	CAA	龙山	不确定	34	13	陶		不确定	腹片				
2	五莲	WJYA-7	CAD	汉代	不确定	31	1	陶		陶瓦					
2	五莲	WJYA-7	CAB	龙山	不确定	34	58	陶		不确定	腹片	水波纹		泥质	是
2	五莲	WJYA-7	CAB	龙山	不确定	34	1	陶		陶杯	把手				

年度	县区	遗址	采集区	时代	分期	期段编号	数量	质地	石器种类	器型	部位	纹饰	颜色	质地	蛋壳陶
2	五莲	WJYA-7	CAB	龙山	不确定	34	1	陶		陶罐	器底				
2	五莲	WJYA-7	CAB	龙山	不确定	34	1	陶		陶罐	口沿				
2	五莲	WJYA-7	CAB	龙山	不确定	34	1	陶		陶盆	口沿				
2	五莲	WJYA-7	CAC	龙山	中期	34	1	陶		陶鼎	器足				
2	五莲	WJYA-7	CAC	龙山	不确定	34	5	陶		不确定	腹片	磨光	黑		是
2	五莲	WJYA-7	CAD	龙山	不确定	34	29	陶		不确定	腹片				
2	五莲	WJYA-7	CAD	龙山	不确定	34	1	陶		陶甌	口沿				
2	五莲	WJYA-7	CAD	龙山	不确定	34	2	陶		陶罐	器底				
2	五莲	WJYA-7	CAD	龙山	不确定	34	1	陶		陶器盖	陶器盖				
2	五莲	WJYA-7	CAD	龙山	不确定	34	1	陶		陶鼎	口沿		红	夹砂	
2	五莲	WJYA-7	CAB	龙山	早期	34	1	陶		陶壶	腹片	压花	黑		是
2	五莲	WJYA-7	CAB	周代	不确定	31	2	陶		不确定	腹片				
2	五莲	WJYA-7	CAC	龙山	不确定	34	1	陶		不确定	腹片				
2	五莲	WJYA-8	单个遗址	龙山	早期	38	1	陶		陶鼎	器足				
2	五莲	WJYA-9	单个遗址	龙山	不确定	39	7	陶		不确定	腹片				
4	五莲	WL-BHT-1	单个遗址	汉代	不确定	198	1	陶		陶壶	口沿				
4	五莲	WL-BHT-2	单个遗址	汉代	不确定	200	1	陶		陶瓦					
4	五莲	WL-BHT-3	单个遗址	汉代	不确定	199	1	陶		陶瓦					
4	五莲	WL-BHT-4	单个遗址	汉代	不确定	201	1	陶		陶瓦					
3	五莲	WL-CHZ-1	单个遗址	汉代	不确定	145	1	陶		陶瓦					
3	五莲	WL-CHZ-10	CAC	汉代	不确定	168	16	陶		陶瓦					
3	五莲	WL-CHZ-10	CAA	汉代	不确定	169	6	陶		陶瓦					
3	五莲	WL-CHZ-10	CAA	汉代	不确定	169	1	陶		不确定	腹片				
3	五莲	WL-CHZ-10	CAB	不确定			1	陶		不确定	腹片				
3	五莲	WL-CHZ-10	CAA	周代	东周	140	3	陶		陶瓦					
3	五莲	WL-CHZ-10	CAA	周代	东周	140	3	陶		不确定	腹片				
3	五莲	WL-CHZ-10	CAB	周代	东周	140	2	陶		不确定	口沿				
3	五莲	WL-CHZ-10	CAB	周代	东周	140	7	陶		陶瓦					
3	五莲	WL-CHZ-10	CAC	周代	东周	140	4	陶		陶瓦					
3	五莲	WL-CHZ-11	单个遗址	汉代	不确定	146	1	陶		陶瓦					
3	五莲	WL-CHZ-11	单个遗址	周代	不确定	118	1	陶		陶盆	腹片				
3	五莲	WL-CHZ-12	单个遗址	龙山	中期	91	1	陶		陶鼎	口沿				
3	五莲	WL-CHZ-12	单个遗址	龙山	中期	91	1	陶		陶甗	裆部				
3	五莲	WL-CHZ-12	单个遗址	龙山	中期	91	2	陶		陶器盖	陶器盖				
3	五莲	WL-CHZ-12	单个遗址	龙山	中期	91	58	陶		不确定	腹片				
3	五莲	WL-CHZ-13	CAA	汉代	不确定	149	1	陶		不确定	口沿				
3	五莲	WL-CHZ-13	CAA	汉代	不确定	149	3	陶		不确定	腹片				
3	五莲	WL-CHZ-13	CAB	汉代	不确定	149	2	陶		陶瓦					
3	五莲	WL-CHZ-14	CAC	汉代	不确定	150	4	陶		陶瓦					
3	五莲	W1-CHZ-14	CAB	汉代	不确定	150	3	陶		陶瓦					
3	五莲	WL-CHZ-14	CAA	汉代	不确定	150	7	陶		陶瓦					
3	五莲	WL-CHZ-14	CAA	汉代	不确定	150	3	陶		不确定	腹片				
3	五莲	W1-CHZ-14	CAB	不确定			1	黏土		烧土					
3	五莲	WL-CHZ-14	CAC	不确定			1	黏土		烧土					
3	五莲	WL-CHZ-14	CAC	周代	东周	130	1	陶		陶罐	腹片				
3	五莲	WL-CHZ-14	CAC	周代	东周	130	3	陶		不确定	腹片				

年度	县区	遗址	采集区	时代	分期	期段编号	数量	质地	石器种类	器型	部位	纹饰	颜色	质地	蛋壳陶
3	五莲	W1-CHZ-14	CAB	周代	东周	130	1	陶		不确定	腹片				
3	五莲	W1-CHZ-14	CAB	周代	东周	130	1	陶		陶瓦					
3	五莲	WL-CHZ-2	单个遗址	汉代	不确定	144	6	陶		陶瓦					
3	五莲	WL-CHZ-2	单个遗址	汉代	不确定	144	1	陶		不确定	腹片				
3	五莲	WL-CHZ-2	单个遗址	不确定			2	陶		不确定					
3	五莲	WL-CHZ-2	单个遗址	周代	东周	119	1	陶		陶瓦					
3	五莲	WL-CHZ-2	单个遗址	周代	东周	119	1	陶		不确定	腹片				
3	五莲	WL-CHZ-3	单个遗址	汉代	不确定	143	3	陶		陶瓦					
3	五莲	WL-CHZ-3	单个遗址	周代	不确定	120	2	陶		陶瓦					
3	五莲	WL-CHZ-4	单个遗址	汉代	不确定	142	2	陶		陶瓦					
3	五莲	WL-CHZ-5	单个遗址	汉代	不确定	152	1	陶		陶瓦					
3	五莲	WL-CHZ-6	单个遗址	汉代	不确定	151	2	陶		陶瓦					
3	五莲	WL-CHZ-7	单个遗址	汉代以后	不确定		1	陶		不确定	腹片				
3	五莲	WL-CHZ-8	CAA	汉代	不确定	150	1	陶		陶瓦					
3	五莲	WL-CHZ-8	CAB	汉代	不确定	150	4	陶		陶瓦					
3	五莲	WL-CHZ-8	CAD	汉代	不确定	150	3	陶		陶瓦					
3	五莲	WL-CHZ-8	CAE	汉代	不确定	150	7	陶		陶瓦					
3	五莲	WL-CHZ-8	CAE	汉代	不确定	150	1	陶		不确定	口沿				
3	五莲	WL-CHZ-8	CAC	汉代	不确定	150	2	陶		陶瓦					
3	五莲	WL-CHZ-8	CAC	汉代	不确定	150	1	陶		不确定	腹片				
3	五莲	WL-CHZ-8	CAE	周代	东周	131	2	陶		陶瓦					
3	五莲	WL-CHZ-8	CAC	周代	东周	131	1	陶		不确定	口沿				
3	五莲	WL-CHZ-9	单个遗址	汉代	不确定	150	1	陶		陶瓦					
3	五莲	WL-CJG-1	单个遗址	汉代以后	不确定		1	陶		陶壁					
3	五莲	WL-CJG-1	单个遗址	不确定			1	陶		不确定	器底				
3	五莲	WL-CJG-2	单个遗址	周代	东周	115	1	陶		陶瓦					
3	五莲	WL-CJG-3	单个遗址	汉代	不确定	131	2	陶		陶瓦					
3	五莲	WL-CJG-5	单个遗址	汉代	不确定	132	13	陶		陶瓦					
3	五莲	WL-CJG-5	单个遗址	汉代	不确定	132	1	陶		陶罐	器底				
3	五莲	WL-CJG-5	单个遗址	周代	东周	116	8	陶		陶瓦					
3	五莲	WL-CJG-5	单个遗址	周代	东周	116	3	陶		不确定	腹片				
13	五莲	WL-CLZ-1	单个遗址	汉代		1607	3	陶		陶瓦					
3	五莲	WL-CY-1	CAB	汉代	不确定	155	5	陶		陶瓦					
3	五莲	WL-CY-1	CAA	汉代	不确定	155	3	陶		不确定	腹片				
3	五莲	WL-CY-1	CAI	汉代	不确定	155	15	陶		陶瓦					
3	五莲	WL-CY-1	CAC	汉代	不确定	155	7	陶		陶瓦					
3	五莲	WL-CY-1	CAD	汉代	不确定	155	14	陶		陶瓦					
3	五莲	WL-CY-1	CAJ	汉代	不确定	155	3	陶		陶瓦					
3	五莲	WL-CY-1	CAH	汉代	不确定	155	25	陶		陶瓦					
3	五莲	WL-CY-1	CAH	汉代	不确定	155	2	陶		不确定	腹片				
3	五莲	WL-CY-1	CAF	汉代	不确定	155	20	陶		陶瓦					
3	五莲	WL-CY-1	CAF	汉代	不确定	155	10	陶		不确定	腹片				
3	五莲	WL-CY-1	CAG	汉代	不确定	155	19	陶		陶瓦					
3	五莲	WL-CY-1	CAG	汉代	不确定	155	5	陶		不确定	腹片				
3	五莲	WL-CY-1	CAH	不确定			5	陶		不确定	腹片				
3	五莲	WL-CY-1	CAG	不确定			11	陶		不确定					

年度	县区	遗址	采集区	时代	分期	期段编号	数量	质地	石器种类	器型	部位	纹饰	颜色	质地	蛋壳陶
3	五莲	WL-CY-1	CAB	不确定			1	石	工具	石刀					
3	五莲	WL-CY-1	CAI	周代	东周	126	2	陶		不确定	腹片				
3	五莲	WL-CY-1	CAE	周代	东周	126	2	陶		陶瓦					
3	五莲	WL-CY-1	CAE	周代	东周	126	5	陶		不确定	腹片				
3	五莲	WL-CY-1	CAH	周代	东周	126	11	陶		陶瓦					
3	五莲	WL-CY-1	CAH	周代	东周	126	9	陶		不确定	腹片				
3	五莲	WL-CY-1	CAF	周代	东周	126	3	陶		不确定	腹片				
3	五莲	WL-CY-1	CAF	周代	东周	126	4	陶		不确定	口沿				
3	五莲	WL-CY-1	CAF	周代	东周	126	2	陶		陶瓦					
3	五莲	WL-CY-1	CAG	周代	东周	126	2	陶		不确定	口沿				
3	五莲	WL-CY-1	CAG	周代	东周	126	2	陶		陶瓦					
3	五莲	WL-CY-1	CAG	周代	东周	126	14	陶		不确定	腹片				
3	五莲	WL-CY-1	CAA	周代	西周	128	1	陶		陶鬲	器足				
3	五莲	WL-CY-1	CAE	周代	西周	126	2	陶		不确定	腹片				
3	五莲	WL-CY-1	CAC	周代	东周	128	4	陶		陶瓦					
3	五莲	WL-CY-1	CAC	周代	东周	128	1	陶		陶罐	口沿				
3	五莲	WL-CY-1	CAD	周代	东周	128	5	陶		不确定	腹片				
3	五莲	WL-CY-2	单个遗址	汉代	不确定	159	2	陶		陶瓦					
3	五莲	WL-CY-3	单个遗址	周代	不确定	129	1	陶		陶罐	口沿				
3	五莲	WL-CY-3	单个遗址	周代	不确定	129	1	陶		陶罐	颈部				
3	五莲	WL-CY-3	单个遗址	周代	不确定	129	1	陶		不确定					
13	五莲	WL-DHS-1	单个遗址	汉代		1608	4	陶		陶瓦					
3	五莲	WL-DHY-1	CAD	汉代	不确定	113	5	陶		陶瓦					
3	五莲	WL-DHY-1	CAD	汉代	不确定	113	1	陶		不确定	口沿				
3	五莲	WL-DHY-1	CAA	汉代	不确定	113	5	陶		陶瓦					
3	五莲	WL-DHY-1	CAA	汉代	不确定	113	1	陶		陶罐	口沿				
3	五莲	WL-DHY-1	CAE	汉代	不确定	113	1	陶		陶瓦					
3	五莲	WL-DHY-1	CAA	龙山	早期	87	2	陶		陶鼎	器足				
3	五莲	WL-DHY-1	CAA	龙山	早期	87	1	陶		不确定	把手				
3	五莲	WL-DHY-1	CAA	龙山	早期	87	9	陶		不确定	腹片				
3	五莲	WL-DHY-1	CAB	龙山	不确定	87	2	陶		不确定	腹片				
3	五莲	WL-DHY-1	CAE	周代	东周	106	1	陶		陶瓦					
3	五莲	WL-DHY-1	CAD	周代	不确定	106	1	陶		不确定	口沿				
3	五莲	WL-DHY-1	CAD	周代	不确定	106	1	陶		不确定	腹片				
3	五莲	WL-DHY-10	单个遗址	周代	西周	109	1	陶		不确定	腹片				
3	五莲	WL-DHY-10	单个遗址	周代	西周	109	1	陶		陶罐	口沿				
3	五莲	WL-DHY-2	单个遗址	周代	东周	100	1	陶		陶瓦					
3	五莲	WL-DHY-2	单个遗址	周代	东周	100	1	陶		不确定	腹片				
3	五莲	WL-DHY-3	CAB	汉代	不确定	114	2	陶		陶瓦					
3	五莲	WL-DHY-3	CAB	汉代	不确定	114	1	陶		不确定	腹片				
3	五莲	WL-DHY-3	CAA	汉代	不确定	114	2	陶		陶瓦					
3	五莲	WL-DHY-4	单个遗址	汉代	不确定	112	1	陶		陶瓦					
3	五莲	WL-DHY-4	单个遗址	不确定			1	陶		不确定					
3	五莲	WL-DHY-4	单个遗址	周代	东周	99	1	陶		不确定	腹片				
3	五莲	WL-DHY-5	单个遗址	汉代	不确定	111	1	陶		陶瓦					
3	五莲	WL-DHY-6	CAE	汉代	不确定	110	2	陶		陶瓦					

年度	县区	遗址	采集区	时代	分期	期段编号	数量	质地	石器种类	器型	部位	纹饰	颜色	质地	蛋壳陶
3	五莲	WL-DHY-6	CAB	汉代	不确定	110	5	陶		陶瓦					
3	五莲	WL-DHY-6	CAB	汉代	不确定	110	4	陶		不确定	腹片				
3	五莲	WL-DHY-6	CAA	汉代	不确定	110	2	陶		陶瓦					
3	五莲	WL-DHY-6	CAA	汉代	不确定	110	1	陶		陶罐	口沿				
3	五莲	WL-DHY-6	CAA	汉代	不确定	110	3	陶		不确定	腹片				
3	五莲	WL-DHY-6	CAA	不确定			2	黏土		烧土					
3	五莲	WL-DHY-6	CAD	周代	东周	98	1	陶		陶瓦					
3	五莲	WL-DHY-6	CAE	周代	东周	105	2	陶		陶瓦					
3	五莲	WL-DHY-6	CAA	周代	东周	105	2	陶		陶瓦					
3	五莲	WL-DHY-7	CAA	汉代	不确定	121	2	陶		陶瓦					
3	五莲	WL-DHY-7	CAA	汉代	不确定	121	1	陶		不确定	腹片				
3	五莲	WL-DHY-7	CAB	汉代	不确定	121	14	陶		陶瓦					
3	五莲	WL-DHY-7	CAB	汉代	不确定	121	2	陶		不确定	口沿				
3	五莲	WL-DHY-7	CAA	周代	东周	107	1	陶		不确定	腹片				
3	五莲	WL-DHY-7	CAB	周代	东周	107	4	陶		陶瓦					
3	五莲	WL-DHY-7	CAB	周代	东周	107	2	陶		不确定	口沿				
3	五莲	WL-DHY-7	CAB	周代	东周	107	2	陶		不确定	器底				
3	五莲	WL-DHY-7	CAB	周代	东周	107	8	陶		不确定	腹片				
3	五莲	WL-DHY-8	单个遗址	周代	东周	108	1	陶		陶瓦					
3	五莲	WL-DHY-9	单个遗址	汉代	不确定	121	1	陶		陶瓦					
3	五莲	WL-DHY-9	单个遗址	龙山	不确定	89	1	陶		不确定	腹片				
3	五莲	WL-DHY-9	单个遗址	不确定			2	陶		不确定					
3	五莲	WL-DJG-1	单个遗址	周代	不确定	92	2	陶		不确定	腹片				
3	五莲	WL-DJG-10	单个遗址	汉代	不确定	104	11	陶		陶瓦					
3	五莲	WL-DJG-10	单个遗址	不确定			3	陶		不确定					
3	五莲	WL-DJG-10	单个遗址	周代	东周	96	3	陶		陶瓦					
3	五莲	WL-DJG-10	单个遗址	周代	东周	96	1	陶		不确定	腹片				
3	五莲	WL-DJG-2	单个遗址	龙山	不确定	85	1	陶		陶瓮	腹片				
3	五莲	WL-DJG-5	单个遗址	汉代	不确定	101	4	陶		陶瓦					
3	五莲	WL-DJG-5	单个遗址	不确定			6	陶		不确定	腹片				
3	五莲	WL-DJG-6	单个遗址	汉代	不确定	100	7	陶		陶瓦					
3	五莲	WL-DJG-6	单个遗址	汉代	不确定	100	2	陶		陶盆	口沿				
3	五莲	WL-DJG-6	单个遗址	周代	东周	93	1	陶		陶盆	口沿				
3	五莲	WL-DJG-6	单个遗址	周代	东周	93	1	陶		不确定	腹片				
3	五莲	WL-DJG-7	单个遗址	周代	东周	95	2	陶		不确定	口沿				
3	五莲	WL-DJG-7	单个遗址	周代	东周	95	5	陶		不确定	腹片				
3	五莲	WL-DJG-8	单个遗址	汉代	不确定	103	1	陶		陶瓦					
3	五莲	WL-DJG-9	单个遗址	汉代	不确定	102	2	陶		陶瓦					
3	五莲	WL-DJG-9	单个遗址	汉代	不确定	102	1	陶		陶盆	器底				
3	五莲	WL-DNP-1	单个遗址	汉代	不确定	134	1	陶		陶瓦					
3	五莲	WL-DNP-2	单个遗址	汉代	不确定	136	5	陶		陶瓦					
3	五莲	WL-DNP-2	单个遗址	不确定			1	陶		不确定					
3	五莲	WL-DNP-3	CAB	汉代	不确定	138	1	陶		陶瓦					
3	五莲	WL-DNP-3	CAB	汉代	不确定	138	1	陶		不确定	腹片				
3	五莲	WL-DNP-3	CAA	汉代	不确定	138	7	陶		陶瓦					
3	五莲	WL-DNP-3	CAC	汉代	不确定	138	1	陶		陶瓦					

年度	县区	遗址	采集区	时代	分期	期段编号	数量	质地	石器种类	器型	部位	纹饰	颜色	质地	蛋壳陶
3	五莲	WL-DNP-4	CAB	汉代	不确定	137	4	陶		陶瓦					
3	五莲	WL-DNP-4	CAB	汉代	不确定	137	1	陶		不确定	腹片				
3	五莲	WL-DNP-4	CAD	汉代	不确定	137	3	陶		陶瓦					
3	五莲	WL-DNP-4	CAA	汉代	不确定	137	12	陶		陶瓦					
3	五莲	WL-DNP-4	CAA	汉代	不确定	137	1	陶		不确定	腹片				
3	五莲	WL-DNP-4	CAC	汉代	不确定	137	3	陶		陶瓦					
3	五莲	WL-DNP-4	CAC	汉代	不确定	137	1	陶		陶璧					
3	五莲	WL-DNP-4	CAB	周代	东周	121	2	陶		陶瓦					
3	五莲	WL-DNP-4	CAD	周代	东周	121	1	陶		不确定	口沿				
3	五莲	WL-DNP-5	CAA	汉代	不确定	139	1	陶		陶瓦					
3	五莲	WL-DNP-5	CAB	汉代	不确定	139	3	陶		陶瓦					
3	五莲	WL-DNP-6	单个遗址	汉代	不确定	140	13	陶		陶瓦					
3	五莲	WL-DNP-6	单个遗址	周代	东周	122	11	陶		陶瓦					
3	五莲	WL-DNP-6	单个遗址	周代	东周	122	1	陶		不确定	腹片				
3	五莲	WL-DNP-7	单个遗址	汉代	不确定	141	4	陶		陶瓦					
3	五莲	WL-DNP-7	单个遗址	周代	东周	123	2	陶		陶瓦					
3	五莲	WL-DZ-1	CAA	汉代	不确定	108	2	陶		陶瓦					
3	五莲	WL-DZ-1	CAB	汉代	不确定	108	2	陶		陶瓦					
3	五莲	WL-DZ-1	CAB	汉代	不确定	108	3	陶		不确定	腹片				
3	五莲	WL-DZ-10	CAA	汉代	不确定	119	2	陶		陶瓦					
3	五莲	WL-DZ-10	CAA	汉代	不确定	119	1	陶		不确定	口沿				
3	五莲	WL-DZ-10	CAB	汉代	不确定	119	3	陶		陶瓦					
3	五莲	WL-DZ-10	CAB	汉代	不确定	119	1	陶		不确定	腹片				
3	五莲	WL-DZ-10	CAC	汉代	不确定	119	4	陶		陶瓦					
3	五莲	WL-DZ-10	CAD	汉代	不确定	119	10	陶		陶瓦					
3	五莲	WL-DZ-10	CAD	周代	东周	101	2	陶		陶瓦					
3	五莲	WL-DZ-10	CAA	周代	东周	102	3	陶		陶瓦					
3	五莲	WL-DZ-10	CAA	周代	东周	102	1	陶		不确定	腹片				
3	五莲	WL-DZ-2	单个遗址	汉代	不确定	105	6	陶		陶瓦					
3	五莲	WL-DZ-2	单个遗址	汉代	不确定	105	1	陶		陶盆	器底				
3	五莲	WL-DZ-3	单个遗址	汉代	不确定	105	2	陶		陶瓦					
3	五莲	WL-DZ-4	单个遗址	汉代	不确定	109	3	陶		陶瓦					
3	五莲	WL-DZ-4	单个遗址	汉代	不确定	109	1	陶		不确定	口沿				
3	五莲	WL-DZ-5	单个遗址	汉代	不确定	104	4	陶		陶瓦					
3	五莲	WL-DZ-5	单个遗址	不确定			1	陶		不确定					
3	五莲	WL-DZ-6	CAA	汉代	不确定	107	1	陶		砖					
3	五莲	WL-DZ-6	CAA	汉代	不确定	107	2	陶		陶瓦					
3	五莲	WL-DZ-6	CAA	汉代	不确定	107	1	陶		不确定	腹片				
3	五莲	WL-DZ-6	CAC	汉代	不确定	107	1	陶		陶瓦					
3	五莲	WL-DZ-6	CAB	汉代	不确定	107	16	陶		陶瓦					
3	五莲	WL-DZ-6	CAB	汉代	不确定	107	1	陶		不确定	口沿				
3	五莲	WL-DZ-6	CAB	汉代	不确定	107	1	陶		不确定	腹片				
3	五莲	WL-DZ-6	CAA	周代	东周	97	2	陶		不确定	口沿				
3	五莲	WL-DZ-6	CAA	周代	东周	97	4	陶		陶瓦					
3	五莲	WL-DZ-6	CAB	周代	东周	97	4	陶		陶瓦					
3	五莲	WL-DZ-6	CAB	周代	东周	97	2	陶		不确定	腹片				

年度	县区	遗址	采集区	时代	分期	期段编号	数量	质地	石器种类	器型	部位	纹饰	颜色	质地	蛋壳陶
3	五莲	WL-DZ-7	CAB	汉代	不确定	120	9	陶		陶瓦					
3	五莲	WL-DZ-7	CAA	汉代	不确定	120	13	陶		陶瓦					
3	五莲	WL-DZ-7	CAA	汉代	不确定	120	1	陶		不确定	腹片				
3	五莲	WL-DZ-7	CAA	不确定			1	黏土		烧土					
3	五莲	WL-DZ-7	CAA	周代	东周	104	2	陶		不确定	口沿				
3	五莲	WL-DZ-7	CAA	周代	东周	104	2	陶		不确定	腹片				
3	五莲	WL-DZ-7	CAA	周代	东周	104	3	陶		陶瓦					
3	五莲	WL-DZ-8	单个遗址	不确定			1	陶		不确定					
3	五莲	WL-DZ-8	单个遗址	周代	不确定	103	3	陶		不确定	腹片				
3	五莲	WL-DZ-9	单个遗址	龙山	不确定	88	1	陶		不确定	腹片				
3	五莲	WL-FHZ-1	单个遗址	汉代	不确定	158	2	陶		陶瓦					
3	五莲	WL-FHZ-1	单个遗址	汉代	不确定	158	1	陶		不确定	腹片				
4	五莲	WL-FHZ-2	单个遗址	汉代	不确定	215	1	陶		陶盆	口沿				
3	五莲	WL-FJK-1	单个遗址	汉代	不确定	133	6	陶		陶瓦					
3	五莲	WL-FJK-1	单个遗址	周代	不确定	117	3	陶		陶瓦					
4	五莲	WL-GJG-1	单个遗址	周代	东周	157	1	陶		不确定	腹片	绳纹			
4	五莲	WL-GJG-2	单个遗址	龙山	不确定	115	2	陶		不确定	腹片			粗砂	
4	五莲	WL-GJG-2	单个遗址	龙山	不确定	115	1	陶		陶罐	器底			粗砂	
4	五莲	WL-GJG-3	单个遗址	龙山	不确定	116	1	陶		不确定	腹片			粗砂	
3	五莲	WL-GJG-3	单个遗址	周代	东周	75	5	陶		陶瓦					
3	五莲	WL-GJG-3	单个遗址	周代	东周	75	3	陶		不确定	腹片				
4	五莲	WL-GST-1	CAA	龙山	晚期		1	石	工具	石刀					
4	五莲	WL-GST-1	CAA	不确定			1	石	不确定	石板					
4	五莲	WL-GST-1	CAA	周代	东周	159	6	陶		陶罐	口沿	绳纹			
4	五莲	WL-GST-1	CAA	周代	东周	159	2	陶		不确定	腹片	弦纹			
4	五莲	WL-GST-1	CAA	周代	东周	159	7	陶		不确定	腹片	绳纹			
4	五莲	WL-GST-1	CAB	周代	东周	159	1	陶		陶豆	口沿				
4	五莲	WL-GST-1	CAB	周代	东周	159	2	陶		不确定	腹片	绳纹			
4	五莲	WL-GST-1	CAB	周代	东周	159	1	陶		不确定	腹片	弦纹			
4	五莲	WL-GST-1	CAA	周代	西周	159	3	陶		陶鬲	口沿				
4	五莲	WL-GST-1	CAA	周代	西周	159	1	陶		陶鬲	口沿	绳纹			
4	五莲	WL-GST-1	CAA	周代	西周	159	4	陶		陶鬲	器足	绳纹			
4	五莲	WL-GST-1	CAA	周代	西周	159	6	陶		陶鬲	腹片	绳纹			
4	五莲	WL-GST-1	CAA	周代	西周	159	2	陶		陶罐	口沿	绳纹			
4	五莲	WL-GST-1	CAA	周代	西周	159	1	陶		陶罐	肩部	绳纹			
4	五莲	WL-GST-1	CAA	周代	西周	159	22	陶		不确定	腹片	绳纹			
4	五莲	WL-GST-1	CAA	周代	西周	159	1	陶		陶盆	口沿		黑		
4	五莲	WL-GST-1	CAA	周代	西周	159	1	陶		陶簋	器足	弦纹	黑		
4	五莲	WL-GST-1	CAB	周代	西周	159	1	陶		陶罐	器底	绳纹			
4	五莲	WL-GST-1	CAB	周代	西周	159	2	陶		陶鬲	腹片	绳纹			
4	五莲	WL-GST-1	CAB	周代	西周	159	10	陶		不确定	腹片	绳纹			
4	五莲	WL-GST-1	CAB	周代	西周	159	1	陶		不确定	腹片	附加堆纹			
4	五莲	WL-GST-1	CAC	周代	西周	159	1	陶		陶鬲	口沿				
4	五莲	WL-GST-1	CAC	周代	西周	159	2	陶		陶鬲	器足	绳纹			
4	五莲	WL-GST-1	CAC	周代	西周	159	1	陶		陶鬲	腹片	绳纹			
4	五莲	WL-GST-1	CAC	周代	西周	159	1	陶		陶甗	腹片	绳纹			

年度	县区	遗址	采集区	时代	分期	期段编号	数量	质地	石器种类	器型	部位	纹饰	颜色	质地	蛋壳陶
4	五莲	WL-GST-1	CAC	周代	西周	159	1	陶		陶簋	器底				
4	五莲	WL-GST-1	CAC	周代	西周	159	1	陶		陶罐	口沿				
4	五莲	WL-GST-1	CAC	周代	西周	159	1	陶		不确定	腹片		黑		
4	五莲	WL-GST-1	CAC	周代	西周	159	3	陶		不确定	腹片				
4	五莲	WL-GST-1	CAC	周代	西周	159	27	陶		不确定	腹片	绳纹			
4	五莲	WL-GST-2	单个遗址	龙山	不确定	98	1	陶		不确定	腹片	弦纹		粗砂	
4	五莲	W1-GST-3	单个遗址	周代	不确定	160	1	陶		不确定	腹片	绳纹			
4	五莲	WL-GST-4	单个遗址	周代	西周	161	1	陶		陶鬲	腹片				
4	五莲	WL-GST-4	单个遗址	周代	西周	161	1	陶		不确定	腹片				
4	五莲	WL-GST-5	单个遗址	龙山	不确定	97	1	陶		不确定	腹片				
4	五莲	WL-HZJP-1	CAA	周代	不确定	186	2	陶		不确定	腹片				
4	五莲	WL-HZJP-1	CAB	周代	不确定	186	1	陶		陶罐	器底				
4	五莲	WL-HZJP-1	CAB	周代	不确定	186	1	陶		不确定	腹片				
4	五莲	WL-HZJP-2	单个遗址	汉代	不确定	218	1	陶		陶瓦	腹片				
3	五莲	WL-JZ-1	单个遗址	汉代	不确定	156	7	陶		陶瓦					
3	五莲	WL-JZ-1	单个遗址	周代	东周	127	1	陶		不确定	腹片				
3	五莲	WL-JZ-2	单个遗址	汉代	不确定	157	1	陶		陶瓦					
4	五莲	WL-JZ-3	单个遗址	龙山	不确定	104	1	陶		不确定	腹片			粗砂	
4	五莲	WL-JZ-3	单个遗址	周代	西周	167	1	陶		不确定	腹片	绳纹			
4	五莲	W1-JZ-4	单个遗址	周代	西周	168	1	陶		不确定	腹片	绳纹			
4	五莲	WL-JZ-5	单个遗址	不确定			1	瓷		不确定					
4	五莲	WL-JZ-5	单个遗址	周代	东周	166	1	陶		不确定	腹片	绳纹			
4	五莲	WL-JZ-5	单个遗址	周代	东周	166	1	陶		陶瓦		绳纹			
4	五莲	WL-JZ-6	CAA	汉代	不确定	189	1	陶		陶瓦					
4	五莲	WL-JZ-6	CAA	汉代	不确定	189	1	陶		不确定	腹片				
4	五莲	WL-JZ-6	CAB	汉代	不确定	190	3	陶		陶瓦	腹片				
4	五莲	WL-JZ-6	CAA	龙山	早期	105	1	陶		陶鼎	口沿			粗砂	
4	五莲	WL-JZ-6	CAA	龙山	早期	105	1	陶		陶甗	器足			粗砂	
4	五莲	WL-JZ-6	CAA	龙山	早期	105	1	陶		不确定	腹片	篮纹		粗砂	
4	五莲	WL-JZ-6	CAA	龙山	早期	105	5	陶		不确定	腹片			粗砂	
4	五莲	WL-JZ-6	CAD	龙山	早期	105	1	陶		陶匜	口沿			粗砂	
4	五莲	WL-JZ-6	CAD	龙山	早期	105	1	陶		陶罐	器底			粗砂	
4	五莲	WL-JZ-6	CAD	龙山	早期	105	5	陶		不确定	腹片			粗砂	
4	五莲	WL-JZ-6	CAD	龙山	早期	105	1	陶		不确定	腹片	篮纹		粗砂	
4	五莲	WL-JZ-6	CAD	龙山	早期	105	1	陶		不确定	腹片	篮纹		泥质	是
4	五莲	WL-JZ-6	CAE	龙山	早期	105	5	陶		不确定	腹片			粗砂	
4	五莲	WL-JZ-6	CAF	龙山	早期	105	1	陶		陶鼎	器底				
4	五莲	WL-JZ-6	CAF	龙山	早期	105	2	陶		不确定	腹片	篮纹		粗砂	
4	五莲	WL-JZ-6	CAF	龙山	早期	105	23	陶		不确定	腹片			粗砂	
4	五莲	WL-JZ-6	CAF	龙山	早期	105	1	陶		不确定	腹片	附加堆纹		粗砂	
4	五莲	WL-JZ-6	CAB	龙山	不确定	105	1	陶		陶罐	口沿				
4	五莲	WL-JZ-6	CAB	龙山	不确定	105	5	陶		不确定	腹片			粗砂	
4	五莲	WL-JZ-6	CAB	龙山	不确定	105	1	陶		不确定	腹片			泥质	是
4	五莲	WL-JZ-6	CAC	龙山	不确定	105	1	陶		不确定	腹片	篮纹		粗砂	
4	五莲	WL-JZ-6	CAB	商代	不确定	18	1	陶		陶鬲	口沿				
4	五莲	WL-JZ-6	CAB	商代	不确定	18	1	陶		陶鬲	器足	绳纹			

年度	县区	遗址	采集区	时代	分期	期段编号	数量	质地	石器种类	器型	部位	纹饰	颜色	质地	蛋壳陶
4	五莲	WL-JZ-6	CAA	不确定			1	石	产品	石核					
4	五莲	WL-JZ-6	CAB	周代	东周	169	7	陶		不确定	腹片	绳纹			
4	五莲	WL-JZ-6	CAB	周代	东周	169	1	陶		不确定	腹片	弦纹			
4	五莲	WL-JZ-6	CAF	周代	东周	169	1	陶		不确定	腹片	绳纹			
4	五莲	WL-JZ-6	CAF	周代	东周	169	1	陶		不确定	腹片				
4	五莲	WL-JZ-6	CAB	周代	西周	169	2	陶		陶鬲	口沿				
4	五莲	WL-JZ-6	CAB	周代	西周	169	1	陶		陶鬲	器足	绳纹			
4	五莲	WL-JZ-6	CAB	周代	西周	169	4	陶		不确定	腹片				
4	五莲	WL-JZ-6	CAB	周代	西周	169	8	陶		不确定	腹片	绳纹			
4	五莲	WL-JZ-6	CAC	周代	西周	169	3	陶		不确定	腹片	绳纹			
4	五莲	WL-KG-1	单个遗址	龙山	早期	103	2	陶		不确定	腹片			粗砂	
4	五莲	WL-KG-1	单个遗址	龙山	早期	103	1	陶		不确定	腹片	篮纹		粗砂	
3	五莲	WL-LGZ-1	单个遗址	汉代	不确定	153	1	陶		陶瓦					
3	五莲	WL-LGZ-1	单个遗址	周代	东周	124	1	陶		不确定	腹片				
3	五莲	WL-LGZ-2	单个遗址	汉代	不确定	154	3	陶		陶瓦					
3	五莲	WL-LGZ-2	单个遗址	周代	不确定	125	1	陶		不确定	腹片				
3	五莲	WL-LGZ-2	单个遗址	周代	不确定	125	3	陶		陶瓦					
4	五莲	WL-LGZ-3	单个遗址	周代	西周	164	2	陶		不确定	腹片	绳纹			
4	五莲	WL-LGZ-4	单个遗址	汉代	不确定	188	1	陶		陶瓦					
4	五莲	WL-LGZ-5	单个遗址	周代	西周	165	1	陶		不确定	腹片	绳纹			
3	五莲	WL-LH-1	单个遗址	汉代	不确定	118	1	陶		陶瓦					
3	五莲	WL-LH-2	单个遗址	汉代	不确定	122	1	陶		陶瓦					
3	五莲	WL-LH-2	单个遗址	周代	不确定	112	1	陶		陶罐	腹片				
3	五莲	WL-LH-2	单个遗址	周代	不确定	112	3	陶		不确定					
3	五莲	WL-LH-2	单个遗址	周代	不确定	112	1	陶		不确定					
3	五莲	WL-LH-3	单个遗址	周代	不确定	111	1	陶		不确定	器底				
3	五莲	WL-LQ-1	单个遗址	汉代	不确定	123	4	陶		陶瓦					
3	五莲	WL-LQ-2	单个遗址	汉代	不确定	126	3	陶		陶瓦					
3	五莲	WL-LQ-3	单个遗址	汉代	不确定	127	5	陶		陶瓦					
3	五莲	WL-LQ-4	单个遗址	汉代	不确定	124	2	陶		陶瓦					
3	五莲	WL-LQ-5	单个遗址	汉代	不确定	125	1	陶		陶瓦					
3	五莲	WL-LQ-6	CAA	周代	东周	113	3	陶		不确定	腹片				
3	五莲	WL-LQ-6	CAD	汉代	不确定	126	17	陶		陶瓦					
3	五莲	WL-LQ-6	CAE	汉代	不确定	126	3	陶		陶瓦					
3	五莲	WL-LQ-6	CAB	龙山	不确定	90	1	石	工具	石钺					
3	五莲	WL-LQ-6	CAB	龙山	不确定	90	1	石	工具	磨光工具					
3	五莲	WL-LQ-6	CAB	龙山	不确定	90	1	陶		陶瓷	腹片				
3	五莲	WL-LQ-6	CAB	商代	不确定	7	2	陶		不确定	腹片				
3	五莲	WL-LQ-6	CAD	周代	东周	113	1	陶		不确定	口沿				
3	五莲	WL-LQ-6	CAD	周代	东周	113	3	陶		陶瓦					
3	五莲	WL-LQ-6	CAC	周代	西周	113	1	陶		陶罐	器底				
4	五莲	WL-NGT-1	单个遗址	汉代	不确定	203	11	陶		陶瓦					
4	五莲	WL-NHT-1	单个遗址	周代	西周	172	1	陶		陶罐	口沿	附加堆纹			
4	五莲	WL-NHT-1	单个遗址	周代	西周	172	10	陶		不确定	腹片	绳纹			
4	五莲	WL-NHT-1	单个遗址	周代	西周	172	1	陶		陶鬲	器足				
4	五莲	WL-NHT-1	单个遗址	周代	西周	172	4	陶		不确定	腹片				

年度	县区	遗址	采集区	时代	分期	期段编号	数量	质地	石器种类	器型	部位	纹饰	颜色	质地	蛋壳陶
4	五莲	WL-QSL-1	单个遗址	周代	西周	178	1	陶		不确定	腹片	绳纹			
4	五莲	WL-QSL-2	单个遗址	汉代	不确定	209	7	陶		陶瓦					
4	五莲	WL-QSL-2	单个遗址	汉代	不确定	209	11	陶		不确定	腹片				
4	五莲	WL-QSL-2	单个遗址	周代	东周	177	2	陶		不确定	腹片	绳纹			
4	五莲	WL-QSL-2	单个遗址	周代	东周	177	9	陶		陶瓦					
4	五莲	WL-QSL-3	单个遗址	汉代	不确定	210	1	陶		陶瓦					
4	五莲	WL-QSL-4	单个遗址	汉代	不确定	213	1	陶		陶瓦					
4	五莲	WL-QSL-4	单个遗址	周代	东周	179	1	陶		陶盆	口沿				
4	五莲	WL-QSL-4	单个遗址	周代	东周	179	1	陶		不确定	腹片	绳纹			
3	五莲	WL-QZJP-1	单个遗址	汉代	不确定	161	1	陶		陶瓦					
3	五莲	WL-QZJP-1	单个遗址	周代	东周	135	1	陶		不确定	腹片				
3	五莲	WL-QZJP-2	单个遗址	汉代	西周	160	9	陶		陶瓦					
3	五莲	WL-QZJP-2	单个遗址	周代	东周	134	2	陶		陶瓦					
3	五莲	WL-QZJP-3	单个遗址	汉代	不确定	162	2	陶		陶瓦					
3	五莲	WL-SJA-1	单个遗址	周代	不确定	94	1	陶		不确定	口沿				
3	五莲	WL-SJA-3	CAC	汉代	不确定	116	10	陶		陶瓦					
3	五莲	WL-SJA-3	CAC	汉代	不确定	116	1	陶		不确定	口沿				
3	五莲	WL-SJA-3	CAB	汉代	不确定	116	6	陶		陶瓦					
3	五莲	WL-SJA-3	CAB	汉代	不确定	116	2	陶		不确定	腹片				
3	五莲	WL-SJA-3	CAA	汉代	不确定	116	9	陶		陶瓦					
3	五莲	WL-SJA-3	CAA	汉代	不确定	116	1	陶		不确定	腹片				
3	五莲	WL-SJA-3	CAA	汉代	不确定	116	1	陶		陶壁					
3	五莲	WL-SJA-4	单个遗址	汉代	不确定	115	4	陶		陶瓦					
3	五莲	WL-SJA-4	单个遗址	汉代	不确定	115	2	陶		不确定	腹片				
4	五莲	WL-SJZ-1	单个遗址	汉代	不确定	202	1	陶		陶瓦					
4	五莲	WL-SJZ-1	单个遗址	龙山	不确定	114	1	陶		不确定	腹片			粗砂	
4	五莲	WL-SWD-1	CAA	汉代	不确定	187	2	陶		陶瓦					
4	五莲	WL-SWD-1	CAA	龙山	早期	99	1	陶		陶盆	口沿			粗砂	
4	五莲	WL-SWD-1	CAA	龙山	早期	99	11	陶		不确定	腹片			粗砂	
4	五莲	WL-SWD-1	CAA	龙山	早期	99	1	陶		不确定	腹片	篮纹		粗砂	
4	五莲	WL-SWD-1	CAB	龙山	早期	99	1	陶		陶鼎	器足			粗砂	
4	五莲	WL-SWD-1	CAD	龙山	早期	99	6	陶		不确定	腹片				
4	五莲	WL-SWD-1	CAD	龙山	早期	99	1	陶		不确定	腹片	篮纹			
4	五莲	WL-SWD-1	CAB	周代	东周	162	1	陶		陶盆	器底				
4	五莲	WL-SWD-1	CAC	周代	东周	163	1	陶		陶罐	腹片	绳纹			
4	五莲	WL-SWD-2	单个遗址	龙山	中期	100	1	陶		陶盆	口沿			粗砂	
3	五莲	WL-TLSG-1	单个遗址	商代	不确定	5	1	陶		不确定	腹片				
3	五莲	WL-TLSG-1	单个遗址	不确定			1	陶		不确定	腹片				
3	五莲	WL-TLSG-1	单个遗址	周代	西周	87	1	陶		不确定	腹片				
3	五莲	WL-TLSG-3	CAC	不确定			1	黏土		烧土					
3	五莲	WL-TLSG-3	CAA	不确定			1	石	产品	石片					
3	五莲	WL-TLSG-3	CAB	周代	东周	88	3	陶		不确定	腹片				
3	五莲	WL-TLSG-3	CAB	周代	东周	88	1	陶		陶球					
3	五莲	WL-TLSG-3	CAA	周代	东周	88	1	陶		陶瓦					
3	五莲	WL-TLSG-3	CAA	周代	东周	88	1	陶		不确定	腹片				
3	五莲	WL-TLSG-3	CAA	周代	东周	88	1	陶		纺轮					

年度	县区	遗址	采集区	时代	分期	期段编号	数量	质地	石器种类	器型	部位	纹饰	颜色	质地	蛋壳陶
3	五莲	WL-WJB-1	单个遗址	汉代	不确定	106	13	陶		陶瓦					
3	五莲	WL-WJB-1	单个遗址	汉代	不确定	106	1	陶		陶瓮	口沿				
4	五莲	WL-WST-1	CAB	汉代	不确定	196	5	陶		陶瓦	腹片				
4	五莲	WL-WST-1	CAB	汉代	不确定	196	1	黏土		烧土					
4	五莲	WL-WST-1	CAB	龙山	早期	95	2	陶		陶鼎	器足			粗砂	
4	五莲	WL-WST-1	CAB	龙山	早期	95	1	陶		陶鼎	器底			粗砂	
4	五莲	WL-WST-1	CAB	龙山	早期	95	5	陶		陶罐	器底			粗砂	
4	五莲	WL-WST-1	CAB	龙山	早期	95	2	陶		不确定	腹片	弦纹		粗砂	
4	五莲	WL-WST-1	CAB	龙山	早期	95	4	陶		不确定	腹片	篮纹		粗砂	
4	五莲	WL-WST-1	CAB	龙山	早期	95	16	陶		不确定	腹片			粗砂	
4	五莲	WL-WST-1	CAB	龙山	中期	95	1	陶		陶鼎	器足	附加堆纹		粗砂	
4	五莲	WL-WST-1	CAB	龙山	中期	95	1	陶		陶鼎	口沿	附加堆纹		粗砂	
4	五莲	WL-WST-1	CAB	龙山	中期	95	1	陶		陶鼎	口沿	弦纹		粗砂	
4	五莲	WL-WST-1	CAB	龙山	中期	95	1	陶		陶鼎	口沿			粗砂	
4	五莲	WL-WST-1	CAB	龙山	中期	95	1	陶		陶甗	器足			粗砂	
4	五莲	WL-WST-1	CAB	龙山	中期	95	1	陶		陶甗	腹片			粗砂	
4	五莲	WL-WST-1	CAB	龙山	中期	95	2	陶		不确定	腹片	弦纹		粗砂	
4	五莲	WL-WST-1	CAB	龙山	中期	95	3	陶		不确定	腹片			粗砂	
4	五莲	WL-WST-1	CAB	龙山	中期	95	2	陶		不确定	腹片			泥质	是
4	五莲	WL-WST-1	CAB	龙山	中期	95	1	陶		陶尊	腹片			泥质	是
4	五莲	WL-WST-1	CAB	不确定			1	石	工具	不确定					
4	五莲	WL-WST-1	CAB	不确定			2	石	工具	不确定					
4	五莲	WL-WST-1	CAB	岳石	不确定	1	2	陶		陶罐	口沿			粗砂	
4	五莲	WL-WST-1	CAB	岳石	不确定	1	1	陶		陶甗	腰部	附加堆纹			
4	五莲	WL-WST-1	CAB	岳石	不确定	1	1	陶		陶杯	豆柄			粗砂	
4	五莲	WL-WST-1	CAB	岳石	不确定	1	3	陶		不确定	腹片				
4	五莲	WL-WST-1	CAB	周代	西周	156	2	陶		陶鬲	口沿				
4	五莲	WL-WST-1	CAB	周代	西周	156	1	陶		陶鬲	器足	绳纹			
4	五莲	WL-WST-1	CAB	周代	西周	156	13	陶		不确定	腹片	绳纹			
4	五莲	WL-WST-1	CAB	周代	西周	156	1	陶		不确定	腹片	划纹		石英	
3	五莲	WL-WST-1	CAA	龙山	早期	95	3	陶		陶鼎	器底				
3	五莲	WL-WST-1	CAA	龙山	早期	95	3	陶		陶罐	器底				
3	五莲	WL-WST-1	CAA	龙山	早期	95	1	陶		陶盆	器底				
3	五莲	WL-WST-1	CAA	龙山	早期	95	1	陶		陶匜	口沿				
3	五莲	WL-WST-1	CAA	龙山	早期	95	1	陶		不确定	把手				
3	五莲	WL-WST-1	CAA	龙山	早期	95	2	陶		陶器盖	陶器盖				
3	五莲	WL-WST-1	CAA	龙山	早期	95	16	陶		陶鼎或陶罐	腹片				
3	五莲	WL-WST-1	CAA	龙山	早期	95	16	陶		陶鼎或陶罐	腹片				
3	五莲	WL-WST-1	CAA	商代	晚期	12	7	陶		不确定	腹片				
3	五莲	WL-WST-1	CAA	不确定			2	黏土		烧土					
3	五莲	WL-WST-1	CAA	不确定			1	石	工具	石锤					
3	五莲	WL-WST-1	CAA	不确定			1	石	工具	半成品					
3	五莲	WL-WST-1	CAA	不确定			1	石	工具	不确定					
3	五莲	WL-WST-1	CAA	周代	西周	156	8	陶		不确定	腹片				
3	五莲	WL-WST-1	CAA	周代	西周	156	2	陶		陶鬲	器足				
3	五莲	WL-WST-1	CAA	周代	西周	156	1	陶		陶罐	口沿				

年度	县区	遗址	采集区	时代	分期	期段编号	数量	质地	石器种类	器型	部位	纹饰	颜色	质地	蛋壳陶
3	五莲	WL-WST-1	CAA	周代	西周	156	1	陶		陶鬲	腹片				
3	五莲	WL-WST-1	CAA	周代	西周	156	2	陶		陶罐	腹片				
3	五莲	WL-WST-1	CAA	周代	西周	156	8	陶		不确定	腹片				
3	五莲	WL-WST-1	CAA	周代	西周	156	1	陶		陶罐	口沿				
3	五莲	WL-WST-1	CAA	周代	西周	156	1	陶		陶盆	口沿				
4	五莲	WL-WST-2	单个遗址	汉代	不确定	195	1	陶		陶瓦					
4	五莲	WL-WST-3	单个遗址	龙山	不确定	118	1	陶		不确定	腹片				
4	五莲	WL-WST-4	单个遗址	龙山	不确定	117	3	陶		不确定	腹片			粗砂	
4	五莲	WL-WST-5	单个遗址	汉代	不确定	197	1	陶		陶瓦					
4	五莲	WL-WST-6	单个遗址	周代	东周	173	1	陶		陶罐	器底	绳纹			
4	五莲	WL-XCJ-1	单个遗址	周代	东周	182	1	陶		不确定	腹片	绳纹			
4	五莲	WL-XCJ-1	单个遗址	周代	东周	182	1	陶		不确定	腹片				
4	五莲	WL-XCJ-2	单个遗址	汉代	不确定	214	5	陶		陶瓦					
4	五莲	WL-XCJ-2	单个遗址	汉代	不确定	214	2	陶		不确定	腹片				
4	五莲	WL-XCJ-2	单个遗址	汉代	不确定	214	1	陶		不确定	腹片	绳纹			
4	五莲	WL-XCJ-2	单个遗址	龙山	不确定	119	3	陶		不确定	腹片			粗砂	
4	五莲	WL-XCJ-2	单个遗址	不确定				石	工具	石锛					
4	五莲	WL-XCJ-3	单个遗址	周代	东周	183	1	陶		陶碗	口沿				
4	五莲	WL-XCJ-3	单个遗址	周代	东周	183	1	陶		不确定	腹片	绳纹			
4	五莲	WL-XCJ-4	单个遗址	周代	西周	181	4	陶		不确定	腹片				
4	五莲	WL-XCJ-4	单个遗址	周代	西周	181	1	陶		不确定	腹片	附加堆纹			
4	五莲	WL-XCJ-4	单个遗址	周代	西周	181	1	陶		陶罐	口沿				
4	五莲	WL-XCJ-4	单个遗址	周代	西周	181	1	陶		陶罐	器底				
4	五莲	WL-XCJ-5	单个遗址	周代	东周	180	1	陶		陶罐	腹片				
3	五莲	WL-XHY-2	CAB	汉代	不确定	116	2	陶		陶瓦					
3	五莲	WL-XHY-2	CAA	汉代	不确定	116	2	陶		陶瓦					
3	五莲	WL-XHY-2	CAA	不确定			1	黏土		泥块					
3	五莲	WL-XHY-3	CAC	汉代	不确定	117	2	陶		陶瓦					
3	五莲	WL-XHY-3	CAD	汉代	不确定	117	6	陶		陶瓦					
3	五莲	WL-XHY-3	CAD	汉代	不确定	117	1	陶		陶罐	口沿				
3	五莲	WL-XHY-3	CAA	汉代	不确定	117	5	陶		陶瓦					
3	五莲	WL-XHY-3	CAA	汉代	不确定	117	1	陶		陶璧					
3	五莲	WL-XHY-3	CAC	周代	东周	110	1	陶		陶瓦					
3	五莲	WL-XHY-3	CAC	周代	东周	110	1	陶		不确定	腹片				
3	五莲	WL-XHY-3	CAB	周代	东周	110	2	陶		不确定	腹片				
4	五莲	WL-XJZ-1	CAC	汉代	不确定	191	1	陶		陶瓦					
4	五莲	WL-XJZ-1	CAC	汉代	不确定	191	2	陶		不确定	腹片				
4	五莲	WL-XJZ-1	CAB	龙山	早期	94	1	陶		陶鼎	器足			粗砂	
4	五莲	WL-XJZ-1	CAC	龙山	早期	94	2	陶		陶鼎	口沿			粗砂	
4	五莲	WL-XJZ-1	CAC	龙山	早期	94	3	陶		不确定	腹片			粗砂	
4	五莲	WL-XJZ-1	CAC	龙山	早期	94	1	陶		不确定	腹片	弦纹		粗砂	
4	五莲	WL-XJZ-1	CAC	龙山	早期	94	2	陶		不确定	腹片	篮纹		粗砂	
4	五莲	WL-XJZ-1	CAG	龙山	早期	94	2	陶		陶鼎	器足			粗砂	
4	五莲	WL-XJZ-1	CAG	龙山	早期	94	2	陶		陶鼎	口沿			粗砂	
4	五莲	WL-XJZ-1	CAG	龙山	早期	94	3	陶		不确定	腹片	篮纹		粗砂	
4	五莲	WL-XJZ-1	CAG	龙山	早期	94	6	陶		不确定	腹片			粗砂	

年度	县区	遗址	采集区	时代	分期	期段编号	数量	质地	石器种类	器型	部位	纹饰	颜色	质地	蛋壳陶
4	五莲	WL-XJZ-1	CAB	龙山	中期	94	1	陶		陶鼎	器足	附加堆纹		粗砂	
4	五莲	WL-XJZ-1	CAB	龙山	中期	94	1	陶		陶鼎	器足			粗砂	
4	五莲	WL-XJZ-1	CAB	龙山	中期	94	1	陶		陶罐	器底			粗砂	
4	五莲	WL-XJZ-1	CAB	龙山	中期	94	1	陶		陶盆	口沿			粗砂	
4	五莲	WL-XJZ-1	CAB	龙山	中期	94	24	陶		不确定	腹片			粗砂	
4	五莲	WL-XJZ-1	CAB	龙山	中期	94	4	陶		不确定	腹片			泥质	是
4	五莲	WL-XJZ-1	CAB	龙山	中期	94	1	陶		陶罐	器底			泥质	是
4	五莲	WL-XJZ-1	CAC	龙山	中期	94	1	陶		陶鼎	器底			粗砂	
4	五莲	WL-XJZ-1	CAC	龙山	中期	94	1	陶		陶盆	口沿			粗砂	
4	五莲	WL-XJZ-1	CAC	龙山	中期	94	9	陶		不确定	腹片			粗砂	
4	五莲	WL-XJZ-1	CAC	龙山	中期	94	3	陶		不确定	腹片	弦纹		粗砂	
4	五莲	WL-XJZ-1	CAC	龙山	中期	94	1	陶		不确定	腹片			泥质	是
4	五莲	WL-XJZ-1	CAC	龙山	中期	94	1	陶		不确定	腹片	弦纹		泥质	是
4	五莲	WL-XJZ-1	CAG	龙山	中期	94	2	陶		陶鼎	器足	附加堆纹		粗砂	
4	五莲	WL-XJZ-1	CAG	龙山	中期	94	1	陶		陶甗	器足	附加堆纹		粗砂	
4	五莲	WL-XJZ-1	CAG	龙山	中期	94	2	陶		陶罐	器底			粗砂	
4	五莲	WL-XJZ-1	CAG	龙山	中期	94	18	陶		不确定	腹片			粗砂	
4	五莲	WL-XJZ-1	CAG	龙山	中期	94	2	陶		不确定	腹片			泥质	是
4	五莲	WL-XJZ-1	CAG	龙山	中期	94	1	陶		不确定	腹片	弦纹		泥质	是
4	五莲	WL-XJZ-1	CAH	龙山	中期	94	1	陶		陶罐	口沿			粗砂	
4	五莲	WL-XJZ-1	CAH	龙山	中期	94	3	陶		不确定	腹片			粗砂	
4	五莲	WL-XJZ-1	CAD	龙山	不确定	94	3	陶		不确定	腹片			粗砂	
4	五莲	WL-XJZ-1	CAE	龙山	不确定	94	2	陶		不确定	腹片			粗砂	
4	五莲	WL-XJZ-1	CAF	龙山	不确定	94	3	陶		不确定	腹片			粗砂	
4	五莲	WL-XJZ-1	CAF	龙山	不确定	94	1	陶		不确定	腹片				
4	五莲	WL-XJZ-1	CAB	周代	东周	170	1	陶		不确定	腹片				
4	五莲	WL-XJZ-1	CAC	周代	东周	170	2	陶		不确定	腹片	绳纹			
4	五莲	WL-XJZ-1	CAB	周代	西周	170	1	陶		陶鬲	腹片	绳纹			
4	五莲	WL-XJZ-1	CAB	周代	西周	170	1	陶		不确定	腹片	绳纹			
3	五莲	WL-XJZ-1	CAA	龙山	早期	94	3	陶		陶鼎	口沿				
3	五莲	WL-XJZ-1	CAA	龙山	早期	94	3	陶		陶鼎	器底				
3	五莲	WL-XJZ-1	CAA	龙山	早期	94	1	陶		陶鼎	器足				
3	五莲	WL-XJZ-1	CAA	龙山	早期	94	9	陶		陶罐	器底				
3	五莲	WL-XJZ-1	CAA	龙山	早期	94	2	陶		陶罐	口沿				
3	五莲	WL-XJZ-1	CAA	龙山	早期	94	1	陶		陶圈足盘	器底				
3	五莲	WL-XJZ-1	CAA	龙山	早期	94	1	陶		陶盆	口沿				
3	五莲	WL-XJZ-1	CAA	龙山	早期	94	3	陶		陶器盖					
3	五莲	WL-XJZ-1	CAA	龙山	早期	94	55	陶		不确定	腹片				
3	五莲	WL-XJZ-1	CAA	龙山	早期	94	3	陶		陶鼎	器足				
3	五莲	WL-XJZ-1	CAA	龙山	早期	94	2	陶		陶鼎	口沿				
3	五莲	WL-XJZ-1	CAA	龙山	早期	94	1	陶		陶鼎	器底				
3	五莲	WL-XJZ-1	CAA	龙山	早期	94	1	陶		陶罐	口沿				
3	五莲	WL-XJZ-1	CAA	龙山	早期	94	6	陶		陶罐	器底				
3	五莲	WL-XJZ-1	CAA	龙山	早期	94	3	陶		陶盆	口沿				
3	五莲	WL-XJZ-1	CAA	龙山	早期	94	1	陶		陶盆	器底				
3	五莲	WL-XJZ-1	CAA	龙山	早期	94	2	陶		陶匜	口沿				

年度	县区	遗址	采集区	时代	分期	期段编号	数量	质地	石器种类	器型	部位	纹饰	颜色	质地	蛋壳陶
3	五莲	WL-XJZ-1	CAA	龙山	早期	94	1	陶		陶杯	口沿				
3	五莲	WL-XJZ-1	CAA	龙山	早期	94	2	陶		陶器盖	陶器盖				
3	五莲	WL-XJZ-1	CAA	龙山	早期	94	45	陶		不确定	腹片				
3	五莲	WL-XJZ-1	CAA	龙山	中期	94	2	陶		陶罐	口沿				
3	五莲	WL-XJZ-1	CAA	龙山	中期	94	1	陶		陶盆	口沿				
3	五莲	WL-XJZ-1	CAA	龙山	中期	94	1	陶		陶杯	把手				
3	五莲	WL-XJZ-1	CAA	龙山	中期	94	1	陶		不确定	腹片				
3	五莲	WL-XJZ-1	CAA	龙山	中期	94	5	陶		陶瓮	腹片				
3	五莲	WL-XJZ-1	CAA	龙山	中期	94	2	陶		陶鬶	档部				
3	五莲	WL-XJZ-1	CAA	龙山	中期	94	1	陶		陶碗	口沿				
3	五莲	WL-XJZ-1	CAA	不确定			1	石	工具	石凿					
3	五莲	WL-XJZ-1	CAA	不确定			1	石	工具	石铲					
4	五莲	WL-XJZ-2	CAA	龙山	早期	106	1	陶		陶鼎	器足			粗砂	
4	五莲	WL-XJZ-2	CAA	龙山	早期	106	7	陶		不确定	腹片			粗砂	
4	五莲	WL-XJZ-2	CAB	龙山	早期	106	2	陶		不确定	腹片	篮纹			
4	五莲	WL-XJZ-2	CAC	龙山	中期	106	1	陶		陶鼎	器底			粗砂	
4	五莲	WL-XJZ-2	CAC	龙山	中期	106	3	陶		不确定	腹片			粗砂	
4	五莲	WL-XJZ-2	CAD	龙山	不确定	106	1	陶		不确定	腹片			粗砂	
4	五莲	WL-XJZ-3	CAA	龙山	不确定	107	3	陶		不确定	腹片			粗砂	
4	五莲	WL-XJZ-3	CAB	龙山	不确定	107	1	陶		不确定	腹片	弦纹		粗砂	
4	五莲	WL-XJZ-3	CAB	龙山	不确定	107	1	陶		不确定	腹片			泥质	是
4	五莲	WL-XJZ-4	CAA	龙山	早期	109	1	陶		不确定	腹片	篮纹		粗砂	
4	五莲	WL-XJZ-4	CAC	龙山	早期	109	2	陶		不确定	腹片				
4	五莲	WL-XJZ-4	CAC	龙山	早期	109	1	陶		不确定	腹片	篮纹			
4	五莲	WL-XJZ-4	CAB	龙山	不确定	109	1	陶		陶鼎	口沿			粗砂	
4	五莲	WL-XJZ-4	CAB	龙山	不确定	109	1	陶		陶盆	口沿			粗砂	
4	五莲	WL-XJZ-4	CAB	龙山	不确定	109	1	陶		陶罐	器底			粗砂	
4	五莲	WL-XJZ-4	CAB	龙山	不确定	109	10	陶		不确定	腹片			粗砂	
4	五莲	WL-XJZ-4	CAB	不确定			1	黏土		烧土					
4	五莲	WL-XJZ-5	CAA	汉代	不确定	192	2	陶		不确定	腹片				
4	五莲	WL-XJZ-5	CAB	龙山	早期	110	1	陶		不确定	腹片	篮纹		粗砂	
4	五莲	WL-XJZ-5	CAA	龙山	不确定	110	1	陶		陶罐	器底			粗砂	
4	五莲	WL-XJZ-5	CAA	龙山	不确定	110	1	陶		不确定	腹片	弦纹		粗砂	
4	五莲	WL-XJZ-5	CAA	龙山	不确定	110	11	陶		不确定	腹片			粗砂	
4	五莲	WL-XJZ-5	CAB	龙山	不确定	110	11	陶		不确定	腹片			粗砂	
3	五莲	WL-XJZ-5	单个遗址	周代	不确定	133	2	陶		不确定	腹片				
4	五莲	WL-XJZ-6	CAD	汉代	不确定	194	2	陶		陶瓦					
4	五莲	WL-XJZ-6	CAA	龙山	早期	113	2	陶		陶鼎	口沿			粗砂	
4	五莲	WL-XJZ-6	CAB	龙山	早期	113	1	陶		不确定	腹片	篮纹		粗砂	
4	五莲	WL-XJZ-6	CAA	龙山	中期	113	1	陶		陶罐	口沿			粗砂	
4	五莲	WL-XJZ-6	CAC	龙山	中期	113	1	陶		陶鼎	器足			粗砂	
4	五莲	WL-XJZ-6	CAA	龙山	不确定	113	1	陶		陶器盖				粗砂	
4	五莲	WL-XJZ-6	CAA	龙山	不确定	113	1	陶		不确定	腹片	篮纹		粗砂	
4	五莲	WL-XJZ-6	CAA	龙山	不确定	113	1	陶		不确定	腹片	弦纹		粗砂	
4	五莲	WL-XJZ-6	CAA	龙山	不确定	113	4	陶		不确定	腹片			粗砂	
4	五莲	WL-XJZ-6	CAB	龙山	不确定	113	4	陶		不确定	腹片			粗砂	

年度	县区	遗址	采集区	时代	分期	期段编号	数量	质地	石器种类	器型	部位	纹饰	颜色	质地	蛋壳陶
4	五莲	WL-XJZ-6	CAB	龙山	不确定	113	1	陶		不确定	腹片	弦纹		粗砂	
4	五莲	WL-XJZ-6	CAC	龙山	不确定	113	6	陶		不确定	腹片			粗砂	
4	五莲	WL-XJZ-6	CAD	龙山	不确定	113	2	陶		不确定	腹片			粗砂	
4	五莲	WL-XJZ-7	单个遗址	龙山	中期	112	1	陶		陶鼎	口沿			粗砂	
4	五莲	WL-XJZ-7	单个遗址	龙山	不确定	112	2	陶		不确定	腹片	弦纹		粗砂	
4	五莲	WL-XJZ-7	单个遗址	龙山	不确定	112	1	陶		不确定	腹片			粗砂	
4	五莲	WL-XJZ-8	CAA	汉代	不确定	193	1	陶		陶瓦					
4	五莲	WL-XJZ-8	CAA	龙山	早期	111	1	陶		不确定	腹片	篮纹		粗砂	
4	五莲	WL-XJZ-8	CAA	龙山	中期	111	1	陶		陶匜	口沿			粗砂	
4	五莲	WL-XJZ-8	CAA	龙山	中期	111	4	陶		不确定	腹片			粗砂	
4	五莲	WL-XJZ-8	CAB	龙山	中期	111	1	陶		陶鼎·	口沿			粗砂	
4	五莲	WL-XJZ-8	CAB	龙山	不确定	111	1	陶		陶罐	器底			粗砂	
4	五莲	WL-XJZ-8	CAB	龙山	不确定	111	4	陶		不确定	腹片			粗砂	
4	五莲	WL-XJZ-8	CAB	龙山	不确定	111	1	陶		不确定	腹片			泥质	是
4	五莲	WL-XJZ-8	CAA	不确定			1	石	工具	石锤					
4	五莲	WL-XJZ-8	CAA	周代	东周	171	1	陶		不确定	腹片	绳纹			
3	五莲	WL-XSH-3	CAA	周代	东周	91	1	陶		纺轮					
3	五莲	WL-XSH-3	CAB	周代	东周	91	4	陶		不确定	腹片				
3	五莲	WL-XSH-3	CAE	周代	东周	91	3	陶		不确定	腹片				
3	五莲	WL-XSH-3	CAD	周代	东周	91	4	陶		陶瓦					
3	五莲	WL-XSH-3	CAD	周代	东周	91	1	陶		不确定	腹片				
3	五莲	WL-XSH-3	CAC	周代	东周	91	24	陶		陶瓦					
3	五莲	WL-XSH-3	CAC	周代	东周	91	6	陶		不确定	腹片				
4	五莲	WL-XYG-1	CAA	龙山	早期		5	陶		陶鼎	腹片			粗砂	
4	五莲	WL-XYG-1	CAA	龙山	早期		1	陶		陶鼎	腹片			粗砂	
4	五莲	WL-XYG-1	CAA	龙山	早期		1	陶		陶鼎	腹片			粗砂	
4	五莲	WL-XYG-1	CAA	龙山	早期		4	陶		陶罐	腹片			粗砂	
4	五莲	WL-XYG-1	CAA	龙山	早期		1	陶		陶匜	口沿			粗砂	
4	五莲	WL-XYG-1	CAA	龙山	早期		2	陶		陶器盖				粗砂	
4	五莲	WL-XYG-1	CAA	龙山	早期		9	陶		不确定	腹片			粗砂	
4	五莲	WL-XYG-1	CAA	龙山	早期		5	陶		不确定	腹片	篮纹		粗砂	
4	五莲	WL-XYG-1	CAA	龙山	早期		3	陶		不确定	腹片	弦纹		粗砂	
4	五莲	WL-XYG-1	CAA	龙山	早期		1	陶		陶杯	把手	刻槽		泥质	是
4	五莲	WL-XYG-1	CAA	龙山	早期		2	陶		不确定	腹片			泥质	是
4	五莲	WL-XYG-1	CAA	龙山	早期		1	陶		不确定	腹片	篮纹		泥质	是
4	五莲	WL-XYG-1	CAA	龙山	早期		1	陶		不确定	腹片	弦纹		泥质	是
4	五莲	WL-XYG-1	CAA	不确定			1	石	工具	石铲					
4	五莲	WL-XYG-1	CAA	不确定			2	石	工具	石锛					
4	五莲	WL-XYG-1	CAA	不确定			2	石	不确定	石球					
4	五莲	WL-XYG-1	CAA	不确定			1	石	工具	石刀					
4	五莲	WL-XYG-1	CAA	不确定			5	石	产品	石片					
4	五莲	WL-XYG-1	CAA	不确定			8	石	产品	石片					
4	五莲	WL-XYG-1	CAA	不确定			2	石	产品	石核					
4	五莲	WL-XYG-1	CAA	不确定			1	黏土		烧土					
4	五莲	WL-XYG-1	CAA	周代	东周		2	陶		陶簋	口沿	弦纹			
4	五莲	WL-XYG-1	CAA	周代	东周		1	陶		陶豆	完整器	弦纹			

年度	县区	遗址	采集区	时代	分期	期段编号	数量	质地	石器种类	器型	部位	纹饰	颜色	质地	蛋壳陶
4	五莲	WL-XYG-1	CAA	周代	不确定		2	陶		不确定	腹片				
4	五莲	WL-XYG-1	CAA	周代	不确定		4	陶		不确定	腹片	绳纹			
4	五莲	WL-XYG-1	CAA	周代	不确定		1	陶		不确定	腹片	弦纹			
4	五莲	WL-XYG-1	CAA	周代	西周		2	陶		陶鬲	口沿				
4	五莲	WL-XYG-1	CAA	周代	西周		2	陶		陶鬲	器足				
4	五莲	WL-XYG-1	CAA	周代	西周		1	陶		陶鬲	器足	绳纹			
4	五莲	WL-XYG-1	CAA	周代	西周		1	陶		不确定	腹片	绳纹			
13	五莲	WL-XYL-1	单个遗址	汉代		1606	2	陶		陶瓦					
3	五莲	WL-XZ-1	单个遗址	周代	不确定	90	1	陶		不确定	腹片				
3	五莲	WL-XZ-2	CAB	汉代	不确定	99	1	陶		陶瓦					
3	五莲	WL-XZ-2	CAA	龙山	早期	86	12	陶		陶罐	腹片	篮纹			
3	五莲	WL-YG-1	CAA	汉代	不确定	129	10	陶		陶瓦					
3	五莲	WL-YG-1	CAA	汉代	不确定	129	3	陶		不确定	腹片				
3	五莲	WL-YG-1	CAA	周代	西周	114	27	陶		不确定	腹片				
3	五莲	WL-YG-1	CAB	汉代	不确定	129	2	陶		陶瓦					
3	五莲	WL-YG-1	CAA	商代	晚期	6	1	陶		陶鬲	器足				
3	五莲	WL-YG-1	CAA	商代	晚期	6	1	陶		陶豆	豆盘				
3	五莲	WL-YG-1	CAA	商代	晚期	6	2	陶		陶罐	口沿				
3	五莲	WL-YG-1	CAA	商代	晚期	6	1	陶		陶碗	口沿				
3	五莲	WL-YG-1	CAA	商代	晚期	6	28	陶		不确定	腹片				
3	五莲	WL-YG-1	CAC	商代	晚期	6	2	陶		不确定	腹片				
3	五莲	WL-YG-1	CAA	不确定			13	黏土		烧土					
3	五莲	WL-YG-1	CAA	不确定			1	石	工具	不确定					
3	五莲	WL-YG-1	CAA	周代	东周	114	106	陶		不确定	腹片				
3	五莲	WL-YG-1	CAB	周代	东周	114	5	陶		不确定	腹片				
3	五莲	WL-YG-1	CAB	周代	东周	114	3	陶		陶瓦					
3	五莲	WL-YG-1	CAB	周代	东周	114	1	陶		不确定	器底				
3	五莲	WL-YG-1	CAC	周代	东周	114	6	陶		不确定	腹片				
3	五莲	WL-YG-1	CAA	周代	西周	114	5	陶		陶鬲	器足				
3	五莲	WL-YG-1	CAA	周代	西周	114	2	陶		不确定	口沿				
3	五莲	WL-YG-1	CAA	周代	西周	114	14	陶		不确定	腹片				
3	五莲	WL-YG-1	CAA	周代	西周	114	2	陶		陶豆	豆柄				
3	五莲	WL-YG-1	CAC	周代	西周	114	1	陶		陶罐	腹片				
3	五莲	WL-YG-2	单个遗址	汉代	不确定	128	1	陶		陶瓦					
3	五莲	WL-YJZ-1	单个遗址	汉代	不确定	148	4	陶		陶瓦					
3	五莲	WL-YJZ-2	单个遗址	龙山	不确定	92	1	陶		不确定	腹片				
3	五莲	WL-YJZ-3	单个遗址	汉代	不确定	147	7	陶		陶瓦					
3	五莲	WL-YJZ-4	单个遗址	周代	东周	132	1	陶		纺轮					
3	五莲	WL-YJZ-4	单个遗址	周代	东周	132	1	陶		陶瓦					
3	五莲	WL-YJZ-4	单个遗址	周代	东周	132	1	陶		不确定	腹片				
3	五莲	WL-YJZ-6	单个遗址	周代	不确定	138	1	陶		不确定	腹片				
3	五莲	WL-YJZ-7	单个遗址	汉代	不确定	166	1	陶		纺轮					
3	五莲	WL-YJZ-8	单个遗址	周代	东周	139	1	陶		不确定	腹片				
4	五莲	WL-YT-1	CAA	汉代	不确定	186	4	陶		陶瓦					
4	五莲	WL-YT-1	CAC	汉代	不确定	186	1	陶		陶瓦					
4	五莲	WL-YT-1	CAC	汉代	不确定	186	1	陶		不确定	腹片				

年度	县区	遗址	采集区	时代	分期	期段编号	数量	质地	石器种类	器型	部位	纹饰	颜色	质地	蛋壳陶
4	五莲	WL-YT-1	CAF	汉代	不确定	186	2	陶		不确定	腹片				
4	五莲	WL-YT-1	CAA	龙山	早期	96	3	陶		陶鼎	器足			粗砂	
4	五莲	WL-YT-1	CAA	龙山	早期	96	1	陶		陶甗	器足			粗砂	
4	五莲	WL-YT-1	CAA	龙山	早期	96	2	陶		陶罐	器底			粗砂	
4	五莲	WL-YT-1	CAA	龙山	早期	96	1	陶		不确定	把手			粗砂	
4	五莲	WL-YT-1	CAA	龙山	早期	96	25	陶		不确定	腹片			粗砂	
4	五莲	WL-YT-1	CAA	龙山	早期	96	2	陶		不确定	腹片	篮纹		粗砂	
4	五莲	WL-YT-1	CAA	龙山	早期	96	2	陶		不确定	腹片	弦纹		粗砂	
4	五莲	WL-YT-1	CAA	龙山	早期	96	1	陶		不确定	腹片			泥质	是
4	五莲	WL-YT-1	CAB	龙山	早期	96	3	陶		陶鼎	器足			粗砂	
4	五莲	WL-YT-1	CAB	龙山	早期	96	1	陶		陶罐	口沿			粗砂	
4	五莲	WL-YT-1	CAB	龙山	早期	96	1	陶		陶匜	口沿			粗砂	
4	五莲	WL-YT-1	CAB	龙山	早期	96	1	陶		陶鼎	器底			粗砂	
4	五莲	WL-YT-1	CAB	龙山	早期	96	1	陶		陶罐	器底			粗砂	
4	五莲	WL-YT-1	CAB	龙山	早期	96	1	陶		不确定	腹片	篮纹		粗砂	
4	五莲	WL-YT-1	CAB	龙山	早期	96	2	陶		不确定	腹片	弦纹		粗砂	
4	五莲	WL-YT-1	CAB	龙山	早期	96	17	陶		不确定	腹片			粗砂	
4	五莲	WL-YT-1	CAA	龙山	中期	96	1	陶		陶甗	器足			粗砂	
4	五莲	WL-YT-1	CAA	龙山	中期	96	3	陶		陶罐	口沿			粗砂	
4	五莲	WL-YT-1	CAA	龙山	中期	96	1	陶		陶器盖				粗砂	
4	五莲	WL-YT-1	CAA	龙山	中期	96	3	陶		陶罐	器底			粗砂	
4	五莲	WL-YT-1	CAA	龙山	中期	96	1	陶		不确定	腹片			泥质	是
4	五莲	WL-YT-1	CAC	龙山	不确定	96	1	陶		不确定	腹片			粗砂	
4	五莲	WL-YT-1	CAD	龙山	不确定	96	1	陶		陶罐	器底			粗砂	
4	五莲	WL-YT-1	CAD	龙山	不确定	96	1	陶		不确定	腹片			粗砂	
4	五莲	WL-YT-1	CAB	龙山	早期	186	1	陶		陶瓦					
4	五莲	WL-YT-1	CAE	周代	东周	158	1	陶		陶罐	口沿				
4	五莲	WL-YT-1	CAE	周代	东周	158	1	陶		不确定	腹片	绳纹			
4	五莲	WL-YT-1	CAA	不确定			1	石	工具	石铲					
4	五莲	WL-YT-1	CAA	不确定			1	石	工具	石斧					
4	五莲	WL-YT-1	CAA	不确定			1	黏土		烧土					
4	五莲	WL-YT-2	单个遗址	汉代	不确定	461	2	陶		陶瓦					
4	五莲	WL-YT-2	单个遗址	龙山	不确定	101	1	陶		不确定	腹片			粗砂	
4	五莲	WL-YT-3	单个遗址	汉代	不确定	185	1	陶		不确定	腹片				
4	五莲	WL-YT-4	单个遗址	龙山	不确定	102	1	陶		不确定	豆柄			粗砂	
4	五莲	WL-ZJG-1	单个遗址	汉代	不确定	216	3	陶		陶瓦					
4	五莲	WL-ZJG-1	单个遗址	周代	东周	184	1	陶		不确定	腹片	绳纹			
4	五莲	WL-ZJG-1	单个遗址	周代	东周	184	1	陶		不确定	腹片	绳纹		粗砂	
4	五莲	WL-ZJG-2	单个遗址	汉代	不确定	217	3	陶		不确定	腹片				
4	五莲	W1-ZJG-3	单个遗址	周代	东周	185	1	陶		不确定	腹片				
2	东港	WW-1	单个遗址	周代	不确定	54	2	陶		不确定	腹片				
2	胶南	XCJC-1	单个遗址	汉代		51	1	陶		不确定	腹片				
2	胶南	XCJC-1	单个遗址	汉代		51	3	陶		陶瓦					
2	胶南	XCJC-2	单个遗址	周代	不确定	50	1	陶		不确定	腹片				
2	东港	XGZ-1	单个遗址	汉代	不确定	68	1	陶		陶盆	器底				
2	东港	XGZ-1	单个遗址	汉代	不确定	68	5	陶		不确定	腹片				

年度	县区	遗址	采集区	时代	分期	期段编号	数量	质地	石器种类	器型	部位	纹饰	颜色	质地	蛋壳陶
2	东港	XGZ-10	单个遗址	周代	不确定	57	1	陶		不确定	腹片				
2	东港	XGZ-2	单个遗址	龙山	不确定	58	1	陶		不确定	腹片				
2	东港	XGZ-3	单个遗址	周代	不确定	60	1	陶		不确定	腹片				
2	东港	XGZ-6	单个遗址	汉代	不确定	67	2	陶		不确定	腹片				
2	东港	XGZ-6	单个遗址	汉代	不确定	67	1	陶		陶瓦					
2	东港	XGZ-7	单个遗址	汉代	不确定	66	1	陶		纺轮					
2	东港	XGZ-8	单个遗址	龙山	不确定	59	1	陶		不确定	腹片				
2	东港	XGZ-9	单个遗址	龙山	不确定	57	1	陶		不确定	腹片				
2	胶南	XGZH-1	单个遗址	龙山	不确定	43	1	陶		不确定	腹片				
2	胶南	XGZH-1	单个遗址	不确定			1	陶		不确定	腹片				
2	胶南	XGZH-2	单个遗址	周代	不确定	40	1	陶		不确定	腹片				
2	胶南	XGZH-2	单个遗址	周代	不确定	40	1	陶		不确定	口沿				
1	东港	XJC-1	单个遗址	汉代	不确定	17	1	陶		陶瓦					
1	东港	XJC-1	单个遗址	汉代	不确定	17	1	陶		不确定	腹片				
1	东港	XJC-1	单个遗址	龙山	早期	26	1	陶		陶鼎	器足				
1	东港	XJC-1	单个遗址	龙山	早期	26	1	陶		陶鼎	口沿				
1	东港	XJC-1	单个遗址	龙山	早期	26	1	陶		陶匜	口沿				
1	东港	XJC-1	单个遗址	龙山	不确定	26	2	陶		不确定	陶器盖				
1	东港	XJC-1	单个遗址	龙山	不确定	26	7	陶		不确定	腹片				
1	东港	XJC-1	单个遗址	周代	东周	16	1	陶		不确定	腹片				
1	东港	XJC-2	单个遗址	周代	东周	15	1	陶		不确定	口沿				
1	东港	XJC-2	单个遗址	周代	东周	15	1	陶		陶瓦					
1	东港	XJC-2	单个遗址	周代	东周	15	1	陶		不确定	腹片				
1	东港	XJC-2	单个遗址	不确定			2	陶		不确定	腹片				
1	东港	XJG-1	CAA	汉代	不确定	23	1	陶		陶瓦					
1	东港	XJG-1	CAA	龙山	中期	29	1	陶		陶鼎	口沿				
1	东港	XJG-1	CAA	龙山	中期	29	8	陶		不确定	腹片				
1	东港	XJG-1	CAA	周代	西周	25	1	陶		不确定	腹片				
1	东港	XJG-1	CAA	不确定			1	陶		不确定	腹片				
1	东港	XJG-1	CAB	汉代	不确定	23	1	陶		陶盆	口沿				
1	东港	XJG-1	CAB	汉代	不确定	23	6	陶		陶瓦					
1	东港	XJG-1	CAB	周代	西周	25	1	陶		不确定	腹片				
1	东港	XJG-1	CAB	龙山	早期	29	1	陶		陶鬶	把手		白		
1	东港	XJG-1	CAB	龙山	早期	29	1	陶		陶器盖					
1	东港	XJG-1	CAB	龙山	晚期	29	1	陶		陶鬶	把手				
1	东港	XJG-1	CAB	龙山	晚期	29	1	陶		不确定	腹片	篮纹			
1	东港	XJG-1	CAB	龙山	中期	29	1	陶		陶鬶	把手		白		
1	东港	XJG-1	CAB	龙山	中期	29	1	陶		陶盆	器底				
1	东港	XJG-1	CAB	龙山	中期	29	1	陶		陶器盖			白		
1	东港	XJG-1	CAB	龙山	不确定	29	24	陶		不确定	腹片				
1	东港	XJG-1	CAB	龙山	不确定	29	1	陶		不确定	把手				
1	东港	XJG-1	CAB	龙山	不确定	29	3	陶		不确定	口沿				
1	东港	XJG-1	CAB	不确定			1	陶		小塑像	腿部				
1	东港	XJG-1	CAB	周代	东周	25	17	陶		不确定	腹片				
1	东港	XJG-1	CAC	龙山	早期	29	1	陶		陶鼎	器足				
1	东港	XJG-1	CAC	龙山	早期	29	1	陶		陶鬶	把手				

年度	县区	遗址	采集区	时代	分期	期段编号	数量	质地	石器种类	器型	部位	纹饰	颜色	质地	蛋壳陶
1	东港	XJG-1	CAC	龙山	不确定	29	4	陶		不确定	腹片				
1	东港	XJG-1	CAC	周代	东周	25	1	陶		不确定	腹片				
1	东港	XJG-1	CAC	周代	西周	25	1	陶		陶罐	肩部				
1	东港	XJG-1	CAD	周代	东周	25	1	陶		不确定	腹片				
1	东港	XJG-1	CAD	周代	东周	25	1	陶		陶豆	腹片				
1	东港	XJG-1	CAD	周代	西周	25	1	陶		不确定	腹片				
1	东港	XJG-1	CAD	汉代	不确定	24	2	陶		陶瓦					
1	东港	XJG-1	CAD	周代	不确定	25	6	陶		不确定	腹片				
1	东港	XJG-1	CAD	龙山	早期	29	1	陶		陶鼎	器足				
1	东港	XJG-1	CAD	龙山	不确定	29	28	陶		不确定	腹片				
1	东港	XJG-1	CAD	龙山	中期	29	1	陶		陶甗	器足				
1	东港	XJG-1	CAD	龙山	中期	29	1	陶		陶鬶	器足				
1	东港	XJG-1	CAD	龙山	中期	29	1	陶		陶鬶	把手				
1	东港	XJG-1	CAD	龙山	中期	29	1	陶		陶鬶	腹片		白		
1	东港	XJG-1	CAD	龙山	中期	29	1	陶		陶鼎	口沿				
1	东港	XJG-1	CAD	龙山	中期	29	1	陶		陶盘	口沿				
1	东港	XJG-1	CAD	龙山	中期	29	2	陶		陶盆	口沿				
1	东港	XJG-1	CAD	龙山	中期	29	1	陶		陶匜	口沿				
1	东港	XJG-1	CAD	龙山	中期	29	2	陶		陶罐	口沿				
1	东港	XJG-1	CAD	龙山	中期	29	4	陶		陶罐	器底				
1	东港	XJG-2	单个遗址	龙山	不确定	32	2	陶		不确定	腹片				
1	东港	XJG-2	单个遗址	周代	东周	29	1	陶		不确定	腹片				
1	东港	XJG-2	单个遗址	周代	东周	29	1	陶		不确定	口沿				
1	东港	XJP-1	CAA	龙山	中期	4	2	陶		陶匜	口沿				
1	东港	XJP-1	CAA	龙山	中期	4	1	陶		陶罐	器底				
1	东港	XJP-1	CAA	龙山	中期	4	1	陶		陶鼎	器底				
1	东港	XJP-1	CAA	龙山	不确定	4	3	陶		不确定	腹片				
1	东港	XJP-1	CAB	汉代	不确定	6	1	陶		不确定	腹片				
1	东港	XJP-1	CAB	龙山	早期	4	1	陶		陶鼎	器足				
1	东港	XJP-1	CAB	龙山	早期	4	1	陶		陶鬶	器足				
1	东港	XJP-1	CAB	龙山	中期	4	1	陶		陶罐	口沿				
1	东港	XJP-1	CAB	龙山	中期	4	1	陶		陶鼎	器底/器足				
1	东港	XJP-1	CAB	龙山	中期	4	1	陶		陶匜	口沿				
1	东港	XJP-1	CAB	龙山	晚期	4	2	陶		陶罐	口沿				
1	东港	XJP-1	CAB	龙山	不确定	4	1	陶		陶圈足盘					
1	东港	XJP-1	CAB	龙山	不确定	4	2	陶		不确定	腹片				
1	东港	XJP-1	CAB	龙山	不确定	4	1	陶		纺轮					
1	东港	XJP-1	CAB	不确定			1	陶		不确定	口沿				
1	东港	XJP-2	单个遗址	龙山	中期	3	1	陶		陶鼎	器足				
2	东港	XMJZ-1	单个遗址	龙山	早期	56	1	陶		陶鼎	器足				
2	东港	XMJZ-1	单个遗址	龙山	中期	56	1	陶		陶鼎	器足				
2	东港	XMJZ-1	单个遗址	龙山	不确定	56	5	陶		不确定	腹片				
2	东港	XMJZ-1	单个遗址	龙山	不确定	56	1	陶		不确定	把手	弦纹	黑		是
2	胶南	XQY-1	单个遗址	龙山	不确定	51	1	陶		不确定	腹片				
2	胶南	XQY-2	单个遗址	龙山	不确定	52	2	陶		不确定	腹片				
2	胶南	XQY-3	单个遗址	龙山	不确定	53	1	陶		不确定	腹片				

年度	县区	遗址	采集区	时代	分期	期段编号	数量	质地	石器种类	器型	部位	纹饰	颜色	质地	蛋壳陶
2	胶南	XQY-4	单个遗址	汉代		43	6	陶		不确定	腹片				
2	胶南	XQY-4	单个遗址	龙山	不确定	54	1	陶		陶鼎	腹片	乳突	黑		是
2	胶南	XQY-4	单个遗址	龙山	中期	54	1	陶		陶罐	口沿				
2	胶南	XQY-4	单个遗址	龙山	中期	54	1	陶		陶盘	口沿				
2	胶南	XQY-4	单个遗址	龙山	不确定	54	1	陶		不确定	腹片	压花			
2	胶南	XQY-4	单个遗址	龙山	不确定	54	74	陶		不确定	腹片				
2	胶南	XQY-4	单个遗址	龙山	不确定	54	2	陶		陶罐	器底				
2	胶南	XQY-4	单个遗址	龙山	不确定	54	1	陶		陶匜	口沿				
2	胶南	XQY-4	单个遗址	龙山	不确定	54	1	陶		陶鼎	口沿				
2	胶南	XQY-4	单个遗址	龙山	不确定	54	5	陶		不确定	腹片			泥质	是
2	胶南	XQY-4	单个遗址	龙山	不确定	54	1	陶		陶盆	腹片			泥质	是
2	胶南	XQY-4	单个遗址	龙山	不确定	54	1	陶		陶器盖				泥质	是
2	胶南	XQY-4	单个遗址	龙山	早期	54	1	陶		陶鼎	器足				
2	胶南	XQY-4	单个遗址	周代	不确定	46	1	陶		不确定	腹片				
1	东港	XT-1	单个遗址	汉代	不确定	25	3	陶		陶瓦					
1	东港	XT-1	单个遗址	汉代	不确定	25	3	陶		不确定	腹片				
1	东港	XT-1	单个遗址	不确定			1	陶		不确定	腹片				
1	东港	XT-2	单个遗址	汉代	不确定	27	1	陶		陶瓦					
1	东港	XT-2	单个遗址	龙山	不确定	31	1	陶		不确定	腹片				
1	东港	XT-2	单个遗址	周代	东周	28	1	陶		不确定	腹片	绳纹			
1	东港	XT-2	单个遗址	周代	东周	28	1	陶		不确定	腹片				
1	东港	XT-2	单个遗址	周代	不确定	28	1	陶		纺轮					
2	东港	XT-3	单个遗址	周代	东周	408	1	陶		陶瓦					
2	东港	XW-1	单个遗址	龙山	早期	47	1	陶		陶鼎	器足				
2	胶南	XZJW-1	单个遗址	龙山	中期	45	1	陶		陶罐	口沿				
2	胶南	XZJW-1	单个遗址	龙山	不确定	45	4	陶		不确定	腹片				
2	胶南	XZJW-1	单个遗址	周代	不确定	64	20	陶		不确定	腹片				
2	胶南	XZJW-1	单个遗址	周代	不确定	64	1	陶		陶罐	腹片				
2	胶南	XZJW-1	单个遗址	周代	不确定	64	1	陶		陶盆	器底				
2	胶南	XZJW-1	单个遗址	周代	不确定	64	1	陶		陶瓮	腹片				
2	胶南	XZJW-1	单个遗址	周代	不确定	64	1	陶		陶缸	腹片				
2	五莲	YJB-2	单个遗址	汉代	不确定	29	1	陶		不确定	腹片				
13	诸城	ZC-ALZ-1	CAA	龙山		501	3	陶		不确定	腹片			粗砂	
13	诸城	ZC-ALZ-1	CAB	龙山		501	1	陶		陶器盖	口沿				
13	诸城	ZC-ALZ-1	CAB	汉代		1665	1	陶		陶盆	器底				
13	诸城	ZC-ALZ-1	CAB	汉代		1665	1	陶		陶瓦					
13	诸城	ZC-ALZ-2	单个遗址	汉代		1666	1	陶		陶瓮	口沿				
13	诸城	ZC-ALZ-2	单个遗址	汉代		1666	6	陶		陶瓦					
13	诸城	ZC-ALZ-3	单个遗址	龙山	早期	500	1	陶		陶匜	口沿				
13	诸城	ZC-ALZ-3	单个遗址	龙山		500	1	陶		不确定	腹片			粗砂	
13	诸城	ZC-ALZ-3	单个遗址	周代	东周	1192	2	陶		不确定	腹片				
13	诸城	ZC-ALZ-4	单个遗址	汉代		1632	1	陶		陶盆	颈部				
13	诸城	ZC-ALZ-5	单个遗址	汉代		1675	3	陶		不确定	腹片				
13	诸城	ZC-BT-1	单个遗址	周代	东周	1195	1	陶		陶钵	口沿				
13	诸城	ZC-BT-2	单个遗址	周代	西周	1196	2	陶		不确定	腹片				
13	诸城	ZC-BT-2	单个遗址	周代	西周	1196	1	陶		不确定	腹片	绳纹			

年度	县区	遗址	采集区	时代	分期	期段编号	数量	质地	石器种类	器型	部位	纹饰	颜色	质地	蛋壳陶
13	诸城	ZC-BT-3	单个遗址	汉代		1670	1	陶		不确定	腹片				
13	诸城	ZC-BT-3	单个遗址	汉代		1670	8	陶		陶瓦					
13	诸城	ZC-BT-4	单个遗址	汉代		1667	1	陶		不确定	腹片				
13	诸城	ZC-BT-4	单个遗址	汉代		1667	1	陶		陶瓦					
13	诸城	ZC-BT-5	单个遗址	周代	东周	1194	1	陶		不确定	腹片	绳纹			
13	诸城	ZC-BT-5	单个遗址	汉代		1668	1	陶		陶盆	腹片				
13	诸城	ZC-BT-5	单个遗址	汉代		1668	1	陶		陶瓦					
13	诸城	ZC-BT-6	单个遗址	龙山		506	1	石	工具	石刀					
13	诸城	ZC-DTY-1	单个遗址	周代	东周	1205	2	陶		不确定	腹片				
13	诸城	ZC-DTY-1	单个遗址	汉代		1657	1	陶		陶壶	口沿				
13	诸城	ZC-DTY-1	单个遗址	汉代		1657	3	陶		不确定	腹片				
13	诸城	ZC-DTY-1	单个遗址	汉代		1657	15	陶		陶瓦					
13	诸城	ZC-DTY-2	单个遗址	汉代		1658	1	陶		陶瓦					
13	诸城	ZC-DTY-3	CAA	周代	东周	1209	2	陶		不确定	腹片				
13	诸城	ZC-DTY-3	CAA	周代	东周	1209	2	陶		不确定	腹片	绳纹			
13	诸城	ZC-DTY-3	CAA	汉代		1650	1	陶		陶盆	口沿				
13	诸城	ZC-DTY-3	CAA	汉代		1650	1	陶		陶瓮	口沿				
13	诸城	ZC-DTY-3	CAA	汉代		1650	3	陶		不确定	腹片				
13	诸城	ZC-DTY-3	CAA	汉代		1650	17	陶		陶瓦					
13	诸城	ZC-DTY-3	CAB	汉代		1650	3	陶		陶瓦					
13	诸城	ZC-DTY-4	单个遗址	汉代		1651	1	陶		不确定	腹片				
13	诸城	ZC-DTY-4	单个遗址	汉代		1651	1	陶		陶瓦					
13	诸城	ZC-DTY-5	单个遗址	周代	东周	1204	1	陶		陶罐	腹片				
13	诸城	ZC-JS-1	单个遗址	周代	东周	1208	1	陶		不确定	腹片				
13	诸城	ZC-JS-1	单个遗址	周代	东周	1208	2	陶		不确定	腹片	绳纹			
13	诸城	ZC-JS-1	单个遗址	汉代		1653	1	陶		陶盆	口沿				
13	诸城	ZC-JS-1	单个遗址	汉代		1653	1	陶		陶盆	颈部				
13	诸城	ZC-JS-1	单个遗址	汉代		1653	1	陶		不确定	腹片				
13	诸城	ZC-JS-2	单个遗址	汉代		1654	1	陶		陶盆	颈部				
13	诸城	ZC-JS-2	单个遗址	汉代		1654	1	陶		不确定	腹片				
13	诸城	ZC-JS-2	单个遗址	汉代		1654	5	陶		陶瓦					
13	诸城	ZC-JS-3	单个遗址	汉代		1652	1	陶		陶瓦					
13	诸城	ZC-JS-4	CAA	汉代		1639	1	陶		陶罐	口沿				
13	诸城	ZC-JS-4	CAA	汉代		1639	1	陶		陶瓦					
13	诸城	ZC-JS-4	CAB	汉代		1639	4	陶		不确定	腹片				
13	诸城	ZC-JS-4	CAB	汉代		1639	1	陶		陶瓦					
13	诸城	ZC-JS-5	单个遗址	汉代		1641	1	陶		陶瓦					
13	诸城	ZC-JS-6	单个遗址	汉代		1640	1	陶		陶瓦					
13	诸城	ZC-NZJZ-1	CAA	龙山		500	1	石	工具	石斧					
13	诸城	ZC-NZJZ-1	CAB	龙山	早期	500	4	陶		陶鼎	器足				
13	诸城	ZC-NZJZ-1	CAB	龙山	早期	500	1	陶		陶甗	器足				
13	诸城	ZC-NZJZ-1	CAB	龙山	早期	500	7	陶		陶罐	口沿				
13	诸城	ZC-NZJZ-1	CAB	龙山	早期	500	4	陶		陶罐	器底				
13	诸城	ZC-NZJZ-1	CAB	龙山		500	49	陶		不确定	腹片			粗砂	
13	诸城	ZC-NZJZ-1	CAB	龙山		500	2	陶		不确定	腹片	弦纹		粗砂	
13	诸城	ZC-NZJZ-1	CAB	龙山		500	4	陶		不确定	腹片			泥质	

年度	县区	遗址	采集区	时代	分期	期段编号	数量	质地	石器种类	器型	部位	纹饰	颜色	质地	蛋壳陶
13	诸城	ZC-NZJZ-1	CAB	龙山		500	1	石	工具	石凿					
13	诸城	ZC-NZJZ-1	CAB	龙山		500	1	石	工具	不确定	残破				
13	诸城	ZC-NZJZ-1	CAB	汉代		1664	1	陶		陶罐	器底				
13	诸城	ZC-NZJZ-1	CAB	汉代		1664	1	陶		陶瓮	腹片				
13	诸城	ZC-NZJZ-1	CAB	汉代		1664	9	陶		陶瓦					
13	诸城	ZC-NZJZ-1	CAB	汉代		1664	1	黏土		烧土					
13	诸城	ZC-NZJZ-1	CAC	龙山	早期	500	1	陶		陶鼎	器足				
13	诸城	ZC-NZJZ-1	CAC	龙山	早期	500	1	陶		陶罐	口沿				
13	诸城	ZC-NZJZ-1	CAC	龙山	早期	500	1	陶		陶器盖	口沿				
13	诸城	ZC-NZJZ-1	CAC	龙山		500	2	陶		陶罐	器底				
13	诸城	ZC-NZJZ-1	CAC	龙山		500	1	陶		陶甗	腰部				
13	诸城	ZC-NZJZ-1	CAC	龙山		500	1	陶		陶罐	把手				
13	诸城	ZC-NZJZ-1	CAC	龙山		500	5	陶		不确定	腹片			粗砂	
13	诸城	ZC-NZJZ-1	CAC	龙山		500	1	陶		不确定	腹片	篮纹		粗砂	
13	诸城	ZC-NZJZ-1	CAC	龙山		500	1	石	工具	不确定					
13	诸城	ZC-NZJZ-1	CAC	汉代		1664	2	陶		陶瓮	腹片				
13	诸城	ZC-NZJZ-1	CAC	汉代		1664	6	陶		陶瓦					
13	诸城	ZC-NZJZ-1	CAC	汉代		1664	1	陶		陶盆	口沿				
13	诸城	ZC-NZJZ-1	CAD	龙山	早期	500	1	陶		陶罐	口沿				
13	诸城	ZC-NZJZ-1	CAD	龙山	早期	500	1	陶		陶鼎	口沿				
13	诸城	ZC-NZJZ-1	CAD	龙山	早期	500	1	陶		陶匜	口沿				
13	诸城	ZC-NZJZ-1	CAD	龙山	早期	500	1	陶		陶盆	口沿				
13	诸城	ZC-NZJZ-1	CAD	龙山		500	14	陶		不确定	腹片			粗砂	
13	诸城	ZC-NZJZ-1	CAD	龙山		500	1	石	工具	不确定					
13	诸城	ZC-NZJZ-1	CAD	汉代		1664	1	陶		陶瓮	口沿				
13	诸城	ZC-NZJZ-1	CAD	汉代		1664	3	陶		不确定	腹片				
13	诸城	ZC-NZJZ-1	CAD	汉代		1664	1	陶		陶瓦					
13	诸城	ZC-NZJZ-1	CAE	龙山		500	8	陶		不确定	腹片			粗砂	
13	诸城	ZC-NZJZ-1	CAE	龙山		500	2	陶		不确定	腹片	弦纹		粗砂	
13	诸城	ZC-NZJZ-1	CAE	汉代		1664	1	陶		陶瓦					
13	诸城	ZC-NZJZ-1	CAF	龙山		500	1	陶		不确定	腹片			粗砂	
13	诸城	ZC-NZJZ-1	CAF	汉代		1664	1	陶		陶瓦					
13	诸城	ZC-NZJZ-1	CAG	龙山	早期	500	1	陶		陶罐	口沿				
13	诸城	ZC-NZJZ-1	CAG	龙山	早期	500	1	陶		陶鬶	器足				
13	诸城	ZC-NZJZ-1	CAG	龙山		500	1	陶		陶器盖	把手				
13	诸城	ZC-NZJZ-1	CAG	龙山		500	1	陶		陶罐	器底				
13	诸城	ZC-NZJZ-1	CAG	龙山		500	8	陶		不确定	腹片			粗砂	
13	诸城	ZC-NZJZ-1	CAG	龙山		500	1	陶		不确定	腹片	弦纹		粗砂	
13	诸城	ZC-NZJZ-1	CAG	龙山		500	2	陶		不确定	腹片			泥质	
13	诸城	ZC-NZJZ-1	CAG	汉代		1664	1	陶		陶盆	口沿				
13	诸城	ZC-NZJZ-1	CAG	汉代		1664	6	陶		陶瓦					
13	诸城	ZC-NZJZ-1	CAH	大汶口	晚期	29	2	陶		陶壶	口沿				
13	诸城	ZC-NZJZ-1	CAH	大汶口	晚期	29	1	陶		陶鼎	器足				
13	诸城	ZC-NZJZ-1	CAH	大汶口	晚期	29	3	陶		不确定	腹片	篮纹			
13	诸城	ZC-NZJZ-1	CAH	龙山	早期	500	1	陶		陶鼎	口沿				
13	诸城	ZC-NZJZ-1	CAH	龙山	早期	500	1	陶		陶匜	口沿				

年度	县区	遗址	采集区	时代	分期	期段编号	数量	质地	石器种类	器型	部位	纹饰	颜色	质地	蛋壳陶
13	诸城	ZC-NZJZ-1	CAH	龙山		500	1	陶		陶罐	器底				
13	诸城	ZC-NZJZ-1	CAH	龙山		500	13	陶		不确定	腹片			粗砂	
13	诸城	ZC-NZJZ-1	CAH	汉代		1664	1	陶		砖					
13	诸城	ZC-NZJZ-1	CAI	龙山	早期	500	2	陶		陶鼎	器足				
13	诸城	ZC-NZJZ-1	CAI	龙山		500	3	陶		不确定	腹片			粗砂	
13	诸城	ZC-NZJZ-1	CAJ	汉代		1664	1	陶		不确定	腹片				
13	诸城	ZC-NZJZ-1	CAK	大汶口	晚期	29	1	陶		陶壶	口沿				
13	诸城	ZC-NZJZ-1	CAK	大汶口	晚期	29	1	陶		不确定	腹片	篮纹			
13	诸城	ZC-NZJZ-1	CAK	龙山	早期	500	2	陶		不确定	腹片	篮纹		粗砂	
13	诸城	ZC-NZJZ-1	CAK	龙山		500	1	陶		陶罐	器底				
13	诸城	ZC-NZJZ-1	CAK	龙山		500	8	陶		不确定	腹片			粗砂	
13	诸城	ZC-NZJZ-1	CAK	周代	东周	1198	1	陶		陶罐	腹片	绳纹			
13	诸城	ZC-NZJZ-1	CAL	龙山	早期	500	2	陶		陶鼎	器足				
13	诸城	ZC-NZJZ-1	CAL	龙山	早期	500	1	陶		不确定	腹片	篮纹			
13	诸城	ZC-NZJZ-1	CAL	龙山		500	3	陶		不确定	腹片			粗砂	
13	诸城	ZC-NZJZ-1	CAL	周代	东周	1198	1	陶		陶鬲	腹片	绳纹			
13	诸城	ZC-NZJZ-1	CAL	周代	东周	1198	1	陶		陶罐	口沿				
13	诸城	ZC-NZJZ-1	CAL	周代	东周	1198	1	陶		不确定	腹片				
13	诸城	ZC-NZJZ-1	CAL	周代	东周	1198	1	陶		不确定	腹片	绳纹			
13	诸城	ZC-NZJZ-1	CAM	龙山	早期	500	2	陶		陶鼎	器足				
13	诸城	ZC-NZJZ-1	CAM	龙山	早期	500	1	陶		陶匜	口沿				
13	诸城	ZC-NZJZ-1	CAM	龙山	早期	500	1	陶		陶罐	口沿				
13	诸城	ZC-NZJZ-1	CAM	龙山		500	1	陶		陶罐	器底				
13	诸城	ZC-NZJZ-1	CAM	龙山		500	1	陶		陶罐	把手				
13	诸城	ZC-NZJZ-1	CAM	龙山		500	3	陶		不确定	腹片			粗砂	
13	诸城	ZC-NZJZ-1	CAM	龙山		500	1	陶		陶杯	器底			泥质	
13	诸城	ZC-NZJZ-1	CAM	周代	东周	1198	1	陶		不确定	腹片				
13	诸城	ZC-NZJZ-1	CAN	大汶口	晚期	29	2	陶		陶壶	口沿				
13	诸城	ZC-NZJZ-1	CAN	大汶口	晚期	29	1	陶		陶壶	颈部				
13	诸城	ZC-NZJZ-1	CAN	大汶口	晚期	29	1	陶		不确定	腹片	篮纹			
13	诸城	ZC-NZJZ-1	CAN	龙山	早期	500	2	陶		陶甗	器足				
13	诸城	ZC-NZJZ-1	CAN	龙山	早期	500	5	陶		陶鼎	器足				
13	诸城	ZC-NZJZ-1	CAN	龙山	早期	500	1	陶		陶鼎	口沿				
13	诸城	ZC-NZJZ-1	CAN	龙山	早期	500	1	陶		陶匜	口沿				
13	诸城	ZC-NZJZ-1	CAN	龙山	早期	500	5	陶		不确定	腹片	篮纹			
13	诸城	ZC-NZJZ-1	CAN	龙山		500	7	陶		陶罐	器底				
13	诸城	ZC-NZJZ-1	CAN	龙山		500	54	陶		不确定	腹片			粗砂	
13	诸城	ZC-NZJZ-1	CAN	龙山		500	1	陶		陶罐	把手				
13	诸城	ZC-NZJZ-1	CAN	龙山		500	5	陶		不确定	腹片			泥质	
13	诸城	ZC-NZJZ-1	CAN	龙山		500	1	陶		陶盆	器底			泥质	
13	诸城	ZC-NZJZ-1	CAN	龙山		500	1	陶		陶罐	器底			泥质	
13	诸城	ZC-NZJZ-1	CAN	龙山		500	1	石	工具	石箭头					
13	诸城	ZC-NZJZ-1	CAN	龙山		500	1	石	工具	石斧					
13	诸城	ZC-NZJZ-1	CAN	龙山		500	1	石	工具	石斧					
13	诸城	ZC-NZJZ-1	CAN	周代	东周	1198	8	陶		不确定	腹片				
13	诸城	ZC-NZJZ-1	CAN	周代	东周	1198	2	陶		不确定	腹片	绳纹			

年度	县区	遗址	采集区	时代	分期	期段编号	数量	质地	石器种类	器型	部位	纹饰	颜色	质地	蛋壳陶
13	诸城	ZC-NZJZ-1	CAO	龙山	早期	500	5	陶		陶鼎	器足				
13	诸城	ZC-NZJZ-1	CAO	龙山	早期	500	1	陶		陶甗	器足				
13	诸城	ZC-NZJZ-1	CAO	龙山	早期	500	1	陶		陶罐	口沿				
13	诸城	ZC-NZJZ-1	CAO	龙山	早期	500	2	陶		陶匜	口沿				
13	诸城	ZC-NZJZ-1	CAO	龙山	早期	500	1	陶		陶盆	口沿				
13	诸城	ZC-NZJZ-1	CAO	龙山		500	12	陶		不确定	腹片			粗砂	
13	诸城	ZC-NZJZ-1	CAO	龙山		500	1	陶		陶盆	器底			泥质	
13	诸城	ZC-NZJZ-1	CAO	龙山		500	4	陶		不确定	腹片			泥质	
13	诸城	ZC-NZJZ-1	CAO	龙山	中期	500	1	陶		陶罐	口沿				
13	诸城	ZC-NZJZ-1	CAO	龙山	中期	500	1	石	工具	石斧					
13	诸城	ZC-NZJZ-1	CAO	周代	东周	1198	2	陶		不确定	腹片	绳纹			
13	诸城	ZC-NZJZ-1	CAP	龙山	中期	500	1	陶		陶罐	口沿				
13	诸城	ZC-NZJZ-1	CAP	龙山		500	2	陶		不确定	腹片			粗砂	
13	诸城	ZC-NZJZ-1	CAQ	龙山	早期	500	1	陶		陶鼎	器足				
13	诸城	ZC-NZJZ-1	CAQ	周代	东周	1198	2	陶		不确定	腹片				
13	诸城	ZC-NZJZ-1	CAQ	周代	东周	1198	2	陶		不确定	腹片	绳纹			
13	诸城	ZC-NZJZ-1	CAR	周代	东周	1198	1	陶		陶罐	口沿				
13	诸城	ZC-SLiZ-1	单个遗址	汉代		1674	1	陶		陶盆	腹片				
13	诸城	ZC-SLiZ-1	单个遗址	汉代		1674	1	陶		不确定	腹片				
13	诸城	ZC-SYZ-1	单个遗址	汉代		1638	1	陶		陶瓮	腹片				
13	诸城	ZC-XCJZ-1	单个遗址	周代	西周	1206	1	陶		陶鬲	器足				
13	诸城	ZC-XCJZ-1	单个遗址	周代	西周	1206	4	陶		陶鬲	腹片				
13	诸城	ZC-XCJZ-1	单个遗址	周代	西周	1206	1	陶		陶盆	口沿				
13	诸城	ZC-XCJZ-1	单个遗址	周代	西周	1206	1	陶		陶罐	口沿				
13	诸城	ZC-XCJZ-1	单个遗址	周代	西周	1206	6	陶		不确定	腹片	绳纹			
13	诸城	ZC-XCJZ-1	单个遗址	周代	西周	1206	1	陶		不确定	腹片	附加堆纹,绳纹			
13	诸城	ZC-XCJZ-1	单个遗址	周代	西周	1206	1	陶		陶罐	肩部				
13	诸城	ZC-XCJZ-1	单个遗址	周代	东周	1206	1	陶		陶罐	口沿				
13	诸城	ZC-XCJZ-1	单个遗址	周代	东周	1206	2	陶		陶鬲	腹片				
13	诸城	ZC-XCJZ-1	单个遗址	周代	东周	1206	1	陶		陶盆	口沿				
13	诸城	ZC-XCJZ-1	单个遗址	周代	东周	1206	33	陶		不确定	腹片	绳纹			
13	诸城	ZC-XCJZ-1	单个遗址	汉代		1656	1	陶		陶瓮	口沿				
13	诸城	ZC-XCJZ-1	单个遗址	汉代		1656	2	陶		不确定	腹片				
13	诸城	ZC-XCJZ-1	单个遗址	汉代		1656	2	陶		陶瓦					
13	诸城	ZC-XCJZ-2	单个遗址	汉代		1656	1	陶		陶瓦					
13	诸城	ZC-XCJZ-3	单个遗址	周代	东周	1207	1	陶		陶盆	口沿				
13	诸城	ZC-XCJZ-3	单个遗址	周代	东周	1207	1	陶		不确定	腹片	绳纹			
13	诸城	ZC-XCJZ-3	单个遗址	汉代		1655	6	陶		陶瓦					
13	诸城	ZC-XCJZ-4	单个遗址	汉代		1656	1	陶		陶瓦					
13	诸城	ZC-XJZZ-1	CAA	龙山		502	3	陶		不确定	腹片			粗砂	
13	诸城	ZC-XJZZ-1	CAA	商代		31	2	陶		陶罐	口沿				
13	诸城	ZC-XJZZ-1	CAA	商代		31	2	陶		陶甗	腰部				
13	诸城	ZC-XJZZ-1	CAA	周代	西周	1199	2	陶		陶鬲	器足				
13	诸城	ZC-XJZZ-1	CAA	周代	西周	1199	1	陶		陶鬲	口沿				
13	诸城	ZC-XJZZ-1	CAA	周代	西周	1199	1	陶		陶罐	口沿				
13	诸城	ZC-XJZZ-1	CAA	周代	西周	1199	14	陶		不确定	腹片	绳纹			

年度	县区	遗址	采集区	时代	分期	期段编号	数量	质地	石器种类	器型	部位	纹饰	颜色	质地	蛋壳陶
13	诸城	ZC-XJZZ-1	CAA	周代	西周	1199	4	陶		不确定	腹片	附加堆纹，绳纹			
13	诸城	ZC-XJZZ-1	CAA	周代	西周	1199	5	陶		陶鬲	腹片				
13	诸城	ZC-XJZZ-1	CAA	周代	东周	1199	1	陶		陶罐	肩部				
13	诸城	ZC-XJZZ-1	CAA	周代	东周	1199	1	陶		陶钵	腹片				
13	诸城	ZC-XJZZ-1	CAA	周代	东周	1199	22	陶		不确定	腹片	绳纹			
13	诸城	ZC-XJZZ-1	CAA	周代	东周	1199	1	陶		不确定	腹片	附加堆纹，绳纹			
13	诸城	ZC-XJZZ-1	CAA	汉代		1663	1	陶		陶瓮	口沿				
13	诸城	ZC-XJZZ-1	CAA	汉代		1663	1	陶		陶壶	口沿				
13	诸城	ZC-XJZZ-1	CAA	汉代		1663	1	陶		陶盆	器底				
13	诸城	ZC-XJZZ-1	CAA	汉代		1663	1	陶		陶瓦					
13	诸城	ZC-XJZZ-1	CAB	龙山	中期	502	1	陶		陶鼎	器足				
13	诸城	ZC-XJZZ-1	CAB	龙山		502	1	陶		不确定	腹片			粗砂	
13	诸城	ZC-XJZZ-1	CAB	周代	西周	1199	1	陶		陶鬲	器足				
13	诸城	ZC-XJZZ-1	CAB	周代	西周	1199	3	陶		不确定	腹片				
13	诸城	ZC-XJZZ-1	CAB	周代	东周	1199	2	陶		陶豆	豆柄				
13	诸城	ZC-XJZZ-1	CAB	周代	东周	1199	6	陶		不确定	腹片	绳纹			
13	诸城	ZC-XJZZ-1	CAB	周代	东周	1199	1	陶		陶罐	口沿				
13	诸城	ZC-XJZZ-1	CAB	汉代		1663	3	陶		不确定	腹片				
13	诸城	ZC-XJZZ-1	CAB	汉代		1663	1	陶		陶瓦					
13	诸城	ZC-XJZZ-1	CAC	龙山	早期	502	1	陶		不确定	腹片	篮纹		粗砂	
13	诸城	ZC-XJZZ-1	CAC	龙山	中期	502	1	陶		陶罐	口沿				
13	诸城	ZC-XJZZ-1	CAC	龙山		502	1	陶		陶器盖	把手				
13	诸城	ZC-XJZZ-1	CAC	龙山		502	2	陶		陶罐	器底				
13	诸城	ZC-XJZZ-1	CAC	龙山		502	15	陶		不确定	腹片			粗砂	
13	诸城	ZC-XJZZ-1	CAC	商代	晚期	31	1	陶		圈足碗	豆柄				
13	诸城	ZC-XJZZ-1	CAC	周代	东周	1199	7	陶		不确定	腹片				
13	诸城	ZC-XJZZ-1	CAC	周代	东周	1199	4	陶		不确定	腹片	绳纹			
13	诸城	ZC-XJZZ-1	CAC	汉代		1663	1	陶		陶瓮	口沿				
13	诸城	ZC-XJZZ-1	CAC	汉代		1663	2	陶		陶瓮	肩部				
13	诸城	ZC-XJZZ-1	CAC	汉代		1663	1	陶		陶罐	口沿				
13	诸城	ZC-XJZZ-1	CAC	汉代		1663	1	陶		砖					
13	诸城	ZC-XJZZ-1	CAC	汉代		1663	1	陶		陶瓦					
13	诸城	ZC-XJZZ-1	CAD	周代	西周	1199	1	陶		陶鬲	器足				
13	诸城	ZC-XJZZ-1	CAD	周代	西周	1199	1	陶		陶罐	口沿				
13	诸城	ZC-XJZZ-1	CAD	周代	西周	1199	1	陶		陶罐	肩部				
13	诸城	ZC-XJZZ-1	CAD	周代	西周	1199	5	陶		不确定	腹片	绳纹			
13	诸城	ZC-XJZZ-1	CAD	周代	东周	1199	2	陶		不确定	腹片	绳纹			
13	诸城	ZC-XJZZ-2	单个遗址	周代	东周	1193	1	陶		陶盆	口沿				
13	诸城	ZC-XJZZ-2	单个遗址	周代	东周	1193	1	陶		不确定	腹片				
13	诸城	ZC-XJZZ-3	单个遗址	周代	东周	1200	1	陶		不确定	腹片				
13	诸城	ZC-XJZZ-4	单个遗址	汉代		1659	1	陶		不确定	腹片				
13	诸城	ZC-XJZZ-5	单个遗址	汉代		1660	1	陶		不确定	腹片				
13	诸城	ZC-XJZZ-6	单个遗址	龙山		503	1	陶		不确定	腹片			粗砂	
13	诸城	ZC-XSL-1	单个遗址	龙山	早期	504	1	陶		陶鼎	口沿				
13	诸城	ZC-XSL-1	单个遗址	龙山	早期	504	1	陶		陶鼎	器足				

年度	县区	遗址	采集区	时代	分期	期段编号	数量	质地	石器种类	器型	部位	纹饰	颜色	质地	蛋壳陶
13	诸城	ZC-XSL-1	单个遗址	龙山	中期	504	1	陶		陶罐	口沿				
13	诸城	ZC-XSL-1	单个遗址	龙山	中期	504	1	陶		陶鼎	器足				
13	诸城	ZC-XSL-1	单个遗址	龙山	中期	504	1	陶		陶盆	口沿				
13	诸城	ZC-XSL-1	单个遗址	龙山		504	1	陶		陶器盖	把手				
13	诸城	ZC-XSL-1	单个遗址	龙山		504	27	陶		不确定	腹片			粗砂	
2	东港	ZJY-1	单个遗址	不确定			1	陶		不确定	腹片				
1	东港	ZZL-1	单个遗址	不确定			2	石	工具	不确定